全国地方志法规、规章及行政规范性文件汇编

中国地方志指导小组办公室　编

方志出版社
Publishing House of Local Records

编辑说明

一、本汇编所辑录的包括全国地方志工作的法规、规章及行政规范性文件。

二、本汇编有关全国地方志工作的法规包括行政法规和地方性法规。其中行政性法规是由国务院总理签署、以国务院令发布实施的规范性文件《地方志工作条例》。地方性法规,一是指省、自治区、直辖市人民代表大会及其常务委员会制定,由大会主席团或常务委员会以公告公布施行的规范性文件,如《山西省地方志工作条例》《吉林省地方志工作条例》《安徽省地方志工作条例》《山东省地方史志工作条例》《海南省地方志工作规定》《四川省地方志工作条例》;二是指省、自治区人民政府所在地的市以及由国务院批准的较大的市的人民代表大会及其常务委员会制定,报经省、自治区人民代表大会常务委员会批准后施行的规范性文件,如《淄博地方史志工作条例》。

三、本汇编所辑录的有关地方志工作的规章,包括部门规章和地方政府规章。其中部门规章是指国务院各部(局)、委员会在本部门的权限范围内制定,经由部(局)长或者委员会主任签署发布的规范性文件,如中华人民共和国铁道部《铁路修志工作规定》。地方政府规章,一是指省、自治区、直辖市人民政府制定,经由省长、自治区主席、市长签署,以政府令发布实施的规范性文件,如《北京市人民政府令》《河北省人民政府令》等;二是由省、自治区人民政府所在地的市和经国务院批准的较大的市的人民政府制定的规章,如《长春市人民政府令》《宁波市人民政府令》等。

四、本汇编所辑录的有关地方志工作的行政规范性文件,是指各级人民政府及其工作部门在权限范围内,为实施法规、规章和上级相关规范性文件,按规定程序发布的、在一定时间内相对稳定的、具有普遍约束力的行政措施,如规定、办法、细则、通知等,包括各地为贯彻落实有关《地方志工作条例》而制定的管理办法、暂行管理办法等,但一些实施意见和加强工作的意见未予收录。

五、本汇编所辑录的时限,上起2003年《四川省地方志工作条例》出台,下迄2016年,时间跨度为13年。

六、本汇编编排原则,按照国务院及其部门、地方顺序排列,各地方依照2015年中华人民共和国行政区划排列,有关市县排在各相关省区市之后。行政区划有调整的,如个别市县改为城市区者,则在该页之下加以标注。

七、本汇编所辑录的中华人民共和国国务院令、地方人大常委会公告、地方人民政府令，原文号均标注“第X号”，为更清晰反映出台时间，以便查找利用，编辑时均统一加注年份。如《中华人民共和国国务院令》标为〔2006〕第467号；《北京市人民政府令》标为〔2008〕第191号。有的人大常委会公告文号数字为汉字书写，如《安徽省地方志工作条例》为安徽省人民代表大会常务委员会公告2007年第九十五号，编辑时统一改为阿拉伯数字，〔2007〕第95号。

八、本汇编所辑录的法规、规章及行政规范性文件的出台时间，有的标注为汉字书写，有的标注为阿拉伯数字书写，编辑时统一标注为汉字书写。

九、本汇编仅收录《国务院法制办公室负责人就〈地方志工作条例〉答问》附在《地方志工作条例》之后，个别地方法制办公室或相关部门负责人的答问不予收录。

目　录

中华人民共和国国务院令

〔2006〕第 467 号

现公布《地方志工作条例》，自公布之日起施行。

总理：温家宝

二〇〇六年五月十八日

地方志工作条例

第一条 为了继承和发扬中华民族优秀文化传统，全面、客观、系统地编纂地方志，科学、合理地开发利用地方志，发挥地方志在促进经济社会发展中的作用，制定本条例。

第二条 中华人民共和国境内地方志的组织编纂、管理、开发利用工作，适用本条例。

第三条 本条例所称地方志，包括地方志书、地方综合年鉴。

地方志书，是指全面系统地记述本行政区域自然、政治、经济、文化和社会的历史与现状的资料性文献。

地方综合年鉴，是指系统记述本行政区域自然、政治、经济、文化、社会等方面情况的年度资料性文献。

地方志分为：省（自治区、直辖市）编纂的地方志，设区的市（自治州）编纂的地方志，县（自治县、不设区的市、市辖区）编纂的地方志。

第四条 县级以上地方人民政府应当加强对本行政区域地方志工作的领导。地方志工作所需经费列入本级财政预算。

第五条 国家地方志工作指导机构统筹规划、组织协调、督促指导全国地方志工作。

县级以上地方人民政府负责地方志工作的机构主管本行政区域的地方志工作，履行下列职责：

（一）组织、指导、督促和检查地方志工作；

（二）拟定地方志工作规划和编纂方案；

（三）组织编纂地方志书、地方综合年鉴；

（四）搜集、保存地方志文献和资料，组织整理旧志，推动方志理论研究；

（五）组织开发利用地方志资源。

第六条 编纂地方志应当做到存真求实，确保质量，全面、客观地记述本行政区域自然、政治、经济、文化和社会的历史与现状。

第七条 省、自治区、直辖市人民政府制定本行政区域地方志编纂的总体工作规划（以下简称规划），并报国家地方志工作指导机构备案。

第八条 以县级以上行政区域名称冠名的地方志书、地方综合年鉴，分别由本级人民政府负责地方志工作的机构按照规划组织编纂，其他组织和个人不得编纂。

第九条 编纂地方志应当吸收有关方面的专家、学者参加。地方志编纂人员实行专兼职相结合，专职编纂人员应当具备相应的专业知识。

第十条 地方志书每20年左右编修一次。每一轮地方志书编修工作完成后，负责地方志工作的机构在编纂地方综合年鉴、搜集资料以及向社会提供咨询服务的同时，启动新一轮地方志书的续修工作。

第十一条 县级以上地方人民政府负责地方志工作的机构可以向机关、社会团体、企业事业单位、其他组织以及个人征集有关地方志资料，有关单位和个人应当提供支持。负责地方志工作的机构可以对有关资料进行查阅、摘抄、复制，但涉及国家秘密、商业秘密和个人隐私以及不符合档案开放条件的除外。

地方志资料所有人或者持有人提供有关资料，可以获得适当报酬。地方志资料所有人或者持有人不得故意提供虚假资料。

第十二条 以县级以上行政区域名称冠名、列入规划的地方志书经审查验收，方可以公开出版。

对地方志书进行审查验收，应当组织有关保密、档案、历史、法律、经济、军事等方面的专家参加，重点审查地方志书的内容是否符合宪法和保密、档案等法律、法规的规定，是否全面、客观地反映本行政区域自然、政治、经济、文化和社会的历史与现状。

对地方志书进行审查验收的主体、程序等由省、自治区、直辖市人民政府规定。

第十三条 以县级以上行政区域名称冠名的地方综合年鉴，经本级人民政府或者其确定的部门批准，方可以公开出版。

第十四条 地方志应当在出版后3个月内报送上级人民政府负责地方志工作的机构备案。

在地方志编纂过程中收集到的文字资料、图表、照片、音像资料、实物等以及形成的地方志文稿，由本级人民政府负责地方志工作的机构指定专职人员集中统一管理，妥善保存，不得损毁；修志工作完成后，应当依法移交本级国家档案馆或者方志馆保存、管理，个人不得据为己有或者出租、出让、转借。

第十五条 以县级以上行政区域名称冠名的地方志书、地方综合年鉴为职务作品，依照《中华人民共和国著作权法》第十六条第二款的规定，其著作权由组织编纂的负责地方志工作的机构享有，参与编纂的人员享有署名权。

第十六条 地方志工作应当为地方经济社会的全面发展服务。县级以上地方人民政府负责地方志工作的机构应当积极开拓社会用志途径，可以通过建设资料库、网站等方式，加强地方志工作的信息化建设。公民、法人和其他组织可以利用上述资料库、网站查阅、摘抄地方志。

第十七条 县级以上地方人民政府对在地方志工作中作出突出成绩和贡献的单位、个人，给予表彰和奖励。

第十八条 违反本条例规定，擅自编纂出版以县级以上行政区域名称冠名的地方志书、地方综合年鉴的，由县级以上地方人民政府负责地方志工作的机构提请本级人民政府出版行政部门依法查处。

第十九条 违反本条例规定，未经审查验收、批准将地方志文稿交付出版，或者地方志存在违反宪法、法律、法规规定内容的，由上级人民政府或者本级人民政府责令采取相应措施予以纠正，并视情节追究有关单位和个人的责任；构成犯罪的，依法追究刑事责任。

第二十条 负责地方志工作的机构的工作人员违反本条例第十四条第二款规定的，由其所在单位责令改正，依法给予处分。

第二十一条 编纂地方志涉及军事内容的，还应当遵守中央军委关于军事志编纂的有关规定。

国务院部门志书的编纂，参照本条例的相关规定执行。

第二十二条 本条例自公布之日起施行。

附：国务院法制办公室负责人就《地方志工作条例》答问

2006年5月18日，国务院总理温家宝签署第467号国务院令公布《地方志工作条例》，该条例自公布之日起施行。国务院法制办公室负责人日前就《地方志工作条例》的有关问题回答了记者的提问。

问：国务院为什么要制定《地方志工作条例》？请您介绍一下《地方志工作条例》出台的背景和意义。

答：持续不断地编纂地方志，是我国独有的延续两千多年的优良文化传统。自隋、唐确立史志官修制度以来，历代都把修志作为一种官职、官责，并颁布政令对修志进行统一规范。新中国成立后，党中央、国务院高度重视地方志工作。1957年，国务院将地方志工作纳入国家12年哲学社会科学规划纲要（草案）。“文化大革命”期间，地方志编修工作因故中断。改革开放以来，地方志编修重新启动。全国首轮省、市、县三级志书规划编纂六千余部，截至2005年，已出版五千余部。地方志工作作为一项承上启下、继往开来、服务当代、有益后世的文化基础事业，已成为社会主义先进文化建设中的一项系统工程，发挥了资政、存史、教化的重要作用。目前，全国首轮新编地方志工作已基本结束，第二轮修志工作正在全面展开。总结首轮修志工作的实践经验，地方志工作面临以下问题：一是，地方志工作涉及社会生活各个方面，在社会主义市场经济条件下，仍靠过去的行政命令方式组织编纂地方志，已难以适应形势的需要；二是，由于没有全国性的法律法规可以遵循，修志工作随意性大、主观性强，各地发展不平衡等问题日益突出，迫切需要通过立法加以规范。

《地方志工作条例》的制定，充分体现了党中央关于“加强文化法制建设”和“要重视哲学社会科学领域立法工作”的精神，相信该条例的出台，将为保障地方志事业的健康发展发挥积极的作用。

问：请问该条例的调整范围是什么？

答：根据我国首轮新编地方志工作的实践，地方志的外延已有所扩展，既包括传统意义上的地方志书，又包括地方综合年鉴。地方综合年鉴，是每20年左右新一轮地方志书续修的平时资料积累。地方志工作的内涵也发生了变化，既包括地方志的规划、编纂、审查验收，也包括地方志出版后的开发利用。因此，该条例规定中华人民共和国境内地方志的组织编纂、管理、开发利用工作，适用本条例。该条例并明确规定，地方志包括地方志书、地方综合年鉴。

目前，我国部分乡镇，甚至村也组织修志。考虑到编纂地方志需由地方政府组织人力、物力、财力，为了不给乡镇、村设定义务、增加负担，该条例仍维持了《国务院办公厅关于进一步加强地方志编纂工作的通知》关于地方志分为省级、设区的市级、县级三级的规定。

问：该条例对地方志工作的保障问题作了哪些规定？

答：地方志工作是一项重要的文化基础事业，也是各级地方政府管理和发展文化事业的重要职责。地方志属于“官修”的信史，不同于个人的自由著述，必须加强地方各级政府对此项工作的领导和规范。因此，该条例作了以下具体规定：

一是县级以上地方人民政府应当加强对本行政区域地方志工作的领导。地方志工作所需经费列入本级财政预算。

二是省、自治区、直辖市人民政府制定本行政区域地方志编纂的总体工作规划，并报国家地方志工作指导机构备案。

三是以县级以上行政区域名称冠名的地方志书、地方综合年鉴，分别由本级人民政府负责地方志工作的机构按照规划组织编纂，其他组织和个人不得编纂。

问：该条例对确保地方志编纂质量作了哪些制度设计？

答：为了确保地方志编纂的质量，该条例主要作了以下规定：

一是明确地方志编纂应遵循的指导原则，规定编纂地方志应当做到存真求实，确保质量，全面、客观地记述本行政区域自然、政治、经济、文化和社会的历史与现状。

二是对参与地方志编纂的人员作了要求，规定编纂地方志应当吸收有关方面的专家、学者参加；地方志编纂人员实行专兼职相结合，专职编纂人员应当具备相应的专业知识。

三是确立了地方志书的审查验收制度，规定以县级以上行政区域名称冠名、列入规划的地方志书经审查验收，方可以公开出版；对地方志书进行审查验收，应当组织有关保密、档案、历史、法律、经济、军事等方面的专家参加，重点审查地方志书的内容是否符合宪法和保密、档案等法律、法规的规定，是否全面、客观地反映本行政区域自然、政治、经济、文化和社会的历史与现状。

四是确立了地方综合年鉴的出版批准制度，规定以县级以上行政区域名称冠名的地方综合年鉴，经本级人民政府或者其确定的部门批准，方可以公开出版。

问：实践中曾经多次发生地方志作品著作权归属争议问题，请问条例对这个问题是否作出明确规定？

答：以县级以上行政区域名称冠名的地方志作品的著作权问题在过去一直没有明确，在实践中经常发生争议。著作权法第十六条规定，公民为完成法人或者其他组织工作任务所创作的作品是职务作品；法律、行政法规规定或者合同约定著作权由法人或者其他组织享有的职务作品，作者享有署名权，著作权的其他权利由法人或者其他组织享有，法人或者其他组织可以给予作者奖励。地方志是地方志编纂人员按照地方人民政府负责地方志工作的机构的要求编纂的，而且主要利用了上述机构提供的资料、经费和物质技术条件。因此，该条例与著作权法作了衔接，规定以县级以上行政区域名称冠名的地方志书、地方综合年鉴为职务作品，依照《中华人民共和国著作权法》第十六条第二款的规定，其著作权由组织编纂的负责地方志工作的机构享有，参与编纂的人员享有署名权。

中华人民共和国铁道部办公厅关于印发《铁路修志工作规定》的通　知

办史志〔2005〕9号

部属各单位：

现将《铁路修志工作规定》发给你们，请按规定的要求，加强领导，落实责任，做好修志工作。

铁道部办公厅

二〇〇五年四月五日

铁路修志工作规定

总　则

第一条　为推进铁路修志工作制度化、规范化，依据国务院办公厅《关于进一步加强地方志编纂工作的通知》和中国地方志指导小组《关于地方志编纂工作的规定》，结合铁路实际，特制定本规定。

第二条　铁路修志工作是一项长期的具有连续性的铁路文化建设事业，对于全面反映我国国情、路情和铁路企业情况，积累和保存铁路历史文献资料，推动铁路企业物质文明、政治文明和精神文明建设，具有重要意义。

第三条　铁路修志工作必须以马克思列宁主义、毛泽东思想、邓小平理论和“三个代表”重要思想为指导，坚持实事求是的思想路线，运用辩证唯物主义、历史唯物主义的基本原理和现代科学理论、方法，全面真实地反映各单位的历史和现状，为实现铁路跨越式发展和社会主义现代化建设服务。

第四条　铁路修志工作应坚持“以史鉴今”，求实存真的原则，继承和发扬我国历代修志的优良传统，坚持改革创新，做到思想性、科学性和资料性的统一。

第五条　铁路修志工作应延续不断。各单位的志书每二十年左右续修一次。各单位在上轮志书完成后，要在修志的基础上编写简史，并着手准备和开展下一轮志书的编纂工作。各单位应逐年编纂出版年鉴，为编史修志积累资料。

第二章　组织领导

第六条　铁路修志工作是全国修志工作的重要组成部分，铁路修志在中国地方志指导小组的统一规划和指导下开展工作。

铁道部档案史志中心从政策和业务上指导并协调全路修志工作。

第七条　各单位的修志工作由党委领导，行政主持，指定一名副职主管，并成立相应的编纂委员会。各级修志工作机构负责组织实施。

第八条　铁道部修志工作机构为铁道部档案史志中心，铁路局修志工作机构为铁路局档案史志中心或史志办公室。

第九条　铁道部档案史志中心制定全路修志工作规划和计划，对修志工作涉及的重大问题及时向铁道部报告，负责建立和完善有关规章制度，及时总结、推广各单位好的经验，定期对全路的修志进度进行督促检查和通报，组织人员对志书进行评审，开展业务培训和经验交流活动。

铁路局修志工作机构负责组织制定本单位的修志工作规划，负责组织实施史志鉴等书籍的编纂和出版工作。

第十条　各单位要把修志工作列入本单位工作规划，纳入目标管理，定期续修，保证质量，按时完成。坚持领导到位、机构到位、经费到位、队伍到位、工作条件到位的工作原则，保证修志工作有良好的工作基础，可长期持续发展。各单位应定期向上级部门汇报修志工作进度等情况。

第十一条　各单位要加强修志工作队伍建设，不断提高修志人员的政治素质和业务素质，大力倡导“求实、创新、协作、奉献”的敬业精神。坚持专、兼、聘结合和老、中、青结合的方针，在充分发挥老同志作用的同时，通过各种形式对中青年骨干进行培训，努力培养一批具有较高专业水平的青年修志人才，保持专职修志人员的相对稳定。专职修志人员应当具有相应的专业知识和学术水平，专业技术职务可参评出版系列，也可参评政工系列。

第十二条　对修志工作中做出突出成绩、贡献的史志机构或个人，应由各单位给予表彰和奖励。

第十三条　铁路单位在单位重组、机构撤并或隶属关系、管界发生变更时，要安排人员继续完成上级部门和地方政府布置的史志鉴任务，不能中断。史志资料要妥善保管或移交。新单位要负责现管界内的修志工作。

第十四条　铁道部档案史志中心要支持铁道文秘档委员会史志学组等学术组织，开展铁路编史修志、编纂年鉴的理论研究、学术交流等活动。

第三章　工作任务

第十五条　铁路编史修志的任务是：

铁道部编辑出版中国铁路志、中国铁道年鉴、中国铁路史，各类专业史籍及各种路情资料书刊，为国家史志部门提供史志鉴有关资料。

铁路局编辑出版铁路局志、铁路局年鉴、铁路局简史及其他局情资料书籍，组织编纂地方志中的铁路志（篇），为所在地及上级史志部门编纂史志鉴书籍提供资料。

第十六条　铁路史志成果要保证质量。各项记载必须与党和国家的有关决议、政策规定相一致，必须注重资料的真实可靠，必须严格遵守国家和铁道部的有关保密规定，必须遵从史志编纂体例、语言文字规范，提高编写、编辑、出版质量。

第十七条　各单位史志鉴编纂出版要严格执行审查验收制度。应组织有上级史志部门和有关专家参加的书稿评审。各单位编纂委员会负责审查验收，严格把好政治关、史实关、保密关和编校质量关。

第十八条　铁路各修志部门要采用先进的现代科学手段开展志书的编纂、出版，实现修志工作的信息化、网络化。要建立史志、路情资料日常收集、整理、保管机制，组织建立信息资料库，推动读志、用志，发挥修志部门信息咨询服务职能。

第四章　附　则

第十九条　本规定由铁道部档案史志中心负责解释。

第二十条　铁路其他企事业单位修志工作参照本规定执行。

第二十一条　本规定自印发之日起实行。原有规范要求与本《规定》不一致的，以本规定为准。

中华人民共和国铁道部关于印发《铁路修志工作规定》的通知

铁史志〔2008〕66号

部属各单位：

现将《铁路修志工作规定》印发给你们，请按规定要求，加强领导，明确任务，落实责任，做好铁路修志工作。

中华人民共和国铁道部

二〇〇八年五月五日

铁路修志工作规定

第一章　总则

第一条　为推进铁路修志工作制度化、规范化，依据《地方志工作条例》（国务院令第467号），特制定本规定。

第二条　国家铁路、地方铁路、合资铁路修志工作，适用本规定。

第三条　铁路修志工作包括编纂铁路行业、单位（部门）志，铁路行业、单位（部门）年鉴，其他反映铁路行业、单位（部门）历史的书刊资料等。

铁路行业志，是指全面系统记述全国铁路自然、政治、经济、文化的历史与现状的资料性文献。

铁路行业年鉴，是指系统记述全国铁路自然、政治、经济、文化等方面情况的年度资料性文献。

铁路单位（部门）志书，是指全面系统记述本单位自然、政治、经济、文化的历史与现状的资料性文献。

铁路单位（部门）年鉴，是指系统记述本单位自然、政治、经济、文化等方面情况的年度资料性文献。

铁路单位（部门）历史的书刊资料，是指不同于志、鉴体例要求的其他历史性书籍、刊物及资料文献等。

第四条 铁路修志工作是一项长期的具有连续性的铁路文化建设事业，对于全面反映国情、路情，积累和保存铁路历史文献资料，推动铁路全面发展，具有重要意义。

第五条 铁路修志工作应做到以史鉴今，求实存真，遵从编纂体例、语言文字规范，做到思想性、科学性和资料性的统一。

第六条 铁路单位志书每二十年左右编修一次。每一轮单位志书编修工作完成后，铁路各单位应启动新一轮铁路单位志书的续修工作。

第二章 组织领导

第七条 铁路修志工作是全国修志工作的重要组成部分，在中国地方志指导小组的统一规划和指导下进行。

第八条 铁道部修志工作机构为铁道部档案史志中心，其指导并协调全路修志工作，制订全路修志工作规划和计划，建立和完善有关规章制度，督促检查全路的修志工作，组织人员对志书进行评审，对铁路修志人员进行政治和业务培训。

第九条 各单位的修志工作由党委领导，行政主持，并成立相应的编纂委员会。铁路局修志工作机构为铁路局档案史志室，其主要职责是：制订本单位的修志工作规划，组织实施史志鉴等书籍的编纂和出版，做好修志工作的管理、利用和开发，为地方政府提供相关资料。

第十条 各单位要把修志工作列入本单位工作规划，纳入目标管理，定期续修，保证质量，按时完成；要坚持领导到位、机构到位、经费到位、队伍到位、工作条件到位，保证修志工作可持续开展。各单位每年向上级部门汇报一次修志工作情况。

第十一条 要加强修志工作队伍建设。铁道部档案史志中心要有计划地对铁路专职修志人员进行培训，努力培养一批具有较高专业水平的修志人才。各单位要在档案史志机构编制中，配齐配强专职修志工作领导及专职修志工作人员；铁路基层站段亦应明确从事日常修志工作的人员。

第十二条 铁路修志应当吸收有关方面的专家、学者参加，实行专兼职相结合，专职修志人员应当具有相应的专业知识和学术水平，其专业技术职务可参评出版系列，也可参评政工系列。

第十三条 对修志工作做出突出成绩、贡献的史志机构或个人，给予表彰和奖励。

第十四条 以各单位名称冠名的单位志书、单位综合年鉴为职务作品，其著作权由组织编纂的负责修志工作的机构享有，参与编纂的人员享有署名权。

第三章 工作任务

第十五条 铁道部编辑出版中国铁路志、中国铁道年鉴，各种路情史志资料、书刊，为国家史志部门提供史志鉴有关资料。

铁路局编辑出版铁路局志、铁路局年鉴及其他局情史志资料、书籍，组织编纂地方志中的铁路志（篇），为所在地方政府及上级史志部门编纂史志鉴书籍提供资料。

铁路基层站段做好修志的基础性工作，为上级史志部门提供有关资料。

第十六条 铁路单位在建制、机构、隶属关系等发生变更时，要妥善安排上级部门和地方政府布置的史志鉴任务，不能中断。

第十七条 在各单位志编纂过程中收集到的文字资料、图表、照片、音像资料、实物等以及形成的单位志文稿，由各单位修志机构指定人员集中统一管理或交档案部门管理，任何人不得损毁，不得据为己有，或者出租、出让、转借。

第十八条 严格执行史志鉴出版前审查验收制度。各单位编纂委员会应组织有关方面专家和上级修志部门人员参加书稿审验会，严格把好政治关、史实关、保密关和编校质量关。单位志书出版后2个月内报送上级修志工作机构备案。

第十九条 要加强修志工作信息化建设。各单位修志机构要采用先进手段，拓宽志书的编纂、出版途径；建立史志鉴信息资料库，信息资料实时共享；要建立健全史志鉴资料日常收集、整理、保管机制，推动读志、用志，发挥修志部门信息咨询服务职能。

第四章 附则

第二十条 本规定自印发之日起施行，《铁路修志工作规定》（办史志〔2005〕9号）同时废止。

北京市人民政府令

〔2008〕第191号

《北京市实施〈地方志工作条例〉办法》已经2007年6月19日市人民政府第66次常务会议审议通过，现予公布，自2007年9月1日起施行。

市长：王岐山

二〇〇七年七月五日

北京市实施《地方志工作条例》办法

第一条 为了实施《地方志工作条例》，结合本市实际情况，制定本办法。

第二条 本市行政区域内地方志的组织编纂、管理、开发利用工作，适用《地方志工作条例》和本办法。

第三条 本办法所称地方志，包括市和区、县编纂的地方志书、地方综合年鉴。

第四条 市和区、县人民政府领导本行政区域的地方志工作，将地方志工作纳入国民经济和社会发展规划，地方志工作所需经费列入本级财政预算。

第五条 市和区、县人民政府地方志工作机构主管本行政区域的地方志工作，履行下列职责：

（一）组织、指导、督促和检查地方志工作；

（二）拟定地方志工作规划和编纂方案；

（三）组织编纂地方志书和地方综合年鉴；

（四）收集、整理、保存地方志文献和资料，组织整理旧志；

（五）组织开发利用地方志资源；

（六）推动地方志理论研究和学术交流，组织开展业务培训。

第六条 市和区、县人民政府制定本行政区域地方志工作规划和编纂方案。区、县地方志工作规划和编纂方案报市人民政府地方志工作机构备案。

第七条 以市和区、县行政区域名称冠名的地方志书、地方综合年鉴，分别由本级人民政府地方志工作机构组织编纂，其他组织和个人不得编纂。

第八条 按照地方志工作规划和编纂方案承担地方志编纂任务的单位（以下简称承编单位），应当明确具体承担地方志编纂工作的机构和人员，保障经费和办公条件，按时完成编纂任务。

第九条 市和区、县人民政府地方志工作机构以及承编单位应当建立地方志资料征集制度，通过查阅、摘抄、复制、购买等方式收集地方志资料，有关单位和个人应当提供支持。涉及国家机密、商业秘密和个人隐私以及不符合档案开放条件的，按照国家和本市有关规定办理。

地方志资料所有人或者持有人提供有关资料，可以获得适当报酬。地方志资料所有人或者持有人不得故意提供虚假资料。

第十条 以市和区、县行政区域名称冠名、列入规划的地方志书，由市人民政府地方志工作机构组织有关专家依法进行全面审查，出具审查验收报告；审查验收合格的，方可以公开出版。

第十一条 市综合年鉴经市人民政府地方志工作机构批准，方可以公开出版；区、县综合年鉴经区、县人民政府批准，方可以公开出版。

第十二条 已通过审查验收的地方志书和经批准的地方综合年鉴，未经原审查验收或者批准的机关同意不得擅自修改。

第十三条 市和区、县人民政府地方志工作机构集中统一管理地方志资料和地方志文稿；承编单位应当指定专人妥善保存在地方志编纂过程中收集到的地方志资料以及形成的地方志文稿，不得损毁；编纂工作完成后，依法及时移交本级国家档案馆或者方志馆保存、管理，个人不得据为己有或者出租、出让、转借。

第十四条 市和区、县人民政府地方志工作机构应当积极开拓社会用志途径，可以通过网站、地情资料库等方式，加强地方志工作的信息化建设，为经济社会全面发展服务。

第十五条 公民、法人和其他组织可以通过查询、阅览、摘抄等方式利用方志馆收藏、展示的地方志文献和资料。

方志馆应当将服务范围、开放时间等服务事项进行公示。

鼓励单位和个人向方志馆捐赠地方志资料。

第十六条 对违反本办法第八条规定，未按工作规划和编纂方案完成编纂任务的，或者违反本办法第九条规定，有关单位拒绝提供资料或者故意提供虚假资料的，由市或者区、县人民政府地方志工作机构责令限期改正；逾期不改的，由市或者区、县人民政府地方志工作机构提请有关行政主管部门依法对直接责任人给予行政处分。

第十七条 部门志、行业志、乡镇志、街道志的编纂，可以参照本办法执行。编纂方案报市或者区、县人民政府地方志工作机构备案的，市或者区、县人民政府地方志工作机构应当提供必要的指导、服务。

第十八条 本办法自 2007 年 9 月 1 日起施行。

河北省人民政府令

〔2008〕第 6 号

《河北省地方志工作规定》已经 2008 年 1 月 7 日省政府第 93 次常务会议通过，现予公布，自 2008 年 3 月 1 日起施行。

省长：郭庚茂

二〇〇八年二月十四日

河北省地方志工作规定

2008 年 2 月 14 日，河北省省长郭庚茂签署河北省人民政府令〔2008〕第 6 号：《河北省地方志工作规定》已经 2008 年 1 月 7 日省政府第 93 次常务会议通过，现予公布，自 2008 年 3 月 1 日起施行。

第一条 为规范地方志的编纂、管理和开发利用，发挥地方志服务、促进经济社会发展的作用，根据《地方志工作条例》以及有关规定，结合本省实际，制定本规定。

第二条 本省行政区域内地方志的组织编纂、管理和开发利用工作，适用本规定。

第三条 本规定所称地方志，包括地方志书、地方综合年鉴。

地方志书，是指全面系统记述本行政区域内自然、政治、经济、文化和社会的历史与现状的资料性文献。本省的地方志书，包括省志、设区的市志、县（市、区）志。

地方综合年鉴，是指系统记述本行政区域内自然、政治、经济、文化和社会等方面情况的年度资料性文献。包括省级综合年鉴，设区的市级综合年鉴及县（市、区）级综合年鉴。

第四条 县级以上人民政府应当加强对地方志工作的领导，将地方志工作纳入国民经济和社会发展规划，地方志工作所需经费列入本级财政预算。

县级以上人民政府应当为本级地方志工作机构配备必要的工作人员，解决相应的办公条件。

第五条 县级以上人民政府地方志工作机构在同级人民政府直接领导下主管本行政区域内的地方志工作，履行下列职责：

（一）贯彻执行有关地方志工作的法律、法规、规章和相关政策，制定有关地方志编纂的业务规范；

（二）拟定地方志总体工作规划和编纂方案，组织专家对已编纂成稿的地方志进行评审验收；

（三）组织、指导、督促和检查地方志工作；

（四）组织编纂地方志书、地方综合年鉴及其他地情资料；

（五）搜集、整理、保存地方文献和资料，组织整理旧志；

（六）组织开发利用地方志资源，建立方志馆和网站，为公众提供服务；

（七）组织方志理论研究和学术交流，培训地方志业务人员。

第六条 县级以上人民政府制定本行政区域地方志总体工作规划，并报上一级人民政府地方志工作机构备案。

第七条 以县级以上行政区域名称冠名的地方志书、地方综合年鉴，由本级人民政府地方志工作机构按总体工作规划组织编纂，其他组织和个人不得编纂。

第八条 编纂地方志应当科学规范，全面客观，存真求实，确保质量。

第九条 按地方志总体工作规划承担地方志编纂任务的单位（以下简称承编单位），应当明确地方志编纂工作的机构和人员，保障经费和办公条件，按时完成编纂任务。

第十条 以县级以上行政区域名称冠名的地方志书的编纂实行主编负责制。主编应由具有较高政治素质、较强协调能力和一定专业知识，熟悉地情的人员担任，并由本级人民政府聘任。

第十一条 地方志编纂人员实行专兼职相结合，专职编纂人员的素质应当适应地方志编纂工作的需要，具备相应的专业知识和文字能力。地方志编纂工作可以采取聘用方式聘请适合从事地方志编纂的人员参加编纂。专职兼职编纂人员应当接受专业培训。

地方志编纂人员应当恪尽职守、客观公正、据实直书、忠于史实。任何单位和个人不得要求编纂人员在地方志中作不实记述。

第十二条 以县级以上行政区域名称冠名的地方志书每20年左右编纂一次。遇有重大区划变动，应当从实际情况出发适时组织编纂。每一轮地方志书编纂工作完成后，县级以上人民政府地方志工作机构在编纂地方综合年鉴、搜集资料以及向社会提供咨询服务的同时，启动新一轮地方志书的编纂工作。

第十三条 县级以上人民政府地方志工作机构以及承编单位应当建立经常性地方志资料征集制度，有关单位和个人应当据实提供资料。涉及国家秘密、商业秘密和个人隐私以及不符合档案开放条件的，按国家和本省有关规定办理。

第十四条 以县级以上行政区域名称冠名、列入总体工作规划的地方志书，应当经过评审验收。

以省行政区域名称冠名的地方志书，由省人民政府地方志工作机构组织评审；以设区的市、县（自治县、不设区的市、市辖区）行政区域名称冠名的地方志书，由设区的市人民政府地方志工作机构组织评审，并将审核后的地方志书文稿报送省人民政府地方志工作机构验收。评审人员主要从省地方志专家库中选取。

省人民政府地方志工作机构收到报送的地方志文稿后15日内，应当组织地方志、保密、档案、历史、法律、经济和军事等方面的专家进行验收。重点验收地方志书文稿的内容是否符合宪法和保密、档案等法律、法规的规定，是否全面、客观地反映本行政区域自然、政治、经济、文化和社会的历史与现状，是否在修改中吸收了评审的合理意见。

第十五条 地方志书文稿经验收合格后，由省人民政府地方志工作机构出具验收意见，经本级人民政府批准，方可交付出版。

第十六条 以县级以上行政区域名称冠名的地方综合年鉴，由本级人民政府地方志工作机构以年度为序组织编纂，经本级人民政府批准，方可交付出版。

第十七条 以县级以上行政区域名称冠名的地方志书、地方综合年鉴出版后三个月内，承编单位应当分别向上级人民政府地方志工作机构报送样书和样书电子文本。

第十八条 以县级以上行政区域名称冠名的地方志书、地方综合年鉴在编纂过程中形成的各种形式的资料，由本级人民政府地方志工作机构统一管理，重要资料送省人民政府地方志工作机构集中管理。个人不得据为己有或者出租、出让、转借。

第十九条 县级以上人民政府地方志工作机构应当开拓社会使用地方志的途径，可以通过方志馆和网站等方式，加强地方志工作的信息化建设，为经济社会全面发展服务。

公民、法人或者其他组织可以通过查询、阅览、摘抄等方式利用方志馆收藏、展示的地方志文献和资料。

第二十条 县级以上人民政府可以对在地方志编纂中作出突出成绩的单位和个人给予表彰、奖励。

第二十一条 县级以上人民政府地方志工作机构及其工作人员违反本规定第十八条规定的，由其所在单位责令改正，依法给予行政处分。

第二十二条 违反本规定第九条规定的，由县级以上人民政府地方志工作机构责令限期改正；逾期不改正的，由县级以上人民政府地方志工作机构提请本级人民政府或者有关行政部门予以纠正，并视情节对有关责任人员给予行政处分。

第二十三条 需要且有条件编纂部门志、行业志、乡镇志、街道志的，参照本规定执行。县级以上人民政府地方志工作机构应当提供业务指导、服务。

第二十四条 本规定自2008年3月1日起施行。

秦皇岛市人民政府办公厅关于印发《秦皇岛市地方志工作管理办法》的通知

秦政办发〔2016〕5号

各县、区人民政府，开发区、北戴河新区管委，市政府各部门，各有关单位：

《秦皇岛市地方志工作管理办法》已经市政府同意，现印发给你们，请结合实际认真抓好贯彻落实。

秦皇岛人民政府

二〇一六年二月二十二日

秦皇岛市地方志工作管理办法

第一条 为规范全市地方志的编纂、管理和开发利用，科学地积累、保存和开发地方志资源，发挥地方志服务、促进经济社会发展的作用，推动全市地方志事业科学发展，根据《地方志工作条例》《全国地方志事业发展规划纲要（2015-2020）》和《河北省地方志工作规定》，结合我市实际情况，制定本办法。

第二条 本办法适用于全市行政区域内与地方志相关的资料收集，地方志的组织编纂、研究开发和管理利用工作。

第三条 本规定所称地方志指各种类的地方资料文献，包括地方志书、地方年鉴及其他地情文献。

地方志书，包括地方综合志书和地方专业志书。地方综合志书是指全面系统记述本行政区域内自然、政治、经济、文化、社会的历史与现状的资料性文献，包括市志、县（区）志、乡（镇、街道）志、村志。地方专业志书是指全面、系统、准确地记述某一行业、部门和特定事物的历史与现状的资料性文献。包括部门志、行业志以及海洋、山川、寺庙等特色志。

地方年鉴，包括地方综合年鉴和地方专业年鉴。地方综合年鉴是指系统记述本行政区域内自然、政治、经济、文化和社会等方面年度情况的资料性文献。地方专业年鉴是指系统地记述行业、部门事物发展的年度资料性文献。

其他地情文献，是指记述或载录特定历史时期、特定行政区域内的自然、人文等方面情况的资料性文献。

第四条 各级人民政府和秦皇岛经济技术开发区、北戴河新区管理委员会要加强对地方志工作的领导，健全地方志工作机构，保障地方志工作条件。地方志工作应纳入国民经济和社会发展规划，地方志工作所需经费列入本级财政预算。政府督查和地方志工作的管理部门要加大督查考核力度，确保地方志工作正常开展。

第五条 各级地方志工作机构在同级人民政府、管理委员会直接领导下，负责本行政区的地方志工作，履行下列职责：

（一）宣传、贯彻、执行有关地方志工作的政策、法律、法规；

（二）组织、指导、督促和检查所辖区地方志工作；

（三）拟定地方志总体工作规划和编纂方案；

（四）开展地方文献编纂项目的管理。通过自主编纂或授权委托、购买服务的方式，完成地方文献编纂任务，形成志书、年鉴、其他地情文献等地方文献成果；

（五）组织专业人员审查、验收地方志文稿；

（六）收集、整理、保存地方文献和资料，组织旧志整理工作，做好旧志的收集、点校、翻印等项工作；

（七）组织开发利用地方志资源，建立方志馆和网站，为社会提供服务；

（八）组织开展地方志理论研究和学术交流，组织地方志工作人员的业务知识与技能培训；

（九）完成上级部门交办的其他工作。

第六条 各级地方志工作机构负责拟定本行政区域地方志工作总体规划，并报上一级人民政府地方志工作机构备案。

第七条 以市、县（区）行政区域名称冠名的地方综合志书、地方综合年鉴，由本级人民政府地方志工作机构负责组织编纂，其他组织和个人无权编纂。对擅自编纂出版以市、县（区）行政区域名称冠名的地方志书、地方综合年鉴的单位和个人，由地方志工作机构提请本级人民政府及出版印刷管理部门，责令其采取相应措施予以纠正，并视情节追究有关单位和个人的责任。

第八条 以市、县（区）行政区域名称冠名的地方志书的编纂实行主编负责制，主编由本级人民政府聘任，并报上一级人民政府地方志工作机构备案。

第九条 地方志编纂人员应实行专兼职相结合。应具备下列条件：

（一）编纂人员应当具备相应的专业知识和学术水平；

（二）编纂人员应客观公正、忠于事实，据实直书；

（三）编纂地方志应当吸收有关专家、学者参加；

（四）编纂地方志可聘请适合从事地方志编纂的人员参加。

第十条 以市、县（区）行政区域名称冠名的地方综合志书一般每20年左右编纂一次，地方综合年鉴每年编纂一次，其他地情文献的编纂根据需要适时安排。每一轮地方综合志书编纂工作完成后，各级地方志工作机构在开展日常其他工作的同时，应做好下一轮地方综合志书编纂的准备工作。

第十一条 按照地方综合志书编纂规划承担编纂任务的单位，应当将地方志工作列入工作计划，明确责任人，保障工作条件，并接受所在地人民政府地方志工作机构的业务指导和督促检查。

（一）承担地方综合志书编纂任务的单位应当在规定时间内完成地方志书的初稿和资料报送任务，并承担所报送志稿和资料真实性和准确性的责任；

（二）地方志工作机构承担对具有编纂任务的单位进行地方志业务指导和督查的责任。

第十二条 以市、县（区）行政区域名称冠名、列入总体工作规划的地方志书，应当经过评审、审查、验收。

（一）以市、县（区）行政区域名称冠名的地方志书，由市人民政府地方志工作机构组织评审，经市人民政府地方志工作机构验收合格后报省级地方志工作机构终审。以市、县（区）行政区域名称冠名的地方志书终审通过后，经本级人民政府批准，方可交付出版；

（二）对地方综合志书进行审查验收时，应当组织保密、档案、历史、法律、民族、社会、经济、军事等有关方面的专家参加；

（三）未经审查验收、批准将地方志文稿交付出版，或者存在违反宪法、法律、法规规定内容的，由上级地方志工作机构提请本级人民政府及出版行政管理部门，责令采取相应措施予以纠正，并视情节追究有关单位和个人的责任。

第十三条 以市、县（区）行政区域名称冠名的地方综合年鉴，由本级人民政府地方志工作机构以年度为序组织编纂，经本级人民政府批准，方可交付出版。

第十四条 以市、县（区）行政区域名称冠名的地方志书、地方综合年鉴出版后三个月内，承编单位应当向上级地方志工作机构报送样书不少于50本。

第十五条 以市、县（区）行政区域名称冠名的地方志书、地方综合年鉴，依照《中华人民共和国著作权法》第十六条第二款规定，其著作权由组织编纂的地方志工作机构享有，参与编纂的人员享有署名权。编纂人员稿酬按照国家版权局发布的《出版文字作品报酬规定》，结合地方志书和年鉴编纂的实际情况发放。

第十六条 以市、县（区）行政区域名称冠名的地方志书、地方综合年鉴在编纂过程中形成的各种形式的资料，由本级人民政府地方志工作机构统一管理，个人不得据为已有或者出租、出让、转借和出卖。

第十七条 鼓励有条件的单位、村镇编纂部门志、行业志、乡镇志、村志和部门年鉴、行业年鉴，编纂单位应到本级地方志工作机构备案。稿件完成后应当经过本级地方志工作机构审查验收后，方可公开出版，并在出版后三个月内分别向各级地方志工作机构报送样书不少于50本。

第十八条 各级地方志工作机构应当加强对地方志的收藏与管理，拓展为社会服务途径，加强方志馆、数据库、网站等建设，为社会提供地方志文献相关资料等服务。

第十九条 各级地方志工作机构应建立地方志资料收（征）集、保存、管理制度。涉及国家秘密、商业秘密和个人隐私以及不符合档案开放条件的资料，按照有关规定执行。

（一）机关、事业单位、国有企业和社会团体应义务向地方志工作机构提供地方志资料。非国有企业和个人本着自愿的原则向地方志工作机构提供其拥有的地方志资料，地方志工作机构征用非国有企业和个人拥有的地方志资料，应当支付资料入藏费或资料使用费；

（二）本市行政区域内的国家档案馆、公共图书馆、国有博物馆应当无偿为地方志编纂工作提供资料或者查询服务；

（三）地方志书出版后应当向本市行政区域内的国家档案馆、公共图书馆、国有博物馆无偿提供藏书。

第二十条 在地方志工作中做出突出成绩的单位和个人，市、县（区）人民政府应给予表彰。

第二十一条 承担地方志编纂任务的单位，有下列行为之一的，由本级人民政府地方志工作机构责令改正；逾期不改正的，由本级人民政府地方志机构提请本级人民政府或有关行政部门予以纠正，限期整改：

（一）拒绝承担地方志编纂任务或在规定期限内未能完成地方志文稿任务的；

（二）故意提供虚假资料的；

（三）拒不接受本级人民政府地方志工作机构督促检查的。

第二十二条 各级地方志工作机构及其工作人员有下列行为之一的，由其所在单位责令改正，并依法给予行政处分。造成不良影响的，由同级人民政府对直接负责的主管人员和其他直接责任人员依法给予行政处分：

（一）故意在地方志编纂中加入虚假资料的；

（二）地方志书经审查验收或地方综合年鉴经验收批准印刷出版后，未经批准增删和修改地方志志稿内容的；

（三）故意损毁地方志资料，或将地方志资料据为己有，或出租、出让、转借和出卖的。

第二十三条 本办法自发布之日起施行。

邢台市人民政府令

〔2013〕第6号

《邢台市地方志工作规定》已经2013年8月23日市政府第六次常务会议讨论通过，现予以公布，自2013年10月1日起施行。

市长：孟祥伟

二〇一三年八月三十日

邢台市地方志工作规定

第一条 为推进地方志工作规范化、法制化，发挥地方志服务社会和促进经济社会发展的作用，根据国务院《地方志工作条例》和《河北省地方志工作规定》，结合本市实际，制定本规定。

第二条 本市行政区域内地方志的组织编纂、管理和开发利用工作，适用本规定。

第三条 本规定所称地方志，包括地方志书、地方年鉴及地情文献。地方志书，包括综合志书和专业志书。地方年鉴，包括综合年鉴和专业年鉴。

综合志书，是指全面、客观、系统地记述本行政区域内自然、政治、经济、文化和社会的历史与现状的资料性文献，包括市志、县（市、区）志、乡（镇）志、村（社区）志等。

专业志书，是指全面、客观、系统地记述本行政区域内行业、部门、院校、企业或特定事物的历史与现状的资料性文献，包括行业志、部门志、院校志、企业志等。

综合年鉴，是指全面、客观、系统地记述本行政区域内自然、政治、经济、文化和社会等方面情况的年度资料性文献，包括市年鉴、县（市、区）年鉴、乡（镇）年鉴、村（社区）年鉴等。

专业年鉴，是指全面、客观、系统地记述本行政区域内行业、部门、院校、企业或特定事物的年度资料性文献，包括行业年鉴、部门年鉴、院校年鉴、企业年鉴等。

地情文献，是指除地方志书、地方年鉴以外，全面、客观、系统地记述或载录本行政区域内特定历史时期综合性或专项性的资料性文献，包括各种史料性文献，市、县（市、区）、市直部门、企事业单位及乡（镇）、村（社区）编纂的以本行政区域冠名的地情类书籍。

第四条 各级人民政府应加强对地方志工作的领导，将地方志工作纳入国民经济和社会发展规划，并列入政府考核目标。地方志工作所需经费列入本级财政预算。

县级以上人民政府应将地方志工作机构列为本级人民政府常设机构，并配备专职工作人员，保障相应的办公条件。

第五条 市、县（市、区）地方志编纂委员会负责本行政区域内地方志工作的统筹规划、组织协调、督促指导。

县级以上人民政府地方志工作机构（以下简称地方志工作机构）承担本级地方志编纂委员会的日常工作。

第六条 地方志工作机构在本级人民政府直接领导下主管本行政区域内的地方志工作，履行下列职责：

（一）贯彻执行有关地方志工作的法律、法规、规章和相关政策，制定有关地方志编纂的业务规范；

（二）拟定地方志总体工作规划和编纂方案；

（三）依照规定组织专家对已编纂成稿的地方志进行评审验收；

（四）组织、指导、督促和检查地方志工作；

（五）组织、指导、编纂地方志书、地方年鉴及地情文献；

（六）搜集、整理、保存地方文献和资料，组织整理旧志；

（七）组织开发利用地方志资源，建立方志馆（库）和网站，为公众提供服务；

（八）开展方志理论研究、学术交流和宣传；

（九）培训地方志工作人员；

（十）完成本级人民政府和上级地方志工作机构交办的其他事项。

第七条 市、县（市、区）人民政府制定本行政区域的地方志短期和长期总体工作规划，并报上级地方志工作机构备案。

第八条 以市、县（市、区）行政区域名称冠名的地方综合志书、地方综合年鉴和综合性地情文献，由本级地方志工作机构按总体工作规划组织编纂，其他组织和个人不得编纂出版。

有关组织和个人可编纂出版上述规定以外的志书、年鉴或其他地情文献，但编纂单位和个人应按隶属关系或注册登记关系报本级地方志工作机构审查批准并备案。

本级地方志工作机构应对编纂活动进行业务指导。

第九条 编纂地方志应科学规范，全面客观，存真求实，确保质量。

第十条 按地方志总体工作规划承担地方志编纂任务的单位（以下简称承编单位），应将地方志编纂工作列入年度工作计划，明确地方志编纂工作的领导、机构和人员，保障经费、办公条件和相应待遇，按时保质完成编纂任务，并对所编纂的地方志初稿的质量或所提供资料的真实性和准确性负责。

承编单位应接受本级地方志工作机构的业务指导和督促检查。

第十一条 以市、县（市、区）行政区域名称冠名的地方志的编纂实行主编负责制。主编应由具有较高政治素质、较强协调能力和一定专业知识、熟悉地情的人员担任，由本级人民政府聘任，并报上级地方志工作机构备案。

第十二条 编纂地方志应吸收有关方面的专家、学者参加。地方志编纂人员实行专兼职相结合。专职编纂人员的素质应适应地方志编纂工作的需要，具备相应的专业知识和文字能力。地方志编纂工作可以采取聘用方式聘请适合从事地方志编纂的人员参与编纂。专职兼职编纂人员应接受专业培训。

地方志编纂人员应恪尽职守、客观公正、秉笔直书、忠于史实。任何单位和个人不得要求编纂人员在地方志中作不实记述。

第十三条 以市、县（市、区）行政区域名称冠名的地方综合志书每二十年左右编纂一次。遇有重大区划变动，应从实际情况出发适时组织编纂。每一轮地方综合志书编纂工作完成后，地方志工作机构应在编纂地方综合年鉴、搜集资料以及向社会提供咨询服务的同时，启动新一轮地方综合志书的编纂工作。

第十四条 地方志工作机构及承编单位应建立经常性地方志资料征集制度，有关单位和个人应据实提供资料。地方志编纂人员可对所需资料内容进行查阅、摘抄、复制等，有关单位和个人应提供支持。涉及国家秘密、商业秘密和个人隐私以及不符合档案开放条件的，按国家和省、市有关规定执行。

第十五条 以市、县（市、区）行政区域名称冠名、列入省总体工作规划的地方志稿（以下简称志稿），应通过四级评审，按以下程序进行审查验收，经审查验收合格后方可公开出版：

（一）一审为志书编纂单位领导机构组织的审核。经一审并修改后的志稿，连同书面报告一并报送上级地方志工作机构审核，提请二审。书面报告应由本级地方志编纂委员会主任签名，同时加盖地方志编纂委员会公章。

（二）二审为市级地方志工作机构组织的内部审核。经二审并修改后的县（市、区）志稿，连同二审修改方案一并由市级地方志工作机构审核，提请三审。市志稿二审与三审结合进行。

（三）三审为市级地方志工作机构组织、特邀有关专家参加、省市专业人员与会的审核。经三审并修改后的志稿，由市级地方志工作机构提出书面意见，连同修改报告和保密部门审查通过的有关证明材料一并报送省级地方志工作机构审核，提请四审。书面意见应由市级地方志工作机构主要领导签名，并加盖单位公章。

志稿的保密审查由提供资料和编写初稿的单位负责，保密主管部门会同地方志工作机构对志稿进行保密审定，并出具证明材料。

（四）四审为付印出版前的省级终审。经四审后的志稿由省级地方志工作机构出具审查验收报告后，经本级人民政府批准出版。

已通过审查验收的志稿，未经原审查验收或批准的机关同意不得擅自修改。

第十六条 以市、县（市、区）行政区域名称冠名的地方综合年鉴，由本级地方志工作机构以年度为序组织编纂，经上级地方志工作机构审验，本级人民政府批准后，方可交付出版。地方综合年鉴按年度连续出版。

第十七条 以市、县（市、区）行政区域名称冠名的综合性地情文献，由本级地方志工作机构组织编纂，经上级地方志工作机构审验，本级人民政府批准后，方可交付出版。

第十八条 以市、县（市、区）行政区域名称冠名的地方志出版后三个月内，编纂单位应向上级地方志工作机构报送样书和样书电子文本。地方志书应报送五十套，地方年鉴、地情文献应各报送三十套。

第十九条 以市、县（市、区）行政区域名称冠名的地方志为职务作品，依照《中华人民共和国著作权法》第十六条第二款规定，其著作权由组织编纂的地方志工作机构享有，参与编纂的人员享有署名权。编纂人员稿酬按版权局发布的《出版文字作品报酬规定》，结合编纂的实际情况发放。

第二十条 以市、县（市、区）行政区域名称冠名的地方志在编纂过程中形成的各种形式的资料，由本级地方志工作机构统一管理，特殊重要资料送上级地方志工作机构集中管理。个人不得据为己有或者出租、出让、转借和出卖。

第二十一条 需要且有条件编纂部门志鉴、行业志鉴、乡（镇）志鉴、村（社区）志鉴或专项性地情文献的，编纂单位应向本级地方志工作机构提出申请，经批准后，纳入地方志工作总体规划。志鉴稿或文献稿经本级地方志工作机构审查验收后，方可公开出版。出版后三个月内应向本级地方志工作机构报送样书五十套和样书的电子文本。

本级地方志工作机构应对编纂部门提供业务指导和服务。

第二十二条 地方志工作机构应开拓社会使用地方志的途径，通过建立方志馆、地方志资料库和地情网站等形式，加强地方志工作的信息化建设，为社会各界利用地方志文献资料创造便利条件。加强对地方志资料的整理、保存和开发利用，积极开展地情宣传、咨询活动，出版专题资料、地情研究成果，为经济社会全面发展服务。

机关、事业单位、国有企业、社团组织应无偿向地方志工作机构提供地方志资料。鼓励私营企业和个人向地方志工作机构捐赠或提供地方志文献和资料。对具有收藏价值的资料，地方志工作机构应向捐赠者颁发收藏纪念证书。

公民、法人或者其他组织可通过查询、阅览、摘抄等方式利用地方志网站和方志馆（库）收藏、展示的地方志文献和资料。

第二十三条 地方志成果可依照有关规定参加各级评奖活动。

市、县（市、区）人民政府应对在地方志编纂中做出突出成绩的单位和个人给予表彰和奖励。

第二十四条 按照地方志总体工作规划承担地方志编纂任务的单位，有下列行为之一的，由本级地方志工作机构予以通报批评，督促其限期改正；逾期不改正的，由地方志工作机构提请本级人民政府或有关行政部门予以纠正，并视情节对有关责任人员给予行政处分：

（一）拒绝承担地方志编纂任务或者无故拖延地方志资料报送的；

（二）故意提供虚假地方志资料的；

（三）拒不执行地方志工作机构的督促检查意见的。

第二十五条 地方志工作机构及其工作人员有下列行为之一的，由其所在单位责令改正，依法给予行政处分；造成不良影响的，由本级人民政府对直接负责的主管人员和其他直接责任人员依法给予行政处分：

（一）故意在地方志编纂中加入虚假资料的；

（二）地方志文稿经审查验收批准后，未经同意删增和修改其内容的；

（三）擅自将地方志文稿作为个人著作发表的；

（四）故意损毁地方志资料的，将地方志资料据为己有或出租、出让、转借和出卖的。

第二十六条 对擅自编纂出版以市、县（市、区）行政区域名称冠名的地方志的单位和个人，由地方志工作机构提请本级人民政府及出版行政部门，责令采取相应措施予以纠正，并视情节追究有关单位和个人的责任；涉嫌犯罪的，移交司法机关依法追究刑事责任。

第二十七条 未经审查验收、批准将志稿交付出版，或者地方志存在违反宪法、法律、法规规定内容，以及泄露国家秘密的，由上级地方志工作机构提请本级人民政府及出版行政部门，责令采取相应措施予以纠正，并视情节追究有关单位和个人的责任；涉嫌犯罪的，移交司法机关依法追究刑事责任。

第二十八条 任何单位和个人有权对违反本规定的行为进行检举。

第二十九条 本规定有效期为五年，自 2013 年 10 月 1 日起至 2018 年 9 月 30 日止。

宁晋县人民政府
关于印发《宁晋县地方志工作规定》的通 知

政字〔2013〕48 号

各乡镇人民政府，盐化工园区管委会、西城区管委会，县政府各部门，各人民团体：

根据《河北省地方志工作规定》（河北省人民政府令〔2008〕第 6 号）和《邢台市地方志工作规定》（邢台市人民政府令〔2013〕第 6 号），结合我县实际，制定了《宁晋县地方志工作规定》，现予印发，请认真贯彻执行。

宁晋县人民政府

二〇一三年十月十七日

宁晋县地方志工作规定

第一条 为推进地方志工作规范化、法制化，发挥地方志服务社会和促进经济社会发展的作用，根据《国务院〈地方志工作条例〉》《河北省地方志工作规定》和《邢台市地方志工作规定》，结合本县实际，制定本规定。

第二条 本县行政区域内地方志的组织编纂、管理和开发利用工作，适用本规定。

第三条 本规定所称地方志，包括地方志书、地方年鉴及地情文献。地方志书，包括综合志书和专业志书。地方年鉴，包括综合年鉴和专业年鉴。

综合志书，是指全面、客观、系统地记述本行政区域内自然、政治、经济、文化和社会的历史与现状的资料性文献，包括县志、乡镇（区）志、村（社区）志等。

专业志书，是指全面、客观、系统地记述本行政区域内行业、部门、学校、企业或特定事物的历史与现状的资料性文献，包括行业志、部门志、学校志、企业志等。

综合年鉴，是指全面、客观、系统地记述本行政区域内自然、政治、经济、文化和社会等方面情况的年度资料性文献，包括县年鉴、乡镇（区）年鉴、村（社区）年鉴等。

专业年鉴，是指全面、客观、系统地记述本行政区域内行业、部门、学校、企业或特定事物的年度资料性文献，包括行业年鉴、部门年鉴、学校年鉴、企业年鉴等。

地情文献，是指除地方志书、地方年鉴以外，全面、客观、系统地记述或载录本行政区域内特定历史时期综合性或专项性的资料性文献，包括各种史料性文献，县、县直部门、企事业单位及乡镇（区）、村（社区）编纂的以本行政区域冠名的地情类书籍。

第四条 各级人民政府应加强对地方志工作的领导，将地方志工作纳入经济社会发展规划，地方志工作所需经费列入本级财政预算。

乡镇（区）政府应明确分管地方志工作的负责人，配备地方志工作专兼职人员，保障办公条件。

第五条 县地方志编纂委员会负责本行政区域内地方志工作的统筹规划、组织协调、督促指导。

县政府地方志工作机构（以下简称县地方志工作机构）承担本级地方志编纂委员会的日常工作。

乡镇（区）政府的地方志工作专兼职人员，承担本级地方志的日常工作。

第六条 县地方志工作机构在县政府直接领导下主管本行政区域内的地方志工作，履行下列职责：

（一）贯彻执行有关地方志工作的法律、法规、规章和相关政策，制定有关地方志编纂的业务规范；

（二）拟定地方志总体工作规划和编纂方案；

（三）依照规定组织专家对已编纂成稿的地方志进行评审验收；

（四）组织、指导、督促和检查地方志工作；

（五）组织、指导、编纂地方志书、地方年鉴及地情文献；

（六）搜集、整理、保存地方文献和资料，组织整理旧志；

（七）组织开发利用地方志资源，建立方志馆（库）和网站，为公众提供服务；

（八）开展方志理论研究、学术交流和宣传；

（九）培训地方志工作人员；

（十）完成本级人民政府和上级地方志工作机构交办的其他事项。

第七条 县、乡镇（区）政府制定本行政区域的地方志短期和长期总体工作规划，并报上级地方志工作机构备案。

第八条 以县行政区域名称冠名的地方综合志书、地方综合年鉴和综合性地情文献，由县地方志工作机构按总体工作规划组织编纂，其他组织和个人不得编纂出版。

以乡镇（区）行政区域名称冠名的地方综合志书、地方综合年鉴和综合性地情文献，由乡镇政府按总体工作规划组织编纂，其他组织和个人不得编纂出版。

有关组织和个人可编纂出版上述规定以外的志书、年鉴或其他地情文献，但编纂单位和个人应按隶属关系或注册登记关系报县地方志工作机构审查批准并备案。

县地方志工作机构应对编纂活动进行业务指导。

第九条 编纂地方志应科学规范，全面客观，存真求实，确保质量。

第十条 按地方志总体工作规划承担地方志编纂任务的单位（以下简称承编单位），应将地方志编纂工作列入年度工作计划，明确地方志编纂工作的负责人和人员，保障经费、办公条件和相应待遇，按时保质完成编纂任务，并对所编纂的地方志初稿的质量或所提供资料的真实性和准确性负责。

承编单位应接受县地方志工作机构的业务指导和督促检查。

第十一条 以县、乡镇（区）行政区域名称冠名的地方志的编纂实行主编负责制。主编应由具有较高政治素质、较强协调能力和一定专业知识、熟悉地情的人员担任，由本级人民政府聘任，并报上级地方志工作机构备案。

第十二条 编纂地方志应吸收有关方面的专家、学者参加。地方志编纂人员实行专兼职相结合。专职编纂人员的素质应适应地方志编纂工作的需要，具备相应的专业知识和文字能力。地方志编纂工作可以采取聘用方式聘请适合从事地方志编纂的人员参与编纂。专职兼职编纂人员应接受专业培训。

地方志编纂人员应恪尽职守、客观公正、秉笔直书、忠于史实。任何单位和个人不得要求编纂人员在地方志中作不实记述。

第十三条 以县行政区域名称冠名的地方综合志书每二十年左右编纂一次。需要且有条件的乡镇（区）以本行政区域名称冠名的地方综合志书每十年左右编纂一次。遇有重大区划变动，应从实际情况出发适时组织编纂。每一轮地方综合志书编纂工作完成后，县地方志工作机构和乡镇（区）政府应在编纂地方综合年鉴、搜集资料以及向社会提供咨询服务的同时，启动新一轮地方综合志书的编纂工作。

第十四条 县地方志工作机构及承编单位应建立经常性地方志资料征集制度，有关单位和个人应据实提供资料。地方志编纂人员可对所需资料内容进行查阅、摘抄、复制等，有关单位和个人应提供支持。涉及国家秘密、商业秘密和个人隐私以及不符合档案开放条件的，按国家和省、市、县有关规定执行。

第十五条 以县行政区域名称冠名、列入省市总体工作规划的地方志稿，应按《邢台市地方志工作规定》第十五条的要求进行评审，经审查验收合格后方可公开出版。

以乡镇（区）行政区域名称冠名、列入县总体工作规划的地方志稿（以下简称志稿），应通过三级评审，按以下程序进行审查验收，经审查验收合格后方可公开出版：

（一）一审为志书编纂工作领导小组和乡镇人民政府组织的审核。经一审并修改后的志稿，连同书面报告一并报送县保密主管部门审核，提请二审。书面报告应由乡镇人民政府分管志书编纂工作的负责人签名，同时加盖乡镇人民政府公章。

（二）志稿的保密审查由提供资料和编写初稿的单位负责，县保密主管部门对一审修改后的志稿进行保密审定。经二审修改后的志稿，会同书面报告及县保密主管部门出具的证明材料，一并报县地方志工作机构，提请三审。

（三）三审为县地方志工作机构组织、特邀有关专家参加、市、县专业人员与会的审核，为付印出版前的县级终审。经三审并修改后的志稿由县地方志工作机构出具审查验收报告后，经乡镇人民政府批准出版。

已通过审查验收的志稿，未经原审查验收或批准的机关同意不得擅自修改。

第十六条 以县行政区域名称冠名的地方综合年鉴，由县地方志工作机构以年度为序组织编纂，经市地方志工作机构审验，本县人民政府批准后，方可交付出版。

以乡镇（区）行政区域名称冠名的地方综合年鉴，由乡镇（区）政府以年度为序组织编纂，经县地方志工作机构审验，乡镇人民政府批准后，方可交付出版。

第十七条 以县行政区域名称冠名的综合性地情文献，由县地方志工作机构组织编纂，经市地方志工作机构审验，县人民政府批准后，方可交付出版。

以乡镇（区）行政区域名称冠名的综合性地情文献，由乡镇（区）政府组织编纂，经县地方志工作机构审验，乡镇人民政府批准后，方可交付出版。

第十八条 以县、乡镇（区）行政区域名称冠名的地方志出版后三个月内，编纂单位应向上级地方志工作机构报送样书和样书电子文本。地方志书应报送五十套，地方年鉴、地情文献应各报送三十套。

第十九条 以县、乡镇（区）行政区域名称冠名的地方志为职务作品，依照《中华人民共和国著作权法》第十六条第二款规定，其著作权由组织编纂的县地方志工作机构（组织编纂的单位）享有，参与编纂的人员享有署名权。编纂人员稿酬按版权局发布的《出版文字作品报酬规定》，结合编纂的实际情况发放。

第二十条 以县、乡镇（区）行政区域名称冠名的地方志在编纂过程中形成的各种形式的资料，由县地方志工作机构（组织编纂单位）统一管理，特殊重要资料送上级地方志工作机构集中管理。个人不得据为己有或者出租、出让、转借和出卖。

第二十一条 需要且有条件编纂部门志鉴、行业志鉴、乡镇（区）志鉴、村（社区）志鉴或专项性地情文献的，编纂单位应向县地方志工作机构提出申请，经批准后，纳入地方志工作总体规划。志鉴稿或文献稿经县地方志工作机构审查验收后，方可公开出版。出版后三个月内应向县地方志工作机构报送样书五十套和样书的电子文本。

县地方志工作机构应对编纂部门提供业务指导和服务。

第二十二条 县地方志工作机构应开拓社会使用地方志的途径，通过建立方志馆、地方志资料库和地情网站等形式，加强地方志工作的信息化建设，为社会各界利用地方志文献资料创造便利条件。加强对地方志资料的整理、保存和开发利用，积极开展地情宣传、咨询活动，出版专题资料、地情研究成果，为经济社会全面发展服务。

机关、事业单位、国有企业、社团组织应无偿向县地方志工作机构提供地方志资料。鼓励私营企业和个人向县地方志工作机构捐赠或提供地方志文献和资料。对具有收藏价值的资料，县地方志工作机构将向捐赠者颁发收藏纪念证书。

公民、法人或者其他组织可通过查询、阅览、摘抄等方式利用县地方志网站和方志馆

(库）收藏、展示的地方志文献和资料。

第二十三条 地方志成果可依照有关规定参加各级评奖活动。

县、乡镇（区）政府将对在地方志编纂中做出突出成绩的单位和个人给予表彰和奖励。

第二十四条 按照地方志总体工作规划承担地方志编纂任务的单位，有下列行为之一的，由县地方志工作机构予以通报批评，督促其限期改正；逾期不改正的，由县地方志工作机构提请本级人民政府或有关行政部门予以纠正，并视情节对有关责任人员给予行政处分：

（一）拒绝承担地方志编纂任务或者无故拖延地方志资料报送的；

（二）故意提供虚假地方志资料的；

（三）拒不执行县地方志工作机构的督促检查意见的。

第二十五条 县地方志工作机构及各单位地方志工作人员，有下列行为之一的，由其所在单位责令改正，依法给予行政处分；造成不良影响的，由县人民政府对直接负责的主管人员和其他直接责任人员依法给予行政处分：

（一）故意在地方志编纂中加入虚假资料的；

（二）地方志文稿经审查验收批准后，未经同意删增和修改其内容的；

（三）擅自将地方志文稿作为个人著作发表的；

（四）故意损毁地方志资料的，将地方志资料据为己有或出租、出让、转借和出卖的。

第二十六条 对擅自编纂出版以县、乡镇（区）行政区域名称冠名的地方志的单位和个人，由县地方志工作机构提请县级人民政府及出版行政部门，责令采取相应措施予以纠正，并视情节追究有关单位和个人的责任；涉嫌犯罪的，移交司法机关依法追究刑事责任。

第二十七条 未经审查验收、批准将志稿交付出版，或者地方志存在违反宪法、法律、法规规定内容，以及泄露国家秘密的，由上级地方志工作机构提请本级人民政府及出版行政部门，责令采取相应措施予以纠正，并视情节追究有关单位和个人的责任；涉嫌犯罪的，移交司法机关依法追究刑事责任。

第二十八条 任何单位和个人有权对违反本规定的行为进行检举。

第二十九条 本规定有效期为五年，自印发之日起施行。

清河县人民政府关于印发《清河县地方志工作管理办法（试行）》的通　知

政字〔2012〕19号

各镇人民政府、桥东办事处，县政府有关部门：

《清河县地方志工作管理办法（试行）》已经县政府研究，现印发给你们，请结合实际，认真贯彻落实。

清河县人民政府

二〇一二年四月十二日

清河县地方志工作管理办法（试行）

第一条　为继承和发扬民族优秀文化传统，进一步规范和加强地方志工作，全面、客观、系统、科学的编纂地方志，积累、保存与开发、利用地方志资源，发挥地方志在促进经济和社会发展中的作用，根据国务院《地方志工作条例》《河北省地方志工作规定》和《邢台市地方志工作办法》，结合本县实际，制定本办法。

第二条　本办法适用于本县行政区域内地方志的资料征集、研究、组织编纂、管理、开发利用和咨询服务工作。

第三条　本办法所称地方志是指地方志书、地方综合年鉴及地情文献。

地方志书，是指全面系统记述本县行政区域自然、政治、经济、文化和社会的历史与现状的资料性文献，包括县志、村镇志、行业志、部门志、学校志、企业志等。

地方综合年鉴，是指全面系统记述本县行政区域自然、政治、经济、文化、社会等方面情况的年度资料性文献，包括县年鉴、村镇年鉴、行业年鉴、部门年鉴等。

地情文献，是指系统记述本县行政区域全面工作或专项工作的资料性书籍，包括机关、社会团体、企业事业单位及村（社区）编纂的以本行政区域冠名的概况等地情类书籍。

第四条　各镇（处）人民政府应当加强对本行政区域地方志工作的领导，将地方志工作纳入本地经济和社会发展规划。地方志工作所需经费列入本级财政预算。

第五条　县人民政府地方志办公室（下称县方志办）是本行政区域地方志工作主管机构，履行下列职责：

（一）贯彻执行地方志工作法律、法规；

（二）组织、指导、督促和检查全县地方志工作；

（三）拟订地方志工作规划和编纂方案；

（四）组织编纂地方志书、地方综合年鉴和其他地情文献，依照程序组织对地方志审查验收；

（五）征集、整理、保存地方志文献和资料，组织整理旧志，开展地方志理论研究和学术交流；

（六）组织开发利用地方志资源，建立方志馆（库）和网站，培训地方志编纂人员，为公众提供服务；

（七）完成本级人民政府和上级地方志工作机构交办的其他任务。

第六条　以本县行政区域名称冠名的地方志书、地方综合年鉴、综合地情文献，由县方志办按照规划组织编纂，其他组织和个人不得编纂出版。有关组织和个人允许自行组织编纂上述规定以外的志书、年鉴或者其他地情文献，但须报县方志办审查批准并备案。

第七条　编纂地方志，按下列程序进行：

（一）以清河县行政区域名称冠名的地方志书、地方综合年鉴、综合地情文献由县方志办制定编纂规划，报县政府批准后组织编纂。具体程序是：

1. 县方志办按照地方志编写年限要求，结合本县实际，对需开展的地方志编纂工作，制定出编纂规划，上报县政府批准。

2. 县方志办制定详细的编纂方案，提交县地方志编纂委员会讨论审议后，报县政府同意下发全县，启动编纂工作。其中，清河县志编纂方案须报邢台市人民政府地方志办公室批准后实施。根据编纂方案的规定，承担编纂任务的机关、社会团体、企事业单位，应当明确责任人员，接受县方志办的指导，按照时间和质量要求完成撰稿任务。

3. 县方志办负责组织编纂业务培训、指导编纂业务开展、检查验收地方志稿、出版发行地方志等工作。

4. 地方志编纂定稿后，由县方志办写出报告，报县地方志编纂委员会审定批复后，经县政府批准出版。其中，清河县志须报河北省地方志编纂委员会批复，并报省地方志办公室备案，经县政府批准后出版。

（二）本县行政区域内的镇（处）、村、部门（行业）等组织和单位编纂各自志书、年鉴、地情文献，在县方志办的指导下进行。具体程序是：

1. 相关镇（处）、部门（行业）、社会团体制定编纂方案，报县方志办审查备案后组织实施。

2. 镇（处）、部门（行业）、社会团体按照地方志编写要求，组织力量编写地方志稿；

志稿形成后，在县方志办指导下组织召开评议会议；根据评议意见修改完善地方志稿，完善修改后的志稿送本单位党政组织审查和县方志办审查验收。

3. 地方志稿审查验收合格，获准出版后，按照有关规定印刷出版，并在出版后30日内向县方志办报送50本样书和电子文本。

（三）本县行政区域内的村（居）、学校、企业编纂各自志书，在县方志办指导下进行。具体程序是：

1. 相关村（居）、学校、企业在县方志办指导下拟定编纂方案，报所在镇（处）、主管行政部门和县方志办备案后组织实施。

2. 相关村（居）、学校、企业按照地方志编写要求，组织力量编写志稿；志稿形成后，在县方志办指导下组织召开评议会，根据评议意见修改完善志稿；修改后的志稿，送本村党支部、村委会和所在镇（处）或主管行政部门审查，并送县方志办审查验收。

3. 地方志稿审查验收合格，获准出版后，按照有关规定印刷出版，并在出版后30日内向县方志办报送50本样书和电子文本。

第八条 县级地方志书每20年左右编修一次，每一轮地方志书编修工作完成后，地方志工作主管机构在编纂地方综合年鉴、搜集资料、向社会提供咨询服务的同时，启动新一轮地方志书的编修工作。县级地方综合年鉴按年度或数年编辑出版1卷。可适时组织编纂综合或专题地情文献。

第九条 地方志的编纂，要依法按照编纂方案实施。根据编纂方案承担有编纂任务的单位，应当按照编纂规划和要求，接受地方志工作主管机构的业务指导与督促检查，按时按质完成撰稿任务。

第十条 地方志编纂实行专、兼职人员相结合，广泛吸收有关专家、学者参加。从事地方志编纂业务的人员应当具备相应的专业知识和学术水平。

编纂以清河县行政区域名称冠名的地方志书、地方综合年鉴、综合地情文献的编纂人员，由县方志办聘任；编纂本县行政区域内的镇（处）、村（居）、部门（行业）、学校、企业等各类志书、年鉴、地情文献的编纂人员，由相关镇（处）、村（居）、部门（行业）学校、企业选派或聘任熟悉修志业务的人员担任，报县方志办备案。

第十一条 地方志工作主管机构依法向机关、社会团体、企业事业单位和其他组织以及个人征集有关资料，相关单位和个人应当提供便利。地方志工作主管机构可以对所需资料内容进行查阅、摘抄、复制，但涉及国家秘密、商业秘密和个人隐私以及不符合档案开放条件的除外。

第十二条 在地方志编纂过程收集到的文字资料、图表、照片、音像资料、实物等以及形成的地方志文稿，应按照规定归档管理，任何单位、个人不得损毁或者据为己有以及出租、出让、转借。

第十三条 地方志书、地方综合年鉴出版实行分级审查批准制度。应当组织有关保密、档案、历史、法律、经济、军事等方面专家参加地方志书的审查，重点审查地方志书的内容是否符合宪法和保密、档案等法律、法规的规定，是否全面、客观地反映本行政区域自然、政治、经济、文化和社会的历史与现状。

以县级行政区域名称冠名、列入规划的地方志，由上一级地方志工作主管机构负责审查验收，报县人民政府批准后方可公开出版；村镇志、行业志、部门志、学校志、企业志、地方综合年鉴和地情文献由县地方志工作主管机构审查验收，经县地方志编纂委员会批准后方可公开出版。未按以上程序进行报批的各类地方志不得公开出版，新闻出版行政机构不得核发内部资料性图书准印证。

第十四条 编纂地方志涉及军事内容的，还应当遵守中央军委关于军事志编纂的相关规定。

第十五条 地方志的保密审查由提供资料和编写初稿的单位负责，保密主管部门会同地方志工作主管机构对本级地方志进行保密审定。地方志泄露国家秘密的，由有关部门依法查处。

第十六条 地方志编纂单位应当在地方志书、地方综合年鉴及地情文献出版后30日内，向本级和上级地方志工作主管机构报送样书（含纸质版和电子版）。

第十七条 地方志书、地方综合年鉴和相关地情文献为职务作品，依照《中华人民共和国著作权法》第十六条第二款的规定，其著作权由组织编纂的机构享有，参与编纂的人员依法享有署名权。

第十八条 建立地情资料日常收集机制。县地方志工作主管机构可以通过建立方志馆（地情资料库）等收藏、保存、管理各类地方志资料，积极开展地情宣传、咨询活动，出版专题资料、地情研究成果，为社会各界服务。

鼓励单位和个人向县地方志工作主管机构捐赠地方志资料，对具有收藏价值的资料，县地方志工作主管机构应当向捐赠者颁发收藏纪念证书，并给予库存资料的优先使用权。

第十九条 地方志成果可以依照有关规定参加国家、省和市优秀社会科学成果评奖。

第二十条 县政府将适当对地方志工作中做出突出成绩和贡献的单位和个人给予表彰和奖励。

第二十一条 违反本办法规定，有下列情形之一的，由县政府地方志工作主管机构按照权限责令限期改正；逾期不改正的，提请县人民政府或有关部门依法查处，并视情节对有关单位和个人予以通报批评或予以行政处分：

（一）未经审查验收、批准，擅自编纂出版以本行政区域名称冠名的地方志书、地方综合年鉴及相关地情文献的；

（二）无故拖延、拒绝提供地方志资料或者拒不承担编写任务的；

（三）故意提供虚假地方志资料的；

（四）丢失、损毁单位地方志资料或者将其据为己有的；

（五）将地方志文稿作为个人著作擅自发表的；

（六）对已经审查通过的地方志文稿擅自进行重大改动并出版的；

（七）拒不向地方志工作主管机构报送地方志出版物（含纸质版、电子版）的。

第二十二条 任何单位和个人有权对违反本办法的行为进行检举。

第二十三条 本办法自印发之日起施行。

临西县人民政府关于印发《临西县地方志工作管理办法》的通知

政字〔2012〕67 号

各乡、镇人民政府，县政府各部门，县地方志编纂委员会各成员单位：

《临西县地方志工作管理办法》已经县政府研究同意，现印发给你们，望认真遵照执行。

临西县人民政府

二〇一二年五月七日

临西县地方志工作管理办法

第一条 为继承和发扬中华民族优秀文化传统，规范和加强本县地方志工作，全面、客观、系统地编纂地方志，科学、合理地开发、利用地方志资源，发挥地方志在促进经济和社会发展中的作用，根据国务院《地方志工作条例》、省政府《河北省地方志工作规定》，结合本县实际，制定本办法。

第二条 本办法适用于全县行政区域内地方志的资料征集、研究、组织编纂、管理、开发利用和咨询服务工作。

第三条 本办法所称地方志，包括地方志书、地方综合年鉴。

地方志书，是指全面客观系统地记述本县行政区域内自然、政治、经济、文化、社会等方面的历史与现状的资料性文献。包括本县编纂的临西县志，以本县行政区划冠名的乡镇（街道）志、村（居）志、部门（行业）志等。

地方综合年鉴，是指系统记述本县行政区域内自然、政治、经济、文化、社会等方面情况的年度资料性文献。包括本县编纂的综合年鉴、以本县行政区划冠名的乡镇（街道）年鉴、村（居）年鉴、部门（行业）年鉴等。

第四条 县政府制定县地方志总体工作规划，并报市政府地方志办公室备案。

第五条 本县各机关、社会团体、企事业单位和其他组织，以及各垂直管理部门（单位），应当按照县政府地方志总体规划，确定机构和人员，参与地方志编纂，并接受县政府地方志办公室的业务指导和检查。

第六条 县人民政府负责本行政区域地方志工作的领导，将地方志工作纳入本地经济和社会发展规划。地方志工作所需经费列入本级财政预算。

第七条 县政府地方志办公室在县政府直接领导下，主管本行政区域的地方志工作，履行下列职责：

（一）贯彻执行地方志工作法律、法规、规章和相关政策，制定有关地方志编纂的业务规范；

（二）拟定地方志工作规划和编纂方案，制定地方志工作制度；

（三）组织、指导、督促和检查全县地方志工作；

（四）组织编纂地方志书、地方综合年鉴；

（五）负责本县行政区域内以行政区划冠名的各类志书的业务指导、专家评审、审查验收、存档备案工作；

（六）搜集、整理、保存地方志文献和资料，组织整理旧志；

（七）组织地情调查研究和开发利用地方志资源，为公众读志用志提供服务。

（八）组织地方志理论研究和学术交流，培训地方志业务人员；

（九）履行法律、法规规定的其他职责，完成本级政府和上级地方志工作机构交办的其他任务。

第八条 地方志的编纂工作应当做到存真求实，确保质量，全面、客观地反映本行政区域自然、政治、经济、文化和社会的历史与现状。

第九条 本行政区域综合性地方志书和综合年鉴，由县政府地方志办公室按照总体规划组织编纂，其他组织和个人不得编纂。

第十条 按地方志总体规划承担地方志编纂任务的单位，应当明确地方志编纂工作的机构和人员，保障经费和办公条件，按时完成编纂任务。

第十一条 县级地方志书的编纂实行主编负责制。主编应由具有较高政治素质、较强协调能力和一定专业知识，熟悉地情的人员担任，由县政府聘任，并报市政府地方志办公室备案。

第十二条 县级地方志书每 20 年左右编修一次，每一轮地方志书编修工作完成后，县地方志办公室在编纂地方综合年鉴、搜集资料、向社会提供咨询服务的同时，启动新一轮地方志书的续修工作。县级地方综合年鉴按年度或数年编纂。可适时组织编纂综合或专题地情文献。

第十三条 编纂地方志应当符合下列要求：

（一）符合宪法和保密、档案等法律、法规的规定；

（二）全面、客观地反映本行政区域自然、政治、经济、文化和社会的历史与现状；

（三）符合志书的体例格式；

（四）文字表述准确，篇目结构合理；

（五）标点符号、计量单位和数字的使用规范、标准；

（六）装帧印刷符合出版要求。

第十四条 地方志编纂实行专兼职人员相结合，应当广泛吸收有关专家、学者参加。专职编纂人员应当具备相应的专业知识和学术水平，做到恪尽职守、客观公正、秉笔直书、尊重史实。任何单位和个人不得要求编纂人员在地方志中做虚假记述。

第十五条 县地方志办公室应当建立经常性地方资料征集制度，有关单位和个人应当据实提供资料，县地方志办公室可以对所需资料内容进行查阅、摘抄、复制，但涉及国家秘密、商业秘密和个人隐私以及不符合档案开放条件的，按国家、省、市有关规定办理。

在地方志编纂过程中收集到的文字资料、图表、照片、音像资料、实物等以及形成的地方志文稿，应按照规定由县地方志办公室统一管理，任何个人不得损毁或者据为己有以及出租、出让、转借。

第十六条 县地方志书和地方综合年鉴，必须经过评审验收。地方志书的评审验收分初评、评审和终审验收。

县地方志书编纂完成后，由县政府组织初评；县地方志办公室按初评的合理意见修改后，报市地方志办公室评审；按评审的合理意见修改后的文稿，报送省地方志办公室终审验收。

地方志书的评审重点是：审查文稿的内容是否符合宪法和保密、档案等法律、法规的规定，是否符合全面、客观地反映本行政区域自然、政治、经济、文化和社会的历史与现状，是否符合地方志书编纂规范和体例要求。

第十七条 县级地方志书文稿经评审、验收合格后，由省地方志办公室出具验收意见，经县政府批准，方可交付出版。

第十八条 县级综合年鉴，由县地方志办公室以年度为序组织编纂。完成综合年鉴文稿编纂后，由县地方志办公室组织有关人员进行评审，按评审后的合理意见修改后，报送市地方志办公室审查验收，由市地方志办公室出具验收意见，经县政府批准，方可交付出版。

第十九条 县级地方志书、综合年鉴出版后三个月，应当分别向市地方志办公室报送样书和样书电子文本。

第二十条 县级地方志书、地方综合年鉴在编纂过程中形成的资料，由县地方志办公室统一管理，重要资料送市地方志办公室集中管理。条件成熟时，县地方志办公室可以通过建立方志馆、网站等收藏、保存、管理各类地方志资料，为经济社会全面发展服务。

第二十一条 地方志书和地方综合年鉴为职务作品，依照《中华人民共和国著作权法》第十六条第二款的规定，其著作权由组织编纂的机构享有，参与编纂的人员依法享有署名权。

第二十二条 县人民政府应当对地方志工作中做出突出成绩和贡献的单位和个人给予表彰和奖励。

第二十三条 机关、社会团体和其他组织按照地方志总体规划承担地方志编纂任务的单位，有下列行为之一的，由县政府地方志办公室督促其限期改正；逾期不改正的，提请县政府或其上级主管部门，视情节对责任人员依法给予行政处分：

（一）拒绝承担地方志编纂任务或者无故拖延地方志资料报送的；

（二）拒不执行县政府及县政府地方志办公室的督促检查意见的；

（三）拒不接受地方志书审查机构提出的关系志书质量重大问题意见的；

（四）故意提供虚假地方志资料的。

第二十四条 县政府地方志办公室及其工作人员有下列行为之一并造成不良影响的，由县政府对直接负责人和其他责任人员依法给予行政处分：

（1）故意在地方志编纂中加入虚假资料的；

（2）对已经审查、验收通过的地方志文稿、综合年鉴文稿擅自进行删减和修改其内容的；

（3）故意损毁地方志资料，将其据为己有或出租、出让、转借的；

（4）擅自将地方志文稿作为个人著作发表的。

第二十五条 有条件编纂以本县行政区划冠名的乡镇（街道）志、村（居）志、部门（行业）志等志书的，参照本办法执行，并由编纂单位向县政府地方志办公室提出申请，县政府地方志办公室将其纳入地方志工作规划并提供业务指导和服务。编纂单位完成志书文稿后，要经县政府地方志办公室评审验收，由县政府地方志办公室出具评审验收意见后，方可公开出版。编纂单位要在出版后两个月内向县政府地方志办公室报送样书及备案。

第二十六条 任何单位和个人有权对违反本办法的行为进行检举。

第二十七条 违反本办法规定，涉及其他有关法律、法规规定的，按照其他法律法规进行处理。

第二十八条 本办法由县政府地方志办公室负责解释。

第二十九条 本办法自 2012 年 6 月 1 日起执行。

保定市人民政府关于印发《保定市地方志工作管理办法》的通知

保市政〔2014〕42号

各县（市、区）人民政府、开发区管委会，市政府各部门：

现将《保定市地方志工作管理办法》印发给你们，请结合本地本部门实际，认真抓好落实。

保定市人民政府

二〇一四年六月二十日

保定市地方志工作管理办法

第一条 为继承和发扬中华民族优秀文化传统，全面、客观、系统地编纂地方志，科学、合理地开发利用地方志，发挥地方志服务经济社会发展的作用，保障地方志工作法制化、规范化，根据国务院《地方志工作条例》和《河北省地方志工作规定》，结合本市实际，制定本办法。

第二条 本市行政区域内地方志的资料征集、组织编纂、管理利用和开发研究工作，适用本办法。

第三条 本办法所称地方志，包括地方志书、地方年鉴和地情文献。地方志书，包括综合志书和专业志书。地方年鉴，包括综合年鉴和专业年鉴。

综合志书，是指全面、客观、系统地记述本行政区域自然、政治、经济、文化和社会的历史与现状的资料性文献，包括市志、县（市、区）志、乡镇（街道）志、村（社区）志等。

专业志书，是指客观、系统地记述本行政区域内行政、事业、企业或特定事物的历史与现状的资料性文献，包括行业志、部门志、院校志、企业志、山川风土志等。

综合年鉴，是指全面、客观、系统地记述本行政区域自然、政治、经济、文化和社会等方面情况的年度资料性文献，包括市年鉴、县（市、区）年鉴、乡镇（街道）年鉴、村（社区）年鉴等。

专业年鉴，是指客观、系统地记述本行政区域内行业、部门、院校、企业或特定事物的年度资料性文献，包括行业年鉴、部门年鉴、院校年鉴、企业年鉴等。

地情文献，是指除志书、年鉴以外，客观、系统地记述或载录本行政区域特定历史时期综合性或专项性的资料性文献，包括各种史料性文献，市和县（市、区）、市和县（市、区）直属部门、社会团体、企事业单位及乡镇（街道）、村（社区）编纂的以本行政区域冠名的地情类书籍。

第四条 各级人民政府应加强对地方志工作的领导，将地方志工作纳入国民经济和社会发展规划，并列入政府考核目标。地方志工作所需经费列入本级财政预算。

县级以上人民政府应将地方志工作机构列为本级人民政府常设机构，并配备专职工作人员，保障相应的办公条件。

第五条 市、县（市、区）地方志编纂委员会负责本行政区域内地方志工作的统筹规划、组织协调、督促指导。

县级以上人民政府地方志工作机构（以下简称地方志工作机构）承担本级地方志编纂委员会的日常工作。各开发区及乡镇（街道）应成立相应工作机构或明确专人负责此项工作。

第六条 地方志工作机构在本级人民政府直接领导下主管本行政区域内的地方志工作，履行下列职责：

（一）贯彻执行有关地方志工作的法律、法规、规章和相关政策，制定有关地方志编纂的业务规范；

（二）拟定地方志总体工作规划和编纂方案；

（三）组织、指导、督促和检查地方志工作；

（四）组织、指导、编纂地方志书、地方年鉴及地情文献；

（五）征集、整理、保存地方史志文献和资料，组织整理旧志；

（六）依照规定组织专家对已编纂成稿的地方志进行评审验收；

（七）组织开发利用地方志资源，建立方志馆（库）和网站，为公众提供服务；

（八）开展地方志理论研究、学术交流和宣传，培训地方志工作人员；

（九）完成本级人民政府和上级地方志工作机构交办的其他工作。

第七条 市、县（市、区）人民政府制定本行政区域的地方志短期和长期总体工作规划，并报上一级地方志工作机构备案。

第八条 以市、县（市、区）行政区域名称冠名的地方综合志书、地方综合年鉴和综合性地情文献，由本级地方志工作机构按总体工作规划组织编纂，其他组织和个人不得编纂出版。

以本行政区域名称冠名的军事志、军事年鉴，由军分区和人民武装部按照相关规定组织编纂。

有关机关、企事业单位、社会团体及村（社区）等可编纂出版上述规定以外的志书、年鉴或其他地情文献，但编纂单位应按隶属关系或注册登记关系报本级地方志工作机构备案审查。

本级地方志工作机构应对编纂活动进行业务指导。

第九条 编纂地方志应做到存真求实，确保质量，全面客观地记述本行政区域自然、政治、经济、文化和社会的历史与现状，突出时代特色和地方特点，行文严谨朴实简洁。

第十条 按照地方志总体工作规划承担地方志编纂任务的单位（以下简称承编单位），应将地方志编纂工作列入年度工作计划，明确地方志编纂工作的领导、机构和人员，保障经费、办公条件和相应待遇，按时保质完成编纂任务，并对所编纂的地方志初稿的质量或所提供资料的真实性和准确性负责。承编单位应接受本级地方志工作机构的业务指导和督促检查。

中直、省直和其他驻本行政区域内各单位，应依照所在地的地方志工作规划，确定机构和人员，参与地方志编纂，并接受所在地人民政府地方志工作机构的业务指导和督促检查。

第十一条 以市、县（市、区）行政区域名称冠名的地方志的编纂实行主编负责制。主编应由具有较高政治素质、较强协调能力和一定专业知识、熟悉地情的人员担任，由本级人民政府聘任，并报上一级地方志工作机构备案。

第十二条 地方志编纂人员实行专兼职相结合。编纂地方志可吸收有关方面的专家、学者参加。专职编纂人员应具备相应的专业知识和文字能力，适应地方志编纂工作的需要。可以采取聘用方式聘请合适的人员参与地方志编纂工作。专职兼职编纂人员应接受专业培训。

地方志编纂人员应恪尽职守、客观公正、忠于史实、秉笔直书。任何单位和个人不得要求编纂人员在地方志中作不实记述。

第十三条 以市、县（市、区）行政区域名称冠名的地方综合志书每20年左右编纂一次。遇有重大区划变动，应从实际情况出发适时组织编纂。每一轮地方综合志书编纂工作完成后，地方志工作机构应在编纂地方综合年鉴、搜集资料以及向社会提供咨询服务的同时，启动新一轮地方综合志书的编纂工作。

第十四条 地方志工作机构及承编单位应建立经常性地方志资料征集制度，有关单位和公民应据实提供资料。地方志编纂人员可对所需资料内容进行查阅、摘抄、复制等，有关单位和公民应提供支持。本行政区域内的国家档案馆、图书馆、博物馆等相关单位，应免费为地方志编纂工作提供资料或查询服务。地方志出版后应无偿向提供资料的国家档案馆、图书馆、博物馆报送馆藏书。涉及国家秘密、商业秘密和个人隐私以及不符合档案开放条件的，按国家和省、市有关规定执行。

第十五条 以市、县（市、区）行政区域名称冠名、列入省总体工作规划的地方志稿（以下简称志稿），应经过四级评审，按以下程序审查验收，经审查验收合格后方可公开出版：

（一）一审为志书编纂单位领导机构组织的审核。经一审通过并修改后的志稿，连同书面报告一并报送上级地方志工作机构审核，提请二审。书面报告应由本级地方志编纂委员会主任签名，并加盖地方志编纂委员会公章。

（二）二审为市级地方志工作机构组织专业人员的审核。经二审通过并修改后的县（市、区）志稿，连同二审修改方案由市级地方志工作机构审核，提请三审。市志稿二审与三审结合进行。

（三）三审为由市级地方志工作机构组织、邀请有关专家参加、省市专业人员参与，以评审会的方式进行的审核。三审通过并修改后的志稿，由市级地方志工作机构提出书面意见，连同修改报告和保密部门审查通过的有关证明材料一并报送省级地方志工作机构审核，提请四审。书面意见应由市级地方志工作机构主要领导签名，并加盖单位公章。

志稿的保密审查由提供资料和编写初稿的单位负责，保密主管部门会同地方志工作机构对志稿进行保密审定，并出具证明材料。

（四）四审为省级终审。四审通过的志稿由省级地方志工作机构出具审查验收报告后，经本级人民政府批准出版。

已通过审查验收的志稿，未经原审查验收或批准的机关同意不得擅自修改。

第十六条 以市、县（市、区）行政区域名称冠名的地方综合年鉴，由本级地方志工作机构以年度为序组织编纂，报上级地方志工作机构审核，本级人民政府批准后，方可印刷出版。地方综合年鉴按年度连续编纂出版。

第十七条 以市、县（市、区）行政区域名称冠名的综合性地情文献，由本级地方志工作机构组织编纂，报上级地方志工作机构审核，本级人民政府批准后，方可印刷出版。

第十八条 以市、县（市、区）行政区域名称冠名的地方志出版后3个月内，编纂单位应向上级地方志工作机构报送样书和样书电子文本。地方志书应报送50套，年鉴、地情文献应各报送30套。

第十九条 以市、县（市、区）行政区域名称冠名的地方志为职务作品，依照《中华人民共和国著作权法》第十六条第二款规定，其著作权由组织编纂的地方志工作机构享有，参与编纂的人员享有署名权。

第二十条 以市、县（市、区）行政区域名称冠名的地方志在编纂过程中形成的资料，由本级地方志工作机构统一管理，特殊重要资料送省人民政府地方志工作机构集中管理。个人不得据为己有或者出租、出让、转借和出卖。

第二十一条 具备条件且需要编纂部门、行业、乡镇（街道）、村（社区）志书、年鉴或其他形式地情文献的，编纂单位应向本级地方志工作机构提出申请，经批准后，纳入地方志工作总体规划。志书、年鉴稿或地情文献稿经本级地方志工作机构审查验收后，方可公开出版。出版后3个月内向本级地方志工作机构报送样书30套和样书电子文本。

本级地方志工作机构应对编纂部门提供业务指导和服务。

第二十二条 地方志工作机构应开拓社会使用地方志的途径，通过建立方志馆、资料库和地方志网站等形式，加强地方志工作信息化建设，为社会各界利用地方志文献资料创造条件。公民、法人或者其他组织可通过查询、阅览、摘抄等方式利用地方志网站和方志馆（库）收藏、展示的地方志文献和资料。

第二十三条 加强对地方志资料的整理、保存和开发利用，开展地情宣传、咨询活动。根据当地经济社会发展需要组织编纂出版专题资料文献、地情研究成果。鼓励单位和个人向地方志工作机构捐赠或提供地方志文献和资料。对具有收藏价值的资料，地方志工作机构应向捐赠者颁发收藏纪念证书。

第二十四条 市、县（市、区）人民政府应对在地方志工作中做出突出成绩或有重大贡献的单位、个人给予表彰和奖励。

地方志成果可依照有关规定参加各级评奖活动。

第二十五条 按照地方志总体工作规划承担地方志编纂任务的单位，有下列行为之一的，由本级地方志工作机构予以通报批评，督促其限期改正；逾期不改正的，由地方志工作机构提请本级人民政府或有关行政部门予以纠正，并视情节对有关责任人员给予行政处分或者纪律处分：

（一）拒绝承担地方志编纂任务或者无故拖延地方志资料报送的；

（二）故意提供虚假地方志资料的；

（三）拒不接受地方志书审查机构提出的关系志书质量重大问题的意见的；

（四）拒不执行地方志工作机构的督促检查意见的。

第二十六条 地方志工作机构及其工作人员有下列行为之一的，由其所在单位责令改正，依法给予行政处分；造成不良影响的，由本级人民政府对直接负责的主管人员和直接责任人员依法给予处分：

（一）故意在地方志编纂中加入虚假资料的；

（二）地方志文稿经审查验收批准后，未经同意删增和修改其内容的；

（三）擅自将地方志文稿作为个人著作发表的；

（四）故意损毁地方志资料的，将地方志资料据为己有或出租、出让、转借和出卖的。

第二十七条 对擅自编纂出版以市、县（市、区）行政区域名称冠名的地方志的单位和个人，由地方志工作机构提请本级人民政府及出版行政部门，责令采取相应措施予以纠正，并视情节追究有关单位和个人的责任。

第二十八条 未经审查验收、批准将志稿交付出版，或者地方志存在违反宪法、法律、法规规定内容，以及泄露国家秘密的，由地方志工作机构提请上级或本级人民政府及出版行政部门，责令采取相应措施予以纠正，并视情节追究有关单位和个人的责任。

第二十九条 本办法自2014年8月1日起施行，有效期5年。

承德市人民政府令

〔2012〕第1号

根据《国务院地方志工作条例》《河北省地方志工作规定》，结合承德市实际，制订《承德市地方志工作规定》，现予公布，自发文之日起实施。

市长：赵风楼

二〇一二年三月九日

承德市地方志工作规定

第一条 为规范地方志的编纂、管理和开发利用，发挥地方志服务、促进经济社会发展的作用，根据《河北省地方志工作规定》，结合本市实际，制定本规定。

第二条 本市行政区域内地方志的组织编纂、管理和开发利用工作，适用本规定。

第三条 本规定所称地方志，包括地方志书、地方年鉴及相关地情文献。

地方志书，包括综合志书和专业志书。综合志书是指全面系统记述本行政区域内自然、政治、经济、文化和社会的历史与现状的资料性文献。专业志书是指全面、系统、准确地记述行业、部门、院校、企业和特定事物的历史与现状的资料性文献。

地方年鉴，包括综合年鉴和专业年鉴。综合年鉴是指系统记述本行政区域内自然、政治、经济、文化和社会等方面情况的年度资料性文献。专业年鉴是指系统地记述行业、部门、院校、企业等事物发展的年度资料性文献。

地情文献，是指系统地记述或载录特定历史时期、特定行政区域内的自然或人文等方面情况的资料性文献。

第四条 市、县、自治县、区人民政府要加强对地方志工作的领导，要将地方志工作纳入国民经济和社会发展规划，纳入政府考核目标。地方志工作所需经费列入本级财政预算。地方志工作机构为常设独立机构。市、县、自治县、区人民政府要为本级地方志工作机构配备专职工作人员，解决相应的办公条件。

第五条 市、县、自治县、区人民政府地方志工作机构在同级人民政府直接领导下主管本行政区域内的地方志工作，履行下列职责：

（一）贯彻执行有关地方志工作的法律、法规、规章和相关政策，制定有关地方志编纂的业务规范；

（二）拟定地方志总体工作规划和编纂方案，组织专家对已编纂成稿的地方志进行评审验收；

（三）组织、指导、督促和检查地方志工作；

（四）组织编纂地方志书、地方综合年鉴及其他地情资料；

（五）搜集、整理、保存地方性文献和资料，组织整理旧志；

（六）组织开发利用地方志资源，建立方志馆和网站，为公众提供服务；

（七）组织方志理论研究和学术交流，培训地方志业务人员。

第六条 市、县、自治县、区人民政府制定本行政区域地方志总体工作规划，并报上一级人民政府地方志工作机构备案。

第七条 以市、县、自治县、区行政区域名称冠名的地方志书、地方综合年鉴，由本级人民政府地方志工作机构按总体工作规划组织编纂，其他组织和个人不得编纂。

第八条 编纂地方志要科学规范，全面客观，存真求实，确保质量。

第九条 按地方志总体工作规划承担地方志编纂任务的单位（以下简称承编单位）应当明确地方志编纂工作的机构和人员，保障经费和办公条件，按时完成编纂任务。接受所在地人民政府地方志工作机构的业务指导和督促检查。

第十条 以市、县、自治县、区行政区域名称冠名的地方志书的编纂实行主编负责制，主编由本级人民政府聘任，并报上一级人民政府地方志工作机构备案。

第十一条 编纂地方志书、地方综合年鉴应当吸收有关方面的专家、学者参加。地方志、综合年鉴编纂人员实行专兼职相结合。

第十二条 地方志编纂人员要恪尽职守、客观公正、据实直书、忠于史实。任何单位和个人不得要求编纂人员在地方志中作不实记述。

第十三条 以市、县、自治县、区行政区域名称冠名的地方志书每 20 年左右编纂一次。遇有重大区划变动，应当从实际情况出发适时组织编纂。每一轮地方志书编纂工作完成后，市、县、自治县、区人民政府地方志工作机构在编纂地方综合年鉴、搜集资料以及向社会提供咨询服务的同时，准备启动新一轮地方志书的编纂工作。

第十四条 市、县、自治县、区人民政府地方志工作机构以及承编单位应当建立经常性地方志资料征集制度，有关单位和个人应当据实提供资料。涉及国家秘密、商业秘密和个人隐私以及不符合档案开放条件的，按国家、省和本市有关规定办理。

第十五条 以市、县、自治县、区行政区域名称冠名、列入总体工作规划的地方志书，必须经过评审验收。

以市、县、自治县、区行政区域名称冠名的地方志书，由市人民政府地方志工作机构组织评审。以县、自治县、区行政区域名称冠名的地方志书，经市人民政府地方志工作机构验收合格并出具审核意见后报省人民政府地方志工作机构终审。以市、县、自治县、区行政区域名称冠名的地方志书终审通过后经本级人民政府批准，方可交付出版。

第十六条 以市、县、自治县、区行政区域名称冠名的地方综合年鉴，由本级人民政府地方志工作机构以年度为序组织编纂，经本级人民政府批准，方可交付出版。

第十七条 以市、县、自治县、区行政区域名称冠名的地方志书、地方综合年鉴出版后三个月内，承编单位应当分别向上级人民政府地方志工作机构报送样书（志书50套，年鉴20套）和样书电子文本。

第十八条 以市、县、自治县、区行政区域名称冠名的地方志书、地方综合年鉴为职务作品，依照《中华人民共和国著作权法》第十六条第二款规定，其著作权由组织编纂的负责地方志工作的机构享有，参与编纂的人员享有署名权。编纂人员稿酬按照国家版权局发布的《出版文字作品报酬规定》结合志书和年鉴编纂的实际情况发放。

第十九条 以市、县、自治县、区行政区域名称冠名的地方志书、地方综合年鉴在编纂过程中形成的各种形式的资料，原则上由本级人民政府地方志工作机构统一管理，特殊、重要资料送市人民政府地方志工作机构集中管理。个人不得据为己有或者出租、出让、转借和出卖。

第二十条 需要且有条件编纂部门志、行业志、乡镇志、街道志的，编纂单位要向市、县、自治县、区人民政府地方志工作机构提出申请，经市、县、自治县、区人民政府地方志工作机构批准后，纳入地方志工作总体规划中。志稿完成后要经市、县、自治县、区人民政府地方志工作机构评审验收，出具评审验收意见后，方可公开出版，并在出版后三个月内向市、县、自治县、区人民政府地方志工作机构报送样书（50套）和样书的电子文本。市、县、自治县、区人民政府地方志工作机构有责任对编纂部门提供业务指导、服务。

第二十一条 市、县、自治县、区人民政府地方志工作机构应当开拓社会使用地方志的途径，通过方志馆和网站等方式，加强地方志工作的信息化建设，为经济社会全面发展服务。

公民、法人或者其他组织可以通过查询、阅览、摘抄等方式利用方志馆收藏、展示的地方志文献和资料。

第二十二条 市、县、自治县、区人民政府要对在地方志编纂中做出突出成绩的单位和个人给予表彰、奖励。

第二十三条 机关、社会团体和其他组织按照地方志总体工作规划承担地方志编纂任务的单位，有下列行为之一的，由本级人民政府地方志工作机构责令改正；逾期不改正的，由本级人民政府地方志机构提请本级人民政府或有关行政部门予以纠正，并视情节对有关责任人员给予行政处分：

（一）拒绝承担地方志编纂任务或者无故拖延地方志资料报送的；

（二）故意提供虚假地方志资料的；

（三）拒不执行本级人民政府地方志工作机构的督促检查意见的。

第二十四条 市、县、自治县、区人民政府地方志工作机构及其工作人员有下列行为之一由其所在单位责令改正，依法给予行政处分。造成不良影响的，由同级人民政府对直接负责的主管人员和其他直接责任人员依法给予行政处分：

（一）故意在地方志编纂中加入虚假资料的；

（二）地方志书经审查验收或者地方综合年鉴经验收批准后，擅自删增和修改内容的；

（三）擅自将地方志文稿作为个人著作发表的；

（四）故意损毁地方志资料的，将地方志资料据为个人己有或者出租、出让、转借和出卖的。

第二十五条 对擅自编纂出版以市、县、自治县、区人民政府域名称冠名的地方志书、地方综合年鉴的，由市、县、自治县、区人民政府地方志工作机构提请本级人民政府及出版行政部门，责令采取相应措施予以纠正，并视情节追究有关单位和个人的责任；构成犯罪的，依法追究刑事责任。

第二十六条未经审查验收、批准将地方志文稿交付出版，或者地方志存在违反宪法、法律、法规规定内容的，由上级地方志工作机构提请本级人民政府及出版行政部门，责令采取相应措施予以纠正，并视情节追究有关单位和个人的责任；构成犯罪的，依法追究刑事责任。

第二十七条 本规定由市人民政府地方志办公室负责解释。

山西省人民代表大会常务委员会
关于通过《山西省地方志工作条例》的
通　知

晋人发〔2011〕11号

山西省人民政府：

根据《山西省人民政府关于提请审议〈山西省地方志工作条例（草案）〉的议案》（晋政函〔2011〕31号），山西省第十一届人民代表大会常务委员会第二十三次会议于2011年5月27日通过了《山西省地方志工作条例》，山西省人民代表大会常务委员会已经发布公告。

附件：1. 山西省人民代表大会常务委员会公告

　　　2. 山西省地方志工作条例

山西省人民代表大会常务委员会

二〇一一年五月二十八日

山西省人民代表大会常务委员会公告

《山西省地方志工作条例》已由山西省第十一届人民代表大会常务委员会第二十三次会议于2011年5月27日通过，现予公布，自2011年7月1日起施行。

山西省人民代表大会常务委员会

二〇一一年五月二十七日

山西省地方志工作条例

（2011年5月27日山西省第十一届人民代表大会常务委员会第二十三次会议通过）

第一条 为了规范地方志的编纂、管理和开发利用，发挥地方志传承文明、促进经济社会发展的作用，根据国务院《地方志工作条例》及有关法律、法规，结合本省实际，制定本条例。

第二条 本条例所称地方志包括地方志书、地方综合年鉴及地情文献。

地方志书，是指全面系统、客观真实地记述本行政区域自然、政治、经济、文化和社会的历史与现状的资料性文献。

地方综合年鉴，是指系统记述本行政区域自然、政治、经济、文化、社会等方面情况的年度资料性文献。

地情文献，是指除地方志书、地方综合年鉴以外，记述本行政区域自然、政治、经济、文化、社会等方面情况的专门性资料文献。

第三条 县级以上人民政府应当将地方志工作纳入国民经济和社会发展规划，地方志工作经费列入本级财政预算。

第四条 县级以上人民政府负责地方志工作机构主管本行政区域的地方志工作，主要履行下列职责：

（一）宣传、贯彻、执行有关地方志工作的法律、法规、规章和相关政策；

（二）组织、指导、督促和检查地方志工作；

（三）拟定地方志工作规划和编纂方案；

（四）组织编纂地方志书、地方综合年鉴、地情文献；

（五）征集、保存地方志文献和资料；

（六）组织整理旧志；

（七）开展地方志理论研究；

（八）组织开发利用地方志资源；

（九）培训地方志编纂人员。

第五条 省人民政府应当制定省地方志编纂总体工作规划。设区的市、县（市、区）人民政府应当根据省地方志编纂总体工作规划，制定本行政区域的地方志工作规划，并报上一级人民政府负责地方志工作的机构备案。

第六条 地方志编纂人员实行专兼职相结合，编纂人员应当经过专业岗位培训，具备相应的专业知识和学术水平，并可以依照国家规定参加专业技术职称评定。

地方志编纂人员应当忠于史实，据事直书。任何单位和个人不得明示或者暗示编纂人员在地方志中作虚假记述。

第七条 省编纂的地方志书应当报省人民政府批准出版；设区的市编纂的地方志书应当报省地方志办公室审查验收后，由本级人民政府批准出版；县（市、区）编纂的地方志书应当报设区的市人民政府负责地方志工作的机构审查验收，并经省地方志办公室审核后，由本级人民政府批准出版。

从事乡（镇）志、村志编纂活动的，应当接受县级以上人民政府负责地方志工作的机构的指导；从事部门志、行业志、专门志编纂活动的，应当接受本级人民政府负责地方志工作的机构的指导。

第八条 省、设区的市、县（市、区）三级地方志书每二十年左右编修一次。以县级以上行政区域名称冠名的地方综合年鉴按年度编辑出版。

第九条 县级以上人民政府负责地方志工作的机构向机关、团体、企业、事业单位和其他组织征集地方志资料，相关单位应当提供。

第十条 本省行政区域内的公共图书馆、国家档案馆、国有博物馆为地方志编纂工作提供资料，不得收取费用，但法律法规另有规定的除外。

地方志出版后应当向提供资料的国家档案馆、公共图书馆、国有博物馆无偿提供馆藏书。

第十一条 地方志编纂过程中收集到的纸质资料、音像资料、电子文档、口述资料、实物等，以及编纂过程中形成的地方志文稿，由本级人民政府负责地方志工作的机构管理保存，不得损毁；修志工作完成后，应当移交国家档案馆或者方志馆管理保存。

第十二条 机关、团体、企业、事业单位和其他组织应当按照当地人民政府的地方志工作规划，参与地方志编纂，并接受当地人民政府负责地方志工作的机构的业务指导和督促检查。按照地方志工作规划和编纂方案承担地方志编纂任务的单位应当明确具体承担地方志编纂工作的机构和人员，保障经费和办公条件，按时完成编纂任务。

第十三条 编纂单位应当在地方志出版后三个月内向本级和上级人民政府负责地方志工作的机构报送样书，并依照国家有关规定向参与编纂的人员支付稿酬或者报酬。

第十四条 县级以上人民政府应当将地方志工作信息化建设纳入本级人民政府信息化

建设规划。

负责地方志工作的机构应当建立地情信息库、地情网站，为社会提供咨询和信息服务。

第十五条 省、设区的市及有条件的县（市、区）应当建立方志馆，用于地方志的编修、征集、保存、展示、研究、开发利用，免费向公众开放。

第十六条 地方志书、地方综合年鉴、地情文献及其资料应当向社会公开。

第十七条 城乡建设涉及古城、古迹利用和开发的，有关部门和单位应当征求同级人民政府负责地方志工作机构的意见，负责地方志工作的机构应当提供相应服务。

第十八条 鼓励单位和个人向负责地方志工作的机构或者方志馆捐赠地方志文献资料和纪念性实物。对具有收藏价值的文献资料和纪念性实物，负责地方志工作的机构或者方志馆应当向捐赠者颁发收藏纪念证书，并给予奖励。

第十九条 县级以上人民政府对在地方志工作中做出突出贡献的单位、个人及优秀地方志成果，应当给予表彰和奖励。

第二十条 地方志编纂人员在地方志编纂中故意作虚假记述的，由其所在单位给予处分；有关单位或者个人明示或者暗示地方志编纂人员在地方志中作虚假记述的，由县级以上人民政府对直接责任人员给予处分。

第二十一条 违反本条例规定，拒绝承担编纂任务或者不按照规定完成编纂任务的，由负责地方志工作的机构督促其限期改正；逾期不改正的，由本级人民政府责令其采取相应措施予以纠正，并对相关责任人追究责任。

第二十二条 本条例自 2011 年 7 月 1 日起施行。

临汾市人民政府办公厅关于印发《临汾市地方志工作管理办法》的通　知

临政办发〔2012〕30号

各县、市、区人民政府，临汾、侯马经济开发区管委会，壶口风景区管委会，市直各委、办、局、直属事业单位：

《临汾市地方志工作管理办法》已经市人民政府同意，现印发给你们，请结合实际，认真贯彻执行。

临汾市人民政府办公厅

二〇一二年五月九日

临汾市地方志工作管理办法

第一条　为规范和加强地方志工作，依法推进地方志编纂，合理开发利用地方志资源，根据国务院《地方志工作条例》和《山西省地方志工作条例》，结合本市实际，制定本办法。

第二条　本办法适用于临汾市行政区域内地方志的组织编纂、管理、开发利用和服务工作。

第三条　本办法所称地方志，是指地方志书、地方综合年鉴及相关地情文献。

地方志书，是指全面系统、客观真实地记述本行政区域自然、政治、经济、文化和社会的历史与现状的资料性文献。包括市志、县（市、区）志、乡（镇）志、村志和辖内机关、团体、企业、事业单位编纂的部门志、行业志、专门志。

地方综合年鉴，是指系统记述本行政区域自然、政治、经济、文化、社会等方面情况的年度资料性文献。包括市年鉴、县（市、区）年鉴。

地情文献，是指除地方志书、地方综合年鉴以外，记述本行政区域一定领域或行业工作和发展情况的专门性资料文献，包括行业部门（单位）编纂的行业年鉴、专业年鉴和冠以行政区域名称（包括历史行政区域名称）的其他地情资料性文献。

第四条　市、县（市、区）人民政府加强对本行政区域地方志工作的领导，将地方志工作纳入国民经济和社会发展规划，所需经费列入本级财政预算。

第五条 市、县两级人民政府负责地方志工作的机构主管本行政区域的地方志工作，主要履行以下职责：

（一）宣传、贯彻、执行有关地方志工作的法律、法规、规章和相关政策；

（二）组织、指导、督促和检查地方志工作；

（三）拟定地方志工作规划和编纂方案；

（四）制定地方志编纂业务规范；

（五）组织编纂、审查、验收地方志文稿；

（六）组织整理旧志，征集、保存地方志文献和资料；

（七）组织开发利用地方志资源，搞好地情资料库和地情网站建设；

（八）开展地方志理论研究，培训地方志编纂人员；

（九）完成本级人民政府和上级业务部门交办的其他任务。

第六条 市人民政府应当根据省地方志编纂总体工作规划，制定市地方志编纂总体工作规划，并报省人民政府负责地方志工作的机构备案。县（市、区）人民政府负责制定本行政区域地方志编纂工作规划，并报市人民政府负责地方志工作的机构备案。

第七条 以市、县（市、区）行政区域名称冠名的综合性地方志书和地方综合年鉴，由本级人民政府负责地方志工作的机构组织编纂；其他组织和个人不得编纂出版。

地方志工作机构应当支持和鼓励机关、社会团体、企事业单位、其他组织和个人编纂出版有助于经济社会发展的其他志书；负责对编纂活动的业务指导，并做好备案工作。

第八条 市、县（市、区）地方志书每20年左右编修一次，以市、县（市、区）行政区域名称冠名的地方综合年鉴按年度编辑出版。

第九条 机关、团体、企事业单位和其他组织应当按照当地人民政府的地方志工作规划，参与地方志编纂，并接受当地人民政府负责地方志工作的机构的业务指导和督促检查。

第十条 编纂地方志应当吸收有关方面的专家、学者参加。地方志编纂人员实行专、兼职相结合。

编纂人员应当具备相应的专业知识和学术水平，做到恪尽职守、客观公正、秉笔直书、尊重史实。

任何单位和个人不得在地方志中做虚假记述。

第十一条 地方志编纂过程中，利用承编单位名义和资金技术条件收集、积累的地方志及有关地情资料文稿，由负责地方志工作的机构或主管单位管理保存，不得损毁；修志工作完成后，应当移交档案馆或方志馆（室）保存。

第十二条 市、县（市、区）人民政府负责地方志工作的机构向机关、社会团体、企事业单位、其他组织及个人征集有关地方志资料，有关单位和个人应当提供。

负责地方志工作的机构可以对有关资料进行查阅、摘抄、复制，但涉及国家秘密、商业秘密和个人隐私以及不符合档案开放条件的除外。

第十三条 全市地方志编纂实行审查、验收、备案制度。

市级地方志书，报省人民政府负责地方志工作的机构审查验收后，由市人民政府批准出版。

县级地方志书，报市人民政府负责地方志工作的机构审查验收，并经省人民政府负责地方志工作的机构审核后，由本级人民政府批准出版。

市、县（市、区）综合年鉴由本级地方志编纂委员会审定，报本级人民政府批准出版。

部门志、行业志、专门志、部门（专业）年鉴和其他资料性文献的编纂，须向本级人民政府负责地方志工作的机构申请备案，文稿经本级政府负责地方志工作的机构审核后，方可进入出版程序。乡（镇）志、村志编纂向县级地方志工作机构申请备案，并经县级地方志工作机构审核后，由乡（镇）人民政府批准出版。

第十四条 编纂工作按下列程序进行：

（一）各承编单位向负责地方志工作的机构申报志书编纂委员会文件，进行登记备案。申报内容包括地方志名称、规模、断限年代、编纂大纲、组织机构、出版发行意向等。

（二）地方志工作机构受理申报文件后，应当及时组织审查，15 个工作日内给予批复。

（三）地方志编纂实行主编负责制。主编应当具备相应的政治素质和业务水平。志稿完成后初审由承编单位负责进行，复审由负责地方志工作的机构组织保密、档案、历史、法律、经济等方面的专家进行评审。

（四）志稿经负责地方志工作的机构组织审查验收后，方可进入出版印刷程序。

第十五条 志书出版后，应在 30 日内向审查、验收、备案的负责地方志工作的机构报送 10 至 20 部样书，作为政府地方志资料永久保存。志书需要重印、再版、续修的，须经负责地方志工作的机构批准。

第十六条 地方志为职务作品，依照《中华人民共和国著作权法》第十六条第二款的规定，其著作权由组织编纂的机构享有，参与编纂的人员享有署名权。编纂单位应当依照国家有关规定向参与编纂的人员支付稿酬或者报酬。编纂人员和其他个人不得随意毁损地方志资料或据为己有。

第十七条 有条件的县（市、区）应当建设方志馆或地情馆，作为促进地方志资源开发利用重要手段、对外开放的重要平台、爱国主义教育的重要基地。无方志馆的县（市、区），其负责地方志工作的机构应当建立地方志资料库（室）和地方志网站，收藏、展示、保存、管理各类地方志资料，并免费向社会开放。公民、法人和其他组织可以查阅、摘抄地方志文献和资料。

第十八条 鼓励单位和个人向负责地方志工作的机构捐赠地方志文献资料和纪念性实物。对具有收藏价值的文献资料和纪念性实物，负责地方志工作的机构应当向捐赠者颁发收藏纪念证书，并给予适当奖励。

第十九条 市、县（市、区）人民政府对在地方志工作中取得突出成绩的单位、个人及优秀地方志成果应当给予表彰和奖励。

第二十条 城乡建设涉及古城、古迹利用和开发的，有关部门和单位应当征求同级人民政府负责地方志工作的机构的意见，负责地方志工作的机构应当提供相应服务。

第二十一条 违反本办法，有下列行为之一的，由市、县（市、区）人民政府负责地方志工作的机构责令限期改正；逾期不改的，提请本级人民政府或有关行政主管部门予以纠正，并视情节对有关单位和个人予以通报批评或纪律处分：

（一）未能在规定时限内提供资料；无故拖延、拒绝提供地方志资料或者提供虚假资料的；

（二）编纂人员在地方志编纂过程中故意作虚假记述的，有关单位或个人明示或暗示编纂人员在地方志中作虚假记述的；

（三）未经审核、验收、批准，擅自出版地方志的；

（四）丢失和损毁单位地方志资料或将其据为己有的；

（五）出版后拒不向地方志机构报送地方志样书和电子文本的。

第二十二条 本办法自 2012 年 6 月 10 日起施行。

内蒙古自治区人民政府令

〔2012〕第 189 号

《内蒙古自治区地方志工作规定》已经 2012 年 9 月 21 日自治区人民政府第十一次常务会议审议通过，现予发布，自 2012 年 12 月 1 日起施行。

自治区主席：巴特尔

二〇一二年十月九日

内蒙古自治区地方志工作规定

第一条 为科学合理地开发、利用地情信息资源，发挥地方志在促进经济社会发展中的作用，根据国务院《地方志工作条例》和相关法律法规，结合自治区实际，制定本规定。

第二条 自治区行政区域内地方志的组织编纂、管理、开发利用工作，适用本规定。

第三条 本规定所称地方志，包括地方志书和地方综合年鉴。

地方志书，是指全面系统地记述本行政区域或者地域内自然、政治、经济、文化和社会的历史与现状的资料性文献。

地方综合年鉴，是指系统记述本行政区域或者地域内自然、政治、经济、文化和社会等方面情况的年度资料性文献。

第四条 旗县级以上人民政府地方志工作机构负责本行政区域内地方志工作。

国家机关、社会团体、企业事业单位应当在职责范围内做好编纂、保存、开发、利用地方志的相关工作。

第五条 旗县级以上人民政府应当将地方志工作纳入国民经济和社会发展规划。地方志工作经费列入本级财政预算。

第六条 旗县级以上人民政府地方志工作机构的主要职责是：

（一）宣传、贯彻、执行有关地方志工作的法律法规和政策；

（二）组织、管理、指导、协调、培训、督促和检查地方志工作；

（三）拟定地方志工作规划和编纂方案；

（四）组织编纂地方志书、地方综合年鉴；

（五）组织评审验收地方志稿；

（六）搜集、保存地方志文献和资料，组织整理旧志，开展地方志理论研究；

（七）组织开发利用地方志资源，开展地方志信息化建设，为经济、社会提供服务；

（八）其他相关工作。

第七条 地方志书、地方综合年鉴由本级人民政府地方志工作机构组织编纂。

承编单位应当按时完成编纂任务并报送同级人民政府地方志工作机构，其他组织和个人不得擅自编纂。

第八条 旗县级以上人民政府应当建立健全地方志工作机构，配备专职人员。

承担自治区专业志编纂任务的单位应当指定相关内设机构，配备专职或者兼职人员，做好地方志编纂工作。

第九条 编纂地方志应当吸收有关方面的专家、学者参加。地方志编纂坚持专职人员为主、专兼职相结合的原则，专兼职编纂人员应当具备相应的专业知识。涉及少数民族内容的，应当有少数民族专业人员参加。

第十条 编纂地方志应当存真求实、观点正确、体例严谨、结构合理、资料翔实、数据准确，不得弄虚作假。

第十一条 旗县级以上人民政府地方志工作机构负责拟定本行政区域内地方志编纂工作总体规划及编纂方案，报本级人民政府批准后组织实施。

盟市、旗县级人民政府地方志工作机构制定的编纂工作总体规划，报自治区人民政府地方志工作机构备案。

第十二条 旗县级以上地方志书每10—20年编修一次，地方综合年鉴按年度编辑出版。

第十三条 旗县级以上人民政府地方志工作机构应当及时征集和保存文字、图表、照片、音像、电子文本、实物等各种地方志资料。

地方行政区划有重大调整的，上一级地方志工作机构应当及时搜集并保存已撤销建制机构的地方志资料。

第十四条 旗县级以上人民政府地方志工作机构可以向国家机关、社会团体、企业事业单位和其他组织以及个人征集相关地方志资料。

相关义务单位和个人应当给予支持，不得拒绝和拖延。

第十五条 地方志编纂过程中收集到的文字、图表、照片、音像、电子文本、实物等文件资料及形成的地方志文稿，由本级人民政府地方志工作机构或者承编单位指定专职人员集中管理，个人不得据为己有或者出租、出让、转借、变相出版。

第十六条 旗县级以上地方志书实行初审、评审和验收的三审制度。

未经评审验收的地方志书不得擅自出版。经验收的地方志书稿不得擅自增补、删除、改动内容。

评审和验收的相关费用由编纂单位承担。

第十七条 地方综合年鉴由地方志工作机构组织编纂，经同级人民政府审核后出版。

第十八条 地方志应当使用蒙、汉两种文字出版。

第十九条 地方志书、地方综合年鉴为职务作品，编纂、译审人员享有署名权，并根据国家有关规定获得适当报酬。

第二十条 地方志书、地方综合年鉴出版后，编纂单位应当在30日内向本级或者上一级人民政府地方志工作机构报备，并在60日内向评审验收部门、本级和上级方志馆无偿提供藏书。

第二十一条 自治区人民政府及各盟行政公署、设区的市人民政府应当建立方志馆和地情网站；鼓励旗县级人民政府建立方志馆，未建立方志馆的，应当建立地情网站和地方志资料库。

方志馆、地情网站和地方志资料库应当向社会公众免费开放。

第二十二条 古城、古迹拆迁和名称变更前，管理部门或者所有单位或个人应当告知同级人民政府地方志工作机构收集相关资料存档。

第二十三条 鼓励单位和个人向地方志工作机构捐赠地方志资料。

第二十四条 旗县级以上人民政府地方志工作机构应当对本行政区域内地方志工作进行督查，并通报督查情况。

第二十五条 在地方志工作中做出突出贡献的单位和个人，由旗县级以上人民政府或有关部门给予表彰和奖励。

第二十六条 编纂单位有下列行为之一的，由地方志工作机构责令其限期改正；逾期不改正的由本级人民政府或者上级人民政府予以纠正，并追究单位和个人的责任；构成犯罪的，依法追究其刑事责任。

（一）拒绝承担地方志编纂任务或者未能在规定的时限内完成地方志承编任务的；

（二）未经评审验收，擅自出版的；

（三）地方志稿经验收后，擅自增补、删除、改动内容的。

第二十七条 擅自编纂出版以旗县级以上行政区域或者地域名称冠名的地方志书、地方综合年鉴的，由旗县级以上人民政府地方志工作机构提请本级人民政府新闻出版主管部门依法查处。

第二十八条 负责地方志工作的机构及其工作人员有下列行为之一的，由其所在单位或者有关主管部门责令改正；情节严重的，对直接负责人和相关责任人员依法给予行政处分。

（一）未履行相关指导和督查职责的；

（二）未按照规定对地方志书进行评审验收的；

（三）未按照规定征集和保管资料的；

(四) 将地方志文稿作为个人著作发表的。

第二十九条 编纂地方志涉及军事内容的，还应当遵守中央军委关于军事志编纂的规定。

第三十条 本规定自 2012 年 12 月 1 日起施行。

沈阳市人民政府令

〔2007〕第66号

《沈阳市地方志工作管理办法》业经2006年12月15日市人民政府第20次常务会议讨论通过，现予发布，自2007年2月1日起施行。

市长：李英杰

二〇〇七年一月八日

沈阳市地方志工作管理办法

第一条 为继承和发扬中华民族优秀文化传统，全面、客观、真实地记载本市地情，完好保存、积极利用地方志文献，服务于经济建设和社会发展，根据国家有关规定，结合本市实际，制定本办法。

第二条 本办法适用于本市行政区域内地方志的组织编纂、管理、开发利用和服务工作。

第三条 本办法所称地方志是指地方志书及相关地情文献。

地方志书，是指全面系统地记述本市行政区域自然、政治、经济、文化和社会的历史与现状的资料性文献。

地情文献，是指以行政区域冠名的地情类书籍。

第四条 市和区、县（市）人民政府应当加强对本行政区域地方志工作的领导，将地方志工作纳入本地经济和社会发展规划。地方志工作总体规划由本级人民政府批准，所需经费列入本级财政预算。

第五条 市和区、县（市）级人民政府地方志办公室是本行政区域内地方志工作的管理部门，其主要职责是：

（一）制定地方志工作规划和编纂方案；

（二）组织、指导、督促和检查地方志工作；

（三）组织编纂地方志书及相关地情类书籍；

（四）搜集、整理、保存地方志文献和资料，开展地方志理论研究；

（五）组织开发利用地方志资源。

第六条 以市和区、县（市）行政区域冠名的地方志，由本级地方志工作管理部门按照规划组织编纂，其他组织和个人不得编纂出版。

第七条 以市和区、县（市）行政区域冠名、列入规划的地方志，实行报批、审查、验收制度。

市本级地方志书及与之相关的地情类书籍编纂，经市人民政府批准后实施。编纂完成后，经市人民政府审查验收，方可公开出版。

区、县（市）地方志书及地情类书籍的编纂，经本级人民政府及市地方志工作管理部门批准后实施。编纂完成后，经本级人民政府及市地方志工作管理部门审查验收，方可公开出版。

第八条 除以市和区、县（市）行政区域冠名的地方志以外，相关组织和单位可以自行组织编纂本单位的地方志书及地情类书籍。编纂单位应当按照隶属关系或者注册登记关系报地方志工作管理部门备案。

第九条 地方志工作管理部门有权向辖区内机关、社会团体、企业事业单位和其他组织以及公民征集有关地方志资料；相关单位和个人应当向所在地的地方志工作管理部门提供有关地方志资料。

地方志工作管理部门有权对所需资料内容进行查阅、摘抄、复制。但涉及国家秘密、商业秘密和个人隐私以及不符合档案开放条件的除外。

第十条 为执行本单位的地方志编纂任务或者利用本单位的物质技术条件收集、积累的地方志书及有关地情资料，应当按照规定归档管理，任何人不得损毁或者据为己有。

第十一条 本市年度地方志书每年编纂一部。跨年度地方志书每 20 年编纂一部。各区、县（市）的地方志书每 5 至 10 年编纂一部。

第十二条 编纂地方志应当吸收有关方面的专家、学者参加。地方志编纂人员实行专、兼职相结合，专职编纂人员应当具备相应的专业知识。

第十三条 编纂地方志应当全面、客观地记述本行政区域自然、政治、经济、文化和社会的历史与现状。

第十四条 地方志的编纂应当思想鲜明正确，资料翔实可靠，体例完备严谨，篇目结构合理，内容充实深刻，审校严格认真，保证地方志书的质量。

第十五条 地方志的篇目设置，应当符合科学分类和社会分工的实际，突出时代特点和地方特色，做到门类合理，归属得当，层次分明，排列有序。

第十六条 地方志的文体采用规范的语体文，行文力求朴实、简练、流畅。

第十七条 地方志编纂工作涉及国家秘密的，应当遵守有关保密工作的法律、法规和保密工作部门的有关规定。

第十八条 承担地方志编纂任务的部门和单位，可根据地方志工作规划，对其所属单位的地方志编写工作进行检查和指导。

第十九条 各级地方志书及地情类书籍的编纂单位，应当在地方志书及地情类书籍出版后 30 日内，向本级和上级地方志工作管理部门报送样书和电子文本。

第二十条 地方志应当向社会公开。单位和个人可以免费利用地方志文献网站查询、摘抄、使用地方志文献。

第二十一条 违反本办法有下列情形之一的，由地方志工作管理部门责令其停止违法行为，并限期改正。逾期不改正的，由其所在单位或者有关行政部门对有关负责人和直接责任人依法给予行政处分或者纪律处分：

（一）擅自编纂出版以市和区、县（市）行政区域冠名的地方志书及地情类书籍的；

（二）无故拖延、拒绝提供地方志资料或者拒不承担编写任务的；

（三）损毁单位地方志资料或者将其据为己有的；

（四）故意提供虚假地方志资料的；

（五）未经审查、验收、批准，擅自出版地方志书及相关地情类书籍的；

（六）拒绝向地方志工作管理部门报送地方志书及相关地情类书籍的。

第二十二条 本办法自 2007 年 2 月 1 日起施行。

康平县人民政府关于印发《康平县地方志工作管理办法》的通知

康政发〔2009〕17号

各乡（镇）人民政府，开发区管委会，县政府各部门：

《康平县地方志工作管理办法》业经县政府2009年第七次常务会议讨论通过、市政府审核同意，现印发给你们，请认真贯彻落实。

康平县人民政府

二〇〇九年十月二十日

康平县地方志工作管理办法

第一条 为全面、客观、真实地记载本县地情，完好保存、积极利用地方志文献，充分发挥作为文化软实力重要组成部分的地方志对综合实力的催化、倍增效应和存史垂鉴、彰往昭来的资治作用，实现地方志工作的可持续发展，使地方志更好地服务于经济建设，根据国务院《地方志工作条例》和《沈阳市地方志工作管理办法》，结合本县实际，制定本办法。

第二条 本办法适用于本县行政区域内地方志的组织编纂、管理、开发利用和服务工作。

第三条 本办法所称地方志是指地方志书及相关地情文献。

地方志书，是指全面系统地记述本县行政区域自然、政治、经济、文化和社会的历史与现状的资料性文献。地情文献，是指以行政区域冠名的地情类书籍。

第四条 各乡（镇）人民政府、开发区管委会、县政府各部门应当加强对本行政区域或本单位地方志工作的领导，将地方志工作纳入本地经济和社会发展规划。地方志工作总体规划由本级人民政府批准，所需经费列入本级财政预算。

第五条 康平县人民政府地方志编纂办公室（以下简称县地方志办公室）是本县行政区域内地方志工作管理部门，其主要职责是：

（一）制定本县地方志工作规划和编纂方案；

（二）组织、指导、督促和检查地方志工作；

（三）管理县直各部门、乡镇（开发区管委会）、社区的志书或地情类书籍的编纂、指导、审查和验收工作；

（四）组织编纂地方志书及相关地情类书籍；

（五）搜集、整理、保存地方志文献和资料，开展地方志理论研究；

（六）对地方志工作人员进行业务培训；

（七）组织开发利用地方志资源。

第六条 以本县行政区域冠名的地方志，由县地方志办公室按照规划组织编纂，其他组织和个人不得编纂出版。

第七条 以本县行政区域冠名的地方志，实行报批、审查、验收制度。

县本级地方志书及与之相关的地情类书籍的编纂，经县人民政府批准后实施。编纂完成后，经县人民政府审查验收，方可公开出版。

各乡镇（开发区）地方志书及地情类书籍的编纂，经本级人民政府及县地方志工作管理部门批准后实施。编纂完成后，经本级人民政府及县地方志工作管理部门审查验收，方可公开出版。

第八条 地方志管理要按照国务院《地方志工作条例》“党委领导、政府主持、地方志机构组织实施、相关部门积极配合”的要求，完善、健全修志工作体系，理顺部门关系，明确职责权限。各单位要配备一名具体负责本单位方志工作的人员。

第九条 地方志书实行集中会审、验收备案、规范冠名制度。地方志书或地情类书籍编纂完成后，由县地方志办公室召开审评会，依据会审意见组织修改定稿。志书或地情类书籍在交付印刷前，须经县地方志办公室履行验收备案，否则不得出版。

第十条 严格加强地方志执法检查制度。县地方志办公室要会同县政府督查部门和法制部门组织开展地方志执法检查工作，依法查处各种违法修志行为。

第十一条 县地方志工作管理部门有权向辖区内机关、社会团体、企业事业单位和其他组织以及公民征集有关地方志资料；相关单位和个人应当向县地方志工作管理部门提供有关地方志资料。

县地方志工作管理部门有权对所需资料内容进行查阅、摘抄、复制。但涉及国家秘密、商业秘密和个人隐私以及不符合档案开放条件的除外。

第十二条 为执行本单位的地方志编纂任务或者利用本单位的物资技术条件收集、积累的地方志书及有关地情资料，应当按照规定归档管理，任何人不得损毁或者据为己有。

第十三条 依法建立修志的长效机制，除上级主管部门有明确要求外，原则上县地方志书每 5 至 10 年编纂一部。

第十四条 编纂地方志应当吸收有关方面的专家、学者参加。地方志编纂人员实行专、兼职相结合，专职编纂人员应当具备相应的专业知识。

第十五条 编纂地方志应当全面、客观地记述行政区域自然、政治、经济、文化和社会的历史与现状。

第十六条 地方志的编纂应当思想鲜明正确，资料翔实可靠，体例完备严谨，篇目结构合理，内容充实深刻，审校严格认真，保证地方志书的质量。

第十七条 地方志的篇目设置，应当符合科学分类和社会分工的实际，突出时代特点和地方特色，做到门类合理，归属得当，层次分明，排列有序。

第十八条 地方志的文体采用规范的语体文，行文力求朴实、简练、流畅。

第十九条 地方志编纂工作涉及国家秘密的，应当遵守有关保密工作的法律、法规和保密工作部门的有关规定。

第二十条 县地方志工作管理部门可根据地方志工作规划，对承担地方志编纂任务的部门和单位的地方志编写工作进行检查和指导。

第二十一条 各级地方志书及地情类书籍的编纂单位，应当在地方志书及地情类书籍出版后 30 日内，向本级和上级地方志工作管理部门报送样书和电子文本。

第二十二条 违反本办法有下列情形之一的，由县地方志工作管理部门责令其停止违法行为，并限期改正。逾期不改正的，由其所在单位或者有关行政部门对有关负责人和直接责任人依法给予行政处分或者纪律处分：

（一）擅自编纂出版以县行政区域冠名的地方志书及地情类书籍的；

（二）无故拖延、拒绝提供地方志资料或者拒不承担编写任务的；

（三）损毁单位地方志资料或者将其据为己有的；

（四）故意提供虚假地方志资料的；

（五）未经审查、验收、批准，擅自出版地方志书及相关地情类书籍的；

（六）拒绝向地方志工作管理部门报送地方志书及相关地情书籍的。

第二十三条 本办法自 2009 年 11 月 10 日起施行。

鞍山市人民政府令

〔2008〕第 163 号

《鞍山市地方志工作管理办法》业经 2008 年 12 月 8 日鞍山市第十四届人民政府第 26 次常务会议审议通过，现予公布，自 2009 年 1 月 1 日起施行。

市长：谷春立

二〇〇八年十二月十六日

鞍山市地方志工作管理办法

第一条 为了规范和加强地方志工作，全面、客观、系统地编撰地方志，科学、合理地开发利用地方志资源，发挥地方志在促进经济和社会发展中的作用，根据国务院《地方志工作条例》，结合本市实际，制定本办法。

第二条 本办法适用于本市行政区域内地方志的组织编纂、管理、开发利用等工作。

第三条 本办法所称地方志，是指地方志书、地方综合年鉴等地情资料性文献。

地方志书，是指全面系统地记述本行政区域自然、政治、经济、文化和社会的历史与现状的地情资料性文献。地方志书包括综合性地方志书和专业性地方志书。

地方综合年鉴，是指系统记述本行政区域自然、政治、经济、文化和社会等方面情况的年度地情资料性文献。

第四条 市和县（市）、区人民政府应当加强对本行政区域地方志工作的领导，将地方志工作纳入本地经济和社会发展规划，所需经费列入本级财政预算。

第五条 市和县（市）、区人民政府地方志办公室是本行政区域内地方志工作机构，履行下列职责：

（一）组织、指导、督促和检查地方志工作；

（二）拟订地方志工作规划和编纂方案；

（三）编纂本级综合性地方志书、地方综合年鉴，审查、验收本行政区域内下一级综合性地方志书及同级专业性地方志书；

（四）征集、整理、保存地方志文献，开展地方志学术研究和学术交流；

（五）组织开发利用地方志资源，宣传、推广地方志成果，开展地情研究，建设地方志馆（室）、地方志资料库、地方志网站，为公众读志用志提供服务；

（六）培训地方志编纂人员；

（七）法律法规规定的其他职责。

第六条 市和县（市）、区人民政府负责制定本行政区域地方志编纂工作规划，并报上一级人民政府负责地方志工作的机构备案。

第七条 市和县（市）、区人民政府应当组织做好本行政区域综合性地方志书和地方综合年鉴的编纂工作，具体工作由本级地方志办公室负责，其他组织和个人不得编纂。

支持和鼓励机关、社会团体、企业事业单位、其他组织和个人编纂出版有助于经济社会发展的其他志书。有条件的街道办事处、乡镇、村可以组织编纂本单位的志书。地方志办公室应当对有关编纂活动给予业务指导，并做好备案工作。

第八条 市和县（市）、区综合性地方志书每20年左右编修一次，地方综合年鉴按年度编纂。每一轮综合性地方志书编修工作完成后，地方志办公室在编纂地方综合年鉴、搜集资料以及向社会提供咨询服务的同时，启动新一轮综合性地方志书的续修工作。

第九条 编纂地方志应当符合下列要求：

（一）符合宪法和保密、档案等法律、法规的规定；

（二）全面、客观地反映本行政区域自然、政治、经济、文化和社会的历史与现状；

（三）符合志书的体例格式；

（四）文字表述准确，篇目结构合理；

（五）标点符号、计量单位和数字的使用规范、标准；

（六）装帧印刷符合出版要求。

第十条 编纂地方志应当吸收有关方面的专家、学者参加。地方志编纂人员实行专、兼职相结合，专职编纂人员应当具备相应的专业知识，做到恪尽职守、客观公正、秉笔直书、尊重史实。任何单位和个人不得要求编纂人员在地方志中做虚假记述。

第十一条 为执行本单位的地方志编纂任务或者利用本单位的物质技术条件收集、积累的地方志书及有关地情资料，应当按照规定归档管理，任何人不得损毁或者据为己有。

第十二条 地方志办公室可以向机关、社会团体、企业事业单位、其他组织以及个人征集有关地方志资料，有关单位和个人应当在规定的时限内按要求提供全面、系统、翔实、准确的资料。

地方志办公室可以对所需资料内容进行查阅、摘抄、复制，但涉及国家秘密、商业秘密和个人隐私以及不符合档案开放条件的除外。

第十三条 公民、法人和其他组织可以通过查阅、摘抄等方式利用地方志馆（室）、地方志资料库收藏、展示的地方志文献和资料。

地方志馆（室）、地方志资料库应当将服务范围、开放时间等服务事项进行公示。

鼓励单位和个人向地方志馆（室）、地方志资料库捐赠或者有偿提供地方志文献和资料。

地方志文献和资料所有人或者持有人提供有关资料，可以获得适当报酬。地方志文献和资料所有人或者持有人不得提供虚假资料。

第十四条 市和县（市）、区地方志书和地方综合年鉴，实行备案、审查、验收制度。

综合性地方志书编纂完成后，应当报上一级地方志办公室备案，并经审查、验收后，方可公开出版；专业性地方志书编纂完成后，应当报同级地方志办公室备案，并经审查、验收后，方可公开出版。地方综合年鉴应当报经本级人民政府批准后，方可公开出版。

第十五条 各级地方志书及相关地情资料性文献的编纂单位，应当在地方志书及相关地情资料性文献出版后3个月内，向原审查、验收的地方志办公室报送样书和电子文本。

第十六条 综合性地方志书、地方综合年鉴为职务作品，依照《中华人民共和国著作权法》第十六条第二款的规定，其著作权由组织编纂的地方志办公室享有，参与编纂的人员享有署名权。

第十七条 地方志办公室应当加强地方志资源的开发利用，积极开拓社会用志途径，可以编辑、出版地方志简本或者通过建设地方志馆（室）、地方志资料库、地方志网站等方式，加强地方志工作的信息化建设，为经济社会的全面发展服务。

第十八条 地方志成果可以依照有关规定，参加国家、省和市优秀社会科学成果评奖。

第十九条 对在地方志工作中做出突出成绩和贡献的单位和个人，由市和县（市）、区人民政府给予表彰和奖励。

第二十条 违反本办法，有下列行为之一的，由市、县（市）区人民政府地方志办公室责令限期改正；逾期不改的，提请本级人民政府或有关行政主管部门予以纠正，并视情节对有关单位和个人予以通报批评或予以行政处分；构成犯罪的，依法追究刑事责任。

（一）未能在规定时限内提供资料；无故拖延、拒绝提供地方志资料或者提供虚假资料的；

（二）未经审核、验收、批准，擅自出版地方志书的；

（三）损毁单位地方志资料或者将其据为己有的；

（四）未能在规定时限内报送样书和电子文本的。

第二十一条 违反本办法，涉及其他有关法律、法规的，由相关部门依法予以处罚。

第二十二条 本办法自2009年1月1日起施行。

抚顺市人民政府令

〔2009〕第146号

《抚顺市地方志工作管理办法》业经2009年11月23日市政府第16次常务会议通过，现予发布。

市长：王 阳

二〇〇九年十二月二十二日

抚顺市地方志工作管理办法

第一条 为了规范和加强地方志工作，全面、客观、系统地编撰地方志，科学、合理地开发利用地方志资源，发挥地方志在促进经济和社会发展中的作用，根据国务院《地方志工作条例》，结合本市实际，制定本办法。

第二条 本办法适用于本市行政区域内地方志的组织编纂、管理、开发利用等工作。

第三条 本办法所称地方志，包括地方志书、地方综合年鉴。

第四条 市、县（区）人民政府应当加强对本行政区域地方志工作的领导，将地方志工作纳入本地经济和社会发展规划，所需经费列入本级财政预算。

第五条 市、县（区）人民政府地方志办公室是本行政区域地方志工作主管机构，履行下列职责：

（一）组织、指导、督促和检查地方志工作；

（二）拟订地方志工作规划和编纂方案；

（三）组织编纂本级地方志书；

（四）征集、整理、保存地方志文献，开展地方志学术研究和学术交流；

（五）组织开发利用地方志资源，宣传、推广地方志成果，开展地情研究，为公众读志用志提供服务；

（六）培训地方志编纂人员。

第六条 市、县（区）人民政府地方志办公室负责以本行政区域名称冠名的地方志书和地方综合年鉴的编纂工作，其他组织和个人不得编纂。

街道办事处、乡镇、村可以组织编纂本单位的志书。

第七条 鼓励支持机关、社会团体、企业事业单位、其他组织和个人编纂出版有助于经济社会发展的其他志书。地方志办公室应当对志书编纂活动进行业务指导和备案。

第八条 市、县（区）综合性地方志书每20年左右编修一次，每次编修工作完成后进入新一轮续修工作。

市、县（区）地方综合年鉴按年度编纂。

第九条 编纂地方志应当符合下列要求：

（一）符合宪法和保密、档案等法律、法规的规定；

（二）全面、客观地反映本行政区域自然、政治、经济、文化和社会的历史与现状；

（三）符合志书的体例格式；

（四）文字表述准确，篇目结构合理；

（五）标点符号、计量单位和数字的使用规范、标准；

（六）装帧印刷符合出版要求。

第十条 编纂地方志应当吸收有关方面的专家、学者参加。地方志编纂人员实行专、兼职相结合。专职编纂人员应当具备相应的专业知识，做到恪尽职守、客观公正、秉笔直书、尊重史实。任何单位和个人不得要求编纂人员在地方志中做虚假记述。

第十一条 为执行本单位的地方志编纂任务，收集、积累的地方志书及有关地情资料，应当按照规定进行归档管理，任何人不得损毁或者据为己有。

第十二条 地方志办公室可以向机关、社会团体、企业事业单位、其他组织以及个人征集有关地方志资料。地方志文献资料的所有人或者持有人应当按照要求，在规定的时限内提供全面、系统、翔实、准确的资料；不得提供虚假资料。

地方志办公室可以对所需资料内容进行查阅、摘抄、复制，但涉及国家秘密、商业秘密和个人隐私以及不符合档案开放条件的除外。

地方志文献资料所有人或者持有人提供有关资料，可以获得适当报酬。

第十三条 以市、县（区）行政区域冠名、列入规划的地方志书实行审查验收制度。

市、县（区）人民政府制定本行政区域地方志编纂工作规划，应当报上一级人民政府地方志办公室备案。

以本行政区域名称冠名、列入规划的市、县（区）地方志书编纂完成后，由本级人民政府地方志办公室组织评审，并报上一级人民政府地方志办公室审查同意后，提请本级人民政府验收，批准出版。

第十四条 地方志书及相关地情资料性文献的编纂单位，应当在地方志书及相关地情资料性文献出版后3个月内，向本级和上一级地方志办公室报送样书和电子文本。

第十五条 综合性地方志书、地方综合年鉴为职务作品，依照《中华人民共和国著作权法》第十六条第二款的规定，其著作权由组织编纂的地方志办公室享有，参与编纂的人员享有署名权。

第十六条 地方志成果可以依照有关规定参加国家、省和市优秀社会科学成果评奖。

第十七条 市、县（区）人民政府对地方志工作中做出突出成绩和贡献的单位和个人给予表彰和奖励。

第十八条 违反本办法第十一条规定，遗失、损毁地方志资料的或者将地方志资料据为己有的，由本单位责令其采取补救措施或者责令其退还，并可以根据情节依照有关规定予以行政处分，构成犯罪的，依法追究刑事责任。

第十九条 违反本办法第十二条规定，被征集资料者不在规定时限内提供、无故拒绝提供或者提供虚假地方志资料的，由本级人民政府责令限期改正，逾期不改的，予以通报批评。

行政机关、社会团体、国有企业事业单位违反本办法第十二条规定的，除依照前款规定处理外，可以依照有关规定对单位领导和直接责任者给予行政处分。

第二十条 违反本办法第十三条规定，未经审查验收、批准将地方志书文稿交付出版，或者地方志存在违反宪法、法律、法规规定内容的，由上级人民政府或者本级人民政府责令采取相应措施予以纠正，并视情节追究有关单位和个人的责任；构成犯罪的，依法追究刑事责任。

第二十一条 违反本办法第十四条规定，未能在规定时限内报送样书和电子文本的，由本级或者上级地方志办公室责令其报送，情节严重的，给予通报批评。

第二十二条 违反本办法规定，涉及其他有关法律、法规规定的，按照其他有关法律法规进行处理。

第二十三条 本办法自 2010 年 2 月 1 日起施行。

本溪市人民政府令

〔2011〕第 156 号

《本溪市地方志工作管理办法》业经 2011 年 3 月 17 日本溪市第十四届人民政府第 82 次常务会议审议通过，现予公布，自 2011 年 5 月 15 日起施行。

市长：王世伟

二〇一一年四月六日

本溪市地方志工作管理办法

第一条 为规范和加强地方志工作，全面、客观、系统地记载、保存、利用地方史志文献，促进经济建设和社会发展，根据国务院《地方志工作条例》，结合本市实际，特制定本办法。

第二条 本办法所称地方志，包括地方志书、地方综合年鉴及相关地情历史文献。

地方志书，是指全面系统地记述本行政区域自然、政治、经济、文化和社会的历史与现状的资料性文献。包括综合性地方志书和专业性志书。

地方综合年鉴，是指系统记述本行政区域自然、政治、经济、文化和社会等方面的年度地情资料性文献。

相关地情历史文献，是指记述地区、组织、部门和单位基本情况的书籍。

第三条 本办法适用于本市行政区域内地方志的组织编纂、管理、开发利用和服务工作。

第四条 市、县（区）政府地方志办公室负责本行政区域内的地方志行政管理工作，具体履行下列职责：

（一）制定（拟订）本行政区域地方志工作规划和编纂方案，并负责向上级政府地方志工作机构备案；

（二）组织编纂本级综合性地方志书、地方综合年鉴及相关地情历史类书籍，审查、验收本行政区域内下一级综合性地方志书及同级专业性地方志书；组织编纂地方志书及相关地情类书籍；

（三）组织、指导、督促和检查地方志工作，培训地方志编撰人员，征集、整理、保存地方志文献和资料，开展地方志理论研究；

（四）组织开发利用地方志资料，宣传、推广地方志成果，开展地情研究，建设地方志馆（室）、地方志资料库、地方志网站，为公众读志用志提供服务；

（五）法律法规规定的其他职责。

第五条 市、县（区）政府应当加强对本行政区域地方志工作的领导，将地方志工作纳入本地经济和社会发展规划。地方志工作总体规划由本级政府批准，所需经费列入本级政府财政预算。

第六条 以市、县（区）行政区域冠名的地方志书，由本级地方志工作管理部门按照规划组织编纂，并报上级政府地方志工作机构备案，其他组织和个人不得编纂出版。

地方志办公室应当支持和鼓励机关、社会团体、企业事业单位、其他组织和个人编纂出版有助于经济社会发展的其他志书。负责对编纂活动的业务指导，并做好备案工作。

第七条 市、县（区）综合性地方志书每20年编修一次，地方综合年鉴按年度编纂。综合性地方志书编修工作完成后，应当启动新一轮综合性地方志书的续修工作。

第八条 编纂地方志应当符合下列规定：

（一）符合宪法、保密法和档案法等法律、法规的规定；

（二）全面、客观地反映本行政区域自然、政治、经济、文化和社会的历史与现状；

（三）符合志书的体例格式；

（四）文字表述准确，篇目结构合理；

（五）标点符号、计量单位和数字的使用规范、标准；

（六）装帧印刷符合出版要求。

第九条 编纂地方志应当吸收相关专家、学者参加。地方志编纂人员实行专、兼职相结合，专职编纂人员应当具备相应的专业知识。

任何单位和个人不得要求编纂人员在地方志中做虚假记述。编纂人员应当对地方志的真实性承担终身责任。

第十条 地方志办公室可以采用查阅、摘抄、复制等形式，向国家机关、社会团体、企业事业单位以及其他社会组织和个人征集相关的地方志资料，有关单位和个人应当及时、如实提供相关资料，但涉及国家秘密、商业秘密和个人隐私以及不符合档案开放规定的，应当向编纂人员说明。

地方志资料所有人或持有人不得故意提供虚假资料。

地方志文献和资料所有人或持有人提供有关资料，可以获得适当报酬。

第十一条 在地方志编纂过程中，编纂人员为执行本单位的地方志编纂任务或利用本单位的物质技术条件收集、积累的地方志书及有关地情资料，应当按照规定归档管理。任何人不得损毁或据为己有。

第十二条 地方志书的出版实行审查、验收制度。

市、县（区）地方志书的编纂，应当经本级政府批准后实施。编纂完成后，由本级政府地方志办公室组织评审，并经上级政府地方志办公室审查同意后，方可公开出版。

其他行业志、部门志、企业志编纂完成后，由本单位组织评审，并报市地方志办公室审查批准后，方可出版。

第十三条 各级地方志书及地情类书籍的编纂单位，应当在地方志书及地情类书籍出版后 3 个月内，向本级和上级地方志工作管理部门报送样书和电子文本。

第十四条 以市、县（区）行政区域名称冠名的地方志书、地方综合年鉴为职务作品，其著作权由组织编纂的机构享有，参与编纂的人员依法享有署名权。

第十五条 地方志书应当向社会公开。单位和个人可以免费利用地方志文献网站查询、摘抄、使用地方志文献。

第十六条 在地方志工作中做出突出贡献的单位和个人，由市、县（区）政府给予表彰和奖励。

第十七条 违反本办法，有下列情形之一的，由地方志工作管理部门责令其停止违法行为，并限期改正；逾期不改正的，由其所在单位或有关行政部门对有关负责人和直接责任人依法给予处分；构成犯罪的，依法追究刑事责任：

（一）擅自编纂出版以市、县（区）行政区域冠名的地方志书及地情类书籍的；

（二）公职人员无故拖延、拒绝提供地方志资料或拒不承担编写任务的；

（三）损毁单位所有或持有的地方志资料或将其据为己有的；

（四）故意提供虚假地方志资料或擅自编纂不符合地情和与市、县（区）地方志相矛盾的历史资料的；

（五）未经审查、验收、批准，擅自出版地方志书及相关地情类书籍的；

（六）未能在规定时限内报送样书和电子文本的。

第十八条 违反本办法，涉及违反其他有关保密、著作权等法律、法规的，由相关部门依法予以处罚。

第十九条 本办法自 2011 年 5 月 15 日起施行。

营口市人民政府关于印发《营口市地方志工作管理办法》的通　知

营政发〔2007〕19号

营口开发区、辽宁（营口）沿海产业基地、营口高新区管委会，各市（县）、区人民政府，市政府各部门、各直属单位：

《营口市地方志工作管理办法》业经市政府常务会议讨论通过，现予印发，请认真按照执行。

营口市人民政府

二〇〇七年九月二十五日

营口市地方志工作管理办法

第一条　为规范我市地方志的编纂、开发利用和管理工作，充分发挥地方志在经济建设和社会发展中的作用，根据国务院《地方志工作条例》，结合我市实际，制定本办法。

第二条　我市行政区域内地方志的组织编纂、开发利用和管理工作适用于本办法。

第三条　本办法所称地方志是指地方志书、地方综合年鉴及地情文献。

地方志书是指全面系统地记述本行政区域自然、政治、经济、文化和社会的历史与现状的资料性文献。

地方综合年鉴是指全面系统记述本行政区域自然、政治、经济、文化、社会等方面情况的年度资料性文献。

地情文献是指在一定时限内全面、系统记述本行政区域全面工作或专项工作的资料性书籍，以及以行政区域冠名的大事记、地情画册等书籍。

第四条　实行市、市（县）区、乡（镇）、村四级修志。市和市（县）区必须修志，鼓励乡（镇）修志，支持村修志。

第五条　市和市（县）区人民政府应当将地方志工作纳入国民经济和社会发展规划。地方志工作总体规划由本级人民政府批准，所需经费列入本级财政预算，并保证按时足额拨付到位。

第六条 市和市（县）区地方志办公室（史志办公室）是本行政区域内负责地方志工作的管理机构，履行下列职责：

（一）贯彻执行地方志法律、法规，制定有关地方志编纂的业务程序；

（二）拟定本行政区域地方志工作规划和编纂方案；

（三）组织、指导、督促和检查地方志工作；

（四）组织编纂本行政区地方志书、地方综合年鉴及相关地情类书籍，依照规定组织专家对已编纂成稿的地方志进行审评；

（五）搜集、整理、保存地方志文献和资料，开展地方志理论研究和学术交流；

（六）组织开发利用地方志资源，建立地方志馆（库）和网站，为公众提供服务；

（七）培训地方志专业人员；

（八）完成本级人民政府和上级地方志工作机构交办的其他任务。

第七条 以市和市（县）区行政区域冠名的地方志书、地方综合年鉴以及地情书籍，由本级地方志工作办公室（史志办公室）组织编纂，其他组织和个人不得编纂出版。

第八条 有条件的市直属部门和行业主管机构，应当编纂以部门、行业冠名的专业志书及相关地情书籍。编纂以部门、行业冠名的专业志书和相关地情书籍，应当制定编纂计划和方案，并报市史志办公室备案。

第九条 编纂以市和市（县）区行政区域及行业冠名，列入规划的地方志，实行逐级报批、审查、验收制度。

市本级地方志的编纂，经市人民政府批准后实施。编纂完成后，经市人民政府、市保密部门审查验收，方可公开出版。

市（县）区地方志的编纂，经本级人民政府及市地方志工作管理部门批准后实施。编纂完成后，经本级人民政府、市地方志工作管理部门、市保密部门审查验收，方可公开出版。

以行业冠名的地方志的编纂，经市地方志工作管理部门批准后实施。编纂完成后，经市地方志工作管理部门、市保密部门审查验收，方可公开出版。

第十条 地方志工作管理部门可以向辖区内机关、社会团体、企业事业单位和其他组织以及公民征集有关地方志资料；相关单位和个人应当提供有关地方志资料。

地方志工作管理部门可以对所需资料内容进行查阅、摘抄、复制。但涉及国家秘密、商业秘密和个人隐私以及不符合档案开放条件的除外。

第十一条 为执行本单位的地方志编纂任务或者利用本单位的物质技术条件收集、积累的地方志书及有关地情资料，应按照规定归档管理，任何个人不得损毁或者据为己有。

第十二条 市和市（县）区、行业部门的综合年鉴每1-2年编纂1部。跨年度地方志书每20年编纂1部。每一轮编修工作应相互衔接，除发生重大事件影响修志工作外，不得中断。

第十三条 地方志编纂人员实行专、兼职相结合。专职编纂人员应具备相应的专业知识和文字编纂能力。编纂地方志应吸收有关方面的专家、学者参加，可以采取聘用方式，聘请适合从事地方志编纂的人员参加编纂。

第十四条 编纂地方志应全面、具体、客观地记述本行政区域自然、政治、经济、文化和社会的历史与现状。

地方志编纂人员应当恪尽职守、客观公正、据事直书、忠于史实。任何单位和个人不得要求编纂人员在地方志中做虚假记述。

第十五条 地方志的编纂应思想鲜明正确，资料翔实可靠，体例完备严谨，篇目结构合理，内容充实深刻，审校严格认真，保证地方志书的质量。

第十六条 地方志的篇目设置，应符合科学分类和社会分工的实际，突出时代特点和地方特色，做到门类合理，归属得当，层次分明，排列有序。

第十七条 地方志的文体采用规范的白话文（语体文），行文力求朴实、简练、流畅。

第十八条 地方志编纂工作涉及国家秘密的，应当遵守有关保密工作的法律、法规和保密工作部门的有关规定。

第十九条 承担地方志编纂任务的部门和单位，可根据地方志工作规划，对其所属单位的地方志编写工作进行检查和指导。

第二十条 各级地方志书及地情类书籍的编纂单位，应在地方志书及地情类书籍出版后 3 个月内，向本级和上级地方志工作管理门报送样书和电子文本。

第二十一条 地方志应向社会公开。单位和个人可以免费利用地方志文献网站，查询、摘抄、使用地方志文献。

第二十二条 地方志成果可以依照有关规定，参加国家、省和市优秀社会科学成果评奖。

第二十三条 违反本办法规定，有下列情形之一的，由县级以上地方志工作管理部门按照权限责令限期改正；逾期不改的，由县级以上地方志工作管理部门提请本级人民政府或有关行政主管部门予以纠正，并视情节对有关单位和个人予以通报批评或予以行政处分；构成犯罪的，依法追究刑事责任。

（一）擅自编纂出版以市和市（县）区行政区域冠名的地方志书及地情类书籍或以部门冠名的专业志及相关资料性书籍的；

（二）无故拖延、拒绝提供地方志资料或者拒不承担编写任务的；

（三）损毁单位地方志资料或者将其据为己有的；

（四）故意提供虚假地方志资料的；

（五）拒绝向地方志工作管理部门报送地方志书及相关地情类书籍的。

第二十四条 本办法发布之日起实施。

吉林省第十届人民代表大会常务委员会公告

〔2006〕第68号

《吉林省地方志工作条例》经吉林省第十届人民代表大会常务委员会第三十次会议于2006年12月1日通过，现予公布，自2007年1月1日起施行。

吉林省第十届人民代表大会常务委员会

二〇〇六年十二月一日

吉林省地方志工作条例

（2006年12月1日省十届人大常委会第三十次会议通过）

第一条 为了规范地方志的编纂、开发利用和管理，根据国务院《地方志工作条例》，结合本省实际情况，制定本条例。

第二条 本条例所称地方志，是指记述特定行政区域内自然、政治、经济、文化和社会的历史与现状的资料性文献，包括地方志书、综合年鉴。

第三条 本省行政区域内地方志编纂、开发利用和管理工作适用本条例。

第四条 县级以上人民政府负责地方志工作的机构主管本行政区域的地方志工作，组织本条例的实施，履行下列职责：

（一）制定地方志工作规划、规范和编纂方案；

（二）组织、指导、监督和检查地方志工作；

（三）统一组织编纂、出版以行政区域名称冠名的地方志书和综合年鉴；

（四）对本行政区域内地方志书、综合年鉴的开发利用实行统一管理；

（五）培训地方志专业人员；

（六）征集、保存地方志文献和资料，整理旧志；

（七）开展地方志理论研究；

（八）完成本级人民政府和上级地方志工作机构交办的其他任务。

第五条 县级以上人民政府应当将地方志工作纳入当地经济与社会发展总体规划，地方志工作所需经费列入本级财政预算。

第六条 县级以上人民政府制定本行政区域地方志编纂的总体工作规划，并报上级人民政府负责地方志工作的机构备案。

第七条 以县级以上行政区域名称冠名的地方志书、综合年鉴，由县级以上人民政府负责地方志工作的机构组织编纂，其他组织和个人不得编纂。

第八条 从事地方志编纂工作的人员应当经过专业培训。

各级人民政府负责地方志工作的机构可聘请有关方面的专家、学者兼职从事地方志的编纂工作。

第九条 县级以上地方志书应当二十年续修一次；综合年鉴应当每年编辑、出版。

第十条 县级以上人民政府负责地方志工作的机构应当及时征集和保存包括纸介质、电子文档、音像制品、实物和口述资料在内的各种地方志资料，建立稳定长效的征集渠道和制度。

第十一条 承担地方志编纂任务的单位，应当在人员、经费和物质条件上给予保障，并按照规定完成地方志编纂任务。

县级以上人民政府负责地方志工作的机构向有关单位征集地方志资料时，有关单位应当提供支持。

涉及国家秘密、商业秘密和个人隐私的按照法律、法规的规定执行。

第十二条 地方志书、综合年鉴出版后三个月内，应当报送上级人民政府负责地方志工作的机构备案。

为执行本单位地方志编纂任务或者利用本单位的物质技术条件收集、积累的地方志资料，应当依法移交本级国家档案馆或者方志馆保存、管理，任何单位和个人不得将其散失、损毁或者据为己有。

第十三条 少数民族地区应当有少数民族的专家、学者参加地方志书的编纂工作。

少数民族地区可以出版汉字和少数民族文字两种版本的地方志书。

第十四条 以县级以上行政区域名称冠名的地方志书，实行初审、复审和终审三审制。

第十五条 编纂出版地方志书、综合年鉴，要达到资料翔实准确，分类科学、领属得当，地方特色突出，审校、装帧、印刷符合出版要求的质量标准。

第十六条 省、市（州）和有条件的县（市、区）应当建立方志馆或者存放地方志资料的资料库及地情信息网络。

第十七条 县级以上人民政府负责地方志工作的机构应当统一制定地方志资源开发规划，多渠道筹集资金，整合开发力量，实行立项开发制度。

第十八条 县级以上人民政府负责地方志工作的机构应当积极开拓用志途径，出版地方志书、综合年鉴的电子出版物，加强地方志文献的信息化建设；地方志文献和方志馆应当向社会公开、开放，向社会提供地情网络信息服务。

第十九条 地方志书、综合年鉴公开出版后，依照国家有关规定付给编纂人员适当的报酬。

第二十条 县级以上人民政府应当对在地方志工作中做出显著成绩的单位和个人给予表彰和奖励。

第二十一条 违反本条例第十一条规定，未按规定完成编纂任务或者拒绝提供资料的，由县级以上人民政府负责地方志工作的机构责令限期改正，并由有关部门依法给予行政处分。

第二十二条 本条例自 2007 年 1 月 1 日施行。

长春市人民政府令

〔2011〕第 20 号

《长春市地方志工作管理办法》业经 2010 年 1 月 13 日市政府第 35 次常务会议审议通过，现予公布，自 2011 年 3 月 1 日起施行。

市长：崔杰

二〇一一年一月十三日

长春市地方志工作管理办法

第一条 为继承和发扬中华民族优秀文化传统，全面、客观地记载本市地情，规范地方志编纂、开发利用和管理，发挥地方志促进经济社会发展的作用，根据国务院《地方志工作条例》《吉林省地方志工作条例》，结合本市实际，制定本办法。

第二条 本办法适用于本市行政区域内地方志的组织编纂、开发利用和管理工作。

第三条 本办法所称地方志，包括地方志书、地方综合年鉴。

地方志书，是指全面系统地记述本行政区域自然、政治、经济、文化和社会的历史与现状的资料性文献。

地方综合年鉴，是指系统记述本行政区域自然、政治、经济、文化、社会等方面情况的年度资料性文献。

地方志分别由市、县（市）区编纂出版，并以相应的行政区域名称冠名。

第四条 市人民政府地方志工作机构主管本行政区域内的地方志工作。

县（市）区人民政府地方志工作机构主管本行政区域内的地方志工作。

财政、保密、统计、档案、新闻出版等部门应当按照各自职责，配合地方志工作机构，做好相关工作。

第五条 地方志工作机构应当履行下列职责：

（一）制定地方志工作规划、业务规范和编纂方案；

（二）组织、指导、监督和检查地方志工作；

（三）统一组织编纂、出版以行政区域名称冠名的地方志书和地方综合年鉴；

（四）对本行政区域内地方志书、地方综合年鉴的开发利用实行统一管理；

（五）培训地方志专业人员；

（六）征集、保存地方志文献和资料，整理旧志；

（七）开展地方志理论研究；

（八）完成与地方志相关的其他工作。

第六条 市、县（市）区人民政府应当将地方志工作纳入本地经济和社会发展总体规划，地方志工作所需经费列入本级财政预算。

第七条 市、县（市）区地方志工作机构应当制定本行政区域地方志编纂总体工作规划，经本级人民政府批准后，报上一级地方志工作机构备案。

地方志书应当每20年左右编修一次，每一轮地方志书编修工作完成后，地方志工作机构在编纂地方综合年鉴、搜集资料以及向社会提供咨询服务的同时，启动新一轮地方志书的续修工作。

地方综合年鉴应当每年编辑、出版。

第八条 以市、县（市）区行政区域名称冠名的地方志书、地方综合年鉴，由本级地方志工作机构组织编纂，其他组织和个人不得编纂。

第九条 地方志编纂人员实行专兼职相结合，从事编纂工作的专职人员应当具备相应的专业知识。

市地方志工作机构负责地方志编纂人员的专业培训。

第十条 地方志工作机构可以聘请有关方面的专家、学者兼职从事地方志的编纂工作。

第十一条 承担地方志编纂任务的单位，应当在人员、经费和物质条件上给予保障，按照地方志工作机构的要求和标准完成地方志编纂任务。

第十二条 市、县（市）区地方志工作机构，因编纂地方志需要，可以向机关、社会团体、企业事业单位、其他组织及个人征集纸介质、电子文档、音像制品、实物和口述资料等地方志资料，有关单位及个人应当给予支持，并如实提供。地方志工作机构可以对有关资料进行查阅、摘抄、复制，但涉及国家秘密、商业秘密和个人隐私以及不符合档案开放条件的除外。

地方志工作机构对提供地方志资料的资料所有人或者持有人可以给予适当报酬。

第十三条 以市、县（市）区行政区域名称冠名的地方志书，实行初审、复审和终审三审制。三审验收合格后，方可公开出版。

以市行政区域名称冠名的地方志书，由市地方志工作机构和市地方志、鉴审查验收小组负责初审、复审后，报省地方志工作机构终审。

以县（市）行政区域名称冠名的地方志书，由县（市）地方志工作机构负责初审，由市地方志工作机构复审后，报省地方志工作机构终审。

以区行政区域名称冠名的地方志书，由区地方志工作机构负责初审、复审后，报市地方志工作机构终审。

第十四条 以市、县（市）区行政区域名称冠名的地方综合年鉴经本级政府批准方可公开出版。

第十五条 市、县（市）区地方志书、地方综合年鉴出版后三个月内，地方志工作机构应当将样书和电子文本报送上一级地方志工作机构备案。

第十六条 地方志工作机构应当利用地方志资料的资源优势，开拓社会使用途径，多渠道为经济建设和社会发展服务。

第十七条 鼓励乡（镇）人民政府编写本辖区地方志资料，地方志工作机构应当给予支持和指导。

第十八条 地方志工作机构应当建立方志馆或者存放地方志资料的资料库及地情信息网站，并向社会公开、开放，提供地情网络信息服务。

第十九条 地方志工作机构应当建立稳定长效的资料征集制度，及时征集、甄别和保存包括纸介质、电子文档、音像制品、实物和口述资料在内的各种地方志资料，并整理、转化为资料长篇。

第二十条 执行本单位地方志编纂任务或者利用本单位的物质技术条件收集、积累的地方志资料，在工作结束后应当依法移交本级国家档案馆或者方志馆保存、管理，不得散失、损毁或者擅自留存。

第二十一条 地方志工作机构应当对承担地方志编纂任务单位的相关工作进行指导、监督和检查，并可以提出工作建议。

第二十二条 地方志书、地方综合年鉴公开出版后，应当依照国家有关规定付给参与编纂人员适当的报酬。

第二十三条 市、县（市）区人民政府应当对在地方志工作中做出突出成绩和贡献的单位、个人，给予表彰和奖励。

第二十四条 以市、县（市）区名称冠名的地方志书、地方综合年鉴为职务作品，其著作权由组织编纂的负责地方志工作的机构享有，参与编纂的人员享有署名权。

第二十五条 违反本办法第八条规定，擅自编纂出版以市、县（市）区行政区域名称冠名的地方志书、地方综合年鉴的，由地方志工作机构提请本级人民政府出版行政部门依法查处。

第二十六条 违反本办法第十一条、第十二条第一款规定，未按规定完成编纂任务或者拒绝提供资料的，由地方志工作机构责令限期改正，并由有关部门对相应责任人员依法给予行政处分。

第二十七条 各开发区地方志管理工作可以参照本办法执行。

第二十八条 本办法自 2011 年 3 月 1 日起施行。

白城市人民政府关于印发《白城市地方志工作管理办法》的通知

白政发〔2010〕27号

各县（市、区）人民政府、开发区（园区）管委会，市政府各委办局、各直属机构：

《白城市地方志工作管理办法》已经市政府同意，现印发给你们，请结合实际，认真贯彻落实。

白城市人民政府

二〇一〇年十二月二十一日

白城市地方志工作管理办法

第一条 为规范地方志的编纂、管理和开发利用，更好地发挥地方志在促进经济社会发展中的作用，根据国务院和吉林省《地方志工作条例》的规定，结合本市实际，制定本《办法》。

第二条 本市行政区域内地方志的资料征集、组织编纂、管理、开发利用工作，适用本《办法》。

第三条 本《办法》所称地方志，包括地方志书、地方综合年鉴。

第四条 市和县（市、区）政府领导本行政区域内的地方志工作，制定本行政区域内地方志事业发展规划，并将其纳入国民经济和社会发展总体规划，重视地方志的编纂和开发利用，保证地方志工作机构、人员编制的落实。地方志工作所需经费列入本级财政预算。

第五条 市和县（市、区）政府地方志办公室（以下称地方志工作机构）是本行政区城内地方志工作的主管部门，组织本办法的实施，履行下列职责：

（一）宣传、贯彻执行地方志法规和相关政策；

（二）制定地方志工作规划、规范和编纂方案；

（三）组织、协调、指导、督促和检查本行政区域的地方志工作；

（四）组织编纂、出版以行政区域名称冠名的地方志书和地方综合年鉴；

（五）搜集、保存、管理地方志文献和资料，组织整理旧志；

（六）组织开展地方志业务培训和考核；

（七）组织开发利用地方志资源。

第六条 市和县（市、区）发改、财政、编制、统计、档案、新闻出版、保密等部门根据各自职责，协同地方志工作部门实施本《办法》。

第七条 编纂地方志应当吸收有关方面的专家、学者参加。地方志编纂人员实行专兼职相结合，专职编纂人员应当具备相应的专业知识，承担编修地方志任务的单位配备专（兼）职编纂人员，明确分管责任人，并保持队伍的相对稳定。

第八条 各机关、社会团体、企事业单位应当按照地方志编纂规划和要求，配合地方志工作机构完成入志资料的收集、整理、初稿编纂等相关工作，并接受本级地方志工作机构的业务指导。

第九条 以市和县（市、区）行政区域名称冠名的地方志书、地方综合年鉴，分别由本级地方志工作机构按照规划组织实施，其他组织和个人不得编纂。

第十条 市和县（市、区）两级地方志书应当20年续修一次。地方综合年鉴应当每年编辑、出版。遇有特殊重大事件发生，可适时组织编纂专题志书。

第十一条 按照《吉林省志书、年鉴编纂审验办法》的有关规定，以市行政区域名称冠名的地方志书，由市地方志工作机构初审、省地方志编委会复审、省地方志编委会组织成立志书终审委员会终审，以县（市、区）行政区域名称冠名的地方志书，由县（市、区）地方志工作机构初审、市地方志工作机构复审、省地方志编委会终审。

第十二条 以市和县（市、区）行政区域名称冠名的地方志书、地方综合年鉴，经依法审查验收合格，报同级人民政府批准后方可公开出版。

第十三条 地方志书、地方综合年鉴应当在出版后三个月内报送上级人民政府地方志工作机构备案。

第十四条 对地方志书进行审查验收，应当组织有关保密、档案、历史、法律、经济、军事等方面的专家参加，重点审查地方志书的内容是否符合宪法和保密、档案等法律、法规的规定，是否全面、客观地反映本行政区域自然、政治、经济、文化和社会的历史与现状。

第十五条 市和县（市、区）地方志工作机构应当及时征集和保存各种地方志资料，建立稳定长效的征集渠道和制度。向各机关、社会团体、企事业单位以及个人征集地方志资料时，有关单位和个人应当提供支持。地方志工作机构可以对有关资料进行查阅、摘抄、复制，但涉及国家机密、商业秘密和个人隐私的按有关法律、法规的规定执行。

第十六条 在地方志编纂过程中收集到的文字资料、图表、照片、音像资料、实物等以及形成的地方志文稿，由地方志工作机构指定人员集中统一管理；修志工作完成后，应当依法移交本级档案馆或方志馆保存、管理，任何单位和个人不得据为己有或出租、出让、转借。

第十七条 地方志工作机构应当积极开拓社会用志途径，可以通过建立方志馆、资料库等收藏、保存、管理各类地方历史文献资料，积极开展地情宣传、咨询服务活动，出版专题资料、地情研究成果等，为地方经济社会发展服务。

第十八条 市和县（市、区）地方志工作机构应加强信息化建设，逐步实现地方志工作的数字化、网络化。

第十九条 各机关、社会团体、企事业单位要认真保存、推广、利用地方志资料。

第二十条 市和县（市、区）政府对在地方志工作中做出突出成绩和贡献的单位、个人给予表彰和奖励。

第二十一条 未按规定完成地方志编纂任务的或者拒绝提供资料的，按照《吉林省地方志工作条例》第二十一条规定，由本级政府地方志工作机构责令限期改正，并由有关部门依法给予行政处分。

第二十二条 违反本《办法》规定，擅自编纂、出版以市或县（市、区）行政区域冠名的地方志书、地方综合年鉴的，按照国务院《地方志工作条例》第十八条规定，由市或县（市、区）政府地方志工作机构提请本级政府出版行政部门依法查处。

第二十三条 违反本《办法》规定，未经审查、验收、批准，擅自将地方志文稿交付出版，或者地方志存在违反法律、法规，规定内容的，由上级政府或本级政府责令采取相应措施予以纠正，并视其情节追究有关单位和个人的责任，构成犯罪的，依法追究刑事责任。

第二十四条 地方志内容的涉密审查工作，由提供资料和编写初稿的单位负责初审，各级地方志工作机构会同同级保密工作的主管部门，对本级地方志内容的涉密工作进行审定。

第二十五条 本《办法》自发布之日起施行。

黑龙江省人民政府令

〔2014〕第2号

《黑龙江省地方志工作规定》已经2014年9月11日省政府第31次常务会议通过，现予公布，自2014年11月1日起施行。

省长：陆昊

二〇一四年九月十七日

黑龙江省地方志工作规定

第一条 为了规范地方志编纂工作，科学、合理地开发利用地方志资源，服务经济社会发展，根据《地方志工作条例》，结合本省实际，制定本规定。

第二条 县级以上人民政府应当将地方志工作纳入国民经济和社会发展规划，地方志工作所需经费列入本级财政预算。

县级以上人民政府应当逐步建立方志馆（室）、地方志资料库和地方志网站，明确负责地方志工作的机构，根据实际需要配备专职地方志工作人员，保障地方志工作条件。

第三条 县级以上人民政府负责地方志工作的机构应当履行《地方志工作条例》第五条第二款规定的职责，并做好组织地情调查研究，培训地方志编纂人员工作。

第四条 以县级以上行政区域名称冠名的地方志书、地方综合年鉴，分别由本级人民政府负责地方志工作的机构按照规划组织编纂，其他组织和个人不得编纂。

第五条 以县级以上行政区域名称冠名的地方志书每二十年左右编修一次；地方综合年鉴应当逐年编纂出版。

第六条 按照规划和有关规定承担地方志编纂任务的国家机关、社会团体、企事业单位和其他社会组织（以下统称承编单位），应当确定负责编纂工作的机构和人员，按照时限和质量要求完成地方志编纂任务。

第七条 编纂地方志应当存真求实、客观公正、确保质量，并符合下列要求：

（一）符合有关法律、法规规定；

（二）全面系统、客观地反映本行政区域自然、政治、经济、文化和社会的历史与现状；

（三）符合地方志的体例要求，观点正确，行文规范，记述准确，图表及说明文字齐全。

编纂地方志不得杜撰、篡改历史事实和历史事件。任何单位和个人不得明示或暗示编纂人员在地方志中作虚假记述。

第八条 地方志书编纂实行承编责任制度，按照下列规定签订承编责任书：

（一）以省、市级行政区域名称冠名的地方志书的承编单位应当与省人民政府签订承编责任书；

（二）以县级行政区域名称冠名的地方志书的承编单位应当与市级人民政府签订承编责任书。

第九条 县级以上人民政府负责地方志工作的机构应当建立资料征集制度，及时征集和保存包括纸介质、电子文档、音像制品、实物和口述资料在内的各种地方志资料，有关单位和个人应当提供支持。

第十条 承编单位撤销、合并或者注销的，应当将所存地方志资料移交人民政府负责地方志工作的机构保存；承编单位承担编纂工作的机构和工作人员发生变化的，应当向单位移交有关地方志资料。

资料移交前，任何单位或者个人不得损毁、出租、出让、转借或者据为己有。

第十一条 地方志书审查验收前，承编单位应当组织有关方面专家对地方志书文稿进行评议。

第十二条 地方志书按照下列规定进行审查验收：

（一）以省行政区域名称冠名的地方志书，经省人民政府负责地方志工作的机构审查后，报省人民政府组织的地方志书审查验收机构终审验收；

（二）以市级行政区域名称冠名的地方志书，经本级人民政府组织的地方志书审查验收机构审查后，报省人民政府组织的地方志书审查验收机构终审验收；

（三）以县级行政区域名称冠名的地方志书，经本级人民政府组织的地方志书审查验收机构审查后，报市级人民政府组织的地方志书审查验收机构终审验收。

第十三条 县级以上人民政府组织的地方志书审查验收机构对地方志书进行审查验收，应当根据需要组织有关方面专家共同评审，经评审不符合第七条规定的，可以将地方志书文稿退回修改或者重新编修。

第十四条 以县级以上行政区域名称冠名的地方志书，经审查验收后可以公开出版；地方综合年鉴，经本级人民政府批准，可以公开出版。

第十五条 县级以上人民政府负责地方志工作的机构应当在地方志出版后依法报送备案，并向本级和上级方志馆（室）、档案馆、公共图书馆无偿提供馆藏书。

方志馆（室）与档案馆、公共图书馆在地方志文献资料的利用方面应当互相协作。

第十六条 鼓励单位和个人向方志馆（室）捐赠地方志资料。

第十七条 县级以上人民政府负责地方志工作的机构应当加强对地方志资源的开发，可以根据本行政区域历史发展和自然资源的特点，立项编纂特色志书，本级人民政府应当在资金等方面给予支持和保障。

鼓励编纂部门志、行业志、专业志、企业志以及乡镇（街道）志、村志等特色志书、年鉴或者其他地情文献。编纂单位应当接受所在地县级以上人民政府负责地方志工作的机构的业务指导，并将出版后的志书和年鉴等文献资料报送备案。

第十八条 县级以上人民政府负责地方志工作的机构应当将出版后的地方志在政府网站、地方志网站上公布，并通过电视、广播、报刊等公共媒体向社会推介。

方志馆（室）或者地方志资料库应当公示服务项目，免费向公众开放。

第十九条 鼓励有关单位和个人利用地方志资源，按照地方志记载的内容，编写普及性、趣味性读物，制作音像制品。

第二十条 有关单位和个人违反本规定，有下列情形之一的，由县级以上人民政府负责地方志工作的机构责令限期改正，逾期不改正的，予以通报；情节严重的，由有权机关追究有关单位和个人的责任：

（一）明示或者暗示编纂人员在地方志中作虚假记述，或者故意提供虚假地方志资料的；

（二）拒绝承担地方志编纂任务的；

（三）无正当理由不报送或者拖延报送地方志资料的；

（四）未按照规定移交所存地方志资料或者移交前将地方志资料损毁、出租、出让、转借或者据为己有的；

（五）拒不执行人民政府负责地方志工作的机构的督促检查意见的。

第二十一条 县级以上人民政府负责地方志工作的机构及其工作人员有下列行为之一的，由有权机关责令限期改正，逾期不改正的，予以通报；情节严重的，追究有关单位和个人的责任：

（一）故意在地方志编纂中加入虚假资料或者作虚假记述的；

（二）故意损毁地方志资料的；

（三）未按照规定对地方志进行审查验收，出现重大质量问题的；

（四）未按照规定将出版的地方志报送备案或者无偿提供馆藏书的；

（五）其他滥用职权、玩忽职守、徇私舞弊的行为。

第二十二条 本规定自 2014 年 11 月 1 日起施行。

上海市人民政府令

〔2011〕第64号

《上海市实施〈地方志工作条例〉办法》已经2011年4月25日市政府第105次常务会议通过，现予公布，自2011年5月18日起施行。

市长：韩正

二〇一一年四月二十六日

上海市实施《地方志工作条例》办法

第一条 （目的和依据）

为了实施《地方志工作条例》，结合本市实际情况，制定本办法。

第二条 （适用范围）

本市行政区域内地方志的组织编纂、管理、开发利用工作，适用本办法。

本办法所称地方志，包括市和区县编纂的地方志书和地方综合年鉴。

第三条 （领导和保障）

市和区县人民政府应当加强对本行政区域地方志工作的领导，将地方志工作纳入国民经济和社会发展规划，所需经费列入本级财政预算。

第四条 （管理机构）

市人民政府负责地方志工作的机构（以下简称市地方志工作机构）主管本市地方志工作；区县地方志工作机构主管本辖区内的地方志工作。

发展改革、财政、保密、档案、新闻出版等相关部门根据各自职责，协同实施本办法。

第五条 （制度建设）

市和区县地方志工作机构应当建立和完善地方志工作制度和业务规范，加强对编纂人员的培训，确保地方志的编纂质量。

第六条 （规划和方案）

市和区县地方志工作机构拟定本级地方志工作规划，报本级人民政府批准；市和区县地方志工作机构应当根据批准后的地方志工作规划，编制地方志编纂方案并组织实施。

区县地方志工作机构应当将批准后的地方志工作规划报市地方志工作机构备案。

第七条 （承编单位）

根据地方志工作规划和编纂方案承担编纂任务的单位（以下简称承编单位），应当明确承担编纂工作的机构和人员，保障编纂条件，按时保质完成编纂任务。

市和区县地方志工作机构应当对承编单位的编纂工作进行指导、督促和检查。

第八条 （编纂要求）

地方志内容应当全面、客观，符合法律法规规章的规定。

地方志编纂人员应当客观公正、尊重史实，掌握地方志编纂的基本知识和基本方法，具备相应的文字能力。

第九条 （资料征集）

市和区县地方志工作机构可以向机关、社会团体、企业事业单位、其他组织以及个人征集有关地方志资料，有关单位和个人应当提供支持。市和区县地方志工作机构可以对有关资料进行查阅、摘抄、复制，但涉及国家秘密、商业秘密和个人隐私以及不符合档案开放条件的除外。

地方志资料所有人或者持有人提供有关资料，可以获得适当报酬。地方志资料所有人或者持有人不得故意提供虚假资料。

承编单位应当将地方志编纂过程中形成的电子文档资料复制给市地方志工作机构。

第十条 （地方志书的评议审查验收）

以市或者区县行政区域名称冠名、列入地方志工作规划的地方志书，应当按照规定提交市地方志工作机构进行评议、审查、验收。

第十一条 （地方志书文稿的评议要求）

以市行政区域名称冠名、列入地方志工作规划的地方志书文稿，由承编单位直接提交市地方志工作机构；以区县行政区域名称冠名、列入地方志工作规划的地方志书文稿，由区县地方志工作机构汇总，报区县人民政府同意后，提交市地方志工作机构。

地方志书文稿经承编单位内部评审后，按照本条第一款的规定提交市地方志工作机构。市地方志工作机构应当自收到地方志书文稿之日起 45 个工作日内，组织相关领域的专家对该文稿进行评议，出具评议意见。

第十二条 （地方志书文稿的审查要求）

承编单位应当根据评议意见对地方志书文稿进行修改，并将修改后的地方志书文稿提交市地方志工作机构审查；其中以区县行政区域名称冠名的，由区县地方志工作机构汇总后提交市地方志工作机构审查。

市地方志工作机构应当自收到修改后的地方志书文稿之日起 45 个工作日内，组织专家按照地方志书编纂的质量标准和规范，对该文稿进行审查，出具审查意见。

第十三条 （地方志书文稿的验收要求）

对经专家审查基本达标提交验收的地方志书文稿，市地方志工作机构应当自收到地方志书文稿之日起 30 个工作日内进行验收。验收通过的，可以公开出版；验收未通过的，承编单位应当修改后再行报送验收。

地方志书文稿在验收通过后不得擅自进行内容变更。确需变更的，须征得市地方志工作机构同意。

第十四条　（地方综合年鉴的出版）

以市或者区县行政区域名称冠名的地方综合年鉴经本级地方志工作机构批准后，方可公开出版。

第十五条　（地方志书和地方综合年鉴样书的报送）

地方志书和地方综合年鉴在出版后 3 个月内，承编单位应当向市地方志工作机构报送样书。

第十六条　（开发利用）

市和区县地方志工作机构应当组织和推动地方志资源的开发利用，加强地方志信息化建设，通过地方志馆（室）、资料数据库和地方志网站等，方便社会使用。

第十七条　（责任）

违反本办法规定，有下列行为之一的，由市或者区县地方志工作机构责令限期改正；逾期不改正的，予以通报批评：

（一）拒绝承担或者未按照要求完成地方志编纂任务的；

（二）验收通过后擅自对地方志书文稿进行内容变更的。

第十八条　（对其他志书和年鉴编纂的指导服务）

市和区县地方志工作机构可以根据有关单位的要求，为其编纂其他志书和年鉴提供指导、服务。

第十九条　（施行日期）本办法自 2011 年 5 月 18 日起施行。

江苏省人民政府令

〔2008〕第 48 号

《江苏省实施〈地方志工作条例〉办法》已于 2008 年 11 月 25 日经省人民政府第 20 次常务会议审议通过，现予发布，自 2009 年 1 月 1 日起施行。

省长：罗志军

二〇〇八年十二月三日

江苏省实施《地方志工作条例》办法

第一条 为规范地方志工作，科学合理地开发利用地方志，推动地方志事业持续健康发展，根据《地方志工作条例》，结合本省实际，制定本办法。

第二条 本省行政区域内地方志的组织编纂、管理、开发利用工作，适用本办法。

第三条 本办法所称地方志，包括地方志书和地方综合年鉴。

地方志书和地方综合年鉴包括省、市、县（市、区）三级。

第四条 县级以上地方人民政府应当加强对地方志工作的领导，将地方志工作纳入国民经济和社会发展规划。

县级以上地方人民政府及其有关部门应当明确承担地方志工作的机构，充实工作人员，保障工作经费，使地方志工作与当地经济社会发展相适应。

第五条 县级以上地方人民政府负责地方志工作的机构（以下简称地方志工作机构）主管本行政区域内的地方志工作。其主要职责是：

（一）组织、指导和督查本行政区域内的地方志工作；

（二）拟定本行政区域内的地方志工作规划和编纂方案，组织编纂地方志；

（三）组织整理、出版旧志和其他地情文献；

（四）收集、保存、统计志书、年鉴和其他地情文献；

（五）组织开发利用地方志资源；

（六）组织、指导、推动本行政区域内地方志理论研究，培训地方志编纂人员；

（七）开展地情调查研究，编写地情文献；

（八）完成本级人民政府和上级地方志工作机构交办的其他事项。

第六条 省地方志工作机构负责拟定本省地方志书编纂总体工作规划，经省人民政府批准后实施。

省地方志工作机构按照总体工作规划，拟定省级地方志书编纂方案，经省人民政府批准后实施。

市、县（市、区）地方志工作机构按照总体工作规划，拟定本级地方志书编纂方案，经本级人民政府批准后实施，并报上一级地方志工作机构备案。

第七条 承担编纂任务的国家机关、社会团体、企业事业单位和其他组织应当将编纂地方志工作列入年度工作计划，落实机构和人员，保障工作条件。

承担编纂任务的单位，应当在规定的时间内按照要求完成地方志初稿编纂或者资料报送任务，并对所编纂的地方志初稿质量或者所提供资料的真实性和准确性负责。

地方志工作机构应当加强对承担编纂任务的单位进行业务指导和督查。

第八条 地方志工作机构应当组织有关部门和专家、学者对本级地方志书初稿进行评议。

地方志工作机构应当听取公民、法人或者其他组织对地方志编纂工作的意见和建议。

第九条 地方志书一般每20年左右编纂一次。行政区划有重大调整，应当及时组织编纂已撤销的市、县（市、区）地方志书，适时组织编纂新设的市、县（市、区）地方志书。

每一轮地方志书编纂工作完成后，一般每5年左右组织一次地方志书资料长编的编写，为新一轮地方志书编纂做好资料准备。

第十条 地方志工作机构和承担编纂任务的单位应当建立资料征集制度，及时征集和妥善保存文字、口述资料以及图表、照片、音像、电子文本、实物等资料。

国家机关、社会团体、企业事业单位和其他组织撤销、合并或者消亡的，应当依法将所存资料及时移送有关部门保存。资料移送前，任何单位或者个人不得损毁、出让或者据为己有。

有关单位应当将编纂的各类志书、年鉴以及其他地情文献出版物，在出版后2个月内报送本级地方志工作机构，地方志工作机构应当及时移送省方志馆保存。

第十一条 地方志工作机构和承担编纂任务的单位征集资料时，应当进行登记并出示凭据。收集到的资料应当指定专人集中统一管理，妥善保存；编纂工作完成后，依法移交本级国家档案馆或者方志馆保存、管理。任何单位或者个人不得将征集的资料据为己有或者损毁、出租、出让、转借。

第十二条 地方志资料所有人或者持有人提供有关资料，被采用或者收藏的，可以获得适当报酬，享有署名权以及资料优先利用权。

地方志资料所有人或者持有人不得故意提供虚假资料。

第十三条 地方志书和地方综合年鉴由地方志工作机构组织审查，出具审查验收报告，报同级人民政府批准后方可公开出版。具体审查验收办法由省地方志工作机构制定。

出版社应当保证地方志书和地方综合年鉴的出版质量，出版行政部门依法加强监督检查。

第十四条 方志馆（地情资料库）和地情网站应当免费向公众开放。

第十五条 鼓励高等院校开设与地方志有关的专业或者课程，培养地方志人才；鼓励在职编纂人员通过各种形式，更新知识结构，提高业务水平；鼓励和支持单位、个人从事地方文献开发和研究。

第十六条 县级以上地方人民政府对在地方志工作中做出突出贡献的单位、个人以及优秀地方志成果，给予表彰和奖励。

第十七条 鼓励组织编纂有助于经济社会发展的部门志、专业志以及乡镇（街道）志等其他志书。志书应当确保质量，接受地方志工作机构的指导和督查。

第十八条 承担编纂任务的单位有下列行为之一的，由地方志工作机构督促其改正；逾期不改正的，对直接负责的主管人员和其他直接责任人员依法给予处分：

（一）拒绝承担地方志编纂任务或者未能在规定的时限内完成地方志初稿编纂任务的；

（二）无故不报送或者拖延报送地方志资料的；

（三）故意提供虚假资料的；

（四）不配合地方志工作机构督查或者拒不执行督查意见的；

（五）地方志初稿存在严重问题的；

（六）资料征集或者保管不当的。

第十九条 地方志工作机构及其工作人员有下列行为之一并造成不良影响的，对直接负责的主管人员和其他直接责任人员依法给予行政处分：

（一）未履行相关指导和督查职责的；

（二）未按照规定对地方志进行审查验收的；

（三）未按照规定征集和保管资料的。

第二十条 本办法自 2009 年 1 月 1 日起实施。

无锡市人民政府令

〔2010〕第115号

《无锡市地方志工作规定》已经2010年9月25日市人民政府第28次常务会议审议通过，现予发布，自2010年12月1日起施行。

市长：毛小平

二〇一〇年十月八日

无锡市地方志工作规定

第一条 为了规范地方志工作，推动地方志事业持续、有序、健康发展，发挥地方志在促进经济社会发展中的作用，根据国务院《地方志工作条例》《江苏省实施〈地方志工作条例〉办法》，结合本市实际，制定本规定。

第二条 本市行政区域内地方志的组织编纂、管理、开发利用等工作，适用本规定。

第三条 本规定所称地方志，包括市、市（县）、区地方志书、地方综合年鉴。

市、市（县）、区地方志书，是指全面系统地记述本级行政区域自然、政治、经济、文化和社会的历史与现状的资料性文献。

市、市（县）、区地方综合年鉴，是指系统记述本级行政区域自然、政治、经济、文化、社会等方面情况的年度资料性文献。

第四条 市、市（县）、区人民政府应当加强对地方志工作的领导，将地方志工作纳入国民经济和社会发展规划，所需经费列入本级财政预算。

市、市（县）、区人民政府及其有关部门应当明确承担地方志工作的机构，充实工作人员。

第五条 市、市（县）、区地方志编纂委员会负责本行政区域内地方志工作的组织和协调。

第六条 市、市（县）、区人民政府确定的地方志工作机构（以下简称地方志工作机构），负责本行政区域内的地方志工作，履行下列职责：

（一）组织、指导、督促和检查地方志工作，配合有关部门依法查处地方志工作中的违法行为；

（二）拟定地方志工作规划和编纂方案；

（三）组织编纂地方志书和地方综合年鉴；

（四）搜集、保管、统计地方志文献和资料，组织整理、出版旧志和其他地情文献；

（五）组织、指导、推动地方志理论研究，培训地方志编纂人员；

（六）组织开发利用地方志资源；

（七）开展地情调查研究，编写地情文献；

（八）完成本级人民政府和上级地方志工作机构交办的其他事项。

第七条 编纂地方志应当做到存真求实，确保质量，全面、客观地记述本行政区域自然、政治、经济、文化和社会的历史与现状。

地方志工作机构应当听取公民、法人或者其他组织对地方志编纂工作的意见和建议。

第八条 地方志工作机构拟定的本级地方志书编纂工作规划和编纂方案，经本级人民政府批准后实施，并报上一级地方志工作机构备案。

第九条 以市、市（县）、区行政区域名称冠名的地方志书、地方综合年鉴，分别由本级地方志工作机构组织编纂，其他组织和个人不得编纂。

第十条 地方志书一般每20年左右编修一次。

每一轮地方志书编纂工作完成后，一般每5年左右组织一次地方志书资料长编的编写，为新一轮地方志书编纂做好资料准备。

行政区划有重大调整的，应当及时组织编纂已撤销的市（县）、区地方志书，适时组织编纂新设的市（县）、区地方志书。

第十一条 承担地方志编纂任务的国家机关、社会团体、企业事业单位和其他组织应当将编纂工作列入年度工作计划，明确分管负责人，落实工作人员，保障工作条件，并接受本级地方志工作机构的业务指导与工作督查，在规定时间内按照要求完成地方志的资料收集整理、考证、初稿编纂、报送等工作，并对所编纂的地方志初稿质量以及所提供资料的真实性和准确性负责。

第十二条 地方志工作机构和承担地方志编纂任务的单位应当建立资料征集制度，及时征集和妥善保存文字、口述资料以及图表、照片、音像、电子文本、实物、形成的地方志文稿等资料，有关单位（含中央以及各省、市驻锡单位）和个人应当提供支持。

地方志工作机构可以对有关资料进行查阅、摘抄、复制，但涉及国家秘密、商业秘密和个人隐私以及不符合档案开放条件的除外。

地方志资料所有人或者持有人提供有关资料，被采用或者收藏的，可以获得适当报酬，享有署名权及资料优先利用权。鼓励单位和个人无偿提供地方志资料。

地方志资料所有人或者持有人不得故意提供虚假资料。

第十三条 地方志工作机构征集的资料以及形成的地方志文稿，由指定的专职人员集中统一管理，妥善保存。编纂工作完成后，已设立方志馆的，应当移交本级方志馆保存、管理。

任何单位和个人不得将征集的资料据为己有或者出租、出让、转借、损毁。

鼓励有条件的地区设立方志馆。

第十四条 地方志工作机构发生变动的，应当将所存资料移交本级人民政府确定的地方志工作机构保存；本级人民政府未确定地方志工作机构的，应当将所存资料移交上一级地方志工作机构保存。

国家机关、社会团体、企业事业单位和其他组织撤销、合并或者消亡的，应当依法将所存资料及时移送有关部门保存。

资料移送前，任何单位和个人不得损毁、出让或者据为己有。

第十五条 以市、市（县）、区行政区域名称冠名以及列入本级人民政府规划的地方志书经审查验收合格，报同级人民政府批准后，方可出版。

审查验收按照规定实行初审、复审、终审以及验收制度。初审由本级地方志工作机构组织，复审由本级地方志编纂委员会组织，终审由本级地方志编纂委员会会同上一级地方志工作机构组织。地方志书按照终审意见修改后，报原终审单位进行验收。地方志书的审查验收还应当组织有关保密、档案、统计、历史、法律、经济、军事等方面的专家参加。

地方综合年鉴经本级地方志工作机构审查验收合格，报同级人民政府批准后，每年编辑出版。

已通过验收的地方志，未经原验收单位同意不得擅自修改。

第十六条 以市、市（县）、区行政区域名称冠名的地方志书、地方综合年鉴为职务作品，依照《中华人民共和国著作权法》有关规定，其著作权由组织编纂的地方志工作机构享有，参与编纂的人员享有署名权。

第十七条 支持和鼓励组织编纂出版乡镇（街道）志、部门志、专业志等其他志书。

前款志书在组织编纂前，编纂单位应当向所在地地方志工作机构报告，接受地方志工作机构的业务指导和督查，确保志书的编纂质量。

第十八条 编纂的各类志书、年鉴以及其他地情文献出版物（包括电子版），在出版后2个月内应当报送所在地地方志工作机构和无锡市方志馆保存，每种出版物各报送20套（本）。

第十九条 地方志工作应当为地方经济社会的全面发展服务。地方志工作机构应当开拓社会用志途径，开展地情研究和咨询活动；通过建设资料库、网站等方式，加强地方志工作的信息化建设。

已编纂出版的地方志应当及时加载到政府门户网站中。公民、法人和其他组织可以利用上述资料库、网站查阅、摘抄地方志。

向社会公布地方志资料，应当遵守国家保密等有关规定，不得损害国家、集体或者公民的合法权益。

第二十条 国家机关、社会团体、企业事业单位和新闻媒体对公众交流或者发布的非本年度地情信息，与地方志记载有出入的，应当与地方志工作机构协商解决。

第二十一条 市、市（县）、区人民政府对在地方志工作中做出突出成绩和贡献的单位、个人以及优秀地方志成果，给予表彰和奖励。

第二十二条 违反本规定，擅自编纂出版以市、市（县）、区行政区域名称冠名的地方志书、地方综合年鉴的，由地方志工作机构提请本级人民政府出版行政主管部门依法查处。

第二十三条 违反本规定，未经审查验收批准将地方志文稿交付出版，或者地方志存在违反宪法和有关法律、法规规定内容的，由上级人民政府或者本级人民政府责令采取相应措施予以纠正，并视情追究有关单位和个人的责任；构成犯罪的，依法追究刑事责任。

第二十四条 承担编纂任务的单位有下列行为之一的，由地方志工作机构督促其改正；逾期不改正的，对直接负责的主管人员和其他直接责任人员依法给予行政处分：

（一）拒绝承担地方志编纂任务或者未能在规定的时限内完成地方志文稿编纂任务的；

（二）无故不报送或者拖延报送地方志资料的；

（三）故意提供虚假资料的；

（四）不配合地方志工作机构督查或者拒不执行督查意见的；

（五）地方志文稿存在严重问题的；

（六）资料征集或者保管不当的。

第二十五条 地方志工作机构及其工作人员有下列行为之一并造成不良影响的，对直接负责的主管人员和其他直接责任人员依法给予行政处分：

（一）未履行相关指导和督查职责的；

（二）未按照规定对地方志进行审查验收的；

（三）未按照规定征集和保管资料的。

第二十六条 违反本规定，法律法规已有处罚规定的，从其规定。

第二十七条 本规定自 2010 年 12 月 1 日起施行。

苏州市人民政府政府关于印发《苏州市实施〈地方志工作条例〉办法》的通　知

苏府规字〔2013〕2号

各市、区人民政府，苏州工业园区、苏州高新区、太仓港口管委会；市各委办局，各直属单位：

《苏州市实施〈地方志工作条例〉办法》现予印发，请认真贯彻执行。

苏州市人民政府

二〇一三年一月十一日

苏州市实施《地方志工作条例》办法

第一条　为了规范地方志工作，全面、客观、系统地编纂地方志，合理地开发利用地方志，推动地方志事业持续健康发展，根据国务院《地方志工作条例》《江苏省实施〈地方志工作条例〉办法》的规定，结合本市实际，制定本办法。

第二条　本市行政区域内地方志的组织编纂、管理和开发利用工作，适用本办法。

第三条　本办法所称地方志，包括市、县级市（区）、镇三级地方志书、地方综合年鉴。

第四条　各级人民政府领导本行政区域内的地方志工作，将其纳入国民经济和社会发展规划。

县级市（区）人民政府应当明确承担地方志工作的机构，充实工作人员，保障工作经费，使地方志工作与当地经济社会发展相适应。

镇人民政府应当明确相应机构的工作人员从事地方志编纂工作，保障工作经费。

第五条　市、县级市（区）人民政府负责地方志工作的机构（以下简称地方志工作机构）主管本行政区域内的地方志工作。

地方志工作机构主要职责是：

（一）组织、指导、督查地方志工作；

（二）拟定地方志工作规划和编纂方案，组织编纂地方志；

（三）开展地方志书质量评议、审查和验收；

（四）征集、保存地方志文献和资料，组织整理、出版旧志和其他地情文献；

（五）组织开展地情研究，开发利用地方志资源；

（六）组织开展地方志业务培训，推动方志理论研究；

（七）完成本级人民政府和上级地方志工作机构交办的其他事项。

第六条 市地方志工作机构负责拟定市地方志书编纂总体工作规划和编纂方案，经市人民政府批准后实施。

县级市（区）地方志工作机构拟定本地地方志编纂总体工作规划和编纂方案，经本级人民政府批准后实施，并报市地方志工作机构备案。

第七条 地方志书每20年左右编修一次。地方志书资料长编每5年左右编写一次。地方综合年鉴每年编纂一次。

行政区划有重大调整的，应当及时组织编纂已撤销的县级市（区）、镇地方志书，适时组织编纂新设的县级市（区）、镇地方志书。

第八条 编纂地方志应当全面、客观地记述本行政区域自然、政治、经济、文化和社会的历史与现状，做到存真求实，确保质量。

第九条 承担地方志编纂任务的国家机关、社会团体、企事业单位和其他组织应当将编纂工作列入年度工作计划，落实机构和人员，保持人员相对稳定，保障工作条件，在规定的时间内完成资料收集、资料长编、初稿编纂，并对所编纂的地方志初稿质量及所提供的资料的真实性和准确性负责。

地方志工作机构应当加强对承担编纂任务单位的业务指导和督查。

第十条 地方志工作机构和承担地方志编纂任务的单位应当建立地方志资料征集制度，及时征集和妥善保存文字、口述资料以及图表、照片、音像、实物、各类地方志文稿、电子文本等资料。

地方志工作机构可以通过查阅、摘抄、复制、购买等方式征集地方志资料，有关单位和个人应当提供。涉及国家机密、商业秘密、个人隐私和不符合档案开放条件的，按照国家、省、市有关规定执行。

地方志资料所有人或持有人提供有关资料，被采用或收藏的，可以获得适当报酬，享有署名权。鼓励单位和个人无偿提供地方志资料。地方志资料所有人或持有人不得故意提供虚假资料。

第十一条 编纂地方志应当吸收有关方面的专家、学者参加。地方志编纂人员应当具备相应的专业知识，实行专兼职相结合。

地方志工作机构应当组织有关部门和专家、学者对本级地方志稿进行评议，听取公民、法人或者其他组织对地方志编纂工作的意见和建议。

第十二条 地方志工作机构征集的资料以及各类地方志文稿和电子文本，由指定的专职人员集中统一管理，妥善保存。编纂工作完成后，应当及时移交本级方志馆或档案馆保存、管理。任何单位和个人不得将征集的资料据为己有或出租、出让、转借、损毁。

鼓励有条件的县级市（区）设立方志馆。

第十三条 以市、县级市（区）、镇行政区域名称冠名的地方志，按照编纂总体工作规划和编纂方案由指定机构组织编纂，其他组织和个人不得编纂。

以市、县级市（区）、镇行政区域名称冠名的地方志为职务作品，依照《中华人民共和国著作权法》，其著作权由编纂机构享有，参与编纂的人员享有署名权。

第十四条 地方志书的审查、验收由上一级地方志工作机构负责。审查验收合格后，报同级人民政府批准后方可公开出版。

第十五条 鼓励有条件的街道、社区（村）、机关、企事业单位编纂地方志书。志书经地方志工作机构审定验收后方可公开出版。

第十六条 地方志书及其他单位编纂出版的志书和地方综合年鉴应当在出版后 2 个月内报送上一级地方志工作机构和方志馆备案。

第十七条 地方志工作机构应当积极开发利用地方志资源，推进信息化建设，提升地方志资源利用水平。

方志馆应当向社会免费开放，通过报纸、刊物、图书、电台、电视台、网站等媒介或者采取陈列、展览等形式向社会公开地方志文献资料，为社会提供服务。

第十八条 地方志学会应当加强地方志理论研究和学术交流，培养方志编纂、研究人才，强化地情研究工作，普及地方志知识，编辑出版地方志书刊，推动读志用志。

第十九条 市和县级市（区）人民政府及地方志工作机构应当对在地方志工作中作出突出成绩和贡献的单位、个人以及优秀地方志成果给予表彰和奖励。

第二十条 违反本办法规定，擅自编纂出版以市、县级市（区）、镇行政区域名称冠名的地方志的，由地方志工作机构提请本级人民政府出版行政部门依法查处。

地方志存在违反宪法、法律、法规规定内容的，由上级或本级人民政府责令采取相应措施予以纠正，并按照规定追究有关单位和个人的责任；构成犯罪的，依法追究刑事责任。

第二十一条 地方志工作机构及其工作人员违反本办法第十二条第一款规定的，由其所在单位责令整改，依法给予处分。

第二十二条 编纂地方志涉及军事内容的，还应当遵守中央军委关于军事志编纂的有关规定。

第二十三条 本办法自 2013 年 3 月 1 日起施行。

丹阳市人民政府关于印发《关于贯彻执行国务院〈地方志工作条例〉的实施意见》的通知

丹政发〔2007〕99号

各镇人民政府，开发区管委会，练湖管委会，市政府各部门，市各直属单位：

现将《关于贯彻执行国务院〈地方志工作条例〉的实施意见》印发给你们，希认真遵照执行。

丹阳市人民政府

二○○七年七月二十一日

关于贯彻执行国务院《地方志工作条例》的实施意见

为认真贯彻执行国务院2006年5月18日颁布施行的《地方志工作条例》，把我市地方志工作纳入依法修志、依法管理的轨道，大力弘扬和传承中华民族优秀传统文化，推进建设“文化丹阳”步伐，充分发挥地方志在促进经济社会发展中的独特作用，特制订实施意见如下：

第一条 本意见所称的地方志，包括地方志书，地方综合年鉴。

地方志书，是指全面、客观、系统地记述本行政区域内自然、政治、经济、文化和社会的历史与现状的资料性文献，其中包括市志、乡镇志、专业志、部门志及其他有关志书。

地方综合年鉴，是指系统记述本行政区域自然、政治、经济、文化和社会等方面情况的年度资料性文献，如《丹阳年鉴》等。

第二条 地方志工作坚持“党委领导，政府主持”的体制。全市地方志工作在市委、市政府领导下，由市地方志编纂委员会及其办公室负责组织实施本地区的修志工作。

第三条 各级党委、政府应当加强地方志工作。在全市编修《丹阳市志》之时，凡满20年未修志的乡镇（区）、部门、单位应当组成编纂委员会或编纂领导小组，组织兼职、专职相结合的编纂班子，编修乡镇（区）志、部门志、专业志。地方志工作所需经费应当按照国务院《地方志工作条例》第四条之规定执行，列入本级财政预算。

第四条 市史志办公室是市委、市政府设置的地方志工作的专门管理机构，主管全市地方志工作。主要履行的职责是：

1. 组织、指导、督促和检查地方志工作；

2. 拟定地方志工作规划和编纂方案；

3. 组织编纂地方志书、地方综合年鉴；

4. 搜集、保存地方志文献和资料，组织整理旧志，推动地方志理论研究；

5. 组织开发利用地方志资源。

第五条 编纂地方志必须坚持以马列主义、毛泽东思想、邓小平理论和“三个代表”重要思想为指导，做到求真存实，反映时代特点和地方特色，全面、客观、系统地记述本行政区域自然、政治、经济、文化和社会的历史和现状。

第六条 凡以市行政区域名称冠名的地方志书、地方综合年鉴，由市人民政府主管地方志的市史志办公室编制规划，统一组织编纂，其他组织和个人不得编纂。

第七条 地方志书每20年左右编修一次。编纂人员实行专兼职相结合，专职编纂人员应当具备相应的专业知识。

第八条 负责地方志工作的机构可以向机关、社会团体、企事业单位、其他组织以及个人征集有关地方志资料，有关单位和个人应当提供支持，不得提供虚假资料。负责地方志工作机构的人员，可以对有关资料进行查阅、摘抄、复制，但涉及国家秘密、商业秘密和个人隐私以及不符合档案开放条件的除外。

第九条 全市编修的地方志书名称均应冠以现行的丹阳市行政区划名称，如《丹阳市志》《丹阳市云阳镇志》《丹阳市吕城镇志》《丹阳市农林志》《丹阳市民政志》等。

地方志内容应当以客观、翔实、精炼为原则。志书规模一般情况下，《丹阳市志》控制在150万字左右，乡镇（区）志、专业志、部门志控制在50万~100万字。地方志书中应载有一地之政区地图和反映历史与现状的图照。

第十条 地方志书的时间断限，未修过的志书其上限上溯不限，下限至修志当年年份，大事记可适当延伸。续修的志书上限为前志下限的次年，下限至修志当年年份，如：建国后首轮县志下限止于1985年，本轮市志上限为1986年，下限为2005年，大事记延伸至2008年。志书体例为横排竖写，体裁为述、记、志、传、图、表、录并用，以志为主。志书内容“详今略古、立足当代”。文体采用语体文、记述体。人物入志以事系人，生不立传。

第十一条 地方志书的编纂实行“申报立项”制度。凡编纂地方志书的乡镇（区）、部门、单位事前必须向市史志办公室申报立项。申报单位应向市史志办提供如下材料：

1. 成立志书编纂委员会的文件，附兼职、专职编纂人员名单；

2. 编纂工作实施计划、志书凡例、志书篇目设计方案；

3.“领导、机构、队伍、经费、条件”五到位情况；

4. 志书冠名、志书规模、志书断限年代及出版发行意向。

市史志办接到申报报告后，须在 15 个工作日内审核完毕。符合条件的应及时批复立项，并列入地方志工作计划进行管理指导；未经申报立项和审核验收的志书、年鉴，一律不得公开出版发行。

第十二条 地方志书实行“二审一验”制度，严格把好质量关。

1.《丹阳市志》：一审由市史志办公室主持，组织市内有关领导、部门和修志人员对志稿进行自审；二审由市地方志编纂委员会主持，会同上级史志办公室、省地方志评审小组及有关领导、专家学者对志稿进行会审。

志稿验收由省地方志办公室验收小组验收。验收合格，由市人民政府批准出版，并将批准文件报省、市地方志办公室备案。

2. 乡镇（区）志、部门志、专业志：一审由修志单位的修志办公室主持，分别组织本地区或本部门、本系统的有关领导、专业人士和修志人员对志稿进行自审；二审由编纂志书的主体单位主持，会同市史志办公室及有关领导、专家学者对志稿进行会审。

志稿验收由市史志办公室负责验收。验收合格后，乡镇（区）志由镇（区）人民政府（管委会）批准出版，并将批准文件报市史志办公室备案；部门志、专业志由修志主体单位批准出版，并将批准文件报市史志办公室备案。

3. 地方志书的审查验收，还应当组织有关保密、档案、历史、法律、经济、军事等方面的专家或专业人员参加，重点审查地方志的内容是否符合宪法和保密、档案等法律、法规的规定。地方志书未经审查验收、批准交付出版，或者地方志书存在违反宪法、法律、法规规定内容的，由上级人民政府或本级人民政府责令采取相应措施予以纠正，并视情节追究有关单位和个人的责任。

第十三条 编纂出版并对外公开发行的市志、乡镇（区）志、部门志、专业志均需具备符合法律规定的正式出版书刊号，才能对外公开发行。确保地方志书的系统性、真实性、科学性、权威性。

第十四条 《丹阳市志》在出版后 3 个月内，分别报送省、镇江市地方志办公室备案；乡镇（区）志、部门志、专业志在出版后 1 个月内，应报送 10 本志书于市史志办公室备案，并报送志书于市档案局、市图书馆收藏。

第十五条 在地方志编纂过程中收集到的文字资料，图表、照片、音像资料和实物等以及形成的地方志文稿，由市史志办公室集中统一管理，妥善保存，不得损毁；个人不得据为己有或者出租、出让、转借。

第十六条 以市行政区域名称冠名的地方志书、地方综合年鉴为职务作品，依照《中华人民共和国著作权法》第十六条第二款的规定，其著作权由组织编纂的地方志工作的机构享有，参与编纂的人员享有署名权。对编纂人员稿酬发放按国家版权局颁发的《出版文字作品报酬规定》及省地方志办公室有关规定执行。

第十七条 地方志书和地方综合年鉴的编纂人员与资料征集人员，应当接受史志办公室的业务和职业操守培训，逐步做到“持证上岗”。

第十八条 违反本意见，由市史志办公室提请市人民政府责令采取措施予以纠正，并视情节追究有关单位和个人的责任，构成犯罪的，依法追究刑事责任。

第十九条 本意见自公布之日起施行，如遇有与本意见不一致或相抵触的通知内容，均以本意见为准。本实施意见由市史志办公室负责解释。

浙江省人民政府令

〔2013〕第303号

《浙江省实施〈地方志工作条例〉办法》已经省人民政府第99次常务会议审议通过，现予公布，自2013年1月1日起施行。

省长：夏宝龙

二〇一二年十一月十七日

浙江省实施《地方志工作条例》办法

第一条 为继承和发扬优秀文化传统，加强和规范地方志工作，科学、合理地开发利用地方志，发挥地方志在促进经济社会发展中的作用，根据《地方志工作条例》以及有关法律、法规，结合本省实际，制定本办法。

第二条 本省行政区域内地方志、其他志书和年鉴的组织编纂、管理、开发利用工作，适用本办法。

本办法所称地方志，是指由县级以上人民政府组织编纂，以本行政区域名称冠名的地方志书和地方综合年鉴。

本办法所称其他志书和年鉴，是指机关、社会团体、企业事业单位、其他组织及个人组织编纂的专业志、乡镇志、村志和专业年鉴等资料性文献。

第三条 县级以上人民政府应当加强对本行政区域地方志工作的领导，将地方志工作纳入国民经济和社会发展规划，健全地方志工作机构，将地方志工作所需经费列入本级财政预算。

第四条 县级以上人民政府负责地方志工作的机构（以下称地方志工作机构）主管本行政区域的地方志工作。

县级以上人民政府发展和改革、财政、文化、新闻出版、保密、档案等有关部门应当按照各自职责，做好地方志相关工作。

第五条 县级以上地方志编纂委员会统筹协调本行政区域地方志工作。

县级以上人民政府地方志工作机构承担地方志编纂委员会的日常工作。

上级地方志工作机构应当加强对下级地方志工作机构的业务指导，协调解决地方志工作中的相关问题。

第六条　县级以上人民政府地方志工作机构履行下列职责：

（一）组织、指导、督促和检查地方志工作；

（二）拟定地方志工作规划和编纂方案，建立和完善地方志工作制度；

（三）承担地方志书、地方综合年鉴的具体组织编纂和审查验收工作；

（四）搜集、整理、保存地方志文献和资料，推动地方志理论研究；

（五）组织开展地方志编纂业务培训；

（六）组织开发利用地方志资源；

（七）指导其他志书和年鉴的编纂；

（八）完成本级人民政府和上级地方志工作机构交办的相关工作。

第七条　编纂地方志、其他志书和年鉴，应当做到存真求实，确保质量，全面、客观、系统地记述历史与现状。

第八条　省地方志工作机构应当组织拟定省地方志工作规划，报省人民政府批准后实施，并报国家地方志工作指导机构备案。

设区的市、县（市、区）地方志工作机构应当根据省地方志工作规划，组织拟定本行政区域地方志工作规划，报本级人民政府批准后实施，并报上一级地方志工作机构备案。

第九条　地方志书、地方综合年鉴由本级地方志工作机构按照地方志工作规划具体组织编纂，其他组织和个人不得编纂。

第十条　地方志编纂人员应当具备相应的专业知识。县级以上人民政府地方志工作机构应当加强对地方志编纂人员的业务培训。

地方志编纂工作应当吸收有关专家、学者参加。

民族自治区域的地方志编纂工作，应当有少数民族人员参加。

鼓励高等院校开设与地方志有关的专业或者课程，培养地方志编纂专业人员。

第十一条　县级以上人民政府地方志工作机构可以向机关、社会团体、企业事业单位、其他组织以及个人征集有关地方志资料，有关单位和个人应当予以支持。县级以上人民政府地方志工作机构可以对有关资料进行查阅、摘抄、复制，但涉及国家秘密、商业秘密、个人隐私以及不符合档案开放条件的除外。

地方志资料的所有人或者持有人提供有价值资料的，县级以上人民政府地方志工作机构应当给予适当报酬。

第十二条　机关、社会团体、企业事业单位和其他组织，应当按照所在地地方志工作规划承担地方志编纂有关工作，并接受县级以上人民政府地方志工作机构的业务指导和督促检查。

承担地方志编纂工作的单位，应当明确机构和人员，按照规定的时间和质量要求完成编纂任务。

第十三条　地方志书实行审查验收制度。省地方志书由省地方志工作机构提交省地方志编纂委员会审查验收，报省人民政府批准；设区的市、县（市、区）地方志书由设区的市、县（市、区）地方志工作机构提交本级地方志编纂委员会和上一级地方志工作机构审查验收，再报本级人民政府批准。地方志书审查验收通过后，不得擅自修改。

地方志书的审查验收，应当组织有关保密、档案、历史、法律、经济、军事等方面的专家参加，重点审查地方志书的内容是否符合宪法和保密、档案等法律、法规的规定，是否全面、客观、系统地反映本行政区域自然、政治、经济、文化、社会的历史与现状，是否符合地方志书有关质量规定。

地方志书审查验收的具体办法由省地方志工作机构制订，报省人民政府批准后实施。

第十四条 地方志书按照本办法第十三条规定经审查验收、批准后，方可出版。

地方综合年鉴由本级人民政府或者其确定的部门批准后，方可出版。

第十五条 使用财政性资金编纂的其他志书和年鉴，编纂单位应当事先拟定编纂方案，报县级以上人民政府地方志工作机构备案。

第十六条 不使用财政性资金编纂的其他志书和年鉴，县级以上人民政府地方志工作机构可以根据编纂单位或者个人的要求，给予必要的业务指导和帮助。

第十七条 地方志、使用财政性资金编纂的其他志书和年鉴应当在出版后 3 个月内，向县级以上人民政府地方志工作机构报送备案，并向本级和上级国家档案馆、公共图书馆以及已经设立的方志馆无偿提供馆藏书。

鼓励不使用财政性资金编纂的其他志书和年鉴按照前款规定报送备案和无偿提供馆藏书。

第十八条 在地方志编纂过程中收集的文字资料、图表、照片、音像资料、实物等以及形成的地方志文稿，由本级地方志工作机构指定专职人员集中统一管理，妥善保存，不得损毁；修志工作完成后，应当依法移交本级国家档案馆或者方志馆保存、管理，个人不得据为己有或者出租、出让、转借。

第十九条 地方志书、地方综合年鉴为职务作品，其著作权由组织编纂的地方志工作机构享有，参与编纂的人员享有署名权；组织编纂的地方志工作机构可以按照有关规定，向参与编纂、评审等工作的有关人员支付适当报酬。

第二十条 县级以上人民政府应当加强地方志工作信息化建设，将其纳入本级人民政府信息化建设规划。

县级以上人民政府地方志工作机构应当建立地方志资料库、网站等，便利公民、法人和其他组织利用地方志资料。

县级以上人民政府地方志工作机构应当加强对地方志资源的开发，结合当地经济社会发展的需要，开展有关项目研究，为科学决策服务。

第二十一条 违反本办法规定的行为，有关法律、法规已有法律责任规定的，从其规定。

第二十二条 违反本办法规定，有下列行为之一的，由县级以上人民政府地方志工作机构责令改正，由有权机关按照管理权限对直接负责的主管人员和其他直接责任人员依法给予处分：

（一）地方志书审查验收通过后，擅自修改的；

（二）未将应当依法归档的地方志资料和文稿及时归档、造成损毁，或者据为己有、出租、出让、转借的。

第二十三条 机关以及具有公共事务管理和服务职能的社会团体、企业事业单位违反本办法规定，有下列行为之一的，由县级以上人民政府地方志工作机构责令改正；拒不改正的，由有权机关按照管理权限对直接负责的主管人员和其他直接责任人员依法给予处分：

（一）无正当理由拒绝提供地方志资料的；

（二）拒绝承担或者未按照规定的时间和质量要求完成地方志编纂任务的；

（三）未按照本办法第十七条第一款规定报送备案的。

第二十四条 县级以上人民政府地方志工作机构的工作人员滥用职权、玩忽职守、徇私舞弊的，由有权机关按照管理权限对直接负责的主管人员和其他直接人员依法给予处分。

第二十五条 本办法自 2013 年 1 月 1 日起施行。

杭州市人民政府关于印发《杭州市实施〈地方志工作条例〉办法》的通 知

杭政〔2006〕6 号

各区、县（市）人民政府，市政府各部门、各直属单位：

《杭州市实施〈地方志工作条例〉办法》已经市政府同意，现印发给你们，请遵照执行。

杭州市人民政府

二〇〇六年九月十四日

杭州市实施《地方志工作条例》办法

为继承和发扬中华民族优秀文化传统，全面、客观、系统地编纂地方志，科学、合理地开发利用地方志，发挥地方志在促进杭州经济社会发展中的作用，为文化名城建设作出应有贡献，根据国务院《地方志工作条例》的规定，结合本市实际，制定本办法。

一、杭州市行政区域内地方志的组织编纂、管理和开发利用工作，适用本办法。

二、本办法所称地方志，包括地方志书、地方综合年鉴。

地方志书，是指全面系统地记述本行政区域自然、政治、经济、文化和社会的历史与现状的资料性文献。

地方综合年鉴，是指系统记述本行政区域自然、政治、经济、文化、社会等方面情况的年度资料性文献。

地方志分为：杭州市编纂的地方志，区、县（市）编纂的地方志。

三、市、区县（市）人民政府应当加强对本行政区域地方志工作的领导，将其纳入国民经济和社会发展规划及年度目标考核内容，切实做到领导到位、组织到位、经费到位、队伍到位、条件到位。地方志工作所需经费列入本级财政预算。

四、杭州市人民政府地方志办公室（以下简称市地方志工作机构）是主管本行政区域地方志工作的常设机构。

县（市）人民政府根据工作需要设立的地方志工作机构主管本行政区域的地方志

工作。

市、县（市）人民政府地方志工作机构履行下列职责：

（一）组织、指导、督促和检查地方志工作；

（二）拟定地方志工作规划和编纂方案；

（三）组织编纂地方志书、地方综合年鉴；

（四）搜集、保存和管理地方志文献和资料，组织整理旧志，推动方志理论研究；

（五）组织开发利用地方志资源。

五、编纂地方志应当吸收有关方面的专家、学者参加。地方志编纂人员实行专兼职相结合，专职编纂人员应当具备相应的专业知识。

六、具有编修任务的机关、社会团体、企业事业单位应当从所承担工作的实际需要出发，配备专（兼）职编纂人员，并明确一位分管负责人负责地方志工作。各机关、社会团体、企业事业单位应接受本级人民政府地方志工作机构的业务指导与工作督查，完成地方志各类年度基础资料的日常收集整理、报送、初稿编写等相关工作。报送和编写的资料必须客观、真实、完整。

七、地方志的编纂工作应当做到存真求实，确保质量，全面、客观地反映本行政区域自然、政治、经济、文化和社会的历史与现状。

八、市、区县（市）地方志书每20年左右编修一次。综合性年鉴经本级人民政府或其确定的部门批准，每年编辑出版一次。

九、市、县（市）人民政府地方志工作机构可以向机关、社会团体、企业事业单位、其他组织以及个人征集有关地方志资料，有关单位和个人应当提供支持。地方志工作机构可以对有关资料进行查阅、摘抄、复制，但涉及国家秘密、商业秘密和个人隐私以及不符合档案开放条件的除外。

地方志资料所有人或持有人提供有关资料，可以获得适当报酬。

十、以市、区县（市）行政区域名称冠名的地方志，由地方志工作机构按照规划组织编纂，其他组织和个人不得编纂。

十一、以市、区县（市）行政区域名称冠名、列入规划的地方志书经依法审查验收合格后，方可公开出版。

对地方志书进行审查验收，应当组织有关保密、档案、历史、法律、经济、军事等方面的专家参加，重点审查地方志书的内容是否符合宪法和保密、档案等法律、法规的规定，是否全面客观地反映本行政区域自然、政治、经济、文化和社会的历史与现状。

十二、在地方志编纂过程和年度资料上报中收集到的文字资料、图表、照片、音像资料、实物等以及形成的地方志文稿，由地方志工作机构指定的专职人员集中统一管理，妥善保存，不得损毁；修志工作完成后，应当依法移交本级国家档案馆或者方志馆保存、管理，个人不得据为己有或者出租、出让、转借。

十三、以市、区县（市）行政区域名称冠名的地方志书、地方综合年鉴为职务作品，依照《中华人民共和国著作权法》第十六条第二款的规定，其著作权由组织编纂的地方志工作机构享有，参与编纂的人员享有署名权。

十四、地方志工作应当为地方经济社会的全面发展服务。地方志工作机构应当积极开拓社会用志途径，可以通过建立方志馆或地情文献资料中心收藏、保存、管理各类地方志文献资料，积极开展地情咨询活动；可以通过建设资料库、网站等方式，加强地方志工作的信息化建设；对已编纂出版的地方志要及时加载到各政府门户网站中。公民、法人和其他组织可以利用上述资料库、网站查阅、摘抄地方志。

十五、各机关、社会团体、企业事业单位要认真保存、推广、利用地方志。

十六、各机关、社会团体、企业事业单位和新闻媒体对公众交流或发布的非本年度地情信息，如与地方志记载有抵触，应当与地方志工作机构商议后交流或发布。

十七、市、区县（市）人民政府对在地方志工作中做出突出成绩和贡献的单位、个人，给予表彰和奖励。

十八、违反本办法规定，擅自编纂出版以县级以上行政区域名称冠名的地方志书、地方综合年鉴的，由县级以上地方志工作机构提请本级人民政府出版行政部门依法查处。

十九、违反本办法规定，未经依法审查验收批准将地方志文稿交付出版，或地方志存在违反宪法和有关法律、法规规定内容的，由上级人民政府或者本级人民政府依法责令予以纠正，并视情追究有关单位和个人的责任；构成犯罪的，依法追究刑事责任。

二十、地方志工作机构的工作人员违反本办法第十二条规定的，由其所在单位依法责令其改正。

二十一、编纂地方志涉及军事内容的，应当遵守中央军委关于军事志编纂的有关规定。

二十二、实行地方志保密审查分级分单位负责制。地方志的保密审查由提供资料和编写初稿的单位负责，各级保密主管部门会同地方志工作机构对本级地方志进行保密审定。地方志泄露国家秘密的，由有关部门依法查处；构成犯罪的，依法追究刑事责任。

二十三、在地方志编纂中，有关部门或者单位拒绝提供有关资料或提供虚假资料的，由所在地地方志工作机构责令限期改正。

二十四、对市、区县（市）编纂的地方志书、地方综合年鉴以外的其他地方志，如乡镇志、部门志、专业志、专业年鉴等，应报所在地地方志工作机构备案。地方志工作机构对组织编纂的单位，应当参照编纂地方志的有关要求，加强业务指导。

二十五、本办法自公布之日起施行。

宁波市人民政府令

〔2012〕第197号

《宁波市实施〈地方志工作条例〉办法》已经2012年5月3日市人民政府第2次常务会议审议通过，现予发布，自2012年7月1日起施行。

市长：刘奇

二〇一二年五月十四日

宁波市实施《地方志工作条例》办法

第一条 为了规范地方志工作，科学、合理地开发利用地方志，发挥地方志在促进本市经济社会发展中的作用，根据国务院《地方志工作条例》，结合本市实际，制定本办法。

第二条 本市行政区域内地方志的资料征集、研究、组织编纂、管理、开发利用工作，适用本办法。

第三条 本办法所称地方志，是指市和县（市）区主持编纂的地方志书、地方综合年鉴。

地方志书，是指全面系统地记述本行政区域自然、政治、经济、文化和社会的历史与现状的资料性文献。

地方综合年鉴，是指系统记述本行政区域自然、政治、经济、文化、社会等方面情况的年度资料性文献。

第四条 市和县（市）区人民政府应当加强对本行政区域地方志工作的领导，制定本行政区域地方志事业发展规划。地方志工作所需经费列入本级财政预算。

第五条 市和县（市）区人民政府地方志工作机构（以下称地方志工作机构）主管本行政区域内地方志工作，履行下列职责：

（一）组织、协调、指导、监督和检查本行政区域地方志工作；

（二）拟定地方志事业发展规划和地方志编纂方案；

（三）组织编纂、审查、出版地方志书、地方综合年鉴和其他地情文献；

（四）搜集、保存地方志文献和地情资料，组织整理旧志及地方历史文献；

（五）开展地方志理论研究、业务培训、地情宣传和对外合作交流；

（六）组织开发、利用地方志资源，推进数字方志馆、史志数据库、地情资料库、史志网站等地方志信息化建设，为政府科学决策和社会各界提供公共咨询服务；

（七）完成本级人民政府和上级地方志工作机构交办的其他事项。

第六条 市和县（市）区地方志书每20年左右编修一次，地方综合年鉴每年编辑出版。

遇有特殊重大事件发生，可适时组织编纂专题志书。

第七条 以市和县（市）区行政区域名称冠名的地方志书、地方综合年鉴，由本级地方志工作机构按照规划组织实施编纂，其他组织和个人不得编纂。

乡镇人民政府（街道办事处）、村（居）民委员会根据当地实际，在县（市）区人民政府的统一规划下组织编纂乡镇志和行政村志。

第八条 地方志编纂人员实行专兼职结合，并定期接受地方志编纂业务培训。专业编纂人员应当具备从事编纂工作所需要的专业知识。

第九条 国家机关、社会团体、企业事业单位和其他组织应当按照地方志编纂规划的要求，安排相应人员负责本单位入志资料的收集、整理、初稿编纂等相关工作。

地方志工作机构应当提供业务指导与服务，并进行督促检查。对地方志编纂工作中存在的共性问题，加强研究并提出解决建议。

第十条 地方志编纂人员应当恪尽职守，客观公正，实事求是，忠于史实。

任何单位和个人不得要求编纂人员在地方志中作虚假记述。

第十一条 地方志工作机构应当建立地方志资料征集制度。国家机关、社会团体、企业事业单位或其他组织以及个人应当提供支持。

地方志工作机构可以利用档案馆、图书馆、博物馆等集中保存的各类档案、资料等信息资源，并对有关资料进行查阅、摘抄、复制，但涉及国家秘密、商业秘密和个人隐私以及不符合档案开放条件的除外。

鼓励单位和个人以各种形式向地方志工作机构提供地方志文献和资料。地方志资料的所有人或持有人提供有价值资料的，可以获得适当报酬。

第十二条 编纂地方志应当吸收有关专家、学者参加。

符合条件的高等院校、科研机构等单位和专家学者，经与地方志工作机构签订委托协议，可以参与部分地方志的编纂工作，有关部门应当给予支持，并依法进行监督管理。

第十三条 编纂地方志应当符合下列要求：

（一）符合保密、档案等法律、法规的规定；

（二）全面、客观地反映本行政区域自然、政治、经济、文化和社会的历史与现状；

（三）符合志书的体例规范；

（四）文字表述准确，篇目结构合理；

（五）标点符号、计量单位和数字的使用规范、标准；

（六）装帧印刷符合出版要求。

第十四条 地方志应当按照国家和省人民政府有关规定经审查、验收、批准后，方可公开出版。

已经通过审查验收或批准的地方志，未经原审查验收或者批准的机构同意不得擅自修改。

第十五条 地方志书、地方综合年鉴为职务作品，其著作权由组织编纂的地方志工作机构享有，参与编纂的人员享有署名权。

第十六条 地方志书应当在出版后 3 个月内报送上级人民政府地方志工作机构备案；乡镇志书和行政村志应当在出版后 3 个月内报送所在地县（市）区地方志工作机构备案。

第十七条 国家机关、社会团体、企业事业单位和受委托参与地方志编纂的单位、组织或个人完成编纂任务后，应当将收集到的文字资料、图表、照片、音像资料、实物等以及形成的地方志文稿，交由地方志工作机构保管，不得擅自处置。

第十八条 地方志工作机构应当加强与档案馆、博物馆、党史馆、图书馆、高等院校、科研机构的合作交流。

已编纂出版的地方志书、地方综合年鉴和其他地情文献应当及时加载到政府门户网站或地方志工作机构网站中，并提供给公共图书馆、档案馆、党史馆、方志馆、博物馆，方便社会使用。

第十九条 地方志工作机构应当通过地方志学会等团体组织学术活动、培训交流，指导有关单位建立和完善地方志编纂、研究、出版管理工作机制，加强系统内的协调、自律，提高地方志编纂、研究的水平。

第二十条 市和县（市）区人民政府对在地方志工作中做出突出成绩和贡献的单位、个人，应当给予表彰和奖励。

第二十一条 违反本办法规定，有下列情形之一的，由地方志工作机构责令限期改正；逾期不改正的，提请本级人民政府或其上级主管部门依法查处或给予处分：

（一）无故拖延、拒绝提供地方志资料或者拒不承担编纂任务的；

（二）对已经审查批准的地方志文稿擅自进行重大改动并交付出版的；

（三）故意提供虚假地方志资料的。

第二十二条 编纂地方志涉及军事内容的，应当遵守中央军委关于军事志编纂的相关规定。

第二十三条 地方专业志书和地方专业年鉴的相关工作，参照本办法执行。

地方专业志书，是指全面系统地记述本行政区域某领域、某部门的历史与现状的资料性文献。

地方专业年鉴，是指系统记述本行政区域某领域、某部门综合情况的年度资料性文献。

第二十四条 本办法自 2012 年 7 月 1 日起施行。

安徽省人民代表大会常务委员会公告

〔2007〕第95号

《安徽省地方志工作条例》已经2007年2月28日安徽省第十届人民代表大会常务委员会第二十九次会议通过，现予公布，自2007年5月1日起施行。

安徽省人民代表大会常务委员会

二〇〇七年二月二十八日

安徽省地方志工作条例

（2007年2月28日安徽省第十届人民代表大会常务委员会第二十九次会议通过）

第一条 为了规范地方志工作，发挥地方志服务、促进经济建设和社会发展的作用，根据有关法律、行政法规，结合本省实际，制定本条例。

第二条 本条例所称地方志，是指以县级以上行政区域名冠名的地方志书、地方综合年鉴。

本条例所称地方志书，是指全面系统地记述本行政区域自然、政治、经济、文化和社会的历史与现状的资料性文献。

本条例所称地方综合年鉴，是指系统记述本行政区域自然、政治、经济、文化和社会等方面情况的年度资料性文献。

第三条 县级以上人民政府应当加强对地方志工作的领导，将地方志工作纳入国民经济和社会发展规划。地方志工作所需经费列入同级财政预算。

第四条 编纂地方志应当统一规划，科学规范，全面客观，存真求实，确保质量。

第五条 县级以上人民政府地方志工作机构主管本行政区域的地方志工作，其主要职责是：

（一）组织、指导、督促和检查地方志工作；

（二）拟定地方志工作规划和编纂方案；

（三）组织编纂地方志书、地方综合年鉴；

（四）搜集、保存地方志文献和资料，组织整理旧志，推动方志理论研究；

（五）组织开发利用地方志资源，培训编纂人员，为社会提供服务。

第六条 省、设区的市、县（市、区）地方志书、地方综合年鉴，由本级人民政府地方志工作机构组织编纂，其他组织和个人不得编纂。

地方志书每 20 年左右编修一次。

第七条 县级以上人民政府地方志工作机构应当建立征集制度，及时征集和保存文字、图表、照片、音像、电子文本、实物等各种地方志资料。

第八条 编纂地方志书、地方综合年鉴，应当制定编纂方案，报本级人民政府批准。

根据编纂方案的规定承担编纂任务的单位，应当在本级人民政府地方志工作机构的指导下，按照编纂方案规定的时间和质量要求完成编纂任务。

承担编纂任务的单位应当在人员、经费和工作条件上予以保障。

第九条 编纂地方志应当吸收有关方面的专家、学者参加。

地方志编纂人员实行专兼职相结合，主编和专职编纂人员应当具备相应的专业知识和学术水平。

地方志编纂人员应当恪尽职守、客观公正，据事直书、忠于史实。任何单位和个人不得要求编纂人员在地方志中作虚假记述。

第十条 县级以上人民政府地方志工作机构可以采用查阅、摘抄、复制等形式，向国家机关、社会团体、企业事业单位以及其他社会组织和个人征集相关的地方志资料，有关单位和个人应当为其提供支持。但涉及国家秘密、商业秘密和个人隐私以及不符合档案开放规定的除外。

第十一条 地方志书文稿经本级人民政府审查验收，地方综合年鉴文稿经本级人民政府或者其确定的部门批准，方可以公开出版。

设区的市、县（市、区）地方志书文稿在报本级人民政府审查验收前应当征求上一级人民政府地方志工作机构意见，并接受其指导。

对地方志书文稿进行审查验收，应当组织有关保密、档案、历史、法律、经济、军事、方志等方面的专家参加，重点审查地方志书的内容是否符合宪法和有关保密、档案等法律、法规的规定，是否全面、客观地反映本行政区域自然、政治、经济、文化和社会的历史与现状。

第十二条 地方志出版后，编纂单位应当及时向本级和上级国家档案馆、公共图书馆无偿提供馆藏书。

第十三条 县级以上人民政府应当加强地方志工作的基础设施建设和信息化建设。

第十四条 国家机关、社会团体、企业事业单位以及其他社会组织和个人需要查询地方志有关内容的，县级以上人民政府地方志工作机构、收藏地方志书的国家档案馆和公共图书馆、方志馆，应当通过网络公布、志书借阅等多种方式提供便利。

第十五条 地方志编纂过程中收集的文字、图表、照片、音像、电子文本、实物等文件资料及形成的地方志文稿，由本级人民政府地方志工作机构指定专职人员集中统一管理，妥善保存，不得损毁；修志工作完成后，应当依法移交本级国家档案馆或者方志馆保存、管理，个人不得将其据为己有或者出让、出租、转借。

第十六条 地方志书、地方综合年鉴属职务作品，参与编纂人员依法享有署名权。

第十七条 鼓励单位和个人从事地方志文献的开发、研究。县级以上人民政府地方志工作机构应当提供业务指导。

鼓励高等院校开设与地方志有关的专业或者课程，培养地方志编纂专业人才。

第十八条 在地方志工作中做出突出贡献的单位和个人，由县级以上人民政府给予表彰和奖励。

第十九条 违反本条例第六条第一款规定，擅自编纂出版地方志书、地方综合年鉴的，由本级人民政府地方志工作机构提请本级人民政府出版行政部门依法查处。

第二十条 违反本条例第八条第二款规定，不按照编纂方案的规定承担和完成编纂任务的，由本级人民政府责令限期改正，并可予以通报批评。

第二十一条 违反本条例第十一条规定，未经审查验收、批准将地方志文稿交付出版，或者地方志存在违法内容的，由上级人民政府或者本级人民政府责令改正，并视情节追究有关单位和个人的责任；构成犯罪的，依法追究刑事责任。

第二十二条 违反本条例第十五条规定，未将文献资料及地方志文稿依法归档，造成损毁，或者将其据为己有，或者出让、出租、转借的，由其所在单位责令改正，依法给予处分。

第二十三条 县级以上人民政府及其地方志工作机构、承担地方志编纂任务的单位及其工作人员不履行本条例规定的职责，致使地方志出现严重质量问题的，对直接负责的主管人员和其他直接责任人员依法给予行政处分。

第二十四条 需要且有条件编纂部门志和乡（镇）志的，参照本条例的相关规定执行。

第二十五条 本条例自 2007 年 5 月 1 日起施行。

合肥市人民政府办公厅关于印发《合肥市地方志工作管理办法》的通　知

合政办〔2010〕48号

各县、区人民政府，市政府各部门、各直属机构，省部属驻肥有关单位、企业，各大专院校：

《合肥市地方志工作管理办法》已经市政府第68次常务会议审议通过。现印发给你们，请认真贯彻执行。

合肥市人民政府办公厅

二〇一〇年十月十四日

合肥市地方志工作管理办法

第一条　为推进地方志工作规范化、法制化，发挥地方志服务经济建设和社会发展的作用，根据国务院《地方志工作条例》和《安徽省地方志工作条例》，结合本市实际，制定本办法。

第二条　本市行政区域内地方志的编纂、管理、开发利用工作，适用本办法。

第三条　本办法所称地方志，包括地方志书、地方综合年鉴、综合地情文献。

地方志书，是指全面系统地记述本行政区域自然、政治、经济、文化和社会的历史与现状的资料性文献。

地方综合年鉴，是指系统记述本行政区域自然、政治、经济、文化、社会等方面情况的年度资料性文献。

综合地情文献，是指系统记述本行政区域自然、政治、经济、文化、社会等方面一段时期或部分内容的资料性文献。

第四条　各县（区）人民政府、开发区管委会应当加强对地方志工作的领导，将地方志工作纳入本地经济和社会发展规划。

地方志工作所需经费列入本级财政预算。

第五条　合肥市人民政府地方志办公室是本行政区域地方志工作的主管机构。各县

（区）人民政府应当确定地方志工作机构主管本行政区域的地方志工作；开发区管委会应当确定地方志工作机构或者专人负责本区域的地方志工作。

各级地方志工作机构履行下列职责：

（一）组织、指导、督促和检查地方志工作；

（二）拟定地方志工作规划和编纂方案；

（三）组织编纂地方志书、地方综合年鉴和综合地情文献；

（四）搜集、整理、保存地方志文献和资料，组织整理旧志，推动方志理论研究；

（五）组织开发利用地方志资源，开展地情研究、学术交流及业务培训；

（六）宣传推广地方志成果，建设资料库（室）和地情网站，为公众读志用志提供服务。

第六条 市、县（区）地方志工作机构负责以本行政区域名称冠名的地方志书、地方综合年鉴和综合地情文献的编纂工作，其他组织和个人不得编纂。

开发区地方志工作机构负责以本区域名称冠名的地方志书、地方综合年鉴和综合地情文献的编纂工作，其他组织和个人不得编纂。

第七条 地方志的编纂工作应当做到存真求实、客观公正、忠于史实、确保质量，全面、客观地记述本行政区域自然、政治、经济、文化和社会的历史与现状。任何单位和个人不得要求编纂人员在地方志中做虚假记述。

第八条 地方志书每20年左右编修一次。遇有重大事件发生，应当从实际情况出发适时组织编纂。

地方综合年鉴按年度组织编纂。综合地情文献的编纂根据本级地方志工作规划和编纂方案实施。

第九条 编纂地方志应当吸收有关方面的专家、学者参加。地方志编纂人员实行专兼职相结合，专职编纂人员应当具备相应的专业知识。

第十条 根据地方志工作规划和编纂方案的规定承担编纂任务的单位，应当在地方志工作机构的指导下，按照编纂方案规定的时间和质量要求完成编纂任务。

承担编纂任务的单位应当明确具体承担地方志编纂工作的机构和人员，并在经费和工作条件上予以保障。

第十一条 地方志工作机构可以向机关、社会团体、企事业单位、其他组织以及个人征集有关地方志资料。地方志资料的所有人或持有人应当按照要求，在规定的时限内提供全面、真实、准确的资料；不得提供虚假资料。企事业单位及公民提供有关资料的可以获得适当报酬。

地方志工作机构可以对有关资料进行查阅、摘抄、复制，但涉及国家秘密、商业秘密和个人隐私以及不符合档案开放条件的除外。

第十二条 地方志工作机构应当指定专职人员对在地方志编纂过程中收集到的文字、图表、照片、音像、电子文本、实物等资料及形成的地方志文稿集中统一管理，妥善保存，不得损毁、遗失。地方志编纂工作完成后，应当移交地方志工作机构或档案馆保存、管理，个人不得据为己有或者出让、出租、转借。

第十三条 以市、县（区）行政区域及开发区名称冠名的地方志书、地方综合年鉴和综合地情文献为职务作品，其著作权由组织编纂的机构享有，参与编纂的人员依法享有署名权。

编纂人员稿酬的发放按照国家版权局颁发的《出版文字作品报酬规定》及安徽省地方志办公室有关规定执行。

第十四条 市、县（区）人民政府、开发区管委会应当组织保密、档案、历史、法律、经济、军事等方面的专家对地方志书文稿进行审查验收，重点审查地方志书的内容是否符合宪法和有关保密、档案等法律、法规的规定，是否全面、客观地反映本行政区域自然、政治、经济、文化和社会的历史与现状。

报送审查验收时，应当按照审查机构的要求提交相关资料。审查机构应及时认真地组织审查，按时对审查对象出具审查验收报告。

地方志书文稿经审查验收合格后，方可以公开出版。

第十五条 市、县（区）、开发区地方志工作机构应当对地方志文稿以及地方志文献资料进行保密审查，编纂地方志涉及军事内容的，应当遵守中央军委关于军事志编纂的有关规定。

承担编纂任务的单位应当对编纂的文稿进行保密审查，并将保密审查的结果报组织编纂的机构备案。

第十六条 地方志书、地方综合年鉴应当在出版后 3 个月内报送上级人民政府地方志工作机构备案。

组织编纂的单位应当及时向本级和上级国家档案馆、公共图书馆无偿提供藏书。

第十七条 地方志工作机构应当积极开拓社会用志途径，并通过建立方志馆或地情文献资料中心收藏、保存、管理各类地方志文献资料，积极开展地情咨询活动。

地方志工作机构应当通过建设资料库（室）、网站等方式，加强地方志工作的信息化建设，对于已编纂出版的地方志应当通过本级政府门户网站或者相关部门网站及时向社会公布。公民、法人和其他组织可以利用上述资料库、网站查阅、摘抄地方志。

第十八条 违反本办法第六条规定，擅自编纂出版地方志书、地方综合年鉴和综合地情文献的，由地方志工作机构提请本级人民政府出版行政部门依法查处。

第十九条 违反本办法第十条规定，不按照编纂方案的规定承担和完成编纂任务的，由本级人民政府责令限期改正，并予以通报批评。

第二十条 违反本办法第十四条规定，未经审查验收、批准，将地方志文稿交付出版的，或者地方志存在违法内容的，由上级人民政府或者本级人民政府责令改正，并视情节追究有关单位和个人的责任；构成犯罪的，依法追究刑事责任。

第二十一条 本办法自公布之日起施行，有效期五年。

合肥市人民政府办公厅关于修订《合肥市地方志工作管理办法》的通知

合政办〔2016〕4号

各县（市）区人民政府，市政府各部门、各直属机构，省部属驻肥有关单位、企业，各大专院校：

《合肥市地方志工作管理办法》业经修订，并经市政府第61次常务会议审议通过。现印发给你们，请认真贯彻执行。

合肥市人民政府办公厅

二〇一六年二月十五日

合肥市地方志工作管理办法

第一条 为继承和发扬中华民族优秀文化传统，全面客观系统编纂地方志，科学合理开发利用地方志，推进地方志工作规范化、法制化，发挥地方志服务经济建设和社会发展的作用，根据国务院《地方志工作条例》和《安徽省地方志工作条例》，结合本市实际，制定本办法。

第二条 本市行政区域内地方志的编纂、管理、开发利用工作，适用本办法。

第三条 本办法所称地方志，包括地方志书、专业志书、地方综合年鉴、专业年鉴、地情书等地情文献。

地方志书，是指全面系统地记述本行政区域自然、政治、经济、文化和社会的历史与现状的资料性文献。包括市志、县（市）区志、开发区志、乡镇（街道）志、村（社区）志等。

专业志书，是指以行政区域名称加专业部门或行业名称冠名，记述行业、部门以及某一领域事业事物，全面反映其历史与现状的资料性文献。包括部门志、行业志等。

地方综合年鉴，是指系统记述本行政区域自然、政治、经济、文化、社会等方面情况的年度资料性文献。

专业年鉴，是指以行政区域名称加专业部门或行业名称冠名，记述行业、部门以及某一领域事业事物，全面反映其年度情况的资料性文献。包括部门年鉴、行业年鉴等。

地情书，是指记述本行政区域自然、政治、经济、文化、社会等某个方面题材和内容的资料性著述。

第四条 各县（市）区人民政府、开发区管委会应当加强对地方志工作的领导，将地方志工作纳入本地经济和社会发展规划、本级政府工作任务之中。地方志工作所需经费列入本级财政预算。

第五条 合肥市人民政府地方志办公室是本行政区域地方志工作的主管机构。各县（市）区人民政府应当确定地方志工作机构主管本行政区域的地方志工作；开发区管委会应当确定地方志工作机构负责本区域的地方志工作。

各级地方志工作机构履行下列职责：

（一）组织、指导、督促和检查地方志工作；

（二）拟定地方志工作规划和编纂方案；

（三）组织编纂地方志书、地方综合年鉴和地情书；指导开展乡镇（街道）志、村（社区）志、专业志、专业年鉴编纂；

（四）搜集、整理、保存地方志文献和资料，组织整理旧志，推动方志理论研究；

（五）组织开发利用地方志资源，开展地情研究、学术交流及业务培训；

（六）宣传推广地方志成果，建设资料库（室）、地情网站，从实际出发谋划和推进方志馆建设，为公众读志用志提供服务。

第六条 地方志工作机构负责以本行政区域名称冠名的地方志书、地方综合年鉴的编纂工作，其他组织和个人不得编纂。

第七条 地方志的编纂工作应当做到存真求实、客观公正、忠于史实、确保质量，全面、客观地记述本行政区域自然、政治、经济、文化和社会的历史与现状。任何单位和个人不得要求编纂人员在地方志中做虚假记述。

第八条 地方志书每 20 年左右编修一次。合肥市行政区域新一轮市、县（市）区、开发区志书编纂工作，根据安徽省人民政府统一部署组织开展。

地方综合年鉴按年度组织编纂。

地情书的编纂根据本级地方志工作规划和编纂方案组织实施。

乡镇（街道）志、村（社区）志的编纂，由县（市）区、开发区地方志工作机构提请县（市）区政府、开发区管委会部署开展；专业志、专业年鉴等的编纂，由有关部门根据行业和部门事业发展需要组织开展，地方志工作机构予以业务指导。

第九条 编纂地方志应当吸收有关方面的专家、学者参加。地方志编纂人员实行专兼职相结合，编纂人员应当具备相应的专业知识。

第十条 根据地方志工作规划和编纂方案的规定承担编纂任务的单位，应当根据工作部署，在地方志工作机构的指导下，按照编纂方案规定的时间进度和质量要求完成编纂任务；应当明确具体承担地方志编纂工作的机构和人员，并在经费和工作条件上予以保障；

应当对编纂的文稿进行保密审查，并将保密审查的结果报组织编纂的机构备案。

第十一条 编纂工作需广泛征集地方志资料。地方志资料指合肥市行政区域内编纂地方志书、地方综合年鉴和地情书所涉及的文字、数据、图片等各种资料。

第十二条 地方志资料责任单位为合肥市各级各类机关，企事业单位，社会各有关方面。

第十三条 本市各级地方志工作机构可以向机关、社会团体、企事业单位、其他组织以及个人征集有关地方志资料。地方志资料的所有人或持有人应当按照要求，在规定的时限内提供全面、真实、准确的资料；不得提供虚假资料。企事业单位及公民提供有关资料的可以获得适当报酬。

本市各级地方志工作机构有权对有关资料进行查阅、摘抄、复制，但涉及国家秘密、商业秘密和个人隐私以及不符合档案开放条件的除外。

第十四条 本市各级地方志工作机构应当指定专职人员对在地方志编纂过程中收集到的文字、图表、照片、音像、电子文本、实物等资料及形成的地方志文稿集中统一管理，妥善保存，不得损毁、遗失。地方志编纂工作完成后，应当移交地方志工作机构或档案馆保存、管理，个人不得据为己有或者出让、出租、转借。

第十五条 以合肥市、市辖县（市）区行政区域及开发区名称冠名的地方志书、专业志书、地方综合年鉴、专业年鉴和地情书等为职务作品，其著作权由组织编纂的机构享有，参与编纂的人员依法享有署名权。编纂人员稿酬的发放按照《使用文字作品支付报酬办法》（国家版权局、国家发展和改革委员会第11号令）及安徽省地方志办公室有关规定执行。

第十六条 合肥市人民政府及县（市）区人民政府、开发区管委会应当组织保密、档案、历史、法律、经济、军事等方面的专家对地方志书文稿进行审查验收，重点审查地方志书的内容是否符合宪法和有关保密、档案等法律、法规的规定，是否全面、客观地反映本行政区域自然、政治、经济、文化和社会的历史与现状。

地方志书应按国家有关规定报送出版单位审查。

地方志书文稿经审查验收合格后，方可以公开出版。

地方综合年鉴等地情文献应由同级保密部门进行保密审查。

第十七条 地方志书、地方综合年鉴应当在出版后3个月内报送上级人民政府地方志工作机构备案。

组织编纂的单位应当及时向本级和上级国家档案馆、公共图书馆无偿提供藏书。

第十八条 地方志工作机构应当拓宽社会用志途径，积极开展地情咨询活动，应当通过建设资料库（室）、地方志网站等方式，加强地方志工作的信息化建设，对于已编纂出版的地方志应当通过本级政府门户网站、地方志网站或者相关部门网站及时向社会公布。公民、法人和其他组织可以利用上述资料库、网站查阅、摘抄地方志。

第十九条 违反本办法第六条规定，擅自编纂出版地方志书、地方综合年鉴的，由地方志工作机构提请本级人民政府出版行政部门依法查处。

第二十条 违反本办法第十条规定，不按照编纂方案的规定承担和完成编纂任务的，由本级人民政府责令限期改正，并予以通报批评。

第二十一条 违反本办法第十六条规定，未经审查验收、批准，将地方志文稿交付出版的，或者地方志存在违法内容的，由上级人民政府或者本级人民政府责令改正，并视情节追究有关单位和个人的责任；构成犯罪的，依法追究刑事责任。

第二十二条 本办法自公布之日起施行，由合肥市地方志办公室负责解释，有效期五年。2010 年发布的《合肥市地方志工作管理办法》废止。

淮北市人民政府关于印发《淮北市地方志工作管理办法》的通知

淮政〔2008〕8号

濉溪县、各区人民政府，市政府各部门、各直属机构：

《淮北市地方志工作管理办法》已经市政府第4次市长办公会议研究通过，现印发给你们，请遵照执行。

淮北市人民政府

二〇〇八年二月五日

淮北市地方志工作管理办法

第一条 为规范地方志工作，发挥地方志在促进经济社会发展中的作用，根据《地方志工作条例》，结合本市实际，制定本办法。

第二条 本办法适用于本市行政区域内地方志的组织编纂、管理、开发利用工作。

第三条 本办法所称地方志，包括市和县、区编纂的地方志书、地方综合年鉴。

第四条 市和县、区人民政府领导本行政区域的地方志工作，将地方志工作纳入国民经济和社会发展规划，地方志工作所需经费列入本级财政预算。

第五条 市和县、区人民政府地方志工作机构主管本行政区域的地方志工作，履行下列职责：

（一）组织、指导、督促和检查地方志工作；

（二）拟定地方志工作规划和编纂方案；

（三）组织编纂地方志书和地方综合年鉴；

（四）收集、整理、保存地方志文献和资料；

（五）组织开发利用地方志资源；

（六）推动地方志理论研究和学术交流，组织开展业务培训。

第六条 市和县、区人民政府制定本行政区域地方志工作规划和编纂方案。县、区地方志工作规划和编纂方案报市人民政府地方志工作机构备案。

第七条 以市和县、区行政区域名称冠名的地方志书、地方综合年鉴，分别由本级人民政府地方志工作机构组织编纂，其他组织和个人不得编纂。

第八条 按照地方志工作规划和编纂方案承担地方志编纂任务的单位（以下简称承编单位），应当明确具体承担地方志编纂工作的机构和人员，保障经费和办公条件，按时完成编纂任务。

县、区地方志工作机构要逐步实现编纂工作现代化，要配备必要的设备，逐步开展地方志数字化、网络化建设。

第九条 市和县、区人民政府地方志工作机构以及承编单位应当建立地方志资料征集制度，通过查阅、摘抄、复制、购买等方式收集地方志资料，有关单位和个人应当提供支持。涉及国家机密、商业秘密和个人隐私以及不符合档案开放条件的，按照国家和本市有关规定办理。

地方志资料所有人或者持有人提供有关资料，可以获得适当报酬。地方志资料所有人或者持有人不得提供虚假资料。

第十条 以市和县、区行政区域名称冠名、列入规划的地方志书，实行志稿三审制，由本级人民政府组织有关专家依法审查，出具审查验收报告；审查验收合格的，方可以公开出版。

县、区正式出版或内部出版的各类志书（包括年鉴），须送市地方志工作机构30部进行保存。

第十一条 市综合年鉴经市人民政府或者其确定的部门批准，方可以公开出版；县、区综合年鉴经县、区人民政府批准，方可以公开出版。

第十二条 已通过审查验收的地方志书和经批准的地方综合年鉴，未经原审查验收或者批准的机关同意不得擅自修改。

第十三条 市和县、区人民政府地方志工作机构集中统一管理地方志资料和地方志文稿；承编单位应当指定专人妥善保存在地方志编纂过程中收集到的地方志资料以及形成的地方志文稿，不得损毁；编纂工作完成后，依法及时移交本级国家档案馆或者方志馆保存、管理，个人不得据为己有或者出租、出让、转借。

第十四条 市和县、区人民政府地方志工作机构应当积极开拓社会用志途径，可以通过网站、地情资料库等方式，加强地方志工作的信息化建设，为经济社会全面发展服务。

第十五条 公民、法人和其他组织可以通过查询、阅览、摘抄等方式利用方志馆收藏、展示的地方志文献和资料。

鼓励单位和个人向方志馆捐赠地方志资料。

第十六条 县级以上地方人民政府对地方志工作中作出突出成绩的单位、个人给予表彰和奖励。

市、县、区志书正式出版后，承编单位根据国家有关规定，对应当支付稿酬的编辑工作人员支付稿酬。

第十七条 对违反本办法第八条规定，未按工作规划和编纂方案完成编纂任务的，有关单位拒绝提供资料或者故意提供虚假资料的，由市或者县、区人民政府地方志工作机构责令限期改正；逾期不改的，由市或者县、区人民政府地方志工作机构提请有关行政主管部门依法对直接责任人给予行政处分。

第十八条 部门志、行业志、乡镇志、街道志的编纂，参照本办法执行。编纂方案报市或者县、区人民政府地方志工作机构备案的，市或者县、区人民政府地方志工作机构应当提供必要的指导、服务。

第十九条 本办法自 2008 年 3 月 1 日起施行。

安庆市地方志编纂委员会关于印发《安庆市地方志工作管理暂行办法》的通　知

庆志委字〔2010〕01号

各县（市、区）地方志办公室、市直各有关单位：

为继承和发扬中华民族优秀文化传统，全面、客观、系统地研究编纂地方志，科学、合理地开发利用地方志，市地方志办公室根据国务院《地方志工作条例》和《安徽省地方志工作条例》，结合本市实际，研究制定《安庆市地方志工作管理暂行办法》，现即发给你们，请参照实施。

安庆市地方志编纂委员会
二〇一〇年四月二十七日

安庆市地方志工作管理暂行办法

第一条　为了规范和加强地方志工作，全面、客观、系统地编纂地方志，科学地积累、保存与开发、利用地方志资源，发挥地方志在促进经济和社会发展中的作用，根据国务院《地方志工作条例》和《安徽省地方志工作条例》，结合本市实际，制定本办法。

第二条　本办法适用于本市行政区域内地方志的资料征集、研究、组织编纂、管理、开发利用和咨询服务工作。

第三条　本办法所称地方志是指地方志书、地方综合年鉴及地情文献。

地方志书，是指全面系统地记述本市行政区域自然、政治、经济、文化和社会的历史与现状的资料性文献，包括市志、县（市、区）志、乡（镇、街道）志、专业（部门）志。

地方综合年鉴，是指全面系统记述本市行政区域自然、政治、经济、文化、社会等方面情况的年度资料性文献，包括市年鉴、县（市、区）年鉴、乡（镇、街道）年鉴、行业（单位）年鉴。

地情文献，是指系统记述本市行政区域全面工作或专项工作的资料性书籍，包括机关、社会团体、企业事业单位及村（社区）编纂的以本行政区域冠名的地情类书籍。

第四条 地方志的编纂工作应当做到存真求实，确保质量，全面、客观地反映本行政区域自然、政治、经济、文化和社会的历史与现状。

第五条 各级人民政府应当加强对本行政区域地方志工作的领导，将地方志工作纳入本地经济和社会发展规划，做到领导到位、经费到位、队伍到位、条件到位。市、县（市、区）须成立专门的常设机构，不能成立常设机构的区，在地方志书编修完成阶段，要在相应的部门中设置专人负责地方志资料的征集与整理。

第六条 市、县（市、区）人民政府地方志办公室是本行政区域地方志工作主管机构，履行下列职责：

（一）贯彻执行地方志工作法律、法规；

（二）组织、指导、督促和检查地方志工作；

（三）拟订地方志工作规划和编纂方案；

（四）组织编纂地方志书、地方综合年鉴和其他地情文献，依照程序组织对地方志审查验收；

（五）征集、整理、保存地方志文献和资料，组织整理旧志，开展地方志理论研究和学术交流；

（六）组织开发利用地方志资源，建立方志馆（库）和网站，培训地方志编纂人员，为公众提供服务；

（七）完成本级人民政府和上级地方志工作机构交办的其他任务。

第七条 以市、县（市、区）行政区域名称冠名的地方志书、地方综合年鉴的编纂工作，分别由本级地方志工作机构按照规划组织实施，其他组织和个人不得编纂。

除以市、县（市、区）行政区域冠名的地方志以外，机关、社会团体、企业事业单位、其他组织和个人可编纂出版有助于经济社会发展的其他地方志书及地情类书籍，编纂单位应当按照隶属关系或者注册登记关系报地方志工作管理部门备案，地方志办公室应当对志书编纂活动进行业务指导。

第八条 市、县（市、区）两级地方志书每20年左右编修一次，每一轮地方志书编修工作完成后，地方志工作机构在编纂地方综合年鉴、搜集资料、向社会提供咨询服务的同时，启动新一轮地方志书的编修工作。市级地方综合年鉴每年编辑出版1卷，县（市、区）地方综合年鉴按年度、数年或一届政府编辑出版1卷。可适时组织编纂综合或专题地情文献。

第九条 编纂地方志书、地方综合年鉴，应当制定编纂方案，报本级人民政府批准。根据编纂方案的规定承担编纂任务的单位，应当按照地方志编纂规划和要求，明确责任人员，接受本级地方志工作机构的业务指导与督促检查，按时按质完成撰稿任务。

第十条 地方志编纂实行专兼职人员相结合，应当广泛吸收有关专家、学者参加。专职编纂人员应当具备相应的专业知识和学术水平，做到恪尽职守、客观公正、秉笔直书、尊重史实。任何单位和个人不得要求编纂人员在地方志中做虚假记述。

第十一条 地方志工作管理部门依法向辖区内机关、社会团体、企业事业单位和其他组织以及公民征集有关地方志资料，相关单位和个人应当提供有关地方志资料。地方志工作管理部门可以对所需资料内容进行查阅、摘抄、复制。但涉及国家秘密、商业秘密和个人隐私以及不符合档案开放条件的除外。

第十二条 在地方志编纂过程收集到的文字资料、图表、照片、音像资料、实物等以及形成的地方志文稿，应按照规定归档管理，任何个人不得损毁或者据为己有以及出租、出让、转借。

第十三条 地方志书、地方综合年鉴出版实行分级审查批准制度，应当组织有关保密、档案、历史、法律、经济、军事等方面的专家参加，重点审查地方志书的内容是否符合宪法和保密、档案等法律、法规的规定，是否全面、客观地反映本行政区域自然、政治、经济、文化和社会的历史与现状。

以市和县（市、区）行政区域名称冠名、列入规划的地方志书由上一级地方志工作机构负责审查验收，报本级人民政府批准后方可公开出版；地方综合年鉴、地方专业志书由隶属的行政区域地方志工作机构审查验收，经本级人民政府批准后方可公开出版。未按以上程序进行报批的各类地方志不得公开出版，新闻出版行政机构也不得核发内部资料性图书准印证。

第十四条 地方志编纂单位应当在地方志书、地方综合年鉴及地情文献出版后 3 个月内，向本级和上级地方志办公室报送样书。

第十五条 地方志书、地方综合年鉴和相关地情文献为职务作品，依照《中华人民共和国著作权法》第十六条第二款的规定，其著作权由组织编纂的机构享有，参与编纂的人员依法享有署名权。

第十六条 建立地情资料日常收集机制。市、县（市、区）地方志工作机构可以通过建立方志馆（地情资料库）等收藏、保存、管理各类地方志资料，积极开展地情宣传、咨询活动，出版专题资料、地情研究成果，为社会各界服务。

鼓励单位和个人向市和县（市、区）地方志工作机构捐赠地方志资料，对具有收藏价值的资料，方志馆应当向捐赠者颁发收藏纪念证书，并给予馆存资料的优先使用权。

第十七条 地方志成果可以依照有关规定参加国家、省和市优秀社会科学成果评奖。

第十八条 市、县（市、区）人民政府应当对地方志工作中做出突出成绩和贡献的单位和个人给予表彰和奖励。

第十九条 违反本办法规定，有下列情形之一的，由市和县（市、区）人民政府地方志工作机构按照权限责令限期改正；逾期不改正的，提请本级人民政府或有关行政部门依法查处，并视情节对有关单位和个人予以通报批评或予以行政处分；构成犯罪的，依法追究刑事责任：

（一）未经审查验收、批准，擅自编纂出版以本行政区域名称冠名的地方志书、地方综合年鉴及相关地情文献的；

（二）无故拖延、拒绝提供地方志资料或者拒不承担编写任务的；

（三）故意提供虚假地方志资料的；

（四）丢失、损毁单位地方志资料或者将其据为己有的；

（五）将地方志文稿作为个人著作擅自发表的；

（六）对已经审查通过的地方志文稿擅自进行重大改动并出版的；

（七）拒不向地方志工作机构报送地方志出版物（含纸质版、电子版）的。

第二十条 实行地方志保密审查分级分单位负责制。地方志的保密审查由提供资料和编写初稿的单位负责，各级保密主管部门会同地方志工作机构对本级地方志进行保密审定。地方志泄露国家秘密的，由有关部门依法查处；构成犯罪的，依法追究刑事责任。

第二十一条 编纂地方志涉及军事内容的，应当遵守中央军委关于军事志编纂的相关规定。

第二十二条 违反本办法规定，涉及其他有关法律、法规规定的，按照其他有关法律法规进行处理。

福建省人民政府令

〔2013〕第 133 号

《福建省实施〈地方志工作条例〉办法》已经 2013 年 12 月 23 日省人民政府第 15 次常务会议通过，现予公告，自 2014 年 2 月 1 日起施行。

省长：苏树林

二〇一三年十二月二十六日

福建省实施《地方志工作条例》办法

第一条 为弘扬中华民族优秀文化传统，客观记载区域地情，系统积累地方志文献，发挥地方志在服务经济社会发展、促进文化强省建设、深化福建与台湾及港澳侨交流合作方面的重要作用，根据国务院《地方志工作条例》和有关法律、法规，结合本省实际，制定本办法。

第二条 本省行政区域范围内地方志的组织编纂、管理、开发利用工作，适用本办法。

本办法所指地方志，包括地方志书、地方综合年鉴（含纸质与电子版）。

第三条 县级以上人民政府应当加强对地方志工作的领导，将地方志工作纳入当地经济社会发展规划，建立健全工作机构，保障工作条件，所需经费列入本级财政预算。

第四条 县级以上人民政府地方志工作机构主管本行政区域的地方志工作，履行下列职责：

（一）贯彻执行有关地方志工作的法律、法规、规章和政策；

（二）组织、指导、督促和检查地方志工作；

（三）拟定地方志工作规划和编纂方案；

（四）组织编纂地方志书、地方综合年鉴以及有关地情文献；

（五）组织搜集、整理、保存旧志等文献资料；

（六）开展地方志学术交流，推动地方志理论研究；

（七）建立和完善地方志工作制度和业务规范，组织开展地方志业务培训；

（八）组织开发利用地方志资源，推进地方志数字化、网络化；

（九）完成上级地方志工作机构和本级人民政府交办的其他工作。

第五条 省人民政府制定全省地方志编纂的总体工作规划（以下简称总体规划）。设区的市、县（市、区）人民政府地方志工作机构应当根据总体规划，制订本行政区域的地方志工作规划（以下简称工作规划），经本级人民政府批准后实施，并报上一级人民政府地方志工作机构备案。

第六条 承担地方志编纂任务的机关、社会团体、企业事业单位和其他组织，应当根据总体规划或者工作规划，将编纂地方志列入年度工作计划，指定专人负责并提供必要的工作条件，所需经费列入本部门、本单位年度预算，并接受本级人民政府地方志工作机构的指导。

第七条 以县级以上行政区域名称冠名的地方志书、地方综合年鉴，分别由本级人民政府地方志工作机构按照总体规划或者工作规划组织编纂，其他组织和个人不得编纂。

地方志书每20年左右编修一次。地方综合年鉴逐年编纂，每年一卷。

第八条 编纂地方志应当吸收有关专家、学者等参加，实行专兼职相结合。专职编纂人员应当具备相应的专业知识，参加地方志编纂业务培训。

参与编纂地方志书、地方综合年鉴的人员，可以按照规定获得稿酬、报酬等。

第九条 县级以上人民政府地方志工作机构可以建立专家库。编纂、评议、审查验收地方志书和地方综合年鉴，应当优先从专家库中聘请专家。

专家库成员应当具有良好的职业道德，较高的学术水平，从事地方志或者相关领域工作5年以上，具有高级职称或者具有同等专业水平。

第十条 县级以上人民政府地方志工作机构应当建立健全地方志资料年报制度，经本级人民政府批准后实施。

机关、社会团体、企业事业单位和其他组织应当按照地方志资料年报制度报送资料。

第十一条 县级以上人民政府地方志工作机构根据工作需要，可以对有关资料进行征集、查阅、摘抄、复制，涉及国家秘密、商业秘密和个人隐私以及不符合档案开放条件的除外。

地方志资料所有人或者持有人提供有关资料，被采用的可以获得适当报酬。

第十二条 以县级以上行政区域名称冠名、列入总体规划的地方志书，经审查验收方可以公开出版。

地方志书文稿报送审查验收前，县级以上人民政府地方志工作机构应当组织召开评稿会，并整理形成评议报告。

省级地方志书由省人民政府或者委托其地方志工作机构组织审查验收。设区的市、县（市、区）级地方志书由本级人民政府组织初审后，报上一级人民政府地方志工作机构组织审查验收。

审查验收工作应当在报审的材料齐备后3个月内完成。通过审查验收的地方志书，经本级人民政府批准出版，方可以公开出版。

第十三条 对地方志书进行审查验收，应当组织有关保密、档案、军事、经济等部门以及文史、法律专家参加，重点审查地方志书的内容是否符合宪法和保密、档案等法律、法规的规定，是否做到存真求实，是否全面、客观地反映本行政区域自然、政治、经济、文化和社会的历史与现状。

第十四条 以县级以上行政区域名称冠名的地方综合年鉴，由本级人民政府或者委托其地方志工作机构批准，方可以公开出版。

第十五条 以县级以上行政区域名称冠名的地方志书、地方综合年鉴，应当在出版后2个月内报送上级人民政府地方志工作机构备案。

第十六条 在地方志编纂过程中收集到的文字资料、电子文档、图表、照片、音像资料、实物等，以及形成的地方志文稿，由本级人民政府地方志工作机构指定专职人员集中统一管理，妥善保存，不得损毁；地方志编纂工作完成后，应当依法移交本级综合档案馆或者方志馆妥善保存、管理。

第十七条 县级以上人民政府地方志工作机构应当科学开发利用地方志资源，加强地方志数字化、网络化建设，构建全省统一的地方志资源服务平台，汇聚省、设区的市、县（市、区）地情资料，为社会提供咨询和信息服务。

省、设区的市以及有条件的县（市、区）设立方志馆（地情文献馆），或者在相关展场馆内单独设立地方志专馆（室），展示地情，免费向公众开放。

鼓励单位和个人向方志馆（室）捐赠或提供地方文献或者资料。

第十八条 县级以上人民政府地方志工作机构应当发挥独特优势，加强与台湾及港澳侨相关机构、团体的方志文化交流，合作编纂志书，搜集整理旧志，交换地方文献，开展学术研讨。

第十九条 县级以上人民政府应当组织有关部门加强对地方志工作的督促检查，并通报督促检查情况。

对在地方志工作中作出突出成绩和贡献的单位、个人给予表彰和奖励。

第二十条 县级以上人民政府地方志工作机构对违反本办法，有下列行为之一的，按照权限责令限期改正；逾期不改的，予以纠正，并视情节对有关单位和工作人员给予通报批评或者提请有关部门依法给予处分：

（一）未按总体规划或者工作规划在规定时限内完成编纂任务的；

（二）无故不报送或者拖延报送地方志资料的；

（三）拒不执行督促检查意见的；

（四）拒不接受关系地方志质量重大问题审查意见的；

（五）拒不提供资料或者故意提供虚假资料的。

第二十一条 县级以上人民政府地方志工作机构及其工作人员有下列行为之一的，由其所在单位或者相关主管部门责令改正；情节严重的，提请有关部门对直接负责人和相关责任人员依法给予处分：

（一）故意在地方志编纂中加入虚假资料的；

（二）地方志书经审查验收或者地方综合年鉴经批准后，擅自增删或者修改其内容的；

（三）将地方志文稿作为个人著作发表的；

（四）不按照地方志书质量规定履行审查验收职责的。

第二十二条 编纂县级以上人民政府部门志、部门年鉴，以乡镇（街道）名称冠名的地方志书和地方综合年鉴，参照本办法的相关规定执行。

第二十三条 本办法自2014年2月1日起施行。

江西省人民政府令

〔2008〕第162号

《江西省实施〈地方志工作条例〉办法》已经2008年1月11日第69次省政府常务会议审议通过，自2008年3月1日起施行。

省长：吴新雄

二〇〇八年一月十三日

江西省实施《地方志工作条例》办法

第一条 为了规范本省地方志编纂工作，科学、合理地开发利用地方志，发挥地方志在促进经济社会发展中的作用，根据国务院《地方志工作条例》，结合本省实际，制定本办法。

第二条 本办法适用于本省行政区域内地方志的组织编纂、管理、开发利用等活动。

第三条 本办法所称地方志，包括地方志书、地方综合年鉴。

地方志书，是指全面系统地记述本行政区域自然、政治、经济、文化和社会的历史与现状的资料性文献。

地方综合年鉴，是指系统记述本行政区域自然、政治、经济、文化和社会等方面情况的年度资料性文献。

地方志分为：省编纂的地方志，设区市编纂的地方志，县（市、区）编纂的地方志。其中省编纂的地方志书由各分志组成。

第四条 县级以上人民政府应当加强对本行政区域地方志工作的领导，将地方志工作纳入国民经济和社会发展规划。地方志工作所需经费列入本级财政预算。

第五条 县级以上人民政府负责地方志工作的机构（以下简称地方志工作机构）在本级人民政府和地方志编纂委员会的领导下，主管本行政区域的地方志工作，履行下列职责：

（一）组织、指导、督促和检查地方志工作；

（二）拟定地方志工作规划和编纂方案；

（三）组织编纂地方志书、地方综合年鉴；

（四）搜集、保存地方志文献和资料，组织整理旧志；

（五）推动地方志理论研究与宣传工作，培训地方志编纂人员；

（六）组织开发利用地方志资源。

第六条 编纂地方志应当做到存真求实，确保质量，全面、客观地记述本行政区域自然、政治、经济、文化和社会的历史与现状。

第七条 县级以上行政区域的地方志工作规划（以下简称规划）和编纂方案（以下简称方案），由本级地方志工作机构拟定、本级地方志编纂委员会审定，经本级人民政府批准后实施，并报上一级地方志工作机构备案。

第八条 以县级以上行政区域名称冠名的地方志书、地方综合年鉴，分别由本级地方志工作机构按照规划和方案组织编纂，其他组织和个人不得编纂。

地方志书每 20 年左右编修一次；地方综合年鉴按年度编纂。

第九条 编纂地方志应当吸收有关方面的专家、学者参加。地方志编纂人员实行专兼职相结合，专职编纂人员应当具备相应的专业知识。

地方志编纂人员应当恪尽职守、客观公正，据事直书、忠于史实。任何单位和个人不得要求编纂人员在地方志中作虚假记述。

第十条 地方志工作机构应当建立征集制度，及时征集和保存文字、图表、照片、音像、电子文本、实物等各种地方志资料。

地方志工作机构可以采用查阅、摘抄、复制等形式，向机关、社会团体、企业事业单位、其他组织以及个人征集有关地方志资料，有关单位和个人应当提供支持。但涉及国家秘密、商业秘密和个人隐私以及不符合档案开放条件的除外。

第十一条 根据规划和方案规定承担地方志编纂任务的有关机关、社会团体、企业事业单位以及其他社会组织（以下简称承编单位），应当确定编纂机构或者人员，并在本级地方志工作机构指导下，按照方案规定的时间和质量要求完成编纂任务。

承编单位的编纂任务完成后，由规划和方案确定的总纂单位负责总纂，形成初审稿。

第十二条 对以县级以上行政区域名称冠名、列入规划的地方志书实行初审、复审、验收制度。未经审查验收，地方志书不得公开出版。

第十三条 地方志书的初审会由总纂单位主持。

初审会应当组织有关保密、档案、历史、法律、经济、军事等方面的专家参加，重点审查地方志书初审稿的内容是否符合宪法和保密、档案等法律、法规的规定，是否全面、客观地反映本行政区域自然、政治、经济、文化和社会的历史与现状。

总纂单位应当根据初审意见对地方志书初审稿进行修改，形成复审稿后提请复审。

第十四条 省编纂的地方志书各分志的复审会由省地方志工作机构主持，设区市、县（市、区）编纂的地方志书的复审会由上一级地方志工作机构主持。

复审会应当组织地方志等方面的有关专业人员参加，对地方志书复审稿进行审查。

总纂单位应当根据复审意见对地方志书复审稿进行修改，形成验收稿后提请验收。

第十五条　地方志书的验收会由本级地方志编纂委员会主持，地方志等方面的有关专业人员参加，对地方志书验收稿进行验收。

地方志书经验收合格后，方可以公开出版。

第十六条　以县级以上行政区域名称冠名的地方综合年鉴，由负责组织编纂的地方志工作机构报本级地方志编纂委员会审定，并经本级人民政府批准，方可以公开出版。

第十七条　地方志出版后，负责组织编纂的地方志工作机构应当在3个月内报送上级地方志工作机构备案，并向上级方志馆或者地情资料库报送地方志藏本。

在地方志编纂过程中收集到的文字资料、图表、照片、音像资料、实物等以及形成的地方志文稿，由本级地方志工作机构指定专职人员集中统一管理，妥善保存，不得损毁；修志工作完成后，应当依法移交本级国家档案馆或者方志馆保存、管理，个人不得据为己有或者出租、出让、转借。

第十八条　地方志工作机构应当积极开拓社会用志途径，可以通过建设方志馆、地情资料库、网站等方式，加强地方志工作的信息化建设，为经济社会的全面发展服务。

第十九条　公民、法人和其他组织可以通过查阅、摘抄等方式利用方志馆或者地情资料库收藏、展示的地方志文献和资料。

方志馆、地情资料库应当将服务范围、开放时间等服务事项进行公示。

鼓励单位和个人向方志馆、地情资料库捐赠或者有偿提供地方志文献和资料。

第二十条　违反本办法，国务院《地方志工作条例》已有法律责任规定的，从其规定。

第二十一条　违反本办法规定，有关单位或者个人要求地方志编纂人员在地方志中作虚假记述的，由上一级地方志工作机构提请本级人民政府予以通报批评，追究相关责任人的责任。

违反本办法规定，地方志编纂人员在地方志中作虚假记述的，由地方志工作机构依法给予处分。

第二十二条　违反本办法规定，承编单位拒绝承担编纂任务，或者不按照规定的时间和质量要求完成编纂任务的，由地方志工作机构督促其限期改正；逾期不改正的，由地方志工作机构提请本级人民政府责令其采取相应措施予以纠正，并可予以通报批评，追究相关责任人的责任。

第二十三条　需要编纂部门志、行业志、乡（镇）志且已具备编纂条件的，其编纂工作参照本办法的相关规定执行。

第二十四条　本办法自2008年3月1日起施行。

山东省人民代表大会常务委员会公告

〔2005〕第 61 号

《山东省地方史志工作条例》于 2005 年 9 月 29 日经山东第七届人民代表大会常务委员会第十六次会议通过，现予公布，自 2005 年 12 月 1 日起施行。

山东省人民代表大会常务委员会

二〇〇五年九月二十九日

山东省地方史志工作条例

（2005 年 9 月 29 日山东省第十届人民代表大会常务委员会第十六次会议通过）

第一条 为了继承和发扬中华民族优秀文化传统，客观记载区域地情，系统积累、保存地方史志文献，服务经济建设和社会发展，结合本省实际，制定本条例。

第二条 本省行政区域内地方史志的组织编纂、管理和服务工作，适用本条例。

本条例所称地方史志是指各级各类志书、年鉴及相关地情文献。

第三条 编纂地方史志应当遵循存真求实的原则，全面客观地反映当地自然与社会的历史和现状。

第四条 县级以上人民政府应当加强对地方史志工作的领导，将地方史志工作纳入国民经济和社会发展计划，所需经费列入同级财政预算。

第五条 县级以上人民政府史志工作机构主管本行政区域内的地方史志工作，具体承担下列任务：

（一）规划、协调地方史志工作；

（二）制定地方史志编纂业务规范；

（三）组织、检查、指导地方史志编纂工作；

（四）编纂、审查、验收有关地方史志稿件；

（五）征集、整理、保存地方史志文献，开展地方史志学术研究；

（六）宣传、推广地方史志成果，开展地情研究，建设地情文献库和地情文献网站，为公众读志用志提供服务；

（七）同级人民政府和上级业务部门交办的其他事项。

第六条 从事地方史志编纂业务的人员应当具备相应的专业知识和学术水平。

地方史志编纂工作应当吸收社会各界专家、学者参加。

第七条 以县级以上行政区划冠名的地方志、地方综合年鉴、综合地情文献，由同级人民政府史志工作机构按照规划组织编纂，其他组织和个人不得编纂出版。

第八条 省、设区的市、县（市、区）三级志书二十年左右编修一次，编纂任务由省人民政府统一部署。

第九条 人民政府史志工作机构可以向机关、社会团体、企业事业单位和其他组织以及公民征集有关地方史志资料，有关单位和公民应当为其提供便利。地方史志编纂机构可以对资料内容进行查阅、摘抄、复制。涉及国家秘密、商业秘密和个人隐私以及不符合档案开放条件的除外。

地方史志资料所有人或者持有人不得故意提供虚假资料。

第十条 为执行本单位的地方史志编写任务或者利用本单位的物质技术条件收集、积累的地方史志资料，应当按照有关规定归档管理，任何人不得损毁或者据为己有。

第十一条 设区的市、县（市、区）人民政府史志工作机构应当根据全省地方史志工作规划，制定本行政区域的志书编纂方案，报上一级人民政府史志工作机构批准后实施。

第十二条 承担省、设区的市、县（市、区）三级志书编写任务的部门、企业事业单位和其他组织应当根据地方史志工作规划，明确相关编写单位或者编写人员，拟定编写方案报同级人民政府史志工作机构批准后实施。

第十三条 省、设区的市、县（市、区）三级志书志稿实行分级申报、审查、验收制度。

省志报省地方史志编纂委员会审定，经省人民政府批准后出版。

设区的市、县（市、区）的志书报上一级地方史志编纂委员会审定，经同级人民政府批准后出版。

县（市、区）志报省人民政府史志工作机构备案。

第十四条 以县级以上行政区划冠名的地方综合年鉴由同级人民政府史志工作机构组织编纂，经同级人民政府批准后出版。

以县级以上行政区划冠名的综合地情文献由同级人民政府史志工作机构组织编纂。

第十五条 有关组织和单位可以自行组织编纂本条例第十三条、第十四条规定以外的志书、年鉴或者其他地情文献。编纂单位应当按照隶属关系或者注册登记关系报人民政府史志工作机构备案。

第十六条 承担地方史志编纂任务的部门和行业组织，可以根据地方史志工作规划对其管理单位的地方史志编写工作进行督导。

第十七条 编纂单位应当在地方史志出版后三十日内向当地和上级人民政府史志工作机构报送样书和电子文本。以县级以上行政区划冠名的地方志、地方综合年鉴、综合地情文献在编纂过程中形成的档案资料，应当移交同级国家综合档案馆保管。

第十八条 地方史志文献应当向社会公开，地情文献库应当向公众开放。

单位和个人可以免费利用地情文献库和地情文献网站查阅、摘抄地方史志文献。

第十九条 违反本条例，有下列行为之一的，由县级以上人民政府史志工作机构按照管理权限责令其停止违法行为，限期改正；逾期不改的，由其所在单位或者有关行政部门依法给予行政处分或者纪律处分：

（一）擅自编纂出版以县级以上行政区划冠名的地方志、地方综合年鉴或者综合地情文献的；

（二）损毁单位所有或者持有的地方史志资料或者将其据为己有的；

（三）地方史志资料所有人或者持有人故意提供虚假资料的；

（四）未经审查、验收、批准将地方史志交付出版的；

（五）无故拖延、拒绝提供地方史志资料或者承担编写任务的；

（六）拒绝向上级人民政府史志工作机构报送地方史志文献的。

有前款第（一）（二）项行为，造成重大损失或者恶劣影响的，人民政府史志工作机构、地方史志资料所有或者持有单位和相关部门可以依法向人民法院提起诉讼。

第二十条 本条例自 2005 年 12 月 1 日起施行。

济南市人民政府办公厅关于印发《济南市地方志工作管理办法》的通知

济政办字〔2014〕37号

各县（市）人民政府，市政府各部门：

《济南市地方志工作管理办法》已经市政府同意，现印发给你们，请认真贯彻执行。

济南市人民政府办公厅

二〇一四年十二月三日

济南市地方志工作管理办法

第一条　为规范地方志编纂、管理和开发利用，更好地服务经济社会发展，根据《地方志工作条例》和《山东省地方史志工作条例》，结合本市实际，制定本办法。

第二条　本市行政区域内地方志的编纂、资料征集管理和开发利用等工作，适用本办法。

第三条　本办法所称地方志包括地方志书、地方综合年鉴、专业志书、专业年鉴及其他以行政区域名称冠名的综合地情文献。

第四条　市、县（市）区人民政府应加强对本行政区域内地方志工作的领导，将地方志工作纳入国民经济和社会发展规划，所需经费列入本级财政预算。

第五条　市、县（市）区人民政府地方志工作机构主管本行政区域的地方志工作，履行下列职责：

（一）组织、指导、督促和检查地方志工作；

（二）制定地方志编纂业务规范；

（三）拟定本地地方志编纂方案；

（四）组织编纂地方志书、地方综合年鉴；

（五）按规定对地方志进行审查验收；

（六）搜集、保存和组织整理旧志等古籍地情文献；

（七）建设地情文献库和地情文献网站；

（八）开展地方志理论研究和学术交流。

第六条 地方志工作机构应当根据上一级地方志工作规划和编纂方案，制定本级地方志编纂方案，报上一级地方志工作机构批准后实施。

第七条 地方志书每20年左右编修一次，遇有重大区划调整等应适时组织编纂。地方综合年鉴按年度编纂。

第八条 以县以上行政区域名称冠名的地方志书、地方综合年鉴、综合地情文献，由本级地方志工作机构组织编纂，其他组织和个人不得编纂。

第九条 编纂地方志应做到存真求实，确保质量，全面、客观地记述本行政区域自然、政治、经济、文化和社会的历史与现状。

第十条 地方志工作机构可以向机关、社会团体、企事业单位、其他组织以及个人征集有关地方志资料，有关单位和个人应当提供支持。

各级机关、社会团体、企事业单位和其他组织，以及中央、省驻济机构，应当积极参与地方志编纂，接受地方志工作机构的业务指导，按要求及时完成编纂任务。

第十一条 各级地方志必须经审查验收，方可以公开出版。审查验收应组织有关保密、档案、历史、法律、经济、军事等方面的专家参加，重点审查地方志书内容是否符合宪法和保密、档案等法律、法规规定，是否全面、客观地反映本行政区域自然、政治、经济、文化和社会历史与现状。

市级地方志书报省地方史志编纂委员会审查验收，经市人民政府批准后出版。

县（市）区级地方志书由市史志编纂委员会审查验收，经县（市）区人民政府批准后出版。

乡镇（街道）、村（居）级地方志书由所属县（市）区史志编纂委员会审查验收，经乡镇人民政府（街道办事处）批准后出版。

地方综合年鉴、专业志书、专业年鉴及其他以行政区域名称冠名的综合地情文献，经同级人民政府或其确定的机构审查验收批准后出版。

第十二条 地方志出版后应将样书报上一级地方志工作机构备案，并向国家档案馆、公共图书馆、国有博物馆无偿提供馆藏书。

第十三条 地方志承编单位撤销或者合并的，应将所存地方志资料及时移送本级地方志工作机构保存。

第十四条 地方志编纂过程中收集到的地方志资料，应当按照有关规定归档管理，任何人不得损毁或者据为己有。

第十五条 地方志为职务作品，其著作权由组织编纂的地方志工作机构享有，参与编纂人员享有署名权。

第十六条 地方志工作机构应当积极开拓社会用志途径，加强地方志信息化建设，完善地情文献库、地情文献网站建设，设立地情知识普及、教育、展示场所，并免费向公众开放。公民、法人和其他组织可以利用上述文献库、网站查阅、摘抄地方志。

济南市市中区人民政府办公室关于印发《济南市市中区地方志工作管理办法》的通知

市中政办发〔2011〕22号

各街道办事处、区政府各部门：

《济南市市中区地方志工作管理暂行办法》已经区政府同意，现印发给你们，望认真贯彻执行。

济南市市中区人民政府办公室

二〇一一年十二月三十日

济南市市中区地方志工作管理暂行办法

第一条 为规范地方志的编纂、管理和开发利用工作，发挥地方志在服务经济建设和社会发展中的作用，根据国务院《地方志工作条例》和《山东省地方史志工作条例》，结合本区实际，制定本办法。

第二条 本区行政区域内地方志的编纂、管理和开发利用工作，适用本办法。

第三条本办法所称的地方志包括地方志书、年鉴和地情文献。

第四条 区人民政府加强对本区地方志工作的领导，将地方志工作纳入国民经济和社会发展规划。地方志工作所需经费列入区级财政预算。

第五条 区志编纂委员会办公室（以下简称区志办）主管本区的地方志工作，履行下列职责：

（一）制定本区地方志编纂业务规范；

（二）组织、指导、督促和检查本区地方志工作；

（三）拟定本区地方志工作规划和编纂方案；

（四）组织编纂区志、区年鉴和区综合地情文献；

（五）编纂、审核、验收本区地方志稿件；

（六）搜集、整理、保存地方志文献和资料，开展地方志学术研究；

（七）宣传、推广地方志成果，开展地情研究，建设地情文献库和地情文献网站，向公众开放；

（八）完成区人民政府和上级业务部门交办的其他任务。

第六条 编纂地方志应当广泛吸收有关专家、学者参加。地方志编纂人员实行专兼职相结合，专职编纂人员应当具备相应的专业知识和学术水平。

地方志编纂人员应当尊重史实、公正客观，不得在地方志中做虚假记述。

第七条 地方志书每20年左右编修一次。

第八条 区志、区年鉴的编纂工作，由区志办按照规划组织实施，其他任何组织和个人不得编纂。

第九条 区志办可以依法向辖区机关、企事业单位、社会团体和其他组织以及公民征集有关地方志资料，有关单位和公民应当提供支持。区志办可以对有关资料进行查阅、摘抄、复制，但涉及国家秘密、商业秘密和个人隐私以及不符合档案开放条件的除外。

第十条 区志办根据全省地方史志工作规划，制定区志编纂方案，报市史志工作机构批准后实施。

区志志稿完成后，报市史志编纂委员会审定，经区人民政府批准后出版，并报省史志工作机构备案。

第十一条 区年鉴由区志办组织编纂，经区人民政府批准后出版。区综合地情文献由区志办组织编纂。

第十二条 机关、企事业单位、社会团体、街道（村、居）、其他组织可以编纂地情文献类志书。

第十三条 区志办在区志、区年鉴、区综合地情文献出版后30日内向市史志工作机构报送样本和电子文本。

第十四条 在地方志编纂过程中收集到的文字资料、图表、照片、音像资料、实物等以及形成的地方志文稿，应归档管理，不得损毁。修志工作完成后，应当移交区档案馆保管。

第十五条 地方志文献应当向社会公开。单位和个人可以免费利用地情文献库和地情文献网站查阅、摘抄地方志文献。

第十六条 区人民政府对在地方志工作中作出突出成绩和贡献的单位、个人，给予表彰和奖励。

第十七条 违反本办法规定，有下列行为之一的，由区志办按照管理权限责令其停止违法行为，限期改正；逾期不改的，由其所在单位或者有关行政部门依法给予行政处分或者纪律处分：

（一）擅自编纂出版区志、区年鉴或者区综合地情文献的；

（二）损毁单位所有或者持有的地方志资料，或者将其据为己有的；

（三）故意提供虚假地方志资料的；

（四）未经审查、批准，将地方志交付出版，或者地方志内容违反宪法、法律、法规规定的；

（五）无故拖延、拒绝提供地方志资料，或者拒绝承担编写任务的；

（六）拒绝向区志办报送地方志文献资料的。

第十八条 本办法自 2012 年 2 月 1 日起施行。

济南市历下区人民政府关于印发《历下区地方史志工作管理暂行办法》的通知

历下政发〔2011〕8号

各街道办事处，区政府各部门：

《历下区地方史志工作管理暂行办法》已经区政府研究通过，现印发给你们，望认真贯彻执行。

济南市历下区人民政府
二〇一一年六月十三日

历下区地方史志工作管理暂行办法

第一条 为规范历下区地方志的编纂、管理工作，全面、客观、系统地编纂地方志，科学、合理地开发利用地方史志资源，服务经济建设和社会发展，根据国务院《地方志工作条例》和《山东省地方史志工作条例》，结合历下区实际，制定本办法。

第二条 本办法适用于历下区行政区域内地方志的资料征集、组织编纂、管理、开发利用和咨询服务工作。

第三条 本办法所称的地方志，包括地方志书、地方综合年鉴和地情文献。

地方志书是指全面、客观、系统地记述本行政区域内自然、政治、经济、文化、社会等方面的历史与现状的资料性文献，包括本区编纂的区志、街道（村、居）志、专业（部门）志。

地方综合年鉴是指系统记述本行政区域内自然、政治、经济、文化、社会等方面情况的年度资料性文献，包括本区编纂的历下区年鉴、以本行政区划冠名的街道年鉴和部门年鉴。

地情文献是指系统记述本行政区域一定领域情况的资料性文献，包括机关、社会团体、企事业单位、村（社区）编纂的地情类书籍。

第四条 区史志办公室主管本行政区域内的地方志工作，履行下列职责：

（一）贯彻执行地方志法律、法规；

（二）组织、指导、督促和检查全区地方志工作；

（三）拟定历下区地方志工作规划和编纂方案；

（四）制定历下区地方志编纂业务规范；

（五）组织编纂历下区地方志、地方综合年鉴、相关地情文献等；

（六）组织搜集、整理、保存地方志文献和资料；

（七）编纂、审核、验收全区地方史志稿件；

（八）宣传、推广地方志成果，开展地情研究，建设方志室、资料库和地情网站，为公众读志用志提供服务；

（九）完成本级人民政府和上级业务部门交办的其他任务。

第五条 区人民政府加强对本行政区域地方志工作的领导，将地方志工作纳入本地经济和社会发展规划。地方志工作所需经费列入本级财政预算。

第六条 以本区行政区域名称冠名的地方志书、地方综合年鉴的编纂工作，由区地方史志工作机构按照规划组织实施，其他组织和个人不得编纂。

除以本区行政区域冠名的地方志以外，机关、社会团体、企事业单位、其他组织和个人可编纂出版有助于经济社会发展的其他地方志书及地情类书籍，编纂单位应当按照隶属关系或者注册登记关系报区地方史志工作管理部门备案，区地方史志办公室应当对志书编纂活动进行业务指导。

第七条 区级地方志书每20年左右编修一次，每一轮地方志书编修工作完成后，区地方史志办公室编纂地方综合年鉴、搜集资料、向社会提供咨询服务的同时，启动新一轮地方志书的续修工作。区级地方综合年鉴可按年度或数年编辑出版1卷。可适时组织编纂综合或专题地情文献。地方志工作所需经费列入本级财政预算。

第八条 编纂地方志书、地方综合年鉴，应当制定编纂方案，报本级人民政府批准。根据编纂方案的规定承担编纂任务的单位，应当按照地方志编纂规划和要求，接受本级地方史志工作机构的业务指导与督促检查，按时按质完成撰稿任务。

第九条 区史志办公室负责组织相关部门对本级地方志书、地方综合年鉴文稿进行审查，重点审查地方史志文稿的内容是否符合保密、档案等法律、法规的规定。

第十条 编纂历下区地方志，按下列程序进行：

（一）历下区地方志、历下年鉴、历下区相关地情文献由区史志办公室制定出编纂规划和实施方案报区政府批准后，组织开展编纂工作，定稿报市政府史志工作机构审查，经区政府批准后出版印刷，并报省政府史志工作机构备案。具体程序是：

1. 区史志办公室按照地方志编写年限要求，结合本区实际，对需开展的地方志编纂工作，提前半年制定出地方志编纂规划和实施方案，上报区政府批准后。

2. 区史志办制定编纂方案，提交区地方史志编纂委员会讨论审议后，报区政府同意下发全区，启动编纂工作。

3. 区史志办公室负责组织编纂人员、业务开展、检查验收、出版发行等工作。

4. 地方志编纂形成定稿后，由区史志办公室写出报告，报济南市地方史志编委会审定，经区政府批准后出版，并报省史志办备案。

（二）以本行政区划冠名的街道志、部门志等各类志书、年鉴、地情文献，由相关街道和部门在区史志办公室的指导下组织编纂。具体程序是：

1. 各街道、各部门将地方志编纂方案提前3个月报区史志办公室审查后组织实施。

2. 区史志办公室负责志书的业务指导、检查督导、审查把关、存档备案等工作。

3. 各街道、各部门按照地方志编写程序，形成志稿篇目设置、初稿、评审稿、定稿。篇目设置形成后报区史志办公室审查备案，然后组织开展初稿编写。初稿形成后，由区史志办公室审查，组织评审，提出修改意见。有关部门和街道根据评审意见修改、定稿，经区史志办公室批准后，按照有关规定印刷或出版发行。

4. 各街道、各部门应当在地方志出版后30日内向区史志办公室报送样书及电子文本。

第十一条　历下区地方志、历下年鉴、历下区相关地情文献由区史志办公室按照全区规划组织编纂，其他组织和个人不得擅自编纂出版。有关组织和单位可以自行组织编纂本办法第十条规定以外的志书、年鉴或其他地情文献资料，编纂单位需报区史志办公室备案。

第十二条　区史志办公室可向机关、社会团体、企事业单位和其他组织以及公民征集有关地方志资料，有关单位和公民应当提供支持。地方志资料所有人或者持有人不得故意提供虚假资料。区史志办公室可对有关资料进行查阅、摘抄、复制，但涉及国家秘密、商业秘密和个人隐私以及不符合档案开放条件的除外。

第十三条　在地方志编纂过程中收集到的文字资料、图表、照片、音像资料、实物等以及形成的地方志文稿，应按照规定归档管理，不得损毁。修志工作完成后，应当依法移交档案馆保存、管理，个人不得据为己有或者出租、转借。

第十四条　以本行政区划名称冠名的地方志书、地方综合年鉴、地情文献为职务作品。依照《中华人民共和国著作权法》第十六条第二款的规定，其著作权由组织编纂的机构享有，参与编纂的人员享有署名权。

第十五条　地方志工作应为地方经济、社会发展服务。区史志办公室采取建设方志室、资料库、网站等方式，积极开展社会读志用志工作，加强地方志工作的信息化建设。公民、法人和其他组织可通过方志室、资料库、网站查阅、摘抄地方志资料。

鼓励单位和个人向方志室捐赠地方史志文献。对捐赠具有收藏价值资料的，方志室应当向捐赠者颁发收藏纪念证书，并赋予其室存资料的优先使用权。

第十六条　区人民政府对在地方志工作中作出突出成绩和贡献的单位、个人，给予表彰和奖励。

第十七条　违反本办法规定，有下列行为之一的，由区史志办公室按照管理权限责令停止违法行为，限期整改；逾期不改且造成重大损失或者恶劣影响的，由其所在单位或有关行政部门给予行政处分或纪律处分：

（一）擅自编纂出版以区级行政区划冠名的地方志、地方综合年鉴或相关地情文献的；

（二）损毁单位所有或持有的地方史志资料，或将其据为己有的；

（三）地方史志资料所有人或持有人故意提供虚假资料的；

（四）未经审查、验收、批准，将地方志交付出版或提供的地方志内容存在违反宪法、法律、法规规定的；

（五）无故拖延、拒绝提供地方志资料或拒绝承担编写任务的；

（六）拒不向区史志办公室报送地方史志文献资料的。

第十八条 任何单位和个人有权对违反本办法的行为进行检举。

第十九条 本办法自发布之日起实施。

济南市槐荫区人民政府关于印发《槐荫区地方史志工作管理暂行办法》的通　知

济槐政发〔2012〕3号

各街道办事处、镇人民政府，区政府各部门：

现将《槐荫区地方史志工作管理暂行办法》印发给你们，请遵照执行。

济南市槐荫区人民政府

二〇一二年三月十三日

槐荫区地方史志工作管理暂行办法

第一条　为规范槐荫区地方史志工作的编纂、管理和服务，全面、客观、系统地保存区域内地方史志文献，科学、合理地开发利用地方史志资源，服务经济建设和社会发展，根据《地方志工作条例》和《山东省地方史志工作条例》，结合本区实际，制定本办法。

第二条　本办法适用于本行政区域内地方史志的资料征集、组织编纂、管理、开发利用工作。

第三条　本办法所称的地方史志，包括地方志书、地方年鉴和相关地情文献。

地方志书是指全面、客观、系统地记述本行政区域内自然、政治、经济、文化、社会等方面的历史与现状的资料性文献，包括区级地方志书、镇（街道）志书、村（居）志书、部门（行业）志书。

地方年鉴是指系统记述本行政区域内自然、政治、经济、文化、社会等方面情况的年度资料性文献，包括区级地方综合年鉴、镇（街道）年鉴、村（居）年鉴、部门（行业）年鉴等。

地情文献是指记述本行政区域内全面工作或专项工作的资料性文献，包括区综合地情文献、机关、社会团体、企事业单位及村（居）编纂的地情文献。

第四条　区人民政府将地方史志工作纳入本地经济和社会发展规划，所需经费列入本级财政预算。

第五条　区史志办公室负责本行政区域内地方史志工作，履行下列职责：

（一）贯彻执行地方史志工作法律、法规；

（二）组织、指导、督促和检查全区地方史志工作，做到存真求实，全面客观，确保质量；

（三）拟定全区地方史志工作规划和编纂方案；

（四）制定全区地方史志编纂业务规范，组织业务培训；

（五）组织编纂区级地方志书、地方年鉴、相关地情文献等；

（六）搜集、整理、保存地方史志文献和资料；

（七）编纂、审核、验收有关地方史志文稿；

（八）宣传、推广地方史志成果，开展地情研究，建设方志室、地情资料库和地情网站，为公众读志用志提供服务；

（九）完成本级人民政府和上级业务部门交办的其他任务。

第六条 以本行政区域名称冠名的地方志书、地方年鉴、相关地情文献的编纂工作，由区史志办公室按照规划组织实施，其他组织和个人不得编纂。

除以本行政区域名称冠名的地方史志外，辖区内机关、社会团体、企事业单位及其他组织和个人可以编纂出版有利于经济社会发展的其他地方志书、年鉴及地情类书籍；编纂单位应当按照隶属关系或者注册登记关系报区地方史志工作机构备案，区史志办公室应当对编纂活动进行业务指导。

第七条 区级地方志书每20年左右编修一次，区级地方综合年鉴可按年度或数年编纂出版一次。

第八条 编纂区级地方志书、地方综合年鉴，由区史志办公室制定编纂规划和编纂方案，经区地方史志编纂委员会讨论审议后，报区人民政府批准，区史志办公室组织编纂。其中，区级地方志书编纂方案需报市政府史志工作机构批准。承担区级地方志书、地方综合年鉴编纂任务的单位，应当按照地方志编纂规划和要求，接受区地方史志工作机构的业务指导与督促检查，按时高质量完成撰稿任务。区级地方志书、地方综合年鉴定稿后报区地方史志编纂委员会审查，经区人民政府批准后出版印刷。其中，区级地方志书需报市史志编纂委员会批准，并报省政府史志工作机构备案。

第九条 本行政区域内的办镇和部门志书、年鉴、地情文献，由相关办镇和部门在区史志办公室的指导下组织编纂。

第十条 辖区村（居）在区史志办公室指导下组织编纂志书、年鉴或相关地情文献。公开出版发行的，需报区史志办公室审查验收，成书后向区史志办公室报送样书及电子文本；不公开出版发行的，报区史志办公室备案。

第十一条 地方史志编纂人员应当具备相应的专业知识和学术水平，可实行专兼职人员相结合，吸收有关专家、学者和熟悉修志业务的人员参加。

第十二条 区史志办公室可向机关、社会团体、企事业单位和其他组织以及公民征集有关地方史志资料，有关单位和公民应当提供支持。地方史志资料所有人或者持有人不得故意提供虚假资料。区史志办公室可对有关资料进行查阅、摘抄、复制，但涉及国家秘密、商业秘密和个人隐私以及不符合档案开放条件的除外。

第十三条 在地方史志编纂过程中收集到的文字资料、图表、照片、音像资料、实物等以及形成的地方史志文稿，应按照规定归档管理，不得损毁。编纂工作完成后，应当依法移交档案馆保存、管理，个人不得据为己有或者出租、出让、转借。

第十四条 以本行政区域名称冠名的地方志书、综合年鉴、地情文献为职务作品，依照《中华人民共和国著作权法》第十六条第二款的规定，其著作权由组织编纂的机构享有，参与编纂的人员享有署名权。

第十五条 地方史志工作应为地方经济、社会发展服务。区史志办公室采取建设方志室、地情资料库、地情网站等方式，加强地方史志工作的信息化建设，拓宽社会读志用志渠道。公民、法人和其他组织可通过方志室、地情资料库、地情网站免费查阅、摘抄地方志资料。

鼓励单位和个人向方志室捐赠地方史志文献。对捐赠具有收藏价值资料的，方志室应当向捐赠者颁发收藏纪念证书，并赋予其现存资料的优先使用权。

第十六条 区人民政府对在地方史志工作中作出突出成绩和贡献的单位、个人给予表彰和奖励。

第十七条 违反本办法规定，有下列行为之一的，依照有关法律法规、规章规定进行处理，造成重大损失或者恶劣影响的，由其所在单位或有关行政部门给予行政处分或纪律处分：

（一）擅自编纂出版以本行政区域名称冠名的地方志书、地方综合年鉴或相关地情文献的；

（二）损毁单位所有或持有的地方史志资料，或将其据为己有的；

（三）地方史志资料所有人或持有人故意提供虚假资料的；

（四）未经审查、验收、批准，将地方史志交付出版或提供的地方史志内容存在违反宪法、法律、法规规定的；

（五）无故拖延、拒绝提供地方史志资料或拒绝承担编写任务的；

（六）拒不向区史志办公室报送地方史志样书及电子文本资料的。

第十八条 任何单位和个人有权对违反本办法的行为进行检举。

第十九条 本办法自 2012 年 5 月 1 日起施行。

济南市天桥区人民政府关于印发《天桥区地方史志工作管理暂行办法》的通　知

济天政发〔2011〕60 号

各街道办事处、镇人民政府，区直各部门：

《天桥区地方史志工作管理暂行办法》已经区政府同意，现印发给你们，请认真贯彻执行。

济南市天桥区人民政府

二○一一年十一月十日

天桥区地方史志工作管理暂行办法

第一条　为规范和加强天桥区地方史志的编纂、管理和开发利用工作，根据国务院《地方志工作条例》和《山东省地方史志工作条例》结合本区实际，制定本办法。

第二条　本行政区域内地方史志的编纂、管理和开发利用工作，适用本办法。

第三条　本办法所称地方史志，包括地方志书、地方年鉴和相关地情文献。

地方志书，是指全面系统地记述本行政区域内自然、经济、政治、文化和社会等方面或某一方面、某一领域的历史与现状的资料性文献。包括区志、镇（街道）志、村（居）志、部门（行业）志等。

地方年鉴，是指全面系统记述本行政区域内自然、经济、政治、文化、社会等方面或某一方面、某一领域情况的年度资料性文献。包括区综合年鉴、镇（街道）年鉴、村（居）年鉴、部门（行业）年鉴等。

相关地情文献，是指系统记述本行政区域内自然、经济、政治、文化、社会等方面或某一方面、某一领域情况的资料性文献。包括以本行政区域冠名的地情文献和辖区内机关、社会团体、企事业单位及村（居）编纂的地情文献。

第四条　区人民政府加强对本行政区域地方史志工作的领导，将地方史志工作纳入本地经济和社会发展规划。地方史志工作所需经费列入本级财政预算。

第五条　济南市天桥区史志办公室（以下简称区史志办）是本行政区域地方史志工作

的主管机构，履行下列职责：

（一）贯彻执行地方史志工作法律、法规；

（二）组织、指导、督促、检查地方史志工作；

（三）拟定地方史志工作规划和编纂方案；

（四）制定地方史志编纂业务规范；

（五）编纂、审查、验收地方史志文稿；

（六）建设地情网站和方志馆，开发利用地方史志资源；

（七）组织整理旧志，征集、保存地方史志文献；

（八）组织开展地方史志学术研究、业务培训；

（九）完成本级人民政府和上级业务部门交办的其他任务。

第六条 以本区行政区域名称冠名的地方志书、地方综合年鉴、综合地情文献，以镇（街道）行政区域名称冠名的地方志书、综合年鉴，分别由区史志办和各镇人民政府（街道）按照规划组织编纂，其他组织和个人不得编纂出版。

辖区内机关、社会团体、企事业单位及其他组织和个人可以编纂出版前款规定以外的其他地方志书、年鉴及地情类书籍。编纂单位开展编纂时应当报区史志办备案，区史志办应当对编纂活动进行业务指导。

第七条 从事地方史志编纂业务的人员应当具备相应的专业知识和学术水平。编纂以天桥区行政区域名称冠名的地方志书、地方综合年鉴、综合地情文献的编纂人员，由区史志办聘任；编纂本区行政区域内的镇（街道）、村（居）、部门（行业）等各类志书、年鉴、地情文献的编纂人员，由相关镇（街道）、村（居）、部门（行业）选派或聘任熟悉修志业务的人员担任，报区史志办备案。地方史志编纂实行专、兼职人员相结合，广泛吸收有关专家、学者参加。编纂人员应当做到恪尽职守、客观公正、存真求实。任何单位和个人不得要求编纂人员在地方史志中做虚假记述。

第八条 编纂地方史志，按下列程序进行：

（一）区级地方志书（《济南市天桥区志》）、区级地方综合年鉴（《济南市天桥年鉴》）由区史志办制定出编纂规划报区政府批准后，组织开展编纂。具体程序是：

1. 区史志办按照地方史志编写年限要求，结合本区实际，对需开展的地方史志编纂工作，制定出编纂规划，上报区政府批准。

2. 区史志办制定详细的编纂方案，提交区史志编纂委员会讨论审议后，报区政府同意下发全区，启动编纂工作。其中，天桥区志编纂方案须报济南市史志办公室批准后实施。据编纂方案的规定，承担编纂任务的机关、社会团体、企事业单位，应当明确责任人员，接受区史志办的指导，按照时间和质量要求完成撰稿任务。

3. 区史志办负责组织编纂业务培训、指导编纂业务开展、检查验收天桥区志和天桥年鉴稿、出版发行天桥区志和天桥年鉴等。

4. 天桥区志、天桥年鉴编纂定稿后，由区史志办写出报告，报区史志编委会审定批复后，经区政府批准出版。其中，天桥区志须报济南市史志编纂委员会审定，并报省史志办公室备案。

（二）本区行政区域内的镇（街道）、部门（行业）等组织和单位编纂各自志书、年鉴、地情文献，在区史志办的指导下进行。具体程序是：

1. 镇（街道）、部门（行业）、社会团体制定编纂方案，报区史志办审查备案后组织实施。

2. 镇（街道）、部门（行业）、社会团体按照地方史志编写要求，组织力量编写地方史志稿；史志稿形成后，在区史志办指导下组织召开评议会议，根据评议意见修改完善地方史志稿，送本单位党政组织审查定稿。其中，镇（街道）志书、部门（行业）志书须报区史志办审查验收。

3. 地方史志稿审查批准后，按照有关规定印刷出版，并在出版后30日内向区史志办报送样书和电子文本。

（三）本区行政区域内的村（居）编纂各自志书、年鉴、地情文献，在区史志办指导下进行。具体程序是：

1. 相关村（居）在区史志办指导下拟定编纂方案，报所在镇（街道）和区史志办备案后组织实施。

2. 村（居）按照地方志书编写要求，组织力量编写志稿；志稿形成后，在区史志办指导下组织召开评议会，根据评议意见修改完善志稿。修改后的志稿送本村（居）党组织、村委会（居委会）和所在镇（街道）审查定稿。公开出版发行须报区史志办审查验收后出版发行；不公开出版发行，报区史志办备案。

3. 村（居）志书、年鉴和地情文献出版后30日内向区史志办报送样书和电子文本。

第九条 区史志办可以向机关、社会团体和其他组织以及公民征集有关地方史志资料，有关单位和公民应当提供支持。地方史志资料所有人或者持有人不得故意提供虚假资料。区史志办可以对有关资料进行查阅、摘抄、复制，但涉及国家秘密、商业秘密和个人隐私以及不符合档案开放条件的除外。

第十条 在地方史志编纂过程中收集到的文字资料、图表、照片、音像资料、实物等以及形成的地方史志文稿，需指定人员集中统一管理，妥善保存，不得损毁；修志工作完成后，应当将收集的资料依法移交区方志馆保存、管理，个人不得据为己有或者出租、出让、转借。

第十一条 以区及镇（街道）行政区域名称冠名的地方志书、地方综合年鉴和以区行政区域名称冠名的地方志书、地方综合年鉴和相关地情文献为职务作品，依照《中华人民共和国著作权法》第十六条第二款的规定，其著作权由组织编纂的机构享有，参与编纂的人员享有署名权。

第十二条 地方史志工作应为地方经济社会的全面发展服务。区史志办通过建设方志馆、地情资料库、地情网站等方式，积极开拓社会用志途径，加强地方史志工作信息化建设。公民、法人和其他组织可以利用方志馆、地情资料库、地情网站查阅、摘抄地方史志资料。

第十三条 区人民政府应当对在地方史志工作中作出突出成绩的单位、个人给予表彰和奖励。

第十四条 违反本办法规定，有下列行为之一的，由区史志办责令其停止违法行为并限期改正；逾期不改正的，由区史志办提请有关行政部门依法查处或者给予处分：

（一）擅自编纂出版以区及镇（街道）行政区域名称冠名的地方志书、地方综合年鉴和以区行政区域名称冠名的综合地情文献的；

（二）损毁单位所有或持有的地方史志资料，或者将其据为已有的；

（三）地方史志资料所有人或持有人故意提供虚假资料的；

（四）未经审查、验收、批准，将地方史志交付出版或提供的地方史志内容存在违反宪法、法律、法规规定的；

（五）无故拖延、拒绝提供地方史志资料或承担编写任务的；

（六）拒绝向区史志办报送地方志文献的；

（七）将地方史志文稿作为个人著作擅自发表的。

有本条（一）、（二）项行为，造成重大损失或者恶劣影响的，区史志办可以依法向人民法院提起诉讼。

第十五条 任何单位和个人有权对违反本办法的行为进行检举。

第十六条 本办法自发布起30日后施行。

济南市历城区人民政府关于印发《历城区地方史志工作管理暂行办法》的通　知

济历城政发〔2011〕15 号

各街道办事处，各镇人民政府，区政府各部门：

《历城区地方史志工作管理暂行办法》已经区政府同意，现印发给你们，请遵照执行。

济南市历城区人民政府

二○一一年九月二十九日

历城区地方史志工作管理暂行办法

第一条　为规范和加强我区地方史志的编纂、管理工作，科学、合理地开发利用地方史志资源，服务经济建设和社会发展，根据国务院《地方志工作条例》和《山东省地方史志工作条例》，结合本区实际，制定本办法。

第二条　本办法适用于历城区行政区域内地方史志的资料征集、组织编纂、管理、开发和利用。

第三条　本办法所称地方史志，包括地方志书、地方年鉴及相关地情文献等。

地方志书是指全面客观系统地记述本行政区域内自然、政治、经济、文化、社会等方面或某一方面、某一领域的历史与现状的资料性文献。包括历城区志、本行政区域内的镇（街道）志、部门（行业）志、村（社区）志。

地方年鉴是指系统记述本行政区域内自然、政治、经济、文化、社会等方面或某一方面、某一领域情况的年度资料性文献。包括历城年鉴、本行政区域内的镇（街道）年鉴、部门（行业）年鉴。

地情文献是指系统记述本行政区域内自然、政治、经济、文化、社会等方面一段时期或一定领域情况的资料性文献。包括历城区和本行政区域内的镇（街道）、机关、社会团体、企事业单位及村（社区）编纂的地情文献。

第四条　历城区史志办公室（以下简称区史志办）主管本行政区域内的地方史志工作，履行下列职责：

（一）贯彻执行地方史志工作法律、法规；

（二）拟定历城区地方史志工作规划和编纂方案；

（三）制定历城区地方史志编纂业务规范；

（四）组织编纂以历城区行政区域名称冠名的地方志书、地方综合年鉴、综合地情文献等；

（五）组织、指导、督促和检查全区地方史志工作；

（六）负责本行政区域内各类志书的业务指导、专家评审、审查验收、存档备案等工作；

（七）组织搜集、整理、保存地方史志文献和资料；

（八）宣传、推广地方史志成果，开展地情研究，建设方志馆、地情资料库和地情网站，为公众读志用志提供服务；

（九）组织开展地方史志学术研究、业务培训；

（十）完成本级人民政府和上级业务部门交办的其他任务。

第五条 以本行政区域名称冠名的历城区志、历城年鉴、历城综合地情资料文献由区史志办按照规划组织编纂，其他组织和个人不得编纂。有关组织和单位可以自行编纂上述规定以外的志书、年鉴、地情文献，但须报区史志办备案。

第六条 从事地方史志编纂业务的人员应当具备相关的专业知识和学术水平。历城区志、历城年鉴和历城区综合地情文献的编纂人员，由区史志办工作人员及聘请人员担任。本行政区域内镇（街道）、部门（行业）志书、年鉴、地情文献的编纂人员，由相关镇（街道）、部门选派熟悉修志业务的人员担任，报区史志办备案。

第七条 编纂历城区地方史志，按下列程序进行：

（一）历城区志的编纂，由区史志办制定编纂规划和 施方案报区政府审核，报市史志办公室批准后，组织实施。编纂定稿后，报市史志编纂委员会审查，经区政府批准后出版，并报省史志办公室备案；历城年鉴、历城区综合地情文献的编纂，由区史志办制定编纂规划，报区政府批准后组织编纂，经区政府批准后出版。

（二）本行政区域内的镇（街道）、部门（行业）志书、年鉴、地情文献，由镇（街道）和部门（行业）在区史志办的业务指导下组织编纂，经区史志办审查批准后出版。

（三）本行政区域内的村（社区）地方史志，可由村（社区）聘请本村（社区）或社会上有相应专业和学术水平的人员，组成村（社区）地方史志编纂组织，在本镇（街道）和区史志办的指导下进行编纂，经区史志办审查批准后出版。

各镇（街道）、部门（行业）、村（社区）编纂地方史志，应当在地方史志出版后 30 日内向区史志办报送样书和电子文本。

第八条 区史志办可以向机关、社会团体、企事业单位和其他组织以及公民征集有关地方史志资料，有关单位和公民应当提供支持。地方史志资料所有人或者持有人不得故意提供虚假资料。区史志办可以对有关资料进行查阅、摘抄、复制，但涉及国家秘密、业秘密和个人隐私以及不符合档案开放条件的除外。

第九条 承担历城区志、历城年鉴撰稿任务的单位应当明确责任人员，接受区史志办的业务指导，按照时间和质量要求完成撰稿任务。任何单位和个人不得要求编纂人员做虚假记述。

第十条 在地方史志编纂过程中收集到的文字资料、图表、照片、音像资料、物等以及形成的地方史志文稿，指定专职人员集中统一管理，妥善保存，不得损毁；编纂工作完成后，应当依法移交方志馆（档案馆）保存、管理，个人不得据为己有或者出租、转借。

第十一条 以本行政区域名称冠名的志书、年鉴、相关地情文献为职务作品，依照《中华人民共和国著作权法》第十六条第二款的规定，其著作权由组织编纂的机构享有，参与编纂的人员享有署名权。

第十二条 地方史志工作应为地方经济、社会发展服务。区史志办通过建设方志馆、地情资料库、地情网站等方式，积极开展社会读志用志工作。公民、法人和其他组织可以利用上述方志馆、资料库、网站查阅、摘抄地方史志资料。

第十三条 鼓励单位和个人向方志馆捐赠地方史志文献。对捐赠具有收藏价值的资料，方志馆应向捐赠者颁发收藏纪念证书，并赋予其馆存资料的优先使用权。

第十四条 区政府对在地方史志工作中做出突出成绩和贡献的单位、个人给予表彰和奖励。地方史志作品可以参加社会科学成果评奖。

第十五条 违反本办法规定，擅自编纂出版以历城区行政区域名称冠名的志书、年鉴、综合地情文献以及本行政区域内的镇（街道）、部门（行业）志书、年鉴、地情文献的，由区史志办提请有关部门依法查处。

第十六条 违反本办法规定，未经审查验收、批准将地方史志文稿交付出版，或者地方史志内容存在违反宪法、法律、法规规定内容的，由上级人民政府或者本级人民政府责令采取相应措施予以纠正，并视情节追究有关单位和个人的责任；构成犯罪的，依法追究 事责任。

第十七条 违反本办法第八条、第九条、第十条规定，或无故拖延、拒绝提供地方史志资料、拒绝承担编写任务、拒绝向区史志办报送地方史志文献，造成重大损失或者恶劣影响的，依法给予行政处分。

第十八条 行地方史志保密审查分级分单位负责制。地方史志的保密审查由提供资料和编写初稿的单位负责，地方史志编纂委员会会同保密主管部门对本级地方史志进行保密审定。地方史志泄露国家秘密的，由有关部门依法查处。

第十九条 本办法由区史志办负责解释。

第二十条 本办法自发布之日起 30 日后施。

附件：1. 志书（年鉴、地情文献）编写申请表（略）

2. 志书（年鉴、地情文献）审查备案表（略）

济南市长清区人民政府关于印发《济南市长清区规范地方志编纂工作暂行办法》的通　知

济长政发〔2012〕29号

各街道办事处、镇人民政府，区政府各部门：

《济南市长清区规范地方志编纂工作暂行办法》已经区政府同意，现印发给你们，望认真遵照执行。

济南市长清区人民政府

二〇一二年十一月二十九日

济南市长清区规范地方志编纂工作暂行办法

第一条　为规范和加强长清区地方志的编纂、管理、开发和利用，根据国务院《地方志工作条例》和《山东省地方史志工作条例》有关规定，结合本区实际，制定本办法。

第二条　长清区行政区域内地方志的组织编纂、管理、开发和利用，适用本办法。

第三条　本办法所称地方志，包括地方志书、地方综合年鉴、综合地情文献等。

地方志书，是指全面客观系统地记述本区行政区域内自然、政治、经济、文化、社会等方面的历史与现状的资料性文献，包括区志、镇（街道）志、专业（部门）志。

地方综合年鉴，是指系统记述本区行政区域内自然、政治、经济、文化、社会等方面情况的年度资料性文献，包括区年鉴、镇（街道）年鉴、行业（单位）年鉴。

综合地情文献，是指系统记述本区行政区域内全面工作或专项工作的资料性书籍，包括机关、社会团体、企事业单位及村（居）编纂的以本行政区域冠名的地情类书籍。

第四条　区政府加强对本行政区域地方志工作的领导，将地方志工作纳入本地经济和社会发展规划。地方志工作所需经费列入本级财政预算。

第五条　长清区史志办公室（以下简称区史志办）主管本行政区域内的地方志工作，履行下列职责：

（一）贯彻执行地方志工作法律、法规；

（二）组织、指导、督促和检查全区地方志工作；

（三）拟定长清区地方志工作规划和编纂方案；

（四）制定长清区地方志编纂业务规范；

（五）组织编纂长清区地方志、地方综合年鉴、综合地情文献等全区综合性志书；

（六）负责本区行政区域内以行政区划冠名的各类志书的业务指导、专家评审、审查验收、存档备案工作；

（七）搜集、保存地方志文献和资料，组织整理旧志，推动地方志理论研究；

（八）宣传、推广地方志成果，开展地情研究，建设方志馆、资料库和地情网站，为公众读志用志提供服务。

（九）完成本级人民政府和上级地方志工作机构交办的其他任务。

第六条 从事地方志编纂业务的人员应当具备相关的专业知识和学术水平。编纂长清区地方志、地方综合年鉴、综合地情文献等全区综合性志书的编纂人员，由区史志办聘任；本区行政区域内以行政区划冠名的镇（街道）志、部门志等各类志书的编纂人员，由相关镇（街道）、部门选派熟悉修志业务的人员担任，报区史志办备案。

第七条 编纂地方志，按下列程序进行：

（一）长清区地方志、长清年鉴、长清区综合性地情文献由区史志办制定编纂规划报区政府批准后，组织开展编纂，报济南市史志办审查，经区政府批准后出版，并报省史志办备案。具体程序是：

1. 区史志办按照地方志编写年限要求，结合本区实际，对需开展的地方志编纂工作，提前半年制定出编纂规划，上报区政府批准。

2. 区史志办制定详细的编纂方案，提交区地方史志编纂委员会讨论审议后，报区政府同意下发全区，启动编纂工作。

3. 区史志办负责组织编纂人员、业务开展、检查验收、出版发行等工作。

4. 地方志编纂形成定稿后，由区史志办写出报告，报济南市地方史志编委会审定，经区政府批准后出版，并报省史志办备案。

（二）以长清区行政区划冠名的镇（街道）志、部门志等各类志书、年鉴、地情文献，由相关镇（街道）和部门在区史志办的指导下组织编纂。具体程序是：

1. 相关镇（街道）、部门将地方志编纂方案提前 3 个月报区史志办审查后组织实施。

2. 区史志办负责志书的业务指导、检查督导、审查把关、存档备案。

3. 相关镇（街道）、部门按照地方志编写程序，应形成志稿篇目设置、初稿、评审稿、定稿。篇目设置形成后报区史志办审查备案，然后组织开展初稿编写；初稿形成后，报区史志办审查，由区史志办组织评审，提出修改意见；相关镇（街道）、部门根据评审意见修改定稿，经区史志办批准后，按照有关规定印刷或出版发行。

4. 相关镇（街道）、部门应当在地方志出版后 30 日内向区史志办报送样书和电子文本。

第八条 长清区地方志、长清年鉴、长清区综合性地情文献由区史志办按照全区规划组织编纂，其他组织和个人不得编纂出版。

第九条 有关组织和单位可以自行组织编纂本办法第八条规定以外的志书、年鉴或其他地情文献资料，编纂单位需报区史志办备案。

第十条 区史志办可以向机关、社会团体、企业事业单位和其他组织以及公民征集有关地方志资料，有关单位和公民应当提供支持。地方志资料所有人或者持有人不得故意提供虚假资料。

区史志办可以对有关资料进行查阅、摘抄、复制，但涉及国家秘密、商业秘密和个人隐私以及不符合档案开放条件的除外。

第十一条 在地方志编纂过程中收集到的文字资料、图表、照片、音像资料、实物等以及形成的地方志文稿，需指定专职人员集中统一管理，妥善保存，不得损毁；修志工作完成后，应当依法移交档案馆保存、管理，个人不得据为己有或者出租、出让、转借。

第十二条 以行政区划名称冠名的地方志书、地方综合年鉴、地情文献为职务作品，依照《中华人民共和国著作权法》第十六条第二款的规定，其著作权由组织编纂的机构享有，参与编纂的人员享有署名权。

第十三条 地方志工作应为地方经济社会的全面发展服务。区史志办通过建设方志馆、资料库、网站等方式，积极开拓社会用志途径，加强地方志工作的信息化建设。公民、法人和其他组织可以利用上述方志馆、资料库、网站查阅、摘抄地方志资料。

鼓励单位和个人向区史志办捐赠地方志资料，对具有收藏价值的资料，区方志馆应当向捐赠者颁发收藏纪念证书，并给予馆存资料的优先使用权。

第十四条 区政府将对在地方志工作中作出突出成绩和贡献的单位、个人，给予表彰和奖励。

第十五条 违反本办法规定，有下列行为之一的，由区史志办按照管理权限责令其停止违法行为，限期整改；逾期不改的，由其所在单位或者有关行政部门依法给予行政处分或者纪律处分：

（一）擅自编纂出版以长清区行政区划冠名的地方志、地方综合年鉴或者综合地情文献的；

（二）损毁单位所有或者持有的地方史志资料或者将其据为己有的；

（三）地方史志资料所有人或者持有人故意提供虚假资料的；

（四）未经审查、验收、批准将地方志交付出版或者地方志内容存在违反宪法、法律、法规的；

（五）无故拖延、拒绝提供地方志资料或者承担编写任务的；

（六）拒绝向区史志办报送地方史志文献的。

有上述第（一）（二）款行为，造成重大损失或者恶劣影响的，依法追究相关人员的责任。

第十六条 任何单位和个人有权对违反本办法的行为向区史志办进行检举。

第十七条 本办法自2012年12月1日起施行，有效期5年。

章丘市人民政府关于印发《章丘市规范地方志编纂工作暂行办法》的通知

章政发〔2010〕54号

各乡镇人民政府、街道办事处，市政府各部门：

《章丘市规范地方志编纂工作暂行办法》已经市政府同意，现印发给你们，请认真贯彻执行。

章丘市人民政府

二〇一〇年十二月三十一日

章丘市规范地方志编纂工作暂行办法

第一条 为规范和加强章丘市地方志的编纂、管理、开发和利用，根据国务院《地方志工作条例》和《山东省地方史志工作条例》有关规定，结合本市实际，制定本办法。

第二条 章丘市行政区域内地方志的组织编纂、管理、开发和利用，适用本办法。

第三条 本办法所称地方志，包括地方志书、地方综合年鉴、综合地情文献等。

地方志书，是指全面客观系统地记述本市行政区域内自然、政治、经济、文化、社会等方面的历史与现状的资料性文献，包括市志、乡镇（街道）志、专业（部门）志。

地方综合年鉴，是指系统记述本市行政区域内自然、政治、经济、文化、社会等方面情况的年度资料性文献，包括市年鉴、乡镇（街道）年鉴、行业（单位）年鉴。

综合地情文献，是指系统记述本市行政区域内全面工作或专项工作的资料性书籍，包括机关、社会团体、企事业单位及村（居）编纂的以本行政区域冠名的地情类书籍。

第四条 市政府加强对本行政区域地方志工作的领导，将地方志工作纳入本地经济和社会发展规划。地方志工作所需经费列入本级财政预算。

第五条 章丘市史志办公室（以下简称市史志办）主管本行政区域内的地方志工作，履行下列职责：

（一）贯彻执行地方志工作法律、法规；

（二）组织、指导、督促和检查全市地方志工作；

（三）拟定章丘市地方志工作规划和编纂方案；

（四）制定章丘市地方志编纂业务规范；

（五）组织编纂章丘市地方志、地方综合年鉴、综合地情文献等全市综合性志书；

（六）负责本市行政区域内以行政区划冠名的各类志书的业务指导、专家评审、审查验收、存档备案工作；

（七）搜集、保存地方志文献和资料，组织整理旧志，推动地方志理论研究；

（八）宣传、推广地方志成果，开展地情研究，建设方志馆、资料库和地情网站，为公众读志用志提供服务。

（九）完成本级人民政府和上级地方志工作机构交办的其他任务。

第六条 从事地方志编纂业务的人员应当具备相关的专业知识和学术水平。编纂章丘市地方志、地方综合年鉴、综合地情文献等全市综合性志书的编纂人员，由市史志办聘任；本市行政区域内以行政区划冠名的乡镇（街道）志、部门志等各类志书的编纂人员，由相关乡镇（街道）、部门选派熟悉修志业务的人员担任，报市史志办备案。

第七条 编纂地方志，按下列程序进行：

（一）章丘市地方志、章丘年鉴、章丘市综合性地情文献由市史志办制定出编纂规划报市政府批准后，组织开展编纂，报济南市史志办审查，经市政府批准后出版，并报省史志办备案。具体程序是：

1. 市史志办按照地方志编写年限要求，结合本市实际，对需开展的地方志编纂工作，提前半年制定出编纂规划，上报市政府批准。

2. 市史志办制定详细的编纂方案，提交市地方史志编纂委员会讨论审议后，报市政府同意下发全市，启动编纂工作。

3. 市史志办负责组织编纂人员、业务开展、检查验收、出版发行等工作。

4. 地方志编纂形成定稿后，由市史志办写出报告，报济南市地方史志编委会审定，经市政府批准后出版，并报省史志办备案。

（二）以章丘市行政区划冠名的乡镇（街道）志、部门志等各类志书、年鉴、地情文献，由相关乡镇（街道）和部门在市史志办的指导下组织编纂。具体程序是：

1. 相关乡镇（街道）、部门将地方志编纂方案提前 3 个月报市史志办审查后组织实施。

2. 市史志办负责志书的业务指导、检查督导、审查把关、存档备案。

3. 相关乡镇（街道）、部门按照地方志编写程序，应形成志稿篇目设置、初稿、评审稿、定稿。篇目设置形成后报市史志办审查备案，然后组织开展初稿编写；初稿形成后，报市史志办审查，由市史志办组织评审，提出修改意见；相关乡镇（街道）、部门根据评审意见修改定稿，经市史志办批准后，按照有关规定印刷或出版发行。

4. 相关乡镇（街道）、部门应当在地方志出版后 30 日内向市史志办报送样书和电子文本。

第八条 章丘市地方志、章丘年鉴、章丘市综合性地情文献由市史志办按照全市规划组织编纂，其他组织和个人不得编纂出版。

第九条 有关组织和单位可以自行组织编纂本办法第八条规定以外的志书、年鉴或其他地情文献资料，编纂单位需报市史志办备案。

第十条 市史志办可以向机关、社会团体、企业事业单位和其他组织以及公民征集有关地方志资料，有关单位和公民应当提供支持。地方志资料所有人或者持有人不得故意提供虚假资料。市史志办可以对有关资料进行查阅、摘抄、复制，但涉及国家秘密、商业秘密和个人隐私以及不符合档案开放条件的除外。

第十一条 在地方志编纂过程中收集到的文字资料、图表、照片、音像资料、实物等以及形成的地方志文稿，需指定专职人员集中统一管理，妥善保存，不得损毁；修志工作完成后，应当依法移交档案馆保存、管理，个人不得据为己有或者出租、出让、转借。

第十二条 以行政区划名称冠名的地方志书、地方综合年鉴、地情文献为职务作品，依照《中华人民共和国著作权法》第十六条第二款的规定，其著作权由组织编纂的机构享有，参与编纂的人员享有署名权。

第十三条 地方志工作应为地方经济社会的全面发展服务。市史志办通过建设方志馆、资料库、网站等方式，积极开拓社会用志途径，加强地方志工作的信息化建设。公民、法人和其他组织可以利用上述方志馆、资料库、网站查阅、摘抄地方志资料。

第十四条 市政府将对在地方志工作中作出突出成绩和贡献的单位、个人，给予表彰和奖励。

第十五条 违反本办法规定，有下列行为之一的，由市史志办按照管理权限责令其停止违法行为，限期整改；逾期不改的，由其所在单位或者有关行政部门依法给予行政处分或者纪律处分：

（一）擅自编纂出版以章丘市行政区划冠名的地方志、地方综合年鉴或者综合地情文献的；

（二）损毁单位所有或者持有的地方史志资料或者将其据为己有的；

（三）地方史志资料所有人或者持有人故意提供虚假资料的；

（四）未经审查、验收、批准将地方志交付出版或者地方志内容存在违反宪法、法律、法规的；

（五）无故拖延、拒绝提供地方志资料或者承担编写任务；

（六）拒绝向市史志办报送地方史志文献的。

有上述第（一）、（二）款行为，造成重大损失或者恶劣影响的，市史志办可以依法追究相关人员的责任。

第十六条 本办法自 2011 年 2 月 1 日起施行。

平阴县人民政府关于印发《平阴县地方志工作管理办法》的通　知

平政发〔2011〕13号

各镇人民政府，各街道办事处，平阴工业园区，县政府各部门，各企事业单位：

现将《平阴县地方志工作管理办法》印发给你们，望认真组织实施。

平阴县人民政府

二〇一一年八月三十一日

平阴县地方志工作管理办法

第一条　为规范和加强平阴县地方志编纂、管理和开发利用工作，根据《地方志工作条例》(国务院令第467号）和《山东省地方史志工作条例》等法规规章，结合本县实际，制定本办法。

第二条　本办法适用于本县行政区域内地方志的编纂、管理和开发利用工作。

第三条　本办法所称地方志，包括地方志书、地方年鉴和相关地情文献。

地方志书，是指全面系统地记述本行政区域内自然、经济、政治、文化和社会等方面或某一方面、某一领域的历史与现状的资料性文献。包括县志、镇（街道办事处）志、村(居）志、部门（行业）志等。

地方年鉴，是指全面系统记述本行政区域内自然、经济、政治、文化、社会等方面或某一方面、某一领域情况的年度资料性文献。包括县综合年鉴、镇（街道办事处）年鉴、村（居）年鉴、部门（行业）年鉴等。

相关地情文献，是指系统记述本行政区域内自然、经济、政治、文化、社会等方面或某一方面、某一领域情况的资料性文献。包括以本行政区域冠名的地情文献和辖区内机关、社会团体、企事业单位及村（居）编纂的地情文献。

第四条　政府负责本行政区域地方志工作的领导，将地方志工作纳入本地国民经济和社会发展规划。地方志工作所需经费列入本级财政预算。

第五条 县地方史志编纂委员会办公室（以下简称县史志办）是本行政区域内的地方志工作主管机构，具体履行下列职责：

（一）贯彻执行地方志工作法规、规章；

（二）拟定平阴县地方志工作规划和编纂方案；

（三）组织、指导、检查全县地方志工作；

（四）组织编纂平阴县志、平阴年鉴、平阴县相关地情文献；

（五）负责本县行政区域内各类志书的编纂业务指导、评审、验收、备案工作；

（六）征集、整理、保存地方志文献和资料，组织整理旧志，推动地方志理论研究；

（七）组织培训地方志业务人员，总结交流地方志编修经验；

（八）宣传、推广地方志成果，开展地情研究，建设方志馆、地情资料库和地情网站，为公众读志用志提供服务；

（九）完成县政府和上级地方志工作机构交办的其他任务。

第六条 以本县行政区域名称冠名的地方志书、地方年鉴、相关地情文献，以镇（街道办事处）行政区域名称冠名的地方志书、年鉴，分别由县史志办和各镇人民政府（街道办事处）按照规划组织编纂，其他组织和个人不得编纂出版。

辖区内机关、社会团体、企事业单位及其他组织和个人可以编纂出版前款规定以外的其他地方志书、年鉴及地情类书籍。编纂单位开展编纂时应当报县史志办备案，县史志办应当对编纂活动进行业务指导。

第七条 从事地方志编纂业务的人员应当具备相应的专业知识和学术水平。编纂以平阴县行政区域名称冠名的地方志书、地方综合年鉴、综合性地情文献的编纂人员，由县史志办聘任；编纂本县行政区域内的镇（街道办事处）、村（居）、部门（行业）志书、年鉴、地情文献的编纂人员，由相关镇（街道办事处）、村（居）、部门（行业）选派或聘任熟悉修志业务的人员担任，报县史志办备案。地方志编纂实行专、兼职人员相结合，广泛吸收有关专家、学者参加。编纂人员应当做到恪尽职守、客观公正、存真求实。任何单位和个人不得要求编纂人员在地方志中做虚假记述。

第八条 编纂以平阴县行政区域名称冠名的地方志书（《平阴县志》）、地方综合年鉴（《平阴年鉴》）、综合性地情文献，由县史志办制定编纂规划，报县政府批准后，组织开展编纂。其中，平阴县志编纂方案并须报济南市史志办公室批准后实施。编纂完成后，由县史志办写出报告，经县政府批准后出版。其中，平阴县志须报济南市史志编纂委员会审查批复后出版，并报山东省史志办公室备案。

编纂镇（街道办事处）、村（居）、部门（行业）的地方志，在县史志办的指导下，按下列程序进行：

（一）有关镇（街道办事处）、村（居）、部门（行业）的地方志编纂方案，报县史志办审查备案；其中，村（居）的编纂方案要同时按隶属关系报相关镇（街道办事处）

备案；

（二）编纂方案确定后，编纂单位要制定编写篇目，经动员部署、资料征集、稿件编纂等环节，形成初稿，经补充修改并由编纂单位审查后，形成评审稿；

（三）评审稿形成后，在县史志办指导下组织召开志稿评审会议，根据评审意见修改完善，形成送审稿；

（四）编纂单位将送审稿报县史志办终审，经批准后，按照有关规定印刷出版；

（五）编纂单位在地方志出版后30日内，向县史志办报送地方志样书30本并报送电子文本。

第九条 县史志办可以向机关、社会团体、企业事业单位和其他组织以及公民征集有关地方史志资料，有关单位和公民应当为其提供便利。县史志办可以对有关资料进行查阅、摘抄、复制，但涉及国家秘密、商业秘密和个人隐私以及不符合档案开放条件的除外。地方志资料所有人或者持有人不得故意提供虚假资料。

第十条 在地方志编纂过程中收集到的文字资料、图表、照片、音像资料、实物等以及形成的地方志文稿，需指定人员集中统一管理，妥善保存，不得损毁；修志工作完成后，应当将收集的资料依法移交县方志馆保存、管理，个人不得据为己有或者出租、出让、转借。

第十一条 由机关、社会团体和其他组织主持编纂的、以行政区域名称冠名的地方志书、地方年鉴、相关地情文献为职务作品，依照《中华人民共和国著作权法》第十六条第二款的规定，其著作权由主持编纂的法人或其他组织享有，参与编纂的人员享有署名权。

第十二条 地方志工作应为地方经济社会发展服务。县史志办应加强地方志工作的信息化建设，通过建设方志馆、地情资料库、地情网站等方式，开拓社会读志用志途径。上述方志馆、地情资料库、地情网站应当向社会公众开放。公民、法人和其他组织可以免费利用上述方志馆、地情资料库、地情网站查阅、摘抄地方志资料。鼓励单位和个人向方志馆捐赠地方志文献。对捐赠具有收藏价值资料的，方志馆应当向捐赠者颁发收藏纪念证书，并赋予其馆存资料的优先使用权。

第十三条 县政府对在地方志工作中作出突出成绩和贡献的单位、个人，给予表彰和奖励。地方志作品可以参加社会科学成果评奖。

第十四条 实行地方志保密审查分级分单位负责制。地方志的保密审查由提供资料和编写初稿的单位负责，保密主管部门会同县史志办对本级地方志进行保密审定。地方志泄露国家秘密的，由有关部门依法查处。

第十五条 违反本办法规定，有下列行为之一的，由县史志办按照管理权限责令停止违法行为并限期整改；逾期不改的，由其所在单位或者有关行政机关依法给予行政处分或者纪律处分：

（一）擅自编纂出版以县行政区域名称冠名的地方志书、地方综合年鉴或者综合地情文献的；

（二）损毁单位所有或持有的地方志资料，或者将其据为己有的；

（三）地方志资料所有人或持有人故意提供虚假资料的；

（四）未经审查、验收、批准，将地方志交付出版的；

（五）无故拖延、拒绝提供地方志资料或承担编写任务的；

（六）拒绝向县史志办报送地方志文献的；

（七）将地方志文稿作为个人著作擅自发表的。

有前款第（一）、（二）、（七）项行为，造成重大损失或者恶劣影响的，县史志办、地方志资料所有或持有单位和相关部门可以依法向人民法院提起诉讼。

第十六条 本办法自 2011 年 10 月 1 日起实行，有效期 5 年。

济阳县人民政府关于印发《济阳县地方志工作管理暂行办法》的通　知

济阳政发〔2011〕24号

各镇人民政府、各街道办事处、县政府各部门：

《济阳县地方志工作管理暂行办法》已经县政府同意，现印发给你们，望认真贯彻执行。

济阳县人民政府

二〇一一年七月一日

济阳县地方志工作管理暂行办法

第一条　为规范和加强济阳县地方志编纂、管理和开发利用工作，根据《国务院地方志工作条例》和《山东省地方史志工作条例》的有关规定，结合我县实际，制定本办法。

第二条　本办法适用于本县行政区域内地方志的编纂、管理和开发利用工作。

第三条　本办法所称地方志，包括地方志书、地方年鉴和相关地情文献。

地方志书，是指全面系统地记述本行政区域内自然、政治、经济、文化和社会等方面或某一方面、某一领域的历史与现状的资料性文献。包括县志、镇（街道）志、村（居）志、部门（行业）志等。

地方年鉴，是指全面系统记述本行政区域内自然、政治、经济、文化、社会等方面或某一方面、某一领域情况的年度资料性文献。包括县年鉴、镇（街道）年鉴、村（居）年鉴、部门（行业）年鉴等。

地情文献，是指系统记述本行政区域内自然、政治、经济、文化、社会等方面或某一方面、某一领域的资料性文献。包括县、镇（街道）、村（居）和机关、社会团体等编纂的其他地情资料性文献。

第四条　县政府加强对本行政区域地方志工作的领导，将地方志工作纳入本地经济和社会发展规划。地方志工作所需经费列入本级财政预算。

第五条　县志编纂委员会办公室（以下简称县志办）是本行政区域内的地方志工作主

管机构，具体履行下列职责：

（一）贯彻执行地方志工作法律、法规；

（二）拟定济阳县地方志工作规划和编纂方案；

（三）组织、指导、检查全县地方志工作；

（四）组织编纂济阳县志、济阳年鉴、县综合地情文献；

（五）负责本县行政区域内各类志书的编纂业务指导、评审、验收、备案工作；

（六）征集、整理、保存地方志文献和资料，组织整理旧志，推动地方志理论研究；总结交流地方志编修经验；

（七）组织培训地方志业务人员；

（八）宣传、推广地方志成果，开展地情研究，建设方志馆、地情资料库和地情网站，为公众读志用志提供服务。

（九）完成县政府和上级地方志工作机构交办的其他任务。

第六条 以本县行政区域名称冠名的地方志书、地方综合年鉴、综合地情文献，由县志办按照规划组织编纂，其他组织和个人不得编纂出版。有关组织和个人可以自行组织编纂上述规定以外的志书、年鉴或者其他地情文献，并报县志办备案。

第七条 从事地方志编纂业务的人员应当具备相应的专业知识和学术水平。编纂以济阳县行政区域名称冠名的地方志书、地方综合年鉴、综合地情文献的编纂人员，由县志办聘任；编纂本县行政区域内的镇（街道）、村（居）、部门（行业）等各类志书、年鉴、地情文献的编纂人员，由相关镇（街道）、村（居）、部门（行业）选派或聘任熟悉修志业务的人员担任，报县志办备案。地方志编纂实行专、兼职人员相结合，广泛吸收有关专家、学者参加。编纂人员应当做到恪尽职守、客观公正、秉笔直书、尊重史实。任何单位和个人不得要求编纂人员在地方志中做虚假记述。

第八条 编纂地方志，按下列程序进行：

（一）以济阳县行政区域名称冠名的地方志书（济阳县志）、地方综合年鉴（济阳年鉴）、综合地情文献由县志办制定编纂规划，报县政府批准后组织编纂。具体程序是：

1. 县志办按照地方志编写年限要求，结合本县实际，对需开展的地方志编纂工作，制定出编纂规划，上报县政府批准。

2. 县志办制定详细的编纂方案，提交县志编纂委员会讨论审议后，报县政府同意下发全县，启动编纂工作。其中，济阳县志编纂方案须报济南市史志办公室批准后实施。根据编纂方案的规定，承担编纂任务的机关、社会团体、企事业单位，应当明确责任人员，接受县志办的指导，按照时间和质量要求完成撰稿任务。

3. 县志办负责组织编纂业务培训、指导编纂业务开展、检查验收地方志稿、出版发行地方志等工作。

4. 地方志编纂定稿后，由县志办写出报告，报县志编委会审定批复后，经县政府批准出版。其中，济阳县志须报济南市史志编纂委员会批复，并报省史志办公室备案，经县政府批准后出版。

（二）本县行政区域内的镇（街道）、部门（行业）等组织和单位编纂各自志书、年鉴、地情文献，在县志办的指导下进行。具体程序是：

1. 相关镇（街道）、部门（行业）、社会团体制定编纂方案，报县志办审查备案后组织实施。

2. 镇（街道）、部门（行业）、社会团体按照地方志编写要求，组织力量编写地方志稿；志稿形成后，在县志办指导下组织召开评议会议，根据评议意见修改完善地方志稿，送本单位党政组织审查定稿。其中，镇（街道）志书、县级部门（行业）志书须报县志办审查验收。

3. 地方志稿审查批准后，按照有关规定印刷出版，并在出版后 30 日内向县志办报送样书和电子文本。

（三）本县行政区域内的村（居）编纂各自志书，在县志办指导下进行。具体程序是：

1. 相关村（居）在县志办指导下拟定编纂方案，报所在镇（街道）和县志办备案后组织实施。

2. 村（居）按照地方志编写要求，组织力量编写志稿；志稿形成后，在县志办指导下组织召开评议会，根据评议意见修改完善志稿。修改后的志稿送本村党支部、村委会和所在镇（街道）审查定稿。如公开出版，送县志办审查批复后出版；如不公开出版发行，报县志办备案。印刷及出版后 30 日内向县志办报送样书和电子文本。

第九条 县志办可以向机关、社会团体和其他组织以及公民征集有关地方志资料，有关单位和公民应当提供支持。地方志资料所有人或者持有人不得故意提供虚假资料。县志办可以对有关资料进行查阅、摘抄、复制，但涉及国家秘密、商业秘密和个人隐私以及不符合档案开放条件的除外。

第十条 在地方志编纂过程中收集到的文字资料、图表、照片、音像资料、实物等以及形成的地方志文稿，需指定专职人员集中统一管理，妥善保存，不得损毁；修志工作完成后，应当将收集的资料依法移交档案馆保存、管理，个人不得据为己有或者出租、出让、转借。

第十一条 以行政区域名称冠名的地方志书、地方综合年鉴为职务作品，依照《中华人民共和国著作权法》第十六条第二款的规定，其著作权由组织编纂的机构享有，参与编纂的人员享有署名权。

第十二条 地方志工作应为地方经济社会的全面发展服务。县志办通过建设方志馆、地情资料库、地情网站等方式，积极开拓社会读志用志途径，加强地方志工作的信息化建设。公民、法人和其他组织可以利用上述方志馆、地情资料库、地情网站查阅、摘抄地方志资料。鼓励单位和个人向方志馆捐赠地方志文献。对捐赠具有收藏价值资料的，方志馆应当向捐赠者颁发收藏纪念证书，并赋予其馆存资料的优先使用权。

第十三条 县政府对在地方志工作中作出突出成绩和贡献的单位、个人，给予表彰和奖励。地方志作品可以参加社会科学成果评奖。

第十四条 实行地方志保密审查分级分单位负责制。地方志的保密审查由提供资料和编写初稿的单位负责，保密主管部门会同县志办对本级地方志进行保密审定。地方志泄露国家秘密的，由有关部门依法查处。

第十五条 违反本办法规定，有下列行为之一的，由县志办按照管理权限责令停止违法行为并限期整改；逾期不改且造成重大损失或者恶劣影响的，由县志办提请有关行政部门依法查处或给予处分：

（一）擅自编纂出版以县级行政区域名称冠名的地方志书、地方综合年鉴、综合地情文献的；

（二）损毁单位所有或持有的地方志资料，或将其据为己有的；

（三）地方志资料所有人或持有人故意提供虚假资料的；

（四）未经审查、验收、批准，将地方志交付出版或提供的地方志内容存在违反宪法、法律、法规规定的；

（五）无故拖延、拒绝提供地方志资料或拒绝承担撰稿任务的；

（六）拒不向县志办报送地方志文献资料的。有上述第（一）、（二）款行为，造成重大损失或者恶劣影响的，县志办可以依法提请有关部门追究相关人员的责任。

第十六条 任何单位和个人有权对违反本办法的行为进行检举。

第十七条 本办法自 2011 年 8 月 1 日起实行。

商河县人民政府关于印发《商河县地方史志工作管理暂行办法》的通知

商政发〔2010〕34号

各乡镇人民政府、街道办事处，县政府各部门，各企事业单位：

《商河县地方史志工作管理暂行办法》已经县政府同意，现印发给你们，望认真贯彻执行。

商河县人民政府

二〇一〇年十二月三十一日

商河县地方史志工作管理暂行办法

第一条 为规范我县地方史志组织编纂、管理和开发利用工作，根据国务院《地方志工作条例》和省政府《山东省地方史志工作条例》的有关规定，结合我县实际，制定本办法。

第二条 商河县行政区域内地方史志的组织编纂、管理和开发利用工作，适用本办法。

第三条 本办法所称地方史志，包括各级各类地方志书、地方综合年鉴、部门（行业）年鉴及相关地情文献等。

地方志书，是指全面系统地记述商河县行政区域内自然、政治、经济、文化、社会等方面的历史与现状的资料性文献。分别为：商河县志、商河县行政区域内的乡镇（街道）志书、部门（行业）志书以及其他相关志书。

地方年鉴，是指系统记述商河县行政区域内自然、政治、经济、文化、社会等方面或某一方面情况的年度资料性文献。分别为：商河年鉴、商河县行政区域内的乡镇（街道）年鉴、部门（行业）年鉴以及其他专业年鉴。

地情文献，是指系统记述商河县行政区域内自然、政治、经济、文化、社会等方面一段时期或部分内容的资料性文献。分别为：以商河县行政区划名称冠名的综合性地情文献、商河县行政区域内的乡镇（街道）、部门（行业）地情文献以及其他专业地情文献。

第四条 县政府史志工作机构主管全县行政区域内的地方史志工作，具体履行下列职责：

（一）规划、实施、协调地方史志工作；

（二）制定地方史志编纂业务规范；

（三）组织、检查、指导地方史志编纂工作；

（四）编纂、审查、验收有关地方史志稿件；

（五）征集、整理、保存地方史志文献，开展地方史志学术研究；

（六）宣传、推广地方史志成果，开展地情研究，建设地情文献库和地情文献网站，为公众读志用志提供服务；

（七）县政府和上级业务部门交办的其他工作。

第五条 从事地方史志编纂业务的人员应当具备相应的专业知识和学术水平。商河县志、商河年鉴、商河县综合地情文献的编纂人员，由县政府史志工作机构聘任。本县行政区域内的乡镇（街道）、部门（行业）志书、年鉴的编纂人员，可由县政府史志工作机构给予推荐。

第六条 以商河县行政区划名称冠名的地方志书、地方综合年鉴、综合地情文献，由县政府史志工作机构按规划组织编纂，其他组织和个人不得编纂出版。各乡镇（街道）、部门（行业）等组织和单位可自行编纂各自志书、年鉴，但须接受县政府史志工作机构的指导，并报县政府史志工作机构备案。严禁商业操作，切实维护地方史志的严肃性。

第七条 编纂地方史志，按下列程序进行：

（一）商河县志的编纂，由县政府史志工作机构制定编纂规划，报县政府批准后组织开展编纂，编纂定稿后，报市史志编纂委员会审查，经县政府批准后出版，并报省政府史志工作机构备案；商河年鉴、商河县综合地情文献的编纂，由县政府史志工作机构制定编纂规划，报县政府批准后组织开展编纂，经县政府批准后出版。编纂工作所需经费列入县级财政预算。

（二）商河县行政区域内的乡镇（街道）、部门（行业）志书、年鉴、地情文献，由乡镇（街道）和部门（行业）在县政府史志工作机构的业务指导下组织编纂。各乡镇（街道）、部门（行业）应当在地方史志出版后30日内向县政府史志工作机构报送样书和电子文本。

第八条 县政府史志工作机构可以向机关、社会团体、企业事业单位和其他组织以及公民征集有关地方史志资料，有关单位和公民应当提供便利。县政府史志工作机构可以对有关资料进行查阅、摘抄、复制，但涉及国家秘密、商业秘密和个人隐私以及不符合档案开放条件的除外。

地方史志资料所有人或者持有人不得故意提供虚假资料。

第九条 在地方史志编纂过程中收集到的文字资料、图表、照片、音像资料、实物等以及形成的地方史志文稿，需指定专职人员集中统一管理，妥善保存，不得损毁；修志工作完成后，应当按规定移交档案机构保存、管理，任何个人不得据为己有或者出租、出售、出让、转借。

第十条 商河县行政区域内的志书、综合年鉴、综合地情文献为职务作品，依照《中华人民共和国著作权法》第十六条第二款的规定，其著作权由组织编纂的机构享有，参与编纂的人员享有署名权。

第十一条 地方史志工作应为地方经济社会的全面发展服务。县政府史志工作机构应积极开拓社会用志途径，通过建设地情资料库、网站等方式，不断加强地方史志工作的信息化建设。公民、法人和其他组织可以利用上述资料库、网站查阅、摘抄地方史志资料。

第十二条 地方人民政府可对在地方史志工作中作出突出成绩和贡献的单位、个人给予表彰和奖励。

第十三条 违反本办法规定，擅自编纂出版以商河县行政区划名称冠名的志书、年鉴、综合地情文献以及商河县行政区域内的乡镇（街道）、部门（行业）志书、年鉴、地情文献的，由县政府史志工作机构责令其停止违法（规）行为，限期改正；造成重大损失或恶劣影响的，县政府史志工作机构可以依法向人民法院提起诉讼。

第十四条 违反本办法规定，未经审查、验收、批准，将地方史志文稿交付出版或者地方史志内容存在违反宪法、法律、法规的，由县政府史志工作机构责令其停止违法行为，限期改正；构成犯罪的，依法追究刑事责任。

第十五条 违反本办法第八条、第九条规定，造成重大损失或者恶劣影响的，依法给予行政处分或纪律处分；构成犯罪的，依法追究刑事责任。

第十六条 本办法由县政府史志工作机构负责解释。

第十七条 本办法自 2011 年 1 月 1 日起施行。

青岛市人民政府令

〔2012〕第 224 号

《青岛市地方志工作规定》已于 2012 年 12 月 18 日经市十五届人民政府第 14 次常务会议审议通过，现予公布，自 2013 年 2 月 1 日起施行。

市长：张新起

二〇一二年十二月二十八日

青岛市地方志工作规定

第一章　总则

第一条　为了规范地方志工作，发挥地方志传承文明、促进经济社会发展的作用，根据国务院《地方志工作条例》和《山东省地方史志工作条例》，结合本市实际，制定本规定。

第二条　本市行政区域内地方志的编纂、资料管理和开发利用等工作，适用本规定。

第三条　本规定所称地方志，包括地方志书、地方综合年鉴、专业志书、专业年鉴和相关地情文献。

地方志书是指全面系统记述本行政区域自然、政治、经济、文化、社会的历史与现状的资料性文献，包括市志和区（市）志。

地方综合年鉴是指全面系统记述本行政区域自然、政治、经济、文化、社会等方面情况的年度资料性文献，包括市年鉴和区（市）年鉴。

专业志书是指以市、区（市）行政区域名称冠名，记述行业、部门以及某一专项事业或者事物，全面系统反映其历史与现状的资料性文献，包括行业志、部门志和专业志。

专业年鉴是指以市、区（市）行政区域名称冠名，记述行业、部门以及某一专项事业或者事物，全面系统反映其年度情况的资料性文献，包括行业年鉴、部门年鉴和专业年鉴。

相关地情文献是指除地方志书、地方综合年鉴、专业志书、专业年鉴以外，全面系统记述本行政区域相关领域情况的资料性文献，包括各级机关、社会团体、企事业单位以及社区（村）编纂的地情类出版物。

第四条 市、区（市）人民政府领导本行政区域内地方志工作，健全地方志工作机构，明确人员编制，规范业务建设，保障工作条件，将地方志工作纳入国民经济和社会发展规划，所需经费列入本级财政预算。

第五条 市、区（市）人民政府负责地方志工作的机构（以下称地方志工作机构），主管本行政区域的地方志工作并履行下列职责：

（一）宣传、贯彻有关地方志工作的法律、法规、规章和相关政策；

（二）拟定地方志工作规划和编纂方案，制定地方志工作制度和业务规范；

（三）组织、指导、督促和检查地方志工作；

（四）编纂、审查、验收、出版地方志书、地方综合年鉴，指导编纂专业志书、专业年鉴和相关地情文献；

（五）建立健全和实施地方志资料年报制度，征集、整理、保存地情文献和资料；

（六）全面加强信息化建设，不断完善地情网，推进地方志文献资源数字化，为社会读志用志提供服务；

（七）组织整理、校点旧志等古籍地情文献；

（八）开发利用地方志资源，开展地情研究和地方志学术研究，开展对外文化交流；

（九）培训地方志编纂人员。

第六条 市、区（市）人民政府对地方志工作机构和地方志承编单位的工作定期进行督查并予以通报。

第七条 市、区（市）人民政府对在地方志工作中做出突出成绩和贡献的单位、个人，可以按照规定给予表彰和奖励。

第二章 地方志编纂

第八条 地方志工作机构应当根据上一级地方志编纂总体工作规划，制定本级人民政府地方志编纂规划，经本级人民政府批准后实施，并报上一级地方志工作机构备案。

以市、区（市）行政区域名称冠名的地方志书、地方综合年鉴，由市、区（市）地方志工作机构按照地方志编纂规划组织编纂。

第九条 地方志书每20年左右编修一次，遇有重大区划调整等，应当从实际情况出发适时组织编纂。地方综合年鉴按年度编纂出版。专业志书、专业年鉴和相关地情文献由有关单位适时组织编纂。

第十条 本市各级机关、人民团体、企事业单位和其他社会组织，以及中央、省驻青机构（以下称承编单位），应当按照市、区（市）人民政府地方志工作规划和任务，明确本单位地方志编纂机构和人员，参与地方志编纂，并接受地方志工作机构的业务指导和督促检查，按照规定的期限和质量标准完成任务。

第十一条 地方志编纂人员实行专兼职相结合。专职人员应当经过专业岗位培训，具备相应的专业知识和学术水平。应当吸收多个领域的专家、学者和熟悉地情、具有较高编纂水平的人员及志愿者参加地方志编纂，科研单位、高等院校和其他社会组织应当予以支持。

地方志编纂人员应当忠于史实，准确记述相关情况。任何单位和个人不得要求编纂人员在地方志中作虚假记述。

第十二条 地方志应当做到存真求实、经世致用，具有独特的文化价值和恒久的使用价值。地方志的编纂和出版发行应当符合国家有关法律、法规和国家、省地方志工作机构制定的质量标准及编纂规范。

地方志编纂工作涉及国家秘密、商业秘密和个人隐私的，应当遵守有关法律、法规的规定；涉及军事内容的，应当遵守中央军委关于军事志编纂的有关规定。

第十三条 以市行政区域名称冠名、列入市地方志编纂规划的地方志书，由承编单位按照分工组织编写并进行内部评审后，提交市地方志工作机构；市地方志工作机构组织总纂修改和专家评审，报省地方志工作机构终审，经市人民政府批准后出版，样书报省地方志工作机构备案。承编单位应当按照总纂修改、专家评审和终审意见，参与修改和校对工作，并对相关内容负责。

以区（市）行政区域名称冠名、列入区（市）地方志编纂规划的地方志书，由区（市）地方志工作机构组织初稿审修和专家评审，报市地方志工作机构终审，经区（市）人民政府批准后出版，样书报省、市地方志工作机构备案。

第十四条 以市、区（市）行政区域名称冠名的专业志书，编纂单位应当将编纂方案和基本篇目报同级地方志工作机构预审，编纂文稿经同级地方志工作机构审查后出版，样书报同级地方志工作机构备案。

第十五条 以市、区（市）行政区域名称冠名的地方综合年鉴，由市、区（市）地方志工作机构组织编纂，经本级人民政府审查批准后出版，样书报上一级地方志工作机构备案。

以市、区（市）行政区域名称冠名的专业年鉴、相关地情文献，编纂单位应当将编纂方案和基本篇目报同级地方志工作机构预审，出版后样书报同级地方志工作机构备案。

街道（镇）、社区（村）编纂的相关地情文献由区（市）地方志工作机构审查验收。

第十六条 以市、区（市）行政区域名称冠名的地方志书、地方综合年鉴、专业志书、专业年鉴为职务作品，其著作权依法由组织编纂的地方志工作机构享有，参与编纂的人员享有署名权。

地方志工作成果可以按照有关规定参加国家、省和市优秀社会科学成果或者相关成果评奖。

第三章 地方志资料管理

第十七条 地方志工作机构可以依法向各级机关、社会团体、企事业单位和其他社会组织以及个人征集文字、图表、照片、音像、电子文本、实物等各种地方志资料，有关单位和个人有提供资料的义务。

本市行政区域内的国家档案馆、公共图书馆、国有博物馆等相关单位应当免费为地方志编纂工作提供资料或者查询服务。地方志出版后应当向提供资料的国家档案馆、公共图书馆、国有博物馆无偿提供馆藏书。

第十八条 市、区（市）人民政府应当建立地方志资料年报制度。地方志工作机构负责确定本行政区域地方志资料年报承报单位，并根据地方志资料年报工作需要进行调整。

第十九条 地方志资料年报承报单位应当按照规定组织开展地方志资料年报编写工作，于每年 6 月底前完成上年度地方志资料年报编写任务，并报地方志工作机构验收。

承报单位应当按照规定报送地方志资料，并对所提供资料的真实性与准确性负责。

地方志资料年报承报单位向相关单位和个人征集地方志资料，有关单位和个人应当提供支持。

第二十条 地方志编纂过程中收集的资料以及编纂过程中形成的文稿，由本级地方志工作机构管理保存；修志工作完成后，应当依法移交地情馆或者档案馆管理保存。

以区（市）行政区域名称冠名的地方志书、地方综合年鉴和以市行政区域名称冠名的专业志书、专业年鉴，应当在出版后 30 日内将样书和电子文本报送市地方志工作机构。

第四章　地方志开发利用

第二十一条 市、区（市）地方志工作机构应当加强地方志工作信息化建设，并将其纳入本级人民政府信息化发展规划。市地方志工作机构应当健全完善青岛市情网，区（市）地方志工作机构应当健全完善本行政区域的地情网。

青岛市情网和区（市）地情网应当及时、准确、完整地录入和更新资料，拓展宣传渠道和方式，加强与其他网站的合作，实现地方志资源共建共享，为社会提供咨询和信息服务。

第二十二条 市、区（市）地方志工作机构应当建立地情馆，用于地方志的保存和地情知识的普及、教育、展示，并免费向公众开放。

地情馆应当加强业务管理，强化公共服务，积极开展学术研究和国内外文化交流。

地方志承编单位撤销或者合并的，应当依法将所存地方志资料及时移送本级地情馆保存。

鼓励单位和个人向地情馆捐赠地方志文献资料和纪念性实物，地情馆应当向捐赠者颁发收藏纪念证书，对具有一定收藏价值的给予适当物质奖励。

第二十三条 地方志工作机构应当及时将出版后的地方志在青岛市情网和区（市）地情网上公布，并通过媒体向社会推介。

地方志工作机构应当通过地情调查、地情研究、地情咨询、地情教育等方式，拓展地方志文化服务渠道。

第二十四条 城市建设涉及对历史建筑或者其他历史遗存进行利用和开发，建设单位需要查询相关地情资料的，地方志工作机构应当提供相应服务。

第五章 法律责任

第二十五条 违反本规定，有下列行为之一的，由地方志工作机构提请本级人民政府责令限期改正；逾期不改正的，视情节依法追究有关单位和个人的责任：

（一）擅自编纂出版以市或者区（市）行政区域名称冠名的地方志书、地方综合年鉴的；

（二）未经审查、验收、批准，将列入地方志工作规划的地方志稿擅自交付出版的；

（三）对已经审查批准的地方志稿擅自进行较大改动的；

（四）拒绝承担或者无故拖延地方志编纂任务、地方志资料年报任务的；

（五）拒绝向地方志工作机构报送样书或者备案的；

（六）提供虚假地方志资料，故意损毁地方志资料的；

（七）未妥善保管地方志资料或者未按规定报送的；

（八）将收集到的地方志资料和编写的地方志文稿占为己有的。

有前款第（一）项行为，造成重大损失或者恶劣影响的，地方志工作机构或者持有单位和相关部门可以依法向人民法院提起诉讼。

第二十六条 地方志书经审查验收出版后，存在违反宪法、法律、法规规定内容的，由同级或者上级人民政府责令采取相应措施予以纠正，并视情节依法追究有关单位和个人的责任。

第六章 附则

第二十七条 本规定自2013年2月1日起施行。

青岛市市南区人民政府关于印发《市南区地方志工作规定》的通知

青南政发〔2013〕42号

区政府各部门，各街道办事处，区直各单位：

《市南区地方志工作规定》已经区政府研究同意，现印发给你们，请认真遵照执行。

青岛市市南区人民政府

二〇一三年十月二十八日

市南区地方志工作规定

第一章　总则

第一条　为规范地方志的编纂、管理和开发利用，发挥地方志传承文明、促进经济社会发展的作用，根据国务院《地方志工作条例》《山东省地方史志工作条例》和《青岛市地方志工作规定》，结合我区实际，制定本规定。

第二条　本规定适用于市南区行政区域内地方志的资料征集、组织编纂、开发利用和管理服务工作。

第三条　本规定所称地方志，包括地方志书、地方综合年鉴、专业志书、专业年鉴和相关地情文献。

地方志书，是指全面、客观、系统地记述本行政区域内自然、政治、经济、文化、社会等方面的历史与现状的资料性文献，包括区志、街道办事处志、村（社区）志等。

地方综合年鉴，是指全面系统记述本行政区域内自然、政治、经济、文化、社会等方面情况的年度资料性文献，包括区年鉴、街道办事处年鉴。

专业志书是指以行政区域名称冠名的，记述行业、部门以及某一专项事业或者事物作为特定对象，客观反映其历史与现状的资料性文献，包括行业志、部门志和专业志。

专业年鉴是指以行政区域名称冠名的，记述行业、部门以及某一专项事业或者事物作为特定对象，客观反映其年度情况的资料性文献，包括行业年鉴、部门年鉴和专业年鉴。

相关地情文献是指除地方志书、地方综合年鉴、专业志书、专业年鉴以外，系统记述本行政区域内全面工作或专项工作的资料性书籍，包括机关、社会团体、企业事业单位及社区编纂的以行政区域冠名的地情类出版物。

第四条　区人民政府领导本行政区域内地方志工作，健全地方志工作机构，明确人员编制，规范业务建设，保障工作条件，将地方志工作纳入国民经济和社会发展规划，所需经费列入本级财政预算。

第五条　区人民政府负责地方志工作的机构主管本行政区域内的地方志工作，履行下列职责：

（一）宣传、贯彻、执行有关地方志工作的法律、法规、规章和相关政策；

（二）拟定地方志工作规划和编纂方案，制定地方志工作制度和业务规范；

（三）组织、指导、督促、检查地方志工作；

（四）编纂、审查、验收、出版地方志书、地方综合年鉴，指导编纂专业志书、专业年鉴和相关地情文献；

（五）建立健全和实施地方志资料年报制度，征集、整理、保存地情文献和资料；

（六）全面加强信息化建设，不断完善地情网，推进地方志文献资源数字化，为社会读志用志提供服务；

（七）整理校点旧志等古籍地情文献；

（八）开发利用地方志资源，开展地情研究和地方志学术研究，开展对外文化交流；

（九）培训地方志编纂人员。

（十）完成本级人民政府和上级地方志工作机构交办的其他任务。

第六条　区人民政府对地方志工作机构和地方志承编单位的工作定期进行督查并予以通报。

第七条　区人民政府对在地方志工作中做出突出成绩和贡献的单位、个人，可按照规定给予表彰和奖励。

第二章　地方志编纂

第八条　地方志工作机构根据上一级地方志编纂总体工作规划，制定本级人民政府地方志编纂规划，经本级人民政府批准后实施，并报上一级地方志工作机构备案。

以区行政区域名称冠名的地方志书、地方综合年鉴，由地方志工作机构按照地方志编纂规划组织编纂。

第九条　地方志书每20年左右编修一次；遇有区划调整等，应当从实际情况出发适时组织编纂。地方综合年鉴按年度编纂出版。专业志书、专业年鉴和相关地情文献由有关单位适时组织编纂。

第十条　本区各级机关、人民团体、企事业单位和其他社会组织以及驻区机构（以下称承编单位），应当按照区人民政府地方志工作规划和任务，明确本单位地方志编纂机构和人员，参与地方志编纂，并接受地方志工作机构的业务指导和督促检查，按照规定的期限和质量标准完成任务。

第十一条 地方志编纂人员实行专兼职相结合．专职人员应当经过专业岗位培训，具备相应的专业知识和学术水平。应当吸收各个领域的专家、学者和熟悉地情、具有较高编纂水平的人员参加地方志编纂，科研单位、高等院校和其他社会组织应当予以支持。

地方志编纂人员应当忠于史实，准确记述相关情况。任何单位和个人不得要求编纂人员在地方志中作虚假记述。

第十二条 地方志应当做到存真求实、经世致用，具有独特的文化价值和恒久的使用价值。地方志的编纂和出版发行应当符合国家有关法律、法规和国家、省、市地方志工作机构制定的质量标准及编纂规范。

地方志编纂工作涉及国家秘密、商业秘密和个人隐私的，应当遵守有关法律、法规的规定；涉及军事内容的，应当遵守中央军委关于军事志编纂的有关规定。

第十三条 地方志的编纂工作应严格按照程序开展，采取分级审查负责制。

（一）以区行政区域名称冠名、列入区地方志编纂规划的地方志书，由承编单位按照分工组织编写并进行内部评审后，提交区地方志工作机构；区地方志工作机构组织总纂修改和专家评审，报市地方志工作机构终审，经区人民政府批准后出版，样书报省、市地方志工作机构备案。承编单位应当按照总纂修改、专家评审和终审意见，开展修改和校对工作，并对相关内容负责。

（二）街道办事处、村（社区）编纂的以区行政区域名称冠名的地方志书，由相关街道办事处和部门组织编纂。承编单位应当将编纂方案和志稿篇目报区地方志工作机构预审，编纂文稿经区地方志工作机构审查后出版，样书报区地方志工作机构备案。

（三）以区行政区域名称冠名的专业志书，编纂单位应当将编纂方案和基本篇目报区地方志工作机构预审，编纂文稿经区地方志工作机构审查后出版，样书报区地方志工作机构备案。

（四）以区行政区域名称冠名的地方综合年鉴，由区地方志工作机构组织编纂，经区人民政府审查批准后出版，样书报上一级地方志工作机构备案。

以区行政区域名称冠名的专业年鉴、相关地情文献，编纂单位应当将编纂方案报区地方志工作机构预审，出版后样书报区地方志工作机构备案。

街道办事处、村（社区）编纂的相关地情文献由区地方志工作机构审查验收。

第十四条 地方志经审查验收合格后，进入出版程序。出版形式（公开出版发行或内部准印发行）由编纂单位决定。

以区行政区域名称冠名的地方志书、专业志书在版式、开本、装帧式样上应统一设计风格，采用16开本（889毫米×1194毫米），文字横排。书名前冠以“青岛市市南区新编地方志丛书”，位于志书封面左上方。书名采用印刷体，不用个人题签。

第十五条 以区行政区域名称冠名的地方志书、地方综合年鉴、专业志书、专业年鉴为职务作品，其著作权依法由组织编纂的地方志工作机构享有，参与编纂的人员享有署名权。

地方志工作成果可以按照有关规定参加国家、省和市优秀社会科学成果或者相关成果评奖。

第三章 资料管理

第十六条 地方志工作机构可以依法向各级机关、社会团体、企业事业单位和其他组织以及个人征集文字、图表、照片、音像、电子文本、实物等各种地方志资料，有关单位和公民应当积极配合，提供便利。有关单位和个人有提供资料的责任和义务。涉及国家秘密、商业秘密和个人隐私的，按照国家有关规定办理。本区行政区域内的国家档案馆、公共图书馆、国有博物馆等相关单位应当免费为地方志编纂工作提供资料或者查询服务。地方志出版后应当向提供资料的国家档案馆、公共图书馆、国有博物馆无偿提供馆藏书。

第十七条 区人民政府应当建立本行政区域地方志资料年报制度。区地方志工作机构负责确定本地区地方志资料年报承报单位，并根据地方志资料年报工作需要进行调整。

第十八条 地方志资料年报承报单位应当按照规定组织开展地方志资料年报编写工作，于每年12月底前完成本年度地方志资料年报编写任务，并报区地方志工作机构验收。

承报单位应当按照规定报送地方志资料，并对所提供资料的真实性与准确性负责。

地方志资料年报承报单位向相关单位和个人征集地方志资料，有关单位和个人应当提供支持。

第十九条 在地方志编纂过程中收集到的文字资料、图表、照片、音像资料、实物等以及形成的地方志文稿，需指定专职人员集中统一管理，妥善保存，不得损毁；修志工作完成后，应当依法移交档案馆（室）保存、管理。

以区行政区域名称冠名的地方志书、地方综合年鉴和以区行政区域名称冠名的专业志书、专业年鉴，应当在出版后30日内将样书和电子文本报送区地方志工作机构。

第四章 地方志开发利用

第二十条 加强实施地方志工作信息化建设，并将其纳入本级人民政府信息化发展规划。

区地方志工作机构应当健全完善区情网，及时、准确、完整地录入和更新资料，拓展宣传渠道和方式，加强与其他网站的合作，实现地方志资源共享，为社会提供咨询和信息服务。

第二十一条 区地方志工作机构应建立地情馆，用于地方志的保存和地情知识的普及、教育、展示，并免费向公众开放。

地情馆应当加强业务管理，强化公共服务，积极开展学术研究和国内外文化交流。

地方志承编单位撤销或者合并的，应当依法将所存地方志资料及时移送本级地情馆保存。

鼓励单位和个人向地情馆捐赠地方志文献资料和纪念性实物，地情馆应当向捐赠者颁发收藏纪念证书，对具有一定收藏价值的给予适当物质奖励。

第二十二条 地方志工作机构应为区域经济社会的全面发展服务。

通过地情调查、地情研究、地情咨询、地情教育等方式，拓展地方志文化服务渠道。加强地方志文化宣传，及时公布地方志书出版信息，并通过媒体向社会推介。

第二十三条 城市建设涉及对历史建筑或者其他历史遗存进行利用和开发，建设单位需要查询相关地情资料的，地方志工作机构应当提供相应服务。

第五章 法律责任

第二十四条 违反本规定，有下列行为之一的，由地方志工作机构提请本级人民政府责令限期改正；逾期不改正的，视情节依法追究有关单位和个人的责任。

（一）擅自编纂出版以区行政区域名称冠名的地方志书、地方综合年鉴的；

（二）未经审查、验收、批准，将列入地方志工作规划的地方志稿擅自交付出版的；

（三）对已经审查批准的地方志稿擅自进行较大改动的；

（四）拒绝承担或者无故拖延地方志编纂任务、地方志资料年报任务的；

（五）拒绝向地方志工作机构备案或者报送样书的；

（六）提供虚假地方志资料，故意损毁地方志资料的；

（七）未妥善保管地方志资料或者未按规定报送的；

（八）将收集到的地方志资料和编写的地方志文稿据为己有的。

有前款第（一）项行为，造成重大损失或者恶劣影响的，地方志工作机构或者持有单位和相关部门可以依法向人民法院提起诉讼。

第二十五条 地方志书经审查验收出版后，存在违反宪法、法律、法规规定内容的，由同级或者上级人民政府责令采取相应措施予以纠正，并视情节追究有关单位和个人的责任。

第六章 附则

第二十六条 本规定自2013年12月1日起施行，有效期至2016年12月31日。

青岛市市北区人民政府关于印发《市北区地方志工作管理办法》的通知

青北政发〔2013〕43号

各街道办事处、政府各部门、各有关单位：

现将《市北区地方志工作管理办法》印发给你们，望认真贯彻执行。

青岛市市北区人民政府

二〇一三年九月十六日

市北区地方志工作管理办法

第一章　总则

第一条　为规范地方志的编纂、管理和开发利用，发挥地方志传承文明、促进经济社会发展的作用，根据国务院《地方志工作条例》《山东省地方史志工作条例》和《青岛市地方志工作规定》，结合我区实际，制定本办法。

第二条　本办法适用于市北区行政区域内地方志的资料征集、组织编纂、开发利用和管理服务工作。

第三条　本办法所称地方志，包括地方志书、地方综合年鉴、专业志书、专业年鉴和相关地情文献。

地方志书，是指全面、客观、系统地记述本行政区域内自然、政治、经济、文化、社会等方面的历史与现状的资料性文献，包括区志、街道志、社区志等。

地方综合年鉴，是指全面系统记述本行政区域内自然、政治、经济、文化、社会等方面情况的年度资料性文献，包括区年鉴、街道年鉴。

专业志书是指以行政区域名称冠名的，记述行业、部门以及某一专项事业或者事物作为特定对象，客观反映其历史与现状的资料性文献，包括行业志、部门志和专业志。

专业年鉴是指以行政区域名称冠名的，记述行业、部门以及某一专项事业或者事物作为特定对象，客观反映其年度情况的资料性文献，包括行业年鉴、部门年鉴和专业年鉴。

相关地情文献是指除地方志书、地方综合年鉴、专业志书、专业年鉴以外，系统记述本行政区域内全面工作或专项工作的资料性书籍，包括机关、社会团体、企业事业单位及社区编纂的以行政区域冠名的地情类出版物。

第四条 区人民政府领导本行政区域内地方志工作，健全地方志工作机构，明确人员编制，规范业务建设，保障工作条件，将地方志工作纳入国民经济和社会发展规划，列入年度工作考核内容，所需经费列入本级财政预算。

第五条 区档案局主管本行政区域内的地方志工作，履行下列职责：

（一）宣传、贯彻、执行有关地方志工作的法律、法规、规章和相关政策；

（二）拟定地方志工作规划和编纂方案，制定地方志工作制度和业务规范；

（三）组织、指导、督促、检查地方志工作；

（四）编纂、审查、验收、出版地方志书、地方综合年鉴，指导编纂专业志书、专业年鉴和相关地情文献；

（五）建立健全和实施地方志资料年报制度，征集、整理、保存地情文献和资料；

（六）全面加强信息化建设，不断完善地情网，推进地方志文献资源数字化，为社会读志用志提供服务；

（七）整理校点旧志等古籍地情文献；

（八）开发利用地方志资源，开展地情研究和地方志学术研究，开展对外文化交流；

（九）培训地方志编纂人员；

（十）完成本级人民政府和上级地方志工作机构交办的其他任务。

第六条 区人民政府对区档案局和地方志承编单位的工作定期进行督查并予以通报。

第七条 区人民政府对在地方志工作中做出突出成绩和贡献的单位、个人，可按照规定给予表彰和奖励。

第二章　地方志编纂

第八条 区档案局根据上一级地方志编纂总体工作规划，制定本级人民政府地方志编纂规划，经本级人民政府批准后实施，并报上一级地方志工作机构备案。

以区行政区域名称冠名的地方志书、地方综合年鉴，由区档案局按照地方志编纂规划组织编纂。

第九条 地方志书每20年左右编修一次；遇有区划调整等，应当从实际情况出发适时组织编纂。地方综合年鉴按年度编纂出版。专业志书、专业年鉴和相关地情文献由有关单位适时组织编纂。

第十条 本区各级机关、人民团体、企事业单位和其他社会组织，以及驻区机构（以下称承编单位），应当按照区人民政府地方志工作规划和任务，明确本单位地方志编纂机构和人员，参与地方志编纂，并接受区档案局的业务指导和督促检查，按照规定的期限和质量标准完成任务。

第十一条 地方志编纂人员实行专兼职相结合，专职人员应当经过专业岗位培训，具备相应的专业知识和学术水平。应当吸收各个领域的专家、学者和熟悉地情、具有较高编纂水平的人员参加地方志编纂，科研单位、高等院校和其他社会组织应当予以支持。

地方志编纂人员应当忠于史实，准确记述相关情况。任何单位和个人不得要求编纂人员在地方志中作虚假记述。

第十二条 地方志应当做到存真求实、经世致用，具有独特的文化价值和恒久的使用价值。地方志的编纂和出版发行应当符合国家有关法律、法规和国家、省、市地方志工作机构制定的质量标准及编纂规范。

地方志编纂工作涉及国家秘密、商业秘密和个人隐私的，应当遵守有关法律、法规的规定；涉及军事内容的，应当遵守中央军委关于军事志编纂的有关规定。

第十三条 地方志的编纂工作应严格按照程序开展，采取分级审查负责制。

（一）以区行政区域名称冠名、列入区地方志编纂规划的地方志书，由承编单位按照分工组织编写并进行内部评审后，提交区档案局；区档案局组织总纂修改和专家评审，报市地方志工作机构终审，经区人民政府批准后出版，样书报省、市地方志工作机构备案。承编单位应当按照总纂修改、专家评审和终审意见，开展修改和校对工作，并对相关内容负责。

（二）街道、社区编纂的以区行政区域名称冠名的地方志书，由相关街道和部门组织编纂。承编单位应当将编纂方案和志稿篇目报区档案局预审，编纂文稿经区档案局审查后出版，样书报区档案局备案。

（三）以区行政区域名称冠名的专业志书，编纂单位应当将编纂方案和基本篇目报区档案局预审，编纂文稿经区档案局审查后出版，样书报区档案局备案。

（四）以区行政区域名称冠名的地方综合年鉴，由区档案局组织编纂，经区人民政府审查批准后出版，样书报上一级地方志工作机构备案。

以区行政区域名称冠名的专业年鉴、相关地情文献，编纂单位应当将编纂方案报区档案局预审，出版后样书报区档案局备案。

街道、社区编纂的相关地情文献由区档案局审查验收。

第十四条 地方志经审查验收合格后，进入出版程序。出版形式（公开出版发行或内部准印发行）由编纂单位决定。

以区行政区域名称冠名的地方志书、地方综合年鉴、专业志书、专业年鉴在版式、开本、装帧式样上应统一设计风格，采用大度 16 开本（成品尺寸 210 毫米×285 毫米），文字通栏横排。书名前冠以“青岛市市北区地方志丛书”，位于志书封面左上方。书名采用印刷体，不用个人题签。有特殊需求，可与市北区档案局史志科协商。

第十五条 以区行政区域名称冠名的地方志书、地方综合年鉴、专业志书、专业年鉴为职务作品，其著作权依法由组织编纂的地方志工作机构享有，参与编纂的人员享有署名权。

地方志工作成果可以按照有关规定参加国家、省和市优秀社会科学成果或者相关成果评奖。

第三章　资料管理

第十六条　区档案局可以依法向各级机关、社会团体、企业事业单位和其他组织以及个人征集文字、图表、照片、音像、电子文本、实物等各种地方志资料，有关单位和公民应当积极配合，提供便利。有关单位和个人有提供资料的责任和义务。涉及国家秘密、商业秘密和个人隐私的，按照国家有关规定办理。

本区行政区域内的国家档案馆、公共图书馆、国有博物馆等相关单位应当免费为地方志编纂工作提供资料或者查询服务。地方志出版后应当向提供资料的国家档案馆、公共图书馆、国有博物馆无偿提供馆藏书。

第十七条　区人民政府应当建立本行政区域地方志资料年报制度。区档案局负责确定本地区地方志资料年报承报单位，并根据地方志资料年报工作需要进行调整。

第十八条　地方志资料年报承报单位应当按照规定组织开展地方志资料年报编写工作，于每年 12 月底前完成本年度地方志资料年报编写任务，并报区档案局验收。

承报单位应当按照规定报送地方志资料，并对所提供资料的真实性与准确性负责。

地方志资料年报承报单位向相关单位和个人征集地方志资料，有关单位和个人应当提供支持。

第十九条　在地方志编纂过程中收集到的文字资料、图表、照片、音像资料、实物等以及形成的地方志文稿，需指定专职人员集中统一管理，妥善保存，不得损毁；修志工作完成后，应当依法移交档案馆（室）保存、管理。

以区行政区域名称冠名的地方志书、地方综合年鉴和以区行政区域名称冠名的专业志书、专业年鉴，应当在出版后 30 日内将样书和电子文本报送区档案局。

第四章　地方志开发利用

第二十条　加强实施地方志工作信息化建设，并将其纳入本级人民政府信息化发展规划。

区档案局应当健全完善区情网，及时、准确、完整地录入和更新资料，拓展宣传渠道和方式，加强与其他网站的合作，实现地方志资源共享，为社会提供咨询和信息服务。

第二十一条　区档案局应建立地情馆，用于地方志的保存和地情知识的普及、教育、展示，并免费向公众开放。

地情馆应当加强业务管理，强化公共服务，积极开展学术研究和国内外学术交流。

地方志承编单位撤销或者合并的，应当依法将所存地方志资料及时移送本级地方志馆保存。

鼓励单位和个人向地情馆捐赠地方志文献资料和纪念性实物，地情馆应当向捐赠者颁发收藏纪念证书，对具有一定收藏价值的给予适当物质奖励。

第二十二条 区档案局应为区域经济社会的全面发展服务。通过地情调查、地情研究、地情咨询、地情教育等方式，拓展地方志文化服务渠道。加强地方志文化宣传，及时公布地方志书出版信息，并通过媒体向社会推介。

第五章 法律责任

第二十三条 违反本办法规定，有下列行为之一的，由区档案局提请本级人民政府责令限期改正；逾期不改正的，视情节依法追究有关单位和个人的责任。

（一）擅自编纂出版以区行政区域名称冠名的地方志书、地方综合年鉴的；

（二）未经审查、验收、批准，将列入地方志工作规划的地方志稿擅自交付出版的；

（三）对已经审查批准的地方志稿擅自进行较大改动的；

（四）拒绝承担或者无故拖延地方志编纂任务、地方志资料年报任务的；

（五）拒绝向区档案局备案或者报送样书的；

（六）提供虚假地方志资料，故意损毁地方志资料的；

（七）未妥善保管地方志资料或者未按规定报送的；

（八）将收集到的地方志资料和编写的地方志文稿据为己有的。

有前款第（一）项行为，造成重大损失或者恶劣影响的，地方志工作机构或者持有单位和相关部门可以依法向人民法院提起诉讼。

第二十四条 地方志书经审查验收出版后，存在违反宪法、法律、法规规定内容的，由同级或者上级人民政府责令采取相应措施予以纠正，并视情节追究有关单位和个人的责任。

第六章 附则

第二十五条 本办法由市北区档案局负责解释。

第二十六条 本办法自发布之日起施行。

中共青岛市黄岛区委办公室、青岛市黄岛区人民政府办公室关于印发《黄岛区地方志工作管理暂行办法》的通　知

青黄办字〔2014〕59号

各镇（街道、园区），区委各部门，区直各单位，驻区各单位：

现将《黄岛区地方志工作管理暂行办法》印发给你们，望认真贯彻执行。

中共青岛市黄岛区委办公室
青岛市黄岛区人民政府办公室
二〇一四年十月十五日

黄岛区地方志工作管理暂行办法

第一条　为了规范和加强地方志工作，科学地积累、保存与开发、利用地方志资源，发挥地方志在促进经济和社会发展中“存史、资政、教化”作用，根据国务院《地方志工作条例》和《山东省地方史志工作条例》有关规定，结合本区实际，制定本办法。

第二条　本行政区域内地方志的编纂、资料管理和开发利用等工作，适用本办法。

第三条　本办法所称地方志，包括地方志书、地方综合年鉴及相关地情文献。

地方志书，是指全面客观系统地记述本行政区域内自然、政治、经济、文化、社会等方面的历史与现状的资料性文献。本行政区域内的街道办事处志、部门志、行业志以及其他相关志书均属地方志书。

地方综合年鉴，是指全面客观系统地记述本行政区域内自然、政治、经济、文化、社会等方面情况的年度资料性文献。黄岛区年鉴、街道办事处年鉴、部门年鉴和行业年鉴均属地方综合年鉴。

相关地情文献，是指全面客观系统地记述本行政区域内一定领域、一段时期或部分内容的资料性文献。机关、社会团体、企事业单位及村（社区）编纂的以本行政区域冠名的地情类书籍等，均属相关地情文献。

第四条　地方志的编纂工作应当做到存真求实，确保质量，全面、客观地反映本行政区域自然、政治、经济、文化和社会的历史与现状。

第五条 区人民政府加强对本行政区域地方志工作的领导，将地方志工作纳入本地经济和社会发展规划。地方志工作所需经费列入本级财政预算。

第六条 区人民政府地方志办公室是本行政区域内的地方史志工作主管机构，具体履行下列职责：

（一）贯彻执行地方史志工作法律法规，推进依法修志；

（二）组织、指导、督促和检查全区地方史志编纂工作；

（三）拟订全区地方史志工作规划和编纂方案，并组织实施；

（四）制订地方史志编纂业务规范并组织实施；

（五）组织编纂本行政区地方志书、地方综合年鉴及相关地情类书籍，依照规定组织专家对已编纂成稿的地方志进行审评；

（六）征集、保存地方史志文献和资料，组织整理旧志，推动地方志理论研究；

（七）宣传、推广地方史志成果，开展地情研究，建设方志馆、资料库和地情网站，为公众读志用志提供服务；

（八）组织开展地方史志学术研究、业务培训；

（九）完成本级人民政府和上级地方志工作机构交办的其他任务。

第七条 从事地方史志编纂业务的人员应当具备相关的专业知识和学术水平。地方史志编纂工作应当吸收社会各界专家、学者和熟悉修志业务的人员参加。

第八条 以本行政区划名称冠名的地方志书、地方综合年鉴、综合地情文献，由区地方志办公室按规划组织编纂，其他组织和个人不得编纂出版。各街道办事处、部门、行业等组织和单位可自行编纂各自志书、年鉴，但须接受区地方志办公室指导，并到区政府地方志办公室备案。

第九条 编纂地方史志，按下列程序进行：

（一）黄岛区志、黄岛区年鉴、黄岛区综合性地情文献由区地方志办公室制订编纂规划，经区政府批准后，组织开展编纂，并报市政府史志工作机构审查，经区政府批准后出版，并报省政府史志工作机构备案。具体程序是：

1. 区地方志办公室按照地方史志编写年限要求，对需开展的地方史志编纂工作，提前半年制订出编纂规划，报区政府批准。

2. 区地方志办公室制订详细的编纂方案，提交区地方史志编纂委员会讨论审议后，报区政府同意，启动编纂工作。根据编纂方案的规定，承担编纂任务的单位，应当按照地方史志编纂规划和要求完成撰稿任务。

3. 区地方志办公室负责组织编纂人员、业务开展、检查验收、出版发行等工作。

4. 地方史志编纂形成定稿后，由区地方志办公室写出报告，报市地方史志编纂委员会审定，经区政府批准后出版，并报省政府史志工作机构备案。

（二）以本行政区划冠名的街道办事处志、部门志、行业志等各类志书、年鉴、地情文献，由相关街道办事处和部门、行业在区地方志办公室的指导下组织编纂。具体程序是：

1. 各街道办事处、各部门、各行业将地方史志编纂方案提前3个月报区地方志办公室审查后组织实施。

2. 区地方志办公室负责志书的业务指导、检查督导、审查把关、存档备案。

3. 各街道办事处、各部门、各行业按照地方史志编纂程序，应形成志稿篇目设置、初稿、评审稿、定稿。篇目设置形成后报区地方志办公室审查备案，然后组织开展初稿编写；初稿形成后，报区地方志办公室审查，由区地方志办公组织评审，提出修改意见；有关部门、行业和街道办事处根据评审意见修改定稿，经区地方志办公室批准后，按照有关规定印刷或出版发行。

4. 各街道办事处、各部门、各行业应当在地方志出版后30日内向区地方志办公室报送样书和电子文本。

第十条 县（区）级地方志书每20年左右编修一次。

第十一条 区地方志办公室可以向机关、社会团体、企业事业单位和其他组织以及公民征集有关地方史志资料，有关单位和公民应当提供支持。地方史志资料所有人或者持有人不得故意提供虚假资料。区地方志办公室可以对有关资料进行查阅、摘抄、复制，但涉及国家秘密、商业秘密和个人隐私以及不符合档案开放条件的除外。

第十二条 在地方史志编纂过程中收集到的文字资料、图表、照片、音像资料、实物等以及形成的地方史志文稿，需指定专职人员集中统一管理，妥善保存，不得损毁；修志工作完成后，应当依法移交档案馆保存、管理，任何个人不得据为己有或者出租、出让、转借。

第十三条 以行政区划名称冠名的地方志书、地方综合年鉴、地情文献为职务作品，依照《中华人民共和国著作权法》第十六条第二款的规定，其著作权由组织编纂的机构享有，参与编纂的人员享有署名权。

第十四条 地方史志工作应为地方经济社会的全面发展服务。地方史志文献应向社会公开，地情文献库应向公众开放。区地方志办公室通过建设方志馆、资料库、网站等方式，积极开拓社会用志途径，加强地方史志工作的信息化建设。公民、法人和其他组织可以利用上述方志馆、资料库、网站查阅、摘抄地方史志资料。

第十五条 区政府将对在地方史志工作中作出突出成绩和贡献的单位、个人，给予表彰和奖励。

第十六条 违反本办法规定，有下列行为之一的，由区地方志办公室按照管理权限责令其停止违法行为，限期改正；逾期不改的，由其所在单位或者有关行政部门依法给予行政处分或者纪律处分：

（一）擅自编纂出版以本行政区划冠名的地方志、地方综合年鉴或者综合性地情文献的；

（二）损毁单位所有或者持有的地方史志资料或者将其据为己有的；

（三）地方史志资料所有人或者持有人故意提供虚假资料的；

（四）未经审查、验收、批准将地方史志交付出版的；

（五）无故拖延、拒绝提供地方史志资料或者承担编写任务的；

（六）拒绝向区地方志办公室报送地方史志文献的。

有前款第（一）、（二）项行为，造成重大损失或者恶劣影响的，区地方志办公室、地方史志资料所有或者持有单位和相关部门可以依法向人民法院提起诉讼。

第十七条 本办法由区地方志办公室负责解释。

第十八条 本办法自颁布之日起施行。

青岛市崂山区人民政府关于印发《崂山区地方志工作管理办法》的通知

崂政发〔2013〕22号

各街道办事处，区政府有关部门，区直有关单位：

《崂山区地方志工作管理办法》已经区政府同意，现印发给你们，望认真组织实施。

青岛市崂山区人民政府

二〇一三年六月七日

崂山区地方志工作管理办法

第一章　总　则

第一条　为规范地方志的编纂、管理和开发利用，发挥地方志传承文明、促进经济社会发展的作用，根据国务院《地方志工作条例》《山东省地方史志工作条例》和《青岛市地方志工作规定》，结合我区实际，制定本办法。

第二条　本办法适用于崂山区行政区域内地方志的资料征集、组织编纂、开发利用和管理服务工作。

第三条　本办法所称地方志，包括地方志书、地方综合年鉴、专业志书、专业年鉴和相关地情文献。

地方志书，是指全面、客观、系统地记述本行政区域内自然、政治、经济、文化、社会等方面的历史与现状的资料性文献，包括区志、街道志、村（社区）志等。

地方综合年鉴，是指全面系统记述本行政区域内自然、政治、经济、文化、社会等方面情况的年度资料性文献，包括区年鉴、街道年鉴。

专业志书是指以行政区域名称冠名的，记述行业、部门以及某一专项事业或者事物作为特定对象，客观反映其历史与现状的资料性文献，包括行业志、部门志和专业志。

专业年鉴是指以行政区域名称冠名的，记述行业、部门以及某一专项事业或者事物作为特定对象，客观反映其年度情况的资料性文献，包括行业年鉴、部门年鉴和专业年鉴。

相关地情文献是指除地方志书、地方综合年鉴、专业志书、专业年鉴以外，系统记述本行政区域内全面工作或专项工作的资料性书籍，包括机关、社会团体、企业事业单位及社区编纂的以行政区域冠名的地情类出版物。

第四条 区人民政府领导本行政区域内地方志工作，健全地方志工作机构，明确人员编制，规范业务建设，保障工作条件，将地方志工作纳入国民经济和社会发展规划，列入年度工作考核内容，所需经费列入本级财政预算。

第五条 区史志办公室（以下简称区史志办）主管本行政区域内的地方志工作，履行下列职责：

（一）宣传、贯彻、执行有关地方志工作的法律、法规、规章和相关政策；

（二）拟定地方志工作规划和编纂方案，制定地方志工作制度和业务规范；

（三）组织、指导、督促、检查地方志工作；

（四）编纂、审查、验收、出版地方志书、地方综合年鉴，指导编纂专业志书、专业年鉴和相关地情文献；

（五）建立健全和实施地方志资料年报制度，征集、整理、保存地情文献和资料；

（六）全面加强信息化建设，不断完善地情网，推进地方志文献资源数字化，为社会读志用志提供服务；

（七）整理校点旧志等古籍地情文献；

（八）开发利用地方志资源，开展地情研究和地方志学术研究，开展对外文化交流；

（九）培训地方志编纂人员。

（十）完成本级人民政府和上级地方志工作机构交办的其他任务。

第六条 区人民政府对区史志办和地方志承编单位的工作定期进行督查并予以通报。

第七条 区人民政府对在地方志工作中做出突出成绩和贡献的单位、个人，可按照规定给予表彰和奖励。

第二章　地方志编纂

第八条 区史志办根据上一级地方志编纂总体工作规划，制定本级人民政府地方志编纂规划，经本级人民政府批准后实施，并报上一级地方志工作机构备案。

以区行政区域名称冠名的地方志书、地方综合年鉴，由区史志办按照地方志编纂规划组织编纂。

第九条 地方志书每20年左右编修一次；遇有区划调整等，应当从实际情况出发适时组织编纂。地方综合年鉴按年度编纂出版。专业志书、专业年鉴和相关地情文献由有关单位适时组织编纂。

第十条 本区各级机关、人民团体、企事业单位和其他社会组织，以及驻区机构（以下称承编单位），应当按照区人民政府地方志工作规划和任务，明确本单位地方志编纂机构和人员，参与地方志编纂，并接受区史志办的业务指导和督促检查，按照规定的期限和质量标准完成任务。

第十一条 地方志编纂人员实行专兼职相结合. 专职人员应当经过专业岗位培训，具备相应的专业知识和学术水平。应当吸收各个领域的专家、学者和熟悉地情、具有较高编纂水平的人员参加地方志编纂，科研单位、高等院校和其他社会组织应当予以支持。

地方志编纂人员应当忠于史实，准确记述相关情况。任何单位和个人不得要求编纂人员在地方志中作虚假记述。

第十二条 地方志应当做到存真求实、经世致用，具有独特的文化价值和恒久的使用价值。地方志的编纂和出版发行应当符合国家有关法律、法规和国家、省、市地方志工作机构制定的质量标准及编纂规范。

地方志编纂工作涉及国家秘密、商业秘密和个人隐私的，应当遵守有关法律、法规的规定；涉及军事内容的，应当遵守中央军委关于军事志编纂的有关规定。

第十三条 地方志的编纂工作应严格按照程序开展，采取分级审查负责制。

（一）以区行政区域名称冠名、列入区地方志编纂规划的地方志书，由承编单位按照分工组织编写并进行内部评审后，提交区史志办；区史志办组织总纂修改和专家评审，报市地方志工作机构终审，经区人民政府批准后出版，样书报省、市地方志工作机构备案。承编单位应当按照总纂修改、专家评审和终审意见，开展修改和校对工作，并对相关内容负责。

（二）街道、村（社区）志编纂的以区行政区域名称冠名的地方志书，由相关街道和部门组织编纂。承编单位应当将编纂方案和志稿篇目报区史志办预审，编纂文稿经区史志办审查后出版，样书报区史志办备案。

（三）以区行政区域名称冠名的专业志书，编纂单位应当将编纂方案和基本篇目报区史志办预审，编纂文稿经区史志办审查后出版，样书报区史志办备案。

（四）以区行政区域名称冠名的地方综合年鉴，由区史志办组织编纂，经区人民政府审查批准后出版，样书报上一级地方志工作机构备案。

以区行政区域名称冠名的专业年鉴、相关地情文献，编纂单位应当将编纂方案报区史志办预审，出版后样书报区史志办备案。

街道、村（社区）编纂的相关地情文献由区史志办审查验收。

第十四条 地方志经审查验收合格后，进入出版程序。出版形式（公开出版发行或内部准印发行）由编纂单位决定。

以区行政区域名称冠名的地方志书、地方综合年鉴、专业志书、专业年鉴在版式、开本、装帧式样上应统一设计风格，采用大度16开本（成品尺寸210毫米×285毫米），文字通栏横排。书名前冠以“青岛市崂山区新编地方志丛书”，位于志书封面左上方。书名采用印刷体，不用个人题签。

第十五条 以区行政区域名称冠名的地方志书、地方综合年鉴、专业志书、专业年鉴为职务作品，其著作权依法由组织编纂的地方志工作机构享有，参与编纂的人员享有署名权。

地方志工作成果可以按照有关规定参加国家、省和市优秀社会科学成果或者相关成果评奖。

第三章 资料管理

第十六条 区史志办可以依法向各级机关、社会团体、企业事业单位和其他组织以及个人征集文字、图表、照片、音像、电子文本、实物等各种地方志资料，有关单位和公民应当积极配合，提供便利。有关单位和个人有提供资料的责任和义务。涉及国家秘密、商业秘密和个人隐私的，按照国家有关规定办理。

本区行政区域内的国家档案馆、公共图书馆、国有博物馆等相关单位应当免费为地方志编纂工作提供资料或者查询服务。地方志出版后应当向提供资料的国家档案馆、公共图书馆、国有博物馆无偿提供馆藏书。

第十七条 区人民政府应当建立本行政区域地方志资料年报制度。区史志办负责确定本地区地方志资料年报承报单位，并根据地方志资料年报工作需要进行调整。

第十八条 地方志资料年报承报单位应当按照规定组织开展地方志资料年报编写工作，于每年 12 月底前完成本年度地方志资料年报编写任务，并报区史志办验收。

承报单位应当按照规定报送地方志资料，并对所提供资料的真实性与准确性负责。

地方志资料年报承报单位向相关单位和个人征集地方志资料，有关单位和个人应当提供支持。

第十九条 在地方志编纂过程中收集到的文字资料、图表、照片、音像资料、实物等以及形成的地方志文稿，需指定专职人员集中统一管理，妥善保存，不得损毁；修志工作完成后，应当依法移交档案馆（室）保存、管理。

以区行政区域名称冠名的地方志书、地方综合年鉴和以区行政区域名称冠名的专业志书、专业年鉴，应当在出版后 30 日内将样书和电子文本报送区史志办。

第四章 地方志开发利用

第二十条 加强实施地方志工作信息化建设，并将其纳入本级人民政府信息化发展规划。

区史志办应当健全完善区情网，及时、准确、完整地录入和更新资料，拓展宣传渠道和方式，加强与其他网站的合作，实现地方志资源共享，为社会提供咨询和信息服务。

第二十一条 区史志办应建立地情馆，用于地方志的保存和地情知识的普及、教育、展示，并免费向公众开放。

地情馆应当加强业务管理，强化公共服务，积极开展学术研究和国内外学术交流。

地方志承编单位撤销或者合并的，应当依法将所存地方志资料及时移送本级地方志馆保存。

鼓励单位和个人向地情馆捐赠地方志文献资料和纪念性实物，地情馆应当向捐赠者颁发收藏纪念证书，对具有一定收藏价值的给予适当物质奖励。

第二十二条 区史志办应为区域经济社会的全面发展服务。通过地情调查、地情研究、地情咨询、地情教育等方式，拓展地方志文化服务渠道。加强地方志文化宣传，及时公布地方志书出版信息，并通过媒体向社会推介。

第五章 法律责任

第二十三条 违反本办法规定，有下列行为之一的，由区史志办提请本级人民政府责令限期改正；逾期不改正的，视情节依法追究有关单位和个人的责任。

（一）擅自编纂出版以区行政区域名称冠名的地方志书、地方综合年鉴的；

（二）未经审查、验收、批准，将列入地方志工作规划的地方志稿擅自交付出版的；

（三）对已经审查批准的地方志稿擅自进行较大改动的；

（四）拒绝承担或者无故拖延地方志编纂任务、地方志资料年报任务的；

（五）拒绝向区史志办备案或者报送样书的；

（六）提供虚假地方志资料，故意损毁地方志资料的；

（七）未妥善保管地方志资料或者未按规定报送的；

（八）将收集到的地方志资料和编写的地方志文稿据为已有的。

有前款第（一）项行为，造成重大损失或者恶劣影响的，地方志工作机构或者持有单位和相关部门可以依法向人民法院提起诉讼。

第二十四条 地方志书经审查验收出版后，存在违反宪法、法律、法规规定内容的，由同级或者上级人民政府责令采取相应措施予以纠正，并视情节追究有关单位和个人的责任。

第六章 附则

第二十五条 本办法自 2013 年 6 月 1 日起施行，有效期至 2016 年 6 月 1 日。

青岛市李沧区人民政府关于印发《李沧区地方志工作管理办法》的通　知

青李沧政发〔2014〕71号

各街道办事处、区政府各部门、区直各单位、各有关单位：

现将《李沧区地方志工作管理办法》已经区政府研究通过，现印发给你们，望认真贯彻执行。

李沧区人民政府

二〇一四年十二月二十五日

李沧区地方志工作管理办法

第一章　总则

第一条　为规范地方志的编纂、管理和开发利用，发挥地方志传承文明、促进经济社会发展的作用，根据国务院《地方志工作条例》《山东省地方史志工作条例》和《青岛市地方志工作规定》，结合本区实际，制定本办法。

第二条　本办法适用于李沧区行政区域内地方志的资料征集、组织编纂、开发利用和管理服务工作。

第三条　本办法所称地方志，包括地方志书、地方综合年鉴、专业志书、专业年鉴和相关地情文献。

地方志书，是指全面、客观、系统地记述本行政区域内自然、政治、经济、文化、社会等方面的历史与现状的资料性文献，包括区志、街道志、村（社区）志等。

地方综合年鉴，是指全面系统记述本行政区域内自然、政治、经济、文化、社会等方面情况的年度资料性文献，包括区年鉴、街道年鉴。

专业志书是指以行政区域名称冠名的，记述行业、部门以及某一专项事业或者事物作为特定对象，客观反映其历史与现状的资料性文献，包括行业志、部门志和专业志。

专业年鉴是指以行政区域名称冠名的，记述行业、部门以及某一专项事业或者事物作为特定对象，客观反映其年度情况的资料性文献，包括行业年鉴、部门年鉴和专业年鉴。

相关地情文献是指除地方志书、地方综合年鉴、专业志书、专业年鉴以外，系统记述本行政区域内全面工作或专项工作的资料性书籍，包括机关、社会团体、企业事业单位及社区编纂的以行政区域冠名的地情类出版物。

第四条 区人民政府领导本行政区域内地方志工作，健全地方志工作机构，明确人员编制，规范业务建设，保障工作条件，将地方志工作纳入国民经济和社会发展规划，列入年度工作考核内容，所需经费列入本级财政预算。

第五条 区人民政府负责地方志的工作机构是区史志办公室，主管本行政区域内的地方志工作，履行下列职责：

（一）宣传、贯彻、执行有关地方志工作的法律、法规、规章和相关政策；

（二）拟定地方志工作规划和编纂方案，制定地方志工作制度和业务规范；

（三）组织、指导、督促、检查地方志工作；

（四）编纂、审查、验收、出版地方志书、地方综合年鉴，指导编纂专业志书、专业年鉴和相关地情文献；

（五）建立健全和实施地方志资料年报制度，征集、整理、保存地情文献和资料；

（六）全面加强信息化建设，不断完善地情网，推进地方志文献资源数字化，为社会读志用志提供服务；

（七）整理校点旧志等古籍地情文献；

（八）开发利用地方志资源，开展地情研究和地方志学术研究，开展对外文化交流；

（九）培训地方志编纂人员；

（十）完成本级人民政府和上级地方志工作机构交办的其他任务。

第六条 区人民政府对区史志办公室和地方志承编单位的工作定期进行督查并予以通报。

第七条 区人民政府对在地方志工作中做出突出成绩和贡献的单位、个人，可按照规定给予表彰和奖励。

第二章　地方志编纂

第八条 区史志办公室根据上一级地方志编纂总体工作规划，制定本级人民政府地方志编纂规划，经本级人民政府批准后实施，并报上一级地方志工作机构备案。

以区行政区域名称冠名的地方志书、地方综合年鉴，由区史志办公室按照地方志编纂规划组织编纂。

第九条 地方志书每 20 年左右编修一次；遇有区划调整等，应当从实际情况出发适时组织编纂。地方综合年鉴按年度编纂出版。专业志书、专业年鉴和相关地情文献由有关单位适时组织编纂。

第十条 本区各级机关、人民团体、企事业单位和其他社会组织，以及驻区机构（以下称承编单位），应当按照区人民政府地方志工作规划和任务，明确本单位地方志编纂机构和人员，参与地方志编纂，并接受区史志办公室的业务指导和督促检查，按照规定的期限和质量标准完成任务。

第十一条 地方志编纂人员实行专兼职相结合. 专职人员应当经过专业岗位培训，具备相应的专业知识和学术水平。应当吸收各个领域的专家、学者和熟悉地情、具有较高编纂水平的人员参加地方志编纂，科研单位、高等院校和其他社会组织应当予以支持。

地方志编纂人员应当忠于史实，准确记述相关情况。任何单位和个人不得要求编纂人员在地方志中作虚假记述。

第十二条 地方志应当做到存真求实、经世致用，具有独特的文化价值和恒久的使用价值。地方志的编纂和出版发行应当符合国家有关法律、法规和国家、省、市地方志工作机构制定的质量标准及编纂规范。

地方志编纂工作涉及国家秘密、商业秘密和个人隐私的，应当遵守有关法律、法规的规定；涉及军事内容的，应当遵守中央军委关于军事志编纂的有关规定。

第十三条 地方志的编纂工作应严格按照程序开展，采取分级审查负责制。

（一）以区行政区域名称冠名、列入区地方志编纂规划的地方志书，由承编单位按照分工组织编写并进行内部评审后，提交区史志办公室；区史志办公室组织总纂修改和专家评审，报市地方志工作机构终审，经区人民政府批准后出版，样书报省、市地方志工作机构备案。承编单位应当按照总纂修改、专家评审和终审意见，开展修改和校对工作，并对相关内容负责。

（二）街道、村（社区）志编纂的以区行政区域名称冠名的地方志书，由相关街道和部门组织编纂。承编单位应当将编纂方案和志稿篇目报区史志办公室预审，编纂文稿经审查后出版，样书报区史志办公室备案。

（三）以区行政区域名称冠名的专业志书，编纂单位应当将编纂方案和基本篇目报区史志办公室预审，编纂文稿经审查后出版，样书报区史志办公室备案。

（四）以区行政区域名称冠名的地方综合年鉴，由区史志办公室组织编纂，经区人民政府审查批准后出版，样书报上一级地方志工作机构备案。

以区行政区域名称冠名的专业年鉴、相关地情文献，编纂单位应当将编纂方案报区史志办公室预审，出版后样书报区史志办公室备案。

街道、村（社区）编纂的相关地情文献由区史志办公室审查验收。

第十四条 地方志经审查验收合格后，进入出版程序。出版形式（公开出版发行或内部准印发行）由编纂单位决定。

以区行政区域名称冠名的地方志书、地方综合年鉴、专业志书、专业年鉴在版式、开本、装帧式样上应统一设计风格，采用大度 16 开本（成品尺寸 210 毫米×285 毫米），文字通栏横排。书名前冠以“青岛市李沧区新编地方志丛书”，位于志书封面左上方。书名采用印刷体，不用个人题签。

第十五条 以区行政区域名称冠名的地方志书、地方综合年鉴、专业志书、专业年鉴为职务作品，其著作权依法由组织编纂的地方志工作机构享有，参与编纂的人员享有署名权。

地方志工作成果可以按照有关规定参加国家、省和市优秀社会科学成果或者相关成果评奖。

第三章 地方志资料管理

第十六条 区史志办公室依法向各级机关、社会团体、企业事业单位和其他组织以及个人征集文字、图表、照片、音像、电子文本、实物等各种地方志资料，有关单位和公民应当积极配合，提供便利。有关单位和个人有提供资料的责任和义务。涉及国家秘密、商业秘密和个人隐私的，按照国家有关规定办理。

本区行政区域内的国家档案馆、公共图书馆、国有博物馆等相关单位应当免费为地方志编纂工作提供资料或者查询服务。地方志出版后应当向提供资料的国家档案馆、公共图书馆、国有博物馆无偿提供馆藏书。

第十七条 区人民政府应当建立本行政区域地方志资料年报制度。区史志办公室负责确定本地区地方志资料年报承报单位，并根据地方志资料年报工作需要进行调整。

第十八条 地方志资料年报承报单位应当按照规定组织开展地方志资料年报编写工作，于每年 12 月底前完成本年度地方志资料年报编写任务，并报区史志办公室验收。

承报单位应当按照规定报送地方志资料，并对所提供资料的真实性与准确性负责。

地方志资料年报承报单位向相关单位和个人征集地方志资料，有关单位和个人应当提供支持。

第十九条 在地方志编纂过程中收集到的文字资料、图表、照片、音像资料、实物等以及形成的地方志文稿，需指定专职人员集中统一管理，妥善保存，不得损毁；修志工作完成后，应当依法移交档案馆（室）保存、管理。

以区行政区域名称冠名的地方志书、地方综合年鉴和以区行政区域名称冠名的专业志书、专业年鉴，应当在出版后 30 日内将样书和电子文本报送区史志办公室。

第四章 地方志开发利用

第二十条 加强实施地方志工作信息化建设，并将其纳入本级人民政府信息化发展规划。

区史志办公室应当健全完善区情网，及时、准确、完整地录入和更新资料，拓展宣传渠道和方式，加强与其他网站的合作，实现地方志资源共享，为社会提供咨询和信息服务。

第二十一条 区史志办公室应建立地情馆，用于地方志的保存和地情知识的普及、教育、展示，并免费向公众开放。

地情馆应当加强业务管理，强化公共服务，积极开展学术研究和国内外学术交流。

地方志承编单位撤销或者合并的，应当依法将所存地方志资料及时移送本级地方志馆保存。

鼓励单位和个人向地情馆捐赠地方志文献资料和纪念性实物，地情馆应当向捐赠者颁发收藏纪念证书，对具有一定收藏价值的给予适当物质奖励。

第二十二条 区史志办公室应为区域经济社会的全面发展服务。

通过地情调查、地情研究、地情咨询、地情教育等方式，拓展地方志文化服务渠道。加强地方志文化宣传，及时公布地方志书出版信息，并通过媒体向社会推介。

第五章 法律责任

第二十三条 违反本办法规定，有下列行为之一的，由区史志办公室提请本级人民政府责令限期改正；逾期不改正的，视情节依法追究有关单位和个人的责任。

（一）擅自编纂出版以区行政区域名称冠名的地方志书、地方综合年鉴的；

（二）未经审查、验收、批准，将列入地方志工作规划的地方志稿擅自交付出版的；

（三）对已经审查批准的地方志稿擅自进行较大改动的；

（四）拒绝承担或者无故拖延地方志编纂任务、地方志资料年报任务的；

（五）拒绝向区史志办公室备案或者报送样书的；

（六）提供虚假地方志资料，故意损毁地方志资料的；

（七）未妥善保管地方志资料或者未按规定报送的；

（八）将收集到的地方志资料和编写的地方志文稿据为己有的。

有前款第（一）项行为，造成重大损失或者恶劣影响的，地方志工作机构或者持有单位和相关部门可以依法向人民法院提起诉讼。

第二十四条 地方志书经审查验收出版后，存在违反宪法、法律、法规规定内容的，由同级或者上级人民政府责令采取相应措施予以纠正，并视情节追究有关单位和个人的责任。

第六章 附则

第二十五条 本办法自 2015 年 1 月 1 日起施行，有效期 5 年。

第二十六条 本办法解释权归区史志办公室。

青岛市城阳区人民政府关于印发《城阳区地方志工作管理办法》的通　知

青城政发〔2013〕34号

各街道办事处，区政府各部门，区直各单位，省、市驻城阳各单位：

现将《城阳区地方志工作管理办法》印发给你们，请认真遵照执行。

青岛市城阳区人民政府

二〇一三年十二月二日

城阳区地方志工作管理办法

第一章　总则

第一条　为规范和加强地方志的编纂、管理和开发利用工作，发挥地方志传承文明、促进经济社会发展的作用，根据国务院《地方志工作条例》《山东省地方史志工作条例》和《青岛市地方志工作规定》，结合我区实际，制定本办法。

第二条　本区行政区域内地方志的编纂、资料管理和开发利用等工作，适用本办法。

第三条　本办法所称地方志，包括地方志书、地方综合年鉴、专业志书、专业年鉴和相关地情文献。

地方志书是指全面、客观、系统地记述本行政区域内自然、政治、经济、文化、社会等方面的历史与现状的资料性文献，包括区志、街道志、社区（村）志等。

地方综合年鉴是指全面系统记述本行政区域内自然、政治、经济、文化、社会等方面情况的年度资料性文献，包括区年鉴、街道年鉴。

专业志书是指以行政区域名称冠名的，记述行业、部门以及某一专项事业或者事物作为特定对象，客观反映其历史与现状的资料性文献，包括行业志、部门志和专业志。

专业年鉴是指以行政区域名称冠名的，记述行业、部门以及某一专项事业或者事物作为特定对象，客观反映其年度情况的资料性文献，包括行业年鉴、部门年鉴和专业年鉴。

相关地情文献是指除地方志书、地方综合年鉴、专业志书、专业年鉴以外，系统记述本行政区域内全面工作或专项工作的资料性书籍，包括机关、社会团体、企业事业单位及社区编纂的以行政区域冠名的地情类出版物。

第四条 区人民政府领导本行政区域内地方志工作，健全地方志工作机构，明确人员编制，规范业务建设，保障工作条件，将地方志工作纳入国民经济和社会发展规划，所需经费列入本级财政预算。

第五条 区史志办公室（以下简称区史志办）主管本行政区域内的地方志工作，履行下列职责：

（一）宣传、贯彻、执行有关地方志工作的法律、法规、规章和相关政策；

（二）拟定地方志工作规划和编纂方案，制定地方志工作制度和业务规范；

（三）组织、指导、督促、检查地方志工作；

（四）编纂、审查、验收、出版地方志书、地方综合年鉴，指导编纂专业志书、专业年鉴和相关地情文献；

（五）建立健全和实施地方志资料年报制度，征集、整理、保存地情文献和资料；

（六）全面加强信息化建设，不断完善地情网，推进地方志文献资源数字化，为社会读志用志提供服务；

（七）建设区地情馆，保存地方史志文献；

（八）整理校点旧志等古籍地情文献；

（九）开发利用地方志资源，开展地情研究和地方志学术研究，开展对外文化交流；

（十）培训地方志编纂人员；

（十一）完成本级人民政府和上级地方志工作机构交办的其他任务。

第六条 区人民政府对区史志办和地方志承编单位的工作定期进行督查并予以通报。

第七条 区人民政府对在地方志工作中做出突出成绩和贡献的单位、个人，可按照规定给予表彰和奖励。

第二章　地方志编纂

第八条 区史志办根据上一级地方志编纂总体工作规划，制定本级人民政府地方志编纂规划，经本级人民政府批准后实施，并报上一级地方志工作机构备案。

以区行政区域名称冠名的地方志书、地方综合年鉴，由区史志办按照地方志编纂规划组织编纂。

第九条 地方志书每20年左右编修一次；遇有区划调整等，应当从实际情况出发适时组织编纂。地方综合年鉴按年度编纂出版。专业志书、专业年鉴和相关地情文献由有关单位适时组织编纂。

第十条 本区各级机关、人民团体、企事业单位和其他社会组织，以及驻区机构（以下称承编单位），应当按照区人民政府地方志工作规划和任务，明确本单位地方志编纂机构和人员，参与地方志编纂，并接受区史志办的业务指导和督促检查，按照规定的期限和质量标准完成任务。

第十一条 地方志编纂人员实行专兼职相结合。专职人员应当经过专业岗位培训，具备相应的专业知识和学术水平。应当吸收各个领域的专家、学者和熟悉地情、具有较高编纂水平的人员参加地方志编纂，科研单位、高等院校和其他社会组织应当予以支持。

地方志编纂人员应当忠于史实，准确记述相关情况。任何单位和个人不得要求编纂人员在地方志中作虚假记述。

第十二条 地方志应当做到存真求实、经世致用，具有独特的文化价值和恒久的使用价值。地方志的编纂和出版发行应当符合国家有关法律、法规和国家、省、市地方志工作机构制定的质量标准及编纂规范。

地方志编纂工作涉及国家秘密、商业秘密和个人隐私的，应当遵守有关法律、法规的规定；涉及军事内容的，应当遵守中央军委关于军事志编纂的有关规定。

第十三条 地方志的编纂工作应严格按照程序开展，采取分级审查负责制。

（一）区级地方志书、地方综合年鉴、相关地情文献由区史志办组织编纂，具体程序是：

1. 区史志办按照地方志编写要求，结合本区实际，对需开展的地方志编纂工作，制定出编纂规划，上报区政府批准。

2. 区史志工作机构制定详细的编纂方案，报区政府同意下发全区，启动编纂工作。

3. 区史志工作机构负责组织编纂人员培训、业务开展、检查验收、出版发行等工作。所需经费列入同级财政预算。

4. 承编单位按照分工组织编写并进行内部评审后，提交区史志办，区史志办组织总纂修改和专家评审，承编单位应当按照总纂修改、专家评审和终审意见，开展修改和校对工作，并对相关内容负责。

5. 区志编纂形成定稿后，由区史志办写出报告，报上级地方志工作机构审定，经区政府批准后出版，样书报省、市地方志工作机构备案。

（二）街道志、社区（村）志、专业志、专业年鉴及相关地情文献在区史志办的指导下组织编纂。具体程序是：

1. 有关街道、部门（单位）、社区（村）成立组织，制定编纂方案，报区史志办审查备案。

2. 编纂方案确定后，承编单位要制定志书篇目，经动员部署、资料征集、稿件编纂、补充资料等环节，形成初稿，由该志编纂委员会审查后，形成评审稿。

3. 评审稿形成后，在区史志办指导下组织召开志稿评审会议，根据评审意见修改完善，形成送审稿。

4. 送审稿形成后，报区史志办终审，经批准后，按照有关规定印刷出版。

5. 有关街道、部门（单位）、社区（村）在志书出版后 30 日内，向区史志办送交志书 50 本，并报送志书电子文本。区史志办负责向青岛市史志办公室上报志书工作和向山东省史志办公室上报备案工作。

第十四条 地方志经审查验收合格后，进入出版程序。

以区行政区域名称冠名的地方志书、地方综合年鉴、专业志书、专业年鉴在版式、开本、装帧式样上应统一设计风格，采用大度 16 开本（成品尺寸 210 毫米×285 毫米），文字通栏横排。书名前冠以“青岛市城阳区地方志丛书”，位于志书封面左上方。

第十五条 以区行政区域名称冠名的地方志书、地方综合年鉴、专业志书、专业年鉴为职务作品，其著作权依法由组织编纂的地方志工作机构享有，参与编纂的人员享有署名权。

地方志工作成果可以按照有关规定参加国家、省和市优秀社会科学成果或者相关成果评奖。

第三章 地方志资料管理

第十六条 区史志办可以依法向各级机关、社会团体、企业事业单位和其他组织以及个人征集文字、图表、照片、音像、电子文本、实物等各种地方志资料，有关单位和个人有提供资料的责任和义务。涉及国家秘密、商业秘密和个人隐私的，按照国家有关规定办理。

本区行政区域内的国家档案馆、公共图书馆、国有博物馆等相关单位应当免费为地方志编纂工作提供资料或者查询服务。地方志出版后应当向提供资料的国家档案馆、公共图书馆、国有博物馆无偿提供馆藏书。

第十七条 区人民政府应当建立本行政区域地方志资料年报制度。区史志办负责确定本地区地方志资料年报承报单位，并根据地方志资料年报工作需要进行调整。

第十八条 地方志资料年报承报单位应当按照规定组织开展地方志资料年报编写工作，于每年 6 月底前完成上年度地方志资料年报编写任务，并报区史志办验收。

承报单位应当按照规定报送地方志资料，并对所提供资料的真实性与准确性负责。

地方志资料年报承报单位向相关单位和个人征集地方志资料，有关单位和个人应当提供支持。

第十九条 在地方志编纂过程中收集到的文字资料、图表、照片、音像资料、实物等以及形成的地方志文稿，需指定专职人员集中统一管理，妥善保存，不得损毁；修志工作完成后，应当依法移交档案馆（室）保存、管理，个人不得据为己有或者出租、出让、转借。

第四章 地方志开发利用

第二十条 加强实施地方志工作信息化建设，并将其纳入本级人民政府信息化发展规划。

区史志办应当健全完善区情网，及时、准确、完整地录入和更新资料，拓展宣传渠道和方式，加强与其他网站的合作，实现地方志资源共享，为社会提供咨询和信息服务。

第二十一条 区史志办应建立地情馆，用于地方志的保存和地情知识的普及、教育、展示，并免费向公众开放。

地情馆应当加强业务管理，强化公共服务，积极开展学术研究和国内外学术交流。

地方志承编单位撤销或者合并的，应当依法将所存地方志资料及时移送本级地方志馆保存。

鼓励单位和个人向地情馆捐赠地方志文献资料和纪念性实物，地情馆应当向捐赠者颁发收藏纪念证书，对具有一定收藏价值的给予适当物质奖励。

第二十二条 区史志办应为区域经济社会的全面发展服务。通过地情调查、地情研究、地情咨询、地情教育等方式，拓展地方志文化服务渠道。加强地方志文化宣传，及时公布地方志书出版信息，并通过媒体向社会推介。

第五章 法律责任

第二十三条 违反本办法规定，有下列行为之一的，由区史志办提请本级人民政府责令限期改正；逾期不改正的，视情节依法追究有关单位和个人的责任：

（一）擅自编纂出版以区行政区域名称冠名的地方志书、地方综合年鉴的；

（二）未经审查、验收、批准，将列入地方志工作规划的地方志稿擅自交付出版的；

（三）对已经审查批准的地方志稿擅自进行较大改动的；

（四）拒绝承担或者无故拖延地方志编纂任务、地方志资料年报任务的；

（五）拒绝向区史志办备案或者报送样书和电子文本的；

（六）提供虚假地方志资料，故意损毁地方志资料的；

（七）未妥善保管地方志资料或者未按规定报送的；

（八）将收集到的地方志资料和编写的地方志文稿据为己有的。

有前款第（一）项行为，造成重大损失或者恶劣影响的，地方志工作机构或者持有单位和相关部门可以依法向人民法院提起诉讼。

第二十四条 地方志书经审查验收出版后，存在违反宪法、法律、法规规定内容的，由同级或者上级人民政府责令采取相应措施予以纠正，并视情节追究有关单位和个人的责任。

第六章 附则

第二十五条 本办法由区史志办公室负责解释。

第二十六条 本办法自 2013 年 12 月 1 日起施行，有效期至 2016 年 11 月 30 日。

胶州市人民政府办公室关于印发《胶州市地方志工作规定》的通知

胶政办发〔2014〕18号

各镇政府、街道办事处，市政府各部门，市直各单位：

《胶州市地方志工作规定》已经市政府研究同意，现印发给你们，请结合实际认真贯彻执行。

胶州市人民政府办公室

二〇一四年二月二十六日

胶州市地方志工作规定

第一章　总则

第一条　为规范地方志的编纂、管理和开发利用，发挥地方志传承文明、促进经济社会发展的作用，根据国务院《地方志工作条例》《山东省地方史志工作条例》和《青岛市地方志工作规定》，结合我市实际，制定本规定。

第二条　本市行政区域内地方志的资料征集、组织编纂、开发利用和管理服务工作，适用本规定。

第三条　本规定所称地方志，包括地方志书、地方综合年鉴、专业志书、专业年鉴和相关地情文献。

地方志书，是指全面、客观、系统地记述本行政区域内自然、政治、经济、文化、社会等方面的历史与现状的资料性文献，包括市志、镇（街道办事处）志、村（社区）志等。

地方综合年鉴，是指全面系统记述本行政区域内自然、政治、经济、文化、社会等方面情况的年度资料性文献，包括市年鉴、镇（街道办事处）年鉴。

专业志书是指以行政区域名称冠名的，记述行业、部门以及某一专项事业或者事物作为特定对象，客观反映其历史与现状的资料性文献，包括行业志、部门志和专业志。

专业年鉴是指以行政区域名称冠名的，记述行业、部门以及某一专项事业或者事物作为特定对象，客观反映其年度情况的资料性文献，包括行业年鉴、部门年鉴和专业年鉴。

相关地情文献是指除地方志书、地方综合年鉴、专业志书、专业年鉴以外，系统记述本行政区域内全面工作或专项工作的资料性文献，包括机关、社会团体、企业事业单位及社区编纂的以行政区域冠名的地情类出版物。

第四条 市人民政府领导本行政区域内地方志工作，健全地方志工作机构，明确人员编制，规范业务建设，保障工作条件，将地方志工作纳入国民经济和社会发展规划，所需经费列入本级财政预算。

第五条 市人民政府负责地方志工作的机构，主管本行政区域内的地方志工作，履行下列职责：

（一）宣传、贯彻、执行有关地方志工作的法律、法规、规章和相关政策；

（二）拟定地方志工作规划和编纂方案，制定地方志工作制度和业务规范；

（三）组织、指导、督促、检查地方志工作；

（四）编纂、审查、验收、出版地方志书、地方综合年鉴，指导编纂专业志书、专业年鉴和相关地情文献；

（五）建立健全和实施地方志资料年报制度，征集、整理、保存地情文献和资料；

（六）全面加强信息化建设，不断完善地情网，推进地方志文献资源数字化，为社会读志用志提供服务；

（七）组织整理、校点旧志等古籍地情文献；

（八）开发利用地方志资源，开展地情研究和地方志学术研究，开展对外文化交流；

（九）培训地方志编纂人员；

（十）完成本级人民政府和上级地方志工作机构交办的其他任务。

第六条 市人民政府对地方志工作机构和地方志承编单位的工作定期进行督查并予以通报。

第七条 市人民政府对在地方志工作中做出突出成绩和贡献的单位、个人，可按照规定给予表彰和奖励。

第二章　地方志编纂

第八条 地方志工作机构根据上一级地方志编纂总体工作规划，制定本级人民政府地方志编纂规划，经本级人民政府批准后实施，并报上一级地方志工作机构备案。

以市行政区域名称冠名的地方志书、地方综合年鉴，由地方志工作机构按照地方志编纂规划组织编纂。

第九条 地方志书每 20 年左右编修一次；遇有区划调整等，应当从实际情况出发适时组织编纂。地方综合年鉴按年度编纂出版。专业志书、专业年鉴和相关地情文献由有关单位适时组织编纂。

第十条 本市各级机关、人民团体、企事业单位和其他社会组织以及驻胶机构（以下称承编单位），应当按照市人民政府地方志工作规划和任务，明确本单位地方志编纂机构和人员，参与地方志编纂，并接受市地方志工作机构的业务指导和督促检查，按照规定的期限和质量标准完成任务。

第十一条 地方志编纂人员实行专兼职相结合。专职人员应当经过专业岗位培训，具备相应的专业知识和学术水平。应当吸收多个领域的专家、学者和熟悉地情、具有较高编纂水平的人员参加地方志编纂，科研单位、高等院校和其他社会组织应当予以支持。

地方志编纂人员应当忠于史实，准确记述相关情况。任何单位和个人不得要求编纂人员在地方志中作虚假记述。

第十二条 地方志应当做到存真求实、经世致用，具有独特的文化价值和恒久的使用价值。地方志的编纂和出版发行应当符合国家有关法律、法规和国家、省、青岛市地方志工作机构制定的质量标准及编纂规范。

地方志编纂工作涉及国家秘密、商业秘密和个人隐私的，应当遵守有关法律、法规的规定；涉及军事内容的，应当遵守中央军委关于军事志编纂的有关规定。

第十三条 地方志的编纂工作应严格按照程序开展，采取分级审查负责制。

（一）以市行政区域名称冠名、列入市地方志编纂规划的地方志书，由承编单位按照分工组织编写并进行内部评审后，提交市地方志工作机构；市地方志工作机构组织总纂修改和专家评审，报青岛市地方志工作机构终审，经市人民政府批准后出版，样书报省、青岛市地方志工作机构备案。承编单位应当按照总纂修改、专家评审和终审意见，开展修改和校对工作，并对相关内容负责。

（二）以镇（街道办事处）、村（社区）行政区域名称冠名编纂的地方志书，由相关镇（街道办事处）和部门组织编纂。承编单位应当将编纂方案和志稿篇目报市地方志工作机构预审，编纂文稿经市地方志工作机构审查后出版，样书报市地方志工作机构备案。

（三）以市行政区域名称冠名的专业志书，编纂单位应当将编纂方案和基本篇目报市地方志工作机构预审，编纂文稿经市地方志工作机构审查后出版，样书报市地方志工作机构备案。

（四）以市行政区域名称冠名的地方综合年鉴，由市地方志工作机构组织编纂，经市人民政府审查批准后出版，样书报上一级地方志工作机构备案。

以市行政区域名称冠名的专业年鉴、相关地情文献，编纂单位应当将编纂方案报市地方志工作机构预审，出版后样书报市地方志工作机构备案。

镇（街道办事处）、村（社区）编纂的相关地情文献由市地方志工作机构审查验收。

第十四条 地方志经审查验收合格后，进入出版程序。出版形式（公开出版发行或内部准印发行）由编纂单位决定。

以市行政区域名称冠名的地方志书、专业志书在版式、开本、装帧式样上应统一设计风格，采用16开本（889毫米×1194毫米），文字横排。书名前冠以“胶州市新编地方志丛书”，位于志书封面左上方。

第十五条 以市行政区域名称冠名的地方志书、地方综合年鉴、专业志书、专业年鉴为职务作品，其著作权依法由组织编纂的地方志工作机构享有，参与编纂的人员享有署名权。

地方志工作成果可以按照有关规定参加国家、省和青岛市优秀社会科学成果或者相关成果评奖。

第三章 地方志资料管理

第十六条 地方志工作机构可以依法向各级机关、社会团体、企业事业单位和其他组织以及个人征集文字、图表、照片、音像、电子文本、实物等各种地方志资料，有关单位和个人有提供资料的责任和义务，应当积极配合，提供便利。涉及国家秘密、商业秘密和个人隐私的，按照国家有关规定办理。

本市行政区域内的国家档案馆、公共图书馆、国有博物馆等相关单位应当免费为地方志编纂工作提供资料或者查询服务。地方志出版后应当向提供资料的国家档案馆、公共图书馆、国有博物馆无偿提供馆藏书。

第十七条 市人民政府应当建立本行政区域地方志资料年报制度。市地方志工作机构负责确定本地区地方志资料年报承报单位，并根据地方志资料年报工作需要进行调整。

第十八条 地方志资料年报承报单位应当按照规定组织开展地方志资料年报编写工作，于每年3月底前完成上年度地方志资料年报编写任务，并报市地方志工作机构验收。

承报单位应当按照规定报送地方志资料，并对所提供资料的真实性与准确性负责。

地方志资料年报承报单位向相关单位和个人征集地方志资料，有关单位和个人应当提供支持。

第十九条 在地方志编纂过程中收集到的文字资料、图表、照片、音像资料、实物等以及形成的地方志文稿，需指定专职人员集中统一管理，妥善保存，不得损毁；修志工作完成后，应当依法移交档案馆（室）保存、管理。

以市行政区域名称冠名的地方志书、地方综合年鉴和以市行政区域名称冠名的专业志书、专业年鉴，应当在出版后30日内将样书和电子文本报送市地方志工作机构。

第四章 地方志开发利用

第二十条 市地方志工作机构应当加强实施地方志工作信息化建设，并将其纳入本级人民政府信息化发展规划。市地方志工作机构应当健全完善市情网，及时、准确、完整地录入和更新资料，拓展宣传渠道和方式，加强与其他网站的合作，实现地方志资源共享，为社会提供咨询和信息服务。

第二十一条 市地方志工作机构应建立地情馆，用于地方志的保存和地情知识的普及、教育、展示，并免费向公众开放。

地情馆应当加强业务管理，强化公共服务，积极开展学术研究和国内外文化交流。

地方志承编单位撤销或者合并的，应当依法将所存地方志资料及时移送本级地情馆保存。

鼓励单位和个人向地情馆捐赠地方志文献资料和纪念性实物，地情馆应当向捐赠者颁发收藏纪念证书，对具有一定收藏价值的给予适当物质奖励。

第二十二条 地方志工作机构应为区域经济社会的全面发展服务。

通过地情调查、地情研究、地情咨询、地情教育等方式，拓展地方志文化服务渠道。加强地方志文化宣传，及时公布地方志书出版信息，并通过媒体向社会推介。

第二十三条 城市建设涉及对历史建筑或者其他历史遗存进行利用和开发，建设单位需要查询相关地情资料的，地方志工作机构应当提供相应服务。

第五章 法律责任

第二十四条 违反本规定，有下列行为之一的，由地方志工作机构提请本级人民政府责令限期改正；逾期不改正的，视情节依法追究有关单位和个人的责任。

（一）擅自编纂出版以市行政区域名称冠名的地方志书、地方综合年鉴的；

（二）未经审查、验收、批准，将列入地方志工作规划的地方志稿擅自交付出版的；

（三）对已经审查批准的地方志稿擅自进行较大改动的；

（四）拒绝承担或者无故拖延地方志编纂任务、地方志资料年报任务的；

（五）拒绝向地方志工作机构备案或者报送样书的；

（六）提供虚假地方志资料，故意损毁地方志资料的；

（七）未妥善保管地方志资料或者未按规定报送的；

（八）将收集到的地方志资料和编写的地方志文稿据为己有的。

有前款第（一）项行为，造成重大损失或者恶劣影响的，地方志工作机构或者持有单位和相关部门可以依法向人民法院提起诉讼。

第二十五条 地方志书经审查验收出版后，存在违反宪法、法律、法规规定内容的，由同级或者上级人民政府责令采取相应措施予以纠正，并视情节追究有关单位和个人的责任。

第六章 附则

第二十六条 本规定自2014年3月1日起施行。

即墨市人民政府关于印发《即墨市地方志工作管理办法》的通知

即政发〔2013〕38号

各镇人民政府，各街道办事处，各中心社区管委，经济开发区、田横岛省级旅游度假区、省级高新技术产业开发区管委，市政府各部门，市直各单位：

现将《即墨市地方志工作管理办法》印发给你们，望认真贯彻执行。

即墨市人民政府

二〇一三年八月一日

即墨市地方志工作管理办法

第一章　总则

第一条　为规范和加强地方志的编纂、资料管理和开发利用工作，发挥地方志促进经济社会发展的作用，根据国务院《地方志工作条例》《山东省地方史志工作条例》和《青岛市地方志工作规定》，结合本市实际，制定本办法。

第二条　本市行政区域内地方志的编纂、资料管理和开发利用工作，适用本办法。

第三条　本办法所称地方志，包括地方志书、地方综合年鉴、专业志书、专业年鉴和相关地情文献。

地方志书是指全面系统地记述本行政区域自然、政治、经济、文化、社会的历史与现状的资料性文献。包括市志、镇（街道）志、村（社区）志。

地方综合年鉴是指全面系统地记述本行政区域内自然、政治、经济、文化、社会等方面情况的年度资料性文献，包括市年鉴、镇（街道）年鉴。

专业志书是指以行政区域名称冠名，记述行业、部门以及某一专项事业或者事物，全面反映其历史与现状的资料性文献，包括行业志、部门志和专业志。

专业年鉴是指以行政区域名称冠名，记述行业、部门以及某一专项事业或事物，全面反映其年度情况的资料性文献，包括行业年鉴、部门年鉴和专业年鉴。

相关地情文献是指除地方志书、地方综合年鉴、专业志书、专业年鉴以外，系统记述本行政区域相关领域情况的资料性文献，包括机关、社会团体、企事业单位及村（社区）编纂的地情类出版物。

第四条 市（镇）政府领导本行政区域地方志工作，健全地方志工作机构，明确人员编制，规范业务建设，保障工作条件，将地方志工作纳入本地经济和社会发展规划，所需经费列入本级财政预算。

第五条 市史志办公室是本市行政区域地方志工作的主管机构，履行下列职责：

（一）宣传、贯彻、执行有关地方志工作的法律、法规、规章、规定和相关政策；

（二）拟定地方志工作规划和编纂方案，制定地方志工作制度和业务规范；

（三）组织、指导、督促、检查地方志工作；

（四）编纂、审查、验收、出版地方志书、地方综合年鉴，指导编纂专业志书、专业年鉴和相关地情文献；

（五）建立健全和实施地方志资料年报制度，征集、整理、保存地情文献和资料；

（六）全面加强信息化建设，不断完善地情网，推进地方志文献资源数字化，为社会读志用志提供服务；

（七）建设市方志馆，保存地方史志文献；

（八）整理校点旧志等古籍地情文献；

（九）开发利用地方志资源，开展地情研究和地方志学术研究，开展对外文化交流；

（十）培训地方志编纂人员；

（十一）完成市政府和上级地方志工作机构交办的其他任务。

第六条 市政府对地方志工作机构和地方志承编单位的工作定期进行督查并予以通报。

第七条 市政府对地方志工作中做出突出成绩和贡献的单位、个人，按照规定给予表彰和奖励。

第二章 地方志编纂

第八条 市史志办根据上一级地方志编纂总体工作规划，制定我市地方志编纂规划，经市政府批准后实施，并报上一级地方志工作机构备案。

以市行政区域名称冠名的地方志书、地方综合年鉴的编纂工作，由市史志办按照地方志编纂规划组织编纂。

第九条 地方志书每20年左右编修一次；遇有区划调整等，应当从实际情况出发适时组织编纂。地方综合年鉴按年度编纂出版。专业志书、专业年鉴和相关地情文献由有关单位适时组织编纂。

每一轮地方志书编修工作完成后，市史志办在编纂地方综合年鉴、专业志、搜集资料、向社会提供咨询服务的同时，启动新一轮地方志书的编修工作。

第十条 本市各级机关、人民团体、企事业单位和其他社会组织，以及驻市机构（以下称承编单位），应当按照我市地方志工作规划和任务，明确本单位地方志编纂机构和人员，参与地方志编纂，并接受市史志办的业务指导和督促检查，按照规定的期限和质量标准完成任务。

第十一条 地方志编纂人员实行专兼职相结合。专职人员应当经过专业岗位培训，具备相应的专业知识和学术水平。应当吸收多个领域的专家、学者和熟悉地情、具有较高编纂水平的人员及志愿者参加地方志编纂，科研单位、高等院校和其他社会组织应当予以支持。

编纂地方志应当做到存真求实、客观公正、忠于史实、准确记述相关情况。任何单位和个人不得要求编纂人员在地方志等文献中做虚假记述。

第十二条 地方志应当做到存真求实、经世致用，具有独特的文化价值和恒久的使用价值。地方志的编纂和出版发行应当符合国家有关法律、法规和国家、省、青岛市地方志工作机构制定的质量标准及编纂规范。

地方志编纂工作涉及国家秘密、商业秘密和个人隐私的，应当遵守有关法律、法规的规定；涉及军事内容的，应当遵守中央军委关于军事志编纂的有关规定。

第十三条 地方志的编纂工作应严格按照程序开展，采取分级审查负责制。

（一）市级地方志书、地方综合年鉴由市史志办组织编纂，具体程序是：

1. 市史志办按照地方志编写年限要求，结合本市实际，对需开展的地方志编纂工作，制定出编纂规划，上报市政府批准。

2. 市史志工作机构制定详细的编纂方案，提交市地方志编纂委员会讨论审议后，报市政府同意下发全市，启动编纂工作。

3. 市史志工作机构负责组织编纂人员培训、业务开展、检查验收、出版发行等工作。所需经费列入同级财政预算。

4. 承编单位按照分工组织编写并进行内部评审后，提交市史志办，市史志办组织总纂修改和专家评审，承编单位应当按照总纂修改、专家评审和终审意见，开展修改和校对工作，并对相关内容负责。

5. 市志编纂形成定稿后，由市史志办写出报告，报上级地方志工作机构审定，经市政府批准后出版，样书报省、市地方志工作机构备案。

（二）镇（街道）志、村（社区）志、专业志、专业年鉴及相关地情文献在市史志办的指导下组织编纂。具体程序是：

1. 有关镇（街道）、部门（单位）、村（社区）成立组织，制定编纂方案，报市史志办审查备案；

2. 编纂方案确定后，承编单位要制定志书篇目，经动员部署、资料征集、稿件编纂、补充资料等环节，形成初稿，由该志编纂委员会审查后，形成评审稿；

3. 评审稿形成后，在市史志办指导下组织召开志稿评审会议，根据评审意见修改完善，形成送审稿；

4. 送审稿形成后，报市史志办终审，经批准后，按照有关规定印刷出版；

5. 有关镇（街道）、部门（单位）、村（社区）在志书出版后30日内，向市史志办送交志书60本，并报送志书电子文本。

第十四条 以本市行政区域名称冠名的地方志书、地方综合年鉴、专业志书、专业年鉴为职务作品，其著作权依法由组织编纂的地方志工作机构享有，参与编纂的人员享有署名权。

地方志成果可以依据有关规定参加国家、省和市优秀社会科学成果或者相关成果评奖。

第三章 地方志资料管理

第十五条 市史志办可以依法向各级机关、社会团体、企事业单位和其他组织以及个人征集文字、图表、照片、音像、电子文本、实物等各种地方志资料，有关单位和个人有提供资料的责任和义务。涉及国家秘密、商业秘密和个人隐私的，按照国家有关规定办理。

本市行政区域内的档案馆、公共图书馆、博物馆等相关单位应当免费为地方志编纂工作提供资料或者查询服务。地方志出版后应当向提供资料的档案馆、公共图书馆、博物馆无偿提供馆藏书。

第十六条 市政府应当建立本行政区域地方志资料年报制度。市史志办负责确定本地区地方志资料年报承报单位，并根据地方志资料年报工作需要进行调整。

第十七条 地方志资料年报承报单位应当按照规定组织开展地方志资料年报编写工作，于每年6月底前完成上年度地方志资料年报编写任务，并报市史志办验收。

地方综合年鉴资料承报单位应当按要求及时完成上年度年鉴资料编写任务，并报市史志办验收。

承报单位须按照规定报送地方志资料和年鉴资料，并对所提供资料的真实性与准确性负责。

地方志资料年报和地方综合年鉴资料承报单位向相关单位和个人征集地方志资料，有关单位和个人应当提供支持。

第十八条 地方志编纂过程中收集到的文字资料、图表、照片、音像、电子文本、实物等以及形成的地方志文稿，由承编单位集中统一管理，妥善保存，不得损毁；修志工作完成后，应当依法移交方志馆保存或者档案馆管理保存，个人不得据为己有或者出租、出让、转借。

第四章 地方志开发利用

第十九条 加强地方志工作信息化建设，并将其纳入我市信息化发展规划。

市史志办应当健全完善市情网，及时、准确、完整地录入和更新资料，拓展宣传渠道和方式，加强与其他网站的合作，实现地方志资源共享，为社会提供咨询和信息服务。

第二十条 市史志办应当建立方志馆，用于地方志的保存和地情知识的普及、教育、展示，并免费向公众开放。

方志馆应当加强业务管理，强化公共服务，积极开展学术研究和国内外文化交流。

地方志承编单位撤销或者合并的，应当依法将所存地方志资料及时移送方志馆保存。

鼓励单位和个人向方志馆捐赠地方志文献资料和纪念性实物，方志馆应当向捐赠者颁发收藏纪念证书，对具有一定收藏价值的给予馆存资料的优先使用权。

第二十一条 市史志办应为区域经济社会的全面发展服务。通过地情调查、地情研究、地情咨询、地情教育等方式，拓展地方志文化服务渠道。加强地方志文化宣传，及时公布地方志书出版信息，并通过媒体向社会推介。

第五章 法律责任

第二十二条 违反本办法规定，有下列行为之一的，由市史志办责令其停止违法行为并限期改正；逾期不改正的，视情节依法追究有关单位和个人的责任：

（一）擅自编纂出版以市行政区域名称冠名的地方志书、地方综合年鉴的；

（二）未经审查、验收、批准，将地方志稿擅自交付出版的；

（三）对已经审查批准的地方志稿擅自进行较大改动的；

（四）拒绝承担或者无故拖延地方志编纂任务、地方志资料年报任务的；

（五）拒绝向市史志办备案或者报送样书和电子文本的；

（六）提供虚假地方志资料，故意损毁地方志资料或将其据为已有的；

（七）未妥善保管地方志资料或者未按规定报送的；

（八）将收集到的地方志资料和编写的地方志稿据为已有的。

违反第（一）款项行为，造成重大损失或者恶劣影响的，地方志工作机构或者持有单位和相关部门可以依法向人民法院提起诉讼。

第二十三条 地方志书经审查验收出版后，存在违反宪法、法律、法规规定内容的，由同级或者上级人民政府责令采取相应措施予以纠正，并视情节追究有关单位和个人的责任。

第二十四条 任何单位和个人有权对违反本办法的行为向市史志办检举。

第六章 附则

第二十五条 本办法由市史志办负责解释。

第二十六条 本办法自发布之日起施行。

平度市人民政府关于印发《平度市地方志工作管理办法》的通　知

平政字〔2013〕59号

各镇人民政府、街道办事处，各园区管委，市政府各部门，市直各单位：

《平度市地方志工作管理办法》已经市政府2013年第17次市长办公会议研究同意，现印发给你们，望认真遵照执行。

平度市人民政府

二〇一三年十二月三十一日

平度市地方志工作管理办法

第一章　总则

第一条　为规范地方志的编纂、管理和开发利用，发挥地方志传承文明、促进经济社会发展的作用，根据国务院《地方志工作条例》《山东省地方史志工作条例》和《青岛市地方志工作规定》，结合本市实际，制定本办法。

第二条　本市行政区域内地方志的资料征集、组织编纂、开发利用和管理服务等工作，适用于本办法。

第三条　本办法所称地方志，包括地方志书、地方综合年鉴、专业志书、专业年鉴和相关地情文献。

地方志书，是指全面、客观、系统地记述本行政区域内自然、政治、经济、文化、社会等方面的历史与现状的资料性文献，包括市志、镇（街道、园区）志、村（社区）志等。

地方综合年鉴，是指全面系统记述本行政区域内自然、政治、经济、文化、社会等方面情况的年度资料性文献，包括市年鉴、镇（街道）年鉴。

专业志书是指以行政区域名称冠名的，记述行业、部门以及某一专项事业或者事物作为特定对象，客观反映其历史与现状的资料性文献，包括行业志、部门志和专业志。

专业年鉴是指以行政区域名称冠名的，记述行业、部门以及某一专项事业或者事物作为特定对象，客观反映其年度情况的资料性文献，包括行业年鉴、部门年鉴和专业年鉴。

相关地情文献是指除地方志书、地方综合年鉴、专业志书、专业年鉴以外，系统记述本行政区域内全面工作或专项工作的资料性书籍，包括机关、社会团体、企业事业单位及社区编纂的以行政区域冠名的地情类出版物。

第四条 市人民政府领导本行政区域内地方志工作，健全地方志工作机构，明确人员编制，规范业务建设，保障工作条件，将地方志工作纳入国民经济和社会发展规划，列入年度工作考核内容，所需经费列入本级财政预算。

第五条 市史志办公室主管本行政区域内的地方志工作，履行下列职责：

（一）宣传、贯彻、执行有关地方志工作的法律、法规、规章和相关政策；

（二）拟定地方志工作规划和编纂方案，制定地方志工作制度和业务规范；

（三）组织、指导、督促、检查地方志工作；

（四）编纂、审查、验收、出版地方志书、地方综合年鉴，指导编纂专业志书、专业年鉴和相关地情文献；

（五）建立健全和实施地方志资料年报制度，征集、整理、保存地情文献和资料；

（六）全面加强信息化建设，不断完善地情网，推进地方志文献资源数字化，为社会读志用志提供服务；

（七）整理校点旧志等古籍地情文献；

（八）开发利用地方志资源，开展地情研究和地方志学术研究，开展对外文化交流；

（九）培训地方志编纂人员。

（十）完成本级人民政府和上级地方志工作机构交办的其他任务。

第六条 市人民政府对市史志办公室和地方志承编单位的工作定期进行督查并予以通报。

第七条 市人民政府对在地方志工作中做出突出成绩和贡献的单位、个人，可按照规定给予表彰和奖励。

第二章　地方志编纂

第八条 市史志办公室根据上级地方志编纂总体工作规划，制定我市地方志编纂规划，经市政府批准后实施，并报上级地方志工作机构备案。

以市行政区域名称冠名的地方志书、地方综合年鉴，由市史志办公室按照地方志编纂规划组织编纂。

第九条 地方志书每 20 年左右编修一次；遇有区划调整等，应当从实际情况出发适时组织编纂。地方综合年鉴按年度编纂出版。专业志书、专业年鉴和相关地情文献由有关单位适时组织编纂。

第十条 各级机关、人民团体、企事业单位和其他社会组织，以及驻市机构（以下称承编单位），应当按照市政府地方志工作规划和任务，明确本单位地方志编纂机构和人员，参与地方志编纂，并接受市史志办公室的业务指导和督促检查，按照规定的期限和质量标准完成任务。

第十一条 地方志编纂人员实行专兼职相结合，专职人员应当经过专业岗位培训，具备相应的专业知识和学术水平。应当吸收各个领域的专家、学者和熟悉地情、具有较高编纂水平的人员参加地方志编纂，有关单位和社会组织应当予以支持。

地方志编纂人员应当忠于史实，准确记述相关情况。任何单位和个人不得要求编纂人员在地方志中作虚假记述。

第十二条 地方志应当做到存真求实、经世致用，具有独特的文化价值和恒久的使用价值。地方志的编纂和出版发行应当符合国家有关法律、法规和国家、省、市地方志工作机构制定的质量标准及编纂规范。

地方志编纂工作涉及国家秘密、商业秘密和个人隐私的，应当遵守有关法律、法规的规定；涉及军事内容的，应当遵守中央军委关于军事志编纂的有关规定。

第十三条 地方志的编纂工作应严格按照程序开展，采取分级审查负责制。

（一）以市行政区域名称冠名、列入市地方志编纂规划的地方志书，由承编单位按照分工组织编写并进行内部评审后，提交市史志办公室；市史志办公室组织总纂修改和专家评审，报青岛市地方志工作机构终审，经平度市人民政府批准后出版，样书报山东省、青岛市地方志工作机构备案。承编单位应当按照总纂修改、专家评审和终审意见，开展修改和校对工作，并对相关内容负责。

（二）镇（街道、园区）、村（社区）编纂的以本级行政区域名称冠名的地方志书，由相关镇（街道、园区）和村（社区）组织编纂。承编单位应当将编纂方案和志稿篇目报市史志办公室预审，编纂文稿经市史志办公室审查后出版，样书报市史志办公室备案。

（三）以市行政区域名称冠名的专业志书，编纂单位应当将编纂方案和基本篇目报市史志办公室预审，编纂文稿经市史志办公室审查后出版，样书报市史志办公室备案。

（四）以市行政区域名称冠名的地方综合年鉴，由市史志办公室组织编纂，经市人民政府审查批准后出版，样书报上一级地方志工作机构备案。

以市行政区域名称冠名的专业年鉴、相关地情文献，编纂单位应当将编纂方案报市史志办公室预审，出版后样书报市史志办公室备案。

镇（街道、园区）、村（社区）编纂的相关地情文献由市史志办公室审查验收。

第十四条 地方志经审查验收合格后，进入出版程序。出版形式、装帧设计、文字编排、图表使用等，应符合国家、山东省、青岛市各级业务部门关于出版印刷的有关规定。

第十五条 以市行政区域名称冠名的地方志书、地方综合年鉴、专业志书、专业年鉴为职务作品，其著作权依法由组织编纂的地方志工作机构享有，参与编纂的人员享有署名权。

地方志工作成果可以按照有关规定参加国家、省和市优秀社会科学成果或者相关成果评奖。

第三章　资料管理

第十六条　市史志办公室可以依法向各级机关、社会团体、企业事业单位和其他组织以及个人征集文字、图表、照片、音像、电子文本、实物等各种地方志资料，有关单位和公民应当积极配合，提供便利。有关单位和个人有提供资料的责任和义务。涉及国家秘密、商业秘密和个人隐私的，按照国家有关规定办理。

本市行政区域内的国家档案馆、公共图书馆、国有博物馆等相关单位应当免费为地方志编纂工作提供资料或者查询服务。地方志出版后应当向提供资料的国家档案馆、公共图书馆、国有博物馆无偿提供馆藏书。

第十七条　市人民政府应当建立本行政区域地方志资料年报制度。市史志办公室负责确定本地区地方志资料年报承报单位，并根据地方志资料年报工作需要进行调整。

第十八条　地方志资料年报承报单位应当按照规定组织开展地方志资料年报编写工作，于每年 6 月底前完成本年度地方志资料年报编写任务，并报市史志办公室验收。

承报单位应当按照规定报送地方志资料，并对所提供资料的真实性与准确性负责。

地方志资料年报承报单位向相关单位和个人征集地方志资料，有关单位和个人应当提供支持。

第十九条　在地方志编纂过程中收集到的文字资料、图表、照片、音像资料、实物等以及形成的地方志文稿，需指定专职人员集中统一管理，妥善保存，不得损毁；修志工作完成后，应当依法移交档案馆（室）保存、管理。

以市行政区域名称冠名的地方志书、地方综合年鉴和以市行政区域名称冠名的专业志书、专业年鉴，应当在出版后 30 日内将样书和电子文本报送市史志办公室。

第四章　地方志开发利用

第二十条　加强实施地方志工作信息化建设，并将其纳入本级人民政府信息化发展规划。

市史志办公室应当健全完善市情网，及时、准确、完整地录入和更新资料，拓展宣传渠道和方式，加强与其他网站的合作，实现地方志资源共享，为社会提供咨询和信息服务。

第二十一条　市史志办公室应建立地情馆，用于地方志的保存和地情知识的普及、教育、展示，并免费向公众开放。

地情馆应当加强业务管理，强化公共服务，积极开展学术研究和国内外学术交流。

地方志承编单位撤销或者合并的，应当依法将所存地方志资料及时移送本级地方志馆保存。

鼓励单位和个人向地情馆捐赠地方志文献资料和纪念性实物，地情馆应当向捐赠者颁发收藏纪念证书，对具有一定收藏价值的给予适当物质奖励。

第二十二条 市史志办公室应为区域经济社会的全面发展服务。通过地情调查、地情研究、地情咨询、地情教育等方式，拓展地方志文化服务渠道。加强地方志文化宣传，及时公布地方志书出版信息，并通过媒体向社会推介。

第五章 法律责任

第二十三条 违反本办法规定，有下列行为之一的，由市史志办公室提请本级人民政府责令限期改正；逾期不改正的，视情节依法追究有关单位和个人的责任。

（一）擅自编纂出版以市行政区域名称冠名的地方志书、地方综合年鉴的；

（二）未经审查、验收、批准，将列入地方志工作规划的地方志稿擅自交付出版的；

（三）对已经审查批准的地方志稿擅自进行较大改动的；

（四）拒绝承担或者无故拖延地方志编纂任务、地方志资料年报任务的；

（五）拒绝向市史志办公室备案或者报送样书的；

（六）提供虚假地方志资料，故意损毁地方志资料的；

（七）未妥善保管地方志资料或者未按规定报送的；

（八）将收集到的地方志资料和编写的地方志文稿据为己有的。

有前款第（一）项行为，造成重大损失或者恶劣影响的，地方志工作机构、地方史志资料所有或者持有单位和相关部门可以依法向人民法院提起诉讼。

第二十四条 地方志书经审查验收出版后，存在违反宪法、法律、法规规定内容的，由同级或者上级人民政府责令采取相应措施予以纠正，并视情节追究有关单位和个人的责任。

第六章 附则

第二十五条 本办法自 2014 年 1 月 1 日起施行，有效期至 2016 年 12 月 31 日。

莱西市人民政府关于印发《莱西市地方志工作管理办法》的通　知

西政发〔2014〕42号

各镇政府、街道办事处，经济开发区管委会，市政府各部门，各直属企事业单位，双管单位：

现将《莱西市地方志工作管理办法》印发给你们，望认真遵照执行。

莱西市人民政府

二〇一四年十二月二十四日

莱西市地方志工作管理办法

第一章　总则

第一条　为规范和加强地方志的编纂、资料管理和开发利用工作，发挥地方志促进经济社会发展的作用，根据国务院《地方志工作条例》《山东省地方史志工作条例》和《青岛市地方志工作规定》，结合本市实际，制定本办法。

第二条　本市行政区域内地方志的编纂、资料管理和开发利用工作，适用本办法。

第三条　本办法所称地方志，包括地方志书、地方综合年鉴、专业志书、专业年鉴和相关地情文献。

地方志书是指全面系统地记述本行政区域自然、政治、经济、文化、社会的历史与现状的资料性文献。包括市志、镇（街道）志、村（社区）志。

地方综合年鉴是指全面系统地记述本行政区域内自然、政治、经济、文化、社会等方面情况的年度资料性文献，包括市年鉴、镇（街道）年鉴。

专业志书是指以行政区域名称冠名，记述行业、部门以及某一专项事业或者事物，全面反映其历史与现状的资料性文献，包括行业志、部门志和专业志。

专业年鉴是指以行政区域名称冠名，记述行业、部门以及某一专项事业或事物，全面反映其年度情况的资料性文献，包括行业年鉴、部门年鉴和专业年鉴。

相关地情文献是指除地方志书、地方综合年鉴、专业志书、专业年鉴以外，系统记述本行政区域相关领域情况的资料性文献，包括机关、社会团体、企事业单位及村（社区）编纂的以行政区域冠名的地情类出版物。

第四条 市（镇）政府领导本行政区域地方志工作，健全地方志工作机构，明确工作人员，规范业务建设，保障工作条件，将地方志工作纳入本地经济和社会发展规划，所需经费列入本级财政预算。

第五条 市史志办公室主管本行政区域的地方志工作，履行下列职责：

（一）宣传、贯彻、执行有关地方志工作的法律、法规、规章和相关政策；

（二）拟定地方志工作规划和编纂方案，制定地方志工作制度和业务规范；

（三）组织、指导、督促、检查地方志工作；

（四）编纂、审查、验收、出版地方志书、地方综合年鉴，指导编纂专业志书、专业年鉴和相关地情文献；

（五）建立健全和实施地方志资料年报制度，征集、整理、保存地情文献和资料；

（六）全面加强信息化建设，不断完善地情网，推进地方志文献资源数字化，为社会读志用志提供服务；

（七）建设市方志馆，保存地方史志文献；

（八）整理校点旧志等古籍地情文献；

（九）开发利用地方志资源，开展地情研究和地方志学术研究，开展对外文化交流；

（十）培训地方志编纂人员；

（十一）完成市政府和上级地方志工作机构交办的其他任务。

第六条 市政府对地方志工作机构和地方志承编单位的工作定期进行督查并予以通报。

第七条 市政府对地方志工作中做出突出成绩和贡献的单位、个人，按照规定给予表彰和奖励。

第二章 地方志编纂

第八条 市史志办根据上一级地方志编纂总体工作规划，制定我市地方志编纂规划，经市政府批准后实施，并报上一级地方志工作机构备案。

以市行政区域名称冠名的地方志书、地方综合年鉴的编纂工作，由市史志办按照地方志编纂规划组织编纂。

第九条 地方志书每20年左右编修一次；遇有区划调整等，应当从实际情况出发适时组织编纂。地方综合年鉴按年度编纂出版。专业志书、专业年鉴和相关地情文献由有关单位适时组织编纂。

每一轮地方志书编修工作完成后，市史志办在编纂地方综合年鉴、专业志、搜集资料、向社会提供咨询服务的同时，启动新一轮地方志书的编修工作。

第十条 本市各级机关、人民团体、企事业单位和其他社会组织，以及驻市机构(以下称承编单位)，应当按照我市地方志工作规划和任务，明确本单位地方志编纂机构和人员，参与地方志编纂，并接受市史志办的业务指导和督促检查，按照规定的期限和质量标准完成任务。

第十一条 地方志编纂人员实行专兼职相结合。专职人员应当经过专业岗位培训，具备相应的专业知识和学术水平。应当吸收多个领域的专家、学者和熟悉地情、具有较高编纂水平的人员及志愿者参加地方志编纂，科研单位、高等院校和其他社会组织应当予以支持。

编纂地方志应当做到忠于史实、准确记述相关情况。任何单位和个人不得要求编纂人员在地方志等文献中做虚假记述。

第十二条 地方志应当做到存真求实、经世致用，具有独特的文化价值和恒久的使用价值。地方志的编纂和出版发行应当符合国家有关法律、法规和国家、省、青岛市地方志工作机构制定的质量标准及编纂规范。

地方志编纂工作涉及国家秘密、商业秘密和个人隐私的，应当遵守有关法律、法规的规定；涉及军事内容的，应当遵守中央军委关于军事志编纂的有关规定。

第十三条 地方志的编纂工作应严格按照程序开展，采取分级审查负责制。

（一）市级地方志书、地方综合年鉴由市史志办组织编纂，具体程序是：

1. 市史志办按照地方志编写年限要求，结合本市实际，对需开展的地方志编纂工作，制定出编纂规划，上报市政府批准。

2. 市史志工作机构制定详细的编纂方案，提交市地方志编纂委员会讨论审议后，报市政府同意下发全市，启动编纂工作。

3. 市史志工作机构负责组织编纂人员培训、业务开展、检查验收、出版发行等工作。

4. 承编单位按照分工组织编写并进行内部评审后，提交市史志办，市史志办组织总纂修改和专家评审，承编单位应当按照总纂修改、专家评审和终审意见，开展修改和校对工作，并对相关内容负责。

5. 市志编纂形成定稿后，由市史志办写出报告，报上级地方志工作机构审定，经市政府批准后出版，样书报省、市地方志工作机构备案。市史志办负责向青岛市和山东省史志办上报备案工作。

（二）镇（街道）志、村（社区）志、专业志、专业年鉴及相关地情文献在市史志办的指导下组织编纂。具体程序是：

1. 有关镇（街道）、部门（单位）、村（社区）成立组织，制定编纂方案，报市史志办审查备案。

2. 编纂方案确定后，承编单位要制定志书篇目，经动员部署、资料征集、稿件编纂、补充资料等环节，形成初稿，由该志编纂委员会审查后，形成评审稿；

3. 评审稿形成后，在市史志办指导下组织召开志稿评审会议，根据评审意见修改完善，形成送审稿；

4. 送审稿形成后，报市史志办终审，经批准后，按照有关规定印刷出版；

5. 有关镇（街道）、部门（单位）、村（社区）在志书出版后 30 日内，向市史志办送交志书 50 本，并报送志书电子文本。市史志办负责向青岛市和山东省史志办上报备案工作。

第十四条 地方志经审查验收合格后，进入出版程序。出版形式（公开出版发行或内部准印发行）由编纂单位决定。

以行政区域名称冠名的地方志书、地方综合年鉴、专业志书、专业年鉴在版式开本、装帧式样上应统一设计风格，文字通栏横排。书名采用印刷体，不用个人题签。

第十五条 以本市行政区域名称冠名的地方志书、地方综合年鉴、专业志书、专业年鉴为职务作品，其著作权依法由组织编纂的地方志工作机构享有，参与编纂的人员享有署名权。

地方志成果可以依据有关规定参加国家、省和市优秀社会科学成果或者相关成果评奖。

第三章　地方志资料管理

第十六条 市史志办可以依法向各级机关、社会团体、企事业单位和其他组织以及个人征集文字、图表、照片、音像、电子文本、实物等各种地方志资料，有关单位和个人有提供资料的责任和义务。涉及国家秘密、商业秘密和个人隐私的，按照国家有关规定办理。

本市行政区域内的档案馆、公共图书馆、博物馆等相关单位应当免费为地方志编纂工作提供资料或者查询服务。地方志出版后应当向提供资料的档案馆、公共图书馆、博物馆无偿提供馆藏书。

第十七条 市政府应当建立本行政区域地方志资料年报制度。市史志办负责确定本地区地方志资料年报承报单位，并根据地方志资料年报工作需要进行调整。

第十八条 地方志资料年报承报单位应当按照规定组织开展地方志资料年报编写工作，于每年 6 月底前完成上年度地方志资料年报编写任务，并报市史志办验收。

地方综合年鉴资料承报单位应当按要求及时完成上年度年鉴资料编写任务，并报市史志办验收。

承报单位须按照规定报送地方志资料和年鉴资料，并对所提供资料的真实性与准确性负责。

地方志资料年报和地方综合年鉴资料承报单位向相关单位和个人征集地方志资料，有关单位和个人应当提供支持。

第十九条 地方志编纂过程中收集到的文字资料、图表、照片、音像、电子文本、实物等以及形成的地方志文稿，由承编单位集中统一管理，妥善保存，不得损毁；修志工作完成后，应当依法移交方志馆保存或者档案馆管理保存，个人不得据为己有或者出租、出让、转借。

第四章 地方志开发利用

第二十条 加强地方志工作信息化建设，并将其纳入我市信息化发展规划。

市史志办应当健全完善市情网，及时、准确、完整地录入和更新资料，拓展宣传渠道和方式，加强与其他网站的合作，实现地方志资源共享，为社会提供咨询和信息服务。

第二十一条 市史志办应当建立方志馆，用于地方志的保存和地情知识的普及、教育、展示，并免费向公众开放。

方志馆应当加强业务管理，强化公共服务，积极开展学术研究和国内外文化交流。

地方志承编单位撤销或者合并的，应当依法将所存地方志资料及时移送方志馆保存。

鼓励单位和个人向方志馆捐赠地方志文献资料和纪念性实物，方志馆应当向捐赠者颁发收藏纪念证书，对具有一定收藏价值的给予馆存资料的优先使用权。

第二十二条 市史志办应为区域经济社会的全面发展服务。通过地情调查、地情研究、地情咨询、地情教育等方式，拓展地方志文化服务渠道。加强地方志文化宣传，及时公布地方志书出版信息，并通过媒体向社会推介。

第五章 法律责任

第二十三条 违反本办法规定，有下列行为之一的，由市史志办提请本级人民政府责令其停止违法行为并限期改正；逾期不改正的，视情节依法追究有关单位和个人的责任：

（一）擅自编纂出版以市行政区域名称冠名的地方志书、地方综合年鉴的；

（二）未经审查、验收、批准，将地方志稿擅自交付出版的；

（三）对已经审查批准的地方志稿擅自进行较大改动的；

（四）拒绝承担或者无故拖延地方志编纂任务、地方志资料年报任务的；

（五）拒绝向市史志办备案或者报送样书和电子文本的；

（六）提供虚假地方志资料，故意损毁地方志资料或将其据为己有的；

（七）未妥善保管地方志资料或者未按规定报送的；

（八）将收集到的地方志资料和编写的地方志稿据为己有的。

有前款第（一）项行为，造成重大损失或者恶劣影响的，地方志工作机构或者持有单位和相关部门可以依法向人民法院提起诉讼。

第二十四条 地方志书经审查验收出版后，存在违反宪法、法律、法规规定内容的，由同级或者上级人民政府责令采取相应措施予以纠正，并视情节追究有关单位和个人的责任。

第六章 附则

第二十五条 本办法自发布之日起施行，有效期5年。

淄博市人民代表大会常务委员会关于印发《淄博市地方史志工作条例》的通知

淄人发〔2009〕21号

市人民政府、市中级人民法院、市人民检察院：

《淄博市地方史志工作条例》已经山东省第十一届人民代表大会常务委员会第十四次会议批准，并经淄博市人民代表大会常务委员会公告公布，现印发给你们，请认真贯彻执行。

淄博市人大常委会

二〇〇九年十一月三十日

山东省人民代表大会常务委员会关于批准《淄博市地方史志工作条例》的决定

（2009年11月28日山东省第十一届人民代表大会常务委员会第十四次会议通过）

山东省第十一届人民代表大会常务委员会第十四次会议经过审查，决定批准《淄博市地方史志工作条例》，由淄博市人民代表大会常务委员会公布施行。

淄博市人民代表大会常务委员会公告

〔十三届〕第16号

《淄博市地方史志工作条例》已由淄博市第十三届人民代表大会常务委员会第十五次会议于2009年10月30日通过，并经山东省第十一届人民代表大会常务委员会第十四次会议批准，现予公布，自2010年1月1日起施行。

淄博市人民代表大会常务委员会

二〇〇九年十一月三十日

淄博市地方史志工作条例

（2009年10月30日淄博市第十三届人民代表大会常务委员会第十五次会议通过）

第一条 为了全面、客观、系统地记载区域地情，科学、合理地开发利用地方史志资源，服务经济建设和社会发展，根据国务院《地方志工作条例》和《山东省地方史志工作条例》，结合本市实际，制定本条例。

第二条 本市行政区域地方史志的组织编纂、管理和开发利用工作，适用本条例。

第三条 本条例所称地方史志，包括地方志书、地方综合年鉴和相关地情文献。

地方志书，是指全面系统地记述本行政区域自然、政治、经济、文化和社会的历史与现状的资料性文献，包括市志、区县志、乡（镇、街道）志。

地方综合年鉴，是指全面系统地记述本行政区域自然、政治、经济、文化和社会等方面情况的年度资料性文献，包括市年鉴、区县年鉴、乡（镇、街道）年鉴。

相关地情文献，是指系统记述本行政区域一定领域情况的资料性文献，包括机关、社会团体、企业事业单位及村（社区）编纂的志书、年鉴和其他资料性文献。

第四条 市、区县人民政府应当加强对本行政区域地方史志工作的领导，将地方史志工作纳入国民经济和社会发展计划，保障地方史志工作机构的工作条件，地方史志工作所需经费列入本级财政预算。

第五条 市、区县人民政府地方史志工作机构主管本行政区域内的地方史志工作，履行下列职责：

（一）贯彻执行地方史志工作法律、法规；

（二）组织、指导、督促、检查地方史志工作；

（三）拟定地方史志工作规划和编纂方案；

（四）制定地方史志编纂业务规范；

（五）编纂、审查、验收地方史志文稿；

（六）建设地情网站和方志馆，开发利用地方史志资源；

（七）组织整理旧志，征集、保存地方史志文献；

（八）组织开展地方史志学术研究、业务培训；

（九）完成本级人民政府和上级业务部门交办的其他任务。

第六条 编纂地方史志应当做到存真求实、客观公正、忠于史实、确保质量。

任何单位和个人不得要求编纂人员在地方史志文献中做虚假记述。

第七条 编纂地方史志应当吸收有关方面的专家、学者参加。地方史志编纂人员实行专职与兼职相结合，专职编纂人员应当具备相应的专业知识。

第八条 承担地方志书、地方综合年鉴撰稿任务的单位应当明确责任人员，接受本级人民政府地方史志工作机构的指导，按照时间和质量要求完成撰稿任务。

第九条 以市、区县行政区域名称冠名的地方志书、地方综合年鉴，由本级人民政府地方史志工作机构组织编纂；以乡（镇、街道）行政区域名称冠名的地方志书、地方综合年鉴，由本级人民政府组织编纂。其他组织和个人不得编纂出版。

第十条 地方志书每二十年左右编修一次。每一轮地方志书编修工作完成后，地方史志工作机构在编纂地方综合年鉴、向社会提供咨询服务、组织和引导基层开展地方史志工作的同时，启动新一轮地方志书的编修工作。

以市、区县行政区域名称冠名的地方综合年鉴，由市、区县人民政府地方史志工作机构按照年度组织编纂，以出版年份为序号。

第十一条 承担地方志书、地方综合年鉴撰稿任务的单位要对所上报稿件进行保密审查。地方史志工作机构要组织相关部门对本级地方志书、地方综合年鉴文稿进行审查，重点审查地方史志文稿的内容是否符合保密、档案等法律、法规的规定。

第十二条 市、区县人民政府地方史志工作机构依法向本行政区域内机关、社会团体、企业事业单位及个人征集地方史志资料。有关单位和个人应当在规定时限内提供真实、准确的资料。地方史志工作机构可以对所需资料进行阅读、摘抄和复制，但涉及国家秘密、商业秘密和个人隐私以及不符合档案开放条件的除外。

地方史志资料所有者或者持有者提供有关资料，可以获得适当报酬。地方史志资料所有者或者持有者不得故意提供虚假资料。

第十三条 地方史志编纂过程中收集到的文字资料、图表、照片、音像资料、实物等地方史志资料及形成的文稿，由市、区县人民政府地方史志工作机构集中统一管理，妥善保存，不得损毁。编纂工作完成后，应当移交方志馆保存、管理，个人不得擅自处置。

第十四条 地方志书、地方综合年鉴出版实行分级审查批准制度：

（一）《淄博市志》经山东省地方史志编纂委员会审定，报市人民政府批准后出版；

（二）《淄博年鉴》由市志编纂委员会审定，报市人民政府批准后出版；

（三）区县志由市志编纂委员会审定，报区县人民政府批准后出版；

（四）区县年鉴由同级地方史志编纂委员会审定，报区县人民政府批准后出版；

（五）乡（镇、街道）志、年鉴由区县人民政府地方史志工作机构审查后出版。

第十五条 相关地情文献编纂出版实行备案制度：

（一）市级机关、社会团体、事业单位编纂的志书、年鉴向市人民政府地方史志工作机构备案后出版；

（二）区县机关、社会团体、事业单位编纂的志书、年鉴向区县人民政府地方史志工作机构备案后出版；

（三）村（社区）编纂的志书、年鉴向区县人民政府地方史志工作机构备案后出版。

第十六条 地方志书、地方综合年鉴文稿上报后，审查机构应当认真审查，及时出具审查意见；审查未通过的，不得公开出版；在审查过程中发现存在重大质量问题的，应当退回重修；已经通过审查，需要作重大调整和修改的，应当重新报审。

第十七条 地方志书、地方综合年鉴和相关地情文献为职务作品，其著作权由组织编纂的机构享有，参与编纂的人员依法享有署名权。

第十八条 地方志书、地方综合年鉴和相关地情文献出版后，编纂单位应当在三个月内将出版物（含纸质版、电子版）按照隶属关系或注册登记关系报地方史志工作机构。人民政府地方史志工作机构应当在一年内通过地情网站向社会公布。

第十九条 市、区县方志馆应当向社会开放，公民、法人和其他组织可以利用方志馆查阅、摘抄地方史志文献。

鼓励单位和个人向方志馆捐赠地方史志文献。对具有收藏价值的资料，方志馆应当向捐赠者颁发收藏纪念证书，并给予馆存资料的优先使用权。

第二十条 市、区县人民政府应当对在地方史志工作中取得突出成绩的单位和个人给予表彰和奖励。

地方史志作品可以参加社会科学成果评奖。

第二十一条 违反本条例规定，有下列行为之一的，由市、区县人民政府地方史志工作机构责令限期改正；逾期不改正的，由市、区县人民政府地方史志工作机构提请有关行政部门依法查处或者给予处分：

（一）无故拖延、拒不提供地方史志资料或者拒不承担编写任务的；

（二）未经批准，擅自编纂、出版以行政区域名称冠名的地方志书、地方综合年鉴及相关地情文献的；

（三）对已经审查通过的地方史志文稿擅自进行重大改动并出版的；

（四）故意提供虚假资料的；

（五）拒不向地方史志工作机构报送地方史志出版物（含纸质版、电子版）的。

第二十二条 地方史志工作机构工作人员有下列行为之一的，由其所在单位对主管人员和其他直接责任人员予以处分；造成损失的，依法承担赔偿责任；构成犯罪的，依法追究刑事责任：

（一）在地方史志编纂中故意加入虚假资料的；

（二）将地方史志编纂工作中搜集的资料和形成的文稿据为己有的；

（三）将地方史志文稿作为个人著作擅自发表的；

（四）擅自处置地方史志资料，造成损毁或遗失的。

第二十三条 本条例自 2010 年 1 月 1 日起施行。

淄博市张店区人民政府关于印发《张店区地方史志工作暂行办法》的通　知

张政发〔2011〕54号

各镇人民政府、街道办事处，区政府有关部门，各有关单位：

《张店区地方史志工作暂行办法》已经区政府研究同意，现印发给你们，请认真贯彻执行。

淄博市张店区人民政府

二〇一一年四月十四日

张店区地方史志工作暂行办法

第一条　为规范和加强全区地方史志工作，全面、客观、系统地编纂地方志，科学地积累、保存与开发利用地方史志资源，根据国务院《地方史志工作条例》《山东省地方史志工作条例》和《淄博市地方史志工作条例》，结合本区实际，制定本办法。

第二条　本办法适用于本行政区域内地方史志的资料征集、研究、组织编纂、管理、开发利用和咨询服务工作。

第三条　本办法所称地方史志，是指地方志书、地方综合年鉴及地情文献。

地方志书，是指全面系统地记述本行政区域自然、政治、经济、文化和社会的历史与现状的资料性文献。包括区志、镇（街道、开发区）志、专业（部门）志。

地方综合年鉴，是指全面系统地记述本行政区域内自然、政治、经济、文化、社会等方面情况的年度资料性文献。包括区年鉴、镇（街道、开发区）年鉴、行业（单位）年鉴。

地情文献，是指系统地记述本行政区域一定领域情况的资料性文献。包括机关、社会团体、企业事业单位及村（社区）编纂的地情类书籍。

第四条　地方史志的编纂工作应当做到存真求实，确保质量，全面客观地反映本行政区自然、政治、经济、文化和社会的历史与现状。

第五条　区人民政府加强对本行政区域地方史志工作的领导，将地方史志工作纳入本地经济和社会发展规划。地方史志工作所需经费列入本级财政预算。

第六条 区地方史志办公室是本行政区域地方史志工作的主管机构，履行下列职责：

（一）贯彻执行地方史志工作法律、法规；

（二）组织、指导、督促和检查全区地方史志工作；

（三）拟订地方史志工作规划和编纂方案，制订地方史志编纂业务规范；

（四）组织编纂地方志书、地方综合年鉴和其他地情文献，依照程序审查、验收地方史志文稿；

（五）征集、整理、保存地方史志文献和资料，开展地方志理论研究和学术交流，培训地方史志编纂人员；

（六）组织开发利用地方史志资源，负责建设管理方志馆和区情网站，为公众提供服务；

（七）完成本级人民政府和上级地方史志工作机构交办的其他任务。

第七条 以本区行政区域名称冠名的区级地方志书、地方综合年鉴的编纂工作，由区地方史志工作机构按照规划组织实施，其他组织和个人不得编纂。镇（街道、开发区）、机关、社会团体、企业事业单位、其他组织和个人可编纂出版有助于经济社会发展的其他地方史志及地情类书籍，编纂单位应当按照隶属关系或者注册登记关系报地方史志工作管理部门备案，地方史志办公室应当对编纂工作进行业务指导。

第八条 地方志书、地方综合性年鉴及地情文献类书籍编纂出版实行分级审查批准制度，应当组织有关保密、档案、历史、法律、经济、军事等方面的专家参加，重点审查书稿的内容是否符合宪法和保密、档案等法律法规的规定，是否全面、客观地反映本行政区域自然、政治、经济、文化和社会的历史与现状。

第九条 编纂地方史志，按下列程序进行：

（一）区级地方志书《张店区志》、区级地方综合年鉴《张店年鉴》由区地方史志办公室制定出编纂规划报区政府批准后，组织开展编纂。具体程序是：

1. 区地方史志办公室按照地方史志编写年限要求，结合本区实际，对开展的地方志书、地方综合年鉴编纂工作，制定出编纂规划。

2. 区地方史志办公室制定详细的编纂方案，提交区地方史志编纂委员会讨论审议后，报送区政府同意下发全区，启动编纂工作。根据编纂方案的规定，承担编纂任务的单位，应当按照地方志编纂规划和要求，接受区地方史志办公室业务指导与督促检查，按照时间和质量要求完成撰稿任务。

3. 区地方史志办公室负责组织编纂人员、业务开展、检查验收、出版发行等工作。

4.《张店区志》编纂形成定稿后，经市地方史志编纂委员会审定，报送区人民政府批准后出版。

5.《张店年鉴》编纂形成定稿后，经区地方史志编纂委员会审定，报区人民政府批准后出版。

（二）各镇（街道、开发区）志和机关、社会团体、企业事业单位及村（社区）编纂的志书、年鉴和其他资料性文献，由所在镇（街道、开发区）、村（社区）和单位在区地方史志办公室的指导下组织编纂。具体程序是：

1. 各镇（街道、开发区）、村（社区）和单位按要求填报志书（年鉴、地情文献）编写申请表（附件1），并将地方史志编纂方案提前3个月报区地方史志办公室审查后组织实施。

2. 区地方史志办公室负责编纂工作业务指导、检查监督、审查把关、存档备案。

3. 各镇（街道、开发区）、村（社区）和单位按照地方志编写程序，形成志稿编目设置、初稿、评审稿、定稿。编目设置形成后报区地方史志办公室审查备案，然后组织开展初稿编写；初稿形成后，按要求填报志书（年鉴、地情文献）审查备案表（附件2），并报送书稿送审稿，由区地方史志办公室审查，提出修改意见，并组织评审；镇（街道、开发区）、村（社区）和有关单位根据评审意见修改定稿后，按照有关规定印刷或出版发行。

4. 各镇（街道、开发区）村（社区）和有关单位应当在志书、年鉴和其他资料性文献出版后30日内按要求向区地方史志办公室报送样书和电子文本。

第十条 区级地方志书每15-20年编修一次，每一轮地方志书编修工作完成后，地方志工作机构在编纂地方综合年鉴、搜集资料、向社会提供咨询服务的同时，启动新一轮地方志书的编修工作。区级地方综合年鉴按年度或数年编辑出版一卷。可适时组织编纂综合或专题地情文献。

第十一条 区地方史志办公室依法向辖区内机关、社会团体、企事业单位和其他组织以及公民征集有关地方史志资料，有关单位和公民应当提供支持。区地方史志办公室可以对有关资料进行查阅、摘抄、复制，但涉及国家机密、商业机密、和个人隐私以及不符合档案开放条件的除外。

第十二条 在地方志编纂过程中收集到文字资料、图表、照片、音像资料、实物等以及形成的地方志文稿，由区地方史志办公室统一管理，妥善保存，不得损毁；修志工作完成后，应当依法移交方志馆保存、管理，个人不得据为己有或者出租、出让、转借。

第十三条 以区行政域名称冠名的地方志书、地方综合年鉴和相关地情文献为职务作品，依照《中华人民共和国著作权法》第十六条第二款的规定，其著作权由组织编纂的机构享有，参与编纂的人员享有署名权。

第十四条 地方史志工作应为地方经济社会的全面发展服务。区地方史志办公室通过建设方志馆、资料库、网站等方式，积极开拓社会用志途径，加强地方史志工作信息化建设。公民、法人和其他组织可以利用方志馆、资料库、网站查询、摘抄地方史志资料。

鼓励单位和个人向区地方史志办公室捐赠地方史志资料，对具有收藏价值的资料，方志馆向捐赠者颁发收藏纪念证书，并给予馆藏资料的优先使用权。

第十五条 地方志成果可以依据有关规定参加国家、省和市优秀社会成果评奖。

第十六条 区人民政府将对在地方史志工作中作出突出成绩的单位、个人给予表彰和奖励。

第十七条 实行地方史志保密审查分级分单位负责制。地方史志的保密审查由提供资料和编写初稿的单位负责，保密主管部门会同区地方史志办公室对本级地方史志资料进行保密审定。地方史志资料泄露国家秘密的，由有关部门依法查处。

第十八条 违法本办法规定，有下列行为之一的，由区地方史志办公室责令其停止违法行为并限期改正；逾期不改正的，由区地方史志办公室提请有关行政部门依法查处或者给予处分：

（一）擅自编纂出版以区行政区域名称冠名的地方志书、地方综合性年鉴和相关地情文献的；

（二）未经审查、验收、批准，将地方史志文稿交付出版或者地方史志内容存在违反宪法、法律、法规的；

（三）无故拖延、拒绝提供地方史志资料或者承担编写任务的；

（四）地方史志资料所有人或者持有人故意提供虚假资料的；

（五）丢失、损毁单位地方史志资料或者将其据为己有的；

（六）拒不向地方史志工作机构报送地方史志出版物（含纸质版、电子版）的。

有本条（一）、（二）项行为，造成重大损失或者恶劣影响的，区地方史志办公室可以依法向人民法院提起诉讼。

第十九条 任何单位和个人有权对违反本办法的行为向区地方史志办公室进行检举。

第二十条 本办法由张店区地方史志办公室负责解释。

第二十一条 本办法自发行之日起执行。

附件：1. 志书（年鉴、地情文献）编写申请表（略）

2. 志书（年鉴、地情文献）审查备案表（略）

淄博市淄川区人民政府关于印发《淄川区地方志工作管理暂行办法》的通知

川政发〔2011〕65号

各镇人民政府、各镇道办事处、开发区管委会、区政府各部门、有关单位：

《淄川区地方志工作管理暂行办法》已经区政府研究同意，现印发给你们，请认真贯彻执行。

淄博市淄川区人民政府

二○一一年六月二十六日

淄川区地方志工作管理暂行办法

第一条 为规范和加强地方志工作，全面、客观、系统地编纂地方志，积累、保存和开发、利用地方志资源，发挥地方志“存史、资政、教化”功能，根据国务院《地方志工作条例》《山东省地方史志工作条例》和《淄博市地方史志工作条例》，结合本区实际，制定本办法。

第二条 本区行政区域内地方志的资料征集、研究、组织编纂、管理、开发利用和咨询服务工作，适用本办法。

第三条 本办法所称地方志是指地方志书、地方综合年鉴及地情文献。

地方志书，是指全面系统地记述本区行政区域自然、政治、经济、文化和社会的历史与现状的资料性文献，包括区志、行政区域内的镇（街道、开发区）志、专业（部门）志。

地方综合年鉴，是指全面系统记述本区行政区域自然、政治、经济、文化、社会等方面情况的年度资料性文献，包括区年鉴、镇（街道、开发区）年鉴、行业（部门）年鉴。

地情文献，是指系统记述本区行政区域全面工作或专项工作的资料性书籍，包括机关、社会团体、企事业单位及村（社区）编纂的以本行政区域冠名的地情类书籍。

第四条 各镇、街道、开发区应当加强对本行政区域地方志工作的领导，将地方志工作纳入本辖区经济和社会发展规划。地方志工作所需经费列入本级财政预算。

第五条　区地方志办公室是本行政区域地方志工作主管机构，履行下列职责：

（一）贯彻执行地方志工作法律、法规；

（二）组织、指导、督促和检查全区地方志工作；

（三）拟定地方志工作规划和编纂方案；

（四）组织编纂地方志书、地方综合文献和其他地情文献，依照程序审查、验收地方史志文稿；

（五）负责本行政区域内以行政区划冠名的各类志书的业务指导、专家评审、审核、定稿、存档备案工作；

（六）开发利用地方志资源，建设地情网站和方志馆，培训地方志编纂人员，为公众提供服务；

（七）征集、保存地方志文献和资料，组织整理旧志；

（八）完成本级人民政府和上级业务部门交办的其他任务。

第六条　以本行政区域名称冠名的地方志书、地方综合年鉴的编纂工作，由区地方志办公室按照规划组织实施，其他组织和个人不得编纂。

除以本区行政区域冠名的地方志书和地方综合年鉴外，镇（街道、开发区）、机关、社会团体、企事业单位、其他组织和个人可以编纂出版有助于经济社会发展的其他地方志书及地情类书籍，编纂单位或个人应当按照隶属关系或者注册登记关系报区地方志办公室备案，区地方志办公室应当对志书编纂活动进行业务指导。

第七条　区级地方志书每20年左右编修一次，每一轮地方志书编修工作完成后，区地方志办公室在编纂地方综合年鉴、搜集资料、向社会提供咨询服务的同时，启动新一轮地方志书的编修工作。区级地方综合年鉴按年度或数年编纂出版一卷。综合或专题地情文献适时组织编纂。

第八条　编纂地方志应当做到存真求实，确保质量，全面、客观地反映本行政区域自然、政治、经济、文化和社会的历史与现状。

第九条　编纂淄川区志、淄川年鉴、淄川区综合地情文献应当吸收有关专家、学者参加，必要时可聘请专业技术人员；镇（街道、开发区）和部门（行业）志等各类志书的编纂人员，由相关镇（街道、开发区）和部门（行业）选派熟悉修志业务的人员参加并报区地方志办公室备案。

地方志编纂人员应当具备相关的专业知识和学术水平，做到恪尽职守、客观公正、秉笔直书、尊重史实。任何单位和个人不得要求编纂人员在地方志中做虚假记述。

第十条　编纂地方志，按下列程序进行：

（一）淄川区志、淄川年鉴、淄川区综合地情文献由区地方志办公室组织开展编纂。具体程序是：

1. 区地方志办公室按照地方志编写年限要求，结合本区实际，对需开展的地方志编纂工作，制定编纂规划，报区政府批准。

2. 区地方志办公室制定详细的编纂方案，提交区地方志编纂委员会讨论审议后，报区政府批准，启动编纂工作。承担编纂任务的单位，应当将编纂工作列入工作计划，保障工作条件，按要求完成地方志的资料收集整理、初稿编纂、报送等工作，并对编纂的初稿质量及提供的资料真实性和准确性负责。

3. 区地方志办公室负责组织编纂人员、业务开展、检查验收、出版发行等工作。

4. 淄川区志编纂形成定稿后，报市地方志编纂委员会审定，经区政府批准后出版，并报省政府史志工作机构备案。

5. 淄川年鉴、淄川区综合地情文献编纂形成定稿后，经区地方志编纂委员会审定，报区政府批准后出版。

（二）镇（街道、开发区）志和机关、社会团体、企业事业单位及村（社区）编纂的志书、年鉴和其他资料性文献，由相关镇（街道、开发区）、村（社区）和单位在区地方志办公室的指导下组织编纂。具体程序是：

1. 镇（街道、开发区）、村（社区）和单位拟定的地方志编纂方案提前报区地方志办公室审查后组织实施。

2. 镇（街道、开发区）、村（社区）和单位按照地方志编写程序组织编纂。初稿形成后，报区地方志办公室审查，并组织评审；镇（街道、开发区）、村（社区）和单位根据评审意见修改定稿后，报区地方志办公室终审，经批准后，按照有关规定印刷出版。

3 . 镇（街道、开发区）、村（社区）和有关单位应当在志书、年鉴和其他资料性文献出版30日内向区地方志办公室报送10本以上样书和电子文本。

4. 区地方志办公室负责志书的业务指导、检查督导、审查、把关、存档备案。

第十一条 区地方志办公室依法向辖区内机关、社会团体、企事业单位和其他组织以及公民征集有关地方志资料，相关单位和公民应当提供支持。地方志资料所有人或者持有人不得故意提供虚假资料。

区地方志办公室可以对所需资料进行查阅、摘抄、复制，但涉及国家秘密、商业秘密和个人隐私以及不符合档案开放条件的除外。

第十二条 在地方志编纂过程中收集到的文字资料、图表、照片、音像资料、实物等以及形成的地方志文稿，由区地方志办公室集中统一管理，妥善保存，不得损毁。修志工作完成后，应当依法移交方志馆保存、管理，个人不得据为己有或者出租、出让、转借。

第十三条 以本区行政区域名称冠名的地方志书、地方综合年鉴和相关地情文献为职务作品，依照《中华人民共和国著作权法》第十六条第二款的规定，其著作权由组织编纂的机构享有，参与编纂的人员享有署名权。

第十四条 地方志工作应为地方经济、社会的全面发展服务。区地方志办公室通过建设方志馆、资料库、网站等方式，积极开拓社会用志途径，加强地方史志工作信息化建设。个人和其他组织可以利用方志馆、资料库、网站查阅、摘抄地方志资料。

鼓励单位和个人向区地方志办公室捐赠地方志资料。对具有收藏价值的资料，方志馆应当向捐赠者颁发收藏纪念证书，并给予馆存资料的优先使用权。

第十五条 地方志成果可以依据有关规定参加国家、省和市优秀社会科学成果评奖。

第十六条 区政府对在地方志工作中作出突出成绩的单位、个人给予表彰和奖励。

第十七条 违反本办法规定，有下列行为之一的，由区地方志办公室责令其停止违法行为并限期改正；逾期不改正的，由区地方志办公室提请有关行政部门依法查处或者给予处分：

（一）擅自编纂出版以本区行政区域名称冠名的地方志书、地方综合年鉴和相关地情文献的；

（二）未经审查、验收、批准，单位和个人擅自编纂出版地方志书或地方志书内容存在违反宪法、法律、法规的；

（三）无故拖延、拒绝提供地方志资料或者拒不承担编写任务的；

（四）地方志资料所有人或者持有人故意提供虚假资料的；

（五）丢失、损毁单位地方志资料或者将其据为己有的；

（六）拒不向区地方志办公室报送地方志出版物（含纸质版、电子版）的。

有本条（一）、（二）、（五）项行为，造成重大损失或者恶劣影响的，区地方志办公室可以依法向人民法院提起诉讼。

第十八条 实行地方志保密审查分级分单位负责制。地方志的保密审查由提供资料和编写初稿的单位负责，保密主管部门会同区地方志办公室对本级地方志进行保密审定。地方志泄露国家秘密的，由有关部门依法查处。

第十九条 任何单位和个人有权对违反本办法的行为向区地方志办公室进行检举。

第二十条 本办法由区地方志办公室负责解释。

第二十一条 本办法自发布之日起施行。

淄博市博山区人民政府关于印发《博山区地方史志工作暂行办法》的通知

博政发〔2010〕48号

各镇人民政府、街道办事处，开发区管委会，区政府各部门、各单位：

《博山区地方史志工作暂行办法》已经区政府同意，现印发给你们，请结合各自实际，认真贯彻执行。

淄博市博山区人民政府

二〇一〇年十一月十六日

博山区地方史志工作暂行办法

第一条 为规范和加强全区地方史志的编纂、管理和开发利用工作，根据国务院《地方志工作条例》《山东省地方史志工作条例》和《淄博市地方史志工作条例》，结合本区实际，制定本办法。

第二条 本区行政区域内地方史志的编纂、管理和开发利用工作，适用本办法。

第三条 本办法所称地方史志，包括地方志书、地方综合年鉴和相关地情文献。

地方志书，是指全面系统地记述本行政区域自然、政治、经济、文化、社会的历史与现状的资料性文献。包括区志、镇（街道、开发区）志。

地方综合年鉴，是指全面系统地记述本行政区域内自然、政治、经济、文化、社会等方面情况的年度资料性文献。包括区年鉴、镇（街道、开发区）年鉴。

相关地情文献，是指系统记述本行政区域一定领域情况的资料性文献。包括机关、社会团体、企业事业单位及村（社区）编纂的志书、年鉴和其他资料性文献。

第四条 区人民政府加强对本行政区域地方史志工作的领导，将地方史志工作纳入本地经济和社会发展规划。地方史志工作所需经费列入本级财政预算。

第五条 区地方史志办公室是本行政区域地方史志工作的主管机构，履行下列职责：

（一）贯彻执行地方史志工作法律、法规；

（二）组织、指导、督促、检查地方史志工作；

（三）拟定地方史志工作规划和编纂方案；

（四）制定地方史志编纂业务规范；

（五）编纂、审查、验收地方史志文稿；

（六）建设地情网站和方志馆，开发利用地方史志资源；

（七）组织整理旧志，征集、保存地方史志文献；

（八）组织开展地方史志学术研究、业务培训；

（九）完成本级人民政府和上级业务部门交办的其他任务。

第六条　从事地方史志编纂业务的人员应当具备相关的专业知识和学术水平。编纂博山区地方志书、地方综合年鉴的编纂人员由区地方史志办公室聘任；本区行政区域内以行政区划冠名的镇（街道、开发区）志、部门志等各类志书的编纂人员由相关镇（街道、开发区）、部门选聘熟悉修志业务的人员担任，并报区地方史志办公室备案。

第七条　编纂地方史志，按下列程序进行：

（一）区级地方志书（《博山区志》）、区级地方综合年鉴（《博山年鉴》）由区地方史志办公室制定出编纂规划报区政府批准后，组织开展编纂。具体程序是：

1. 区地方史志办公室按照地方史志编写年限要求，结合本区实际，对需开展的地方志书、地方综合年鉴编纂工作，制定出编纂规划。

2. 区地方史志办公室制定详细的编纂方案，提交区史志编纂委员会讨论审议后，报区政府同意下发全区，启动编纂工作。根据编纂方案的规定，承担编纂任务的单位，应当按照地方志编纂规划和要求，接受区地方史志办公室的业务指导与督促检查，按照时间和质量要求完成撰稿任务。

3. 区地方史志办公室负责组织编纂人员、业务开展、检查验收、出版发行等工作。

4.《博山区志》编纂形成定稿后，经市地方史志编纂委员会审定，报区人民政府批准后出版。

5.《博山年鉴》编纂形成定稿后，经区史志编纂委员会审定，报区人民政府批准后出版。

（二）镇（街道、开发区）志和机关、社会团体、企业事业单位及村（社区）编纂的志书、年鉴和其他资料性文献，由相关镇（街道、开发区）、村（社区）和单位在区地方史志办公室的指导下组织编纂。具体程序是：

1. 各镇（街道、开发区）、村（社区）和单位按要求填报志书（年鉴、地情文献）编写申请表（附件1），并将地方志编纂方案提前3个月报区地方史志办公室审查后组织实施。

2. 区地方史志办公室负责志书的业务指导、检查督导、审查把关、存档备案。

3. 各镇（街道、开发区）、村（社区）和单位按照地方志编写程序，形成志稿篇目设置、初稿、评审稿、定稿。篇目设置形成后报区地方史志办公室审查备案，然后组织开展初稿编写；初稿形成后，由区地方史志办公室审查，提出修改意见，并组织评审；镇（街道、开发区）、村（社区）和有关单位根据评审意见修改定稿后，按照有关规定印刷或出版发行。

4. 各镇（街道、开发区）、村（社区）和有关单位应当在志书、年鉴和其他资料性文献出版后30日内按要求填报志书（年鉴、地情文献）审查备案表（附件2），并向区地方史志办公室报送样书和电子文本。

第八条 以区行政区域名称冠名的地方志书、地方综合年鉴，由区地方史志办公室按照全区规划组织编纂；以镇（街道、开发区）行政区域名称冠名的地方志书、地方综合年鉴，由各镇人民政府、街道办事处、开发区管委会组织编纂。其他组织和个人不得编纂出版。

第九条 有关组织和单位可以自行组织编纂本办法第八条规定以外的志书、年鉴或其他相关地情文献，编纂单位应当报区地方史志办公室备案。

第十条 区级地方志书每20年左右编修一次，每一轮地方志书编修工作完成后，地方志工作机构在编纂地方综合年鉴、搜集资料、向社会提供咨询服务的同时，启动新一轮地方志书的编修工作。区级地方综合年鉴按年度或数年编辑出版一卷。可适时组织编纂综合或专题地情文献。

第十一条 区地方史志办公室依法向辖区内机关、社会团体、企事业单位和其他组织以及公民征集有关地方史志资料，有关单位和公民应当提供支持。区地方史志办公室可以对有关资料进行查阅、摘抄、复制，但涉及国家秘密、商业秘密和个人隐私以及不符合档案开放条件的除外。

地方史志资料所有人或者持有人不得故意提供虚假资料。

第十二条 在地方志编纂过程中收集到的文字资料、图表、照片、音像资料、实物等以及形成的地方志文稿，由区地方史志办公室集中统一管理，妥善保存，不得损毁；修志工作完成后，应当依法移交方志馆保存、管理，个人不得据为己有或者出租、出让、转借。

第十三条 以区行政区域名称冠名的地方志书、地方综合年鉴和相关地情文献为职务作品，依照《中华人民共和国著作权法》第十六条第二款的规定，其著作权由组织编纂的机构享有，参与编纂的人员享有署名权。

第十四条 地方史志工作应为地方经济社会的全面发展服务。区地方史志办公室通过建设方志馆、资料库、网站等方式，积极开拓社会用志途径，加强地方史志工作信息化建设。公民、法人和其他组织可以利用方志馆、资料库、网站查阅、摘抄地方史志资料。

鼓励单位和个人向区地方史志办公室捐赠地方史志资料，对具有收藏价值的资料，方志馆应当向捐赠者颁发收藏纪念证书，并给予馆存资料的优先使用权。

第十五条 地方志成果可以依据有关规定参加国家、省和市优秀社会科学成果评奖。

第十六条 区人民政府应当对在地方史志工作中作出突出成绩的单位、个人给予表彰和奖励。

第十七条 实行地方史志保密审查分级分单位负责制。地方史志的保密审查由提供资料和编写初稿的单位负责，保密主管部门会同区地方史志办公室对本级地方史志进行保密审定。地方史志泄露国家秘密的，由有关部门依法查处。

第十八条 违反本办法规定，有下列行为之一的，由区地方史志办公室责令其停止违法行为并限期改正；逾期不改正的，由区地方史志办公室提请有关行政部门依法查处或者给予处分：

（一）擅自编纂出版以区行政区域名称冠名的地方志书、地方综合年鉴和相关地情文献的；

（二）未经审查、验收、批准，将地方志文稿交付出版或者地方史志内容存在违反宪法、法律、法规的；

（三）无故拖延、拒绝提供地方史志资料或者承担编写任务的；

（四）地方史志资料所有人或者持有人故意提供虚假资料的；

（五）丢失、损毁单位地方史志资料或者将其据为己有的；

（六）拒不向地方史志工作机构报送地方史志出版物（含纸质版、电子版）的。

有本条（一）（二）项行为，造成重大损失或者恶劣影响的，区地方史志办公室可以依法向人民法院提起诉讼。

第十九条 任何单位和个人有权对违反本办法的行为向区地方史志办公室进行检举。

第二十条 本办法由博山区地方史志办公室负责解释。

第二十一条 本办法自发布之日起施行。

附件：1. 志书（年鉴、地情文献）编写申请表（略）

2. 志书（年鉴、地情文献）审查备案表（略）

淄博市临淄区人民政府关于印发《临淄区地方史志工作管理暂行办法》的通知

临政发〔2011〕51号

各镇人民政府、街道办事处，各开发区管委会，区政府各部门，各企事业单位：

经区政府研究，现将《临淄区地方史志工作管理暂行办法》印发给你们，望结合实际，认真贯彻执行。

淄博市临淄区人民政府

二〇一一年五月十三日

临淄区地方史志工作管理暂行办法

第一条 为规范和加强地方志编纂、整理工作，全面、客观、系统地编纂地方志，科学、合理地开发利用地方史志资源，服务经济社会发展，根据国务院《地方志工作条例》《山东省地方史志工作条例》和《淄博市地方史志工作条例》，结合本区实际，制定本办法。

第二条 临淄区行政区域内地方志的资料征集、研究、组织编纂、管理、开发利用和咨询服务工作，适用本办法。

第三条 本办法所称地方志，包括地方志书、地方综合年鉴及相关地情文献。

地方志书，是指全面系统地记述本行政区域内自然、政治、经济、文化、社会等方面的历史与现状的资料性文献，包括本区编纂的区志、以本行政区划冠名的镇（街道）、村（社区）志，部门（行业）志。

地方综合年鉴，是指系统记述本行政区域内自然、政治、经济、文化、社会等方面情况的年度资料性文献，包括本区编纂的临淄年鉴、以本行政区划冠名的镇（街道）年鉴和部门（行业）年鉴。

相关地情文献，是指系统记述本行政区域内一定领域或一段时期的资料性文献，包括本区编纂的区综合性地情文献和机关、社会团体、企事业单位及村（社区）编纂的志书、年鉴和其他资料性文献。

第四条 区人民政府负责加强对本行政区域地方史志工作的领导，将地方史志工作纳入国民经济和社会发展规划。地方史志工作所需经费列入本级财政预算。

第五条 区史志编纂委员会负责本行政区域内地方志工作的组织和协调工作。

第六条 区史志办公室（以下简称区史志办）负责本行政区域内的地方史志工作，履行下列职责：

（一）贯彻执行地方志工作法律、法规；

（二）组织、指导、督促和检查全区地方志工作；

（三）拟定本区地方志工作规划和编纂方案；

（四）制定本区地方志编纂业务规范；

（五）组织编纂临淄区志、临淄年鉴和临淄区综合性地情文献等；

（六）负责本行政区域内相关地方志的业务指导、审查验收、存档备案等工作；

（七）搜集、保存、统计地方志文献和资料，组织整理、出版旧志；

（八）宣传、推广地方志成果，开展地情研究，建设方志馆、资料库和地情网站，为公众读志用志提供服务；

（九）组织、指导、推动地方志理论和地方志学术研究培训地方志编纂人员；

（十）完成本级人民政府和上级业务部门交办的其他任务。

第七条 编纂地方志应当做到存真求实，确保质量，全面、客观地反映本行政区域自然、政治、经济、文化和社会的历史与现状。

第八条 临淄区志、临淄年鉴、临淄区综合性地情文献由区史志办按照全区规划组织编纂，其他组织和个人不得编纂出版。

第九条 有条件的组织和单位可以自行编纂本办法第八条规定以外的志书、年鉴或其他相关地情文献。编纂单位应当向区史志办备案，区史志办应当对志书编纂活动进行业务指导。

第十条 从事地方志编纂业务的人员应当具备相关的专业知识和学术水平。编纂临淄区志、临淄年鉴、临淄区综合地情文献应当吸收有关方面的专家、学者参加，必要时可聘任专业技术人员；镇（街道）志和部门、村（社区）、企业志等各类志书的编纂人员，由相关镇（街道）和部门、村（社区）、企业选派熟悉修志业务的人员担任，报区史志办备案。

第十一条 编纂地方志，按下列程序进行：

（一）临淄区志、临淄年鉴、临淄区综合性地情文献的编纂程序是：

1. 区史志办按照地方志编写年限要求，结合本区实际，对需开展的地方志编纂工作，制定出编纂规划，上报区人民政府批准。

2. 区史志办制定详细的编纂方案，提交区史志编纂委员会讨论审议后，报区人民政府批准下发全区，启动编纂工作。根据编纂方案的规定，承担编纂任务的单位，应当将编纂工作列入年度计划，明确分管负责人，落实工作人员，保障工作条件，在规定的时间内按要求完成地方志的资料收集整理、初稿编纂、报送等工作，并对所编纂的地方志初稿质量以及所提供资料的真实性和准确性负责。

3. 区史志办负责组织编纂人员、开展业务、检查验收、出版发行等工作。

4. 临淄区志编纂形成定稿后，报市地方史志工作机构审定，经区人民政府批准后出版，并报省人民政府史志工作机构备案。

5. 临淄年鉴、临淄区综合地情文献编纂形成定稿后，经区史志编纂委员会审定，报区人民政府批准后出版。

（二）镇（街道）、部门志，村（社区）、企业志等各类志书的编纂程序是：

1. 镇（街道）、部门（行业）、村（社区）、企业将地方志编纂方案提前 3 个月报区史志办审查批准后组织实施。

2. 区史志办负责志书的业务指导、检查督导、审查把关、存档备案。

3. 镇（街道）、部门（行业）、村（社区）、企业按照地方志编写程序，应形成志稿篇目设置、初稿、评审稿、定稿。篇目设置形成后报区史志办审查备案，然后组织开展初稿编写；初稿形成后，报区史志办审查，由区史志办组织评审，提出修改意见；镇（街道）、部门（行业）、村（社区）、企业根据评审意见修改定稿，经区史志办批准后，按照有关规定印刷或出版发行。

4. 镇（街道）、部门（行业）、村（社区）、企业应当在地方志出版后 30 日内向区史志办报送样书和电子文本。

第十二条 临淄区志每 20 年左右编修一次，每一轮区志编修工作完成后，区史志办在编纂临淄年鉴、搜集资料、向社会提供咨询服务、组织和引导基层开展地方志工作的同时，启动新一轮区志的编修工作。临淄年鉴按年度每年编辑出版 1 卷。可适时组织编纂区综合或专题地情文献。

第十三条 区史志办和承担地方志编纂任务的单位应当建立资料征集制度，对需要征集和妥善保存的文字、口述资料及图表、照片、音像资料、电子文本、实物以及形成的地方志文稿等，有关单位和个人应当提供支持。

区史志办可以对有关资料进行查阅、摘抄、复制，但涉及国家秘密、商业秘密和个人隐私以及不符合档案开放条件的除外。

地方志资料所有人或者持有人不得故意提供虚假资料。

第十四条 在地方志编纂过程中收集到的资料以及形成的地方志文稿，需指定专职人员集中统一管理，妥善保存；编纂工作完成后，应当将征集的资料移交区方志馆保存、管理。任何单位和个人不得据为己有或者出租、出让、转借。

第十五条 以行政区划名称冠名的地方志书、地方综合年鉴、地情文献为职务作品，依照《中华人民共和国著作权法》规定，其著作权由组织编纂的机构享有，参与编纂的人员享有署名权。

第十六条 地方志工作应为地方经济社会的全面发展服务。区史志办应当开拓社会用志途径，开展地情研究和咨询活动；通过建设方志馆、资料库、区情网站等方式，加强地方志工作的信息化建设。已编纂出版的地方志应当及时加载到区情网站中。公民、法人和其他组织可以利用上述方志馆、资料库、网站查阅、摘抄地方志资料。鼓励单位和个人向区史志办捐赠地方志资料，对具有收藏价值的资料，方志馆应当向捐赠者颁发收藏纪念证书，并给予馆存资料的优先使用权。

第十七条 地方志成果可以依据有关规定参加国家、省和市优秀社会科学成果评奖。

第十八条 区人民政府对在地方志工作中作出突出成绩和贡献的单位、个人以及优秀地方志成果，给予表彰和奖励。

第十九条 违反本办法规定，有下列行为之一的，依据《山东省地方史志工作条例》规定，由区史志办按照管理权限责令其限期整改；逾期不改的，提请区人民政府或者有关行政部门依法进行查处，并视情节对有关单位和个人给予通报批评或行政处分：

（一）擅自编纂出版以本行政区划冠名的地方志、地方综合年鉴或者综合地情文献的；

（二）损毁单位所有或者持有的地方史志资料以及将其据为己有的；

（三）地方史志资料所有人或者持有人故意提供虚假资料的；

（四）未经审查、验收、批准将地方志交付出版的；

（五）无故拖延、拒绝提供地方志资料或者承担编写任务的；

（六）拒不向区史志办报送地方史志出版物（含纸质、电子版）的。

有前款（一）（二）项行为，造成重大损失或者恶劣影响的，区史志办可以依法向人民法院提起诉讼。

第二十条 任何单位和个人有权对违反本办法的行为进行检举。

第二十一条 本办法由区史志办负责解释，并自发布之日起施行。

淄博市周村区人民政府关于印发《周村区地方史志工作暂行办法》的通　知

周政发〔2011〕14 号

各镇政府、街道办事处，经济开发区管委会，区政府各部门，有关单位：

《周村区地方史志工作暂行办法》已经区政府研究同意，现印发给你们，请结合各自实际，认真贯彻执行。

淄博市周村区人民政府

二〇一一年三月十六日

周村区地方史志工作暂行办法

第一条　为规范和加强地方史志的编纂、管理和开发利用工作，充分发挥资政存史、服务经济建设、促进社会发展的作用，根据国务院《地方志工作条例》《山东省地方史志工作条例》和《淄博市地方史志工作条例》，结合本区实际，制定本办法。

第二条　本区行政区域内地方史志的编纂、管理和开发利用工作，适用本办法。

第三条　本办法所称地方史志，包括地方志书、地方综合年鉴和相关地情文献资料。

地方志书，是指全面系统地记述本行政区域内自然、政治、经济、文化、社会的历史与现状的资料性文献。包括区志，镇（街道）、部门、村（社区）、企业志。

地方综合年鉴，是指全面系统地记述本行政区域内自然、政治、经济、文化、社会等方面情况的年度资料性文献。包括区年鉴，镇（街道）年鉴等。

相关地情文献，是指系统记述本行政区域内某一方面综合情况的资料性文献。包括机关、社会团体、企事业单位及村（社区）编纂的志书、年鉴和其他资料性文献。

第四条　地方史志工作应纳入本地经济和社会发展规划，地方史志工作所需经费列入本级财政预算，按照编制规定配齐史志工作人员。

第五条　区史志办公室（简称区志办，下同）是本行政区域内地方史志工作的主管机构，履行下列职责：

（一）贯彻执行地方史志工作法律、法规；

（二）组织、指导、督促、检查地方史志工作；

（三）拟定地方史志工作规划和编纂方案；

（四）制定地方史志编纂业务规范，搞好史志业务培训，开展地方史志学术研究交流工作；

（五）编纂、审查、验收地方史志文稿；

（六）建设地情网站和方志馆，开发利用地方史志资源；

（七）组织整理旧志，征集、保存地方史志文献资料；

（八）完成本级政府和上级业务部门交办的其他任务。

第六条 从事地方史志编纂业务的人员应当具备相关专业知识和学术水平。地方志书、地方综合年鉴的编纂人员由区志办确定；本区行政区域内以行政区划冠名的镇（街道）、部门、村（社区）志等各类志书的编纂人员由各单位选聘熟悉修志业务的人员担任，并报区志办备案。

第七条 编纂地方史志，按下列程序进行：

（一）区级地方志书（《周村区志》）、区级地方综合年鉴（《周村年鉴》）由区志办制定出编纂规划报区政府批准后，组织开展编纂。具体程序是：

1. 按照地方史志编写年限要求，结合本区实际，对需开展的地方志书、地方综合年鉴编纂工作，制定出编纂规划。

2. 制定详细的编纂方案，提交区史志编纂委员会讨论审议，报区政府同意后下发，启动编纂工作。根据编纂方案的规定，承担编纂任务的单位，按照地方志编纂规划要求，自觉接受区志办的业务指导与督促检查，按时保质保量完成撰稿任务。

3. 区志办负责组织编纂工作，包括理论研讨、业务指导、编辑志稿、审查验收、出版发行等工作。

4.《周村区志》完成编纂定稿后，经市地方史志编纂委员会审定，报区人民政府批准后出版。

5.《周村年鉴》完成编纂定稿后，经区史志编纂委员会审定，报区人民政府批准后出版。

（二）镇（街道）志和机关、社会团体、企事业单位及村（社区）编纂的志书、年鉴和其他资料性文献，由相关单位在区志办的业务指导下组织编纂。具体程序是：

1. 承编单位必须按要求填报志书（年鉴）编写申请表（附件1），并提前2-3个月拿出编纂方案，报经区志办审查后，方可组织实施。

2. 区志办负责编纂期间的业务培训、检查督导、审查把关、存档备案。

3. 承编单位按照地方志编写程序，完成志书初稿后，首先交区志办把关、审查、备案，提出修改意见，并组织召开评审会；根据评审会意见修改定稿后，按照有关规定印刷或出版发行。

4. 承编单位在志书、年鉴和其他资料性文献出版后10日内按要求填报志书（年鉴）审查备案表（附件2），并向区志办报送30套样书和5套电子文本。

第八条 以区行政区域名称冠名的地方志书、地方综合年鉴，由区志办按照全区规划组织编纂；以镇（街道）、村（社区）行政区域名称冠名的地方志书、地方综合年鉴，由各镇人民政府、街道办事处、村（居）委会组织编纂；以机关、企事业单位名称冠名的地方志书、地方综合年鉴由相关单位组织编纂。其他组织和个人不得编纂出版。

第九条 区级地方志书每20年左右编修一次，或以上级编辑文件要求为准。每一轮地方志书编修工作完成后，地方志工作机构在编纂地方综合年鉴、搜集资料、向社会提供咨询服务的同时，启动新一轮地方志书的编修工作。区级地方综合年鉴原则上一年，最多不超过三年编辑出版一卷。可适时组织编纂综合或专题地情文献。

第十条 区志办依法向辖区内机关、社会团体、企事业单位和其他组织以及公民征集有关地方史志资料，有关单位和公民应当提供支持。区志办可以对有关资料进行查阅、摘抄、复制，涉及国家秘密、商业秘密和个人隐私以及不符合档案开放条件的除外。

地方史志资料所有人或者持有人不得提供虚假资料。

第十一条 在地方志编纂过程中收集到的文字资料、图表、照片、音像资料、实物等以及形成的地方志文稿，由区志办集中统一管理，妥善保存，不得损毁；修志工作完成后，应当依法移交方志馆保存、管理，个人不得据为己有或者出租、出让、转借。

第十二条 以区行政区域名称冠名的地方志书、地方综合年鉴和相关地情文献为职务作品，依照《中华人民共和国著作权法》第十六条第二款的规定，其著作权由组织编纂的机构享有，参与编纂的人员享有署名权。

第十三条 地方史志工作应为地方经济社会的全面发展服务。区志办通过建设方志馆、资料库、网站等方式，积极开拓社会用志途径，加强地方史志工作信息化建设。公民、法人和其他组织可以利用方志馆、资料库、网站查阅、摘抄地方史志资料。

鼓励单位和个人向区志办捐赠地方史志资料，对具有收藏价值的资料，方志馆应当向捐赠者颁发收藏纪念证书，并给予馆存资料的优先使用权。

第十四条 地方志成果可以依据有关规定参加国家、省和市优秀社会科学成果评奖。

第十五条 在地方史志工作中作出突出成绩的单位、个人应当给予表彰和奖励。

第十六条 实行地方史志保密审查分级分单位负责制。地方史志的保密审查由提供资料和编写初稿的单位负责，保密主管部门会同区志办对本级地方史志进行保密审定。地方史志泄露国家秘密的，由有关部门依法查处。

第十七条 违反本办法规定，有下列行为之一的，由区志办责令其停止违法行为并限期改正；逾期不改正的，由区志办提请有关行政部门依法查处或者给予处分；造成重大损失或者恶劣影响的，区志办可以依法向人民法院提起诉讼：

（一）擅自编纂出版以区行政区域名称冠名的地方志书、地方综合年鉴和相关地情文献的；

（二）未经审查、验收、批准，将地方志文稿出版印刷的；

（三）志书内容存在违反国家法律、法规的；

（四）志书内容存在涉密、侵权行为，有政治问题的；

（五）无故拖延、拒绝提供地方史志资料或者承担编写任务的；

（六）地方史志资料所有人或者持有人故意提供虚假资料的；

（七）丢失、损毁单位地方史志资料或者将其据为己有的；

（八）拒不向地方史志工作机构报送地方史志出版物（含纸质版、电子版）的。

第十八条 任何单位和个人有权对违反本办法的行为向区志办进行检举。

第十九条 本办法由周村区志办负责解释。

第二十条 本办法自发布之日起施行。

附件：1. 志书（年鉴）编写申请表（略）

2. 志书（年鉴）审查备案表（略）

桓台县人民政府关于印发《桓台县规范地方志编纂工作暂行办法》的通　知

桓政发〔2011〕19号

各镇人民政府，城区街道办事处，县政府各部门，各有关单位：

《桓台县规范地方志编纂工作暂行办法》已经县政府同意，先印发给你们，请认真贯彻执行。

桓台县人民政府

二〇一一年三月二十八日

桓台县规范地方志编纂工作暂行办法

第一条　为规范桓台县地方志的编纂、管理、开发和利用，根据国务院《地方志工作条例》《山东省地方史志工作条例》和《淄博市地方史志工作条例》有关规定，结合本县实际，制定本办法。

第二条　桓台县行政区域内地方志的组织编纂、管理、开发和利用，适用本办法。

第三条　本办法所称地方志，包括地方志书、地方综合年鉴、综合地情文献等。

地方志书是指全面客观系统地记述本县行政区域内自然、政治、经济、文化、社会等方面的历史与现状的资料性文献。分为：本县编纂的桓台县地方志、以本县行政区划冠名的镇（街道）志、以本县行政区划冠名的部门志以及以本县行政区划冠名的其他相关志。

地方综合年鉴是指系统记述本县行政区域内自然、政治、经济、文化、社会等方面情况的年度资料性文献。分为：本县编纂的桓台年鉴、以本县行政区划冠名的镇（街道）年鉴、以本县行政区划冠名的部门年鉴以及以本县行政区划冠名的其他年鉴。

综合地情文献是指系统记述本县行政区域内自然、政治、经济、文化、社会等方面一段时期或部分内容的资料性文献。分为：本县编纂的桓台县综合性地情文献、以本县行政区划冠名的镇（街道）地情文献、以本县行政区划冠名的部门地情文献以及以本县行政区划冠名的其他地情文献。

第四条　县史志办主管本行政区域内的地方志工作，履行下列职责：

（一）贯彻执行地方志工作法律、法规；

（二）组织、指导、督促和检查全县地方志工作；

（三）拟定桓台县地方志工作规划和编纂方案；

（四）制定桓台县地方志编纂业务规范；

（五）编纂、审查、验收桓台县地方志文稿；

（六）建设地情网和方志馆，开发利用地方史志资源；

（七）组织整理旧志，征集、保存地方史志文献；

（八）组织开展地方史志学术研究、业务培训；

（九）完成本级人民政府和上级业务部门交办的其他任务。

第五条 从事地方志编纂业务的人员应当具备相关的专业知识和学术水平。编纂桓台县地方志、地方综合年鉴、综合地情文献等全县综合性志书的编纂人员，由县史志办聘任；本县行政区域内以行政区划冠名的镇（街道）志、部门志等各类志书的编纂人员，由相关镇（街道）、部门选派熟悉修志业务的人员担任，报县史志办备案。

第六条 编纂地方志，按下列程序进行：

（一）桓台县地方志、桓台年鉴、桓台县综合性地情文献由县人民政府史志工作机构制定出编纂规划报县政府批准后，组织开展编纂，报市政府史志工作机构审查，经县政府批准后出版，并报省政府史志工作机构备案。具体程序是：

1. 县史志办按照地方志编写年限要求，结合本县实际，对需开展的地方志编纂工作，提前半年制定出编纂规划，上报县政府批准。

2. 县史志办制定详细的编纂方案，提交县地方史志编纂委员会讨论审议后，报县政府同意下发全县，启动编纂工作。

3. 县史志办负责组织编纂人员、业务开展、检查验收、出版发行等工作。所需经费列入同级财政预算。

4. 地方志编纂形成定稿后，由县史志办写出报告，报淄博市地方史志编委会审定，经县政府批准后出版，并报省政府史志工作机构备案。

（二）以桓台县行政区划冠名的镇（街道）志、部门志等各类志书、年鉴、地情文献，由相关镇（街道）和部门在县史志办的指导下组织编纂。具体程序是：

1. 各镇（街道）、各部门将地方志编纂方案提前3个月报县史志办审查后组织实施。

2. 县史志办负责志书的业务指导、检查督导、审查把关、存档备案。

3. 各镇（街道）、各部门按照地方志编写程序，应形成志稿篇目设置、初稿、评审稿、定稿。篇目设置形成后报县人民政府史志工作机构审查备案，然后组织开展初稿编写；初稿形成后，报县人民政府史志工作机构审查，由县人民政府史志工作机构组织评审，提出修改意见；有关部门和镇（街道）根据评审意见修改定稿，经县史志办批准后，按照有关规定印刷或出版发行。

4. 各镇（街道）、各部门应当在地方志出版后30日内向县史志办报送样书和电子文本。

第七条 桓台县地方志、桓台年鉴、桓台县综合性地情文献由县史志办按照全县规划组织编纂，其他组织和个人不得编纂出版。

第八条 有关组织和单位可以自行组织编纂本办法第七条规定以外的志书、年鉴或其他地情文献资料，编纂单位需报县史志办备案。

第九条 县史志办可以向机关、社会团体、企业事业单位和其他组织以及公民征集有关地方志资料，有关单位和公民应当提供支持。地方志资料所有人或者持有人不得故意提供虚假资料。县史志办可以对有关资料进行查阅、摘抄、复制，但涉及国家秘密、商业秘密和个人隐私以及不符合档案开放条件的除外。

第十条 在地方志编纂过程中收集到的文字资料、图表、照片、音像资料、实物等以及形成的地方志文稿，需指定专职人员集中统一管理，妥善保存，不得损毁；修志工作完成后，应当依法移交档案馆保存、管理，个人不得据为己有或者出租、出让、转借。

第十一条 以行政区划名称冠名的地方志书、地方综合年鉴、地情文献为职务作品，依照《中华人民共和国著作权法》第十六条第二款的规定，其著作权由组织编纂的机构享有，参与编纂的人员享有署名权。

第十二条 地方志工作应为地方经济社会的全面发展服务。县史志办通过建设方志馆、资料库、网站等方式，积极开拓社会用志途径，加强地方志工作的信息化建设。公民、法人和其他组织可以利用上述方志馆、资料库、网站，查阅、摘抄地方志资料。

第十三条 县政府将对在地方志工作中作出突出成绩和贡献的单位、个人，给予表彰和奖励。

第十四条 违反本办法规定，有下列行为之一的，由县史志办按照管理权限责令其停止违法行为，限期整改；逾期不改的，由其所在单位或者有关行政部门依法给予行政处分或者纪律处分：

（一）擅自编纂出版以桓台县行政区划冠名的地方志、地方综合年鉴或者综合地情文献的；

（二）损毁单位所有或者持有的地方史志资料或者将其据为己有的；

（三）地方史志资料所有人或者持有人故意提供虚假资料的；

（四）未经审查、验收、批准将地方志交付出版或者地方志内容存在违反宪法、法律、法规的；

（五）无故拖延、拒绝提供地方志资料或拒不承担编写任务的；

（六）拒绝向县史志办报送地方史志文献的。

有前款第（一）（二）项行为，造成重大损失或者恶劣影响的，县史志办可以依法向人民法院提起诉讼。

第十五条 任何单位和个人有权对违反本办法的行为进行检举。

第十六条 本办法自2011年3月28日起施行。

高青县人民政府办公室关于印发《高青县地方史志工作管理暂行办法》的通　知

高政办发〔2011〕60号

各镇人民政府，各街道办事处，县属以上企事业单位，县政府各部门：

为贯彻落实国务院、省、市地方史志工作条例，使地方史志工作纳入规范化、制度化和法制化管理轨道，现将《高青县地方史志工作管理暂行办法》印发给你们，望结合实际，认真贯彻执行。

高青县人民政府办公室

二〇一一年七月七日

高青县地方史志工作管理暂行办法

第一条　为规范和加强高青县地方史志编纂、管理和开发利用工作，服务经济建设和社会发展，依据国务院《地方志工作条例》《山东省地方史志工作条例》和《淄博市地方史志工作条例》，结合实际，制定本办法。

第二条　本办法适用于高青县行政区域内地方志的资料征集、编纂、管理、开发和利用工作。

第三条　本办法所称地方志，包括地方志书、地方综合年鉴及相关地情文献。

地方志书，是指全面客观系统地记述本县行政区域内自然、政治、经济、文化、社会等方面的历史与现状的资料性文献。其中，包括县志、镇（街道）志和部门志。

地方综合年鉴，是指全面系统地记述本县行政区域内自然、政治、经济、文化、社会等方面情况的年度资料性文献。包括县年鉴、镇（街道）年鉴和部门年鉴。

相关地情文献，是指系统记述本行政区域内一定领域、一段时期或部分内容的资料性文献。包括机关、社会团体、企业事业单位、镇、村（居委会）编纂的志书、年鉴等资料性文献。

第四条　高青县地方史志编纂委员会办公室（以下简称县史志办）主管本行政区域内的地方史志工作，履行下列职责：

（一）贯彻执行地方史志工作法律、法规；

（二）组织、指导、督促、检查全县地方史志编纂工作；

（三）拟定本县地方史志工作规划和编纂方案；

（四）制定本县地方史志编纂业务规范；

（五）组织、指导、编纂高青县地方志、地方综合年鉴等相关地情文献资料；

（六）负责本行政区域内各类志书的业务指导、专家评审、审查验收、存档备案等工作；

（七）宣传、推广地方史志成果，开展地情研究，建设地情网站和方志馆，为公众读志用志提供服务；

（八）组织整理、出版旧志，搜集、保存、统计地方史志文献和资料；

（九）组织开展地方史志学术研究、业务培训；

（十）完成本级人民政府和上级业务部门交办的其他任务。

第五条 地方志编纂实行专兼职人员相结合，应当广泛吸收有关专家、学者参加。专职编纂人员应当具备相关的专业知识和学术水平，做到恪尽职守、客观公正、秉笔直书、尊重史实。高青县地方志书、地方综合年鉴等相关地情文献的编纂人员，由县史志工作机构工作人员承担，必要时可聘任专业技术人员；本县行政区域内以行政区划冠名的镇（街道、村）志、部门志等各类志书的编纂人员，由相关镇（街道、村）、部门选聘熟悉修志业务的人员担任，并报县地方史志办公室备案。

第六条 编纂地方史志应当做到存真求实、客观公正、忠于史实、确保质量。任何单位和个人不得要求编纂人员在地方史志等文献中做虚假记述。

第七条 高青县志、高青年鉴、高青县相关地情文献由县史志办按照全县规划组织编纂；以镇行政区域冠名的地方志书、地方综合年鉴，由镇政府组织编纂。其他组织和个人不得编纂出版。

第八条 有条件的组织和单位可以自行编纂本办法第八条规定以外的志书、年鉴或其他相关地情文献资料。编纂单位应当向县史志办备案，县史志办应当对志书编纂活动进行业务指导。

第九条 编纂地方史志，按下列程序进行：

（一）高青县志、高青年鉴、高青县相关地情文献由县史志办制订编纂规划和实施方案，经县政府批准后，组织开展编纂工作，审定稿报市政府史志工作机构审查，经县政府批准后出版印刷，并报省政府史志工作机构备案。具体程序是：

1. 县史志办按照地方史志编写年限要求，结合本县实际，对需开展的地方志书、地方综合年鉴编纂工作，提前半年制定出编纂规划，上报县政府批准。

2. 县史志办制定详细的编纂方案，提交县地方史志编纂委员会讨论审议后，报县政府同意下发全县，启动编纂工作。根据编纂方案的规定，承担编纂任务的单位，应当按照地方志编纂规划和要求，接受县地方史志办公室的业务指导与督促检查，按照时间和质量要求完成撰稿任务。

3. 县史志办负责组织编纂人员培训、业务开展、检查验收、出版发行等工作。所需经费列入同级财政预算。

4. 地方志编纂形成定稿后，由县史志办写出报告，报市政府史志工作机构审定，经县政府批准后出版，并报省政府史志工作机构备案。

（二）以高青县行政区划冠名的镇（街道）志、部门志等各类志书、年鉴、地情文献，由相关镇和部门在县史志办的指导下组织编纂。具体程序是：

1. 各镇（街道）、各部门将地方志编纂方案提前3个月报县史志办审查后组织实施。

2. 县史志办负责志书的业务指导、检查督导、审查把关、存档备案。

3. 各镇（街道）、各部门按照地方史志编写程序，形成志稿篇目设置、初稿、评审稿、定稿。篇目设置形成后报县史志办审查备案，然后组织开展初稿编写；初稿形成后，由县史志办审查，并组织评审，提出修改意见；有关部门和镇（街道）根据评审意见修改定稿后，经县史志办批准后，按照有关规定印刷或出版发行。

4. 各镇（街道）、各部门应当在志书、年鉴和其他资料性文献出版后30日内向县史志办报送样书和电子文本。

第十条 县级地方志书每20年左右编修一次，每一轮地方志书编修工作完成后，地方史志工作机构在编纂地方综合年鉴、搜集资料、向社会提供咨询服务的同时，启动新一轮地方志书的编修工作。县级地方综合年鉴按年度或数年编辑出版一卷。可适时组织编纂综合或专题地情文献。

第十一条 县史志办依法向辖区内机关、社会团体、企事业单位和其他组织以及公民征集有关地方史志资料，有关单位和公民应当提供支持。地方史志资料所有人或持有人不得故意提供虚假资料。县史志办可以对有关资料进行查阅、摘抄、复制，但涉及国家秘密、商业秘密和个人隐私以及不符合档案开放条件的除外。

第十二条 在地方史志编纂过程中收集到的文字资料、图表、照片、音像资料、实物等以及形成的地方志文稿，由县史志办集中统一管理，妥善保存，不得损毁；个人不得据为己有或者出租、出让、转借。

第十三条 以县行政区域名称冠名的地方志书、地方综合年鉴和相关地情文献为职务作品，依照《中华人民共和国著作权法》第十六条第二款的规定，其著作权由组织编纂的机构享有，参与编纂的人员享有署名权。

第十四条 地方志书、地方综合年鉴出版实行分级审查批准制度，应当组织有关保密、档案、历史、法律、经济、军事等方面的专家参加，重点审查地方志书的内容是否符合宪法和保密、档案等法律、法规的规定，是否全面、客观地反映本行政区域内自然、经济、文化和社会的历史与现状。

以县级行政区域名称冠名、列入规划的地方志书由上一级地方志工作机构负责审查验收，报县人民政府批准后方可公开出版；地方综合年鉴、地方专业志书由县地方志工作机构审查验收，报县人民政府批准后方可公开出版。未按以上程序进行报批的各类地方志不得公开出版。

第十五条 地方史志编纂单位应当在地方志书、地方综合年鉴及地情文献出版后 3 个月内，向本级和上级地方史志办公室报送样书。

第十六条 地方史志工作应为地方经济、社会全面发展服务。县史志办通过建设方志馆、资料库、网站等方式，收藏、保存、管理各类地方志资料，出版专题资料、地情研究成果，积极开展社会读志用志工作，加强地方史志工作信息化建设。公民、法人和其他组织可以利用方志馆、资料库、网站查阅、摘抄地方史志资料。

鼓励单位和个人向县史志办捐赠地方史志文献。对具有收藏价值的资料，应当向捐赠者颁发收藏纪念证书。

第十七条 地方志成果可以依据有关规定参加国家、省和市优秀社会科学成果评奖。

第十八条 县人民政府对在地方史志工作中作出突出成绩和贡献的单位、个人，给予表彰和奖励。

第十九条 实行地方史志保密审查分级分单位负责制。地方史志的保密审查由提供资料和编写初稿的单位负责，保密主管部门会同县史志办对本级地方史志进行保密审定。地方史志泄露国家秘密的，由有关部门依法查处。

第二十条 违反本办法规定，有下列行为之一的，由县史志办按照管理权限责令其停止违法行为并限期整改；逾期不整改的，由县史志办提请有关行政部门依法给予行政处分或纪律处分：

（一）未经审查、验收、批准，擅自编纂出版以本行政区域名称冠名的地方志书、地方综合年鉴和相关地情文献的；

（二）丢失、损毁单位所有或持有的地方史志资料，或者将其据为已有的；

（三）无故拖延、拒绝提供地方史志资料或者拒不承担编写任务的；

（四）地方史志资料所有人或者持有人故意提供虚假资料的；

（五）未经批准将地方志文稿交付出版、对已经审查通过的地方史志文稿擅自进行重大改动并出版的或者地方史志内容存在违反宪法、法律、法规的；

（六）拒绝向县史志工作机构报送地方史志出版物（含纸质版、电子版）的。

有本条（一）（二）项行为，造成重大损失或者恶劣影响的，县史志办、地方史志资料所有或持有单位和相关部门可以依法向人民法院提起诉讼。

第二十一条 任何单位和个人有权对违反本办法的行为向县史志办进行检举。

第二十二条 本办法由高青县地方史志办公室负责解释。

第二十三条 本办法自发布之日起施行。

沂源县人民政府关于印发《沂源县史志工作管理办法（暂行）》的通　知

源政发〔2011〕71 号

各镇人民政府，开发区管委会，县政府各部门，有关企事业单位：

《沂源县史志工作管理办法暂行》已经县政府研究同意，现印发给你们，请认真遵照执行。

沂源县人民政府

二〇一一年七月七日

沂源县史志工作管理办法（暂行）

第一条　为促进史志编修、管理和研发利用工作的制度化、规范化，发挥方志促进经济社会发展的作用，根据国务院《地方志工作条例》《山东省地方史志工作条例》和《淄博市地方史志工作条例》，结合本县实际，制定本办法。

第二条　本办法适用于本县行政区域的史志编纂、管理、开发利用和咨询服务等活动。

第三条　本办法所称史志包括地方志书、地方综合年鉴、相关地情文献和计算机地情网站。

地方志书，是指全面系统记述本行政区域自然、经济、政治、文化和社会的历史与现状的资料性文献。包括县、镇（办事处、开发区）、村志，专业（部门、企业）志、行业志，山川、名胜古迹等坐标实体物志、乡土风物志等一切志类资料性著述。

地方综合年鉴，是指全面系统地记述本行政区域自然、政治、经济、文化和社会等方面情况的年度资料性文献。包括县、镇（办事处、开发区）年鉴和行业（单位）年鉴。

相关地情文献，是指系统记述本行政区域全面工作或专项工作的资料性书籍。包括机关、社会团体、企事业单位及村（社区）编纂的以本县冠名的地情类书籍。

计算机地情网站，是指将地方史志、地方综合年鉴、其他志类资料性著述及政务信息等，通过信息化处理，在公共媒体上建立网站为全社会提供信息化服务的活动。

第四条 史志编纂应当做到存真求实，确保质量，全面、客观地反映本县自然、经济、政治、文化和社会的历史与现状。

第五条 各级应加强对史志工作的组织领导，将其纳入经济和社会发展规划，所需经费列入本级财政预算。

第六条 县政府地方史志工作机构主管本县地方史志工作，履行下列职责：

（一）贯彻执行地方史志工作的法律法规；

（二）组织、指导、督促、检查全县史志工作；

（三）拟定本县史志工作规划和编修方案；

（四）制定史志编纂业务规范；

（五）编纂、审查和验收各类志鉴及其他地情文献；

（六）征集、整理、保存史志文献和资料，组织整理、编印旧志；

（七）组织开展史志学术研究、学术交流和业务培训；

（八）建设地情网站和方志馆，开发利用地方史志资源；

（九）完成县委、县政府和上级业务部门交办的其他任务。

第七条 编纂史志按下列程序进行：

（一）《沂源县志》和《沂源年鉴》由县政府史志工作机构制定编纂规划，报县政府批准后，组织开展编纂工作。具体步骤如下：

1. 县政府史志工作机构制定详细修志规划和编纂方案，提交县史志编纂委员会讨论审议后，报县政府审批发文，启动修志工作。

2. 县政府确定的承担提供史志资料任务的单位，根据史志编纂总体安排，按照时间和质量要求开展史志资料供稿工作。

3. 史志编纂工作流程：

（1）制定修志方案（篇目），组织培训提供资料撰稿人员，调度全县修志工作，指导、检查部门资料稿撰写情况；

（2）阅读、甄选资料稿并写出修改意见反馈供稿单位修改完善；

（3）开展资料征集、编写资料长编和试编分志工作，不断完善资料稿；

（4）资料稿符合要求后，组织县志分志稿编纂工作，分志稿完成后主编统稿修改并总纂；

（5）初稿完成后，转交相关部门校订并呈有关领导审阅；

（6）在一定范围内开展县志初稿审阅工作，并根据审阅意见修改完善县志初稿；

（7）根据部门反馈意见修改完善初稿后组织县级评审；

（8）根据县级评审意见修改完善初稿后写成送审稿，并申请市级、省级评审；

（9）组织并承办市级评审县志稿工作；

（10）根据市级评审会意见，组织修改完善县志初稿并写成定稿；

（11）县志定稿经市地方史志编纂委员会审定，报县人民政府批准后出版；

4.《沂源年鉴》编纂工作流程同史志编纂工作。由县地方史志编纂委员会审定，报县人民政府批准后出版。

（二）镇（办事处、开发区）和机关、社会团体、企业事业单位及村（居委会、社区）编纂的志书、年鉴和其他资料性文献，由上述单位在县政府史志工作机构指导下组织编纂。具体步骤如下：

1. 镇（办事处、开发区）和机关、社会团体、企业事业单位及村（居委会、社区）向县政府史志工作机构提交志书（年鉴、地情文献）编写申请，并提前3个月上报编纂方案，经县政府史志工作机构审查批准后组织实施。

2. 县政府史志工作机构对志书进行检查指导、审核把关、存档备案。

3. 镇（办事处、开发区）和机关、社会团体、企业事业单位及村（居委会、社区）按要求编写志稿篇目报县政府史志工作机构审查备案后，组织搜集资料、编写初稿。初稿形成后由县政府史志工作机构审查并提出修改意见，上述单位修改完善后由县政府史志工作机构组织初稿评审。上述单位根据评审意见修改定稿后报县政府史志工作机构审查备案后出版。

4. 镇（办事处、开发区）和机关、社会团体、企业事业单位及村（居委会、社区）在志书、年鉴和其他资料性文献出版后30日内，向县政府史志工作机构报送志鉴审查备案表、样书和电子文本。

第八条 以本县冠名的志书和综合年鉴，由县政府史志工作机构按照全县规划组织编纂；以镇（办事处、开发区）冠名的志书和综合年鉴，由本级行政主体组织编纂，其他组织和个人不得编纂出版。

机关、社会团体、企事业单位可编纂出版部门（行业）志及地情类书籍，编纂单位事前应报县政府史志工作机构批准备案，史志工作机构应当对其编纂活动进行检查和指导。

第九条 县志每20年左右编修一次，志书编修工作完成后，县政府史志工作机构在搜集资料、编纂综合年鉴、向社会提供咨询服务的同时，启动下一轮修志工作。县综合年鉴每年或数年编辑出版一卷。可适时组织编纂综合或专题地情文献。

第十条 编纂县志和综合年鉴，应当制定编纂方案，报县政府批准。承担提供资料任务的单位，应当接受县政府史志工作机构的检查督促和业务指导，按时高质量地完成任务。

第十一条 地方志编纂实行专兼职人员相结合，广泛吸取有关专家、学者参加。专职编辑人员应当具备专业知识和学术水平，做到恪尽职守、尊重史实、客观公正。任何单位和个人不得要求编辑人员在地方志中作虚假记述。

第十二条 县政府史志工作机构依法向全县机关、社会团体、企事业单位和其他组织以及公民征集史志资料，相关单位和公民应当予以提供。县政府史志工作机构可对有关资料进行查阅、摘抄、复制，但涉及国家秘密、商业秘密和个人隐私以及不符合档案开放条件的除外。

地方史志资料所有人或者持有人不得故意提供虚假资料。

第十三条 地方志编纂过程中收集的文字、图表、照片、实物和音像资料以及形成的地方志文稿，由县政府史志工作机构集中统一管理，妥善保存；修志工作完成后，应当依法移交方志馆保存、管理，任何人不得据为己有或者出租、出让、转借。

第十四条 地方志书、地方综合年鉴出版实行分级审查批准制度，应当组织有关保密、档案、历史、法律、经济、军事等方面的专家参加，重点审查志书内容是否符合保密、档案等法律法规的规定，是否全面、客观地反映本县自然、政治、经济、文化和社会的历史与现状。

以县名冠名、列入规划的地方志书，经市志编纂委员会审查验收后，报县人民政府批准方可出版。

第十五条 以县名冠名的志书、综合年鉴和相关地情文献为职务作品，依照《中华人民共和国著作权法》规定，其著作权由组织编纂的机构享有，参与编纂的人员享有署名权。

第十六条 地方史志工作应为地方经济社会的全面发展服务。建立地情资料日常收集机制，县政府史志工作机构通过建设方志馆、资料库、网站等方式，积极开拓社会用志途径，加强史志工作信息化建设。

公民、法人和其他组织可以利用方志馆、资料库和地情网站查阅、摘抄史志资料，但如利用史志资料编写书刊或文章，须注明资料来源。

鼓励单位和个人向县方志馆捐赠史志资料，对具有收藏价值的资料，方志馆应当向捐赠者颁发收藏纪念证书。

第十七条 地方史志成果依据有关规定，可以参加国家、省和市优秀社会科学成果评奖。

第十八条 县政府适时对在史志工作中做出突出成绩的单位和个人给予表彰和奖励。

第十九条 地方史志保密审查工作实行分级分工负责制。保密初步审查由县政府史志工作机构负责，全面审查由县保密主管部门会同军事、科技和经济等部门进行，审查后由县史志工作机构报上级最后审定。

地方史志泄露国家秘密的，报有关部门依法处理。

第二十条 违反本办法规定，有下列行为之一的，由县政府史志工作机构责令其停止违法行为并限期改正；逾期不改正的，由县政府史志工作机构提请有关行政部门依法查处或者给予处分：

（一）未经审查验收、批准，擅自编纂出版以县、镇（办事处、开发区）、村名称冠名的志书、综合年鉴和相关地情文献的；

（二）史志内容存在违反宪法、法律、法规情况的；

（三）拒绝承担或者无故拖延史志资料稿供稿任务的；

（四）史志资料所有人或者持有人故意提供虚假资料的；

（五）丢失、损毁单位史志资料或者将其据为己有的；

（六）将地方志文稿作为个人著作擅自发表的；

（七）对已经审查通过确定的地方志文稿擅自进行重大改动并出版的；

（八）拒不向地方史志工作机构报送史志出版物（含纸质版、电子版）的；

（九）单位和个人引用县志、县综合年鉴、县其他志类著述和地情网站资料编写书刊或文章，未经著作权拥有者同意和注明来源公开出版或发表的。

有本条（一）（二）项行为，造成重大损失或者恶劣影响的，县政府史志工作机构可呈报县政府，对其违法出版物作出勒令收回销毁和对单位通报批评等处理，也可向人民法院提起诉讼。

有本条（九）项行为，情节严重者，县政府史志工作机构除责令其停止违法行为外，也可向人民法院起诉其侵权行为。

第二十一条 编纂地方志涉及军事内容的，应当遵守有关军事志编纂规定。

第二十二条 任何单位和个人有权对违反本办法的行为向县政府史志工作机构检举。

第二十三条 本办法自发布之日起施行。

淄博高新技术产业开发区管理委员会
关于印发《淄博高新区地方史志工作暂行办法》的
通　知

淄高新管发〔2011〕63号

各部、委、局，法院、检察院，各直属分局、直属企事业单位，四宝山办事处，各有关单位：

现将《淄博高新区地方史志工作暂行办法》印发给你们，请遵照执行。

淄博市高新技术产业开发区管理委员会

二〇一一年八月十九日

淄博高新区地方史志工作暂行办法

第一条　为规范和加强高新区地方史志工作，全面、客观、系统地编纂地方志，科学地积累、保存与开发利用地方史志资源，根据国务院《地方志工作条例》《山东省地方史志工作条例》和《淄博市地方史志工作条例》，结合高新区实际，制定本办法。

第二条　本办法适用于本区域内地方史志的资料征集、研究、组织编纂、管理、开发利用和咨询服务工作。

第三条　本办法所称地方史志，是指地方志书、地方综合年鉴及地情文献。

地方志书，是指全面系统地记述本区域自然、政治、经济、文化和社会的历史与现状的资料性文献。包括区志、镇（街道）志、专业（部门）志。

地方综合年鉴，是指全面系统地记述本区域内经济、社会、文化等方面情况的年度资料性文献。

地情文献，是指系统地记述本区域一定领域情况的资料性文献。包括机关、社会团体、企业事业单位及村（社区）编纂的地情类书籍。

第四条　地方史志的编纂工作应当做到存真求实，确保质量，全面客观地反映高新区自然、政治、经济、文化和社会的历史与现状。

第五条　高新区管委会加强对本区域地方史志工作的领导，将地方史志工作纳入本地经济和社会发展规划。地方史志工作所需经费列入本级财政预算。

第六条 高新区地方史志办公室是本区域地方史志工作的主管机构，履行下列职责：

（一）贯彻执行地方史志工作法律、法规；

（二）组织、指导、督促和检查高新区地方史志工作；

（三）拟订地方史志工作规划和编纂方案，制订地方史志编纂业务规范；

（四）组织编纂、审查和验收各类志鉴及其他地情文献；

（五）征集、整理、保存地方史志文献和资料；

（六）完成高新区工委、管委和上级业务部门交办的其他任务。

第七条 以淄博高新技术产业开发区冠名的区级地方志书、地方综合年鉴的编纂工作，由高新区地方史志办公室按照规划组织实施，其他组织和个人不得编纂。街道、机关、社会团体、企业事业单位、其他组织和个人可编纂出版有助于经济社会发展的其他地方史志及地情类书籍，编纂单位应当按照隶属关系报高新区地方史志工作管理部门备案。

第八条 地方志书、地方综合性年鉴及地情文献类书籍编纂出版实行分级审查批准制度，应当组织有关保密、档案、法律、经济等方面的专家参加，重点审查书稿的内容是否符合宪法和保密、档案等法律法规的规定，是否全面、客观地反映本区域自然、政治、经济、文化和社会的历史与现状。

第九条 编纂地方史志，按下列程序进行：

（一）区级地方志书《淄博高新技术产业开发区志》、区级地方综合年鉴由高新区地方史志办公室制定出编纂规划报管委会批准后，组织开展编纂。具体程序是：

1. 高新区地方史志办公室按照地方史志编写年限要求，结合高新区实际，对开展的地方志书、地方综合年鉴编纂工作，制定出编纂规划。

2. 高新区地方史志办公室制定详细的编纂方案，提交高新区地方史志编纂委员会讨论审议后，报送管委会同意下发全区，启动编纂工作。根据编纂方案的规定，承担编纂任务的单位，应当按照地方志编纂规划和要求，接受高新区地方史志办公室业务指导与督促检查，按照时间和质量要求完成撰稿任务。

3. 高新区地方史志办公室负责组织编纂人员、业务开展、检查验收、出版发行等工作。

4.《淄博高新技术产业开发区志》编纂形成定稿后，经市地方史志编纂委员会审定，报送高新区管委会批准后出版。

（二）街道志和机关、社会团体、企业事业单位及村（社区）编纂的志书、年鉴和其他资料性文献，由所在街道、村（社区）和单位在高新区地方史志办公室的指导下组织编纂。具体程序是：

1. 街道、村（社区）和单位按要求填报志书（年鉴、地情文献）编写申请表（附件1），并将地方史志编纂方案提前3个月报高新区地方史志办公室审查后组织实施。

2. 高新区地方史志办公室负责编纂工作业务指导、检查监督、审查把关、存档备案。

3. 街道、村（社区）和单位按照地方志编写程序，形成志稿编目设置、初稿、评审稿、定稿。编目设置形成后报高新区地方史志办公室审查备案，然后组织开展初稿编写；初稿形成后，按要求填报志书（年鉴、地情文献）审查备案表（附件2），并报送书稿送审稿，由高新区地方史志办公室审查，提出修改意见，并组织评审；街道、村（社区）和有关单位根据评审意见修改定稿后，按照有关规定印刷或出版发行。

4. 街道、村（社区）和有关单位应当在志书、年鉴和其他资料性文献出版后30日内按要求向高新区地方史志办公室报送样书和电子文本。

第十条 高新区地方志书适时编修，每一轮地方志书编修工作完成后，地方志工作机构在征集、整理、保存史志文献和资料的同时，启动新一轮地方志书的编修工作。

第十一条 高新区地方史志办公室依法向辖区内机关、社会团体、企事业单位和其他组织以及公民征集有关地方史志资料，有关单位和公民应当提供支持。高新区地方史志办公室可以对有关资料进行查阅、摘抄、复制，但涉及国家机密、商业机密、和个人隐私以及不符合档案开放条件的除外。

第十二条 在地方志编纂过程中收集到文字资料、图表、照片、音像资料、实物等以及形成的地方志文稿，由高新区地方史志办公室统一管理，妥善保存，不得损毁；修志工作完成后，应当依法移交文档中心保存、管理，个人不得据为己有或者出租、出让、转借。

第十三条 以淄博高新技术产业开发区冠名的地方志书、地方综合年鉴和相关地情文献为职务作品，依照《中华人民共和国著作权法》第十六条第二款的规定，其著作权由组织编纂的机构享有，参与编纂的人员享有署名权。

第十四条 地方史志工作应为地方经济社会的全面发展服务。高新区地方史志办公室通过多种方式，积极开拓社会用志途径，加强地方史志工作信息化建设。鼓励单位和个人向高新区地方史志办公室捐赠地方史志资料。

第十五条 地方志成果可以依据有关规定参加国家、省和市优秀社会成果评奖。

第十六条 高新区管委会将对在地方史志工作中作出突出成绩的单位、个人给予表彰和奖励。

第十七条 实行地方史志保密审查分级分单位负责制。地方史志的保密审查由提供资料和编写初稿的单位负责，保密主管部门会同高新区地方史志办公室对本级地方史志资料进行保密审定。地方史志资料泄露国家秘密的，由有关部门依法查处。

第十八条 违法本办法规定，有下列行为之一的，由高新区地方史志办公室责令其停止违法行为并限期改正；逾期不改正的，由高新区地方史志办公室提请有关部门依法查处或者给予处分：

（一）擅自编纂出版以高新技术产业开发区冠名的地方志书、地方综合性年鉴和相关地情文献的；

（二）未经审查、验收、批准，将地方史志文稿交付出版或者地方史志内容存在违反宪法、法律、法规的；

（三）无故拖延、拒绝提供地方史志资料或者承担编写任务的；

（四）地方史志资料所有人或者持有人故意提供虚假资料的；

（五）丢失、损毁单位地方史志资料或者将其据为己有的；

（六）拒不向地方史志工作机构报送地方史志出版物（含纸质版、电子版）的。

有本条（一）（二）项行为，造成重大损失或者恶劣影响的，高新区地方史志办公室可以依法追究其法律责任。

第十九条 任何单位和个人有权对违反本办法的行为向高新区地方史志办公室进行检举。

第二十条 本办法由高新区地方史志办公室负责解释。

第二十一条 本办法自公布之日起执行。

附件：1. 志书（年鉴、地情文献）编写申请表（略）

2. 志书（年鉴、地情文献）审查备案表（略）

枣庄市人民政府令

〔2011〕第131号

《枣庄市地方史志工作办法》已经市政府批准，现予公布，自2011年11月1日起施行。

市长：陈伟

二〇一一年九月二十九日

枣庄市地方史志工作办法

第一条 为了规范和加强地方志工作，科学、合理地开发利用地方志资源，服务经济建设和社会发展，根据国务院《地方志工作条例》和《山东省地方史志工作条例》，结合本市实际，制定本办法。

第二条 本市行政区域地方志的组织编纂、保存、管理和开发利用工作，适用本办法。

第三条 本办法所称地方志，包括地方志书和地方综合年鉴。

地方志书，是指全面系统、客观地记述本行政区域自然、政治、经济、文化和社会的历史与现状的资料性文献。

地方综合年鉴，是指全面系统、客观地记述本行政区域自然、政治、经济、文化和社会等方面情况的年度资料性文献。

第四条 市、区（市）人民政府应当加强对本行政区域地方志工作的领导，将地方志工作纳入国民经济和社会发展规划，保障地方志工作机构的工作条件，地方志工作所需经费列入本级财政预算。

第五条 市、区（市）地方志工作机构主管本行政区域内的地方志工作，履行下列职责：

（一）贯彻执行地方志工作法律、法规；

（二）组织、指导、督促和检查地方志工作；

（三）拟定地方志工作规划和编纂方案；

（四）制定地方志编纂业务规范；

（五）编纂、审查、验收地方志文稿；

（六）组织编纂和出版发行地方志书、地方综合年鉴；

（七）搜集、整理和保存地方志资料，组织整理旧志；

（八）建设地情网站和方志馆，开发利用地方志资源；

（九）组织开展地方志理论研究和业务培训，通过读志用志活动，加快史志成果转化；

（十）其他职责。

第六条 枣庄市地方志工作机构负责拟定全市地方志编纂总体工作规划，报市人民政府批准后实施，并报省地方志工作机构备案。

区（市）地方志工作机构应当根据全市地方志编纂总体工作规划，拟定地方志工作规划，经本级人民政府批准后组织实施，并报市地方志工作机构备案。

第七条 地方志书每20年左右编修一次。市级综合年鉴每年编纂出版一卷；区（市）级综合年鉴由区（市）地方志工作机构根据实际按年度组织编纂。

第八条 以市、区（市）行政区域名称冠名的地方志书、地方综合年鉴，由本级人民政府地方志工作机构按照地方志编纂工作规划组织编纂，其他组织和个人不得编纂出版。

第九条 地方志编纂人员实行专兼职相结合，专职编纂人员应当接受专业培训，具备相应的专业知识和学术水平。

编纂地方志应当吸收有关方面的专家、学者参加。

第十条 编纂地方志应当存真求实、客观公正、确保质量，并符合下列要求：

（一）符合宪法和保密、档案等法律法规的规定；

（二）全面系统、客观地反映本行政区域自然、政治、经济、文化和社会的历史与现状；

（三）符合地方志的体例要求，行文规范，表述准确，图表及说明文字齐全。

编纂地方志不得杜撰、篡改历史事实和历史事件。任何单位和个人不得要求编纂人员在地方志中作虚假记述。

第十一条 承担地方志编纂任务的机关、社会团体、企事业单位和其他组织（以下简称承编单位），应当将地方志工作列入年度工作计划，明确编纂人员，保障工作条件。承编单位应当在规定的时间内按照要求完成地方志初稿编纂或者资料报送任务，并对所编纂的地方志初稿的质量或者所提供资料的真实性和准确性负责。

地方志工作机构应当对承编单位加强业务指导和督查。

第十二条 以市、区（市）行政区域名称冠名的地方志书，应当按照以下规定进行审查验收，经审查验收合格后方可公开出版：

（一）以枣庄市行政区域名称冠名的地方志书，经省地方史志编纂委员会审定，报市人民政府批准出版。

（二）以区（市）行政区域名称冠名的地方志书，经枣庄市地方史志编纂委员会审定，报区（市）人民政府批准出版。

从事乡镇志、村志编纂活动的，应当接受区（市）以上人民政府地方志工作机构的指导；从事部门志、行业志、专门志编纂活动的，应当接受本级人民政府地方志工作机构的指导。

第十三条 地方志编纂过程中收集到的各种资料及形成的文稿，由本级地方志工作机构集中统一管理，妥善保存，不得损毁。编纂工作完成后，应当移交本级方志馆保存、管理，个人不得擅自处置。

第十四条 地方志书、地方综合年鉴应当在出版后 3 个月内报送上级地方志工作机构备案，并向上级和本级方志馆提供藏书。

以电子出版物形式出版的地方志书、地方综合年鉴，按照前款规定办理。

第十五条 地方志工作机构应当建立地方志资料征集制度，通过查阅、摘抄、复制、购买等方式收集地方志资料，有关单位和个人应当提供支持。涉及国家秘密、商业秘密和个人隐私以及不符合档案开放条件的，按照国家有关规定执行。

机关、社会团体、事业单位、国有企业应当无偿向地方志工作机构提供地方志资料。

鼓励公民、法人或其他社会组织向地方志工作机构捐献地方志资料。对具有收藏价值的地方志文献资料，地方志工作机构可以向捐献者颁发收藏纪念证书。

第十六条 市、区（市）两级人民政府应当将地方志工作信息化建设纳入本级人民政府信息化建设规划。市、区（市）两级地方志工作机构应当建立地情网站，为社会提供咨询和信息服务。

第十七条 市、区（市）应当建立方志馆，用于地方志的编修、征集、保存、展示、研究、开发利用，免费向公众开放。

第十八条 地方志书、地方综合年鉴、地情文献及其他相关资料应当向社会公开。

第十九条 市、区（市）人民政府应当对在地方史志工作中取得突出成绩的单位和个人给予表彰和奖励。

第二十条 违反本办法规定，有下列行为之一的，由市、区（市）人民政府地方志工作机构责令限期改正；逾期不改正的，由市、区（市）地方志工作机构提请有关行政部门依法查处或者依法给予处分：

（一）无故拖延、拒不提供地方志资料或者拒不承担编写任务的；

（二）未经批准，擅自编纂、出版以行政区域名称冠名的地方志书、地方综合年鉴的；

（三）对已经审查通过的地方志文稿擅自进行重大改动并出版的；

（四）地方志资料所有人或者持有人故意提供虚假资料的；

（五）未经审查、验收、批准，将地方志文稿交付出版或者地方志内容违反宪法、法律、法规的；

（六）拒不向地方史志工作机构报送地方志出版物（含纸质版、电子版）的。

第二十一条 地方志工作机构工作人员有下列行为之一的，由其所在单位对主管人员和其他直接责任人员予以处分；造成损失的，依法承担赔偿责任；构成犯罪的，依法追究刑事责任：

（一）在地方志编纂中故意加入虚假资料的；

（二）将地方志编纂工作中搜集的资料和形成的文稿据为己有的；

（三）将地方志文稿作为个人著作擅自发表的；

（四）擅自处置地方志资料，造成损毁或遗失的。

第二十二条 本办法由市人民政府地方志工作机构负责解释。

第二十三条 本办法自 2011 年 11 月 1 日起施行。

枣庄市薛城区人民政府办公室关于印发《薛城区地方史志工作管理暂行办法》的通　知

薛政办发〔2011〕35号

各镇政府、临城街道办事处，区政府有关部门：

《薛城区地方史志工作管理暂行办法》已经区政府同意，现印发给你们，望认真遵照执行。

枣庄市薛城区人民政府办公室

二〇一一年七月十一日

薛城区地方史志工作管理暂行办法

第一条　为规范和加强地方志工作，全面、客观、系统地编纂地方志，发挥地方志在促进经济和社会发展中的作用，根据国务院《地方志工作条例》和《山东省地方史志工作条例》有关规定，结合我区实际，制定本办法。

第二条　本办法适用于薛城区行政区域内地方志的组织编纂、管理、开发利用和服务工作。

第三条　本办法所称地方志，是指地方志书、地方综合年鉴及综合地情文献。

地方志书是指全面客观系统地记述本区行政区域内自然、政治、经济、文化、社会等方面的历史与现状的资料性文献，包括区志、镇（街）志、部门志以及以本区行政区划冠名的其他相关志。

地方综合年鉴是指系统记述本区行政区域内自然、政治、经济、文化、社会等方面情况的年度资料性文献。包括区年鉴、镇（街）年鉴、部门（行业）年鉴。

综合地情文献是指系统记述本区行政区域内全面工作或专项工作的资料性文献。包括机关、社会团体、企事业单位及村（社区）编纂的以本行政区域冠名的地情类书籍。

第四条　区人民政府将加强对全区地方志工作的领导，将地方志工作纳入全区经济和社会发展规划。地方志工作所需经费列入本级财政预算。

第五条　区地方史志编纂委员会办公室（以下简称区史志办）主管本行政区域内的地

方志工作，履行以下职责：

（一）贯彻执行地方志工作法律、法规；

（二）组织、指导、督促和检查全区地方志工作；

（三）拟订地方志工作规划和编纂方案，并组织实施；

（四）制定地方志编纂业务规范，并组织实施；

（五）组织编纂地方志、地方综合年鉴、综合地情文献等全区综合性志书；

（六）负责本区行政区域内以行政区划冠名的各类志书的业务指导、专家评审、存档备案工作；

（七）征集、保存地方志文献和资料，组织整理旧志，开展地方志理论研究、学术交流及业务培训；

（八）宣传、推广地方志成果，开展地情研究，建设方志馆、地情资料库和地情网站，为公众读志、用志提供服务。

（九）完成本级人民政府和上级地方志工作机构交办的其他任务。

第六条 区级地方志书每20年左右修编一次，并适时出版地方综合年鉴和地情文献。

第七条 地方志编纂实行专兼职人员相结合，编纂人员应当具备相关的专业知识和学术水平。编纂地方志、地方综合年鉴、综合地情文献等全区综合性志书的工作人员，由区史志办专业编辑人员负责，并聘请专业人员参与编纂；本区行政区域内以行政区划冠名的镇（街）志、部门志等各类志书的编纂人员，由相关镇（街）、部门选派熟悉修志业务的人员担任，报区史志办备案。

第八条 地方志编纂人员必须做到恪尽职守、客观公正、秉笔直书、尊重史实。任何单位和个人不得要求编纂人员在地方志中做虚假记述。

第九条 编纂地方志，按下列程序进行：

（一）薛城区地方志、薛城年鉴、薛城区综合性地情文献由区史志办制定出编纂规划报区政府批准后组织开展编纂，报市政府史志工作机构审查，经区政府批准后出版，并报省政府史志工作机构备案。具体程序是：

1. 区史志办按照地方志编写年限要求，结合本区实际，对需开展的地方志编纂工作，提前半年制定出编纂规划，上报区政府批准。

2. 区史志办制定详细的编纂方案，提交区地方史志编纂委员会讨论审议后，报区政府同意下发，启动编纂工作。

3. 区史志办负责组织编纂人员培训、业务开展、检查验收、出版发行等工作，所需经费列入同级财政预算。

4. 地方志编纂形成定稿后，由区史志办写出报告，报市地方史志编委会审定，经区政府批准后出版，并报省政府史志工作机构备案。

（二）以薛城区行政区划冠名的镇（街）志、部门志等各类志书、年鉴、地情文献，由相关镇（街）和部门在区史志办的指导下组织编纂。具体程序是：

1. 各镇（街）、各部门将地方志编纂方案提前 3 个月报区史志办审查备案后组织实施。

2. 区史志办负责志书的业务指导、检查督导、审查把关、存档备案。

3. 各镇（街）、各部门按照地方志编写程序，应形成志稿篇目设置、初稿、评审稿、定稿。篇目设置形成后报区史志办审查备案，然后组织开展初稿编写；初稿形成后，报区史志办审查，由史志办组织评审，提出修改意见；有关部门和镇（街）根据评审意见修改定稿，经区史志办批准后，按照有关规定印刷或出版发行。

4. 各镇（街）、各部门应当在地方志出版后 30 日内向区史志办报送样书和电子文本。

第十条 薛城区地方志、薛城年鉴、薛城区综合性地情文献由区史志办按照全区规划组织编纂，其他组织和个人不得编纂出版。

第十一条 区史志办依法向辖区内行政机关、社会团体、企业事业单位和其他组织以及公民征集有关地方志资料，有关单位和公民应当提供支持。地方志资料所有人或者持有人不得故意提供虚假资料。区史志工作机构可以对所需资料内容进行查阅、摘抄、复制，但涉及国家秘密、商业秘密和个人隐私以及不符合档案开放条件的除外。

第十二条 在地方志编纂过程中收集到的文字资料、图表、照片、音像资料、实物等以及形成的地方志文稿，需指定专职人员集中统一管理，妥善保存，不得损毁；修志工作完成后，应当依法移交档案馆保存、管理，个人不得据为己有或者出租、出让、转借。

第十三条 以行政区划名称冠名的地方志书、地方综合年鉴、地情文献为职务作品，依照《中华人民共和国著作权法》第十六条第二款的规定，其著作权由组织编纂的机构享有，参与编纂的人员享有署名权。

第十四条 地方志工作应为地方经济社会的全面发展服务。区史志办通过建设方志馆、资料库、网站等方式，积极开拓社会用志途径，加强地方志工作的信息化建设。公民、法人和其他组织可以利用上述方志馆、资料库、网站查阅、摘抄地方志资料。

第十五条 区人民政府将对在地方志工作中作出突出成绩和贡献的单位、个人，给予表彰和奖励。

第十六条 违反本办法规定，有下列情形之一的，由区人民政府地方志工作机构按照管理权限责令其限期整改；逾期不改的，由其所在单位或者有关行政部门依法给予行政处分或纪律处分。

（一）擅自编纂出版以薛城区行政区划冠名的地方志、地方综合年鉴或者综合地情文献的；

（二）丢失、损毁单位地方史志资料或者将其据为己有的；

（三）地方史志资料所有人或者持有人故意提供虚假资料的；

（四）将地方志文稿擅自整理出版或者作为个人著作擅自发表的；

（五）无故拖延、拒绝提供地方志资料或者拒不承担编写任务的；

（六）拒绝向区地方志工作机构报送地方史志文献（含纸质版、电子版）的；

（七）对已经审查通过的地方志文稿擅自进行重大改动并出版的。

有前款（一）（二）项行为，造成重大损失或者恶劣影响的，区史志办可以依法向人民法院提起诉讼。

第十七条　编纂地方志涉及军事内容的，应当遵守中央军委关于军事志编纂的相关规定。

第十八条　实行地方志保密审查分级分单位负责制。地方志的保密审查由提供资料和编写初稿的单位负责，保密主管部门会同地方志工作机构对本级地方志进行保密审定。地方志泄露国家秘密的，由有关部门依法查处。

第十九条　任何单位和个人有权对违反本办法的行为进行检举。

第二十条　本办法由区史志办负责解释。

第二十一条　本办法自发布之日起施行。

枣庄市市中区人民政府关于印发《市中区地方志工作管理暂行办法》的通　知

市中政发〔2011〕25号

各乡镇人民政府，各街道办事处，区政府各部门、专业公司，各企业：

《市中区地方志工作管理暂行办法》已经区政府同意，现印发给你们，请认真贯彻实施。

枣庄市市中区人民政府

二〇一一年四月二十七日

市中区地方志工作管理暂行办法

为规范和加强地方志工作，全面、客观、系统、科学的编纂地方志，积累、保存与开发、利用地方志资源，发挥地方志在促进经济社会发展中的作用，根据国务院《地方志工作条例》《山东省地方史志工作条例》，结合本区实际，制定本办法。

第一章　概念解释

第一条　本办法所称地方志是指地方志书、地方综合年鉴及地情文献。　地方志书，是指全面客观系统记述本行政区域内自然、政治、经济、文化社会等方面历史与现状的资料性文献，包括区志、乡（镇）志、街道志、专业（部门）志、村（社区）志及其他相关志书等。

地方综合年鉴，是指全面客观系统记述本行政区域内自然、政治、经济、文化、社会等方面情况的年度资料性文献，包括区年鉴、乡（镇）年鉴、街道年鉴、行业（单位）年鉴等。

地情文献，是指全面客观系统记述本行政区域内全面工作或专项工作的资料性书籍，包括机关、社会团体、企事业单位及村（社区）编纂的其他地情类书籍。

第二章　工作职责

第二条　区人民政府应当加强对本行政区域地方志工作的领导，将地方志工作纳入本地经济和社会发展规划。地方志工作所需经费列入本级财政预算。

第三条　区地方志编纂委员会办公室是本行政区域地方志工作主管机构，履行下列职责：

（一）贯彻执行地方志工作法律、法规，推进依法修志；

（二）组织、指导、督促和检查全区地方志工作；

（三）拟订地方志工作规划和编纂方案，并组织实施；

（四）组织编纂地方志书、地方综合年鉴和其他地情文献，依照程序组织对地方志审查验收；

（五）征集、整理、保存地方志文献和资料，宣传、推广地方志成果，开展地方志理论研究和学术交流；

（六）组织开发利用地方志资源，建立方志馆、地情资料库和地情网站，培训地方志编纂人员，为公众提供服务；

（七）完成本级人民政府和上级地方志工作机构交办的其他任务。

第四条　以本行政区域名称冠名的区志、地方综合年鉴、地情文献的编纂工作，由区地方志主管机构按照规划组织实施，其他组织和个人不得编纂。乡镇、街道、机关、社会团体、企事业单位、其他组织和个人可自行编纂出版有助于经济社会发展的其他志书、年鉴及地情文献，编纂单位需接受区地方志工作主管机构业务指导，并报区地方志工作主管机构备案。

第三章　编纂周期

第五条　区级地方志书每20年左右编修一次，每一轮地方志书编修工作完成后，区地方志工作主管机构在编纂地方综合年鉴、地情文献及向社会提供咨询服务的同时，启动新一轮地方志书的编修工作。区级地方综合年鉴每2年编辑出版1卷。区级地情文献不定编纂周期，根据实际需要适时确定文献内容及出版时间。

第四章　编纂要求

第六条　编纂地方志书、地方综合年鉴、地情文献，应当制定编纂方案，地方志书编纂方案报上一级人民政府史志工作机构批准，地方综合年鉴、地情文献编纂方案报本级人民政府批准。根据编纂方案的规定承担编纂任务的单位，应当按照地方志编纂规划和要求，接受地方志工作主管机构的业务指导与督促检查，按时保质完成撰稿任务。

第七条　地方志的编纂工作应当做到存真求实，确保质量，全面、客观地反映本行政区域自然、政治、经济、文化和社会的历史与现状。

第八条　地方志编纂实行专兼职人员相结合，应当广泛吸收有关专家、学者和熟悉修志业务的人员参加。专兼职编纂人员应当具备相应的专业知识和学术水平，做到恪尽职守、客观公正、秉笔直书、尊重史实。任何单位和个人不得要求编纂人员在地方志书中做虚假记述。

第九条 各级地方志工作主管机构依法向辖区内机关、社会团体、企事业单位和其他组织以及个人征集有关资料，相关单位和个人应当提供便利。区地方志编纂委员会办公室可以对所需资料内容进行查阅、摘抄、复制，但涉及国家秘密、商业秘密和个人隐私以及不符合档案开放条件的除外。

第十条 在地方志编纂过程中收集到的文字资料、图表、照片、音像资料、实物等以及形成的地方志文稿，应按照规定归档管理，任何单位、个人不得损毁或者据为己有以及出租、出让、转借。

第十一条 地方志书、地方综合年鉴、地情文献出版实行分级审查批准制度，应当组织有关保密、档案、计生、历史、法律、经济、军事等方面的专家参加，重点审查地方志书的内容是否符合宪法和保密、档案等法律、法规的规定，是否全面、客观地反映本行政区域自然、政治、经济、文化和社会的历史与现状。

以本行政区域名称冠名、列入规划的地方志书由上一级地方志工作主管机构负责审查验收，报区人民政府批准后方可公开出版；乡（镇）志、街道志、专业志及地方综合年鉴和地情文献由区地方志工作主管机构审查验收，经本级人民政府或行政主管单位批准后方可公开出版。未按以上程序进行报批的各类地方志书不得公开出版，新闻出版行政机构不得核发内部资料性图书准印证。

第十二条 编纂地方志涉及军事内容的，应当遵守中央军委关于军事志编纂的相关规定。

第十三条 地方志编纂单位应当在地方志书、地方综合年鉴及地情文献出版后 30 日内，向本级和上级地方志工作主管机构报送样书（含纸质版和电子版）。

第十四条 地方志书、地方综合年鉴和相关地情文献为职务作品，依照《中华人民共和国著作权法》第十六条第二款的规定，其著作权由组织编纂的机构享有，参与编纂的人员依法享有署名权。

第十五条 建立地情资料日常收集机制。区地方志工作主管机构可以通过建立方志馆、地情资料库等方式收藏、保存、管理各类地方志资料，积极开展读志用志、地情宣传、业务咨询活动，出版专题资料、地情研究成果，为社会各界服务。

鼓励单位和个人向区地方志工作主管机构捐赠地方志资料，对具有收藏价值的资料，方志馆应当向捐赠者颁发收藏纪念证书，并给予馆存资料的优先使用权。

第五章 奖惩措施

第十六条 地方志成果可以依照有关规定参加国家、省和市优秀社会科学成果评奖，以及其他各级优秀地方志书、年鉴等评奖。

第十七条 区人民政府根据实际工作需要，对地方志工作中做出突出成绩和贡献的单位和个人给予表彰和奖励。

第十八条 违反本办法规定，有下列情形之一的，由区地方志工作主管机构按照权限责令限期改正；逾期不改正的，提请区人民政府或有关部门依法查处，并视情节对相关单位和个人予以通报批评或行政、纪律处分：

（一）未经审查验收、批准，擅自编纂出版以本行政区域名称冠名的地方志书、地方综合年鉴及相关地情文献的；

（二）无故拖延、拒绝提供地方志资料或者拒不承担编写任务的；

（三）故意提供虚假地方志资料的；

（四）丢失、损毁单位地方志资料或者将其据为已有的；

（五）将地方志文稿作为个人著作擅自发表的；

（六）对已经审查通过的地方志文稿擅自进行重大改动并出版的；

（七）拒不向地方志工作主管机构报送地方志出版物（含纸质版、电子版）的。

第十九条 实行地方志保密审查分级分单位负责制。地方志的保密审查由提供资料和编写初稿的单位负责，保密主管部门会同地方志工作主管机构对本级地方志进行保密审定。地方志泄露国家秘密的，由有关部门依法查处。

第二十条 违反本办法规定，涉及其他有关法律、法规规定的，按照其他有关法律法规进行处理。

第六章 附 则

第二十一条 本办法适用于本行政区域内地方志的资料征集、研究、组织编纂、管理、开发利用和咨询服务工作

第二十二条 本办法自颁发之日起 30 日后施行，并由区地方志编纂委员会办公室负责解释。

枣庄市峄城区人民政府关于印发《峄城区地方志工作管理办法（暂行）》的通　知

峄政发〔2011〕31号

各镇人民政府、街道办事处，区政府有关部门，有关企业：

《峄城区地方工作管理办法（暂行）》已经区政府同意，现印发给你们，望认真贯彻执行。

枣庄市峄城区人民政府

二〇一一年五月十三日

峄城区地方志工作管理办法（暂行）

第一条　为规范峄城区地方志的编纂、管理、开发和利用，根据国务院《地方志工作条例》和《山东省地方史志工作条例》有关规定，结合本区实际，制定本办法。

第二条　峄城区行政区域内地方志的组织编纂、管理、开发和利用，适用本办法。

第三条　本办法所称地方志，包括地方志书、地方综合年鉴、综合地情文献。

地方志书是指全面客观系统地记述本区行政区域内自然、政治、经济、文化、社会等方面的历史与现状的资料性文献。分为：本区编纂的峄城区地方志、以本区行政区划冠名的镇（街道）志、以本区行政区划冠名的部门志以及以本区行政区划冠名的其他相关志。

地方综合年鉴是指系统记述本区行政区域内自然、政治、经济、文化、社会等方面情况的年度资料性文献。分为：本区编纂的峄城年鉴、以本区行政区划冠名的镇（街道）年鉴、以本区行政区划冠名的部门年鉴以及以本区行政区划冠名的其他年鉴。

综合地情文献是指系统记述本区行政区域内自然、政治、经济、文化、社会等方面一段时期或部分内容的资料性文献。分为：本区编纂的峄城区综合性地情文献、以本区行政区划冠名的镇（街道）地情文献、以本区行政区划冠名的部门地情文献以及以本区行政区划冠名的其他地情文献。

第四条　区人民政府应当加强对本行政区域地方志工作的领导，将地方志工作纳入本地经济和社会发展规划。地方志工作所需经费列入本级财政预算。

第五条 区地方史志编纂委员会办公室（以下简称区史志办）主管本行政区域内的地方志工作，履行下列职责：

（一）组织、指导、督促和检查全区地方志工作；

（二）拟订地方志工作规划和编纂方案；

（三）制定地方志编纂业务规范；

（四）组织编纂地方志、地方综合年鉴、综合地情文献等全区综合性志书；

（五）负责本区行政区域内以行政区划冠名的各类志书的业务指导、专家评审、审查验收、存档备案工作；

（六）征集、保存地方志文献和资料，组织整理旧志，推动地方志理论研究；

（七）宣传、推广地方志成果，开展地情研究，建设方志馆资料库和地情网站，为公众读志用志提供服务；

（八）完成本级人民政府和上级地方志工作机构交办的其他任务。

第六条 区级地方志书每 20 年左右编修一次。区级地方综合年鉴每 2 年编辑出版 1 卷。区级地情文献不定编纂周期，根据实际需要适时确定文献内容及出版时间。

第七条 从事地方志编纂业务的人员应当具备相关的专业知识和学术水平。编纂地方志、地方综合年鉴、综合地情文献等全区综合性志书的编纂人员，由区史志办聘任；本区行政区域内以行政区划冠名的镇（街道）志、部门志等各类志书的编纂人员，由相关镇（街道）、部门选派熟悉修志业务的人员担任，报区史志办备案。

第八条 编纂地方志，按下列程序进行：

（一）峄城区地方志、峄城年鉴、峄城区综合性地情文献由区人民政府史志工作机构制定出编纂规划报区政府批准后，组织开展编纂，报市政府史志工作机构审查，经区政府批准后出版，并报省政府史志工作机构备案。具体程序是：

1. 区史志工作机构按照地方志编写年限要求，结合本区实际，对需开展的地方志编纂工作，提前半年制定出编纂规划，上报区政府批准。

2. 区史志工作机构制定详细的编纂方案，提交区地方史志编纂委员会讨论审议后，报区政府同意下发全区，启动编纂工作。

3. 区史志工作机构负责组织编纂人员培训、业务开展、检查验收、出版发行等工作。所需经费列入同级财政预算。

4. 地方志编纂形成定稿后，由区史志办写出报告，报市地方史志编委会审定，经区政府批准后出版，并报省政府史志工作机构备案。

（二）以峄城区行政区划冠名的镇（街道）志、部门志等各类志书、年鉴、地情文献，由相关镇（街道）和部门在区史志办的指导下组织编纂。具体程序是：

1. 各镇（街道）、各部门将地方志编纂方案提前 3 个月报区史志工作机构审查后组织实施。

2. 区史志工作机构负责志书的业务指导、检查督导、审查把关、存档备案。

3. 各镇（街道）、各部门按照地方志编写程序，应形成志稿篇目设置、初稿、评审稿、定稿。篇目设置形成后报区人民政府史志工作机构审查备案，然后组织开展初稿编写；初稿形成后，报区人民政府史志工作机构审查，由区人民政府史志工作机构组织评审，提出修改意见；有关部门和镇（街道）根据评审意见修改定稿，经区史志工作机构批准后，按照有关规定印刷或出版发行。

4. 各镇（街道）、各部门应当在地方志出版后30日内向区史 志办报送样书和电子文本。

第九条 峄城区地方志、峄城年鉴、峄城区综合性地情文献由区史志办按照全区规划组织编纂，其他组织和个人不得编纂出版。

第十条 有关组织和单位可以自行组织编纂本办法第七条规定以外的志书、年鉴或其他地情文献资料，编纂单位需报区史志工作机构备案。

第十一条 区史志办可以向机关、社会团体、企业事业单位和其他组织以及公民征集有关地方志资料，有关单位和公民应当提供支持。地方志资料所有人或者持有人不得故意提供虚假资料。区史志工作机构可以对有关资料进行查阅、摘抄、复制，但涉及国家秘密、商业秘密和个人隐私以及不符合档案开放条件的除外。

第十二条 在地方志编纂过程中收集到的文字资料、图表、照片、音像资料、实物以及形成的地方志文稿等，需指定专职人员集中统一管理，妥善保存，不得损毁；修志工作完成后，应当依法移交档案馆保存、管理，个人不得据为己有或者出租、出让、转借。

第十三条 以行政区划名称冠名的地方志书、地方综合年鉴、地情文献为职务作品，依照《中华人民共和国著作权法》第十六条第二款的规定，其著作权由组织编纂的机构享有，参与编纂的人员享有署名权。

第十四条 地方志工作应为地方经济社会的全面发展服务。区史志办通过建设方志馆、资料库、网站等方式，积极开拓社会用志途径，加强地方志工作的信息化建设。公民、法人和其他组织可以利用上述方志馆、资料库、网站查阅、摘抄地方志资料。

第十五条 区人民政府将对在地方志工作中作出突出成绩和贡献的单位、个人，给予表彰和奖励。

第十六条 违反本办法规定，有下列情形之一的，由区人民政府地方志工作机构按照管理权限责令其限期整改；逾期不改的，提请区人民政府或有关行政部门依法查处，并视情节对有关单位和个人予以通报批评或予以行政处分：

（一）擅自编纂出版以峄城区行政区划冠名的地方志、地方综合年鉴或者综合地情文献的；

（二）丢失、损毁单位地方史志资料或者将其据为己有的；

（三）地方史志资料所有人或者持有人故意提供虚假资料的；

（四）未经审查、验收、批准将地方志交付出版或者地方志内容存在违反宪法、法律、法规的；

（五）无故拖延、拒绝提供地方志资料或者承担编写任务的；

（六）拒绝向区史志办报送地方史志文献的。

有前款（一）（二）项行为，造成重大损失或者恶劣影响的，区史志办可以依法向人民法院提起诉讼。

第十七条 编纂地方志涉及军事内容的，应当遵守中央军委关于军事志编纂的相关规定。

第十八条 任何单位和个人有权对违反本办法的行为进行检举。

第十九条 本办法由区史志办负责解释。

第二十条 本办法自2011年5月13日起施行。

枣庄市台儿庄区人民政府办公室关于印发《台儿庄区地方志工作管理暂行办法》的通知

台政办发〔2011〕38号

各镇人民政府、运河街道办事处、经济开发区、区政府有关部门、各大企业：

《台儿庄区地方志工作管理暂行办法》已经区政府同意，现印发给你们，请遵照执行。

枣庄市台儿庄区人民政府

二〇一一年八月九日

台儿庄区地方志工作管理暂行办法

第一条 为规范台儿庄区地方志的编纂、管理、开发和利用，根据国务院《地方志工作条例》和《山东省地方史志工作条例》有关规定，结合本区实际，制定本办法。

第二条 台儿庄区行政区域内地方志的资料征集、组织编纂、管理、开发和利用，适用本办法。

第三条 本办法所称地方志是指地方志书、综合年鉴和地情文献等。

地方志书是指全面客观系统地记述本区行政区域内自然、政治、经济、文化、社会等方面的历史与现状的资料性文献，包括本区编纂的台儿庄区地方志、以本区行政区划冠名的镇（街）志、以本区行政区划冠名的部门志以及以本区行政区划 冠名的其他相关志。

综合年鉴是指系统记述本区行政区域内自然、政治、经济、文化、社会等方面情况的年度资料性文献，包括本区编纂的台儿庄年鉴、以本区行政区划冠名的镇（街）年鉴、以本区行政区划冠名的部门年鉴以及以本区行政区划冠名的其他年鉴。

地情文献是指系统记述本区行政区域全面工作或专项工作的资料性书籍，包括机关、社会团体、企业事业单位及村（社区）编纂的以本行政区域冠名的地情类书籍。

第四条 各级应加强对本行政区域地方志工作的领导，将地方志工作纳入本地经济和社会发展总体规划。地方志工作所需经费列入本级财政预算。

第五条 区地方史志编纂委员会办公室（以下简称区史志办）主管本行政区域内的地方志工作，履行下列职责：

（一）组织、指导、督促和检查全区地方志工作；

（二）拟订地方志工作规划和编纂方案；

（三）制定地方志编纂业务规范；

（四）组织编纂地方志、地方综合年鉴、综合地情文献等全区综合性志书；

（五）负责本区行政 区域内以行政区划冠名的各类志书的业务指导、专家评审、审查验收、存档备案工作；

（六）征集、保存地方志文献和资料，组织整理旧志，推动地方志理论研究；

（七）宣传、推广地方志成果，开展地情研究，建设方志馆、资料库和地情网站，为公众读志用志提供服务；

（八）完成本级人民政府和上级地方志工作机构交办的其他任务。

第六条 区级地方志书每 20 年左右编修一次。区级地方综合年鉴每 2 年编辑出版 1 卷。区级地情文献不定编纂周期，根据实际需要适时确定文献内容及出版时间。

第七条 从事地方志编纂业务的人员应当具备相关的专业知识和学术水平。编纂地方志、综合年鉴、地情文献等全区综合性志书的编纂人员，由区史志办聘任；本区行政区域内以行政区划冠名的镇（街）志、部门志等各类志书的编纂人员，由相关镇（街）、部门选派熟悉修志业务的人员担任，报区史志办备案。

第八条 编纂地方志，按下列程序进行：

（一）台儿庄区地方志、台儿庄年鉴、台儿庄区综合性地情文献由区人民政府史志工作机构制定出编纂规划报区政府批准后，组织开展编纂，报市政府史志工作机构审查，经区政府批准后出版，并报省政府史志工作机构备案。具体程序是：

1. 区史志工作机构按照地方志编写年限要求，结合本区实际，对需开展的地方志编纂工作，提前半年制定出编纂规划，上报区政府批准。

2. 区史志工作机构制定详细的编纂方案，提交区地方史志编纂委员会讨论审议后，报区政府同意下发全区，启动编纂工作。

3. 区史志工作机构负责组织编纂人员培训、业务开展、检查验收、出版发行等工作。所需经费列入同级财政预算。

4. 地方志编纂形成定稿后，由区史志办写出报告，报市地方史志编委会审定，经区政府批准后出版，并报省政府史志工作机构备案。

（二）以台儿庄区行政区划冠名的镇（街）志、部门志等各类志书、年鉴、地情文献，由相关镇（街）和部门在区史志办的指导下组织编纂。具体程序是：

1. 各镇（街）、各部门将地方志编纂方案提前 3 个月报区史志工作机构审查后组织实施。

2. 区史志工作机构负责志书的业务指导、检查督导、审查把关、存档备案。

3. 各镇（街）、各部门按照地方志编写程序，应形成志稿篇目设置、初稿、评审稿、定稿。篇目设置形成后报区人民政府史志工作机构审查备案，然后组织开展初稿编写；初稿形成后，报区人民政府史志工作机构审查，由区人民政府史志工作机构组织评审，提出修改意见；有关部门和镇（街）根据评审意见修改定稿，经区史志工作机构批准后，按照有关规定印刷或出版发行。

4. 各镇（街）、各部门应当在地方志出版后30日内向区史志办报送样书和电子文本。

第九条 台儿庄区地方志、台儿庄年鉴、台儿庄区综合性地情文献由区史志办按照全区规划组织编纂，其他组织和个人不得编纂出版。

第十条 有关组织和单位可以自行组织编纂本办法第九条规定以外的志书、年鉴或其他地情文献资料，编纂单位需报区史志工作机构备案。

第十一条 区史志办可以向机关、社会团体、企业事业单位和其他组织以及公民征集有关地方志资料，有关单位和公民应当提供支持。地方志资料所有人或者持有人不得故意提供虚假资料。区史志工作机构可以对有关资料进行查阅、摘抄、复制，但涉及国家秘密、商业秘密和个人隐私以及不符合档案开放条件的除外。

第十二条 在地方志编纂过程中收集到的文字资料、图表、照片、音像资料、实物以及形成的地方志文稿等，需指定专职人员集中统一管理，妥善保存，不得损毁；修志工作完成后，应当依法移交档案馆保存、管理，个人不得据为己有或者出租、出让、转借。

第十三条 以行政区划名称冠名的地方志书、地方综合年鉴、地情文献为职务作品，依照《中华人民共和国著作权法》第十六条第二款的规定，其著作权由组织编纂的机构享有，参与编纂的人员享有署名权。

第十四条 地方志工作应为地方经济社会的全面发展服务。区史志办通过建设方志馆、资料库、网站等方式，积极开拓社会用志途径，加强地方志工作的信息化建设。公民、法人和其他组织可以利用上述方志馆、资料库、网站查阅、摘抄地方志资料。

第十五条 区人民政府将对在地方志工作中做出突出成绩和贡献的单位、个人，给予表彰和奖励。

第十六条 违反本办法规定，有下列情形之一的，由区人民政府地方志工作机构按照管理权限责令其限期整改；逾期不改的，提请区人民政府或有关行政部门依法查处，并视情节对有关单位和个人予以通报批评或予以行政处分：

（一）擅自编纂出版以台儿庄区行政区划冠名的地方志、地方综合年鉴或者综合地情文献的；

（二）丢失、损毁单位地方史志资料或者将其据为己有的；

（三）地方史志资料所有人或者持有人故意提供虚假资料的；

（四）未经审查、验收、批准将地方志交付出版或者地方志内容存在违反宪法、法律、法规的；

（五）无故拖延、拒绝提供地方志资料或者承担编写任务的；

（六）拒绝向区史志办报送地方史志文献的。

有前款（一）（二）项行为，造成重大损失或者恶劣影响的，区史志办地方史志资料所有或持有和相关部门可以依法向人民 法院提起诉讼。

第十七条 编纂地方志涉及军事内容的，应当遵守中央军委关于军事志编纂的相关规定。

第十八条 任何单位和个人有权对违反本办法的行为进行检举。

第十九条 本办法由区史志办负责解释。

第二十条 本办法自发布之日起实施。

枣庄市山亭区地方史志编纂委员会关于印发《山亭区地方志工作办法》的通　知

山史编委发〔2011〕12号

各乡镇人民政府，山城街道办事处，区直各部门、各企事业单位：

根据国务院《地方志工作条例》、山东省人民政府《山东省地方史志工作条例》，结合我区实际，特制定《山亭区地方志工作管理办法》，现印发给你们，请认真贯彻落实。

枣庄市山亭区地方史志编纂委员会

二〇一一年九月二十九日

山亭区地方志工作管理办法

第一条　为规范和加强我区地方史志的编纂、管理和开发利用工作，根据国务院《地方志工作条例》《山东省地方史志工作条例》，结合我区实际，制定本办法。

第二条　我区行政区域内地方史志的编纂、管理和开发利用工作，适用本办法。

第三条　本办法所称地方史志，包括地方志书、地方综合年鉴和相关地情文献。

地方志书，是指全面系统地记述本行政区域自然、政治、经济、文化、社会等方面的历史与现状的资料性文献。包括区志、镇（街道）志、部门单位志。

地方综合年鉴，是指全面系统地记述本行政区域内自然、政治、经济、文化、社会等方面情况的年度资料性文献，包括区年鉴、镇（街道）年鉴和行业（部门）年鉴。

相关地情文献，是指系统记述本行政区域一定领域情况的资料性文献。包括机关、社会团体、企业事业单位及村居编纂的志书、年鉴和其他资料性文献。

第四条　区政府加强对本行政区域地方史志工作的领导，将地方史志工作纳入本地经济和社会发展规划。地方史志工作所需经费列入本级财政预算。

第五条　区史志工作机构主管本行政区域地方史志工作，具体承担下列任务：

（一）贯彻执行国务院《地方志工作条例》和《山东省地方史志工作条例》，推进依法修志；

（二）组织、指导、督促、检查全区地方史志工作；

（三）拟定全区地方史志工作规划并组织实施；

（四）制定地方史志编纂业务规范；

（五）编纂、审查、验收地方史志文稿；

（六）建设地情资料库、地情网站；

（七）建设区方志馆，保存地方史志文献；

（八）开发利用地方史志资源，开展读志用志活动；

（九）组织开展地情研究、地方史志学术研究、业务培训。

第六条 以本区行政区域名称冠名的地方志书、地方综合年鉴的编纂工作，由区史志工作机构按照规划组织实施；以镇、街道行政区域名称冠名的地方志书、地方综合年鉴，由各乡镇人民政府、街道办事处组织编纂，其他组织和个人不得编纂出版。

区直部门、单位，辖区内各机关、社会团体、企业单位及其他组织和个人编纂出版的其他地方志书及地情类书籍，编纂单位应当报区地方史志办公室备案，区地方史志办公室应当对志书编纂活动进行业务指导。

第七条 区级地方志书每20年左右编修一次，每一轮地方志书编修工作完成后，区史志工作机构在编纂地方综合年鉴、搜集资料、向社会提供咨询服务的同时，启动新一轮地方志书的编修工作。区级地方综合年鉴按年度编辑出版。可适时组织编纂综合或专题地情文献。

第八条 区地方史志办公室依法向辖区内机关、社会团体、企业事业单位和其他组织以及公民征集有关地方史志资料，相关单位和个人应当提供有关地方史志资料。区地方史志办查阅、摘抄、复制，但涉及国家秘密、商业秘密和个人隐私以及不符合档案开放条件的除外。

编纂地方史志应当做到存真求实、客观公正、忠于史实、确保质量。任何单位和个人不得要求编纂人员在地方史志等文献中做虚假记述。

第九条 编纂地方史志，按下列程序进行：

（一）区级地方志书（《山亭区志》）、区级地方综合年鉴（《山亭年鉴》）、区级综合性地情文献由区地方史志办公室制定出编纂规划报区政府批准后，组织开展编纂。

《山亭区志》编纂完成后，经区政府批准，报市政府史志工作机构审查批复后出版，并报省政府史志工作机构备案。

（二）镇（街）道志、区直部门志及社会团体志、村（居）志在区地方史志办公室的指导下组织编纂。具体程序是：

1. 有关镇（街）、区直部门及社会团体志、村（居）志制定编纂方案，报区地方史志办公室审查备案；其中，村（居）志编纂方案要同时报有关镇、街道备案；

2. 编纂方案确定后，承编单位要制定志书篇目，经动员部署、资料征集、稿件编纂、补充资料等环节，形成初稿，由该志编纂委员会审查后，形成评审稿；

3. 志稿形成评审稿后，在区史志工作机构指导下组织召开志稿评审会议，根据评审意见修改完善，形成送审稿；

4. 志稿形成送审稿后，报区地方史志办公室终审，经批准后，按照有关规定印刷出版；

5. 有关镇、街道，区直部门及社会团体，村（居）在志书出版后 30 日内，向区地方史志办公室送交志书 30 本并报送志书电子文本。

第十条 在地方史志编纂过程中收集到的文字资料、图表、照片、音像资料、实物等以及形成的地方志文稿，由区地方史志办公室集中统一管理，妥善保存，不得损毁；修志工作完成后，应当依法移交区方志馆保存、管理，个人不得据为己有或者出租、出让、转借。

第十一条 以本区行政区域名称冠名的地方志书、地方综合年鉴和相关地情文献为职务作品，依照《中华人民共和国著作权法》的规定，其著作权由组织编纂的机构享有，参与编纂的人员享有署名权。

第十二条 地方史志工作应为地方经济社会的全面发展服务。区地方史志办公室通过建设方志馆、资料库、地情网站等方式，积极开拓社会用志途径，加强地方史志工作信息化建设。公民、法人和其他组织可以利用方志馆、资料库、地情网站查阅、摘抄地方史志资料。

鼓励单位和个人向区地方史志办公室捐赠地方史志资料，对具有收藏价值的资料，区方志馆应当向捐赠者颁发收藏纪念证书，并给予馆存资料的优先使用权。

第十三条 地方史志成果可以依据有关规定参加国家、省和市优秀社会科学成果评奖。

第十四条 区人民政府应当对在地方史志工作中作出突出成绩的单位、个人给予表彰和奖励。

第十五条 实行地方史志保密审查分级分单位负责制。地方史志的保密审查由提供资料和编写初稿的单位负责，保密主管部门会同区地方史志办公室对本级地方史志进行保密审定。

第十六条 违反本办法规定，有下列行为之一的，由区地方史志办公室按照管理权限责令其停止违法行为并限期改正；逾期不改正的，由区地方史志办公室提请有关行政部门依法查处或者给予处分：

（一）擅自编纂出版以山亭区行政区域名称冠名的地方志书、地方综合年鉴和相关地情文献的；

（二）未经审查、验收、批准，将地方史志文稿交付出版或者地方史志内容存在违反宪法、法律、法规的；

（三）无故拖延、拒绝提供地方史志资料或者承担编写任务的；

（四）地方史志资料所有人或者持有人故意提供虚假资料的；

（五）丢失、损毁单位地方史志资料或者将其据为己有的；

（六）拒不向区地方史志办公室报送地方史志出版物（含纸质版、电子版）的。

第十七条　任何单位和个人有权对违反本办法的行为向区地方史志办公室进行检举。

第十八条　本办法自发布之日起施行。

滕州市人民政府关于印发《滕州市地方志工作管理办法》的通　知

滕政发〔2011〕108号

各镇人民政府、街道办事处，市政府各部门，滕州经济开发区管委会：

现将《滕州市地方志工作管理办法》印发给你们，请认真贯彻执行。

滕州市人民政府

二〇一一年八月二十三日

滕州市地方志工作管理办法

第一条　为认真贯彻落实国务院《地方志工作条例》和《山东省地方史志工作条例》，进一步规范地方志工作，确保科学、全面、客观、真实反映本市社会历史与现状，最大限度保存、开发、利用地方志资源，切实强化地方志在促进经济和社会发展中的作用，根据本市实际，制定本办法。

第二条　本市行政区域地方志编纂管理和开发利用工作，适用本办法。

第三条　本办法所称地方志，包括地方志书、地方综合年鉴和地情文献。

地方志书，是指全面系统地记述本市行政区域自然、政治、经济、文化和社会的历史与现状的资料性文献，包括市志、专业（部门）志、镇（街）志。

地方综合年鉴，是指全面系统地记述本行政区域自然、政治、经济、文化和社会等方面情况的年度资料性文献，包括滕州市年鉴、各镇（街）年鉴。

地情文献，是指系统记述本行政区域工作情况的资料性书籍，包括机关、社会团体、企业事业单位及村（居）编纂的志书、年鉴和其他资料性文献。

第四条　滕州市人民政府加强对本行政区域地方志工作的领导，将地方志工作纳入本市国民经济和社会发展规划，地方志工作所需经费列入本级财政预算。

第五条　滕州市地方史志编纂委员会办公室（以下简称“滕州市史志办公室”）主管本行政区域地方志工作，履行下列职责：

（一）贯彻执行地方志工作法律、法规；

（二）组织、指导、督促、检查全市地方志工作；

（三）拟定全市地方志工作规划和编纂方案；

（四）制定全市地方志编纂业务规范；

（五）组织编纂、审查、验收地方志文稿；

（六）建设地情网站和方志馆，开发利用地方志资源；

（七）组织整理旧志，征集、保存地方志文献和资料，开展地方志学术研究、业务培训；

（八）负责滕州市行政区域内以行政区划冠名的各类志书的业务指导、专家评审、审查验收、存档备案工作；

（九）完成本级人民政府和上级业务部门交办的其他任务。

第六条 编纂地方志必须遵循去伪存真、客观公正、忠于史实、质量为先原则。

任何单位和个人不得在地方志和资料性文献中作虚假记述。

第七条 编纂地方志应当吸收有关方面专家、学者参加。专职编纂人员应当具备相应的专业知识。

第八条 承担地方志撰稿任务的单位应接受市史志办公室业务指导，并按时保质完成撰稿任务。

第九条 以滕州市冠名的地方志书、地方综合年鉴，由市史志办公室组织编纂；以镇（街）行政区域名称冠名的地方志书、地方综合年鉴，由镇（街）组织编纂，并由市史志办公室审查批准后方可出版。

第十条 滕州市志每 20 年左右编修一次。每一轮志书编修工作完成后，市史志办公室在编纂地方综合年鉴、向社会提供咨询服务、组织和引导基层开展地方志工作的同时，启动新一轮地方志书的编修工作。

以滕州市冠名的地方综合年鉴，由市史志办公室按照年度组织编纂，以出版年份为序号。

第十一条 承担《滕州市志》《滕州年鉴》撰稿任务的单位对所上报稿件须进行保密审查。市史志办公室依照《中华人民共和国保守国家秘密法》和《中华人民共和国档案法》等法律、法规规定，对本级地方志书、地方综合年鉴文稿进行审查。

第十二条 市史志办公室依法向本行政区域内机关、社会团体、企业事业单位及个人征集地方志资料。有关单位和个人应当按时提供真实、准确资料。市史志办公室可对所需资料进行查阅、摘抄和复制，但涉及国家秘密、商业秘密和个人隐私以及不符合档案开放条件的除外。

地方志资料所有者或持有者不得故意提供虚假性资料。

第十三条 对地方志编纂过程中收集到的文字资料、图表、照片、音像资料、实物等地方志资料及文稿，由市史志办公室统一管理，妥善保存，不得损毁。编纂工作完成后，应当移交方志馆集中保存、管理，个人不得擅自处置。

第十四条 《滕州市志》《滕州年鉴》及镇（街）志、年鉴出版实行分级审查批准制度。

（一）《滕州市志》须经山东省地方史志编纂委员会和枣庄市地方史志编纂委员会审定，报本级人民政府批准后方可出版；

（二）《滕州年鉴》由市史志编纂委员会审定，报市政府批准后出版；

（三）镇（街）志、年鉴由市史志办室审查后出版。

第十五条 地情文献编纂出版实行备案制度。

市级机关、社会团体、事业单位编纂的志书、年鉴及镇（街）、村（居）编纂的志书、年鉴由市史志办公室备案。

第十六条 地方志书、地方综合年鉴文稿上报后，市史志办公室应当认真审查，及时出具审查意见。审查未通过的，不得公开出版；在审查过程中发现存在重大质量问题的，应当退回重修；已经通过审查，需要作重大调整和修改的，应当重新报审。

第十七条 地方志书、地方综合年鉴和地情文献为职务作品，其著作权由组织编纂的机构享有，参与编纂的人员依法享有署名权。

第十八条 地方志书、地方综合年鉴和地情文献出版后，编纂单位应在三个月内向当地和上级人民政府史志工作机构报送出版物样书和电子文本。电子文本由市史志办公室在一年内通过地情网站向社会公布。

第十九条 滕州市方志馆向社会开放，公民、法人和其他组织可以利用方志馆查阅、摘抄地方志文稿。

鼓励单位和个人向滕州市方志馆捐赠地方志文献。对具有收藏价值的资料，方志馆向捐赠者颁发收藏纪念证书，并给予馆存资料的优先使用权。

第二十条 滕州市人民政府对在地方志工作中取得突出成绩的单位和个人给予表彰和奖励。

地方志作品可以参加社会科学成果评奖。

第二十一条 违反本办法规定，有下列行为之一的，由市史志办公室责令限期改正；逾期不改正的，由市史志办公室提请有关行政部门依法查处或者给予处分。

（一）无故拖延、拒不提供地方志资料或者拒不承担编写任务的；

（二）未经批准，擅自编纂、出版以行政区域名称冠名的地方志书、地方综合年鉴及地情文献的；

（三）对已经审查通过的地方志文稿擅自进行重大改动并出版的；

（四）故意提供虚假性资料的；

（五）拒不向市史志办公室报送地方志出版物（含纸质版、电子版）的。

第二十二条 地方志工作机构工作人员有下列行为之一的，由其所在单位对主管人员和其他直接责任人员予以处分；造成损失的，依法承担赔偿责任；构成犯罪的，依法追究刑事责任。

（一）在地方志编纂中故意加入虚假性资料的；

（二）将地方志编纂工作中搜集的资料和形成的文稿据为己有的；

（三）将地方志文稿作为个人著作擅自发表的；

（四）擅自处置地方志资料，造成损毁或遗失的。

第二十三条　本办法解释权归滕州市史志办公室。

第二十四条　本办法自发布之日起施行。

东营市人民政府令

〔2012〕第 168 号

《东营市地方史志工作管理办法》已于 2012 年 10 月 17 日经市七届人民政府第 12 次常务会议审议通过，现予发布。

市长：申长友

二〇一二年十月十九日

东营市地方史志工作管理办法

第一条 为规范和加强地方史志工作，系统、科学地编纂和管理地方史志，充分发挥其服务经济建设和社会发展、促进文化事业繁荣的作用，根据国务院《地方志工作条例》和《山东省地方史志工作条例》等有关规定，结合本市实际，制定本办法。

第二条 本市行政区域内地方史志的资料征集、组织编纂、管理和开发利用工作，适用本办法。

第三条 本办法所称地方史志，包括地方志书、地方综合年鉴和相关地情文献。

地方志书，是指全面系统地记述本行政区域自然、政治、经济、文化和社会的历史与现状的资料性文献。主要有市志、县区志、乡镇（街道）志、部门（行业、单位）志、村居（社区）志等。

地方综合年鉴，是指系统记述本行政区域自然、政治、经济、文化和社会等方面情况的年度资料性文献。主要有市年鉴、县区年鉴、乡镇（街道）年鉴等。

相关地情文献，是指系统记述本行政区域全貌或者一定领域情况的资料性文献。主要包括由人民政府史志工作机构编纂的综合地情文献、其他地情文献。

第四条 市、县区人民政府应当加强对本行政区域地方史志工作的领导，将地方史志工作纳入国民经济和社会发展计划，所需经费列入同级财政预算。

第五条 市、县区人民政府史志工作机构负责本行政区域的地方史志工作，具体履行下列职责：

（一）贯彻执行地方史志工作法律、法规、规章和相关政策；

（二）组织、指导、督促和检查地方史志工作；

（三）拟定地方史志工作规划并组织实施；

（四）组织制定和实施地方史志编纂业务规范；

（五）拟定地方志书、地方综合年鉴、综合地情文献编纂方案并组织实施；

（六）审定地方史志文稿；

（七）建设方志馆和地情网站，开发利用地方史志资源；

（八）征集、整理和保存地方史志文献和资料，组织整理旧志；

（九）组织开展地方史志理论研究和业务培训；

（十）完成本级人民政府和上级业务部门交办的其他事项。

新闻出版、财政、档案等相关部门单位应当按照各自职责共同做好史志管理工作。

第六条 编纂地方史志应当做到存真求实，全面、客观地记述本行政区域自然、政治、经济、文化和社会的历史与现状。任何单位和个人不得要求编纂人员在地方史志文献中做虚假记述。所编纂的地方志书应符合国家《地方志书质量规定》的有关要求。

第七条 编纂地方史志，应当广泛吸收有关方面的专家、学者参加。地方史志编纂人员实行专职与兼职相结合，专职编纂人员必须具备相应的专业知识和一定的学术水平，兼职编纂人员应当熟悉修志基本业务。

第八条 地方志书每20年左右编修一次，地方综合年鉴按年度编纂。地方志书编修工作完成后，应当启动新一轮地方志书的续修准备工作。

第九条 地方史志分别由下列单位组织编纂：

（一）以市、县区行政区域名称冠名的地方志书、地方综合年鉴、综合地情文献，由本级人民政府史志工作机构组织编纂；

（二）以乡镇（街道）行政区域名称冠名的地方志书、地方综合年鉴、综合地情文献，由乡镇人民政府（街道办事处）组织编纂；

上述规定范围以外的志书、年鉴和相关地情文献，由有关单位组织编纂。

第十条 人民政府史志工作机构依法向本行政区域内机关、社会团体、企业事业单位、其他组织及个人征集用于编纂地方志书、地方综合年鉴、综合地情文献的地方史志资料，有关单位和个人应当提供便利，不得故意提供虚假资料。

人民政府史志工作机构可以对所需的文字、图照、声像、实物等资料进行查阅、摘抄和复制，但涉及国家秘密、商业秘密和个人隐私以及不符合档案开放条件的除外。

第十一条 承担地方志书、地方综合年鉴撰稿任务的机关、社会团体、企事业单位和其他组织，应当接受人民政府史志工作机构的指导和督查，明确责任人员，按时间和质量要求完成撰稿任务，并对所提供资料的真实性和准确性负责。

第十二条 地方史志编纂过程中收集到的文字资料、图表、照片、音像资料、实物等地方史志资料及形成的文稿，由本级人民政府史志工作机构集中统一管理，妥善保存，不得损毁。编纂工作完成后，应当移交本级方志馆或者档案馆保存和管理，任何组织或个人不得擅自处置。

第十三条 地方志书出版实行分级审查批准制：

（一）市志报省地方史志编纂委员会审定，经市人民政府批准后出版；

（二）县区志报市地方史志编纂委员会审定，经县区人民政府批准后出版，并在出版后3个月内报省人民政府史志工作机构备案；

（三）乡镇（街道）志报县区地方史志编纂委员会审定，经乡镇人民政府（街道办事处）批准后出版，并在出版后3个月内报市人民政府史志工作机构备案；

（四）市、县区级机关、社会团体、事业单位编纂部门（行业、单位）志，报同级人民政府史志工作机构审定后出版；

（五）村居（社区）编纂志书，报县区人民政府史志工作机构审定后出版。

第十四条 以市、县区行政区域冠名的地方综合年鉴经同级人民政府批准后出版。以乡镇（街道）行政区域冠名的地方综合年鉴报县区人民政府史志工作机构审定后出版。

第十五条 地方志书、地方综合年鉴文稿上报后，审查机构应当认真审查验收，及时出具审查意见；在审查过程中发现存在重大质量问题的，应当退回重修，重新报审；审查未通过的，不得公开出版。

第十六条 人民政府史志工作机构以外的有关组织和单位编纂的志书、年鉴及其他地情文献出版后30日内，编纂单位应当将出版物（含电子版）报同级人民政府史志工作机构备案。

第十七条 地方志书、地方综合年鉴和相关地情文献为职务作品，其著作权由组织编纂单位享有，参与编纂的人员依法享有署名权。

第十八条 市、县区人民政府应当加强方志馆建设，将其纳入文化服务设施建设的范畴，用于地方志资源的保存、研究和开发利用，向群众普及地情知识，对青少年进行爱国爱乡教育。

方志馆应当向社会开放，公民、法人和其他组织可以利用方志馆查阅、摘抄地方史志文献。

鼓励单位和个人向方志馆捐赠地方史志文献和实物。对具有收藏价值的地情资料，由人民政府史志工作机构向捐赠者颁发收藏纪念证书，并给予馆藏资料的优先使用权。

第十九条 市、县区人民政府史志工作机构应当加强地方史志工作信息化建设，通过建设功能完善的资料库和地情网站，方便单位和个人读志用鉴，开发利用和共享地方史志资源。

第二十条 市、县区人民政府应当对在地方史志工作中做出突出成绩的单位和个人给予表彰和奖励。

第二十一条 违反本办法规定，擅自编纂出版以市、县区行政区域名称冠名的地方志书、地方综合年鉴的，根据《地方志工作条例》第十八条规定，由市、县区人民政府史志工作机构提请本级人民政府出版行政部门依法查处。

第二十二条 违反本办法规定，未经审查验收、批准将地方志文稿交付出版，或者地方志存在违反宪法、法律、法规规定内容的，根据《地方志工作条例》第十九条规定，由上级人民政府或者本级人民政府责令采取相应措施予以纠正，并视情节追究有关单位和个人的责任；构成犯罪的，依法追究刑事责任。

第二十三条 违反本办法，有下列行为之一的，根据《山东省地方史志工作条例》第十九条规定，由市、县区人民政府史志工作机构按照管理权限责令其停止违法行为，限期改正；逾期不改的，由其所在单位或者有关行政部门依法给予行政处分或者纪律处分：

（一）损毁单位所有或者持有的地方史志资料或者将其据为己有的；

（二）地方史志资料所有人或者持有人故意提供虚假资料的；

（三）无故拖延、拒绝提供地方史志资料或者承担编写任务的。

第二十四条 市、县区人民政府史志工作机构工作人员有下列行为之一的，依法给予行政处分；构成犯罪的，依法追究刑事责任：

（一）在地方史志编纂中故意加入虚假资料的；

（二）将地方史志编纂工作中搜集的资料和形成的文稿据为己有的；

（三）将地方史志文稿作为个人著作擅自发表的；

（四）擅自处置地方史志资料，造成损毁或遗失的。

第二十五条 本办法自 2012 年 11 月 1 日起施行，有效期至 2017 年 10 月 31 日。

东营市东营区人民政府办公室关于印发《东营区地方史志工作管理暂行办法》的通知

东区政办发〔2011〕44号

各镇人民政府、街道办事处，区政府各部门、单位：

《东营区地方史志工作管理暂行办法》已经区政府同意，现印发给你们，请认真遵照执行。

东营市东营区人民政府办公室

二〇一一年六月二日

东营区地方史志工作管理暂行办法

第一条 为规范和加强我区地方史志的编纂、管理和开发利用工作，根据国务院《地方志工作条例》《山东省地方史志工作条例》，结合我区实际，制定本办法。

第二条 我区行政区域内地方史志的编纂、管理和开发利用工作，适用本办法。

第三条 本办法所称地方史志，包括地方志书、地方综合年鉴和相关地情文献。

地方志书，是指全面系统地记述本行政区域自然、政治、经济、文化、社会等方面的历史与现状的资料性文献。包括区志、镇（街道）志、部门单位志。

地方综合年鉴，是指全面系统地记述本行政区域内自然、政治、经济、文化、社会等方面情况的年度资料性文献，包括区年鉴、镇（街道）年鉴和行业（部门）年鉴。

相关地情文献，是指系统记述本行政区域一定领域情况的资料性文献。包括机关、社会团体、企业事业单位及村居编纂的志书、年鉴和其他资料性文献。

第四条 区政府加强对本行政区域地方史志工作的领导，将地方史志工作纳入本地经济和社会发展规划。地方史志工作所需经费列入本级财政预算。

第五条 区地方史志办公室是本行政区域地方史志工作的主管机构，履行下列职责：

（一）贯彻执行国务院《地方志工作条例》和《山东省地方史志工作条例》，推进依法修志；

（二）组织、指导、督促、检查全区地方史志工作；

（三）拟定全区地方史志工作规划并组织实施；

（四）制定地方史志编纂业务规范；

（五）编纂、审查、验收地方史志文稿；

（六）建设地情资料库、地情网站；

（七）建设区方志馆，保存地方史志文献；

（八）开发利用地方史志资源，开展读志用志活动；

（九）组织开展地情研究、地方史志学术研究、业务培训。

第六条 以本区行政区域名称冠名的地方志书、地方综合年鉴的编纂工作，由区地方史志办公室按照规划组织实施；以镇、街道行政区域名称冠名的地方志书、地方综合年鉴，由各镇人民政府、街道办事处组织编纂，其他组织和个人不得编纂出版。

区直部门、单位，辖区内各机关、社会团体、企业单位及其他组织和个人编纂出版的其他地方志书及地情类书籍，编纂单位应当报区地方史志办公室备案，区地方史志办公室应当对志书编纂活动进行业务指导。

第七条 区级地方志书每20年左右编修一次，每一轮地方志书编修工作完成后，区地方史志办公室在编纂地方综合年鉴、搜集资料、向社会提供咨询服务的同时，启动新一轮地方志书的编修工作。区级地方综合年鉴按年度编辑出版。可适时组织编纂综合或专题地情文献。

第八条 区地方史志办公室依法向辖区内机关、社会团体、企业事业单位和其他组织以及公民征集有关地方史志资料，相关单位和个人应当提供有关地方史志资料。区地方史志办公室可以对所需资料内容进行查阅、摘抄、复制，但涉及国家秘密、商业秘密和个人隐私以及不符合档案开放条件的除外。

编纂地方史志应当做到存真求实、客观公正、忠于史实、确保质量。任何单位和个人不得要求编纂人员在地方史志等文献中做虚假记述。

第九条 编纂地方史志，按下列程序进行：

（一）区级地方志书（《东营区志》）、区级地方综合年鉴（《东营区年鉴》）、区级综合性地情文献由区地方史志办公室制定出编纂规划报区政府批准后，组织开展编纂。

《东营区志》编纂完成后，经区政府批准，报市政府史志工作机构审查批复后出版，并报省政府史志工作机构备案。

（二）镇街道志、区直部门志及社会团体志、村（居）志在区地方史志办公室的指导下组织编纂。具体程序是：

1. 有关镇街道、区直部门及社会团体志、村（居）志制定编纂方案，报区地方史志办公室审查备案；其中，村（居）志编纂方案要同时报有关镇、街道备案；

2. 编纂方案确定后，承编单位要制定志书篇目，经动员部署、资料征集、稿件编纂、补充资料等环节，形成初稿，由该志编纂委员会审查后，形成评审稿；

3. 志稿形成评审稿后，在区地方史志办公室指导下组织召开志稿评审会议，根据评审意见修改完善，形成送审稿；

4. 志稿形成送审稿后，报区地方史志办公室终审，经批准后，按照有关规定印刷出版；

5. 有关镇、街道，区直部门及社会团体，村（居）在志书出版后 30 日内，向区地方史志办公室送交志书 30 本并报送志书电子文本。

第十条 在地方史志编纂过程中收集到的文字资料、图表、照片、音像资料、实物等以及形成的地方志文稿，由区地方史志办公室集中统一管理，妥善保存，不得损毁；修志工作完成后，应当依法移交区方志馆保存、管理，个人不得据为己有或者出租、出让、转借。

第十一条 以本区行政区域名称冠名的地方志书、地方综合年鉴和相关地情文献为职务作品，依照《中华人民共和国著作权法》的规定，其著作权由组织编纂的机构享有，参与编纂的人员享有署名权。

第十二条 地方史志工作应为地方经济社会的全面发展服务。区地方史志办公室通过建设方志馆、资料库、地情网站等方式，积极开拓社会用志途径，加强地方史志工作信息化建设。公民、法人和其他组织可以利用方志馆、资料库、地情网站查阅、摘抄地方史志资料。

鼓励单位和个人向区地方史志办公室捐赠地方史志资料，对具有收藏价值的资料，区方志馆应当向捐赠者颁发收藏纪念证书，并给予馆存资料的优先使用权。

第十三条 地方史志成果可以依据有关规定参加国家、省和市优秀社会科学成果评奖。

第十四条 区人民政府应当对在地方史志工作中作出突出成绩的单位、个人给予表彰和奖励。

第十五条 实行地方史志保密审查分级分单位负责制。地方史志的保密审查由提供资料和编写初稿的单位负责，保密主管部门会同区地方史志办公室对本级地方史志进行保密审定。

第十六条 违反本办法规定，有下列行为之一的，由区地方史志办公室责令其停止违法行为并限期改正；逾期不改正的，由区地方史志办公室提请有关行政部门依法查处或者给予处分：

（一）擅自编纂出版以东营区行政区域名称冠名的地方志书、地方综合年鉴和相关地情文献的；

（二）未经审查、验收、批准，将地方史志文稿交付出版或者地方史志内容存在违反宪法、法律、法规的；

（三）无故拖延、拒绝提供地方史志资料或者承担编写任务的；

（四）地方史志资料所有人或者持有人故意提供虚假资料的；

（五）丢失、损毁单位地方史志资料或者将其据为己有的；

（六）拒不向区地方史志办公室报送地方史志出版物（含纸质版、电子版）的。

第十七条 任何单位和个人有权对违反本办法的行为向区地方史志办公室进行检举。

第十八条 本办法由区地方史志办公室负责解释。

第十九条 本办法自发布之日起施行。

东营市河口区人民政府办公室关于印发《河口区地方史志工作管理暂行办法》的通　知

东河政办发〔2011〕19号

各镇人民政府、街道办事处，区政府各部门、单位：

《河口区地方史志工作管理暂行办法》已经区政府同意，现印发给你们，请认真遵照执行。

东营市河口区人民政府办公室

二〇一一年五月二十三日

河口区地方史志工作管理暂行办法

第一章　总　则

第一条　为规范和加强河口区地方史志的编纂、管理和开发利用工作，根据国务院《地方志工作条例》《山东省地方史志工作条例》精神，结合我区实际，制定本办法。

第二条　本办法适用于本区行政区域内地方史志的编纂、管理和开发利用工作。

第三条　本办法所称地方史志，包括地方志书、地方综合年鉴和相关地情文献等。

地方志书，是指全面系统地记述本行政区域自然、政治、经济、文化、社会的历史与现状的资料性文献。包括区志、镇（街道、开发区）志、部门（行业、单位）志、村居（社区）志。

地方综合年鉴，是指全面系统地记述本行政区域内自然、政治、经济、文化、社会等方面情况的年度资料性文献。包括区年鉴、镇（街道、开发区）年鉴、部门（行业、单位）年鉴。

相关地情文献，包括机关、社会团体、企事业单位、村居（社区）编纂的以本行政区域冠名的地情类书籍。

第四条　区地方史志办公室是本行政区域地方史志工作的主管机构，主要履行下列职责：

（一）贯彻执行地方史志工作法律、法规；

（二）组织、指导、督促、检查地方史志工作；

（三）拟定地方史志工作规划和编纂方案；

（四）制定地方史志编纂业务规范；

（五）编纂、审查、验收地方史志文稿；

（六）建设地情网站和方志馆，开发利用地方史志资源；

（七）组织整理旧志，征集、保存地方史志文献；

（八）组织开展地方史志学术研究、业务培训；

（九）完成本级人民政府和上级业务部门交办的其他任务。

第五条 编纂地方史志应当做到存真求实，确保质量，全面、客观地反映本行玫区域自然、政治、经济、文化和社会的历史与现状。

第六条 地方史志工作应当为地方经济社会的全面发展服务。通过建设方志馆、资料库、网站等方式，拓宽社会用志途径。

第七条 区人民政府加强对本行政区域地方史志工作的领导，特地方史志工作纳入本地经济和社会发展规划，所需经费列入本级财政预算。

第二章 编纂组织

第八条 区级地方志书的编修根据省人民政府统一部署进行，每 20 年左右编修一次。每一轮地方志书编修工作完成后，地方史志工作机构在编纂地方综合年鉴、搜集资料、向社会提供咨询服务的同时，启动新一轮地方志书的编修工作。区级地方综合年鉴按年度或数年编辑出版一卷．可适时组织编纂综合或专题地情文献。

第九条 以区行政区域名称冠名的地方志书、地方综合年鉴，由区地方史志工作机构按照规划组织编纂；以镇（街道、开发区）行政区域名称冠名的地方志书、地方综合年鉴，由各镇人民政府、街道办事处、开发区管委会组织编纂。其他组织和个人不得编纂出版。

第十条 机关、社会团体、企事业单位、其他组织和个人可编纂出版有助于经济社会发展的其他地方志书及地情类书籍。区地方史志工作机构应当对编纂活动提供业务指导。

第十一条 从事地方史志编纂业务的人员应当具备相应的专业知识和学术水平，做到恪尽职守、客观公正、据事直书、尊重史实。地方志书编纂实行专兼职人员相结合方式，应当广泛吸收有关专家、学者参加。

编纂以区行政区域名称冠名的地方志书、地方综合年鉴的人员由区地方史志工作机构聘任；以镇（街道、开发区）、部门（行业、单位）等行政区域冠名的地方志书、地方综合年鉴的编纂人员由编纂单位自行选聘，并报区地方史志工作机构备案。

第三章 资料征集与管理

第十二条 在地方志编纂过程中收集到的文字资料、图表、照片、音像资料、实物等以及形成的地方志文稿，由区地方史志工作机构集中统一管理，妥善保存，不得损毁；修志工作完成后，应当依法移交方志馆保存、管理，个人不得据为己有或者出租、出让、转借。

公民、法人和其他组织可以利用区方志馆、资料库、网站查阅、摘抄地方史志资料。

第十三条 承担地方史志供稿任务的机关、社会团体、企事业单位和其他组织须对所报资料的真实性、合法性和完整性负责。任何单位和个人不得要求编纂人员在地方史志中作虚假记述，地方史志资料所有人或者持有人不得故意提供虚假资料，如需对资料进行实地考证或搜集，要积极给予支持和协助。

第十四条 鼓励单位和个人向区地方史志工作机构捐赠地方史志资料，对具有收藏价值的资料，区方志馆应当向捐赠者颁发收藏纪念证书，并给予馆存资料的优先使用权。

第四章 审查验收

第十五条 编纂地方志书、地方综合年鉴实行分级申报、审查、验收制度. 区地方史志工作机构组织成立评审组，负责所属镇（街道、开发区）等行政区域冠名的地方志书、部门（行业、单位）志书和地方综合年鉴的终审工作. 地方志书、地方综合年鉴评审稿应按出版要求递交。

第十六条 审查验收标准：

（一）符合保密注、档案法等法律、法规的规定；

（二）全面、客观地反映本行玫区域自然、政治、经济、文化和社会的历史与现状；

（三）符合志书的体例格式；

（四）文字表述准确、简练；

（五）符合标点符号、计量单位和数字的使用规范、标准。

第十七条 以区行政区域名称冠名、列入规划的地方志书的初审由区地方史志工作机构进行评审；复审由上一级人民政府地方史志工作机构进行评审；终审由上一级地方史志编纂委员会审定。

以镇（街道、开发区）、部门（行业、单位）、村居（社区）行政区划冠名的地方志书以及地方综合年鉴的初审由相关编纂组进行评审；复审由相关编纂委员会进行评审；终审由区地方史志工作机构审定。

第十八条 镇（街道、开发区）志、部门（行业、单位）志、村居（社区）志以及地方综合年鉴终审程序：

（一）由编纂单位填写《河口区地方史志终审申请表》，并与终审稿一并报送区地方史志工作机构；

（二）区地方史志工作机构在审读志稿的基础上，形成书面意见，并填写《河口区地方史志评审意见表》；

（三）召开评审会议；

（四）以区地方史志工作机构名义形成终审意见，并出具《河 9 区地方史志终审报告表》。

第十九条 地方史志终审稿按照上一级地方史志编纂委员会意见修改后由上一级地方史志工作机构组织验收。

第二十条 镇（街道、开发区）志、部门（行业、单位）志、村居（社区）志以及地方综合年鉴验收程序：

（一）由编纂单位填写《河口区地方史志验收申请表》，并与验收稿一并报送区地方史志工作机构；

（二）验收人员验收后形成书面意见，并填写《河口区地方史志验收意见表》；

（三）对验收合格的，出具《河口区地方史志验收合格通知表》。

第二十一条 参加终审和验收人员名单应列入地方志书，以示负责各志书终审稿、验收稿及《河口区地方史志终审报告表》《河口区地方史志验收合格通知表》由区地方史志工作机构备案。

对未通过终审、验收的志书，返回编纂单位进行修改，待完善后重新进行评审、验收。

第二十二条 机关、社会团体、企事业单位、其他组织和个人编纂的其他地方志书及地情类书籍，编纂单位应当按照隶属关系或者注册登记关系报区地方史志工作机构备案。

第五章 出版发行

第二十三条 地方志书、地方综合年鉴和相关地情文献经验收合格后，由编纂单位报区地方史志工作机构审核后，报区人民政府批准，方可出版发行。并应符合国家关于出版管理法律法规、《山东省地方史志工作条例》及中国地方志指导小组关于地方志书质量规定的有关要求。

第二十四条 区地方史志工作机构应当选择信誉好的出版社出版区志及地方综合年鉴，并积极为镇（街道、开发区）志、部门（行业、单位）志、村居（社区）和地情文献的出版提供出版指导，确保出版质量。

第二十五条 镇（街道、开发区）志、部门（行业、单位）志、村居（社区）和地情文献（包括电子版）出版后，应当在 1 个月内，报送区地方史志工作机构备案和区方志馆保存。

第六章 法律责任

第二十六条 违反本办法规定，有下列行为之一的，由区地方史志工作机构责令其停止违法行为并限期改正；逾期不改正的，由区地方史志工作机构提请本级人民政府或上级主管部门，对直接负责的主管人员和其他直接责任人员依法给予行政处分或纪律处分。

（一）擅自编纂出版以区行政区域名称冠名的地方志书、地方综合年鉴和相关地情文献的；

（二）未经审查、验收、批准，特地方史志文稿交付出版或者地方史志内容存在违反宪法、法律、法规的；

（三）无故拖延、拒绝提供地方史志资料或者承担编写任务的；

（四）地方史志资料所有人或者持有人故意提供虚假资料的；

（五）丢失、损毁单位地方史志资料或者将其据为己有的；

（六）拒不向地方史志工作机构报送地方史志出版物（含纸质版、电子版）的。

有本条（一）（二）项行为，造成重大损失或者恶劣影响的，区地方史志工作机构可以依法向人民法院提起诉讼。

第二十七条 任何单位和个人有权对违反本办法的行为向区地方史志工作机构进行检举。

第七章 附 则

第二十八条 区人民政府对在地方史志工作中作出突出成绩的单位和个人，将适时组织表彰和奖励。

第二十九条 地方史志成果可以依据有关规定参加国家、省和市优秀社会科学成果评奖。

第三十条 以区行政区域名称冠名的地方志书、地方综合年鉴和相关地情文献为职务作品，依照《中华人民共和国著作权注》相关规定，其著作权由组织编纂的机构享有，参与编纂的人员享有署名权。

第三十一条 本办法由区地方史志办公室负责解释。

第三十二条 本办法自发布之日起施行。

垦利县人民政府办公室关于印发《垦利县地方志工作管理暂行办法》的通　知

垦政办发〔2011〕19 号

各镇人民政府、街道办事处，县政府各部门、单位：

县政府同意《垦利县地方志工作管理暂行办法》，现印发你们，请认真遵照执行。

垦利县人民政府办公室

二〇一一年四月六日

垦利县地方志工作管理暂行办法

第一条　为规范和加强地方志工作，全面、客观、系统地编纂地方志，科学的积累、保存和利用地方史志资源，发挥地方志在促进经济和社会发展中的作用，根据国务院《地方志工作条例》和《山东省地方史志工作条例》，结合我县实际，制定本办法。

第二条　本办法适用于全县行政区域内地方志的资料征集、组织编纂、管理、开发利用和服务工作。

第三条　本办法所称地方志是指地方志书、地方综合年鉴及地情文献。

地方志书是指全面、客观、系统地记述本行政区域内自然、政治、经济、文化和社会等方面的历史与现状的资料性文献，包括县志、镇（街道、村）志、部门（行业）志。

地方综合年鉴是指全面系统记述本行政区域内自然、政治、经济、文化、社会等方面情况的年度资料性文献，包括县级年鉴、镇（街道）年鉴、部门（行业）年鉴。

地情文献是指系统记述本行政区域全面工作或专项工作的资料性书籍，包括机关、社会团体、企事业单位及村（社区）编纂的以本行政区域冠名的地情类书籍。

第四条　县地方志工作机构主管全县行政区域内的地方志工作，履行下列职责：

（一）贯彻执行地方志法律、法规；

（二）组织、指导、督促和检查全县地方志工作；

（三）拟订全县地方志工作规划和编纂方案并组织实施；

（四）制定全县地方志编纂业务规范并组织实施；

（五）组织编纂地方志、地方综合年鉴和其他地情文献等书籍；

（六）负责全县行政区域内以行政区划冠名的各类志书的业务指导、审查验收、存档备案工作；

（七）征集、整理、保存地方志文献和资料，开展地方志理论研究、学术交流及业务培训；

（八）宣传、推广地方志成果，开展地情研究，建设方志馆、地情资料库和地情网站，为公众读志用志提供服务；

（九）完成县政府和上级业务部门交办的其他任务。

第五条 以本县行政区域名称冠名的地方志、地方综合年鉴及综合地情文献，由县地方志工作机构按照规划组织编纂，其他组织和个人不得编纂出版。

第六条 其他组织和个人可以编纂本条例第五条规定以外的志书、年鉴或者地情文献，编纂单位需报县地方志工作机构备案。

第七条 县级地方志每20年左右编修一次，并适时出版地方综合年鉴和地情文献。

第八条 编纂地方志，按下列程序进行：

（一）垦利县志、垦利年鉴、垦利县地情文献由县地方志工作机构制定编纂规划，报县政府批准后组织实施。

垦利县志编纂完成后，经县政府批准，报市政府史志工作机构审查批复后出版，并报省政府史志工作机构备案。

（二）镇（街道、村）志、部门（行业）志等志书在县地方志工作机构的指导下组织编纂。

1. 各级各部门、单位制定编纂方案，报县地方志工作机构审查备案后组织实施；

2. 志书评审稿形成后，报县地方志工作机构审核，并在县地方志工作机构的指导下组织召开评审会议，根据评审意见修改定稿。

第九条 地方志编纂实行专兼职人员相结合，编纂人员应当具备相关的专业知识。编纂地方志、地方综合年鉴、地方综合性地情文献，由县地方志工作机构专业编辑人员负责，并聘任专业人员参与编纂；编纂镇（街道、村）志、部门（行业）志等各类志书，由各级各部门、单位选派熟悉修志业务的人员负责。

第十条 地方志的编纂工作应当做到存真求实，确保质量，全面、客观地记述本行政区域自然、政治、经济、文化和社会的历史与现状。编纂人员要做到恪尽职守，客观公正，秉笔直书，尊重史实。任何单位和个人不得要求编纂人员在地方志中做虚假记述。

第十一条 县地方志工作机构依法向辖区内行政机关、社会团体、企业事业单位和其他组织以及公民征集有关地方志资料，相关单位和个人应当提供有关地方志资料。县地方志工作机构可以对所需资料内容进行查阅、摘抄、复制，但涉及国家秘密、商业秘密和个人隐私以及不符合档案开放条件的除外。

第十二条 在地方志编纂过程中收集到的文字资料、图表、照片、音像资料、实物等及形成的地方志文稿，修志工作完成后，应当移交县方志馆保存、管理，个人不得损毁或者据为己有以及出租、出让、转借。

第十三条 建立地情资料日常收集机制。县地方志工作机构通过建设方志馆、地情资料库、地情网站等方式，收藏、保存、管理各类地方志资料，积极开展地情宣传、咨询活动，出版专题资料、地情研究成果，为社会各界服务。

各级各部门、单位应当在志书、年鉴、地情文献出版后 30 日内向县地方志工作机构报送样书和电子文本。

鼓励个人积极向县方志馆捐赠地方志资料，对具有收藏价值的资料，县方志馆应当向捐赠者颁发收藏纪念证书，并给予馆存资料的优先使用权。

第十四条 地方志书、地方综合年鉴和相关地情文献为职务作品，依照《中华人民共和国著作权法》第十六条第二款的规定，其著作权由组织编纂的机构享有，参与编纂的人员依法享有署名权。

第十五条 地方志成果可以依照有关规定参加国家、省和市优秀社会科学成果评奖。

第十六条 违反本办法规定，有下列情形之一的，由县地方志工作机构按照权限责令限期改正；逾期不改正的，提请有关部门依法查处或者给予处分：

（一）未经审查验收、批准，擅自编纂出版以本行政区划冠名的地方志书、地方综合年鉴及相关地情文献的；

（二）丢失、损毁单位所有或者持有的地方志资料以及将其据为己有的；

（三）无故拖延、拒绝提供地方志资料或者拒不承担编写任务的；

（四）地方志资料所有人或者持有人故意提供虚假资料的；

（五）将地方志文稿擅自整理出版或者作为个人著作擅自发表的；

（六）对已经审查通过的地方志文稿擅自进行重大改动并出版的；

（七）拒不向地方志工作机构报送地方志出版物的。

第十七条 实行地方志保密审查分级分单位负责制。地方志的保密审查由提供资料和编写初稿的单位负责，保密主管部门会同地方志工作机构对本级地方志进行保密审定。地方志泄露国家秘密的，由有关部门依法查处。

第十八条 任何单位和个人有权对违反本办法的行为进行检举。

第十九条 本办法由县地方志工作机构负责解释。

第二十条 本办法自发布之日起施行。

利津县人民政府办公室关于印发《利津县地方志工作管理暂行办法》的通知

利政办发〔2011〕4号

各乡镇人民政府、街道办事处，县政府各部门、单位：

《利津县地方志工作管理暂行办法》已经县政府同意，现印发给你们，望认真遵照执行。

利津县人民政府办公室

二〇一一年三月十五日

利津县地方志工作管理暂行办法

第一条 为了加强和规范地方志工作，全面、客观地记载区域地情，系统积累、保存地方史志文献，科学开发和利用地方志资源，根据国务院《地方志工作条例》《山东省地方史志工作条例》等有关规定，结合我县实际，制定本办法。

第二条 利津县行政区划内地方志的组织编纂和管理工作，适用本办法。

第三条 本办法所称地方志，包括地方志书、地方年鉴和地情文献。

地方志书，是指全面客观系统地记述利津县行政区划内自然、政治、经济、文化和社会的历史与现状的资料性文献。包括：利津县志、乡镇（街道、经济开发区）志、县直部门志以及以利津县行政区划名称冠名的学校（医院）等志书。

地方年鉴，是指全面系统记述利津县行政区划内自然、政治、经济、文化、社会等方面情况的年度资料性文献。包括：利津年鉴、乡镇（街道、经济开发区）年鉴、县直部门年鉴以及以利津县行政区划名称冠名的学校（医院）等其他年鉴。

地方文献，是指系统记述利津县行政区域内自然、政治、经济、文化、社会等方面一段时期或部分内容的资料性文献。包括：利津县综合性地情文献、乡镇（街道、经济开发区）地情文献、县直部门地情文献以及地情类书籍。

第四条 县史志办主管全县行政区域内的地方志工作，履行下列职责：

（一）贯彻执行国务院《地方志工作条例》和《山东省地方史志工作条例》，推进依法修志；

（二）组织、指导、督促和检查全县地方志工作；

（三）拟订全县地方志工作规划并组织实施；

（四）制定全县地方志编纂业务规范并组织实施；

（五）组织编纂利津县志、利津年鉴和利津县综合性地情文献等书籍；

（六）负责乡镇（街道、经济开发区）志及村庄志，县直部门志以及以利津县行政区划冠名的学校（医院）等其他志书的业务指导、专家评审、审查验收、审批备案等工作；

（七）征集、整理、保存地方志文献和资料，组织整理旧志，开展地方志理论研究；

（八）宣传、推广地方志成果，开展地情研究，建设方志馆、资料库和地情网站，为公众读志用志提供服务。

第五条 从事地方志编纂人员应具备相关的专业知识和学术水平。

编纂利津县志等全县综合性志书的编纂人员，由县史志办聘任；

县直部门以及以利津县行政区划名称冠名的学校（医院）等部门志的主要编纂人员，应由县史志办派遣，必要时，县史志办可与相关部门协商确定；

乡镇（街道、经济开发区）志的编纂人员，由相关乡镇（街道、经济开发区）选聘（任）熟悉修志业务的人员担任，报县史志办备案。

第六条 地方志的编纂工作应当做到存真求实，确保质量，全面、客观地记述本县行政区域内自然、政治、经济、文化和社会的历史与现状。编纂人员要做到恪尽职守，客观公正，秉笔直书，尊重史实。

任何单位和个人不得要求编纂人员在地方志中做虚假记述。

第七条 编纂地方志，按下列程序进行：

（一）利津县志、利津年鉴、利津县综合性地情文献由县史志办制定编纂规划，报县政府批准后组织实施。

利津县志编纂完成后，经县政府批准，报市政府史志工作机构审查批复后出版，并报省政府史志工作机构备案。

（二）乡镇（街道、经济开发区）志、县直部门志以及以利津县行政区划冠名的其他志书在县史志办的指导下组织编纂。具体程序是：

1. 有关乡镇（街道、经济开发区）、县直部门制定编纂方案，报县史志办审查备案后组织实施；

2. 志稿评审稿形成后，在县史志办指导下组织召开评审会议，根据评审意见修改定稿；

3. 志稿形成定稿后，报县史志办终审，经批准后，按照有关规定印刷出版。

4. 有关乡镇（街道、经济开发区）、县直部门应当在志书出版 30 日内，向县史志办送交志书 10 本以上和电子文本。

第八条 利津县志、利津年鉴、利津县综合性地情文献由县史志办按照全县规划组织编纂，其他组织和个人不得编纂出版。

第九条 县史志办可以向行政机关、社会团体、企事业单位和其他组织以及公民征集有关地方志资料，相关单位和个人应当提供有关地方志资料。地方志资料所有者或持有者不得故意提供虚假资料。县史志办可以对所需资料进行查阅、摘抄、复制，但涉及国家秘密、商业秘密和个人隐私以及不符合档案开放条件的除外。

第十条 在地方志编纂过程中收集到的文字资料、图表、照片、音像资料、实物等以及形成的地方志文稿，需指定专职人员集中统一管理，妥善保存，不得损毁。修志工作完成后，应当依法移交县方志馆保存。个人不得损毁或据为己有以及出租、出让、转借。

第十一条 以行政区划名称冠名的地方志书、地方年鉴、地情资料为职务作品，依照《中华人民共和国著作权法》第十六条第二款的规定，其著作权由组织编纂的机构享有，参与编纂的人员享有署名权。

第十二条 地方志工作应为地方经济社会的发展服务，县史志办通过建设方志馆、资料库、县情网站等方式，积极开拓社会用志途径，加强地方志工作的信息化建设。公民、法人和其他组织可以利用上述渠道查阅、摘抄地方志资料。

第十三条 县人民政府对在地方志工作中作出突出成绩和贡献的单位、个人，给予表彰和奖励。

第十四条 违反本办法规定，有下列情形之一的，由县史志办按照权限责令限期改正；逾期不改正的，提请有关行政部门依法查处或者给予处分：

（一）擅自编纂出版以利津县行政区划冠名的地方志书、地方综合年鉴及相关地情文献的；

（二）地方志内容存在违反宪法、法律、法规的；

（三）无故拖延、拒绝提供地方志资料或者拒不承担编写任务的；

（四）地方志资料所有人或者持有人故意提供虚假资料的；

（五）丢失、损毁单位所有或者持有的地方志资料以及将其据为己有的；

（六）将地方志文稿擅自整理出版或者作为个人著作擅自发表的；

（七）拒不向县史志办报送地方志出版物（含纸质版、电子版）的。

第十五条 违反本办法规定，涉及其他有关法律、法规规定的，按照其他有关法律、法规进行处理。

第十六条 任何单位和个人有权对违反本办法的行为进行检举。

第十七条 本办法自发布之日起施行。

广饶县人民政府办公室关于印发《广饶县地方志工作管理暂行办法》的通　知

广政办发〔2010〕52号

各乡镇人民政府、街道办事处，县经济开发区，县政府各部门、各单位：

《广饶县地方志工作管理暂行办法》已经县政府同意，现印发给你们，请认真贯彻执行。

广饶县人民政府办公室

二〇一〇年十二月十八日

广饶县地方志工作管理暂行办法

第一条　为了规范和加强地方志工作，全面、客观记载区域地情，系统积累、保存地方史志文献，科学、合理开发利用地方志资源，服务经济建设和社会发展，根据国务院《地方志工作条例》《山东省地方史志工作条例》，结合我县实际，制定本办法。

第二条　全县行政区域内地方志的组织编纂、管理工作，适用本办法。

第三条　本办法所称地方志是指地方志书、地方年鉴、地情文献。

地方志书，是指全面系统地记述全县行政区域内自然、政治、经济、文化和社会的历史与现状的资料性文献，包括广饶县志、乡镇（街道、开发区）志、专业（部门）志。

地方年鉴，是指全面系统记述全县行政区域内自然、政治、经济、文化、社会等方面情况的年度资料性文献，包括广饶年鉴、乡镇（街道、开发区）年鉴、行业（单位）年鉴。

地情文献，是指系统记述全县行政区域内自然、政治、经济、文化、社会等方面一段时期或部分内容的资料性文献，包括广饶县综合性地情文献、有关组织和个人编纂的其他地情类书籍。

第四条　县地方史志办公室主管全县行政区域内的地方志工作，履行下列职责：

（一）贯彻执行国务院《地方志工作条例》和《山东省地方史志工作条例》，推进依法修志；

（二）组织、指导、督促和检查全县地方志工作；

（三）拟订全县地方志工作规划并组织实施；

（四）制定全县地方志编纂业务规范并组织实施；

（五）组织编纂广饶县志、广饶年鉴和广饶县综合性地情文献等书籍；

（六）负责全县行政区域内以行政区划冠名的各类志书的业务指导、审查验收、存档备案工作；

（七）征集、整理、保存地方志文献和资料，组织整理旧志，开展地方志理论研究；

（八）宣传、推广地方志成果，开展地情研究，建设方志馆、资料库和地情网站，为公众读志用志提供服务。

第五条 以全县行政区域名称冠名的地方志书、地方综合年鉴，由县政府史志工作机构按照全县规划组织编纂，其他组织和个人不得编纂出版。

第六条 有关组织和个人可以自行组织编纂本条例第五条规定以外的志书、年鉴或者地情文献，编纂单位需报县地方史志办公室备案。

第七条 编纂地方志，按下列程序进行：

（一）广饶县志、广饶年鉴、广饶县综合性地情文献由县地方史志办公室制定编纂规划，报县政府批准后组织实施。

广饶县志编纂完成后，经县政府批准，报市政府史志工作机构审查批复后出版，并报省政府史志工作机构备案。

（二）乡镇（街道、开发区）志、专业（部门）志等志书在县地方史志办公室的指导下组织编纂。具体程序是：

1. 各乡镇（街道），县经济开发区，各部门各单位制定编纂方案，报县地方史志办公室审查备案后组织实施；

2. 志稿评审稿形成后，在县地方史志办公室指导下组织召开评审会议，根据评审意见修改定稿；

3. 志稿形成定稿后，报县地方史志办公室终审，经批准后，按照有关规定印刷或出版发行。

第八条 地方志编纂实行专兼职人员相结合，编纂人员应当具备相关的专业知识。编纂广饶县志、广饶年鉴、广饶县综合性地情文献的工作人员，由县地方史志办公室聘任；乡镇（街道、开发区）志、专业（部门）志等各类志书的编纂人员，由各乡镇（街道），县经济开发区，各部门各单位选派熟悉修志业务的人员担任，报县地方史志办公室备案。

第九条 地方志的编纂工作应当做到存真求实，确保质量，全面、客观地记述本行政区域自然、政治、经济、文化和社会的历史与现状。编纂人员要做到恪尽职守，客观公正，秉笔直书，尊重史实。任何单位和个人不得要求编纂人员在地方志中做虚假记述。

第十条 县地方史志办公室依法向辖区内行政机关、社会团体、企业事业单位和其他组织以及公民征集有关地方志资料，相关单位和个人应当提供有关地方志资料。地方志资料所有人或者持有人不得故意提供虚假资料。县地方史志办公室可以对所需资料内容进行查阅、摘抄、复制，但涉及国家秘密、商业秘密和个人隐私以及不符合档案开放条件的除外。

第十一条 在地方志编纂过程中收集到的文字资料、图表、照片、音像资料、实物等及形成的地方志文稿，修志工作完成后，应当移交县方志馆保存、管理，个人不得损毁或者据为己有以及出租、出让、转借。

第十二条 建立地情资料日常收集机制。县地方史志办公室通过建设方志馆、资料库、地情网站等方式，收藏、保存、管理各类地方志资料，积极开展地情宣传、咨询活动，出版专题资料、地情研究成果，为社会各界服务。

各乡镇（街道），县经济开发区，各部门各单位应当在志书、年鉴、地情文献出版后30日内向县地方史志办公室报送样书和电子文本。

个人应积极向县方志馆捐赠地方志资料，对具有收藏价值的资料，县方志馆应当向捐赠者颁发收藏纪念证书，并给予馆存资料的优先使用权。

第十三条 以行政区划名称冠名的地方志书、地方综合年鉴和相关地情文献为职务作品，依照《中华人民共和国著作权法》第十六条第二款的规定，其著作权由组织编纂的机构享有，参与编纂的人员依法享有署名权。

第十四条 地方志成果可以依照有关规定参加国家、省和市优秀社会科学成果评奖。

第十五条 违反本办法规定，有下列情形之一的，由县政府史志工作机构按照权限责令限期改正；逾期不改正的，提请有关行政部门依法查处或者给予处分：

（一）擅自编纂出版以广饶县行政区划冠名的地方志书、地方综合年鉴及相关地情文献的；

（二）地方志内容存在违反宪法、法律、法规的；

（三）无故拖延、拒绝提供地方志资料或者拒不承担编写任务的；

（四）地方志资料所有人或者持有人故意提供虚假资料的；

（五）丢失、损毁单位所有或者持有的地方志资料以及将其据为己有的；

（六）将地方志文稿擅自整理出版或者作为个人著作擅自发表的；

（七）拒不向史志工作机构报送地方志出版物（含纸质版、电子版）的。

第十六条 违反本办法规定，涉及其他有关法律、法规规定的，按照其他有关法律法规进行处理。

第十七条 任何单位和个人有权对违反本办法的行为进行检举。

第十八条 本办法由县地方史志办公室负责解释。

第十九条 本办法自发布之日起施行。

烟台市人民政府办公室关于印发《烟台市地方史志工作管理办法》的通　知

烟政办发〔2012〕119号

各县市区人民政府（管委）、东部新区办公室、市政府有关部门、有关单位：

《烟台市地方史志工作管理办法》已经2012年12月1日市政府第9次常务会议研究通过，现印发给你们，望认真遵照执行。

烟台市人民政府办公室

二〇一二年十二月七日

烟台市地方史志工作管理办法

第一条　为规范和加强地方史志工作，全面、客观、系统地编纂地方史志，科学合理地开发利用地方史志资源，更好地发挥地方史志传承文明、服务经济社会发展的作用，根据国务院《地方志工作条例》和《山东省地方史志工作条例》，结合本市实际，制定本办法。

第二条　本办法适用于本市行政区域内地方史志的资料征集、组织编纂、管理和开发利用工作。

第三条　本办法所称地方史志，包括地方志书、地方综合年鉴。

地方志书是指全面系统记述本辖区自然、政治、经济、文化和社会的历史与现状的资料性文献。

地方综合年鉴是指全面系统记述本辖区自然、政治、经济、文化和社会等方面情况的年度资料性文献。

第四条　市、县两级政府要加强对本辖区地方史志工作的领导，将地方史志工作纳入国民经济和社会发展规划，所需经费列入本级财政预算。

开发区、高新区、保税港区、昆嵛山保护区管委应按市地方史志工作机构相关要求做好地方史志工作。

第五条　市、县两级地方史志工作机构主管本辖区地方史志工作，履行下列职责：

（一）贯彻执行地方史志工作法规、政策；

（二）拟定地方史志工作规划和编纂方案；

（三）组织、督导和检查地方史志工作；

（四）组织编纂地方志书、地方综合年鉴及相关地情文献；

（五）制定地方史志编纂业务规范并组织实施；

（六）审查、验收和备案地方史志稿件；

（七）组织报送经济和社会发展年度详细资料，整理旧志，征集、编写、保存地方史志文献；

（八）组织开展地情调查研究、地方史志理论研究、学术交流及业务培训；

（九）建设方志馆、地情资料数据库和地情文献网站，为公众读志用志和保存史志资料提供服务；

（十）完成本级政府和上级业务部门交办的其他事项。

市地方史志工作机构负责拟定全市地方史志工作规划和编纂方案，报市政府批准后实施，并报省地方史志工作机构备案。

各县市区地方史志工作机构根据市地方史志工作规划，拟定县市区地方史志工作规划，经本级政府批准后组织实施，并报市地方史志工作机构备案。

第六条 编纂地方史志要存真求实，确保质量，全面客观地记述本辖区自然、政治、经济、文化和社会的历史与现状。任何单位和个人不得要求编纂人员在地方史志文献中做虚假记述。

第七条 承担地方史志编纂任务的机关、社会团体、企事业单位和其他组织要将地方史志编纂工作列入年度工作计划，明确工作人员，保障工作条件，在规定时间内按照要求完成地方志初稿编纂或资料报送任务，并对初稿质量及报送资料的真实性与准确性负责。

第八条 从事地方史志编纂业务的工作人员要具备相应专业知识、文字能力和学术水平。地方史志编纂工作应当吸收有关方面专家、学者参与，并积极听取公民、法人或其他组织对地方史志编纂工作的意见和建议。

第九条 以县级以上行政区划名称冠名的地方志书、地方综合年鉴，由本级地方史志工作机构按照规划组织编纂，编纂方案报上一级史志工作机构批准后实施，其他组织和个人不得擅自编纂出版。

第十条 市、县两级地方志书每 20 年左右编修一次，编修工作由市政府统一规划部署。遇到行政区划有重大调整或地方重大事件发生时，应及时组织编纂地方志书或专志。随着经济社会发展，适时组织编纂部门志、行业志及乡镇（街道）志、村（社区）志等其他志书。

第十一条 市、县两级地方综合年鉴分别由本级地方史志工作机构按年度组织编纂，以出版年份为卷号，《烟台年鉴》每年出版一卷，各县市区地方综合年鉴可一年出版一卷，也可编写出版多年卷。各级机关、社会团体、企事业单位和其他组织可根据实际情况组织年鉴编纂。

第十二条 地方史志工作机构可向机关、社会团体、企事业单位和其他组织以及公民征集有关地方史志资料，对所需资料内容可进行查阅、摘抄、复制，有关部门和单位及公民应为其提供便利，涉及国家秘密、商业秘密和个人隐私以及不符合档案开放条件的除外。

第十三条 地方史志编纂过程中征集到的各类资料及形成文稿，由本级地方史志工作机构集中统一管理，妥善保存。编纂工作完成后，应当依法移交同级国家综合档案馆或方志馆保存、管理，任何组织或个人不得损毁、出让、出租、转借或据为己有。

第十四条 市、县两级地方史志工作机构负责组织整理本辖区经济、社会发展年度资料和地情资料，并负责向上级史志工作机构报送，实行年报制度。

各级机关、社会团体、企事业单位和其他组织撤销或合并的，应将编纂的各类志书、年鉴以及其他地情文献出版物及时报送本级地方史志工作机构。

第十五条 地方史志文稿保密审查实行分级负责制。提供资料和撰写初稿的单位、个人应确保资料和稿件不存在泄密内容。地方史志工作机构会同同级保密主管部门对地方史志稿件进行保密审查，涉及军事内容的，应严格遵守中央军委关于军事志编纂相关规定，确保资料和稿件不存在泄密内容。

第十六条 地方志书、地方综合年鉴及列入规划的相关地情文献由史志工作机构审查，报本级政府批准后方可出版。

（一）《烟台市志》由省地方史志编纂委员会审定，报市政府批准后出版；《烟台年鉴》、市属部门和单位编纂的志书与年鉴及列入规划的相关地情文献，由市地方史志编纂委员会审定，报市政府批准后出版。

（二）各县市区志由市地方史志编纂委员会审定，报本级政府批准后出版；各县市区年鉴、所属部门和单位编纂的志书与年鉴及列入规划的相关地情文献由本级地方史志编纂委员会审定，报本级政府批准后出版。

（三）乡镇（街道）志、年鉴和村（社区）志接受地方史志工作机构的指导与监督。

第十七条 未按程序报审的地方志书、年鉴不得公开出版或以内部资料名义印刷。文化广电新闻出版行政管理部门应依法加强执法检查确保地方志书和地方综合年鉴出版质量。

第十八条 各级地方志书、年鉴及相关地情文献的编纂单位，应在地方志书、年鉴及相关地情文献出版后 30 日内，将样书和电子文本报相应地方史志工作机构备案。

（一）市级机关、社会团体、企事业单位编纂的志书、年鉴及地情文献，向市地方史志工作机构备案；

（二）县级机关、社会团体、企事业单位、乡镇（街道）、村（社区）编纂的志书、年鉴及地情文献，向县市区地方史志工作机构备案；

（三）有关组织、单位编纂的相关志书和地情文献，按照隶属关系或注册登记关系报相应地方史志工作机构备案。

第十九条 以县级以上行政区划名称冠名的志书、年鉴和地情文献为职务作品，其著作权由组织编纂机构享有，参与编纂人员依法享有署名权。

第二十条 地方史志编纂涉及历史争议内容的，应征求有关专家、学者和研究机构意见，并向本级政府或上级地方史志工作机构报告。

第二十一条 市、县两级地方史志工作机构负责本辖区地情资料数据库（地情网站）的建设和维护，应及时将史志资料及成果进行数字化处理，建成以市史志工作机构为中心，各县市区史志工作机构为支点的动态地情资料数据库，加强地方史志工作信息化建设。

第二十二条 建立以方志馆为平台的地方文献中心，征集、收藏、保存、管理各类地情资料，为社会、公众提供咨询服务。

第二十三条 鼓励单位和个人向方志馆捐赠地方文献。对具有收藏价值的资料，由方志馆向捐赠者颁发收藏纪念证书，并给予所存资料的优先调阅权。

第二十四条 市、县两级地方史志工作机构负责组织本辖区旧志的收集、整理和出版工作，对现存旧志采取翻印、点注等形式进行整理开发。

第二十五条 重视史志人才队伍建设，定期组织业务培训，鼓励在职业务人员通过各种形式更新知识结构，提高业务水平；鼓励、支持单位和个人从事地方文献开发与研究。

市、县两级政府及有关部门和单位应积极构建地方史志工作奖惩体系，对工作成绩突出的单位、个人和优秀史志成果给予表彰、奖励。

地方史志成果可参加各级社会科学及学术成果评奖。

第二十六条 违反本办法，有下列行为之一的，由市、县两级地方史志工作机构责令限期改正；逾期不改的，由其所在单位或有关行政部门依法给予行政处分或纪律处分：

（一）无故拖延、拒绝提供地方史志资料或拒不承担编写任务的；

（二）未经批准擅自编纂出版以县级以上行政区划名称冠名的志书、年鉴及相关地情文献的；

（三）地方史志资料所有人或者持有人故意提供地方史志虚假资料的；

（四）拒绝向地方史志工作机构报送地方史志文献的；

（五）将地方史志编纂过程中搜集的资料和形成的稿件据为己有或作为个人著作擅自发表的；

（六）擅自出让、出租、转借地方史志资料，造成损毁或遗失，情节严重的。

第二十七条 本办法自 2012 年 12 月 7 日起施行，有效期至 2017 年 12 月 6 日。

烟台市莱山区人民政府关于印发《莱山区地方志工作管理暂行办法》的通　知

烟莱政发〔2011〕44号

各街道办事处，莱山经济开发区和莱山省级旅游度假区管委会，区直各部门，驻区各单位：

《莱山区地方志工作管理暂行办法》已经区政府研究同意，现印发给你们，请认真组织实施。

烟台市莱山区人民政府

二〇一一年十一月二十六日

莱山区地方志工作管理暂行办法

第一条　为了规范和加强地方志工作，全面、客观记载区域地情，系统积累、保存地方史志文献，科学、合理开发利用地方志资源，服务经济建设和社会发展，根据国务院《地方志工作条例》和《山东省地方史志工作条例》有关规定，结合本区实际，制定莱山区地方志工作暂行办法（以下简称办法）。

第二条　本区行政区域内地方志的组织编纂、管理和开发利用工作，适用本办法。

第三条　本办法所称地方志，包括地方志书、地方综合年鉴、综合地情文献等。

地方志书，是指全面系统地记述本行政区域内自然、政治、经济、文化和社会的历史与现状的资料性文献。分为：本区编纂的莱山区地方志、以本区行政区冠名的街道志、以本区行政区划冠名的部门志以及以本区行政区划冠名的其他相关志。

地方综合年鉴，是指系统记述本行政区域内自然、政治、经济、文化、社会等方面情况的年度资料性文献。分为：本区编纂的莱山区年鉴、以本区行政区划冠名的街道年鉴、以本区行政区划冠名的部门年鉴以及以本区行政区划冠名的其他年鉴。

综合地情文献，是指系统记述本行政区域内自然、政治、经济、文化、社会等方面一段时期或部分内容的资料性文献。分为：本区编纂的莱山区综合性地情文献、以本区行政区划冠名的街道地情文献、以本区行政区划冠名的部门地情文献以及以本区行政区划冠名的其他地情文献。

第四条 区人民政府地方史志办公室是本区行政区域地方志工作主管机构，履行下列职责：

（一）贯彻执行地方志工作法律、法规；

（二）组织、指导、督促和检查全区地方志工作；

（三）拟订地方志工作规划和编纂方案；

（四）组织编纂地方志书、地方综合年鉴和其他地情文献，依照程序组织对地方志审查验收；

（五）征集、整理、保存地方志文献和资料，组织整理旧志，组织培训地方志编纂人员，开展地方志理论研究和学术交流；

（六）宣传、推广地方志成果，开展地情研究，建设方志馆、资料库和地情网站，为公众读志用志提供服务；

（七）完成本级人民政府和上级地方志工作机构交办的其他任务。

第五条 莱山区志每二十年左右编修一次。每一轮志书编修工作完成后，莱山区史志办公室在编纂地方综合年鉴、向社会提供咨询服务、组织和引导基层开展地方志工作的同时，启动新一轮地方志书的编修工作。

以莱山区名称冠名的地方综合年鉴，由莱山区史志办公室按照年度组织编纂，以出版年份为序号。

第六条 从事地方志编纂业务的人员应当具备相关的专业知识和学术水平。编纂莱山区地方志、地方综合年鉴、综合地情文献等全区综合性志书，由区史志机构工作人员承担，必要时可聘任专业技术人员；本区行政区域内以行政区划冠名的街道志、部门志等各类志书的编纂人员，由相关街道、部门选派熟悉修志的人员担任，报区史志工作机构备案。

第七条 以莱山区行政区划名称冠名的地方志书、地方综合年鉴、综合地情文献，由区政府史志工作机构按规划组织编纂，其他组织和个人不得编纂出版。各街道、部门（行业）等组织和单位可自行编纂各自志书、年鉴，但须接受区政府史志工作机构的指导，并报区政府史志工作机构备案。

第八条 编纂地方志，按下列程序进行：

（一）莱山区志的编纂，由区政府史志工作机构制定编纂规划，报区政府批准后组织开展编纂，编纂定稿后，报市史志编纂委员会审查，经区政府批准后出版，并报省政府史志工作机构备案；莱山区年鉴、莱山区综合地情文献的编纂，由区政府史志工作机构制定编纂规划，报区政府批准后组织开展编纂，经区政府批准后出版。编纂工作所需经费列入区级财政预算。

（二）莱山区行政区域内的各街道、部门（行业）志书、年鉴、地情文献，由各街道和部门在区政府史志工作机构的业务指导下组织编纂。各街道、部门应当在地方史志出版后30日内向区政府史志工作机构报送样书和电子文本。

第九条 地方志的编纂工作应当做到存真求实，确保质量，全面、客观地记述本行政区域自然、政治、经济、文化和社会的历史与现状。编纂人员要做到恪尽职守，客观公正，秉笔直书，尊重史实。任何单位和个人不得要求编纂人员在地方志中做虚假记述。

第十条 区地方史志办公室依法向辖区内行政机关、社会团体、企业事业单位和其他组织以及公民征集有关地方志资料，相关单位和个人应当提供有关地方志资料。地方志资料所有人或者持有人不得故意提供虚假资料。区地方史志办公室可以对所需资料内容进行查阅、摘抄、复制，但涉及国家秘密、商业秘密和个人隐私以及不符合档案开放条件的除外。

第十一条 在地方志编纂过程中收集到的文字资料、图表、照片、音像资料、实物等以及形成的地方志文稿，需指定专职人员集中统一管理，妥善保存，不得损毁；修志工作完成后，应当依法移交档案馆保存、管理，个人不得据为己有或者出租、出让、转借。

第十二条 以行政区划名称冠名的地方志书、地方综合年鉴、地情文献为职务作品，依照《中华人民共和国著作权法》第十六条第二款的规定，其著作权由组织编纂的机构享有，参与编纂的人员享有署名权。

第十三条 地方史志工作应为地方经济社会的全面发展服务。区政府史志工作机构应积极开拓社会用志途径，通过建设地情资料库、网站等方式，不断加强地方史志工作的信息化建设。公民、法人和其他组织可以利用上述资料库、网站查阅、摘抄地方史志资料。

第十四条 地方人民政府可对在地方史志工作中作出突出成绩和贡献的单位、个人给予表彰和奖励。

第十五条 违反本办法规定，有下列情形之一的，由区人民政府地方志工作机构按照权限责令限期改正；逾期不改正的，提请区人民政府或有关行政部门依法查处，并视情节对有关单位和个人予以行政处分：

（一）未经审查验收、批准，擅自编纂出版以本行政区域名称冠名的地方志书、地方志综合年鉴及相关地情文献的；

（二）无故拖延、拒绝提供地方志资料或者拒不承担编写任务的；

（三）故意提供虚假地方志资料的；

（四）丢失、损毁单位地方志资料或者将其据为己有的；

（五）将地方志文稿作为个人著作擅自发表的；

（六）对已经审查通过的地方志文稿擅自进行重大改动并出版的；

（七）拒不向地方志工作机构报送地方志出版物（含纸质版、电子版）的。

第十六条 违反本办法规定，涉及其他有关法律、法规规定的，按照其他有关法律法规进行处理。

第十七条 实行地方志保密审查分级分单位负责制。地方志的保密审查由提供资料和编写初稿的单位负责，保密主管部门会同地方志工作机构对本级地方志进行保密审定。地方志泄露秘密的，由有关部门依法查处。

第十八条 任何单位和个人有权对违反本办法的行为进行检举。

第十九条 本办法由区地方史志办公室负责解释。

第二十条 本办法自发布之日起施行。

烟台市芝罘区人民政府办公室关于印发《烟台市芝罘区地方史志工作管理暂行办法》的通　知

烟芝政办发〔2011〕88号

各街道办事处、园区管委，区政府各部门，有关单位：

《烟台市芝罘区地方史志工作管理暂行办法》已经区政府同意，现印发给你们，望认真遵照执行。

烟台市芝罘区人民政府办公室

二〇一一年十二月

烟台市芝罘区地方史志工作管理暂行办法

第一条　为了进一步规范和加强全区地方史志工作，全面、客观、系统地编纂地方史志，科学、合理地开发、利用地方史志资源，更好地服务地方经济建设和社会各项事业发展，根据国务院《地方志工作条例》和《山东省地方史志工作条例》，结合本区实际，制定本办法。

第二条　本区行政区域内地方史志的资料征集、研究、组织编纂、管理、开发利用和咨询服务工作，适用于本办法。

第三条　本办法所称地方史志，包括各级各类地方志书、地方综合年鉴及相关地情文献。

地方志书，是指全面、客观、系统地记述本区行政区域内自然、政治、经济、文化、社会等方面的历史与现状的资料性文献，包括芝罘区志、街道办事处志、居民委员会志和行业（部门）志。

地方综合年鉴，是指系统记述本区行政区域内自然、政治、经济、文化、社会等方面情况的年度资料性文献，包括芝罘年鉴、街道办事处年鉴、居民委员会年鉴和行业（部门）年鉴。

相关地情文献，是指系统记述本区行政区域内自然、政治、经济、文化、社会等方面一段时期情况或者一定领域情况的资料性著述，包括芝罘区综合性地情文献和机关、企业事业单位、社会团体、居民委员会以及其他组织编纂的各种地情类著述。

第四条 区人民政府对全区地方史志工作切实加强领导，并将地方史志工作纳入国民经济和社会发展规划，所需经费列入同级财政预算。

第五条 区地方史志编纂委员会负责对全区地方史志工作进行督促指导和组织协调。

第六条 区地方史志办公室（以下简称区史志办）是全区地方史志工作的主管机构，应认真履行下列职责：

（一）贯彻执行地方史志工作法律、法规；

（二）组织、指导、督促和检查全区地方史志工作；

（三）拟订全区地方史志工作规划并组织实施；

（四）制定全区地方史志编纂业务规范；

（五）组织编纂以本区行政区划冠名的芝罘区志、芝罘年鉴和芝罘区综合性地情文献；

（六）对全区其他各级各类地方史志的编纂进行业务指导、评审验收、存档备案；

（七）组织报送经济、社会发展年度详细资料，征集、整理、保存各类地方史志文献和资料；

（八）宣传、推广地方史志成果，建设方志馆、地情文献（音像）资料库和地情网站，为公众读志用志提供良好服务；

（九）组织开展地方志理论研讨、学术交流和地情研究，培训地方史志编纂人员；

（十）完成区人民政府和上级业务部门交办的其他任务。

第七条 以本区行政区划冠名的芝罘区志、芝罘年鉴和芝罘区综合性地情文献的编纂出版工作，由区史志办按照全区规划组织实施，其他任何单位、组织或个人不得擅自编纂出版。

主要程序是：芝罘区志的编纂，由区史志办拟定编纂方案，报区人民政府批准后组织实施，编纂形成定稿后，提请市地方史志办公室组织评审并进行修改完善，再报区人民政府批准后方可出版发行，30 日内由区史志办向市、省地方史志办公室报送样书和电子版文本备案；芝罘年鉴和芝罘区综合性地情文献的编纂，由区史志办拟定编纂方案，报区人民政府批准后组织实施，编纂形成定稿后，提请区地方史志编纂委员会评审并进行修改完善，再报区人民政府批准后方可出版发行，30 日内由区史志办向市、省地方史志办公室报送样书和电子版文本备案。

第八条 其他单位、组织可以自行组织编纂出版本办法第七条规定以外的其他志书、年鉴和地情文献。

主要程序是：由相关单位、组织将编纂方案提前 3 个月报区史志办，经审查批准后组织实施，编纂形成定稿后，提请区史志办组织评审并进行修改完善，再报区史志办批准后方可出版发行。出版后 30 日内，由编纂单位、组织向区史志办报送 60 套样书（含向市、省地方史志办公室报送备案的数量）和电子版文本备案。

第九条 编纂地方史志应当切实做到严守体例、存真去伪、客观全面、确保质量。任何单位、组织或个人不得要求编纂人员在地方史志中作虚假记述。

第十条 芝罘区志每20年左右续修一次，适时编纂出版芝罘年鉴和芝罘区综合性地情文献。

第十一条 地方史志编纂人员应当具备相应的专业知识和学术水平。编纂芝罘区志、芝罘年鉴和芝罘区综合地情文献，实行专、兼职人员相结合的原则，除专职人员外，可由区史志办报区人民政府批准后，从有关方面选聘适当数量的专家、学者兼职参加；其他各类地方史志的编纂人员，由组织编纂的单位、组织自行选派（聘）熟悉修志业务的人员担任，并于30日内报区史志办备案。

第十二条 区史志办可以向辖区内机关、社会团体、企业事业单位和其他组织以及个人征集有关地方史志资料，相关单位、组织和个人应当及时、准确提供。区史志办可以对所需资料进行查阅、摘抄、复制、编辑，但涉及国家秘密、商业秘密和个人隐私以及不符合档案开放条件的除外。任何单位、组织和个人不得故意提供虚假资料。

第十三条 在地方史志编纂过程中征集到的文字、口述资料和图表、照片、音像资料、实物等以及形成的地方史志文稿，区史志办应当按照相关规定归档保存，任何个人不得损毁、据为已有或者出租、出让、转借。

第十四条 建立地情资料日常收集机制，加强公共服务载体建设。区史志办通过建设方志馆、地情文献（音像）资料库收藏、保存、管理各类地方史志资料；通过建设地情网站、出版地情研究成果，积极开展地情宣传、咨询活动，为社会各界服务。

鼓励单位、组织或个人向区史志办捐赠地方史志资料，对具有收藏价值的资料，方志馆应当向捐赠者颁发收藏纪念证书，并给予馆存资料的优先使用权。

第十五条 地方志书、地方综合年鉴和相关地情文献为职务作品，依照《中华人民共和国著作权法》第十六条第二款的规定，其著作权由组织编纂的机构享有，参与编纂的人员享有署名权。

第十六条 区人民政府对在地方史志工作中作出突出成绩和贡献的单位、个人以及优秀地方史志成果，及时给予表彰和奖励。地方史志成果可以依照有关规定参加市、省和国家组织的优秀社会科学成果评奖。

第十七条 违反本办法规定，擅自编纂出版以本区行政区划及区以上行政区划冠名的地方志书、地方综合年鉴或者综合地情文献的，由区史志办提请区文化新闻出版局依法查处。

违反本办法规定，未经审查、验收、批准或将已经审查通过的地方史志文稿擅自作重大改动并交付出版的，由区史志办提请区人民政府责令采取相应措施予以纠正，并视情节追究有关单位和个人的责任。

违反本办法规定，损毁、丢失单位所有或者持有的地方史志资料以及将其据为已有的；故意提供虚假资料的；将地方志文稿作为个人著作擅自发表的；无故拖延、拒绝提供地方史志资料或者承担编写任务的；拒绝向区史志办报送地方史志出版物（含纸质版、电子版）的，由区史志办按照管理权限进行通报批评并责令其限期改正。

违反本办法规定，触犯宪法、法律、法规规定内容的，依照相关规定进行追究处理。

第十八条 任何单位、组织或个人有权对违反本办法规定的行为进行检举。

第十九条 本办法由区史志办负责解释。

第二十条 本办法自 2012 年 1 月 1 日起施行。

烟台市福山区人民政府文件

烟福政发〔2011〕10号

福山区地方志工作管理暂行办法

第一条 为规范福山区地方志的编纂、管理、开发和利用，根据国务院《地方志工作条例》和《山东省地方史志工作条例》的有关规定，结合我区实际，制定本办法。

第二条 福山区行政区域内地方志的资料征集、研究、组织编纂、管理、开发利用和咨询服务工作，适用本办法。

第三条 本办法所称地方志，包括地方志书、地方综合年鉴、综合地情文献等。

地方志书是指全面客观系统地记述本区行政区域内自然、经济、政治、文化、社会等方面的历史与现状的资料性文献，包括：福山区志、以本区行政区划冠名的镇、街（高新区）志、以本区行政区划冠名的部门志及以本区行政区划冠名的其他相关志书。

第四条 《福山区志》每20年左右编修一次，《福山年鉴》2年编辑出版一部，如遇特殊情况，可每年出一部。承担编纂任务的单位需安排专职人员，按照地方志编纂要求，按时保质完成撰稿任务，并接受区政府地方史志工作机构的业务指导与督促检查。

第五条 编纂地方志，按下列程序进行：

（一）《福山区志》《福山年鉴》、福山区综合性地情文献由区政府地方史志工作机构按规划组织编纂，报区政府和市政府史志工作机构批准后，组织开展编纂；报市政府史志工作机构审查，经区政府批准后出版，并报省政府史志工作机构备案。

（二）以福山区行政区划冠名的镇、街（高新区）志、部门志等各类志书、年鉴、地情文献，由相关镇、街（高新区）和部门在区政府地方史志工作机构的指导下组织编纂。初稿形成后，报区政府地方史志工作机构审查，并组织评审，提出修改意见；各镇、街（高新区）、各部门根据评审意见修改定稿，经区政府地方史志工作机构批准后，按照有关规定印刷或出版发行。各镇、街（高新区）、各部门在地方志出版后30日内向区政府地方史志工作机构报送样书和电子文本。

第六条 从事地方志编纂业务的人员应当具备相关的专业知识和学术水平。福山区地方志书、地方综合年鉴、综合地情文献等全区综合性志书的编纂人员，由区政府地方史志工作机构聘任；本区行政区域内以行政区划冠名的镇、街（高新区）志、部门志等各类志书的编纂人员，由相关镇、街（高新区）、部门选派熟悉修志业务的人员担任，并报区政府地方史志工作机构备案。

第七条 福山区地方志书、福山年鉴、福山区综合性地情文献由区政府地方史志工作机构按照全区规划组织编纂，其他组织和个人不得编纂出版。

第八条 各镇、街（高新区）、部门等单位可自行编纂各自志书、年鉴，但须接受区政府地方史志工作机构的指导，并报区政府史志工作机构备案。严禁商业操作，切实维护地方史志工作的严肃性。

第九条 区政府地方史志工作机构可以向机关、社会团体、企业事业单位和其他组织以及公民征集有关地方志资料，有关单位和公民应当提供支持。地方志资料所有人或者持有人不得故意提供虚假资料。区政府地方史志工作机构可以对有关资料进行查阅、摘抄、复制，但涉及国家秘密、商业秘密和个人隐私以及不符合档案开放条件的除外。

第十条 在地方志编纂过程中收集到的文字资料、电子版资料、图表、照片、音像资料、实物等以及形成的地方志文稿，需指定专职人员集中统一管理，妥善保存，不得损毁；修志工作完成后移交区方志馆保存、管理，个人不得据为己有或出租、出让、转借。

第十一条 以行政区划名称冠名的地方志书、地方综合年鉴、综合地情文献为职务作品，依照《中华人民共和国著作权法》第十六条第二款的规定，其著作权由组织编纂的机构享有，参与编纂的人员享有署名权。

第十二条 地方志工作应为地方经济社会的全面发展服务。区政府地方史志工作机构通过建设方志馆、地情资料库、地情网站等方式，积极开拓社会用志途径，加强地方志工作的信息化建设。

第十三条 区政府将对在地方志工作中做出突出成绩和贡献的单位、个人，给予表彰和奖励。

地方志成果可以依据有关规定参加国家、省和市优秀社会科学成果评奖。

第十四条 违反本办法规定，有下列行为之一的，由区政府地方史志工作机构按照管理权限责令其限期整改；逾期不改的，提请区政府或有关行政部门依法进行查处，并视情节对有关单位和个人予以通报批评或行政处分：

（一）擅自编纂出版以福山区行政区划冠名的地方志、地方综合年鉴或综合地情文献的；

（二）未经审查、验收、批准，将地方志交付出版或地方志内容存在违反宪法、法律、法规的；

（三）拒绝向区政府地方史志工作机构报送地方史志文献的。

有前款第（一）项行为，造成重大损失或恶劣影响的，区政府地方史志工作机构可以依法向法院提起诉讼。

第十五条 违反本办法，涉及其他有关法律、法规的，由相关部门依法予以处罚。

第十六条 本办法自 2011 年 10 月 1 日起施行。

烟台市福山区人民政府

二〇一一年八月十六日

烟台市牟平区人民政府办公室关于印发《烟台市牟平区地方史志工作管理暂行办法》的通　知

烟牟政办发〔2012〕82号

各镇政府，各街道办事处，开发区、度假区管委，各部门，各单位：

《烟台市牟平区地方史志工作管理暂行办法》已经区政府同意，现印发给你们，望认真遵照执行。

烟台市牟平区人民政府办公室

二○一二年十二月二十八日

烟台市牟平区地方史志工作管理暂行办法

第一条　为规范和加强全区地方史志工作，科学、合理开发利用地方史志资源，传承文明，服务经济社会发展，根据国务院《地方志工作条例》《山东省地方史志工作条例》和《烟台市地方史志工作管理办法》，结合我区实际，制定本办法。

第二条　本办法适用于我区行政区域内地方史志的组织编纂、管理和开发利用工作。

第三条　本办法所称地方史志，包括地方志书、地方年鉴和相关地情文献。

地方志书，是指全面系统记述本行政区域自然、政治、经济、文化和社会等方面或某一方面、某一领域的历史与现状的资料性文献。包括区志、镇（开发区、度假区、街道）志、村（社区）志、部门（行业）志、企业志等。

地方年鉴，是指全面系统记述本行政区域自然、政治、经济、文化、社会等方面或某一方面、某一领域情况的年度资料性文献。包括区综合年鉴、镇（开发区、度假区、街道）年鉴、部门（行业）年鉴等。

相关地情文献，是指系统记述本行政区域内一定区域、一定领域情况的资料性文献。包括机关、社会团体、企业事业单位、村（社区）编纂的除地方志书和地方年鉴以外的其他资料性文献。

第四条　要加强对地方史志工作的领导，将地方史志工作纳入国民经济和社会发展规划，保障地方史志工作机构的工作条件，地方史志工作所需经费列入本级财政预算。

第五条 区史志工作办公室主管全区地方史志工作，履行下列职责：

（一）贯彻执行地方史志工作法律、法规；

（二）组织、指导、督促、检查地方史志工作；

（三）拟定地方史志工作规划和编纂方案；

（四）制定地方史志编纂业务规范；

（五）编纂、审查、验收地方史志文稿；

（六）建设地情网站和方志馆，开发利用地方史志资源；

（七）组织整理旧志，征集、保存地方史志文献；

（八）组织开展地方史志学术研究、业务培训；

（九）完成区政府和上级业务部门交办的其他任务。

第六条 机关、社会团体、事业单位要建立完善地方史志工作制度，在区史志工作办公室的指导下，及时征集整理和保存文字、图表、照片、音像、电子文本、实物等各种地方史志资料，承担地方史志撰稿任务。

第七条 牟平区志、牟平年鉴，由区史志工作办公室组织编纂；以区行政区划名称冠名的部门（行业）年鉴和相关地情文献，由相关部门单位组织编纂；以镇（开发区、度假区、街道）行政区划名称冠名的地方志书和相关地情文献，由同级人民政府（管委、办事处）组织编纂；以村（社区）行政区划名称冠名的地方志书和相关地情文献，由村（居）民委员会组织编纂；其他组织和个人不得编纂出版。

第八条 牟平区志每二十年左右编修一次。每一轮地方志书编修工作完成后，区史志工作办公室在编纂地方综合年鉴、组织开发利用地方史志资源、组织指导基层开展地方史志工作的同时，启动新一轮地方志书的编修工作。

牟平年鉴由区史志工作办公室按照年度组织编纂，以出版年份为序号。

鼓励组织编纂有助于经济社会发展的部门（行业）志、镇（开发区、度假区、街道）志、村（社区）志、企业志等地方志书、地方年鉴和相关地情文献。

第九条 编纂地方史志，按下列程序进行：

（一）牟平区志、牟平年鉴由区史志工作办公室制定编纂规划，报区政府批准后，组织开展编纂；以牟平区冠名的相关地情文献，由相关机关单位制定出编纂规划报区政府批准后，组织开展编纂。

牟平区志编纂完成后，由烟台市史志编纂委员会审定，报区政府批准后出版。

区史志工作办公室组织编纂的牟平年鉴和相关地情文献由区史志编纂委员会审定，报区政府批准后出版。

（二）机关、社会团体、企业事业单位和村（社区）编纂的地方志书，在区史志工作办公室的指导下组织编纂。具体程序是：

1. 机关、社会团体、企业事业单位和村（社区）制定编纂方案，报区史志工作办公室审查备案。其中，村（社区）志编纂方案要同时报有关镇（街道）备案；

2. 编纂方案确定后，编纂单位要制定篇目，经动员部署、资料征集、稿件编纂、补充资料等环节，形成初稿，由该书编纂委员会审查后，形成评审稿；

3. 评审稿形成后，在区史志工作办公室指导下组织召开评审会议，根据评审意见修改完善，形成送审稿；

4. 送审稿报经区史志工作办公室审查批准后，按照有关规定印刷出版。

（三）机关、社会团体、企业事业单位编纂的地方年鉴和相关地情文献，向区史志工作办公室备案后出版。

第十条 编纂地方史志应当做到存真求实、客观公正、忠于史实、确保质量。

任何单位和个人不得要求编纂人员在地方史志文献中做虚假记述。

第十一条 编纂地方史志应当吸收有关方面的专业人员参加。地方史志编纂人员实行专职与兼职相结合，专职编纂人员应当具备相应的专业知识。

第十二条 区史志工作办公室依法向区内机关、社会团体、企业事业单位及个人征集地方史志资料。史志工作办公室可以对所需资料进行阅读、摘抄和复制，但涉及国家秘密、商业秘密和个人隐私以及不符合档案开放条件的除外。

第十三条 承担以区行政区划名称冠名的地方志书、地方综合年鉴和相关地情文献撰稿任务的单位应当明确责任人员，接受区史志工作办公室的指导，按照时间和质量要求完成撰稿任务，并对所上报稿件进行保密审查，对所编纂文稿的质量或者所提供资料的真实性和准确性负责。

第十四条 区史志工作办公室要组织相关部门，对地方志书文稿进行审查，确保文稿内容符合宪法、保密、档案、出版等法律、法规的规定。

第十五条 以牟平区冠名的地方志书、综合年鉴和相关地情文献编纂过程中收集到的文字资料、图表、照片、音像资料、实物等地方史志资料及形成的文稿，在编纂工作完成后，应当移交区方志馆或区档案馆妥善保存管理，不得损毁，个人不得擅自处置。

承编单位撤销、合并或者消亡的，应当依法将所存地方史志资料及时移送区方志馆或区档案馆保存。资料移送前，任何单位或个人不得损毁、出让或据为己有。

第十六条 地方志书文稿上报后，审查机构应当认真审查，及时出具审查意见；审查未通过的，不得公开出版；在审查过程中发现存在重大质量问题的，应当退回重修；已经通过审查，需要作重大调整和修改的，应当重新报审。

第十七条 地方志书、地方年鉴和相关地情文献为职务作品，其著作权由组织编纂的机构享有，参与编纂的人员依法享有署名权。

第十八条 机关、社会团体、企业事业单位和村（社区）编纂的地方志书、地方年鉴和相关地情文献出版后，编纂单位应当在30日内将出版物（样书30份及电子版）报区史志工作办公室。

第十九条 区方志馆应当向社会开放，公民、法人和其他组织可以利用方志馆查阅、摘抄地方史志文献。

鼓励单位和个人向方志馆捐赠地方史志文献资料。对具有收藏价值的资料，方志馆应当向捐赠者颁发收藏纪念证书，并给予馆存资料的优先使用权。

第二十条 区政府对在地方史志工作中取得突出成绩的单位和个人给予表彰和奖励。

地方史志作品可以参加社会科学成果评奖。

第二十一条 违反本办法，有下列行为之一的，由区史志工作办公室责令限期改正；逾期不改正的，由区史志工作办公室提请有关行政部门依法查处或者给予处分：

（一）无故拖延、拒不提供地方史志资料或者拒不承担编写任务的；

（二）未经批准，擅自编纂、出版以我区各级行政区划名称冠名的地方志书、地方年鉴及相关地情文献的；

（三）对已经审查通过的地方史志文稿擅自进行重大改动并出版的；

（四）故意提供虚假资料的；

（五）拒不向史志工作办公室报送地方史志出版物（含样书和电子版）的。

第二十二条 地方史志工作机构工作人员有下列行为之一的，由其所在单位对主管人员和其他直接责任人员予以处分；造成损失的，依法承担赔偿责任；构成犯罪的，依法追究刑事责任：

（一）在地方史志编纂中故意加入虚假资料的；

（二）将地方史志编纂工作中搜集的资料和形成的文稿据为已有的；

（三）将地方史志文稿作为个人著作擅自发表的；

（四）擅自处置地方史志资料，造成损毁或遗失的。

第二十三条 本办法自 2012 年 12 月 28 日起施行，有效期至 2014 年 12 月 27 日。

龙口市人民政府关于印发《龙口市地方史志工作管理暂行办法》的通　知

龙政发〔2011〕65 号

各镇（街、区）政府（办事处、管委），市政府有关部门，烟台市属以上驻龙有关单位：

《龙口市地方史志工作管理暂行办法》已经市政府同意，现予以印发，望认真参照执行。

龙口市人民政府

二〇一一年十月二十八日

龙口市地方史志工作管理暂行办法

第一条　为了规范和加强地方史志工作，全面、客观、系统地编纂地方史志，科学地积累、保存与开发利用地方史志资源，发挥地方史志在促进经济和社会发展中的作用，根据国务院《地方志工作条例》《山东省地方史志工作条例》，结合本市实际，制定本办法。

第二条　本办法适用于龙口市行政区域内地方史志的资料征集、研究、组织编纂、管理、开发利用和咨询服务工作。

第三条　本办法所称地方史志是指地方志书、地方综合年鉴及相关地情文献。

地方志书，是指全面系统地记述本行政区域自然、政治、经济、文化和社会的历史与现状的资料性文献，包括市志、镇（街、区）志、专业（部门）志。

地方综合年鉴，是指全面系统记述本行政区域自然、政治、经济、文化、社会等方面情况的年度资料性文献，包括市年鉴、镇（街、区）年鉴、行业（单位）年鉴。

相关地情文献，是指系统记述本行政区域一定领域情况的资料性文献，包括机关、社会团体、企业事业单位及村（社区）编纂的以本行政区域冠名的地情类书籍。

第四条　龙口市人民政府加强对本行政区域地方史志工作的领导，将地方史志工作纳入本地经济和社会发展规划。地方史志工作所需经费列入本级财政预算。

第五条　龙口市人民政府史志办公室是本行政区域地方史志工作主管机构，履行下列职责：

（一）贯彻执行地方史志工作法律、法规；

（二）组织、指导、督促和检查全市地方史志工作；

（三）拟定地方史志工作规划和编纂方案；

（四）制定全市史志编纂业务规范；

（五）组织编纂、审查、验收地方史志文稿；

（六）组织整理旧志，征集、保存地方史志文献，开展地方史志理论研究和学术交流；

（七）组织开发利用地方史志资源，建立方志馆（库）和网站，培训地方史志编纂人员，为公众提供服务；

（八）完成本级人民政府和上级地方史志工作机构交办的其他任务。

第六条 地方史志编纂应当做到存真求实、确保质量，全面、客观地反映本行政区域自然、政治、经济、文化和社会的历史与现状。

第七条 地方史志编纂实行专兼职人员相结合，应当广泛吸收有关专家、学者参加。专职编纂人员应当具备相应的专业知识和学术水平，做到恪尽职守、客观公正、秉笔直书，尊重史实。

任何单位和个人不得要求编纂人员在地方史志中做虚假记述。

第八条 以本市行政区域名称冠名的地方志书、地方综合年鉴的编纂工作，由市人民政府史志办公室按照规划组织实施，其他组织和个人不得编纂。

除以本市行政区域名称冠名的地方志书、地方综合年鉴以外，机关、社会团体、企业事业单位、其他组织和个人可编纂出版有助于经济社会发展的其他地方志书、地方综合年鉴及地情类书籍，编纂单位应当按照隶属关系或者注册登记关系报地方史志工作机构备案。市人民政府史志办公室应当对编纂活动进行业务指导。

第九条 以本市行政区域名称冠名的地方志书每20年左右编修一次。每一轮地方志书编修工作完成后，市人民政府史志办公室在编纂地方综合年鉴、搜集资料、向社会提供咨询服务的同时，启动新一轮地方志书的编修工作。以本市行政区域名称冠名的地方综合年鉴按年度或数年编辑出版1卷。

第十条 编纂地方志书、地方综合年鉴，应当制定编纂方案，报本级人民政府批准。根据编纂方案的规定承担编纂任务的单位，应当按照地方史志编纂规划和要求，接受本级和上级史志工作机构的业务指导与督促检查，按时高质量地完成撰稿任务。

第十一条 地方史志工作机构依法向辖区内机关、社会团体、企业事业单位和其他组织以及个人征集有关地方史志资料，相关单位和个人应当提供有关地方史志资料。地方史志工作机构可以对所需资料内容进行查阅、摘抄、复制，但涉及国家秘密、商业秘密和个人隐私以及不符合档案开放条件的除外。

第十二条 在地方史志编纂过程中收集到的文字资料、图表、照片、音像资料、实物等以及形成的地方史志文稿，应按照规定归档管理，任何个人不得损毁或者据为己有以及出租、出让、转借。

第十三条 地方志书、地方综合年鉴出版实行分级审查批准制度，应当组织有关保密、档案、历史、法律、经济、军事等方面的专家参加，重点审查其是否符合宪法和保密、档案等法律、法规的规定，是否全面、客观地反映本行政区域自然、政治、经济、文化和社会的历史与现状。

以本市行政区域名称冠名、列入规划的地方志书由上一级地方史志工作机构负责审查验收，报市人民政府批准后方可出版；以本市行政区域名称冠名、列入规划的地方综合年鉴由市史志编纂委员会审查验收，报市人民政府批准后出版；其他地方史志由市人民政府史志办公室组织审查验收后方可出版。未按以上程序进行报批或审查验收的地方史志不得公开出版，新闻出版行政机构不得核发内部资料性图书准印证。

第十四条 地方史志编纂单位应当在地方志书、地方综合年鉴及地情文献出版后30日内，向本级和上级人民政府史志工作机构报送样书和电子文本。

第十五条 地方志书、地方综合年鉴和相关地情文献为职务作品，依照《中华人民共和国著作权法》第十六条第二款的规定，其著作权由组织编纂的机构享有，参与编纂的人员依法享有署名权。

第十六条 建立地情资料日常收集机制。市地方史志工作机构可以通过建立方志馆（地情资料库）等收藏、保存、管理各类地方志资料，积极开展地情宣传、咨询活动，出版专题资料、地情研究成果，为社会各界服务。

鼓励单位和个人向市地方史志工作机构捐赠地方史志资料，对具有收藏价值的资料，方志馆应当向捐赠者颁发收藏纪念证书，并给予馆存资料的优先使用权。

第十七条 地方史志成果可以依照有关规定参加各级各类优秀社会科学成果评奖。

第十八条 市人民政府应当对地方史志工作中做出突出成绩和贡献的单位和个人给予表彰和奖励。

第十九条 违反本办法规定，有下列行为之一的，由市人民政府史志办公室按照权限责令限期改正；逾期不改正的，由其所在单位或者有关行政部门依法给予行政处分或者纪律处分：

（一）未经审查验收、批准，擅自编纂、出版以本行政区域名称冠名的地方志书、地方综合年鉴及相关地情文献的；

（二）无故拖延、拒绝提供地方史志资料或者拒不承担编写任务的；

（三）故意提供虚假地方史志资料的；

（四）丢失、损毁单位所有或持有的地方史志资料或者将其据为已有的；

（五）将地方史志文稿作为个人著作擅自发表的；

（六）拒不向地方史志工作机构报送地方史志出版物（含纸质版、电子版）的。

第二十条 实行地方史志保密审查分级分单位负责制。地方史志的保密审查由提供资料和编写初稿的单位负责，保密主管部门会同地方史志工作机构对本级地方史志进行保密审定。地方史志泄露国家秘密的，由有关部门依法查处。

第二十一条 编纂地方史志涉及军事内容的，应当遵守中央军委关于军事志编纂的相关规定。

第二十二条 违反本办法规定，涉及其他有关法律、法规规定的，按照其他有关法律、法规进行处理。

第二十三条 任何单位和个人有权对违反本办法的行为进行检举。

第二十四条 本办法自颁布之日起施行。

本办法由龙口市人民政府史志办公室具体负责解释。

莱阳市人民政府文件

莱政发〔2010〕82号

莱阳市史志工作管理暂行办法

第一条 为了全面、客观、系统地记载本区域地情，科学、合理地开发利用地方史志资源，服务全市经济建设和社会发展，根据国务院《地方志工作条例》《山东省地方史志工作条例》的规定，结合我市实际，制定全市史志工作管理暂行办法（以下简称办法）。

第二条 本市行政区域地方史志的组织编纂、管理和开发利用工作，适用本办法。

第三条 本办法所称地方史志，包括地方志书、地方综合年鉴和相关地情文献。

地方志书，是指全面系统地记述本市行政区域自然、政治、经济、文化和社会的历史与现状的资料性文献，包括市志、专业（部门）志、镇街志。

地方综合年鉴，是指全面系统地记述本行政区域自然、政治、经济、文化和社会等方面情况的年度资料性文献，包括莱阳市年鉴、各镇街年鉴。

相关地情文献，是指系统记述本行政区域一定领域情况的资料性文献，包括机关、社会团体、企业事业单位及村（社区）编纂的志书、年鉴和其他资料性文献。

第四条 莱阳市人民政府加强对本行政区域地方史志工作的领导，将地方史志工作纳入国民经济和社会发展计划，保障地方史志工作机构的工作条件，地方史志工作所需经费列入本级财政预算。

第五条 莱阳市史志编纂委员会办公室（以下简称莱阳市史志办公室）主管本行政区域内的地方史志工作，履行下列职责：

（一）贯彻执行地方史志工作法律、法规；

（二）组织、指导、督促、检查全市地方史志工作；

（三）拟定全市地方史志工作规划和编纂方案；

（四）制定全市史志编纂业务规范；

（五）组织编纂、审查、验收地方史志文稿；

（六）建设地情网站和方志馆，开发利用地方史志资源；

（七）组织整理旧志，征集、保存地方史志文献；

（八）组织开展地方史志学术研究、业务培训；

（九）完成本级人民政府和上级业务部门交办的其他任务。

第六条 编纂地方史志应当做到存真求实、客观公正、忠于史实、确保质量。

任何单位和个人不得要求编纂人员在地方史志文献中做虚假记述。

第七条 编纂地方史志应当吸收有关方面的专家、学者参加。史志编纂人员实行专职与兼职相结合，专职编纂人员应当具备相应的专业知识。

第八条 承担史志撰稿任务的单位应当明确责任人员，接受莱阳市史志办公室的指导，按照时间和质量要求完成撰稿任务。

第九条 以莱阳市名称冠名的地方志书、地方综合年鉴，由莱阳市史志办公室组织编纂；以镇街行政区域名称冠名的地方志书、地方综合年鉴，由镇街组织编纂，并由莱阳市史志办公室审查批准后方可出版，其他组织和个人不得编纂出版。

第十条 莱阳市志每二十年左右编修一次。每一轮志书编修工作完成后，莱阳市史志办公室在编纂地方综合年鉴、向社会提供咨询服务、组织和引导基层开展地方史志工作的同时，启动新一轮地方志书的编修工作。

以莱阳市名称冠名的地方综合年鉴，由莱阳市史志办公室按照年度组织编纂，以出版年份为序号。

第十一条 承担《莱阳市志》《莱阳年鉴》撰稿任务的单位要对所上报稿件进行保密审查。莱阳市史志办公室要组织对本级地方志书、地方综合年鉴文稿进行审查，重点审查地方史志文稿的内容是否符合保密、档案等法律、法规的规定。

第十二条 莱阳市史志办公室依法向本行政区域内机关、社会团体、企业事业单位及个人征集地方史志资料。有关单位和个人应当在规定时限内提供真实、准确的资料。莱阳市史志办公室可以对所需资料进行查阅、摘抄和复制，但涉及国家秘密、商业秘密和个人隐私以及不符合档案开放条件的除外。

地方史志资料所有者或者持有者不得故意提供虚假资料。

第十三条 地方史志编纂过程中收集到的文字资料、图表、照片、音像资料、实物等地方史志资料及形成的文稿，由莱阳市史志办公室集中统一管理，妥善保存，不得损毁。编纂工作完成后，应当移交方志馆保存、管理，个人不得擅自处置。

第十四条 《莱阳市志》《莱阳年鉴》及镇街志、年鉴出版实行分级审查批准制度：

（一）《莱阳市志》经山东省地方史志编纂委员会和烟台市地方史志编纂委员会审定，报莱阳市人民政府批准后出版；

（二）《莱阳年鉴》由莱阳市史志编纂委员会审定，报莱阳市人民政府批准后出版；

（三）镇街志、年鉴由莱阳市史志办公室审查后出版。

第十五条 相关地情文献编纂出版实行备案制度：

（一）市级机关、社会团体、事业单位编纂的志书、年鉴由莱阳市史志办公室备案后出版；

（二）镇街、村（社区）编纂的志书、年鉴由莱阳市史志办公室备案后出版。

第十六条 地方志书、地方综合年鉴文稿上报后，莱阳市史志办公室应当认真审查，及时出具审查意见；审查未通过的，不得公开出版；在审查过程中发现存在重大质量问题的，应当退回重修；已经通过审查，需要作重大调整和修改的，应当重新报审。

第十七条 地方志书、地方综合年鉴和相关地情文献为职务作品，其著作权由组织编纂的机构享有，参与编纂的人员依法享有署名权。

第十八条 地方志书、地方综合年鉴和相关地情文献出版后，编纂单位在三个月内将出版物（含纸质版、电子版）向当地和上级人民政府史志工作机构报送样书和电子文本。电子文本由莱阳市史志办公室在一年内通过地情网站向社会公布。

第十九条 莱阳市方志馆向社会开放，公民、法人和其他组织可以利用方志馆查阅、摘抄地方史志文献。

鼓励单位和个人向莱阳市方志馆捐赠地方史志文献。对具有收藏价值的资料，方志馆向捐赠者颁发收藏纪念证书，并给予馆存资料的优先使用权。

第二十条 莱阳市人民政府对在地方史志工作中取得突出成绩的单位和个人给予表彰和奖励。

地方史志作品可以参加社会科学成果评奖。

第二十一条 违反本办法规定，有下列行为之一的，由莱阳市史志办公室责令限期改正；逾期不改正的，由莱阳市史志办公室提请有关行政部门依法查处或者给予处分：

（一）无故拖延、拒不提供地方史志资料或者拒不承担编写任务的；

（二）未经批准，擅自编纂、出版以行政区域名称冠名的地方志书、地方综合年鉴及相关地情文献的；

（三）对已经审查通过的地方史志文稿擅自进行重大改动并出版的；

（四）故意提供虚假资料的；

（五）拒不向莱阳市史志办公室报送地方史志出版物（含纸质版、电子版）的。

第二十二条 地方史志工作机构工作人员有下列行为之一的，由其所在单位对主管人员和其他直接责任人员予以处分；造成损失的，依法承担赔偿责任；构成犯罪的，依法追究刑事责任：

（一）在地方史志编纂中故意加入虚假资料的；

（二）将地方史志编纂工作中搜集的资料和形成的文稿据为己有的；

（三）将地方史志文稿作为个人著作擅自发表的；

（四）擅自处置地方史志资料，造成损毁或遗失的。

第二十三条 本办法解释权归莱阳市史志办公室。

第二十四条 本办法自 2011 年 1 月 1 日起施行。

莱阳市人民政府

二〇一〇年十二月二日

莱州市人民政府关于印发《莱州市史志工作管理办法》的通知

莱政发〔2011〕35号

各镇人民政府，各街道办事处，开发区和工业园区管委，市政府有关部门，有关单位：

现将《莱州市史志工作管理办法》印发给你们，请认真贯彻实施。

莱州市人民政府

二〇一一年十一月二十一日

莱州市地方史志工作管理办法

第一条 为了全面、客观、系统地记载本区域社情地情，科学、合理地开发利用地方史志资源，服务全市经济建设和社会发展，根据国务院《地方志工作条例》《山东省地方史志工作条例》，结合本市实际，制定全市史志工作管理办法（以下简称办法）。

第二条 本办法适用于本市行政区域内地方史志的资料征集、研究、编纂、管理、开发利用和咨询服务工作。

第三条 本办法所称地方史志，包括地方志书、地方综合年鉴和相关地情文献。

地方志书，是指全面系统地记述本市行政区域自然、政治、经济、文化和社会的历史与现状的资料性文献，包括市志、镇（街道）志。

地方综合年鉴，是指全面系统地记述本行政区域自然、政治、经济、文化和社会等方面情况的年度资料性文献，包括莱州市年鉴、各镇（街道）年鉴。

相关地情文献，是指系统记述本行政区域一定领域情况的资料性文献，包括机关、社会团体、企业事业单位及村（社区）编纂的志书、年鉴和其他资料性文献。

第四条 市人民政府负责对本行政区域地方史志工作的领导，将地方史志工作纳入国民经济和社会发展计划，保障地方史志工作机构的工作条件。地方史志工作所需经费列入本级财政预算。

第五条 市史志编纂委员会办公室（以下简称市史志办）主管本行政区域内的地方史志工作，履行下列职责：

（一）贯彻执行地方史志工作法律、法规；

（二）组织、指导、督促、检查全市地方史志工作；

（三）拟定全市地方史志工作规划和编纂方案；

（四）制定全市史志编纂业务规范；

（五）组织编纂、审查、验收地方史志文稿；

（六）建设地情网站和方志馆，开发利用地方史志资源；

（七）组织整理旧志，征集、保存地方史志文献；

（八）组织开展地方史志学术研究、业务培训；

（九）完成本级人民政府和上级业务部门交办的其他任务。

第六条 编纂地方史志应当做到存真求实、客观公正、忠于史实、确保质量。全面、客观地反映本行政区域自然、政治、经济、文化和社会的历史与现状。

第七条 地方志编纂实行专职与兼职人员相结合，广泛吸收有关方面的专家、学者参加，专职编纂人员应当具备相应的专业知识和学术水平。

第八条 承担史志撰稿任务的单位应当明确责任人员，按照地方志编纂规划和要求，接受市史志办的业务指导与督导，按时完成撰稿任务。

第九条 以莱州市名称冠名的地方志书、地方综合年鉴，由市史志办组织编纂；以镇街行政区域名称冠名的地方志书、地方综合年鉴，由镇街组织编纂，并由市史志办审查批准后方可编纂出版，其他组织和个人不得编纂出版。

第十条 《莱州市志》每二十年左右编修一次。每一轮志书编修工作完成后，启动新一轮地方志书的编修工作。

以莱州市名称冠名的地方综合年鉴，由市史志办适时组织编纂。

第十一条 承担《莱州市志》《莱州年鉴》撰稿任务的单位要对所报稿件进行保密审查。市史志办要组织对本级地方志书、地方综合年鉴文稿进行审查，重点审查地方史志文稿的内容是否符合保密、档案等法律、法规的规定。

第十二条 市史志办依法向本行政区域内机关、社会团体、企业事业单位及个人征集地方史志资料。有关单位和个人应当积极配合，并在规定时限内提供真实、准确的资料。市史志办可以对所需资料进行阅读、摘抄和复制，但涉及国家秘密、商业秘密和个人隐私以及不符合档案开放条件的除外。

第十三条 地方史志编纂过程中收集到的文字、图表、照片、音像、实物等资料及形成的文稿，由市史志办集中统一管理，妥善保存，不得损毁。编纂工作完成后，应当移交市方志馆保存、管理，个人不得擅自处置。

第十四条 《莱州市志》《莱州年鉴》及相关地情文献编纂出版实行分级审查批准、备案制度：

（一）《莱州市志》经山东省地方史志编纂委员会和烟台市史志编纂委员会审定，报莱州市人民政府批准后出版；

（二）《莱州年鉴》由莱州市志编纂委员会审定，报莱州市人民政府批准后出版；

（三）镇（街道）志、年鉴由市史志办审查后出版。

（四）市级机关、社会团体、事业单位、村（社区）编纂的志书、年鉴由市史志办备案后出版；

第十五条 镇（街道）志、年鉴文稿上报后，市史志办应当认真审查，及时出具审查意见；审查未通过的，不得公开出版；在审查过程中发现存在重大质量问题的，应当退回重修；已经通过审查，需要作重大调整和修改的，应当重新报审。

第十六条 地方志书、地方综合年鉴和相关地情文献为职务作品，其著作权由组织编纂的机构享有，参与编纂的人员依法享有署名权。

第十七条 地方志书、地方综合年鉴和相关地情文献出版后，编纂单位在三个月内向市史志办报送样书5本和电子文本。

第十八条 莱州市方志馆向社会开放，公民、法人和其他组织可以利用方志馆查阅、摘抄地方史志文献。

鼓励单位和个人向市方志馆捐赠地方史志文献。对具有收藏价值的资料，市方志馆向捐赠者颁发收藏纪念证书，并给予馆存资料的优先使用权。

第十九条 莱州市人民政府对在地方史志工作中取得突出成绩的单位和个人给予表彰和奖励。

地方史志作品可以参加社会科学成果评奖。

第二十条 违反本办法规定，有下列行为之一的，由市史志办责令限期改正；逾期不改正的，由市史志办提请市政府依法查处或者给予处分：

（一）无故拖延、拒不提供地方史志资料或者拒不承担编写任务的；

（二）未经批准，擅自编纂、出版以行政区域名称冠名的地方志书、地方综合年鉴及相关地情文献的；

（三）对已经审查通过的地方史志文稿擅自进行重大改动并出版的；

（四）故意提供虚假地方志资料的；

（五）拒不向市史志办报送地方史志出版物（含纸质版、电子版）的。

第二十一条 地方史志工作机构工作人员有下列行为之一的，由其所在单位对主管人员和其他直接责任人员予以处分；造成损失的，依法承担赔偿责任；构成犯罪的，依法追究刑事责任：

（一）在地方史志编纂中故意加入虚假资料的；

（二）将地方史志编纂工作中搜集的资料和形成的文稿据为己有的；

（三）将地方史志文稿作为个人著作擅自发表的；

（四）造成地方史志资料损毁或遗失的。

第二十二条 本办法解释权归莱州市史志办公室。

第二十三条 本办法自2011年12月1日起施行。

蓬莱市人民政府关于印发《蓬莱市地方史志工作管理暂行办法》的通　知

蓬政发〔2011〕56号

各镇（区）人民政府（管委）、各街道办事处、市政府各部门、有关单位：

现将《蓬莱市地方史志工作管理暂行办法》印发给你们，望结合实际，认真贯彻执行。

蓬莱市人民政府

二〇一一年九月十三日

蓬莱市地方史志工作管理暂行办法

第一条　为了全面、客观、系统地记载本区域地情，科学、合理的开发利用地方史志资源，服务全市经济建设和社会发展，根据国务院《地方志工作条例》及《山东省地方史志工作条例》规定，结合我市实际，制定本办法。

第二条　本办法适用于本市行政区域内地方志的资料征集、组织编纂、管理、开发和利用。

第三条　本办法所称地方史志，包括地方志书、地方综合年鉴和相关地情文献。

地方志书，是指全面系统地记述本市行政区域自然、政治、经济、文化和社会的历史与现状的资料性文献，包括市志、专业（部门）志、镇（街道）志。

地方综合年鉴，是指全面系统地记述本行政区域自然、政治、经济、文化和社会等方面情况的年度资料性文献，包括蓬莱市年鉴、各镇（街道）年鉴。

相关地情文献，是指系统记述本行政区域一定领域情况的资料性文献，包括机关、社会团体、企业事业单位及村（社区）编纂的志书、年鉴和其他资料性文献。

第四条　蓬莱市人民政府办公室总体负责本行政区域内地方史志工作，蓬莱市史志编纂委员会办公室（以下简称市史志办）负责具体实施，履行下列职责：

（一）贯彻执行地方史志工作法律、法规；

（二）组织、指导、督促、检查全市地方史志工作；

（三）拟定全市地方史志工作规划和编纂方案；

（四）制定全市史志编纂业务规范；

（五）组织编纂、审查、验收地方史志文稿；

（六）建设地情网站，开发利用地方史志资源；

（七）组织整理旧志，征集、保存地方史志文献；

（八）研究地情，提供资政成果；

（九）组织开展地方史志学术研究、业务培训；

（十）完成本级人民政府和上级业务部门交办的其他任务。

第五条 编纂地方史志应当做到存真求实、客观公正、忠于史实、确保质量。任何单位和个人不得要求编纂人员在地方史志文献中做虚假记述。

第六条 编纂地方史志应当吸收有关方面的专家、学者参加。地方史志编纂人员实行专职与兼职相结合，专职编纂人员应当具备相应的专业知识。

第七条 承担史志撰稿任务的单位应当明确责任人员，接受市史志办的指导，按照时间和质量要求完成撰稿任务。

第八条 以蓬莱市名称冠名的地方志书、地方综合年鉴，由市史志办组织编纂；以镇（街道）行政区域名称冠名的地方志书、地方综合年鉴，由镇（街道）组织编纂，并由市史志办审查批准后方可出版，其他组织和个人不得编纂出版。

第九条 蓬莱市志每二十年左右编修一次。每一轮志书编修工作完成后，市史志办在编纂地方综合年鉴、向社会提供咨询服务、组织和引导基层开展地方史志工作的同时，启动新一轮地方志书的编修工作。

以蓬莱市名称冠名的地方综合年鉴，由市史志办按照年度组织编纂，以出版年份为序号。

第十条 承担《蓬莱市志》《蓬莱年鉴》撰稿任务的单位要对所上报稿件进行保密审查。市史志办要组织对本级地方志书、地方综合年鉴文稿进行审查，重点审查地方史志文稿的内容是否符合保密、档案等法律、法规的规定。

第十一条 市史志办依法向本行政区域内机关、社会团体、企业事业单位及个人征集地方史志资料。有关单位和个人应当在规定时限内提供真实、准确的资料。市史志办可以对所需资料进行查阅、摘抄和复制，但涉及国家秘密、商业秘密和个人隐私以及不符合档案开放条件的除外。

地方史志资料所有者或持有者不得故意提供虚假资料。

第十二条 地方史志编纂过程中收集到的文字资料、图表、照片、音像资料、实物等地方史志资料及形成的文稿，由市史志办集中统一管理，妥善保存，不得损毁。编纂工作完成后，应当妥善保存、管理，个人不得擅自处置。

第十三条 《蓬莱市志》《蓬莱年鉴》及镇（街道）志、年鉴出版实行分级审查批准制度：

（一）《蓬莱市志》经烟台市地方史志编纂委员会和山东省地方史志编纂委员会审定，报蓬莱市人民政府批准后出版；

（二）《蓬莱年鉴》由蓬莱市史志编纂委员会审定，报蓬莱市人民政府批准后出版；

（三）镇（街道）志、年鉴由市史志办审查后出版。

第十四条 相关地情文献编纂出版实行备案制度。市级机关、社会团体、事业单位以及镇（街道）、村（社区）编纂的志书、年鉴由市史志办备案后出版。

第十五条 地方志书、地方综合年鉴文稿上报后，市史志办应当认真组织审查，及时出具审查意见。审查未通过的，不得公开出版；在审查过程中发现存在重大质量问题的，应当退回重修；已经通过审查，需要作重大调整和修改的，应当重新报审。

第十六条 地方志书、地方综合年鉴和相关地情文献为职务作品，其著作权由组织编纂的机构享有，参与编纂的人员依法享有署名权。

第十七条 地方志书、地方综合年鉴和相关地情文献出版后，编纂单位要在三个月内将出版物（含纸质版、电子版）向当地和上级人民政府史志工作机构报送样书和电子文本。电子文本由市史志办在一年内通过地情网站向社会公布。

第十八条 市人民政府对在地方史志工作中取得突出成绩的单位和个人给予表彰和奖励。

地方史志作品可以参加社会科学成果评奖。

第十九条 违反本办法规定，有下列行为之一的，由市史志办责令限期改正；逾期不改正的，由市史志办提请有关部门依法查处或者给予处分：

（一）无故拖延、拒不提供地方史志资料或者拒不承担编写任务的；

（二）未经批准，擅自编纂、出版以行政区域名称冠名的地方志书、地方综合年鉴及相关地情文献的；

（三）对已经审查通过的地方史志文稿擅自进行重大改动并出版的；

（四）故意提供虚假资料的；

（五）拒不向市史志办报送地方史志出版物（含纸质版、电子版）的。

第二十条 地方史志工作机构工作人员有下列行为之一的，由其所在单位对主管人员和其他直接责任人员予以处分；造成损失的，依法承担赔偿责任；构成犯罪的，依法追究刑事责任：

（一）在地方史志编纂中故意加入虚假资料的；

（二）将地方史志编纂工作中搜集的资料和形成的文稿据为己有的；

（三）将地方史志文稿作为个人著作擅自发表的；

（四）擅自处置地方史志资料，造成损毁或遗失的。

第二十一条 本办法由市史志办负责解释。

第二十二条 本办法自 2011 年 10 月 1 日起施行。

栖霞市人民政府办公室关于印发《栖霞市地方史志工作管理办法》的通知

栖政办发〔2015〕26号

各镇人民政府、街道办事处，经济开发区管委，市政府各部门，各有关单位：

《栖霞市地方史志工作管理办法》已经市政府同意，现印发给你们，请认真贯彻执行。

栖霞市人民政府办公室

二〇一五年五月六日

栖霞市地方史志工作管理办法

第一条 为规范和加强地方史志工作，全面、客观、系统地编纂地方史志，科学合理地开发利用地方史志资源，更好地发挥地方史志传承文明、服务经济社会发展的作用，根据国务院《地方志工作条例》《山东省地方史志工作条例》和《烟台市地方志工作管理办法》，结合本市实际，制定本办法。

第二条 本办法适用于本市行政区域内地方史志的资料征集、组织编纂、管理和开发利用工作。

第三条 本办法所称地方史志，包括地方志书、地方综合年鉴。

地方志书是指全面系统记述本辖区自然、政治、经济、文化和社会的历史与现状的资料性文献，包括市志、镇（街道、开发区）志、村（社区）志、部门（行业）志、企业志等。

地方综合年鉴是指全面系统记述本辖区自然、政治、经济、文化和社会等方面情况的年度资料性文献，包括市年鉴、镇（街道、开发区）年鉴、部门（行业）年鉴、企业年鉴。

第四条 市、镇两级政府要加强对本辖区地方史志工作的领导，将地方史志工作纳入国民经济和社会发展规划，所需经费列入本级财政预算。经济开发区管委应按市地方史志管理机构相关工作安排做好地方史志工作。

第五条 市地方史志工作机构主管本辖区地方史志工作，履行下列职责：

（一）贯彻执行地方史志工作法规、政策；

（二）拟定地方史志工作规划和编纂方案，并组织实施；

（三）组织、指导、督促和检查地方史志工作；

（四）组织编纂地方志书、地方综合年鉴及相关地情文献；

（五）制定地方史志编纂业务规范并组织实施；

（六）负责全市行政区域内以行政区划冠名的各类志书的业务指导、审查验收、存档备案工作；

（七）征集、整理、保存地方志文献和资料，开展地方志理论研究、学术交流及业务培训；

（八）宣传、推广地方志成果，开展地情研究，建设方志馆、地情资料库和地情网站，为公众读志用志提供服务；

（九）完成本级人民政府和上级业务部门交办的其他任务。

市级地方史志工作机构根据烟台市地方史志工作规划，拟定本市地方史志工作规划，经本级政府批准后组织实施，并报烟台市地方史志工作机构备案。

第六条 编纂地方史志要存真求实，确保质量，全面客观地记述本辖区自然、政治、经济、文化和社会的历史与现状。任何单位和个人不得要求编纂人员在地方史志文献中做虚假记述。

第七条 承担地方史志编纂和供稿任务的机关、社会团体、企事业单位和其他组织要将地方史志编纂工作列入年度工作计划，明确工作人员，保障工作条件，在规定时间内按照要求完成地方志初稿编纂或资料报送任务，并对初稿质量及报送资料的真实性与准确性负责。

第八条 从事地方史志编纂业务的工作人员要具备相应专业知识、文字能力和学术水平。地方史志编纂工作应当吸收有关方面专家、学者参与，并积极听取公民、法人或其他组织对地方史志编纂工作的意见和建议。

第九条 以市级行政区划名称冠名的地方志书、地方综合年鉴，由市地方史志工作机构按照规划组织编纂，编纂方案报上一级史志工作机构批准后实施，其他组织和个人不得擅自编纂出版。

第十条 市级地方志书每20年左右编修一次，编修工作由市政府统一规划部署。遇到行政区划有重大调整或地方重大事件发生时，应及时组织编纂地方志书或专志。伴随经济社会发展，适时组织编纂部门志、行业志及乡镇（街道）志、村（社区）志等其他志书。

第十一条 市级地方综合年鉴由本级地方史志工作机构按年度组织编纂，可一年出版一卷，也可编写出版多年卷。各级机关、社会团体、企事业单位和其他组织可根据实际情况组织年鉴编纂。

第十二条 地方史志工作机构可向机关、社会团体、企事业单位和其他组织以及公民征集有关地方史志资料，对所需资料内容可进行查阅、摘抄、复制，有关部门和单位及公民应为其提供便利，涉及国家秘密、商业秘密和个人隐私以及不符合档案开放条件的除外。

第十三条 地方史志编纂过程中征集到的各类资料及形成文稿，由市地方史志工作机构集中统一管理，妥善保存。编纂工作完成后，应当依法移交市档案馆保存、管理，任何组织或个人不得损毁、出让、出租、转借或据为己有。

第十四条 市地方史志工作机构负责组织本辖区经济、社会发展年度资料和地情资料，并负责向上级史志工作机构报送，实行年报制度。

各级机关、社会团体、企事业单位和其他组织撤销或合并的，应将编纂的各类志书、年鉴以及其他地情文献出版物及时报送本级地方史志工作机构。

第十五条 地方史志文稿保密审查实行分级负责制。提供资料和撰写初稿的单位、个人应确保资料和稿件不存在泄密内容。

地方史志工作机构会同同级保密主管部门对地方史志稿件进行保密审查，涉及军事内容的，应严格遵守中央军委关于军事志编纂相关规定，确保资料和稿件不存在泄密内容。

第十六条 地方志书、地方综合年鉴及列入规划的相关地情文献由史志工作机构审查，报本级政府批准后方可出版。未按程序报审的地方志书、年鉴不得公开出版或以内部资料名义印刷。文化广电新闻出版行政管理部门应依法加强执法检查，确保地方志书和地方综合年鉴出版质量。

第十七条 地方志书、年鉴及相关地情文献的编纂单位，应在地方志书、年鉴及相关地情文献出版后30日内，将样书和电子文本报上一级地方史志工作机构备案。

省、市属等有关组织、单位编纂的相关志书和地情文献，按照隶属关系或注册登记关系同时报相应地方史志工作机构备案。

第十八条 以行政区划名称冠名的志书、年鉴和地情文献为职务作品，其著作权由组织编纂机构享有，参与编纂人员依法享有署名权。

第十九条 地方史志编纂涉及历史争议内容的，应征求有关专家、学者和研究机构意见，并向本级政府或上级地方史志工作机构报告。

第二十条 市级地方史志工作机构负责本辖区地情资料数据库（地情网站）的建设和维护，应及时将史志资料及成果进行数字化处理，建成动态地情资料数据库，加强地方史志工作信息化建设。

第二十一条 鼓励单位和个人向市地方史志工作机构捐赠地方文献。对具有收藏价值的资料，由市地方史志工作机构向捐赠者颁发收藏纪念证书，并给予所存资料的优先调阅权。已出版的史志应送交一定册次在市档案馆保存。

第二十二条 市地方史志工作机构负责组织本辖区旧志的收集、整理和出版工作，对现存旧志采取翻印、点注等形式进行整理开发。

第二十三条 重视史志人才队伍建设，定期组织业务培训，鼓励在职业务人员通过各种形式更新知识结构，提高业务水平；鼓励、支持单位和个人从事地方文献开发与研究。

本级政府及有关部门和单位应积极构建地方史志工作奖惩体系，对工作成绩突出的单位、个人和优秀史志成果给予表彰、奖励。地方史志成果可参加各级社会科学及学术成果评奖。

第二十四条 违反本办法，有下列行为之一的，由市级地方史志工作机构按照职能权限责令限期改正；逾期不改的，提请市政府有关部门依法给予行政处分或纪律处分。

（一）无故拖延、拒绝提供地方史志资料或拒不承担编写任务的；

（二）地方史志资料所有人或者持有人故意提供地方史志虚假资料的；

（三）将地方史志编纂过程中搜集的资料和形成的稿件据为己有或作为个人著作擅自发表的；

（四）拒绝向地方史志工作机构报送地方史志文献的；

（五）未经批准擅自编纂出版以县级以上行政区划名称冠名的志书、年鉴及相关地情文献的；

（六）擅自出让、出租、转借地方史志资料，造成损毁或遗失，情节严重的。

第二十五条 本办法由市地方史志工作机构负责解释。

第二十六条 本办法自 2015 年 5 月 7 日起施行，有效期到 2017 年 12 月 6 日。

海阳市人民政府办公室关于印发《海阳市地方志工作管理办法》的通　知

海政办发〔2014〕54号

各镇区街道政府（管委、办事处）、市政府各部门：

《海阳市地方志工作管理办法》已经市政府同意，现印发给你们，请认真参照执行。

海阳市人民政府办公室

二〇一四年六月三十日

海阳市地方志工作管理办法

第一条　为规范海阳市地方志的编纂、管理、开发和利用，根据国务院《地方志工作条例》和《山东省地方史志工作条例》，结合本市实际，制定本办法。

第二条　本办法适用于本行政区域内地方志的资料征集、研究、组织编纂、管理、开发利用和咨询服务工作。

第三条　本办法所称地方志是指地方志书、地方综合年鉴及地情文献等。

地方志书，是指全面系统地记述本行政区域自然、政治、经济、文化、社会等方面情况的年度资料性文献，包括市志、镇区街道志、部门专业志等。

地方综合年鉴，是指全面系统记述本行政区域自然、政治、经济、文化、社会等方面情况的年度资料性文献，包括市年鉴、镇区街道年鉴、行业年鉴等。

地情文献，是指系统讲述本行政区域全面工作或专项工作的资料性书籍，包括机关、社会团体、企业事业单位及村编纂的以本行政区域冠名的地情类书籍。

第四条　市党史方志办公室是本行政区域地方志工作主管机构，履行下列职责：

（一）贯彻执行地方志工作法律、法规；

（二）组织、指导、督促和检查全市地方志工作；

（三）拟订市地方志工作规模和编纂方案，并制定市地方志编纂业务规范；

（四）组织编纂地方志书、地方综合年鉴和其他地情文献，依照程序组织对地方志审查验收；

（五）负责本行政区域内以行政区划冠名的各类志书的业务指导、专家评审、审核、定稿、存档备案工作；

（六）搜集、整理、保存地方志文献和资料，组织整理旧志，推动地方志理论研究和学术交流；

（七）组织开发利用地方志资料，建设方志馆、资料库和地情网站，为公众提供服务；

（八）完成本级人民政府和上级史志工作机构交办的其他任务。

第五条 以本行政区域名称冠名的地方志书、地方综合年鉴的编纂工作，由市地方志工作主管机构按照规划组织实施，其他组织和个人不得编纂。

除以本行政区域冠名的地方志以外，机关、社会团体、企业事业单位、其他组织和个人可编纂出版有助于经济社会发展的其他地方志书及地情类书籍，编纂单位应当按照隶属关系或者注册登记关系报市地方志工作主管机构备案，市地方志工作主管机构应当对志书编纂活动进行业务指导。

第六条 市地方志书每20年左右编修一次，每轮地方志书编修工作完成后，市方志工作机构在编纂地方综合年鉴、搜集资料、向社会提供咨询服务的同时，启动新一轮地方志书的编修工作。市级地方综合年鉴按年度或数年编辑出版1卷。可适时组织编纂综合或专题地情文献。

第七条 编纂地方志书、地方综合年鉴应当制定编纂方案，报本级人民政府批准。承编单位应当根据编纂方案要求，制定编纂实施细则，明确编纂人员，接受本级史志工作机构的业务指导与督促检查，按时按质完成撰稿任务。

第八条 地方志书编纂实行专兼职人员相结合，应当广泛吸收有关专家、学者参加。专职编纂人员应当具备相应的专业知识和学术水平，做到恪尽职守、客观公正、秉笔直书、尊重史实。地方志资料所有人或者持有人不得提供虚假资料。

第九条 市地方志工作主管机构依法向辖区内机关、社会团体、企业事业单位和其他组织以及公民征集有关地方志资料时，相关单位和个人应当积极、免费提供。市地方志工作主管机构可以对所需资料内容进行查阅、摘抄、复制，但涉及国家秘密、商业秘密和个人隐私以及不符合档案开放条件的除外。

第十条 在地方志书编纂过程中，收集到的文字资料、图表、照片、音像资料、实物等及形成的地方志文稿，市地方志工作主管机构应按照规定，归档管理，任何个人不得损毁，不得据为己有，不得出租、出让、转借。

第十一条 地方志书、地方综合年鉴出版实行分级审查批准制度。审查时，应当组织保密、档案、历史、法律、经济、军事等方面的专家参加，重点审查内容是否符合宪法，是否符合保密、档案等法律法规的规定，是否能够全面、客观地反映本行政区域自然、政治、经济、文化和社会的历史与现状。

市级地方志书报烟台市地方志工作主管机构审定，经本市人民政府批准后出版。

镇（区、街道）或市直部门年鉴、专业志书报市地方志工作主管机构审定，经同级人民政府（管委、办事处）或主管部门批准后出版。

村及企业年鉴、专业志书由市地方志工作主管机构审定，经村委及企业法人同意后出版。

未按以上程序进行报批的各类方志不得公开出版。

第十二条 地方志编纂单位应当在地方志书、地方综合年鉴及地情文献出版后30日内，向本级和上级史志工作机构报送样书和电子文稿。

第十三条 地方志书、地方综合年鉴和相关地情文献为职务作品的，依照《中华人民共和国著作权法》第十六条第二款的规定，其著作权由组织编纂的机构享有，参与编纂的人员依法享有署名权。

第十四条 建立地情资料日常收集机制。市地方志工作主管机构可以通过建立方志馆（地情资料库）等收藏、保存、管理各类地方志资料，积极开展地情宣传、咨询活动，出版专题资料、地情研究成果，为社会各界服务。

鼓励单位和个人向市地方志工作主管机构捐赠地方志资料，对具有收藏价值的资料，市地方志工作主管机构应当向捐赠者颁发收藏纪念证书。

第十五条 地方志成果可以依照有关规定，参加国家、省、烟台和本市优秀社会科学成果评奖。

第十六条 违反本办法规定，有下列情形之一的，由市地方志工作主管机构按照权限责令限期改正；逾期不改的，提请市人民政府或有关行政部门依法查处，并视情节对有关单位和个人予以行政处分或纪律处分：

（一）未经审查验收、批准，擅自编纂出版以本行政区域名称冠名的地方志书、地方综合年鉴及相关地情文献的；

（二）无故拖延、拒绝提供地方志资料或者拒不承担编写任务的；

（三）故意提供虚假地方志资料的；

（四）丢失、损毁单位地方志资料或者将其据为己有的；

（五）将地方志文稿作为个人著作擅自发表的；

（六）对已经审查通过的地方志文稿擅自进行重大改动并出版的。

第十七条 实行地方志保密审查分级分单位负责制。地方志的保密审查由提供资料和编写初稿的单位负责，保密主管部门会同史志工作机构对本级地方志进行保密审定。地方志泄露国家秘密的，由有关部门依法查处。

第十八条 编纂地方志涉及军事内容的，应当遵守中央军委关于军事志编纂的相关规定。

第十九条 本办法由市党史方志办公室负责解释。

第二十条 本办法自2014年7月1日起施行，有效期5年。

长岛县人民政府关于印发《长岛县地方史志工作管理暂行办法》的通　知

长政发〔2011〕27号

各乡镇（街道）人民政府（办事处），县政府各部门，局级企事业各单位，中央、省、市属驻岛各单位：

《长岛县地方史志工作管理暂行办法》已经县政府同意，现印发给你们，请认真贯彻执行。

长岛县人民政府

二〇一一年十月二十一日

长岛县地方史志工作管理暂行办法

第一条　为加强和规范地方史志工作，全面、客观、系统地编纂地方史志，科学地积累、保存与开发、利用地方史志资源，发挥地方史志在促进经济和社会发展中的作用，根据国务院《地方志工作条例》、《山东省地方史志工作条例》要求，结合本县实际，制定本暂行办法（以下简称办法）。

第二条　本办法适用于本县行政区域内地方史志的资料征集、研究、组织编纂、管理、开发利用和咨询服务工作。

第三条　本办法所称地方史志是指地方志书、地方综合年鉴及地情文献。

地方志书，是指全面系统地记述本县自然、政治、经济、文化和社会的历史与现状的资料性文献，包括县志、乡镇（街道、办事处）志、村志、专业（部门、行业）志。

地方综合年鉴，是指全面系统记述本县自然、政治、经济、文化、社会等方面情况的年度资料性文献，包括县年鉴、乡镇（街道、办事处）年鉴、专业（部门、行业）年鉴。

地情文献，是指系统记述本县一定领域情况的资料性文献，包括机关、社会团体、企业事业单位、乡镇（街道、办事处）、村（社区）及个人编纂的以本行政区域冠名的地情类书籍。

第四条 地方史志的编纂工作应当做到存真求实，确保质量，全面、客观地记述本县自然、政治、经济、文化和社会的历史与现状。

第五条 县人民政府加强对地方史志工作的领导，将地方史志工作纳入经济和社会发展规划。地方史志工作规划和编纂方案由本级人民政府负责制定、批准，工作所需经费列入本级财政预算，编纂人员应满足编辑工作需要。

第六条 县地方史志办公室是全县地方史志工作主管机构，履行下列职责：

（一）贯彻执行地方史志工作法律、法规；

（二）组织、指导、督促和检查全县地方史志工作；

（三）拟定地方史志工作规划和编纂方案；

（四）制定地方史志编纂业务规范；

（五）编纂、审查、验收地方史志文稿；

（六）建设地情网站和方志馆，开发利用地方史志资源；

（七）组织报送经济、社会发展年度详细资料，整理旧志，征编、保存地方史志文献；

（八）组织开展地方史志学术研究、地情调查研究及业务培训；

（九）完成本级人民政府和上级地方史志工作机构交办的其他任务。

第七条 以本县名称冠名的地方志书、地方综合年鉴的编纂工作，由县地方史志办公室按照规划组织实施，其他组织和个人不得编纂。

除以本县名称冠名的地方志、鉴以外，机关、社会团体、企业事业单位、其他组织和个人可编纂有助于经济社会发展的其他地方志书及地情类书籍。

第八条 县级地方志书每20年左右编修一次，每一轮地方志书编修工作完成后，县地方史志办公室在编纂地方综合年鉴、搜集资料、向社会提供咨询服务的同时，启动新一轮地方志书的编修工作。

行政区划有重大调整时，应及时组织编纂已撤销的行政区划地方志书，适时组织编纂新设的地方志书。

以本县名称冠名的地方综合年鉴，按照年度组织编纂，以出版年份为序号。

第九条 编纂地方志书、地方综合年鉴，应当制定编纂方案，报本级人民政府批准。方案规定的承编单位，应将地方史志编纂工作列入年度工作计划，落实责任领导和供稿人员，保障工作条件。应当按照地方史志编纂规划和要求，按时完成地方史志初稿编纂或者资料报送任务，并对所上报稿件进行政治、保密、史实等方面的审查，对报送的初稿质量和所提供资料的真实性和准确性负责。

第十条 地方史志编纂实行专职为主、兼职为辅，专兼职人员相结合的编辑体制，应当广泛吸收有关专家、学者参加。专职编纂人员应当具备相应的“德、才、识”水平，做到恪尽职守、客观公正、记载准确、合乎规范。任何单位和个人不得要求编纂人员在地方史志中做虚假记述。

第十一条 县地方史志办公室依法向辖区内机关、社会团体、企业事业单位和其他组织以及个人征集有关地方史志资料，相关单位和个人应当提供支持，不得提供虚假资料。县地方史志办公室可以对所需资料内容进行查阅、摘抄、复制，但涉及国家秘密、商业秘密和个人隐私以及不符合档案开放条件的除外。

第十二条 地方志书、地方综合年鉴出版实行分级审查批准制度。应当组织有关保密、档案、历史、法律、经济、军事等方面的专家参加，重点审查地方志书的内容是否符合宪法和保密、档案等法律、法规的规定，是否全面、客观地反映本县自然、政治、经济、文化和社会的历史与现状。

以本县名称冠名、列入规划的地方志书报上一级地方史志编纂委员会审定，经县人民政府批准后方可公开出版；县级地方综合年鉴、地方专业志书报县地方史志编纂委员会审定，经县人民政府批准后方可公开出版；乡镇（街道、办事处）志、村志及其他地情资料报县地方史志办公室审定，经相关部门批准后方可公开出版，县地方史志办公室备案。

第十三条 地方史志编纂单位应当在地方志书、地方综合年鉴及地情文献出版后 1 个月内，向本级和上级地方史志办公室报送样书及电子文本，电子文本由长岛县地方史志办公室通过县情网站向社会公布。

第十四条 地方志书、地方综合年鉴和相关地情文献为职务作品，依照《中华人民共和国著作权法》第十六条第二款的规定，其著作权由组织编纂的机构享有，参与编纂的人员依法享有署名权。

第十五条 建立史志资料日常收集机制。大事记（文字、图片等）实行月报制，由供稿单位于每月 5 日前报送上个月的大事记；其他资料实行年报制，由供稿单位于每年 3 月底前，按史志主管部门的工作要求，报送上一年度的史志资料。

县地方史志办公室以年度为单位，对全县志书和年鉴编纂所需资料及基础地情资料进行全面、经常性的收集、整理、积累，并向上级地方史志工作机构报送本县基础地情资料。可以通过建立方志馆（地情资料库）等收藏、保存、管理各类地方史志资料，积极开展地情宣传、咨询活动，出版专题资料、地情研究成果，为社会各界服务。

第十六条 国家机关、社会团体、企事业单位和其他组织撤销或者合并，要将编纂的各类志书、年鉴以及其他地情文献出版物及时报送县地方史志办公室。

第十七条 鼓励单位和个人向县地方史志办公室捐赠地方史志资料，对具有收藏价值的资料，应当向捐赠者颁发收藏纪念证书或给予一定奖励，并给予馆存资料的优先使用权。

第十八条 地方史志成果可以依照有关规定参加国家、省和市优秀社会科学成果评奖。

第十九条 重视史志人才建设，鼓励在职业务人员通过各种形式，更新知识结构，提高业务水平；鼓励和支持单位和个人从事地方文献开发和研究；县人民政府对在地方史志工作中做出突出成绩和贡献的单位和个人给予表彰和奖励。

第二十条 违反本办法规定，有下列情形之一的，由县地方史志办公室按照权限责令限期改正；逾期不改正的，提请县人民政府或有关行政部门依法查处，并视情节对有关单位和个人予以通报批评或予以行政处分：

（一）未经审查验收、批准，擅自编纂出版以本县名称冠名的地方志书、地方综合年鉴及相关地情文献的；

（二）无故拖延、拒绝提供地方史志资料或者拒不承担编写任务的；

（三）故意提供虚假地方史志资料的；

（四）丢失、损毁单位地方史志资料或者将其据为己有的；

（五）将地方史志文稿作为个人著作擅自发表的；

（六）对已经审查通过的地方史志文稿擅自进行重大改动并出版的；

（七）拒不按规定报送地方史志出版物（含纸质版、电子版）的。

第二十一条 实行地方史志保密审查分级分单位负责制。地方史志的保密审查由提供资料和编写初稿的单位负责，县地方史志办公室会同保密主管部门对地方史志进行保密审定。地方史志泄露国家秘密的，由有关部门依法查处。

第二十二条 编纂地方史志涉及军事内容的，应当遵守中央军委关于军事志编纂的相关规定。

第二十三条 任何单位和个人有权对违反本办法的行为进行检举。

第二十四条 本办法由县地方史志办公室负责解释。

第二十五条 本办法自发布之日起施行。

潍坊市人民政府关于印发《潍坊市地方史志工作管理办法》的通知

潍政发〔2013〕15号

各县市区人民政府，市属各开发区管委会，市政府各部门、单位，各重点企业，各高等院校，各人民团体：

《潍坊市地方史志工作管理办法》已经2013年5月28日市政府第17次常务会议通过，现予印发。请结合各自实际，认真贯彻执行。

潍坊市人民政府

二〇一三年六月十三日

潍坊市地方史志工作管理办法

第一条 为继承和发扬中华民族优秀文化传统，全面、客观、规范地记载区域地情，系统积累、保存地方史志文献，科学、合理地开发利用地方史志资源，根据《地方志工作条例》和《山东省地方史志工作条例》，结合本市实际，制定本办法。

第二条 本办法适用于本市行政区域内地方史志的资料征集、组织编纂、研究开发和管理利用工作。

第三条 本办法所称地方史志，是指地方志书、地方综合年鉴和相关地情文献。

地方志书，是指全面系统地记述本行政区域自然、政治、经济、文化和社会的历史与现状的资料性文献，包括市志、县（市、区）志、镇（街道）志。

地方综合年鉴，是指全面系统地记述本行政区域自然、政治、经济、文化和社会等方面情况的年度资料性文献，包括市年鉴、县（市、区）年鉴、镇（街道）年鉴。

相关地情文献，是指系统记述本行政区域全貌或者一定领域情况的资料性文献，包括由人民政府史志工作机构编纂的综合地情文献和机关、企事业单位、社会团体、村（社区）编纂的其他地情类书籍。

第四条 市、县（市、区）人民政府应当加强对本行政区域地方史志工作的领导，将地方史志工作纳入国民经济和社会发展规划及年度目标考核，所需经费列入同级财政预算。

第五条 市、县（市、区）人民政府地方史志工作机构主管本行政区域内地方史志工作，具体履行下列职责：

（一）宣传、贯彻、执行地方史志工作法律、法规、规章及有关政策；

（二）组织、指导、督促、检查本行政区域内地方史志工作；

（三）拟定地方史志工作规划和编纂方案；

（四）制定地方史志编纂业务规范；

（五）组织编纂地方志书、地方综合年鉴及相关地情类书籍，审查、验收本行政区域内各类志鉴、地情资料文稿；

（六）宣传、推广地方史志成果，开发利用地方史志资源，建设地情网站和方志馆，为公众提供服务；

（七）建立健全地方史志资料年报制度，征集、保存地方史志相关文献与资料，组织整理旧志；

（八）组织地方史志学术研究和业务培训，对本行政区域内的地方史志研究学会（团体）进行业务指导；

（九）完成本级人民政府和上级业务部门交办的其他任务。

各开发区及镇（街道）应当成立相应工作机构或明确专人负责此项工作。

第六条 编纂地方史志应当做到思想鲜明正确、立场客观公正、资料翔实可靠、体例完备严谨、篇目科学合理、内容深刻充实，突出时代特点和地方特色。文体应当采用规范的语体文，行文力求严谨、朴实、简洁、流畅。

第七条 地方史志编纂人员应当恪尽职守，忠于史实。任何单位和个人不得要求编纂人员在地方史志文献中做虚假记述。

第八条 编纂地方史志应当吸收有关方面的专家、学者参加。地方史志编纂人员实行专职与兼职相结合，专职编纂人员应当具备相应的专业知识。

第九条 地方史志分别由下列单位组织编纂：

（一）以市、县（市、区）行政区域名称冠名的地方志书、地方综合年鉴以及综合地情文献，由本级人民政府地方史志工作机构组织编纂；

（二）以本行政区域名称冠名的军事志、军事年鉴，由军分区和人武部组织编纂。

前款规定以外的志书、年鉴和地情文献，有关机关、企事业单位、社会团体及村（社区）可以组织编纂。编纂单位应当按照隶属关系或者注册登记关系报人民政府史志工作机构备案。

第十条 地方志书每二十年左右编修一次。每一轮地方志书编修工作完成后，地方史志工作机构在编纂地方综合年鉴、向社会提供咨询服务、组织引导基层开展地方史志工作的同时，启动新一轮地方志书的编修工作。

第十一条　行政区划有重大调整时，市、县（市、区）人民政府地方史志工作机构应当及时组织搜集汇编已撤销的市、县（市、区）、镇（街道）地方志资料，适时组织编纂新设的市、县（市、区）、镇（街道）地方志书。

第十二条　承担地方志书、地方综合年鉴具体撰稿任务的单位，应当明确责任人员，并接受地方史志工作机构的业务指导，按照时间和质量要求完成撰稿任务。

第十三条　实行地方史志资料年报制度。市、县（市、区）人民政府地方史志工作机构负责本行政区域内地方史志资料的征集和上报工作。各有关单位负责本部门、本系统地方史志资料的征集、整理工作，并按要求向本级人民政府地方史志工作机构报送。

报送的资料必须客观、真实、准确、完整，并由资料提供单位负责保密审查。

第十四条　人民政府地方史志工作机构可以向机关、社会团体、企事业单位和其他组织及公民征集有关地方史志资料，有关单位和公民有提供资料的义务。

本市行政区域内的国家档案馆、公共图书馆、国有博物馆等相关单位应当免费为地方史志编纂工作提供资料或者查询服务。地方史志出版后应当向提供资料的国家档案馆、公共图书馆、国有博物馆无偿提供馆藏书。

第十五条　地方史志编纂过程中收集到的文字资料、图表、照片、音像资料、实物等地方史志资料，由市、县（市、区）人民政府地方史志工作机构集中统一管理，妥善保存，不得损毁。编纂工作完成后，应当及时依法移交本级国家档案馆或方志馆保存、管理，个人不得擅自处置。

第十六条　鼓励有条件的单位成立志鉴资料室，并指定专人负责，完整保存本单位照片、图表、文稿和地方史志资料。

第十七条　市、县（市、区）志由上一级地方史志编纂委员会审查，报同级人民政府批准。市、县（市、区）综合年鉴由同级地方史志编纂委员会审查，报同级人民政府批准。

审查未通过的，不得公开出版。在审查过程中发现存在重大质量问题的，应当退回重修。已通过审查，需要作重大调整和修改的，应当重新报审。

第十八条　编纂单位应当在地方史志出版后 3 个月内将出版物（含纸质版、电子版）报当地和上一级人民政府地方史志工作机构。

第十九条　市、县（市、区）方志馆、地情网站应当向社会开放，公民、法人和其他组织可以利用方志馆、地情网站查阅、摘抄地方史志文献。

鼓励单位和个人向方志馆捐赠地方史志文献。对具有收藏价值的资料，方志馆应当向捐赠者颁发收藏纪念证书，并给予馆存资料的优先使用权。

第二十条　市、县（市、区）人民政府对在地方史志工作中取得突出成绩或做出重大贡献的单位、个人给予表彰奖励。

地方史志成果可以依照有关规定参加社会科学成果评奖。

第二十一条 有下列行为之一的，由市、县（市、区）人民政府地方史志工作机构按照管理权限依法责令限期改正；逾期不改正的，由其所在单位或有关行政部门依法给予行政处分或者纪律处分：

（一）擅自编纂、出版以行政区域名称冠名的地方志、地方综合年鉴及相关地情文献的；

（二）损毁单位所有或者持有的地方史志资料或者将其据为己有的；

（三）无故拖延、拒绝提供地方史志资料或者拒不承担编写任务的；

（四）未经审查、验收、批准将地方史志交付出版的；

（五）故意提供虚假资料的；

（六）拒绝向上级人民政府史志工作机构报送地方史志文献的。

第二十二条 地方史志工作机构的工作人员有下列行为之一的，依法给予处分；造成损失的，依法承担赔偿责任：

（一）将地方史志编纂工作中搜集的资料和形成的文稿据为己有的；

（二）擅自出租、转借、出让地方史志资料，造成损毁或遗失的。

第二十三条 编纂地方史志涉及军事内容的，或由军分区、人武部编纂本行政区域军事志的，应当遵守中央军委关于军事志编纂的有关规定。

第二十四条 本办法自2013年6月28日起施行，有效期至2018年6月27日。

潍坊市奎文区关于印发《潍坊市奎文区地方史志工作管理办法》的通知

奎政发〔2014〕11号

各街道办事处，奎文经济开发区、泰华城商务集团、北海路商贸经济发展区管委会，区政府各部门、单位：

《潍坊市奎文区地方史志工作管理办法》已经区政府研究同意，现印发给你们，请结合各自实际，认真贯彻执行。

潍坊市奎文区人民政府

二○一四年十二月二十四日

潍坊市奎文区地方史志工作管理办法

第一章　总则

第一条　为继承和发扬中华民族优秀文化传统，全面、客观、规范地记载区域地情，系统积累、保存地方史志文献，科学、合理地开发利用地方史志资源，根据国务院《地方志工作条例》《山东省地方史志工作条例》和《潍坊市地方史志工作管理办法》，结合奎文区实际，制定本办法。

第二条　本办法适用于奎文区行政区域内地方史志的资料征集、组织编纂、研究开发和管理利用工作。

第三条　本办法所称地方史志，是指地方志书、地方综合年鉴和相关地情文献。

地方志书，是指全面系统地记述本行政区域自然、政治、经济、文化和社会的历史与现状的资料性文献，包括区志、街道（乡镇）志、社区（村）志和部门（行业）志等。

地方综合年鉴，是指全面系统地记述本行政区域自然、政治、经济、文化和社会等方面情况的年度资料性文献，包括区年鉴、街道（乡镇）年鉴、社区（村）年鉴和部门（行业）年鉴等。

相关地情文献，是指系统记述本行政区域全貌或者一定领域情况的资料性文献，包括由人民政府史志工作机构编纂的综合地情文献和机关、企事业单位、社会团体及村（社区）等编纂的其他地情类书籍。

第四条 区委、区人民政府领导本行政区域内地方志工作，健全地方志工作机构，确定人员编制，规范业务建设，保障工作条件，将地方志工作纳入国民经济和社会发展规划，列入年度工作考核内容，所需经费列入本级财政预算。各开发区及街道应当成立相应工作机构，明确专人负责此项工作，列支相关经费。

第五条 区人民政府地方史志工作机构主管本行政区域内地方史志工作，具体履行下列职责：

（一）宣传、贯彻、执行地方史志工作法律、法规、规章及有关政策；

（二）组织、指导、督促、检查本行政区域内地方史志工作；

（三）拟定地方史志工作规划和编纂方案；

（四）制定地方史志工作制度和编纂业务规范；

（五）组织编纂、审查、验收、出版地方志书、地方综合年鉴及相关地情类文献，指导、审查、验收本行政区域内各类志鉴、地情资料文稿和相关地情文献；

（六）全面加强信息化建设，建设地情网站和地情（方志）馆，推进地方志文献资源数字化，为社会读志用志提供服务；

（七）宣传、推广地方史志成果，开发利用地方志资源，开展地情研究和地方志学术研究，对本行政区域内的地方史志研究学会（团体）进行业务指导，开展对外文化交流；

（八）组织地方史志学术研究和业务培训，培训地方志编纂人员；

（九）本行政区域内各类志鉴、地情资料文稿和相关地情文献书籍由区人民政府史志工作机构按照管理权限依法实施行政管理；

（十）完成本级人民政府和上级业务部门交办的其他任务。

第二章 地方史志编纂

第六条 编纂地方史志应当做到思想鲜明正确、立场客观公正、资料翔实可靠、体例完备严谨、篇目科学合理、内容深刻充实，突出时代特点和地方特色。文体应当采用规范的语体文，行文力求严谨、朴实、简洁、流畅。

第七条 地方史志编纂人员应当恪尽职守，忠于史实。任何单位和个人不得要求编纂人员在地方史志文献中做虚假记述。

第八条 编纂地方史志应当吸收有关方面的专家、学者参加。地方史志编纂人员实行专职与兼职相结合，专职编纂人员应当具备相应的专业知识。

第九条 地方史志分别由下列单位组织编纂：

（一）以区行政区域名称冠名的地方志书、地方综合年鉴以及综合地情文献，由本级人民政府地方史志工作机构组织编纂；

（二）以本行政区域名称冠名的军事志、军事年鉴，由区人民武装部组织编纂。

前款规定以外的志书、年鉴和地情文献，有关机关、企事业单位、社会团体及村（社区）可以组织编纂。编纂单位应当按照隶属关系或者注册登记关系报区人民政府史志工作机构备案。

第十条 地方志书每二十年左右编修一次。每一轮地方志书编修工作完成后，地方史志工作机构在编纂地方综合年鉴、向社会提供咨询服务、组织引导基层开展地方史志工作的同时，启动新一轮地方志书的编修工作。

第十一条 行政区划有重大调整时，区人民政府地方史志工作机构应当及时组织搜集汇编已撤销的街道（乡镇）、社区（村）、部门地方志资料，适时组织编纂新设的相关地方志书。

第十二条 承担地方志书、地方综合年鉴具体撰稿任务的单位，应当明确责任人员，并接受区人民政府地方史志工作机构的业务指导，按照时间和质量要求完成撰稿任务。

第十三条 实行地方史志资料年报制度。区人民政府地方史志工作机构负责本行政区域内地方史志资料的征集和上报工作。各有关单位负责本辖区、本部门、本系统地方史志资料的征集、整理工作，并按要求向区人民政府地方史志工作机构报送。报送的资料必须客观、真实、准确、完整，并由资料提供单位负责保密审查。

第十四条 区人民政府地方史志工作机构可以向本行政区的有关机关、社会团体、企事业单位和其他组织及公民征集有关地方史志资料，有关单位和公民有提供资料的义务。

本行政区域内的档案馆、图书馆等相关单位应当免费为地方史志编纂工作提供资料或者查询服务。地方史志出版后可以向提供资料的档案馆、图书馆、博物馆无偿提供馆藏书。

第十五条 地方史志编纂过程中收集到的文字资料、图表、照片、音像资料、实物等地方史志资料，由区人民政府地方史志工作机构集中统一管理，妥善保存，不得损毁。编纂工作完成后，应当及时依法移交本级方志馆保存、管理，个人不得擅自处置。

第十六条 本行政区内街道（乡镇）、社区（村）和部门（行业）、事业单位、重点企业等须成立志鉴资料室，并指定专人负责，完整保存本单位照片、图表、文稿、电子文档和地方史志资料。鼓励其他企业和社会单位成立志鉴资料室，完整保存本单位照片、图表、文稿和地方史志资料。

第十七条 区志、街道（乡镇）志、社区（村）志、部门志、企业志及各类志书由上一级地方史志编纂委员会审查，报区人民政府批准。区年鉴、街道（乡镇）年鉴、社区（村）年鉴、部门年鉴等各类综合年鉴由区人民政府地方史志编纂委员会审查，报区人民政府批准。审查未通过的，不得公开出版。在审查过程中发现存在重大质量问题的，应当退回重修。已通过审查，需要作重大调整和修改的，应当重新报审。

第十八条 本行政区的编纂单位应当在单位史志或地情资料出版后1个月内将出版物

（含纸质版、电子版）报区人民政府地方史志工作机构，纸质版出版物不少于50套；各单位其他类出版物（含纸质版、电子版）出版后1个月内报区人民政府地方史志工作机构不少于10套。

第三章　资料管理

第十九条　区地情（方志）馆、地情网站应当向社会开放，公民、法人和其他组织可以利用方志馆、地情网站查阅、摘抄地方史志文献。

鼓励单位和个人向地情（方志）馆捐赠地方史志文献。对具有收藏价值的资料，方志馆应当向捐赠者颁发收藏纪念证书，并给予馆存资料的优先使用权。

第二十条　区人民政府对在地方史志工作中取得突出成绩或做出重大贡献的单位、个人给予表彰奖励。

地方史志成果可以依照有关规定参加社会科学成果评奖。

第四章　地方史志开发利用

第二十一条　加强实施地方志工作信息化建设，并将其纳入本级人民政府信息化发展规划。

区人民政府地方史志工作机构应当健全完善区情网，及时、准确、完整地录入和更新资料，拓展宣传渠道和方式，加强与其他网站的合作，实现地方志资源共享，为社会提供咨询和信息服务。

第二十二条　区人民政府地方史志工作机构建立地情（方志）馆，用于地方志的保存和地情知识的普及、教育、展示，并免费向公众开放。

地情（方志）馆应当加强业务管理，强化公共服务，积极开展学术研究和国内外学术交流。

地方志承编单位撤销或者合并的，应当依法将所存地方志资料及时移送本级地方志馆保存。

第二十三条　区人民政府地方史志工作机构应为区域经济社会的全面发展服务。通过地情调查、地情研究、地情咨询、地情教育等方式，拓展地方志文化服务渠道。加强地方志文化宣传，及时公布地方志书出版信息，并通过媒体向社会推介。

第五章　法律责任

第二十四条　在区行政区域内违反《地方志工作条例》《山东省地方史志工作条例》《潍坊市地方史志工作管理办法》和本办法的，有下列行为之一的，由区人民政府地方史志工作机构按照管理权限依法责令其停止违法行为，限期改正；逾期不改正的，由其所在单位或有关行政部门依法给予行政处分或者纪律处分；造成重大损失或者恶劣影响的，区人民政府地方史志工作机构、地方史志资料所有或者持有单位和相关部门可以依法向人民法院提起诉讼：

（一）擅自编纂、出版以行政区域名称冠名的地方志、地方综合年鉴及相关地情文献的；

（二）损毁单位所有或者持有的地方史志资料或者将其据为己有的；

（三）无故拖延、拒绝提供地方史志资料或者拒不承担编写任务的；

（四）未经审查、验收、批准将地方史志交付出版的；

（五）故意提供虚假资料的；

（六）拒绝向上级人民政府史志工作机构报送地方史志文献的。

第二十五条 地方史志工作机构的工作人员有下列行为之一的，依法给予处分；造成损失的，依法承担赔偿责任：

（一）将地方史志编纂工作中搜集的资料和形成的文稿篡改或提供虚假资料的，或者拒不承担编写任务的；

（二）擅自出租、转借、出让地方史志资料，造成损毁或遗失的。

第二十六条 地方志书经审查验收出版后，存在违反宪法、法律、法规规定内容的，由同级或者上级人民政府责令采取相应措施予以纠正，并视情节追究有关单位和个人的责任。造成重大损失或者恶劣影响的，地方志工作机构或者持有单位和相关部门可以依法向人民法院提起诉讼。

第六章 附则

第二十七条 编纂地方史志涉及军事内容的，或由人民武装部编纂本行政区域军事志的，应当遵守中央军委关于军事志编纂的有关规定。

第二十八条 本办法自 2014 年 11 月 16 日起施行。

潍坊市潍城区人民政府办公室关于印发《潍城区地方史志工作管理办法》的通　知

潍城政办发〔2014〕50号

各街道办事处，开发区、挂你了委员会，区政府各部门、单位：

现将《潍城区地方史志工作管理办法》印发给你们，请结合各自实际，认真贯彻执行。

潍坊市潍城区人民政府办公室

二〇一四年十一月二十八日

潍城区地方史志工作管理办法

第一条　为继承和发扬中华民族优秀文化传统，全面、客观、规范地记载区域地情，系统积累、保存地方史志文献，科学合理地开发利用地方史志资源，根据《地方志工作条例》《山东省地方史志工作条例》和《潍坊市地方史志工作管理办法》，结合本区实际，制定本办法。

第二条　本办法适用于本区行政区域内地方史志资料征集、组织编纂、研究开发和管理利用工作。

第三条　本办法所称地方史志，包括地方志书、地方综合年鉴和相关地情文献。

地方志书，是指全面系统地记述本行政区域自然、政治、经济、文化和社会等方面的历史与现状的资料性文献，包括区志、街道（开发区、管理区）志、村（社区）志、部门（行业）志等。

地方综合年鉴，是指全面系统地记述本行政区域自然、政治、经济、文化、社会等方面情况的年度资料性文献，包括区年鉴、街道（开发区、管理区）年鉴、部门（行业）年鉴等。

相关地情文献，是指系统地记述本行政区域全貌或者一定领域情况的资料性文献，包括由区人民政府史志工作机构编纂的综合地情文献和机关、企事业单位、社会团体、村（社区）编纂的其他地情类书籍。

第四条 区人民政府加强对本行政区域地方史志工作的领导，将地方史志工作纳入国民经济和社会发展规划，所需经费列入同级财政预算。

第五条 区人民政府地方史志工作机构主管本行政区域内地方史志工作，具体履行下列职责：

（一）宣传、贯彻、执行地方史志工作法律、法规、规章及有关政策；

（二）组织、指导、督促、检查地方史志工作；

（三）拟定地方史志工作规划和编纂方案；

（四）制定地方史志编纂业务规范；

（五）组织编纂地方志书、地方综合年鉴及综合地情文献，审查、验收列入地方史志工作规划的地方史志文稿；

（六）开发利用各类地方史志资源，宣传、推广地方史志成果，建设地情网站和方志馆，为公众提供服务。

（七）征集、保存地方史志相关文献与资料，组织整理旧志；

（八）组织地方史志学术研究和业务培训；

（九）完成区人民政府和上级业务部门交办的其他任务。

各街道（开发区、管理区）应当成立相应工作机构或明确专人负责此项工作。

第六条 编纂地方史志应当做到思想鲜明正确、立场客观公正、资料翔实可靠、体例完备严谨、篇目科学合理、内容深刻充实，突出地方特色和时代特点。文体应当采用规范的语体文，行文力求严谨、朴实、简洁、流畅。

第七条 地方史志编纂人员应当恪尽职守，忠于史实。任何单位和个人不得要求编纂人员在地方史志文献中做虚假记述。

第八条 编纂地方史志应当吸收有关方面的专家、学者和熟悉地情、具有较高编纂水平的人员参加。地方史志编纂人员实行专职与兼职相结合，专职编纂人员应当具备相应的专业知识。

第九条 地方史志分别由下列单位组织编纂：

（一）以区行政区域名称冠名的地方志书、地方综合年鉴以及综合地情文献，由区人民政府地方史志工作机构组织编纂；

（二）以本行政区域名称冠名的军事志、军事年鉴，由人武部组织编纂。

前款规定以外的志书、年鉴和地情文献，有关机关、企事业单位、社会团体及村（社区）可以组织编纂。编纂单位应当报区人民政府地方史志工作机构备案，并在出版后30日内向区人民政府地方史志工作机构送交出版物（纸质版）50本及电子文本。

第十条 编纂区级地方志书、地方综合年鉴、综合地情文献，由区人民政府地方史志工作机构制定编纂方案，报区人民政府批准后实施。

区级地方志书报市地方史志编纂委员会审定，经区人民政府批准后按照有关规定出版，样书报省、市人民政府地方史志工作机构备案。区级地方综合年鉴、综合地情文献由区地方史志编纂委员会审定，报区人民政府批准后按照有关规定出版。

第十一条 承担区级地方志书、地方综合年鉴、综合地情文献具体编写任务的单位，应当明确责任人员，接受区人民政府地方史志工作机构的业务指导，按照分工、时间和质量要求完成撰稿任务，并在进行内部评审后提交区人民政府地方史志工作机构。区人民政府地方史志工作机构组织总纂修改和专家评审，承编单位应当按照总纂修改、专家评审意见，开展修改和校对工作，并对相关内容负责。

第十二条 区级地方志书每二十年左右编修一次。每一轮地方志书编修工作完成后，区人民政府地方史志工作机构在编纂地方综合年鉴、向社会提供咨询服务、组织引导基层开展地方史志工作的同时，启动新一轮地方志书的编修工作。

第十三条 行政区划有重大调整时，区人民政府地方史志工作机构应当及时组织搜集汇编已撤销的街道（开发区、管理区）地方志资料，适时组织编纂新设的街道（开发区、管理区）地方志书。

第十四条 区人民政府地方史志工作机构可以向机关、社会团体、企事业单位和其他组织及公民征集有关地方史志资料，有关单位和公民有提供资料的义务。各有关单位负责本部门、本系统地方史志资料的征集、整理工作，并按要求向区人民政府地方史志工作机构报送。报送的资料必须客观、真实、准确、完整，并由资料提供单位负责保密审查。

本区行政区域内的档案馆、图书馆、博物馆等相关单位，应当免费为地方史志编纂工作提供资料或者查询服务。

第十五条 地方史志编纂过程中收集到的文字资料、图表、照片、音像资料、实物等地方史志资料，由区人民政府地方史志工作机构集中统一管理，妥善保存，不得损毁。编纂工作完成后，应当及时依法移交本级方志馆或档案馆保存、管理，个人不得擅自处置。

第十六条 鼓励有条件的单位成立志鉴资料室，并指定专人负责，完整保存本单位照片、图表、文稿和地方史志资料。

第十七条 区人民政府地方史志工作机构可以通过建立方志馆、地情网站收藏、保存、管理各类地方史志资料，公民、法人和其他组织可以利用方志馆、地情网站查阅、摘抄地方史志资料。

鼓励单位和个人向方志馆捐赠地方史志资料。对具有收藏价值的资料，区人民政府地方史志工作机构应当向捐赠者颁发收藏纪念证书，并给予馆存资料的优先使用权。

第十八条 区人民政府对在地方史志工作中取得突出成绩或作出重大贡献的单位、个人给予表彰奖励。

地方史志成果可以依照有关规定参加社会科学成果评奖。

第十九条 有下列行为之一的，由区人民政府地方史志工作机构按照管理权限依法责令限期改正；逾期不改正的，由其所在单位或有关行政部门依法给予行政处分或者纪律处分：

（一）擅自编纂、出版以行政区域名称冠名的地方志、地方综合年鉴及相关地情文献的；

（二）损毁单位所有或者持有的地方史志资料或者将其据为己有的；

（三）无故拖延、拒绝提供地方史志资料或者拒不承担编写任务的；

（四）未经审查、验收、批准，将列入地方史志工作规划的地方史志文稿擅自交付出版的；

（五）故意提供虚假资料的；

（六）拒绝向区人民政府地方史志工作机构报送地方史志文献的。

第二十条 编纂地方史志涉及军事内容的，或由人武部编纂本行政区域军事志的，应当遵守中央军委关于军事志编纂的有关规定。

第二十一条 任何单位和个人有权对违反本办法的行为进行检举。

第二十二条 本办法自 2014 年 12 月 28 日起施行，有效期至 2018 年 12 月 27 日。

潍坊市寒亭区人民政府关于印发《寒亭区地方史志工作管理暂行办法》的通　知

寒政发〔2011〕6号

各街道办事处，各开发区管委会，区政府各部门、各单位：

现将《寒亭区地方史志工作管理暂行办法》印发给你们，请认真贯彻执行。

潍坊市寒亭区人民政府

二〇一一年一月二十七日

寒亭区地方史志工作管理暂行办法

第一条　为规范寒亭区地方志的编纂、管理工作，全面、客观、系统地编纂地方志，科学、合理地开发利用地方史志资源，服务经济建设和社会发展，根据国务院《地方志工作条例》和《山东省地方史志工作条例》，结合寒亭区实际，制定本办法。

第二条　本办法适用于寒亭区行政区域内地方志的资料征集、组织编纂、管理、开发利用和咨询服务工作。

第三条　本办法所称的地方志，包括地方志书、地方综合年鉴和地情文献。

地方志书是指全面、客观、系统地记述本行政区域内自然、政治、经济、文化、社会等方面的历史与现状的资料性文献，包括本区编纂的区志、街道（村、居）志、专业（部门）志。

地方综合年鉴是指系统记述本行政区域内自然、政治、经济、文化、社会等方面情况的年度资料性文献，包括本区编纂的寒亭区年鉴、以本行政区划冠名的街道年鉴和部门年鉴。

地情文献是指系统记述本行政区域一定领域情况的资料性文献，包括机关、社会团体、企事业单位、村（社区）编纂的其他地情类书籍。

第四条　区人民政府应当加强对地方史志工作的领导，将地方史志工作纳入本地经济和社会发展规划。地方史志工作所需经费列入本级财政预算。

第五条　区史志办公室主管本行政区域内的地方志工作，履行下列职责：

（一）贯彻执行地方志法律、法规；

（二）组织、指导、督促和检查全区地方志工作；

（三）拟定寒亭区地方志工作规划和编纂方案；

（四）制定寒亭区地方志编纂业务规范；

（五）组织编纂寒亭区地方志、地方综合年鉴、相关地情文献等；

（六）负责本行政区域内各类志书的业务指导、专家评审、审查验收、存档备案等工作；

（七）组织搜集、整理、保存地方志文献和资料；

（八）宣传、推广地方志成果，开展地情研究，建设方志馆、资料库和地情网站，为公众读志用志提供服务；

（九）组织开展地方志学术研究、业务培训；

（十）完成本级人民政府和上级业务部门交办的其他任务。

第六条 从事地方志编纂业务的人员应当具备相关的专业知识和学术水平。寒亭区志、综合年鉴和相关地情文献的编纂人员，由区史志办公室聘任。本行政区域内街道志、部门志等各类志书的编纂人员，由相关街道、部门选派熟悉修志业务的人员担任，报区史志办公室备案。

第七条 编纂地方史志应当做到存真求实、客观公正、忠于史实、确保质量。

任何单位和个人不得要求编纂人员在地方史志等文献中做虚假记述。

第八条 承担寒亭区地方志书、地方综合年鉴撰稿任务的单位应当明确责任人员，接受区史志办公室的指导和督促，按照时间和质量要求完成撰稿任务。

第九条 区史志办公室负责组织相关部门对本级地方志书、地方综合年鉴文稿进行审查，重点审查地方史志文稿的内容是否符合保密、档案等法律、法规的规定。

第十条 编纂寒亭区地方志，按下列程序进行：

（一）寒亭区地方志、寒亭年鉴、寒亭区相关地情文献由区史志办公室制定出编纂规划和实施方案报区政府批准后，组织开展编纂工作，定稿报市政府史志工作机构审查，经区政府批准后出版印刷，并报省政府史志工作机构备案。具体程序是：

1. 区史志办公室按照地方志编写年限要求，结合本区实际，提前半年制定出地方志编纂规划和实施方案，上报区政府批准后，启动编纂工作。

2. 区史志办公室负责组织人员编纂、业务开展、检查验收、出版发行等工作。所需经费列入同级财政预算。

3. 地方志编纂形成定稿后，由区史志办公室写出报告，报市政府史志工作机构审定，经区政府批准后出版，并报省政府史志工作机构备案。

（二）以本行政区划冠名的街道志、部门志等各类志书、年鉴、地情文献，由相关街道和部门在区史志办公室的指导下组织编纂。具体程序是：

1. 各街道、各部门将地方志编纂方案提前3个月报区史志办公室审查后组织实施。

2. 区史志办公室负责志书的业务指导、检查督导、审查把关、存档备案等工作。

3. 各街道、各部门按照地方志编写程序，形成志稿篇目设置、初稿、评审稿、定稿。篇目设置形成后报区史志办公室审查备案，然后组织开展初稿编写。初稿形成后，由区史志办公室审查，组织评审，提出修改意见。有关部门和街道根据评审意见修改、定稿，经区史志办公室批准后，按照有关规定出版发行。

4. 各街道、各部门应当在地方志出版后30日内向区史志办公室报送样书及电子文本。

第十一条 寒亭区地方志、寒亭年鉴、寒亭区相关地情文献由区史志办公室按照全区规划组织编纂，其他组织和个人不得擅自编纂出版。有关组织和单位可以自行组织编纂本办法第十条规定以外的志书、年鉴或其他地情文献资料，编纂单位需报区史志办公室备案。

第十二条 区史志办公室可向机关、社会团体、企事业单位和其他组织以及公民征集有关地方志资料，有关单位和公民应当提供支持。地方志资料所有人或者持有人不得故意提供虚假资料。区史志办公室可对有关资料进行查阅、摘抄、复制，但涉及国家秘密、商业秘密和个人隐私以及不符合档案开放条件的除外。

第十三条 在地方志编纂过程中收集到的文字资料、图表、照片、音像资料、实物等以及形成的地方志文稿，应按照规定归档管理，不得损毁。修志工作完成后，应当依法移交档案馆保存、管理，个人不得据为已有或者出租、转借。

第十四条 以本行政区划名称冠名的地方志书、地方综合年鉴、地情文献为职务作品。依照《中华人民共和国著作权法》第十六条第二款的规定，其著作权由组织编纂的机构享有，参与编纂的人员享有署名权。

第十五条 地方志工作应为地方经济、社会发展服务。区史志办公室采取建设方志馆、资料库、网站等方式，积极开展社会读志用志工作。公民、法人和其他组织可通过方志馆、资料库、网站查阅、摘抄地方志资料。

鼓励单位和个人向方志馆捐赠地方史志文献。对捐赠具有收藏价值资料的，方志馆应当向捐赠者颁发收藏纪念证书，并赋予其馆存资料的优先使用权。

第十六条 区人民政府对在地方志工作中作出突出成绩和贡献的单位、个人，给予表彰和奖励。

地方史志作品可以参加社会科学成果评奖。

第十七条 违反本办法规定，有下列行为之一的，由区史志办公室按照管理权限责令停止违法行为，限期整改；逾期不改且造成重大损失或者恶劣影响的，由其所在单位或有关行政部门给予行政处分或纪律处分：

（一）擅自编纂出版以区级行政区划冠名的地方志、地方综合年鉴或相关地情文献的；

（二）损毁单位所有或持有的地方史志资料，或将其据为己有的；

（三）地方史志资料所有人或持有人故意提供虚假资料的；

（四）未经审查、验收、批准，将地方志交付出版或提供的地方志内容存在违反宪法、法律、法规规定的；

（五）无故拖延、拒绝提供地方志资料或拒绝承担编写任务的；

（六）拒不向区史志办公室报送地方史志文献资料的。

第十八条 任何单位和个人有权对违反本办法的行为进行检举。

第十九条 本办法自发布之日起实施。

潍坊市坊子区人民政府办公室关于印发《潍坊市坊子区地方史志工作管理办法》的通知

坊政办发〔2013〕43号

各街道办事处，高新园区、经济发展区管委会，区直各部门、区属上属各企事业单位：

《潍坊市坊子区地方史志工作管理办法》已经区政府同意，现印发给你们，请认真贯彻执行。

潍坊市坊子区人民政府办公室

二〇一三年七月四日

潍坊市坊子区地方史志工作管理办法

第一条 为规范和加强坊子区地方史志工作，全面、客观地记载区域地情，系统积累、编纂和保存地方史志文献，科学合理地开发利用地方史志资源，根据国务院《地方志工作条例》《山东省地方史志工作条例》和《潍坊市地方史志工作管理办法》规定，结合本区实际，制定本办法。

第二条 本办法适用于坊子区行政区域内地方史志的资料征集、组织编纂、研究开发和管理利用工作。

第三条 本办法所称地方史志，包括地方志书、地方综合年鉴和相关地情文献。

地方志书，是指全面客观系统地记述本区行政区域内自然、政治、经济、文化和社会的历史与现状的资料性文献，包括区志、镇（街道、园区）志、专业（部门、单位、行业）志、村（居委会）志等。

地方综合年鉴，是指系统地记述本区行政区域内自然、政治、经济、文化和社会等方面情况的年度资料性文献，包括区、镇（街道）、行业（单位、部门）、村（居委会）年鉴等。

综合性地情文献，是指系统记述本区行政区域内全面工作或专项工作的资料性书籍，包括机关、社会团体、企事业单位及村（居委会）编辑的以本行政区域冠名的大事记等地情类书籍。

第四条 区人民政府应当加强对本行政区域地方史志工作的领导，将地方史志工作纳入本地经济和社会发展规划。地方史志工作所需经费列入本级财政预算。

第五条 区史志委员会办公室主管本行政区域内的地方史志工作，具体履行下列职责：

（一）宣传、贯彻、执行地方史志工作法律、法规、规章及有关政策；

（二）组织、指导、督促和检查本行政区域内地方史志工作；

（三）拟定地方史志工作规划和编纂方案；

（四）制定地方史志编纂业务规范；

（五）组织编纂地方志书、地方综合年鉴及相关地情类书籍，审查、验收本行政区域内各类志鉴、地情资料文稿；

（六）宣传、推广地方史志成果，开发利用地方史志资源，建设地情网站和方志馆，为公众提供服务；

（七）建立健全地方史志资料年报制度，征集、保存地方史志相关文献和资料，组织整理旧志；

（八）组织地方史志学术研究和业务培训，对本行政区域内的地方史志研究学会（团体）进行业务指导；

（九）完成区人民政府和上级业务部门交办的其他任务。

各街道、高新园区和经济发展区应当成立相应工作机构或明确专人负责此项工作。

第六条 地方史志分别由下列单位组织编纂：

（一）以本行政区域名称冠名的地方志书、地方综合年鉴以及综合地情文献，由区史志委员会办公室组织编纂；

（二）以本行政区域名称冠名的军事志、军事年鉴，由区人武部组织编纂。

前款规定以外的志书、年鉴和地情文献，有关机关、企事业单位、社会团体及村（社区）可以组织编纂。编纂单位应当按照隶属关系或者注册登记关系报区史志委员会办公室备案。

第七条 地方史志出版应当符合以下程序：

以区级行政区域名称冠名、列入规划的地方志书由上一级地方史志工作机构负责审查验收，报区人民政府批准后方可公开出版；区级地方综合年鉴、地方专业志书由区地方史志编纂委员会审查验收，经区人民政府批准后方可公开出版；镇（街道、园区）志由区地方史志编纂委员会审查批准，报上一级地方史志工作机构备案；其他地情资料由区史志委员会办公室审查批准并备案。编纂单位应当在地方史志出版后3个月内将出版物（含纸质版、电子版）报当地和上一级人民政府地方史志工作机构。

在审查过程中发现存在重大质量问题的，应当退回重修。已通过审查，需要作重大调整和修改的，应当重新报审。未按以上程序进行报批的各类地方志鉴不得公开出版。

第八条 编纂地方史志应当吸收有关方面的专家、学者参加。地方史志编纂人员实行专职与兼职相结合，专职编纂人员应当具备相应的专业知识。地方史志编纂人员应当恪尽职守，忠于史实。任何单位和个人不得要求编纂人员在地方史志文献中做虚假记述。

第九条 编纂地方史志应当做到思想鲜明正确、立场客观公正、资料翔实可靠、体例完备严谨、篇目科学合理、内容深刻充实，突出时代特点和地方特色。文体应当采用规范的语体文，行文力求严谨、朴实、简洁、流畅。

第十条 地方志书每20年左右编修一次。每一轮地方志书编修工作完成后，地方史志工作机构应当在编纂地方综合年鉴、向社会提供咨询服务、组织引导基层开展地方史志工作的同时，启动新一轮地方志书的编修工作。

第十一条 行政区划有重大调整时区史志委员会办公室应当及时组织搜集汇编已撤销的镇（街道、园区）地方志资料，适时组织编纂新设的镇（街道、园区）地方志书。

第十二条 承担地方志书、地方综合年鉴具体撰稿任务的单位，应当明确责任人员，并接受区史志委员会办公室的业务指导，按照时间和质量要求完成撰稿任务。

第十三条 实行地方史志资料年报制度。区史志委员会办公室负责本行政区域内地方史志资料的征集和上报工作。各有关单位负责本部门、本系统地方史志资料的征集、整理工作，并按要求向区史志委员会办公室报送。

报送的资料必须客观、真实、准确、完整，并由资料提供单位负责保密审查。

第十四条 区史志委员会办公室可以向机关、社会团体、企事业单位和其他组织及公民征集有关地方史志资料，有关单位和公民有提供资料的义务。

本区行政区域内的档案馆、公共图书馆等相关单位应当免费为地方史志编纂工作提供资料或者查询服务。地方史志出版后应当向提供资料的档案馆、公共图书馆无偿提供馆藏书。

第十五条 地方史志编纂过程中收集到的文字资料、图表、照片、音像资料、实物等地方史志资料，由区史志委员会办公室集中统一管理，妥善保存，不得损毁。编纂工作完成后，应当及时依法移交本级档案馆或方志馆保存、管理，个人不得擅自处置。

鼓励有条件的单位成立志鉴资料室，并指定专人负责，完整保存本单位照片、图表、文稿和地方史志资料。

第十六条 区方志馆、地情网站应当向社会开放，公民、法人和其他组织可以利用方志馆、地情网站查阅、摘抄地方史志文献。

鼓励单位和个人向方志馆捐赠地方史志文献。对具有收藏价值的资料，方志馆应当向捐赠者颁发收藏纪念证书，并给予馆存资料的优先使用权。

第十七条 区人民政府对在地方史志工作中取得突出成绩或做出重大贡献的单位、个人给予表彰奖励。

地方史志成果可以依照有关规定参加社会科学成果评奖。

第十八条 有下列行为之一的，区史志委员会办公室按照管理权限依法责令限期改正；逾期不改正的，由其所在单位或有关行政部门依法给予行政处分或者纪律处分：

（一）擅自编纂、出版以行政区域名称冠名的地方志、地方综合年鉴及相关地情文献的；

（二）损毁单位所有或者持有的地方史志资料或者将其据为己有的；

（三）无故拖延、拒绝提供地方史志资料或者拒不承担编写任务的；

（四）未经审查、验收、批准将地方史志交付出版的；

（五）故意提供虚假资料的；

（六）拒绝向上级人民政府史志工作机构报送地方史志文献的。

第十九条 地方史志工作机构的工作人员有下列行为之一的，依法给予处分；造成损失的，依法承担赔偿责任：

（一）将地方史志编纂工作中搜集的资料和形成的文稿据为己有的；

（二）擅自出租、转借、出让地方史志资料，造成损毁或遗失的。

第二十条 编纂地方史志涉及军事内容的，或区人武部编纂的本行政区域军事志，应当遵守中央军委关于军事志编纂的有关规定。

第二十一条 本办法自颁布之日起施行。

附件：1. 志书（年鉴、地情文献）编写申请表（略）

2. 志书（年鉴、地情文献）审查备案表（略）

青州市人民政府关于印发《青州市地方史志工作管理暂行办法》的通　知

青政发〔2014〕75号

各镇政府、街道办事处，市属各开发区管（工）委会，市直各部门、单位：

《青州市地方史志工作管理暂行办法》已经2014年12月24日第十七届市政府常务会第14次会议通过，现予印发。请结合各自实际，认真贯彻执行。

青州市人民政府

二〇一四年十二月二十五日

青州市地方史志工作管理暂行办法

第一条　为了加强和规范地方史志工作，全面客观地记载区域地情，系统积累、保存地方志文献，科学开发和利用地方志资源，发挥地方志在促进经济和社会发展中的作用，根据国务院《地方志工作条例》《山东省地方史志工作条例》，结合本市实际，制定本办法。

第二条　本办法适用于本市行政区域内地方志的资料征集、研究、组织编纂、管理、开发利用和咨询服务工作。

第三条　本办法所称地方志，包括地方志书、地方综合年鉴和地情文献。地方志书，是指全面系统地记述本市行政区域内自然、政治、经济、文化和社会等方面的历史与现状的资料性文献，包括青州市志、镇（街道、经济开发区）志、村庄志及部门（行业）志等。

地方综合年鉴，是指全面系统记述本市行政区域内自然、政治、经济、文化、社会等方面情况的年度资料性文献。包括：青州年鉴、镇（街道、经济开发区）年鉴和部门（行业）年鉴等。

地情文献，是指系统记述本市行政区域内的自然、政治、经济、文化、社会等方面一段时期或部分内容的资料性文献。包括：青州市综合性地情文献；机关、社会团体、企事业单位及村（社区）等编纂的以本行政区域冠名的地情类书籍。

第四条 地方志的编纂工作应当做到存真求实，确保质量，全面、客观地反映本行政区域内自然、政治、经济、文化和社会的历史和现状。编纂人员要做到恪尽职守，客观公正，秉笔直书，忠于史实，任何单位和个人不得要求编纂人员在地方志中做虚假记述。

第五条 市政府依法加强对本行政区域地方志工作的领导，将地方志工作纳入本地经济和社会发展规划。地方志工作所需经 费列入本级财政预算。

第六条 市史志办公室主管全市行政区域内的地方志工作，履行下列职责：

（一）贯彻执行国务院《地方志工作条例》和《山东省地方史志工作条例》，推进依法修志；

（二）组织、指导、督促和检查全市地方志工作；

（三）拟定全市地方史志工作规划和编纂方案；

（四）制定地方史志编纂业务规范并组织实施；

（五）组织编纂本市地方志书、地方综合年鉴及相关地情类书籍；

（六）负责镇（街道、经济开发区）志及村庄志、部门（行业）志等志书的业务指导、专家评审、审查验收、审批备案等工作；

（七）征集、整理、保存地方志文献和资料，组织整理旧志，开展地方志理论研究和学术交流；

（八）组织开发利用地方志资源，宣传、推广地方史志成果，开展地情研究，建设方志馆、资料库和地情网站，为公众读志用志提供服务；

（九）完成市政府和上级地方志工作机构交办的其他任务。

第七条 以市行政区划名称冠名的地方志书、地方综合年鉴以及综合地情文献，由市人民政府地方史志工作机构组织编纂。以本行政区域名称冠名的军事志、军事年鉴，由人武部组织编纂。

前款规定以外的志书、年鉴和地情文献，有关机关、企事业单位、社会团体及村（社区）可以组织编纂，编纂单位应当报市人民政府地方史志工作机构备案，市人民政府地方史志工作机构应当对编纂活动进行业务指导。

第八条 编纂地方志，按下列程序进行：

（一）青州市志、青州年鉴、青州市综合性地情文献由市史志办公室制定编纂规划，报市政府批准后组织实施。

青州市志编纂完成后，经市政府批准，报潍坊市史志工作机构审查批复后出版，并报省政府史志工作机构备案。

（二）镇（街道、经济开发区）、市直部门以及以青州市行政区划冠名的其他志书在市史志办公室的指导下组织编纂。具体程序是：

1. 有关镇（街道、经济开发区）、市直部门制定编纂方案，报市史志办公室审查备案后组织实施；

2. 志稿评审稿形成后，在市史志办公室指导下组织召开评审会议，根据评审意见修改定稿；

3. 志稿形成定稿后，报市史志办公室终审，经批准后，按照有关规定印刷出版；

4. 有关镇（街道、经济开发区）、市直部门应当在志书出版30日内，向市史志办公室报送样书和电子文本。

第九条 市级地方志书每20年左右编修一次，每一轮地方志书编修工作完成后，地方志工作机构在编纂地方综合年鉴、搜集 资料、向社会提供咨询服务的同时，启动新一轮地方志书的编修工作。市级地方综合年鉴按年度每年编辑出版1卷，可适时组织编纂综合或专题地情文献。

第十条 地方志编纂实行专兼职人员相结合的方式，同时广泛吸收有关专家、学者参加。编纂青州市志等全市综合性志书的 编纂人员，由市史志办公室聘任。镇（街道、经济开发区）志的编纂人员，由相关镇（街道、经济开发区）选聘熟悉修志业务的人员担任，并报市史志办公室备案。

第十一条 市史志办公室依法向辖区内机关、社会团体、企事业单位和其他组织以及公民征集有关地方志资料，相关单位和 个人应当提供有关地方志资料。地方志工作管理部门可以对所需资料内容进行查阅、摘抄、复制，但涉及国家秘密、商业秘密和个人隐私以及不符合档案开放条件的除外。

第十二条 在地方志编纂过程中收集到的文字资料、图表、照片、音像资料、实物等以及形成的地方志文稿，应按照规定归档管理，任何个人不得损毁或者据为己有以及出租、出让、转借。

第十三条 以行政区划名称冠名的地方志书、地方综合年鉴和地情文献为职务作品，按照《中华人民共和国著作权法》第十 六条第二款的规定，其著作权由组织编纂的机构享有，参与编纂的人员依法享有署名权。

第十四条 地方志工作应为地方经济社会的发展服务，市史志办公室通过建设方志馆、资料库、市情网站等方式，积极开拓 社会用志途径，加强地方志工作的信息化建设。公民、法人和其 他组织可以利用上述渠道查阅、摘抄地方志资料。

第十五条 市政府对在地方志工作中做出突出成绩和贡献的单位和个人，给予表彰和奖励。

第十六条 违反本办法规定，有下列情形之一的，由市史志办公室按照权限责令限期改正；逾期不改正的，提请有关行政部门依法查处或者给予处分：

（一）擅自编纂出版以青州市行政区划冠名的地方志书、地方综合年鉴及综合性地情文献的；

（二）地方志内容存在违反宪法、法律、法规的；

（三）无故拖延、拒绝提供地方志资料或者拒不承担编写任务的；

（四）地方志资料所有人或者持有人故意提供虚假资料的；

（五）丢失、损毁单位所有或者持有的地方志资料以及将其据为己有的；

（六）将地方志文稿擅自整理出版或者作为个人著作擅自发表的；

（七）拒不向市史志办公室报送地方志出版物（含纸质版、电子版）的。

第十七条　违反本办法规定，涉及其他有关法律、法规规定的，按照其他有关法律法规进行处理。

第十八条　任何单位和个人有权对违反本办法的行为进行检举。

第十九条　本办法由市史志办公室具体负责解释。

第二十条　本办法自颁布之日起施行。

诸城市人民政府办公室关于印发《诸城市地方史志工作管理暂行办法》的通　知

诸政办发〔2012〕22号

各镇人民政府、街道办事处，市经济开发区管委会，市直各部门：

《诸城市地方史志工作管理暂行办法》已经市政府第3次常务会议研究通过，现印发给你们，请认真贯彻执行。

诸城市人民政府办公室

二〇一二年四月十日

诸城市地方史志工作管理暂行办法

为规范和加强诸城市地方史志的编纂、管理和咨询服务工作，科学地积累、保存与开发、利用地方史志资源，充分发挥地方史志在促进经济和社会发展中的作用，根据国务院《地方志工作条例》《山东省地方史志工作条例》等有关法律法规，结合诸城实际，制定本办法。

第一条　本办法适用于诸城市行政区域内地方志的资料征集、研究、编纂、管理、开发利用和咨询服务等工作。

第二条　本办法所称地方史志，包括地方志书、地方年鉴和地情文献等。

地方志书，是指全面客观系统地记述本市行政区域内自然、政治、政治、经济、文化、社会等方面的历史与现状的资料性文献。包括市志、镇（街道）志、部门（行业）志、企业志、村（居、社区）志。

地方年鉴，是指系统记述本市行政区域内自然、经济、文化、社会等方面情况的年度资料性文献。包括市年鉴、以本市行政区划冠名的镇（街道）、部门（行业）、企业、村（居、社区）年鉴。

地情文献，是指系统记述本市行政区域内一定领域、一段时期或部分内容的资料性文献。包括镇（街道）、部门（行业）、企业、村（居、社区）及个人编纂的以本行政区域冠名的地情类书籍。

第三条 市人民政府加强对本行政区域内地方史志工作的领导，将地方史志工作纳入本地经济和社会发展总体规划。地方史志工作所需经费列入本级财政预算。

第四条 市史志办主管本行政区域内的地方史志工作，履行下列职责：

（一）贯彻执行地方史志工作法律、法规；

（二）组织、指导、督促和检查全市地方史志工作；

（三）制定诸城市地方史志编纂业务规范；

（四）组织编纂诸城市地方志、地方综合年鉴及相关地情文献等；

（五）负责本市行政区域内以行政区划冠名的各类志书、年鉴、地情文献的业务指导、专家评审、审查、定稿、存档备案等工作；

（六）负责市情资料的收集、整理、研究和开发利用；

（七）宣传、推广地方史志成果，开展地情研究，建设方志馆、地情资料库及地情网站，为公众读志用志提供服务；

（八）组织开展地方史志学术研究、业务培训；

（九）完成本级人民政府和上级史志办交办的其他任务。

第五条 以诸城市行政区划冠名的地方志书、地方综合年鉴、综合地情文献，由市史志办按规划组织编纂，其他组织和个人不得编纂出版。镇（街道）、部门（行业）、企业、村（居、社区）需编纂各自志书、年鉴、地情文献的，须报市史志办批准备案，在市史志办具体指导下方可实施。严禁商业操作，切实维护地方史志的严肃性。

第六条 编纂地方史志，按下列程序进行：

（一）诸城市地方志、诸城年鉴、诸城市综合性地情文献由市史志办制定出编纂规划和实施方案，报诸城市政府批准后，组织开展编纂。定稿后，报潍坊市史志办审查，经潍坊市人民政府批准后出版，并报省史志办备案。

（二）以诸城市行政区划冠名的各类志书、年鉴、地情文献，均应在市史志办的指导下组织编纂。具体程序是：

1. 编纂单位或个人将编纂方案提前3个月报市史志办审查，批复后组织实施。

2. 市史志办负责业务指导、检查督导、审查把关、存档备案。

3. 编纂单位或个人按照地方志编写程序，形成志稿篇目、初稿、评审稿、定稿。篇目形成后报市史志办审查备案，然后组织开展初稿编写。初稿形成后，由市史志办组织评审，提出修改意见；编纂单位或个人根据评审意见修改定稿，经市史志办批准后，按照有关规定出版发行。

4. 编纂单位或个人应当在地方志出版后30日内向市史志办报送样书和电子文本。

第七条 市史志办可以向镇（街道）、部门（行业）、企业、村（居、社区）及个人征集有关地方志资料，有关单位和个人应当提供支持。地方史志资料所有人或者持有人不得故意提供虚假资料。

市史志办可以对有关资料进行查阅、摘抄、复制，但涉及国家秘密、商业秘密和个人隐私以及不符合档案开放条件的除外。

第八条 在地方史志编纂过程中收集到的文字资料、图表、照片、音像资料、实物等以及形成的地方史志文稿，需指定专职人员集中统一管理，妥善保存，不得损毁；修志工作完成后，应当依法移交市档案管理机构保存、管理，个人不得据为己有或者出租、出让、转借。

第九条 以本市行政区划冠名的地方志书、地方年鉴、综合地情文献为职务作品，依照《中华人民共和国著作权法》第十六条第二款的规定，其著作权由组织编纂的机构享有，参与编纂的人员享有署名权。

第十条 地方史志工作应为地方经济社会的全面发展服务。市史志办通过建设方志馆、地情资料库和地情网站等方式，积极开拓社会用志途径，加强地方志工作的信息化建设。公民、法人和其他组织可以利用方志馆和网站查阅、摘抄地方志资料。

第十一条 市政府将对在地方史志工作中作出突出成绩和贡献的单位、个人，给予表彰和奖励。

第十二条 违反本办法规定，有下列行为之一的，由市史志办按照管理权限责令其停止违法行为，限期整改；逾期不改的，由其所在单位或者有关行政部门依法给予行政处分或者纪律处分：

（一）擅自编纂出版以诸城市行政区划冠名的地方志书、地方年鉴或者综合地情文献的；

（二）损毁单位所有或者持有的地方史志资料，或者将其据为己有的；

（三）地方史志资料所有人或者持有人故意提供虚假资料的；

（四）未经审查、验收、批准将地方志书交付出版的或提供的地方志内容存在违反宪法、法律、法规规定的；

（五）无故拖延、拒绝提供地方志资料或者承担编写任务内；

（六）拒绝向市史志办报送地方史志文献的。

有上述第（一）（二）项行为，造成重大损失或者恶劣影响的，市史志办可以依法向人民法院提起诉讼。

第十三条 实行地方史志保密审查分级分单位负责制。地方史志的保密审查由提供资料和编写初稿的单位负责，保密主管部门会同市史志办对本级地方志进行保密审定。地方史志泄漏国家秘密的，由有关部门依法查处。

第十四条 编纂地方志涉及军事内容的，应当遵守中央军委关于军事志编纂的相关规定，由市人武部审核把关。

第十五条 本办法由诸城市史志办负责解释。

第十六条 本办法自发布之日起施行。

寿光市人民政府关于印发《寿光市地方史志工作管理暂行办法》的通　知

寿政发〔2010〕78号

各镇人民政府、街道办事处，市政府各部门：

现将《寿光市地方史志工作管理暂行办法》印发给你们，望认真贯彻执行。

寿光市人民政府

二〇一〇年十一月二十六日

寿光市地方史志工作管理暂行办法

第一条　为了规范和加强地方志工作，全面、客观、系统地编纂地方志，科学地积累、保存与开发、利用地方志资源，发挥地方志在促进经济和社会发展中的作用，根据国务院《地方志工作条例》《山东省地方史志工作条例》，结合本市实际，制定本办法。

第二条　本办法适用于本市行政区域内地方志的资料征集、研究、组织编纂、管理、开发利用和咨询服务工作。

第三条　本办法所称地方志是指地方志书、地方综合年鉴及地情文献。

地方志书，是指全面系统地记述本市行政区域自然、政治、经济、文化和社会的历史与现状的资料性文献，包括市志、镇（街道）志、专业（部门）志。

地方综合年鉴，是指全面系统记述本市行政区域自然、政治、经济、文化、社会等方面情况的年度资料性文献，包括市年鉴、镇街道年鉴、行业（单位）年鉴。

地情文献，是指系统记述本市行政区域全面工作或专项工作的资料性书籍，包括机关、社会团体、企业事业单位及村（社区）编纂的以本行政区域冠名的地情类书籍。

第四条　地方志的编纂工作应当做到存真求实，确保质量，全面、客观地反映本行政区域自然、政治、经济、文化和社会的历史与现状。

第五条　市人民政府应当加强对本行政区域地方志工作的领导，将地方志工作纳入本地经济和社会发展规划。地方志工作所需经费列入本级财政预算。

第六条　市人民政府地方志办公室是本行政区域地方志工作主管机构，履行下列职责：

（一）贯彻执行地方志工作法律、法规；

（二）组织、指导、督促和检查全市地方志工作；

（三）拟订地方志工作规划和编纂方案；

（四）负责本地域内各类志鉴的审稿、审批；

（五）组织编纂地方志书、地方综合年鉴和其他地情文献，依照程序组织对地方志审查验收；

（六）征集、整理、保存地方志文献和资料，组织整理旧志，开展地方志理论研究和学术交流；

（七）组织开发利用地方志资源，建立方志馆（库）和网站，培训地方志编纂人员，为公众提供服务；

（八）完成本级人民政府和上级地方志工作机构交办的其他任务。

第七条 以本市行政区域名称冠名的地方志书、地方综合年鉴的编纂工作，由市地方志工作机构按照规划组织实施，其他组织和个人不得编纂。

除以本市行政区域冠名的地方志以外，机关、社会团体、企业事业单位、其他组织和个人可编纂出版有助于经济社会发展的其他地方志书及地情类书籍，编纂单位应当按照隶属关系或者注册登记关系报地方志工作管理部门备案，地方志办公室应当对志书编纂活动进行业务指导。

第八条 市级地方志书每20年左右编修一次，每一轮地方志书编修工作完成后，地方志工作机构在编纂地方综合年鉴、搜集资料、向社会提供咨询服务的同时，启动新一轮地方志书的编修工作。市级地方综合年鉴按年度或数年编辑出版1卷。可适时组织编纂综合或专题地情文献。

第九条 编纂地方志书、地方综合年鉴，应当制定编纂方案，报本级人民政府批准。根据编纂方案的规定承担编纂任务的单位，应当按照地方志编纂规划和要求，接受本级地方志工作机构的业务指导与督促检查，按时按质完成撰稿任务。

第十条 地方志编纂实行专兼职人员相结合，应当广泛吸收有关专家、学者参加。专职编纂人员应当具备相应的专业知识和学术水平，做到恪尽职守、客观公正、秉笔直书、尊重史实。任何单位和个人不得要求编纂人员在地方志中做虚假记述。

第十一条 地方志工作管理部门依法向辖区内机关、社会团体、企业事业单位和其他组织以及公民征集有关地方志资料，相关单位和个人应当提供有关地方志资料。地方志工作管理部门可以对所需资料内容进行查阅、摘抄、复制，但涉及国家秘密、商业秘密和个人隐私以及不符合档案开放条件的除外。

第十二条 在地方志编纂过程中收集到的文字资料、图表、照片、音像资料、实物等以及形成的地方志文稿，应按照规定归档管理，任何个人不得损毁或者据为己有以及出

租、出让、转借。

第十三条 地方志书、地方综合年鉴出版实行分级审查批准制度，应当组织有关保密、档案、历史、法律、经济、军事等方面的专家参加，重点审查地方志书的内容是否符合宪法和保密、档案等法律、法规的规定，是否全面、客观地反映本行政区域自然、政治、经济、文化和社会的历史与现状。

以市级行政区域名称冠名、列入规划的地方志书由上一级地方志工作机构负责审查验收，报市人民政府批准后方可公开出版；地方综合年鉴、地方专业志书由市地方志工作机构审查验收，经市人民政府批准后方可公开出版。未按以上程序进行报批的各类地方志不得公开出版，新闻出版行政机构不得核发内部资料性图书准印证。

第十四条 地方志编纂单位应当在地方志书、地方综合年鉴及地情文献出版后3个月内，向本级和上级地方志办公室报送样书。

第十五条 地方志书、地方综合年鉴和相关地情文献为职务作品，依照《中华人民共和国著作权法》第十六条第二款的规定，其著作权由组织编纂的机构享有，参与编纂的人员依法享有署名权。

第十六条 建立地情资料日常收集机制。市地方志工作机构可以通过建立方志馆（地情资料库）等收藏、保存、管理各类地方志资料，积极开展地情宣传、咨询活动，出版专题资料、地情研究成果，为社会各界服务。

鼓励单位和个人向市地方志工作机构捐赠地方志资料，对具有收藏价值的资料，方志馆应当向捐赠者颁发收藏纪念证书，并给予馆存资料的优先使用权。

第十七条 地方志成果可以依照有关规定参加国家、省和市优秀社会科学成果评奖。

第十八条 市人民政府应当对地方志工作中做出突出成绩和贡献的单位和个人给予表彰和奖励。

第十九条 违反本办法规定，有下列情形之一的，由市人民政府地方志工作机构按照权限责令限期改正；逾期不改正的，提请市人民政府或有关行政部门依法查处，并视情节对有关单位和个人予以通报批评或予以行政处分：

（一）未经审查验收、批准，擅自编纂出版以本行政区域名称冠名的地方志书、地方综合年鉴及相关地情文献的；

（二）无故拖延、拒绝提供地方志资料或者拒不承担编写任务的；

（三）故意提供虚假地方志资料的；

（四）丢失、损毁单位地方志资料或者将其据为已有的；

（五）将地方志文稿作为个人著作擅自发表的；

（六）对已经审查通过的地方志文稿擅自进行重大改动并出版的；

（七）拒不向地方志工作机构报送地方志出版物（含纸质版、电子版）的。

第二十条 实行地方志保密审查分级分单位负责制。地方志的保密审查由提供资料和

编写初稿的单位负责，保密主管部门会同地方志工作机构对本级地方志进行保密审定。地方志泄露国家秘密的，由有关部门依法查处。

第二十一条 编纂地方志涉及军事内容的，应当遵守中央军委关于军事志编纂的相关规定。

第二十二条 违反本办法规定，涉及其他有关法律、法规规定的，按照其他有关法律法规进行处理。

第二十三条 任何单位和个人有权对违反本办法的行为进行检举。

第二十四条 本办法自 201 0 年 12 月 1 日起施行。

安丘市人民政府办公室关于印发《安丘市地方志工作管理暂行办法》的通　知

安政办〔2011〕80号

各镇政府、街办，大汶河旅游开发区管委会，市直各部门、单位：

《安丘市地方志工作管理暂行办法》已经市政府研究同意，现予印发，请认真贯彻执行。

安丘市人民政府办公室
二〇一一年十一月三日

安丘市地方志工作管理暂行办法

第一条　为了规范和加强安丘市地方志工作，全面、客观、系统地编纂地方志，科学地积累、保存与开发、利用地方志资源，发挥地方志在促进经济和社会发展中的作用，根据国务院《地方志工作条例》《山东省地方史志工作条例》，结合本市实际，制定本办法。

第二条　本办法适用于安丘市行政区域内地方志的资料征集、研究、组织编纂、管理、开发利用和咨询服务工作。

第三条　本办法所称地方志是指地方志书、地方综合年鉴及地情文献。

地方志书，是指全面系统地记述本市行政区域自然、政治、经济、文化和社会的历史与现状的资料性文献，包括市志、镇（街道）志、专业（部门）志。

地方综合年鉴，是指全面系统记述本市行政区域自然、政治、经济、文化、社会等方面情况的年度资料性文献，包括市年鉴、镇街道年鉴、行业（单位）年鉴。

地情文献，是指系统记述本市行政区域全面工作或专项工作的资料性书籍，包括机关、社会团体、企业事业单位及村（社区）编纂的以本行政区域冠名的地情类书籍。

第四条　市人民政府应当加强对本行政区域地方志工作的领导，将地方志工作纳入本地经济和社会发展规划。地方志工作所需经费列入本级财政预算。

第五条　市人民政府地方志办公室是本行政区域地方志工作主管机构，履行下列职责：

（一）贯彻执行地方志工作法律、法规；

（二）组织、指导、督促和检查全市地方志工作；

（三）拟订地方志工作规划和编纂方案；

（四）负责本地域内各类志鉴的审稿、审批；

（五）组织编纂地方志书、地方综合年鉴和其他地情文献，依照程序组织对地方志审查验收；

（六）征集、整理、保存地方志文献和资料，组织整理旧志，开展地方志理论研究和学术交流；

（七）组织开发利用地方志资源，建立方志馆（库）和网站，培训地方志编纂人员，为公众提供服务；

（八）完成本级人民政府和上级地方志工作机构交办的其他任务。

第六条 以本市行政区域名称冠名的地方志书、地方综合年鉴的编纂工作，地志工作机构按照规划组织实施，其他组织和个人不得编纂。

除以本市行政区域冠名的地方志以外，机关、社会团体、企业事业单位、其他组织和个人可编纂出版有助于经济社会发展的其他地方志书及地情类书籍，编纂单位应当按照隶属关系或者注册登记关系报地方志工作管理部门备案，地方志办公室应当对志书编纂活动进行业务指导。

第七条 市级地方志书每20年左右编修一次，每一轮地方志书编修工作完成后，地方志工作机构在编纂地方综合年鉴、搜集资料、向社会提供咨询服务的同时，启动新一轮地方志书的编修工作。市级地方综合年鉴按年度或数年编辑出版1卷。可适时组织编纂综合或专题地情文献。

第八条 编纂地方志书，按下列程序进行：

（一）以安丘市行政区域名称冠名的地方志书（安丘市志）、地方综合年鉴（安丘年鉴）、综合地情文献由市史志办公室制定编纂规划，报市政府批准后组织编纂。具体程序是：

1. 市史志办公室按照地方志编写年限要求，结合本市实际，对需开展的地方志编纂工作，制定出编纂规划，上报市政府批准。

2. 市史志办公室制定详细的编纂方案，提交市志编纂委员会讨论审议后，报市政府同意下发全市，启动编纂工作。其中，安丘市志编纂方案须报潍坊市史志办公室批准后实施。根据编纂方案的规定，承担编纂任务的机关、社会团体、企事业单位，应当明确责任人员，接受市史志办公室的指导，按照时间和质量要求完成撰稿任务。

3. 市史志办公室负责组织编纂业务培训、指导编纂业务开展、检查验收地方志稿、出版发行地方志等工作。

4. 地方志编纂定稿后，由市史志办公室写出报告，报市志编委会审定批复后，经市政府批准出版。其中，安丘市志须报潍坊市史志编纂委员会批复，并报省史志办公室备案，经市政府批准后出版。

（二）本市行政区域内的镇（街道）、部门（行业）等组织和单位编纂各自志书、年鉴、地情文献，在市史志办公室的指导下进行。具体程序是：

1. 相关镇（街道）、部门（行业）、社会团体制定编纂方案，报市史志办公室审查备案后组织实施。

2. 镇（街道）、部门（行业）、社会团体按照地方志编写要求，组织力量编写地方志稿；志稿形成后，在市志办指导下组织召开评议会议，根据评议意见修改完善地方志稿，送本单位党政组织审查定稿。其中，镇（街道）志书、市级部门（行业）志书须报市史志办公室审查验收。

3. 地方志稿审查批准后，按照有关规定印刷出版，并在出版后 30 日内向市史志办公室报送样书和电子文本。

（三）本市行政区域内的村（居）编纂各自志书，在市史志办公室指导下进行。具体程序是：

1. 相关村（居）在市史志办公室指导下拟定编纂方案，报所在镇（街道）和市史志办备案后组织实施。

2. 村（居）按照地方志编写要求，组织力量编写志稿；志稿形成后，在市史志办公室指导下组织召开评议会，根据评议意见修改完善志稿。修改后的志稿送本村党支部、村委会和所在镇（街道）审查定稿。如公开出版，送市史志办公室审查批复后出版；如不公开出版发行，报市史志办备案。印刷及出版后 30 日内向市史志办报送样书和电子文本。

第九条　地方志工作管理部门依法向辖区内机关、社会团体、企业事业单位和其他组织以及公民征集有关地方志资料，相关单位和个人应当提供有关地方志资料。地方志工作管理部门可以对所需资料内容进行查阅、摘抄、复制，但涉及国家秘密、商业秘密和个人隐私以及不符合档案开放条件的除外。

第十条　在地方志编纂过程中收集到的文字资料、图表、照片、音像资料、实物等以及形成的地方志文稿，应按照规定归档管理，任何个人不得损毁或者据为己有以及出租、出让、转借。

第十一条　地方志书、地方综合年鉴出版实行分级审查批准制度，应当组织有关保密、档案、历史、法律、经济、军事等方面的专家参加，重点审查地方志书的内容是否符合宪法和保密、档案等法律、法规的规定，是否全面、客观地反映本行政区域自然、政治、经济、文化和社会的历史与现状。

以市级行政区域名称冠名、列入规划的地方志书由上一级地方志工作机构负责审查验收，报市人民政府批准后方可公开出版；地方综合年鉴、地方专业志书由市地方志工作机构审查验收，经市人民政府批准后方可公开出版。未按以上程序进行报批的各类地方志不得公开出版，新闻出版行政机构不得核发内部资料性图书准印证。

第十二条 地方志书、地方综合年鉴和相关地情文献为职务作品，依照《中华人民共和国著作权法》第十六条第二款的规定，其著作权由组织编纂的机构享有，参与编纂的人员依法享有署名权。

第十三条 建立地情资料日常收集机制。市地方志工作机构可以通过建立方志馆（地情资料库）等收藏、保存、管理各类地方志资料，积极开展地情宣传、咨询活动，出版专题资料、地情研究成果，为社会各界服务。

鼓励单位和个人向市地方志工作机构捐赠地方志资料，对具有收藏价值的资料，方志馆应当向捐赠者颁发收藏纪念证书，并给予馆存资料的优先使用权。

第十四条 地方志成果可以依照有关规定参加国家、省和市优秀社会科学成果评奖。

第十五条 市人民政府应当对地方志工作中做出突出成绩和贡献的单位和个人给予表彰和奖励。

第十六条 违反本办法规定，有下列情形之一的，由市人民政府地方志工作机构按照权限责令限期改正；逾期不改正的，提请市人民政府或有关行政部门依法查处，并视情节对有关单位和个人予以通报批评或予以行政处分：

（一）未经审查验收、批准，擅自编纂出版以本行政区域名称冠名的地方志书、地方综合年鉴及相关地情文献的；

（二）无故拖延、拒绝提供地方志资料或者拒不承担编写任务的；

（三）故意提供虚假地方志资料的；

（四）丢失、损毁单位地方志资料或者将其据为己有的；

（五）将地方志文稿作为个人著作擅自发表的；

（六）对已经审查通过的地方志文稿擅自进行重大改动并出版的；

（七）拒不向地方志工作机构报送地方志出版物（含纸质版、电子版）的。

第十七条 实行地方志保密审查分级分单位负责制。地方志的保密审查由提供资料和编写初稿的单位负责，保密主管部门会同地方志工作机构对本级地方志进行保密审定。地方志泄露国家秘密的，由有关部门依法查处。

第十八条 编纂地方志涉及军事内容的，应当遵守中央军委关于军事志编纂的相关规定。

第十九条 违反本办法规定，涉及其他有关法律、法规规定的，按照其他有关法律法规进行处理。

第二十条 任何单位和个人有权对违反本办法的行为进行检举。

第二十一条 本办法由市史志办公室负责解释。

第二十二条 本办法自 2011 年 9 月 1 日起施行。

高密市人民政府办公室关于印发《高密市地方史志工作管理办法》的通　知

高政办发〔2014〕112号

各镇（街、区）政府（办事处、管委会），市政府各部门、单位：

《高密市地方史志工作管理办法》已经市政府研究同意，现印发给你们，请结合各自实际，认真贯彻执行。

高密市人民政府办公室

二〇一四年十一月二十九日

高密市地方史志工作管理办法

第一条　为继承和发扬优秀文化传统，全面、客观、规范地记载区域地情，系统积累、保存地方史志文献，科学合理地开发利用地方史志资源，根据国务院《地方志工作条例》《山东省地方史志工作条例》和《潍坊市地方史志工作管理办法》规定，结合我市实际，制定本办法。

第二条　本办法适用于本市行政区域内地方史志资料征集、组织编纂、研究开发和管理利用工作。

第三条　本办法所称地方史志，包括地方志书、地方综合年鉴和相关地情文献。

地方志书，是指全面系统地记述本行政区域自然、政治、经济、文化和社会等方面的历史与现状的资料性文献，包括市志、镇（街区）志、部门（行业）志、村（社区）志等。

地方综合年鉴，是指全面系统地记述本行政区域自然、政治、经济、文化和社会等方面情况的年度资料性文献，包括市年鉴、镇（街区）年鉴、部门（行业）年鉴等。

相关地情文献，是指系统地记述本行政区域全貌或者一定领域情况的资料性文献，包括由市史志办公室编纂的综合地情文献和机关、企事业单位、社会团体、村（社区）编纂的其他地情类书籍。

第四条　加强对全市地方史志工作的领导，市政府将地方史志工作纳入国民经济和社会发展规划及年度目标考核，所需经费列入同级财政预算。

第五条 市史志办公室主管全市地方史志工作，具体履行下列职责：

（一）宣传、贯彻、执行地方史志工作法律、法规、规章及有关政策；

（二）组织、指导、督促、检查本市行政区域内地方史志工作；

（三）拟定地方史志工作规划和编纂方案；

（四）制定地方史志编纂业务规范；

（五）编纂、审查、验收地方史志文稿；

（六）开发利用各类地方史志资源，建设地情网站和方志馆，为公众提供服务；

（七）征集、保存地方史志相关文献与资料，组织整理旧志；

（八）组织地方史志学术研究和业务培训，对市域内地方史志研究学会（团体）进行业务指导；

（九）完成市政府和上级业务部门交办的其他任务。

各镇（街区）应当成立相应工作机构或明确专人负责此项工作。

第六条 编纂地方史志应当做到存真求实、客观公正、资料翔实、体例完备，突出地方特色和时代特点。行文力求严谨、朴实、简洁、流畅。

第七条 地方史志编纂人员应当恪尽职守，忠于史实。任何单位和个人不得要求编纂人员在地方史志文献中做虚假记述。

第八条 编纂地方史志应当吸收有关方面的专家、学者和熟悉地情、具有较高编纂水平的人员参加。地方史志编纂人员实行专职与兼职相结合，专职编纂人员应当具备相应的专业知识。

第九条 以市行政区域名称冠名的地方志书、地方综合年鉴以及综合地情文献，由市史志办公室组织编纂。

以本行政区域名称冠名的军事志鉴，由市人武部组织编纂。

前款规定以外的志书、年鉴和地情文献，有关机关、企事业单位、社会团体及村（社区）可以组织编纂，编纂单位应当报市史志办公室备案。

第十条 编纂地方史志，按下列程序进行：

（一）高密市志、综合年鉴、综合地情文献，由市史志办公室组织编纂。

1. 市史志办公室对需开展的地方史志编纂工作，制定编纂规划报市政府批准后组织实施。

2. 承担编纂任务的单位按照分工组织编写并进行内部评审后提交市史志办公室，市史志办公室组织总纂修改和专家评审，承编单位负责开展修改和校对工作，并对相关内容负责。

3. 市志编纂定稿后，由市史志办公室形成报告，报潍坊市地方史志编纂委员会审定并经市政府批准后出版，样书报省、潍坊市政府地方史志工作机构备案。

4. 市综合年鉴、综合地情文献编纂定稿后，经市地方史志编纂委员会审定并报市政府批准后出版。

（二）镇（街区）志、部门（行业）志、村（社区）志等志书、年鉴、地情文献，在市史志办公室的指导下组织编纂。

1. 镇（街区）、部门（单位）、村（社区）制定编纂方案，报市史志办公室审查备案后组织实施；

2. 志稿评审稿形成后，在市史志办公室的指导下组织召开评审会议，根据评审意见修改完善并定稿；

3. 志稿形成定稿并经市史志办公室审查后，按照有关规定印刷出版。

有关镇（街区）、部门（单位）、村（社区）应当在志书出版后30日内向市史志办公室报送志书10本以及电子文本。

第十一条 高密市志每20年左右编修一次。每一轮地方志书编修工作完成后，市史志办公室在编纂地方综合年鉴、搞好地情资料开发利用的同时，鼓励组织编纂有助于经济社会发展的镇（街区）、村（社区）、部门（行业）等地方志书、地方年鉴和相关地情文献。

第十二条 行政区划有重大调整时，市史志办公室应当及时组织搜集汇编已撤销的镇（街区）地方志资料，适时组织编纂新设的镇（街区）地方志书。

第十三条 承担地方志书、地方综合年鉴具体撰稿任务的单位，应当明确责任人员，并接受市史志办公室的业务指导，按照时间和质量要求完成撰稿任务。

第十四条 市史志办公室可以向机关、社会团体、企事业单位和其他组织及公民征集有关地方史志资料。有关单位负责本部门、本系统地方史志资料的征集、整理工作，并按要求报送。报送的资料必须客观、真实、准确、完整，并由资料提供单位负责保密审查。

市域内的档案馆、图书馆、博物馆等相关单位，应当免费为地方史志编纂工作提供资料或者查询服务。

第十五条 地方史志编纂过程中收集到的文字资料、图表、照片、音像资料、实物等地方史志资料，由市史志办公室集中统一管理，妥善保存，不得损毁。编纂工作完成后，及时依法移交市档案馆保存管理，个人不得擅自处置。

第十六条 鼓励有条件的单位成立志鉴资料室，并指定专人负责，完整保存本单位照片、图表、文稿和地方史志资料。

第十七条 市史志办公室通过方志馆、地情网站等载体，收藏、保存、管理各类地方史志资料，积极为社会各界提供服务。公民、法人和其他组织可以利用上述方志馆、地情网站查阅、摘抄地方史志资料。

鼓励单位和个人向市史志办公室捐赠地方史志资料。对具有收藏价值的资料，市史志办公室应当向捐赠者颁发收藏证书，并给予优先使用权。

第十八条 市政府对在地方史志工作中取得突出成绩或作出重大贡献的单位、个人给予表彰。

地方史志成果可以依照有关规定参加社会科学成果评奖。

第十九条 有下列行为之一的，由市史志办公室按照管理权限责令其停止违法行为，限期改正；逾期不改正的，由其所在单位或有关行政部门依法给予行政处分或者纪律处分：

（一）擅自编纂、出版以行政区域名称冠名的地方志、地方综合年鉴及相关地情文献的；

（二）损毁单位所有或者持有的地方史志资料或者将其据为己有的；

（三）无故拖延、拒绝提供地方史志资料或者拒不承担编写任务的；

（四）未经审查、验收、批准将地方史志交付出版的；

（五）故意提供虚假地方志资料的；

（六）拒绝报送地方史志文献的。

第二十条 编纂地方史志涉及军事内容的，应当遵守中央军委关于军事志编纂的相关规定。

第二十一条 本办法由市史志办公室负责解释。

第二十二条 本办法自发布之日起施行，有效期5年。

昌邑市人民政府办公室关于印发《昌邑市地方史志工作管理办法》的通　知

昌政办发〔2015〕1号

各镇街区政府、办事处、管委会，市政府各部门，正科级以上事业单位：

现将《昌邑市地方史志工作管理办法》印发给你们，请结合各自实际，认真贯彻执行。

昌邑市人民政府办公室
二〇一五年一月十六日

昌邑市地方史志工作管理办法

第一条　为规范和加强全市地方史志的编纂、管理工作，全面、客观、系统地编纂地方史志，科学地积累、保存与开发、利用地方史志资源，根据国务院《地方志工作条例》《山东省地方史志工作条例》和《潍坊市地方史志工作管理办法》，结合本市实际，制定本办法。

第二条　本办法适用于本市行政区域内地方史志的资料征集、组织编纂、研究开发和管理利用工作。

第三条　本办法所称地方史志是指地方志书、地方综合年鉴和相关地情文献。

地方志书，是指全面系统地记述本行政区域自然、政治、经济、文化和社会的历史与现状的资料性文献，包括市志、镇（街道）志、村（社区）志、部门（行业）志。

地方综合年鉴，是指全面系统记述本行政区域自然、政治、经济、文化、社会等方面情况的年度资料性文献，包括市年鉴、镇（街道）年鉴、部门（行业）年鉴。

相关地情文献，是指系统记述本行政区域全貌或者一定领域情况的资料性文献，包括由市史志办公室编纂的综合地情文献和机关、社会团体、企事业单位、村（社区）编纂的其他地情类书籍。

第四条　市人民政府应当加强对本行政区域地方史志工作的领导，将地方史志工作纳入本地经济和社会发展规划，所需经费列入本级财政预算。

第五条　市史志办公室是本行政区域地方史志工作的主管机构，履行下列职责：

（一）宣传、贯彻、执行地方史志工作法律、法规、规章及有关政策；

（二）组织、指导、督促、检查本行政区域内地方史志工作；

（三）拟定地方史志工作规划和编纂方案；

（四）制定地方史志编纂业务规范；

（五）组织编纂地方志书、地方综合年鉴及相关地情文献，审查、验收有关地方史志稿件；

（六）开发利用各类地方史志资源，建设地情网站和方志馆，为公众提供服务；

（七）征集、保存地方史志相关文献和资料，组织整理旧志；

（八）组织地方史志学术研究和业务培训，对本行政区域内的地方史志研究学会（团体）进行业务指导；

（九）完成市政府和上级业务部门交办的其他任务。镇政府（街道办事处）应当明确专人负责此项工作。

第六条　编纂地方史志应当做到存真求实、客观公正、资料翔实、体例完备，突出地方特色和时代特点。行文力求严谨、朴实、简洁、流畅。

第七条　地方史志编纂人员应当恪尽职守，忠于史实。任何单位和个人不得要求编纂人员在地方史志文献中做虚假记述。

第八条　编纂地方史志应当吸收有关方面的专家、学者和熟悉地情的人员参加。地方史志编纂人员实行专职与兼职相结合，专职编纂人员应当具备相应的专业知识。

第九条　以市行政区域名称冠名的地方志书、地方综合年鉴以及相关地情文献，由市史志办公室组织编纂。

以市行政区域名称冠名的军事志、军事年鉴，由市人武部组织编纂。

前款规定以外的志书、年鉴和地情文献，有关机关、企事业单位、社会团体及镇（街道）、村（社区）可以组织编纂。编纂单位应当报市史志办公室备案。

第十条　编纂地方史志，按下列程序进行：

（一）昌邑市志、综合年鉴、综合地情文献，由市史志办公室组织编纂。

1. 市史志办公室对需开展的地方史志编纂工作，制定编纂规划报市政府批准后组织实施；

2. 承担编纂任务的单位按照分工组织编写并进行内部评审后提交市史志办公室，市史志办公室组织总纂修改和专家评审，承编单位负责开展修改和校对工作，并对相关内容负责；

3. 市志编纂定稿后，由市史志办公室形成报告，报上一级地方史志编纂委员会审定并经本级市政府批准后出版，样书报省、潍坊市地方史志工作机构备案；

4. 市综合年鉴、综合地情文献编纂定稿后，经本级市地方史志编纂委员会审定并报市政府批准后出版。

（二）镇（街道）、村（社区）、部门（行业）等志书、年鉴、地情文献，在市史志办公室的指导下组织编纂。

1. 镇（街道）、村（社区）、部门、单位制定编纂方案，报市史志办公室审查备案后组织实施；

2. 志稿评审稿形成后，在市史志办公室的指导下组织召开评审会议，根据评审意见修改完善并定稿；

3. 志稿形成定稿并经市史志办公室审查后，按照有关规定印刷出版。

镇（街道）、村（社区）、部门、单位应当在志书出版30日内向市史志办公室送交志书10本以及电子文本。

第十一条　昌邑市志每20年左右编修一次。每一轮地方志书编修工作完成后，市史志办公室在编纂地方综合年鉴、搞好地情资料开发利用的同时，鼓励组织编纂有助于经济社会发展的镇（街道）、村（社区）、部门（行业）等地方志书、地方年鉴和相关地情文献。

第十二条　行政区划有重大调整时，市史志办公室应当及时组织搜集汇编已撤销的镇（街道）地方史志资料，适时组织编纂新设的镇（街道）地方志书。

第十三条　承担地方志书、地方综合年鉴具体撰稿任务的单位，应当明确责任人员，并接受市史志办公室的业务指导，按照时间和质量要求完成撰稿任务。

第十四条　市史志办公室可以向机关、社会团体、企事业单位和其他组织及公民征集有关地方史志资料。有关单位负责本部门、本系统地方史志资料的征集、整理工作，并按要求报送。报送的资料必须客观、真实、准确、完整，并由资料提供单位负责保密审查。

市域内的档案馆、图书馆、博物馆等相关单位应当免费为地方史志编纂工作提供资料或者查询服务。

第十五条　地方史志编纂过程中收集到的文字资料、图表、照片、音像资料、实物等地方史志资料，由市史志办公室集中统一管理，妥善保存，不得损毁。编纂工作完成后，应当及时依法移交本级方志馆或档案馆保存、管理，个人不得擅自处置。

第十六条　鼓励有条件的单位成立志鉴资料室，并指定专人负责，完整保存本单位照片、图表、文稿和地方史志资料。

第十七条　市史志办公室可以通过建立方志馆、地情网站等收藏、保存、管理各类地方史志资料，积极为社会各界提供服务。

公民、法人和其他组织可以利用上述方志馆、地情网站查阅、摘抄地方史志资料。鼓励单位和个人向市史志办公室捐赠地方史志资料。对具有收藏价值的资料，市史志办公室应当向捐赠者颁发收藏证书，并给予优先使用权。

第十八条　市政府对在地方史志工作中取得突出成绩或作出重大贡献的单位、个人给予表彰。

地方史志成果可以依照有关规定参加社会科学成果评奖。

第十九条 有下列行为之一的，由市史志办公室按照管理权限责令其停止违法行为，限期改正。逾期不改正的，由其所在单位或有关行政部门依法给予行政处分或者纪律处分：

（一）擅自编纂、出版以行政区域名称冠名的地方志、地方综合年鉴及相关地情文献的；

（二）损毁单位所有或者持有的地方史志资料或者将其据为己有的；

（三）无故拖延、拒绝提供地方史志资料或者拒不承担编写任务的；

（四）未经审查、验收、批准将地方史志交付出版的；

（五）故意提供虚假资料的；

（六）拒绝报送地方史志文献的。

第二十条 地方史志工作机构的工作人员有下列行为之一的，依法给予处分。造成损失的，依法承担赔偿责任：

（一）将地方史志编纂工作中搜集的资料和形成的文稿据为己有的；

（二）擅自出租、转借、出让地方史志资料，造成损毁或遗失的。

第二十一条 编纂地方史志涉及军事内容的，应当遵守中央军委关于军事志编纂的有关规定。

第二十二条 本办法自 2015 年 2 月 16 日起施行，有效期至 2018 年 2 月 15 日。

临朐县人民政府办公室关于印发《临朐县地方史志工作管理办法》的通　知

临政办发〔2014〕62号

各镇政府、街道办事处、管委会，县直各部门、单位：

《临朐县地方史志工作管理办法》已经县政府研究同意，现予印发，请认真贯彻执行。

临朐县人民政府办公室

二〇一四年十月二十二日

临朐县地方史志工作管理办法

第一条　为继承和发扬优秀文化传统，全面、客观、规范地记载区域地情，系统积累、保存地方史志文献，科学合理地开发利用地方史志资源，根据国务院《地方志工作条例》《山东省地方史志工作条例》和《潍坊市地方史志工作管理办法》规定，结合我县实际，制定本办法。

第二条　本办法适用于本县行政区域内地方史志资料征集、组织编纂、研究开发和管理利用工作。

第三条　本办法所称地方史志，包括地方志书、地方综合年鉴和相关地情文献。

地方志书，是指全面系统地记述本行政区域自然、政治、经济、文化和社会等方面的历史与现状的资料性文献，包括县志、镇（街、园、区）志、村（社区）志、部门（行业）志等。

地方综合年鉴，是指全面系统地记述本行政区域自然、政治、经济、文化和社会等方面情况的年度资料性文献，包括县年鉴、镇（街、园、区）年鉴、部门（行业）年鉴等。

相关地情文献，是指系统地记述本行政区域全貌或者一定领域情况的资料性文献，包括由县史志办公室编纂的综合地情文献和机关、企事业单位、社会团体、村（社区）编纂的其他地情类书籍。

第四条　加强对全县地方史志工作的领导，县政府将地方史志工作纳入国民经济和社会发展规划，保障地方史志工作机构的工作条件。

第五条　县史志办公室主管全县地方史志工作，具体履行下列职责：

（一）宣传、贯彻、执行地方史志工作法律、法规、规章及有关政策；

（二）组织、指导、督促、检查县域内地方史志工作；

（三）拟定地方史志工作规划和编纂方案；

（四）制定地方史志编纂业务规范；

（五）编纂、审查、验收地方史志文稿；

（六）开发利用各类地方史志资源，建设地情网站和方志馆，为公众提供服务；

（七）征集、保存地方史志相关文献与资料，组织整理旧志；

（八）组织地方史志学术研究和业务培训，对县域内地方史志研究学会（团体）进行业务指导；

（九）完成县政府和上级业务部门交办的其他任务。

镇政府（街道办事处、管委会）应当明确专人负责此项工作。

第六条　编纂地方史志应当做到存真求实、客观公正、资料翔实、体例完备，突出地方特色和时代特点。行文力求严谨、朴实、简洁、流畅。

第七条　地方史志编纂人员应当恪尽职守，忠于史实。任何单位和个人不得要求编纂人员在地方史志文献中做虚假记述。

第八条　编纂地方史志应当吸收有关方面的专家、学者和熟悉地情、具有较高编纂水平的人员参加。地方史志编纂人员实行专职与兼职相结合，专职编纂人员应当具备相应的专业知识。

第九条　以县行政区域名称冠名的地方志书、地方综合年鉴以及综合地情文献，由县史志办公室组织编纂。

以本行政区域名称冠名的军事志鉴，由县人武部组织编纂。

前款规定以外的志书、年鉴和地情文献，有关机关、企事业单位、社会团体及镇（街、园、区）、村（社区）可以组织编纂，编纂单位应当报县史志办公室备案。

第十条　编纂地方史志，按下列程序进行：

（一）临朐县志、综合年鉴、综合地情文献，由县史志办公室组织编纂。

1. 县史志办公室对需开展的地方史志编纂工作，制定编纂规划报县政府批准后组织实施。

2. 承担编纂任务的单位按照分工组织编写并进行内部评审后提交县史志办公室，县史志办公室组织总纂修改和专家评审，承编单位负责开展修改和校对工作，并对相关内容负责。

3. 县志编纂定稿后，由县史志办公室形成报告，报市地方史志编纂委员会审定并经县政府批准后出版，样书报省、市政府地方史志工作机构备案。

4. 县综合年鉴、综合地情文献编纂定稿后，经县地方史志编纂委员会审定并报县政府批准后出版。

（二）镇（街、园、区）、村（社区）志、部门（行业）等志书、年鉴、地情文献，在县史志办公室的指导下组织编纂。

1. 镇（街、园、区）、村（社区）、部门、单位制定编纂方案，报县史志办公室审查备案后组织实施；

2. 志稿评审稿形成后，在县史志办公室的指导下组织召开评审会议，根据评审意见修改完善并定稿；

3. 志稿形成定稿并经县史志办公室审查后，按照有关规定印刷出版。

有关镇（街、园、区）、村（社区）、部门、单位应当在志书出版30日内向县史志办公室送交志书10本以及电子文本。

第十一条 临朐县志每20年左右编修一次。每一轮地方志书编修工作完成后，县史志办公室在编纂地方综合年鉴、搞好地情资料开发利用的同时，鼓励组织编纂有助于经济社会发展的镇（街、园、区）、村（社区）、部门（行业）等地方志书、地方年鉴和相关地情文献。

第十二条 行政区划有重大调整时，县史志办公室应当及时组织搜集汇编已撤销的镇（街、园、区）地方志资料，适时组织编纂新设的镇（街、园、区）地方志书。

第十三条 承担地方志书、地方综合年鉴具体撰稿任务的单位，应当明确责任人员，并接受县史志办公室的业务指导，按照时间和质量要求完成撰稿任务。

第十四条 县史志办公室可以向机关、社会团体、企事业单位和其他组织及公民征集有关地方史志资料。有关单位负责本部门、本系统地方史志资料的征集、整理工作，并按要求报送。报送的资料必须客观、真实、准确、完整，并由资料提供单位负责保密审查。

县域内的档案馆、图书馆、博物馆等相关单位，应当免费为地方史志编纂工作提供资料或者查询服务。

第十五条 地方史志编纂过程中收集到的文字资料、图表、照片、音像资料、实物等地方史志资料，由县史志办公室集中统一管理，妥善保存，不得损毁。编纂工作完成后，应当及时依法移交本级方志馆或档案馆保存、管理，个人不得擅自处置。

第十六条 鼓励有条件的单位成立志鉴资料室，并指定专人负责，完整保存本单位照片、图表、文稿和地方史志资料。

第十七条 县史志办公室可以通过建立方志馆、地情网站等收藏、保存、管理各类地方史志资料，积极为社会各界提供服务。公民、法人和其他组织可以利用上述方志馆、地情网站查阅、摘抄地方史志资料。

鼓励单位和个人向县史志办公室捐赠地方史志资料。对具有收藏价值的资料，县史志办公室应当向捐赠者颁发收藏证书，并给予优先使用权。

第十八条 县政府对在地方史志工作中取得突出成绩或作出重大贡献的单位、个人给予表彰。

地方史志成果可以依照有关规定参加社会科学成果评奖。

第十九条 有下列行为之一的，由县史志办公室按照管理权限责令其停止违法行为，限期改正；逾期不改正的，由其所在单位或有关行政部门依法给予行政处分或者纪律处分：

（一）擅自编纂、出版以行政区域名称冠名的地方志、地方综合年鉴及相关地情文献的；

（二）损毁单位所有或者持有的地方史志资料或者将其据为己有的；

（三）无故拖延、拒绝提供地方史志资料或者拒不承担编写任务的；

（四）未经审查、验收、批准将地方史志交付出版的；

（五）故意提供虚假地方志资料的；

（六）拒绝报送地方史志文献的。

第二十条 编纂地方史志涉及军事内容的，应当遵守中央军委关于军事志编纂的相关规定。

第二十一条 本办法自 2014 年 11 月 1 日起施行，有效期至 2017 年 10 月 31 日。

昌乐县人民政府办公室关于印发《昌乐县地方史志工作管理办法》的通　知

乐政办发〔2014〕4号

各镇人民政府、街道办事处，经济开发区管委会、高崖水库库区管委会，县政府各部门、单位：

《昌乐县地方史志工作管理办法》已经县政府同意，现印发给你们，请结合各自实际，认真贯彻执行。

昌乐县人民政府办公室

二〇一四年四月二十四日

昌乐县地方史志工作管理办法

第一条　为继承和发扬优秀文化传统，全面、客观、规范地记载区域地情，系统积累、保存地方史志文献，科学合理地开发利用地方史志资源，根据《地方志工作条例》《山东省地方史志工作条例》和《潍坊市地方史志工作管理办法》，结合本县实际，制定本办法。

第二条　本办法适用于本县行政区域内地方史志的资料征集、组织编纂、研究开发和管理利用工作。

第三条　本办法所称地方史志，包括地方志书、地方综合年鉴和相关地情文献。

地方志书，是指全面系统地记述本行政区域自然、政治、经济、文化和社会等方面的历史与现状的资料性文献，包括县志、镇（街、区）志、村（社区）志、部门（行业）志等。

地方综合年鉴，是指全面系统地记述本行政区域自然、政治、经济、文化和社会等方面情况的年度资料性文献，包括县年鉴、镇（街、区）年鉴、部门（行业）年鉴等。

地情文献，是指系统地记述本行政区域全貌或者一定领域情况的资料性文献，包括由人民政府史志工作机构编纂的综合地情文献和机关、企事业单位、社会团体、村（社区）编纂的其他地情类书籍。

第四条 县人民政府应当加强对全县地方史志工作的领导，将地方史志工作纳入国民经济和社会发展规划，保障地方史志工作机构的工作条件，所需经费列入同级财政预算。

第五条 县人民政府地方史志工作机构主管全县地方史志工作，具体履行下列职责：

（一）宣传、贯彻、执行地方史志工作法律、法规、规章及有关政策，推进依法修志；

（二）组织、指导、督促、检查本县行政区域内地方史志工作；

（三）拟定地方史志工作规划和编纂方案；

（四）制定地方史志编纂业务规范；

（五）组织编纂地方志书、地方综合年鉴及相关地情类书籍，审查、验收县域内各类志鉴、地情资料文稿；

（六）开发利用各类地方史志资源，宣传、推广地方史志成果，建设地情网站和方志馆，为公众提供服务；

（七）征集、保存地方史志相关文献与资料，组织整理旧志；

（八）组织地方史志学术研究和业务培训，对县内地方史志研究学会（团体）进行业务指导；

（九）完成本级人民政府和上级业务部门交办的其他任务。

各镇（街、区）应当成立相应工作机构或明确专人负责此项工作。

第六条 编纂地方史志应当做到存真求实、客观公正、资料翔实、体例完备，突出地方特色和时代特点。文体应当采用规范的语体文，行文力求严谨、朴实、简洁、流畅。

第七条 地方史志编纂人员应当恪尽职守，忠于史实。任何单位和个人不得要求编纂人员在地方史志文献中做虚假记述。

第八条 编纂地方史志应当吸收有关方面的专家、学者和熟悉地情、具有较高编纂水平的人员参加。地方史志编纂人员实行专职与兼职相结合，专职编纂人员应当具备相应的专业知识。

第九条 以县行政区域名称冠名的地方志书、地方综合年鉴以及综合地情文献，由县人民政府地方史志工作机构组织编纂。以本行政区域名称冠名的军事志、军事年鉴，由人武部组织编纂。

前款规定以外的志书、年鉴和地情文献，有关机关、企事业单位、社会团体及村（社区）可以组织编纂，编纂单位应当报县人民政府地方史志工作机构备案，县人民政府地方史志工作机构应当对编纂活动进行业务指导。

第十条 编纂地方史志，按下列程序进行：

（一）昌乐县志、综合年鉴、综合地情文献，由县人民政府地方史志工作机构组织编纂。

1. 县人民政府地方史志工作机构按照地方史志编写年限要求，结合本县实际，对需开展的地方史志编纂工作，制订出编纂规划，上报县人民政府批准。

2. 县人民政府地方史志工作机构制订详细的编纂方案，提交县地方史志编纂委员会讨论审议，报县人民政府同意后下发全县，启动编纂工作。

3. 县人民政府地方史志工作机构负责组织编纂人员培训、业务开展、检查验收、出版发行等工作。

4. 承编单位按照分工组织编写并进行内部评审后，提交县人民政府地方史志工作机构，县人民政府地方史志工作机构组织总纂修改和专家评审，承编单位应当按照总纂修改、专家评审和终审意见，开展修改和校对工作，并对相关内容负责。

5. 县志编纂形成定稿后，由县人民政府地方史志工作机构写出报告，报市地方史志编纂委员会审定，经县人民政府批准后出版，样书报省、市人民政府地方史志工作机构备案。

6. 县综合年鉴、县综合地情文献编纂形成定稿后，经县地方史志编纂委员会审定，报县人民政府批准后出版。

（二）镇（街、区）志、村（社区）志、部门（行业）志等志书、年鉴、地情文献，在县人民政府地方史志工作机构的指导下组织编纂。

1. 镇（街、区）、村（社区）、部门、单位制订编纂方案，报县人民政府地方史志工作机构审查备案后组织实施；

2. 志稿评审稿形成后，报县人民政府地方史志工作机构审核，并在县人民政府地方史志工作机构的指导下组织召开评审会议，根据评审意见修改定稿；

3. 志稿形成定稿后，报县人民政府地方史志工作机构终审，经批准后按照有关规定印刷出版；

4. 有关镇（街、区）、村（社区）、部门、单位应当在志书出版30日内向县人民政府地方史志工作机构送交志书10本以及电子文本。

第十一条 昌乐县志每二十年左右编修一次。每一轮地方志书编修工作完成后，县人民政府地方史志工作机构在编纂地方综合年鉴、向社会提供咨询服务、组织引导基层开展地方史志工作的同时，启动新一轮地方志书的编修工作。

鼓励组织编纂有助于经济社会发展的镇（街、区）志、村（社区）志、部门（行业）志等地方志书、地方年鉴和相关地情文献。

第十二条 行政区划有重大调整时，县人民政府地方史志工作机构应当及时组织搜集汇编已撤销的镇（街、区）地方志资料，适时组织编纂新设的镇（街、区）地方志书。

第十三条 承担地方志书、地方综合年鉴具体撰稿任务的单位，应当明确责任人员，并接受县人民政府地方史志工作机构的业务指导，按照时间和质量要求完成撰稿任务。

第十四条 建立健全地方史志资料日常收集机制。县人民政府地方史志工作机构负责县域内地方史志资料的征集和上报工作。各有关单位负责本部门、本系统地方史志资料的征集、整理工作，并按要求向县人民政府地方史志工作机构报送。

报送的资料必须客观、真实、准确、完整，并由资料提供单位负责保密审查。

第十五条 县人民政府地方史志工作机构可以依法向机关、社会团体、企事业单位和其他组织及公民征集有关地方史志资料，有关单位和公民有提供资料的义务。

本县行政区域内的国家档案馆、公共图书馆、国有博物馆等相关单位，应当免费为地方史志编纂工作提供资料或者查询服务。地方史志出版后，应当向提供资料的国家档案馆、公共图书馆、国有博物馆无偿提供馆藏书。

第十六条 地方史志编纂过程中收集到的文字资料、图表、照片、音像资料、实物等地方史志资料，由县人民政府地方史志工作机构集中统一管理，妥善保存，不得损毁。编纂工作完成后，应当及时依法移交本级国家档案馆或方志馆保存、管理，个人不得擅自处置。

第十七条 鼓励有条件的单位成立志鉴资料室，并指定专人负责，完整保存本单位照片、图表、文稿和地方史志资料。

第十八条 县人民政府地方史志工作机构可以通过建立方志馆、地情网站等收藏、保存、管理各类地方史志资料，积极开展读志用志、地情宣传、业务咨询活动，出版专题资料、地情研究成果，为社会各界服务。公民、法人和其他组织可以利用上述方志馆、地情网站查阅、摘抄地方史志资料。

鼓励单位和个人向方志馆捐赠地方史志资料。对具有收藏价值的资料，方志馆应当向捐赠者颁发收藏纪念证书，并给予馆存资料的优先使用权。

第十九条 县人民政府对在地方史志工作中取得突出成绩或作出重大贡献的单位、个人给予表彰奖励。

地方史志成果可以依照有关规定参加社会科学成果评奖。

第二十条 有下列行为之一的，由县人民政府地方史志工作机构按照管理权限依法责令限期改正；逾期不改正的，由其所在单位或有关行政部门依法给予行政处分或者纪律处分：

（一）擅自编纂、出版以行政区域名称冠名的地方志、地方综合年鉴及相关地情文献的；

（二）损毁单位所有或者持有的地方史志资料或者将其据为己有的；

（三）无故拖延、拒绝提供地方史志资料或者拒不承担编写任务的；

（四）未经审查、验收、批准将地方史志交付出版的；

（五）故意提供虚假资料的；

（六）拒绝向县人民政府地方史志工作机构报送地方史志文献的。

第二十一条 编纂地方史志涉及军事内容的，或由人武部编纂本行政区域军事志的，应当遵守中央军委关于军事志编纂的相关规定。

第二十二条 任何单位和个人有权对违反本办法的行为进行检举。

第二十三条 本办法自发布之日起施行，有效期5年。

济宁市人民政府办公室关于印发《济宁市地方志工作管理办法》的通　知

济政办发〔2013〕15号

各县（市、区）人民政府，济宁高新区、济宁北湖度假区管委会，市政府各部门，各大企业，各高等院校：

《济宁市地方志工作管理办法》已经市政府同意，现印发给你们，请认真组织实施。

济宁市人民政府办公室

二〇一三年三月七日

济宁市地方志工作管理办法

第一条　为规范和加强地方志工作，发挥地方志在促进经济社会发展中的作用，根据国务院《地方志工作条例》和《山东省地方史志工作条例》等有关规定，结合本市实际，制定本办法。

第二条　本市行政区域内地方志的组织编纂、管理、开发利用工作，适用本办法。

第三条　本办法所称地方志，包括地方志书、地方综合年鉴。

地方志书，是指全面系统地记述本行政区域内自然、政治、经济、文化和社会的历史与现状的资料性文献。

地方综合年鉴，是指全面系统地记述本行政区域内自然、政治、经济、文化和社会等方面情况的年度资料性文献。

第四条　市、县（市、区）人民政府应当加强对本行政区域地方志工作的领导，将地方志工作纳入国民经济和社会发展规划，保障地方志工作机构的工作条件；所需经费列入本级财政预算。

第五条　市、县（市、区）地方志工作机构主管本行政区域内的地方志工作，具体承担下列任务：

（一）贯彻执行地方志工作法规、规章和政策规定；

（二）组织、指导、督促、检查地方志工作；

（三）拟定地方志工作规划和编纂方案；

（四）制定和实施地方志编纂业务规范；

（五）组织编纂地方志书、地方综合年鉴；

（六）建设管理地情网站和方志馆，开发利用地方志资源，为公众读志用志提供服务；

（七）组织整理旧志，征集、保存地方志文献；

（八）组织开展地方志学术研究、业务培训；

（九）完成本级人民政府和上级业务部门交办的其他任务。

第六条 市、县（市、区）地方志工作机构负责拟定本行政区域地方志编纂的总体规划，报本级人民政府批准后实施，并分别报上一级地方志工作机构备案。

第七条 编纂地方志应做到存真求实，全面、客观地记述本行政区域内自然、政治、经济、文化和社会的历史与现状。

第八条 以市、县（市、区）行政区域名称冠名的地方志书、地方综合年鉴分别由本级人民政府地方志工作机构组织编纂，其他组织和个人不得编纂。

第九条 地方志编纂时应吸收有关方面的专家、学者参加。地方志编纂人员实行专职与兼职相结合，编纂人员应当具备相应的专业知识。

第十条 市、县（市、区）地方志书每20年左右编修一次。以市、县（市、区）行政区域名称冠名的地方综合年鉴，按照年度组织编纂，以出版年份为序号。

第十一条 地方志资料应按下列规定征集和管理：

（一）地方志工作机构可以向本行政区域内机关、社会团体、企业事业单位、其他组织以及个人征集地方志资料；

（二）地方志资料归机关、社会团体、企业事业单位所有或持有的，应明确具体责任人员，并按照规定的时限要求提供真实、准确的资料。地方志资料所有者或持有者提供有关资料，可以获得适当报酬；

（三）地方志工作机构可以对所需资料进行查阅、摘抄和复制，但涉及国家秘密、商业秘密和个人隐私以及不符合有关要求的除外；

（四）地方志编纂过程中收集到的文字资料、图表、照片、音像资料、实物等地方志资料及形成的文稿，由地方志工作机构进行集中统一管理，并妥善保存，不得损毁；

（五）编纂工作完成后，地方志工作机构应当及时移交方志馆保存和管理。

第十二条 承担地方志书、地方综合年鉴具体撰稿任务的部门和单位，应当明确责任人员，接受地方志工作机构的指导，按照时间和质量要求完成撰稿任务。

地方志工作机构应当对承编单位加强业务指导和督查。

第十三条 地方志书、地方综合年鉴编纂完成后，地方志工作机构应组织相关部门对本级地方志书、地方综合年鉴文稿进行审查，及时出具审查意见；审查未通过的，不得公开出版，存在重大问题的，应当返回重修；通过审查后作重大调整和修改的，应当重新报审。

第十四条 地方志书须经审查验收后方可公开出版。出版应实行分级审批制度：

（一）《济宁市志》经省地方史志编纂委员会审定，报市人民政府批准后出版；

（二）以行政区域名称冠名的县（市、区）志经市地方史志编纂委员会审定，由县（市、区）人民政府批准后出版，并报省地方志工作机构备案。

第十五条 市、县（市、区）地方综合年鉴应由同级地方史志编纂委员会审定，报同级政府批准后方可公开出版。

第十六条 地方志书、地方综合年鉴和相关地情文献出版后，编纂单位应当在3个月内向上级地方志工作机构报送样书和电子文本。地方志工作机构应当适时通过地情网站向社会公布。

第十七条 以市、县（市、区）行政区域名称冠名的地方志书、地方综合年鉴为职务作品，依照《中华人民共和国著作权法》第十六条第二款的规定，其著作权由组织编纂的地方志工作机构享有，参与编纂的人员享有署名权。

第十八条 市、县（市、区）人民政府应当将地方志工作信息化建设纳入本级人民政府信息化建设规划中。市、县（市、区）地方志工作机构应当建立地情网站，开拓社会用志途径。

第十九条 对在地方志工作中取得突出成绩的单位和个人，由市、县（市、区）人民政府给予表彰。

地方志作品正式出版后可以参加社会科学成果评奖。

第二十条 违反本办法规定，有下列行为之一的，由市、县（市、区）地方志工作机构按照管理权限责令其限期改正；逾期不改的，由其所在单位或者有关行政部门依法给予行政处分或者纪律处分：

（一）擅自编纂出版以行政区域名称冠名的地方志、地方综合年鉴的；

（二）损毁单位所有或者持有的地方志资料或者将其据为己有的；

（三）地方志资料所有人或者持有人故意提供虚假资料的；

（四）未经审查、验收、批准将地方志交付出版的；

（五）无故拖延、拒绝提供地方志资料或者拒不承担编写任务的；

（六）拒绝向上级人民政府地方志工作机构报送地方志文献的。

有前款第（一）（二）项行为，造成重大损失或者恶劣影响的，地方志工作机构、地方志资料所有或者持有单位和相关部门可以依法向人民法院提起诉讼。

第二十一条 地方志工作机构工作人员有下列行为之一的，依法予以处分；造成损失的，依法承担赔偿责任；构成犯罪的，依法追究刑事责任：

（一）在地方志编纂中故意加入虚假资料的；

（二）将地方志编纂工作中搜集的资料和形成的文稿据为己有的；

（三）将地方志文稿作为个人著作擅自发表的；

（四）擅自处置地方志资料，造成损毁或遗失的。

第二十二条 本办法自 2013 年 4 月 1 日起施行，有效期至 2018 年 3 月 31 日。

洛宁市市中区[1]人民政府办公室关于印发《济宁市市中区地方志工作管理暂行办法》的通　知

济区政办发〔2011〕14 号

各街道办事处、喻屯镇人民政府、区政府各部门：

《济宁市市中区地方志工作管理暂行办法》已经区政府同意，现印发给你们，望认真贯彻执行。

济宁市市中区人民政府办公室

二〇一一年六月十七日

济宁市市中区地方志工作管理暂行办法

第一条　为规范地方志的积累、保存与开发、利用地方志资源，更好的发挥地方志在促进经济社会发展中的作用，根据国务院《地方志工作条例》、《山东省地方史志工作条例》，结合本区实际，制定本办法。

第二条　本办法适用于本行政区域内地方志的组织编纂、管理、开发和利用。

第三条　本办法所称地方志，包括地方志书、地方综合年鉴、综合地情文献等。

地方志书，是指全面系统地记述本区行政区域自然、政治、经济、文化和社会的历史与现状的资料性文献，包括区志、镇街志、专业（部门）志。

地方综合年鉴，是指全面系统记述本区行政区域自然、政治、经济、文化、社会等方面情况的年度资料性文献，包括区年鉴、街镇年鉴、行业（单位）年鉴。

地情文献，是指系统记述本区行政区域全面工作或专项工作的资料性书籍，包括机关、社会团体、企业事业单位及社区（村）编纂的以本行政区域冠名的地情类书籍。

第四条　地方志的编纂工作应当做到存真求实，确保质量，全面客观地反映本行政区域自然、政治、经济、文化和社会的历史与现状。

第五条　区人民政府进一步加强对本行政区域地方志工作的领导，将地方志工作纳入

---

① 国务院 2013 年 10 月 18 日批准，撤销济宁市市中区、任城区，设立新的任城区。哉《中华人民共和国行政区划简册》，第 93 页，中国地图出版社 2014 年 5 月版。

本地经济和社会发展规划，稳定保障史志工作部门经费。

第六条 区地方史志办公室是本行政区域地方志工作主管机构，履行下列职责：

（一）贯彻执行地方志工作法律、法规；

（二）组织、指导、督促和检查全区地方志工作；

（三）拟订地方志工作规划和编纂方案；

（四）负责本地域内各类志鉴稿件的审批；

（五）组织编纂地方志书，地方综合年鉴和其他地情文献，依照程序组织对地方史志稿件审查验收；

（六）征集、整理、保存地方史志文献和资料，组织整理旧志，开展地方志理论研究和学术交流；

（七）组织开发利用地方志资源，建设、管理地方志馆和网站，培训地方志编撰人员，为公众读志用志提供服务；

（八）完成本级政府和上级政府地方志工作机构交办的其他任务。

第七条 以本区行政区域名称冠名的地方志书、地方综合年鉴的编纂工作，由区地方史志办公室按照规划组织实施，其他组织和个人不得编纂。

除以本区行政区域冠名的地方志以外，机关、社会团体、企业事业单位、其他组织和个人可编纂出版有助于经济社会发展的其他地方志书及地情类书籍，编纂单位应当按照隶属关系或者注册登记关系报区地方史志办公室备案，区地方史志办公室应对志书编纂活动进行业务指导。

第八条 区级地方志书每20年左右编修一次，每一轮地方志书编修工作完成后，区地方史志办公室编纂地方综合年鉴、搜集资料、向社会提供咨询服务的同时，启动新一轮地方志书的续修工作。区级地方综合年鉴可按年度或数年编辑出版一卷。可适时组织编纂综合或专题地情文献。

第九条 编纂地方志书、地方综合年鉴，制定编纂方案，报区人民政府批准。根据编纂方案的规定承担编纂任务的单位，应当按照地方志编纂规划和要求，接受区地方史志办公室的业务指导与督促检查，按时按质完成撰稿任务。

第十条 地方志编纂实行专兼职人员相结合，应当广泛吸收有关专家、学者参加。专职编纂人员应当具备相应的专业知识和学术水平，做到恪尽职守、客观公正、秉笔直书、尊重史实。地方志资料所有人或者持有人不得故意提供虚假资料。

第十一条 区地方史志办公室依法向辖区内机关、社会团体、企业事业单位和其他组织以及公民征集有关地方志资料，相关单位和个人应当为其提供便利。区地方史志工作管理部门可以对所需资料内容进行查阅、摘抄、复制，涉及国家秘密、商业秘密和个人隐私以及不符合档案开放条件的除外。

第十二条 在地方志编纂过程收集到的文字资料、图表、照片、音像资料、实物等以及形成的地方志文稿，应按照规定归档管理。修志工作完成后，应当依法移交区方志馆或档案馆保存，任何个人不得损毁或者据为已有以及出租、出让、转借。

第十三条 地方志书、地方综合年鉴出版实行分级审查批准制度，应当组织有关保密、档案、历史、法律、经济、军事等方面的专家参加，重点审查地方志书的内容是否符合宪法和保密、档案等法律、法规的规定，是否全面、客观地反映本行政区域自然、政治、经济、文化和社会的历史与现状。

以区级行政区域名称冠名、列入规划的地方志书由市地方志工作管理机构审查验收，报区人民政府批准后出版；以区级行政区域名称冠名的地方综合年鉴、地方专业志书由区地方史志办公室审查验收，经区人民政府批准后出版。未按以上程序进行报批的各类地方志不得公开出版。

第十四条 地方志编纂单位应当在地方志书、地方综合年鉴及地情文献出版后 3 个月内，向区地方史志办公室和市地方史志工作管理机构报送样书备案。

第十五条 地方志书、地方综合年鉴和相关地情文献为职务作品，依照《中华人民共和国著作权法》第十六条第二款的规定，其著作权由组织编纂的机构享有，参与编纂的人员依法享有署名权。

第十六条 区地方史志办公室要加强对地情资料的日常收集。可以通过建立方志馆、地情资料库等收藏、保存、管理各类地方志资料，积极开展地情宣传、咨询活动，出版专题资料、地情研究成果，为社会各界服务。

鼓励单位和个人向区地方史志办公室捐赠地方志资料，对具有收藏价值的资料，由区地方史志办公室向捐赠者颁发收藏纪念证书，并给予区方志馆存资料的优先使用权。

第十七条 地方志成果可以依照有关规定参加国家、省和市优秀社会科学成果评奖。

第十八条 区人民政府将对地方志工作中做出突出成绩和贡献的单位和个人予以表彰和奖励。

第十九条 违反本办法规定，有下列行为之一的，由区地方史志办公室按照权限责令限期改正；逾期不整改的，提请区人民政府或有关行政机关依法查处，并视情节对有关单位和个人予以通报批评或行政处分：

（一）未经审查验收、批准，擅自编纂出版以本行政区域名称冠名的地方志书、地方综合年鉴及相关地情文献的；

（二）无故拖延、拒绝提供地方志资料或者拒不承担编写任务的；

（三）故意提供虚假地方志资料的；

（四）丢失、损毁单位地方志资料或者将其据为已有的；

（五）将地方志资料文稿作为个人著作擅自发表的；

（六）拒绝报送地方史志文献的。

第二十条 实行地方志保密审查分级分单位负责制。地方志的保密审查由提供资料和

编写初稿的单位负责，保密主管部门会同地方史志办公室对本级地方志进行保密审定。地方志泄露国家秘密的，由有关部门依法查处。

第二十一条 编纂地方志涉及军事内容的，应当遵守中央军委关于军事志编纂的相关规定。

第二十二条 本办法自2011年7月1日起施行。

济宁市任城区人民政府关于印发《任城区地方志工作管理办法》的通　知

济任政发〔2010〕22号

各镇人民政府、街道办事处，任城经济开发区、任城新区管委会，区政府各部门、各企事业单位：

现将《任城区地方志工作管理办法》印发给你们主，望认真贯彻执行。

济宁市任城区人民政府

二〇一〇年十一月十九日

任城区地方志工作管理办法

第一条　为规范任城区地方志的编纂、管理，科学、合理地开发利用地方史志资源，服务经济建设和社会发展，根据国务院《地方志工作条例》和《山东省地方史志工作条例》，结合本区实际，制定本办法。

第二条　本办法适用于任城区行政区域内地方志的资料征集、组织编纂、管理、开发和利用。

第三条　本办法所称地方志，包括地方志书、地方综合年鉴和相关地情文献。

地方志书是指全面客观系统地记述本行政区域内自然、政治、经济、文化、社会等方面的历史与现状的资料性文献，包括本区编纂的任城区地方志、以本行政区划冠名的镇（街道）志和部门志。

地方综合年鉴是指系统记述本行政区域内自然、政治、经济、文化、社会等方面情况的年度资料性文献，包括本区编纂的任城区年鉴、以本行政区划冠名的镇（街道）年鉴和部门年鉴。

相关地情文献是指系统记述本行政区域一定领域情况的资料性文献，包括机关、社会团体、企事业单位及村（社区）编纂的志书、年鉴和其他资料性文献。

第四条　任城区史志办公室（以下简称区史志办）主管本行政区域内的地方志工作，履行下列职责：

（一）贯彻执行地方志工作法律、法规；

（二）组织、指导、督促和检查全区地方志工作；

（三）拟定任城区地方志工作规划和编纂方案；

（四）制定任城区地方志编纂业务规范；

（五）组织编纂任城区地方志、地方综合年鉴、相关地情文献等；

（六）负责本行政区域内各类志书的业务指导、专家评审、审查验收、存档备案等工作；

（七）组织搜集、整理、保存地方志文献和资料；

（八）宣传、推广地方志成果，开展地情研究，建设方志馆、资料库和地情网站，为公众读志用志提供服务；

（九）组织开展地方志学术研究、业务培训；

（十）完成本级人民政府和上级业务部门交办的其他任务。

第五条 从事地方志编纂业务的人员应当具备相关的专业知识和学术水平。任城区地方志、地方综合年鉴和相关地情文献的编纂人员，由区史志办聘任；本行政区域内镇（街道）志、部门志等各类志书的编纂人员，由相关镇（街道）、部门选派熟悉修志业务的人员担任，报区史志办备案。

第六条 编纂地方史志应当做到存真求实、客观公正、忠于史实、确保质量。

任何单位和个人不得要求编纂人员在地方史志等文献中做虚假记述。

第七条 承担任城区地方志书、地方综合年鉴撰稿任务的单位应当明确责任人员，接受区史志办的指导和督促，按照时间和质量要求完成撰稿任务。

第八条 区史志办负责组织相关部门对本级地方志书、地方综合年鉴文稿进行审查，重点审查地方史志文稿的内容是否符合保密、档案等法律、法规的规定。

第九条 编纂任城区地方志，按下列程序进行：

（一）任城区地方志、任城年鉴、任城区相关地情文献由区史志办制定出编纂规划和实施方案报区政府批准后，组织开展编纂工作，定稿报市政府史志工作机构审查，经区政府批准后出版印刷，并报省政府史志工作机构备案。具体程序是：

1. 区史志办按照地方志编写年限要求，结合本区实际，提前半年制定出地方志编纂规划和实施方案，上报区政府批准，启动编纂工作。

2. 区史志办负责组织编纂人员、业务开展、检查验收、出版发行等工作。所需经费列入同级财政预算。

3. 地方志编纂形成定稿后，由区史志办写出报告，报市政府史志工作机构审定，经区政府批准后出版，并报省政府史志工作机构备案。

（二）以本行政区划冠名的镇（街道）志、部门志等各类志书、年鉴、地情文献，由相关镇（街道）和部门在区史志办的指导下组织编纂。具体程序是：

1. 各镇（街道）、各部门将地方志编纂方案提前3个月报区史志办审查后组织实施。

2. 区史志办负责志书的业务指导、检查督导、审查把关、存档备案等工作。

3. 各镇（街道）、各部门按照地方志编写程序，应形成志稿篇目设置、初稿、评审稿、定稿。篇目设置形成后报区史志办审查备案，然后组织开展初稿编写；初稿形成后，报区史志办审查，组织评审，提出修改意见；有关部门和镇（街道）根据评审意见修改、定稿，经区史志办批准后，按照有关规定出版发行。

4. 各镇（街道）、各部门应当在地方志出版后30日内向区史志办报送样书和电子文本。

第十条 任城区地方志、任城年鉴、任城区相关地情文献由区史志办按照全区规划组织编纂，其他组织和个人不得擅自编纂出版。

第十一条 有关组织和单位可以自行组织编纂本办法第十条规定以外的志书、年鉴或其他地情文献资料，编纂单位需报区史志办备案。

第十二条 区史志办可以向机关、社会团体、企事业单位和其他组织以及公民征集有关地方志资料，有关单位和公民应当提供支持。地方志资料所有人或者持有人不得故意提供虚假资料。区史志办可以对有关资料进行查阅、摘抄、复制，但涉及国家秘密、商业秘密和个人隐私以及不符合档案开放条件的除外。

第十三条 在地方志编纂过程中收集到的文字资料、图表、照片、音像资料、实物等以及形成的地方志文稿，指定专职人员集中统一管理，妥善保存，不得损毁；修志工作完成后，应当依法移交档案馆保存、管理，个人不得据为己有或者出租、转借。

第十四条 以本行政区划名称冠名的地方志书、地方综合年鉴、地情文献为职务作品，依照《中华人民共和国著作权法》第十六条第二款的规定，其著作权由组织编纂的机构享有，参与编纂的人员享有署名权。

第十五条 地方志工作应为地方经济、社会发展服务。区史志办通过建设方志馆、资料库、网站等方式，积极开展社会读志用志工作。公民、法人和其他组织可以利用上述方志馆、资料库、网站查阅、摘抄地方志资料。

鼓励单位和个人向方志馆捐赠地方史志文献。对具有收藏价值的资料，方志馆应当向捐赠者颁发收藏纪念证书，并给予馆存资料的优先使用权。

第十六条 任城区政府对在地方志工作中作出突出成绩和贡献的单位、个人，给予表彰和奖励。

地方史志作品可以参加社会科学成果评奖。

第十七条 违反本办法规定，有下列行为之一的，由区史志办按照管理权限责令其停止违法行为，限期整改；逾期不改并且造成重大损失或者恶劣影响的，由其所在单位或有关行政部门依法给予行政处分或纪律处分：

（一）擅自编纂出版以本行政区划冠名的地方志、地方综合年鉴或相关地情文献的；

（二）损毁单位所有或持有的地方史志资料或将其据为己有的；

（三）地方史志资料所有人或持有人故意提供虚假资料的；

（四）未经审查、验收、批准将地方志交付出版或提供地方志内容存在违反宪法、法律、法规的；

（五）无故拖延、拒绝提供地方志资料或拒绝承担编写任务的；

（六）拒绝向区史志办报送地方史志文献的。

第十八条 任何单位和个人有权对违反本办法的行为进行检举。

第十九条 本办法由区史志办负责解释。

第二十条 本办法自 2011 年 1 月 1 日起施行。

兖州市[1]人民政府办公室关于印发《兖州市规范地方志编纂工作暂行办法》的通　知

兖政办发〔2011〕104号

各镇人民政府，各街道办事处，经济开发区、兖州工业园区、农高区管委会，市政府各部门，市直、驻兖各单位：

《兖州市规范地方志编纂工作暂行办法》已经市政府同意，现印发给你们，请认真贯彻执行。

兖州市人民政府办公室

二〇一一年十月二十四日

兖州市规范地方志编纂工作暂行办法

第一条　为规范和加强兖州市地方志的编纂、管理、开发和利用，根据国务院《地方志工作条例》和《山东省地方史志工作条例》有关规定，结合本市实际，制定本办法。

第二条　兖州市行政区域内地方志的组织编纂、管理、开发和利用，适用本办法。

第三条　本办法所称地方志，包括地方志书、地方综合年鉴、综合地情文献等。

地方志书，是指全面客观系统地记述本市行政区域内自然、政治、经济、文化、社会等方面的历史与现状的资料性文献，包括市志、乡镇（街道）志、专业（部门）志。

地方综合年鉴，是指系统记述本市行政区内自然、政治、经济、文化、社会等方面情况的年度资料性文献，包括市年鉴、乡镇（街道）年鉴、行业（单位）年鉴。

综合地情文献，是指系统记述本市行政区域内全面工作或专项工作的资料性书籍，包括机关、社会团体、企事业单位及村（居）编纂的以本行政区域冠名的地情类书籍。

第四条　市政府加强对本行政区域地方志工作的领导，将地方志工作纳入本地经济和社会发展规划。地方志工作所需经费列入本级财政预算。

---

①　国务院2013年10月18日批准，撤销兖州市，设立济宁市兖州区。载《中华人民共和国行政区划简册2014》，第93页，中国地图出版社2014年5月版。

第五条 兖州市史志办公室（以下简称市史志办）主管本行政区域内的地方志工作，履行下列职责：

（一）贯彻执行地方志工作法律、法规；

（二）组织、指导、督促和检查全市地方志工作；

（三）拟定兖州市地方志工作规划和编纂方案；

（四）制定兖州市地方志编纂业务规范；

（五）组织编纂兖州市地方志、地方综合年鉴、综合地情文献等全市综合性志书；

（六）负责本市行政区域内以行政区划冠名的各类志书的业务指导、专家评审、审查验收、存档备案工作；

（七）搜集、保存地方志文献和资料，组织整理旧志，推动地方志理论研究；

（八）宣传、推广地方志成果，开展地情研究，建设方志馆、资料库和地情网站，为公众读志用志提供服务；

（九）完成本级人民政府和上级地方志工作机构交办的其他任务。

第六条 从事地方志编纂业务的人员应当具备相关的专业知识和学术水平。编纂兖州市地方志、地方综合年鉴、综合地情文献等全市综合性志书的编纂人员，由市史志办聘任；本市行政区域内以行政区划冠名的乡镇（街道）志、部门志等各类志书的编纂人员，由相关乡镇（街道）、部门选派熟悉修志业务的人员担任，报市史志办备案。

第七条 编纂地方志，按下列程序进行：

（一）兖州市地方志、兖州年鉴、兖州市综合性地情文献由市史志办制定出编纂规划报市政府批准后，组织开展编纂，报济宁市史志办审查，经市政府批准后出版，并报省史志办备案。具体程序是：

1. 市史志办按照地方志编写年限要求，结合本市实际，对需开展的地方志编纂工作，提前半年制定出编纂规划，上报市政府批准。

2. 市史志办制定详细的编纂方案，提交市地方史志编纂委员会讨论审议后，报市政府同意下发全市，启动编纂工作。

3. 市史志办负责组织编纂人员、业务开展、检查验收、出版发行等工作。

4. 地方志编纂形成定稿后，由市史志办写出报告，报济宁市地方史志编委会审定，经市政府批准后出版，并报省史志办备案。

（二）以兖州市行政区划冠名的乡镇（街道）志、部门志等各类志书、年鉴、地情文献，由相关乡镇（街道）和部门在市史志办的指导下组织编纂。具体程序是：

1. 相关乡镇（街道）、部门将地方志编纂方案提前 3 个月报市史志办审查后组织实施。

2. 市史志办负责志书的业务指导、检查督导、审查把关、存档备案。

3. 相关乡镇（街道）、部门按照地方志编写程序，应形成志稿篇目设置、初稿、评审稿、定稿。篇目设置形成后报市史志办审查备案，然后组织开展初稿编写；初稿形成后，报市史志办审查，由市史志办组织评审，提出修改意见；相关乡镇（街道）、部门根据评审意见修改定稿，经市史志办批准后，按照有关规定印刷或出版发行。

4. 相关乡镇（街道）、部门应当在地方志出版后30日内向市史志办报送样书和电子文本。

第八条 兖州市地方志、兖州年鉴、兖州市综合性地情文献由市史志办按照全市规划组织编纂，其他组织和个人不得编纂出版。

第九条 有关组织和单位可以自行组织编纂本办法第八条规定以外的志书、年鉴或其他地情文献资料，编纂单位需报市史志办备案。

第十条 市史志办可以向机关、社会团体、企业事业单位和其他组织以及公民征集有关地方志资料，有关单位和公民应当提供支持。地方志资料所有人或者持有人不得故意提供虚假资料。

市史志办可以对有关资料进行查阅、摘抄、复制，但涉及国家秘密、商业秘密和个人隐私以及不符合档案开放条件的除外。

第十一条 在地方志编纂过程中收集到的文字资料、图表、照片、音像资料、实物等以及形成的地方志文稿，需指定专职人员集中统一管理，妥善保存，不得损毁；修志工作完成后，应当依法移交档案馆保存、管理，个人不得据为己有或者出租、出让、转借。

第十二条 以行政区划名称冠名的地方志书、地方综合年鉴、地情文献为职务作品，依照《中华人民共和国著作权法》第十六条第二款的规定，其著作权由组织编纂的机构享有，参与编纂的人员享有署名权。

第十三条 地方志工作应为地方经济社会的全面发展服务。市史志办通过建设方志馆、资料库、网站等方式，积极开拓社会用志途径，加强地方志工作的信息化建设。公民、法人和其他组织可以利用上述方志馆、资料库、网站查阅、摘抄地方志资料。

第十四条 市政府将对在地方志工作中作出突出成绩和贡献的单位、个人，给予表彰和奖励。

第十五条 违反本办法规定，有下列行为之一的，由市史志办按照管理权限责令其停止违法行为，限期整改；逾期不改的，由其所在单位或者有关行政部门依法给予行政处分或者纪律处分：

（一）擅自编纂出版以兖州市行政区划冠名的地方志、地方综合年鉴或者综合地情文献的；

（二）损毁单位所有或者持有的地方史志资料或者将其据为己有的；

（三）地方史志资料所有人或者持有人故意提供虚假资料的；

（四）未经审查、验收、批准将地方志交付出版或者地方志内容存在违反宪法、法律、法规的；

（五）无故拖延、拒绝提供地方志资料或者承担编写任务；

（六）拒绝向市史志办报送地方史志文献的。

有上述第（一）（二）款行为，造成重大损失或者恶劣影响的，市史志办可以依法追究相关人员的责任。

第十六条 本办法自2011年11月1日起施行。

曲阜市人民政府关于印发《曲阜市地方志工作管理暂行办法》的通　知

曲政发〔2011〕30号

各镇人民政府、街道办事处，市政府各部门，各企事业单位：

现将《曲阜市地方志工作管理暂行办法》印发给你们，望认真贯彻执行。

曲阜市人民政府

二〇一一年九月二十七日

曲阜市地方志工作管理暂行办法

第一条　为规范和加强曲阜市地方志工作，全面、客观、系统地编纂地方志，科学地积累、保存与开发、利用地方志资源，发挥地方志在促进经济和社会发展中的作用，根据国务院《地方志工作条例》《山东省地方史志工作条例》，结合本市实际，制定本办法。

第二条　本办法适用于曲阜市行政区域内地方志的资料征集、研究、组织编纂、管理、开发利用和咨询服务工作。

第三条　本办法所称地方志是指地方志书、地方综合年鉴及地情文献。

地方志书，是指全面系统地记述本市行政区域自然、政治、经济、文化和社会的历史与现状的资料性文献，包括市志、镇（街道）志、专业（部门）志。

地方综合年鉴，是指全面系统记述本市行政区域自然、政治、经济、文化、社会等方面情况的年度资料性文献，包括市年鉴、镇（街道）年鉴、行业（单位）年鉴。

地情文献，是指系统记述本市行政区域全面工作或专项工作的资料性书籍，包括机关、社会团体、企业事业单位及村（社区）编纂的以本行政区域冠名的地情类书籍。

第四条　市人民政府负责加强对本行政区域地方志工作的领导，将地方志工作纳入国民经济和社会发展规划。地方志工作所需经费列入本级财政预算。

第五条　市地方史志编纂委员会负责本行政区域内地方志工作的组织和协调工作。

第六条　市人民政府史志办公室（以下简称市史志办）是本行政区域地方志工作主管机构，履行下列职责：

（一）贯彻执行地方志工作法律、法规；

（二）组织、指导、督促和检查全市地方史志工作；

（三）拟订地方志工作规划和编纂方案；

（四）制定地方史志编纂业务规范；

（五）组织编纂地方志书、地方综合年鉴和其他地情文献等；

（六）负责本行政区域内各类志书的业务指导、专家评审、审查验收、存档备案等工作；

（七）宣传、推广地方志成果，开展地情研究，建设方志馆、资料库和地情网站，为公众读志用志提供服务；

（八）组织整理旧志，征集、保存地方志文献和资料；

（九）组织开展地方史志理论研究和学术交流、业务培训；

（十）完成本级人民政府和上级地方志工作机构交办的其他任务。

第七条 编纂地方志应当做到存真求实，确保质量，全面、客观地反映本行政区域自然、政治、经济、文化和社会的历史与现状。任何单位和个人不得要求编纂人员在地方史志文献中做虚假记述。

第八条 以本市行政区域名称冠名的地方志书、地方综合年鉴的编纂工作，由市地方志工作机构按照规划组织实施，其他组织和个人不得编纂。

除以本市行政区域名称冠名的地方志以外，机关、社会团体、企业事业单位、其他组织和个人可编纂出版有助于经济社会发展的其他地方志书及地情类书籍，编纂单位应当按照隶属关系或者注册登记关系报地方志工作管理部门备案，地方史志办公室应当对志书编纂活动进行业务指导。

第九条 编纂地方史志应当吸收有关方面的专家、学者参加。地方史志编纂人员实行专职与兼职相结合，专职编纂人员应当具备相应的专业知识。

第十条 承担地方志书、地方综合年鉴撰稿任务的单位应当明确责任人员，接受本级人民政府地方史志工作机构的指导，按照时间和质量要求完成撰稿任务。

第十一条 编纂地方志，按下列程序进行：

（一）曲阜市志、曲阜年鉴、曲阜市综合性地情文献的编纂程序是：

1. 市史志办按照地方志编写年限要求，结合本市实际，对需开展的地方志编纂工作制定出编纂规划，上报市人民政府批准。

2. 市史志办制定详细的编纂方案，提交市地方史志编纂委员会讨论审议后，报市人民政府批准下发全市，启动编纂工作。根据编纂方案的规定，承担编纂任务的单位，应当将编纂工作列入年度计划，明确分管负责人，落实工作人员，保障工作条件，在规定的时间内按要求完成地方志的资料收集整理、初稿编纂、报送等工作，并对所编纂的地方志初稿质量以及所提供资料的真实性和准确性负责。

3. 市史志办负责组织编纂人员、开展业务、检查验收、出版发行等工作。

4. 曲阜市志编纂形成定稿后，报上级地方史志工作机构审定，经曲阜市人民政府批准后出版，并报省人民政府史志工作机构备案。

5. 曲阜年鉴、曲阜市综合地情文献编纂形成定稿后，经市地方史志编纂委员会审定，报市人民政府批准后出版。

（二）镇（街道）、部门志，村（社区）、企业志等各类志书的编纂程序是：

1. 镇（街道）、部门（行业）、村（社区）、企业将地方志编纂方案提前 3 个月报市史志办审查批准后组织实施。

2. 市史志办负责志书的业务指导、检查督导、审查把关、存档备案。

3. 镇（街道）、部门（行业）、村（社区）、企业按照地方志编写程序，应形成志稿篇目设置、初稿、评审稿、定稿。篇目设置形成后报市史志办审查备案，然后组织开展初稿编写；初稿形成后，报市史志办审查，由市史志办组织评审，提出修改意见；镇（街道）、部门（行业）、村（社区）、企业根据评审意见修改定稿，经市史志办批准后，按照有关规定印刷或出版发行。

4. 镇（街道）、部门（行业）、村（社区）、企业应当在地方志出版后 30 日内向市史志办报送样书和电子文本。

第十二条 市级地方志书每 20 年左右编修一次，每一轮地方志书编修工作完成后，地方志工作机构在编纂地方综合年鉴、搜集资料、向社会提供咨询服务的同时，启动新一轮地方志书的编修工作。市级地方综合年鉴按年度或数年编辑出版 1 卷。可适时组织编纂综合或专题地情文献。

第十三条 地方志工作管理部门依法向辖区内机关、社会团体、企业事业单位和其他组织以及公民征集有关地方志资料，相关单位和个人应当提供有关地方志资料。地方志工作管理部门可以对所需资料内容进行查阅、摘抄、复制，但涉及国家秘密、商业秘密和个人隐私以及不符合档案开放条件的除外。

第十四条 在地方志编纂过程中收集到的文字资料、图表、照片、音像资料、实物等以及形成的地方志文稿，指定专职人员集中统一管理，妥善保存，不得损毁；修志工作完成后，应当依法移交档案馆保存、管理，个人不得据为己有或者出租、转借。

第十五条 以本行政区域名称冠名的地方志书、地方综合年鉴、地情文献为职务作品，依照《中华人民共和国著作权法》第十六条第二款的规定，其著作权由组织编纂的机构享有，参与编纂的人员享有署名权。

第十六条 地方志工作应为地方经济、社会发展服务。市史志办通过建设方志馆、资料库、网站等方式，收藏、保存、管理各类地方志资料，积极开展地情宣传、咨询活动，出版专题资料、地情研究成果，为社会各界服务。公民、法人和其他组织可以利用上述方志馆、资料库、网站查阅、摘抄地方志资料。

鼓励单位和个人向方志馆捐赠地方史志文献。对具有收藏价值的资料，方志馆应当向捐赠者颁发收藏纪念证书，并给予馆存资料的优先使用权。

第十七条 地方志成果可以依照有关规定参加国家、省和市优秀社会科学成果评奖。

第十八条 市人民政府应当对地方志工作中作出突出成绩和贡献的单位和个人给予表彰和奖励。

第十九条 地方志编纂单位应当在地方志书、地方综合年鉴及地情文献出版后 3 个月内，向本级和上级地方志办公室报送样书。

第二十条 违反本办法规定，有下列行为之一的，依据《山东省地方史志工作条例》规定，由市史志办按照管理权限责令其限期整改；逾期不改的，提请市人民政府或者有关行政部门依法进行查处，并视情节对有关单位和个人给予通报批评或行政处分：

（一） 未经审查验收、批准，擅自编纂出版以本行政区域名称冠名的地方志、地方综合年鉴或者综合地情文献的；

（二） 损毁单位所有或者持有的地方史志资料以及将其据为己有的；

（三） 地方史志资料所有人或者持有人故意提供虚假资料的；

（四） 将地方志资料文稿作为个人著作擅自发表的；

（五） 无故拖延、拒绝提供地方志资料或者承担编写任务的；

（六）拒不向市史志办报送地方史志文献的。

有前款（一）（二）项行为，造成重大损失或者恶劣影响的，市史志办可以依法向人民法院提起诉讼。

第二十一条 任何单位和个人有权对违反本办法的行为进行检举。

第二十二条 本办法由市史志办负责解释。本办法自 2011 年 11 月 1 日起施行。

邹城市人民政府关于印发《邹城市地方志工作管理暂行办法》的通知

邹政发〔2012〕8号

各镇人民政府，各街道办事处，市政府有关部门：

现将《邹城市地方志工作管理暂行办法》印发给你们，望结合各自实际，认真抓好贯彻落实。

邹城市人民政府

二〇一二年二月二十八日

邹城市地方志工作管理暂行办法

第一条 为规范和加强市地方志工作，全面、客观、系统地编纂地方志，科学地积累、保存与开发、利用地方志资源，发挥地方志在促进经济和社会发展中的作用，根据国务院《地方志工作条例》《山东省地方史志工作条例》，结合本市实际，制定本办法。

第二条 本办法适用于市行政区域内地方志的资料征集、研究、组织编纂、管理、开发利用和咨询服务工作。

第三条 本办法所称地方志是指地方志书、地方综合年鉴及地情文献。

地方志书，是指全面系统地记述本市行政区域自然、政治、经济、文化和社会的历史与现状的资料性文献，包括市志、镇（街道）志、专业（部门）志。

地方综合年鉴，是指全面系统记述本市行政区域自然、政治、经济、文化、社会等方面情况的年度资料性文献，包括市年鉴、镇（街道）年鉴、行业（单位）年鉴。

地情文献，是指系统记述本市行政区域全面工作或专项工作的资料性书籍，包括机关、社会团体、企业事业单位及村（社区）编纂的以本行政区域冠名的地情类书籍。

第四条 市人民政府负责加强对本行政区域地方志工作的领导，将地方志工作纳入国民经济和社会发展规划。地方志工作所需经费列入本级财政预算。

第五条 市地方史志编纂委员会负责本行政区域内地方志工作的组织和协调工作。

第六条 市人民政府史志办公室（以下简称市史志办）是本行政区域地方志工作主管

机构，履行下列职责：

（一）贯彻执行地方志工作法律、法规；

（二）组织、指导、督促和检查全市地方史志工作；

（三）拟订地方志工作规划和编纂方案；

（四）制定地方史志编纂业务规范；

（五）组织编纂地方志书、地方综合年鉴和其他地情文献等；

（六）负责本行政区域内各类志书的业务指导、专家评审、审查验收、存档备案等工作；

（七）宣传、推广地方志成果，开展地情研究，建设方志馆、资料库和地情网站，为公众读志用志提供服务；

（八）组织整理旧志，征集、保存地方志文献和资料；

（九）组织开展地方史志理论研究和学术交流、业务培训；

（十）完成本级人民政府和上级地方志工作机构交办的其他任务。

第七条 编纂地方志应当做到存真求实、确保质量，全面、客观地反映本行政区域自然、政治、经济、文化和社会的历史与现状。任何单位和个人不得要求编纂人员在地方史志文献中做虚假记述。

第八条 以本市行政区域名称冠名的地方志书、地方综合年鉴的编纂工作，由市地方志工作机构按照规划组织实施，其他组织和个人不得编纂。

除以本市行政区域名称冠名的地方志以外，机关、社会团体、企业事业单位、其他组织和个人可编纂出版有助于经济社会发展的其他地方志书及地情类书籍，编纂单位应当按照隶属关系或者注册登记关系报地方志工作管理部门备案，地方史志办公室应当对志书编纂活动进行业务指导。

第九条 编纂地方史志应当吸收有关方面的专家、学者参加。地方史志编纂人员实行专职与兼职相结合，专职编纂人员应当具备相应的专业知识。

第十条 承担地方志书、地方综合年鉴撰稿任务的单位应当明确责任人员，接受本级人民政府地方史志工作机构的指导，按照时间和质量要求完成撰稿任务。

第十一条 编纂地方志，按下列程序进行：

（一）邹城市志、邹城年鉴、邹城市综合性地情文献的编纂程序是：

1. 市史志办按照地方志编写年限要求，结合本市实际，对需开展的地方志编纂工作制定出编纂规划，上报市人民政府批准。

2. 市史志办制定详细的编纂方案，提交市地方史志编纂委员会讨论审议后，报市人民政府批准下发全市，启动编纂工作。根据编纂方案的规定，承担编纂任务的单位，应当将编纂工作列入年度计划，明确分管负责人，落实工作人员，保障工作条件，在规定的时间内按要求完成地方志的资料收集整理、初稿编纂、报送等工作，并对所编纂的地方志初稿质量以及所提供资料的真实性和准确性负责。

3. 市史志办负责组织编纂人员、开展业务、检查验收、出版发行等工作。

4. 邹城市志编纂形成定稿后，报上级地方史志工作机构审定，经邹城市人民政府批准后出版，并报省人民政府史志工作机构备案。

5. 邹城年鉴、邹城市综合地情文献编纂形成定稿后，经市地方史志编纂委员会审定，报邹城市人民政府批准后出版。

（二）镇（街）、部门志，村（社区）、企业志等各类志书的编纂程序是：

1. 镇（街道）、部门（行业）、村（社区）、企业将地方志编纂方案提前3个月报市史志办审查批准后组织实施。

2. 市史志办负责志书的业务指导、检查督导、审查把关、存档备案。

3. 镇（街道）、部门（行业）、村（社区）、企业按照地方志编写程序，应形成志稿篇目设置、初稿、评审稿、定稿。篇目　设置形成后报市史志办审查备案，然后组织开展初稿编写；初稿形成后，报市史志办审查，由市史志办组织评审，提出修改意见；镇（街道）、部门（行业）、村（社区）、企业根据评审意见修改定稿，经市史志办批准后，按照有关规定印刷或出版发行。

4、镇（街道）、部门（行业）、村（社区）、企业应当在地方志出版后30日内向市史志办报送样书和电子文本。

第十二条　市级地方志书每20年左右编修一次，每一轮地方志书编修工作完成后，地方志工作机构在编纂地方综合年鉴、搜集资料、向社会提供咨询服务的同时，启动新一轮地方志书的编修工作。市级地方综合年鉴按年度或数年编辑出版1卷。可适时组织编纂综合或专题地情文献。

第十三条　地方志工作管理部门依法向辖区内机关、社会团体、企业事业单位和其他组织以及公民征集有关地方志资料，相关单位和个人应当提供有关地方志资料。地方志工作管理部门可以对所需资料内容进行查阅、摘抄、复制，但涉及国家秘密、商业秘密和个人隐私以及不符合档案开放条件的除外。

第十四条　在地方志编纂过程中收集到的文字资料、图表、照片、音像资料、实物等以及形成的地方志文稿，指定专职人员集中统一管理，妥善保存，不得损毁；修志工作完成后，应当依法移交档案馆保存、管理，个人不得据为已有或者出租、转借。

第十五条　以本行政区域名称冠名的地方志书、地方综合年鉴、地情文献为职务作品，依照《中华人民共和国著作权法》第十六条第二款的规定，其著作权由组织编纂的机构享有，参与编纂的人员享有署名权。

第十六条　地方志工作应为地方经济、社会发展服务。市史志办通过建设方志馆、资料库、网站等方式，收藏、保存、管理各类地方志资料，积极开展地情宣传、咨询活动，出版专题资料、地情研究成果，为社会各界服务。公民、法人和其他组织可以利用上述方志馆、资料库、网站查阅、摘抄地方志资料。

鼓励单位和个人向方志馆捐赠地方史志文献。对具有收藏价值的资料，方志馆应当向捐赠者颁发收藏纪念证书，并给予馆存资料的优先使用权。

第十七条 地方志成果可以依照有关规定参加国家、省和市优秀社会科学成果评奖。

第十八条 市人民政府应当对地方志工作中作出突出成绩和贡献的单位和个人给予表彰和奖励。

第十九条 地方志编纂单位应当在地方志书、地方综合年鉴及地情文献出版后 3 个月内，向本级和上级地方志办公室报送样书。

第二十条 违反本办法规定，有下列行为之一的，依据《山东省地方史志工作条例》规定，由市史志办按照管理权限责令其限期整改；逾期不改的，提请市人民政府或者有关行政部门依法进行查处，并视情节对有关单位和个人给予通报批评或行政处分：

（一）未经审查验收、批准，擅自编纂出版以本行政区域名称冠名的地方志、地方综合年鉴或者综合地情文献的；

（二）损毁单位所有或者持有的地方史志资料以及将其据为己有的；

（三）地方史志资料所有人或者持有人故意提供虚假资料的；

（四）将地方志资料文稿作为个人著作擅自发表的；

（五）无故拖延、拒绝提供地方志资料或者承担编写任务的；

（六）拒不向市史志办报送地方史志文献的。

有前款（一）（二）项行为，造成重大损失或者恶劣影响的，市史志办可以依法向人民法院提起诉讼。

第二十一条 任何单位和个人有权对违反本办法的行为进行检举。

第二十二条 本办法由市史志办负责解释。本办法自公布之日起施行。

鱼台县人民政府办公室关于印发《鱼台县规范地方志编纂工作暂行办法》的通知

鱼政办发〔2011〕47号

各乡镇（街道）人民政府办事处、张黄工业园和县经济开发区管委会、县政府各部门、各企事业单位：

现将《鱼台县规范地方志编纂工作暂行办法》印发给你们，望认真贯彻执行。

鱼台县人民政府办公室
二〇一一年九月三十日

鱼台县规范地方志编纂工作暂行办法

第一条 为规范鱼台县地方志的编纂、管理、开发和利用，根据国务院《地方志工作条例》和《山东省地方史志工作条例》有关规定，结合本县实际，制定本办法。

第二条 鱼台县行政区域内地方志的组织编纂、管理、开发和利用，适用本办法。

第三条 本办法所称地方志，包括地方志书、地方综合年鉴、综合地情文献等。

地方志书是指全面客观系统地记述本县行政区域内自然、政治、经济、文化、社会等方面的历史与现状的资料性文献。分为：本县编纂的鱼台县地方志、以本县行政区划冠名的乡镇（街道）志、以本县行政区划冠名的部门志以及以本县行政区划冠名的其他相关志书。

地方综合年鉴是指系统记述本县行政区域内自然、政治、经济、文化、社会等方面情况的年度资料性文献。分为：本县编纂的鱼台年鉴、以本县行政区划冠名的乡镇（街道）年鉴、以本县行政区划冠名的部门年鉴以及以本县行政区划冠名的其他年鉴。

综合地情文献是指系统记述本县行政区域内自然、政治、经济、文化、社会等方面一段时期或部分内容的资料性文献。分为：本县编纂的鱼台县综合性地情文献、以本县行政区划冠名的乡镇（街道）地情文献、以本县行政区划冠名的部门地情文献以及以本县行政区划冠名的其他地情文献。

第四条 县地方史志办公室（以下简称史志办）主管本行政区域内的地方志工作，履行下列职责：

（一）组织、指导、督促和检查全县地方志工作；

（二）拟定鱼台县地方志工作规划和编纂方案；

（三）制定鱼台县地方志编纂业务规范；

（四）组织编纂鱼台县地方志、地方综合年鉴、综合地情文献等全县综合性志书；

（五）负责本县行政区域内以行政区划冠名的各类志书的业务指导、专家评审、审查验收、存档备案工作；

（六）搜集、保存地方志文献和资料，组织整理旧志，推动地方志理论研究；

（七）宣传、推广地方志成果，开展地情研究，建设方志馆、资料库和地情网站，为公众读志用志提供服务。

第五条 从事地方志编纂业务的人员应当具备相关的专业知识和学术水平。编纂鱼台县地方志、地方综合年鉴、综合地情文献等全县综合性志书的编纂人员，由县史志办聘任；本县行政区域内以行政区划冠名的乡镇（街道）志、部门志等各类志书的编纂人员，由相关乡镇（街道）、部门选派熟悉修志业务的人员担任，报县史志办备案。

第六条 编纂地方志，按下列程序进行：

（一）鱼台县地方志、鱼台年鉴、鱼台县综合性地情文献由县人民政府史志工作机构制定出编纂规划报县政府批准后，组织开展编纂，报市政府史志工作机构审查，经县政府批准后出版，并报省政府史志工作机构备案。具体程序是：

1. 县史志办按照地方志编写年限要求，结合本县实际，对需开展的地方志编纂工作，提前半年制定出编纂规划，上报县政府批准。

2. 县史志办制定详细的编纂方案，提交县地方史志编纂委员会讨论审议后，报县政府同意下发全县，启动编纂工作。

3. 县史志办负责组织编纂人员、业务开展、检查验收、出版发行等工作。所需经费列入同级财政预算。

4. 地方志编纂形成定稿后，由县史志办写出报告，报济宁市地方史志编委会审定，经县政府批准后出版，并报省政府史志工作机构备案。

（二）以鱼台县行政区划冠名的乡镇（街道）志、部门志等各类志书、年鉴、地情文献，由相关乡镇（街道）和部门在县史志办的指导下组织编纂。具体程序是：

1. 各乡镇（街道）、各部门将地方志编纂方案提前 3 个月报县史志办审查后组织实施。

2. 县史志办负责志书的业务指导、检查督导、审查把关、存档备案。

3. 各乡镇（街道）、各部门按照地方志编写程序，应形成志稿篇目设置、初稿、评审稿、定稿。篇目设置形成后报县人民政府史志工作机构审查备案，然后组织开展初稿编写；初稿形成后，报县人民政府史志工作机构审查，由县人民政府史志工作机构组织评审，提出修改意见；有关部门和乡镇（街道）根据评审意见修改定稿，经县史志办批准后，按照有关规定印刷或出版发行。

4. 各乡镇（街道）、各部门应当在地方志出版后30日内向县史志办报送样书和电子文本。

第七条 鱼台县地方志、鱼台年鉴、鱼台县综合性地情文献由县史志办按照全县规划组织编纂，其他组织和个人不得编纂出版。

第八条 有关组织和单位可以自行组织编纂本办法第七条规定以外的志书、年鉴或其他地情文献资料，编纂单位需报县史志办备案。

第九条 县史志办可以向机关、社会团体、企业事业单位和其他组织以及公民征集有关地方志资料，有关单位和公民应当提供支持。地方志资料所有人或者持有人不得故意提供虚假资料。县史志办可以对有关资料进行查阅、摘抄、复制，但涉及国家秘密、商业秘密和个人隐私以及不符合档案开放条件的除外。

第十条 在地方志编纂过程中收集到的文字资料、图表、照片、音像资料、实物等以及形成的地方志文稿，需指定专职人员集中统一管理，妥善保存，不得损毁；修志工作完成后，应当依法移交档案馆保存、管理，个人不得据为己有或者出租、出让、转借。

第十一条 以行政区划名称冠名的地方志书、地方综合年鉴、地情文献为职务作品，依照《中华人民共和国著作权法》第十六条第二款的规定，其著作权由组织编纂的机构享有，参与编纂的人员享有署名权。

第十二条 地方志工作应为地方经济社会的全面发展服务。县史志办通过建设方志馆、资料库、网站等方式，积极开拓社会用志途径，加强地方志工作的信息化建设。公民、法人和其他组织可以利用上述方志馆、资料库、网站查阅、摘抄地方志资料。

第十三条 县政府将对在地方志工作中作出突出成绩和贡献的单位、个人，给予表彰和奖励。

第十四条 违反本办法规定，有下列行为之一的，由县史志办按照管理权限责令其停止违法行为，限期整改；逾期不改的，由其所在单位或者有关行政部门依法给予行政处分或者纪律处分：

（一）擅自编纂出版以鱼台县行政区划冠名的地方志、地方综合年鉴或者综合地情文献的；

（二）损毁单位所有或者持有的地方史志资料或者将其据为己有的；

（三）地方史志资料所有人或者持有人故意提供虚假资料的；

（四）未经审查、验收、批准将地方志交付出版或者地方志内容存在违反宪法、法律、法规的；

（五）无故拖延、拒绝提供地方志资料或者承担编写任务；

（六）拒绝向县史志办报送地方史志文献的。

有前款第（一）（二）项行为，造成重大损失或者恶劣影响的，县史志办可以依法向人民法院提起诉讼。

第十五条 任何单位和个人有权对违反本办法的行为进行检举。

第十六条 本办法由县史志办负责解释。

第十七条 本办法自 2011 年 11 月 1 日起施行。

金乡县人民政府关于印发《金乡县规范地方志编纂工作暂行办法》的通　知

鱼政发〔2010〕54号

各乡镇人民政府，金乡街道办事处，各管委会，县政府各部门，各企事业单位：

县政府同意《金乡县规范地方志编纂工作暂行办法》，现印发给你们，望认真贯彻执行。

金乡县人民政府

二○一○年十月二十八日

金乡县规范地方志编纂工作暂行办法

第一条　为规范我县地方志的编纂、管理、开发和利用，根据国务院《地方志工作条例》和《山东省地方史志工作条例》有关规定，结合我县实际，制定本办法。

第二条　我县行政区域内地方志的组织编纂、管理、开发和利用，适用本办法。

第三条　本办法所称地方志，包括地方志书、地方综合年鉴、综合地情文献等。

地方志书是指全面客观系统地记述我县行政区域内自然、政治、经济、文化、社会等方面的历史与现状的资料性文献。分为：我县编纂的金乡县地方志、以我县行政区划冠名的乡镇（街道）志、以我县行政区划冠名的部门志以及以我县行政区划冠名的其他相关志。

地方综合年鉴是指系统记述我县行政区域内自然、政治、经济、文化、社会等方面情况的年度资料性文献。分为：我县编纂的金乡年鉴、以我县行政区划冠名的乡镇（街道）年鉴、以我县行政区划冠名的部门年鉴以及以我县行政区划冠名的其他年鉴。

综合地情文献是指系统记述我县行政区域内自然、政治、经济、文化、社会等方面一段时期或部分内容的资料性文献。分为：我县编纂的金乡县综合性地情文献、以我县行政区划冠名的乡镇（街道）地情文献、以我县行政区划冠名的部门地情文献以及以我县行政区划冠名的其他地情文献。

第四条 县史志办主管我县行政区域内的地方志工作，履行下列职责：

（一）组织、指导、督促和检查全县地方志工作；

（二）拟定金乡县地方志工作规划和编纂方案；

（三）制定金乡县地方志编纂业务规范；

（四）组织编纂金乡县地方志、地方综合年鉴、综合地情文献等全县综合性志书；

（五）负责我县行政区域内以行政区划冠名的各类志书的业务指导、专家评审、审查验收、存档备案工作；

（六）搜集、保存地方志文献和资料，组织整理旧志，推动地方志理论研究；

（七）宣传、推广地方志成果，开展地情研究，建设方志馆、资料库和地情网站，为公众读志用志提供服务。

第五条 从事地方志编纂业务的人员应当具备相关的专业知识和学术水平。编纂金乡县地方志、地方综合年鉴、综合地情文献等全县综合性志书的编纂人员，由县史志办聘任；我县行政区域内以行政区划冠名的乡镇（街道）志、部门志等各类志书的编纂人员，由相关乡镇（街道）、部门选派熟悉修志业务的人员担任，报县史志办备案。

第六条 编纂地方志，按下列程序进行：

（一）金乡县地方志、金乡年鉴、金乡县综合性地情文献由县人民政府史志工作机构制定出编纂规划报县人民政府批准后，组织开展编纂，报市人民政府史志工作机构审查，经县人民政府批准后出版，并报省人民政府史志工作机构备案。具体程序是：

1. 县史志办按照地方志编写年限要求，结合我县实际，对需开展的地方志编纂工作，提前半年制定出编纂规划，上报县人民政府批准。

2. 县史志办制定详细的编纂方案，提交县地方史志编纂委员会讨论审议后，报县人民政府同意下发全县，启动编纂工作。

3. 县史志办负责组织编纂人员、业务开展、检查验收、出版发行等工作。所需经费列入县财政预算。

4. 地方志编纂形成定稿后，由县史志办写出报告，报济宁市地方史志编纂委员会审定，经县人民政府批准后出版，并报省人民政府史志工作机构备案。

（二）以金乡县行政区划冠名的乡镇（街道）志、部门志等各类志书、年鉴、地情文献，由相关乡镇（街道）和部门在县史志办的指导下组织编纂。具体程序是：

1. 各乡镇（街道）、各部门将地方志编纂方案提前 3 个月报县史志办审查后组织实施。

2. 县史志办负责志书的业务指导、检查督导、审查把关、存档备案。

3. 各乡镇（街道）、各部门按照地方志编写程序，应形成志稿篇目设置、初稿、评审稿、定稿。篇目设置形成后报县人民政府史志工作机构审查备案，然后组织开展初稿编写；初稿形成后，报县人民政府史志工作机构审查，由县人民政府史志工作机构组织评审，提出修改意见；有关部门和乡镇（街道）根据评审意见修改定稿，经县史志办批准后，按照有关规定印刷或出版发行。

4. 各乡镇（街道）、各部门应当在地方志出版后30日内向县史志办报送样书和电子文本。

第七条 金乡县地方志、金乡年鉴、金乡县综合性地情文献由县史志办按照全县规划组织编纂，其他组织和个人不得编纂出版。

第八条 有关组织和单位可以自行组织编纂本办法第七条规定以外的志书、年鉴或其他地情文献资料，编纂单位需报县史志办备案。

第九条 县史志办可以向机关、社会团体、企业事业单位和其他组织以及公民征集有关地方志资料，有关单位和公民应当提供支持。地方志资料所有人或者持有人不得故意提供虚假资料。县史志办可以对有关资料进行查阅、摘抄、复制，但涉及国家秘密、商业秘密和个人隐私以及不符合档案开放条件的除外。

第十条 在地方志编纂过程中收集到的文字资料、图表、照片、音像资料、实物等以及形成的地方志文稿，需指定专职人员集中统一管理，妥善保存，不得损毁；修志工作完成后，应当依法移交档案馆保存、管理，个人不得据为己有或者出租、出让、转借。

第十一条 以行政区划名称冠名的地方志书、地方综合年鉴、地情文献为职务作品，依照《中华人民共和国著作权法》第十六条第二款的规定，其著作权由组织编纂的机构享有，参与编纂的人员享有署名权。

第十二条 地方志工作应为地方经济社会的全面发展服务。县史志办通过建设方志馆、资料库、网站等方式，积极开拓社会用志途径，加强地方志工作的信息化建设。公民、法人和其他组织可以利用上述方志馆、资料库、网站，查阅、摘抄地方志资料。

第十三条 县人民政府将对在地方志工作中作出突出成绩和贡献的单位、个人，给予表彰和奖励。

第十四条 违反本办法规定，有下列行为之一的，由县史志办按照管理权限责令其停止违法行为，限期整改；逾期不整改的，由其所在单位或者有关行政部门依法给予行政处分或者纪律处分：

（一）擅自编纂出版以金乡县行政区划冠名的地方志、地方综合年鉴或者综合地情文献的；

（二）损毁单位所有或者持有的地方史志资料以及将其据为己有的；

（三）地方史志资料所有人或者持有人故意提供虚假资料的；

（四）未经审查、验收、批准将地方志交付出版或者地方志内容存在违反宪法、法律、法规的；

（五）无故拖延、拒绝提供地方志资料或者承担编写任务的；

（六）拒绝向县史志办报送地方史志文献的。

有前款第（一）（二）项行为，造成重大损失或者恶劣影响的，县史志办可以依法向人民法院提起诉讼。

第十五条 任何单位和个人有权对违反本办法的行为进行检举。

第十六条 本办法由县史志办负责解释。

第十七条 本办法自 2010 年 11 月 1 日起施行。

嘉祥县人民政府关于印发《嘉祥县地方史志工作管理办法（暂行）》的通　知

嘉政发〔2011〕23号

各乡镇人民政府、嘉祥街道办事处，嘉祥高新区、经济开发区管委会，县直各有关部门：

《嘉祥县地方史志工作管理办法（暂行）》业经县政府同意，现印发给你们，望认真执行，遵照实施。

嘉祥县人民政府

二〇一一年八月十三日

嘉祥县地方史志工作管理办法（暂行）

第一条　为了规范和加强地方志工作，全面、客观、系统地编纂地方志，科学地积累、保存与开发、利用地方志资源，发挥地方志在促进经济和社会发展中的作用，根据国务院《地方志工作条例》《山东省地方史志工作条例》，结合本县实际，制定本办法。

第二条　本办法适用于本县行政区域内地方志的资料征集、研究、组织编纂、管理、开发利用和咨询服务工作。

第三条　本办法所称地方志是指地方志书、地方综合年鉴及地情文献。

地方志书，是指全面系统地记述本县行政区域自然、政治、经济、文化和社会的历史与现状的资料性文献，包括县志、乡镇志、专业（部门）志。

地方综合年鉴，是指全面系统记述本县行政区域自然、政治、经济、文化、社会等方面情况的年度资料性文献，包括县年鉴、乡镇年鉴、行业（单位）年鉴。

地情文献，是指系统记述本县行政区域全面工作或专项工作的资料性书籍，包括机关、社会团体、企业事业单位及村（社区）编纂的以本行政区域冠名的地情类书籍。

第四条　地方志的编纂工作应当做到存真求实，确保质量，全面、客观地反映本行政区域自然、政治、经济、文化和社会的历史与现状。

第五条　县人民政府应当加强对本行政区域地方志工作的领导，将地方志工作纳入本地经济和社会发展规划。地方志工作所需经费列入本级财政预算。

第六条 县地方史志办公室是本行政区域地方志工作主管机构，履行下列职责：

（一）贯彻执行地方志工作法律、法规；

（二）组织、指导、督促和检查全县地方志工作；

（三）拟订地方志工作规划和编纂方案；

（四）负责本地域内各类志鉴的审稿、审批；

（五）组织编纂地方志书、地方综合年鉴和其他地情文献，依照程序组织对地方志审查验收；

（六）征集、整理、保存地方志文献和资料，组织整理旧志，开展地方志理论研究和学术交流；

（七）组织开发利用地方志资源，建立方志馆（库）和网站，培训地方志编纂人员，为公众提供服务；

（八）完成本级人民政府和上级地方志工作机构交办的其他任务。

第七条 以本县行政区域名称冠名的地方志书、地方综合年鉴的编纂工作，由县地方志工作机构按照规划组织实施，其他组织和个人不得编纂。

除以本县行政区域冠名的地方志以外，机关、社会团体、企业事业单位、其他组织和个人可编纂出版有助于经济社会发展的其他地方志书及地情类书籍，编纂单位应当按照隶属关系或者注册登记关系报地方志工作管理部门备案，地方志办公室应当对志书编纂活动进行业务指导。

第八条 县级地方志书每20年左右编修一次，每一轮地方志书编修工作完成后，地方志工作机构在编纂地方综合年鉴、搜集资料、向社会提供咨询服务的同时，启动新一轮地方志书的编修工作。县级地方综合年鉴按年度或数年编辑出版1卷。可适时组织编纂综合或专题地情文献。

第九条 编纂地方志书、地方综合年鉴，应当制定编纂方案，报本级人民政府批准。根据编纂方案的规定承担编纂任务的单位，应当按照地方志编纂规划和要求，接受本级地方志工作机构的业务指导与督促检查，按时按质完成撰稿任务。

第十条 地方志编纂实行专兼职人员相结合，应当广泛吸收有关专家、学者参加。专职编纂人员应当具备相应的专业知识和学术水平，做到恪尽职守、客观公正、秉笔直书、尊重史实。任何单位和个人不得要求编纂人员在地方志中做虚假记述。

第十一条 地方志工作管理部门依法向辖区内机关、社会团体、企业事业单位和其他组织以及公民征集有关地方志资料，相关单位和个人应当提供有关地方志资料。地方志工作管理部门可以对所需资料内容进行查阅、摘抄、复制，但涉及国家秘密、商业秘密和个人隐私以及不符合档案开放条件的除外。

第十二条 在地方志编纂过程中收集到的文字资料、图表、照片、音像资料、实物等以及形成的地方志文稿，应按照规定归档管理，任何个人不得损毁或者据为己有以及出

租、出让、转借。

第十三条 地方志书、地方综合年鉴出版实行分级审查批准制度，应当组织有关保密、档案、历史、法律、经济、军事等方面的专家参加，重点审查地方志书的内容是否符合宪法和保密、档案等法律、法规的规定，是否全面、客观地反映本行政区域自然、政治、经济、文化和社会的历史与现状。

以县级行政区域名称冠名、列入规划的地方志书由上一级地方志工作机构负责审查验收，报县人民政府批准后方可公开出版；地方综合年鉴、地方专业志书由县地方志工作机构审查验收，经县人民政府批准后方可公开出版。未按以上程序进行报批的各类地方志不得公开出版，新闻出版行政机构不得核发内部资料性图书准印证。

第十四条 地方志编纂单位应当在地方志书、地方综合年鉴及地情文献出版后30日内，向本级和上级地方史志办公室报送样书和电子文本。

第十五条 地方志书、地方综合年鉴和相关地情文献为职务作品，依照《中华人民共和国著作权法》第十六条第二款的规定，其著作权由组织编纂的机构享有，参与编纂的人员依法享有署名权。

第十六条 建立地情资料日常收集机制。县地方志工作机构可以通过建立方志馆（地情资料库）等收藏、保存、管理各类地方志资料，积极开展地情宣传、咨询活动，出版专题资料、地情研究成果，为社会各界服务。

鼓励单位和个人向县地方志工作机构捐赠地方志资料，对具有收藏价值的资料，方志馆应当向捐赠者颁发收藏纪念证书，并给予馆存资料的优先使用权。

第十七条 地方志成果可以依照有关规定参加国家、省和县优秀社会科学成果评奖。

第十八条 县人民政府应当对地方志工作中做出突出成绩和贡献的单位和个人给予表彰和奖励。

第十九条 违反本办法规定，有下列情形之一的，由县人民政府地方志工作机构按照权限责令限期改正；逾期不改正的，提请县人民政府或有关行政部门依法查处，并视情节对有关单位和个人予以通报批评或予以行政处分：

（一）未经审查验收、批准，擅自编纂出版以本行政区域名称冠名的地方志书、地方综合年鉴及相关地情文献的；

（二）无故拖延、拒绝提供地方志资料或者拒不承担编写任务的；

（三）故意提供虚假地方志资料的；

（四）丢失、损毁单位地方志资料或者将其据为己有的；

（五）将地方志文稿作为个人著作擅自发表的；

（六）对已经审查通过的地方志文稿擅自进行重大改动并出版的；

（七）拒不向地方志工作机构报送地方志出版物（含纸质版、电子版）的。

第二十条 实行地方志保密审查分级分单位负责制。地方志的保密审查由提供资料和

编写初稿的单位负责，保密主管部门会同地方志工作机构对本级地方志进行保密审定。地方志泄露国家秘密的，由有关部门依法查处。

第二十一条 编纂地方志涉及军事内容的，应当遵守中央军委关于军事志编纂的相关规定。

第二十二条 违反本办法规定，涉及其他有关法律、法规规定的，按照其他有关法律法规进行处理。

第二十三条 任何单位和个人有权对违反本办法的行为进行检举。

第二十四条 本办法自颁布之日起 30 日后施行。

本办法由县地方史志办公室具体负责解释。

附件：1. 志书（年鉴、地情文献）编写申请表（略）

2. 志书（年鉴、地情文献）审查备案表（略）

汶上县人民政府关于印发《汶上县地方史志工作暂行管理办法》的通知

汶政发〔2011〕6号

各乡镇人民政府，县政府各部门：

现将《汶上县地方史志工作暂行管理办法》印发给你们，望结合实际，认真遵照执行。

汶上县人民政府

二〇一一年二月二十二日

汶上县地方史志工作暂行管理办法

第一条 为规范和加强地方志工作，全面、客观、系统地编撰地方志，科学的积累、保存与开发利用地方志资源，发挥地方志在促进经济和社会发展中的作用，根据国务院《地方志工作条例》《山东省地方史志工作条例》，结合本县实际，制定本办法。

第二条 本办法适用于本县行政区域内地方志的资料征集、组织编撰、管理、开发和利用。

第三条 本办法所称地方志，包括地方志书，地方综合年鉴以及地情文献。

地方志书，是指全面系统记述本县行政区域自然、政治、经济、文化和社会的历史与现状的资料性文献，包括县志，乡（镇）志，专业（部门）志。

地方综合年鉴，是指全面系统记述本县行政区域自然、政治、经济、文化、社会等方面情况的年度资料性文献，包括县年鉴，乡（镇）年鉴，行业（单位）年鉴。

地情文献，是指系统记述本县行政区域全面工作或专项工作的资料性书籍，包括机关、社会团体、企事业单位及村（社区）编撰的以本行政区域冠名的地情类书籍。

第四条 地方志的编撰工作应当做到存真求实，确保质量，全面、客观地反映本行政区域自然、政治、经济、文化和社会的历史与现状。

第五条 各级政府应当加强对本行政区域地方志工作的领导，将地方志工作纳入本地经济和社会发展总体规划。地方志工作所需经费列入本级财政预算。

第六条 县地方史志办公室是本行政区域地方志工作主管机构，履行下列职责：

（一）贯彻执行地方志工作法律、法规；

（二）组织、指导、督促和检查全县地方志工作；

（三）拟订地方志工作规划和编撰方案；

（四）负责本地域内各类志鉴稿件的审批；

（五）组织编撰地方志书，地方综合年鉴和其他地情文献，依照程序组织对地方史志稿件审查验收；

（六）征集、整理、保存地方史志文献和资料，组织整理旧志，开展地方志理论研究和学术交流；

（七）组织开发利用地方志资源，建设、管理地方志馆和网站，培训地方志编撰人员，为公众读志用志提供服务；

（八）完成本级政府和上级政府地方志工作机构交办的其他任务。

第七条 以本县行政区域名称冠名的地方志书，地方综合年鉴的编撰工作，由县地方史志办公室按照规划组织实施，其他组织和个人不得编撰。

除以本县行政区域冠名的地方志以外，机关、社会团体、企事业单位、其他组织和个人可编撰出版有利于经济社会发展的其他地方志书及地情类书籍。编撰单位（人）应当按照隶属关系或者注册登记关系报县地方史志办公室备案，县地方史志办公室对志书编撰活动进行业务指导。

第八条 县级地方志书每20年左右编修一次，并适时出版地方综合年鉴和地情文献。

第九条 编撰地方志按下列程序进行：

（一）汶上县地方志由县地方史志办公室负责组织编撰。具体程序是：

1. 县地方史志办公室制定编撰方案，报县政府同意，组织实施。

2. 县地方史志办公室负责组织编撰人员、业务开展、出版发行等工作。

3. 县地方志定稿后，由县地方史志办公室写出报告，报市地方史志编撰委员会审定，经县政府批准后出版，并报省政府史志工作机构备案。

（二）本县行政区域名称冠名的乡镇志、部门志等各类志书、年鉴、地情文献，由相关乡镇和部门组织编撰。具体程序是：

1. 乡镇、部门将地方志编撰方案提前3个月报县地方史志办公室审查，审查通过后方可组织实施。

2. 县地方史志办公室负责志书的业务指导、检查督导、审查把关、存档备案。

3. 乡镇、部门按照地方志编写程序应形成志稿的篇目设置、初稿、评审稿和定稿。篇目设置形成后报县地方史志办公室审查备案。初稿报县地方史志办公室，由县地方史志办公室组织评审，提出修改意见，形成定稿。志稿经县地方史志办公室批准后，方可按照有关规定印刷出版。

4. 地方志出版后30日内，编撰单位向县地方史志办公室报送样书和电子文本。

第十条 地方志编撰实行专兼职人员相结合，应当广泛吸收有关专家、学者参加。编撰人员应当具备相应的专业知识和学术水平，做到恪尽职守、客观公正、秉笔直书、尊重史实。任何单位和个人不得要求编撰人员在地方志中做虚假记述。

第十一条 县地方史志办公室依法向辖区内机关、社会团体、企事业单位和其他组织以及公民征集有关地方志资料，相关单位和个人应当提供地方志资料。县地方史志办公室可以对所需资料内容进行查询、摘抄、复制，但涉及国家机密、商业秘密和个人隐私以及不符合档案开放条件的除外。

第十二条 在地方志编撰过程中收集到的文字资料、图表、照片、音像资料、实物等以及形成的地方志文稿，应按规定归档管理。任何个人不得损毁、据为己有或者出租、出让、转借。

第十三条 地方志书、地方综合年鉴和相关地情文献为职务作品，依照《中华人民共和国著作权法》第十六条第二款的规定，其著作权由组织编撰机构享有，参与编撰的人员享有署名权。

第十四条 地方史志文献资料应当向社会公开，公民、法人和其他组织可以利用地方志馆（库）、地情网站等查阅、摘抄地方志资料。

第十五条 县政府对在地方志工作中做出突出成绩和贡献的单位和个人，给予表彰和奖励。

第十六条 地方志成果可以依照有关规定参加国家、省、市、县优秀社会科学成果评奖。

第十七条 违反本办法规定，有下列情形之一的，由县地方史志办公室按照权限责令限期改正；逾期不改正的，提请县政府或有关行政执法部门依法查处，并视其情节依法给予行政处分或纪律处分。

（一）未经审查验收、批准，擅自编撰出版以本行政区域名称冠名的地方志书，地方综合年鉴或相关地情文献的；

（二）损毁单位地方志资料或者将其据为己有的；

（三）无故拖延、拒绝提供地方志资料或者拒不承担编写任务的；

（四）故意提供虚假地方志资料的；

（五）将地方志文稿作为个人著作擅自发表的；

（六）对已经审查通过的地方志文稿擅自进行重大改动并出版的；

（七）拒不向地方史志办公室报送地方志出版物（含纸质版、电子版）的。

有前款（一）（二）项行为，造成重大损失或者恶劣影响的，县地方史志办公室及相关部门可以依法向法院提起诉讼。

第十八条 本办法由县地方史志办公室负责解释。

第十九条 本办法自公布之日起30日后施行。

泗水县人民政府关于印发《泗水县规范地方志编纂工作暂行办法》的通　知

泗政发〔2009〕25 号

各乡镇人民政府、街道办事处，县政府各部门、直属机构，各企事业单位：

《泗水县地方志编纂工作暂行办法》已经县政府同意，现印发给你们，请认真贯彻执行。

泗水县人民政府

二〇〇九年十一月十九日

泗水县规范地方志编纂工作暂行办法

第一条　为规范泗水县地方志的编纂、管理、开发和利用，根据国务院《地方志工作条例》和《山东省地方史志工作条例》有关规定，结合本县实际，制定本办法。

第二条　泗水县行政区域内地方志的组织编纂、管理、开发和利用，适用本办法。

第三条　本办法所称地方志，包括地方志书、地方综合年鉴、综合地情文献等。

地方志书是指全面客观系统地记述本县行政区域内自然、政治、经济、文化、社会等方面的历史与现状的资料性文献。分为：本县编纂的泗水县地方志、以本县行政区划冠名的乡镇（街道）志、以本县行政区划冠名的部门志以及以本县行政区划冠名的其他相关志。

地方综合年鉴是指系统记述本县行政区域内自然、政治、经济、文化、社会等方面情况的年度资料性文献。分为：本县编纂的泗水年鉴、以本县行政区划冠名的乡镇（街道）年鉴、以本县行政区划冠名的部门年鉴以及以本县行政区划冠名的其他年鉴。

综合地情文献是指系统记述本县行政区域内自然、政治、经济、文化、社会等方面一段时期或部分内容的资料性文献。分为：本县编纂的泗水县综合性地情文献、以本县行政区划冠名的乡镇（街道）地情文献、以本县行政区划冠名的部门地情文献以及以本县行政区划冠名的其他地情文献。

第四条　县史志办主管本行政区域内的地方志工作，履行下列职责：

（一）组织、指导、督促和检查全县地方志工作；

（二）拟定泗水县地方志工作规划和编纂方案；

（三）制定泗水县地方志编纂业务规范；

（四）组织编纂泗水县地方志、地方综合年鉴、综合地情文献等全县综合性志书；

（五）负责本县行政区域内以行政区划冠名的各类志书的业务指导、专家评审、审查验收、存档备案工作；

（六）搜集、保存地方志文献和资料，组织整理旧志，推动地方志理论研究；

（七）宣传、推广地方志成果，开展地情研究，建设方志馆、资料库和地情网站，为公众读志用志提供服务。

第五条 从事地方志编纂业务的人员应当具备相关的专业知识和学术水平。编纂泗水县地方志、地方综合年鉴、综合地情文献等全县综合性志书的编纂人员，由县史志办聘任；本县行政区域内以行政区划冠名的乡镇（街道）志、部门志等各类志书的编纂人员，由相关乡镇（街道）、部门选派熟悉修志业务的人员担任，报县史志办备案。

第六条 编纂地方志，按下列程序进行：

（一）泗水县地方志、泗水年鉴、泗水县综合性地情文献由县人民政府史志工作机构制定出编纂规划报县政府批准后，组织开展编纂，报市政府史志工作机构审查，经县政府批准后出版，并报省政府史志工作机构备案。具体程序是：

1. 县史志办按照地方志编写年限要求，结合本县实际，对需开展的地方志编纂工作，提前半年制定出编纂规划，上报县政府批准。

2. 县史志办制定详细的编纂方案，提交县地方史志编纂委员会讨论审议后，报县政府同意下发全县，启动编纂工作。

3. 县史志办负责组织编纂人员、业务开展、检查验收、出版发行等工作。所需经费列入同级财政预算。

4. 地方志编纂形成定稿后，由县史志办写出报告，报济宁市地方史志编委会审定，经县政府批准后出版，并报省政府史志工作机构备案。

（二）以泗水县行政区划冠名的乡镇（街道）志、部门志等各类志书、年鉴、地情文献，由相关乡镇（街道）和部门在县史志办的指导下组织编纂。具体程序是：

1. 各乡镇（街道）、各部门将地方志编纂方案提前 3 个月报县史志办审查后组织实施。

2. 县史志办负责志书的业务指导、检查督导、审查把关、存档备案。

3. 各乡镇（街道）、各部门按照地方志编写程序，应形成志稿篇目设置、初稿、评审稿、定稿。篇目设置形成后报县人民政府史志工作机构审查备案，然后组织开展初稿编写；初稿形成后，报县人民政府史志工作机构审查，由县人民政府史志工作机构组织评审，提出修改意见；有关部门和乡镇（街道）根据评审意见修改定稿，经县史志办批准后，按照有关规定印刷或出版发行。

4. 各乡镇（街道）、各部门应当在地方志出版后30日内向县史志办报送样书和电子文本。

第七条 泗水县地方志、泗水年鉴、泗水县综合性地情文献由县史志办按照全县规划组织编纂，其他组织和个人不得编纂出版。

第八条 有关组织和单位可以自行组织编纂本办法第七条规定以外的志书、年鉴或其他地情文献资料，编纂单位需报县史志办备案。

第九条 县史志办可以向机关、社会团体、企业事业单位和其他组织以及公民征集有关地方志资料，有关单位和公民应当提供支持。地方志资料所有人或者持有人不得故意提供虚假资料。县史志办可以对有关资料进行查阅、摘抄、复制，但涉及国家秘密、商业秘密和个人隐私以及不符合档案开放条件的除外。

第十条 在地方志编纂过程中收集到的文字资料、图表、照片、音像资料、实物等以及形成的地方志文稿，需指定专职人员集中统一管理，妥善保存，不得损毁；修志工作完成后，应当依法移交档案馆保存、管理，个人不得据为己有或者出租、出让、转借。

第十一条 以行政区划名称冠名的地方志书、地方综合年鉴、地情文献为职务作品，依照《中华人民共和国著作权法》第十六条第二款的规定，其著作权由组织编纂的机构享有，参与编纂的人员享有署名权。

第十二条 地方志工作应为地方经济社会的全面发展服务。县史志办通过建设方志馆、资料库、网站等方式，积极开拓社会用志途径，加强地方志工作的信息化建设。公民、法人和其他组织可以利用上述方志馆、资料库、网站查阅、摘抄地方志资料。

第十三条 县政府将对在地方志工作中作出突出成绩和贡献的单位、个人，给予表彰和奖励。

第十四条 违反本办法规定，有下列行为之一的，由县史志办按照管理权限责令其停止违法行为，限期整改；逾期不改的，由其所在单位或者有关行政部门依法给予行政处分或者纪律处分：

（一）擅自编纂出版以泗水县行政区划冠名的地方志、地方综合年鉴或者综合地情文献的；

（二）损毁单位所有或者持有的地方史志资料或者将其据为己有的；

（三）地方史志资料所有人或者持有人故意提供虚假资料的；

（四）未经审查、验收、批准将地方志交付出版或者地方志内容存在违反宪法、法律、法规的；

（五）无故拖延、拒绝提供地方志资料或者承担编写任务；

（六）拒绝向县史志办报送地方史志文献的。

有前款第（一）（二）项行为，造成重大损失或者恶劣影响的，县史志办可以依法向人民法院提起诉讼。

第十五条 任何单位和个人有权对违反本办法的行为进行检举。

第十六条 本办法由县史志办负责解释。

第十七条 本办法自 2010 年 1 月 1 日起施行。

梁山县人民政府办公室关于印发《梁山县规范地方志编纂工作暂行办法》的通　知

梁政办发〔2012〕3 号

各乡镇人民政府，街道办事处，开发区管委会，县直各部门，驻梁各部位：

《梁山县规范地方志编纂工作暂行办法》已经县政府同意，现印发给你们，请认真组织实施。

梁山县人民政府办公室

二○一二年一月九日

梁山县规范地方志编纂工作暂行办法

第一条　为进一步规范和加强梁山县地方志工作，全面、客观、系统地编纂地方志，科学的积累、保存与开发、利用地方志资源，发挥地方志在促进经济和社会发展中的作用，根据国务院《地方志工作条例》和《山东省地方史志工作条例》，结合本县实际，制定本办法。

第二条　本办法适用于梁山县行政区域内地方志的资料征集、研究、组织编纂、管理、开发利用和咨询服务工作。

第三条　本办法所称地方志，包括地方志书、地方综合年鉴、综合地情文献等。

地方志书，是指全面客观系统地记述本县行政区域内自然、政治、经济、文化、社会等方面的历史与现状的资料性文献。包括本县编纂的梁山县志、以本县行政区划冠名的乡镇（街道）志、以本县行政区划冠名的部门志以及以本县行政区划冠名的其他相关志。

地方综合年鉴，是指系统记述本县行政区域内自然、政治、经济、文化、社会等方面情况的年度资料性文献。包括本县编纂的梁山年鉴、以本县行政区划冠名的乡镇（街道）年鉴、以本县行政区划冠名的部门年鉴以及以本县行政区划冠名的其他年鉴。

综合地情文献，是指系统记述本县行政区域内自然、政治、经济、文化、社会等方面全面工作或专项工作的资料性文献，包括机关、社会团体、企事业单位及村（社区）编纂的以本县行政区划冠名的地情类文献。

第四条 地方志的编纂工作应当做到存真求实，确保质量，全面、客观地反映本行政区域自然、政治、经济、文化和社会的历史与现状。

第五条 县人民政府应当加强对本行政区域地方志工作的领导，将地方志工作纳入本地经济和社会发展规划。地方志工作所需经费列入本级财政预算。

第六条 县人民政府地方史志办公室是本行政区域地方志工作主管机构，履行下列职责：

（一）贯彻执行地方志工作法律、法规；

（二）组织、指导、督促和检查全县地方志工作；

（三）拟定地方志工作规划和编纂方案；

（四）组织编纂地方志书、地方综合年鉴、综合地情文献等全县综合性志书；

（五）负责本县行政区域内以行政区划冠名的各类志书的业务指导、专家评审、审查验收、存档备案工作；

（六）搜集、保存地方志文献和资料，组织整理旧志，开展地方志理论研究；

（七）宣传、推广地方志成果，开展地情研究，建设方志馆、资料库和地情网站，为公众读志用志提供服务。

第七条 从事地方志编纂业务的人员应当具备相关的专业知识和学术水平。编纂梁山县地方志、地方综合年鉴、综合地情文献等全县综合性志书的编纂人员，由县史志办聘任；本县行政区域内以行政区划冠名的乡镇（街道）志、部门志等各类志书的编纂人员，由相关乡镇（街道）、部门选派熟悉修志业务的人员担任，报县史志办备案。

编纂地方志，按下列程序进行：

（一）梁山县地方志、梁山年鉴、梁山县综合性地情文献由县人民政府史志工作机构制定出编纂规划报县政府批准后，组织开展编纂，报市政府史志工作机构审查，经县政府批准后出版，并报省政府史志工作机构备案。具体程序是：

1. 县地方史志办公室按照地方志编写年限要求，结合本县实际，对需开展的地方志编纂工作，提前半年制定出编纂规划，上报县政府批准。

2. 县地方史志办公室制定详细的编纂方案，提交县地方史志编纂委员会讨论审议后，报县政府同意下发全县，启动编纂工作。

3. 县地方史志办公室负责组织编纂人员、业务开展、检查验收、出版发行等工作。所需经费列入同级财政预算。

4. 地方志编纂形成定稿后，由县地方史志办公室写出报告，报济宁市地方史志编委会审定，经县政府批准后出版，并报省政府地方史志工作机构备案。

（二）以梁山县行政区划冠名的乡镇（街道）志、部门志等各类志书、年鉴、地情文献，由相关乡镇（街道）和部门在县地方史志办公室的指导下组织编纂。具体程序是：

1. 各乡镇（街道）、各部门将地方志编纂方案提前3个月报县地方史志办公室审查后组织实施。

2. 县地方史志办公室负责志书的业务指导、检查督导、审查把关、存档备案。

3. 各乡镇（街道）、各部门按照地方志编写程序，应形成志稿篇目设置、初稿、评审稿、定稿。篇目设置形成后报县人民政府史志工作机构审查备案，然后组织开展初稿编写；初稿形成后，报县人民政府史志工作机构审查，由县人民政府史志工作机构组织评审，提出修改意见；有关部门和乡镇（街道）根据评审意见修改定稿，经县史志办批准后，按照有关规定印刷或出版发行。

4. 各乡镇（街道）、各部门应当在地方志出版后30日内向县史志办报送样书40套和电子文本1分。

第八条 梁山县地方志、梁山年鉴、梁山县综合性地情文献由县地方史志办公室按照全县规划组织编纂，其他组织和个人不得编纂出版。

第九条 有关组织和单位可以自行组织编纂本办法第八条规定以外的志书、年鉴或其他地情文献资料，编纂单位需报县史志办备案。

第十条 县地方史志办公室可以向机关、社会团体、企业事业单位和其他组织以及公民征集有关地方志资料，有关单位和公民应当提供支持。地方志资料所有人或者持有人不得故意提供虚假资料。县地方史志办公室可以对有关资料进行查阅、摘抄、复制，但涉及国家秘密、商业秘密和个人隐私以及不符合档案开放条件的除外。

第十一条 在地方志编纂过程中收集到的文字资料、图表、照片、音像资料、实物等以及形成的地方志文稿，需指定专职人员集中统一管理，妥善保存，不得损毁；修志工作完成后，应当依法移交档案馆保存、管理，个人不得据为已有或者出租、出让、转借。

第十二条 以行政区划名称冠名的地方志书、地方综合年鉴、地情文献为职务作品，依照《中华人民共和国著作权法》第十六条第二款的规定，其著作权由组织编纂的机构享有，参与编纂的人员享有署名权。

第十三条 地方志工作应为地方经济社会的全面发展服务。县史志办通过建设方志馆、资料库、网站等方式，积极开拓社会用志途径，加强地方志工作的信息化建设。公民、法人和其他组织可以利用上述方志馆、资料库、网站查阅、摘抄地方志资料。

第十四条 县政府将对在地方志工作中作出突出成绩和贡献的单位、个人，给予表彰和奖励。

第十五条 违反本办法规定，有下列行为之一的，由县地方史志办公室按照管理权限责令其停止违法行为，限期整改；逾期不改的，由其所在单位或者有关行政部门依法给予行政处分或者纪律处分：

（一）擅自编纂出版以梁山县行政区划冠名的地方志、地方综合年鉴或者综合地情文献的；

（二）损毁单位所有或者持有的地方史志资料或者将其据为己有的；

（三）地方史志资料所有人或者持有人故意提供虚假资料的；

（四）未经审查、验收、批准将地方志交付出版或者地方志内容存在违反宪法、法律、法规的；

（五）无故拖延、拒绝提供地方志资料或者承担编写任务；

（六）拒绝向县地方史志办公室报送地方史志文献的。

有前款第（一）（二）项行为，造成重大损失或者恶劣影响的，县史志办可以依法向人民法院提起诉讼。

第十六条 任何单位和个人有权对违反本办法的行为进行检举。

第十七条 违反本办法规定，涉及其他有关法律、法规规定的，按照其他有关法律法规进行处理。

第十八条 本办法由县地方史志办公室负责解释。

第十九条 本办法自 2012 年 1 月 9 日起施行。

泰安市人民政府关于印发《泰安市地方史志工作管理办法》的通　知

泰政发〔2011〕59 号

各县、市、区人民政府，市政府各部门、直属单位，省属以上驻泰各单位：

现将《泰安市地方史志工作管理办法》印发你们，请认真贯彻执行。

泰安市人民政府

二〇一一年十月二十日

泰安市地方史志工作管理办法

第一条　为全面、客观、系统地记载区域地情，科学、合理地开发利用地方史志资源，充分发挥地方志在促进经济社会全面发展中的作用，根据国务院《地方志工作条例》和《山东省地方史志工作条例》等有关规定，结合我市实际，制定本办法。

第二条　本市行政区域内地方史志的资料征集、组织编纂、开发利用和管理工作，适用本办法。

第三条　本办法所称地方史志，包括地方志书、地方综合年鉴和相关地情文献。

地方志书，是指全面系统地记述本行政区域内自然、政治、经济、文化和社会历史与现状的资料性文献，主要有市志、县（市、区）志、乡镇（街道）志等。

地方综合年鉴，是指全面系统地记述本行政区域内自然、政治、经济、文化和社会等方面情况的年度资料性文献（不包括单个统计调查对象的资料），主要有市年鉴、县（市、区）年鉴、乡镇（街道）年鉴等。

相关地情文献，是指系统记述本行政区域一定领域情况的资料性文献，主要有机关、社会团体、企业事业单位及村（社区）编纂的志书、年鉴和其他资料性文献。

第四条　市、县（市、区）人民政府应当加强对本行政区域地方史志工作的领导，将地方史志工作纳入国民经济和社会发展计划，保障地方史志工作机构的工作条件，地方史志工作所需经费应列入本级财政预算。

第五条　市、县（市、区）地方史志工作机构主管本行政区域内的地方史志工作，具体承担下列任务：

（一）贯彻执行地方史志工作法律、法规、规章和政策规定；

（二）组织、指导、督促、检查地方史志工作；

（三）拟定地方史志工作规划和编纂方案；

（四）组织制定和实施地方史志编纂业务规范；

（五）编纂、审查、验收地方史志文稿；

（六）建设管理地情网站和方志馆，开发利用地方史志资源；

（七）组织整理旧志，征集、保存地方史志文献；

（八）组织开展地情调查、地方史志学术研究、业务培训；

（九）完成本级人民政府和上级业务部门交办的其他任务。

泰安高新区管委会、泰山景区管委会应按规定做好地方史志的相关工作。

第六条 编纂地方史志应做到存真求实，全面、客观地记述本行政区域内自然、政治、经济、文化和社会的历史与现状。

编纂时应吸收有关方面的专家、学者参加。地方史志编纂人员实行专职与兼职相结合，专职编纂人员应当具备相应的专业知识。

第七条 地方史志分别由下列单位组织编纂：

（一）以市、县（市、区）行政区域名称冠名的地方志书、地方综合年鉴、综合地情文献，由地方史志工作机构组织编纂；

（二）以乡镇（街道）行政区域名称冠名的地方志书、地方综合年鉴，由乡镇人民政府（街道办事处）组织编纂。

前款规定以外的志书、年鉴和相关地情文献，由有关机关、社会团体、企业事业单位及村（社区）组织编纂。

第八条 市、县（市、区）地方志书每二十年左右编修一次。

以市、县（市、区）行政区域名称冠名的地方综合年鉴，按照年度组织编纂，以出版年份为序号。

第九条 地方史志资料应按下列规定征集和管理：

（一）地方史志工作机构应依法向本行政区域内机关、社会团体、企业事业单位及个人征集地方史志资料；

（二）地方史志资料归机关、社会团体、企业事业单位所有或持有的，应明确具体责任人员，并按照规定的时限要求提供真实、准确的资料。地方史志资料所有者或持有者提供有关资料，可以获得适当报酬；

（三）地方史志工作机构和有关部门对上报的史志资料应进行保密审查，对所需资料可以进行阅读、摘抄和复制，但涉及国家秘密、商业秘密和个人隐私以及不符合有关要求的除外；

（四）地方史志编纂过程中收集到的文字资料、图表、照片、音像资料、实物等地方史志资料及形成的文稿，由地方史志工作机构进行集中统一管理，并妥善保存，不得损毁；

（五）编纂工作完成后，地方史志工作机构应当及时移交方志馆保存和管理。

第十条 承担地方志书、地方综合年鉴具体撰稿任务的单位，应当明确责任人员，接受地方史志工作机构的指导，按照时间和质量要求完成撰稿任务。

第十一条 地方志书、地方综合年鉴编纂完成后，地方史志工作机构应组织相关部门对本级地方志书、地方综合年鉴文稿进行审查，及时出具审查意见；审查未通过的，不得公开出版，存在重大问题的，应当返回重修；通过审查后作重大调整和修改的，应当重新报审。文稿中的综合数据按有关规定应由同级统计部门进行审核。

第十二条 地方志书出版应实行分级审批制度：

（一）《泰安市志》经省地方史志编纂委员会审定，报市人民政府批准后出版。

（二）以行政区域名称冠名的县（市、区）志经市地方史志编纂委员会审定，由县（市、区）人民政府批准后出版，并报省史志工作机构备案。

（三）以乡镇（街道）行政区域名称冠名的乡镇（街道）志由县（市、区）地方史志工作机构审查后出版。

第十三条 市、县（市、区）年鉴应由同级地方史志编纂委员会审定，报同级政府批准后出版。乡镇（街道）年鉴应由县（市、区）地方史志工作机构审查后出版。

以市、县（市、区）行政区域名称冠名的综合地情文献，应由同级地方史志编纂委员会报同级政府同意后出版。

第十四条 相关地情文献编纂出版应按下列规定进行备案：

（一）市级及以上机关、社会团体、事业单位编纂的地情文献，向市地方史志工作机构备案；

（二）县（市、区）级机关、社会团体、事业单位编纂的地情文献，向县（市、区）地方史志工作机构备案；

（三）乡镇政府（街道办事处）、村（社区）编纂的地情文献，向县（市、区）地方史志工作机构备案；

（四）有关组织、单位编纂的相关地情文献，按照隶属关系或注册登记关系报地方史志工作机构备案。

第十五条 地方志书、地方综合年鉴和相关地情文献出版后，编纂单位应当在三个月内向当地和上级史志工作机构报送样书和电子文本。地方史志工作机构应当适时通过地情网站向社会公布。

第十六条 以县级以上行政区域名称冠名的地方志书、地方综合年鉴为职务作品，依照《中华人民共和国著作权法》第十六条第二款的规定，其著作权由组织编纂的地方史志工作机构享有，参与编纂的人员享有署名权。

第十七条 市、县（市、区）方志馆应当向社会开放，公民、法人和其他组织可以利用方志馆免费查阅、摘抄地方史志文献。

鼓励单位和个人向方志馆捐赠地方史志文献。对具有收藏价值的资料，方志馆应向捐赠者颁发收藏纪念证书，并给予馆存资料的优先使用权。

第十八条 对在地方史志工作中取得突出成绩的单位和个人，由市、县（市、区）人民政府给予表彰和奖励。

地方史志作品正式出版后可以参加社会科学成果评奖。

第十九条 有下列行为之一的，由县级以上史志工作机构按照管理权限责令其停止违法行为，限期改正；逾期不改的，由其所在单位或者有关行政部门依法给予行政处分或者纪律处分：

（一）擅自编纂出版以行政区域名称冠名的地方志、地方综合年鉴或者综合地情文献的；

（二）损毁单位所有或者持有的地方史志资料或者将其据为己有的；

（三）地方史志资料所有人或者持有人故意提供虚假资料的；

（四）未经审查、验收、批准将地方史志交付出版的；

（五）无故拖延、拒绝提供地方史志资料或者承担编写任务的；

（六）拒绝向上级人民政府史志工作机构报送地方史志文献的。

有前款第（一）（二）项行为，造成重大损失或者恶劣影响的，史志工作机构、地方史志资料所有或者持有单位和相关部门可以依法向人民法院提起诉讼。

第二十条 地方史志工作机构工作人员有下列行为之一的，依法予以处分；造成损失的，依法承担赔偿责任；构成犯罪的，依法追究刑事责任：

（一）在地方史志编纂中故意加入虚假资料的；

（二）将地方史志编纂工作中搜集的资料和形成的文稿据为己有的；

（三）将地方史志文稿作为个人著作擅自发表的；

（四）擅自处置地方史志资料，造成损毁或遗失的。

第二十一条 本办法自 2011 年 12 月 1 日起施行。

泰安市泰山区人民政府关于印发《泰安市泰山区地方史志工作管理办法》的通知

泰山政发〔2012〕38号

各街道办事处、镇人民政府，区政府各部门：

《泰安市泰山区地方史志工作管理办法》已经区政府同意，现印发给你们，请认真贯彻执行。

泰安市泰山区人民政府

二〇一二年三月二十九日

泰安市泰山区地方史志工作管理办法

第一条 为全面、客观、系统地编纂地方志，科学、合理地开发利用地方志资源，充分发挥地方志在促进经济社会全面发展中的作用，根据国务院《地方志工作条例》《山东省地方史志工作条例》，结合我区实际，制定本管理办法。

第二条 本区所辖范围内地方史志的资料征集、组织编纂、开发利用和管理工作，适用本办法。

第三条 本办法所称地方史志是指地方志书、地方综合年鉴和相关地情文献。

地方志书，是指全面客观系统记述本区所辖范围内自然、政治、经济、文化社会等方面历史与现状的资料性文献，包括区志、乡镇（街道）志、专业（部门）志、村（社区）志等。

地方综合年鉴，是指全面客观系统记述本区所辖范围内自然、政治、经济、文化、社会等方面情况的年度资料性文献，包括区年鉴、乡镇（街道）年鉴、行业（单位）年鉴等。

相关地情文献，是指全面客观系统记述本区所辖范围内某一领域工作的资料性文献，包括机关、社会团体、企事业单位及村（社区）编纂的志书、年鉴和其他资料性文献。

第四条 区、街道镇应加强对地方史志工作的领导，将地方史志工作纳入国民经济和社会发展计划，保障地方史志工作机构的工作条件，地方史志工作所需经费列入本级财政预算。

第五条 区地方史志工作机构主管本行政区域内地方史志工作，具体承担下列任务：

（一）贯彻执行地方史志工作法律、法规，规章和政策规定；

（二）组织、指导、督促和检查地方史志工作；

（三）拟订地方史志工作规划和编纂方案；

（四）组织编纂地方志书、地方综合年鉴和其他地情文献，依照程序组织对地方史志文稿审查验收；

（五）征集、整理、保存地方史志文献和资料，宣传、推广地方史志成果，开展地方史志理论研究和学术交流；

（六）组织开发利用地方史志资源，建立方志馆、地情资料库和地情网站，培训地方史志编纂人员，为公众提供服务；

（七）完成本级人民政府和上级地方史志工作机构交办的其他任务。

第六条 编纂地方史志应当做到存真求实，确保质量，全面、客观地记述本区所辖范围内的自然、政治、经济、文化和社会的历史与现状。

地方史志编纂应当实行专兼职人员相结合，广泛吸收有关专家、学者和熟悉修志业务的人员参加。专兼职编纂人员应当具备相应的专业知识和学术水平，做到恪尽职守、客观公正、秉笔直书、尊重史实。任何单位和个人不得要求编纂人员在地方史志中做虚假记述。

第七条 以本行政区域名称冠名的区志、地方综合年鉴、地情文献的编纂工作，由区地方史志工作机构按照规划组织实施，其他组织和个人不得编纂。

乡镇（街道）、机关、社会团体、企事业单位、其他组织和个人可以编纂出版有助于经济社会发展的其他志书、年鉴及地情文献，编纂单位应接受区地方史志工作机构业务指导，并报区地方史志工作机构备案。

第八条 区级地方志书每二十年左右编修一次，每一轮地方志书编修工作完成后，区地方史志工作机构在编纂地方综合年鉴、地情文献及向社会提供咨询服务的同时，启动新一轮地方志书的编修工作。

区级地方综合年鉴每2—5年编辑出版1卷。区级地情文献不定编纂周期，根据实际需要适时确定文献内容及出版时间。

第九条 区地方史志工作机构应依法向辖区内机关、社会团体、企事业单位和其他组织及个人征集有关资料，相关单位和个人应当提供便利。区地方史志工作机构和有关部门应对上报的史志资料应进行保密审查，对所需资料可以进行查阅、摘抄和复制，但涉及国家秘密、工作秘密、商业秘密和个人隐私以及不符合档案开放条件的除外。

第十条 在地方史志编纂过程中收集到的文字资料、图表、照片、音像资料、实物等以及形成的地方志文稿，应按照规定归档管理，任何单位、个人不得损毁或者据为己有以及出租、出让、转借。

编纂地方史志涉及军事内容的，应当遵守中央军委关于军事志编纂的相关规定。

第十一条 编纂地方志书、地方综合年鉴、地情文献，应当制定编纂方案。

地方志书编纂方案报上一级人民政府史志工作机构批准后实施，区级地方综合年鉴、地情文献编纂方案报区人民政府批准，其他地方综合年鉴、地情文献编纂方案报区地方史志工作机构批准。

根据编纂方案的规定承担编纂任务的单位，应当按照地方史志编纂规划和要求，接受区地方史志工作机构的业务指导与督促检查，按时保质完成撰稿任务。

第十二条 地方志书、地方综合年鉴、地情文献出版实行分级审查批准制度，应当组织有关保密、档案、计生、历史、法律、经济、军事等方面的专家参加，重点审查地方志书的内容是否符合宪法和保密、档案等法律、法规的规定，是否全面、客观地反映本辖区自然、政治、经济、文化和社会的历史与现状。

以本行政区域名称冠名、列入规划的地方志书经市地方史志编纂委员会审定，由区人民政府批准后出版，并报省史志工作机构备案；以乡镇（街道）行政区域名称冠名的乡镇（街道）志由区地方史志工作机构审查后出版。

区级年鉴应由区地方志编纂委员会审定，报区人民政府批准后出版；乡镇（街道）年鉴应由区地方史志工作机构审查后出版。

以本行政区域名称冠名的综合地情文献，应由区地方史志编纂委员会报区人民政府同意后出版。

第十三条 相关地情文献编纂出版按下列规定进行备案：

（一）区级机关、社会团体、事业单位编纂的地情文献，向区地方史志工作机构备案；

（二）乡镇政府（街道办事处）、村（社区）编纂的地情文献向区地方史志工作机构备案；

（三）有关组织、单位编纂的相关地情文献，按照隶属关系或注册登记关系报地方史志工作机构备案。

第十四条 地方史志编纂单位应当在地方志书、地方综合年鉴及地情文献出版后三十日内，向本级和上级地方史志工作机构报送样书和电子文本。

第十五条 实行地方史志保密审查分级分单位负责制。地方史志的保密审查由提供资料和编写初稿的单位负责，区保密主管部门会同区地方史志工作机构对本级地方史志进行保密审定。地方史志泄露秘密事项的，由有关部门依法查处。

第十六条 地方志书、地方综合年鉴和相关地情文献为职务作品，依照《中华人民共和国著作权法》第十六条第二款的规定，其著作权由组织编纂的地方史志工作机构享有，参与编纂的人员享有署名权。

第十七条 建立地情资料日常收集机制。区地方史志工作机构可以通过建立方志馆

（地情资料库）等收藏、保存、管理各类地方志资料，积极开展读志用志、地情宣传、业务咨询活动，出版专题资料、地情研究成果，为社会各界服务。

鼓励单位和个人向区地方史志工作机构捐赠地方志资料，对具有收藏价值的资料，方志馆应当向捐赠者颁发收藏纪念证书，并给予馆存资料的优先使用权。

第十八条 地方史志成果可以依照有关规定参加国家、省和市优秀社会科学成果评奖，以及其他各级优秀地方志书、年鉴等评奖。

第十九条 对地方史志工作中做出突出成绩和贡献的单位和个人，由区人民政府给予表彰和奖励。

第二十条 违反本办法规定，有下列行为之一的，由区地方史志工作机构按照有关规定和管理权限责令其停止违法行为，限期改正；逾期不改正的，由其所在单位或者有关行政部门依法给予行政处分或者纪律处分：

（一）未经审查验收、批准，擅自编纂出版以本行政区域名称冠名的地方志书、地方综合年鉴及相关地情文献的；

（二）无故拖延、拒绝提供地方史志资料或者拒不承担编写任务的；

（三）故意提供虚假地方史志资料的；

（四）丢失、损毁单位地方史志资料或者将其据为己有的；

（五）将地方史志文稿作为个人著作擅自发表的；

（六）对已经审查通过的地方史志文稿擅自进行重大改动并出版的；

（七）拒不向地方史志工作机构报送地方史志出版物（含纸质版、电子版）的。

第二十一条 违反本办法规定，涉及其他有关法律、法规规定的，按照其他有关法律法规进行处理。

第二十二条 本办法由区地方志编纂委员会办公室负责解释。

第二十三条 本办法自 2012 年 5 月 4 日起施行，有效期至 2017 年 5 月 4 日。

泰安市岱岳区人民政府关于印发《泰安市岱岳区地方史志工作管理办法》的通　知

泰岱政发〔2012〕29号

各乡、镇人民政府（街道办事处），区政府各部门，泰山青春创业园、大汶口工业园：

现将《泰安市岱岳区地方史志工作管理办法》印发给你们，请认真贯彻执行。

泰安市岱岳区人民政府

二〇一二年六月二十日

泰安市岱岳区地方史志工作管理办法

第一条　为了规范和加强岱岳区地方志工作，全面、客观、系统地记载区域地情和编纂地方志，科学合理地积累保存与开发利用地方史志资源，充分发挥地方志在服务经济建设和社会发展中的作用，根据国务院《地方志工作条例》《山东省地方史志工作条例》和《泰安市地方史志工作管理办法》等有关规定，结合本区实际，制定本办法。

第二条　本办法适用于本区行政区域内地方志的资料征集、研究、组织编纂、管理、开发利用和咨询服务工作。

第三条　本办法所称地方志，包括地方志书、地方综合年鉴及相关地情文献。

地方志书是指全面、客观、系统地记述本行政区域自然、政治、经济、文化和社会等方面的历史与现状的资料性文献，包括本行政区区志、以本区行政区划名称冠名的乡镇（街道）志、经济园区志和以本区行政区划名称冠名的专业（部门）志、村（社区）志。

地方综合年鉴，是指系统记述本行政区域自然、政治、经济、文化、社会等方面情况的年度资料性文献，包括本行政区年鉴、以本区行政区划名称冠名的乡镇（街道）年鉴、经济园区年鉴和行业年鉴。

相关地情文献，是指系统记述本行政区域一定领域全面工作或专项工作的资料性文献，包括机关、社会团体、企事业单位、村（社区）编纂的以本区行政区划名称冠名的地情类书籍。

第四条　各级政府应当加强对本行政区域地方史志工作的领导，将地方史志工作纳入本地经济和社会发展计划，保障地方史志工作机构的工作条件。地方史志工作所需经费列入本级财政预算。

第五条 区党史史志办公室是区地方史志工作主管机构，履行下列职责：

（一）贯彻执行地方志工作法律、法规、规章和政策规定；

（二）组织、指导、督促和检查全区地方志工作；

（三）拟定地方志工作规划和编纂方案；

（四）组织制定和实施地方史志编纂业务规范；

（五）编纂、审查、验收地方史志文稿；

（六）组织整理旧志，征集保存地方史志文献；

（七）建设管理地情网站和方志馆，开发利用地方史志资源；

（八）组织开展地方史志学术交流、业务培训；

（九）完成本级政府和上级政府地方史志工作机构交办的其他任务。

第六条 编纂地方史志应当做到存真求实、全面客观、忠于史实、确保质量，准确地记述本行政区域自然、政治、经济、文化和社会的历史与现状。任何单位和个人不得要求编纂人员在地方史志等文献中做虚假记述。

编纂时应吸收有关方面专家、学者参加。地方史志编纂人员实行专职与兼职相结合，专职编纂人员应具备相应的专业知识和学术水平。

第七条 区地方志书每20年左右编修一次，区级地方综合年鉴按年度或数年编辑出版一卷。承担本区地方志书、地方综合年鉴撰稿任务的单位应当明确责任人员，接受区史志工作主管机构的指导和督促，按照时间和质量要求完成撰稿任务。区史志工作主管机构可适时组织编纂综合或专题地情文献。

第八条 区史志工作主管机构负责对本级地方志书、地方综合年鉴、相关地情文献文稿进行审查，重点审查地方志文稿的内容是否符合保密、档案等法律、法规的规定，是否全面、客观地反映本行政区域自然、政治、经济、文化和社会的历史与现状。

第九条 编纂本区地方志，按下列程序进行：

（一）岱岳区志、岱岳区年鉴及区级相关地情文献由区史志工作主管机构制定出编纂规划，报区政府和市政府史志工作机构批准后，组织开展编纂。

1. 区史志工作主管机构按照地方志编写年限要求，结合本区实际，提前半年制定出地方志编纂规划和实施方案，上报区政府和市政府史志工作机构批准。

2. 区史志工作主管机构制定详细编纂方案，提交区地方史志编纂委员会讨论审议后，报区政府同意后下发，启动编纂工作。

3. 区史志工作主管机构负责组织编纂人员，开展业务，检查验收、出版发行工作。

4. 地方志编纂形成定稿后，由区史志工作主管机构写出报告，报上一级史志编纂委员会审定，经区政府批准后出版，并报省政府史志工作机构备案。

（二）以本区行政区划名称冠名的乡镇（街道）志、专业志等各类志书、年鉴、相关地情文献，由相关乡镇（街道）和部门在区史志工作主管机构的指导下组织编纂。

1. 各乡镇（街道）、各部门将地方志编纂方案提前3个月报区史志工作主管机构审查后组织实施。

2. 区史志工作主管机构负责志书的业务指导、检查督导、审查把关、专家评审、存档备案等工作。

3. 各乡镇（街道）、各部门按照地方志编写程序，形成志稿篇目设置、初稿、评审稿、定稿。篇目设置形成后报区史志工作主管机构审查备案，然后组织开展初稿编写。评审稿形成后，由区史志工作主管机构审查，组织评审，提出修改意见。有关部门和乡镇（街道）根据评审意见修改、定稿，经区史志工作主管机构审查批准后，按照有关规定出版发行。

4. 各乡镇（街道）、各部门应当在地方志出版后30日内向区史志工作主管机构报送样书及电子文本。

第十条 以本级行政区划名称冠名、列入规划的地方志书由上一级地方志工作机构审查验收，报区政府批准后公开出版；区级地方综合年鉴、地方专业志书由区地方史志编纂委员会审查验收，经区政府批准后公开出版；乡镇（街道、经济园区）志由区地方史志编纂委员会审查批准，上一级史志编纂委员会备案；其他相关地情文献资料由区史志工作主管机构审查批准备案。未按以上程序进行报批的各类地方志、鉴、相关地情文献均不得公开出版，新闻出版行政机构不得核发内部资料性图书准印证。

第十一条 区史志工作主管机构可依法向本行政区域内所有机关、社会团体、企事业单位和其他组织以及公民征集有关地方志资料，有关单位和公民应当提供支持。地方志资料所有人或者持有人不得故意提供虚假资料。区史志工作主管机构可对有关资料进行查阅、摘抄、复制，但涉及国家秘密、商业秘密和个人隐私以及不符合档案开放条件的除外。

第十二条 在地方志编纂过程中收集到的文字资料、图表、照片、音像资料、实物等以及形成的地方志文稿，应按照规定归档管理，不得损毁。修志工作完成后，应当依法移交档案馆保存、管理，个人不得据为己有或者出租、转借。

第十三条 以本区行政区划名称冠名的地方志书、地方综合年鉴、相关地情文献为职务作品。按照《中华人民共和国著作权法》第十六条第二款的规定，其著作权由组织编纂的机构享有，参与编纂的人员享有署名权。

第十四条 地方志工作应为地方经济、社会发展服务。区史志工作主管机构采取建设方志馆、资料库、地情网站等方式，积极开展社会读志用志工作。公民、法人和其他组织可通过方志馆、资料库、地情网站查阅、摘抄地方志资料。鼓励单位和个人向方志馆捐赠地方史志文献，对捐赠具有收藏价值资料的，方志馆应当向捐赠者颁发收藏纪念证书，并赋予其馆存资料的优先使用权。

第十五条 区政府对在地方志工作中做出突出成绩和贡献的单位、个人，给予表彰和奖励。地方史志作品可以依据有关规定参加国家、省和市优秀社会科学成果评奖。

第十六条 违反本办法规定，有下列行为之一的，由区史志工作主管机构按照管理权限责令停止违法行为，限期整改；逾期未改的，由其所在单位或者有关行政部门依法给予行政处分或纪律处分：

（一）未经审查、批准，擅自编纂出版以本区行政区划名称冠名的地方志、地方综合年鉴或相关地情文献的；

（二）损毁单位所有或持有的地方史志资料或将其据为己有的；

（三）地方史志资料所有人或持有人故意提供虚假资料的；

（四）对已审查通过的地方志文稿擅自进行重大改动并出版的；

（五）无故拖延、拒不向区史志工作主管机构提供地方志资料或拒绝承担编写任务的。

第十七条 任何单位和个人有权对违反本办法的行为进行检举。

第十八条 本办法由区史志工作主管机构负责解释。

第十九条 本办法自发布之日起实施，有效期5年。

新泰市人民政府办公室关于印发《新泰市地方志编纂工作管理办法》的通　知

新政办发〔2013〕60号

各乡、镇人民政府，各街道办事处，市政府各部门，市直各单位，驻新各单位：

《新泰市地方志编纂工作管理办法》已经市政府研究同意，现印发给你们，望认真遵照执行。

新泰市人民政府办公室

二〇一三年十一月四日

新泰市地方志编纂工作管理办法

第一条　为规范新泰市地方志的编纂、管理、开发和利用，根据国务院《地方志工作条例》和《山东省地方史志工作条例》有关规定，结合本市实际，制定本办法。

第二条　新泰市行政区域内地方志的组织编纂、管理、开发和利用，适用本办法。

第三条　本办法所称地方志，包括地方志书、地方综合年鉴、综合地情文献等。

地方志书是指全面客观系统地记述本市行政区域内自然、政治、经济、文化、社会等方面的历史与现状的资料性文献。分为：本市编纂的新泰市地方志、以本市行政区划冠名的乡镇志、以本市行政区划冠名的部门志以及以本市行政区划冠名的其他相关志。

地方综合年鉴是指系统记述本市行政区域内自然、政治、经济、文化、社会等方面情况的年度资料性文献。分为本市编纂的新泰年鉴、以本市行政区划冠名的乡镇年鉴、以本市行政区划冠名的部门年鉴以及以本市行政区划冠名的其他年鉴。

综合地情文献是指系统记述本市行政区域内自然、政治、经济、文化、社会等方面一段时期或部分内容的资料性文献。分为：本市编纂的新泰市综合性地情文献、以本市行政区划冠名的乡镇地情文献、以本市行政区划冠名的部门地情文献以及以本市行政区划冠名的其他地情文献。

第四条　新泰市地方史志编纂委员会办公室（以下简称市史志办）主管本行政区域内的地方志工作，履行下列职责：

（一）组织、指导、督促和检查全市地方志工作；

（二）拟定新泰市地方志工作规划和编纂方案；

（三）制定新泰市地方志编纂业务规范；

（四）组织编纂新泰市地方志、地方综合年鉴、综合地情文献等全市综合性志书；

（五）负责本市行政区域内以行政区划冠名的各类志书的业务指导、专家评审、审查验收、存档备案工作；

（六）搜集、保存地方志文献和资料，组织整理旧志，推动地方志理论研究；

（七）宣传、推广地方志成果，开展地情研究，建设方志馆、资料库和地情网站，为公众读志用志提供服务。

第五条 从事地方志编纂业务的人员应当具备相关的专业知识和学术水平，做到客观公正、尊重史实。任何单位和个人不得要求编纂人员在地方志中做虚假记述。编纂新泰市地方志、地方综合年鉴、综合地情文献等全市综合性志书的编纂人员，应当吸收社会各界专家、学者参加；本市行政区域内以行政区划冠名的乡镇志、部门志等各类志书的编纂人员，由相关乡镇（街道）、部门选派熟悉修志业务的人员担任，报市史志办备案。

第六条 新泰市地方志、新泰年鉴、新泰市综合性地情文献由市史志办按照全市规划组织编纂，其他组织和个人不得编纂出版。

第七条 新泰市地方志、新泰年鉴、新泰市综合性地情文献由市史志办制定出编纂规划报市政府批准后，组织开展编纂，报上一级政府史志工作机构审查，经市政府批准后出版，并报省政府史志工作机构备案。具体程序是：

1. 市史志办按照地方志编写年限要求，结合本市实际，对需开展的地方志编纂工作，提前半年制定出编纂规划，上报市政府批准。

2. 市史志办制定详细的编纂方案，提交市地方史志编纂委员会讨论审议后，报市政府批准，启动编纂工作。

3. 市史志办负责组织编纂人员培训、业务开展、检查验收、出版发行等工作。所需经费列入同级财政预算。

4. 地方志编纂形成定稿后，由市史志办写出报告，报上一级地方史志工作机构审定，经市政府批准后出版，并报省政府史志工作机构备案。

第八条 机关、社会团体、企业事业单位、其他组织和个人可编纂出版有助于经济社会发展的其他地方志书及地情类书籍，编纂单位应当报市史志办备案，市史志办应当对志书编纂活动进行业务指导。

第九条 市史志办向机关、社会团体、企业事业单位和其他组织以及公民征集有关地方志资料，有关单位和公民应当提供支持。地方志资料所有人或者持有人不得故意提供虚假资料。市史志办可以对有关资料进行查阅、摘抄、复制，但涉及国家秘密、商业秘密和个人隐私以及不符合档案开放条件的除外。

第十条 在地方志编纂过程中收集到的文字资料、图表、照片、音像资料、实物等以及形成的地方志文稿，需指定专职人员集中统一管理，妥善保存，不得损毁；修志工作完成后，应当依法移交档案馆保存、管理，个人不得据为己有或者出租、出让、转借。

第十一条 以行政区划名称冠名的地方志书、地方综合年鉴、地情文献为职务作品，依照《中华人民共和国著作权法》第十六条第二款的规定，其著作权由组织编纂的机构享有，参与编纂的人员享有署名权。

第十二条 地方志工作应为地方经济社会的全面发展服务。

市史志办通过建设方志馆、资料库、网站等方式，积极开拓社会用志途径，加强地方志工作的信息化建设。公民、法人和其他组织可以利用上述方志馆、资料库、网站查阅、摘抄地方志资料。

第十三条 市政府将对在地方志工作中作出突出成绩和贡献的单位、个人，给予表彰和奖励。

第十四条条 违反本办法规定，有下列行为之一的，由市史志办依据《山东省地方史志工作条例》责令其停止违法行为，限期整改；逾期不改的，由其所在单位或者有关行政部门依法给予行政处分或者纪律处分：

（一）擅自编纂出版以本行政区域名称冠名的地方志、地方综合年鉴或者综合地情文献的；

（二）损毁单位所有或者持有的地方史志资料或者将其据为己有的；

（三）地方史志资料所有人或者持有人故意提供虚假资料的；

（四）未经审查、验收、批准将地方志交付出版的；

（五）无故拖延、拒绝提供地方志资料或者承担编写任务的；

（六）拒绝向市史志办报送地方史志文献的。

有前款第（一）、（二）项行为，造成重大损失或者恶劣影响的，市史志办可以依法向人民法院提起诉讼。

第十五条 任何单位和个人有权对违反本办法的行为进行检举。

第十六条 本办法自2013年12月1日起施行，有效期至2018年12月1日。

肥城市人民政府关于印发《肥城市地方史志工作管理办法》的通　知

肥政发〔2011〕49号

各镇人民政府、街道办事处，市政府各部门、直属机构，市以上驻肥各单位：

现将《肥城市地方史志工作管理办法》印发给你们，望认真贯彻执行。

肥城市人民政府

二〇一一年十一月二十九日

肥城市地方史志工作管理办法

第一条　为了规范和加强地方史志工作，全面、客观、系统地编纂地方志，科学、合理地开发利用地方史志资源，充分发挥地方志在促进经济和社会全面发展中的作用，根据国务院《地方志工作条例》《山东省地方史志工作条例》和《泰安市地方史志工作管理办法》等有关规定，结合我市实际，制定本办法。

第二条　本办法适用于本市行政区域内地方史志的资料征集、研究、组织编纂、开发利用和管理工作。

第三条　本办法所称地方史志包括地方志书、地方综合年鉴及相关地情文献。

地方志书，是指全面系统地记述本行政区域内自然、政治、经济、文化和社会历史与现状的资料性文献，主要有市志、镇（街道）志等。

地方综合年鉴，是指全面系统地记述本行政区域内自然、政治、经济、文化、社会等方面情况的年度资料性文献，主要有市年鉴、镇（街道）年鉴等。

相关地情文献，是指系统记述本行政区域一定领域情况的资料性文献，主要有机关、社会团体、企业事业单位及村（社区）编纂的志书、年鉴和其他资料性文献。

第四条　市、镇（街道）应当加强对本行政区域地方史志工作的领导，将地方史志工作纳入国民经济和社会发展规划，落实工作人员和办公条件。地方史志工作所需经费列入本级财政预算。

第五条　市地方史志办公室主管全市的地方史志工作，具体承担下列任务：

（一）贯彻执行地方史志工作法律、法规、规章和政策规定；

（二）组织、指导、督促、检查地方史志工作；

（三）拟订地方史志工作规划和编纂方案；

（四）组织制定和实施地方史志编纂业务规范；

（五）编纂、审查、验收地方史志文稿；

（六）建设管理地情网站和方志馆，开发利用地方史志资源；

（七）组织整理旧志，征集、保存地方史志文献；

（八）组织开展地情调查、地方史志学术研究、业务培训；

（九）完成市人民政府和上级业务部门交办的其他任务。

第六条 编纂地方史志应做到存真求实，全面、客观地记述本行政区域内自然、政治、经济、文化和社会的历史与现状。

编纂时应吸收有关方面的专家、学者参加。地方史志编纂人员实行专职与兼职相结合，专职编纂人员应当具备相应的专业知识。

第七条 地方史志分别由下列单位组织编纂：

（一）以本市行政区域名称冠名的地方志书、地方综合年鉴、综合地情文献，由市地方史志办公室组织编纂；

（二）以镇（街道）行政区域名称冠名的地方志书、地方综合年鉴，由镇人民政府（街道办事处）组织编纂。

前款规定以外的志书、年鉴和相关地情文献，由有关机关、社会团体、企业事业单位及村（社区）组织编纂。

第八条 市地方志书每二十年左右编修一次。每一轮地方志书编修工作完成后，市地方史志办公室在编纂地方综合年鉴、搜集资料、向社会提供咨询服务的同时，启动新一轮地方志书的编修工作。

市地方综合年鉴按政府届次每届政府编辑出版一卷。

第九条 地方史志资料应按下列规定征集和管理：

（一）市地方史志办公室应依法向全市机关、社会团体、企业事业单位及个人征集地方史志资料；

（二）地方史志资料归机关、社会团体、企业事业单位所有或持有的，应明确具体责任人员，并按照规定的时限要求提供真实、准确的资料；

（三）市地方史志办公室和有关部门对上报的史志资料应进行保密审查，对所需资料可以进行阅读、摘抄和复制，但涉及国家秘密、商业秘密和个人隐私以及不符合有关要求的除外；

（四）地方史志编纂过程中收集到的文字资料、图表、照片、音像资料、实物等地方史志资料及形成的文稿，由市地方史志办公室进行集中统一管理，并妥善保存，不得损毁；

（五）编纂工作完成后，市地方史志办公室应当及时移交方志馆保存和管理。

第十条 承担地方志书、地方综合年鉴具体撰稿任务的单位，应当明确责任人员，接受市地方史志办公室的指导，按照时间和质量要求完成撰稿任务。

第十一条 地方志书、地方综合年鉴编纂完成后，市地方史志办公室应组织相关部门对地方志书、地方综合年鉴文稿进行审查，及时出具审查意见；审查未通过的，不得公开出版，存在重大问题的，应当返回重修；通过审查后作重大调整和修改的，应当重新报审。文稿中的综合数据按有关规定应由统计部门进行审核。

第十二条 地方志书出版应实行分级审批制度：

（一）《肥城市志》由市地方史志编纂委员会审定，经市人民政府批准后出版，并报省史志工作机构备案。

（二）以镇（街道）行政区域名称冠名的镇（街道）志由市地方史志办公室审查后出版。

第十三条 市年鉴应由市地方史志编纂委员会审定，报市人民政府批准后出版。镇（街道）年鉴应由市地方史志办公室审查后出版。

以本市行政区域名称冠名的综合地情文献，应由市地方史志编纂委员会报市人民政府同意后出版。

第十四条 由机关、社会团体、企业事业单位、镇（街道）、村（社区）等编纂出版的相关地情文献，应向市地方史志办公室备案。

第十五条 地方志书、地方综合年鉴和相关地情文献出版后，编纂单位应当在三个月内向当地和上级史志工作机构报送样书和电子文本。地方史志工作机构应当适时通过地情网站向社会公布。

第十六条 以本市行政区域名称冠名的地方志书、地方综合年鉴为职务作品，依照《中华人民共和国著作权法》第十六条第二款的规定，其著作权由组织编纂的市地方史志办公室享有，参与编纂的人员享有署名权。

第十七条 市方志馆应当向社会开放，公民、法人和其他组织可以利用方志馆免费查阅、摘抄地方史志文献。

鼓励单位和个人向方志馆捐赠地方史志文献。对具有收藏价值的资料，方志馆应向捐赠者颁发收藏纪念证书，并给予馆存资料的优先使用权。

第十八条 对在地方史志工作中取得突出成绩的单位和个人，由市人民政府给予表彰和奖励。

地方史志作品正式出版后可以参加社会科学成果评奖。

第十九条 有下列行为之一的，由市地方史志办公室按照管理权限责令其停止违法行为，限期改正；逾期不改的，由其所在单位或者有关行政部门依法给予行政处分或者纪律处分：

（一）擅自编纂出版以行政区域名称冠名的地方志、地方综合年鉴或者综合地情文献的；

（二）损毁单位所有或者持有的地方史志资料或者将其据为己有的；

（三）地方史志资料所有人或者持有人故意提供虚假资料的；

（四）未经审查、验收、批准将地方史志交付出版的；

（五）无故拖延、拒绝提供地方史志资料或者承担编写任务的；

（六）拒绝向上级人民政府史志工作机构报送地方史志文献的。

有前款第（一）（二）项行为，造成重大损失或者恶劣影响的，市地方史志办公室、地方史志资料所有或者持有单位和相关部门可以依法向人民法院提起诉讼。

第二十条 地方史志工作人员有下列行为之一的，依法予以处分；造成损失的，依法承担赔偿责任；构成犯罪的，依法追究刑事责任：

（一）在地方史志编纂中故意加入虚假资料的；

（二）将地方史志编纂工作中搜集的资料和形成的文稿据为己有的；

（三）将地方史志文稿作为个人著作擅自发表的；

（四）擅自处置地方史志资料，造成损毁或遗失的。

第二十一条 本办法自 2012 年 1 月 1 日起施行。

宁阳县人民政府关于印发《宁阳县地方史志工作管理办法》的通知

宁政发〔2012〕58号

各乡镇人民政府（街道办事处）、县政府各部门、各企事业单位、市以上驻宁各单位：

现将《宁阳县地方史志工作管理办法》印发给你们，请认真贯彻执行。

宁阳县人民政府

二〇一二年五月二十三日

宁阳县地方史志工作管理办法

第一条 为规范和加强地方史志工作，全面、客观、系统地记载区域地情，科学、合理地开发利用地方史志资源，充分发挥地方志在促进经济社会全面发展中的作用，根据国务院《地方志工作条例》《山东省地方史志工作条例》和《泰安市地方史志工作管理办法》等有关规定，结合我县实际，制定本办法。

第二条 我县行政区域内地方史志的资料征集、组织编纂、开发利用和管理工作，适用本办法。

第三条 本办法所称地方史志，包括地方志书、地方综合年鉴和相关地情文献。

地方志书，是指全面系统地记述本行政区域内自然、政治、经济、文化和社会历史与现状的资料性文献，主要有县志、乡镇（街道）志等。

地方综合年鉴，是指全面系统地记述本行政区域内自然、政治、经济、文化和社会等方面情况的年度资料性文献（不包括单个统计调查对象的资料），主要有县年鉴、乡镇（街道）年鉴等。

相关地情文献，是指系统记述本行政区域一定领域情况的资料性文献，主要有机关、社会团体、企业事业单位及村（社区）编纂的志书、年鉴和其他资料性文献。

第四条 县、乡镇人民政府（街道办事处）应当加强对本行政区域地方史志工作的领导，将地方史志工作纳入国民经济和社会发展计划，保障地方史志工作机构的工作条件，地方史志工作所需经费应列入本级财政预算。

第五条　县地方史志工作机构主管本行政区域内的地方史志工作，具体承担下列任务：

（一）贯彻执行地方史志工作法律、法规、规章和政策规定；

（二）组织、指导、督促、检查地方史志工作；

（三）拟定地方史志工作规划和编纂方案；

（四）组织制定和实施地方史志编纂业务规范；

（五）编纂、审查、验收地方史志文稿；

（六）建设管理地情网站和方志馆，开发利用地方史志资源；

（七）组织整理旧志，征集、保存地方史志文献；

（八）组织开展地情调查、地方史志学术研究、业务培训；

（九）完成本级人民政府和上级业务部门交办的其他任务。

宁阳经济开发区应按规定做好地方史志的相关工作。

第六条　编纂地方史志应做到存真求实，全面、客观地记述本行政区域内自然、政治、经济、文化和社会的历史与现状。

编纂时应吸收有关方面的专家、学者参加。地方史志编纂人员实行专职与兼职相结合，专职编纂人员应当具备相应的专业知识。

第七条　地方史志分别由下列单位组织编纂：

（一）以县行政区域名称冠名的地方志书、地方综合年鉴、综合地情文献，由县地方史志工作机构组织编纂；

（二）以乡镇（街道）行政区域名称冠名的地方志书、地方综合年鉴，由乡镇人民政府（街道办事处）组织编纂。

前款规定以外的志书、年鉴和相关地情文献，由有关机关、社会团体、企业事业单位及村（社区）组织编纂。

第八条　地方志书每二十年左右编修一次。

以县、乡镇（街道）行政区域名称冠名的地方综合年鉴，按照年度（或数年）编辑出版1卷，以出版年份（或断限）为序号。

第九条　地方志书、年鉴及相关地情文献应按下列规定进行编纂：

（一）县地方史志工作机构每年制定本行政区域志书、年鉴及相关地情文献编纂计划，依法推进首轮乡镇（街道）志书编修，并有计划组织有关机关、社会团体、企业事业单位及村（社区）志书分批编纂；

（二）乡镇人民政府（街道办事处）应每年安排2—3个村（社区）启动编纂志书，并有计划地逐步推进。

第十条　地方史志资料应按下列规定征集和管理：

（一）地方史志工作机构应依法向本行政区域内机关、社会团体、企业事业单位及个人征集地方史志资料；

（二）地方史志资料归机关、社会团体、企业事业单位所有或持有的，应明确具体责任人员，并按照规定的时限要求提供真实、准确的资料。地方史志资料所有者或持有者提供有关资料，可以获得适当报酬；

（三）地方史志工作机构和有关部门对上报的史志资料应进行保密审查，对所需资料可以进行阅读、摘抄和复制，但涉及国家秘密、商业秘密和个人隐私以及不符合有关要求的除外；

（四）地方史志编纂过程中收集到的文字资料、图表、照片、音像资料、实物等地方史志资料及形成的文稿，由地方史志工作机构进行集中统一管理，并妥善保存，不得损毁；

（五）编纂工作完成后，地方史志工作机构应当及时移交方志馆（室）保存和管理。

第十一条　承担地方志书、地方综合年鉴具体撰稿任务的单位，应当明确责任人员，接受地方史志工作机构的指导，按照时间和质量要求完成撰稿任务。

第十二条　地方志书、地方综合年鉴编纂完成后，地方史志工作机构应组织相关部门对本级地方志书、地方综合年鉴文稿进行审查，及时出具审查意见；审查未通过的，不得公开出版，存在重大问题的，应当返回重修；通过审查后作重大调整和修改的，应当重新报审。文稿中的综合数据按有关规定应由同级统计部门进行审核。

第十三条　地方志书出版应实行分级审批制度：

（一）《宁阳县志》经市地方史志编纂委员会审定，由县人民政府批准后出版，并报省史志工作机构备案；

（二）以乡镇（街道）行政区域名称冠名的乡镇（街道）志由县地方史志工作机构审定，由乡镇人民政府（街道办事处）批准后出版。

第十四条　县级年鉴应由县地方史志编纂委员会审定，报县人民政府批准后出版。乡镇（街道）年鉴应由县地方史志工作机构审查后出版。

以县行政区域名称冠名的综合地情文献，应由县级地方史志编纂委员会报县人民政府同意后出版。

第十五条　相关地情文献编纂出版应按下列规定进行备案：

（一）市级以上驻宁机关、社会团体、企事业单位及外地驻宁企业编纂的地情文献，向县地方史志工作机构备案；

（二）县级机关、社会团体、事业单位编纂的地情文献，向县地方史志工作机构备案；

（三）乡镇人民政府（街道办事处）、村（社区）编纂的地情文献，向县地方史志工作机构备案；

（四）有关组织、单位编纂的相关地情文献，按照隶属关系或注册登记关系报县地方史志工作机构备案。

第十六条 地方志书、地方综合年鉴和相关地情文献出版后，编纂单位应当在三个月内向当地和上级史志工作机构报送样书和电子文本。地方史志工作机构应当适时通过地情网站向社会公布。

第十七条 以县级以上行政区域名称冠名的地方志书、地方综合年鉴和综合地情文献为职务作品，依照《中华人民共和国著作权法》第十六条第二款的规定，其著作权由组织编纂的地方史志工作机构享有，参与编纂的人员享有署名权。

第十八条 建立地情资料日常搜集机制。县地方史志机构通过建立方志馆（室）收藏、保存、管理各类地方史志资料。

县方志馆（室）应当向社会开放，公民、法人和其他组织可以利用方志馆免费查阅、摘抄地方史志文献。

鼓励单位和个人向方志馆捐赠地方史志文献。对具有收藏价值的资料，方志馆应向捐赠者颁发收藏纪念证书，并给予馆存资料的优先使用权。

第十九条 对在地方史志工作中取得突出成绩的单位和个人，由县、乡镇人民政府（街道办事处）给予表彰和奖励。

地方史志作品正式出版后可以参加社会科学成果评奖。

第二十条 有下列行为之一的，由县级以上史志工作机构按照管理权限责令其停止违法行为，限期改正；逾期不改的，由其所在单位或者有关行政部门依法给予行政处分或者纪律处分：

（一）擅自编纂出版以行政区域名称冠名的地方志、地方综合年鉴或者综合地情文献的；

（二）损毁单位所有或者持有的地方史志资料或者将其据为已有的；

（三）地方史志资料所有人或者持有人故意提供虚假资料的；

（四）未经审查、验收、批准将地方史志交付出版的；

（五）无故拖延、拒绝提供地方史志资料或者承担编写任务的；

（六）拒绝向上级人民政府史志工作机构报送地方史志文献的。

有前款第（一）（二）项行为，造成重大损失或者恶劣影响的，史志工作机构、地方史志资料所有或者持有单位和相关部门可以依法向人民法院提起诉讼。

第二十一条 地方史志工作机构工作人员有下列行为之一的，依法予以处分；造成损失的，依法承担赔偿责任；构成犯罪的，依法追究刑事责任：

（一）在地方史志编纂中故意加入虚假资料的；

（二）将地方史志编纂工作中搜集的资料和形成的文稿据为已有的；

（三）将地方史志文稿作为个人著作擅自发表的；

（四）擅自处置地方史志资料，造成损毁或遗失的。

第二十二条 本办法自 2012 年 6 月 1 日起施行，有效期五年。

东平县人民政府办公室关于印发《东平县地方史志工作管理办法》的通知

东政办发〔2012〕41号

各乡、镇人民政府，街道办事处、县政府有关部门：

《东平县地方史志工作管理办法》已经县政府同意，现印发给你们，望认真贯彻执行。

东平县人民政府

二〇一二年八月十六日

东平县地方史志工作管理办法

第一条 为规范东平县地方志的编纂、管理、开发和利用，根据国务院《地方志工作条例》《山东省地方史志工作条例》和《泰安市人民政府关于加强史志工作的意见》有关规定，结合本县实际，制定本办法。

第二条 本办法适用于东平县行政区域内地方志的资料征集、组织编纂、管理、开发和利用。

第三条 本办法所称地方志，包括地方志书、地方综合年鉴、综合地情文献等。

地方志书是指全面客观系统地记述本县行政区域自然、政治、经济、文化、社会等方面的历史与现状的资料性文献。包括：本县编纂的县志、以本县行政区划冠名的乡镇（街道）志、以本县行政区划冠名的部门志及以本县行政区划冠名的其他相关志。

地方综合年鉴是指系统记述本县行政区域内自然、政治、经济、文化、社会等方面情况的年度资料性文献。包括：本县编纂的年鉴、以本县行政区划冠名的乡镇（街道）年鉴、以本县行政区划冠名的部门年鉴及以本县行政区划冠名的其他年鉴。

综合地情文献是指系统记述本县行政区域内自然、政治、经济、文化、社会等方面一段时期或部分内容的资料性文献。包括：本县编纂的综合性地情文献、以本县行政区划冠名的乡镇（街道）地情文献、以本县行政区划冠名的部门地情文献及以本县行政区划冠名的其他地情文献。

第四条 县人民政府应当加强对本行政区域地方志工作的领导，将地方志工作纳入全县经济和社会发展规划，所需经费列入本级财政预算。

第五条　县史志办公室是本行政区地方工作主管机构，履行下列职责：

（一）贯彻执行地方志工作法律、法规；

（二）组织、指导、督促和检查全县地方志工作；

（三）拟定东平县地方志工作规划和编纂方案；

（四）制定东平县地方志编纂业务规范；

（五）组织编纂东平县地方志书、地方综合年鉴、综合地情文献等全县综合性志书；

（六）负责东平县行政区域内以行政区划冠名的各类志书的业务指导、专家评审、审查验收、存档备案工作；

（七）搜集、整理、保存地方志文献和资料，开展地方志理论研究和学术交流；

（八）组织、开发、利用地方志资源，开展地情研究，建设方志馆、资料库和地情网站，为公众读志用志提供服务；

（九）完成本级人民政府和上级地方志工作机构交办的其他任务。

第六条　东平县志每20年左右编修一次，东平年鉴视情况每隔几年编辑出版1部。承担编纂任务的单位需安排专职人员，按照地方志编纂要求，按时保质完成撰稿任务，并接受县史志办公室的业务指导与督促检查。

第七条　编纂地方志，按下列程序进行：

（一）东平县地方志书、东平年鉴、东平县综合性地情文献由县史志办公室制定出编纂规划，报县人民政府和市人民政府史志工作机构批准后，组织开展编纂；报市人民政府史志机构审查，经县人民政府批准后出版，并报省人民政府史志工作机构备案。具体程序是：

1. 县史志办公室按照地方志编写年限要求，结合本县实际，对需开展的地方志编纂工作，提前半年制定出编纂规划，上报县人民政府和市人民政府史志工作机构批准。

2. 县史志办公室制定详细的编纂方案，提交县地方史志编纂委员会讨论审议后，报县人民政府同意后下发，启动编纂工作。

3. 县史志办公室负责组织培训编纂人员、业务开展、检查验收、出版发行等工作。

4. 地方志编纂形成定稿后，由县史志办公室写出报告，报市人民政府工作机构审定，经县人民政府批准后出版，并报省人民政府史志工作机构备案。

（二）以东平县行政区划冠名的乡镇志、部门志等各类志书、年鉴、地情文献，由相关乡镇和部门在县史志办公室的指导下组织编纂。具体程序是：

1. 各乡镇、各部门将地方志编纂方案提前3个月报县史志办公室审查后组织实施。

2. 县史志办公室负责志书的业务指导、检查督导、审查把关、存档备案。

3. 各乡镇、各部门按照地方志编写程序，应形成志稿篇目设置、初稿、评审稿、定稿。篇目设置形成后报县史志办公室审查备案，然后组织开展初稿编写；初稿形成后，报县史志办公室审查，并组织评审，提出修改意见；各乡镇、各部门根据评审意见修改定稿，经县史志办公室批准后，按照有关规定印刷或出版发行。

4. 各乡镇、各部门应当在地方志出版后 30 日内向县史志办公室报送样书和电子文本。

第八条 从事地志编纂业务的人员应当具备相关的专业知识和学术水平。编纂东平县地方志书、地方综合年鉴、综合地情文献等全县综合性志书的编纂人员，由县史志办公室聘任；本县行政区域内以行政区划冠名的乡镇志、部门志等各类志书的编纂人员，由相关乡镇、部门选派熟悉修志业务的人员担任，并报县史志办公室备案。

第九条 东平县地方志书、东平年鉴、东平县综合性地情文献由县史志办公室按照全县规划组织编纂，其他组织和个人不得编纂出版。

第十条 有关组织和单位可以自行组织编纂本办法第九条规定以外的志书、年鉴或其他地情文献资料，编纂单位需报县史志办公室备案。

第十一条 县史志办公室可以向机关、社会团体、企业事业单位和其他组织以及公民征集有关地方志资料，有关单位和公民应当提供支持。地方志资料所有人或者持有人不得故意提供虚假资料。县史志办公室可以对有关资料进行查阅、摘抄、复制，但涉及国家秘密、商业秘密和个人隐私以及不符合档案开放条件的除外。

第十二条 在地方志编纂过程中收集到的文字资料、图表、照片、音像资料、实物等以及形成的地方文稿，需指定专职人员集中统一管理，妥善保存，不得损毁；修志工作完成后移交县方志馆保存、管理，个人不得据为己有或者出租、出让、转借。

第十三条 以行政区划名称冠名的地方志书、地方综合年鉴、综合地情文献为职务作品，依照《中华人民共和国著作权法》第十六条第二款的规定，其著作权由组织编纂的机构享有，参与编纂的人员享有署名权。

第十四条 地方志工作应为地方经济社会的全面发展服务。县史志办公室通过建设方志馆、地情资料库、地情网站等方式，积极开拓社会用志途径，加强地方志工作的信息化建设。已出版发行的地方志书、地方综合年鉴、综合地情文献需在三个月内在地情网站上发布。公民、法人和其他组织可以利用方志馆、地情资料库和地情网站查阅、摘抄地方志资料。

鼓励单位和个人向县方志馆捐赠地方志资料，对具有收藏价值的资料，县方志馆应当向捐赠者颁发收藏纪念证书，并给予馆藏资料的优先使用权。

第十五条 县人民政府将对在地方志工作中做出突出成绩和贡献的单位、个人，给予表彰和奖励。

第十六条 违反本办法规定，有下列行为之一的，由县史志办公室按照管理权限责令其限期整改；逾期不改的，提请县人民政府或有关行政部门依法进行查处，并视情节对有关单位和个人予以通报批评或行政处分：

（一）擅自编纂出版以东平县行政区划冠名的地方志、地方综合年鉴或者综合地情文献的；

（二）丢失、损毁单位所有或持有的地方史志资料，或者将其据为己有的；

（三）地方史志资料所有人或者持有人故意提供虚假资料的；

（四）未经审查、验收、批准将地方志交付出版或者地方志内容存在违反宪法、法律、法规的；

（五）无故拖延、拒绝提供地方志资料或者承担编写任务的；

（六）拒绝向县史志办公室报送地方史志文献的；

（七）将地方志文稿作为个人著作擅自发表的。

有前款第（一）（二）项行为，造成重大损失或者恶劣影响的，县史志办公室可以依法向人民法院提起诉讼。

第十七条 违反本办法，涉及其他有关法律、法规的，由相关部门依法予以处罚。

第十八条 任何单位和个人有权对违反本办法的行为进行检举。

第十九条 本办法由县史志办公室负责解释。

第二十条 本办法自印发之日起施行。

威海市人民政府关于印发《威海市地方史志工作管理办法》的通 知

威政发〔2011〕40号

各市、区人民政府，高技术产业开发区、经济技术开发区、工业新区管委会，市政府各部门、单位：

现将《威海市地方史志工作管理办法》印发给你们，请认真遵照执行。

威海市人民政府

二〇一一年九月二十三日

威海市地方史志工作管理办法

第一条 为促进本市地方史志事业发展，更好地发挥资政、存史、教化的作用，根据国务院《地方志工作条例》和《山东省地方史志工作条例》，结合本市实际，制定本办法。

第二条 本办法适用于本市行政区域内地方史志的组织编纂、管理和开发利用工作。

第三条 本办法所称地方史志，是指各级各类地方志书、地方年鉴以及相关地情文献。

本办法所称地方志书，包括市志、各市区（包括高区、经区和工业新区，下同）志以及部门志、企事业单位志、社会团体志、镇（街道）志、行政村（社区）志等。

本办法所称地方年鉴，包括以市和各市区区域名称冠名的地方综合年鉴以及部门年鉴、企事业单位年鉴、社会团体年鉴、镇（街道）年鉴、行政村（社区）年鉴等。

本办法所称相关地情文献，包括以市和各市区区域名称冠名的综合地情文献以及部门、企事业单位、社会团体、镇（街道）、行政村（社区）编纂的其他资料性文献。

第四条 市和各市区政府（管委）应当加强对地方史志工作的领导，将地方史志工作纳入国民经济和社会发展规划，明确工作机构和人员，地方史志工作所需经费列入同级财政预算。

第五条 市和各市区政府（管委）地方史志工作机构主管所辖区域内的地方史志工

作，履行下列职责：

（一）贯彻执行地方史志工作法律、法规；

（二）组织、指导和检查地方史志工作；

（三）拟定地方史志工作规划和编纂方案；

（四）组织编纂地方志书、地方综合年鉴及综合地情文献；

（五）审查、验收、备案有关地方史志文稿；

（六）组织整理旧志，征集、整理、保存地方史志文献；

（七）组织开展地方史志理论研究、学术交流及业务培训；

（八）建设方志馆、地情资料数据库和地情网站，开发利用地方史志资源；

（九）开展地方史志资料年报工作，实行地方史志资料征集报送制度；

（十）完成同级政府（管委）和上级史志工作机构交办的其他事项。

第六条 编纂地方史志应当坚持存真求实的原则，全面、系统、客观、准确地反映本辖区域内自然、政治、经济、文化和社会的历史与现状。

第七条 从事地方史志编纂业务的工作人员应当具备相应的专业知识和学术水平。地方史志编纂工作应当吸收有关方面的专家、学者参加。

第八条 以市和各市区区域名称冠名的地方志书、地方综合年鉴和综合地情文献，由同级政府（管委）地方史志工作机构按照规划组织编纂，其他组织和个人不得编纂出版。

第九条 市和各市区地方志书每20年左右编修一次。编修工作由市政府统一规划部署。每一轮地方志书编修工作完成后，地方史志工作机构在编纂地方综合年鉴、向社会提供咨询服务、组织和引导基层开展地方史志工作的同时，启动新一轮地方志书的编修工作。遇到地方重大事件发生或重大区划变动，同级政府（管委）应当适时组织编纂专志或地方志书。

鼓励和提倡编写部门志、企事业单位志、社会团体志和镇（街道）志、村（社区）志等基层志书，并列入“威海地方史志丛书”统一编排出版。

第十条 市和各市区地方综合年鉴应当按年度组织编纂，以出版年份为卷号；其他年鉴的编纂可一年编纂一卷，也可数年编纂一卷。

第十一条 地方史志工作机构可以向机关、企事业单位和其他组织以及个人征集有关地方史志资料，有关部门、单位和个人应当提供便利。地方史志工作机构可以对资料内容进行查阅、摘抄、复制，但涉及国家秘密、商业秘密和个人隐私以及不符合档案开放条件的除外。

地方史志资料所有人或者持有人不得故意提供虚假资料。

第十二条 市和各市区地方史志工作机构负责组织所辖区域内地方史志资料的征集报送工作，实行年报制度，对年度详细资料、重大专题资料、地情文献资料、人物资料以及图片、音像、电子文本、实物等各种载体形式的资料进行及时收集、整理、保存，并负责向上级史志工作机构报送本级相关地情文献资料。

第十三条 地方史志编纂过程中征集到的各类资料及形成的文稿，由同级政府（管委）地方史志工作机构集中统一管理，妥善保存，不得损毁。编纂工作完成后，应当依法移交同级国家档案馆或者方志馆保存、管理，任何人不得据为己有或者擅自处置。

第十四条 地方史志文稿保密审查实行分级负责制。提供资料和撰写初稿的单位、个人应当确保资料和文稿不存在泄密内容。地方史志工作机构应当会同同级保密主管部门对地方史志文稿进行保密审查，发现存在泄密内容的，依法予以处理。

第十五条 承担地方史志撰稿和资料报送任务的单位，应当明确责任机构和人员，提供经费保障，并接受同级政府（管委）地方史志工作机构的指导。

第十六条 下列地方史志出版实行分级审查批准制度：

（一）《威海市志》经省地方史志编纂委员会审定，报市政府批准后出版。

（二）《威海年鉴》经市地方史志编纂委员会审定，报市政府批准后出版。

（三）各市区志经市地方史志编纂委员会审定，报同级政府（管委）批准后出版，并报省政府史志工作机构备案。

（四）各市区地方综合年鉴经同级地方史志编纂委员会审定，报同级政府（管委）批准后出版。

市和各市区地方志书、地方综合年鉴的电子类出版物，应当履行前款规定的报审程序。

第十七条 地方志书文稿报送审查时，编纂单位应当按要求提交相关资料。审查机构应当及时认真审查，并出具审查意见。未经审查验收的市志和各市区志不得以任何形式公开出版。

第十八条 对地方志书进行审查时，如发现重大质量问题的，应当退回重修。出版后发现有重大质量问题的，应当责令相关单位收回、销毁；经重新修改、按程序审查后，方可再次安排出版。

已经审查验收的地方志书，编纂单位不得随意修改。确需重新做出重大调整和修改的，应当报经审查机构同意，并在修改后再次报送审查。

第十九条 本办法第八条规定以外的志书、年鉴或者其他资料性文献，可以由有关组织和单位自行组织编纂。有关组织和单位组织编纂的志书、年鉴及其他资料性文献，应当接受地方史志工作机构的业务指导，并于出版后 30 日内按隶属关系或注册登记关系报地方史志工作机构备案。

第二十条 地方志书、地方年鉴和相关地情文献为职务作品，其著作权由组织编纂的机构享有，参与编纂的人员享有署名权。

第二十一条 地方史志编纂中涉及历史争议的问题，应当征求有关专家、学者和研究机构的意见，并向同级政府（管委）和上级地方史志工作机构报告。

第二十二条 地方史志文献应当通过方志馆、地情资料库和地情网站向社会公众开放。

第二十三条 市和各市区地方史志工作机构负责所辖区域地情资料库和地情网站的建设和维护，及时将地方史志资料及成果进行数字化处理，建成地情资料数据库。

第二十四条 鼓励单位和个人向方志馆捐赠地方资料文献。对具有收藏价值的资料，应当向捐赠者颁发捐赠证书，并给予馆存资料的优先使用权。

第二十五条 市和各市区政府（管委）及有关部门应将地方史志工作纳入年度目标考核范围，对成绩突出的单位和个人给予表彰和奖励。

第二十六条 有下列行为之一的，由市和各市区地方史志工作机构责令限期改正；逾期不改正的，由其所在单位和有关行政部门依法给予行政处分或者纪律处分：

（一）擅自编纂、出版以市和各市区区域名称冠名的地方志书、地方综合年鉴以及综合地情文献的；

（二）损毁单位所有或持有的地方史志资料或者将其据为己有的；

（三）地方史志资料所有人或者持有人故意提供地方史志虚假资料的；

（四）未经审查、验收、批准将地方史志交付出版的；

（五）无故拖延、拒绝提供地方史志资料或拒不承担编写任务的；

（六）对已经审查通过的地方史志文稿擅自进行较大改动并出版，造成恶劣影响和严重后果的；

（七）拒绝向地方史志工作机构报送地方史志文献的。

第二十七条 地方史志工作机构及其工作人员有下列行为之一的，由其所在单位责令改正，依法给予处分：

（一）在地方史志编纂中故意加入虚假资料的；

（二）将地方史志编纂工作中搜集的资料和形成的文稿据为己有的；

（三）将地方史志文稿作为个人著作擅自发表的；

（四）擅自出租、转借、转让地方史志资料，造成损毁或遗失的。

第二十八条 本办法由威海市地方史志办公室负责组织实施。

第二十九条 本办法自 2011 年 10 月 1 日起施行。

威海市环翠区人民政府关于印发《威海市环翠区地方志工作管理暂行办法》的通　知

威环政发〔2011〕24号

各镇政府、街道办事处，区政府各部门、单位：

《威海市环翠区地方志工作管理暂行办法》已经区政府研究同意，现印发给你们，请结合实际，认真贯彻执行。

威海市环翠区人民政府

二○一一年十月十七日

威海市环翠区地方志工作管理暂行办法

第一条　为规范和加强全区地方志的编纂、管理和开发利用工作，根据国务院《地方志工作条例》《山东省地方史志工作条例》和《威海市地方史志工作管理办法》，结合本区实际，制定本办法。

第二条　本区行政区域内地方志的编纂、管理和开发利用工作，适用本办法。

第三条　本办法所称地方志，包括地方志书、地方综合年鉴和相关地情文献。

地方志书，是指全面系统地记述本行政区域自然、政治、经济、文化、社会的历史与现状的资料性文献。包括区志、镇（街道）志。

地方综合年鉴，是指全面系统地记述本行政区域内自然、政治、经济、文化、社会等方面情况的年度资料性文献。包括区年鉴、镇（街道）年鉴。

相关地情文献，是指系统记述本行政区域一定领域情况的资料性文献。包括机关、社会团体、企事业单位及村（社区）编纂的志书、年鉴和其他资料性文献。

第四条　区政府负责对本行政区域地方志工作的领导，将地方志工作纳入本地经济和社会发展规划；地方志工作所需经费列入本级财政预算。

第五条　区地方史志办公室是本行政区域地方志工作的主管机构，履行下列职责：

（一）贯彻执行地方志工作法规、政策；

（二）组织、指导、督促、检查地方志工作；

（三）拟定地方志工作规划和编纂方案；

（四）制定地方志编纂业务规范；

（五）编纂、审查、验收地方志文稿；

（六）建设地情网站和方志馆，开发利用地方志资源；

（七）组织整理旧志，征集、保存地方志文献；

（八）组织开展地方志学术研究、业务培训；

（九）完成本级人民政府和上级业务部门交办的其他任务。

第六条 从事地方志编纂业务的人员应当具备相关的专业知识和学术水平。编纂环翠区地方志书、地方综合年鉴的编纂人员由区地方史志办公室聘任；本区行政区域内以行政区划冠名的镇（街道）志、部门志等各类志书的编纂人员由相关镇（街道）、部门选聘熟悉修志业务的人员担任，并报区地方史志办公室备案。

第七条 编纂地方志，按下列程序进行：

（一）区级地方志书（《环翠区志》）、区级地方综合年鉴（《环翠年鉴》）由区地方史志办公室制定出编纂规划报区政府批准后，组织开展编纂。具体程序是：

1. 区地方史志办公室按照地方志编写年限要求，结合本区实际，对需开展的地方志书、地方综合年鉴编纂工作，制定出编纂规划。

2. 区地方史志办公室制定详细的编纂方案，提交区史志编纂委员会讨论审议后，报区政府同意下发全区，启动编纂工作。根据编纂方案的规定，承担编纂任务的单位，应当按照地方志编纂规划和要求，接受区地方史志办公室的业务指导与督促检查，按照时间和质量要求完成撰稿任务。

3. 区地方史志办公室负责组织编纂人员、业务开展、检查验收、出版发行等工作。

4.《环翠区志》编纂形成定稿后，经市地方史志编纂委员会审定，报区人民政府批准后出版。

5.《环翠年鉴》编纂形成定稿后，经区史志编纂委员会审定，报区人民政府批准后出版。

（二）镇（街道）志和机关、社会团体、企事业单位及村（社区）编纂的志书、年鉴和其他资料性文献，由相关镇（街道）、村（社区）和单位在区地方史志办公室的指导下组织编纂。具体程序是：

1. 各镇（街道）、村（社区）和单位按要求填报志书（年鉴、地情文献）编写申请表（附件1），并将地方志编纂方案提前3个月报区地方史志办公室审查后组织实施。

2. 区地方史志办公室负责志书的业务指导、检查督导、审查把关、存档备案。

3. 各镇（街道）、村（社区）和单位按照地方志编写程序，形成志稿篇目设置、初稿、评审稿、定稿。篇目设置形成后报区地方史志办公室审查备案，然后组织开展初稿编写；初稿形成后，由区地方史志办公室审查，提出修改意见，并组织评审；镇（街道）、村（社区）和有关单位根据评审意见修改定稿后，按照有关规定印刷或出版发行。

4. 各镇（街道）、村（社区）和有关单位应当在志书、年鉴和其他资料性文献出版后30日内按要求填报志书（年鉴、地情文献）审查备案表（附件2），并向区地方史志办公室报送样书和电子文本。

第八条 以区行政区域名称冠名的地方志书、地方综合年鉴，由区地方史志办公室按照规划组织编纂；以镇（街道）行政区域名称冠名的地方志书、地方综合年鉴，由各镇人民政府、街道办事处组织编纂。其他组织和个人不得编纂出版。

第九条 有关组织和单位可以自行组织编纂本办法第八条规定以外的志书、年鉴或其他相关地情文献，编纂单位应当报区地方史志办公室备案。

第十条 区级地方志书每20年左右编修一次，每一轮地方志书编修工作完成后，地方志工作机构在编纂地方综合年鉴、搜集资料、向社会提供咨询服务的同时，启动新一轮地方志书的编修工作。区级地方综合年鉴按年度或数年编辑出版一卷。可适时组织编纂综合或专题地情文献。

第十一条 区地方史志办公室可以向辖区内机关、社会团体、企事业单位和其他组织以及公民征集有关地方志资料，有关单位和公民应当提供支持。区地方史志办公室可以对有关资料进行查阅、摘抄、复制，但涉及国家秘密、商业秘密和个人隐私以及不符合档案开放条件的除外。

地方志资料所有人或者持有人不得故意提供虚假资料。

第十二条 在地方志编纂过程中收集到的文字资料、图表、照片、音像资料、实物等以及形成的地方志文稿，由区地方史志办公室集中统一管理，妥善保存，不得损毁；修志工作完成后，应当依法移交方志馆保存、管理，个人不得据为己有或者出租、出让、转借。

第十三条 以区行政区域名称冠名的地方志书、地方综合年鉴和相关地情文献为职务作品，依照《中华人民共和国著作权法》第十六条第二款的规定，其著作权由组织编纂的机构享有，参与编纂的人员享有署名权。

第十四条 区地方史志办公室负责本行政区域地情资料库（地情网站）的建设和维护，要及时将史志资料及成果进行数字化处理，逐步建成动态型地情资料数据库。

第十五条 地方志工作应为地方经济社会的全面发展服务。区地方史志办公室通过建设方志馆、资料库、网站等方式，积极开拓社会用志途径，加强地方志工作信息化建设。公民、法人和其他组织可以利用方志馆、资料库、网站，查阅、摘抄地方志资料。

鼓励单位和个人向区地方史志办公室捐赠地方志资料，对具有收藏价值的资料，方志馆应当向捐赠者颁发收藏纪念证书，并给予馆存资料的优先使用权。

第十六条 地方志成果可以依据有关规定参加国家、省和市优秀社会科学成果评奖。

第十七条 区人民政府应当对在地方志工作中作出突出成绩的单位、个人给予表彰和奖励。

第十八条 实行地方志保密审查分级分单位负责制。地方志的保密审查由提供资料和编写初稿的单位负责，保密主管部门会同区地方史志办公室对本级地方志进行保密审定。地方志泄露国家秘密的，由有关部门依法查处。

第十九条 违反本办法规定，有下列行为之一的，由区地方史志办公室责令其停止违法行为并限期改正；逾期不改正的，由区地方史志办公室提请有关行政部门依法查处或者给予处分：

（一）擅自编纂出版以区行政区域名称冠名的地方志书、地方综合年鉴和相关地情文献的；

（二）未经审查、验收、批准，将地方志文稿交付出版或者地方志内容存在违反宪法、法律、法规的；

（三）无故拖延、拒绝提供地方志资料或者承担编写任务的；

（四）地方志资料所有人或者持有人故意提供虚假资料的；

（五）丢失、损毁单位地方志资料或者将其据为己有的；

（六）拒不向地方志工作机构报送地方志出版物（含纸质版、电子版）的。

有本条（一）（二）项行为，造成重大损失或者恶劣影响的，区地方史志办公室可以依法向人民法院提起诉讼。

第二十条 任何单位和个人有权对违反本办法的行为向区地方史志办公室进行检举。

第二十一条 本办法由环翠区地方史志办公室负责解释。

第二十二条 本办法自发布之日起施行。

附件：1. 志书（年鉴、地情文献）编写申请表（略）

2. 志书（年鉴、地情文献）审查备案表（略）

文登市[1]人民政府关于印发《文登市地方志工作办法》的通知

文政发〔2011〕45 号

各镇人民政府，各街道办事处，开发区、南海新区、埠口港管委，市政府各部门、单位：

《文登市地方志工作办法》已经市政府十六届六十二次会议研究通过，现印发给你们，请认真贯彻执行。

文登市人民政府

二〇一一年十二月二十八日

文登市地方志工作办法

第一条 为规范和加强地方志工作，全面、客观、系统地编纂地方志，科学、合理地开发利用地方志资源，发挥地方志在促进经济和社会发展中的作用，根据国务院《地方志工作条例》和《山东省地方史志工作条例》，结合本市实际，制定本办法。

第二条 本市行政区域内地方志的编纂、管理和开发利用工作，适用本办法。

第三条 本办法所称地方志，包括地方志书、地方综合年鉴和相关地情文献。

地方志书，是指全面系统地记述本行政区域自然、政治、经济、文化和社会的历史与现状的资料性文献。包括市志、镇志。

地方综合年鉴，是指全面系统地记述本行政区域自然、政治、经济、文化、社会等各方面情况的年度资料性文献。包括市年鉴、镇年鉴。

相关地情文献，是指系统记述本行政区域专项工作的资料性文献。包括机关、社会团体、企事业单位及村（社区）编纂的志书、年鉴和其他资料性文献。

第四条 市政府加强对地方志工作的领导，将地方志工作纳入市经济和社会发展规划，所需经费列入本级财政预算；对在地方志工作中做出突出成绩的单位和个人给予表彰

---

① 国务院 2014 年 1 月 25 日批准，撤销县级文登市，设立威海市文登区，将原文登市的汪疃镇、苘山镇划归威海市环翠区管辖。载《中华人民共和国行政区划简册 2015》，第 93 页。中国地图出版社 2015 年 5 月版。

和奖励。

第五条 成立文登市地方史志编纂委员会（以下简称“编委会”），编委会办公室设在市地方史志办公室。市地方史志办公室是本市行政区域内地方志工作机构，履行下列职责：

（一）执行地方志工作法规；

（二）组织、指导、督促、检查地方志工作；

（三）拟定市志工作规划和编纂方案；

（四）制定地方志编纂业务规范；

（五）组织编纂市级地方志书、地方综合年鉴；

（六）建设地情网站和方志馆，开发利用地方志资源；

（七）征集、保存、整理旧志和地方志文献；

（八）组织开展地方志学术研究和业务培训；

（九）法律法规规定的其他职责。

第六条 以本市行政区域名称冠名的地方志书、地方综合年鉴的编纂工作，由市地方史志办公室组织实施，其他组织和个人不得编纂。

支持和鼓励机关、社会团体、企事业单位、其他组织和个人编纂、出版有助于经济社会发展的其他志书。有条件的镇、村（社区）可以组织编纂本单位的志书。市地方史志办公室应当对有关编纂活动给予业务指导，并做好备案工作。

第七条 编纂市级地方志书按以下程序进行：

（一）市地方史志办公室拟定编纂方案，提交编委会审查通过，报市政府批准后，发至全市各有关部门和单位；

（二）各有关部门和单位按照编纂方案提供相关资料；

（三）市地方史志办公室组织编纂人员进行编纂，形成地方志书征求意见稿，送编委会组成人员和有关专家、学者审阅；

（四）编纂人员根据审阅意见，形成志书评议稿；

（五）编委会召开评议会，聘请有关专家、学者对志书评议稿进行评议；

（六）市地方史志办公室根据评议意见，对志书评议稿进行修改完善，形成志书送审稿，报上一级编委会审定；

（七）市地方史志办公室根据上一级编委会审定意见形成志书定稿，经市政府批准后出版。

第八条 编纂市级地方综合年鉴按以下程序进行：

（一）市地方史志办公室拟定地方综合年鉴组稿意见，报市地方史志编纂委员会审查通过后，转发全市各有关部门和单位；

（二）各有关部门和单位按组稿意见及市地方史志办公室编纂人员提出的具体要求，

提供有关资料；

（三）市地方史志办公室组织人员进行编纂，形成年鉴送审稿，报市政府批准出版。

第九条 各镇编纂的地方志书和地方综合年鉴，以及其他机关、社会团体、企业事业单位、村（社区）编纂的志书、年鉴和其他资料性文献，应在定稿后报送市地方史志办公室备案，样书送市地方史志办公室存档。

第十条 市地方史志办公室依法向辖区内单位和个人征集相关资料时，有关单位和个人应当提供支持。市地方史志办公室可以对有关资料进行查阅、摘抄、复制，但涉及国家秘密、商业秘密和个人隐私以及不符合档案开放条件的除外。有关资料所有人或者持有人不得故意提供虚假资料。

第十一条 在地方志编纂过程中收集到的文字资料、图表、照片、音像资料、实物等以及形成的文稿，由市地方史志办公室集中统一管理，妥善保存，任何个人不得据为己有。

第十二条 地方志为职务作品，其著作权由组织编纂的机构享有，参与编纂的人员享有署名权。

第十三条 市地方史志办公室应当加强地方志资源的开发利用，积极开拓社会用志途径，为地方经济社会的全面发展服务。

公民、法人和其他组织可以通过查阅、摘抄等方式，利用方志馆、资料库和网站收藏、展示的地方志文献和资料。

鼓励单位和个人捐赠地方志资料。对具有收藏价值的资料，市地方史志办公室向捐赠者颁发收藏纪念证书。

第十四条 地方志成果可以依据有关规定，参加国家、山东省和威海市优秀社会科学成果评奖。

第十五条 地方志编纂工作涉及国家秘密的，应当遵守有关保密工作的法律、法规和保密工作部门的有关规定。

地方志保密审查工作实行分级分单位负责制，承担提供和编写初稿任务的单位负责对编纂的文稿进行保密审查，并将保密审查的结果报市地方史志办公室备案，由市保密主管部门会同地方史志办公室进行保密审定。

第十六条 违反本办法规定，有下列行为之一的，由市地方史志办公室责令限期改正；逾期不改正的，依法追究有关单位和个人的责任：

（一）擅自编纂出版以市级行政区域名称冠名的地方志书、地方综合年鉴的；

（二）未经审查、验收、批准，擅自出版地方志书、地方性综合年鉴及相关地情文献的；

（三）无故拖延、拒绝提供地方志资料或承担编写任务的；

（四）地方志资料所有人或者持有人故意提供虚假资料的；

（五）丢失、损毁单位地方志资料或据为己有的；

（六）拒不向市地方史志办公室报送地方志出版物（含纸质版、电子版）的。

违反本办法，涉及其他有关法律、法规和规定的，按照其他有关法律法规进行处理。

第十七条 本办法由市地方史志办公室负责解释。

第十八条 本办法自公布之日起施行。

荣成市人民政府办公室关于印发《荣成市地方史志工作管理办法》的通知

荣政办发〔2011〕55号

各镇人民政府，经济开发区、石岛管理区管委会，各街道办事处，市政府各部门、单位：

《荣成市地方史志工作管理办法》已经市政府第53次常务会议审议通过，现印发给你们，望认真贯彻执行。

荣成市人民政府办公室

二〇一一年十月二十七日

荣成市地方史志工作管理办法

第一条 为了规范和加强地方志工作，全面、客观、系统地编纂地方志，科学地积累、保存、开发和利用地方史志资源，更好地发挥地方志资政、存史、教化的作用，根据国务院《地方志工作条例》和《山东省地方史志工作条例》，结合本市实际，制定本办法。

第二条 本办法适用于本市行政区域内的地方史志全面工作。

第三条 本办法所称地方史志是指各类地方志书、年鉴及相关地情文献。

本办法所称地方志，包括市志、部门志、企事业单位志、社会团体志、镇（街道）志、行政村（社区）志等。

本办法所称地方年鉴，包括市年鉴、部门年鉴、企事业单位年鉴、社会团体年鉴、镇（街道）年鉴、行政村（社区）年鉴等。

本办法所称相关地情文献，包括市级综合地情文献以及部门、企事业单位、社会团体、镇（街道）、行政村（社区）编纂的其他资料性文献。

第四条 市人民政府应当加强对本行政区域地方史志工作的领导，将地方史志工作纳入国民经济和社会发展规划，明确工作机构和人员，地方史志工作所需经费列入本级财政预算。

第五条 市地方史志工作机构主管本行政区域内的地方史志工作，履行下列职责：

（一）贯彻执行地方史志工作法规、政策；

（二）组织、检查和督导地方史志工作；

（三）拟定地方史志工作规划和编纂方案；

（四）组织编纂志书、年鉴及相关地情文献；

（五）审查、验收、备案有关地方史志文稿；

（六）组织整理旧志，征集、整理、保存地方史志文献；

（七）组织开展地方史志理论研究、学术交流及业务培训；

（八）建设方志馆、地情资料数据库和地情网站，开发利用地方史志资源；

（九）开展地方史志资料年报工作，实行地方史志资料征集报送制度；

（十）完成本级人民政府和上级史志工作机构交办的其他工作任务。

第六条 编纂地方史志应当坚持存真求实的原则，全面、系统、客观、准确地反映本辖区域内自然、政治、经济、文化和社会的历史现状。

第七条 从事地方史志编纂业务的人员应当具备相应的专业知识、学术水平和文字能力。应当尽量吸收有关方面专家、学者参与地方史志编纂工作。

第八条 以市行政区域名称冠名的地方志、地方综合年鉴和相关地情文献，由市地方史志办公室按照规划组织编纂，其他组织和个人不得编纂出版。

第九条 市志每 20 年左右编修一次。编修工作由市人民政府按总体规划统一部署。遇到地方重大事件发生，应当适时组织编纂专志。引导、组织和指导镇（街道）、行政村（社区）及部门、单位开展地方史志工作，鼓励和提倡编写部门志、专业志。

第十条 市年鉴由市地方史志办公室按年度组织编纂，以出版年份为卷号。市和部门年鉴的编纂要结合实际，可一年一卷，也可编写多年卷。

第十一条 市地方史志办公室可以向机关、社会团体、企业事业单位和其他组织以及个人征集有关地方史志资料，有关单位和个人应当为其提供便利。地方史志工作机构可以对资料内容进行查阅、摘抄、复制。涉及国家秘密、商业秘密和个人隐私以及不符合档案开放条件的除外。地方史志资料所有人或者持有人不得故意提供虚假资料。

第十二条 市地方史志办公室负责对全市志书和年鉴编纂所需资料及基础地情资料进行全面、经常性的收集、整理、积累，并负责向上级史志工作机构报送本级基础地情资料。地方史志编纂过程中征集到的各类资料及形成的文稿，由市地方史志办公室集中统一管理，妥善保存。编纂工作完成后，应当移交市方志馆保存、管理，任何人不得损毁、据为己有或者出让、出租、转借。

第十三条 市属部门、行业、企事业单位和村编纂的志书、年鉴及其他资料性文献，应按隶属关系报市地方史志办公室备案，经市地方史志办公室审查后方可出版，未按程序报审的各类地方志书不得公开出版或以内部资料名义印刷。出版后将样书报市地方史志办公室。

第十四条 以行政区域名称冠名的志书、年鉴和地情文献，其著作权由组织编纂的机构享有，参与编纂的人员依法享有署名权。

第十五条 地方史志编纂涉及历史争议内容的，应当征求有关专家、学者和研究机构的意见，并向本级人民政府或上级人民政府地方史志工作机构报告。

第十六条 市志、年鉴出版后，要积极做好发行工作，市地方史志办公室应当在一年内通过地情网站向社会公布电子版。

第十七条 市地方史志办公室负责本行政区域地情网站的建设和维护，要及时将史志资料及成果进行数字化处理，逐步建成以市史志工作机构为中心的动态型地情资料数据库。

第十八条 市地方史志办公室负责对方志馆的建设和管理工作，做好本行政区域地情文献资料的征集、收藏、保存、管理和咨询服务工作。

第十九条 鼓励单位和个人向方志馆捐赠地方文献。对具有收藏价值的资料，应向捐赠者颁发收藏纪念证书，并给予所存资料的优先使用权。

第二十条 市地方史志办公室负责组织本行政区域内旧志的收集、整理和出版工作，对现存旧志采取翻印、点注等形式进行整理开发。

第二十一条 市人民政府及有关部门将地方史志工作纳入年度目标考核范围，对做出突出成绩和贡献的单位和个人给予表彰和奖励。地方史志成果依照有关规定参加各级优秀社会科学及学术成果评奖。

第二十二条 机关、社会团体和其他组织有下列行为之一的，由市地方史志办公室责令限期改正；逾期不改的，由其所在单位和有关行政部门依法给予行政处分或者纪律处分：

（一）无故拖延、拒绝提供地方史志资料或拒不承担编写任务的；

（二）未经备案或审查、批准，擅自编纂、出版以行政区域名称冠名的志书、年鉴及相关地情文献的；

（三）对已经审查通过的地方史志文稿又擅自进行较大改动并出版，造成恶劣影响和严重后果的；

（四）故意提供地方史志虚假资料的；

（五）拒绝向地方史志工作机构报送地方史志文献的；

（六）未经审查、验收、批准将地方史志出版的。

第二十三条 地方史志工作机构及其工作人员有下列行为之一的，由其所在单位责令改正，依法给予处分：

（一）在地方史志编纂中故意加入虚假资料的；

（二）将地方史志编纂工作中搜集的资料和形成的文稿据为己有的；

（三）将地方史志文稿作为个人著作擅自发表的；

（四）擅自出让、出租、转借地方史志资料，造成损毁或遗失的。

第二十四条 本办法由市地方史志办公室负责组织实施。

第二十五条 本办法自 2011 年 11 月 1 日起施行。

乳山市人民政府关于印发《乳山市地方史志工作管理暂行办法》的通　知

乳政发〔2011〕33号

各镇人民政府，市政府各部门、单位，经济开发区、银滩旅游度假区、城区街道办事处：

《乳山市地方史志工作管理暂行办法》已经市政府批准，现印发给你们，望遵照执行。

乳山市人民政府

二〇一一年十二月十六日

乳山市地方史志工作管理暂行办法

第一条　为规范和加强地方史志编纂、开发利用和管理工作，发挥地方史志在经济建设和社会发展中的作用，根据国务院《地方志工作条例》《山东省地方史志工作条例》，结合本市实际，制定本办法。

第二条　本办法适用于乳山市行政区域内地方史志的资料征集、研究、组织编纂、管理和开发利用工作。

第三条　本办法所称地方史志是指地方志书、地方综合年鉴及地情文献。

地方志书，是指全面系统地记述本市行政区域自然、政治、经济、文化和社会的历史与现状的资料性文献，包括市志、镇（街道、开发区）志、村志、专业（部门、行业）志。

地方综合年鉴，是指全面系统记述本市行政区域自然、政治、经济、文化、社会等方面情况的年度资料性文献，包括乳山市年鉴、镇（街道、开发区）年鉴、专业（部门、行业）年鉴。

地情文献，是指系统记述本市行政区域内全面工作或专项工作的资料性书籍，包括机关、社会团体、企业事业单位及村（社区）编纂的地情类书籍。

第四条　地方史志的编纂工作应当做到存真求实，确保质量，全面、客观地反映本区域自然、政治、经济、文化和社会的历史与现状。

第五条　市人民政府加强对本行政区域地方史志工作的领导，将地方史志工作纳入本地经济和社会发展规划。地方史志工作所需经费列入本级财政预算。

第六条 市党史市志办公室是本行政区域地方史志工作主管机构，履行下列职责：

（一）贯彻执行地方史志工作法律、法规；

（二）组织、指导、督促和检查全市地方史志工作；

（三）拟订地方志工作规划和编纂方案；

（四）负责本地域内各类志鉴的审稿、审批；

（五）组织编纂地方志书、地方综合年鉴和其他地情文献，依照程序组织对地方史志审查验收；

（六）征集、整理、保存地方史志文献和资料，组织整理旧志，开展地方史志理论研究和学术交流；

（七）组织开发利用地方史志资源，建立方志馆（库）和网站，培训地方史志编纂人员，为公众提供服务；

（八）完成本级人民政府和上级地方史志工作机构交办的其他任务。

第七条 以乳山市行政区域名称冠名的地方志书、地方综合年鉴的编纂工作，由市党史市志办公室按照规划组织实施，其他组织和个人不得编纂。镇（街道、开发区）、机关、社会团体、企业事业单位、有条件的村、其他组织，可根据经济社会发展需要，组织编纂地方或部门志书及地情类书籍，编纂单位应当报市党史市志办公室备案，并由市党史市志办公室审查批准后方可出版。市党史市志办公室应当对志书编纂活动进行业务指导。

第八条 乳山市志每20年左右编修一次，每一轮地方志书编修工作完成后，市党史市志办公室在编纂地方综合年鉴、搜集资料、向社会提供咨询服务的同时，启动新一轮地方志书的编修工作。当地方行政区划有重大调整时，应及时组织编纂已撤销的行政单位地方志书，适时组织编纂新的地方志书。乳山年鉴由市党史市志办公室按照年度或数年组织编纂1部。

第九条 编纂地方志书、地方综合年鉴，应当制定编纂方案，报本级人民政府批准。根据编纂方案的规定承担编纂任务的单位，应当按照地方志编纂规划和要求，接受本级地方史志工作机构的业务指导与督促检查，按时按质完成撰稿任务。

第十条 加强史志机构、人员建设，保证人员充足和机构精干、高效，搞好业务培训。地方史志编纂实行专兼职人员相结合，应当广泛吸收有关专家、学者参加。专职编纂人员应当具备相应的专业知识和学术水平，做到恪尽职守、客观公正、秉笔直书、尊重史实。任何单位和个人不得要求编纂人员在地方史志中做虚假记述。

第十一条 市党史市志办公室依法向辖区内机关、社会团体、企业事业单位和其他组织以及公民征集有关地方史志资料，相关单位和个人应当提供有关地方史志资料，市党史市志办公室可以对所需资料内容进行查阅、摘抄、复制，但涉及国家秘密、商业秘密和个人隐私以及不符合档案开放条件的除外。辖区内所有单位要做好史志资料年报工作，将单位年度形成的文件、图表资料、会议资料、调研报告、工作总结等资料报市党史市志办公室。

第十二条 在地方史志编纂过程中收集到的文字资料、图表、照片、音像资料、电子文本、实物等以及形成的地方史志文稿，应按照规定归档管理，任何单位、个人不得损毁或者据为己有以及出租、出让、转借。

第十三条 地方志书、地方综合年鉴出版实行分级审查批准制度，应当组织有关保密、档案、历史、法律、经济、军事等方面的专家参加，重点审查地方志书的内容是否符合宪法和保密、档案等法律、法规的规定，是否全面、客观地反映本行政区域自然、政治、经济、文化和社会的历史与现状。

（一）《乳山市志》经山东省地方史志编纂委员会和威海市地方史志编纂委员会审定，报市人民政府批准后出版。

（二）《乳山年鉴》由市年鉴编纂委员会审定，报市人民政府批准后出版。

（三）镇（街道、开发区）志、村志、专业（部门、行业）志及其他地情资料由市党史市志办公室审查后出版。

第十四条 地方史志编纂单位应当在地方志书、地方综合年鉴及地情文献出版后 3 个月内，向本级和上级地方史志管理部门报送样书。

第十五条 地方志书、地方综合年鉴和地情文献为职务作品，依照《中华人民共和国著作权法》第十六条第二款的规定，其著作权由组织编纂的机构享有，参与编纂的人员依法享有署名权。

第十六条 建立史志资料日常收集机制。市党史市志办公室通过建立方志馆（地情资料库）等收藏、保存、管理各类地方志资料，积极开展地情宣传、咨询活动，出版专题资料、地情研究成果，为社会各界服务。

鼓励单位和个人向市地方史志工作机构捐赠地方志资料，对具有收藏价值的资料，方志馆应当向捐赠者颁发收藏纪念证书，并给予馆存资料的优先使用权。

第十七条 地方史志成果可以依照有关规定参加国家、省和市优秀社会科学成果评奖。

第十八条 市人民政府应当对地方史志工作中做出突出成绩和贡献的单位和个人给予表彰和奖励。

第十九条 违反本办法规定，有下列情形之一的，由市党史市志办公室按照权限责令限期改正；逾期不改正的，提请市人民政府或有关行政部门依法查处，并视情节对有关单位和个人予以通报批评或予以行政处分：

（一）未经审查、验收、批准，擅自编纂出版以本行政区域名称冠名的地方志书、地方综合年鉴及相关地情文献的；

（二）无故拖延、拒绝提供地方史志资料或者拒不承担编写任务的；

（三）故意提供虚假地方史志资料的；

（四）丢失、损毁单位地方史志资料或者将其据为己有的；

（五）将地方史志文稿作为个人著作擅自发表的；

（六）对已经审查通过的地方史志文稿擅自进行重大改动并出版的；

（七）拒不向地方史志工作机构报送地方史志出版物（含纸质版、电子版）的。

第二十条 实行地方史志保密审查分级分单位负责制。地方史志的保密审查由提供资料和编写初稿的单位负责，保密主管部门会同地方史志工作机构对本级地方志进行保密审定。地方史志泄露国家秘密的，由有关部门依法查处。

第二十一条 编纂地方史志涉及军事内容的，应当遵守中央军委关于军事志编纂的相关规定。

第二十二条 违反本办法规定，涉及其他有关法律、法规规定的，按照其他有关法律法规进行处理。

第二十三条 任何单位和个人有权对违反本办法的行为进行检举。

第二十四条 本办法自印发之日起施行。

日照市人民政府关于印发《日照市地方史志工作管理办法》的通知

日政发〔2011〕34号

各区县人民政府，日照经济技术开发区、山海天旅游度假区管委，市政府各部门，各高等院校，市属各企事业单位，国家、省属驻 日照各单位：

现将《日照市地方史志工作管理办法》印发给你们，请认真遵照执行。

日照市人民政府

二○一一年九月二十三日

日照市地方史志工作管理办法

第一条 为继承和发扬中华民族优秀文化传统，全面、客观、系统地记载区域地情，积累、保存地方史志文献，科学合理地开发利用地方史志，服务经济建设和社会发展，根据《地方志工作条例》（中华人民共和国国务院令第467号）和《山东省地方史志工作条例》，结合本市实际，制定本办法。

第二条 本市行政区域内地方史志的组织编纂、管理和开发利用，适用本办法。

第三条 本办法所称地方史志，包括地方志书、地方综合年鉴及地情文献。

地方志书，是指全面系统地记述本行政区域自然、政治、经济、文化和社会的历史与现状的资料性文献。

地方综合年鉴，是指系统记述本行政区域自然、政治、经济、文化、社会等方面情况的年度资料性文献。

地情文献，是指除地方志书、地方综合年鉴以外，记述本行政区域自然、政治、经济、文化、社会等方面情况的专门性资料文献。

第四条 各级人民政府应当加强对本行政区域地方史志工作的领导，将地方史志工作纳入国民经济和社会发展计划，所需经费列入本级财政预算。

第五条 各级人民政府地方史志工作机构主管本行政区域内的地方史志工作，履行下列职责：

（一）宣传、贯彻、执行有关地方史志工作的法律、法规、规章及相关政策，制定有关地方史志编纂的业务规范；

（二）组织、指导、督促和检查地方史志工作；

（三）拟定地方史志工作规划和编纂方案；

（四）编纂地方志书、地方综合年鉴、地情文献；

（五）审查验收有关地方史志稿件；

（六）搜集、整理、保存地方史志文献，组织整理旧志，开展地方史志学术研究；

（七）宣传、推广地方史志成果，开展地情研究，建设地情文献库和地情文献网站，组织开发利用地方志资源；

（八）培训地方史志编纂人员；

（九）同级人民政府和上级业务部门交办的其他事项。

第六条 编纂地方史志要存真求实，确保质量，全面、客观地记述本行政区域自然、政治、经济、文化和社会的历史与现状。

第七条 从事地方史志编纂业务的人员要具备相应的专业知识和学术水平。

地方史志编纂工作要吸收有关专家、学者参加。

第八条 以县级以上行政区划冠名的地方志书、地方综合年鉴、地情文献，由同级人民政府地方史志工作机构按照规划组织编纂，其他组织和个人不得编纂出版。

第九条 地方史志工作机构应当根据史志工作规划，制定本行政区域的志书编纂方案，报上一级人民政府地方史志工作机构批准后实施。

第十条 地方志书每 20 年左右编修一次。每一轮地方志书编修完成后，地方史志工作机构在编纂地方综合年鉴、搜集资料以及向社会提供咨询服务的同时，启动新一轮地方志书的续修工作。

第十一条 地方史志工作机构可以向机关、社会团体、企业事业单位和其他组织以及公民征集有关地方史志资料，有关单位和公民应当为其提供便利。地方史志工作机构可以对资料内容进行查阅、摘抄、复制。涉及国家秘密、商业秘密和个人隐私以及不符合档案开放条件的除外。

地方史志资料所有人或者持有人不得故意提供虚假资料。

第十二条 以县级以上行政区域名称冠名、列入规划的地方志书要由市人民政府地方史志工作机构组织相关专家评审、验收，方可公开出版。

对地方志书进行审查验收，应当组织有关保密、档案、历史、法律、经济、军事等方面的专家参加，重点审查地方志书的内容是否符合宪法和保密、档案等法律、法规的规定，是否全面、客观地反映本行政区域自然、政治、经济、文化和社会的历史与现状。

第十三条 以县级以上行政区域名称冠名的地方综合年鉴，经同级人民政府或者其确定的部门批准，方可出版。

第十四条 地方志书、地方综合年鉴和地情文献要在出版后3个月内向上一级人民政府地方史志工作机构报送样书。

在地方志书、地方综合年鉴和地情文献编纂过程中收集到的文字资料、图表、照片、音像资料、实物等以及形成的文稿，由本级人民政府地方史志工作机构集中统一管理，妥善保存，不得损毁；工作完成后，要依法移交本级国家档案馆或者方志馆保存、管理，个人不得据为己有或者出租、出让、转借。

第十五条 以县级以上行政区域名称冠名的地方志书、地方综合年鉴和地情文献为职务作品，其著作权由组织编纂的地方史志工作机构享有，参与编纂的人员享有署名权。

第十六条 地方史志工作应当为地方经济社会的全面发展服务，地方史志工作机构要积极开拓社会用志途径，通过建设资料库、网站等方式，加强地方史志工作的信息化建设。

公民、法人和其他组织可以利用前款规定的资料库、网站查阅、摘抄地方史志。

第十七条 有关组织和单位可以自行组织编纂除本办法第三条规定以外的志书、年鉴或者其他地情文献。编纂单位要按照隶属关系或者注册登记关系报本级人民政府地方史志工作机构备案。

第十八条 承担地方史志编纂任务的部门和行业组织，可以根据地方史志工作规划对其管理单位的地方史志编写工作进行督导。

第十九条 各级人民政府对在地方史志工作中做出突出成绩和贡献的单位、个人，给予表彰和奖励。

第二十条 违反本办法，擅自编纂出版以县级以上行政区域名称冠名的地方志书、地方综合年鉴和地情文献的，由县级以上人民政府地方史志工作机构提请本级人民政府出版行政部门依法查处。

第二十一条 违反本办法，有下列行为之一的，由史志工作机构按照管理权限责令其停止违法行为，限期改正；逾期不改的，由其所在单位或者有关行政部门依法给予行政处分或者纪律处分：

（一）损毁单位所有或者持有的地方史志资料或者将其据为己有的；

（二）地方史志资料所有人或者持有人故意提供虚假资料的；

（三）未经审查、验收、批准将地方史志交付出版的；

（四）无故拖延、拒绝提供地方史志资料及承担的编写任务的；

（五）拒绝向上级人民政府史志工作机构报送地方史志文献的。

第二十二条 部门志、行业志、乡（镇）志、街道志、村（居）志的编写参照本办法执行，地方史志工作机构应当给予业务指导。

第二十三条 本办法自发布之日起施行，有效期5年。

日照市东港区人民政府办公室关于印发《东港区地方史志工作管理办法》的通知

东政办发〔2014〕26号

各镇人民政府、街道办事处，高新区管委，区政府各部门，区属各企事业单位，国家、省、市属驻东港各单位：

《东港区地方史志工作管理办法》已经区政府同意，现印发给你们，请认真遵照执行。

日照市东港区人民政府

二〇一四年十一月二十四日

日照市东港区地方史志工作管理办法

第一条 为规范东港区地方史志的编纂、管理、开发和利用，根据国务院《地方志工作条例》《山东省地方史志工作条例》和《日照市地方史志工作管理办法》的有关规定，结合本辖区实际，制定本办法。

第二条 本辖区内地方史志的组织编纂、管理和开发利用，适用本办法。

第三条 本办法所称地方史志，包括地方志书、地方综合年鉴及相关地情文献。

地方志书，是指全面系统地记述本辖区内自然、政治、经济、文化和社会的历史与现状的资料性文献。

地方综合年鉴，是指系统记述本辖区内自然、政治、经济、文化、社会等方面情况的年度资料性文献。

地情文献，是指除地方志书、地方综合年鉴以外，记述本辖区内自然、政治、经济、文化、社会等方面情况的专门性资料文献。

第四条 各级人民政府应当加强对本辖区地方史志工作的领导，将地方史志工作纳入国民经济和社会发展计划，所需经费列入本级财政预算。

第五条 东港区人民政府史志工作机构主管本辖区内的地方史志工作，履行下列职责：

（一）宣传、贯彻、执行有关地方史志工作的法律、法规、规章及相关政策，制定有关地方史志编纂的业务规范；

（二）组织、指导、督促和检查本辖区内的地方史志工作；

（三）拟定地方史志工作规划和编纂方案；

（四）编纂地方志书、地方综合年鉴、地情文献；

（五）审查验收有关地方史志稿件；

（六）搜集、整理、保存地方史志文献，组织整理旧志，开展地方史志学术研究；

（七）宣传、推广地方史志成果，开展地情研究，建设地情文献库和地情文献网站，组织开发利用地方志资源；

（八）培训地方史志编纂人员；

（九）同级人民政府和上级业务部门交办的其他事项。

第六条 编纂地方史志要存真求实，确保质量，全面、客观地记述本辖区内自然、政治、经济、文化和社会的历史与现状。

第七条 从事地方史志编纂业务的人员要具备相应的专业知识和学术水平。地方史志编纂工作要吸收有关专家、学者参加。

第八条 编纂地方志，按下列程序进行：

（一）东港区地方志、东港区年鉴、东港区综合性地情文献由区人民政府史志工作机构制定出编纂规划报区政府批准后，组织开展编纂，报上一级地方史志工作机构审查，经区人民政府批准后出版，并报省人民政府史志工作机构备案。具体程序是：

1. 区人民政府史志工作机构按照地方志编写年限要求，结合本辖区实际，对需开展的地方志编纂工作，提前半年制定出编纂规划，上报区政府批准；

2. 区人民政府史志工作机构制定详细的编纂方案，提交区地方史志编纂委员会讨论审议并报区政府同意后，启动编纂工作；

3. 区人民政府史志工作机构负责组织编纂人员、业务开展、检查验收、出版发行等工作；

4. 地方志编纂形成定稿后，由区人民政府史志工作机构报区政府批准后出版。

（二）以本辖区内行政区划冠名的镇街道志、部门志等各类志书、年鉴、地情文献，由相关镇街道和部门、单位在区人民政府史志工作机构的指导下组织编纂。具体程序是：

1. 各镇街道、各部门单位将地方志编纂方案提前 3 个月报区人民政府史志工作机构审查后组织实施；

2. 区人民政府史志工作机构负责志书的业务指导、检查督导、审查把关、存档备案；

3. 各镇街道、各有关部门单位按照地方志编写程序，依次形成志稿篇目设置、初稿、评审稿、定稿。篇目设置形成并报区人民政府史志工作机构审查备案后，组织开展初稿编写；初稿形成后，由区人民政府史志工作机构审查，提出修改意见，并组织评审；有关镇街道、部门单位根据评审意见修改定稿后，按照有关规定印刷或出版发行；

4. 各镇街道、各部门单位应当在地方志出版后30日内向区人民政府史志工作机构报送样书和电子文本。

第九条 地方志书每20年左右编修一次。每一轮地方志书编修完成后，地方史志工作机构在编纂地方综合年鉴、搜集资料以及向社会提供咨询服务的同时，启动新一轮地方志书的续修工作。

第十条 地方史志工作机构可以向机关、社会团体、企业事业单位和其他组织以及公民征集有关地方史志资料，有关单位和公民应当为其提供便利。地方史志工作机构可以对资料内容进行查阅、摘抄、复制。涉及国家秘密、商业秘密和个人隐私以及不符合档案开放条件的除外。

地方史志资料所有人或者持有人不得故意提供虚假资料。

第十一条 在地方志书、地方综合年鉴和地情文献编纂过程中收集到的文字资料、图表、照片、音像资料、实物等以及形成的文稿，由本级人民政府地方史志工作机构集中统一管理，妥善保存，不得损毁；工作完成后，要依法移交本级国家档案馆或者方志馆保存、管理，个人不得据为已有或者出租、出让、转借。

第十二条 本辖区内以行政区划名称冠名的地方志书、地方综合年鉴和地情文献为职务作品，其著作权由组织编纂的地方史志工作机构享有，参与编纂的人员享有署名权。

第十三条 地方史志工作应当为地方经济社会的全面发展服务，地方史志工作机构要积极开拓社会用志途径，通过建设方志馆、资料库、网站等方式，加强地方史志工作的信息化建设。公民、法人和其他组织可以利用资料库、网站等进行查阅、摘抄地方史志。

第十四条 有关组织和单位可以自行组织编纂除本办法第三条规定以外的志书、年鉴或者其他地情文献。编纂单位要按照隶属关系或者注册登记关系报本级人民政府地方史志工作机构备案。

第十五条 承担地方史志编纂任务的部门和行业组织，可以根据地方史志工作规划对其管理单位的地方史志编写工作进行督导。

第十六条 区人民政府对在地方史志工作中做出突出成绩和贡献的单位、个人，给予表彰和奖励。

第十七条 违反本办法，擅自编纂出版以本辖区内行政区划冠名的地方志书、地方综合年鉴和地情文献的，由区地方史志工作机构按照管理权限提请区出版行政部门依法查处。

第十八条 违反本办法，未经审查、验收、批准将地方志文稿交付出版或者地方志内容存在违反宪法、法律、法规、规章的，由区人民政府史志工作机构按照管理权限责令其停止违法行为，限期改正；构成犯罪的，依法追究刑事责任。

第十九条 本办法由东港区人民政府史志工作机构负责解释。

第二十条 本办法自发布之日起施行，有效期5年。

日照市岚山区人民政府关于印发《岚山区地方志工作管理暂行办法》的通知

岚政发〔2011〕18号

各乡镇人民政府、街道办事处，区政府各部门，区属各企事业单位，国家、省、市驻岚各单位：

现将《岚山区地方志工作管理暂行办法》印发给你们，请认真遵照执行。

日照市岚山区人民政府

二〇一一年十月十二日

岚山区地方志工作管理暂行办法

第一条 为规范岚山区地方志的编纂、管理、开发和利用，根据《地方志工作条例》（中华人民共和国国务院令第467号）、《山东省地方史志工作条例》和《日照市地方史志工作管理办法》有关规定，结合本区实际，制定本办法。

第二条 岚山区行政区域内地方志的资料征集、组织编纂、管理、开发和利用，适用本办法。

第三条 本办法所称地方志，包括地方志书、地方综合年鉴、综合地情文献等。

地方志书是指全面系统地记述本行政区域内自然、政治、经济、文化、社会等方面的历史与现状的资料性文献，包括本区编纂的区志、以本区行政区划冠名的乡镇（街道）志、以本区行政区划冠名的部门志以及以本区行政区划冠名的其他相关志书。

地方综合年鉴是指系统记述本行政区域内自然、政治、经济、文化、社会等方面情况的年度资料性文献，包括本区编纂的年鉴、以本区行政区划冠名的乡镇（街道）年鉴、以本区行政区划冠名的部门年鉴以及以本区行政区划冠名的其他年鉴。

综合地情文献是指系统记述本行政区域内自然、政治、经济、文化、社会等方面一段时期或部分内容的资料性文献。包括本区编纂的综合性地情文献、以本区行政区划冠名的乡镇（街道）地情文献、以本区行政区划冠名的部门地情文献以及以本区行政区划冠名的其他地情文献。

第四条 区史志工作机构主管本行政区域内的地方志工作，履行下列职责：

（一）贯彻执行地方志工作法律、法规；

（二）组织、指导、督促和检查全区地方志工作；

（三）拟定岚山区地方志工作规划和编纂方案；

（四）制定岚山区地方志编纂业务规范；

（五）组织编纂岚山区地方志、地方综合年鉴、综合地情文献等全区综合性志书；

（六）负责本行政区域内以行政区划冠名的各类志书的业务指导、专家评审、审查验收、存档备案等工作；

（七）搜集、保存地方志文献和资料，组织整理旧志，推动地方志理论研究；

（八）宣传、推广地方志成果，开展地情研究，建设方志馆、资料库和地情网站，为公众读志用志提供服务；

（九）组织开展地方志学术研究、业务培训；

（十）完成本级人民政府和上级业务部门交办的其他任务。

第五条 编纂地方志，按下列程序进行：

（一）岚山区地方志由区史志工作机构负责组织编纂，具体程序是：

1. 区史志工作机构制定详细的编纂方案，报区政府同意，并经市史志工作机构批准后组织实施。

2. 区史志工作机构负责组织培训编纂人员、业务开展、出版发行等工作。所需经费列入同级财政预算。

3. 地方志书定稿后，由区史志工作机构写出报告，报市史志工作机构审定，经区政府批准后出版，并报省史志工作机构备案。

（二）以岚山区行政区划冠名的乡镇（街道）志、部门志等各类志书、年鉴、地情文献，由相关乡镇（街道）和部门在区史志工作机构的指导下组织编纂。具体程序是：

1. 各乡镇（街道）、各部门将地方志编纂方案报区史志工作机构审查后组织实施。

2. 区史志工作机构负责志书的业务指导、检查督导、审查把关、存档备案等工作。

3. 各乡镇（街道）、各部门按照地方志编写程序，应形成志稿篇目设置、初稿、评审稿、定稿。篇目设置形成后报区史志工作机构审查备案，然后组织开展初稿编写；初稿形成后，报区史志工作机构审查，组织评审，提出修改意见；有关部门和乡镇（街道）根据评审意见修改定稿，经区史志工作机构批准后，按照有关规定出版发行。

4. 各乡镇（街道）、各部门应当在地方志出版后30日内向区史志工作机构报送样书和电子文本。

第六条 从事地方志编纂业务的人员应当具备相关的专业知识和学术水平。编纂岚山区地方志、地方综合年鉴和综合地情文献等全区综合性志书，由区史志工作机构工作人员承担，必要时可聘任社会各界专家、学者参加；本行政区域内以行政区划冠名的乡镇（街道）志、部门志等各类志书的编纂人员，由相关乡镇（街道）、部门选派熟悉修志业务的人员担任，报区史志工作机构备案。

第七条 岚山区地方志、岚山区年鉴、岚山区综合性地情文献由区史志工作机构按照全区规划编纂，其他组织和个人不得编纂出版。

第八条 有关组织和单位可以自行组织编纂本办法第七条规定以外的志书、年鉴或其他地情文献资料，编纂单位需按照隶属关系或者注册登记关系报史志工作机构备案。

第九条 区史志工作机构可以向机关、社会团体、企事业单位和其他组织以及公民征集有关地方志资料，有关单位和公民应当提供支持。地方志资料所有人或者持有人不得故意提供虚假资料。区史志工作机构可以对有关资料进行查阅、摘抄、复制，但涉及国家秘密、商业秘密和个人隐私以及不符合档案开放条件的除外。

第十条 在地方志编纂过程中收集到的文字资料、图表、照片、音像资料、实物等以及形成的地方志文稿，需指定专职人员集中统一管理，妥善保存，不得损毁；修志工作完成后，应当依法移交档案馆保存、管理，个人不得据为已有或者出租、出让、转借。

第十一条 以本行政区划名称冠名的地方志书、地方综合年鉴、地情文献为职务作品，依照《中华人民共和国著作权法》第十六条第二款的规定，其著作权由组织编纂的机构享有，参与编纂的人员享有署名权。

第十二条 地方志工作应为地方经济、社会发展服务。区史志工作机构通过建设方志馆、资料库、网站等方式，积极开展社会读志用志工作。公民、法人和其他组织可以利用上述方志馆、资料库、网站，查阅、摘抄地方志资料。

第十三条 区人民政府对在地方志工作中作出突出成绩和贡献的单位、个人，给予表彰和奖励。

第十四条 违反本办法规定，有下列行为之一的，由区史志工作机构按照管理权限责令其停止违法行为，限期整改；逾期不改的，提请区人民政府或者有关行政部门依法进行查处，并视情节对有关单位和个人予以通报批评或行政处分：

（一）擅自编纂出版以岚山区行政区划冠名的地方志、地方综合年鉴或者综合地情文献的；

（二）损毁单位所有或者持有的地方史志资料或者将其据为已有的；

（三）地方史志资料所有人或者持有人故意提供虚假资料的；

（四）未经审查、验收、批准将地方志交付出版的；

（五）无故拖延、拒绝提供地方志资料或者承担编写任务的；

（六）拒绝向区史志工作机构报送地方史志文献的。

有前款第（一）（二）项行为，造成重大损失或者恶劣影响的，区史志工作机构或史志资料所有、持有单位可以依法向人民法院提起诉讼。

第十五条 任何单位和个人有权对违反本办法的行为进行检举。

第十六条 本办法自发布之日起施行。

五莲县人民政府关于印发《五莲县规范地方志编纂工作暂行办法》的通知

莲政发〔2008〕35 号

各乡镇人民政府，县政府各部门，各有关企事业单位：

现将《五莲县规范地方志编纂工作暂行办法》印发给你们，请结合各自实际，认真贯彻执行。

五莲县人民政府

二〇〇八年九月三日

五莲县规范地方志编纂工作暂行办法

第一条 为规范五莲县地方志的编纂、管理、开发和利用，根据国务院《地方志工作条例》《山东省地方史志工作条例》有关规定，结合本县实际，制定本办法。

第二条 五莲县行政区域内地方志的编纂、管理、开发和利用，适用本办法。

第三条 本办法所称地方志，包括地方志书、地方综合年鉴、综合地情文献等。

地方志书，是指全面系统地记述本县行政区域内自然、政治、经济、文化、社会等方面的历史与现状资料性文献。分为：本县编纂的五莲县地方志、以本县行政区划冠名的乡镇志、以本县行政区划冠名的部门志以及以本县行政区划冠名的其他相关志。

地方综合年鉴，是指系统记述本县行政区域内自然、政治、经济、文化、社会等方面情况的年度资料性文献。分为：本县编纂的五莲县年鉴、以本县行政区划冠名的乡镇年鉴、以本县行政区划冠名的部门年鉴以及以本县行政区划冠名的其他年鉴。

地情文献，是指系统记述本县行政区域内自然、政治、经济、文化、社会等方面一段时期或部分内容的资料性文献。分为：本县编纂的五莲县综合性地情文献、以本县行政区划冠名的乡镇地情文献、以本县行政区划冠名的部门地情文献以及以本县行政区划冠名的其他地情文献。

第四条 五莲县人民政府史志工作机构主管本行政区域内的地方志工作，履行下列职责：

（一）组织、指导、督促和检查全县地方志工作；

（二）负责拟定五莲县地方志、本县行政区域内以行政区划冠名各类志书的工作规划；

（三）组织编纂五莲县地方志、地方综合年鉴、综合地情文献等全县综合性志书；

（四）负责本县行政区域内以行政区划冠名各类志书的业务指导、专家评审、审核定稿、存档备案工作；

（五）搜集、保存地方志文献和资料，组织整理旧志，推动方志理论研究；

（六）组织开发利用地方志资源。

第五条 从事地方史志编纂业务的人员应当具备相关的专业知识和学术水平。编纂五莲县地方志、地方综合年鉴、综合地情文献等全县综合性志书的编纂人员，由县人民政府史志工作机构聘任；本县行政区域内以行政区划冠名的乡镇志、部门志等各类志书的编纂人员，一般由县人民政府史志工作机构从全县修志业务专家组中推荐。

第六条 编纂地方志，按下列程序进行：

（一）五莲县地方志、五莲县年鉴、五莲县综合性地情文献由县人民政府史志工作机构制定出编纂规划报县政府批准后，组织开展编纂，报上一级地方史志工作机构审查，经县人民政府批准后出版，并报省人民政府史志工作机构备案。具体程序是：

1. 县人民政府史志工作机构按照地方志编写年限要求，结合本县实际，对需开展的地方志编纂工作，提前半年制定出编纂规划，上报县政府批准。

2. 县人民政府史志工作机构制定详细的编纂方案，提交县地方史志编纂委员会讨论审议后，报县政府同意下发全县，启动编纂工作。

3. 县人民政府史志工作机构负责组织编纂人员、业务开展、检查验收、出版发行等工作。所需经费列入同级财政预算。

4. 地方志编纂形成定稿后，由县人民政府史志工作机构写出报告，报县政府批准后出版。

（二）以五莲县行政区划冠名的乡镇志、部门志等各类志书、年鉴、地情文献，由相关乡镇和部门在县人民政府史志工作机构的指导下组织编纂。具体程序是：

1. 各乡镇、各部门将地方志编纂方案提前 3 个月报县人民政府史志工作机构审查后组织实施。

2. 县人民政府史志工作机构负责志书的业务指导、检查督导、审查把关、存档备案。

3. 各乡镇、各部门按照地方志编写程序，应形成志稿篇目设置、初稿、评审稿、定稿。篇目设置形成后报县人民政府史志工作机构审查备案，然后组织开展初稿编写；初稿形成后，由县人民政府史志工作机构审查，提出修改意见，并组织评审；有关部门和乡镇根据评审意见修改定稿后，按照有关规定印刷或出版发行。

4. 各乡镇、各部门应当在地方志出版后 30 日内向县人民政府史志工作机构报送样书和电子文本。

第七条 五莲县综合地方志书及以五莲行政区划冠名的乡镇志、部门志等各类志书，由县人民政府史志工作机构按照全县规划组织编纂，其他组织和个人不得编纂出版。

第八条 县人民政府史志工作机构可以向机关、社会团体、企业事业单位和其他组织以及公民征集有关地方志资料，有关单位和公民应当提供支持。县人民政府史志工作机构可以对有关资料进行查阅、摘抄、复制，但涉及国家秘密、商业秘密和个人隐私以及不符合档案开放条件的除外。

地方志资料所有人或者持有人不得故意提供虚假资料。

第九条 在地方志编纂过程中收集到的文字资料、图表、照片、音像资料、实物等以及形成的地方志文稿，需指定专职人员集中统一管理，妥善保存，不得损毁；修志工作完成后，应当依法移交档案馆保存、管理，个人不得据为己有或者出租、出让、转借。

第十条 五莲县内以行政区划名称冠名的地方志书、地方综合年鉴、地情文献为职务作品，依照《中华人民共和国著作权法》第十六条第二款的规定，其著作权由组织编纂的机构享有，参与编纂的人员享有署名权。

第十一条 地方志工作应为地方经济社会的全面发展服务。县人民政府史志工作机构通过建设资料库、网站等方式，积极开拓社会用志途径，加强地方志工作的信息化建设。公民、法人和其他组织可以利用上述资料库、网站查阅、摘抄地方志资料。

第十二条 违反本办法规定，擅自编纂出版以五莲县行政区划冠名的地方志书、年鉴、地情文献，由县人民政府史志工作机构按照管理权限，责令其停止违法行为，限期整改；造成重大损失或恶劣影响的，县人民政府史志工作机构可以依法向人民法院提起诉讼。

第十三条 违反本办法规定，未经审查、验收、批准，将地方志文稿交付出版或者地方志内容存在违反宪法、法律、法规的，由县人民政府史志工作机构按照管理权限责令其停止违法行为，限期改正；构成犯罪的，依法追究刑事责任。

第十四条 负责地方史志工作的管理人员违反本办法第八条、第九条规定的，造成重大损失或者恶劣影响的，县人民政府史志工作机构责令其停止违法行为，限期改正；逾期不改的，依法追究刑事责任。

第十五条 任何单位和个人有权对违反本办法的行为进行检举。

第十六条 本办法由五莲县人民政府史志工作机构负责解释。

第十七条 本办法自发布之日起施行。

莒县人民政府关于印发《莒县地方志编纂工作管理办法》的通知

莒政发〔2010〕65号

各乡镇人民政府、街道办事处，县政府各部门，国家、省、市属驻莒各单位：

《莒县地方志编纂工作管理办法》已经第30次县政府常务会议研究同意，现印发给你们，望认真贯彻执行。

莒县人民政府

二○一○年九月三十日

莒县地方志编纂工作管理办法

第一条 为规范莒县地方志的编纂、管理、开发和利用，根据国务院《地方志工作条例》和《山东省地方史志工作条例》有关规定，结合本县实际，制定本办法。

第二条 莒县行政区域内地方志的组织编纂、管理、开发和利用，适用本办法。

第三条 本办法所称地方志，包括地方志书、地方综合年鉴、综合地情文献等。

地方志书是指全面客观系统地记述本县行政区域内自然、政治、经济、文化、社会等方面的历史与现状的资料性文献。分为：本县编纂的莒县地方志、以本县行政区划冠名的乡镇（街道）志、以本县行政区划冠名的部门志以及以本县行政区划冠名的其他相关志书。

地方综合年鉴是指系统记述本县行政区域内自然、政治、经济、文化、社会等方面情况的年度资料性文献。分为：莒县年鉴、以本县行政区划冠名的乡镇（街道）年鉴、以本县行政区划冠名的部门年鉴以及以本县行政区划冠名的其他年鉴。

综合地情文献是指系统记述本县行政区域内自然、政治、经济、文化、社会等方面一段时期或部分内容的资料性文献。分为：本县编纂的莒县综合性地情文献、以本县行政区划冠名的乡镇（街道）地情文献、以本县行政区划冠名的部门地情文献以及以本县行政区划冠名的其它地情文献。

第四条 县史志工作机构主管本行政区域内的地方志工作，履行下列职责：

（一）组织、指导、督促和检查全县地方志工作；

（二）拟定莒县地方志工作规划和编纂方案；

（三）制定莒县地方志编纂业务规范；

（四）组织编纂莒县地方志、地方综合年鉴、综合地情文献等全县综合性志书；

（五）负责本县行政区域内以行政区划冠名的各类志书的业务指导、专家评审、审查验收、存档备案工作；

（六）搜集、保存地方志文献和资料，组织整理旧志，推动地方志理论研究；

（七）宣传、推广地方志成果，开展地情研究，建设方志馆、地情资料展览馆和资料库及地情网站，为公众读志用志提供服务。

第五条 从事地方志编纂业务的人员应当具备相关的专业知识和学术水平。编纂莒县地方志、地方综合年鉴、综合地情文献等全县综合性志书，由县史志工作机构工作人员承担，必要时可聘任专业技术人员；本县行政区域内以行政区划冠名的乡镇（街道）志、部门志等各类志书的编纂人员，由相关乡镇（街道）、部门选派熟悉修志业务的人员担任，报县史志工作机构备案。

第六条 编纂地方志，按下列程序进行：

（一）莒县地方志由县史志工作机构负责组织编纂，具体程序是：

1. 县史志工作机构制定详细的编纂方案，报县政府同意，并经市史志工作机构批准后组织实施。

2. 县史志工作机构负责组织编纂人员、业务开展、出版发行等工作。所需经费列入同级财政预算。

3. 县地方志书定稿后，由县史志工作机构写出报告，报市地方史志编委会审定，经县政府批准后出版，并报省史志工作机构备案；县综合年鉴经县政府批准后出版。

（二）以莒县行政区划冠名的乡镇（街道）志、部门志等各类志书、年鉴、地情文献，由相关乡镇（街道）和部门在县史志工作机构的指导下，严格按照县地方史志编纂委员会制定的相应编纂规范组织编纂。具体程序是：

1. 各乡镇（街道）、各部门将地方志编纂方案提前报县史志工作机构。

2. 县史志工作机构负责志书的业务指导、检查督导、审查把关、存档备案。

3. 各乡镇（街道）、各部门按照地方志编写程序，应形成志稿篇目设置、初稿、评审稿、定稿。篇目设置形成后报县史志工作机构审查备案，然后组织开展初稿编写；初稿形成后，报县史志工作机构审查，由县史志工作机构组织评审，提出修改意见；有关部门和乡镇（街道）根据评审意见修改定稿。

4. 各乡镇（街道）、各部门应当在地方志出版后30日内向县史志工作机构报送样书和电子文本。

第七条 莒县地方志、莒县年鉴、莒县综合性地情文献由县史志工作机构按照全县规划组织编纂，其他组织和个人不得编纂出版。

第八条 有关组织和单位可以自行组织编纂本办法第七条规定以外的志书、年鉴或其他地情文献资料，编纂单位需按照隶属关系或者注册登记关系报史志工作机构备案。

第九条 县史志工作机构可以向机关、社会团体、企业事业单位和其他组织以及公民征集有关地方志资料，有关单位和公民应当提供支持。地方志资料所有人或者持有人不得故意提供虚假资料。县史志工作机构可以对有关资料进行查阅、摘抄、复制，但涉及国家秘密、商业秘密和个人隐私以及不符合档案开放条件的除外。

第十条 在地方志编纂过程中收集到的文字资料、图表、照片、音像资料、实物等以及形成的地方志文稿，需指定专职人员集中统一管理，妥善保存，不得损毁；修志工作完成后，应当依法移交档案馆保存、管理，个人不得据为己有或者出租、出让、转借。

第十一条 以行政区划名称冠名的地方志书、地方综合年鉴、地情文献为职务作品，依照《中华人民共和国著作权法》第十六条第二款的规定，其著作权由组织编纂的机构享有，参与编纂的人员享有署名权。

第十二条 地方志工作应为地方经济社会的全面发展服务。县史志工作机构通过建设方志馆、史志资料展览馆、资料库、网站等方式，积极开拓社会用志途径，加强地方志工作的信息化建设。公民、法人和其他组织可以利用上述方志馆、资料库、网站查阅、摘抄地方志资料。

第十三条 县政府将对在地方志工作中作出突出成绩和贡献的单位、个人，给予表彰和奖励。

第十四条 违反本办法规定，有下列行为之一的，由县史志工作机构按照管理权限责令其停止违法行为，限期整改；逾期不改的，由其所在单位或者有关行政部门依法给予行政处分或者纪律处分：

（一）擅自编纂出版以莒县行政区划冠名的地方志、地方综合年鉴或者综合地情文献的；

（二）损毁单位所有或者持有的地方史志资料或者将其据为己有的；

（三）地方史志资料所有人或者持有人故意提供虚假资料的；

（四）未经审查、验收、批准将地方志交付出版的；

（五）无故拖延、拒绝提供地方志资料或者承担编写任务的；

（六）拒绝向县史志工作机构报送地方史志文献的。

有前款第（一）（二）项行为，造成重大损失或者恶劣影响的，县史志工作机构或史志资料所有、持有单位可以依法向人民法院提起诉讼。

第十五条 任何单位和个人有权对违反本办法的行为进行检举。

第十六条 本办法自 2010 年 10 月 1 日起施行。

莱芜市人民政府关于印发《莱芜市地方史志工作管理办法》的通　知

莱政发〔2014〕15号

各区人民政府，市政府各部门，高新区管委会，雪野旅游区管委会，市直各企事业单位：

现将《莱芜市地方史志工作管理办法》印发给你们，请认真遵照执行。

莱芜市人民政府

二〇一四年八月二十二日

莱芜市地方史志工作管理办法

第一条　为全面、客观、系统地记载区域地情，科学、合理地保存和开发利用地方史志资源，更好地发挥地方史志资政、存史、教化的作用，根据国务院《地方志工作条例》和《山东省地方史志工作条例》，结合本市实际，制定本办法。

第二条　本市行政区域内地方史志的组织编纂、管理和开发利用工作，适用本办法。

第三条　本办法所称地方史志，包括地方志书、地方综合年鉴及相关地情文献。

地方志书，是指全面系统地记述本行政区域自然、政治、经济、文化和社会的历史与现状的资料性文献。主要有市志、区志、镇（街道）志、部门（行业、单位、企业）志、村居（社区）志等。

地方综合年鉴，是指系统记述本行政区域自然、政治、经济、文化和社会等方面情况的年度资料性文献。主要有市年鉴、区年鉴、镇（街道）年鉴等。

相关地情文献，是指系统记述本行政区域全貌或者一定领域情况的资料性文献。主要包括由各级人民政府史志工作机构、各部门单位组织编纂的综合地情文献、其他地情文献等。

第四条　地方史志工作应当做到存真求实、客观公正、确保质量，全面、客观地记述本行政区域内自然、政治、经济、文化和社会的历史与现状。

任何单位和个人不得要求编纂人员在地方史志文献中做虚假记述。

第五条　市、区人民政府应当加强对本行政区域地方史志工作的领导，将地方史志工作纳入国民经济和社会发展规划，明确工作机构和人员编制，保障地方史志工作条件，所需经费列入本级财政预算。

第六条 市、区地方史志工作机构主管本行政区域内的地方史志工作，履行下列职责：

（一）拟定地方史志工作规划、规范标准和管理办法并组织实施；

（二）组织、指导、督促和检查地方史志工作；

（三）组织编纂地方志书、地方综合年鉴及相关地情文献；

（四）审查、验收、备案有关地方史志文稿；

（五）组织整理旧志，征集、整理、保存地方史志文献；

（六）组织开展地方史志理论研究、学术交流及业务培训；

（七）宣传、推广地方史志成果，开展地情研究、课题咨询服务和史志工作专题研究，开发利用地方志资源；

（八）建设方志馆、地情资料库和地情网站，为公众读志用志提供服务；

（九）本级人民政府和上级业务部门交办的其他事项。

第七条 从事地方史志编纂业务的人员应当具备相应的专业知识、学术水平和文字功底。实行专职与兼职相结合，尽量吸收有关方面专家、学者参与地方史志编纂工作。

第八条 承担地方志书、地方综合年鉴供稿任务的单位应当明确责任机构和人员，提供经费等保障条件，接受本级地方史志工作机构的指导和检查，按照时间和质量要求完成撰稿任务。

第九条 以市及各区行政区域名称冠名的地方志书、地方综合年鉴和相关地情文献，由本级地方史志工作机构按照规划组织编纂；以镇（街道）行政区域名称冠名的地方志书、地方综合年鉴和相关地情文献，由本级人民政府组织编纂。其他组织和个人不得编纂出版。

第十条 市、区地方志书每20年左右编修一次。编修工作由市人民政府按总体规划统一部署。遇到地方重大事件发生或重大区划变动，应当适时组织编纂专志和地方志书。鼓励和提倡编写部门志、专业志并列入“莱芜地方史志丛书”统一编排出版。

以市、区行政区域名称冠名的地方综合年鉴，由市、区地方史志工作机构按照年度组织编纂，以出版年份为卷号。《莱芜年鉴》要做到一年一卷；其他年鉴的编纂可结合实际一年一卷，也可编写多年卷。

第十一条 地方史志编纂实行备案制度。全市各级机关、企事业单位、社会团体、其他组织以及个人在境内编纂出版的地方史志，在确定下发编纂方案、征集资料前应向市人民政府地方史志工作机构备案。备案内容包括书名、编纂单位（个人编纂的备案主要发起人）、主编、资金来源、开本、印刷册数、拟出版时间、发行范围、发行方式以及拟编纂的地方史志的基本情况介绍和其他需要说明的事项等，并同时报送编纂方案及编辑人员名单。

市地方史志工作机构在收到上述材料后，按照地方史志编纂的有关规定，对材料进行严格审核，在10个工作日内做出准予或不予备案的决定。

第十二条 市、区地方史志工作机构可以向机关、社会团体、企业事业单位和其他组织以及公民征集有关地方史志资料，有关单位和个人应当为其提供便利和支持。地方史志编纂机构可以对资料内容进行查阅、摘抄、复制。涉及国家秘密、商业秘密和个人隐私以及不符合档案开放条件的除外。

地方史志资料所有人或者持有人不得故意提供虚假资料。

第十三条 市、区地方史志工作机构负责组织本行政区域内经济、社会发展年度详细资料的报送工作。以年度为单位，对全市志书和年鉴编纂所需资料及基础地情资料进行全面、经常性的收集、整理、积累，并负责向上级史志工作机构报送本级基础地情资料。

第十四条 地方史志编纂过程中征集到的文字资料、图表、照片、音像资料、实物等以及形成的地方志文稿，由本级地方史志工作机构集中统一管理，妥善保存。编纂工作完成后，应当移交方志馆保存、管理，个人不得损毁、据为己有或者出让、出租、转借，不得擅自处置。

第十五条 地方史志文稿保密审查实行分级负责制。承担地方志书、地方综合年鉴供稿任务的单位要对所上报稿件进行保密审查。地方史志工作机构会同保密主管部门对本级地方史志文稿进行严格的保密审查，重点审查地方史志文稿的内容是否符合保密、档案等法律、法规的规定。

第十六条 地方史志出版实行分级审查验收制度。

（一）《莱芜市志》报山东省地方史志编纂委员会审定，经市人民政府批准后出版；

（二）《莱芜年鉴》由市地方史志编纂委员会审定，经市人民政府批准后出版；

（三）市属部门、单位编纂的志书、年鉴及列入规划的相关地情文献，由市地方史志工作机构审定后出版；

（四）区志报市地方史志编纂委员会审定，经区人民政府批准后出版，并报省地方史志工作机构备案；

（五）区年鉴由区地方史志编纂委员会审定，经区人民政府批准后出版；

（六）区属部门、单位编纂的志书、年鉴及列入规划的相关地情文献，由区地方史志工作机构审定后出版；

（七）镇（街道）志、年鉴报区地方史志工作机构审定，经本级人民政府批准后出版；

（八）村居（社区）志报区地方史志工作机构审定后出版。

市、区、镇（街道）、村居（社区）四级志书、年鉴的电子类出版物，一律履行上述报审程序。

第十七条 地方史志文稿上报后，审查机构应当认真审查，及时出具审查意见；审查未通过的，不得公开出版；在审查过程中发现存在重大质量问题的，应当退回重修；已经通过审查，需要作重大调整和修改的，应当重新报审。未按程序报审的地方史志不得以任何形式公开出版。

第十八条 以行政区域名称冠名的志书、年鉴和相关地情文献为职务作品，其著作权由组织编纂的机构享有，参与编纂的人员依法享有署名权。

第十九条 地方志书、地方综合年鉴和相关地情文献出版后，编纂单位应当在30日内将出版物（含纸质版、电子版）按照隶属关系或注册登记关系报当地和上级地方史志工作机构备案。

第二十条 市、区地方史志工作机构负责本行政区域地情资料库（地情网站）的建设和维护，要及时将史志资料及成果进行数字化处理，建成动态型地情资料数据库。

第二十一条 地方史志文献应当通过方志馆、地情资料库和地情网站向社会公众开放。公民、法人和其他组织可以利用上述资料库、网站查阅、摘抄地方志。

鼓励单位和个人向方志馆捐赠地方史志文献。对具有收藏价值的资料，应向捐赠者颁发收藏纪念证书，并给予所存资料的优先调阅权。

第二十二条 市、区人民政府及有关部门应将地方史志工作纳入年度目标考核范围，对成绩突出的单位和个人给予表彰和奖励。

地方史志作品可以参加社会科学成果评奖。

第二十三条 有下列行为之一的，由市、区地方史志工作机构依法责令限期改正；逾期不改的，予以通报批评或由其所在单位和有关行政部门依法给予行政处分或者纪律处分。

（一）无故拖延、拒绝提供地方史志资料或拒不承担编写任务的；

（二）未经备案或审查、批准，擅自编纂、出版以行政区域名称冠名的志书、年鉴及相关地情文献的；

（三）对已经审查通过的地方史志文稿擅自进行重大改动并出版，造成恶劣影响和严重后果的；

（四）故意提供虚假资料的；

（五）拒绝向地方史志工作机构报送地方史志出版物（含纸质版、电子版）的。

第二十四条 地方史志工作机构及其工作人员有下列行为之一的，对主管人员和其他直接责任人员予以通报批评、行政处分或者纪律处分。

（一）在地方史志编纂中故意加入虚假资料的；

（二）将地方史志编纂过程中搜集的资料和形成的文稿据为己有的；

（三）将地方史志文稿作为个人著作擅自发表的；

（四）擅自出让、出租、转借地方史志资料，造成损毁或遗失的。

第二十五条 市直部门单位、行业的志书及年鉴的编纂，参照本办法执行。

第二十六条 本办法自2014年10月1日起施行，有效期至2019年9月30日。

莱芜市莱城区人民政府关于印发《莱城区地方史志工作管理暂行办法》的通　知

莱城政发〔2011〕10号

工业区、农高区管委会，各镇人民政府（办事处），区政府各部门，区直各企事业单位：

《莱城区地方史志工作管理暂行办法》已经区政府同意，现印发给你们，请认真遵照执行。

莱芜市莱城区人民政府

二〇一一年七月六日

莱城区地方史志工作管理暂行办法

第一条　为了规范和加强地方史志工作，全面、客观地记载区域地情，科学有序地开发、管理和利用地方史志资源，发挥地方史志在促进经济和社会发展中的作用，根据国务院《地方志工作条例》和《山东省地方史志工作条例》等有关规定，结合本区实际，制定本办法。

第二条　本办法适用于本区行政区域内地方史志的资料征集、研究、组织编纂、管理、开发利用和咨询服务工作。

第三条　本办法所称地方史志，包括区、镇（街道）、村（社区）及部门单位编纂的各类志书、年鉴及相关地情文献。

地方志书，是指全面客观系统地记述本行政区域内自然、政治、经济、文化、社会等方面的历史与现状的资料性文献。

地方综合年鉴，是指系统地记述本行政区域内自然、政治、经济、文化、社会等方面的年度资料性文献。

地情文献，是指系统地记述本行政区域内自然、政治、经济、文化、社会等方面一段时期或部分内容的资料性文献。

第四条　地方史志的编纂工作应当做到存真求实，确保质量，全面客观地反映本行政区域内自然、政治、经济、文化及社会的历史和现状。

第五条 区人民政府加强对本行政区域地方史志工作的领导，将地方史志工作纳入全区经济和社会发展规划。地方史志工作所需经费列入本级财政预算。

第六条 区地方史志办公室（以下简称区史志办）主管本行政区域内的地方史志工作，履行下列职责：

（一）贯彻执行地方史志工作法律、法规；

（二）组织、指导、督促和检查全区地方史志工作；

（三）拟订地方史志工作规划和编纂方案并组织实施；

（四）制定地方史志编纂业务规范并组织实施；

（五）编纂、审查、验收地方史志文稿；

（六）宣传推广地方史志成果，建设地情文献网站和方志馆、资料库，开发利用地情史志资源，为公众读志用志提供服务；

（七）组织整理旧志，征集、保存地方史志文献和资料；

（八）组织开展地方史志学术研究、业务培训；

（九）完成本级人民政府和上级地方史志工作机构交办的其他任务。

第七条 从事地方史志编纂业务的人员应当具备相关的专业知识和学术水平，实行专兼职人员相结合，吸收社会各界专家、学者和熟悉史志业务的人员参加。编纂区级地方史志的人员由区史志办聘任；编纂以行政区域名称冠名的镇（街道）志、村（社区）志、部门志等各类史志的人员，由相关镇（街道）、村（社区）、部门选聘，并报区史志办备案，必要时，区史志办可与相关单位协商确定。

第八条 以本区行政区域名称冠名的地方志、地方综合年鉴、综合地情文献，由区史志办按照规划组织编纂；以镇（街道）行政区域名称冠名的地方志、地方综合年鉴、综合地情文献，由各镇人民政府、街道办事处组织编纂。其他组织和个人不得编纂出版。

第九条 有关组织和单位可以自行组织编纂本办法第八条规定以外的志书、年鉴或其他相关地情文献，编纂单位应当报区史志办备案，区史志办应当对志书编纂活动进行业务指导。

第十条 编纂地方史志，按下列程序进行：

（一）区地方志、年鉴、综合地情文献等史志的编纂程序：

1. 区史志办按照地方史志编写规定要求，结合实际，对需要开展的地方史志编纂工作，提前半年制订出编纂规划，报区人民政府批准；

2. 区史志办制定出详细的编纂方案，提交区地方史志编纂委员会讨论审议后，报区人民政府批准，启动编纂工作。承担编纂任务的单位，应当按照编纂方案如期完成撰稿任务；

3. 区史志办负责组织编纂人员培训、业务开展、检查验收、出版发行等工作；

4. 地方史志编纂定稿后，由区史志办写出报告，报市人民政府史志工作机构审定，经区人民政府批准后出版，并报省人民政府史志工作机构备案。

（二）以行政区域名称冠名的镇（街道）、村（社区）及部门的各类志书、年鉴、地情文献，由相关镇（街道）、村（社区）和部门在区史志办的指导下组织编纂。具体程序如下：

1. 镇（街道）、村（社区）和部门按照要求填报史志（志书、年鉴、地情文献）编写申请书，并将编纂方案提前3个月报区史志办审查后组织实施；

2. 区史志办负责业务指导、检查督导、审查把关、存档备案；

3. 镇（街道）、村（社区）和部门按照地方史志编写程序，应形成志稿篇目设置、初稿、评审稿、定稿。篇目设置形成后报区史志办审查备案，然后组织开展初稿编写；初稿形成后，报区史志办审查，由区史志办组织评审，提出修改意见；镇（街道）、村（社区）和部门根据评审意见修改定稿，经区史志办批准后，按照有关规定印刷和出版发行；

4. 镇（街道）、村（社区）和部门应当在志书、年鉴和其他资料性文献出版后30日内，向区史志办报送样书和电子文本。

第十一条 区级地方志书每20年左右编修一次，每一轮地方志书编修工作完成后，地方志工作机构在编纂地方综合年鉴、搜集资料、向社会提供咨询服务的同时，启动新一轮地方志书的编修工作。区级地方综合年鉴按年度或数年编辑出版1卷。可适时组织编纂综合或专题地情文献。

第十二条 区史志工作管理部门依法向辖区内机关、社会团体、企业事业单位和其他组织以及公民征集有关地方史志资料，相关单位和个人应当给予支持。区史志工作管理部门可以对所需资料内容进行查阅、摘抄、复制，但涉及国家秘密、商业秘密和个人隐私以及不符合档案开放条件的除外。

地方史志资料所有人或者持有人不得故意提供虚假资料。

第十三条 在地方史志编纂过程中收集到的文字资料、图表、照片、音像资料、实物等以及形成的地方史志文稿，由区史志办指定专人集中统一管理，妥善保存，不得损坏。修志工作完成后，应当按规定归档管理，任何个人不得损毁或者据为己有以及出租、出让、转借。

第十四条 地方志编纂单位应当在地方志书、地方综合年鉴及地情文献出版后30日内，向本级和上级人民政府史志工作机构报送样书和电子文本。

第十五条 地方志书、地方综合年鉴和相关地情文献为职务作品，依照《中华人民共和国著作权法》第十六条第二款的规定，其著作权由组织编纂的机构享有，参与编纂的人员享有署名权。

第十六条 地方史志工作应为地方经济社会的全面发展服务。区史志工作管理部门应加强地方史志工作信息化建设，积极开拓社会用志途径。公民、法人和其他组织可以利用方志馆、资料库、网站查阅、摘抄地方史志资料。

鼓励单位和个人向区史志工作管理部门捐赠地方史志资料，对具有收藏价值的资料，应当向捐赠者颁发收藏纪念证书，并给予馆存资料的优先使用权。

第十七条 地方史志成果可以依据有关规定参加国家、省和市优秀社会科学成果评奖。

第十八条 区人民政府对在地方史志工作中做出突出成绩和贡献的单位、个人，给予表彰和奖励。

第十九条 实行地方史志保密审查分级分单位负责制。地方史志的保密由提供资料和编写初稿的单位负责，保密主管部门会同区史志办对本级地方史志进行保密审定。地方史志泄露国家秘密的，由有关部门依法查处。

第二十条 违反本办法规定，有下列行为之一的，由区史志工作管理部门责令其停止违法行为并限期改正；逾期不改正的，由区史志工作管理部门提请有关行政部门依法查处或给予处分：

（一）未经审查、验收、批准，擅自编纂出版以本行政区域名称冠名的地方志、地方综合年鉴及相关地情文献的；

（二）将地方史志文稿作为个人著作擅自发表的；

（三）无故拖延、拒绝提供地方史志资料或者拒不承担编写任务的；

（四）地方史志资料所有人或者持有人故意提供虚假资料的；

（五）丢失、损毁单位地方史志资料或者将其据为己有的；

（六）拒不向地方史志工作机构报送地方史志出版物（含纸质版、电子版）的。

有本条（一）（二）项行为，造成重大损失或者恶劣影响的，区地方史志工作管理部门可以依法向人民法院提起诉讼。

第二十一条 任何单位和个人有权对违反本办法的行为向区史志工作管理部门进行举报。

第二十二条 本办法由区史志办负责解释。

第二十三条 本办法自颁布之日起施行。

莱芜市钢城区人民政府关于印发《莱芜市钢城区地方史志工作暂行办法》的通知

钢城政发〔2011〕10号

各镇（街道）人民政府（办事处），区政府各部门，经济开发区管委会，高新园管委会，区直各企事业单位：

《莱芜市钢城区地方史志工作暂行办法》已经区政府研究同意，现印发给你们，请认真遵照执行。

莱芜市钢城区人民政府

二〇一一年九月二十二日

莱芜市钢城区地方史志工作暂行办法

第一条 为规范和加强地方史志工作，全面、客观、系统地编纂地方史志，如实记载区域地情，科学地积累、保存、开发利用史志资源，充分发挥地方史志的存史、资治、教化作用，有效地促进全区经济和社会发展，根据国务院《地方志工作条例》和《山东省地方史志工作条例》，结合本区实际，制定本办法。

第二条 本行政区域内地方史志的资料征集、编纂、管理、研究、开发利用和咨询服务，适用本办法。

第三条 本办法所称地方史志，包括地方志书、地方综合年鉴和相关地情文献。

地方志书，是指全面系统地记述本行政区域内自然、经济、政治、文化、社会等各方面的历史与现状的资料性文献，包括区志、镇（街道、开发区、高新园）志。

地方综合年鉴，是指全面系统地记述本行政区域内自然、经济、政治、文化、社会等各方面情况的年度资料性文献，包括区年鉴、镇（街道、开发区、高新园）年鉴。

相关地情文献，是指系统地记述本行政区域一定领域情况的资料性文献，包括机关、社会团体、企业事业单位及村（社区）编纂的志书、年鉴和其他资料性文献。

第四条 各级人民政府应当加强对本行政区域地方史志工作的领导。将地方史志工作纳入当地经济和社会发展规划，明确工作人员，保障工作条件，地方史志工作所需经费列入本级财政预算。

第五条 区地方史志办公室是区人民政府地方史志工作机构，为本行政区域地方史志工作的主管机构，履行下列职责：

（一）贯彻执行地方史志工作法律、法规；

（二）制定地方史志业务规范、工作规划和计划，并组织实施；

（三）组织、检查、督促、指导地方史志工作；

（四）组织编纂地方志书、地方综合年鉴及相关地情文献；

（五）审批地方史志编纂方案；

（六）审查、验收有关地方史志稿件并备案；

（七）征集、整理、保存地方史志文献和资料，上报稿件或资料，组织整理旧志；

（八）建设和管理方志馆、地情资料库、地情网站，组织开发利用地方史志资源，开展地情研究与咨询，宣传、推广地方史志成果，为公众提供服务；

（九）组织开展地方史志理论研究、学术交流及业务培训；

（十）完成本级人民政府和上级地方史志工作机构交办的其他任务。

第六条 从事地方史志编纂业务的人员，应当具备相应的专业知识、学术水平、文字功底和职业道德。地方史志编纂业务，实行主编负责制和编辑人员聘任制，专职与兼职人员相结合，广泛吸收有关专家、学者参加。

第七条 承担地方志书、地方综合年鉴供稿任务的单位，应当明确责任机构和人员，提供经费等保障条件，接受本级人民政府地方史志工作机构的检查和指导，按照时间和质量要求完成分配任务。

第八条 编纂地方史志应当做到存真求实、客观公正、确保质量。

任何单位和个人不得要求编纂人员在地方史志中做虚假记述。

第九条 以本行政区域名称冠名的地方志书、地方综合年鉴和相关地情文献，由区地方史志办公室按照规划组织编纂。以镇（街道、开发区、高新园）区域名称冠名的地方志书、地方综合年鉴和相关地情文献，须由各镇人民政府（办事处、管理委员会）组织编纂。其他组织和个人不得编纂出版。

有关组织和个人可以组织编纂上款规定以外的地方史志。

第十条 区级地方志书每 20 年左右编修一次，由区人民政府按规划统一部署。鼓励和提倡编修镇（街道、开发区、高新园）志、村（社区）志、部门志、专业志等。

每一轮地方志书编修工作完成后，区地方史志办公室在编纂地方综合年鉴、搜集资料、向社会提供咨询服务的同时，启动新一轮地方志书的编修工作。区级地方综合年鉴按年度或数年编辑出版 1 卷。可适时组织编纂综合或专题地情文献。

第十一条 编纂地方史志，应当制定编纂方案，填报“志书（年鉴、地情文献）编纂方案审批表”。待有关地方史志工作机构批准后，正式启动编纂工作。

第十二条 地方史志工作部门依法向辖区内机关、社会团体、企业事业单位和其他组织以及公民征集地方史志资料，相关单位和个人应当积极提供。地方史志编纂机构可以对所需资料内容进行查阅、摘抄、复制，但涉及国家秘密、商业秘密和个人隐私以及不符合档案开放条件的除外。

地方史志资料所有人或持有人不得故意提供虚假资料。

第十三条 在地方史志编纂过程中收集到的各类资料及形成的稿件，由本级人民政府地方史志工作机构按照规定归档管理；编纂工作完成后，移交区方志馆保存、管理。任何个人不得据为己有或擅自处置，不得损毁或者出租、出让、转借。

第十四条 地方史志出版实行分级审查验收制度。在书籍出版前 30 日内，编纂单位或个人要向地方史志工作机构报送书面样稿及其电子版，同时填报“志书（年鉴、地情文献）出版审查表”，履行审查验收程序。

（一）区志形成定稿后，由区地方史志办公室写出报告，报市地方史志编纂委员会审定，经区人民政府批准并报省人民政府史志工作机构备案后出版；

（二）区级年鉴由区地方史志编纂委员会审定，经区人民政府批准后出版；

（三）区属部门、单位编纂的志书、年鉴及相关地情文献，由区地方史志办公室审定后出版；

（四）镇（街道、开发区、高新园）志、年鉴由区地方史志办公室审定，经本级人民政府（办事处、管理委员会）批准后出版；

（五）行政村（社区）志报区地方史志办公室审定后出版；

（六）志书、年鉴的电子类出版物，一律执行上述报审程序。

未按程序报审的地方史志，不得以任何形式公开出版、发行。

第十五条 地方志书、地方综合年鉴稿件上报后，审查机构应当认真审查，及时出具审查意见。审查未通过的，不得公开出版；在审查过程中发现存在重大质量问题的，应当退回重修；已经通过审查，需要作重大调整和修改的，应当重新报审。

审查验收地方史志稿件，应当组织有关保密、档案、历史、法律、经济、军事、语言等方面的专家参加，重点审查地方史志的内容是否符合宪法和保密、档案等法律规定，是否符合史实，是否全面客观地反映既定区域自然、经济、政治、文化、社会等各方面的历史与现状。

第十六条 实行地方史志保密审查分级分单位负责制。地方史志的保密审查由提供资料和编写初稿的单位负责，保密主管部门会同地方史志工作机构对本级地方史志进行保密审定。地方史志泄露国家秘密的，由有关部门依法查处。

编纂地方史志涉及军事内容的，应当遵守中央军委关于军事志编纂的相关规定。

第十七条 以行政区域名称冠名的地方志书、地方综合年鉴和相关地情文献为职务作品，其著作权由组织编纂的机构享有，编纂业务人员享有署名权。

第十八条 地方志书、年鉴、地情文献出版后30日内，编纂单位或个人应当按要求向本级和上级人民政府史志工作机构报送样书及其电子版。

第十九条 地方史志文献应当通过方志馆、地情资料库和地情网站向社会公众开放。公民、法人和其他组织可以从中查阅或摘抄。

第二十条 建立地情资料日常收集机制。区地方史志办公室通过建设方志馆、地情资料库、地情网站等方式及时征集、整理、保存各类地情资料，积极开展地情宣传、咨询活动，出版专题资料、地情研究成果，为社会各界服务。

区地方史志办公室负责区地情资料库、地情网站的建设和维护，要及时将史志资料及成果进行数字化处理，建成动态型地情资料数据库。

鼓励单位和个人向方志馆捐赠地方史志文献等地情资料。对具有收藏价值的资料，方志馆应当向捐赠者颁发收藏纪念证书，并给予所存资料的优先使用权。

第二十一条 实行史志资料年报制度。每年第一季度，各镇（街道、开发区、高新园）、区直各单位要结合档案整理工作，集中征集、整理上年度的史志资料，逐级上报。

年报资料主要包括下列几种：

（一）编纂地方志书所需资料：全区各行业（事业）发展的年度详细资料；各镇（街道、开发区、高新园）自然、经济、政治、文化、社会等各方面发展的年度详细资料。

（二）编辑各级各类年鉴所需资料：上年度全区经济、社会发展统计资料，各行各业发展情况资料，区划变动资料，负责人调整变化资料，大事、要事、新事、特事资料，重点、亮点事物资料，重要项目、重要荣誉资料，包括重要图片及其文字说明资料。

（三）基础地情资料：(1）全区各级各类新编修出版的地方志书（含行业志、部门志、企业志、学校志、山水志、镇村志等），志书的评议稿、送审稿、资料长编、专题资料和资料汇编；历代旧方志（含复制品、校勘重印本等）。(2）各级各类年鉴。(3）其他各类地情文献，包括地方史、党史、文史资料，地区或行业概览、手册、便览、公报、重要文件，重要会议、重要活动资料，普查资料，统计数据，调查报告等。(4）地方名人传记、著作、回忆录等。(5）社会各界及个人编著、编辑的各类书籍、报刊及创作的影像作品等。(6）境内姓氏研究成果及族谱、家谱。

区地方史志办公室负责组织本行政区域内经济、社会发展年度详细资料的报送工作。以年度为单位，对各种地情资料进行全面、经常性的收集、整理、积累，并负责向上级史志工作机构报送地情资料或提供稿件。

第二十二条 实行大事资料跟踪采集制度。对影响重大、关系长久的大事、要事、新事、特事，按照“谁主办谁负责”的原则，由主办单位进行跟踪采访，及时搜集有关现场资料，包括活动方案、录像照片（含底片、文字说明）、纪念性实物以及领导讲话、批示、题词等资料，并及时进行资料整理、归档，在事件发生15日内向区史志办公室报送上述资料。

区史志办公室可以向有关单位随时索取大事资料，对于缺失的大事资料采取补救措施。有关单位应当积极配合，每季度至少向区史志办公室移交一次大事资料，包括音像、文本资料及其电子版。

第二十三条 各级人民政府及有关部门应当将地方史志工作纳入年度工作目标考评范围，对成绩突出的单位和个人给予表彰、奖励。

地方史志编研成果可以参加社会科学成果评奖。

对于各镇（街道、开发区、高新园）、区直各单位开展地方史志工作的情况，区政府办公室、区地方史志办公室要及时进行督察和指导，发现问题及时处理。

第二十四条 违反本办法规定，有下列情形之一的，由区地方史志办公室责令限期改正；逾期不改正的，提请区人民政府及有关行政部门依法查处，视情节追究有关单位和个人的责任；构成犯罪的，依法追究刑事责任：

（一）无故拖延、拒绝提供地方史志资料，或拒不承担所分配的地方史志供稿任务的；

（二）未经备案或审查、批准，擅自编纂、出版以行政区域名称冠名的地方志书、地方综合年鉴及相关地情文献的；

（三）提供地方史志资料，故意弄虚作假的；

（四）拒绝向地方史志工作机构报送地方史志出版物（含纸质版、电子版）的。

第二十五条 地方史志工作机构及其工作人员有下列行为之一的，对主管人员和其他直接责任人员予以通报批评、行政处分或者纪律处分：

（一）在地方史志编纂中故意加入虚假资料的；

（二）将地方史志编纂过程中搜集的资料和形成的稿件据为己有的；

（三）擅自处置地方史志资料，造成资料损毁或遗失的；

（四）将地方史志稿件作为个人著作或文章擅自出版或发表的；

（五）未经审查、验收、批准，将地方史志件稿交付出版或者地方史志内容与宪法、法律、法规相抵触的；

（六）对已经审查通过的地方史志稿件擅自进行重大改动并出版的。

第二十六条 对于违反本办法的行为，任何单位和个人都有权利进行检举。

第二十七条 本办法自颁布之日起施行。

第二十八条 本办法由莱芜市钢城区地方史志办公室负责解释。

临沂市兰山区人民政府关于印发《兰山区地方志工作管理暂行办法》的通知

临兰政发〔2011〕8号

各乡镇人民政府、街道办事处，区政府各部门，临沂商城管委会，临沂工业园区管委会：

现将《兰山区地方志工作管理暂行办法》印发给你们，请认真遵照执行。

临沂市兰山区人民政府

二〇一一年二月十八日

兰山区地方志工作管理暂行办法

第一条 为规范和加强地方志工作，推动地方志事业持续、有序、健康发展，发挥地方志在促进经济和社会发展中的作用，根据国务院《地方志工作条例》《山东省地方史志工作条例》和《临沂市人民政府关于加强地方史志工作的意见》，结合本区实际，制定本办法。

第二条 兰山区行政区域内地方志的资料征集、研究、组织编纂、管理、开发利用和咨询服务工作，适用本办法。

第三条 本办法所称地方志，包括地方志书、地方综合年鉴及相关地情文献。

地方志书，是指全面系统地记述本行政区域内自然、政治、经济、文化、社会等方面的历史与现状的资料性文献，包括本区编纂的兰山区志、以本行政区划冠名的镇（街道）志和部门（专业）志、临沂商城志、临沂工业园区志。

地方综合年鉴，是指系统记述本行政区域内自然、政治、经济、文化、社会等方面情况的年度资料性文献，包括本区编纂的兰山年鉴、以本行政区划冠名的镇（街道）年鉴和部门（行业）年鉴、临沂商城年鉴、临沂工业园区年鉴。

相关地情文献，是指系统记述本行政区域内一定领域或一段时期的资料性文献，包括本区编纂的区综合性地情文献和机关、社会团体、企事业单位及村（社区）编纂的志书、年鉴和其他资料性文献。

第四条 区人民政府加强对本行政区域地方志工作的领导，将地方志工作纳入国民经济和社会发展规划及年度目标考核内容，所需经费列入本级财政预算。

第五条 区地方史志编纂委员会负责本行政区域内地方志工作的组织和协调工作。

第六条 区地方史志办公室（以下简称区史志办）负责本行政区域内的地方志工作，履行下列职责：

（一）贯彻执行地方志工作法律、法规；

（二）组织、指导、督促和检查全区地方志工作；

（三）拟定地方志工作规划和编纂方案；

（四）制定地方志编纂业务规范；

（五）组织编纂兰山区志、兰山年鉴和兰山区综合性地情文献等；

（六）负责本行政区域内相关地方志的业务指导、审查验收、存档备案等工作；

（七）搜集、保存、统计地方志文献和资料，组织整理、出版旧志；

（八）宣传、推广地方志成果，开展地情研究，建设方志馆、资料库和地情网站，为公众读志、用志提供服务；

（九）组织、指导、推动地方志理论和地方志学术研究，培训地方志编纂人员；

（十）完成本级人民政府和上级业务部门交办的其他任务。

第七条 编纂地方志应当做到存真求实，确保质量，全面、客观地反映本行政区域自然、政治、经济、文化和社会的历史与现状。

第八条 兰山区志、兰山年鉴、兰山区综合性地情文献由区史志办按照全区规划组织编纂，其他组织和个人不得编纂出版。

第九条 有条件的组织和单位可以自行编纂本办法第八条规定以外的志书、年鉴或其他相关地情文献。编纂单位应当向区史志办备案，区史志办应当对志书编纂活动进行业务指导。鼓励部门（行业）、镇（街道）、临沂商城、临沂工业园区修志，支持村（社区）修志。

第十条 从事地方志编纂业务的人员应当具备相关的专业知识和学术水平。编纂兰山区志、兰山年鉴、兰山区综合地情文献应当吸收有关方面的专家、学者参加，必要时可聘任专业技术人员；镇（街道）志和部门志、临沂商城志、临沂工业园区志等各类志书的编纂人员，由相关镇（街道）和部门、临沂商城、临沂工业园区选派熟悉修志业务的人员担任，报区史志办备案。

第十一条 编纂地方志，按下列程序进行：

（一）兰山区志、兰山年鉴、兰山区综合性地情文献的编纂程序是：

1. 区史志办按照地方志编写年限要求，结合本区实际，对需开展的地方志编纂工作，制定出编纂规划。上报区人民政府批准。

2. 区史志办制定详细的编纂方案，提交区地方史志编纂委员会讨论审议后，报区人民政府批准下发全区，启动编纂工作。根据编纂方案的规定，承担编纂任务的单位，应当将编纂工作列入年度计划，明确分管负责人，落实工作人员，保障工作条件，在规定的时间内按要求完成地方志的资料收集整理、初稿编纂、报送等工作，并对所编纂的地方志初稿质量以及所提供资料的真实性和准确性负责。

3. 区史志办负责组织编纂人员业务开展、检查验收、出版发行等工作。

4. 兰山区志编纂形成定稿后，报市地方史志工作机构审定，经区人民政府批准后出版，并报省人民政府史志工作机构备案。

5. 兰山年鉴、兰山区综合地情文献编纂形成定稿后，经区史志编纂委员会审定，报区人民政府批准后出版。

（二）镇（街道）志、部门志、临沂商城志、临沂工业园区志等各类志书的编纂程序是：

1. 镇（街道）、部门、临沂商城、临沂工业园区将地方志编纂方案提前3个月报区史志办审查批准后组织实施。

2. 区史志办负责志书的业务指导、检查督导、审查把关、存档备案。

3. 镇（街道）、部门、临沂商城、临沂工业园区按照地方志编写程序，应形成志稿篇目设置、初稿、评审稿、定稿。篇目设置形成后报区史志办审查备案，然后组织开展初稿编写；初稿形成后，报区史志办审查，由区史志办组织评审，提出修改意见；镇（街道）、部门、临沂商城、临沂工业园区根据评审意见修改定稿，经区史志办批准后，按照有关规定印刷或出版发行。

4、镇（街道）、部门、临沂商城、临沂工业园区应当在地方志出版后30日内向区史志办报送样书和电子文本。

第十二条　兰山区志每20年左右编修一次，每一轮区志编修工作完成后，区史志办在编纂兰山年鉴、搜集资料、向社会提供咨询服务、组织和引导基层开展地方志工作的同时，启动新一轮区志的编修工作。兰山年鉴按年度每年编辑出版1卷。可适时组织编纂区综合或专题地情文献。

第十三条　区史志办和承担地方志编纂任务的单位应当建立资料征集制度，及时征集和妥善保存文字、口述资料以及图表、照片、音像资料、电子文本、实物以及形成的地方志文稿等，有关单位（含中央以及省、市驻兰山区单位）和个人应当提供支持。

区史志办可以对有关资料进行查阅、摘抄、复制，但涉及国家秘密、商业秘密和个人隐私以及不符合档案开放条件的除外。

地方志资料所有人或者持有人不得故意提供虚假资料。

第十四条　在地方志编纂过程中收集到的资料以及形成的地方志文稿，需指定专职人员集中统一管理，妥善保存；编纂工作完成后，应当将征集的资料移交区方志馆保存、管理。任何单位和个人不得据为已有或者出租、出让、转借。

第十五条　以行政区划名称冠名的地方志书、地方综合年鉴、地情文献为职务作品，依照《中华人民共和国著作权法》第十六条第二款的规定，其著作权由组织编纂的机构享有，参与编纂的人员享有署名权。

第十六条 地方志工作应为地方经济、社会的全面发展服务。区史志办应当开拓社会用志途径，开展地情研究和咨询活动；通过建设方志馆、资料库、区情网站等方式，加强地方志工作的信息化建设。已编纂出版的地方志应当及时加载到区情网站中。公民、法人和其他组织可以利用上述方志馆、资料库、网站查阅、摘抄地方志资料。

鼓励单位和个人向区史志办捐赠地方志资料，对具有收藏价值的资料，方志馆应当向捐赠者颁发收藏纪念证书，并给予馆存资料的优先使用权。

第十七条 地方志成果可以依据有关规定参加国家、省和市优秀社会科学成果评奖。

第十八条 区政府对在地方志工作中作出突出成绩和贡献的单位、个人以及优秀地方志成果，给予表彰和奖励。

第十九条 违反本办法规定，有下列行为之一的，依据《山东省地方史志工作条例》第十九条规定，由区史志办按照管理权限责令其限期整改；逾期不改的，提请区人民政府或者有关行政部门依法进行查处，并视情节对有关单位和个人给予通报批评或行政处分。

（一）擅自编纂出版以本行政区划冠名的地方志、地方综合年鉴或者综合地情文献的；

（二）损毁单位所有或者持有的地方史志资料以及将其据为己有的；

（三）地方史志资料所有人或者持有人故意提供虚假资料的；

（四）未经审查、验收、批准将地方志交付出版的；

（五）无故拖延、拒绝提供地方志资料或者承担编写任务的；

（六）拒不向区史志办报送地方史志出版物（含纸质、电子版）的。

有前款（一）（二）项行为，造成重大损失或者恶劣影响的，区史志办可以依法向人民法院提起诉讼。

第二十条 任何单位和个人有权对违反本办法的行为进行检举。

第二十一条 本办法由区史志办负责解释。

第二十二条 本办法自发布之日起施行。

临沂市罗庄区人民政府办公室关于印发《罗庄区地方志工作管理暂行办法》的通　知

罗政办发〔2011〕10号

各街道办事处、镇政府，区政府有关部门，市驻罗庄有关单位，区直有关事业单位：

现将《罗庄区地方志工作管理暂行办法》印发给你们，请结合各自实际，认真贯彻执行。

临沂市罗庄区人民政府办公室

二〇一一年二月二十三日

临沂市罗庄区地方志工作管理暂行办法

第一条　为规范罗庄区地方志的编纂、管理、开发和利用，根据国务院《地方志工作条例》和《山东省地方史志工作条例》，结合本区实际，制定本办法。

第二条　本办法适用于本行政区域内地方志的资料征集、研究、组织编纂、管理、开发利用和咨询服务工作。

第三条　本办法所称地方志是指地方志书、地方综合年鉴及地情文献等。

地方志书，是指全面系统地记述本行政区域自然、政治、经济、文化和社会的历史与现状的资料性文献，包括区志、街道（镇）志、专业（部门）志。

地方综合年鉴，是指全面系统记述本行政区域自然、政治、经济、文化、社会等方面情况的年度资料性文献，包括区年鉴、街道（镇）年鉴、行业（单位）年鉴。

地情文献，是指系统记述本行政区域全面工作或专项工作的资料性书籍，包括机关、社会团体、企业事业单位及村（社区）编纂的以本行政区域冠名的地情类书籍。

第四条　区史志办公室是本行政区域地方志工作主管机构，履行下列职责：

（一）贯彻执行地方志工作法律、法规；

（二）组织、指导、督促和检查全区地方志工作；

（三）拟订区地方志工作规划和编纂方案，并制定区地方志编纂业务规范；

（四）组织编纂地方志书、地方综合年鉴和其他地情文献，依照程序组织对地方志审查验收；

（五）负责本行政区域内以行政区划冠名的各类志书的业务指导、专家评审、审核、定稿、存档备案工作；

（六）搜集、整理、保存地方志文献和资料，组织整理旧志，推动地方志理论研究和学术交流；

（七）组织开发利用地方志资源，建设方志馆、资料库和地情网站，为公众提供服务；

（八）完成本级人民政府和上级史志工作机构交办的其他任务。

第五条 以本行政区域名称冠名的地方志书、地方综合年鉴的编纂工作，由区史志工作机构按照规划组织实施，其他组织和个人不得编纂。

除以本行政区域冠名的地方志以外，机关、社会团体、企业事业单位、其他组织和个人可编纂出版有助于经济社会发展的其他地方志书及地情类书籍，编纂单位应当按照隶属关系或者注册登记关系报区史志工作机构备案，区史志工作机构应当对志书编纂活动进行业务指导。

第六条 区级地方志书每 20 年左右编修一次，每一轮地方志书编修工作完成后，区史志工作机构在编纂地方综合年鉴、搜集资料、向社会提供咨询服务的同时，启动新一轮地方志书的编修工作。区级地方综合年鉴按年度或数年编辑出版 1 卷。可适时组织编纂综合或专题地情文献。

第七条 编纂地方志书、地方综合年鉴，应当制定编纂方案，报本级人民政府批准。根据编纂方案的规定承担编纂任务的单位，应当按照地方志编纂规划和要求，接受本级史志工作机构的业务指导与督促检查，按时按质完成撰稿任务。

第八条 地方志编纂实行专兼职人员相结合，应当广泛吸收有关专家、学者参加。专职编纂人员应当具备相应的专业知识和学术水平，做到恪尽职守、客观公正、秉笔直书、尊重史实。地方志资料所有人或者持有人不得故意提供虚假资料。

第九条 区史志工作机构依法向辖区内机关、社会团体、企业事业单位和其他组织以及公民征集有关地方志资料，相关单位和个人应当提供有关地方志资料。区史志工作机构可以对所需资料内容进行查阅、摘抄、复制，但涉及国家秘密、商业秘密和个人隐私以及不符合档案开放条件的除外。

第十条 在地方志编纂过程收集到的文字资料、图表、照片、音像资料、实物等以及形成的地方志文稿，应按照规定归档管理，任何个人不得损毁或者据为己有以及出租、出让、转借。

第十一条 地方志书、地方综合年鉴出版实行分级审查批准制度，应当组织有关保密、档案、历史、法律、经济、军事等方面的专家参加，重点审查地方志书的内容是否符合宪法和保密、档案等法律、法规的规定，是否全面、客观地反映本行政区域自然、政治、经济、文化和社会的历史与现状。

以区级行政区域名称冠名、列入规划的地方志书由上一级史志工作机构负责审查验收，报区人民政府批准后方可公开出版；地方综合年鉴、地方专业志书由区史志工作机构审查验收，经区人民政府批准后方可公开出版。未按以上程序进行报批的各类地方志不得公开出版。

第十二条 地方志编纂单位应当在地方志书、地方综合年鉴及地情文献出版后3个月内，向本级和上级史志工作机构报送样书。

第十三条 地方志书、地方综合年鉴和相关地情文献为职务作品，依照《中华人民共和国著作权法》第十六条第二款的规定，其著作权由组织编纂的机构享有，参与编纂的人员依法享有署名权。

第十四条 建立地情资料日常收集机制。区史志工作机构可以通过建立方志馆（地情资料库）等收藏、保存、管理各类地方志资料，积极开展地情宣传、咨询活动，出版专题资料、地情研究成果，为社会各界服务。

鼓励单位和个人向区史志工作机构捐赠地方志资料，对具有收藏价值的资料，方志馆应当向捐赠者颁发收藏纪念证书，并给予馆存资料的优先使用权。

第十五条 地方志成果可以依照有关规定参加国家、省和市优秀社会科学成果评奖。

第十六条 违反本办法规定，有下列情形之一的，由区史志工作机构按照权限责令限期改正；逾期不整改的，提请区人民政府或有关行政部门依法查处，并视情节对有关单位和个人予以行政处分或纪律处分：

（一）未经审查验收、批准，擅自编纂出版以本行政区域名称冠名的地方志书、地方综合年鉴及相关地情文献的；

（二）无故拖延、拒绝提供地方志资料或者拒不承担编写任务的；

（三）故意提供虚假地方志资料的；

（四）丢失、损毁单位地方志资料或者将其据为己有的；

（五）将地方志文稿作为个人著作擅自发表的；

（六）对已经审查通过的地方志文稿擅自进行重大改动并出版的。

第十七条 实行地方志保密审查分级分单位负责制。地方志的保密审查由提供资料和编写初稿的单位负责，保密主管部门会同史志工作机构对本级地方志进行保密审定。地方志泄露国家秘密的，由有关部门依法查处。

第十八条 编纂地方志涉及军事内容的，应当遵守中央军委关于军事志编纂的相关规定。

第十九条 本办法由区史志办公室负责解释。

第二十条 本办法自2011年3月1日起施行。

临沂市河东区人民政府办公室关于印发《河东区地方志工作管理暂行办法》的通　知

临东政办发〔2010〕196号

各乡镇人民政府、街道办事处，河东工业园区管委会，区政府各部门，上级驻河东各单位：

《河东区地方志工作管理暂行办法》已经区政府同意，现印发给你们，请结合各自实际，认真贯彻执行。

临沂市河东区人民政府办公室

二〇一〇年十二月九日

河东区地方志工作管理暂行办法

第一条　为规范河东区地方志的编纂、管理、开发和利用，根据国务院《地方志工作条例》和《山东省地方史志工作条例》，结合本区实际，制定本办法。

第二条　本办法适用于本区行政区域内地方志的资料征集、研究、组织编纂、管理、开发利用和咨询服务工作。

第三条　本办法所称地方志是指地方志书、地方综合年鉴及地情文献等。

地方志书，是指全面系统地记述本区行政区域自然、政治、经济、文化和社会的历史与现状的资料性文献，包括区志、乡（镇）志、专业（部门）志。

地方综合年鉴，是指全面系统记述本区行政区域自然、政治、经济、文化、社会等方面情况的年度资料性文献，包括区年鉴、乡（镇）年鉴、行业（单位）年鉴。

地情文献，是指系统记述本区行政区域全面工作或专项工作的资料性书籍，包括机关、社会团体、企业事业单位及村（社区）编纂的以本行政区域冠名的地情类书籍。

第四条　区地方史志办公室是本行政区域地方志工作主管机构，履行下列职责：

（一）贯彻执行地方志工作法律、法规；

（二）组织、指导、督促和检查全区地方志工作；

（三）拟订地方志工作规划和编纂方案；

（四）组织编纂地方志书、地方综合年鉴和其他地情文献，依照程序组织对地方志审查验收；

（五）负责本行政区域内以行政区划冠名的各类志书的业务指导、专家评审、审核、定稿、存档备案工作；

（六）搜集、整理、保存地方志文献和资料，组织整理旧志，推动地方志理论研究和学术交流；

（七）组织开发利用地方志资源，建立方志馆、资料库和地情网站，为公众提供服务；

（八）完成本级人民政府和上级史志工作机构交办的其他任务。

第五条 以本区行政区域名称冠名的地方志书、地方综合年鉴的编纂工作，由区地方史志工作机构按照规划组织实施，其他组织和个人不得编纂。

除以本区行政区域冠名的地方志以外，机关、社会团体、企业事业单位、其他组织和个人可编纂出版有助于经济社会发展的其他地方志书及地情类书籍，编纂单位应当按照隶属关系或者注册登记关系报区地方史志工作管理部门备案，区地方史志办公室应当对志书编纂活动进行业务指导。

第六条 区级地方志书每 20 年左右编修一次，每一轮地方志书编修工作完成后，地方史志工作机构在编纂地方综合年鉴、搜集资料、向社会提供咨询服务的同时，启动新一轮地方志书的编修工作。区级地方综合年鉴按年度或数年编辑出版 1 卷。可适时组织编纂综合或专题地情文献。

第七条 编纂地方志书、地方综合年鉴，应当制定编纂方案，报本级人民政府批准。根据编纂方案的规定承担编纂任务的单位，应当按照地方志编纂规划和要求，接受本级地方史志工作机构的业务指导与督促检查，按时按质完成撰稿任务。

第八条 地方志编纂实行专兼职人员相结合，应当广泛吸收有关专家、学者参加。专职编纂人员应当具备相应的专业知识和学术水平，做到恪尽职守、客观公正、秉笔直书、尊重史实。地方志资料所有人或者持有人不得故意提供虚假资料。

第九条 区地方史志工作管理部门依法向辖区内机关、社会团体、企业事业单位和其他组织以及公民征集有关地方志资料，相关单位和个人应当提供有关地方志资料。区地方史志工作管理部门可以对所需资料内容进行查阅、摘抄、复制，但涉及国家秘密、商业秘密和个人隐私以及不符合档案开放条件的除外。

第十条 在地方志编纂过程收集到的文字资料、图表、照片、音像资料、实物等以及形成的地方志文稿，应按照规定归档管理，任何个人不得损毁或者据为己有以及出租、出让、转借。

第十一条 地方志书、地方综合年鉴出版实行分级审查批准制度，应当组织有关保密、档案、历史、法律、经济、军事等方面的专家参加，重点审查地方志书的内容是否符合宪法和保密、档案等法律、法规的规定，是否全面、客观地反映本行政区域自然、政治、经济、文化和社会的历史与现状。

以区级行政区域名称冠名、列入规划的地方志书由上一级地方志工作机构负责审查验收，报区人民政府批准后方可公开出版；地方综合年鉴、地方专业志书由区地方志工作机构审查验收，经区人民政府批准后方可公开出版。未按以上程序进行报批的各类地方志不得公开出版。

第十二条 地方志编纂单位应当在地方志书、地方综合年鉴及地情文献出版后3个月内，向本级和上级地方史志办公室报送样书。

第十三条 地方志书、地方综合年鉴和相关地情文献为职务作品，依照《中华人民共和国著作权法》第十六条第二款的规定，其著作权由组织编纂的机构享有，参与编纂的人员依法享有署名权。

第十四条 建立地情资料日常收集机制。区地方志工作机构可以通过建立方志馆（地情资料库）等收藏、保存、管理各类地方志资料，积极开展地情宣传、咨询活动，出版专题资料、地情研究成果，为社会各界服务。

鼓励单位和个人向区地方志工作机构捐赠地方志资料，对具有收藏价值的资料，方志馆应当向捐赠者颁发收藏纪念证书，并给予馆存资料的优先使用权。

第十五条 地方志成果可以依照有关规定参加国家、省和市优秀社会科学成果评奖。

第十六条 违反本办法规定，有下列情形之一的，由区地方史志工作机构按照权限责令限期改正；逾期不整改的，提请区人民政府或有关行政部门依法查处，并视情节对有关单位和个人予以行政处分或纪律处分：

（一）未经审查验收、批准，擅自编纂出版以本行政区域名称冠名的地方志书、地方综合年鉴及相关地情文献的；

（二）无故拖延、拒绝提供地方志资料或者拒不承担编写任务的；

（三）故意提供虚假地方志资料的；

（四）丢失、损毁单位地方志资料或者将其据为己有的；

（五）将地方志文稿作为个人著作擅自发表的；

（六）对已经审查通过的地方志文稿擅自进行重大改动并出版的。

第十七条 实行地方志保密审查分级分单位负责制。地方志的保密审查由提供资料和编写初稿的单位负责，保密主管部门会同地方史志工作机构对本级地方志进行保密审定。地方志泄露国家秘密的，由有关部门依法查处。

第十八条 编纂地方志涉及军事内容的，应当遵守中央军委关于军事志编纂的相关规定。

第十九条 本办法由区地方史志工作机构负责解释。

第二十条 本办法自2011年1月1日起。

沂南县人民政府办公室关于印发《沂南县规范地方志编纂工作暂行办法》的通　知

沂政办发〔2011〕151号

各乡、镇人民政府，沂南经济开发区管委会，县政府各部门，各大企业：

《沂南县规范地方志编纂工作暂行办法》已经县政府研究同意，现印发给你们，请结合实际，认真遵照执行。

沂南县人民政府办公室

二〇一〇年十二月十四日

沂南县规范地方志编纂工作暂行办法

第一条　为规范全县地方志的编纂、管理、开发和利用，保证我县地方志编纂工作有组织、有计划进行，更好地为全县经济社会发展服务，根据国务院《地方志工作条例》《山东省地方史志工作条例》和《临沂市人民政府关于加强地方史志工作的意见》等有关规定，结合本县实际，制定本办法。

第二条　本办法适用于全县行政区域内地方志的编纂、管理、开发和利用。

第三条　本办法所称地方志，包括地方志书、地方综合年鉴、综合地情文献等。

地方志书，是指全面系统地记述我县行政区域内自然、政治、经济、文化、社会的历史与现状的资料性文献。分为：编纂的沂南县地方志、以我县行政区划冠名的乡镇志、以我县行政区划冠名的部门志以及以本县行政区划冠名的其他相关志。

地方综合年鉴，是指系统记述我县行政区域内自然、政治、经济、文化、社会等方面情况的年度资料性文献。分为：编纂的沂南县年鉴、以我县行政区划冠名的乡镇年鉴、以我县行政区划冠名的部门年鉴以及以我县行政区划冠名的其他年鉴。

综合地情文献，是指系统记述我县行政区域内自然、政治、经济、文化、社会等方面一段时期或部分内容的资料性文献。分为：编纂的沂南县综合性地情文献、以我县行政区划冠名的乡镇地情文献、以我县行政区划冠名的部门地情文献以及以本县行政区划冠名的其他地情文献。

第四条 县地方史志办公室（以下简称县志办）负责我县行政区域内的地方志工作，履行下列职责：

（一）组织、指导、督促和检查全县地方志工作；

（二）拟定地方志工作规划和编纂方案；

（三）组织编纂沂南县地方志、地方综合年鉴、综合地情文献等全县综合性志书；

（四）负责全县行政区域内以行政区划冠名各类志书的业务指导、专家评审、审核定稿、存档备案工作；

（五）搜集、保存地方志文献和资料，组织整理旧志，推动方志理论研究；

（六）组织开发利用地方志资源，建立方志馆（库）和地情网站，为公众读志用志提供服务。

第五条 从事地方史志编纂业务的人员应当具备相关的专业知识和学术水平。编纂沂南县地方志、地方综合年鉴、综合地情文献等全县综合性志书的编纂人员，由县志办聘任；全县行政区域内以行政区划冠名的乡镇（沂南经济开发区）志、部门志等各类志书的编纂人员，由相关乡镇（沂南经济开发区）、县直部门选派熟悉修志业务的人员担任，报县志办备案。

第六条 编纂地方志，按下列程序进行：

（一）沂南县地方志、沂南县年鉴、沂南县综合性地情文献由县志办制定编纂规划，报县政府批准后组织开展编纂；志稿形成后报上一级地方史志工作机构审查，经县人民政府批准后出版，并报省人民政府史志工作机构备案。具体程序是：

1. 县志办按照地方志编写年限要求，结合本县实际，对需开展的地方志编纂工作提前半年制定出编纂规划，上报县政府批准。

2. 县志办制定详细的编纂方案，提交县地方史志编纂委员会讨论审议并报县政府同意批准后，启动编纂工作。

3. 县志办负责地方志的组织、编纂、出版发行等工作。所需经费列入同级财政预算。

4. 地方志编纂形成定稿后，由县志办写出报告，报临沂市地方史志编纂委员会审定，经县政府批准后出版，并报省政府史志工作机构备案。

（二）以我县行政区划冠名的乡镇（沂南经济开发区）志、部门志等各类志书、年鉴、地情文献，由相关乡镇和县直有关部门在县志办的指导下组织编纂。具体程序是：

1. 各乡镇（沂南经济开发区）、县直有关部门将地方志编纂方案提前 3 个月报县志办审查后组织实施。

2. 县志办负责志书的业务指导、检查督导、审查把关、存档备案。

3. 各乡镇（沂南经济开发区）、县直有关部门按照地方志编写程序，应形成志稿篇目设置、初稿、评审稿、定稿。篇目设置形成后报县志办审查备案，然后组织开展初稿编写；初稿形成后，由县志办审查，提出修改意见，并组织评审；各乡镇（沂南经济开发区）、县直有关部门根据评审意见修改定稿后，按照有关规定印刷或出版发行。

4. 各相关乡镇（沂南经济开发区）、县直有关部门应当在地方志出版后 30 日内向县志办报送样书和电子文本。

第七条 以我县行政区划冠名的地方志书、地方综合年鉴、综合地情文献的编纂工作，由县志办按照全县规划组织编纂，其他组织和个人不得编纂出版。

第八条 县志办向全县各级机关、社会团体、企业事业单位和其他组织以及公民征集除涉及国家机密、商业机密和个人隐私以及不符合档案开放条件的有关地方志资料时，有关单位和公民应当提供支持。地方志资料所有人或者持有人不得故意提供虚假资料。

第九条 在地方志编纂过程中收集到的文字资料、图表、照片、音像资料、实物等以及形成的地方志文稿，需指定专职人员集中统一管理，妥善保存，不得损毁；修志工作完成后，应当依法移交档案馆保存、管理，个人不得据为己有或者出租、出让、转借。

第十条 地方志书、地方综合年鉴和相关地情文献为职务作品，依照《中华人民共和国著作权法》第十六条第二款规定，其著作权由组织编纂的机构享有，参与编纂的人员享有署名权。

第十一条 地方志工作应为地方经济社会的全面发展服务。县志办通过建设方志馆、资料库、网站等方式，积极开拓社会用志途径，加强地方志工作的信息化建设。公民、法人和其他组织可以利用上述资料库、网站，查阅、摘抄地方志资料。

第十二条 县政府对在地方志工作中作出突出成绩和贡献的单位和个人给予表彰和奖励。

第十三条 违反本办法规定，有下列行为之一的，由县志办按照管理权限责令其停止违法行为，限期改正，逾期不改的，视情节追究有关单位和个人的责任，依法给予行政处分或者纪律处分：

（一）擅自编纂出版以沂南县行政区划冠名的地方志书、地方综合年鉴或者综合地情文献的；

（二）损毁单位所有或者持有的地方史志资料或者将其据为己有的；

（三）地方史志资料所有人或者持有人故意提供虚假资料的；

（四）未经审查、验收、批准将地方史志交付出版的；

（五）无故拖延、拒绝提供地方史志资料或者承担编写任务的；

（六）拒绝向县志办报送地方史志文献的。

有前款（一）（二）项行为，造成重大损失或者恶劣影响的，县志办可以依法向人民法院提起诉讼。

第十四条 任何单位和个人有权对违反本办法的行为进行检举。

第十五条 本办法由县志办负责解释。

第十六条 本办法自发布之日起施行。

郯城县人民政府关于印发《郯城县地方史志工作管理暂行办法》的通知

郯政发〔2011〕13号

各乡镇人民政府、郯城街道办事处，县政府各部门、科级以上事业单位，省市直驻郯各单位，郯城经济开发区管委会：

《郯城县地方史志工作管理暂行办法》已经县政府研究同意，现印发给你们，请认真遵照执行。

郯城县人民政府

二〇一一年三月十六日

郯城县地方史志工作管理暂行办法

第一条 为了规范和加强地方史志工作，全面、客观、系统地编纂地方史志，科学地积累、保存与开发、利用地方史志资源，发挥地方史志在促进经济和社会发展中的作用，根据国务院《地方志工作条例》《山东省地方史志工作条例》和《临沂市人民政府关于加强地方史志工作的意见》，结合本县实际，制定本办法。

第二条 本办法适用于本县行政区域内地方史志的资料征集、研究、组织编纂、管理、开发利用和咨询服务工作。

第三条 本办法所称地方史志是指地方志书、地方综合年鉴及综合地情文献。

地方志书，是指全面系统地记述本县行政区域自然、政治、经济、文化和社会的历史与现状的资料性文献，包括县志、乡（镇）志。

地方综合年鉴，是指全面系统记述本县行政区域自然、政治、经济、文化、社会等方面情况的年度资料性文献，包括县年鉴、乡（镇）年鉴。

综合地情文献，是指系统记述本县行政区域某一方面或专项工作的资料性书籍，包括机关、社会团体、企业事业单位及村（社区）编纂的志书、年鉴和其他资料性文献。

第四条 地方史志编纂工作应当做到存真求实，客观地反映本行政区域自然、政治、经济、文化和社会的历史与现状。

第五条 县人民政府应当加强对本行政区域地方史志工作的领导，将地方史志工作纳入全县国民经济和社会发展规划。地方史志工作所需经费列入本级财政预算。

第六条 县地方史志办公室是全县地方史志工作主管机构，履行下列职责：

（一）贯彻执行地方史志工作法律、法规；

（二）组织、指导、督促和检查全县地方史志工作；

（三）拟订地方史志工作规划和编纂方案；

（四）组织编纂地方志书、地方综合年鉴和其他地情文献，依照程序组织对地方史志审查验收；

（五）征集、整理、保存地方史志文献和资料，组织整理旧志，开展地方史志理论研究和学术交流；

（六）组织开发利用地方史志资源，建设方志馆和地情网站（地情资料库），培训地方史志编纂人员，为公众提供服务；

（七）完成县人民政府和上级地方史志工作机构交办的其他任务。

第七条 以本县行政区域名称冠名的地方志书、地方综合年鉴的编纂工作，由县地方史志工作机构按照规划组织实施，其他组织和个人不得编纂。

除以本县行政区域冠名的地方史志以外，机关、社会团体、企业事业单位、其他组织和个人可编纂出版有助于经济社会发展的其他志类书籍及地情类书籍，编纂单位应当按照隶属关系或者注册登记关系报县地方史志工作管理部门备案。乡镇级地方志书编纂由乡镇政府组织实施，县地方史志办公室做好编纂业务指导。

第八条 县级地方志书每20年左右编修一次，每一轮地方志书编修工作完成后，地方史志工作机构在编纂地方综合年鉴、搜集资料、向社会提供咨询服务的同时，启动新一轮地方志书的编修工作，可适时组织编纂综合地情文献。县级地方综合年鉴按年度或数年编辑出版1卷。

第九条 编纂地方志书、地方综合年鉴，应当制定编纂方案，报本级人民政府批准。根据编纂方案确定的承担编纂任务的单位，应当按照地方志编纂规划和要求，接受县地方史志工作机构的业务指导与督促检查，按时按质完成撰稿任务。综合地情文献编纂方案应当报县地方史志管理机构审查、备案，并报本级人民政府批准后方可编纂。

第十条 地方史志编纂实行专兼职人员相结合，应当广泛吸收有关专家、学者参加。专职编纂人员应当具备相应的专业知识和学术水平。

第十一条 县地方史志工作管理部门依法向全县机关、社会团体、企业事业单位和其他组织以及公民征集有关地方史志资料，相关单位和个人应当提供有关地方史志资料。地方史志工作管理部门可以对所需资料内容进行查阅、摘抄、复制，但涉及国家秘密、商业秘密和个人隐私以及不符合档案开放条件的除外。

地方史志资料所有人或者持有人不得故意提供虚假资料。任何单位和个人不得要求编纂人员在地方史志中做虚假记述。

第十二条 在地方史志编纂过程中收集到的文字资料、图表、照片、音像资料、实物等以及形成的地方史志文稿，应按照规定归档管理，任何个人不得损毁或者据为己有以及出租、出让、转借。

第十三条 地方志书、地方综合年鉴出版实行分级审查批准制度，应当组织有关保密、档案、历史、法律、经济、军事等方面的专家参加，重点审查地方志书的内容是否符合宪法和保密、档案等法律、法规的规定，是否全面、客观地反映本行政区域自然、政治、经济、文化和社会的历史与现状。

以本级行政区域名称冠名、列入规划的地方志书、地方综合年鉴经上一级地方志工作机构审查验收后，报本级人民政府批准方可公开出版；综合地情文献由县地方史志工作机构审查验收，经本级人民政府批准后方可公开出版。未按以上程序进行报批的各类地方史志文献不得公开出版。

第十四条 地方史志编纂单位应当在地方志书、地方综合年鉴及地情文献出版后3个月内，向上级史志工作主管机构报送样书。

第十五条 公开出版的地方志书、地方综合年鉴和综合地情文献为职务作品，依照《中华人民共和国著作权法》第十六条第二款的规定，其著作权由组织编纂的机构享有，参与编纂的人员依法享有署名权。

第十六条 建立地情资料日常收集机制。县地方史志工作机构通过建立方志馆、综合地情网站（地情资料库）收集、保存、管理各类地方史志资料，积极开展地情宣传、咨询活动，出版专题资料、地情研究成果，为社会各界服务。

鼓励单位和个人向县地方史志工作机构捐赠地方史志资料，对具有收藏价值的资料，方志馆应当向捐赠者颁发收藏纪念证书，并给予馆存资料的优先使用权。

第十七条 地方史志成果可以依照有关规定参加国家、省和市优秀社会科学成果评奖。

第十八条 县人民政府应当对地方史志工作中做出突出成绩和贡献的单位和个 人给予表彰和奖励。

第十九条 违反本办法规定，有下列情形之一的，由县人民政府地方史志工作机构按照权限责令限期改正；逾期不改正的，提请县人民政府或有关行政部门依法查处，并视情节对有关单位和个人予以通报批评或予以行政处分：

（一）未经审查验收、批准，擅自编纂出版以本行政区域名称冠名的地方志书、地方综合年鉴及综合地情文献的；

（二）无故拖延、拒绝提供地方史志资料或者拒不承担编写任务的；

（三）故意提供虚假地方史志资料的；

（四）丢失、损毁单位地方史志资料或者将其据为己有的；

（五）将地方史志文稿作为个人著作擅自发表的；

（六）对已经审查通过的地方史志文稿擅自进行重大改动并出版的；

（七）拒不向地方史志工作机构报送地方史志出版物（含纸质版、电子版）的。

第二十条 实行地方史志保密审查分级分单位负责制。地方史志资料保密由提供资料或编写初稿的单位负责，县保密主管部门会同地方史志工作机构对本县地方史志进行保密审查。地方史志泄露国家秘密的，由有关部门依法查处。

第二十一条 编纂地方史志涉及军事内容的，应当遵守中央军委关于军事志编纂的相关规定。

第二十二条 违反本办法规定，涉及其他有关法律、法规规定的，依照其他有关法律法规处理。

第二十三条 任何单位和个人有权对违反本办法的行为进行检举。

第二十四条 本办法自颁布之日起施行。

沂水县人民政府办公室关于印发《沂水县地方志工作管理暂行办法》的通　知

沂政办发〔2010〕136号

各乡镇人民政府，县政府各部门：

《沂水县地方志工作管理暂行办法》已经县政府同意，现印发给你们，望认真贯彻执行。

沂水县人民政府办公室
二〇一〇年十一月十九日

沂水县地方志工作管理暂行办法

第一条　为规范沂水县地方志的编纂、管理、开发和利用，根据国务院《地方志工作条例》《山东省地方史志工作条例》和《临沂市人民政府关于加强地方史志工作的意见》有关规定，结合本县实际，制定本办法。

第二条　本办法适用于沂水县行政区域内地方志的资料征集、组织编纂、管理、开发和利用。

第三条　本办法所称地方志，包括地方志书、地方综合年鉴、综合地情文献等。

地方志书是指全面客观系统地记述本县行政区域内自然、政治、经济、文化、社会等方面的历史与现状的资料性文献。包括：本县编纂的县志、以本县行政区划冠名的乡镇（街道）志、以本县行政区划冠名的部门志及以本县行政区划冠名的其他相关志。

地方综合年鉴是指系统记述本县行政区域内自然、政治、经济、文化、社会等方面情况的年度资料性文献。包括：本县编纂的年鉴、以本县行政区划冠名的乡镇（街道）年鉴、以本县行政区划冠名的部门年鉴及以本县行政区划冠名的其他年鉴。

综合地情文献是指系统记述本县行政区域内自然、政治、经济、文化、社会等方面一段时期或部分内容的资料性文献。包括：本县编纂的综合性地情文献、以本县行政区划冠名的乡镇（街道）地情文献、以本县行政区划冠名的部门地情文献及以本县行政区划冠名的其他地情文献。

第四条 县人民政府应当加强对本行政区域地方志工作的领导，将地方志工作纳入全县经济和社会发展规划，所需经费列入本级财政预算。

第五条 县史志办公室是本行政区域地方志工作主管机构，履行下列职责：

（一）贯彻执行地方志工作法律、法规；

（二）组织、指导、督促和检查全县地方志工作；

（三）拟定沂水县地方志工作规划和编纂方案；

（四）制定沂水县地方志编纂业务规范；

（五）组织编纂沂水县地方志书、地方综合年鉴、综合地情文献等全县综合性志书；

（六）负责沂水县行政区域内以行政区划冠名的各类志书的业务指导、专家评审、审查验收、存档备案工作；

（七）搜集、整理、保存地方志文献和资料，开展地方志理论研究和学术交流；

（八）组织、开发、利用地方志资源，开展地情研究，建设方志馆、资料库和地情网站，为公众读志用志提供服务；

（九）完成本级人民政府和上级地方志工作机构交办的其他任务。

第六条 沂水县志每20年左右编修一次，沂水年鉴每年编辑出版1部。承担编纂任务的单位需安排专职人员，按照地方志编纂要求，按时保质完成撰稿任务，并接受县史志办公室的业务指导与督促检查。

第七条 编纂地方志，按下列程序进行：

（一）沂水县地方志书、沂水年鉴、沂水县综合性地情文献由县史志办公室制定出编纂规划，报县人民政府和市人民政府史志工作机构批准后，组织开展编纂；报市人民政府史志工作机构审查，经县人民政府批准后出版，并报省人民政府史志工作机构备案。具体程序是：

1. 县史志办公室按照地方志编写年限要求，结合本县实际，对需开展的地方志编纂工作，提前半年制定出编纂规划，上报县人民政府和市人民政府史志工作机构批准。

2. 县史志办公室制定详细的编纂方案，提交县地方史志编纂委员会讨论审议后，报县人民政府同意后下发，启动编纂工作。

3. 县史志办公室负责组织培训编纂人员、业务开展、检查验收、出版发行等工作。

4. 地方志编纂形成定稿后，由县史志办公室写出报告，报市人民政府史志工作机构审定，经县人民政府批准后出版，并报省人民政府史志工作机构备案。

（二）以沂水县行政区划冠名的乡镇志、部门志等各类志书、年鉴、地情文献，由相关乡镇和部门在县史志办公室的指导下组织编纂。具体程序是：

1. 各乡镇、各部门将地方志编纂方案提前3个月报县史志办公室审查后组织实施。

2. 县史志办公室负责志书的业务指导、检查督导、审查把关、存档备案。

3. 各乡镇、各部门按照地方志编写程序，应形成志稿篇目设置、初稿、评审稿、定稿。篇目设置形成后报县史志办公室审查备案，然后组织开展初稿编写；初稿形成后，报县史志办公室审查，并组织评审，提出修改意见；各乡镇、各部门根据评审意见修改定稿，经县史志办公室批准后，按照有关规定印刷或出版发行。

4. 各乡镇、各部门应当在地方志出版后 30 日内向县史志办公室报送样书和电子文本。

第八条 从事地方志编纂业务的人员应当具备相关的专业知识和学术水平。编纂沂水县地方志书、地方综合年鉴、综合地情文献等全县综合性志书的编纂人员，由县史志办公室聘任；本县行政区域内以行政区划冠名的乡镇志、部门志等各类志书的编纂人员，由相关乡镇、部门选派熟悉修志业务的人员担任，并报县史志办公室备案。

第九条 沂水县地方志书、沂水年鉴、沂水县综合性地情文献由县史志办公室按照全县规划组织编纂，其他组织和个人不得编纂出版。

第十条 有关组织和单位可以自行组织编纂本办法第九条规定以外的志书、年鉴或其他地情文献资料，编纂单位需报县史志办公室备案。

第十一条 县史志办公室可以向机关、社会团体、企业事业单位和其他组织以及公民征集有关地方志资料，有关单位和公民应当提供支持。地方志资料所有人或者持有人不得故意提供虚假资料。县史志办公室可以对有关资料进行查阅、摘抄、复制，但涉及国家秘密、商业秘密和个人隐私以及不符合档案开放条件的除外。

第十二条 在地方志编纂过程中收集到的文字资料、图表、照片、音像资料、实物等以及形成的地方志文稿，需指定专职人员集中统一管理，妥善保存，不得损毁；修志工作完成后移交县方志馆保存、管理，个人不得据为己有或者出租、出让、转借。

第十三条 以行政区划名称冠名的地方志书、地方综合年鉴、综合地情文献为职务作品，依照《中华人民共和国著作权法》第十六条第二款的规定，其著作权由组织编纂的机构享有，参与编纂的人员享有署名权。

第十四条 地方志工作应为地方经济社会的全面发展服务。县史志办公室通过建设方志馆、地情资料库、地情网站等方式，积极开拓社会用志途径，加强地方志工作的信息化建设。已出版发行的地方志书、地方综合年鉴、综合地情文献需在三个月内在地情网站上发布。公民、法人和其他组织可以利用方志馆、地情资料库和地情网站查阅、摘抄地方志资料。

鼓励单位和个人向县方志馆捐赠地方志资料，对具有收藏价值的资料，县方志馆应当向捐赠者颁发收藏纪念证书，并给予馆藏资料的优先使用权。

第十五条 县人民政府将对在地方志工作中做出突出成绩和贡献的单位、个人，给予表彰和奖励。

第十六条 违反本办法规定，有下列行为之一的，由县史志办公室按照管理权限责令其限期整改；逾期不改的，提请县人民政府或有关行政部门依法进行查处，并视情节对有关单位和个人予以通报批评或行政处分：

（一）擅自编纂出版以沂水县行政区划冠名的地方志、地方综合年鉴或者综合地情文献的；

（二）丢失、损毁单位所有或持有的地方史志资料，或者将其据为己有的；

（三）地方史志资料所有人或者持有人故意提供虚假资料的；

（四）未经审查、验收、批准将地方志交付出版或者地方志内容存在违反宪法、法律、法规的；

（五）无故拖延、拒绝提供地方志资料或者承担编写任务的；

（六）拒绝向县史志办公室报送地方史志文献的；

（七）将地方志文稿作为个人著作擅自发表的。

有前款第（一）（二）项行为，造成重大损失或者恶劣影响的，县史志办公室可以依法向人民法院提起诉讼。

第十七条 违反本办法，涉及其他有关法律、法规的，由相关部门依法予以处罚。

第十八条 任何单位和个人有权对违反本办法的行为进行检举。

第十九条 本办法由县史志办公室负责解释。

第二十条 本办法自印发之日起施行。

苍山县①人民政府关于印发《苍山县地方志工作管理暂行办法》的通　知

苍政发〔2010〕136号

各乡镇人民政府、卞庄街道办事处，县政府各部门，苍山经济开发区管委会，各企事业单位，省市驻苍各单位：

《苍山县地方志工作管理暂行办法》已经县政府研究同意，现印发给你们，请认真遵照执行。

苍山县人民政府

二〇一〇年十二月十一日

苍山县地方志工作管理暂行办法

第一条　为了规范和加强地方志工作，全面、客观、系统地编纂地方志，科学地保存与合理开发利用地方志资源，发挥地方志在促进经济和社会发展中的作用，根据国务院《地方志工作条例》《山东省地方史志工作条例》和《临沂市人民政府关于加强地方史志工作的意见》，结合本县实际，制定本办法。

第二条　本县行政区域内地方志的资料征集、编纂、管理及开发利用和服务工作适用于本办法。

本办法所称地方志是指地方志书、地方综合年鉴及地情文献。

地方志书，是指全面系统地记述本县行政区域自然、政治、经济、文化和社会的历史与现状的资料性文献，包括县志、乡（镇）志、专业（部门）志。

地方综合年鉴，是指全面系统记述本县行政区域自然、政治、经济、文化、社会等方面情况的年度资料性文献，包括县年鉴、乡（镇）年鉴、行业（单位）年鉴。

地情文献，是指系统记述本县行政区域全面工作或专项工作的资料性书籍，包括机

① 中华人民共和国民政部2014年1月8日批准苍山县更名为兰陵县。载《中华人民共和国行政区划简册2015》，第93页，中国地图出版社2015年5月版。

关、社会团体、企业事业单位及村（社区）编纂的以本行政区域冠名的地情类书籍。

第三条 地方志的编纂工作应当做到存真求实，确保质量，全面、客观地反映本县自然、政治、经济、文化和社会的历史与现状。

第四条 县人民政府应当加强对本行政区域地方志工作的领导，将地方志工作纳入本地经济和社会发展规划。地方志工作所需经费列入本级财政预算。

第五条 县人民政府地方志办公室主管本县区域内地方志工作，履行下列职责：

（一）贯彻执行地方志工作法律、法规；

（二）组织、检查、指导全县地方志工作；

（三）拟订地方志工作规划和编纂方案，制定地言志的编纂业务规范；

（四）组织编纂地方志书、地方综合年鉴和其他地情文献，依照程序审查验收有关史志稿件；

（五）征集、整理、保存地方志文献和资料，组织整理旧志，开展地方志理论及学术研究；

（六）组织开发利用地方志资源，建立方志馆（库）和地资料库及地情网站，为公众读志用志提供服务；

（七）完成县政府和上级地方志工作机构交办的其他任务。

第六条 以本县行政区域名称冠名的地方志书、地方综合年鉴的编纂工作，由县地方志办公室按照规划组织实施，其他组织和个人不得编纂出版。

除以本县行政区域冠名的地方志以外，机关、社会团体、企业事业单位、其他组织和个人可编纂出版有助于经济社会发展的其他地方志书及地情类书籍，编纂单位应当按照隶属关系或者注册登记关系报地方志办公室备案，地方志办公室应当对志书编纂活动进行业务指导。

第七条 县级地方志书每 20 年左右编修一次，每一轮地方志书编修工作完成后，地方志工作机构在编纂地方综合年鉴、搜集资料、向社会提供咨询服务的同时，启动新一轮地方志书的编修工作。

第八条 地方志编纂实行专兼职人员相结合，应当广泛吸收有关专家、学者参加。专职编纂人员应当具备相应的专业知识和学术水平。

第九条 编纂地方志书、地方综合年鉴，应当制定编纂方案，报县人民政府批准。根据编纂方案的规定承担编纂任务的单位，应当按照地方志编纂规划和要求，接受县地方志办公室的业务指导与督促检查，按时按质完成撰稿任务。

第十条 县地方志办公室依法向县内机关、社会团体、企业事业单位和其他组织以及公民征集有关地方志资料，相关单位和个人应当提供有关地方志资料。地方志工作管理部门可以对所需资料内容进行查阅、摘抄、复制，但涉及国家秘密、商业秘密和个人隐私以及不符合档案开放条件的除外。

地方志资料所有人或持有人不得提供虚假资料。

第十一条 在地方志编纂过程收集到的文字资料、图表、照片、音像资料、实物等以及形成的地方志文稿，应按照规定归档管理，任何个人不得损毁或者据为己有以及出租、出让、转借。

第十二条 地方志书、地方综合年鉴出版经审查验收后方可公开出版。审查验收应当组织有关保密、档案、历史、法律、经济、军事等方面的专家参加，重点审查地方志书的内容是否符合宪法和保密、档案等法律、法规的规定，是否全面、客观地反映本行政区域自然、政治、经济、文化和社会的历史与现状。

以县级行政区域名称冠名、列入规划的地方志书由上一级地方志工作机构负责审查验收，报县人民政府批准后方可公开出版；地方综合年鉴、地方专业志书由县地方志工作机构审查验收，经县人民政府批准后方可公开出版。未按以上程序进行报批的各类地方志不得公开出版，新闻出版行政机构不得核发内部资料性图书准印证。

第十三条 地方志编纂单位应当在地方志书、地方综合年鉴及地情文献出版后 3 个月内，向本级和上级地方志办公室报送样书和电子文本。在编纂过程中形成的档案资料及文稿，在修志工作完成后移交县方志馆保存管理。

第十四条 地方志书、地方综合年鉴和相关地情文献为职务作品，依照《中华人民共和国著作权法》第十六条第二款的规定，其著作权由组织编纂的机构享有，参与编纂的人员依法享有署名权。

第十五条 地方志工作应当为地方经济社会的全面发展服务。县志办公室就当积极开拓社会用志途径，可通过建设资料库、网站等方式 加强地方志工作的信息化建设，为单位和个人免费查阅、摘抄地方史志文献。

第十六条 地方志成果可以依照有关规定参加国家、省和市优秀社会科学成果评奖。

第十七条 县人民政府应当对地方志工作中做出突出成绩和贡献的单位和个人给予表彰和奖励。

第十八条 违反本办法规定，有下列情形之一的，由县人民政府地方志办公室按照权限责令限期改正；逾期不改正的，提请县人民政府或有关行政部门依法查处，并视情节对有关单位和个人予以通报批评或予以行政处分：

（一）未经审查验收、批准，擅自编纂出版以本行政区域名称冠名的地方志书、地方综合年鉴及相关地情文献的；

（二）未经审查、验收、批准将地方史志交付出版的；

（三）无故拖延、拒绝提供地方志资料或者拒不承担编写任务的；

（四）地方史志资料所有人或持有人故意提供虚假地方志资料的；

（五）丢失、损毁单位地方志资料或者将其据为己有的；

（六）对已经审查通过的地方志文稿擅自进行重大改动并出版的；

（七）拒绝向地方志办公室报送地方史志文献的。

第十九条 实行地方志保密审查分级分单位负责制。地方志的保密审查由提供资料和编写初稿的单位负责，保密主管部门会同地方志工作机构对本级地方志进行保密审定。地方志泄露国家秘密的，由有关部门依法查处。

第二十条 违反本办法规定，涉及其他有关法律、法规规定的，按照其他有关法律法规进行处理。

第二十一条 编纂地方志涉及军事内容的，应当遵守中央军委关于军事志编纂的相关规定。

第二十二条 任何单位和个人有权对违反本办法的行为进行检举。

第二十三条 本办法自 2011 年 1 月 1 日起施行。

费县人民政府办公室关于印发《费县规范地方志编纂工作暂行办法》的通　知

费政办发〔2010〕48 号

各乡镇人民政府，县政府各部门、各直属机构，各局级事业单位：

现将《费县规范地方志编纂工作暂行办法》印发给你们，请认真贯彻执行。

费县人民政府

二〇一〇年十一月三十日

费县规范地方志编纂工作暂行办法

第一条　为规范费县地方志的编纂、管理、开发和利用，根据国务院《地方志工作条例》《山东省地方史志工作条例》有关规定，结合本县实际，制定本办法。

第二条　费县行政区域内地方志的编纂、管理、开发和利用，适用本办法。

第三条　本办法所称地方志，包括地方志书、地方综合年鉴、综合地情文献等。

地方志书，是指全面系统地记述本县行政区域内自然、政治、经济、文化、社会等方面的历史与现状资料性文献。分为：本县编纂的费县地方志、以本县行政区划冠名的乡镇志、以本县行政区划冠名的部门志以及以本县行政区划冠名的其他相关志。

地方综合年鉴，是指系统记述本县行政区域内自然、政治、经济、文化、社会等方面情况的年度资料性文献。分为：本县编纂的费县年鉴、以本县行政区划冠名的乡镇年鉴、以本县行政区划冠名的部门年鉴以及以本县行政区划冠名的其他年鉴。

地情文献，是指系统记述本县行政区域内自然、政治、经济、文化、社会等方面一段时期或部分内容的资料性文献。分为：本县编纂的费县综合性地情文献、以本县行政区划冠名的乡镇地情文献、以本县行政区划冠名的部门地情文献以及以本县行政区划冠名的其他地情文献。

第四条　费县人民政府史志工作机构主管本行政区域内的地方志工作，履行下列职责：

（一）组织、指导、督促和检查全县地方志工作；

（二）负责拟定费县地方志、本县行政区域内以行政区划冠名各类志书的工作规划；

（三）组织编纂费县地方志、地方综合年鉴、综合地情文献等全县综合性志书；

（四）负责本县行政区域内以行政区划冠名各类志书的业务指导、专家评审、审核定稿、存档备案工作；

（五）搜集、保存地方志文献和资料，组织整理旧志，推动方志理论研究；

（六）组织开发利用地方志资源。

第五条 从事地方史志编纂业务的人员应当具备相关的专业知识和学术水平。编纂费县地方志、地方综合年鉴、综合地情文献等全县综合性志书的编纂人员，由县人民政府史志工作机构聘任；本县行政区域内以行政区划冠名的乡镇志、部门志等各类志书的编纂人员，一般由县人民政府史志工作机构从全县修志业务专家组中推荐。

第六条 编纂地方志，按下列程序进行：

（一）费县地方志、费县年鉴、费县综合性地情文献由县人民政府史志工作机构制定出编纂规划报县政府批准后，组织开展编纂，报上一级地方史志工作机构审查，经县人民政府批准后出版，并报省人民政府史志工作机构备案。具体程序是：

1. 县人民政府史志工作机构按照地方志编写年限要求，结合本县实际，对需开展的地方志编纂工作，提前半年制定出编纂规划，上报县政府批准。

2. 县人民政府史志工作机构制定详细的编纂方案，提交县地方史志编纂委员会讨论审议后，报县政府同意下发全县，启动编纂工作。

3. 县人民政府史志工作机构负责组织编纂人员、业务开展、检查验收、出版发行等工作。所需经费列入同级财政预算。

4. 地方志编纂形成定稿后，由县人民政府史志工作机构写出报告，报县政府批准后出版。

（二）以费县行政区划冠名的乡镇志、部门志等各类志书、年鉴、地情文献，由相关乡镇和部门在县人民政府史志工作机构的指导下组织编纂。具体程序是：

1. 各乡镇、各部门将地方志编纂方案提前 3 个月报县人民政府史志工作机构审查后组织实施。

2. 县人民政府史志工作机构负责志书的业务指导、检查督导、审查把关、存档备案。

3. 各乡镇、各部门按照地方志编写程序，应形成志稿篇目设置、初稿、评审稿、定稿。篇目设置形成后报县人民政府史志工作机构审查备案，然后组织开展初稿编写；初稿形成后，由县人民政府史志工作机构审查，提出修改意见，并组织评审；有关部门和乡镇根据评审意见修改定稿后，按照有关规定印刷或出版发行。

4. 各乡镇、各部门应当在地方志出版后 30 日内向县人民政府史志工作机构报送样书和电子文本。

第七条 费县综合地方志书及以费县行政区划冠名的乡镇志、部门志等各类志书，由县人民政府史志工作机构按照全县规划组织编纂，其他组织和个人不得编纂出版。

第八条 县人民政府史志工作机构可以向机关、社会团体、企业事业单位和其他组织以及公民征集有关地方志资料，有关单位和公民应当提供支持。县人民政府史志工作机构可以对有关资料进行查阅、摘抄、复制，但涉及国家秘密、商业秘密和个人隐私以及不符合档案开放条件的除外。

地方志资料所有人或者持有人不得故意提供虚假资料。

第九条 在地方志编纂过程中收集到的文字资料、图表、照片、音像资料、实物等以及形成的地方志文稿，需指定专职人员集中统一管理，妥善保存，不得损毁；修志工作完成后，应当依法移交档案馆保存、管理，个人不得据为已有或者出租、出让、转借。

第十条 费县内以行政区划名称冠名的地方志书、地方综合年鉴、地情文献为职务作品，依照《中华人民共和国著作权法》第十六条第二款的规定，其著作权由组织编纂的机构享有，参与编纂的人员享有署名权。

第十一条 地方志工作应为地方经济社会的全面发展服务。县人民政府史志工作机构通过建设资料库、网站等方式，积极开拓社会用志途径，加强地方志工作的信息化建设。公民、法人和其他组织可以利用上述资料库、网站查阅、摘抄地方志资料。

第十二条 违反本办法规定，擅自编纂出版以费县行政区划冠名的地方志书、年鉴、地情文献，由县人民政府史志工作机构按照管理权限，责令其停止违法行为，限期整改；造成重大损失或恶劣影响的，县人民政府史志工作机构可以依法向人民法院提起诉讼。

第十三条 违反本办法规定，未经审查、验收、批准，将地方志文稿交付出版或者地方志内容存在违反宪法、法律、法规的，由县人民政府史志工作机构按照管理权限责令其停止违法行为，限期改正；构成犯罪的，依法追究刑事责任。

第十四条 负责地方史志工作的管理人员违反本办法第八条、第九条规定的，造成重大损失或者恶劣影响的，县人民政府史志工作机构责令其停止违法行为，限期改正；逾期不改的，依法追究刑事责任。

第十五条 任何单位和个人有权对违反本办法的行为进行检举。

第十六条 本办法由费县人民政府史志工作机构负责解释。

第十七条 本办法自发布之日起施行。

平邑县人民政府关于印发《平邑县地方志工作管理办法（试行）》的通知

平政发〔2011〕7号

各乡镇街道人民政府办事处、平邑街道办事处、经济开发区、蒙山龟蒙景区管委会、县政府各部门、科级事业单位、市以上直属单位：

《平邑县地方志工作管理办法（试行）》已经县政府研究通过，现印发给你们，请结合实际，认真贯彻落实。

平邑县人民政府

二〇一一年三月七日

平邑县地方志工作管理办法（试行）

为了规范和加强地方志工作，全面、客观、系统、科学的编纂地方志，积累、保存与开发、利用地方志资源，发挥地方志在促进经济和社会发展中的作用，根据国务院《地方志工作条例》《山东省地方史志工作条例》和《临沂市人民政府关于加强地方史志工作的意见》，结合本县实际，制定本办法。

第一章　概念解释

第一条　本办法所称地方志是指地方志书、地方综合年鉴及地情文献。

地方志书，是指全面系统记述本县行政区域自然、政治、经济、文化和社会的历史与现状的资料性文献，包括县志、乡（镇）志、专业（部门）志等。

地方综合年鉴，是指全面系统记述本县行政区域自然、政治、经济、文化、社会等方面情况的年度资料性文献，包括县年鉴、乡（镇）年鉴、行业（单位）年鉴等。

地情文献，是指系统记述本县行政区域全面工作或专项工作的资料性书籍，包括机关、社会团体、企业事业单位及村（社区）编纂的以本行政区域冠名的地情类书籍。

第二章　工作职责

第二条　各乡镇人民政府应当加强对本行政区域地方志工作的领导，将地方志工作纳入本地经济和社会发展规划。地方志工作所需经费列入本级财政预算。

第三条 县史志办公室是本行政区域地方志工作主管机构，履行下列职责：

（一）贯彻执行地方志工作法律、法规；

（二）组织、指导、督促和检查全县地方志工作；

（三）拟订地方志工作规划和编纂方案；

（四）组织编纂地方志书、地方综合年鉴和其他地情文献，依照程序组织对地方志审查验收；

（五）征集、整理、保存地方志文献和资料，组织整理旧志，开展地方志理论研究和学术交流；

（六）组织开发利用地方志资源，建立方志馆（库）和网站，培训地方志编纂人员，为公众提供服务；

（七）完成本级人民政府和上级地方志工作机构交办的其他任务。

第四条 以本县行政区域名称冠名的县志、地方综合年鉴的编纂工作，由县地方志主管机构按照规划组织实施，其他组织和个人不得编纂。

除以本县行政区域冠名的县志、地方综合年鉴以外，乡镇、机关、社会团体、企业事业单位、其他组织和个人可编纂出版有助于经济社会发展的其他地方志书及地情类书籍，编纂单位应当按照隶属关系或者注册登记关系报地方志工作主管机构备案，地方志工作主管机构应当对志书编纂活动进行业务指导。

第三章 编纂周期

第五条 县级地方志书每20年左右编修一次，每一轮地方志书编修工作完成后，地方志工作主管机构在编纂地方综合年鉴、搜集资料、向社会提供咨询服务的同时，启动新一轮地方志书的编修工作。县级地方综合年鉴按年度或数年编辑出版1卷。可适时组织编纂综合或专题地情文献。

第四章 编纂要求

第六条 编纂地方志书、地方综合年鉴，应当制定编纂方案，报本级人民政府批准。根据编纂方案的规定承担编纂任务的单位，应当按照地方志编纂规划和要求，接受地方志工作主管机构的业务指导与督促检查，按时按质完成撰稿任务。

第七条 地方志的编纂工作应当做到存真求实，确保质量，全面、客观地反映本行政区域自然、政治、经济、文化和社会的历史与现状。

第八条 地方志编纂实行专兼职人员相结合，应当广泛吸收有关专家、学者参加。专兼职编纂人员应当具备相应的专业知识和学术水平，做到恪尽职守、客观公正、秉笔直书、尊重史实。任何单位和个人不得要求编纂人员在地方志中做虚假记述。

第九条 各级人民政府地方志工作主管机构依法向机关、社会团体、企业事业单位和其他组织以及个人征集有关资料，相关单位和个人应当提供便利。地方志工作主管机构可以对所需资料内容进行查阅、摘抄、复制，但涉及国家秘密、商业秘密和个人隐私以及不符合档案开放条件的除外。

第十条 在地方志编纂过程收集到的文字资料、图表、照片、音像资料、实物等以及形成的地方志文稿，应按照规定归档管理，任何单位、个人不得损毁或者据为己有以及出租、出让、转借。

第十一条 地方志书、地方综合年鉴出版实行分级审查批准制度，应当组织有关保密、档案、历史、法律、经济、军事等方面的专家参加，重点审查地方志书的内容是否符合宪法和保密、档案等法律、法规的规定，是否全面、客观地反映本行政区域自然、政治、经济、文化和社会的历史与现状。

以县级行政区域名称冠名、列入规划的地方志由上一级地方志工作主管机构负责审查验收，报县人民政府批准后方可公开出版；乡（镇）志、专业志书、地方综合年鉴和地情文献由县地方志工作主管机构审查验收，经县人民政府批准后方可公开出版。未按以上程序进行报批的各类地方志不得公开出版，新闻出版行政机构不得核发内部资料性图书准印证。

第十二条 编纂地方志涉及军事内容的，应当遵守中央军委关于军事志编纂的相关规定。

第十三条 地方志编纂单位应当在地方志书、地方综合年鉴及地情文献出版后 30 日内，向本级和上级地方志工作主管机构报送样书（含纸质版和电子版）。

第十四条 地方志书、地方综合年鉴和相关地情文献为职务作品，依照《中华人民共和国著作权法》第十六条第二款的规定，其著作权由组织编纂的机构享有，参与编纂的人员依法享有署名权。

第十五条 建立地情资料日常收集机制。县地方志工作主管机构可以通过建立方志馆（地情资料库）等收藏、保存、管理各类地方志资料，积极开展地情宣传、咨询活动，出版专题资料、地情研究成果，为社会各界服务。

鼓励单位和个人向县地方志工作主管机构捐赠地方志资料，对具有收藏价值的资料，方志馆应当向捐赠者颁发收藏纪念证书，并给予馆存资料的优先使用权。

第五章　奖惩措施

第十六条 地方志成果可以依照有关规定参加国家、省和市优秀社会科学成果评奖。

第十七条 县政府将当对地方志工作中做出突出成绩和贡献的单位和个人给予表彰和奖励。

第十八条 违反本办法规定，有下列情形之一的，由县政府地方志工作主管机构按照权限责令限期改正；逾期不改正的，提请县人民政府或有关部门依法查处，并视情节对有关单位和个人予以通报批评或予以行政处分：

（一）未经审查验收、批准，擅自编纂出版以本行政区域名称冠名的地方志书、地方综合年鉴及相关地情文献的；

（二）无故拖延、拒绝提供地方志资料或者拒不承担编写任务的；

（三）故意提供虚假地方志资料的；

（四）丢失、损毁单位地方志资料或者将其据为己有的；

（五）将地方志文稿作为个人著作擅自发表的；

（六）对已经审查通过的地方志文稿擅自进行重大改动并出版的；

（七）拒不向地方志工作主管机构报送地方志出版物（含纸质版、电子版）的。

第十九条 实行地方志保密审查分级分单位负责制。地方志的保密审查由提供资料和编写初稿的单位负责，保密主管部门会同地方志工作主管机构对本级地方志进行保密审定。地方志泄露国家秘密的，由有关部门依法查处。

第二十条 违反本办法规定，涉及其他有关法律、法规规定的，按照其他有关法律法规进行处理。

第六章 附则

第二十一条 本办法适用于本县行政区域内地方志的资料征集、研究、组织编纂、管理、开发利用和咨询服务工作

第二十二条 本办法自印发之日起施行。

莒南县人民政府关于印发《莒南县地方志编纂工作管理办法》的通　知

莒南政发〔2010〕35号

各乡镇（街道）人民政府办事处，莒南经济开发区，县政府各部门，各有关企事业单位：

现将《莒南县地方志编纂工作管理办法》印发给你们，请结合各自实际，认真贯彻落实。

莒南县人民政府

二〇一一年十一月十六日

莒南县地方志编纂工作管理办法

第一条　为规范莒南县地方志的编纂、管理、开发和利用，根据国务院《地方志工作条例》和《山东省地方史志工作条例》有关规定，结合本县实际，制定本办法。

第二条　莒南县行政区域内地方志的组织编纂、管理、开发和利用，适用本办法。

第三条　本办法所称地方志，包括地方志书、地方综合年鉴、综合地情文献等。

地方志书是指全面客观系统地记述本县行政区域内自然、政治、经济、文化、社会等方面的历史与现状的资料性文献。分为：本县编纂的莒南县地方志、以本县行政区划冠名的乡镇志、以本县行政区划冠名的部门志以及以本县行政区划冠名的其他相关志。

地方综合年鉴是指系统记述本县行政区域内自然、政治、经济、文化、社会等方面情况的年度资料性文献。分为：本县编纂的莒南年鉴、以本县行政区划冠名的乡镇年鉴、以本县行政区划冠名的部门年鉴以及以本县行政区划冠名的其他年鉴。

综合地情文献是指系统记述本县行政区域内自然、政治、经济、文化、社会等方面一段时期或部分内容的资料性文献。分为：本县编纂的莒南县综合性地情文献、以本县行政区划冠名的乡镇地情文献、以本县行政区划冠名的部门地情文献以及以本县行政区划冠名的其他地情文献。

第四条　莒南县地方史志编纂委员会办公室（以下简称县史志办）主管本行政区域内的地方志工作，履行下列职责：

（一）组织、指导、督促和检查全县地方志工作；

（二）拟定莒南县地方志工作规划和编纂方案；

（三）制定莒南县地方志编纂业务规范；

（四）组织编纂莒南县地方志、地方综合年鉴、综合地情文献等全县综合性志书；

（五）负责本县行政区域内以行政区划冠名的各类志书的业务指导、专家评审、审查验收、存档备案工作；

（六）搜集、保存地方志文献和资料，组织整理旧志，推动地方志理论研究；

（七）宣传、推广地方志成果，开展地情研究，建设方志馆、资料库和地情网站，为公众读志用志提供服务。

第五条 从事地方志编纂业务的人员应当具备相关的专业知识和学术水平。编纂莒南县地方志、地方综合年鉴、综合地情文献等全县综合性志书的编纂人员，应当吸收社会各界专家、学者参加；本县行政区域内以行政区划冠名的乡镇志、部门志等各类志书的编纂人员，由相关乡镇（街道）、部门选派熟悉修志业务的人员担任，报县史志工作机构备案。

第六条 编纂地方志，按下列程序进行：

（一）莒南县地方志、莒南年鉴、莒南县综合性地情文献由县史志工作机构制定出编纂规划报县政府批准后，组织开展编纂，报上一级政府史志工作机构审查，经县政府批准后出版，并报省政府史志工作机构备案。具体程序是：

1. 县史志工作机构按照地方志编写年限要求，结合本县实际，对需开展的地方志编纂工作，提前半年制定出编纂规划，上报县政府批准。

2. 县史志工作机构制定详细的编纂方案，提交县地方史志编纂委员会讨论审议后，报县政府批准，启动编纂工作。

3. 县史志工作机构负责组织编纂人员培训、业务开展、检查验收、出版发行等工作。所需经费列入同级财政预算。

4. 地方志编纂形成定稿后，由县史志工作机构写出报告，报上一级地方史志工作机构审定，经县政府批准后出版，并报省政府史志工作机构备案。

（二）各乡镇（街道）、部门要把乡镇志、部门专业志的编写作为文化建设的主要内容搞好规划，组织编写。凡是以莒南县行政区划冠名的乡镇志、部门志等各类志书、年鉴、地情文献，由相关乡镇（街道）和部门在县史志工作机构的指导下组织编纂。具体程序是：

1. 各乡镇（街道）、各部门将地方志编纂方案提前3个月报县史志工作机构审查后组织实施。

2. 县史志工作机构负责志书的业务指导、检查督导、审查把关、存档备案。

3. 各乡镇（街道）、各部门按照地方志编写程序，应形成志稿篇目设置、初稿、评审稿、定稿。篇目设置形成后报县史志工作机构审查备案，然后组织开展初稿编写；初稿形成后，报县史志工作机构审查，由县史志工作机构组织评审，提出修改意见；有关部门和乡镇根据评审意见修改定稿，经县史志工作机构批准后，按照有关规定印刷或出版发行。

4. 各乡镇（街道）、各部门应当在地方志出版后30日内向县史志工作机构报送样书和电子文本。

第七条 莒南县地方志、莒南年鉴、莒南县综合性地情文献由县史志工作机构按照全县规划组织编纂，其他组织和个人不得编纂出版。

第八条 有关组织和单位可以自行组织编纂本办法第七条规定以外的志书、年鉴或其他地情文献资料，编纂单位需报县史志工作机构备案。

第九条 县史志工作机构可以向机关、社会团体、企业事业单位和其他组织以及公民征集有关地方志资料，有关单位和公民应当提供支持。地方志资料所有人或者持有人不得故意提供虚假资料。县史志工作机构可以对有关资料进行查阅、摘抄、复制，但涉及国家秘密、商业秘密和个人隐私以及不符合档案开放条件的除外。

第十条 在地方志编纂过程中收集到的文字资料、图表、照片、音像资料、实物等以及形成的地方志文稿，需指定专职人员集中统一管理，妥善保存，不得损毁；修志工作完成后，应当依法移交档案馆保存、管理，个人不得据为己有或者出租、出让、转借。

第十一条 以行政区划名称冠名的地方志书、地方综合年鉴、地情文献为职务作品，依照《中华人民共和国著作权法》第十六条第二款的规定，其著作权由组织编纂的机构享有，参与编纂的人员享有署名权。

第十二条 地方志工作应为地方经济社会的全面发展服务。县史志工作机构通过建设方志馆、资料库、网站等方式，积极开拓社会用志途径，加强地方志工作的信息化建设。公民、法人和其他组织可以利用上述方志馆、资料库、网站查阅、摘抄地方志资料。

第十三条 县政府将对在地方志工作中作出突出成绩和贡献的单位、个人，给予表彰和奖励。

第十四条 违反本办法规定，有下列行为之一的，由县史志工作机构按照管理权限责令其停止违法行为，限期整改；逾期不改的，由其所在单位或者有关行政部门依法给予行政处分或者纪律处分：

（一）擅自编纂出版以莒南县行政区划冠名的地方志、地方综合年鉴或者综合地情文献的；

（二）损毁单位所有或者持有的地方史志资料或者将其据为己有的；

（三）地方史志资料所有人或者持有人故意提供虚假资料的；

（四）未经审查、验收、批准将地方志交付出版的；

（五）无故拖延、拒绝提供地方志资料或者承担编写任务的；

（六）拒绝向县史志工作机构报送地方史志文献的。

有前款第（一）（二）项行为，造成重大损失或者恶劣影响的，县史志工作机构可以依法向人民法院提起诉讼。

第十五条　任何单位和个人有权对违反本办法的行为进行检举。

第十六条　本办法由县史志工作机构负责解释。

第十七条　本办法自 2010 年 12 月 1 日起施行。

蒙阴县人民政府关于印发《蒙阴县地方志编纂工作管理办法》的通　知

蒙政发〔2010〕23号

各乡镇人民政府、蒙阴街道办事处，县政府各部门，经济开发区，蒙山云蒙景区：

《蒙阴县地方志编纂工作管理办法》已经县政府研究同意，现印发给你们，请认真贯彻执行。

蒙阴县人民政府

二〇一〇年十二月二十七日

蒙阴县地方志编纂工作管理办法

第一条　为规范我县地方志的编纂、管理、开发和利用，根据国务院《地方志工作条例》和《山东省地方史志工作条例》有关规定，结合我县实际，制定本办法。

第二条　本县行政区域内地方志的组织编纂、管理、开发和利用，适用本办法。

第三条　本办法所称地方志，包括地方志书、地方综合年鉴、综合地情文献等。

地方志书是指全面客观系统地记述本行政区域内自然、政治、经济、文化、社会等方面的历史与现状的资料性文献。分为：县编纂的县志、乡镇编纂的乡镇志、部门编纂的部门志等。

地方综合年鉴是指系统记述本行政区域内自然、政治、经济、文化、社会等方面情况的年度资料性文献。分为：县编纂的县年鉴、乡镇编纂的乡镇年鉴、部门编纂的部门年鉴等。

综合地情文献是指系统记述本行政区域内自然、政治、经济、文化、社会等方面一段时期或部分内容的资料性文献。

第四条　县政府对在地方志工作中作出突出成绩和贡献的单位、个人，给予表彰和奖励。对违反本办法的行为，任何单位和个人有权检举。

第五条　县地方史志编纂委员会办公室（以下简称县史志办）主管本行政区域内的地方志工作，履行下列职责：

（一）组织、指导、督促和检查全县地方志工作；

（二）拟定地方志工作规划和编纂方案；

（三）制定地方志编纂业务规范；

（四）组织编纂地方志、地方综合年鉴、综合地情文献等志书；

（五）负责本县各类志书的业务指导、专家评审、审查验收、存档备案工作；

（六）搜集、保存地方志文献和资料，组织整理旧志，推动地方志理论研究；

（七）宣传、推广地方志成果，开展地情研究，建设地方志馆、资料库和地情网站，为公众读志用志提供服务。

第六条 从事地方志编纂业务的人员应具备相关的专业知识和学术水平。

县志、年鉴、综合地情文献等志书的编纂工作，应吸收社会各界专家、学者参加。

乡镇志、部门志等各类志书的编纂人员，由相关乡镇（街道）、部门选派熟悉修志业务的人员担任，并报县史志办备案。

第七条 编纂地方志，按下列程序进行：

（一）县地方志、年鉴、综合性地情文献等志书的编纂程序：

1、县史志办按照地方志编写年限要求，结合实际，对需开展的地方志编纂工作，提前半年制定出编纂规划，报县政府批准。

2、县史志办制定详细的编纂方案，提交县地方史志编纂委员会讨论审议后，报县政府批准，启动编纂工作。

3、县史志办负责组织编纂人员培训、业务开展、检查验收、出版发行等工作。所需经费列入同级财政预算。

4、地方志编纂形成定稿后，由县史志办写出报告，报上一级地方史志工作机构审定，经县政府批准后出版，并报省政府史志工作机构备案。

（二）以县行政区划冠名的乡镇志、部门志等各类志书、年鉴、地情文献，由相关乡镇（街道）和部门在县史志办的指导下组织编纂。具体程序是：

1、乡镇（街道）、部门将地方志编纂方案提前3个月报县史志办审查后组织实施，并接受县史志办的业务指导、检查督导。

2、乡镇（街道）、部门按照地方志编写程序，应形成志稿篇目设置、初稿、评审稿、定稿。

篇目设置形成后报县史志办审查备案，然后组织开展初稿编写；初稿形成后，报县史志办审查，由县史志办组织评审，提出修改意见；乡镇和部门根据评审意见修改定稿，经县史志办批准后，按照有关规定印刷或出版发行。

3、乡镇（街道）、部门应在地方志出版后30日内向县史志办报送样书和电子文本。

第八条 县地方志、年鉴、综合性地情文献由县史志办按照全县规划组织编纂，其他组织和个人不得编纂出版。

第九条 有关组织和单位可以自行组织编纂本办法第八条规定以外的志书、年鉴或其他地情文献资料，编纂单位需报县史志办备案。

第十条 县史志办可以向机关、社会团体、企业事业单位和其他组织以及公民征集有关地方志资料，有关单位和个人应当提供支持。地方志资料所有人或者持有人不得故意提供虚假资料。县史志办可对有关资料进行查阅、摘抄、复制，但涉及国家秘密、商业秘密和个人隐私以及不符合档案开放条件的除外。

第十一条 在地方志编纂过程中收集到的文字资料、图表、照片、音像资料、实物等以及形成的地方志文稿，需指定专职人员集中统一管理，妥善保存，不得损毁；修志工作完成后，应当依法移交档案馆保存、管理，个人不得据为己有或者出租、出让、转借。

第十二条 以行政区划名称冠名的地方志书、地方综合年鉴、地情文献为职务作品，依照《中华人民共和国著作权法》第十六条第二款的规定，其著作权由组织编纂的机构享有，参与编纂的人员享有署名权。

第十三条 地方志工作应为地方经济社会的全面发展服务。县史志办通过建设地方志馆、资料库、网站等方式，积极开拓社会用志途径，加强地方志工作的信息化建设。公民、法人和其他组织可以利用上述方式查阅、摘抄地方志资料。

第十四条 违反本办法规定，有下列行为之一的，由县史志办按照管理权限责令其停止违法行为，限期整改；逾期不改的，由其所在单位或者有关行政部门依法给予行政处分或者纪律处分：

（一）擅自编纂出版地方志、地方综合年鉴或者综合地情文献的；

（二）损毁单位所有或者持有的地方史志资料或者将其据为己有的；

（三）地方史志资料所有人或者持有人故意提供虚假资料的；

（四）未经审查、验收、批准将地方志交付出版或者地方志内容存在违反宪法、法律、法规的；

（五）无故拖延、拒绝提供地方志资料或者承担编写任务的；

（六）拒绝向史志工作主管机构报送地方史志文献的。

有前款第（一）（二）项行为，造成重大损失或者恶劣影响的，县史志办可以依法向人民法院提起诉讼。

第十五条 本办法自发布之日起实施。

临沭县人民政府关于印发《临沭县地方志工作管理暂行办法》的通　知

沭政发〔2010〕29号

各乡镇人民政府，直县有关部门，经济开发区管委会：

《临沭县地方志工作管理暂行办法》已经县人民政府研究同意，现印发给你们，望认真贯彻执行。

临沭县人民政府

二○一○年九月二十一日

临沭县地方志工作管理暂行办法

第一条　为了规范和加强地方志工作，全面、客观、系统地编纂地方志，科学地积累、保存与开发、利用地方志资源，发挥地方志在促进经济和社会发展中的作用，根据国务院《地方志工作条例》《山东省地方史志工作条例》和《临沂市人民政府关于加强地方史志工作的意见》，结合本县实际，制定本办法。

第二条　本办法适用于本县行政区域内地方志的资料征集、研究、组织编纂、管理、开发利用和咨询服务工作。

第三条　本办法所称地方志是指地方志书、地方综合年鉴及地情文献。

地方志书，是指全面系统地记述本县行政区域自然、政治、经济、文化和社会的历史与现状的资料性文献，包括县志、乡（镇）志、专业（部门）志。

地方综合年鉴，是指全面系统记述本县行政区域自然、政治、经济、文化、社会等方面情况的年度资料性文献，包括县年鉴、乡（镇）年鉴、行业（单位）年鉴。

地情文献，是指系统记述本县行政区域全面工作或专项工作的资料性书籍，包括机关、社会团体、企业事业单位及村（社区）编纂的以本行政区域冠名的地情类书籍。

第四条　地方志的编纂工作应当做到存真求实，确保质量，全面、客观地反映本行政区域自然、政治、经济、文化和社会的历史与现状。

第五条　县人民政府应当加强对本行政区域地方志工作的领导，将地方志工作纳入本地经济和社会发展规划。地方志工作所需经费列入本级财政预算。

第六条 县人民政府地方志办公室是本行政区域地方志工作主管机构，履行下列职责：

（一）贯彻执行地方志工作法律、法规；

（二）组织、指导、督促和检查全县地方志工作；

（三）拟订地方志工作规划和编纂方案；

（四）组织编纂地方志书、地方综合年鉴和其他地情文献，依照程序组织对地方志审查验收；

（五）征集、整理、保存地方志文献和资料，组织整理旧志，开展地方志理论研究和学术交流；

（六）组织开发利用地方志资源，建立方志馆（库）和网站，培训地方志编纂人员，为公众提供服务；

（七）完成本级人民政府和上级地方志工作机构交办的其他任务。

第七条 以本县行政区域名称冠名的地方志书、地方综合年鉴的编纂工作，由县地方志工作机构按照规划组织实施，其他组织和个人不得编纂。

除以本县行政区域冠名的地方志以外，机关、社会团体、企业事业单位、其他组织和个人可编纂出版有助于经济社会发展的其他地方志书及地情类书籍，编纂单位应当按照隶属关系或者注册登记关系报地方志工作管理部门备案，地方志办公室应当对志书编纂活动进行业务指导。

第八条 县级地方志书每20年左右编修一次，每一轮地方志书编修工作完成后，地方志工作机构在编纂地方综合年鉴、搜集资料、向社会提供咨询服务的同时，启动新一轮地方志书的编修工作。县级地方综合年鉴按年度或数年编辑出版1卷。可适时组织编纂综合或专题地情文献。

第九条 编纂地方志书、地方综合年鉴，应当制定编纂方案，报本级人民政府批准。根据编纂方案的规定承担编纂任务的单位，应当按照地方志编纂规划和要求，接受本级地方志工作机构的业务指导与督促检查，按时按质完成撰稿任务。

第十条 地方志编纂实行专兼职人员相结合，应当广泛吸收有关专家、学者参加。专职编纂人员应当具备相应的专业知识和学术水平，做到恪尽职守、客观公正、秉笔直书、尊重史实。任何单位和个人不得要求编纂人员在地方志中做虚假记述。

第十一条 地方志工作管理部门依法向辖区内机关、社会团体、企业事业单位和其他组织以及公民征集有关地方志资料，相关单位和个人应当提供有关地方志资料。地方志工作管理部门可以对所需资料内容进行查阅、摘抄、复制，但涉及国家秘密、商业秘密和个人隐私以及不符合档案开放条件的除外。

第十二条 在地方志编纂过程收集到的文字资料、图表、照片、音像资料、实物等以及形成的地方志文稿，应按照规定归档管理，任何个人不得损毁或者据为己有以及出租、出让、转借。

第十三条 地方志书、地方综合年鉴出版实行分级审查批准制度，应当组织有关保密、档案、历史、法律、经济、军事等方面的专家参加，重点审查地方志书的内容是否符合宪法和保密、档案等法律、法规的规定，是否全面、客观地反映本行政区域自然、政治、经济、文化和社会的历史与现状。

以县级行政区域名称冠名、列入规划的地方志书由上一级地方志工作机构负责审查验收，报县人民政府批准后方可公开出版；地方综合年鉴、地方专业志书由县地方志工作机构审查验收，经县人民政府批准后方可公开出版。未按以上程序进行报批的各类地方志不得公开出版，新闻出版行政机构不得核发内部资料性图书准印证。

第十四条 地方志编纂单位应当在地方志书、地方综合年鉴及地情文献出版后 3 个月内，向本级和上级地方志办公室报送样书。

第十五条 地方志书、地方综合年鉴和相关地情文献为职务作品，依照《中华人民共和国著作权法》第十六条第二款的规定，其著作权由组织编纂的机构享有，参与编纂的人员依法享有署名权。

第十六条 建立地情资料日常收集机制。县地方志工作机构可以通过建立方志馆（地情资料库）等收藏、保存、管理各类地方志资料，积极开展地情宣传、咨询活动，出版专题资料、地情研究成果，为社会各界服务。

鼓励单位和个人向县地方志工作机构捐赠地方志资料，对具有收藏价值的资料，方志馆应当向捐赠者颁发收藏纪念证书，并给予馆存资料的优先使用权。

第十七条 地方志成果可以依照有关规定参加国家、省和市优秀社会科学成果评奖。

第十八条 县人民政府应当对地方志工作中做出突出成绩和贡献的单位和个人给予表彰和奖励。

第十九条 违反本办法规定，有下列情形之一的，由县人民政府地方志工作机构按照权限责令限期改正；逾期不改正的，提请县人民政府或有关行政部门依法查处，并视情节对有关单位和个人予以通报批评或予以行政处分：

（一）未经审查验收、批准，擅自编纂出版以本行政区域名称冠名的地方志书、地方综合年鉴及相关地情文献的；

（二）无故拖延、拒绝提供地方志资料或者拒不承担编写任务的；

（三）故意提供虚假地方志资料的；

（四）丢失、损毁单位地方志资料或者将其据为己有的；

（五）将地方志文稿作为个人著作擅自发表的；

（六）对已经审查通过的地方志文稿擅自进行重大改动并出版的；

（七）拒不向地方志工作机构报送地方志出版物（含纸质版、电子版）的。

第二十条 实行地方志保密审查分级分单位负责制。地方志的保密审查由提供资料和编写初稿的单位负责，保密主管部门会同地方志工作机构对本级地方志进行保密审定。地方志泄露国家秘密的，由有关部门依法查处。

第二十一条 编纂地方志涉及军事内容的，应当遵守中央军委关于军事志编纂的相关规定。

第二十二条 违反本办法规定，涉及其他有关法律、法规规定的，按照其他有关法律法规进行处理。

第二十三条 任何单位和个人有权对违反本办法的行为进行检举。

第二十四条 本办法自 2010 年 10 月 1 日起施行。

德州市人民政府办公室关于印发《全市地方志工作管理办法》的通知

德政办发〔2011〕27号

各县（市、区）人民政府管委会，市政府各部门：

《全市地方志工作管理办法》已经市政府同意，现印发给你们，请结合实际，认真贯彻执行。

德州市人民政府办公室

二〇一一年九月二十二日

全市地方志工作管理办法

第一条 为规范和加强地方史志工作，全面、客观、系统地编纂地方志，科学、合理地开发利用地方志资源，发挥地方志在促进经济和社会发展中的作用，根据国务院《地方志工作条例》和《山东省地方史志工作条例》，结合我市实际，制定本办法

第二条 本办法适用于全市行政区域内地方志的组织编纂、管理、开发利用等工作。

第三条 本办法所称地方志，是指地方志书、地方综合年鉴等地情资料性文献。

地方志书，是指全面系统地记述本行政区域自然、政治、经济、文化和社会的历史与现状的地情资料性文献。地方志书包括综合性地方志书和专业性地方志书。

地方综合年鉴，是指系统记述本行政区域自然、政治、经济、文化和社会等方面情况的年度地情资料性文献。

第四条 各县（市、区）要加强对本行政区域地方志工作的领导，将地方志工作纳入本地经济和社会发展规划，所需经费列入本级财政预算。

第五条 各县（市、区）地方史志办公室是本行政区域地方志的工作机构，履行下列职责：

（一）组织、指导、督促和检查地方志工作；

（二）拟订地方志工作规划和编纂方案；

（三）编纂本级综合性地方志书、地方综合年鉴，审查、验收本行政区域下一级综合性地方志书及同级专业性地方志；

（四）征集、整理、保存地方志文献，开展地方志学术研究和学术交流；

（五）组织开发利用地方志资源，宣传、推广地方志成果，开展地情研究，建设地方志馆（室）、地方志资料库、地方志网站，为公众读志用志提供服务；

（六）培训地方志编纂人员；

（七）法律法规规定的其他职责。

第六条 各县（市、区）负责制定本行政区域地方志编纂工作规划，并报上一级人民政府负责地方志工作的机构备案

第七条 各县（市、区）要组织做好本行政区域综合性地方志书和地方综合年鉴的编纂工作，具体工作由本级地方史志办公室负责，其他组织和个人不得编纂。

支持和鼓励机关、社会团体、企业事业单位、其他组织和个人编纂出版有助于经济社会发展的其他志书。有条件的街道办事处、乡镇、村可以组织编纂本单位的志书。地方志办公室应当对有关编纂活动给予业务指导，并做好备案工作。

第八条 综合性地方志书每20年左右编修一次，地方综合年鉴按年度编纂。每一轮综合性地方志书编修工作完成后，地方史志办公室在编纂地方综合年鉴、搜集资料以及向社会提供咨询服务的同时，启动新一轮综合性地方志书的续修工作。

第九条 编纂地方志应当符合下列要求：

（一）符合宪法和保密、档案等法律、法规的规定；

（二）全面、客观地反映本行政区域自然、政治、经济、文化和社会的历史与现状；

（三）符合志书的体例格式；

（四）文字表述准确，篇目结构合理；

（五）标点符号、计量单位和数字的使用规范、标准；

（六）装帧印刷符合出版要求。

第十条 编纂地方志应当吸收有关方面的专家、学者参加。地方志编纂人员实行专、兼职相结合，专职编纂人员应当具备相应的专业知识，做到恪尽职守、客观公正、秉笔直书、尊重史实。任何单位和个人不得要求编纂人员在地方志中做虚假记述。

第十一条 为执行本单位的地方志编纂任务或者利用本单位的物质技术条件收集、积累的地方志书及有关地情资料，应当按照规定归档管理，任何人不得损毁或者据为己有。

第十二条 地方史志办公室可以向机关、社会团体、企业事业单位、其他组织及个人征集有关地方志资料，有关单位和个人应当在规定的时限内按要求提供全面、系统、翔实、准确的资料。

地方史志办公室可以对所需资料内容进行查阅、摘抄、复制，但涉及国家秘密、商业秘密和个人隐私以及不符合档案开放条件的除外。

第十三条 公民、法人和其他组织可以通过查阅、摘抄等方式利用地方志馆（室）、地方志资料库收藏、展示的地方志文献和资料。

地方志馆（室）、地方志资料库应当将服务范围、开放时间等服务事项进行公示。鼓励单位和个人向地方志馆（室）、地方志资料库捐赠或者有偿提供地方志文献和资料。

地方志文献和资料所有人或者持有人提供有关资料，可以获得适当报酬。地方志文献和资料所有人或者持有人不得提供虚假资料。

第十四条 全市地方志书和地方综合年鉴，实行备案、审查、验收制度。

综合性地方志书编纂完成后，应当报上一级地方史志办公室备案，并经审查、验收后，方可公开出版；专业性地方志书编纂完成后，应当报同级地方史志办公室备案，并经审查、验收后，方可公开出版。地方综合年鉴应当报经本级人民政府批准后，方可公开出版。

第十五条 各级地方志书及相关地情资料性文献的编纂单位，应当在地方志书及相关地情资料性文献出版后30日内，向原审查、验收的地方史志办公室报送样书和电子文本。

第十六条 综合性地方志书、地方综合年鉴为职务作品，依照《中华人民共和国著作权法》第十六条第二款的规定，其著作权由组织编纂的地方志办公室享有，参与编纂的人员享有署名权。

第十七条 地方史志办公室应当加强地方志资源的开发利用，积极开拓社会用志途径，可以编辑、出版地方志简本或者通过建设地方志馆（室）、地方志资料库、地方志网站等方式，加强地方志工作的信息化建设，为经济社会的全面发展服务。

第十八条 地方志成果可以依照有关规定，参加国家、省和市优秀社会科学成果评奖。

第十九条 对在地方志工作中做出突出成绩和贡献的单位及个人，给予表彰和奖励。

第二十条 违反本办法，有下列行为之一的，由地方志办公室责令限期改正；逾期不改的，提请本级政府或有关行政主管部门予以纠正，并视情节对有关单位和个人予以通报批评或行政处分；构成犯罪的，依法追究刑事责任。

（一）未能在规定时限内提供资料；无故拖延、拒绝提供地方志资料或者提供虚假资料的；

（二）未经审核、验收、批准，擅自出版地方志书的；

（三）损毁单位地方志资料或者将其据为己有的；

（四）未能在规定时限内报送样书和电子文本的。

第二十一条 违反本办法，涉及其他有关法律、法规的，由相关部门依法予以处罚。

第二十二条 本办法自2012年1月1日起施行。

德州市德城区人民政府关于印发《德城区地方志工作管理办法》的通知

德城政发〔2011〕86号

各镇人民政府、街道办事处，区政府各部门，各企事业单位：

《德城区地方志工作管理办法》已经区政府同意，现印发给你们，请认真贯彻执行。

德州市德城区人民政府

二〇一一年十二月二十日

德城区地方志工作管理办法

第一条 为规范和加强地方史志工作，全面、客观、系统地编纂地方志，科学、合理地开发利用地方志资源，发挥地方志在促进经济和社会发展中的作用，根据国务院《地方志工作条例》《山东省地方史志工作条例》和《德州市地方志工作管理办法》，结合我区实际，制定本办法。

第二条 本办法适用于全区行政区域内地方志的组织编纂、管理、开发利用等工作。

第三条 本办法所称地方志，是指地方志书、地方综合年鉴等地情资料性文献。

地方志书，是指全面系统地记述本行政区域自然、政治、经济、文化和社会的历史与现状的地情资料性文献。包括区志、镇（街道）志、村（居）志、部门（行业）志等。

地方综合年鉴，是指系统记述本行政区域自然、政治、经济、文化和社会等方面情况的年度地情资料性文献。包括区综合年鉴、镇（街道）年鉴、村（居）年鉴、部门（行业）年鉴等。

第四条 区人民政府加强对本行政区域地方志工作的领导，将地方志工作纳入本地经济和社会发展规划，所需经费列入本级财政预算。

第五条 区地方史志办公室（以下简称区史志办）是本行政区域地方志的工作机构，履行下列职责：

（一）组织、指导、督促和检查地方志工作；

（二）拟订地方志工作规划和编纂方案；

（三）编纂本级综合性地方志书、地方综合年鉴，审查、验收本行政区域下一级综合性地方志书及同级专业性地方志书；

（四）征集、整理、保存地方志文献，开展地方志学术研究和学术交流；

（五）组织开发利用地方志资源，宣传、推广地方志成果，开展地情研究，建设地方志馆（室）、地方志资料库、地方志网站，为公众读志用志提供服务；

（六）培训地方志编纂人员；

（七）法律法规规定的其他职责。

第六条 区人民政府负责制定本行政区域地方志编纂工作规划，并报上一级人民政府负责地方志工作的机构备案。

第七条 区人民政府要组织做好本行政区域综合性地方志书和地方综合年鉴的编纂工作，具体工作由区史志办负责，其他组织和个人不得编纂。

支持和鼓励机关、社会团体、企业事业单位、其他组织和个人编纂出版有助于经济社会发展的其他志书。有条件的街道办事处、镇政府、村可以组织编纂本单位的志书。区史志办应当对有关编纂活动给予业务指导，并做好备案工作。

第八条 区综合性地方志书每 20 年左右编修一次，地方综合年鉴按年度编纂。每一轮综合性地方志书编修工作完成后，区史志办在编纂地方综合年鉴、搜集资料以及向社会提供咨询服务的同时，启动新一轮综合性地方志书的续修工作。

第九条 编纂地方志应当符合下列要求：

（一）符合宪法和保密、档案等法律、法规的规定；

（二）全面、客观地反映本行政区域自然、政治、经济、文化和社会的历史与现状；

（三）符合志书的体例格式；

（四）文字表述准确，篇目结构合理；

（五）标点符号、计量单位和数字的使用规范、标准；

（六）装帧印刷符合出版要求。

第十条 编纂地方志应当吸收有关方面的专家、学者参加。地方志编纂人员实行专、兼职相结合，专职编纂人员应当具备相应的专业知识，做到恪尽职守、客观公正、秉笔直书、尊重史实。任何单位和个人不得要求编纂人员在地方志中做虚假记述。

第十一条 为执行本单位的地方志编纂任务或者利用本单位的物质技术条件收集、积累的地方志书及有关地情资料，应当按照规定归档管理，任何人不得损毁或者据为己有。

第十二条 区史志办可以向机关、社会团体、企业事业单位、其他组织及个人征集有关地方志资料，有关单位和个人应当在规定的时限内按要求提供全面、系统、翔实、准确的资料。

区史志办可以对所需资料内容进行查阅、摘抄、复制，但涉及国家秘密、商业秘密和个人隐私以及不符合档案开放条件的除外。

第十三条 公民、法人和其他组织可以通过查阅、摘抄等方式利用地方志馆（室）、地方志资料库收藏、展示的地方志文献和资料。

地方志馆（室）、地方志资料库应当将服务范围、开放时间等服务事项进行公示。鼓励单位和个人向地方志馆（室）、地方志资料库捐赠或者有偿提供地方志文献和资料。

地方志文献和资料所有人或者持有人提供有关资料，可以获得适当报酬。地方志文献和资料所有人或者持有人不得提供虚假资料。

第十四条 全区地方志书和地方综合年鉴，实行备案、审查、验收制度。

综合性地方志书编纂完成后，应当报上一级地方史志办公室备案，并经审查、验收后，方可公开出版；专业性地方志书编纂完成后，应当报同级地方史志办公室备案，并经审查、验收后，方可公开出版。地方综合年鉴应当报经本级人民政府批准后，方可公开出版。

第十五条 各级地方志书及相关地情资料性文献的编纂单位，应当在地方志书及相关地情资料性文献出版后30日内，向原审查、验收的地方史志办公室报送样书和电子文本。

第十六条 综合性地方志书、地方综合年鉴为职务作品，依照《中华人民共和国著作权法》第十六条第二款的规定，其著作权由组织编纂的地方志办公室享有，参与编纂的人员享有署名权。

第十七条 区史志办应当加强地方志资源的开发利用，积极开拓社会用志途径，可以编辑、出版地方志简本或者通过建设地方志馆（室）、地方志资料库、地方志网站等方式，加强地方志工作的信息化建设，为经济社会的全面发展服务。

第十八条 地方志成果可以依照有关规定，参加国家、省和市优秀社会科学成果评奖。

第十九条 对在地方志工作中做出突出成绩和贡献的单位及个人，给予表彰和奖励。

第二十条 违反本办法，有下列行为之一的，由区史志办责令限期改正；逾期不改的，提请本级政府或有关行政主管部门予以纠正，并视情节对有关单位和个人予以通报批评或行政处分；构成犯罪的，依法追究刑事责任。

（一）未能在规定时限内提供资料；无故拖延、拒绝提供地方志资料或者提供虚假资料的；

（二）未经审核、验收、批准，擅自出版地方志书的；

（三）损毁单位地方志资料或者将其据为己有的；

（四）未能在规定时限内报送样书和电子文本的。

第二十一条 违反本办法，涉及其他有关法律、法规的，由相关部门依法予以处罚。

第二十二条 本办法自2012年1月1日起施行。

陵县人民政府办公室关于印发《陵县地方史志工作管理办法》的通知

陵政办发〔2011〕18号

各乡（镇、开发区）人民政府（管委会），县直各部门：

《陵县地方志工作管理办法》已经县政府研究同意，现印发给你们，请认真贯彻执行。

陵县人民政府办公室

二〇一一年八月二十六日

陵县地方史志工作管理办法

第一条 为了规范和加强地方志工作，全面、客观、系统地编纂地方志，科学地积累、保存与开发、利用地方志资源，发挥地方志在促进经济和社会发展中的作用，根据国务院《地方志工作条例》《山东省地方史志工作条例》精神，结合本县实际，制定本办法。

第二条 本办法适用于本县行政区域内地方志的资料征集、研究、组织编纂、管理、开发利用和咨询服务工作。

第三条 本办法所称地方志是指地方志书、地方综合年鉴及地情文献。

地方志书，是指全面系统地记述本县行政区域自然、政治、经济、文化、社会等方面情况的年度资料性文献，包括县年鉴、乡（镇）年鉴、行业（单位）年鉴。

地情文献，是指系统记述本县行政区域全面工作或专项工作的资料性书籍，包括机关、社会团体、企业事业单位及村（社区）编纂的以本行政区域冠名的地情类书籍。

第四条 地方志的编纂工作应当做到存真求实，确保质量，全面、客观地反映本行政区域自然、政治、经济、文化和社会的历史与现状。

第五条 县人民政府应当加强对本行政区域地方志工作的领导，将地方志工作纳入本地经济和社会发展规划。地方志工作所需经费列入本级财政预算。

第六条 县人民政府地方志办公室是本行政区域地方志工作主管机构，履行下列职责：

（一）贯彻执行地方志工作法律、法规；

（二）组织、指导、督促和检查全县地方志工作；

（三）拟订地方志工作规划和编纂方案；

（四）组织编纂地方志书、地方综合年鉴和其他地情文献，依照程序组织对地方志审查验收；

（五）征集、整理、保存地方志文献和资料，组织整理旧志，开展地方志理论研究和学术交流；

（六）组织开发利用地方志资源，建立方志馆（库）和网站，培训地方志编纂人员，为公众提供服务；

（七）完成本级人民政府和上级地方志工作机构交办的其他任务。

第七条 以本县行政区域名称冠名的地方志书、地方综合年鉴的编纂工作，由县地方志工作机构按照规划组织实施，其他组织和个人不得编纂。

除以本县行政区域冠名的地方志以外，机关、社会团体、企业事业单位、其他组织和个人可编纂出版有助于经济社会发展的其他地方志书及地情类书籍，编纂单位应当按照隶属关系或注册登记关系报地方志工作管理部门备案，地方志办公室应当对志书编纂活动进行业务指导。

第八条 县级地方志书每20年左右编修一次，每一轮地方志书编修工作完成后，地方志工作机构在编纂地方综合年鉴、搜集资料、向社会提供咨询服务的同时，启动新一轮地方志书的编修工作。县级地方综合年鉴按年度或数年编辑出版1卷。可适时组织编纂综合或专题地情文献。

第九条 编纂地方志书、地方综合年鉴，应当制定编纂方案，报本级人民政府批准。根据编纂方案的规定承担编纂任务的单位，应当按照地方志编纂规划和要求，接受本级地方志工作机构的业务指导与督促检查，按时按质完成撰稿任务。

第十条 地方志编纂实行专兼职人员相结合，应当广泛吸收有关专家、学者参加。专职编纂人员应当具备相应的专业知识和学术水平，做到恪尽职守、客观公正、秉笔直书、尊重史实。任何单位和个人不得要求编纂人员在地方志中做虚假记述。

第十一条 地方志工作管理部门依法向辖区内机关、社会团体、企业事业单位和其他组织以及公民征集有关地方志资料，相关单位和个人应当提供有关地方志资料。地方志工作管理部门可以对所需资料内容进行查阅、摘抄、复制，但涉及国家秘密、商业秘密和个人隐私以及不符合档案开放条件的除外。

第十二条 在地方志编纂过程中收集到的文字资料、图表、照片、音像资料、实物等以及形成的地方志文稿，应按照规定归档管理，任何个人不得损毁或者据为己有以及出租、出让、转借。

第十三条 地方志书、地方综合年鉴出版实行分级审查批准制度，应当由县地方志办公室牵头，组织有关保密、档案、历史、法律、经济、军事等方面的专家参加，重点审查地方志书的内容是否符合宪法和保密、档案等法律、法规的规定，是否全面、客观地反映本行政区域自然、政治、经济、文化和社会的历史与现状。

以县级行政区域名称冠名、列入规划的地方志书由上一级地方志工作机构负责审查验收，报县人民政府批准后方可公开出版；地方综合年鉴、地方专业志书由县地方志工作机构审查验收，经县人民政府批准后方可公开出版。未按以上程序进行报批的各类地方志不得公开出版，新闻出版行政机构不得核发内部资料性图书准印证。

第十四条 地方志编纂单位应当在地方志书、地方综合年鉴及地情文献出版后1个月内，向本级和上级地方志办公室报送样书。

第十五条 地方志书、地方综合年鉴和相关地情文献为职务作品，依照《中华人民共和国著作权法》第十六条第二款的规定，其著作权由组织编纂的机构享有，参与编纂的人员依法享有署名权。

第十六条 建立地情资料日常收集机制。县地方志工作机构可以通过建立方志馆（地情资料库）等收藏、保存、管理各类地方志资料，积极开展地情宣传、咨询活动，出版专题资料、地情研究成果，为社会各界服务。

鼓励单位和个人向县地方志工作机构捐赠地方志资料，对具有收藏价值的资料，方志馆应当向捐赠者颁发收藏纪念证书，并给予馆存资料的优先使用权。

第十七条 地方志成果可以依照有关规定参加国家、省和市优秀社会科学成果评奖。

第十八条 县人民政府应当对地方志工作中做出突出成绩和贡献的单位和个人给予表彰和奖励。

第十九条 违反本办法规定，有下列情形之一的，由县人民政府地方志工作机构按照权限责令限期改正；逾期不改正的，提请县人民政府或有关行政部门依法查处，并视情节对有关单位和个人予以通报批评或以行政处分：

（一）未经审查验收、批准、擅自编纂出版以本行政区域名称冠名的地方志书、地方综合年鉴及相关地情文献的；

（二）无故拖延、拒绝提供地方志资料或者拒不承担编写任务的；

（三）故意提供虚假地方志资料的；

（四）丢失、损毁单位地方志资料或者将其据为己有的；

（五）将地方志文稿作为个人著作擅自发表的；

（六）对已经审查通过的地方志文稿擅自进行重大改动并出版的；

（七）拒不向地方志工作机构报送地方志出版物（含纸质版、电子版）的。

第二十条 实行地方志保密审查分级分单位负责制。地方志的保密审查由提供资料和编写初稿的单位负责，保密主管部门会同地方志工作机构对本级地方志进行保密审定。地方志泄露国家秘密的，由有关部门依法查处。

第二十一条 编纂地方志涉及军事内容的，应当遵守中央军委关于军事志编纂的相关规定。

第二十二条 违反本办法规定，涉及其他有关法律、法规规定的，按照其他有关法律法规进行处理。

第二十三条 任何单位和个人有权对违反本办法的行为进行检举。

第二十四条 本办法自发布之日起实施。

乐陵市人民政府关于印发《乐陵市规范地方志编纂工作暂行办法》的通知

乐政发〔2011〕27号

各经济园区管委会，各乡镇政府、街道办事处，市政府有关部门：

《乐陵市规范地方志编纂工作暂行办法》已经市政府同意，现印发给你们，请认真贯彻执行。

乐陵市人民政府

二〇一一年六月十三日

乐陵市规范地方志编纂工作暂行办法

第一条 为规范和加强乐陵市地方志的编纂、管理、开发和利用，根据国务院《地方志工作条例》和《山东省地方史志工作条例》有关规定，结合本市实际，制定本办法。

第二条 乐陵市行政区域内地方志的组织编纂、管理、开发和利用，适用本办法。

第三条 本办法所称地方志，包括地方志书、地方综合年鉴、综合地情文献等。

地方志书，是指全面客观系统地记述本市行政区域内自然、政治、经济、文化、社会等方面的历史与现状的资料性文献，包括市志、乡镇（街道）志、专业（部门）志。

地方综合年鉴，是指系统记述本市自然、政治、经济、文化、社会等方面情况的年度资料性文献，包括市年鉴、乡镇（街道）年鉴、行业（单位）年鉴。

综合地情文献，是指系统记述本市行政区域内全面工作或专项工作的资料性书籍，包括机关、社会团体、企事业单位及村（居）编纂的以本行政区域冠名的地情类书籍。

第四条 市政府加强对本行政区域地方志工作的领导，将地方志工作纳入本地经济和社会发展规划。地方志工作所需经费列入本级财政预算。

第五条 乐陵市党史史志办公室（以下简称市史志办）主管本行政区域内地方志工作，履行下列职责：

（一）贯彻执行地方志工作法律、法规；

（二）组织、指导、督促和检查全市地方志工作；

（三）拟定乐陵市地方志工作规划和编纂方案；

（四）制定乐陵市地方志编纂业务规范；

（五）组织编纂乐陵市地方志、地方综合年鉴、综合地情文献等全市综合性志书；

负责本市行政区域内以行政区划冠名的各类志书的业务指导、专家评审、审查验收、存档备案工作；

（六）搜集、保存地方志文献和资料，组织整理旧志，推动地方志理论研究；

（七）宣传、推广地方志成果，开展地情研究，建设方志馆、资料库和地情网站，为公众读志用志提供服务。

（八）完成本级人民政府和上级地方志工作机构交办的其他任务。

第六条 从事地方志编纂业务的人员应当具备相关的专业知识和学术水平。编纂乐陵市地方志、地方综合年鉴、综合地情文献等全市综合性志书的编纂人员，由市史志办聘任；本市行政区域内以行政区划冠名的乡镇（街道）志、部门志等各类志书的编纂人员，由相关乡镇（街道）、部门选派熟悉修志业务的人员担任，报市史志办备案。

第七条 编纂地方志，按下列程序进行：

（一）乐陵市地方志、乐陵年鉴、乐陵市综合性地情文献由市史志办制定出编纂规划报市政府批准后，组织开展编纂，报德州市史志办审查，经市政府批准后出版，并报省史志办备案。具体程序如下：

1. 市史志办按照地方志编写年限要求，结合本市实际，对需开展的地方志编纂工作，提前半年制定出编纂规划，上报市政府批准。

2. 市史志办制定详细的编纂方案，提交市地方史志编纂委员会讨论审议后，报市政府同意下发全市，启动编纂工作。

3. 市史志办负责组织编纂人员、业务开展、检查验收、出版发行等工作。

4. 地方志编纂形成定稿后，由市史志办写出报告，报德州市地方史志编委会审定，经市政府批准后出版，并报省史志办备案。

（二）以乐陵市行政区划冠名的乡镇（街道）志、部门志等各类志书、年鉴、地情文献，由相关乡镇（街道）和部门在史志办的指导下组织编纂。具体程序如下：

1. 相关乡镇（街道）、部门将地方志编纂方案提前 3 个月报市史志办审查后组织实施。

2. 市史志办负责志书的业务指导、检查督导、审查把关、存档备案。

3. 相关乡镇（街道）、部门按照地方志编写程序，应形成志稿篇目设置、初稿、评审稿、定稿。篇目设置形成后报市史志办审查备案，然后组织开展初稿编写；初稿形成后，报市史志办审查，由市史志办组织评审，提出修改意见；相关乡镇（街道）、部门根据评审意见修改定稿，经市史志办批准后，按照有关规定印刷或出版发行。

4. 相关乡镇（街道）、部门应当在地方志出版后 30 日内向市史志办报送样书和电子文本。

第八条 乐陵市地方志、乐陵年鉴、乐陵市综合性地情文献由市史志办按照全市规划组织编纂，其他组织和个人不得编纂出版。

第九条 有关组织和单位可以自行组织编纂本办法第八条规定以外的志书、年鉴或其他地情文献资料，编纂单位需报市史志办备案。

第十条 市史志办可以向机关、社会团体、企事业单位和其他组织以及公民征集有关地方志资料，有关单位和公民应当予以支持。地方志资料所有人或者持有人不得故意提供虚假资料。

市史志办可以对有关资料进行查阅、摘抄、复制，但涉及国家秘密、商业秘密和个人隐私以及不符合档案开放条例的除外。

第十一条 在地方志编纂过程中收集到的文字资料、图表、照片、音像资料、实物等以及形成的地方志文稿，需指定专职人员集中统一管理，妥善保存，不得损毁；修志工作完成后，应依法移交档案馆保存、管理，个人不得据为己有或者出租、出让、转借。

第十二条 以行政区划名冠名的地方志书、地方综合年鉴、地情文献为职务作品，按照《中华人民共和国著作权法》第十六条第二款的规定，其著作权由组织编纂的机构享有，参与编纂的人员享有署名权。

第十三条 地方志工作应为地方经济社会的全面发展服务。市史志办通过建设方志馆、资料库、网站等方式，积极开拓社会用志途径，加强地方志工作的信息化建设。公民、法人和其他组织可以利用上述方志馆、资料库、网站查阅、摘抄地方志资料。

第十四条 市政府将对在地方志工作中作出突出成绩和贡献的单位、个人，给予表彰和奖励。

第十五条 违反本办法规定，有下列行为之一的，由市史志办按照管理权限责令其停止违法行为，并限期整改；逾期不改的，提请市人民政府或有关行政部门依法查处，并视情节对有关单位和个人予以通报批评或给予行政处分：

（一）擅自编纂出版以乐陵市行政区划冠名的地方志、地方综合年鉴或者综合地情文献的；

（二）损毁单位所有或者持有的地方史志资料或者将其据为己有的；

（三）地方史志资料所有人或者持有人故意提供虚假资料的；

（四）未经审查、验收、批准将地方志交付出版或者地方志内容存在违反宪法、法律、法规的；

（五）无故拖延、拒绝提供地方志资料或者承担编写任务；

（六）拒绝向市史志办报送地方史志文献的。

第十六条 违反本办法规定，涉及其他有关法律、法规规定的，按照其他有关法律法规进行处理。

第十七条 任何单位和个人有权对违反本办法的行为进行检举。

第十八条 本办法自 2011 年 7 月 1 日起施行。

禹城市人民政府关于印发《禹城市地方志工作管理办法》的通 知

禹政发〔2011〕51号

高新区管委会，各乡（镇）人民政府、街道办事处，市政府各部门，各企事业单位，驻禹各单位：

现将《禹城市地方志工作管理办法》印发给你们，请认真遵照执行。

禹城市人民政府

二〇一一年八月二日

禹城市地方志工作管理办法

第一条 为了规范和加强地方志工作，全面、客观、系统地编纂地方志，科学地积累、保存与开发、利用地方志资源，发挥地方志在促进经济和社会发展中的作用，根据国务院《地方志工作条例》《山东省地方史志工作条例》等有关法规规定，结合本市实际，制定本办法。

第二条 本市行政区域内地方志的资料征集、研究、组织编纂、管理、开发利用和咨询服务工作，适用本办法。

第三条 本办法所称地方志是指地方志书、地方综合年鉴及地情文献。

地方志书，是指全面系统地记述本行政区域自然、政治、经济、文化和社会的历史与现状的资料性文献，包括禹城市志、高新区志、乡镇（街道办）志、市直部门志以及以本市行政区划名称冠名的志书。

地方综合年鉴，是指全面系统记述本市行政区域自然、政治、经济、文化、社会等方面情况的年度资料性文献，包括禹城年鉴、高新区年鉴、乡镇（街道办）年鉴、市直部门年鉴以及以本市行政区划名称冠名的年鉴。

地情文献，是指系统记述禹城市行政区域内自然、政治、经济、文化、社会等方面一段时期或部分内容的资料性文献。包括禹城市综合性地情文献、高新区地情文献、乡镇（街道办）地情文献、市直部门地情文献以及地情类书籍。

第四条 市史志办公室是全市行政区域地方志工作主管机构，履行下列职责：

（一）贯彻执行国务院《地方志工作条例》和《山东省地方史志工作条例》等地方志工作法规规定，推进依法修志；

（二）组织、指导、督促和检查全市地方志工作；

（三）拟订地方志工作规划和编纂方案并组织实施；

（四）组织编纂禹城市志、禹城年鉴和禹城市综合性地情文献等书籍；

（五）负责高新区志、乡镇（街道办）志及村庄志，市直部门志以及以禹城市行政区划冠名的其他志书的业务指导、专家评审、审查验收、审批备案等工作；

（六）征集、整理、保存地方志文献和资料，组织整理旧志，开展地方志理论研究和学术交流；

（七）组织开发利用地方志资源，建立方志馆（库）和网站，培训地方志编纂人员，为公众提供服务；

（八）完成市人民政府和上级地方志工作机构交办的其他任务。

第五条 从事地方志编纂人员应具备相关的专业知识和学术水平。编纂禹城市志等全市综合性志书的编纂人员，由市史志办聘任。高新区志、乡镇（街道办）志的编纂人员以及市直部门以本市行政区划名称冠名的部门志的主要编纂人员，由高新区、相关乡镇（街道办）、市直部门选聘（任）熟悉修志业务的人员担任，并报市史志办备案，必要时，市史志办可与相关部门协商确定。

第六条 地方志的编纂工作应当做到存真求实，确保质量，全面、客观地记述本县行政区域内自然、政治、经济、文化和社会的历史与现状。编纂人员要做到恪尽职守，客观公正，秉笔直书，尊重史实。任何单位和个人不得要求编纂人员在地方志中做虚假的记述。

第七条 编纂地方志，按下列程序进行：

（一）禹城市志、禹城年鉴、禹城市综合性地情文献由市史志办制定编纂规划，报市政府批准后组织实施。

禹城市志编纂完成后，经市政府批准，报上级政府史志工作机构审查批复后出版，并报省政府史志工作机构备案。

（二）高新区志、乡镇（街道办）志、市直部门志以及以禹城市行政区划冠名的其他志书在市史志办的指导下组织编纂。具体工作程序是：

1. 编纂单位制定编纂方案，报市史志办审查备案后组织实施；

2. 志稿评审稿形成后，在市史志办指导下组织召开评审会议，根据评审意见修改定稿；

3. 志稿形成定稿后，报市史志办终审，经批准后，按照有关规定印刷出版。

4. 编纂单位应当在志书出版30日内，向市史志办送交志书10本以上和电子文本。

第八条 禹城市志、禹城年鉴、禹城市综合性地情文献由市史志办按照全市规划组织编纂，其他组织和个人不得编纂出版。

第九条 市史志办可以向全市行政机关、社会团体、企事业单位和其他组织以及公民征集有关地方志资料，相关单位和个人应当提供有关地方志资料。地方志资料所有者或持有者不得故意提供虚假资料。市史志办可以对所需资料内容进行查阅、摘抄、复制，但涉及国家秘密、商业秘密和个人隐私以及不符合档案开放条件的除外。

第十条 地方志书、地方综合年鉴编修中，所需资料由乡镇、部门积极提供，并由市委办公室、市政府办公室督导整体工作进度。图片资料的具体分工如下：

（一）市政区图（市国土资源部门负责）

（二）城区图（市国土资源部门负责）

（三）鸟瞰图（市建设部门负责）

（四）时政及业绩、风景等图片

1. 中央领导、省、德州市主要领导视察禹城的照片（市宣传、广电、报社等部门负责提供）

2. 反映城乡建设方面的代表性图片（市建设部门负责）

3. 反映交通方面的代表性图片（市交通部门负责）

4. 反映风景名胜方面的代表性图片（市旅游部门负责）

5. 反映工、农业生产方面的代表性图片（市经信、农业、林业、水务、畜牧、水产等部门负责）

6. 反映商贸流通方面的代表性图片（市商务部门负责）

7. 反映文化（包括文物）方面的代表性图片（市文化部门负责）

8. 各单位承编志稿中的插页图表、资料照片由各供稿单位筛选并随文字资料一并报送。

在地方志编纂过程中收集到的文字资料、图表、照片、音像资料、实物等以及形成的地方志文稿，需指定专职人员集中统一管理，妥善保存，不得损毁。修志工作完成后，应当依法移交市方志馆保存。个人不得损毁或据为己有以及出租、出让、转借。

第十一条 以本市行政区划名称冠名的地方志书、地方综合年鉴和相关地情资料为职务作品，依照《中华人民共和国著作权法》第十六条第二款的规定，其著作权由组织编纂的机构享有，参与编纂的人员依法享有署名权。

第十二条 地方志工作应为地方经济社会的发展服务，市史志办通过建设方志馆、资料库、市情网站等方式，积极开拓社会用志途径，加强地方志工作的信息化建设。公民、法人和其他组织可以利用上述渠道查阅、摘抄地方志资料。

第十三条 市人民政府将对在地方志工作中作出突出成绩和贡献的单位、个人，给予表彰和奖励。

第十四条 建立地情资料日常收集机制。地方志工作机构可以通过建立方志馆（地情资料库）收藏、保存、管理各类地方志资料，积极开展地情宣传、咨询活动，出版专题资料、地情研究成果，为社会各界服务。

鼓励单位和个人向地方志工作机构捐赠地方志资料，对具有收藏价值的资料，方志馆应当向捐赠者颁发收藏纪念证书，并给予馆存资料的优先使用权。

第十五条 地方志成果可以依照有关规定参加国家、省和市优秀社会科学成果评奖。

第十六条 违反本办法规定，有下列情形之一的，由市史志办按照权限责令其停止违法行为，限期改正；逾期不改正的，提请市人民政府或有关行政部门依法查处，并视情节对有关单位和个人予以行政处分或者给予纪律处分：

（一）未经审查验收、批准，擅自编纂出版以禹城市行政区划冠名的地方志书、地方综合年鉴及相关地情文献的；

（二）对已经审查通过的地方志文稿擅自进行重大改动并出版的；

（三）无故拖延、拒绝提供地方志资料或者拒不承担编写任务的；

（四）地方志资料所有人或持有人故意提供虚假地方志资料的；

（五）丢失、损毁单位所有或者持有的地方志资料或者将其据为己有的；

（六）将地方志文稿擅自整理出版或者作为个人著作擅自发表的；

（七）拒不向地方志工作机构报送地方志出版物（含纸质版、电子版）的。

第十七条 实行地方志保密审查分级分单位负责制。地方志的保密审查由提供资料和编写初稿的单位负责，保密主管部门会同地方志工作机构对本级地方志进行保密审定。地方志泄露国家秘密的，由有关部门依法查处。

第十八条 编纂地方志涉及军事内容的，应当遵守中央军委关于军事志编纂的相关规定。

第十九条 违反本办法规定，涉及其他有关法律、法规规定的，按照其他有关法律、法规进行处理。

第二十条 任何单位和个人有权对违反本办法的行为进行检举。

第二十一条 本办法自颁布之日起施行。

宁津县人民政府办公室关于印发《宁津县地方史志工作管理办法》的通知

宁政办发〔2011〕45号

各乡、镇人民政府，县经济开发区管委会，宁城街道办事处，县政府各部门：

《宁津县地方史志工作管理办法》已经县政府研究同意，现印发给你们，请认真贯彻执行。

宁津县人民政府办公室

二〇一一年十一月八日

宁津县地方史志工作管理办法

第一条 为规范宁津县地方史志的编纂、管理、开发和利用，根据国务院《地方志工作条例》和《山东省地方史志工作条例》有关规定，结合我县实际，制定本办法。

第二条 宁津县行政区域内地方史志的组织编纂、管理、开发和利用，适用本办法。

第三条 本办法所称地方志，包括地方志书、地方综合年鉴和相关地情文献。地方志书是指全面客观系统地记述本县行政区域内自然、政治、经济、文化、社会等方面的历史与现状的资料性文献。县志、乡镇志、部门志均属地方志书。地方综合年鉴是指系统记述本县行政区域内自然、政治、经济、文化、社会等方面情况的年度资料性文献。宁津年鉴、乡镇年鉴和部门年鉴均属地方综合年鉴。相关地情文献是指系统记述本行政区域内一定领域、一段时期或部分内容的资料性文献。机关、社会团体、企事业单位及村（社区）编纂的志书、年鉴和其他资料性文献，均属相关地情文献。

第四条 切实加强对本行政区域地方史志工作的领导，将地方史志工作纳入本地经济和社会发展规划。地方史志工作所需经费列入本级财政预算。

第五条 县地方史志编纂委员会办公室（以下简称史志办）主管本行政区域内的地方史志工作，具体承担下列任务：

（一）组织、指导、督促和检查全县地方史志编纂工作；

（二）拟订地方史志工作规划和编纂方案；

（三）制订地方史志编纂业务规范；

（四）组织编纂、指导、评审、验收地方史志文稿；

（五）搜集、保存地方史志文献和资料，组织整理旧志，推动地方志理论研究；

（六）宣传、推广地方史志成果，开展地情研究，建设方志馆、资料库和地情网站，为公众读志用志提供服务；

（七）组织开展地方史志学术研究、业务培训；

（八）完成本级人民政府和上级业务部门交办的其他任务。

第六条 从事地方史志编纂业务的人员应当具备相关的专业知识和学术水平。地方史志编纂工作应当吸收社会各界专家、学者和熟悉修志业务的人员参加。

第七条 编纂地方史志，按下列程序进行：

（一）宁津县志、宁津年鉴、宁津县综合性地情文献由县史志办制订编纂规划，经县政府批准后，组织开展编纂，报市政府史志工作机构审查，经县政府批准后出版，并报省政府史志工作机构备案。具体程序是：

1. 县史志办按照地方史志编写年限要求，对需开展的地方史志编纂工作，提前半年制订出编纂规划，报县政府。

2. 县史志办制订详细的编纂方案，提交县地方史志编纂委员会讨论审议后，报县政府同意，启动编纂工作。根据编纂方案的规定，承担编纂任务的单位，应当按照地方史志编纂规划和要求完成撰稿任务。

3. 县史志办负责组织编纂人员、业务开展、检查验收、出版发行等工作。

4. 地方史志编纂形成定稿后，由县史志办写出报告，报德州市地方史志编纂委员会审定，经县政府批准后出版，并报省政府史志工作机构备案。

（二）以宁津县行政区划冠名的乡镇志、部门志等各类志书、年鉴或其他地情文献，由相关乡镇和部门在县史志办的指导下组织编纂。具体程序是：

1. 各乡镇、各部门将地方史志编纂方案提前3个月报县史志办审查后组织实施。

2. 县史志办负责志书的业务指导、检查督导、审查把关、存档备案。

3. 各乡镇、各部门按照地方史志编纂程序，应形成志稿篇目设置、初稿、评审稿、定稿。篇目设置形成后报县史志办审查备案，然后组织开展初稿编写；初稿形成后，报县史志办审查，由县史志办组织评审，提出修改意见；有关部门和乡镇根据评审意见修改定稿，经县史志办批准后，按照有关规定印刷或出版发行。

4. 各乡镇、各部门应当在地方志出版后30日内向县史志办报送样书和电子文本。

第八条 宁津县志、宁津年鉴、宁津县综合性地情文献由县史志办按照全县规划组织编纂，以乡镇行政区域冠名的地方志书、地方综合年鉴，由乡镇政府组织编纂。其他组织和个人不得编纂出版。

第九条 有关组织和单位可以自行组织编纂本办法第八条规定以外的志书、年鉴或其

他地情文献资料，编纂单位需报县史志办备案。

第十条 县级地方志书每20年左右编修一次。

第十一条 县史志办可以向机关、社会团体、企业事业单位和其他组织以及公民征集有关地方史志资料，有关单位和公民应当提供支持。地方史志资料所有人或者持有人不得故意提供虚假资料。县史志办可以对有关资料进行查阅、摘抄、复制，但涉及国家秘密、商业秘密和个人隐私以及不符合档案开放条件的除外。

第十二条 在地方史志编纂过程中收集到的文字资料、图表、照片、音像资料、实物等以及形成的地方史志文稿，需指定专职人员集中统一管理，妥善保存，不得损毁；修志工作完成后，应当依法移交档案馆保存、管理，任何个人不得据为己有或者出租、出让、转借。

第十三条 以行政区划名称冠名的地方志书、地方综合年鉴、地情文献为职务作品，依照《中华人民共和国著作权法》第十六条第二款的规定，其著作权由组织编纂的机构享有，参与编纂的人员享有署名权。

第十四条 地方史志工作应为地方经济社会的全面发展服务。地方史志文献应向社会公开，地情文献库应向公众开放。县史志办通过建设方志馆、资料库、网站等方式，积极开拓社会用志途径，加强地方史志工作的信息化建设。公民、法人和其他组织可以利用上述方志馆、资料库、网站查阅、摘抄地方史志资料。

第十五条 县政府将对在地方史志工作中作出突出成绩和贡献的单位、个人，给予表彰和奖励。

第十六条 违反本办法规定，有下列行为之一的，由县史志办按照管理权限责令其停止违法行为，限期改正；逾期不改的，由其所在单位或者有关行政部门依法给予行政处分或者纪律处分：

（一）擅自编纂出版以宁津县行政区划冠名的地方志、地方综合年鉴或者综合性地情文献的；

（二）损毁单位所有或者持有的地方史志资料或者将其据为己有的；

（三）地方史志资料所有人或者持有人故意提供虚假资料的；

（四）未经审查、验收、批准将地方史志交付出版的；

（五）无故拖延、拒绝提供地方史志资料或者承担编写任务的；

（六）拒绝向县史志办报送地方史志文献的。

有前款第（一）（二）项行为，造成重大损失或者恶劣影响的，县史志办、地方史志资料所有或者持有单位和相关部门可以依法向人民法院提起诉讼。

第十七条 本办法由县史志办负责解释。

第十八条 本办法自发布之日起施行。

庆云县人民政府办公室关于印发《庆云县地方志工作管理办法》的通知

庆政办发〔2011〕34号

各乡（镇）人民政府、街道办事处，县政府各部门，省、市驻庆各单位：

《庆云县地方志工作管理办法》已经县政府同意，现印发给你们，请认真贯彻执行。

庆云县人民政府办公室

二〇一一年十二月一日

庆云县地方志工作管理办法

第一条 为了规范和加强地方史志工作，全面、客观、系统地编纂地方志，科学、合理地开发利用地方志资源，发挥地方志在促进经济和社会发展中的作用，根据国务院《地方志工作条例》和《山东省地方史志工作条例》，结合我县实际，制定本办法。

第二条 本办法适用于全县行政区域内地方志的资料征集、研究、组织编纂、管理、开发利用和咨询服务等工作。

第三条 本办法所称地方志是指地方志书、地方综合年鉴等地情资料性文献。

地方志书，是指全面系统地记述本行政区域自然、政治、经济、文化和社会的历史与现状的地情资料性文献，包括县志、乡（镇）志、专业（部门）志。

地方综合年鉴，是指系统记述本行政区域自然、政治、经济、文化和社会等方面情况的年度地情资料性文献，包括县年鉴、乡（镇）年鉴、行业（单位）年鉴。

地情文献，是指系统记述本行政区域全面工作或专项工作的资料性书籍，包括机关、社会团体、企业事业单位及村（社区）编纂的以本行政区域冠名的地情类书籍。

第四条 地方志的编纂工作应当做到存真求实，确保质量，全面、客观地反映本行政区域自然、政治、经济、文化和社会的历史与现状。

第五条 县人民政府应当加强对本行政区域地方志工作的领导，将地方志工作纳入本地经济和社会发展规划，所需经费列入本级财政预算。

第六条 县地方志办公室是本行政区域地方志的工作机构，履行下列职责：

（一）贯彻执行地方志工作法律、法规；

（二）组织、指导、督促和检查地方志工作；

（三）拟订地方志工作规划和编纂方案；

（四）组织编纂地方志书、地方综合年鉴和其他地情文献，审查、验收本行政区域下一级综合性地方志书及同级专业性地方志书；

（五）征集、整理、保存地方志文献和资料，组织整理旧志，开展地方志理论研究和学术交流；

（六）组织开发利用地方志资源，宣传、推广地方志成果，建立方志馆（库）和网站，培训地方志编纂人员，为公众读志用志提供服务；

（七）完成本级人民政府和上级地方志工作机构交办的其他任务。

第七条 本行政区域综合性地方志书和地方综合年鉴的编纂工作，由县地方志工作机构按照规划组织实施，其他组织和个人不得编纂。

支持和鼓励机关、社会团体、企事业单位、其他组织和个人编纂出版有助于经济社会发展的其他地方志书及地情类书籍，地方志办公室应当对有关编纂活动给予业务指导，并做好备案工作。

第八条 县级地方志书每20年左右编修一次，每一轮地方志书编修工作完成后，地方志工作机构在编纂地方综合年鉴、搜集资料、向社会提供咨询服务的同时，启动新一轮地方志书的续修工作。县级地方综合年鉴按年度或数年编纂。可适时组织编纂综合或专题地情文献。

第九条 编纂地方志应当符合下列要求：

（一）符合宪法和保密、档案等法律、法规的规定；

（二）全面、客观地反映本行政区域自然、政治、经济、文化和社会的历史与现状；

（三）符合志书的体例格式；

（四）文字表述准确，篇目结构合理；

（五）标点符号、计量单位和数字的使用规范、标准；

（六）装帧印刷符合出版要求。

第十条 地方志编纂实行专兼职人员相结合，应当广泛吸收有关专家、学者参加。专职编纂人员应当具备相应的专业知识和学术水平，做到恪尽职守、客观公正、秉笔直书、尊重史实。任何单位和个人不得要求编纂人员在地方志中做虚假记述。

第十一条 地方志工作管理部门依法向辖区内机关、社会团体、企业事业单位和其他组织以及公民征集有关地方志资料，相关单位和个人应当提供有关地方志资料。地方志工作管理部门可以对所需资料内容进行查阅、摘抄、复制，但涉及国家秘密、商业秘密和个人隐私以及不符合档案开放条件的除外。

第十二条 在地方志编纂过程中收集到的文字资料、图表、照片、音像资料、实物等以及形成的地方志文稿，应按照规定归档管理，任何个人不得损毁或者据为己有以及出租、出让、转借。

第十三条 县地方志书和地方综合年鉴，实行备案、审查、验收制度。

县地方志书编纂完成后，应当上报上一级地方史志办公室备案，并经审查、验收后，方可公开出版；专业性（部门）地方志书编纂完成后，应当报县地方史志办公室备案，并经审查、验收后，方可公开出版。地方综合年鉴应报经县政府批准后，方可公开出版。

第十四条 地方志编纂单位应当在地方志书、地方综合年鉴及地情文献出版后 30 日内，向本级和上级地方志办公室报送样书。

第十五条 地方志书、地方综合年鉴和相关地情文献为职务作品，依照《中华人民共和国著作权》第十六条第二款的规定，其著作权由组织编纂的机构享有，参与编纂的人员依法享有署名权。

第十六条 建立地情资料日常收集机制。县地方志工作机构可以通过建立方志馆（地情资料库）等收藏、保存、管理各类地方志资料，积极开展地情宣传、咨询活动，出版专题资料、地情研究成果，为社会各界服务。

鼓励单位和个人向县地方志工作机构捐赠地方志资料，对具有收藏价值的资料，方志馆应当向捐赠者颁发收藏纪念证书，并给予馆存资料的优先使用权。

第十七条 地方志成果可以依照有关规定参加国家、省和市优秀社会科学成果评奖。

第十八条 县人民政府应当对地方志工作中做出突出成绩和贡献的单位和个人给予表彰和奖励。

第十九条 违反本办法规定，有下列情形之一的，由县人民政府地方志工作机构按照权限责令限期改正；逾期不改正的，提请县人民政府或有关行政部门依法查处，并视情节对有关单位和个人予以通报批评或予以行政处分：

（一）未经审查验收、批准，擅自编纂出版以本行政区域名称冠名的地方志书、地方综合年鉴及相关地情文献的；

（二）无故拖延、拒绝提供地方志资料或者拒不承担编写任务的；

（三）故意提供虚假地方志资料的；

（四）丢失、损毁单位地方志资料或者将其据为己有的；

（五）将地方志文稿作为个人著作擅自发表的；

（六）对已经审查通过的地方志文稿擅自进行重大改动并出版的；

（七）拒不向地方志工作机构报送地方志出版物（含纸质版、电子版）的。

第二十条 实行地方志保密审查分级分单位负责制。地方志的保密审查由提供资料和编写初稿的单位负责，保密主管部门会同地方志工作机构对本级地方志进行保密审定。地方志泄露国家秘密的，由有关部门依法查处。

第二十一条 违反本办法规定，涉及其他有关法律、法规规定的，按照其他有关法律法规进行处理。

第二十二条 本办法自 2012 年 1 月 1 日起施行。

临邑县人民政府办公室关于印发《临邑县地方志工作管理暂行办法》的通知

临政办发〔2011〕31号

各乡镇（街道），县直各部门：

《临邑县地方志工作管理暂行办法》已经县政府同意，现印发给你们，请结合实际，认真贯彻执行。

临邑县人民政府办公室

二〇一一年十一月十八日

临邑县地方志工作管理暂行办法

第一条 为了规范和加强地方志工作，全面、客观系统地编纂地方志，科学地积累、保存与开发、利用地方史志资源，发挥地方志在促进经济和社会发展中的作用，根据国务院《地方志工作条例》《山东省地方史志工作条例》和《德州市人民政府关于加强地方史志工作的意见》，结合本县实际，制定本办法。

第二条 本办法适用于本县行政区域内地方志的资料征集、研究、组织编纂、管理、开发利用和咨询服务工作。

第三条 本办法所称地方志是指地方志书、地方综合年鉴及综合地情文献。

地方志书是指全面系统地记述本县行政区域自然、政治、经济、文化和社会的历史与现状的资料性文献，包括县志、乡（镇）志。

地方综合年鉴是指全面系统记述本县行政区域自然、政治、经济、文化、社会等方面情况的年度资料性文献，包括县年鉴、乡（镇）年鉴。

综合地情文献是指系统记述本县行政区域某一方面或专项工作的资料性书籍，包括机关、社会团体、企业事业单位及村（社区）编纂的志书、年鉴和其他资料性文献。

第四条 地方志编纂工作应当做到存真求实，客观地反映本行政区域自然、政治、经济、文化和社会的历史与现状。

第五条 县人民政府应当加强对本行政区域地方志工作的领导，将地方志工作纳入全县国民经济和社会发展规划。地方史志工作所需经费列入本级财政预算。

第六条 县地方史志办公室是本行政区域地方志的工作主管机构，履行下列职责：

（一）贯彻执行地方志工作法律、法规；

（二）组织、指导、督促、检查地方志工作；

（三）拟定县地方志工作规划和编纂方案；

（四）制定县地方志编纂业务规范；

（五）组织编纂地方志书、地方综合年鉴、综合地情文献等全县综合性志书；

（六）负责本行政区域内以行政区划冠名的各类志书的业务指导、专家评审、审查验收、存档备案工作；

（七）搜集、整理、保存地方志文献和资料，开展地方志理论研究和学术交流；

（八）组织、开发、利用地方志资源，开展地情研究，建设方志馆、地情网站（地情资料库），为公众读志用志提供服务；

（九）完成本级人民政府和上级地方志工作机构交办的其他事项。

第七条 以本县行政区域名称冠名的地方志书、地方综合年鉴的编纂工作，由县地方史志工作机构按照规划组织实施，其他组织和个人不得编纂。

除以本县行政区域冠名的地方志以外，机关、社会团体、企业事业单位、其他组织和个人可编纂出版有助于经济社会发展的其他志类书籍及地情类书籍，编纂单位应当按照隶属关系或者注册登记关系报县地方史志工作管理部门备案。乡镇级地方志书编纂由乡镇政府组织实施，县地方史志办公室做好编纂业务指导。

第八条 县级地方志书每20年左右编修一次，每一轮地方志书完成后，地方史志工作机构在编纂地方综合年鉴、搜集资料、向社会提供咨询服务的同时，启动新一轮地方志书的编修工作，可适时组织编纂综合地情文献。县级地方综合年鉴按年度或数年编辑出版1卷。

第九条 编纂地方志书、地方综合年鉴，应当制定编纂方案，报本级人民政府批准。根据编纂方案确定的承担编纂任务的单位，应当按照地方志编纂规划和要求，接受县地方史志工作机构的业务指导与督促检查，按时按质完成撰稿任务。综合地情文献编纂方案应当报县地方史志管理机构审查、备案，并报本级人民政府批准后方可编纂。

第十条 地方史志编纂实行专兼职人员相结合，应当广泛吸收有关专家、学者参加。专职编纂人员应当具备相应的专业知识和学术水平。

第十一条 县地方史志工作管理部门依法向全县机关、社会团体、企业事业单位和其他组织以及公民征集有关地方史志资料，相关单位和个人应当提供有关地方史志资料。地方史志工作管理部门可以对所需资料内容进行查阅、摘抄、复制，但涉及国家秘密、商业秘密和个人隐私以及不符合档案开放条件的除外。

地方史志资料所有人或者持有人不得故意提供虚假资料。任何单位和个人不得要求编纂人员在地方志书中做虚假记述。

第十二条 在地方志编纂过程中收集到的文字资料、图表、照片、音像资料、实物等以及形成的地方志文稿，应按照规定归档管理，任何个人不得损毁或者据为己有以及出租、出让、转借。

第十三条 地方志书、地方综合年鉴出版实行分级审查批准制度，应当组织有关保密、档案、历史、法律、经济、军事等方面的专家参加，重点审查地方志书的内容是否符合宪法和保密、档案等法律、法规的规定，是否全面、客观地反映本行政区域自然、政治、经济、文化和社会的历史与现状。

以本级行政区域名称冠名、列入规划的地方志书、地方综合年鉴经上一级地方志工作机构审查验收后，报本级人民政府批准方可公开出版；综合地情文献由县地方史志工作机构审查验收，经本级人民政府批准后方可公开出版。未按以上程序进行报批的各类地方史志文献不得公开出版。

第十四条 地方志编纂单位应当在地方志书、地方综合年鉴及地情文献出版后 3 个月内，向上级史志工作主管机构报送样书。

第十五条 公开出版的地方志书、地方综合年鉴和综合地情文献为职务作品，依照《中华人民共和国著作权法》第十六条第二款的规定，其著作权由组织编纂的机构享有，参与编纂的人员依法享有署名权。

第十六条 建立地情资料日常收集机制。县地方史志工作机构通过建立方志馆、综合地情网站（地情资料库）收集、保存、管理各类地方史志资料，积极开展地情宣传、咨询活动，出版专题资料、地情研究成果，为社会各界服务。

鼓励单位和个人向县地方史志工作机构捐赠地方史志资料，对具有收藏价值的资料，方志馆应当向捐赠者颁发收藏纪念证书，并给予馆存资料的优先使用权。

第十七条 地方史志成果可以依照有关规定参加国家、省和市优秀社会科学成果评奖。

第十八条 县人民政府应当对地方史志工作中做出突出成绩和贡献的单位和个人给予表彰和奖励。

第十九条 违反本办法规定，有下列情形之一的，由县人民政府地方史志工作机构按照权限责令限期改正；逾期不改正的，提请县人民政府或有关行政部门依法查处，并视情节对有关单位和个人予以通报批评或予以行政处分：

（一）未经审查验收、批准，擅自编纂出版以本行政区域名称冠名的地方志书、地方综合年鉴及综合地情文献的；

（二）无故拖延、拒绝提供地方史志资料或者拒不承担编写任务的；

（三）故意提供虚假地方史志资料的；

（四）丢失、损毁单位地方史志资料或者将其据为己有的；

（五）将地方史志文稿作为个人著作擅自发表的；

（六）对已经审查通过的地方史志文稿擅自进行重大改动并出版的；

（七）拒不向地方史志工作机构报送地方史志出版物（含纸质版、电子版）的。

第二十条 实行地方史志保密审查分级分单位负责制。地方史志资料保密由提供资料或编写初稿的单位负责，县保密主管部门会同地方史志工作机构对本县地方史志进行保密审查。地方史志泄露国家秘密的，由有关部门依法查处。

第二十一条 编纂地方史志涉及军事内容的，应当遵守中央军委关于军事志编纂的相关规定。

第二十二条 违反本办法规定，涉及其他有关法律、法规规定的，依照其他有关法律法规处理。

第二十三条 任何单位和个人有权对违反本办法的行为进行检举。

第二十四条 本办法自颁布之日起施行。

齐河县人民政府关于印发《齐河县地方志工作管理暂行办法》的通知

齐政发〔2011〕48号

黄河国际生态城、经济开发区，各乡镇、街道办事处，县政府各部门，驻齐各单位：

《齐河县地方志工作管理暂行办法》已经县政府同意，现印发给你们，请认真贯彻执行。

齐河县人民政府

二〇一一年七月十八日

齐河县地方志工作管理暂行办法

第一条 为规范齐河县地方志的编纂、管理、开发和利用，根据国务院《地方志工作条例》和《山东省地方史志工作条例》的有关规定，结合我县实际，制定本办法。

第二条 齐河县行政区域内地方志的资料征集、研究、组织编纂、管理、开发利用和咨询服务工作，适用本办法。

第三条 本办法所称地方志，包括地方志书、地方综合年鉴、综合地情文献等。

地方志书是指全面客观系统地记述本县行政区域内自然、经济、政治、文化、社会等方面的历史与现状的资料性文献，包括：齐河县志、以本县行政区划冠名的乡镇（开发区、街道办）志、以本县行政区划冠名的部门志及以本县行政区划冠名的其他相关志书。

地方综合年鉴是指系统记述本县行政区域内自然、经济、政治、文化、社会等方面或某一方面情况的年度资料性文献，包括：齐河年鉴、以本县行政区划冠名的乡镇（开发区、街道办）年鉴、以本县行政区划冠名的部门年鉴及以本县行政区划冠名的其他年鉴。

综合地情文献是指系统记述本县行政区域内自然、经济、政治、文化、社会等方面一段时期或部分内容的资料性文献，包括：本县编纂的综合性地情文献、以本县行政区划冠名的乡镇（开发区、街道办）地情文献、以本县行政区划冠名的部门地情文献及以本县行政区划冠名的其他地情文献。

第四条 县政府加强对本行政区域内地方志工作的领导，将地方志工作纳入全县经济和社会发展规划。地方志工作所需经费列入本级财政预算。

第五条 县政府地方史志工作机构主管全县行政区域内的地方史志工作，具体履行下列职责：

（一）贯彻执行地方志工作法律、法规；

（二）规划、实施、协调地方史志工作；

（三）组织、指导、督促和检查全县地方志工作；

（四）拟定齐河县地方志工作年度计划和编纂方案；

（五）制定齐河县地方志编纂业务规范；

（六）组织编纂齐河县地方志书、地方综合年鉴、综合地情文献等全县综合性志书；

（七）负责齐河县行政区域内以行政区划冠名的各类志书的业务指导、专家评审、审查验收、存档备案工作；

（八）搜集、整理、保存地方志文献和资料，开展地方志理论研究和学术交流；

（九）组织、开发、利用地方志资源，开展地情研究，建设方志馆、资料库和地情网站，为公众读志用志提供服务；

（十）完成县政府和上级地方志工作机构交办的其他任务。

第六条 《齐河县志》每20年左右编修一次，《齐河年鉴》每年编辑出版一部，如遇特殊情况，可两年合出一部。承担编纂任务的单位需安排专职人员，按照地方志编纂要求，按时保质完成撰稿任务，并接受县政府地方史志工作机构的业务指导与督促检查。

第七条 编纂地方志，按下列程序进行：

（一）《齐河县志》《齐河年鉴》、齐河县综合性地情文献由县政府地方史志工作机构按规划组织编纂，报县政府和市政府史志工作机构批准后，组织开展编纂；报市政府史志工作机构审查，经县政府批准后出版，并报省政府史志工作机构备案。具体程序是：

1. 县政府地方史志工作机构按照地方志编写年限要求，结合我县实际，对需开展的地方志编纂工作，提前半年制定出编纂规划，上报县政府和市政府史志工作机构批准。

2. 县政府地方史志工作机构制定详细的编纂方案，提交县地方史志编纂委员会讨论审议后，报县政府同意后下发，启动编纂工作。

3. 县政府地方史志工作机构负责组织培训编纂人员、业务开展、检查验收、出版发行等工作。

4. 地方志编纂形成定稿后，由县政府地方史志工作机构写出报告，报市政府史志工作机构审定，经县政府批准后出版，并报省政府史志工作机构备案。

（二）以齐河县行政区划冠名的乡镇（开发区、街道办）志、部门志等各类志书、年鉴、地情文献，由相关乡镇（开发区、街道办）和部门在县政府地方史志工作机构的指导下组织编纂。具体程序是：

1. 各乡镇（开发区、街道办）、各部门将地方志编纂方案提前3个月报县政府地方史志工作机构审查后组织实施。

2. 县政府地方史志工作机构负责志书的业务指导、检查督导、审查把关、存档备案。

3. 各乡镇（开发区、街道办）、各部门按照地方志编写程序，应形成志稿篇目设置、初稿、评审稿、定稿。篇目设置形成后报县政府地方史志工作机构审查备案，然后组织开展初稿编写；初稿形成后，报县政府地方史志工作机构审查，并组织评审，提出修改意见；各乡镇（开发区、街道办）、各部门根据评审意见修改定稿，经县政府地方史志工作机构批准后，按照有关规定印刷或出版发行。

4. 各乡镇（开发区、街道办）、各部门应当在地方志出版后30日内向县政府地方史志工作机构报送样书和电子文本。

第八条 从事地方志编纂业务的人员应当具备相关的专业知识和学术水平。齐河县地方志书、地方综合年鉴、综合地情文献等全县综合性志书的编纂人员，由县政府地方史志工作机构聘任；本县行政区域内以行政区划冠名的乡镇（开发区、街道办）志、部门志等各类志书的编纂人员，由相关乡镇（开发区、街道办）、部门选派熟悉修志业务的人员担任，并报县政府地方史志工作机构备案。

第九条 齐河县地方志书、齐河年鉴、齐河县综合性地情文献由县政府地方史志工作机构按照全县规划组织编纂，其他组织和个人不得编纂出版。

第十条 各乡镇（开发区、街道办）、部门等单位可自行编纂各自志书、年鉴，但须接受县政府地方史志工作机构的指导，并报县政府史志工作机构备案。严禁商业操作，切实维护地方史志工作的严肃性。

第十一条 县政府地方史志工作机构可以向机关、社会团体、企业事业单位和其他组织以及公民征集有关地方志资料，有关单位和公民应当提供支持。地方志资料所有人或者持有人不得故意提供虚假资料。县政府地方史志工作机构可以对有关资料进行查阅、摘抄、复制，但涉及国家秘密、商业秘密和个人隐私以及不符合档案开放条件的除外。

第十二条 在地方志编纂过程中收集到的文字资料、电子版资料、图表、照片、音像资料、实物等以及形成的地方志文稿，需指定专职人员集中统一管理，妥善保存，不得损毁；修志工作完成后移交县方志馆保存、管理，个人不得据为己有或出租、出让、转借。

第十三条 以行政区划名称冠名的地方志书、地方综合年鉴、综合地情文献为职务作品，依照《中华人民共和国著作权法》第十六条第二款的规定，其著作权由组织编纂的机构享有，参与编纂的人员享有署名权。

第十四条 地方志工作应为地方经济社会的全面发展服务。县政府地方史志工作机构通过建设方志馆、地情资料库、地情网站等方式，积极开拓社会用志途径，加强地方志工作的信息化建设。已出版发行的地方志书、地方综合年鉴、综合地情文献需在三个月内在地情网站上发布。公民、法人和其他组织可以利用方志馆、地情资料库和地情网站查阅、摘抄地方志资料。

鼓励单位和个人向县方志馆捐赠地方志资料，对具有收藏价值的资料，县方志馆应当向捐赠者颁发收藏纪念证书，并给予馆藏资料的优先使用权。

第十五条 县政府将对在地方志工作中做出突出成绩和贡献的单位、个人，给予表彰和奖励。

地方志成果可以依据有关规定参加国家、省和市优秀社会科学成果评奖。

第十六条 违反本办法规定，有下列行为之一的，由县政府地方史志工作机构按照管理权限责令其限期整改；逾期不改的，提请县政府或有关行政部门依法进行查处，并视情节对有关单位和个人予以通报批评或行政处分：

（一）擅自编纂出版以齐河县行政区划冠名的地方志、地方综合年鉴或综合地情文献的；

（二）丢失、损毁单位所有或持有的地方史志资料，或将其据为已有的；

（三）地方史志资料所有人或持有人故意提供虚假资料的；

（四）未经审查、验收、批准，将地方志交付出版或地方志内容存在违反宪法、法律、法规的；

（五）无故拖延、拒绝提供地方志资料或承担编写任务的；

（六）拒绝向县政府地方史志工作机构报送地方史志文献的；

（七）将地方志文稿作为个人著作擅自发表的。

有前款第（一）（二）项行为，造成重大损失或恶劣影响的，县政府地方史志工作机构可以依法向法院提起诉讼。

第十七条 违反本办法，涉及其他有关法律、法规的，由相关部门依法予以处罚。

第十八条 任何单位和个人有权对违反本办法的行为进行检举。

第十九条 本办法自 2011 年 8 月 1 日起施行。

平原县人民政府关于印发《平原县地方志工作管理办法》的通　知

平政发〔2010〕60号

各乡镇人民政府（办事处、管委会），县政府各部门：

《平原县地方志工作管理办法》已经县政府同意，现印发给你们，望认真贯彻执行。

平原县人民政府

二〇一〇年十一月十九日

平原县地方志工作管理办法

第一条　为了规范和加强地方志工作，全面、客观、系统地编纂地方志，科学地积累、保存与开发、利用地方志资源，发挥地方志在促进经济和社会发展中的作用，根据国务院《地方志工作条例》《山东省地方史志工作条例》精神，结合本县实际，制定本办法。

第二条　本办法适用于本县行政区域内地方志的资料征集、研究、组织编纂、管理、开发利用和咨询服务工作。

第三条　本办法所称地方志是指地方志书、地方综合年鉴及地情文献。

地方志书，是指全面系统地记述本县行政区域自然、政治、经济、文化和社会的历史与现状的资料性文献，包括县志、乡（镇）志、专业（部门）志。

地方综合年鉴，是指全面系统记述本县行政区域自然、政治、经济、文化、社会等方面情况的年度资料性文献，包括县年鉴、乡（镇）年鉴、行业（单位）年鉴。

地情文献，是指系统记述本县行政区域全面工作或专项工作的资料性书籍，包括机关、社会团体、企业事业单位及村（社区）编纂的以本行政区域冠名的地情类书籍。

第四条　地方志的编纂工作应当做到存真求实，确保质量，全面、客观地反映本行政区域自然、政治、经济、文化和社会的历史与现状。

第五条　县人民政府应当加强对本行政区域地方志工作的领导，将地方志工作纳入本地经济和社会发展规划。地方志工作所需经费列入本级财政预算。

第六条 县人民政府地方志办公室是本行政区域地方志工作主管机构，履行下列职责：

（一）贯彻执行地方志工作法律、法规；

（二）组织、指导、督促和检查全县地方志工作；

（三）拟订地方志工作规划和编纂方案；

（四）组织编纂地方志书、地方综合年鉴和其他地情文献，依照程序组织对地方志审查验收；

（五）征集、整理、保存地方志文献和资料，组织整理旧志，开展地方志理论研究和学术交流；

（六）组织开发利用地方志资源，建立方志馆（库）和网站，培训地方志编纂人员，为公众提供服务；

（七）完成本级人民政府和上级地方志工作机构交办的其他任务。

第七条 以本县行政区域名称冠名的地方志书、地方综合年鉴的编纂工作，由县地方志工作机构按照规划组织实施，其他组织和个人不得编纂。

除以本县行政区域冠名的地方志以外，机关、社会团体、企业事业单位、其他组织和个人可编纂出版有助于经济社会发展的其他地方志书及地情类书籍，编纂单位应当按照隶属关系或者注册登记关系报地方志工作管理部门备案，地方志办公室应当对志书编纂活动进行业务指导。

第八条 县级地方志书每20年左右编修一次，每一轮地方志书编修工作完成后，地方志工作机构在编纂地方综合年鉴、搜集资料、向社会提供咨询服务的同时，启动新一轮地方志书的编修工作。县级地方综合年鉴按年度或数年编辑出版1卷。可适时组织编纂综合或专题地情文献。

第九条 编纂地方志书、地方综合年鉴，应当制定编纂方案，报本级人民政府批准。根据编纂方案的规定承担编纂任务的单位，应当按照地方志编纂规划和要求，接受本级地方志工作机构的业务指导与督促检查，按时按质完成撰稿任务。

第十条 地方志编纂实行专兼职人员相结合，应当广泛吸收有关专家、学者参加。专职编纂人员应当具备相应的专业知识和学术水平，做到恪尽职守、客观公正、秉笔直书、尊重史实。任何单位和个人不得要求编纂人员在地方志中做虚假记述。

第十一条 地方志工作管理部门依法向辖区内机关、社会团体、企业事业单位和其他组织以及公民征集有关地方志资料，相关单位和个人应当提供有关地方志资料。地方志工作管理部门可以对所需资料内容进行查阅、摘抄、复制，但涉及国家秘密、商业秘密和个人隐私以及不符合档案开放条件的除外。

第十二条 在地方志编纂过程中收集到的文字资料、图表、照片、音像资料、实物等以及形成的地方志文稿，应按照规定归档管理，任何个人不得损毁或者据为己有以及出

租、出让、转借。

第十三条 地方志书、地方综合年鉴出版实行分级审查批准制度，应当由县地方志办公室牵头，组织有关保密、档案、历史、法律、经济、军事等方面的专家参加，重点审查地方志书的内容是否符合宪法和保密、档案等法律、法规的规定，是否全面、客观地反映本行政区域自然、政治、经济、文化和社会的历史与现状。

以县级行政区域名称冠名、列入规划的地方志书由上一级地方志工作机构负责审查验收，报县人民政府批准后方可公开出版；地方综合年鉴、地方专业志书由县地方志工作机构审查验收，经县人民政府批准后方可公开出版。未按以上程序进行报批的各类地方志不得公开出版，新闻出版行政机构不得核发内部资料性图书准印证。

第十四条 地方志编纂单位应当在地方志书、地方综合年鉴及地情文献出版后 1 个月内，向本级和上级地方志办公室报送样书。

第十五条 地方志书、地方综合年鉴和相关地情文献为职务作品，依照《中华人民共和国著作权》第十六条第二款的规定，其著作权由组织编纂的机构享有，参与编纂的人员依法享有署名权。

第十六条 建立地情资料日常收集机制。县地方志工作机构可以通过建立方志馆（地情资料库）等收藏、保存、管理各类地方志资料，积极开展地情宣传、咨询活动，出版专题资料、地情研究成果，为社会各界服务。

鼓励单位和个人向县地方志工作机构捐赠地方志资料，对具有收藏价值的资料，方志馆应当向捐赠者颁发收藏纪念证书，并给予馆存资料的优先使用权。

第十七条 地方志成果可以依照有关规定参加国家、省和市优秀社会科学成果评奖。

第十八条 县人民政府应当对地方志工作中做出突出成绩和贡献的单位和个人给予表彰和奖励。

第十九条 违反本办法规定，有下列情形之一的，由县人民政府地方志工作机构按照权限责令限期改正；逾期不改正的，提请县人民政府或有关行政部门依法查处，并视情节对有关单位和个人予以通报批评或予以行政处分：

（一）未经审查验收、批准，擅自编纂出版以本行政区域名称冠名的地方志书、地方综合年鉴及相关地情文献的；

（二）无故拖延、拒绝提供地方志资料或者拒不承担编写任务的；

（三）故意提供虚假地方志资料的；

（四）丢失、损毁单位地方志资料或者将其据为己有的；

（五）将地方志文稿作为个人著作擅自发表的；

（六）对已经审查通过的地方志文稿擅自进行重大改动并出版的；

（七）拒不向地方志工作机构报送地方志出版物（含纸质版、电子版）的。

第二十条 实行地方志保密审查分级分单位负责制。地方志的保密审查由提供资料和

编写初稿的单位负责，保密主管部门会同地方志工作机构对本级地方志进行保密审定。地方志泄露国家秘密的，由有关部门依法查处。

第二十一条 编纂地方志涉及军事内容的，应当遵守中央军委关于军事志编纂的相关规定。

第二十二条 违反本办法规定，涉及其他有关法律、法规规定的，按照其他有关法律法规进行处理。

第二十三条 任何单位和个人有权对违反本办法的行为进行检举。

第二十四条 本办法自 2011 年 1 月 1 日起施行。

夏津县人民政府关于印发《夏津县地方史志工作管理暂行办法》的通　知

夏政发〔2011〕32号

各乡镇（街道、开发区）人民政府（办事处、管委会），县政府各部门：

《夏津县地方史志工作管理暂行办法》已经县政府同意，现印发给你们，望认真遵照执行。

夏津县人民政府

二〇一一年四月十八日

夏津县地方史志工作管理暂行办法

第一条　为规范和加强地方志工作，全面、客观、系统地编撰地方志，科学的积累、保存与开发利用地方志资源，发挥地方志在促进经济和社会发展中的作用，根据国务院《地方志工作条例》《山东省地方史志工作条例》，结合本县实际，制定本办法。

第二条　本办法适用于本县行政区域内地方志的资料征集、组织编撰、管理、开发和利用。

第三条　本办法所称地方志，包括地方志书，地方综合年鉴以及地情文献。

地方志书，是指全面系统记述本县行政区域自然、政治、经济、文化和社会的历史与现状的资料性文献，包括县志，乡（镇）志，专业（部门）志。

地方综合年鉴，是指全面系统记述本县行政区域自然、政治、经济、文化、社会等方面情况的年度资料性文献，包括县年鉴，乡（镇）年鉴，行业（单位）年鉴。

地情文献，是指系统记述本县行政区域全面工作或专项工作的资料性书籍，包括机关、社会团体、企事业单位及村（社区）编撰的以本行政区域冠名的地情类书籍。

第四条　地方志的编撰工作应当做到存真求实，确保质量，全面、客观地反映本行政区域自然、政治、经济、文化和社会的历史与现状。

第五条　县人民政府应当加强对本行政区域地方志工作的领导，将地方志工作纳入本地经济和社会发展总体规划。地方志工作所需经费列入本级财政预算。

第六条 县人民政府地方史志办公室是本行政区域地方志工作主管机构，履行下列职责：

（一）贯彻执行地方志工作法律、法规；

（二）组织、指导、督促和检查全县地方志工作；

（三）拟订地方志工作规划和编撰方案；

（四）负责本地域内各类志鉴稿件的审批；

（五）组织编撰地方志书，地方综合年鉴和其他地情文献，依照程序组织对地方史志稿件审查验收；

（六）征集、整理、保存地方史志文献和资料，组织整理旧志，开展地方志理论研究和学术交流；

（七）组织开发利用地方志资源，建设、管理地方志馆和网站，培训地方志编撰人员，为公众读志用志提供服务；

（八）完成本级政府和上级地方志工作机构交办的其他任务。

第七条 以本县行政区域名称冠名的地方志书，地方综合年鉴的编撰工作，由县地方史志办公室按照规划组织实施，其他组织和个人不得编撰。

除以本县行政区域冠名的地方志以外，机关、社会团体、企事业单位、其他组织和个人可编撰出版有利于经济社会发展的其他地方志书及地情类书籍。编撰单位（人）应当按照隶属关系或者注册登记关系报县地方史志办公室备案，县地方史志办公室对志书编撰活动进行业务指导。

第八条 县级地方志书每20年左右编修一次，并适时出版地方综合年鉴和地情文献。

第九条 编撰地方志按下列程序进行：

（一）夏津县地方志由县地方史志办公室负责组织编撰。具体程序是：

1. 县地方史志办公室制定编撰方案，报县政府同意，组织实施。

2. 县地方史志办公室负责组织编撰人员、业务开展、出版发行等工作。

3. 县地方志定稿后，由县地方史志办公室写出报告，报市地方史志编撰委员会审定，经县政府批准后出版，并报省政府史志工作机构备案。

（二）本县行政区域名称冠名的乡镇志、部门志等各类志书、年鉴、地情文献，由相关乡镇和部门组织编撰。具体程序是：

1. 乡镇、部门将地方志编撰方案提前3个月报县地方史志办公室审查，审查通过后方可组织实施。

2. 县地方史志办公室负责志书的业务指导、检查督导、审查把关、存档备案。

3. 乡镇、部门按照地方志编写程序应形成志稿的篇目设置、初稿、评审稿和定稿。篇目设置形成后报县地方史志办公室审查备案。初稿报县地方史志办公室，由县地方史志办公室组织评审，提出修改意见，形成定稿。志稿经县地方史志办公室批准后，方可按照有关规定印刷出版。

4. 地方志出版后 30 日内，编撰单位向县地方史志办公室报送样书和电子文本。

第十条 地方志编撰实行专兼职人员相结合，应当广泛吸收有关专家、学者参加。编撰人员应当具备相应的专业知识和学术水平，做到恪尽职守、客观公正、秉笔直书、尊重史实。任何单位和个人不得要求编撰人员在地方志中做虚假记述。

第十一条 县地方史志办公室依法向辖区内机关、社会团体、企事业单位和其他组织以及公民征集有关地方志资料，相关单位和个人应当提供地方志资料。县地方史志办公室可以对所需资料内容进行查询、摘抄、复制，但涉及国家机密、商业秘密和个人隐私以及不符合档案开放条件的除外。

第十二条 在地方志编撰过程中收集到的文字资料、图表、照片、音像资料、实物等以及形成的地方志文稿，应按规定归档管理。任何个人不得损毁、据为己有或者出租、出让、转借。

第十三条 地方志书、地方综合年鉴和相关地情文献为职务作品，依照《中华人民共和国著作权法》第十六条第二款的规定，其著作权由组织编撰机构享有，参与编撰的人员享有署名权。

第十四条 地方志工作应为地方经济、社会发展服务。地方史志文献资料应当向社会公开，县史志办公室采取建设方志馆、资料库、网站等方式，积极开展社会读志用志工作。公民、法人和其他组织可通过方志馆、资料库、网站查阅、摘抄地方志资料。

鼓励单位和个人向方志馆捐赠地方史志文献。对捐赠具有收藏价值资料的，方志馆应当向捐赠者颁发收藏纪念证书，并赋予其馆存资料的优先使用权。

第十五条 县政府对在地方志工作中做出突出成绩和贡献的单位和个人，给予表彰和奖励。

第十六条 地方志成果可以依照有关规定参加国家、省、市、县优秀社会科学成果评奖。

第十七条 违反本办法规定，有下列情形之一的，由县地方史志办公室按照权限责令限期改正；逾期不改正的，提请县政府或有关行政执法部门依法查处，并视其情节依法给予行政处分或纪律处分。

（一）未经审查验收、批准，擅自编撰出版以本行政区域名称冠名的地方志书，地方综合年鉴或相关地情文献的；

（二）损毁单位地方志资料或者将其据为己有的；

（三）无故拖延、拒绝提供地方志资料或者拒不承担编写任务的；

（四）故意提供虚假地方志资料的；

（五）将地方志文稿作为个人著作擅自发表的；

（六）对已经审查通过的地方志文稿擅自进行重大改动并出版的；

（七）拒不向地方史志办公室报送地方志出版物（含纸质版、电子版）的。

有前款（一）（二）项行为，造成重大损失或者恶劣影响的，县地方史志办公室及相关部门可以依法向法院提起诉讼。

第十八条 实行地方志保密审查分级分单位负责制。地方志的保密审查由提供资料和编写初稿的单位负责，保密主管部门会同地方志工作机构对本级地方志进行保密审定。地方志泄露国家秘密的，由有关部门依法查处。

第十九条 违反本办法规定，涉及其他有关法律、法规规定的，按照其他有关法律法规进行处理。

第二十条 编纂地方志涉及军事内容的，应当遵守中央军委关于军事志编纂的相关规定。

第二十一条 任何单位和个人有权对违反本办法的行为进行检举。

第二十二条 本办法由县地方史志办公室负责解释。

第二十三条 本办法自公布之日起30日后施行。

武城县人民政府办公室关于印发《武城县地方志工作管理暂行办法》的通　知

武政办发〔2011〕41 号

各镇人民政府、街道办事处，县政府各部门，各垂直管理部门，各企事业单位：

《武城县地方志工作管理暂行办法》已经县政府同意，现印发给你们，请认真贯彻执行。

武城县人民政府办公室

二〇一一年十二月二十六日

武城县地方志工作管理暂行办法

第一条　为进一步规范和加强地方志工作，全面、客观、系统地编纂地方志，积累和保存历史资料，科学开发利用地方志资源，发挥地方志在促进经济和社会发展中的作用，根据国务院《地方志工作条例》《山东省地方史志工作条例》精神，结合本县实际，制定本办法。

第二条　本办法适用于全县行政区域内地方志的资料征集、研究、组织编纂、管理、开发利用和咨询服务工作。

第三条　本办法所称地方志是指地方志书、地方综合年鉴及综合地情文献。

地方志书，是指全面系统地记述本行政区域自然、政治、经济、文化和社会的历史与现状的资料性文献，包括县志、镇（街道办事处）志、专业（部门）志。

地方综合年鉴，是指全面系统记述本行政区域自然、政治、经济、文化、社会等方面情况的年度资料性文献，包括县年鉴、镇（街道办事处）年鉴、行业（单位）年鉴。

综合地情文献，是指系统记述本行政区域全面工作或专项工作的资料性文献，包括机关、社会团体、企业事业单位及村（社区）编纂的以本行政区域冠名的地情类文献。

第四条　地方志的编纂工作应当做到存真求实，确保质量，全面、客观、真实地反映本行政区域自然、政治、经济、文化和社会的历史与现状。

第五条　加强对本行政区域地方志工作的领导，将地方志工作纳入本地经济和社会发展规划。地方志工作所需经费列入本级财政预算。

第六条 县史志编集研究室是全县地方志工作主管机构，履行下列职责：

（一）贯彻执行地方志工作法律、法规；

（二）组织、指导、督促和检查全县地方志工作；

（三）拟订地方志工作规划和编纂方案；

（四）组织编纂地方志书、地方综合年鉴和其他地情文献，依照程序组织对地方志审查验收；

（五）征集、整理、保存地方志文献和资料，组织整理旧志，开展地方志理论研究和学术交流；

（六）组织开发利用地方志资源，建立方志馆（库）和网站，培训地方志编纂人员，为公众提供服务；

（七）完成县政府和上级地方志工作机构交办的其他任务。

第七条 以本行政区域名称冠名的地方志书、地方综合年鉴的编纂工作，由县史志编集研究室按照规划组织实施，其他组织和个人不得编纂。

除以本行政区域冠名的地方志以外，机关、社会团体、企业事业单位、其他组织和个人可编纂出版有助于经济社会发展的其他地方志书及地情类书籍，编纂单位应当按照隶属关系或者注册登记关系报县史志编集研究室备案，县史志编集研究室应当对志书编纂活动进行业务指导。

第八条 县级地方志书每 20 年左右编修一次，每一轮地方志书编修工作完成后，县史志编集研究室在编纂地方综合年鉴、搜集资料、向社会提供咨询服务的同时，启动新一轮地方志书的编修工作。县级地方综合年鉴按年度或数年编辑出版 1 卷。可适时组织编纂综合或专题地情文献。

第九条 编纂地方志书、地方综合年鉴，应当制定编纂方案，报本级人民政府批准。根据编纂方案的规定承担编纂任务的单位，应当按照地方志编纂规划和要求，接受县史志编集研究室的业务指导与督促检查，按时按质完成撰稿任务。

第十条 地方志编纂实行专兼职人员相结合，应当广泛吸收有关专家、学者参加。专职编纂人员应当具备相应的专业知识和学术水平，做到恪尽职守、客观公正、秉笔直书、尊重史实。任何单位和个人不得要求编纂人员在地方志中做虚假记述。

第十一条 县史志编集研究室依法向辖区内机关、社会团体、企业事业单位和其他组织以及公民征集有关地方志资料，相关单位和个人应当提供有关地方志资料。县史志编集研究室可以对所需资料内容进行查阅、摘抄、复制，但涉及国家秘密、商业秘密和个人隐私以及不符合档案开放条件的除外。

第十二条 在地方志编纂过程中收集到的文字资料、图表、照片、音像资料、实物等以及形成的地方志文稿，应按照规定归档管理，任何个人不得损毁或者据为己有以及出

租、出让、转借。

第十三条 地方志书、地方综合年鉴出版实行分级审查批准制度，应当由县史志编集研究室牵头，组织有关保密、档案、历史、法律、经济、军事等方面的专家参加，重点审查地方志书的内容是否符合宪法和保密、档案等法律、法规的规定，是否全面、客观地反映本行政区域自然、政治、经济、文化和社会的历史与现状。

以县级行政区域名称冠名、列入规划的地方志书由上一级地方志工作机构负责审查验收，报县人民政府批准后方可公开出版；地方综合年鉴、地方专业志书由县史志编集研究室审查验收，经县人民政府批准后方可公开出版。未按以上程序进行报批的各类地方志不得公开出版，新闻出版行政机构不得核发内部资料性图书准印证。

第十四条 地方志编纂单位应当在地方志书、地方综合年鉴及地情文献出版后 1 个月内，向县史志编集研究室报送样书。

第十五条 地方志书、地方综合年鉴和相关地情文献为职务作品，依照《中华人民共和国著作权法》第十六条第二款的规定，其著作权由组织编纂的机构享有，参与编纂的人员依法享有署名权。

第十六条 建立地情资料日常收集机制。县史志编集研究室可以通过建立方志馆（地情资料库）等收藏、保存、管理各类地方志资料，积极开展地情宣传、咨询活动，出版专题资料、地情研究成果，为社会各界服务。

鼓励单位和个人向县史志编集研究室捐赠地方志资料，对具有收藏价值的资料，方志馆应当向捐赠者颁发收藏纪念证书，并给予馆存资料的优先使用权。

各单位应指定专人为县史志编集研究室提供地方志资料和地情资料，并保持人员的相对稳定，以确保地方志资料征集的规范性、及时性、长期性。

第十七条 地方志成果可以依照有关规定参加国家、省、市优秀社会科学成果评奖。

第十八条 对地方志工作中做出突出成绩和贡献的单位和个人给予表彰和奖励。

第十九条 违反本办法规定，有下列情形之一的，由县史志编集研究室按照权限责令限期改正；逾期不改正的，提请县政府或有关行政部门依法查处，并视情节对有关单位和个人予以通报批评或予以行政处分：

（一）未经审查验收、批准，擅自编纂出版以本行政区域名称冠名的地方志书、地方综合年鉴及相关地情文献的；

（二）无故拖延、拒绝提供地方志资料或者拒不承担编写任务的；

（三）故意提供虚假地方志资料的；

（四）丢失、损毁单位地方志资料或者将其据为己有的；

（五）将地方志文稿作为个人著作擅自发表的；

（六）对已经审查通过的地方志文稿擅自进行重大改动并出版的；

（七）拒不向县史志编集研究室报送地方志出版物的。

第二十条 实行地方志保密审查分级分单位负责制。地方志的保密审查由提供资料和编写初稿的单位负责，保密主管部门会同县史志编集研究室对本级地方志进行保密审定。地方志泄露国家秘密的，由有关部门依法查处。

第二十一条 编纂地方志涉及军事内容的，应当遵守中央军委关于军事志编纂的相关规定。

第二十二条 违反本办法规定，涉及其他有关法律、法规规定的，按照其他有关法律法规进行处理。

第二十三条 任何单位和个人有权对违反本办法的行为进行检举。

第二十四条 本办法自公布之日起施行。

附件：1. 志书（年鉴、地情文献）编写申请表（略）
2. 志书（年鉴、地情文献）审查务案表（略）

聊城市人民政府关于印发《聊城市地方史志工作管理办法》的通　知

聊政发〔2012〕6号

各县（市、区）人民政府，经济开发区管委会，市政府各部门：

《聊城市地方史志工作管理办法》已经市政府第592次常务会议审议通过，现印发给你们，请认真贯彻执行。

聊城市人民政府

二〇一二年十一月二十九日

聊城市地方史志工作管理办法

第一条　为了规范和加强地方史志工作，全面、客观、系统地编纂地方史志，科学地积累、保存和开发利用地方史志资源，更好地发挥地方志传承文明，促进经济社会发展的作用，根据国务院《地方志工作条例》和《山东省地方史志工作条例》，结合本市实际，制定本办法。

第二条　本办法适用于本市行政区域内地方史志的资料征集、组织编纂、管理、开发利用和服务等工作。

第三条　本办法所称地方史志，包括地方志书、地方综合年鉴及相关地情文献。

地方志书，是指全面系统地记述本行政区域自然、政治、经济、文化和社会的历史与现状的地情资料性文献，包括市志、县（市、区）志、乡（镇、街道）志。

地方综合年鉴，是指全面系统地记述本行政区域自然、政治、经济、文化和社会等方面情况的年度地情资料性文献，包括市年鉴、县（市、区）年鉴、乡（镇、街道）年鉴。

相关地情文献，是指系统记述本行政区域一定领域基本情况的资料性文献。包括机关、社会团体、企事业单位及村（社区）编纂的志书、年鉴及其他资料性文献。

第四条　各级政府应当加强对地方史志工作的领导，将地方史志工作纳入本地经济和社会发展规划，保障地方史志工作机构的工作条件，所需经费列入本级财政预算。

第五条 市、县（市、区）政府地方史志工作机构是本行政区域内地方史志工作的主管部门，其主要职责是：

（一）贯彻执行地方史志工作法律、法规及相关政策；

（二）组织、指导、督促和检查地方史志工作；

（三）拟定地方史志工作规划和编纂方案；

（四）制定地方史志编纂业务规范；

（五）组织编纂、审查、验收有关地方史志文稿；

（六）组织整理旧志，征集、保存地方史志文献和资料；

（七）组织开发利用地方史志资源，宣传、推广地方史志成果，开展地情研究，建设地方志馆（室）、地情文献库、地情文献网站，为公众读志用志提供服务；

（八）开展方志理论研究和学术交流，培训地方史志编纂人员；

（九）完成本级政府和上级业务部门交办的其他事项。

第六条 编纂地方史志应当存真求实，确保质量，做到客观公正、秉笔直书、记述准确。任何单位和个人不得在地方史志文献中做虚假记述。

第七条 地方史志编纂人员实行专、兼职相结合，从事地方史志编纂业务的人员应当具备相应的专业知识和学术水平。

地方史志编纂工作应当吸收社会各界专家、学者参加。

第八条 地方史志工作机构应当根据史志工作规划，制定本行政区域的志书编纂方案，报本级政府批准后实施，并报上一级政府地方史志工作机构备案。

第九条 以市、县（市、区）行政区域名称冠名的地方志书、地方综合年鉴、综合地情文献，由同级政府地方史志工作机构按照编纂规划组织编纂，其他组织和个人不得编纂出版。

支持和鼓励单位和个人在地方史志工作机构指导下，编纂部门志、社会团体志、企事业单位志、乡（镇、街道）志、村（社区）志及其他地方史志文献。地方史志工作机构应做好登记备案工作。

第十条 市、县（市、区）地方志书每20年左右编修一次，地方综合年鉴按年度编纂。每一轮综合性地方志书编修工作完成后，地方史志工作机构在编纂地方综合年鉴、搜集地情资料以及向社会提供咨询服务的同时，启动新一轮综合性地方志书的续修工作。

第十一条 地方史志工作机构可以向辖区内机关、社会团体、企业事业单位和其他组织以及个人征集有关地方史志资料，相关单位和个人应当为其提供便利，在规定的时限内按要求提供全面、系统、翔实、准确的相关地方史志资料。

对单位和个人所持有的地方史志资料，地方史志工作机构根据工作需要可以进行查阅、摘抄、复制。但涉及国家秘密、商业秘密和个人隐私以及不符合档案开放条件的除外。地方史志资料所有人或持有人不得故意提供虚假资料。

第十二条 承担地方志书、地方综合年鉴撰稿任务的部门、企业事业单位和其他组织应当明确编写机构和责任人员，接受本级政府地方史志工作机构的指导，按照时间和质量要求完成撰稿任务。

第十三条 编纂出版地方志书和地方综合年鉴应当符合下列要求：

（一）符合宪法和保密、档案等法律、法规的规定；

（二）全面、客观地反映本行政区域自然、政治、经济、文化和社会的历史与现状；

（三）符合志书、年鉴的体例格式；

（四）文字表述准确，篇目结构合理；

（五）标点符号、计量单位和数字的使用规范、标准；

（六）装帧印刷符合出版要求。

第十四条 地方志书、地方综合年鉴出版实行分级审查批准制度：

（一）《聊城市志》经省地方史志编纂委员会审定，报市政府批准后出版；

（二）《聊城年鉴》由市地方史志编纂委员会审定，报市政府批准后出版；

（三）县（市、区）志由市地方史志编纂委员会审定，报县（市、区）政府批准后出版；

（四）县（市、区）年鉴由本级地方史志编纂委员会审定，报县（市、区）政府批准后出版；

（五）乡（镇、街道）志、年鉴由县（市、区）政府地方史志工作机构审查后出版。

第十五条 相关地情文献编纂出版实行备案制度：

（一）市级机关、社会团体、事业单位编纂的志书、年鉴向市政府地方史志工作机构备案后出版；

（二）县（市、区）机关、社会团体、事业单位编纂的志书、年鉴向县（市、区）政府地方史志工作机构备案后出版；

（三）村（社区）编纂的志书、年鉴向县（市、区）政府地方史志工作机构备案后出版。

第十六条 各级地方志书、年鉴及相关地情文献出版后，编纂单位应当在30日内，向本级和上级政府地方史志工作机构报送样书和电子文本。

在地方志书、地方综合年鉴和地情文献编纂过程中收集到的文字资料、图表、音像资料、实物以及形成的文稿等，应当由本级政府地方史志工作机构集中统一管理，妥善保存，不得损毁；编纂工作完成后，应当移交本级国家档案馆或者方志馆保存，任何单位和个人不得擅自处置。

第十七条 以市、县（市、区）行政区域名称冠名的地方志书、地方综合年鉴和地情文献为职务作品，其著作权由组织编纂的政府地方史志工作机构享有，参与编纂的人员享有署名权。

第十八条 市、县（市、区）地方史志工作机构负责所辖区域地情文献库、地情文献网站的建设与维护，及时将地方史志资料和成果进行数字化处理，搞好地方史志工作的信息化建设。

第十九条 地方史志文献应当向社会公开，服务地方经济社会发展。单位和个人可以免费利用地情文献库和文献网站查询、摘抄、使用地方史志文献。

鼓励单位和个人向地方志馆（室）、地情文献库捐赠或者有偿提供地方史志文献和资料，对具有收藏价值的资料，地方志工作机构可向捐赠者颁发收藏纪念证书，并给予馆存资料的优先使用权。

第二十条 各级政府及有关部门应将地方史志工作纳入年度目标考核范围，对做出突出成绩和贡献的单位、个人给予表彰和奖励。

第二十一条 违反本办法有下列情形之一的，由地方史志工作机构责令其限期改正；逾期不改的，提请本级政府或有关行政主管部门予以纠正，并视情节对有关单位和个人予以行政处分或纪律处分；构成犯罪的，依法追究刑事责任。

（一）无故拖延、拒绝向地方史志工作机构提供地方史志编纂资料或者拒不承担编写任务的；

（二）擅自编纂出版以市、县（市、区）行政区域名称冠名的地方志书、地方综合年鉴或者地情文献的；

（三）未经审查、验收、批准、备案擅自出版地方志书的；

（四）擅自对已审查通过的地方史志文稿进行违规改动并出版的；

（五）丢失、损毁单位地方史志资料或者将其据为己有的；

（六）故意提供虚假地方史志资料的。

第二十二条 本办法自 2012 年 3 月 1 日起施行。

聊城市东昌府区人民政府关于印发《东昌府区地方志工作管理办法》的通　知

东昌政发〔2015〕109号

各镇政府、街道办事处，嘉明经济开发区、凤凰工业园管委会，区政府有关部门：

《东昌府区地方志工作管理办法》已经区政府研究同意，现印发给你们，望认真贯彻执行。

聊城市东昌府区人民政府

二〇一五年十二月十七日

东昌府区地方志工作管理暂行办法

第一条　为规范和加强我区地方志编纂、管理、开发和利用，充分发挥地方志在经济建设和社会发展中“存史、资政、教化”作用，根据国务院《地方志工作条例》《山东省地方史志工作条例》，结合我区实际，制定本办法。

第二条　本办法适用于本区行政区域内地方志的资料征集、组织编纂、管理、开发利用和咨询服务。

第三条　本办法所称地方志，包括地方志书、地方综合年鉴及相关地情文献等。

地方志书，是指全面系统地记述本区行政区域内自然、政治、经济、文化和社会的历史与现状的资料性文献。包括区志、镇（办事处、工业园区）志、专业（部门）志以及以本区行政区域冠名的其他相关志书。

地方综合年鉴，是指全面系统记述本区行政区域内自然、政治、经济、文化、社会等方面情况的年度资料性文献。包括区年鉴、镇（办事处、工业园区）年鉴，行业（区直部门）年鉴以及以本行政区域冠名的其他年鉴。

地情文献，是指系统记述本区行政区域全面工作或专项工作的资料性书籍。包括机关、社会团体、企业事业单位及村（社区）编纂的以本行政区域冠名的地情类文献书籍。

第四条　地方志的编纂工作应当做到存真求实，确保质量，全面、客观地反映本行政区域自然、政治、经济、文化和社会的历史与现状。

第五条 区人民政府加强对本行政区域地方志工作的领导，将地方志工作纳入本地经济和社会发展规划。

第六条 区人民政府地方史志办公室是本行政区域地方志工作主管机构，履行下列职责：

（一）贯彻执行地方志工作法律、法规；

（二）组织、指导、督促和检查全区地方志工作；

（三）拟订本行政区域地方志工作规划和编纂方案，制定有关地方志编纂的业务程序；

（四）组织编纂本行政区地方志书、地方综合年鉴及相关地情类书籍，依照规定组织专家对已编纂成稿的地方志进行评审、审核定稿、存档备案工作；

（五）征集、整理、保存地方志文献和资料，组织整理旧志，开展地方志理论研究和学术交流；

（六）宣传、推广地方志成果，开展地情研究，建设地情网站和方志馆，开发利用地方志资源，为公众读志、用志提供服务；

（七）制定地方志编纂业务规范，组织开展地方志学术研究，培训地方志专业人员；

（八）完成本级人民政府和上级地方志工作机构交办的其他任务。

第七条 编纂地方志应当吸收有关方面的专家、学者参加。地方志编纂人员实行专兼职相结合，专职编纂人员应当具备相应的专业知识。

第八条 以本区行政区域名称冠名的地方志书、地方综合年鉴，由本级人民政府负责地方志工作机构按照规划组织编纂；其他组织和个人不得编纂。

第九条 编纂地方志，按下列程序进行：

（一）区级地方志书（《东昌府区志》）、区级地方综合年鉴（《东昌府区年鉴》）由区地方志办公室制定出编纂规划报区政府批准后，组织开展编纂。具体程序是：

1. 区地方志办公室按照地方志编写年限要求，结合本区实际，对需开展的地方志书、地方综合年鉴编纂工作，制定出编纂规划。

2. 区地方志办公室制定详细的编纂方案，提交区地方志编纂委员会讨论审议后，报区政府同意下发全区，启动编纂工作。根据编纂方案的规定，承担编纂任务的单位，应当按照地方志编纂规划和要求，接受区地方志办公室的业务指导与督促检查，按照时间和质量要求完成撰稿任务。

3. 区地方志办公室负责组织、编纂、出版发行等工作，所需经费列入同级财政预算。

4.《东昌府区志》编纂形成定稿后，报市地方志编纂委员会审定，经区人民政府批准后出版，并报省政府史志工作机构备案。

5.《东昌府区年鉴》编纂形成定稿后，经区地方志编纂委员会审定，报区人民政府批准后出版，并报市政府、省政府史志工作机构备案。

（二）以我区行政区域冠名的镇（办事处、工业园区）志和机关、社会团体、企业事业单位及村（社区）编纂的志书、年鉴和其他资料性文献，由相关镇（办事处、工业园区）、村（社区）和单位在区地方志办公室的指导下组织编纂。具体程序是：

1. 各镇（办事处、工业园区）、村（社区）和单位按要求填报志书（年鉴、地情文献）编写申请表，并将地方志编纂方案提前3个月报区地方志办公室审查后组织实施。

2. 区地方志办公室负责志书的业务指导、检查督导、审查把关、存档备案。

3. 各镇（办事处、工业园区）、村（社区）和单位按照地方志编写程序，形成志稿篇目设置、初稿、评审稿、定稿。篇目设置形成后报区地方志办公室审查备案，然后组织开展初稿编写；初稿形成后，由区地方志办公室审查，提出修改意见，并组织评审；镇（办事处、工业园区）、村（社区）和有关单位根据评审意见修改定稿后，按照有关规定印刷或出版发行。

4. 各镇（办事处、工业园区）、村（社区）和有关单位应当在志书、年鉴和其他资料性文献出版后30天内向区地方志办公室报送样书和电子文本。

第十条 区级地方志书每20年左右编修一次，每一轮地方志书编修工作完成后，地方志工作机构在编纂地方综合年鉴、搜集资料、向社会提供咨询服务的同时，启动新一轮地方志书的编修工作。区级地方综合年鉴按年度或数年编辑出版一卷。可适时组织编纂综合或专题地情文献。

第十一条 区地方志办公室依法向辖区内机关、社会团体、企事业单位和其他组织以及公民征集有关地方志资料，有关单位和公民应当提供支持。区地方志办公室可以对有关资料进行查阅、摘抄、复制，但涉及国家秘密、商业秘密和个人隐私以及不符合档案开放条件的除外。地方志资料所有人或者持有人不得故意提供虚假资料。

第十二条 在地方志编纂过程中收集到的文字资料、图表、照片、音像资料、实物等以及形成的地方志文稿，由区地方志办公室集中统一管理，妥善保存，不得损毁；修志工作完成后，应当依法移交方志馆保存、管理，个人不得据为己有或者出租、出让、转借。

第十三条 地方志工作应为地方经济社会的全面发展服务。区地方志办公室通过建设方志馆、资料库、网站等方式，积极开拓社会用志途径，加强地方志工作信息化建设。公民、法人和其他组织可以利用方志馆、资料库、网站查阅、摘抄地方志资料。鼓励单位和个人向区地方志办公室捐赠地方志资料，对具有收藏价值的资料，方志馆应当向捐赠者颁发收藏纪念证书，并给予馆存资料的优先使用权。

第十四条 以区行政区域名称冠名的地方志书、地方综合年鉴和相关地情文献为职务作品，依照《中华人民共和国著作权法》第十六条第二款的规定，其著作权由组织编纂负责地方志工作的机构享有，参与编纂的人员享有署名权。

第十五条 地方志编纂单位应当在地方志书、地方综合年鉴及地情文献出版后3个月内，向上级地方志办公室备案。

第十六条 地方志成果可以依据有关规定参加国家、省和市优秀社会科学成果评奖。

第十七条 区人民政府应当对在地方志工作中做出突出成绩的单位、个人给予表彰和奖励。

第十八条 实行地方志保密审查分级分单位负责制。地方志的保密审查由提供资料和编写初稿的单位负责，保密主管部门会同区地方志办公室对本级地方志进行保密审定。地方志泄露国家秘密的，由有关部门依法查处。

第十九条 违反本办法规定，擅自编纂出版以我区行政区域名称冠名的地方志书、地方综合年鉴，由我区地方人民政府负责地方志工作的机构提请本级人民政府出版行政部门依法查处。

第二十条 违反本办法规定，未经审查验收、批准将地方志文稿交付出版，或者地方志存在违反宪法、法律、法规规定内容的，由上级人民政府或者本级人民政府责令采取相应措施予以纠正，并视情节追究有关单位和个人的责任；构成犯罪的，依法追究刑事责任。

第二十一条 编纂地方志涉及军事内容的，应当遵守中央军委关于军事志编纂的相关规定。

第二十二条 任何单位和个人有权对违反本办法的行为向区地方志办公室进行检举。

第二十三条 违反本办法规定，涉及其他有关法律、法规规定的，按照其他有关法律法规进行处理。

第二十四条 本办法由东昌府区地方志编纂委员会办公室负责解释。

第二十五条 本办法自 2011 年 9 月 1 日起施行。

临清市人民政府办公室关于印发《临清市地方志工作管理暂行办法》的通知

临政办发〔2011〕48号

各镇人民政府、办事处，市直有关部门：

《临清市地方志工作管理暂行办法》已经市政府研究同意，现印发给你们，请认真贯彻执行。

临清市人民政府办公室

二〇一一年五月十一日

临清市地方志工作管理暂行办法

第一条 为了继承和发扬中华民族优秀文化传统，客观记载区域地情，系统积累、保存地方史志文献，服务经济建设和社会发展，根据国务院《地方志工作条例》和《山东省地方史志工作条例》，结合我市实际，制定本办法。

第二条 本办法适用于临清市行政区域内地方志的组织编纂、管理和服务工作。

第三条 本办法所称地方志，包括地方志书、地方综合年鉴、综合地情文献等。

地方志书，是指全面客观系统地记述本市行政区域内自然、政治、经济、文化、社会等方面的历史与现状的资料性文献，包括市志，镇、街道办事处志，专业（部门）志等。

地方综合年鉴，是指全面系统记述本市行政区域内自然、政治、经济、文化、社会等方面情况的年度资料性文献，包括市年鉴，镇、街道办事处年鉴，行业（单位）年鉴。

综合地情文献，是指系统记述本市行政区域内全面工作或专项工作的资料性书籍，包括机关、社会团体、企事业单位及村（居）编纂的以本行政区域冠名的地情类书籍等。

第四条 市政府应当加强对本行政区域地方志工作的领导，将地方志工作纳入本地经济和社会发展规划，地方志工作所需经费列入本级财政预算。

第五条 临清市地方史志编纂委员会办公室（以下简称市史志办）主管本行政区域内的地方史志工作，履行下列职责：

（一）贯彻执行地方志工作法律法规；

（二）组织、指导、督促和检查全市地方志工作；

（三）拟定本市行政区域地方志工作规划和编纂方案，制定有关地方志编纂的工作程序及业务规范；

（四）组织编纂本市地方志、地方综合年鉴、综合地情文献等全市综合性志书，并依相关规定负责所编纂书籍的出版发行；

（五）征集、整理、保存地方志文献和资料，组织整理旧志，开展地方志理论研究和学术交流；

（六）宣传、推广地方志成果，开发利用地方志资源，建设资料库和地情网站，为公众提供服务；

（七）完成本级人民政府和上级地方志工作机构交办的其他任务。

第六条 以临清市行政区域名称冠名的地方志书、地方综合年鉴、综合性地情文献的编纂工作，由市史志办按照全市规划组织编纂，其他组织和个人不得编纂出版。

第七条 有关组织和单位可以自行组织编纂本办法第六条规定以外的志书、年鉴或其他地情文献资料，但需报市史志办备案。

第八条 本市地方志书每20年左右编修一次，编纂任务由山东省人民政府统一部署。

第九条 本市史志办公室应当根据山东省地方史志工作规划，制定本市行政区域的志书编纂方案，报聊城市人民政府史志工作机构批准后实施。承担本市志书编写任务的部门、企业事业单位和其他组织，应当根据地方志工作规划拟定编写方案，报本市史志办公室批准后实施。

第十条 地方志编纂实行专兼职人员相结合，专职编纂人员应当具备相应的专业知识和学术水平；应广泛吸收有关专家、学者参加编纂工作。

地方志的编纂应当做到存真求实、确保质量，全面客观地反映我市自然和社会的历史与现状。

第十一条 地方志工作管理部门依法向辖区内机关、社会团体、企事业单位和其他组织以及公民征集有关地方志资料，相关单位和个人应当如实提供。地方志工作管理部门可以对所需资料内容进行查阅、摘抄、复制，但涉及国家秘密、商业秘密和个人隐私以及不符合档案开放条件的除外。

第十二条 在地方志编纂过程中收集到的文字资料、图表、照片、音像资料、实物以及形成的地方志文稿，由史志办公室指定专职人员集中管理，妥善保存，不得毁损；修志工作完成后，应当依法移交市档案馆保存、管理，个人不得据为己有以及出租、出让、转借。

第十三条 地方志书志稿实行分级申报、审查、验收制度。临清市志书报聊城市地方史志编纂委员会审定，经临清市人民政府批准后出版；以临清市行政区划冠名的综合年鉴由市史志办组织编纂，经临清市人民政府批准后出版；以临清市行政区划冠名的综合地情文献由市史志办组织编纂。

对地方志书进行审查验收，应当组织有关保密、档案、历史、法律、经济、军事等方面的专家参加，重点审查地方志书的内容是否符合宪法和保密、档案等法律、法规的规定，是否全面、客观地反映本行政区域自然、政治、经济、文化和社会的历史与现状。

第十四条 地方志编纂单位应当在地方志书、地方综合年鉴及地情文献出版后 30 日内，向本级和上级地方志办公室报送样书。

第十五条 地方志书、地方综合年鉴和相关地情文献为职务作品，依照《中华人民共和国著作权法》第十六条第二款的规定，其著作权由组织编纂的机构享有，参与编纂的人员依法享有署名权。

第十六条 建立地情资料日常收集机制。市地方志工作机构可以通过建立地方志馆（地情资料库）等收藏、保存管理各类地方志资料，积极开展地情宣传、咨询活动，为社会各界服务。

鼓励单位和个人向市史志办公室捐赠地方志资料，对具有收藏价值的资料，史志办公室应当向捐赠者颁发收藏纪念证书，并给予所存资料的优先使用权。

第十七条 临清市人民政府对在地方志工作中做出突出成绩和贡献的单位和个人给予表彰和奖励。

第十八条 违反本办法，有下列行为之一的，由市史志办按照管理权限责令其停止违法行为，限期改正；逾期不改的，由其所在单位或有关行政部门依法给予行政处分或者纪律处分：

（一）擅自编纂出版以本行政区域名称冠名的地方志书、地方综合年鉴及相关地情文献的；

（二）无故拖延、拒绝提供地方志资料或者拒不承担编写任务的；

（三）故意提供虚假地方志资料的；

（四）损毁单位地方志资料或者将其据为己有的；

（五）未经审查、验收、批准将地方史志交付出版的；

（六）拒不向地方志工作机构报送地方志文献的。

第十九条 编纂地方志涉及军事内容的，应当遵守中央军委关于军事志编纂的相关规定。

第二十条 违反本办法规定，涉及其他有关法律法规的，按照其他有关法律法规进行处理。

第二十一条 本办法由市史志办负责解释。

第二十二条 本办法自公布之日起施行。

阳谷县人民政府关于印发《阳谷县地方史志工作管理办法》的通　知

阳政发〔2010〕86号

各乡（镇）人民政府，各街道办事处，县政府有关部门：

《阳谷县地方志工作管理暂行办法》已经县政府同意，现印发给你们，望认真遵照执行。

阳谷县人民政府

二〇一二年七月二十日

阳谷县地方史志工作管理办法

第一条　为规范和加强地方史志编纂和管理工作，充分发挥地方史志在经济建设和社会发展中“存史、资政、教化”作用，更好地为阳谷“经济强县、文化强县”建设服务，根据国务院《地方志工作条例》《山东省地方史志工作条例》和《聊城市地方史志工作管理办法》，结合我县实际，制定本办法。

第二条　本办法适用于本县行政区域内地方史志的资料征集、研究、组织编纂、管理、开发利用和咨询服务工作。

第三条　本办法所称地方史志是指地方志书、地方综合年鉴及相关地情文献。

地方志书是指全面系统地记述本县行政区域自然、政治、经济、文化和社会的历史与现状的地情资料性文献，包括县志、乡（镇、街道）志、专业（单位）志等。

地方综合年鉴是指全面系统记述本行政区域自然、政治、经济、文化、社会等方面情况的年度地情资料性文献，包括县年鉴、乡（镇、街道）年鉴、行业（单位）年鉴等。

地情文献是指系统记述本行政区域全面工作或专项工作的资料性书籍，包括机关、社会团体、企事业单位及村（社区）编纂的以本行政区域冠名的地情类书籍等。

第四条　地方史志的编纂工作应当做到存真求实，确保质量，全面、客观地反映本行政区域自然、政治、经济、文化和社会的历史与现状。

第五条　各级政府应当加强对本行政区域地方史志工作的领导，将地方史志工作纳入本地经济和社会发展规划。地方史志工作所需经费列入本级财政预算。

第六条 县政府地方史志工作机构是本行政区域内地方史志工作的主管部门，履行下列职责：

（一）贯彻执行地方史志工作法律、法规及相关政策；

（二）组织、指导、督促和检查全县地方史志工作；

（三）拟订全县地方史志工作规划和编纂方案，制定有关地方史志编纂的业务程序；

（四）组织编纂本行政区地方志书、地方综合年鉴及相关地情类书籍，依照规定组织专家对已编纂成稿的地方志进行审评；

（五）征集、整理、保存地方志文献和资料，组织整理旧志，开展地方志理论研究和学术交流；

（六）组织开发利用地方志资源，建立地方志馆（库）和网站，为公众提供服务；

（七）培训地方史志专业人员；

（八）完成本级政府和上级地方史志工作机构交办的其他任务。

第七条 以本县行政区域名称冠名的地方志书、地方综合年鉴的编纂工作，由县地方史志工作机构按照规划组织实施，其他组织和个人不得编纂。

第八条 有条件的县直部门、行业主管机构、乡（镇、街道）和村，可编纂出版以部门、行业、乡（镇、街道）及村冠名的有助于经济社会发展的志书及相关地情书籍，应当制定编纂计划和方案，并报县地方史志办公室备案，县地方史志办公室应当对志书编纂活动进行业务指导，鼓励部门、行业、乡（镇、街道）修志，支持村修志。

第九条 县级地方志书每二十年左右编修一次，每一轮地方志书编修工作完成后，地方史志工作机构在编纂地方综合年鉴、搜集资料、向社会提供咨询服务的同时，启动新一轮地方志书的编修工作。县级地方综合年鉴按年度或数年编辑出版一卷。可适时组织编纂综合或专题地情文献。

第十条 编纂地方史志书、地方综合年鉴，应当制定编纂方案，报本级人民政府批准。根据编纂方案的规定承担编纂任务的单位，应当按照地方史志编纂规划和要求，接受本级地方史志工作机构的业务指导与督促检查，按时、按质完成撰稿任务。

第十一条 地方史志编纂实行专兼职人员相结合，应当广泛吸收有关专家、学者参加。专职编纂人员应当具备相应的专业知识和学术水平，做到恪尽职守、客观公正、秉笔直书、尊重史实。任何单位和个人不得要求编纂人员在地方史志中做虚假记述。

第十二条 地方史志工作管理部门依法向辖区内机关、社会团体、企事业单位和其他组织以及公民征集有关地方志资料，相关单位和个人应当提供有关地方史志资料。地方史志工作管理部门可以对所需资料内容进行查阅、摘抄、复制，但涉及国家秘密、商业秘密和个人隐私以及不符合档案开放条件的除外。

第十三条 在地方史志编纂过程中收集到的文字资料、图表、照片、音像资料、实物等以及形成的地方史志文稿，应按照规定归档管理，任何个人不得损毁或者据为己有以及出租、出让、转借。

第十四条 地方史志书、地方综合年鉴出版实行分级审查批准制度，应当组织有关保密、档案、历史、法律、经济、军事等方面的专家参加，重点审查地方史志书的内容是否符合宪法和保密、档案等法律、法规的规定，是否全面、客观地反映本行政区域自然、政治、经济、文化和社会的历史与现状。

以县级行政区域名称冠名、列入规划的地方志书由上一级地方史志工作机构负责审查验收，报县人民政府批准后方可公开出版；地方综合年鉴、地方专业志书由县地方史志工作机构审查验收，经县人民政府批准后方可公开出版。未按以上程序进行报批的各类地方史志不得公开出版，新闻出版行政机构不得核发内部资料性图书准印证。

第十五条 地方史志编纂单位应当在地方志书、地方综合年鉴及地情文献出版后三个月内，向本级和上级地方史志办公室报送样书。

第十六条 地方史志书、地方综合年鉴和相关地情文献为职务作品，依照《中华人民共和国著作权法》第十六条第二款的规定，其著作权由组织编纂的机构享有，参与编纂的人员依法享有署名权。

第十七条 建立地情资料日常收集机制。县地方史志工作机构可以通过建立地方史志馆（地情资料库）等收藏、保存、管理各类地方史志资料，积极开展地情宣传、咨询活动，出版专题资料、地情研究成果，为社会各界服务。

鼓励单位和个人向县地方史志工作机构捐赠地方史志资料，对具有收藏价值的资料，地方史志馆应当向捐赠者颁发收藏纪念证书，并给予馆存资料的优先使用权。

第十八条 地方史志成果可以依照有关规定参加国家、省和市优秀社会科学成果评奖。

第十九条 县人民政府应当对地方史志工作中做出突出成绩和贡献的单位和个人给予表彰和奖励。

第二十条 违反本办法规定，有下列情形之一的，由县人民政府地方史志工作机构按照权限责令限期改正；逾期不改正的，提请县人民政府或有关行政部门依法查处，并视情节对有关单位和个人予以通报批评或予以行政处分：

（一）未经审查验收、批准，擅自编纂出版以本行政区域名称冠名的地方史志书、地方综合年鉴及相关地情文献的；

（二）无故拖延、拒绝提供地方史志资料或者拒不承担编写任务的；

（三）故意提供虚假地方史志资料的；

（四）丢失、损毁单位地方史志资料或者将其据为己有的；

（五）将地方史志文稿作为个人著作擅自发表的；

（六）对已有审查通过的地方史志文稿擅自进行重大改动并出版的；

（七）拒不向地方史志工作机构报送地方史志出版物（含纸质版、电子版）的。

第二十一条 实行地方史志保密审查分级分单位负责制。地方史志的保密审查由提供资料和编写初稿的单位负责，保密主管部门会同地方史志工作机构对本级地方史志进行保密审定。地方史志泄漏国家秘密的，由有关部门依法查处。

第二十二条 编纂地方史志涉及军事内容的，应当遵守中央军委关于军事志编纂的相关规定。

第二十三条 违反本办法规定，涉及其他有关法律、法规规定的，按照其他有关法律法规进行处理。

第二十四条 本办法自印发之日起施行，有效期 5 年。

莘县人民政府办公室关于印发《莘县地方志工作管理暂行办法》的通　知

莘政办发〔2011〕57号

各办事处、各乡镇政府（街道办事处）、县政府各部门：

《莘县地方志工作管理暂行办法》已经县政府同意，现印发给你们，望认真贯彻执行。

莘县人民政府办公室

二〇一一年六月三日

莘县地方志工作管理暂行办法

第一条　为规范和加强我县地方志编纂、开发利用和管理工作，发挥地方志在经济建设和社会发展中“存史、资政、教化”作用，根据国务院《地方志工作条例》和《山东省地方史志工作条例》，结合我县实际，制定本办法。

第二条　本办法适用于本县行政区域内地方志的资料征集、研究、组织编纂、管理、开发利用和咨询服务工作。

第三条　本办法所称地方志是指地方志书、地方综合年鉴及地情文献。

地方志书，是指全面系统地记述本县行政区域自然、政治、经济、文化和社会的历史与现状的资料性文献，包括县志、乡镇（街道）志、专业（部门）志等。

地方综合年鉴，是指全面系统记述本县行政区域自然、政治、经济、文化、社会等方面情况的年度资料性文献，包括县年鉴、乡镇（街道）年鉴、行业（单位）年鉴等。

地情文献，是指系统记述本县行政区域全面工作或专项工作的资料性书籍，包括机关、社会团体、企事业单位及村（居）编纂的以本行政区域冠名的地情类书籍等。

第四条　地方志的编纂工作应当做到存真求实，确保质量，全面、客观地反映本行政区域自然、政治、经济、文化和社会的历史与现状。

第五条　县政府应当加强对本行政区域地方志工作的领导，将地方志工作纳入本地经济和社会发展规划。地方志工作所需经费列入本级财政预算。

第六条　县政府史志办公室是本行政区域地方志工作主管机构，履行下列职责：

（一）贯彻执行地方志工作法律、法规；

（二）组织、指导、督促和检查全县地方志工作；

（三）拟订本行政区域地方志工作规划和编纂方案，制定有关地方志编纂的业务程序；

（四）组织编纂本行政区地方志书、地方综合年鉴及相关地情类书籍，依照规定组织专家对已编纂成稿的地方志进行审评；

（五）征集、整理、保存地方志文献和资料，组织整理旧志，开展地方志理论研究和学术交流；

（六）宣传、推广地方史志成果，建设方志馆、资料库和地情网站，为公众读志用志提供服务；

（七）组织开展地方史志学术研究、培训地方志专业人员；

（八）完成本级人民政府和上级地方志工作机构交办的其他任务。

第七条 以本县行政区域名称冠名的地方志书、地方综合年鉴、地情文献的编纂工作，由县政府史志办公室按照规划组织实施，其他组织和个人不得编纂。

第八条 有条件的部门、行业主管机构、乡镇（街道）和村（社区），可编纂出版以部门、行业、乡镇（街道）及村（居）冠名的有助于经济社会发展的志书及相关地情书籍。编纂以部门、行业、乡镇（街道）及村（社区）冠名的志书和相关地情书籍，应当制定编纂计划和方案，并报县地方史志办公室备案，县地方史志办公室应当对志书编纂活动进行业务指导。鼓励部门、行业、乡镇（街道）修志，支持村（社区）修志。

第九条 县级地方志书每二十年左右编修一次。县级地方综合年鉴按年度或数年编辑出版一卷。可适时组织编纂综合或专题地情文献。

第十条 根据编纂方案的规定承担编纂任务的单位，应当按照地方志编纂规划和要求，接受本级地方志工作机构的业务指导与督促检查，按时、按质完成撰稿任务。

第十一条 地方志编纂实行专兼职人员相结合，应当广泛吸收有关专家、学者参加。专职编纂人员应当具备相应的专业知识和学术水平，做到恪尽职守、客观公正、秉笔直书、尊重史实。任何单位和个人不得要求编纂人员在地方志中做虚假记述。

第十二条 县政府史志办公室依法向全县机关、社会团体、企事业单位和其他组织以及公民征集有关地方志资料，相关单位和个人应当提供有关地方志资料。县政府史志办公室可以对所需资料内容进行查阅、摘抄、复制，但涉及国家秘密、商业秘密和个人隐私以及不符合档案开放条件的除外。

第十三条 在地方志编纂过程中收集到的文字资料、图表、照片、音像资料、实物等以及形成的地方志文稿，应按照规定归档管理，任何个人不得损毁或者据为己有以及出租、出让、转借。

第十四条 地方志书、地方综合年鉴出版实行分级审查批准制度，应当组织有关保密、档案、历史、法律、经济、军事等方面的专家参加，重点审查地方志书的内容是否符合宪法和保密、档案等法律、法规的规定，是否全面、客观地反映本行政区域自然、政治、经济、文化和社会的历史与现状。

以县级行政区域名称冠名、列入规划的地方志书由上一级地方志工作机构负责审查验收，报县人民政府批准后方可公开出版；地方综合年鉴、地方专业志书由县政府史志办公室审查验收，经县人民政府批准后方可公开出版。未按以上程序进行报批的各类地方志不得公开出版，新闻出版行政机构不得核发内部资料性图书准印证。

第十五条 地方志成果可以依照有关规定参加国家、省和市优秀社会科学成果评奖。

第十六条 县人民政府应当对地方志工作中做出突出成绩和贡献的单位和个人给予表彰和奖励。

第十七条 违反本办法规定，有下列情形之一的，由县政府史志办公室按照权限责令限期改正；逾期不改正的，提请县人民政府或有关行政部门依法查处，并视情节对有关单位和个人予以通报批评或予以行政处分：

（一）未经审查验收、批准，擅自编纂出版以本行政区域名称冠名的地方志书、地方综合年鉴及相关地情文献的；

（二）无故拖延、拒绝提供地方志资料或者拒不承担编写任务的；

（三）故意提供虚假地方志资料的；

（四）丢失、损毁单位地方志资料或者将其据为己有的；

（五）将地方志文稿作为个人著作擅自发表的；

（六）对已有审查通过的地方志文稿擅自进行重大改动并出版的；

（七）拒不向县政府史志办公室报送地方志出版物（含纸质版、电子版）的。

第十八条 编纂地方志涉及军事内容的，应当遵守中央军委关于军事志编纂的相关规定。

第十九条 违反本办法规定，涉及其他有关法律、法规规定的，按照其他有关法律法规进行处理。

第二十条 本办法自颁布之日起施行。

茌平县人民政府关于印发《茌平县地方史志工作管理暂行办法》的通 知

茌政发〔2011〕60号

各乡镇政府、街道办事处，县直各部门、各企事业单位：

《茌平县地方史志工作管理暂行办法》已经县政府研究同意，现印发给你们，望认真遵照执行。

茌平县人民政府

二〇一一年五月二十四日

茌平县地方史志工作管理暂行办法

第一条 为规范和加强全县地方史志的编纂、管理和开发利用工作，充分发挥地方志在经济建设和社会发展中“存史、资政、教化”作用，保证我县地方志工作有组织、有计划进行，更好地为我县经济社会发展服务，根据国务院《地方志工作条例》《山东省地方史志工作条例》结合我县实际，制定本办法。

第二条 本办法适用于我县行政区域内地方史志的编纂、管理和开发利用工作。

第三条 本办法所称地方史志，包括地方志书、地方综合年鉴和地情文献。

地方志书，是指全面系统地记述本行政区域自然、政治、经济、文化、社会的历史与现状的资料性文献。包括县志、乡镇（街道、开发区）志、以我县行政区域冠名的部门志以及我县行政区域冠名的其他相关志书。

地方综合年鉴，是指全面系统地记述本行政区域内自然、政治、经济、文化、社会等方面情况的年度资料性文献。包括县年鉴、乡镇（街道、开发区）年鉴，以我县行政区域冠名的部门年鉴以及以我县行政区域冠名的其他年鉴。

相关地情文献，是指系统记述本行政区域一定领域情况的资料性文献。包括机关、社会团体、企业事业单位及村（社区）编纂的志书、年鉴和其他资料性文献，及以我县行政区域冠名的其他地情文献。

第四条 县人民政府加强对本行政区域地方史志工作的领导，将地方史志工作纳入本地经济和社会发展规划。地方史志工作所需经费列入本级财政预算。

第五条 县地方史志办公室是本行政区域地方史志工作的主管机构，履行下列职责：

（一）贯彻执行地方史志工作法律、法规；

（二）组织、指导、督促、检查编纂地方志、地方综合年鉴、综合地情文献等全县综合志书；

（三）拟定地方史志工作规划和编纂方案；

（四）负责全县行政区域内以行政区域冠名各类志书的业务指导、专家评审、审核定稿、存档备案工作；

（五）编纂、审查、验收地方史志文稿；

（六）建设地情网站和方志馆，开发利用地方史志资源，为公众读志、用志提供服务；

（七）组织整理旧志，征集、保存地方史志文献；

（八）制定地方志编纂业务规范，组织开展地方史志学术研究、业务培训；

（九）完成本级人民政府和上级业务部门交办的其他任务。

第六条 从事地方史志编纂业务的人员应当具备相关的专业知识和学术水平。编纂茌平县地方志书、地方综合年鉴的编纂人员由县地方史志办公室聘任；本县行政区域内以行政区划冠名的乡镇（街道、开发区）志、部门志等各类志书的编纂人员由相关乡镇（街道、开发区）、部门选聘熟悉修志业务的人员担任，并报县地方史志办公室备案。

第七条 编纂地方史志，按下列程序进行：

（一）县级地方志书（《茌平县志》）、县级地方综合年鉴（《茌平年鉴》）由县地方史志办公室制定出编纂规划报县政府批准后，组织开展编纂。具体程序是：

1. 县地方史志办公室按照地方史志编写年限要求，结合本县实际，对需开展的地方志书、地方综合年鉴编纂工作，制定出编纂规划。

2. 县地方史志办公室制定详细的编纂方案，提交县史志编纂委员会讨论审议后，报县政府同意下发全县，启动编纂工作。根据编纂方案的规定，承担编纂任务的单位，应当按照地方志编纂规划和要求，接受县地方史志办公室的业务指导与督促检查，按照时间和质量要求完成撰稿任务。

3. 县地方史志办公室负责组织、编纂、出版发行等工作，所需经费列入同级财政预算。

4.《茌平县志》编纂形成定稿后，经市地方史志编纂委员会审定，报县民人民政府批准后出版，并报省政府史志工作机构备案。

5.《茌平年鉴》编纂形成定稿后，经县史志编纂委员会审定，报县人民政府批准后出版，并报市政府、省政府史志工作机构备案。

（二）以我县行政区域冠名的乡镇（街道、开发区）志和机关、社会团体、企业事业单位及村（社区）编纂的志书、年鉴和其他资料性文献，由相关乡镇（街道、开发区）、村（社区）和单位在县地方史志办公室的指导下组织编纂。具体程序是：

1. 各乡镇（街道、开发区）、村（社区）和单位按要求填报志书（年鉴、地情文献）编写申请表（附件1），并将地方志编纂方案提前3个月报县地方史志办公室审查后组织实施。

2. 县地方史志办公室负责志书的业务指导、检查督导、审查把关、存档备案。

3. 各乡镇（街道、开发区）、村（社区）和单位按照地方志编写程序，形成志稿篇目设置、初稿、评审稿、定稿。篇目设置形成后报县地方史志办公室审查备案，然后组织开展初稿编写；初稿形成后，由县地方史志办公室审查，提出修改意见，并组织评审；乡镇（街道、开发区）、村（社区）和有关单位根据评审意见修改定稿后，按照有关规定印刷或出版发行。

4. 各乡镇（街道、开发区）、村（社区）和有关单位应当在志书、年鉴和其他资料性文献出版后30日内按要求填报志书（年鉴、地情文献）审查备案表（附件2），并向县地方史志办公室报送样书和电子文本。

第八条 以县行政区域名称冠名的地方志书、地方综合年鉴，由县地方史志办公室按照全县规划组织编纂；以乡镇（街道、开发区）行政区域名称冠名的地方志书、地方综合年鉴，由各乡镇人民政府、街道办事处、开发区管委会组织编纂。其他组织和个人不得编纂出版。

第九条 有关组织和单位可以自行组织编纂本办法第八条规定以外的志书、年鉴或其他相关地情文献，编纂单位应当报县地方史志办公室备案。

第十条 县级地方志书每20年左右编修一次，每一轮地方志书编修工作完成后，地方志工作机构在编纂地方综合年鉴、搜集资料、向社会提供咨询服务的同时，启动新一轮地方志书的编修工作。县级地方综合年鉴按年度或数年编辑出版一卷。可适时组织编纂综合或专题地情文献。

第十一条 县地方史志办公室依法向辖区内机关、社会团体、企事业单位和其他组织以及公民征集有关地方史志资料，有关单位和公民应当提供支持。县地方史志办公室可以对有关资料进行查阅、摘抄、复制，但涉及国家秘密、商业秘密和个人隐私以及不符合档案开放条件的除外。地方史志资料所有人或者持有人不得故意提供虚假资料。

第十二条 在地方志编纂过程中收集到的文字资料、图表、照片、音像资料、实物等以及形成的地方志文稿，由县地方史志办公室集中统一管理，妥善保存，不得损毁；修志工作完成后，应当依法移交方志馆保存、管理，个人不得据为己有或者出租、出让、转借。

第十三条 以县行政区域名称冠名的地方志书、地方综合年鉴和相关地情文献为职务作品，依照《中华人民共和国著作权法》第十六条第二款的规定，其著作权由组织编纂的机构享有，参与编纂的人员享有署名权。

第十四条 地方史志工作应为地方经济社会的全面发展服务。县地方史志办公室通过建设方志馆、资料库、网站等方式，积极开拓社会用志途径，加强地方史志工作信息化建设。公民、法人和其他组织可以利用方志馆、资料库、网站查阅、摘抄地方史志资料。鼓励单位和个人向县地方史志办公室捐赠地方史志资料，对具有收藏价值的资料，方志馆应当向捐赠者颁发收藏纪念证书，并给予馆存资料的优先使用权。

第十五条 地方志成果可以依据有关规定参加国家、省和市优秀社会科学成果评奖。

第十六条 县人民政府应当对在地方史志工作中做出突出成绩的单位、个人给予表彰和奖励。

第十七条 实行地方史志保密审查分级分单位负责制。地方史志的保密审查由提供资料和编写初稿的单位负责，保密主管部门会同县地方史志办公室对本级地方史志进行保密审定。地方史志泄露国家秘密的，由有关部门依法查处。

第十八条 违反本办法规定，有下列行为之一的，由县地方史志办公室责令其停止违法行为并限期改正；逾期不改正的，视情节由县地方史志办公室提请有关行政部门依法给予行政处分或纪律处分：

（一）擅自编纂出版以县行政区域名称冠名的地方志书、地方综合年鉴和相关地情文献的；

（二）未经审查、验收、批准，将地方志文稿交付出版或者地方史志内容存在违反宪法、法律、法规的；

（三）无故拖延、拒绝提供地方史志资料或者承担编写任务的；

（四）地方史志资料所有人或者持有人故意提供虚假资料的；

（五）丢失、损毁单位地方史志资料或者将其据为己有的；

（六）拒不向地方史志工作机构报送地方史志出版物（含纸质版、电子版）的。

有本条（一）（二）项行为，造成重大损失或者恶劣影响的，县地方史志办公室可以依法向人民法院提起诉讼。

第十九条 任何单位和个人有权对违反本办法的行为向县地方史志办公室进行检举。

第二十条 本办法由茌平县地方史志办公室负责解释。

第二十一条 本办法自 2011 年 6 月 1 日起施行。

附件：1. 志书（年鉴、地情文献）编写申请表（略）

2. 志书（年鉴、地情文献）审查备案表（略）

东阿县人民政府办公室关于印发《东阿县地方史志工作暂行办法》的通知

东政办发〔2011〕59号

各乡（镇）人民政府、街道办事处，工业园区管委会，县政府有关部门：

《东阿县地方史志工作暂行办法》已经县政府同意，现印发给你们，请认真贯彻执行。

东阿县人民政府办公室

二〇一一年八月一日

东阿县地方史志工作暂行办法

第一条 为规范和加强全县地方史志的编纂、管理和开发利用工作，充分发挥地方志在经济建设和社会发展中“存史、资政、教化”作用，保证东阿县地方志工作有组织、有计划地进行，更好地为我县经济社会发展服务，根据国务院《地方志工作条例》《山东省地方史志工作条例》结合我县实际，制定本办法。

第二条 本办法适用于我县行政区域内地方史志的编纂、管理和开发利用工作。

第三条 本办法所称地方史志，包括地方志书、地方综合年鉴和地情文献。

地方志书，是指全面系统地记述本行政区域自然、政治、经济、文化、社会的历史与现状的资料性文献。包括县志、乡镇（街道、工业园区）志、以东阿县行政区域冠名的部门志以及东阿县行政区域冠名的其他相关志书。

地方综合年鉴，是指全面系统地记述本行政区域内自然、政治、经济、文化、社会等方面情况的年度资料性文献。包括县年鉴、乡镇（街道、工业园区）年鉴，以东阿县行政区域冠名的部门年鉴以及以东阿县行政区域冠名的其他年鉴。

相关地情文献，是指系统记述本行政区域一定领域情况的资料性文献。包括机关、社会团体、企业事业单位及村（社区）编纂的志书、年鉴和其他资料性文献，及以东阿县行政区域冠名的其他地情文献。

第四条 县人民政府加强对本行政区域地方史志工作的领导，将地方史志工作纳入本地经济和社会发展规划。地方史志工作所需经费列入本级财政预算。

第五条 县地方史志办公室是本行政区域地方史志工作的主管机构，履行下列职责：

（一）贯彻执行地方史志工作法律、法规；

（二）组织、指导、督促、检查编纂地方志、地方综合年鉴、综合地情文献等全县综合志书；

（三）拟定地方史志工作规划和编纂方案；

（四）负责全县行政区域内以行政区域冠名各类志书的业务指导、专家评审、审核定稿、存档备案工作；

（五）编纂、审查、验收地方史志文稿；

（六）建设地情网站和方志馆，开发利用地方史志资源，为公众读志、用志提供服务；

（七）组织整理旧志，征集、保存地方史志文献；

（八）制定地方志编纂业务规范，组织开展地方史志学术研究、业务培训；

（九）完成本级人民政府和上级业务部门交办的其他任务。

第六条 从事地方史志编纂业务的人员应当具备相关的专业知识和学术水平。编纂东阿县地方志书、地方综合年鉴的编纂人员由县地方史志办公室聘任；本县行政区域内以行政区划冠名的乡镇（街道、工业园区）志、部门志等各类志书的编纂人员由相关乡镇（街道、工业园区）、部门选聘熟悉修志业务的人员担任，并报县地方史志办公室备案。

第七条 编纂地方史志，按下列程序进行：

（一）县级地方志书（《东阿县志》）、县级地方综合年鉴（《东阿年鉴》）由县地方史志办公室制定出编纂规划报县政府批准后，组织开展编纂。具体程序是：

1. 县地方史志办公室按照地方史志编写年限要求，结合本县实际，对需开展的地方志书、地方综合年鉴编纂工作，制定出编纂规划。

2. 县地方史志办公室制定详细的编纂方案，提交县史志编纂委员会讨论审议后，报县政府同意下发全县，启动编纂工作。根据编纂方案的规定，承担编纂任务的单位，应当按照地方志编纂规划和要求，接受县地方史志办公室的业务指导与督促检查，按照时间和质量要求完成撰稿任务。

3. 县地方史志办公室负责组织、编纂、出版发行等工作，所需经费列入同级财政预算。

4.《东阿县志》编纂形成定稿后，经市地方史志编纂委员会审定，报县人民政府批准后出版，并报省政府史志工作机构备案。

5.《东阿年鉴》编纂形成定稿后，经县史志编纂委员会审定，报县人民政府批准后出版，并报市政府、省政府史志工作机构备案。

（二）以东阿县行政区域冠名的乡镇（街道、工业园区）志和机关、社会团体、企业事业单位及村（社区）编纂的志书、年鉴和其他资料性文献，由相关乡镇（街道、工业园区）、村（社区）和单位在县地方史志办公室的指导下组织编纂。具体程序是：

1. 各乡镇（街道、工业园区）、村（社区）和单位向县史志办公室提出申请，并将地方志编纂方案提前3个月报县地方史志办公室审查后组织实施。

2. 县地方史志办公室负责志书的业务指导、检查督导、审查把关、存档备案。

3. 各乡镇（街道、工业园区）、村（社区）和单位按照地方志编写程序，形成志稿篇目设置、初稿、评审稿、定稿。篇目设置形成后报县地方史志办公室审查备案，然后组织开展初稿编写；初稿形成后，由县地方史志办公室审查，提出修改意见，并组织评审；乡镇（街道、工业园区）、村（社区）和有关单位根据评审意见修改定稿后，按照有关规定印刷或出版发行。

4. 各乡镇（街道、工业园区）、村（社区）和有关单位应当在志书、年鉴和其他资料性文献出版后30日内向县地方史志办公室报送样书和电子文本。

第八条 以县行政区域名称冠名的地方志书、地方综合年鉴，由县地方史志办公室按照全县规划组织编纂；以乡镇（街道、工业园区）行政区域名称冠名的地方志书、地方综合年鉴，由各乡镇人民政府（街道办事处、工业园区管委会）组织编纂。其他组织和个人不得编纂出版。

第九条 有关组织和单位可以自行组织编纂本办法第八条规定以外的志书、年鉴或其他相关地情文献，编纂单位应当报县地方史志办公室备案。

第十条 县级地方志书每20年左右编修一次，每一轮地方志书编修工作完成后，地方志工作机构在编纂地方综合年鉴、搜集资料、向社会提供咨询服务的同时，启动新一轮地方志书的编修工作。县级地方综合年鉴按年度或数年编辑出版一卷。可适时组织编纂综合或专题地情文献。

第十一条 县地方史志办公室依法向辖区内机关、社会团体、企事业单位和其他组织以及公民征集有关地方史志资料，有关单位和公民应当提供支持。县地方史志办公室可以对有关资料进行查阅、摘抄、复制，但涉及国家秘密、商业秘密和个人隐私以及不符合档案开放条件的除外。地方史志资料所有人或者持有人不得故意提供虚假资料。

第十二条 在地方志编纂过程中收集到的文字资料、图表、照片、音像资料、实物等以及形成的地方志文稿，由县地方史志办公室集中统一管理，妥善保存，不得损毁；修志工作完成后，应当依法移交方志馆保存、管理，个人不得据为己有或者出租、出让、转借。

第十三条 以县行政区域名称冠名的地方志书、地方综合年鉴和相关地情文献为职务作品，依照《中华人民共和国著作权法》第十六条第二款的规定，其著作权由组织编纂的机构享有，参与编纂的人员享有署名权。

第十四条 地方史志工作应为地方经济社会的全面发展服务。县地方史志办公室通过建设方志馆、资料库、网站等方式，积极开拓社会用志途径，加强地方史志工作信息化建设。公民、法人和其他组织可以利用方志馆、资料库、网站查阅、摘抄地方史志资料。鼓励单位和个人向县地方史志办公室捐赠地方史志资料，对具有收藏价值的资料，方志馆应当向捐赠者颁发收藏纪念证书，并给予馆存资料的优先使用权。

第十五条 地方志成果可以依据有关规定参加国家、省和市优秀社会科学成果评奖。

第十六条 县人民政府应当对在地方史志工作中做出突出成绩的单位、个人给予表彰和奖励。

第十七条 实行地方史志保密审查分级分单位负责制。地方史志的保密审查由提供资料和编写初稿的单位负责，保密主管部门会同县地方史志办公室对本级地方史志进行保密审定。地方史志泄露国家秘密的，由有关部门依法查处。

第十八条 违反本办法规定，有下列行为之一的，由县地方史志办公室责令其停止违法行为并限期改正；逾期不改正的，视情节由县地方史志办公室提请有关行政部门依法给予行政处分或纪律处分：

（一）擅自编纂出版以县行政区域名称冠名的地方志书、地方综合年鉴和相关地情文献的；

（二）未经审查、验收、批准，将地方志文稿交付出版或者地方史志内容存在违反宪法、法律、法规的；

（三）无故拖延、拒绝提供地方史志资料或者承担编写任务的；

（四）地方史志资料所有人或者持有人故意提供虚假资料的；

（五）丢失、损毁单位地方史志资料或者将其据为己有的；

（六）拒不向地方史志工作机构报送地方史志出版物（含纸质版、电子版）的。

有本条（一）（二）项行为，造成重大损失或者恶劣影响的，县地方史志办公室可以依法向人民法院提起诉讼。

第十九条 任何单位和个人有权对违反本办法的行为向县地方史志办公室进行检举。

第二十条 本办法由东阿县地方史志办公室负责解释。

第二十一条 本办法自印发之日起施行。

冠县人民政府关于印发《冠县地方志工作管理暂行办法》的通　知

冠政发〔2011〕82号

各乡镇人民政府、街道办事处，县直各部门：

《冠县地方志工作管理暂行办法》已经县政府同意，现印发给你们，望认真遵照执行。

冠县人民政府

二〇一一年十二月十六日

冠县地方志工作管理暂行办法

第一条　为了规范和加强地方志工作，全面、客观、系统地编纂地方志，科学地积累、保存与开发、利用地方志资源，发挥地方志在促进经济和社会发展中的作用，根据国务院《地方志工作条例》《山东省地方史志工作条例》和《聊城市人民政府关于加强地方史志工作的意见》，结合本县实际，制定本办法。

第二条　本办法适用于本县行政区域内地方志的资料征集、研究、组织编纂、管理、开发利用和咨询服务工作。

第三条　本办法所称地方志是指地方志书、地方综合年鉴及地情文献。

地方志书，是指全面系统地记述本县行政区域自然、政治、经济、文化和社会历史与现状的资料性文献，包括县志、乡（镇）志、专业（部门）志。

地方综合年鉴，是指全面系统记述本县行政区域自然、政治、经济、文化、社会等方面情况的年度资料性文献，包括县年鉴、乡（镇）年鉴、行业（单位）年鉴。

地情文献，是指系统记述本县行政区域全面工作或专项工作的资料性书籍，包括机关、社会团体、企业事业单位及村编纂的以本行政区域冠名的地情类书籍。

第四条　地方志的编纂工作应当做到存真求实，确保质量，全面、客观地反映本行政区域自然、政治、经济、文化和社会的历史与现状。

第五条　县人民政府应当加强对本行政区域地方志工作的领导，将地方志工作纳入本地经济和社会发展规划。地方志工作所需经费列入本级财政预算。

第六条 县人民政府地方志办公室是本行政区域地方志工作主管机构，履行下列职责：

（一）贯彻执行地方志工作法律、法规；

（二）组织、指导、督促和检查全县地方志工作；

（三）拟订地方志工作规划和编纂方案；

（四）组织编纂地方志书、地方综合年鉴和其他地情文献，依照程序组织对地方志审查验收；

（五）征集、整理、保存地方志文献和资料，组织整理旧志，开展地方志理论研究和学术交流；

（六）组织开发利用地方志资源，建立方志馆（库）和网站，培训地方志编纂人员，为公众提供服务；

（七）完成本级人民政府和上级地方志工作机构交办的其他任务。

第七条 以本县行政区域名称冠名的地方志书、地方综合年鉴的编纂工作，由县地方志工作机构按照规划组织实施，其他组织和个人不得编纂。除以本县行政区域冠名的地方志以外，机关、社会团体、企业事业单位、其他组织和个人可编纂出版有助于经济社会发展的其他地方志书及地情类书籍，编纂单位应当按照隶属关系或者注册登记关系报地方志工作管理部门备案，地方志办公室应当对志书编纂活动进行业务指导。

第八条 县级地方志书每二十年左右编修一次，每一轮地方志书编修工作完成后，地方志工作机构在编纂地方综合年鉴、搜集资料、向社会提供咨询服务的同时，启动新一轮地方志书的编修工作。县级地方综合年鉴按年度或数年编辑出版一卷。可适时组织编纂综合或专题地情文献。

第九条 编纂地方志书、地方综合年鉴，应当制定编纂方案，报本级人民政府批准。根据编纂方案的规定承担编纂任务的单位，应当按照地方志编纂规划和要求，接受本级地方志工作机构的业务指导与督促检查，按时按质完成撰稿任务。

第十条 地方志编纂实行专兼职人员相结合，应当广泛吸收有关专家、学者参加。专职编纂人员应当具备相应的专业知识和学术水平，做到恪尽职守、客观公正、秉笔直书、尊重史实。任何单位和个人不得要求编纂人员在地方志中做虚假记述。

第十一条 地方志工作管理部门依法向辖区内机关、社会团体、企业事业单位和其他组织以及公民征集有关地方志资料，相关单位和个人应当提供有关地方志资料。地方志工作管理部门可以对所需资料内容进行查阅、摘抄、复制，但涉及国家秘密、商业秘密和个人隐私以及不符合档案开放条件的除外。

第十二条 在地方志编纂过程中收集到的文字资料、图表、照片、音像资料、实物等以及形成的地方志文稿，应按照规定归档管理，任何人不得损毁或者据为己有以及出租、出让、转借。

第十三条 地方志书、地方综合年鉴出版实行分级审查批准制度，应当组织有关保密、档案、历史、法律、经济、军事等方面的专家参加，重点审查地方志书的内容是否符合宪法和保密、档案等法律、法规的规定，是否全面、客观地反映本行政区域自然、政治、经济、文化和社会的历史与现状。

以县级行政区域名称冠名、列入规划的地方志书由上一级地方志工作机构负责审查验收，报县人民政府批准后方可公开出版；地方综合年鉴、地方专业志书由县地方志工作机构审查验收，经县人民政府批准后方可公开出版。未按以上程序进行报批的各类地方志不得公开出版，新闻出版行政机构不得核发内部资料性图书准印证。

第十四条 地方志编纂单位应当在地方志书、地方综合年鉴及地情文献出版后三个月内，向本级和上级地方志办公室报送样书。

第十五条 地方志书、地方综合年鉴和相关地情文献为职务作品，依照《中华人民共和国著作权法》第十六条第二款的规定，其著作权由组织编纂的机构享有，参与编纂的人员依法享有署名权。

第十六条 建立地情资料日常收集机制。县地方志工作机构可以通过建立方志馆（地情资料库）等收藏、保存、管理各类地方志资料，积极开展地情宣传、咨询活动，出版专题资料、地情研究成果，为社会各界服务。

鼓励单位和个人向县地方志工作机构捐赠地方志资料，对具有收藏价值的资料，方志馆应当向捐赠者颁发收藏纪念证书，并给予馆存资料的优先使用权。

第十七条 地方志成果可以依照有关规定参加国家、省和市优秀社会科学成果评奖。

第十八条 县人民政府应当对地方志工作中做出突出成绩和贡献的单位和个人给予表彰和奖励。

第十九条 违反本办法规定，有下列情形之一的，由县人民政府地方志工作机构按照权限责令限期改正；逾期不改正的，提请县人民政府或有关行政部门依法查处，并视情节对有关单位和个人予以通报批评或予以行政处分：

（一）未经审查验收、批准，擅自编寨出版以本行政区域名称冠名的地方志书、地方综合年鉴及相关地情文献的；

（二）无故拖延、拒绝提供地方志资料或者拒不承担编写任务的；

（三）故意提供虚假地方志资料的；

（四）丢失、损毁单位地方志资料或者将其据为己有的；

（五）将地方志文稿作为个人著作擅自发表的；

（六）对已经审查通过的地方志文稿擅自进行重大改动并出版的；

（七）拒不向地方志工作机构报送地方志出版物（含纸质版、电子版）的。

第二十条 实行地方志保密审查分级分单位负责制。地方志的保密审查由提供资料和编写初稿的单位负责，保密主管部门会同地方志工作机构对本级地方志进行保密审定。地方志泄露国家秘密的，由有关部门依法查处。

第二十一条 编纂地方志涉及军事内容的，应当遵守中央军委关于军事志编纂的相关规定。

第二十二条 违反本办法规定，涉及其他有关法律、法规规定的，按照其他有关法律法规进行处理。

第二十三条 任何单位和个人有权对违反本办法的行为进行检举。

第二十四条 本办法由冠县地方史志编纂委员会办公室负责解释。

第二十五条 本办法自颁布之日起施行。

高唐县人民政府办公室关于印发《高唐县地方志工作管理暂行办法》的通知

高政办发〔2011〕46号

开发区管委会、各乡镇政府、街道办事处、县政府有关部门：

《高唐县地方志工作管理暂行办法》已经县政府研究同意，现印发给你们，请认真遵照执行。

高唐县人民政府办公室

二〇一一年十二月一日

高唐县地方志工作管理暂行办法

第一条 为规范和加强全县地方史志的编纂、管理和开发利用工作，充分发挥地方志在经济建设和社会发展中“存史、资政、教化”作用，保证我县地方志工作有组织、有计划进行，更好地为我县经济社会发展服务，根据国务院《地方志工作条例》《山东省地方史志工作条例》结合我县实际，制定本办法。

第二条 本办法适用于本县行政区域内地方史志的编纂、管理和开发利用工作。

第三条 本办法所称地方志，包括地方志书、地方综合年鉴和地情文献。

地方志书，是指全面系统地记述本行政区域自然、政治、经济、文化、社会的历史与现状的资料性文献。包括县志、镇（街道、开发区）志、以我县行政区域冠名的部门志以及我县行政区域冠名的其他相关志书。

地方综合年鉴，是指全面系统地记述本行政区域内自然、政治、经济、文化、社会等方面情况的年度资料性文献。包括县年鉴、镇（街道、开发区）年鉴，以我县行政区域冠名的部门年鉴以及以我县行政区域冠名的其他年鉴。

相关地情文献，是指系统记述本行政区域一定领域情况的资料性文献。包括机关、社会团体、企业事业单位及村（社区）编纂的志书、年鉴和其他资料性文献，及以我县行政区域冠名的其他地情文献。

第四条 县人民政府加强对本行政区域地方史志工作的领导，将地方史志工作纳入本地经济和社会发展规划。地方史志工作所需经费列入本级财政预算。

第五条 县地方史志办公室是本行政区域地方史志工作的主管机构，履行下列职责：

（一）贯彻执行地方志工作法律、法规；

（二）组织、指导、督促、检查编纂地方志、地方综合年鉴、综合地情文献等全县综合志书；

（三）拟定地方史志工作规划和编纂方案；

（四）负责全县行政区域内以行政区域冠名各类志书的业务指导、专家评审、审核定稿、存档备案工作；

（五）编纂、审查、验收地方史志文稿；

（六）建设地情网站和地方志馆（库），开发利用地方史志资源，为公众读志、用志提供服务；

（七）组织整理旧志，征集、保存地方史志文献；

（八）制定地方志编纂业务规范，组织开展地方史志学术研究、业务培训；

（九）完成本级人民政府和上级业务部门交办的其他任务。

第六条 从事地方史志编纂业务的人员应当具备相关的专业知识和学术水平。编纂高唐县地方志书、地方综合年鉴的编纂人员由县地方史志办公室聘任；本县行政区域内以行政区划冠名的镇（街道、开发区）志、部门志等各类志书的编纂人员由相关镇（街道、开发区）、部门选聘熟悉修志业务的人员担任，并报县地方史志办公室备案。

第七条 编纂地方史志，按下列程序进行：

（一）县级地方志书（《高唐县志》）、县级地方综合年鉴（《高唐年鉴》）由县地方史志办公室制定出编纂规划报县政府批准后，组织开展编纂。具体程序是：

1. 县地方史志办公室按照地方史志编写年限要求，结合本县实际，对需开展的地方志书、地方综合年鉴编纂工作，制定出编纂规划。

2. 县地方史志办公室制定详细的编纂方案，提交县史志编纂委员会讨论审议后，报县政府同意下发全县，启动编纂工作。根据编纂方案的规定，承担编纂任务的单位，应当按照地方志编纂规划和要求，接受县地方史志办公室的业务指导与督促检查，按照时间和质量要求完成撰稿任务。

3. 县地方史志办公室负责组织、编纂、出版发行等工作，所需经费列入同级财政预算。

4.《高唐县志》编纂形成定稿后，经市地方史志编纂委员会审定，报县人民政府批准后出版，并报省政府史志工作机构备案。

5.《高唐年鉴》编纂形成定稿后，经县史志编纂委员会审定，报县人民政府批准后出版，并报市政府、省政府史志工作机构备案。

（二）以我县行政区域冠名的镇（街道、开发区）志和机关、社会团体、企业事业单位及村（社区）编纂的志书、年鉴和其他资料性文献，由相关镇（街道、开发区）、村（社区）和单位在县地方史志办公室的指导下组织编纂。具体程序是：

1. 各镇（街道、开发区）、村（社区）和单位按要求填报志书（年鉴、地情文献）编写申请表（附件1），并将地方志编纂方案提前3个月报县地方史志办公室审查后组织实施。

2. 县地方史志办公室负责志书的业务指导、检查督导、审查把关、存档备案。

3. 各镇（街道、开发区）、村（社区）和单位按照地方志编写程序，形成志稿篇目设置、初稿、评审稿、定稿。篇目设置形成后报县地方史志办公室审查备案，然后组织开展初稿编写；初稿形成后，由县地方史志办公室审查，提出修改意见，并组织评审；镇（街道、开发区）、村（社区）和有关单位根据评审意见修改定稿后，按照有关规定印刷或出版发行。

4. 各镇（街道、开发区）、村（社区）和有关单位应当在志书、年鉴和其他资料性文献出版后30日内按要求填报志书（年鉴、地情文献）审查备案表（附件2），并向县地方史志办公室报送样书和电子文本。

第八条 以县行政区域名称冠名的地方志书、地方综合年鉴，由县地方史志办公室按照全县规划组织编纂；以镇（街道、开发区）行政区域名称冠名的地方志书、地方综合年鉴，由各镇政府、街道办事处、开发区管委会组织编纂。其他组织和个人不得编纂出版。

第九条 有关组织和单位可以自行组织编纂本办法第八条规定以外的志书、年鉴或其他相关地情文献，编纂单位应当报县地方史志办公室备案。

第十条 县级地方志书每20年左右编修一次，每一轮地方志书编修工作完成后，地方志工作机构在编纂地方综合年鉴、搜集资料、向社会提供咨询服务的同时，启动新一轮地方志书的编修工作。县级地方综合年鉴按年度或数年编辑出版一卷。可适时组织编纂综合或专题地情文献。

第十一条 县地方史志办公室依法向辖区内机关、社会团体、企事业单位和其他组织以及公民征集有关地方史志资料，有关单位和公民应当提供支持。县地方史志办公室可以对有关资料进行查阅、摘抄、复制，但涉及国家秘密、商业秘密和个人隐私以及不符合档案开放条件的除外。地方史志资料所有人或者持有人不得故意提供虚假资料。

第十二条 在地方志编纂过程中收集到的文字资料、图表、照片、音像资料、实物等以及形成的地方志文稿，由县地方史志办公室集中统一管理，妥善保存，不得损毁；修志工作完成后，应当依法移交方志馆保存、管理，个人不得据为己有或者出租、出让、转借。

第十三条 以县行政区域名称冠名的地方志书、地方综合年鉴和相关地情文献为职务作品，依照《中华人民共和国著作权法》第十六条第二款的规定，其著作权由组织编纂的机构享有，参与编纂的人员享有署名权。

第十四条 地方史志工作应为地方经济社会的全面发展服务。县地方史志办公室通过建设方志馆、资料库、网站等方式，积极开拓社会用志途径，加强地方史志工作信息化建设。公民、法人和其他组织可以利用方志馆、资料库、网站查阅、摘抄地方史志资料。鼓励单位和个人向县地方史志办公室捐赠地方史志资料，对具有收藏价值的资料，方志馆应当向捐赠者颁发收藏纪念证书，并给予馆存资料的优先使用权。

第十五条 地方志成果可以依据有关规定参加国家、省和市优秀社会科学成果评奖。

第十六条 县政府应当对在地方史志工作中做出突出成绩的单位、个人给予表彰和奖励。

第十七条 实行地方史志保密审查分级分单位负责制。地方史志的保密审查由提供资料和编写初稿的单位负责，保密主管部门会同县地方史志办公室对本级地方史志进行保密审定。地方史志泄露国家秘密的，由有关部门依法查处。

第十八条 违反本办法规定，有下列行为之一的，由县地方史志办公室责令其停止违法行为并限期改正；逾期不改正的，视情节由县地方史志办公室提请有关行政部门依法给予行政处分或纪律处分：

（一）擅自编纂出版以县行政区域名称冠名的地方志书、地方综合年鉴和相关地情文献的；

（二）未经审查、验收、批准，将地方志文稿交付出版或者地方史志内容存在违反宪法、法律、法规的；

（三）无故拖延、拒绝提供地方史志资料或者承担编写任务的；

（四）地方史志资料所有人或者持有人故意提供虚假资料的；

（五）丢失、损毁单位地方史志资料或者将其据为己有的；

（六）拒不向地方史志工作机构报送地方史志出版物（含纸质版、电子版）的。

有本条（一）（二）项行为，造成重大损失或者恶劣影响的，县地方史志办公室可以依法向人民法院提起诉讼。

第十九条 任何单位和个人有权对违反本办法的行为向县地方史志办公室进行检举。

第二十条 本办法由高唐县地方史志办公室负责解释。

第二十一条 本办法自2011年12月1日起施行。

附件： 1. 志书（年鉴、地情文献）编写申请表（略）

2. 志书（年鉴、地情文献）审查备案表（略）

滨州市人民政府关于印发《滨州市地方史志工作管理办法》的通知

滨政发〔2013〕3号

各县（区）人民政府，滨州经济开发区、高新区、北海经济开发区管委会，市政府各部门、各直属事业单位，市属各大企业，各高等院校，中央、省驻滨各单位：

《滨州市地方史志工作管理办法》已经2012年12月14日市政府第9次常务会议讨论通过，现予印发，请认真贯彻执行。

滨州市人民政府

二〇一三年一月十八日

滨州市地方史志工作管理办法

第一条 为促进地方史志事业发展与国民经济和社会发展相适应，更好地发挥地方志的作用，根据国务院《地方志工作条例》和《山东省地方史志工作条例》，结合本市实际，制定本办法。

第二条 本办法适用于本市行政区域内地方史志的组织编纂、管理和开发利用工作。

第三条 本办法所称地方史志是指各级各类地方志书、地方综合年鉴及相关地情文献。

行政区域名称冠名的志书包括市、县（区）志、乡镇（街道）志。

行政区域名称冠名的年鉴包括市、县（区）年鉴、乡镇（街道）年鉴。

相关地情文献包括行业、部门、企事业单位及行政村（社区）编纂的志书、年鉴及其他资料性文献。

第四条 地方史志工作坚持存真求实的原则，全面、系统、客观、准确地反映本行政区域内自然、政治、经济、文化和社会的历史与现状。

第五条 市、县（区）人民政府应当加强对本行政区域地方史志工作的领导，将地方史志工作纳入国民经济和社会发展规划，明确工作机构和人员编制，所需经费列入本级财政预算。

第六条 市、县（区）人民政府地方史志工作机构主管本行政区域内的地方史志工作，履行下列职责：

（一）组织、指导和检查地方史志工作；

（二）拟定地方史志工作规划和编纂方案；

（三）组织编纂地方志书、地方综合年鉴及相关地情文献；

（四）审查、验收、备案有关地方史志文稿；

（五）组织整理旧志，征集、整理、保存地方史志文献；

（六）组织开展地方史志理论研究、学术交流及业务培训；

（七）建设方志馆、地情资料数据库和地情网站，为公众读志用志，开展地情研究，保存地情资料提供条件；

（八）本级人民政府和上级业务部门交办的其他事项。

第七条 从事地方史志编纂业务的人员应当具备相应的专业知识、学术水平和文字能力。

地方史志编纂工作应当吸收有关方面专家、学者参与。

第八条 以市、县（区）行政区域名称冠名的地方志书、地方综合年鉴和相关地情文献，由同级人民政府地方史志工作机构按照规划组织编纂，其他组织和个人不得编纂出版。

第九条 市、县（区）地方志书每20年左右编修一次。编修工作由市政府根据省政府确定的任务统一部署。

遇到地方重大事件发生或重大区划变动，应当适时组织编纂专志和地方志书。鼓励和提倡编写部门志、专业志并列入“滨州地方史志丛书”统一编排出版。

第十条 市、县（区）综合年鉴由同级政府地方史志工作机构按年度组织编纂，以出版年份为卷号。《滨州年鉴》应做到一年一卷；其他年鉴的编纂可结合实际一年一卷，也可编写多年卷。

第十一条 市、县（区）史志工作机构可以向机关、社会团体、企业事业单位和其他组织以及公民征集有关地方史志资料，有关单位和公民应当为其提供支持。

地方史志编纂机构可以对资料内容进行查阅、摘抄、复制。涉及国家秘密、商业秘密和个人隐私以及不符合档案开放条件的除外。

地方史志资料所有人或者持有人不得故意提供虚假资料。

第十二条 市、县（区）史志工作机构负责组织本行政区域内经济、社会发展年度详细资料的征集报送工作。以年度为单位，对全市志书和年鉴编纂所需资料及基础地情资料进行全面、经常性的收集、整理、积累，并负责向上级史志工作机构报送本级基础地情资料。

第十三条 地方史志编纂过程中征集到的各类资料及形成的文稿，由同级政府地方史志工作机构集中统一管理，妥善保存。编纂工作完成后，应当移交本级国家档案馆和方志馆保存、管理，任何人不得损毁、据为己有或者出让、出租、转借。

第十四条 地方史志文稿保密审查实行分级负责制。提供资料和撰写初稿的单位和个人应当保证资料和稿件不存在泄密内容。地方史志工作机构会同保密主管部门对本级地方史志文稿进行严格的保密审查。

第十五条 承担地方史志编纂或资料报送任务的单位，应明确责任机构和人员，提供经费等保障条件，接受同级人民政府地方史志工作机构的指导和检查。

第十六条 市、县（区）政府地方史志工作机构编纂地方综合年鉴应当取得省政府地方史志工作机构核发的“年鉴编纂资格证书”。

市、县（区）政府部门和单位年鉴编纂资格由同级政府地方史志工作机构审查认定。

第十七条 地方史志出版实行分级审查验收制度。

（一）《滨州市志》报山东省地方史志编纂委员会审定，经市政府批准后出版。

（二）《滨州年鉴》由市地方史志编纂委员会审定，经市政府批准后出版。

（三）市属部门、单位编纂的志书、年鉴及列入规划的相关地情文献，由市政府地方史志工作机构审定后出版。

（四）县（区）志由市地方史志编纂委员会审定，报同级人民政府批准后出版。

（五）县（区）年鉴由本级地方史志编纂委员会审定，报同级政府批准后出版。

（六）县（区）属部门、单位编纂的志书、年鉴及相关地情文献由县（区）政府地方史志工作机构审定后出版。

（七）乡镇（街道）志、年鉴由县（区）政府地方史志工作机构审定，经同级政府（街道办事处）批准后出版。

（八）行政村（社区）志报县（区）政府地方史志工作机构审定后出版。

第十八条 市、县（区）、乡镇（街道）、行政村（社区）四级志书、年鉴的电子类出版物，一律履行第十七条报审程序。

地方史志文稿报审时，应当按要求提交相关资料。审查机构应及时认真审查，并出具审查意见。

未按程序报审的各类地方志书不得以任何形式公开出版。

第十九条 地方志书、年鉴和相关地情文献在审查时如发现重大质量缺陷的，应当驳回重修；出版后发现有重大质量缺陷的，应当责令相关单位收回、销毁；经重新修改、按程序审查后，方可再次安排出版。

已经通过审查的志书、年鉴和相关地情文稿，不得随意修改。确需重新作重大调整和修改的，须报经审查机构同意，并在修改后再次报审。

第二十条 市及各县（区）属部门、行业、企事业单位编纂的志书、年鉴及其他资料性文献，应于出版后30日内，按隶属关系报同级政府地方史志工作机构备案。

第二十一条 以行政区域名称冠名的志书、年鉴和相关地情文献为职务作品，其著作权由组织编纂的机构享有，参与编纂的人员依法享有署名权。

第二十二条 地方史志编纂涉及历史争议内容的，应当征求有关专家、学者和研究机构的意见，并向同级政府和上级政府地方史志工作机构报告。

第二十三条 地方史志文献应当通过方志馆、地情资料库和地情网站向社会公众开放。

第二十四条 市、县（区）史志工作机构负责本行政区域地情资料库（地情网站）的建设和维护，及时将史志资料及成果进行数字化处理，建成动态型地情资料数据库。

第二十五条 鼓励单位和个人向方志馆捐赠地方资料文献。

对具有收藏价值的资料，应向捐赠者颁发收藏纪念证书，并给予所存资料的优先调阅权。

第二十六条 市、县（区）政府及有关部门应将地方史志工作纳入年度目标考核范围，对成绩突出的单位和个人给予表彰和奖励。

第二十七条 有下列行为之一的，由市或县（区）政府地方史志工作机构责令限期改正；逾期不改的，予以通报批评或由其所在单位和有关行政部门依法给予行政处分或者纪律处分。

（一）无故拖延、拒绝提供地方史志资料或拒不承担编写任务的；

（二）未经备案或审查、批准，擅自编纂、出版以行政区域名称冠名的志书、年鉴及相关地情文献的；

（三）对已经审查通过的地方史志文稿又擅自进行较大改动并出版，造成恶劣影响和严重后果的；

（四）故意提供地方史志虚假资料的；

（五）拒绝向地方史志工作机构报送地方史志文献的。

第二十八条 地方史志工作机构及其工作人员有下列行为之一的，对主管人员和其他直接责任人员予以通报批评、行政处分或者纪律处分：

（一）在地方史志编纂中故意加入虚假资料的；

（二）将地方史志编纂工作中搜集的资料和形成的文稿据为已有的；

（三）将地方史志文稿作为个人著作擅自发表的；

（四）擅自出让、出租、转借地方史志资料，造成损毁或遗失的。

第二十九条 本办法自 2013 年 3 月 1 日起施行，有效期至 2018 年 2 月 28 日。

滨城区人民政府办公室关于印发《滨城区地方志工作管理暂行办法》的通　知

滨城政办字〔2011〕64号

滨州工业园区管委会，各乡、镇人民政府，各街道办事处，区政府有关部门：

《滨城区地方志工作管理暂行办法》已经区政府同意，现印发给你们，请认真贯彻执行。

滨城区人民政府办公室

二○一一年七月二十七日

滨城区地方志工作管理暂行办法

第一条　为规范地方志的编纂、管理、开发和利用，根据国务院《地方志工作条例》和《山东省地方史志工作条例》，结合滨城区实际，制定本办法。

第二条　本办法适用于本行政区域内地方志的资料征集、研究、组织编纂、管理、开发利用和咨询服务工作。

第三条　本办法所称地方志是指地方志书、地方综合年鉴及地情文献等。

地方志书，是指全面系统地记述本行政区域自然、政治、经济、文化和社会的历史与现状的资料性文献，包括区志、乡（镇）志、专业（部门）志。

地方综合年鉴，是指全面系统记述本行政区域自然、政治、经济、文化、社会等方面情况的年度资料性文献，包括区年鉴、乡（镇）年鉴、行业（单位）年鉴。

地情文献，是指系统记述本行政区域全面工作或专项工作的资料性书籍，包括机关、社会团体、企业事业单位及村（社区）编纂的以本行政区域冠名的地情类书籍。

第四条　区人民政府应当加强对本行政区域地方史志工作的领导，将地方史志工作纳入全区国民经济和社会发展规划。地方志工作所需经费列入本级财政预算。

第五条　区地方史志办公室是本行政区域地方志工作的主管机构，履行下列职责：

（一）贯彻执行地方志工作法律、法规；

（二）组织、指导、督促和检查全区地方志工作；

（三）拟订地方志工作规划和编纂方案，并制定区地方志编纂业务规范；

（四）组织编纂地方志书、地方综合年鉴和其他地情文献，依照程序组织对地方志审查验收；

（五）负责本行政区域内以行政区划冠名的各类志书的业务指导、专家评审、审核、定稿、存档备案工作；

（六）搜集、整理、保存地方志文献和资料，组织整理旧志，推动地方志理论研究和学术交流；

（七）组织开发利用地方志资源，建设方志馆、资料库和地情网站，为公众提供服务；

（八）完成本级人民政府和上级史志工作机构交办的其他任务。

第六条 以本行政区域名称冠名的地方志书、地方综合年鉴的编纂工作，由区地方史志办公室按照规划组织实施，其他组织和个人不得编纂。

除以本行政区域冠名的地方志以外，机关、社会团体、企事业单位、其他组织和个人可编纂出版有助于经济社会发展的其他地方志书及地情类书籍，编纂单位应当按照隶属关系或者注册登记关系报区地方史志办公室备案，区地方史志办公室应对志书编纂活动进行业务指导。

第七条 区级地方志书每20年左右编修一次，每一轮地方志书编修工作完成后，区地方史志办公室在编纂地方综合年鉴、搜集资料、向社会提供咨询服务的同时，启动新一轮地方志书的续修工作。区级地方综合年鉴可按年度或数年编辑出版1卷，可适时组织编纂综合或专题地情文献。

第八条 编纂地方志书、地方综合年鉴，应当制定编纂方案，报区人民政府批准。根据编纂方案承担编纂任务的单位，应当按照地方志编纂规划和要求，接受区地方史志办公室的业务指导与督促检查，按时按质完成撰稿任务。

第九条 地方志编纂实行专兼职人员相结合，应当广泛吸收有关专家、学者参加。专职编纂人员应当具备相应的专业知识和学术水平，做到恪尽职守、客观公正、秉笔直书、尊重史实。地方志资料所有人或者持有人不得提供虚假资料。

第十条 区地方史志办公室依法向辖区内机关、社会团体、企事业单位和其他组织以及公民征集有关地方志资料，相关单位和个人应当提供有关地方志资料。区地方史志办公室可以对所需资料内容进行查阅、摘抄、复制，但涉及国家秘密、商业秘密和个人隐私以及不符合档案开放条件的除外。

第十一条 在地方志编纂过程收集到的文字资料、图表、照片、音像资料、实物等以及形成的地方志文稿，应按照规定归档管理。修志工作完成后，应当依法移交区方志馆或档案馆保存，任何个人不得损毁或者据为已有以及出租、出让、转借。

第十二条 区地方史志办公室对地方志书、地方综合年鉴出版的审查，应当组织有关保密、档案、历史、法律、经济、军事等方面的专家参加，重点审查地方志书的内容是否符合宪法和保密、档案等法律法规的要求，是否全面、客观地反映本行政区域自然、政治、经济、文化和社会的历史与现状。

以区级行政区域名称冠名、列入规划的地方志书由市地方史志办公室审查验收，报区人民政府批准后出版；以区级行政区域名称冠名的地方综合年鉴、地方专业志书由区地方史志办公室审查验收，经区人民政府批准后出版。未按以上程序进行报批的各类地方志不得公开出版。

第十三条 地方志编纂单位应当在地方志书、地方综合年鉴及地情文献出版后 3 个月内，向区地方史志办公室和市地方史志工作管理机构报送样书备案。

第十四条 地方志书、地方综合年鉴和相关地情文献为职务作品，依照《中华人民共和国著作权法》第十六条第二款的规定，其著作权由组织编纂的机构享有，参与编纂的人员依法享有署名权。

第十五条 区地方史志办公室要加强对地情资料的日常收集。可建立方志馆、地情资料库等，用来收藏、保存、管理各类地方志资料。积极开展地情宣传、咨询活动，出版专题资料、地情研究成果，为社会各界服务。

鼓励单位和个人向区地方史志办公室捐赠地方志资料，对具有收藏价值的资料，由区地方史志办公室向捐赠者颁发收藏纪念证书，并给予区方志馆馆存资料的优先使用权。

第十六条 地方志成果可以依照有关规定参加国家、省和市优秀社会科学成果评奖。

第十七条 违反本办法规定，有下列行为之一的，由区地方史志办公室按照权限责令限期改正；逾期不整改的，提请区人民政府或有关行政机关依法查处，并视情节对有关单位和个人予以行政处分或纪律处分：

（一）未经审查验收、批准，擅自编纂出版以本行政区域名称冠名的地方志书、地方综合年鉴及相关地情文献的；

（二）无故拖延、拒绝提供地方志资料或者拒不承担编写任务的；

（三）故意提供虚假地方志资料的；

（四）丢失、损毁单位地方志资料或者将其据为己有的；

（五）将地方志资料文稿作为个人著作擅自发表的；

（六）拒绝报送地方史志文献的。

第十八条 实行地方志保密审查分级分单位负责制。地方志的保密审查由提供资料和编写初稿的单位负责，保密主管部门会同地方史志办公室对本级地方志进行保密审定。地方志泄露国家秘密的，由有关部门依法查处。

第十九条 编纂地方志涉及军事内容的，应当遵守中央军委关于军事志编纂的相关规定。

第二十条 本办法自发布之日起施行。

沾化县[①]人民政府办公室关于印发《沾化县地方志编纂工作管理办法》的通　知

沾政办发〔2011〕49 号

各乡镇人民政府，各管委会、办事处，县政府各部门、单位：

《沾化县地方志编纂工作管理办法》已经县政府同意，现印发给你们，请结合实际，认真贯彻落实。

沾化县人民政府办公室

二〇一一年六月九日

沾化县地方志编纂工作管理办法

为规范沾化县地方志的编纂、管理、开发和利用，充分发挥地方志在经济建设和社会发展中“存史、资政、教化”作用，根据国务院《地方志工作条例》和《山东省地方史志工作条例》有关规定，结合本县实际，制定本办法。

第一条　本县行政区域内地方志的资料征集、组织编纂、管理、开发和利用，适用本办法。

第二条　本办法所称地方志，包括地方志书、地方综合年鉴、综合地情文献等。

地方志书，是指全面客观系统地记述本县行政区域内自然、政治、经济、文化、社会等方面的历史与现状的资料性文献，包括县志、乡镇（街道）志、专业（部门）志。

地方综合年鉴，是指系统记述本县行政区域内自然、政治、经济、文化、社会等方面情况的年度资料性文献，包括县年鉴、乡镇（街道）年鉴、行业（单位）年鉴。

综合地情文献，是指系统记述本县行政区域内自然、政治、经济、文化、社会等方面一段时期或部分内容的资料性文献，包括机关、社会团体、企事业单位及村（社区）编纂的本县行政区划冠名的其他地情文献。

---

①　国务院 2014 年 9 月 9 日批准，撤销沾化县，设立滨州市沾化区。载《中华人民共和国行政区划简册 2015》，第 93 页，中国地图出版社 2015 年 5 月版。

第三条 地方志的编纂工作应当做到存真求实，确保质量，全面、客观地反映本行政区域自然、政治、经济、文化和社会的历史和现状。

第四条 县人民政府加强对本行政区域地方志工作的领导，将地方志工作纳入本地经济和社会发展总体规划。地方志工作所需经费列入本级财政预算。

第五条 县地方史志办公室（以下简称“县史志办”）主管本行政区域内的地方志工作，履行下列职责：

（一）贯彻执行地方志工作法律、法规；

（二）组织、指导、督促和检查全县地方志工作；

（三）拟定沾化县地方志工作规划和编纂方案；

（四）制定沾化县地方志编纂业务规范；

（五）组织编纂沾化县地方志、地方综合年鉴、综合地情文献等全县综合性志书；

（六）负责本县行政区域内以行政区划冠名的各类志书的业务指导、专家评审、审查验收、存档备案工作；

（七）搜集、保存地方志文献和资料，组织整理旧志，推动地方志理论研究；

（八）宣传、推广地方志成果，开展地情研究，建设方志馆、地情资料库及地情网站，为公众读志用志提供服务；

（九）组织开展地方志学术研究、业务培训；

（十）完成本级人民政府和上级地方志工作机构交办的其他任务。

第六条 从事地方志编纂业务的人员应当具备相关的专业知识和学术水平。编纂沾化县地方志、地方综合年鉴、综合地情文献等全县综合性志书，由县地方史志办公室工作人员承担，必要时可聘任专业技术人员；本县行政区域内以行政区划冠名的乡镇（街道）志、部门志等各类志书的编纂人员，由相关乡镇（街道）、部门选派熟悉修志业务的人员担任，报县地方史志办公室备案。

第七条 编纂地方志，按下列程序进行：

（一）沾化县地方志书、沾化年鉴、沾化县综合性地情文献由县地方史志办公室制定出编纂规划报县政府批准后，组织开展编纂，报市政府地方史志办公室审查，经县政府批准后出版，并报省政府地方史志办公室备案。具体程序是：

1. 县地方史志办公室按照地方志年限要求，结合本县实际，对需开展的地方志编纂工作，提前半年制定详细的编纂方案，报县政府同意，并经市地方史志办公室批准后组织实施。

2. 县史志办制定详细的编纂方案，提交县地方史志编纂委员会讨论审议后，报县政府同意下发全县，启动编纂工作。

3. 县地方史志办公室负责组织编纂人员、业务开展、检查验收、出版发行等工作。所需经费列入同级财政预算。

4. 县地方志书定稿后，由县地方史志办公室写出报告，报滨州市地方史志编委会审定，经县政府批准后出版，并报省地方史志办公室备案；县综合年鉴经县政府批准后出版。

（二）以沾化县行政区划冠名的乡镇（街道）志、部门志等各类志书、年鉴、地情文献，由相关乡镇（街道）和部门在县地方史志办公室的指导下，严格按照县地方史志办公室制定的相应编纂规范组织编纂。具体程序是：

1. 各乡镇（街道）、各部门将地方志编纂方案提前 3 个月报县地方史志办公室审查后组织实施。

2. 县地方史志办公室负责志书的业务指导、检查督导、审查把关、存档备案。

3. 各乡镇（街道）、各部门按照地方志编写程序，应形成志稿篇目设置、初稿、评审稿、定稿。篇目设置形成后报县地方史志办公室审查备案，然后组织开展初稿编写；初稿形成后，报县地方史志办公室审查，由县地方史志办公室组织评审，提出修改意见；有关部门和乡镇（街道）根据评审意见修改定稿，经县地方史志办公室批准后，按照有关规定印刷或出版发行。

4. 各乡镇（街道）、各部门应当在地方志出版后 30 日内向县地方史志办公室报送样书和电子文本。

第八条 以本县行政区域名称冠名的地方志书、地方综合年鉴、综合性地情文献的编纂工作由县地方史志办公室按照规划组织编纂，其他组织和个人不得编纂出版。

除以本县行政区域冠名的地方志以外，机关、社会团体、企事业单位、其他组织和个人可编纂出版有利于经济社会发展的其他地方志及地情类书籍。编纂单位（人）应当按照隶属关系或者注册登记关系报县地方史志工作办公室备案，县地方史志办公室对志书编纂活动进行业务指导。

第九条 县地方史志办公室可以向机关、社会团体、企事业单位和其他组织以及公民征集有关地方志资料，有关单位和公民应当提供支持。地方志资料所有人或者持有人不得故意提供虚假资料。县地方史志办公室可以对有关资料进行查阅、摘抄、复制，但涉及国家秘密、商业秘密和个人隐私以及不符合档案开放条件的除外。

第十条 在地方志编纂过程中收集到的文字资料、图表、照片、音像资料、实物等以及形成的地方志文稿，需指定专职人员集中统一管理，妥善保存，不得损毁；修志工作完成后，应当依法移交档案馆保存、管理，个人不得据为己有或者出租、出让、转借。

第十一条 以行政区划名称冠名的地方志书、地方综合年鉴、地情文献的职务作品，依照《中华人民共和国著作权法》第十六条第二款的规定，其著作权由组织编纂的机构享有，参与编纂的人员享有署名权。

第十二条 地方志工作应为地方经济社会的全面发展服务。县地方史志办公室通过建设方志馆、地情资料库和地情网站等方式，积极开拓社会用志途径，加强地方志工作的信息化建设。公民、法人和其他组织可以利用方志馆和网站查阅摘抄地方志资料。

第十三条 县政府将对在地方志工作中作出突出成绩和贡献的单位、个人，给予表彰和奖励。

第十四条 地方志成果可以依照有关规定参加国家、省、市、县优秀社会科学成果奖评比。

第十五条 违反本办法规定，有下列行为之一的，由县地方史志办公室按照管理权限责令其停止违法行为，限期整改；逾期不改的，由其所在单位或者有关行政部门依法给予行政处分或者纪律处分：

（一）擅自编纂出版以沾化县行政区划冠名的地方志、地方综合年鉴或者综合地情文献的；

（二）损毁单位所有或者持有的地方史志资料或者将其据为己有的；

（三）地方史志资料所有人或者持有人故意提供虚假资料的；

（四）未经审查、验收、批准将地方志交付出版的或者地方志内容存在违反宪法、法律、法规的；

（五）无故拖延或者拒绝提供地方志资料、承担编写任务的；

（六）拒绝向县地方史志办公室报送地方史志文献的。

有前款第（一）（二）项行为，造成重大损失或者恶劣影响的，县地方史志办公室或史志资料所有、持有单位可以依法向人民法院提起诉讼。

第十六条 任何单位和个人有权对违反本办法的行为进行检举。

第十七条 本办法自 2011 年 7 月 1 日起施行。

惠民县人民政府关于印发《惠民县地方史志工作管理办法》的通知

惠政发〔2011〕41号

各乡镇政府、街道办事处，开发区管委会，县直及驻惠各单位，各企事业单位：

《惠民县地方史志工作管理办法》已经县政府研究同意，现印发给你们，请认真贯彻执行。

惠民县人民政府

二〇一一年九月七日

惠民县地方史志工作管理办法

第一条 为规范我县地方史志组织编纂、管理和开发利用工作，根据国务院《地方志工作条例》和省政府《山东省地方史志工作条例》的有关规定，结合我县实际，制定本办法。

第二条 惠民县行政区域内地方史志的组织编纂、管理和开发利用工作，适用本办法。

第三条 本办法所称地方史志，包括各级各类地方志书、地方综合年鉴、部门（行业）年鉴及相关地情文献等。

地方志书，是指全面系统地记述惠民县行政区域内自然、政治、经济、文化、社会等方面的历史与现状的资料性文献。分别为：惠民县志、惠民县行政区域内的乡镇（街道）志书、部门（行业）志书以及其他相关志书。

地方年鉴，是指系统记述惠民县行政区域内自然、政治、经济、文化、社会等方面或某一方面情况的年度资料性文献。分别为：惠民年鉴、惠民县行政区域内的乡镇（街道）年鉴、部门（行业）年鉴以及其他专业年鉴。

地情文献，是指系统记述惠民县行政区域内自然、政治、经济、文化、社会等方面一段时期或部分内容的资料性文献。分别为：以惠民县行政区划名称冠名的综合性地情文献、惠民县行政区域内的乡镇（街道）、部门（行业）地情文献以及其他专业地情文献。

第四条 县政府史志工作机构主管全县行政区域内的地方史志工作，具体履行下列职责：

（一）规划、实施、协调地方史志工作；

（二）制定地方史志编纂业务规范；

（三）组织、检查、指导地方史志编纂工作；

（四）编纂、审查、验收有关地方史志稿件；

（五）征集、整理、保存地方史志文献，开展地方史志学术研究；

（六）宣传、推广地方史志成果，开展地情研究，建设地情文献库和地情文献网站，为公众读志用志提供服务；

（七）县政府和上级业务部门交办的其他工作。

第五条 从事地方史志编纂业务的人员应当具备相应的专业知识和学术水平。惠民县志、惠民年鉴、惠民县综合地情文献的编纂人员，由县政府史志工作机构聘任。本县行政区域内的乡镇（街道）、部门（行业）志书、年鉴的编纂人员，可由县政府史志工作机构给予推荐。

第六条 以惠民县行政区划名称冠名的地方志书、地方综合年鉴、综合地情文献，由县政府史志工作机构按规划组织编纂，其他组织和个人不得编纂出版。各乡镇（街道）、部门（行业）等组织和单位可自行编纂各自志书、年鉴，但须接受县政府史志工作机构的指导，并报县政府史志工作机构备案。严禁商业操作，切实维护地方史志的严肃性。

第七条 编纂地方史志，按下列程序进行：

（一）惠民县志的编纂，由县政府史志工作机构制定编纂规划，报县政府批准后组织开展编纂，编纂定稿后，报市史志编纂委员会审查，经县政府批准后出版，并报省政府史志工作机构备案；惠民年鉴、惠民县综合地情文献的编纂，由县政府史志工作机构制定编纂规划，报县政府批准后组织开展编纂，经县政府批准后出版。编纂工作所需经费列入县级财政预算。

（二）惠民县行政区域内的乡镇（街道）、部门（行业）志书、年鉴、地情文献，由乡镇（街道）和部门（行业）在县政府史志工作机构的业务指导下组织编纂。各乡镇（街道）、部门（行业）应当在地方史志出版后30日内向县政府史志工作机构报送样书和电子文本。

第八条 县政府史志工作机构可以向机关、社会团体、企事业单位和其他组织以及公民征集有关地方史志资料，有关单位和公民应当提供便利。县政府史志工作机构可以对有关资料进行查阅、摘抄、复制，但涉及国家秘密、商业秘密和个人隐私以及不符合档案开放条件的除外。

地方史志资料所有人或者持有人不得故意提供虚假资料。

第九条 在地方史志编纂过程中收集到的文字资料、图表、照片、音像资料、实物等以及形成的地方史志文稿，需指定专职人员集中统一管理，妥善保存，不得损毁；修志工作完成后，应当按规定移交档案机构保存、管理，任何个人不得据为己有或者出租、出售、出让、转借。

第十条 惠民县行政区域内的志书、综合年鉴、综合地情文献为职务作品，依照《中华人民共和国著作权法》第十六条第二款的规定，其著作权由组织编纂的机构享有，参与编纂的人员享有署名权。

第十一条 地方史志工作应为地方经济社会的全面发展服务。县政府史志工作机构应积极开拓社会用志途径，通过建设地情资料库、网站等方式，不断加强地方史志工作的信息化建设。公民、法人和其他组织可以利用上述资料库、网站查阅、摘抄地方史志资料。

第十二条 地方人民政府可对在地方史志工作中做出突出成绩和贡献的单位、个人给予表彰和奖励。

第十三条 违反本办法规定，擅自编纂出版以惠民县行政区划名称冠名的志书、年鉴、综合地情文献以及惠民县行政区域内的乡镇（街道）、部门（行业）志书、年鉴、地情文献的，由县政府史志工作机构责令其停止违法（规）行为，限期改正；造成重大损失或恶劣影响的，县政府史志工作机构可以依法向人民法院提起诉讼。

第十四条 违反本办法规定，未经审查、验收、批准，将地方史志文稿交付出版或者地方史志内容存在违反宪法、法律、法规的，由县政府史志工作机构责令其停止违法行为，限期改正；构成犯罪的，依法追究刑事责任。

第十五条 违反本办法第八条、第九条规定，造成重大损失或者恶劣影响的，依法给予行政处分或纪律处分；构成犯罪的，依法追究刑事责任。

第十六条 本办法由县政府史志工作机构负责解释。

第十七条 本办法自 2011 年 10 月 1 日起施行。

阳信县人民政府关于印发《阳信县地方史志工作管理暂行办法》的通　知

阳政发〔2011〕33号

县经济开发区管委会，各乡镇（街道）人民政府（办事处），县政府各部门，各企事业单位：

为进一步贯彻落实国务院《地方志工作条例》、省政府《山东省地方史志工作条例》精神，进一步做好全县地方史志工作，经县政府研究同意，决定印发《阳信县地方史志工作管理暂行办法》，望认真遵照执行。

特此通知。

阳信县人民政府

二〇一一年六月十七日

阳信县地方史志工作管理暂行办法

第一条　为了全面、客观、系统地记载本区域地情，科学、合理地开发利用地方史志资源，服务全县经济建设和社会发展，根据国务院《地方志工作条例》和《山东省地方史志工作条例》的规定，结合我县实际，制定《阳信县地方史志工作管理暂行办法》（以下简称《办法》）。

第二条　本县行政区域地方史志的组织编纂、管理和开发利用工作，适用本办法。

第三条　本办法所称地方史志，包括地方志书、地方综合年鉴和相关地情文献。

地方志书，是指全面系统地记述本县行政区域自然、政治、经济、文化和社会的历史与现状的资料性文献，包括县志、专业（部门）志、乡镇（街道）志。

地方综合年鉴，是指全面系统地记述本行政区域自然、政治、经济、文化和社会等方面情况的年度资料性文献，包括阳信年鉴、各乡镇（街道）年鉴。

相关地情文献，是指系统记述本行政区域一定领域情况的资料性文献，包括机关、社会团体、企业事业单位及村（社区）编纂的志书、年鉴和其他资料性文献。

第四条　阳信县人民政府加强对本行政区域地方史志工作的领导，将地方史志工作纳入国民经济和社会发展计划，保障地方史志工作机构的工作条件，将地方史志工作所需经费列入本级财政预算。

第五条 阳信县地方史志办公室是县政府设立的史志工作机构，主管本行政区域内的地方史志工作，履行下列职责：

（一）贯彻执行地方史志工作法律、法规；

（二）组织、指导、督促、检查全县地方史志工作；

（三）拟定全县地方史志工作规划和编纂方案；

（四）制定全县史志编纂业务规范；

（五）组织编纂、审查、验收地方史志文稿；

（六）发挥职能作用，借助县情资料，为全县经济社会发展提供现实服务；

（七）建设地情网站和方志馆，开发利用地方史志资源；

（八）组织整理旧志，征集、保存地方史志文献；

（九）组织开展地方史志学术研究、业务培训；

（十）完成本级党委、政府和上级业务部门交办的其他任务。

第六条 编纂地方史志应当做到存真求实、客观公正、忠于史实、确保质量。任何单位和个人不得要求编纂人员在地方史志文献中做虚假记述。

第七条 编纂地方史志应当吸收有关方面的专家、学者参加。史志编纂人员实行专职与兼职相结合，专职编纂人员应当具备相应的专业知识。

第八条 承担史志撰稿任务的单位应当明确责任人员，接受阳信县地方史志办公室的指导，按时间和质量要求完成撰稿任务。

第九条 以阳信县名称冠名的地方志书、地方综合年鉴，由阳信县地方史志办公室组织编纂；以乡镇（街道）行政区域名称冠名的地方志书、地方综合年鉴，由乡镇（街道）组织编纂，并由阳信县地方史志办公室审查批准后方可出版，其他组织和个人不得编纂出版。

第十条 《阳信县志》每二十年左右编修一次。每一轮志书编修工作完成后，阳信县地方史志办公室在编纂地方综合年鉴、向社会提供咨询服务、组织和引导基层开展地方史志工作的同时，启动新一轮地方志书的编修工作。

以阳信县名称冠名的地方综合年鉴，由阳信县地方史志办公室按 照年度组织编纂，以出版年份为序号。

第十一条 承担《阳信县志》《阳信年鉴》撰稿任务的单位要对所上报稿件进行保密审查。阳信县地方史志办公室要组织对本级地方志书、地方综合年鉴文稿、体例规范进行审查，并会同保密、档案等有关单位，对地方史志文稿的内容是否符合相关法律、法规规定进行审查。

第十二条 阳信县地方史志办公室依法向本行政区域内机关、社会团体、企业事业单位及个人征集地方史志资料。有关单位和个人须在规定时限内提供真实、准确的资料。阳信县地方史志办公室可以对所需资料进行查阅、摘抄和复制，但涉及国家秘密、商业秘密和个人隐私以及不符合档案开放条件的除外。地方史志资料所有者或者持有者不得故意提供虚假资料。

第十三条 地方史志编纂过程中收集到的文字资料、图表、照片、音像资料、实物等地方史志资料及形成的文稿，由阳信县地方史志办公室集中统一管理，妥善保存，不得损毁；编纂工作完成后，应当移交方志馆保存、管理，个人不得擅自处置。

第十四条 《阳信县志》《阳信年鉴》及乡镇（街道）志、年鉴出版实行分级审查批准制度：

（一）《阳信县志》经山东省地方史志编纂委员会和滨州市地方史志编纂委员会审定，报阳信县人民政府批准后出版；

（二）《阳信年鉴》由阳信县地方史志编纂委员会审定，报阳信县人民政府批准后出版；

（三）乡镇（街道）志、年鉴由阳信县地方史志办公室审查后出版。

第十五条 相关地情文献编纂出版实行备案制度：

县级机关、社会团体、事业单位以及乡镇（街道）、村（社区）编纂的志书、年鉴，由阳信县地方史志公室备案后出版。

第十六条 地方志书、地方综合年鉴文稿上报后，阳信县地方史志办

公室应当认真审查，及时提出具体审查意见；审查未通过的，不得出版；在审查过程中发现重大质量问题的，应当返回重修；已经通过审查，需要作重大调整和修改的，应当重新报审。

第十七条 地方志书、地方综合年鉴和相关地情文献为职务作品，其著作权由组织编纂的机构享有，参与编纂的人员依法享有署名权。

第十八条 地方志书、地方综合年鉴和相关地情文献出版后，编纂单位在三个月内将出版物（含纸质版、电子版）向当地和上级人民政府史志工作机构报送样书和电子文本。电子文本由阳信县史志办公室在一年内通过县地情网站向社会公布。

第十九条 阳信县方志馆向社会开放，公民、法人和其他组织可以利用方志馆查阅、摘抄地方史志文献。

鼓励单位和个人向阳信县方志馆捐赠地方史志文献。对具有收藏价值的资料，方志馆向捐赠者颁发收藏纪念证书，并给予馆存资料的优先使用权。

第二十条 阳信县人民政府对在地方史志工作中取得突出成绩的单位和个人给予表彰和奖励。

地方史志作品可以参加社会科学成果评奖。

第二十一条 违反本办法规定，有下列行为之一的，由阳信县地方史志办公室责令限

期改正；逾期不改正的，由阳信县地方史志办公室提请有关行政部门依法查处或者给予处分：

（一）无故拖延、拒不提供地方史志资料或者拒不承担编写任务的；

（二）未经批准，擅自编纂、出版以行政区域名称冠名的地方志书、地方综合年鉴及相关地情文献的；

（三）对已经审查通过的地方史志文稿，擅自进行重大改动并出版或向社会公开发布的；

（四）故意提供虚假资料的；

（五）拒不向阳信县地方史志办公室报送地方史志出版物（含纸质版、电子版）的。

第二十二条 地方史志工作机构工作人员有下列行为之一的，由其所在单位对主管人员和其他直接责任人员予以处分；造成损失的，依法承担赔偿责任；构成犯罪的，依法追究刑事责任：

（一）在地方史志编纂中故意使用虚假资料的；

（二）将地方史志编纂工作中搜集的资料和形成的文稿据为己有的；

（三）将地方史志文稿作为个人著作擅自发表的；

（四）擅自处置地方史志资料，造成损毁或遗失的。

第二十三条 本办法解释权归阳信县地方史志办公室。

第二十四条 本办法自发布之日起施行。

无棣县人民政府关于印发《无棣县地方志工作管理暂行办法》的通　知

棣政发〔2011〕27号

各乡镇人民政府、街道办事处，县政府各部门，各企事业单位：

《无棣县地方志工作管理暂行办法》已经县政府研究同意，现印发给你们，望认真遵照执行。

无棣县人民政府

二〇一一年七月五日

无棣县地方志工作管理暂行办法

第一条　为规范无棣县地方志的组织编纂、管理、开发利用工作，充分发挥地方志在促进经济社会发展中的作用，根据国务院《地方志工作条例》和《山东省地方史志工作条例》，结合本县实际，特制定本办法。

第二条　本办法适用于本行政区域内地方志的资料征集、研究、组织编纂、管理、开发利用和咨询服务工作。

第三条　本办法所称地方志，包括地方志书、地方综合年鉴及地情文献等。

地方志书，是指全面系统地记述本行政区域自然、政治、经济、文化和社会的历史与现状的资料性文献，包括县志、乡镇（街道）志、专业（部门）志。

地方综合年鉴，是指全面系统记述本行政区域自然、政治、经济、文化、社会等方面情况的年度资料性文献，包括县年鉴、乡镇（街道）年鉴、行业（单位）年鉴。

地情文献，是指系统记述本行政区域全面工作或专项工作的资料性书籍，包括机关、社会团体、企事业单位及村（社区）编纂的以本行政区域冠名的地情类书籍。

第四条　县人民政府切实加强对本行政区域地方志工作的领导，将地方志工作纳入国民经济和社会发展规划，所需经费列入本级财政预算。

第五条　县地方史志编纂委员会负责本行政区域内地方志的组织和协调工作。

第六条　县地方史志办公室是本行政区域地方志工作主管机构，履行下列职责：

（一）贯彻执行地方志工作法律、法规；

（二）组织、指导、督促和检查全县地方志工作；

（三）拟定县地方志工作规划和编纂方案，并制定县地方志编纂业务规范；

（四）组织编纂地方志书、地方综合年鉴和其他地情文献，依照程序组织对地方志审查验收；

（五）搜集、保存地方志文献和资料，组织整理旧志，推动方志理论研究和学术交流；

（六）培训地方志编纂人员；

（七）负责本行政区域内以行政区划冠名的各类志书的业务指导、专家评审、审核、定稿、存档备案工作；

（八）组织开发利用地方志资源，建设方志馆、资料库和地情网站，为社会提供服务；

（九）完成县人民政府和上级史志工作机构交办的其他任务。

第七条 以本行政区域名称冠名的地方志书、地方综合年鉴的编纂工作，由县史志工作机构按照规划组织实施，其他组织和个人不得编纂。

除以本行政区域冠名的地方志以外，机关、社会团体、企事业单位、其他组织和个人可编纂出版有助于经济社会发展的其他地方志书及地情类书籍，编纂单位应当按照隶属关系或者注册登记关系报县史志工作机构审批，并经县史志工作机构审查备案，县史志工作机构应当对志书编纂活动进行业务指导。

第八条 县级地方志书每二十年左右编修一次，每一轮地方志书编修工作完成后，县史志工作机构在编纂地方综合年鉴、搜集资料、向社会提供咨询服务的同时，启动新一轮地方志书的编修工作。县级地方综合年鉴按年度或数年编辑出版一卷。可适时组织编纂综合或专题地情文献。

第九条 编纂地方志书、地方综合年鉴，应当制定编纂方案，报本级人民政府批准。根据编纂方案的规定承担编纂任务的单位，应当按照地方志编纂规划和要求，接受本级史志工作机构的业务指导与督促检查，按时保证质量完成撰稿任务。

第十条 地方志编纂实行专兼职人员相结合，应当广泛吸收有关方面的专家、学者参加。专职编纂人员应当具备相应的专业知识和学术水平，做到恪尽职守、客观公正、秉笔直书、尊重史实。

第十一条 县史志工作机构依法向辖区内机关、社会团体、企事业单位和其他组织以及个人征集有关地方志资料，有关单位和个人应当提供有关地方志资料。县地方志工作机构可以对有关资料进行查阅、摘抄、复制，但涉及国家秘密、商业秘密和个人隐私以及不符合档案开放条件的除外。

地方志资料所有人或者持有人提供有关资料，可以获得适当报酬。地方志资料所有人或者持有人不得故意提供虚假资料。

第十二条 地方志书、地方综合年鉴出版实行分级审查批准制度，应当组织有关保密、档案、历史、法律、经济、军事等方面的专家参加，重点审查地方志书的内容是否符合宪法和保密、档案等法律、法规的规定，是否全面、客观地反映本行政区域自然、政治、经济、文化和社会的历史与现状。

以县级行政区域名称冠名、列入规划的地方志书由上一级史志工作机构负责审查验收，报县人民政府批准后方可公开出版；地方综合年鉴、地方专业志书由县史志工作机构审查验收，经县人民政府批准后方可公开出版。未按照以上程序进行报批的各类地方志不得公开出版。

第十三条 地方志编纂单位应当在地方志书、地方综合年鉴及地情文献出版后三个月内，向本级和上级史志工作机构报送样书。

第十四条 在地方志编纂过程中收集到的文字资料、图表、照片、音像资料、实物等以及形成的地方志文稿，应按照规定指定专职人员集中统一归档管理，妥善保存，不得损毁；修志工作完成后，移交县档案馆或者方志馆保存、管理，个人不得据为已有或者出租、出让、转借。

第十五条 地方志书、地方综合年鉴为职务作品，依照《中华人民共和国著作权法》第十六条第二款的规定，其著作权由组织编纂的负责地方志工作的机构享有，参与编纂的人员享有署名权。

第十六条 制定有关管理办法，建立地情资料日常收集机制。县史志工作机构可以通过建立方志馆（地情资料库）等收藏、保存、管理各类地方志资料，积极开展地情宣传、咨询活动，出版专题资料、地情研究成果，为地方经济社会的全面发展服务。县地方志工作机构应当积极开拓社会用志途径，可以通过建设资料库、网站等方式，加强地方志工作的信息化建设。公民、法人和其他组织可以利用上述资料库、网站查阅、摘抄地方志。

鼓励单位和个人向县史志工作机构捐赠地方志资料，对具有收藏价值的资料，方志馆应当向捐赠者颁发收藏纪念证书，并给予馆存资料的优先使用权。

第十七条 县人民政府对在地方志工作中作出突出成绩和贡献的单位、个人，给予表彰和奖励。地方志成果可以依照有关规定参加国家、省和市优秀社会科学成果评奖。

第十八条 编纂地方志涉及军事内容的，应当遵守中央军委关于军事志编纂的有关规定。

第十九条 违反本办法规定，有下列情形之一的，由县史志工作机构按照权限责令限期改正；逾期不整改的，提请县人民政府或有关行政部门依法查处，并视情节对有关单位和个人予以行政处分或纪律处分，构成犯罪的，依法追究刑事责任：

（一）未经审查验收、批准，擅自编纂出版以本行政区域名称冠名的地方志书、地方综合年鉴及相关地情文献的；

（二）拒绝提供地方志资料或者拒不承担编写任务的；

（三）故意提供虚假地方志资料的；

（四）丢失、损毁单位地方志资料或者将其据为己有的；

（五）将地方志文稿作为个人著作擅自发表的；

（六）泄露国家秘密的。

第二十条　本办法由县地方史志办公室负责解释。

第二十一条　本办法自发布之日起施行。

博兴县人民政府关于印发《博兴县地方志工作管理暂行办法》的通　知

博政发〔2012〕17 号

各镇人民政府，各街道办事处，经济开发区管委会，县政府各部门，各企事业单位，各垂直管理单位：

《博兴县地方志工作管理暂行办法》已经 2012 年 4 月 28 日县政府第 2 次常务会议通过。现予印发。

博兴县人民政府

二〇一二年五月四日

博兴县地方志工作管理暂行办法

第一条　为规范和加强地方志工作全面客观系统地编纂地方志科学积累保存和利用地方史志资源发挥地方志在促进经济和社会发展中的作用，根据《地方志工作条例》和《山东省地方史志工作条例》结合本县实际，制定本办法。

第二条　本办法适用于全县行政区域内地方志的资料征集、组织编纂、管理、开发利用和服务工作。

第三条　本办法所称地方志是指地方志书、地方综合年鉴及相关地情文献。

地方志书是指全面、客观、系统地记述本行政区域内自然、政治、经济、文化和社会等方面的历史与现状的资料性文献，包括县志、镇（街道）志、村（社区）志、部门（行业）志。

地方综合年鉴是指全面系统记述本行政区域内自然、政治、经济、文化、社会等方面情况的年度资料性文献，包括年鉴、镇（街道）年鉴、部门（行业）年鉴。

地情文献是指系统记述本行政区域内一定领域、一段时间或部分内容的资料性文献，包括机关、社会团体、企事业单位及村（社区）编纂的以本行政区域冠名的地情类书籍。

第四条　县人民政府应当加强对本行政区域地方史志工作的领导，将地方史志工作纳入全县国民经济和社会发展规划。地方志工作所需经费列入本级财政预算。

第五条 县地方志工作机构主管全县行政区域内的地方志工作，履行下列职责：

（一）贯彻执行国务院和省级地方志法律、法规，推进依法修志；

（二）组织、指导、督促和检查全县地方志工作；

（三）拟订全县地方志工作规划和编纂方案并组织实施；

（四）制定全县地方志编纂业务规范并组织实施；

（五）组织编纂地方志地方综合年鉴和其他地情文献等书籍；

（六）负责全县行政区域内以行政区划冠名的各类志书的业务指导、审查验收、存档备案工作；

（七）征集、整理、保存地方志文献和资料，组织整理旧志，开展地方志理论研究、学术交流及业务培训；

（八）宣传、推广地方志成果，开展地情研究，建设方志馆、地情资料库和地情网站，为公众读志用志提供服务；

（九）完成本级人民政府和上级业务部门交办的其他任务。

第六条 以本县行政区域名称冠名的地方志书、地方综合年鉴及综合地情文献，由县地方志工作机构按照规划组织编纂，其他组织和个人不得编纂出版。

第七条 其他组织和个人可以编纂本办法第六条规定以外的志书、年鉴或者地情文献，编纂单位需报县地方志工作机构备案。

第八条 县级地方志书每20年左右编修一次，并适时出版地方综合年鉴和地情文献。

第九条 编纂地方志，按下列程序进行：

（一）博兴县志、博兴年鉴、博兴县地情文献由县地方志工作机构制定编纂规划，报县政府批准后组织实施。

博兴县志编纂完成后，经县政府批准，报市政府史志工作机构审查批复后出版，并报省政府史志工作机构备案。

（二）镇（街道）志、村（社区）志、部门（行业）志等志书在县地方志工作机构的指导下组织编纂。具体程序是：

1. 各镇（街道）、村（社区）、各部门、各单位制定编纂方案，报县地方志工作机构审查备案后组织实施；

2. 志稿评审稿形成后，报县地方志工作机构审核，并在县地方志工作机构的指导下组织召开评审会议根据评审意见修改定稿；

3. 志稿形成定稿后，报县地方志工作机构终审，经批准后按照有关规定印刷出版；

4. 有关镇（街道）、村（社区）、各部门各单位应当在志书出版30日内向县志工作机构送交志书10本以及电子文本。

第十条 地方志编纂实行专兼职人员相结合，编纂人员应当具备相关的专业知识、编纂地方志、地方综合年鉴、地方综合性地情文献的工作人员，由县地方志工作机构专业编辑人员负责，并聘任专业人员参与编纂；镇（街道）、村（社区）志、部门（行业）志等各类志书的编纂人员由各镇（街道）、村（社区）、各部门、各单位选派熟悉修志业务的人员担任。

第十一条 地方志的编纂工作应当做到存真求实，确保质量，全面、客观、地记述本行政区域自然、政治、经济、文化和社会的历史与现状。编纂人员要做到恪尽职守，客观公正，秉笔直书，尊重史实。任何单位和个人不得要求编纂人员在地方志中做虚假记述。

第十二条 县地方志工作机构依法向辖区内行政机关、社会团体、企业事业单位和其他组织以及公民征集有关地方志资料，相关单位和个人应当提供有关地方志资料。县地方志工作机构可以对所需资料内容进行查阅、摘抄、复制，但涉及国家秘密、商业秘密和个人隐私以及不符合档案开放条件的除外。

第十三条 在地方志编纂过程中收集到的文字资料、图表、照片、音像资料、实物等及形成的地方志文稿，修志工作完成后，应当移交县方志馆保存、管理，个人不得损毁或者据为己有以及出租、出让、转借。

第十四条 建立地情资料日常收集机制。县地方志工作机构通过建设方志馆、地情资料库、地情网站等方式，收藏、保存、管理各类地方志资料，积极开展地情宣传、咨询活动，出版专题资料、地情研究成果，为社会各界服务。个人应积极向县方志馆捐赠地方志资料，对具有收藏价值的资料，县方志馆应当向捐赠者颁发收藏纪念证书，并给予馆存资料的优先使用权。

第十五条 以行政区划名称冠名的地方志书、地方综合年鉴和相关地情文献为职务作品，依照《中华人民共和国著作权法》第十六条第二款的规定，其著作权由组织编纂的机构享有，参与编纂的人员依法享有署名权。

第十六条 地方志成果可以依照有关规定参加国家、省和市优秀社会科学成果评奖。

第十七条 县人民政府将对在地方志工作中作出突出成绩和贡献的单位、个人，给予表彰奖励。

第十八条 违反本办法规定，有下列情形之一的由县地方史志工作机构按照权限责令限期改正；逾期不改正的，提请有部门依法查处或者给予处分：

（一）未经审查验收、批准、擅自编纂出版以本行政区划冠名的地方志书地方综合年鉴及相关地情文献的；

（二）丢失、损毁单位所有或者持有的地方志资料以及将其据为己有的；

（三）无故拖延、拒绝提供地方志资料或者拒不承担编写任务的；

（四）地方志资料所有人或者持有人故意提供虚假资料的；

（五）将地方志文稿擅自整理出版或者作为个人著作擅自发表的；

（六）对已经审查通过的地方志文稿擅自进行重大改动并出版的；

（七）拒不向地方志工作机构报送地方志出版物（含纸质版、电子版）的。

第十九条 实行地方志保密审查分级分单位负责制。地方志的保密审查由提供资料和编写初稿的单位负责，保密主管部门会同地方志工作机构对本级地方志进行保密审定。地方志泄露国家秘密的，由有关部门依法查处。

第二十条 任何单位和个人有权对违反本办法的行为进行检举。

第二十一条 本办法由县史志办负责解释。本办法自 2012 年 6 月 10 日起施行，有效期至 2014 年 6 月 10 日。

荷泽市人民政府办公室关于印发《菏泽市地方史志工作管理暂行办法》的通　知

菏政办发〔2011〕47号

各县区人民政府，市政府各部门，市属各企业，各大中院校：

《菏泽市地方史志工作管理暂行办法》已经市政府同意，现印发给你们，请认真贯彻执行。

菏泽市人民政府办公室

二〇一一年九月七日

菏泽市地方史志工作管理暂行办法

第一条　为了规范和加强地方史志工作，全面、客观、系统地编纂地方史志，科学地积累、保存与开发利用地方史志资源，服务经济建设和社会发展，根据国务院《地方志工作条例》和《山东省地方史志工作条例》，结合本市实际，制定本办法。

第二条　本市行政区域内地方史志的资料征集、组织编纂、管理和开发利用工作，适用本办法。

第三条本办法所称地方史志，包括地方志书、地方综合年鉴和相关地情历史文献。

地方志书，是指全面系统地记述本行政区域自然、政治、经济、文化和社会的历史与现状的资料性文献，包括市志、县区志、乡镇（办事处）志。

地方综合年鉴，是指全面系统地记述本行政区域自然、政治、经济、文化和社会等方面情况的年度资料性文献，包括市年鉴、县区年鉴、乡镇（办事处）年鉴。

地情历史文献，是指系统记述本行政区域一定领域基本情况的资料性文献，包括机关、社会团体、企事业单位及村（社区）编纂的以本行政区域冠名的地情类资料性书籍。

第四条　市、县区人民政府地方史志工作机构主管本行政区域内的地方史志工作，履行下列职责：

（一）贯彻执行地方史志工作法律、法规；

（二）组织、指导、督促、检查地方史志工作；

（三）拟定地方史志工作规划和编纂方案并组织实施；

（四）制定地方史志编纂业务规范并组织实施；

（五）编纂、审查、验收地方史志文稿；

（六）建设地方志馆、资料库和地情网站，开发利用地方史志资源；

（七）组织整理旧志，征集、保存地方史志文献和资料；

（八）组织开展地方史志学术研究、业务培训；

（九）完成本级人民政府和上级业务部门交办的其他事项。

第五条 各级人民政府应当加强对本行政区域地方史志工作的领导，将地方史志工作纳入国民经济和社会发展计划，所需经费列入本级财政预算。

第六条 编纂地方史志应当做到存真求实，确保质量，全面客观地记述本行政区域自然、政治、经济、文化和社会的历史与现状。任何单位和个人不得要求编纂人员在地方史志文献中做虚假记述。

第七条 地方史志编纂实行专兼职人员相结合，应当广泛吸收有关专家、学者和熟悉修志业务的人员参加。专职编纂人员必须具备相应的专业知识和一定的学术水平。

第八条 以市、县区行政区域名称冠名的地方志书、地方综合年鉴，由本级人民政府地方史志工作机构组织编纂；以乡镇（办事处）行政区域名称冠名的地方志书、地方综合年鉴，由本级人民政府组织编纂。其他组织和个人不得编纂出版。

第九条 地方志书每二十年左右编修一次，地方综合年鉴按年度编纂。地方志书编修工作完成后，向社会提供咨询服务、组织和引导基层开展地方史志工作的同时，应当启动新一轮地方志书的编修工作。

第十条 编纂地方志书和地方综合年鉴应当符合下列规定：

（一）符合宪法和有关法律法规规定；

（二）全面、客观地反映本行政区域自然、政治、经济、文化和社会的历史与现状；

（三）符合志书、年鉴体例格式；

（四）文字表述准确，篇目结构合理；

（五）标点符号、计量单位和数字的使用规范、标准；

（六）装帧印刷符合出版要求。

第十一条 地方史志工作机构可以向本行政区域内机关、社会团体、企事业单位及个人征集地方史志资料；可以对所需资料进行阅读、摘抄和复制，但涉及国家秘密、商业秘密和个人隐私以及不符合档案开放条件的除外；地方史志资料所有人或者持有人不得故意提供虚假资料。

第十二条 地方史志编纂过程中收集到的文字资料、图表、照片、音像资料、实物等地方史志资料及形成的文稿，由地方史志工作机构集中统一管理，妥善保存，不得损毁。编纂工作完成后，应当移交同级档案馆保存、管理，任何组织或个人不得擅自处置。

第十三条 地方志书、地方综合年鉴出版实行分级审查批准制度：

（一）《菏泽市志》须经山东省地方史志编纂委员会审定，报市人民政府批准后出版；

（二）《菏泽年鉴》由市志编纂委员会审定，报市人民政府批准后出版；

（三）县区志由市志编纂委员会审定，报县区人民政府批准后出版；

（四）县区年鉴由本级地方史志编纂委员会审定，报县区人民政府批准后出版；

（五）乡镇（办事处）志、年鉴由县区人民政府地方史志工作机构审查后出版。

第十四条 相关地情历史文献编纂出版实行备案制度：

（一）市级机关、社会团体、事业单位编纂的志书、年鉴应向市人民政府地方史志工作机构备案后出版；

（二）县区机关、社会团体、事业单位编纂的志书、年鉴应向县区人民政府地方史志工作机构备案后出版；

第十五条 地方志书、地方综合年鉴文稿上报后，审查机构应当认真审查，及时出具审查意见；审查未通过的，不得公开出版；在审查过程中发现存在重大质量问题的，应当退回重修，重新报审。

第十六条 地方志书、地方综合年鉴和相关地情历史文献出版后，编纂单位应当在3个月内将出版物按照隶属关系或相关规定报地方史志工作机构备案。

第十七条 市、县区地方志馆应当向社会开放，公民、法人和其他组织均可以利用地方志馆查阅、摘抄地方史志文献。

鼓励单位和个人向地方志馆捐赠地方史志文献。对具有收藏价值的资料，地方志馆可向捐赠者颁发收藏纪念证书，并给予馆存资料的优先使用权。

第十八条 违反本办法规定，有下列行为之一的，由市、县区人民政府地方史志工作机构按照管理权限责令其停止违法行为并限期改正；逾期不改正的，由其所在单位或有关部门对有关负责人和直接责任人依法给予行政处分；构成犯罪的，依法追究刑事责任：

（一）无故拖延、拒不提供地方史志资料或者拒不承担编写任务的；

（二）未经审查、验收、批准，擅自编纂出版以行政区域名称冠名的地方志书、地方综合年鉴及相关地情类书籍的；

（三）对已经审查通过的地方史志文稿擅自进行重大改动并出版的；

（四）拒绝向上级地方史志工作机构报送地方史志文献的；

（五）故意提供虚假资料的；

（六）丢失、损毁单位所有或持有的地方史志资料或者将其据为己有的。

第十九条 本办法自发布之日起施行。

菏泽市牡丹区人民政府办公室关于印发《牡丹区地方志工作管理暂行办法》的通知

菏区政办发〔2011〕19号

各乡镇人民政府，各办事处，区政府有关部门：

《牡丹区地方志工作管理暂行办法》已经区政府同意，现印发给你们，请认真贯彻执行。

菏泽市牡丹区人民政府办公室

二〇一一年三月二十八日

牡丹区地方志工作管理暂行办法

第一条 为规范地方志的编纂、管理、开发和利用，根据国务院《地方志工作条例》和《山东省地方史志工作条例》，结合本区实际，制定本办法。

第二条 本办法适用于本区行政区域内地方志的资料征集、研究、组织编纂、管理、开发利用和咨询服务工作。

第三条 本办法所称地方志是指地方志书、地方综合年鉴及地情文献等。

地方志书，是指全面系统地记述本区行政区域自然、政治、经济、文化和社会的历史与现状的资料性文献，包括区志、乡（镇）志、专业（部门）志。

地方综合年鉴，是指全面系统记述本区行政区域自然、政治、经济、文化、社会等方面情况的年度资料性文献，包括区年鉴、乡（镇）年鉴、行业（单位）年鉴。

地情文献，是指系统记述本区行政区域全面工作或专项工作的资料性书籍，包括机关、社会团体、企业事业单位及村（社区）编纂的以本行政区域冠名的地情类书籍。

第四条 区地方史志办公室是本行政区域地方志工作的主管机构，履行下列职责：

（一）贯彻执行地方志工作法律、法规；

（二）组织、指导、督促和检查全区地方志工作；

（三）拟订地方志工作规划和编纂方案；

（四）组织编纂地方志书、地方综合年鉴和其他地情文献，依照程序组织对地方志审查验收；

（五）负责本行政区域内以行政区划冠名的各类志书的业务指导、专家评审、审核、定稿、存档备案工作；

（六）搜集、整理、保存地方志文献和资料，组织整理旧志，推动地方志理论研究和学术交流；

（七）组织开发利用地方志资源，建立方志馆、资料库和地情网站，为公众提供服务；

（八）完成本级人民政府和上级史志工作机构交办的其他任务。

第五条 以本区行政区域名称冠名的地方志书、地方综合年鉴的编纂工作，由区地方史志办公室按照规划组织实施，其他组织和个人不得编纂。

除以本区行政区域冠名的地方志以外，机关、社会团体、企业事业单位、其他组织和个人可编纂出版有助于经济社会发展的其他地方志书及地情类书籍，编纂单位应当按照隶属关系或者注册登记关系报区地方史志办公室备案，区地方史志办公室应对志书编纂活动进行业务指导。

第六条 区级地方志书每20年左右编修一次，每一轮地方志书编修工作完成后，区地方史志办公室编纂地方综合年鉴、搜集资料、向社会提供咨询服务的同时，启动新一轮地方志书的续修工作。区级地方综合年鉴可按年度或数年编辑出版1卷。可适时组织编纂综合或专题地情文献。地方志工作所需经费列入本级财政预算。

第七条 编纂地方志书、地方综合年鉴，应当制定编纂方案，报区人民政府批准。根据编纂方案的规定承担编纂任务的单位，应当按照地方志编纂规划和要求，接受区地方史志办公室的业务指导与督促检查，按时按质完成撰稿任务。

第八条 地方志编纂实行专兼职人员相结合，应当广泛吸收有关专家、学者参加。专职编纂人员应当具备相应的专业知识和学术水平，做到恪尽职守、客观公正、秉笔直书、尊重史实。地方志资料所有人或者持有人不得故意提供虚假资料。

第九条 区地方史志办公室依法向辖区内机关、社会团体、企业事业单位和其他组织以及公民征集有关地方志资料，相关单位和个人应当为其提供便利。区地方史志工作管理部门可以对所需资料内容进行查阅、摘抄、复制，但涉及国家秘密、商业秘密和个人隐私以及不符合档案开放条件的除外。

第十条 在地方志编纂过程收集到的文字资料、图表、照片、音像资料、实物等以及形成的地方志文稿，应按照规定归档管理。修志工作完成后，应当依法移交区方志馆或档案馆保存，任何个人不得损毁或者据为己有以及出租、出让、转借。

第十一条 区地方史志办公室对地方志书、地方综合年鉴出版的审查，应当组织有关保密、档案、历史、法律、经济、军事等方面的专家参加，重点审查地方志书的内容是否符合宪法和保密、档案等法律、法规的规定，是否全面、客观地反映本行政区域自然、政治、经济、文化和社会的历史与现状。

以区级行政区域名称冠名、列入规划的地方志书由市地方志工作管理机构审查验收，报区人民政府批准后出版；以区级行政区域名称冠名的地方综合年鉴、地方专业志书由区地方史志办公室审查验收，经区人民政府批准后出版。未按以上程序进行报批的各类地方志不得公开出版。

第十二条 地方志编纂单位应当在地方志书、地方综合年鉴及地情文献出版后3个月内，向区地方史志办公室和市地方史志工作管理机构报送样书备案。

第十三条 地方志书、地方综合年鉴和相关地情文献为职务作品，依照《中华人民共和国著作权法》第十六条第二款的规定，其著作权由组织编纂的机构享有，参与编纂的人员依法享有署名权。

第十四条 区地方史志办公室要加强对地情资料的日常收集。可建立方志馆、地情资料库等收藏、保存、管理各类地方志资料，积极开展地情宣传、咨询活动，出版专题资料、地情研究成果，为社会各界服务。

鼓励单位和个人向区地方史志办公室捐赠地方志资料，对具有收藏价值的资料，由区地方史志办公室向捐赠者颁发收藏纪念证书，并给予区方志馆保存资料的优先使用权。

第十五条 地方志成果可以依照有关规定参加国家、省和市优秀社会科学成果评奖。

第十六条 违反本办法规定，有下列行为之一的，由区地方史志办公室按照权限责令限期改正；逾期不整改的，提请区人民政府或有关行政机关依法查处，并视情节对有关单位和个人予以行政处分或纪律处分：

（一）未经审查验收、批准，擅自编纂出版以本行政区域名称冠名的地方志书、地方综合年鉴及相关地情文献的；

（二）无故拖延、拒绝提供地方志资料或者拒不承担编写任务的；

（三）故意提供虚假地方志资料的；

（四）丢失、损毁单位地方志资料或者将其据为己有的；

（五）将地方志资料文稿作为个人著作擅自发表的；

（六）拒绝报送地方史志文献的。

第十七条 实行地方志保密审查分级分单位负责制。地方志的保密审查由提供资料和编写初稿的单位负责，保密主管部门会同地方史志办公室对本级地方志进行保密审定。地方志泄露国家秘密的，由有关部门依法查处。

第十八条 编纂地方志涉及军事内容的，应当遵守中央军委关于军事志编纂的相关规定。

第十九条 本办法自2011年3月21日①起施行。

---

① 查原文件，发文时间、印发时间均为3月28日，疑原文件时间有误。

曹县人民政府关于印发《曹县地方志工作管理暂行办法》的通知

曹政发〔2011〕19号

各乡镇办事处，县政府各部门：

《曹县地方志工作管理暂行办法》已经县政府同意，现印发给你们，请认真遵照执行。

曹县人民政府

二〇一一年九月十三日

曹县地方志工作管理暂行办法

第一条 为规范和加强曹县地方志编纂、管理和开发利用工作，根据国务院《地方志工作条例》和《山东省地方史志工作条例》的有关规定，结合本县实际，制定本办法。

第二条 本办法适用于本县行政区域内地方志的资料征集、编纂、管理、开发利用和咨询服务工作。

第三条 本办法所称地方志，包括地方志书、地方年鉴和相关地情文献。

地方志书，是指全面系统地记述本行政区域内自然、政治、经济、文化和社会等方面或某一方面、某一领域的历史与现状的资料性文献。包括县志、乡镇（街道）志、村（居）志、行业（部门）志等。

地方年鉴，是指全面系统记述本行政区域内自然、政治、经济、文化、社会等方面或某一方面、某一领域情况的年度资料性文献。包括县年鉴、乡镇（街道）年鉴、村（居）年鉴、行业（部门）年鉴等。

地情文献，是指系统记述本行政区域内自然、政治、经济、文化、社会等方面或某一方面、某一领域的资料性文献。包括县、乡镇（街道）、村（居）和机关、社会团体等编纂的其他地情资料性文献。

第四条 县政府加强对本行政区域地方志工作的领导，将地方志工作纳入本地经济和社会发展规划。地方志工作所需经费列入同级财政预算。

第五条 县地方志编纂委员会办公室（以下简称县志办）是本行政区域内的地方志工

作主管机构，具体履行下列职责：

（一）贯彻执行地方志工作法律、法规；

（二）拟定曹县地方志工作规划和编纂方案；

（三）组织、指导、检查全县地方志工作；

（四）组织编纂曹县志、曹县年鉴、曹县综合地情文献；

（五）负责本县行政区域内各类志书的编纂业务指导、评审、验收、备案工作；

（六）征集、整理、保存地方志文献和资料，组织整理旧志，推动地方志理论研究；总结交流地方志编修经验；

（七）组织培训地方志业务人员；

（八）宣传、推广地方志成果，开展地情研究，建设方志馆、地情资料库和地情网站，为公众读志用志提供服务。

（九）完成县政府和上级地方志工作机构交办的其他任务。

第六条 以本县行政区域名称冠名的地方志书、地方综合年鉴、综合地情文献，由县志办按照规划组织编纂，其他组织和个人不得编纂出版。有关组织和个人可以自行组织编纂上述规定以外的志书、年鉴或者其他地情文献，并报县志办备案。

第七条 从事地方志编纂业务的人员应当具备相应的专业知识和学术水平。编纂以曹县行政区域名称冠名的地方志书、地方综合年鉴、综合地情文献的编纂人员，由县志办选任或聘任；编纂本县行政区域内的乡镇（街道）、村（居）、行业（部门）等各类志书、年鉴、地情文献的编纂人员，由相关乡镇（街道）、村（居）、行业（部门）选派或聘任熟悉修志业务的人员担任，报县志办备案。地方志编纂实行专、兼职人员相结合，广泛吸收有关专家、学者参加。编纂人员应当做到恪尽职守、客观公正、秉笔直书、尊重史实。任何单位和个人不得要求编纂人员在地方志中做虚假记述。

第八条 编纂地方志，按下列程序进行：

（一）以曹县行政区域名称冠名的地方志书（曹县志）、地方综合年鉴（曹县年鉴）、综合地情文献由县志办制定编纂规划，报县政府批准后组织编纂。具体程序是：

1. 县志办按照地方志编写年限要求，结合本县实际，对需开展的地方志编纂工作，制定出编纂规划，报县政府批准。

2. 县志办制定详细的编纂方案，提交县志编纂委员会讨论审议后，报县政府同意下发全县，启动编纂工作。其中，曹县志编纂方案须报菏泽市史志办公室批准后实施。根据编纂方案的规定，承担编纂任务的机关、社会团体、企事业单位，应当明确责任人员，接受县志办的指导，按照时间和质量要求完成撰稿任务。

3. 县志办负责组织编纂业务培训、指导编纂业务开展、检查验收地方志稿、出版发行地方志等工作。

4. 地方志编纂定稿后，由县志办写出报告，报县志编纂委员会审定批复后，经县政府批准出版。其中，曹县志须报菏泽市史志编纂委员会批复，并报省史志办公室备案，经县政府批准后出版。

（二）本县行政区域内的乡镇（街道）、行业（部门）等组织和单位编纂各自志书、年鉴、地情文献，在县志办的指导下进行。具体程序是：

1. 相关乡镇（街道）、行业（部门）、社会团体制定编纂方案，报县志办审查备案后组织实施。

2. 乡镇（街道）、行业（部门）、社会团体按照地方志编写要求，组织力量编写地方志稿；志稿形成后，在县志办指导下组织召开评议会议，根据评议意见修改完善地方志稿，送本单位党政组织审查定稿。其中，乡镇（街道）志书、县级行业（部门）志书须报县志办审查验收。

3. 地方志稿审查批准后，按照有关规定印刷出版，并在出版后30日内向县志办报送样书和电子文本。

（三）本县行政区域内的村（居）编纂各自志书，在县志办指导下进行。具体程序是：

1. 相关村（居）在县志办指导下拟定编纂方案，报所在乡镇（街道）和县志办备案后组织实施。

2. 村（居）按照地方志编写要求，组织力量编写志稿；志稿形成后，在县志办指导下组织召开评议会，根据评议意见修改完善志稿。修改后的志稿送本村党支部、村委会和所在乡镇（街道）审查定稿。如公开出版，送县志办审查批复后出版；如不公开出版发行，报县志办备案。印刷及出版后30日内向县志办报送样书10本和电子文本。

第九条 县志办可以向机关、社会团体和其他组织以及公民征集有关地方志资料，有关单位和公民应当提供支持。地方志资料所有人或者持有人不得故意提供虚假资料。县志办可以对有关资料进行查阅、摘抄、复制，但涉及国家秘密、商业秘密和个人隐私以及不符合档案开放条件的除外。

第十条 在地方志编纂过程中收集到的文字资料、图表、照片、音像资料、实物等以及形成的地方志文稿，需指定专职人员集中统一管理，妥善保存，不得损毁；修志工作完成后，应当将收集的资料依法移交档案馆保存、管理，个人不得据为己有或者出租、出让、转借。

第十一条 以行政区域名称冠名的地方志书、地方综合年鉴为职务作品，依照《中华人民共和国著作权法》第十六条第二款的规定，其著作权由组织编纂的机构享有，参与编纂的人员享有署名权。

第十二条 地方志工作应为地方经济社会的全面发展服务。县志办通过建设方志馆、地情资料库、地情网站等方式，积极开拓社会读志用志途径，加强地方志工作的信息化建设。公民、法人和其他组织可以利用上述方志馆、地情资料库、地情网站查阅、摘抄地方志资料。鼓励单位和个人向方志馆捐赠地方志文献。对捐赠具有收藏价值资料的，方志馆应当向捐赠者颁发收藏纪念证书，并赋予其馆存资料的优先使用权。

第十三条 县政府对在地方志工作中作出突出成绩和贡献的单位、个人，给予表彰和奖励。地方志作品可以参加社会科学成果评奖。

第十四条 实行地方志保密审查分级分单位负责制。地方志的保密审查由提供资料和编写初稿的单位负责，保密主管部门会同县志办对本级地方志进行保密审定。地方志泄露国家秘密的，由有关部门依法查处。

第十五条 违反本办法规定，有下列行为之一的，由县志办按照管理权限责令停止违法行为并限期整改；逾期不改且造成重大损失或者恶劣影响的，由县志办提请有关行政部门依法查处或给予处分：

（一）擅自编纂出版以县级行政区域名称冠名的地方志书、地方综合年鉴、综合地情文献的；

（二）损毁单位所有或持有的地方志资料，或将其据为己有的；

（三）地方志资料所有人或持有人故意提供虚假资料的；

（四）未经审查、验收、批准，将地方志交付出版或提供的地方志内容存在违反宪法、法律、法规规定的；

（五）无故拖延、拒绝提供地方志资料或拒绝承担撰稿任务的；

（六）拒不向县志办报送地方志文献资料的。有上述第（一）（二）（四）款行为，造成重大损失或者恶劣影响的，县志办可以依法提请有关部门追究相关人员的责任。

第十六条 任何单位和个人有权对违反本办法的行为进行检举。

第十七条 本办法有效期两年，自 2011 年 10 月 1 日起施行。

单县人民政府办公室关于印发《单县地方志工作管理暂行办法》的通　知

单政办发〔2011〕62号

各乡镇人民政府、街道办事处、县政府各部门：

《单县地方志工作管理暂行办法》已经县政府研究同意，现印发给你们，请认真遵照执行。

单县人民政府办公室

二○一一年九月十四日

单县地方志工作管理暂行办法

第一条　为规范单县地方志的编纂、管理，科学、合理地开发利用地方史志资源，服务经济建设和社会发展，根据国务院《地方志工作条例》和《山东省地方史志工作条例》，结合本县实际，制定本办法。

第二条　本办法适用于单县行政区域内地方志的资料征集、组织编纂、管理、开发和利用。

第三条　本办法所称地方志，包括地方志书、地方综合年鉴和相关地情文献等。

地方志书是指全面客观系统地记述本行政区域内自然、政治、经济、

文化、社会等方面的历史与现状的资料性文献，包括本县编纂的单县地方志、以本县行政区划冠名的乡镇（街道）志和以本县行政区划冠名的部门志以及本县行政区划冠名的其他相关志书。

地方综合年鉴是指系统记述木行政区域内自然、政治、经济、文化、社会等方面情况的年度资料性文献，也括本县编纂的单县年鉴、以本县行政区划冠名的乡镇（街道）年鉴和以本县行政区划冠名的部门年鉴以及以本县行政区划冠名的其他年鉴。

相关地情文献是指系统记述本行政区域一定领域内自然、政治、经济、文化、社会等方面一段时期或部分内容的情况资料性文献，包括机关、社会团体、企事业单位及村（社区）编纂的志书、年鉴和其他资料性文献。

第四条 单县地方史志编纂委员会办公室（以下简称县史志办）主管本行政区域内的地方志工作，履行下列职责：

（一）贯彻执行地方志工作法律、法规；

（二）组织、指导、督促和检查全县地方志工作；

（三）拟定单县地方志工作规划和编纂方案；

（四）制定单县地方志编纂业务规范；

（五）组织编纂单县地方志、地方综合年鉴、综合地情文献等全县综合性志书；

（六）负责本县行政区域内各类志书的业务指导、专家评审、审查验收、存档备案等工作；

（七）组织搜集、整理、保存地方志文献和资料；组织整理旧志，推动地方志理论研究；

（八）宣传、推广地方志成果，开展地情研究，建设方志馆、资料库和地情网站，为公众读志用志提供服务；

（九）组织开展地方志学术研究、业务培训；

（十）完成本级人民政府和上级业务部门交办的其他任务。

第五条 从事地方志编纂业务的人员应当具备相关的专业知识和学术水平。单县地方志、地方综合年鉴和相关地情文献的编纂人员，由县史志办聘任；本县行政区域内乡镇（街道）志、部门志等各类志书的编纂人员，由相关乡镇（街道）、部门选派熟悉修志业务的人员担任，报县史志办备案。

第六条 编纂地方史志应当做到存真求实、客观公正、忠于史实、确保质量。

任何单位和个人不得要求编纂人员在地方史志等文献中做虚假记述。

第七条 承担单县地方志书、地方综合年鉴撰稿任务的单位应当明确责任人员，接受县史志办的指导和督促，按照时间和质量要求完成撰稿任务。

第八条 县史志办负责组织相关部门对本级地方志书、地方综合年鉴文稿进行审查，重点审查地方史志文稿的内容是否符合保密、档案等法律、法规的规定。

第九条 编纂单县地方志，按下列程序进行：

（一）单县地方志、单县相关地情文献由县史志办制定出编纂规划和实施方案报县政府批准后，组织开展编纂工作；定稿报市政府史志工作机构审查，经县政府批准后出版印刷，并报省政府史志工作机构备案。具体程序是：

1. 县史志办按照地方志编写年限要求，结合本县实际，提前半年制定出地方志编纂规划和实施方案，上报县政府批准，启动编纂工作。

2. 县史志办负责组织编纂人员、业务开展、检查验收、出版发行等工作。所需经费列入同级财政预算。

3. 地方志编纂形成定稿后，由县史志办写出报告，报市政府史志工作机构审定，经县政府批准后出版，并报省政府史志工作机构备案。

（二）以本行政区划冠名的乡镇（街道）志、部门志等各类志书、年鉴、地情文献，由相关乡镇（街道）和部门在县史志办的指导下组织编纂。具体程序是：

1. 各乡镇（街道）、各部门将地方志编纂方案提前3个月报县史志办审查后组织实施。

2. 县史志办负责志书的业务指导、检查督导、审查把关、存档备案等工作。

3. 各乡镇（街道）、各部门按照地方志编写程序，应形成志稿篇目设置、初稿、评审稿、定稿。篇目设置形成后报县史志办审查备案，然后组织开展初稿编写；初稿形成后，报县史志办审查，组织评审，提出修改意见；有关部门和乡镇（街道）根据评审意见修改、定稿，经县史志办批准后，按照有关规定出版发行。

4. 各乡镇（街道）、各部门应当在地方志出版后30日内向县史志办报送样书和电子文本。

第十条 单县地方志、单县相关地情文献由县史志办按照全县规划组织编纂，其他组织和个人不得擅自编纂出版。

第十一条 有关组织和单位可以自行组织编纂本办法第十条规定以外的志书、年鉴或其他地情文献资料，编纂单位需报县史志办备案。

第十二条 县史志办可以向机关、社会团体、企事业单位和其他组织以及公民征集有关地方志资料，有关单位和公民应当提供支持。地方志资料所有人或者持有人不得故意提供虚假资料。县史志办可以对有关资料进行查阅、摘抄、复制，但涉及国家秘密、商业秘密和个人隐私以及不符合档案开放条件的除外。"

第十三条 在地方志编纂过程中收集到的文字资料、图表、照片、音像资料、实物等以及形成的地方志文稿，指定专职人员集中统一管理，妥善保存，不得损毁，任何个人不得据为己有或者出售、出租、转借、转让。

第十四条 以本行政区划名称冠名的地方志书、地方综合年鉴、地情文献为职务作品，依照《中华人民共和国著作权法》第十六条第二款的规定，其著作权由组织编纂的机构享有，参与编纂的人员享有署名权。

第十五条 地方志工作应为地方经济、社会发展服务。县史志办通过建设方志馆、资料库、网站等方式，积极开展社会读志用志工作。公民、法人和其他组织可以利用上述方志馆、资料库、网站查阅、摘抄地方志资料。

鼓励单位和个人向方志馆捐赠地方史志文献。对具有收藏价值的资料，方志馆应当向捐赠者颁发收藏纪念证书，并给予馆存资料的优先使用权。

第十六条 单县县政府对在地方志工作中作出突出成绩和贡献的单位、个人，给予表彰和奖励。

地方史志作品可以参加社会科学成果评奖。

第十七条 违反本办法规定，有下列行为之一的，由县史志办按照管理权限责令其停止违法行为，限期整改；逾期不整改的，提请县人民政府或有关行政部门依法查处，并视情节对有关单位和个人给予行政处分或纪律处分：

（一）擅自编纂出版以单县行政区划冠名的地方志、地方综合年鉴或相关地情文献的；

（二）损毁单位所有或持有的地方史志资料或将其据为己有的；

（三）地方史志资料所有人或持有人故意提供虚假资料的；

（四）未经审查、验收、批准将地方志交付出版或提供地方志内容存在违反宪法、法律、法规的；

（五）无故拖延、拒绝提供地方志资料或拒绝承担编写任务的；

（六）拒绝向县史志办报送地方史志文献的。

第十八条 任何单位和个人有权对违反本办法的行为进行检举。

第十九条 本办法自 2011 年 9 月 16 日起施行。

成武县人民政府关于印发《成武县地方史志工作暂行办法》的通　知

成政发〔2010〕15号

各乡镇政府，县政府各部门，县工业园区管委会：

《成武县地方史志工作暂行办法》已经县政府同意，现印发给你们，请遵照执行。

成武县人民政府

二〇一〇年十一月二十六日

成武县地方史志工作暂行办法

第一条　为规范成武县地方史志的编纂、管理、开发和利用，根据国务院《地方志工作条例》和《山东省地方史志工作条例》有关规定，结合我县实际，制定本办法。

第二条　成武县行政区域内地方史志的组织编纂、管理、开发和利用，适用本办法。

第三条　本办法所称地方志，包括地方志书、地方综合年鉴和相关地情文献。

地方志书是指全面客观系统地记述本县行政区域内自然、政治、经济、文化、社会等方面的历史与现状的资料性文献。县志、乡镇志、部门志均属地方志书。

地方综合年鉴是指系统记述本县行政区域内自然、政治、经济、文化、社会等方面情况的年度资料性文献。成武年鉴、乡镇年鉴和部门年鉴均属地方综合年鉴。

相关地情文献是指系统记述本行政区域内一定领域、一段时期或部分内容的资料性文献。机关、社会团体、企事业单位及村（社区）编纂的志书、年鉴和其他资料性文献，均属相关地情文献。

第四条　切实加强对本行政区域地方史志工作的领导，将地方史志工作纳入本地经济和社会发展规划。地方史志工作所需经费列入本级财政预算。

第五条　县地方史志编纂委员会办公室（以下简称史志办）主管本行政区域内的地方史志工作，具体承担下列任务：

（一）组织、指导、督促和检查全县地方史志编纂工作；

（二）拟订地方史志工作规划和编纂方案；

（三）制订地方史志编纂业务规范；

（四）组织编纂、指导、评审、验收地方史志文稿；

（五）搜集、保存地方史志文献和资料，组织整理旧志，推动地方志理论研究；

（六）宣传、推广地方史志成果，开展地情研究，建设方志馆、资料库和地情网站，为公众读志用志提供服务；

（七）组织开展地方史志学术研究、业务培训；

（八）完成本级人民政府和上级业务部门交办的其他任务。

第六条　从事地方史志编纂业务的人员应当具备相关的专业知识和学术水平。地方史志编纂工作应当吸收社会各界专家、学者和熟悉修志业务的人员参加。

第七条　编纂地方史志，按下列程序进行：

（一）成武县志、成武年鉴、成武县综合性地情文献由县史志办制订编纂规划，经县政府批准后，组织开展编纂，并报市政府史志工作机构审查，经县政府批准后出版，并报省政府史志工作机构备案。具体程序是：

1. 县史志办按照地方史志编写年限要求，对需开展的地方史志编纂工作，提前半年制订出编纂规划，报县政府批准。

2. 县史志办制订详细的编纂方案，提交县地方史志编纂委员会讨论审议后，报县政府同意，启动编纂工作。根据编纂方案的规定，承担编纂任务的单位，应当按照地方史志编纂规划和要求完成撰稿任务。

3. 县史志办负责组织编纂人员、业务开展、检查验收、出版发行等工作。

4. 地方史志编纂形成定稿后，由县史志办写出报告，报菏泽市地方史志编纂委员会审定，经县政府批准后出版，并报省政府史志工作机构备案。

（二）以成武县行政区划冠名的乡镇志、部门志等各类志书、年鉴、地情文献，由相关乡镇和部门在县史志办的指导下组织编纂。具体程序是：

1. 各乡镇、各部门将地方史志编纂方案提前 3 个月报县史志办审查后组织实施。

2. 县史志办负责志书的业务指导、检查督导、审查把关、存档备案。

3. 各乡镇、各部门按照地方史志编纂程序，应形成志稿篇目设置、初稿、评审稿、定稿。篇目设置形成后报县史志办审查备案，然后组织开展初稿编写；初稿形成后，报县史志办审查，由县史志办组织评审，提出修改意见；有关部门和乡镇根据评审意见修改定稿，经县史志办批准后，按照有关规定印刷或出版发行。

4. 各乡镇、各部门应当在地方志出版后 30 日内向县史志办报送样书和电子文本。

第八条　成武县志、成武年鉴、成武县综合性地情文献由县史志办按照全县规划组织编纂，以乡镇行政区域冠名的地方志书、地方综合年鉴，由乡镇政府组织编纂。其他组织和个人不得编纂出版。

第九条　有关组织和单位可以自行组织编纂本办法第八条规定以外的志书、年鉴或其

他地情文献资料，编纂单位需报县史志办备案。

第十条 县级地方志书每20年左右编修一次。

第十一条 县史志办可以向机关、社会团体、企业事业单位和其他组织以及公民征集有关地方史志资料，有关单位和公民应当提供支持。地方史志资料所有人或者持有人不得故意提供虚假资料。县史志办可以对有关资料进行查阅、摘抄、复制，但涉及国家秘密、商业秘密和个人隐私以及不符合档案开放条件的除外。

第十二条 在地方史志编纂过程中收集到的文字资料、图表、照片、音像资料、实物等以及形成的地方史志文稿，需指定专职人员集中统一管理，妥善保存，不得损毁；修志工作完成后，应当依法移交档案馆保存、管理，任何个人不得据为己有或者出租、出让、转借。

第十三条 以行政区划名称冠名的地方志书、地方综合年鉴、地情文献为职务作品，依照《中华人民共和国著作权法》第十六条第二款的规定，其著作权由组织编纂的机构享有，参与编纂的人员享有署名权。

第十四条 地方史志工作应为地方经济社会的全面发展服务。地方史志文献应向社会公开，地情文献库应向公众开放。县史志办通过建设方志馆、资料库、网站等方式，积极开拓社会用志途径，加强地方史志工作的信息化建设。公民、法人和其他组织可以利用上述方志馆、资料库、网站查阅、摘抄地方史志资料。

第十五条 县政府将对在地方史志工作中作出突出成绩和贡献的单位、个人，给予表彰和奖励。

第十六条 违反本办法规定，有下列行为之一的，由县史志办按照管理权限责令其停止违法行为，限期改正；逾期不改的，由其所在单位或者有关行政部门依法给予行政处分或者纪律处分：

（一）擅自编纂出版以成武县行政区划冠名的地方志、地方综合年鉴或者综合性地情文献的；

（二）损毁单位所有或者持有的地方史志资料或者将其据为己有的；

（三）地方史志资料所有人或者持有人故意提供虚假资料的；

（四）未经审查、验收、批准将地方史志交付出版的；

（五）无故拖延、拒绝提供地方史志资料或者承担编写任务的；

（六）拒绝向县史志办报送地方史志文献的。

有前款第（一）、（二）项行为，造成重大损失或者恶劣影响的，县史志办、地方史志资料所有或者持有单位和相关部门可以依法向人民法院提起诉讼。

第十七条 本办法由县史志办负责解释。

第十八条 本办法自2011年1月1日起施行。

巨野县人民政府办公室关于印发《巨野县地方志工作管理暂行办法》的通　知

巨政办发〔2011〕16号

各镇人民政府、办事处，开发区管委会，县政府有关部门：

现将《巨野县地方志工作管理暂行办法》印发给你们请结合各自实际，认真贯彻执行.

巨野县人民政府办公室

二〇一一年三月八日

巨野县地方志工作管理暂行办法

第一条　为了规范和加强地方志工作，科学地积累、保存与开发、利用地方志资源，发挥地方志在促进经济和社会发展中“存史、资政、教化”作用，根据国务院《地方志工作条例》和《山东省地方史志工作条例》有关规定，结合本县实际制定本办法。

第二条　本行政区域内地方史志的资料征集、研究、组织编纂、管理、开发利用和咨询服务工作，适用本办法。

第三条　本办法所称地方志，包括地方志书、地方综合年鉴及相关地情文献。

地方志书，是指全面客观系统地记述本行政区域内自然、政治、经济、文化、社会等方面的历史与现状的资料性文献。巨野县志、本行政区域内的镇（办事处、开发区）志、部门（行业）志以及其他相关志书均属地方志书。

地方综合年鉴，是指全面客观系统地记述本行政区域内自然、政治、经济、文化、社会等方面情况的年度资料性文献。巨野年鉴、镇（办事处、开发区）年鉴和部门（行业）年鉴均属地方综合年鉴。

相关地情文献，是指全面客观系统地记述本行政区域内一定领域、一段时期或部分内容的资料性文献。机关、社会团体、企事业单位及村（社区）编纂的以本行政区域冠名的地情类书籍等，均属相关地情文献。

第四条　地方志的编纂工作应当做到存真求实，确保质量，全面、客观地反映本行政区域自然、政治、经济、文化和社会的历史与现状。

第五条 县人民政府加强对本行政区域地方志工作的领导，将地方志工作纳入本地经济和社会发展规划。地方志工作所需经费列入本级财政预算。

第六条 县人民政府地方志办公室是本行政区域内的地方史志工作主管机构，具体履行下列职责：

（一）贯彻执行地方史志工作法律法规，推进依法修志；

（二）组织、指导、督促和检查全县地方史志编纂工作；

（三）拟订全县地方史志工作规划和编纂方案，并组织实施；

（四）制订地方史志编纂业务规范并组织实施；

（五）组织编纂本行政区地方志书、地方综合年鉴及相关地情类书籍，依照规定组织专家对已编纂成稿的地方志进行审评；

（六）征集、保存地方史志文献和资料，组织整理旧志，推动地方志理论研究；

（七）宣传、推广地方史志成果，开展地情研究，建设方志馆、资料库和地情网站，为公众读志用志提供服务；

（八）组织开展地方史志学术研究、业务培训；

（九）完成本级人民政府和上级地方志工作机构交办的其他任务。

第七条 从事地方史志编纂业务的人员应当具备相关的专业知识和学术水平。地方史志编纂工作应当吸收社会各界专家、学者和熟悉修志业务的人员参加。

第八条 以本行政区划名称冠名的地方志书、地方综合年鉴、综合地情文献，由县地方志办公室按规划组织编纂，其他组织和个人不得编纂出版。各镇（办事处、开发区）、部门（行业）等组织和单位可自行编纂各自志书、年鉴，但须接受县地方志办公室指导，并到县政府地方志办公室备案。

第九条 编纂地方史志，按下列程序进行：

（一）巨野县志、巨野年鉴、巨野县综合性地情文献由县地方志办公室制订编纂规划，经县政府批准后，组织开展编纂，并报市政府史志工作机构审查，经县政府批准后出版，并报省政府史志工作机构备案。具体程序是：

1. 县地方志办公室按照地方史志编写年限要求，对需开展的地方史志编纂工作，提前半年制订出编纂规划，报县政府批准。

2. 县地方志办公室制订详细的编纂方案，提交县地方史志编纂委员会讨论审议后，报县政府同意，启动编纂工作。根据编纂方案的规定，承担编纂任务的单位，应当按照地方史志编纂规划和要求完成撰稿任务。

3. 县地方志办公室负责组织编纂人员、业务开展、检查验收、出版发行等工作。

4. 地方史志编纂形成定稿后，由县地方志办公室写出报告，报菏泽市地方史志编纂委员会审定，经县政府批准后出版，并报省政府史志工作机构备案。

（二）以本行政区划冠名的镇（办事处、开发区）志、部门（行业）志等各类志书、年鉴、地情文献，由相关镇（办事处、开发区）和部门（行业）在县地方志办公室的指导下组织编纂。具体程序是：

1. 各镇（办事处、开发区）、各部门（行业）将地方史志编纂方案提前3个月报县地方志办公室审查后组织实施。

2. 县地方志办公室负责志书的业务指导、检查督导、审查把关、存档备案。

3. 各镇（办事处、开发区）、各部门（行业）按照地方史志编纂程序，应形成志稿篇目设置、初稿、评审稿、定稿。篇目设置形成后报县地方志办公室审查备案，然后组织开展初稿编写；初稿形成后，报县地方志办公室审查，由县地方志办公室组织评审，提出修改意见；有关部门（行业）和镇（办事处、开发区）根据评审意见修改定稿，经县地方志办公室批准后，按照有关规定印刷或出版发行。

4. 各镇（办事处、开发区）、各部门（行业）应当在地方志出版后30日内向县地方志办公室报送样书和电子文本。

第十条 县级地方志书每20年左右编修一次。

第十一条 县地方志办公室可以向机关、社会团体、企业事业单位和其他组织以及公民征集有关地方史志资料，有关单位和公民应当提供支持。地方史志资料所有人或者持有人不得故意提供虚假资料。县地方志办公室可以对有关资料进行查阅、摘抄、复制，但涉及国家秘密、商业秘密和个人隐私以及不符合档案开放条件的除外。

第十二条 在地方史志编纂过程中收集到的文字资料、图表、照片、音像资料、实物等以及形成的地方史志文稿，需指定专职人员集中统一管理，妥善保存，不得损毁；修志工作完成后，应当依法移交档案馆保存、管理，任何个人不得据为己有或者出租、出让、转借。

第十三条 以行政区划名称冠名的地方志书、地方综合年鉴、地情文献为职务作品，依照《中华人民共和国著作权法》第十六条第二款的规定，其著作权由组织编纂的机构享有，参与编纂的人员享有署名权。

第十四条 地方史志工作应为地方经济社会的全面发展服务。地方史志文献应向社会公开，地情文献库应向公众开放。县地方志办公室通过建设方志馆、资料库、网站等方式，积极开拓社会用志途径，加强地方史志工作的信息化建设。公民、法人和其他组织可以利用上述方志馆、资料库、网站查阅、摘抄地方史志资料。

第十五条 县政府将对在地方史志工作中作出突出成绩和贡献的单位、个人，给予表彰和奖励。

第十六条 违反本办法规定，有下列行为之一的，由县地方志办公室按照管理权限责令其停止违法行为，限期改正；逾期不改的，由其所在单位或者有关行政部门依法给予行政处分或者纪律处分：

（一）擅自编纂出版以本行政区划冠名的地方志、地方综合年鉴或者综合性地情文献的；

（二）损毁单位所有或者持有的地方史志资料或者将其据为己有的；

（三）地方史志资料所有人或者持有人故意提供虚假资料的；

（四）未经审查、验收、批准将地方史志交付出版的；

（五）无故拖延、拒绝提供地方史志资料或者承担编写任务的；

（六）拒绝向县地方志办公室报送地方史志文献的。

有前款第（一）（二）项行为，造成重大损失或者恶劣影响的，县地方志办公室、地方史志资料所有或者持有单位和相关部门可以依法向人民法院提起诉讼。

第十七条 本办法由县地方志办公室负责解释。

第十八条 本办法自颁布之日起施行。

郓城人民政府关于印发《郓城县地方史志工作暂行办法》的通知

郓政发〔2011〕67号

各乡镇人民政府，县政府各部门，县工业园区管委会：

《郓城县地方志工作暂行办法》已经县政府同意，现印发给你们，请认真贯彻执行。

郓城县人民政府

二〇一一年七月十五日

郓城县地方史志工作暂行办法

第一条 为规范郓城县地方史志的编纂、管理、开发和利用，根据国务院《地方志工作条例》和《山东省地方史志工作条例》有关规定，结合郓城县的实际，制定本办法。

第二条 郓城县行政区域内地方史志的组织编纂、管理、开发和利用，适用本办法。

第三条 本办法所称地方志，包括地方志书、地方综合年鉴和相关地情文献。

地方志书是指全面客观系统地记述本县行政区域内自然、政治、经济、文化、社会等方面的历史与现状的资料性文献。县志、乡（镇）、村志、部门志均属地方志书。

地方综合年鉴是指系统记述本县行政区域内自然、政治、经济、文化、社会等方面情况的年度资料性文献。郓城年鉴、乡镇年鉴和部门年鉴均属地方综合年鉴。

相关地情文献是指系统记述本行政区域内一定领域、一段时期或部分内容的资料性文献。机关、社会团体、企事业单位及村（社区）编纂的志书、年鉴和其他资料性文献，均属相关地情文献

第四条 县人民政府加强对本行政区域地方史志工作的领导，将地方史志工作纳入本地经济和社会发展规划。地方史志工作所需经费列入本级财政预算。

第五条 县政府史志工作机构主管本行政区域内的地方史志工作，具体承担下列任务：

（一）组织、指导、督促和检查全县地方史志编纂工作；

（二）拟定地方史志工作规划和编纂方案；

（三）制定地方史志编纂业务规范；

（四）组织编纂、指导、评审、验收地方史志文稿；

（五）搜集、保存地方史志文献和资料，组织整理旧志，推动地方志理论研究；

（六）宣传、推广地方史志成果，开展地情研究，建设方志馆、资料库和地情网站，为公众读志用志提供服务。

（七）组织开展地方史志学术研究、业务培训。

（八）完成本级人民政府和上级业务部门交办的其他任务。

第六条 从事地方志编纂业务的人员应当具备相关的专业知识和学术水平。地方志编纂工作应当吸收社会各界专家、学者和熟悉修志业务的人员参加。

第七条 编纂地方史志，按下列程序进行：

（一）郓城县志、郓城年鉴、郓城县综合性地情文献由县政府史志工作机构制定出编纂规划，经县政府批准后，组织开展编纂，并报市政府史志工作机构审查，经县政府批准后出版，并报省政府史志工作机构备案。具体程序是：

1. 县史志办按照地方史志编写年限要求，对需开展的地方史志编纂工作，提前半年制定出编纂规划，报县政府批准。

2. 县史志办制定详细的编纂方案，提交县地方史志编纂委员会讨论审议后，报县政府同意，启动编纂工作。根据编纂方案的规定，承担编纂任务的单位，应当按照地方史志编纂规划和要求，接受地方史志办公室业务督促检查，按照时间和质量要求完成撰稿任务。

3. 县史志办负责组织编纂人员、业务开展、检查验收、出版发行等工作。

4. 地方史志编纂形成定稿后，由县史志办写出报告，报菏泽市地方史志编纂委员会审定，经县政府批准后出版，并报省政府史志工作机构备案。

（二）以郓城县行政区划冠名的乡镇志、部门志等各类志书、年鉴、地情文献，由相关乡镇和部门在县政府史志机构的指导下组织编纂。具体程序是：

1. 各乡镇、各部门将地方史志编纂方案提前 3 个月报县史志办审查后组织实施。

2. 县史志办负责志书的业务指导、检查督导、审查把关、存档备案。

3. 各乡镇、各部门按照地方史志纂编写程序，应形成志稿篇目设置、初稿、评审稿、定稿。篇目设置形成后报县人民政府史志工作机构审查备案，然后组织开展初稿编写；初稿形成后，报县史志办审查，由县史志办组织评审，提出修改意见；有关部门和乡镇根据评审意见修改定稿，经县政府史志工作机构批准后，按照有关规定印刷或出版发行。

4. 各乡镇、各部门应当在地方志出版后 30 日内向县史志机构报送样书和电子文本。

第八条 郓城县地方志、郓城年鉴、郓城县综合性地情文献由县政府史志工作机构按照全县规划组织编纂，以镇行政区域冠名的地方志书、地方综合年鉴，由各乡镇人民政府和开发区管委会组织编纂。其他组织和个人不得编纂出版。

第九条 有关组织和单位可以自行组织编纂本办法第八条规定以外的志书、年鉴或其他地情文献资料，编纂单位需报县史志办备案。

第十条 县级地方志书每20年左右编修一次。

第十一条 县政府史志工作机构可以向机关、社会团体、企业事业单位和其他组织以及公民征集有关地方史志资料，有关单位和公民应当提供支持。地方史志资料所有人或者持有人不得故意提供虚假资料。县史志办可以对有关资料进行查阅、摘抄、复制，但涉及国家秘密、商业秘密和个人隐私以及不符合档案开放条件的除外。

第十二条 在地方史志编纂过程中收集到的文字资料、图表、照片、音像资料、实物等以及形成的地方史志文稿，需指定专职人员集中统一管理，妥善保存，不得损毁；修志工作完成后，应当依法移交档案馆保存、管理，任何个人不得据为己有或者出租、出让、转借。

第十三条 以行政区划名称冠名的地方志书、地方综合年鉴、地情文献为职务作品，依照《中华人民共和国著作权法》第十六条第二款的规定，其著作权由组织编纂的机构享有，参与编纂的人员享有署名权。

第十四条 地方史志工作应为地方经济社会的全面发展服务。地方史志文献应向社会公开，地情文献库应向公众开放。县政府史志工作机构通过建设方志馆、资料库、网站等方式，积极开拓社会用志途径，加强地方志工作的信息化建设。公民、法人和其他组织可以利用上述方志馆、资料库、网站查阅、摘抄地方志资料。

第十五条 县政府将对在地方志工作中作出突出成绩和贡献的单位、个人，给予表彰和奖励。

第十六条 违反本办法规定，有下列行为之一的，由县史志工作机构按照管理权限责令其停止违法行为，限期改正；逾期不改正的，由其所在单位或者有关行政部门依法给予行政处分或者纪律处分：

（一）擅自编纂出版以郓城县行政区划冠名的地方志、地方综合年鉴或者综合地情文献的；

（二）损毁单位所有或者持有的地方史志资料或者将其据为己有的；

（三）地方史志资料所有人或者持有人故意提供虚假资料的；

（四）未经审查、验收、批准将地方史志交付出版的；

（五）无故拖延、拒绝提供地方史志资料或者承担编写任务的；

（六）拒绝向县政府史志工作机构报送地方史志文献的。

有前款第（一）（二）项行为，造成重大损失或者恶劣影响的，县人民政府史志工作机构、地方史志资料所有或者持有单位和机关部门可以依法向人民法院提起诉讼。

第十七条 本办法由县史志办负责解释。

第十八条 本办法自2011年7月15日起施行。

鄄城县人民政府办公室关于印发《鄄城县地方史志工作管理暂行办法》的通　知

鄄政办发〔2011〕44号

各乡镇人民政府，县政府各部门：

《鄄城县地方史志工作管理暂行办法》已经县政府同意，现印发给你们，请认真抓好贯彻落实。

鄄城县人民政府办公室
二〇一一年九月二十日

鄄城县地方史志工作管理暂行办法

第一条　为了规范和加强地方史志工作，全面、客观、系统地编纂地方史志，科学地积累、保存与开发利用地方史志资源，服务经济建设和社会发展，根据国务院《地方志工作条例》和《山东省地方史志工作条例》的有关规定，结合鄄城县实际，制定本办法。

第二条　鄄城县行政区域内地方史志的组织编纂、管理和开发利用工作，适用本办法。

第三条　本办法所称地方史志，包括各级各类地方志书、地方年鉴、部门（行业）年鉴及相关地情文献。

地方志书，是指全面系统地记述鄄城县行政区域内自然、政治、经济、文化、社会等方面的历史与现状的资料性文献。包括鄄城县志、乡镇志、村志、部门志、行业志。

地方年鉴，是指系统记述鄄城县行政区域内自然、政治、经济、文化、社会等方面的年度资料性文献。包括鄄城年鉴、乡镇年鉴、部门年鉴、行业年鉴。

地情文献，是指系统记述鄄城县行政区域内自然、政治、经济、文化、社会等方面一段时期或部分内容的资料性文献。包括乡镇、机关、社会团体、企事业单位及行政村（社区）编纂的以本行政区域冠名的地情类资料性书籍。

第四条　县人民政府加强对地方史志工作的领导，将地方史志工作纳入经济和社会发展规划。地方史志工作所需经费列入本级财政预算。

第五条 县人民政府史志工作机构主管全县行政区域内的地方史志工作，具体履行下列职责：

（一）贯彻执行地方史志工作法律法规，加强乡镇、行政村、机关、社会团体、企事业单位志（年鉴）及地情文献编纂工作的管理，依法修志；

（二）组织编纂《鄄城县志》、《鄄城年鉴》及重要地情文献；

（三）征集、整理、保存地方史志文献，组织整理旧志，开展地方史志学术研究；

（四）组织、指导、审查、验收本区域内各类志书、年鉴、地情文献稿件；

（五）宣传、推广地方史志成果，开展地情研究，建设方志馆、地情文献库和地情文献网站，为公众读志、用志提供服务；

（六）对发生在本县的重大政治、经济、文化活动及时收集图文声像资料，建档保存；

（七）对新发现发掘整理的名胜古迹、历史文献资料，派专人及时到现场收集；

（八）对本区域内的名胜古迹，凡新刻石碑铭文，负责监督审核；

（九）完成县人民政府和上级业务部门交办的其他工作。

第六条 从事地方史志编纂业务的人员应当具备相应的专业知识和学术水平。鄄城县志、鄄城年鉴、鄄城县综合地情文献的编纂人员，由县人民政府史志工作机构聘任。本县行政区域内的乡镇（街道）、部门（行业）志书、年鉴的编纂人员，可由县政府史志工作机构给予推荐。

第七条 以鄄城县行政区划名称冠名的地方志书、地方综合年鉴、综合地情文献，由县人民政府史志工作机构按规划组织编纂，其他组织和个人不得编纂出版。各乡镇（街道）、部门（行业）等组织和单位需编纂各自志书、年鉴的，须报经县人民政府史志工作机构批准备案，在县人民政府史志工作机构的具体指导下方可实施。严禁商业操作，切实维护地方史志的严肃性。

第八条 编纂地方史志，按下列程序进行：

（一）鄄城县志的编纂，由县人民政府史志工作机构制定编纂规划，报县政府批准后组织开展编纂，编纂定稿后，报市人民政府史志编纂委员会审查，经县人民政府批准后出版，并报省人民政府史志工作机构备案；鄄城年鉴、鄄城县综合地情文献的编纂，由县人民政府史志工作机构制定编纂规划，报县人民政府批准后组织开展编纂，经县人民政府批准后出版。

（二）鄄城县行政区域内的乡镇（街道）、部门（行业）志书、年鉴、地情文献，由乡镇（街道）和部门（行业）在县人民政府史志工作机构的业务指导下组织编纂。各乡镇（街道）、部门（行业）志书、年鉴、地情文献须经县人民政府史志工作机构批准后方可出版，并于出版后30日内向县人民政府史志工作机构报送样书和电子文本。

（三）鄄城县志、年鉴、地情文献及本区域内部门行业的志书、年鉴、地情文献要确保史料的真实性、统一性，系统性、完整性。

第九条 县人民政府史志工作机构可以向机关、社会团体、企业事业单位和其他组织以及公民征集有关地方史志资料，有关单位和公民应当提供便利。县人民政府史志工作机构可以对有关资料进行查阅、摘抄、复制，但涉及国家秘密、商业秘密和个人隐私以及不符合档案开放条件的除外。地方史志资料所有人或者持有人不得故意提供虚假资料。

第十条 在地方史志编纂过程中收集到的文字资料、图表、照片、音像资料、实物等以及形成的地方史志文稿，需指定专职人员集中统一管理，妥善保存，不得损毁；修志工作完成后，应当按规定移交档案机构保存、管理，任何个人不得据为己有或者出租、出售、出让、转借。

第十一条 鄄城县行政区域内的志书、综合年鉴、综合地情文献为职务作品，依照《中华人民共和国著作权法》第十六条第二款的规定，其著作权由组织编纂的机构享有，参与编纂的人员享有署名权。

第十二条 地方史志工作应为地方经济社会的全面发展服务。县人民政府史志工作机构应积极开拓社会用志途径，通过建设地情资料库、网站等方式，不断加强地方史志工作的信息化建设。公民、法人和其他组织可以利用上述资料库、网站查阅、摘抄地方史志资料。

第十三条 地方人民政府可对在地方史志工作中作出突出成绩和贡献的单位、个人给予表彰和奖励。

第十四条 违反本办法规定，擅自编纂出版以鄄城县行政区划名称冠名的志书、年鉴、综合地情文献以及鄄城县行政区域内的乡镇（街道）、部门（行业）志书、年鉴、地情文献的，由县人民政府史志工作机构依管理权限责令其停止违法（规）行为，限期改正；造成重大损失或恶劣影响的，县人民政府史志工作机构可以依法向人民法院提起诉讼。

第十五条 违反本办法规定，未经审查、验收、批准，将地方史志文稿交付出版或者地方史志内容存在违反宪法、法律、法规的，由县人民政府史志工作机构依管理权限责令其停止违法行为，限期改正；构成犯罪的，依法追究刑事责任。

第十六条 违反本办法第八条、第九条规定，造成重大损失或者恶劣影响的，依法给予行政处分或纪律处分；构成犯罪的，依法追究刑事责任。

第十七条 本办法由县人民政府史志工作机构负责解释。

第十八条 本办法自颁布之日起施行。

定陶县人民政府关于印发《定陶县地方史志工作暂行办法》的通　知

定政发〔2011〕29号

各乡镇人民政府，各办事处，县政府各部门：

《定陶县地方史志工作暂行办法》已经县政府同意，现印发给你们，请认真贯彻执行。

定陶县人民政府

二〇一一年九月十五日

定陶县地方史志工作暂行办法

第一条　为规范定陶县地方史志的编纂、管理、开发和利用，根据国务院《地方志工作条例》和《山东省地方史志工作条例》有关规定，结合我县实际，制定本办法。

第二条　定陶县行政区域内地方史志的组织编纂、管理、开发和利用，适用本办法。

第三条　本办法所称地方志，包括地方志书、地方综合年鉴和相关地情文献。

地方志书是指全面客观系统地记述本县行政区域内自然、政治、经济、文化、社会等方面的历史与现状的资料性文献。县志、乡镇志、部门志均属地方志书。

地方综合年鉴是指系统记述本县行政区域内自然、政治、经济、文化、社会等方面情况的年度资料性文献。定陶年鉴、乡镇年鉴和部门年鉴均属地方综合年鉴。

相关地情文献是指系统记述本行政区域内一定领域、一段时期或部分内容的资料性文献。机关、社会团体、企事业单位及村（社区）编纂的志书、年鉴和其他资料性文献，均属相关地情文献。

第四条　切实加强对本行政区域地方史志工作的领导，将地方史志工作纳入本地经济和社会发展规划。地方史志工作所需经费列入本级财政预算。

第五条　县地方史志编纂委员会办公室（以下简称史志办）主管本行政区域内的地方史志工作，具体承担下列任务：

（一）组织、指导、督促和检查全县地方史志编纂工作；

（二）拟订地方史志工作规划和编纂方案；

（三）制订地方史志编纂业务规范；

（四）组织编纂、指导、评审、验收地方史志文稿；

（五）搜集、保存地方史志文献和资料，组织整理旧志，推动地方志理论研究；

（六）宣传、推广地方史志成果，开展地情研究，建设方志馆、资料库和地情网站，为公众读志用志提供服务；

（七）组织开展地方史志学术研究、业务培训；

（八）完成本级人民政府和上级业务部门交办的其他任务。

第六条 从事地方史志编纂业务的人员应当具备相关的专业知识和学术水平。地方史志编纂工作应当吸收社会各界专家、学者和熟悉修志业务的人员参加。

第七条 编纂地方史志，按下列程序进行：

（一）定陶县志、定陶年鉴、定陶县综合性地情文献由县史志办制订编纂规划，经县政府批准后，组织开展编纂，报市政府史志工作机构审查，经县政府批准后出版，并报省政府史志工作机构备案。具体程序是：

1. 县史志办按照地方史志编写年限要求，对需开展的地方史志编纂工作，提前半年制订出编纂规划，报县政府。

2. 县史志办制订详细的编纂方案，提交县地方史志编纂委员会讨论审议后，报县政府同意，启动编纂工作。根据编纂方案的规定，承担编纂任务的单位，应当按照地方史志编纂规划和要求完成撰稿任务。

3. 县史志办负责组织编纂人员、业务开展、检查验收、出版发行等工作。

4. 地方史志编纂形成定稿后，由县史志办写出报告，报菏泽市地方史志编纂委员会审定，经县政府批准后出版，并报省政府史志工作机构备案。

（二）以定陶县行政区划冠名的乡镇志、部门志等各类志书、年鉴或其他地情文献，由相关乡镇和部门在县史志办的指导下组织编纂。具体程序是：

1. 各乡镇、各部门将地方史志编纂方案提前 3 个月报县史志办审查后组织实施。

2. 县史志办负责志书的业务指导、检查督导、审查把关、存档备案。

3. 各乡镇、各部门按照地方史志编纂程序，应形成志稿篇目设置、初稿、评审稿、定稿。篇目设置形成后报县史志办审查备案，然后组织开展初稿编写；初稿形成后，报县史志办审查，由县史志办组织评审，提出修改意见；有关部门和乡镇根据评审意见修改定稿，经县史志办批准后，按照有关规定印刷或出版发行。

4. 各乡镇、各部门应当在地方志出版后 30 日内向县史志办报送样书和电子文本。

第八条 定陶县志、定陶年鉴、定陶县综合性地情文献由县史志办按照全县规划组织编纂，以乡镇行政区域冠名的地方志书、地方综合年鉴，由乡镇政府组织编纂。其他组织和个人不得编纂出版。

第九条 有关组织和单位可以自行组织编纂本办法第八条规定以外的志书、年鉴或其

他地情文献资料，编纂单位需报县史志办备案。

第十条 县级地方志书每20年左右编修一次。

第十一条 县史志办可以向机关、社会团体、企业事业单位和其他组织以及公民征集有关地方史志资料，有关单位和公民应当提供支持。地方史志资料所有人或者持有人不得故意提供虚假资料。县史志办可以对有关资料进行查阅、摘抄、复制，但涉及国家秘密、商业秘密和个人隐私以及不符合档案开放条件的除外。

第十二条 在地方史志编纂过程中收集到的文字资料、图表、照片、音像资料、实物等以及形成的地方史志文稿，需指定专职人员集中统一管理，妥善保存，不得损毁；修志工作完成后，应当依法移交档案馆保存、管理，任何个人不得据为己有或者出租、出让、转借。

第十三条 以行政区划名称冠名的地方志书、地方综合年鉴、地情文献为职务作品，依照《中华人民共和国著作权法》第十六条第二款的规定，其著作权由组织编纂的机构享有，参与编纂的人员享有署名权。

第十四条 地方史志工作应为地方经济社会的全面发展服务。地方史志文献应向社会公开，地情文献库应向公众开放。县史志办通过建设方志馆、资料库、网站等方式，积极开拓社会用志途径，加强地方史志工作的信息化建设。公民、法人和其他组织可以利用上述方志馆、资料库、网站查阅、摘抄地方史志资料。

第十五条 县政府将对在地方史志工作中作出突出成绩和贡献的单位、个人，给予表彰和奖励。

第十六条 违反本办法规定，有下列行为之一的，由县史志办按照管理权限责令其停止违法行为，限期改正；逾期不改的，由其所在单位或者有关行政部门依法给予行政处分或者纪律处分：

（一）擅自编纂出版以定陶县行政区划冠名的地方志、地方综合年鉴或者综合性地情文献的；

（二）损毁单位所有或者持有的地方史志资料或者将其据为己有的；

（三）地方史志资料所有人或者持有人故意提供虚假资料的；

（四）未经审查、验收、批准将地方史志交付出版的；

（五）无故拖延、拒绝提供地方史志资料或者承担编写任务的；

（六）拒绝向县史志办报送地方史志文献的。

有前款第（一）（二）项行为，造成重大损失或者恶劣影响的，县史志办、地方史志资料所有或者持有单位和相关部门可以依法向人民法院提起诉讼。

第十七条 本办法由县史志办负责解释。

第十八条 本办法自2011年9月20日起施行。

东明县人民政府关于印发《东明县地方史志工作管理办法（暂行）》的通　知

东政发〔2011〕10号

各乡镇人民政府，开发区管委会，县各部门、各企业：

《东明县地方史志工作管理办法（暂行）》业经县政府同意，现印发给你们，望认真执行，遵照实话。

东明县人民政府

二〇一一年二月十七日

东明县地方史志工作管理办法（暂行）

第一条　为了规范和加强地方志工作，全面、客观、系统地编纂地方志，科学地积累、保存与开发、利用地方志资源，发挥地方志在促进经济和社会发展中的作用，根据国务院《地方志工作条例》《山东省地方史志工作条例》，结合本县实际，制定本办法。

第二条　本办法适用于本县行政区域内地方志的资料征集、研究、组织编纂、管理、开发利用和咨询服务工作。

第三条　本办法所称地方志是指地方志书、地方综合年鉴及地情文献。

地方志书，是指全面系统地记述本县行政区域自然、政治、经济、文化和社会的历史与现状的资料性文献，包括县志、乡镇志、专业（部门）志。

地方综合年鉴，是指全面系统记述本县行政区域自然、政治、经济、文化、社会等方面情况的年度资料性文献，包括县年鉴、乡镇年鉴、行业（单位）年鉴。

地情文献，是指系统记述本县行政区域全面工作或专项工作的资料性书籍，包括机关、社会团体、企业事业单位及村（社区）编纂的以本行政区域冠名的地情类书籍。

第四条　地方志的编纂工作应当做到存真求实，确保质量，全面、客观地反映本行政区域自然、政治、经济、文化和社会的历史与现状。

第五条　县人民政府应当加强对本行政区域地方志工作的领导，将地方志工作纳入本地经济和社会发展规划。地方志工作所需经费列入本级财政预算。

第六条　县地方史志办公室是本行政区域地方志工作主管机构，履行下列职责：

（一）贯彻执行地方志工作法律、法规；

（二）组织、指导、督促和检查全县地方志工作；

（三）拟订地方志工作规划和编纂方案；

（四）负责本地域内各类志鉴的审稿、审批；

（五）组织编纂地方志书、地方综合年鉴和其他地情文献，依照程序组织对地方志审查验收；

（六）征集、整理、保存地方志文献和资料，组织整理旧志，开展地方志理论研究和学术交流；

（七）组织开发利用地方志资源，建立方志馆（库）和网站，培训地方志编纂人员，为公众提供服务；

（八）完成本级人民政府和上级地方志工作机构交办的其他任务。

第七条　以本县行政区域名称冠名的地方志书、地方综合年鉴的编纂工作，由县地方志工作机构按照规划组织实施，其他组织和个人不得编纂。

除以本县行政区域冠名的地方志以外，机关、社会团体、企业事业单位、其他组织和个人可编纂出版有助于经济社会发展的其他地方志书及地情类书籍，编纂单位应当按照隶属关系或者注册登记关系报地方志工作管理部门备案，地方志办公室应当对志书编纂活动进行业务指导。

第八条　县级地方志书每 20 年左右编修一次，每一轮地方志书编修工作完成后，地方志工作机构在编纂地方综合年鉴、搜集资料、向社会提供咨询服务的同时，启动新一轮地方志书的编修工作。县级地方综合年鉴按年度或数年编辑出版 1 卷。可适时组织编纂综合或专题地情文献。

第九条　编纂地方志书、地方综合年鉴，应当制定编纂方案，报本级人民政府批准。根据编纂方案的规定承担编纂任务的单位，应当按照地方志编纂规划和要求，接受本级地方志工作机构的业务指导与督促检查，按时按质完成撰稿任务。

第十条　地方志编纂实行专兼职人员相结合，应当广泛吸收有关专家、学者参加。专职编纂人员应当具备相应的专业知识和学术水平，做到恪尽职守、客观公正、秉笔直书、尊重史实。任何单位和个人不得要求编纂人员在地方志中做虚假记述。

第十一条　地方志工作管理部门依法向辖区内机关、社会团体、企业事业单位和其他组织以及公民征集有关地方志资料，相关单位和个人应当提供有关地方志资料。地方志工作管理部门可以对所需资料内容进行查阅、摘抄、复制，但涉及国家秘密、商业秘密和个人隐私以及不符合档案开放条件的除外。

第十二条　在地方志编纂过程中收集到的文字资料、图表、照片、音像资料、实物等以及形成的地方志文稿，应按照规定归档管理，任何个人不得损毁或者据为己有以及出

租、出让、转借。

第十三条 地方志书、地方综合年鉴出版实行分级审查批准制度，应当组织有关保密、档案、历史、法律、经济、军事等方面的专家参加，重点审查地方志书的内容是否符合宪法和保密、档案等法律、法规的规定，是否全面、客观地反映本行政区域自然、政治、经济、文化和社会的历史与现状。

以县级行政区域名称冠名、列入规划的地方志书由上一级地方志工作机构负责审查验收，报县人民政府批准后方可公开出版；地方综合年鉴、地方专业志书由县地方志工作机构审查验收，经县人民政府批准后方可公开出版。未按以上程序进行报批的各类地方志不得公开出版，新闻出版行政机构不得核发内部资料性图书准印证。

第十四条 地方志编纂单位应当在地方志书、地方综合年鉴及地情文献出版后 30 日内，向本级和上级地方史志办公室报送样书和电子文本。

第十五条 地方志书、地方综合年鉴和相关地情文献为职务作品，依照《中华人民共和国著作权法》第十六条第二款的规定，其著作权由组织编纂的机构享有，参与编纂的人员依法享有署名权。

第十六条 建立地情资料日常收集机制。县地方志工作机构可以通过建立方志馆（地情资料库）等收藏、保存、管理各类地方志资料，积极开展地情宣传、咨询活动，出版专题资料、地情研究成果，为社会各界服务。

鼓励单位和个人向县地方志工作机构捐赠地方志资料，对具有收藏价值的资料，方志馆应当向捐赠者颁发收藏纪念证书，并给予馆存资料的优先使用权。

第十七条 地方志成果可以依照有关规定参加国家、省和县优秀社会科学成果评奖。

第十八条 县人民政府应当对地方志工作中做出突出成绩和贡献的单位和个人给予表彰和奖励。

第十九条 违反本办法规定，有下列情形之一的，由县人民政府地方志工作机构按照权限责令限期改正；逾期不改正的，提请县人民政府或有关行政部门依法查处，并视情节对有关单位和个人予以通报批评或予以行政处分：

（一）未经审查验收、批准，擅自编纂出版以本行政区域名称冠名的地方志书、地方综合年鉴及相关地情文献的；

（二）无故拖延、拒绝提供地方志资料或者拒不承担编写任务的；

（三）故意提供虚假地方志资料的；

（四）丢失、损毁单位地方志资料或者将其据为己有的；

（五）将地方志文稿作为个人著作擅自发表的；

（六）对已经审查通过的地方志文稿擅自进行重大改动并出版的；

（七）拒不向地方志工作机构报送地方志出版物（含纸质版、电子版）的。

第二十条 实行地方志保密审查分级分单位负责制。地方志的保密审查由提供资料和

编写初稿的单位负责，保密主管部门会同地方志工作机构对本级地方志进行保密审定。地方志泄露国家秘密的，由有关部门依法查处。

第二十一条 编纂地方志涉及军事内容的，应当遵守中央军委关于军事志编纂的相关规定。

第二十二条 违反本办法规定，涉及其他有关法律、法规规定的，按照其他有关法律法规进行处理。

第二十三条 任何单位和个人有权对违反本办法的行为进行检举。

第二十四条 本办法自颁布之日起施行。

本办法由县地方史志办公室具体负责解释。

附件：1. 志书（年鉴、地情文献）编写申请表（略）

2. 志书（年鉴、地情文献）审查备案表（略）

河南省人民政府令

〔2011〕第 140 号

《河南省地方志工作规定》已经 2011 年 4 月 28 日省政府第 85 次常务会议通过，现予公布，自 2011 年 7 月 1 日起施行。

省长：郭庚茂

二〇一一年五月十二日

河南省地方志工作规定

第一条 为规范地方志的编纂、管理和开发利用，发挥地方志在服务、促进经济社会发展中的作用，根据国务院《地方志工作条例》，结合本省实际，制定本规定。

第二条 本省行政区域内地方志的组织编纂、管理和开发利用工作适用本规定。

第三条 本规定所称地方志，是指省、省辖市、县（市、区）编纂的地方志书、地方综合年鉴。

地方志书，是指全面系统记述本行政区域自然、政治、经济、文化和社会的历史与现状的资料性文献。

地方综合年鉴，是指系统记述本行政区域自然、政治、经济、文化和社会等方面情况的年度资料性文献。

第四条 县级以上人民政府应当加强对地方志工作的领导，健全工作机构，保障工作条件，将地方志工作纳入国民经济和社会发展规划，所需经费列入本级财政预算。

第五条 县级以上地方史志编纂委员会负责本行政区域地方志工作的统筹规划、组织协调、督促指导。

地方史志编纂委员会办公室设在本级人民政府地方志工作机构，承担地方史志编纂委员会的日常工作。

第六条 县级以上人民政府地方志工作机构在本级地方史志编纂委员会的领导下，主管本行政区域的地方志工作，履行下列职责：

（一）贯彻执行有关地方志工作的法律、法规、规章和相关政策，制定有关地方志编纂的业务规程；

（二）组织、指导、督促和检查地方志工作；

（三）拟定本行政区域地方志工作规划和编纂方案；

（四）组织编纂本行政区域地方志书、地方综合年鉴，依照规定组织专家对已编纂成稿的地方志进行审查验收；

（五）搜集、保存、整理地方志文献和资料，组织整理旧志，开展地方志学术研究、交流和宣传；

（六）组织开发利用地方志资源；

（七）培训地方志工作人员；

（八）完成本级人民政府和上级人民政府地方志工作机构交办的其他事项。

第七条 省人民政府地方志工作机构负责拟定本省地方志编纂总体工作规划，报省人民政府批准后组织实施，并报国家地方志工作指导机构备案。

省辖市、县（市、区）人民政府地方志工作机构应当根据省地方志编纂总体工作规划，拟定本行政区域地方志编纂工作规划，经本级人民政府批准后组织实施，并报上一级人民政府地方志工作机构备案。

第八条 地方志书每二十年左右编纂一次；地方综合年鉴每年编纂一次。

以县级以上行政区域名称冠名的地方志书、地方综合年鉴，应当由本级人民政府地方志工作机构按照地方志编纂工作规划组织编纂，其他组织和个人不得编纂。

第九条 按照地方志编纂工作规划承担编纂任务的机关、事业单位、国有企业、社会团体和其他组织（以下简称单位），应当将地方志工作列入年度工作计划，明确负责编纂工作的机构和人员，保障工作条件。

承担编纂任务的单位，应当在规定的时间内按照要求完成地方志初稿编纂或者资料报送任务，并对所编纂的地方志初稿的质量或者所提供资料的真实性和准确性负责。

地方志工作机构应当对承担编纂任务的单位加强业务指导和督查。

第十条 地方志的编纂内容和过程应当公开。

地方志的编纂内容涉及有争议的重要事项的，地方志工作机构应当征求有关专家、学者或者单位的意见，并向本级人民政府和上一级人民政府地方志工作机构报告。

第十一条 县级以上人民政府地方志工作机构应当建立地方志资料征集制度，通过查阅、摘抄、复制、购买等方式收集地方志资料，有关单位和个人应当提供支持。涉及国家秘密、商业秘密和个人隐私以及不符合档案开放条件的，按照国家和本省有关规定执行。

机关、事业单位、国有企业和社会团体应当无偿向地方志工作机构提供地方志资料。私营企业和个人可以自愿向地方志工作机构无偿提供其拥有的地方志资料，地方志工作机构征用私营企业和个人拥有的地方志资料的，应当支付适当报酬。

第十二条 地方志编纂人员实行专兼职相结合，专职编纂人员应当接受专业培训，具备相应的专业知识。

编纂地方志应当吸收有关方面专家、学者参加，可以聘请适合从事地方志编纂的人员参加编纂。

地方志编纂人员应当恪尽职守、客观公正、忠于史实。任何单位和个人不得要求编纂人员在地方志中作虚假记述。

第十三条 以县级以上行政区域名称冠名、列入地方志编纂工作规划的地方志书，应当按照以下规定进行审查验收，经审查验收合格后方可公开出版：

（一）以省行政区域名称冠名的地方志书报省地方史志编纂委员会审查验收；

（二）以省辖市行政区域名称冠名的地方志书，经本级人民政府地方志工作机构评审后，报省人民政府地方志工作机构审查验收；

（三）以县（市、区）行政区域名称冠名的地方志书，经本级人民政府地方志工作机构评审后，报上一级人民政府地方志工作机构审查验收。对地方志书进行审查验收时，应当组织保密、档案、历史、法律、民族、社会、经济、军事等有关方面的专家参加。

第十四条 以县级以上行政区域名称冠名的地方综合年鉴，经本级人民政府或者其地方志工作机构批准后方可公开出版。

第十五条 已通过审查验收的地方志书和经批准的地方综合年鉴，未经原审查验收或者批准的机关同意不得擅自修改。

第十六条 地方志书、地方综合年鉴应当在出版后三个月内报送上级人民政府地方志工作机构备案，并向本级和上级方志馆无偿提供馆藏书。

以电子出版物形式出版的地方志书、地方综合年鉴，按照前款规定办理。

第十七条 县级以上人民政府应当加强地方志工作的基础设施建设和信息化建设，逐步建设方志馆、地方志资料库和地方志网站。

县级以上人民政府地方志工作机构应当积极开拓社会用志途径，加强对地方志资料的整理、保存和开发利用，为社会各界利用地方志文献资料创造便利条件。

第十八条 鼓励公民、法人或者其他组织向地方志工作机构捐赠地方志资料。

对具有收藏价值的地方志文献资料，地方志工作机构可以向捐赠者颁发收藏纪念证书。

第十九条 对在地方志工作中做出突出成绩和贡献的单位和个人，县级以上人民政府应当按照有关规定给予表彰和奖励。

地方志成果可以依照有关规定参加国家和省优秀社会科学成果评奖。

第二十条 承担编纂任务的单位违反本规定，有下列行为之一的，由县级以上地方史志编纂委员会予以通报批评，并由县级以上人民政府地方志工作机构督促其限期改正：

（一）未能在规定时间内完成地方志初稿编纂任务的；

（二）无故不报送或者拖延报送地方志资料的；

（三）故意提供虚假地方志资料的。

第二十一条 地方志工作机构及其工作人员违反本规定，有下列行为之一的，由有关主管部门对直接负责的主管人员和其他直接责任人员依法给予行政处分：

（一）故意在地方志编纂中加入虚假资料的；

（二）地方志书经审查验收后或者地方综合年鉴经批准后，未经同意删增或者修改其内容的。

第二十二条 部门志、行业志、乡（镇）志、街道志的编纂，参照本规定执行，县级以上人民政府地方志工作机构应当给予业务指导。

第二十三条 本规定自 2011 年 7 月 1 日起施行。

开封市人民政府令

〔2014〕第42号

《开封市地方志工作规定》已经市政府研究通过，现予公布，自发布之日起施行。

市长：吉炳伟

二〇一四年八月二十六日

开封市地方志工作规定

第一条 为规范地方志的编纂、管理和开发利用，充分发挥地方志在服务、促进经济发展和社会进步中的作用，根据国务院《地方志工作条例》和《河南省地方志工作规定》，结合本市实际，制定本规定。

第二条 本市行政区域内地方志的组织编纂、管理和开发利用工作适用本规定。

第三条 本规定所称地方志，包括市、县（区）编纂的地方志书、地方综合年鉴、大事月报和地情文献。

地方志书，是指全面系统记述本行政区域自然、政治、经济、文化和社会的历史与现状的资料性文献。

地方综合年鉴，是指系统记述本行政区域自然、政治、经济、文化和社会等方面情况的年度资料性文献。

大事月报，是指记述本行政区域自然、政治、经济、文化和社会等方面发生的大事、要事的月度资料性文献。

地情文献，是指除地方志书、地方综合年鉴、大事月报以外，记述本行政区域自然、政治、经济、文化和社会等方面情况的资料性文献。

第四条 市、县（区）人民政府应当加强对本行政区域地方志工作的领导，健全工作机构，保障工作条件，将地方志工作纳入国民经济和社会发展规划，所需经费列入本级财政预算。

第五条 市、县（区）地方史志编纂委员会负责本行政区域地方志工作的统筹规划、组织协调、督促指导。

地方史志编纂委员会办公室设在本级人民政府地方志工作机构，承担地方史志编纂委员会的日常工作。

第六条 市、县（区）人民政府地方志工作机构在本级人民政府领导下，主管本行政区域的地方志工作，履行下列职责：

（一）贯彻执行有关地方志工作的法律、法规、规章和相关政策，制定有关地方志编纂的业务规程；

（二）组织、指导、督促、检查和考核地方志工作；

（三）拟定本行政区域地方志工作规划和编纂方案；

（四）组织编纂本行政区域地方志，依照规定组织专家对已编纂成稿的地方志进行审查验收；

（五）搜集、整理、保存地方志文献和资料，组织整理旧志，开展地方志学术研究、交流和宣传；

（六）组织开发利用地方志资源；

（七）培训地方志工作人员；

（八）完成本级人民政府和上级人民政府地方志工作机构交办的其他事项。

第七条 市、县（区）人民政府地方志工作机构应当根据上一级地方志编纂总体工作规划，拟定本行政区域地方志编纂工作规划，经本级人民政府批准后组织实施，并报上一级人民政府地方志工作机构备案。

第八条 地方志书每二十年左右编纂一次；地方综合年鉴每年编纂一次；大事月报每月编纂一期；地情文献根据工作需要适时编纂。

以市、县（区）行政区域名称冠名的地方志书、地方综合年鉴和大事月报，应当由本级人民政府地方志工作机构按照地方志编纂工作规划组织编纂，其他组织和个人不得编纂。

第九条 以市、县（区）行政区域名称（含历史名称）冠名的旧志，应当由本级人民政府地方志工作机构组织或者授权整理，未经授权整理的旧志不得公开出版。

第十条 按照地方志编纂工作规划承担编纂任务的机关、事业单位、国有企业、社会团体和其他组织（以下简称单位），应当将地方志工作列入年度工作计划，明确负责编纂工作的机构和人员，保障工作条件。

承担编纂任务的单位，应当在规定的时间内按照要求完成地方志初稿编纂或者资料报送任务，并对所编纂的地方志初稿的质量或者所提供资料的真实性和准确性负责。

地方志工作机构应当对承担编纂任务的单位加强业务指导和督查。

第十一条 地方志的编纂内容和过程应当公开。

地方志的编纂内容涉及有争议的重要事项的，地方志工作机构应当征求有关专家、学者或者单位的意见，并向本级人民政府和上一级人民政府地方志工作机构报告。

第十二条 市、县（区）人民政府地方志工作机构应当建立地方志资料征集制度，通过查阅、摘抄、复制、购买等方式收集地方志资料，有关单位和个人应当提供支持。涉及国家秘密、商业秘密和个人隐私以及不符合档案开放条件的，按照有关规定执行。

机关、事业单位、国有企业和社会团体应当无偿向人民政府地方志工作机构提供地方志资料。私营企业和个人可以自愿向人民政府地方志工作机构无偿提供其拥有的地方志资料，人民政府地方志工作机构征用私营企业和个人拥有的地方志资料的，应当支付适当报酬。

本市行政区域内的国家档案馆、公共图书馆、国有博物馆应当为地方志编纂工作提供资料或者查询服务，不得收取费用，但另有规定的除外。地方志出版后应当向提供资料的国家档案馆、公共图书馆、国有博物馆无偿提供馆藏书。

第十三条 地方志编纂人员实行专兼职相结合，专职编纂人员应当接受专业培训，具备相应的专业知识。

编纂地方志应当吸收有关方面专家、学者参加，可以聘请适合从事地方志编纂的人员参加编纂。

地方志编纂人员应当恪尽职守、客观公正、忠于史实。任何单位和个人不得要求编纂人员在地方志中作虚假记述。

第十四条 以市、县（区）行政区域名称冠名、列入地方志编纂工作规划的地方志书，应当按照以下规定进行审查验收，经审查验收合格后方可公开出版：

（一）以市行政区域名称冠名的地方志书，经本级人民政府地方志工作机构评审后，报省人民政府地方志工作机构审查验收；

（二）以县（区）行政区域名称冠名的地方志书，经本级人民政府地方志工作机构评审后，报市人民政府地方志工作机构审查验收。

对地方志书进行审查验收时，应当组织保密、档案、历史、法律、民族、社会、经济、军事等有关方面的专家参加。

第十五条 以市、县（区）行政区域名称冠名的地方综合年鉴，经本级人民政府或者其地方志工作机构批准后方可公开出版。

第十六条 已通过审查验收的地方志书和经批准的地方综合年鉴，未经原审查验收或者批准的机关同意不得擅自修改。

第十七条 地方志书、地方综合年鉴应当在出版后三个月内向上级人民政府地方志工作机构备案和报送样书，向本级和上级方志馆无偿提供馆藏书，并依照国家有关规定向参与编纂的人员支付稿酬或者报酬。

以电子出版物形式出版的地方志书、地方综合年鉴，按照前款规定办理。

第十八条 市、县（区）人民政府应当加强地方志工作的基础设施建设和信息化建设，逐步建设方志馆（室）、地方志资料库和地方志网站。

市、县（区）人民政府地方志工作机构应当积极开拓社会用志途径，加强对地方志资料的整理、保存和开发利用，为社会各界利用地方志文献资料创造便利条件。

第十九条 鼓励公民、法人或者其他组织向人民政府地方志工作机构捐赠地方志资料。

对具有收藏价值的地方志文献资料，人民政府地方志工作机构可以向捐赠者颁发收藏纪念证书。

第二十条 对在地方志工作中做出突出成绩和贡献的单位和个人，市、县（区）人民政府应当按照有关规定给予表彰和奖励。

地方志成果可以依照有关规定参加国家、省、市优秀社会科学成果评奖。

第二十一条 承担地方志编纂任务的单位违反本规定，有下列行为之一的，由市、县（区）人民政府或者地方史志编纂委员会予以通报批评，并由市、县（区）人民政府地方志工作机构督促其限期改正：

（一）未能在规定时间内完成地方志初稿编纂任务的；

（二）无故不报送或者拖延报送地方志资料的；

（三）故意提供虚假地方志资料的。

第二十二条 市、县（区）人民政府地方志工作机构及其工作人员违反本规定，有下列行为之一的，由有关主管部门对直接负责的主管人员和其他直接责任人员依法给予行政处分：

（一）故意在地方志编纂中加入虚假资料的；

（二）地方志书经审查验收后或者地方综合年鉴经批准后，未经同意删增或者修改其内容的。

第二十三条 部门志、行业志、乡（镇）村志、街道志的编纂，参照本规定执行，市、县（区）人民政府地方志工作机构应当给予业务指导。

第二十四条 本规定自发布之日起施行。

安阳市人民政府令

〔2013〕第22号

《安阳市地方志工作规定》已经2013年1月16日市政府第77次常务会议通过，现予公布，自2013年3月19日起施行。

市长：马林青

二〇一三年三月十九日

安阳市地方志工作规定

第一条 为规范地方志的编纂、管理和开发利用，充分发挥地方史志在服务、促进经济社会发展和进步中的作用，根据国务院《地方志工作条例》和《河南省地方志工作规定》，结合本市实际，特制定本规定。

第二条 本市行政区域内地方史志的组织编纂、管理和开发利用工作适用本规定。

第三条 本规定所称地方志，包括市、县（市）区编纂的地方志书、地方年鉴及其相关地情文献。

地方志书，包括综合志书和专业志书。综合志书是指全面系统记述本行政区域内自然、政治、经济、文化和社会历史与现状的资料性文献。专业志书是指全面、系统、准确地记述本行业、部门、院校、企业和特定事物的历史与现状的资料性文献。

地方年鉴，包括综合年鉴和专业年鉴。综合年鉴是指系统记述本行政区域自然、政治、经济、文化和社会等方面情况的年度资料性文献。专业年鉴是指系统记述行业、部门、院校、企业等事物发展的年度资料性文献。

地情文献是指系统地记述或载录特定的历史时期、特定的行政区域内的自然或人文等方面情况的资料性文献。

第四条 市、县（市）区人民政府应当加强对地方史志工作的领导，健全工作机构，保障工作条件，将地方志工作纳入国民经济和社会发展规划，纳入政府考核目标，所需经费列入本级财政预算。

第五条 市级地方史志编纂委员会由市四大班子有关领导及相关部门负责同志组成，负责本行政区域地方志工作的统筹规划、组织协调、督促指导。

地方史志编纂委员会办公室设在本级人民政府地方志工作机构，承担地方史志编纂委员会的日常工作。市、县（市）区人民政府要为本级地方志工作机构配备专职工作人员，解决相应的办公条件。

第六条 市、县（市）区人民政府地方志工作机构在同级人民政府领导下，主管本行政区域的地方史志工作，履行下列职责：

（一）贯彻执行有关地方志工作的法律、法规、规章和相关政策，制定有关地方志编纂的业务规程；

（二）组织、指导、督促和检查地方志工作；

（三）拟定本行政区域地方志工作规划和编纂方案；

（四）组织编纂本行政区域地方志书、地方综合年鉴及其他地情资料，依照规定组织专家对已编纂成稿的地方史志进行审查验收；

（五）搜集、整理、保存地方性文献和资料，组织整理旧志，开展地方志学术研究、交流和宣传；

（六）组织开发利用地方志资源；

（七）组织方志理论研究和学术交流，培训地方志工作人员；

（八）完成本级人民政府和上级人民政府地方志工作机构交办的其他事项。

第七条 市人民政府地方志工作机构负责拟定本市地方志编纂总体工作规划，报市人民政府批准后组织实施，并报省地方志工作指导机构备案。

第八条 地方志书每20年左右编纂一次；地方综合年鉴每年编纂一次。遇有重大区划变动，应从实际出发适时组织编纂。每一轮志书编纂工作完成后，市、县（市）区人民政府地方志工作机构在编纂地方志、年鉴、搜集资料以及向社会提供咨询服务的同时，准备启动新一轮地方志书的编纂工作。

以市、县（市）区以上行政区域名称冠名的地方志书、地方综合年鉴，应当由本级人民政府地方志工作机构按照地方志编纂工作规划组织编纂，其他组织和个人不得编纂。

第九条 按照地方志编纂工作规划承担编纂任务的机关、事业单位、国有企业、社会团体和其他组织（以下简称单位），应当将地方志工作列入年度工作计划，明确负责编纂工作的机构和人员，保障工作条件。

承担编纂任务的单位，应当在规定的时间内按照要求完成地方志初稿编纂或者资料报送任务，并对所编纂的地方志初稿的质量或者所提供资料的真实性和准确性负责。

地方志工作机构应当对承担编纂任务的单位加强业务指导和督查。

第十条 地方志的编纂内容和过程应当公开。

地方志的编纂内容涉及有争议的重要事项的，地方志工作机构应当征求有关专家、学者或者单位的意见，并向本级人民政府和上一级人民政府地方志工作机构报告。

第十一条 县级以上人民政府地方志工作机构应当建立地方志资料征集制度，通过查阅、摘抄、复制、购买等方式收集地方志资料，有关单位和个人应当提供支持。涉及国家秘密、商业秘密和个人隐私以及不符合档案开放条件的，按照国家、省和本市有关规定执行。

机关、事业单位、国有企业和社会团体应当无偿向地方志工作机构提供地方志资料。私营企业和个人可以自愿向地方志工作机构无偿提供其拥有的地方志资料，地方志工作机构征用私营企业和个人拥有的地方志资料的，应当支付适当报酬。

第十二条 地方志编纂人员实行专兼职相结合，专职编纂人员应当接受专业培训，具备相应的专业知识。

编纂地方志应当吸收有关方面专家、学者参加，可以聘请适合从事地方志编纂的人员参加编纂。

地方志编纂人员应当恪尽职守、客观公正、忠于史实。任何单位和个人不得要求编纂人员在地方志中作不实记述。

第十三条 以县级以上行政区域名称冠名、列入地方志编纂工作规划的地方志书，应当按照以下规定进行审查验收，经审查验收合格后方可公开出版：

（一）以市行政区域名称冠名的地方志书，经本级人民政府地方志工作机构评审后，报省人民政府地方志工作机构审查验收；

（二）以县（市、区）行政区域名称冠名的地方志书，经本级人民政府地方志工作机构评审后，报上一级人民政府地方志工作机构审查验收。对地方志书进行审查验收时，应当组织保密、档案、历史、法律、民族、社会、经济、军事等有关方面的专家参加。

第十四条 以县级以上行政区域名称冠名的地方综合年鉴，经本级人民政府或者其地方志工作机构批准后方可公开出版。

第十五条 已通过审查验收的地方志书和经批准的地方综合年鉴，未经原审查验收或者批准的机关同意不得擅自修改。

第十六条 地方志书、地方综合年鉴应当在出版后三个月内报送上级人民政府地方志工作机构备案，并向本级和上级方志馆无偿提供馆藏书。

以电子出版物形式出版的地方志书、地方综合年鉴，按照前款规定办理。

第十七条 市、县（市）区人民政府应当加强地方志工作的基础设施建设和信息化建设，逐步建设方志馆（室）、地情资料库和地方志网站，为社会发展和公众提供服务。

县级以上人民政府地方志工作机构应当积极开拓社会用志途径，加强对地方志资料的整理、保存和开发利用，为社会各界利用地方志文献资料创造便利条件。

第十八条 鼓励公民、法人或者其他组织向地方志工作机构捐赠地方志资料。

对具有收藏价值的地方志文献资料，地方志工作机构可以向捐赠者颁发收藏纪念证书。

第十九条 对在地方志工作中做出突出成绩和贡献的单位和个人，市、县（市）区以上人民政府应当按照有关规定给予表彰和奖励。

地方志成果可以依照有关规定参加国家和省优秀社会科学成果评奖。

第二十条 承担编纂任务的单位违反本规定，有下列行为之一的，由县级以上地方史志编纂委员会予以通报批评，并由县级以上人民政府地方志工作机构督促其限期改正：

（一）未能在规定时间内完成地方志初稿编纂任务的；

（二）无故不报送或者拖延报送地方志资料的；

（三）故意提供虚假地方志资料的。

第二十一条 地方志工作机构及其工作人员违反本规定，有下列行为之一的，由有关主管部门对直接负责的主管人员和其他直接责任人员依法给予行政处分：

（一）故意在地方志编纂中加入虚假资料的；

（二）地方志书经审查验收后或者地方综合年鉴经批准后，未经同意删增或者修改其内容的。

第二十二条 部门志、行业志、乡（镇）志、街道志的编纂，参照本规定执行，市级人民政府地方志工作机构应当给予业务指导。

第二十三条 本规定自发布之日起施行。

三门峡市人民政府令

〔2014〕第 1 号

《三门峡市地方志工作管理办法》已经 2014 年 7 月 22 日市政府第 30 次常务会议通过，现予公布，自 2014 年 10 月 8 日起施行。

市长：赵海燕

二〇一四年十月八日

三门峡市地方志工作管理办法

第一条 为规范和加强地方志工作，全面、客观、系统地编纂地方志，科学地积累、保存与开发利用地方志资源，充分发挥地方志在服务、促进经济社会发展中的作用，根据国务院《地方志工作条例》和《河南省地方志工作规定》，结合实际，制定本办法。

第二条 本市行政区域内地方志的组织编纂、管理和开发利用工作适用本办法。

第三条 本办法所称地方志，包括地方志书、年鉴、大事月报及相关地情文献。

地方志书，包括综合志书和专业志书。综合志书是指市、县（市、区）、乡镇（街道）、行政村编修的全面系统记述本行政区域自然、政治、经济、文化和社会的历史与现状的资料性文献。专业志书是指全面、系统、准确地记述本行政区域内行业、部门、院校、企业、其他组织等或特定事物的历史与现状的资料性文献。

地方年鉴，包括综合年鉴和专业年鉴。综合年鉴是指市、县（市、区）、乡镇（街道）编纂的系统记述本行政区域自然、政治、经济、文化和社会等方面情况的年度资料性文献。专业年鉴是指系统记述本行政区域内行业、部门、院校、企业、其他组织等发展状况的年度资料性文献。

地方大事月报是指市、县（市、区）每月编辑的记述本行政区域自然、政治、经济、文化、社会等方面发生的大事、要事、新事的资料性文献。

地情文献是指市、县（市、区）、乡镇（街道）编纂的系统记述特定历史时期的自然、政治、经济、文化、社会等方面的资料性文献。

第四条 全市各级人民政府应加强对本行政区域地方志工作的领导，健全工作机构，完善工作条件，保障工作经费，加强队伍建设，将地方志工作纳入当地国民经济和社会发展规划。

第五条　市、县（市、区）地方志编纂委员会由同级人民政府设立，负责本行政区域地方志工作的统筹规划、组织协调、督促指导。

地方志编纂委员会办公室设在本级人民政府地方志工作机构，承担地方志编纂委员会的日常工作。

第六条　市、县（市、区）人民政府地方志工作机构在本级地方志编纂委员会的领导下，主管本行政区域的地方志工作，履行下列职责：

（一）贯彻执行有关地方志工作的法律、法规、规章和相关政策，制定有关地方志编纂的业务规程；

（二）组织、指导、督促和检查地方志工作；

（三）拟定本行政区域地方志工作规划和编纂方案；

（四）组织编纂本行政区域地方综合志书、综合年鉴、大事月报及其他地情文献，依照规定组织专家对已编纂成稿的地方志进行审查验收；

（五）指导本行政区域机关、社会团体、企事业单位、其他组织编纂专业志；

（六）搜集、整理、保存地方志文献和资料，组织整理旧志，开展地方志学术研究、交流和宣传；

（七）组织开发利用地方志资源；

（八）培训地方志工作人员；

（九）完成本级人民政府和上级人民政府地方志工作机构交办的其他事项。

第七条　市、县（市、区）人民政府地方志工作机构应当根据省地方志编纂总体工作规划，拟定本行政区域地方志编纂工作规划，经本级人民政府批准后组织实施，并报上一级人民政府地方志工作机构备案。

第八条　市、县（市、区）地方综合志书每二十年左右编修一次，地方综合年鉴每年编纂一次，地方大事月报每月编辑一期，地情文献根据工作需要适时编纂。每一轮地方综合志书编修工作完成后，市、县（市、区）人民政府地方志工作机构在编纂地方综合年鉴、大事月报、地情文献以及向社会提供咨询服务的同时，做好新一轮地方综合志书的编修筹备工作。

以市、县（市、区）行政区域名称冠名的地方综合志书、综合年鉴、大事月报，分别由本级人民政府地方志工作机构按照地方志编纂工作规划组织编纂；以乡镇（街道）行政区域名称冠名的地方综合志书，由本级人民政府按照地方志编纂工作规划组织编纂。其他组织和个人不得编纂。

除以本行政区域名称冠名的地方综合志书、综合年鉴、大事月报以外，机关、社会团体、企事业单位、其他组织和个人可编纂出版有助于经济社会发展的专业志书及地情文献，编纂单位和个人应当按照隶属关系或注册登记关系报地方志工作机构备案，地方志工作机构应当对编纂活动进行业务指导。

第九条　地方志编纂人员实行专职与兼职相结合。

编纂地方志应当吸收有关方面专家、学者参加，可以聘请适合从事地方志编纂的人员参加编纂。

编纂人员应当具备相应的专业知识和学术水平，做到恪尽职守、客观公正、秉笔直书、忠于史实。任何单位和个人不得要求编纂人员在地方志中作不实记述。

第十条 按照地方志编纂工作规划承担编纂任务的机关、事业单位、国有企业、社会团体和其他组织（以下简称单位），应当将地方志工作列入年度工作计划，明确负责编纂工作的机构和人员，保障工作条件。

承担编纂任务的单位，应当在规定的时间内按照要求完成地方志初稿编纂或者资料报送任务，并对所编纂的地方志初稿的质量或者所提供资料的真实性和准确性负责。

地方志工作机构应当对承担编纂任务的单位加强业务指导和督查。

第十一条 地方志的编纂内容和过程应当公开。

地方志的编纂内容涉及有争议的重要事项的，地方志工作机构应当征求有关专家、学者或者单位的意见，并向本级人民政府和上一级人民政府地方志工作机构报告。

第十二条 市、县（市、区）人民政府地方志工作机构应当建立地方志资料征集和管理制度。

（一）地方志工作机构可以向本行政区域内机关、社会团体、企事业单位、其他组织以及个人征集地方志资料。机关、社会团体、国有企业和事业单位应当按照规定的时限要求无偿向地方志工作机构提供地方志资料；私营企业、其他组织和个人可以自愿向地方志工作机构无偿提供其拥有的地方志资料。地方志工作机构征用私营企业和个人拥有的地方志资料的，应当支付适当报酬。

（二）地方志工作机构可以对所需资料进行查阅、摘抄和复制，有关单位和个人应当提供支持，涉及国家秘密、商业秘密和个人隐私以及不符合档案开放条件的，按照国家、省和市有关规定执行。

（三）地方志资料所有人或者持有人不得故意提供虚假资料。

（四）地方志编纂过程中收集到的文字、图表、照片、音像、实物等资料及形成的文稿，由地方志工作机构进行集中统一管理，并妥善保存，不得损毁。编纂工作完成后，应当依法移交本级方志馆（室）保存、管理，个人不得据为己有或者出租、出让、转借。

（五）鼓励公民、法人或者其他组织向地方志工作机构捐赠地方志资料。对具有收藏价值的地方志文献资料，地方志工作机构可以向捐赠者颁发收藏纪念证书。

第十三条 地方志书应当按照《地方志书质量规定》（中指组字〔2008〕3 号）要求进行审查验收，经审查验收合格后方可公开出版：

（一）以市、县（市、区）行政区域名称冠名的地方综合志书，经本级人民政府地方志工作机构评审后，报上一级人民政府地方志工作机构审查验收；

（二）以乡镇（街道）名称冠名的地方综合志书，经县（市、区）人民政府地方志工作机构评审后，由市人民政府地方志工作机构审查验收；

（三）专业志书按隶属关系或注册登记关系报同级人民政府地方志工作机构审查验收。

对地方志书进行审查验收，应当组织保密、档案、历史、法律、民族、社会、经济、军事等有关方面的专家参加，重点审查地方志书的内容是否符合宪法和保密、档案等法律、法规的规定。

第十四条 以市、县（市、区）行政区域名称冠名的地方综合年鉴，经本级人民政府或者其地方志工作机构批准后方可公开出版。以市、县（市、区）行政区域名称冠名的大事月报，经本级地方志工作机构批准后方可印发。

第十五条 已通过审查验收的地方志书和经批准的地方综合年鉴、大事月报，未经原审查验收或者批准的机关同意不得擅自修改。

第十六条 地方志书、综合年鉴应当在出版后三个月内报送上级人民政府地方志工作机构备案，并向本级和上级方志馆（室）无偿提供藏书。

以电子出版物形式出版的地方志书、综合年鉴，按照前款规定办理。

第十七条 地方志为职务作品，依照《中华人民共和国著作权法》第十六条第二款的规定，其著作权由组织编纂的机构享有，参与编纂的人员享有署名权。

第十八条 市、县（市、区）人民政府应当加强地方志工作的基础设施建设和信息化建设，逐步建设方志馆（室）、地方志资料库和地方志网站，为社会发展和公众提供服务。

市、县（市、区）人民政府地方志工作机构应当积极开拓社会用志途径，加强对地方志资料的整理、保存和开发利用，为社会各界利用地方志文献资料创造便利条件。

第十九条 市、县（市、区）人民政府对在地方志工作中作出突出成绩和贡献的单位和个人，应当给予表彰和奖励。

地方志成果可以依照有关规定参加国家、省、市社会科学成果评奖。

第二十条 承担编纂任务的单位违反本办法，有下列行为之一的，由市、县（市、区）地方志编纂委员会予以通报批评，并由市、县（市、区）地方志工作机构督促其限期改正：

（一）未能在规定时间内完成地方志初稿编纂任务的；

（二）无故不报送或者拖延报送地方志资料的；

（三）故意提供虚假地方志资料的。

第二十一条 地方志工作机构及其工作人员违反本办法，有下列行为之一的，由有关主管部门对直接负责的主管人员和其他直接责任人员依法给予行政处分：

（一）故意在地方志编纂中加入虚假资料的；

（二）地方志书经审查验收后或者地方综合年鉴经批准后，未经同意删增或者修改其内容的。

第二十二条 其他地方志的编纂参照本办法执行，市、县（市、区）人民政府地方志工作机构应当给予业务指导。

第二十三条 本办法自发布之日起施行。

南阳市人民政府关于印发《南阳市实施地方志工作条例暂行规定》的通　知

宛政〔2009〕46号

各县市区人民政府，市人民政府各部门，中央、省属驻宛各企事业单位：

现将《南阳市实施地方志工作条例暂行规定》印发给你们，请遵照执行。

南阳市人民政府

二〇〇九年六月十日

南阳市实施地方志工作条例暂行规定

为建立健全我市地方史志工作管理机制，规范编史修志行为，努力做到全面、准确、客观地记述地情，科学系统地积累保存和开发利用市情信息资源，充分有效地发挥地方史志在经济发展和社会进步中的作用，促进全市史志事业健康有序发展，依据国务院《地方志工作条例》及有关政策规定，结合本市实际，特制定本规定。

一、适用范围

本市行政区域内的地方史志工作适用本规定。地方史志工作是以地方史志为中心而进行的组织管理、编纂整理、研究咨询、开发利用等活动。

本规定所称地方史志，包括以市、市辖县市区行政区域名称冠名的地方志书、年鉴及相关地情文献。

地方综合志书是指全面、系统、准确地记述特定行政区域内的自然、人文、经济、政治、社会的历史与现状的资料性文献。市志可以由综合志或若干分志组成。县市区志、乡镇志为综合志。

专业志是指全面、系统、准确地记述行业、部门、院校、企业、特定事物的历史与现状的资料性文献。

地方综合年鉴是指系统地记载特定行政区域内的自然、经济、政治、文化、社会等方面情况的年度资料性文献。

专业年鉴是指系统地记载特定行业、部门、院校、企业诸项事物发展面貌的年度资料性文献。

地方综合月鉴是指每月载录特定行政区域内自然、经济、政治、文化、社会诸方面发生的大事、要事、热点、焦点、难点等的资料性文献。

地情文献是指系统地记述或载录特定历史时期、特定行政区域内的自然或人文等方面情况的资料性文献。

二、管理机制

地方史志工作实行党委领导、政府主持、地方史志编委会及其办公室组织实施和社会各界协作、专家参与、众手成志的组织领导体制和工作机制。

县级以上人民政府主持本行政区域的地方志史工作，应当加强对地方史志工作的领导，健全地方史志机构，将地方史志工作纳入当地国民经济和社会发展规划，所需经费列入本级财政预算，保证工作正常开展；为本级地方史志工作机构配备必要的工作人员，解决相应的办公条件；协调、督促地方史志工作机构和有关部门、单位共同做好地方史志编纂工作；同时，应当建立督查通报制度，对本行政区域地方史志工作进行督查，并通报督查情况。

县级以上地方史志编纂委员会是本行政区域地方史志工作的议事协调机构，由地方政府主要领导兼任主任，对本行政区域内地方史志工作进行组织和协调。

县级以上人民政府地方史志工作机构主管本行政区域的地方史志工作。主要职责是：

（一）拟定本行政区域地方史志工作规划，制定地方志书、年鉴、地情文献编纂方案及业务规范；

（二）组织、指导、协调、督查地方史志工作，培训地方史志工作队伍；

（三）组织编纂、审查、验收地方志书、年鉴；

（四）征集、保存、整理地方史志文献、旧志和地情资料，开展地方史志学术研究、对外交流和地情宣传；

（五）开发地方史志资源，开展地情研究，改革用志手段，建立方志馆（室）、地情数据库和地情信息网站，积极开拓社会用志途径，为现实服务；

（六）完成同级人民政府和上级地方史志工作机构交办的其他事项。

三、编纂时限

市、县市区地方综合志书每20年左右编修一次，编纂任务由市人民政府统一部署。每一轮地方志书编修工作完成后，负责地方史志工作的机构在编纂地方综合年鉴、搜集资料以及向社会提供咨询服务的同时，应做好新一轮地方志书续修的准备工作。市、县市区综合年鉴按年度编辑出版，其他专业志、专业年鉴、综合性地情文献的编纂间隔时限由编纂机构自行确定。

四、编纂业务管理

各级各类志书、年鉴、地情文献编纂实行分级管理体制。市地方史志工作机构负责组织实施全市地方史志书刊编纂管理工作，承担市属各类地方史志编纂任务指导与监管职责，县市区地方史志工作机构对其相应行政区域内地方史志编纂业务负有指导与管理职责。地方史志编纂业务管理包括编纂资格管理和编纂质量管理。

（一）编纂资格管理

市、县市区志书由同级政府主持编修，地方史志工作机构具体负责组织实施。

市、县市区综合年鉴由同级政府主办，地方史志工作机构承编。

市、县市区人民政府地方史志工作机构须配备与志书、年鉴编纂工作相适应的专职业务人员。

任何单位和个人不得擅自以县级以上行政区域名称冠名编纂出版志书、年鉴。

（二）编纂质量管理

编纂地方志书、年鉴、月鉴、综合性地情文献应当遵守国家法律、法规、规章，做到思想性、科学性、资料性的统一，实事求是、全面客观、系统准确，审校、印刷、装帧符合国家新闻出版的有关规定。

市、县市区人民政府地方史志工作机构应当根据全省、全市地方史志工作规划，制订本行政区域的工作规划和编纂方案，经同级人民政府批准，并报上一级地方史志工作机构备案后实施。上级地方志工作机构应当加强对下级地方史志工作机构的业务指导，督促各编纂机构制定和实施质量保证措施。

各级地方史志编纂机构要制定内部质量管理制度，严格执行主编负责制和承编责任制，建立健全质量管理和质量保证体系，将志书、年鉴、月鉴和综合性地情文献质量管理落实到编纂、出版、发行的全过程。地方综合志书稿件实行两评三审制度，年鉴稿件实行三审制度，发稿达到“齐、清、定”要求，出版过程实行“三校一读”校对责任制，对胶片、样书、成品要进行严格质量检查。

五、史志队伍

地方史志编纂人员坚持专兼职相结合、以专职为主的原则。编纂人员应适应工作需要，具备相应的专业知识和文字编研能力。

（一）地方史志编纂工作应吸收有关专家、学者参加。

（二）县级以上人民政府要依法保障地方史志编纂人员参加培训的权利。县级以上人民政府地方史志工作机构应建立健全培训制度，确保培训质量。地方史志编纂人员要服从组织调配，接受编纂业务培训。

（三）县级以上人民政府应保障地方史志编纂人员的工作条件，保持地方史志编纂队伍的相对稳定。

（四）地方史志编纂人员在地方史志编纂中要客观公正、实事求是。任何单位和个人不得要求编纂人员在地方志中作虚假记述或提供虚假资料。

六、承编职责

凡承担有编纂市、县市区地方史志任务的单位，应当达到以下要求：

（一）明确具体承担地方史志编纂工作的部门和人员，保障经费和工作条件。

（二）按照本行政区域人民政府地方史志工作机构拟定的地方史志工作规划和编纂方案，按时保质保量地完成地方志书、地方综合年鉴及其他综合性地情文献资料的报送和文稿的编纂任务。

（三）在业务上接受本级人民政府地方史志工作机构的指导，对本系统、本行业、本部门和本企业的地方史志工作进行组织、指导、协调，与其他系统、行业、部门、企业的地方史志工作开展合作和交流。

七、资料征集与管理

县级以上人民政府地方史志工作机构应当及时征集、规范和保存包括纸介质、电子文本、音像制品、实物和口述资料在内的各种地方史志资料，建立稳定长效的征集渠道和制度。

（一）地方史志工作机构可以向机关、社会团体、企业事业单位以及其他社会组织和个人征集相关的地方史志资料，有关单位和个人有义务为其提供志书、年鉴、月鉴、地情文献等所需的各种资料。各级地方史志工作机构可以采取查阅、摘抄、复制、采访、调查等方式收集有关资料。涉及国家秘密、商业秘密和个人隐私以及不符合档案开放规定的，按照有关法律、法规的规定执行。

（二）为执行本单位地方史志编纂任务或者利用本单位的物质技术条件收集、整理的文字、图表、照片、音像、电子文本、实物等文件资料及形成的地方史志文稿，由所在单位进行管理，并应当依照相关规定集中归档，任何单位和个人不得将其散失、损毁或者据为己有。

（三）地方史志资料所有人或者持有人提供有关资料，可以获得适当报酬。

（四）鼓励民营企业和民办非企业单位向地方史志工作机构提供有关地方史志资料。

八、审验制度

以县级以上行政区域名称冠名编纂出版的地方志书、年鉴实行分级评议、审查、批准和备案制度。

（一）市志、市志分志、市辖县市区志稿应当按照要求召开评稿会议，形成修改原则、计划及目标。

（二）市志稿经省地方史志编纂委员会审查、验收合格后，报市人民政府同意，方可进入出版印刷程序。

（三）市辖县市区志稿经市地方史志工作机构审查验收后，报省地方史志编纂委员会验收备案，由市辖县市区人民政府批准，方可进入出版印刷程序。

（四）以县级以上行政区域名称冠名的地方综合年鉴由同级人民政府同意后交付出版。

（五）以县级以上行政区域名称冠名的其他综合性地情文献由本行政区域地方史志工

作机构自行组织审验出版。

（六）以电子出版物形式出版的地方史志书刊按照前款规定办理。

（七）对地方史志文稿进行审查验收，应当组织有关方面的专家参加，按照相关法律、法规的规定执行。

（八）已通过审查验收并备案的地方志书和经批准的年鉴，未经原审查验收或批准的机构批准不得擅自更改。

（九）地方史志文稿经审查不合格者，由原编纂机构依据审查单位的书面意见重修。

（十）以县级以上行政区域名称冠名的地方志书、年鉴应当在出版后三个月内报送上级人民政府地方史志工作机构备案。

九、用志工作

县级以上人民政府要积极倡导社会用志，搞好用志基础建设。地方史志书刊公开出版后，地方史志工作机构应当通过公共媒体向社会推介。县级以上人民政府地方史志工作机构应当积极开拓用志途径。

（一）县级以上人民政府应当支持地方史志工作信息化建设，并将其纳入本级人民政府信息化建设规划，通过建立方志馆（室）、地情数据库、地情网站等方式为经济社会全面发展服务。

（二）县级以上人民政府地方史志工作机构建立的方志馆（室）负责收集、整理、保管地方史志和各种载体的地情资料。公民、法人和其他组织可以通过查询、阅览、摘抄等方式利用方志馆（室）收藏、展示的地方史志文献和资料。方志馆（室）应当将服务范围、开放时间等服务事项进行公示。

（三）各级人民政府鼓励公民、法人和其他组织向方志馆（室）报送已出版的各类地情资料和电子出版物，以便永久收藏。各级方志馆（室）应当向报送地方史志和地情资料以及各类馆藏资料的公民、法人和其他组织颁发收藏证书。

十、奖励与处罚

（一）奖励

乡级以上人民政府对在地方史志工作中做出显著成绩的单位和个人给予表彰和奖励。参与地方史志编纂工作的人员对地方史志作品享有署名权。

（二）处罚

违反本规定，擅自编纂出版以县级以上行政区域名称冠名的地方志书、地方综合年鉴的，由县以上地方人民政府地方史志工作机构提请本级人民政府出版行政部门依法查处。

违反本规定，未经审查验收、批准将地方史志文稿交付出版，或者地方史志书刊存在违反宪法、法律、法规规定内容的，由上级人民政府或者本级人民政府责令采取相应措施予以纠正，并视情节追究有关单位和个人的责任；构成犯罪的，依法追究刑事责任。

地方史志机构工作人员未将地方史志文献资料及地方史志文稿依法归档，造成损毁，或者将其据为己有，或者出让、出租、转借的，由其所在单位责令改正，依法给予处分。

十一、附则

（一）编纂地方史志涉及军事内容的，还应当遵守中央军委关于军事志编纂的有关规定。

（二）市政府部门志、年鉴等地方史志文献的编纂参照本办法的相关规定执行。

（三）本规定实施中的具体问题由市地方史志工作机构负责解释。

（四）本规定自发布之日起施行。

商丘市人民政府令

〔2013〕第23号

《商丘市地方史志工作管理办法》已经2012年11月15日市政府第11次常务会议通过，现予公布，自2013年1月1日起施行。

市长：余学友

二〇一二年十一月五日

商丘市地方史志工作管理办法

第一条 为规范和加强地方史志工作，全面、客观、系统地编纂地方史志，科学地积累、保存与开发利用地方史志资源，推进我市文化大发展大繁荣，服务经济建设和社会发展，根据国务院《地方志工作条例》和《河南省地方志工作规定》，结合商丘市实际，制定本办法。

第二条 本市行政区域内地方史志的组织编纂、管理和开发利用工作适用本办法。

第三条 本办法所称地方史志，包括地方志书、综合年鉴、大事月报和地情文献。

地方志书是指全面系统地记述本行政区域内自然、政治、经济、文化、社会的历史与现状的资料性文献。

综合年鉴是指全面系统地记述本行政区域内自然、政治、经济、文化、社会等方面情况的年度资料性文献。

大事月报是指每月记述本行政区域内自然、经济、政治、文化、社会等方面发生的大事、要事资料性文献。

地情文献是指除地方志书、地方综合年鉴以外，记述本行政区域内自然、政治、经济、文化、社会等方面情况的专门性资料文献。

第四条 全市各级人民政府应加强对本行政区域地方史志工作的领导，将地方史志工作纳入国民经济和社会发展规划，所需经费列入本级财政预算，做到领导到位、机构到位、经费到位、队伍到位、条件到位。

第五条 市、县（市、区）级地方史志编纂委员会负责本行政区域地方史志工作的统筹规划、组织协调、督促指导。

地方史志编纂委员会办公室设在本级人民政府地方史志工作机构，承担地方史志编纂委员会的日常工作。

第六条 市、县（市、区）级人民政府地方史志工作机构在本级地方史志编纂委员会的领导下，主管本行政区域的地方史志工作，履行下列职责：

（一）贯彻执行有关地方史志工作的法律、法规、规章和相关政策，制定有关地方志编纂的业务规程；

（二）组织、指导、督促和检查地方史志工作；

（三）拟定本行政区域地方史志工作规划和编纂方案；

（四）组织编纂本行政区域地方志书、综合年鉴，依照规定组织专家对已编纂成稿的地方志书和综合年鉴进行审查验收；

（五）搜集、保存、整理地方史志文献和资料，组织整理旧志，开展地方史志学术研究、交流和宣传；

（六）组织开发利用地方史志资源；

（七）培训地方史志工作人员；

（八）完成本级人民政府和上级人民政府地方史志工作机构交办的其他事项。

第七条 市、县（市、区）人民政府地方史志工作机构应当根据省地方史志编纂总体工作规划，拟定本行政区域地方史志编纂工作规划，经本级人民政府批准后组织实施，并报上一级人民政府地方史志工作机构备案。

第八条 编纂地方史志应当吸收有关方面的专家、学者参加。地方史志编纂人员实行专兼职相结合，专职编纂人员应当具备相应的专业知识。对兼职编纂人员应当给予一定的补助。

第九条 市、县（市、区）级地方志书每 20 年左右编修一次，综合年鉴每年编纂一次，大事月报每月编辑一期，地情文献根据工作需要适时编纂。

除以本市行政区域名称冠名的地方志书以外，机关、事业单位、国有企业、社会团体、其他组织和个人可编纂出版有助于经济社会发展的其他地方志书及地情类书籍，编纂单位和个人应当按照隶属关系或者注册登记关系报地方史志工作管理部门备案，地方史志工作机构应当对编纂活动进行业务指导。

第十条 编纂地方志书、综合年鉴、大事月报、地情文献应当符合下列规定：

（一）符合宪法和有关法律法规规定；

（二）全面、客观地反映本行政区域自然、政治、经济、文化和社会的历史与现状；

（三）符合地方志书、综合年鉴体例格式；

（四）文字表述准确，篇目结构合理；

（五）标点符号、计量单位和数字的使用符合国家出版物有关规定；

（六）装帧印刷符合出版要求。

第十一条 按照地方史志编纂工作规划，承担编纂任务的机关、事业单位、国有企业、社会团体和其他组织，应当将地方史志工作列入年度工作计划，明确负责编纂工作的机构和人员，保障经费和工作条件。

承担编纂任务的单位，应当在规定的时间内按照要求完成地方志书初稿编纂或者资料报送任务，并对所编纂的地方志书初稿的质量或者所提供资料的真实性和准确性负责。

承担编纂任务的单位，应当接受本级人民政府地方史志工作机构的业务指导和督查，负责对本系统、本行业、本部门和本企业的地方史志工作进行组织、指导、协调，与其他单位的地方史志工作开展合作和交流。

第十二条 市、县（市、区）级人民政府地方史志工作机构应当建立地方史志资料征集制度，通过查阅、摘抄、复制、购买等方式收集地方史志资料，有关单位和个人应当提供支持。涉及国家秘密、商业秘密和个人隐私以及不符合档案开放条件的，按照国家和省有关规定执行。

机关、事业单位、国有企业、社会团体和其他组织应当无偿向地方史志工作机构提供地方史志资料。私营企业和个人可以自愿向地方史志工作机构无偿提供其拥有的地方史志资料。

第十三条 以市、县（市、区）级行政区域名称冠名、列入地方史志编纂工作规划的地方志书，应当按照以下规定进行审查验收，经审查验收合格后方可公开出版。

（一）以市行政区域名称冠名的地方志书，经市人民政府地方史志工作机构评审后，报省人民政府地方史志工作机构审查验收。

（二）以县（市、区）行政区域名称冠名的地方志书，经县（市、区）人民政府地方史志工作机构评审后，报市人民政府地方史志工作机构审查验收。

对地方志书进行审查验收时，应当组织保密、档案、历史、法律、民族、社会、经济、军事等有关方面的专家参加。

已通过审查验收的地方志书和经批准的综合年鉴，未经原审查验收或者批准的机关同意不得擅自修改。

第十四条 地方志书、综合年鉴应当在出版后三个月内报送上级人民政府地方史志工作机构备案，并向本级和上级方志馆无偿提供馆藏书。

以电子出版物形式出版的地方志书、综合年鉴，按照前款规定办理。

第十五条 市、县（市、区）级人民政府应加强用志基础设施建设和信息化建设，逐步建设方志馆，地方史志资料库和地情网站，不断改善地方史志机构的办公条件。

市、县（市、区）级人民政府地方史志工作机构应加强对地方史志资料的整理、保存、开发利用，为社会各界利用地方史志文献资料创造便利条件。积极开拓用志途径，开展多种形式的读志用志活动，搞好史志知识宣传，提升商丘历史文化的影响力。

第十六条 市、县（市、区）级人民政府对在地方史志工作中做出显著成绩和突出贡献的单位和个人，给予表彰和奖励。

地方史志成果可以依照有关规定参加社会科学成果评奖。

第十七条 承担编纂任务的单位违反本规定，有下列行为之一的，由市、县（市、区）地方史志编纂委员会予以通报批评，并由市、县（市、区）地方史志工作机构督促其限期改正：

（一）未能在规定时间内完成地方志初稿编纂任务的；

（二）无故不报送或者拖延报送地方志资料的；

（三）故意提供虚假地方志资料的。

第十八条 地方志工作机构及其工作人员违反本规定，有下列行为之一的，由有关主管部门对直接负责的主管人员和其他直接责任人员依法给予行政处分：

（一）故意在地方志编纂中加入虚假资料的；

（二）地方志书经审查验收后或者地方综合年鉴经批准后，未经同意删增或者修改其内容的。

第十九条 部门志、行业志、乡（镇）村志、街道志的编纂，参照本办法执行，市、县（市、区）级人民政府地方史志工作机构应当给予业务指导。

第二十条 本办法自2013年1月1日起施行。

湖北省人民政府令

〔2007〕第 299 号

《湖北省地方志工作规定》已经 2007 年 3 月 26 日省人民政府常务会议审议通过，现予公布，自 2007 年 6 月 1 日起施行。

省长：罗清泉

二〇〇七年四月五日

湖北省地方志工作规定

第一条 为了规范地方志编纂工作，全面、客观、真实地记载地域历史和现实情况，科学、合理开发利用地方志，发挥地方志存史、资治、教化以及在促进经济和社会发展中的作用，根据国务院公布的《地方志工作条例》（以下简称《条例》）和有关法律、法规，结合本省实际，制定本规定。

第二条 本省行政区域内地方志的组织编纂、管理、开发利用工作，适用本规定。

第三条 本规定所称的地方志，包括地方志书、地方综合年鉴。

地方志书，是指全面系统记述本行政区域自然、经济、政治、文化和社会的历史与现状的资料性文献。

地方综合年鉴，是指系统记述本行政区域自然、经济、政治、文化、社会等方面情况的年度资料性文献。

地方志分为：省编纂的地方志，设区的市（含自治州，下同）编纂的地方志，县（含县级市、省辖市的区，下同）编纂的地方志。

第四条 地方志工作是促进全社会持续、文明、健康发展的一项基础性、公益性、经常性工作。编纂地方志应当坚持存真求实、继承与创新相结合的方针，全面、客观、科学地反映当地自然、经济、政治、文化与社会的历史和现状。

第五条 县以上地方各级人民政府应当加强对本行政区域地方志工作的领导，将地方志工作纳入当地经济和社会发展规划。地方志工作所需经费应当列入本级财政预算，并保证按时足额拨付到位。

第六条 县以上地方各级人民政府应明确工作机构，主管本行政区域内的地方志工作，其主要职责是：

（一）贯彻执行有关地方志工作的法律、法规、规章和相关政策，制定有关地方志编纂的业务规程；

（二）组织、指导、督查地方志工作；

（三）拟定本行政区域地方志工作规划和编纂地方志方案；

（四）组织编纂本行政区地方志书、地方综合年鉴，依照规定组织专家对已编纂成稿的地方志进行评审；

（五）收集、保存、整理、开发利用地方志文献和资料，组织整理旧志，开展地方志学术研究和交流；

（六）培训地方志工作人员；

（七）组织开发利用地方志资源，建立地方志馆或地方志文献资料库和网站，为公众提供服务；

（八）完成本级人民政府和上级地方志工作机构交办的其他事项。

第七条　地方志工作机构在本级人民政府直接领导下开展工作并向本级人民政府负责。

地方志编纂人员实行专兼职相结合，专职编纂人员的素质应适应编纂地方志工作的需要，具备相应的专业知识和文字编纂能力。地方志编纂工作应吸收有关方面专家、学者参加，可以采取聘用方式聘请适合从事地方志编纂的人员参加编纂；民族自治区域的地方志工作，应当有少数民族人员参加。

县以上地方各级人民政府应为地方志编纂人员提供相应的工作条件和生活条件，采取措施保证地方志编纂队伍的相对稳定。

第八条　省、市、县三级地方志书每20年左右编修一次，编纂工作的总体规划（以下简称规划）由省人民政府统一制定，每一轮编修工作应相互衔接，除有特殊重大事件发生导致编纂工作不能继续进行的情况外，不得中断。

第九条　以县以上行政区划名称冠名的地方志书、地方综合年鉴，分别由同级人民政府地方志工作机构按照规划组织编纂，其他组织和个人不得擅自编纂。

政府部门、行业、社会团体、企业事业单位可以编纂各自的志书或年鉴，编纂过程中应按照隶属关系或者注册登记关系接受本级人民政府地方志工作机构的业务指导，编纂完成后应向本级人民政府地方志工作机构备案。

第十条　省内所有国家机关、社会团体、企事业单位、驻军都应当支持和协助地方志编纂工作，按照要求完成地方志书、地方综合年鉴资料的报送和所承担的编写工作。凡承担有编纂地方志任务的单位，应指定专人负责并有相对固定的编纂人员，业务上应接受本级人民政府地方志工作机构的指导。

第十一条　县以上地方各级人民政府地方志工作机构可以向社会广泛征集与地方志有

关的资料，有关单位和个人应当积极提供，不得拒绝。地方志编纂人员可以凭所属地方志工作机构介绍信对有关资料进行查阅、摘抄、复制，但涉及国家秘密、商业秘密和个人隐私以及不符合档案开放条件的除外。资料提供者不得故意提供虚假资料。

为执行本单位的地方志编纂任务或者利用本单位的物质技术条件收集、整理的地方志资料应当依照相关规定由同级人民政府地方志工作机构集中归档管理，任何人不得擅自处理。

第十二条 地方志书实行分级申报、审查、验收制度：

（一）省地方志书报省地方志编纂委员会审查，经省人民政府批准后交付出版；

（二）市地方志书报送省地方志工作机构审查，经同级人民政府批准后交付出版；

（三）县地方志书报送市地方志工作机构审查，重大问题应报省地方志工作机构审核，经同级人民政府批准后交付出版。

以电子出版物形式出版的地方志书按照前款规定办理。

第十三条 各级地方综合年鉴以年度为序编纂出版。

以县以上地方各级行政区划名称冠名的地方综合年鉴由本级人民政府地方志工作机构组织编纂，报同级人民政府批准后交付出版。

第十四条 以行政区域名称冠名的各级地方志书、地方综合年鉴出版后 3 个月内，编纂单位应分别向上一级人民政府地方志工作机构和省人民政府地方志工作机构报送样书和样书电子文本。以行政区域名称冠名的各级地方志书、地方综合年鉴在编纂过程中形成的各种形式的资料，由本级人民政府地方志工作机构统一管理，重要资料送省人民政府地方志工作机构集中管理；个人不得据为己有或者出租、出让、转借。

第十五条 地方志文献应当向社会开放，单位和个人可以依法利用地方志文献资料。

县以上地方各级人民政府应支持地方志工作机构加强地方志文献资料整理、保存、开发利用和信息化建设，为社会各界利用地方志文献资料创造便利条件。

第十六条 县以上地方各级人民政府或地方志工作机构应对在地方志编纂工作中做出突出成绩的单位和个人给予表扬和奖励。

地方志成果可以依照有关规定参加国家和省优秀社会科学成果评奖。

第十七条 由各级政府主修的地方志均为职务作品，受国家著作权法保护；参与编纂的人员，依法享有署名权等合法权益。

第十八条 违反《条例》和本规定，《条例》已规定处罚，按照《条例》的规定处罚。

违反本规定，有下列行为之一的，由县以上地方人民政府地方志工作机构按照权限责令限期改正；逾期不改的，由县以上地方人民政府地方志工作机构提请本级人民政府或有关行政主管部门予以纠正，并视情节对有关单位和个人予以通报批评或予以行政处分；构成犯罪的，依法追究刑事责任：

（一）将单位所有或者持有的地方志资料损毁或者非法据为己有的；

（二）地方志资料所有人或者持有人故意提供虚假资料的；

（三）拒绝承担应当承担的地方志资料编写任务或者拒绝提供依照规定应予提供与地方志有关的资料的；

（四）拒绝向上级人民政府地方志工作机构报送地方志文献资料的。

第十九条 本规定自2007年6月1日起施行。

襄阳市人民政府令

〔2014〕第 36 号

《襄阳市地方志工作实施办法》已经 2014 年 5 月 30 日市人民政府常务会议审议通过，现予公布，自 2014 年 6 月 5 日起施行。

市长：别必雄

二〇一四年六月五日

襄阳市地方志工作实施办法

第一条 为了规范地方志编纂工作，发挥地方志在存史、资政、育人以及促进经济和社会发展中的作用，根据国务院《地方志工作条例》（国务院令第 467 号）、《湖北省地方志工作规定》（省政府令第 299 号）和有关法律、法规、规章和政策规定，结合本市实际，制定本办法。

第二条 本办法适用于本市行政区域内地方志的组织编纂、管理和开发利用工作。

第三条 本办法所称地方志，包括地方志书、地方年鉴及地情文献。

地方志书，包括综合志书和专业志书；地方年鉴，包括综合年鉴和专业年鉴。

综合志书，是指全面、客观、系统地记述本行政区域内自然、经济、政治、文化和社会的历史与现状的资料性文献，包括市志、县（市、区）志、乡（镇）志、村（社区）志等。

专业志书，是指全面、客观、系统地记述本行政区域内行业、部门、院校、企业或特定事物的历史与现状的资料性文献，包括行业志、部门志、院校志、企业志等。

综合年鉴，是指全面、客观、系统地记述本行政区域内自然、经济、政治、文化和社会等方面情况的年度资料性文献，包括市年鉴、县（市、区）年鉴、乡（镇）年鉴、村（社区）年鉴等。

专业年鉴，是指全面、客观、系统地记述本行政区域内行业、部门、院校、企业或特定事物的年度资料性文献，包括行业年鉴、部门年鉴、院校年鉴、企业年鉴等。

地情文献，是指除地方志书、地方年鉴以外，全面、客观、系统地记述或载录本行政区域内特定历史时期综合性或专项性的资料性文献，包括各种史料性文献等。

第四条 各级人民政府、各开发区管委会应加强对地方志工作的领导，将地方志工作纳入国民经济和社会发展规划，加大考核力度。地方志工作所需经费列入本级财政预算，按财政管理制度规定拨付使用并接受监督。

第五条 各级人民政府、各开发区管委会制定本行政区域的地方志短期和长期工作规划，并报上级地方志工作机构备案。

第六条 市、县（市、区）人民政府、开发区管委会应明确工作机构，主管本行政区域内的地方志工作，其主要职责是：

（一）贯彻执行有关地方志工作的法律、法规、规章和相关政策，制定有关地方志编纂的业务规范；

（二）组织、指导、督促和检查地方志工作；

（三）拟定地方志总体工作规划和编纂方案；

（四）组织、指导、编纂地方志书、地方年鉴及地情文献；

（五）依照规定组织专家对已编纂成稿的地方志进行评审验收；

（六）建立健全和实施地方志资料年报制度，搜集、整理、保存地方文献和资料，组织整理旧志；

（七）组织开发利用地方志资源，建立方志馆（库）和网站，为公众提供服务；

（八）开展方志理论研究、学术交流和宣传；

（九）培训地方志工作人员；

（十）完成本级人民政府、开发区管委会和上级地方志工作机构交办的其他事项。

第七条 以市、县（市、区）、开发区行政区域名称冠名的地方综合志书、地方综合年鉴和综合性地情文献，由本级地方志工作机构按总体工作规划组织编纂，其他组织和个人不得编纂出版。

第八条 编纂地方志应当做到存真求实，确保质量，全面、客观地记述本行政区域自然、经济、政治、文化和社会的历史与现状。

编纂地方志涉及军事内容的，还应当遵守中央军委关于军事志编纂的有关规定。

第九条 承担地方志编纂任务的单位（包括国家机关、社会团体、企事业单位等，以下简称承编单位），应将地方志编纂工作列入年度工作计划，明确地方志编纂工作的领导、机构和人员，保障经费、办公条件和相应待遇，按时保质完成编纂任务，并对所编纂的地方志初稿的质量及所提供资料的真实性和准确性负责。

承编单位应接受本级地方志工作机构的业务指导和督促检查。

第十条 编纂地方志应吸收有关方面的专家、学者参加。地方志编纂人员实行专兼职相结合。专职编纂人员的素质应适应地方志编纂工作的需要，具备相应的专业知识和文字能力。地方志编纂工作可以采取聘用方式聘请适合从事地方志编纂的人员以兼职身份参与编纂。专职兼职编纂人员应接受专业培训。

地方志编纂人员应恪尽职守、客观公正、秉笔直书、忠于史实。任何单位和个人不得要求编纂人员在地方志中作不实记述。

第十一条 以市、县（市、区）、开发区行政区域名称冠名的地方综合志书每20年左右编纂一次。遇有重大区划变动，应从实际情况出发适时组织编纂。每一轮地方综合志书编纂工作完成后，地方志工作机构应在编纂地方综合年鉴、搜集资料以及向社会提供咨询服务的同时，启动新一轮地方综合志书的编纂工作。

第十二条 地方志工作机构及承编单位应当建立地方志资料年报制度，有关单位和个人应据实提供资料。地方志编纂人员可对所需资料内容进行查阅、摘抄、复制等，有关单位和个人应提供支持。涉及国家秘密、商业秘密和个人隐私以及不符合档案开放条件的除外。

第十三条 以市、县（市、区）、开发区行政区域名称冠名、列入省总体工作规划的地方志稿（以下简称志稿），应通过四级评审，按以下程序进行审查验收，经审查验收合格后方可公开出版：

（一）一审为本级地方志工作机构组织的内部审核。经一审并修改后的志稿，连同书面报告一并提请二审；

（二）二审为本级地方志工作机构组织、邀请本地有关领导和相关学科专家、学者、研究人员进行的审核。经二审并修改后的志稿，连同二审修改方案一并报本级地方志编纂委员会，提请三审；

（三）三审为本级地方志编纂委员会邀请有关领导和学术界、方志界的专家学者进行的审核。经三审并修改后的志稿，由本级地方志工作机构提出书面意见，连同修改报告一并报送上一级地方志工作机构审核，提请四审。书面意见应由本级地方志工作机构主要领导签名，并加盖单位公章；

（四）四审为付印出版前上一级地方志工作机构的终审。经四审后的志稿由上一级地方志工作机构出具审查验收报告后，经本级人民政府批准出版。

已通过审查验收的志稿，未经原审查验收或批准的机关同意不得擅自修改。

第十四条 地方志承编单位负责所编志稿（包括电子文本和纸质文本）的保密审查，所提供的资料和初稿内容不得涉及国家秘密、工作秘密、商业秘密和个人隐私。地方志工作机构对志稿保密工作进行检查，如遇不确定或有争议的问题，提请同级保密工作部门进行审定。

第十五条 以市、县（市、区）、开发区行政区域名称冠名的地方综合年鉴，由本级地方志工作机构组织编纂，经本级人民政府批准后，方可交付出版。地方综合年鉴按年度连续出版。

第十六条 以市、县（市、区）、开发区行政区域名称冠名的综合性地情文献，由本级地方志工作机构组织编纂，经本级人民政府批准后，方可交付出版。

第十七条 以市、县（市、区）、开发区行政区域名称冠名的地方志出版后3个月内，编纂单位应向上级地方志工作机构报送样书和样书电子文本。地方志书应报送20套，地方年鉴、地情文献应各报送10套。

第十八条 以市、县（市、区）、开发区行政区域名称冠名的地方志为职务作品，受国家著作权法保护；参与编纂的人员，依法享有署名权等合法权益。编纂人员稿酬按国家有关规定执行。

第十九条 以市、县（市、区）、开发区行政区域名称冠名的地方志在编纂过程中形成的各种形式的资料，由本级地方志工作机构统一管理，重要资料送省人民政府地方志工作机构集中管理；个人不得据为己有或者出租、出让、转借。

第二十条 需要且有条件编纂部门志鉴、行业志鉴、乡（镇）志鉴、村（社区）志鉴或专项性地情文献的，编纂单位应向本级地方志工作机构提出申请，经批准后，纳入地方志工作规划。编纂单位在编纂过程中应接受本级人民政府地方志工作机构的业务指导，志鉴稿或文献稿经本级地方志工作机构备案验收后，方可公开出版。出版后3个月内应向本级地方志工作机构报送样书10套和样书的电子文本。

本级地方志工作机构应对编纂部门提供业务指导和服务。

第二十一条 地方志工作机构应开拓社会使用地方志的途径，通过建立方志馆、地方志资料库和地情网站等形式，加强地方志工作的信息化建设，为社会各界利用地方志文献资料创造便利条件。加强对地方志资料的整理、保存和开发利用，积极开展地情宣传、咨询活动，出版专题资料、地情研究成果，为经济社会全面发展服务。

公民、法人或者其他组织可通过查询、阅览、摘抄等方式依法无偿利用地方志网站和方志馆（库）收藏、展示的地方志文献和资料。

第二十二条 国家机关、社会团体、企业事业单位、其他组织以及个人应积极向方志工作机构提供地方志资料。对具有收藏价值的资料，地方志工作机构应向捐赠者颁发收藏纪念证书，并可给予适当的奖励。

第二十三条 市、县（市、区）人民政府、开发区管委会应依法对在地方志编纂中做出突出成绩的单位和个人给予表彰和奖励。

地方志成果可依照有关规定参加各级社会科学成果评奖活动。

第二十四条 违反相关法律、法规、规章的规定，有下列行为之一的，由县以上地方人民政府地方志工作机构依法责令限期改正；逾期不改的，由县以上地方人民政府地方志工作机构提请本级人民政府、开发区管委会或有关行政主管部门予以纠正，并视情节对有关单位和个人予以通报批评或予以行政处分；构成犯罪的，依法追究刑事责任：

（一）将单位所有或者持有的地方志资料损毁或者非法据为己有的；

（二）地方志资料所有人或者持有人故意提供虚假资料的；

（三）拒绝承担应当承担的地方志资料编写任务或者拒绝提供依照规定应予提供与地方志有关的资料的；（四）拒绝向上级人民政府地方志工作机构报送地方志文献资料的。

第二十五条 违反相关法律、法规、规章规定，擅自编纂出版以县级以上行政区域名称冠名的地方志书、地方综合年鉴的，由县级以上地方人民政府负责地方志工作的机构提请本级人民政府出版行政部门依法查处。

第二十六条 违反相关法律、法规、规章规定，未经审查验收、批准将地方志文稿交付出版，或者地方志存在违反宪法、法律、法规规定内容的，由上级人民政府或者本级人民政府、开发区管委会依法责令采取相应措施予以纠正，并视情节追究有关单位和个人的责任；构成犯罪的，依法追究刑事责任。

第二十七条 本办法由市党史和地方志办公室负责解释。市党史和地方志办公室应会同相关部门根据本办法制定具体实施细则。

第二十八条 本办法自 2014 年 6 月 5 日起施行，有效期 5 年。

宜城市人民政府关于印发《宜城市地方志工作管理办法》的通　知

宜政发〔2014〕24号

各镇人民政府、街道办事处，经济开发区、大雁工业园区管委会，市政府各部门：

《宜城市地方志工作管理办法》已经市政府同意，现印发给你们，请认真组织实施。

宜城市人民政府

二○一四年十二月二十日

宜城市地方志工作管理办法

第一条 为规范和加强地方志工作，全面、客观、系统地编纂地方志，科学积累、保存和利用地方志资源，充分发挥地方志在促进经济和社会发展中的作用，根据国务院《地方志工作条例》（国务院令第467号）、《湖北省地方志工作规定》（省政府令第299号）以及《襄阳市地方志工作实施办法》（襄阳市人民政府令第36号），结合宜城实际，特制定本办法。

第二条 本办法适用于本行政区域内地方志的资料征集、组织编纂、管理和开发利用工作。

第三条 本办法所称地方志，包括综合志书、专业志书，综合年鉴、专业年鉴和相关地情文献。

综合志书，指全面、客观、系统地记述本行政区域内自然、经济、政治、文化和社会的历史与现状的资料性文献，包括宜城市志、镇（办、区）志等。

专业志书，指全面、客观、系统地记述本行政区域内行业、部门、企业或特定事物的历史与现状的资料性文献，包括行业志、部门志、企业志等。

综合年鉴，指全面、客观、系统地记述本行政区域内自然、经济、政治、文化和社会等方面情况的年度资料性文献，包括宜城年鉴。

专业年鉴，是指全面、客观、系统地记述本行政区域内行业、部门、企业或特定事物的年度资料性文献，包括行业年鉴、部门年鉴、企业年鉴等。

地情文献，是指除地方志书、地方年鉴以外，全面、客观、系统地记述或载录本行政区域内特定历史时期综合性或专项性的资料性文献，包括各种史料性文献等。

第四条 各镇（办、区）应当加强对本行政区域地方志工作的领导，将地方志工作纳入国民经济和社会发展规划。

第五条 市地方志工作机构主管本行政区域内的地方志工作，履行下列职责：

（一）贯彻执行有关地方志工作的法律、法规、规章和相关政策，制定有关地方志编纂的业务规范，推进依法修志；

（二）组织、指导、督促和检查地方志工作；

（三）拟订全市地方志工作规划和编纂方案并组织实施；

（四）制定全市地方志编纂业务规范并组织实施；

（五）组织、指导、编纂地方志书、地方年鉴和地情文献等书籍；

（六）负责本行政区域内的各类志书的业务指导、审查验收、存档备案工作；

（七）征集、整理、保存地方志文献和资料，组织整理旧志；

（八）开展地方志理论研究、学术交流及业务培训；

（九）宣传、推广地方志成果，开展地情研究，建设方志馆、地情资料库和地情网站，为公众读志用志提供服务；

（十）完成本级人民政府和上级业务部门交办的其他任务。

第六条 以本行政区域冠名的地方综合志书、地方综合年鉴和综合性地情文献，由市地方志工作机构按总体工作规划组织编纂，其他组织和个人不得编纂出版。

第七条 地方志编纂实行专兼职人员相结合，编纂人员应当具备相关的专业知识。编纂地方综合志书、地方综合年鉴、综合性地情文献的工作人员，由市地方志工作机构专业编辑人员负责，并聘任专业人员参与编纂；镇（办、区）、部门（行业）志等各类志书的编纂人员由各镇（办、区）、各部门、各单位选派熟悉修志业务的人员担任。

第八条 地方志编纂人员应恪尽职守、客观公正、秉笔直书、忠于史实。任何单位和个人不得要求编纂人员在地方志中作不实记述。

第九条 地方志的编纂和出版发行应当符合国家有关法律、法规和国家、省、襄阳市地方志工作机构制定的质量标准及编纂规范。地方志编纂工作涉及国家秘密、商业秘密和个人隐私的，应当遵守有关法律、法规的规定；涉及军事内容的，应当遵守中央军委关于军事志编纂的有关规定。

第十条 市地方志工作机构依法向辖区内行政机关、社会团体、企事业单位、其他组织和公民征集有关地方志资料，相关单位和个人应当提供有关地方志资料。

第十一条 承担地方志编纂任务的单位（包括国家机关、社会团体、企事业单位等，以下简称承编单位），应将地方志编纂工作列入年度工作计划，明确地方志编纂工作的领导、机构和人员，保障经费、办公条件和相应待遇，按时保质完成编纂和供稿任务。

承编单位应接受市地方志工作机构的业务指导和督促检查。

第十二条 地方综合志书每20年左右编纂一次。遇有重大区划变动，应从实际情况出发适时组织编纂。每一轮地方综合志书编纂工作完成后，市地方志工作机构应在编纂地方综合年鉴、搜集资料以及向社会提供咨询服务的同时，启动新一轮地方综合志书的编纂工作。

第十三条 以本行政区域名称冠名、列入省地方志编纂规划的地方志稿（以下简称志稿），由市地方志工作机构组织初稿编纂，初稿完成后通过四审定稿：

（一）一审为市地方志工作机构组织的内部审核。经一审并修改后的志稿，连同书面报告一并提请二审；

（二）二审为市地方志工作机构组织、邀请本地有关领导和相关学科专家、学者、研究人员进行的审核。经二审并修改后的志稿，连同二审修改方案一并报市地方志编纂委员会，提请三审；

（三）三审为市地方志编纂委员会邀请有关领导和学术界、方志界的专家学者进行的审核。经三审并修改后的志稿，由市地方志工作机构提出书面意见，连同修改报告一并报送上一级地方志工作机构审核，提请四审。书面意见应由市地方志工作机构主要领导签名，并加盖单位公章；

（四）四审为付印出版前上一级地方志工作机构的终审。经四审后的志稿由上一级地方志工作机构出具审查验收报告后，经市政府批准出版。

第十四条 各承编单位编纂的专业志书，应当将编纂方案和基本篇目报市地方志工作机构预审，编纂文稿经市地方志工作机构评审验收后方可出版，样书报市地方志工作机构备案。

第十五条 以本行政区域名称冠名的地方综合年鉴，由市地方志工作机构组织编纂，经市政府批准后，方可交付出版。地方综合年鉴按年度连续出版。

第十六条 以本行政区域名称冠名的综合性地情文献，由市地方志工作机构组织编纂，经市政府批准后，方可交付出版。

第十七条 各镇（办、区）、各部门、各单位应当在志书出版后3个月内将出版物样书10套和电子版报送市地方志工作机构。

第十八条 以行政区域名称冠名的地方志为职务作品，依照《中华人民共和国著作权法》第十六条第二款规定，其著作权由组织编纂的机构享有，参与编纂的人员依法享有署名权。

第十九条 以本行政区域名称冠名地方志书在编纂过程中收集到的文字资料、图表、照片、音像资料、实物等及形成的地方志文稿，修志工作完成后，应当移交方志馆或档案馆保存、管理，个人不得损毁或者据为已有，不得出租、出让、转借。

第二十条 建立地情资料日常收集机制。市地方志工作机构通过建设方志馆、地情资料库、地情网站等方式，收藏、保存、管理各类地方志资料，积极开展地情宣传、咨询活动，出版专题资料、地情研究成果，为社会各界服务。个人应积极向方志馆捐赠地方志资料，对具有收藏价值的资料，方志馆应当向捐赠者颁发收藏纪念证书，并给予馆存资料的优先使用权。

第二十一条 地方志成果可以依照有关规定，参加国家、省和襄阳市优秀社会科学成果评奖。市政府对在地方志编纂工作中作出突出成绩和贡献的单位、个人给予表彰和奖励。

第二十二条 违反相关法律、法规、规章的规定，有下列行为之一的，由市地方志工作机构依法责令限期改正；逾期不改的，由市地方志工作机构提请市政府或有关行政主管部门予以纠正，并视情节对有关单位和个人予以通报批评或予以行政处分；构成犯罪的，依法追究刑事责任：

（一）丢失、损毁单位所有或者持有的地方志资料或者非法将其据为己有的；

（二）无故拖延、拒绝提供地方志资料或者拒不承担编写任务的；

（三）地方志资料所有人或者持有人故意提供虚假资料的；

（四）将地方志文稿擅自整理出版或者作为个人著作擅自发表的；

（五）对已经审查通过的地方志文稿擅自进行重大改动并出版的；

（六）拒不向市地方志工作机构报送地方志出版物（含纸质版、电子版）的。

第二十三条 实行地方志保密审查分级分单位负责制。地方志的保密审查由提供资料和编写初稿的单位负责，市保密主管部门会同市地方志工作机构对本级地方志进行保密审定。地方志泄露国家秘密的，由有关部门依法查处。

第二十四条 任何单位和个人有权对违反本办法的行为进行检举。

第二十五条 本办法由市史志办负责解释。本办法自印发之日起施行，有效期5年。

湖南省人民政府令

〔2008〕第 225 号

《湖南省实施〈地方志工作条例〉办法》已经 2008 年 5 月 22 日省人民政府第 8 次常务会议通过，现予公布，自 2008 年 9 月 1 日起施行。

省长：周强

二〇〇八年六月十日

湖南省实施《地方志工作条例》办法

第一条 为了进一步规范和推动地方志工作，发挥地方志在促进经济社会发展中的作用，根据国务院《地方志工作条例》和其他有关法律、法规，结合本省实际，制定本办法。

第二条 本办法所称地方志，包括以省、市州、县市区行政区域名称冠名的地方志书、地方综合年鉴。

地方志书，是指全面系统记述本行政区域自然、政治、经济、文化、社会的历史与现状的资料性文献。省志书可以由综合志和若干分志组成。市州、县市区志书可以只编纂综合志，也可以编纂分志。

地方综合年鉴，是指系统记述本行政区域自然、政治、经济、文化、社会等方面情况的年度资料性文献。

第三条 县级以上人民政府应当加强对本行政区域地方志工作的领导，将地方志工作经费列入财政预算，协调、督促地方志工作机构和有关部门、单位共同做好地方志编纂工作。

第四条 县级以上人民政府地方志工作机构主管本行政区域的地方志工作，履行国务院《地方志工作条例》规定的职责。

承担地方志编纂任务的有关部门、单位应当指定相应的机构和人员负责地方志工作，并接受同级人民政府地方志工作机构的业务指导和工作督查。

第五条 地方志编纂人员应当具备相应的专业知识。民族地区的地方志编纂工作应当有少数民族工作人员参加。

科研单位、高等院校和其他组织应当支持科研人员、专家学者参与地方志编纂，并承认其学术成果。

县级以上人民政府地方志工作机构应当对地方志编纂人员进行业务培训。

第六条 编纂地方志应当遵守法律、法规、规章，做到存真求实，客观全面，确保质量。

第七条 省地方志编纂总体工作规划由省人民政府制定，市州、县市区地方志编纂工作规划由本级人民政府制定，报上一级人民政府地方志工作机构备案。

第八条 省、市州、县市区志书每 20 年左右编修一次，编修工作由省人民政府统一部署，县级以上人民政府地方志工作机构组织编纂，其他组织和个人不得编纂。

第九条 国家机关、社会团体、企业事业单位和其他组织应当每年向同级地方志工作机构报送地方综合年鉴中涉及本单位工作的资料。

第十条 县级以上人民政府地方志工作机构可以向国家机关、社会团体、企业事业单位、其他组织和个人征集有关地方志资料，有关单位和个人应当提供支持。地方志工作机构可以对有关资料进行查阅、摘抄、复制，但涉及国家秘密、商业秘密和个人隐私以及不符合档案开放条件的除外。

地方志资料所有人或者持有人提供有关资料，可以获得适当报酬。地方志资料所有人或者持有人不得提供虚假资料。

第十一条 在地方志编修过程中收集的地方志资料以及形成的地方志文稿，由县级以上人民政府地方志工作机构指定专人集中统一保存、管理，不得损毁；编修工作完成后，应当依法移交本级国家档案馆、地方志馆保存、管理，个人不得据为己有或者出租、出让、转借。

第十二条 地方志书、地方综合年鉴，按照下列权限审查验收或者批准，并由组织编纂该地方志书、地方综合年鉴的地方志工作机构出具证明后，方可以公开出版：

（一）省志书由省人民政府地方志工作机构审查验收后，报省人民政府同意；

（二）市州志书由省人民政府地方志工作机构审查验收后，报市州人民政府同意；

（三）县市区志书由市州人民政府地方志工作机构初审、省人民政府地方志工作机构终审验收后，报县市区人民政府同意；

（四）省、市州、县市区综合年鉴经同级人民政府批准后，报上一级人民政府地方志工作机构备案。

审查验收地方志书，应当自收到地方志书文稿之日起 45 日内完成审查验收工作，并对审查验收质量负责。

第十三条 对地方志书进行审查验收，应当组织有关保密、档案、历史、法律、经济、军事等方面的专家参加，并充分听取和采纳专家所提出的合理化意见。专家应当对本人所提出的意见负责。对专家的意见不予采纳的，应当说明理由。

第十四条 地方志书、地方综合年鉴出版后 3 个月内，由编纂单位向上一级地方志工作机构报送样书和电子文本。

第十五条 地方志书、地方综合年鉴为职务作品，其著作权归负责组织编纂的地方志工作机构享有，参与编纂的相关人员享有署名权。

第十六条 县级以上人民政府地方志工作机构应当加强建国前地方志的研究和整理。

第十七条 县级以上人民政府地方志工作机构应当加强地方志资源的开发利用，通过政府网站、地方志网站、地方志资料库等形式向社会公开地方志文献资料，并可以编辑出版地方志简本，发挥地方志资治、存史、育人的作用。

第十八条 县级以上人民政府应当将地方志工作的信息化建设纳入本级人民政府信息化建设规划，逐步建立地方志资料库、地方志网站。

公民、法人和其他组织可以利用地方志资料库、地方志网站等免费查阅与摘抄地方志文献资料。国家规定收取费用的，从其规定。

第十九条 县级以上人民政府及其地方志工作机构可以对在地方志工作中作出突出贡献的单位和个人，给予表彰和奖励。

第二十条 有下列行为之一的，由县级以上人民政府地方志工作机构责令限期改正，逾期不改正的，予以通报；情节严重的，提请本级人民政府或者有关主管部门依法查处；对分管负责人和其他直接责任人员，依法给予行政处分；构成犯罪的，依法追究刑事责任：

（一）擅自编纂出版以县级以上行政区域名称冠名的地方志书、地方综合年鉴的；

（二）未经审查验收、批准将地方志文稿交付出版的；

（三）地方志存在违反法律、法规、规章规定内容的；

（四）拒绝承担、无故拖延完成地方志编纂任务或者地方志资料报送任务的；

（五）不按照地方志审查验收机构提出的意见修改或者在通过审查验收、批准后擅自修改的；

（六）故意向地方志工作机构提供虚假资料或者故意在地方志编纂中加入虚假内容的；

（七）个人非法出租、出让、转借、占有地方志资料、地方志文稿的。

第二十一条 本办法自 2008 年 9 月 1 日起施行。

广东省人民政府令

〔2007〕第 120 号

《广东省地方志工作规定》已经 2007 年 11 月 5 日广东省人民政府第十届 126 次常务会议通过，现予发布，自 2008 年 1 月 1 日起施行。

省长：黄华华

二〇〇七年十一月二十一日

广东省地方志工作规定

第一条 为了全面、客观、系统地编纂地方志，科学、合理地开发利用地方志资源，根据国务院《地方志工作条例》，结合本省实际，制定本规定。

第二条 本省行政区域内地方志的组织编纂、管理和开发利用工作，适用本规定。

第三条 本规定所称地方志，包括地方志书、地方综合年鉴。

地方志书，指全面系统地记述本行政区域自然、政治、经济、文化、社会的历史与现状的资料性文献。

地方综合年鉴，指系统记述本行政区域自然、政治、经济、文化、社会等方面情况的年度资料性文献。

第四条 县级以上人民政府应当加强对本行政区域地方志工作的领导，将地方志工作纳入当地经济社会发展规划和年度工作计划，把地方志工作所需经费列入本级财政预算，健全地方志工作机构，保障地方志工作条件。

县级以上人民政府制定本行政区域地方志工作规划，并报上一级人民政府地方志工作机构和省人民政府地方志工作机构备案。

第五条 县级以上人民政府地方志工作机构主管本行政区域的地方志工作，履行下列职责：

（一）拟订地方志工作规划和编纂方案，制定地方志工作制度；

（二）组织、指导、督促和检查地方志工作；

（三）组织编纂地方志书、地方综合年鉴和地方志文献；

（四）组织地方志书的审查验收；

（五）组织培训地方志编纂人员；

（六）搜集、整理、保存地方志文献和资料；

（七）组织整理旧志，推动地方志理论研究；

（八）组织地情调查研究和开发利用地方志资源。

第六条 本省各级机关、社会团体、企事业单位和其他组织，以及中直驻粤、省驻各地单位，应当按照所在地人民政府的地方志工作规划，确定机构和人员，参与地方志编纂，并接受所在地人民政府地方志工作机构的业务指导和督促检查。

按照地方志工作规划承担地方志书编纂任务的机关、社会团体、企事业单位和其他组织，编纂地方志书所需经费应当列入单位年度预算。属当地人民政府财政预算单位的，由人民政府财政部门征求本级人民政府地方志工作机构意见后核拨；不属当地人民政府财政预算单位的，由人民政府地方志工作机构统一编制预算，人民政府财政部门向人民政府地方志工作机构核拨，再由人民政府地方志工作机构向有关单位发放。

第七条 县级以上人民政府地方志工作机构应当制定本行政区域地方志资料年报制度。各有关单位应当按照地方志资料年报制度报送地方志资料。

第八条 以县级以上行政区域名称冠名的地方志书、地方综合年鉴，分别由本级人民政府地方志工作机构按照规划组织编纂，其他组织和个人不得编纂。

第九条 地方志编纂人员应当具备相应的专业知识，参加地方志编纂业务培训。

科研院所、高等学校和其他组织应当支持科研人员、专家学者参与地方志工作。

第十条 以县级以上行政区域名称冠名、列入规划的地方志书经审查验收，方可以公开出版。地方志书的审查验收分初审、复审和终审。

以县（县级市、区）和地级以上市行政区域名称冠名的地方志书由本级人民政府地方志工作机构组织初审、上一级人民政府地方志工作机构组织复审、上一级人民政府组织的地方志书审查验收机构终审。

以省级行政区域名称冠名的地方志书由各承修单位初审，省人民政府地方志工作机构复审，省人民政府组织的地方志书审查验收机构终审。

第十一条 对地方志书的审查验收，主要审查地方志书的内容是否符合宪法、法律、法规规定和保密、档案的要求，是否全面、客观地反映本行政区域自然、政治、经济、文化、社会的历史与现状。初审重点审查地方志书的资料是否真实、全面；复审重点审查地方志书是否符合体例和规范要求；终审重点审查地方志书是否符合宪法、法律、法规规定和对重大问题的记述是否准确，并决定是否批准其公开出版。

第十二条 省和地级以上市人民政府组织的地方志书审查验收机构应当由保密、档案、历史、法律、经济、军事等方面的专家组成。

地方志书审查验收的具体办法由省人民政府地方志工作机构制定，报省人民政府批准后施行。

第十三条 以县级以上行政区域名称冠名的地方综合年鉴，经本级人民政府批准，方可以公开出版。

第十四条 编纂以乡镇行政区域名称冠名的地方志书和地方综合年鉴，应当由所在的乡镇人民政府主持，并接受上一级人民政府地方志工作机构的业务指导。乡镇地方志书经上一级人民政府地方志工作机构审查验收后，方可以公开出版；乡镇综合年鉴经同级人民政府批准，方可以公开出版。

编纂以县级以上行政区域名称冠名的部门志、行业志、部门年鉴和行业年鉴，应当接受本级人民政府地方志工作机构的业务指导。

前两款的志书和年鉴公开出版后 3 个月内应当分别报送县级以上各级人民政府地方志工作机构备案。

第十五条 县级以上人民政府应当建立方志室，有条件的可以建立方志馆。

鼓励单位和个人向方志馆、方志室捐赠或者提供地方文献或资料。

第十六条 县级以上人民政府应当支持地方志工作信息化建设，并将其纳入本级人民政府信息化建设规划。省人民政府地方志工作机构应当建立省情信息库，地级以上市、县（县级市、区）人民政府地方志工作机构应当建立地情网站。

地方志工作信息化建设，应当充分利用各级政府电子政务公共信息平台。

第十七条 单位和个人可以利用方志馆、方志室和省情信息库、地情网站查阅、摘抄地方志文献或资料。

第十八条 机关、社会团体和其他组织有下列行为之一的，由县级以上人民政府地方志工作机构督促其限期改正；逾期不改的，由县级以上人民政府地方志工作机构提请本级人民政府或者其上级主管部门，对直接负责的主管人员和其他直接责任人员依法给予行政处分：

（一）拒绝承担地方志编纂任务或者无故拖延地方志资料报送的；

（二）拒不执行县级以上人民政府及其地方志工作机构的督促检查意见的；

（三）拒不接受地方志书审查机构提出的关系志书质量重大问题的意见的；

（四）故意提供虚假地方志资料的。

第十九条 地方志工作机构及其工作人员有下列行为之一并造成不良影响的，由同级人民政府对直接负责的主管人员和其他直接责任人员依法给予行政处分：

（一）故意在地方志编纂中加入虚假资料的；

（二）地方志书经审查验收或者地方综合年鉴经批准后，擅自删增和修改其内容的；

（三）擅自将地方志稿作为个人著作发表的；

（四）故意损毁地方志资料的。

第二十条 本规定自 2008 年 1 月 1 日起施行。

广州市人民政府令

〔2011〕第60号

《广州市地方志工作规定》已经2011年10月10日市政府第13届150次常务会议讨论通过，现予以公布，自2012年1月1日起施行。

市长：万庆良

二〇一一年十一月七日

广州市地方志工作规定

第一条 为全面、客观、系统地编纂地方志，科学、合理地开发利用地方志资源，发挥地方志资政、存史、育人的作用，根据《地方志工作条例》和《广东省地方志工作规定》，结合本市实际，制定本规定。

第二条 本规定所称地方志，包括地方志书和地方综合年鉴。

地方志书是指全面系统地记述本行政区域自然、政治、经济、文化和社会的历史与现状的资料性文献。

地方综合年鉴是指系统记述本行政区域自然、政治、经济、文化、社会等方面情况的年度资料性文献。

地方志工作是指组织编纂、管理、开发利用地方志书、地方综合年鉴以及相关地情文献等工作。

第三条 本市行政区域内的地方志工作适用本规定。

第四条 市、区、县级市人民政府应当加强对本行政区域地方志工作的领导，将地方志工作纳入当地经济社会发展规划、年度工作计划以及年度工作考核内容。地方志工作所需经费列入本级财政预算。

第五条 市、区、县级市人民政府地方志工作机构负责具体组织实施本行政区域的地方志工作，履行下列职责：

（一）宣传、贯彻有关地方志工作的法律、法规、规章和政策；

（二）拟订地方志工作规划和编纂方案，制定地方志工作制度和业务规范；

（三）组织、指导、检查、督促、考核地方志工作；

（四）组织编纂和审查验收地方志书，组织编纂地方综合年鉴和相关地情文献；

（五）组织地情调查研究，搜集、整理、保存地方志和地情文献，开发利用地方志资源，开展地方志理论研究；

（六）培训地方志编纂人员；

（七）开展地方志工作对外交流与合作；

（八）完成本级人民政府和上级人民政府地方志工作机构交办的其他事项。

第六条 本市各级机关、人民团体、企事业单位和其他社会组织，以及中直、省直驻穗机构，应当按照所在地人民政府地方志工作规划和任务，明确本单位地方志编纂机构和人员，参与地方志编纂，并接受所在地人民政府地方志工作机构的业务指导和督促检查，按照规定的期限和质量标准完成任务。

第七条 市、区、县级市人民政府地方志工作机构可以向机关、人民团体、企事业单位、其他社会组织以及个人征集有关地方志资料，有关单位和个人应当提供支持。市、区、县级市人民政府地方志工作机构可以对有关资料进行查阅、摘抄、复制，但涉及国家秘密、商业秘密和个人隐私的，应当按照国家和省、市有关规定办理。

人民政府地方志工作机构向社会公众征集资料，可以给予适当报酬。地方志资料所有人或者持有人不得故意提供虚假资料。

第八条 市、区、县级市人民政府应当建立健全和实施本行政区域地方志资料年报制度。

市、区、县级市人民政府地方志工作机构负责确定地方志资料年报承报单位，并根据地方志资料年报工作需要进行调整。

纳入地方志资料年报承报单位的机关、人民团体、企事业单位和其他社会组织，以及中直、省直驻穗机构，应当按照地方志资料年报制度规定，向市或者区、县级市人民政府地方志工作机构报送地方志资料年报。

地方志资料年报承报单位应当按地方志资料年报制度要求，向相关单位和个人征集地方志资料，有关单位和个人应当提供支持。

第九条 地方志资料年报承报单位应当每年组织开展地方志资料年报编写工作，于每年9月底前完成上年度地方志资料年报编写任务，并报市或者区、县级市人民政府地方志工作机构验收。

地方志资料年报承报单位提供的地方志资料年报，应当包括主体资料、大事记资料、人物资料、专题资料、图片资料和附录资料等，资料内容应当客观真实、全面系统。

第十条 编纂地方志应当吸收自然科学、人文社会科学各个领域的专家、学者参加，实行专、兼职人员相结合。

市、区、县级市人民政府地方志工作机构，每年应当组织开展地方志编纂业务和地方志资料年报业务培训。

第十一条 地方志编纂人员应当恪尽职守、客观公正，据事直书，忠于史实；任何单位和个人不得明示或者暗示编纂人员在地方志中作虚假记述。

第十二条 地方志工作遵循开门修志、修志成果全社会共享的原则，鼓励社会广泛参与地方志工作。

市、区、县级市人民政府地方志工作机构应当通过互联网、报刊等方式，听取公民、法人或者其他社会组织对地方志编纂工作的意见、建议。

地方志编纂工作涉及有争议的重要事项的，市、区、县级市人民政府地方志工作机构应当征求有关专家、学者或者有关社会组织、相关人士的意见，提出修改意见，并报本级人民政府和上级人民政府地方志工作机构审定。

第十三条 地方志书的编纂从篇目设计、资料征集、编写总纂、审查验收和出版发行等环节实行质量监控。

地方志书、地方综合年鉴应当观点正确，体例严谨，内容全面，特色鲜明，记述准确，资料翔实，表达通顺，文风端正，印制规范。

市、区、县级市地方综合年鉴应当逐年编纂，连续出版，公开发行。

第十四条 市、区、县级市人民政府地方志工作机构应当组织有关部门和专家、学者、相关人士对本级地方志稿进行评议。

市、区、县级市人民政府地方志工作机构应当将地方志稿向社会公开征求意见，并组织召开评议会。未经全稿评议的地方志稿不得提交审定。

第十五条 地方志编纂应当遵守国家有关保密工作的法律、法规和保密工作部门的有关规定；涉及军事内容的，还应当遵守中央军委关于军事志编纂的有关规定。

第十六条 对地方志书进行审查验收，应当组织有关保密、档案、历史、法律、经济、军事等方面的专家参加，并充分听取专家的意见。对专家的意见应当记录在案，不予采纳的，应当说明理由。

第十七条 以市、区、县级市行政区域名称冠名、列入规划的地方志书经初审、复审和终审验收后，方可公开出版。

以区、县级市行政区域名称冠名的地方志书由本级人民政府地方志工作机构组织初审、市人民政府地方志工作机构组织复审、市人民政府组织的地方志书审查验收机构组织终审。

以市行政区域名称冠名的地方志书按省有关规定组织审查验收。

第十八条 编纂以街、镇名称冠名的地方志书、地方综合年鉴，应当由所在地的街道办事处、镇人民政府主持，并接受区、县级市人民政府地方志工作机构的业务指导。街、镇地方志书经区、县级市人民政府地方志工作机构审查验收后，方可公开出版；街、镇综合年鉴经街道办事处、镇人民政府批准，方可公开出版。

区、县级市人民政府地方志工作机构应当加强对所在地社区志、村志编纂的业务指导，提供相关的咨询服务。

第十九条 以区、县级市行政区域冠名的地方志书、地方综合年鉴，在出版后3个月内，应当向市人民政府地方志工作机构备案，并报送出版物及其电子文本。

政府部门、行业组织、社会团体、企事业单位可以编纂各自的志书、综合年鉴，编纂过程中应当按照隶属关系或者注册登记关系接受本级人民政府地方志工作机构的业务指导，在出版后3个月内，应当向本级人民政府地方志工作机构备案，并报送出版物及其电子文本。

以街、镇行政区域名称冠名的地方志书、地方综合年鉴，在出版后3个月内，应当向区、县级市人民政府地方志工作机构备案，并报送出版物及其电子文本。

村志、社区志在出版后3个月内，应当向区、县级市人民政府地方志工作机构报送出版物及其电子文本。

第二十条 市、区、县级市人民政府应当建立地方志馆（室），收藏地方志和地情文献，向社会免费开放。

第二十一条 市、区、县级市人民政府应当支持地方志工作信息化建设，并将其纳入本级人民政府信息化发展规划，市、区、县级市人民政府地方志工作机构应当建立地情信息库和地情网站。公民、法人和其他组织可以利用上述信息库、网站查阅、摘抄地方志。

第二十二条 市、区、县级市人民政府或者人民政府地方志工作机构对在地方志工作中作出突出成绩和贡献的单位、个人，应当给予表彰和奖励。

向地方志馆（室）捐赠或者提供地方志和地情文献的单位和个人，市、区、县级市人民政府地方志工作机构应当向其颁发入藏证书，对有突出贡献者，由市、区、县级市人民政府颁发荣誉证书。

第二十三条 承担地方志工作任务的单位有下列行为之一的，由所在地人民政府地方志工作机构督促其限期改正；逾期不改正的，由所在地人民政府地方志工作机构提请本级人民政府或者其上级主管部门，对直接负责的主管人员和其他直接责任人员依法给予处分或者处理：

（一）拒绝承担或者无故拖延地方志编纂任务、地方志资料年报报送任务的；

（二）拒绝向人民政府地方志工作机构备案并报送出版物及其电子文本的；

（三）故意提供虚假地方志资料的。

第二十四条 个人故意提供虚假地方志资料的，人民政府地方志工作机构应当收回其报酬；涉嫌诈骗，违反治安管理规定的，由公安机关依照《中华人民共和国治安管理处罚法》予以处罚；构成犯罪的，依法追究刑事责任。

第二十五条 市、区、县级市人民政府地方志工作机构及其工作人员有下列行为的，由任免机关或者监察机关按管理权限对直接负责的主管人员和其他直接责任人员依法给予处分：

（一）故意在地方志编纂中加入虚假资料的；

（二）故意损毁地方志资料的；

（三）故意将征集到的地方志资料和编写的地方志文稿据为己有的；

（四）擅自将地方志稿作为个人著作发表的；

（五）地方志书经审查验收或者地方综合年鉴经批准后，擅自删增和篡改其内容的；

（六）未按照规定对地方志书进行审查验收，未履行相关指导和监督职责的。

第二十六条 有关单位或者个人违反本规定第十一条规定，明示或者暗示编纂人员在地方志中作虚假记述的，由上一级人民政府地方志工作机构提请本级人民政府予以通报批评，追究相关责任人的责任。

第二十七条 地方志书经审查验收出版后，存在违反宪法、法律、法规规定内容的，由同级或者上级人民政府责令采取相应措施予以纠正，并视情节追究有关单位和个人的责任。

第二十八条 人民政府地方志工作机构应当加强对地方志工作的监督检查。人民政府地方志工作机构发现违法编纂、出版地方志行为的，应当提请本级人民政府出版行政主管部门依法查处。

第二十九条 本规定自 2012 年 1 月 1 日起施行。

广西壮族自治区人民政府令

〔2008〕第 36 号

《广西壮族自治区实施〈地方志工作条例〉办法》已经 2008 年 6 月 30 日自治区第十一届人民政府第 10 次常务会议审议通过，现予发布，自 2008 年 9 月 1 日起施行。

自治区主席：马飚

二○○八年七月十四日

广西壮族自治区实施《地方志工作条例》办法

第一条 为了全面、客观、系统地编纂地方志，科学、合理地开发利用地方志资源，根据国务院《地方志工作条例》(以下简称《条例》)，结合本自治区实际，制定本办法。

第二条 本自治区行政区域内地方志的组织编纂、管理、开发利用工作，适用本办法。

第三条 本办法所称地方志，包括地方志书、地方综合年鉴。

地方志书，是指全面系统地记述本行政区域自然、政治、经济、文化和社会的历史与现状的资料性文献。

地方综合年鉴，是指系统记述本行政区域自然、政治、经济、文化和社会等方面情况的年度资料性文献。

第四条 县级以上人民政府应当加强对本行政区域地方志工作的领导，将地方志工作纳入当地国民经济和社会发展规划，把地方志工作所需经费列入本级财政预算，健全地方志工作机构、加强队伍建设，保障地方志工作条件。

第五条 县级以上人民政府地方志工作机构除履行《条例》第五条第二款规定的职责外，还应当履行下列职责：

(一) 宣传、贯彻执行有关地方志工作的法律、法规、规章和相关政策；

(二) 组织地方志的审查验收、备案；

(三) 培训地方志编纂人员；

(四) 指导下级地方志工作机构的业务工作以及行业志书、专业志书、行业年鉴的编纂；

(五) 其他地方志工作。

第六条 自治区地方志工作机构负责拟定自治区地方志编纂总体工作规划，报自治区人民政府批准后组织实施。

设区的市、县（市、区）地方志工作机构应当根据自治区地方志编纂总体工作规划，拟定本级地方志工作规划，经本级人民政府批准后组织实施，并报自治区地方志工作机构备案。

第七条 自治区各级机关、社会团体、企事业单位和其他组织，以及中直驻桂、自治区驻各地单位，应当按照所在地人民政府的地方志工作规划，参与地方志编纂，并接受所在地人民政府地方志工作机构的业务指导和督促检查。

第八条 县级以上人民政府地方志工作机构应当建立本行政区域地方志资料年报制度。各有关单位应当按照地方志资料年报制度报送地方志资料。

第九条 编纂地方志应当符合下列要求：

（一）符合保密、档案等法律、法规的规定；

（二）全面、客观地反映本行政区域自然、政治、经济、文化和社会的历史与现状；

（三）符合志书的体例格式；

（四）文字表述准确、简练；

（五）标点符号、计量单位和数字的使用规范、标准；

（六）装帧印刷符合出版要求。

第十条 地方志的编纂内容和过程应当公开。

地方志工作机构应当听取公民、法人或者其他组织对地方志编纂工作的意见、建议。

地方志编纂工作涉及有争议的重要事项的，地方志工作机构应当征求有关专家、学者或者有关组织、人士的意见，并向本级人民政府和上级地方志工作机构报告。

第十一条 编纂地方志应当吸收有关方面的专家、学者参加。兼职编纂人员应当参加地方志编纂业务培训。地方志编纂工作涉及少数民族内容的，应当有相关的少数民族人士及从事少数民族工作的人员参加。

地方志编纂人员应当恪尽职守、客观公正，据事直书、忠于史实。任何单位和个人不得明示或者暗示编纂人员在地方志中作虚假记述。

第十二条 以县级以上行政区域名称冠名、列入地方志规划的地方志书，由自治区人民政府地方志工作机构审查验收后，方可以公开出版。

第十三条 地方志书经评稿和修改后，按照下列规定审查验收：

（一）冠以自治区行政区域名称的地方志书，由自治区人民政府地方志工作机构审查验收；

（二）冠以设区的市行政区域名称的地方志书，经本级人民政府地方志工作机构审核后，报自治区人民政府地方志工作机构审查验收；

（三）冠以县级行政区域名称的地方志书，由本级人民政府地方志工作机构审核并经设区的市人民政府地方志工作机构复审后，报自治区人民政府地方志工作机构审查验收。

第十四条　以县级以上行政区域名称冠名的地方综合年鉴，经本级人民政府批准，方可以公开出版。

第十五条　地方志应当在出版后3个月内报送上级人民政府地方志工作机构备案，并向本级和上级方志馆、国家档案馆、公共图书馆无偿提供馆藏书。

第十六条　县级以上人民政府地方志工作机构应当建立督查通报制度，对本行政区域地方志工作进行督查，并通报督查情况。

第十七条　县级以上人民政府地方志工作机构应当积极开拓社会用志途径，加强地方志工作的信息化建设，通过网站、资料库等方式，为当地经济社会的全面发展服务。

第十八条　地方志工作机构应当为公民、法人和其他组织查询、阅览、摘抄地方志文献和资料提供便利。

鼓励单位和个人向地方志工作机构捐赠地方志资料。对具有收藏价值的文献资料，收藏单位可以向送藏者颁发收藏纪念证书，给予其对存藏资料查阅利用的优先权。

第十九条　在地方志工作中作出突出成绩和贡献的单位和个人，由县级以上人民政府或者地方志工作机构给予表彰和奖励。

地方志成果依照有关规定参加国家和自治区地方志优秀社会科学成果评奖。

第二十条　机关、社会团体和其他组织有下列行为之一的，由县级以上人民政府地方志工作机构督促其限期改正；逾期不改的，由县级以上人民政府地方志工作机构提请本级人民政府或者其上级主管部门，对直接负责的主管人员和其他直接责任人员依法给予行政处分：

（一）拒绝承担地方志编纂任务或者无正当理由拖延地方志资料报送；

（二）拒不执行县级以上人民政府及其地方志工作机构的督促检查意见；

（三）拒不接受地方志书审查机构提出的关系志书质量重大问题的意见；

（四）提供虚假地方志资料。

第二十一条　地方志工作机构及其工作人员有下列行为之一的，对直接负责的主管人员和其他直接责任人员依法给予行政处分：

（一）故意在地方志编纂中加入虚假资料；

（二）地方志书经审查验收后或者地方综合年鉴经批准后，擅自增删和修改其内容；

（三）违反规定将搜集到的资料和编写的地方志文稿据为己有；

（四）将地方志文稿作为个人著作发表；

（五）故意损毁地方志资料或者地方志文稿。

第二十二条　本办法自2008年9月1日起施行。

海南省人民代表大会常务委员会公告

〔2011〕第72号

《海南省地方志工作规定》已由海南省第四届人民代表大会常务委员会第二十二次会议于2011年5月31日通过，现予公布，自2011年7月1日起施行。

海南省人民代表大会常务委员会

二〇一一年五月三十一日

海南省地方志工作规定

（2011年5月31日海南省第四届人民代表大会常务委员会第二十二次会议通过）

第一条 为了规范地方志工作，科学、合理地开发利用地方志资源，服务经济建设和社会发展，根据国务院《地方志工作条例》，结合本省实际，制定本规定。

第二条 本规定所称地方志，包括省、市、县（区）、自治县编纂的地方志书和地方综合年鉴。

地方志书，是指全面系统、客观地记述本行政区域自然、政治、经济、文化和社会的历史与现状的资料性文献。

地方综合年鉴，是指系统、客观地记述本行政区域自然、政治、经济、文化、社会等方面情况的年度资料性文献。

第三条 县级以上人民政府应当将地方志工作纳入国民经济和社会发展规划，健全地方志工作机构，加强队伍建设，保障地方志工作条件，所需经费列入本级财政预算。

第四条 县级以上人民政府地方志工作机构主管本行政区域的地方志工作，履行下列职责：

（一）组织、指导、督促和检查地方志工作；

（二）拟定地方志工作规划和编纂方案；

（三）组织编纂地方志书、地方综合年鉴，制定地方志编纂业务规范；

（四）组织地方志稿件的审查和验收；

（五）搜集、整理和保存地方志资料，组织整理旧志；

（六）开发利用地方志资源，推动地方志理论研究与宣传工作，培训地方志编纂人员。

第五条 地方志书每20年左右编修一次；以县级以上行政区域名称冠名的地方综合

年鉴逐年编辑。

以县级以上行政区域名称冠名的地方志书、地方综合年鉴，分别由本级人民政府地方志工作机构按照规划组织编纂，其他组织和个人不得编纂出版。

第六条 省地方志工作机构负责拟定本省地方志编纂总体工作规划，经省人民政府批准后组织实施，并报国家地方志工作指导机构备案。

市、县（区）、自治县地方志工作机构应当根据省地方志编纂总体工作规划，制定本级地方志编纂工作规划，经本级人民政府批准后组织实施，并报上一级地方志工作机构备案。

经批准实施的地方志工作规划不得随意修改；确需修改的，报经本级人民政府批准。

第七条 承担地方志编纂任务的机关、社会团体、企事业单位和其他社会组织（以下简称承编单位），应当将编纂地方志工作列入年度工作计划，确定编纂人员，给予经费保障，接受本级人民政府地方志工作机构的业务指导和督查，按照规定的时间和质量要求完成撰稿任务，并对所编纂的地方志初稿质量或者所提供资料的真实性和准确性负责。

第八条 地方志编纂人员实行专兼职相结合，专职编纂人员应当具备相应的专业知识和学术水平。

编纂地方志应当吸收有关方面的专家、学者参加。地方志编纂工作涉及少数民族内容的，应当吸收相关的少数民族人士及从事少数民族工作的人员参加。科研单位、高等院校和其他组织应当支持科研人员、专家学者参与地方志编纂。

第九条 编纂地方志应当存真求实、客观公正、确保质量，并符合下列要求：

（一）符合宪法和保密、档案等法律法规的规定；

（二）全面系统、客观地反映本行政区域自然、政治、经济、文化和社会的历史与现状；

（三）符合地方志的体例要求，行文规范，表述准确，图表及说明文字齐全。

编纂地方志不得杜撰、篡改历史事实和历史事件。任何单位和个人不得要求编纂人员在地方志中作虚假记述。

第十条 地方志工作机构应当采取多种形式广泛听取公民、法人或者其他组织对地方志编纂工作的意见、建议。

地方志编纂工作涉及有争议的重要事项的，地方志工作机构应当征求有关专家、学者或者有关组织、当事人、知情者的意见，并报请本级人民政府和上级地方志工作机构决定。

第十一条 县级以上人民政府地方志工作机构应当建立资料征集制度，及时征集和保存文字、图表、照片、音像、电子文本、实物等各种地方志资料，有关单位和个人应当提供支持。地方志工作机构可以对有关资料进行查阅、摘抄和复制，但涉及国家秘密、商业秘密和个人隐私以及不符合档案开放规定的，按照国家和本省有关规定办理。

地方志资料所有人或者持有人提供资料被采用或者收藏的，可以获得适当的报酬，并享有署名权以及资料优先利用权。地方志资料所有人或者持有人不得故意提供虚假资料。

第十二条 地方志编纂过程中收集到的各种资料及形成的文稿，由本级人民政府地方志工作机构指定专职人员集中统一管理，妥善保管，不得损毁。修志工作完成后，应当依法移交本级国家档案馆或者方志馆（室）保存、管理。任何单位或者个人不得据为己有或者出租、出让和转借。

承编单位撤销、合并或者消亡的，应当依法将所存地方志资料及时移送有关部门或者本级国家档案馆、方志馆（室）保存。资料移送前，任何单位或个人不得损毁、出让或据为己有。

第十三条 以县级以上行政区域名称冠名的地方志书文稿经省人民政府地方志工作机构组织审查验收，报同级人民政府批准后，方可以公开出版。

对地方志书文稿进行审查验收，应当根据需要组织有关保密、档案、历史、法律、经济、军事等方面的专家参加，出具审查意见。经省人民政府地方志工作机构审查不符合本规定第九条规定的，应当退回重修。

地方志工作机构对地方志书文稿进行审查验收时，存在重大意见分歧的，应当报请同级人民政府决定。

地方志书审查验收的具体办法和程序由省人民政府地方志工作机构制定，报省人民政府批准后施行。

第十四条 以县级以上行政区域名称冠名的地方综合年鉴经同级人民政府或其指定部门批准后，方可以公开出版。

第十五条 地方志书、地方综合年鉴出版后3个月内，编纂单位应当向上一级人民政府地方志工作机构报送样书和电子文本备案。

第十六条 以县级以上行政区域名称冠名的地方志书、地方综合年鉴为职务作品，其著作权由组织编纂的地方志工作机构享有，参与编纂的人员享有署名权，可以作为评聘职称的著作（作品）依据。组织编纂的地方志工作机构可以根据有关规定向参与编纂的人员支付适当报酬。

第十七条 县级以上人民政府及其地方志工作机构应当加强对地方志的开发利用，建设方志室、地方志资料库、地方志信息网站等；具备条件的，可以建设方志馆。

地方志工作机构应当向社会公开已经出版的地方志书、地方综合年鉴等地方志文献资料，公示服务范围、开放时间等事项，公民、法人和其他组织可以查阅、摘抄地方志文献资料。法律法规规定不宜公开的除外。

鼓励单位和个人向方志馆（室）捐赠或者有偿提供地方志文献。对具有收藏价值的资料，方志馆（室）应当向捐赠者颁发收藏纪念证书，给予适当物质奖励，并给予馆（室）存资料的优先使用权。

档案馆与方志馆（室）在档案的利用方面应当互相协作。

第十八条 县级以上人民政府及其地方志工作机构应当加强对地方志编纂人员的业务培训，培养地方志人才。

鼓励单位和个人从事地方志文献的开发、研究。县级以上人民政府地方志工作机构应当提供业务指导。

第十九条 县级以上人民政府应当对在地方志工作中作出突出贡献的单位、个人，给予表彰和奖励。

地方志作品可以参加社会科学成果评奖。

第二十条 鼓励组织编纂有助于经济社会发展的部门志、专业志以及乡镇（街道）志、村志等志书、年鉴或者其他地情文献。编纂单位应当接受地方志工作机构的指导和督查，志书等文献编纂出版后，应当将样书和电子文本报所在地本级人民政府地方志工作机构备案。

第二十一条 违反本规定，有下列行为之一的，由上级人民政府或者本级人民政府责令采取相应措施予以纠正，并视情节追究有关单位和个人的责任；构成犯罪的，依法追究刑事责任。

（一）未经审查验收、批准将地方志文稿交付出版的；

（二）对已经审查批准的地方志文稿擅自进行重大改动并出版的；

（三）地方志存在违法内容的。

第二十二条 违反本规定，有下列行为之一的，由县级以上人民政府地方志工作机构责令限期改正，逾期不改正的，予以通报；情节严重的，由县级以上人民政府地方志工作机构提请本级人民政府或者有关部门对直接负责的主管人员和直接责任人员给予处分：

（一）故意提供虚假资料的；

（二）拒不接受地方志书审查机构提出的关系地方志书质量重大问题的意见的；

（三）故意损毁、灭失、隐匿地方志资料或者未将地方志资料妥善保管或依法归档，造成损毁、灭失的；

（四）非法出租、出让、转借、占有地方志资料的；

（五）杜撰、篡改历史事实或者历史事件的；

（六）法律法规禁止的其他行为。

第二十三条 县级以上人民政府及其地方志工作机构、承担地方志编纂任务的单位不履行本规定的职责，拒绝承担或者未在规定的时间内完成地方志编纂任务，或者其他严重影响地方志工作正常开展的，由上一级人民政府或有关部门给予通报批评，限期改正，并对直接负责的主管人员和其他直接责任人员给予处分。

第二十四条 违反本规定，擅自将地方志书作为个人著作发表的，应当根据侵权情况，依法承担停止侵害、消除影响、赔礼道歉、赔偿损失等民事责任。

第二十五条 本规定自 2011 年 7 月 1 日起施行。

四川省第十届人民代表大会常务委员会公告

〔2003〕第 3 号

《四川省地方志工作条例》已由四川省第十届人民代表大会常务委员会第四次会议于 2003 年 7 月 24 日通过，现予公布，自 2003 年 10 月 1 日起施行。

四川省人民代表大会常务委员会

二〇〇三年七月二十四日

四川省地方志工作条例

（2003 年 7 月 24 日四川省第十届人民代表大会常务委员会第 42 次会议通过，2003 年 7 月 24 日四川省第十届人民代表大会常务委员会公布）

第一条 为全面、客观、真实地记述地方区域地情，科学地积累、保存与开发、利用地方文献，发挥地方志的资治、教化、存史作用，根据国家有关规定，结合四川省实际，制定本条例。

第二条 四川省行政区域内各级地方志的编纂和管理工作，适用本条例。

本条例所称地方志，包括地方志书、史书、综合年鉴及相关地情文献。

第三条 地方各级人民政府应当加强对地方志工作的领导，将地方志工作纳入当地经济和社会发展规划。

四川省地方志工作总体规划由省人民政府批准。地方志工作经费列入各级人民政府财政预算。

第四条 县级以上地方人民政府地方志工作机构负责地方志的编纂和管理工作。其主要职责是：

（一）起草地方志工作规划，制订编纂方案；

（二）组织、指导和检查地方志编纂工作；

（三）组织审定入志内容与议定编纂中的重大问题；

（四）组织对志书的审查验收。

第五条 地方志的编纂工作应当坚持实事求是的原则，全面、客观、真实、科学地反映当地自然与社会的历史及现状。

第六条 省、市、县三级志书一般每 10 年至 15 年续修一次。

第七条 机关、社会团体、企业事业单位应当接受同级地方志工作机构的业务指导与工作督查，完成地方志的资料报送和编写工作。修志任务较重的单位，应当设立专门的修志机构或者配备专职工作人员。

第八条 地方志的专职编纂人员应当具备相应专业知识和学术水平。地方志编纂工作应当广泛吸收有关专家、学者参加。民族地区的地方志编纂工作应当有少数民族人员参加。

第九条 公开出版发行省人民政府总体规划内的省、市、县三级志书，实行审查验收制度。

省级志书由省人民政府组织的机构审查验收，市级志书由省地方志工作机构组织审查验收后，报省人民政府批准出版发行。县级志书由市级地方志工作机构组织审查验收后，报市级人民政府批准出版发行。

以电子出版物形式出版的省、市、县三级志书，按照前款规定办理。

第十条 在地方志工作中做出突出成绩的单位和个人，由人民政府或者其主管部门给予表彰和奖励。

第十一条 在地方志编纂中，有关部门或者单位拒绝提供有关资料或者提供虚假资料的，由同级地方志工作机构责令限期改正，逾期不改正的；由地方志工作机构提请同级人民政府依法追究其行政责任。

第十二条 地方志泄露国家秘密的，由有关部门依法查处；构成犯罪的，依法追究刑事责任。

第十三条 本条例自 2003 年 10 月 1 日起施行。

四川省人民政府令

〔2007〕第218号

《〈四川省地方志工作条例〉实施办法》已经2007年10月26日四川省人民政府第132次常务会议通过，现予发布，自2008年1月1日起施行。

省长：蒋巨峰

二〇〇七年十一月十三日

《四川省地方志工作条例》实施办法

第一条 为保障和促进地方志事业发展，全面、客观、系统地编纂地方志，科学、合理地开发利用地方志，根据国务院《地方志工作条例》和《四川省地方志工作条例》，结合四川省实际，制定本实施办法。

第二条 四川省行政区域内各级地方志的组织编纂、管理、开发利用工作，适用本实施办法。

本实施办法所称地方志，包括地方志书、史书、地方综合年鉴及相关地情文献。

第三条 县级以上地方人民政府领导本行政区域地方志工作，将地方志工作纳入当地经济和社会发展规划。

地方志工作所需经费列入本级财政预算。

第四条 县级以上地方人民政府地方志工作机构主管本行政区域内的地方志工作，履行下列职责：

（一）负责执行有关地方志工作的法律、法规、规章和政策，并监督实施；

（二）拟定本行政区域内地方志工作的中长期规划和制定年度计划，并组织实施；

（三）组织、指导、管理本行政区域内地方志书、史书、地方综合年鉴等编纂工作；

（四）搜集、保存、研究地方志文献及其他资料，组织开展旧志整理工作；

（五）组织开发利用地方志资源。制定并实施地方志资源信息管理规范；

（六）其他属于地方志工作机构职责范围内的工作。

第五条 省人民政府制定本行政区域地方志编纂的总体工作规划。县级以上地方人民政府地方志工作机构负责组织编纂以本级行政区域名称冠名的地方志书、地方综合年鉴，其他单位和个人不得编纂。

鼓励和支持相关部门和单位编纂部门志、专业志等地情资料。

第六条 承担编纂地方志的部门和单位，应保障工作条件和经费，其编纂人员实行专兼职结合；编纂任务较重的部门和单位的修志工作机构应有专职工作人员。

第七条 地方志编纂人员应当具备相应的专业知识和编纂能力，能胜任所承担的编纂工作。

地方志编纂人员应当忠于职守，保守秘密，存真求实，全面客观地记述有关自然、政治、经济、文化和社会的历史与现状。

第八条 县级以上地方人民政府地方志工作机构应当加强对地方志编纂人员的培训，并吸收专家、学者参与地方志编纂工作。民族自治地方应当吸收本民族人员参加地方志编纂工作。

第九条 编纂地方志应当加强调查研究，做到记述全面、客观、系统，观点正确，资料可靠，数据翔实，体例严谨，结构合理。

第十条 省、市、县三级地方志书每20年左右编修一次。新设立的行政区域按照我省地方志工作规划组织编修。

第十一条 县级以上地方人民政府地方志工作机构建立志稿评议制度，组织有关部门和专家、学者对本级地方志书进行评议。

第十二条 公开出版发行的省总体规划内的省、市、县三级地方志书实行审查验收制度。

省级地方志书由省人民政府组织的机构审查验收合格，报省人民政府批准后出版发行。

市级地方志书由省人民政府成立的审查验收机构组织审查验收合格，报省人民政府批准后出版发行。

县级地方志书由市（州）人民政府或者授权机构组织审查验收合格，报市（州）人民政府批准后出版发行。

第十三条 以省、市（州）、县（市、区）行政区域名称冠名的地方志书、地方综合年鉴为职务作品，依照《中华人民共和国著作权法》第十六条第二款的规定，其著作权由组织编纂的地方志工作机构享有，参与编纂的人员享有署名权。

第十四条 县级以上地方人民政府地方志工作机构应当建立地方志资料年报制度，收集、整理省内外相关领域的地方志资料及本地区的各类地方志；对本地区修志过程中形成的各类资料应当妥善保管；可以对有关资料进行查阅、摘抄、复制，有关单位和个人应当提供支持。但涉及国家秘密、商业秘密和个人隐私以及不符合档案开放条件的除外。

地方志资料所有人或者持有人对所提供的有关资料可以获得适当报酬，但不得故意提供虚假资料。

第十五条 机关、社会团体、企业事业单位应当保存、开发、利用相关地方志。

第十六条 县级以上地方人民政府地方志工作机构应当积极开发利用地方志，通过建设方志馆、资料库、网站等方式，加强地方志工作的信息化建设，健全地方志信息资源网。

县级以上地方人民政府地方志工作机构应当开展地情咨询服务活动，利用方志馆、资料库、网站等为公民、法人和其他组织提供地情信息和咨询服务。

第十七条 在地方志工作中做出突出成绩的单位和个人，由县级以上地方人民政府或者有关部门给予表彰和奖励。

第十八条 违反本实施办法第十二条规定，未经审查验收、批准将地方志文稿交付出版的，依照国务院《地方志工作条例》有关规定处理。

第十九条 本实施办法自2008年1月1日起施行。

四川省第十二届人民代表大会常务委员会公告

〔2013〕第10号

《四川省地方志工作条例》（NO：SC102002）已由四川省第十二届人民代表大会常务委员会第六次会议于2013年11月28日修订通过，现予公布，自2014年1月1日起施行。

四川省人民代表大会常务委员会

二○一三年十一月二十八日

四川省地方志工作条例

（2003年7月24日四川省第十届人民代表大会常务委员会第四次会议通过2013年11月28日四川省第十二届人民代表大会常务委员会第六次会议修订）

第一条 为全面、客观、系统地记述本行政区域地情，科学地积累、保存与开发、利用地方文献，依据国务院《地方志工作条例》，结合四川省实际，制定本条例。

第二条 四川省行政区域内各级各类地方志的编纂、管理和开发利用工作，适用本条例。

第三条 地方志编纂工作应当坚持实事求是的原则，全面、客观、系统、科学地反映当地自然与社会的历史及现状。

第四条 县级以上地方人民政府应当加强对地方志工作的领导，将地方志事业纳入当地经济和社会发展规划。

四川省地方志工作总体规划由省人民政府批准。地方志工作所需经费列入本级财政预算。

第五条 省人民政府地方志工作机构统筹规划、组织协调、督促指导全省地方志工作。

县级以上地方人民政府负责地方志工作的机构主管本行政区域内的地方志工作，履行下列职责：

（一）执行有关地方志工作的法律、法规、规章并监督其实施；

（二）组织、指导、督促和检查地方志工作；

（三）拟定地方志工作规划和编纂方案；

（四）组织编纂地方志书、地方综合年鉴和其他相关地情文献；

（五）收集、整理、保存地方志文献及相关地情文献资料，组织整理旧志，推动方志理论研究；

（六）组织开发利用地方志资源。

第六条 县级以上地方志书每20年左右编修一次，综合年鉴一年一鉴，公开出版。

第七条 新设立的县级以上行政区的地方志编纂工作应当及时纳入省地方志工作总体规划。

地方行政区划有重大调整的，负责地方志工作的机构应当及时收集并保存有关建制机构的地方志资料。

第八条 古城、古迹拆迁和名称变更，管理部门、所有权单位或者个人应当告知同级人民政府负责地方志工作的机构，地方志工作机构应当做好相关资料收集保存工作。

第九条 承担地方志编纂任务的国家机关、社会团体、企业事业单位和其他组织应当按照地方志工作规划，保障工作条件。修志任务较重的单位，可以设立专门的修志机构或者配备专职工作人员。

第十条 承担地方志工作任务的国家机关、社会团体、企业事业单位和其他组织应当接受同级负责地方志工作的机构的业务指导与监督检查，应当在规定的时间内按照要求完成地方志编纂或者资料报送工作。

第十一条 民族自治地方的地方志编纂工作应当有当地少数民族人员参加。有条件的民族自治地方的地方志可以同时运用汉语言文字和当地通用的少数民族语言文字编纂。

第十二条 地方志的编纂内容和过程应当公开。

地方志编纂工作应当吸收有关专家、学者等参加，征求公民、法人或者其他组织对地方志编纂工作的意见、建议。

地方志编纂涉及有争议重要事项的，应当向本级人民政府和上级负责地方志工作的机构请示。

第十三条 县级以上地方人民政府负责地方志工作的机构应当建立和完善地方志工作制度和业务规范，加强对地方志编纂人员的培训。

第十四条 县级以上地方人民政府负责地方志工作的机构应当建立地方志书评议制度，组织有关部门和专家、学者对本级地方志书进行评议。

第十五条 省地方志工作总体规划内的省、市、县三级志书，公开出版发行的实行审查验收制度。

省级志书由省人民政府组织审查验收。市（州）志书由省地方志工作机构组织审查验收后，报省人民政府批准出版发行。县级志书由市（州）负责地方志工作的机构组织审查验收后，报市（州）人民政府批准出版发行。

以电子出版物形式出版的省、市、县三级志书，按照前款规定办理。

第十六条 地方志书（包括纸质和电子文本）应当在出版后3个月内报送上级人民政府负责地方志工作的机构备案。

在地方志编纂过程中收集到的文字、图表、照片、音像、实物等资料以及形成的地方志文稿，在地方志出版后6个月内，交本级人民政府负责地方志工作的机构管理、保存，不得损毁，个人不得据为己有或者出租、出让、转借。

第十七条 鼓励和支持部门、行业、单位编纂部门志、行业志、专业志及年鉴。

编纂乡（镇、街道）志和年鉴，应当接受县级以上地方人民政府负责地方志工作的机构的指导；编纂部门志、行业志、专业志和年鉴，应当接受本级人民政府负责地方志工作的机构的指导。

第十八条 县级以上地方人民政府负责地方志工作的机构应当积极推动地方志资源的开发利用，服务社会经济发展。

第十九条 县级以上地方人民政府应当将地方志工作信息化建设纳入本级人民政府信息化建设规划并组织实施。

县级以上地方人民政府负责地方志工作的机构应当利用现代信息技术对地方志书以及其他地情文献进行数字化处理，逐步建立志书、年鉴、其他地情文献及相关资料的目录和全文数据库，推进图片照片、录音录像、旧志等专题数据库建设；通过网络实现地方志信息利用的便捷化。

第二十条 县级以上地方人民政府建立的方志馆是地方志等地方文献资料的收藏保管与开发利用中心，用于地方志的编修、征集、保存、展示、研究、开发利用。

方志馆应当免费向公众开放，并将服务范围、开放时间等服务事项进行公告。

鼓励单位和个人向方志馆捐赠地方志资料。

第二十一条 公共图书馆、档案馆、国有博物馆与方志馆在文献档案的利用方面应当资源共享、信息互通、联合服务。

公共图书馆、档案馆、国有博物馆为地方志编纂工作提供资料，不得收取费用。

地方志书出版后应当向公共图书馆、档案馆、国有博物馆无偿提供。

第二十二条 鼓励高等院校、科研机构开设与地方志有关的专业或者课程；鼓励和支持单位、个人从事地方志文献开发和研究。

第二十三条 对在地方志工作中做出突出成绩的单位和个人，按照国家规定予以表彰和奖励。

第二十四条 县级以上地方人民政府负责地方志工作的机构可以向国家机关、社会团体、企业事业单位、其他组织以及个人征集有关地方志资料，有关单位和个人应当提供支持。地方志资料所有人或者持有人不得故意提供虚假资料。

第二十五条 违反本条例规定，未经审查验收、批准将地方志文稿交付出版，或者地方志存在违反宪法、法律、法规规定内容的，由上级人民政府或者本级人民政府责令采取相应措施予以纠正，并视情节追究有关单位和个人的责任。

第二十六条 本条例自2014年1月1日起施行。

自贡市人民政府印发《自贡市〈四川省地方志工作条例〉实施办法》的通　知

自府法规〔2006〕1号

各区、县人民政府，市级各部门：

《自贡市〈四川省地方志工作条例〉实施办法》已经2006年3月14日自贡市第十四届人民政府第57次常务会议讨论通过，现印发给你们，请认真遵照执行。

自贡市人民政府

二〇〇六年四月二十四日

自贡市《四川省地方志工作条例》实施办法

第一章　总则

第一条　为规范地方志的编纂和管理工作，发挥地方志资治、教化、存史的功能，服务经济建设和社会发展，依据《四川省地方志工作条例》和国家有关规定，结合自贡市实际，制定本实施办法。

第二条　自贡市行政区域内各级地方志的编纂、管理和成果推广应用工作，适用本实施办法。

本实施办法所称地方志，包括地方综合性志书、史书、专业志、部门志、综合性年鉴、行业年鉴及相关地情文献资料。

第三条　编纂地方志是各级人民政府的工作职责。各级人民政府地方志工作机构负责地方志的编纂和管理工作。

第二章　管理

第四条　自贡市地方志工作实行市、区县两级分级负责的管理原则，由各级人民政府统一组织实施。

市级地方志工作在市人民政府的主持下，由市地方志工作机构具体负责实施。

区县的地方志工作在区县人民政府的主持下，由区县地方志工作机构具体负责实施。

第五条 各级人民政府要把编修地方志工作纳入当地经济和社会发展规划，并将地方志工作经费列入同级财政预算。

第六条 市、区县地方志工作机构负责本行政区域内地方志的编纂、管理和成果推广应用工作。其主要职责是：

（一）拟订地方志工作规划，制订编纂方案；

（二）组织、指导、督促检查地方志编纂工作；

（三）组织审定入志内容，议定地方志编纂中的重大问题；

（四）组织对志书、年鉴和地情资料的审查验收；

（五）编纂各类志书、年鉴和地情书刊；

（六）负责组织建设和管理本地区地方文献资料中心，整理、收藏各类志书及其他地方文献，开展地方文献的研究、开发、咨询和服务工作；

（七）组织本地区的方志理论研究和方志学科建设工作，开展学术研究，组织培训修志人员，开展地方志对外文化交流活动；

（八）负责组织全市地方志工作信息数字化、网络化建设和地方志电子出版物的发布及出版、发行的有关工作。

第七条 自贡市行政区域内各级机关、社会团体、企事业单位负责完成本单位或本系统地方志资料的编写和报送工作，接受同级人民政府地方志工作机构的业务指导与工作督查，做好地方志成果推广工作。

第三章 编审

第八条 地方志编纂应在全市统一规划下采取多种形式进行，可由市地方志工作机构确定有关部门编纂，也可由各部门自行编修。

第九条 市地方志工作机构编纂市级地方志、年鉴、地情书刊；区县地方志工作机构编纂区县地方志、年鉴、地情书刊。

有条件的市、区县工作部门和乡镇也可编纂专业志、部门志、乡镇志。

第十条 地方志编纂必须坚持四项基本原则，力求观点正确、体例完善、结构严谨、资料丰富、记述得当。

第十一条 市、区县志书每10年至15年续修一次，综合性年鉴在续修准备阶段逐年编辑出版，其他地方志根据经济社会发展需要适时编辑出版。

第十二条 志书的断限原则上应统一，续修时，必须衔接上部志书的下限。

第十三条 地方志应严格执行审查验收制度，通过审查后方可付印出版。

志稿实行分级审查验收制度。市级志书由省地方志工作机构组织审查验收后，报省人民政府批准出版发行；县级志书由市地方志工作机构组织审查验收后，报市人民政府批准出版发行；市级专业（部门）志、综合性年鉴、单位年鉴、行业年鉴、地情资料文献和列入市级规划的其他地方志，由市地方志工作机构组织审查验收后，报市地方志编纂委员会批准出版发行。

以电子出版物形式出版的地方志，按照前款规定办理。

第十四条　各级地方志工作机构建立地情资料日常收集机制，定期收藏省内和省外重点城市各时期的各类地方志资料及本市的各类地方志，逐步建立各级地情文献史料中心，积极开展地情咨询服务活动。

第四章　出版

第十五条　市、区县志书均应公开出版发行。

第十六条　各级机关、社会团体、企事业单位编印的志书、年鉴和地情资料，要按规定及时送交同级地方志工作机构。

第十七条　各级地方志工作机构要推进地方志成果的应用，充分发挥地方志的资治、教化、存史作用。

第五章　奖励和处罚

第十八条　在地方志工作中作出突出成绩的单位和个人，由人民政府或者其主管部门给予表彰和奖励。

第十九条　在地方志编纂中，有关部门或者单位拒绝提供有关资料或者提供虚假资料的，由同级地方志工作机构责令限期改正；逾期不改正的，由地方志工作机构报请同级人民政府依法追究其行政责任。

第二十条　地方志泄露国家秘密的，由有关部门依法查处；构成犯罪的，依法追究刑事责任。

第六章　附则

第二十一条　本实施办法自公布之日起施行。

自贡市人民政府印发《自贡市〈四川省地方志工作条例〉实施办法》的通知

自府法规〔2015〕2号

各区、县人民政府，市级各部门：

《自贡市〈四川省地方志工作条例〉实施办法》已经2015年7月21日自贡市第十六届人民政府第83次常务会议讨论通过，现印发给你们，请遵照执行。

自贡市人民政府

二〇一五年七月三十一日

自贡市《四川省地方志工作条例》实施办法

第一条 为全面、客观、系统地记述本行政区域地情，科学积累、保存和开发利用地方文献，根据《地方志工作条例》和《四川省地方志工作条例》，结合自贡实际，制定本实施办法。

第二条 自贡市行政区域内各级各类地方志的编纂、管理和开发利用工作，适用本实施办法。

第三条 市和区县政府（含高新区管委会，下同）负责领导本行政区域的地方志工作，将地方志事业纳入当地经济和社会发展规划，将地方志工作所需经费列入本级财政预算。

第四条 市政府地方志工作机构负责统筹规划、组织协调、督促指导全市地方志工作，区县政府地方志工作机构负责本行政区域内的地方志工作，高新区管委会负责本区域内的地方志工作，履行下列职责：

（一）执行有关地方志工作的法律、法规、规章和政策，并监督实施；

（二）组织、指导、督促和检查地方志工作；

（三）拟定本区域地方志工作规划；

（四）组织编纂本级地方志书、地方综合年鉴和其他相关地情文献；

（五）组织对志书的审查验收；

（六）收集、整理、保存地方志文献及相关地情文献资料，组织开展旧志整理，推动地方志理论研究，组织开展地情咨询服务；

（七）负责组织地方志工作信息化、数字化建设；

（八）组织开发利用地方志资源。

第五条 地方志编纂工作应当坚持实事求是的原则，全面、客观、系统、科学地反映当地自然、政治、经济、文化和社会的历史与现状。

第六条 市和区县地方志书每20年左右编修一次，综合年鉴一年一鉴，公开出版。

市和区县修志工作规划报同级政府批准后组织实施，规划范围内的志书应公开出版发行。

第七条 以市、区县行政区域名称冠名的地方志书、地方综合年鉴，分别由市和区县地方志工作机构负责组织编纂，其他单位和个人不得编纂。

鼓励支持相关部门和单位编纂行业志、部门志、专业志、行业年鉴等地情资料，鼓励支持乡镇、街道及有条件的村开展志书编纂工作，鼓励支持单位、个人从事地方志文献的开发和研究。

第八条 承担地方志编纂任务的部门和单位应保障编纂工作条件，编纂任务较重的部门和单位可设立专门的修志机构或配备专职工作人员。

地方志编纂人员应具备相应的专业知识和编纂能力，能胜任所承担的编纂工作。

第九条 承担地方志工作任务的部门和单位，应当接受同级地方志工作机构的业务指导和监督检查，在规定的时间内按照要求完成地方志编纂以及志书、年鉴、大事记等资料的报送工作。

第十条 市和区县地方志工作机构应当完善地方志工作制度和业务规范，加强地方志编纂人员的培训。

第十条 地方志的编纂内容和过程应当公开。

地方志编纂工作应当吸收有关专家、学者参加，并广泛征求意见；涉及有争议的重要事项，应当向本级政府和上级地方志工作机构请示。

第十二条 市和区县地方志工作机构应建立志书评议制度，组织有关部门和专家对本级志书进行评议。

第十三条 对公开出版的市、区县、乡镇三级志书，实行审查验收制度。

审查验收工作原则上由相关部门负责人和地方志、保密、统计、档案、历史、经济、政治、文化等方面的专家和学者参加，重点审查地方志书是否符合编纂规范要求，是否符合有关法律、法规规定，是否全面、客观记述本区域、本行业或本部门各方面的历史和现状。

市级地方志书经省政府地方志工作机构审查验收后，报省政府批准出版发行；区县级地方志书由市政府地方志工作机构组织审查验收后，报市政府批准出版发行；市级行业志、部门志、专业志由市政府地方志工作机构组织审查验收后，报市地方志编纂委员会批准出版发行；乡镇级地方志书及区县行业志、部门志、专业志由区县政府地方志工作机构组织审查验收，公开出版发行的，报区县政府批准。

以电子出版物形式出版的市、区县、乡镇地方志书，按前款规定办理。

第十四条 地方志书、地方综合年鉴（包括纸质和电子文本）应当在出版后3个月内送负责地方志工作的机构备案。

区县地方志书和地方综合年鉴，市级行业志、部门志、专业志报市政府地方志工作机构备案；乡镇地方志书和区县级行业志、部门志、专业志送区县政府地方志工作机构备案，并送市政府地方志工作机构地情资料室。

在地方志编纂过程中收集到的文字、图表、照片、音像、实物等资料以及形成的地方志文稿，在地方志书出版后6个月内，交同级政府地方志工作机构管理、保存，个人不得据为己有或者损毁、出租、出让、转借。

第十五条 以市和区县行政区域名称冠名的地方志书和地方综合年鉴为职务作品，其著作权由组织编纂的本级政府地方志工作机构享有，参与编纂的人员享有署名权。

第十六条 市和区县政府地方志工作机构应妥善收藏和保管地方志书等地情文献资料，通过建设方志馆、地情资料中心（室）、网站等方式，推进地方志资源的开发利用，充分发挥地方志的资政、教化、存史作用。

第十七条 市和区县政府应将地方志工作信息化建设纳入本级信息化建设规划并组织实施。

各级地方志工作机构应当利用现代信息技术对地方志及其他地情文献资料进行数字化处理，逐步建立地方志书、地方综合年鉴及其他地情文献数据库，通过网络实现地方志信息的便捷利用。

第十八条 名胜古迹拆迁或名称变更，管理部门、所有权单位或个人应当提前1个月告知同级政府地方志工作机构，地方志工作机构应当做好相关资料的收集保存工作。

第十九条 公共图书馆、档案馆、国有博物馆与方志馆或地方志工作机构地情资料中心（室）应当资源共享、信息互通、联合服务。

公共图书馆、档案馆、国有博物馆为地方志编纂工作提供资料，不得收取费用。

出版后的地方志书，应当向公共图书馆、档案馆、国有博物馆无偿提供。

第二十条 各级政府地方志工作机构可以向国家机关、社会团体、企事业单位、其他组织以及个人征集有关地方志资料，有关单位和个人应当支持。地方志资料所有人或持有人不得故意提供虚假资料。

第二十一条 市和区县政府对在地方志工作中作出突出成绩的单位和个人，按照国家规定给予表彰和奖励。

第二十二条 违反本实施办法规定，未经审查验收、批准将地方志书交付出版的，由上级政府或本级政府责令采取相应措施予以纠正，并视情节追究有关单位和个人的责任。

第二十三条 本实施办法自2015年9月1日起施行，有效期5年。原《自贡市〈四川省地方志工作条例〉实施办法》（自府法规〔2006〕1号文印发）同时废止。

宜宾市人民政府办公室关于印发《宜宾市〈四川省地方志工作条例〉实施办法》的通知

宜府办发〔2014〕18号

各县（区）人民政府，临港开发区管委会，市直各部门，市属及以上企事业单位：

《宜宾市〈四川省地方志工作条例〉实施办法》已经市政府四届八十四次常务会审议并原则同意，现印发你们，请结合实际，认真贯彻执行。

宜宾市人民政府办公室

二〇一四年十二月十七日

宜宾市《四川省地方志工作条例》实施办法

第一条 根据《四川省地方志工作条例》，结合宜宾市实际，制定本实施办法。

第二条 宜宾市行政区域内各级各类地方志的编纂、管理和开发利用工作，适用本实施办法。

第三条 市、县（区）政府地方志工作机构主管本行政区域内的地方志工作。履行下列职责：

（一）执行并监督实施地方志工作的法律、法规、规章；

（二）组织、指导、督促和检查地方志工作；

（三）拟订地方志工作规划和编纂方案；

（四）组织编纂地方志书、地方综合年鉴和其他相关地情文献；

（五）收集、整理、保存地方志文献及相关地情文献资料，组织开展整理旧志，推动地方志理论研究；

（六）组织开发利用地方志资源。

第四条 编纂地方志应当统一规划，科学规范，全面客观，存真求实，确保质量。

第五条 鼓励和支持部门、行业、单位编纂部门志、行业志、专业志及年鉴。

编纂部门志、行业志、专业志，其编纂过程和实体成果应当接受同级人民政府地方志工作机构的指导。

第六条　以行政区域名称冠名的各级各类地方志只能由各级政府负责地方志工作的机构负责组织编纂。

市、县（区）地方志书、乡（镇、街道）志每20年左右编修一次，市、县（区）地方综合年鉴一年一鉴。

市、县（区）地方志书和地方综合年鉴应公开出版

第七条　市、县（区）政府地方志工作机构应当根据四川省地方志工作总体规划，制定本行政区域地方志工作规划报同级人民政府批准。地方志工作所需经费列入本级财政预算。

第八条　编纂地方志书、地方综合年鉴，应当制订编纂方案，报本级政府批准。

根据编纂方案的规定承担编纂任务的国家机关、社会团体、企业事业单位和其他组织，应当接受同级政府地方志工作机构的指导与监督检查，按照编纂方案规定的时间和质量要求完成编纂任务并报送资料。

承担编纂任务的单位应当在人员、经费和工作条件上予以保障。

第九条　市、县（区）、乡（镇、街道）政府负责地方志工作的机构应当公开地方志的编纂内容和过程。

市、县（区）编纂地方志应将所编纂地方志的编纂方案、编纂篇目对外公布，征求公民、法人或者其他组织对编纂工作意见、建议；吸纳有关专家、学者和历史见证者参与地方志的编纂；建立评议机制，组织由有关专家、学者组成的评审组对所编纂地方志进行评议。

乡（镇、街道）编纂乡（镇、街道）志应将编纂方案、编纂篇目，以网络、纸质等便捷方式征求村民和社区自治组织、其他法人组织对编纂工作意见、建议；吸纳历史见证者参与编纂。

地方志编纂人员应当恪尽职守、客观公正，据事直书、忠于史实。任何单位和个人不得要求编纂人员在地方志中作虚假记述。

地方志编纂涉及有争议重要事项的，应当向本级政府和上级政府地方志工作的机构请示。

第十条　新设立的县（区），其地方志编纂工作应当及时纳入市、县（区）地方志工作规划。

第十一条　县（区）、乡（镇、街道）行政区划有重大调整的，负责地方志工作的机构应当及时收集、保存有关的地方志资料，记载其相关变化情况。

第十二条　地方志出版发行实行分级审查验收制度。

市级地方志书，由省政府地方志工作机构组织审查验收合格后，报省政府批准后出版发行；县级地方志书，由市政府地方志工作机构组织审查验收合格后，报市政府批准后出版发行。乡（镇、街道）志由县（区）政府地方志工作机构组织审查验收合格后，报县

（区）政府批准后出版发行。

市、县（区）、乡（镇、街道）地方综合年鉴，报同级政府批准后出版发行。

第十三条 实行地方志保密审查分级分单位负责制。

地方志的保密审核由负责提供资料和编写初稿的单位负责，由同级人民政府保密主管机构会同地方志工作机构对本级地方志进行保密审查。按以上程序完成保密审查后的地方志稿方可报同级人民政府批准出版或上报审查验收。

地方志工作机构对下级行政区域地方志书进行审查验收时，应当会同保密主管机构对地方志书进行保密审定。

第十四条 市、县（区）政府地方志工作机构应当建立征集制度，及时征集和保存文字、图表、照片、音像、电子文本、实物等各种地情文献资料。

第十五条 市、县（区）政府地方志工作机构应当建立分级培训制度。市本级和重点县（区）地方志编纂人员接受省级以上培训安排；市地方志工作机构负责组织和实施对承担市级地方志编纂任务的国家机关、社会团体、企业事业单位和其他组织以及县（区）地方志工作机构地方志编纂人员的业务培训；县（区）地方志工作机构负责组织和实施对承担县级地方志编纂任务的国家机关、社会团体、企业事业单位和其他组织以及乡（镇、街道）地方志编纂人员的业务培训。

第十六条 市、县（区）政府地方志工作机构应当积极推动地方志资源的开发利用，服务社会经济发展。

第十七条 市、县（区）政府地方志工作机构承担地情咨询服务工作，利用史志馆、资料库、信息网站等为公民、法人和其他组织提供地情信息和咨询服务。

第十八条 市、县（区）政府门户网站应当设立地情栏目，由地方志工作机构发布本行政区域历史地情。地方志工作机构应当依托实体史志馆，建立数字史志馆，完善新旧地方志书、地方综合年鉴、其他地情文献的目录和全文数据库。

第十九条 市、县（区）政府应当设立专项预算，鼓励和支持单位、个人从事地方志文献开发和研究。

第二十条 市、县（区）政府地方志工作机构应当积极搜集本行政区域内外的相关地情文献资料，建立本行政区域地情文献资料库。

市、县（区）政府地方志工作机构向国家机关、社会团体、企业事业单位、其他组织以及个人征集有关地方志资料，有关单位和个人应当提供支持。地方志资料所有人或者持有人不得故意提供虚假资料。地情文献资料所有人或者持有人对所提供的有关资料，可以获得适当报酬。

第二十一条 鼓励单位和个人向地方志工作机构或者史志馆捐赠地方志资料。对具有收藏价值的地情资料，地方志工作机构或者史志馆应当向捐赠者颁发收藏纪念证书，并给予适当奖励。

第二十二条 除学术交流外，各级机关、社会团体、企业事业单位和新闻媒体对公众发布的历史地情信息，应来源于按照本实施办法审查批准后的各类地方志。

第二十三条 违反本实施办法规定，未经审查验收、批准将地方志文稿交付出版，或者地方志存在违反宪法、法律、法规规定内容的，由上级政府或者本级政府责令采取相应措施予以纠正，并视情节追究相关单位和个人的责任。

第二十四条 本办法自印发之日起施行，有效期5年。市政府2003年12月18日印发的《宜宾市〈四川省地方志工作条例〉实施办法》（宜府发〔2003〕74号）同时废止。

阿坝藏族羌族自治州人民政府关于印发《阿坝藏族羌族自治州〈四川省地方志工作条例〉实施办法》的通知

阿府发〔2004〕37号

各县人民政府，州级各部门，卧龙管理局：

《阿坝藏族羌族自治州〈四川省地方志工作条例〉实施办法》已经州人民政府第21次常务会议审议通过，现印发，请遵照执行。

阿坝藏族羌族自治州人民政府

二〇〇四年十一月二十五日

阿坝藏族羌族自治州《四川省地方志工作条例》实施办法

第一章　总则

第一条　为全面、客观、真实地记述阿坝州地方区域地情，科学地积累、保存与开发、利用地方文献，发挥地方志的资治、教化、存史作用，根据《四川省地方志工作条例》，结合阿坝州实际，制定本实施办法。

第二条　阿坝州行政区域内各级地方志的编纂、管理和应用工作，适用本实施办法。

第三条　本实施办法所称地方志，包括地方综合性志书、史书、部门志、专业志、行业志、乡镇志，综合性年鉴、部门年鉴、行业年鉴、专业年鉴及相关地情资料文献。

第四条　各级人民政府应当加强对本行政区域内的地方志工作领导，将地方志工作纳入当地经济和社会发展规划。各部门主要负责人为本部门地方志工作第一责任人。州、县地方志工作总体规划由州、县人民政府批准。州、县志，州、县年鉴编印出版费、科研费、地情资料征集费、地情文献史料中心资料购置等费用应当列入各级人民政府财政预算。

第二章　地方志机构及职责

第五条　州、县地方志办公室是当地人民政府直属的具有行政职能的一级单位。

第六条 州、县人民政府地方志工作机构负责本行政区域地方志的编纂、管理和应用工作。其主要职责是：

（一）拟订地方志工作规划，制定编纂方案；

（二）组织、指导和检查地方志编纂工作；

（三）组织审定人志内容与议定编纂中的重大问题；

（四）组织对志书、年鉴、地情资料的审查验收。

第七条 地方志的专职编纂人员应当具备相应专业知识和学术水平。地方志工作应当广泛吸收有关专家、学者参加和应当有少数民族人员参加。机关、社会团体、企业事业单位应配备专、兼职编纂人员，修志任务较重的单位应当设立专门的修志机构。

第三章 地方志编纂

第八条 地方志的编纂工作应当坚持实事求是、与时俱进的原则，编纂完成的各类地方志必须全面、客观、真实、科学地反映当地自然与社会的历史与现状。

第九条 州、县级综合性志书一般每10年至15年续修一次；综合性年鉴每年编辑出版一次；其他地方志根据经济社会发展需要适时编辑出版；地方志的各类基础材料应逐年由地方志工作机构负责进行日常性收集、整理。

第十条 州、县各机关、社会团体、企业事业单位应当接受同级地方志工作机构的业务指导与工作督查，完成地方志的资料报送和初稿编写。报送和编写的资料必须真实、客观、规范、完整。

第四章 地方志管理

第十一条 地方志的出版发行实行分级审查验收制度。

州级综合性志书由省地方志工作机构组织审查验收后，报省人民政府批准出版发行。州级部门（专业、行业）志、综合性年鉴和县级综合性志书由州级地方志工作机构组织审查验收后，报州人民政府批准出版发行。

以电子出版物形式出版的州、县地方志书，按照前款规定办理。

第十二条 地方志保密审查实行分级分单位负责制。地方志的保密审查由提供材料和编写初稿的单位负责，各级保密主管部门会同地方志工作机构对本级地方志进行保密审定。

第十三条 在地方志工作中做出突出成绩的单位和个人，各级地方志机构负责按规定程序报请本级或上级人民政府或主管部门给予表彰和奖励。

第五章 地方志应用

第十四条 建立地情资料日常收集机制。各级地方志工作机构应定期收藏省内外重点城市和其他民族地区各时期的各类地方志书、地方志资料，逐步建立各级地情文献资料中心（馆），积极开展地情咨询服务活动。

第十五条 机关、社会团体、企业事业单位要妥善保存编印、出版的志书、年鉴、地情资料，并及时按规定缴存数量送交州、县志办文献档案室贮存。同时积极做好利用工作。

第十六条 各级机关、社会团体、企业事业单位和新闻媒体对公众交流或发布地情信息，应来源于按照本实施办法审查批准后的各类地方志，地方志暂未涵盖的，须经同级地方志工作机构核商后方可交流或发布。

第六章 处罚

第十七条 未按审批程序报审批准编印的各类志书、年鉴和地情资料不得公开出版，新闻出版局不得核发内部资料性图书准印证。违者由有关部门依法查处。

第十八条 地方志泄露国家秘密的，由地方志工作机构配合有关主管部门依法查处；构成犯罪的，由司法机关依法追究刑事责任。

第十九条 在地方志编纂中，有关部门或者单位拒绝提供有关资料或者提供虚假资料的，由同级地方志工作机构责令限期整改；逾期不改正的，由地方志工作机构提请同级人民政府依法追究行政责任。

第七章 附则

第二十条 本实施办法由州地方志办公室负责解释。

第二十一条 本实施办法自公布之日起实施。

贵州省人民政府令

〔2008〕第 109 号

《贵州省地方志工作规定》已经 2008 年 10 月 23 日省人民政府第 9 次常务会议通过，现予公布，自 2008 年 12 月 15 日起施行。

省长：林树森

二〇〇八年十月二十九日

贵州省地方志工作规定

第一条 为规范地方志的编纂、管理和开发利用，发挥地方志为经济社会发展服务的作用，根据《地方志工作条例》等有关法律、法规的规定，结合本省实际，制定本规定。

第二条 本规定所称地方志，是指冠以县级以上行政区域名称的地方志书、地方综合年鉴。

本省的地方志分为三级：省编纂的地方志、市（州、地）编纂的地方志、县（市、区）编纂的地方志。

第三条 本省行政区域内地方志编纂、管理和开发利用适用本规定。

第四条 县级以上人民政府应当加强地方志工作机构、人员、基础设施和信息化建设，将地方志工作纳入本级国民经济和社会发展规划，所需经费列入本级财政预算。

第五条 县级以上人民政府地方志工作机构主管本行政区域的地方志工作，拟定地方志工作规划和编纂方案，制定业务规范；组织、指导、督促和检查地方志工作；编纂、审查、验收地方志稿件；培训地方志工作人员；征集、保存地方志文献和资料，整理旧志；开展地方志理论研究。

县级以上人民政府有关部门按照职责做好地方志的相关工作。

第六条 地方志书每 20 年左右编修一次，地方综合年鉴每年进行编辑。

第七条 县级以上人民政府地方志工作机构应当按照省人民政府批准的地方志编纂总体工作规划，统一组织编纂、出版地方志，其他组织和个人不得编纂。

第八条 根据编纂方案承担编纂任务的有关单位应当提供必要的条件，按照规定的时间和质量要求完成编纂任务，并接受所在地人民政府地方志工作机构的业务指导和督促检查。

第九条 县级以上人民政府地方志工作机构应当建立征集地方志资料的制度，并可以向机关、社会团体、企业事业单位、其他组织以及个人征集有关地方志资料，征集内容包括乡镇志、村志、部门志、企业事业单位志等。有关单位和个人应当提供支持。

地方志资料所有人或者持有人提供有关资料，可以获得适当报酬。

地方志资料所有人或者持有人不得故意提供虚假资料。

第十条 地方志编纂工作应当有有关方面的专家、学者参加，民族自治地方的地方志编纂工作应当有少数民族人士参加。地方志专职编纂人员应当具备相应专业知识和学术水平。

第十一条 以县级以上行政区域名称冠名、列入规划的地方志书实行审查、验收制度，未经审查、验收的不得出版。

省编纂的地方志书由省人民政府地方志工作机构报省地方志编纂委员会审查、验收后公开出版；市（州、地）编纂的地方志书报省人民政府地方志工作机构审查、验收，经市、州人民政府、地区行政公署批准后公开出版；县（市、区）编纂的地方志书报市（州、地）地方志工作机构审查和省人民政府地方志工作机构复查、验收，经县（市、区）人民政府批准后公开出版。

审查地方志书应当邀请有关专家参加。

第十二条 地方志书编纂应达到下列审查、验收的基本要求：

（一）编纂指导思想正确，符合国家的法律、法规以及涉外、保密、民族、宗教、军事等有关规定；

（二）资料真实可靠，全面系统、客观地反映本行政区域自然、政治、经济、文化和社会的历史与现状；

（三）符合地方志书体例，篇目设计合理，逻辑关系清楚，能基本达到科学性、资料性、实用性的统一；

（四）行文规范，表述准确，图文并茂，图表及说明文字齐全。标点符号、计量单位和数字使用规范、标准。

第十三条 地方志编校、版面设计、印制应当符合国家相关规定；地方志书印制应当统一采用大度 16 开版式。

第十四条 编纂单位应当在地方志出版后 30 日内向当地和上级人民政府地方志工作机构报送存书。县级以上人民政府地方志工作机构要依法整理修志工作档案，移交本级档案馆。

第十五条 地方志的著作权依法由组织编纂的地方志工作机构享有，参与编纂的人员享有署名权。

地方志正式出版后，承编单位依照国家相关规定向编纂人员支付报酬。

第十六条 县级以上人民政府地方志工作机构应当建立保存地方志资料的制度，加强地方志开发利用和网络建设，地方志和其他地情资料应当向社会开放，开拓服务途径。

第十七条 县级以上人民政府对在地方志工作中作出贡献的单位和个人给予表彰和奖励。

第十八条 违反第八条规定，不按照编纂方案的规定承担和完成编纂任务的，由县级以上人民政府责令其限期改正，并可以通报批评。

第十九条 违反第九条规定，地方志资料所有人或者持有人故意提供虚假资料，尚不构成犯罪的，由县级以上人民政府地方志工作机构责令其采取相应措施予以纠正，并视情节追究有关单位和个人的责任。

第二十条 违反第十四条规定，未能在规定时限内报送存书的，由县级以上人民政府地方志工作机构责令其限期报送；逾期不报送的，由有关部门依法对直接责任人给予处分。

第二十一条 县级以上人民政府地方志工作机构及其工作人员违反本规定，滥用职权、玩忽职守、徇私舞弊，尚不构成犯罪的，依法给予行政处分。

第二十二条 编纂部门志、乡（镇）志可以参照本规定执行。

第二十三条 本规定从 2008 年 12 月 15 日起执行。

云南省人民政府令

〔2010〕第160号

《云南省地方志工作规定》已经2010年7月9日云南省人民政府第45次常务会议通过，现予公布，自2010年10月1日起施行。

省长：秦光荣

二○一○年八月四日

云南省地方志工作规定

第一条 为了规范和加强地方志工作，根据国务院《地方志工作条例》，结合本省实际，制定本规定。

第二条 本省行政区域内地方志的组织编纂、管理、开发利用等工作，适用《地方志工作条例》和本规定。

第三条 本规定所称地方志，包括地方志书、地方综合年鉴。

地方志书，是指经县级以上人民政府批准组织编纂的全面系统记述本行政区域自然、政治、经济、文化和社会的历史与现状并以本行政区域名称和志冠名的资料性文献，包括省志、州（市）志、县（市、区）志。

地方综合年鉴，是指经县级以上人民政府批准组织编纂的系统记述本行政区域自然、政治、经济、文化和社会等方面情况并以本行政区域名称和年鉴冠名的年度资料性文献，包括省年鉴、州（市）年鉴、县（市、区）年鉴。

第四条 县级以上人民政府应当加强对地方志工作的领导，健全工作机构，保障工作条件，将地方志工作纳入国民经济和社会发展规划，将地方志工作经费列入本级财政预算，保证按时足额拨付。

第五条 县级以上人民政府成立地方志编纂委员会，统筹规划、组织协调地方志工作。地方志编纂委员会主任由本级人民政府主要负责人担任，副主任、委员分别由有关机关负责人担任。

地方志编纂委员会办公室设在本级人民政府负责地方志工作的机构（以下简称地方志工作机构），承担地方志编纂委员会的日常工作。地方志工作机构配备专职工作人员。

第六条 地方志工作机构主管本行政区域的地方志工作，履行《地方志工作条例》第五条第二款规定的职责和下列职责：

（一）宣传和贯彻实施地方志工作的法规、规章及政策；

（二）组织地方志书的审查验收；

（三）负责地方志工作规划和地方志书、地方综合年鉴的备案审查；

（四）组织培训地方志编纂（撰）人员。

第七条 省地方志工作机构负责拟定全省地方志总体工作规划，经省人民政府批准后组织实施，并报国家地方志工作指导机构备案。

州（市）、县（市、区）地方志工作机构根据全省地方志总体工作规划，拟定本行政区域的地方志工作规划，经本级人民政府批准后组织实施，并报上一级地方志工作机构备案。

第八条 县级以上地方志工作机构应当每年定期向上一级地方志工作机构报送地方志资料和工作情况。具体办法由省地方志工作机构制定。

第九条 承担地方志编撰任务的有关单位，应当明确机构和人员，保障经费和工作条件，负责收集、整理和保管资料，按照规定的时间和质量要求完成编撰任务，并接受地方志工作机构的业务指导和督促检查。

第十条 对地方志书分别依照下列规定进行批准审查验收：

（一）省志由省地方志工作机构组织审查验收并提交省地方志编纂委员会审议，报省人民政府批准；

（二）州（市）志由州（市）地方志工作机构审核并提交本级地方志编纂委员会审议，报省地方志工作机构审查验收，再报州（市）级人民政府批准；

（三）县（市、区）志由县（市、区）地方志工作机构审核并提交本级地方志编纂委员会审议，报州（市）地方志工作机构审查验收，再报县（市、区）人民政府批准，报省地方志工作机构备案。

第十一条 对地方志书依照下列规定办理批准审查验收手续：

（一）申请审查验收单位填写地方志书审查验收申请表，并附送审报告和装订成册的地方志书文稿；

（二）地方志工作机构对送审地方志书文稿出具审查修改意见；对审查验收合格的，出具审查验收合格证明；

（三）对取得审查验收合格证明的地方志书文稿，由本级人民政府发给批准文件。

第十二条 地方志工作机构取得审查验收合格证明和本级人民政府的批准文件后，方可以公开出版地方志书。

地方志工作机构取得本级人民政府的批准文件后，方可以公开出版地方综合年鉴。

第十三条 地方志书、地方综合年鉴在出版后3个月内报送上级地方志工作机构备案，并向本级和上级方志馆、国家综合档案馆、公共图书馆无偿提供馆藏书。

以电子出版物形式出版的地方志书、地方综合年鉴，按照前款规定办理。

第十四条 县级以上人民政府及其地方志工作机构应当加强对地方志的开发利用，建设地方志资料库、地方志信息网站；具备条件的，应当建设方志馆（室）。

地方志工作机构应当利用地方志资料库、地方志信息网站和方志馆（室）向社会公开地方志文献资料，并将服务范围和开放时间等事项向社会公示。

公民、法人和其他组织可以利用地方志资料库、地方志信息网站和方志馆（室）免费查阅、摘抄地方志文献资料。国家规定收取费用的，从其规定。

第十五条 地方志工作机构或者承担地方志编撰任务的单位应当按照规定标准，向参与地方志编纂（撰）的专家、学者以及其他人员支付资料费、撰稿费、编辑费、审稿费等工作报酬。

第十六条 对在地方志工作中作出突出成绩和贡献的单位、个人，由县级以上人民政府或者地方志工作机构给予表彰奖励。

地方志成果可以依照有关规定参加国家和本省地方志优秀成果、社会科学成果的评奖。

第十七条 承担地方志编撰任务的单位违反本规定第九条规定，造成严重后果的，由县级以上地方志工作机构责令限期改正；逾期不改的，由县级以上地方志工作机构提请本级人民政府或者其上级主管部门，对直接负责的主管人员和其他直接责任人员依法给予处分。

第十八条 乡（镇）志、部门志以及其他地情文献的编纂，参照本规定执行。

第十九条 本规定自 2010 年 10 月 1 日起施行。

石林彝族自治县人民政府办公室关于印发《石林彝族自治县地方志工作管理规定》的通　知

石政办发〔2010〕70号

各乡镇人民政府，县直各部委办局、人民团体、企事业单位

《石林彝族自治县地方志工作管理规定》已经县人民政府研究同意，现印发给你们，请认真贯彻落实。

石林彝族自治县人民政府办公室

二〇一〇年五月二十一日

石林彝族自治县地方志工作管理规定

第一条　根据国务院《地方志工作条例》等有关规定，为继承和发扬民族优秀文化传统，全面、客观、系统地编纂地方志，科学、合理地开发利用地方志，发挥地方志对经济社会发展的促进作用，制定本规定。

第二条　石林彝族自治县地方志的组织编纂、管理、开发利用工作，适用本规定。

第三条　本规定所称地方志，特指县地方志工作机构规划和组织编纂的地方志书和地方综合年鉴。其中，地方志书，具体指根据我县地方志工作规划组织编纂出版的旧志、新编县志、专志、乡镇志、部门志、村志，以及冠以县级行政区划名称的县情、概况等地情书刊。地方综合年鉴，具体指县人民政府主办、县地方志工作机构负责编辑出版的年度性连续出版物《石林年鉴》。

第四条　县人民政府成立县地方志编纂委员会，加强对本行政区域地方志工作的领导。乡镇和县内各单位明确分管领导和工作人员，负责地方志工作的开展。地方志工作所需经费列入本级财政预算。

第五条　县人民政府设立地方志工作机构为县史志办公室，主管本行政区域内的地方志工作，具体履行下列职责：

（一）组织、指导、督促和检查地方志工作；

（二）拟定地方志工作规划和编纂方案；

（三）组织编纂地方志书、地方综合年鉴；

（四）搜集、保存地方志文献和资料，组织整理旧志，推动地方志理论研究；

（五）组织开发利用地方志资源。

第六条 编纂地方志应当做到存真求实，确保质量，全面、客观地记述本行政区域自然、政治、经济、文化和社会的历史与现状。

第七条 县地方志工作机构要适时制定地方志工作规划，经县地方志编委会审定后，由县人民政府批准下发县内各单位组织实施，并报上级主管部门备案。

第八条 《石林彝族自治县志》《石林年鉴》，由县人民政府地方志工作机构按照规划组织编纂，其他组织和个人不得编纂。县级部门志和专业志、乡镇志、村志的编纂，在县地方志工作机构指导下进行，经审查批准后方可正式交付出版。

第九条 编纂地方志应当吸收有关方面的专家、学者参加。地方志编纂人员实行专兼职相结合，专职编纂人员应当具备相应的专业知识。

第十条 县级地方志书每20年左右编修一次。每一轮地方志书编修工作完成后，地方志工作机构在编纂地方综合年鉴、搜集资料以及向社会提供咨询服务的同时，启动新一轮地方志书的续修工作。

第十一条 县人民政府地方志工作机构可以向机关、社会团体、企事业单位、其他组织以及个人征集有关地方志资料，有关单位和个人应当提供支持。地方志工作机构可以对有关资料进行查阅、摘抄、复制，但涉及国家秘密、商业秘密和个人隐私以及不符合档案开放条件的除外。

地方志资料所有人或者持有人提供有关资料，可以获得适当报酬。地方志资料所有人或者持有人不得故意提供虚假资料。

第十二条 以县级行政区域名称冠名、列入县地方志工作规划的地方志书，经县地方志编委会审查验收，并按上级地方志主管部门规定办理相关手续，方可公开出版。

县级地方志书的审查验收，应当邀请有关保密、档案、历史、法律、经济、军事等方面的专家参加，重点审查地方志书的内容是否符合宪法和保密、档案等法律、法规的规定，是否全面、客观地反映本行政区域自然、政治、经济、文化和社会的历史与现状。

县内各乡镇各单位编纂的地方志书，由编纂单位参照上述规定组织审稿，经编委会或单位领导班子审定后，报县地方志工作部门审查批准后方可交付出版。

县内各类地方志书，除由县地方志编纂委员会审稿外，还可根据各地方志书的特性，临时聘用相关方面的专家学者参加审稿。审稿人员须在一个月内审查完毕，并签署意见书，承担相应的责任。审稿人员根据著作权法的规定，可获取适当报酬，并在相关志书“审稿人员”栏中署名。

县内各乡镇各单位向地方志工作机构提供的各类稿件，由供稿单位负责审查把关，并书面承诺稿件不涉及国家机密事项，不违反国家民族、宗教、外宣、统战政策，内容真实，数据准确。

第十三条 县内编纂出版的各类地方志书，应当在出版后 2 个月内向县人民政府地方志工作机构备案。

县人民政府地方志工作机构设立地方志馆，指定专职人员集中统一管理县内形成的修志资料和县情资料。各乡镇各单位在地方志编纂过程中收集到的文字资料、图表资料、照片资料、音像资料、实物资料，以及形成的地方志文稿，要参照档案管理办法整理成地方志档案，连同正式出版物 20 册，移送县地方志馆集中统一管理，任何其他单位和个人不得据为己有或者出租、出让、转借。

第十四条 依照本规定纳入地方志工作规划，由县地方志工作单位组织编写和统一出版的地方志书、地方综合年鉴为职务作品，依照《中华人民共和国著作权法》第十六条第二款的规定，其著作权由县地方志工作机构享有，参与编纂的人员享有署名权，并按有关规定获取相应的稿酬。

第十五条 地方志工作应当为地方经济社会的全面发展服务。县人民政府地方志工作机构应当积极开拓社会用志途径，通过筹建县情研究会、民族文化研究中心等渠道，建设县情资料库、县情网站等方式，加强对县情和本土历史文化的研究，加强地方志工作的信息化建设。公民、法人和其他组织可以加入相关组织参与地方志工作和县情研究，可以利用上述资料库和网站，免费查阅、摘抄地方志和其他县情资料，但在公开发表或出版时必须注明出处。

第十六条 县人民政府对在地方志工作中作出突出成绩和贡献的单位、个人，给予表彰和奖励。

第十七条 违反本规定，擅自编纂出版以县级行政区域名称冠名的地方志书、地方综合年鉴的，由县人民政府地方志工作机构提请出版行政部门依法查处。

第十八条 违反本规定，未经审查验收、批准将地方志文稿交付出版，或者地方志存在违反宪法、法律、法规内容的，由上级人民政府或者本级人民政府责令采取相应措施予以纠正，并视情节追究有关单位和个人的责任。

第十九条 负责地方志工作的工作人员违反本规定第十三条第二款的，由其所在单位责令改正，依法给予处分。

第二十条 编纂地方志涉及军事内容的，还应当遵守中央军委关于军事志编纂的有关规定。

第二十一条 本规定由县地方志工作主管部门负责解释，自公布之日起实行。

玉溪市红塔区人民政府关于印发《玉溪市红塔区地方志工作管理规定》的通　知

〔2011〕号

各乡人民政府、街道办事处，区属各部门：

《玉溪市红塔区地方志工作管理规定》已经第四届红塔区人民政府研究同意，现印发给你们，请认真遵照执行。

玉溪市红塔区人民政府

二○一四年五月二十三日

玉溪市红塔区地方志工作管理规定

第一条　为规范和加强地方志工作，全面、客观、系统地编纂地方志，科学、合理地开发利用地方志资源，充分发挥地方志在促进经济社会发展中的重要作用，根据国务院《地方志工作条例》和《云南省地方志工作规定》，结合红塔区实际，制定本规定。

第二条　本规定适用于本行政区域内地方志的编纂、管理和开发利用等工作。

第三条　本规定所称地方志，包括地方志书、地方综合年鉴和地情文献。

地方志书，是指全面系统地记述本行政区域自然、政治、经济、文化和社会等方面的历史与现状并以本行政区域名称和志冠名的资料性文献。包括区志、乡（街道）志、部门（专业）志、村（社区）志。

地方综合年鉴，是指全面系统地记述本行政区域自然、政治、经济、文化和社会等方面情况并以本行政区域名称和年鉴冠名的年度资料性文献。包括区年鉴、乡（街道）年鉴、部门（专业）年鉴、村（社区）年鉴。

地情文献，是指系统记述本区行政区域内一定领域或专项工作的资料性书籍。包括机关、社会团体、企事业单位及村（社区）编纂的以本行政区域冠名的地情类书籍。

第四条　区人民政府负责对本行政区域地方志工作的领导，将地方志工作纳入本地经济和社会发展规划；地方志工作所需经费列入区级财政预算。

第五条　区人民政府成立地方志编纂委员会，统筹规划、组织协调本行政区域内的地方志工作。地方志编纂委员会主任由区人民政府主要负责人担任，副主任分别由有关机关负责人担任。地方志编纂委员会下设办公室，属区人民政府负责地方志工作的机构（以下简称：地方志工作机构)，承担地方志编纂委员会的日常工作。地方志工作机构配备专职工作人员。

第六条 区地方志工作机构主管本行政区域内地方志工作，履行下列职责：

（一）贯彻执行地方志工作法规、政策；

（二）制定地方志工作规划和编纂方案；

（三）组织、指导、监督和检查地方志工作；

（四）组织编纂本级地方志书、地方综合年鉴及相关地情类书籍；

（五）负责本级地方志书、地方综合年鉴的备案审查验收；

（六）征集、整理、保存地方志文献和资料，组织整理旧志和历史文献资料，开展地方志理论研究；

（七）组织开发利用地方志资源，宣传、推广地方志成果，开展地情研究，为公众读志用志提供服务；

（八）培训地方志、地方综合年鉴编纂人员；

（九）完成本级人民政府和上级地方志工作机构交办的其他任务。

第七条 区地方志工作机构根据全市地方志工作总体规划，拟定本行政区域的地方志工作规划，经区人民政府批准后组织实施，并报市地方志工作机构备案。

第八条 承担地方志编纂任务的有关单位，应当明确机构和人员，保障经费和工作条件，负责收集、整理和保管资料，按规定的时间和质量要求完成编纂任务，并接受地方志工作机构的业务指导和督促检查。

第九条 以区行政区域名称冠名的地方志书、地方综合年鉴，由区地方志工作机构按照规划组织编纂；以乡、街道行政区域名称冠名的地方志书、地方综合年鉴，由乡人民政府、街道办事处组织编纂。其他组织和个人不得编纂出版。

鼓励支持机关、社会团体、企事业单位、其他组织和个人编纂出版有助于经济社会发展的其他志书、年鉴和地情资料文献，区地方志工作机构负责对编纂活动进行管理、审查、备案和业务指导。

第十条 区级地方综合志书每20年左右编修一次，每一轮编修工作完成后，地方志工作机构在编纂地方综合年鉴、相关地情书籍和搜集资料及向社会提供咨询服务的同时，适时启动新一轮地方志的编修工作。

第十一条 区地方志工作机构可以向辖区内机关、企事业单位、社会团体、其他组织以及公民征集有关地方志资料，有关单位和公民应当提供支持。地方志工作机构可以对有关资料进行查阅、摘抄、复制，但涉及国家秘密、商业秘密和个人隐私以及不符合档案开放条件的除外。地方志资料所有人或持有人提供有关资料，可以获得适当报酬。地方志资料所有人或持有人不得故意提供虚假资料。

第十二条 以本行政区域名称冠名的地方志书、地方综合年鉴为职务作品，依照《中华人民共和国著作权法》第十六条第二款规定，其著作权由组织编纂的负责地方志工作的机构享有，参与编纂的人员享有署名权。

第十三条 编纂地方志应当邀请有关方面的专家、学者参加。地方志编纂人员实行专、兼职相结合。专职编纂人员应当具备相关的专业知识和学术水平，做到客观公正、尊重史实，任何单位和个人不得要求编纂人员在地方志中做虚假记述。

第十四条 地方志工作机构或承担地方志编纂任务的单位应当按照国家版权局有关规定标准，向参与地方志编纂的专家、学者以及工作人员支付资料费、撰稿费、编辑费、审稿费等工作报酬。

第十五条 对在地方志工作中作出突出成绩和贡献的单位和个人，由区人民政府给予表彰和奖励。

地方志成果可以依照有关规定参加国家和省、市、区优秀社会科学成果评奖。

第十六条 编纂地方志应当符合下列要求：

（一）符合宪法和保密、档案等法律、法规规定；

（二）全面、客观地反映本行政区域自然、政治、经济、文化和社会的历史与现状；

（三）符合志书体例格式；

（四）篇目结构合理，文字表述准确；

（五）标点符号、计量单位和数字的使用规范、标准；

（六）装帧印刷符合出版要求。

第十七条 编纂地方志，按下列程序进行：

（一）区级地方志书和地方综合年鉴由区地方志工作机构制定出编纂规划报区人民政府批准后，组织开展编纂。具体程序：

1. 区地方志工作机构按照地方志编写年限要求，结合本区实际，对需开展的地方志书、地方综合年鉴编纂工作，制定出编纂规划。

2. 区地方志工作机构制定详细的编纂方案，提交区地方志编纂委员会讨论审议后，报区人民政府同意下发全区，启动编纂工作。根据编纂方案的规定，承担编纂任务的单位应当按照地方志编纂规划和要求，接受区地方志工作机构的业务指导与督促检查，按照时间和质量要求完成撰稿任务。

3. 区地方志工作机构负责组织编纂人员、开展业务、检查验收、出版发行等工作。

4. 本级综合志书编纂形成定稿后，须报经上级地方志工作机构审定，报本级人民政府批准后出版发行。

5. 本级综合年鉴编纂形成定稿后，由区地方志工作机构组织审定，报本级人民政府批准后出版发行。

（二）乡（街道）、村（社区）和机关、社会团体、企事业单位编纂的志书、年鉴和其他资料性文献，在区地方志工作机构的指导下组织编纂。具体程序：

1. 各乡（街道）、村（社区）和单位按要求填报志书（年鉴、地情文献）编写申请表，并将地方志编纂方案提前 3 个月报区地方志工作机构审查后组织实施。

2. 区地方志工作机构负责志书的业务指导、检查督导、审查把关、存档备案。

3. 各乡（街道）、村（社区）和单位按照地方志编写程序，形成志稿篇目设置、初稿、评审稿、定稿。篇目设置形成后报区地方志工作机构审查备案，然后组织开展初稿编写；初稿形成后，由区地方志工作机构审查，提出修改意见，并组织评审；乡（街道）、村（社区）和单位根据评审意见修改定稿后，按照有关规定印刷或出版发行。

4. 各乡（街道）、村（社区）和单位应当在志书和其他资料性文献出版后 30 日内按要求填报志书（年鉴、地情文献）审查备案表，并向区地方志工作机构报送样书和电子文本。

第十八条 对地方志书分别依照下列规定进行批准审查验收：

（一）区志由区地方志工作机构审核并提交区地方志编纂委员会审议，报上级地方志工作机构审查验收，再报区人民政府批准出版。

（二）乡（街道）、村（社区）志由其编纂领导小组审议后，报区地方志工作机构审查验收，再报乡（街道）人民政府（街道办事处）批准出版，报市地方志工作机构备案。

（三）区直部门（专业）志由其编纂领导小组审议后，报区地方志工作机构审查验收，由部门批准出版，报市地方志工作机构备案。

第十九条 对地方志书依照下列规定办理批准审查验收手续：

（一）申请验收单位应填写地方志书审查验收申请表，并附送审查报告和装订成册的地方志书稿；

（二）地方志工作机构对送审地方志文稿出具审查修改意见；对审查验收合格的，出具审查验收证明；

（三）对取得审查验收合格证明的地方志文稿，由本级人民政府或部门批准出版发行。

第二十条 地方志书取得审查验收合格证明和本级人民政府或部门的批准出版文件后，方可公开或内部出版发行。

区地方志工作机构取得区人民政府的批准文件后，方可公开出版发行综合年鉴；乡（街道）年鉴、部门（专业）年鉴、村（社区）年鉴取得本级人民政府的批准文件后，方可公开或内部出版发行年鉴。

第二十一条 地方综合志书、地方综合年鉴及相关地情资料文献的编纂单位，应当在地方志书及相关地情资料文献出版后 3 个月内，向本级和上一级地方志工作机构报送样书和电子文本，并向本级和上一级方志馆、国家综合档案馆、公共图书馆无偿提供馆藏书。

以电子出版物形式出版的地方志书、地方综合年鉴，按照前款规定办理。

第二十二条 在地方志编纂过程中收集到的文字资料、图表、照片、音像资料、实物等以及形成的地方志文稿，由区地方志工作机构指定专职人员集中统一管理，妥善保存，不得损毁；修志工作完成后，应当依法移交区国家综合档案馆保存、管理，个人不得据为己有或出租、出让、转借。

第二十三条 地方志工作要为地方经济社会发展服务。地方志工作机构要加强对地方志的开发利用，建设地方志资料库、地方志信息网站，条件具备时建设方志馆（室）。

地方志工作机构应当利用地方志资料库、地方志信息网站和方志馆（室）向社会公开地方志文献资料，并将服务范围和开放时间等事项向社会公示。

公民、法人和其他组织可以利用地方志资料库、地方志信息网站和方志馆（室）免费查阅、摘抄地方志文献资料。国家规定收取费用的，从其规定。

第二十四条 承担地方志编纂任务的单位，违反本规定第八条造成严重后果的，由区地方志工作机构责令限期改正；逾期不改的，由区地方志工作机构提请区人民政府或上级主管部门，对直接负责的主管人员和其他直接责任人依法给予处分。

第二十五条 违反本规定，有下列行为之一的，由区地方志工作机构责令限期改正；逾期不改正的，由区地方志工作机构提请有关行政部门依法追究责任：

（一）擅自编纂出版以本行政区域名称冠名的地方志书、地方综合年鉴和相关地情资料文献的；

（二）未经审查、验收、批准，将地方志文稿交付出版或地方志内容存在违反宪法、法律、法规的；

（三）无故拖延或拒绝提供地方志资料及承担编写任务的；

（四）地方志资料所有人或持有人故意提供虚假资料的；

（五）丢失、损毁单位地方志资料或将其据为己有的；

（六）拒不向地方志工作机构报送地方志出版物（含纸质版、电子版）的。

有本条（一）（二）项行为，造成重大损失或恶劣影响的，由区地方志工作机构提请区人民政府责令采取相应措施予以纠正，并视情节追究有关单位和个人的责任；构成犯罪的，依法追究刑事责任。

第二十六条 实行地方志（年鉴）保密审查分级、分单位负责制。地方志的保密审查由提供资料和编写初稿的单位负责，保密主管部门会同区地方志工作机构对本级地方志（年鉴）进行保密审定。地方志（年鉴）泄露国家秘密的，由有关部门依法查处。

第二十七条 本规定由区地方志工作机构负责解释。

第二十八条 本规定自公布之日起执行。

临沧市人民政府关于印发
临沧市人民政府关于印发
通　知

临政发〔2013〕112 号

各县、自治县、区人民政府，市直各委、办、局：

《临沧市地方志工作规定》已经市人民政府研究同意，现印发给你们，请认真贯彻落实。

临沧市人民政府

二〇一三年九月十一日

临沧市地方志工作规定

第一章　总则

第一条　为发扬中华民族编史修志的优良传统，依法加强和规范地方志工作，推动地方志事业科学发展，根据《地方志工作条例》《云南省地方志工作规定》等法规、规章的规定，结合临沧市实际，制定本规定。

第二条　本市行政区域内地方志的组织编纂、管理、开发利用等工作，适用本规定。

第三条　本规定所称地方志，包括地方志书、地方综合年鉴、方志地情资料书刊和方志地情资料信息库（网）。

地方志书，是指全面、系统记述本行政区域或本行业、本部门自然、政治、经济、文化和社会的历史与现状的资料性文献，包括市志、县（区）志、乡（镇）志、村志和各种专业志、部门志等。

地方综合年鉴，是指系统记述本行政区域或本行业、本部门自然、政治、经济、文化和社会等方面情况的年度性资料文献，包括市年鉴、各县（区）年鉴。

方志类地情资料书刊，是指以市、县（区）行政区域名称冠名的方志地情资料文献和方志工作书刊。

方志地情信息库（网），是指市、县（区）地方志部门创建的方志地情信息网和方志地情资料信息网。

第四条 地方志书、地方综合年鉴为职务作品，依照《中华人民共和国著作权法》规定，其著作权由组织编纂的机构享有，参与编纂的人员享有署名权。

第五条 全市地方志编纂和发展规划由市级地方志行政主管部门根据国家、省地方志编纂和发展规划以及全市社会文化事业发展规划会同市发改部门编制，报市人民政府批准之后，由市地方志行政主管部门统一组织实施，并报上一级地方志工作机构备案。

第二章 地方志工作机构职责

第六条 市、县（区）人民政府应当加强对地方志工作的领导，健全工作机构，保障工作条件，将地方志工作纳入国民经济和社会发展规划，纳入各级政府目标考核任务，地方志工作经费列入本级财政预算，保证按时足额拨付。

第七条 市、县（区）人民政府成立地方志编纂委员会统筹规划、组织协调本行政区域内的地方志工作。地方志编纂委员会主任由同级人民政府主要负责人担任，副主任、委员分别由政府分管领导和相关部门负责人担任。

第八条 市、县（区）地方志办公室为同级人民政府直属的事业单位，主管本行政区域内的地方志工作，履行下列职责：

（一）宣传和贯彻实施地方志工作的法规、规章及政策；

（二）组织、指导、督促和检查地方志工作；

（三）拟定地方志工作规划和编纂方案；

（四）组织编纂地方志书、地方综合年鉴和方志地情资料书刊；

（五）组织对地方志书的审查验收及对地方志成果的评选；

（六）搜集、保存和整理开发地方志资料和历史文献资料，加强地方史志研究和地情信息研究；

（七）建设和维护地方志地情资料信息库和信息网；

（八）加强地方志队伍建设和人才培养，组织培训地方志专兼职编纂人员；

（九）完成与地方志有关的其他工作。

第九条 市、县（区）人民政府应将地方志编纂任务纳入部门工作目标进行考核。承担地方志编纂任务的单位，应当成立编纂领导小组，明确分管领导和撰稿人员并安排一定的工作经费，按照规定的内容、时间和质量要求完成地方志书和地方综合年鉴资料上报稿。

有条件的单位或部门应积极开展专业志、部门志编纂工作，并接受同级地方志办公室的业务指导、督促检查和审查验收。

第三章 地方志编纂要求

第十条 市、县（区）地方志书，参照国家地方志书编纂规划，由政府主持，同级地方志办公室组织实施，每20年左右编修一次。

市、县（区）地方综合年鉴，由政府主办，同级地方志办公室组织实施，每年赓续编辑出版。

市、县（区）地方志办公室在编纂出版地方志书和地方综合年鉴的同时，结合党委政府中心工作，适时策划编纂出版方志地情资料书刊。

第十一条 地方志编纂应吸收有关方面的专家、学者参加。编纂人员实行专兼职相结合，专职编纂人员应具备较强的思想素质和相应的专业知识。

第十二条 地方志编纂应做到指导思想正确，资料翔实可靠，记述客观准确，体例完备科学，审校严格规范，符合地方志书质量规定，并达到国家出版物质量标准。

第十三条 地方志体例及篇目设置，应当符合科学分类和社会分工实际，做到门类合理，归属得当，层次分明，编排有序，突出地方特点和时代特点。

地方志书应有明确断限。图文、内外协调一致。

地方综合年鉴应增强时效性。

第十四条 地方志文体应采用规范的现代汉语语体文，行文力求朴实、简洁、流畅。

第四章 地方志管理

第十五条 建立地方志资料报送制度。市、县（区）相关部门、单位应及时向同级地方志办公室报送以下地方志资料：

（一）地方志书、地方综合年鉴所需相关稿件；

（二）已经编纂出版的专业志、部门志和部门年鉴；

（三）由部门、单位编纂出版的各类图书、报刊资料；

（四）有存史价值的各种专题文字资料和图片资料。

市、县（区）地方志办公室可向机关、社会团体、企事业单位、其他组织以及个人征集有关地方志资料。所提供资料要求真实、准确，不得故意提供虚假资料，不得以各种理由推脱或拒不提供资料，或随便应付了事，提供不到位的资料。所提供资料被采用或者收藏的，可获得适当报酬。

市、县（区）地方志编纂成果应当及时报送上级地方志办公室备案，并向当地图书馆、档案馆、方志馆无偿提供藏书。

第十六条 建立地方志工作备案制度。市、县（区）相关部门、单位开展地方志编纂，应向同级地方志办公室申报备案，并提供下列材料：

（一）成立编纂工作机构的文件；

（二）编纂工作方案和志书凡例、篇目；

（三）编纂班子、工作条件和进展情况；

（四）志书冠名、志书规模、志书断限及出版发行意向。

第十七条 建立地方志资料管理制度。地方志编纂过程中收集的文字、图表、照片、音像和实物资料，在志书出版后由编纂单位统一建档管理，个人不得据为己有或私自出让、转借和出租。单位撤销的，应依法将所存地方志书和资料及时移送同级地方志办公室和档案部门保存。

第十八条 建立地方志审查验收制度。市、县（区）志书严格执行自审、复审、终审制度，报上级地方志办公室审查验收合格和同级人民政府批准后方可出版。市、县（区）地方综合年鉴经自审、复审、终审后，报同级地方志编纂委员会或年鉴编辑委员会审查验收合格后方可出版；市、县（区）各种专志、专业志、部门志经自审、复审、终审后，报同级地方志办公室审查验收合格后方可出版。

对地方志书进行审查验收，应当组织有关保密、档案、历史、法律、经济、民族、宗教、外事、统计、军事等方面的专家参加。重点审查地方志书的内容是否符合宪法和保密、档案等法律、法规的规定，是否符合全面、客观地反映本行政区域自然、政治、经济、文化和社会的历史与现状。

第十九条 建立地方志报酬支付制度。地方志工作机构和承担编撰任务的单位应向参与地方志编撰的专家、学者及相关人员支付资料费、撰稿费、编辑费、审稿费等工作报酬。

第二十条 建立地方志工作奖励制度。已出版的地方志成果可依照有关规定参加国家和省、市地方志、社会科学优秀成果评奖。

市、县（区）人民政府每2年评选表彰1次地方志工作先进集体和个人。

第五章 地方志开发利用

第二十一条 市、县（区）人民政府及其地方志办公室应当积极拓宽全社会读志、用志途径，通过建设方志地情资料信息库和信息网等方式，加强地方志信息化建设。

第二十二条 市、县（区）地方志办公室应向社会公开地方志文献资料，积极开展专题研究和地情咨询服务，并将服务范围和开放时间等事项向社会公开。

第二十三条 公民、法人和其他组织可以利用方志部门资料室、方志地情信息库（网）查阅、摘抄地方志文献资料，但涉及国家秘密、商业秘密和个人隐私以及不符合档案开放条件的除外。

第二十四条 凡利用地方志成果完成相关课题和出版物的，应当注明地方志资料来源。

第二十五条 根据地方志工作要求，积极创造条件，规划建设市、县（区）方志馆。

第六章 附则

第二十六条 违反本规定，擅自编纂出版以本行政区域名称冠名的地方志书、地方综合年鉴的，由同级地方志办公室提请同级人民政府出版行政部门依法查处。

第二十七条 违反本规定，未经审查验收、批准，将地方志文稿交付出版，或者地方志存在违反宪法、法律、法规规定内容的，由同级地方志办公室采取相应措施予以纠正；造成严重后果的，由同级人民政府视情节依法追究有关单位和个人的责任；构成犯罪的，依法追究刑事责任。

第二十八条 违反本规定，故意提供虚假地方志资料或无故拖延、拒不承担地方志书、地方综合年鉴编纂及资料上报任务的，或以各种理由随便应付了事，提供资料不到位的，由同级地方志办公室责令限期改进；逾期不改的，由地方志办公室提请同级人民政府对直接负责的主管人员和其他直接责任人员依法给予处分。

第二十九条 本市行政区域内乡镇志、村（社区）志和其他社会组织编纂的地方志文献资料由所在县（区）地方志办公室参照本规定管理。

第三十条 本规定自 2013 年 10 月 1 日起施行。

曲靖市人民政府公告

〔2012〕第61号

《曲靖市地方志工作管理规定》已经2012年2月1日曲靖市人民政府第26次常务会议通过，现予公布，自2012年5月1日起施行。

曲靖市人民政府

二〇一二年三月十四日

曲靖市地方志工作管理规定

第一条 为了规范和加强地方志工作，全面、客观、系统地编纂地方志，科学、合理地开发利用地方志资源，发挥地方志在促进经济和社会发展中的作用，根据国务院《地方志工作条例》和《云南省地方志工作规定》，结合本市实际，制定本管理规定。

第二条 本管理规定适用于本市行政区域内地方志的组织编纂、管理、开发利用等工作。

第三条 本管理规定所称地方志，包括地方志书、地方综合年鉴及地情文献。

地方志书，是指全面系统地记述本市行政区域内自然、政治、经济、文化和社会的历史与现状的资料性文献，包括市志、县（市）区志、乡（镇、街道）志、村（社区）志、专业（部门）志等。

地方综合年鉴，是指全面系统地记述本市行政区域自然、政治、经济、文化和社会等方面情况并以本行政区域名称和年鉴冠名的年度资料文献，包括市年鉴、县（市）区年鉴。

地情文献，是指系统记述本市行政区域全面工作或者专项工作的资料性书籍，包括机关、社会团体、企事业单位及村（社区）编纂的以本行政区域冠名的地情类书籍。

第四条 市、县（市）区人民政府应当加强对本行政区域地方志工作的领导，将地方志工作纳入本地经济和社会发展规划，所需经费列入本级财政预算，保证按时足额拨付。

第五条 市、县（市）区人民政府成立地方志编纂委员会，统筹规划、组织协调本行政区域内的地方志工作。地方志编纂委员会主任由本级人民政府主要负责人担任，副主任、委员分别由有关机关负责人担任。

地方志编纂委员会办公室设在本级人民政府负责地方志工作的机构（以下简称地方志

工作机构），承担地方志编纂委员会的日常工作。地方志工作机构配备专职工作人员。

第六条 市、县（市）区人民政府地方志工作机构主管本行政区域的地方志工作，履行下列职责：

（一）宣传和贯彻实施地方志工作的法规、规章及政策；

（二）制定地方志工作规划和编纂方案；

（三）组织、指导、督促和检查地方志工作；

（四）组织编纂本级地方志书、地方综合年鉴及相关地情类书籍；

（五）负责地方志书、地方综合年鉴的备案审查验收；

（六）征集、整理、保存地方志文献和资料，开展地方志理论研究；

（七）组织开发利用地方志资源，宣传、推广地方志成果，开展地情研究，为公众读志用志提供服务；

（八）培训地方志编纂人员；

（九）完成本级人民政府和上级地方志工作机构交办的其他事项。

第七条 市、县（市）区人民政府地方志工作机构负责以本行政区域名称冠名的地方志书和地方综合年鉴的编纂工作，其他组织和个人不得编纂。乡（镇、街道办事处）、村（社区）可以组织编纂本单位的志书。

第八条 市地方志工作机构负责拟定全市地方志总体工作规划，经市人民政府批准后组织实施，并报省地方志工作机构备案。

县（市）区地方志工作机构根据全市地方志总体工作规划，拟定本行政区域的地方志工作规划，经本级人民政府批准后组织实施，并报市地方志工作机构备案。

第九条 承担地方志编撰任务的有关单位，应当明确机构和人员，保障经费和工作条件，负责收集、整理和保管资料，按照规定的时间和质量要求完成编纂任务，并接受地方志工作机构的业务指导和督促检查。

第十条 鼓励支持机关、社会团体、企业事业单位、其他组织和个人编纂出版有助于经济社会发展的其他志书。地方志工作机构应当对志书编纂活动进行业务指导和备案。

第十一条 市、县（市）区综合性地方志书每20年左右编修一次，每次编修工作完成后，地方志工作机构在编纂地方综合年鉴、相关地情书籍、搜集资料向社会提供咨询服务的同时，适时启动新一轮地方志书的续修工作。

第十二条 编纂地方志应当符合下列要求：

（一）符合相关法律、法规的规定；

（二）全面、客观地反映本行政区域自然、政治、经济、文化和社会的历史与现状；

（三）符合志书的体例格式；

（四）文字表述准确，篇目结构合理；

（五）标点符号、计量单位和数字的使用规范、标准；

（六）装帧印刷符合出版要求。

第十三条 编纂地方志应当邀请有关方面的专家、学者参加。地方志编纂人员实行专、兼职相结合。专职编纂人员应当具备相应的专业知识，做到客观公正、尊重史实。任何单位和个人不得要求编纂人员在地方志中做虚假记述。

第十四条 对地方志书分别依照下列规定进行批准审查验收：

（一）市志由市地方志工作机构审核并提交本级地方志编纂委员会审议，报省地方志工作机构审查验收，再报市人民政府批准出版；

（二）县（市）区志由县（市）区地方志工作机构审核并提交本级地方志编纂委员会审议，报市地方志工作机构审查验收，再报县（市）区人民政府批准出版，报省地方志工作机构备案。

第十五条 对地方志书依照下列规定办理批准审查验收手续：

（一）申请审查验收单位应填写地方志书审查验收申请表，并附送审报告和装订成册的地方志书文稿；

（二）地方志工作机构对送审地方志书文稿出具审查修改意见，对审查验收合格的，出具审查验收合格证明；

（三）对取得审查验收合格证明的地方志文稿，由本级人民政府行文批准出版发行。

第十六条 地方志工作机构取得审查验收合格证明和本级人民政府的批准出版文件后，方可公开出版地方志书。

地方志工作机构取得本级人民政府的批准文件后，方可公开出版地方综合年鉴。

第十七条 地方志书、地方综合年鉴及相关地情资料性文献的编纂单位，应当在地方志书及相关地情资料文献出版后3个月内，向本级和上一级地方志工作机构报送样书和电子文本，并向本级和上级方志馆、国家综合档案馆、公共图书馆无偿提供馆藏书。

以电子出版物形式出版的地方志书、地方综合年鉴，按照前款规定办理。

第十八条 市、县（市）区人民政府及其地方志工作机构应当加强对地方志的开发利用，建设地方志资料库、地方志信息网站，具备条件的应当建设方志馆（室）。

地方志工作机构应当利用地方志资料库、地方志信息网站和方志馆（室）向社会公开地方志文献资料，并将服务范围和开放时间等事项向社会公示。

公民、法人和其他组织可以利用地方志资料库、地方志信息网站和方志馆（室）免费查阅、摘抄地方志文献资料。国家规定收取费用的，从其规定。

第十九条 地方志工作机构或者承担地方志编纂任务的单位应当按照规定标准，向参与地方志编纂的专家、学者以及其他人员支付资料费、撰稿费、编辑费、审稿费等工作报酬。

第二十条 市、县（市）区人民政府对地方志工作中做出突出成绩和贡献的单位和个人给予表彰和奖励。

地方志成果可以依照有关规定参加国家、省和市优秀社会科学成果评奖。

第二十一条 承担地方志编纂任务的单位违反本规定第九条，造成严重后果的，由市、县（市）区级地方志工作机构责令限期改正；逾期不改的，由市、县（市）区级地方志工作机构提请本级人民政府或者上级主管部门，对直接负责的主管人员和其他直接责任人员依法给予处分。

第二十二条 乡（镇、街道办事处）志、专业（部门）志、村（社区）志以及其他地情文献的编纂，参照本规定执行。

第二十三条 本规定自2012年5月1日起施行。

楚雄彝族自治州人民政府公告

〔2011〕第28号

《楚雄彝族自治州地方志工作规定》已经2011年5月13日十届州人民政府第38次常务会议通过，现予公布，自2011年7月1日起施行。

楚雄彝族自治州人民政府

二〇一一年六月十七日

楚雄彝族自治州地方志工作规定

第一章　总　则

第一条　为发扬中华民族编史修志的优良传统，依法加强和规范地方志工作，推动地方志事业科学发展，根据《地方志工作条例》《云南省地方志工作规定》等法规、规章的规定，结合本州实际，制定本规定。

第二条　本州行政区域内地方志的组织编纂、管理、开发利用等工作，适用本规定。

第三条　本规定所称地方志，包括地方志书、地方综合年鉴、方志地情资料书刊和方志地情资料信息库（网）。

地方志书，是指全面、系统记述本行政区域自然、政治、经济、文化和社会的历史与现状的资料性文献，包括州志、县市志和各种专志、专业志、部门志等。

地方综合年鉴，是指系统记述本行政区域自然、政治、经济、文化和社会等方面情况的年度资料性文献，包括州年鉴、各县市年鉴。

方志地情资料书刊，是指以州、县市行政区域名称冠名的方志资料文献和方志工作书刊。

方志地情资料信息库（网），是指州、县市地方志主管部门创建的方志地情资料信息库和信息网。

第二章　地方志工作机构

第四条　州、县市人民政府应当加强对地方志工作的领导，健全工作机构，保障工作条件，将地方志工作纳入国民经济和社会发展规划，将地方志工作经费列入本级财政预算，保证按时足额拨付。

第五条 州、县市人民政府地方志编纂委员会统筹规划、组织协调本行政区域内的地方志工作。地方志编纂委员会主任由同级人民政府主要负责人担任，副主任、委员分别由政府分管领导和相关部门负责人担任。

第六条 州、县市地方志办公室为同级人民政府的地方志工作机构，承担地方志编纂委员会的日常工作，工作人员按照《中华人民共和国公务员法》管理。

第七条 州、县市地方志办公室主管本行政区域内的地方志工作，履行下列职责：

（一）宣传和贯彻实施地方志工作的法规、规章及政策；

（二）组织、指导、督促和检查地方志工作；

（三）拟定地方志工作规划和编纂方案；

（四）组织编纂地方志书、地方综合年鉴和方志地情资料书刊；

（五）组织对地方志书的审查验收；

（六）搜集、保存和整理开发地方志资料和历史文献资料，加强地方史志研究和地情信息研究；

（七）建设和维护方志地情资料信息库和信息网；

（八）加强地方志人才队伍建设和业务建设，组织培训地方志专兼职编纂人员；

（九）完成与地方志有关的其他工作。

第八条 承担地方志撰稿任务的单位，应当明确机构、人员和分管领导，按照规定的内容、时间和质量要求完成地方志书和地方综合年鉴资料上报稿。

有条件的单位应当开展专志、专业志、部门志编纂工作，并接受同级地方志办公室的业务指导、督促检查和审查验收。

第三章 地方志编纂

第九条 州、县市地方志书，按照国家地方志书编纂规划，由政府主持，同级地方志办公室每20年左右编修1次。

第十条 州、县市地方综合年鉴，由政府主办，同级地方志办公室每年赓续编辑出版。

第十一条 州、县市地方志办公室在编纂出版地方志书和地方综合年鉴的同时，编纂出版方志地情资料书刊。

第十二条 地方志编纂应当吸收有关方面的专家、学者参加。编纂人员实行专兼职相结合，专职编纂人员应当具备较强的思想素质和相应的专业知识。

第十三条 地方志编纂应当做到指导思想正确，资料翔实可靠，记述客观准确，体例完备科学，审校严格规范，符合地方志书质量规定，并达到国家出版物质量标准。

第十四条 地方志体例及篇目设置，应当符合科学分类和社会分工实际，做到门类合理，归属得当，层次分明，编排有序，突出地方特色和时代特点。

地方志书应当明确时间断限。

地方综合年鉴应当增强时效性。

第十五条 地方志行文应当使用规范的现代语体文，力求严谨、朴实、简洁、流畅。

第十六条 地方志书、地方综合年鉴为职务作品，依照《中华人民共和国著作权法》规定，其著作权由组织编纂的机构享有，参与编纂的人员享有署名权。

第四章 地方志管理

第十七条 建立地方志资料报送制度。州、县市相关部门、单位应当及时向同级地方志办公室报送以下地方志资料：

（一）地方志书、地方综合年鉴所需相关稿件；

（二）已经编纂出版的专志、专业志、部门志和部门年鉴；

（三）由部门、单位编纂出版的各类图书、报刊资料；

（四）其他具有存史价值的各种专题文字资料和图片资料。

州、县市地方志办公室可以向机关、社会团体、企事业单位、其他组织以及个人征集地方志资料。所提供资料要求真实、准确，不得故意提供虚假资料。所提供资料被采用或者收藏的，可获得适当报酬。

州、县市地方志编纂成果应当及时报送上级地方志办公室备案，并向当地图书馆、档案馆无偿提供藏书。

第十八条 建立地方志工作备案制度。州、县市相关部门、单位开展地方志编纂，应当向同级地方志办公室申报备案，并提供下列材料：

（一）成立编纂工作机构的文件；

（二）编纂工作方案和志书凡例、篇目；

（三）编纂班子、工作条件和进展情况；

（四）志书冠名、志书规模、志书断限及出版发行意向。

第十九条 建立地方志资料管理制度。地方志编纂过程中收集的文字、图表、照片、音像和实物资料，在志书出版后由编纂单位统一建档管理，个人不得据为己有或者私自出让、转借和出租。单位撤销的，应当依法将所存地方志书和资料及时移送同级地方志办公室和档案部门保存。

第二十条 建立地方志审查验收制度。州志、县市志严格执行自审、复审、终审制度，报上级地方志办公室审查验收合格和同级人民政府批准后方可出版；州、县市地方综合年鉴经自审、复审、终审后，报同级地方志编纂委员会或者年鉴编辑委员会审查验收合格后方可出版；州、县市各种专志、专业志、部门志经自审、复审、终审后，报同级地方志办公室审查验收合格后方可出版。

对地方志书进行审查验收，应当组织有关保密、档案、历史、法律、经济、民族、宗教、外事、统计、军事等方面的专家参加。重点审查地方志书的内容是否符合宪法和保密、档案等法律、法规的规定，是否符合全面、客观地反映本行政区域自然、政治、经济、文化和社会的历史与现状。

第二十一条 建立地方志报酬支付制度。地方志工作机构或者承担编撰任务的单位应当按照规定标准，向参与地方志编撰的专家、学者及相关人员支付资料费、撰稿费、编辑费、审稿费等工作报酬。

第二十二条 建立地方志工作奖励制度。已出版的地方志成果可依照有关规定参加国家和省、州地方志、社会科学优秀成果评奖。

州、县市人民政府每5年评选表彰1次地方志工作先进集体和个人。

第五章 地方志开发利用

第二十三条 州、县市人民政府及其地方志办公室应当积极拓宽全社会读志、用志途径，通过建设方志地情资料信息库和信息网等方式，加强地方志信息化建设。

第二十四条 州、县市地方志办公室应当向社会公开地方志文献资料，积极开展专题研究和地情咨询服务，并将服务范围和开放时间等事项向社会公示。

第二十五条 公民、法人和其他组织可以利用方志部门资料室、方志地情资料信息库（网）查阅、摘抄地方志文献资料，但涉及国家秘密、商业秘密和个人隐私以及不符合档案开放条件的除外。

第二十六条 凡利用地方志成果完成相关课题和出版物的，应当注明地方志资料来源。

第二十七条 根据地方志工作要求，规划建设楚雄彝族自治州方志馆和各县市方志馆。

第六章 罚 则

第二十八条 违反本规定，擅自编纂出版以本行政区域名称冠名的地方志书、地方综合年鉴的，由同级地方志办公室提请同级人民政府出版行政部门依法查处。

第二十九条 违反本规定，未经审查验收、批准，将地方志文稿交付出版，或者地方志存在违反宪法、法律、法规规定内容的，由同级地方志办公室采取相应措施予以纠正；造成严重后果的，由同级人民政府视情节依法追究有关单位和个人的责任；构成犯罪的，依法追究刑事责任。

第三十条 违反本规定，故意提供虚假地方志资料或无故拖延、拒不承担地方志书、地方综合年鉴编撰及资料上报任务的，由同级地方志办公室责令限期改进；逾期不改的，由地方志办公室提请同级人民政府对直接负责的主管人员和其他直接责任人员依法给予处分。

第七章　附　则

第三十一条　本州行政区域内乡镇志、村（社区）志和其他社会组织编纂的地方志文献资料参照本规定执行。

第三十二条　本规定自 2011 年 7 月 1 日起施行。

石屏县人民政府办公室关于印发《石屏县地方志工作管理办法》的通　知

石政办发〔2011〕247号

各乡镇人民政府，县属各部门：

《石屏县地方志工作管理办法》已经县人民政府研究同意，现印发给你们，请遵照执行。

石屏县人民政府办公室

二〇一一年十二月九日

石屏县地方志工作管理办法

为全面贯彻执行国务院《地方志工作条例》《云南省地方志工作管理规定》，进一步规范石屏县地方志工作，继承和发扬石屏优秀的历史文化传统，全面、客观、系统地编纂地方志，科学、合理地开发利用地方志，充分发挥地方志在促进社会经济发展中的作用，特制定本办法。

第一条　本办法所称地方志，包括地方志书、地方综合年鉴

地方志书，是指全面系统地记述本行政区域自然、政治、经济、文化和社会的历史与现状的资料性文献。

地方综合年鉴，是指系统记述本行政区域自然、政治、经济、文化和社会等方面情况的年度资料性文献。

地方志分为县、乡（镇）、村地方志和部门志、专业志。

第二条　县、乡（镇）人民政府应当加强对本行政区域地方志工作的领导。地方志工作所需经费列入本级财政预算。

第三条　石屏县地方志工作坚持“党委领导，政府主持，地方志编纂委员会及其办公室组织实施”的修志体制；按照“一纳入，五到位”的修志要求，即把地方志编修工作“纳入当地经济社会发展规划和政府工作的任务之中；做到领导到位，机构到位，经费到位，队伍到位，条件到位”。

第四条 石屏县地方志工作实行行政首长负责制和各级地方志编纂委员会领导下的主编（总编）负责制，主编（总编）在编纂委员会领导下具体负责各级志书的编纂业务。

第五条 认真落实地方志工作目标管理责任制，加强地方志工作的督促检查工作。地方志工作列入年度县综合目标管理考核内容。各级地方志编纂机构应及时通报、汇报地方志编修情况。县委督查室、县人民政府督办室、县地方志编纂委员会办公室负责督促检查各级修志工作。

第六条 石屏县地方志编纂委员会及其办公室负责统筹规划、组织协调、督促指导全县地方志工作，履行下列职责：

（一）组织、指导、督促和检查地方志工作；

（二）拟定地方志工作规划和编纂方案；

（三）组织编纂地方志书、地方综合年鉴；

（四）搜集、保存地方志文献和资料，组织整理旧志；

（五）审查验收县级部门志、专业志、乡（镇）志、村志；

（六）组织开发利用地方志资料。

第七条 编纂地方志应当做到存真求实，确保质量，全面客观地记述本行政区域自然、政治、经济、文化和社会的历史与现状。

第八条 《石屏县志》《石屏年鉴》由石屏县地方志编纂委员会办公室按照规划组织编纂，其他组织和个人不得编纂。

第九条 《石屏县志》每20年左右编修一次。每一轮地方志书编修工作完成后，石屏县地方志编纂委员会办公室在编纂出版《石屏年鉴》、搜集资料以及向社会提供咨询服务的同时，启动新一轮地方志书的续修工作。

第十条 石屏县地方志编纂委员会办公室可以向全县机关、社会团体、企事业单位、其他组织以及个人征集有关地方志资料，有关单位和个人应当提供支持。查阅、摘抄、复制资料应当遵守保密规定。

第十一条 地方志书的审查验收。

（一）地方志书的审查验收要严格坚持三级审核制度。《石屏县志》县级组织审查为初审，报州地方志办公室组织审查为复审，报省地方志办公室组织审查为终审。县级部门志、专业志主编（总编）组织审查为初审，报本单位部门志、专业志编纂委员会组织审查为复审，报县地方志编纂委员会办公室组织审查为终审。乡（镇）志主编（总编）组织审查为初审，报乡（镇）志编纂委员会组织审查为复审，报县志方志编纂委员会办公室组织审查为终审。村志编纂委员会组织审查为初审，报乡镇党政办公室组织审查为复审，报县地方志编纂委员会办公室组织审查为终审。

（二）地方志书有关“军事、保密、民族、宗教、涉外、统一战线”等方面内容，必须送同级相关部门或单位审查，签署审查意见并盖章后，方可报送上一级地方志机构审查验收。

（三）《石屏年鉴》经年鉴编辑委员会审定，报县人民政府批准，方可公开出版发行。

（四）审查验收后的《石屏县志》及县级部门志、专业志、乡（镇）志，须报同级党委或政府正式发文批准，方可公开出版发行；村志报乡（镇）人民政府批准，方可公开出版发行。

第十二条 乡（镇）志、部门志、村志在出版后3个月内报送县地方志编纂委员会办公室备案，并向县档案馆、县图书馆无偿提供馆藏书。

第十三条 县地方志编纂委员会办公室应当加强对地方志的开发利用，建设地方志资料库、地方志信息网站；具备条件的，应当建设方志馆（室）。

县地方志编纂委员会办公室应当利用地方志资料库、地方志信息网站和方志馆（室）向社会公开地方志文献资料，并将服务范围和开放时间等事项向社会公开。

第十四条 违反本办法规定，擅自编纂出版以本行政区域名称冠名的地方志书、地方综合年鉴或者未经审查验收、批准将地方志文稿交付出版的，由县地方志编纂委员会办公室提请县新闻出版局依法处理。

第十五条 本办法自2012年1月1日起执行。

第十六条 本办法由石屏县地方志编纂委员会办公室负责解释。

文山壮族苗族自治州人民政府令

〔2011〕第10号

《文山壮族苗族自治州地方志工作规定》已经2011年12月12日文山州人民政府第59次常务会议通过，现予公布，自2012年1月1日起施行。

州长：黄文武

二〇一一年十二月二十九日

文山壮族苗族自治州地方志工作规定

第一条 承编地方志是社会各界共同的责任，为进一步规范和加强全州地方志工作，弘扬中华民族的优秀文化传统，充分发挥地方志在经济社会发展中的作用，根据国务院《地方志工作条例》和《云南省地方志工作规定》，结合文山实际，制定本规定。

第二条 全州地方志的组织编纂、管理、开发利用等工作，适用本规定。

第三条 本规定所称地方志，包括地方志书、地方综合年鉴和地情文献资料。地方志书一般应在15至20年编修1次；综合年鉴每年编纂1次；地情文献资料不定期编纂。

第四条 州、县（市）人民政府成立地方志编纂委员会，负责本行政区域内地方志工作的组织领导和全面管理，主任委员由本级人民政府主要负责人担任，副主任委员分别由有关机关分管或联系领导担任，委员由相关部门负责人担任。委员会下设办公室，是本级人民政府负责地方志工作的常设机构（以下简称地方志工作机构），配备专职工作人员，负责处理日常工作。

第五条 州、县（市）各部门，具备条件的企事业单位、乡（镇）人民政府成立地方志工作领导小组，并明确分管领导和专（兼）职工作人员。

第六条 州、县（市）地方志工作机构在本级政府领导下主管本行政区域的地方志工作，履行下列职责：

（一）组织、指导、督促和检查地方志工作；

（二）制定本级地方志工作规划和编纂方案；

（三）宣传和贯彻实施地方志工作法规及政策；

（四）组织地方志书的审查验收；

（五）组织培训地方志编纂人员，开展地方志学术理论研究交流；

（六）组织开发利用地方志资源。

第七条 州、县（市）各部门、企事业单位、乡（镇）人民政府履行下列职责：

（一）在地方志工作机构的指导下，组织编纂本部门、本单位、本乡（镇）的部门志、乡（镇）志、村志等；

（二）定期收集整理好本单位（部门）、本乡（镇）志书资料，按时间及质量要求向地方志工作机构报送州县（市）年鉴、志书和地情资料；

（三）宣传贯彻落实好各级政府关于地方志工作的法规、政策及文件精神。

第八条 州、县（市）人民政府要加强对地方志工作的领导，健全工作机构，保障工作条件，将地方志工作纳入国民经济和社会发展规划，纳入政府年度工作检查考核，将地方志工作经费列入本级财政预算，并随经济发展逐年适当增加，保证按时足额拨付。

第九条 州、县（市）各部门、企事业单位、乡（镇）人民政府要保证本单位开展地方志工作必要的工作经费和办公条件。

第十条 地方志工作机构或者承担地方志编纂任务的单位应当按照规定标准，向参与地方志编纂的专家、学者以及其他人员支付资料费、撰稿费、组稿费、编辑费、审稿费、校稿费等工作报酬。

第十一条 地方志书依照下列规定审查报批：

（一）州志由州地方志工作机构审核并提交州地方志编纂委员会审查，报省地方志工作机构审查验收后报州人民政府批准公开出版发行；

（二）县（市）志由县（市）地方志工作机构审核并提交县（市）地方志编纂委员会审查，报州地方志工作机构审查验收后报县（市）人民政府批准公开出版发行；

（三）州、县（市）地方志工作机构对送审的志书，须在 15 个工作日内提出审查意见。

第十二条 地方志书、地方综合年鉴（含电子版）在出版后 1 个月内，须报送上级地方志工作机构备案，并向本级和上级方志馆、综合档案馆、公共图书馆无偿提供馆藏书。

第十三条 州、县（市）人民政府及其地方志工作机构要加强对地方志的开发利用，建设地方志资料库、地方志信息网站，具备条件的，应当建设方志馆（室），并向社会开放，为社会提供服务。

第十四条 公民、法人和其他组织可以利用地方志资料库、地方志信息网站和方志馆（室）查阅、摘抄地方志文献资料。

第十五条 对在地方志工作中做出突出成绩和贡献的单位、个人，分别由州、县（市）人民政府或者地方志工作机构给予表彰奖励。

第十六条 承担地方志编纂任务的单位或个人违反本规定，造成严重后果的，由县（市）级以上地方志工作机构责令限期改正；逾期不改的，由县（市）级以上地方志工作机构提请本级人民政府或者其上级主管部门，对主管人员和其他直接责任人员依法追究责任。

第十七条 本规定的解释权属州人民政府授权的州地方志编纂委员会办公室。

第十八条 本规定自 2012 年 1 月 1 日起施行。

陕西省人民政府令

〔2007〕第 124 号

《陕西省实施〈地方志工作条例〉办法》已经省政府 2007 年第 19 次常务会议通过，现予发布，自 2007 年 11 月 1 日起施行。

省长：袁纯清

二〇〇七年九月二十九日

陕西省实施《地方志工作条例》办法

第一条 为了实施《地方志工作条例》，结合本省实际，制定本办法。

第二条 本省行政区域内地方志的组织编纂、管理、开发利用工作，适用本办法。

第三条 本办法所称地方志，是指冠以县级以上行政区域名称的地方志书、地方综合年鉴。

本省的地方志分为三级：省编纂的地方志、设区的市（含杨凌农业高新技术产业示范区）编纂的地方志、县（市、区）编纂的地方志。

第四条 县级以上人民政府应当加强对地方志工作的领导，将地方志工作纳入当地经济和社会发展规划。地方志工作所需经费列入本级财政预算。

第五条 县级以上人民政府负责地方志工作的机构主管本行政区域的地方志工作，履行下列职责：

（一）组织、指导、督促和检查地方志工作；

（二）拟订地方志工作规划和编纂方案；

（三）组织编纂地方志书、地方综合年鉴；

（四）搜集、保存地方志文献和资料，组织整理旧志；

（五）组织开发利用地方志资源；

（六）负责地方志编纂人员的业务培训和地方志理论研究；

（七）法律法规规定的其他职责。

第六条 地方志编纂人员实行专兼职相结合，专职编纂人员应当具有相应的专业知识，专职编纂人员的配备应当和地方志工作的要求相适应。

第七条 地方志书每20年左右编修一次。每一轮地方志书编修工作完成后，负责地方志工作的机构在编纂地方综合年鉴、搜集资料以及向社会提供咨询服务的同时，启动新一轮地方志书的续修工作。

第八条 县级以上人民政府负责地方志工作的机构，拟订本行政区域地方志编纂的工作规划，经本级人民政府批准后实施，并报上级人民政府负责地方志工作的机构备案。

县级以上人民政府有关部门及有关单位应当按照本级地方志工作规划承担相应的编纂任务。

第九条 机关、社会团体、企业事业单位、其他组织应当在规定的时限内为地方志书和地方综合年鉴的编纂提供真实、准确的资料。

提供有关地方志资料的，可以获得适当报酬。

第十条 地方志书实行审查验收制度。省编纂的地方志书实行分志单独审查，设区的市、县（市、区）编纂的地方志书实行整体审查。

第十一条 省编纂的地方志书各分志和设区的市编纂的地方志书实行初审、终审两级审查验收制度：

（一）省编纂的地方志书各分志由承编单位初审，设区的市编纂的地方志书由本级地方志编纂委员会初审，通过后，报省地方志工作机构审查；

（二）省编纂的地方志书各分志和设区的市编纂的地方志书，终审由省地方志工作机构组织。重要的省级综合类志书应当报请省地方志编纂委员会审定。

第十二条 县（市、区）编纂的地方志书实行初审、复审、终审三级审查验收制度：

（一）初审由县（市、区）地方志编纂委员会组织，通过后，报设区的市人民政府负责地方志工作的机构审查；

（二）复审由设区的市人民政府负责地方志工作的机构组织，通过后，报省地方志工作机构审查；

（三）终审由省地方志工作机构组织。

第十三条 通过终审的各级地方志书由省地方志工作机构批准后，交付出版社公开出版。

出版社应当出版经省地方志工作机构批准的地方志书正式文本。

省编纂的地方志书由省地方志工作机构统一安排出版。

第十四条 地方综合年鉴按年度编纂出版。《陕西年鉴》由省地方志工作机构审查后，方可公开出版。

设区的市、县（市、区）地方综合年鉴由本级人民政府确定的工作机构审查批准后，方可公开出版。

设区的市、县（市、区）地方综合年鉴的创办、停办、复办应当报省地方志工作机构备案。

第十五条 地方志书和地方综合年鉴出版后3个月内，编纂单位应当将样书和光盘按规定数量分别报送各上级人民政府负责地方志工作的机构备案。

第十六条 地方志工作机构应当将出版的地方志书、地方综合年鉴及时在政府门户网站或地方志网站上公布，方便社会使用。

第十七条 县级以上人民政府应当对在地方志工作中作出突出成绩和贡献的单位和个人，给予表彰和奖励。

第十八条 其他以“志”命名的出版物应当真实、客观、准确，不得违反有关法律法规规定，并报当地人民政府负责地方志工作的机构备案。

第十九条 违反本办法，有下列行为之一的，由县级以上人民政府负责地方志工作的机构责令限期改正；逾期不改的，提请本级人民政府责令改正，并依法追究行政主要负责人及相关责任人责任：

（一）违反本办法第八条第二款规定，拒绝承担编纂任务，或者未按要求完成编纂任务的；

（二）违反本办法第九条第一款规定，未能在规定时限内提供资料，或者提供虚假资料的；

（三）违反本办法第十一条、第十二条规定，未执行审查制度的；

（四）违反本办法第十五条规定，未能在规定时限内报送样书和光盘，或者未按规定数量报送的；

（五）违反本办法第十六条规定，未及时在网站上公布已出版的地方志书、地方综合年鉴的。

第二十条 违反本办法规定，其他法律法规已有处罚规定的，从其规定。

第二十一条 县级以上人民政府各部门志书的编纂，参照本办法的相关规定执行。

第二十二条 本办法自2007年11月1日起施行。

西安市人民政府令

〔2008〕第82号

《西安市地方志管理办法》已经2008年9月16日人民政府第55次常务会议通过，现予公布，自2008年11月20日起施行。

西安市地方志管理办法

第一条 为了继承和发扬中华民族优秀文化传统，全面、客观、系统地编纂地方志，科学、合理地开发利用地方志，发挥地方志在促进经济社会发展中的作用，根据《地方志工作条例》，结合本市实际情况，制定本办法。

第二条 本市行政区域内地方志的编纂、管理、开发利用工作，适用本办法。

第三条 本办法所称地方志，包括地方志书、地方综合年鉴。

地方志书，是指全面系统地记述本行政区域自然、政治、经济、文化和社会的历史与现状的资料性文献。

地方综合年鉴，是指系统记述本行政区域自然、政治、经济、文化、社会等方面情况的年度资料性文献。

第四条 市、区县人民政府应当加强对本行政区域地方志工作的领导，将地方志工作纳入本地经济和社会发展规划，把地方志工作所需经费列入本级财政预算。

第五条 市、区县人民政府地方志工作机构是主管本行政区域地方志工作的常设机构，履行下列职责：

（一）拟订地方志工作规划和编纂方案；

（二）组织、指导、督促和检查地方志工作；

（三）组织编纂地方志书和地方综合年鉴；

（四）组织专家对已编纂成稿的地方志进行审查验收；

（五）搜集、整理、保存地方志文献和资料，组织整理旧志；

（六）组织开发利用地方志资源；

（七）组织开展地方志理论研究、学术交流及业务培训；

（八）法律法规规定的其他职责。

第六条 以市、区县行政区域名称冠名的地方志书、地方综合年鉴，分别由本级人民政府地方志工作机构组织编纂，其他组织和个人不得编纂。

第七条 市、区县人民政府地方志工作机构制订本行政区域地方志工作规划和编纂方案，经本级人民政府批准后实施，并报上一级人民政府地方志工作机构备案。

第八条 按照地方志工作规划和编纂方案承担地方志编纂任务的单位，应当支持和协助地方志编纂工作，按照要求完成地方志书、地方综合年鉴资料的报送和所承担的编写工作，明确具体承担地方志编纂工作的机构和人员，保障经费和办公条件，接受本级人民政府地方志工作机构的业务指导，按时完成编纂任务。

第九条 地方志专职编纂人员应当具备相应的专业知识和文字编纂能力，专职编纂人员的配备应当与地方志工作的要求相适应。地方志工作机构可以聘请有关方面的专家、学者参加地方志的编纂工作。

第十条 从事地方志编纂工作的人员应当接受地方志业务培训，在编纂工作中应当恪尽职守，保守秘密，存真求实，客观公正。

第十一条 地方志的编纂应当观点正确，资料翔实，体例完备，结构合理，全面、客观地记述本行政区域自然、政治、经济、文化和社会的历史与现状。

第十二条 地方志书每20年左右编修一次，遇有重大事件发生，应当从实际情况出发适时组织编纂。

地方综合年鉴由本级人民政府地方志工作机构按年度连续组织编纂。

第十三条 市、区县人民政府地方志工作机构应当建立地方志资料征集制度。可以向机关、社会团体、企事业单位、其他组织以及个人征集有关地方志资料，有关单位和个人应当在规定的时限内为地方志书和地方综合年鉴的编纂提供真实、准确的资料。地方志工作机构可以对有关资料进行查阅、摘抄、复制，但涉及国家秘密、商业秘密和个人隐私以及不符合档案开放条件的除外。

地方志资料所有人或持有人不得故意提供虚假资料，企事业单位及公民提供有关资料的可以获得适当报酬。

第十四条 在地方志编纂过程中收集到的文字、图照（包括电子文本）、音像、实物等资料及形成的地方志文稿，由本级人民政府地方志工作机构指定专职人员集中统一管理，妥善保存，不得损毁、遗失；地方志编纂工作完成后，应当移交本级人民政府地方志工作机构或档案馆保存、管理，个人不得据为己有或者出让、出租、转借。

第十五条 以市、区县行政区域名称冠名的地方志书、地方综合年鉴为职务作品，其著作权由组织编纂的机构享有，参与编纂的人员依法享有署名权。

第十六条 以市、区县行政区域名称冠名的地方志，实行审查、验收制度。编纂完成后，应依法审查验收，审查验收合格的，方可公开出版。报送审查验收时，应当按照审查机构的要求提交相关资料。审查机构应及时认真地组织审查，按时对审查对象出具审查验收报告。

第十七条 已经通过审查验收的地方志书和经批准的地方综合年鉴，未经原审查验收或者批准的机构同意不得擅自修改。

第十八条 以市、区县行政区域名称冠名的地方志，实行出版备案制度。地方志出版后3个月内，应当报上级人民政府地方志工作机构备案并按照规定报送样书和电子文本。

第十九条 地方志书、地方综合年鉴公开出版后，市、区县人民政府地方志工作机构应当在3个月内通过媒体以及本级政府门户网站或相关部门网站向社会公布并及时向本级和上级国家档案馆、公共图书馆无偿提供，方便社会使用。

第二十条 市、区县人民政府及有关部门应当将地方志工作纳入本地区本部门目标责任考核范围，对在地方志工作中成绩突出的单位和个人，给予表彰和奖励。

第二十一条 违反本办法，有下列行为之一的，由地方志工作机构责令限期改正；逾期不改的，依法追究主要负责人及相关责任人责任：

（一）违反本办法第十三条规定，不按照规定的种类和期限报送有关资料的，或提供虚假资料的；

（二）违反本办法第十四条，未将文献资料及地方志文稿依法归档，造成损毁、遗失，或者据为己有，或者出让、出租、转借的；

（三）违反本办法第十六条、第十七条规定，未执行审查验收制度擅自出版的，或未经终审机构同意，对通过终审的书稿进行改动后擅自出版的；

（四）违反本办法第十八条规定，未能在规定时间内报送样书和电子文本的。

第二十二条 违反本办法规定，其他法律法规已有处罚规定的，从其规定。

第二十三条 村、乡镇（街道）、部门、企事业单位和社会团体组织编纂本单位的志书等地情资料书籍，可以参照本办法执行。

第二十四条 本办法自2008年11月20日起施行。

甘肃省人民政府令

〔2009〕第53号

《甘肃省地方志工作规定》已经2009年1月9日省人民政府第20次常务会议讨论通过，现予公布。自2009年3月1日起施行。

省长：徐守盛

二〇〇九年一月十四日

甘肃省地方志工作规定

第一条 为了规范地方志工作，根据国务院《地方志工作条例》及相关法律法规，结合本省实际，制定本规定。

第二条 本省行政区域内地方志的编纂、管理和开发利用工作，适用本规定。

第三条 本规定所称地方志，是指省、市州、县市区编纂的地方志书、地方综合年鉴。

地方志书，是指全面系统地记述本行政区域自然、政治、经济、文化和社会的历史与现状的资料性文献。

地方综合年鉴，是指系统记述本行政区域自然、政治、经济、文化、社会等方面情况的年度资料性文献。

第四条 县级以上人民政府应当加强对地方志工作的领导，将地方志工作纳入国民经济和社会发展规划，编纂地方志所需经费由本级财政予以保障。

第五条 县级以上人民政府地方志工作机构负责本行政区域的地方志工作，履行下列职责：

（一）贯彻执行国家法律法规和政策；

（二）组织、指导、监督检查本辖区地方志工作；

（三）拟定地方志工作规划，制定业务规范；

（四）组织编纂地方志书、地方综合年鉴；

（五）收集、保存地方志文献和资料，整理旧志，推动方志理论研究和开展学术交流；

（六）开发利用地方志资源，宣传推广地方志成果。

第六条 市州、县市区人民政府应当按照省人民政府制定的地方志规划制定本行政区域的地方志工作规划，并报上一级地方志工作机构备案。

第七条 地方志编纂人员实行专兼职相结合。专职编纂人员应具备相应的专业知识和学识水平。编纂地方志应当吸收有关专家、学者和少数民族人士参加。

第八条 承担编纂任务的有关机关、社会团体、企事业单位和其他组织，应当按照本级人民政府工作规划和地方志工作机构的要求，组织完成工作任务。

第九条 地方志书每20年左右编修一次。地方志工作机构在编辑地方综合年鉴、编写有关资料性文献的同时，做好资料准备工作，适时启动下一轮志书的编纂。

第十条 编纂地方志所需资料由地方志工作机构向有关机关、社会团体、企事业单位、其他组织以及个人征集，有关单位和个人应当提供支持。地方志工作机构可以对涉密规定允许的有关资料进行查阅、摘抄、复制。

资料持有人或者所有人提供资料被采用的，由编纂单位支付相应的报酬，具体标准按国家有关规定执行。

第十一条 编纂地方志应当做到资料翔实、准确，地方特色突出，体例科学严谨，审校、装帧、印刷符合出版要求的质量标准。

第十二条 各级地方志书实行评议和初审、复审、终审制度。对地方志书进行审定，应当吸收有关保密、档案、历史、法律、民族、社会、经济、军事等方面的专家参加。

（一）地方志书在进入审定程序之前，应当召开有关领导、专家和相关人士参加的志稿评议会进行评议。未经评议的志稿不得提交审定。

（二）省志各卷由承担编纂单位组织初审，省地方志工作机构复审，省地方史志编纂委员会终审通过后出版。

（三）市州志由市州地方志编纂委员会组织初审，市州政府复审，省地方史志编纂委员会终审通过后出版。

（四）县市区志由县市区志编纂委员会初审，县市区政府复审，市州志编纂委员会终审通过后出版。

第十三条 审查地方志书，除重点审查地方志的内容是否符合宪法和保密、档案等法律、法规的规定，是否全面、客观地反映本行政区域自然、政治、经济、文化和社会的历史与现状外，还应当审查是否符合下列业务标准：

（一）志书体例：正确运用志书体式体裁，符合科学分类和社会分工实际，做到结构合理、逻辑清晰、分类准确，归属得当；

（二）资料内容：全面系统、取舍得当，准确翔实，纵不断主线，横不缺主项，具有鲜明的时代特色、地域特色、民族特色和行业特色；

（三）行文规范：地方志运用语体文记述，表述准确、文笔流畅，语言文字、标点符号、计量单位和数字的使用符合国家相关规定。民族自治地方的志书可以用汉语和少数民族语言同时出版。地方志书翻译成外文出版时，需报省地方志工作机构备案。

第十四条 以县级以上行政区域名称冠名的地方综合年鉴，由本级地方志工作机构组织编辑，上一级地方志工作机构参与审定，经本级人民政府批准后出版。

第十五条 各级编纂单位在地方志出版后 3 个月内向上级地方志工作机构报送样书和样书电子文本。

第十六条 地方志编纂过程中收集到的各种资料，应当集中统一管理，不得损毁。编纂工作完成后，移交本级档案馆、方志馆保存管理，不得据为己有或者出售、出让和转借。

第十七条 以县级以上行政区域名称冠名的地方志属职务作品，其著作权由组织编纂的地方志工作机构享有，参与编纂的人员享有署名权。

第十八条 县级以上人民政府对地方志编纂工作中作出突出成绩和贡献的单位和个人，给予表彰奖励。

第十九条 地方志工作要为地方经济社会发展服务。地方志工作机构应当将收藏陈列的地方志向社会开放。

加强地方志工作信息化建设，通过建设资料库、方志馆、互联网站等方式，为社会提供咨询和信息服务。

第二十条 违反本规定的行为，依照国务院《地方志工作条例》处罚。

第二十一条 本规定自 2009 年 3 月 1 日起施行。

金昌市人民政府令

〔2011〕第43号

《金昌市地方志工作规定》已经市人民政府第61次常务会议讨论通过，现予公布。

市长：张公平

二〇一一年三月十四日

金昌市地方志工作规定

2011年3月14日，金昌市市长张令平签发第43号金昌市人民政府令：《金昌市地方志工作规定》已经市人民政府第61次常务会议讨论通过，现予公布。自发布之日起30日后施行。

第一条 为规范金昌市地方志的编纂、管理、开发和利用，根据国务院《地方志工作条例》和《甘肃省地方志工作规定》，结合本市实际，特制定本规定。

第二条 本市行政区域内的地方志工作适用本规定。地方志工作是以地方史志为中心而进行的组织管理、编纂整理、研究咨询、开发利用等活动。

第三条 本规定所称地方志，包括以市、市辖县（区）行政区域名称冠名的地方综合志书、专业志、地方综合年鉴（专业年鉴、月鉴等）及相关地情资料文献等。

地方综合志书是指全面、系统、准确地记述特定行政区域内的自然、人文、经济、政治、社会的历史与现状的资料性文献。市志可以编纂综合志，或由若干分志组成。县（区）志为综合志。

专业志是指全面、系统、准确地记述特定行业、部门、院校、企业、特定事物的历史与现状的资料性文献。

地方综合年鉴是指系统地记载特定行政区域内的自然、经济、政治、文化、社会等方面情况的年度资料性文献。

专业年鉴是指系统地记载特定行业、部门、院校、企业诸项事物发展面貌的年度资料性文献。

地方综合月鉴是指按月载录特定行政区域内自然、经济、政治、文化、社会诸方面发生的大事、要事、热点、焦点、难点等情况的资料性文献。

地情资料文献是指系统地记述或载录特定历史时期、特定行政区域内的自然或人文等方面情况的资料性文献。

第四条 市、县（区）地方综合志书每20年左右编修一次，编纂任务由各级人民政府统一部署，业务上受上一级人民政府地方志工作机构指导。每一轮地方志书编修工作完成后，负责地方志工作的机构在编纂地方综合年鉴、搜集资料以及向社会提供咨询服务的同时，应做好新一轮地方志书续修的准备工作。综合年鉴按年度编辑出版，其他专业志、专业年鉴、综合性地情文献的编纂间隔时限根据实际情况，由编纂机构自行确定。

第五条 地方志编纂工作要坚持党委领导、政府主持、地方志编纂委员会及其办公室组织实施和社会各界协作、专家参与、众手成志的组织领导体制和工作机制。全市修志工作在市地方志编纂委员会的领导下开展。各级人民政府、各部门、单位要将地方志工作作为政务建设和文化建设的重要内容，纳入国民经济和社会发展规划，做到领导到位、机构到位、经费到位、队伍到位、条件到位。编委会主任由政府主要领导担任。

第六条 市、县（区）地方志编纂委员会办公室是本行政区域地方志工作主管机构，履行下列职责：

（一）贯彻执行国家法律法规和政策；

（二）拟定本行政区域地方志工作规划，制定地方志书、年鉴、地情文献编纂方案及业务规范；

（三）组织、指导、协调、督查地方志工作，培训地方史志工作队伍；

（四）组织编纂、审查、验收地方志书、年鉴；

（五）征集、保存、整理地方志文献、旧志和地情资料，开展地方史志学术研究、对外交流和地情宣传；

（六）开发地方志资源，开展地情研究，积极开拓社会用志途径，为现实服务；

（七）完成同级人民政府和上级地方志工作机构交办的其他事项。

第七条 以市、县（区）行政区域名称冠名的地方志书、地方综合年鉴的编纂工作，分别由本级地方志工作机构规划组织实施，其他组织和个人不得擅自编纂。

除以市、县（区）行政区域名称冠名的地方志书外，机关、社会团体、企事业单位、其他组织和个人可编纂出版有助于经济社会发展的其他地方志书及地情类书籍，编纂单位应当按照隶属关系或者注册登记关系报地方志工作主管机构备案，地方志主管机构应当对其志书编纂活动进行业务指导。

第八条 各级人民政府要加强修志机构与队伍的建设。编纂地方志是一项专业性、连续性较强的经常性工作，市、县（区）人民政府要设置常设的主管地方志工作的机构。各级修志机构应当加强修志人员政治素质和业务素质的培养，建立一支德才兼备，专、兼职相结合，老、中、青相结合的相对稳定的修志队伍。机关、社会团体、企事业单位、乡镇应有相应机构和人员来承担地方志的编纂任务。

第九条 地方志机构要结合当地实际，做好地方志参编人员的培训工作，通过外出进修学习、组织业务培训、召开研讨会、评稿会等方式，不断提高修志人员的综合素质。同时，办好地方志刊物，加强方志理论研究和学科建设。

第十条 各单位在修志过程中，要注意发挥专家、学者的作用，可聘请有关专家、学者和有修志专长的人员直接参与编纂工作。也要注意吸收熟悉当地或本行业情况的离退休人员参加修志。

第十一条 各级修志经费纳入本级财政预算。

第十二条 地方志工作经费包括人员经费、办公经费、业务经费（含培训费、资料费、编审费、出版费、稿费等）。

第十三条 地方志机构或者承担地方志编纂任务的单位应参照国家版权局《出版文字作品报酬规定》相关规定和各自实际，向提供地方志资料和直接参与编纂地方志书的个人支付资料费、撰稿费、编辑费、审稿费。

第十四条 市、县（区）地方志机构可根据修志工作需要聘用临时性修志人员，费用纳入修志工作经费预算。

第十五条 地方志工作机构可以向机关、社会团体、企业事业单位以及其他社会组织和个人征集相关的地方志资料，有关单位（含中央及各省、市驻金单位）和个人有义务为其提供志书、年鉴、月鉴、地情文献等所需的各种资料。

第十六条 凡本辖区内承担市、县（区）地方志编纂任务的机关、社会团体、企事业单位和其他组织，应当达到以下要求：

（一）明确具体承担地方志编纂工作的部门和人员，保障经费和工作条件；

（二）按照本行政区域人民政府地方志工作机构拟定的地方志工作规划和编纂方案，按时完成地方志书、地方综合年鉴及其他综合性地情文献资料的报送和文稿的编纂任务；

（三）在业务上接受本级人民政府地方志工作机构的指导，对本系统、本行业、本部门和本单位的地方史志工作进行组织、指导和协调。与其他系统、行业、部门、企业的地方史志工作开展合作和交流。

第十七条 县级以上人民政府地方志工作机构可以采取查阅、摘抄、复制、采访、调查、征集等方式及时征集、规范和保存包括纸介质、电子文本、音像制品、实物和口述资料在内的各种地方志资料，建立稳定长效的征集渠道和制度。涉及国家秘密、商业秘密和个人隐私以及不符合档案开放规定的，按照有关法律、法规的规定执行。

第十八条 为执行本单位地方志编纂任务或者利用本单位的物质技术条件收集、整理的文字、图表、照片、音像、电子文本、实物等资料及形成的地方史志文稿，由所在单位进行管理，并依照相关规定集中归档，任何单位和个人不得将其散失、损毁或者据为已有。

第十九条 鼓励民营企业和社会团体、民间组织向地方志工作机构提供地方史志资料。

第二十条 志书出版必须严格遵守审稿程序：即初审、复审、终审“三审”定稿制度。市志由市地方志编纂委员会组织初审，市政府复审，省地方志编纂委员会终审通过后出版；县、(区）志由县、(区）志编纂委员会初审，县、(区）政府复审，市地方志编纂委员会终审通过后出版。市属企事业单位志书由市地方志机构负责终审，县（区）属企事业单位志书及乡、镇志由县（区）地方志机构负责终审。

第二十一条 对地方志书进行审定，应当吸收有关保密、档案、统计、历史、法律、民族、社会、经济、军事等方面的专家参加审稿。

第二十二条 坚持评稿制度。志稿送交审查前，承编单位要召开志书编委会成员、有关领导、专家和知情人士参加的志稿评议会，听取意见，进行修改，形成送审稿。

第二十三条 审查地方志书，除重点审查地方志的内容是否符合宪法和保密、档案等法律、法规的规定，是否全面、客观地反映本行政区域自然、政治、经济、文化和社会的历史与现状外，还应当审查是否符合下列业务标准：

（一）志书体例：正确运用志书体式体裁，符合科学分类和社会分工实际，做到结构合理、逻辑清晰、分类准确、归属得当；

（二）资料内容：全面系统、取舍得当、准确翔实。纵不断主线，横不缺主项。具有鲜明的时代特色、地域特色、民族特色和行业特色；

（三）行文规范：地方志运用语体文记述，表述准确、文笔流畅。语言文字、标点符号、计量单位和数字的使用符合国家相关规定。

第二十四条 各级审查验收机构要认真履行职责。对不符合质量标准的志稿，要提出审稿意见，并指导修改或重修。终审机构应在审查验收结束后，出具志书正式出版发行的批复。

第二十五条 送审单位应按照审查验收单位的审验意见，对志稿进行认真修改，如有不同意见，应向审查验收单位陈述，共同协商，达成一致。

第二十六条 已通过验收的地方志书，未经原审验单位同意不得擅自修改。

第二十七条 各级地方志主管机构应加强对地方志书的印刷装帧质量的管理。按照国家新闻出版总署对公开出版物的标准要求，并遵守上级地方志机构提出的统一规范出版志书。实行对公开出版志书印刷装帧质量查验制度。志书在印刷装订前，须将样书提交志书审验单位查验，经查验合格后才能装订出厂。

第二十八条 志书编校、设计、印制均应符合国家《图书质量管理规定》。内容依次排序为：扉页、版权页、插页、编纂委员会委员名单、编辑人员名单、审查验收单位及人员、序言、凡例、目录、概述、大事记、专篇、附录、索引、编后记。篇、章、节、目序号和表格使用要规范。应使用标准简化字。

第二十九条 市、县（区）志书装帧设计必须遵守《甘肃省地方史志办公室关于全省第二轮志书统一装帧的通知》（甘志办发〔2007〕41号）要求。首次印数不低于1000册，应留存备用志书。

第三十条 各级地方志机构要积极开发利用地方志资源，编辑出版年鉴和各类地情资料，做好档案资料的收集、归档和管理工作。

第三十一条 各级编纂单位要向市级地方志主管机构上报备案材料和志书。备案材料包括：各部门、各单位地方志编纂规划、工作计划与总结、统计材料等。在志书出版后3个月内要向市级地方志机构报送样书和样书电子文本：全市规划内出版的志书每种20册；各单位编纂的部门志、行业志、乡镇志、村志、专志等10册；各级地方志机构编辑的年鉴、地情资料等10册。并向本级和上级方志馆、国家综合档案馆、公共图书馆无偿提供馆藏书。

第三十二条 地方志工作要为地方经济社会发展服务。地方志工作机构应当将收藏陈列的地方志向社会开放。加强地方志工作信息化建设，通过建设资料库、方志馆、地方志网站等方式，为社会提供咨询和信息服务。

第三十三条 以县级以上行政区域名称冠名的地方志属职务作品，其著作权由组织编纂的地方志工作机构享有，参与编纂的人员享有署名权。

第三十四条 各级人民政府对在地方志工作中做出显著成绩的单位和个人给予表彰和奖励。

第三十五条 违反本规定，擅自编纂出版以县级以上行政区域名称冠名的地方志书、地方综合年鉴的，由县以上地方人民政府地方志工作机构提请本级人民政府出版行政部门依法查处。并视情节追究有关单位和个人的责任；构成犯罪的，依法追究刑事责任。

第三十六条 对拒不接受地方志工作任务，或虚报、瞒报资料，不接受地方志书审查验收单位提出的审稿意见，或在志稿审查验收合格后擅自修改志稿内容造成志书质量出现问题的单位，追究相关责任人的责任。

第三十七条 地方志机构工作人员未将地方志文献资料及地方志文稿依法归档，造成损毁，或者将其据为己有、出让、出租、转借的，由其所在单位责令改正，依法给予处分。

第三十八条 编纂地方志涉及军事内容的，还应当遵守中央军委关于军事志编纂的有关规定。

第三十九条 乡镇志、村志及其他专业志、专业年鉴等地方志文献的编纂可参照本规定的相关规定执行。

第四十条 本规定实施中的具体问题由金昌市人民政府负责解释。

第四十一条 本规定自发布之日起30日后施行。

嘉峪关市人民政府办公室关于印发《嘉峪关市地方志工作规定》的通　知

嘉政办发〔2014〕145 号

各区，市政府各部门，在嘉各单位：

《嘉峪关市地方志工作规定》经市政府第 82 次常务会议研究通过，现予印发，请认真遵照执行。

嘉峪关市人民政府办公室

二〇一四年十二月三十一日

嘉峪关市地方志工作规定

第一条　为继承和发扬中华民族优秀文化传统，全面、客观、系统地编纂地方志，科学、合理地开发利用地方志，发挥地方志在促进经济社会发展中的作用，根据国务院《地方志工作条例》和甘肃省政府《甘肃省地方志工作规定》及相关法律法规，结合本市实际，制定本规定。

第二条　嘉峪关市行政区域内地方志编纂、管理、开发利用工作，适合本规定。

第三条　本规定所称的地方志指嘉峪关市行政区域内编纂地方志书、地方综合年鉴历史与现状的资料性文献。

地方志书，是指全面系统地记述本行政区域自然、政治、经济、文化、社会的历史与现状的资料性文献。

地方综合年鉴，是指系统记述本行政区域自然、政治、经济、文化、社会等方面情况的年度资料性文献。

第四条　嘉峪关市人民政府应当加强对本行政区域地方志工作的领导，将地方志工作纳入国民经济和社会发展规划，地方志工作所需经费列入本级财政预算。

第五条　嘉峪关市人民政府市志办公室负责本行政区域的地方志工作，并履行下列职责：

（一）贯彻执行国家有关地方志工作的法律法规和政策；

（二）组织、指导、监督检查本辖区的地方志工作；

（三）拟定地方志工作规划，制定业务规范；

（四）组织编纂地方志书、地方综合年鉴；

（五）收集保存地方志文献资料，整理旧志，推动地方志理论研究和开展学术交流；

（六）开发利用地方志资源，宣传推动地方志成果。

第六条 本规定适用于嘉峪关市行政区域内编纂地方志书、地方综合年鉴所涉及的各种资料。

（一）建置、自然环境、资源、人口等；

（二）城乡建设、环境保护、交通、邮电信息、公用事业等；

（三）农业、工业、建筑业、服务业、经济管理等；

（四）中国共产党、人民代表大会、人民政府、政治协商会议、民主党派、人民团体、群众组织、公检法司、军事等；

（五）教育、民生、就业、科学技术、文化艺术、新闻出版、广播影视、卫生和计划生育、体育等；

（六）人民生活、人事和劳动社会保障、民政、民族、宗教、风俗、方言等；

第七条 嘉峪关市人民政府按照甘肃省人民政府制定的地方志规划制定本行政区域的地方志工作规划，并报甘肃省史志办公室备案。

第八条 地方志资料责任单位为嘉峪关市行政区域内的市属各单位党委（党组）、市委各部门、市政府各部门和各驻嘉机关及企事业单位。

第九条 地方志资料应当做到存真求实，确保质量，全面、客观地记述本部门、本行业的历史与现状。

地方志资料要坚持志体，横排门类，纵述史实，纵不断主线，横不缺要项。

地方志资料应观点正确，体例科学、规范、严谨，内容全面，特色鲜明，记述准确，资料翔实，表达通顺，文风端正，打印规范。

第十条 编纂地方志书所需资料由市志办公室向有关机关、社会团体、企事业单位、其他组织以及个人征集地方志资料，有关单位和个人应当提供支持，市志办公室可以对涉密规定允许的有关资料进行查阅、摘抄、复制，有法律规定的除外。

资料持有人或者所有人提供资料被采用的，由市志办公室支付相应报酬，具体标准按国家相关规定执行。地方志资料所有人或者持有人不得故意提供虚假资料。

第十一条 地方志资料是重要的地情信息资料和基础性修志材料，各责任单位要全面收集、认真整理、妥善保管、按时报送，任何单位和个人不得以任何理由遗失、损毁、拒绝接受检查和收集。

第十二条 以本行政区域名称冠名的地方志书、地方综合年鉴，由市志办公室按照规划组织编纂，其他组织和个人不得编纂。

第十三条 编纂地方志应当吸收有关方面的专家、学者参加。地方志编纂人员实行专兼职相结合，专职编纂人员应当具备相应的专业知识。

第十四条 地方志书实行评议和初审、复审、终审制度。以本行政区域名称冠名、列入规划的地方志书经审查验收，方可以公开出版。

对地方志书的审查验收，应当组织有关保密、档案、历史、法律、经济、军事等方面的专家参加，重点审查地方志书的内容是否符合宪法和保密、档案等法律、法规的规定，是否全面、客观地反映本行政区域自然、政治、经济、文化和社会的历史与现状。凡涉及国家安全、社会稳定等重大问题，法律、法规及政策未作规定的，由主管部门审查把关。凡涉及国家法律、法规和有关标准的内容，以现行法律、法规和有关标准为准。

（一）地方志书在进入审定程序之前，应当召开有关领导、专家和相关人士参加的志稿评议会进行评议。未经评议的志稿不得提交审定。

（二）市志分编由承编单位组织初审，市志办公室复审。

（三）市志由市地方志编纂委员会组织初审，市人民政府复审，甘肃省地方志编纂委员会终审通过后方可出版。

第十五条 审查地方志书，除重点审查地方志的内容是否符合宪法和保密、档案等法律、法规的规定，是否全面、客观地反映本行政区域自然、政治、经济、文化和社会的历史与现状外，还应当审查是否符合下列业务标准：

（一）志书体例：正确运用志书体式体裁，符合科学分类和社会分工实际，做到结构合理、逻辑清晰、分类准确，归属得当；

（二）资料内容：全面系统、取舍得当，准确翔实，纵不断主线，横不缺主项，具有鲜明的时代特色、地域特色、民族特色和行业特色；

（三）行文规范：地方志运用语体文记述，表述准确、文笔流畅，语言文字、标点符号、计量单位和数字的使用符合国家相关规定；

（四）地方志书翻译成外文出版时，需报甘肃省地方史志办公室备案。

第十六条 编纂地方志应当做到资料翔实、准确，地方特色突出，体例科学严谨，审校、装帧、印刷符合出版要求的质量标准。

第十七条 嘉峪关市地方综合年鉴，由市志办公室组织编辑，甘肃省地方史志工作办公室参与审定，经市人民政府批准，出版社审定后出版。

地方综合年鉴各承编单位应于每年 4 月底前向市志办报送上年度资料，资料以专题形式分类整理，以书面和电子版形式报市志办公室审查、验收、采用，市志办公室负责书面和电子版资料的保存工作。

第十八条 地方志编纂过程中收集到的各种文字资料、图表、照片、音像资料、实物等由市志办公室集中统一管理，不得损毁。编纂工作完成后，应当依法移交市档案馆或者方志馆保存、管理，个人不得据为己有或者出售、出让和转借。

第十九条 以嘉峪关市冠名的地方志属职务作品，其著作权由组织编纂的市志办公室享有，参与编纂的人员享有署名权。

第二十条 嘉峪关市人民政府对地方志编纂工作中作出突出成绩和贡献的单位和个人，给予表彰奖励。

第二十一条 地方志工作要为全市经济社会发展服务。市志办公室应当将收藏陈列的地方志向社会开放。

加强地方志工作信息化建设，通过建设资料库、方志馆、互联网站等方式，为社会提供咨询和信息服务。

第二十二条 市属各部门、各单位和企事业单位组织编纂专业志书、专业年鉴的地情资料收集工作可参照本规定执行。

第二十三条 违反本规定的行为，依照国务院《地方志工作条例》进行处罚。

第二十四条 本规定从 2015 年 1 月 1 日起开始执行。

青海省人民政府令

〔2015〕第 107 号

《青海省地方志工作规定》已经 2015 年 1 月 12 日省人民政府第 38 次常务会议审议通过，现予公布，自 2015 年 3 月 1 日起施行。

省长：郝鹏

二〇一五年一月十九日

青海省地方志工作规定

第一条 为全面、客观、系统地编纂地方志，科学、合理地管理和开发利用地方志及相关地情文献信息资源，发挥其传承文明、资政育人、服务经济社会发展的作用，根据《地方志工作条例》，结合本省实际，制定本规定。

第二条 本省行政区域内地方志的组织编纂、管理和开发利用工作，适用本规定。

第三条 本规定所称地方志，是指以县级以上行政区域名称冠名的地方志书、地方综合年鉴。

地方志工作是指组织编纂、管理、开发利用地方志书、地方综合年鉴以及相关地情文献等活动。

第四条 编纂地方志应当遵循存真求实、忠于史实、据事直书的原则，全面、客观地记述本行政区域自然、经济、政治、文化、社会和生态文明建设的历史与现状。

第五条 县级以上人民政府应当加强对地方志工作的领导，将其纳入国民经济和社会发展规划。

县级以上人民政府应当建立健全地方志工作机构，加强地方志工作队伍建设，将地方志工作经费列入同级财政预算；加强地方志工作基础设施建设和信息化建设，逐步建设地方志资料库和地方志网站。

第六条 县级以上人民政府地方志编纂委员会负责统筹规划、组织协调和督促指导本行政区域内的地方志工作，其办公室（以下简称地方志工作机构）具体主管本行政区域内的地方志工作。

县级以上地方志工作机构履行下列职责：

（一）组织、指导、督促和检查地方志工作；

（二）拟定地方志工作规划和编纂方案；

（三）组织编纂地方志书、地方综合年鉴及相关地情文献；

（四）组织搜集、整理、保存地方志文献资料；

（五）开展地方志学术交流，推动地方志理论研究；

（六）组织开发利用地方志及相关地情文献信息资源，推进地方志数字化、网络化。

第七条 县级以上人民政府有关部门应当按照职责做好地方志相关工作。

按照规划承担地方志编纂任务的国家机关、社会团体、企事业单位和其他社会组织（以下简称承编单位），应当确定负责编纂工作的机构和人员，保障经费和办公条件，并接受同级地方志工作机构的工作督查和业务指导，按照质量和时限要求完成编纂任务。

第八条 省地方志工作机构拟定省地方志编纂总体工作规划，经省人民政府批准后组织实施，并报国家地方志工作指导机构备案。

市（州）、县（市、区、行委）地方志工作机构根据省地方志编纂总体工作规划，拟定本行政区域地方志工作规划，经本级人民政府批准后组织实施，并报上一级地方志工作机构备案。

第九条 以县级以上行政区域名称冠名的地方志，由本级地方志工作机构按照规划组织编纂，其他组织和个人不得编纂。

地方志书每20年左右编修一次。地方综合年鉴每年一卷，逐年编辑。

第十条 地方志书编纂实行承编责任制度，按照下列规定签订承编责任书：

（一）以省、市（州）级行政区域名称冠名的地方志书的承编单位应当与省人民政府签订承编责任书；

（二）以县级行政区域名称冠名的地方志书的承编单位应当与市（州）级人民政府签订承编责任书。

第十一条 县级以上地方志工作机构应当建立资料征集制度，向有关单位及个人征集地方志资料，有关单位和个人应当提供支持。地方志资料所有人或者持有人提供有关资料被采用的，应当给予适当报酬。

第十二条 在地方志编纂过程中收集的地方志资料以及形成的地方志文稿，由县级以上地方志工作机构指定专人集中统一管理、妥善保存。编纂工作完成后，依法移交本级地方志馆或者档案馆。

承编单位撤销、合并或者注销的，应当将所存地方志资料移交本级地方志工作机构；承编单位承担编纂工作的机构或者人员发生变化的，应当向承编单位移交所存地方志资料。

资料移送前，任何单位、个人不得将地方志资料据为己有或者损毁、出租、出让、转借、变卖。

第十三条 编纂地方志应当吸收有关方面专家、学者参加，主编和专职编纂人员应当具备相应的专业知识和编纂能力，实行编纂人员专兼职相结合。涉及少数民族内容的，应当有相关民族专业人员或者从事民族工作的人员参加。

科研机构、高等院校和其他组织应当支持科研人员、专家学者参与地方志编纂工作。

第十四条 建立地方志书审查验收制度，明确审查验收组织单位和参与人员责任。地方志书经下列程序审查验收后，方可公开出版：

（一）省志各分志，由承编单位地方志工作机构初审，承编单位编委会复审，省地方志工作机构终审，省地方志编纂委员会验收；

（二）市（州）志，由本级地方志工作机构初审、编纂委员会复审，省地方志工作机构终审并验收；

（三）县（市、区、行委）志，由本级地方志工作机构初审、编纂委员会复审，市（州）地方志工作机构终审并验收。

审查验收工作应当组织有关保密、档案、民族、宗教、历史、法律、经济、军事等方面的专家、学者参与，并听取其意见。

地方志书审查验收工作中存在重大意见分歧的，应当报请同级人民政府决定。

第十五条 以县级以上行政区域名称冠名的地方综合年鉴，由本级地方志工作机构组织编辑，上一级地方志工作机构参与审定，经本级人民政府批准后出版。地方综合年鉴出版后1个月内，应当按要求报上一级地方志工作机构备案。

第十六条 地方志书、地方综合年鉴出版后3个月内，由编纂单位向上一级地方志工作机构报送样书和电子文本，并向本级和上级方志馆、档案馆、公共图书馆无偿提供馆藏书。

第十七条 地方志书、地方综合年鉴为职务作品，其著作权归负责组织编纂的地方志工作机构享有，参与编纂的相关人员享有署名权。

县级以上地方志工作机构或者编纂单位应当按国家有关规定，向参与地方志编纂的专家、学者及有关人员支付相应的资料费、撰稿费、编辑费、审稿费及其他工作报酬。

第十八条 县级以上地方志工作机构应当加强旧志整理和研究，加强少数民族文字志书搜集、整理、保护和翻译、出版工作。

第十九条 县级以上地方志工作机构可根据本行政区域的历史发展和自然资源特点，立项编纂特色志书。

鼓励编纂部门志、行业志、专业志、企业志以及乡镇（街道）志、村志等志书、年鉴或其他地情文献。编纂单位开展编纂工作时，应当接受所在地地方志工作机构的业务指导，并将出版后的志书、年鉴或者其他地情文献及时报送备案。

第二十条 县级以上地方志工作机构应当将已出版的地方志在政府网站、地方志网站公布，并通过电视、广播、报刊等媒体向社会推介。

方志馆（地情馆）、地方志资料库应当公示服务项目，免费向公众开放。

第二十一条 县级以上人民政府应当建立地方志工作督查通报制度，对本行政区域内的地方志工作进行督查，并通报督查情况。

第二十二条 有关单位和个人有下列情形之一的，由县级以上地方志工作机构责令限期改正，逾期未改的，予以通报；情节严重的，由有关主管部门或者所在单位追究其负责人和直接责任人的责任：

（一）明示或者暗示编纂人员在地方志中作虚假记述，或者故意提供虚假地方志资料的；

（二）拒绝承担地方志编纂任务的；

（三）擅自修改已通过审查验收的地方志书的；

（四）无正当理由不报送或者拖延报送地方志资料的；

（五）未按照规定移交所存地方志资料或者将地方志资料损毁、出租、出让、转借、变卖或者据为已有的；

（六）拒不执行地方志工作机构督促检查意见的；

（七）盗用地方志工作机构名义编纂、出版地方志的。

第二十三条 地方志工作机构及其工作人员有下列行为之一的，由县级以上人民政府责令限期改正，逾期未改的，予以通报；情节严重的，追究有关单位负责人和直接责任人的责任：

（一）故意在地方志编纂中加入虚假资料或者作虚假记述的；

（二）故意损毁地方志资料的；

（三）未按照规定对地方志进行审查验收，出现重大质量问题的；

（四）未按照规定将出版的地方志报送备案或者提供馆藏书的；

（五）其他滥用职权、玩忽职守、徇私舞弊的行为。

第二十四条 本规定自 2015 年 3 月 1 日起施行。

宁夏回族自治区人民政府令

〔2008〕第 103 号

《宁夏回族自治区〈地方志工作条例〉实施办法》已经 2007 年 11 月 9 日自治区人民政府第 102 次常务会议讨论通过，现予以公布，自 2008 年 1 月 1 日起施行。

自治区代主席：王正伟

二〇〇八年四月七日

宁夏回族自治区《地方志工作条例》实施办法

第一条 为了规范和加强地方志编纂工作，全面、客观、系统地编纂地方志，科学、合理地开发利用地方志，发挥地方志在促进经济社会发展中的作用，根据国务院公布的《地方志工作条例》（以下简称《条例》），制定本办法。

第二条 本自治区行政区域内地方志的组织编纂、管理、开发利用工作，适用本办法。

第三条 县级以上人民政府应当加强对地方志工作的领导，重视地方志工作机构、队伍、基础设施建设，并将地方志工作纳入国民经济和社会发展总体规划，所需经费列入财政预算。

第四条 县级以上人民政府负责地方志工作的机构（以下简称地方志工作机构）主管本行政区域的地方志工作。

财政、人事、保密、档案等部门应当做好地方志的相关工作。

第五条 机关、团体、企业事业单位、其他组织以及个人享有利用地方志的权利，并应当履行有关地方志工作的义务。

第六条 自治区、市、县（市、区）分别设立地方志编审委员会，负责地方志的审查验收工作。

地方志编审委员会由有关机关负责人以及保密、档案、历史、法律、经济、军事等方面的专家组成，具体组成人选由地方志工作机构提出，报本级人民政府批准。

地方志编审委员会的日常工作，由地方志工作机构承担。

第七条 地方志工作机构除应当履行《条例》第五条第二款规定的职责外，还应当做好下列工作：

（一）宣传、贯彻执行有关地方志工作的法律、法规、规章和相关政策；

（二）组织地方志的审查验收、备案；

（三）培训地方志工作人员；

（四）指导下级地方志工作机构的业务工作以及行业志书、专业志书、行业年鉴的编纂；

（五）其他地方志工作。

第八条 自治区地方志工作机构负责制定本行政区域的地方志编纂总体工作规划，报自治区人民政府批准后组织实施。

市、县（市、区）地方志工作机构应当根据自治区地方志编纂总体工作规划，制定本级地方志工作规划，经本级人民政府批准后，报自治区地方志工作机构备案。

制定地方志工作规划，应当征求社会各界的意见和建议，必要时应当举行专家论证会或者听证会。

第九条 地方志工作机构应当吸收专家、学者、民族、宗教人士以及实际工作者参加编纂工作。

地方志工作机构的负责人及其他专职编纂人员应当具备相应的学历和专业知识。

自治区地方志工作机构应当加强对地方志编纂人员的培训考核。

第十条 本自治区实行有关地方志资料年度报送制度。机关、社会团体、国有企业事业单位，应当向同级地方志工作机构报送有关地方志资料。报送资料的种类和期限由自治区地方志工作机构规定。

鼓励民营、私营企业事业单位向地方志工作机构提供有关地方志资料。

第十一条 地方志工作机构应当建立经常性地方志资料征集、收集、分类、整理工作制度，为续修新一轮地方志做好准备。

地方志工作机构应当重视口碑资料的收集整理。

第十二条 编纂地方志应当符合下列标准：

（一）符合宪法和保密、档案等法律、法规的规定；

（二）全面、客观地反映本行政区域自然、政治、经济、文化和社会的历史与现状；

（三）符合志书的体例格式；

（四）表述准确、简练；

（五）文字、标点符号、计量单位和数字的使用规范、标准；

（六）国家和自治区规定的其他标准。

第十三条 地方志的编纂内容和过程应当公开。

地方志工作机构应当听取公民、法人或者其他组织对地方志编纂工作的意见、建议，受理公民、法人或者其他组织有关地方志编纂工作的举报。

第十四条 上级地方志工作机构应当加强对下级地方志工作机构的业务指导，及时研究解决地方志编纂工作中的重要问题。

地方志编纂工作涉及有争议的重要事项的，地方志工作机构除应当征求有关专家、学者或者有关组织、人士的意见外，还应当向上级地方志工作机构和同级人民政府报告。

第十五条 地方志编纂完成后，由地方志编审委员会进行审查验收，审查验收合格的，方可公开出版。

第十六条 地方志按照下列规定审查验收：

（一）冠以自治区行政区域名称的地方志书，由自治区地方志编审委员会审查验收。

（二）冠以设区的市行政区域名称的地方志书，由本级地方志编审委员会初审后，报自治区地方志编审委员会审查验收。

（三）冠以县（市、区）行政区域名称的地方志书，由本级地方志编审委员会初审，并报设区的市地方志编审委员会复审后，再由自治区地方志编审委员会审查验收。

（四）冠以自治区、市、县（市、区）行政区域名称的综合年鉴，由同级地方志编审委员会审查验收。

（五）对列入编纂规划的行业志书，由有关行业主管部门组织编纂完成后，报同级地方志编审委员会审查验收。

第十七条 地方志报送审查验收时，应当提交纸介质文稿及其电子文稿以及其他相关资料。具体送审资料目录，由自治区地方志工作机构制定。

第十八条 地方志编审委员会审查验收地方志时，对于符合本办法第十二条规定标准的，应当出具同意公开出版的意见书；需要对具体内容进行修改完善后公开出版的，应当出具修改意见书。

地方志编审委员会出具修改意见书前，应当就所修改的内容征求有关方面的意见。

第十九条 地方志书和地方综合年鉴自出版后3个月内，有关地方志工作机构应当向上级地方志工作机构报送50本正式版本备案。

列入编纂规划的行业志书，有关编纂部门应当依照前款规定的期限和数量，向同级地方志工作机构报送备案。

第二十条 地方志公开出版后，地方志工作机构应当通过公共媒体向社会推介。

鼓励机关、团体、企业事业单位、其他组织以及公民查阅、摘抄地方志。

地方志工作机构应当为经济社会发展规划的制定、资源开发、基础建设、招商引资、减灾防灾等方面的活动提供服务，为公民、法人或者其他组织查阅地方志提供便利条件。

第二十一条 鼓励单位和个人编纂出版有助于经济社会发展的其他志书、地情文献。有条件的乡镇、村可以组织编纂志书。地方志工作机构应当对有关编纂活动给予业务指导，并做好备案工作。

第二十二条 县级以上人民政府及有关部门应当将地方志工作纳入本地区本部门工作绩效目标考核范围，对在地方志工作中成绩突出的单位和个人，给予表彰和奖励。

第二十三条 每年5月18日为本自治区地方志工作宣传日。

第二十四条 违反本办法规定，不按照规定的地方志资料种类和期限报送有关资料的，由县级以上人民政府责令限期改正；逾期不改正的，给予通报批评。

第二十五条 违反本办法规定，擅自编纂出版以县级以上行政区域名称冠名的地方志书、地方综合年鉴的，由地方志工作机构提请本级人民政府出版行政部门依法查处。

第二十六条 违反本办法规定，未经审查验收、批准将地方志文稿交付出版，或者地方志存在违反宪法、法律、法规规定内容的，由上级人民政府或者本级人民政府责令采取相应措施予以纠正，并视情节追究有关单位和个人的责任；构成犯罪的，依法追究刑事责任。

第二十七条 地方志编审委员会的组成人员在地方志审查验收活动中，弄虚作假、徇私舞弊的，由地方志工作机构报本级人民政府取消其成员资格，并建议有关部门依法给予处分。

地方志工作机构及其工作人员在地方志工作中，滥用职权、弄虚作假、徇私舞弊的，对直接负责的主管人员和其他直接责任人员依法给予处分。

第二十八条 本办法自2008年1月1日起施行。

银川市人民政府令

〔2015〕第1号

《银川市地方志工作规定》已经2014年12月12日第26次常委会审议通过，现予公布，自2015年2月5日起施行。

银川市市长：马力

二〇一五年一月四日

银川市地方志工作规定

第一条 为全面、客观、系统地编纂地方志，科学、合理地开发利用地方志资源，发挥地方志资政、存史、育人的作用，根据国务院《地方志工作条例》和《宁夏回族自治区〈地方志工作条例〉实施办法》，结合本市实际，制定本规定。

第二条 本规定所称地方志，包括地方志书、地方综合年鉴和地方志资料年报。

地方志书，是指全面系统地记述本行政区域自然、政治、经济、文化和社会的历史与现状的资料性文献。地方志书分为市级、县（市）区级和乡（镇）级。

地方综合年鉴，是指系统记述本行政区域自然、政治、经济、文化、社会等方面情况的年度资料性文献。地方综合年鉴包括市级和县（市）区级。

地方志资料年报，是指全面记述本行业内各项事业发展情况的年度性资料。

第三条 本市行政区域的地方志工作适用本规定。

第四条 市、县（市）区人民政府应当加强对本行政区域地方志工作的领导，建立健全地方志工作机构，明确人员编制，将地方志工作纳入当地国民经济和社会发展规划、年度工作计划、政府年度目标任务和年度工作考核内容。地方志工作所需经费列入本级财政预算。

乡（镇）人民政府负责本行政区域地方志工作，并接受县（市）区人民政府地方志工作机构的业务指导。

第五条 市、县（市）区人民政府地方志工作机构负责具体组织实施本行政区域的地方志工作，履行下列职责：

（一）宣传、贯彻有关地方志工作的法律、法规、规章和政策；

（二）拟订地方志工作规划和编纂方案；

（三）组织、指导、督促、检查、考核地方志工作；

（四）组织编纂地方志书、地方综合年鉴和相关地情文献，审查验收地方志书；

（五）组织地情调查研究，搜集、整理、保存地方志和地情文献，开发利用地方志资源，开展地情咨询服务；

（六）培训地方志编纂人员，开展地方志理论研究、地方志工作对外交流与合作；

（七）完成本级人民政府和上级人民政府地方志工作机构交办的其他事项。

第六条 上级地方志工作机构应当加强对下级地方志工作机构的业务指导和考核，及时研究解决地方志编纂工作中的重要问题。

地方志编纂工作涉及有争议的重要事项，市、县（市）区人民政府地方志工作机构应当征求有关专家、学者或者有关社会组织、相关人士的意见，提出修改意见，并报本级人民政府和上级人民政府地方志工作机构审定。

第七条 市、县（市）区各级机关、人民团体、企事业单位和其他社会组织，以及中央直属、自治区直属驻地机构和驻地部队应当按照所在地人民政府地方志工作规划和任务，明确本单位地方志编纂人员，参与地方志编纂，并接受所在地人民政府地方志工作机构的业务指导和督促检查，按照规定的期限和质量标准完成资料报送和地方志编修任务。

第八条 市、县（市）区人民政府地方志工作机构可以通过查阅、摘抄、复制、购买等方式收集地方志资料。机关、企事业单位和社会团体有义务向地方志工作机构提供地方志资料。对征用个人拥有的地方志资料，可以支付适当报酬。

有关单位和个人不得故意提供虚假地方志资料。涉及国家秘密、商业秘密和个人隐私以及不符合档案开放条件的，按照国家和自治区有关规定执行。

第九条 市、县（市）区人民政府应当建立健全和实施本行政区域地方志资料年报制度。

市、县（市）区人民政府地方志工作机构负责确定地方志资料年报承报单位，并根据地方志资料年报工作需要进行调整。

地方志资料年报承报单位应当按照地方志资料年报制度规定，于每年2月底前完成上年度地方志资料年报编写任务，并报本级人民政府地方志工作机构验收。

第十条 地方志编纂人员实行专兼职人员相结合，并接受地方志工作机构组织的专业岗位培训。编纂地方志应当吸收各个领域的专家、学者和相关人士参加。

第十一条 地方志编纂人员应当恪尽职守，客观公正，据事直书，忠于史实；任何单位和个人不得明示或者暗示编纂人员在地方志中作虚假记述。

第十二条 市、县（市）区地方综合年鉴应当逐年编纂，连续出版，公开发行。

第十三条 编纂出版地方志书、地方综合年鉴应当严格遵守中国地方志指导小组《地方志书质量规定》和地方综合年鉴编纂出版的相关要求，从篇目设计、资料征集、编写、审查验收和出版等环节实行质量监控。

第十四条 地方志编纂应当遵守国家有关保密工作的法律、法规和保密工作部门的有关规定；涉及军事内容的，还应当遵守中央军委关于军事志编纂的有关规定。

第十五条 市、县（市）区人民政府地方志工作机构应当组织有关部门和专家、学者、相关人士对当地地方志稿进行评议。未经全稿评议的地方志稿不得提交审定。

第十六条 审查验收地方志书，应当组织有关保密、档案、军事、民族、宗教等方面的专家参加，并充分听取专家的意见。对专家的意见应当记录在案，不予采纳的，应当说明理由。

第十七条 凡列入规划的地方志书经审查验收合格后，方可公开出版。

以乡（镇）行政区域名称冠名的地方志书由本级人民政府组织初审、县（市）区人民政府组织的地方志书审查验收机构组织复审、市人民政府组织的地方志书审查验收机构组织终审。

以县（市）区行政区域名称冠名的地方志书由本级地方志书审查验收机构组织初审、市人民政府组织的地方志书审查验收机构组织复审、自治区地方志编审委员会终审。

以市行政区域名称冠名的地方志书由本级地方志书审查验收机构组织审查后，报自治区地方志编审委员会审查验收。

对列入编纂规划的部门（行业）志书，由有关部门（行业主管单位）组织编纂完成后，报同级地方志书审查验收机构审查验收。

第十八条 以市、县（市）区、乡（镇）行政区域冠名的地方志书、地方综合年鉴，在出版后 3 个月内，应当向上级人民政府地方志工作机构备案，并报送出版物 50 本及其电子文本。

政府部门、行业组织、社会团体、企事业单位可以编纂各自的志书、年鉴。编纂过程中应当按照隶属关系或者注册登记关系接受本级人民政府地方志工作机构的业务指导，在出版后 3 个月内，应当向本级人民政府地方志工作机构备案，并报送出版物 50 本及其电子文本。

第十九条 市、县（市）区人民政府应当建立地方志馆（室），收藏地方志和地情文献，向社会免费开放。

第二十条 市、县（市）区人民政府应当支持地方志工作信息化建设，并将其纳入本级人民政府信息化发展规划。市、县（市）区人民政府地方志工作机构应当建立地情信息库和地情网站。公民、法人和其他组织可以利用上述信息库、网站查阅和摘抄地方志。

第二十一条 市、县（市）区人民政府或者人民政府地方志工作机构对在地方志工作中做出突出成绩和贡献的单位、个人应当给予表彰和奖励。

向地方志馆（室）捐赠或者提供地方志和地情文献的单位和个人，市、县（市）区人民政府地方志工作机构应当向其颁发入藏证书。对有突出贡献者，由市、县（市）区人民政府颁发荣誉证书。

第二十二条 承担地方志工作任务的单位有下列行为之一的，由所在地人民政府地方志工作机构督促其限期改正；逾期不改正的，由所在地人民政府地方志工作机构提请本级人民政府或者其上级主管部门，对直接负责的主管人员和其他直接责任人员给予通报批评或问责处理：

（一）拒绝承担或者无故拖延地方志编纂任务、地方志资料年报、地方年鉴资料报送任务的；

（二）拒绝向上级或本级人民政府地方志工作机构报送出版物及其电子文本并备案的；

（三）故意提供虚假地方志资料的。

第二十三条 市、县（市）区人民政府地方志工作机构及其工作人员有下列行为的，由任免机关或者监察机关按管理权限对直接负责的主管人员和其他直接责任人员依法给予处分：

（一）故意在地方志编纂中加入虚假资料的；

（二）故意损毁地方志资料的；

（三）故意将征集到的地方志资料和编写的地方志文稿据为己有的；

（四）擅自将地方志稿作为个人著作发表的；

（五）地方志书和地方综合年鉴经审查验收合格后，擅自删增和篡改其内容的；

（六）未按照规定对报送的地方志书进行审查验收，未履行相关指导和监督职责的。

第二十四条 个人故意提供虚假地方志资料的，各级人民政府地方志工作机构应当收回其报酬；对有其他违法情节的，依据相关法律、法规进行处罚。

第二十五条 有关单位或者个人违反本规定，由上级人民政府地方志工作机构提请本级人民政府予以通报批评，追究相关责任人的责任。

第二十六条 地方志书经审查验收出版后，存在违反宪法、法律、法规规定内容的，由同级或者上级人民政府责令采取相应措施予以纠正，并视情节轻重追究有关单位和个人的责任。

第二十七条 市、县（市）区人民政府地方志工作机构应当加强对地方志工作的监督检查，发现违法编纂、出版地方志行为的，应当提请本级人民政府出版行政主管部门依法查处。

第二十八条 本规定自 2015 年 2 月 5 日起施行。

新疆维吾尔自治区人民政府令

〔2009〕第162号

《新疆维吾尔自治区实施〈地方志工作条例〉办法》已经2009年3月23日自治区第十一届人民政府第7次常务会议讨论通过，现予公布，自2009年6月1日起施行。

自治区主席：努尔·白克力

二〇〇九年四月七日

新疆维吾尔自治区实施《地方志工作条例》办法

第一条 为了加强自治区地方志编纂工作，科学、合理地开发利用地方志，发挥地方志在促进自治区经济社会发展中的作用，根据国务院《地方志工作条例》和有关法律、法规，结合自治区实际，制定本办法。

第二条 本办法所称地方志，包括以县级以上行政区域名称冠名的地方志书、地方综合年鉴。

第三条 在自治区行政区域内，地方志编纂、管理和开发利用工作，适用本办法。

第四条 县级以上人民政府应当加强对本行政区域地方志工作的领导，将地方志工作纳入国民经济和社会发展规划，加强地方志工作基础设施建设和信息化建设，逐步建立地方志馆、地方志资料库和地方志网站，发挥地方志资治、存史、育人的作用。

地方志工作所需经费列入本级财政预算。

第五条县级以上人民政府地方志工作机构主管本行政区域的地方志工作，在本级地方志编纂委员会指导下，履行下列职责：

（一）组织、指导、督促和检查地方志工作；

（二）拟订地方志工作规划和地方志书编纂方案；

（三）组织编纂、出版本行政区域的地方志书、地方综合年鉴；

（四）搜集、整理、保存地方志资料、组织整理旧志；

（五）推动地方志理论研究与宣传工作，培训地方志工作人员；

（六）组织开发利用地方志资源，为社会提供服务；

（七）本级人民政府和上级地方志工作机构交办的其他事项。

第六条 自治区地方志工作机构负责制定自治区地方志编纂总体工作规划，经自治区人民政府批准后组织实施，并报国家地方志工作指导机构备案。

州、市（地）、县（市）地方志工作机构应当根据自治区地方志编纂总体工作规划，制定本行政区域地方志工作规划，经本级人民政府批准后组织实施，并报上一级地方志工作机构备案。

第七条 县级以上人民政府地方志工作机构组织编纂以本行政区域名称冠名的地方志书，应当制定编纂方案；编纂方案经本级人民政府批准后，报上一级地方志工作机构备案。

第八条 按照编纂方案承担地方志编纂任务的有关机关、社会团体、企事业单位和其他社会组织（以下简称承编单位），应当确定编纂人员，给予经费和物质保障，按照规定的时间和质量要求完成编纂任务。

第九条 地方志编纂人员实行专兼职相结合的制度。专职工作人员应当经过专业岗位培训，具备相应的专业知识。

编纂地方志应当吸收有关方面的专家、学者和相关的少数民族人士参加。

地方志编纂人员应当恪尽职守，客观公正，据事直书，忠于史实。任何单位和个人不得明示或者暗示编纂人员在地方志中作虚假记述。

第十条 县级以上人民政府地方志工作机构可以向机关、社会团体、企事业单位和其他组织及个人征集文字、图表、照片、音像、电子文本、实物等地方志资料，有关单位和个人应当提供支持。

地方志工作机构可以对有关资料查阅、摘抄、复制，但涉及国家秘密、商业秘密和个人隐私以及不符合档案开放条件的除外。

第十一条 机关、社会团体、企事业单位和其他组织撤销、合并的，应当将所存地方志资料移送有关部门保存。档案法另有规定的，从其规定。

资料移送前，任何单位或者个人不得损毁、出让或者据为己有。

第十二条 编纂地方志应当符合下列要求：

（一）符合宪法、保密、档案等法律、法规的规定；

（二）全面、客观地反映本行政区域自然、政治、经济、文化和社会的历史与现状；

（三）符合地方志书的体例格式；

（四）文字表述准确、精练；

（五）标点符号、计量单位和数字的使用规范、标准；

（六）装帧印刷符合出版要求。

第十三条 地方志书审查验收按照下列规定进行：

（一）自治区地方志书各分志，由承编单位编纂委员会初审，报自治区地方志工作机构审查验收；

（二）州、市（地）地方志书，由本级地方志编纂委员会初审，报自治区地方志工作机构审查验收；

（三）县（市、区）地方志书，由本级地方志编纂委员会初审、上一级地方志工作机构复审，报自治区地方志工作机构审查验收。

第十四条 地方综合年鉴审定按照下列规定进行：

（一）自治区地方综合年鉴，由自治区地方志编纂委员会审定；

（二）州、市（地）地方综合年鉴，由本级地方志编纂委员会初审，自治区地方志工作机构审定；

（三）县（市、区）地方综合年鉴，由本级地方志编纂委员会初审，州、市（地）地方志工作机构审定。

第十五条 以县级以上行政区域名称冠名的地方志书经审查验收，方可公开出版；以县级以上行政区域名称冠名的地方综合年鉴经审定，报本级人民政府或者其确定的部门批准，方可公开出版。

地方志书出版后，应当向国家图书馆、中国版本图书馆和新闻出版部门无偿提供藏书。

汉文地方志书出版后应当翻译、出版相应的少数民族文字版本。

第十六条 以县级以上行政区域名称冠名的地方志书一般每20年编修一次；以县级以上行政区域名称冠名的地方综合年鉴逐年编辑。

第十七条 地方志书、地方综合年鉴为职务作品，参与编纂的人员享有署名权，并可以根据国家有关规定获得适当报酬。

第十八条 县级以上人民政府地方志工作机构应当加强地方志资源的开发利用，开拓用志范围，向社会公开地方志文献资料，为需要查询地方志有关内容的公民、法人和其他组织提供便利。

第十九条 县级以上人民政府对在地方志工作中成绩显著的单位、个人给予表彰和奖励。

第二十条 地方志编纂人员在地方志中作虚假记述的，由其所在单位给予处分；有关单位或者个人明示或者暗示地方志编纂人员在地方志中作虚假记述的，由县级以上人民政府地方志工作机构提请本级人民政府给予通报批评，对直接责任人员给予处分。

第二十一条 承编单位拒绝承担编纂任务，或者不按照规定的时间和质量要求完成编纂任务的，由县级以上人民政府地方志工作机构责令限期改正，并可给予通报批评。

第二十二条 地方志工作机构的工作人员在编纂过程中，滥用职权、徇私舞弊、玩忽职守，由其所在单位或者有关主管部门给予处分；构成犯罪的，依法追究刑事责任。

第二十三条 违反本办法规定，应当给予处罚的其他行为，依照有关法律、法规的规定执行。

第二十四条 需要且有条件编纂部门志、乡（镇）志以及其他志书的，参照本办法执行。

第二十五条 本办法自2009年6月1日起施行。

后　记

新编地方志工作开展30多年来已取得巨大成就，法制化建设更是日臻完善，2003年出台了《四川省地方志工作条例》，2005年发布了《山东省地方史志工作条例》和《铁路修志工作规定》。特别是2006年国务院颁布实施《地方志工作条例》以来，地方志事业进入新的发展阶段。正如中国社会科学院原副院长、中国地方志指导小组原常务副组长朱佳木在《深入学习贯彻〈地方志工作条例〉努力开创地方志工作新局面》一文中强调指出："《条例》的颁布施行是地方志发展史上的一座里程碑，其意义极为重要和深远"，"《条例》的制定与颁布施行，是贯彻'依法治国''加强文化法治建设'和'重视哲学社会科学领域立法工作'等一系列方略、方针的具体体现"，标志着中国地方志工作和事业发展已进入"依法修志"的全新阶段。此后，国家部委和各地的修志编鉴工作被纳入法制化发展的轨道。中华人民共和国铁道部、地方人大常委会、各级地方人民政府及其工作部门，陆续出台了有关地方志工作的行政法规和地方性法规、部门规章和政府规章及行政规范性文件，有的省如山东基本上实现了省市县三级全覆盖。与此同时，全国地方志系统有关法规、规章等文件的汇编工作亦提上议事日程。

2015年之前，依照中国地方志指导小组办公室的职能职责分工，由联络处负责编辑《中国方志通讯》，并及时将全国各地出台的有关地方志工作的法规规章及行政规范性文件作了初步整理汇编。2012年4月19日至20日，全国省级地方志工作机构主任会议在湖北宜昌召开，此次会议材料由联络处负责汇编，时任中国地方志指导小组办公室党组书记田嘉、中国地方志指导小组秘书长兼办公室主任李富强指示我们，将平时积累汇编的材料再行梳理，遂在会议材料后附录了《全国地方志系统出台地方志工作规划一览表》和《全国地方志系统出台法规及规章一览表》，以供大家参考。会后我们又对所收集的材料进行了补充，对此田嘉书记和李富强秘书长高度重视，令我们做好汇编成书的准备。2013年12月25日，我们与方志出版社签订了出版该汇编的合同，准备于2014年出版。后因种种缘故未能如期进行，被耽搁下来。

2015年5月，中国地方志指导小组办公室在新一届领导班子领导下，各处室进行调整，职能职责重新界定，联络处更名为科研处，工作任务和范畴有了新的调整。今年正值国务院《地方志工作条例》颁布施行十周年，为隆重纪念这一重要事件，主管科研处的中国地方志指导小组副秘书长兼办公室副主任冀祥德对此项工作高度重视，要求我们尽快完成未竟工作，务必在十周年纪念活动之前完成汇编，如期出版，以体现在中国地方志指导小组及其办公室领导下，全国地方志工作和事业发展在法制化建设方面所取得的可喜局面。

遵照地方志办公室领导的指示要求，我们又对历年以来积累、收集、整理的汇编作了补充和完善。此项前期工作大多是由科研处主任科员、副研究员周勇进博士完成的，主任科员、助理研究员刘丹做了一些协助性工作，科研处处长、研究员张英聘进行了统稿，最后由张英聘、周勇进对全书做了补充与校核。本汇编的编辑出版得到了全国地方志系统各部门及各位同仁的大力支持和帮助，尤其在后期材料的补充及校核方面帮助良多，在此特致谢忱和诚挚的敬意！

编　者

2016 年 3 月 26 日

图书在版编目（CIP）数据

全国地方志法规、规章及行政规范性文件汇编 / 中国地方志指导小组办公室编. —北京：方志出版社，2016. 4

ISBN 978-7-5144-1992-4

Ⅰ. ①全… Ⅱ. ①中… Ⅲ. ①地方志-编辑工作-汇编-中国 Ⅳ. ①K290

中国版本图书馆 CIP 数据核字（2016）第 088331 号

全国地方志法规、规章及行政规范性文件汇编

编　　者：中国地方志指导小组办公室
责任编辑：黄　彦

出 版 人：冀祥德
出 版 者：方志出版社
地址　北京市朝阳区潘家园东里 9 号（国家方志馆 4 层）
邮编　100021
网址　http：//www. fzph. org
发　　行：方志出版社发行中心
电话（010）67110500
经　　销：各地新华书店
印　　刷：北京印刷集团有限责任公司印刷二厂

开　　本：787×1092　1/16
印　　张：56. 25
字　　数：1167 千
版　　次：2016 年 4 月第 1 版　2016 年 4 月第 1 次印刷
印　　数：0001～2000 册

ISBN 978-7-5144-1992-4　**定价**：180. 00 元

煤基化学反应机理

贺振富　著

中国石化出版社

内 容 提 要

本书采用经典的原子(分子)轨道理论和杂化轨道理论，对煤化工领域涉及的重要化学反应的历程、反应中间态以及如何生成最终产物进行了详尽的推导和机理分析，首次将单原子轨道理论应用于较为复杂的反应体系。在本书涉及的化学反应中，其理论推导的最终产物与实际反应的表征产品完全吻合，充分说明书中选用的理论研究方法切实可行、可靠，这为广大从业人员提供了研究科学问题、探讨反应机理的新思路、新方法。

本书适合于化学化工类及相关领域的科技工作者和高等院校相关专业师生阅读。

图书在版编目(CIP)数据

煤基化学反应机理／贺振富著．—北京：中国石化出版社，2022.10

ISBN 978-7-5114-6868-0

Ⅰ.①煤… Ⅱ.①贺… Ⅲ.①煤化工-化学反应 Ⅳ.①TQ53

中国版本图书馆 CIP 数据核字(2022)第 170412 号

中国石化出版社出版发行

地址：北京市东城区安定门外大街 58 号

邮编：100011　电话：(010)57512500

发行部电话：(010)57512575

http://www.sinopec-press.com

E-mail:press@sinopec.com

北京科信印刷有限公司印刷

全国各地新华书店经销

*

787×1092 毫米 16 开本 27.25 印张 633 千字

2023 年 1 月第 1 版　2023 年 1 月第 1 次印刷

定价：298.00 元

PREFACE 前言

我国煤炭资源相对丰富，近年来煤基化学研究方兴未艾。煤基化学研究最早起源于德国。1913 年，弗里德里希·卡尔·鲁道夫·贝吉乌斯(Friedrich Karl Rudolf Bergius)发明了煤炭在高温高压条件下催化加氢合成液体燃料的技术，并获得世界上第一个煤直接液化专利，该专利技术为当时德国解决石油短缺发挥了重要作用，贝吉乌斯因此获得了 1931 年诺贝尔化学奖。此后 100 多年间，各国学者在该领域不断探索研究，多项煤基化学反应技术实现了工业化。但煤基化学反应涉及的深层次科学问题——煤基化学反应机理研究仍然存在诸多困惑，不能揭示其化学反应的本质。

多年来，科学家们采用实验方法和近年来发展起来的分子模拟技术研究化学反应机理，多数研究还停留在基元反应阶段，尚不清楚催化剂在整个反应过程中对每一步反应是如何持续发挥作用的。在化学反应中，反应生成的中间过渡态物质处于高能态，当受到外界光、电、磁、射线等能量场作用时，中间过渡态物质瞬间就会发生变化，实验方法捕捉到的孤立信息是发生变化后的信息，也可能是实际反应中不存在的信息，而且这种孤立的信息也不能详细说明催化反应过程中反应物与催化剂之间相互作用生成的中间过渡态物质、反应步骤和反应路径等问题，况且在复杂的反应体系中捕捉到的这些信息既无法分辨其来源，也无法分清楚是单一信息还是叠加信息等。采用分子模拟理论计算来研究反应机理也存在相同或类似的困惑，均不能完整阐明反应机理的本质。

《煤基化学反应机理》一书中所采用的研究方法是原子(分子)轨道理论和杂化轨道理论，是近现代物理和化学的经典理论，已被科学界广泛接受和认可。1913 年，丹麦物理学家尼尔斯·波耳(Niels Henrik David Bohr)提出了原子轨道理论(atomic orbital theory)，荣获了 1922 年诺贝尔物理学奖。1926 年，奥地利物理学家薛定谔因发展了原子轨道理论，和狄拉克(Paul Dirac)共获 1933 年诺贝尔物理学奖。美国化学家罗伯特·马利肯基于研究化学键和分子中的电子轨道方面的贡献而获得了 1966 年诺贝尔化学奖。杂化轨道理论(hybrid orbital theory)是 1931 年由莱纳斯·鲍林(Pauling L)等人在价键理论的基础上提出的，丰富和发展了现代价键理论，1954 年莱纳斯·鲍林因在化学键方面的贡献获得诺贝尔化学奖。

《煤基化学反应机理》是从化学反应的本质出发，尝试用原子(分子)轨道理论和杂化轨道理论等来分析反应物原子外层轨道电子与催化剂活性中心原子外层轨道电子在相互作用过程中迁移变化的规律，以及由于原子外层电子轨道结构变化而引起的物质结构的变化，并进一步对煤基化学反应过程中生成的中间过渡态物质、反应步骤及反应路径做出详细分析。这种分析，图文并茂、直观清晰、步骤完整、逻辑自洽，很好地解释了煤基化学反应的本质。

《煤基化学反应机理》主要介绍 CO 或 CO_2 催化加氢合成甲烷、甲醇、乙醇、乙二醇、1,4-丁二醇、二甲醚、甲酸、乙酸、草酸、甲醛、甲胺、乙烯、丙烯、丁烯、苯、甲苯、乙苯、二甲苯，合成氨和尿素，合成甲酸甲酯、乙酸甲酯、乙酸乙酯、草酸二甲酯，以及费托合成等反应过程，重点研究反应物与催化剂之间相互作用过程中可能存在的有规律的共性问题。

煤基化学反应常用的催化剂是硅铝催化剂和负载过渡金属催化剂。过渡金属元素是负载型催化剂的活性组元。硅铝催化剂活性取决于其酸性。硅铝催化剂酸性由硅铝催化剂中铝原子的氧原子配位数决定，2、3 配位的铝原子构成 Lewis(L)酸中心，L 酸中心 Al 原子外层有 1 个空轨道，具有吸引孤对电子的能力，这个空轨道就是 Lewis 酸中心的活性位。4、5 和 6 配位的铝原子构成 Brönsted(B)酸中心，B 酸中心能提供 H^+，配位数越高可释放出的 H^+ 数量就越多，其酸性越强、活性越高。稀土和过渡元素改性硅铝催化剂是通过提供晶格氧，增加催化材料中铝原子的氧配位数，来提高催化剂活性。

负载型催化剂在 C_1 转变为有机碳中起到重要作用。过渡金属元素首先与 H_2 分子反应生成 H^+、H^-，然后 H^+、H^- 再与 CO 或 CO_2 反应生成活性碳原子 C^*，活性碳原子 C^* 再与 H^+、H^- 反应生成中间体 $C_{\uparrow\downarrow}^{\bigcirc}H_2$。在中间体 $C_{\uparrow\downarrow}^{\bigcirc}H_2$ 结构中，C 原子外层有 4 个 sp^3 杂化轨道，其中 2 个 sp^3 杂化轨道与 H 原子外层 s 轨道重叠，生成 2 个 C—H 键，还有 1 个含有孤对电子的 sp^3 杂化轨道和 1 个空 sp^3 杂化轨道。

在甲烷、乙烯、甲醛、甲醇、乙醇、乙二醇和二甲醚等的氧化反应中，负载型催化剂起到重要作用。过渡金属离子首先与 O_2 分子反应生成 O^{2+}、O^{2-}，

O^{2+}与O^{2-}反应生成活性氧原子O^*，然后甲烷、乙烯、甲醛、甲醇、乙醇、乙二醇和二甲醚等再与活性氧原子O^*反应生成甲醛和羧酸等。活性氧原子O^*外层有4个sp^3杂化轨道，其中3个sp^3杂化轨道上都有孤对电子，第4个sp^3杂化轨道是空轨道。

在甲醇制烯烃、甲醇制芳烃及甲醇制二甲醚等反应中，硅铝催化剂起到重要作用。催化剂B酸中心提供H^+攻击甲醇分子中C—O键，C—O键断裂生成甲基正碳离子CH_3^+和水分子，B酸中心失去活性。失活B酸中心抽取甲基正碳离子CH_3^+的H^+恢复活性，甲基正碳离子CH_3^+失去H^+生成中间体$C_{\uparrow\downarrow}^{\bigcirc}H_2$。

中间体$C_{\uparrow\downarrow}^{\bigcirc}H_2$与$H^-$、$H^+$反应可生成甲烷分子。几个$C_{\uparrow\downarrow}^{\bigcirc}H_2$相互作用能生成乙烯、丙烯、丁烯和环戊烷、环己烷等。$C_{\uparrow\downarrow}^{\bigcirc}H_2$与环己烷反应可以生成甲烷和苯、甲苯、乙苯、二甲苯及多甲基苯等。$C_{\uparrow\downarrow}^{\bigcirc}H_2$与水分子反应能生成甲醇、乙醇和二甲醚等。费托合成反应中，合成气(CO与H_2)中H_2首先与铁基(钴基)催化剂反应生成H^+、H^-，然后H^+、H^-再与CO反应生成活性碳原子C^*，C^*再与H^+、H^-反应生成中间体$C_{\uparrow\downarrow}^{\bigcirc}H_2$。几个$C_{\uparrow\downarrow}^{\bigcirc}H_2$可以生成烷烃、烯烃和醇等分子，且生成的烯烃以α-烯烃为主。在煤基化学反应中，中间体$C_{\uparrow\downarrow}^{\bigcirc}H_2$是构成煤基化学反应产物的重要结构单元。

《煤基化学反应机理》是一本化学与化工方面的专业性读物，是作者对20多年来思考相关科学问题的总结，将多年来在研究催化剂活性及催化反应机理方面取得的一些阶段性的结果呈现给读者，以期抛砖引玉激发读者思考科学问题的兴趣，希望能为催化材料制备技术及煤基化学反应技术的创新发展提供启发和帮助。书籍编写过程中各章节完整独立，为了便于读者阅读，部分内容有重复，比如CO、CO_2、H_2和O_2结构，以及电负性数据等。

在本书编写出版过程中，得到国内许多学者和中国石化出版社编辑田曦、高丽鼎力支持，中国石化石油化工科学研究院刘俊博士完成第1章1.2.3分子模拟计算的编写工作，国能龙源环保有限公司钟洪玲博士提供了科技信息咨询，特此致以衷心的感谢。

由于才疏学浅，拙作不妥之处，敬请指正商榷。

贺振富

2022年9月5日于北京

CONTENTS 目录

第1章　含硅铝元素催化剂

1.1　硅铝催化剂活性

1.1.1　研究进展

含硅铝元素催化剂(硅铝催化剂)是常用的固体酸，在石油炼制与化工、煤化工及有机化工等领域应用较多。比如石油炼制与化工常用的硅酸铝催化剂就是硅铝催化剂，可分为全合成和半合成，全合成硅酸铝催化剂是由硅酸钠、硫酸铝、氢氧化镁等化工原料制成；半合成硅酸铝催化剂是在天然白土中添加黏结剂(硅溶胶或铝溶胶)制备成微球，合成硅酸铝催化剂因无晶体结构，又称为无定形硅铝催化剂。

全合成硅酸铝催化剂中的有害杂质(Fe、Na等)较少，热稳定性好，可耐900℃高温，比表面积600m²/g，孔径约5nm，有助于烃分子进入催化剂孔隙中进行反应，生成小分子产物。半合成硅酸铝催化剂改进了白土催化剂在活性、选择性方面的不足，同时使催化剂的成本大大降低。但是，合成硅铝催化剂的孔径分布窄、强酸中心不足又影响反应的选择性。通常，可利用天然高岭土提供硅源和铝源，制浆、喷雾成微球，再经高温焙烧，在高温焙烧高岭土中加碱性介质和晶化助剂，进行原位晶化，铵和稀土交换后600℃焙烧1~2h，把部分高温焙烧高岭土转化为Y型沸石，合成了全白土催化剂。随着硅铝催化剂技术发展，分子筛催化剂得到广泛应用。分子筛催化剂是以含氧化铝/氧化硅的材料为基质，添加分子筛如ZSM型、Y型和X型等合成催化剂，这类催化剂的活性稳定性高、选择性好。还有一些硅铝催化剂同样以含氧化铝、氧化硅或氧化铝/氧化硅的材料为基质，负载活性元素如过渡元素等形成负载型催化剂。硅铝催化剂活性一直是科技工作者探究的主要问题之一，经过了近百年研究，取得重大成就，认为催化剂的活性与其酸性密不可分，其酸性研究备受瞩目。

固体酸概念来自液体酸。1923年，丹麦化学家Brönsted和英国化学家Lowry提出了酸碱质子理论，认为酸是质子的给予体，碱是质子的接受体。同年，美国化学家Lewis提出了一个更为广泛的酸碱理论，即电子理论[1]。Lewis认为，能接受电子对的物质就是酸，能提供电子对的物质就是碱。1934年，Whitmore[2]就提出了固体表面酸性位即活性中心的概念，引发了人们对固体酸催化剂活性与酸性的研究。Grenall[3,4]定量研究了蒙脱土催化剂的酸量，并证明了催化剂的催化活性与其酸量有关。Thomas等[5]研究了催化剂中Si/Al原子比与催化剂酸量之间的关系，为日后合成分子筛催化剂提供了指导。1950年，Milliken等[6]给出了硅铝催化剂的L酸中心结构。在此基础上，Tamele和Hansford[7,8]又提出了L酸中心与水作用形成B酸中心的观点。Benesi[9]在量化研究裂化催化剂的酸性强弱时，引入了酸强度(H_0)的概念。Moscou等[10]研究分子筛催化剂的酸性时发现，催化剂的活性与其H_0有关，并首次用H_0划分强酸中心和弱酸中心。Lunsford[11]认为，USY分子筛裂化活性的增加与B

酸中心强度增加密切相关。许本静[12]在研究催化裂化催化剂发展史时总结了B酸的形成过程，提到高岭土结构中，由于Al原子空轨道吸引水分子中氧原子外层的孤对电子，即吸引OH^-，产生H^+，形成B酸中心。

近十几年，一些先进的研究方法和分析表征技术用于催化剂酸性研究，可以更好地定性或定量测定催化剂的酸强度及酸量[13~16]。但是，相关研究主要集中在催化剂酸性和反应活性方面[17~20]，对于酸中心的形成机理及其结构特性认识仍然不足。

1.1.2 硅铝催化剂酸性分析

还有研究[21]认为，含硅铝元素的固体酸催化剂的酸性与其组成、结构密切相关，与硅氧四面体、铝氧多面体结构的形成方式密切相关。

1.1.2.1 硅氧四面体形成及其结构特性

按照元素周期表和杂化轨道理论，硅原子Si^{14}外层电子排布是$3s^2 3p^2$，经sp^3杂化形成4个sp^3杂化轨道，每个sp^3杂化轨道上都有1个未成键电子，生成4个含有未成键电子的sp^3杂化轨道。氧原子O^8外层电子排布是$2s^2 2p^4$，经sp^3杂化生成4个sp^3杂化轨道，其中有2个含有孤对电子的sp^3杂化轨道，还有2个含有未成键电子的sp^3杂化轨道。

图1-1是硅氧四面体结构形成分析。图1-1(a)是Si、O原子外层sp^3杂化轨道。在图1-1(b)中，1个Si原子外层4个含有未成键电子的sp^3杂化轨道分别与4个O原子外层含有未成键电子的sp^3杂化轨道相互作用，共用4对电子生成4个Si—O共价键，即4个O原子和1个Si原子通过4个Si—O键形成了4配位的正四面体结构[SiO_4]，其空间结构如图1-1(c)所示。在[SiO_4]正四面体结构中，Si原子外层既不存在可吸引孤对电子的空轨道，也不存在平衡结构电荷的H原子/离子或可被H原子/离子交换的Na等金属原子/离子，说明[SiO_4]正四面体结构既无L酸的特性，又无可提供H^+的B酸的特性，即[SiO_4]正四面体结构无酸性。所以，硅铝催化剂的酸性与Si原子无关。

在图1-1(c)的[SiO_4]正四面体结构中，每个O原子外层都有1个含有未成键电子的sp^3杂化轨道，它们均可以与邻近的Si原子或Al原子成键，生成Si—O—Si或Si—O—Al结构，使材料结构继续向空间延伸或拓展，这种O原子属于桥氧原子；此外，这些O原子也可以与H原子或Na原子结合成键，生成Si—O—H或Si—O—Na结构，H或Na原子终止了O原子延伸和拓展空间的作用，形成了材料结构的边界或缺陷，这种O原子属于非桥氧原子。

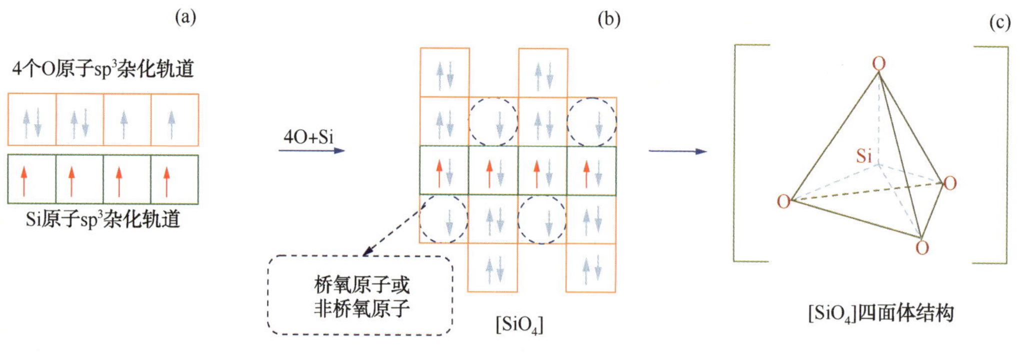

图1-1 [SiO_4]正四面体结构形成分析

1.1.2.2 B 酸中心

前面讨论了硅铝催化剂中 Si 原子的作用，接下来重点分析 Al 原子在硅铝催化剂中的作用。铝原子 Al^{13} 外层电子排布是 $3s^2 3p^1 3d^0$，其外层轨道杂化有三种方式：sp^3、sp^3d 和 sp^3d^2 杂化。sp^3 杂化生成 4 个 sp^3 杂化轨道，有 3 个含有未成键电子的 sp^3 杂化轨道和 1 个空的 sp^3 杂化轨道；sp^3d 杂化生成 5 个 sp^3d 杂化轨道，有 3 个含有未成键电子的 sp^3d 杂化轨道和 2 个空的 sp^3d 杂化轨道；sp^3d^2 杂化生成 6 个 sp^3d^2 杂化轨道，有 3 个含有未成键电子的 sp^3d^2 杂化轨道和 3 个空的 sp^3d^2 杂化轨道。氧原子 O^8 外层电子排布是 $2s^2 2p^4$，sp^3 杂化生成 4 个 sp^3 杂化轨道，2 个含有孤对电子的 sp^3 杂化轨道和 2 个含有未成键电子的 sp^3 杂化轨道。下面就 Al 原子与不同 O 原子配位数形成的结构及其特性进行分析。

(1) 4 配位 B 酸中心

图 1-2 为 4 配位 B 酸中心形成过程分析。图 1-2(a)是 Al、O 原子外层 sp^3 杂化轨道。在这里，Al 原子外层轨道按照 sp^3 方式杂化，生成 4 个 sp^3 杂化轨道，其中有 3 个含有未成键电子的 sp^3 杂化轨道和 1 个空的 sp^3 杂化轨道。在图 1-2(b)中，Al 原子外层有 4 个 sp^3 杂化轨道，其中 3 个含有未成键电子的 sp^3 杂化轨道分别与 3 个 O 原子外层含有未成键电子的 sp^3 杂化轨道重叠，共用 3 对电子生成 3 个 Al—O 共价键，第 4 个 O 原子提供的含有未成键电子的 sp^3 杂化轨道与 Al 原子外层空的 sp^3 杂化轨道重叠，重叠轨道上只有 O 原子提供的 1 个电子，这样就形成了由 4 个 O 原子和 1 个 Al 原子构成的正四面体结构[AlO_4]。在[AlO_4]结构中，Al 原子外层空的 sp^3 杂化轨道与第 4 个 O 原子提供的含有未成键电子的 sp^3 杂化轨道重叠处，只有 1 个未成键电子，当外层含有 1 个价电子的原子，如 H 原子或 Na 原子的 s 轨道与上述重叠轨道相互作用再次重叠，并提供了 1 个电子时，这样就形成了 1 个由 3 个原子(Al、O 和 H 或 Na 原子)共用 1 对电子的结构，即 3 中心 2 电子结构，这 2 个电子分别来自 O 原子和 H 原子或 Na 原子，如图 1-2(c)所示。这样，1 个 Al 原子与 4 个 O 原子和 1 个 H 原子或 1 个 Na 原子形成 4 配位正四面体结构，即 H[AlO_4]或 Na[AlO_4]结构，结构呈电中性。Na[AlO_4]结构中的 Na 原子可被 H 原子置换，形成 H[AlO_4]结构，其空间结构如图 1-2(d)所示。在 H[AlO_4]结构中，它具有释放 1 个 H^+ 的可能，所以，H[AlO_4]是四配位 B 酸中心，即弱 B 酸中心。

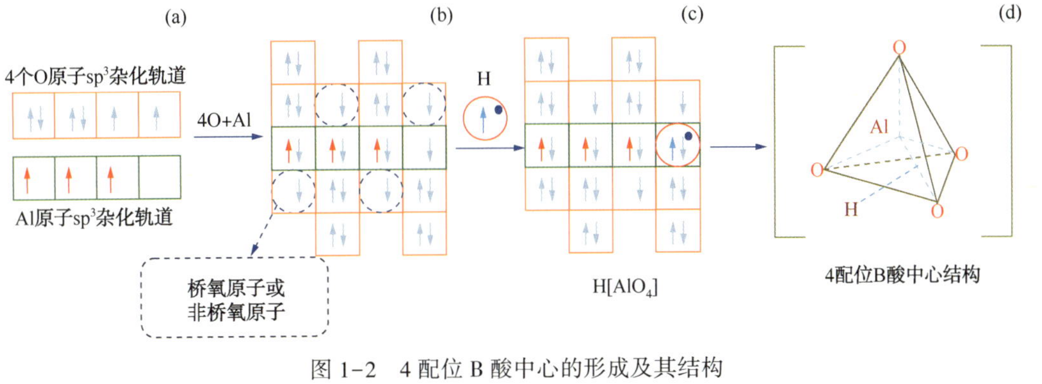

图 1-2 4 配位 B 酸中心的形成及其结构

在 H[AlO_4]正四面体结构中，4 个 O 原子还各有 1 个未成键的 sp^3 杂化轨道，它们可以与邻近的 Si 原子或 Al 原子结合成键，生成 Al—O—Si 或 Al—O—Al 结构，使材料结构继续向空间延伸和拓展，这种 O 原子属于桥氧原子；同时，它们也可以与 H 原子或 Na 原子成键，形成 Al—O—H 或 Al—O—Na 结构，H 或 Na 原子终止了 O 原子延伸和拓展空间的作用，形成了材料的边界和缺陷，这种 O 原子属于非桥氧原子。

（2）5 配位 B 酸中心

图 1-3 为 5 配位 B 酸中心形成过程分析。图 1-3(a)是 Al 原子外层 sp^3d 杂化轨道和 O 原子外层 sp^3 杂化轨道。在这里，Al 原子外层轨道进行 sp^3d 杂化，生成 5 个 sp^3d 杂化轨道。在图 1-3(b)中，Al 原子外层 3 个含有未成键电子的 sp^3d 杂化轨道与 3 个 O 原子外层含有未成键电子的 sp^3 杂化轨道重叠，共用 3 对电子生成 3 个 Al—O 共价键，第 4、第 5 个 O 原子外层含有未成键电子的 sp^3 杂化轨道与 Al 原子外层第 4、第 5 个空的 sp^3d 杂化轨道重叠，这 2 个重叠轨道可与外层含有 1 个价电子的原子如 H 原子或 Na 原子的 s 轨道再次重叠，共用 2 对电子生成 2 个 3 中心 2 电子结构，即 $H_2[AlO_5]$ 或 $Na_2[AlO_5]$，其电子轨道结构如图 1-3(c)所示。$H_2[AlO_5]$ 或 $Na_2[AlO_5]$ 是由 1 个 Al 原子与 5 个 O 原子和 2 个 H 原子或 2 个 Na 原子形成的 5 配位正四方锥或三角双锥结构，其空间结构如图 1-3(d)和图 1-3(e)所示。如果 $Na_2[AlO_5]$ 结构中的 Na 原子被 H 原子取代形成 $H_2[AlO_5]$ 结构，这种结构具有释放 2 个 H^+ 的可能，$H_2[AlO_5]$ 结构是 5 配位的强 B 酸中心。

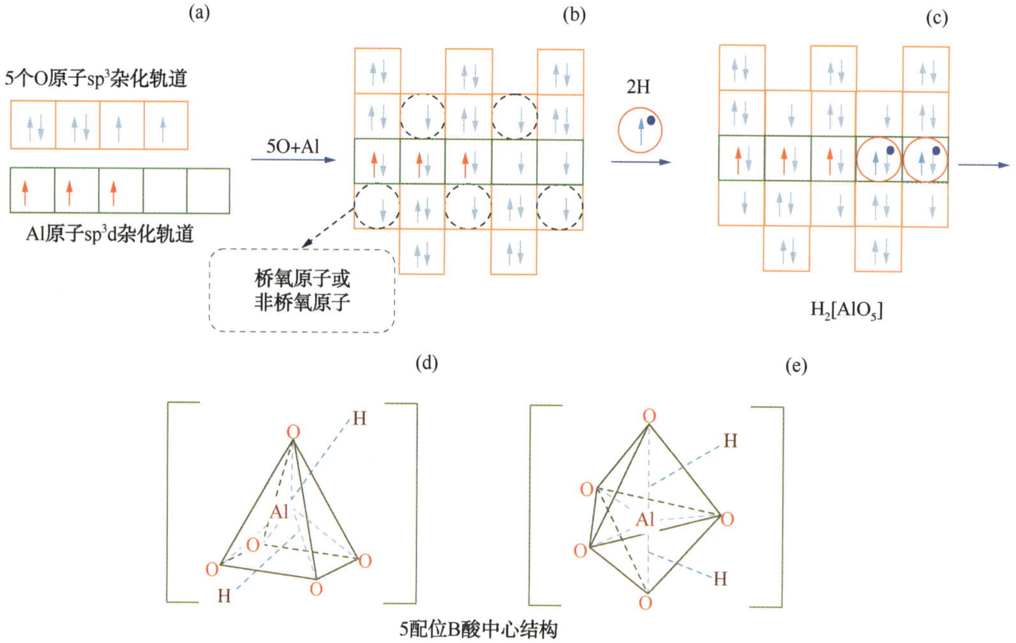

图 1-3　5 配位 B 酸中心的形成及其结构

在 $H_2[AlO_5]$ 结构中，5 个 O 原子外层各有 1 个含有未成键电子的 sp^3 杂化轨道，它们可以与邻近的 Si 或 Al 原子结合成键，形成 Al—O—Si 或 Al—O—Al 结构，使材料结构继续向空间延伸和拓展，这种 O 原子属于桥氧原子；但它们也可以与 H 原子或 Na 原子结合成键，形成 Al—O—H 或 Al—O—Na 结构，H 原子或 Na 原子终止了 O 原子延伸和拓展空间的作用，形成了材料的边界和缺陷，这种 O 原子属于非桥氧原子。

（3）6 配位 B 酸中心

图 1-4 是 6 配位 B 酸中心形成过程分析。图 1-4(a)是 Al、O 原子外层 sp^3d^2、sp^3 杂化轨道。在这里，Al 原子外层轨道进行 sp^3d^2 杂化，生成 6 个 sp^3d^2 杂化轨道。在图 1-4(b)

中，Al 原子外层的 3 个含有未成键电子的 sp^3d^2 杂化轨道与 3 个 O 原子外层含有未成键电子的 sp^3 杂化轨道重叠，共用 3 对电子生成 3 个 Al—O 共价键，第 4、第 5 和第 6 个 O 原子外层含有未成键电子的 sp^3 杂化轨道与 Al 原子外层 3 个空的 sp^3d^2 杂化轨道重叠，这 3 个重叠轨道可与外层含有 1 个价电子的原子如 H 原子或 Na 原子的 s 轨道再次重叠，共用 3 对电子生成 3 个 3 中心 2 电子结构，即 $H_3[AlO_6]$ 或 $Na_3[AlO_6]$，是正八面体结构，其电子轨道结构如图1-4(c)所示。其中，$Na_3[AlO_6]$结构中的 Na 原子可被 H 原子取代形成 $H_3[AlO_6]$结构，其空间结构如图 1-4(d)所示。$H_3[AlO_6]$结构具有释放 3 个 H^+ 的可能，它是 6 配位的强 B 酸中心。

在 $H_3[AlO_6]$结构中，6 个 O 原子外层各有 1 个含有未成键电子的 sp^3 杂化轨道，它们可以与邻近的 Si 原子或 Al 原子结合成键，生成 Al—O—Si 或 Al—O—Al 结构，使材料结构继续向空间延伸和拓展，这种 O 原子属于桥氧原子；但它们也可以与 H 原子或 Na 原子结合成键，形成 Al—O—H 或 Al—O—Na 结构，H 原子或 Na 原子终止了 O 原子延伸和拓展空间的作用，形成了材料的边界和缺陷，这种 O 原子属于非桥氧原子。

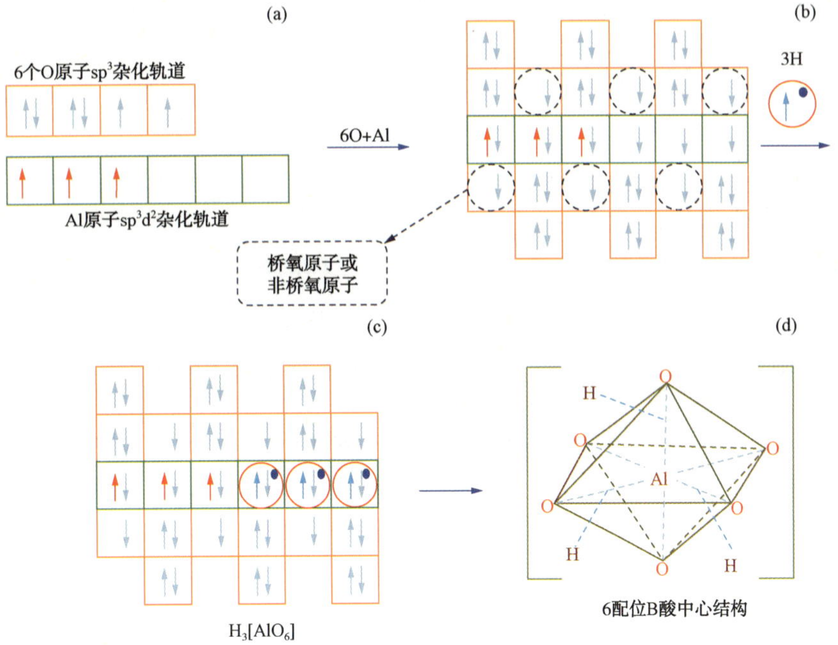

图 1-4　6 配位 B 酸中心的形成及其结构

1.1.2.3　L 酸中心

含硅铝元素催化剂的 L 酸中心是由其结构缺陷产生的，也就是由材料中 Al 原子的 O 配位数不足引起的，在 Al 原子外层电子结构中存在能够吸引孤对电子的空轨道，从而形成 L 酸中心。

(1) 3 配位 L 酸中心

图 1-5 是 3 配位 L 酸中心形成过程分析。图 1-5(a)是 Al、O 原子外层 sp^3 杂化轨道。在这里，Al 原子外层轨道经 sp^3 杂化，生成 4 个 sp^3 杂化轨道。在图 1-5(b)中，Al 原子外层的 3 个含有未成键电子的 sp^3 杂化轨道分别与 3 个 O 原子外层含有未成键电子的 sp^3 杂化

轨道重叠，共用3对电子生成3个Al—O共价键，即形成3配位的[AlO_3]结构，假正四面体结构，其空间结构如图1-5(c)所示。在[AlO_3]结构中还存在1个由Al原子提供的空的sp^3杂化轨道，它具有吸引孤对电子能力，Al原子外层这个空轨道就是L酸中心的活性位。如果L酸中心[AlO_3]遇到H、O原子有可能转变为4配位的B酸中心H[AlO_4]结构，其空间结构如图1-5(d)所示。

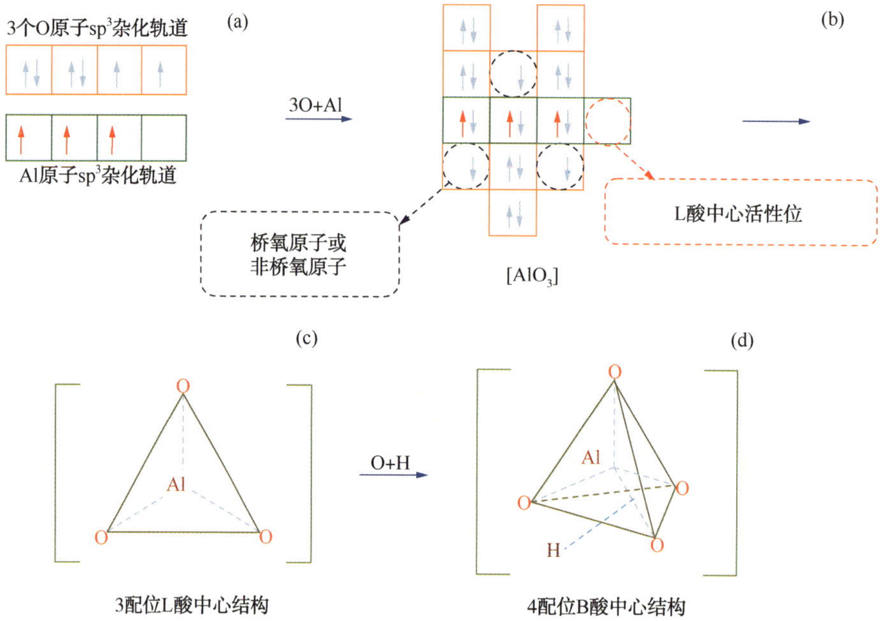

图1-5 3配位L酸中心的形成及其结构

在[AlO_3]结构中，3个O原子外层各有1个含有未成键电子的sp^3杂化轨道，它们可以与邻近的Si原子或Al原子结合成键，生成Al—O—Si或Al—O—Al结构，使材料结构继续向空间延伸和拓展，这种O原子属于桥氧原子；但它们也可以与H原子或Na原子结合成键，形成Al—O—H或Al—O—Na结构，H或Na原子终止了O原子延伸和拓展空间的作用，形成了材料的边界和缺陷，这种O原子属于非桥氧原子。

(2) 2配位L酸中心

图1-6是2配位L酸中心形成过程分析。图1-6(a)是Al、O原子外层sp^3杂化轨道。在这里，Al原子外层轨道经sp^3杂化，生成4个sp^3杂化轨道。在图1-6(b)中，Al原子外层的2个含有未成键电子的sp^3杂化轨道分别与2个O原子外层含有未成键电子的sp^3杂化轨道重叠，共用2对电子生成2个Al—O共价键，即形成了2配位的[AlO_2]结构，其空间结构如图1-6(c)所示。在[AlO_2]结构中，Al原子外层有1个含有未成键电子的sp^3杂化轨道和1个空的sp^3杂化轨道，这个空的sp^3杂化轨道具有吸引孤对电子能力，是L酸中心活性位。与[AlO_3]结构相比，[AlO_2]的结构缺陷更大、结构不稳定，遇到O原子会转变为3配位的L酸中心[AlO_3]，其空间结构如图1-6(d)所示。理论上，如果L酸中心[AlO_3]遇到H、O原子也会转变为4配位的B酸中心H[AlO_4]结构，其空间结构如图1-6(e)所示。

在[AlO_2]结构中，2个O原子外层各有1个未成键的sp^3杂化轨道，它们可以与邻近的Si原子或Al原子结合成键，生成Al—O—Si或Al—O—Al结构，使材料的结构继续向空间延伸和拓展，这种 O 原子属于桥氧原子；但它们也可以与 H 原子或 Na 原子结合成键，形成 Al—O—H 或 Al—O—Na 结构，H 或 Na 原子终止了 O 原子延伸和拓展空间的作用，形成了材料的边界和缺陷，这种 O 原子属于非桥氧原子。

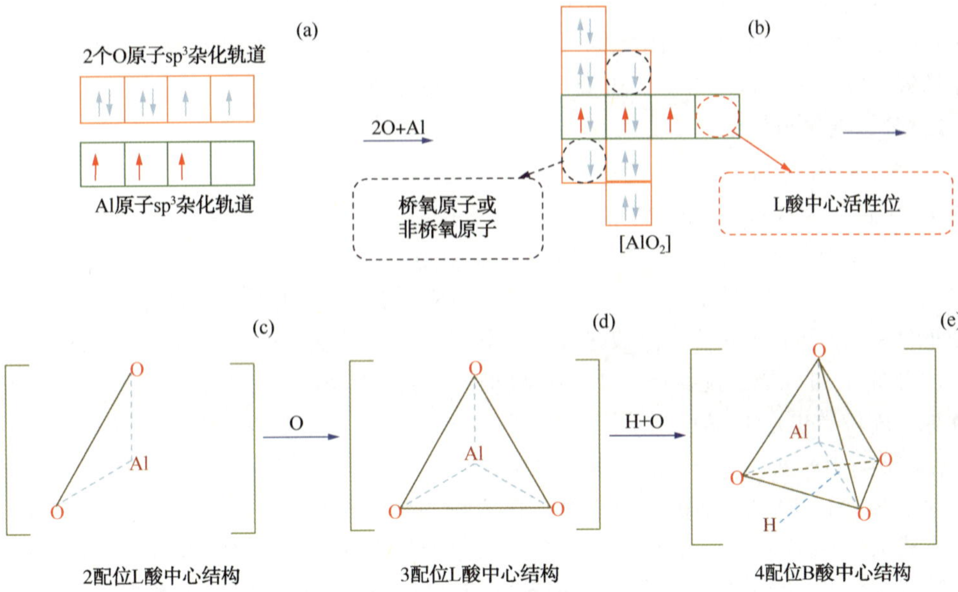

图 1-6　2 配位 L 酸中心的形成及其结构

上述研究认为，硅铝催化剂的酸性是由 Al 原子的 O 原子配位数决定。2 配位 Al 原子形成弱 L 酸中心，3 配位 Al 原子形成强 L 酸中心；4 配位 Al 原子形成弱 B 酸中心，5 配位、6 配位 Al 原子形成强 B 酸中心。在 Al 原子数相同的情况下，提高 Al 原子的 O 配位数能增加强酸中心，即提高了催化剂的酸强度和酸值，这就是催化剂改性的本质。

1.1.3　实验研究

1.1.3.1　实验方法

（1）原料

Si/Al(摩尔比)为 200 的 ZSM-5 分子筛，是上海欣年石化助剂有限公司工业产品；Si/Al (摩尔比)为 300 的 ZSM-5 分子筛，是南开大学催化剂厂市售产品；5A、13X、USY、REUSY(RE_2O_3 含量为 2%和 6%)分子筛、NaY 分子筛、拟薄水铝石、高岭土和工业催化剂 A，均为中国石化催化剂公司齐鲁分公司工业产品；A 催化剂负载 1000mg/kg V_2O_5 后得到 B 催化剂，A 催化剂负载 3.8%P_2O_5 后得到 C 催化剂。Si/Al(摩尔比)为 200 的 ZSM-5 分子筛在汽油微反装置上 600℃连续反应 100h 后得到 ZSM-5 老化剂。拟薄水铝石、高岭土经 600℃焙烧 1h 备用。

（2）分析表征

采用美国 VARIAN INOVA 300M 型固体核磁共振仪进行样品的^{29}Si-NMR 表征，共振频率 59.62MHz，转速 4000r/s，重复延迟时间 3s，采样时间 0.02s，脉宽 2μs，测试温度为室温。采用瑞士 Bruker Avance Ⅲ 500M 型固体核磁共振仪进行样品的^{27}Al-NMR 表征，共振频率 130.33MHz，转速 8000r/s，重复延迟时间 1s，采样时间 9.88ms，脉宽 0.9μs，测试温度为室温。采用 AutochemⅡ 2920 型 NH_3-TPD 分析仪表征样品的酸性。先以 50mL/min 的速率通氦气，并以 20℃/min 的速率升温至 550℃，恒温活化 1h，除去样品所含水分及其他吸附物。然后降温至 120℃，吸附高纯氨至饱和。通入氦气吹扫至基线稳定，开始记录数据，升温至 550℃，采集 NH_3-TPD 脱附数据。采用原位吡啶吸附测定法(FT-IR)表征固体硅铝催化剂在低温 200℃、250℃、350℃和 450℃的酸中心性质。

1.1.3.2 结果与讨论

(1) ^{29}Si-NMR 分析

图 1-7(a)是合成硅铝催化剂常用分子筛 5A、13X、NaY、ZSM-5 和 USY 的^{29}Si-NMR 图谱。分析图谱数据发现，尽管这些材料的 Si/Al 比不同，但 Si 原子的 O 原子配位数均为 4，均为正四面体结构，即[SiO_4]结构。5A 和 13X 的 Si/Al 比低，在化学位移 $\delta=-87$ 和 $\delta=-91$处的 Si 原子的 O 原子配位数是 4，其空间连接方式为(Si—O—Al)$_4$；NaY 分子筛在 $\delta=-97$处 Si 原子的 O 原子配位数是 4，其空间连接方式为(Si—O—Al)$_3$；在 $\delta=-102$ 处 Si 原子的 O 原子配位数也是 4，但其空间连接方式为(Si—O—Al)$_2$；USY 是经水热超稳处理后 Y 型分子筛，在 $\delta=-108$ 处，Si 原子的 O 原子配位数也是 4，其空间连接方式是以为(Si—O—Al)为主；对于 Si/Al=300 的 ZSM-5 分子筛，在 $\delta=-115$ 处 Si 原子的 O 原子配位数是 4，其空间连接方式为(Si—O—Si)。研究说明，在硅铝分子筛中 Si 原子的 O 原子配位数是 4，不同化学位移只表示其空间连接方式不同，但 Si 原子的 O 原子配位数保持 4 不变。

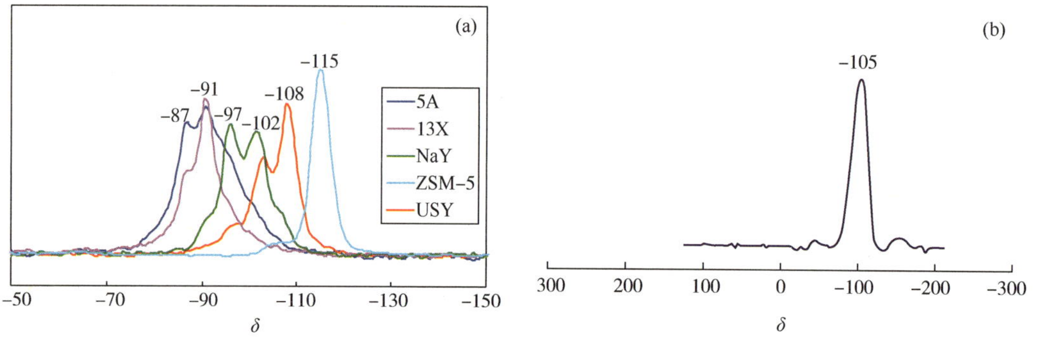

图 1-7 硅铝催化剂常用分子筛的^{29}Si-NMR 图谱

通常，在合成硅铝催化剂时，除 Y 型和 ZSM-5 型等分子筛外，拟薄水铝石和高岭土也是常用原料。拟薄水铝石中只含 Al 元素，不含 Si 元素，而高岭土中既含有 Al 元素又含有 Si 元素。图 1-7(b)为 600℃焙烧 1h 后高岭土的^{29}Si-NMR 图谱。从图中可以看出，Si 原子的 δ 为-105，$\delta=-105$ 对应的 Si 原子的 O 原子配位数是 4，其空间连接方式为(Si—O—Al)$_1$。

总之，^{29}Si-NMR 结果表明，合成硅铝催化剂常用原料中 Si 原子的 O 原子配位数均为 4，其结构为[SiO_4]正四面体。实验结果与 1.1.2.1 中关于硅氧四面体形成及其结构特性的分析结果相一致，证明 1.1.2.1 中的分析方法有科学依据。

(2) ^{27}Al-NMR 分析

图 1-8(a)是合成硅铝催化剂常用分子筛 5A、13X、NaY、ZSM-5、USY 的^{27}Al-NMR 图谱。δ 为 52~60 处的共振峰归属于 4 配位 Al 原子和扭曲 4 配位的 Al 原子，δ 为 0~5 处的共振峰归属于 6 配位 Al 原子。比较图 1-8(a)中^{27}Al-NMR 图谱发现，ZSM-5(Si/Al=300)分

子筛和 USY 分子筛的^{27}Al-NMR 图谱基座弥散明显，认为可能存在结构不完整的、配位数低于 4 的 Al 原子，即可能存在 2、3 配位 Al 原子。图 1-8(b)是 Si/Al=200 的 ZSM-5 分子筛老化前后的^{27}Al-NMR 图谱，新鲜催化剂在 $\delta=55$ 处的 Al 原子的 O 原子配位数是 4，在 $\delta=3$ 处的 Al 原子的 O 原子配位数是 6；而老化催化剂在 $\delta=24$ 处出现 5 配位的 Al 原子，老化催化剂在 $\delta=77$ 处出现的吸收峰可能是碱性铝酸盐的吸收峰。无论是新鲜催化剂还是老化催化剂，其^{27}Al-NMR 图谱基座弥散明显，认为可能存在结构不完整的、配位数低于 4 的 Al 原子，即可能存在 2、3 配位 Al 原子，这种推断是否合理，目前尚无更为合适的解释与报道，还有待进一步深入研究。

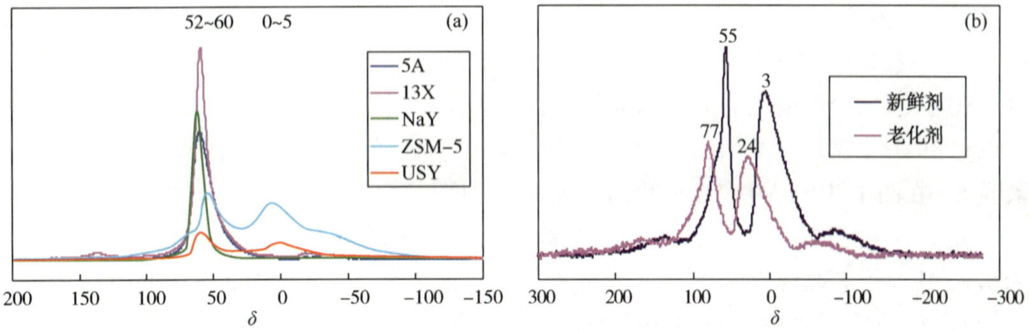

图 1-8 硅铝催化剂常用分子筛的^{27}Al-NMR 图谱

拟薄水铝石(Pseudoboehmites)和高岭土(Kaolin)是合成硅铝催化剂常用的基质材料，图 1-9 是拟薄水铝石和高岭土的^{27}Al-NMR 图谱。图 1-9(a)是拟薄水铝石^{27}Al-NMR 图谱，在 $\delta=59$ 处 Al 原子的 O 原子配位数为 4，在 $\delta=39$ 处 Al 原子的 O 原子配位数是 5，而在 $\delta=5$ 处 Al 原子的 O 原子配位数为 6，图 1-9(a)中基座弥散比较明显，判断可能存在 O 原子配位数是 2、3 的 Al 原子。图 1-9(b)是高岭土的^{27}Al-NMR 图谱，在 $\delta=53$ 处 Al 原子的 O 原子配位数是 4，在 $\delta=24$ 处 Al 原子的 O 原子配位数是 5，而在 $\delta=0$ 处 Al 原子的 O 原子配位数是 6，图 1-9(b)中基座弥散比较明显，判断可能因结构不完整会存在 O 原子配位数是 2、3 的 Al 原子。

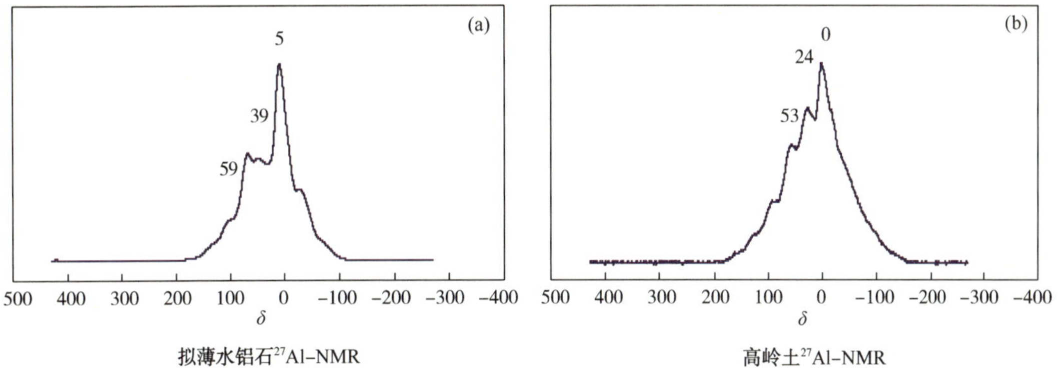

图 1-9 硅铝催化剂常用基质材料的^{27}Al-NMR 图谱

因此，对于制备常用硅铝催化剂所需要分子筛和基质材料而言，^{29}Si-NMR 结果表明，Si 原子的 O 原子配位数是 4，但 Si、O 和/或 Al 原子的空间连接方式不同。^{27}Al-NMR 结果表明，Al 原子的 O 原子配位数可以是 4、5 和 6 的，因为^{27}Al-NMR 图谱基座弥散，表明存在结构不完整的 2、3 配位的 Al 原子。

（3）Al 原子配位数对酸性质影响

实验选取 3 种硅铝催化剂 A、B 和 C 进行酸性研究。A 催化剂是一种常用商业硅铝催化裂化催化剂；B 催化剂是 A 催化剂负载 1000mg/kg V_2O_5；C 催化剂是 A 催化剂负载 3.8%P_2O_5。

图 1-10 是 A、B 和 C 催化剂的^{29}Si-NMR、^{27}Al-NMR 分析图谱。图 1-10(a)是 A、B 和 C 催化剂^{29}Si-NMR 图谱，在化学位移 $\delta=-108$ 处 Si 原子的 O 原子配位数是 4，Si 原子的空间连接方式以(Si—O—Si)为主，图谱中只有 C 催化剂在 $\delta=-103$ 处有吸收峰，说明 4 配位 Si 原子的空间连接方式有改变，为(Si—O—Al)，这与图 1-10(b)中显示的 C 催化剂中 4 配位的 Al 原子数量增加有关。图 1-10(b)是 A、B 和 C 催化剂^{27}Al-NMR 谱图，在化学位移 $\delta=55\sim60$区域，A、B 和 C 催化剂有吸收峰，表明催化剂中 Al 原子的 O 原子配位数是 4；在化学位移 $\delta=0\sim5$ 区域，A、B 和 C 催化剂吸收峰更明显，表示催化剂中 Al 原子的 O 原子配位数是 6。在图 1-10(b)中，C 催化剂的吸收峰强度最强，依次是 B 催化剂和 A 催化剂，说明 C 催化剂中 4 配位、6 配位的 Al 原子个数要比 B 催化剂和 A 催化剂多。由于催化剂改性时未引入 Al 原子，改性前后 Al 原子总数不变。根据 1.1.2.2 和 1.1.2.3 中酸中心定义，Al 原子的 O 原子配位数增加，则强酸中心增加，总酸值增大。V_2O_5 和 P_2O_5 常用于催化剂改性，V 和 P 是变价元素，在催化剂中 V^{5+}和 P^{5+}可以变成 V^{3+}和 P^{3+}，同时会释放晶格氧给 Al 原子，增加 Al 原子的 O 原子配位数，提高催化剂酸性。在催化剂再生过程中，V^{3+}和 P^{3+}又可吸收空气中的 O_2 使 V^{3+}和 P^{3+}变成 V^{5+}和 P^{5+}，把空气中 O_2 转变为晶格氧。由于 B 催化剂中只负载了 1000mg/kg V_2O_5，而 C 催化剂中负载了 3.8%P_2O_5，所以 C 催化剂改性效果明显。这就是 RE 元素或变价元素改性催化剂的本质，就是提高晶格氧浓度，增加 Al 原子的 O 原子配位数。

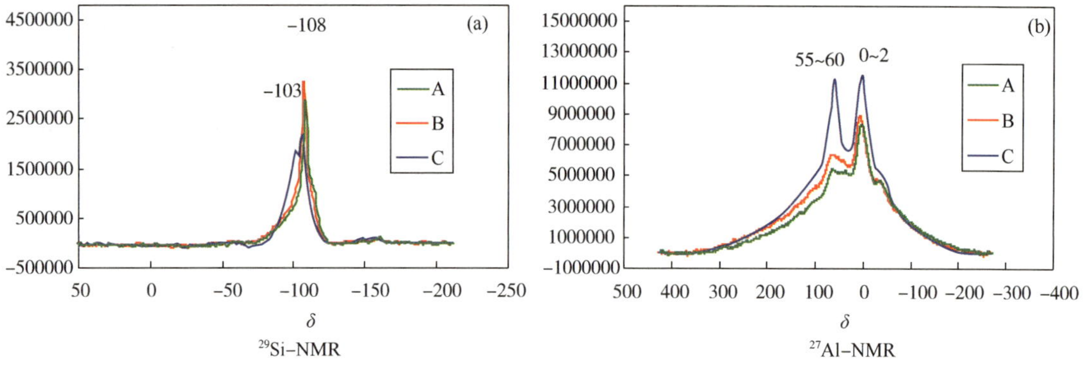

图 1-10 硅铝催化剂 A、B 和 C 的^{29}Si-NMR、^{27}Al-NMR 图谱

图 1-11 是 A、B 和 C 催化剂的 NH_3-TPD 分析结果。比较图 1-11 中 A、B 和 C 催化剂的 NH_3-TPD 曲线发现，在 120~550℃内，C 催化剂的脱附峰最高、脱附峰面积最大、酸值最大，这与 C 催化剂中 4 配位、6 配位 Al 原子的增加有关。图 1-11 中 A、B 催化剂的脱附峰面积相近，酸值水平相当，但 B 催化剂低温脱附峰略高于 A 催化剂，说明 B 催化剂酸值比 A 催化剂略高，这与 B 催化剂中 4、6 配位 Al 原子略高于 A 催化剂有关。

(4) FT-IR 结果分析

通常，采用原位吡啶吸附测定法(FT-IR)表征固体硅铝催化剂 L 酸、B 酸性质。J. R. Anderson 和 K. C. Pratt[22]认为，在 FT-IR 图谱中，吡啶在波数 1450~1470cm^{-1}范围有强吸收峰是 L 酸中心；吡啶在波数 1485~1500cm^{-1}范围有强吸收峰是 B 酸中心；吡啶在波数 1540cm^{-1}附近有强吸收峰是 B 酸中心；吡啶在波数 1610~1620cm^{-1}范围有强吸收峰是 B 酸中心；吡啶在波数 1600~1630cm^{-1}范围有强吸收峰是 L 酸中心。

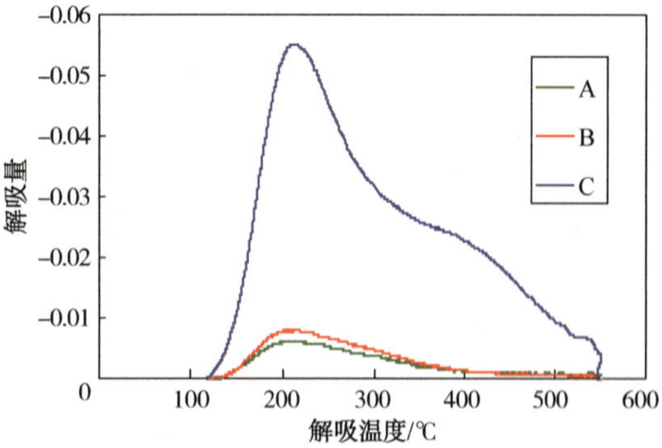

图 1-11 硅铝催化剂 A、B 和 C 的 NH_3-TPD 曲线

图 1-12 是 REUSY 分子筛吡啶吸附 FT-IR 分析图谱，0REUSY 表示稀土含量为 0 的超稳 Y 型分子筛 USY，2REUSY 是稀土含量为 2%的 USY 分子筛，6REUSY 是稀土含量为 6%的 USY 分子筛。图 1-12(a)是 250℃条件下 3 种分子筛的吡啶吸附 FT-IR 分析图谱，在波数 1454cm^{-1}处有强吸收峰，在波数 1631cm^{-1}处有强吸收峰，表明 3 种 REUSY 分子筛中均存在 2 种 L 酸中心；在波数 1490cm^{-1}处有强吸收峰，在波数 1543cm^{-1}处和波数 1622cm^{-1}处有强吸收峰，表明这 3 种 REUSY 分子筛中均存在 3 种 B 酸中心。图 1-12(b)是 450℃条件下 3 种分子筛的吡啶吸附 FT-IR 分析图谱，在波数 1454cm^{-1}处有强吸收峰，在波数 1631cm^{-1}处有强吸收峰，表明这些分子筛中也存在 2 种 L 酸中心；在波数 1489cm^{-1}处有强吸收峰，在波数 1543cm^{-1}处和在波数 1622cm^{-1}处有强吸收峰，表明它们也存在 3 种 B 酸中心。

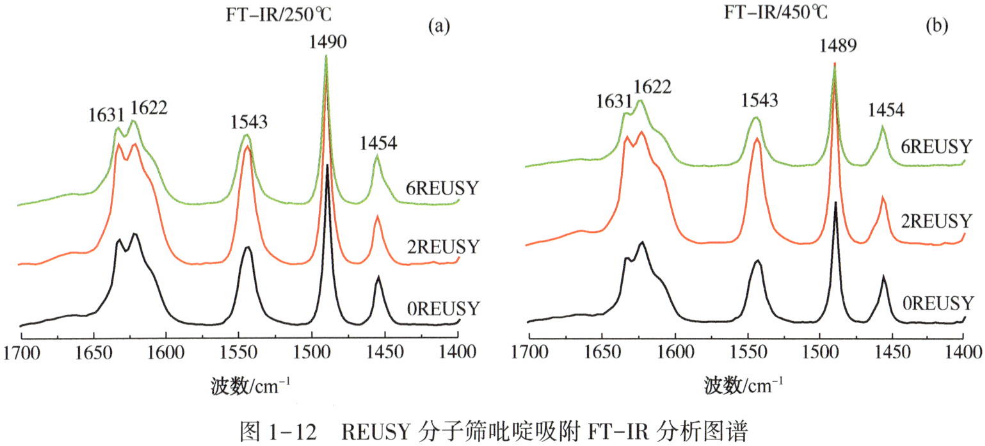

图 1-12 REUSY 分子筛吡啶吸附 FT-IR 分析图谱

3 种 REUSY 分子筛吡啶吸附 FT-IR 分析结果表明，在 REUSY 分子筛中存在 3 种 B 酸中心和 2 种 L 酸中心，这个结果与 1.1.2.2 和 1.1.2.3 中关于硅铝催化剂中 B 酸中心和 L 酸中心的形成及其结构分析完全吻合，进一步说明了上述分析合理、有科学依据。

图 1-13 是 3 种硅铝催化剂 A、B 和 C 吡啶吸附 FT-IR 分析图谱，A 催化剂是一种常用商业硅铝催化剂；B 催化剂是 A 催化剂负载了 1000mg/kg V_2O_5；C 催化剂是 A 催化剂负载了 3.8%P_2O_5。

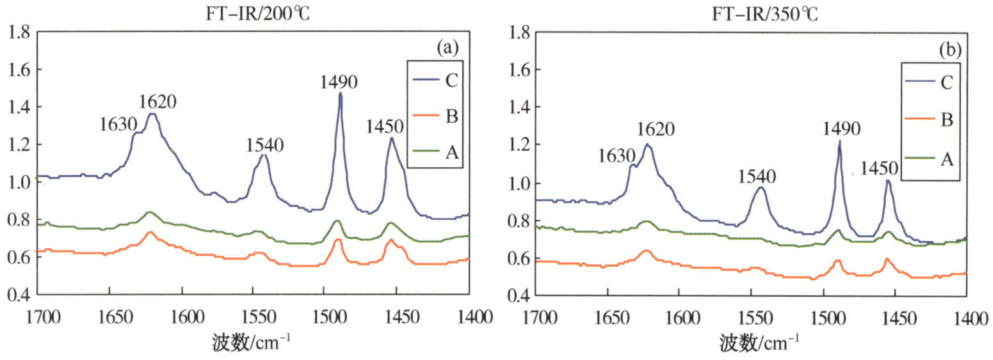

图 1-13 硅铝催化剂 A、B 和 C 吡啶吸附 FT-IR 分析图谱

图 1-13(a)是 200℃条件下 3 种催化剂吡啶吸附 FT-IR 分析图谱，在波数 $1450cm^{-1}$处有强吸收峰，在波数 $1630cm^{-1}$处有强吸收峰，表明这 3 种催化剂中都存在 2 种 L 酸中心；在波数 $1490cm^{-1}$处有强吸收峰，在波数 $1540cm^{-1}$处和在波数 $1620cm^{-1}$位置有强吸收峰，表明这些催化剂中同样存在 3 种 B 酸中心。图 1-12(b)是 350℃条件下 3 种催化剂的吡啶吸附 FT-IR 分析图谱，在波数 $1450cm^{-1}$处有强吸收峰，在波数 $1630cm^{-1}$处有强吸收峰，表明这 3 种催化剂中存在 2 种 L 酸中心；在波数 $1490cm^{-1}$处有强吸收峰，在波数 $1540cm^{-1}$处和在波数 $1620cm^{-1}$处有强吸收峰，表明上述 3 种催化剂中存在 3 种 B 酸中心。

图 1-13 数据显示，A、B 催化剂的吡啶吸附 FT-IR 峰型、峰高相近，而 C 催化剂吸收峰明显高于 A、B 催化剂，C 催化剂的酸值最高，这与图 1-11 中 NH_3-TPD 结果相一致，也与 ^{27}Al-NMR 分析结果相吻合，就是变价元素提供晶格氧增加了 Al 原子的 O 原子配位数，使得强酸中心数量增加，导致总酸值增大。

1.1.4 小结

(1) 常用硅铝催化剂中，Si 原子的 O 原子配位数是 4，具有正四面体结构[SiO_4]，但不同材料 Si 原子的空间连接方式不同；Al 原子的 O 原子配位数可能会是 4、5 和 6，也可能存在 2、3 配位的 Al 原子，硅铝催化剂酸性质是由 Al 原子的 O 原子配位数决定，配位数越大酸性越强，在 Al 原子数量不变情况下，增加 Al 原子的 O 原子配位数能提高催化剂酸值。

(2) 若 Al 原子的 O 原子配位数是 2，则该 Al 原子形成弱 L 酸中心[AlO_2]，若 Al 原子的 O 原子配位数是 3，这个 Al 原子形成强 L 酸中心[AlO_3]；4 配位的 Al 原子形成具有正四面体结构的弱 B 酸中心 H[AlO_4]，5 配位的 Al 原子形成正四方锥或三角双锥结构的强 B 酸中心 H_2[AlO_5]，6 配位的 Al 原子形成正八面体结构的强 B 酸中心 H_3[AlO_6]，酸性越强释放出的 H^+的数量越多。

(3) RE 元素、过渡元素等可变价的元素改性硅铝催化剂，就是提高催化材料中晶格氧浓度(含量)，增加催化材料中 Al 原子的 O 原子配位数，提高催化材料的酸性质，这就是变价元素改性硅铝催化材料的本质。

1.2 硅铝催化剂失活与再生

1.2.1 研究进展

1.1 中介绍了硅铝催化剂的催化活性来源于酸性，即硅铝催化剂的酸性质是由材料中 Al 原子的 O 原子配位数决定。常用的重油催化裂化催化剂是典型的硅铝催化剂，其酸性来源于 B 酸中心和 L 酸中心，并有强弱之分[21]。重油催化裂化反应是酸中心作用下的催化反应，催化剂的失活与再生非常频繁，催化剂活性恢复程度决定了催化反应效果，研究硅铝催化剂的失活与再生机理有助于更好地发挥催化剂的作用。

有学者[23~27]认为，在催化反应中，无论是合成硅铝催化剂的基质还是活性组元分子筛，失活的主要因素都是焦炭沉积在催化剂表面并覆盖了酸中心，导致酸中心与反应物无法接触，从而使得催化剂失去反应活性。通常，大家[28~30]认为，重油催化裂化反应遵循正碳离子机理，催化剂的 L 酸中心通过抽取烃分子中的 H^- 和催化剂的 B 酸中心作用提供 H^+，使反应物通过正碳离子机理进行裂化反应。重油催化裂化反应之后，在催化剂表面会因此覆盖一层 C/H 比高的胶质或焦炭，从而阻止了反应物与催化剂活性中心的接触，催化剂失去活性。通过在高温氧化气氛中焙烧可以去掉催化剂表面的胶质或焦炭，重新裸露出催化剂表面，使其活性得到恢复。但是在高温烧焦再生过程中，催化剂的孔道结构可能会有部分破坏，致使反应物无法接近酸中心。关于这方面的研究已有不少报道。其实，催化剂失活可分为物理失活和化学失活[31]，物理失活就是上面提到的在催化剂表面覆盖一层 C/H 比高的胶质或焦炭，从而阻止了反应物与催化剂活性中心的接触，催化剂失去活性；化学失活就是 L 酸中心活性位的 Al 原子外层的空轨道被电子对占用了，无法继续吸附孤对电子，还有就是 4、5 和 6 配位 Al 原子形成的 B 酸中心失去了 H^+，不能继续提供 H^+ 了，所以催化剂失活了。只有重新把催化剂 L 酸中心 Al 原子外层轨道的电子移除形成新的空轨道，只有重新使失活的 B 酸中心获得 H^+，使其恢复对外提供 H^+ 的能力，这样化学失活的催化剂才能再生重新恢复其活性。目前，关于化学失活的研究报道甚少，本书试图从原子外层轨道电子得失的变化来分析酸中心的失活及活性的恢复，探讨其失活与再活化的本质。

1.2.2 催化剂酸中心的概念

1.2.2.1 H^+ 与 H^-

为了更好地理解催化剂酸性，需要弄清楚 H 原子、H^+ 和 H^- 的关系。图 1-14 是 H 原子、H^+ 和 H^- 电子轨道结构图。H 原子外层电子结构为 $1s^1$，当它失去 1 个电子后就变成了 H^+，其外层电子轨道结构为 $1s^0$，当它得到 1 个电子时，就变成了 H^-，其外层电子结构为 $1s^2$，其电子轨道结构如图 1-14(a) 所示。在这里，1 个 H^+ 和 1 个 H^- 结合能生成 1 个 H_2 分子，过程如图 1-14(b) 所示。

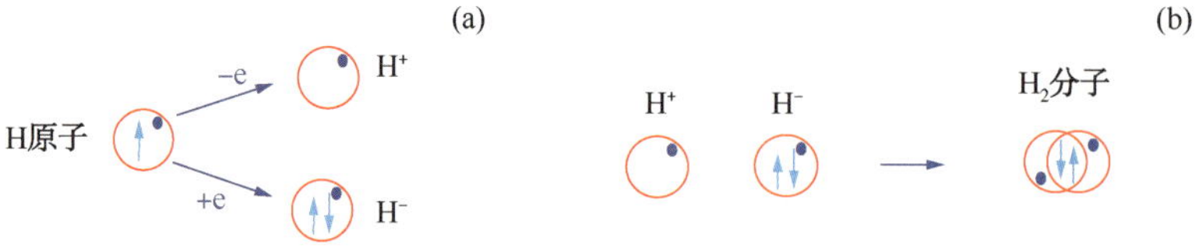

图 1-14　H 原子、H^+ 和 H^- 的电子轨道结构示意图

1.2.2.2　硅铝催化剂酸中心

（1）硅铝催化剂 B 酸中心

在 1.1.2.2 中已对硅铝催化剂的酸性做过介绍，就是硅铝催化剂中 Al 原子的 O 原子配位数是 4、5 或 6 时，则该 Al 原子就形成了 4、5 或 6 配位的 B 酸中心，4 配位的 B 酸中心 $H[AlO_4]$ 是正四面体结构，5 配位的 B 酸中心 $H_2[AlO_5]$ 是正四方锥或三角双锥结构，6 配位的 B 酸中心 $H_3[AlO_6]$ 是正八面体结构。B 酸中心对外可以提供 1~3 个 H^+，其电子轨道结构如图 1-15(e)、图 1-15(f) 和图 1-15(g) 所示。

可理解为，如果 1 个 Al 原子、1 个 H 原子和 4 个 O 原子形成 4 配位的 $H[AlO_4]$ 结构，如图 1-15(a) 所示，它具有提供 1 个 H^+ 的可能，其电子轨道结构如图 1-15(e) 所示，$H[AlO_4]$ 就是弱 B 酸中心。如果 1 个 Al 原子、2 个 H 原子和 5 个 O 原子形成 5 配位的 $H_2[AlO_5]$ 结构，如图 1-15(b) 和 1-15(c) 所示，$H_2[AlO_5]$ 具有提供 2 个 H^+ 的可能，它是 5 配位强 B 酸中心，其电子轨道结构如图 1-15(f) 所示。如果 1 个 Al 原子、3 个 H 原子和 6 个 O 原子形成 6 配位 $H_3[AlO_6]$ 结构，如图 1-15(d) 所示，$H_3[AlO_6]$ 具有提供 3 个 H^+ 的可能性，其电子轨道结构如图 1-15(g) 所示，那它就是 6 配位的强 B 酸中心。无论是强 B 酸中心还是弱 B 酸中心，H^+ 就是 B 酸中心的活性中心。B 酸中心的失活就是 B 酸中心失去 H^+ 而导致催化剂失去了活性。

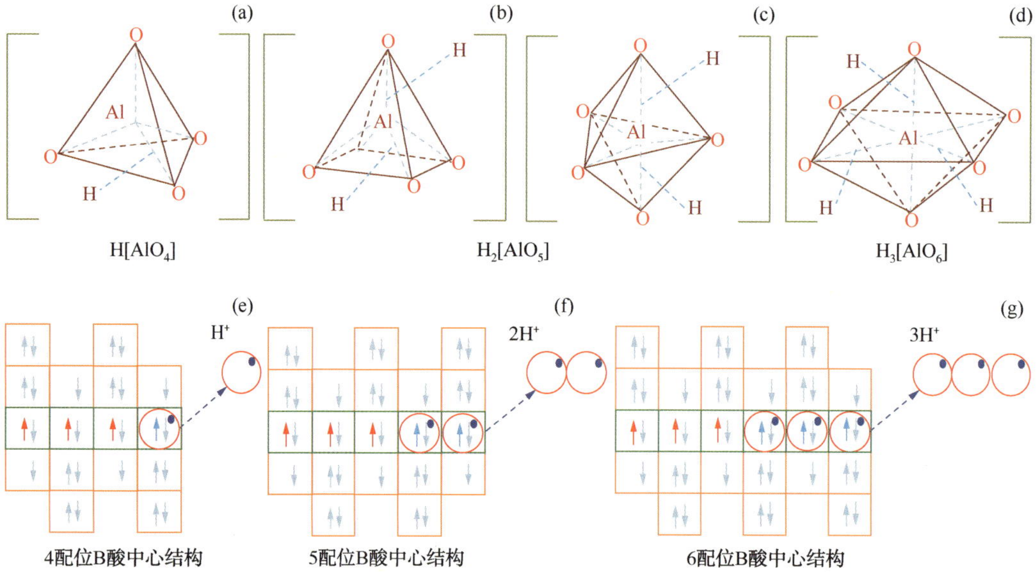

图 1-15　B 酸中心的结构示意图

（2）硅铝催化剂 L 酸中心

在 1.1.2.3 硅铝催化剂的活性与酸性内容中，已经对硅铝催化剂的结构特性进行了研

究，认为硅铝催化剂的活性来源于其酸性，其酸性质取决于硅铝催化剂含有的 Al 原子的 O 原子的配位数。2、3 配位的 Al 原子形成 L 酸中心，结构为[AlO_2]和[AlO_3]，L 酸中心的 Al 原子外层有 1 个空轨道，是 L 酸中心的活性位，图 1-16(a)是 2 配位弱 L 酸中心，图 1-16(b)是 3 配位 L 酸中心。

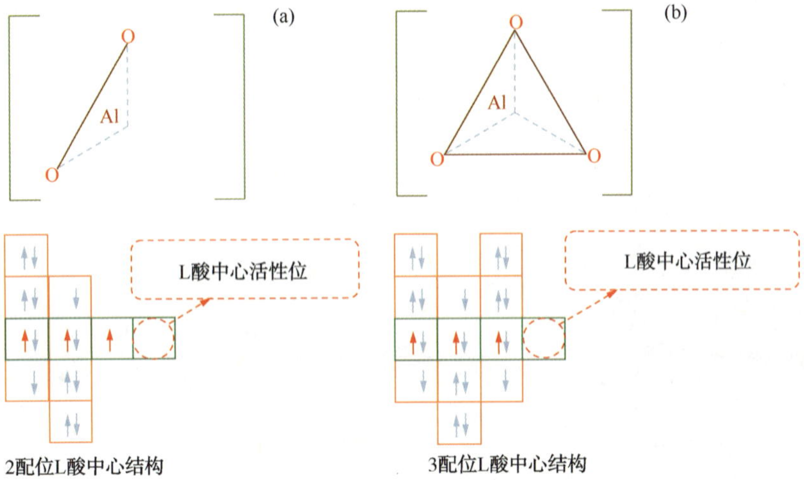

图 1-16 L 酸中心的结构示意图

1.2.3 硅铝催化剂酸中心失活

烃分子在硅铝催化剂上催化反应遵循正碳离子机理，比如重油催化裂化反应就是烃类大分子在硅铝催化剂酸中心作用下的催化反应，烃分子既可以在催化剂的 B 酸中心生成正碳离子，也可以在催化剂的 L 酸中心生成正碳离子。

1.2.3.1 硅铝催化剂 B 酸中心失活

以重油催化裂化反应为例，分析烃分子在硅铝催化剂作用下生成正碳离子过程。重油催化裂化过程中，C/H 比基本保持不变(非加氢过程)，烃类大分子在 L 酸中心作用下裂化生成小分子烃类时会生成大量烯烃。在 B 酸中心的作用下，烯烃分子从 B 酸中心获得 H^+，使烯烃中的 C═C 键断裂生成 C—C 键，烯烃分子结构由—C═C—转变为—C^+—C—，即烯烃在 B 酸中心作用下生成了正碳离子。实际上，无论是强 B 酸中心还是弱 B 酸中心，只要能提供 H^+，烯烃分子就能在 B 酸中心作用下生成正碳离子，其生成机理相同。

图 1-17 是正构烯烃 R_1—CH_2—CH═CH—R_2 在 4 配位弱 B 酸中心获得 H^+生成正碳离子的过程分析，R_1 和 R_2 代表烷基。下面重点讨论—CH_2—CH═CH—部分在 4 配位弱 B 酸中心作用下生成正碳离子—CH_2—C^+H—CH_2—过程，以及 4 配位弱 B 酸中心失去 H^+后结构发生变化而失去活性过程。

图 1-17(a)是 C 原子外层电子轨道结构图，图 1-17(b)是经 sp^3 杂化生成 4 个 sp^3 杂化轨道。在图 1-17(c)中，有 3 个 C 原子、4 个 H 原子，3 个 C 原子标记为 1-C、2-C 和 3-C，2 个 H 原子标记为 1-H 和 2-H。1-C 原子外层含有未成键电子的 sp^3 杂化轨道与 2-C 原子外层含有未成键电子的 sp^3 杂化轨道重叠，共用 1 对电子生成 1 个 C—C 键；2-C 原子外层含有未成键电子的 2 个 sp^3 杂化轨道与 3-C 原子外层含有未成键电子的 2 个 sp^3 杂化轨道重叠，

共用 2 对电子生成 1 个 C═C 键；1-C 原子外层 2 个含有未成键电子的 sp^3 杂化轨道分别与 2 个 H 原子外层含有未成键电子的 s 轨道重叠，共用 2 对电子生成 2 个 C—H 键；2-C 原子外层剩余的那个含有未成键电子的 sp^3 杂化轨道与第 3 个 H 原子外层含有未成键电子的 s 轨道重叠，共用 1 对电子生成第 3 个 C—H 键；3-C 原子外层 1 个含有未成键电子的 sp^3 杂化轨道与第 4 个 H 原子外层含有未成键电子的 s 轨道重叠，共用 1 对电子生成第 4 个 C—H 键，则生成正构烯烃，其电子轨道结构如图 1-17(d)所示。

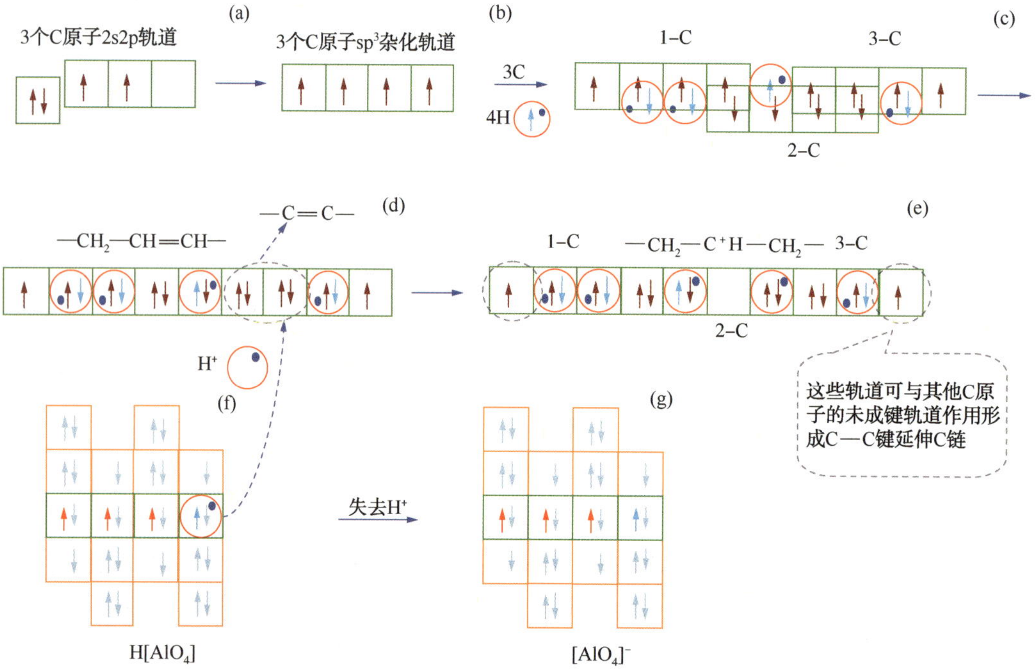

图 1-17 烯烃在弱 B 酸中心生成烷基正碳离子

在图 1-17(d)的正构烯烃结构中，当图 1-17(f)的 4 配位弱 B 酸中心提供 H^+攻击 C═C 键，由于 H^+外层 s 轨道是空轨道，具有极强的吸电子能力，从 C═C 键处获得共用电子对并与 3-C 原子外层的 sp^3 杂化轨道重叠且共用 1 对电子生成 1 个 C—H 键，这样 3-C 原子外层轨道的成键情况变成—CH_2—，而 2-C 原子失去外层共用的那个电子后生成—C^+H—结构。那么，在 B 酸中心提供的 H^+作用下，烯烃—CH_2—CH═CH—分子中 C═C 双键断裂，生成—CH_2—C^+H—CH_2—正碳离子，其电子轨道结构如图 1-17(e)所示。1-C 和 3-C 原子外层存在未成键电子，可与烷基 R_1 和 R_2 中 C 原子形成 C—C 键延伸 C 链。B 酸中心给出 H^+ 后就失去活性，成为失活 B 酸中心，结构示意如图 1-17(g)所示。

下面采用分子模拟方法来模拟计算正构烯烃在 B 酸中心作用下生成正构烷基正碳离子的过程。根据密度泛函理论，采用 Materials Studio 中 Dmol3 模块进行模拟计算。Dmol3 是唯一可以模拟气相、溶液、表面及固体等过程及性质的商业化量子力学程序，可用于研究均相催化、多相催化、分子反应性和分子结构等，也可预测溶解度、蒸气压、配分函数、溶解热和混合热等性质[32~34]。Dmol3 模块中的结构优化功能可以计算烃分子的键能、键长以及生成熵等，Dmol3 模块中的过渡态搜索功能可以计算反应过程的反应热和能量势垒[35]。计算所用程序版本为 Materials Studio 4.3，采用的基组为 GGA 和 PW91，过渡态搜索方法为

LST/QST方法。

表 1-1 数据是 α-$C_4^=$ ~ α-$C_8^=$ 烯烃分子，在 B 酸中心提供的 H^+ 攻击下，生成烷基正碳离子的能量数据。H^+ 是缺电子结构，是典型的 L 酸中心，极易在电子云密度大的双键位置发生作用，使 C═C 键断裂生成 C—C 键，H^+ 外层空的 s 轨道和第 1 个 C 原子外层 sp^3 杂化轨道重叠且从 C═C 键处获得 1 对电子，形成 CH_3—基团，而第 2 个 C 原子失去了 1 个电子形成—C^+H—结构，即形成烷基正碳离子 CH_3—C^+H—R。

表 1-1 部分烯烃与在 B 酸中心作用下生成烷基正碳离子的能量数据

碳数	反应类型	ΔG(500℃)/(kJ/mol)	能量势垒/(kJ/mol)
$C_4^=$	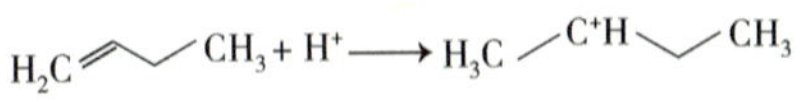	-420	0
$C_5^=$	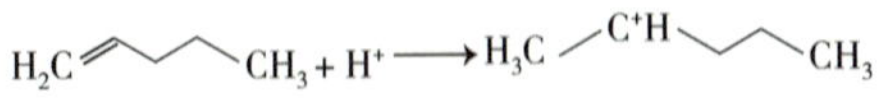	-465	0
$C_6^=$	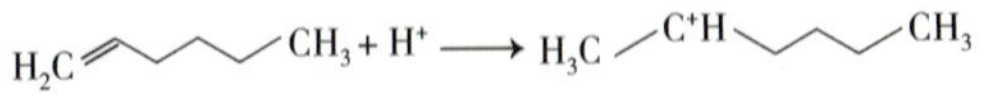	-488	0
$C_7^=$	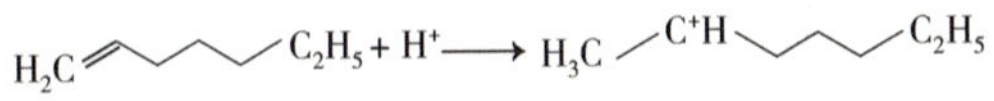	-461	0
$C_8^=$	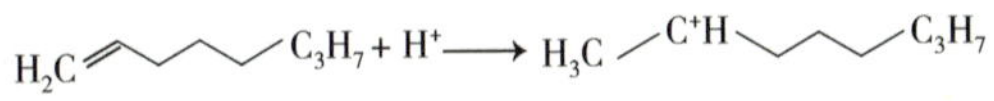	-467	0

从表 1-1 数据可以看出，烯烃分子与 H^+ 发生反应，自由能 $\Delta G<0$kJ/mol，且反应的能量势垒基本为 0，所以烯烃分子在 B 酸中心上很容易生成烷基正碳离子。

1.2.3.2 硅铝催化剂 L 酸中心失活

(1) 正构烷烃在 L 酸中心生成烷基正碳离子

L 酸中心活性位就是 Al 原子外层那个空的 sp^3 杂化轨道，它具有吸引孤对电子的能力。当 L 酸中心 Al 原子外层空的 sp^3 杂化轨道被电子对占据或充满后，L 酸中心的活性中心就不再具有可吸引电子对的能力，L 酸中心就失去了活性。无论是烷烃还是烯烃，都可以在 L 酸中心生成正碳离子。例如，正构烷烃 R_1—CH_2—CH_2—CH_2—R_2 在 L 酸中心的作用下，L 酸中心 Al 原子外层的空轨道抽取了烃分子中的 H^- 而形成正碳离子 R_1—CH_2—C^+H—CH_2—R_2，其中 R_1 和 R_2 是烷基。

图 1-18(a)是 C 原子外层电子轨道，图 1-18(b)是经 sp^3 杂化后形成 4 个 sp^3 杂化轨道。在图 1-18(c)中，3 个 C 原子和 6 个 H 原子，3 个 C 原子标记为 1-C、2-C 和 3-C。1-C 原子外层含有未成键电子的 sp^3 杂化轨道和 2-C 原子外层含有未成键电子的 sp^3 杂化轨道重叠，共用 1 对电子生成第 1 个 C—C 键；2-C 原子外层含有未成键电子的 sp^3 杂化轨道和3-C 原子外层含有未成键电子的 sp^3 杂化轨道重叠，共用 1 对电子生成第 2 个 C—C 键；这 3 个 C原子外层的 2 个含有未成键电子的 sp^3 杂化轨道分别与 6 个 H 原子外层含有未成键电子的 s 轨道重叠，共用 6 对电子生成 6 个 C—H 键；1-C 和 3-C 原子外层还有 1 个含有未成键电子的 sp^3 杂化轨道，可与烷基 R_1 和 R_2 中 C 原子外层含有未成键电子的 sp^3 杂化轨道作用生成 C—C 键而延伸 C 链生成正构烷烃。

图 1-18(d)是正构烷烃分子，图 1-18(f)是 3 配位强 L 酸中心，当 L 酸中心与正构烷烃相互作用时，L 酸中心 Al 原子外层空的 s 轨道与正构烷烃分子中 2-C 原子作用，L 酸中心

是缺电子结构，具有极强的得电子能力，它会从 2-C 原子外层与 H 原子外层重叠轨道处抽取 H^-，生成失活的 L 酸中心，失活 L 酸中心结构如图 1-18(g)所示。被 L 酸中心抽取 H^-后的正构烷烃 R_1—CH_2—CH_2—CH_2—R_2 生成了正碳离子—CH_2—C^+H—CH_2—，其电子轨道结构如图 1-18(e)所示。在图 1-18(e)中，2-C 原子外层有 1 个空的 sp^3 杂化轨道，1-C 和 3-C 原子外层还有 1 个含有未成键电子的 sp^3 杂化轨道，可与烷基 R_1、R_2 中 C 原子外层含有未成键电子的 sp^3 杂化轨道作用生成 C—C 键而延伸 C 链。

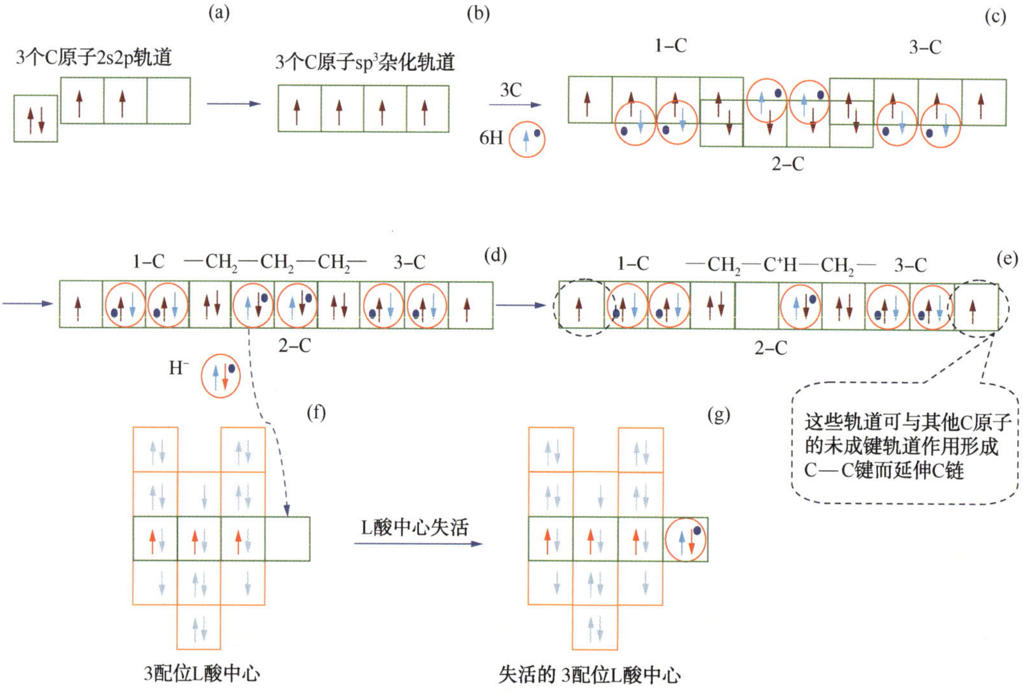

图 1-18　正构烷烃在强 L 酸中心生成正碳离子

（2）正构烯烃在 L 酸中心生成烯基正碳离子

下面以正构 α-烯烃为研究对象，对在 L 酸中心作用下抽取 H^-，在非双键位置形成烯基正碳离子的过程进行分析。根据密度泛函理论，采用 Materials Studio 中 Dmol3 模块进行模拟计算，以甲基正碳离子 CH_3^+(C 原子外层有 1 个空 sp^3 杂化轨道)为 L 酸中心，计算 $C_5^=$~$C_7^=$烯烃分子与 CH_3^+ 反应能量数据。从表 1-2、表 1-3 和表 1-4 模拟计算结果看，$C_5^=$~$C_7^=$烯烃分子与 CH_3^+ 反应，在离双键最近的第 1 个 C 原子上抽取 H^-反应自由能 ΔG 最小、能量势垒最低，最容易反应生成烯基正碳离子，这与烯烃双键的影响密切相关。

表 1-2　正戊烯 $C_5^=$与甲基正碳离子 CH_3^+ 反应的能量数据

编号	反应类型	ΔG(500℃)/(kJ/mol)	能量势垒/(kJ/mol)
1	H_2C═╱╲╱$CH_3 + C^+H_3 \longrightarrow H_2C$═╱$C^+H$╲$CH_3 + CH_4$	-212	233
2	H_2C═╱╲╱$CH_3 + C^+H_3 \longrightarrow H_2C$═╱╲$C^+H$╲$CH_3 + CH_4$	-212	337
3	H_2C═╱╲╱$CH_3 + C^+H_3 \longrightarrow H_2C$═╱╲╱$C^+H_2 + CH_4$	-99	354

表 1-3 正己烯 $C_6^=$ 与甲基正碳离子 CH_3^+ 反应的能量数据

编号	反应类型	ΔG(500℃)/(kJ/mol)	能量势垒/(kJ/mol)
1	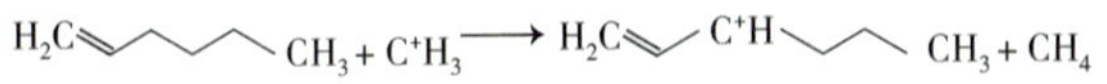	-225	245
2	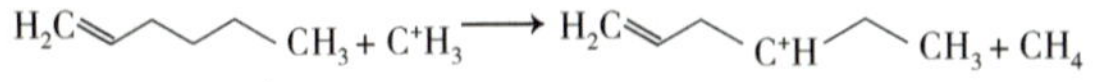	-155	293
3	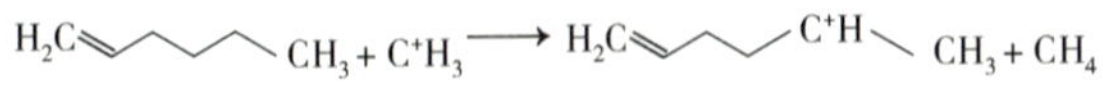	-141	306
4	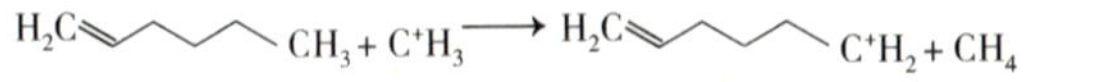	-96	355

表 1-4 正庚烯 $C_7^=$ 与甲基正碳离子 CH_3^+ 反应的能量数据

编号	反应类型	ΔG(500℃)/(kJ/mol)	能量势垒/(kJ/mol)
1	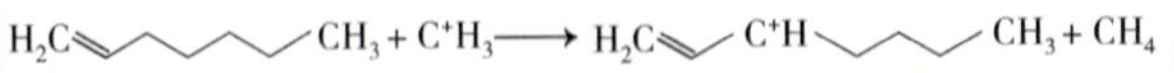	-210	259
2	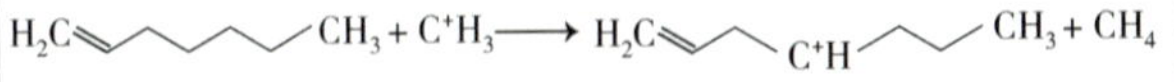	-162	300
3	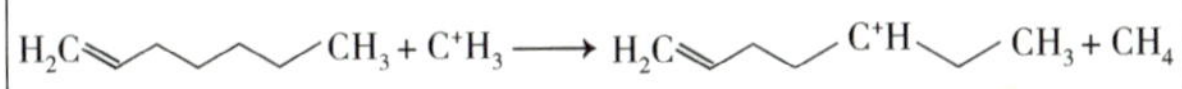	-181	342
4	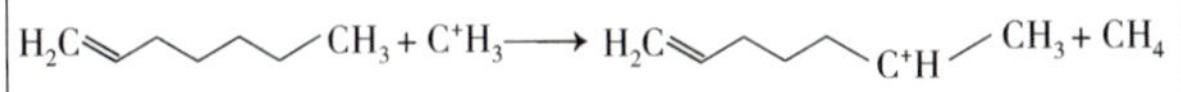	-176	294
5	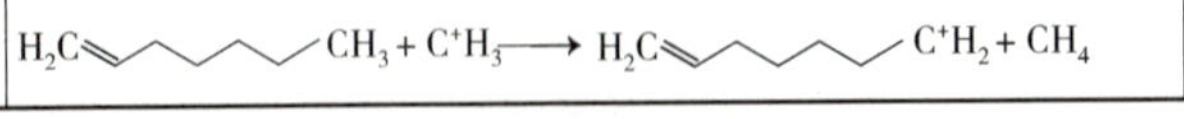	-99	351

(3) 烯基正碳离子移位反应

以正构 α-烯烃为例，在 L 酸中心作用下生成烯基正碳离子，然后烯基正碳离子会发生移位和环化等反应，烯基正碳离子移位反应是为生成环烯基正碳离子并继续为生成环烷烃或环烯烃做准备。这要求已经生成的烯基正碳离子中的 C^+ 移位到远离双键的另一端点的 C 原子处。下面以正构 α-己烯为例，研究己烯正碳离子中 C^+ 发生移位反应能量情况。

表 1-3 是正构 α-己烯生成 4 种可能的己烯正碳离子的能量数据。反应 1 是正构 α-己烯在离双键最近的第 1 个 C 原子上抽取 H^- 生成 α-1-己烯正碳离子，反应自由能 ΔG 最小为 -225kJ/mol、能量势垒最低为 245kJ/mol，最容易反应生成烯基正碳离子。反应 2 是在离双键的第 2 个 C 原子上抽取 H^- 生成 α-2-己烯正碳离子，反应自由能 ΔG 为-155kJ/mol、能量势垒为 293kJ/mol。反应 3 是在离双键的第 3 个 C 原子上抽取 H^- 生成 α-3-己烯正碳离子，反应自由能 ΔG 为-141kJ/mol、能量势垒为 306kJ/mol。直接在双键的另一端 C 原子上生成 α-4-己烯正碳离子的反应自由能 ΔG 为-96kJ/mol、能量势垒为 355kJ/mol，相比较来说反应 4 最不容易发生。所以，正构 α-己烯生成环己烯正碳离子是按照正构 α-己烯生成 α-己烯正碳离子，然后 α-己烯正碳离子位移，再进行环化生成环己烯正碳离子，最后生成环烷烃或环烯烃。按照上面分析，可能有 3 种路径：路径 1：正构 α-己烯生成 α-1-己烯正碳离子，α-1-己烯正碳离子中 C^+ 位移并环化生成环己烯正碳离子；路径 2：正构 α-己烯生成 α-2-己烯正碳离子，α-2-己烯正碳离子中 C^+ 位移并环化生成环己烯正碳离子；路径 3：正构 α-己烯生成 α-3-己烯正碳离子，α-3-己烯正碳离子中 C^+ 位移并环化生成环己烯正碳离子。

表 1-5 部分烯基正碳离子发生移位的反应的能量数据

编号	反应类型	ΔG(500℃)/(kJ/mol)	能量势垒/(kJ/mol)
1	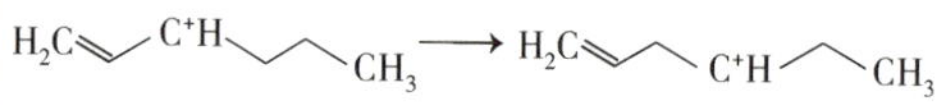	60	75
2	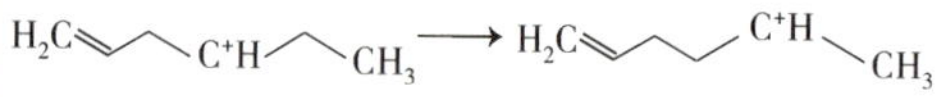	-12	34
3	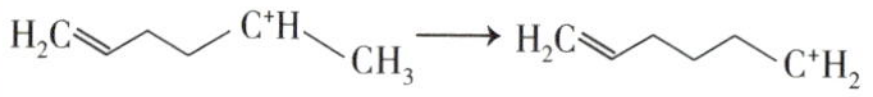	76	103
4	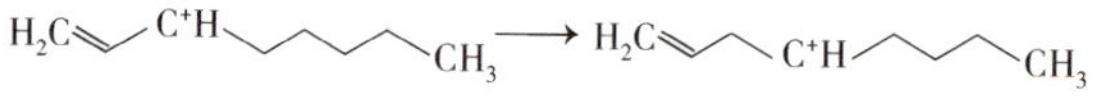	54	83
5		-8	61
6		21	59
7	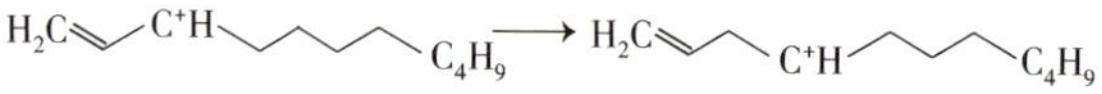	60	140
8	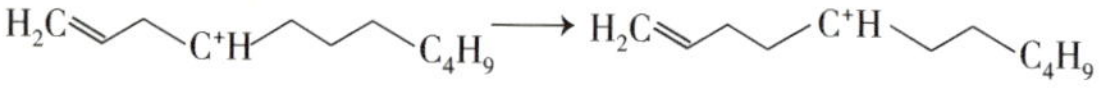	-3	97
9	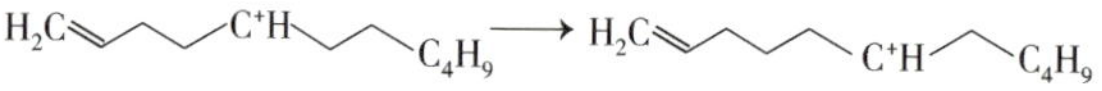	9	63

根据表1-3和表1-5数据计算，路径1总的反应自由能ΔG_1包括表1-3中反应1和表1-5中反应1、反应2及反应3，$\Delta G_1=-225+60-12+76=-101$kJ/mol；路径2总的反应自由能$\Delta G_2$包括表1-3中反应2和表1-5中反应2及反应3，$\Delta G_2=-155-12+76=-91$kJ/mol；路径3总的反应自由能$\Delta G_3=-141+76=-65$kJ/mol。再从反应能量势垒数据对比来看，路径1的最大能量势垒是245kJ/mol，路径2的最大能量势垒是293kJ/mol，路径3的最大能量势垒是306kJ/mol。所以，在L酸中心作用下，正构α-烯烃在非双键位置离双键最近的第1个C原子处最容易抽取H^-生成α-1-烯基正碳离子，然后α-1-烯基正碳离子中C^+位移到双键的另一端生成α-烯基正碳离子。

（4）烯基正碳离子环化反应

烯基正碳离子在合适的条件下可以发生环化反应，容易生成带烷基的五元或者六元环烷基正碳离子，并进一步发生反应生成环烷烃或环烯烃。一般来说，烯烃在L酸中心作用下首先在离双键最近的第1个C原子即1-碳原子上抽取H^-生成α-1-烯基正碳离子，然后α-1-烯基正碳离子中C^+移位到离双键第3或第4个C原子上生成α-3-烯基正碳离子或α-4-烯基正碳离子，再进一步环化生成烷基环戊基正碳离子或烷基环己基正碳离子，这种结构的稳定性要好，最后生成烷基环戊烷或烷基环己烷。

表1-6是$C_6^=\sim C_{10}^=$的α-3-烯基正碳离子发生环化反应生成烷基环戊基正碳离子的能量数据。这些反应的自由能$\Delta G<0$kJ/mol，都能自发反应生成烷基环戊基正碳离子。表1-7是$C_6^=\sim C_{10}^=$的α-4-烯基正碳离子发生环化反应生成烷基环己基正碳离子的能量数据。它们的反应自由能$\Delta G<0$kJ/mol，同样可以自发反应生成烷基环己基正碳离子。

表 1-6 C_6~C_{10}的 α-3-烯基正碳离子反应生成烷基环戊基正碳离子的能量数据

编号	反应类型	ΔG(500℃)/(kJ/mol)	能量势垒/(kJ/mol)
1	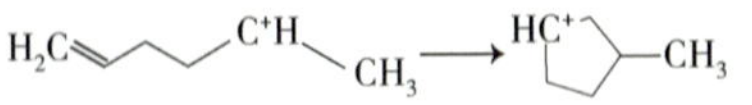	-23	46
2	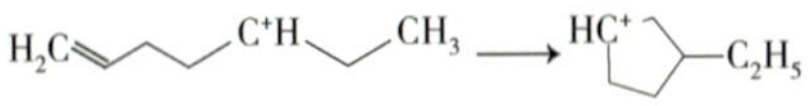	-31	35
3	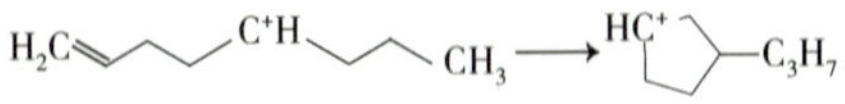	-24	47
4		-16	48
5	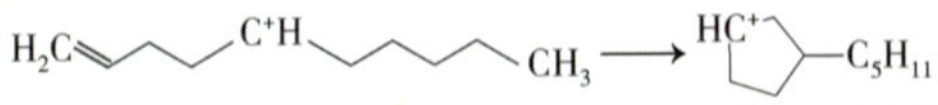	-24	37

表 1-7 C_6~C_{10}的 α-4-烯基正碳离子反应生成环己基正碳离子的能量数据

编号	反应类型	ΔG(500℃)/(kJ/mol)	能量势垒/(kJ/mol)
1	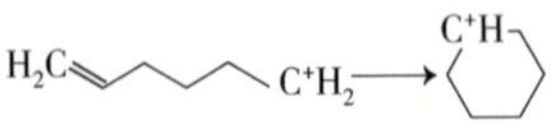		
2	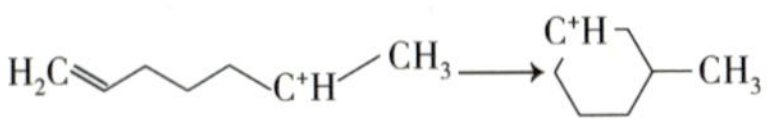	-66	23
3	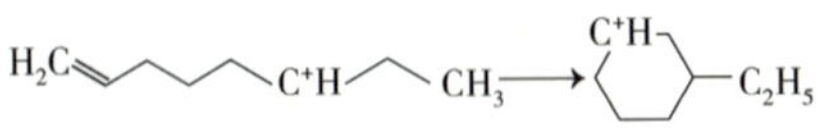	-59	30
4	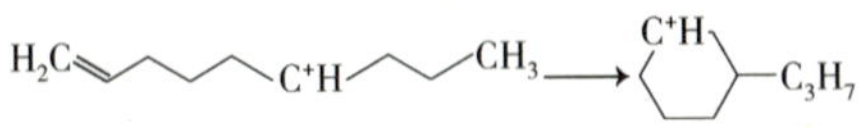	-35	26
5	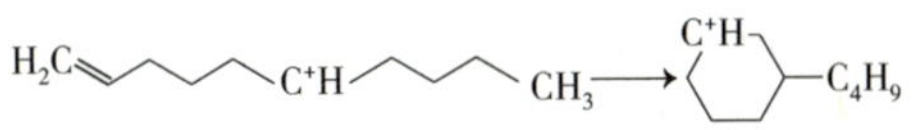	-53	25

从表 1-7 中反应 1 的数据能量数据来看，α-4-己烯基正碳离子发生环化反应直接生成环己基正碳离子的能量数据得不到，可能这种算法有问题，但也可能这个本身很难得到环己基正碳离子，而只能得到甲基环戊基正碳离子。所以，只有 $C_7^=$ 以上的 α-4-烯基正碳离子才能环化生成烷基环己基正碳离子，且反应自由能 $\Delta G<0$kJ/mol，反应比较彻底。

总之，烯基正碳离子环化生成五元环或者六元环的能量势垒都比较低，$\Delta G<0$kJ/mol，在动力学上较容易发生，根据阿雷尼乌斯公式 $\Delta G=-RT\ln K$，反应的平衡常数 K 也较大，表明反应进行得很彻底。例如在重油催化裂化产物中存在大量的环烷烃和芳烃等环化产物，这些环化产物主要是通过烯基正碳离子环化方式生成。

(5) 正构 α-烯烃生成烷基环己基正碳离子

图 1-19 是正构 α-烯烃在 L 酸中心作用下生成烷基环己基正碳离子分析。图 1-19(a)是正构 α-烯烃分子，图 1-19(b)是 3 配位强 L 酸中心，其 Al 原子外层空的 sp^3 杂化轨道具有极强吸电子能力，会从正构 α-烯烃 1-C 原子(离双键最近的 C 原子)处抽取 H^-，生成图 1-19(c)的 α-1-烯基正碳离子，而 L 酸中心 Al 原子外层空的 sp^3 杂化轨道被 H^- 占据失去活性，其电子轨道结构如图 1-19(d)所示。生成的 α-1-烯基正碳离子经 C^+ 移位转变成 α-4-烯基正碳离子，其电子轨道结构如图 1-19(e)所示。缺电子的 α-4-烯基正碳离子中 C^+ 与 C═C 键

作用，C═C 键断裂生成 C—C 键，C^+与端点 C 原子生成 C—C 键，则环化生成烷基环己基正碳离子，其电子轨道结构如图 1-19(f)所示。

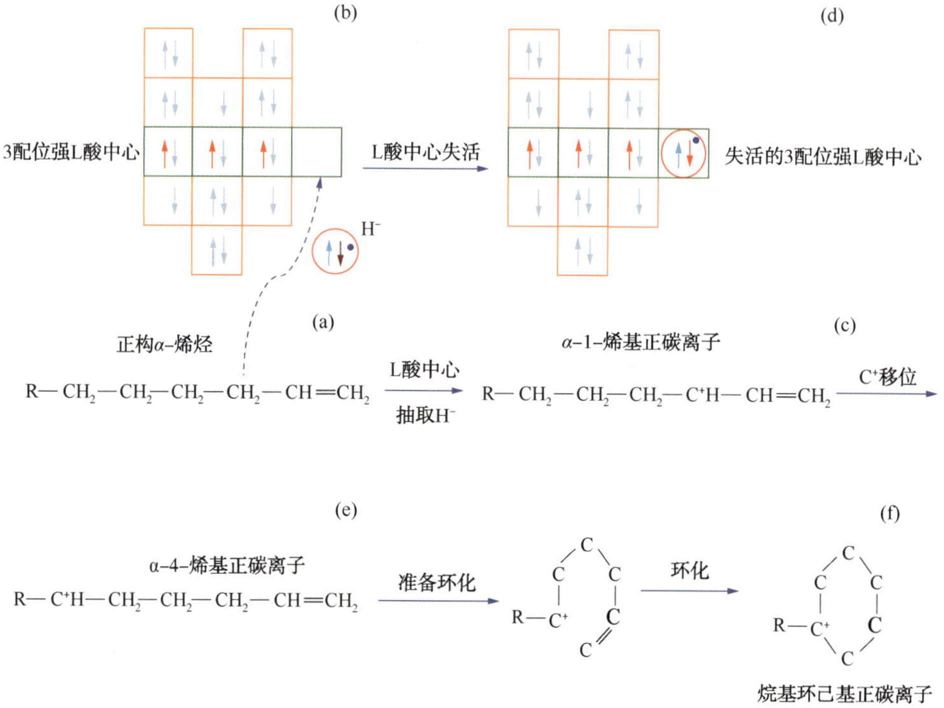

图 1-19 正构 α-烯烃在 L 酸中心作用下生成烷基环己基正碳离子分析

实际上，异构烷烃、环烷烃和烯烃等在 L 酸中心作用下，生成正碳离子及 L 酸中心失活机理，与正构 α-烯烃在 L 酸中心作用下生成正碳离子及 L 酸中心失活机理相同。理论上，烃分子在弱 L 酸中心作用下生成正碳离子及弱 L 酸中心失活机理与强 L 酸中心的机理也相同。

1.2.4 失活硅铝催化剂酸中心再生

失活硅铝催化剂酸中心活性恢复可分为失活 B 酸中心和失活 L 酸中心的活性恢复。B 酸中心释放了H^+后就失去了活性，要恢复失活 B 酸中心活性，就要重新获得H^+，H^+是 B 酸中心的活性中心。L 酸中心的活性中心(活性位)就是 Al 原子外层空的 sp^3 杂化轨道，若空轨道被H^-(或电子对)占据或充满后，L 酸中心就失去了活性。只有把占据 L 酸中心 Al 原子外层 sp^3 杂化轨道的H^-(或电子对)移走，失活 L 酸中心才能恢复活性，空轨道是 L 酸中心活性位。

1.2.4.1 失活 B 酸中心的活性恢复

图 1-20 是失活 B 酸中心与烷基环己基正碳离子作用恢复其活性过程分析。图 1-20(a)是失活 4 配位 B 酸中心$[AlO_4]^-$，图 1-20(b)是烷基环己基正碳离子。

失活 B 酸中心因失去H^+显负电性，具有吸引H^+能力，会从烷基环己基正碳离子相邻的 C 原子上抽取H^+，使C^+和相邻 C 原子形成 C═C 键，即生成了图 1-20(d)所示的烷基环己烯结构，失活 B 酸中心得到H^+恢复了活性，如图 1-20(c)所示。图 1-20(e)是图 1-20(b)

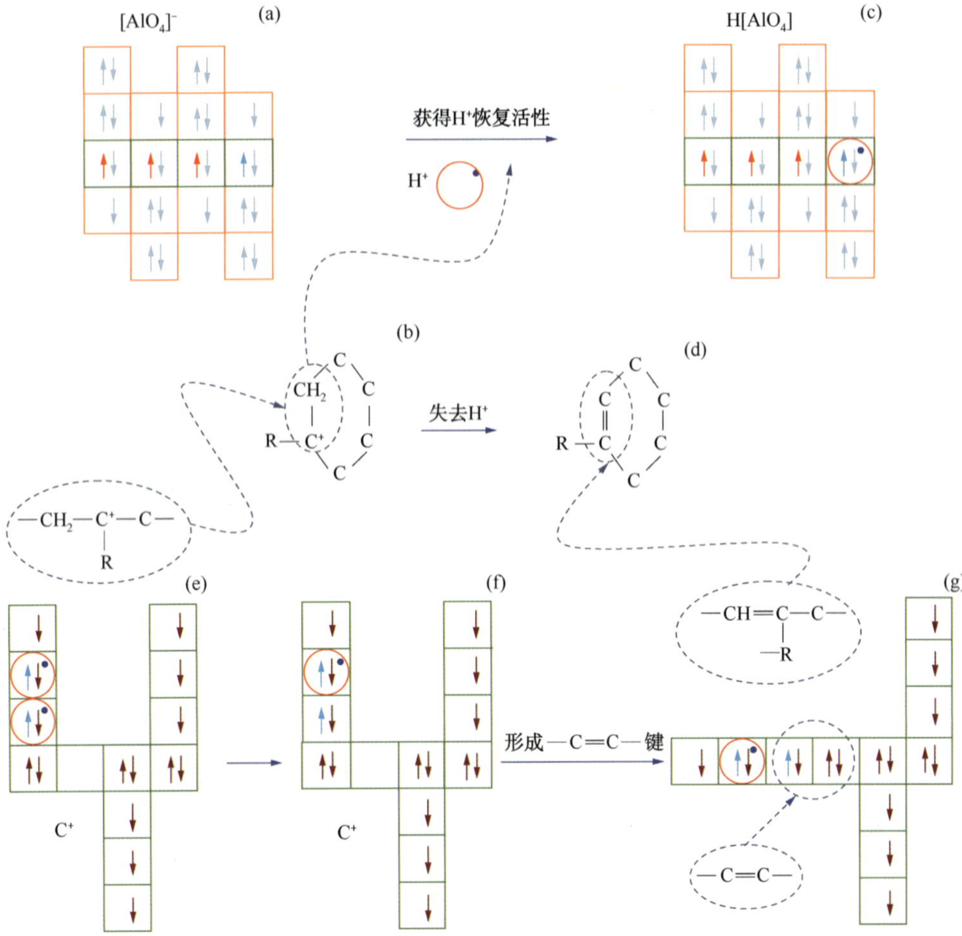

图 1-20 失活 B 酸中心活性恢复

局部结构，图 1-20(e) 中 C^+ 外层有个空的 sp^3 杂化轨道，失活 4 配位 B 酸中心从 C^+ 相邻的—CH_2—处抽取 H^+ 离子恢复了活性，失去 H^+ 后结构变为图 1-20(f)。C^+ 外层的空 sp^3 杂化轨道与相邻那个失去 H^+ 的 C 原子外层含有孤对电子的 sp^3 杂化轨道重叠，共用 2 对电子生成 1 个 C═C 键，其电子轨道结构如图 1-20(g) 所示。

1.2.4.2 失活 L 酸中心的活性恢复

图 1-21 是失活 L 酸中心与烷基环己基正碳离子作用恢复其活性过程分析。图 1-21(a) 是失活的 3 配位 L 酸中心，图 1-21(b) 是烷基环己基正碳离子。

失活 L 酸中心 Al 原子外层空的 sp^3 杂化轨道(活性位)被 H^- 占据，而烷基环己基正碳离子中 C^+ 外层有 1 个空的 sp^3 杂化轨道，其电子轨道结构如图 1-21(e) 所示，图 1-21(e) 是图 1-21(b) 局部结构。这个 C^+ 是缺电子结构，具有极强得电子能力，能从失活的 L 酸中心抽取 H^-，使 H^- 外层含有孤对电子的 s 轨道与 C^+ 外层空的 sp^3 杂化轨道重叠，共用 1 对电子生成 1 个 C—H 键而生成烷基环烷烃，其电子轨道结构如图 1-21(f) 和图 1-21(d) 所示。这个过程中，失活的 3 配位 L 酸中心被抽取 H^- 后，其活性位被腾空，失活 L 酸中心又恢复了活性，L 酸中心结构发生变化，即图 1-21(c) 所示的 [AlO_3] 结构，Al 原子外层又有了空的 sp^3 杂化轨道，即有了活性位。

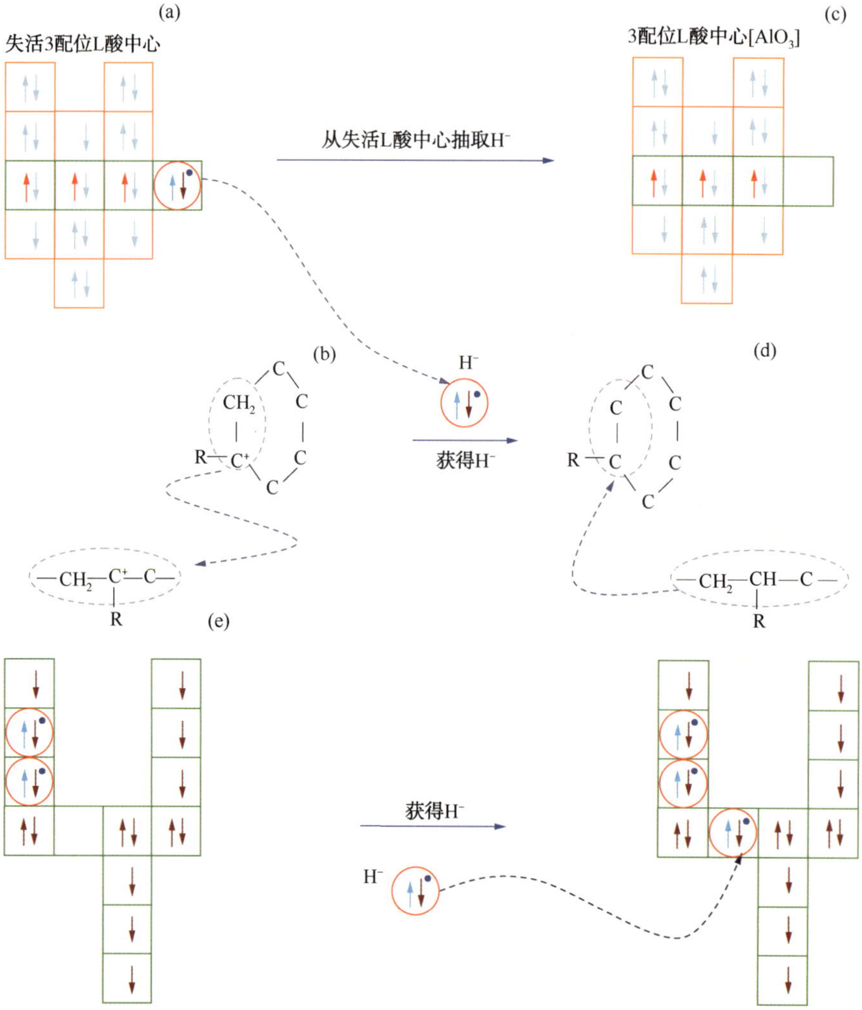

图 1-21　失活 L 酸中心活性恢复

1.2.5　结论

① 硅铝催化剂是一种含 Si、Al 元素的固体酸催化剂，其酸性由 Al 原子的 O 原子配位数决定；

② 2、3 配位的 Al 原子形成 2 种结构的 L 酸中心，L 酸中心 Al 原子外层有 1 个空的 sp^3 杂化轨道，具有吸引孤对电子的能力，它是 L 酸中心的活性位(活性中心)；

③ 4、5 和 6 配位的 Al 原子形成 3 种结构的 B 酸中心，4 配位形成弱 B 酸中心，5、6 配位形成强 B 酸中心；B 酸中心能提供 H^+，H^+就是 B 酸中心的活性中心；

④ 在 B 酸中心作用下，烯烃 C═C 键与 B 酸中心提供的 H^+结合生成烷基正碳离子；

⑤ 烷烃在 L 酸中心作用下抽取 H^-生成烷基正碳离子，烯烃在 L 酸中心作用下能生成烯基正碳离子；

⑥ 烯基正碳离子中 C^+会发生移位反应，容易生成烷基环戊基正碳离子和烷基环己基正碳离子；

⑦ 在失活 B 酸中心作用下，烷基环正碳离子在 C^+ 相邻的 C 原子上抽取 H^+ 后生成烷基环烯烃，失活的 B 酸中心得到 H^+ 后恢复了活性；

⑧ 在失活 L 酸中心作用下，烷基环正碳离子从 L 酸中心抽取 H^- 后生成烷基环烷烃，占据失活 L 酸中心活性位的 H^-(或电子对)被移去后 L 酸中心就恢复了活性。

参 考 文 献

[1] 大连理工大学无机化学教研室. 无机化学[M]. 5 版. 北京：高等教育出版社，2006.

[2] Whitmore F C. Mechanism of the polymerization of olefins by acid catalysts[J]. Industrial and Engineering Chemistry，1934，(2)：94-95.

[3] Grenall A. Montmorillonite cracking catalyst—X-ray diffraction [J]. Industrial and Engineering Chemistry，1948，40(11)：2148-2151.

[4] Grenall A. Montmorillonite cracking catalyst—Demonstration of presence of hydrogen ion in Filtrol clay catalysts [J]. Industrial and Engineering Chemistry，1949，41(7)：1485-1489.

[5] Thomas C L. Chemistry of cracking catalysts[J]. Industrial and Engineering Chemistry，1949，41(11)：2564-2572.

[6] Milliken T H，Mills G H，Oblad A G. The chemical characteristics and structure of cracking catalysts[J]. Discussions of the Faraday Society，1950，8：279-289.

[7] Tamele M. W. Chemistry of the surface and the activity of alumina-silica cracking catalyst [J]. Discussions of the Faraday Society，1950，8：270-279.

[8] Hansford R C. Chemical Concepts of Catalytic Cracking"Advances in Catalysis"：Vol 4 [M]. New York：Academic Press Inc，1952.

[9] Benesi H A. Acidity of catalyst surfaces I Acid strength from colors of absorbed indicators[J]. Journal of American Chemical Society，1956，78(21)：5490-5494.

[10] Moscou L，Moné R. Structure and catalytic properties of thermally and hydrothermally treated zeolites：Acid strength distribution of REX and REY[J]. Journal of Catalysis. 1973，30(3)：417-422.

[11] Lunsford J H. Fluid Catalytic Cracking 11[M]. Washington DC：American Chemical Society，1991.

[12] 许本静. 催化裂化催化剂发展史研究[D]. 北京：石油化工科学研究院，2009.

[13] Matsuhashi H，Futamura A. Determination of relative acid strength and acid amount of solid acids by Ar adsorption[J]. Catalysis Today，2006，111：338-342.

[14] Yan Z M，Ding M，Zhuang J Q，et al. On the acid-dealumination of USY zeolite：A solid state NMR investigation[J]. Journal of Molecular Catalysis A：Chemical，2003，194：153-167.

[15] 黄仲涛，耿建铭. 工业催化[M]. 4 版. 北京：化学工业出版社，2020.

[16] 王留阳，赵国英，任保增，等. 酸性催化剂的酸性表征研究进展[J]. 过程工程学报，2017，17(6)：1119-1126.

[17] Huang J Z，Sheng H Y，Dominic Ross R D，et al. Modifying redox properties and local bonding of Co_3O_4 by CeO_2 enhances oxygen evolution catalysis in acid [J]. Nature Commun，2021，12(1)：3036.

[18] Rosenbach N，Mota C J. A. A DFT—ONIOM study on the effect of extra-framework aluminum on USY zeolite acidity [J]. Applied Catalysis A General，2008，336：54-60.

[19] Cheng K，Smulder C. J.，Vanderwal L I，etal. Maximizing noble metal utilization in solid catalysts by control of nanoparticle location [J]. Science，2022，377 (6602)：204-208.

[20] Hashiba T，Hayashi D，Katada N，et al. Decrease of catalytic activity and solid acidity by ion exchange of Na cation on HZSM-5[J]. Catalysis Today，2004，97(1)：35-39.

[21] 贺振富，代振宇，龙军．硅铝催化剂酸中心形成及其结构[J]．石油学报(石油加工)，2011，27(1)：11-19.

[22] Anderson J R，Pratt K C . Introduction to characterization and testing of catalysts [M]. Academic Press Australia，1985.

[23] 朱泽霖，刘灵丽．丝光沸石催化剂的结焦失活研究[J]．催化学报，1996，17(1)：40.

[24] 刘银东，王刚，李泽坤，等．焦化蜡油催化裂化反应过程生焦特性[J]．石油学报(石油加工)，2009，25(1)：7-13.

[25] 刘中民，陈国权，王清遐，等．分子筛催化的失活与积炭[J]．催化学报，1994，15(4)：301-304.

[26] Patrilyak L K，Manza I A，Okhrimenko M V. Oscillatory character of deactivation of zeolite catalysts in carbonium ion Conversions of hydrocarbons [J]. Theoretical and Experimental Chemistry，2005，41(1)：40-44.

[27] Da Z，Magnoux P，Guisnet M. Alkylation of toluene with 1-odecene over HFAU zeolite：Deactivation and regeneration[J]. Catalysis Letters，1999，61(3-4)：203-206.

[28] 陈俊武，曹汉昌．催化裂化工艺与工程[M]．北京：中国石化出版社，1995.

[29] Corma A，Wojciechowski B W. Chemistry of catalytic cracking[J]. Catal Rev Sci Eng，1985，27(1)：29-150.

[30] Brucecg，Jamesrk，Schuitgca. Chemistry of Catalytic Process[M]. McGraw-Hill，1979.

[31] 贺振富，刘俊，龙军．硅铝催化剂酸中心失活与再生的分析[J]．石油学报(石油加工)，2011，27(6)：843-851.

[32] 董南，吴念慈，金松寿，等．丙酮溴化反应机理的研究(I)从头计算法研究反应中间体[J]．分子科学学报，1981，12(2)：1-6.

[33] 张瑞勤，黄建华，步宇翔，等．一种选择从头算基函数的有效方法[J]．中国科学(B辑)，2000，30(5)：419-427.

[34] Zavitsas A A. The relation between bond lengths and dissociation energies of carbon-carbon bonds[J]. Journal of Physical Chemistry，2003，107：897- 898.

[35] 王红明．密度泛函方法对有机反应和有机催化体系反应的理论研究[D]．大连：中国科学院大连化学物理研究所，2006.

第2章 甲 醇

2.1 甲醇工业发展概况[1~4]

甲醇(methanol，CH_3OH)易燃，其蒸气与空气可形成爆炸性混合物，遇明火、高热能引起燃烧爆炸，与氧化剂接触发生化学反应或引起燃烧，燃烧分解为一氧化碳、二氧化碳，有剧毒。甲醇不仅可以作为良好的有机溶剂，还可以作为生产多种有机化工产品的重要原料，主要应用于精细化工、塑料等领域，用来制造甲醛、醋酸、氯甲烷、甲氨、硫酸二甲酯等多种有机产品，也是农药、医药的重要原料之一。甲醇在深加工后可作为一种新型清洁燃料，也可加入到汽油中掺烧。甲醇和氨反应可以制造一甲胺。随着科技进步，甲醇的工业应用越来越广泛，甲醇的市场需求也有很大的发展前景。甲醇合成工艺技术发展及优化已经备受广大化工企业的关注。多年来，研究人员在合成气制甲醇工艺技术方面进行了很多研究，实现了甲醇工业化生产。

甲醇的大规模工业化生产以 20 世纪 20 年代高压法合成甲醇为标志，1913 年，德国 BASF 公司在其高压合成氨的试验装置上进行了一氧化碳加氢合成含氧化合物研究，于 1923 年在德国 Leuna 建成了世界上第一座年产 3000t 合成甲醇生产装置，并成功投产。该装置采用 Zr-Cr 氧化物为催化剂，一氧化碳和氢为原料，反应在压力 30~35MPa、温度 300~400℃ 条件下进行。

高压法合成甲醇工业装置投资大，生产成本高。为此，世界各国都在探求能够降低合成压力的工业生产方法。英国 ICI 公司和德国 Lurgi 公司分别成功地研制出中低压甲醇合成催化剂，降低了反应压力，促进了甲醇生产的高速发展。1966 年，英国 ICI 公司使用 Cu-Zn-Al 氧化物催化剂，成功地实现了操作压力为 5.0MPa 的一氧化碳加氢合成甲醇的工业化生产，该过程称为 ICI 低压法，1972 年，ICI 公司又成功地实现了 10.0MPa 的中压甲醇合成工业生产。1970 年，德国 Lurgi 公司采用 Cu-Zn-Mn 或 Cu-Zn-Mn-V，Cu-Zn-Al-V 氧化物铜基催化剂，成功建成了年产 4000t 甲醇的低压生产装置，该法称为 Lurgi 低压法。与此同时，世界其他化学公司也相继开发自己的中低压甲醇合成工艺，建立甲醇合成装置，但 ICI 和 Lurgi 中低压法合成工艺技术发展最快，应用最广。到 1982 年，世界各国采用 ICI 中低法生产甲醇的总生产能力达 1028 万 t/a，占世界甲醇总产能的 50%，装置规模为 5.0 万~82.5 万 t/a；采用 Lurgi 低压法已经建成和正在建设的甲醇装置总生产能力达 606 万 t/a，占世界甲醇总生产能力的 30%，装置规模为 4.5 万~81 万 t/a。

随着甲醇合成技术的不断发展和规模不断扩大，其原料路线也发生了很大的变化，由原来的以煤和焦炭气化生产合成气的路线，发展到目前以天然气和煤为主的合成路线。20 世纪 50 年代以前，甲醇合成的原料气以煤和焦炭为原料，在常压或加压下气化，用水蒸气、空气为气化剂，通过生产水煤气，再经过水汽变换逆反应和脱除部分二氧化碳来获得甲醇合成气，相似于合成氨生产半水煤气。20 世纪 50 年代以来，石油和天然气资源大量开采，特别是储量丰富、价廉的天然气蒸汽转化技术的发展使生产甲醇的原料气成本降低，成为甲醇生产的主要原料路线。目前，天然气路线约占甲醇产能的 80%，中东和拉丁美洲以其廉价而丰富的天然气成为近年来甲醇生产能力增长最快的地区。煤作为制备甲醇合成气的传统原料，由于气化和气体净化复杂，成本相对较高，但对于缺油少气富煤的国家和地区，例如我国，是主要的原料路线，约占 80%。从长远发展的趋势来看，煤是世界化石能源储藏量最多的资源，远远超过天然气和石油的储量，且随着气化、净化技术的发展和甲醇作为能源产品的应用，例如作为车用洁净燃料和甲醇燃料电池的原料，以及甲醇制低碳烯烃、低碳芳烃、乙二醇和二甲醚技术发展及工业化应用，煤制甲醇必将重新成为合成甲醇的主要原料路线。

甲醇装置正在向大型化发展，国外共有甲醇生产装置 110 套左右，每套年平均生产能力超过 50 万 t，总生产能力达到了 6400 万 t/a，其中年生产能力大于 80 万 t 的装置有 32 套，目前正在建设的大型装置总生产能力达 2600 万 t。未来几年，更多超大规模甲醇装置的集中投产，必将对国际甲醇的生产和消费市场产生重大影响，世界甲醇的生产和消费的格局正在变化。在过去的近 10 年里，一些天然气储量丰富而本国消耗量小的国家和地区，先后建设了世界级大规模甲醇生产装置，产品出口到美国、欧洲、日本等，以其低廉的价格优势占领了这些国家和地区的市场，导致这些国家和地区甲醇生产装置纷纷停产关闭。现在，中东、拉丁美洲等地区已经发展成为世界甲醇生产的集中地和全球甲醇的主要出口地。中东地区生产的甲醇大多出口到欧洲和亚太地区，该地区拥有 1600 万 t/a 生产能力，10 个在建项目总计有 1500 万 t/a 的生产能力。南美和加勒比海地区生产的甲醇主要供应美国市场，该地区拥有 1500 万 t/a 生产能力，大部分产品出口。2010 年，世界甲醇生产能力达到约 6400 万 t，2020 年达到约 1.27 亿 t，预计 2022 年达到 1.39 亿 t[1]。

2030 年前，全球甲醇产能有望大幅增长[3]，预计将从 2019 年的 1.4844 亿 t 增至 2030 年的 3.1094 亿 t，总增幅为 109%。俄罗斯、伊朗和美国将引领全球甲醇产能增长，这 3 个国家将贡献全球甲醇新增产能的 59%左右。2030 年前，俄罗斯的甲醇新增产能为 4035 万 t/a，占全球新增甲醇产能的比例最高。主要产能增加将来自 Sherwood 能源公司旗下 Maysky 甲醇工厂，设计产能将达到 720 万 t/a。伊朗将是全球第二大甲醇产能增加国家，2030 年前将新增甲醇产能 2939 万 t/a。

我国甲醇工业始于 20 世纪 50 年代，曾利用苏联技术在兰州、太原和吉林采用锌铬系催化剂建有高压法甲醇合成装置。20 世纪 60~70 年代，上海吴泾化工厂先后自建了以焦炭和石脑油为原料的甲醇合成装置，南京化学工业公司研究院研制了合成氨联醇用的中压铜基催化剂，推动了合成氨联产甲醇的工业发展。70 年代，四川维尼纶厂引进了我国第一套低压甲醇合成装置，以乙炔尾气为原料，采用 ICI 低压冷激式合成工艺。80 年代中期，齐鲁石化公司第二化肥厂从 Lurgi 公司引进了以渣油为原料的低压甲醇合成装置。90 年代，随着甲醇需求的快速增长，用引进技术和自主技术建成了数十套甲醇和联醇生产装置，使我国的甲醇生产得到前所未有的进步。进入 21 世纪，由于经济的快速发展，甲醇一方面作为有机化工的原料，如制备甲醛、醋酸、二甲醚等；另一方面作为清洁液体燃料的替代品得到大量的推广应用，使甲醇作为煤化工的主要产品也得到快速发展，生产技术不断提高，生产能力直线上升。

据不完全统计[3]，2005 年国内甲醇产能还只有 720 万 t，而 2008 年已发展到 2200 万 t，实际产量达 1126 万 t，表观消费量 1218 万 t。2009 年全国新增甲醇装置 18 套，新增产能约为 850 万 t，2010 年甲醇产能高达 4200 万 t。自 2010~2015 年，甲醇表观消费总量由 2090 万 t 增至 4550 万 t，年增长率为 16.8%。2018 年我国甲醇产能增加至 8534.5 万 t，失效产能 82 万 t，故合计有效产能 8452.5 万 t，若剔除掉长期停车的 325.5 万 t 装置，甲醇长期有效产能大约 8127 万 t，2019 年甲醇产能 8812 万 t，产量 6216 万 t，2020 年我国甲醇产能达到 9853.5 万 t，2020 年我国甲醇总产量 6357 万 t，较 2019 年增加了 500 余万 t，年增速达 8.54%，见图 2-1。过去 10 多年来，我国的甲醇行业经过了高速发展，一方面下游应用产品的自给程度不断提升，带来了原料需求的快速增长，同时 MTP/MTO 项目的不断兴建亦拓展了大量的甲醇市场需求，我国甲醇市场快速扩充，需求持续增长。2020 年甲醇表观消费量为 6459 万 t，同比增长了 7.5%。

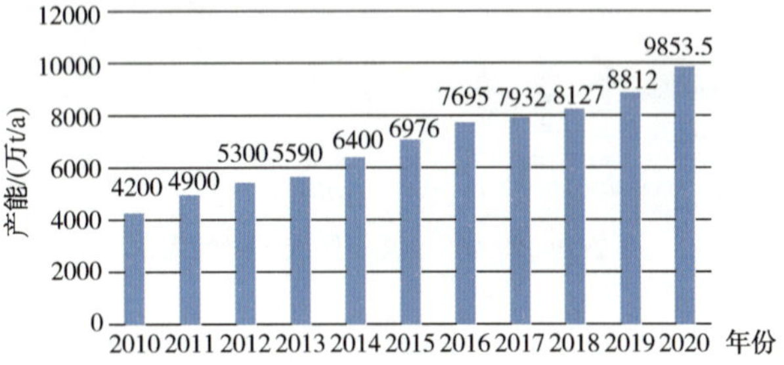

图 2-1　2010~2020 年中国甲醇产能统计

(1) 甲醛对甲醇需求

甲醛用途广泛，除可直接用作消毒、杀菌、防腐剂外，主要用于有机合成、合成材料、涂料、橡胶、农药等行业，其衍生产品主要有多聚甲醛、聚甲醛、酚醛树脂、脲醛树脂、氨基树脂、乌洛托产品及多元醇类等。尤其是我国人造板工业发达，对甲醛的需求量很大。

随着经济的飞速发展，中国甲醛工业产量实现快速增长，目前，中国已成为全球第一大甲醛生产国和消费国，但近年来随着产能过剩、行业盈利能力减弱，我国甲醛市场需求增速持续放缓，2013 年以来中国甲醛产量基本维持在 2400 万 t 左右，2018 年中国甲醛产量约 2409 万 t。在甲醇的众多衍生物产品中，甲醛生产消耗甲醇最多，2018 年甲醛对甲醇需求量在 1084 万 t 左右，见图 2-2。2021 年，国内甲醛产量达到 869 万 t，较 2020 年增加 56 万 t，增速为 6.89%；较 2018 年减少 157 万 t，跌幅为 15.30%。预计 2022 年房地产行业有望好转，从而增加对甲醛的需求。

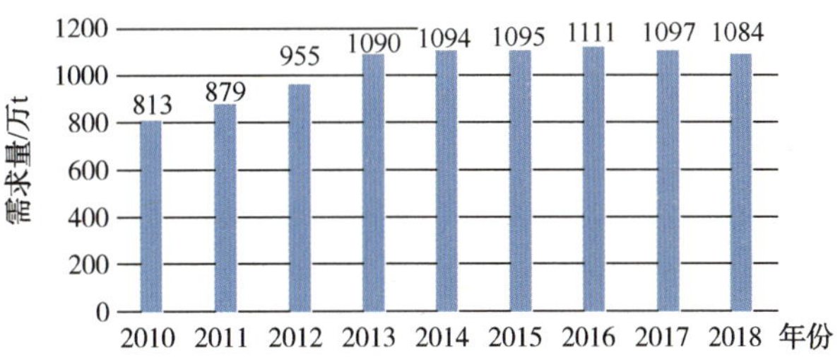

图 2-2　2010~2018 年甲醛对甲醇需求趋势

（2）醋酸对甲醇需求

醋酸，又名乙酸，是一种重要的有机化工原料，主要用来生产醋酸乙烯、醋酐、醋酸纤维素、醋酸酯类、对苯二甲酸（PTA）、氯乙酸和醋酸盐类等。以醋酸为例，2013~2018 年，我国醋酸产量呈现逐年增长的态势。2018 年，我国醋酸产量为 691.64 万 t，同比增长 11.30%；截至 2019 年 10 月，我国醋酸的产量为 614.42 万 t，同比增长 9.50%。醋酸生产工艺有很多，但目前广为应用的是甲醇低压羰基合成法。生产 1t 醋酸约需要 0.6t 甲醇，2009~2019 年醋酸对甲醇需求详见图 2-3。其中，2019 年 1~10 月，我国醋酸对甲醇需求量为 368.65 万 t。

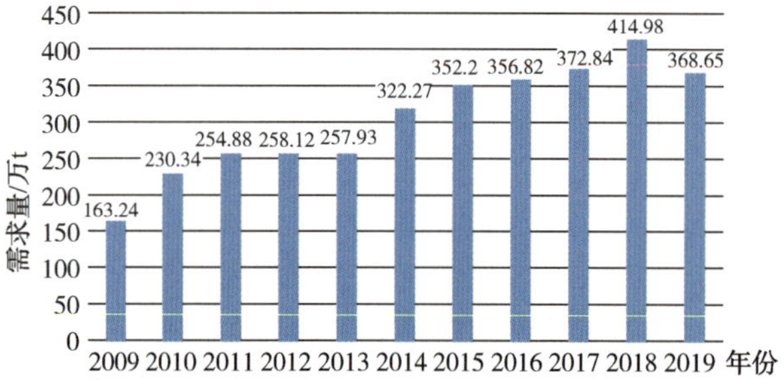

图 2-3　2009~2019 年醋酸对甲醇需求

（3）二甲醚对甲醇需求

二甲醚（DME）是一种含氧燃料（34.8%），无毒，常温常压下为气态，物理性质类似于液化石油气。二甲醚具有优良的燃料性能，方便、清洁、十六烷值高、动力性能好、污染少、稍加压即为液体，易贮存，作为车用的替代燃料，具有液化气、天然气、乙醇等不可比拟的综合优势。2018 年我国二甲醚产量为 251 万 t，产能为 849 万 t，开工率仅为 29.6%。2014~2018 年中国二甲醚产能产量见图 2-4。截至 2021 年 5 月底，全国共有二甲醚生产厂家 86 家，总产能 1100 多万 t/a[4]。

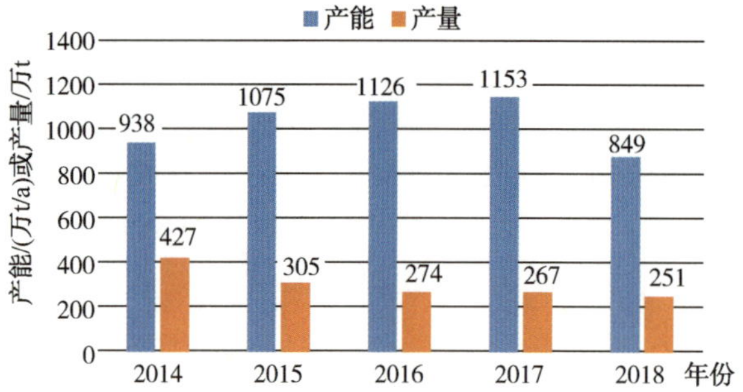

图 2-4　2014~2018 年中国二甲醚产能产量

二甲醚由甲醇加工而成，生产 1t 二甲醚约需 1.41t 甲醇，2018 年，二甲醚对甲醇的需求量约为 354 万 t，详见图 2-5。近几年，二甲醚需求主要来自民用燃料领域，行业开工负荷处于极低水平，且企业生产经营普遍不佳。2021 年由于全球范围能源短缺，二甲醚在民用燃料领域的替代功能得到加强，开工负荷小幅回升。2022 年国内无新增二甲醚装置。2022 年全球能源供应短缺问题有所缓解，二甲醚需求或恢复至往年水平，预计开工负荷较 2021 年将有所降低[5]。

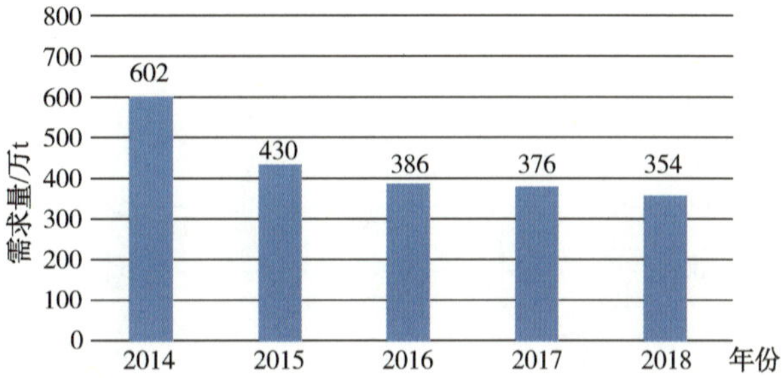

图 2-5 2014~2018 年二甲醚对甲醇需求

（4）甲醇制烯烃对甲醇需求

伴随着煤制烯烃盈利能力的不断上升，煤制烯烃产能逐年增加，截至 2019 年末，我国煤/甲醇制烯烃总产能约 1463 万 t/a，约占烯烃总产能 21%。2019 年新增产能 220 万 t，同比增加了 17.6%。从烯烃产能配置来看，乙烯总产能要比丙烯产能偏少。从原料方面来看，内地煤制烯烃与沿海外采甲醇制烯烃企业有着明显的不同。甲醇制烯烃的转化比例约为 2.92∶1，这意味着，这些项目投产后，按 60%的开工率来算，2019 年其对甲醇的需求量将达到 2563 万 t，详见图 2-6。截至 2021 年底，国内煤制烯烃产能达 1599 万 t/a，为煤制烯烃配套的甲醇装置产能为 2828 万 t/a，而理论上的甲醇需求量为 4800 万 t/a 左右。因此，除去配套甲醇装置，理论上需要外采甲醇量在 2000 万 t/a 左右。2022 年，国内计划投产的煤制烯烃装置共有 3 套，分别是：广汇恒友的 20 万 t/a MTP 装置，需要外采 70 万 t 甲醇；天津渤海石化的 60 万 t/a MTO+OCU 装置，需要外采甲醇 180 万 t；青海大美的 60 万 t/a MTO 装置，该装置有配套的 180 万 t/a 甲醇装置[5]。

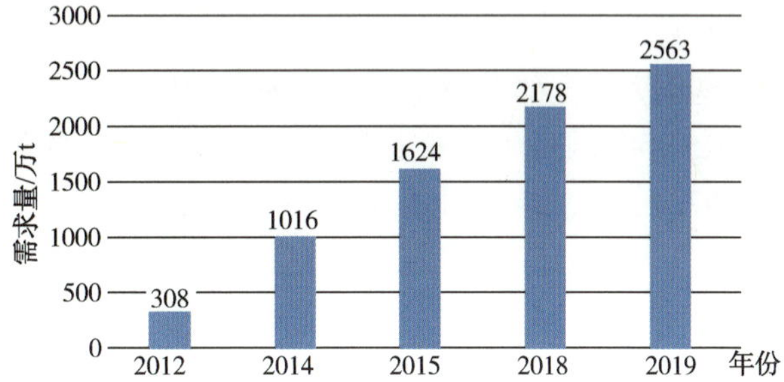

图 2-6 2012~2019 年甲醇制烯烃对甲醇需求

（5）MTBE 对甲醇需求

MTBE 是一种重要的化工原料，可用于制取异戊二烯，它与乙二醇反应生成乙二醇甲基叔丁基醚，被广泛用于涂料、油墨等的制取工业。另外，MTBE 可制取高纯异丁烯，是合成香料、医药、抗氧剂、表面活性剂等多种精细化工产品的原料。2018 年仍有新建 MTBE 装置陆续投产，国内 MTBE 装置总产能达到 2110 万 t/a，产能过剩状态进一步加剧。受汽油消费需求增加的支撑，MTBE 产量仍处于增长态势，但是厂家开工率却表现出下降趋势。图 2-7 是 2014~2018 年我国 MTBE 产能数据统计。2016~2020 年，我国 MTBE 装置总产能处于持续增长状态，不过从 2018 年开始，我国 MTBE 装置产能增速明显放缓。2020 年我国 MTBE 产能继续增加，截至 2020 年 9 月，国内 MTBE 装置总产能为 2326 万 t/a，同比增长 1.75%[6]。

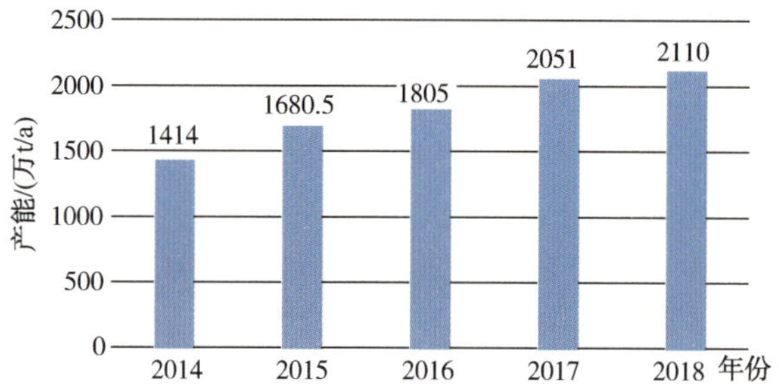

图 2-7　2014~2018 年我国 MTBE 产能统计

从目前的技术来看，生产 1t MTBE 所需甲醇约为 0. 36t。按照 50%的开工率估算，2018 年，MTBE 对甲醇的需求量达到 380 万 t，详见图 2-8。

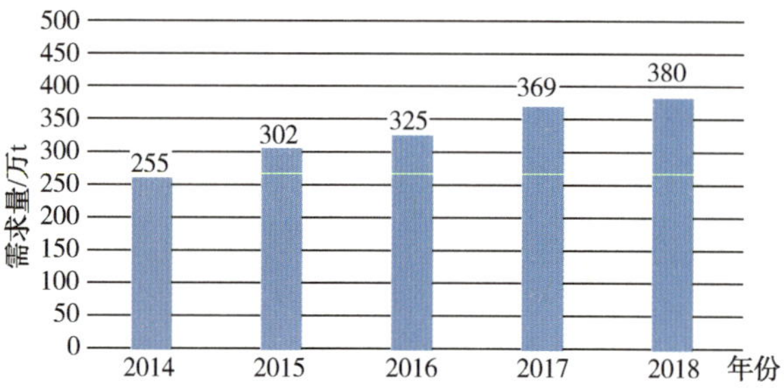

图 2-8　2014~2018 年我国 MTBE 对甲醇需求

（6）发展前景

甲醇的诸多优势使得其成为后石油时代最具可行性的替代能源，由甲醇作为基础能源，其所具有的优势是其他能源无法比拟的。当化学回收自然界或者工业二氧化碳制备甲醇及其衍生物被广泛应用时，甲醇经济的全部潜力将得以实现。2017~2018 年甲醇行业表观消费量增速约为 2. 6%，2019~2025 年我国甲醇行业表观消费量复合增速约为 3%，预计到 2025 年我国甲醇表观消费量约为 6724 万 t，详见图 2-9。

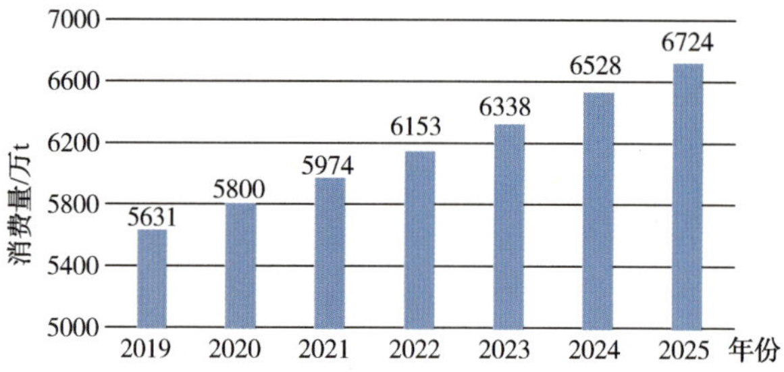

图 2-9　2019~2025 年中国甲醇消费量趋势预测

2. 2　甲醇合成技术[3,7~12]

工业合成甲醇反应是典型的催化反应，已有 80 多年的发展历史，经过众多的理论探索和生产实践，已使甲醇的合成工艺和应用技术形成了较完整的知识体系。在甲醇合成的原理方面，对甲醇的性质、热力学、催化剂、反应机理及动力学等进行了深入研究，形成了系统的基础理论知识。在合成工艺方面，工艺流程操作、设备、反应器模拟设计、合成系统的模拟、甲醇精馏、工艺过程的仪表和自动化控制、产品分析和质量控制等形成了较完善的生产工艺技术。在甲醇的应用方面，甲醇下游衍生物如甲醛和聚甲醛、胺类、硫类与卤化衍生物、酯类、醚类及酸类衍生物的合成原理、生产工艺及其应用，以及清洁燃料的应用也形成了庞大的应用理论体系。

甲醇合成是一氧化碳和氢气(合成气)在催化剂作用下进行。在不同催化剂和不同操作条件下，合成气可以合成醇类、烃类和含氧化合物等化学品。甲醇生产工艺一般包括5个步骤：①煤、焦炭或天然气等含碳原料制合成气；②合成气净化；③甲醇合成；④甲醇精馏；⑤热量回收。其中最重要的工序是甲醇合成工序，其关键技术是甲醇合成催化剂和反应器。

甲醇合成工艺的进展与新催化剂的发现和气体净化技术的开发密切相关。目前世界上典型的甲醇合成工艺主要有ICI工艺、Lurgi工艺和三菱瓦斯化学公司(MGC)工艺。ICI工艺使用具有低温活性的铜系催化剂和离心式压缩机，合成压力为5.0~10.0MPa，反应器采用具有特殊气体分散管的冷气吹入式骤冷型反应器，可将催化剂床层温度控制在230~270℃。Lurgi工艺合成压力为5.0~10.0MPa，采用填充了铜基催化剂的多管式反应器，在壳层内通以加压水，通过产生蒸汽除去反应热，反应温度为260℃。MGC工艺为日本最早采用离心压缩机的合成甲醇方法，采用铜系催化剂，合成压力为5.0~15.0MPa，反应器为多层催化剂的冷风骤冷式反应器，可回收催化剂床层间的反应热。

20世纪60年代，英国ICI公司和德国Lurgi公司先后研制成功铜基催化剂，在低温下表现出较高的活性，大大降低了反应温度和压力，操作温度达到500~530K，合成压力为5.0~10.0MPa，铜基催化剂是合成甲醇工业主导催化剂。

我国合成甲醇催化剂的研究和生产始于20世纪60年代末期，最先开发了C207催化剂用于联醇工艺。20世纪80年代开发的C301和C302催化剂广泛用于国内大、中、小合成甲醇装置，后续开发了CNJ-206、XNC-98催化剂。该催化剂主要性能超过ICI-51-3，实际达到ICI-51-7先进水平。目前，正在以煤制气、天然气制气和石油焦制气的四个甲醇工业装置上使用，运行情况良好。催化剂无论活性、选择性和稳定性均表现良好优于各厂历史上所用过的催化剂。

现在，甲醇合成催化剂的研制向低温、低能耗、高活性、高选择性、高热稳定性和高机械强度的方向发展。其开发途径归结起来主要有以下3方面：

① 铜系催化剂。采用各种非共沉淀法或添加Cu-Zn-Al以外其他组分来制备低压合成甲醇铜系催化剂。La、Ce、Pr、Nd等稀土金属氧化物可提高催化剂活性，Pd、Pt、Ir、Rh等贵金属则可提高合成甲醇催化剂的选择性。Pd可减少副反应，特别是减少二甲醚的生成，添加稀土元素的四元组分催化剂可提高催化剂活性，还可提高催化剂的耐硫性能，钒的氧化物有助于降低合成压力。

② 非铜系催化剂。非铜系催化剂研究最有前途的是以Pd为活性组分的催化剂，铜系催化剂虽比钯催化剂便宜，选择性也好，但Pd催化剂单位质量的产率则比铜催化剂要高得多，其催化活性受热和毒物的影响也较小，CO_2的存在对在Pd催化剂上合成甲醇影响不大。

③ 液相浆态床合成催化剂。液相浆态床合成催化剂和CO加氢气固相合成反应相比，液相浆态床合成法具有传热好、单程转化率高、操作弹性大、生产成本低、产品质量好、反应条件温和等特点。其催化剂虽然和固定床类似，仍以铜为活性组分，但催化剂表面结构、形

状和成型工艺不同，近年来取得了较大发展，有可能成为甲醇合成的主要催化剂。

甲醇合成铜基催化剂的主要成分是 CuO、ZnO 和 Al_2O_3，有时添加 ZrO_2。催化剂通过 H_2 还原后才具有 CO 加氢或 CO_2 加氢合成甲醇的催化活性。氧化铜是催化剂的主要活性组分，但纯氧化铜对甲醇合成没有活性，添加少量助催化剂如 Zn 可把催化剂的活性提得很高。目前，关于铜基催化剂活性中心的性质争议仍很大，主要围绕活性位是 Cu^0 还是 Cu^+ 有三种观点：Cu^0 中心、Cu^+ 中心和 Cu^0-Cu^+ 中心。对于 $CuO/ZnO/Al_2O_3$ 催化剂催化合成甲醇碳源的争论，主要存在三种观点：①CO_2 碳源说；②CO 碳源说；③CO_2 及 CO 同为碳源说。在这些理论基础上，甲醇合成催化机理随着研究技术的进步和发展，将会越来越清楚。

2.3 甲醇合成反应机理研究进展

工业上，合成甲醇催化剂有两大类[7]，有 $ZnO-Cr_2O_3$ 催化剂和 $CuO-ZnO/Al_2O_3$ 催化剂。20 世纪 60 年代以前，甲醇合成使用 $ZnO-Cr_2O_3$ 催化剂，反应条件是 25.0~30.0MPa、380~400℃，$H_2/CO=4.5$，空速 20000~40000h^{-1}，催化剂不易中毒，但副反应多。从 20 世纪 60 年代至今，甲醇合成使用 $CuO-ZnO/Al_2O_3$ 催化剂，反应条件是 5.0MPa、230~270℃，$H_2/CO=2.2\sim3.0$，空速 10000h^{-1}，催化剂易中毒，催化剂再生容易，副反应少，可以在较低压力 10.0~15.0MPa 下操作。

甲醇合成普遍使用铜基催化剂，催化剂的主要成分是 CuO、ZnO、Al_2O_3[9,10]。有时在制备催化剂时添加 ZrO_2[11,12]。催化剂还原后，具有催化活性，在催化剂作用下，一氧化碳加氢、二氧化碳加氢合成甲醇。下面以 $CuO-ZnO/Al_2O_3$ 催化剂为例，分析合成气制甲醇反应机理。

2.3.1 铜基甲醇合成催化剂的活性态与活性位

铜基甲醇合成催化剂的活性组分主要是铜。Herman[13] 和 Klier 等[14] 用 X 射线衍射、俄歇电子能谱对 Cu-ZnO、$Cu-ZnO-Al_2O_3$ 及 $Cu-ZnO-Cr_2O_3$ 催化剂的活性态和活性位进行了研究，认为铜基催化剂中的活性组分是溶于氧化锌中的 Cu^+，具有催化活性的是氧化态的 Cu^+，铜基催化剂中氧化态 Cu^+ 与还原态 Cu 的比例取决于反应气体中 CO_2 和 CO 的比例。当 CO_2 含量在 2%~8%时，比无 CO_2 时的甲醇转化率高出许多，当 CO_2 含量在 20%时，甲醇转化率降低并有甲烷生成，这是由于 CO_2 强吸附在催化剂表面所致。Klier 等[8] 的研究表明，铜基催化剂上的竞争吸附以 CO_2 为最强，H_2、CO、CO_2 的吸附强度如下：$CO_2>CO>H_2$，过量的 CO_2 将过分占据活性中心，反而对甲醇合成反应不利。

何奕工等[15] 研究了合成甲醇反应中 CO_2 和微量 O_2 的作用。研究工作是在 5.0MPa、250℃进行，试验研究了不同组成($CO-H_2-CO_2-N_2$)气体对甲醇合成率、时空收率与接触时间影响。结果表明，当 CO_2 浓度为 5.5%和 1.3%时，甲醇合成率、时空收率都明显高于合成气中不含 CO_2 或含少量 CO_2(0.3%)的情况。当 CO_2 浓度较高时(10.9%)，甲醇生成速率开始明显下降。因此，提出工业反应装置中要得到较高的甲醇收率，CO_2 浓度要有一个适当的范围(1%~8%)。如果采用含有不同微量 O_2 的 $H_2/CO=3.1$ 的合成气在压力 5.0MPa、温度 250℃时合成甲醇，发现：①进口氧气含量为 0.2%时，一氧化碳转化率和甲醇的收率都很低，反应器出口处二氧化碳的浓度仅为 0.037%；②进口氧气含量为 0.54%和 1.2%时，一氧化碳转化率和甲醇收率都很高，反应器出口二氧化碳浓度分别为1.34%和2.7%。而出口氧气含量仅为0.3%，说明氧气在反应过程初期被消耗了，并且此时甲醇时空收率几乎与含二氧化碳(1%~8%)时收率相同。试验说明微量氧气在反应过程中很快被消耗，生成了二氧化碳或吸附态二氧化碳，这种情况相当于在合适二氧化碳气氛下进行反应。因此，微量氧气使合成甲醇具有高活性是由于产生了适量二氧化碳的缘故。

2.3.2 H_2、CO、CO_2 在铜基催化剂上的吸附与表面中间物种

对 H_2、CO、CO_2 在甲醇合成铜基催化剂上的吸附，已进行了大量的研究[15~17]。高森泉、朱起明等[18]用瞬变应答方法研究了铜基催化剂上 H_2 和 CO 的吸附行为，认为在260℃时，H_2 和 CO 在铜基催化剂上的吸附都是可逆的，H_2 饱和吸附量远大于 CO 饱和吸附量，H_2 和 CO 存在着竞争吸附，CO 的存在使 H_2 的吸附略有减少，说明共吸附对 H_2 的吸附只有竞争影响，而无促进作用。铜基催化剂形成的初期表面中间物种为气相中的 CO 与吸附氢生成的含一个氢原子的(HCO)的假设较为合理。从而提出 CO 加 H_2 合成甲醇的反应历程的假设如下：

$$H_2+2(\quad)\longrightarrow 2H(\quad) \tag{1}$$

$$CO+(H)\longrightarrow (HCO) \tag{2}$$

$$(HCO)+(H)\longrightarrow (H_2CO) \tag{3}$$

$$(H_2CO)+2(H)\longrightarrow (CH_3OH)+2(\quad) \tag{4}$$

$$(CH_3OH)\longrightarrow CH_3OH+(\quad) \tag{5}$$

“(　)”表示催化剂活性位。通过组分分压跃增的瞬变行为试验，高森泉等[18]认为序列反应中步骤(1)和(2)是甲醇合成总反应速率的控制步骤。

陈晓春等[19]采用动态原位红外测试技术和TPD、TPSR方法，研究了 H_2、CO、CO_2 等在铜基催化剂上的吸附与反应特性，研究结果表明，氢气的吸附主要是氢分子吸附；由 CO 加氢生成甲醇时催化剂表面主要中间物种为(CHO)、(H_2O)、(OCH_3)、(COOH)、(CHOH)、(OH)；由 CO_2 加氢生成甲醇时，催化剂表面主要物种为(COOH)、(H_2O)、(CHOH)、(OH)；H_2、CO、CO_2 在铜基催化剂活性表面上可能的基元反应如下：

$$H_2+(\quad)\longrightarrow (H_2) \tag{6}$$

$$CO_2+(\quad)\longrightarrow (CO_2) \tag{7}$$

$$H_2O+(\quad)\longrightarrow (H_2O) \tag{8}$$

$$(H_2O)+(\quad)\longrightarrow (H)+(OH) \tag{9}$$

$$CO+(H)\longrightarrow (CHO) \tag{10}$$

$$(CHO)+(OH)\longrightarrow (COOH)+(H) \tag{11}$$

$$(CO_2)+(H_2)\longrightarrow (COOH)+(H) \tag{12}$$

$$(CHO)+(H_2)\longrightarrow (OCH_3)+(\quad) \tag{13}$$

$$(OCH_3)+(H_2)\longrightarrow CH_3OH+(H)+(\quad) \tag{14}$$

$$(COOH)+(H_2)\longrightarrow (CHOH)+(OH) \tag{15}$$

$$(CHOH)+(H_2)\longrightarrow CH_3OH+2(\quad) \tag{16}$$

当合成气体中存在少量 CO_2 时，CO_2 通过步骤(6)、(7)、(12)、(15)和(16)生成甲醇的同时，增大了催化剂表面羟基(OH)浓度，从而使 CO 加氢经由(CHO)、(COOH)生成甲醇的速率加快。

2.3.3 H_2、CO、CO_2 在铜基催化剂上的反应模式

当合成气中存在 CO 和 CO_2 时，可能发生下列 3 个反应，即

$$CO+2H_2 \longrightarrow CH_3OH \tag{17}$$

$$CO_2+3H_2 \longrightarrow CH_3OH+H_2O \tag{18}$$

$$CO_2+H_2 \longrightarrow CO+H_2O \tag{19}$$

早期普遍认为 CO 按反应(17)生成甲醇，CO_2 先按反应式(19)即拟变换反应生成 CO，然后按式(17)生成甲醇。

近年来，苏联学者对铜基催化剂进行了动力学实验和同位素示踪原子法的研究，提出了由二氧化碳加氢直接生成甲醇。对此，格伦斯基、朱炳辰及徐懋生[20]用我国 C301 型铜基催化剂，分别对仅含 CO_2、仅含 CO 或同时含有 CO_2 和 CO 两种原料气进行了甲醇合成动力学试验测定，反应压力 5.0MPa，温度 218~260℃，催化剂填装量 5.84g。试验数据表明，原料气中仅含二氧化碳可生成甲醇；原料气中仅含一氧化碳可生成甲醇；原料气中含二氧化碳及一氧化碳也可生成甲醇。

2.3.4 链增长机理(低碳醇反应机理)

由 CO 加 H_2 合成低碳醇的机理主要涉及碳链的增长，刘金尧等[21,22]研究链增长机理，并探讨了铜基催化剂上 CO 加氢合成低碳混合醇反应速率控制步骤。Smith 等[23]通过研究提出链增长的模型，假如高碳醇是由低碳数的甲醇和乙醇缩聚而成，且醇分子中 β-碳上的氢比 α-碳上的氢更容易失去，即只能是在 α-、β-碳上进行单碳或双碳加成（主要是 β-碳），而 α-碳上不能进行双碳加成，CH 基团也不能进行加成反应。此外假定，反应速率系指催化剂表面中间浓度的一级反应速率(包括解离吸附)，速率常数与碳数无关，且反应是不可逆的，由此提出碳链增长机理。碳链增长的关键是 CO 的解离吸附，作为活性中心的铜在 200~300℃的温度范围内对 CO 的吸附为非解离吸附。使 CO 解离可有两种方法，其一是将反应温度提高到 300℃以上，使其易于解离，因此提高反应温度无论从热力学还是从碳链增长考虑都是有利的(当然温度不能太高，否则烷烃会增多)。其二是设法削弱在活性中心铜上吸附 CO 的碳氢键。加入碱金属，可降低金属铜的电子逸出功，即增强了铜的电子给予性，使 CO 得到更多的反馈电子，因而减弱了碳氢键，导致了 CO 的解离，为碳链的增长创造了条件。碱金属中 Rb 的效果较好，估计可能是由于 Rb 的 4p 和 Cu 的 3d 能级相近，因此能更好地促进铜的 3d 电子输出，更易于使 CO 解离吸附。一般地说，添加碱金属有利于 C_2^+OH 的生成，但若超过了一定量，醇产率和 C/OH 的比例会明显下降。其原因可能是 CO 解离吸附太多而导致大量积炭。另外，由于大量碱金属的存在使铜的给予电子能力大大加强，使 H_2 在 CO 中的 C 上的亲核插入变得困难，因而醇的生成量减少。

2.4 甲醇合成反应机理分析

2.4.1 合成气制甲醇反应机理

(1) H^+和 H^-形成

一氧化碳加氢合成甲醇常用铜基催化剂，如 $CuO-ZnO/Al_2O_3$ 催化剂，Cu、Zn 原子是催

化剂的活性中心。下面以 Cu 基催化剂为例，分析 Cu 原子在一氧化碳加氢合成甲醇过程中的作用。要研究其反应机理，首先要研究一氧化碳和氢气与催化剂相互作用的关系，是一氧化碳先与催化剂作用，还是氢气先与催化剂作用。从键能数据分析来看，一氧化碳键能 1072kJ/mol，氢气键能 436kJ/mol，那么一氧化碳加氢合成甲醇反应，应该首先是氢气与催化剂相互作用，使 H—H 断裂生成 H^+、H^-或 H· 的可能性较大，然后 H^+、H^-或 H· 再与一氧化碳作用生成甲醇。下面就其反应机理进行分析。

起催化作用的 Cu 原子核电荷数 29>21，外层电子排布是 $3d^{10}4s^1$（Zn 原子外层电子排布是 $3d^{10}4s^2$），不存在能级交错，4s 轨道能级大于 3d 轨道能级，即 $E_{4s}>E_{3d}$。图 2-10(a) 是 Cu 原子外层 3d4s 轨道和 H_2 分子中 H 原子外层 s 轨道结构图。表 2-1 是部分元素电负性数据[24]，表中 Cu 原子电负性为 1.90，H 原子电负性为 2.20。在图 2-10(b) 中，由于 H 原子电负性大于 Cu 原子电负性，在相互作用过程中，H_2 分子中 2 个 H 原子会从 Cu 原子外层 3d4s 轨道共获得 2 个电子生成 2 个 H^-，其电子轨道结构如图 2-10(c) 所示；Cu 原子失去 2 个电子成为 Cu^{2+}，其电子轨道结构如图 2-10(d) 所示。

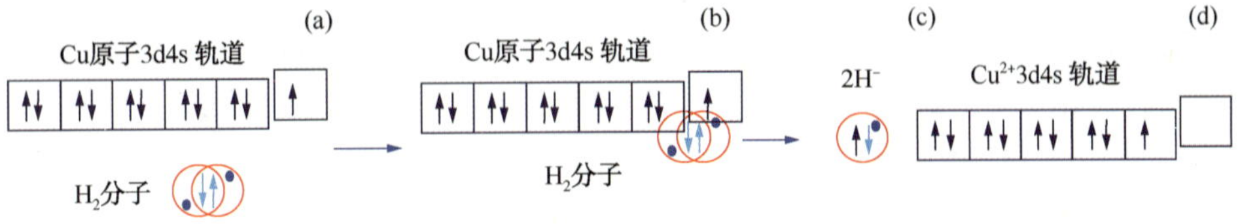

图 2-10 H_2 在 Cu 原子作用下生成 H^-

表 2-1 部分元素电负性

元素	H	Pd	Rh	Cr	Zn	O	Zr	La	Cu	Sn	Mo	C
A^0	2.20	2.20	2.20	1.66	1.65	3.44	1.33	1.10	1.90	1.80	2.16	2.55
A^+		5.00	4.60	4.19	4.92	8.77	3.59	2.99	5.04	3.96	4.18	6.42
A^{2+}		9.42	8.85	8.54	10.38	16.21	6.50	5.44	10.28	8.12	7.80	13.01
A^{3+}		14.75	13.80	14.41	17.84	23.82	10.32	12.44	16.57	12.82	13.24	20.23

图 2-11 是 Cu^{2+}与 H_2 作用生成 H^+的过程分析。图 2-11(a) 是 Cu^{2+}3d4s 轨道和 H_2 分子中 H 原子外层 s 轨道结构图。在图 2-11(b) 中，由于 Cu^{2+}电负性(10.28)大于 H 原子电负性(2.20)，在相互作用过程中，Cu^{2+}会从 H_2 分子中 2 个 H 原子外层 s 轨道上获得 2 个电子，Cu^{2+}被还原为 Cu 原子，其电子轨道结构如图 2-11(c) 所示；H_2 分子中 2 个 H 原子失去外层 s 轨道电子后生成 2 个 H^+，其电子轨道结构如图 2-11(d) 所示。

Cu 原子与 H_2 分子作用，会生成个数相同的 H^+、H^-。表 2-1 中 Zn 元素等也具有和 Cu 元素相同作用，它们与 H_2 分子作用也能生成 H^+、H^-，且 H^+、H^-个数相同。

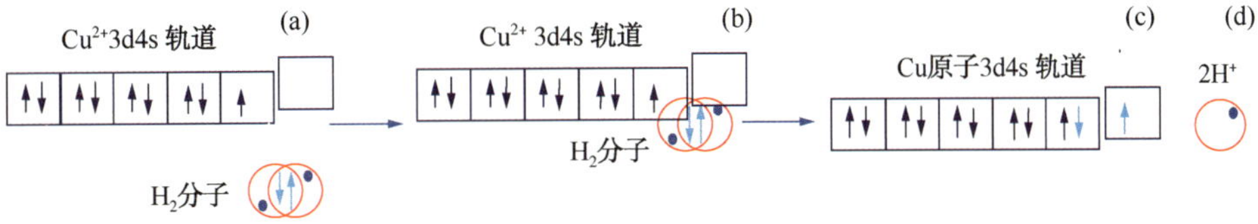

图 2-11 H_2 在 Cu^{2+}作用下生成 H^+

（2）形成中间体 $C_{\uparrow\downarrow}{}^{\bigcirc}H_2$

图 2-12 是 CO 结构分析。图 2-12(a)是 C 原子外层电子轨道排布 $2s^22p^2$ 和 O 原子外层电子轨道排布 $2s^22p^4$。在图 2-12(b)中，C 原子外层 2 个含有未成键电子的 2p 轨道与 O 原子外层 2 个含有未成键电子的 2p 轨道重叠，共用 2 对电子生成 1 个 C═O 键，O 原子外层 2p 轨道上孤对电子进入 C 原子外层空的 2p 轨道上生成 1 个配位键 O→C，则生成C≡O 键，即生成 CO 分子，电子式为 :C : : :O :，其电子轨道结构如图 2-12(c)所示。

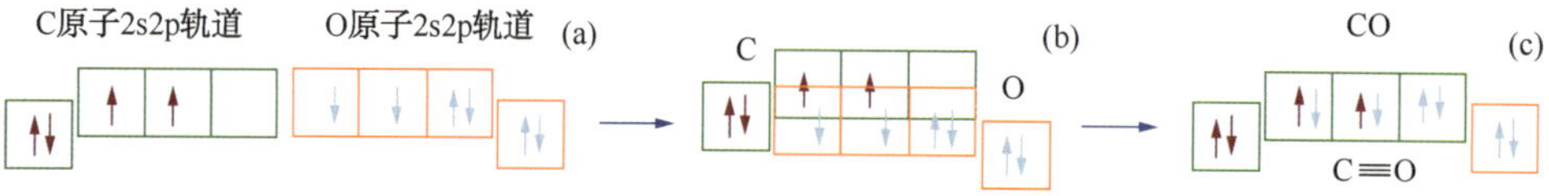

图 2-12　CO 结构分析

图 2-13 是 CO 分子与 H^+、H^-作用生成 H_2O 分子和活性碳原子 C^* 过程分析。图 2-13(a)是 CO 分子与 H^+和 H^-电子轨道结构图。在图 2-13(b)中，CO 分子中 C、O 原子共用 3 对电子，有 2 个共价键和 1 个配位键。当 H^+和 H^-外层 s 轨道与 CO 分子中 C、O 原子外层重叠轨道再次重叠时，活化了 CO 分子中化学键，3 对共用电子对中的 1 对电子会留在 C 原子外层 2p 轨道，剩余 2 对电子会留在 O 原子外层 2p 轨道(包括生成配位键的电子对)。在 H^+和 H^-外层 s 轨道与 CO 分子中 C、O 原子外层重叠轨道再次重叠过程中，H^+外层空的 s 轨道与 O 原子外层含有孤对电子的 2p 轨道重叠，共用 1 对电子生成第 1 个 H—O 键；H^-外层含有孤对电子的 s 轨道与 O 原子外层空的 2p 轨道重叠，共用 H^-外层的孤对电子生成第 2 个 H—O 键，则生成了 1 个 H_2O 分子，其电子轨道结构如图 2-13(c)所示；原来 C、O 原子共用的 1 对电子留在 C 原子外层 2p 轨道上，生成了活性碳原子 C^*，活性碳原子 C^*外层 2s 轨道有 1 对电子，3 个 2p 轨道中，有 1 个 2p 轨道含有 1 对孤对电子，其他 2 个 2p 轨道是空轨道，其电子轨道结构如图 2-13(d)所示。这样，CO 在 H^+、H^-作用下反应生成了 H_2O 分子和活性碳原子 C^*。其中，活性碳原子 C^*是中间态物质，其外层 2s 和 2p 轨道会进行 sp^3 杂化生成 4 个 sp^3 杂化轨道，然后再继续与 H^+和 H^-进行反应。

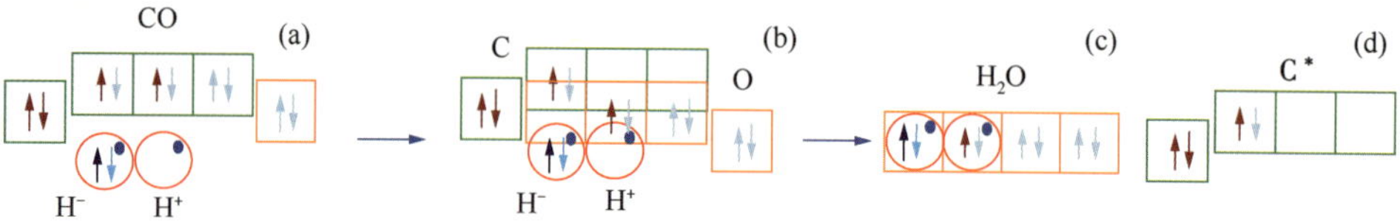

图 2-13　CO 分子与 H^+和 H^-作用形成活性碳原子 C^*

图 2-14 是活性碳原子 C^* 与 H^+、H^- 作用生成中间体 $C_{\uparrow\downarrow}{}^{\bigcirc}H_2$ 结构过程分析。图 2-14(a)是活性碳原子 C^*与 H^+、H^-电子轨道结构图，活性碳原子 C^*外层电子轨道经 sp^3 杂化生成 4 个 sp^3 杂化轨道，在 4 个 sp^3 杂化轨道中有 2 个轨道含有孤对电子，还有 2 个是空的 sp^3 杂化轨道。在图 2-14(b)中，H^+外层空的 s 轨道与活性碳原子 C^*中含有孤对电子的 sp^3 杂化轨道重叠，H^-外层含有孤对电子的 s 轨道与活性碳原子 C^*中空的 sp^3 杂化轨道重叠，共用 2 对电子生成 2 个 C—H 键，则生成了中间体 $C_{\uparrow\downarrow}{}^{\bigcirc}H_2$ 结构，$C_{\uparrow\downarrow}{}^{\bigcirc}H_2$ 结构中 C 原子外层有 1 个含有孤对电子的 sp^3 杂化轨道和 1 个空的 sp^3 杂化轨道，其电子轨道结构如图 2-14(c)所示。在这里，双箭头“↑↓”代表孤对电子，“○”代表空轨道。

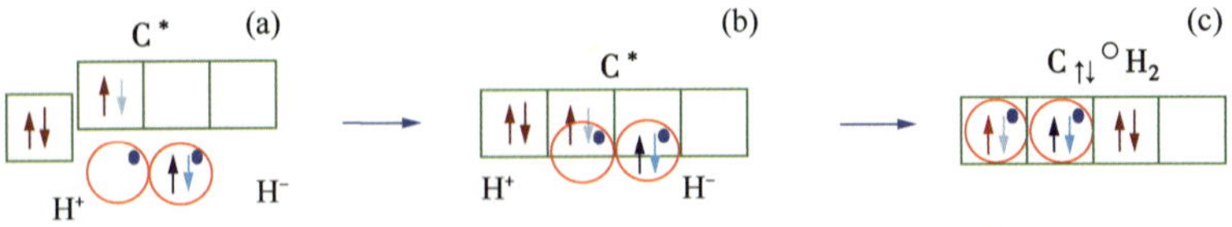

图 2-14　活性碳原子 C^* 生成中间体 $C_{\uparrow\downarrow}{}^{\circ}H_2$

(3) 生成甲醇分子

图 2-15 是中间体 $C_{\uparrow\downarrow}{}^{\circ}H_2$ 与水分子 H_2O 生成甲醇过程分析。图 2-15(a)是 $C_{\uparrow\downarrow}{}^{\circ}H_2$ 和 H_2O 分子电子轨道结构图。在图 2-15(b)中，H_2O 分子中 O 原子外层 2p 轨道和 H 原子外层 s 轨道的重叠轨道与 $C_{\uparrow\downarrow}{}^{\circ}H_2$ 中 C 原子外层空的 sp^3 杂化轨道重叠，重叠处 H^+转移到 $C_{\uparrow\downarrow}{}^{\circ}H_2$ 结构中 C 原子外层含有孤对电子的 sp^3 杂化轨道上，生成 1 个 C—H 键，重叠处的 C 原子和 O 原子生成 1 个 C—O 键，则生成 1 个甲醇分子，其电子轨道结构如图 2-15(c)所示。

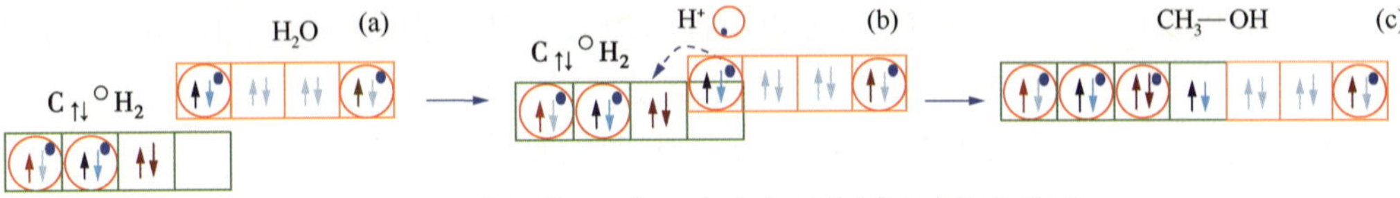

图 2-15　中间体 $C_{\uparrow\downarrow}{}^{\circ}H_2$ 与水分子作用形成甲醇分子

(4) 合成气制甲醇反应机理

根据上述分析，合成气在 Cu 基催化剂作用下制甲醇反应机理如下：

$$Cu+H_2 \longrightarrow Cu^{2+}+2H^- \tag{1}$$

$$Cu^{2+}+H_2 \longrightarrow Cu+2H^+ \tag{2}$$

$$CO+H^++H^- \longrightarrow C^*+H_2O \tag{3}$$

$$C^*+H^++H^- \longrightarrow C_{\uparrow\downarrow}{}^{\circ}H_2 \tag{4}$$

$$C_{\uparrow\downarrow}{}^{\circ}H_2+H_2O \longrightarrow CH_3OH \tag{5}$$

那么，式(1)+(2)+(3)+(4)+(5)得到(6)：

$$CO+2H_2 \longrightarrow CH_3OH \tag{6}$$

上述过程就是合成气制甲醇反应过程，即 CO 加氢合成甲醇反应机理。

(5) 小结

合成气($CO+H_2$)在 Cu 基催化剂作用下反应生成甲醇，其反应过程可分 4 步：

① H_2 分子在 Cu 原子作用下反应生成 H^+ 和 H^-，生成的 H^+ 和 H^- 数量相同，且同时存在；

② CO 分子和 H^+、H^- 作用，生成活性碳原子 C^* 和 H_2O 分子，活性碳原子 C^* 外层轨道经 sp^3 杂化生成 4 个 sp^3 杂化轨道，其中 2 个 sp^3 杂化轨道含有孤对电子，还有 2 个空的 sp^3 杂化轨道；

③ 活性碳原子 C^* 和 H^+、H^- 作用，生成中间体 $C_{\uparrow\downarrow}{}^{\circ}H_2$ 结构，在 $C_{\uparrow\downarrow}{}^{\circ}H_2$ 结构中 C 原子外层有 1 个含有孤对电子的 sp^3 杂化轨道和 1 个空的 sp^3 杂化轨道；

④ 中间体 $C_{\uparrow\downarrow}{}^{\circ}H_2$ 与 H_2O 分子作用，生成甲醇分子。

2.4.2　二氧化碳加氢制甲醇反应机理

李庆勋等[25~49]回顾了甲醇合成工业化历程，重点对二氧化碳加氢制甲醇的改性

$Cu/ZnO/Al_2O_3$催化剂以及其他催化剂开发现状进行了综述，并对工艺反应条件对合成甲醇的影响进行了简单分析，最后对二氧化碳加氢制甲醇的工业应用前景进行了展望，研究主要集中在 Cu 基催化剂加氢 CO_2 制甲醇方面。下面就 $Cu/ZnO/Al_2O_3$ 催化剂中活性组元 Cu 或者 Zn 的作用进行分析，解释反应物 CO_2 在临氢条件下与催化剂活性组元 Cu 等相互作用生成甲醇分子的过程。

(1) 生成 H^+和 H^-

二氧化碳加氢合成甲醇常用 $CuO-ZnO/Al_2O_3$ 催化剂等，Cu、Zn 原子是催化剂的活性组元。下面以 Cu 基催化剂为例，分析 Cu 原子在二氧化碳加氢合成甲醇过程中的作用。Cu 核电荷数 29>21，不存在能级交错，4s 轨道能级大于 3d 轨道能级，即 $E_{4s}>E_{3d}$，原子外层电子排布是 $3d^{10}4s^1$(Zn 原子外层电子排布是 $3d^{10}4s^2$)。

图 2-16 是 H_2 在 Cu 原子作用下生成 H^-过程分析。图 2-16(a)是 Cu 原子外层 3d4s 轨道和 H_2 分子中 H 原子外层 s 轨道结构图。在图 2-16(b)中，根据表 2-1 中部分元素电负性数据[24]，H 原子电负性(2.20)大于 Cu 原子电负性(1.90)，相互作用过程中，H_2 分子中 2 个 H 原子会从 Cu 原子外层 4s 和 3d 轨道共获得 2 个电子生成 2 个 H^-，其电子轨道结构如图 2-16(c)所示；Cu 原子失去 2 个电子生成 Cu^{2+}离子，其电子轨道结构如图 2-16(d)所示。

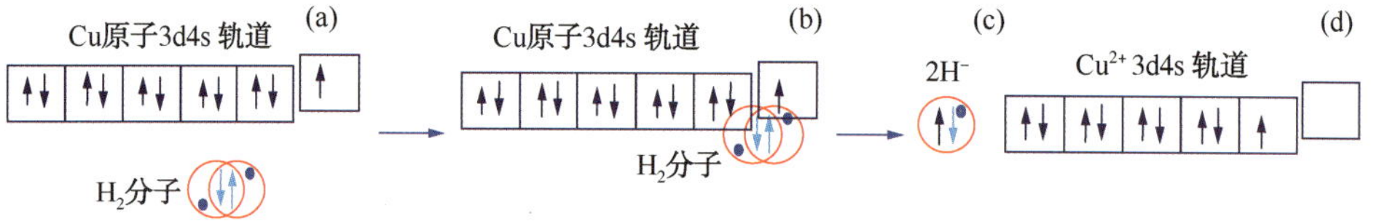

图 2-16 H_2 在 Cu 原子作用下生成 H^-

对比表 2-1 中部分金属阳离子的电负性数据发现，失去电子的金属阳离子电负性普遍高于金属原元素，失去电子个数越多，金属阳离子的电负性就越大。如 Cu 元素的电负性为 1.90，Cu^+的电负性为 5.04，Cu^{2+}的电负性为 10.28，Cu^{3+}的电负性为 16.57。图 2-17 是 Cu^{2+}与 H_2 分子作用生成 H^+过程分析。图 2-17(a)是 Cu^{2+}3d4s 轨道和 H_2 分子中 H 原子外层 s 轨道结构图。在图 2-17(b)中，由于 Cu^{2+}电负性(10.28)大于 H 原子电负性(2.20)，在相互作用过程中，Cu^{2+}会从 H_2 分子中 2 个 H 原子外层 s 轨道上获得 2 个电子，Cu^{2+}被还原为 Cu 原子，其电子轨道结构如图 2-17(c)所示；H_2 分子中 H 原子失去其外层 s 轨道电子后生成 2 个 H^+，其电子轨道结构如图 2-17(d)所示。

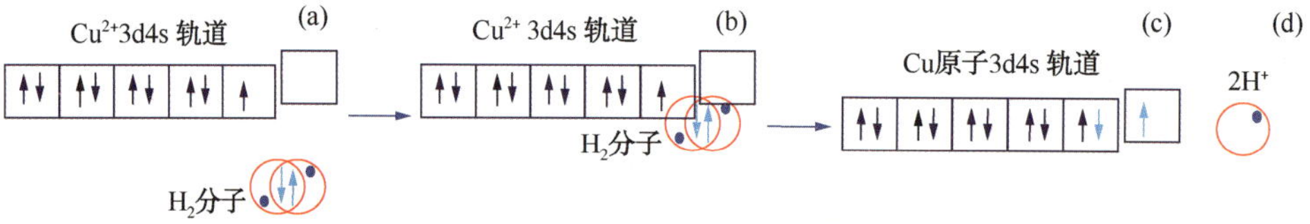

图 2-17 H_2 在 Cu^{2+}作用下生成 H^+

Cu 原子与 H_2 分子作用，会生成个数相同的 H^+、H^-，且同时存在。表 2-1 中 Zn 元素等也具有和 Cu 元素相同作用，它们与 H_2 分子作用也能生成 H^+、H^-，且 H^+、H^-个数相同。

(2) CO_2 分子电子结构

CO_2 分子形状是直线形的，其结构曾被认为是：O═C═O。但 CO_2 分子中 C—O 键键长为116pm，介于C═O键（键长为124pm）和C≡O键（键长为113pm）之间，故CO_2中的碳氧键具有一定程度的三键特征[50]。一般认为，CO_2分子的中心原子碳原子采取sp杂化，2个sp杂化轨道分别与2个氧原子的2p轨道（含有一个电子）重叠形成2个σ键，碳原子上互相垂直的p轨道再分别与2个氧原子中平行的p轨道形成2个大π键[51]。

作者认为，CO_2分子形状应该是直线形的，其结构应该是：O═C═O。C原子外层电子排布：$2s^2 2p^2$，即外层有4个电子，C原子的电负性为2.55；O原子外层电子排布：$2s^2 2p^4$，即外层有6个电子，O原子的电负性为3.44[24]。当C、O原子相互作用时，C原子外层$2s^2 2p^2$经sp^3杂化形成4个sp^3杂化轨道，每个sp^3杂化轨道上都有1个未成键电子；O原子外层$2s^2 2p^4$经sp^3杂化形成4个sp^3杂化轨道，其中2个sp^3杂化轨道上各有1个未成键电子，2个sp^3杂化轨道上各有1对孤对电子。由于O═C═O是线型结构，C原子只受到两端O原子作用，而O原子没有受到其他原子作用，所以它们之间的相互作用最强，且CO_2分子中C原子也没有受到第三个原子作用，没有减弱C与O原子相互作用，2个O原子与C结合比较紧密。所以，CO_2分子中C═O键键长116pm，要比其他分子中的C═O键键长124pm短。

图2-18是2个O原子和1个C原子形成CO_2分子过程分析。图2-18（a）是C、O原子外层的sp^3杂化轨道，C原子外层有4个sp^3杂化轨道，每个sp^3杂化轨道上都有1个未成键电子；O原子外层也有4个sp^3杂化轨道，其中2个sp^3杂化轨道上各有1个未成键电子，其他2个sp^3杂化轨道上各有1对孤对电子。在图2-18（b）中，有1个C原子和2个O原子，第1个O原子外层含有未成键电子的2个sp^3杂化轨道与C原子外层的2个sp^3杂化轨道重叠，共用2对电子生成第1个C═O键；另1个O原子外层含有未成键电子的2个sp^3杂化轨道与C原子外层剩余的2个sp^3杂化轨道重叠，共用2对电子生成第2个C═O键，则生成1个CO_2分子，其电子轨道结构如图2-18（c）所示。

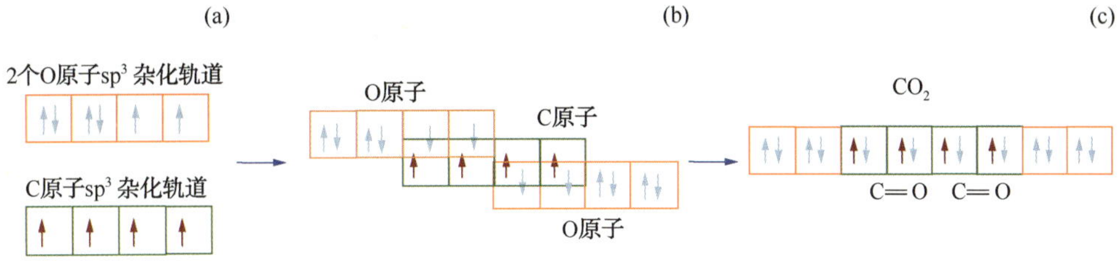

图2-18 CO_2分子形成过程分析

图2-19是CO_2分子在H^+和H^-作用下生成中间态CO分子和H_2O分子过程分析。图2-19（a）是CO_2分子与H^+和H^-电子轨道结构图，CO_2分子中有2个O原子，标记为1-O和2-O。在图2-19（b）中，H^+、H^-同时攻击CO_2分子中的1个C═O键，如H^+、H^-同时作用于C原子与2-O原子生成的C═O键位置，活化了C═O键，2对共用电子对分别留在C原子和2-O原子外层sp^3杂化轨道上，C═O键断裂的同时，H^+外层空的sp^3杂化轨道与2-O原子外层含有孤对电子的sp^3杂化轨道重叠，共用1对电子生成1个H—O键；H^-外层含有孤对电子的s轨道与2-O原子外层空的sp^3杂化轨道重叠，共用1对电子生成第2个H—O键，则2-O原子与H^+、H^-生成1个H_2O分子，其电子轨道结构如图2-19（c）所示。在图2-19（d）中，1-O原子与C原子仍保留C═O键，但C原子外层出现了1个空的sp^3杂化轨

道和 1 对孤对电子，空的 sp^3 杂化轨道与 1-O 原子外层含有孤对电子的 sp^3 杂化轨道重叠，共用 1 对电子，则 C 原子与 O 原子共用 3 对电子生成 C≡O 键，即生成中间态 CO 分子，中间态 CO 分子中 C、O 原子外层各有 4 个 sp^3 杂化轨道，其电子轨道结构如图 2-19(e)所示。

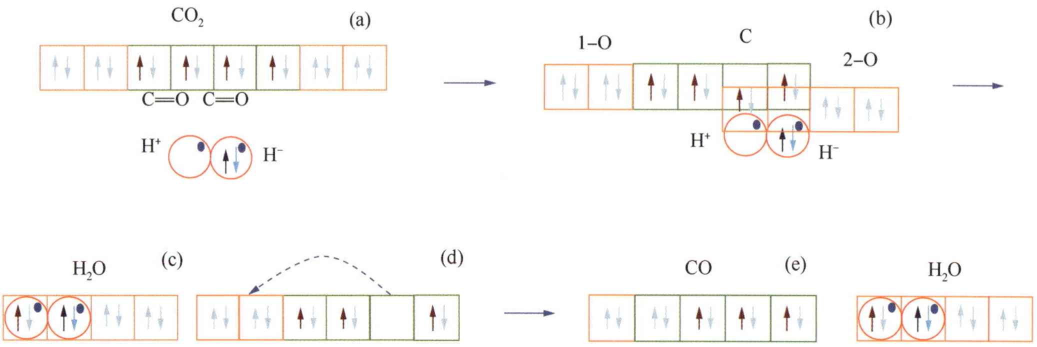

图 2-19　CO 分子形成过程分析

(3) 生成中间体 $C_{\uparrow\downarrow}{}^{\bigcirc}H_2$

图 2-20 是中间态 CO 分子与 H^+、H^- 作用生成 H_2O 分子和活性碳原子 C^* 过程分析。图 2-20(a)是中间态 CO 分子与 H^+、H^- 电子轨道结构图。在图 2-20(b)中，H^+、H^- 外层 s 轨道与中间态 CO 中 C、O 原子外层重叠轨道再次重叠，活化了中间态 CO 分子中的化学键，共用的 3 对电子中 1 对电子会留在 C 原子外层 sp^3 杂化轨道，还有 2 对电子包括生成配位键的 1 对电子则会留在 O 原子外层 sp^3 杂化轨道。在 C 原子外层有 2 个 sp^3 杂化轨道含有孤对电子，还有 2 个空的 sp^3 杂化轨道；在 O 原子外层只有 1 个空的 sp^3 杂化轨道。当 H^+ 外层空的 s 轨道与 O 原子外层含有孤对电子的 sp^3 杂化轨道重叠，共用 1 对电子生成第 1 个 H—O 键，而含有 1 对电子的 H^- 外层 s 轨道与 O 原子外层那个空的 sp^3 杂化轨道重叠，共用 1 对电子生成第 2 个 H—O 键，则 O 原子与 H^+、H^- 结合生成了 1 个水分子 H_2O，其电子轨道结构如图 2-20(c)所示。生成水分子 H_2O 的同时，C 原子外层 4 个 sp^3 杂化轨道上有 2 个 sp^3 杂化轨道含有孤对电子，还有 2 个空的 sp^3 杂化轨道，则生成活性碳原子 C^*，其电子轨道结构如图 2-20(d)所示。

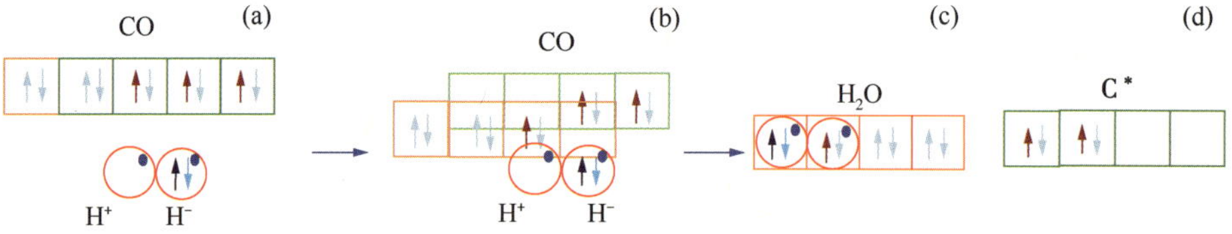

图 2-20　CO 分子与 H^+ 和 H^- 作用生成活性碳原子 C^*

图 2-21 是活性碳原子 C^* 与 H^+、H^- 相互作用生成中间体 $C_{\uparrow\downarrow}{}^{\bigcirc}H_2$ 结构过程分析。图 2-21(a)是活性碳原子 C^* 与 H^+、H^- 电子轨道结构，活性碳原子 C^* 外层有 4 个 sp^3 杂化轨道，4 个 sp^3 杂化轨道中有 2 个 sp^3 杂化轨道含有孤对电子，还有 2 个空的 sp^3 杂化轨道。在图 2-21(b)中，H^+ 外层空的 s 轨道与活性碳原子 C^* 中含有孤对电子的 sp^3 杂化轨道重叠，共用 1 对电子生成 1 个 C—H 键；H^- 外层含有孤对电子的 s 轨道与活性碳原子 C^* 外层空的 sp^3 杂化轨道重叠，共用 1 对电子生成第 2 个 C—H 键，则生成中间体 $C_{\uparrow\downarrow}{}^{\bigcirc}H_2$ 结构，其电子

轨道结构如图 2-21(c)或图 2-21(d)所示。在 $C_{\uparrow\downarrow}{}^{\circ}H_2$ 结构中，C 原子外层有 1 个含有孤对电子的 sp^3 杂化轨道和 1 个空的 sp^3 杂化轨道。在这里，双箭头“↑↓”表示 C 原子外层 sp^3 杂化轨道上有 1 对孤对电子，圆圈“○”表示 C 原子外层有 1 个空的 sp^3 杂化轨道。

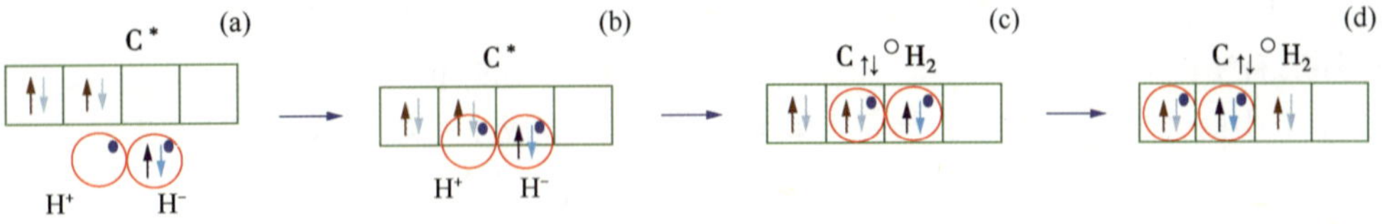

图 2-21 活性碳原子 C^* 与 H^+ 和 H^- 生成中间体 $C_{\uparrow\downarrow}{}^{\circ}H_2$

(4) 形成甲醇分子

图 2-22 是中间体 $C_{\uparrow\downarrow}{}^{\circ}H_2$ 与 H_2O 分子作用生成甲醇分子过程分析。图 2-22(a)是中间体 $C_{\uparrow\downarrow}{}^{\circ}H_2$ 和 H_2O 分子电子轨道结构图。在图 2-22(b)中，H_2O 分子中 O 原子外层 2p 轨道和 H 原子外层 s 轨道的重叠轨道与中间体 $C_{\uparrow\downarrow}{}^{\circ}H_2$ 中 C 原子外层空的 sp^3 杂化轨道再次重叠，形成 C、H 原子和 O 原子轨道重叠且共用 1 对电子结构。重叠处的 H^+ 转移到中间体 $C_{\uparrow\downarrow}{}^{\circ}H_2$ 结构中 C 原子外层含有孤对电子的 sp^3 杂化轨道上，C、H 原子共用 1 对电子生成 1 个 C—H 键，重叠处 C、O 原子共用 1 对电子生成 1 个 C—O 键，则生成 1 个甲醇分子 CH_3OH，其电子轨道结构如图 2-22(c)所示。

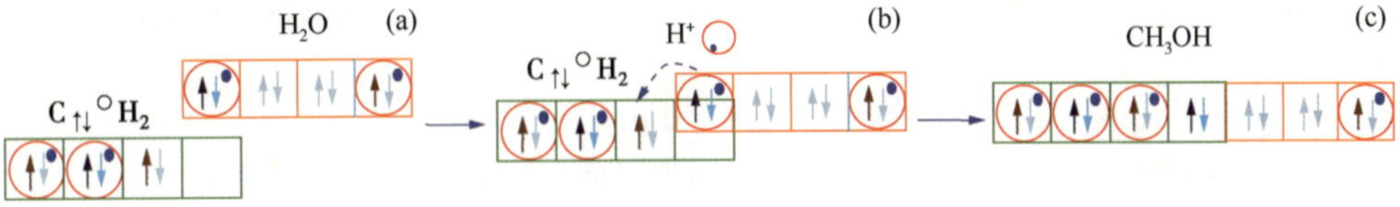

图 2-22 中间体 $C_{\uparrow\downarrow}{}^{\circ}H_2$ 与水分子生成甲醇分子

(5) 二氧化碳加氢制甲醇反应机理

根据上述分析，CO_2 在 Cu 基催化剂作用下加氢合成甲醇反应过程如下：

$$Cu+H_2 \longrightarrow Cu^{2+}+2H^- \qquad (1)$$

$$Cu^{2+}+H_2 \longrightarrow Cu+2H^+ \qquad (2)$$

$$CO_2+H^++H^- \longrightarrow CO+H_2O \qquad (3)$$

$$CO+H^++H^- \longrightarrow C^*+H_2O \qquad (4)$$

$$C^*+H^++H^- \longrightarrow C_{\uparrow\downarrow}{}^{\circ}H_2 \qquad (5)$$

$$C_{\uparrow\downarrow}{}^{\circ}H_2+H_2O \longrightarrow CH_3OH \qquad (6)$$

将式[(1)+(2)]×3÷2+(3)+(4)+(5)+(6)，得到如下反应式：

$$CO_2+3H_2 \longrightarrow CH_3OH+H_2O \qquad (7)$$

上述反应过程就是合成气制甲醇反应过程，即 CO_2 加氢合成甲醇反应机理。

(6) 结论

在 Cu 基催化剂作用下，CO_2 与 H_2 合成甲醇，其反应过程分 5 步：

① H_2 在 Cu 基催化剂作用下反应生成 H^+ 和 H^-，生成 H^+ 和 H^- 个数相同且成对出现，同时存在；

② CO_2 和 H^+、H^- 同时作用，生成中间态 CO 和 H_2O 分子；

③ 中间态 CO 和 H^+、H^-同时作用，生成活性碳原子 C^* 和 H_2O 分子，活性碳原子 C^* 外层有 4 个 sp^3 杂化轨道，其中有 2 个 sp^3 杂化轨道含有孤对电子，还有 2 个空的 sp^3 杂化轨道；

④ 活性碳原子 C^* 和 H^+、H^-同时作用，生成中间体 $C_{\uparrow\downarrow}{}^{\circ}H_2$ 结构；在 $C_{\uparrow\downarrow}{}^{\circ}H_2$ 结构中，C 原子外层有 1 个含有孤对电子的 sp^3 杂化轨道和 1 个空的 sp^3 杂化轨道；

⑤ 1 个中间体 $C_{\uparrow\downarrow}{}^{\circ}H_2$ 与 1 个水分子 H_2O 作用，生成 1 个甲醇分子 CH_3OH。

参考文献

[1] 2021 年度甲醇市场发展报告[EB/OL]. 中国化工信息，2021-05-21. https://www.chemnews.com.cn/c/2021-05-21/676957.shtml.

[2] 2022 年中国甲醇行业市场供需现状分析[EB/OL]. 中国甲醇产业网前瞻产业研究院，2022-01-28. https://www.qianzhan.com/analyst/detail/220/220128-f0c04087.html.

[3] 2019 年中国甲醇产能、需求量、进出口情况及甲醇行业发展趋势分析[EB/OL]. https://wenku.baidu.com/view/a6e7bf6281d049 649b 6648d7c1c708a1294a0a8c.html.

[4] 陈银 . 2018 年中国二甲醚行业产量及产能情况分析，二甲醚用作民用燃料未来可期[EB/OL]. 华经情报网，2019-12-22.

[5] 甲醇国内供需基本平衡[EB/OL]. https://finance.sina.com.cn/money/future/roll/2022-02-07/doc-ikyamrmz 9528982.shtm.

[6] 2020 年国内 MTBE 产能分析[EB/OL]. 卓创资讯能源观察，2020-10-20. https://finance.sina.com.cn/money/future/roll.

[7] 谢克昌，房鼎业 . 甲醇工艺学[M]. 北京：化学工业出版社，2010.

[8] 中国甲醇产业网前瞻产业研究院 . 中国甲醇行业市场调研与投资分析报告[R]. 2019.

[9] 房鼎业，姚佩芳，朱炳辰 . 甲醇生产技术进展[M]. 上海：华东化工学院出版社，1990.

[10] 宋维端，肖任坚，房鼎业 . 甲醇工学[M]. 北京：化学工业出版社，1991.

[11] 杨意泉，方雪明，李晨，等 . Cu-Zn-Al-Zr 甲醇合成催化剂的 UVDR、TPD 和 TPR 表征[J]. 厦门大学学报，2001，40(6)：1251-1255.

[12] 从昱，包信和，张涛，等 . 超细 Cu-ZnO-ZrO_2 催化剂上甲醇合成的 TPSR 和 TPD 研究[J]. 燃料化学学报，2000，28(3)：238-243.

[13] Herman R G，Klier K，Simmons G W，et al. Catalytic synthesis of methanol from CO/H_2(Ⅰ). Phase composition，electronic properties and activities of the Cu/ZnO/M_2O_3 Catalysts[J]. Journal of Catalysis，1979，56(3)：407-429.

[14] Klier K，Chatikavanij V，Herman R G. Catalytic synthesis of methanol from CO/H_2(Ⅳ) The effects of carbon dioxide [J]. Journal of Catalysis，1982，74(2)：343-360.

[15] 何奕工，陈邦和，朱起明，等 . 合成甲醇反应中 CO_2 和微量 O_2 的作用以及反应机理的研究[J]. 燃料化学学报，1986，14(2)：97-107.

[16] Villa P，Forzatti-Ferraris G，Garone G，et al. Ind Eng Chem Prod Res Dev，1985，24：12-19.

[17] Graaf G H，Stamhuis E J，Beenackers A A C M. Kinetics of low-pressure methanol synthesis[J]. Chem Eng Sci，1988，43(2)：3185-3195.

[18] 高森泉，朱起明 . 铜基催化剂上合成甲醇的过渡应用研究[J]. 催化学报，1985，6(1)：14-28.

[19] 陈晓春，张之旭，饶国瑛，等 . 合成甲醇基元过程瞬态动力学的模型化(Ⅰ)——基元过程序列结构[J]. 化工学报，1999，

[20] 弗·尼·格伦斯基，朱炳辰，徐懋生 . C301 铜基催化剂上 CO、CO_2 和 H_2 合成甲醇反应模式的研究

（俄）[J]. 华东化工学院学报，1987，13(4)：472-482.

[21] 刘金尧，刘殿求，刘崇徽．由一氧化碳和氢合成低碳混合醇[J]. 天然气化工，1986(5)：1-8.

[22] 刘金尧，朱起明，李东洲，等．在铜基催化剂上 CO 加氢合成低碳混合醇反应速率控制步骤探讨[J]. 燃料化学学报，1996，24(3)：209-213.

[23] Smith K J，Anderson R B. A Chain Growth Scheme for the Higer Alcohol Synthesis[J]. Journal of Catalysis，1984，85(2)：428-436.

[24] 冯玉彪，张粉保，宣利宏，等．离子的电负性[J]. 大连轻工业学院学报，1998，13(2)：70-76.

[25] 李庆勋，王宗宝，娄舒洁，等．二氧化碳加氢制甲醇研究进展[J]. 现代化工，2019，39(5)：19-23.

[26] 黄树鹏，张永春，陈绍云，等．助剂对 $CuO-ZnO-Al_2O_3$ 催化剂在 CO_2 加氢制甲醇反应中性能的影响[J]. 石油化工，2009，38(5)：482-485.

[27] 王丹君，陶芙蓉，赵华华，等．CO_2 辅助老化制备的 $Cu/ZnO/Al_2O_3$ 催化剂上 CO_2 加氢制甲醇[J]. 催化学报，2011，32(9)：1452-1456.

[28] 于杨．轻稀土元素改性 $Cu-ZnO-Al_2O_3$ 催化剂对 CO_2 加氢制甲醇反应的催化性能[J]. 石油化工，2016，45(1)：24-30.

[29] Behrens M，Studt F，Kasatkin I，et al. The active site of methanol synthesis over $Cu/ZnO/Al_2O_3$ industrial catalysts[J]. Science，2012，336(6038)：893-897.

[30] Dong X S，Li F，Zhao N，et al. CO_2 hydrogenation to methanol over Cu/Zn/Al/Zr catalysts prepared by liquid reduction[J]. Chinese Journal of Catalysis，2017，38：717-725.

[31] 高文桂，王华，张逢杰，等．铜锌比对 $CuO-ZnO-ZrO_2$ 催化剂 CO_2 加氢合成甲醇性能的影响[J]. 天然气化工：C1 化学与化工，2014，39(4)：16-20，40.

[32] 于杨，郝爱香，陈海波，等．TiO_2 助剂对 $Cu-ZnO/ZrO_2$ 催化剂催化 CO_2 加氢制甲醇反应性能的影响[J]. 石油化工，2014，43(5)：511-516.

[33] 程鹏泽，高文桂，等．不同沉淀剂对 CO_2 加氢合成甲醇 $Cu-ZnO-ZrO_2$ 催化剂性能的影响[J]. 化工进展，2017，36(8)：2955-2961.

[34] Kattel S，Ramirez P J，Chen J G，et al. Active sites for CO_2 hydrogenation to methanol on Cu/ZnO catalysts[J]. Science，2017，355：1296-1299.

[35] Lorenzo S，Mariarita S，Alessandra P，et al. Hydrogen utilization in green fuel synthesis via CO_2 conversion to methanol over new Cu-based catalysts[J]. Chem Engineering，2017，1(2)：19.

[36] 王野．MOFs 限域 Cu/ZnO_x 超小纳米粒子催化 CO_2 选择加氢制甲醇[J]. 物理化学学报，2017，33(5)：857-858.

[37] An B，Zhang J Z，Cheng K，et al. Confinement of ultrasmall Cu/ZnO_x nanoparticles in metal-organic frameworks for selective methanol synthesis from catalytic hydrogenation of CO_2[J]. J Am Chem Soc，2017，139：3834-3840.

[38] 王冠男，陈礼敏，郭园园，等．铬助剂对 $Cu/ZrO_2/CNTs-NH_2$ 催化剂催化 CO_2 加氢合成甲醇性能的影响[J]. 物理化学学报，2014，30(5)：923-931.

[39] 刘超恒，郭晓明，钟成林，等．负载型 CuO/TiO_2 催化剂催化 CO_2 加氢制甲醇[J]. 无机化学学报，2016，32(8)：1405-1412.

[40] 赵锦波，于杨．$Cu-RE-Al_2O_3$ 催化剂上 CO_2 加氢制甲醇[J]. 石油化工，2015，44(8)：941-947.

[41] Zhan H，Li F，Xin C，et al. Performance of the La-Mn-Zn-Cu-O based perovskite precursors for methanol synthesis from CO_2 hydrogenation[J]. Catal Lett，2015，145：1177-1185.

[42] Wang J J，Li G N，Li Z L，et al. A highly selective and stable $ZnO-ZrO_2$ solid solution catalyst for CO_2 hydrogenation to methanol[J]. Science Advances，2017，3(10)：e1701290.

[43] Zhang T. $ZnO-ZrO_2$ solid solution catalyst for highly selective hydrogenation of CO_2 to methanol[J]. Chinese

Journal of Catalysis, 2017, 38: 1781-1783.

[44] Martin O, Martin A J, Mondelli C, et al. Indium oxide as a superior catalyst for methanol synthesis by CO_2 hydrogenation[J]. Angew Chem Int Ed, 2016, 55: 6261-6265.

[45] Yang X, Kattel S, et al. Low pressure CO_2 hydrogenation to methanol over gold nanoparticles activated on a CeO_x/TiO_2 interface[J]. J Am Chem Soc, 2015, 137: 10104-10107.

[46] Bahruji H, Bowker M, Hutchings G, et al. Pd/ZnO catalysts for direct CO_2 hydrogenation to methanol[J]. J Catal, 2016, 343: 133-146.

[47] Gaikwad R, Bansode A, Urakawa A. High-pressure advantages in stoichiometric hydrogenation of carbon dioxide to methanol[J]. J Catal, 2017, 343: 127-132.

[48] 史建公，刘志坚，刘春生．二氧化碳加氢制备甲醇技术进展[J]．中外能源，2018，23(9)：56-70.

[49] Chen Y Z, Li H L, Zhao S H. Optimizing Reaction Paths for Methanol Synthesis from CO_2 Hydrogenation via Metal-ligandCooperativity[J]. Nature Commun, 2019, 10, 1885.

[50] 大连理工大学无机化学教研室．无机化学[M].5 版．北京：高等教育出版社，2006：427-428.

[51] 王丽敏，苏连江．自然科学基础无机化学卷[M]．哈尔滨：哈尔滨地图出版社，2004：315.

第3章 乙　醇

3.1 乙醇工业概况

乙醇(ethanol)是一种有机化合物，分子式为 C_2H_5OH，俗称酒精[1]。乙醇在常温常压下是一种易挥发的无色透明液体，低毒性，纯液体不可直接饮用。乙醇的水溶液具有酒香的气味，并略带刺激性，味甘。乙醇也是基本的有机化工原料，可用来制取乙醛、乙酸、乙醚、乙酸乙酯、乙胺等化工原料，也是制取溶剂、染料、涂料、香精、农药、医药、橡胶、塑料、人造纤维、洗涤剂等产品的原料，乙醇可与水及多数有机溶剂混溶，被广泛用作有机化学反应的溶剂及黏合剂、硝基喷漆、清漆、化妆品、油墨、脱漆剂等的溶剂[2~4]。乙醇也是液体制剂的常用溶剂，用于合剂、酊剂及注射剂中。乙醇极性比水小，能溶解中药中的中等极性、弱极性、非极性成分，如生物碱及其盐类、苷类、挥发油、树脂、鞣质、有机酸和亲脂性色素等，也利用其防腐作用，来存放和保管物品[5,6]。乙醇可单独作为汽车燃料，也可与汽油混合作为混合燃料。在汽油中添加 5%~20%燃料乙醇制成乙醇汽油，可减少汽车尾气对空气的污染[7]。另外，乙醇还可以作为抗爆剂添加到汽油中以代替四乙基铅[8]。

长期以来，乙醇大规模工业化生产只能依赖生物质发酵法，但涉及粮食安全问题，使得难以推广乙醇汽油。煤制乙醇工业化使得中国大规模、低成本制备乙醇成为可能，为中国推广乙醇汽油扫清了障碍，煤制乙醇路线迎来曙光，煤经二甲醚羰基化制无水乙醇(DMTE)技术与传统醋酸加氢路线相比有明显优势。国内煤炭企业适合建设煤气化-甲醇-DMTE 乙醇项目。煤基乙醇的化工需求也有广阔前景：乙醇可以脱水制乙烯，也可能催生出很多新的化工路线和产品，甚至可以改变整个化工行业的格局。当前，煤制乙醇能否实现工业化和大型化，与国家推广燃料乙醇政策是分不开的。目前，乙醇汽油已在国内多个省份进行试点，2017~2019 年我国燃料乙醇表观消费量小幅增长，截至 2020 年我国燃料乙醇表观消费量为 277.33 万 t/a，同比下降 3.48%。2020 年我国燃料乙醇行业产能增速明显放缓，但 12 月随着国投海伦和江西雨帆装置的投产，2020 年燃料乙醇产能终以增长收官，产能达到 459 万 t/a[9]。相对于生物质乙醇，煤制乙醇具有明显的成本优势。随着乙醇汽油的逐步推广，煤制乙醇项目发展潜力巨大。但煤制乙醇不宜盲目地大规模发展，尤其不应当在工业化技术不十分成熟的情况下，大规模投资建设几十万或百万吨级的装置，存在技术风险和市场风险。

3.2 乙醇合成技术

工业上制备乙醇常用方法大概可分为三种：发酵法、合成法和联合生物加工法[5,10~12]：

(1) 发酵法

发酵法是用淀粉原料(如谷类、薯类、玉米、高粱或野生植物果实)和糖质原料(如糖蜜、亚硫酸废液)等发酵，前者是主要的发酵原料。发酵法是在酿酒基础上发展起来的，在相当长的历史时期内，曾是生产乙醇的唯一工业方法。在这个过程中，发生了一系列复杂的生化反应。以淀粉原料为例，整个生产过程包括原料蒸煮、糖化剂制备、糖化、酒母制备、发酵及蒸馏等工序。原料中的可溶性淀粉在酶的作用下水解为糖，再经过酵母菌发酵生成乙醇并放出二氧化碳(用糖质原料不需经过淀粉水解成葡萄糖这一步)。发酵液中乙醇的质量分数约为6%~10%，再经蒸馏工艺将乙醇浓缩为大约95.57%的酒精溶液。生产过程中的主要化学反应式为：

$$(C_6H_{10}O_5)_n+nH_2O \longrightarrow n(C_6H_{12}O_6)$$

$$C_6H_{12}O_6 \longrightarrow 2CH_3CH_2OH+2CO_2$$

(2) 合成法

随着近代有机工业的发展，可利用炼焦油、石油裂解所得的乙烯来合成乙醇。该法中的原料乙烯，可大量取自石油裂解气，成本低，产量大，并且能节约大量粮食。化学合成法有直接水合法和间接水合法两种，工业上普遍采用前者。

① 直接水合法：乙烯与水蒸气在有机磷催化剂存在的条件下，经高温高压作用，可直接发生加成反应生成乙醇。该法步骤简单，无腐蚀问题，但要求原料气中乙烯纯度在98%以上，需采用特殊的方法分离裂解气中的各种成分，对设备、材料都提出了较高要求。其化学反应式为：

$$CH_2{=\!=}CH_2+H_2O \longrightarrow CH_3CH_2OH$$

② 间接水合法：又称为硫酸水合法，0~15℃用硫酸与乙烯经加成反应生成硫酸氢乙酯，90℃再进行水解，生成乙醇和硫酸。该法对原料气体的纯度要求不高，设备简化。缺点是对设备腐蚀严重，酸消耗多。其化学反应式为：

$$CH_2{=\!=}CH_2+H_2SO_4 \longrightarrow CH_3CH_2OSO_3H$$

$$CH_3CH_2OSO_3H+H_2O \longrightarrow CH_3CH_2OH+H_2SO_4$$

(3) 联合生物加工法

生物转化使用的原料大多为粮食作物，大量使用会影响到粮食安全，而利用生物能源转化技术生产乙醇，可缓解非再生化石能源日渐枯竭带来的能源压力。秸秆、麸皮、锯木粉等含有大量的木质纤维素，所以来源广泛的纤维素是很有潜力的生产乙醇的原料。另外，在生物燃料的生产过程中，纤维素的预处理和纤维素酶的生产成本较高，故减少预处理，增强纤维素酶活性，提高发酵产物的产量和纯度，减少中间环节也是降低生产成本的途径。联合生物加工不包括纤维素酶的生产和分离过程，而是把糖化和发酵结合到由微生物介导的一个反应体系中，因此与其他工艺过程相比较，原料消耗相对较低，一体化程度较高。这种综合方法的未来发展前景广阔。

此外，近年来有文献报道了煤制乙醇的方法。煤制乙醇是以煤为原料经气化为合成气或者以工厂废气(主要成分均为一氧化碳和氢气)为原料，生产乙醇。目前，以煤为源头生产燃料乙醇的工艺路线主要包括四条，都需要首先将煤气化为合成气。从合成气生产燃料乙醇主要有两种方法，即直接法和间接法。直接法可由两条工艺路线实现：合成气化学催化路线和合成气厌氧发酵路线。间接法制乙醇是先采用成熟的甲醇合成技术，将合成气转化为甲醇，然后再将甲醇羰基化为醋酸，最后再进行醋酸直接加氢或者将醋酸酯化后加氢生产乙醇。

3.3 乙醇合成反应机理研究进展

近年来，中国科学院大连化学物理研究所研究员肖建平团队与浙江大学教授肖丰收和研究员王亮团队[13]合作，在合成气一步法制备乙醇研究中取得新进展。

乙醇是重要的化学品和燃料。通过合成气高效并高选择性地直接制备乙醇是目前能源研究领域的热点。催化剂反应性能过强或过弱都会造成副产物选择性过高，因此合成气直接制备乙醇也是难点。深入研究合成气转化制乙醇反应机理，对后续提升催化剂的活性和寻找非贵金属催化剂具有重要意义。合成气转化过程中有数十种中间体及过渡态，数千种反应路径，而传统的理论方法不能很好地解释这一过程。基于此，肖建平团队开发了一套反应路径研究和产物选择性分析的新方法，可以将数十种中间体以及过渡态的吸附能简化到两个维度——CO 和 OH 的吸附能，并以此来描述不同催化剂对产物的选择性，进而理解和指导催化剂的设计。在合成气转化过程中，如果 CO 分子和催化剂(如纯 Rh、Co 催化剂等)结合太强，C—O 键基本全部打断，进而选择性得到甲烷；如果 CO 和催化剂(如 Cu 催化剂)结合太弱，C—O 键不能完全被打断，所以只能得到甲醇。CO 和催化剂之间的结合能力只有在非常小的一个能量窗口时，CO 解离之后的中间体(CH_x^*)和未解离的 CO^*/CHO^* 共存，才能有较好的乙醇选择性。理论计算结果表明，CH_2^* 和 CO/CHO^* 中间体的耦合是最关键的步骤，MnO_x结构和分子筛提供的限域环境影响了界面处(MnO_x附近)的 Rh 原子的电子结构，使 RhMn@S-1 催化剂恰巧落在这个区间，最终使 CH_2^* 和 CO^*/CHO^* 中间物质能大量共存，从而得到较高的乙醇选择性。该工作为设计高选择性合成气制备乙醇的催化剂提供了新思路，合成气选择性制乙醇机理见图 3-1。

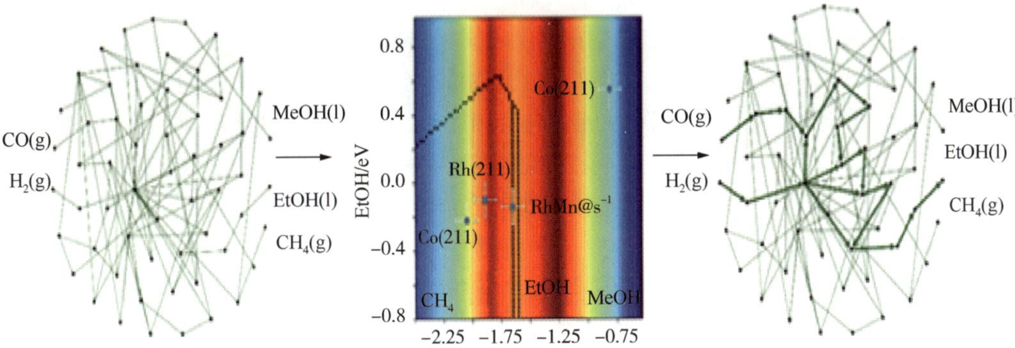

图 3-1 合成气选择性制备乙醇机理

上述提到的中间体(CH_x^*)及 CH_2^*，之前国内学者[14~16]在研究甲醇制低碳烯烃及二甲醚反应机理时已经发现了中间体 $C_{\uparrow\downarrow}{}^{\bigcirc}H_2$，并对其结构做出了清晰描述。研究认为，$C_{\uparrow\downarrow}{}^{\bigcirc}H_2$ 是构成低碳烯烃及二甲醚等的基本结构单元，在 $C_{\uparrow\downarrow}{}^{\bigcirc}H_2$ 结构中 C 原子外层有 4 个 sp^3 杂化轨道，其中 2 个 sp^3 杂化轨道与 2 个 H 原子外层 s 轨道重叠，共用 2 对电子生成 2 个 C—H 键，第 3 个 sp^3 杂化轨道上有 1 对孤对电子，第 4 个 sp^3 杂化轨道是 1 个空轨道。在这里，$C_{\uparrow\downarrow}{}^{\bigcirc}H_2$ 结构中的双箭头“↑↓”表示 C 原子外层 sp^3 杂化轨道上有 1 对孤对电子，圆圈“○”表示 C 原子外层有 1 个空的 sp^3 杂化轨道。

汪海有[17]在助剂型 Rh 催化剂上采用了以 CH_3OD、$D_2{}^{18}O$ 为捕获剂的原位化学捕获反应，以及以 $D_2{}^{18}O$ 为重氧源试剂的原位氧同位素交换反应，对合成气转化为乙醇的反应机理进行了研究。在原位捕获反应中检测到 $CH_2DCOOCH_3$、CH_3COOCH_3 和 CH_2DCOOD、CH_3COOD 的生成，表明合成乙醇反应过程中存在中间体乙烯酮和乙酰基，当 CH_3OD/H_2 比值足够大时主要捕获到 $CH_2DCOOCH_3$，说明乙酰基主要由乙烯酮的部分氢化反应生成。原位氧同位素交换反应检测到含 ^{18}O 的乙醇、乙醛、乙酸的生成，表明乙烯酮等含氧化合物前驱体与重氧水发生了氧同位素交换反应。研究提出了“CO 缔合—卡宾—乙烯酮—乙酰基—乙醇(醛)”反应机理。

Vladislav A. Sadykov 等[18]采用原位 FT IRS 和 ^{18}O-SSITKA 研究了萤石 PrCeZrO 或尖晶石 $MnCr_2O_4$、介孔 $MgAl_2O_4$ 负载 Ru+Ni 催化剂上的乙醇部分氧化制合成气反应机理。对表面物种(乙氧基，吸附乙醇，乙醛，乙酸酯等)进行了研究，对 ^{18}O 转移到反应产物(CO，CO_2，CH_3CHO)的动力学做了分析，提出了一个反应机制，包括①混合金属氧化物上 CH_3CHO 的快速生成；②表面氧物种进入乙醛或乙氧基物种的限速阶段，C—C 键断裂产生 CO 和 CO_2 以及 H_2 和 H_2O；③通过氧化还原机理影响 CO/CO_2 比及其氧同位素组成的水煤气变换反应。Jincan Kang 等[19]以非石油碳源为原料，通过合成气($CO+H_2$)合成乙醇进行了研究。针对目前合成气转化为乙醇存在选择性低或过程多、能耗高的问题，提出了一个高选择性的合成气转化为乙醇的三串联催化反应，一种由钾改性 ZnO-ZrO 硅铝分子筛复合催化剂乙醇选择性 90%。

厦门大学王野课题组[20~28]在 C_1 化学领域率先提出以接力催化控制反应选择性的新方法，并在合成气高选择性制备液体燃料、低碳烯烃和芳烃等方面取得成功。在此基础上，设计了接力催化体系，将传统 Rh—Mn、Cu—Co、Cu—Fe 等催化剂上发生的包含若干反应中间体和多个反应通道的不可控的反应，按照合成气→甲醇→乙酸→乙醇的方式，实施可控接力催化(tandem catalysis)，从而成功实现乙醇的高选择性合成。在由 K^+-ZnO-ZrO_2、H-MOR和 Pt-Sn/SiC 组成的三步接力催化体系中，合成气制乙醇选择性突破 60%，达到 70%~90%。研究发现，精准控制三步接力催化体系中甲醇、乙酸中间产物的生成是实现高选择性制备乙醇的关键。第一步，金属氧化物的表面酸性显著影响合成气制甲醇选择性，弱表面酸性保证高的甲醇选择性；第二步，反应即甲醇羰基化制备乙酸(Koch 反应)是实施 C—C 偶联的关键步骤，对 H-MOR 分子筛选择性脱除十二元环 Al，仅保留八元环 B 酸位，可抑制甲醇生成烃类副反应，促进甲醇羰基化生成乙酸；第三步，乙酸加氢反应中，Pt-Sn 合金的形成以及 Pt δ^+化学态是其具有高性能的关键。研究还发现，接力催化体系中反应物及催化剂之间的匹配以及不同催化组分之间的有效分离至关重要。羰基化反应通常在 CO 气氛中进行，H-MOR 分子筛易积炭失活；而在接力催化体系的合成气气氛中，H_2 的存在可抑制甲醇羰基化过程的积炭，提高羰基化反应的稳定性。合成气中 CO 可能的毒化作用对乙酸加氢催化剂的设计提出新的要求，Sn 与 Pt 的合金化不仅提高了 Pt/SiC 的加氢选择性，同时降低 CO 吸附，抑制 Pt 中毒，显著促进乙酸选择性加氢反应。

研究表明，利用具有三明治构型的 $ZnAl_2O_4$ | H-MOR | $ZnAl_2O_4$ 组合，合成气可直接转化为乙醇，选择性达 52%。利用层层重叠的 $ZnAl_2O_4$ | H-MOR | $ZnAl_2O_4$ | H-MOR 组合，合成气可直接制备乙烯，选择性约 50%。拉近 $ZnAl_2O_4$ 与 H-MOR 的接触距离，乙烯选择性

可提升至65%。因此，通过改变$ZnAl_2O_4$与H-MOR的排列方式，成功实施了接力催化反应，从合成气直接获得乙酸甲酯、乙醇或乙烯。合成气可直接转化为乙醇是未来合成乙醇技术的发展方向，具有三明治构型的$ZnAl_2O_4$ | H-MOR | $ZnAl_2O_4$催化剂组合体系中，Zn、Al元素和H-MOR的催化作用需要重点研究。

3.4 合成气制乙醇反应机理分析

(1) 生成H^+和H^-

一氧化碳加氢直接合成乙醇催化剂是$ZnAl_2O_4$ | H-MOR | $ZnAl_2O_4$催化剂组合体系，以Zn元素和H-MOR为研究对象，分析它们与合成气($CO+H_2$)之间相互作用。Zn元素核电荷数30>21，不存在能级交错，原子外层$3d^{10}4s^2$，即$E_{4s}>E_{3d}$，当$Zn^0 \rightarrow Zn^{2+}$时，应该先失去4s轨道2个电子。

图3-2是H_2分子在Zn原子作用下生成H^-过程分析。图3-2(a)是Zn原子外层3d4s轨道和H_2分子中H原子外层s轨道。在图3-2(b)中，根据表3-1电负性数据[29]，由于H元素电负性(2.20)大于Zn元素电负性(1.65)，在Zn原子与H_2分子相互作用过程中，H_2分子中2个H原子会从Zn原子外层4s轨道各自获得1个电子生成2个H^-，其电子轨道结构如图3-2(c)所示；Zn原子失去2个电子变成Zn^{2+}，其电子轨道结构如图3-2(d)所示。

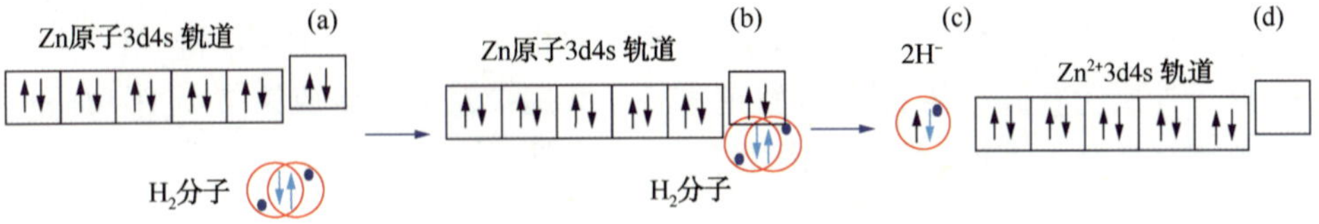

图3-2 H_2在Zn原子作用下生成H^-

表3-1 部分元素电负性

元素	H	Pd	Rh	O	Zn	Ga	Zr	La	Cu	Sn	Mo	C
A^0	2.20	2.20	2.20	3.44	1.65	1.60	1.33	1.10	1.90	1.80	2.16	2.55
A^+		5.00	4.60	8.77	4.92	4.77	3.59	2.99	5.04	3.96	4.18	6.42
A^{2+}		9.42	8.85	16.21	10.38	9.22	6.50	5.44	10.28	8.12	7.80	13.01
A^{3+}		14.75	13.80	23.82	17.84	17.05	10.32	12.44	16.57	12.82	13.24	20.23

图3-3是Zn^{2+}与H_2分子作用生成H^+过程分析。图3-3(a)是Zn^{2+}3d4s轨道和H_2分子中H原子外层s轨道。在图3-3(b)中，Zn^{2+}电负性(10.38)大于H元素电负性(2.20)，Zn^{2+}会从H_2分子中2个H原子外层s轨道获得2个电子被还原为Zn原子，H_2分子中2个H原子失去电子生成2个H^+，其电子轨道结构如图3-3(c)和图3-3(d)所示。

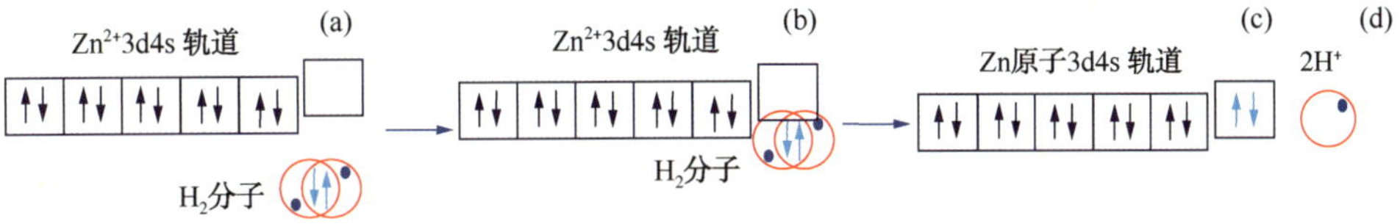

图3-3 H_2在Zn^{2+}作用下生成H^+

(2) 生成中间体 $C_{\uparrow\downarrow}{}^{\circ}H_2$ 结构

图 3-4 是 CO 结构分析。图 3-4(a)是 C 原子外层电子轨道排布 $2s^2 2p^2$ 和 O 原子外层电子轨道排布 $2s^2 2p^4$。在图 3-4(b)中，C 原子外层 2 个含有未成键电子的 2p 轨道与 O 原子外层 2 个含有未成键电子的 2p 轨道重叠，共用 2 对电子生成 1 个 C═O 键，O 原子外层 2p 轨道上孤对电子进入 C 原子外层空的 2p 轨道上生成 1 个 O→C 配位键，则生成 C═O 键，即生成 CO 分子，电子式为 :C: : :O: ，其电子轨道结构如图 3-4(c)所示。

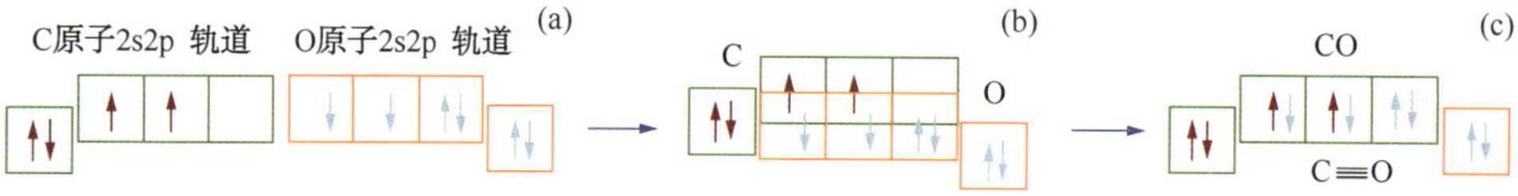

图 3-4　CO 结构分析

图 3-5 是 CO 分子与 H^+、H^-作用生成活性碳原子 C^* 和 H_2O 分子过程分析。图 3-5(a)是 CO 分子和 H^+、H^-电子轨道结构图。在图 3-5(b)中，H^+、H^-外层 s 轨道与 CO 中 C、O 原子外层重叠轨道再次重叠，激活了 CO 分子中的 C═O 键，配位键首先消失，共用电子对留在了 O 原子外层 2p 轨道，还有 1 个 C═O 键。H^+、H^-与 C═O 共价键相互作用，C═O 共价键断裂，其中 1 对电子留在了 C 原子外层的 2p 轨道上，另 1 对电子留在了 O 原子外层 2p 轨道上，C 原子外层出现了 2 个空的 2p 轨道，则生成了活性碳原子 C^*，其电子轨道结构如图 3-5(c)所示。与此同时，O 原子外层出现了 1 个空的 2p 轨道，H^-外层含有孤对电子的 s 轨道与 O 原子外层空的 2p 轨道重叠，共用 1 对电子生成 1 个 H—O 键，H^+外层空的 s 轨道与 O 原子外层含有孤对电子的 2p 轨道重叠，共用 1 对电子生成第 2 个 H—O 键，则生成了 1 个水分子 H_2O，其电子轨道结构如图 3-5(d)所示。

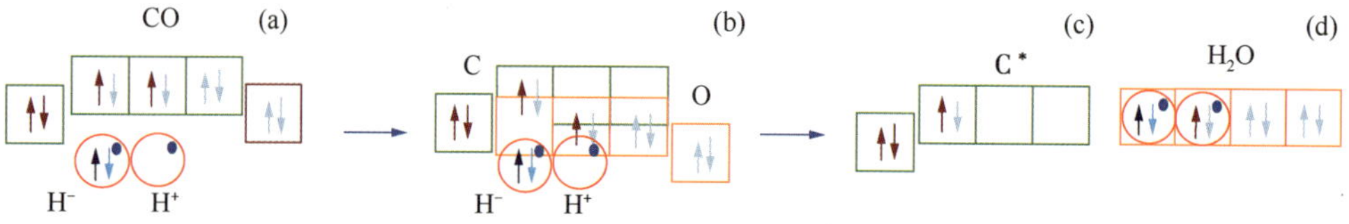

图 3-5　CO 分子与 H^+ 和 H^- 作用生成活性碳原子 C^*

图 3-6 是活性碳原子 C^* 与 H^+、H^-相互作用生成中间体 $C_{\uparrow\downarrow}{}^{\circ}H_2$ 结构过程分析。图 3-6(a)是活性碳原子 C^* 与 H^+、H^-电子轨道结构图，活性碳原子 C^* 外层 s、p 轨道经 sp^3 杂化形成 4 个 sp^3 杂化轨道，4 个 sp^3 杂化轨道中有 2 个轨道含有孤对电子，还有 2 个是空轨道。在图 3-6(b)中，H^+外层空的 s 轨道与活性碳原子 C^* 中含有孤对电子的 sp^3 杂化轨道重叠，共用 1 对电子生成 1 个 C—H 键；H^-外层含有孤对电子的 s 轨道与活性碳原子 C^* 中空的 sp^3 杂化轨道重叠，共用 1 对电子生成第 2 个 C—H 键，则生成了中间体 $C_{\uparrow\downarrow}{}^{\circ}H_2$ 结构，其电子轨道结构如图 3-6(c)所示。在 $C_{\uparrow\downarrow}{}^{\circ}H_2$ 结构中，C 原子外层有 4 个 sp^3 杂化轨道，其中 2 个轨道与 2 个 H 原子外层 s 轨道重叠，共用 2 对电子生成 2 个 C—H 键，第 3 个 sp^3 杂化轨道有 1 对孤对电子，第 4 个 sp^3 杂化轨道是 1 个空轨道。

(3) 生成 CH_3OH 分子

图 3-7 是中间体 $C_{\uparrow\downarrow}{}^{\circ}H_2$ 结构与水分子作用生成甲醇分子过程分析。图 3-7(a)是中间体 $C_{\uparrow\downarrow}{}^{\circ}H_2$ 和 H_2O 分子电子轨道结构图。在图 3-7(b)中，H_2O 分子中 H、O 原子重叠轨道

与中间体 $C_{\uparrow\downarrow}{}^{\circ}H_2$ 结构中 C 原子外层空的 sp^3 杂化轨道再次重叠，形成 C、H 和 O 原子轨道重叠共用 1 对电子结构，即形成三中心两电子结构。随后，C、H 和 O 原子轨道重叠处的 H^+转移到中间体 $C_{\uparrow\downarrow}{}^{\circ}H_2$ 结构中 C 原子外层含有孤对电子的 sp^3 杂化轨道上，共用 1 对电子生成了第 3 个 C—H 键，重叠处的 C 原子和 O 原子生成了 1 个 C—O 键，则生成 1 个甲醇分子 CH_3OH，其电子轨道结构如图 3-7(c)所示。

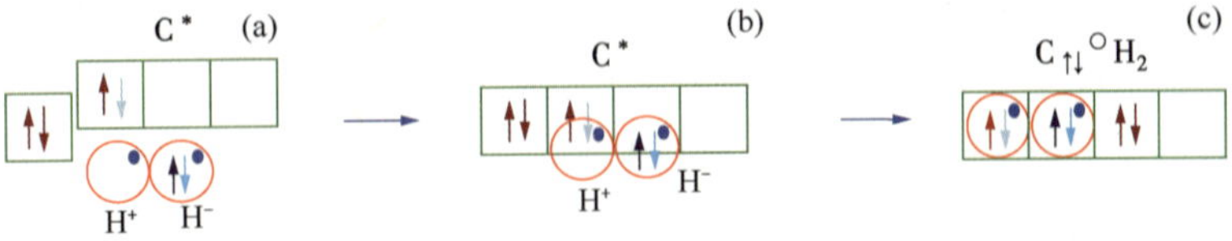

图 3-6 活性碳原子 C^* 与 H^+和 H^-作用生成中间体 $C_{\uparrow\downarrow}{}^{\circ}H_2$

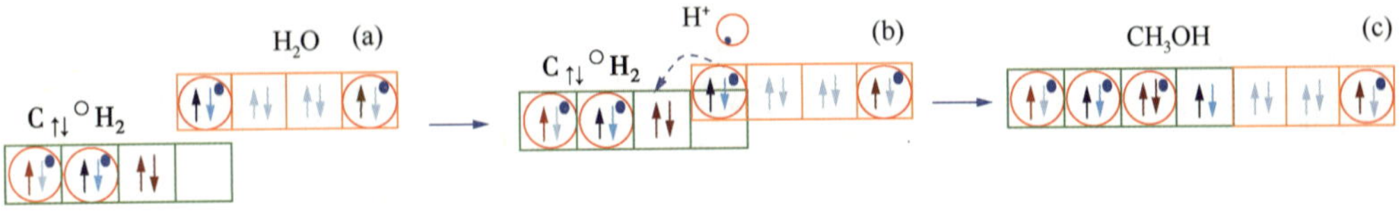

图 3-7 中间体 $C_{\uparrow\downarrow}{}^{\circ}H_2$ 与水分子生成甲醇分子

(4) 生成 CH_3CH—基团结构

1) B 酸中心[30,31]

图 3-8 是硅铝催化剂 4 配位 B 酸中心结构及其失活与再生过程分析。图 3-8(a)是 Al、O 原子外层 sp^3 杂化轨道和 H 原子外层的 s 轨道，图中有 1 个 Al 原子、4 个 O 原子和 1 个 H 原子。在图 3-8(b)中，Al 原子外层有 4 个 sp^3 杂化轨道，其中 3 个含有未成键电子的 sp^3 杂化轨道分别与 3 个 O 原子外层含有未成键电子的 sp^3 杂化轨道重叠，共用 3 对电子生成 3 个 Al—O 共价键；第 4 个 O 原子外层含有未成键电子的 sp^3 杂化轨道与 Al 原子外层那个空的 sp^3 杂化轨道重叠，重叠轨道上只有 O 原子提供的 1 个电子，这样就形成了由 4 个 O 原子和 1 个 Al 原子构成的正四面体结构[AlO_4]。在[AlO_4]结构中，Al 原子外层空的 sp^3 杂化轨道与第 4 个 O 原子提供的含有未成键电子的 sp^3 杂化轨道的重叠轨道，只有 1 个未成键电子，当外层含有 1 个价电子的原子，如 H 原子或 Na 原子外层的 s 轨道与上述重叠轨道相互作用再次重叠，并提供了 1 个电子，这样就形成了 1 个由 3 个原子(Al、O 和 H 或 Na)共用 1 对电子的结构，即生成 4 配位的 B 酸中心 H[AlO_4]。4 配位 B 酸中心可释放 1 个 H^+，释放 H^+后成为失活的 4 配位 B 酸中心[AlO_4]$^-$，如图 3-8(c)所示。失活 B 酸中心得到 H^+后又恢复了活性。

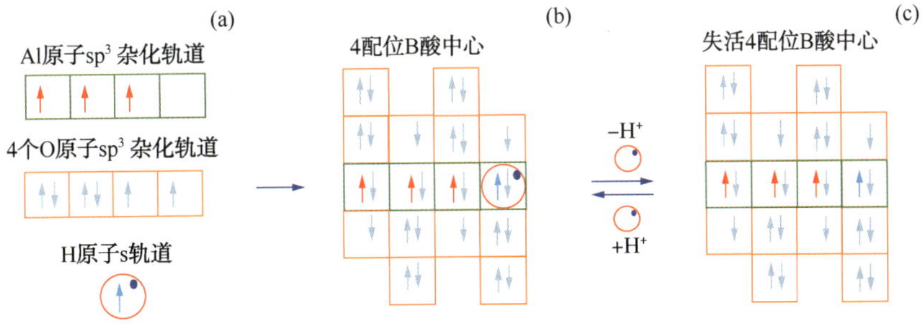

图 3-8 4 配位 B 酸中心失活与再生

2）形成乙基正碳离子 $CH_3CH_2^+$

图 3-9 是甲醇在 H-MOR 提供的 B 酸中心作用下，生成甲基正碳离子 CH_3^+ 的过程分析。图 3-9(a)、图 3-9(b)是甲醇分子 CH_3OH 和 4 配位 B 酸中心 H[AlO_4]电子轨道结构图。在图 3-9(c)中，4 配位 B 酸中心 H[AlO_4]提供的 H^+ 攻击图 3-9(d)中甲醇分子中 C—O 键，因为 O 原子电负性(3.44)大于 C 原子电负性(2.55)，C—O 键断裂时，共用电子对留在 O 原子外层 sp^3 杂化轨道，H^+ 外层空的 s 轨道与 O 原子外层含有孤对电子的 sp^3 杂化轨道重叠，共用 1 对电子生成 1 个 H—O 键，则生成 1 个水分子 H_2O，其电子轨道结构如图 3-9(f)所示。与此同时，甲醇分子 CH_3OH 中 C—O 断裂后，C 原子外层 sp^3 杂化轨道失去共用电子对生成了 1 个甲基正碳离子 CH_3^+，其电子轨道结构如图 3-9(e)所示；释放 H^+ 后的 4 配位 B 酸中心 H[AlO_4]变成了失活的 4 配位 B 酸中心[AlO_4]$^-$，其电子轨道结构如图 3-9(g)所示。失活的 4 配位 B 酸中心[AlO_4]$^-$ 在得到 H^+ 后才能恢复活性。

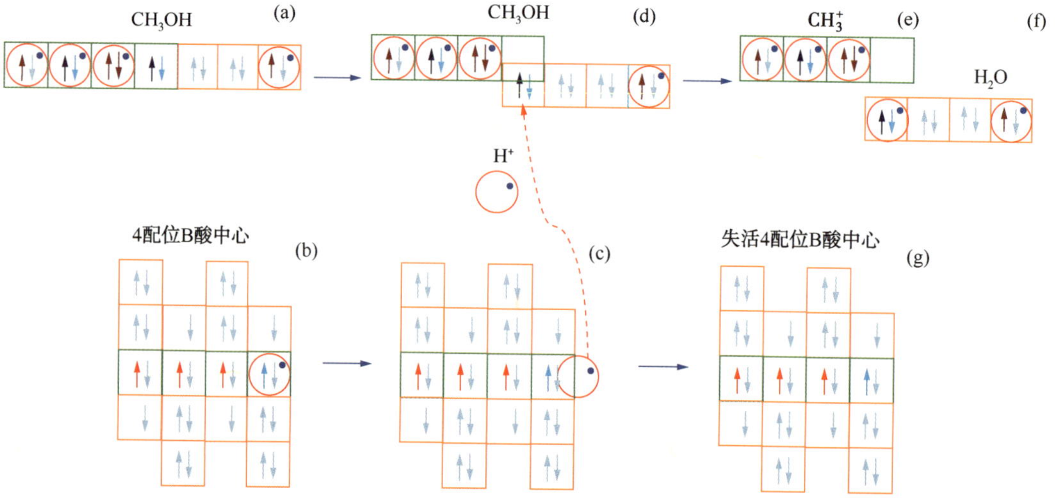

图 3-9　甲基正碳离子 CH_3^+ 生成

图 3-10 是甲基正碳离子 CH_3^+ 与中间体 $C_{\uparrow\downarrow}{}^{\circ}H_2$ 生成乙基正碳离子 $CH_3CH_2^+$ 过程分析。图 3-10(a)是甲基正碳离子 CH_3^+ 和中间体 $C_{\uparrow\downarrow}{}^{\circ}H_2$ 的电子轨道结构图。在图 3-10(b)中，中间体 $C_{\uparrow\downarrow}{}^{\circ}H_2$ 结构中 C 原子外层含有孤对电子的 sp^3 杂化轨道与甲基正碳离子 CH_3^+ 结构中 C 原子外层空的 sp^3 杂化轨道重叠，共用 1 对电子生成 1 个 C—C 键，则生成了 1 个乙基正碳离子 $CH_3CH_2^+$ 结构，其电子轨道结构如图 3-10(c)所示。

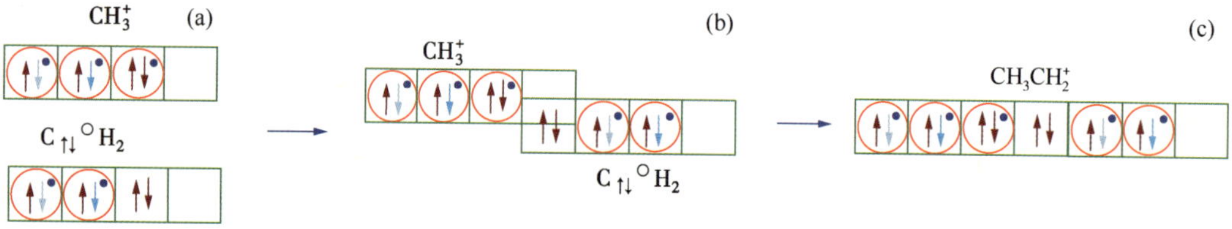

图 3-10　乙基正碳离子 $CH_3CH_2^+$ 生成

3）生成 CH_3CH—基团

图 3-11 是乙基正碳离子 $CH_3CH_2^+$ 与失活的 B 酸中心[AlO_4]$^-$ 相互作用生成中间体

CH_3CH—基团过程分析。图 3-11(a)、图 3-11(b)是乙基正碳离子 $CH_3CH_2^+$ 和失活的 4 配位 B 酸中心$[AlO_4]^-$电子轨道结构图。在图 3-11(c)中，失活 B 酸中心$[AlO_4]^-$带负电性，当乙基正碳离子 $CH_3CH_2^+$ 与失活的 B 酸中心$[AlO_4]^-$相互作用时，失活 B 酸中心$[AlO_4]^-$会从乙基正碳离子 $CH_3CH_2^+$ 处抽取 H^+，生成图 3-11(d)所示的 $H[AlO_4]$结构，失活 B 酸中心得到 H^+后恢复了活性；而乙基正碳离子 $CH_3CH_2^+$ 失去 H^+后生成中间体 CH_3CH—基团，其电子轨道结构如图 3-11(e)所示。

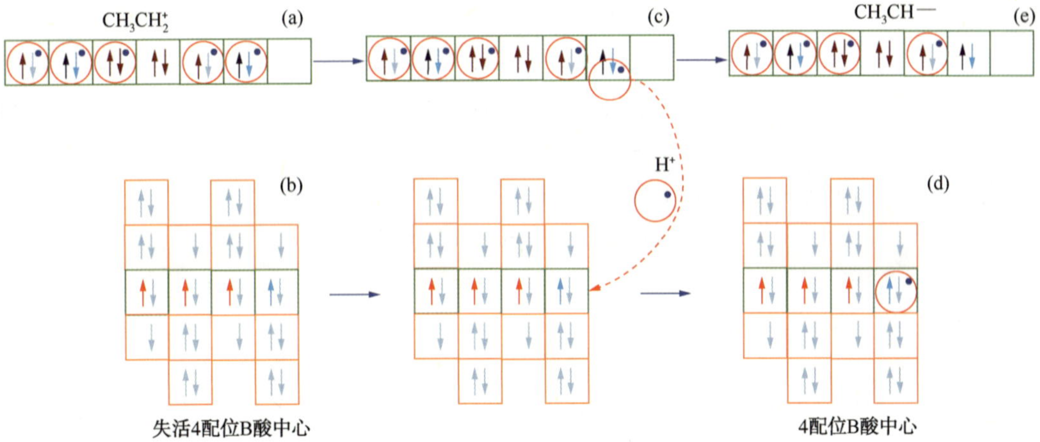

图 3-11　乙基正碳离子生成 CH_3CH—基团

4）生成乙醇分子

图 3-12 是中间体 CH_3CH—基团与 H_2O 分子作用生成乙醇分子 C_2H_5OH 过程分析。图 3-12(a)是中间体 CH_3CH—基团与 H_2O 分子的电子轨道结构图。在图 3-12(b)中，H_2O 分子中 H、O 原子重叠轨道与中间体 CH_3CH—基团中 C 原子外层空的 sp^3 杂化轨道再次重叠，重叠处的 H^+转移到相邻的 CH_3CH—基团中 C 原子外层含有孤对电子的 sp^3 杂化轨道上，共用 1 对电子生成 1 个 C—H 键，重叠处 C、O 原子外层的 sp^3 杂化轨道共用 1 对电子，生成 1 个 C—O 键，则生成 1 个乙醇分子 CH_3CH_2OH，其电子轨道结构如图 3-12(c)所示。

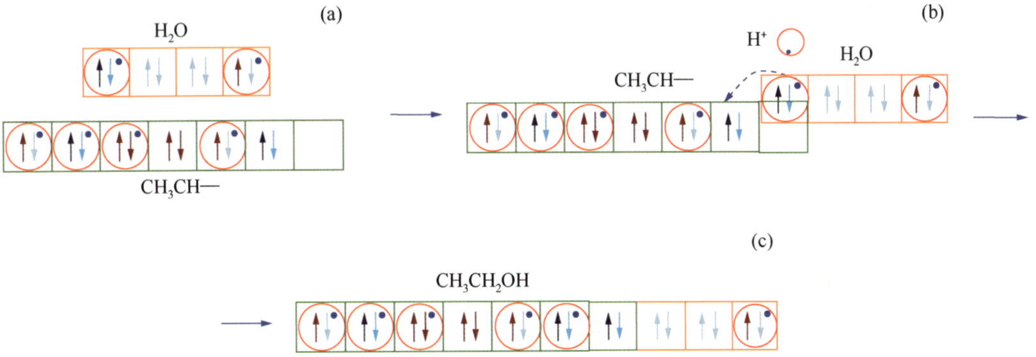

图 3-12　乙醇分子生成过程分析

(5）合成气制乙醇反应机理

合成气($CO+H_2$)在 $ZnAl_2O_4$、H-MOR 催化剂体系作用下生成乙醇，用 HB 表示 4 配位 B

酸中心，其反应过程如下：

$$Zn+H_2 \longrightarrow Zn^{2+}+2H^- \quad (1)$$

$$Zn^{2+}+H_2 \longrightarrow Zn+2H^+ \quad (2)$$

$$CO+H^-+H^+ \longrightarrow C^*+H_2O \quad (3)$$

$$C^*+H^-+H^+ \longrightarrow C_{\uparrow\downarrow}{}^{\bigcirc}H_2 \quad (4)$$

$$C_{\uparrow\downarrow}{}^{\bigcirc}H_2+H_2O \longrightarrow CH_3OH \quad (5)$$

$$CH_3OH+HB \longrightarrow CH_3^++B^-+H_2O \quad (6)$$

$$CH_3^++C_{\uparrow\downarrow}{}^{\bigcirc}H_2 \longrightarrow CH_3CH_2^+ \quad (7)$$

$$CH_3CH_2^++B^- \longrightarrow CH_3CH\text{—}+HB \quad (8)$$

$$CH_3CH\text{—}+H_2O \longrightarrow CH_3CH_2OH \quad (9)$$

式[(1)+(2)+(3)+(4)]×2+(5)+(6)+(7)+(8)+(9)得式(10)：

$$2CO+4H_2 \longrightarrow CH_3CH_2OH+H_2O \quad (10)$$

3.5 结论

合成气($CO+H_2$)在$ZnAl_2O_4$、H-MOR催化剂体系作用下生成乙醇，主要是在Zn元素和B酸中心共同作用下发生反应，其反应过程分8步：

① H_2分子在Zn原子/Zn^{2+}作用下，反应生成H^+和H^-，生成H^+和H^-数量相同，同时存在；

② CO和H^+、H^-作用，生产活性碳原子C^*和H_2O分子，活性碳原子C^*外层s、p轨道经sp^3杂化形成4个sp^3杂化轨道，4个sp^3杂化轨道中有2个轨道含有孤对电子，还有2个是空轨道；

③ 活性碳原子C^*和H^+、H^-作用，生成中间体$C_{\uparrow\downarrow}{}^{\bigcirc}H_2$，$C_{\uparrow\downarrow}{}^{\bigcirc}H_2$结构中C原子外层有4个$sp^3$杂化轨道，其中2个轨道与2个H原子外层s轨道重叠，共用2对电子生成2个C—H键，第3个轨道有1对孤对电子，第4个轨道是1个空sp^3杂化轨道；

④ 中间体$C_{\uparrow\downarrow}{}^{\bigcirc}H_2$与$H_2O$作用，生成甲醇分子；

⑤ 甲醇分子在B酸中心作用下生成甲基正碳离子CH_3^+和H_2O分子；

⑥ 甲基正碳离子CH_3^+与中间体$C_{\uparrow\downarrow}{}^{\bigcirc}H_2$作用生成乙基正碳离子$CH_3CH_2^+$；

⑦ 失活的B酸中心从乙基正碳离子$CH_3CH_2^+$处抽取H^+恢复了活性，而乙基正碳离子$CH_3CH_2^+$失去H^+后生成CH_3CH—基团；

⑧ CH_3CH—基团与H_2O分子作用，生成乙醇分子C_2H_5OH。

参 考 文 献

[1] 沈鑫甫. 中学教师实用化学辞典[M]. 北京：北京科学技术出版社，2002：258.
[2] 李建颖，刘静. 食品添加剂速查手册[M]. 天津：南开大学出版社，2017：243.
[3] 李朝霞. 中国食材辞典[M]. 太原：山西科学技术出版社，2012：868-869.
[4] 秦浩正，张长江. 中学生学习辞典化学卷[M]. 上海：世界图书上海出版公司，2012：329-330.

[5] 陈志恩，吴绍长．酒依赖及酒精相关障碍[M]．杭州：浙江大学出版社，2016：61-65.

[6] 关志宇．药物制剂辅料与包装材料[M]．北京：中国医药科技出版社，2017：33.

[7] 吴兴敏，于运涛，刘映凯．新能源汽车[M]．北京理工大学出版社，2015：244.

[8] 魏文德．有机化工原料大全(上)[M]．北京：化学工业出版社，1999：842.

[9] 2020年全球及中国燃料乙醇生产现状及竞争格局分析，燃料乙醇产业化升级加速[EB/OL]. http://news.sohu. com/a/532585928_120928700.

[10] 王宏涛，吕建宁，吕静，等．煤制乙醇技术的研究及开发应用进展[J]．煤化工，2014，42(4)：3-8.

[11] 翁海波，王志强，敬蔚然．联合生物加工工艺生产乙醇的研究展望[J]．湖南农业科学，2010(7)：110-112.

[12] 范望喜，张爱东，秦中立．有机化学[M]．武汉：华中师范大学出版社，2015：36.

[13] Chengtao Wang C T, Zhang J, Qin G Q, et al. Direct Conversion of Syngas to Ethanol within Zeolite Crystals [J]. Chem, 2020, 6(3) 646-657.

[14] 贺振富．甲醇制丙烯反应机理研究[J]．石油学报(石油加工)，2019，35(3)：555-560.

[15] 贺振富．甲醇制丁烯反应机理研究[J]．石油学报(石油加工)，2019，35(4)：759-765.

[16] 贺振富．甲醇制乙烯和二甲醚反应机理研讨[J]．石油学报(石油加工)，2020，36(5)：1078-1083.

[17] 汪海有，刘金波，傅锦坤，等．合成气转化为乙醇的反应机理[J]．物理化学学报，1991，7，(6)：681-687.

[18] Sadykov V A, Eremeev N F, Sadovskaya E M, et al. Detailed Mechanism of Ethanol Transformation into Syngas on Catalysts Based on Mesoporous $MgAl_2O_4$ Support Loaded with Ru+Ni/(PrCeZrO or $MnCr_2O_4$) Active Components[J]. Topics in Catalysis 2020, 63, 66-177.

[19] Kang J C, He S, Zhou W, et al. Single-pass transformation of syngas into ethanol with high selectivity by triple tandem catalysis[J]. Nature Commun., 2020, 11, 827.

[20] Kang J C, Zhang S L, Zhang Q H, et al. Ruthenium Nanoparticles Supported on Carbon Nanotubes as Efficient Catalysts for Selective Conversion of Synthesis Gas to Diesel Fuel[J]. Angew. Chem. Int. Ed., 2009, 48, 2565-2568.

[21] Kang J C, Cheng K, Wang Y, et al. Mesoporous Zeolite-Supported Ruthenium Nanoparticles as Highly Selective Fischer—Tropsch Catalysts for the Production of C_5—C_{11} Isoparaffins, Angew. Chem. Int. Ed., 2011, 50, 5200-5203.

[22] Kang J C, Deng W P, Zhang Q H, et al. Ru particle Size Effect in Ru/CNT-Catalyzed Fischer-Tropsch Synthesis[J]. Energy Chem., 2013, 22, 321-328.

[23] Peng X B, Cheng K, Wang Y, et al. Impact of Hydrogenolysis on the Selectivity of the Fischer—Tropsch Synthesis: Diesel Fuel Production over Mesoporous Zeolite-Y-Supported Cobalt Nanoparticles [J]. Angew. Chem. Int. Ed., 2015, 54, 4553-4556.

[24] Cheng K, Gu B, Wang Y, et al. Direct and Highly Selective Conversion of Synthesis Gas into Lower Olefins: Design of a Bifunctional Catalyst Combining Methanol Synthesis and Carbon—Carbon Coupling [J]. Angew. Chem. Int. Ed., 2016, 55, 4725-4728.

[25] Zhou W, Kang J C, Wang Y, et al. Direct Conversion of Syngas into Methyl Acetate, Ethanol, and Ethylene by Relay Catalysis via the Intermediate Dimethyl Ether[J]. Angew. Chem. Int. Ed. 2018, 57, 12012-12016.

[26] Cheng K, Zhou W, Wang Y, et al. Bifunctional Catalysts for One-Step Conversion of Syngas into Aromatics with Excellent Selectivity and Stability[J]. Chem 2017, 3, 334-347.

[27] LiuX L, Zhou W, Wang Y, et al. Design of efficient bifunctional catalysts for direct conversion of syngas into

lower olefins via methanol/dimethyl ether intermediates[J]. Chem. Sci. 2018, 9, 4708-4718.

[28] Zhou W, Cheng K, Kang J C, et al. New horizon in C1 chemistry: breaking the selectivity limitation in transformation of syngas and hydrogenation of CO_2 into hydrocarbon chemicals and fuels [J]. Chem. Soc. Rev. 2019, 48, 3193-3228.

[29] 冯玉彪，张粉保，宣利宏，等．离子的电负性[J]．大连轻工业学院学报，1998，13(2)：70-76.

[30] 贺振富，代振宇，龙军．硅铝催化剂酸中心形成及其结构[J]．石油学报(石油加工)，2011，27(1)：11-19.

[31] 贺振富，刘俊，龙军．硅铝催化剂酸中心失活与再生的分析[J]．石油学报(石油加工)，2011，27(6)：845-851.

第4章 乙 二 醇

4.1 乙二醇工业发展概况[1~5]

乙二醇(monoethyleneglycol，简称EG)，又名“甘醇”，乙二醇分子式：$C_2H_6O_2$，常温下为无色、无臭、有甜味的黏稠液体，相对密度约为1.11。乙二醇是一种重要的石油化工有机原料，主要用于生产聚酯纤维(涤纶)、聚酯薄膜、聚酯工程塑料、防冻剂等，同时也用于生产润滑剂、增塑剂、水力制动液体、非离子表面活性剂、乙二醇醚、炸药、涂料、油墨等，用途非常广泛。乙二醇是一种大宗化工基本原料，全球每年约有2000万t的需求量。从全球范围来分，聚酯产品(包括涤纶、包装树脂、聚酯薄膜及其他)约占乙二醇消费量的90%；在我国，超过74%的乙二醇被用于生产涤纶等聚酯纤维。

近年来，随着全球聚酯产品市场消费急剧增长，乙二醇工业发展迅速。2003年，全球乙二醇总产能只有1586.2万t，2006年达到1879.7万t，2009年进一步增加到2215.1万t。随着我国以及中东地区多套新建或扩建乙二醇生产装置投产，乙二醇生产能力又得到了很大提高，2010年全球产能扩大至2467万t。截至2015年底，全球乙二醇产能达到2951万t，产量为2495万t，产能利用率为84.5%，总消费量为2561万t，供需基本平衡。

不过，对比全球供应及需求分布可以发现，亚洲与中东地区供需分配存在明显不平衡性。亚洲地区乙二醇总产能占全球总量50%左右，需求占比则达到80%以上；中东地区总产能占全球总量29%左右，需求占比仅为4%。因此，目前亚洲是全球乙二醇进口需求最大的地区，中东为最大的出口地区。

乙二醇生产装置上一轮集中投产出现在2009~2010年，近几年投产速度明显放缓，2011~2014年，全球乙二醇生产装置投产数量不多。2010年，全球乙二醇增速达到11%。随后，2011~2014年增速均低于5%，2015年开始新产能投放速度加快，2015~2017年，全球投放市场的乙二醇产能累计达691万t，其中煤制乙二醇为294万t。近几年国际市场传统的石化线路的乙二醇产能投资明显放缓，相对集中的投放周期会在2018年以后出现。

从乙二醇区域分布来看，全球78%的产能主要集中在亚洲以及中东地区，2016年，亚洲、中东地区产能分别为1855.7万t、1086.1万t；其次为北美地区，产能为498万t，占全球总产能的13.3%；接下来是欧洲地区，产能为224.6万t，约占全球总产能的6%；南美产能为82.6万t，占全球总产能的2.2%。2020年世界乙二醇产能同比增长21.7%，产量同比增长8.4%，需求同比增长4.3%，新增生产能力主要来自中国。

从全球乙二醇产能企业分布来看，由于生产技术和原料等方面限制，行业集中度较高。数据显示，截至2016年，全球最大的乙二醇生产企业沙特基础工业公司(SABIC)拥有产能664万t，约占全球总产能的17.7%，装置主要集中在沙特阿拉伯；其次是陶氏化学，以359.5万t的年产能位居全球第二，装置主要分布在加拿大、美国、科威特；居于第三位的是中国石化，2016 年产能达到 324.4 万 t，装置主要在中国。2019 年，我国乙二醇表观消费量 1808 万 t，国内产量 815 万 t，2020 年，根据化工网显示数据，我国乙二醇国内产量达到 863 万 t，同比增长 5.89%。

从全球需求来看，乙二醇下游用途广泛，可用于聚酯纤维、防冻液、黏合剂、不饱和树脂、聚氨酯、乙二醛等众多领域。从全球应用领域来看，用于聚酯领域的乙二醇占全球总产量的 65%，包装树脂消费占 29%；从需求分布来看，全球 80%以上的需求集中在亚洲地区，其中中国地区占 57%。

我国一直都是全球纺织业的重要生产基地，但是目前我国的乙二醇还是依靠进口在支撑需求。从聚酯来讲，2016 年，我国产能是 4693 万 t，产量是 3659 万 t，是全球最大的乙二醇消费国。2016 年，我国乙二醇产量约 528 万 t，进口 757.2 万 t，表观消费量约 1271 万 t，进口依赖度 60%左右，供需缺口较大。近年来我国乙二醇行业进口依赖度有降低趋势。2015 年进口依赖度为 68%，2020 年进口替代率下降至为 54%。我国乙二醇的进口量主要来源于沙特阿拉伯、加拿大、新加坡和韩国等，其中沙特阿拉伯是我国乙二醇的主要进口来源地，常年占进口总量的 44%。

从 2007~2016 年我国乙二醇产能、产量增长情况来看，增速波动比较大，2007 年产能为 200 万 t 左右，2010 年之后产能增长率相对平稳，2016 年生产能力达到 823.5 万 t。我国乙二醇生产工艺以石油乙烯路线为主，产能地与消费地匹配度较高，主要集中在华东、华北和华中地区，一方面近消费地，另一方面近炼厂和港口。近几年，西北地区产能占比明显上升，主要是由于该地区煤炭资源较为丰富，伴随煤制乙二醇的不断发展，其产能增长速度较快。

我国是乙二醇最大消费国和主要生产国。近年来，随着国内煤制乙二醇行业高速发展，国内乙二醇产能、产量高速增长，但进口依存度仍保持高位。目前，我国的消费主力主要集中在聚酯，聚酯对乙二醇的消费占据乙二醇总需求的 90%以上，另外不到 10%的量用于防冻液、不饱和树脂、聚氨酯等领域。聚酯主要用于生产涤纶和瓶片，涤纶包括涤纶长丝和涤纶短纤等，最终应用到纺织行业，占乙二醇下游消费整体的 75%左右；瓶片最终应用到食品饮料包装领域，约占乙二醇下游整体消费的 12%。表 4-1 是我国部分企业乙二醇产能统计数据及工艺技术路线。近年来，随着我国煤基合成气制乙二醇技术的推广，煤制乙二醇产能逐年增加。

表 4-1 我国部分企业乙二醇产能统计及工艺技术路线

单位		产能/(万 t/a)	技术(工艺)
中国石化	燕山石化	6	乙烯法
	天津石化	4	乙烯法
	茂名石化	12	乙烯法
	中沙石化	36	乙烯法
	武汉石化	28	乙烯法
	福建联合	40	乙烯法
	湖北化肥	20	煤制乙二醇

续表

单位		产能/(万 t/a)	技术(工艺)
中国石油	抚顺石化	4	乙烯法
	吉林石化	11	乙烯法
	辽阳石化	20	乙烯法
	独山子石化	6	乙烯法
	四川石化	36	乙烯法
其他企业	中海壳牌	36	乙烯法
	辽宁华锦	20	乙烯法
	富德能源	50	乙烯法
	三江化工	24	乙烯法
	东亚石化	50	乙烯法
	通辽金煤	30	煤制乙二醇
	河南煤业	80	煤制乙二醇
	华鲁恒升	5	煤制乙二醇
	新疆天业	25	煤制乙二醇
	新杭能源	30	煤制乙二醇
	淮化集团	10	煤制乙二醇
	阳煤深州	22	煤制乙二醇
	阳煤寿阳	20	煤制乙二醇
	阳煤平定	20	煤制乙二醇
	国家能源榆林化工	40	煤制乙二醇
合计		685	

2017 年，我国乙二醇总产能达到 823 万 t，产量为 615 万 t，是世界生产大国，按照产量计算，我国约占世界总产量的 20%，2007～2017 年的产量年均增长率约 16.1%。其中，乙烯法路线(包括石脑油法和 MTO 法)制乙二醇产能为 583 万 t，占总产能的 70.07%，煤基合成气草酸酯法制乙二醇产能占比为 31.25%。2020 年，我国乙二醇产能大幅度扩张，截至 2020 年我国乙二醇产能达到 1570 万 t，同比增幅 20.4%。2020 年，我国乙二醇产量 881 万 t，同比增长了 17.05%，年度平均开工为 56.08%，同比下降 13.83 个百分点。主要受 2020 年乙二醇多套新增装置投产带来的供应能力提升影响，产量大幅度增加。而开工大幅度下降一方面由于乙二醇价格低位带来的成本压力较大，乙二醇装置停车降负荷较多(煤制装置多套长期停车，油制装置下调乙二醇产出比例)；另一方面由于多套新装置于下半年集中投产导致的产能基数变化影响。

全球乙二醇产能增长驱动供大于求态势延续并扩大，国内乙二醇产能与表观消费量差距进一步缩小。受前期市场利好等因素驱动，国内外有多套在建和规划乙二醇生产装置。据不完全统计，2021 年全球乙二醇新增产能将达到 636.8 万 t。其中，国外新增乙烯制乙二醇 82.8 万 t，国内新增煤制乙二醇 364 万 t 和石脑油制乙二醇 190 万 t。随着国内外产能扩大，预计在当前全球乙二醇已经呈现供大于求的情况下，未来产能过剩态势将进一步扩大。图 4-1 是近十多年我国乙二醇产能、产量及进口量数据统计。

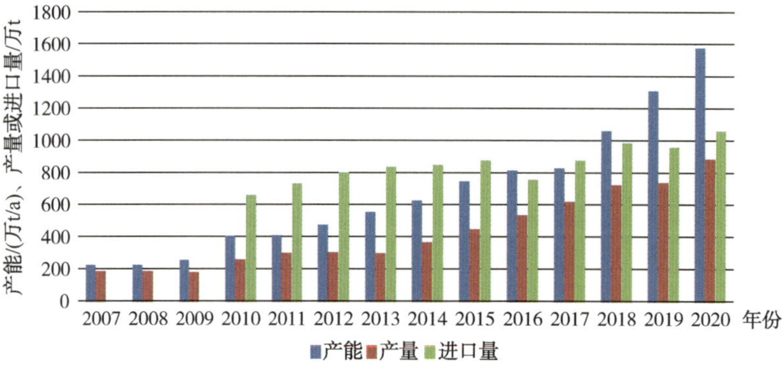

图 4-1　2007~2020 年我国乙二醇产能产量及进口量

目前，乙二醇行业面临产能过剩的窘境。无论是乙烯法制乙二醇企业还是合成气制乙二醇企业，都面临着全行业产能过剩、供过于求的压力。尽管如此，各生产企业仍保持高负荷运转，以市场换利润，应对国内井喷的产能增长和国外进口货源的竞争。乙二醇供给过剩只是刚刚开始，真正的挑战还未来临。未来 5 年，全球乙二醇产能将迎来大幅增长。国外方面，中东和南亚等都有不少大型项目上马，这些装置多选用廉价的乙烷为原料，国际竞争力较强。国内方面，2019 年有 600 万~700 万 t 年产能计划投产，2020~2025 年计划投产的项目年产能达到 1500 万 t。相关统计数据显示，截至 2018 年年底，我国乙二醇所有路线总产能达到了 1054 万 t。到 2022 年，如果目前国内规划的乙二醇各种路线装置能按照实际规划投产，届时乙二醇产能将达到 3058 万 t，而 2018 年我国乙二醇的表观需求量为 1668 万 t，预计 2022 年达到 2024 万 t。随着页岩油的开发，海外天然气制法的产品将会增多，这种制法具有明显的成本优势，未来乙二醇市场的竞争格局为煤化工、大炼化、海外气头三种制法，乙二醇行业或面临重新洗牌。

4.2　乙二醇合成工艺技术[1,6~10]

1938 年，美国 UCC 公司首先建立了乙烯通过银催化剂气相氧化生产环氧乙烷(EO)的工业装置，环氧乙烷再与水蒸气反应合成乙二醇，从而开始了乙二醇大规模工业化生产的时代。1958 年，美国 Halcon-SD 公司和美国 Shell 公司也开发了自己的 SD 空气法直接氧化技术，建立了 EO 生产装置。目前，全球乙二醇有多种生产工艺，按大类可以分为两种：乙烯路线和煤基合成气草酸酯路线，前者根据乙烯来源的不同又可以分为石脑油裂解制乙烯、乙烷裂解制乙烯(石油伴生气、页岩气)和煤制甲醇制乙烯，而煤基合成气草酸酯路线目前在我国应用较多。

4.2.1　传统的石脑油、天然气制乙二醇路线

传统的石脑油路线生产乙二醇以乙烯为原料分两步：第一步是乙烯氧化制环氧乙烷，第二步是环氧乙烷水合生成乙二醇。目前，该路线的主要技术被美国科学设计公司(SD)、英荷壳牌公司(Shell)和美国联碳公司(UCC，后被美国 Dow 公司收购)所垄断。而工业生产乙烯的原料主要包括石脑油、乙烷、丙烷、LPG、柴油等。目前，美国和中东的乙烯生产主要

以天然气中的乙烷、丙烷等轻质原料为主，中国的乙烯工业主要以液态石脑油等重质原料为主，从乙烯来源的经济性考虑，轻质原料的乙烯收率更高。

① 石脑油乙烯制环氧乙烷再制乙二醇路线工业化应用最广，该法工艺流程长、水耗高，乙烯氧化制环氧乙烷的选择性较低，环氧乙烷水合副产物较多，分离精制工艺复杂，能耗大，该工艺路线完全依赖于石油，竞争性随原油价格涨跌而波动，传统石脑油生产乙二醇技术路线见图 4-2。

② 乙烷乙烯制环氧乙烷再制乙二醇路线成本竞争力较强，该工艺先采用乙烷裂解生产乙烯，再通过环氧乙烷水合生产乙二醇，这是北美及中东地区生产乙二醇的主要方法。依赖廉价原料乙烷，该路线具有较强的成本竞争力，主要面向中国等亚洲市场出口。

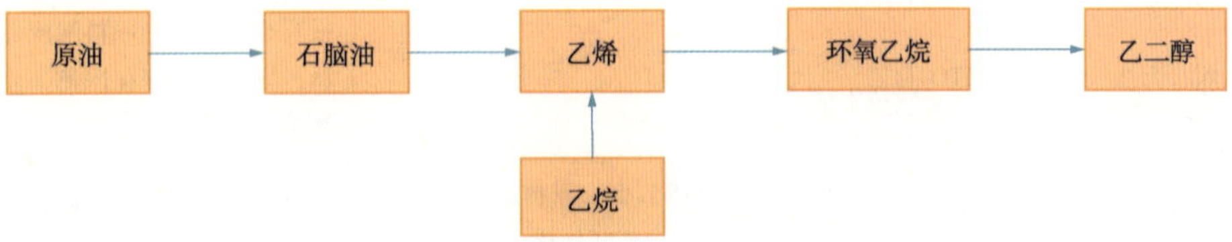

图 4-2 传统石脑油生产乙二醇技术路线

综合来看，以石脑油生产乙二醇路线技术最为成熟，应用最广，但缺点也十分明显，非常依赖石油资源，并不符合我国“缺油少气多煤”的资源现状，合成乙二醇技术对比参见表 4-2。

4.2.2 煤制乙二醇路线

煤制乙二醇是以煤炭为原料，通过气化生成合成气后再制得乙二醇，图 4-3 是三种主要的工艺技术路线：

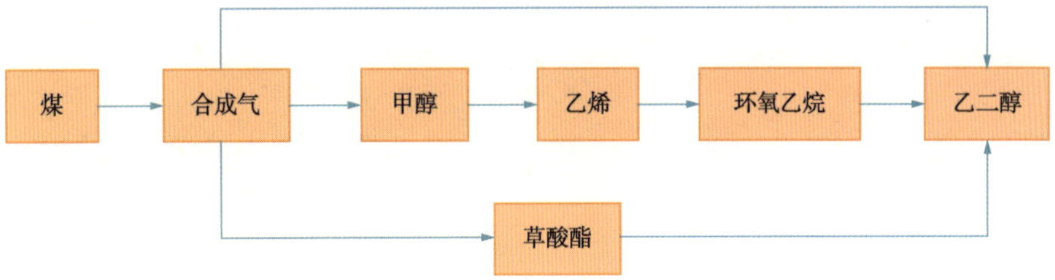

图 4-3 煤制乙二醇技术路线

(1) 一步合成路线

以煤气化制取合成气($CO+H_2$)，再由合成气一步直接合成乙二醇，此技术的关键是催化剂的选择，目前美国联碳和日本住友等公司在对此技术进行研发，但在相当长时间内难以实现工业化。

(2) 煤制甲醇路线

以煤制取合成气后，然后合成制得甲醇，经甲醇制烯烃(MTO)得到乙烯，再由传统的石油路线从乙烯生产乙二醇。如宁波富德能源公司外购 180 万 t/a 甲醇制烯烃项目中，30 万 t 乙烯即用以生产 50 万 t 乙二醇，项目 2013 年成功投产。

(3) 草酸酯路线

以煤为原料得到合成气以后，再分离提纯得到 CO 和 H_2，其中 CO 通过催化偶联合成草酸酯，再与 H_2 进行加氢反应制得乙二醇，同时该法还可以得到其他具有经济价值的草酸、草酰胺、碳酸二甲酯等副产物。该工艺流程短、中间环节少、成本低，是国内关注度最高的煤制乙二醇技术。表 4-2 是乙二醇合成技术路线优缺点比较。图 4-4 是煤基合成气间接合成乙二醇路线。

表 4-2　乙二醇合成技术路线比较

方法	生产原料	优　点	缺　点
油头	石脑油炼化制乙烯	世界范围内应用广、产能多	乙烯氧化选择性低，EO 水合能耗较高、耗水量大、副产物多，建设周期长、资金投入大，石脑油路线受制于原料石油价格
	催化裂化制乙烯	技术成熟	
	乙烷裂解制乙烯	中东地区原料乙烷易得且成本低廉	
煤头	煤、天然气制甲醇-MTO	煤—甲醇—烯烃—环氧乙烷—乙二醇，技术成熟	投资成本较高，原料端成品难以控制，原料供应存在限制，副产物多环境负荷大，污染大
	煤基合成气（H_2、CO）	流程短、中间环节少、原料来源广泛且价格低廉，产品质量不断优化	由合成气一步直接合成乙二醇的关键是催化剂较为昂贵，反应压力要求较高，乙二醇选择性低，工业化经验不足
	电石炉尾气制 CO	流程短、中间环节少、原料来源广泛且价格低廉，能耗水耗低	

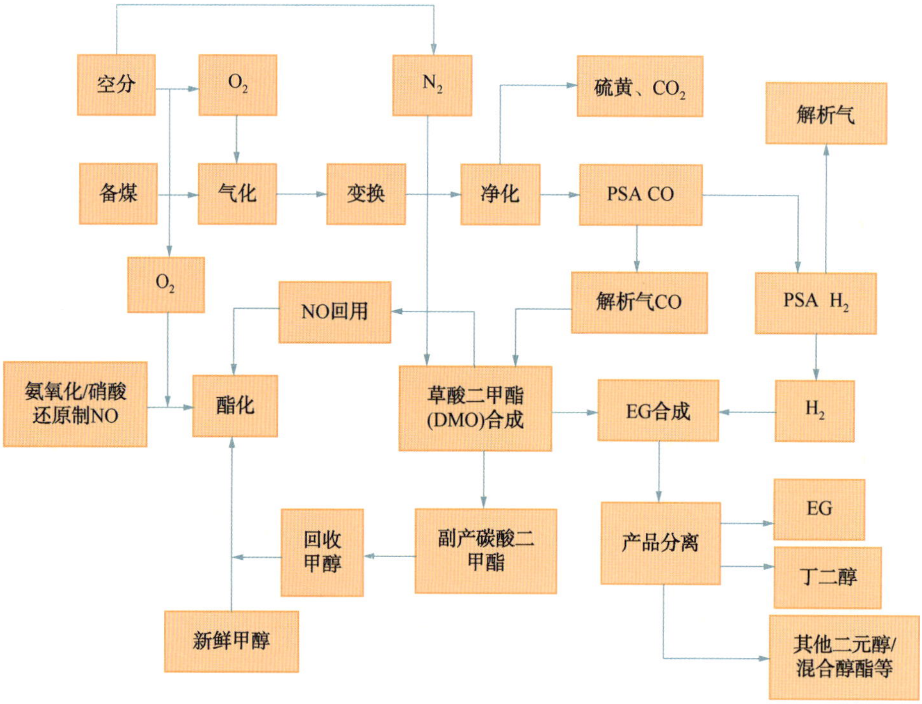

图 4-4　煤基合成气间接合成乙二醇路线

4.2.3　成本测算

乙二醇的生产工艺根据原料不同，分为石油路线和煤基路线两种。目前工业化的石油路线，大都是通过乙烯合成环氧乙烷再水合生产乙二醇，有竞争力的路线主要有：中东石油伴生气的乙烷制乙烯、北美页岩气的乙烷制乙烯、东北亚地区石脑油裂解制乙烯。煤基路线则以廉价的褐煤为原料开辟出一条全新的乙二醇生产工艺，各工艺路线的成本测算如下：

（1）石油制乙二醇路线成本

所有石脑油路线都会经过中间乙烯阶段，再由乙烯制得环氧乙烷，直接加压水合生产乙二醇，平均每生产1t乙二醇需要0.65t乙烯，乙二醇的成本差异主要源自乙烯的来源不同。综合来看，该路线具有投资低、公用工程消耗少等优点，以年产40万t的乙二醇装置为例，总投资约20亿元。该路线中乙二醇生产成本最高的是我国的石脑油路线，其次是北美页岩气路线，中东油田伴生气目前成本最低。

（2）石脑油制乙二醇路线成本

我国乙二醇生产路线主要以石脑油裂解制乙烯为主，石脑油是炼油的主要产品之一，因此石脑油的价格与原油价格密切相关，石脑油制乙烯的成本主要决定于油价。根据测算，当WTI油价在55美元/桶左右时，我国东部地区以进口石脑油裂解生产乙烯的成本约为5500元/t，综合考虑公用工程消耗和折旧等，乙二醇的生产成本约为5600元/t。当WTI油价在40美元/桶时，乙烯的生产成本约为4800元/t，对应我国东部地区乙二醇的生产成本约为5200元/t，详见表4-3。

表4-3 石脑油路线制乙二醇成本构成

项目	单耗/(t/t)	单价/(元/t)	费用/元	费用占比	基本假设
乙烯	0.65	5500	3588	63.8%	WTI油价为55美元/桶，乙烯成本5500元/t，40万t石脑油制乙二醇项目投资20亿元，折旧15年
O_2	0.788	270	213	3.8%	
三剂			88	1.6%	
新鲜水	3.8	5	19	0.3%	
电	190kW·h	0.6	114	2.0%	
蒸汽	0.65	120	78	1.3%	
循环水	180	0.5	90	1.6%	
折旧			333	5.9%	
人工工资			240	4.3%	
制造费用及其他			840	15.0%	
合计			5600	100%	

（3）天然气制乙二醇路线成本

我国进口乙二醇主要来源于中东和北美，这两个地区70%的乙烯产量都以天然气作为原料。中东凭借廉价的油田伴生气中的乙烷、丙烷为原料生产乙烯，在国际市场上拥有极大的成本优势。近年来中东廉价乙烷等轻质原料日益短缺，中东各国新增乙烷配额又相当有限，因此乙烷的价格已经涨至2美元/MMbtu（约99美元/t），乙烯的生产成本约为2400元/t。即便如此，中东地区的乙二醇生产成本也是全球最低的，包含折旧仅为3600元/t左右。但是考虑到中东地区乙二醇终端产品运输到我国华东地区需要承担不菲的运费和关税，合计约900元/t，综合考虑中东乙二醇的成本约为4500元/t。

北美地区页岩气储量丰富，近年来受益于页岩气革命，天然气产量得到大幅提升，目前北美天然气的价格在3.3美元/MMbtu（约163美元/t）左右，对应乙烯的生产成本为3300元/t，测算得下游乙二醇的生产成本约为4200元/t，算上运到华东地区的运费、关税(合计约600元/t)等，北美乙二醇的综合成本约为4800元/t，仅次于中东地区。

(4) 煤制乙二醇路线成本

由于我国特殊的贫油、少气、富煤资源禀赋，一方面使得我国油制乙烯法制乙二醇产能增幅有限，另一方面极大地促进了我国开发煤制乙二醇技术与项目的积极性。目前以煤为原料制合成气再生产乙二醇主要有两条工艺路线，一是以合成气制甲醇再制乙烯，通过乙烯法路线生产乙二醇；二是通过合成气分离提纯，将CO催化偶联合成草酸酯，再通过草酸酯加氢制得乙二醇，目前这两条工艺路线均已实现工业化生产。

1) 煤经甲醇制乙二醇

从投资门槛上看，国家发改委已明令禁止建设50万t/a以下煤经甲醇制烯烃项目，而50万t/a以上项目投资额巨大，典型的180万t/a煤制甲醇制烯烃总投资额在200亿元左右。如果以外购甲醇为原料，投资门槛可以降低很多，若以外购甲醇2300元/t测算，每3t甲醇生产1t乙烯，再通过乙烯法生产乙二醇，此工艺路线乙二醇生产成本约为7400元/t，远高于其他乙二醇生产路线，无任何成本优势。

2) 草酸酯路线制乙二醇

相比煤经甲醇制乙二醇，草酸酯路线的生产成本要低很多。一般年产30万t的乙二醇项目投资额在50亿元左右，该路线每生产1t乙二醇大概需要6.7t煤(5~8t，视煤质而定)，煤炭可使用廉价的褐煤或长焰煤。我国乙二醇项目大部分集中在煤炭资源富集的西部地区，其中内蒙古、新疆、陕西合计占总产能的53%，而我国乙二醇的主要消费市场却集中在华东、华南等地。综合考虑我国东、中、西部褐煤到厂价格和终端产品运送到华东地区的运费等因素，我们测算得西部地区乙二醇的生产成本最低，平均水平约为5100元/t(包含到华东地区运费)，其次中部地区的生产成本约为5200元/t，较高的东部地区乙二醇成本约为5400元/t。

煤制乙二醇成本位于中等，相比国内石脑油和甲醇制乙二醇具有成本优势。我们测算得国内西部煤制乙二醇的生产成本约为5100元/t，要高于中东乙烷和北美页岩气路线，但煤制乙二醇在我国仍有广阔的发展空间，其原因在于我国国产乙二醇中以石脑油和甲醇为原料的路线长期占比在80%以上，煤制乙二醇相比石脑油和甲醇制乙二醇仍具有明显的成本优势。此外，5100元/t只是平均水平，配套煤炭资源、规模扩大、开车提升情况下煤制乙二醇成本仍有较大下降空间，如新疆天业集团以电石炉尾气为原料生产乙二醇，不需要昂贵的煤气化和空分装置，其乙二醇的生产成本较平均水平还能再降低20%左右。

近年来，全球乙二醇供给放缓，全球乙二醇产能扩张也放缓。全球乙二醇产能扩张速度在2010年达到顶峰，增速达到14.6%，随后几年里乙二醇的产能增速逐渐放缓，基本维持在4%附近，2016全球乙二醇产能在2999万t左右，产能增速为3.7%。预计2021年以后增长幅度将会进一步放缓，预计年均增长率为2%。

4.3 乙二醇合成催化剂及反应机理研究进展

(1) 环氧乙烷水解法[6]

乙二醇工业生产的传统方法是通过乙烯氧化制得环氧乙烷(EO)，环氧乙烷水合反应生成乙二醇。根据水合过程有无催化剂可分为直接水合法和催化水合法，另外还有碳酸乙烯酯(EC)路线，即环氧乙烷与二氧化碳反应生成碳酸乙烯酯，然后水解得到乙二醇。常用水解法有：直接水合法、催化水解法和碳酸乙烯酯法，催化水解法又有均相和非均相之分，目前国内外大型乙二醇生产均采用直接水合法工艺：

$$C_2H_2O+H_2O \longrightarrow HOCH_2CH_2OH$$

此工艺以环氧乙烷、水为原料(原料：水=1：20~22)，在列管反应器内，反应条件为：反应温度150~200℃、压力0.8~1.0MPa下，EO的转化率100%，其中EG的选择性为88%~91%。此工艺的缺点：耗水量大，提高水原料比可以明显提高乙二醇的选择性，但后工段蒸发和分馏成本增大，分离工艺复杂，投资和运行成本较高。为了提高乙二醇的选择性和收率，降低生产能耗，国内外公司、研究单位研究了环氧乙烷催化水合法，具有代表性的有荷兰Shell公司、美国UCC公司和Dow化学公司，具体见表4-4。之后，Shell公司又研制了与盐相络合的大环螯合化合物为催化剂。对于非均相反应，通常是将大环螯合化合物负载在氧化铝、氧化硅、氧化钛、聚苯乙烯、聚碳酸酯和树脂等惰性载体材料上。最主要的大环化合物是具有两维空间结构的冠醚(单环)和具有三维结构的穴状化合物(双环和三环等)。冠醚对于无论是均相还是非均相反应的烯烃环氧化合物的水合都显示了良好的催化性能。对于均相反应，它比较容易分离和循环使用；对于非均相反应，它的热稳定性比较高，在与树脂相同的反应条件下反应5h，环氧乙烷转化率大于99%，乙二醇选择性最高可达95%。

表4-4 国外代表性的催化水合技术

公司	反应类型	催化剂	EO转化率	EG选择性
Shell	非均相	阴离子催化剂	≥96%	≥97%
Shell	非均相	硅铵盐类催化剂	72%	95%
Shell	非均相	酸式衍生物催化剂	97%	94%
UCC	均相	混合金属催化剂	≥96%	97%
UCC	均相	阴离子催化剂	≥96%	≥97%

Shvets V F等[6,11]对环氧乙烷催化水合制乙二醇进行了多年研究，其催化体系为离子交换树脂。这些树脂是由苯乙烯和二乙烯基苯交联的带有季铵基的碳酸氢盐型离子交换树脂。在80~130℃和0.8~1.6MPa，采用特殊的串联-并联活塞流反应器，环氧乙烷转化率大于99%，乙二醇选择性为93%~96%。其研究中常用的离子交换树脂结构如下：

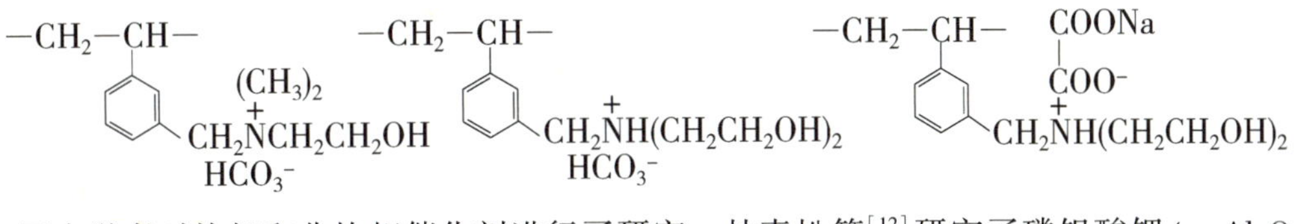

国内学者对均相和非均相催化剂进行了研究，林青松等[12]研究了磷铝酸钾/γ-Al_2O_3非均相催化剂，在反应温度140℃、压力1.0MPa条件下，水比5：1下EO转化率为80%，EG选择性70%，催化剂性能一般；但对环氧乙烷均相法直接催化水合制乙二醇的催化剂及工艺研究发现EO转化率和EG选择性较好。所用催化剂为无机盐和杂多酸的复合物。杂多酸为$K_3PMo_{12}O_{40}\cdot 7H_2O$，无机盐为KI。水合反应可在间歇的釜式反应器或连续的管式反应器中进行。反应条件为：水比4~8：1，催化剂用量2%~15%，反应温度100~150℃，反应压

力 0.8~2.1MPa，反应时间 8~30min，最佳反应 pH 值 8~11，EO 转化率 95.0%~99.9%，EG 选择性 88%~96%。李应成等[13~17]研制与开发了 Nb_2O_5/Al_2O_3 催化剂，并将其首次应用于环氧乙烷水合制备乙二醇。该催化体系完全适用于环氧乙烷水合制乙二醇，和传统的固体酸催化剂相比，具有活性高、稳定性好和对设备无腐蚀等优点，乙二醇的收率大于 95%，具有进一步研究开发的潜力和价值。华强等[18,19]对催化水合法合成乙二醇及其工艺条件进行了研究；张勇斌等[20]采用 NY 催化剂均相催化水合制乙二醇；成卫国等[21]，王璠等[22]采用改性后的大孔硅胶作为环氧乙烷催化水合制备乙二醇的催化剂及硅胶表面积炭催化作用研究，在 n(水)：n(环氧乙烷)= 22：1，反应温度 95℃，反应压力 1.0MPa 下，环氧乙烷转化率 95.8%，乙二醇选择性 97.5%。

(2) 碳酸乙烯酯法[6,7]

20 世纪 70 年代美国 SD 公司和 UCC 公司研发了一种乙二醇合成方法，即碳酸乙烯酯法路线，其分为两步，第一步是环氧乙烷与二氧化碳在催化剂的作用下生成碳酸乙烯酯，第二步是由碳酸乙烯酯得到乙二醇。根据第二步反应的不同，碳酸乙烯酯法又可以分为碳酸乙烯酯水解法和碳酸二甲酯(DMC)、乙二醇联产法。Halcon、DOW 和日本触媒公司也研发了碳酸乙烯酯水解法工艺，基本原理相同，但各公司的工艺技术各有特点。Halcon 公司的技术特点在于加成反应和水解反应使用的是同一种催化剂，解决了均相催化剂难回收的问题，但其水解反应需要高压条件，使得反应器材质和投资问题限制了该工艺工业化。而日本触媒公司的技术是在较低的反应条件下得到较高的收率。其反应机理如下：

① 碳酸乙烯酯水解法：

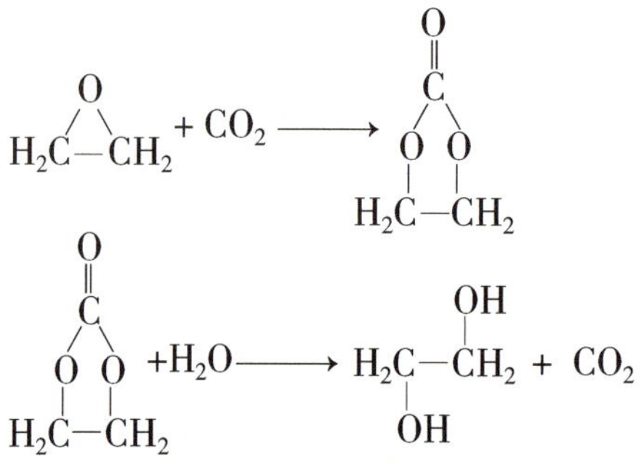

② 碳酸二甲酯和乙二醇联产法：

$$C_2H_4O+CO_2 \longrightarrow C_3H_4O_3$$

$$C_3H_4O_3+2CH_3OH \longrightarrow HOCH_2CH_2OH+(CH_3O)_2CO$$

此方法需要两步完成，第一步是环氧乙烷和二氧化碳反应生成碳酸乙烯酯，然后碳酸乙烯酯与甲醇反应，生成碳酸二甲酯和乙二醇。这种联产技术的优势在于可以使乙烯制环氧乙烷时副产的二氧化碳充分再利用，降低碳酸二甲酯和乙二醇的成本。国外 DOW 和 Texaco 等公司对其进行研究，DOW 技术特点在于及时移走反应产物碳酸二甲酯和乙二醇，减少它们形成共沸物，提高反应的平衡转化率。Texaco 公司研发出一种离子交换树脂，使得碳酸二甲酯和乙二醇的选择性有了很大提高。

(3) 合成气一步合成法[6]

合成气一步合成乙二醇是美国 DoPont 公司最先提出的，是原子利用率最高的合成法，其反应式如下：

$$2CO+3H_2 \longrightarrow HOCH_2CH_2OH$$

从原子反应和经济角度来看，该方法具有很大的优越性，但反应热力学上很难进行，对反应过程吉布斯自由能计算，该反应为自由能增加的反应，反应自由能为 6.60×10^4J/mol，这就要求在苛刻的反应条件下才能进行反应。DoPon 公司早期的钴催化剂，即使在高温、高压的反应条件下，EG 的收率也很低。后来，美国 UCC 公司开发了铑催化剂由合成气制乙二醇，但反应条件依然苛刻，同时催化剂稳定性差、活性很低，不能满足工业化要求。20 世纪 80 年代以来，许多科研单位对合成气直接合成乙二醇催化剂进行了研究和开发，主要分为铑基催化剂和钌基催化剂两大类，目前此路线面临的问题仍是反应需要在高温、高压合成条件下进行，条件苛刻而高温下催化剂稳定性较差、使用寿命短，离工业化尚有较大的距离。

(4) 合成气氧化偶联法(草酸酯合成法)[6,23]

合成气氧化偶联法又称草酸酯法，是一条最有前途的工艺路线，由美国 UCC 公司 1966 年提出，1978 年日本宇部兴产对该技术进行了改进。其反应过程分两步：第一，合成气偶联制草酸酯，利用合成气与亚硝酸酯反应生成草酸酯和一氧化氮，然后一氧化氮与醇类发生反应生成亚硝酸酯；第二步，草酸酯加氢得到乙二醇。其反应方程式如下：

第一步：合成草酸酯

$$2CO+2RONO \longrightarrow (COOR)_2+2NO$$

$$2NO+2ROH+1/2O_2 \longrightarrow 2RONO+H_2O$$

$$2CO+2ROH+1/2O_2 \longrightarrow (COOR)_2+H_2O$$

第二步：催化加氢反应

$$(COOR)_2+4H_2 \longrightarrow (CH_2OH)_2+2ROH$$

草酸酯加氢是该技术路线的关键，催化剂的性能对反应结果影响较大。通常有均相加氢催化剂和非均相加氢催化剂。

① 均相加氢催化剂。代表性的草酸酯均相加氢催化剂是 Matteoli 等[24~27]研究的羰基钌络合物催化剂，在反应温度 180℃，反应氢分压 13.2MPa，催化剂用量 4.90mmol/L 下反应 2.5h，乙醇酸甲酯的收率可达 100%。提高催化剂的用量和氢气的分压，乙二醇的收率会增高。20 世纪 90 年代，Teuniss 等[28]对 Ru 催化剂进行改进，反应压力降到 7.0MPa，反应温度降到 100℃，乙二醇收率可提高到 95%。Boardman 等[29]首次报道了将经硫处理的[$MeC(CH_2SBu)_3$]配体应用于草酸二甲酯加氢制乙二醇的研究。Marcel 等[30]也进行了有益的探索和研究，找到了适宜的草酸二甲酯加氢的催化体系，研究发现，当 $Ru(acac)_3$ 与 $CH_3C(CHPPh_2)_3$ 同合适配体配合使用时效果良好，在相对温和的条件下，草酸二甲酯几乎完全转化，并且可以高选择性获得乙二醇。

② 非均相加氢催化剂。1978 年，美国 DuPont 公司[31]开发出了非均相催化剂加氢铜基催化剂，在温度 200~225℃，压力 3.0MPa 下，乙二醇收率为 30%。1980 年，Chevron 公司[32]对铜基催化剂进行了改进，开发出了新的铜铬催化剂和钴系催化剂，在高压条件下，乙二醇的收率大于 80%，加入 B、Na 等助剂，乙二醇收率超过 85%。

草酸酯非均相固体加氢催化剂的催化组分主要为以 Cu^0 和 Cu^+ 两种形式存在的铜，将其负载于 SiO_2 等载体上能显著增大催化剂表面积，并且有效提高其稳定性。在催化剂制备中，常用的浸渍法、溶胶凝胶法以及沉淀法等制备的 Cu/SiO_2 催化剂 Cu 含量较低，而提高铜含量往往会导致表面铜晶粒长大，发生烧结现象。所以，很多研究单位以硅溶胶为硅源采用硅溶胶铜氨络合物蒸氨沉淀沉积法制备此类催化剂[33]。Thomas 等[34]对草酸二乙酯气相加氢制乙二醇的铜基催化剂进行了研究。初始时，催化剂发生了严重的钝化现象，而将其负载在高比表面积的硅载体上则明显减小这种钝化，使用酸性或碱性载体都会降低草酸二乙酯转化率和乙二醇选择性。通过使用离子交换法制备 Cu/SiO_2 催化剂，在较温和条件下即可得到99%以上的转化率和85%以上的乙二醇选择性，在反应中有中间产物乙醇酸乙酯生成。李振花等[35,36]研究了铜基催化剂对草酸二乙酯加氢反应的作用，随着负载在 SiO_2 上的铜含量增加，草酸二乙酯转化率增加，但乙二醇选择性在达到一峰值后会降低，说明 Cu^0 的含量决定着乙二醇的选择性，Cu^+ 的含量决定着草酸二乙酯的转化率。Xu 等[37]对草酸二乙酯加氢合成乙二醇的本征动力学进行了详细的研究，认为该反应符合 L-H(Langmuir-Hinshlwood) 机理，氢气的表面解理吸附步骤是主反应和副反应的速率控制步骤。Wang 等[38]研究了 Cu-Ag/SiO_2 催化剂上草酸二甲酯加氢反应，350℃下还原的催化剂，有较高的草酸二甲酯加氢活性，乙醇酸甲酯的选择性也比较好，适宜的条件下，草酸二甲酯的转化率大于90%，乙二醇和乙醇酸乙酯的选择性大于98%。许茜等[39]采用共沉淀法制备的 Cu 含量25%催化剂为草酸二乙酯催化剂，其加氢性能较好，在反应温度240℃、反应压力1.0MPa 和氢酯比200的条件下，草酸二乙酯转化率94.8%，乙二醇收率约76.0%。

陈贻盾等[40]研究了铜铬催化剂，在温度208~230℃、压力2.5~3.0MPa、氢酯比40~60的条件下，草酸二甲酯转化率99.8%，乙二醇的选择性95.3%。张旭等[41]对 Cu/SiO_2 催化剂催化草酸二乙酯制乙二醇的过程进行了研究，在反应温度240℃，压力1.0MPa，氢酯比200的条件下，草酸二乙酯转化率为86.9%，乙二醇选择性为74.2%。李竹霞等[33]考察了载体对铜基催化剂的影响，并且比较了不同载体对乙二醇选择性的影响，认为以 SiO_2 为载体的铜基催化剂具有较高的乙二醇选择性。刘会杰等[42]对草酸二甲酯加氢制乙二醇 Cu/SiO_2 催化剂进行了改性研究，认为 Al、Zn、Mg 和 Ca 助剂的加入降低了催化剂的还原性，使得催化剂比较难还原。文峰等[43]分别考察尿素和氨水作为沉淀剂对催化剂性能的影响，提出尿素作沉淀剂的催化剂性能优于氨水作沉淀剂。陈梁锋等[44]考察了蒸氨法、浸渍法、化学吸附水解法等制备方法对催化剂性能的影响，认为化学吸附水解法制备的催化剂活性较高。尹安远等[45]对不同介孔分子筛载体对催化剂性能的影响进行评价，认为 SBA-15 介孔分子筛载体制备的铜基催化剂具有最佳反应活性，DMO 转化100%，EG 选择性95%。

(5) 甲醇二聚法[46]

甲醇二聚合成乙二醇一般通过自由基反应来实现，在引发剂存在情况下由甲醇生成自由基·CH_2OH，然后两个自由基终止而形成乙二醇。该工艺的优点是原料甲醇易得且价格便宜，乙二醇收率比较高，具有良好的工业化前景。乙二醇作为重要的基础化学品，在化学工业还有其他广泛的用途。当前工业上90%以上的乙二醇生产都是通过石油路线，即乙烯环氧水合路线，该过程效率不高、能耗大。煤基合成气经草酸二甲酯合成乙二醇的路线工艺流程长、成本高。Guo P 等[47]首次采用光催化方法在 CdS 催化剂上实现了可见光照射下甲醇脱氢偶联制备乙二醇和氢气的反应。在催化材料设计方面，成功构建了多孔 MoS_2-foam 修饰的 CdS 纳米棒催化剂，大幅度提升了可见光照射下乙二醇的选择性，乙二醇选择性可达90%、收率16%、量子效率5%(450nm)。进一步对反应机理开展了深入研究，参看图4-5，提出 CdS 的光生空穴可以在不影响甲醇 O—H 键的情况下，通过质子和电子协同转移

(CPET)过程选择性地活化甲醇的 C—H 键，生成羟甲基自由基(·CH_2OH)，·CH_2OH 从 CdS 表面脱附偶联生成乙二醇。该可见光驱动的甲醇转化新过程不仅提供了一种温和条件下乙二醇高效制备的方法，而且为存在羟基等官能团的小分子中惰性 C—H 键的选择活化开辟了一条新的途径。

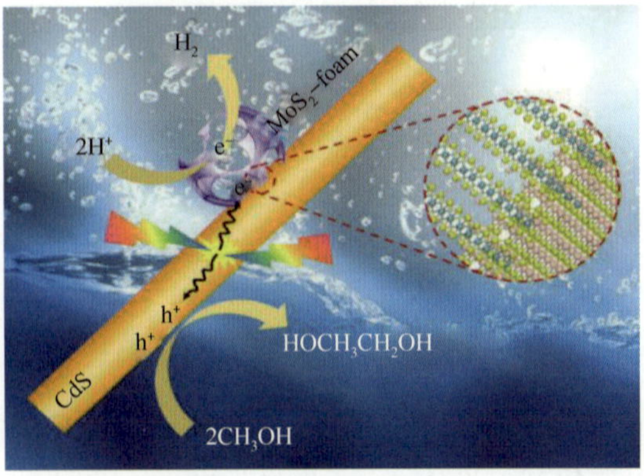

图 4-5 光催化反应机理

4.4 合成乙二醇反应机理分析

4.4.1 光催化甲醇脱氢偶联制乙二醇

CdS 是甲醇脱氢偶联制乙二醇的光催化剂，CdS 属于本征 n 型半导体，作为过渡金属硫化物，由于其禁带范围窄，具有直接跃迁型能带结构及发光色彩比较丰富等特点，在光电子化学和光催化等方面被广泛应用。在催化领域，CdS 是一种典型的可见光响应半导体材料，禁带宽度为 2.4eV，具有很好的光催化活性。Guo P 等[47]用多孔 MoS_2-foam 修饰的 CdS 纳米棒催化剂 CdS/MoS_2 用于甲醇直接制乙二醇，MoS_2 改性 CdS 形成复合催化剂，MoS_2 是助催化剂能加快光生电子在其表面的产氢反应速率，MoS_2 与 CdS 之间构建的异质结有效促进了光生电子由 CdS 向 MoS_2 的转移，抑制了载流子(光生电子和光生空穴)的复合，降低 CdS 催化剂的光腐蚀。吴鸣[48]采用纳米 ZnS 通过光催化从甲醇水溶液中成功合成乙二醇，下面就其光催化剂作用下的反应机理进行研究。

(1) 甲醇分子结构及光催化剂

图 4-6 是甲醇分子结构分析。图 4-6(a)是 C、H 和 O 原子电子轨道图，C、O 原子外层轨道经 sp^3 杂化生成 4 个 sp^3 杂化轨道，有 4 个 H 原子。在图 4-6(b)中，C 原子外层 1 个含有未成键电子的 sp^3 杂化轨道与 O 原子外层含有未成键电子的 sp^3 杂化轨道重叠，共用 1 对电子生成 1 个 C—O 键；3 个 H 原子外层含有未成键电子的 s 轨道分别与 C 原子外层剩余的 3 个含有未成键电子的 sp^3 杂化轨道重叠，共用 3 对电子生成 3 个 C—H 键；第 4 个 H 原子外层含有未成键电子的 s 轨道与 O 原子外层第 2 个含有未成键电子的 sp^3 杂化轨道重叠，共用 1 对电子生成 1 个 H—O 键，则生成了 1 个甲醇分子，其电子轨道结构如图 4-6(c)所示。

图 4-7 是可见光照射 CdS/MoS_2 催化剂产生光生电子 e^- 和光生空穴 h^+ 过程分析示意图。图 4-7(a)是 CdS/MoS_2 催化剂产生光电效应的某一原位点，当可见光照射该处时，产生光

生电子 e^- 离开原位，如图 4-7(b)。光生电子 e^- 离开原位后，在原位处就会出现空穴，这个空穴就是光生空穴 h^+，如图 4-7(c)。

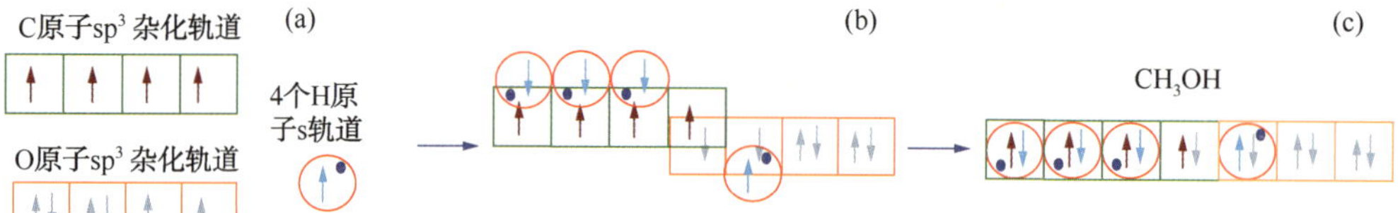

图 4-6　甲醇分子结构分析

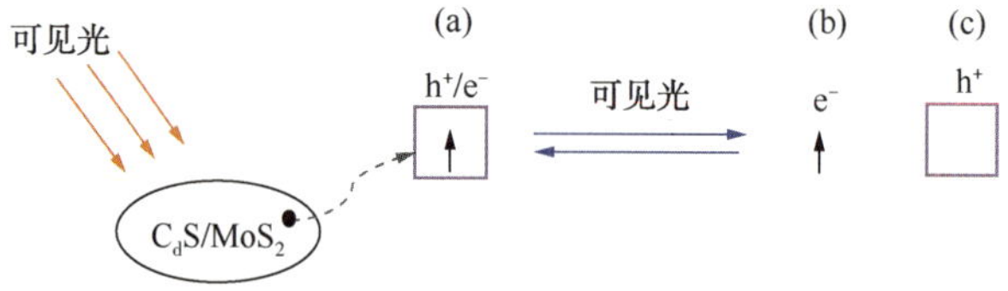

图 4-7　可见光照射催化剂 CdS/MoS_2 产生光生电子 e^- 和光生空穴 h^+

为了解释可见光照射催化剂 CdS/MoS_2 产生光生电子 e^- 和光生空穴 h^+ 后，对甲醇分子 C—H 键激活产生的作用，需要引入电负性、第一电离能和电子亲和能概念。电负性就是 2 个不同的原子形成化学键时吸引电子能力的相对强弱，是元素的原子在分子中吸引共用电子对的能力。元素电负性越大，表示其原子在化合物中吸引电子的能力越强；反之，电负性越小，相应原子在化合物中吸引电子能力越弱。表 4-5 是部分元素的电负性数据[49]。

第一电离能是基态的气态原子失去最外层 1 个电子所需要的能量，第一电离能越小，原子越容易失去 1 个电子，第一电离能越大，原子越难失去 1 个电子，第一电离能衡量原子失去 1 个电子的难易程度。电子亲和能就是电子第一亲和势，当元素处于基态的气态原子获得 1 个电子成为负 1 价气态阴离子时所放出的能量，电子亲和能越大，该元素由气态原子得到电子生成阴离子的倾向越大。元素的电子亲和能越大，其夺电子能力越强。表 4-6 是部分元素的原子半径、第一电离能及亲和能数据[50]。

表 4-5　部分元素电负性

元素	H	Cd	Cr	Mn	Fe	Co	Ni	Cu	Zn	Zr	Mo	Ru	Rh	C
A^0	2.20	1.70	1.66	1.55	1.83	1.88	1.91	1.90	1.65	1.33	2.16	2.28	2.20	2.55
A^+		4.66	4.19	4.15	4.33	4.49	4.64	5.04	4.92	3.59	4.18	4.34	4.60	6.42
A^{2+}		9.73	8.54	8.88	8.43	9.10	9.60	10.28	10.38	6.50	7.80	8.14	8.85	13.01
A^{3+}			14.41	15.28	15.38	15.26	16.21	16.57	17.84	10.32	13.24	13.52	13.60	20.23

表 4-6　部分元素原子半径、第一电离能及亲和能等数据

元素	原子半径/nm	第一电离能/(kJ/mol)	亲和能/(kJ/mol)
H	0.078	1312.0	72.77
C	0.086	1086.5	121.78
O	0.066	1313.9	140.98

(2) 生成 CH_3O^- 和氢自由基

图 4-8 是光生电子 e^- 与甲醇分子相互作用生成 CH_3O^- 和氢自由基过程分析。图 4-8(a)

是光生电子 e^- 和甲醇分子电子轨道结构图。在图 4-8(b)中，光生电子 e^- 会与甲醇分子中C—H 键或者 H—O 键相互作用。表 4-5 中，O 原子电负性 3.44，C 原子电负性 2.55，H 原子电负性 2.20，在 H—O 键中 O 原子控制共用电子对的能力强于 C—H 键中 C 原子控制共用电子对的能力，也就是说在 H—O 键中 H 原子控制共用电子对的能力要弱于 C—H 键中 H 原子控制共用电子对的能力，当光生电子 e^- 与甲醇分子中 C—H 键或者 H—O 键相互作用时，H—O 键中 H^+ 更容易脱离共用电子对，与光生电子 e^- 结合生成氢自由基(H·)，其电子轨道结构如图 4-8(c)所示，甲醇分子变成 CH_3O^-，其电子轨道结构如图 4-8(d)所示。

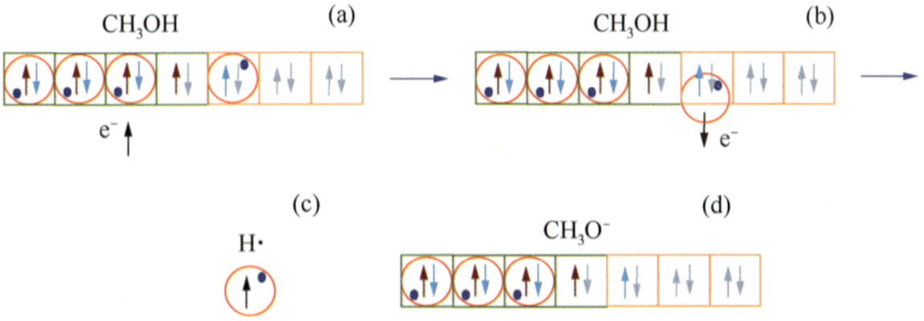

图 4-8 光生电子 e^- 与甲醇分子作用生成 CH_3O^- 和氢自由基

(3) 生成 C^+H_2OH 和氢自由基

图 4-9 是光生空穴 h^+ 与甲醇分子相互作用生成羟基甲基正碳离子和氢自由基过程分析。图 4-9(a)是光生空穴 h^+ 和甲醇分子电子轨道结构图。在图 4-9(b)中，光生空穴 h^+ 与甲醇分子中 C—H 键或者 H—O 键作用。由于 C 原子电负性(2.55)小于 O 原子的电负性(3.44)，所以光生空穴 h^+ 与 C—H 键作用得到电子的可能性大。光生空穴 h^+ 是缺电子结构，具有极强的得电子能力。此外，由于光生空穴 h^+ 是在 CdS/MoS_2 催化剂中产生的，光生空穴 h^+ 得电子能力要参考 Cd^{2+} 电负性。表 4-5 中，Cd^{2+} 的电负性(9.73)大于 C 原子电负性(2.55)，也大于 H 原子电负性(2.20)，因此光生空穴 h^+ 具有极强的得电子能力。在光生空穴 h^+ 作用下，甲醇分子中 C—H 键断裂，光生空穴 h^+ 得到 1 个电子生成 h^+/e^- 结构，其电子轨道结构如图 4-9(c)所示。比较表 4-6 第一电离能数据[48]发现，H 原子第一电离能是 1312.0kJ/mol，大于 C 原子第一电离能 1086.5kJ/mol，C 原子比 H 原子容易失去 1 个电子。当光生空穴 h^+ 与甲醇分子中 C—H 键相互作用，C—H 键断裂会首先生成氢自由基(H·)，其电子轨道结构如图 4-9(d)所示；C 原子失去 1 个电子，在其外层出现了空的 sp^3 杂化轨道，生成羟基甲基正碳离子C^+H_2OH，其电子轨道结构如图 4-9(e)所示。

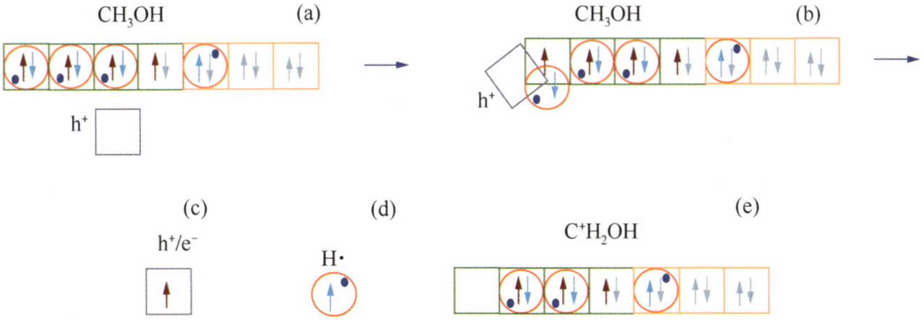

图 4-9 光生空穴 h^+ 与甲醇分子相互作用生成羟基甲基正碳离子和氢自由基

(4) 生成乙二醇分子

图 4-10 是羟基甲基正碳离子 C^+H_2OH 和 CH_3O^- 形成乙二醇分子过程分析。图 4-10(a)是羟基甲基正碳离子 C^+H_2OH 和 CH_3O^- 电子轨道结构图。在图 4-10(b)中，羟基甲基正碳离子中 C 原子外层空的 sp^3 杂化轨道与 CH_3O^- 中 C、H 原子外层重叠轨道再次重叠，重叠处的 H^+ 向 CH_3O^- 中 O 原子外层含有孤对电子的 sp^3 杂化轨道转移(甲醇生成 CH_3O^- 时在此处失去了 1 个 H^+)，H、O 原子共用 1 对电子生成 1 个 H—O 键，而重叠处的 2 个 C 原子共用 1 对电子生成了 1 个 C—C 键，这样就由羟基甲基正碳离子 C^+H_2OH 和 CH_3O^- 生成 1 个乙二醇分子 $HOCH_2—CH_2OH$，其电子轨道结构如图 4-10(c)所示。

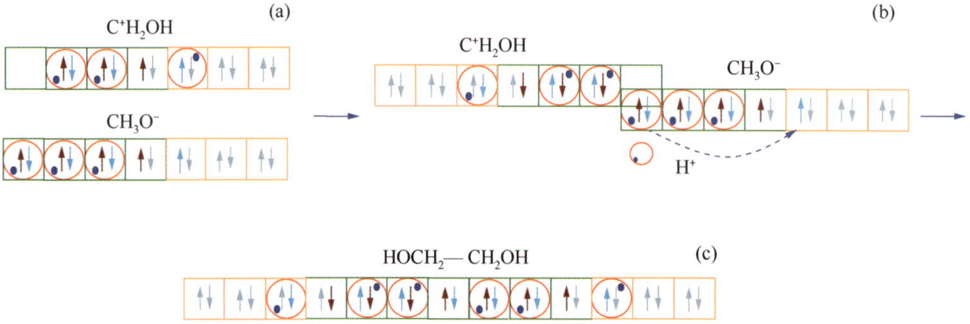

图 4-10 乙二醇分子生成过程分析

(5) 氢自由基生成 H_2 分子

图 4-11 是 2 个氢自由基形成 H_2 分子过程分析。图 4-11(a)是 2 个氢自由基(H·)的电子轨道结构图。在图 4-11(b)中，1 个氢自由基(H·)的 s 轨道与另 1 个氢自由基(H·)的 s 轨道重叠，共用 1 对电子生成 1 个 H—H 键，则生成 1 个 H_2 分子，其电子轨道结构如图 4-11(c)所示。

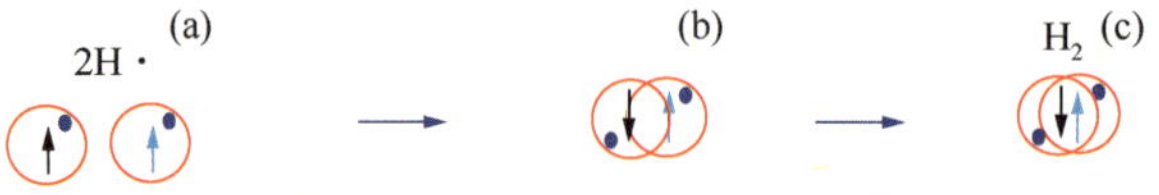

图 4-11 2 个氢自由基形成氢气分子过程分析

(6) 反应机理分析

可见光照射 CdS/MoS_2 光催化材料会产生光生电子 e^- 和光生空穴 h^+，光生电子 e^- 和光生空穴 h^+ 能激活甲醇分子中 C—H 键，反应生成乙二醇和 H_2 过程如下：

$$h^+/e^- \longrightarrow h^+ + e^- \tag{1}$$

$$CH_3OH + e^- \longrightarrow CH_3O^- + H\cdot \tag{2}$$

$$CH_3OH + h^+ \longrightarrow C^+H_2OH + H\cdot + h^+/e^- \tag{3}$$

$$CH_3O^- + C^+H_2OH \longrightarrow HOCH_2—CH_2OH \tag{4}$$

$$H\cdot + H\cdot \longrightarrow H_2 \tag{5}$$

式(1)+(2)+(3)+(4)+(5)，得到式(6)

$$2CH_3OH \longrightarrow HOCH_2—CH_2OH + H_2 \tag{6}$$

(7) 小结

可见光照射 CdS/MoS_2 光催化材料时，甲醇在可见光照射 CdS/MoS_2 光催化材料合成乙二醇反应分 5 步：

① 可见光照射 CdS/MoS_2 光催化材料时，会同时产生个数相同的光生电子 e^- 和光生空穴 h^+，光生电子 e^- 和光生空穴 h^+ 可复合为原位 h^+/e^-；

② 甲醇分子与光生电子 e^- 相互作用，生成 1 个 CH_3O^- 和 1 个氢自由基(H·)；

③ 甲醇分子与光生空穴 h^+ 相互作用，生成 1 个羟基甲基正碳离子 C^+H_2OH 和 1 个氢自由基(H·)，光生空穴 h^+ 得到电子复合为原位 h^+/e^-；

④ 羟基甲基正碳离子 C^+H_2OH 和 CH_3O^- 生成乙二醇分子；

⑤ 2 个氢自由基(H·)结合生成 1 个 H_2 分子。

4.4.2 合成气制乙二醇

合成气制乙二醇有直接法和间接法，直接法就是合成气在 Co、Rh 和 Ru 催化剂作用下直接合成乙二醇；间接法就是合成气在催化剂作用下先合成甲醇、甲醛、草酸酯等，然后再经加氢生成乙二醇。下面就对直接法反应机理进行研究。

(1) 生成 H^+ 和 H^-

羰基钴，$Co_2(CO)_8$，不溶于水、溶于有机溶剂，是常用的有机合成催化剂，也是合成气直接合成乙二醇的催化剂的活性组分，下面对 Co 原子与 H_2 之间相互作用进行分析。Co 元素核电荷数 27>21，不存在能级交错，$E_{4s}>E_{3d}$。Co 原子外层电子排布为 $3d^74s^2$，Co 原子失去其外层 4s 轨道 2 个电子生成 Co^{2+}，Co^{2+} 外层电子排布为 $3d^74s^0$。

图 4-12 是 H_2 在 Co^{2+} 作用下生成 H^+ 过程分析。图 4-12(a)是 Co^{2+} 外层 3d4s 轨道和 H_2 分子中 H 原子 s 轨道。在图 4-12(b)中，Co^{2+} 外层 4s 轨道与 H_2 分子中 H 原子 s 轨道相互作用，根据表 4-5 电负性数据，Co^{2+} 电负性(9.10)大于 H 原子电负性(2.20)，所以 Co^{2+} 会从 H_2 分子中 2 个 H 原子外层 s 轨道获得 2 个电子生成 Co 原子，其电子轨道结构如图 4-12(c)所示；H_2 分子失去 2 个电子生成 2 个 H^+，其电子轨道结构如图 4-12(d)所示。

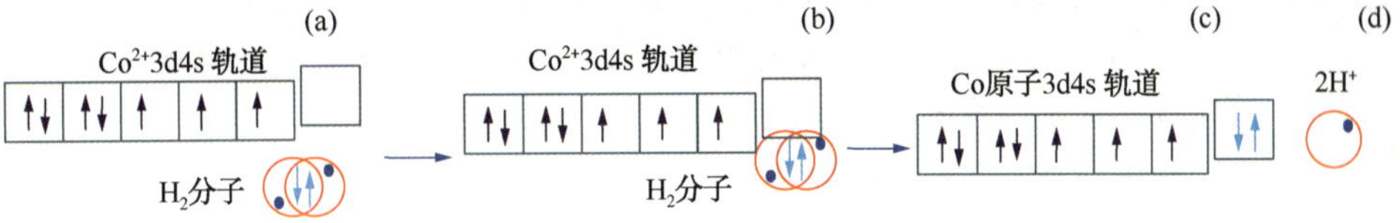

图 4-12 H_2 在 Co^{2+} 作用下生成 H^+ 过程分析

图 4-13 是 Co 原子与 H_2 分子相互作用生成 H^- 过程分析。图 4-13(a)是 Co 原子 3d4s 轨道和 H_2 分子 H 原子中 s 轨道。在图 4-13(b)中，因 H 原子电负性(2.20)大于 Co 原子电负性(1.88)，则 Co 原子会失去其外层 4s 轨道 2 个电子生成 Co^{2+}，其电子轨道结构如图 4-13(c)所示；H_2 分子中 2 个 H 原子各获得 1 个电子生成 2 个 H^-，其电子轨道结构如图 4-13(d)所示。

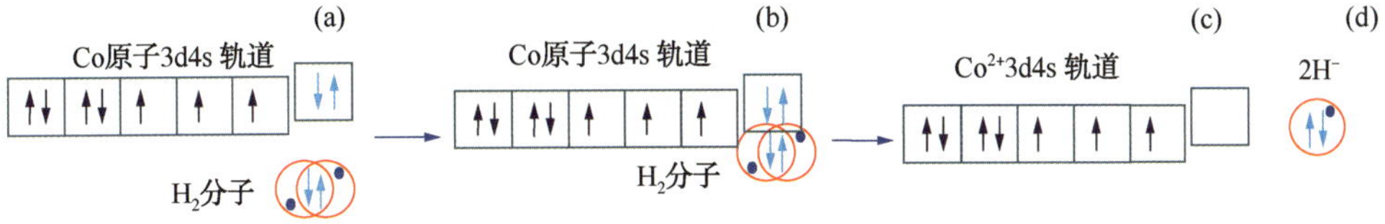

图 4-13 H_2 在 Co 原子作用下生成 H^- 过程分析

催化剂中 Ru 和 Rh 作用与 Co 元素的作用相同，常用催化剂是乙酰丙酮钌和乙酰丙酮铑。乙酰丙酮钌中存在 Ru^{3+}，乙酰丙酮铑存在 Rh^{3+}。表 4-5 中，Ru^{3+} 电负性为 13.52，Rh^{3+} 电负性为 13.60，它们与 H_2 分子相互作用，获得电子被 H_2 还原为 Ru 和 Rh 原子，H_2 中 H 原子失去电子生成 H^+；Ru、Rh 原子电负性分别为 2.20 和 2.28，与 H 元素的电负性 2.20 相近，为了说清楚它们之间相互作用关系，需要引入第一电离能概念。

第一电离能是基态的气态原子失去最外层 1 个电子所需要的能量，第一电离能越小，原子越容易失去 1 个电子，第一电离能越大，原子越难失去 1 个电子，第一电离能衡量原子失去 1 个电子的难易程度。表 4-7 是氢、钌和铑元素电负性、电离能等数据[48]，表中 H、Ru 和 Rh 元素第一电离能分别是 1312.0kJ/mol、716kJ/mol 和 724kJ/mol，比较得知，Ru、Rh 元素原子容易失去电子，所以，Ru、Rh 原子与 H_2 分子相互作用容易失去电子生成 Ru^{3+}、Rh^{3+}，H 原子则得到电子生成 H^-。Ru^{3+}、Rh^{3+} 的电负性分别为 13.52 和 13.60，均大于 H 原子的电负性(2.20)，所以 Ru^{3+}、Rh^{3+} 与 H_2 作用，Ru^{3+}、Rh^{3+} 得到电子被还原为 Ru、Rh 原子，H_2 失去 2 个电子生成 2 个 H^+。Ru^{3+}/Ru 和 Rh^{3+}/Rh 与 H_2 分子作用生成的 H^+、H^- 个数相同。

表 4-7 氢、钌和铑元素电负性、电离能等数据

元素	原子半径/Å	电负性	第一电离能/(kJ/mol)
H	0.78	2.20	1312.0
Ru(Ru^{3+})	1.32	2.28(13.52)	716.0
Rh(Rh^{3+})	1.34	2.20(13.60)	724.0

(2) 生成 $\mathrm{C}_{\uparrow\downarrow}^{\circ}\mathrm{H}_2$ 结构

图 4-14 是 CO 结构分析。图 4-14(a)是 C 原子外层电子轨道排布 $2s^22p^2$ 和 O 原子外层电子轨道排布 $2s^22p^4$。在图 4-14(b)中，C 原子外层 2 个含有未成键电子的 2p 轨道与 O 原子外层 2 个含有未成键电子的 2p 轨道重叠，共用 2 对电子生成 C═O 键，O 原子外层 2p 轨道上孤对电子进入 C 原子外层空的 2p 轨道上生成 1 个 O→C 配位键，即生成 C≡O 键，则生成 CO 分子，其电子式为 :C: : :O: ，其电子轨道结构如图 4-14(c)。若 CO 作为反应物参与反应时，C≡O 键被活化后，C、O 原子的 s、p 轨道发生 sp^3 杂化，会在 C、O 原子外层各自生成 4 个 sp^3 杂化轨道。

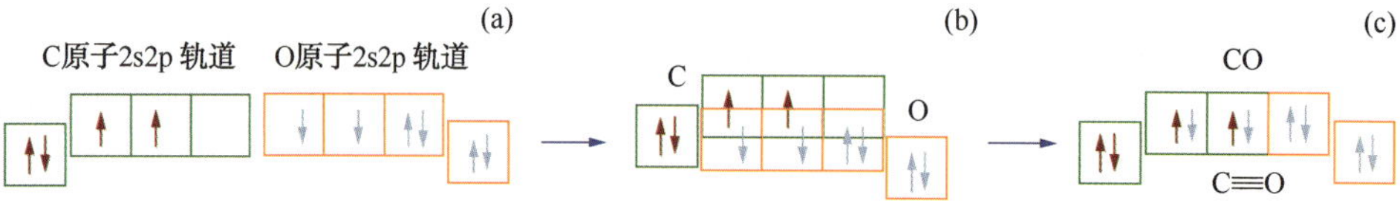

图 4-14 CO 结构分析

图 4-15 是 CO 分子与 H^+、H^- 作用生成活性碳原子 C^* 和 H_2O 分子过程分析。图 4-15(a)是 CO 分子和 H^+、H^- 电子轨道结构图。在图 4-15(b)中，H^+、H^- 外层 s 轨道与 CO 中 C、O 原子外层重叠轨道再次重叠，激活了 CO 分子中的 C≡O 键，配位键消失，共用电子对留在 O 原子外层 2p 轨道上，还剩余 1 个 C═O 键。H^+、H^- 与 C═O 共价键相互作用，C═O共价键断裂，其中 1 对电子留在了 C 原子外层的 2p 轨道上，另 1 对电子留在了 O 原子

外层 2p 轨道上。在这个过程中，C、O 原子外层 2s 和 2p 轨道进行 sp^3 杂化各自生成了 4 个 sp^3 杂化轨道，C 原子外层出现了 2 个空的 sp^3 杂化轨道，则生成了活性碳原子 C^*，其电子轨道结构如图 4-15(c)所示。与此同时，O 原子外层出现了 1 个空的 sp^3 杂化轨道，H^-外层含有孤对电子的 s 轨道与 O 原子外层空的 sp^3 杂化轨道重叠，共用 1 对电子生成 1 个 H—O 键，H^+外层空的 s 轨道与 O 原子外层含有孤对电子的 sp^3 杂化轨道重叠，共用 1 对电子生成第 2 个 H—O 键，则生成了 1 个水分子，其电子轨道结构如图 4-15(d)所示。活性碳原子 C^*外层有 2 个空的 sp^3 杂化轨道。

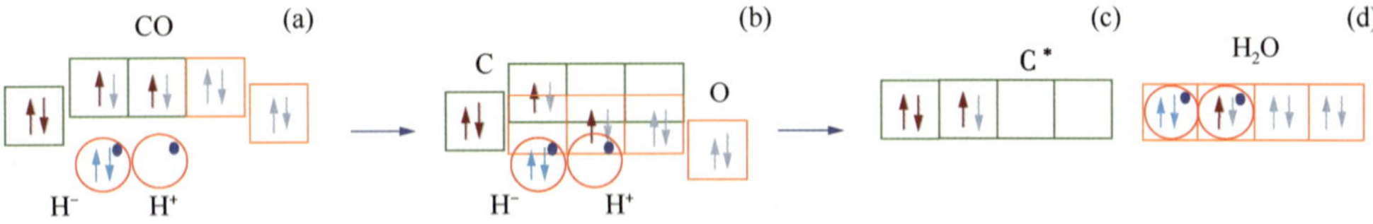

图 4-15 CO 分子与 H^+和 H^-作用生成活性碳原子 C^* 和 H_2O 分子过程分析

图 4-16 是活性碳原子 C^* 与 H^+、H^- 相互作用生成中间体 $C_{\uparrow\downarrow}{}^{\circ}H_2$ 结构过程分析。图 4-16(a)是活性碳原子 C^* 与 H^+、H^-电子轨道结构图，活性碳原子 C^*外层有 4 个 sp^3 杂化轨道，4 个 sp^3 杂化轨道中有 2 个轨道含有孤对电子，还有 2 个是空轨道。在图 4-16(b)中，H^+外层空的 s 轨道与活性碳原子 C^* 中含有孤对电子的 sp^3 杂化轨道重叠，共用 1 对电子生成 1 个 C—H 键；H^-外层含有孤对电子的 s 轨道与活性碳原子 C^* 中空的 sp^3 杂化轨道重叠，共用 1 对电子生成第 2 个 C—H 键，则生成了中间体 $C_{\uparrow\downarrow}{}^{\circ}H_2$ 结构，其电子轨道结构如图 4-16(c)所示。在 $C_{\uparrow\downarrow}{}^{\circ}H_2$ 结构中，C 原子外层有 4 个 sp^3 杂化轨道，其中 2 个轨道与 2 个 H 原子外层 s 轨道重叠，共用 2 对电子生成 2 个 C—H 键，第 3 个 sp^3 杂化轨道上有 1 对孤对电子，第 4 个轨道是 1 个空 sp^3 杂化轨道。

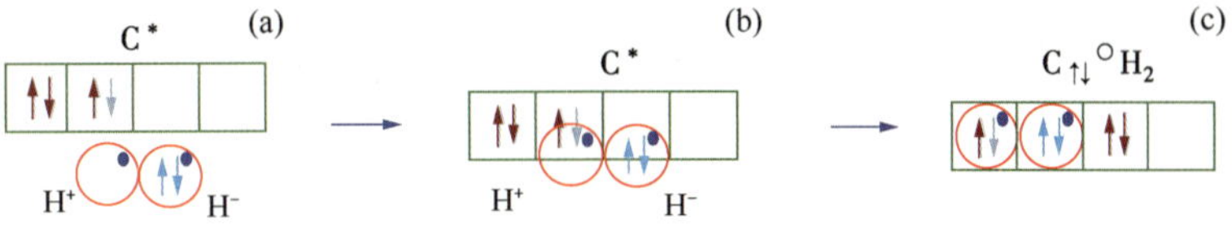

图 4-16 活性碳原子 C^* 与 H^+和 H^-作用形成中间体 $C_{\uparrow\downarrow}{}^{\circ}H_2$ 结构过程分析

(3) 生成乙二醇分子

图 4-17 是活性碳原子 C^*、中间体 $C_{\uparrow\downarrow}{}^{\circ}H_2$ 和 H_2O 分子生成乙二醇分子过程分析。图 4-17(a)中有 1 个活性碳原子 C^*、1 个中间体 $C_{\uparrow\downarrow}{}^{\circ}H_2$ 和 2 个 H_2O 分子，2 个 H_2O 分子标记为 1-H_2O 和 2-H_2O。图 4-17(b)中，活性碳原子 C^*外层空的 sp^3 杂化轨道与中间体 $C_{\uparrow\downarrow}{}^{\circ}H_2$ 结构中 C、H 原子外层重叠轨道再次重叠，重叠处的 H^+向 C^*外层含有孤对电子的 sp^3 杂化轨道转移，共用 1 对电子生成 1 个 C—H 键，重叠处的 2 个 C 原子共用 1 对电子生成 C—C 键。第 1 个水分子 1-H_2O 中的 1 个 H、O 原子重叠轨道与活性碳原子 C^*外层第 2 个空的 sp^3 杂化轨道再次重叠，重叠处的 H^+向活性碳原子 C^*外层含有孤对电子的 sp^3 杂化轨道转移，共用 1 对电子生成第 2 个 C—H 键，重叠处的 C、O 原子共用 1 对电子生成 1 个 C—O 键。第 2 个水分子 2-H_2O 中的 1 个 H、O 原子重叠轨道与中间体 $C_{\uparrow\downarrow}{}^{\circ}H_2$ 中 C 原子外层空的 sp^3 杂化轨道再次重叠，重叠处的 H^+转移到中间体 $C_{\uparrow\downarrow}{}^{\circ}H_2$ 中 C 原子外层含有孤对电子的 sp^3 杂

化轨道上，共用 1 对电子生成第 3 个 C—H 键，重叠处的 C、O 原子共用 1 对电子生成第 2 个 C—O 键。这样，1 个活性碳原子 C^*、1 个中间体 $C_{\uparrow\downarrow}{}^{\bigcirc}H_2$ 和 2 个 H_2O 分子生成了 1 个乙二醇分子 $HOCH_2—CH_2OH$，其电子轨道结构如图 4-17(c)所示。

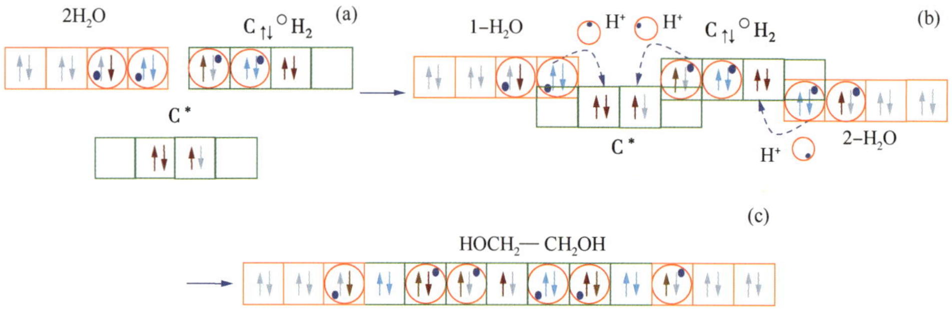

图 4-17　活性碳原子 C^* 与中间体 $C_{\uparrow\downarrow}{}^{\bigcirc}H_2$ 和 H_2O 分子形成乙二醇分子过程分析

合成气在 Co(Rh 和 Ru)催化剂作用下直接合成乙二醇反应过程分 5 步：

$$Co^{2+}+H_2 \longrightarrow Co+2H^+ \tag{1}$$

$$Co+H_2 \longrightarrow Co^{2+}+2H^- \tag{2}$$

$$CO+H^++H^- \longrightarrow C^*+H_2O \tag{3}$$

$$C^*+H^++H^- \longrightarrow C_{\uparrow\downarrow}{}^{\bigcirc}H_2 \tag{4}$$

$$C^*+C_{\uparrow\downarrow}{}^{\bigcirc}H_2+2H_2O \longrightarrow HOCH_2CH_2OH \tag{5}$$

式[(1)+(2)]×3÷2+(3)×2+(4)+(5)等于式(6)：

$$2CO+3H_2 \longrightarrow HOCH_2CH_2OH \tag{6}$$

(4) 小结

合成气(CO、H_2)在 Co、Rh、Ru 基催化剂作用下直接合成乙二醇反应分 5 步：

① H_2 分子在羰基钴 $Co_2(CO)_8$(Co^{2+})催化剂作用下，Co^{2+}从 H_2 分子中 2 个 H 原子外层 s 轨道得到 2 个电子被还原为 Co 原子，同时生成 2 个 H^+；

② Co 原子与 H_2 分子作用，Co 原子失去外层 2 个电子生成 Co^{2+}，H_2 分子得到 2 个电子生成 2 个 H^-，生成的 H^+和 H^-数量相同，同时存在；

③ CO 和 H^+、H^-作用，生成活性碳原子 C^*和 H_2O 分子，活性碳原子 C^*有 4 个 sp^3 杂化轨道，其中 2 个 sp^3 杂化轨道各有 1 对孤对电子，还有 2 个空的 sp^3 杂化轨道；

④ 活性碳原子 C^*继续和 H^+、H^-作用，生成中间体 $C_{\uparrow\downarrow}{}^{\bigcirc}H_2$，$C_{\uparrow\downarrow}{}^{\bigcirc}H_2$ 结构中 C 原子外层有 1 个含有孤对电子的 sp^3 杂化轨道和 1 个空的 sp^3 杂化轨道；

⑤ 1 个活性碳原子 C^*、1 个中间体 $C_{\uparrow\downarrow}{}^{\bigcirc}H_2$ 和 2 个 H_2O 分子作用能生成 1 个乙二醇分子 $HOCH_2CH_2OH$。

4.4.3　草酸酯制乙二醇

(1) 草酸二甲酯结构

草酸二甲酯分子式为 $C_4H_6O_4$($CH_3OOCCOOCH_3$)，是由 4 个 C 原子、6 个 H 原子和 4 个 O 原子组成，图 4-18(a)是草酸二甲酯分子的结构式。乙二醇分子式为 $C_2H_6O_2$($HOCH_2CH_2OH$)，由 2 个 C 原子、6 个 H 原子和 2 个 O 原子组成，图 4-18(b)是乙二醇分子的结构式。

图 4-18 草酸二甲酯和乙二醇的化学结构式

图 4-19 是 4 个 C 原子、6 个 H 原子和 4 个 O 原子构成草酸二甲酯分子结构分析。图 4-19(a)是 C 原子、H 原子和 O 原子外层电子轨道图，其中 C 原子外层 4 个 sp^3 杂化轨道，每个轨道上都有 1 个未成键的电子；O 原子外层有 4 个 sp^3 杂化轨道，其中 2 个 sp^3 杂化轨道上有孤对电子，剩余 2 个 sp^3 杂化轨道上有未成键电子。4 个 C 原子标记为 1-C、2-C、3-C 和 4-C；6 个 H 原子标记为 1-H、2-H、3-H、4-H、5-H 和 6-H；4 个 O 原子标记为 1-O、2-O、3-O和 4-O。在图 4-19(b)中，1-C 原子外层 1 个含有未成键电子的 sp^3 杂化轨道与 2-C原子外层 1 个含有未成键电子的 sp^3 杂化轨道重叠，共用 1 对电子生成了 1 个 C—C 键。1-O 原子外层 2 个含有未成键电子的 sp^3 杂化轨道与 1-C 原子外层 2 个含有未成键电子的 sp^3 杂化轨道重叠，共用 2 对电子生成了第 1 个 C═O 键。2-O 原子外层 2 个含有未成键电子的 sp^3 杂化轨道与 2-C 原子外层 2 个含有未成键电子的 sp^3 杂化轨道重叠，共用 2 对电子生成了第 2 个 C═O 键。3-O 外层 1 个含有未成键电子的 sp^3 杂化轨道与 1-C 原子外层第 4 个含有未成键电子的 sp^3 杂化轨道重叠，共用 1 对电子生成了第 1 个 C—O 键。3-O 原子外层第 2 个含有未成键电子的 sp^3 杂化轨道与 3-C 原子外层 1 个含有未成键电子的 sp^3 杂化轨道重叠，共用 1 对电子生成了第 2 个 C—O 键。3-C 原子外层剩余的 3 个含有未成键电子的 sp^3 杂化轨道分别与 3 个 H 原子 1-H、2-H 和 3-H 原子外层含有未成键电子的 s 轨道重叠，各自共用 1 对电子生成了 3 个 C—H 键。同理，4-O 原子外层 1 个含有未成键电子的 sp^3 杂化轨道与 2-C 原子外层第 4 个含有未成键电子的 sp^3 杂化轨道重叠，共用 1 对电子生成了第 3 个 C—O 键。4-O 原子外层第 2 个含有未成键电子的 sp^3 杂化轨道与 4-C 原子外层 1 个含有未成键电子的 sp^3 杂化轨道重叠，共用 1 对电子生成了第 4 个 C—O 键。4-C 原子外层剩余的 3 个含有未成键电子的 sp^3 杂化轨道与 3 个 H 原子 4-H、5-H 和 6-H 原子外层含有未成键电子的 s 轨道重叠，各自共用 1 对电子，又生成了 3 个 C—H 键。这样，4 个 C 原子、6 个 H 原子和 4 个 O 原子通过 1 个 C—C 键、2 个 C═O 键、4 个 C—O 键和 6 个 C—H 键生成了 1 个草酸二甲酯分子 $C_4H_6O_4$($CH_3OOCCOOCH_3$)，其电子轨道结构如图 4-19(c)所示，分子结构如图 4-19(d)所示。

(2) 生成 H^+ 和 H^-

在 CuO/SiO_2 催化剂作用下，草酸二甲酯加氢能生成乙二醇和甲醇，反应方程式如下：

$$(COOCH_3)_2+4H_2 \longrightarrow (CH_2OH)_2+2CH_3OH$$

CuO/SiO_2 催化剂的活性组元是 Cu 元素，下面就 Cu 原子在草酸二甲酯加氢生成乙二醇和甲醇过程中的作用进行分析。Cu 元素核电荷数 29>21，不存在能级交错，$E_{4s}>E_{3d}$，原子外层电子排布是 $3d^{10}4s^1$(Zn 原子外层 $3d^{10}4s^2$)，最先失去 4s 轨道电子生成 Cu^+，然后再失去 3d 轨道 1 个电子生成 Cu^{2+}，电子排布变化情况：$3d^{10}4s^1 \rightarrow 3d^{10}4s^0 \rightarrow 3d^9 4s^0$。

加氢反应中催化剂活性组元是 Cu 原子。图 4-20 是 H_2 在 Cu 原子催化作用下生成 H^- 过程分析。图 4-20(a)是 Cu 原子外层 3d4s 轨道和 H_2 分子中 H 原子外层 s 轨道电子轨道结构图。表 4-5 中 Cu 原子电负性为 1.90，H 原子电负性为 2.20。在图 4-20(b)中，由于 H 原子电负性大于 Cu 原子电负性，所以 H_2 分子中 2 个 H 原子会从 Cu 原子外层 4s 和 3d 轨道各获得 1 个电子生成 2 个 H^-，其电子轨道结构如图 4-20(c)所示；Cu 原子失去其外层 2 个电子生成 1 个 Cu^{2+}，其电子轨道结构如图 4-20(d)所示。

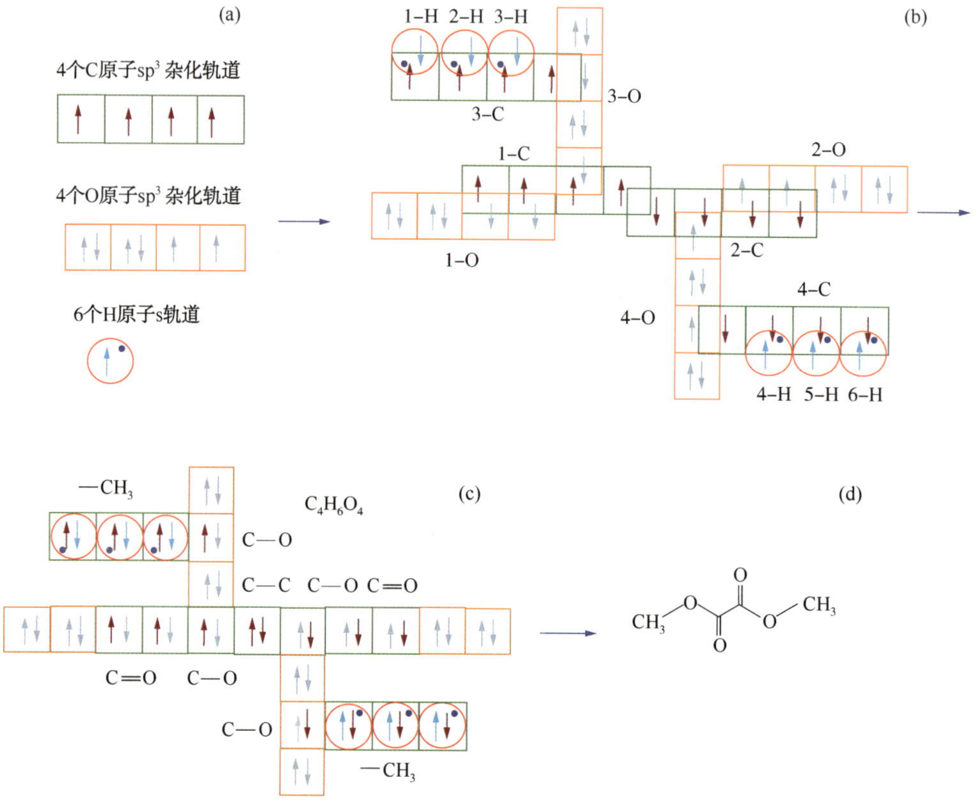

图 4-19 草酸二甲酯分子构成分析

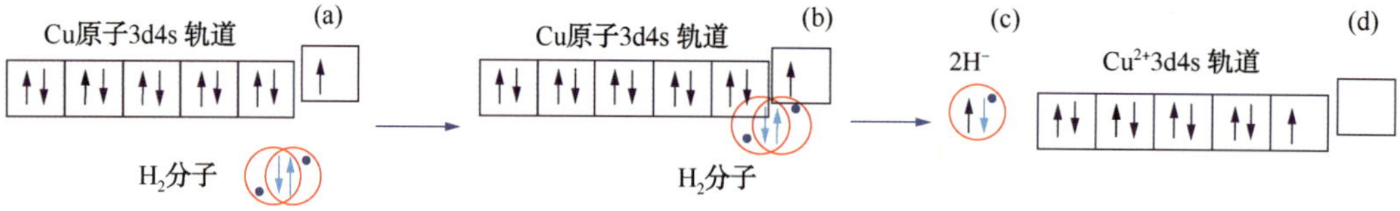

图 4-20 H_2 在 Cu 原子作用下生成 H^-过程分析

图 4-21 是 Cu^{2+}与 H_2 分子作用生成 H^+过程分析。图 4-21(a)是 Cu^{2+}的 3d4s 轨道和 H_2 分子中 H 原子外层 s 轨道电子轨道结构图。在图 4-21(b)中，Cu^{2+}电负性(10.28)大于 H 原子电负性(2.20)，则 Cu^{2+}会从 H_2 分子中 2 个 H 原子外层 s 轨道获得 2 个电子被还原为 Cu 原子，其电子轨道结构如图 4-21(c)所示；H_2 分子中 2 个 H 原子失去其外层 s 轨道电子后生成 2 个 H^+，其电子轨道结构如图 4-21(d)所示。

(3) 草酸二甲酯加氢生成乙二醇

图 4-22 是草酸二甲酯分子与 H^+、H^-作用生成乙二醇和甲醇分子过程分析。图 4-22(a)是草酸二甲酯分子与 H^+、H^-电子轨道结构图，有 4 个 H^+和 4 个 H^-，标记为：1-H^+、2-H^+、3-H^+、4-H^+和 1-H^-、2-H^-、3-H^-、4-H^-。

在图 4-22(b)中，1-H^+、1-H^-攻击 1-C 原子和 1-O 原子构成的第 1 个 C═O 键，激活了 C═O 键。表 4-5 中，O 原子电负性(3.44)大于 C 原子电负性(2.55)，在 1-H^+、1-H^-作用下，C═O 键转变成 C—O 键时，共用电子对留在了 1-O 原子外层 sp^3 杂化轨道上，O 原子外层这个 sp^3 杂化轨道与 1-H^+中空的 s 轨道重叠，共用 1 对电子生成 1 个 H—O 键。此时，1-C 原子外层出现了 1 个空的 sp^3 杂化轨道，这个空的 sp^3 杂化轨道与 1-H^-外层含有孤对电子的 s 轨道重叠，共用 1 对电子生成了 1 个 C—H 键。

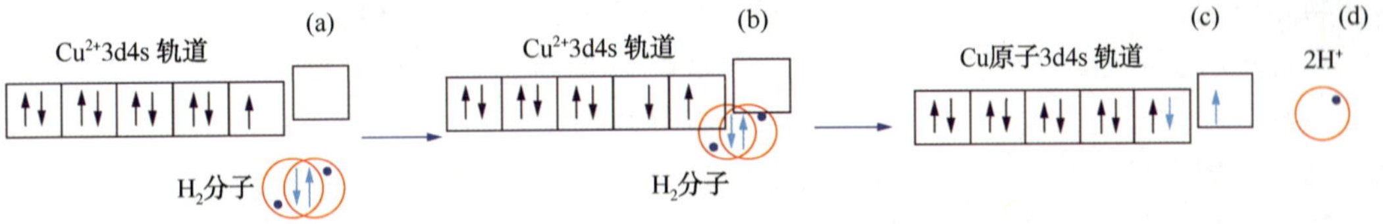

图 4-21 H_2 在 Cu^{2+}作用下生成 H^+

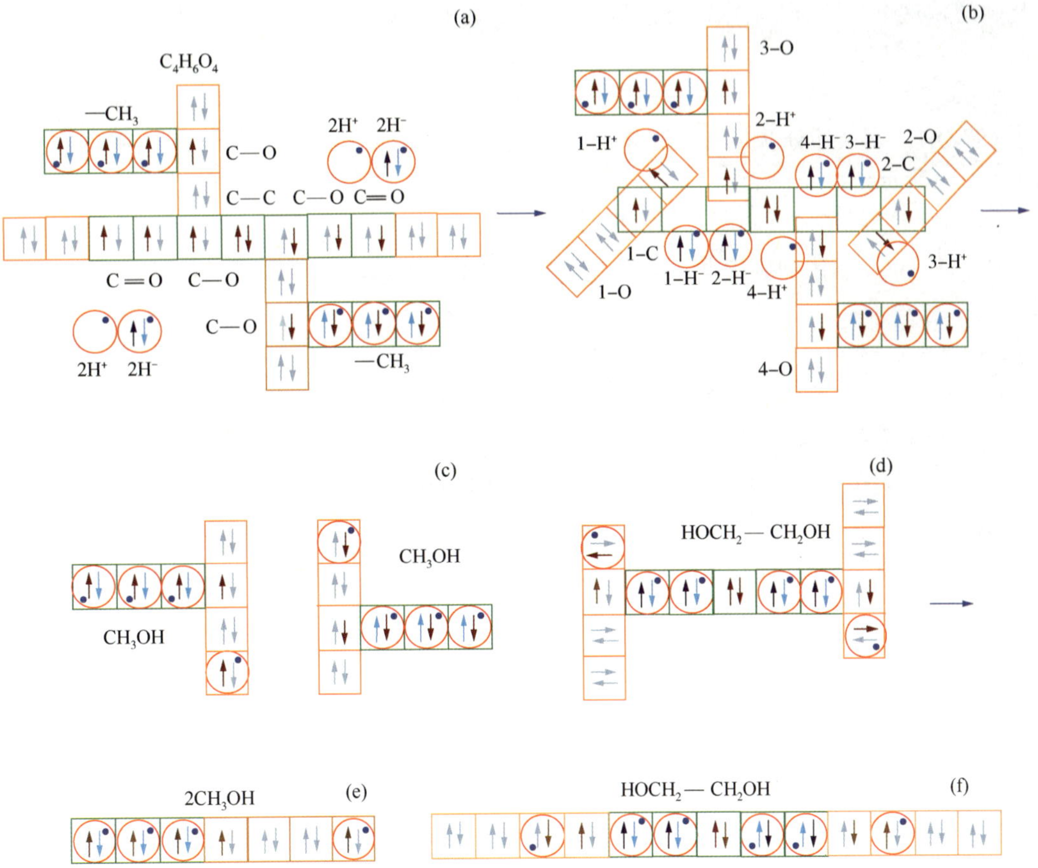

图 4-22 草酸二甲酯与 H^+、H^-作用生成乙二醇和甲醇分子过程分析

2-H^+、2-H^-攻击 1-C 原子和 3-O 原子构成的 C—O 键，激活了 C—O 键。表 4-5 中，O 原子电负性(3.44)大于 C 原子电负性(2.55)，在 2-H^+、2-H^-作用下 C—O 键断裂时，共用电子对留在了 3-O 原子外层 sp^3 杂化轨道上，这个 sp^3 杂化轨道与 2-H^+中空的 s 轨道重叠，共用 1 对电子生成 1 个 H—O 键，则生成第 1 个甲醇分子 CH_3OH，其电子轨道结构如图

4-22(c)和图 4-22(e)所示。在这个 C—O 键断裂时，1-C 原子外层出现了 1 个空的 sp^3 杂化轨道，它会与 2-H^-外层含有孤对电子的 s 轨道重叠，共用 1 对电子生成 1 个 C—H 键。

同理，3-H^+、3-H^-攻击 2-C 原子和 2-O 原子构成的 C═O 键，激活了 C═O 键。表 4-5 中，O 原子电负性(3.44)大于 C 原子电负性(2.55)，在 3-H^+、3-H^-作用下，C═O 键转变成 C—O 键时，共用电子对留在了 2-O 原子外层 sp^3 杂化轨道上，这个 sp^3 杂化轨道与 3-H^+中空的 s 轨道重叠，共用 1 对电子生成 1 个 H—O 键；而 2-C 原子外层出现了 1 个空的 sp^3 杂化轨道，它与 3-H^-外层含有孤对电子的 s 轨道重叠，共用 1 对电子生成 1 个 C—H 键。

与此同时，4-H^+、4-H^-攻击 2-C 原子和 4-O 原子构成的 C—O 键，激活了 C—O 键。表 4-5 中，O 原子电负性(3.44)大于 C 原子电负性(2.55)，在 4-H^+、4-H^-作用下 C—O 键断裂时，共用电子对留在了 4-O 原子外层 sp^3 杂化轨道上，这个 sp^3 杂化轨道与 4-H^+中空的 s 轨道重叠，共用 1 对电子生成 1 个 H—O 键，则生成第 2 个甲醇分子 CH_3OH，其电子轨道结构如图 4-22(c)和图 4-22(e)所示。C—O 键断裂时，2-C 原子外层出现了 1 个空的 sp^3 杂化轨道，这个空的 sp^3 杂化轨道会与 4-H^-外层含有孤对电子的 s 轨道重叠，共用 1 对电子生成 1 个 C—H 键。

那么，当 4 个 H^+和 4 个 H^-攻击草酸二甲酯分子 C—O 键和 C═O 键，生成了 2 个甲醇分子 CH_3OH，剩余部分就是乙二醇分子 $HOCH_2—CH_2OH$，其电子轨道结构如图 4-22(d)和图 4-22(f)所示。

(4) 草酸二甲酯加氢制乙二醇机理分析

在 CuO/SiO_2 催化剂作用下，草酸二甲酯加氢能生成乙二醇和甲醇，其反应过程如下：

$$Cu+H_2 \longrightarrow Cu^{2+}+2H^- \tag{1}$$

$$Cu^{2+}+H_2 \longrightarrow Cu+2H^+ \tag{2}$$

$$(COOCH_3)_2+4H^++4H^- \longrightarrow (CH_2OH)_2+2CH_3OH \tag{3}$$

式[(1)+(2)]×2+(3)得到式(4)：

$$(COOCH_3)_2+4H_2 \longrightarrow (CH_2OH)_2+2CH_3OH \tag{4}$$

(5) 小结

草酸二甲酯在 CuO/SiO_2 催化剂作用下，加氢能生成乙二醇和甲醇，其反应过程分 2 步：

① H_2 在 Cu 基催化剂作用下，反应生成相同数目的 H^+和 H^-，H^+和 H^-同时存在；

② 1 个草酸二甲酯分子与 4 个 H^+和 4 个 H^-相互作用，生成 1 个乙二醇分子和 2 个甲醇分子。

参 考 文 献

[1] 2019～2025 年中国乙二醇行业发展深度调研与投资趋势预测研究报告[EB/OL]. https://www.chinairn.com/report/20190430/111443348.html.

[2] 全球乙二醇生产工艺路线及成本对比[EB/OL]. 2017-09-20. http://www.doc88.com/p-7354260080115.html.

[3] 汪家铭. 乙二醇发展概况与市场前景[J]. 合成技术及应用，2009，24(4)：26-38.

[4] 2021 年度乙二醇市场发展报告[EB/OL]. 中国化工信息，2021-06-22. https://www.chemnews.com.cn/c/2021-06-22/678982.shtml.

[5] 蔡欢欢. 2022 年中国乙二醇市场供需现状及竞争格局分析行业进口依赖度降低[EB/OL]. 2022-02-09. https://www.qianzhan.com.

[6] 高兴，米廉．乙二醇合成工艺的研究进展[J]．广州化工，2014，42(12)：27-29.
[7] 何立，肖含，李应成．乙二醇合成技术研究进展[J]．工业催化剂，2006，14(6)：11-15.
[8] 张新庄，霍鹏举，王永炜，等．煤基乙二醇技术进展与市场展望[J]．工业催化剂，2019，27(6)：26-30.
[9] 崔海涛，张磊，孙振雷，等．乙二醇合成工艺进展及前景[J]．当代化工，2017，46(3)：503-506.
[10] 胡俊明．乙二醇合成技术研究进展[J]．石化技术，2019，26(6)：71-72.
[11] Shvets V F，Kozlovskiy R A ，Kozlovskiy I A，et al. The cause and quantitative description of catalyst deactivation in the ethylene oxide hydration process [J]. Chemical Engineering Journal，2005，107(1-3)：199-204.
[12] 林青松，李素梅，周斌，等．环氧乙烷水合制备乙二醇的催化剂及过程：98114026.2 [P]. 1999-12-08.
[13] Li Y C，Yue B，Yan S R，et al. Prepartion of ethylene glycol via catalytic hydration with highly efficient supported niobia catalyst[J]. Catalysis Letters，2004，(95)：163-166.
[14] Li Y C，Yan S R，Yang W M，et al. Selective catalytic hydration of ethylene oxide over niobium oxide supported on α-Alumina [J]. Applied Catalysis，2004，(272)：305-310.
[15] Li Y C，Yan S R，Yang W M，et al. Effects of support modi- fication on $Nb_2O_5/\alpha-Al_2O_3$catalyst for ethylene oxide Hydration[J]. J Mol Catal A：Chemical，2005，226(2)：285-290.
[16] 李应成，何文军，费泰康，等．环氧乙烷水合生产乙二醇的固体酸催化剂：03141450.8 [P]. 2005-01-19.
[17] 李应成，何文军，何立，等．由环氧乙烷水合制备乙二醇的固体酸催化剂：03141451.6 [P]. 2005-01-19.
[18] 华强，刘定华，马正飞，等．催化水合法合成乙二醇[J]．石油化工，2003，32(4)：317-320.
[19] 华强，刘定华，马正飞，等．催化水合法合成乙二醇工艺条件的分析与优化[J]．化学反应工程与工艺，2003，119(1)：63-68.
[20] 张勇斌，刘定华，马正飞，等．NY 型均相催化剂对乙二醇产品 UV 值的影响[J]．石油化工，2004，33(5)：460-463.
[21] 成卫国，蒋山，吕连海，等．硅胶表面积炭催化作用的研究[J]．石油化工，2002，1(3)：175-178.
[22] 王璠，陈金龙，陈群，等．改性硅胶上的环氧乙烷水合反应[J]．催化学报，2005，26(5)：355-356.
[23] 张旭之，王松汉，戚以政．乙烯衍生物工学[M]．北京：化学工业出版社，1995：215.
[24] Matteoli U，Bianchi M，Menchi G，et al. Hydrogenation of dimethyl oxalate in the presence of ruthenium carbonyl carboxylates：ethylene glycol formation [J]. J Mol Catal，1985，29(2)：269-270.
[25] Matteoli U，Menchi G，Bianchi M，et al. Homogeneous catalytic hydrogenation dicarboxylic acid esters (Ⅱ) [J]. J Organomet Chem，1986，299(2)：233-238.
[26] Matteoli U，Menchi G，Bianchi M，et al. Homogeneous catalytic hydrogenation of the esters of dicarboxylic acids (Ⅲ)：Ethyleneglycol from dimethyl oxalate [J]. Sep Sci Technol，1987，22(11)：347-355.
[27] Matteoli U，Menchi G，Bianchi M，et al. Selective reduction of dimethyl oxalate by ruthenium carbonyl carboxylates in homogeneous phase(Ⅳ)[J]. J Mol Catal，1991，64(3)：257-267.
[28] Teunissen H T，Elsevier C J. Ruthenium-catalyzed hydrogenation of dimethyl oxalate to ethylene glycol [J]. Chem. Commun.，1997(7) ：667-668.
[29] Boardman B，Hanton M J，Van Rensburg H，et al. A tripodal sulfur ligand for the selective ruthenium-catalysed hydrogenation of dimethyl oxalate [J]. Chem Commun.，2006，21：2289-2291.
[30] Van Engelen M C，Teunissen H T，De Vries J G，et al. Suitable ligands for homogeneous ruthenium-catalyzed hydrogenolysis of esters [J]. J Mol Catal A，2003，206(1)：185-192.
[31] Wall Rovert G. Catalyst for ester hydrogenation [P]. US4113662，1978-09-12.
[32] Wilkes J B. Ethylene glycol by catalytic hydrogenation [P]. BE883541，1980- 09-15.
[33] 李竹霞，钱志刚，赵秀阁，等．草酸二甲酯加氢 Cu/SiO_2 催化剂前体的研究[J]．华东理工大学学报(自然科学版)，2004，30(6)：613-617.
[34] Thomas D J，Wehrli J T，Wainwright M S，et al. Hydrogenolysis of diethyl oxalate over copper-based

catalysts [J]. Appl Catal A, 1992, 86(2): 101-114.

[35] 李振花，李延春，许根慧．草酸二乙酯气相催化加氢制乙二醇的研究[J]. 化学工业与工程，1993，10(4)：27-33.

[36] 李振花，许根慧，等．铜基催化剂的制备方法对草酸二乙酯加氢反应的影响[J]. 催化学报，1995，16(1)：9-14.

[37] Xu G H, Li Y C, Li Z H, et al. Kinetics of the hydrogenation of diethyl oxalate to ethylene glycol [J]. Ind Eng Chem Res 1995, 34(7): 2371-2378.

[38] Wang B W, Xu Q, Song H, et al. Synthesis methyl glycolate through hydrogenation of dimethyl oxalate over Cu-Ag/SiO_2 catalyst [J]. J Nat Gas Chem, 2007, 16(1): 78-80.

[39] 许茜．草酸二乙酯气相加氢制乙二醇催化剂研究[D]. 天津：天津大学，2007.

[40] 陈贻盾，李国方．用煤代替石油乙烯合成乙二醇的技术进步[J]. 中国科学技术大学学报，2009，39(1)：1-12.

[41] 张旭，王保伟，许根慧．草酸脂加氢催化剂研究进展[J]. 天然气化工，2008，33：60-63.

[42] 刘会杰．草酸二甲酯加氢制乙二醇 Cu/SiO_2 催化剂改性研究[D]. 上海：华东理工大学，2010.

[43] 文峰．草酸二甲酯加氢制乙二醇催化剂及工艺的研究[D]. 上海：华东理工大学，2008.

[44] 陈梁峰，朱渊，刘晓任，等．Cu/SiO_2 催化剂制备方法对其草酸二甲酯催化氢解性能的影响[J]. 化学学报，2009，67(23)：2739-2744.

[45] 尹安远，郭晓洋，戴维林，等．介孔氧化硅组构效应对铜基催化剂在草酸二甲酯催化加氢合成乙二醇反应中的影响[J]. 化学学报，2010，68(13)：1285-1290.

[46] Brown S H, Crabtree R H. Making mercury-photosensitized dehydrodimerization into an organic synthetic method[J]. Am Chem Soc, 1989, (11): 2935-2946.

[47] Guo P, Zhang Q H, Zhang H K, et al. Visible light-driven C—H activation and C—C coupling of methanol into ethylene glycol [J]. Nat. Commun. 2018, 9, 1181.

[48] 吴鸣，李文钊．纳米半导体光催化甲醇水溶液制乙二醇[J]. 催化学报，1998，(6)：601-604.

[49] 冯玉彪，张粉保，宣利宏，等．离子的电负性[J]. 大连轻工业学院学报，1998，13(2)：70-76.

[50] 张玉平，董翠芝．无机化学(上册)[M]. 成都：电子科技大学出版社，2014.

第5章 1,4-丁二醇

5.1 1,4-丁二醇工业发展现状

1,4-丁二醇(1,4-butanediol，简称BDO)，别名1,4-亚丁基二醇、1,4-二羟基丁烷。BDO是一种重要的基本有机化工和精细化工原料，用途广泛，以它为原料可衍生出多种高附加值的精细化工产品。一是可以生产四氢呋喃(THF)，用作医药、香料等行业的溶剂以及当作化工原料来生产聚四亚甲基乙二醇醚(PTMEG)、四氢噻吩、2，3-二氯四氢呋喃、1,4-二氯乙烷、丁内酯、戊内酯、油墨、香料以及聚氨酯超软弹性纤维和高弹性橡胶的最佳材料聚醚等；二是可以生产γ-丁内酯(GBL)，用作溶解聚氯乙烯(PVC)等多种高聚物和清漆、喷漆及电容器电解液的特殊溶剂，还可用于生产除草剂、染料、香料、医药以及*N*-甲基吡咯烷酮(NMP)、γ-丁内酰胺和*N*-乙烯基吡咯烷酮(NVP)等；三是可以生产聚对苯二甲酸丁二醇酯(PBT)，主要当作工程塑料用于汽车、电子电器、轻工及工业部件，还可以用作新型织物纤维、薄膜及光导纤维；四是可以生产聚氨基甲酸酯(PU)，用于制造轮胎、液压密封件、管道衬里、汽车仪表盘和保险杠、胶黏剂、弹性体、浆料和合成革等；五是可以生产聚丁二酸丁二醇酯(PBS)，作为生物降解塑料，可用于垃圾袋、食品袋、各种瓶子、标签、一次性包装用品、餐具、农用薄膜、植用器皿、植被网、复合纤维、医用人造软骨、缝合线及支架等；另外，BDO本身还可用作溶剂，涂料和增塑剂原料，药品生产的中间体以及电镀行业中的增亮剂等[1,2]。

BDO的生产工艺主要有Reppe法(炔醛法)、顺酐加氢法、丁二烯法、环氧丙烷法、生物转化法等，其中Reppe法又分传统Reppe法和改良Reppe法，顺酐加氢法又分为顺酐直接加氢法和顺酐酯化加氢法，丁二烯法又分为丁二烯乙酰氧化法和丁二烯氯化法[2]。国内生产BDO的工艺主要为Reppe法和顺酐加氢法，而顺酐加氢法成本较高，加之当前BDO生产过剩，市场竞争激烈，因此目前顺酐加氢法生产BDO的装置均已被关停，而主要以Reppe法生产BDO的装置运行。

2000年，全球BDO的生产地主要集中在北美和欧洲地区，但近几年随着中国(大陆和台湾)等亚洲国家和地区新建和扩建装置的陆续建成投产，生产重心逐步向亚太地区转移。截至2013年底，世界BDO产能达到270万t/a，其中亚洲是BDO的最大生产地区，占世界BDO总产能的66.81%，欧洲和美国各占17.59%和15.60%。与2009年相比，亚洲BDO产能所占比例增长了10.65%。这主要是因为2009年至2013年阶段，世界BDO新建和扩建装置都在亚洲，而欧美地区产能一直处于稳定状态。对于BDO产能增长贡献最大的是中国大陆。2005年，我国BDO产能只有8.1万t/a，为全球总产能的5.44%。2009年，我国产能增加到42.4万t，占全球产能的20.61%，而发展到2013年，产能达到了102.9万t/a，占世界总产能的38.11%。5年内，我国BDO产能增长了143%，仅2013年一年内就增长了

40.5 万 t，接近于 2009 年的产能。这主要是由于我国 BDO 需求量逐渐增大，但是国内 BDO 产量跟需求量之间存在很大的缺口。直到 2001 年由山东胜利中亚引进技术，才使得我国 BDO 装置突破万吨级别。我国 BDO 一直依赖于进口，主要是从欧洲和沙特进口 BDO。2000 年，国内 BDO 的净进口量为 2.6 万 t。2001 年我国 BDO 的自给率只有 20%，约 80%的 BDO 需要从国外进口。在随后的几年里，国内上马了山西三维、大连化工、四川天华等项目使得我国 BDO 自给率不断提高，在 2008 年自给率达到了 57%，但是当年的进口量仍然达到 10.8 万 t，供需之间的缺口依然巨大。同时，随着 BDO 生产技术的逐渐成熟，BDO 投资和技术门槛逐渐降低，国内很多企业看上这个缺口，纷纷上马 BDO 项目[3]。2009 年之后，我国 BDO 产业进入快速发展时期，越来越多的新建 BDO 装置陆续投产，产品的自给率不断提高，进口量逐渐下降，但装置的开工率却一直走低，已出现供过于求的局面并且呈逐步增大的趋势，到 2013 年，国内 BDO 产能达到 109.4 万 t/a，产量 51 万 t，表观消费量 55 万 t，开工率 46.6%[2,4]。2014 年之前，BDO 价格总体尚好，国内厂商盈利颇丰，受此因素影响，其他厂商纷纷关注 BDO 行业并展开调研。

2016 年，Novamont 公司使用 Genomatica 公司的技术，展开了 3 万 t/a 生物基 BDO 的工厂的建设。2021 年，Genomatica 公司授权了美国 Cargill 公司与德国 Helm 公司生物基 BDO 生产技术，表 5-1 是全球部分产能数据[5]。

表 5-1　2020 年全球 BDO 产能部分数据

生产商	国家和地区	产能/(万 t/a)	工艺
巴斯夫公司	美国、德国、日本、马来西亚、比利时	53.5	Reppe 法、顺酐法
利安德巴塞尔	美国、荷兰	19.0	环氧丙烷法
ISP	德国、美国	16.0	Reppe 法、正丁烷法
英威达	美国	11.0	Reppe 法
BP 公司	美国	6.0	正丁烷法
日本三菱	日本	10.0	丁二烯法
海湾先进化学	沙特阿拉伯	7.5	顺酐法
韩国 PTG	韩国	2.8	顺酐法
韩国 SK	韩国	4.0	Reppe 法
Novamont 公司	意大利	3.0	生物基技术
台湾大连	中国台湾、中国大陆	25.6	丙烯醇法
台湾南亚	中国台湾	10.0	丁二烯法
台湾水泥化工	中国台湾	3.0	顺酐法
山西三维	中国大陆	15.0	Reppe 法、顺酐法
新疆美克	中国大陆	16.0	Reppe 法
新疆天业	中国大陆	3.0	Reppe 法
南京南星	中国大陆	11.0	顺酐法
陕西陕化	中国大陆	3.0	Reppe 法
福建湄洲湾	中国大陆	4.0	Reppe 法
四川天华	中国大陆	8.5	Reppe 法

续表

生产商	国家和地区	产能/(万 t/a)	工艺
云南云维	中国大陆	2.5	Reppe 法
山东胜利中亚	中国大陆	1.3	顺酐法
河南开祥	中国大陆	9.0	Reppe 法
河南鹤煤	中国大陆	10.0	Reppe 法
宁波江宁化工	中国大陆	7.0	顺酐法
仪征化纤	中国大陆	10.0	顺酐法
浙江华辰	中国大陆	5.5	顺酐法
中石化长城能化	中国大陆	20.0	改良 Reppe 法
疆天业二期	中国大陆	17.0	改良 Reppe 法
陕化比迪欧	中国大陆	10.0	改良 Reppe 法
陕西延长	中国大陆	10.0	Reppe 法
内蒙古东源	中国大陆	6.0	Reppe 法
陕西德林	中国大陆	6.0	Reppe 法
重庆驰源	中国大陆	6.0	天然气 Reppe
重庆建峰	中国大陆	6.0	天然气 Reppe 法
鹤煤二期	中国大陆	5.0	改良 Reppe 法
甘肃利友	中国大陆	5.0	Reppe 法
合 计		365.2	

据统计，国内 BDO 总产能在近几年持续增长，截至 2020 年国内总产能约为 323 万 t/a，其中电石法产能达 250 万 t/a，约占全国总产能的 77%，顺酐法约占 8%。未来几年内，国内拟建产能已超 300 万 t/a，包括万华化学、内蒙古东源、华海氨纶、恒力能源等新建项目，且装置规模趋于大型化，企业同质化竞争日益激烈[6]。从全球 BDO 产能增长情况来看，未来 BDO 产能增长主要发生在中国，并且 BDO 产能有过剩的趋势。未来我国 BDO 产能的增长将大部分发生在我国的西北和西南地区，这里有丰富的煤炭和天然气资源。现在，Reppe 法工艺仍是 BDO 产能增加的主力大军。新增产能的 BDO 装置为规避产能过剩风险，多数都配套 BDO 下游装置，可联产 THF、GBL 和 PTMEG 等。随着国内产能过剩，国家环保力度加大，与电石法相比较，势必会增加顺酐法 BDO 工艺竞争优势[4,7]。

5.2 1,4-丁二醇合成技术

目前，全球生产 BDO 的工业化的方法主要有以下五种：炔醛法（Reppe 法、GFA 法）[4,7~11]、丁二烯法[12]、环氧丙烷法[4,13]、正丁烷/顺酐法[14,15]。其中，Reppe 法是目前国际公认的主要生产工艺，也是我国生产 BDO 的主要工艺技术路线[16~20]。

（1）Reppe 法

Reppe 法是由 20 世纪 30 年代德国 I. G 法本公司（BASF 公司的前身）Reppe 等人开发成功，1940 年由德国 BASF 公司实现工业化。该法是 BDO 的主要生产方法，应用该法生产的 BDO 占世界总产量的40%左右。它是以乙炔和甲醛为主要原料，在铜催化作用下生成1,4-丁炔二醇，然后再加氢生成BDO。乙炔和甲醛在Cu-Bi催化剂作用下，98kPa、80~95℃加氢制得1,4-丁二醇。

Reppe法具有传统法和改良法两种，在经典法中，催化剂与产品无需分离，操作费用低，但是由于乙炔分压较高，有爆炸的危险，因此反应器设计的安全系数高达12~20倍，致使反应装置庞大，设备造价昂贵，投资高。另外乙炔聚合会生成聚乙炔，导致催化剂失活，聚乙炔也会堵塞管道，从而缩短生产周期，降低生产能力。由于该法有以上缺点，国外1,4-丁二醇装置大多数都采用了改良低压工艺。

(2) 改良法(GAF法)

改良法由美国GAF公司开发成功并广泛应用于工业生产。该工艺采用乙炔亚铜/铋为催化剂，使合成1,4-丁炔二醇能在较低的乙炔分压下进行，从而减少聚合物的生成，消除管道堵塞，而且催化剂可以阻火防爆，不会因为减少乙炔和甲醛而永久钝化。反应物经过滤、离心分离，将催化剂送回反应器循环使用，滤液送1,4-丁炔二醇到提纯塔，脱掉丙炔醇后得到35%的1,4-丁炔二醇水溶液。1,4-丁炔二醇采用两段加氢，加氢总转化率为100%，1,4-丁炔二醇的选择性为95%。

GAF公司首先对传统的Reppe工艺的催化剂进行了改进，催化剂主要由硝酸铜和硝酸铋组成，制作方法简述如下：

将硝酸铜和硝酸铋浸渍在硅酸镁载体上，经焙烧后，制成12%Cu、2%Bi的催化剂。有人用分子筛作载体也制成Cu-Bi催化剂，还有人用Na_2CO_3溶液与$Cu(NO_3)_2$、$Bi(NO_3)_3$的硝酸溶液混合制成晶粒15~20μm的含4%Bi的碱式碳酸铜[$Cu_2(OH)_2CO_3$]作为催化剂，这些催化剂都较传统法的催化剂有较大改进。催化剂先在浆料槽中配制好，充氮密封保护，使用时放入低压加氢反应器，经乙炔和甲醛(37%水溶液)活化后，即可使用。

改进后的催化剂呈浆状，使用安全，且不易失活，反应条件为温度95℃，乙炔分压0.2MPa，工艺分两步进行：

第一步生成1,4-丁炔二醇。将新鲜的乙炔和循环乙炔一起从反应器上部引入，37%的新鲜甲醛和循环甲醛水溶液由反应器下部通入。其反应器是一种带有搅拌器的气液固悬浮床槽式反应器，由三个相同的反应器串联而成。该反应器特点是固体催化剂悬浮于液相反应介质中；液相部分设有冷却盘管，以散去反应热；气相流出物经部分冷凝后返回反应器，未冷凝的部分通入循环压缩机增压后循环使用。在90~100℃，乙炔分压0.04~0.15MPa，pH值为5~6，并充入一部分惰性气体作稀释剂以减少系统中不断积累的乙炔分压，生成1,4-丁炔二醇。从第3台反应器顶部出来的反应液经过滤和离心机分离后，催化剂返回到第1台反应器循环，含有1,4-丁炔二醇、炔丙醇、溶解乙炔、未反应的甲醛以及少量高沸物等的清滤液被送到脱乙炔塔，回收其中的乙炔气体循环使用。脱乙炔塔釜液进入减压式轻组分塔，塔顶得到的甲醛和丙炔醇循环到反应器，塔釜液送到重组分塔进行真空操作。重组分塔顶得到纯的1,4-丁炔二醇，用水稀释至35%，送到贮罐供下一道工序使用，塔底重组分作为废物排出。1,4-丁炔二醇以甲醛计转化率为95%。

第二步加氢反应在骨架镍作用下进行1,4-丁炔二醇两段加氢反应，第一段加氢是在带有搅拌器的釜式反应器中进行，将35%的1,4-丁炔二醇溶液与乙酸铜一起流入连续搅拌的釜式反应器，以Ranny Ni为催化剂，催化剂用量约为1,4-丁炔二醇的1%~4%，反应温度为 50~60℃，氢气压力 1.4~2.5MPa。反应生成含有部分氢气和羰基化合物的粗 1,4-丁二醇蒸气，一段加氢后的物料经简单分离后，即进入第二段加氢反应器。第二段加氢反应采用气-固-液三相滴流式固定床反应器，反应器内填充有 Ni-Cu-Mn/硅胶催化剂，反应在温度为 100~150℃，氢分压 10~20MPa 的条件下进行。两段加氢的 1,4-丁炔二醇的总转化率 100%，选择性为 95%。改进后的生产工艺和特制的催化剂，使 1,4-丁炔二醇合成能在较低的乙炔分压下进行，改变了原来的反应条件，不但抑制聚乙炔的生成，消除了管道堵塞，而且催化剂可以阻火防爆，却不会因为减少乙炔或甲醛而永久钝化，延长了生产周期，还较大幅度地提高新的催化剂系统活性与选择性。表 5-2 和表 5-3 是国内外炔醛法典型消耗对比和 GAF 工艺典型消耗。从表中数据可以看出，国内 1,4-丁二醇装置还有很大的潜力可挖。

表 5-2 国内外炔醛法典型消耗对比

	乙炔/t	甲醛/t	氢气/t	炔化催化剂/kg	加氢催化剂/kg
国外	0.324	2.09	56.0	1.7	1.45
国内	0.440	2.87	71.5	10	5.30

表 5-3 GAF 工艺典型消耗

原料	规格	消耗	原料	规格	消耗
电石	二级品	1.12t	氢氧化钠		4kg
甲醛	37%	2.1t	冷却水		300t
氢气	99.5%	672m³	脱盐水		0.8t
炔化催化剂		20m³	电		460kW · h
加氢催化剂		1.7kg	蒸汽		85t

(3) 丁二烯法

该工艺方法是 20 世纪 70 年代由日本三菱化成开发成功的。该工艺方法分为三步，首先是丁二烯与醋酸和氧气发生乙酰化反应，生成 1,4-二乙酰氧基丁烯，然后催化加氢生成 1,4-二烯乙酰氧基丁烷，最后水解制得 BDO。此工艺方法原料易得，工艺安全，技术可靠，无公害，高价值的 THF 无需由 BDO 脱水得到，并可任意调节产物 BDO 和 THF 的比例。但是，整个工艺流程长，投资大，水蒸气消耗量高，只有在合理的规模下才具有竞争力。

(4) 丁烷/顺酐法

顺酐法生产 BDO 主要有两种工艺，一种是 20 世纪 70 年代由日本三菱油化和三菱化成开发的顺酐直接加氢工艺，该工艺的特点是顺丁烯二酸酐在加氢过程中除了生产 BDO 之外，还可以同时生成 THF 和 GBL 等产品，设置不同的工艺条件可以改变产品的组成。另一种是由英国戴维(Davy)工艺技术公司开发的顺酐酯化加氢工艺，该方法首先将顺酐与一元醇(甲醇或乙醇等)进行酯化反应生成顺丁烯二酸二酯，然后进行加氢水解得到 1,4-丁二醇。

戴维顺酐工艺路线的主要优点在于通过调节工艺条件，可以改变 1,4-丁二醇、γ-丁内酯、四氢呋喃的产出比例。工业装置中如要设计 1,4-丁二醇产量达最大值，依据 1,4-丁二醇和 γ-丁内酯之间的化学平衡，采取将 γ-丁内酯循环，直至 γ-丁内酯耗尽的方法，以使 1,4-丁二醇产量达最大值。另外，戴维顺酐工艺还具有其他的一些优点，如酯的转化率较高，反应条件温和，设备材质要求不高，催化剂价格低，寿命长，投资和生产成本均较低，1,4-丁二醇和四氢呋喃比例调节范围宽。

正丁烷/顺酐工艺实际上是将正丁烷转化为顺酐的气相氧化法和顺酐加氢技术结合起来，仍以馏分为原料，整个流程包括顺酐生产、马来酸加氢及1,4-丁二醇精制。该工艺只需要经过加氢和精制就能得到1,4-丁二醇，不需酯化工序，缩短了整个流程，减少了设备台数，相应降低了投资和操作维修费用，对顺酐纯度要求比较低。该工艺中催化剂的选择性高，使用寿命长，不需要更换催化剂，副产物生成量少，几乎能使顺酐全部转化为1,4-丁二醇，对加氢、回收和提纯工艺条件稍加修改，也可生产 γ-丁内酯等。

（5）环氧丙烷/丙烯醇法

美国LYONDELL化学公司(原Arco化学公司)和日本可乐丽公司(KURARY)成功开发了由环氧丙烷为原料合成1,4-丁二醇的工业化方法。该工艺方法首先将环氧丙烷异构化制成烯丙醇，然后烯丙醇在铑系催化剂作用下，液相加氢甲酰化生成4-羟基丁醛，最后再加氢生成1,4-丁二醇。该工艺催化剂可循环使用、寿命长、能耗低、加氢甲酰化及再加氢均为液相反应，生产负荷容易调节。台湾大连(江苏)化学工业公司开发了丙烯醇法工艺技术，该技术与利安德的技术基本相似，但是该公司的原料丙烯醇是通过醋酸烯丙基酯得到。其化学反应与利用丙烯乙酰氧基化生产醋酸乙烯相似。醋酸烯丙基酯通过脱水转化为丙烯醇，回收联产品醋酸用以循环。各技术优缺点及市场份额等见表5-4。

表5-4　1,4-丁二醇(BDO)技术比较

工艺技术		优点	缺点	各技术占比/%
Reppe法	经典法	1. 工艺成熟，流程短，产品收率高 2. 操作费用低，副产品少	1. 原料乙炔远程运输有危险 2. 操作条件苛刻，压力高 3. 廉价乙炔获得量有限 4. 设备造价高	37
	改良法	1. 工艺先进成熟，副产品少 2. 流程短，产品收率高 3. 催化剂活性高，寿命长 4. 投资低，适用于大规模生产 5. 操作压力低，生产安全	1. 原料乙炔远程运输有危险 2. 廉价乙炔获得量有限	
丁二烯法		1. 原料来源丰富 2. 操作条件温和 3. 无公害 4. 可得到高价值的THF	1. 流程长，过程复杂 2. 投资高 3. 公用工程费用大 4. 丁二烯醋酸法设备腐蚀严重	11
环氧丙烷法		1. 催化剂可循环使用、寿命长 2. 产品收率高 3. 能耗低 4. 生产负荷容易调节	1. 环氧丙烷难以廉价得到时成本高 2. 羟基化反应选择性低 3. 全过程收率低	19
顺酐法		1. 投资少，生产成本低 2. 三废量少 3. 可联产THF和GBL	1. 受原料顺酐的影响 2. 流程长	33

5.3 1,4-丁二醇合成催化剂及反应机理研究进展

目前，已经实现工业化生产 BDO 的工艺技术主要包括：炔醛法 Reppe 法、丁二烯法、环氧丙烷法、正丁烷/顺酐法。其中，Reppe 法是目前国际公认的主要生产工艺，也是我国生产 BDO 的主要工艺技术路线。Reppe 法是由原料乙炔和甲醛催化反应生成中间体 1,4-丁炔二醇，再进一步经低压和高压加氢得到 BDO。常用催化剂有铜铋催化剂、有机锂催化剂和 Lewis 酸催化剂。

（1）铜铋催化剂

1939 年，德国 Reppe 博士首次提出铜铋催化剂可用来催化甲醛和乙炔反应[21]。20 世纪 40 年代，德国 BASF 公司率先使用 Reppe 法实现 1,4-丁二醇工业化生产，1956 年美国 GAF 公司、1969 年 DuPont 公司分别完成工业化生产[22]。我国是在 2001 年引进美国技术，在山西三维建成了 2.5 万 t/a Reppe 法生产装置，开始了我国生产 1,4-丁二醇工业化进程，铜铋化合物为催化剂。该反应是放热反应，存在气液固三相，反应机理是在催化剂上进行的表面反应。催化剂中的氧化铜（Cu^{2+}）在甲醛作用下还原为氧化亚铜（Cu^{+}），再与乙炔作用生成中间体乙炔亚铜，甲醛和乙炔分别吸附在乙炔亚铜（Cu^{+}）固体表面发生亲核加成反应生成丙炔醇。丙炔醇的生成是速率决定步骤，然后丙炔醇与甲醛反应生成 1,4-丁炔二醇，随后 1,4-丁炔二醇从催化剂表面脱附到溶液中[23,24]。炔醛化反应的副反应较多，甲醛会发生歧化反应生成甲醇、甲酸和聚炔等[25]。为抑制炔醛化反应过程中副产物聚炔生成，在催化剂中添加如金、汞、铅、锑、铋、锡、铈以及其溴化物、碘化物、氧化钛等助剂来提高 1,4-丁炔二醇的选择性[26]。研究发现[27~31]，Cu^{2+}过度还原为 Cu^{0}原子是形成聚炔的主要原因，而生成的聚炔会覆盖在催化剂表面，减少催化剂活性中心，降低了催化剂活性；铋有抑制 Cu^{2+}还原为 Cu^{0}原子的作用，可抑制聚炔形成；NiO 能提高催化剂活性和选择性，Cr_2O_3 可使催化剂活性降低。目前，铜铋催化剂研究主要集中在通过使用不同载体、不同颗粒大小、不同金属负载量及不同制备方法等改善催化效果，提高 1,4-丁炔二醇的收率和选择性。

改良法由美国 GAF 公司开发成功并广泛应用于工业生产。该工艺以乙炔和甲醛为主要原料，采用乙炔亚铜/铋为催化剂，首先生成 1,4-丁炔二醇，然后再加氢生成 1,4-丁二醇。1,4-丁炔二醇加氢生成 1,4-丁二醇分 2 步，第 1 步是以 Ni 为催化剂，催化剂用量约为 1,4-丁炔二醇的 1%~4%，反应温度为 50~60℃，氢气压力为 1.4~2.5MPa；第 2 步是以 Ni-Cu-Mn/硅胶为催化剂，反应在温度为 100~150℃，氢气压力为 10.0~20.0MPa 的条件下进行。。1,4-丁炔二醇采用两段加氢，加氢总转化率为 100%，1,4-丁炔二醇的选择性为 95%。

杨桂花等[10]认为，乙炔和甲醛在 Cu-Bi 催化剂作用下，气、液、固三相体系中合成 1,4-丁炔二醇反应机理如下：Cu-Bi 催化剂中氧化铜（Cu^{2+}）在甲醛作用下还原为氧化亚铜（Cu^{+}），再与乙炔反应生成乙炔亚铜，甲醛和乙炔分别吸附在乙炔亚铜（Cu^{+}）固体表面发生亲核加成反应生成丙炔醇。丙炔醇的生成是速率决定步骤，然后丙炔醇与甲醛反应生成 1,4-丁炔二醇。

（2）有机锂催化剂

1975 年，Midland[32]使用有机锂催化剂，催化乙炔和醛反应生成炔醇，反应在低温无氧无水下进行，反应中间产物是金属炔化物，中间产物活性高，伴有副反应发生，会生成大量

副产物，限制了该方法的应用。

（3）Lewis 酸催化剂

Lewis 酸催化剂用于炔醛加成反应始于 20 世纪末[33~39]，如 $Zn(OTf)_2$、$Sn(OTf)_2$、$InBr_3/In(OTf)_3$、$AuPPh_3Cl/AgOTf$、无水 $ZnCl_2$、$RuCl_3/InCl_3$、$Cy_3P/AgCl$ 等。在炔醛加成反应过程中，金属与炔先原位形成炔化物中间体，然后中间体与醛或酮亲核加成反应生成炔醇。Frantz 和 Carreira 等[40]研究发现，在 L 酸 $Zn(OTf)_2$ 及碱存在下原位生成中间体炔化锌物质，它与羰基反应会生成炔醇。在二氯甲烷溶液中，恒温 23℃条件下炔醇收率高达 99%。为了降低成本，用 $ZnCl_2$ 代替 $Zn(OTf)_2$，在恒温 35℃反应 10h，炔醇收率最高可达到 90%。为了加速炔化锌对醛的加成反应，Downey 等[41]提出了在三甲硅烷基三氟甲磺酸酯（TMSOTf）存在下炔与 $ZnBr_2$ 及 i-Pr_2NEt 生成溴代炔化锌，对已受 TMSOTf 激活的醛发生亲核加成反应。TMSOTf 能使醛生成三甲基硅烷的烯醇式结构，降低醛基碳的电子密度，利于炔化锌的亲核加成反应进行，生成的三甲基硅烷基醚再水解得到炔醇。为了开发环境友好型催化剂，Trost 等[42]使用低毒二烷基锌催化剂，利用氨基醇活化炔化锌中间体与醛基氧形成双核配合物，加速了炔化锌与醛的加成反应。

总之，在 Lewis 酸催化下的醛炔加成反应，首先是 Lewis 酸催化剂活化炔氢，生成具有较强亲核的中间体金属炔化物；然后是 Lewis 酸催化剂活化醛、酮的羰基氧，减少羰基碳的电子密度，有利于金属炔化物的进攻，实现加成反应。

5.4 1,4-丁二醇合成反应机理分析

Reppe 法工艺生产的 BDO 占比最高，约为 37%，但改进法 GAF 法更具优势，GAF 法是乙炔、甲醛为原料，催化剂含有 Cu/Bi 和 Ni-Cu/Bi 活性组元，先合成 1,4-丁炔二醇，然后加氢再合成 1,4-丁二醇。其总反应方程如下：

$$CH{\equiv}CH + 2CH_2O + 2H_2 \longrightarrow HOCH_2CH_2CH_2CH_2OH$$

实际上，利用炔醛法合成 1,4-丁二醇反应分 2 个过程，第 1 步，乙炔和甲醛在乙炔亚铜催化剂作用下合成 1,4-丁炔二醇；第 2 步，1,4-丁炔二醇在 Ni 催化剂作用下加氢合成 1,4-丁二醇。

5.4.1 合成 1,4-丁炔二醇

（1）乙炔和甲醛分子结构

乙炔分子式 C_2H_2，结构式 H—C≡C—H，结构简式 HC≡CH，乙炔中 C 原子采用 sp 杂化，电子式 H:C⋮⋮C:H，乙炔分子中 C≡C 键与 C—H 键夹角 180°，是直线形分子。C 原子外层电子排布为：$2s^22p^2$，经 sp 杂化后形成 2 个 sp 杂化轨道和 2 个 2p 轨道，每个轨道上都有 1 个未成键的电子。

图 5-1 是乙炔分子构成分析。图 5-1(a)是 C 原子和 H 原子外层电子轨道结构图，有 2 个 C 原子，标记为 1-C 和 2-C 原子；还有 2 个 H 原子，标记为 1-H 和 2-H 原子。在图 5-1(b)中，1-C 原子外层的 2 个 sp 杂化轨道和 1 个 2p 轨道与 2-C 原子外层的 2 个 sp 杂化轨道和 1 个 2p 轨道重叠，共用 3 对电子生成 1 个C≡C键。1-C 原子外层剩余的 1 个 2p 轨道与 1-H 原子外层含有未成键电子的 s 轨道重叠，共用 1 对电子生成 1 个 C—H 键。2-C 原子外

层剩余的1个2p轨道与2-H原子外层含有未成键电子的s轨道重叠，共用1对电子生成第2个C—H键，则生成1个乙炔分子HC≡CH，其电子轨道结构如图5-1(c)所示。

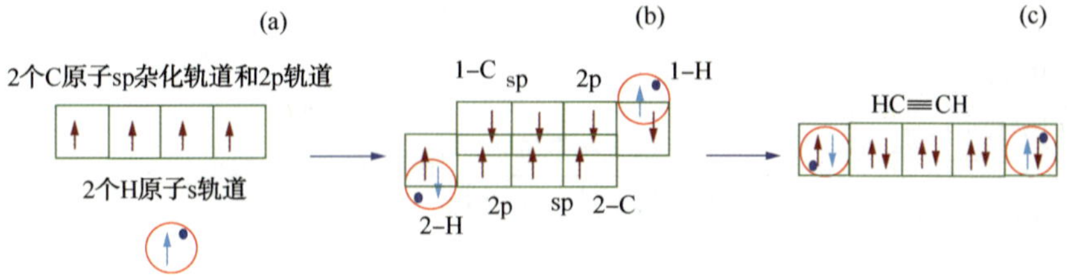

图5-1 乙炔分子构成分析

图5-2是甲醛分子构成分析。图5-2(a)是C原子、O原子和H原子外层电子轨道结构图，C、O原子外层2s2p轨道进行了sp^3杂化，各自生成4个sp^3杂化轨道；C原子外层4个sp^3杂化轨道上均有1个未成键电子，O原子外层4个sp^3杂化轨道中，有2个杂化轨道含有孤对电子，还有2个杂化轨道含有未成键电子。在图5-2(b)中，C原子外层2个含有未成键电子的sp^3杂化轨道分别与O原子外层2个含有未成键电子的sp^3杂化轨道重叠，共用2对电子生成1个C═O键。C原子外层剩余的2个sp^3杂化轨道分别与2个H原子外层含有未成键电子的s轨道重叠，共用2对电子生成2个C—H键，则生成1个甲醛分子CH_2O，其电子轨道结构如图5-2(c)。

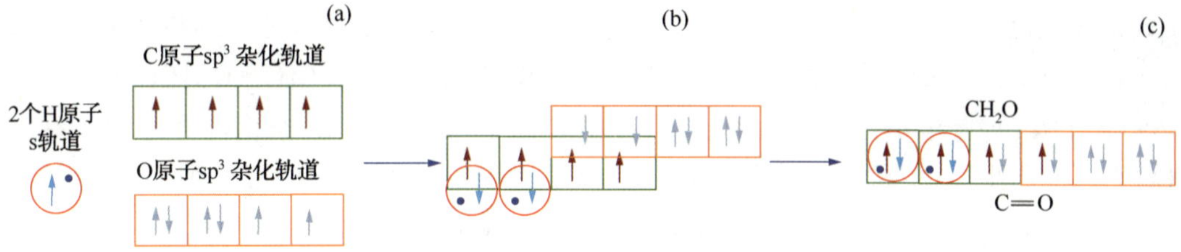

图5-2 甲醛分子构成分析

(2) 乙炔亚铜Cu_2C_2催化剂

工业合成的Cu-Bi催化剂是氧化物，在实际使用中需要进行活化处理。在炔醛法合成1,4-丁炔二醇反应器里，先加入50%~53%甲醛，再加入碱性缓冲溶液，调节pH值为7.6~8.5，再加入催化剂，此时反应器里甲醛浓度为43%~45%，通入乙炔气体开始活化。氧化铜CuO与甲醛反应生成氧化亚铜Cu_2O，氧化亚铜Cu_2O再与乙炔C_2H_2反应生成乙炔亚铜Cu_2C_2。反应方程式如下：

$$2CuO+CH_2O \longrightarrow Cu_2O+HCOOH$$

$$Cu_2O+C_2H_2 \longrightarrow Cu_2C_2+H_2O$$

总反应方程式为：

$$2CuO+CH_2O+C_2H_2 \longrightarrow Cu_2C_2+HCOOH+H_2O$$

活化得到的乙炔亚铜在后续的乙炔和甲醛合成1,4-丁炔二醇的反应中起到催化作用。图5-3是乙炔亚铜结构分析。Cu元素核电荷数29>21，不存在能级交错，$E_{4s}>E_{3d}$。Cu原子外层电子排布是$3d^{10}4s^1$，Cu原子失去4s轨道电子生成Cu^+。图5-3(a)是Cu^+和$[C≡C]^{2-}$电子轨道结构图。在图5-3(b)中，$[C≡C]^{2-}$中2个C原子外层含有孤对电子的2p轨道分别与2个

Cu^+外层空的 4s 轨道重叠，共用 2 对电子生成 2 个 Cu—C 键，则生成 1 个乙炔亚铜分子 CuC≡CCu，其电子轨道结构如图 5-3(c)所示。

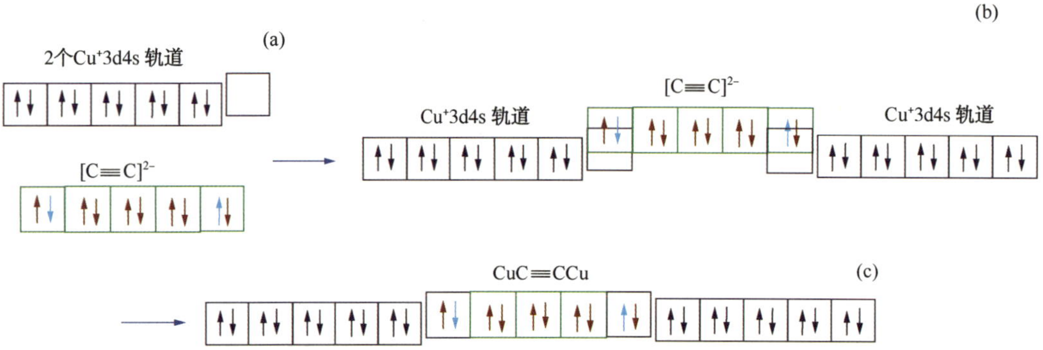

图 5-3　乙炔亚铜结构分析

(3) 乙炔亚铜与甲醛反应

图 5-4 是活性催化剂乙炔亚铜 Cu_2C_2 与甲醛反应生成中间产物 CuC≡C—CH_2—O 过程分析。图 5-4(a)乙炔亚铜 Cu_2C_2 和甲醛分子电子轨道结构图。在图 5-4(b)中，Cu_2C_2 与甲醛分子相互作用，活化了甲醛分子中 C═O 键，根据表 5-5 电负性数据[43]，O 原子电负性(3.44)大于 C 原子电负性(2.55)，C═O 键断裂变成 C—O 键时，共用电子会留在 O 原子外层 sp^3 杂化轨道上，C 原子外层出现 1 个空的 sp^3 杂化轨道，则甲醛分子结构由 CH_2═O 变成为 CH_2—O，其电子轨道结构如图 5-4(c)。在图 5-4(c)中，CH_2—O 中 C 原子电负性(2.55)大于 Cu 原子电负性(1.90)，CH_2—O 中 C 原子外层空的 sp^3 杂化轨道与 CuC≡CCu 中 C、Cu 原子外层重叠轨道再次重叠，C—Cu 键断裂生成 C—C 键，则生成中间产物 CuC≡C—CH_2—O 和 Cu^+，其电子轨道结构如图 5-4(d)和图 5-4(e)所示。

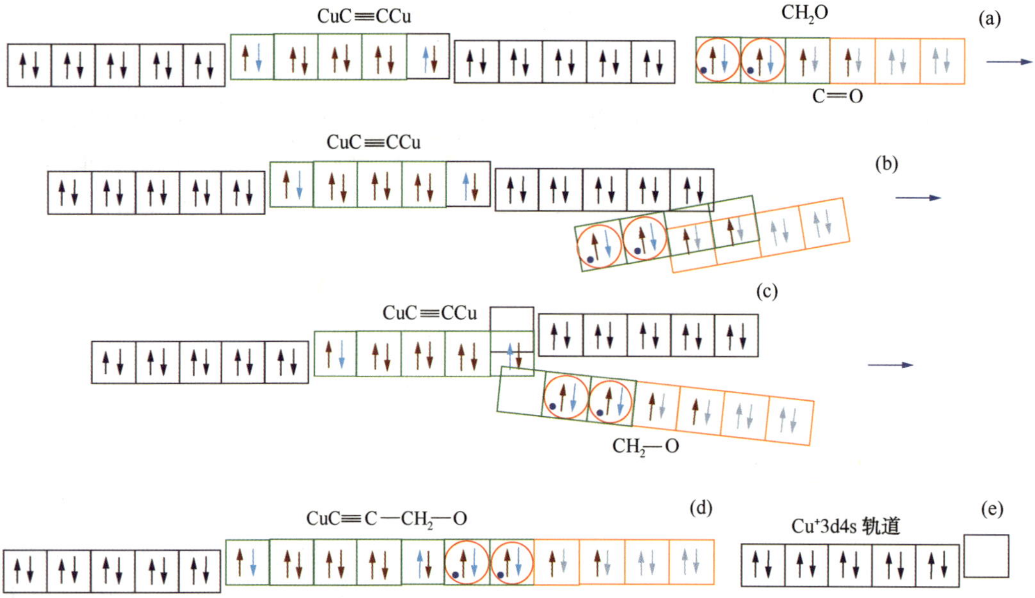

图 5-4　乙炔亚铜与甲醛反应

表 5-5 部分元素电负性

元素	H	Pd	Rh	Cr	Zn	Ni	Bi	O	Cu	Sn	Mo	C
A^0	2.20	2.20	2.20	1.66	1.65	1.91	2.02	3.44	1.90	1.80	2.16	2.55
A^+		5.00	4.60	4.19	4.92	4.64	4.32	8.77	5.04	3.96	4.18	6.42
A^{2+}		9.42	8.85	8.54	10.38	9.60	7.61	16.21	10.28	8.12	7.80	13.01
A^{3+}		14.75	13.80	14.41	17.84	16.21	12.75	23.82	16.57	12.82	13.24	20.23

(4) 乙炔与 Cu^+ 反应

图 5-5 是乙炔与前面生成的 Cu^+ 反应生成 HC≡CCu 过程分析。图 5-5(a)是乙炔分子 C_2H_2 和 Cu^+ 电子轨道结构图。图 5-5(b)中，根据表 5-5 电负性数据，Cu^+ 电负性(5.04)大于 H 原子电负性(2.20)，Cu^+ 外层空的 4s 轨道与 C_2H_2 中 1 个 C、H 原子重叠轨道再次重叠，Cu^+ 取代 H 原子生成 C—Cu 键，则生成 HC≡CCu 和 H^+，其电子轨道结构如图 5-5(c)和图 5-5(d)所示。

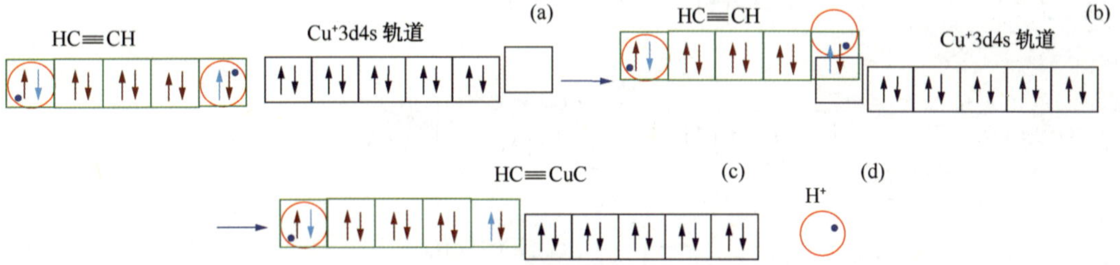

图 5-5 乙炔与 Cu^+ 反应

(5) 生成中间产物 $CuC≡C—CH_2OH$

图 5-6 是 $CuC≡C—CH_2—O$ 和前面生成的 H^+ 反应生成 $CuC≡C—CH_2OH$ 过程分析。图 5-6(a)是 $CuC≡C—CH_2—O$ 和 H^+ 电子轨道结构图。在图 5-6(b)中，H^+ 外层空的 s 轨道与 $CuC≡C—CH_2—O$ 中 O 原子外层含有孤对电子的 sp^3 杂化轨道重叠，共用 1 对电子生成 1 个 H—O 键，则生成中间产物 $CuC≡C—CH_2OH$ ，其电子轨道结构如图 5-6(c)所示。

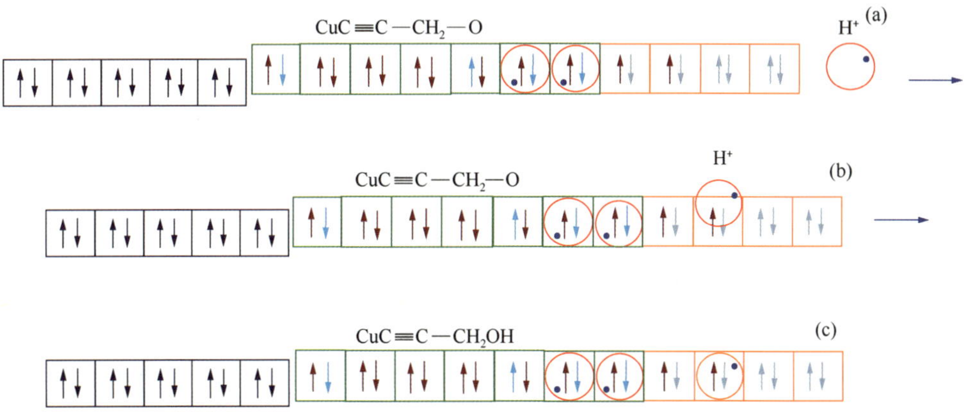

图 5-6 生成中间产物 $CuC≡C—CH_2OH$ 过程分析

(6) 生成中间产物 O—CH_2—C≡C—CH_2OH

图 5-7 是生成的 CuC≡C—CH_2OH 与 CH_2O 反应生成中间产物 O—CH_2—C≡C—CH_2OH 过程分析。图 5-7(a)是 CuC≡C—CH_2OH 和 CH_2O 分子电子轨道结构图。在图 5-7(b)中，CuC≡C—CH_2OH 与 CH_2O 分子相互作用，活化了 CH_2O 分子中 C═O 键，表 5-5 电负性数据中 O 原子电负性(3.44)大于 C 原子电负性(2.55)，C═O 键断裂变成 C—O 键时，共用电子会留在 O 原子外层 sp^3 杂化轨道，C 原子外层出现了 1 个空的 sp^3 杂化轨道，则甲醛分子结构由 CH_2═O 变成为 CH_2—O，CH_2—O 结构中 C 原子外层生成 1 个空的 sp^3 杂化轨道，其电子轨道结构如图 5-7(c)所示。根据表 5-5 数据，C 原子电负性(2.55)大于 Cu 原子电负性(1.90)，CH_2—O 中 C 原子外层空 sp^3 杂化轨道与 CuC≡C—CH_2OH 中 C、Cu 原子外层重叠轨道再次重叠，C—Cu 键断裂生成 C—C 键，则生成中间产物 O—CH_2—C≡C—CH_2OH 和 Cu^+，其电子轨道结构如图 5-7(d)和图 5-7(e)所示。

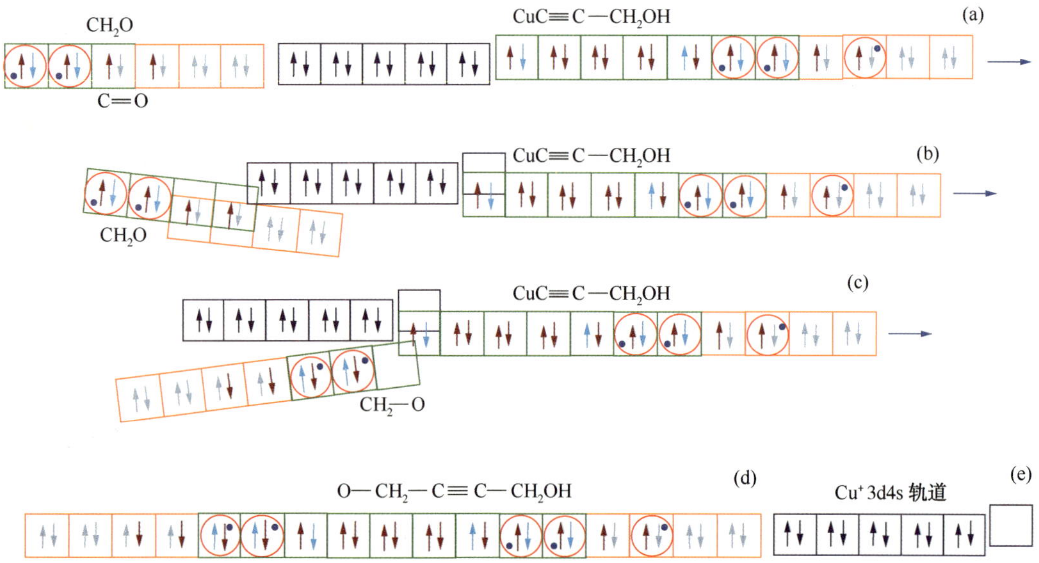

图 5-7 生成中间产物 O—CH_2—C≡C—CH_2OH

(7) 生成乙炔亚铜CuC≡CCu

图 5-8 是生成乙炔亚铜CuC≡CCu过程分析。图 5-8(a)是CH≡CCu和 Cu^+电子轨道结构图。在图 5-8(b)中，Cu^+电负性(5.04)大于 H 原子电负性(2.20)，Cu^+外层空的 4s 轨道与CH≡CCu结构中 C 原子外层 2p 轨道重叠，Cu^+取代 H 原子，C—H 键断裂生成 C—Cu 键，则生成CuC≡CCu和 H^+，其电子轨道结构如图 5-8(c)和图 5-8(d)所示。

(8) 生成 1,4-丁炔二醇

图 5-9 是中间产物O—CH_2—C≡C—CH_2OH与前面生成的 H^+反应生成 1,4-丁炔二醇分子$HOCH_2$—C≡C—CH_2OH过程分析。图 5-9(a)是中间产物O—CH_2—C≡C—CH_2OH和 H^+的电子轨道结构图。在图 5-9(b)中，H^+外层空 s 轨道与O—CH_2—C≡C—CH_2OH中 O 原子外层含有孤对电子的 sp^3 杂化轨道重叠，共用 1 对电子生成 1 个 H—O 键，则生成 1,4-丁炔二醇分子$HOCH_2$—C≡C—CH_2OH，其电子轨道结构如图 5-9(c)所示。

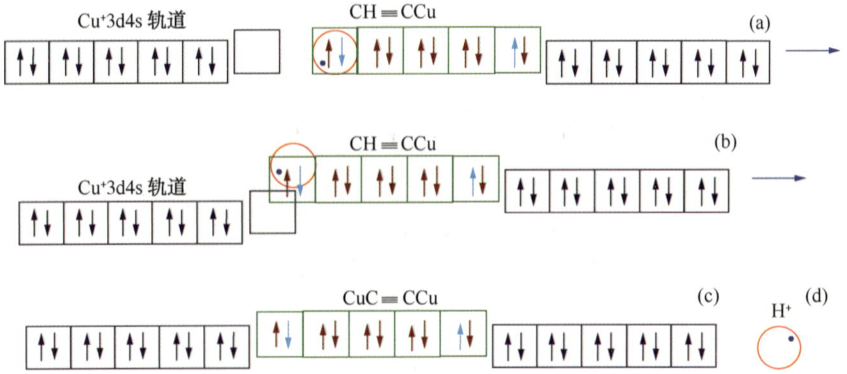

图 5-8 生成乙炔亚铜 CuC≡CCu 过程分析

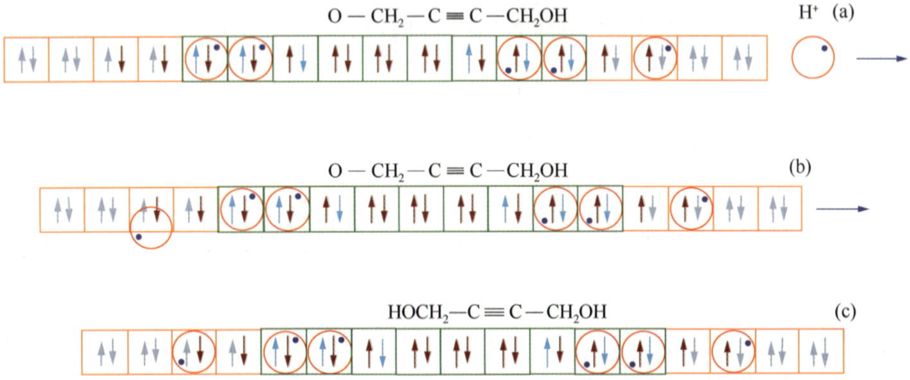

图 5-9 生成 1,4-丁炔二醇分子过程分析

(9) 生成丙炔醇

丙炔醇由中间产物CH≡CCu和 CH_2O 反应生成。图 5-10 是中间产物CH≡C—CH_2—O生成过程分析。图 5-10(a)是CH≡CCu和 CH_2O 分子电子轨道结构图。在图 5-10(b)中，CH≡CCu 与 CH_2O 相互作用，活化了 CH_2O 分子中 C═O 键，根据表 5-5 电负性数据，O 原子电负性(3.44)大于 C 原子电负性(2.55)，C═O 键断裂生成 C—O 键时，有 1 对共用电子会留在 O 原子外层 sp^3 杂化轨道，C 原子外层出现了 1 个空的 sp^3 杂化轨道，则甲醛分子结构由 CH_2═O 变成为 CH_2—O 结构，其电子轨道结构如图 5-10(c)和图 5-10(d)所示。在图 5-10(d)中，根据表 5-3 电负性数据，CH_2—O 中 C 原子电负性(2.55)大于 Cu 原子电负性(1.90)，CH_2—O 中 C 原子外层空的 sp^3 杂化轨道与CH≡CCu中 C、Cu 原子外层重叠轨道再次重叠，C—Cu 键断裂生成 C—C 键，则生成中间产物CH≡C—CH_2—O和 Cu^+，其电子轨道结构如图 5-10(e)和图 5-10(f)所示。生成的 Cu^+ 会与继续乙炔发生反应生成 H^+，为后续CH≡C—CH_2—O加氢合成丙炔醇提供 H^+。

图 5-11 是乙炔分子 C_2H_2 与 Cu^+ 反应生成CH≡CCu和 H^+ 过程分析。图 5-11(a)是 C_2H_2 与 Cu^+ 电子轨道结构图。在图 5-11(b)中，根据表 5-5 电负性数据，Cu^+ 电负性(5.04)大于 H 原子电负性(2.20)，Cu^+ 外层空的 4s 轨道与CH≡CH中 C 原子外层 2p 轨道重叠，Cu^+ 取代

H 原子生成 C—Cu 键，则生成$CH\equiv CCu$和 H^+，其电子轨道结构如图 5-11(c)和图 5-11(d)所示。

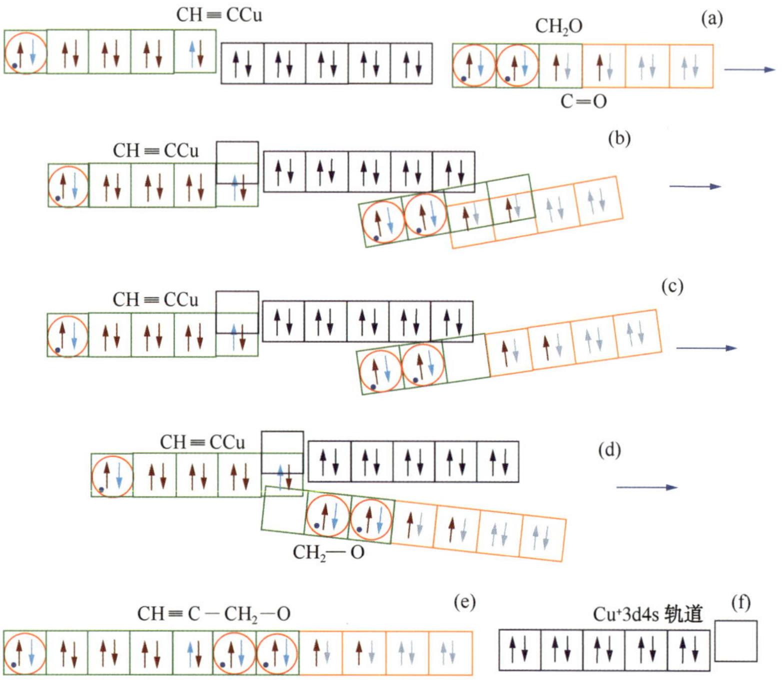

图 5-10　生成 $CH\equiv C—CH_2—O$ 过程分析

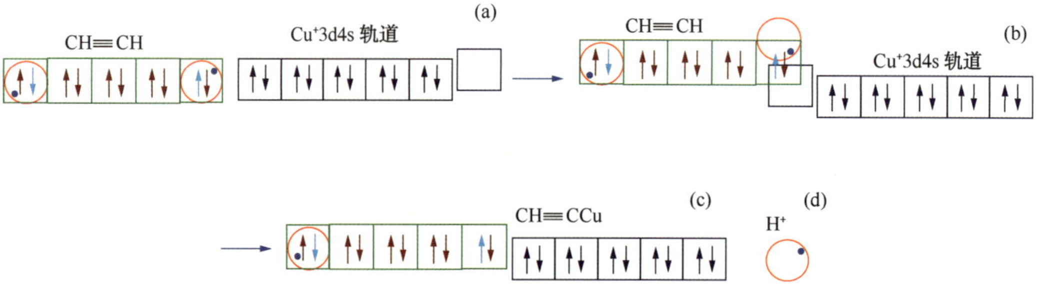

图 5-11　乙炔与 Cu^+反应

刚生成的 H^+会与中间产物$CH\equiv C—CH_2—O$反应生成丙炔醇。图 5-12 是丙炔醇分子生成过程分析。图 5-12(a)是中间产物$CH\equiv C—CH_2—O$和 H^+的电子轨道结构图。在图 5-12(b)中，H^+外层空的 s 轨道与中间产物$CH\equiv C—CH_2—O$中 O 原子外层含有孤对电子的 sp^3 杂化轨道重叠，共用 1 对电子生成 1 个 H—O 键，则生成丙炔醇分子$CH\equiv C—CH_2—OH$，其电子轨道结构如图 5-12(c)所示。

(10) 合成 1,4-丁炔二醇反应机理分析

在 Cu-Bi 催化剂作用下，乙炔和甲醛反应合成 1,4-丁炔二醇过程如下：

$$CuC\equiv CCu + CH_2O \longrightarrow CuC\equiv C—CH_2—O + Cu^+ \qquad (1)$$

$$CH\equiv CH + Cu^+ \longrightarrow CH\equiv CCu + H^+ \qquad (2)$$

$$CuC\equiv C—CH_2—O + H^+ \longrightarrow CuC\equiv C—CH_2OH \qquad (3)$$

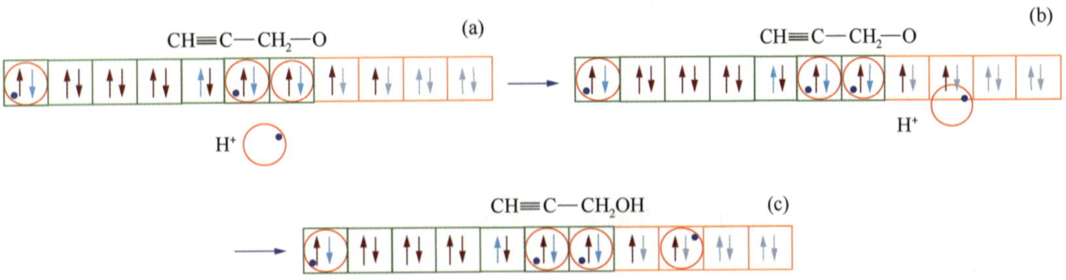

图 5-12 丙炔醇分子生成过程分析

$$CuC\equiv C—CH_2OH + CH_2O \longrightarrow O—CH_2—C\equiv C—CH_2OH + Cu^+ \quad (4)$$

$$Cu^+ + CH\equiv CCu \longrightarrow CuC\equiv CCu + H^+ \quad (5)$$

$$O—CH_2—C\equiv C—CH_2OH + H^+ \longrightarrow HOCH_2—C\equiv C—CH_2OH \quad (6)$$

式(1)+(2)+(3)+(4)+(5)+(6)得到式(7)，即甲醛与乙炔合成1,4-丁炔二醇反应方程：

$$2CH_2O+C_2H_2 \longrightarrow HOCH_2C\equiv CCH_2OH \quad (7)$$

当然，如果式(2)得到的中间物 $CH\equiv CuC$ 与甲醛反应，会生成丙炔醇：

$$CH\equiv CCu + CH_2O \longrightarrow CH\equiv C—CH_2—O + Cu^+ \quad (8)$$

$$CH\equiv CH + Cu^+ \longrightarrow CH\equiv CCu + H^+ \quad (9)$$

$$CH\equiv C—CH_2—O + H^+ \longrightarrow CH\equiv C—CH_2—OH \quad (10)$$

式(8)+(9)+(10)得到式(11)，即生成丙炔醇：

$$CH_2O+C_2H_2 \longrightarrow CH\equiv C—CH_2—OH \quad (11)$$

所以，在反应中间产物中存在丙炔醇 $CH\equiv C—CH_2—OH$ 。但丙炔醇 $CH\equiv C—CH_2—OH$ 与甲醛直接反应生成1,4-丁炔二醇的可能性很小，丙炔醇 $CH\equiv C—CH_2—OH$ 还需要与Cu^+反应生成 $CuC\equiv C—CH_2OH$ ，而 $CuC\equiv C—CH_2OH$ 再与甲醛等反应生成 $O—CH_2—C\equiv C—CH_2OH$ ，最后 $O—CH_2—C\equiv C—CH_2OH$ 与H^+反应才能生成1,4-丁炔二醇 $HOCH_2C\equiv CCH_2OH$ 。

(11) 小节

乙炔和甲醛在Cu-Bi催化剂作用下，按照炔醛法合成1,4-丁炔二醇过程分11步：

① Cu系催化剂在50%~53%甲醛中，并加入碱性缓冲溶液调节pH值为7.6~8.5，通入乙炔气体开始活化，生成活化催化剂乙炔亚铜 $CuC\equiv CCu$ ；

② 乙炔亚铜催化剂与甲醛反应生成中间产物 $CuC\equiv C—CH_2—O$ 和 Cu^+；

③ Cu^+与乙炔反应生成 $CH\equiv CCu$ 和 H^+；

④ 中间产物 $CuC\equiv C—CH_2—O$ 与 H^+反应，生成 $CuC\equiv C—CH_2OH$；

⑤ $CuC\equiv C—CH_2OH$ 与 CH_2O 继续反应，生成中间产物 $O—CH_2—C\equiv C—CH_2OH$ 和 Cu^+；

⑥ Cu^+继续与 $CH\equiv CCu$ 反应，生成具有催化活性物质 $CuC\equiv CCu$ 和 H^+；

⑦ H^+与 $O—CH_2—C\equiv C—CH_2OH$ 反应生成1,4-丁炔二醇 $HOCH_2C\equiv CCH_2OH$；

⑧ $CH\equiv CCu$ 具有部分活性，能与甲醛反应生成 $CH\equiv C—CH_2—O$ 和 Cu^+；

⑨ Cu^+与乙炔反应生成具有部分活性的 $CH\equiv CCu$ 和 H^+；

⑩ H^+与 $CH\equiv C—CH_2—O$ 反应生成丙炔醇 $CH\equiv C—CH_2—OH$；

⑪ 丙炔醇分子CH≡C—CH_2—OH与甲醛直接反应生成1,4-丁炔二醇的可能性很小，丙炔醇CH≡C—CH_2—OH还需要与Cu^+反应生成CuC≡C—CH_2OH，而CuC≡C—CH_2OH再与甲醛等反应生成O—CH_2—C≡C—CH_2OH，最后O—CH_2—C≡C—CH_2OH与H^+反应才能生成1,4-丁炔二醇$HOCH_2C≡CCH_2OH$。

5.4.2 1,4-丁炔二醇加氢制1,4-丁二醇

(1) 催化剂Ni-Cu-Mn

Ni-Cu-Mn催化剂用于1,4-丁炔二醇加氢制1,4-丁二醇，Ni元素是催化剂活性组元，Ni元素核电荷数28>21，不存在能级交错，$E_{4s}>E_{3d}$。Ni原子外层$3d^84s^2$，Ni原子失去外层4s轨道2个电子变成Ni^{2+}，其外层电子排布变成$3d^84s^0$。

图5-13是Ni原子与H_2分子作用生成H^-过程分析。图5-13(a)是Ni原子3d4s轨道和H_2分子中H原子s轨道电子轨道结构图。在图5-13(b)中，由于H原子电负性(2.20)大于Ni原子电负性(1.91)，在Ni原子与H_2分子相互作用过程中，H_2分子中2个H原子会从Ni原子外层4s轨道获得2个电子生成2个H^-，其电子轨道结构如图5-13(c)；Ni原子失去4s轨道2个电子生成Ni^{2+}，其电子轨道结构如图5-13(d)所示。

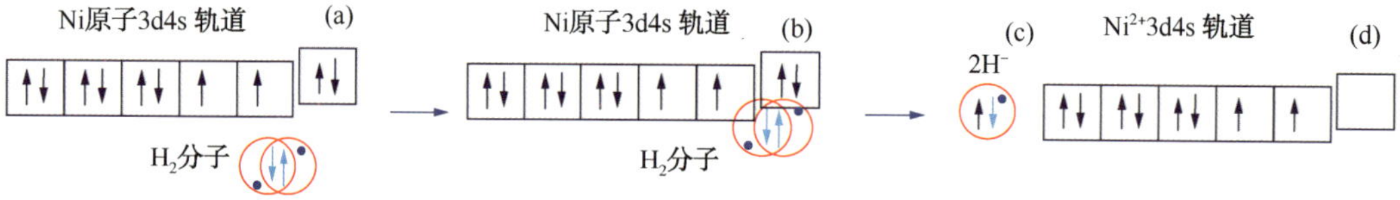

图5-13 H_2在Ni原子作用下生成H^-

对比表5-3电负性数据发现，失去电子的金属阳离子电负性普遍高于金属原元素，失去电子个数越多，金属阳离子的电负性就越大。如Ni元素的电负性为1.91，失去1个电子的Ni^+电负性就变为4.64，Ni^{2+}电负性为9.60，Ni^{3+}电负性为16.21。

图5-14是H_2在Ni^{2+}作用下生成H^+过程分析。图5-14(a)是Ni^{2+}外层3d4s轨道和H_2分子中H原子外层s轨道。在图5-14(b)中，因表5-5电负性数据中Ni^{2+}电负性(9.60)大于H原子电负性(2.20)，Ni^{2+}具有极强得电子能力，Ni^{2+}与H_2分子相互作用，会从H_2分子中2个H原子外层s轨道各获得1个电子被还原成Ni原子，其电子轨道结构如图5-14(c)所示；H_2分子中2个H原子失去其外层s轨道电子生成2个H^+，其电子轨道结构如图5-14(d)所示。

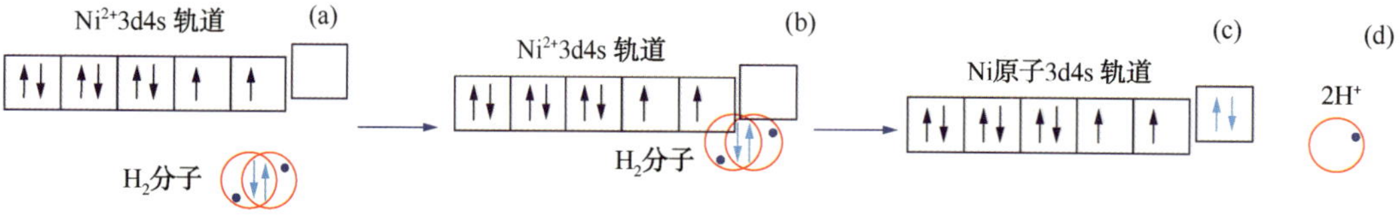

图5-14 H_2在Ni^{2+}作用下生成H^+

(2) 1,4-丁炔二醇加氢生成1,4-丁二醇

图5-15是1,4-丁炔二醇加氢生成1,4-丁二醇过程分析。图5-15(a)是1,4-丁炔二醇

和 H^+、H^- 电子轨道结构图，2 对 H^+ 和 H^-，分别标记为 1-H^+、2-H^+、1-H^- 和 2-H^-；构成 C≡C 键的 2 个 C 原子标记为 1-C 和 2-C。在图 5-15(b)中，2 对 H^+ 和 H^- 同时与 1,4-丁炔二醇分子中 C≡C 键作用，活化了 C≡C 键，1-C、2-C 原子外层轨道进行了 sp^3 杂化形成 4 个 sp^3 杂化轨道，1-C、2-C 原子共用的 3 对电子，1 对电子生成 C—C 键，另外 2 对电子分别留在 1-C 和 2-C 原子外层 sp^3 杂化轨道上，同时在 1-C、2-C 原子外层各出现了 1 个空的 sp^3 杂化轨道，其电子轨道结构如图 5-15(c)所示。在图 5-15(c)中，1-H^+ 外层空的 s 轨道与 1-C 原子外层含有孤对电子的 sp^3 杂化轨道重叠，共用 1 对电子生成 1 个 C—H 键；1-H^- 外层含有孤对电子的 s 轨道与 1-C 原子外层空的 sp^3 杂化轨道重叠，共用 1 对电子生成第 2 个 C—H 键。2-H^+ 外层空的 s 轨道与 2-C 原子外层含有孤对电子的 sp^3 杂化轨道重叠，共用 1 对电子生成第 3 个 C—H 键；2-H^- 外层含有孤对电子的 s 轨道与 2-C 原子外层空的 sp^3 杂化轨道重叠，共用 1 对电子生成第 4 个 C—H 键，则生成 1,4-丁二醇分子，其电子轨道结构如图 5-15(d)所示。

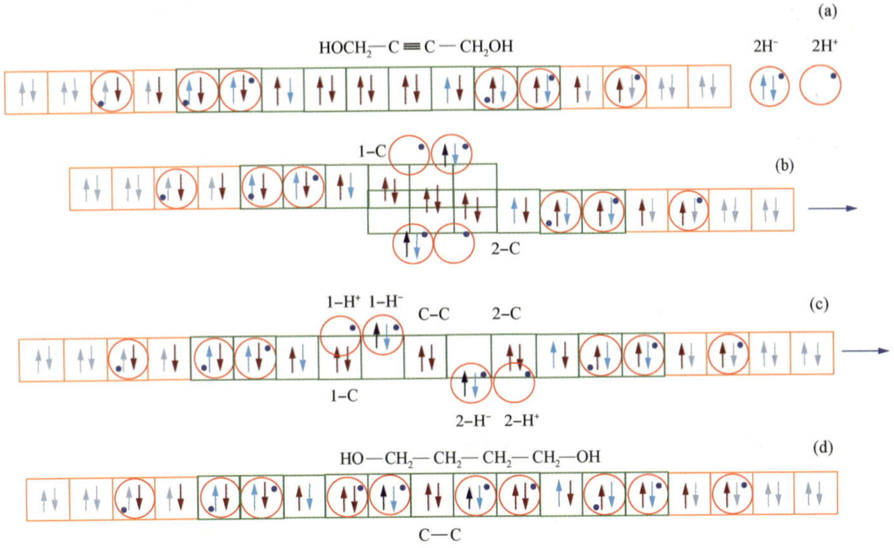

图 5-15　1,4-丁炔二醇加氢生成 1,4-丁二醇

(3) 1,4-丁炔二醇加氢合成 1,4-丁二醇反应机理分析

在 Ni-Cu-Mn 催化剂作用下，1,4-丁炔二醇加氢合成 1,4-丁二醇，反应过程如下：

$$Ni+H_2 \longrightarrow Ni^{2+}+2H^- \quad (1)$$

$$Ni^{2+}+H_2 \longrightarrow Ni+2H^+ \quad (2)$$

$$HOCH_2C{\equiv}CCH_2OH + 2H^+ + 2H^- \longrightarrow HOCH_2CH_2CH_2CH_2OH \quad (3)$$

式(1)+(2)+(3)得到式(4)：

$$HOCH_2C{\equiv}CCH_2OH + 2H_2 \longrightarrow HOCH_2CH_2CH_2CH_2OH \quad (4)$$

(4) 小节

工业上，常用 Cu/Bi 或 Cu-Ni/Bi 催化剂，采用 Reppe 法以乙炔和甲醛为原料加氢制备 1,4-丁二醇，反应分 2 部分，首先乙炔和甲醛在 Cu 基催化剂作用下生成 1,4-丁炔二醇，然后 1,4-丁炔二醇在 Ni 基催化剂作用下加氢合成 1,4-丁二醇。1,4-丁炔二醇加氢合成 1,4-丁二醇反应过程分 2 步：

① H_2 在 Ni 基催化剂作用下，反应生成 H^+ 和 H^-，生成的 H^+ 和 H^- 数量相同，且同时存在；

② H^+ 和 H^- 同时与 1,4-丁炔二醇分子 $HOCH_2C \equiv CCH_2OH$ 作用，攻击 1,4-丁炔二醇分子 $HOCH_2C \equiv CCH_2OH$ 中 C≡C 键，活化了 C≡C 键，C≡C 键变为 C—C 键，2 个 H^+ 和 2 个 H^- 分别与 2 个 C 原子生成了 4 个 C—H 键，则生成了 1,4-丁二醇分子 $HOCH_2CH_2CH_2CH_2OH$。

参考文献

[1] 王军，刘素侠，欧阳平凯．聚丁二酸丁二醇酯的研究进展[J]．化工新型材料，2007，35(10)：25-27.
[2] 刘新波，邓魁，孙凯，等．1,4-二醇的发展现状及措施[J]．聚酯工业，2015，28(1)：5-8.
[3] 文伯．1,4-丁二醇的生产技术与市场分析[J]．精细工原料及中间体，2010(9)：41-44.
[4] 于成涛．1,4-丁二醇生产现状与发展趋势[J]．山东化工，2014，43(3)：44-48.
[5] 全国新建 BDO 项目累计超 370 万吨，含恒力能源 180 万吨、华恒能源 72 万吨等．新浪科技，2021-04-15.
[6] 陈海红．1,4-丁二醇(BDO)的应用与发展前景[J]．化工中间体，2013，10(7)：17-21.
[7] 2016~2020 年我国 BDO 行业产能产量增长及主要技术工艺路线分析[EB/OL]．2021-09-15. http://www.leadingir.com.
[8] 任晓军，胡燕，章小林，等．1,4-丁炔二醇二段加氢 Ni/Al_2O_3 催化剂的研究[J]．化工设计通讯，2014，20(2)：84-88.
[9] 彭光，王翔宇，李耀会，等．Reppe 法合成 1,4-丁二醇二段加氢催化剂的研究[J]．化工设计通讯，2015，20(2)：50-52.
[10] 杨桂花，王吉德，徐世美，等．醛炔法合成 1,4-丁二醇催化剂研究进展[J]．材料导报，2014，28(19)：68-74.
[11] 庄昌建，马空军，陆江银，等．1,4-丁二醇二段加氢催化剂的研究[J]．现代化工，2017，37(4)：59-62.
[12] Komatsu T，Inaba K，Uezono T，et al. Nano-size particles of palladium intermetallic compounds as catalysts for oxidative acetoxylation[J]. Appl Catal A：Gen，2003，251(2)：315-326.
[13] Kim I，Ahn J T，Ha C S，et al. Polymerization of propylene oxide by using double metal cyanide catalysts and application to polyurethance elastomer [J]. Polymer，2003，44(11)：3417-3428.
[14] Chen I F，Guo P J，Zhu I J，et al. Preparation of Cu/SBA-15 catalysts by different methods for the hydrogenolysis of dimethyl maleate to 1,4-butanedio[J]. Appl Catal A：Gen，2009，356(2)：129-136.
[15] Wang Q，Cheng H Y，Liu R X，et al. Influence of metal particle size on the hydrogenation of maleic anhydride over Pd/C catalysts in $SCCO_2$[J]. Catal Today，2009，148(3-4)：368-372.
[16] 张剑，娄瑞娟，孙景伟．我国 1,4-丁二醇的生产现状及发展趋势[J]．化工中间体，2011，8(11)：1-4.
[17] 景森，关丽娟．1,4-丁二醇性能及各种生产工艺介绍[J]．化学工程与装备，2011，(2)：137-138.
[18] 邓军智．1,4-丁二醇的生产工艺技术比较[J]．广东化工，2010，37(2)：89-90.
[19] 杨杰．1,4-丁二醇精制过程中延长高压加氢催化剂使用周期的研究[J]．河南化工，2021，39(8)：47-50.
[20] 王凤阳．雷尼镍催化 1,4-丁炔二醇选择加氢及工艺优化[D]．大连：大连理工大学，2021.
[21] Reppe W，Steinhofer A，Spaenig H，et al. Production of alkinols：US2300969[P]. 1942-11-03.
[22] Reppe W，Keyssner E. Production of alkinols：US2232867[P]. 1942-01-25.
[23] Chu J J，Li K T，Wang I. Kinetics of the synthesis of 1,4-butynediol over a copper-bismuth/magnesium silicate catalyst[J]. Appl Catal A，1993，97(2)：123-132.
[24] Tamhankar S S，Gupte S P，Chaudhari R V，Kinetics of a non-catalytic slurry reaction：Reaction of acetylene with cuprous oxide suspended in water[J]. Hem Eng J，1981，22(1)：15-24.
[25] 徐邦澄，顾其威．淤浆床低压法合成 1,4-丁炔二醇的研究：Ⅱ．工艺及反应动力学[J]．华东化工学院学报，1989(3)：277-284.
[26] Lorenz RE，Pinkos R，Steiniger M，et al. Method for the separation of polymeric by-products from 1,4-bu-

tynediol：US 7572941[P]. 2009-08-11.

[27] 龚楚儒，李小林. 1,4-丁炔二醇的合成及催化剂[J]. 工业催化，1995，(1)：14-17.

[28] 孙继光. 1,4-丁炔二醇合成催化剂的使用和维护[J]. 化学工业与工程，2011，28(5)：54-57.

[29] Kircher J R. Ethynylation catalyst, catalyst preparation, and process：US3650985[P]. 1972-03-21.

[30] 林西平，栗烘道. 国外丁炔二醇的合成和应用[J]. 石油化工，1986，15(2)：111-115.

[31] Hecht O F. Production of alkynols and alkynediols using continuous phase silica gel carrier impregnated with 15 to 20 percent copper and 2 or 9 percent bismuth：US3294849[P]. 1966-12-27.

[32] Midland M M. Mark. Preparation of monolithium acetylide in tetrahydrofuran. Reaction with aldehydes and ketones [J]. J. Org. Chem. 1975, 40(15)：2250-2252.

[33] Frantz D E, Fassler R, Carreira E M. Facile enantioselective synthesis of propargylic alcohols by direct addition of terminal alkynes to aldehydes[J]. J Am Chem Soc, 2000, 122(8)：1806-1807.

[34] Anand N K, Carreira E M. A simple, mild, catalytic, enantioselective addition of terminal acetylenes to aldehydes[J]. J Am Chem Soc, 2001, 123(39)：9687-9688.

[35] Sasaki H, Boyall D, Carreira E M. Facile, asymmetric addition of acetylene to aldehydes：In situ generation of reactive zinc acetylide[J]. Helv Chim Acta, 2001, 84(4)：964-971.

[36] Wei C M, Li C J. Grignard type reaction via C-H bond activation in water [J]. Green chemistry, 2002, 4 (1)：39-41.

[37] Jiang B, Si Y G. Alkynylation of carbonyi compounds with terminal acetylenes promoted by $ZnCl_2$ and Et_3N：simple, mild and efficient preparation of propargylic alcohols[J]. Tetrahedron Lett, 2002, 43(46)：8323-8325.

[38] Takita R, Fukuta Y, Tsuji R, et al. A new entry in catalytic alkynylation of aldehydes and ketones：Dual activation of soft nucleophiles and hard electrophiles by an Indium(Ⅲ) catalyst[J]. Org Lett, 2005, 7(7)：1363-1366.

[39] Li C K, Mo F Y, Li W B. $AuPPh_3Cl$/AgOTf-catalyzed reaction of terminal alkynes：Nucleophilic addition to activated C=O bond[J]. Tetrahedron Lett, 2009, 50(44)：6053-6056.

[40] Frantz D E, Fassler R, Carreira E. Catalytic in situgeneration of Zn(Ⅱ)-alkynilides under mild conditions：Anovel C=N addition process utilizing terminal acetylenes[J]. J. Am. Chem. Soc., 1999, 121：11245-11246.

[41] Downey C D, Mahoney B D, Lipari V R. Trimethylsilyl trifluoromethanesulfonate-accelerated addition of catalytically generated zinc acetylides to aldehydes[J]. J Org Chem, 2009, 74(7)：2904-2906.

[42] Trost B M, Ngai M Y, Dong G B. Ligand-accelerated enantioselective propargylation of aldehydes via allenylzinc reagents[J]. Organic letters, 2011, 13(8)：1900-1903.

[43] 冯玉彪，张粉保，宣利宏，等. 离子的电负性[J]. 大连轻工业学院学报，1998，13(2)：70-76.

第6章　二　甲　醚

6.1　二甲醚工业发展现状

6.1.1　二甲醚性质用途[1~3]

二甲醚(methyl ether，DME)，无色有气味的易燃气体，分子式 C_2H_6O，溶于水、汽油、四氯化碳、苯、氯苯、丙酮及乙酸甲酯，主要用作溶剂、冷冻剂、喷雾剂等。它与空气混合能形成爆炸性混合物，接触热、火星、火焰或氧化剂易燃烧爆炸。接触空气或在光照条件下可生成具有潜在爆炸危险性的过氧化物，密度比空气大，能在较低处扩散到相当远的地方，遇火源会着火回燃。二甲醚的应用非常广泛，不仅是重要的化工原料，在燃料、农药和制药等精细化工领域有着独特用途，二甲醚作为气雾剂的抛射剂也是其主要应用领域。

由于我国石油资源短缺，煤炭资源丰富，以及人们环保意识的增强，从煤转化成清洁燃料的二甲醚日益受到重视，成为国内外近年来竞相开发的性能优越的碳一化工产品。二甲醚作为液化石油气(LPG)和石油类的替代燃料，是具有与 LPG 物理性质相类似的化学品。二甲醚可代替汽油、柴油和液化气，作为新型清洁燃料也具有很好的应用前景。第一，二甲醚可作为汽车代用燃料。世界各国都在竞相开发汽车代用燃料，由于二甲醚具有很好的燃烧特性和压缩性，且十六烷值较高，特别适合压燃式发动机，是柴油发动机最理想的替代燃料，尾气不需要转化处理，氮氧化物和黑烟颗粒能够满足环境排放要求，汽油发动机稍加改造也能用二甲醚作为燃料。第二，二甲醚可作为民用燃料。作为民用燃料气，其储运、燃烧安全性、预混气热值和理论燃烧温度等性能指标均优于石油液化气，可作为城市管道煤气的调峰气、液化气掺混气。同时，二甲醚是含氧化合物，在燃烧过程中比较充分，可替代煤气，是一种理想的清洁燃料。第三，二甲醚在化工行业应用。近年随着二甲醚产量不断增加，二甲醚的下游开发利用领域也越来越宽，二甲醚可作为多种化学合成的原料或中间体。由于其良好的水溶性、油溶性，使得其应用范围大大优于丙烷、丁烷等石油化学品，代替甲醇用作甲醛生产的新原料，可以明显降低甲醛生产成本，在大型甲醛装置中更显示出其优越性。二甲醚生产装置不断大型化，有利于降低二甲醚生产成本，促进二甲醚下游产品的开发和利用。第四，二甲醚发电。二甲醚可作为分布式热电联供，其燃烧性能和排放性能都优于柴油，可与天然气媲美。近年来，分布式热电联供发展迅速，提高了能源的可靠性和利用效率，这与在天然气资源所在地生产二甲醚作为分布式热电联供的原料密不可分。第五，二甲醚还可作为制冷剂和发泡剂。二甲醚作为一种新兴的基本有机化工原料，由于其具有良好的易压缩、冷凝、气化特性，使得二甲醚在制药、燃料、农药等化学工业中有许多独特的用途。如高纯度的二甲醚可代替氟利昂用作气溶胶喷射剂和制冷剂，减少对大气环境的污染和臭氧层的破坏。二甲醚作为发泡剂时，能使其发泡产品孔洞均匀，耐压性和柔韧性较好。二甲醚主要用途详见表 6-1。

表 6-1 二甲醚的主要用途

主要用途	具体分析
民用燃料	二甲醚具有与 LPG 相近的性质，标准状态下热值 63.16MJ/kg，燃烧时火焰呈蓝色，并带有光亮，因自身含有氧，燃烧性能好，燃烧过程中无残渣、无黑烟，燃烧废气中 CO、NO 含量低，符合国家安全卫生标准
工业燃料	二甲醚可用于陶瓷、装饰地砖的焙烧燃料。由于二甲醚不含硫、氮、粉尘等杂质，与常规燃煤、煤气、煤焦油作焙烧燃料相比，不仅可以提高产品质量，而且其燃烧过程对环境无污染，清洁环保
制冷剂	二甲醚可作为制冷剂。在大气对流层中具有可降解性，对大气臭氧层无损害，用二甲醚替代氟利昂作为制冷剂，可杜绝氟利昂作为制冷剂对大气臭氧层造成的严重破坏。二甲醚还是气雾剂、发泡剂的理想溶剂
化工原料	二甲醚不仅是一种新能源，它还是一种重要的化工原料。以二甲醚为原料可开发 *N*,*N*-二甲基苯胺、醋酸乙烯、醋酸甲酯、醋酸乙酯、乙酐、碳酸二甲酯、二甲基硫醚、乙烯、丙烯、乙腈、甲苯、二甲苯、甲醛、二甲胺等一系列应用范围广、市场前景好的精细化工产品

6.1.2 二甲醚发展现状[2~8]

二甲醚是一种低成本的煤化工产品，不仅可以用来替代液化石油气，还可以用来替代柴油，是一种相当完美的燃料，按理应该发展很顺利，但二甲醚产业在中国的发展却一波三折，颇具戏剧性。20 世纪 80 年代初，我国实现了二甲醚工业化，是由西南研究院为中山精细化工厂设计的第一套 2500t/a 二甲醚生产装置，采用的是甲醇气相法工艺。80 年代末，国内开始对气体直接合成二甲醚工艺进行研究，并相继研究成功二甲醚合成催化剂，90 年代末建成了我国第一套用气体直接制二甲醚的生产示范装置。2005 年开始到 2008 年，国际油价涨至 150 美元，我国石油对外依存度超过了 50%，国家开始启动石油能源替代战略。我国是一个多煤少油缺气的国家，煤炭产能排名世界第一，煤炭的利用基本都是被直接燃烧消耗掉，污染严重，而二甲醚作为煤化工的产物，简单易行，技术成熟，而且是清洁能源，污染物排放少，所以很快二甲醚就被定位为民用燃料的替代能源，从此二甲醚步入了高速发展阶段。

据相关统计数据显示[8]，2005~2008 年，二甲醚产能年平均增长率在 50%以上。2013 年二甲醚达到产业发展以来最高峰，国内总产能达到 1290 万 t。随后几年产能起伏变化，到 2016 年总产能恢复到 1126 万 t/a，2017 年产能又增加到 1153 万 t/a。目前，我国二甲醚产能和产量缩减趋势加剧。根据国家统计局数据显示，2018 年我国二甲醚产能跌破千万吨，为 849 万 t，其产量也跌至 250 万 t 水平左右。近几年，我国二甲醚产能统计数据详见图 6-1。二甲醚产能产量数据比较发现，近几年二甲醚生产装置开工率不足 50%，这与市场有关。在相关配套政策支持下，我国二甲醚行业将持续良好发展势头。截至 2021 年 5 月底，全国共有二甲醚生产厂家 86 家，总产能 1100 多万 t。其中，河北 12 家，产能 210 万 t，占全国总产能的 18%；河南 12 家，产能 160 万 t，占 14%；山东 10 家，产能 120 万 t，占 10%[6]。图 6-2 是近几年我国二甲醚产量统计。

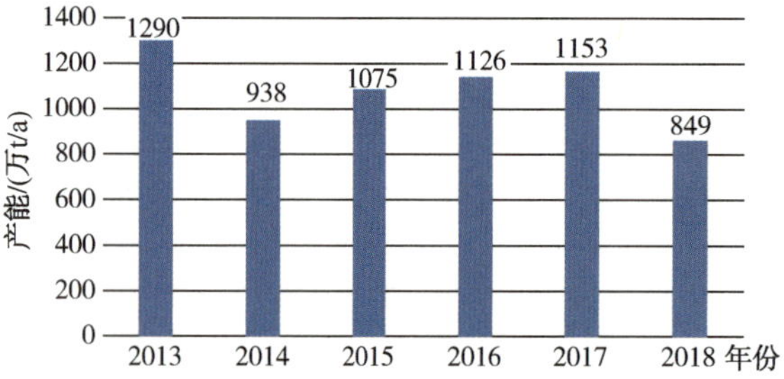

图 6-1 2013~2018 年我国二甲醚产能数据统计

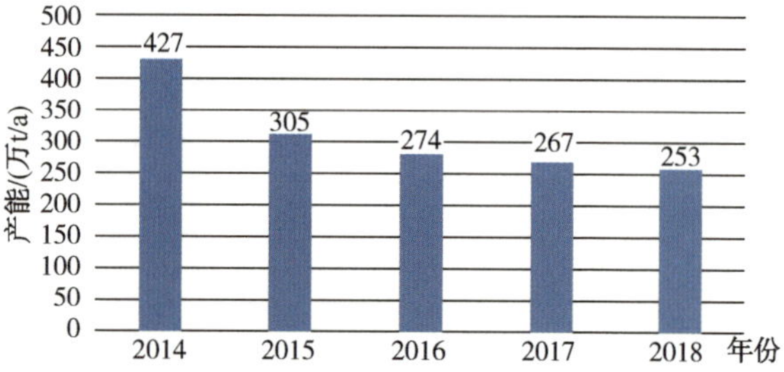

图 6-2 2014~2018 年我国二甲醚产量数据统计

二甲醚需求前景展望。二甲醚用作民用燃料，应该是液化石油气的一种有益补充。国家出台的《城镇燃气用二甲醚》标准使二甲醚作为民用燃气有了合法的身份。随着大家对二甲醚这一新型环保燃料认知度的不断提高，二甲醚作为民用燃气已无可议，但是由于民用燃气市场有限，二甲醚与液化石油气相比，如果二甲醚价格过高，就会失去竞争力，这是制约二甲醚行业发展的一个重要因素。

随着农村城镇化进程的逐步深入以及天然气的普及，民用液化气市场需求逐年萎缩。由于二甲醚产业需要国家相关政策引导，未来几年内二甲醚应用领域仍将局限于与液化气掺混使用，二甲醚未来的市场需求谨慎乐观。作为 21 世纪清洁能源之一，二甲醚的应用有着更为广阔的前景和战略意义，政府部门应以市场机制合理开发利用二甲醚，通过节能、替代燃料和原料，启动新的能源战略，走可持续发展道路，二甲醚产业未来可期。

6.2 二甲醚合成技术

6.2.1 天然气制二甲醚[1,3,9~11]

目前，以天然气为原料的一步法制取二甲醚技术已经在欧洲、美国和日本开发成功，现已进入工业化和工业示范阶段。Haldor Topsoe 公司天然气一步法制取二甲醚工艺技术在造气部分使用的是自热式转化器。自热式转化器由带耐火衬里的高压反应器、催化剂床和燃烧室组成，天然气脱硫后加入水蒸气，经混合后进入自热式转化器，由自热式转化器出来的合成气经冷却后进入二甲醚合成装置，合成装置含有多级绝热反应器，可明显提高一氧化碳的转化率。该工艺中，H/CO 为 2.0，催化剂为 $Cu-Zn/Al_2O_3$，操作压力为 7.0~8.0MPa，反应温度为 210~290℃，单程转化率为 18%，二甲醚选择性为 70%~80%，反应器为固定床。Air Products & Chemicals 公司液相二甲醚工艺技术与同期开发的液相甲醇合成工艺是一对姊妹技术。合成气与循环气混合后一起进入浆态床反应器，再加入少量水，利用水汽变换反应来调节反应平衡。该工艺中，H/CO 为 0.7，催化剂为 $Cu-Zn/Al_2O_3$，操作压力为 5.0~10.0MPa，反应温度为 250~280℃，单程转化率为 33%，二甲醚选择性为 40%~90%，反应器为浆态床。Air Products & Chemicals 公司开发的液相二甲醚工艺技术的优势在于将气相固定床反应器变成了浆液鼓泡塔反应器。日本钢铁公司的液相一步法二甲醚工艺技术使用浆态床反应器，原料可选择天然气、液化石油气和煤。该工艺 H/CO 为 1.0，催化剂为 $Cu-ZnO-Al_2O_3$，操作压力为 3.0~7.0MPa，反应温度为 250~280℃，单程转化率为 55%~60%，二甲醚选择性为90%，反应器为浆态床。目前，该技术的进展情况为5t/d中试装置，正在规划建设500t/d的工业示范装置。除上述3家公司外，意大利Snamprogetti公司、美国Shell公司和美国Mobil公司也开发了一步法制二甲醚工艺技术，并开发出了各自的催化剂体系。

我国对天然气制二甲醚技术的开发始于20世纪90年代，其技术水平目前已接近国外先进水平。研究开发的主要有大连化学物理研究所的固定床一步法工艺，浙江大学的直接气相合成二甲醚工艺，清华大学的淤浆床一步法制二甲醚工艺，华东理工大学的液相法二甲醚合成工艺等。其中清华大学一步法制二甲醚技术已建成3000t/a的工业示范装置。文献[3,11]报道了采用甲醇气相脱水二步法制二甲醚工艺技术和天然气一步法制二甲醚工艺技术建设规模同为237万t/a的工业装置的技术经济分析。结果表明，天然气一步法制二甲醚工艺技术比甲醇气相脱水二步法制二甲醚工艺技术生产的二甲醚成本低，并为边远地区天然气利用开辟了新的途径，采用天然气一步法制二甲醚生产工艺具有技术与经济的双重优势。我国发展天然气一步法制二甲醚工艺技术的优势在于天然气资源相对丰富，且是石油净进口国，采用天然气一步法生产二甲醚用作燃料，可作为石油资源的补充。加之二甲醚用途广泛，因此在我国具有广阔的市场前景。其劣势在于如何控制产品成本，尤其是天然气和甲醇价格的波动对二甲醚成本的影响，在二甲醚作为燃料市场尚未完全开拓的情况下，国家政策支持相当重要。

6.2.2 合成气制二甲醚

合成气($CO+H_2$)制二甲醚有两种方法：直接法和间接法。直接法就是在催化剂作用下由合成气直接合成二甲醚；间接制二甲醚，是先由合成气制甲醇，再由甲醇脱水合成二甲醚。合成气在双功能催化剂Cu-Zn/ZSM-5作用下生成二甲醚，其中Cu-Zn-Al_2O_3是甲醇合成催化剂，而ZSM-5是甲醇脱水制二甲醚催化剂。丹麦托普索将合成气通过两个反应塔合成二甲醚，而日本JFE和美国空气产品公司是采用双功能催化剂将合成气通过一个塔直接合成二甲醚。

6.2.3 二氧化碳加氢制二甲醚

对CO_2直接加氢合成二甲醚催化剂的研究，目前国内主要集中于南京工业大学、天津大学、华东理工大学、四川大学、江苏石油化工学院和长岭炼化有限责任公司催化剂厂等。其研究主要内容在于催化剂中各组分含量的配比、催化剂的改性、助剂的添加、脱水催化剂的选择及不同催化剂制备方法对催化剂活性影响[12]。

天津大学化工学院张建祥等[13,14]研究了不同比例CuO/ZnO对CO_2加氢直接合成二甲醚的CuO-ZnO-Al_2O_3/HZSM-5复合型催化剂反应性能的影响。结果表明，催化剂中的CuO/ZnO比例对催化剂的反应性能、晶相结构以及还原难易程度等均有一定程度的影响，当CuO/ZnO=1/2(质量比)时催化剂的反应性能最佳。四川大学夏代宽等[15~17]采用CNJ202工业合成甲醇催化剂和HZSM-5沸石分子筛为原料制得CO_2加氢一步法合成甲醇及二甲醚双功能催化剂。其有效成分CuO和ZnO的最佳配比是CNJ202/HZSM-5=1/2(质量比)，其催化剂反应活性较好。王继元等[18,19]考察了添加SiO_2、ZrO_2、TiO_2、MgO对Cu-ZnO/HZSM-5催化剂的改性效果。结果表明SiO_2促进了催化剂前驱体的分散，延缓了焙烧后催化剂晶粒的长大和颗粒的团聚。SiO_2改性的同时影响CuO的分布状态及还原过程。1.0% SiO_2改性的

Cu-ZnO/HZSM-5 催化剂用于 CO_2加氢合成二甲醚，CO_2转化率和二甲醚的收率分别为 28.53%和 16.34%，与未经改性的 Cu-ZnO/HZSM-5 相比，CO_2转化率和二甲醚收率分别提高了 20%和 34%，继续增大 SiO_2用量，催化剂的活性反而降低。同时考察了在 Cu-Zn-Al_2O_3催化剂中添加固体酸 HZSM-5、SAPO-34、HY 等组分对 CO_2加氢制二甲醚的影响[20]，二甲醚的选择性取决于固体酸的酸量和酸强度。

我国对 CO_2加氢制取二甲醚的研究主要集中在对催化剂的研究上，对合成工艺路线的研究较少[12]。华东理工大学、南京工业大学和长岭炼化有限责任公司催化剂厂对此进行了较为详细的研究。华东理工大学[21,22]从 1993 年起开展三相床合成甲醇和二甲醚的研究工作，“九五”期间完成了工业热模试验。结果表明，温度升高，CO_2转化率先升后降，二甲醚选择性增加，甲醇选择性下降；压力升高，CO_2转化率提高，二甲醚选择性增加，甲醇选择性下降；原料气的摩尔比对反应结果有影响，H_2过量可提高 CO_2转化率和二甲醚选择性。长岭炼化有限责任公司催化剂厂[23]以乙醇为溶剂，草酸作沉淀剂，采用共沉淀浸渍法制备了优良的 CO_2加氢合成二甲醚催化剂（CuO-ZnO-$A1_2O_3$/HZSM-5），在 245℃、2.0MPa、(H_2)/(CO_2)= 2.79(体积比)的反应条件下，CO_2转化率达 22.61%，二甲醚的选择性为 45.90%，甲醇选择性为 14.81%，含氧化合物收率为 13.73%。对 CuO-ZnO-Al_2O_3/HZSM-5 催化剂进行了反应条件以及活性、稳定性的初步考察。实验结果表明，提高压力对反应有利，CO_2转化率、二甲醚选择性和甲醇选择性均增加；低空速有利于 CO_2转化成二甲醚，含氧化合物选择性亦增加，而 CO 选择性下降。实验确定合适的反应温度为 230~245℃。葛庆杰等[24]考察了 CuO-ZnO-Al_2O_3/HZSM-5 双功能催化剂的催化性能，得到较好的结果，CO_2转化率为 35%，二甲醚选择性为 60%。

随着经济发展，我国已成为 CO_2排放最大的国家，解决 CO_2的转化利用已成为当务之急。利用 CO_2直接加氢合成二甲醚具有十分重要的意义。国内对此的研究主要集中于合成催化剂研究和工艺条件的考察，对反应机理的研究很少。其研究基本处于实验室研究阶段，其二甲醚转化率低和选择性差是目前存在的主要问题。随着研究的深入，期待在催化剂的研究上会取得新的突破。

6.3 合成二甲醚催化剂及反应机理研究进展[25~40]

合成气($CO+H_2$)制二甲醚有两种方法：直接法和间接法。直接法就是在催化剂作用下由合成气直接合成二甲醚；间接制二甲醚，是先由合成气制甲醇，再由甲醇脱水合成二甲醚。合成气在双功能催化剂 Cu-Zn/ZSM-5 作用下生成二甲醚，其中 Cu-Zn-Al_2O_3是甲醇合成催化剂，而 ZSM-5 是甲醇脱水制二甲醚催化剂。丹麦托普索将合成气通过两个反应塔合成二甲醚，而日本 JFE 和美国空气产品公司是采用双功能催化剂将合成气通过一个塔直接合成二甲醚。

以合成气为原料经甲醇制二甲醚的一步法工艺可打破合成甲醇反应的热力学平衡限制，大大提高原料气的转化率，具有显著的经济效益和理论价值[25,26]。现在，对于合成气一步法制二甲醚的研究主要集中在催化剂、反应工艺及动力学等方面，而机理方面的研究较少。一步法制二甲醚包括：合成气制甲醇、甲醇脱水及水汽变换等反应，而合成气制甲醇是合成二甲醚的基础，研究合成气制甲醇反应机理对于深入研究制二甲醚反应机理具有重要意义。国内外学者对于合成甲醇机理研究了几十年，但至今仍各抒己见，分歧犹在，争论的主要内容是：甲醇合成反应的直接碳源是 CO 还是 CO_2；甲醇合成反应的中间产物；反应控制步骤；CO 或 CO_2在反应体系中的作用等。而对于甲醇脱水制二甲醚机理研究较少，一般分为两种机理，即 L-H 和 R-E 机理，涉及甲醇是以吸附态还是气态分子与另一吸附态甲醇反应的问题[27]。甲醇合成机理按碳源分为：$CO+H_2$合成机理；CO_2+H_2合成机理；$CO+CO_2+H_2$合成机理。

（1）$CO+H_2$合成机理

在 CO 和 H_2体系中，人们重点对 CO 加氢过程产生的中间体进行了相关研究，Agny 等[28]认为，CO 在 Zn 系催化剂作用下加氢首先生成甲酰基类中间体，甲酰基类中间体再进一步加氢生成甲醇。Kazanskii[29]认为，催化剂的表面氧是 CO 加氢合成甲醇的关键环节。Saussey 等[30]在 15%$Cu/ZnAl_2O_4$催化剂上进行合成气制甲醇机理研究，认为反应主要发生在 Cu 位上，中间体是甲酸铜（HCOOCu），再进一步加氢生成甲醇。Fujimoto 等[26]在 Cu/ZnO 催化剂上进行 $CO+H_2$合成甲醇机理研究，发现了甲酸铜、甲酸锌（HCOOZn）和甲氧锌（CH_3OZn）中间体。甲酸铜加氢为控制步骤，其反应机理可表示为：

$$CO_2 \longrightarrow CO_{2(ads)} + H_2 \longrightarrow HCOOCu(HCOOZn) + H_2 \longrightarrow CH_3OZn + H_2O \longrightarrow CH_3OH$$

Neophytides[31]利用 TPRS 和 DRIFTS 技术，在 $Cu/ZnO/Al_2O_3$催化剂上研究反应机理，认为 CO 和 H_2共吸附形成的甲酸铜是甲醇合成的关键中间物，其加氢生成甲氧基物种的过程是控制步骤。Peltier 等[32]分别在 $ZnAl_2O_4$和 $Cu-ZnAl_2O_4$催化剂上对 CO_2加氢合成甲醇反应机理进行了研究。通过 FTIR 确定在 $ZnAl_2O_4$上存在甲氧基物种、碳酸盐物种和 3 种甲酸盐物种，而在 $Cu-ZnAl_2O_4$上除了这些物种外还有甲酸铜和羟基物种。这与 Fujimoto 等人的研究结果相似。

（2）CO_2+H_2合成机理

20 世纪 70 年代，Kagan 等[33]使用放射性同位素^{14}C来研究甲醇合成过程中的反应机理，并首先提出了，甲醇主要来源于 CO_2，而非 CO，CO_2首先被氢气还原成 CO，然后 CO 再加氢生成甲醇，甲醇脱水得二甲醚[15]，其反应机理可表示为：

$$CO_2 \longrightarrow CO \longrightarrow CH_4OH \longrightarrow CH_3OCH_3$$

Kiennemann[34]与上述观点相同，也认为由 CO 加氢生成二甲醚，CO_2首先被还原成 CO，再由 CO 催化加氢反应生成甲醇，然后甲醇脱水再得到二甲醚。而 Amenomiya[35]则认为 CO_2首先与氢气反应得到甲酸盐，甲酸盐进一步加氢经过甲酰基和甲氧基得到甲醇，甲醇脱水生成二甲醚，因此二甲醚和甲醇均来自 CO_2催化加氢，其反应机理可以简单表示为：

$$CO_2 \longrightarrow 甲酸盐 \longrightarrow 甲酰基、甲氧基 \longrightarrow CH_4OH \longrightarrow CH_3OCH_3$$

张建祥等[36]认为，一步法的反应机理可以较好地解释催化剂对原料气吸附性能与产物分布之间的关系，即在催化剂上 CO_2与 H_2的吸附活化发生在不同的催化活性位上，CO_2吸附活化后形成表面中间物直接分解生成 CO，如果在附近有适宜吸附强度的氢存在，该中间产物将进一步加氢得到甲醇，并在酸中心上甲醇脱水生成二甲醚。Amenomiya[35]利用红外光谱和 TPD 技术研究了 CO_2、H_2合成甲醇反应，认为 CO_2不须分解为 CO，而可以直接合成甲醇。

秦祖赠等认为[37]，CO_2合成二甲醚的过程主要包括甲醇合成反应、甲醇脱水合成二甲醚反应、逆水煤气反应，为了提高催化剂的催化性能，国内外学者致力于研究CO_2合成二甲醚的反应机理，但目前该机理仍未明确。

（3）$CO+CO_2+H_2$合成机理

Sun 等[38]利用原位红外技术研究了 $Cu/Zn/Al_2O_3$催化剂上 CO_2/H_2、$CO/CO_2/H_2$合成甲醇反应。研究认为，对于 CO_2/H_2、$CO/CO_2/H_2$体系，甲醇直接来源于 CO_2，中间产物是吸附态甲酸基物种（b-$HCOO^-$），b-$HCOO^-$加氢是反应的控制步骤，当向 CO_2/H_2体系中加入 CO 时，甲醇合成速率大大增加，原因是 CO 抑制了 CO_2解离吸附、促进水汽变换反应、补充了 CO_2，同时也降低了反应活化能。Klier 等[39]研究发现，CO/H_2体系中引入少量 CO_2会使甲醇生成速率大大提高并出现一个极大值，认为当 CO_2较低时会使催化剂过度还原而失活，当 CO_2含量过高时会因其吸附性强而阻碍了其他反应物的吸附。Saussey 等[30]认为，当 CO 与 CO_2比例达到一定值时，它们都参与甲醇合成反应。甲醇分子来源于两条途径：一是 CO 加氢合成甲醇，二是 CO_2加氢合成甲醇。Liu[40]通过标记 CO_2中氧得出甲醇来源于 CO 和 CO_2。

6.4 二甲醚合成反应机理分析

6.4.1 合成气经甲醇制二甲醚

合成气经甲醇制二甲醚是有两个反应器，第一个反应器是合成气合成甲醇，第二个反应器是甲醇脱水制二甲醚。合成气在双功能催化剂 Cu-Zn/ZSM-5 作用下生成二甲醚，其中 Cu-Zn-Al_2O_3是甲醇合成催化剂，而 ZSM-5 是甲醇脱水制二甲醚催化剂。

（1）生成 H^+和 H^-

一氧化碳加氢合成甲醇常用铜基催化剂 CuO-ZnO/Al_2O_3，活性中心是 Cu 原子或者 Zn 原子等。以 Cu 催化剂为例，分析 Cu 原子与 H_2之间相互作用。Cu 原子外层 $3d^{10}4s^1$（Zn 原子外层 $3d^{10}4s^2$），Cu 核电荷数 29>21，不存在能级交错，$E_{4s}>E_{3d}$。

图 6-3 是 H_2分子在催化剂活性组元 Cu 原子作用下生成 H^-过程分析。图 6-3（a）是 Cu 原子外层 3d4s 轨道和 H_2分子中 H 原子外层 s 轨道结构图。表 6-2 电负性数据[41]显示，H 原子电负性（2.20）大于 Cu 原子电负性（1.90）。在图 6-3（b）中，Cu 原子与 H_2分子相互作用，H_2分子中 2 个 H 原子会从 Cu 原子外层 3d4s 轨道各自获得 1 个电子生成 2 个 H^-，其电子轨道结构如图 6-3（c）；Cu 原子失去外层 3d4s 轨道 2 个电子生成 Cu^{2+}，其电子轨道结构如图 6-3（d）所示。

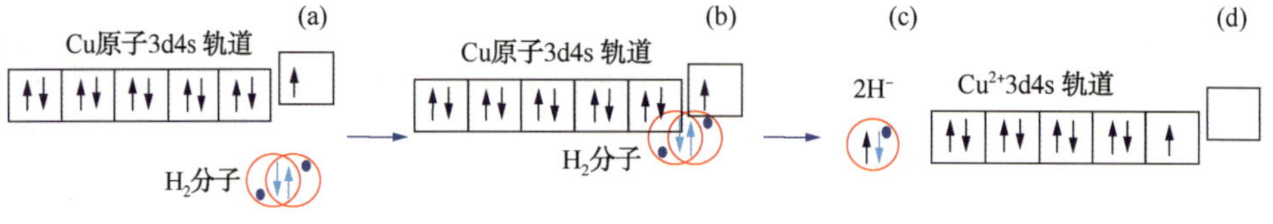

图 6-3 H_2在 Cu 原子作用下生成 H^-

对比表 6-2 电负性数据发现，失去电子的金属阳离子电负性普遍高于金属原元素，失去电子个数越多，金属阳离子电负性就越大。如 Cu 元素的电负性是 1.90，失去 1 个电子的 Cu^{+}电负性就变为 5.04，Cu^{2+}电负性为 10.28，Cu^{3+}电负性为 16.57。

表 6-2 部分元素电负性

元素	H	O	Rh	Cr	Zn	Ga	Zr	La	Cu	Sn	Mo	Mg	C
A^{0}	2.20	3.44	2.20	1.66	1.65	1.60	1.33	1.10	1.90	1.80	2.16	1.33	2.55
A^{+}		8.77	4.60	4.19	4.92	4.77	3.59	2.99	5.04	3.96	4.18	4.08	6.42
A^{2+}		16.21	8.85	8.54	10.38	9.22	6.50	5.44	10.28	8.12	7.80	17.13	13.01
A^{3+}		23.82	13.80	14.41	17.84	17.05	10.32	12.44	16.57	12.82	13.24	34.06	20.23

图 6-4 是 Cu^{2+}与 H_2分子作用生成 H^{+}过程分析。图 6-4(a)是 Cu^{2+}外层 3d4s 轨道和 H_2分子中 H 原子外层 s 轨道。在图 6-4(b)中，Cu^{2+}与 H_2分子相互作用，根据表 6-2 电负性数据，由于 Cu^{2+}电负性(10.28)大于 H 原子电负性(2.20)，所以 Cu^{2+}会从 H_2中 2 个 H 原子外层 s 轨道获得 2 个电子被还原为 Cu 原子，其电子轨道结构如图 6-4(c)；而 H_2中 2 个 H 原子失去其外层 s 轨道电子生成 2 个 H^{+}，其电子轨道结构如图 6-4(d)。

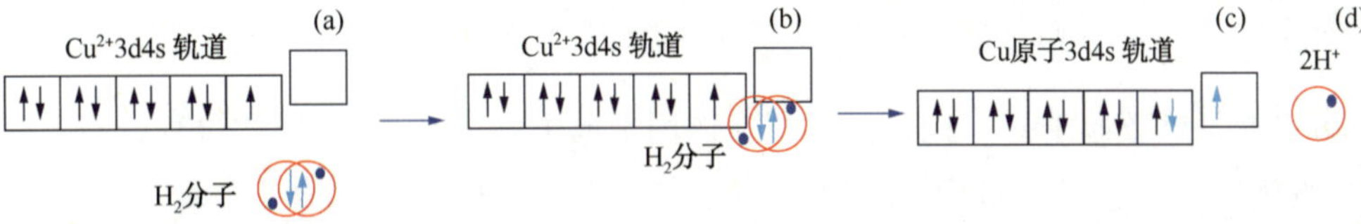

图 6-4 H_2在 Cu^{2+}作用下生成 H^{+}

Cu/Cu^{2+}与 H_2分子作用，会生成个数相同的 H^{+}、H^{-}，且同时存在。Zn 等元素具有和 Cu 元素相同作用，它们与 H_2分子作用也能生成 H^{+}、H^{-}，且 H^{+}、H^{-}个数相同，同时存在。

(2) 合成气制甲醇

图 6-5 是 CO 结构分析。图 6-5(a)是 C 原子外层 $2s^22p^2$轨道和 O 原子外层 $2s^22p^4$轨道。在图 6-5(b)中，C 原子外层 2p 轨道上 2 个未成键电子与 O 原子外层 2p 轨道上 2 个未成键电子结合生成 2 个 C—O 共价键，O 原子外层 2p 轨道上孤对电子进入 C 原子外层 2p 空轨道生成 1 个 O→C 配位键，则生成 1 个C≡O分子，其电子轨道结构如图 6-5(c)所示。

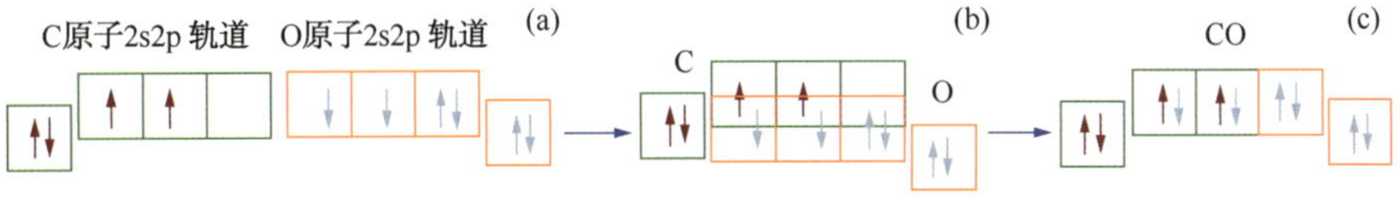

图 6-5 CO 结构分析

图 6-6 是 CO 分子与 H^{+}、H^{-}作用生成 H_2O 分子和活性碳原子 C^{*}过程分析。图 6-6(a)是 CO 分子与 H^{+}、H^{-}电子轨道结构图。在图 6-6(b)中，H^{+}和 H^{-}外层 s 轨道与 CO 中 C、O 原子外层重叠轨道再次重叠，活化了C≡O分子中的化学键，C、O 原子外层轨道进行了 sp^3杂化各自生成了 4 个 sp^3杂化轨道。在图 6-6(c)中，根据表 6-2 电负性数据[41]，O 原子电负性(3.44)大于 C 原子电负性(2.55)，共用的 3 对电子中的 1 对电子留在 C 原子外层 sp^3杂

化轨道，还有 2 对电子包括生成配位键的 1 对电子则留在 O 原子外层 sp^3杂化轨道。在 C 原子外层的 2 个 sp^3杂化轨道含有孤对电子，还有 2 个空的 sp^3杂化轨道；在 O 原子外层只有 1 个空的 sp^3杂化轨道。当 H^+外层空的 s 轨道与 O 原子外层含有孤对电子的 sp^3杂化轨道重叠，共用 1 对电子生成第 1 个 H—O 键，而含有孤对电子的 H^-外层 s 轨道与 O 原子外层那个空的 sp^3杂化轨道重叠，且共用 1 对电子生成了第 2 个 H—O 键，则 O 原子与 H^+、H^-结合生成了 1 个水分子 H_2O，其电子轨道结构如图 6-6(d)所示。生成水分子 H_2O 的同时，还生成了 1 个活性碳原子 C^*，C^*原子外层有 2 个含有孤对电子的 sp^3杂化轨道，还有 2 个空的 sp^3杂化轨道，其电子轨道结构如图 6-6(e)所示。

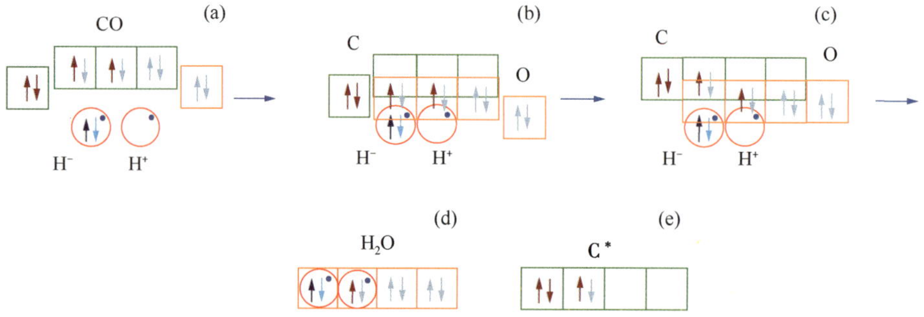

图 6-6　CO 分子与 H^+和 H^-作用形成活性碳原子 C^*

图 6-7 是活性碳原子 C^* 与 H^+、H^-相互作用生成中间体 $C_{\uparrow\downarrow}{}^{\bigcirc}H_2$ 结构过程分析。图 6-7(a)是活性碳原子 C^*与 H^+、H^-电子轨道结构，活性碳原子 C^*的外层有 4 个 sp^3杂化轨道，在 4 个 sp^3杂化轨道中有 2 个轨道含有孤对电子，还有 2 个空的 sp^3杂化轨道。在图 6-7(b)中，H^+外层空的 s 轨道与活性碳原子 C^*中含有孤对电子的 sp^3杂化轨道重叠，共用 1 对电子生成 1 个 C—H 键；H^-外层含有孤对电子的 s 轨道与活性碳原子 C^*外层空的 sp^3杂化轨道重叠，共用 1 对电子生成第 2 个 C—H 键，则生成中间体 $C_{\uparrow\downarrow}{}^{\bigcirc}H_2$ 结构，其电子轨道结构如图 6-7(c)和 6-7(d)所示。在 $C_{\uparrow\downarrow}{}^{\bigcirc}H_2$ 结构中，双箭头"↑↓"表示 C 原子外层 sp^3杂化轨道上有 1 对孤对电子，圆圈"○"表示 C 原子外层有 1 个空的 sp^3杂化轨道。

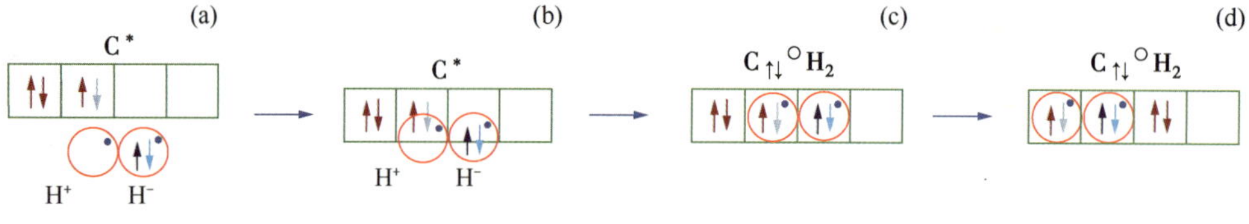

图 6-7　活性碳原子 C^*与 H^+和 H^-生成中间体 $C_{\uparrow\downarrow}{}^{\bigcirc}H_2$

图 6-8 是中间体 $C_{\uparrow\downarrow}{}^{\bigcirc}H_2$ 和 H_2O 分子作用生成甲醇分子过程分析。图 6-8(a)是中间体 $C_{\uparrow\downarrow}{}^{\bigcirc}H_2$ 和 H_2O 分子电子轨道结构图。在图 6-8(b)中，H_2O 分子中 H、O 原子重叠轨道与 $C_{\uparrow\downarrow}{}^{\bigcirc}H_2$ 结构中 C 原子外层空的 sp^3杂化轨道再次重叠，重叠处 H^+转移到与其相邻 C 原子外层含有孤对电子的 sp^3杂化轨道上，共用 1 对电子生成 1 个 C—H 键，重叠处的 C、O 原子共用 1 对电子生成 1 个 C—O 键，则生成 1 个甲醇分子，其电子轨道结构如图 6-8(c)所示。

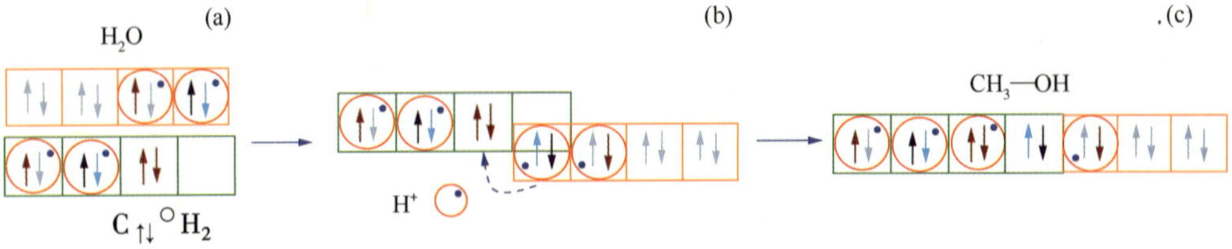

图 6-8 中间体 $C_{\uparrow\downarrow}{}^{\circ}H_2$ 与 H_2O 生成甲醇分子

(3) 甲醇制二甲醚

甲醇分子在 ZSM-5 催化剂上 B 酸中心作用下反应生成二甲醚，反应方程如下：

$$2CH_3OH \longrightarrow CH_3OCH_3+H_2O$$

文献[42,43]认为，SAPO-34 或 ZSM-5 等分子筛是含 Si、Al 元素的固体酸催化剂，其活性来源于酸性。催化剂酸性与 Al 原子的 O 原子配位数密切相关：2、3 配位的 Al 原子形成 L 酸中心；4、5 或 6 配位的 Al 原子形成 B 酸中心；Al 原子是产生活性的中心原子。在 ZSM-5 催化剂中同时存在 4、5 或 6 配位的 B 酸中心。下面以 4 配位 B 酸中心为例分析其结构及特性。

图 6-9 为 ZSM-5 催化剂 4 配位 B 酸中心的失活与再生过程分析。4 配位 B 酸中心是由 1 个 Al 原子、4 个 O 原子和 1 个 H 原子组成 H[AlO_4]结构，结构如图 6-9(a)所示，用 HB 来表示 4 配位 B 酸中心，HB 酸中心可释放 1 个 H^+，释放 H^+后失去了活性成为 B^-，其结构如图 6-9(b)所示。

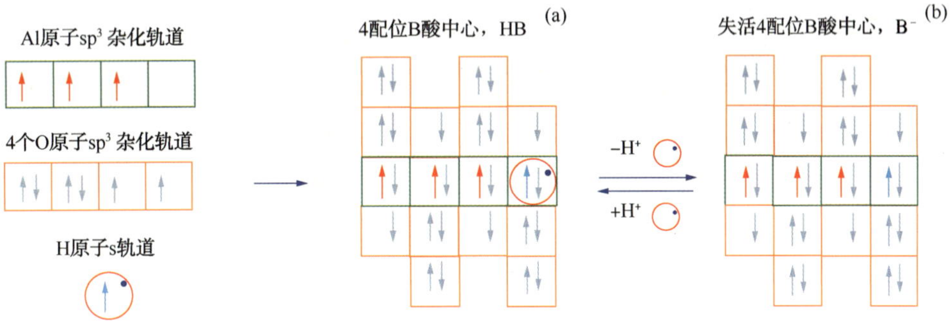

图 6-9 4 配位 B 酸中心失活与再生过程分析

1) 生成甲基正碳离子 CH_3^+

图 6-10 是甲醇在 4 配位 B 酸中心作用下，生成甲基正碳离子 CH_3^+过程分析。图 6-10(a)是 B 酸中心提供的 H^+和甲醇分子电子轨道结构图。表 6-2 中数据，H、C 和 O 原子电负性分别为 2.20、2.55 和 3.44。在图 6-10(b)中，HB 酸中心释放 H^+攻击甲醇分子中C—O键，由于 O 原子电负性(3.44)大于 C 原子电负性(2.55)，所以 O 原子会吸引共用电子对留在其外层 sp^3 杂化轨道上，并与 H^+结合生成 H_2O 分子，其电子轨道结构如图 6-10(c)所示。C 原子失去电子后，在其外层出现空的 sp^3杂化轨道，生成甲基正碳离子 CH_3^+，甲基正碳离子 CH_3^+中 C 原子外层有个空的 sp^3杂化轨道，其电子轨道结构如图 6-10(d)所示。

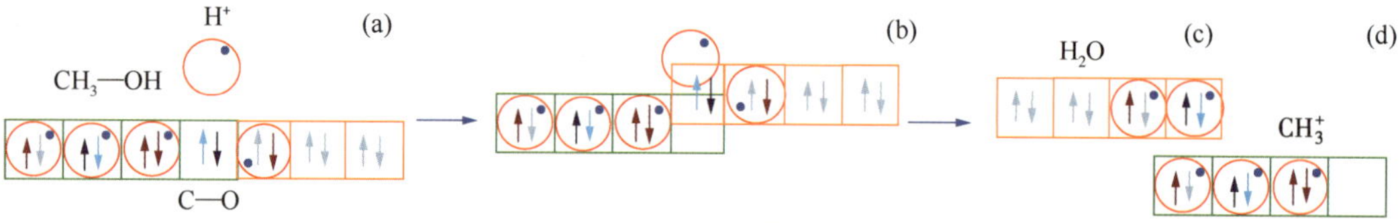

图 6-10 甲醇生成甲基正碳离子 CH_3^+

2）CH_3^+生成中间体 $C_{\uparrow\downarrow}{}^{\circ}H_2$

图 6-11 为甲基正碳离子 CH_3^+与失活 B 酸中心 B^-中心作用生成中间体 $C_{\uparrow\downarrow}{}^{\circ}H_2$ 过程分析。图 6-11(a)是甲基正碳离子 CH_3^+和失活 B 酸中心 B^-的电子轨道结构图。在图 6-11(b)中，CH_3^+中 C 原子外层空的 sp^3杂化轨道与失活 B 酸中心 B^-中 Al、O 原子重叠轨道再次重叠，CH_3^+中 H^+向 C、Al 和 O 三原子重叠轨道转移，生成 H、Al 和 O 三原子重叠结构，失活的 B 酸中心 B^-得到 H^+恢复活性，生成 HB，结构如图 6-11(c)所示；甲基正碳离子 CH_3^+失去 H^+后，不再与 B 酸中心轨道重叠，而生成中间体 $C_{\uparrow\downarrow}{}^{\circ}H_2$，其电子轨道结构如图 6-11(d)所示。$C_{\uparrow\downarrow}{}^{\circ}H_2$ 结构中的 C 原子外层有 1 个含有孤对电子的 sp^3杂化轨道和 1 个空 sp^3杂化轨道，圆圈“○”表示空轨道，双箭头“↑↓”表示孤对电子。

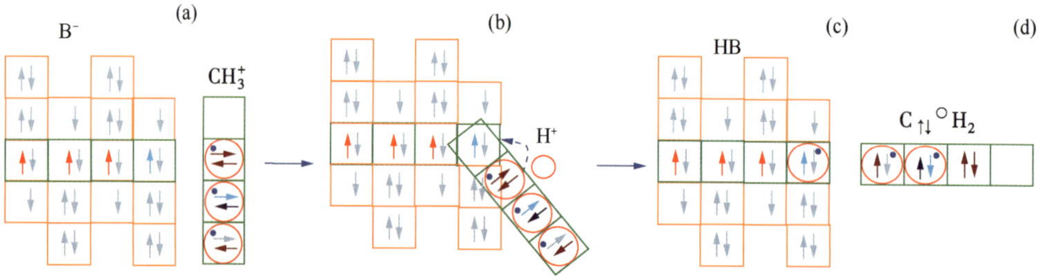

图 6-11 CH_3^+与失活 B 酸中心作用生成中间体 $C_{\uparrow\downarrow}{}^{\circ}H_2$

3）$C_{\uparrow\downarrow}{}^{\circ}H_2$ 生成二甲醚

图 6-12 是中间体 $C_{\uparrow\downarrow}{}^{\circ}H_2$ 和 H_2O 分子生成二甲醚分子过程分析。图 6-12(a)是中间体 $C_{\uparrow\downarrow}{}^{\circ}H_2$和 H_2O 分子电子轨道结构图。在图 6-12(b)中，2 个 $C_{\uparrow\downarrow}{}^{\circ}H_2$ 结构中 2 个 C 原子外层 2 个空的 sp^3杂化轨道分别与水分子中 2 个 H、O 原子重叠轨道再次重叠，重叠处的 H^+转移到 C 原子外层含有孤对电子的 sp^3杂化轨道上，共用 2 对电子生成 2 个 C-H 键，重叠处的 C、O 原子共用 2 对电子生成 2 个 C—O 键，则生成 1 个二甲醚分子 CH_3—O—CH_3，其电子轨道结构如图 6-12(c)所示。

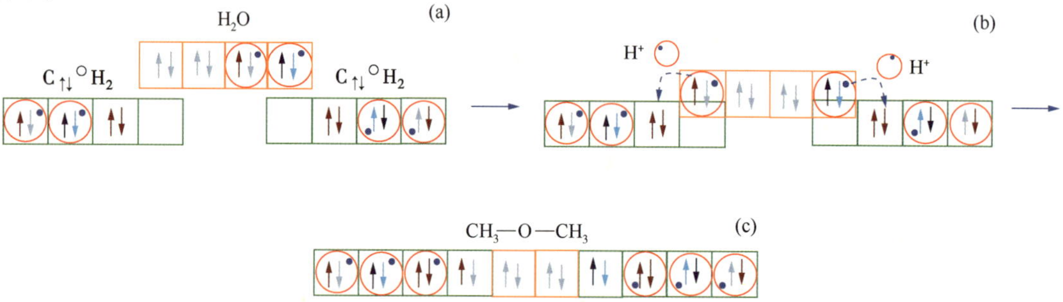

图 6-12 $C_{\uparrow\downarrow}{}^{\circ}H_2$ 生成二甲醚分子

4）合成气经甲醇制二甲醚反应机理

合成气在双功能催化剂 Cu-Zn/ZSM-5 作用下，生成二甲醚过程如下：

合成甲醇 $$Cu+H_2 \longrightarrow Cu^{2+}+2H^- \quad (1)$$

$$Cu^{2+}+H_2 \longrightarrow Cu+2H^+ \quad (2)$$

$$CO+H^-+H^+ \longrightarrow C^*+H_2O \quad (3)$$

$$C^*+H^-+H^+ \longrightarrow C_{\uparrow\downarrow}{}^{\circ}H_2 \quad (4)$$

$$C_{\uparrow\downarrow}{}^{\circ}H_2+H_2O \longrightarrow CH_3OH \quad (5)$$

甲醇制二甲醚 $$CH_3OH+HB \longrightarrow CH_3^++B^-+H_2O \quad (6)$$

$$CH_3^++B^- \longrightarrow HB+C_{\uparrow\downarrow}{}^{\circ}H_2 \quad (7)$$

$$2C_{\uparrow\downarrow}{}^{\circ}H_2+H_2O \longrightarrow CH_3—O—CH_3 \quad (8)$$

反应式[(1)+(2)+(3)+(4)+(5)+(6)+(7)]×2+(8)得出反应式(9)，即表示生成二甲醚。

$$2CO+4H_2 \longrightarrow CH_3OCH_3+H_2O \quad (9)$$

上述分析揭示了合成气经甲醇分子在 4 配位 B 酸中心 H[AlO_4]作用下生成二甲醚反应本质。实际上，甲醇分子在 5 配位 B 酸中心和 6 配位 B 酸中心同样能合成二甲醚。

5）小结

合成气在双功能催化剂 Cu-Zn/ZSM-5 作用下，经甲醇合成二甲醚反应过程分 7 步：

① 在 Cu-Zn 活性原子作用下，H_2生成个数相同的 H^+、H^-，H^+、H^-同时存在；

② CO 与 H^+、H^-作用生成中间体活性碳原子 C^*，活性碳原子 C^*外层有 2 个含有孤对电子的 sp^3 杂化轨道和 2 个空的 sp^3 杂化轨道；

③ 活性碳原子 C^*与 H^+、H^-作用生成中间体 $C_{\uparrow\downarrow}{}^{\circ}H_2$，$C_{\uparrow\downarrow}{}^{\circ}H_2$ 中 C 原子外层有 1 个含有孤对电子的 sp^3杂化轨道和 1 个空的 sp^3杂化轨道；

④ 中间体 $C_{\uparrow\downarrow}{}^{\circ}H_2$ 与 H_2O 结合生成甲醇分子；

⑤ B 酸中心释放 H^+攻击甲醇分子中 C—O 键，C—O 键断裂生成甲基正碳离子 CH_3^+和 H_2O 分子，失去 H^+后 B 酸中心失活，CH_3^+结构中 C 原子外层有个空的 sp^3杂化轨道；

⑥ 失活 B 酸中心与甲基正碳离子 CH_3^+作用，从 CH_3^+处抽取 H^+后失活 B 酸中心恢复活性，CH_3^+失去 H^+反应生成中间体 $C_{\uparrow\downarrow}{}^{\circ}H_2$，$C_{\uparrow\downarrow}{}^{\circ}H_2$ 中 C 原子外层有 1 个含有孤对电子的 sp^3 杂化轨道和 1 个空的 sp^3杂化轨道；

⑦ 2 个 $C_{\uparrow\downarrow}{}^{\circ}H_2$ 结构中 2 个 C 原子外层空 sp^3杂化轨道分别与 1 个水分子中 2 个 H 原子、O 原子的重叠轨道再次重叠，并发生 H^+转移，生成 2 个 C—H 键和 2 个 C—O 键，则生成 1 个二甲醚分子 CH_3OCH_3。

6.4.2 合成气直接制二甲醚

合成气在双功能催化剂 Cu-Zn/ZSM-5 作用下生成二甲醚，其中 Cu-Zn-Al_2O_3是甲醇合成催化剂，而 ZSM-5 是甲醇脱水催化剂。丹麦托普索将合成气通过两个反应塔合成二甲醚，而日本 JFE 和美国空气产品公司采用双功能催化剂将合成气通过一个塔直接合成二甲醚。下面就合成气直接合成二甲醚反应机理进行探讨。

(1) 生成 H^+和 H^-

在 Cu 基催化剂 CuO-ZnO/Al_2O_3作用下，CO 加氢合成二甲醚，Cu 原子或者 Zn 原子等是活性中心。以 Cu 催化剂为例，分析 Cu 原子与 H_2之间相互作用。Cu 原子外层 $3d^{10}4s^1$（Zn 原子外层 $3d^{10}4s^2$），Cu 核电荷数 29>21，不存在能级交错，$E_{4s}>E_{3d}$。

图 6-13 是 H_2分子在催化剂活性组元 Cu 元素的作用下生成 H^-过程分析。图 6-13(a)是 Cu 原子外层 3d4s 轨道和 H_2分子中 H 原子外层 s 轨道结构图。根据表 6-2 部分元素电负性数据[41]，H 原子电负性(2.20)大于 Cu 原子电负性(1.90)。在图 6-13(b)中，Cu 原子与 H_2分子相互作用，H_2分子中 2 个 H 原子会从 Cu 原子外层 3d4s 轨道各自获得 1 个电子生成 2 个 H^-，其电子轨道结构如图 6-13(c)所示；Cu 原子失去其外层 3d4s 轨道 2 个电子生成 Cu^{2+}，其电子轨道结构如图 6-13(d)所示。

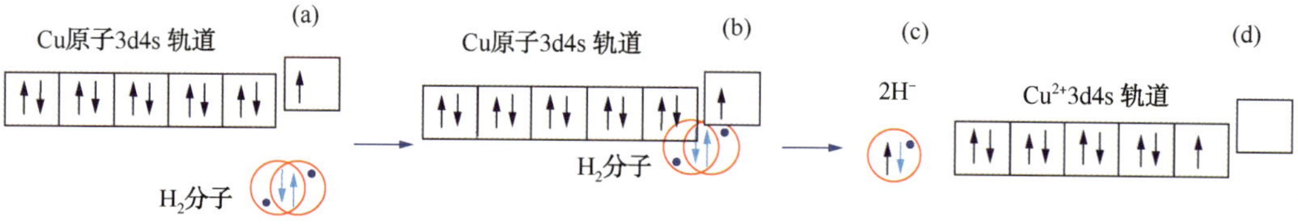

图 6-13 H_2在 Cu 原子作用下生成 H^-

图 6-14 是 Cu^{2+}与 H_2分子作用生成 H^+过程分析。图 6-14(a)是 Cu^{2+}外层 3d4s 轨道和 H_2分子中 H 原子外层 s 轨道。在图 6-14(b)中，Cu^{2+}与 H_2分子相互作用，根据表 6-2 电负性数据，Cu^{2+}电负性(10.28)大于 H 原子电负性(2.20)，Cu^{2+}会从 H_2分子中 2 个 H 原子外层 s 轨道获得 2 个电子被还原为 Cu 原子，其电子轨道结构如图 6-14(c)所示；H_2分子中 2 个 H 原子失去其外层 s 轨道电子后生成 2 个 H^+，其电子轨道结构如图 6-14(d)所示。

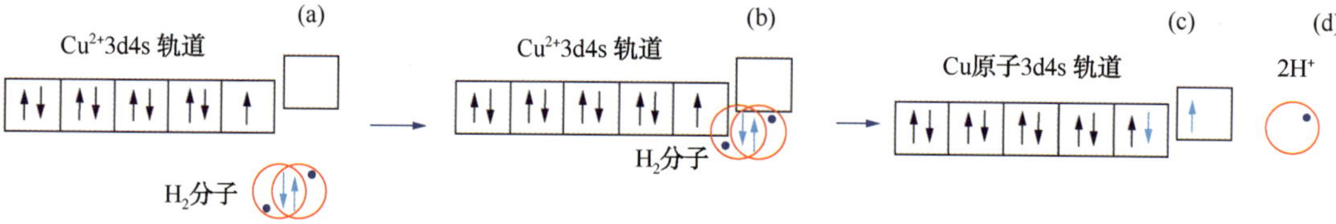

图 6-14 H_2在 Cu^{2+}作用下生成 H^+

Zn 等元素具有和 Cu 元素相同作用，它们与 H_2分子作用也能生成 H^+、H^-，且 H^+、H^-个数相同，且同时存在。

(2) 生成中间体 $C_{\uparrow\downarrow}{}^{\circ}H_2$ 结构

图 6-15 是 CO 结构分析。图 6-15(a)是 C 原子外层 $2s^22p^2$轨道和 O 原子外层 $2s^22p^4$轨道。在图 6-15(b)中，C 原子外层 2p 轨道上 2 个未成键电子与 O 原子外层 2p 轨道上 2 个未成键电子结合生成 2 个 C—O 共价键，O 原子外层 2p 轨道上孤对电子进入 C 原子外层空的 2p 轨道生成 1 个 O→C 配位键，则生成 1 个 CO 分子，其电子轨道结构如图 6-15(c)所示，电子式为 :C: : :O: ，结构式C≡O。

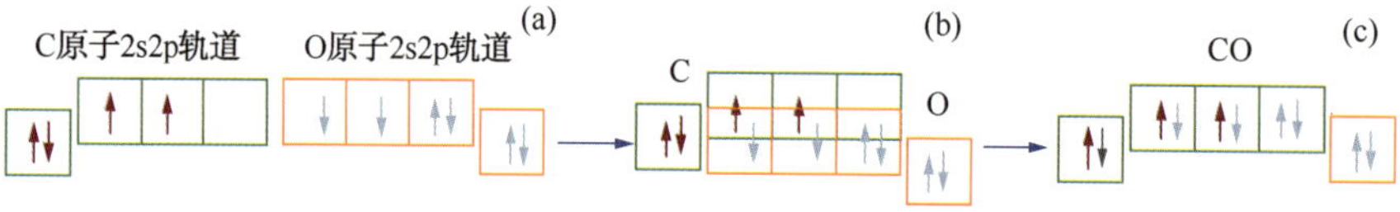

图 6-15 CO 结构分析

图 6-16 是 CO 分子与 H^+、H^- 作用生成活性碳原子 C^* 和 H_2O 分子过程分析。图 6-16(a)是 CO 分子和 H^+、H^- 电子轨道结构图。在图 6-16(b)中，H^+、H^- 外层 s 轨道与 CO 中 C、O 原子外层重叠轨道再次重叠，激活了 CO 分子中 C═O 键，C、O 原子共用的其中 2 对电子(包括生成配位键的共用电子对)留在了 O 原子外层 2 个 2p 轨道上，还有 1 对电子留在 C 原子外层 2p 轨道上，则生成 1 个活性碳原子 C^*，其电子轨道结构如图 6-16(c)所示。在这个过程中，C、O 原子外层轨道 2s、2p 轨道进行了 sp^3 杂化，各自生成 4 个 sp^3 杂化轨道。结果，O 原子外层 3 个 sp^3 杂化轨道全充满，还有 1 个空的 sp^3 杂化轨道，C^* 原子外层有 2 个 sp^3 杂化轨道全充满，还有 2 个空的 sp^3 杂化轨道。与此同时，H^+ 外层空的 s 轨道与 O 原子外层含有孤对电子的 sp^3 杂化轨道重叠，共用 1 对电子生成了 1 个 H—O 键；H^- 外层含有孤对电子的 s 轨道与 O 原子外层空的 sp^3 杂化轨道重叠，共用 1 对电子生成第 2 个 H—O 键，则生成 1 个 H_2O 分子，其电子轨道结构如图 6-16(d)所示。

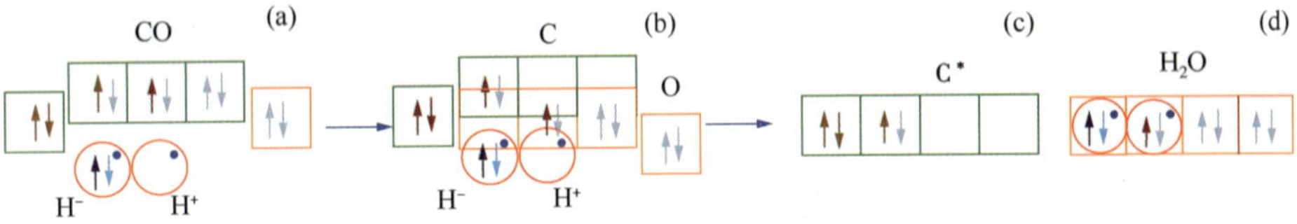

图 6-16　CO 分子与 H^+ 和 H^- 作用生成活性碳原子 C^*

图 6-17 是活性碳原子 C^* 与 H^+、H^- 相互作用生成中间体 $C_{\uparrow\downarrow}{}^{\circ}H_2$ 结构过程分析。图 6-17(a)是活性碳原子 C^* 与 H^+、H^- 电子轨道结构图，活性碳原子 C^* 外层有 4 个 sp^3 杂化轨道，其中 2 个 sp^3 杂化轨道都含有孤对电子，还有 2 个轨道是空的 sp^3 杂化轨道。在图 6-17(b)中，H^+ 外层空的 s 轨道与活性碳原子 C^* 中含有孤对电子的 sp^3 杂化轨道重叠，H^- 外层含有孤对电子的 s 轨道与活性碳原子 C^* 外层空的 sp^3 杂化轨道重叠，共用 2 对电子生成 2 个 C—H 键，则生成中间体 $C_{\uparrow\downarrow}{}^{\circ}H_2$ 结构，其电子轨道结构如图 6-17(c)和图 6-17(d)所示。$C_{\uparrow\downarrow}{}^{\circ}H_2$ 结构中，C 原子外层有 4 个 sp^3 杂化轨道，其中 2 个 sp^3 杂化轨道与 2 个 H 原子外层 s 轨道重叠共用 2 对电子生成 2 个 C—H 键，第 3 个 sp^3 杂化轨道上有 1 对孤对电子，第 4 个 sp^3 杂化轨道是 1 个空轨道。$C_{\uparrow\downarrow}{}^{\circ}H_2$ 结构中，双箭头"↑↓"表示 C 原子外层 sp^3 杂化轨道有 1 对孤对电子，圆圈"○"表示 C 原子外层有 1 个空 sp^3 杂化轨道。

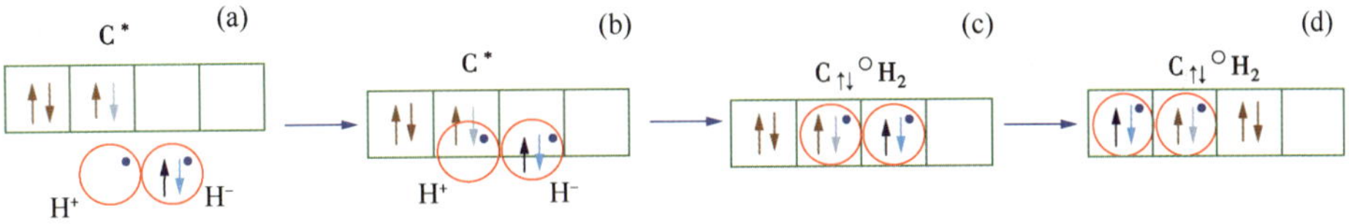

图 6-17　活性碳原子 C^* 与 H^+ 和 H^- 作用生成中间体 $C_{\uparrow\downarrow}{}^{\circ}H_2$

(3) $C_{\uparrow\downarrow}{}^{\circ}H_2$ 生成二甲醚

图 6-18 是中间体 $C_{\uparrow\downarrow}{}^{\circ}H_2$ 和 H_2O 分子生成二甲醚分子过程分析。图 6-18(a)是 $C_{\uparrow\downarrow}{}^{\circ}H_2$ 和 H_2O 分子电子轨道结构图。在图 6-18(b)中，2 个 $C_{\uparrow\downarrow}{}^{\circ}H_2$ 结构中 2 个 C 原子外层 2 个空 sp^3 杂化轨道分别与水分子中 2 个 H、O 原子重叠轨道再次重叠，重叠处 H^+ 转移到 C 原子外层含有孤对电子的 sp^3 杂化轨道，共用 2 对电子生成 2 个 C—H 键，重叠处 C、O 原子共用 2

对电子生成 2 个 C—O 键，则生成 1 个二甲醚分子，其电子轨道结构如图 6-18(c)所示。

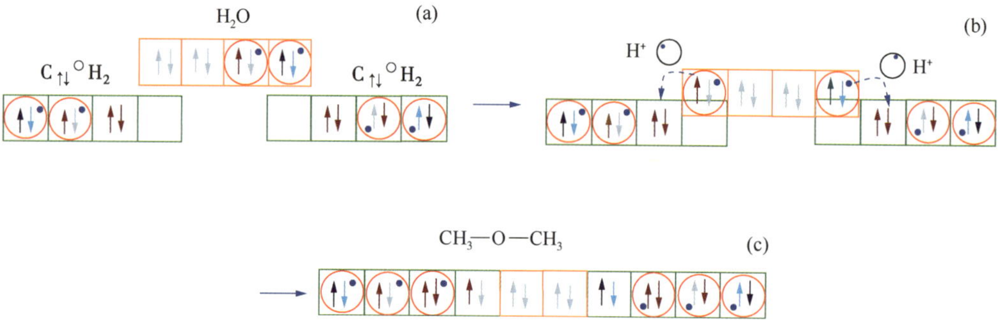

图 6-18　中间体 $C_{\uparrow\downarrow}{}^{\circ}H_2$ 生成二甲醚分子

（4）合成气直接制二甲醚反应机理

合成气在 Cu 基催化剂 $CuO-ZnO/Al_2O_3$ 作用下，直接合成二甲醚反应过程如下：

$$Cu+H_2 \longrightarrow Cu^{2+}+2H^- \tag{1}$$

$$Cu^{2+}+H_2 \longrightarrow Cu+2H^+ \tag{2}$$

$$CO+H^-+H^+ \longrightarrow C^*+H_2O \tag{3}$$

$$C^*+H^-+H^+ \longrightarrow C_{\uparrow\downarrow}{}^{\circ}H_2 \tag{4}$$

$$2C_{\uparrow\downarrow}{}^{\circ}H_2+H_2O \longrightarrow CH_3OCH_3 \tag{5}$$

反应式[(1)+(2)+(3)+(4)]×2+(5)得出反应式(6)，即生成二甲醚。

$$2CO+4H_2 \longrightarrow CH_3OCH_3+H_2O \tag{6}$$

（5）小结

合成气在 Cu 基催化剂 $CuO-ZnO/Al_2O_3$ 作用下，直接合成二甲醚反应过程分 4 步：

① 在 Cu-Zn 活性原子作用下，H_2生成个数相同的 H^+、H^-，H^+、H^-同时存在；

② CO 分子与 H^+、H^-继续作用生成活性碳原子 C^* 和 H_2O 分子，活性碳原子 C^* 外层有 2 个 sp^3杂化轨道全充满，还有 2 个空的 sp^3杂化轨道；

③ 活性碳原子 C^* 进一步与 H^+、H^-作用，反应生成中间体 $C_{\uparrow\downarrow}{}^{\circ}H_2$，$C_{\uparrow\downarrow}{}^{\circ}H_2$ 中 C 原子外层有 1 个含有孤对电子的 sp^3杂化轨道和 1 个空的 sp^3杂化轨道；

④ 2 个中间体 $C_{\uparrow\downarrow}{}^{\circ}H_2$ 与 1 个 H_2O 分子结合生成 1 个二甲醚分子 CH_3OCH_3。

6.4.3　二氧化碳加氢制二甲醚

许多学者[12,27,44~49]在 CO_2加氢制二甲醚时常用 Cu 基催化剂，比如 Cu-ZnO/HZSM-5、Cu-ZrO_2/HZSM-5、CuO-ZnO/Al_2O_3、CuO-ZnO-ZrO_2/MFI、CuO-ZnO-ZrO_2/HZSM-5、Cu-ZnO-Al_2O_3-ZrO_2/HZSM-5、CuO-Fe_2O_3-ZrO_2/HZSM-5 和 CuO-ZnO-Al_2O_3-ZrO_2/HZSM-5 等催化剂，下面研究 Cu 元素与反应物之间的相互作用。

（1）CO_2结构分析

CO_2分子形状是直线形的，其结构曾被认为是：O═C═O。但 CO_2分子中碳氧键键长为 116pm，介于碳氧双键(键长为 124pm)和碳氧三键(键长为 113pm)之间，故 CO_2中的碳氧键具有一定程度的三键特征[50]。一般认为 CO_2分子的中心原子 C 原子采取 sp 杂化，2 个 sp 杂化轨道分别与2个O原子的2p轨道(含有1个电子)重叠形成2个σ键，C原子上互相垂直的2p轨道再分别与2个O原子中平行的2p轨道形成2个大π键[51]。

作者认为，CO_2分子形状应该是直线形的，其结构应该是：O═C═O。C原子外层电子排布：$2s^2 2p^2$，即外层有4个电子，C原子的电负性为2.55；O原子外层电子排布：$2s^2 2p^4$，即外层有6个电子，O原子的电负性为3.44。当C、O原子相互作用时，C原子外层$2s^2 2p^2$经sp^3杂化形成4个sp^3杂化轨道，每个sp^3杂化轨道上都有1个未成键电子；O原子外层$2s^2 2p^4$经sp^3杂化形成4个sp^3杂化轨道，其中2个sp^3杂化轨道上各有1个未成键电子，2个sp^3杂化轨道上各有1对孤对电子。由于O═C═O是线型结构，C原子只受到两端O原子作用，而O原子没有受到其他原子作用，所以它们之间的相互作用最强，且CO_2分子中C原子也没有受到第3个原子作用，没有减弱C与O原子相互作用，2个O原子与C结合比较紧密。所以，CO_2分子中C═O键键长116pm，要比其他分子中的C═O键键长124pm短一些。

图6-19是2个O原子和1个C原子生成CO_2分子过程分析。图6-19(a)是C、O原子外层的sp^3杂化轨道，C原子外层有4个sp^3杂化轨道，每个sp^3杂化轨道上都有1个未成键电子，O原子外层也有4个sp^3杂化轨道，其中2个sp^3杂化轨道上各有1个未成键电子，其他2个sp^3杂化轨道上各有1对孤对电子，2个O原子标记为1-O和2-O。在图6-19(b)中，1-O原子外层含有未成键电子的2个sp^3杂化轨道与C原子外层含有未成键电子的2个sp^3杂化轨道重叠，共用2对电子生成第1个C═O键；2-O原子外层含有未成键电子的2个sp^3杂化轨道与C原子外层剩余的2个含有未成键电子的sp^3杂化轨道重叠，且共用2对电子生成第2个C═O键，则生成1个CO_2分子，其电子轨道结构如图6-19(c)所示。

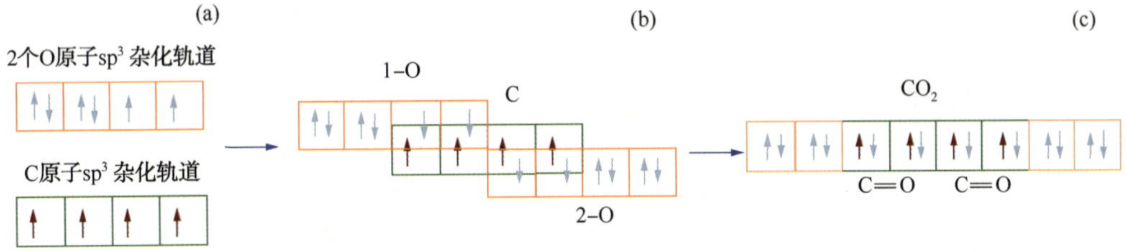

图6-19　CO_2分子形成过程分析

(2) 生成成H^+和H^-

二氧化碳加氢合成甲醇常用Cu基催化剂，活性中心是Cu原子或者Cr原子等。以Cu催化剂为例，分析Cu原子与H_2之间相互作用。Cu原子外层$3d^{10}4s^1$，Cu元素核电荷数29>21，不存在能级交错，$E_{4s}>E_{3d}$。Cu原子首先失去4s轨道电子生成Cu^+，然后再失去3d轨道电子生成Cu^{2+}。

图6-20是H_2分子在催化剂活性组元Cu元素的作用下生成H^-过程分析。图6-20(a)是Cu原子外层3d4s轨道和H_2分子中H原子外层s轨道结构图。表6-2电负性数据[41]显示，H原子电负性(2.20)大于Cu原子电负性(1.90)。在图6-20(b)中，Cu原子与H_2分子相互作用，H_2分子中2个H原子会从Cu原子外层3d4s轨道各自获得1个电子生成2个H^-，其电子轨道结构如图6-20(c)；Cu原子失去其外层3d4s轨道2个电子生成Cu^{2+}，其电子轨道结构如图6-20(d)。

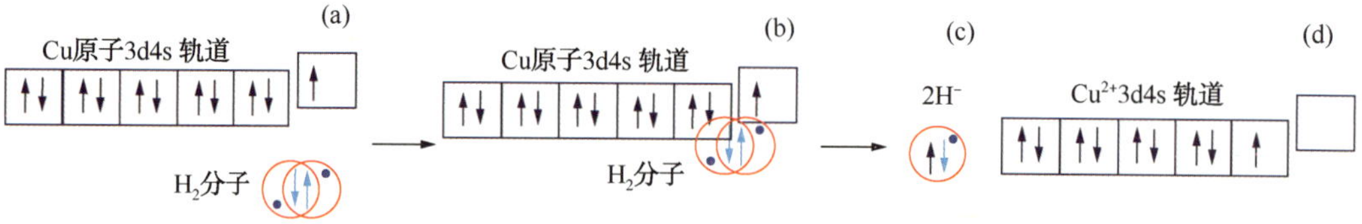

图 6-20　H_2在 Cu 原子作用下生成 H^-

图 6-21 是 Cu^{2+}与 H_2分子作用生成 H^+过程分析。图 6-21(a)是 Cu^{2+}外层 3d4s 轨道和 H_2分子中 H 原子外层 s 轨道。在图 6-21(b)中，Cu^{2+}与 H_2分子相互作用，根据表 6-2 电负性数据，由于 Cu^{2+}电负性(10.28)大于 H 原子电负性(2.20)，所以 Cu^{2+}会从 H_2分子中 2 个 H 原子外层 s 轨道获得 2 个电子被还原为 Cu 原子，其电子轨道结构如图 6-21(c)所示；而 H_2分子中 2 个 H 原子失去其外层 s 轨道 2 个电子生成 2 个 H^+，其电子轨道结构如图 6-21(d)所示。

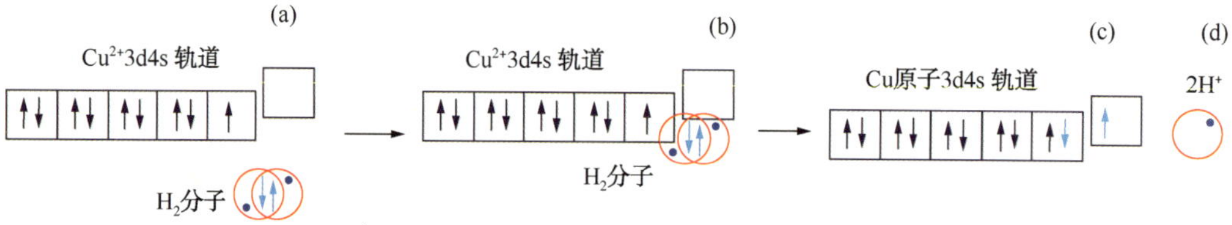

图 6-21　H_2在 Cu^{2+}作用下生成 H^+

（3）CO_2加氢生成 CO

图 6-22 是 CO_2分子在 H^+、H^-作用下生成 CO 分子和 H_2O 分子过程分析。图 6-22(a)是 CO_2分子与 H^+、H^-电子轨道结构式。在图 6-22(b)中，H^+、H^-同时攻击 CO_2分子中的 1 个 C═O 键，如 H^+、H^-外层 s 轨道同时作用于 C═O 键中 C、2-O 原子外层的重叠轨道，活化了该 C═O 键，C═O 键断裂时，2 对共用电子对中的 1 对电子留在 C 原子外层 sp^3杂化轨道，另 1 对电子留在 O 原子外层 sp^3杂化轨道，C、2-O 原子外层各产生了 1 个空的 sp^3杂化轨道。与此同时，H^+外层空的 s 轨道与 2-O 原子外层含有孤对电子的 sp^3杂化轨道重叠，共用 1 对电子生成 1 个 H—O 键；H^-外层含有孤对电子的 s 轨道与 2-O 原子外层空的 sp^3杂化轨道重叠，共用 1 对电子生成第 2 个 H—O 键，则 2-O 原子与 H^+、H^-生成了 1 个 H_2O 分子，其电子轨道结构如图 6-22(c)所示。在图 6-22(d)中，1-O 原子与 C 原子仍保留 C═O 键，C 原子外层空的 sp^3杂化轨道会与 1-O 原子外层含有孤对电子的 sp^3杂化轨道重叠，共用 1 对电子，则 C 原子与 1-O 原子共用 3 对电子生成了 C≡O 键，即生成中间态 CO 分子，其电子轨道结构如图 6-22(e)所示。

（4）CO 加氢生成中间体 $C_{\uparrow\downarrow}^{\circ}H_2$ 结构

图 6-23 是中间态 CO 分子与 H^+、H^-作用生成活性碳原子 C^* 和 H_2O 分子过程分析。图 6-23(a)是中间态 CO 分子与 H^+、H^-电子轨道结构图。在图 6-23(b)中，CO 分子中 C、O 原子共用 3 对电子，2 对电子形成共价键，还有 1 对电子是 O 原子提供 1 对电子生成的配位键 O→C。根据表 6-2 电负性数据，O 原子电负性(3.44)大于 C 原子电负性(2.55)，C≡O键在 H^+、H^-攻击下断裂，C、O 原子共用的 3 对电子，1 对电子留在 C 原子外层 sp^3杂

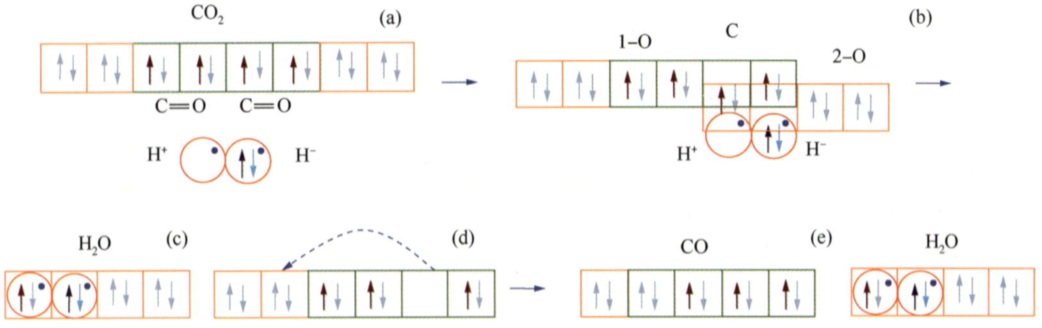

图 6-22 CO 分子形成过程分析

化轨道上，另 2 对电子(包括生成配位键的 1 对电子)留在 O 原子外层 sp^3杂化轨道上，C 原子外层出现 2 个空的 sp^3杂化轨道，则生成活性碳原子 C^*，其电子轨道结构如图 6-23(c)所示；与此同时，O 原子外层 4 个 sp^3杂化轨道上有 3 对孤对电子和 1 个空轨道，H^+外层空的 s 轨道与 O 原子外层含有孤对电子的 sp^3杂化轨道重叠，共用 1 对电子生成 1 个 H—O 键，H^-外层含有孤对电子的 s 轨道与 O 原子外层空的 sp^3杂化轨道重叠，共用 1 对电子生成第 2 个 H—O 键，则生成 1 个水分子，其电子轨道结构如图 6-23(d)所示。活性碳原子 C^*外层 2 个 sp^3杂化轨道全充满，还有 2 个空的 sp^3杂化轨道。

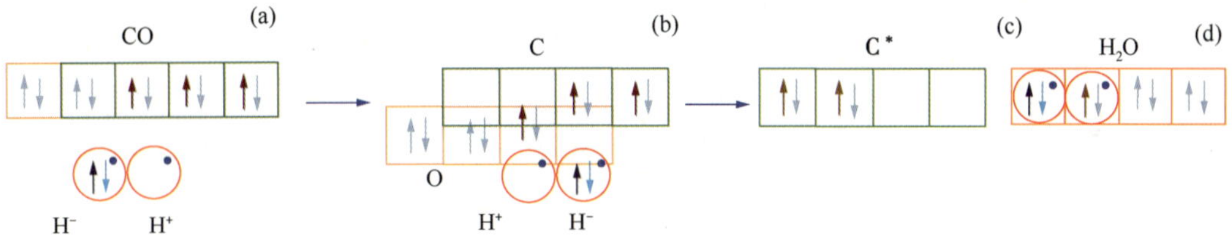

图 6-23 CO 分子与 H^+和 H^-作用生成活性碳原子 C^*

图 6-24 是活性碳原子 C^*与 H^+、H^-相互作用生成中间体 $C_{\uparrow\downarrow}{}^{\circ}H_2$ 过程分析。图 6-24(a)是活性碳原子 C^*与 H^+、H^-电子轨道结构图，C^*外层有 4 个 sp^3杂化轨道，其中 2 个轨道含有孤对电子，还有 2 个是空轨道。在图 6-24(b)中，H^+外层空的 s 轨道与 C^*外层含有孤对电子的 sp^3杂化轨道重叠，H^-外层含有孤对电子的 s 轨道与 C^*外层空的 sp^3杂化轨道重叠，共用 2 对电子生成 2 个 C—H 键，则生成中间体 $C_{\uparrow\downarrow}{}^{\circ}H_2$ 结构，其电子轨道结构如图 6-24(c)和图 6-24(d)所示。在这里，双箭头“↑↓”表示 C 原子外层 sp^3杂化轨道上有 1 对孤对电子，圆圈“○”表示 C 原子外层有 1 个空的 sp^3杂化轨道。

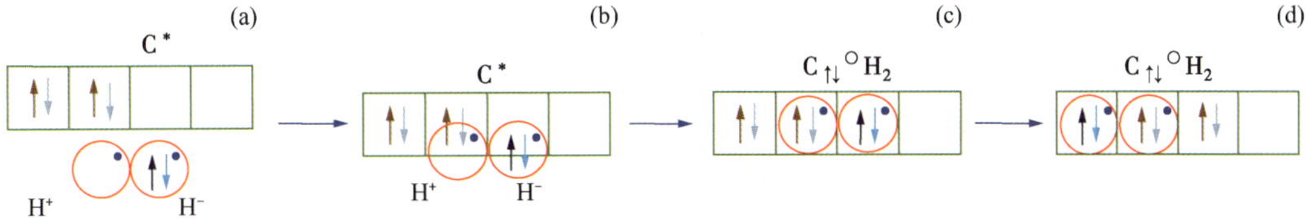

图 6-24 活性碳原子 C^*与 H^+和 H^-生成中间体 $C_{\uparrow\downarrow}{}^{\circ}H_2$

(5) $C_{\uparrow\downarrow}{}^{\circ}H_2$ 生成二甲醚

图 6-25 是中间体 $C_{\uparrow\downarrow}{}^{\circ}H_2$ 和水分子 H_2O 生成二甲醚分子过程分析。图 6-25(a)是中间体 $C_{\uparrow\downarrow}{}^{\circ}H_2$ 和 H_2O 分子电子轨道结构图。在图 6-25(b)中，2 个 $C_{\uparrow\downarrow}{}^{\circ}H_2$ 结构中 2 个 C 原子外层空的 sp^3 杂化轨道分别与水分子中 2 个 H、O 原子重叠轨道再次重叠，2 个重叠处的 2 个 H^+ 向 2 个 C 原子外层含有孤对电子的 sp^3 杂化轨道转移，共用 2 对电子生成 2 个 C—H 键，重叠处的 C、O 原子外层 sp^3 杂化轨道重叠，共用 2 对电子生成 2 个 C—O，则生成 1 个二甲醚分子 CH_3—O—CH_3，其电子轨道结构如图 6-25(c)所示。

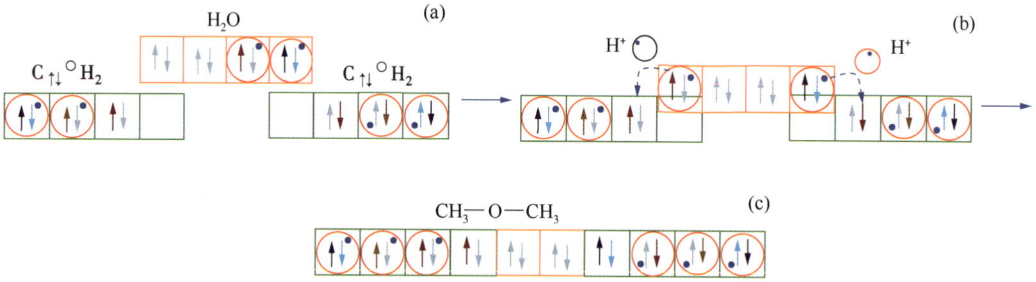

图 6-25 $C_{\uparrow\downarrow}{}^{\circ}H_2$ 和水分子生成二甲醚分子

(6) 二氧化碳加氢制二甲醚反应机理

根据上面分析，在 Cu 基催化剂作用下，二氧化碳加氢制合成二甲醚反应过程如下：

$$Cu+H_2 \longrightarrow Cu^{2+}+2H^- \tag{1}$$

$$Cu^{2+}+H_2 \longrightarrow Cu+2H^+ \tag{2}$$

$$CO_2+H^-+H^+ \longrightarrow CO+H_2O \tag{3}$$

$$CO+H^-+H^+ \longrightarrow C^*+H_2O \tag{4}$$

$$C^*+H^-+H^+ \longrightarrow C_{\uparrow\downarrow}{}^{\circ}H_2 \tag{5}$$

$$2C_{\uparrow\downarrow}{}^{\circ}H_2+H_2O \longrightarrow CH_3OCH_3 \tag{6}$$

反应式[(1)+(2)]×3+[(3)+(4)+(5)]×2+(6)得出反应式(7)，即生成二甲醚。

$$2CO_2+6H_2 \longrightarrow CH_3OCH_3+3H_2O \tag{7}$$

(7) 小结

二氧化碳在 Cu 基催化剂作用下，加氢合成二甲醚反应过程分 5 步：

① 在 Cu 原子(Cu^{2+})作用下，H_2分子会生成数目相同 H^+、H^-，H^+、H^-成对出现，同时存在；

② CO_2与 H^+、H^-作用首先生成中间态 CO 和 H_2O 分子；

③ 中间态 CO 分子与 H^+、H^-继续作用，生成活性碳原子 C^* 和 H_2O 分子，活性碳原子 C^* 外层有 2 个含有孤对电子的 sp^3 杂化轨道和 2 个空 sp^3 杂化轨道；

④ 活性碳原子 C^* 继续与 H^+、H^-再作用，生成中间体 $C_{\uparrow\downarrow}{}^{\circ}H_2$ 结构，$C_{\uparrow\downarrow}{}^{\circ}H_2$ 结构中 C 原子外层有 1 个含有孤对电子的 sp^3 杂化轨道和 1 个空的 sp^3 杂化轨道；

⑤ 2 个 $C_{\uparrow\downarrow}{}^{\circ}H_2$ 和 1 个水分子生成 1 个二甲醚分子 CH_3OCH_3。

6.4.4 甲醇制二甲醚

甲醇分子在 ZSM-5 催化剂中 B 酸中心作用下反应能生成二甲醚，反应方程如下：

$$2CH_3OH \longrightarrow CH_3OCH_3 + H_2O$$

文献[42,43]认为，SAPO-34 或 ZSM-5 等分子筛是含 Si、Al 元素的固体酸催化剂，其活性来源于其酸性。催化剂酸性与 Al 原子的 O 原子配位数密切相关：2、3 配位的 Al 原子形成 L 酸中心；4、5 或 6 配位的 Al 原子形成 B 酸中心；Al 原子是产生活性的中心原子。在 ZSM-5 催化剂中同时存在 4、5 或 6 配位的 B 酸中心。

图 6-26 为 ZSM-5 催化剂 4 配位 B 酸中心的失活与再生过程。图 6-26(a)是 Al 原子、O 原子和 H 原子电子轨道结构图。图 6-26(b)是 4 配位 B 酸中心，是由 1 个 Al 原子、4 个 O 原子和 1 个 H 原子组成 $H[AlO_4]$结构，用 HB 来表示。4 配位 B 酸中心 HB 中心可释放 1 个 H^+，释放 H^+后失去了活性，失活的 4 配位 B 酸中心 B^-结构如图 6-26(c)所示。

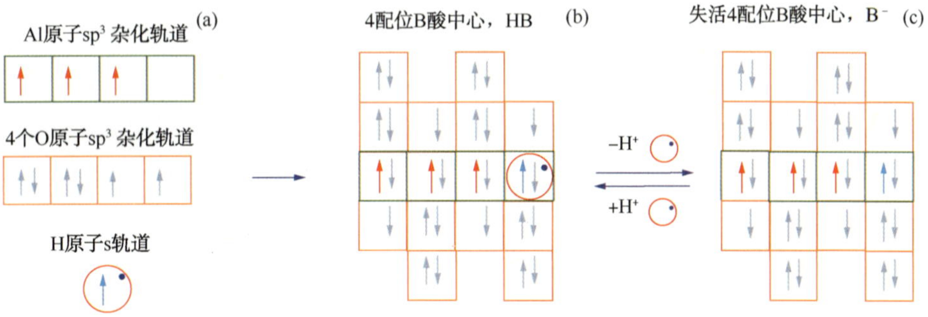

图 6-26　4 配位 B 酸中心失活与再生

(1) 生成甲基正碳离子 CH_3^+

图 6-27 是甲醇分子在 B 酸中心作用下，生成甲基正碳离子 CH_3^+过程分析。图 6-27(a)是 4 配位 B 酸中心 HB 提供的 H^+和甲醇分子电子轨道结构图。在图 6-27(b)中，甲醇分子与 4 配位 B 酸中心相互作用，根据表 6-2 数据[41]，H、C 和 O 原子电负性分别为 2.20、2.55 和 3.44。HB 酸中心释放 H^+攻击甲醇分子中 C—O 键，由于 O 原子电负性(3.44)大于 C 原子电负性(2.55)，则 O 原子会吸引共用电子对留在其外层 sp^3杂化轨道上，C—O 键断裂，H^+外层空的 s 轨道会与 O 原子外层含有孤对电子的 sp^3杂化轨道重叠，共用 1 对电子生成 1 个 H—O 键，则生成 H_2O 分子，其电子轨道结构如图 6-27(c)所示。C—O 键断裂时，共用电子对留在 O 原子外层 sp^3杂化轨道，而甲醇分子中 C 原子外层出现 1 个空的 sp^3杂化轨道，则生成甲基正碳离子 CH_3^+，其电子轨道结构如图 6-27(d)所示。

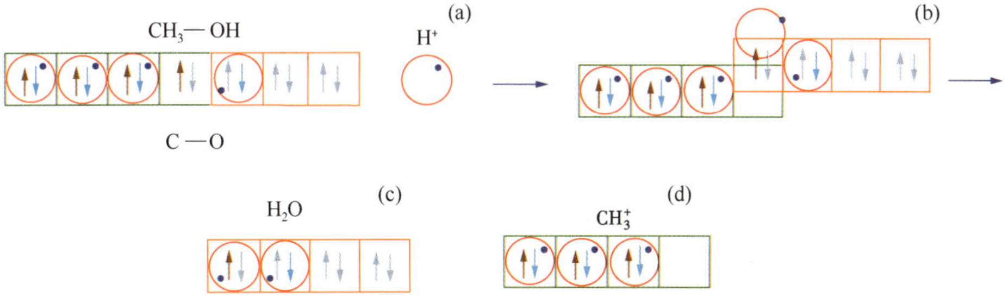

图 6-27　H^+攻击甲醇分子 C—O 键生成甲基正碳离子 CH_3^+

(2) CH_3^+生成中间体 $C_{\uparrow\downarrow}{}^{\circ}H_2$

图 6-28 为甲基正碳离子 CH_3^+与失活 B 酸中心 B^-中心作用生成中间体 $C_{\uparrow\downarrow}{}^{\circ}H_2$ 过程分析。图 6-28(a)是 CH_3^+和 B^-的电子轨道结构图。在图 6-28(b)中，CH_3^+中 C 原子外层的空 sp^3杂化轨道与 B^-中 Al、O 原子共用电子对所在的 sp^3重叠轨道再次重叠，CH_3^+中 H^+转移到上述 C、Al 和 O 三原子外层轨道重叠处，B^-获得 H^+恢复活性，变成 HB，其电子轨道结构如图 6-28(c)所示。CH_3^+失去 H^+后生成中间体 $C_{\uparrow\downarrow}{}^{\circ}H_2$，其电子轨道结构如图 6-28(d)。在中间体 $C_{\uparrow\downarrow}{}^{\circ}H_2$ 结构中，C 原子外层有 1 个含有孤对电子的 sp^3杂化轨道和 1 个空的 sp^3杂化轨道，在这里，双箭头“↑↓”表示孤对电子，圆圈“○”表示空轨道。

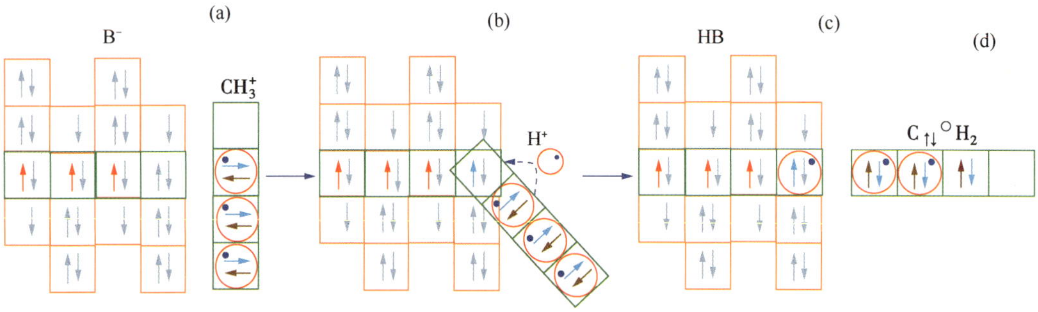

图 6-28 CH_3^+与失活 B 酸中心作用生成中间体 $C_{\uparrow\downarrow}{}^{\circ}H_2$

(3) $C_{\uparrow\downarrow}{}^{\circ}H_2$ 生成二甲醚

图 6-29 是中间体 $C_{\uparrow\downarrow}{}^{\circ}H_2$ 和 H_2O 分子生成二甲醚分子过程分析。图 6-29(a)是 $C_{\uparrow\downarrow}{}^{\circ}H_2$ 和 H_2O 分子电子轨道结构图。在图 6-29(b)中，2 个 $C_{\uparrow\downarrow}{}^{\circ}H_2$ 结构中 2 个 C 原子外层空的 sp^3杂化轨道分别与 H_2O 分子中 2 个 H、O 原子重叠轨道再次重叠，2 个重叠处的 2 个 H^+转移到相邻的 2 个 C 原子外层含有孤对电子的 sp^3杂化轨道，共用 2 对电子生成了 2 个 C—H 键，2 个重叠处的 C、O 原子共用 2 对电子生成 2 个 C—O 键，则生成了 1 个二甲醚分子 CH_3—O—CH_3，其电子轨道结构如图 6-29(c)所示。

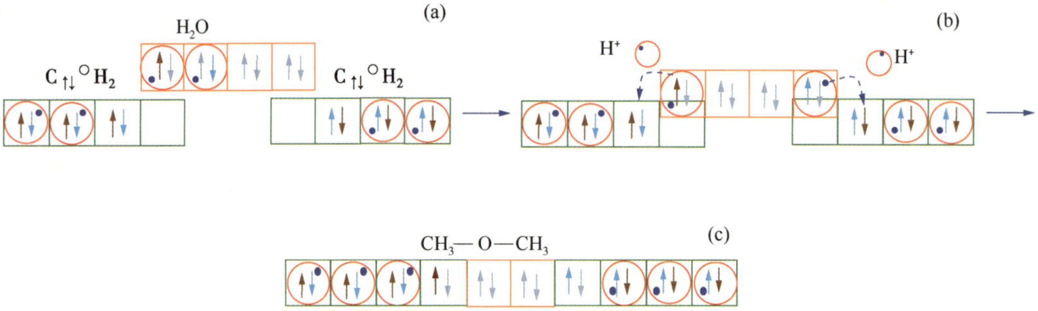

图 6-29 $C_{\uparrow\downarrow}{}^{\circ}H_2$ 生成二甲醚分子

(4) 甲醇制二甲醚反应机理

甲醇在 ZSM-5 催化剂 B 酸中心作用下，反应生成二甲醚过程如下：

$$CH_3OH+HB \longrightarrow CH_3^++B^-+H_2O \tag{1}$$

$$CH_3^+ + B^- \longrightarrow HB + C_{\uparrow\downarrow}^{\bigcirc}H_2 \quad (2)$$

$$2C_{\uparrow\downarrow}^{\bigcirc}H_2 + H_2O \longrightarrow CH_3OCH_3 \quad (3)$$

反应式[(1)+(2)]×2+(3)得出反应式(4)，即表示生成二甲醚。

$$2CH_3OH \longrightarrow CH_3OCH_3 + H_2O \quad (4)$$

上述分析给出了甲醇分子在 4 配位 B 酸中心 H[AlO_4]作用下生成二甲醚反应过程，实际上，甲醇分子在 5 配位或 6 配位 B 酸中心作用下，同样可以生成二甲醚分子。

(5) 小结

甲醇与 ZSM-5 中 B 酸中心作用，反应生成二甲醚，反应过程分 3 步：

① ZSM-5 中 B 酸中心释放的 H^+攻击甲醇分子中 C—O 键，C—O 键断裂生成甲基正碳离子 CH_3^+和 H_2O 分子，失去 H^+后 B 酸中心失活，CH_3^+结构中 C 原子外层有个空 sp^3 杂化轨道；

② 失活 B 酸中心与甲基正碳离子 CH_3^+作用，从 CH_3^+处抽取 H^+恢复活性，CH_3^+失去 H^+后生成中间体 $C_{\uparrow\downarrow}^{\bigcirc}H_2$，$C_{\uparrow\downarrow}^{\bigcirc}H_2$ 结构中 C 原子外层有 1 个含有孤对电子的 sp^3杂化轨道和 1 个空的 sp^3杂化轨道；

③ 2 个中间体 $C_{\uparrow\downarrow}^{\bigcirc}H_2$ 中 C 原子外层空的 sp^3杂化轨道分别与水分子中 2 个 H 原子、O 原子的重叠轨道再次重叠，并发生 H 转移反应，共用 2 对电子生成 2 个 C—H 键，重叠处的 C、O 原子共用 2 对电子生成 2 个 C—O 键，则生成 1 个二甲醚分子 CH_3OCH_3。

参 考 文 献

[1] 纪汉亮．天然气制二甲醚技术进展[J]．炼油与化工，2019，30(3)：1-2.
[2] 朱发伯．关于天然气化工技术现状分析及发展趋势探讨[J]．河南科技，2015(23)：116.
[3] 胡杰，朱博超，王建明．天然气化工技术及利用[M]．北京：化学工业出版社，2006：167-190.
[4] 国内外二甲醚行业发展现状比较分析．2020-07-30. https://www.cmrn.com.cn/scyj21/201805/1137562.html.
[5] 二甲醚市场现状分析及行业前景预测报告[EB/OL]. 2022-05-22. https://new.qq.com/omn/20220520/20220520A05AS300.html.
[6] 全球二甲醚产业发展现状及未来走势预测[EB/OL]. 2020-07-30. https://www.cmrn.com.cn/scyj21/201805/1437703.html.
[7] 中国二甲醚行业市场分析与发展前景预测报告[EB/OL]. 2021-10-17. https://max.book118.com/html/2021/1017/8056026062004021.shtm.
[8] 2019 年中国二甲醚市场分析报告-行业运营态势与发展前景预测[EB/OL]．观研报告网．2020-01-07. https://www.chinabaogao.com.
[9] 张昊志，倪维斗，江华，等．几种天然气制二甲醚方案用于解决国内天然气应用的探讨[J]．天然气化工，2004(6)：28-33.
[10] 李伟，张希良．国内二甲醚研究述评[J]．煤炭转化，2007，30(3)：88-95.
[11] 谢光全，谢闵．天然气制二甲醚的经济评价[J]．石油与天然气化工，2001(5)：221-224.
[12] 王文清．二氧化碳加氢合成二甲醚的研究进展[J]．广东化工，2006，163(33)：52-54.
[13] 张建祥，赵彦巧，陈吉祥，等．二氧化碳加氢直接合成二甲醚催化剂的研究——Ⅰ．沉淀剂对催化剂结构性能影响[J]．燃料化学学报，2005，31(5)：334-338.
[14] 赵彦巧，陈吉祥，张建祥，等．二氧化碳加氢直接合成二甲醚催化剂的研究：Ⅱ铜/锌对复合催化剂结构和性能影响[J]．燃料化学学报，2005，33(3)：334-338.
[15] 夏代宽，杨燕，唐文龙．二氧化碳与氢气合成二甲醚催化剂的研究[J]．化工催化剂及甲醇技术，

2001，(5)：12-17.

[16] 杨燕，夏代宽，唐文龙．CO_2与H_2合成二甲醚催化剂[J]．石化技术与应用，2001，19(6)：359-361.

[17] 杨燕，夏代宽，唐文龙．二氧化碳催化加氢合成二甲醚的研究[J]．工业催化，2002，10(3)：42-46.

[18] 王继元，曾崇山，林陵．助剂对 Cu-ZnO-Al_2O_3-SiO_2催化剂性质和催化性能的影响[J]．石油化工高等学校学报，2005，18(3)：9-14.

[19] 王继元，曾崇山，吴昌子．SiO_2改性的 Cu-ZnO/HZSM-5 催化剂及合成二甲醚性能[J]．燃料化学学报，2006，34(2)：195-199.

[20] 王继元，曾崇山．固体酸对二氧化碳加氢合成二甲醚催化剂性能影响[J]．现代化工，2006，26(1)：35-39.

[21] 柯思明，刘殿华，曹发海，等．三相搅拌釜反应器中二氧化碳加氢合成二甲醚[J]．天然气化工，2000,，25(2)：15-18.

[22] 柯思明，刘殿华，曹发海，等．CO_2加H_2在三相床中一步法制二甲醚[J]．华东理工大学学报(自然科学版)，2001，27(1)：20-23.

[23] 刘志坚，缪建军，谭经品，等．二氧化碳合成二甲醚 CuO-ZnO-Al_2O_3/HZSM-5 催化剂的研究[J]．工业催化，2002，10(2)：46-49.

[24] 葛庆杰，黄友梅，邱凤炎，等．CO_2加氢直接制二甲醚的研究[J]．分子催化，1997，11(4)：297-300.

[25] 黄大庆．合成气制二甲醚的研究进展[J]．煤炭转化，1997，20(2)：57-61.

[26] Fujimoto K，Asami K，Shikada T，et al. Selective Synthesis of Dimethyl Ether from Synthesis Gas [J]. Chem Lett，1984，13(12)：

[27] 肖文德，滕丽华，鲁文质．合成气制备甲醇、二甲醚的反应机理及其动力学研究进展[J]．石油化工，2004，33(6)：497-507.

[28] Agny R M，Takoudis C G. Synthesis of Methanol from Carbon Monoxide and Hydrogen over a Copper-Zinc Oxide-Alumina Catalyst[J]. Ind Eng Chem Prod Res Dev，1985，24：50-55.

[29] Kazanskii V B. Reaction Mechanism in the Synthesis of Methanol over Low-Temperature Zinc Copper Oxide Catalyst [J]. Kinet Katal ，1986，27(2)：489-492.

[30] Saussey J，Lavalley J C. An in Situ FT-IR Study of Adsorbed Species on a Cu-$ZnAl_2O_4$ Methanol Catalyst under 1MPa Pressure and at 525K：Effect of the H_2/CO/CO_2 Feed Stream Composition[J]. Journal of Molecular Catalysis，1989，50(3)：343-353.

[31] Neophytides S G，Marchi A J，Froment G F. Methanol Synthesis by Means of Diffuse Reflectance Infrared Fourier Transform and Temperature-Programmed Reaction Spectroscopy[J]. Appl Catal A，1992，86(1)：45-64.

[32] Peltier F L，Chaumette P，Saussey J，et al. In-Situ FT-IR and Kinetic Study of Methanol Synthesis from CO_2/H_2 over $ZnAl_2O_4$ and Cu-$ZnAl_2O_4$ Catalysis[J]. Journal of Molecular Catalysis，1998，132(1)：91-100.

[33] Kagan Y B，Rozovskii A Y，Bashkirov A N，et al. Mechanism of Methanol Synthesis from Carbon and Hydrogen Oxides[C] //Shopov D，Andreev A，Palazov A. Geterogennyi Katal，Tr Mezhdunar Simp. 3rd ed. Bulg：Sofia(Russian)，1978，282-288.

[34] Kiennemann A，Idriss H，Hindermann J P，et al. Methanol Synthesis on Cu-$ZnAl_2O_4$ and Cu/ZnO-Al_2O_3 Catalysts：Influence of Carbon Monoxide Pretreatment on the Formation and Concentration of Formate Species [J]. Appl Catal 1990，59(1)：165-180.

[35] Amenomiya Y. Methanol synthesis from CO_2+H_2(II) Copperbased binary and ternary catalysts[J]. Appl Catal A，1987，30(1)：57-68.

[36] 张建祥，赵彦巧，陈吉祥，等．二氧化碳加氢直接合成二甲醚催化剂的研究——沉淀方法对催化剂结构性能的影响[J]．燃料化学学报，2003，31(5)：444-448.

[37] 秦祖赠，刘瑞雯，纪红兵，蒋月秀．二氧化碳的活化及其催化加氢制二甲醚的研究进展[J]．化工进

展，2015，34(1)：119-123.
[38] Sun Q，Liu C W，Pan W，et al. In situ IR Studies on the Mechanism of Methanol Synthesis over an Ultrafine Cu/ZnO/Al_2O_3Catalyst[J]. Appl Catal，1998，171(2)：301-308.
[39] Klier K，Chatikavanij V，Herman R G，et al. Catalytic Synthesis of Methanol from Carbon Monoxide/Hydrogen IV：The Effects of Carbon Dioxide[J]. Journal of Catalysis，1982，74(2)：343-360.
[40] Liu G，Willcox D，Garland M，et al. The Role of CO_2 in Methanol Synthesis on Cu-Zn oxide ：An Isotope Labeling Study[J]. Journal of Catalysis，1985，96(1)：251-260.
[41] 冯玉彪，张粉保，宣利宏，等．离子的电负性[J]．大连轻工业学院学报，1998，13(2)：70-76.
[42] 贺振富，代振宇，龙军．硅-铝催化剂酸中心形成及其结构[J]．石油学报(石油加工)，2011，27(1)：11-19.
[43] 贺振富，刘俊，龙军．硅-铝催化剂酸中心失活与再生的分析[J]．石油学报(石油加工)，2011，27(6)：845-851.
[44] 赵云鹏，蔡雨翾，郑永杰，等．二氧化碳加氢直接合成二甲醚催化剂的研究进展[J]．应用化学，2017，46(2)：373-377.
[45] 赵博，刘恩周，樊君，等．CO_2加氢一步合成二甲醚催化剂的研究进展[J]．石油化工，2012，42(10)：1207-1213.
[46] 王康军，马晓然，吴静．CuO-ZnO-Al_2O_3-ZrO_2/HZSM-5 催化剂上 CO_2加氢合成二甲醚[J]. 2012，41(5)：588-591.
[47] 李文鹏，郁向民．二氧化碳加氢合成二甲醚研究进展[J]．天然气化工，2009，34(5)：59-62.
[48] 王继元，曾崇余，吴昌子．助剂 SiO_2对 CO_2加氢制二甲醚催化剂 Cu-ZnO_2/HZSM-5 性能的影响[J]．催化学报，2006，27(10)：927-931.
[49] 张长云，杜建强．二氧化碳加氢合成二甲醚的研究进展[J]．广东化工，2012，39(12)：28-29.
[50] 大连理工大学无机化学教研室．无机化学：第 5 版[M]．北京：高等教育出版社，2006：427-428.
[51] 王丽敏，苏连江．自然科学基础无机化学卷[M]．哈尔滨：哈尔滨地图出版社，2004：315.

第7章 甲 酸

7.1 甲酸工业发展现状

甲酸(formic acid)，又称作蚁酸，是最简单的羧酸，分子式为 HCOOH。甲酸无色而有刺激气味，且有腐蚀性，人类皮肤接触后会起泡红肿。甲酸同时具有酸和醛的性质。甲酸是基本有机化工原料之一，广泛用于农药、皮革、染料、医药和橡胶等工业。甲酸可直接用于织物加工、鞣革、纺织品印染和青饲料的贮存，也可用作金属表面处理剂、橡胶助剂和工业溶剂。在有机合成中用于合成各种甲酸酯、吖啶类染料和甲酰胺系列医药中间体。具体分类如下：

医药工业：咖啡因、安乃近、氨基比林、氨茶碱、可可碱冰片、维生素 B_1、甲硝唑、甲苯咪唑。农药工业：粉锈宁、三唑酮、三环唑、三氨唑、三唑磷、多效唑、烯效唑、杀虫醚、三氯杀螨醇等。化学工业：甲酸钙、甲酸钠、甲酸铵、甲酸钾、甲酸乙酯、甲酸钡、二甲基甲酰胺、甲酰胺、橡胶防老剂、季戊四醇、新戊二醇、环氧大豆油、环氧大豆油酸辛酯、特戊酰氯、脱漆剂、酚醛树脂、酸洗钢板等。皮革工业：皮革的鞣制剂、脱灰剂和中和剂。橡胶工业：天然橡胶凝聚剂。其他：还可以制造印染媒染剂，纤维和纸张的染色剂、处理剂、增塑剂、食品保鲜和动物饲料添加剂等。

甲酸最早由 J. L. 盖-吕萨克用草酸分解制得。1855~1856 年 M. 贝特洛用氢氧化钠与一氧化碳直接制得甲酸钠，T. 戈德-施密特最先用水解的方法从甲酸钠制得甲酸。此法于 1896 年在欧洲开始用于工业生产，至今小批量生产仍用此法。1980 年美国科学设计公司、伯利恒钢铁公司和利奥纳德公司开发成功甲醇羰基化生产甲酸的方法，并已有年产 2 万吨甲酸的工厂投产。此外，甲酸也可由轻质油氧化制醋酸的副产物中回收获得。工业上制备甲酸方法主要包括：甲酸钠法、甲醇羰基合成法和甲酰胺法。

① 甲酸钠法：一氧化碳和氢氧化钠溶液在 160~200℃ 和 2.0MPa 压力下反应生成甲酸钠，然后经硫酸酸解、蒸馏即得甲酸成品。

② 甲醇羰基合成法(又称甲酸甲酯法)：甲醇和一氧化碳在催化剂甲醇钠存在下，反应生成甲酸甲酯，然后再经水解生成甲酸和甲醇。甲醇可循环送入甲酸甲酯反应器，甲酸再经精馏即可得到不同规格的产品。

③ 甲酰胺法：一氧化碳和氨在甲醇溶液中反应生成甲酰胺，再在硫酸存在下水解得甲酸，同时副产硫酸铵。

据立木信息咨询[1]发布的《中国甲酸市场供需态势与投资战略研究报告(2017 版)》显示：世界甲酸产能合计 131.7 万 t/a，主要分布在中国、德国、芬兰、俄罗斯、美国。目前全球主要甲酸生产厂商及年产能为：中国鲁西化工 20 万 t/a、德国 BASF 公司 20 万 t/a、芬兰 Eastman 公司 10 万 t/a、俄罗斯 Techmashimpor 公司 8 万 t/a、英国 BP 公司 6.5 万 t/a。

目前全球甲酸实际产量70万t左右，需求预计为67万t，供需基本平衡。随着关键生产工艺的突破，我国甲酸产业在全球已拥有了举足轻重的地位。目前我国甲酸总产能约55万t/a，占全球总产能40%，主要分布在山东、江苏等地。近年来，医药及食品等行业迅速发展，也推动了国内甲酸市场需求的不断增长，行业进入快速发展阶段。据统计[2,3]，2018年，我国甲酸行业产量约50.2万t，同比2017年的40.2万t增长了24.9%，需求量约32.53万t。

7.2 甲酸合成工艺及反应机理

甲酸生产方法[4~6]主要有甲酸钠水解法、甲酰胺水解法、轻油液相氧化法，以及甲酸甲酯水解法(甲醇羰基化法)。

1980年以前，世界工业化生产甲酸均用甲酸钠法，该法消耗较高，污染严重，已逐步被淘汰。20世纪80年代初，美国、德国等公司对甲醇羰基化制甲酸甲酯的工艺进行了深入的研究，成功地开发了甲酸甲酯直接水解制甲酸的生产工艺。研究表明，该工艺是生产甲酸的最佳工艺。目前，国外甲酸生产主要采用甲酸甲酯水解工艺，约占甲酸总产能的80%以上。

(1) 甲酸钠水解法

CO和25%~50%烧碱在160~200℃，1.4~1.8MPa下反应生成甲酸钠。蒸发分离后，加入硫酸，反应生成甲酸和硫酸钠，再经蒸馏分离，得到纯度大于85%的成品。由于生产成本高，成品质量差，且劳动条件恶劣，污染严重，此方法在发达国家已淘汰。

甲酸钠水解法的反应式如下：

$$CO+NaOH \longrightarrow HCOONa$$

$$2HCOONa+H_2SO_4 \longrightarrow 2HCOOH+Na_2SO_4$$

(2) 甲酰胺水解法

该方法首先是CO和甲醇在4.0MPa、80℃，以甲醇钠为催化剂，反应生成甲酸甲酯。

$$CO+CH_3OH \longrightarrow HCOOCH_3$$

然后，甲酸甲酯与无水的氨在1.3MPa、温度65℃下反应：

$$HCOOCH_3+NH_3 \longrightarrow HCONH_2+CH_3OH$$

分馏、精制后得到精制的甲酰胺。最后由甲酰胺与硫酸发生水解反应，再经干燥、冷凝后即得产品，纯度为90%~95%。该法是德国BASF公司的专利，曾为欧洲甲酸生产的主要方法，流程复杂，成本较高，20世纪80年代初，随着甲酸甲酯水解工艺的开发成功，已渐被淘汰。

(3) 轻油液相氧化法

该法主要用于生产醋酸，甲酸为副产品，产量约占各种有机酸总产量的15%；此法由英国BP公司开发成功，20世纪70年代曾是国外生产甲酸的主要方法；随着美国孟山都公司甲醇低压羰基合成醋酸技术工业化后，该法已被淘汰。

(4) 甲酸甲酯水解法(甲醇羰基化法)

20世纪70年代中期，美国科学设计公司-伯利恒钢铁公司(SD-Bethlehem)、伦纳德公司(Leonard)和德国BASF公司分别开发成功了甲酸甲酯水解制甲酸工艺，1980年实现工业化。甲酸甲酯法是目前世界上比较先进的工艺流程，世界上大多数国家均采用此技术生产甲酸。其特点是只消耗一氧化碳和水，产品为单一的甲酸，无副产物。该工艺具有流程短、原料易得、无三废、产量大、生产成本低的特点，甲酸浓度可达 98%，但此工艺一次性投资太大。

该法首先由甲醇羰基化合成甲酸甲酯，反应条件与甲酰胺水解法第一步基本一致；然后在酸性催化剂存在下，使甲酸甲酯于 90~140℃、0.5~1.8MPa 条件下水解为甲醇和甲酸，经分离精制获得甲酸，甲醇则返回系统。甲酸与水共沸，采用真空分离，可得到 100%纯产品。

甲酸甲酯水解法工艺过程：①甲醇与 CO 羰基化合成甲酸甲酯；②甲酸甲酯水解生成甲酸和甲醇，甲醇循环使用。

按工艺的不同特点，该法又可分为 Kemira-Leonard 工艺、Bethlechem-壳牌工艺、巴斯夫工艺和 USSR 工艺。

① Kemira-Leonard 工艺特点是采用了独特的添加了助剂的醇盐催化剂，使反应压力降低 50%，水解时采用预混合和闪蒸技术；大量甲酸甲酯在闪蒸器内被蒸出；甲酸分离塔在低回流比、低反应温度、短接触时间下操作，甲酸再酯化率小于 0.1%。该工艺于 1982 年在芬兰 Kemira(凯米拉)公司的 2 万 t/a 装置上实现工业化，随后 Kemira 公司进行了改进，分别在韩国、印度和印尼装置上应用。

② Bethlechem-壳牌工艺特点是水解反应在均一液相中进行，反应条件温和，工艺简单、设备可靠性强，可生产高纯度甲酸。水解产物比例一般是水：甲酸甲酯=3：1~1：3，副产物甲醇为 10%。该工艺由美国 SD(科学设计)公司和 Bethlechem-壳牌公司于 20 世纪 80 年代联合开发成功。

③ 巴斯夫工艺的羰基化工序的操作条件与 Kemira-Leonard 工艺类似，其主要特点是甲酸甲酯水解时采用特殊溶剂作为萃取剂，甲酸甲酯转化率高，甲酸分离塔常压操作，甲酸塔为减压塔，可减少蒸汽用量 30%，但工艺操作较困难。该工艺于 1981 年在德国路德维希港的 1 万 t/a 装置上实现工业化。

④ USSR 工艺特点是采用双段反应连续水解，使用强酸性的离子交换树脂作为酸性催化剂，缺点是工艺操作比较困难，投资较高。反应温度 55~62℃，水：甲酸甲酯=14：1(mol)，甲酸甲酯转化率 87%，甲酸产品纯度 86.5%。该法于 1989 年在乌克兰 Saratov 的一套 4 万 t/a 装置上实现工业化。据称，这四种水解工艺各有所长，以 Kemira-Leonard 工艺投资最少，工艺过程最为经济合理。

由于现行的甲酸甲酯水解法在生产工艺过程中需要大量的工艺水，用于产品分离的生产费用较高，为此，生产商又在开发更加有效的甲酸分离技术。例如，Kemra 公司提出了采用具有催化水解和吸附作用的固体离子交换物质，在甲酸甲酯水解的同时，将甲醇与甲酸分离；巴斯夫公司提出在温和的条件下将甲酸甲酯水解，将甲酸和甲酸甲酯分出后，采用甲酸苄酯来抽提分离甲酸和甲酸甲酯，并将抽提出的废水进行循环再利用等。

总之，在合成甲酸新技术路线开发方面，其主要研发路线：①甲酸前体——甲酸甲酯制备技术，此领域有甲醇催化脱氢法、甲醇氧化脱氢法、CO_2与甲醇加氢缩合法、合成气直接合成法等，其中，甲醇羰基化制甲酸甲酯工艺和甲醇催化脱氢制甲酸甲酯工艺近年来国内外研究较多，有一定工业化应用前景；②甲醛一步法直接氧化催化生成甲酸。BIC 公司开发的这项技术采用 V-Ti-O 催化剂，温度范围约为 100~140℃，甲酸初始选择性可达到约 96%~98%，目前该法已进行了实验室实验和中试；③CO_2直接加氢制取甲酸。这项技术从 20 世纪 90 年代中期开始，采用钌系催化剂，在 20.5MPa、50℃和三乙胺存在下合成甲酸。从环保角度来看，这一路线具有一定开发意义，但离工业化还有较长的距离，目前进展不大，仍然处于基础探索阶段。下面就甲醛一步法直接氧化催化生成甲酸反应机理进行研究。

7.3 合成甲酸反应机理分析

在合成甲酸新技术开发方面重点研究甲醛一步法直接氧化催化生成甲酸的反应机理，找到甲醛与催化剂相互作用的关系。

(1) V-Ti-O 催化剂

甲醛一步法直接氧化催化生成甲酸的反应中，V-Ti-O 催化剂是含钒和钛元素的氧化物，催化剂中 V 元素存在多种价态：V^{2+}、V^{3+}、V^{4+}和 V^{5+}，钛元素是 Ti^{4+}。V 和 Ti 作用相同，下面重点讨论 V^{4+}在催化反应中的作用。

V 原子核电荷数 23>21，不存在能级交错，$E_{4s}>E_{3d}$，其外层电子排布：$3d^34s^2$，V^{4+}外层电子排布：$3d^14s^0$，V 原子和 V^{4+}外层电子轨道结构如图 7-1(a)和图 7-1(b)所示。

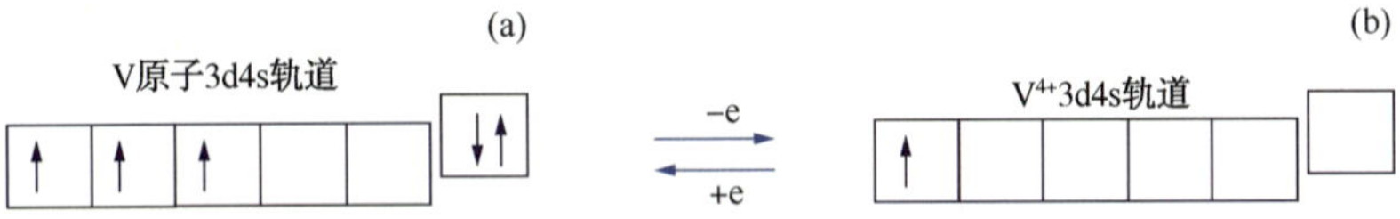

图 7-1 V 原子和 V^{4+}外层电子轨道图结构

(2) O_2分子结构

O 原子核电荷数 8，其外层电子排布：$2s^22p^4$，图 7-2 是 O_2分子结构分析，图 7-2(a)是 O 原子外层轨道进行 sp 杂化后生成的 sp 杂化轨道和 2p 轨道电子轨道结构图。在图 7-2(b)中，1 个 O 原子外层 1 个 sp 杂化轨道中的 1 对电子与另 1 个 O 原子外层 2p 轨道的未成键电子结合，生成 2 个 3 电子结构的 π 键，而 2 个 O 原子 2p 轨道的未成键电子结合生成 1 个 O—O 共价键 σ 键，O_2分子电子轨道结构如图 7-2(c)所示。

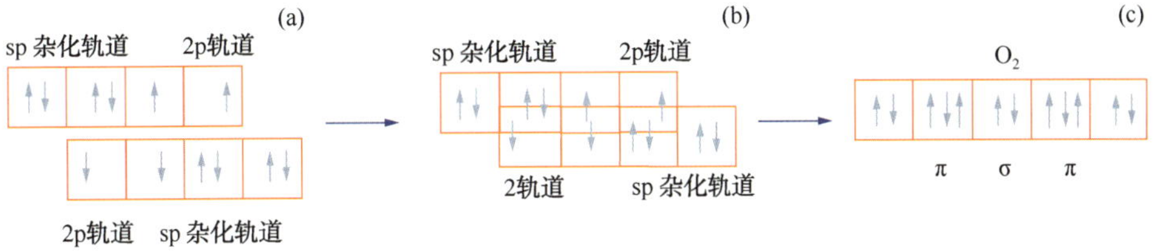

图 7-2 O_2分子结构分析

表 7-1 是部分元素的电负性数据[7]，对比发现，失去电子的金属阳离子电负性普遍高于金属原元素，失去电子个数越多，金属阳离子的电负性就越大。表 7-1 中，V 原子电负性为 1.63，V^+电负性为 3.85，V^{2+}电负性为 7.91，V^{3+}电负性为 13.68，那么，V^{4+}电负性大于 13.68。同理，Ti 元素的电负性数据也符合上述规律。

表 7-1　部分元素电负性

元素	H	O	V	Ti	Cr	Zn	Mn	Zr	La	Cu	Mo	C
A^0	2.20	3.44	1.63	1.54	1.66	1.65	1.55	1.33	1.10	1.90	2.16	2.55
A^+		8.77	3.85	3.67	4.19	4.15	4.77	3.59	2.99	5.04	4.18	6.42
A^{2+}		16.21	7.91	7.39	8.54	8.88	9.22	6.50	5.44	10.28	7.80	13.01
A^{3+}		23.82	13.68	12.74	14.41	15.28	17.05	10.32	12.44	16.57	13.24	20.23

(3) 生成 O^{2+}

V-Ti-O 催化剂中，V 元素存在多种价态，图 7-3 是 O_2分子与 V^{4+}相互作用形成 O^{2+}过程分析。图 7-3(a)是 O_2分子和 V^{4+}电子轨道结构图。在图 7-3(b)中，V^{4+}和 O_2分子相互作用，激活了 O_2分子中 π 键和 σ 键，根据表 7-1 数据分析，V^{4+}电负性>13.68>O 原子电负性(3.44)，那么 V^{4+}会从 O 原子外层 2p 轨道获得电子，填充到 V^{4+}外层空的 3d4s 轨道，2 个 O 原子提供 4 个 2p 轨道电子，其中 2 个电子填充到 V^{4+}外层空的 4s 轨道，还有 2 个电子填充到 2 个 3d 轨道，结果生成 2 个 O^{2+}，同时 V^{4+}得到 4 个电子被还原为 V 原子，其电子轨道结构如图 7-3(c)所示。

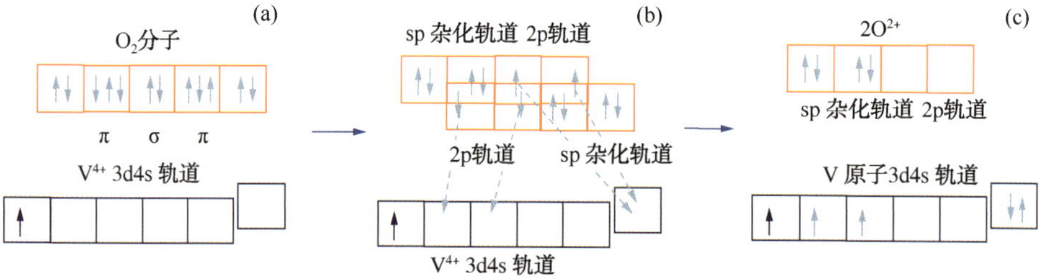

图 7-3　O_2分子与 V^{4+}相互作用形成 O^{2+}

(4) 生成 O^{2-}

图 7-4 是 O_2分子与 V 原子相互作用生成 O^{2-}过程分析。图 7-4(a)是 V 原子和 O_2分子电子轨道结构图。在图 7-4(b)中，O_2分子与 V 原子相互作用，激活了 O_2分子中 π 键和 σ 键，又因 O 原子电负性(3.44)大于 V 原子电负性(1.63)，O 原子会从 V 原子外层 3d4s 轨道抽取 4 个电子，填充到 O 原子外层含有未成键电子的 2p 轨道，生成 2 个 O^{2-}，V 原子失去其外层 3d4s 轨道 4 个电子后生成 V^{4+}，其电子轨道结构如图 7-4(c)所示。

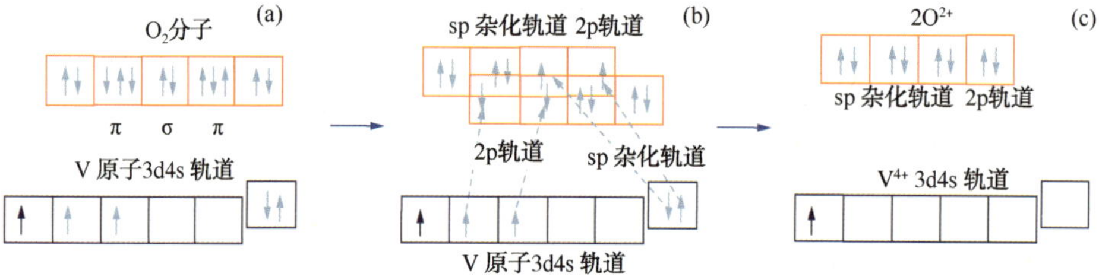

图 7-4　O_2分子与 V 原子相互作用形成 O^{2-}

(5) 生成活性氧原子 O^*

由于 V^{4+}、V 原子存在，O^{2+} 与 O^{2-} 相互作用不会生成 O_2 分子，而是生成中间体活性氧原子 O^*。图 7-5 是中间体活性氧原子 O^* 生成过程分析。图 7-5(a)是 O^{2+} 和 O^{2-} 电子轨道结构图。在图 7-5(b)中，O^{2+} 和 O^{2-} 离子相互作用，其外层 2 个 sp 轨道和 2 个 2p 轨道进行 sp^3 杂化生成 4 个 sp^3 杂化轨道，由于 O^{2+} 属于缺电子结构，而 O^{2-} 外层 4 个 sp^3 杂化轨道处于全充满状态，彼此相互作用后生成 2 个外层电子数相等、结构相同的中间过渡状态的活性氧原子 O^*，其外层有 4 个 sp^3 杂化轨道，其中 3 个 sp^3 杂化轨道全充满，还有 1 个空的 sp^3 杂化轨道，其电子轨道结构如图 7-5(c)所示。

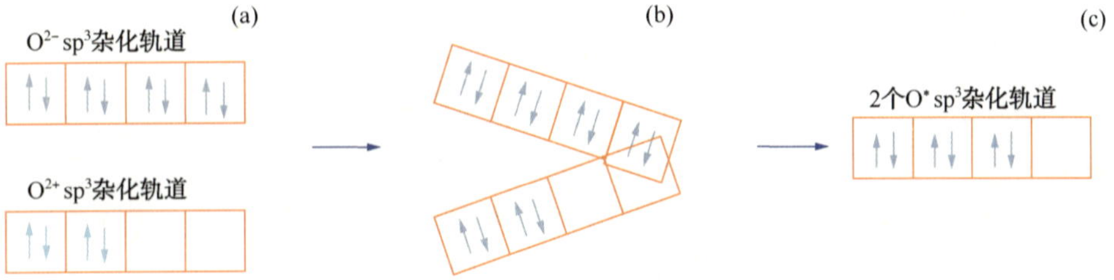

图 7-5 O^{2+}、O^{2-} 生成活性氧原子 O^*

(6) 生成甲酸分子

图 7-6 是甲醛分子结构分析。图 7-6(a)是 C、O 和 H 原子外层电子轨道结构图，在生成甲醛分子时，C、O 原子外层轨道进行 sp^3 杂化，各自生成 4 个 sp^3 杂化轨道。在图 7-6(b)中，O 原子外层 2 个含有未成键电子的 sp^3 杂化轨道与 C 原子外层 2 个含有未成键电子的 sp^3 杂化轨道重叠，共用 2 对电子生成 1 个 C═O 键，C 原子外层剩余 2 个含有未成键电子的 sp^3 杂化轨道分别与 2 个 H 原子外层含有未成键电子的 s 轨道重叠，共用 2 对电子生成 2 个 C—H 键，则生成了甲醛分子 CH_2O，其电子轨道结构如图 7-6(c)所示。

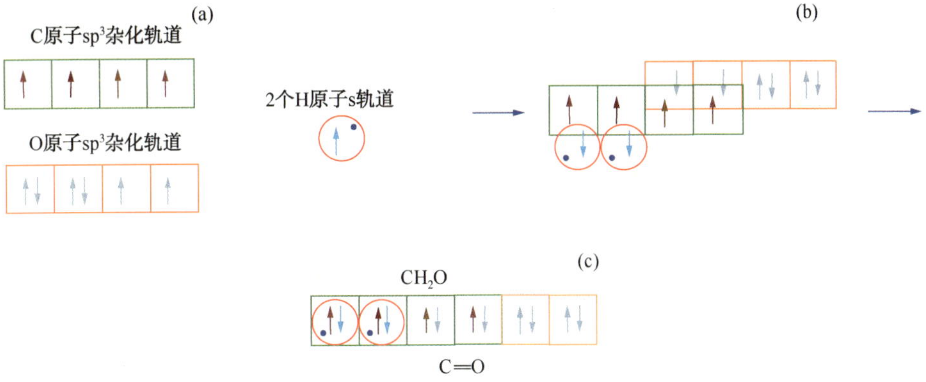

图 7-6 甲醛分子结构分析

图 7-7 是中间体活性氧原子 O^* 与甲醛分子作用生成甲酸过程分析。图 7-7(a)是活性氧原子 O^* 与甲醛分子的电子轨道图。在图 7-7(b)中，活性氧原子 O^* 外层空的 sp^3 杂化轨道与甲醛分子中 C、H 原子外层的重叠轨道再次重叠，重叠处的 H^+ 转移到活性氧原子 O^* 外层含有孤对电子的 sp^3 杂化轨道上，H^+ 外层空的 s 轨道与活性氧原子 O^* 外层含有孤对电子

的 sp^3 杂化轨道重叠，共用 1 对电子生成 1 个 H—O 键，重叠处的 C、O 原子共用 1 对电子生成 1 个 C—O 键，则生成 1 个甲酸分子 HCOOH，其电子轨道结构如图 7-7(c)所示。

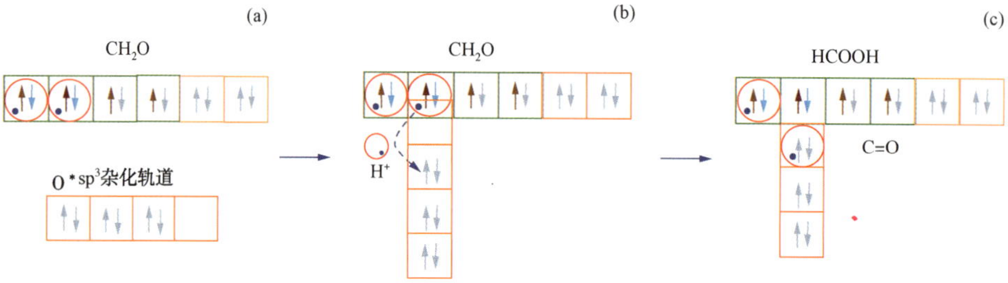

图 7-7 甲酸分子生成过程分析

(7) 甲醛氧化制甲酸反应机理分析

甲醛在 V 基催化剂作用下，氧化生成甲酸过程如下：

$$V^{4+}+O_2 \longrightarrow V+2O^{2+} \quad (1)$$

$$V+O_2 \longrightarrow V^{4+}+2O^{2-} \quad (2)$$

$$O^{2+}+O^{2-} \longrightarrow 2O^* \quad (3)$$

$$CH_2O+O^* \longrightarrow HCOOH \quad (4)$$

式[(1)+(2)+(3)×2+(4)×4]÷2 得到式(5)：

$$2CH_2O+O_2 \longrightarrow 2HCOOH \quad (5)$$

实际上，在 V-Ti-O 催化剂中，V 是活性组分，Ti 的氧化物起到助催化的作用，其在甲醛氧化制甲酸反应中的作用机理相同。

7.4 结论

在 V-Ti-O 催化剂下，甲醛氧化制甲酸反应过程分 3 步：

① V^{4+} 和 V 原子与 O_2 分子相互作用，生成数目相同的 O^{2+} 和 O^{2-}，O^{2+} 和 O^{2-} 同时存在；

② 有 V^{4+} 和 V 原子存在，O^{2+} 与 O^{2-} 不会生成 O_2 分子，而是生成中间体活性氧原子 O^*，O^* 外层有 4 个 sp^3 杂化轨道，其中 3 个轨道全充满，还有 1 个空轨道；

③ O^* 外层空的 sp^3 杂化轨道与甲醛分子中 C、H 原子外层的重叠轨道再次重叠，重叠处的 H^+ 转移到 O^* 外层含有孤对电子的 sp^3 杂化轨道上，生成 1 个 C—O 键和 1 个 H—O 键，则形成了甲酸分子 HCOOH。

参 考 文 献

[1] 2017 年全球及中国甲酸行业市场规模[EB/OL]. https://www.sohu.com/a/198883274_252291.

[2] 2020 年中国甲酸市场调研报告-行业规模现状与投资前景研究[EB/OL]. https://baogao.chinabaogao.com/huaxuechangpin/515 953515953.html.

[3] 2021 年甲酸产业供需现状分析及甲酸产量供应趋势分析[EB/OL]. https://max.book118.com/html/2021/0723/6052020003003220.shtm.

[4] 甲酸的生产工艺和市场分析[EB/OL]. https://www.zhangqiaokeyan.com/academic-journal-cn_chemial-

technology-market_thesis/02012 46001074. html.
[5] 亦秋．甲酸的生产技术与市场分析[J]. 精细化工原料与中间体，2007，7：17-19.
[6] 宁忠培，戴志谦，李天文，等．甲酸生产工艺技术及应用[J]. 化学工程师，2009，163(4)：52-55.
[7] 冯玉彪，张粉保，宣利宏，等．离子的电负性[J]. 大连轻工业学院学报，1998，13(2)：70-76.

第8章　乙　　酸

8.1　乙酸工业发展现状

乙酸(acetic acid)即醋酸，冰醋酸，化学式 CH_3COOH，是一种有机一元酸，为食醋主要成分。纯醋酸是无色的吸湿性固体，凝固点为 16.6℃，凝固后为无色晶体，其水溶液为弱酸性且腐蚀性强，蒸汽对眼和鼻有刺激性作用。醋酸是我国应用最早、使用最多的酸味剂，主要用于复合调味料、配制蜡、罐头、干酪、果冻等，也可以用作腌渍剂、增味剂、香料等，应用领域广泛。工业上主要用于制备醋酸乙烯、醋酸纤维、醋酸酐、金属醋酸盐及卤代醋酸，可作为医药、农药及其他有机合成的重要原料，还可用作分析试剂、溶剂及浸洗剂。

我国古代就有关于制醋的记载，早在公元前，人类已能用酒经各种乙酸菌氧化发酵制醋，19 世纪后期，发现将木材干馏可以获得乙酸。1847 年，德国科学家阿道夫·威廉·赫尔曼·科尔贝第一次通过无机原料合成了乙酸。1911 年，在德国建成了世界上第一套乙醛氧化生产乙酸的工业装置。不久又研究发展了低碳烃氧化生产乙酸的方法。1960 年原联邦德国采用甲醇在高压(20MPa)下经羰基化制乙酸的方法。随后，美国孟山都公司采用铑络合物催化剂(以碘化物作助剂)，使甲醇羰基化制乙酸的压力降到 0.3~3.0MPa，并于 1970 年建成生产能力 13.5 万 t/a 乙酸的甲醇低压羰基化工业装置。由于该法技术经济先进，从 20 世纪 70 年代中期开始，新建的大厂多采用甲醇低压羰基化法。1984 年，世界乙酸的年生产能力已达 600 万 t，其中低压羰基化法约占 40%。1996 年，上海吴泾化工有限公司从英国 BP 公司引进的国内第一套 10 万 t/a 甲醇低压羰基合成乙酸装置建成投产。之后，该公司经过3 年多的实践探索，完成了 20 万 t/a 工艺包开发，装置的生产能力达 20 万 t/a。同时，核心设备制造和 PDP 软件包等核心技术开发取得重大突破，形成多项自有知识产权的专利技术。目前，该公司正努力完善其现有装置，争取使乙酸生产能力达到 23 万~25 万 t/a。西南化工研究院历经 20 多年努力完成了 10 万 t/a 甲醇低压羰基合成制乙酸工艺包技术开发，该工艺采用双反应器串联，第二个反应器可使第一个反应器内未反应的原料充分反应，以提高反应效率，并能减轻精制和尾气回收系统的负荷。江苏索普集团 10 万 t/a 乙酸工程是国内第一套以天然气为原料、采用国内西南院技术的甲醇羰基合成乙酸项目，1994 年 11 月开工建设，1998 年 1 月一次性投料试车成功，产出合格产品。1998 年 11 月，对乙酸装置进行生产考核后认为，该装置乙酸的生产能力可达 300t/d，其产量、质量和原辅料消耗均达到设计要求，该工程实际完成总投资约 10.3 亿元。2000 年，该公司投资 4715.34 万元对 10 万 t/a 乙酸装置进行技术改造，对工艺进行适当改进并增加少量设备，使产能提高 2.5 万 t/a。索普集团乙酸二期工程在一期工程的基础上，采用国内技术对原有的乙酸生产装置进行改造，新增生产能力 15 万 t/a；项目投资总额为 9.19 亿元，该项目于 2003 年开工建设，2004 年 10 月竣工，11 月投料试车。西南化工研究院为解决催化剂的沉淀问题，采取增加一个转化器、降低反应液中水含量等措施，提高反应转化率和铑系催化剂的承热能力；在产出粗乙酸时采用蒸发流程，可大大提高粗乙酸中乙酸的含量，减少母液循环量，降低分离工段的负荷；与乙酸作吸收剂相比，甲醇吸收剂的吸收效果好、用量少、对设备腐蚀性小。原国家石油化学工业局组织专家进行技术鉴定后认为，该工艺的转化率和选择性高，副产物少，“三废”排放少，产品质量好，技术达到世界先进水平。兖州煤矿集团公司的煤电工程包括乙酸20万t/a、甲醇23.6万t/a、发电装机71.8MW。其中，乙酸装置采用西南化工研究院开发的甲醇低压羰基合成乙酸技术。该工程总投资11亿元，于2003年5月开工建设，已于2005年7月投产。大庆油田甲醇厂的20万t/a乙酸项目，以天然气为原料，采用国内甲醇羰基合成乙酸技术，2003年7月可行性研究报告获批准，同时，该厂与西南化工研究院正式签订了20万t/a乙酸项目专利许可和相关技术服务合同，该项目总投资15亿元，2004年4月开工，2005年底投产。国内甲醇低压羰基合成乙酸技术的成功开发，打破了国际上少数乙酸专利商对我国的技术封锁，为国内乙酸工业的发展提供了更多的选择余地，必将推动我国乙酸工业的快速发展。国内技术在完成20万t/a放大工作后，积极进行50万t/a的放大工作以及对非铑系催化剂的研究工作[1~3]。

2015~2020年，我国乙酸产能、产量及表观消费量基本上呈现波动增长态势[2~4]，见图8-1。2015年，我国乙酸产能805万t，产量585万t，表观消费量553万t。2016年，我国乙酸产能、产量及表观消费量都有所增加，分别为845万t、605万t和581万t，同比增加了约4.97%、3.42%和4.52%。2017年，我国乙酸产能845万t与上一年持平，但产量达到了635万t，表观消费量略有下降，为570万t。2018年，我国乙酸产能达到885万t，产量达到691万t，表观消费量增加到626万t，同比分别增加了4.73%、8.82%和9.82%。2019年与2018年相比，产能增加了4.52%，达到了925万t，产量略有增加，为709万t，同比增加了2.60%，但表观消费量与上一年度持平。到2020年，我国乙酸产能达到了935万t，同比增加了1.08%，产量达到了725万t，同比增加了2.3%，表观消费量为649万t，同比增加了3.67%。在PTA、乙酸酯、氯乙烯等下游产业需求的不断推动下，我国乙酸产量保持稳定增长，2021年乙酸产量约为805万t，较2020年增加79万t，同比增长11个百分点。[5]

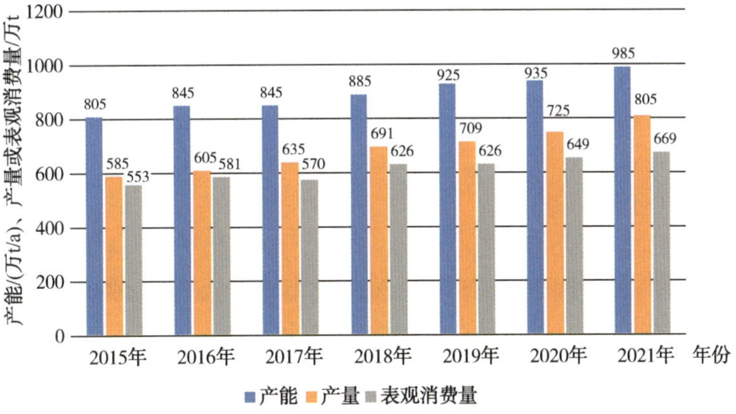

图8-1 2015~2021年我国乙酸产能、产量及表观消费量统计

2020 年乙酸的下游消费商品主要是 PTA、醋酸乙烯和醋酸乙酯领域，消费累计占比 64.35%。其中 PTA 是消费最多的下游商品，占比为 27.7%，如图 8-2 所示。

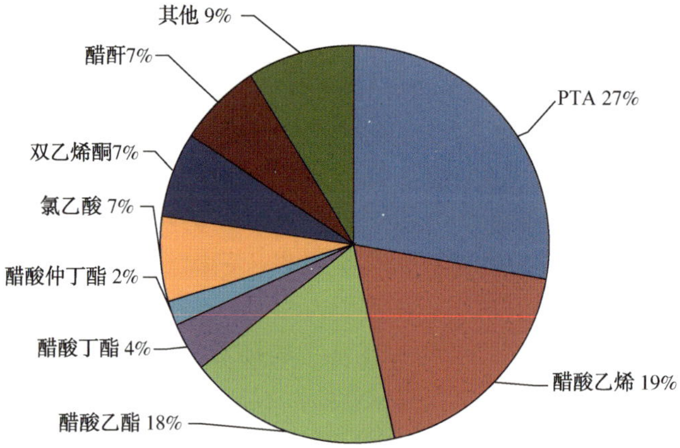

图 8-2　2020 年我国乙酸下游消费结构

8.2　乙酸合成工艺技术[6~13]

成熟的乙酸生产工艺有乙炔乙醛法、乙醇乙醛法、乙烯乙醛法、丁烷氧化法和甲醇低压羰基合成法。乙炔乙醛法由于存在严重的汞污染已被淘汰；乙醇乙醛法因生产工艺落后、成本高，国外也已淘汰，国内尚有少量生产；乙烯乙醛法因需消耗乙烯资源，产品成本较高，国外已淘汰，但在我国目前还是主要生产工艺；丁烷氧化法仅适用于轻油比较丰富的地区，不具推广性。目前应用较广泛的为甲醇低压羰基合成法，依据催化剂体系不同，各公司开发出各具特色的甲醇低压羰基合成工艺技术。

(1) BP Cative 工艺

BP 公司在其传统工艺技术上，将铑系催化剂改为铱系催化剂，即为 BP Cative 工艺。该工艺采用铼、钌、锇等多种稀有金属为助催化剂，铱系催化剂的催化活性明显高于铑系，水含量较低时，铱系催化剂稳定性高，能耗低，丙烯等副产物少，并可在水含量 ≤5%(体积)下操作，可大大改进传统的甲醇羰基化过程，降低生产费用和投资。此外，因水含量降低，CO 的利用效率提高，蒸汽消耗减少。Cative 工艺首先在韩国三星公司的乙酸装置应用成功。

(2) 塞拉尼斯 AO Plus 工艺

1980 年，美国塞拉尼斯公司推出 AO Plus 工艺(酸优化法)。该工艺通过加入高浓度的无机碘(主要是碘化锂)改变催化剂的组成，使反应器在低水含量 4%~5%下运行，提高了羰基化反应的产率和精制能力。该工艺采用特殊的专利技术，可使乙酸的产率达 99%，反应速率也非常快，产品残留的总碘含量低于 5×10^{-12}。

(3) 塞拉尼斯 Silverguard 工艺

塞拉尼斯公司针对 AO Plus 工艺在高碘含量下易造成设备腐蚀、产品中碘残留量高、会引起下游应用中催化剂中毒的缺陷，开发了 Silverguard 工艺。该工艺采用银离子交换树脂为铑催化剂载体，可将产品中残留碘降至 2μg/g；而采用传统方法，产品中残留碘一般为 10μg/g。

8.3 乙酸合成反应机理研究进展

乙酸的制备可以通过人工合成和细菌发酵两种方法。生物合成法，即利用细菌发酵，仅占整个世界产量的 10%，但是仍然是生产乙酸，尤其是醋的最重要的方法，因为很多国家的食品安全法规定食物中的醋必须是通过生物法制备，而发酵法又分为有氧发酵法和无氧发酵法。除了上述生物法外，工业用合成乙酸的方法有多种[6~9]，如乙醛氧化法、甲醇羰基化法及乙烯氧化法等。1911 年全球首套乙醛氧化合成醋酸的工业装置在德国建成投产。1960 年德国 BASF 公司开发的以甲醇为原料、钴为催化剂的高压、高温甲醇羰基化合成醋酸工艺实现工业化，1983 年美国 Eastman 公司建成醋酸-醋酐联产技术的工业装置。近年来，传统甲醇羰基化等工艺不断得到改进，新工艺、新技术层出不穷，从而使乙酸生产技术不断升级换代。目前，以铑碘为催化剂的孟山都(Monsanto)甲醇羰基化制乙酸工艺为主流工艺[10,11]。下面就制乙酸的方法及机理逐一介绍：

(1) 有氧发酵法

在氧气充足的情况下，醋菌属的细菌能够从含有酒精的食物中生产出乙酸。通常使用的是苹果酒或葡萄酒混合谷物、麦芽、米或马铃薯捣碎后发酵。由这些细菌发酵反应的化学方程式为：

$$C_2H_5OH+O_2 \longrightarrow CH_3COOH+H_2O$$

具体做法是将醋菌属的细菌接种于稀释后的酒精溶液并保持一定温度，放置于一个通风的位置，在几个月内就能够经过发酵，最后生成醋。工业生产醋的方法通过提供充足的氧气使得反应过程加快，此方法已经被商业化生产采用，也被称为“快速方法”或“德国方法”，因 1823 年首次在德国应用成功而得名。此方法中，发酵是在一个塞满了木屑或木炭的塔中进行。含有酒精的原料从塔的上方滴入，新鲜空气从下方自然进入或强制对流。强化的空气量使得此过程能够在几个星期内完成，大大缩短了制醋时间。

Otto Hromatka 和 Heinrich Ebner 在 1949 年首次提出通过液态的细菌培养基制备醋。在此方法中，酒精在持续的搅拌中发酵为乙酸，空气通过气泡的形式被充入溶液。通过这个方法，含乙酸 15%的醋能够在两至三天制备完成。

(2) 无氧发酵法

部分厌氧细菌，包括梭菌属的部分成员，能够将糖类直接转化为乙酸而不需要乙醇作为中间体。总体反应方程式如下：

$$C_6H_{12}O_6 \longrightarrow 3CH_3COOH$$

此外，许多细菌能够从仅含单碳的化合物中生产乙酸，例如甲醇，一氧化碳或二氧化碳与氢气的混合物。

$$2CO_2+4H_2 \longrightarrow CH_3COOH+2H_2O$$

$$2CO+2H_2 \longrightarrow CH_3COOH$$

梭菌属因为有能够反应糖类的能力，减少了成本，这意味着这些细菌有比醋菌属细菌的乙醇氧化法生产乙酸更有效率的潜力。然而，梭菌属细菌的耐酸性不及醋菌属细菌。耐酸性最大的梭菌属细菌也只能生产不到10%的乙酸，而有的醋酸菌能够生产20%的乙酸。使用醋酸属细菌制醋仍然比使用梭菌属细菌制备后浓缩更经济。所以，尽管梭菌属的细菌早在1940年就已经被发现，但它的工业应用范围较窄。

（3）甲醇羰基化法

早在1925年，英国塞拉尼斯公司就开发出第一个甲基羰基化制乙酸示范装置。然而，由于缺少能耐高压（20MPa或更高）和耐腐蚀的容器，此方法的应用一直受到限制。1963年，德国巴斯夫化学公司用钴作催化剂，开发出第一个适合工业生产乙酸的工艺[12]。1968年，铑催化剂的使用大大降低了反应难度。采用铑的羰基化合物和碘化物组成的催化剂体系，使甲醇和一氧化碳在水-乙酸的介质中于175℃和低于3.0MPa的压力条件下反应，即可得到乙酸产品。因为催化剂的活性和选择性都比较高，所以反应的副产物很少。甲醇低压羰基化法制乙酸，具有原料价廉，操作条件缓和，乙酸产率高，产品质量好和工艺流程简单等优势，但反应介质有严重的腐蚀性，需要使用耐腐蚀的特殊材质。1970年，美国孟山都（Monsanto）公司建造了采用此工艺的装置[13]，因此铑催化甲醇羰基化制乙酸逐渐成为代表性的孟山都法。20世纪90年代后期，英国石油公司成功地将Cativa催化法商业化[6]，此方法采用钌催化剂，使用（$[Ir(CO)_2I_2]$），它比孟山都法更加绿色也有更高的效率。通常，大部分乙酸是通过甲基羰基化合成的。此反应中，甲醇和一氧化碳反应生成乙酸，方程式如下：

$$CH_3OH+CO \longrightarrow CH_3COOH$$

这个过程是以碘代甲烷为中间体，分三个步骤完成，并且需要多金属成分的催化剂：

$$CH_3OH+HI \longrightarrow CH_3I+H_2O$$

$$CH_3I+CO \longrightarrow CH_3COI$$

$$CH_3COI+H_2O \longrightarrow CH_3COOH+HI$$

通过控制反应条件，也可以通过同样的反应生成乙酸酐。因为一氧化碳和甲醇均是常用的化工原料，所以甲基羰基化一直以来备受青睐。

（4）乙醛氧化法

在孟山都法商业生产之前，大部分的乙酸是由乙醛氧化制得。乙醛可以通过氧化丁烷或轻石脑油制得，也可以通过乙烯水合后生成。尽管不能与甲基羰基化相比，此法仍然是第二种工业制乙酸的方法，反应方程式如下：

$$2CH_3CHO+O_2 \longrightarrow 2CH_3COOH$$

（5）低碳烷烃液相氧化法

采用正丁烷为原料，以乙酸为溶剂，在170～180℃，5.5MPa和乙酸钴催化剂存在下，用空气作为氧化剂进行氧化。同时，此方法也可采用液化石油气或轻质油为原料。此方法原料成本低，但工艺流程较长，腐蚀严重，乙酸收率不高，仅限于廉价异丁烷或液化石油气原料来源易得的地区采用。

$$2C_4H_{10}+5O_2 \longrightarrow 4CH_3COOH+2H_2O$$

此反应可以在能使丁烷保持液态的最高温度和压力下进行，副产物包括丁酮，乙酸乙酯，甲酸和丙酸。因为部分副产物也有经济价值，所以可以调整反应条件使得副产物更多的生成，不过分离乙酸和副产物使得反应的成本增加。在类似条件下，使用上述催化剂，乙醛能被空气中的氧气氧化生成乙酸：

$$2CH_3CHO+O_2 \longrightarrow 2CH_3COOH$$

也能被氢氧化铜悬浊液氧化：

$$2Cu(OH)_2+CH_3CHO \longrightarrow CH_3COOH+Cu_2O+2H_2O$$

使用新式催化剂，此反应能获得 95%以上的乙酸产率。主要的副产物为乙酸乙酯，甲酸和甲醛。因为副产物的沸点都比乙酸低，所以很容易通过蒸馏除去。

(6) 乙烯氧化法

由乙烯在催化剂[氯化钯 $PdCl_2$、氯化铜 $CuCl_2$ 和乙酸锰 $(CH_3COO)_2Mn$]存在的条件下，与氧气发生反应生成乙酸。此反应可以看作先将乙烯氧化成乙醛，乙醛再氧化制得。该法有间接法与直接法之分，间接法即乙烯-乙醛氧化法，在 20 世纪 60 年代发展迅速，但是随着 Monsanto 甲醇羰基化工艺的发展，乙烯-乙醛法的比重逐步减少，这是因为该法技术经济各项指标不及甲醇羰基化工艺。目前，该工艺仍是我国醋酸的主要生产方法。该工艺以乙醛为原料，采用醋酸锰、醋酸钴或醋酸铜液相催化剂，在 50~80℃、0.6~0.8MPa 进行氧化反应，乙醛转化率在 90%以上，乙酸选择性高于 95%。昭和电工公司开发了一种乙烯直接氧化制乙酸的一步法气相工艺(Showa Denko 工艺)，并于 1997 年实现了工业化。该乙烯一步法气相工艺由于所需的投资费用相对缩减(不需生产一氧化碳所需的基础设施)，因此对于生产能力较小(5 万~10 万 t/a)的乙酸装置颇具经济性。昭和电工公司的一步法气相工艺是在负载型钯催化剂作用下，乙烯和氧气的混合物于 160~210℃下高选择性地制备乙酸。

(7) 托普索法

托普索法以天然气或煤为原料。第一步：合成气在催化剂下生成甲醇和二甲醚；第二步：甲醇和二甲醚(两者不需提纯)和 CO 羰基化生成乙酸，此方法也叫作两步法。Tetsuo 等[14]研究了在 Rh-Mn-Zr-Li/SiO_2 催化剂上由合成气直接合成乙酸，实验用 $ZrCl_4$、LiCl 改性 Rh-Mn/SiO_2 催化剂，添加 Zr 元素抑制了高级烃类和甲烷生成，降低了甲烷的选择性；添加 Li 增加了乙酸的选择性；同时用 Zr、Li 元素改性 Rh-Mn/SiO_2 催化剂，可以降低高级烃类和甲烷选择性，而大大提高乙酸的选择性[15]。在 300℃、100kg/cm^2 下，当 CO/H_2(体积比) = 9 : 1 时，乙酸的选择性高达 63%~65%。近年来，国内学者在合成气制乙酸方面的研究取得了进展，康金灿等[16]采用非贵金属催化剂合成气高选择性转化制乙酸的催化剂制备方法，这种高选择性催化剂是由锆基固溶体氧化物和含有八元环的改性沸石分子筛组成。下面就间接法和直接法合成乙酸反应机理进行分析研究。

8.4 乙酸合成反应机理分析

8.4.1 乙醇间接法制乙酸

乙醇间接法制乙酸分两步：乙醇在非贵金属铜、银催化剂作用下加热到 300~480℃生成乙醛；乙醛在醋酸锰存在的情况下加热到 55~60℃，800kPa，进一步被氧化生成过氧乙酸，过氧乙酸不稳定与乙醛反应生成乙酸。反应方程如下：

$$2CH_3CH_2OH+O_2 \longrightarrow 2CH_3CHO+2H_2O$$

$$2CH_3CHO+O_2 \longrightarrow 2CH_3COOH$$

$$CH_3CH_2OH+O_2 \longrightarrow CH_3COOH+H_2O$$

乙醇氧化制乙醛反应的 Cu 基催化剂中，可添加 Co、Cr 和 Zn 等元素；乙醛氧化制乙酸催化剂 $Mn(Ac)_2$ 中可添加 $Co(Ac)_2$ 等。

（1）Cu 基催化剂作用

乙醇在铜、银催化剂作用下加热到300~480℃生成甲醛。下面以 Cu 为例就催化剂与反应物甲醇之间相互作用进行分析。Cu 原子核电荷数 29>21，不存在能级交错，$E_{4s}>E_{3d}$，Cu 原子外层电子排布：$3d^{10}4s^1$，Cu^{2+}外层电子排布：$3d^9 4s^0$。

图 8-3 是 O_2分子结构分析。O 原子核电荷数 8，其外层电子排布：$2s^2 2p^4$，在形成 O_2分子结构时，O 原子外层 2s、2p 轨道要进行 sp 杂化，生成 2 个 sp 杂化轨道和 2 个 p 轨道。图 8-3(a)是 O 原子外层 sp 杂化轨道和 2p 轨道电子轨道结构图。在图 8-3(b)中，第 1 个 O 原子外层 1 个 sp 杂化轨道中的 1 对电子与第 2 个 O 原子外层 2p 轨道的未成键电子结合，第 2 个 O 原子外层 1 个 sp 杂化轨道中的 1 对电子与第 1 个 O 原子外层 2p 轨道的未成键电子结合，形成 2 个 3 电子结构的 π 键，而这 2 个 O 原子外层 2p 轨道的未成键电子结合生成 1 个 O—O 共价键 σ 键，O_2分子电子轨道结构如图 8-3(c)所示。

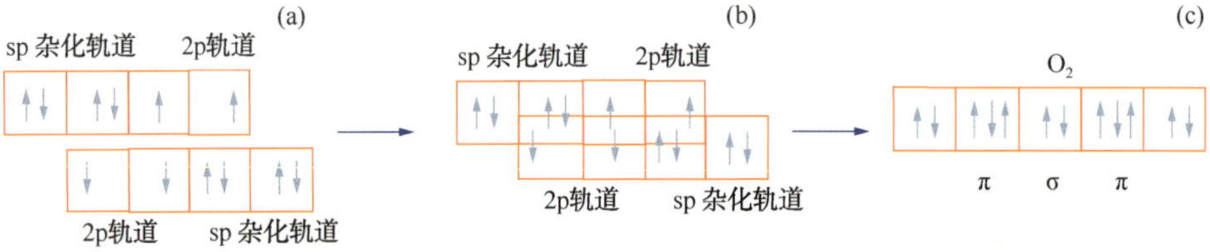

图 8-3　O_2分子结构分析

表 8-1 是部分金属阳离子电负性数据[17]，Cu 元素电负性为 1.90，失去 1 个电子的 Cu^+电负性就变为 5.04，Cu^{2+}电负性为 10.28，Cu^{3+}3 电负性为 16.57。

表 8-1　部分元素电负性

元素	H	Pd	Mn	Cr	Zn	Ga	Zr	O	Cu	Sn	Mo	C
A^0	2.20	2.20	1.55	1.66	1.65	1.60	1.33	3.44	1.90	1.80	2.16	2.55
A^+		5.00	4.15	4.19	4.92	4.77	3.59	8.77	5.04	3.96	4.18	6.42
A^{2+}		9.42	8.88	8.54	10.38	9.22	6.50	16.21	10.28	8.12	7.80	13.01
A^{3+}		14.75	15.28	14.41	17.84	17.05	10.32	23.82	16.57	12.82	13.24	20.23

图 8-4 是 Cu 原子与 O_2反应生成 O^{2-}过程分析。图 8-4(a)是 2 个 Cu 原子外层 3d4s 轨道和 O_2分子电子轨道结构图。表 8-1 中 Cu 原子电负性为 1.90，O 原子电负性为 3.44。在图 8-4(b)中，由于 O 原子电负性大于 Cu 原子电负性，O_2分子中 O 原子外层 2 个 2p 轨道从 Cu 原子外层 3d4s 轨道获得 2 个电子，2 个 Cu 原子提供 4 个电子给 O_2分子，此时 π 键和 σ 键断裂，生成 2 个 O^{2-}，同时生成 2 个 Cu^{2+}，其电子轨道结构如图 8-4(c)。这个过程 O 原子外层 s、p 轨道进行 sp^3杂化形成 4 个 sp^3杂化轨道。

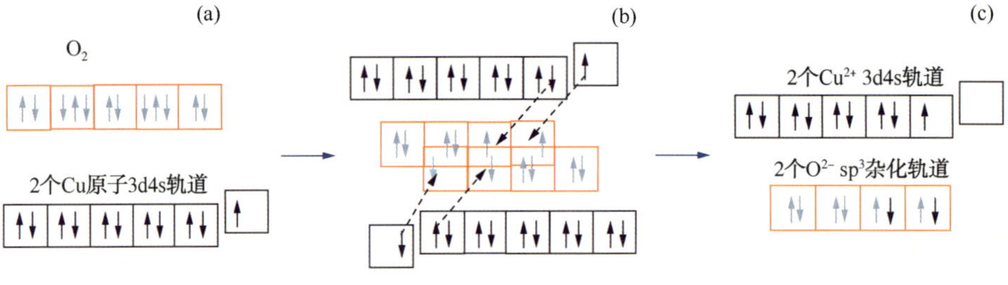

图 8-4　O_2在 Cu 原子作用下生成 O^{2-}

图 8-5 是 Cu^{2+} 与 O_2 分子作用生成 O^{2+} 过程分析。图 8-5(a)是 Cu^{2+} 3d4s 轨道和 O_2 分子电子轨道结构图。在图 8-5(b)中，由于 Cu^{2+} 电负性(10.28)大于 O 原子电负性(3.44)，Cu^{2+} 会从 O 原子外层 2p 轨道抽取 2 个电子填充到其外层 3d4s 轨道，生成 Cu 原子，2 个 Cu^{2+} 抽取 O_2 分子中 4 个电子，O_2 分子中 π 键和 σ 键断裂，生成 2 个 Cu 原子和 2 个 O^{2+}，其电子轨道结构如图 8-5(c)所示。这个过程 O 原子外层 s、p 轨道进行 sp^3 杂化形成 4 个 sp^3 杂化轨道。

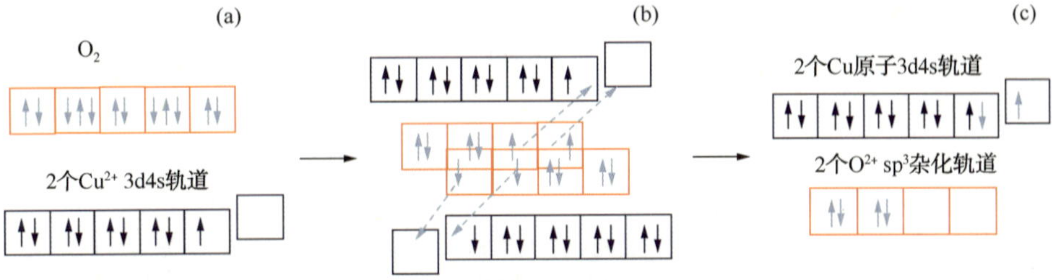

图 8-5　O_2 在 Cu^{2+} 作用下生成 O^{2+}

由于 Cu^{2+}、Cu 原子的存在，O^{2+} 与 O^{2-} 相互作用不会生成 O_2，而是生成中间体活性氧原子 O^*。图 8-6 就是中间体活性氧原子 O^* 生成过程分析。图 8-6(a)是 O^{2+} 和 O^{2-} 的电子轨道结构图。在图 8-6(b)中，O^{2+} 和 O^{2-} 相互作用，O^{2+} 处于缺电子状态，而 O^{2-} 外层 4 个 sp^3 杂化轨道处于全充满状态，彼此相互作用后生成 2 个外层电子数相等、结构相同的中间过渡状态的活性氧原子 O^*，其外层 4 个 sp^3 杂化轨道，3 个充满状态，1 个空轨道，其电子轨道结构如图 8-6(c)所示。

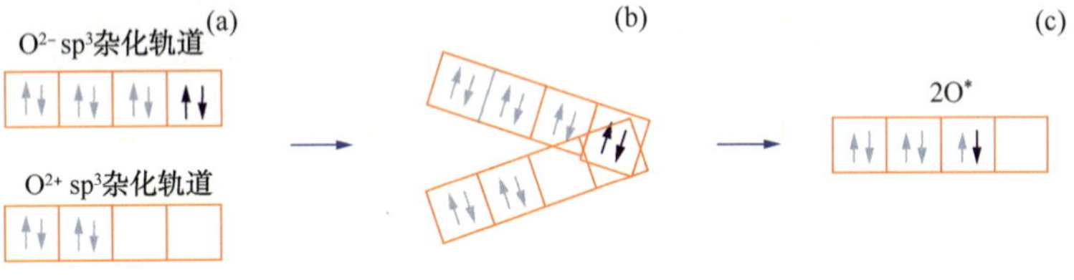

图 8-6　O^{2+} 与 O^{2-} 形成中间过渡状态的活性氧原子 O^*

(2) 乙醇制乙醛

图 8-7 是乙醇分子结构分析。图 8-7(a)是 2 个 C 原子、1 个 O 原子和 6 个 H 原子的电子轨道结构图，2 个 C 原子标记为 1-C 和 2-C，6 个 H 原子标记为 1-H、2-H、3-H、4-H、5-H和 6-H。C、O 原子外层轨道进行 sp^3 杂化各自生成 4 个 sp^3 杂化轨道。在图 8-7(b)中，1-C 原子和 2-C 原子外层含有未成键电子的 sp^3 杂化轨道重叠，共用 1 对电子生成 1 个 C—C 键；2-C 原子外层含有未成键电子的 sp^3 杂化轨道与 O 原子外层含有未成键电子的 sp^3 杂化轨道重叠，共用 1 对电子生成 1 个 C—O 键；1-H、2-H 原子外层含有未成键电子的 s 轨道与2-C原子剩余的 2 个含有未成键电子的 sp^3 杂化轨道重叠，共用 2 对电子生成 2 个 C—H 建；3-H、4-H、5-H 原子外层含有未成键电子的 s 轨道与 1-C 原子外层 3 个含有未成键电子的 sp^3 杂化轨道重叠，共用 3 对电子生成 3 个 C—H 键；6-H 原子外层含有未成键电子的 s 轨道与 O 原子外层含有未成键电子的 sp^3 杂化轨道重叠，共用 1 对电子生成 1 个 H—O 键，则生成 1 个乙醇分子 CH_3CH_2OH，其电子轨道结构如图 8-7(c)所示。

图 8-8 是乙醇分子与活性氧原子 O^* 作用生成乙醛分子过程分析。图 8-8(a)是乙醇分子和活性氧原子 O^* 的电子轨道结构图。在图 8-8(b)中，活性氧原子 O^* 与乙醇分子作用，

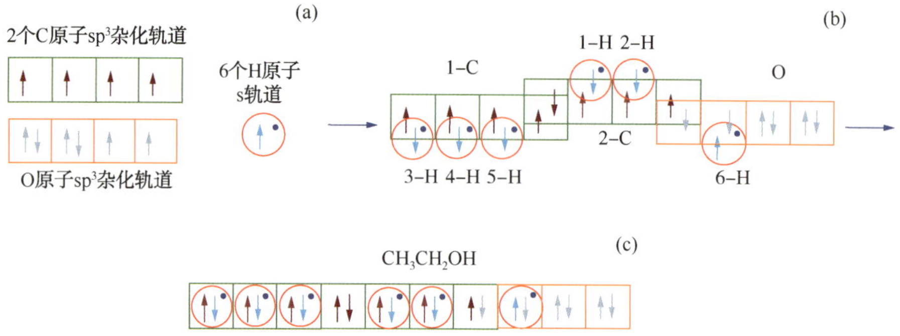

图 8-7　乙醇分子结构分析

激活了乙醇分子中 C—H 键，O^* 外层空 sp^3 杂化轨道与乙醇分子中 2-C 原子外层 sp^3 杂化轨道与 H 原子外层 s 轨道的重叠轨道再次重叠，因为 O^* 原子电负性(3.44)大于 C 原子电负性(2.55)，C—H 键断裂，生成 1 个 H—O 键，在 C 原子外层出现 1 个空的 sp^3 杂化轨道，其电子轨道结构如图 8-8(c)所示。在这个过程中，与重叠处相邻的是 2-C 原子外层另 1 个 sp^3 杂化轨道与 H 原子外层 s 轨道的重叠轨道，这个重叠处的 H^+ 转移到 O^* 外层含有孤对电子的 sp^3 杂化轨道上，共用 1 对电子生成第 2 个 H—O 键，则生成水分子 H_2O，其电子轨道结构如图 8-8(d)所示。

在图 8-8(e)中，2-C 原子外层空的 sp^3 杂化轨道与 H、O 原子外层重叠轨道再次重叠，同时发生了 H^+ 转移反应，H—O 键断裂生成了 1 个 C—H 键，此时 C、O 原子共用了 2 对电子，由 C—O 键变成了 C═O 键，则生成了 1 个乙醛分子 CH_3CHO，其电子轨道结构如图 8-8(f)。实际上，乙醇制乙醛反应过程中，在银催化剂作用下反应过程(机理)与铜催化剂的反应过程(机理)相同。

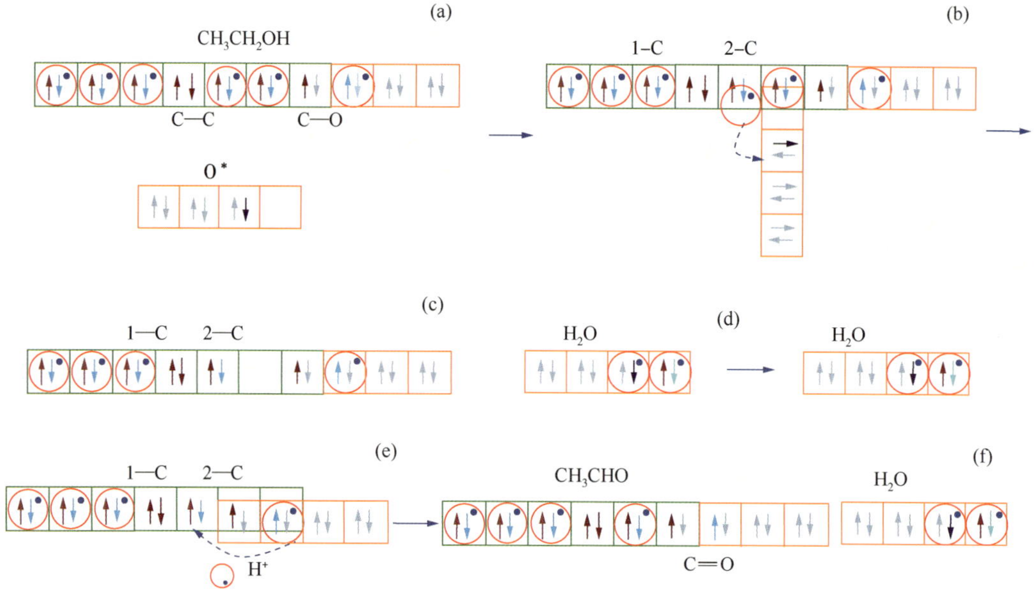

图 8-8　乙醇与活性氧原子反应生成乙醛分子

(3) 乙醛制乙酸

乙醛在醋酸锰存在的情况下加热到55~60℃，800kPa，进一步被氧化生成乙酸。Mn原子核电荷数25>21，不存在能级交错，$E_{4s}>E_{3d}$，其外层电子排布：$3d^5 4s^2$，醋酸锰中Mn^{2+}外层电子排布：$3d^5 4s^0$。

图8-9是Mn^{2+}与O_2分子作用生成O^{2+}过程分析。图8-9(a)是Mn^{2+} 3d4s轨道和O_2分子电子轨道结构图。在图8-9(b)中，根据表8-1电负性数据，Mn^{2+}电负性(8.88)大于O原子电负性(3.44)，Mn^{2+}会从O原子外层2p轨道抽取2个电子填充到其外层3d4s轨道，生成Mn原子，2个Mn^{2+}抽取O_2分子中4个电子，O_2分子中π键和σ键断裂，则生成2个O^{2+}和2个Mn原子，其电子轨道结构如图8-9(c)所示。这个过程O原子外层s、p轨道进行sp^3杂化形成4个sp^3杂化轨道。

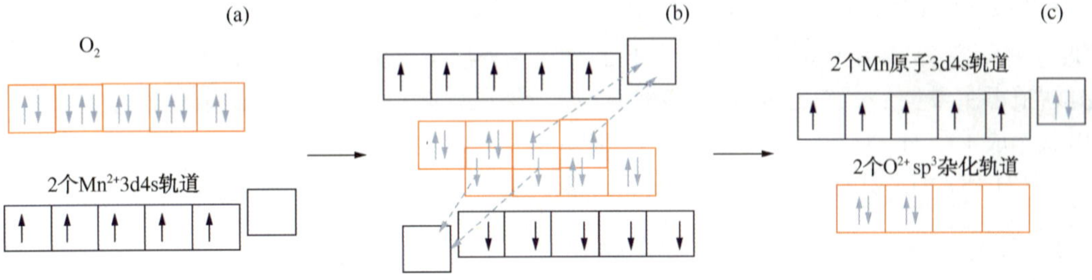

图8-9 O_2在Mn^{2+}作用下生成O^{2+}

图8-10是Mn原子与O_2反应生成O^{2-}过程分析。图8-10(a)是2个Mn原子外层3d4s轨道和O_2分子电子轨道结构图。表8-1中Mn原子电负性为1.55，O原子的电负性为3.44。在图8-10(b)中，由于O原子电负性大于Mn原子电负性，O_2分子中O原子外层2个2p轨道会从Mn原子外层4s轨道获得2个电子生成O^{2-}，而2个Mn原子能提供4个电子给O_2分子，促使O_2分子π键和σ键断裂，生成2个O^{2-}，同时生成2个Mn^{2+}，其电子轨道结构如图8-10(c)。同时，O原子外层s、p轨道进行sp^3杂化形成4个sp^3杂化轨道。

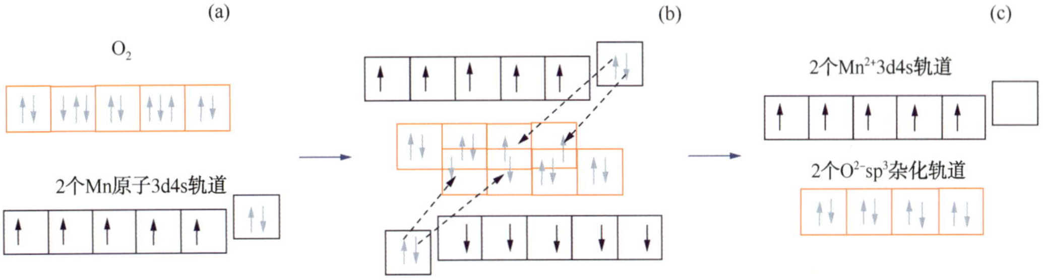

图8-10 O_2在Mn原子作用下生成O^{2-}

由于Mn^{2+}、Mn原子的存在，O^{2+}与O^{2-}相互作用不会生成O_2，而是生成中间体活性氧原子O^*。图8-11就是中间体活性氧原子O^*生成过程分析。图8-11(a)是O^{2+}和O^{2-}的电子轨道结构图。在图8-11(b)中，O^{2+}和O^{2-}相互作用，O^{2+}处于缺电子状态，而O^{2-}外层4个sp^3杂化轨道处于全充满状态，彼此相互作用后生成2个外层电子数相等、结构相同的中间过渡状态的活性氧原子O^*，其外层4个sp^3杂化轨道，3个充满状态，有1个空轨道，其电子轨道结构如图 8-11(c)所示。

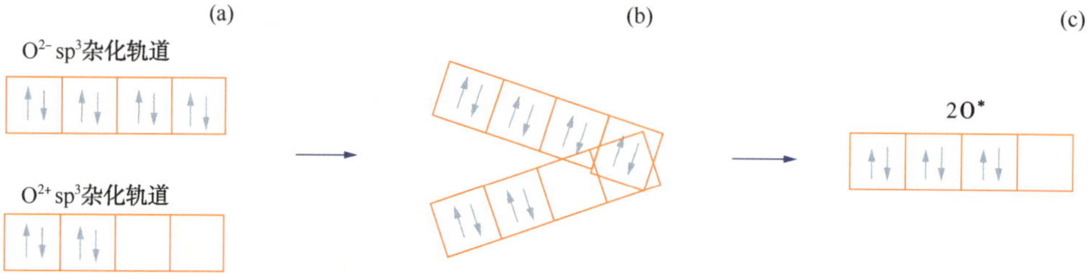

图 8-11 O^{2+}与O^{2-}形成中间过渡状态的活性氧原子O^*

图 8-12 是乙醛分子与活性氧原子O^*作用生成乙酸分子CH_3COOH过程分析。图 8-12(a)是乙醛分子CH_3CHO与O^*原子电子轨道结构图。在图 8-12(b)中，O^*原子与乙醛分子作用，O^*原子外层空sp^3杂化轨道与乙醛分子中 2-C 原子外层sp^3杂化轨道和和 H 原子外层 s 轨道的重叠轨道再次重叠，重叠处的H^+转移到O^*原子外层含有孤对电子的sp^3杂化轨道上，共用 1 对电子生成 1 个 H—O 键，2-C 原子与O^*原子共用 1 对电子生成 1 个 C—O 键，则生成 1 个乙酸分子CH_3COOH，其电子轨道结构如图 8-12(c)。

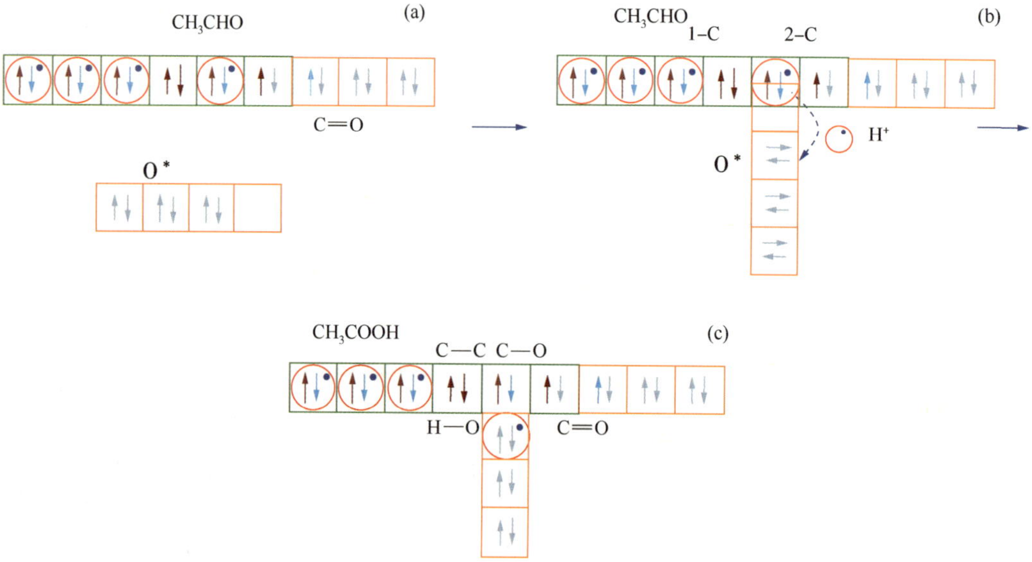

图 8-12 乙醛分子与活性氧原子O^*生成乙酸分子

(4) 反应机理分析

乙醇间接法制乙酸分两步：乙醇在铜、银催化剂作用下加热到 300~480℃生成乙醛；乙醛在醋酸锰存在的情况下加热到 55~60℃、800kPa，进一步被氧化生成乙酸。

第一步反应：

$$2Cu+O_2 \longrightarrow 2Cu^{2+}+2O^{2-} \tag{1}$$

$$2Cu^{2+}+O_2 \longrightarrow 2Cu+2O^{2+} \tag{2}$$

$$O^{2-}+O^{2+} \longrightarrow 2O^* \tag{3}$$

$$CH_3CH_2OH+O^* \longrightarrow CH_3CHO+H_2O \tag{4}$$

式[(1)+(2)+(3)×2+(4)×4]÷2 得到式(5)：

$$2CH_3CH_2OH+O_2 \longrightarrow 2CH_3CHO+2H_2O \quad (5)$$

第二步反应：

$$2Mn^{2+}+O_2 \longrightarrow 2Mn+2O^{2+} \quad (6)$$

$$2Mn+O_2 \longrightarrow 2Mn^{2+}+2O^{2-} \quad (7)$$

$$O^{2-}+O^{2+} \longrightarrow 2O^* \quad (8)$$

$$CH_3CHO+O^* \longrightarrow CH_3COOH \quad (9)$$

式[(6)+(7)+(8)×2+(9)×4]÷2 得到式(10)：

$$2CH_3CHO+O_2 \longrightarrow 2CH_3COOH \quad (10)$$

式[(5)+(10)]÷2 得到式(11)：

$$CH_3CH_2OH+O_2 \longrightarrow CH_3COOH+H_2O \quad (11)$$

(5) 小结

乙醇间接法制乙酸分两步：乙醇在铜、银催化剂作用下加热到300~480℃生成乙醛；乙醛在醋酸锰存在的情况下加热到55~60℃，800kPa，进一步被氧化生成乙酸。反应过程分6步：

① Cu/Cu^{2+}或Ag/Ag^+与O_2分子作用，生成数目相同O^{2-}、O^{2+}，同时存在；

② 1个O^{2-}和1个O^{2+}能生成2个活性氧原子O^*；

③ 乙醇分子与活性氧原子O^*作用生成乙醛分子和水分子；

④ Mn^{2+}/Mn与O_2分子作用，生成数目相同的O^{2-}、O^{2+}，同时存在；

⑤ O^{2-}、O^{2+}作用生成活性氧原子O^*；

⑥ 乙醛分子与活性氧原子O^*作用生成乙酸分子。

8.4.2 乙烯氧化制乙酸

乙烯氧化法制乙酸是乙烯在催化剂[氯化钯$PdCl_2$、氯化铜$CuCl_2$和乙酸锰$(CH_3COO)_2Mn$]存在的条件下，与氧气发生反应生成乙酸。下面以氯化铜$CuCl_2$催化剂为例，分析乙烯氧化制乙酸反应过程。

$$CH_2CH_2+O_2 \longrightarrow CH_3COOH$$

(1) Cu基催化剂作用

图8-13是O_2分子结构分析。O原子核电荷数8，其外层电子排布：$2s^22p^4$，在形成O_2分子结构时，O原子外层2s2p轨道要进行sp杂化，生成2个sp轨道和2个p轨道。图8-13(a)是O原子外层sp杂化轨道和2p轨道电子轨道结构图。在图8-13(b)中，1-O原子外层含有孤对电子的sp杂化轨道与2-O原子外层含有未成键电子的2p轨道重叠，2-O原子外层1个含有孤对电子的sp杂化轨道与1-O原子外层含有未成键电子的2p轨道重叠，生成2个3电子结构的π键，1-O原子外层含有未成键电子的2p轨道与2-O原子外层含有未成键电子的2p轨道重叠，共用1对电子生成1个O—O共价键σ键，则生成O_2分子，其电子轨道结构如图8-13(c)所示。

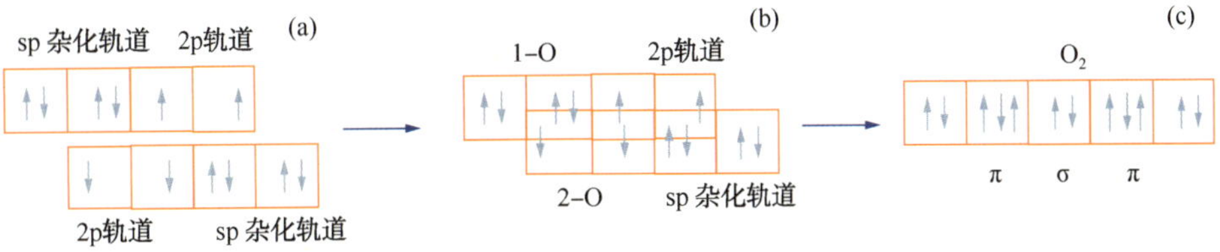

图8-13 O_2分子结构分析

Cu 原子核电荷数 29>21，不存在能级交错，$E_{4s}>E_{3d}$，外层电子排布 $3d^{10}4s^1$，Cu^{2+}外层电子排布 $3d^9 4s^0$。图 8-14 是 Cu^{2+}与 O_2分子作用生成 O^{2+}过程分析。图 8-14(a)是 2 个 Cu^{2+} 3d4s 轨道和 O_2分子电子轨道结构图。在图 8-14(b)中，根据表 8-2 电负性数据[17]，由于 Cu^{2+}电负性(10.28)大于 O 原子电负性(3.44)，Cu^{2+}会从 O 原子外层 2p 轨道抽取 2 个电子填充到其外层 3d4s 轨道，被还原成 Cu 原子，2 个 Cu^{2+}抽取 O_2分子中 4 个电子，O_2分子中 π 键和 σ 键断裂，生成 2 个 Cu 原子和 2 个 O^{2+}，其电子轨道结构如图 8-14(c)所示。这个过程 O 原子外层 s、p 轨道进行 sp^3杂化形成 4 个 sp^3杂化轨道。

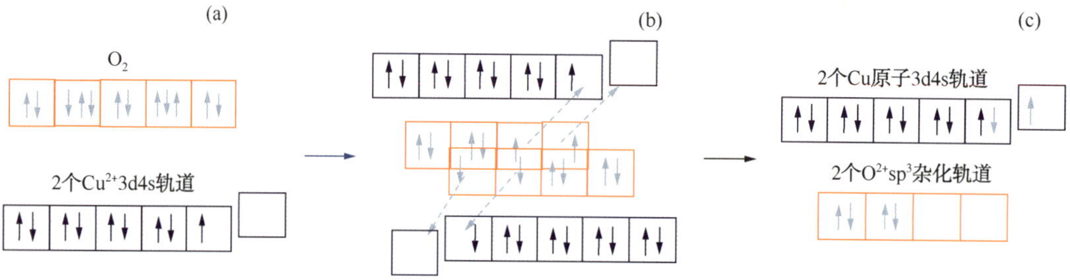

图 8-14 O_2在 Cu^{2+}作用下生成 O^{2+}

表 8-2 部分元素电负性

元素	H	Pd	Mn	Cr	Zn	Zr	O	Cu	Sn	Mo	C
A^0	2.20	2.20	1.55	1.66	1.65	1.33	3.44	1.90	1.80	2.16	2.55
A^+		5.00	4.15	4.19	4.92	3.59	8.77	5.04	3.96	4.18	6.42
A^{2+}		9.42	8.88	8.54	10.38	6.50	16.21	10.28	8.12	7.80	13.01
A^{3+}		14.75	15.28	14.41	17.84	10.32	23.82	16.57	12.82	13.24	20.23

图 8-15 是 Cu 原子与 O_2反应生成 O^{2-}过程分析。图 8-15(a)是 2 个 Cu 原子外层 3d4s 轨道和 O_2分子电子轨道结构图。表 8-2 中 Cu 原子电负性为 1.90，O 原子的电负性为 3.44。在图 8-15(b)中，O 原子电负性(3.44)大于 Cu 原子电负性(1.90)，O_2分子中 O 原子外层 2 个 2p 轨道从 Cu 原子外层 3d4s 轨道获得 2 个电子，2 个 Cu 原子提供 4 个电子给 O_2分子，π 键和 σ 键断裂，生成 2 个 O^{2-}，同时生成 2 个 Cu^{2+}，其电子轨道结构如图 8-15(c)。此过程 O 原子外层 s、p 轨道进行 sp^3杂化形成 4 个 sp^3杂化轨道。

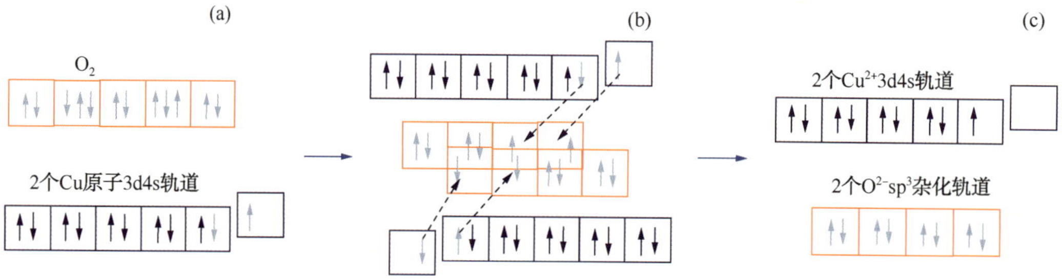

图 8-15 O_2在 Cu 原子作用下生成 O^{2-}

由于 Cu^{2+}、Cu 原子的存在，O^{2+}与 O^{2-}相互作用不会生成 O_2，而是生成中间体活性氧原子 O*。图 8-16 就是中间体活性氧原子 O* 生成过程分析。图 8-16(a)是 O^{2+} 和 O^{2-} 的电子轨道结构图。在图 8-16(b)中，O^{2+} 和 O^{2-} 相互作用，O^{2+} 处于缺电子状态，而 O^{2-} 外层 4 个 sp^3 杂化轨道处于全充满状态，彼此相互作用后生成 2 个外层电子数相等、结构相同的中间过渡状态的活性氧原子 O*，其外层 4 个 sp^3 杂化轨道，3 个充满状态，1 个空轨道，其电子轨道结构如图 8-16(c)所示。

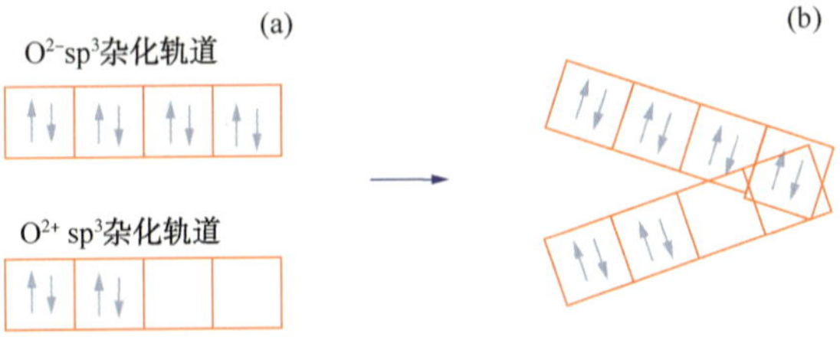

图 8-16 O^{2+} 与 O^{2-} 形成中间过渡状态的活性氧原子 O*

(2) 乙烯氧化制乙醛

图 8-17 是乙烯分子结构分析。图 8-17(a)是 2 个 C 原子和 4 个 H 原子的电子轨道结构图，2 个 C 原子标记为 1-C 和 2-C，4 个 H 原子标记为 1-H、2-H、3-H 和 4-H。C 原子外层轨道进行 sp^3 杂化生成 4 个 sp^3 杂化轨道。在图 8-17(b)中，1-C 原子和 2-C 原子外层 2 个含有未成键电子的 sp^3 杂化轨道重叠，共用 2 对电子形成 1 个 C═C 键。1-H、2-H 原子外层含有未成键电子的 s 轨道与 1-C 原子剩余的 2 个含有未成键电子的 sp^3 杂化轨道重叠，共用 2 对电子生成 2 个 C—H 键；3-H、4-H 原子外层含有未成键电子的 s 轨道与 2-C 原子外层 2 个含有未成键电子的 sp^3 杂化轨道重叠，共用 2 对电子生成 2 个 C—H 键，则生成 1 个乙烯分子，其电子轨道结构如图 8-17(c)所示。

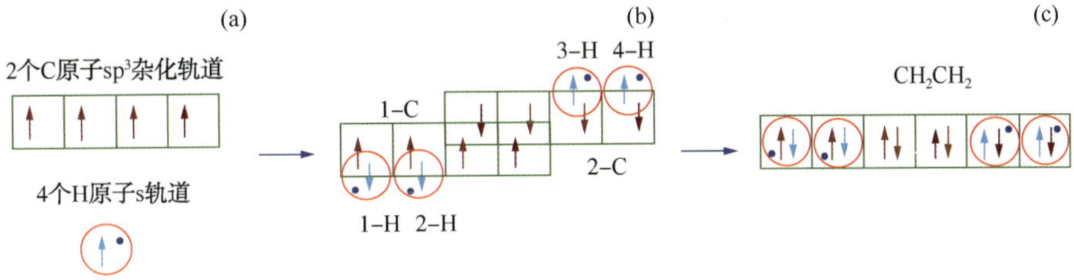

图 8-17 乙烯分子结构分析

图 8-18 是乙烯分子与活性氧原子 O* 作用生成乙醛分子过程分析。图 8-81(a)是乙烯分子和活性氧原子 O* 的电子轨道结构图。在图 8-18(b)中，活性氧原子 O* 与乙烯分子作用，O* 外层空 sp^3 杂化轨道与乙烯分子中 2-C 原子外层 sp^3 杂化轨道和 H 原子外层 s 轨道的重叠轨道再次重叠，重叠处的 H^+ 向 1-C 原子外层含有孤对电子的 sp^3 杂化轨道转移，O* 原子与 2-C 原子共用 1 对电子生成 1 个 C—O 键，其电子轨道结构如图 8-18(c)所示。在图 8-18(c)中，因 H^+ 转移过程激活了 C═C 键，H^+ 与 1-C 原子共用 1 对电子生成 1 个 C—H 键，则 C═C 键就变成了 C—C 键，也就是说 1-C 与 2-C 共用了 1 对电子，还有 1 对共用电子则留在了 1-C 原子外层 sp^3 杂化轨道，则在 2-C 原子外层出现了空的 sp^3 杂化轨道。在图 8-18(d)中，O* 原子外层含有孤对电子的 sp^3 杂化轨道与 2-C 原子外层空的 sp^3 杂化轨道重叠，共用 1 对电子生成第 2 个 C—O 键，则 O* 原子与 2-C 原子共用 2 对电子，生成 1 个

C═O 键，即生成 1 个乙醛分子，其电子轨道结构如图 8-18(e)所示。

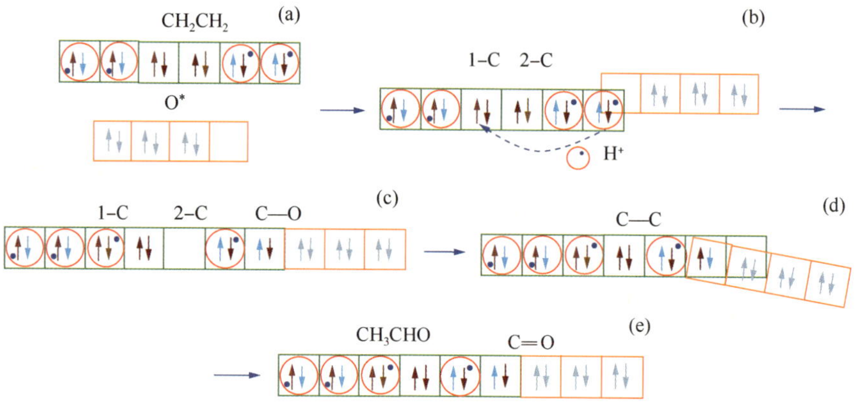

图 8-18　乙烯与活性氧原子反应生成乙醛分子

(3) 乙醛制乙酸

图 8-19 是乙醛分子与活性氧原子 O* 作用生成乙酸分子过程分析。图 8-19(a)是乙醛分子 CH_3CHO 与活性氧原子 O* 电子轨道结构图。在图 8-19(b)中，O* 原子与乙醛分子作用，O* 原子外层空 sp^3杂化轨道与乙醛分子中 2-C 原子外层 sp^3杂化轨道和 H 原子外层 s 轨道的重叠轨道再次重叠，重叠处的 H^+离子转移到 O* 原子外层含有孤对电子的 sp^3杂化轨道上，共用 1 对电子生成 1 个 H—O 键，重叠处的 2-C 原子与 O* 原子共用 1 对电子生成 1 个 C—O 键，则生成 1 个乙酸分子，其电子轨道结构如图 8-19(c)所示。

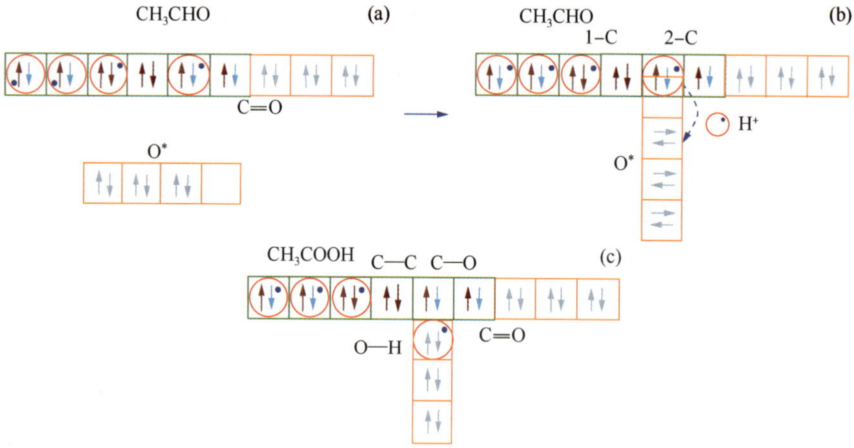

图 8-19　乙醛分子与活性氧原子 O* 生成乙酸分子

(4) 反应机理分析

乙烯氧化法制乙酸是乙烯在催化剂[氯化钯 $PdCl_2$、氯化铜 $CuCl_2$和乙酸锰$(CH_3COO)_2Mn$]存在的条件下，与氧气发生反应生成乙酸。

$$2Cu+O_2 \longrightarrow 2Cu^{2+}+2O^{2-} \tag{1}$$

$$2Cu^{2+}+O_2 \longrightarrow 2Cu+2O^{2+} \quad (2)$$

$$O^{2-}+O^{2+} \longrightarrow 2O^* \quad (3)$$

$$CH_2CH_2+O^* \longrightarrow CH_3CHO \quad (4)$$

$$CH_3CHO+O^* \longrightarrow CH_3COOH \quad (5)$$

式[(1)+(2)]÷2+(3)+(4)+(5)得到式(6)：

$$CH_2CH_2+O_2 \longrightarrow CH_3COOH \quad (6)$$

（5）小结

乙烯氧化法制乙酸是乙烯在催化剂[氯化钯 $PdCl_2$、氯化铜 $CuCl_2$ 和乙酸锰 $(CH_3COO)_2Mn$] 存在的条件下，与氧气发生反应生成乙酸，反应过程分 4 步：

① Cu/Cu^{2+} 或 Mn/Mn^{2+} 与 O_2 分子作用，生成数目相同 O^{2-}、O^{2+}，O^{2-} 和 O^{2+} 同时存在；

② 1 个 O^{2-} 和 1 个 O^{2+} 能生成 2 个活性氧原子 O^*；

③ 乙烯分子与活性氧原子 O^* 作用生成乙醛分子；

④ 乙醛分子与活性氧原子 O^* 作用生成乙酸分子。

8.4.3 合成气制乙酸

Tetsuo 等[14,18]研究发现，在 Rh-Mn-Zr-Li/SiO_2 催化剂上合成气可以直接合成乙酸，下面就 Rh-Mn/SiO_2 催化剂中 Rh、Mn 元素的作用进行分析。表 8-3 中，Mn、Rh 元素电负性分别为 1.55 和 2.28，H、C 和 O 元素的电负性分别为 2.20、2.55 和 3.44，Mn、Rh 元素作用就是活化 CO 和 H_2 分子。Rh 元素电负性与 H 元素电负性接近，而 Mn 元素电负性与 H 元素电负性相差较大，说明 Mn 激活或活化 H_2 分子的能力比 Rh 元素大。Rh 元素电负性与 C、O 元素的电负性相差较大，所以 Rh 元素起到激活或活化离解 CO 的作用。

表 8-3　部分元素电负性

元素	H	Pd	Mn	Cr	Zn	Rh	Zr	O	Cu	Sn	Mo	C
A^0	2.20	2.20	1.55	1.66	1.65	2.28	1.33	3.44	1.90	1.80	2.16	2.55
A^+		5.00	4.15	4.19	4.92	4.60	3.59	8.77	5.04	3.96	4.18	6.42
A^{2+}		9.42	8.88	8.54	10.38	8.85	6.50	16.21	10.28	8.12	7.80	13.01
A^{3+}		14.75	15.28	14.41	17.84	13.80	10.32	23.82	16.57	12.82	13.24	20.23

（1）Mn 元素作用

Mn 原子核电荷数 25>21，其外层电子排布：$3d^54s^2$，不存在能级交错，$E_{4s}>E_{3d}$，在 Rh-Mn-Zr-Li/SiO_2 催化剂中存在 Mn^{2+}，Mn^{2+} 外层电子排布：$3d^54s^0$，如图 8-20 所示。

图 8-20　Mn 原子和 Mn^{2+} 电子轨道结构图

图 8-21 是 Mn 原子与 H_2 分子作用生成 H^- 过程分析。图 8-21(a)是催化剂中已被还原的 Mn 原子和反应物 H_2 分子的电子轨道结构图。在图 8-21(b)中，根据表 8-3 电负性数据，Mn 原子电负性为 1.55，H 原子电负性为 2.20，Mn 原子与 H_2 分子相互作用，因 H 原子电负性大于 Mn 原子电负性，激活了 H_2 分子中 H—H 键，H_2 分子中 H 原子会从 Mn 原子外层 4s 轨道抽取电子，填充到 H 原子外层 s 轨道生成 H^-，Mn 原子失去 4s 轨道 2 个电子生成 Mn^{2+}，H_2 分子得到 2 个电子生成 2 个 H^-，其电子轨道结构如图 8-21(c)所示。

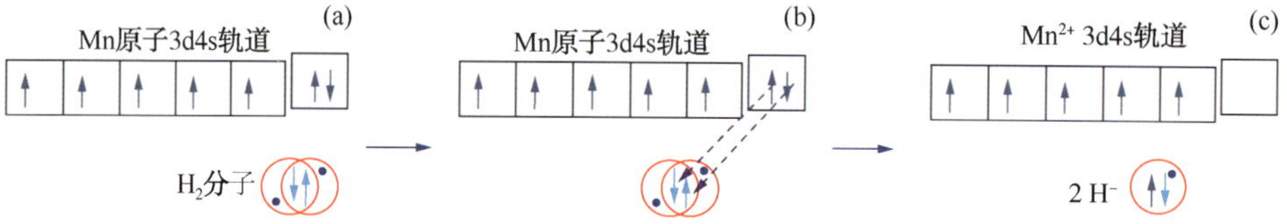

图 8-21 Mn 原子与 H_2 分子作用生成 H^-

图 8-22 是 Mn^{2+} 与 H_2 分子相互作用形成 H^+ 过程分析。图 8-22(a)是催化剂中 Mn^{2+} 和反应物 H_2 分子电子轨道结构图。在图 8-22(b)中，根据表 8-3 电负性数据，Mn^{2+} 电负性(8.88)大于 H 原子电负性(2.20)，Mn^{2+} 与 H_2 分子相互作用过程中，缺电子的 Mn^{2+} 会从 H 原子外层 s 轨道抽取电子，填充到其外层 4s 轨道上，生成 Mn 原子，2 个 H 原子失去外层 s 轨道电子生成 2 个 H^+，其电子轨道结构如图 8-22(c)所示。

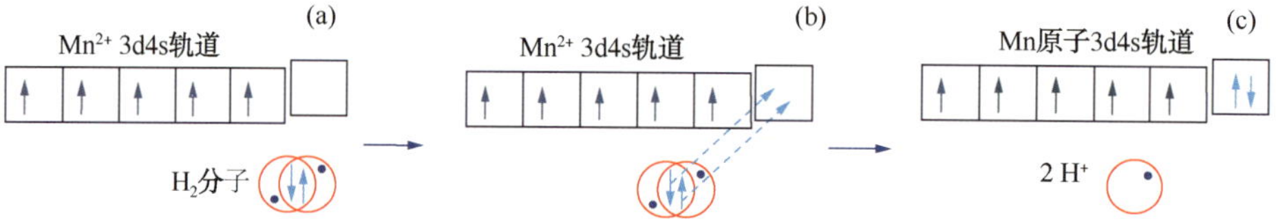

图 8-22 Mn^{2+} 与 H_2 分子作用生成 H^+

(2) Rh 元素作用

Rh 属于贵金属元素，核电荷数为 45>21，Rh 原子外层电子排布：$4d^85s^1$，不存在能级交错，$E_{5s}>E_{4d}$，Rh^{3+} 外层电子排布：$4d^65s^0$，如图 8-23 所示。

图 8-23 Rh 原子与 Rh^{3+} 电子轨道结构图

图 8-24 是 CO 结构分析。图 8-24(a)是 C 原子外层 $2s^22p^2$ 轨道和 O 原子外层 $2s^22p^4$ 轨道。在图 8-24(b)中，C 原子外层 2 个 2p 轨道上的未成键电子与 O 原子外层 2 个 2p 轨道上的未成键电子结合生成 2 个 C—O 共价键，O 原子外层 2p 轨道上孤对电子进入 C 原子外层 2p 空轨道生成 1 个 O→C 配位键，则构成 CO 分子，其电子轨道结构如图 8-24(c)所示。

图 8-25 是 Rh 原子与 CO 分子作用生成 C^{1-}、O^{2-} 过程分析。图 8-25(a)是 Rh 原子和 CO 分子电子轨道结构图。根据表 8-3 部分元素电负性数据，Rh 元素电负性为 2.28，CO 分子中 C 和 O 元素的电负性分别为 2.55 和 3.44，均大于 Rh 电负性。在图 8-25(b)中，Rh 原子

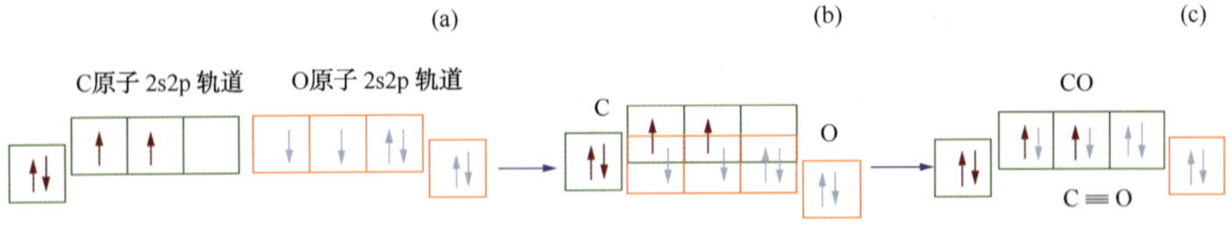

图 8-24 CO 结构分析

与 CO 分子相互作用，活化了 CO 分子中 C≡O，缺电子的 C、O 原子会抽取 Rh 原子外层 5s 轨道的 1 个未成键电子和 4d 轨道的 2 个未成键电子，C≡O断裂生成 C^{1-} 和 O^{2-}，Rh 原子失去其外层 5s 和 4d 轨道共 3 个电子生成 Rh^{3+}，其电子轨道结构如图 8-25(c)所示。

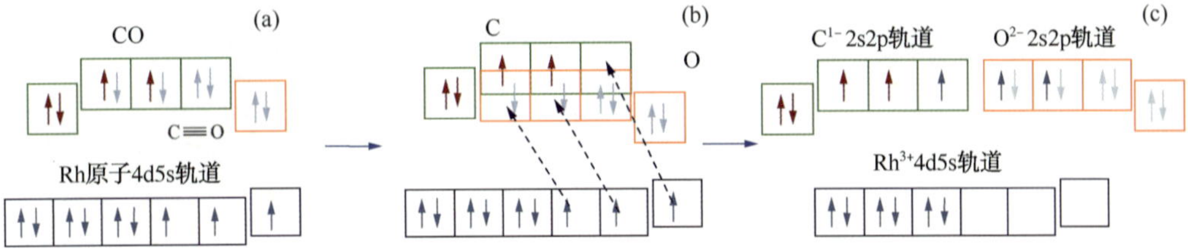

图 8-25 Rh 原子与 CO 分子作用生成 C^{1-} 和 O^{2-} 过程分析

图 8-26 是 Rh^{3+} 与 C^{1-} 继续作用生成 C^{2+} 过程分析。图 8-26(a)是 Rh^{3+} 和 C^{1-} 电子轨道结构图。在图 8-26(b)中，Rh^{3+} 电负性 13.80，具有极强的得电子能力，Rh^{3+} 会吸引 C^{1-} 外层 2p 轨道的 3 个未成键电子到其外层 4d 和 5s 的 3 个空轨道上，C^{1-} 失去外层 2p 轨道的 3 个未成键电子后生成了 C^{2+}，其外层的 3 个 2p 全部变成空轨道，Rh^{3+} 得到 3 个电子后填充到其外层的 4d 和 5s 的空轨道，生成 Rh 原子，C^{2+} 和 Rh 原子电子轨道结构如图 8-26(c)所示。

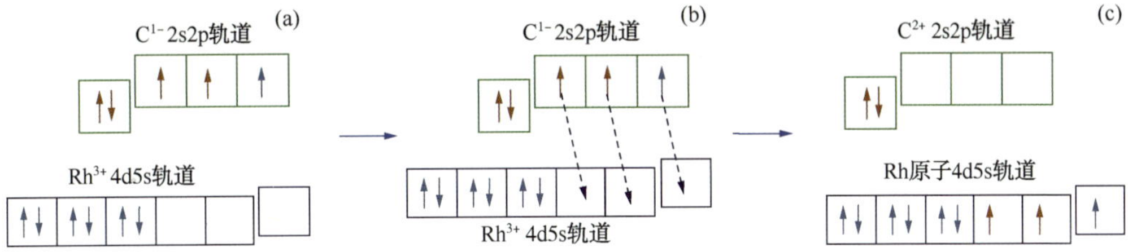

图 8-26 Rh^{3+} 与 C^{1-} 作用生成 C^{2+}

(3) 生成中间体 $C_{\uparrow\downarrow}^{\circ}H_2$

图 8-27 是 C^{2+} 和 2 个 H^- 生成中间体 $C_{\uparrow\downarrow}^{\circ}H_2$ 过程分析。图 8-27(a)是 C^{2+}、H^- 电子轨道结构图。在图 8-27(b)中，2 个 H^- 外层含有孤对电子的 s 轨道与 C^{2+} 外层 2 个空的 2p 轨道重叠，共用 2 对电子生成 2 个 C—H 键，则生成生成 $C_{\uparrow\downarrow}^{\circ}H_2$，其电子轨道结构如图 8-27(c)所示。此过程中 C 原子外层 2s、2p 轨道进行杂化生成 4 个 sp^3 杂化轨道。

(4) 生成甲酸 HCOOH

图 8-28 是 C^{2+}、2 个 H^+ 和 2 个 O^{2-} 生成甲酸分子过程分析。图 8-28(a)是 C^{2+}、2 个 H^+ 和 2 个 O^{2-} 电子轨道结构图，分别标记为 1-H^+ 和 2-H^+，1-O^{2-} 和 2-O^{2-}；C^{2+} 和 O^{2-} 外层 2s、2p 轨道经 sp^3 杂化各自生成 4 个 sp^3 杂化轨道。在图 8-28(b)中，C^{2+} 外层 2 个空 sp^3 杂化轨道与 1-O^{2-}

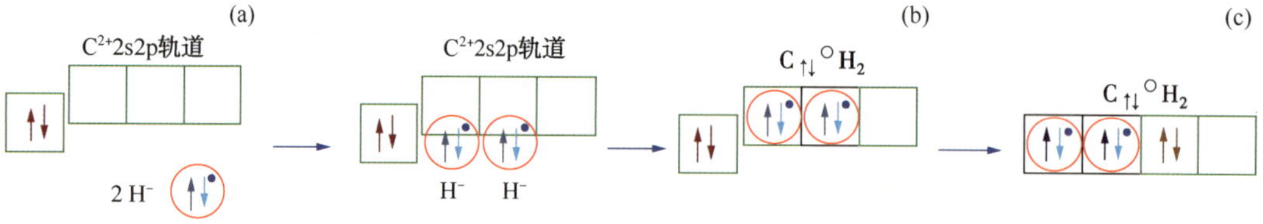

图 8-27 生成中间体 $C_{\uparrow\downarrow}{}^{\bigcirc}H_2$ 过程分析

外层含有孤对电子的 2 个 sp^3杂化轨道重叠，共用 2 对电子生成 1 个 C═O 键；2-O^{2-}外层 1 个含有孤对电子 sp^3杂化轨道与 C^{2+}外层第 3 个空 sp^3杂化轨道重叠，共用 1 对电子生成 1 个 C—O 键；1-H^+外层空 s 轨道与 2-O^{2-}外层含有孤对电子 sp^3杂化轨道重叠，共用 1 对电子生成 1 个 H—O 键；2-H^+外层空 s 轨道与 C^{2+}外层含有孤对电子 sp^3杂化轨道重叠，共用 1 对电子生成 1 个 C—H 键，则生成 1 个甲酸分子 HCOOH，其电子轨道结构如图 8-28(c)所示。

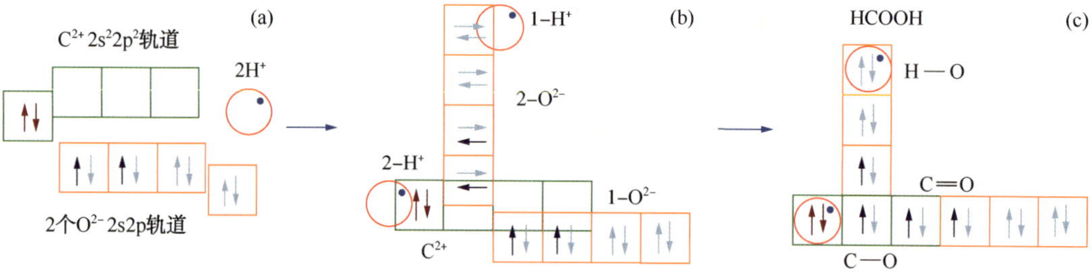

图 8-28 甲酸 HCOOH 分子生成过程分析

(5) 生成乙酸

图 8-29 是 $C_{\uparrow\downarrow}{}^{\bigcirc}H_2$ 和甲酸分子生成乙酸分子过程分析。图 8-29(a)是 $C_{\uparrow\downarrow}{}^{\bigcirc}H_2$ 和甲酸分子电子轨道结构图。在图 8-29(b)中，$C_{\uparrow\downarrow}{}^{\bigcirc}H_2$ 外层空的 sp^3杂化轨道与甲酸分子中 C、H 原子外层的重叠轨道再次重叠，重叠处 H^+转移到 $C_{\uparrow\downarrow}{}^{\bigcirc}H_2$ 中 C 原子外层含有孤对电子的 sp^3杂化轨道，生成 1 个 C—H 键，重叠处的 2 个 C 原子共用 1 对电子生成 1 个 C—C 键，则生成 1 个乙酸分子 CH_3COOH，其电子轨道结构如图 8-29(c)所示，结构示意见图 8-29(d)所示。

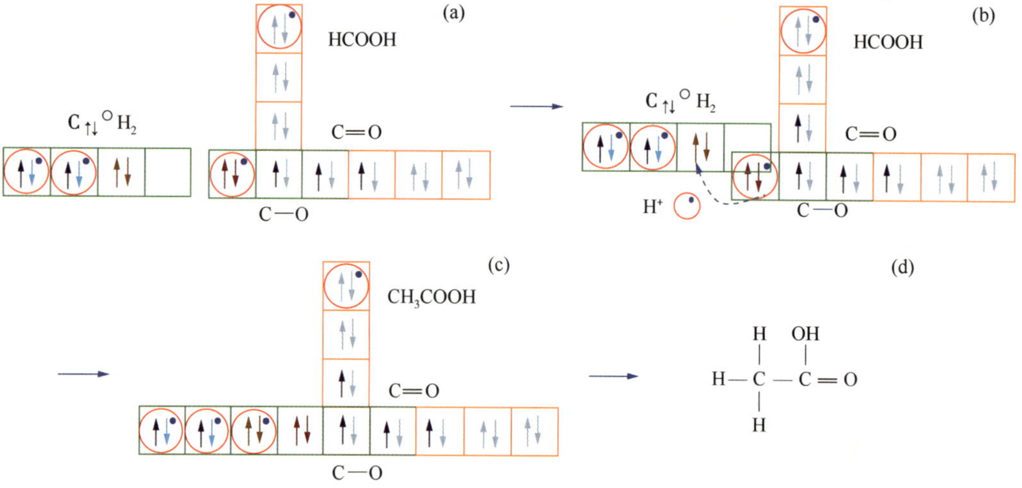

图 8-29 $C_{\uparrow\downarrow}{}^{\bigcirc}H_2$ 和甲酸分子 HCOOH 生成乙酸分子

（6）反应机理

根据上面分析，合成气制乙酸反应机理如下：

$$Mn+H_2 \longrightarrow Mn^{2+}+2H^- \quad (1)$$

$$Mn^{2+}+H_2 \longrightarrow Mn+2H^+ \quad (2)$$

$$Rh+CO \longrightarrow C^{1-}+O^{2-}+Rh^{3+} \quad (3)$$

$$C^{1-}+Rh^{3+} \longrightarrow C^{2+}+Rh \quad (4)$$

$$C^{2+}+2H^- \longrightarrow C_{\uparrow\downarrow}^{\bigcirc}H_2 \quad (5)$$

$$C^{2+}+2H^++2O^{2-} \longrightarrow HCOOH \quad (6)$$

$$C_{\uparrow\downarrow}^{\bigcirc}H_2+HCOOH \longrightarrow CH_3COOH \quad (7)$$

式(1)+(2)+(3)×2+(4)×2+(5)+(6)+(7)得到式(8)：

$$2CO+2H_2 \longrightarrow CH_3COOH \quad (8)$$

（7）小结

在 Rh-Mn/SiO_2催化剂或改性的 Rh-Mn-Zr-Li/SiO_2催化剂上，合成气可以直接合成乙酸，其中 Rh、Mn 等元素是活性组元，其他元素起到助催化作用，反应过程分 7 步：

① Mn 原子与 H_2分子作用，Mn 原子失去 2 个电子生成 Mn^{2+}，H_2分子得到 2 个电子生成 2 个 H^-；

② Mn^{2+}与 H_2分子继续作用，Mn^{2+}得到 H_2分子提供的电子被还原为 Mn 原子，H 原子失去电子后变成 H^+，1 个 H_2分子失去 2 个电子生成 2 个 H^+；

③ 活性组元 Rh 元素与 CO 分子作用活化了C≡O，Rh 原子失去其外层 3 个电子生成 Rh^{3+}，CO 中 C、O 原子得到电子生成 C^{1-}和 O^{2-}；

④ Rh^{3+}与 C^{1-}继续作用，Rh^{3+}得到电子被还原为 Rh 原子，C^{1-}失去外层 2p 轨道 3 个电子生成 C^{2+}；

⑤ 2 个 H^-和 1 个 C^{2+}生成 1 个 $C_{\uparrow\downarrow}^{\bigcirc}H_2$，$C_{\uparrow\downarrow}^{\bigcirc}H_2$ 结构中 C 原子外层有 1 个含有孤对电子的 sp^3杂化轨道和 1 个空的 sp^3杂化轨道；

⑥ 1 个 C^{2+}和 2 个 O^{2-}、2 个 H^+，通过 1 个 C═C 键、1 个 C—O 键和 2 个 C—H 键生成甲酸分子 HCOOH；

⑦ $C_{\uparrow\downarrow}^{\bigcirc}H_2$ 与甲酸分子 HCOOH 通过 C—C 键生成乙酸分子 CH_3COOH。

参 考 文 献

[1] 岑晓天. 2020 年冰醋酸行业供需现状与发展前景分析[EB/OL]. 2020-10-09. https://www.qianzhan.com/analyst/detail/220/201009-dd193bce.html. JP

[2] 张鑫. 2020 年我国冰醋酸行业市场现状分析，市场需求突破 600 万吨[EB/OL]. 2020-10-10. https://www.huaon.com/channel/trend/654394.html.

[3] 金益腾，张晓锋，龚道琳等. 醋酸行业龙头，乘“聚酯产业链”东风扬帆起航[EB/OL]. 2021-03-11. https://finance.sina.com.cn/stock/stockzmt/2021-03-11/doc-ikkntiak8439045.shtml.

[4] 2021 年中国醋酸行业产业链上中下游市场分析[EB/OL]. 2021-02-27. https://www.askci.com/news/chanye/20210225/1729211368037_3.shtml.

[5] 2021 年中国醋酸市场现状和重点企业对比分析[EB/OL]. 2021-05-26. https://www.163.com/dy/article/H89R3IBU055360T7.html.

[6] 醋酸的生产工艺技术与技术进展[EB/OL]. 2020-07-13. https://www. sohu. com/a/407145493_120469235.

[7] 王茜. 甲醇羰基化合成醋酸技术进展[J]. 化学工程与装备, 2012, (7): 125-127.

[8] 章小林, 吕小婉, 李耀会, 等. 甲醇羰基化合成乙酸催化剂的研究进展[J]. 精细石油化工进展, 2004, (2): 39-41.

[9] 戴继民, 底秀玲. 甲醇羰基化合成乙酸催化剂的发展[J]. 广州化工, 2021, 49(3): 8-9, 24.

[10] Thomas C M, Süss-Fink G. Ligand effects in the rhodium-catalyzed carbonylation of methanol [J]. Coordination Chemistry Reviews, 2003, 234(1): 125-142.

[11] Budiman A W, Nam J S, Park J H, et al. Review of acetic acid synthesis from various feedstocks through different catalytic processes[J]. Catalysis Surveys from Asia, 2016, 20(3): 173-193.

[12] 康彦芳, 封建来, 张丽娟, 等. 甲醇羰基化制醋酸催化剂体系研究[J]. 河北化工, 2007, 30(10): 21-23.

[13] Roth J F, Arnold Hershman J H, et al. Low pressure process for acetic acid via carbonylation of methanol [J]. Chem. Technol., 1971, 1(10): 600-605.

[14] Tetsuo, Nakajo, Ken-ichi, et al. Direct Synthesis of Acetic Acid from Synthesis Gas over Rh-Mn-Zr-Li/SiO_2 Catalyst[J]. Chemistry Letters, 1986, 15(9): 1557-1560.

[15] 谢光全. 日本合成气制醋酸研究概况[J]. C_1化学与化工, 1989, (1): 34-39.

[16] 康金灿, 何顺, 刘志铭等. 一种合成气高选择性转化制乙酸的催化剂及其应用的制作方法: 201910195178. 9[P]. 2019-06-21.

[17] 冯玉彪, 张粉保, 宣利宏, 等. 离子的电负性[J]. 大连轻工业学院学报, 1998, 13(2): 70-76.

[18] 徐柏庆, Sachtler W M H. Rh/Nay 催化剂上合成气一步法选择一步合成乙酸[J]. 高等学校化学学报, 1999, 20(5): 794-796.

第9章 草　　酸

9.1 草酸工业发展现状[1,3]

草酸(oxalic acid)，即乙二酸，最简单的有机二元酸之一，化学式 $H_2C_2O_4$，结构简式 HOOCCOOH。无色透明结晶，对人体有害，影响儿童的发育，草酸在工业中有重要作用，草酸可以除锈。草酸是重要的化工原料，用作络合剂、掩蔽剂、沉淀剂、还原剂。分析中用以测定铍、钙、铬、金、锰、锶和钍等金属离子，沉淀钙、镁、钍和稀土元素，校准高锰酸钾和硫酸铈溶液的标准溶液。医药工业用于制造金霉素、土霉素、四环素、链霉素、冰片、维生素 B_{12}、苯巴比妥等药物。印染工业用作显色助染剂、漂白剂、医药中间体。塑料工业用于生产聚氯乙烯、氨基塑料、脲醛塑料。用作酚醛树脂合成的催化剂，催化反应温和，过程比较平稳，持续时间最长。草酸丙酮溶液能催化环氧树脂固化反应，缩短固化时间；也用作合成脲醛树脂、三聚氰胺甲醛树脂的 pH 值调节剂；还可加入聚乙烯醇缩甲醛水溶性胶黏剂中提高干燥速度和粘接强度；亦用作脲醛树脂的固化剂、金属离子螯合剂等，草酸上下游产业链见图 9-1。

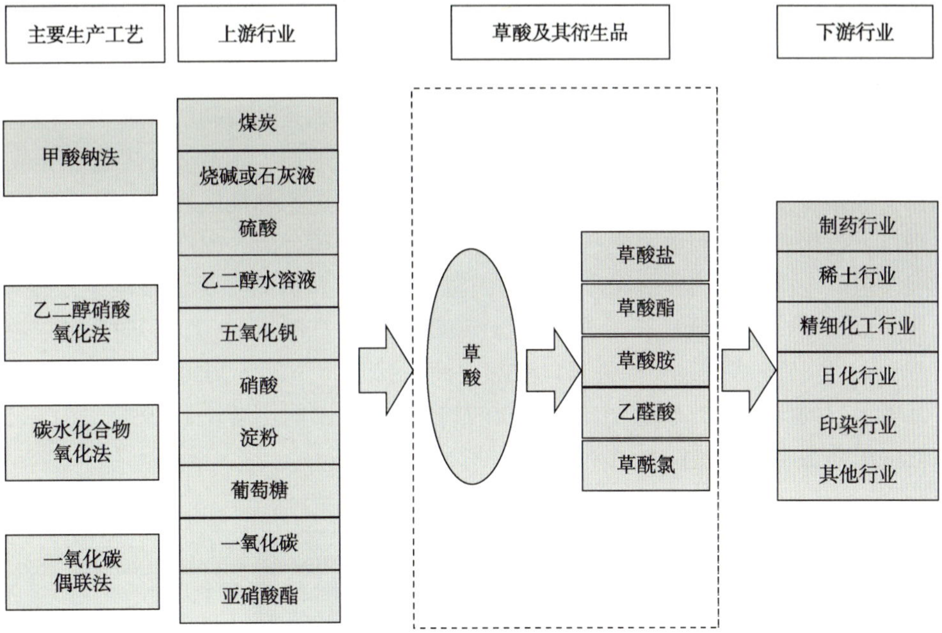

图 9-1　草酸行业上下游产业链关系

世界草酸生产主要集中在亚洲，年产 23 万 t，其中日本、韩国和印度等共 5 万 t。而欧美年产只有 5 万 t，主要产于法国、德国和巴西。2000 年全世界草酸需求量约 27 万 t，其中

33%用于制药行业，25%用于稀土行业，35%用于金属加工及铝品工业，其余7%用于草酸酯、染料中间体等行业。随着草酸应用领域的扩展，特别是农药及医药中间体用草酸酯的数量在增加，以及用乙醛酸生产香兰素新工艺的发展，草酸需求量将持续稳定地增长。2010年世界对草酸产品的需求量约33万t。2019年全球草酸市场总值达到了45亿元，预计2026年可以增长到42亿元[1]。

我国是草酸生产大国，年生产总量约占世界草酸总量的60%以上。近20年，我国草酸生产得到快速发展。20世纪60年代，我国只有5~6家企业，生产能力不足2万t/a，到1980年全国共有13家，年产量总计2.72万t。20世纪80年代，由于稀土工业的发展，草酸工业也随之发展。据不完全统计，生产厂家近200家，1989年全国草酸产量达到7.7万t。随着国民经济调整，20世纪90年代初期，大部分厂家出现亏损，草酸产量逐步下降，至1996年草酸产量才恢复到1989年的水平。在此阶段，一些规模小、效益差的企业纷纷转产、停产。1997年草酸产量达到9万t，一年后的1998年产量达到10.2万t，2005年草酸产量已达19.2万t。2020年国内草酸市场容量约为35万t，目前的下游市场主要集中在制药、稀土和精细化工，分别占27%、26%和21%。草酸国内总产能约48万t，开工率约为73%[2]。实际上，草酸行业的发展与下游行业息息相关，下游行业的持续发展将直接促进草酸的发展。据统计，制药、稀土和精细化工是草酸行业的主要应用领域，应用占比分别为27%、26%与21%，详细见图9-2。

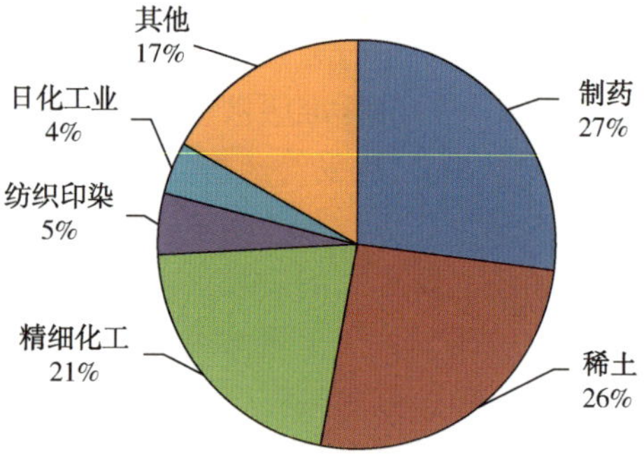

图9-2 我国草酸行业下游应用分布

我国草酸工业化生产起步较晚，但发展速度很快，特别是随着制药、稀土、精细化工等行业的发展，我国已经成为全球最大的草酸生产国。与全球加工制造业发展趋势类似，目前发达国家已经很少生产草酸，整个草酸制造行业向发展中国家和地区转移，发达国家大部分都依靠进口。发展中国家和地区中，中国内地、韩国、中国台湾、印度、巴西等均兴建有草酸生产线，但除中国以外的其他国家和地区因资源、地理位置等原因，草酸生产规模较小。近年来我国草酸出口量不断增长，截至2020年我国出口草酸11.7万t，同比增长24.8%；进口草酸91t，同比下降33.6%。进出口金额方面，据统计，截至2020年我国草酸进口金额为105万美元，同比增长7.1%；出口金额为7145万美元，同比增长10.9%。2015~2020年我国草酸进出口数量统计见图9-3和图9-4[3]。

图9-3 2015~2020年我国草酸出口数量统计

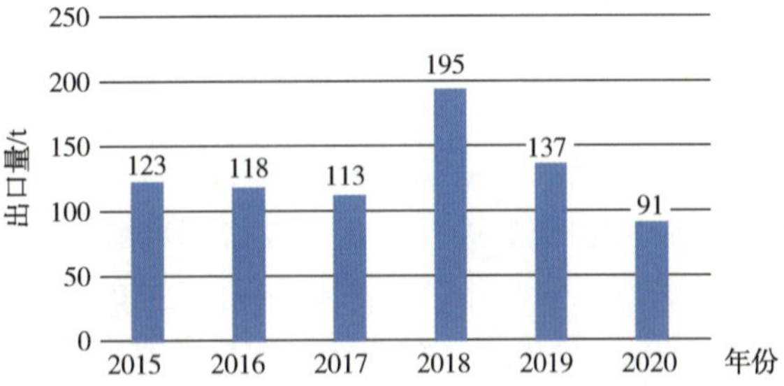

图 9-4 2015~2020 年我国草酸进口数量统计

经过多年的市场竞争和优胜劣汰，目前国内草酸市场形成了以少数几家企业为核心的高度集中的竞争格局。其中规模较大、有较强竞争力的企业有丰元股份、龙翔实业有限公司、通辽金煤化工有限公司、福建省邵武精细化工厂、牡丹江鸿利化工有限责任公司等企业，这五家企业产量占了全国草酸总产量的大多数。

丰元股份是我国草酸行业领军企业，主营工业草酸、精制草酸及草酸盐系列产品的研发、生产与销售，据统计，2015~2019 年丰元股份草酸产品产销量整体呈下降趋势，截至 2019 年丰元股份草酸产品产量为 80656t，同比下降 0.2%，销量为 77753t，同比增长 0.5%。截至 2020 年上半年丰元股份工业草酸业务收入为 0.79 亿元，同比增长 4.23%。丹化科技是一家依托以褐煤为原材料的气化技术生产乙二醇并联产草酸的企业，2015~2018 年丹化科技草酸产品产销量逐年增长，但 2019 年丹化科技草酸产品产销量开始下降，产量为 81084t，同比下降 5.5%，销量为 82350t，同比下降 7.2%。

目前，我国草酸行业虽然有几个规模较大的生产企业，但整体仍存在很多规模小、布局分散、工艺落后的企业。我国草酸企业主要分布在山东、福建、东北、内蒙古、山西等地，部分企业远离消费市场和原料市场，导致成本偏高，缺乏竞争力。此外，我国草酸行业大多数企业生产工艺仍采用“碳水化合物氧化法”和“甲酸钠法”，部分企业生产成本、能耗较高且环保问题较难解决。目前，草酸行业产品以工业草酸为主，精制草酸以及草酸盐生产规模较小，产品结构不合理。未来我国草酸行业将进行产业结构调整，发展规模企业，淘汰落后产能，草酸行业将不断向高附加值产品发展，精制草酸和草酸衍生产品将成为发展方向。

9.2 草酸合成技术及机理[1,3~5]

目前，国内外草酸生产工艺主要包括“碳水化合物氧化法”“甲酸钠法”“一氧化碳偶联法”“乙二醇硝酸氧化法”和“丙烯氧化法”，其中“碳水化合物氧化法”和“甲酸钠法”在国内工业实践中应用最为广泛，工业草酸的国家标准(GB/T 1626—2008)也是针对“碳水化合物氧化法”和“甲酸钠法”制定的。原材料来源及价格是企业选择何种草酸生产工艺的决定性因素。对于石化工业水平发展较高、石化产品价格较低的国家或地区，采用“一氧化碳偶联法”“乙二醇硝酸氧化法”“丙烯氧化法”生产草酸较为适合。对于农产品资源丰富的国家或地区，采用“碳水化合物氧化法”生产草酸较为有利。下面就草酸合成方法做一介绍。

(1) 碳水化合物氧化法

自 1776 年瑞典化学家 Carl Wilhelm Scheele 以糖为原料用硝酸氧化法制得草酸以来，此法一直是制取草酸的重要途径。至今，巴西、印度、西班牙、中国和一些苏联地区仍在使用。美国 Allied Corp 用淀粉硝酸氧化生成草酸，淀粉在酸性条件下水解成葡萄糖，然后在 63℃、硝酸和铁-钒催化剂作用下氧化成草酸，但这个过程是间歇过程。碳水化合物氧化法就是以碳水化合物(如淀粉、葡萄糖、蔗糖等)或工农林副产品及其废料(如古龙酸母液)为原料，在钒催化剂存在下，与硝酸-硫酸进行氧化反应得到草酸。经分离、脱脂、重结晶等处理得到纯度大于 99%精制草酸。碳水化合物氧化法是最早的草酸生产方法，工艺成熟、原料易得，但废气中包含大量的氮氧化物，对尾气处理技术要求高。

（2）甲酸钠法

甲酸钠法就是一氧化碳净化后在加压情况下与氢氧化钠反应，生成甲酸钠，然后经高温脱氢生成草酸钠，草酸钠再经铅化(或钙化)、酸化、结晶和脱水干燥等工序，得到成品草酸。一氧化碳与氢氧化钠合成压力一般为 1.8~2.0MPa，脱氢温度为 400℃。反应机理如下：

$$CO+NaOH \longrightarrow HCOONa$$

$$2HCOONa \longrightarrow (COONa)_2+H_2$$

$$(COONa)_2+Ca(OH)_2 \longrightarrow (COO)_2Ca+2NaOH$$

$$(COO)_2Ca+H_2SO_4 \longrightarrow (COOH)_2+CaSO_4$$

（3）乙二醇硝酸氧化法

1970 年，日本三菱瓦斯化学公司研究开发的乙二醇硝酸氧化法与淀粉氧化法相似。该工艺在硝酸和硫酸介质中通入乙二醇水溶液，并通入氧气和五氧化二钒进行氧化，冷却结晶生成草酸。该工艺产品草酸纯度高、废气废液少，缺点是原料乙二醇价格较高。美国 Allied Corp 工艺流程与淀粉硝酸氧化相同，只是没有水解工序。反应温度 57~60℃，反应压力常压或者微正压，平均收率 81.4%。

$$C_2H_6O_2+2O_2 \longrightarrow C_2H_2O_4+2H_2O$$

（4）一氧化碳偶联法

一氧化碳偶联法分为液相偶联法和气相偶联法。该工艺是在硝酸和钯催化剂存在下，一氧化碳、氧气与正丁醇发生羰基化反应，生成草酸二丁酯，然后通过水解得到草酸，这种方法也叫羰基合成法。此法分为液相法和气相法两种，气相法反应条件较低，反应压力为 300~400kPa；而液相法反应压力为 13.0~15.0MPa。液相偶联法是由日本宇部兴产株式会社开发。

（5）丙烯氧化法

1973 年，法国罗纳-普朗克公司研究开发了丙烯氧化法。该工艺包括两步氧化过程：第一步是液态丙烯在 25℃条件下与硝酸发生反应生成 α-硝基乳酸；第二步是在 55℃和催化剂 $Cr(NO_3)_3 \cdot 9H_2O$ 作用下将 α-硝基乳酸氧化成草酸。丙烯氧化法生产工业级草酸二水化合物，以丙烯计总收率大于 90%。目前法国克莱恩公司(Clariant)是世界唯一采用该工艺生产草酸的公司。使用丙烯氧化法需要特别注意安全，防止未反应的丙烯和二氧化氮发生爆炸。

9.3 草酸合成反应机理分析

乙二醇硝酸氧化制草酸反应机理分析。CO 氧化偶联制草酸二甲酯是煤制乙二酸中实现无机 C_1 到有机 C_2 转化的关键步骤。虽然煤制乙二酸(草酸)已经工业化，但是催化剂的结构与性能之间的内在关联还不清楚。HNO_3和 H_2SO_4存在下，V_2O_5为催化剂空气氧化乙二醇生成乙二酸，反应方程如下：

$$(CH_2OH)_2+2O_2 \longrightarrow (COOH)_2+2H_2O$$

接下来重点研究乙二醇硝酸氧化制乙二酸反应机理，分析乙二醇在 V_2O_5作用下氧化生成乙二酸的反应过程。

(1) 钒催化剂作用

钒的核电荷数是23>21，V 原子外层电子排布：$3d^34s^2$，不存在能级交错，$E_{4s}>E_{3d}$，其电子轨道结构如图9-5(a)所示。钒与氧结合能生成多种氧化物，主要包括：一氧化钒(VO)、三氧化二钒(V_2O_3)、二氧化钒(VO_2)和五氧化二钒(V_2O_5)。V_2O_5溶于强酸(一般在 pH=2 左右起溶)不生成钒酸根离子，而生成同价态的钒氧化合物(VO_2)。在 HNO_3和 H_2SO_4存在条件下，V_2O_5以 V^{4+}(VO_2)存在，V^{4+}外层电子排布：$3d^14s^0$，其电子轨道结构如图 9-5(b)，下面重点讨论 V^{4+}催化作用。

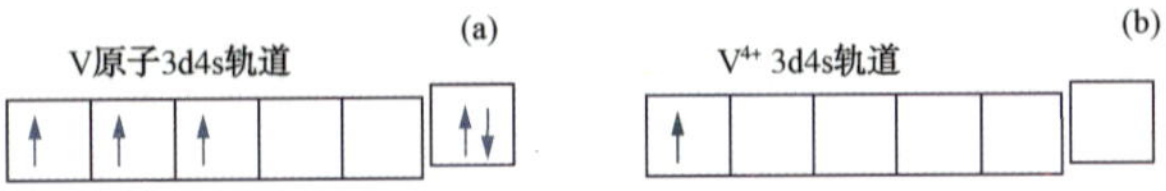

图 9-5 钒原子和钒离子电子轨道结构图

图 9-6 是 O_2分子结构分析。O 原子核电荷数 8，其外层电子排布：$2s^22p^4$，在生成 O_2分子结构时，O 原子外层 2s2p 轨道要进行 sp 杂化，生成 2 个 sp 杂化轨道和 2 个 p 轨道。图 9-6(a)是 O 原子外层 sp 杂化轨道和 2p 轨道电子轨道结构图。在图 9-6(b)中，第 1 个 O 原子外层 1 个 sp 杂化轨道中的 1 对电子与第 2 个 O 原子外层 2p 轨道的未成键电子结合，第 2 个 O 原子外层 1 个 sp 杂化轨道中的 1 对电子与第 1 个 O 原子外层 2p 轨道的未成键电子结合，生成 2 个 3 电子结构的 π 键，而这 2 个 O 原子外层 2p 轨道的未成键电子结合生成 1 个 O—O 共价键 σ 键，则生成 1 个 O_2分子，其电子轨道结构如图 9-6(c)所示。

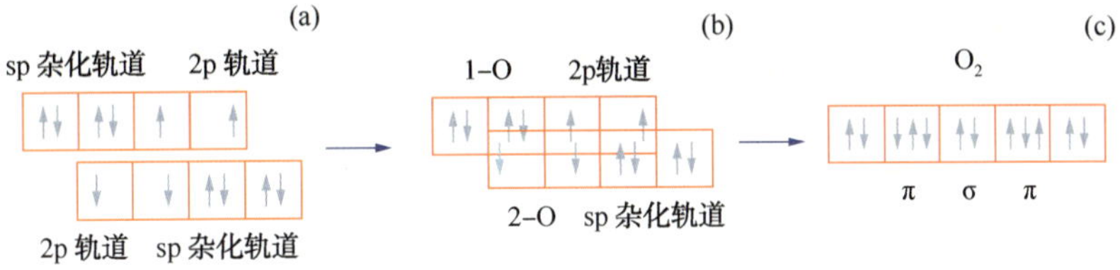

图 9-6 O_2分子结构分析

根据表 9-1 部分元素电负性数据[6]规律性可知，金属元素失去电子数越多，其电负性数据越大。V^{3+}的电负性为 13.68，V^{4+}电负性大于 V^{3+}电负性，O 原子电负性为 3.44，所以 V^{4+}电负性大于 O 原子电负性，因此，V^{4+}具有极强得电子能力。

表 9-1 部分元素电负性

元素	H	Pd	V	Cr	Zn	Ga	Zr	O	Cu	Sn	Mo	C
A^0	2.20	2.20	1.63	1.66	1.65	1.60	1.33	3.44	1.90	1.80	2.16	2.55
A^+		5.00	3.85	4.19	4.92	4.77	3.59	8.77	5.04	3.96	4.18	6.42
A^{2+}		9.42	7.91	8.54	10.38	9.22	6.50	16.21	10.28	8.12	7.80	13.01
A^{3+}		14.75	13.68	14.41	17.84	17.05	10.32	23.82	16.57	12.82	13.24	20.23

图 9-7 是 O_2 分子在 HNO_3 和 H_2SO_4 存在溶液中被 VO_2 氧化为 O^{2+} 过程分析。图 9-7(a)是 2 个 O_2 分子和 1 个 V^{4+} 的电子轨道结构图。在图 9-7(b)中，根据表 9-1 电负性数据，由于 V^{4+} 电负性>V^{3+} 电负性(13.68)>O 原子电负性(3.44)，V^{4+} 与 O_2 相互作用，V^{4+} 会从 O_2 分子中 2 个 O 原子外层 2p 轨道抽取 4 个电子填充到 V^{4+} 外层空的 4s 轨道和 3d 轨道，V^{4+} 得到 4 个电子被还原为 V 原子，则 O_2 分子被氧化生成 2 个 O^{2+}，其电子轨道结构如图 9-7(c)所示。在这个过程中，O 原子外层进行了 sp^3 杂化，生成了 4 个 sp^3 杂化轨道。

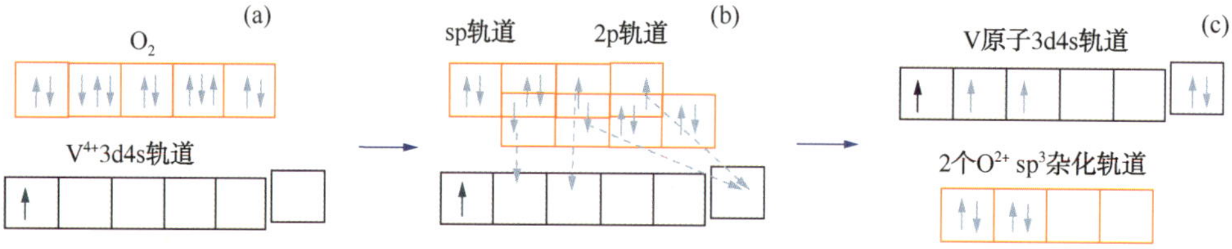

图 9-7　O_2 分子被 VO_2 氧化生成 O^{2+}

表 9-1 中，V 原子电负性为 1.63，O 原子电负性为 3.44。V 原子电负性小于 O 原子电负性，V 原子与 O 原子之间会继续发生作用。图 9-8 是 V 原子与 O_2 分子作用生成 O^{2-} 过程分析。图 9-8(a)是 O_2 分子和 V 原子电子轨道结构图。在图 9-8(b)中，由于 O 原子电负性大于 V 原子电负性，O_2 分子与 V 原子相互作用时，O_2 分子中 O 原子会从 V 原子外层 3d 和 4s 轨道抽取电子，填充到 O 原子外层 2p 轨道，生成 O^{2-}，V 原子失去外层 4s 轨道 2 个电子和 3d 轨道 2 个电子生成 V^{4+}，其电子轨道结构如图 9-8(c)所示。

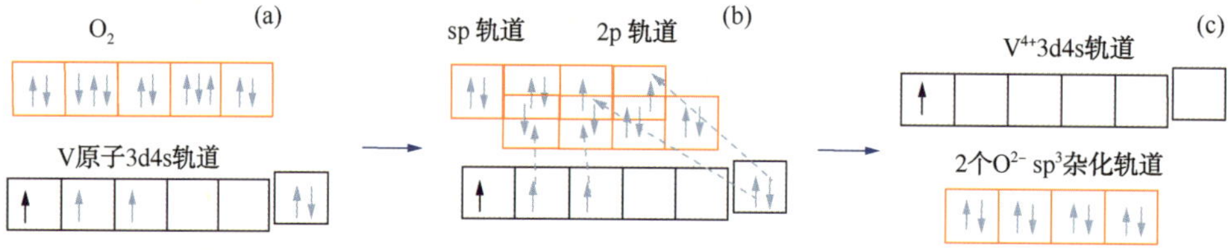

图 9-8　O_2 分子与 V 原子作用生成 O^{2-}

由于 V^{4+}、V 存在，O^{2+} 与 O^{2-} 相互作用不会生成 O_2 分子，而是生成中间体活性氧原子 O^*。图 9-9 就是中间体活性氧原子 O^* 生成过程分析。图 9-9(a)是 O^{2+} 和 O^{2-} 的电子轨道结构图。在图 9-9(b)中，O^{2+} 和 O^{2-} 相互作用，O^{2+} 处于缺电子状态，而 O^{2-} 外层 4 个 sp^3 杂化轨道处于全充满状态，彼此相互作用后生成 2 个外层电子数相等、结构相同的中间体活性氧原子 O^*，其外层 4 个 sp^3 杂化轨道，3 个充满状态，1 个空轨道，其电子轨道结构如图 9-9(c)所示。

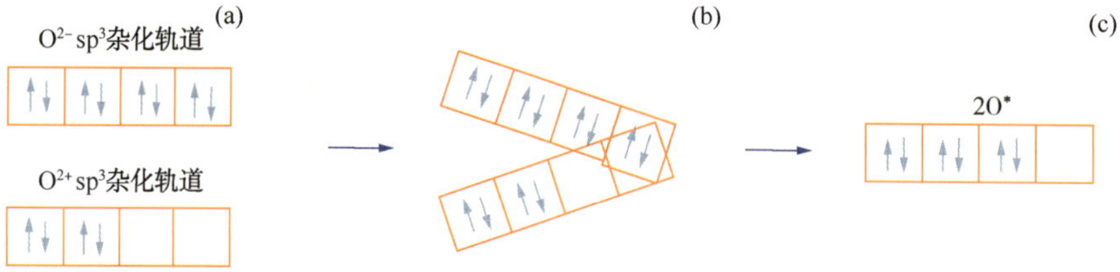

图 9-9　O^{2+} 与 O^{2-} 形成中间体活性氧原子 O^*

(2) 乙二醇分子结构

图 9-10 是乙二醇分子结构分析。图 9-10(a)是 C、O 原子外层 sp^3杂化轨道和 H 原子 s 轨道结构图，图中有 2 个 C 原子、2 个 O 原子和 6 个 H 原子，分别标记为：1-C、2-C，1-O 和 2-O，以及 1-H、2-H、3-H、4-H、5-H 和 6-H。在图 9-10(b)中，1-C 原子外层含有未成键电子的 sp^3杂化轨道与 2-C 原子外层含有未成键电子的 sp^3杂化轨道重叠，共用 1 对电子生成 1 个 C—C 键；1-C 原子外层第 2 个含有未成键电子的 sp^3杂化轨道与 1-O 原子外层含有未成键电子的 sp^3杂化轨道重叠，共用 1 对电子形成第 1 个 C—O 键；2-C 原子外层第 2 个含有未成键电子的 sp^3杂化轨道与 2-O 原子外层含有未成键电子的 sp^3杂化轨道重叠，共用 1 对电子生成第 2 个 C—O 键；1-H 原子外层含有未成键电子的 s 轨道与 1-O 原子外层第 2 个含有未成键电子的 sp^3杂化轨道重叠，共用 1 对电子生成第 1 个 H—O 键；2-H、3-H 原子外层含有未成键电子的 s 轨道分别与 1-C 原子外层第 3、第 4 个含有未成键电子 sp^3杂化轨道重叠，共用 2 对电子生成第 1 个和第 2 个 C—H 键；4-H、5-H 原子外层含有未成键电子的 s 轨道分别与 2-C 原子外层第 3、第 4 个含有未成键电子的 sp^3杂化轨道重叠，共用 2 对电子生成第 3 个和第 4 个 C—H 键；6-H 原子外层含有未成键电子的 s 轨道与 2-O 原子外层第 2 个含有未成键电子的 sp^3杂化轨道重叠，共用 1 对电子生成第 2 个 H—O 键；这样，2 个 C 原子、6 个 H 原子和 2 个 O 原子通过 1 个 C—C 键、2 个 C—O 键、4 个 C—H 键和 2 个 H—O 键构成了乙二醇分子，其电子轨道结构如图 9-10(c)所示。

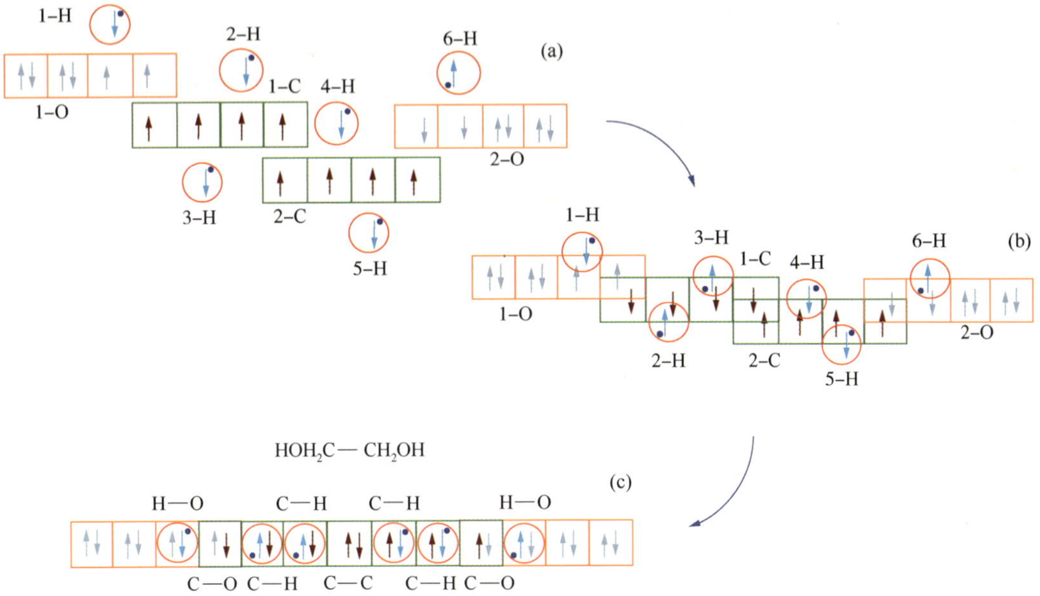

图 9-10 乙二醇分子构成分析

(3) 乙二醇氧化生成草酸

图 9-11 是乙二醇氧化生成草酸过程分析。图 9-11(a)是乙二醇分子和活性氧原子 O^* 电子轨道结构图，图中有 4 个活性氧原子 O^*，分别标记为：1-O^*、2-O^*、3-O^*和4-O^*。在图 9-11(b)中，1-O^*原子外层空的 sp^3杂化轨道与乙二醇分子中 1-C 和 1-O 原子外层重

叠轨道再次重叠，与之相邻的1-O与H原子外层重叠轨道上H^+、1-C与H原子外层重叠轨道上H^+分别转移到1-O*外层含有孤对电子的sp^3杂化轨道上，共用2对电子生成2个H—O键，则生成1个水分子H_2O。同理，2-O*原子外层空的sp^3杂化轨道与乙二醇分子中2-C和2-O原子外层重叠轨道再次重叠，与之相邻的2-O与H原子外层重叠轨道上H^+、2-C与H原子外层重叠轨道上H^+分别转移到2-O*外层含有孤对电子的sp^3杂化轨道上，共用2对电子生成2个H—O键，则生成第2个水分子H_2O，其电子轨道结构如图9-11(c)所示。

在上述过程中，因为O原子电负性(3.44)大于C原子电负性(2.55)，所以在生成水分子的同时，1-C与1-O原子外层重叠处的共用电子对转移到1-O*原子外层空的sp^3杂化轨道上，在1-O和1-C原子外层各生成1个空的sp^3杂化轨道；而2-C与2-O原子外层重叠处的共用电子对转移到2-O*原子外层空的sp^3杂化轨道上，也在2-O和2-C原子外层各生成1个空的sp^3杂化轨道，其电子轨道结构如图9-11(d)所示。

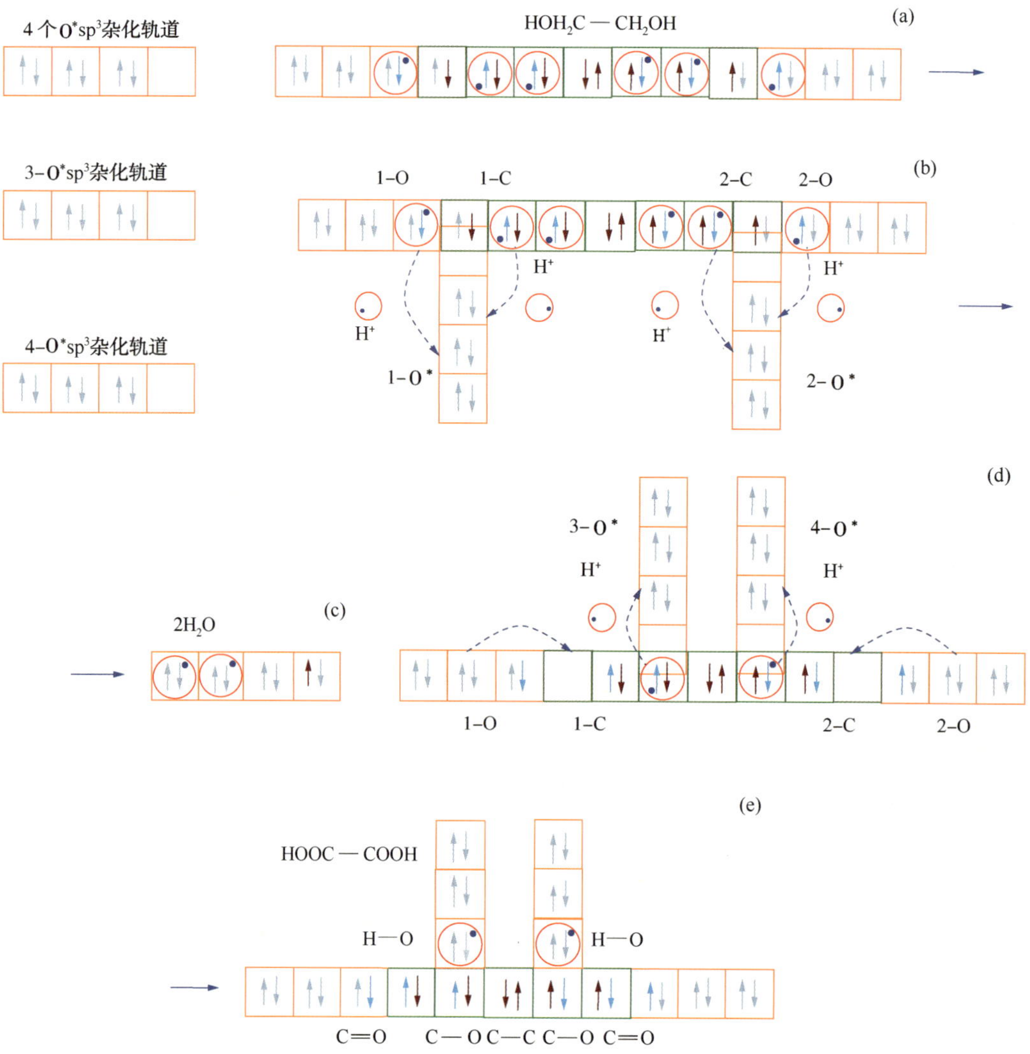

图9-11 草酸分子生成分析

在图 9-11(d)中，1-O 原子外层空的 sp^3 杂化轨道与 1-C 原子外层含有孤对电子的 sp^3 杂化轨道重叠，1-C 原子外层空的 sp^3 杂化轨道与 1-O 原子外层含有孤对电子的 sp^3 杂化轨道重叠，共用 2 对电子生成 1 个 C=O 键；2-O 原子外层空的 sp^3 杂化轨道与 2-C 原子外层含有孤对电子的 sp^3 杂化轨道重叠，2-C 原子外层空的 sp^3 杂化轨道与 2-O 原子外层含有孤对电子的 sp^3 杂化轨道重叠，共用 2 对电子生成第 2 个 C=O 键。

与此同时，3-O^* 原子外层空的 sp^3 杂化轨道与 1-C 和 H 原子外层重叠轨道再次重叠，重叠处 H^+ 转移到 3-O^* 原子外层含有孤对电子的 sp^3 杂化轨道上，共用 1 对电子生成 1 个 H—O 键，重叠处生成 1 个 C—O 键。同理，4-O^* 原子外层空的 sp^3 杂化轨道与 2-C 和 H 原子外层重叠轨道再次重叠，重叠处 H^+ 转移到 4-O^* 原子外层含有孤对电子的 sp^3 杂化轨道上，共用 1 对电子生成第 2 个 H—O 键，重叠处生成第 2 个 C—O 键，则由 2 个 C 原子、2 个 H 原子和 4 个 O 原子通过 1 个 C—C 键、2 个 C—O 键、2 个 H—O 键和 2 个 C=O 键生成了 1 个草酸分子 HOOC—COOH，其电子轨道结构如图 9-11(e)所示。

(4) 反应机理分析

HNO_3 和 H_2SO_4 存在下，氧化钒以 V^{4+} 存在，催化剂空气氧化乙二醇生成草酸，反应过程如下：

$$V^{4+}+O_2 \longrightarrow V+2O^{2+} \tag{1}$$

$$V+O_2 \longrightarrow V^{4+}+2O^{2-} \tag{2}$$

$$O^{2+}+O^{2-} \longrightarrow 2O^* \tag{3}$$

$$(CH_2OH)_2+4O^* \longrightarrow (COOH)_2+2H_2O \tag{4}$$

式(1)+(2)+(3)×2+(4)得到式(5)

$$(CH_2OH)_2+2O_2 \longrightarrow (COOH)_2+2H_2O \tag{5}$$

9.4 结论

在 HNO_3 和 H_2SO_4 存在下，V^{4+} 催化空气氧化乙二醇生成草酸，反应分 3 步：

① V^{4+} 是缺电子结构，具有极强得电子能力，当它与 O_2 分子中 O 原子作用时，会从 O 原子外层 2p 轨道抽取电子填充到其外层空的 3d 轨道和 4s 轨道，V^{4+} 得到 4 个电子被还原成 V 原子，O_2 分子失去 4 个电子生成 2 个 O^{2+}，O^{2+} 外层有 2 个全充满的 sp^3 杂化轨道，还有 2 个空的 sp^3 杂化轨道；

② V 原子与 O_2 分子中 O 原子作用时，O 原子抽取 V 原子外层 3d 轨道和 4s 轨道电子生成 V^{4+}，O_2 分子得到 4 个电子生成 2 个 O^{2-}；

③ V^{4+} 存在情况下，1 个 O^{2-} 和 1 个 O^{2+} 能生成 2 个活性氧原子 O^*；

④ 4 个活性氧原子 O^* 同时与 1 个乙二醇分子作用，生成 2 个水分子和 1 个草酸(乙二酸)分子。

参 考 文 献

[1] 2020~2025 年中国草酸行业发展前景预测及投资战略研究报告[EB/OL]. https://www.huaon.com/channel/

chemical/622097. html.
[2] 2021年我国草酸行业供需分析[EB/OL]. 2021-01-27. http://www. leadingir. com/trend/view/5956. html.
[3] 2020年中国草酸行业市场现状分析[EB/OL]. 2021-04-23. https://caifuhao. eastmoney. com/news/20210423143540889624790.
[4] 2020~2026全球及中国草酸行业发展现状调研及投资前景分析报告[EB/OL]. 2020-02-17. http://www. chinabgao. com/report/5800479. html.
[5] 亢永斌，宋培中. 甲酸钠钙化法合成草酸生产工艺的研究[J]. 山西化工，2002，22(2)：16-17.
[6] 冯玉彪，张粉保，宣利宏，等. 离子的电负性[J]. 大连轻工业学院学报，1998，13(2)：70-76.

第10章　甲　　醛

10.1　甲醛工业发展现状

甲醛(formaldehyde)又名蚁醛，化学式是 HCHO 或 CH_2O，是基本有机原料之一，是化学工业的基础，应用范围十分广泛。甲醛通常为无色气体，有刺激性气味，易溶于水和乙醚，水溶液浓度最高可达55%，能与乙醇、丙酮等有机溶剂按任意比例混溶，不溶于石油醚；液体在较冷时久储易混浊，在低温时则形成三聚甲醛沉淀；蒸发时有一部分甲醛逸出，但多数变成三聚甲醛。甲醛可由甲醇在银、铜等金属催化下脱氢或氧化制得，也可从烃类的氧化产物中分出；可作为酚醛树脂、脲醛树脂、维纶、乌洛托品、季戊四醇、染料、农药和消毒剂等的原料[1]。从产业链来看，甲醛行业上游主要包括以甲醇为主的原料，以及催化剂、设备等，下游为农药、合成树脂、木材加工、医药、纺织等行业。

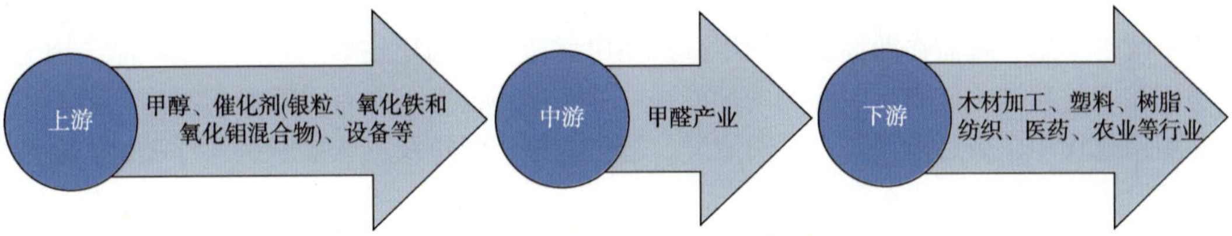

1923年，德国BASF公司实现合成气大规模生产甲醇后，工业甲醛的大规模生产具备了良好的原料基础，甲醇空气氧化法成为生产工业甲醛的最常用的方法。甲醇空气氧化法又分为甲醇过量氧化法、空气过量氧化法。后来，为了制备高浓度甲醛、提高能量综合利用效率，又相继开发了尾气循环法、甲缩醛氧化法等[2]。

目前，我国是甲醛生产大国和消费大国，甲醛在我国主要用于木材加工、塑料、树脂、纺织、医药、农业等领域或行业[2]。

(1) 胶黏剂

胶黏剂是我国甲醛最主要的消费领域，其消费量所占的比重最大，约占总消费量的40%。生产的胶黏剂产品主要有脲醛树脂胶、酚醛树脂胶和三聚氰胺甲醛树脂胶3种，主要用于木材加工、模塑料、涂料、纺织及纸张的处理剂。其中，用于木材加工的胶黏剂约占胶黏剂总量的80%。2007年和2008年胶黏剂产量分别为313.5万t和344.8万t，产量不断增长，应用领域不断扩展。根据胶黏剂协会统计数据，2016年以来，我国胶黏剂产量保持6%以上的较快增长，2020年我国胶黏剂行业产量约为696万t，预计2025年胶黏剂产量达到855万t[3]。据不完全统计，目前我国胶黏剂和密封胶生产厂家有3500多家，但上规模企业不足100家，品种牌号约3000多个。从应用情况看，胶合板和木工用胶量最大，约占总用胶量的46.97%，建筑材料用胶黏剂占26.12%，包装及商标用胶黏剂约占12.14%，制鞋及皮革用胶黏剂占 6.07%，其他胶黏剂使用量占 8.7%。

（2）聚甲醛

我国聚甲醛(POM)需求增长相当快，2004 年中国聚甲醛市场需求量已超过西欧总需求量，成为世界最大的聚甲醛需求国家，随着国内电子电气工业和汽车工业的迅速发展，聚甲醛作为综合性能十分优异的工程塑料，对聚甲醛的需求量将进一步增加。

（3）多聚甲醛

多聚甲醛是生产除草剂甘膦、乙草胺、丁草胺、克草胺等和农药三环唑等的主要原料。此外，低聚甲醛在替代工业甲醛方面也显示出巨大潜力，一些制药、涂料和树脂企业已成功地采用低聚合度多聚甲醛替代工业甲醛，并已取得良好效果。长期以来由于国内多聚甲醛生产技术不过关、产品质量不稳定，一直没有规模生产的能力，无法满足国内的消费需求，仍有 60%依赖进口。

（4）MDI

MDI(二苯甲烷二异氰酸酯)是生产聚氨酯产品的主要原料之一，广泛应用于生产 PU(聚氨基甲酸酯)硬泡产品，此为 MDI 作为皮革生产中必不可少的原料，可增强皮革的柔软性，仿真效果好，由于其制品兼有塑料和橡胶的双重优点，已经成为世界上发展迅速的高分子合成材料之一。

（5）纺织产业

服装面料生产，为了达到防皱、防缩、阻燃等作用，或为了保持印花、染色的耐久性，或为了改善手感，就需在助剂中添加甲醛。用甲醛印染助剂比较多的是纯棉纺织品，因为纯棉纺织品容易起皱，使用含甲醛的助剂能提高棉布的硬挺度。含有甲醛的纺织品，在人们穿着和使用过程中，会逐渐释放出游离甲醛，通过人体呼吸道及皮肤接触引发呼吸道炎症和皮肤炎症，还会对眼睛产生刺激。

（6）防腐溶液

35%~40%的甲醛水溶液俗称福尔马林，具有防腐杀菌性能，可用来浸制生物标本，给种子消毒等，但是由于使蛋白质变性的原因易使标本变脆[4]。甲醛具有防腐杀菌性能的原因主要是甲醛能跟构成生物体蛋白质上的氨基发生反应[5]。

甲醛的下游需求非常广泛，目前在三醛树脂，聚甲醛，季戊四醇，MDI 和 1，4-丁二醇上的应用非常多，其中应用在三醛树脂中的消耗量最多，2018 年消耗约 3383.4 万 t，占总量的 53.66%。2018 年全球甲醛消费市场占比见图 10-1[6]。

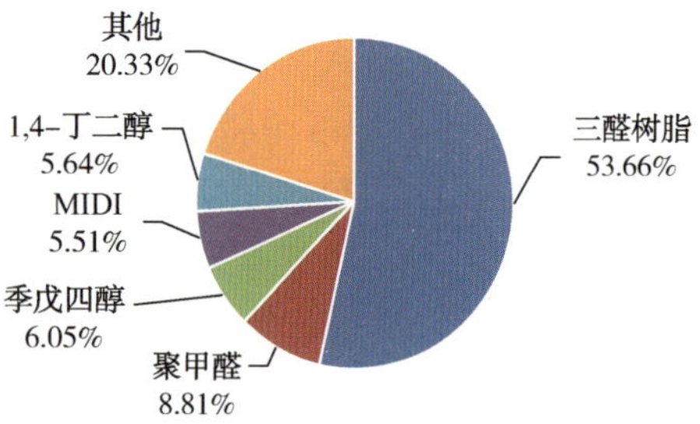

图 10-1 2018 年全球甲醛消费市场占比分析

全球甲醛消费情况。甲醛用途广泛，属生产工艺简单、原料供应充足的大众化工产品。从生产工艺说，甲醛的类型主要有银催化氧化法和铁钼法两种，其中银催化氧化法是甲醛的主要生产方式。2018 年，银催化氧化法生产的甲醛占比 82.68%，铁钼法生产甲醛占比为 17.32%。2014 年，2019 年及 2025 年全球甲醛消费量及预测见表 10-1[6]。

表 10-1 2014 年、2019 年及 2025 年全球甲醛消费量(万 t)及预测

	2014	2019	2025	2025 市场份额	增长率(2019~2025)
三醛树脂	3544.0	3474.5	3898.6	53.25%	1.94%
聚甲醛	496.5	524.9	623.0	8.51%	2.33%
季戊四醇	359.7	374.9	464.9	6.35%	3.65%
MDI	316.0	360.7	377.8	5.16%	0.77%
1,4-丁二醇	288.5	364.6	437.8	5.98%	3.10%
其他	1240.2	1312.3	1519.2	20.75%	2.47%
总计	6244.9	6429.7	7321.3	100%	2.19%

全球甲醛供应情况。随着下游需求增加，甲醛市场也在不断扩大，从 2014 年的 6244.9 万 t 增至 2018 年 6305.2 万 t，甲醛的生产商主要集中在中国、美国和欧洲等，行业集中度也较高。中国是全球最大的生产地区，2018 年生产 2553.9 万 t 甲醛，其占据了 40.18%的产量份额；其次是欧洲，2018 年共生产 1071.7 万 t 甲醛，占比 16.86%。预计到 2025 年全球供应量达到 7321.3 万 t，仅中国供应量就达到 2630.0 万 t，占比约 35.92%。2014 年，2018 年及 2025 年全球甲醛地区供应量见表 10-2[6]。

表 10-2 2014 年、2018 年及 2025 年全球甲醛地区供应量(万 t)

	2014	2018	2025	2025 市场份额	增长率(2019~2025)
美国	659.7	720.5	852.9	11.65%	2.44%
欧洲	949.3	1071.7	1195.7	16.33%	1.58%
中国	2923.6	2553.9	2630.0	35.93%	0.42%
日本	387.0	426.7	532.5	7.27%	3.21%
印度	290.5	354.6	498.1	6.80%	4，97%
东南亚	405.4	466.0	628.9	8.59%	4.38%
全球其他	629.4	711.8	983.3	13.43%	4.72%
全球总量	6244.9	6305.2	7321.3	100%	2.16%

我国甲醛工业始于 1956 年，已有 60 多年历史。1956 年，上海溶剂厂引进苏联甲醛生产技术，到 1989 年底为止，我国已有甲醛生产企业 46 家，其中装置能力在万吨级以上的有 29 家(33 套装置)，用电解银催化剂的共 22 套，浮石银催化剂的 11 套[7]。随着经济的发展，我国甲醛工业产量快速增长，2013 年以来中国甲醛产量基本维持在 2430 万 t 左右。2015 年中国甲醛年产量达 2500 万 t，2018 年中国甲醛产量约 2409 万 t，2019 年我国甲醛生产企业超过 500 家，甲醛总产能约 3987 万 t，约占全球甲醛总产能 55%[8]。预计，2025 年我国甲醛产量将达到 2630 万 t。2013~2019 年我国甲醛产能产量数据统计见图 10-2。

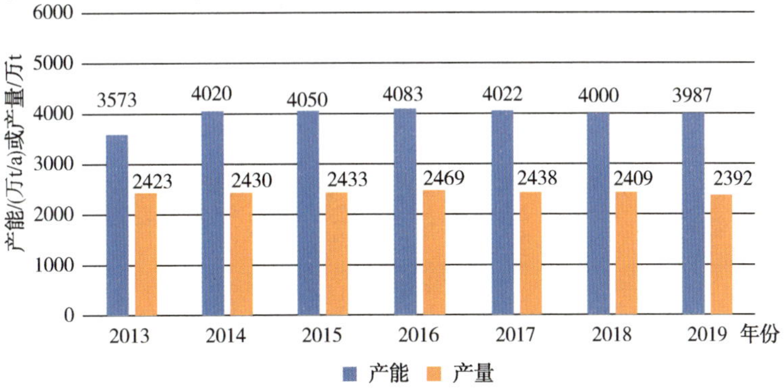

图 10-2 2013~2019 年我国甲醛产能、产量数据统计

10.2 甲醛合成技术

自1888年德国首先实现甲醛工业生产以来，甲醛的生产方法根据原料的不同出现了以下几种类型：以液化石油气为原料的非催化氧化法，二甲醚氧化法，甲烷氧化法和甲醇空气氧化法。1923年，德国BASF公司实现合成气大规模生产甲醇后，工业甲醛的大规模生产具备了良好的原料基础，甲醇空气氧化法成为生产工业甲醛的最常用方法。截至2010年，工业上生产的甲醛90%以上都是以甲醇为原料，采用的是甲醇空气氧化法。甲醇空气氧化法又分为甲醇过量氧化法、空气过量氧化法，后来，为了制备高浓度甲醛、提高能量综合利用效率，又相继开发了尾气循环法、甲缩醛氧化法等[2]。

(1) 甲醇过量氧化法[7]

甲醇过量氧化法即银催化氧化法，其采用银丝网或铺成薄层的银粒为催化剂，控制甲醇过量，反应温度约为600~720℃。银法工艺路线以德国BASF公司为代表。我国甲醛工业始于20世纪50年代，当时引进苏联技术，以浮石银为催化剂制备工业甲醛。随着人们对催化剂性能要求的不断提高，1977年我国复旦大学化学系与上海溶剂厂共同开发研制了新一代甲醛催化剂——电解银，其制备工艺一直沿用至今。

银催化氧化法制备甲醛工艺过程中，在甲醇的爆炸上限操作，混合气中甲醇浓度较高，设备负荷大，但对工艺流程要求低，因而建厂投资较低。产品中甲酸含量少，尾气中含氢，可以燃烧，但是甲醇的转化率低，单耗高，甲醛中含有相当一部分甲醇，对降低成本、改善环境不利，且主要用于生产低浓度甲醛(37%左右)，有一定局限性。由于银法在873K高温下操作，电解银容易在反应条件下晶粒长大，加上银催化剂对原料中毒物极为敏感，因而催化剂寿命较短，致使催化剂频繁更换，不能长期稳定操作。

(2) 空气过量氧化法[7]

空气过量氧化法即铁钼催化氧化法，其化学反应工艺过程是在甲醇不足而空气过量的条件下进行反应的。其采用Fe_2O_3、MoO_3作催化剂，还常加入铬和钴的氧化物作助催化剂，经净化、预热，在320~380℃下反应生成甲醛。

铁钼催化法工艺适宜生产高浓度甲醛，在制取甲醛下游产品时可以直接利用，不必浓缩，省去了稀醛浓缩增加的设备及动力消耗，就总体而言，铁钼法直接生产浓甲醛与银法的先生产稀甲醛再浓缩成浓甲醛相比，无论是投资费用还是从环境污染与治理来讲，都比较合理。但该工艺因在甲醇的爆炸下限内操作，故设备比较庞大，一次性投资高，耗电比其他工艺高出1倍，尾气中因没有氢气，故热值相对较低，利用价值差，加之催化剂价格昂贵，不能再生、循环使用。国内采用此法的生产厂家偏少。

(3) 甲缩醛氧化法[9]

20世纪80年代，日本旭化成公司开发成功了甲缩醛氧化法制备高浓度甲醛。该法首先将甲醛和甲醇在阳离子交换树脂的催化作用下合成甲缩醛，然后将甲缩醛在铁-铝氧化催化剂的作用下，用空气氧化成甲醛，具体反应如下：

$$2CH_3OH+CH_2O \longrightarrow CH_3OCH_2OCH_3+H_2O$$

$$CH_3OCH_2OCH_3+O_2 \longrightarrow 3HCHO+H_2O$$

从反应方程式可以看出，甲缩醛氧化法中水与甲醛的摩尔比为1∶3，因此由甲缩醛氧化法可得到浓度为70%的甲醛水溶液，经进一步分离提纯后可获得高浓度甲醛。然而甲缩醛氧化反应是一个包含了多个并行、连串反应的复杂过程，工艺技术复杂，生产难度较大。

（4）尾气循环法[10]

甲醇通过加热汽化为甲醇气体，控制系统按其氧醇比控制反应温度，使反应在最佳状态下进行。工艺上采用尾气循环法，将部分反应热量由循环气带走。而传统工艺路线是将反应热全部由配料蒸汽带走，由于采用了尾气循环法，这样就可以制取37%以上的不同浓度的工业甲醛，以满足不同下游产品的需要。

该工艺是国内银法生产甲醛装置中最为先进的一种。它的设备结构、催化剂、制取、工艺路线和控制系统上都比传统工艺有明显的优势，也是银法制取高浓度甲醛的唯一途径。由于该方法的单耗低、设备寿命长、控制系统完备和产品的可选择性，已为不少企业列为优选的方法。下面就合成甲醛反应机理进行分析，解释其反应的本质。

10.3 甲醛合成反应机理分析

10.3.1 甲醇氧化脱氢制甲醛

甲醇在银、铜和钼等催化剂作用下脱氢，反应生成甲醛和水，反应方程如下：

$$2CH_3OH+O_2 \longrightarrow 2CH_2O+2H_2O$$

下面以银催化剂为例分析甲醇氧化制甲醛反应机理。

（1）生成活性氧原子

Ag 原子外层电子排布：$4d^{10}5s^1$，因为 4d 轨道是全充满状态，5s 轨道是半充满状态，银元素核电荷数 47>21，不存在能级交错，$E_{5s}>E_{4d}$，最容易失去 5s 轨道电子，生成 $4d^{10}5s^0$，现在只考虑 5s 轨道电子转移或迁移，Ag 原子外层电子轨道为 $5s^1$，Ag^+ 外层电子轨道 $5s^0$，见图 10-3。

图 10-3 Ag/Ag+电子轨道结构图

用于氧化甲醇的氧化剂是纯氧 O_2 或者空气中 O_2。图 10-4 是 O_2 分子结构分析。O 原子核电荷数 8，其外层电子排布：$2s^22p^4$，在形成 O_2 分子结构时，O 原子外层 2s2p 轨道要进行 sp 杂化，生成 2 个 sp 杂化轨道和 2 个 p 轨道。图 10-4(a)是 O 原子外层 sp 杂化轨道和 2p 轨道电子轨道结构图。在图 10-4(b)中，第 1 个 O 原子外层 1 个 sp 杂化轨道中的 1 对电子与第 2 个 O 原子外层 2p 轨道的未成键电子结合，第 2 个 O 原子外层 1 个 sp 杂化轨道中的 1 对电子与第 1 个 O 原子外层 2p 轨道的未成键电子结合，生成 2 个 3 电子结构的 π 键，而这 2 个 O 原子外层 2p 轨道的未成键电子结合生成 1 个 O—O 共价键 σ 键，O_2 分子电子轨道结构如图 10-4(c)所示。

图 10-5 是甲醇分子电子轨道结构图。图 10-5(a)是 C、H 及 O 原子外层电子轨道结构图，在生成甲醇分子过程中，C 原子和 O 原子外层 s、p 轨道进行了 sp^3 杂化杂化，各自生成 4 个 sp^3 杂化轨道。在图 10-5(b)中，C 原子外层 1 个含有未成键电子的 sp^3 杂化轨道与 O 原

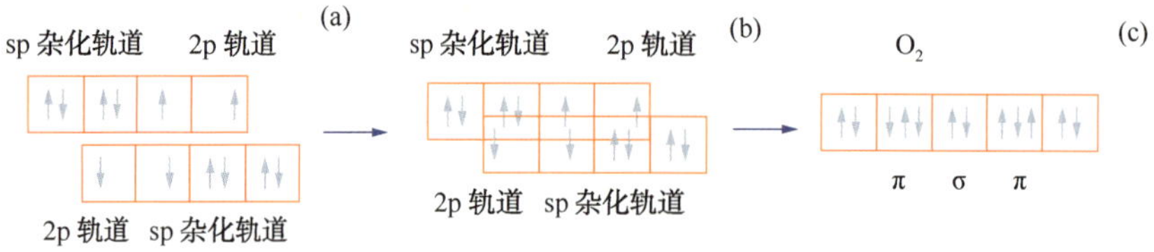

图 10-4　O_2分子结构分析

子外层 1 个含有未成键电子的 sp^3杂化轨道重叠，共用 1 对电子生成 1 个 C—O 键。C 原子外层剩余的 3 个含有未成键电子的 sp^3杂化轨道与 3 个 H 原子外层含有未成键电子的 s 轨道重叠，共用 3 对电子生成 3 个 C—H 键；第 4 个 H 原子外层含有未成键电子的 s 轨道与 O 原子外层剩余的那个含有未成键电子的 sp^3杂化轨道重叠，共用 1 对电子生成 1 个 H—O 键，则 1 个 C 原子、1 个 O 原子和 4 个 H 原子通过 1 个 C—O 键、1 个 H—O 键和 3 个 C—H 键生成 1 个甲醇分子 CH_3OH，其电子轨道结构如图 10-5(c)所示。

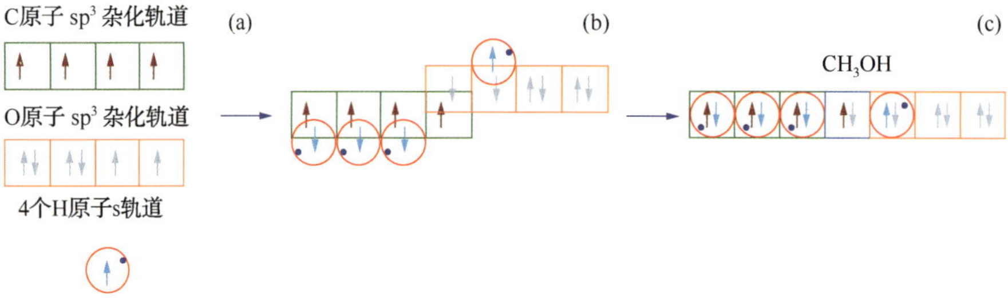

图 10-5　甲醇分子构成分析

表 10-3 是部分金属阳离子的电负性数据[11]，对比发现，失去电子的金属阳离子电负性普遍高于金属原元素，失去电子个数越多，金属阳离子的电负性就越大。如 Ag 元素的电负性为 1.93，失去 1 个电子的 Ag^+ 电负性就变为 5.23，Ag^{2+} 电负性为 10.14，Ag^{3+} 电负性为 15.60。

表 10-3　部分元素电负性数据

元素	H	Pd	Mn	Cr	Zn	Ag	Zr	O	Cu	Sn	Mo	C
A^0	2.20	2.20	1.55	1.66	1.65	1.93	1.33	3.44	1.90	1.80	2.16	2.55
A^+		5.00	4.15	4.19	4.92	5.23	3.59	8.77	5.04	3.96	4.18	6.42
A^{2+}		9.42	8.88	8.54	10.38	10.14	6.50	16.21	10.28	8.12	7.80	13.01
A^{3+}		14.75	15.28	14.41	17.84	15.60	10.32	23.82	16.57	12.82	13.24	20.23

图 10-6 是 O_2分子在 Ag 原子作用下生成 O^{2-}过程分析。图 10-6(a)是 O_2分子和 Ag 原子外层电子轨道结构图。表 10-3 数据中，O 原子电负性为 3.44，Ag 原子电负性为 1.93。在图 10-6(b)中，由于 O 原子电负性大于 Ag 原子电负性，O 原子具有较强得电子能力。当 Ag 原子与 O_2分子作用时，激活了 O_2分子中 π 键和 σ 键，使 O 原子外层含有未成键电子的 2p 轨道从 Ag 原子外层 5s 轨道获得 1 个电子，Ag 原子失去其外层 5s 轨道电子生成 Ag^+。4 个 Ag 原子提供 4 个电子给 O_2分子中的 2 个 O 原子，生成 2 个 O^{2-}，同时生成 4 个 Ag^+，其电子

轨道结构如图 10-6(c)。这个过程中，O 原子外层 s、p 轨道进行 sp^3杂化生成 4 个 sp^3杂化轨道，图 10-6(d)是 O^{2-} sp^3杂化轨道图。

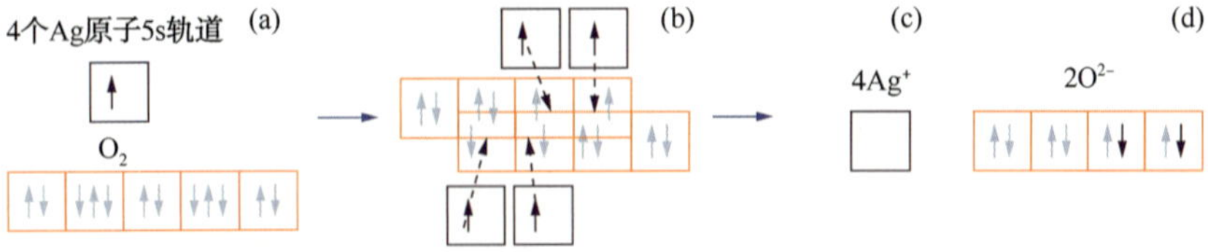

图 10-6 O_2在 Ag 原子作用下生成 O^{2-}

图 10-7 是 O_2分子在 Ag^+作用下生成 O^{2+}过程分析。图 10-7(a)是 O_2分子和 Ag^+电子轨道结构图。在图 10-7(b)中，根据表 10-3 数据，Ag^+电负性(5.23)大于 O 原子电负性(3.44)，Ag^+具有较强得电子能力。当 Ag^+与 O_2分子作用时，激活了 O_2分子中 π 键和 σ 键，Ag^+会从 O_2分子中O 原子外层含有未成键电子的 2p 轨道获得电子，填充到 Ag^+外层空的 5s 轨道上，2 个 O 原子提供 4 个电子，4 个 Ag^+被还原为 4 个 Ag 原子，其电子轨道结构如图 10-7(c)所示。O_2分子中 O 原子外层 2p 轨道失去 4 个电子后生成 2 个 O^{2+}，其电子轨道结构如图 10-7(d)所示。这个过程 O 原子外层 2s、2p 轨道进行 sp^3杂化生成 4 个 sp^3杂化轨道。

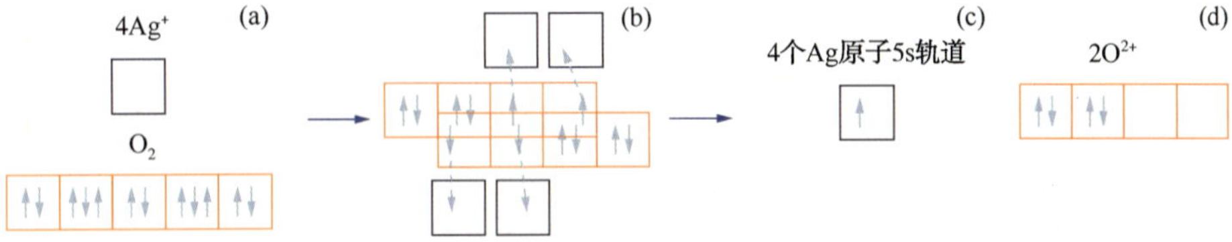

图 10-7 O_2在 Ag 原子作用下生成 O^{2+}

由于 Ag 原子和 Ag^+的存在，O^{2+}与 O^{2-}相互作用不会生成 O_2，而是生成中间体活性氧原子 O^*。图 10-8 就是中间体活性氧原子 O^*生成过程分析。图 10-8(a)是 O^{2+}和 O^{2-}的电子轨道结构图。在图 10-8(b)中，O^{2+}和 O^{2-}相互作用，O^{2+}处于缺电子状态，而 O^{2-}外层 4 个 sp^3杂化轨道处于全充满状态，彼此相互作用会生成 2 个外层电子数相等、结构相同的中间过渡状态的活性氧原子 O^*，其外层 4 个 sp^3杂化轨道，3 个轨道全充满状态，还有 1 个空的 sp^3杂化轨道，结构如图 10-8(c)所示。

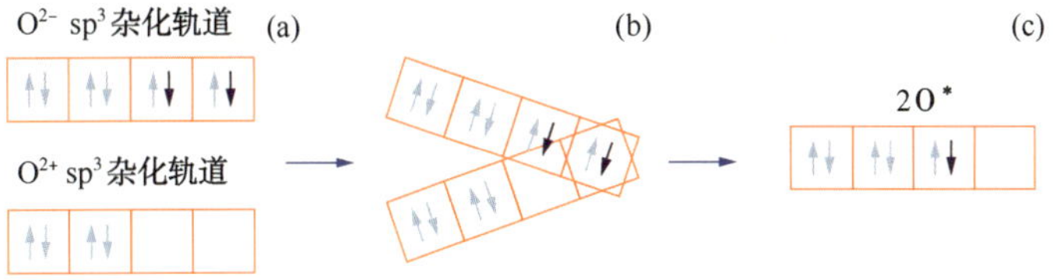

图 10-8 O^{2+}与 O^{2-}生成活性氧原子 O^*

(2) 生成甲醛分子

图 10-9 是甲醇分子与活性氧原子 O^*作用生成甲醛分子过程分析。图 10-9(a)是甲醇分子和活性氧原子 O^*的电子轨道结构图。在图 10-9(b)中，结合表 10-3 电负性数据，O

原子电负性(3.44)大于C原子电负性(2.55)，O^*外层空的sp^3杂化轨道与甲醇分子中C、H原子外层重叠轨道再次重叠，重叠处H^+向相邻的C、O原子重叠轨道转移，原C—O键断裂，共用电子对留在O原子外层的sp^3杂化轨道，这个O原子外层的sp^3杂化轨道与H^+外层空的s轨道重叠，共用1对电子生成第2个H—O键，则生成H_2O分子，其电子轨道结构如图10-9(c)所示。生成H_2O分子的同时，C原子外层产生了1个空的sp^3杂化轨道，这个空的sp^3杂化轨道就会与O^*外层含有孤对电子的sp^3杂化轨道重叠，再加上O^*原子外层空的sp^3杂化轨道与C原子外层含有孤对电子的sp^3杂化轨道重叠，则C原子和活性氧原子O^*共用2对电子生成了1个C═O键，则生成了1个甲醛分子CH_2O，其电子轨道结构如图10-9(d)所示。

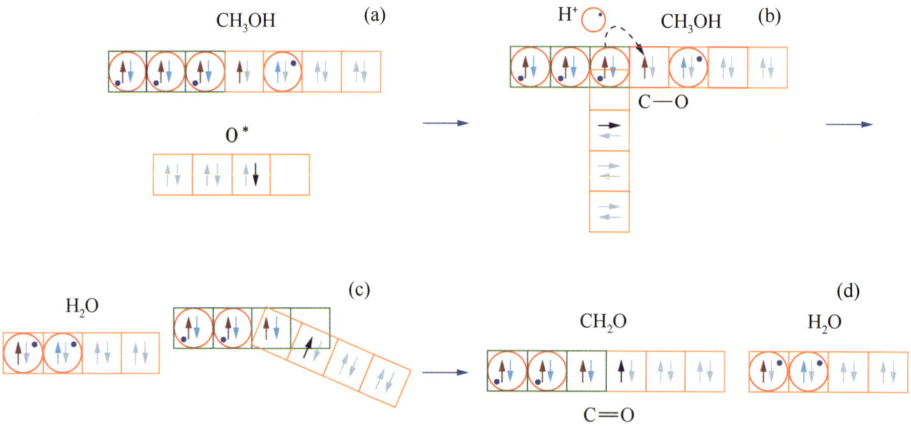

图10-9　甲醇与活性氧原子O^*作用生成甲醛分子

根据以上分析，理论上在甲醇氧化脱氢制甲醛反应中，铜和钼催化剂与银催化剂作用效果相同。

(3) 反应机理分析

甲醇在催化剂银、铜和钼等作用下脱氢，反应生成甲醛和水，反应过程如下：

$$4Ag+O_2 \longrightarrow 4Ag^++2O^{2-} \quad (1)$$

$$4Ag^++O_2 \longrightarrow 4Ag+2O^{2+} \quad (2)$$

$$O^{2-}+O^{2+} \longrightarrow 2O^* \quad (3)$$

$$CH_3OH+O^* \longrightarrow CH_2O+H_2O \quad (4)$$

式[(1)+(2)]÷2+(3)+(4)×2得到式(5)：

$$2CH_3OH+O_2 \longrightarrow 2CH_2O+2H_2O \quad (5)$$

(4) 小结

甲醇在催化剂银、铜和钼等作用下脱氢，反应生成甲醛和水，反应过程分3步：

① 催化剂Ag、Cu和Mo等原子与O_2分子作用，会生成数目相同O^{2-}和O^{2+}；

② 1个O^{2-}和1个O^{2+}能生成2个活性氧原子O^*，活性氧原子O^*外层有3个含有孤对电子的sp^3杂化轨道和1个空sp^3杂化轨道；

③ 甲醇分子在活性氧原子O^*作用下，生成甲醛分子CH_2O和水分子。

10.3.2 甲烷氧化制甲醛

甲烷直接氧化制甲醛已有报道[12]，甲烷在 Fe/SBA-15、Cu/SBA-15 和 Mo/ZrO_2、$Mo/SiO_2(MoO_3)$催化剂作用下 600~680℃选择性氧化脱氢，反应生成甲醛和水[13]。由于过渡金属 Mo 等元素具有可变的化合价，在反应过程中可以提供晶格氧形成氧空穴或者还原形成吸附氧物种，因此形成高、低价之间的氧化还原循环，遵循 Mars-Van Krevelen 氧化还原机理，就是金属氧化物催化反应物氧化的过程中，反应物首先与金属氧化物中的晶格氧反应，然后氧气再与金属氧化物反应，完成一次催化循环[14]。Ohler N 和 Chempath S[15,16]研究了 MoO_x/SiO_2催化剂上甲烷选择性氧化制甲醛反应机理，认为五配位的 MoO_x物种是甲烷选择性氧化制甲醛的活性物种。Mo(Ⅵ)-O 物种首先被还原为 Mo(Ⅳ)-O 物种，后者在 O_2气氛中转变为 Mo(Ⅳ)-过氧物种，然后与甲烷反应生成甲醛。在这里，MoO_x物种以何种结构参与甲烷选择性氧化的反应机理仍然没有统一定论。甲烷选择性氧化制甲醛反应方程如下：

$$CH_4+O_2 \longrightarrow CH_2O+H_2O$$

(1) 活性组元 Mo 元素作用

甲烷在 Mo 基催化剂 $Mo/SiO_2(MoO_3)$上选择性氧化脱氢能得到甲醛。下面以 Mo/SiO_2催化剂为例研究催化剂与反应物之间的相互作用，这里重点研究活性组元 Mo 元素在甲烷氧化脱氢制甲醛反应中的催化作用。

Mo 原子核电荷数 42>21，原子外层电子排布为：$4d^5 5s^1$，不存在能级交错，$E_{5s}>E_{4d}$，先失去 5s 轨道电子，然后才是 4d 轨道电子，存在 Mo^+、Mo^{2+}、Mo^{3+}、Mo^{4+}、Mo^{5+}和 Mo^{6+}，最常见 Mo^{4+}和 Mo^{6+}，下面重点研究 Mo^{4+}的催化作用。Mo 原子、Mo^{4+}和 Mo^{6+}外层电子轨道结构如图 10-10 所示。

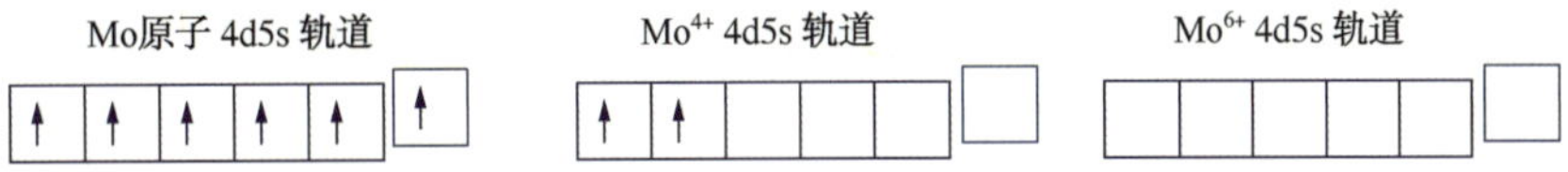

图 10-10 Mo 原子、Mo^{4+}和 Mo^{6+}外层电子轨道结构

从表 10-3 电负性数据发现，失去电子的金属阳离子电负性普遍高于金属原元素，失去电子个数越多，金属阳离子电负性就越大。如 Mo 元素的电负性为 2.16，Mo^+电负性为 4.18，Mo^{2+}电负性为 7.80，Mo^{3+}电负性为 13.24，Mo^{4+}和 Mo^{6+}电负性会更高。

图 10-11 是 O_2分子结构分析。O 原子核电荷数 8，其外层电子排布：$2s^2 2p^4$，在形成 O_2分子结构时，O 原子外层 2s2p 轨道要进行 sp 杂化，生成 2 个 sp 杂化轨道和 2 个 p 轨道。图 10-11(a)是 O 原子外层 sp 杂化轨道和 2p 轨道电子轨道结构图。在图 10-11(b)中，第 1 个 O 原子外层 1 个 sp 杂化轨道中的 1 对电子与第 2 个 O 原子外层 2p 轨道的未成键电子结合，第 2 个 O 原子外层 1 个 sp 杂化轨道中的 1 对电子与第 1 个 O 原子外层 2p 轨道的未成键电子结合，生成 2 个 3 电子结构的 π 键，而这 2 个 O 原子外层 2p 轨道的未成键电子结合生成 1 个 O—O 共价键 σ 键，O_2分子电子轨道结构如图 10-11(c)所示。

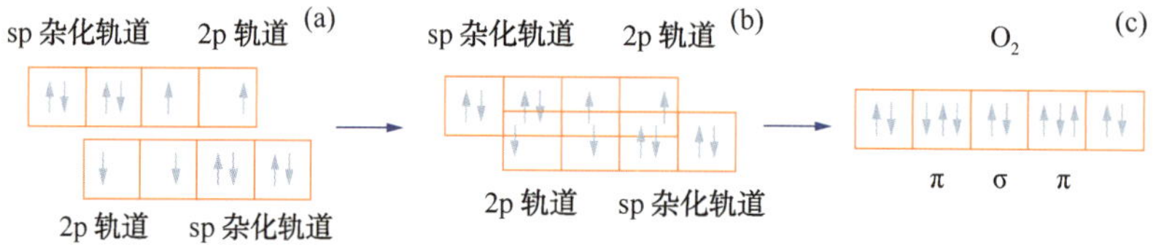

图 10-11　O_2分子结构分析

钼元素最常见的离子是 Mo^{4+}和 Mo^{6+}，Mo^{4+}和 Mo^{6+}与 O_2分子相互作用机理相同，下面选择 Mo/Mo^{4+}来研究其催化反应作用。图 10-12 是 O_2分子在 Mo^{4+}作用下生成 O^{2+}过程分析。图 10-12(a)是 O_2分子和 Mo^{4+}电子轨道结构图。表 10-3 中，Mo^{3+}电负性为 13.24，O 原子电负性为 3.44，又因为 Mo^{4+}电负性大于 Mo^{3+}电负性，所以 Mo^{4+}电负性远远大于 O 原子电负性。在图 10-12(b)中，Mo^{4+}与 O_2分子相互作用时，会激活 O_2分子中 π 键和 σ 键，Mo^{4+}外层空的 4d5s 轨道会从 O_2分子中 O 原子外层 2p 轨道上抽取电子，π 键和 σ 键断裂，O 原子外层失去 2 个电子生成 O^{2+}，1 个 O_2分子失去 4 个电子生成 2 个 O^{2+}，其电子轨道结构如图 10-11(c)。这个过程 O 原子外层 2s、2p 轨道进行 sp^3杂化生成 4 个 sp^3杂化轨道，O^{2+}外层 4 个 sp^3杂化轨道中有 2 个是空轨道；同时 Mo^{4+}得到电子被还原为 Mo 原子，其电子轨道结构如图 10-11(d)所示。

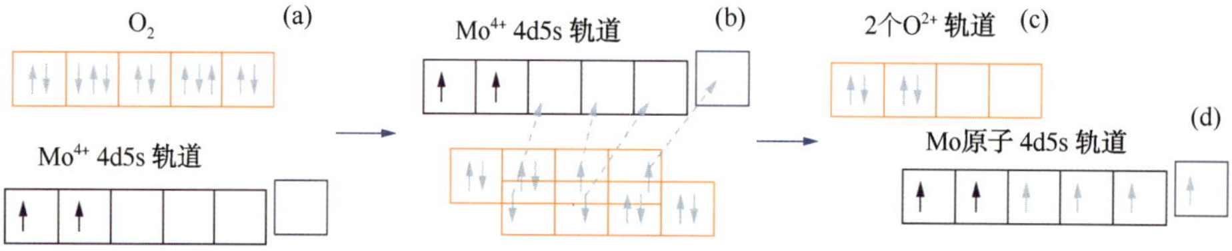

图 10-12　O_2在 Mo^{4+}作用下生成 O^{2+}

图 10-13 是 O_2分子在 Mo 原子作用下生成 O^{2-}过程分析。图 10-13(a)是 O_2分子和 Mo 原子电子轨道结构图。表 10-3 数据中，Mo 原子电负性为 2.16，O 原子电负性为 3.44。在图 10-13(b)中，由于 O 原子电负性大于 Mo 原子电负性，当 Mo 原子与 O_2相互作用时，O_2分子中 O 原子会从 Mo 原子外层 4d5s 轨道抽取电子，填充到 O 原子外层 2p 轨道上，使 O_2分子中的 π 键和 σ 键断裂，O 原子外层 2p 轨道得到 2 个电子生成 O^{2-}，其电子轨道结构如图 10-13(c)；这个过程中，O 原子外层 2s、2p 轨道进行 sp^3杂化，生成 4 个 sp^3杂化过道，O^{2-}外层 4 个 sp^3杂化轨道处于全充满状态。1 个 O_2分子从 Mo 原子外层 4d5s 轨道抽取 4 电子生成 2 个 O^{2-}，Mo 原子失去外层 4d5s 轨道的 4 个电子生成 Mo^{4+}，其电子轨道结构如图 10-13(d)所示。

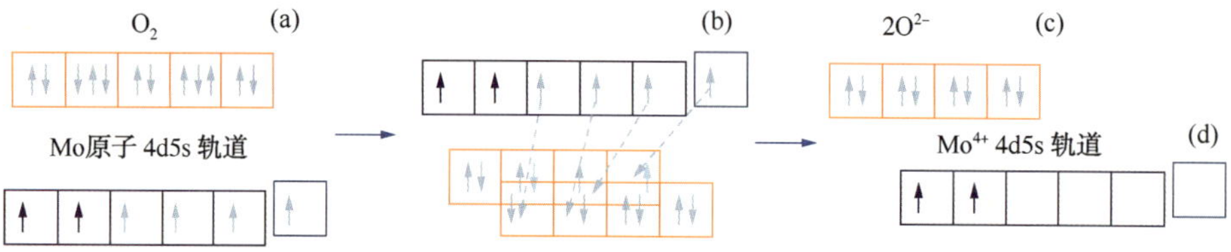

图 10-13　O_2在 Mo 原子作用下生成 O^{2-}

由于 Mo 原子、Mo^{4+}存在，O^{2+}与O^{2-}相互作用不会生成O_2，而是生成中间体活性氧原子O^*。图 10-14 就是中间体活性氧原子O^*生成过程分析。图 10-14(a)是O^{2+}和O^{2-}电子轨道结构图。在图 10-14(b)中，O^{2+}和O^{2-}相互作用，O^{2+}处于缺电子状态，而O^{2-}外层4个sp^3杂化轨道处于全充满状态，彼此相互作用会生成2个外层结构相同、电子数相等的中间过渡状态活性氧原子O^*，O^*外层4个sp^3杂化轨道，3个轨道全充满状态，还有1个空的sp^3杂化轨道，结构如图 10-14(c)所示。

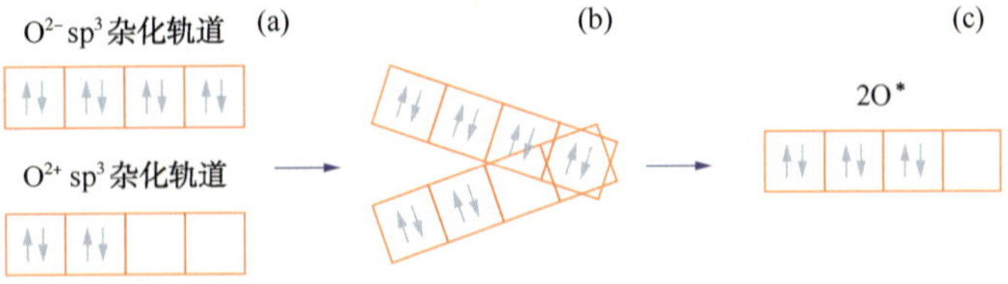

图 10-14　O^{2+}与O^{2-}形成中间活性氧原子O^*

（2）甲烷氧化生成甲醛

图 10-15 是甲烷分子与活性氧原子O^*作用生成甲醛分子过程分析。甲烷CH_4分子是由1个C原子、4个H原子，通过4个C—H键构成，图 10-15(a)是甲烷分子和活性氧原子O^*的电子轨道结构图。在图 10-15(b)中，当O^*与CH_4分子相互作用时，O^*外层空的sp^3杂化轨道与甲烷CH_4分子中1个C、H原子外层重叠轨道再次重叠，由于O原子电负性(3.44)大于C原子电负性(2.55)，O^*外层空的sp^3杂化轨道会从CH_4分子中抽取H^-，并填充到O^*外层空的sp^3杂化轨道上，且相邻的另1个C、H原子重叠轨道处的H^+向O^*外层含有孤对电子的sp^3杂化轨道转移，生成2个H—O键，则生成H_2O分子，其电子轨道结构如图 10-15(c)所示。在O^*作用下，CH_4分子同时失去H^+、H^-，则生成了中间体$C_{\uparrow\downarrow}{}^{\circ}H_2$，其电子轨道结构如图 10-15(d)所示。$C_{\uparrow\downarrow}{}^{\circ}H_2$结构中，C原子外层有1个含有孤对电子$sp^3$杂化轨道和1个空$sp^3$杂化轨道，双箭头“↑↓”表示孤对电子，圆圈“○”表示空sp^3杂化轨道。

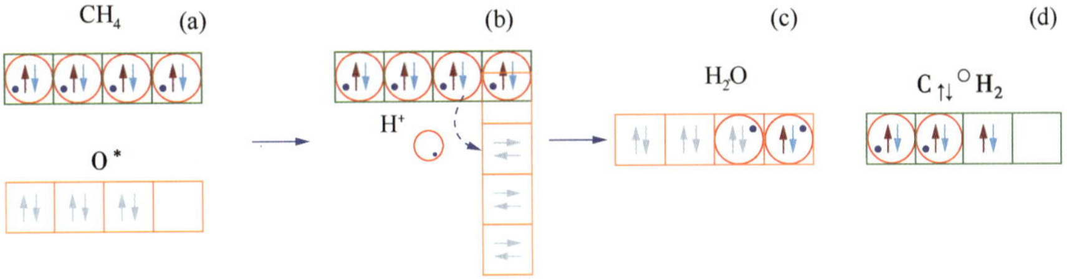

图 10-15　中间体$C_{\uparrow\downarrow}{}^{\circ}H_2$结构生成分析

图 10-16 是活性氧原子O^*与中间体$C_{\uparrow\downarrow}{}^{\circ}H_2$生成甲醛分子过程分析。图 10-16(a)是$O^*$和中间体$C_{\uparrow\downarrow}{}^{\circ}H_2$的电子轨道结构图。在图 10-16(b)中，$O^*$外层空的$sp^3$杂化轨道与中间体$C_{\uparrow\downarrow}{}^{\circ}H_2$结构中C原子外层含有孤对电子的$sp^3$杂化轨道重叠，$C_{\uparrow\downarrow}{}^{\circ}H_2$结构中C原子外层空的$sp^3$杂化轨道与$O^*$外层含有孤对电子的$sp^3$杂化轨道重叠，共用2对电子生成C═O键，则生成1个甲醛分子CH_2O，其电子轨道结构如图 10-16(c)所示。

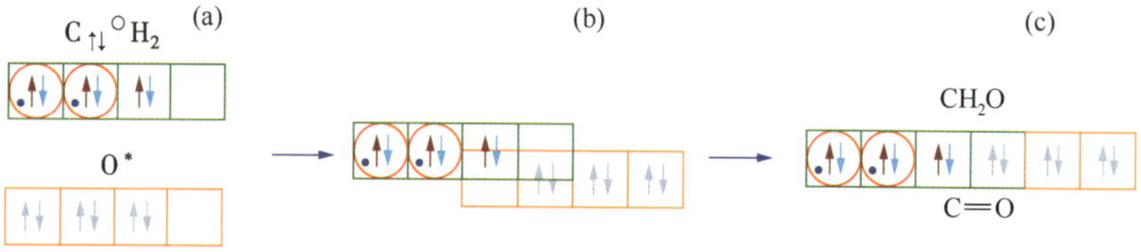

图 10-16　甲醛分子生成分析

上述分析了 Mo^{4+}、Mo 原子在甲烷选择性氧化制甲醛的反应机理，实际上，甲烷在 Fe/SBA-15、Cu/SBA-15 和 Mo/ZrO_2、$Mo/SiO_2(MoO_3)$ 催化剂作用下氧化脱氢制甲醛过程中，变价元素 Fe(Fe^0、Fe^{2+} 和 Fe^{3+})、Cu(Cu^0、Cu^{2+})和 Mo(Mo^0、Mo^+、Mo^{2+}、Mo^{3+}、Mo^{4+}、Mo^{5+} 和 Mo^{6+})所起的作用是相同的，这些元素作为催化活性组元，促进 O_2 分子转变成活性氧原子 O^*，O^* 再与 CH_4 分子相互作用生成中间体 $C_{\uparrow\downarrow}{}^{\circ}H_2$ 和 H_2O 分子，中间体再继续与 O^* 作用生成甲醛分子 CH_2O。

(3) 反应机理分析

甲烷在 Mo 基催化剂作用下，选择性氧化制甲醛反应过程如下：

$$Mo^{4+}+O_2 \longrightarrow Mo+2O^{2+} \tag{1}$$

$$Mo+O_2 \longrightarrow Mo^{4+}+2O^{2-} \tag{2}$$

$$O^{2+}+O^{2-} \longrightarrow 2O^* \tag{3}$$

$$CH_4+O^* \longrightarrow C_{\uparrow\downarrow}{}^{\circ}H_2+H_2O \tag{4}$$

$$C_{\uparrow\downarrow}{}^{\circ}H_2+O^* \longrightarrow CH_2O \tag{5}$$

反应式[(1)+(2)]÷2+(3)+(4)+(5)得到式(6)：

$$CH_4+O_2 \longrightarrow CH_2O+H_2O \tag{6}$$

(4) 小结

甲烷在 Mo 基催化剂作用下，选择性氧化合成甲醛反应过程分 4 步：

① O_2 分子在 Mo 等元素作用下，会生成数目相同的 O^{2-}、O^{2+}；

② 1 个 O^{2-} 和 1 个 O^{2+} 能生成 2 个活性氧原子 O^*；

③ 甲烷分子与活性氧原子 O^* 作用生成中间体 $C_{\uparrow\downarrow}{}^{\circ}H_2$ 和水分子；

④ 中间体 $C_{\uparrow\downarrow}{}^{\circ}H_2$ 与活性氧原子 O^* 作用生成 C═O 键，则生成甲醛分子 CH_2O。

10.3.3　二甲醚氧化制甲醛

二甲醚在 240~320℃，Al_2O_3、ZrO_2、SnO_2 负载 MoO_x(MoO_2、MoO_3)；或者在 300℃，Al_2O_3、ZrO_2、SnO_2 负载 VO_x(V_2O_5、VO_2 和 V_2O_3)的催化剂上氧化脱氢生成甲醛。黄秀敏[17]研究了二甲醚在 MoO_x/Al_2O_3 催化剂和 VO_x/Al_2O_3 催化剂上选择性氧化制甲醛反应，认为在相同的二甲醚转化率和相近的甲醛选择性下钒催化剂的活性比钼催化剂的活性高，且反应温度要比后者低约 20℃。接下来重点研究二甲醚在 V 基催化剂作用下选择性氧化制甲醛的反应机理。二甲醚选择性氧化反应方程如下：

$$CH_3OCH_3+O_2 \longrightarrow 2CH_2O+H_2O$$

(1) 活性组元 V 元素作用

钒的核电荷数是 23>21，V 原子外层电子排布：$3d^34s^2$，不存在能级交错，$E_{4s}>E_{3d}$，如

图 10-17(a)；钒与氧结合形成多种氧化物，主要包括：一氧化钒(VO)、三氧化二钒(V_2O_3)、二氧化钒(VO_2)和五氧化二钒(V_2O_5)。V_2O_5溶于强酸(一般在 pH=2 左右起溶)不生成钒酸根离子，而生成钒氧化合物 VO_x(VO、V_2O_3、V_2O_4和 V_2O_5)，这里以 VO_2(V^{4+})为例来研究其催化二甲醚选择性氧化制甲醛，如图 10-17(b)所示。

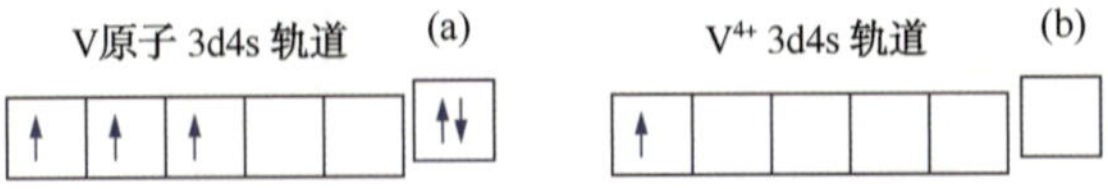

图 10-17 V 原子、V^{4+}外层电子轨道结构

表 10-4 是部分金属阳离子的电负性数据[9]，对比发现，失去电子的金属阳离子电负性普遍高于金属原元素，失去电子个数越多，金属阳离子的电负性就越大。比较表 10-4 中 V 元素电负性，V 元素的电负性为 1.63，失去 1 个电子的 V^+的电负性就变为 3.85，失去 2 个电子的 V^{2+}的电负性为 7.91，V^{3+}的电负性为 13.68。那么，V^{4+}、V^{5+}电负性会更高，大于V^{3+}电负性。

表 10-4 部分元素电负性

元素	H	Fe	Mn	Cr	Zn	Ag	Zr	O	Cu	V	Mo	C
A^0	2.20	1.80	1.55	1.66	1.65	1.93	1.33	3.44	1.90	1.63	2.16	2.55
A^+		4.33	4.15	4.19	4.92	5.23	3.59	8.77	5.04	3.85	4.18	6.42
A^{2+}		8.43	8.88	8.54	10.38	10.14	6.50	16.21	10.28	7.91	7.80	13.01
A^{3+}		15.38	15.28	14.41	17.84	15.60	10.32	23.82	16.57	13.68	13.24	20.23

图 10-18 是 O_2分子结构分析。O 原子核电荷数 8，其外层电子排布：$2s^22p^4$，在形成 O_2分子结构时，O 原子外层 2s2p 轨道要进行 sp 杂化，生成 2 个 sp 杂化轨道和 2 个 p 轨道。图 10-18(a)是 O 原子外层 sp 杂化轨道和 2p 轨道电子轨道结构图。在图 10-18(b)中，第 1 个 O 原子外层 1 个 sp 杂化轨道中的 1 对电子与第 2 个 O 原子外层 2p 轨道的未成键电子结合，第 2 个 O 原子外层 1 个 sp 杂化轨道中的 1 对电子与第 1 个 O 原子外层 2p 轨道的未成键电子结合，生成 2 个 3 电子结构的 π 键，而这 2 个 O 原子外层 2p 轨道的未成键电子结合生成 1 个 O—O 共价键 σ 键，O_2分子电子轨道结构如图 10-18(c)所示。

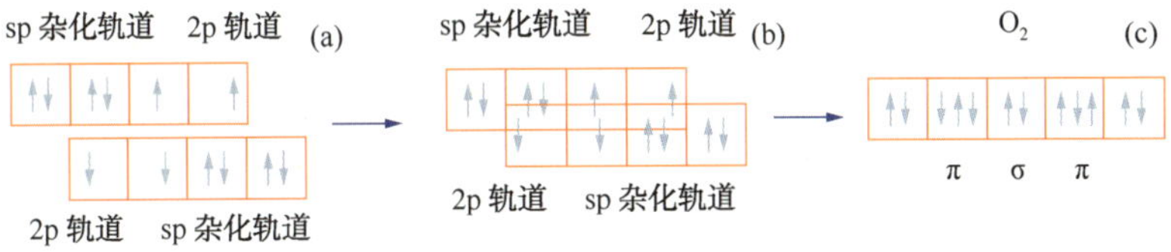

图 10-18 O_2分子结构分析

图 10-19 是 O_2分子在 V^{4+}作用下生成 O^{2+}过程分析。图 10-19(a)是 O_2分子和 V^{4+}的电子轨道结构图。在图 10-19(b)中，根据表 10-4 电负性数据，由于 V^{4+}电负性大于 O 原子电负性 3.44，V^{4+}与 O_2分子相互作用，V^{4+}会从 O_2分子中 2 个 O 原子外层 2p 轨道抽取 4 个电子填充到 V^{4+}外层空的 4s 轨道和 3d 轨道，V^{4+}得到 4 个电子被还原为 V 原子，则 O_2分子失去 4

个电子被氧化生成 2 个 O^{2+}，其电子轨道结构如图 10-19(c)所示。

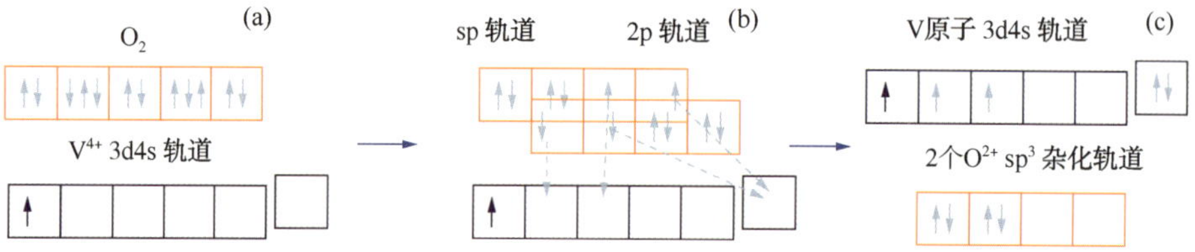

图 10-19 O_2分子 V 原子作用下生成 O^{2+}

图 10-20 是 O_2分子在 V 原子作用下生成 O^{2-}过程分析。图 10-20(a)是 O_2分子和 V 原子电子轨道结构图。在图 10-20(b)中，由于 O 原子电负性(3.44)大于 V 原子电负性(1.63)，O_2分子与 V 原子相互作用时，激活了 O_2分子中 π 键和 σ 键，O_2分子中 O 原子会从 V 原子外层 3d 和 4s 轨道抽取 2 个电子，填充到 2 个 O 原子外层 2p 轨道上，生成 2 个 O^{2-}，V 原子失去外层 4s 轨道 2 个电子和 3d 轨道 2 个电子生成 V^{4+}，其电子轨道结构如图 10-20(c)所示。

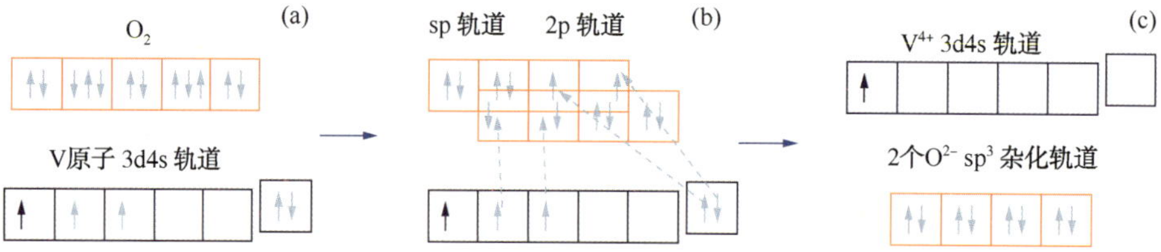

图 10-20 O_2分子在 V 原子作用下生成 O^{2-}

由于 V^{4+}、V 原子的存在，O^{2+}与 O^{2-}相互作用不会生成 O_2，而是生成中间体活性氧原子 O^*。图 10-21 就是中间体活性氧原子 O^*生成过程分析。图 10-21(a)是 O^{2+}和 O^{2-}的电子轨道结构图。在图 10-21(b)中，O^{2+}和 O^{2-}相互作用，O^{2+}处于缺电子状态，而 O^{2-}外层 4 个 sp^3杂化轨道处于全充满状态，彼此相互作用后生成 2 个结构相同、外层电子数相等的中间过渡状态的活性氧原子 O^*，其外层 4 个 sp^3杂化轨道，3 个轨道全充满，还有 1 个空的 sp^3杂化轨道，其电子轨道结构如图 10-21(c)所示。

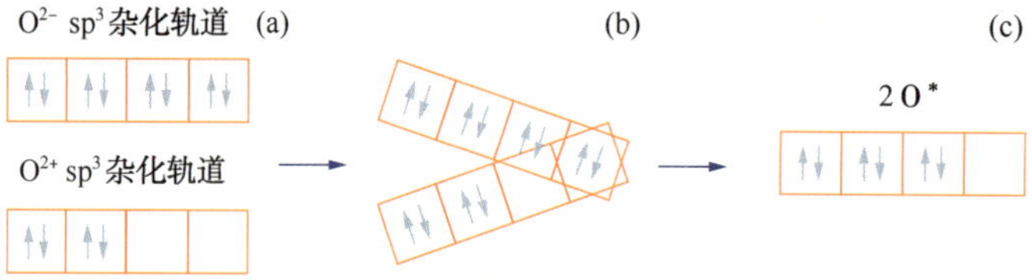

图 10-21 O^{2+}与 O^{2-}形成中间体活性氧原子 O^*

(2) 二甲醚氧化生成甲醛

图 10-22 是二甲醚 CH_3OCH_3分子结构分析。图 10-22(a)是 C 原子、H 原子和 O 原子外层电子轨道结构图，C 原子和 O 原子外层都有 4 个 sp^3杂化轨道。在图 10-22(b)中，O 原子外层含有 2 个未成键电子的 sp^3杂化轨道，分别与 2 个 C 原子外层含有未成键电子的 sp^3杂化轨道重叠，共用 2 对电子生成 2 个 C—O 键；2 个 C 原子剩余的 3 个含有未成键电子的 sp^3杂化轨道分别与 6 个 H 原子外层含有未成键电子的 s 轨道重叠，共用 6 对电子，生成 6 个

C—H 键，则生成了 1 个二甲醚分子 CH_3OCH_3，其电子轨道结构如图 10-22(c)所示。

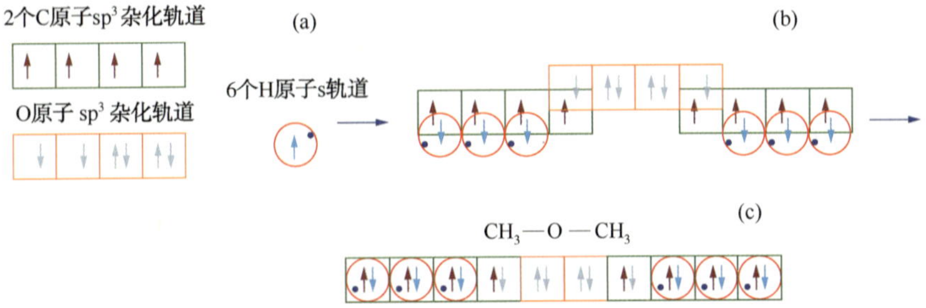

图 10-22　二甲醚分子 CH_3OCH_3 构成分析

图 10-23 是活性氧原子 O^* 与二甲醚分子 CH_3OCH_3 作用生成甲醛分子过程分析。图 10-23(a)是活性氧原子 O^* 和 CH_3OCH_3 电子轨道结构图，2 个活性氧原子 O^*，分别标记为 1-O^* 和 2-O^*，CH_3OCH_3 分子中 2 个 C 原子分别表示为 1-C 原子、2-C 原子。

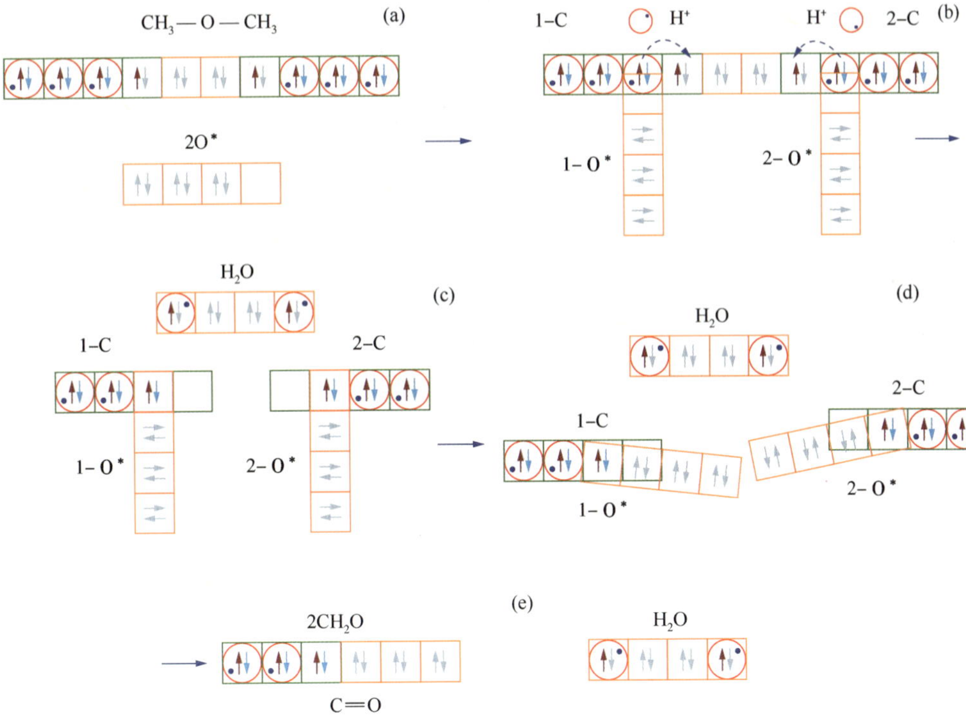

图 10-23　二甲醚氧化脱氢生成甲醛分子

在图 10-23(b)中，1-O^* 原子外层空的 sp^3 杂化轨道与 CH_3OCH_3 分子中 1-C 原子和 H 原子的重叠轨道再次重叠，重叠处的 H^+ 转移到相邻的 1-C 原子与 O 原子的重叠轨道处，C—O 键断裂生成第 1 个 H—O 键，而 1-O^* 原子与 1-C 原子生成了 1 个 C—O 键，1-C 原子外层出现了 1 个空的 sp^3 杂化轨道。同理，2-O^* 原子外层空的 sp^3 杂化轨道与 CH_3OCH_3 分子中 2-C 原子和 H 原子的重叠轨道再次重叠，重叠处的 H^+ 转移到相邻的 2-C 原子与 O 原子的重叠轨道处，C—O 键断裂生成第 2 个 H—O 键，而 2-O^* 原子与 2-C 原子生成了 1 个 C—O 键，2-C 原子外层出现了1个空的sp^3杂化轨道；O原子和2个H原子生成2个H—O键，则生成1个水分子H_2O，其电子轨道结构如图10-23(c)所示。在图10-23(d)中，1-C原子和2-C原子外层都有1个空的sp^3杂化轨道，它们分别与1-O^*和2-O^*外层含有孤对电子的sp^3杂化轨道重叠，1-O^*与1-C原子共用2个电子生成1个C═O键，2-O^*与2-C原子共用2个电子也生成1个C═O键，则生成了2个甲醛分子CH_2O，其电子轨道结构如图10-23(e)所示。

(3) 反应机理分析

二甲醚在240~320℃，Al_2O_3、ZrO_2、SnO_2负载MoO_x(MoO_2、MoO_3)；或者在300℃，Al_2O_3、ZrO_2、SnO_2负载VO_x(V_2O_5、VO_2和V_2O_3)的催化剂上氧化脱氢生成甲醛，反应过程如下(以V^{4+}/V为例)：

$$V^{4+}+O_2 \longrightarrow V+2O^{2+} \tag{1}$$

$$V+O_2 \longrightarrow V^{4+}+2O^{2-} \tag{2}$$

$$O^{2+}+O^{2-} \longrightarrow 2O^* \tag{3}$$

$$CH_3OCH_3+2O^* \longrightarrow 2CH_2O+H_2O \tag{4}$$

反应式[(1)+(2)]÷2+(3)+(4)得到式(5)：

$$CH_3OCH_3+O_2 \longrightarrow 2CH_2O+H_2O \tag{5}$$

(4) 小结

二甲醚在240~320℃，Al_2O_3、ZrO_2、SnO_2负载MoO_x(MoO_2、MoO_3)；或者在300℃，Al_2O_3、ZrO_2、SnO_2负载VO_x(V_2O_5、VO_2和V_2O_3)的催化剂上氧化脱氢生成甲醛。反应分3步：

① 在变价元素V、Mo原子为活性组元的催化剂作用下，O_2分子会分解生成数目相同的O^{2-}、O^{2+}；

② 1个O^{2-}和1个O^{2+}能生成2个活性氧原子O^*；

③ 1个二甲醚分子与2个活性氧原子O^*作用生成2个甲醛分子和1个水分子。

参 考 文 献

[1] 高晓明. 能源与化工技术概论[M]. 西安：陕西科学技术出版社，2017：96.

[2] 孟彩云. 我国甲醛生产现状与技术进展[J]. 化学工程与装备，2010(9)：160-162.

[3] 2021年中国胶粘剂市场供需现状及发展趋势分析[EB/OL]. https://www.qianzhan.com/analyst/detail/220/210907-bd28099f.html.

[4] 范红俊. 化学基础[M]. 徐州：中国矿业大学出版社[M]. 2017：172.

[5] 刘丽艳. 医用化学[M]. 3版. 南京：江苏凤凰科学技术出版社. 2018：65.

[6] 恒州博智(QYR)化工与新材料行业研究中心. 全球及中国甲醛行业发展现状调研及投资前景分析报告(2020-2026)，2020-02.

[7] 杨仲春. 我国甲醛行业生产现状及发展建议[J]. 天然气化工，1990(6)：56-61.

[8] 甲醛行业现状分析[EB/OL]. 中国报告大厅,2020-03-25. https://baijiahao.baidu.com.

[9] 何幸，黄耀辉. 甲缩醛催化氧化制浓甲醛催化剂及工艺研究[J]. 精细化工原料及中间体，2006(5)：32-35.

[10] 薛琪. 尾气循环银法甲醛生产工艺[J]. 精细与专用化学品，2005，13(3)：14-17.

[11] 冯玉彪，张粉保，宣利宏，等. 离子的电负性[J]. 大连轻工业学院学报，1998，13(2)：70-76.

[12] 罗云. 甲烷直接氧化制甲醛新工艺：CN104447249A [P]. 2015-03-25.

[13] 王莹，孔莲，赵震，等．甲烷选择性氧化制甲醛/甲醇多相催化剂研究进展[J]. 工业催化，2021，29(4)：1-15.
[14] 甄开吉．催化作用基础[M].3 版．北京：科学出版社，2005：198-200.
[15] Ohler N，Bell A T. Study of the elementary processes involved in the selective oxidation of methane over MoO_x/SiO_2[J]. The Journal of Physical Chemistry B，2006，110(6)：2700-2709.
[16] Chempath S，Bell A T. A DFT study of the mechanism and kinetics of methane oxidation to formaldehyde occurring on silica-supported molybdena [J]. Journal of Catalysis，2007，247(1)：119-126.
[17] 黄秀敏．负载型 MoO_x/VO_x 催化剂上二甲醚选择性氧化制甲醛反应的研究[D]. 大连：中国科学院研究生院(大连化学物理研究所)，2006.

第11章　甲　　胺

11.1　甲胺工业发展现状

甲胺(methylamine)是一种有机化合物，化学式 CH_3NH_2，无色液化气体，有特殊气味，易溶于水，溶于乙醇、乙醚等，与空气混合能形成爆炸性混合物，遇明火、高热能引起燃烧爆炸。若遇高热，容器内压增大，有开裂和爆炸的危险。燃烧产物为一氧化碳、二氧化碳、二氧化氮。水溶液是一种强碱，与酸剧烈反应，并对铅、锌和铜有腐蚀性。它是氨中的一个氢被甲基取代后所形成的衍生物，属碱性物质。其主要毒作用是：①局部刺激；②中枢神经系统，可引起先兴奋后抑制，当致死剂量时，可引起惊厥、震颤、抽搐而后死亡；③拟交感神经作用，脂肪胺被称为拟交感胺，可致心跳加快，血压升高等；④释放组胺，引起哮喘等过敏反应。在一般情况下，对皮肤黏膜仅为刺激作用，只有在高浓度吸入时，才可能作用到呼吸道深部致使发生肺水肿，同时由于碱性作用造成呼吸道黏膜破坏。

甲胺是重要的基本有机化工原料，在化学工业领域有着广泛用途。主要用于：①在农药工业用于制备乐果、氧化乐果、西维因等杀虫剂；②在医药工业用于制备磺胺药、麻黄素等；③在染料工业用作茜素中间体；④在燃料工业用于制造一甲肼等；⑤用于火箭推进剂、橡胶、化纤、感光材料以及其他有机合成工业，如 *N*-甲基吡咯烷酮等。

甲胺是重要的精细化工产品，在众多领域有着广泛的应用，属于国家产业政策重点支持的产业。甲胺产品主要包括一甲胺、二甲胺、三甲胺，它们具有较为相似的理化性质及用途，三者均为有机化合物，且都是重要的有机化工原料。甲胺有广泛的工业用途，其中，二甲胺最大的用途在于生产高质量的化纤溶剂和聚氨酯溶剂 *N*,*N*-二甲基甲酰胺(DMF)和 *N*,*N*-二甲基乙酰胺(DMAC)。三甲胺主要用于饲料添加剂和试剂消毒剂。近年来，我国甲胺产销同比增长，甲胺企业逐年增多，产能不断扩大，作为业内龙头企业之一的山东华鲁恒升化工股份有限公司，其年产能达到 20 万 t。2013 年，我国甲胺总产量约 98 万 t，同比增长 16.67%，甲胺需求量为 96 万 t，同比增长 17.26%，产销率高达 98%。“十三五”期间，精细化工产业将迎来新一轮的宏观发展环境，精细化工的绿色节能环保趋势将进一步加强。预期甲胺产品将从中受益，发展前景可期。得益于上游基础化学原料供应充足，以及下游需求的广泛性。预测到 2018 年，我国甲胺产量有望达到 156 万 t 左右，需求量将接近 150 万 t[1]。

11.2　甲胺合成技术

国内外甲胺生产通常采用的工艺路线是甲醇与氨气相催化胺化法，工业上常用氨气和甲醇在硅铝酸盐催化下反应来制取甲胺(MMA)，这个反应的副产物有二甲胺(DMA)和三甲胺

(TMA)。甲醇与氨的反应是一个可逆平衡反应，3种甲胺产品的分布比例受热力学平衡控制，一甲胺、二甲胺、三甲胺的平衡组成为23∶27∶50。现在，市场对二甲胺(DMA)需求量较大，市场三种甲胺比例大致为：21∶61∶18，这就出现3种甲胺产品分布不能满足市场需求的矛盾。为了改变甲胺产品分布与市场需求不匹配的问题，可行的主要技术路径有：择型催化和平衡催化技术[2]。

(1) 择形催化

择形催化就是研究高选择性、高活性的择型分子筛催化剂，提高催化剂对二甲胺(DMA)的选择性。日本日东化学公司、美国空气产品和化学公司已成功研制了择形分子筛催化剂。日本日东化学公司技术抑制了三甲胺的生成，可将二甲胺选择性提高到60%，该技术已在24万t/a装置上实现了工业应用。为了进一步提高二甲胺的产率，增加了装填平衡型催化剂的第二反应器，实现一甲胺和三甲胺的歧化反应以及三甲胺与氨、甲醇的进一步反应，通过双反应器与分离器的组合使得三种甲胺的产品组成分布调整为7∶86∶7。以非平衡型催化剂为代表的双反应器工艺技术属于当今最先进的甲胺生产工艺技术，它具有装置生产能力高、二甲胺选择性高等特点。国内主要以平衡催化工艺为主，但在双反应器系统工艺及高效二甲胺择形催化剂的研究方面也做了一些工作。天津大学开展了甲胺丝光沸石催化剂性能研究，北京化工研究院做了工业放大，在320~340℃、氨/甲醇摩尔比1.6~1.8，该催化剂二甲胺选择性达70%以上，甲醇转化率达98%以上[2,3]。

(2) 平衡催化的技术优化

平衡催化的技术优化是对采用平衡型催化剂现有工艺进行优化，目的是降低过程物耗、能耗和产品配比，提高二甲胺产量。对此，上海石油化工研究院开发了A-6型甲胺催化剂以及甲醇气相胺化制甲胺技术，A-6催化剂是以氧化铝和丝光沸石为主要成分，具有活性高、稳定性好、寿命长及副产物少的特点，甲醇转化率≥97%，二甲胺选择性≥27%，三甲胺选择性≤51%[2]。

11.3 甲胺合成反应机理分析

甲醇和氨气在丝光沸石 $Na[AlSi_5O_{12}]\cdot 3H_2O$ 作用下生成甲胺，反应方程如下：

$$CH_3OH+NH_3 \longrightarrow CH_3NH_2+H_2O$$

下面就其反应过程进行研究，探究催化剂与反应物之间相互作用，揭示其反应本质。

(1) 甲醇、氨组成结构

图11-1是甲醇分子构成分析。图11-1(a)是C、H和O原子电子轨道结构图，在构成甲醇分子过程中，C原子和O原子外层s、p轨道进行了杂化，各自形成了4个sp^3杂化轨道。在图11-1(b)中，C原子外层1个含有未成键电子的sp^3杂化轨道与O原子外层1个含有未成键电子的sp^3杂化轨道重叠，共用1对电子生成1个C—O键；C原子剩余的3个含有未成键电子的sp^3杂化轨道分别与3个H原子外层含有未成键电子的s轨道重叠，共用3对电子生成3个C—H键；第4个H原子外层含有未成键电子的s轨道与O原子外层剩余的那个含有未成键电子的sp^3杂化轨道重叠，共用1对电子生成1个H—O键，则生成1个甲醇

分子 CH_3OH，其电子轨道结构如图 11-1(c)所示。

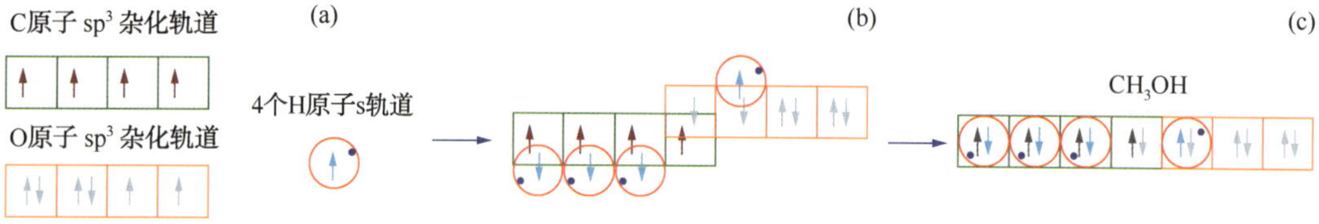

图 11-1　甲醇分子构成分析

图 11-2 是氨气分子结构分析。图 11-2(a)是 N 原子和 H 原子外层电子轨道结构图，N 原子外层电子排布：$2s^22p^3$，2p 轨道有 3 个未成键电子。在图 11-2(b)中，N 原子外层 2s2p 轨道进行 sp^3杂化形成 4 个 sp^3杂化轨道，其中有 3 个 sp^3杂化轨道含有未成键电子，3 个 H 原子外层含有未成键电子的 s 轨道与 N 原子外层 3 个含有未成键电子的 sp^3杂化轨道重叠，共用 3 对电子生成 3 个 N—H 键，则生成氨分子 NH_3，其电子轨道结构如图 11-2(c)所示。

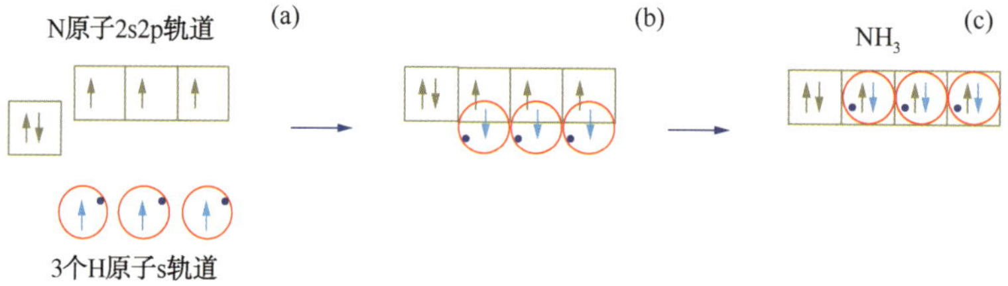

图 11-2　氨分子构成分析

(2) 生成甲基正碳离子

甲醇和氨气在催化材料丝光沸石 $Na[AlSi_5O_{12}]·3H_2O$ 作用下生成甲胺，在丝光沸石 $Na[AlSi_5O_{12}]·3H_2O$ 结构中存在大量的 4 配位、5 配位和 6 配位的 B 酸中心，下面以 4 配位 B 酸中心为例，用 HB 来表示，分析甲醇分子在 B 酸中心作用下生成正碳离子过程。

首先，来分析丝光沸石 $Na[AlSi_5O_{12}]·3H_2O$ 中 B 酸中心结构及形成，文献[4,5]认为含 Si、Al 元素固体酸催化剂的催化活性来源于其酸性；而催化剂酸性取决于 Al 原子的 O 原子配位数。2、3 配位的 Al 原子形成 L 酸中心；4、5 或 6 配位的 Al 原子形成 B 酸中心。以 4 配位 B 酸中心为例，研究甲醇在 B 酸中心作用下反应生成甲基正碳离子过程。

① 配位 B 酸中心

图 11-3 是 4 配位 B 酸中心 $H[AlO_4]$形成分析，它是由 1 个 Al 原子、4 个 O 原子和 1 个 H 原子组成。文献[4,5]报道，在图 11-3(a)中，Al 原子外层有 4 个 sp^3杂化轨道，其中 3 个轨道含有未成键电子，还有 1 个空轨道；O 原子外层有 4 个 sp^3杂化轨道，其中 2 个轨道含有未成键电子。在图 11-3(b)中，当 Al 原子外层 3 个含有未成键电子的 sp^3杂化轨道分别与 3 个 O 原子外层 1 个含有未成键电子的 sp^3杂化轨道重叠，共用 3 对电子生成了 3 个 Al—O 键；Al 原子外层空的 sp^3杂化轨道与第 4 个 O 原子外层含有未成键电子的 sp^3杂化轨道及 H 原子外层 s 轨道重叠，形成 Al、O 和 H 原子共用 1 对电子结构，1 个 Al 与 4 个 O 和 1 个 H 原子形成 4 配位的 B 酸中心 $H[AlO_4]$(HB)，其电子轨道结构如图 11-3(c)。4 配位 B 酸中心 $H[AlO_4]$(HB)可提供 1 个 H^+，失去 H^+后成为失活 4 配位 B 酸中心$[AlO_4]^-$(B^-)，其电子轨道结构如图 11-3(d)所示。失活 4 配位 B 酸中心$[AlO_4]^-$(B^-)得到 H^+后失活的 B 酸中

心就能恢复活性。

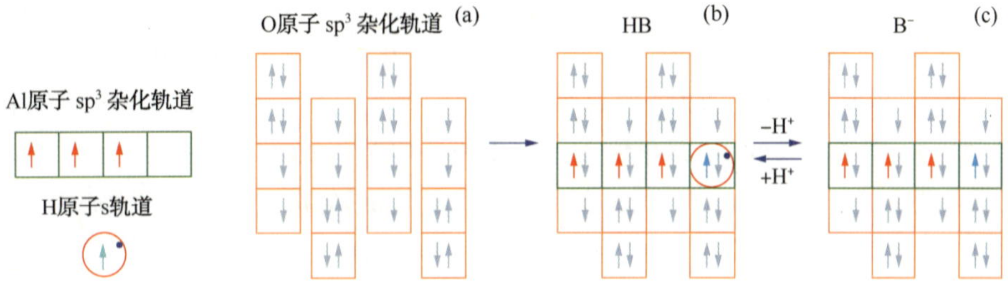

图 11-3　4 配位 B 酸中心形成、失活与再生分析

② 生成甲基正碳离子 CH_3^+

文献报道[6,7]，甲醇在 SAPO-34 或 ZSM-5 分子筛上的反应过程，就是甲醇分子与分子筛 B 酸中心相互作用而发生化学反应生成烯烃的过程。表 11-1 是部分元素电负性数据[8]，O 元素的电负性为 3.44，C 元素电负性为 2.55，当 O 原子与 C 原子相互作用时，O 原子具有吸电子能力，可能会抽取 C 原子外层轨道上的电子。相互作用的 2 个原子之间的电负性数据相差越大，电子发生迁移的可能性越大。

表 11-1　部分元素电负性

元素	H	Pd	V	Cr	Zn	Ga	Zr	O	Cu	Sn	Mo	C
A^0	2.20	2.20	1.63	1.66	1.65	1.60	1.33	3.44	1.90	1.80	2.16	2.55
A^+		5.00	3.85	4.19	4.92	4.77	3.59	8.77	5.04	3.96	4.18	6.42
A^{2+}		9.42	7.91	8.54	10.38	9.22	6.50	16.21	10.28	8.12	7.80	13.01
A^{3+}		14.75	13.68	14.41	17.84	17.05	10.32	23.82	16.57	12.82	13.24	20.23

图 11-4 是甲醇分子在 B 酸作用下生成正碳离子过程分析。图 11-4(a)是甲醇分子和 B 酸中心提供的 H^+电子轨道结构图。在图 11-4(b)中，甲醇分子中的 C—O 键受到 B 酸中心提供的 H^+攻击，H^+外层空的 s 轨道与甲醇分子中 C、O 原子重叠轨道再次重叠，根据表 11-1 电负性数据，O 原子电负性(3.44)大于 C 原子电负性(2.55)，C—O 键断裂时，C、O 原子共用电子对留在了 O 原子外层 sp^3杂化轨道，并与 H^+外层空的 s 轨道重叠，共用 1 对电子生成 1 个 H—O 键，2 个 H 和 1 个 O 原子通过 2 个 H—O 键生成 1 个 H_2O 分子；而 C 原子失去了共用电子对后，生成了甲基正碳离子 CH_3^+，其电子轨道结构如图 11-4(c)。甲基正碳离子 CH_3^+ 中 C 原子外层有 1 个空的 sp^3杂化轨道。

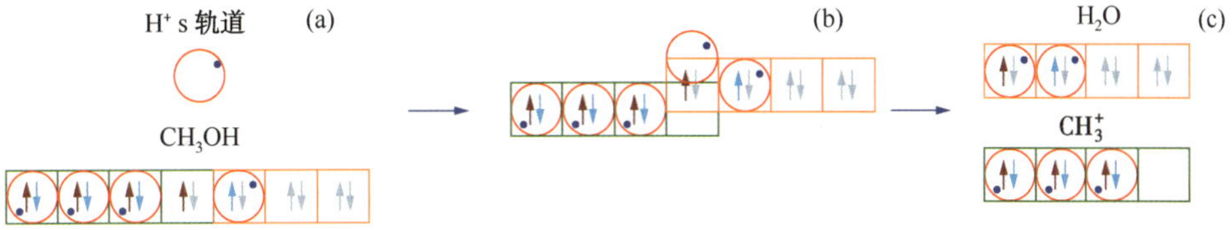

图 11-4　H^+攻击甲醇分子中 C—O 键生成 CH_3^+

（3）生成中间体 $C_{\uparrow\downarrow}{}^{\circ}H_2$

图 11-5 为甲基正碳离子 CH_3^+ 与失活 4 配位 B 酸中心 B^- 作用生成中间体 $C_{\uparrow\downarrow}{}^{\circ}H_2$ 结构过程分析。图 11-15(a)是失活 4 配位 B 酸中心 B^- 和甲基正碳离子 CH_3^+ 电子轨道结构图。在图 11-5(b)中，甲基正碳离子 CH_3^+ 中 C 原子外层空的 sp^3 杂化轨道与失活 4 配位 B 酸中心 B^- 结构中 Al、O 原子重叠的 sp^3 杂化轨道再次重叠，甲基正碳离子 CH_3^+ 结构中 H^+ 从所在的 C、H 原子重叠轨道向相邻的 Al、O 和 C 三原子重叠轨道转移，失活 B 酸中心 B^- 得到 H^+ 后恢复了活性，结构变为 $H[AlO_4]$，其电子轨道结构如图 11-5(d)所示。甲基正碳离子 CH_3^+ 失去了 H^+ 后生成中间体 $C_{\uparrow\downarrow}{}^{\circ}H_2$，其电子轨道结构如图 11-5(c)所示。在中间体 $C_{\uparrow\downarrow}{}^{\circ}H_2$ 结构中，C 原子外层有 1 个含有孤对电子的 sp^3 杂化轨道和 1 个空的 sp^3 杂化轨道，这里双箭头"↑↓"表示孤对电子，圆圈"○"表示空轨道。

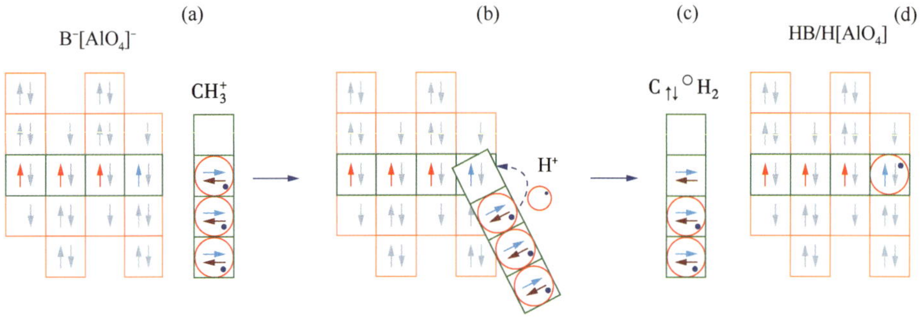

图 11-5　CH_3^+ 与失活 B 酸中心作用生成中间体 $C_{\uparrow\downarrow}{}^{\circ}H_2$

在这里，中间体 $C_{\uparrow\downarrow}{}^{\circ}H_2$ 电子轨道与文献报道的碳烯$[CH_2]$结构完全不同：碳烯$[CH_2]$含有 1 个电中性的二价 C 原子，在这个 C 原子上有 2 个未成键的电子；而 $C_{\uparrow\downarrow}{}^{\circ}H_2$ 结构中 C 原子外层有 1 个含有孤对电子的 sp^3 杂化轨道和 1 个空的 sp^3 杂化轨道。

（4）生成甲胺

图 11-6 是氨分子 NH_3 与中间体 $C_{\uparrow\downarrow}{}^{\circ}H_2$ 生成甲胺分子过程分析。图 11-6(a)是氨分子 NH_3 与中间体 $C_{\uparrow\downarrow}{}^{\circ}H_2$ 电子轨道结构图。在图 11-6(b)中，中间体 $C_{\uparrow\downarrow}{}^{\circ}H_2$ 结构中 C 原子外层空的 sp^3 杂化轨道与氨分子中 N、H 原子重叠轨道再次重叠，重叠处的 H^+ 转移到相邻的中间体 $C_{\uparrow\downarrow}{}^{\circ}H_2$ 结构中 C 原子外层含有孤对电子的 sp^3 杂化轨道上，生成 1 个 C—H 键；NH_3 分子失去 H^+ 后，在重叠处 C、N 原子共用 1 对电子生成 1 个 C—N 键，则生成甲胺分子 CH_3NH_2，其电子轨道结构如图 11-6(c)所示。

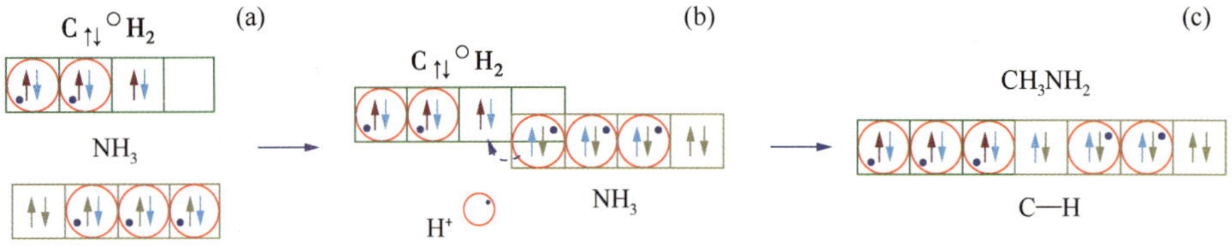

图 11-6　甲胺分子形成过程分析

(5) 反应机理分析

甲醇和氨气在丝光沸石 $Na[AlSi_5O_{12}]\cdot 3H_2O$ 作用下生成甲胺的过程，就是甲醇和氨气在 B 酸中心作用下生成甲基正碳离子、中间体到甲胺的过程，丝光沸石 $Na[AlSi_5O_{12}]\cdot 3H_2O$ 中存在大量 4 配位、5 配位和 6 配位的 B 酸，它们提供的 H^+起到关键作用，用 HB 来表示 B 酸，反应过程如下：

$$CH_3OH+HB \longrightarrow CH_3^+ +B^- +H_2O \tag{1}$$

$$CH_3^+ +B^- \longrightarrow C_{\uparrow\downarrow}^{\bigcirc}H_2+HB \tag{2}$$

$$C_{\uparrow\downarrow}^{\bigcirc}H_2+NH_3 \longrightarrow CH_3NH_2 \tag{3}$$

式(1)+(2)+(3)得到式(4)：

$$CH_3OH+NH_3 \longrightarrow CH_3NH_2+H_2O \tag{4}$$

11.4 结论

丝光沸石 $Na[AlSi_5O_{12}]\cdot 3H_2O$ 中存在大量的 4 配位、5 配位和 6 配位的 B 酸，甲醇和氨气在催化剂丝光沸石 $Na[AlSi_5O_{12}]\cdot 3H_2O$ 作用下，反应生成甲胺过程分 3 步：

① 甲醇分子在 B 酸中心作用下，B 酸中心释放出 H^+攻击甲醇分子中 C—O 键，C—O 键断裂生成甲基正碳离子 CH_3^+ 和 H_2O 分子，B 酸中心释放 H^+后失活；

② 失活 B 酸中心从甲基正碳离子 CH_3^+ 抽取 H^+恢复了活性，甲基正碳离子 CH_3^+ 失去 H^+后生成了中间体 $C_{\uparrow\downarrow}^{\bigcirc}H_2$ 结构，$C_{\uparrow\downarrow}^{\bigcirc}H_2$ 结构中 C 原子外层有 1 个含有孤对电子的 sp^3杂化轨道和 1 个空的 sp^3杂化轨道；

③ 氨分子与中间体 $C_{\uparrow\downarrow}^{\bigcirc}H_2$ 作用，发生 H^+转移反应，生成了 1 个 C—N 键，则生成甲胺分子 CH_3NH_2。

参考文献

[1] 李丽，邵百祥. 甲醇气相胺化制甲胺的工艺技术[J]. 精细与专用化学品，2004，24(12)：7-9.
[2] 顾培忠. 甲胺及二甲基甲酰胺在氮肥厂开拓展望[J]. 上海化工，2010，35(9)，22-24.
[3] 2014~2018 年中国甲胺行业市场前景及投资咨询研究报告[EB/OL]. https://www.askci.com/reports/2014/11/06/10616c0r7.shtml.
[4] 贺振富，代振宇，龙军. 硅-铝催化剂酸中心形成及其结构[J]. 石油学报(石油加工)，2011，27(1)：11-19.
[5] 贺振富，刘俊，龙军. 硅-铝催化剂酸中心失活与再生的分析[J]. 石油学报(石油加工)，2011，27(6)：845-851.
[6] 贺振富. 甲醇转化制丙烯反应机理[J]. 石油学报(石油加工)，2019，35(3)：555-560.
[7] 贺振富. 甲醇制丁烯反应机理研究[J]. 石油学报(石油加工)，2019，35(4)：804-810.
[8] 冯玉彪，张粉保，宣利宏，等. 离子的电负性[J]. 大连轻工业学院学报，1998，13(2)：70-76.

第12章 乙 烯

12.1 乙烯工业发展现状[1~5]

乙烯(ethylene)，化学式为 C_2H_4，相对分子质量为28.06，是由两个碳原子和四个氢原子组成的化合物，两个碳原子之间以碳碳双键连接。乙烯是世界上产量最大的基本化工原料，乙烯是合成纤维、合成橡胶、合成塑料(聚乙烯及聚氯乙烯)、合成乙醇(酒精)的基本化工原料，也用于制造氯乙烯、苯乙烯、环氧乙烷、醋酸、乙醛和炸药等，也可用作水果和蔬菜的催熟剂，是一种已证实的植物激素。乙烯工业是石油化工产业的核心，在国民经济中占有重要的地位。世界上已将乙烯产量作为衡量一个国家石油化工发展水平的重要标志之一。我国是世界上仅次于美国的第二大乙烯生产国，乙烯产量占石化产品产量的75%以上。2017年，我国乙烯当量需求2137万t，对外依存度约49%，煤制乙烯有效产能占乙烯总有效产能的12.3%。2019年，我国新增乙烯产能184万t，合计达到2734万t，同比增长7.2%；产量约为2060万t，同比增长11.8%，行业平均开工率为75.3%；乙烯进口量约为253万t，与上年度基本持平。目前，我国乙烯仍无法达到自给自足。

近年来，全球乙烯原料的多元化和轻质化发展趋势明显。美国页岩气的成功开发，不仅为本国乙烯提供了廉价的原料，还影响到世界乙烯原料的变化，使得乙烯原料的选择更具多样性。采用页岩气乙烷或凝析液作为裂解原料，是降低乙烯原料成本的重要措施。以高成本石脑油为主要原料生产烯烃的国家，正逐步通过采购轻质化原料替代石脑油或新建乙烷裂解装置来生产烯烃。欧洲在加速关闭蒸汽裂解装置，而乙烷裂解制乙烯项目大幅增加；同时，中国许多炼化一体化、煤/甲醇制烯烃项目和轻烃利用项目正在实施，乙烯原料多元化进一步加深。乙烷制乙烯的收率可高达80%~85%，具有收率高、能耗低、流程短、成本低等优势，而石脑油制乙烯收率仅为30%~35%，因此乙烷制乙烯正获得更多乙烯生产商的青睐。在北美，乙烷制乙烯已成为主流，主要是因为页岩气开发使得乙烯业能获取低成本的原料。为弥补乙烷裂解制乙烯下游产品单一的缺陷，在乙烷原料趋紧的情况下，部分北美乙烯生产商开始采用较中质原料或混合进料。亚太和欧洲地区的乙烯生产仍以石脑油原料为主，但正在增加以进口美国乙烷为原料制乙烯的装置，一些装置已建成投产，同时中国的煤制烯烃和甲醇制烯烃使原料更加多元化。由于乙烷原料供应趋紧和价格上涨，中东地区一些乙烯生产商开始利用石脑油为原料或混合进料，未来油基乙烯占比将有所增加，但以乙烷为原料生产乙烯的占比仍然较高。2019年，全球以石脑油为原料生产乙烯的占比从2018年的52%下降到50%左右，而以乙烷裂解生产乙烯的占比从23%上升至25%左右。2008年，美国乙烷基乙烯所占比例约为37%，十年后的2018年占比为55%，2019年占比上升到57%左右；亚太和欧洲地区油基乙烯占比保持在70%左右；中东地区乙烷基乙烯占比在67%左右。

2019年，世界乙烯产能大幅攀升，乙烯需求继续增加，主要市场乙烯价格持续走低，乙烯原料延续轻质化趋势，世界经济不景气以及美国和中国等主要经济体的贸易摩擦导致乙烯及其衍生物产品需求疲弱，亚太、北美地区乙烯毛利继续下降，北美地区继续扩张乙烯产能，欧洲地区部分乙烯生产商投资新建装置，扩大利用进口美国乙烷生产乙烯，“一带一路”沿线国家乙烯项目继续推进。2019 年，世界新增乙烯产能高达 1180 万 t/a，总产能达到 1.9 亿 t/a，比上年增长 6.7%，产能增幅明显高于上年，创近 20 年来最大增幅。新增产能主要来自美国和中国：美国 4 套乙烷裂解新装置投产；中国浙江石化和恒力石化两大民营企业的乙烯项目建成，一些煤制烯烃项目以及新浦化学公司的国内首套乙烷制乙烯装置建成投产。

2019 年，北美地区乙烯产能约为 5052 万 t/a，所占全球份额从 2018 年的 26%升至 26.8%；亚太地区乙烯产能约为 6670 万 t/a，占比从 34%升至 35.4%。世界乙烯装置总数约为 322 座，平均规模为 58.7 万 t/a，比上年的 56.7 万 t/a 提高了 2 万 t/a。美国、中国和沙特阿拉伯的乙烯产能仍稳居世界前三位，分别为 4258 万 t/a，3067 万 t/a 和 1586 万 t/a，韩国乙烯产能达 900 万 t/a，已晋升到世界第四位，正向乙烯生产大国挺进。2020 年，世界乙烯产能继续快速增长，产能增长主要来自美国和中国，供应更加充裕；世界乙烯市场前景不容乐观。

2019 年，世界乙烯需求增加约 650 万 t/a，需求总量达到 1.7 亿 t/a，比上年增长 3.96%。世界乙烯需求主要集中在美国、中国、中东、西欧、东南亚和东北亚等国家和地区。北美、亚太地区许多新建裂解装置配套建设的下游衍生物装置投产，乙烯需求继续增加。一些新建乙烯装置建成投产使得乙烯市场供应显著增加，亚洲产能快速增长，乙烯市场维持供过于求的格局。美国由于国内需求增长不能完全吸收大量新增乙烯及衍生物，只能转而增加出口。

2019 年，欧洲、北美和亚太地区乙烯平均价格低于 2018 年，总体表现较为低迷。中美贸易摩擦、全球贸易萎缩、地区经济疲软使石化产品价格出现大幅下降。2019 年，世界乙烯装置平均开工率维持在 89%左右，略低于上年的 90%。美国乙烯装置开工率维持在 95%左右，低于上年的 96%；因煤基烯烃和甲醇制烯烃开工率较上年有所提高，中国乙烯装置平均开工率从 2018 年的 73%上升到 78%左右；日本保持在 85%~90%，低于上年的 96%；韩国约为 94%。2019 年，东南亚、东北亚地区乙烯和石脑油价差持续下降，石脑油基乙烯毛利明显下降。例如，2019 年 10 月 25 日亚洲市场乙烯-石脑油平均价差低至 152.63 美元/t，创下 2012 年 5 月以来新低，远低于 300~350 美元/t 的盈亏平衡价差，部分石脑油裂解装置被迫非计划停工检修。中美贸易摩擦和地区乙烯供应快速增加导致美国乙烷裂解装置毛利继续下降；欧洲乙烯原料成本大幅下降，尽管乙烯价格也出现下降，但石脑油和液化石油气(LPG)等成本下降的速度更快，使以此为原料的乙烯生产商的利润率有所改善。

美国墨西哥湾地区裂解装置新产能近两年快速增长，美国乙烯出口量也不断增加。2019 年，美国 4 套新建装置新增产能 424 万 t/a，低于上年的 620 万 t/a。萨索尔公司开启了其位于路易斯安那州莱克查尔斯工厂内产能为 155 万 t/a 的乙烯裂解装置；卡塔尔石油公司与雪佛龙公司签署总价为 80 亿美元的美国墨西哥湾沿岸石化厂二期项目协议，包括建设一套产能为 200 万 t/a 的乙烯装置。美国乙烷生产投资落后于乙烯产能扩张，一些进料选择比较灵活的乙烯裂解装置选取较为重质的原料，导致生产成本增加。随着新建乙烯裂解装置陆续投产，原料乙烷供应将趋紧。美国乙烯生产已转而使用更多的重质原料，巴斯夫公司与道达尔石化公司在得克萨斯州亚瑟港运营一套能够利用非乙烷原料的裂解装置，不仅生产乙烯，还可生产丙烯和 C_4产品。

欧洲已有 20 多年没有投资新建乙烯装置，目前几大烯烃项目仍在继续按进度推进，特别是使用轻质裂解原料的项目。英力士(INEOS)集团 2019 年初计划在比利时安特卫普港新建一套丙烷脱氢装置和一套乙烷裂解装置，这将是欧洲地区 20 年来建设的第一套乙烷裂解装置，设计产能 125 万 t/a，计划 2024 年投产。该公司扩大乙烯产能主要是为满足自身原料供给而非扩大出口。2019 年，欧洲一些裂解装置已大量使用进口乙烷原料。

“一带一路”沿线国家继续推进以乙烯为龙头石化装置建设，越南、泰国和印度尼西亚等亚太国家计划新建乙烯装置。海湾国家正在依托资源优势，依靠石化投资加速向下游转型，一批包括乙烯在内的石化项目正在建设或规划中。沙特阿美公司完成收购沙特基础工业公司(SABIC)70%的股权，二者目前在中国、印度和全球其他地区都在新建大型的炼化项目，在全球石化产业中的地位进一步提升。2018 年底至 2019 年 4 月，韩国乐天化学公司和 LG 化学公司均完成了乙烯裂解装置扩建，乐天化学表示将继续实施烯烃产能扩能计划。佳施加德士(GS Caltex)公司宣布将在韩国丽水建设 70 万 t/a 乙烯项目。

近年来，全球聚乙烯产能及产量保持稳定增长态势，2020 年，全球共新增乙烯产能 699 万 t，总产能达 1.97 亿 t/a。其中，中国新增 3 套百万吨级乙烯装置，共新增 450 万 t 产能，占全球新增产能的 64.4%[4]。美国扩大乙烯产能主要是受到较低乙烷原料价格的刺激，中国扩充乙烯产能主要受到外资、民企加快建设乙烯项目以及迫切需要缩小国内供求缺口驱动。

预计 2019~2023 年世界新增乙烯产能约 3800 万 t/a。未来 10 年，美国、中国、中东、东南亚、俄罗斯等国家和地区乙烯产业保持稳步发展。中国 2025 年乙烯产能将超 5000 万 t/a，超过美国成为世界第一大乙烯生产国。根据“全球数据公司”(Global Data)数据，预计 2019~2030 年亚洲地区将通过新建和扩建项目引领全球乙烯工业产能增长；亚洲新建和扩建项目乙烯总产能将增加 4995 万 t/a，其中 4700 万 t/a 来自新建项目，其余 295 万 t/a 来自扩建项目；中国和印度合计乙烯产能将增加约 3597 万 t/a，占该地区新增产能的 72%。预计到 2030 年中东将成为全球乙烯产能第二高的地区，新建和扩建乙烯产能共计约 2066 万 t/a，其中 2000 万 t/a 来自新建项目，其余来自扩建项目。北美排在第三位，到 2030 年该地区新增和扩建乙烯产能 1678 万 t/a，多数来自新建项目。

目前，美国位于休斯敦航道(Houston Ship Channel)的乙烯出口终端已经投入使用，出口能力为 30 万 t/a，由 Targa 资源公司运营。Enterprise Products 公司在休斯敦航道的 Morgan′s Point 设施运营着一个乙烯出口码头，设计产能为 100 万 t/a 的乙烯。该公司最近表示，该终端的实际出口能力达到设计能力的 125%。Enterprise Products 已宣布计划到 2023 年下半年将出口终端扩大 50%，到 2025 年将其扩大一倍，达到 200 万 t/a 以上[5]。美国乙烯现货价与欧洲和亚太地区的价差可能会缩窄。欧洲将有更多的进口乙烯涌入，产量和价格将受到打压。中美贸易摩擦使得美国生产的乙烯短期内难以出口到中国。未来几年，美国乙烯产能会继续增加，将依靠其原料成本优势进一步加大对东北亚、欧洲和拉美地区的出口，对这些地区的乙烯市场产生较大冲击。未来，由于国内供应增加，中国乙烯进口需求将放缓。全球经济增长放缓以及中美贸易摩擦，意味着美国大量新建乙烯产能将无法在短期内被外部市场吸收。

2020 年，全球共新增乙烯产能 699 万 t，总产能达 1.97 亿 t/a。其中，中国新增 3 套百万吨级乙烯装置，共新增 450 万 t 产能，占全球新增产能的 64.4%。2020 年，世界乙烯需求量增加 680 万 t 左右，总需求量达到 1.77 亿 t，需求增长主要来自新兴经济体和发展中国家。由于美国和亚太地区乙烯产能增加，美国出口增多，而乙烯需求继续疲软，全球乙烯市场将会竞争加剧。2015~2020 年，中国乙烯产能从 2200.5 万 t 增长至 3518 万 t，年均复合增长率近 10%。2020 年中国乙烯产能达到 3518 万 t，同比增长 14.7%，详见图 12-1[3]。

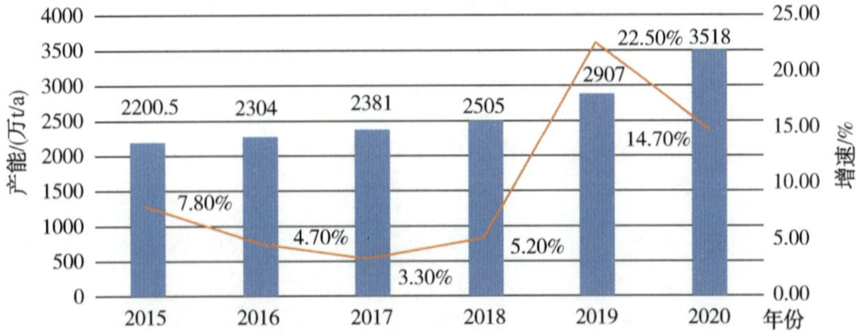

图 12-1　2010~2020 年我国煤制烯烃产能及变化统计

2015~2020 年，全国乙烯行业产能利用率逐年下降，到 2020 年产能利用率降至 61.4%，见图 12-2。除了受国际经济环境的影响之外，国内部分设备老旧、运营成本高、效率低、行业集中度低、分布不均衡等也是主要制约因素[3]。

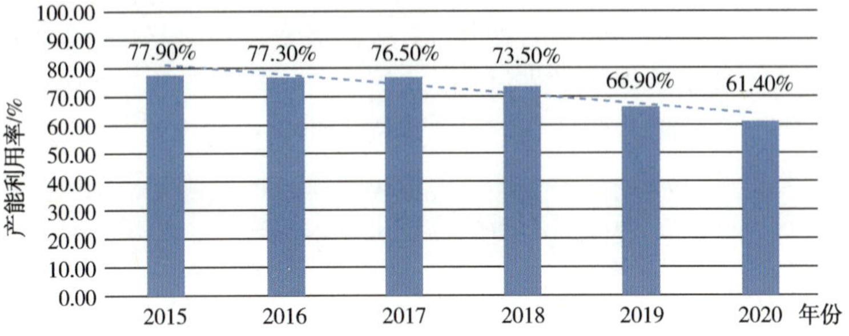

图 12-2　2010~2020 年我国乙烯产能利用率

近几年，国内乙烯将迎来扩产高峰，“十四五”期间国内累计新增乙烯产能将达到 3832 万 t，预计到 2025 年底国内乙烯产能将达到 7350 万 t，详见图 12-3[3]。随着浙江石化(二期)、卫星石化、盛虹石化等一批扩建和新建项目的投产，市场竞争将愈加激烈。

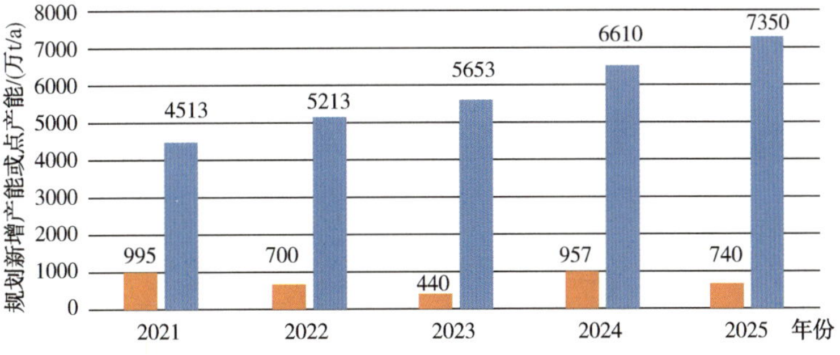

图 12-3　2021~2025 年我国新增乙烯产能规划情况

乙烯下游产业分析。我国乙烯产业已逐步进入成熟期。下游化工产品种类繁多，不同产品的产业发展均存在较大差异，市场化程度也不尽相同。在我国2019年乙烯消费结构中，最大消费领域仍是聚乙烯，占比59%，其次是环氧乙烷和乙二醇。

聚乙烯是消费量最大的乙烯下游产品，2019年总产量约为1765万t，主要包括线型低密度聚乙烯、低密度聚乙烯和高密度聚乙烯，三者依次占聚乙烯总产量的40%、20%、40%。由于聚乙烯具有成本低、性能好的特点，广泛应用于工业、农业和日常生活中。我国聚乙烯供应缺口居高不下，对外依存度远高于其他树脂，具有广阔的消费前景。

乙二醇是乙烯的第二大应用领域，80%的乙二醇用于生产聚酯。近年来，对二甲苯-精对苯二甲酸-聚酯行业呈现出良好的发展态势，形成原料-成品-下游产品一体化的生产模式。未来，随着聚酯行业的发展，乙二醇消费增速将进一步提高。

环氧乙烷主要用于生产乙二醇，多数企业采用环氧乙烷、乙二醇联产装置。除此之外，环氧乙烷还可用于减水剂、聚醚、消毒杀菌等领域。目前，我国聚氯乙烯处于产能过剩的状态。在我国主要以电石法生产聚氯乙烯，污染严重，成本不具备优势。乙烯法生产聚氯乙烯具有产品质量优、工艺先进、更加环保等特点，具备替代电石法的潜力。

苯乙烯最主要的下游产品是聚苯乙烯。近年来，苯乙烯表观消费量逐渐萎缩，聚苯乙烯也逐渐由其他材料所替代。苯乙烯另一个应用是合成橡胶，丙烯腈-丁二烯-苯乙烯共聚物的消费前景比较乐观。

乙烯其他下游产品(如乙烯-乙酸乙烯共聚物、三元乙丙橡胶)占比很小，当前既看不到应用领域急剧扩展的前景，也看不到被大量替代的威胁，应用前景相对稳定。乙烯的大多数下游产品符合社会经济发展的方向，以及消费升级的需要。乙烯及其衍生物的国内供应与消费的巨大差异，也为乙烯贸易创造了获利机会。

总之，在中国经济持续增长的背景下，乙烯需求将保持稳定增长态势。未来一段时间，几大乙烯生产路线将齐头并进，传统石化路线仍是主流，但份额会逐渐减少。随着轻烃利用项目的不断推进，该路线将成为我国乙烯供应的主要来源之一，乙烯原料多元化发展已成为产业发展的必然趋势。

未来10年，随着发展中国家对石化产品的需求不断增加，乙烯需求继续增长，中期内不会出现需求峰值。但是，受世界经济放缓和贸易形势不稳定影响，乙烯需求很难出现大幅改善，乙烯价格总体仍将保持低位，产能增速过快导致地区乙烯毛利继续承压，乙烯装置开工率将呈下降趋势。目前继原油直接制化学品实现工业规模化生产后，天然气甲烷直接制乙烯技术正在突破中，未来将给世界乙烯工业带来新的变革。

12.2 乙烯制备技术[1~3]

12.2.1 石油路线制乙烯

我国乙烯巨大的当量缺口，以及原油高进口依存度凸显了烯烃原料多元化的重要性。原料的可获性、价格水平、生产工艺等因素，使煤/甲醇制乙烯、乙烷裂解制烯烃项目各具优势。中国乙烯工业最初以石脑油为原料。对于原料短缺的企业，还会使用凝析油、轻柴油、抽余油、加氢尾油、轻烃等与石脑油的混合物作为原料进行裂解。总体来说，这些原料主要源自石油，属于石化路线制乙烯。2019 年，我国传统石化路线生产乙烯占总产能的 73.1%，煤制烯烃和外购甲醇制烯烃的乙烯产能占比分别为 13.6%，10.9%。2019 年 8 月，我国首套 110 万 t/a 进口乙烷裂解制烯烃综合利用项目[新浦化学工业(泰兴)有限公司]投产，标志着采用该工艺的乙烯产能已经从无到有，并且占总产能的 2.4%。随着原料多样化的深入，以及石化行业外商投资政策的进一步放宽，乙烯产业投资主体也朝着多元化方向发展。2019 年，我国共有 26 家生产企业采用石化路线制乙烯，装置总产能达到 1995 万 t/a，见表 12-1。

表 12-1 2019 年我国石化路线制乙烯装置产能统计

企业名称	产能/(万 t/a)	企业名称	产能/(万 t/a)
中国石油大庆石化公司	120	陕西延长石油延安能化公司	15
中国石油吉林石化公司	85	陕西延长中煤榆林能源化工有限公司	30
中国石油抚顺石油化工公司	94	中国石油独山子石化公司	140
中国石油辽阳石化公司	20	中国石油四川石化有限责任公司	80
辽宁沈阳化工股份有限公司	15	中国石化上海石油化工股份有限公司	85
辽宁盘锦乙烯有限责任公司	64	上海赛科石油化工有限责任公司	120
中国石化齐鲁分公司	80	江苏扬子石化-巴斯夫有限责任公司	74
中国石化燕山分公司	70	中国石化扬子石油化工股份有限公司	85
中国石化天津石油分公司	20	中国石化镇海炼油化工股份有限公司	100
中沙(天津)石化有限公司	100	福建联合石油化工有限公司	80
中原石油化工有限责任公司	18	中国石化茂名分公司	110
中国石化武汉分公司	80	广东广州乙烯股份有限公司	20
中国石油兰州石化公司	70	广东惠州中海壳牌石油化工有限公司	220
		合 计	1995

为了避免过度依赖炼油厂或气体加工厂提供原料，Exxon Mobil 公司和 Saudi Aramco 公司分别开发出新型蒸汽裂解工艺，省略了原油炼制过程，直接将原油转化为轻质烯烃。2014 年，Exxon Mobil 公司在新加坡试运行了原油直接生产乙烯的 100 万 t/a 装置。与石脑油裂解工艺相比，采用新工艺每生产 1t 乙烯可创造利润 100~200 美元；同时，该工艺不仅可以节约生产成本，在东南亚地区更具有石脑油裂解原料的溢价优势。2019 年，Exxon Mobil 惠州化工综合体项目获批复，项目采用原油直接裂解制烯烃技术，以及先进、环保、成熟的专有工艺，生产具有高附加值的聚烯烃产品。项目一期为 120 万 t/a 原油制乙烯与下游深加工装置，预计 2023 年建成投产；二期将建设第 2 套上述装置。项目投产后，将成为国内首套原油直接裂解制乙烯装置。

12.2.2 轻烃综合利用工艺

2010 年以来，受轻烃价格偏低的影响，我国石油制乙烯原料也步入轻质化轨道。2010~2019 年，国内乙烯原料中石脑油占比逐年下降，相应的 $C_3/C_4/C_5$ 轻烃、加氢尾油等用量明显提高。2019 年，国内蒸汽裂解制乙烯原料组成为：轻柴油 6.1%，石脑油 53.0%，抽余油 1.6%，加氢尾油 17.4%，轻烃与其他化合物 21.9%。与 2010 年相比，石脑油下降了

13.6 个百分点，轻烃类物质提高了 7.9 个百分点。受成品油产销结构因素的影响，轻柴油作裂解原料比例有所回升。

在美国页岩气革命的刺激下，我国部分企业也开始寻求进口乙烷，并发展乙烷裂解制乙烯工业，现如今该行业存在发展过热的现象。乙烷裂解制乙烯装置主要集中于美国、加拿大、中东和西欧，主要生产商有 Exxon Mobil 公司、美国 Ineos 公司、美国 Sweeny Texas 公司等。2019 年 8 月，新浦化学工业(泰兴)有限公司的轻烃综合利用项目投产，年产聚合级乙烯 65 万 t。目前，我国以进口乙烷裂解制乙烯为目标开展前期工作的产能已达到 1720 万 t/a，详见表 12-2。

表 12-2　我国规划轻烃综合利用项目单位及产能统计

企业名称	产能/(万 t/a)	企业名称	产能/(万 t/a)
辽宁锦州锦晟化工有限公司	2×100	山东东营万达集团山东明宇化学有限公司	120
辽宁大连汇昆新材料有限公司	200	江苏连云港石化有限公司	2×125
天津渤化化工发展有限公司	100	福建福州缘泰石化有限公司	200
山东龙口南山集团有限公司	2×100	福建莆田永荣控股集团有限公司	150
山东青岛阳煤青岛恒源化工有限公司	200	广西钦州广西投资集团乙烯公司	100
		合 计	1720

12.2.3　煤/甲醇制烯烃

MTO 级甲醇制烯烃(Methanol to Olefin，MTO)是煤制烯烃工艺路线的核心技术，是将甲醇转化为乙烯、丙烯的工艺。MTO 工艺开辟了由煤炭或天然气生产基本有机化工原料的新工艺路线，是最有希望取代传统的以石脑油为原料制取烯烃的路线，也是实现煤化工向石油化工延伸发展的有效途径。煤制烯烃项目一般是 1~2t 煤可以生产 1t 甲醇，3t 甲醇出 1t 低碳烯烃。

(1) 神华包头煤制烯烃项目

项目总投资 180 亿元，采用国内自主知识产权的 DMTO 技术，建设规模：年产中间产品甲醇 180 万 t、聚乙烯 30 万 t、聚丙烯 30 万 t，同时副产硫黄 2.2 万 t、混合碳四及碳五12.5 万t。主要装置包括 4 台 60000Nm^3/h 制氧空分装置、7 台(5 开 2 备)1500t/d 投煤量煤气化装置、180 万 t/a 甲醇装置、60 万 t/a 甲醇制烯烃装置、30 万 t/a 年聚乙烯装置、30 万 t/a 聚丙烯装置等。项目于 2010 年 8 月第一次试车成功，2011 年 1 月 1 日，全面进入商业化运营。

(2) 神华宁煤煤制烯烃项目

项目总投资 200 亿元，采用鲁奇 MTP 技术，建设规模：年产中间产品甲醇 167 万 t、聚丙烯 50 万 t，副产汽油 18.48 万 t、液态燃料 4.12 万 t、硫黄 1.38 万 t。煤气化装置采用 GSP 干煤粉加压气化技术，水冷壁激冷炉型，单炉日投煤量 2000t，配置五台气化炉，四开一备，合成气($CO+H_2$)产能 52 万 Nm^3/h。甲醇制丙烯装置采用德国鲁奇甲醇制丙烯工艺。项目于 2010 年 9 月竣工并正式进入全面试车状态，2011 年 4 月气化炉实现稳定运行；同年 4 月底，丙烯、聚丙烯及包装装置试车成功，产出合格产品。

(3) 大唐多伦煤制烯烃项目

项目总投资 190 亿元，采用鲁奇 MTP 技术，建设规模：年产中间产品甲醇 167 万 t、聚丙烯 50 万 t，副产汽油 18 万 t，LPG3.6 万 t，硫黄 3.8 万 t 等。主要装置包括 4×135MW 自备电厂，3 套单系列 60000Nm^3/h 的空分装置，3 套单系列日处理干燥褐煤 2800t，产有效合成气 15.7 万 Nm^3/h 的壳牌粉煤加压气装置，单套低温甲醇洗装置，单套日产 5000t 甲醇装置，单套 MTP 装置，双系列聚丙烯装置。项目于 2012 年 3 月 16 日正式转入试生产，2016 年 6 月份由于环保事件引发公众广泛关注，项目进入停产整改。2017 年 4 月 16 日复工。

(4) 中石化中原石化甲醇制烯烃项目

项目采用 SMTO 技术，于 2010 年 8 月开工建设，2011 年 7 月聚丙烯装置建成，8 月 60 万 t/a 甲醇制烯烃装置建成。2011 年 10 月 10 日，中国石化中原石油化工有限责任公司 60 万 t/a 甲醇制烯烃(S-MTO)装置产出合格乙烯、丙烯，实现装置开车一次成功。该工艺主要是通过煤炭替代石油生产甲醇，进而转化为乙烯、丙烯等。

2010 年，第 1 套煤制乙烯装置——内蒙古神华包头煤化工有限公司 60 万 t/a 煤制乙烯项目投入商业化运营，标志着我国已实现煤基甲醇制烯烃技术的工业化应用；2011 年，我国首套 20 万 t/a 甲醇制乙烯项目(中原石油化工有限责任公司)投产；2014~2016 年是我国煤制烯烃项目的投产高峰期；截至 2019 年，我国煤/甲醇制烯烃总产能约为 1399 万 t，2020 年煤/甲醇制烯烃总产能达到 1539 万 t，见图 12-4。

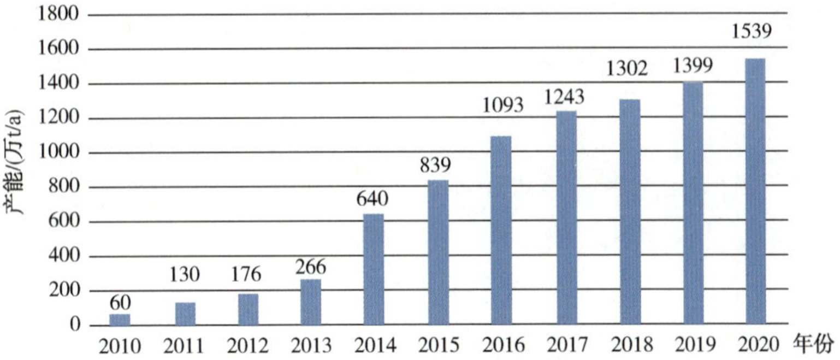

图 12-4 2010~2020 年我国煤制烯烃产能统计

自 2014 年以来，我国煤/甲醇制烯烃路线的乙烯产能得到快速增长，截至 2019 年，已占乙烯总产能的约 24.5%。未来 5~10 年，国内在建和拟建的以乙烷为原料的轻烃利用项目多达 20 余项。目前规划的石油路线、乙烷制乙烯路线、丙烷脱氢制丙烯路线配套聚烯烃产能到 2022 年将达到 3567 万 t。预计到 2024 年，我国乙烯产能中的传统石化路线占比降至 65%，煤/甲醇制烯烃降至 20%，轻烃综合利用路线升至 15%。

12.3 制乙烯反应机理研究进展

根据制备乙烯的原料和技术路线的不同，涉及的反应机理也不尽相同，石油路线主要是催化裂解和蒸汽热裂解，反应机理主要是正碳离子或自由基机理。近几年备受大家关注的是煤经甲醇制烯烃技术及其反应机理，大家有不同认识。

一般来说，甲醇制烯烃(MTO)反应机理可分为串联型机理和并联型机理两大类。串联型机理认为甲醇首先生成乙烯，但在 SAPO-34 上发生的 MTO 反应初期通常是丙烯含量高于乙烯[6]。并联型机理中，“烃池”机理[7,8]强调 B 酸中心在 MTO 反应过程中的作用，目前已经得到了普遍认可[9,10]。“烃池”机理认为：首先，甲醇在催化剂上形成分子量较大的烃类物质，并吸附在催化剂孔道内作为活性中心，其不断与甲醇反应引入甲基，同时进行脱烷基化生成乙烯和丙烯等低碳烯烃分子。Yan[11]认为，在 MTO 反应中，B 酸中心直接参与中间物种生成，但并未对反应物与 B 酸中心相互作用及生成的中间物种进一步说明。碳烯离子机理[12]指出，甲醇在沸石催化剂酸、碱中心协调作用下，经 α-消除反应脱水得到碳烯(CH_2)，然后碳烯聚合或碳烯插入甲醇分子或二甲醚分子轨道中即可形成烯烃。碳烯含有一个电中性的二价 C 原子，C 原子上有 2 个未成键电子。

Stöcker[13]认为 MTO 反应分 3 步：①在分子筛表面生成甲氧基；②生成第 1 个 C—C 键；③生成 $C_3^=$、$C_4^=$。Li 等[14]在 MTO 反应过程中观察到中间体七甲基苯基正碳离子(heptaMB$^+$)及其去质子化产物(HMMC)，验证了该中间体在甲醇转化中的重要作用和以其为中间体的烯烃生成途径。Wu 等[15,16]研究了甲醇在 SAPO-34 上转化反应中二甲醚(DME)/甲醇与表面甲氧基物种(SMS)之间的关系，认为初始 C—C 键是由表面 C_1 反应物、DME/甲醇和 SMS 直接反应形成，一旦形成初始烯烃，它们将转化为大分子烃，烯烃生成的反应路径：表面甲氧基/三甲基氧离子协助二甲醚(DME)/甲醇活化转化的协同反应机理。唐宏青[17]认为，甲醇先脱水生成 DME，DME 与甲醇平衡混合物脱水继续转化为乙烯、丙烯为主的低碳烯烃，少量 $C_2^=$ ~ $C_5^=$ 的低碳烯烃进一步由环化、脱氢、氢转移、缩合、烷基化等反应生成分子量不同的饱和烃、芳烃、C_6^+ 烯烃及焦炭等。ONO 和 MORI[18]认为，表面甲氧基起着自由甲基阳离子的作用，插入到 DME 的 C—H 键中形成五价的过渡状态正碳离子，脱去 H^+ 后经 β-消除反应生成乙烯和甲醇。CATIZZONE 等[19,20]认为，在酸催化剂作用下甲醇脱水反应复杂，涉及多个反应，产物组分多样，包括氢气、甲烷及烯烃类(MTO)、芳烃类(MTA)等碳氢化合物。HAW 等[21]考虑了催化剂酸强度、酸中心密度等因素，进一步将 MTO 过程分为五步，①甲醇、DME 和水快速达到平衡；②在甲醇和 DME 生成碳氢化合物之前，新鲜催化剂通常有一个动力学诱导期；③碳氢化合物生成；④生成的碳氢化合物进一步反应生成烯烃；⑤催化剂积炭失活。

合成气制乙烯有直接法和间接法，间接法就是合成气经甲醇制乙烯，合成气合成甲醇以及甲醇制乙烯在前面做了分析，这里不再赘述。直接转化制备低碳烯烃(乙烯)包括 F-T 合成和双功能催化两种工艺路线。在合成气经 F-T 路线直接转化制备低碳烯烃的反应中，使用最多的是改性 Fe 系或 Co 系催化剂，常用的改性元素有 Mn、Ti 和 Zn 等[22~26]。双功能催化工艺就是将合成气制备甲醇催化剂的活性组分(ZnZr 或 ZnCr 复合氧化物)与甲醇制烯烃的活性组分(酸性分子筛)耦合在一起，通过优选催化剂耦合体系和调配催化剂耦合比例，使生成的甲醇或类似于甲醇的 C_1 中间产物能够在分子筛孔道内快速发生 MTO 反应，从而促进合成气制甲醇反应向右进行，实现 CO 转化率和低碳烯烃选择性的同时提高[22]。常用的 $ZnCrO_x$/MSAPO 双功能催化剂是由具有尖晶石结构的部分还原的金属氧化物($ZnCrO_x$)和介孔分子筛(Meso-SAPO-34)组成[27~30]。实际上，合成气直接制烯烃催化剂的活性组元以过渡元素为主，F-T 合成气制烯烃催化剂重点分析 Fe 元素作用，双功能催化剂重点分析 Zn 元素作用和分子筛中 B 酸中心的作用。

12.4 制乙烯反应机理分析

12.4.1 甲醇制乙烯反应机理

研究反应机理就是想了解清楚反应物与催化剂之间相互作用关系，清楚催化剂在反应过程中的作用等。下面利用杂化轨道理论通过分析含 Si 和 Al 元素催化剂活性中心与反应物甲醇分子之间的相互作用，来研究甲醇制乙烯反应机理。甲醇分子在 SAPO-34 或 ZSM-5 分子筛上反应生成乙烯，是 B 酸中心作用下的酸催化反应，反应方程如下：

$$2CH_3OH \longrightarrow C_2H_4+2H_2O$$

文献[33,34]认为，SAPO-34 或 ZSM-5 等分子筛是含 Si、Al 元素的固体酸催化剂，其活性来源于其酸性。催化剂酸性与 Al 原子的 O 原子配位数密切相关：2、3 配位的 Al 原子形成 L 酸中心；4、5 或 6 配位的 Al 原子形成 B 酸中心；Al 原子是产生活性的中心原子。

（1）4 配位 B 酸中心[33,34]

图 12-5 为催化剂 4 配位 B 酸中心的失活与再生过程。4 配位 B 酸中心是由 1 个 Al 原子、4 个 O 原子和 1 个 H 原子组成。图 12-5(a)是 Al 原子、O 原子和 H 原子外层电子轨道结构图。在图 12-5(b)中，4 配位 B 酸中心可释放 1 个 H^+，释放 H^+后失去了活性，失活 4 配位 B 酸中心$[AlO_4]^-$结构如图 12-5(c)，失活 B 酸中心$[AlO_4]^-$得到 H^+后就能恢复活性。

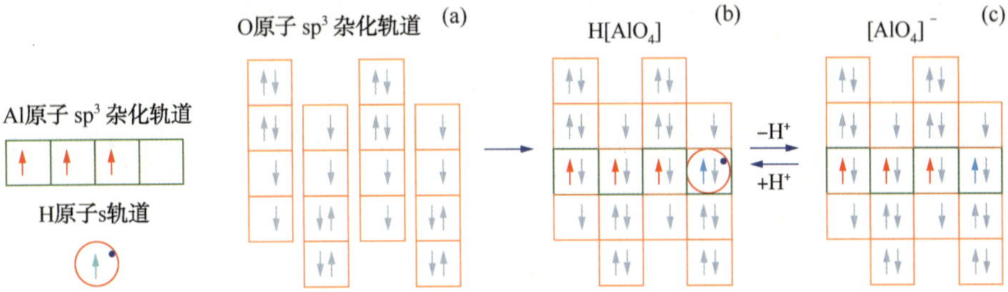

图 12-5　4 配位 B 酸中心失活与再生

（2）生成甲基正碳离子 CH_3^+

图 12-6 是甲醇在 B 酸中心作用下生成甲基正碳离子 CH_3^+过程分析。图 12-6(a)是甲醇分子电子轨道结构图。在图 12-6(b)中，B 酸中心释放 H^+攻击甲醇分子 C—O 键，形成 H、C 和 O 原子共用 1 对电子结构。根据表 12-3 电负性数据[35]，H、C 和 O 原子电负性分别为 2.20、2.55 和 3.44。当 H^+攻击甲醇分子 C—O 键时，C—O 键断裂有两种可能性，如果 H^+和含 C 原子基团结合会生成 CH_4，如果 H^+和含 O 原子基团结合会生成 H_2O。由于 O 原子电负性(3.44)大于 C 原子电负性(2.55)，所以含 O 原子基团会吸引共用电子对并与 H^+结合生成 H_2O，其电子轨道结构如图 12-6(c)；而含 C 原子基团生成了甲基正碳离子 CH_3^+，在 CH_3^+中 C 原子外层有个空的 sp^3杂化轨道，其电子轨道结构如图 12-6(d)所示。

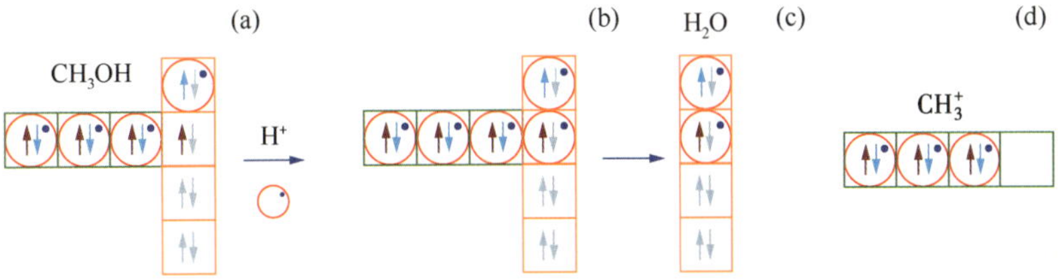

图 12-6　H^+攻击甲醇分子 C—O 键生成甲基正碳离子 CH_3^+

表 12-3 部分元素电负性

元素	H	Pd	V	Cr	Zn	Ga	Zr	O	Cu	Sn	Mo	C
A^0	2.20	2.20	1.63	1.66	1.65	1.60	1.33	3.44	1.90	1.80	2.16	2.55
A^+		5.00	3.85	4.19	4.92	4.77	3.59	8.77	5.04	3.96	4.18	6.42
A^{2+}		9.42	7.91	8.54	10.38	9.22	6.50	16.21	10.28	8.12	7.80	13.01
A^{3+}		14.75	13.68	14.41	17.84	17.05	10.32	23.82	16.57	12.82	13.24	20.23

（3）生成中间体 $C_{\uparrow\downarrow}{}^{\circ}H_2$

图 12-7 为甲基正碳离子 CH_3^+ 与失活 4 配位 B 酸中心 B^-作用生成中间体 $C_{\uparrow\downarrow}{}^{\circ}H_2$ 结构过程分析。图 12-7(a)是 B^-和 CH_3^+电子轨道结构图。在图 12-7(b)中，CH_3^+中 C 原子外层空的 sp^3杂化轨道与 B^-结构中 Al、O 原子重叠的 sp^3杂化轨道再次重叠，CH_3^+ 结构中 H^+会从 C、H 原子重叠轨道处向相邻的 Al、O 和 C 三原子重叠轨道转移，根据表 12-3 电负性数据[35]，由于 O 原子电负性(3.44)大于 C 原子电负性(2.55)，共用电子对留在了 O 原子和 Al 原子外层的重叠轨道上，CH_3^+失去了 H^+后生成了中间体 $C_{\uparrow\downarrow}{}^{\circ}H_2$，其电子轨道结构如图 12-7(c)。在 $C_{\uparrow\downarrow}{}^{\circ}H_2$ 结构中，C 原子外层有 1 个含有孤对电子的 sp^3杂化轨道和 1 个空的 sp^3杂化轨道。在这里，双箭头“↑↓”表示孤对电子，圆圈“○”表示空轨道。失活的 4 配位 B 酸中心 $[AlO_4]^-(B^-)$从甲基正碳离子 CH_3^+结构中得到 H^+后恢复活性，结构变为 $H[AlO_4](HB)$，其电子轨道结构如图 12-7(d)所示。

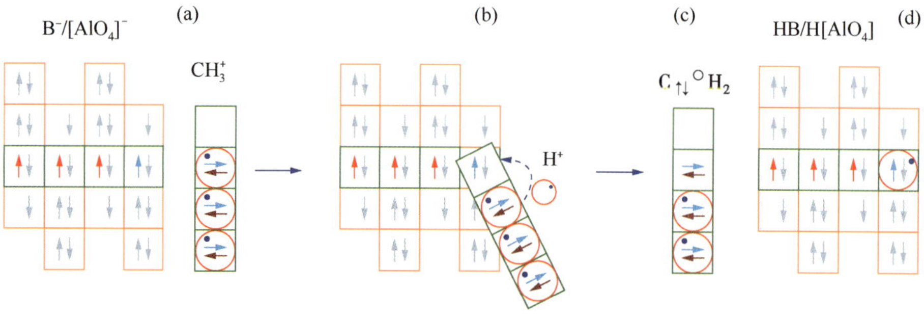

图 12-7 CH_3^+与失活 B 酸中心作用生成中间体 $C_{\uparrow\downarrow}{}^{\circ}H_2$

在这里，中间体 $C_{\uparrow\downarrow}{}^{\circ}H_2$ 电子轨道与文献报道的碳烯$[CH_2]$结构完全不同：碳烯$[CH_2]$含有 1 个电中性的二价 C 原子，在这个 C 原子上有 2 个未成键的电子；而 $C_{\uparrow\downarrow}{}^{\circ}H_2$ 结构中，C 原子外层有 1 个含有孤对电子的 sp^3杂化轨道和 1 个空的 sp^3杂化轨道。

（4）$C_{\uparrow\downarrow}{}^{\circ}H_2$生成乙烯分子

图 12-8 是中间体 $C_{\uparrow\downarrow}{}^{\circ}H_2$ 生成乙烯过程分析。图 12-8(a)是 2 个中间体 $C_{\uparrow\downarrow}{}^{\circ}H_2$ 的电子轨道结构图，分别标记为 1-$C_{\uparrow\downarrow}{}^{\circ}H_2$ 和 2-$C_{\uparrow\downarrow}{}^{\circ}H_2$。在图 12-8(b)中，1-$C_{\uparrow\downarrow}{}^{\circ}H_2$ 结构中 C 原子外层含有孤对电子的 sp^3杂化轨道与 2-$C_{\uparrow\downarrow}{}^{\circ}H_2$ 结构中 C 原子外层空的 sp^3杂化轨道重叠，1-$C_{\uparrow\downarrow}{}^{\circ}H_2$ 结构中 C 原子外层空的 sp^3杂化轨道与 2-$C_{\uparrow\downarrow}{}^{\circ}H_2$ 结构中 C 原子外层含有孤对电子的 sp^3杂化轨道重叠，1-$C_{\uparrow\downarrow}{}^{\circ}H_2$ 和 2-$C_{\uparrow\downarrow}{}^{\circ}H_2$ 共用 2 对电子生成 1 个 C═C 键，则生成 1 个乙烯分子 CH_2═CH_2，其电子轨道结构如图 12-8(c)所示。

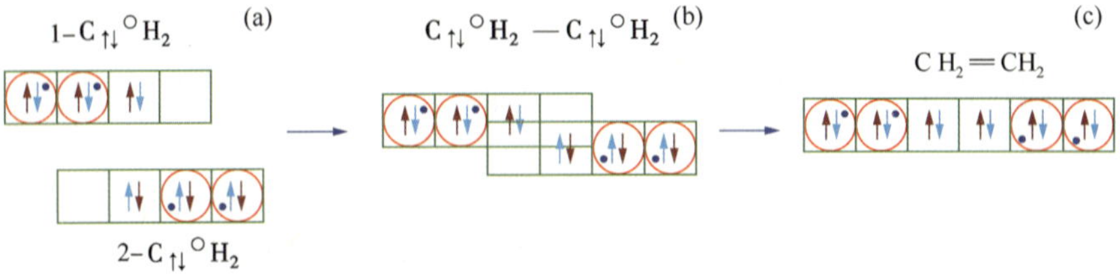

图 12-8 乙烯分子 C_2H_4生成分析

(5) 反应机理

根据上面分析，甲醇在 4 配位 B 酸中心 H[AlO_4]作用下生成乙烯反应过程如下：

$$CH_3OH+H[AlO_4] \longrightarrow CH_3^+ + [AlO_4]^- + H_2O \tag{1}$$

$$CH_3^+ + [AlO_4]^- \longrightarrow H[AlO_4] + C_{\uparrow\downarrow}{}^{\circ}H_2 \tag{2}$$

$$2C_{\uparrow\downarrow}{}^{\circ}H_2 \longrightarrow CH_2{=\!=}CH_2 \tag{3}$$

反应式[(1)+(2)]×2+(3)相加得反应式(4)，生成乙烯。

$$2CH_3OH \longrightarrow C_2H_4 + 2H_2O \tag{4}$$

上述分析了甲醇分子在 4 配位 B 酸中心 $HAlO_4$作用下生成乙烯分子反应过程。实际上，无论在 4 配位 B 酸中心、还是 5 配位或者 6 配位 B 酸中心，甲醇反应制乙烯机理相同。

(6) 小结

甲醇在 B 酸中心作用下反应生成乙烯分 3 步：

①B 酸中心释放 H^+攻击甲醇分子中 C—O 键，C—O 键断裂生成甲基正碳离子 CH_3^+和 H_2O，B 酸中心失活，CH_3^+结构中碳原子外层有个空轨道；

② 失活 B 酸中心从 CH_3^+处抽取 H^+恢复活性，CH_3^+失去 H^+反应生成中间体 $C_{\uparrow\downarrow}{}^{\circ}H_2$，$C_{\uparrow\downarrow}{}^{\circ}H_2$结构中 C 原子外层有 1 个含有孤对电子的轨道和 1 个空轨道；

③ 2 个 $C_{\uparrow\downarrow}{}^{\circ}H_2$ 结构中 C 原子，1 个 C 原子上的孤对电子与另 1 个 C 原子上空轨道相互占据，2 个 C 原子共用 2 对电子生成 1 个 C═C 键，即生成 1 个乙烯分子 $CH_2{=\!=}CH_2$。

12.4.2 合成气制乙烯反应机理

(1) F-T 合成制乙烯

在合成气经 F-T 路线直接转化制备低碳烯烃的反应中，使用最多的是改性 Fe 系或 Co 系催化剂，常用的改性元素有 Mn、Ti 和 Zn 等[22~26]。双功能催化工艺就是将合成气制备甲醇催化剂的活性组分(ZnZr 或 ZnCr 复合氧化物)与甲醇制烯烃的活性组分(酸性分子筛)耦合在一起，通过优选催化剂耦合体系和调配催化剂耦合比例，使生成的甲醇或类似于甲醇的 C_1中间产物能够在分子筛孔道内快速发生 MTO 反应，从而促进合成气制甲醇反应向右进行，实现 CO 转化率和低碳烯烃选择性的同时提高。

1) Fe 基催化剂作用

Fe 原子核电荷数 26>21，其外层电子排布是 $3d^64s^2$，不存在能级交错，$E_{4s}>E_{3d}$，其电子轨道结构如图 12-9(a)所示；Fe 原子在失去电子时，首先失去 4s 轨道 2 个电子生成 Fe^{2+}，其外层电子排布是 $3d^64s^0$，其电子轨道结构如图 12-9(b)；之后，再失去 3d 轨道的 1 个电子生成 Fe^{3+}，其外层电子排布为 $3d^54s^0$，其电子轨道结构如图 12-9(c)所示。

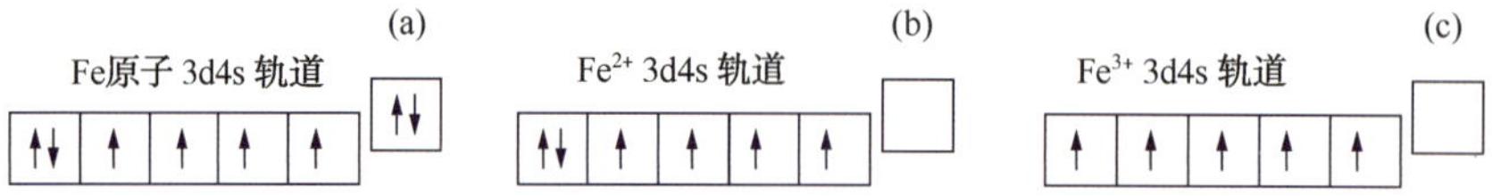

图 12-9　Fe、Fe^{2+}和 Fe^{3+}电子轨道结构图

表 12-4　部分元素电负性

元素	H	Rh	Cr	Zn	Fe	Co	La	Cu	O	Mo	C
A^0	2.20	2.20	1.66	1.65	1.83	1，88	1.10	1.90	3.44	2.16	2.55
A^+		4.60	4.19	4.92	4.33	4.49	2.99	5.04	8.77	4.18	6.42
A^{2+}		8.85	8.54	10.38	8.43	9.10	5.44	10.28	16.21	7.80	13.01
A^{3+}		13.80	14.41	17.84	15.38	15.26	12.44	16.57	23.82	13.24	20.23

图 12-10 是 Fe 原子与 H_2分子作用生成 H^-过程分析。图 12-10(a)是 Fe 原子和 H_2分子电子轨道结构图。在图 12-10(b)中，Fe 原子与 H_2分子相互作用，根据表 12-4 电负性数据[35]，H 原子电负性(2.20)大于 Fe 原子电负性(1.83)，则 H_2分子中 2 个 H 原子会从 Fe 原子外层 4s 轨道抽取 2 个电子填充到其外层 s 轨道上生成 2 个 H^-，其电子轨道结构如图 12-10(c)所示；Fe 原子失去外层 4s 轨道上 2 个电子生成 1 个 Fe^{2+}，其电子轨道结构如图 12-10(d)所示。

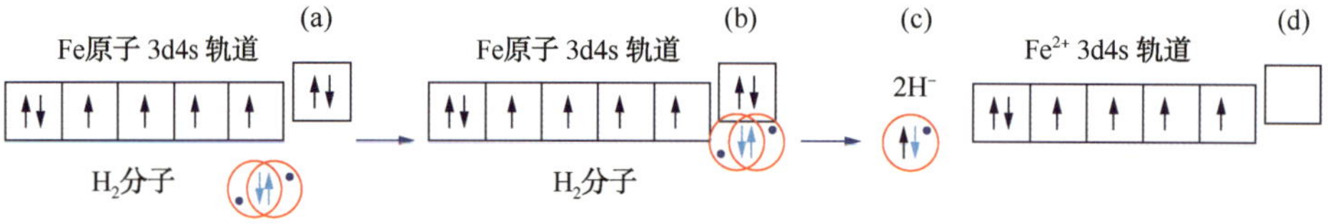

图 12-10　H_2在 Fe 原子作用下生成 H^-

图 12-11 是 Fe^{2+}与 H_2分子作用生成 H^+过程分析。图 12-11(a)是 Fe^{2+}和 H_2分子电子轨道结构图。在图 12-11(b)中，Fe^{2+}与 H_2分子相互作用，由于 Fe^{2+}电负性(8.43)大于 H 原子电负性(2.20)，Fe^{2+}会从 H_2分子中 2 个 H 原子外层 s 轨道上抽取 2 个电子填充到其外层 4s 轨道，Fe^{2+}被还原为 Fe 原子，其电子轨道结构如图 12-11(c)所示；2 个 H 原子失去 2 个电子生成 2 个 H^+，其电子轨道结构如图 12-11(d)所示。

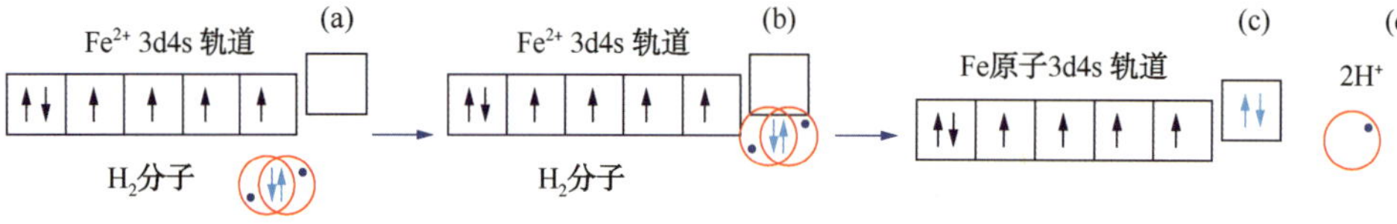

图 12-11　H_2在 Fe^{2+}作用下生成 H^+

Fe/Fe^{2+}与 H_2分子作用，会生成个数相同的 H^+、H^-。实际上，表 12-4 中 Co/Co^{2+}等过渡元素也具有和 Fe/Fe^{2+}相同作用，它们与 H_2分子作用也能生成 H^+、H^-，且 H^+、H^-个数相同。

2）生成 $C_{\uparrow\downarrow}{}^{\circ}H_2$ 结构

图 12-12 是 CO 结构分析。图 12-12(a)是 C 原子外层 $2s^22p^2$轨道和 O 原子外层 $2s^22p^4$轨道。在图 12-12(b)中，C 原子外层 2p 轨道上 2 个未成键电子与 O 原子外层 2p 轨道上 2 个未成键电子结合形成 2 个 C—O 共价键，O 原子外层 2p 轨道上孤对电子进入 C 原子外层 2p 空轨道生成 1 个 O→C 配位键，则生成 CO 分子，其电子轨道结构如图 12-12(c)所示，电子式为 :C: : :O: ，结构式 C≡O 。

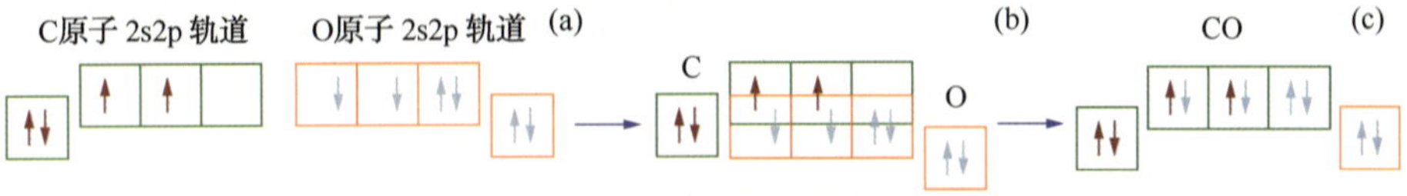

图 12-12　CO 结构分析

图 12-13 是 CO 分子与 H^+、H^-作用生成 H_2O 分子和活性碳原子 C^* 过程分析。图 12-13(a)是 CO 分子与 H^+、H^-电子轨道结构图。在图 12-13(b)中，H^+和 H^-外层 s 轨道与 CO 中 C、O 原子外层重叠轨道再次重叠，活化了C≡O分子中的化学键，C、O 原子外层轨道进行了 sp^3杂化各自生成了 4 个 sp^3杂化轨道。在图 12-13(c)中，根据表 12-4 电负性数据[35]，O 原子电负性(3.44)大于 C 原子电负性(2.55)，共用的 3 对电子中的 1 对电子留在 C 原子外层 sp^3杂化轨道上，还有 2 对电子包括生成配位键的 1 对电子留在 O 原子外层 2 个 sp^3杂化轨道上。在 C 原子外层的 2 个 sp^3杂化轨道含有孤对电子，还有 2 个空的 sp^3杂化轨道；在 O 原子外层只有 1 个空的 sp^3杂化轨道。当 H^+外层空的 s 轨道与 O 原子外层含有孤对电子的 sp^3杂化轨道重叠，共用 1 对电子生成第 1 个 H—O 键，含有孤对电子的 H^-外层 s 轨道与 O 原子外层空的 sp^3杂化轨道重叠，且共用 1 对电子生成了第 2 个 H—O 键，则 O 原子与 H^+、H^-结合生成了 1 个水分子 H_2O，其电子轨道结构如图 12-13(d)所示。生成水分子 H_2O 的同时，还生成了 1 个活性碳原子 C^*，C^* 原子外层有 2 个含有孤对电子的 sp^3杂化轨道，2 个空的 sp^3杂化轨道，其电子轨道结构如图 12-13(e)所示。

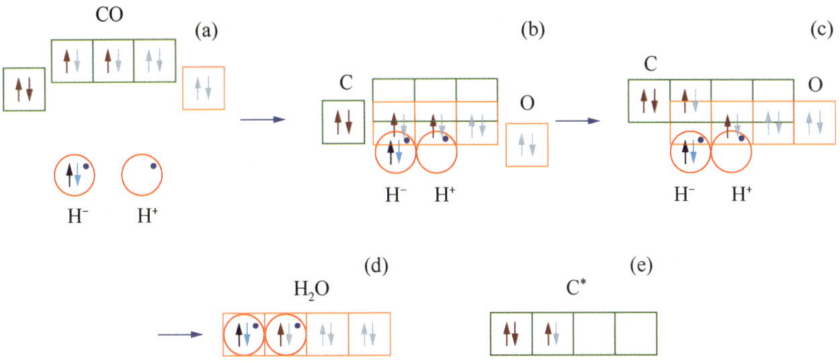

图 12-13　CO 分子与 H^+和 H^-作用形成活性碳原子 C^*

图 12-14 是活性碳原子 C^* 与 H^+、H^-相互作用生成中间体 $C_{\uparrow\downarrow}{}^{\circ}H_2$ 结构过程分析。图 12-14(a)是活性碳原子 C^* 与 H^+、H^-电子轨道结构，活性碳原子 C^* 的外层有 4 个 sp^3杂化轨道，在 4 个 sp^3杂化轨道中有 2 个轨道含有孤对电子，还有 2 个空的 sp^3杂化轨道。在图 12-14(b)中，H^+外层空的 s 轨道与活性碳原子 C^* 中含有孤对电子的 sp^3杂化轨道重

叠，共用1对电子生成了1个C—H键；H^-外层含有孤对电子的s轨道与活性碳原子C^*外层空的sp^3杂化轨道重叠，共用1对电子生成了第2个C—H键，则生成了中间体$C_{\uparrow\downarrow}{}^{\circ}H_2$结构，其电子轨道结构如图12-14(c)和12-14(d)所示。在$C_{\uparrow\downarrow}{}^{\circ}H_2$结构中，双箭头"↑↓"表示C原子外层$sp^3$杂化轨道上有1对孤对电子，圆圈"○"表示C原子外层有1个空的sp^3杂化轨道。

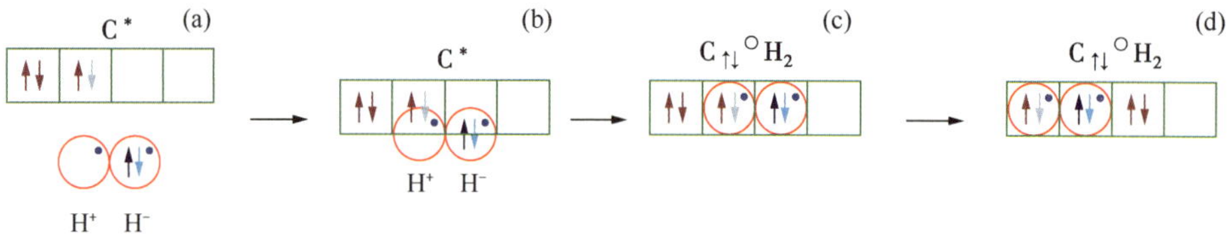

图12-14 活性碳原子C^*与H^+和H^-生成中间体$C_{\uparrow\downarrow}{}^{\circ}H_2$

3）中间体$C_{\uparrow\downarrow}{}^{\circ}H_2$生成乙烯分子

图12-15是中间体$C_{\uparrow\downarrow}{}^{\circ}H_2$生成乙烯过程分析。图12-15(a)是2个$C_{\uparrow\downarrow}{}^{\circ}H_2$结构电子轨道结构图，分别表示为1-$C_{\uparrow\downarrow}{}^{\circ}H_2$和2-$C_{\uparrow\downarrow}{}^{\circ}H_2$。在图12-15(b)中，1-$C_{\uparrow\downarrow}{}^{\circ}H_2$结构中C原子外层含有孤对电子的$sp^3$杂化轨道与2-$C_{\uparrow\downarrow}{}^{\circ}H_2$结构中C原子外层空的$sp^3$杂化轨道重叠，1-$C_{\uparrow\downarrow}{}^{\circ}H_2$结构中C原子外层空的$sp^3$杂化轨道与2-$C_{\uparrow\downarrow}{}^{\circ}H_2$结构中C原子外层含有孤对电子的$sp^3$杂化轨道重叠，这两个C原子共用2对电子生成1个C═C键，则生成乙烯分子$CH_2═CH_2$，其电子轨道结构如图12-15(c)所示。

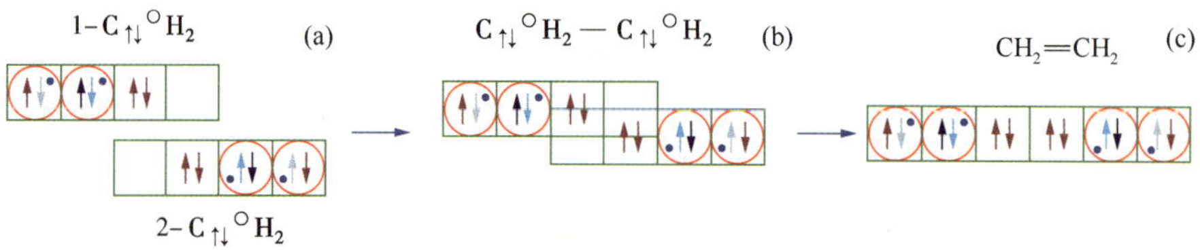

图12-15 2个$C_{\uparrow\downarrow}{}^{\circ}H_2$生成1个$C_2H_4$分子

4）反应机理

合成气在Fe系或Co系催化剂作用下F-T合成制乙烯过程如下：

$$Fe+H_2 \longrightarrow Fe^{2+}+2H^- \tag{1}$$

$$Fe^{2+}+H_2 \longrightarrow Fe+2H^+ \tag{2}$$

$$CO+H^-+H^+ \longrightarrow C^*+H_2O \tag{3}$$

$$C^*+H^-+H^+ \longrightarrow C_{\uparrow\downarrow}{}^{\circ}H_2 \tag{4}$$

$$2C_{\uparrow\downarrow}{}^{\circ}H_2 \longrightarrow C_2H_4 \tag{5}$$

反应式[(1)+(2)+(3)+(4)]×2+(5)相加得反应式(6)，生成乙烯分子。

$$2CO+4H_2 \longrightarrow C_2H_4+2H_2O \tag{6}$$

5）小结

合成气经F-T路线直接转化制备低碳烯烃的反应，使用最多的是改性Fe系或Co系催化剂，反应过程分4步：

① H_2与Fe/Fe^{2+}相互作用，生成数目相同的H^-和H^+，H^-和H^+成对出现、同时存在；

② CO与H^+和H^-相互作用，生成活性碳原子C^*和水分子，C^*原子外层有2个含有孤

对电子的 sp^3 杂化轨道和有 2 个空的 sp^3 杂化轨道；

③ 活性碳原子 C^* 与 H^+ 和 H^- 继续作用，生成中间体 $C_{\uparrow\downarrow}{}^{\circ}H_2$，中间体 $C_{\uparrow\downarrow}{}^{\circ}H_2$ 结构中 C 原子外层有 1 个含有孤对电子的 sp^3 杂化轨道和 1 个空的 sp^3 杂化轨道；

④ 2 个 $C_{\uparrow\downarrow}{}^{\circ}H_2$ 结构中 C 原子，1 个 C 原子上的孤对电子与另 1 个 C 原子上的空轨道相互占据，2 个 C 原子共用 2 对电子生成 1 个 C═C 键，则生成乙烯分子 CH_2═CH_2。

（2）双功能催化工艺制乙烯

一氧化碳在双功能 Zn 系催化剂如 $ZnCrO_x$/MSAPO 等作用下加氢直接合成乙烯，Zn 元素作用是促进加氢反应，而分子筛的作用是抑制甲醇生成。下面就反应物 CO、H_2 与催化剂之间的相互作用进行分析。

1）Zn 元素作用

Zn 原子核电荷数 30>21，其外层电子排布：$3d^{10}4s^2$，不存在能加交错，$E_{4s}>E_{3d}$，其电子轨道结构如图 12-16(a)；Zn 原子最容易失去 4s 轨道的 2 个电子，生成 Zn^{2+}，其外层电子排布为：$3d^{10}4s^0$，电子轨道结构如图 12-16(b)所示。

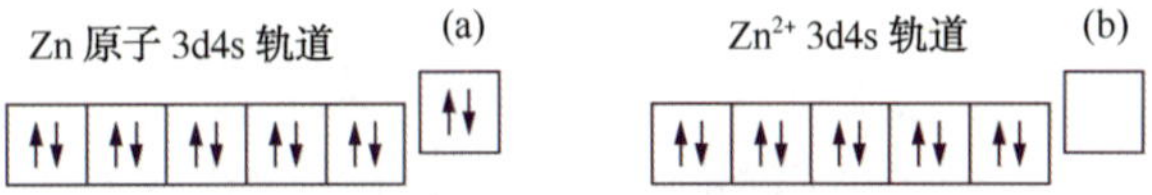

图 12-16　Zn、Zn^{2+} 电子轨道结构

图 12-17 是 H_2 分子在 Zn 原子作用下生成 H^- 过程分析。图 12-17(a)是 Zn 原子和 H_2 分子电子轨道结构图。在图 12-17(b)中，根据表 12-5 电负性数据[35]，H 元素电负性(2.20)大于 Zn 元素电负性(1.65)，Zn 原子和 H_2 分子相互作用时，H_2 分子中 2 个 H 原子会从 Zn 原子外层 4s 轨道各自获得 1 个电子填充到其外层 s 轨道生成 2 个 H^-，其电子轨道结构如图 12-17(c)；而 Zn 原子失去 2 个电子生成 Zn^{2+}，其电子轨道结构如图 12-17(d)所示。

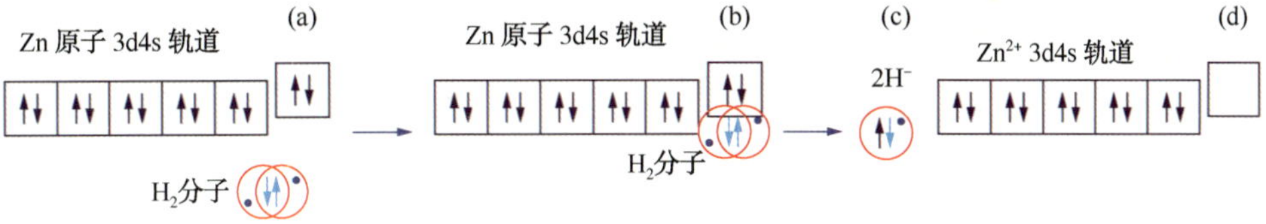

图 12-17　H_2 在 Zn 原子作用下生成 H^-

表 12-5　部分元素电负性

元素	H	Pd	Rh	Cr	Zn	Ga	Zr	La	Cu	O	Mo	C
A^0	2.20	2.20	2.20	1.66	1.65	1.60	1.33	1.10	1.90	3.44	2.16	2.55
A^+		5.00	4.60	4.19	4.92	4.77	3.59	2.99	5.04	8.77	4.18	6.42
A^{2+}		9.42	8.85	8.54	10.38	9.22	6.50	5.44	10.28	16.21	7.80	13.01
A^{3+}		14.75	13.80	14.41	17.84	17.05	10.32	12.44	16.57	23.82	13.24	20.23

从表 12-5 电负性数据对比发现，失去电子的金属阳离子电负性普遍高于金属原元素，

失去电子个数越多，金属阳离子电负性就越大。如 Zn 原子电负性为 1.65，Zn^{+}电负性为 4.92，Zn^{2+}电负性为 10.38，Zn^{3+}电负性为 17.84。

图 12-18 是 Zn^{2+}与 H_2分子作用生成 H^{+}过程分析。图 12-18(a)是 Zn^{2+} 3d4s 轨道和 H_2分子中 H 原子外层 s 轨道。在图 12-18(b)中，Zn^{2+}电负性(10.38)大于 H 原子电负性(2.20)，Zn^{2+}和 H_2分子相互作用时，Zn^{2+}会从 H 原子外层 s 轨道抽取电子填充到 Zn^{2+}外层空的 4s 轨道上，生成 Zn 原子，其电子轨道结构如图 12-18(c)；而 H_2分子中 2 个 H 原子失去外层 s 轨道 2 个电子后生成了 2 个 H^{+}，其电子轨道结构如图 12-18(d)所示。

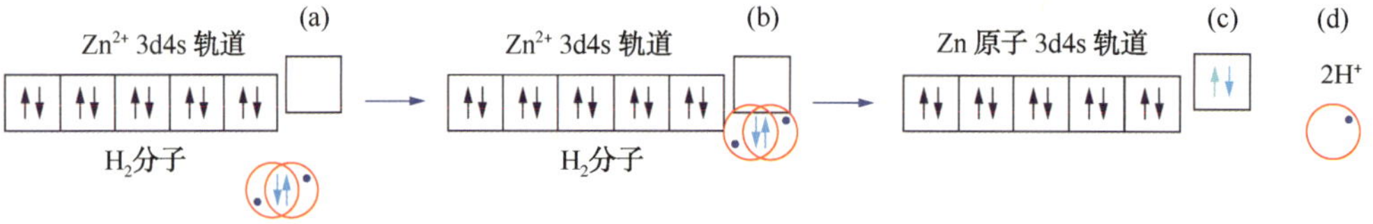

图 12-18　H_2在 Zn^{2+}作用下生成 H^{+}

2）生成 $C_{\uparrow\downarrow}{}^{\circ}H_2$ 结构

图 12-19 是 CO 结构分析。图 12-19(a)是 C 原子外层 $2s^2 2p^2$轨道和 O 原子外层 $2s^2 2p^4$轨道；在图 12-19(b)中，C 原子外层 2p 轨道上 2 个未成键电子与 O 原子外层 2p 轨道上 2 个未成键电子结合形成 2 个 C—O 共价键，O 原子外层 2p 轨道上孤对电子进入 C 原子外层 2p 空轨道生成 1 个 O→C 配位键，则生成 CO 分子，其电子轨道结构如图 12-19(c)所示，CO 分子电子式为 :C: : :O: ，结构式$C\equiv O$ 。

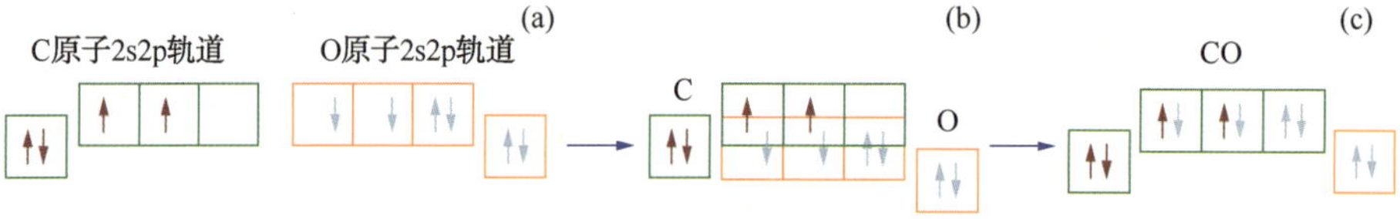

图 12-19　CO 结构分析

图 12-20 是 CO 分子与 H^{+}、H^{-}作用生成 H_2O 分子和活性碳原子 C^{*}过程分析。图 12-20(a)是 CO 分子与 H^{+}、H^{-}电子轨道结构图。在图 12-20(b)中，H^{+}和 H^{-}外层 s 轨道与 CO 中 C、O 原子外层重叠轨道再次重叠，活化了 $C\equiv O$ 分子中的化学键，C、O 原子外层轨道进行了 sp^3杂化各自生成了 4 个 sp^3杂化轨道。在图 12-20(c)中，根据表 12-5 电负性数据[35]，O 原子电负性(3.44)大于 C 原子电负性(2.55)，共用的 3 对电子中的 1 对电子留在 C 原子外层 sp^3杂化轨道上，还有 2 对电子包括生成配位键的 1 对电子留在 O 原子外层 2 个 sp^3杂化轨道上。在 C 原子外层的 2 个 sp^3杂化轨道含有孤对电子，还有 2 个空的 sp^3杂化轨道；在 O 原子外层只有 1 个空的 sp^3杂化轨道。当 H^{+}外层空的 s 轨道与 O 原子外层含有孤对电子的 sp^3杂化轨道重叠，共用 1 对电子生成第 1 个 H—O 键，含有孤对电子的 H^{-}外层 s 轨道与 O 原子外层空的 sp^3杂化轨道重叠，且共用 1 对电子生成了第 2 个 H—O 键，则 O 原子与 H^{+}、H^{-}结合生成了 1 个水分子 H_2O，其电子轨道结构如图 12-20(d)所示。生成水分子 H_2O 的同时，还生成了 1 个活性碳原子 C^{*}，C^{*}原子外层有 2 个含有孤对电子的 sp^3杂化轨道，2 个空的 sp^3杂化轨道，其电子轨道结构如图 12-20(e)所示。

图 12-21 是活性碳原子 C^{*} 与 H^{+}、H^{-} 相互作用生成中间体 $C_{\uparrow\downarrow}{}^{\circ}H_2$ 结构过程分析。

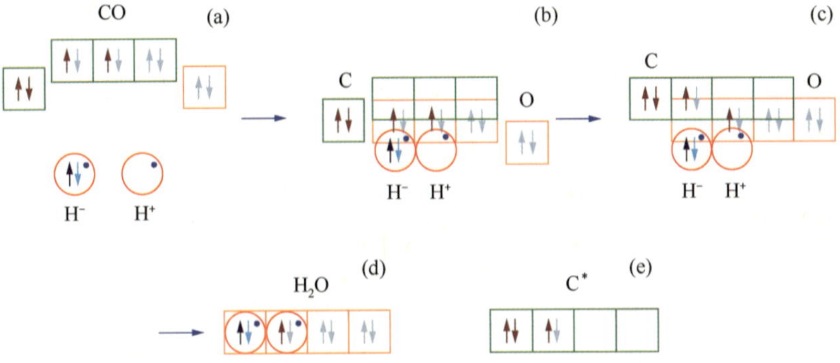

图 12-20 CO 分子与 H^+ 和 H^- 作用形成活性碳原子 C^*

图 12-21(a)是活性碳原子 C^* 与 H^+、H^- 电子轨道结构，活性碳原子 C^* 的外层有 4 个 sp^3 杂化轨道，在 4 个 sp^3 杂化轨道中有 2 个轨道含有孤对电子，还有 2 个空的 sp^3 杂化轨道。在图 12-21(b)中，H^+ 外层空的 s 轨道与活性碳原子 C^* 中含有孤对电子的 sp^3 杂化轨道重叠，共用 1 对电子生成了 1 个 C—H 键；H^- 外层含有孤对电子的 s 轨道与活性碳原子 C^* 外层空的 sp^3 杂化轨道重叠，共用 1 对电子生成了第 2 个 C—H 键，则生成了中间体 $C_{\uparrow\downarrow}{}^{\bigcirc}H_2$ 结构，其电子轨道结构如图 12-21(c)和图 12-21(d)所示。在 $C_{\uparrow\downarrow}{}^{\bigcirc}H_2$ 结构中，双箭头“↑↓”表示 C 原子外层 sp^3 杂化轨道上有 1 对孤对电子，圆圈“○”表示 C 原子外层有 1 个空的 sp^3 杂化轨道。

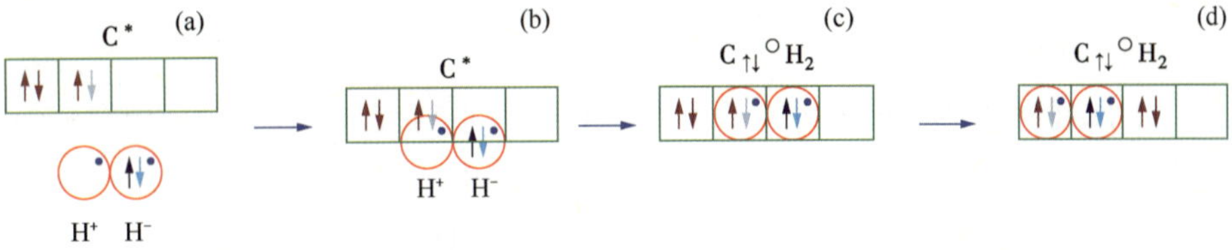

图 12-21 活性碳原子 C^* 与 H^+ 和 H^- 生成中间体 $C_{\uparrow\downarrow}{}^{\bigcirc}H_2$

3）中间体 $C_{\uparrow\downarrow}{}^{\bigcirc}H_2$ 生成乙烯分子

图 12-22 是 $C_{\uparrow\downarrow}{}^{\bigcirc}H_2$ 生成乙烯过程分析。图 12-22(a)是 2 个 $C_{\uparrow\downarrow}{}^{\bigcirc}H_2$ 结构电子轨道结构图，分别表示为 1-$C_{\uparrow\downarrow}{}^{\bigcirc}H_2$ 和 2-$C_{\uparrow\downarrow}{}^{\bigcirc}H_2$。在图 12-22(b)中，1-$C_{\uparrow\downarrow}{}^{\bigcirc}H_2$ 结构中 C 原子外层含有孤对电子的 sp^3 杂化轨道与 2-$C_{\uparrow\downarrow}{}^{\bigcirc}H_2$ 结构中 C 原子外层空的 sp^3 杂化轨道重叠，1-$C_{\uparrow\downarrow}{}^{\bigcirc}H_2$ 结构中 C 原子外层空的 sp^3 杂化轨道与 2-$C_{\uparrow\downarrow}{}^{\bigcirc}H_2$ 结构中 C 原子外层含有孤对电子的 sp^3 杂化轨道重叠，这两个 C 原子共用 2 对电子生成 1 个 C═C 键，则生成乙烯分子 CH_2═CH_2，其电子轨道结构如图 12-22(c)所示。

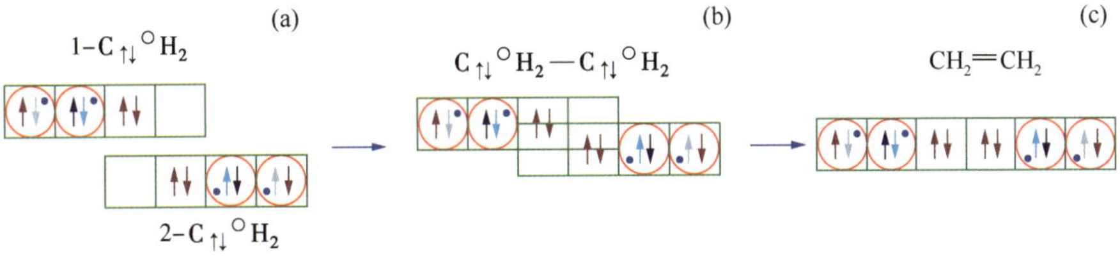

图 12-22 2 个 $C_{\uparrow\downarrow}{}^{\bigcirc}H_2$ 生成 1 个 C_2H_4 分子

4）分子筛作用分析

在双功能催化剂作用下，CO 与 H_2 反应生成乙烯时伴随甲醇生成，分子筛催化剂中 B 酸中心的作用就是把甲醇再次转化为乙烯，从而抑制产物中甲醇含量。解决这个问题分两步，首先分析甲醇的生成过程，然后解释分子筛催化剂 B 酸中心的作用。实际反应中，H_2 分子在 Zn/Zn^{2+} 作用下生成数目相等的 H^+ 和 H^-，生成的 H^+ 和 H^- 攻击 CO 分子时会生成 H_2O 分子，H_2O 分子会与中间体 $C_{\uparrow\downarrow}{}^{\circ}H_2$ 反应生成甲醇。B 酸中心提供的 H^+ 能够再次将甲醇分子转变成乙烯分子。

图 12-23 是中间体 $C_{\uparrow\downarrow}{}^{\circ}H_2$ 与水分子 H_2O 作用生成甲醇分子过程分析。图 12-23(a) 是中间体 $C_{\uparrow\downarrow}{}^{\circ}H_2$ 和 H_2O 分子电子轨道结构图。在图 12-23(b) 中，中间体 $C_{\uparrow\downarrow}{}^{\circ}H_2$ 中 C 原子外层空的 sp^3 杂化轨道与 H_2O 分子中 O 原子和 H 原子外层重叠轨道再次重叠，重叠处的 H^+ 向 $C_{\uparrow\downarrow}{}^{\circ}H_2$ 结构中 C 原子外层含有孤对电子的 sp^3 杂化轨道上转移，生成 1 个 C—H 键，重叠处的 C、O 原子共用 1 对电子生成 1 个 C—O 键，则生成 1 个甲醇分子 CH_3OH，其电子轨道结构如图 12-23(c) 所示。接下来分析甲醇在 B 酸中心作用下生成乙烯分子过程。

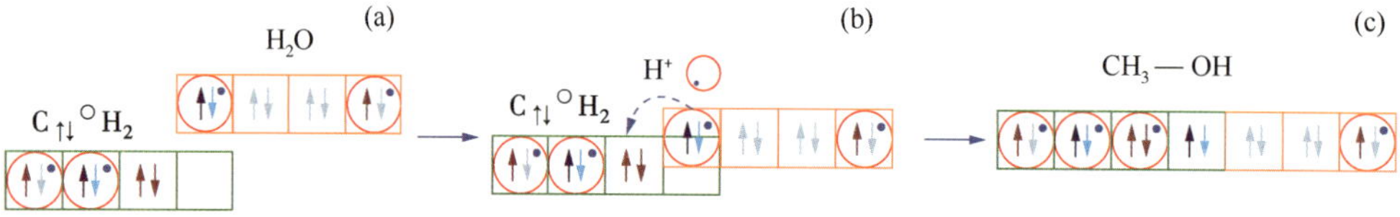

图 12-23 中间体 $C_{\uparrow\downarrow}{}^{\circ}H_2$ 与水分子作用形成甲醇分子

图 12-24 是 B 酸中心 HB（HB 表示 4 配位 B 酸中心）提供的 H^+ 攻击甲醇分子中 C—O 键生成甲基正碳离子 CH_3^+ 过程分析。图 12-24(a) 是甲醇分子和 B 酸中心 HB 提供的 H^+ 的电子轨道结构图。在图 12-24(b) 中，B 酸中心提供 H^+ 攻击甲醇分子中 C—O 键，H^+ 外层空的 s 轨道与 C、O 原子外层重叠轨道再次重叠活化了 C—O 键。根据表 12-5 电负性数据，O 原子电负性(3.44)大于 C 原子电负性(2.55)，C—O 键断裂时，共用电子对留在了 O 原子外层 sp^3 杂化轨道上，并与 H^+ 外层空的 s 轨道重叠，生成 1 个 H—O 键，则生成 1 个 H_2O 分子，其电子轨道结构如图 12-24(c) 所示；C—O 键断裂，C 原子外层 sp^3 杂化轨道失去共用电子对，生成了 1 个空的 sp^3 杂化轨道，则生成甲基正碳离子 CH_3^+，其电子轨道结构如图 12-24(d) 所示。

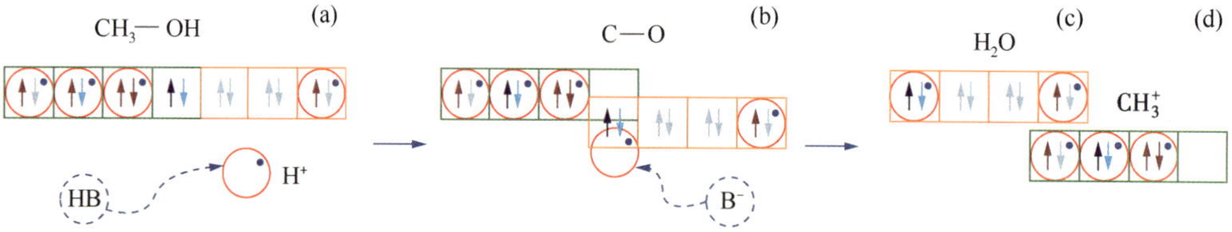

图 12-24 B 酸中心提供 H^+ 攻击甲醇分子 C—O 键生成甲基正碳离 CH_3^+

生成的甲基正碳离子 CH_3^+ 会与失活的 B 酸中心 B^- 继续作用生成中间体 $C_{\uparrow\downarrow}{}^{\circ}H_2$。图 12-25 是失活 B 酸中心 B^- 与 CH_3^+ 相互作用生成中间体 $C_{\uparrow\downarrow}{}^{\circ}H_2$ 过程分析。图 12-25(a) 是甲基正碳离子 CH_3^+ 的电子轨道结构图和失活 B 酸中心 B^- 示意图。在图 12-25(b) 中，失活 B 酸中心带负

电，它会从带正电的CH_3^+结构中抽取H^+，形成HB结构，得到H^+使失活的B酸中心B^-恢复了活性，而甲基正碳离子CH_3^+失去H^+后就生成了中间体$C_{\uparrow\downarrow}{}^{\circ}H_2$结构，其电子轨道结构如图12-25(c)所示。在中间体$C_{\uparrow\downarrow}{}^{\circ}H_2$结构中C原子外层有1个含有孤对电子的$sp^3$杂化轨道和1个空的$sp^3$杂化轨道。图12-25(d)是恢复活性后的B酸中心。

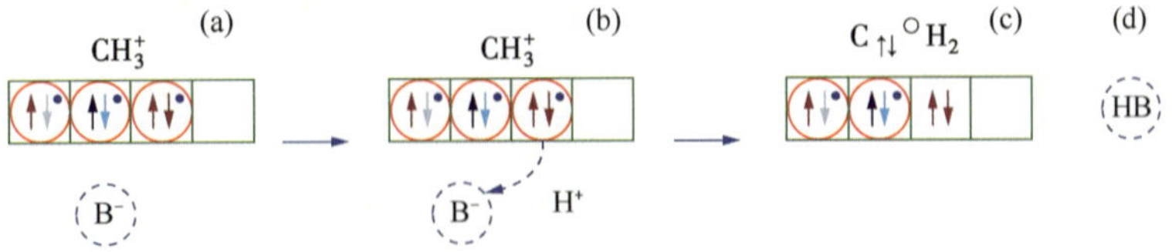

图12-25 甲基正碳离子CH_3^+生成中间体$C_{\uparrow\downarrow}{}^{\circ}H_2$过程分析

前面已经分析了2个中间体$C_{\uparrow\downarrow}{}^{\circ}H_2$可以生成1个乙烯分子$C_2H_4$。图12-26是中间体$C_{\uparrow\downarrow}{}^{\circ}H_2$生成乙烯过程分析。图12-26(a)是2个$C_{\uparrow\downarrow}{}^{\circ}H_2$的电子轨道结构图，分别标记为$1\text{-}C_{\uparrow\downarrow}{}^{\circ}H_2$和$2\text{-}C_{\uparrow\downarrow}{}^{\circ}H_2$。在图12-26(b)中，$1\text{-}C_{\uparrow\downarrow}{}^{\circ}H_2$结构中C原子外层含有孤对电子的$sp^3$杂化轨道与$2\text{-}C_{\uparrow\downarrow}{}^{\circ}H_2$结构中C原子外层空的$sp^3$杂化轨道重叠，$1\text{-}C_{\uparrow\downarrow}{}^{\circ}H_2$结构中C原子外层空的$sp^3$杂化轨道与$2\text{-}C_{\uparrow\downarrow}{}^{\circ}H_2$结构中C原子外层含有孤对电子的$sp^3$杂化轨道重叠，共用2对电子生成1个C═C键，则生成乙烯分子C_2H_4，其电子轨道结构如图12-26(c)所示。

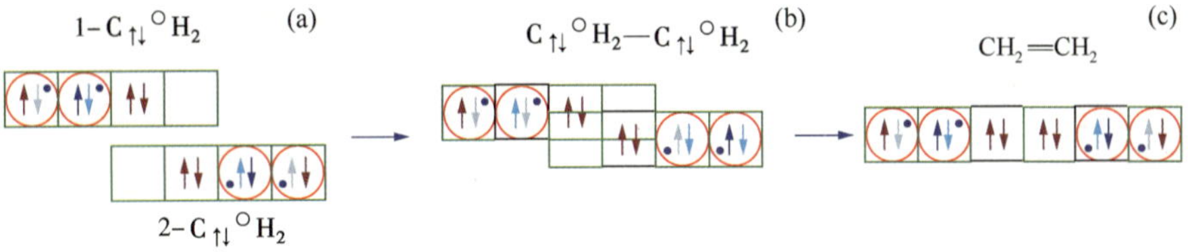

图12-26 2个中间体$C_{\uparrow\downarrow}{}^{\circ}H_2$生成1个乙烯分子$C_2H_4$

在这里就体现了双功能催化剂的作用，使反应生成的甲醇立刻转化为烯烃，达到抑制生成甲醇的目的。

5）反应机理

合成气双功能催化剂作用下制乙烯反应过程如下：

$$Zn+H_2 \longrightarrow Zn^{2+}+2H^- \tag{1}$$

$$Zn^{2+}+H_2 \longrightarrow Zn+2H^+ \tag{2}$$

$$CO+H^-+H^+ \longrightarrow C^*+H_2O \tag{3}$$

$$C^*+H^-+H^+ \longrightarrow C_{\uparrow\downarrow}{}^{\circ}H_2 \tag{4}$$

$$2C_{\uparrow\downarrow}{}^{\circ}H_2 \longrightarrow C_2H_4 \tag{5}$$

反应式[(1)+(2)+(3)+(4)]×2+(5)相加得反应式(6)，生成乙烯，反应方程如下：

$$2CO+4H_2 \longrightarrow C_2H_4+2H_2O \tag{6}$$

但合成气在合成乙烯过程中有甲醇生成，含有B酸中心的分子筛催化剂起到抑制生成甲醇的作用，实际上就是把生成的甲醇转化为乙烯，过程如下：

$$CH_3OH+HB \longrightarrow CH_3^++H_2O+B^- \tag{7}$$

$$CH_3^+ + B^- \longrightarrow C_{\uparrow\downarrow}^{\bigcirc}H_2 + HB \tag{8}$$

$$2C_{\uparrow\downarrow}^{\bigcirc}H_2 \longrightarrow C_2H_4 \tag{9}$$

反应式[(7)+(8)]×2+(9)相加得反应式(10)，甲醇转化生成乙烯，反应方程如下：

$$2CH_3OH \longrightarrow C_2H_4 + 2H_2O \tag{10}$$

6）小结

合成气($CO+H_2$)在双功能 Zn 系催化剂如 $ZnCrO_x$/MSAPO 等作用下加氢直接合成乙烯，Zn 元素促进加氢反应合成乙烯，分子筛将生成的甲醇再次转化为乙烯。反应过程分 7 步：

① H_2在 Zn/Zn^{2+}作用下，生成数目相同的 H^+和 H^-，H^+和 H^-同时存在；

② CO 与 H^+和 H^-相互作用，生成活性碳原子 C^* 和水分子，C^* 原子外层 2 个含有孤对电子的 sp^3杂化轨道和 2 个空的 sp^3杂化轨道；

③ 活性碳原子 C^* 与 H^+和 H^-继续作用，生成中间体 $C_{\uparrow\downarrow}^{\bigcirc}H_2$，中间体 $C_{\uparrow\downarrow}^{\bigcirc}H_2$ 结构中 C 原子外层有 1 个含有孤对电子的 sp^3杂化轨道和 1 个空的 sp^3杂化轨道；

④ 2 个 $C_{\uparrow\downarrow}^{\bigcirc}H_2$ 结构中 C 原子，1 个 C 原子上的孤对电子与另 1 个 C 原子上的空轨道相互占据，2 个 C 原子共用 2 对电子形成 C═C 键，则生成乙烯 C_2H_4；

⑤ 合成气在 Zn 系催化剂作用下合成乙烯时伴随甲醇生成，分子筛 B 酸中心提供的 H^+ 攻击甲醇分子中 C—O 键，C—O 键断裂生成甲基正碳离子 CH_3^+，催化剂 B 酸中心失去 H^+后失活；

⑥ 失活的 B 酸中心抽取甲基正碳离子 CH_3^+中 H^+恢复了活性，而甲基正碳离子 CH_3^+失去 H^+后生成了中间体 $C_{\uparrow\downarrow}^{\bigcirc}H_2$；

⑦ 2 个 $C_{\uparrow\downarrow}^{\bigcirc}H_2$ 结构共用 2 对电子形成 C═C 键，则生成乙烯分子 C_2H_4，这样甲醇就转化为乙烯，实现了双功能催化剂的目的。

参 考 文 献

[1] 徐海丰. 世界各国乙烯行业的发展现状，以及乙烯行业未来的发展趋势[EB/OL]. 2021-03-22. https://www.xianjichina.com/news/details_258125.html.

[2] 简述乙烯产业发展现状及趋势[EB/OL]. 渤海化工网，2020-12-8. https://zhuanlan.zhihu.com/p/334306896.

[3] 李佩娟. 2021 年中国乙烯行业产能现状及“十四五”规划情况乙烯产能利用率逐年下降[EB/OL]. 2021-05-31. https://www.qianzhan.com/analyst/ detail/220/210531-09841e15.html.

[4] 前瞻产业研究院. 2021 年中国乙烯行业市场供给现状及发展前景分析 2025 年乙烯产能或将突破 7000 万吨[EB/OL]. 2021-09-26. https://bg.qianzhan.com/report/detail/300/210926-1ad9ebe0.html.

[5] 美国石化巨头拟投资 50 亿美元新建乙烯生产装置[EB/OL]. 2022-06-23. https://www.sohu.com/a/560298401_121309532.

[6] WU Xiuzhang. Coal-made Light Olefins Process and Engineering [M]. Chemical Industry Press, 2015.

[7] Dahl I M, Kolboe S. On the reaction-mechanism for hydrocarbon formation in the MTO reaction over SAPO-34 [J]. Catalysis Letters, 1993, 20(3): 329-336.

[8] Dahl I M, Kolboe S. On the Reaction Mechanism for Hydrocarbon Formation from Mechanism Studies[J]. Journal of Catalysis, 1994, 149(2): 458-464.

[9] Olsbye U, BjoRgen M, Svelle S, et al. Mechanistic insight into the methanol to hydrocarbons reaction[J]. Catalysis Today, 2005, 106(1-4): 108-111.

[10] Hereijgers B P C, Bleken F, Nilsen M H, et al. Product shape selectivity dominates the methanol-to-olefin (MTO) reaction over SAPO-34 catalysts [J]. Journal of Catalysis, 2009, 264 (1): 77-87.

[11] 严志敏. 甲醇催化转化反应的固体核磁共振研究[D]. 大连：中国科学院研究生院(大连化学物理研究所), 2003.

[12] 吴秀章. 煤制低碳烯烃工艺与工程[M]. 北京：化学工业出版社，2014.

[13] Stöcker M. Methanol-to-hydrocarbons; catalytic materials and their behavior [J]. Micro Meso Mater, 1999, 29(1-2): 3-48.

[14] Li J Z, Wei Y X, Chen J R, et al. Observation of heptamethylbenzenium cation over SAPO-Type molecular sieve DNL-6 under real MTO conversion conditions [J]. J Am Chem Soc, 2012, 134(2): 836-839.

[15] Wu X Q, Xu S T, Zhang W N, et al. Direct Mechanism of the First Carbon-Carbon Bond Formation in the Methanol-to-Hydrocarbons Process[J]. Angewandte Chemie International Edition, 2017, 56(31), 8905-9239.

[16] Wu X Q, Xu S T, Wei Y X, et al. Evolution of C-C Bond Formation in the Methanol-to-Olefins Process: From Direct Coupling to Autocatalysis [J] ACS Catal. 2018, 8(8): 7356-7361.

[17] 唐宏青. 现代煤化工新技术[M]. 北京：化学工业出版社，2009.

[18] Ono Y, Mori T. Mechanism of methanol conversion into hydrocarbons over ZSM-5 zeolite [J]. J C S Faraday Trans I, 1981, 77(9): 2209-2221.

[19] Catizzon E, Aloise A, Migliori M, et al. The effect of FER zeolite acid sites in methanol-to-dimethyl-ether catalytic dehydration [J]. J Energy Chem, 2017, 26(3): 406-415.

[20] Catizzon E, Aloise A, Migliori M, et al. From 1-D to 3-D zeolite structures: performance assessment in catalysis of vapour-phase methanol dehydration to DME[J]. Microporous Mesoporous Mater, 2017, 243: 102-111.

[21] Haw J F, Song W, Marcus D M, et al. The mechanism of methanol to hydrocarbon catalysis [J]. Acc Chem Res, 2003, 36(5): 317-326.

[22] 于飞，李正甲，安芸蕾，等. 合成气催化转化直接制备 低碳烯烃研究进展[J]. 燃料化学学报，2016, 44(7): 801-814.

[23] Liu Y, Chen J F, Bao J, et al. Manganese-modified Fe_3O_4 microsphere catalyst with effective active phase of forming light olefins from syngas[J]. ACS catalysis, 2015, 5(6): 3905-3909.

[24] Tang L P, Song C L, Yang X L, et al. Promotion of Mn doped Co/CNTs catalysts for CO hydrogenation to light olefins[J]. Chinese journal of chemistry, 2013, 31(6): 826-830.

[25] Feyzi M, Khodaei M M, Shahmoradi J. Effect of preparation and operation conditions on the catalytic performance of cobalt-based catalysts for light olefins production [J]. Fuel processing technology, 2012, 93 (1): 90-98.

[26] Feyzi M, Hassankhani A. TiO_2 supported cobaltmanganese nano catalysts for light olefins production from syngas [J]. Journal of energy chemistry, 2013, 22(4): 645-652.

[27] Zhu Y F, Pan X L, Jiao F, et al. Role of manganese oxide in syngas conversion to light olefins [J]. ACS catalysis, 2017, 7(4): 2800-2804.

[28] Jiao F, Li J L, Pan X L, et al. Selective conversion of syngas to light olefins [J]. Science, 2016, 351 (6277): 1065-1068.

[29] De Jong K P. Surprised by selectivity [J]. Science, 2016, 351(6277): 1030-1031.

[30] Wang Y. A new horizontal in C1 chemistry: highly selective conversion of syngas to light olefins by a novel

OX-ZEO process [J]. Journal of energy chemistry, 2016, 25(2): 169-170.

[31] Cheng K, Gu B, Liu X L, et al. Direct and highly selective conversion of synthesis gas into lower olefins: Design of a bifunctional catalyst combining methanol synthesis and carbon-carbon coupling [J]. Angewandte chemie international edition, 2016, 55(15): 4725-4728.

[32] Jung K D, Bell A T. Role of hydrogen spillover in methanol synthesis over Cu/ZrO_2 [J]. Journal of catalysis, 2000, 193(2): 207-223.

[33] 贺振富，代振宇，龙军．硅-铝催化剂酸中心形成及其结构[J]．石油学报(石油加工)，2011，27(1)：11-19.

[34] 贺振富，刘俊，龙军．硅-铝催化剂酸中心失活与再生的分析[J]．石油学报(石油加工)，2011，27(6)：845-851.

[35] 冯玉彪，张粉保，宣利宏，等．离子的电负性[J]．大连轻工业学院学报，1998，13(2)：70-76.

第 13 章　丙　　烯

13.1　丙烯工业发展现状[1~10]

丙烯(propene)又称甲基乙烯，结构简式 $CH_3CH{=}CH_2$。1851 年 Reynolds 首先发现，丙烯无色易燃气体，带有甜味。熔点为 -185.2℃，沸点为 -47.4℃；液态时相对密度为 0.5193；易液化，临界温度为 92℃，临界压力为 4.56MPa；与空气形成爆炸性混合物，爆炸极限为 2.0%~11.0%(体积)；不溶于水，溶于有机溶剂。高浓度丙烯对人有麻醉作用，浓度较低时，对眼睛和皮肤有刺激作用。

丙烯是仅次于乙烯的一种重要的有机石油化工基本原料，它主要用于生产聚丙烯、苯酚、丙酮、丁醇、辛醇、丙烯腈、环氧丙烷、丙烯酸以及异丙醇等，其他用途还包括烷基化油、催化叠合和二聚，高辛烷值汽油调合料等。丙烯气相氧化得到的丙烯醛，用于生产丙烯酸、烯丙醇、甘油醛、羟基乙醛以及重要的食品和饲料添加剂蛋氨酸。丙烯氨氧化得到的丙烯腈是合成纤维、合成橡胶和合成树脂的重要原料。丙烯氯化得到的氯丙烯可进而合成烯丙醇、丙烯二氯丙醇、氯丙腈等，用于生甘油、环氧树脂、氯醇橡胶、表面活性剂等。丙烯烷基化得到异丙苯，是目前苯酚的主要中间体，生产苯酚同时联产丙酮。丙烯经羰基合成得正丁醛和异丁醛，可衍生许多有机合成中间体，用于增塑剂、染料、溶剂、农药等。丙烯水合得到异丙醇，用于生产丙酮、异丙胺及异丙酯。

近年来，受下游衍生物需求快速增长的驱动，全球丙烯消费量大幅提高，世界丙烯生产发展很快。亚洲、北美和西欧一直是世界上最集中的丙烯生产和消费地区，但从近年的发展趋势来看，北美和西欧的产需增长速度要明显低于世界平均水平，在世界丙烯市场的比例正在逐渐下降。与此同时，亚洲，尤其是中东地区在世界丙烯市场却扮演着越来越重要的角色。

丙烯是最重要的石油化工产品之一，不仅拥有多元化的生产工艺，也具有丰富的下游产业链条。我国丙烯行业的产量、当量消费已经连续多年位居全球第一。2018 年，我国丙烯产能保持快速增长态势，总产能 3620 万 t/a，产量达 3140 万 t/a，同比增长了 5.5% 和 9.2%，当量消费量为 4010 万 t/a，同比增长 7%，丙烯供应侧自给率达 78.3%。2018 年我国丙烯产能、产量、消费量分别占全球的 27.0%、27.2% 和 35.0%。2019 年我国丙烯产能达到 3908 万 t，2020 年丙烯产能达到了 4407 万 t，2021 年我国丙烯产能为 5000 万 t，同比增长 11.68%，产量为 4297 万 t，同比增长 19.03%，自 2017 年以来年均复合增速分别为 9.96%、10.94%，详见图 13-1。

自 2014 年来，我国丙烯产量逐年增长，增速逐渐放缓，到 2018 年我国丙烯产量达到 3140 万 t，同比增长 10.6%；2019 年我国丙烯产量达到 3203 万 t，同比增长 2.01%，2020 年丙烯产量达到约 3600 万 t，同比增加了 12.39%；2021 年我国丙烯产量为 4297 万 t，同比增长 19.03%，近年来丙烯产量统计见图 13-2。

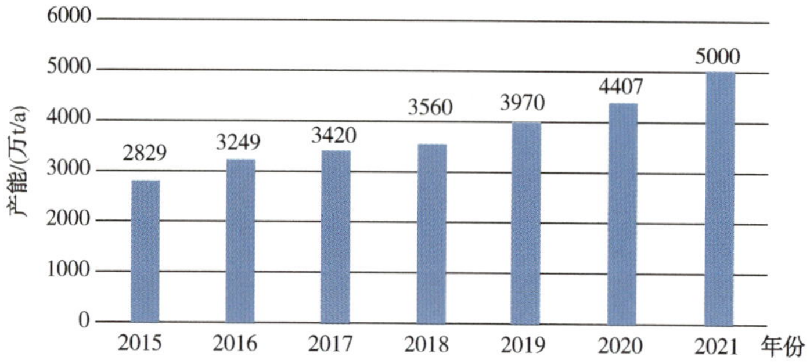

图 13-1　2015~2021 年我国丙烯产能统计

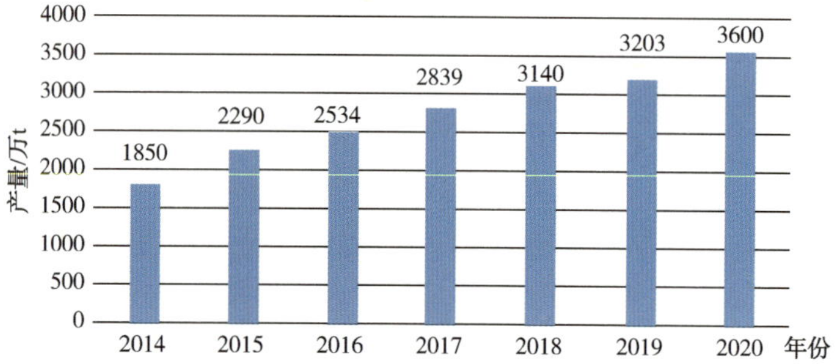

图 13-2　2014~2020 年我国丙烯产量统计

在我国丙烯行业产能中，国企占比较大，2019 年整体产能达到 70%以上，其中中石化产能占比最大，达到 29%；其次是中石油，占比为 15%；然后是国家能源、中海油，占比分别为 9%、6%；其他国企丙烯产能占比均在 3%以下，民营企业产能占比共计 23%。

据统计，我国丙烯需求量较大且持续上升，从 2014 年到 2018 年我国丙烯需求量增长至 3424 万 t，同比增长 8.73%；2019 年我国丙烯需求量达到 3515 万 t，同比增长 2.66%；2020 年市场需求约 3850 万 t。详见图 13-3。

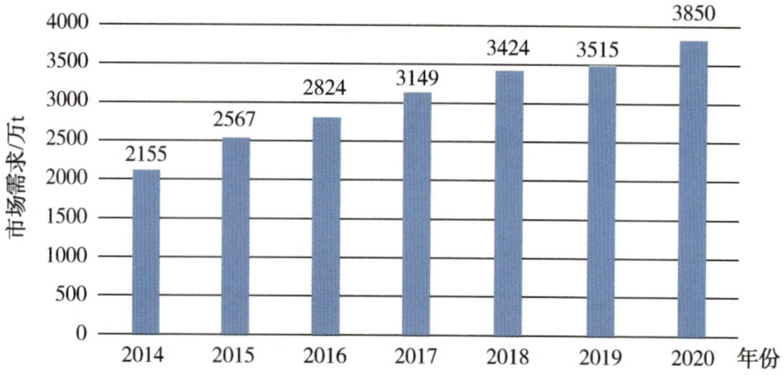

图 13-3　2014~2020 年我国丙烯市场需求数据统计

因为需求量过大，我国丙烯行业产量供不应求，因此仍较为依赖进口，一直以来我国丙烯进口数量都远大于出口数量。自 2014 年来，我国丙烯行业进口量呈波动性下降趋势，出口数量快速上升。到 2019 年，我国丙烯进口量约为 312.8 万 t，同比增长 9.96%；出口数量为 11676t，同比增长 239.42%。主要进口国家和地区是：韩国 146.47 万 t，日本 70.4 万 t，中国台湾 67.94 万 t，阿联酋 9.84 万 t，泰国 6.24 万 t，菲律宾 4.19 万 t，马来西亚 2.87 万 t，新加坡 2.76 万 t 等。2020 年我国丙烯进口量为 250.7 万 t，同比下降 19.84%；出口数量为 13388t，同比增长 14.66%。详见图 13-4 和图 13-5。

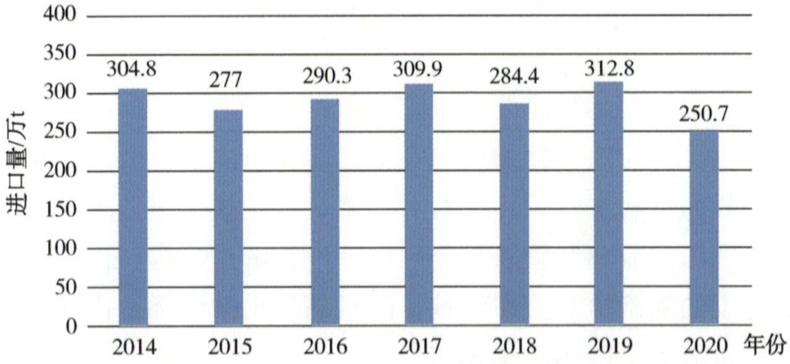

图 13-4 2014~2020 年我国丙烯进口数据统计

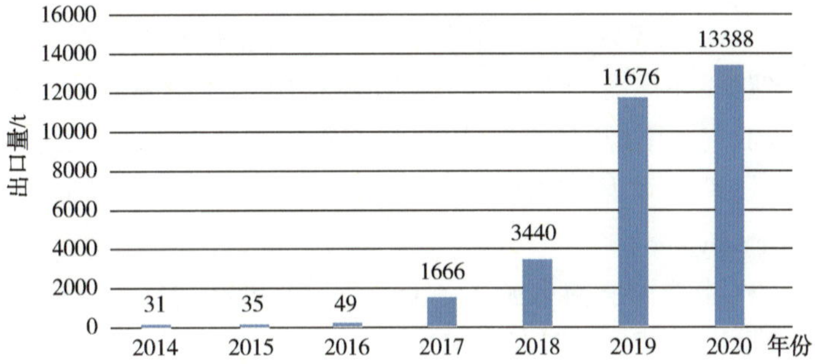

图 13-5 2014~2020 年我国丙烯出口数据统计

从行业下游消费结构来看，聚丙烯需求最大，占比达到 68%；其次是丁辛醇、环氧丙烷和丙烯腈，占比分别为 9%、8%、6%；然后是苯酚与丙烯酸，分别占比 5%、4%，详见图 13-6。

13.2 丙烯制备技术[2]

(1) 催化裂解技术

目前国内炼油厂催化裂化(FCC)装置通过调整料、催化剂、操作条件可达到增产丙烯目的。如采用深度催化裂解，还可以进一步提高丙烯收率，国内具有代表性的是催化裂解(DCC)工艺技术。DCC 是中国石油化工股份有限公司石油化工科学研究院开发的以重质烃为料、以丙烯为主要目的产品、副产轻芳烃的化工型炼油工艺技术。该技术突破

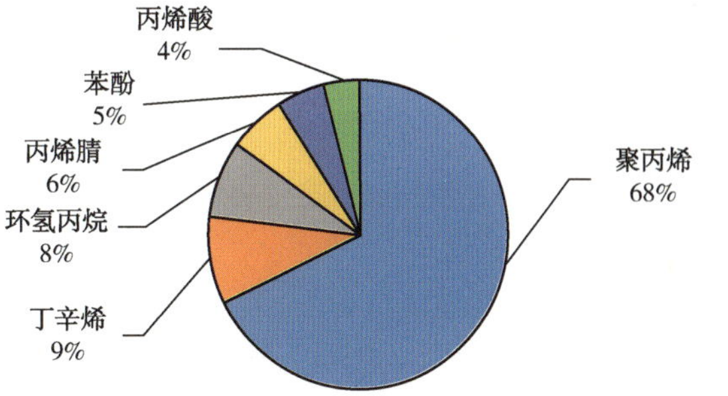

图 13-6 我国丙烯下游消费结构占比分析

了常规催化裂化工艺的限制，丙烯收率为 FCC 的 3 倍以上。该技术在 1990 年进行了首次工业试验，1991 年通过中石化组织的鉴定，1994 年开始进行产业化技术转让，是国际首创、独立开发、拥有自主知识产权的炼油化工成套技术。目前有 6 套 DCC 装置(含增强型催化裂解 DCC PLUS)正在工业运转中，单系列规模最大的为沙特 Petro Rabigh 公司的 460 万 t/a 装置，国内规模最大的是大榭石化 3 期 220 万 t/a DCC 装置。

(2) 蒸汽裂解技术

蒸汽裂解是生产乙烯和丙烯最重要的工艺，石油烃类在高温(750℃以上)和水蒸气条件下发生分子链断裂和脱氢反应，并伴随少量其他反应，以制取乙烯、丙烯等低分子烯烃。蒸汽裂解的反应设备一般为管式加热炉，原料和水蒸气经预热后进入加热炉炉管，高温下发生裂解，通过急冷装置和深冷分离装置获得产品。蒸汽裂解是乙烯、丙烯等低分子烯烃的主要生产方法，是石油化工的基础。蒸汽裂解技术的目的是生产乙烯，丙烯作为乙烯生产的副产品。原料相对分子质量越大，丙烯收率越高。

(3) 煤制烯烃技术

CTO 工艺需要依托丰富的煤炭资源形成从煤炭到聚烯烃的产业链一体化格局。MTO 通常是 CTO 工艺中的一环且位于煤制甲醇装置下游，也可直接外购甲醇进行烯烃生产，但当甲醇价格较高时，该路线往往盈利性较差。CTO 流程包括煤制甲醇和甲醇制乙烯。CTO 主要工艺流程为煤→合成气→甲醇→烯烃。由煤生产甲醇的技术称为 CTM(Coal to Methanol)，而由甲醇生产烯烃的技术统称为 MTO(Methanol to Olefins)，当其产物仅为丙烯产品时则称为 MTP(Methanol to Propylene)。

2019 年上半年，久泰能源、南京诚志各有一套 30 万 t/a MTO 装置投产，MTO 和 MTP 项目主要集中在东部沿海地区，装置开工率受下游产品配置影响较大。国内 MTO/MTP 丙烯装置共 11 套，合计丙烯产能 457 万 t/a。CTO/MTP 项目集中在西部内蒙古、陕西、青海、新疆等地，下游配置以聚丙烯 PP 和聚乙烯 PE 为主，大宗牌号，产品质量稳定，低成本竞争策略明确。2021 年 12 月 31 日，中国华能华亭煤业公司年产 20 万 t 聚丙烯流化床甲醇制丙烯(FMTP)科技示范项目投料一次成功。该项目将为我国煤炭的高效利用开辟新途径，为我国煤化工新技术的发展提供有力的技术支撑。国内 CTO 和 MTP 生产情况见表 13-1，在建和拟建 CTO 和 MTP 项目见表 13-2。

表 13-1　国内 CTO 和 MTP 项目生产情况

企业名称	产能/(万 t/a)	备注	企业名称	产能/(万 t/a)	备注
多伦煤化工	46		中煤榆林化工	30	
神华宁夏煤业	100	50+50	青海盐湖工业	16	
包头煤化工	30		中天合创能源	67	中国石化参股
延长中煤榆林	30		神华新疆能源	43	
宝丰能源	30		延安能源化工	35	
蒲城化工	30		总　计	457	

表 13-2 国内在建和拟建 CTO 和 MTP 项目

企业名称	产能/(万 t/a)	企业名称	产能/(万 t/a)
中安联合	30	青海矿业	60
内蒙古宝丰煤基新材料有限公司	400	同煤集团	60
宁夏宝丰能源集团	100	合 计	650

(4)PDH 技术

PDH 是将丙烷经过催化反应脱氢制丙烯，同时副产氢气，该反应是可逆的强吸热过程，可在高温和相对低压时获得合理的丙烯收率。2013 年，国内首套 60 万 t/a 的 PDH 装置建成投产，2014~2016 年，PDH 产能取得较大增长。

自 2017 年以后，东明石化的混烷脱氢装置投产运行，2019 年 2 月，卫星石化二期 45 万 t/a PDH 装置投产，同年 5 月大连恒力 130 万 t/a C_3/C_4混合脱氢装置(50 万 t/a PDH+80 万 t/a BDH)投产，国内 PDH 总产能达到 608.5 万 t/a。PDH 装置主要集中在东部沿海地区，下游配套比较丰富。近两年利润较好，不同规模的 PDH 装置在较宽价差范围内均能体现出较好的经济性，但是规模大于 45 万 t/a 的 PDH 装置对抗经济风险的能力显著优于较小规模 PDH 装置。截至 2021 年 10 月，国内已投产 16 套 PDH 装置。2021 年投产的 4 套 PDH 装置分别是：东华宁波二期 66 万 t 的 PDH 装置、福建美得 75 万 t 的 PDH 装置、金能科技 90 万 t 的 PDH 装置、宁夏润丰投产的 30 万 t PDH 装置。国内企业 PDH 生产情况见表 13-3。未来国内规划 20 多套 PDH 装置，规模均在 20 万 t/a 以上，合计产能约 1400 多万 t。国内在建和拟建 PDH 项目见表 13-4[10]。

表 13-3 国内企业 PDH 生产情况

企业名称	产能/(万 t/a)	技术	投产日期	备注
天津渤海	60	Catofin	2013-10	
卫星石化	45	Oleflex	2014-8	
海越股份	60	Catofin	2014-9	
三圆石化	45	Oleflex	2014-9	
京博石化	13	Oleflex	2015-5	混烷脱氢
扬子江石化	60	Oleflex	2015-5	
烟台万华	75	Oleflex	2015-8	
神驰化工	20	Oleflex	2015-12	
海伟集团	50	Catofin	2016-7	
齐翔腾达	10	Catofin	2016-8	混烷脱氢
福基石化	66	Oleflex	2016-10	
东明石化	9.5	Oleflex	2017-7	混烷脱氢
卫星石化二期	45	Oleflex	2019-2	
大连恒力	50	Catofin	2019-5	
合 计	608.5			

表 13-4　国内在建和拟建的 PDH 项目(2021 年统计)

企业名称	省市	产能/(万 t/a)	项目进展情况
福基石化	浙江宁波	66	建设中
东莞巨正源二期	广东东莞	60	建设中
金能科技	山东青岛	90	建设中
台塑	浙江宁波	60	建设中
江苏斯尔邦	江苏连云港	70	建设中
延长中燃	江苏泰州	60×2	一期设计中
滨化新材料	山东滨州	60	环评通过，奠基
汇丰石化	山东淄博	25	建设中
天弘化学	山东东营	45	预备订货
齐翔腾达	山东淄博	70	建设中
鑫岳燃化	山东淄博	30	技术签约
铭港化工	山东日照	60	规划中
鑫泰石化	山东淄博	30	技术签约
中科海南新材料	海南洋浦	60	签约
延长石油(海南)	海南	60	签约
金发科技二期	浙江宁波	60 ×2	建设中
浙江石化二期	浙江舟山	60	设计阶段
南浦环保科技	河南	20	签约
东华能源	广东茂名	60	规划中
东明石化(铭港)	山东凤山	60 ×2	规划中
东辉集团	广东茂名	60	签约
广西华谊	广西钦州	75	规划中
合　计		1421	

(5) 烯烃转化技术

烯烃转化技术由其他烯烃生产轻质烯烃，目前主要有两种技术即烯烃歧化(OCT)和烯烃裂解。烯烃歧化是以乙烯和丁烯为原料生产丙烯。烯烃裂解是以重质烯烃为原料裂解制乙烯和丙烯。烯烃转化工艺往往与以上所述的其他烯烃生产技术结合在一起，从而提高了轻质烯烃产物的收率，并最大限度提高丙烯产量。不同工艺丙烯收率见表 13-5。

表 13-5　丙烯生产工艺与收率情况

编号	工艺类型	原料	收率(丙烯/乙烯)/%
1	蒸汽裂解	石脑油	18. 0/30. 0
2	多产烯烃的 FCC 技术		
	KFUPM/日本能源 HS-FCC 工艺	FCC 原料	15. 9/2. 3
	中国石化 DCC 工艺	VGO	23. 0/3. 6
	中国石化催化热裂解(CPP)工艺	VGO 等重质原料	15. 0/24. 0

续表

编号	工艺类型	原料	收率(丙烯/乙烯)/%
3	烯烃裂解		
	Arco/KBR 的 Superflex 工艺	C_4/C_5烯烃	45.0/22.0
	Lurgi 的 Propylur 工艺	C_4/C_5烯烃	60.0/15.0
4	烯烃歧化 Lummus 的 OCT 工艺	C_2/C_4烯烃	95.0
5	甲醇制烯烃(MTO/MTP)		
	UOP/Nork Hydro 的 MTO 工艺	甲醇	19.0/14.0
	Lurgi 的 MTP 工艺	甲醇	30.0(汽油 12.5%)
	神华包头的 MTO 工艺	甲醇	16.67/16.67
6	丙烷脱氢	丙烷	85.0

目前，国内丙烯生产工艺主要包括四种[11]，其中，丙烷脱氢制丙烯(PDH)工艺是指丙烷在中高温度下，通过催化剂作用使得丙烷分子脱去一分子氢气生成丙烯，反应温度在 595～630℃ 之间。与其他工艺路线比较而言，PDH 的工艺原料为轻烃，副产物为氢气，具有丙烯收率高产品品质好的优点，且成本低盈利能力强，最具有竞争力。国内应用最为广泛的制丙烯工艺为催化裂化和蒸汽裂解，约占国内丙烯生产工艺总比重的 44% 和 22%，PDH 工艺和煤制烯烃工艺占比相对较小，均为 17%，但近年来以煤/甲醇为原料的 CTO/MTO 和路线和以丙烷为原料的 PDH 迎来快速发展，数据详见图 13-7。未来，国内丙烯生产行业主体多元化发展趋势更为明显，特别是新型煤化工和丙烷脱氢等技术路线的发展，为大型炼化企业以外的实体大量进入丙烯生产行业创造了有利条件。

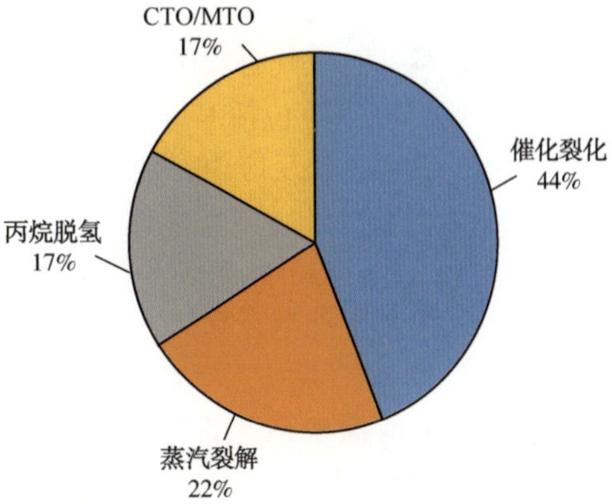

图 13-7 我国丙烯工艺路线产能分布情况

13.3 制丙烯反应机理研究进展

目前，煤基甲醇反应制丙烯(MTP)技术在我国已经实现了工业化[12~14]，具有良好经济效益，走在世界前沿，但反应机理研究一直滞后。甲醇制烯烃(MTO)反应机理较复杂，在 30 多年里，研究提出了 20 多种不同的反应机理，归纳起来可以分为串联型机理和并联型机理两大类。

串联型机理认为乙烯是首先生成的产物，但在 SAPO-34 上发生的 MTO 反应初期通常是丙烯含量高于乙烯[15]。并联型机理中，Dahl 和 Koboe[16,17]提出烃池机理认为，在催化剂上首先形成大相对分子质量的烃类物质并吸附在催化剂孔道内，一方面这些物质作为活性中心不断与甲醇反应引入甲基基团，另一方面这些活性中心不断进行脱烷基化反应，生成乙烯和丙烯等低碳烯烃分子。目前，“烃池”机理已经得到了普遍认可[18,19]，烃池机理提到了 B 酸中心在 MTO 反应过程中的作用。严志敏[20]认为，在反应过程中 B 酸中心直接参与了中间物种生成，但没有对反应物与 B 酸中心相互作用及生成的中间物种作出进一步说明。

碳烯离子机理[21]指出，在沸石催化剂酸、碱中心的协调作用下，甲醇经 α-消除反应脱水得到碳烯[CH_2]，碳烯含有 1 个电中性的二价碳原子，在这个 C 原子上有 2 个未成键的电子，然后通过碳烯聚合或者碳烯插入甲醇或二甲醚分子中即可形成烯烃，但没有进一步研究甲醇分子与分子筛 B 酸中心相互作用。Li 等[22]在 MTO 反应过程中观察到了中间体七甲基苯基正碳离子（heptaMB$^+$）及其去质子化产物（HMMC），验证了该中间体在甲醇转化中的重要作用和以此正碳离子作为中间体的烯烃生成途径。Wu 等[23,24]研究了甲醇在 SAPO-34 上转化反应中二甲醚（DME）/甲醇与表面甲氧基物种（SMS）之间的关系，认为初始 C—C 键是由表面 C_1 反应物、DME/甲醇和 SMS 直接反应形成，一旦形成初始烯烃，它们将转化为大分子的烃，烯烃生成的反应路径是表面甲氧基/三甲基氧鎓离子协助 DME/甲醇活化转化的协同反应机理。上述研究未能真实反映出催化剂与反应物之间相互作用。国内也有学者[25]认为甲醇转化制烯烃首先在催化剂 B 酸中心生成正碳离子 CH_3^+，然后生成中间体 $C_{\uparrow\downarrow}{}^{\circ}H_2$ 结构，而中间体 $C_{\uparrow\downarrow}{}^{\circ}H_2$ 结构是构成低碳烯烃的基本结构单元。

近年来，合成气制烯烃成为热点，合成气制乙烯有直接法和间接法，间接法就是合成气经甲醇制乙烯，合成气合成甲醇以及甲醇制乙烯在前面做了分析，这里不再赘述。直接转化制备低碳烯烃（乙烯）包括 F-T 合成和双功能催化两种工艺路线。在合成气经 F-T 路线直接转化制备低碳烯烃的反应中，使用最多的是改性 Fe 系或 Co 系催化剂，常用的改性元素有 Mn、Ti 和 Zn 等[26~30]。双功能催化工艺就是将合成气制备甲醇催化剂的活性组分（ZnZr 或 ZnCr 复合氧化物）与甲醇制烯烃的活性组分（酸性分子筛）耦合在一起，通过优选催化剂耦合体系和调配催化剂耦合比例，使生成的甲醇或类似于甲醇的 C_1 中间产物能够在分子筛孔道内快速发生 MTO 反应，从而促进合成气制甲醇反应向右进行，实现 CO 转化率和低碳烯烃选择性的同时提高[26]。常用的 $ZnCrO_x$/MSAPO 双功能催化剂是由具有尖晶石结构的部分还原的金属氧化物（$ZnCrO_x$）和介孔分子筛（Meso-SAPO-34）组成[31~36]。实际上，合成气直接制烯烃催化剂的活性组元以过渡元素为主，F-T 合成气制烯烃催化剂重点分析 Fe 元素作用，双功能催化剂重点分析 Zn 元素作用和分子筛中 B 酸中心作用。

接下来利用杂化轨道理论与含 Si 和 Al 元素固体酸催化剂酸中心研究方面的认识，研究甲醇分子与催化剂 B 酸中心相互作用，分析甲醇制丙烯反应机理。

13.4 制丙烯反应机理分析

13.4.1 甲醇制丙烯

甲醇在 SAPO-34 或 ZSM-5 分子筛上反应生成丙烯过程，就是甲醇分子与分子筛 B 酸中心相互作用而发生化学反应的过程。甲醇反应生成丙烯的反应方程式如下：

$$3CH_3OH \longrightarrow C_3H_6+3H_2O$$

（1）6 配位 B 酸中心 $H_3[AlO_6]$结构

SAPO-34 或 ZSM-5 分子筛是含 Si 和 Al 元素固体酸催化剂，其催化活性来源于其酸性，而酸性取决于 Al 原子的 O 原子配位数，2、3 配位的 Al 原子形成 L 酸中心，4、5 或 6 配位的 Al 原子形成 B 酸中心[37,38]。下面以 6 配位 B 酸中心为例，研究甲醇在 B 酸中心作用下反应生成烯烃的机理。

图 13-8 是 6 配位 B 酸中心生成及失活分析。6 配位 B 酸中心 $H_3[AlO_6]$是由 1 个 Al 原子、6 个 O 原子和 3 个 H 原子组成，其结构式为 $H_3[AlO_6]$。按照杂化轨道理论分析，Al 原子外层有 6 个 sp^3d^2杂化轨道，其中 3 个轨道上都有 1 个未成键电子，剩余 3 个轨道为空轨道；H 原子外层 s 轨道有 1 个未成键电子；O 原子外层有 4 个 sp^3杂化轨道，其中 2 个轨道上各有 1 个未成键电子，另外 2 个轨道各有 1 对孤对电子，详细结构见图 13-8(a)。在图 13-8(b)中，Al 原子外层 3 个未成键 sp^3d^2杂化轨道和 3 个 O 原子外层未成键的 sp^3杂化轨道重叠，共用 3 对电子生成 3 个 Al—O 键；Al 原子外层剩余 3 个空 sp^3d^2杂化轨道分别与第 4、第 5 和第 6 个 O 原子未成键 sp^3杂化轨道、H 原子外层 s 轨道重叠，生成 3 个由 Al、O 和 H 三原子共用 1 对电子结构，即三中心两电子结构，那么 1 个 Al 原子与 6 个 O 原子和 3 个 H 原子就生成了 6 配位 B 酸中心，结构式为 $H_3[AlO_6]$，$H_3[AlO_6]$可释放 3 个 H^+，失去 3 个 H^+就成为失活 6 配位 B 酸中心$[AlO_6]^{3-}$，其电子轨道结构如图 13-8(c)所示。

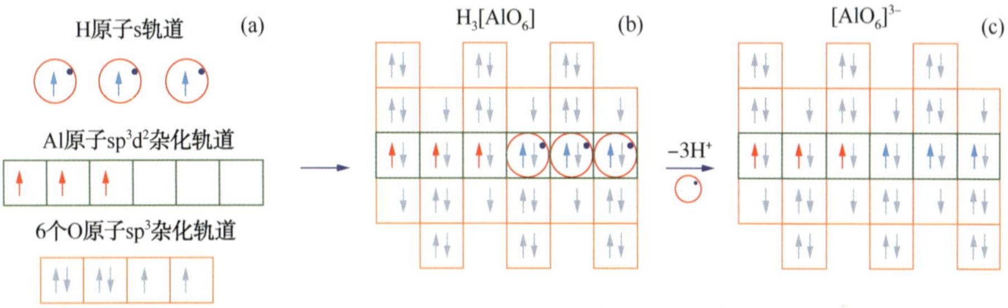

图 13-8　6 配位 B 酸中心形成与失活

(2) 生成甲基正碳离子 CH_3^+

图 13-9 是甲醇分子结构分析。图 13-9(a)是 C 原子、O 原子和 H 原子外层电子轨道结构图。在图 13-9(b)中，C 原子外层 4 个含有未成键电子的 sp^3杂化轨道分别与 3 个 H 原子外层的 s 轨道和 O 原子外层 1 个含有未成键电子的 sp^3杂化轨道重叠，且共用 4 对电子，生成了 3 个 C—H 键、1 个 C—O 键，而 O 原子外层剩余的那个含有未成键电子的 sp^3杂化轨道和第 4 个 H 原子外层 s 轨道重叠，共用 1 对电子生成 1 个 H—O 键，则 1 个 C 原子、1 个 O 原子和 4 个 H 原子生成 1 个甲醇分子，其电子轨道结构如图 13-9(c)所示。

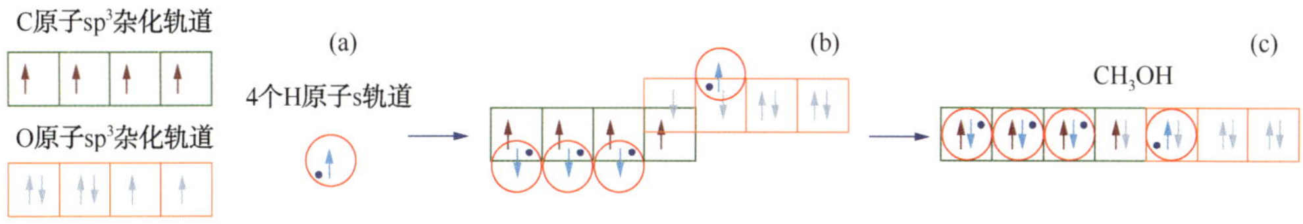

图 13-9　甲醇分子构成分析

图 13-10 是甲醇分子与催化剂 B 酸中心作用生成甲基正碳离子 CH_3^+过程分析。图 13-10(a)是甲醇分子和 6 配位 B 酸中心提供的 H^+电子轨道结构图。在图 13-10(b)中，6 配位 B 酸中心提供的 H^+攻击甲醇分子中 C—O 键，H^+外层空的 s 轨道与 C、O 原子外层重叠轨道再次重叠活化了 C—O 键，根据表 13-6 电负性数据[39]，O 原子电负性(3.44)大于 C 原子电负

性(2.55)，C—O 键断裂时，这对共用电子对留在了 O 原子外层 sp^3 杂化轨道上，并与 H^+ 外层空的 s 轨道重叠，生成 1 个 H—O 键，则生成 H_2O 分子，其电子轨道结构如图 13-10(c)所示。C—O 键断裂，C 原子外层 sp^3 杂化轨道失去共用电子对，生成了 1 个空的 sp^3 杂化轨道，则生成甲基正碳离子 CH_3^+，其电子轨道结构如图 13-10(d)所示。上述过程中，6 配位 B 酸中心提供 H^+ 后生成失活 6 配位 B 酸中心 $[AlO_6]^{3-}$。

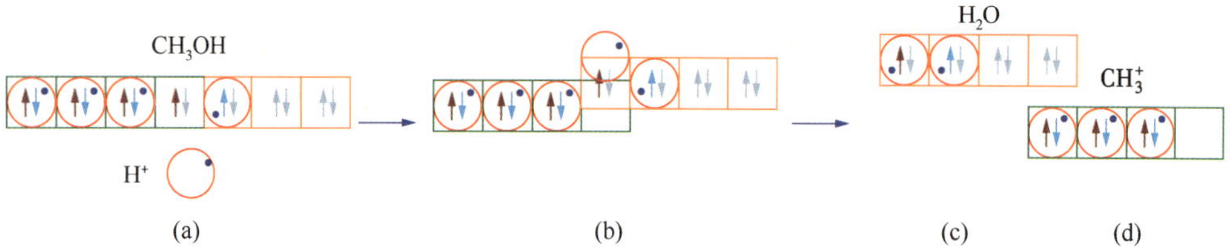

图 13-10　生成甲基正碳离子 CH_3^+

表 13-6　部分元素电负性

元素	H	Pd	Rh	Cr	Zn	Ga	Zr	La	Cu	O	Mo	C
A^0	2.20	2.20	2.20	1.66	1.65	1.60	1.33	1.10	1.90	3.44	2.16	2.55
A^+		5.00	4.60	4.19	4.92	4.77	3.59	2.99	5.04	8.77	4.18	6.42
A^{2+}		9.42	8.85	8.54	10.38	9.22	6.50	5.44	10.28	16.21	7.80	13.01
A^{3+}		14.75	13.80	14.41	17.84	17.05	10.32	12.44	16.57	23.82	13.24	20.23

(3) 生成中间体 $C_{\uparrow\downarrow}{}^{\circ}H_2$

图 13-11 是甲基正碳离子 CH_3^+ 与失活 6 配位 B 酸中心作用生成中间体 $C_{\uparrow\downarrow}{}^{\circ}H_2$ 过程分析。图 13-11(a)是甲基正碳离子 CH_3^+ 和失活 6 配位 B 酸中心的电子轨道结构图。在图

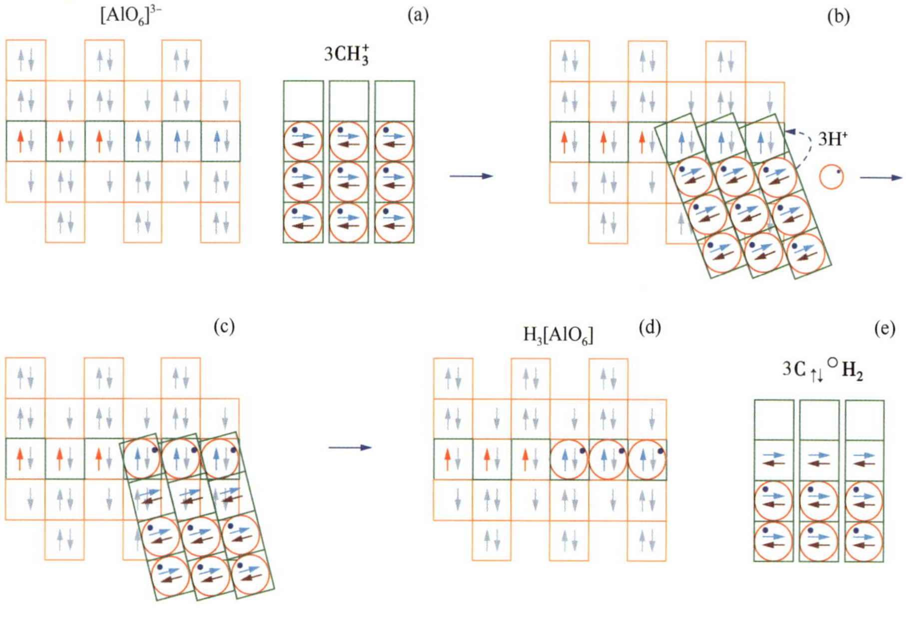

图 13-11　甲基正碳离子 CH_3^+ 生成中间体 $C_{\uparrow\downarrow}{}^{\circ}H_2$

13-11(b)中，CH_3^+结构中C原子外层空的sp^3杂化轨道与失活6配位B酸中心$[AlO_6]^{3-}$中Al、O原子重叠轨道再次重叠，Al、O和C三原子共用1对电子。由于失活6配位B酸中心$[AlO_6]^{3-}$带负电，结构电荷不平衡，就会从CH_3^+结构中抽取H^+变为$H_3[AlO_6]$，失活6配位B酸中心就恢复了活性，其电子轨道结构如图13-11(c)和图13-11(d)所示。3个CH_3^+失去3个H^+生成3个$C_{\uparrow\downarrow}{}^{\bigcirc}H_2$，其电子轨道结构如图13-12(e)所示。在$C_{\uparrow\downarrow}{}^{\bigcirc}H_2$结构中，C原子外层有1对孤对电子和1个空轨道，双箭头“↑↓”代表孤对电子，圆圈“○”代表空轨道。

目前，通过实验方法还不能捕获中间体$C_{\uparrow\downarrow}{}^{\bigcirc}H_2$，但中间体$C_{\uparrow\downarrow}{}^{\bigcirc}H_2$不同于碳烯$[CH_2]$，碳烯$[CH_2]$含有1个电中性的二价C原子，在这个C原子上有2个未成键的电子，而中间体$C_{\uparrow\downarrow}{}^{\bigcirc}H_2$结构中C原子外层有1个空轨道和1对孤对电子。

(4) 中间体$C_{\uparrow\downarrow}{}^{\bigcirc}H_2$生成丙烯

图13-12是中间体$C_{\uparrow\downarrow}{}^{\bigcirc}H_2$生成丙烯分子过程分析。图13-12(a)是3个$C_{\uparrow\downarrow}{}^{\bigcirc}H_2$结构，这3个C原子分别标记为1-C、2-C和3-C。在图13-12(b)中，1-C原子外层空的sp^3杂化轨道与2-C原子外层孤对电子所在的sp^3杂化轨道重叠，2-C原子外层空的sp^3杂化轨道与1-C原子外层孤对电子所在的sp^3杂化轨道重叠，共用2对电子生成1个C═C键；3-C原子外层空的sp^3杂化轨道与1-C原子外层C、H原子的重叠轨道再次重叠，重叠处的H^+转移到3-C原子外层孤对电子所在的sp^3杂化轨道，生成1个C—H键，1-C原子与3-C原子共用1对电子生成1个C—C键，则生成丙烯分子$CH_2═CH—CH_3$，其电子轨道结构如图13-12(c)所示。

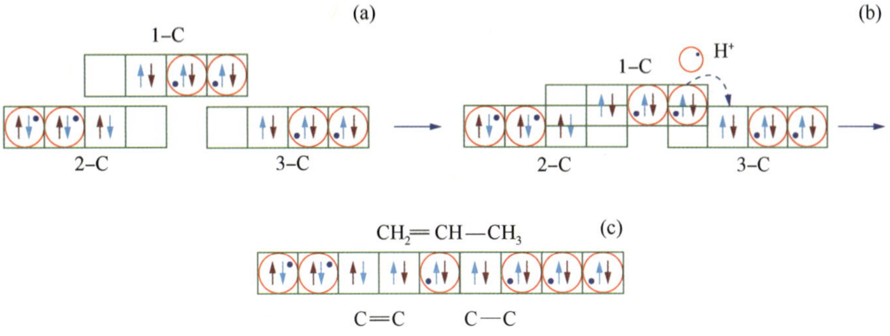

图13-12 中间体$C_{\uparrow\downarrow}{}^{\bigcirc}H_2$生成丙烯

(5) 反应机理分析

由上述分析可知，甲醇在6配位B酸中心$H_3[AlO_6]$作用下反应过程如下：

$$3CH_3OH+H_3[AlO_6]\longrightarrow 3CH_3^+ +[AlO_6]^{3-}+3H_2O \quad (1)$$

$$3CH_3^+ +[AlO_6]^{3-}\longrightarrow H_3[AlO_6]+3C_{\uparrow\downarrow}{}^{\bigcirc}H_2 \quad (2)$$

$$3C_{\uparrow\downarrow}{}^{\bigcirc}H_2 \longrightarrow CH_2═CH—CH_3 \quad (3)$$

反应式(1)+(2)+(3)得到反应式(4)，即生成丙烯。

$$3CH_3OH \longrightarrow C_3H_6+3H_2O \quad (4)$$

在这里，无论是4配位、5配位的B酸中心，还是6配位的B酸中心，其催化效果相同，都可以催化甲醇生成丙烯。

（6）小结

甲醇分子在催化剂 B 酸中心作用下生成丙烯的反应过程可分为 3 步：

① B 酸中心释放 H^+，攻击甲醇分子中 C—O 键，C—O 键断裂生成甲基正碳离子 CH_3^+和 H_2O 分子，B 酸中心失去活性，在甲基正碳离子 CH_3^+结构中 C 原子外层有 1 个有空的 sp^3杂化轨道；

② 失活 B 酸中心与甲基正碳离子 CH_3^+继续作用，并从甲基正碳离子 CH_3^+ 中抽取 H^+，失活 B 酸中心得到 H^+恢复了活性，而甲基正碳离子 CH_3^+失去 H^+后生成了中间体 $C_{\uparrow\downarrow}^{\circ}H_2$，$C_{\uparrow\downarrow}^{\circ}H_2$结构中 C 原子外层有 1 对孤对电子和 1 个空轨道；

③ 3 个中间体 $C_{\uparrow\downarrow}^{\circ}H_2$ 通过 1 个 C═C 和 1 个 C—C 键构成了 C═C—C 结构，即生成丙烯分子 CH_2═CH—CH_3。

13.4.2 合成气直接制丙烯

（1）Zn 元素作用

一氧化碳在双功能 Zn 系催化剂如 $ZnCrO_x$/MSAPO 等作用下加氢直接合成丙烯，Zn 元素的作用是促进加氢反应，分子筛的作用是抑制甲醇生成。下面就反应物 CO、H_2与催化剂之间的相互作用进行分析。

Zn 原子核电荷数 30>21，不存在能级交错，$E_{4s}>E_{3d}$，其外层电子排布为 $3d^{10}4s^2$，Zn 原子首先失去 4s 轨道电子，生成 Zn^{2+}，其外层电子排布为：$3d^{10}4s^0$，其电子轨道结构如图 13-13(a)和图 13-13(b)所示。

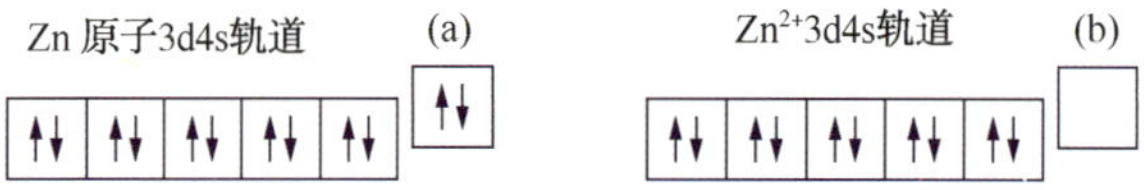

图 13-13　Zn、Zn^{2+}电子轨道结构

图 13-14 是 H_2分子在 Zn 原子作用下生成 H^-过程分析。图 13-14(a)是 Zn 原子外层 3d4s 轨道和 H_2分子中 H 原子外层 s 轨道结构图。在图 13-14(b)中，根据表 13-6 电负性数据[39]，H 元素电负性(2.20)大于 Zn 元素电负性(1.65)，H_2分子中 2 个 H 原子会从 Zn 原子外层 4s 轨道获取 2 个电子填充到 H 原子外层 s 轨道上生成 2 个 H^-，其电子轨道结构如图 13-14(c)；Zn 原子失去 2 个电子生成 Zn^{2+}，其电子轨道结构如图 13-14(d)所示。

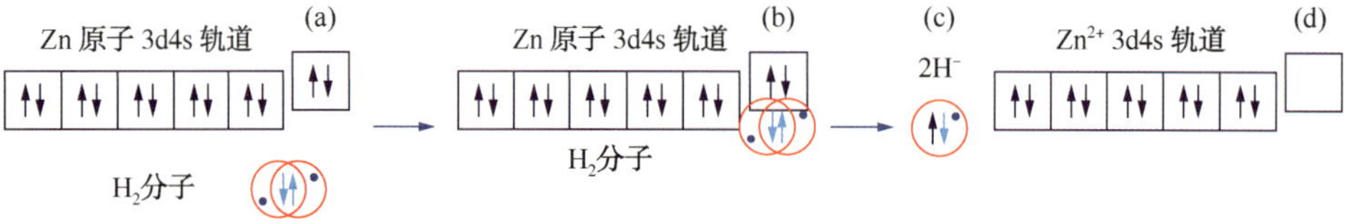

图 13-14　H_2在 Zn 原子作用下生成 H^-

图 13-15 是 Zn^{2+}与 H_2分子作用生成 H^+过程分析。图 13-15(a)是 Zn^{2+} 3d4s 轨道和 H_2分子中 H 原子外层 s 轨道结构图。在图 13-15(b)中，Zn^{2+}和 H_2分子相互作用，根据表 13-6 电负性数据[39]，因 Zn^{2+}电负性(10.38)大于 H 原子电负性(2.20)，Zn^{2+}会从 2 个 H 原子外

层 s 轨道上抽取 2 个电子填充到 Zn^{2+} 外层空的 4s 轨道上，Zn^{2+} 被还原为 Zn 原子，其电子轨道结构如图 13-15(c)所示；而 H_2 分子中 2 个 H 原子失去 2 个电子后生成 2 个 H^+，其电子轨道结构如图 13-15(d)所示。

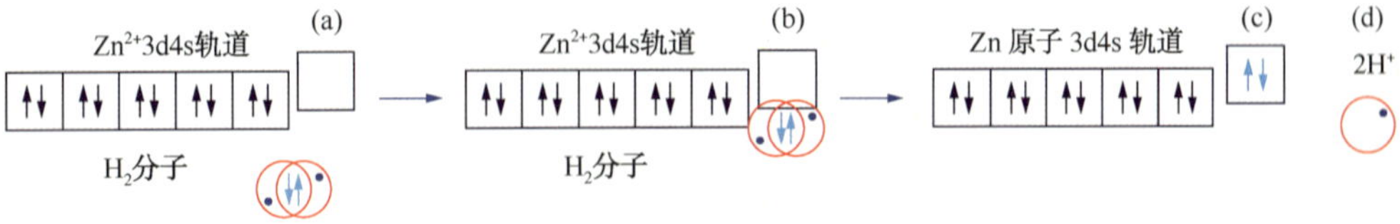

图 13-15　H_2 在 Zn^{2+} 作用下生成 H^+

(2) 生成 $C_{\uparrow\downarrow}{}^{\circ}H_2$ 结构

图 13-16 是 CO 结构分析。图 13-16(a)是 C 原子外层 $2s^22p^2$ 轨道和 O 原子外层 $2s^22p^4$ 轨道。在图 13-16(b)中，C 原子外层 2p 轨道上 2 个未成键电子与 O 原子外层 2p 轨道上 2 个未成键电子结合形成 2 个 C—O 共价键，O 原子外层 2p 轨道上孤对电子进入 C 原子外层 2p 空轨道形成 1 个 O→C 配位键，则生成 CO 分子，其电子轨道结构如图 13-16(c)所示，电子式为 :C: : :O: ，C≡O 结构式。

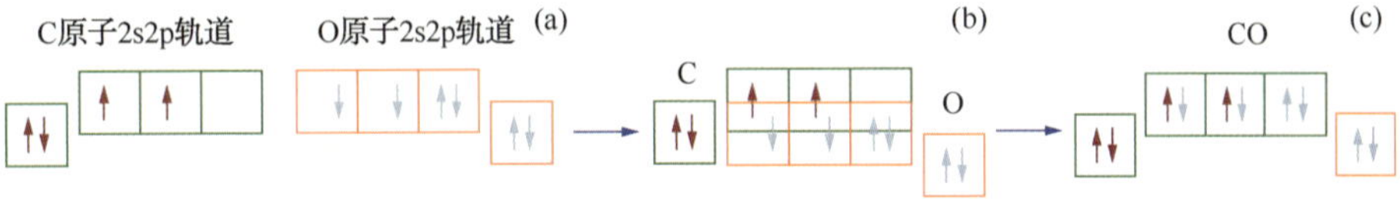

图 13-16　CO 结构分析

图 13-17 是 CO 分子与 H^+、H^- 作用生成 H_2O 分子和活性碳原子 C^* 过程分析。图 13-17(a)是 CO 分子与 H^+、H^- 电子轨道结构图。在图 13-17(b)中，H^+ 和 H^- 外层 s 轨道与 CO 中 C、O 原子外层重叠轨道再次重叠，活化了 C≡O 分子中的化学键，C、O 原子外层轨道进行了 sp^3 杂化各自生成了 4 个 sp^3 杂化轨道。在图 13-17(c)中，根据表 13-6 电负性数据[39]，O 原子电负性(3.44)大于 C 原子电负性(2.55)，共用的 3 对电子中的 1 对电子留在 C 原子外层 sp^3 杂化轨道，还有 2 对电子包括生成配位键的 1 对电子则留在 O 原子外层 sp^3 杂化轨道。在 C 原子外层的 2 个 sp^3 杂化轨道含有孤对电子，还有 2 个空的 sp^3 杂化轨道；在 O 原子外层只有 1 个空的 sp^3 杂化轨道。当 H^+ 外层空的 s 轨道与 O 原子外层含有孤对电子的 sp^3 杂化轨道重叠，共用 1 对电子生成第 1 个 H—O 键，而含有孤对电子的 H^- 外层 s 轨道与 O 原子外层那个空的 sp^3 杂化轨道重叠，且共用 1 对电子生成了第 2 个 H—O 键，则 O 原子与 H^+、H^- 生成了 1 个水分子 H_2O，其电子轨道结构如图 13-17(d)所示。生成水分子 H_2O 的同时，还生成了 1 个活性碳原子 C^*，C^* 原子外层有 2 个含有孤对电子的 sp^3 杂化轨道，还有 2 个空的 sp^3 杂化轨道，其电子轨道结构如图 13-17(e)所示。

图 13-18 是活性碳原子 C^* 与 H^+、H^- 相互作用生成中间体 $C_{\uparrow\downarrow}{}^{\circ}H_2$ 结构过程分析。图 13-18(a)是活性碳原子 C^* 与 H^+、H^- 电子轨道结构，活性碳原子 C^* 的外层有 4 个 sp^3 杂化轨道，在 4 个 sp^3 杂化轨道中有 2 个轨道含有孤对电子，还有 2 个空的 sp^3 杂化轨道。在图 13-18(b)中，H^+ 外层空的 s 轨道与活性碳原子 C^* 中含有孤对电子的 sp^3 杂化轨道重叠，共用 1 对电子生成 1 个 C—H 键；H^- 外层含有孤对电子的 s 轨道与活性碳原子 C^* 外层空的 sp^3

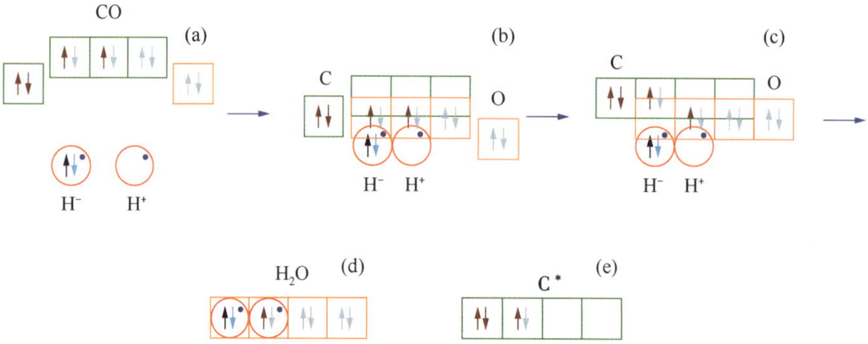

图 13-17　CO 分子与 H^+ 和 H^- 作用形成活性碳原子 C^*

杂化轨道重叠，共用 1 对电子生成第 2 个 C—H 键，则生成中间体 $C_{\uparrow\downarrow}{}^{\bigcirc}H_2$ 结构，其电子轨道结构如图 13-18(c) 和图 13-18(d) 所示。在 $C_{\uparrow\downarrow}{}^{\bigcirc}H_2$ 结构中，双箭头"↑↓"表示 C 原子外层 sp^3 杂化轨道上有 1 对孤对电子，圆圈"○"表示 C 原子外层有 1 个空的 sp^3 杂化轨道。

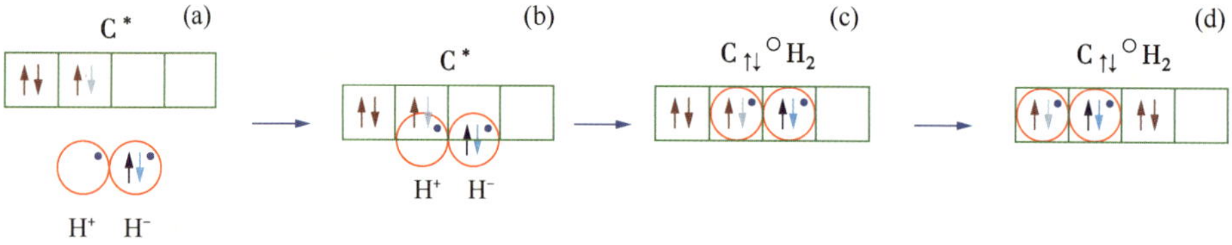

图 13-18　活性碳原子 C^* 与 H^+ 和 H^- 生成中间体 $C_{\uparrow\downarrow}{}^{\bigcirc}H_2$

（3）中间体 $C_{\uparrow\downarrow}{}^{\bigcirc}H_2$ 生成丙烯

图 13-19 是中间体 $C_{\uparrow\downarrow}{}^{\bigcirc}H_2$ 生成丙烯分子过程分析。图 13-19(a) 是 3 个 $C_{\uparrow\downarrow}{}^{\bigcirc}H_2$ 结构，这 3 个 C 原子分别标记为 1-C、2-C 和 3-C。在图 13-19(b) 中，1-C 原子外层空的 sp^3 杂化轨道与 2-C 原子外层含有孤对电子的 sp^3 杂化轨道重叠，2-C 原子外层空的 sp^3 杂化轨道与 1-C 原子外层含有孤对电子的 sp^3 杂化轨道重叠，这 2 个 C 原子共用 2 对电子，生成了 1 个 C═C 键；3-C 原子外层空的 sp^3 杂化轨道与 1-C 原子外层 C、H 原子的重叠轨道再次重叠，重叠处的 H^+ 转移到 3-C 原子外层含有孤对电子的 sp^3 杂化轨道上，生成 1 个 C—H 键，1-C 原子与 3-C 原子共用 1 对电子生成 1 个 C—C 键，则生成 1 个丙烯分子 CH_2═CH—CH_3，其电子轨道结构如图 13-19(c) 所示。

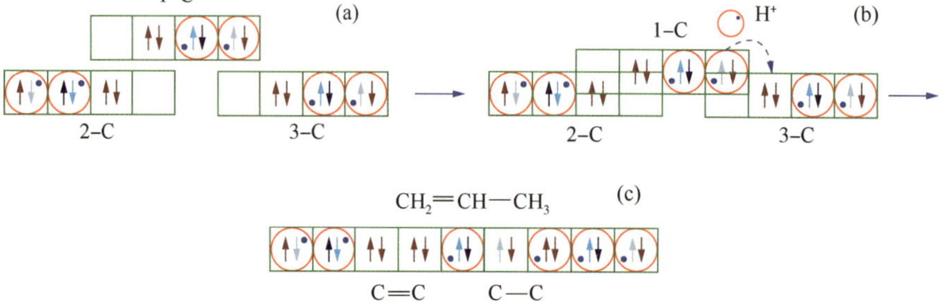

图 13-19　中间体 $C_{\uparrow\downarrow}{}^{\bigcirc}H_2$ 生成丙烯分子

（4）分子筛作用分析

在双功能催化剂作用下，CO 与 H_2反应生成乙烯时伴随甲醇生成，分子筛催化剂中 B 酸中心的作用就是把甲醇再次转化为丙烯，从而抑制产物中甲醇含量。

图 13-20 是中间体 $C_{\uparrow\downarrow}{}^{\bigcirc}H_2$ 与水分子 H_2O 作用生成甲醇分子过程分析。图 13-20(a)是中间体 $C_{\uparrow\downarrow}{}^{\bigcirc}H_2$ 和 H_2O 分子电子轨道结构图。在图 13-20(b)中，中间体 $C_{\uparrow\downarrow}{}^{\bigcirc}H_2$ 中 C 原子外层空的 sp^3杂化轨道与 H_2O 分子中 O 原子和 H 原子的重叠轨道再次重叠，重叠处的 H^+转移到 $C_{\uparrow\downarrow}{}^{\bigcirc}H_2$ 结构中 C 原子外层含有孤对电子的 sp^3杂化轨道上，共用 1 对电子生成 1 个 C—H键，重叠处的 C、O 原子共用 1 对电子生成 1 个 C—O 键，则生成 1 个甲醇分子 CH_3OH，其电子轨道结构如图 13-20(c)所示。

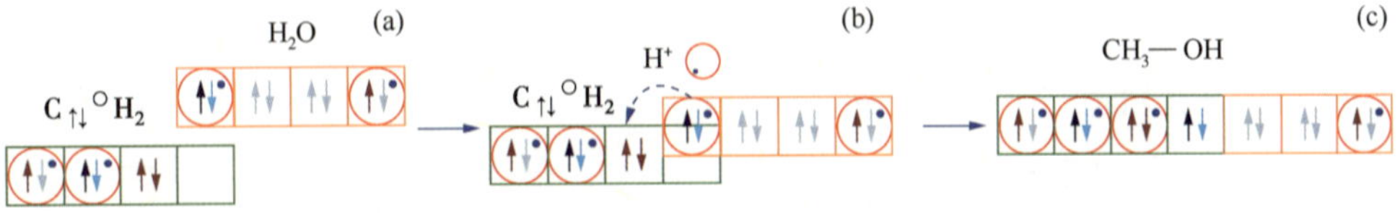

图 13-20 中间体 $C_{\uparrow\downarrow}{}^{\bigcirc}H_2$ 与水分子作用生成甲醇分子

图 13-21 是分子筛催化剂 B 酸中心 HB(HB 表示 4 配位 B 酸中心)提供的 H^+攻击甲醇分子中 C—O 键，生成甲基正碳离子 CH_3^+过程分析。图 13-21(a)是甲醇分子和 B 酸中心 HB 提供的 H^+的电子轨道结构图。在图 13-21(b)中，B 酸中心提供的 H^+攻击甲醇分子中 C—O 键，H^+外层空的 s 轨道与 C、O 原子外层重叠轨道再次重叠，活化了 C—O 键，根据表 13-6 电负性数据[39]，O 原子电负性(3.44)大于 C 原子电负性(2.55)，C—O 键断裂时，这对共用电子对留在了 O 原子外层 sp^3杂化轨道上，并与 H^+外层空的 s 轨道重叠，共用 1 对电子生成 1 个 H—O 键，则生成 H_2O 分子，其电子轨道结构如图 13-21(c)。C—O 键断裂时，C 原子外层 sp^3杂化轨道失去共用电子对，在 C 原子外层产生了 1 个空的 sp^3杂化轨道，则生成甲基正碳离子 CH_3^+，其电子轨道结构如图 13-21(d)所示。

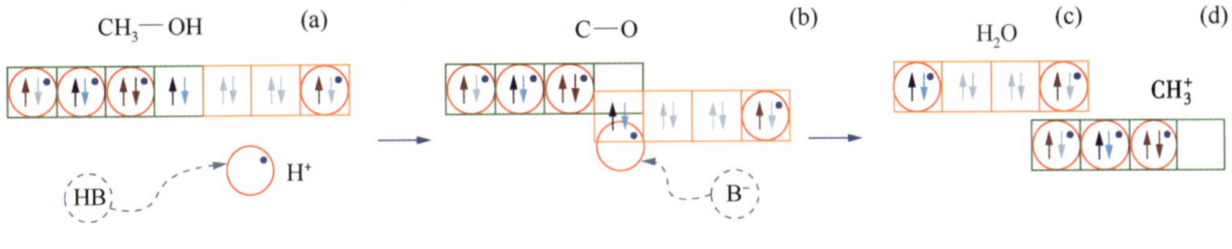

图 13-21 甲基正碳离子生成分析

生成的甲基正碳离子 CH_3^+会与失活的 B 酸中心 B^-继续作用生成中间体 $C_{\uparrow\downarrow}{}^{\bigcirc}H_2$。图 13-22 是失活 B 酸中心 B^-与甲基正碳离子 CH_3^+相互作用生成中间体 $C_{\uparrow\downarrow}{}^{\bigcirc}H_2$ 过程分析。图 13-22(a)是甲基正碳离子 CH_3^+的电子轨道结构图和失活 B 酸中心 B^-示意图。在图 13-22(b)中，失活 B 酸中心带负电，它会从带正电的甲基正碳离子 CH_3^+结构中抽取 H^+，得到 H^+离子使失活的 B 酸中心 B^-恢复了活性，形成 HB 结构，图 13-22(c)是恢复活性后的 B 酸中心 HB 示意图。甲基正碳离子 CH_3^+失去 H^+后生成了中间体 $C_{\uparrow\downarrow}{}^{\bigcirc}H_2$ 结构，其电子轨道结构如图 13-22(d)所示。在中间体 $C_{\uparrow\downarrow}{}^{\bigcirc}H_2$ 结构中，C 原子外层有 1 个含有孤对电子的 sp^3杂化轨道和 1 个空的 sp^3 杂化轨道。

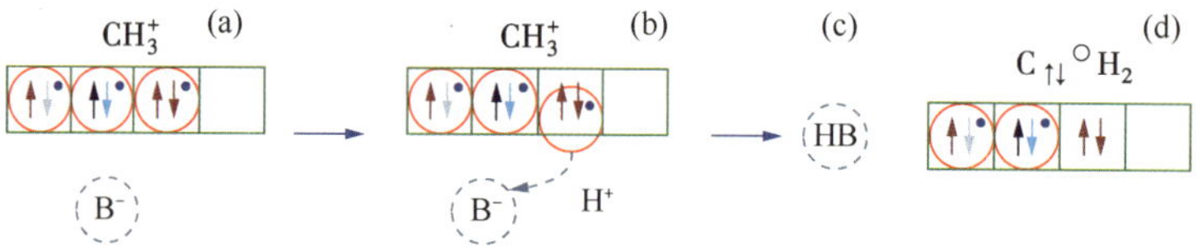

图 13-22 甲基正碳离子 CH_3^+ 生成中间体 $C_{\uparrow\downarrow}{}^{\bigcirc}H_2$ 结构

图 13-23 是中间体 $C_{\uparrow\downarrow}{}^{\bigcirc}H_2$ 生成丙烯分子过程分析。图 13-23(a)是 3 个 $C_{\uparrow\downarrow}{}^{\bigcirc}H_2$ 结构，这 3 个 C 原子分别标记为 1-C、2-C 和 3-C。在图 13-23(b)中，1-C 原子外层空的 sp^3 杂化轨道与 2-C 原子外层含有孤对电子的 sp^3 杂化轨道重叠，2-C 原子外层空的 sp^3 杂化轨道与 1-C 原子外层含有孤对电子的 sp^3 杂化轨道重叠，共用 2 对电子生成 1 个 C═C 键；3-C 原子外层空的 sp^3 杂化轨道与 1-C 原子外层 C、H 原子的重叠轨道再次重叠，重叠处的 H^+ 转移到 3-C 原子外层含有孤对电子的 sp^3 杂化轨道，共用 1 对电子生成 1 个 C—H 键，1-C 原子与 3-C 原子共用 1 对电子生成 1 个 C—C 键，则生成丙烯分子 $CH_2═CH—CH_3$，其电子轨道结构如图 13-23(c)。

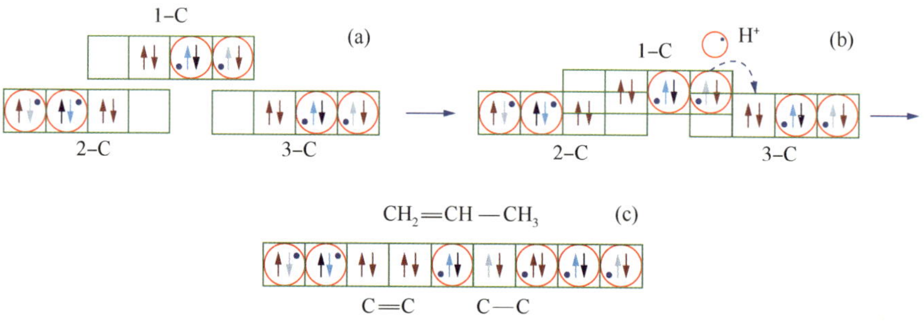

图 13-23 中间体 $C_{\uparrow\downarrow}{}^{\bigcirc}H_2$ 生成丙烯过程分析

在这里就体现了双功能催化剂的作用，使反应生成的甲醇立刻转化为烯烃，达到抑制生成甲醇的目的。

(5) 反应机理

合成气($CO+H_2$)在双功能催化剂作用下，制丙烯反应过程如下：

$$Zn+H_2 \longrightarrow Zn^{2+}+2H^- \tag{1}$$

$$Zn^{2+}+H_2 \longrightarrow Zn+2H^+ \tag{2}$$

$$CO+H^-+H^+ \longrightarrow C^*+H_2O \tag{3}$$

$$C^*+H^-+H^+ \longrightarrow C_{\uparrow\downarrow}{}^{\bigcirc}H_2 \tag{4}$$

$$3C_{\uparrow\downarrow}{}^{\bigcirc}H_2 \longrightarrow C_3H_6 \tag{5}$$

反应式[(1)+(2)+(3)+(4)]×3+(5)相加得反应式(6)，生成丙烯。

合成反应

$$3CO+6H_2 \longrightarrow C_3H_6+3H_2O \tag{6}$$

但合成气在合成丙烯过程中有甲醇生成，含有 B 酸中心的分子筛催化剂起到抑制生成甲醇的作用，实际上就是把生成的甲醇转化为丙烯，过程如下：

$$CH_3OH+HB \longrightarrow CH_3^++H_2O+B^- \tag{7}$$

$$CH_3^+ + B^- \longrightarrow C_{\uparrow\downarrow}^{\ \circ}H_2 + HB \tag{8}$$

$$3C_{\uparrow\downarrow}^{\ \circ}H_2 \longrightarrow C_3H_6 \tag{9}$$

反应式[(7)+(8)]×3+(9)相加得反应式(10)，即表示甲醇转化生成了丙烯。

转化反应

$$3CH_3OH \longrightarrow C_3H_6 + 3H_2O \tag{10}$$

(6) 小结

合成气($CO+H_2$)在双功能 Zn 系催化剂如 $ZnCrO_x$/MSAPO 等作用下加氢直接合成丙烯，Zn 元素促进加氢反应合成丙烯，分子筛完成甲醇转化为丙烯。反应过程分 7 步：

① H_2在 Zn/Zn^{2+}相互作用，生成数目相同的H^+和H^-，H^+和H^-同时存在；

② CO 与H^+和H^-相互作用，生成活性碳原子C^*和水分子，C^*原子外层有 2 个含有孤对电子的 sp^3杂化轨道和 2 个空的 sp^3杂化轨道；

③ 活性碳原子C^*与H^+和H^-相互作用，生成中间体$C_{\uparrow\downarrow}^{\ \circ}H_2$和水分子，$C_{\uparrow\downarrow}^{\ \circ}H_2$结构中 C 原子外层有 1 个含有孤对电子 sp^3杂化轨道和 1 个空的 sp^3杂化轨道；

④ 3 个中间体$C_{\uparrow\downarrow}^{\ \circ}H_2$通过 1 个 C═C 和 1 个 C—C 键构成了 C═C—C 结构，即生成丙烯分子 CH_2═CH—CH_3；

⑤ 合成气在 Zn 系催化剂作用下合成丙烯时伴随甲醇生成，分子筛 B 酸中心提供的H^+攻击甲醇分子中 C—O 键，C—O 键断裂生成甲基正碳离子CH_3^+，催化剂 B 酸中心失去H^+后失活；

⑥ 失活的 B 酸中心抽取甲基正碳离子CH_3^+中H^+生成中间体$C_{\uparrow\downarrow}^{\ \circ}H_2$，失活的 B 酸中心恢复了活性；

⑦ 3 个中间体$C_{\uparrow\downarrow}^{\ \circ}H_2$通过 1 个 C═C 和 1 个 C—C 键构成了 C═C—C 结构，即生成丙烯分子 CH_2═CH—CH_3。这样甲醇就转化为低碳烯烃，实现了双功能催化剂的目的。

参考文献

[1] 我国丙烯产能、产量呈增长趋势但行业需求量大仍然依赖进口[EB/OL]. 2021-03-25. https://market. chinabaogao. com/huagong/03255364V2021. html.

[2] 陈永利，陈浩，郭振宇．丙烯产业现状及发展趋势分析[EB/OL]. 2019-12-27.

[3] 2020~2025 年中国丙烯行业发展趋势预测及投资规划研究报告[EB/OL]. 2020-4-23. https://www. huaon. com/channel/chemical/605018. html.

[4] 2018 年中国丙烯行业市场现状及发展趋势分析[EB/OL]. 2019-05-31. https://www. qianzhan. com/analyst/detail/220/190530-0808b5d7. html.

[5] 2021~2025 年中国丙烯行业投资分析及前景预测报告[EB/OL]. 2020-10-12. https://www. reportrc. com/report/20201012/19263. html.

[6] 2020 年中国丙烯产能产量、进出口及需求现状分析，“十四五”进口缺口将继续缩小[EB/OL]. 2022-01-07. https://www. huaon. com/channel/trend/775841. html.

[7] 2019 年我国丙烯产量、进口量、消费量及贸易模式分析[EB/OL]. 2019-05-15. http://www. leadingir. com/trend/view/2354. html.

[8] 我国丙烯表观消费量及增速[EB/OL]. 2020-07-19. https://www. hanghangcha. com/cms/detail/11679. html.

[9] 2021 年中国丙烯行业现状分析[EB/OL]. 2022-05-16. https://www. huaon. com/channel/trend/805099.html.

[10] 国内多个 PDH 项目新进展[EB/OL]. 2022-03-24. http://www. csra. org. cn/details/1322.

[11] 国内丙烯生产工艺发展现状[EB/OL]. 2020-04-27. https://www. 163. com/dy/article/FB79UK4105387IEF.html.

[12] 刘中明，齐越．甲醇制取低碳烯烃(DMTO)技术的研究开发及工业性试验[J]．中国科学院院刊，2006，21(5)：406-408.
[13] 张玉卓．煤清洁转化工程[M]．北京：煤炭工业出版社，2011.
[14] 许磊，杜爱萍，魏迎旭，等．骨架富含Si(4Al)结构的SAPO-34分子筛的合成及其对甲醇制烯烃反应的催化性能[J]．催化学报，2008，29(8)：727-732.
[15] 吴秀章．煤制低碳烯烃工艺与工程[M]．北京：化学工业出版社，2014.
[16] Dahl I M，Kolboe S. On the reaction-mechanism for hydrocarbon formation in the MTO reaction over SAPO-34[J]. Catalysis Letters，1993，20(3)：329-336.
[17] Dahl I M，Kolboe S. On the Reaction Mechanism for Hydrocarbon Formation from Mechanism Studies[J]. Journal of Catalysis，1994，149(2)：458-464.
[18] Olsbye U，BjoRgen M，Svelle S，et al. Mechanistic insight into the methanol to hydrocarbons reaction[J]. Catalysis Today，2005，106(1-4)：108-111.
[19] Hereijgers B P C，Bleken F，Nilsen M H，et al. Product shape selectivity dominates the methanol-to-olefin (MTO) reaction over SAPO-34 catalysts [J]. Journal of Catalysis，2009，264 (1)：77-87.
[20] 严志敏．甲醇催化转化反应的固体核磁共振研究[D]．大连：中国科学院研究生院(大连化学物理研究所)，2003.
[21] 唐宏青．现代煤化工新技术[M]．北京：化学工业出版社，2009.
[22] Li J Z，Wei Y X，Chen J R，et al. Observation of heptamethylbenzenium cation over SAPO-Type molecular sieve DNL-6 under real MTO conversion conditions [J]. J Am Chem Soc，2012，134(2)：836-839.
[23] Wu X Q，Xu S T，Zhang W N，et al. Direct mechanism of the first carbon-carbon bond formation in the methanol-to-hydrocarbons process [J]. Angewandte Chemie International Edition，2017，129 (31)：9039-9043.
[24] Wu X Q，Xu S T，Wei Y X，et al. Evolution of C—C bond formation in the methanol-to-olefins process：From direct coupling to autocatalysis[J]. ACS Catal，2018，8(8)：7356-7361.
[25] 贺振富．甲醇转化制丙烯反应机理[J]．石油学报(石油加工)，2019，35(3)：555-560.
[26] 于飞，李正甲，安芸蕾，等．合成气催化转化直接制备 低碳烯烃研究进展[J]．燃料化学学报，2016，44(7)：801-814. DOI：10.3969/j.issn.0253-2409.2016.07.005.
[27] Liu Y，Chen J F，Bao J，et al. Manganese-modified Fe_3O_4 microsphere catalyst with effective active phase of forming light olefins from syngas [J]. ACS catalysis，2015，5 (6)：3905-3909. DOI：10.1021/acscatal.5b00492.
[28] Tang L P，Song C L，Yang X L，et al. Promotion of Mn doped Co/CNTs catalysts for CO hydrogenation to light olefins[J]. Chinese journal of chemistry，2013，31(6)：826-830. DOI：10.1002/cjoc.201300248.
[29] Feyzi M，Khodaei M M，Shahmoradi J. Effect of preparation and operation conditions on the catalytic performance of cobalt-based catalysts for light olefins production [J]. Fuel processing technology，2012，93(1)：90-98. DOI：10.1016/j.fuproc.2011.09.021.
[30] Feyzi M，Hassankhani A. TiO_2 supported cobaltmanganese nano catalysts for light olefins production from syngas [J]. Journal of energy chemistry，2013，22 (4)：645-652. DOI：10.1016/S2095-4956(13)60085-6.
[31] Zhu Y F，Pan X L，Jiao F，et al. Role of manganese oxide in syngas conversion to light olefins [J]. ACS catalysis，2017，7(4)：2800-2804. DOI：10.1021/acscatal.7b00221.
[32] Jiao F，Li J L，Pan X L，et al. Selective conversion of syngas to light olefins[J]. Science，2016，351 (6277)：1065-1068. DOI：10.1126/science.aaf1835.
[33] De Jong K P. Surprised by selectivity [J]. Science，2016，351(6277)：1030-1031. DOI：10.1126/sci-

ence. aaf3250.

[34] Wang Y. A new horizontal in C1 chemistry：highly selective conversion of syngas to light olefins by a novel OX- ZEO process [J]. Journal of energy chemistry，2016，25 (2)：169 - 170. DOI：10. 1016/j. jechem. 2016. 03. 001.

[35] Cheng K，Gu B，Liu X L，et al. Direct and highly selective conversion of synthesis gas into lower olefins：Design of a bifunctional catalyst combining methanol synthesis and carbon-carbon coupling [J]. Angewandte chemie international edition，2016，55(15)：4725-4728. DOI：10. 1002/anie. 201601208.

[36] Jung K D，Bell A T. Role of hydrogen spillover in methanol synthesis over Cu/ZrO_2 [J]. Journal of catalysis，2000，193(2)：207-223. DOI：10. 1002/anie. 201601208.

[37] 贺振富，代振宇，龙军. 硅-铝催化剂酸中心形成及其结构[J]. 石油学报(石油加工)，2011，27(1)：11-19.

[38] 贺振富，刘俊，龙军. 硅-铝催化剂酸中心失活与再生的分析[J]. 石油学报(石油加工)，2011，27(6)：845-851.

[39] 冯玉彪，张粉保，宣利宏，等. 离子的电负性[J]. 大连轻工业学院学报，1998，13(2)：70-76.

第 14 章　碳四烯烃

14.1　碳四烯烃发展现状

丁烯(butylene)是一种有机物，分子式为 C_4H_8，分子量为 56.1，不溶于水，易溶于乙醇、乙醚，微溶于苯，主要用于脱氢制丁二烯，也可经水合成正丁醇。C_4H_8有四种异构体：1-丁烯($CH_3CH_2CH=CH_2$)；2-丁烯($CH_3CH=CHCH_3$)，其中 2-丁烯分为顺式和反式；异丁烯[$CH_3C(CH_3)=CH_2$]。丁烯各异构体的理化性质基本相似，常态下均为无色气体，不溶于水，溶于有机溶剂，易燃、易爆，正丁烯有微弱芳香气味。丁烯为重要的基础化工原料之一，工业上主要由碳四馏分分离获得，不同来源碳四馏分中丁烯含量有所不同。重油催化裂化所得 C_4馏分中约含 1-丁烯 13%、顺-2-丁烯 12%、反-2-丁烯 13%；裂解反应的 C_4馏分中约含 1-丁烯 14%、顺-2-丁烯 5%、反-2-丁烯 6%。由 C_4馏分分离丁烯时，一般是先分出丁二烯和异丁烯，然后再对剩余物料进行精馏(或异构化、吸附等)，即可获得纯度高于 99%的 1-丁烯。

丁二烯，即 1,3-丁二烯(1,3-Butadiene)，是一种有机化合物，化学式为 C_4H_6，是一种带有轻微芳香味的无色气体，不溶于水，溶于丙酮、苯、乙酸、酯等多数有机溶剂，是制造合成橡胶、合成树脂、尼龙等的原料。

14.1.1　1-丁烯[1,2]

1-丁烯是一种化学性质较活泼的 α-烯烃的其中一种，既是重要的化工原料，可以作为 LLDPE 的共聚单体和聚 1-丁烯的聚合单体，还是异辛烯、丁二烯、丁酮等化工产品的重要原料。1-丁烯是合成仲丁醇、脱氢制丁二烯的原料；顺、反 2-丁烯用于合成 C_4、C_5衍生物及制取交联剂、叠合汽油等；异丁烯是制造丁基橡胶、聚异丁烯橡胶的原料，与甲醛反应生成异戊二烯，可制成不同分子量的聚异丁烯聚合物以用作润滑油添加剂、树脂等。正丁烯主要用于制造丁二烯，其次用于制造甲基乙基酮、仲丁醇、环氧丁烷及丁烯聚合物和共聚物。异丁烯主要用于制造丁基橡胶、聚异丁烯橡胶及各种塑料。在许多场合，1-丁烯和 2-丁烯无需分离，可一起进行化学加工生产许多重要基本有机化工产品，如水合为仲丁醇进而生产甲基乙基酮，氧化脱氢制丁二烯，催化氧化制顺丁烯二酸酐以及醋酸。1-丁烯在高分子化工中可聚合制成具有高温耐蠕变性、耐磨性及耐应力开裂性的聚 1-丁烯，与乙烯共聚为线型低密度聚乙烯。

20 世纪 90 年代，在聚乙烯产业发展带动下，我国开始研究 1-丁烯，并且很快便掌握了核心生产技术。经过了多年的发展，目前我国 1-丁烯的工业化生产主要分为 C_4分离和乙烯二聚法，因乙烯价格较高，乙烯二聚法经济性欠佳，目前主要以 C_4分离法为主。但是，由于全球 C_4分离工艺多样，分离技术间也存在细微差异。

2010~2020 年，我国 1-丁烯的产量保持着 10%的供应增速。2020 年我国 1-丁烯的产量在 67.1 万 t 左右，同比增长 12.8%，2020 年我国进口 1-丁烯 3.6 万 t，同比增长 62%，基本无出口，可以计算出，2020 年中国 1-丁烯的表观消费量在 71 万 t 左右，同比增长 15%。2010~2020 年，我国 1-丁烯的表观消费量保持 12%左右的速度增长。图 14-1 是近十年来我国 1-丁烯产能、产量及表观消费量数据统计。

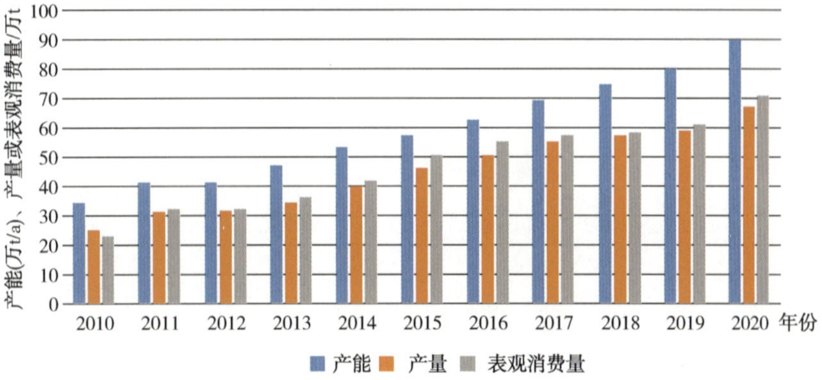

图 14-1 2010~2020 年我国 1-丁烯供需数据统计

14.1.2 1,3-丁二烯[3,4]

丁二烯通常指 1,3-丁二烯，又称乙烯基乙烯，是一种用途广泛的有机化工原料，在烯烃类的地位仅次于乙烯和丙烯，可用于生产顺丁橡胶、丁苯橡胶、丙烯腈-丁二烯-苯乙烯共聚物(ABS)、苯乙烯-丁二烯-苯乙烯嵌段共聚物(SBS)、丁苯胶乳、丁腈橡胶、丁腈胶乳、苯乙烯-丁二烯-苯乙烯嵌段氢化共聚物(SEBS)等。丁二烯产业链上游为乙烯裂解副产碳四馏分与石脑油，下游产品主要有丁苯橡胶、聚丁二烯橡胶、苯乙烯热塑性弹性体、ABS 树脂及其他。

2018 年我国丁二烯生产企业有 29 家，总产能为 402.9 万 t/a，同比增长 8.6%，生产装置主要集中在中国石化和中国石油两大集团。其中，中国石化生产能力为 212 万 t/a(含合资企业)，占全国总产能的 52.62%；中国石油生产能力为 97.5 万 t/a，占总产能的 24.20%；其他地方企业的生产能力为 93 万 t/a，占总产能的 23.18%。据统计，2018 年我国丁二烯产量为 276.4 万 t，同比增长 5.1%。2020 年是丁二烯新装置投产最为集中的一年，有浙江石化、恒力炼化、盘锦宝来、烟台万华、中化泉州、中科炼化和中韩乙烯扩建等累计 78 万 t/a 丁二烯装置投产，对国内市场货源形成明显补充，近几年我国丁二烯产能、产量及表观消费量统计数据见图 14-2，进出口数据统计见图 14-3。2021 年，有古雷石化、盛虹石化、海南乙烯及鲁清石化累计 60 万 t/a 装置投产；2022~2024 年将累计有 68 万 t/a 丁二烯装置投产。截至 2024 年底，若以上装置投产计划无明显延期，那么国内丁二烯产能将较 2019 年增加 206 万 t/a，对国内供应量补充明显，进口依赖度将会进一步降低。2025 年我国丁二烯产能预计将突破 732 万 t。

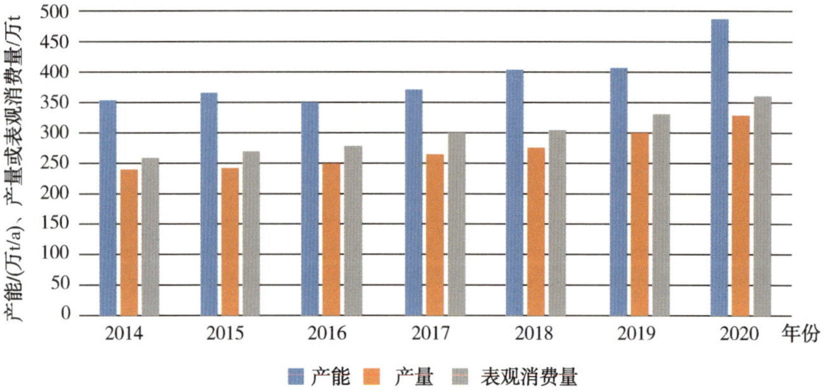

图 14-2　2014~2020 年我国丁二烯供需数据统计

图 14-3　2014~2020 年我国丁二烯进出口数据统计

14.2　碳四烯烃制备技术[2]

20 世纪 90 年代我国开始 1-丁烯制备技术研究，经过了多年的发展，目前我国 1-丁烯的工业化生产主要分为 C_4分离和乙烯二聚法，以 C_4分离法为主，分离工艺多样，分离技术存在细微差异。

国内 1-丁烯生产工艺的提供方较多，在 2015 年之前，多以烟台大学和齐鲁研究院的精馏提取工艺为主。而随着技术的进展，提取工艺提供方出现了快速增长，如 UOP、北京化工研究院、海洋大学和兰州石化研究院等，均有 1-丁烯的相关生产技术。目前，我国可作为生产 1-丁烯原料的 C_4，主要包括混合 C_4、醚后 C_4、抽余 C_4、煤制高烯烃 C_4，工艺见图 14-4。在 2016 年之前，行业内多以炼油化工及乙烯化工生产的 C_4原料为主，而随着煤化工产业的发展，我国煤制烯烃 C_4资源供应增长，为以煤化工生产的烯烃 C_4为原料的 1-丁烯分离提供了便利的条件，也加速了我国煤化工 1-丁烯生产的步伐。现在，我国 1-丁烯生产路线主要有两条，分别是以乙烯为原料的二聚工艺和以 C_4馏分为原料的抽提或分离工艺，其中 C_4馏分抽提工艺分为炼油型 C_4抽提和煤制烯烃 C_4抽提。

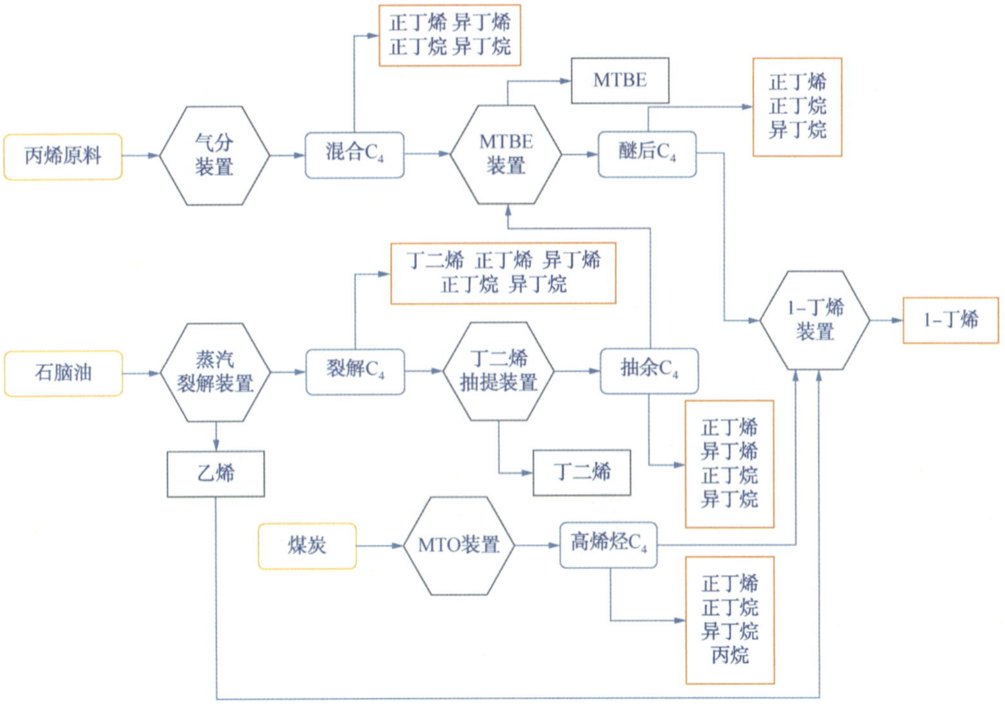

图 14-4　我国混合 C_4至 1-丁烯产业链流程图

目前，丁二烯生产主要有两种工艺：C_4抽提工艺和 C_4脱氢工艺，其中以烃类裂解制乙烯时副产 C_4馏分抽提工艺为主，C_4烷烃或烯烃脱氢工艺占比相对较小。丁二烯的成本由原料和生产工艺决定，抽提和氧化脱氢工艺各有其优势，但在低油价背景下，C_4抽提法丁二烯具有明显成本优势。

丁烯脱氢的方法主要是丁烯催化脱氢和氧化脱氢。①丁烯催化脱氢按照催化剂的不同分为三种，分别为氧化铁催化剂、钙和镍的磷酸盐、铬和铝的氧化物，反应温度 873K 左右，三种方法都是用水蒸气稀释进行脱氢反应的方法，故而从反应类型上统称为蒸汽稀释法。其中，使用钙和镍的磷酸盐为催化剂，丁烯的单程转化率为 30%~40%，丁二烯的选择性 90% 左右。②丁烯氧化脱氢是指丁烯在气相氧或催化剂的晶格氧的氧化作用下脱除两个氢原子生成丁二烯的反应。使用的催化剂有亚铁酸锌和磷酸镍。相比丁烯脱氢法，丁烯氧化脱氢法优点是反应温度较低，丁烯转化率较高，丁二烯的选择性较好，设备投资和运转费用较低；缺点是氧化过程中会产生副产物，致使丁二烯中不可避免地含有少量含氧化合物，影响丁二烯质量。

丁烷脱氢法分为胡德利一步法和菲利普两步法[5,6]。①胡德利一步法以 18%~20% 氧化铬浸渍的氧化铝为催化剂，原料既可以用丁烷也可以用丁烷-丁烯的混合气，通过一步脱氢生成丁二烯，该过程丁二烯收率较低，原料利用率也较低，产品分离较为麻烦。②菲利普两步法是丁烷先脱氢生成丁烯，丁烯二次脱氢生成丁二烯。该工艺流程复杂，设备较多，催化剂需要频繁再生。

20 世纪 70 年代，我国丁二烯行业是随着石油化工的起步而建立，近年来我国丁二烯的生产能力不断增加。近十年间，由于美国页岩气革命的成功，带来了丰富而低价的乙烷等轻烃资源，全球烯烃原料轻质化趋势明显，业界普遍担忧丁二烯供应将偏紧。2015~2019 年中国丁二烯需求逐年上升，但随着我国新建的一系列大型炼化一体化项目陆续投入运行，丁二烯供应不足情况并未出现。截至 2019 年底，我国丁二烯总产能 420.7 万 t(其中 C_4脱氢制丁二烯产能 80.8 万 t)，产量 301 万 t，进口量 29 万 t，表观消费量 330 万 t。未来 5 年，我国丁二烯产能和产量还将继续大幅度增长。目前，我国丁二烯拟在建项目共有 26 个，预计到 2025 年我国丁二烯产能将突破 732 万 t。表 14-1 是 2018 年我国丁二烯生成企业产能及生产工艺情况统计。

表 14-1　2018 年我国丁二烯生产企业产能及生产工艺情况统计

序号	生产厂家名称	产能/(万 t/a)	生产工艺
1	中国石油吉化集团公司	19	ACN 法
2	中国石油兰州石化公司	13.5	ACN 法
3	中国石油大庆石化公司	17	DMF 法
4	中国石油独山子石化公司	17	NMP 法
5	中国石油辽阳石化公司	3	ACN 法
6	中国石油抚顺石化公司	16	DMF 法
7	中国石油四川石化有限责任公司	12	DMF 法
8	中国石化扬子石油化工有限公司	22	DMF 法
9	中国石油化工股份有限公司齐鲁分公司	17	CAN/DMF
10	中国石油化工股份有限公司燕山分公司	13.5	CAN/DMF
11	中国石化上海石油化工股份有限公司	12	DMF 法
12	中国石油化工股份有限公司广州分公司	3.5	DMF 法
13	中国石油化工股份有限公司茂名分公司	15	DMF 法
14	中国石油化工股份有限公司镇海炼化分公司	16.5	DMF 法
15	神华宁夏煤业集团公司	6.4	C_4 抽提
16	中沙(天津)石化有限公司	20	ACN 法
17	中韩(武汉)石油化工有限公司	12	ACN 法
18	淄博齐翔腾达化工有限公司	15	丁烯氧化脱氢
19	山东玉皇化工(集团)有限公司	14	丁烯氧化脱氢/C_4抽提
20	山东万达化工有限公司	6	C_4 抽提
21	山东垦利石化集团有限公司	10	丁烯氧化脱氢
22	华宇橡胶有限责任公司	14	丁烯氧化脱氢/C_4 抽提
23	中海壳牌石油化工有限公司	34.5	NMP/C_4 抽提
24	上海赛科石油化工有限责任公司	18	NMP
25	福建联合石油化工有限公司	18	NMP
26	扬子石化-巴斯夫有限责任公司	13	DMF 法
27	辽宁华锦通达化工股份有限公司	10	ACN 法
28	江苏斯尔邦石化有限公司	10	丁烯氧化脱氢
29	濮阳蓝星新材料有限公司	5	C_4 抽提
合　计		402.9	

由于新能源的发展带来原油消费量增长趋于停滞，预计国际油价将长期低迷，有助于提升炼化一体化及 C_4 抽提丁二烯的盈利能力。预计，2023 年我国丁二烯总需求量将超过 360 万 t，届时国内丁二烯产能将超过 671 万 t/a（其中仅 C_4 抽提丁二烯产能就达 592.9 万 t/a）。C_4 抽提丁二烯产能和成本的双重优势将大大挤压 C_4 脱氢丁二烯的发展空间。

现在，制备丁二烯的方法除了抽提技术外，还有乙醇合成丁二烯，但世界上该方法使用不多，更多的工业化应用是以丁烯为原料，采用脱氢技术制备丁二烯，有催化脱氢和氧化脱氢两种方法。从反应效果来看，丁烯氧化脱氢经济指标优于催化脱氢，详见表 14-2。

表 14-2　丁烯脱氢制丁二烯技术比较

方法	催化剂	正丁烯单程转化率/%	丁二烯选择性/%	丁二烯单程收率/%	蒸汽单耗*
催化脱氢	Shell 205 催化剂	25	65	16	62.5
	磷酸钙镍催化剂	40	65	34	87.0
氧化脱氢	铁酸盐尖晶石催化剂	65	92	60	20.0

* 生成 1 摩尔丁二烯时进料水蒸气摩尔数。

14.3　碳四烯烃反应机理研究进展

近 30 年来，甲醇制烯烃（MTO）反应机理备受瞩目，提出了 20 多种不同的 MTO 反应机理，分为串联型机理和并联型机理两大类。串联型机理认为乙烯是首先生成产物，但在 SAPO-34 上发生的 MTO 反应初期，丙烯生成量通常高于乙烯[7]。在并联型机理中，Dahl 和 Koboe[8,9]提出“烃池”反应机理，认为在催化剂上首先形成大分子烃类物质并吸附在催化剂孔道内，一方面这些物质作为活性中心不断与甲醇反应引入甲基基团，另一方面这些活性中心不断进行脱烷基化反应，生成乙烯和丙烯等低碳烯烃分子。目前，“烃池”机理已经得到了普遍认可[10,11]，介绍了 B 酸中心在 MTO 反应过程中的作用。严志敏[12]认为，在 MTO 反应过程中 B 酸中心直接参与了中间物种的生成，但未对反应物与 B 酸中心相互作用机制及生成的中间物种做进一步说明。

碳烯离子机理[13]提出，在沸石催化剂酸、碱性中心的协调作用下，甲醇经 α-消除反应脱水得到碳烯[CH_2]，[CH_2]结构中含有 1 个电中性的二价 C 原子，C 原子上有 2 个未成键的电子，[CH_2]通过聚合或插入甲醇、二甲醚分子中即可生成烯烃。

国内学者[14~17]认为，催化剂 B 酸中心提供 H^+，攻击和活化甲醇分子中 C—O 键，甲醇分子中 C—O 键断裂生成甲基正碳离子 CH_3^+，B 酸中心失活；失活 B 酸中心继续与甲基正碳离子 CH_3^+ 相互作用，并抽去甲基正碳离子 CH_3^+ 中 H^+ 生成中间体 $C_{\uparrow\downarrow}{}^{\circ}H_2$，在 $C_{\uparrow\downarrow}{}^{\circ}H_2$ 结构中 C 原子外层有 1 对孤对电子和 1 个空的 sp^3 杂化轨道；中间体 $C_{\uparrow\downarrow}{}^{\circ}H_2$ 结构是构成烯烃分子的基本结构单元。Stöcker[18]认为 MTO 在分子筛表面反应分为 3 步：①生成甲氧基，②初始 C—C 键，③生成 $C_3^=$、$C_4^=$。Haw 等[19]考虑了催化剂酸强度、酸中心密度等因素，进一步将 MTO 过程分为先后五步：①甲醇、二甲醚和水快速达到平衡；②新鲜催化剂的动力学诱导期；③生成碳氢化合物；④碳氢化合物反应生成烯烃；⑤催化剂积炭失活。

Li 等[20]观察到在 MTO 反应中生成七甲基苯基正碳离子（$heptaMB^+$）中间体及其去质子化产物（HMMC），并验证了该中间体在甲醇转化中的重要作用和以此正碳离子作为中间体的烯烃生成途径。Wu 等[21,22]研究了甲醇在 SAPO-34 上转化反应中二甲醚(DME)/甲醇与表面甲氧基物种(SMS)之间的关系，认为初始 C—C 键是由表面 C_1 反应物、DME/甲醇和 SMS 直接反应形成，一旦形成初始烯烃，它们将转化为大分子的烃，烯烃生成的反应路径是表面甲氧基/三甲基氧鎓离子协助 DME/甲醇活化转化的协同反应机理。目前，普遍认为[23~28]，MTO 反应过程中，甲醇脱水生成二甲醚，甲醇和二甲醚平衡混合物与 SAPO-34 分子筛酸性中心作用，在催化剂表面生成甲氧基，甲氧基对 MTO 反应过程中第 1 个 C—C 键的形成起关键作用。这使得二甲醚与甲醇平衡混合物脱水继续转化为乙烯、丙烯为主的低碳烯烃，少量低碳烯烃进一步由环化、脱氢、氢转移、缩合、烷基化等反应生成不同分子量的饱和烃、芳烃、C_6^+烯烃及焦炭等。

现在，制备丁二烯的方法除了抽提技术外，更多的工业化应用是以丁烯为原料，采用催化脱氢和氧化脱氢技术制备丁二烯，丁烯氧化脱氢技术优于丁烯催化脱氢技术。工业应用的丁烯氧化脱氢催化剂分为两大系列：①钼酸铋系列催化剂，这类催化剂中 Mo 或 Mo-Bi 氧化物是主要活性组分，也会添加 P、Fe、Ni、Co、Ti 等来提高选择性和稳定性；②铁酸盐尖晶石系列催化剂，该类催化剂中 α-Fe_2O_3的存在是其具有较高催化活性和选择性的关键。

丁烯氧化脱氢反应机理[29~31]是，正丁烯分子吸附在催化剂表面 Fe^{3+}附近的阴离子缺位上，氧则解离为 O^-形式吸附在毗邻的另一缺位上，吸附的丁烯在 O^-的作用下，先以均裂方式去掉 1 个 α-H，并与 O^-结合，再以异裂方式脱掉第 2 个 α-H 而形成 $C_4H_6^-$，脱去的第 2 个 H 则与晶格氧相结合，生成的 $C_4H_6^-$与 Fe^{3+}发生电子转移而转化为产物丁二烯，并从催化剂表面解吸出来，而 Fe^{3+}则被还原为 Fe^{2+}。上述形成的 2 个—OH 则结合生成 H_2O，同时产生 1 个缺位，气相氧吸附在此缺位上发生解离吸附形成 O^-，同时使 Fe^{2+}氧化成 Fe^{3+}，因而形成了氧化-还原催化循环。Fe^{3+}对催化脱氢有活性，被还原为 Fe^{2+}后活性就迅速衰退，Fe^{2+}对氧化脱氢没有活性。

14.4 碳四烯烃反应机理分析

14.4.1 甲醇制丁烯

甲醇分子在 SAPO-34 或 ZSM-5 分子筛上反应生成丁烯，是 B 酸中心作用下的酸催化反应，反应方程如下：

$$4CH_3OH \longrightarrow C_4H_8+4H_2O$$

文献[32,33]认为，SAPO-34 或 ZSM-5 等分子筛是含 Si、Al 元素的固体酸催化剂，其活性来源于其酸性。催化剂酸性与 Al 原子的 O 原子配位数密切相关：2、3 配位的 Al 原子形成 L 酸中心；4、5 或 6 配位的 Al 原子形成 B 酸中心；Al 原子是产生活性的中心原子。

(1) 4 配位 B 酸中心[32,33]

图 14-5 为催化剂 4 配位 B 酸中心的失活与再生过程分析。4 配位 B 酸中心是由 1 个 Al 原子、4 个 O 原子和 1 个 H 原子组成，其电子轨道结构如图 14-5(a)所示。4 配位 B 酸中心可释放 1 个 H^+，释放 H^+后失去活性，失活的 4 配位 B 酸中心$[AlO_4]^-$电子轨道结构如图 14-5(b)所示。失活 B 酸中心得到 H^+后就能恢复活性。

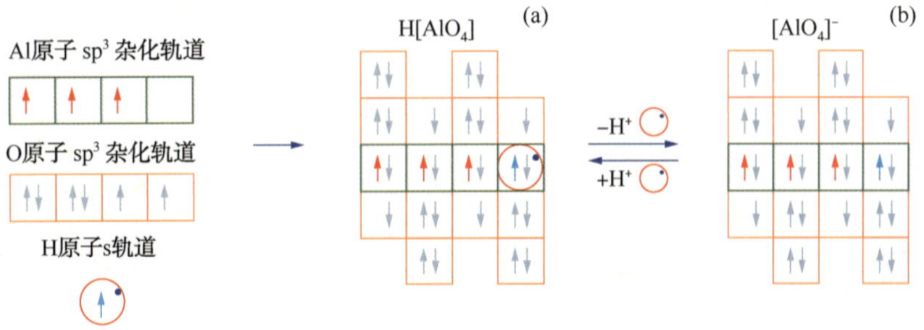

图 14-5　4 配位 B 酸中心失活与再生

(2) 生成甲基正碳离子 CH_3^+

图 14-6 是甲醇分子结构分析。图 14-6(a)是 C 原子、O 原子和 H 原子外层电子轨道结构图。在图 14-6(b)中，C 原子外层 4 个含有未成键电子的 sp^3杂化轨道分别与 3 个 H 原子外层含有未成键电子的 s 轨道和 O 原子外层 1 个含有未成键电子的 sp^3杂化轨道重叠且共用 4 对电子，生成了 3 个 C—H 键和 1 个 C—O 键，而 O 原子外层剩余的那个含有未成键电子的 sp^3杂化轨道和第 4 个 H 原子外层含有未成键电子的 s 轨道重叠，共用 1 对电子生成 1 个 H—O 键。则生成 1 个甲醇分子，其电子轨道结构如图 14-6(c)所示。

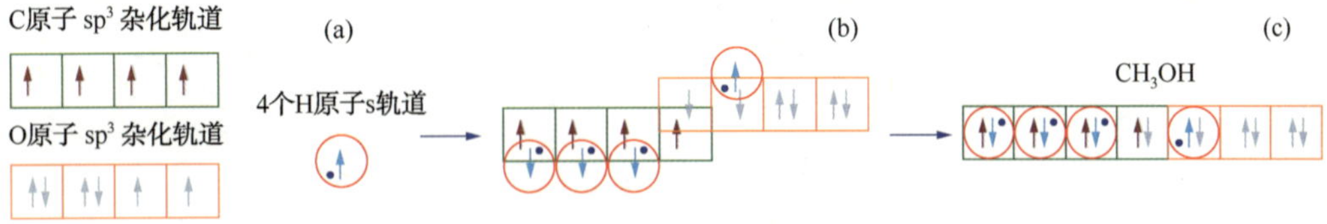

图 14-6　甲醇分子构成分析

图 14-7 是甲醇分子与催化剂 B 酸中心作用生成甲基正碳离子过程分析。图 14-7(a)是甲醇分子和 4 配位 B 酸中心提供的 H^+电子轨道结构图。在图 14-7(b)中，4 配位 B 酸中心提供的 H^+攻击甲醇分子中 C—O 键，即 H^+外层空的 s 轨道与 C、O 原子外层重叠轨道再次重叠，活化了 C—O 键。根据表 14-3 电负性数据[34]，O 原子电负性(3.44)大于 C 原子电负性(2.55)，C—O 键断裂时，这对共用电子对留在了 O 原子外层 sp^3杂化轨道上，并与 H^+外层空的 s 轨道重叠，共用 1 对电子生成 1 个 H—O 键，则生成 H_2O 分子，其电子轨道结构如图 14-7(c)。C—O 键断裂，C 原子外层 sp^3杂化轨道失去共用电子对，生成 1 个空的 sp^3杂化轨道，则生成甲基正碳离子 CH_3^+，其电子轨道结构如图 14-7(d)所示。上述过程中，4 配位 B 酸中心释放 H^+后生成失活 4 配位 B 酸中心$[AlO_4]^-$。

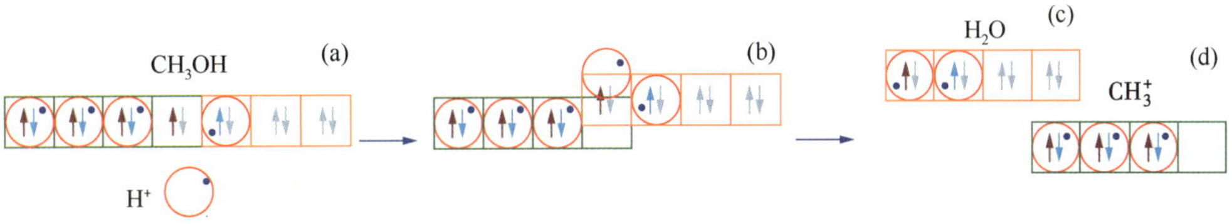

图 14-7　生成甲基正碳离子 CH_3^+

表 14-3　部分元素电负性

元素	H	Pd	Rh	Cr	Zn	Al	Zr	La	Cu	O	Mo	C
A^0	2.20	2.20	2.20	1.66	1.65	1.61	1.33	1.10	1.90	3.44	2.16	2.55
A^+		5.00	4.60	4.19	4.92	4.47	3.59	2.99	5.04	8.77	4.18	6.42
A^{2+}		9.42	8.85	8.54	10.38	8.51	6.50	5.44	10.28	16.21	7.80	13.01
A^{3+}		14.75	13.80	14.41	17.84	26.72	10.32	12.44	16.57	23.82	13.24	20.23

(3) 生成中间体 $C_{\uparrow\downarrow}{}^{\bigcirc}H_2$

图 14-8 是甲基正碳离子 CH_3^+ 与失活 B 酸中心作用生成中间体 $C_{\uparrow\downarrow}{}^{\bigcirc}H_2$ 过程分析。图 14-8(a)是甲基正碳离子 CH_3^+ 和失活四配位 B 酸中心的电子轨道结构图。在图 14-8(b)中，CH_3^+ 中 C 原子外层空的 sp^3 杂化轨道与失活 4 配位 B 酸中心 Al、O 原子的重叠轨道重叠，CH_3^+ 中 H^+ 转移到相邻 Al、O 和 C 原子重叠轨道上形成图 14-8(c)结构。根据表 14-3 电负性数据[34]，C、H、O 和 Al 原子电负性分别为 2.55、2.20、3.44 和 1.61，Al、O 原子吸引共用电子对能力(5.05)大于 C 原子吸引共用电子对能力(2.55)，所以 Al、O 原子吸引共用电子对并与 H^+ 结合生成 $H[AlO_4]$ 结构，使失活的 4 配位 B 酸中心恢复了活性，其电子轨道结构如图 14-8(d)所示；而 CH_3^+ 失去 H^+ 后生成了中间体 $C_{\uparrow\downarrow}{}^{\bigcirc}H_2$，在 $C_{\uparrow\downarrow}{}^{\bigcirc}H_2$ 结构中 C 原子外层有 1 对孤对电子和 1 个空轨道，其电子轨道结构如图 14-8(e)所示。在这里。双箭头“↑↓”表示孤对电子，圆圈“○”表示空轨道。

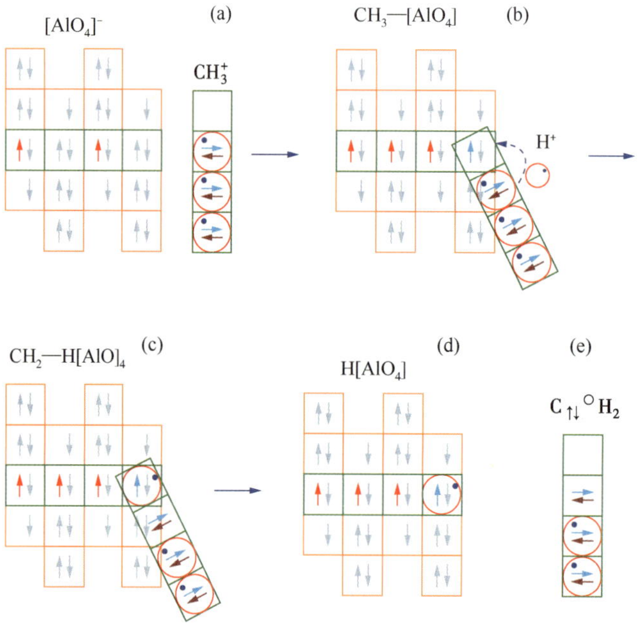

图 14-8　CH_3^+ 与失活 B 酸中心作用生成中间体 $C_{\uparrow\downarrow}{}^{\bigcirc}H_2$

(4) $C_{\uparrow\downarrow}{}^{\bigcirc}H_2$ 生成丁烯分子

1) 生成 1-丁烯

图 14-9 是中间体 $C_{\uparrow\downarrow}{}^{\bigcirc}H_2$ 生成 1-丁烯分子过程分析。在图 14-9(a)中，4 个 $C_{\uparrow\downarrow}{}^{\bigcirc}H_2$ 结构有 4 个 C 原子，分别标记为 1-C、2-C、3-C 和 4-C。在图 14-9(b)中，1-C 原子外层含

有孤对电子的 sp^3 杂化轨道与 2-C 原子外层空的 sp^3 杂化轨道重叠，2-C 原子外层含有孤对电子的 sp^3 杂化轨道与 1-C 原子外层空的 sp^3 杂化轨道重叠，这 2 个 C 原子共用 2 对电子生成 1 个 C═C 键。与此同时，3-C 原子外层空的 sp^3 杂化轨道与 2-C 原子外层 C、H 原子重叠轨道再次重叠，重叠处 H^+ 向相邻的 3-C 原子外层含有孤对电子的 sp^3 杂化轨道转移，且共用 1 对电子生成 1 个 C—H 键，重叠处的 2-C 和 3-C 原子共用 1 对电子生成 1 个 C—C 键。同理，4-C 原子外层空的 sp^3 杂化轨道与 3-C 原子外层 C、H 原子重叠轨道再次重叠，重叠处 H^+ 向相邻的 4-C 原子外层含有孤对电子的 sp^3 杂化轨道转移，且共用 1 对电子生成第 2 个 C—H 键，重叠处的 3-C 和 4-C 原子共用 1 对电子生成第 2 个 C—C 键，则 4 个中间体 $C_{\uparrow\downarrow}{}^{\circ}H_2$ 通过 1 个 C═C 键和 2 个 C—C 键生成 1-丁烯分子 $CH_2═CH—CH_2—CH_3$，其电子轨道结构如图 14-9(c)所示。

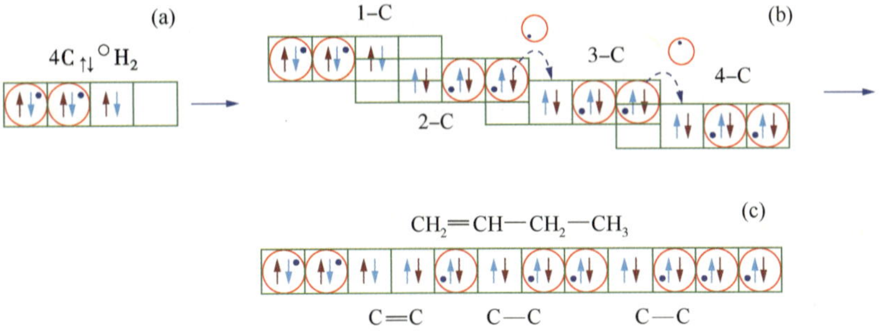

图 14-9 中间体 $C_{\uparrow\downarrow}{}^{\circ}H_2$ 生成 1-丁烯分子过程分析

2）生成 2-丁烯

图 14-10 是中间体 $C_{\uparrow\downarrow}{}^{\circ}H_2$ 生成 2-丁烯分子过程分析。在图 14-10(a)中，4 个 $C_{\uparrow\downarrow}{}^{\circ}H_2$ 结构有 4 个 C 原子，标记为 1-C、2-C、3-C 和 4-C。在图 14-10(b)中，2-C 原子外层含有孤对电子的 sp^3 杂化轨道与 3-C 原子外层空的 sp^3 杂化轨道重叠，3-C 原子外层含有孤对电子的 sp^3 杂化轨道与 2-C 原子外层空的 sp^3 杂化轨道重叠，且共用 2 对电子生成 1 个 C═C 键。与此同时，1-C 原子外层空的 sp^3 杂化轨道与 2-C 原子外层 C、H 原子重叠轨道再次重叠，重叠处 H^+ 向相邻的 1-C 原子外层含有孤对电子的 sp^3 杂化轨道转移，共用 1 对电子生成 1 个 C—H 键，重叠处的 1-C 和 2-C 原子共用 1 对电子生成 1 个 C—C 键。同理，4-C 原子外层空的 sp^3 杂化轨道与 3-C 原子外层 C、H 原子重叠轨道再次重叠，重叠处的 H^+ 向相邻的 4-C 原子外层含有孤对电子的 sp^3 杂化轨道转移，共用 1 对电子生成第 2 个 C—H 键，重叠处的

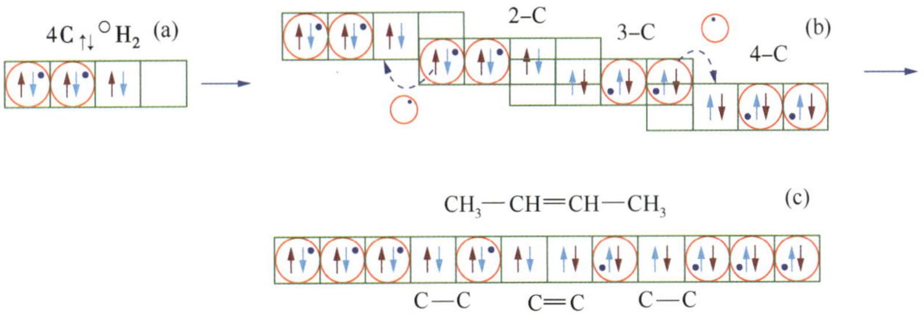

图 14-10 中间体 $C_{\uparrow\downarrow}{}^{\circ}H_2$ 生成 2-丁烯分子过程分析

3-C 和 4-C 原子共用 1 对电子生成了第 2 个 C—C 键。结果，4 个中间体 $C_{\uparrow\downarrow}{}^{\circ}H_2$ 通过 1 个 C═C和 2 个 C—C 键生成 2-丁烯分子 $CH_3—CH═CH—CH_3$，其电子轨道结构如图 14-10(c)所示。

3）生成 2-甲基丙烯(异丁烯)

图 14-11 是中间体 $C_{\uparrow\downarrow}{}^{\circ}H_2$ 生成 2-甲基丙烯(异丁烯)过程分析。在图 14-11(a)中，4 个中间体 $C_{\uparrow\downarrow}{}^{\circ}H_2$ 有 4 个 C 原子，标记为 1-C、2-C、3-C 和 4-C。图 14-11(b)中，1-C 原子外层含有孤对电子的 sp^3杂化轨道与 2-C 原子外层空的 sp^3杂化轨道重叠，2-C 原子外层含有孤对电子的 sp^3杂化轨道与 1-C 原子外层空的 sp^3杂化轨道重叠，这 2 个 C 原子共用 2 对电子生成 1 个 C═C 键。与此同时，3-C 原子和 4-C 原子外层空的 sp^3杂化轨道分别与2-C 原子外层 2 个 C、H 原子重叠轨道再次重叠，重叠处 2 个 H^+分别向相邻的 3-C 原子和 4-C 原子外层含有孤对电子的 sp^3杂化轨道转移，且共用 2 对电子生成 2 个 C—H 键，而 2-C 原子和 3-C 原子共用 1 对电子生成 1 个 C—C 键，2-C 原子和 4-C 原子共用 1 对电子生成第 2 个 C—C 键，则 4 个中间体 $C_{\uparrow\downarrow}{}^{\circ}H_2$ 通过 1 个 C═C 和 2 个 C—C 键生成 2-甲基丙烯分子(异丁烯)$CH_2═C—(CH_3)_2$，其电子轨道结构如图 14-11(c)所示。

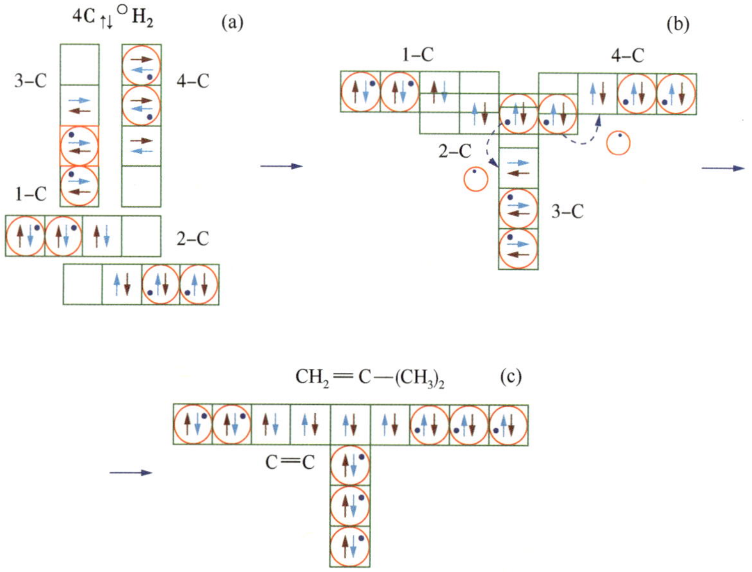

图 14-11　中间体 $C_{\uparrow\downarrow}{}^{\circ}H_2$ 生成 2-甲基丙烯(异丁烯)过程分析

(5) 反应机理分析

根据上面分析，甲醇在 4 配位 B 酸中心 $HAlO_4$作用下生成丁烯反应过程如下：

$$CH_3OH+H[AlO_4] \longrightarrow CH_3^+ + [AlO_4]^- + H_2O \quad (1)$$

$$CH_3^+ + [AlO_4]^- \longrightarrow H[AlO_4] + C_{\uparrow\downarrow}{}^{\circ}H_2 \quad (2)$$

$$4C_{\uparrow\downarrow}{}^{\circ}H_2 \longrightarrow CH_2═CH—CH_2—CH_3 \quad (3)$$

$$4C_{\uparrow\downarrow}{}^{\circ}H_2 \longrightarrow CH_3—CH═CH—CH_3 \quad (4)$$

$$4C_{\uparrow\downarrow}{}^{\circ}H_2 \longrightarrow CH_2═C—(CH_3)_2 \quad (5)$$

反应式[(1)+(2)]×4+(3)得到反应式(6)，生成1-丁烯；反应式[(1)+(2)]×4+(4)得到反应式(7)，生成2-丁烯；反应式[(1)+(2)]×4+(5)得到反应式(8)，生成2-甲基丙烯(异丁烯)。

$$4CH_3OH \longrightarrow CH_2{=}CH{-}CH_2{-}CH_3+4H_2O \tag{6}$$

$$4CH_3OH \longrightarrow CH_3{-}CH{=}CH{-}CH_3+4H_2O \tag{7}$$

$$4CH_3OH \longrightarrow CH_2{=}C{-}(CH_3)_2+4H_2O \tag{8}$$

实际上，无论是在4配位B酸中心、还是在5配位B酸中心和6配位B酸中心作用下，甲醇反应生成丁烯的反应机理相同。

(6) 小结

在B酸中心作用下，甲醇反应制丁烯过程分3步：

① B酸中心释放H^+攻击甲醇分子中C—O键，C—O键断裂生成甲基正碳离子CH_3^+和H_2O，B酸中心失去活性；

② 失活B酸中心从甲基正碳离子CH_3^+处抽取H^+后恢复活性，而甲基正碳离子CH_3^+失去H^+生成了中间体$C_{\uparrow\downarrow}{\circ}H_2$，在$C_{\uparrow\downarrow}{\circ}H_2$结构中C原子外层有4个$sp^3$杂化轨道，其中1个含有孤对电子的$sp^3$杂化轨道和1个空的$sp^3$杂化轨道；

③ 中间体$C_{\uparrow\downarrow}{\circ}H_2$是构成烯烃的基本结构单元，4个$C_{\uparrow\downarrow}{\circ}H_2$可以生成1-丁烯、2-丁烯和2-甲基丙烯(异丁烯)。

14.4.2 合成气制丁烯反应机理

一氧化碳在双功能Zn系催化剂如$ZnCrO_x$/MSAPO等作用下加氢直接合成烯烃，Zn元素的作用是促进加氢反应，而分子筛的作用是抑制甲醇生成。下面就反应物CO、H_2与催化剂之间的相互作用进行分析。

(1) Zn元素作用

Zn原子核电荷数30>21，其外层电子排布为$3d^{10}4s^2$，不存在能级交错，$E_{4s}>E_{3d}$，Zn原子首先失去4s轨道电子，生成Zn^{2+}，其外层电子排布为：$3d^{10}4s^0$，其电子轨道结构如图14-12(a)和图14-12(b)所示。

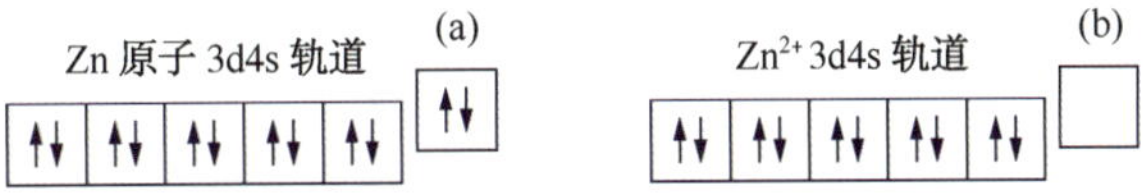

图14-12 Zn、Zn^{2+}电子轨道结构

图14-13是H_2分子在Zn原子作用下生成H^-过程分析。图14-13(a)是Zn原子外层3d4s轨道和H_2分子中H原子外层s轨道结构图。在图14-13(b)中，根据表14-4数据[34]，H元素电负性(2.20)大于Zn元素电负性(1.65)，在相互作用过程中，H_2分子中2个H原子会从Zn原子外层4s轨道获取2个电子填充到H原子外层s轨道上生成2个H^-，其电子轨道结构如图14-13(c)所示；Zn原子失去2个电子生成Zn^{2+}，其电子轨道结构如图14-13(d)所示。

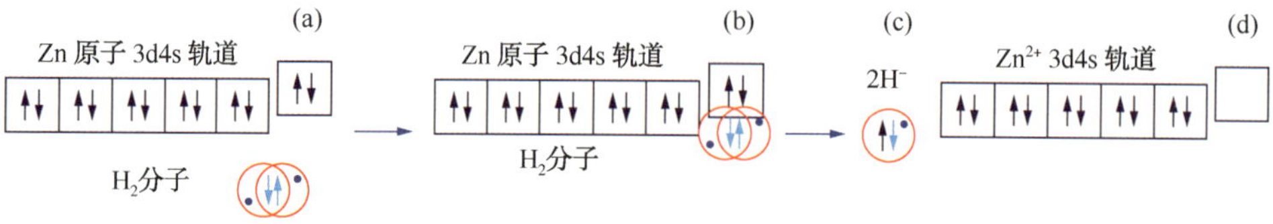

图 14-13　H_2在 Zn 原子作用下生成 H^-

表 14-4　部分元素电负性

元素	H	Pd	Rh	Cr	Zn	Al	Zr	La	Cu	O	Mo	C
A^0	2. 20	2. 20	2. 20	1. 66	1. 65	1. 61	1. 33	1. 10	1. 90	3. 44	2. 16	2. 55
A^+		5. 00	4. 60	4. 19	4. 92	4. 47	3. 59	2. 99	5. 04	8. 77	4. 18	6. 42
A^{2+}		9. 42	8. 85	8. 54	10. 38	8. 51	6. 50	5. 44	10. 28	16. 21	7. 80	13. 01
A^{3+}		14. 75	13. 80	14. 41	17. 84	26. 72	10. 32	12. 44	16. 57	23. 82	13. 24	20. 23

图 14-14 是 Zn^{2+}与 H_2分子作用生成 H^+过程分析。图 14-14(a)是 Zn^{2+} 3d4s 轨道和 H_2分子电子轨道结构图。在图 14-14(b)中，根据表 14-4 电负性数据[34]，Zn^{2+}电负性(10. 38)大于 H 原子电负性(2. 20)，Zn^{2+}和 H_2分子相互作用中，Zn^{2+}会从 H_2分子中 2 个 H 原子外层 s 轨道抽取 2 个电子，填充到 Zn^{2+}外层空的 4s 轨道上，Zn^{2+}被还原为 Zn 原子，其电子轨道结构如图 14-14(c)所示；H_2分子中 2 个 H 原子失去其外层 s 轨道电子后生成 2 个 H^+，其电子轨道结构如图 14-14(d)所示。

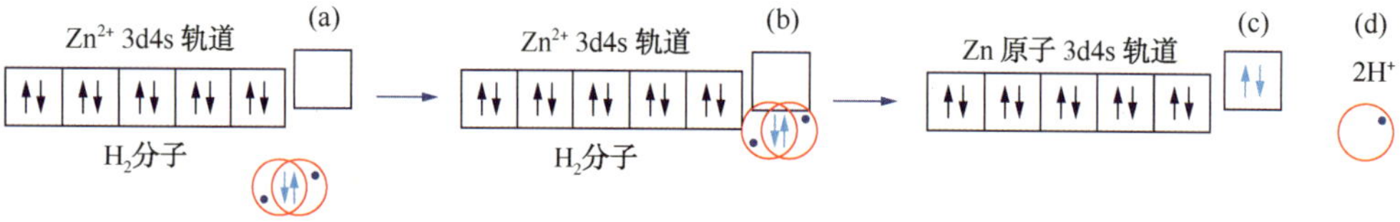

图 14-14　H_2在 Zn^{2+}作用下生成 H^+

(2) 生成 $C_{\uparrow\downarrow}{}^{\circ}H_2$ 结构

图 14-15 是 CO 结构分析。图 14-15(a)是 C 原子外层 $2s^22p^2$轨道和 O 原子外层 $2s^22p^4$轨道。在图 14-15(b)中，C 原子外层 2p 轨道上 2 个未成键电子与 O 原子外层 2p 轨道上 2 个未成键电子结合生成 2 个 C—O 共价键，O 原子外层 2p 轨道上孤对电子进入 C 原子外层空的 2p 轨道生成 1 个配位键 O→C，则生成 1 个 CO 分子，电子式为 :C: : :O: ，结构式为 C≡O，其电子轨道结构如图 14-15(c)。

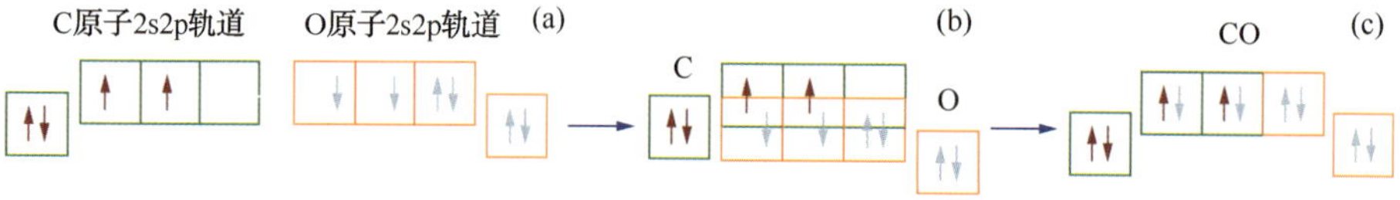

图 14-15　CO 结构分析

图 14-16 是 CO 分子与 H^+、H^-作用生成 H_2O 分子和活性碳原子 C^*过程分析。图 14-16(a)是 CO 分子与 H^+、H^-电子轨道结构图。在图 14-16(b)中，H^+和 H^-外层 s 轨道与 CO 中

C、O 原子外层重叠轨道再次重叠，活化了 C═O 分子中的化学键，C、O 原子外层轨道进行了 sp^3 杂化各自生成了 4 个 sp^3 杂化轨道。在图 14-16(c)中，根据表 14-14 电负性数据[34]，O 原子电负性(3.44)大于 C 原子电负性(2.55)，共用的 3 对电子中的 1 对电子留在 C 原子外层 sp^3 杂化轨道，还有 2 对电子包括生成配位键的 1 对电子则留在 O 原子外层 sp^3 杂化轨道。在 C 原子外层的 2 个 sp^3 杂化轨道含有孤对电子，还有 2 个空的 sp^3 杂化轨道；在 O 原子外层只有 1 个空的 sp^3 杂化轨道。当 H^+ 外层空的 s 轨道与 O 原子外层含有孤对电子的 sp^3 杂化轨道重叠，共用 1 对电子生成第 1 个 H—O 键，而含有孤对电子的 H^- 外层 s 轨道与 O 原子外层空的 sp^3 杂化轨道重叠，且共用 1 对电子生成了第 2 个 H—O 键，则 O 原子与 H^+、H^- 结合生成了 1 个水分子 H_2O，其电子轨道结构如图 14-16(d)所示。生成水分子 H_2O 的同时，还生成了 1 个活性碳原子 C^*，C^* 原子外层有 2 个含有孤对电子的 sp^3 杂化轨道，还有 2 个空的 sp^3 杂化轨道，其电子轨道结构如图 14-16(e)所示。

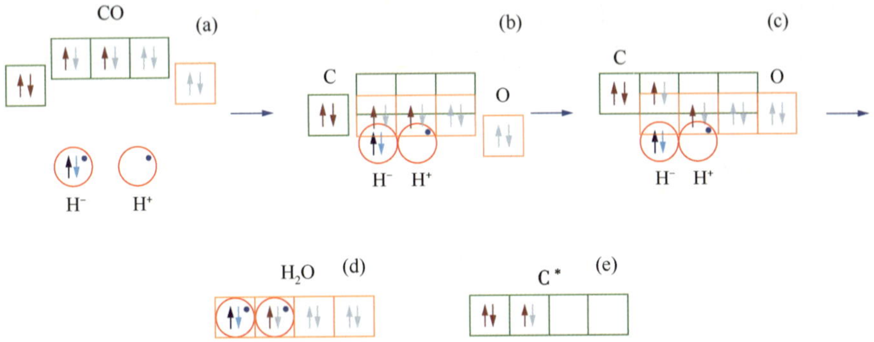

图 14-16 CO 分子与 H^+ 和 H^- 作用形成活性碳原子 C^*

图 14-17 是活性碳原子 C^* 与 H^+、H^- 相互作用生成中间体 $C_{\uparrow\downarrow}{}^{\circ}H_2$ 结构过程分析。图 14-17(a)是活性碳原子 C^* 与 H^+、H^- 电子轨道结构，活性碳原子 C^* 的外层有 4 个 sp^3 杂化轨道，在 4 个 sp^3 杂化轨道中有 2 个轨道含有孤对电子，还有 2 个空的 sp^3 杂化轨道。在图 14-17(b)中，H^+ 外层空的 s 轨道与活性碳原子 C^* 中含有孤对电子的 sp^3 杂化轨道重叠，共用 1 对电子生成 1 个 C—H 键；H^- 外层含有孤对电子的 s 轨道与活性碳原子 C^* 外层空的 sp^3 杂化轨道重叠，共用 1 对电子生成第 2 个 C—H 键，则生成中间体 $C_{\uparrow\downarrow}{}^{\circ}H_2$ 结构，其电子轨道结构如图 14-17(c)和图 14-17(d)所示。在 $C_{\uparrow\downarrow}{}^{\circ}H_2$ 结构中，双箭头“↑↓”表示 C 原子外层 sp^3 杂化轨道上有 1 对孤对电子，圆圈“○”表示 C 原子外层有 1 个空的 sp^3 杂化轨道。

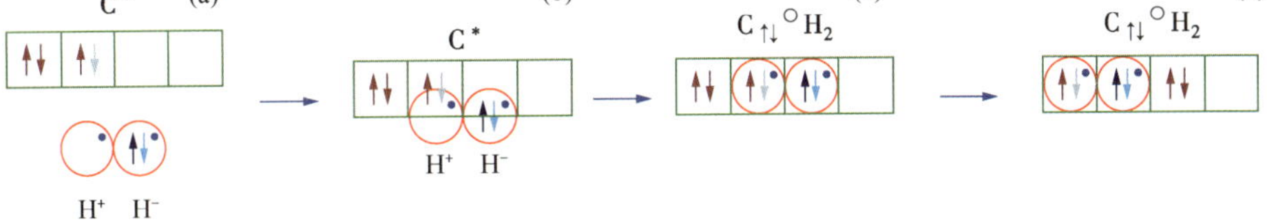

图 14-17 活性碳原子 C^* 与 H^+ 和 H^- 生成中间体 $C_{\uparrow\downarrow}{}^{\circ}H_2$

(3) 中间体 $C_{\uparrow\downarrow}{}^{\circ}H_2$ 生成丁烯分子

1) 生成 1-丁烯

图 14-18 是中间体 $C_{\uparrow\downarrow}{}^{\circ}H_2$ 生成 1-丁烯分子过程分析。在图 14-18(a)中，4 个 $C_{\uparrow\downarrow}{}^{\circ}H_2$ 结构有 4 个 C 原子，分别标记为 1-C、2-C、3-C 和 4-C。在图 14-18(b)中，1-C 原子外层含有孤对电子的 sp^3 杂化轨道与 2-C 原子外层空的 sp^3 杂化轨道重叠，2-C 原子外层含有孤对电子的 sp^3 杂化轨道与 1-C 原子外层空的 sp^3 杂化轨道重叠，这 2 个 C 原子共用 2 对电子生成 1 个 C═C 键。与此同时，3-C 原子外层空的 sp^3 杂化轨道与 2-C 原子外层 C、H 原子重叠轨道再次重叠，重叠处 H^+ 向相邻的 3-C 原子外层含有孤对电子的 sp^3 杂化轨道转移，共用 1 对电子生成第 1 个 C—H 键，重叠处的 2-C 和 3-C 原子共用 1 对电子生成第 1 个 C—C 键。同理，4-C 原子外层空的 sp^3 杂化轨道与 3-C 原子外层 C、H 原子重叠轨道再次重叠，重叠处 H^+ 向相邻的 4-C 原子外层含有孤对电子的 sp^3 杂化轨道转移，共用 1 对电子生成第 2 个 C—H 键，重叠处的 3-C 和 4-C 原子共用 1 对电子生成第 2 个 C—C 键，则 4 个中间体 $C_{\uparrow\downarrow}{}^{\circ}H_2$ 通过 1 个 C═C 键和 2 个 C—C 键生成 1-丁烯分子 CH_2═CH—CH_2—CH_3，其电子轨道结构如图 14-18(c)所示。

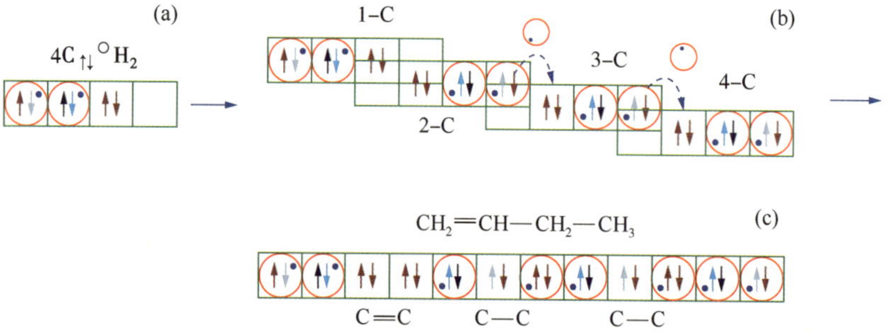

图 14-18 中间体 $C_{\uparrow\downarrow}{}^{\circ}H_2$ 生成 1-丁烯分子过程分析

2) 生成 2-丁烯

图 14-19 是中间体 $C_{\uparrow\downarrow}{}^{\circ}H_2$ 生成 2-丁烯分子过程分析。在图 14-19(a)中，4 个中间体 $C_{\uparrow\downarrow}{}^{\circ}H_2$ 结构有 4 个 C 原子，分别标记为 1-C、2-C、3-C 和 4-C。在图 14-19(b)中，2-C 原子外层含有孤对电子的 sp^3 杂化轨道与 3-C 原子外层空的 sp^3 杂化轨道重叠，3-C 原子外层含有孤对电子的 sp^3 杂化轨道与 2-C 原子外层空的 sp^3 杂化轨道重叠，这 2 个 C 原子共用 2 对电子生成 1 个 C═C 键。与此同时，1-C 原子外层空的 sp^3 杂化轨道与 2-C 原子外层 C、H 原子重叠轨道再次重叠，重叠处 H^+ 向相邻的 1-C 原子外层含有孤对电子的 sp^3 杂化轨道转移，共用 1 对电子生成第 1 个 C—H 键，重叠处的 1-C 和 2-C 原子共用 1 对电子生成第 1 个 C—C 键。同理，4-C 原子外层空的 sp^3 杂化轨道与 3-C 原子外层 C、H 原子重叠轨道再次重叠，重叠处的 H^+ 向相邻的 4-C 原子外层含有孤对电子的 sp^3 杂化轨道转移，共用 1 对电子生成第 2 个 C—H 键，重叠处的 3-C 和 4-C 原子共用 1 对电子生成了第 2 个 C—C 键。结果，4 个中间体 $C_{\uparrow\downarrow}{}^{\circ}H_2$ 通过 1 个 C═C 和 2 个 C—C 键生成 2-丁烯分子 CH_3—CH═CH—CH_3，其电子轨道结构如图 14-19(c)所示。

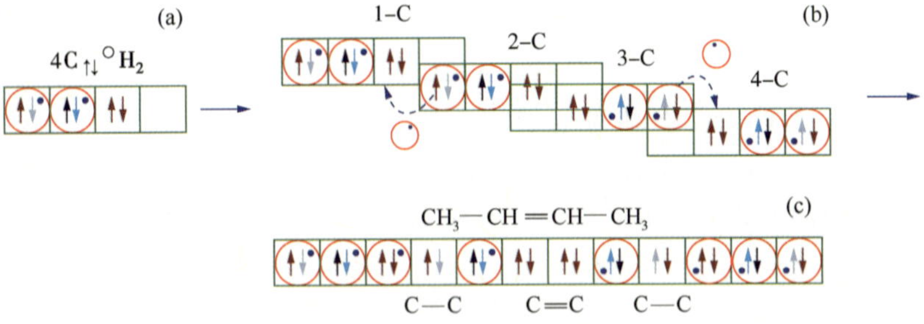

图 14-19 中间体 $C_{\uparrow\downarrow}{}^{\circ}H_2$ 生成 2-丁烯分子过程分析

3）生成 2-甲基丙烯（异丁烯）

图 14-20 是中间体 $C_{\uparrow\downarrow}{}^{\circ}H_2$ 生成 2-甲基丙烯（异丁烯）过程分析。在图 14-20（a）中，4 个中间体 $C_{\uparrow\downarrow}{}^{\circ}H_2$ 有 4 个 C 原子，分别标记为 1-C、2-C、3-C 和 4-C。图 14-20（b）中，1-C原子外层含有孤对电子的 sp^3 杂化轨道与 2-C 原子外层空的 sp^3 杂化轨道重叠，2-C 原子外层含有孤对电子的 sp^3 杂化轨道与 1-C 原子外层空的 sp^3 杂化轨道重叠，这 2 个 C 原子共用 2 对电子生成 1 个 C═C 键。而 3-C 原子和 4-C 原子外层空的 sp^3 杂化轨道分别与 2-C 原子外层 2 个 C、H 原子重叠轨道再次重叠，重叠处 2 个 H^+ 分别向相邻的 3-C 原子和 4-C 原子外层含有孤对电子的 sp^3 杂化轨道转移，这 2 个 H^+ 与 3-C 原子和 4-C 原子共用 2 对电子，生成 2 个 C—H 键，2-C 原子和 3-C 原子共用 1 对电子生成第 1 个 C—C 键，2-C 原子和 4-C 原子共用 1 对电子生成第 2 个 C—C 键，则 4 个中间体 $C_{\uparrow\downarrow}{}^{\circ}H_2$ 通过 1 个 C═C 键和 2 个 C—C 键生成 2-甲基丙烯（异丁烯）分子 CH_2═C—$(CH_3)_2$，其电子轨道结构如图 14-20（c）所示。

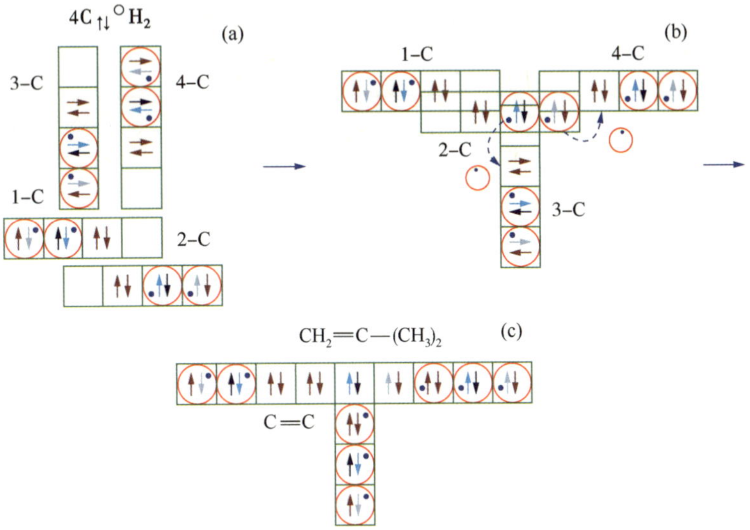

图 14-20 中间体 $C_{\uparrow\downarrow}{}^{\circ}H_2$ 生成 2-甲基丙烯（异丁烯）分子过程分析

（4）分子筛作用分析

在双功能催化剂作用下，CO 与 H_2反应生成丁烯时伴随甲醇生成，分子筛催化剂中 B 酸中心的作用就是把甲醇再次转化为丁烯，从而达到产物中甲醇含量。

图 14-21 是中间体 $C_{\uparrow\downarrow}{}^{\circ}H_2$ 与水分子 H_2O 作用生成甲醇分子过程分析。图 14-21（a）是

中间体 $C_{\uparrow\downarrow}{}^{\circ}H_2$ 和 H_2O 分子电子轨道结构图。在图 14-21(b)中，中间体 $C_{\uparrow\downarrow}{}^{\circ}H_2$ 中 C 原子外层空的 sp^3杂化轨道与 H_2O 分子中 O 原子和 H 原子的重叠轨道再次重叠，重叠处的 H^+向 $C_{\uparrow\downarrow}{}^{\circ}H_2$ 结构中 C 原子外层含有孤对电子的 sp^3杂化轨道上转移，共用 1 对电子生成 1 个 C—H键，重叠处的 C、O 原子共用 1 对电子生成个 C—O 键，则生成 1 个甲醇分子 CH_3OH，其电子轨道结构如图 14-21(c)所示。

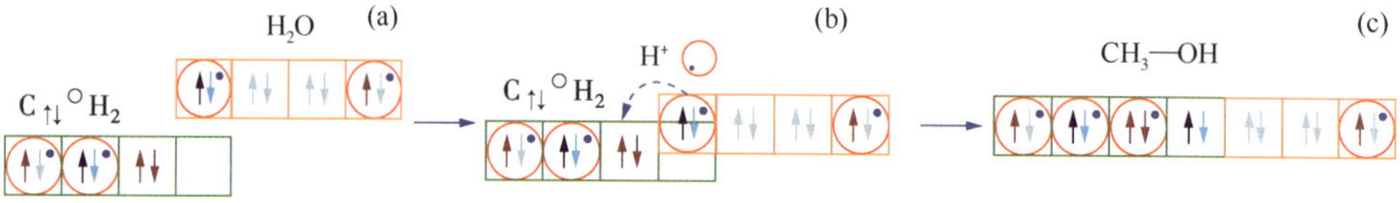

图 14-21　中间体 $C_{\uparrow\downarrow}{}^{\circ}H_2$ 与水分子作用形成甲醇分子

图 14-22 是分子筛催化剂 B 酸中心 HB(HB 表示 4 配位 B 酸中心)提供的 H^+攻击甲醇分子中 C—O 键，生成甲基正碳离子 CH_3^+过程分析。图 14-22(a)是甲醇分子和 B 酸中心 HB 提供的 H^+的电子轨道结构图。在图 14-21(b)中，B 酸中心提供的 H^+攻击甲醇分子中 C—O 键，H^+外层空的 s 轨道与 C、O 原子外层重叠轨道再次重叠，活化了 C—O 键，根据表 14-4 电负性数据，O 原子电负性(3.44)大于 C 原子电负性(2.55)，C—O 键断裂时，这对共用电子对留在了 O 原子外层 sp^3杂化轨道上，这个 sp^3杂化轨道与 H^+外层空的 s 轨道重叠，共用 1 对电子生成 1 个 H—O 键，则生成 H_2O 分子，其电子轨道结构如图 14-22(c)所示。C—O 键断裂，C 原子外层 sp^3杂化轨道失去共用电子对，生成了 1 个空的 sp^3杂化轨道，则生成甲基正碳离子 CH_3^+，其电子轨道结构如图 14-22(d)所示。

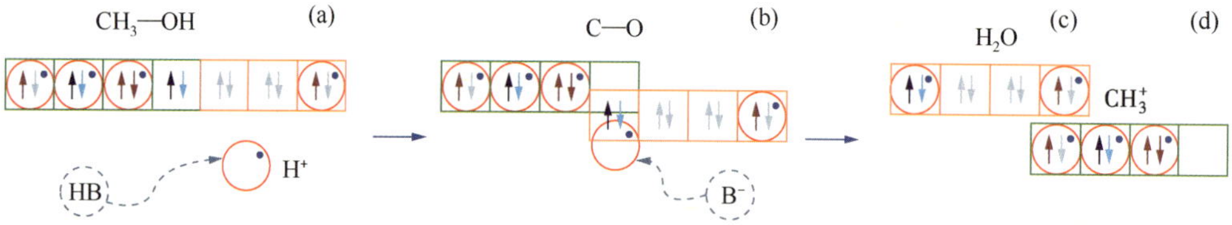

图 14-22　生成甲基正碳离子

生成的甲基正碳离子 CH_3^+会与失活的 B 酸中心 B^-继续作用生成中间体 $C_{\uparrow\downarrow}{}^{\circ}H_2$。图 14-23 是失活 B 酸中心 B^-与 CH_3^+相互作用生成中间体 $C_{\uparrow\downarrow}{}^{\circ}H_2$ 过程分析。图 14-23(a)是 CH_3^+的电子轨道结构图和失活 B 酸中心 B^-示意图。在图 14-23(b)中，失活 B 酸中心带负电，它会从带正电的 CH_3^+结构中抽取 H^+，得到 H^+使失活的 B 酸中心 B^-恢复了活性，形成 HB 结构，其结构示意如图 14-23(c)所示；而甲基正碳离子 CH_3^+失去 H^+后生成了中间体 $C_{\uparrow\downarrow}{}^{\circ}H_2$，其电子轨道结构如图 14-23(d)所示。在中间体 $C_{\uparrow\downarrow}{}^{\circ}H_2$ 结构中 C 原子外层有 1 对孤对电子和 1 个空的 sp^3杂化轨道。

在双功能催化剂作用下，CO 与 H_2反应生成丁烯时伴随甲醇生成，甲醇在分子筛催化剂中 B 酸中心提供的 H^+作用下，生成甲基正碳离子 CH_3^+，B 酸中心释放 H^+后失去活性，失活的 B 酸中心继续与甲基正碳离子 CH_3^+相互作用，抽取甲基正碳离子 CH_3^+中的 H^+后 B 酸中心恢复了活性，而甲基正碳离子 CH_3^+失去 H^+后生成了中间体 $C_{\uparrow\downarrow}{}^{\circ}H_2$ 结构，中间体 $C_{\uparrow\downarrow}{}^{\circ}H_2$ 是构成烯烃的基本结构单元，4 个中间体 $C_{\uparrow\downarrow}{}^{\circ}H_2$ 可以构成 1-丁烯、2-丁烯和 2-甲基丙烯(异

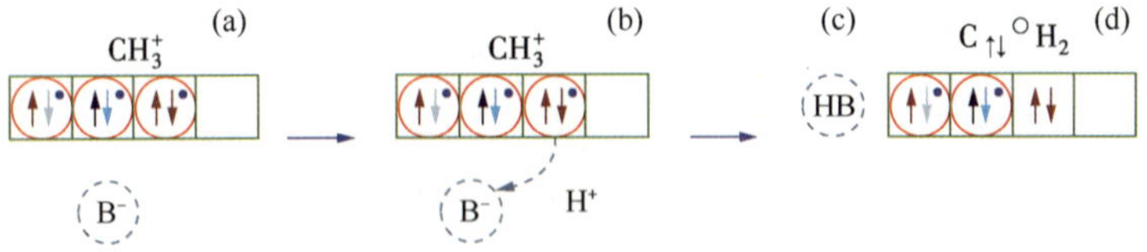

图 14-23 甲基正碳离子 CH_3^+生成中间体 $C_{\uparrow\downarrow}{}^{\circ}H_2$ 结构

丁烯）分子，就是把甲醇再次转化为丁烯，从而抑制产物中甲醇含量。

（5）中间体 $C_{\uparrow\downarrow}{}^{\circ}H_2$ 生成丁烯分子

1）生成 1-丁烯

图 14-24 是中间体 $C_{\uparrow\downarrow}{}^{\circ}H_2$ 生成 1-丁烯分子过程分析。在图 14-24(a)中，4 个 $C_{\uparrow\downarrow}{}^{\circ}H_2$ 结构有 4 个 C 原子，分别标记为 1-C、2-C、3-C 和 4-C。在图 14-24(b)中，1-C 原子外层含有孤对电子的 sp^3杂化轨道与 2-C 原子外层空的 sp^3杂化轨道重叠，2-C 原子外层含有孤对电子的 sp^3杂化轨道与 1-C 原子外层空的 sp^3杂化轨道重叠，这 2 个 C 原子共用 2 对电子生成 1 个 C═C 键。与此同时，3-C 原子外层空的 sp^3杂化轨道与 2-C 原子外层 C、H 原子重叠轨道再次重叠，重叠处 H^+向相邻的 3-C 原子外层含有孤对电子的 sp^3杂化轨道转移，共用 1 对电子生成第 1 个 C—H 键，重叠处的 2-C 和 3-C 原子共用 1 对电子生成第 1 个 C—C 键。同理，4-C 原子外层空的 sp^3杂化轨道与 3-C 原子外层 C、H 原子重叠轨道再次重叠，重叠处 H^+向相邻的 4-C 原子外层含有孤对电子的 sp^3杂化轨道转移，共用 1 对电子生成第 2 个 C—H 键，重叠处的 3-C 和 4-C 原子共用 1 对电子生成第 2 个 C—C 键，则 4 个中间体 $C_{\uparrow\downarrow}{}^{\circ}H_2$通过 1 个 C═C 键和 2 个 C—C 键生成 1-丁烯分子 CH_2═CH—CH_2—CH_3，其电子轨道结构如图 14-24(c)所示。

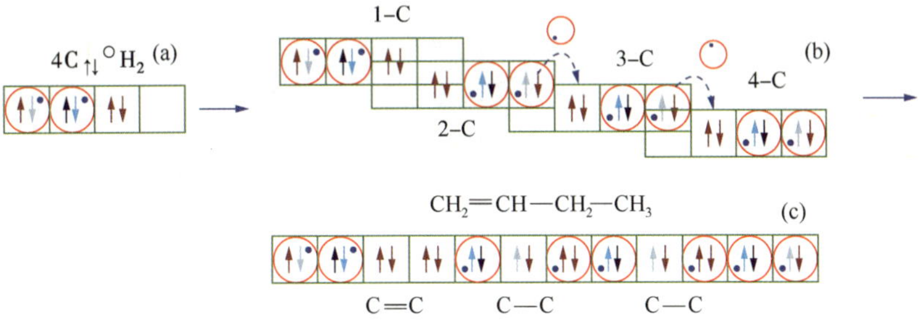

图 14-24 中间体 $C_{\uparrow\downarrow}{}^{\circ}H_2$ 生成 1-丁烯分子

2）生成 2-丁烯

图 14-25 是中间体 $C_{\uparrow\downarrow}{}^{\circ}H_2$ 生成 2-丁烯分子过程分析。在图 14-25(a)中，4 个中间体 $C_{\uparrow\downarrow}{}^{\circ}H_2$ 结构有 4 个 C 原子，分别标记为 1-C、2-C、3-C 和 4-C。在图 14-25(b)中，2-C 原子外层含有孤对电子的 sp^3杂化轨道与 3-C 原子外层空的 sp^3杂化轨道重叠，3-C 原子外层含有孤对电子的 sp^3杂化轨道与 2-C 原子外层空的 sp^3杂化轨道重叠，这 2 个 C 原子共用 2 对电子生成 1 个 C═C 键。与此同时，1-C 原子外层空的 sp^3杂化轨道与 2-C 原子外层 C、H 原子重叠轨道再次重叠，重叠处 H^+向相邻的 1-C 原子外层含有孤对电子的 sp^3杂化轨道转移，共用 1 对电子生成第 1 个 C—H 键，重叠处的 1-C 和 2-C 原子共用 1 对电子生成第 1 个

C—C 键。同理，4-C 原子外层空的 sp^3 杂化轨道与 3-C 原子外层 C、H 原子重叠轨道再次重叠，重叠处的 H^+ 向相邻的 4-C 原子外层含有孤对电子的 sp^3 杂化轨道转移，共用 1 对电子生成第 2 个 C—H 键，重叠处的 3-C 和 4-C 原子共用 1 对电子生成了第 2 个 C—C 键。结果，4 个中间体 $C_{\uparrow\downarrow}{}^{\circ}H_2$ 通过 1 个 C═C 和 2 个 C—C 键生成 2-丁烯分子 CH_3—CH═CH—CH_3，其电子轨道结构如图 14-25(c)所示。

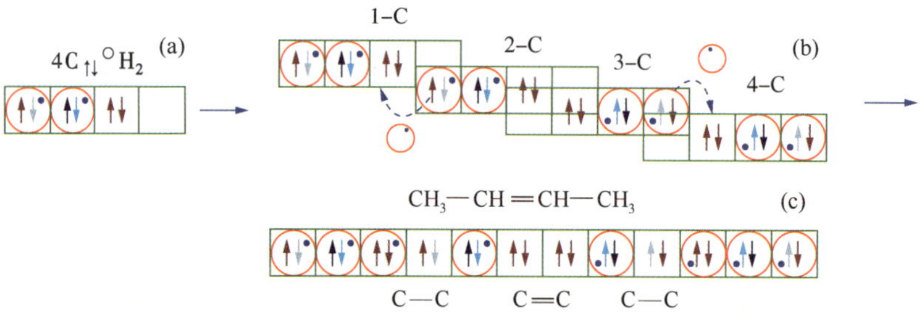

图 14-25　中间体 $C_{\uparrow\downarrow}{}^{\circ}H_2$ 生成 2-丁烯分子

3）生成 2-甲基丙烯(异丁烯)

图 14-26 是中间体 $C_{\uparrow\downarrow}{}^{\circ}H_2$ 生成 2-甲基丙烯(异丁烯)过程分析。在图 14-26(a)中，4 个中间体 $C_{\uparrow\downarrow}{}^{\circ}H_2$ 有 4 个 C 原子，分别标记为 1-C、2-C、3-C 和 4-C。图 14-26(b)中，1-C原子外层含有孤对电子的 sp^3 杂化轨道与 2-C 原子外层空的 sp^3 杂化轨道重叠，2-C 原子外层含有孤对电子的 sp^3 杂化轨道与 1-C 原子外层空的 sp^3 杂化轨道重叠，这 2 个 C 原子共用 2 对电子生成 1 个 C═C 键。而 3-C 原子和 4-C 原子外层空的 sp^3 杂化轨道分别与 2-C 原子外层 2 个 C、H 原子重叠轨道再次重叠，重叠处 2 个 H^+ 分别向相邻的 3-C 原子和 4-C 原子外层含有孤对电子的 sp^3 杂化轨道转移，这 2 个 H^+ 与 3-C 原子和 4-C 原子共用 2 对电子，生成 2 个 C—H 键，2-C 原子和 3-C 原子共用 1 对电子生成第 1 个 C—C 键，2-C 原子和 4-C 原子共用 1 对电子生成第 2 个 C—C 键，则 4 个中间体 $C_{\uparrow\downarrow}{}^{\circ}H_2$ 通过 1 个 C═C 和 2 个 C—C 键生成2-甲基丙烯(异丁烯)分子 CH_2═C—$(CH_3)_2$，其电子轨道结构如图 14-26(c)所示。

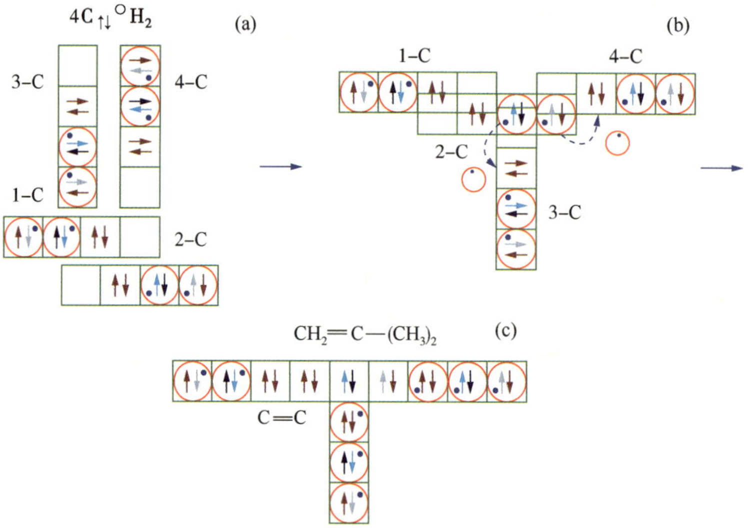

图 14-26　中间体 $C_{\uparrow\downarrow}{}^{\circ}H_2$ 生成 2-甲基丙烯(异丁烯)分子

（6）反应机理

合成气在双功能催化剂作用下制丙烯反应过程如下：

$$Zn+H_2 \longrightarrow Zn^{2+}+2H^- \qquad (1)$$

$$Zn^{2+}+H_2 \longrightarrow Zn+2H^+ \qquad (2)$$

$$CO+H^-+H^+ \longrightarrow C^*+H_2O \qquad (3)$$

$$C^*+H^-+H^+ \longrightarrow C_{\uparrow\downarrow}^{\bigcirc}H_2 \qquad (4)$$

$$4C_{\uparrow\downarrow}^{\bigcirc}H_2 \longrightarrow 1\text{-}C_4H_8 \qquad (5)$$

$$4C_{\uparrow\downarrow}^{\bigcirc}H_2 \longrightarrow 2\text{-}C_4H_8 \qquad (6)$$

$$4C_{\uparrow\downarrow}^{\bigcirc}H_2 \longrightarrow i\text{-}C_4H_8 \qquad (7)$$

反应式[（1）+（2）+（3）+（4）]×4+（5）相加得反应式（8），生成1-丁烯。

$$4CO+8H_2 \longrightarrow 1\text{-}C_4H_8+4H_2O \qquad (8)$$

反应式[（1）+（2）+（3）+（4）]×4+（6）相加得反应式（9），生成2-丁烯。

$$4CO+8H_2 \longrightarrow 2\text{-}C_4H_8+4H_2O \qquad (9)$$

反应式[（1）+（2）+（3）+（4）]×4+（7）相加得反应式（10），生成异丁烯。

$$4CO+8H_2 \longrightarrow i\text{-}C_4H_8+4H_2O \qquad (10)$$

但合成气在合成乙烯过程中有甲醇生成，含有B酸中心的分子筛催化剂起到抑制生成甲醇的作用，实际上就是把生成的甲醇转化为乙烯，过程如下：

$$CH_3OH+HB \longrightarrow CH_3^++H_2O+B^- \qquad (11)$$

$$CH_3^++B^- \longrightarrow C_{\uparrow\downarrow}^{\bigcirc}H_2+HB \qquad (12)$$

$$4C_{\uparrow\downarrow}^{\bigcirc}H_2 \longrightarrow 1\text{-}C_4H_8 \qquad (13)$$

$$4C_{\uparrow\downarrow}^{\bigcirc}H_2 \longrightarrow 2\text{-}C_4H_8 \qquad (14)$$

$$4C_{\uparrow\downarrow}^{\bigcirc}H_2 \longrightarrow i\text{-}C_4H_8 \qquad (15)$$

反应式[（11）+（12）]×4+（13）相加得反应式（16），即表示甲醇转化生成了1-丁烯。

$$4CH_3OH \longrightarrow 1\text{-}C_4H_8+4H_2O \qquad (16)$$

反应式[（11）+（12）]×4+（14）相加得反应式（17），即表示甲醇转化生成了2-丁烯。

$$4CH_3OH \longrightarrow 2\text{-}C_4H_8+4H_2O \qquad (17)$$

反应式[（11）+（12）]×4+（15）相加得反应式（18），即表示甲醇转化生成了异丁烯。

$$4CH_3OH \longrightarrow i\text{-}C_4H_8+4H_2O \qquad (18)$$

（7）小结

合成气（$CO+H_2$）在双功能Zn系催化剂如$ZnCrO_x$/MSAPO等作用下加氢直接合成丁烯，Zn元素促进加氢反应合成丁烯，分子筛促进甲醇转化为丁烯。反应过程分7步：

① H_2分子与Zn/Zn^{2+}相互作用，生成数目相同的H^+和H^-，H^+和H^-同时存在；

② CO与H^+和H^-相互作用，生成活性碳原子C^*和水分子，C^*原子外层有2个含有孤对电子的sp^3杂化轨道，还有2个空的sp^3杂化轨道；

③ 活性碳原子C^*与H^+和H^-相互作用，生成中间体$C_{\uparrow\downarrow}^{\bigcirc}H_2$，$C_{\uparrow\downarrow}^{\bigcirc}H_2$结构中C原子外层有1个含有孤对电子的$sp^3$杂化轨道和1个空的$sp^3$杂化轨道；

④ 4个中间体$C_{\uparrow\downarrow}^{\bigcirc}H_2$可以构成1-丁烯、2-丁烯和异丁烯分子；

⑤ 合成气在Zn系催化剂作用下合成丁烯时伴随甲醇生成，分子筛B酸中心提供的H^+

攻击甲醇分子中 C—O 键，C—O 键断裂生成甲基正碳离子 CH_3^+，催化剂 B 酸中心失去 H^+后失活；

⑥ 失活的 B 酸中心抽取甲基正碳离子 CH_3^+中 H^+生成中间体 $C_{\uparrow\downarrow}^{\bigcirc}H_2$，失活的 B 酸中心恢复了活性；

⑦ 4 个中间体 $C_{\uparrow\downarrow}^{\bigcirc}H_2$ 可以构成 1-丁烯、2-丁烯和异丁烯分子，这样甲醇就转化为低碳烯烃，抑制甲醇在产物中含量，实现了双功能催化剂的目的。

14.4.3 正丁烯制丁二烯反应机理

正丁烯氧化脱氢制丁二烯，就是正丁烯分子在铁酸盐尖晶石系列催化剂作用下部分氧化生成丁二烯过程。其中，Fe^{3+}是活性组元，下面就其反应过程进行分析。

（1）Fe 元素作用

Fe 原子核电荷数 26，其外层电子排布 $3d^6 4s^2$，其电子轨道结构如图 14-27(a)所示，按照 Cotton 原子轨道能级图分析，核电荷数大于 21，不存在能级交错，$E_{4s}>E_{3d}$，Fe 原子最先失去 4s 轨道 2 个电子，生成 Fe^{2+}，外层电子排布 $3d^6 4s^0$，其电子轨道结构如图 14-27(b)；如果再失去 3d 轨道 1 个电子，就会生成 Fe^{3+}，外层电子排布 $3d^5 4s^0$，其电子轨道结构如图 14-27(c)所示。

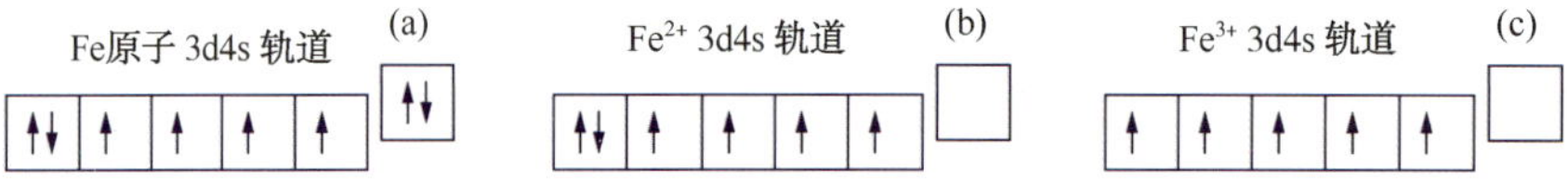

图 14-27　Fe、Fe^{2+}和 Fe^{3+}电子轨道结构图

图 14-28 是 O_2分子结构分析。O 原子核电荷数 8，其外层电子排布：$2s^2 2p^4$，在形成 O_2分子结构时，O 原子外层 2s2p 轨道要进行 sp 杂化，生成 2 个 sp 杂化轨道和 2 个 p 轨道。图 14-28(a)是 O 原子外层 sp 杂化轨道和 2p 轨道电子轨道结构图。在图 14-28(b)中，第 1 个 O 原子外层 1 个 sp 杂化轨道中的 1 对电子与第 2 个 O 原子外层 2p 轨道的未成键电子结合，第 2 个 O 原子外层 1 个 sp 杂化轨道中的 1 对电子与第 1 个 O 原子外层 2p 轨道的未成键电子结合，生成 2 个 3 电子结构的 π 键，而这 2 个 O 原子外层 2p 轨道的未成键电子结合生成 1 个 O—O 共价键 σ 键，O_2分子电子轨道结构如图 14-28(c)所示。

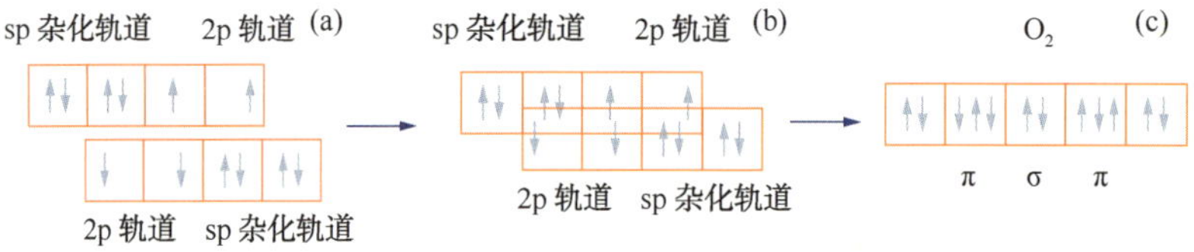

图 14-28　O_2分子结构分析

1）生成 O^{2+}

图 14-29 是 O_2分子与 Fe^{3+}相互作用形成 O^{2+}过程分析。图 14-29(a)是 Fe^{3+}和 O_2分子的电子轨道结构图。在图 14-29(b)中，根据表 14-4 数据[34]，Fe^{3+}电负性(15.38)大于 O 原子电负性(3.44)。O_2分子与 Fe^{3+}相互作用时，激活了 O_2分子中 σ 键和 π 键，Fe^{3+}会从 O 原子外层 2p 轨道抽取电子，填充到 Fe^{3+}外层 3d4s 轨道，O_2分子中 σ 键和 π 键断裂，Fe^{3+}获得 3

个电子被还原为 Fe 原子，其电子轨道结构如图 14-29(c)；O 原子失去外层 2p 轨道 2 个电子生成 O^{2+}，其电子轨道结构如图 14-29(d)所示。4 个 Fe^{3+} 与 3 个 O_2分子相互作用，生成 4 个 Fe 原子和 6 个 O^{2+}。

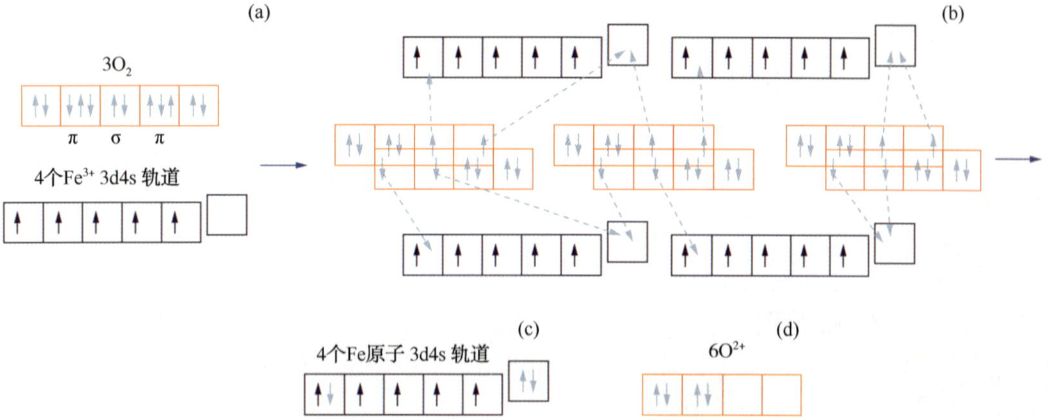

图 14-29 O_2分子在 Fe^{3+}作用下生成 O^{2+}

2）生成 O^{2-}

图 14-30 是 O_2分子与 Fe 原子相互作用形成 O^{2-}过程分析。图 14-30(a)是 Fe 原子和 O_2分子电子轨道结构图。在图 14-30(b)中，根据表 14-4 数据[34]，O 原子电负性(3.44)大于 Fe 原子电负性(1.83)，O_2分子与 Fe 原子相互作用时，激活了 O_2分子中 σ 键和 π 键，O 原子会从 Fe 原子外层 3d4s 轨道抽取电子，O_2分子中 σ 键和 π 键断裂，O 原子得到电子生成 O^{2-}，其电子轨道结构如图 14-30(c)所示；Fe 原子失去 3 个电子后生成 Fe^{3+}，其电子轨道结构如图 14-30(d)。3 个 O_2分子与 4 个 Fe 原子相互作用，生成 6 个 O^{2-}和 4 个 Fe^{3+}。

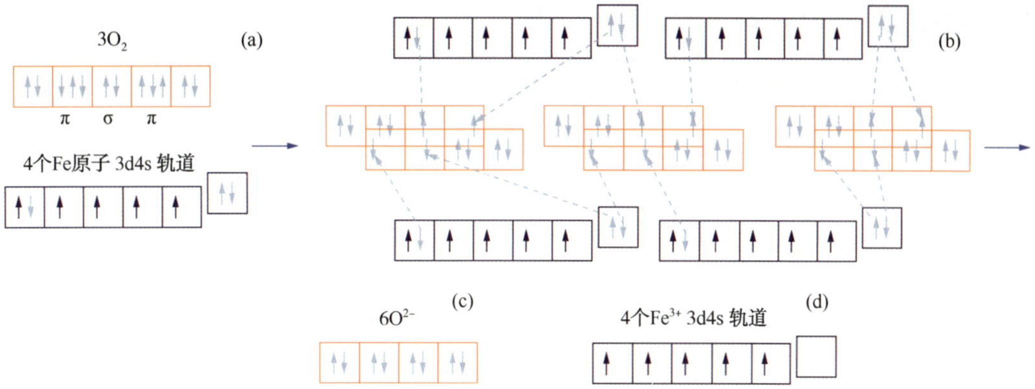

图 14-30 O_2在 Fe 原子作用下生成 O^{2-}

3）生成活性氧原子 O^*

由于 Fe^{3+}、Fe 原子存在，O^{2+}与 O^{2-}相互作用不会生成 O_2分子。图 14-31 是 O^{2+}与 O^{2-}生成中间体活性氧原子 O^*过程分析。图 14-31(a)是 O^{2+}和 O^{2-}的电子轨道结构图。在图 14-31(b)中，O^{2+}和 O^{2-}相互作用，O^{2+}属于缺电子结构，O^{2-}外层 4 个 sp^3杂化轨道处于全充满状态，O^{2-}外层 sp^3杂化轨道的 1 对电子会迁移到 O^{2+}外层空的 sp^3杂化轨道上，形成 2 个外层电子数相等、结构相同的中间过渡状态的活性氧原子 O^*，活性氧原子 O^* 外层有 1 个空的 sp^3 杂化轨道，其电子轨道结构如图 14-31(c)。

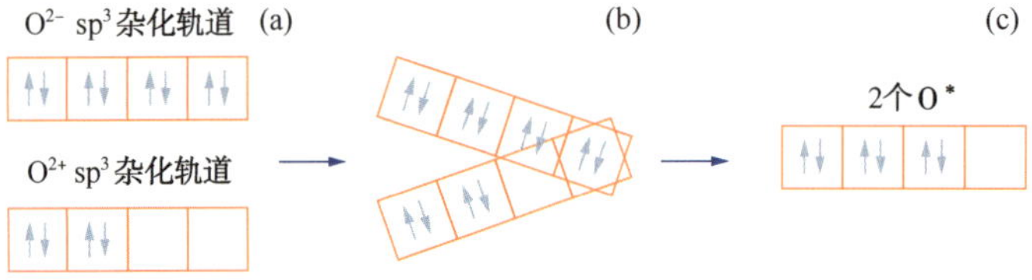

图 14-31　O^{2+}与 O^{2-}生成活性氧原子 O^*

(2) 正丁烯氧化脱氢生成丁二烯

图 14-32 是正丁烯氧化脱氢制丁二烯反应过程分析。图 14-32(a)是正丁烯和活性氧原子 O^* 外层电子轨道结构图。正丁烯分子中有 4 个 C 原子，分别标记为 1-C、2-C、3-C 和 4-C。其中，1-C 和 2-C 原子生成 C═C 键，2-C 和 3-C 原子生成 1 个 C—C 键，3-C 和 4-C原子生成第 2 个 C—C 键。在图 14-32(b)中，正丁烯和活性氧原子 O^* 相互作用时，因 O 原子电负性(3.44)大于 C 原子电负性(2.55)，活性氧原子 O^* 外层空的 sp^3杂化轨道与3-C、4-C 原子外层重叠轨道再次重叠时，重叠处的共用电子对向活性氧原子 O^* 外层空的 sp^3杂化轨道转移，3-C 和 4-C 原子与 H 原子之间的 C—H 键断裂，2 个 H^+向 O^* 外层含有孤对电子的 2 个 sp^3杂化轨道转移(其中 1 个轨道的孤对电子来源于 3-C 和 4-C 原子的共用电子对)，共用 2 对电子生成 2 个 H—O 键，则生成 1 个水分子 H_2O，其电子轨道结构如图 14-32(c)。与此同时，正丁烯分子在3-C 和4-C 原子外层失去与其成键的2 个 H^+和共用电子对时，C—C 键也断裂，在 3-C 和 4-C 原子外层各自出现 1 个含有孤对电子的 sp^3杂化轨道和 1 个空的 sp^3杂化轨道，其电子轨道结构如图 14-32(c)所示。在图 14-32(c)中，3-C 原子外层空的 sp^3杂化轨道与 4-C 原子外层含有孤对电子的 sp^3杂化轨道重叠，4-C 原子外层空的 sp^3杂化轨道与 3-C 原子外层含有孤对电子的 sp^3杂化轨道重叠，2 个 C 原子共用 2 对电子生成 1 个 C═C 键，这样就生成了丁二烯分子 CH_2═CH—CH═CH_2，其电子轨道结构如图 14-32(d)所示。

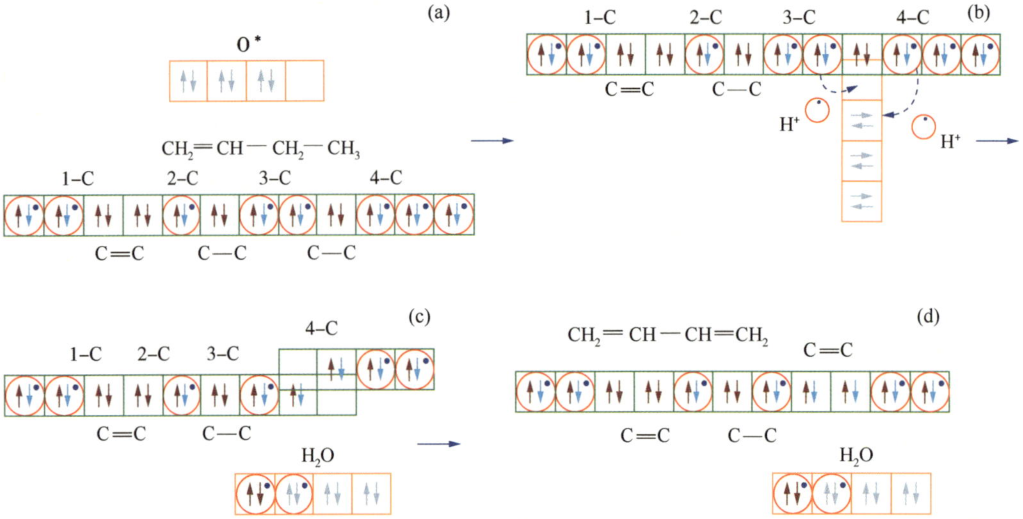

图 14-32　正丁烯氧化脱氢生成丁二烯

(3) 反应机理

在铁酸盐尖晶石系列催化剂作用下，正丁烯部分氧化脱氢生成丁二烯过程如下：

$$4Fe^{3+}+3O_2 \longrightarrow 4Fe+6O^{2+} \tag{1}$$

$$4Fe+3O_2 \longrightarrow 4Fe^{3+}+6O^{2-} \tag{2}$$

$$O^{2+}+O^{2-} \longrightarrow 2O^* \tag{3}$$

$$C_4H_8+O^* \longrightarrow C_4H_6+H_2O \tag{4}$$

反应式[(1)+(2)]÷6+(3)+(4)×2 得反应式(5)，即生成丁二烯。

$$2C_4H_8+O_2 \longrightarrow 2C_4H_6+2H_2O \tag{5}$$

(4) 小结

在铁酸盐尖晶石系列催化剂作用下，正丁烯部分氧化生成丁二烯反应过程分 4 步：

① O_2在 Fe^{3+}作用下失去电子生成 O^{2+}，Fe^{3+}得到电子生成 Fe 原子；

② Fe 原子继续与 O_2作用，Fe 原子失去电子生成 Fe^{3+}，O 原子得到电子生成 O^{2-}，生成的 O^{2+}和 O^{2-}个数相同；

③ 在 Fe^{3+}/Fe 存在下，O^{2+}和 O^{2-}相互作用生成活性氧原子 O^*，活性氧原子 O^*外层有 1 个空的 sp^3杂化轨道；

④ 活性氧原子 O^*与正丁烯相互作用，活性氧原子 O^*抽取正丁烯分子中 1 对电子和 2 个 H^+生成 H_2O 分子，则正丁烯分子生成为丁二烯分子。

参 考 文 献

[1] 2019 年中国 1-丁烯行业市场发展预测[EB/OL]. 2020-08-19. https://www.sohu.com/a/325855975_252291.

[2] 2020 年全球及中国聚 1-丁烯产业深度研究报告[EB/OL]. 2020-10-27. http://www.newsijie.com/baogao/2020/1027/11264220.html.

[3] 张鑫. 2019~2025 年中国丁二烯市场运行态势及行业发展前景预测报告[EB/OL]. 2019-11-27. https://m.huaon.com/detail/446855.html.

[4] 2020 年前我国丁二烯预计新增产能不完全统计[EB/OL]. 2019-05-06. http://www.leadingir.com/trend/view/2313.html.

[5] 童刘. 乙醇制备 1，3-丁二烯的催化过程研究[D]. 天津：天津大学，2012.

[6] 刘慧琴. 国外丁二烯制造方法及近期展望[J]. 辽宁化工，1989(3)：46-50.

[7] 吴秀章. 煤制低碳烯烃工艺与工程[M]. 北京：化学工业出版社，2014.

[8] Dahl I M, Kolboe S. On the reaction-mechanism for hydrocarbon formation in the MTO reaction over SAPO-34 [J]. Catalysis Letters, 1993, 20(3): 329-336.

[9] Dahl I M, Kolboe S. On the Reaction Mechanism for Hydrocarbon Formation from Mechanism Studies[J]. Journal of Catalysis, 1994, 149(2): 458-464.

[10] Olsbye U, BjoRgen M, Svelle S, et al. Mechanistic insight into the methanol to hydrocarbons reaction [J]. Catalysis Today, 2005, 106(1-4): 108-111.

[11] Hereijgers B P C, Bleken F, Nilsen M H, et al. Product shape selectivity dominates the methanol-to-olefin (MTO) reaction over SAPO-34 catalysts [J]. Journal of Catalysis, 2009, 264(1): 77-87.

[12] 严志敏. 甲醇催化转化反应的固体核磁共振研究[D]. 大连：中国科学院研究生院(大连化学物理研究所)，2003.

[13] 唐宏青. 现代煤化工新技术[M]. 北京：化学工业出版社，2009.

[14] 贺振富. 甲醇转化制丙烯反应机理[J]. 石油学报(石油加工)，2019，35(3)：555-560.

[15] 贺振富. 甲醇制丁烯反应机理研究[J]. 石油学报(石油加工), 2019, 35(4): 759-765.
[16] 贺振富. 甲醇与一氧化碳制芳烃反应机理[J]. 石油学报(石油加工), 2020, 36(4): 857-865.
[17] 贺振富. 甲醇制乙烯和二甲醚反应机理探讨[J]. 石油学报(石油加工), 2020, 36(5): 1078-1083.
[18] Stöcker M. Methanol-to-hydrocarbons; catalytic materials and their behavior[J]. Micro Meso Mater, 1999, 29: 3-48.
[19] Haw J F, Song W, Marcus D M, et al. The mechanism of methanol to hydrocarbon catalysis[J]. Acc Chem Res, 2003, 36(5): 317-326.
[20] Li J Z, Wei Y X, Chen J R, et al. Observation of heptamethylbenzeniumcation over SAPO-type molecular sieve DNL-6 under real MTO conversion conditions[J]. J Am Chem Soc, 2012, 134(2): 836-839.
[21] Wu X Q, Xu S T, Zhang W N, et al. Direct mechanism of the first carbon-carbon bond formation in the methanol-to-hydrocarbons process[J]. Angewandte Chemie International Edition, 2017, 129(31): 9039-9043.
[22] Wu X Q, Xu S T, Wei Y X, et al. Evolution of C-C bond formation in the methanol-to-olefins process: From direct coupling to autocatalysis[J]. ACS Catal. 2018, 8(8): 7356-7361.
[23] Bibby D M, Chang C D, et al. Methane conversion [M]. Amsterdam: Elsevier, 1988: 127.
[24] Philippou A, Salehirad F, Luigi D P, et al. Investigation of surface methoxy groups on SAPO-34: A combined magic-angle turning NMR experimental approach with theoretical studies [J]. J Chem Soc Faraday Trans., 1998, 94(18): 2851-2856.
[25] Salehirad F, Anderson M W. Solid-state NMR studies of adsorption complexes and surface methoxy groups on methanol-sorbed microporous materials[J]. Journal of Catalysis, 1998, 177(2): 189-207.
[26] Wang W, Jiang Y, Hunger M. Mechanistic investigations of methanol-to-olefine (MTO) process on acidic zeolite catalysts by in situ solid-state NMR spectroscopy [J]. Catalysis Today, 2006, 113: 102-114.
[27] Wang W, Seiler M, Hunger M. Role surface methoxy species in the conversion of methanol to dimethyl ether on acidic zeolites investigated by in situ stopped-flow MAS NMR spectroscopy [J]. Journal of Physical Chemistry B, 2001, 105(50): 12553-12558.
[28] Jiang Y, Wei W, Marthala V R. Effect of organic impurities on the hydrocarbon formation via the decomposition of surface methoxy groups on acid zeolite catalysts [J]. Journal of Catalysis, 2006, 238(1): 21-27.
[29] Massoth F E, Scarpiello D A. Catalyst characterization studies on the Zn-Cr-Fe oxide system[J]. Journal of Catalysis. 1971, 21(3): 294-302.
[30] Xu W Q, Yin Y G, Li G Y, et al. Roles of spinel and maghemite phases in the oxidative dehydrogenation of butane over iron complex oxides. II. Epitaxy and synergy between γ-Fe_2O_3 and ferrite spinels[J]. Applied Catalysis A: General, 1992, 89(2): 131-142.
[31] 于莉莉. 丁烯氧化脱氢制丁二烯催化剂的研究[D]. 青岛: 中国石油大学(华东), 2013.
[32] 贺振富, 代振宇, 龙军. 硅-铝催化剂酸中心形成及其结构[J]. 石油学报(石油加工), 2011, 27(1): 11-19.
[33] 贺振富, 刘俊, 龙军. 硅-铝催化剂酸中心失活与再生的分析[J]. 石油学报(石油加工), 2011, 27(6): 845-851.
[34] 冯玉彪, 张粉保, 宣利宏, 等. 离子的电负性[J]. 大连轻工业学院学报, 1998, 13(2): 70-76.

第 15 章 芳 香 烃

15.1 芳香烃工业生产现状[1~6]

芳香烃(aromatic hydrocarbon，简称芳烃)是含苯环结构的碳氢化合物的总称，是有机化工的重要原料，包括单环芳烃、多环芳烃及稠环芳烃。单环芳烃只含一个苯环，如苯、甲苯、乙苯、二甲苯、异丙苯、十二烷基苯等。苯的同系物的通式是 C_nH_{2n-6}($n \geqslant 6$)。芳香烃的 π 电子数为 $4n+2$(n 为非负整数)。多环芳烃是由两个或两个以上苯环(苯环上没有两环共用的碳原子)组成的，它们之间是以单键或通过碳原子相连，如联苯、三苯甲烷等。稠环芳烃是由两个或两个以上的苯环通过稠合(使两个苯环共用一对碳原子)而成的稠环烃，其中至少一个是苯环，如萘、蒽等。芳烃中最重要的产品是苯、二甲苯，其次是甲苯、乙苯、苯乙烯、异丙苯。苯及其分子量较小的同系物是易燃液体，不溶于水，密度比水小；多环芳烃及稠环芳烃多是晶状固体。

芳烃来源于煤和石油，煤干馏过程中能生成多种芳烃。19 世纪初叶至中叶，从煤干馏所得煤焦油中陆续分离出苯、甲苯、萘、蒽等芳烃。此后，工业用芳烃主要来自煤炼焦副产焦炉煤气及煤焦油。石油中含多种芳烃，但含量不多，且其组分与含量也因产地而异。20 世纪 40 年代后实现石脑油的催化重整，将石脑油中的非芳烃转化为芳烃。从烃类裂解所得的裂解汽油中也可分离出芳烃。芳烃主要来源已从煤转化为石油。现在，世界总产量中 90%以上来自石油。

重整汽油中芳烃可用萃取法分出，裂解汽油中的芳烃也常用萃取法分出，但在萃取前需用催化加氢法除去不稳定的双烯烃、单烯烃和含硫化合物等。由于裂解汽油中芳烃含量较高，因此也可用萃取精馏分离出芳烃。常用的萃取剂有 *N*,*N*-二甲基甲酰胺、*N*-甲酰吗啉、*N*-甲基吡咯烷酮、环丁砜等。在萃取精馏塔中，非芳烃从塔顶蒸出，芳烃与溶剂留在塔底。此法与萃取法相比，设备简单、操作费用低，但芳烃收率略低。煤炼焦副产煤焦油，经精馏可得轻油、酚油、萘油、洗油、蒽油、沥青等馏分，再用精馏、结晶等方法分离得到苯系、萘系、蒽系芳烃。芳烃中，苯、对二甲苯(PX)用途广，需求量大；甲苯、间二甲苯、C_9芳烃等用途较少。工业上可通过各种转化过程将甲苯、间二甲苯、C_9芳烃等转化为苯、对二甲苯等。转化过程中主要进行烷基化、脱烷基、异构化、歧化以及烷基转移反应。

芳烃中的苯、甲苯、二甲苯更是石油化工重要的基础原料，其市场规模仅次于乙烯和丙烯。芳烃产品可以广泛用于合成树脂、合成纤维、合成橡胶、洗涤剂、增塑剂、染料、医药、香料、农药等工业，对发展国民经济，改善人民生活起着重要的作用。苯、二甲苯是制造多种合成树脂、合成橡胶、合成纤维的原料。甲苯可转化为二甲苯和苯。其中，PX 和苯分别是现代纺织业使用最广泛的两种合成纤维(聚酯纤维和聚酰胺纤维)的主要原料。聚酯纤维(中国商品名为“涤纶”)是市场上最经济、最常用的纤维，目前还没有新的合成或天然纤维可以取代它。聚酰胺纤维(中国商品名为“锦纶”，国外商品名为“尼龙”)用量排在合成纤维的第二位。另外，苯和 PX 分别是芳纶单体对苯二胺和对苯二甲酰氯的原料，因此，苯和对二甲苯可用于制取芳香族聚酰胺纤维(中国商品名为“芳纶”)。芳纶是一种高强度、低密度和耐磨性好的合成纤维，主要用于生产轮胎帘子线、橡胶补强材料、特种绳索，以及军工和航天材料，广泛应用在汽车、机电、航天航空、军工等重要领域。

(1) 苯

苯主要来自炼油重整芳烃抽提、乙烯裂解配套的芳烃抽提及 PX 装置副产，另外还有粗苯精制等。在常温下为一种无色、有甜味的透明液体，并具有强烈的芳香气味。主要可以制成苯乙烯-苯乙烯聚合物(EPS、HIPS、ABS、UPR、SBS、SBR、香精香料等)、氯化苯(农药、杀虫剂等)、环己烷(环己酮-己内酰胺、己二酸-PA6、PA66 等)、顺酐(BDO/PBT、THF/PTMEG、不饱和树脂等)、苯酚/丙酮(双酚 A-PC、环氧树脂、MMA、PMMA 等)、硝基苯(苯胺、MDI、PU、氨纶等)、烷基苯(洗涤剂)、溶剂(有机溶剂)。目前苯占芳烃的比重约为 36%。

(2) 甲苯

甲苯是一种无色，带特殊芳香味的易挥发液体。主要可以制成 PX-PTA(PET、PBT、PTT 等)、氯化苄(农药、杀虫剂等)、己内酰胺(甲苯法)、苯甲酸(食品保鲜剂等)、TDI(PU、涂料、胶黏剂等)、硝基甲苯(TNT 等)、间/对甲酚(农药中间体、增塑剂等)、溶剂(有机溶剂、汽油调和等)。目前甲苯占芳烃的比重约为 20%。

(3) 二甲苯

二甲苯存在三个异构体，分别为 PX、邻二甲苯(OX)和间二甲苯(MX)，又称为混合二甲苯，其中用量最大的是 PX，主要包括 PX-PTA(PET、PBT、PTT 等)、邻二甲苯-苯酐(增塑剂、醇酸树脂、UPR 及医药中间体等)、间二甲苯-PIA(PET、UPR、SSIPA、SIPM/5、PBI、PPA、涂料等)。目前，混合二甲苯占芳烃的比重约为 44%。“十三五”期间，我国芳烃产业链发展增速将明显放缓，但 PX 的对外依存度将在 59%的基础上大幅攀升，仍是整个产业链中利润最大的产品。目前，芳烃产业发展的重要核心产品为 PX，所以 PX 对于芳烃产业链发展尤其重要。PX 可由甲苯制成，也是混合二甲苯中的成分。PX 是用量最大的芳烃品种之一，是芳烃工厂的主要产品。PX 下游产品为对苯二甲酸酯(PTA)和对苯二甲酸二甲酯(DMT)，随着技术发展，约 98%的 PX 都用于生产 PTA，进而生产聚酯(PET)。PET 主要用于制作成涤纶、聚酯瓶和聚酯膜，其产品跟人们的生活、工业发展、产业发展、经济发展都密切相关。

我国是 PX 生产大国，产能居世界第一。“十二五”期间，我国以 PX、PTA、PET、聚酯纤维、聚酯塑料为主的芳烃产业链发展迅速，在我国形成了市场成熟、产业链完整、运营模式灵活等优势，一体化、智能化以及“互联网+”等新业态的出现也给芳烃产业的发展创造了机遇，最近也拥有了自主的大型芳烃联合装置技术。但同时，芳烃产业又面临初级原料缺乏、同质低价竞争、制造成本上涨等劣势。目前，芳烃产业链的核心是 PX。推动和支撑 PX 发展的力量是需求和技术，其中需求起着至关重要的作用。根据统计，2017 年我国 PX 产量 970.88 万 t，进口量达到了 1404.57 万 t，较 2016 年增加 168.13 万 t，增幅 13.6%，对外依存度高达 59%，我国 PX 供应缺口巨大，深刻影响到芳烃产业的发展。与此相对，下游 PTA、聚酯纤维产能过剩问题却在加剧。引导和合理规划芳烃产业链，尤其是 PX 的健康发展对纺织、化纤、塑料行业具有重要的意义。

2018 年国内重整产能呈现增长态势，从芳烃产品来看，其中整体增速较 2017 年有所放缓，截至 2018 年纯苯产能约 1294 万 t，甲苯产能约达 1290 万 t，二甲苯产能约达 2170 万 t。另外年内地方对地炼监管力度进一步增大，部分装置投产时间有所延期。2018 年内甲苯新增外销量的企业有京博石化二期、中海油惠州二期、茂名石化二期，二甲苯包括京博石化二期、正和石化、垦利石化和友泰石化等。

“十三五”的后两年，国内地炼企业新建重整装置较为集中，后续投产的大型炼化项目则更加倾向七大基地千万吨级炼化一体化装置。2019 年国内纯苯产能继续大量释放，主要是大连恒力，浙江石化二期，还有万通石化、胜星石化、宁夏宝塔、盛虹石化及海南炼化二期的近 340 万 t 新增产能。甲苯、二甲苯方面，地炼的二甲苯多自用至油品方向，部分外销，炼化一体化则趋向 PX—PTA—聚酯的化纤方向，大型炼化项目多延伸有 PX，其中大连恒力 450 万 t/a、浙江石化 400 万 t/a、海南炼化第二套芳烃项目建成后拥有 160 万 t/a 的 PX 产能。仅恒力和浙江石化二甲苯便有 500 余万 t/a 的产能增量。PX 产能的释放预期给二甲苯消耗及产能增长带来积极推动。2014～2020 年我国 PX 产能、产量及表观消费量逐年增加，详见图 15-1。

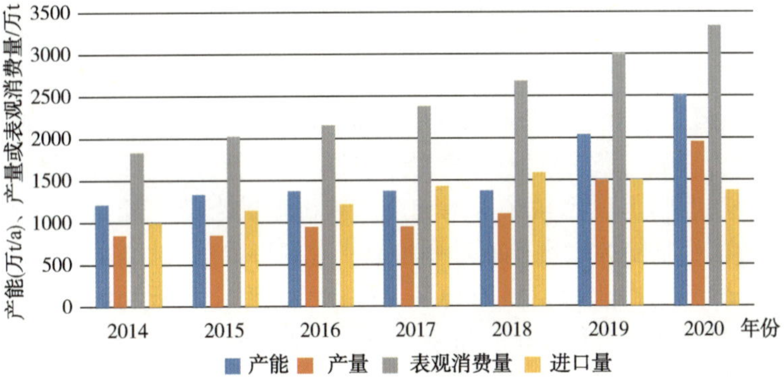

图 15-1　2014～2020 年我国对二甲苯产能、产量及表观消费量等统计

目前，我国芳烃产能已经突破 4000 万 t/a，成为世界芳烃生产第一大国，民营企业成为芳烃产业主力。国内芳烃产业处于扩张和整合阶段，部分老、旧、小装置面临淘汰，产能低于 60 万 t/a 的企业有 3 家，产能 60～100 万 t/a 的企业有 11 家，产能高于 100 万 t/a 的企业有大连恒力和浙江石化 8 家。2021～2022 年我国已投产和在建的对二甲苯(PX)项目情况见表 15-1[6]。

表 15-1　2021～2022 我中国已投产和在建对二甲苯(PX)项目情况

公司简称	总产能/(万 t/a)	装置所在地	项目建设情况
中金石化二期	140	浙江宁波	2021 年 9 月投产
东营威联化学	100	山东东营	2021 年 9 月投产
中海石油宁波大榭石化	160	浙江宁波	2021 年 12 月投产
浙石化一期	400	浙江舟山	2021 年 12 月投产
桐昆集团	280	广西钦州	2021 年 12 月投产

续表

公司简称	总产能/(万 t/a)	装置所在地	项目建设情况
河北玫瑞化工	80	河北瀛洲	2021 年 12 月投产
盛虹炼化(连云港)公司	280	江苏连云港	2021 年 12 月投产
中国石油广东石化	260	广东揭阳	在建中
唐山旭阳石化	350	河北曹妃甸	在建中
中化泉州	80	福建泉州	在建中
汉邦石化	160	天津	在建中
中国石油天津分公司	160	天津	在建中
宁夏宝丰	80	宁夏银川	在建中
华电榆林	50	陕西榆林	在建中
恒逸文莱	200	文莱(海外)	在建中
合　计	2580		

未来几年，民营企业配套建设的 PX 项目将引领中国 PX 的替代进口。浙江石化炼化一体化项目(二期)、盛虹炼化炼化一体化项目等，将在 2020~2024 年建成投产，成为中国芳烃产能增长的主力。同时，中国石化、中国石油、中国海油以及中化集团等也将继续扩张芳烃产能，多个芳烃项目也将在 2020~2024 年建成投产，成为中国芳烃产能增长的重要力量。预计到 2024 年，中国芳烃产能将突破 5000 万 t/a，将对进口货源形成巨大冲击。

受我国的 PTA、聚酯、涤纶行业的持续发展拉动，全球芳烃产业链发展集中于东北亚地区，而我国的芳烃产业则呈现原料输入型和产品输出型的态势。随着技术及投资门槛的下降，全球芳烃下游衍生物陆续出现产能过剩趋势，过剩将维持较长时间，而这种过剩趋势开始蔓延到上游。全球芳烃产业的发展趋势呈一体化、大型化及低利润，在产能过剩的背景下，产业的后发优势将加剧市场竞争，特别是成本竞争。随着全球经济增长及人口的增长将为纺织纤维需求增长提供空间，而涤纶将是唯一较快增长的纤维品种。涤纶的增长有力地支撑了芳烃产业发展。未来全球聚酯产业链的产能过剩状况仍将存在较长时间，落后产能淘汰步伐加快。从全球看，芳烃产业存在着阶段性供应过剩及不足、区域性供应不足及过剩。我国的芳烃产业链仍有增长空间，但增速将明显回落，同样也存在阶段性过剩及不足的状况。未来中国经济增长的模式将逐步转变，产业发展更注重创新、劳动效率的提升、低成本及一体化竞争。

15.2　芳烃生产技术[1,7~9]

芳烃制备技术主要分为三个步骤：原料精制与精馏、芳烃异构与转化和吸附分离。这三大步骤的有机结合则是芳烃成套技术的难点所在。芳烃成套技术是复杂的系统工程，系统集成度高、开发难度大，芳烃生产技术是一个国家石油化工发展水平的重要标志之一。

(1) 中国石化芳烃技术

目前，我国芳烃技术取得了突破性进展。由中国石油化工集团公司(以下简称“中石化”)经过 40 余年攻坚克难完成的“高效环保芳烃成套技术开发及应用”项目，荣获了中国

2015 年度国家科学技术进步特等奖，该成套技术 95%的设备实现了自主设计制造，标志着中国是继美国和法国后拥有完全知识产权的芳烃成套技术的第三个国家。该项目通过物理化学、催化材料、智能控制、工艺工程等原理与方法创新，显著提高产品分离和芳烃资源利用效率，大幅节能降耗、减少固废排放，形成了以下五个方面的核心技术创新与成果：

① 原料精制绿色新工艺。原料精制过程当中，中石化开发了具有多晶体结构小密度的分子筛，这种脱烯烃催化剂可以经过高效的再生工艺进行多循环使用，使得催化剂的消耗量与原来传统的白土精制工艺相比，可减少 98%的排放。

② 高效转化与分离新型分子筛材料。项目采用新型分子筛，开发了新型的分子筛异构化催化剂，使重芳烃的转化能力提高 70%~80%，资源利用率提高 5%。此外，攻克了高结晶度亚微米分子筛合成和高性能吸附剂制造的两大难题，首创吸附剂的二次晶化技术，并实现了工业化。两项技术的应用可以使吸附剂的吸附分离效果提高约 10%。

③ 开发高效吸附分离工艺及专用控制系统。中石化开发分立式冲洗新工艺，实现冲洗位置、冲洗物料组成以及冲洗流量的优化。和传统冲洗工艺相比，可以使冲洗物料的流量降低 40%~60%，产能提高 5%，解吸剂提高 10%。结合此项新工艺，中石化还创新开发了智能化的模拟移动床控制器（MCS），实现了模拟移动床复杂功能的智能控制。集成模拟移动床控制系统（MCS）、集散控制系统（DCS）和安全联控系统（SIS），确保了装置长周期本质安全与高效精准运行。

④ 芳烃联合装置能量深度集成新工艺。此工艺为国际首创，通过二甲苯塔、抽出液塔和抽余液塔的循环工艺，实现“受电到外送电的历史性突破”。从综合效果来看，单位产品综合能耗同比同类技术降低 28%。

⑤ 设计方法与制造工艺实现关键装备“中国创造”。例如创新设计的世界规模最大的单炉膛芳烃加热炉，突破了“一塔一炉”模式，成功替代了多台加热炉，同时向 8 个子系统提供热源，热效率达到 94%。突破传统规范对水力学的限制，创新开发高溢流强度的新型塔内件，建成世界最大的多溢流板式芳烃精馏塔。创新开发了新型结构的吸附塔格栅专利设备，模拟计算与模型试验结合，掌握了流体在薄饼型构件内流态分布规律，与常规结构相比流体混合与分配均匀性显著提高。

2011 年，基于以上五个创新点的芳烃成套技术工业应用于扬子石化芳烃工业化示范装置，2013 年应用于海南炼化芳烃联合装置上。该套技术通过技术创新，实现了 95%的设备自主设计与建造，多项单元技术已经实现国内广泛应用，并且推广到海外，包括海湾、东南亚、东欧等国家和地区，践行了“中国创造”，同时也推动了中国的技术出口海外，积极贯彻了中国“一带一路”倡议。虽然中国芳烃成套技术已取得重大突破，但芳烃装置如何进一步实现原料优化、节能降耗和新技术推广应用等成为各炼化企业日益关注的问题。

（2）美国霍尼韦尔 UOP 公司创新吸附分离工艺

美国霍尼韦尔 UOP 公司（以下简称“UOP”）是全球拥有全套芳烃技术三大技术专利商之一。20 世纪 70 年代，UOP 开始转让 Parex 吸附分离工艺，重质解吸剂系统和轻质解吸剂系统均有使用。随着能源价格提高，客户更愿意选择重质解吸剂系统（HD Parex）来生产 PX，基于当时掌握的技术和经验，重质解吸剂系统的解吸剂进料比（D/F）更低。较低的 D/F 意味着较低的循环量，循环量降低则能耗也随之降低。解吸剂 ADS-47 已成功被市场接受。结合多年的吸附剂制造和工艺技术经验，UOP 在 2015 年开发出了 LD Parex 解吸剂轻质化 PX 工艺 ADS-50。其创新之处主要有三个方面：一是换成轻质解吸剂甲苯以后，就不再需要解吸剂系统，甲苯本身就成了装置生产的产品；二是甲苯替代对二乙苯，消除了解吸剂损失。而在分离过程必然损失的甲苯，可以通过抽提装置和歧化装置回收回来；三是甲苯对于 C_9 限制不多，分离塔体积可以缩小，分离工艺更简单。抽出液、抽余液两个塔合成一个塔，可以有效降低投资。

（3）法国 AXENS 公司创新 ParamaX 技术

作为全球拥有全套芳烃技术三大技术专利商之一的法国 AXENS 公司，其 ParamaX 技术作为不断创新芳烃联合装置的成套技术，特点是坚持反应器并列布置和催化剂干法连续再生。其最新创新成果有：一是推出了 1 台吸附器 15 个床层的吸附分离工段布置，与传统 2 台吸附器布置方式相比，投资可节省 35%以上，且操作灵活性大大提高，大大降低投资和操作费用；二是通过工艺路线优化并与甲苯甲基化技术一体化，以石脑油为原料，生产 PX 的产品选择性提高 30%并使苯的产率最小化，反应产物中极高浓度的 PX 使吸附分离工段界区内投资减少 30%；三是强化节能效率，通过降低下游分馏塔压力强化工艺热联合设计，最大限度节省燃料并回收低压低温热量，使芳烃联合装置综合能耗降低 45%。

（4）美国 BP-CB&ILummus 创新结晶技术

美国 BP-CB&ILummus 所采用的 BP/CB&I 的 PX 结晶技术提供了一种低能耗、低投资、低排放的安全环保的 PX 生产技术，在能耗上具有远低于吸附分离技术能耗的突出优势。该技术不需任何吸附剂/解吸剂，进一步降低了 PX 的生产成本，其大幅降低燃料消耗，具有低排放的环保优势。

（5）美国 KBR 公司产品链增值技术

芳烃技术领域，近年来还有一些新的技术创新单元和产品链增值技术。比如 KBR 公司开发的 VCCTM 悬浮床加氢裂化技术，可将重质、劣质原料（如减压渣油、脱油沥青、煤焦油等）加氢裂化后直接作为芳烃联合装置的进料。相比传统炼厂芳烃原料处理装置，加工流程短，进而大大提升了劣质原料的附加值。KBR 的最新的烷基转移（ATA）技术，相比传统烷基转移技术，ATA 技术进料灵活，可将大量低价值的 C_9/C_{10}^+ 芳烃转化为苯和二甲苯，且产品苯的纯度高达 99.9%以上，C_8 芳烃中的乙苯含量低至不足 2%。其催化剂再生周期达 6 年，二甲苯收率大于 37%。其创新性的 C_5/C_6 异构化技术 MAX-ISOMTM，相比传统轻烃异构化工艺，操作条件基本相同，MAX-ISOMTM 设计紧凑、装置简单、大大节省装置占地、更加节能，且产品辛烷值高、运行效益更好。传统工艺装置的设备投资是 MAX-ISOMTM 装置投资的三倍，传统工艺装置的能耗更高达 MAX-ISOMTM 装置的 5 倍。

（6）煤制芳烃技术[7~9]

以煤为原料生产芳烃技术可分两大类：一是合成气直接制芳烃技术，二是合成气经甲醇再制芳烃的间接制芳烃技术。在煤经甲醇制芳烃工艺中，煤制甲醇和芳烃分离转化均属于成熟技术，其关键技术在于甲醇制芳烃，主要包括三个关键步骤：甲醇脱水生成二甲醚，甲醇或二甲醚脱水生成烯烃，烯烃经聚合、烷基化、裂解、异构化、环化、氢转移等过程转化为芳烃和烷烃。

目前，我国煤制芳烃技术主要有中科院山西煤化所的固定床甲醇制芳烃技术（MTA）、清华大学的循环流化床甲醇制芳烃技术（FMTA）以及河南煤化集团研究院与北京化工大学开发的煤基甲醇制芳烃技术等。截至2021年底，多数处于中试阶段或实验室阶段，只有少数技术（如FMTA技术）进入工业化试验阶段。

1）合成气直接制芳烃技术

合成气一步法制芳烃是在合适的催化剂下将合成气直接催化转化为芳烃。与煤经甲醇制芳烃相比，该技术在降低装置投资和运行费用方面更具潜力。煤基合成气直接制芳烃的催化剂有两类：第一类为F-T合成催化剂组分与芳构化催化剂复合而成；第二类为合成甲醇脱水催化剂与芳构化催化剂复合而成。国内研究合成气直接制芳烃技术的主要有南京大学、中科院山西煤化所等单位。南京大学采用Fe-Mo-Zn/ZSM-5催化剂，进行了60h的稳定性试验，CO转化率为85%~99.7%，芳烃选择性44%~58%，芳烃产率34.6%~57.8%，BTX产率34.6%~57.8%。山西煤化所采用两段复合床合成气直接芳构化技术，上床层采用合成甲醇催化剂与脱水催化剂复合，下层床采用SAPO与NKF-5分子筛负载Zn、Ga等脱氢组分所构成的复合催化剂，CO转化率为75%~85%，总芳烃选择性84.1%~91.8%，总芳烃产率60%~72%，BTX产率42%~50%。

国外，Mobil公司技术，采用固定床，催化剂为Zn-Zr组分与微孔硅铝分子筛复合的催化剂，分子筛的硅铝比大于12。BP公司技术，催化剂为含Ga_2O_3或In_2O_3的组分与微孔硅铝分子筛复合的催化剂。

2）合成气经甲醇制芳烃技术

① 甲醇芳构化技术：

沙特基础工业公司技术。采用稀土元素镧、铈改性的ZSM-5分子筛催化剂，固定床评价，在反应压力0.1MPa，反应温度450℃，甲醇WHSV为$9h^{-1}$条件下，总芳烃收率9%~19%，BTX选择性70%~80%，BTX产率7%~14%。

清华大学的流化床技术（FMTA）。清华大学于2010年在国际上首次发表了以流化床甲醇制芳烃（FMTA）工艺技术，包括连续两段流化床反应（双层构件湍动流化床技术）—再生、中低温冷却及变压吸附—轻烃回炼、液相芳烃非清晰分离—苯/甲苯回炼，该技术将多段流化床反应再生系统成功用于FMTA过程。2011~2013年，清华大学与中国华电集团公司合作，共同建设运行3万t/a流化床甲醇制芳烃工业化试验装置，装置包括1台甲醇制芳烃循环流化床反应器和1台轻烃芳构化反应器，以改性ZSM-5为催化剂，在压力0.1MPa、反应温度450℃的工艺条件下进行芳构化反应。试验装置连续运行了443h，运行结果表明：甲醇转化率接近100%，芳烃基收率为74.47%，1t混合芳烃的甲醇单耗为3.07t。2013~2014年，清华大学、中国石油华东设计院联合开发出60万t/a流化床甲醇制芳烃工艺包。2014年4月，中国华电集团提出概算总投资330亿元的全球首套煤经甲醇制芳烃工业化示范项目——360万t/a煤制甲醇、120万t/a流化床甲醇制芳烃、110万t/a芳烃联合、170万t/a PTA、60万t/a聚酯上下游一体化的项目规划。一期项目拟在陕西榆林市榆横煤化工园区建设，主要包括120万t/a煤制甲醇（此外每年外购60万t甲醇）、60万t/a甲醇制混合芳烃、55.5万t/a PX、80万t/a PTA装置。由于多种原因，该项目工程建设并未实质性启动。目前该项目转给陕西延长石油。

山西煤化所固定床MTA技术。2006年完成固定床甲醇制芳烃（MTA）技术的催化剂筛选评价和反复再生实验室研究，催化剂单程寿命大于20d，总寿命大于8000h。2007年，山西煤化所与赛鼎工程有限公司合作开展MTA技术的工业试验设计，采用固定床反应器，以甲醇为原料，改性 ZSM-5 分子筛 Mo/HZSM-5(离子交换)为催化剂，在温度 380~420℃、常压、空速 $1h^{-1}$ 条件下，催化转化为以混合芳烃 BTX(苯、甲苯、二甲苯)为主的产物，再经冷却分离将气相产物低碳烃与液相产物 C_5^+ 烃分离，液相产物 C_5^+ 烃经萃取分离，得到芳烃和非芳烃。该技术甲醇转化率大于 99%，液相产物选择性大于 33%，气相产物选择性小于 10%，液相产物中芳烃体积分数大于 60%。2016 年 1 月，采用山西煤化所、赛鼎工程公司的固定床甲醇制芳烃技术，陕西宝氮化工集团建成投运 10 万 t/a 甲醇制芳烃项目，装置实现平稳运行。该项目产品结构为轻芳烃 10 万 t/a、重芳烃(均四甲苯)1.1 万 t/a、液化石油气(LPG)1.4 万 t/a，产品无铅、无硫、低苯，辛烷值高，品质好，生产过程节能、环保，并实现废水循环利用。

北京化工大学 MTA 技术，2010 年 6 月河南煤化集团研究院与北京化工大学合作进行煤基甲醇制芳烃技术开发。上海石油化工研究院技术，甲醇制芳烃催化剂及工艺的前期探索性研究。甲醇芳构化催化剂采用负载脱氢氧化物的分子筛(ZSM-5)催化剂。

② 甲醇芳构化催化剂研究进展：

甲醇芳构化，即甲醇在催化剂的作用下，经脱水、脱氢、聚合及环化为芳香烃的过程，是轻烃芳构化的一个延伸。甲醇芳构化，催化剂是关键环节。例如，甲醇在 ZSM-5 的催化作用下，虽有一定的芳构化活性，但在芳构化过程中伴有裂解、氢解、氢转移等副反应，产生大量的低碳烯烃，制约了芳烃选择性的提高，而以 Ga、B、Fe、Sn、V、In、Cr、Zr 等杂原子同晶置换 ZSM-5 中的部分或全部硅或铝，对分子筛进行改性，将极有可能获得催化性能的分子筛催化剂。甲醇在 ZSM-5 分子筛上芳构化的实现存在以下主要问题：ZSM-5 分子筛表面酸性中心不但是反应的活性中心，同时也是积炭中心，使得这类催化剂不仅具有很高的催化反应活性，同时也很容易结焦失活。催化剂表面积炭可以毒化酸性中心、堵塞孔道，从而引起催化剂失活。另外，ZSM-5 对单组分芳香烃的选择性不高，总芳烃收率低也是甲醇芳构化的难点之一。不同结构沸石催化剂的甲醇转化反应显示，十元环的 ZSM-5 沸石的十元环的孔口尺寸与 BTX 轻芳烃的分子尺寸相当，有利于抑制重芳烃的生成，而且三维的孔道结构有利于反应物、产物的扩散与抑制积炭的形成，因而使其具有优异的甲醇芳构化性能。在三种催化剂中，ZSM-5 分子筛上的芳烃收率最低，而负载具有较强脱氢活性的 Ag^+ 与 Zn^{2+} 后，ZSM-5 基催化剂的芳构化活性有了显著提高。

③ 甲苯甲基化技术：

随着甲苯甲醇烷基化技术的不断发展以及芳烃市场的逐步演变，该工艺竞争优势逐渐显现。越来越多公司或研究机构投入大量精力研究该课题，如 Exxon Mobil、GTC、沙特基础工业公司、大连化学物理研究所、大连理工大学和中石化上海石化研究院等。但甲苯甲基化技术开发绝大多数仍处于实验室阶段，至今未有成功的中试经验，催化剂稳定性差、转化率低、反应放热剧烈等均是制约该技术应用推广的难题。

中石化甲苯甲基化技术，催化材料选用较高硅铝比的 ZSM-5 分子筛，改性方法包括金属/非金属氧化物负载和水蒸气处理。改性后催化剂择形效果良好，对二甲苯选择性超过 94%，而甲苯转化率接近 20%。该技术在中国石化扬子石化已进行了侧线试验。由中石化洛阳工程有限公司设计的 20 万 t 甲苯甲基化制混合二甲苯工业装置于 2012 年底开车成功。大连化物所的甲苯甲基化技术，目前完成中试并经过了评审。经过近 10 年的努力，大连化物所在甲烷低温选择氧化制甲醇和甲烷高温无氧芳构化制芳烃等方面取得了突破性进展。目前，我国二甲苯工业化生成技术仍然以石油路线为主，煤制芳烃技术还处于试验或示范阶段，图 15-2 是二甲苯生产工艺路线。

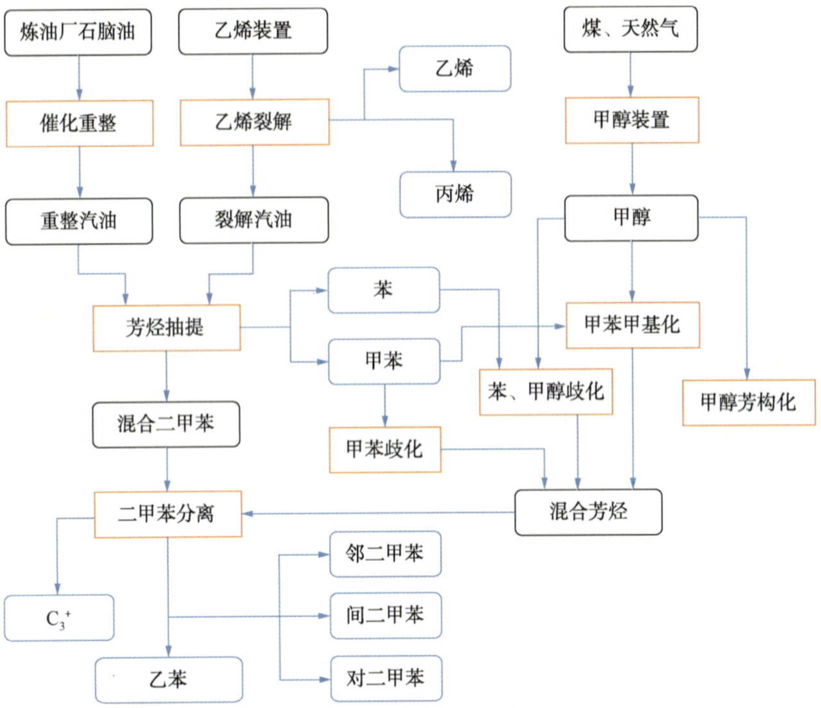

图 15-2　二甲苯生产技术路线

15.3　制芳烃反应机理研究进展

近年来，煤基甲醇制芳烃(MTA)技术研发成为热点[10~17]，深入研究甲醇制芳烃反应机理有利于 MTA 新技术开发。Dahl 和 Kolboe[18,19]提出“烃池”机理认为，在催化剂上首先形成大分子量的烃类物质并吸附在催化剂孔道内。这些物质作为活性中心不断与甲醇反应引入甲基基团；另一方面这些活性中心不断进行脱烷基反应，生成乙烯和丙烯等低碳烯烃。Song 等[20]认为，甲醇生成乙烯、丙烯后再进行低聚缩合反应可形成苯环。Dessau 等[21]基于正碳离子机理提出了芳烃生成机理：CH_3^+与烯烃反应生成更高价的正碳离子；C_6^+脱氢环化生成苯；CH_3^+与苯反应能生成甲苯和二甲苯。刘艳等[22]认为，MTA 是典型 B 酸作用下酸催化反应，反应包括：甲醇脱水生成二甲醚，甲醇或二甲醚脱水生成烯烃，烯烃转化为芳烃和烷烃。时旭等[23]认为，醇芳构化机理就是短链醇脱水得到醚和低碳烯烃，低碳烯烃聚合得到长链烯烃，长链醇也可直接脱水得到长链烯烃，长链烯烃再环化反应生成环烷烃，环烷烃经脱氢芳构化或分子间氢转移得到芳烃。Keil[24]认为，甲醇芳构化技术是在择形分子筛催化剂作用下的酸催化反应，反应主要包括 3 步：甲醇脱水生成二甲醚，甲醇或二甲醚脱水生成烯烃，烯烃最终经过聚合、烷基化、裂解、异构化、环化、氢转移等过程转化为芳烃和烷烃。

Zhang 等[25]认为，催化剂酸密度会影响芳构化、脱烷基化、烷基化和异构化过程，降低其酸密度可优先抑制脱烷基化反应，也会抑制芳构化和异构化反应。邹虎等[26]和张一成等[27]认为，MTA 反应机理与 MTO/MTH 类似，ZSM-5 负载金属或金属/非金属氧化物形成 L 酸，能增加催化剂脱氢和芳构化性能。Gao 等[28]在 Ga 元素改性的 ZSM-5 沸石(Ga/ZSM-5)上研究了 MTA 反应。^{71}Ga 和 ^{1}H 固态 NMR 和吡啶吸附 FT-IR 研究表明，通过取代 H-ZSM-5 上的 B 酸位点，形成阳离子 Ga 物质作为 L 酸位点。进一步研究表明，在 MTA 反应过程中产生 C_5-环烯烃和 C_6-环烯烃，这导致形成芳烃前驱体-环状正碳离子，同位素交换实验表明，环状正碳离子对 Ga/ZSM-5 的反应性远高于对 H-ZSM-5 的反应性，环状正碳离子是过渡态，在芳族化合物形成中扮演中间角色。在 MTA 反应中，除了传统的氢转移(HT)反应外，烯烃脱氢与 H_2 释放($DeaH_2$)过程能显著促进芳族化合物形成。通过烯烃脱氢能促进 $DeaH_2$ 过程并且在 Ga/ZSM-5 上与氢转移竞争，促进环烯烃向芳烃转化，提出了由阳离子 Ga 和 B 酸协同配合 $DeaH_2$ 芳构化途径。还有报道[29~31]认同 Keil 关于甲醇在择形分子筛催化剂作用下芳构化反应机理。近期，Chen[32]利用甲醇与 CO 反应制芳烃获得重大突破，缩短了流程、开创了甲醇与 CO 直接反应制芳烃新技术，能极大地降低投资和减少运维成本等，技术经济上优于现有经煤气化制合成气、合成气制甲醇及甲醇制芳烃技术。研究发现，甲醇与 CO 能在 H-ZSM-5 分子筛上发生耦合反应，芳烃选择性约 80%。^{13}C 核磁与同位素示踪等证明了 CO 中碳能进入芳烃以及环戊烯酮类中间体中，提出了全新芳构化机理：甲醇与 CO 在 H-ZSM-5 上发生羰化反应生成羰化物中间体，然后与烯烃反应生成环戊烯酮类中间体，经脱水得到芳烃，详细见图 15-3 和图 15-4。

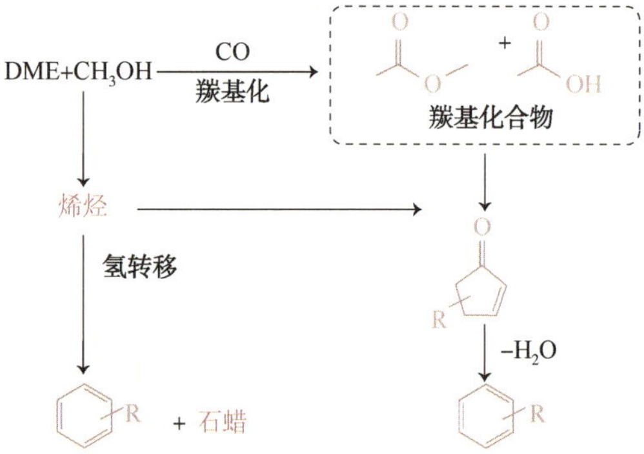

图 15-3 甲醇与一氧化碳在 H-ZSM-5 生成芳烃

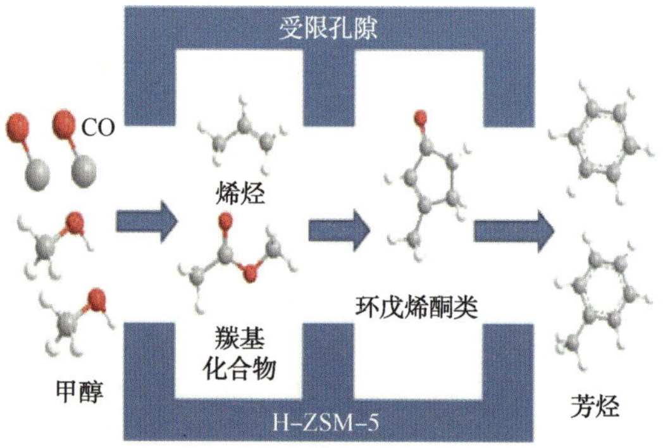

图 15-4 甲醇与一氧化碳生成芳烃分子模拟结果

15.4 制芳烃反应机理分析

15.4.1 甲醇制芳烃反应机理

(1) B 酸中心活性分析[33,34]

图 15-5 是 4 配位 B 酸中心失活与再生分析。图 15-5(a)是 Al、O 原子外层 sp^3 杂化轨道和 H 原子 s 轨道，1 个 Al 原子、4 个 O 原子和 1 个 H 原子组成 4 配位 B 酸中心 $H[AlO_4]$，其电子轨道结构如图 15-5(b)。它释放 H^+ 后失活，形成失活 B 酸中心 $[AlO_4]^-$，其电子轨道结构如图 15-5(c)。失活的 B 酸中心获得 H^+ 后能恢复活性，生成 $H[AlO_4]$ 结构。

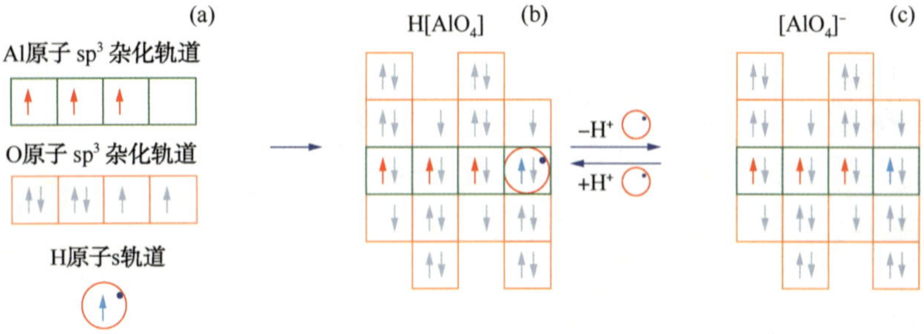

图 15-5 4 配位 B 酸中心失活与再生

(2) 生成中间体 $C_{\uparrow\downarrow}$○H_2

1932 年，鲍林首次提出电负性概念，认为电负性是用来表示两个不同原子间形成化学键时吸引电子能力的相对强弱，是元素的原子在分子中吸引共用电子的能力。表 15-2 是部分元素电负性数据[35]，其中 C、H 和 O 原子电负性分别为 2.55、2.20 和 3.44。

表 15-2 部分元素电负性

元素	H	Pd	Rh	Cr	Zn	Al	Zr	La	Cu	O	Mo	C
A^0	2.20	2.20	2.20	1.66	1.65	1.61	1.33	1.10	1.90	3.44	2.16	2.55
A^+		5.00	4.60	4.19	4.92	4.47	3.59	2.99	5.04	8.77	4.18	6.42
A^{2+}		9.42	8.85	8.54	10.38	8.51	6.50	5.44	10.28	16.21	7.80	13.01
A^{3+}		14.75	13.80	14.41	17.84	26.72	10.32	12.44	16.57	23.82	13.24	20.23

图 15-6 是甲醇分子结构分析及 H^+攻击甲醇分子 C—O 键生成甲基正碳离子 CH_3^+过程分析。图 15-6(a)是 C 原子、O 原子外层 sp^3杂化轨道和 H 原子 s 轨道。在图 15-6(b)中，C 原子外层 1 个含有未成键电子的 sp^3杂化轨道与 O 原子外层含有未成键电子的 sp^3杂化轨道重叠，且共用 1 对电子生成 C—O 键；C 原子外层剩余的 3 个含有未成键电子的 sp^3杂化轨道分别与 3 个 H 原子外层的 s 轨道重叠，其共用 3 对电子，生成 3 个 C—H 键；O 原子外层剩余的那个含有未成键电子的 sp^3杂化轨道与第 4 个 H 原子外层的 s 轨道重叠，且共用 1 对电子生成 O—H 键。这样，1 个 C 原子、1 个 O 原子和 4 个 H 原子构成了甲醇分子，其电子轨道结构如图 15-6(c)所示。在图 15-6(c)和图 15-6(d)中，催化剂 B 酸中心释放 H^+攻击甲醇分子中的 C—O 键，C—O 键断裂有两种可能性，如果 H^+和含 C 原子基团结合会生成 CH_4，如果 H^+和含 O 原子基团结合会生成 H_2O。由于 O 原子电负性(3.44)大于 C 原子电负性(2.55)，所以含 O 原子基团会吸引共用电子对并与 H^+结合生成 H_2O，其电子轨道结构如图 15-6(e)；而含 C 原子基团失去共用电子对生成了 1 个甲基正碳离子 CH_3^+，在 CH_3^+中 C 原子外层有 1 个空的 sp^3杂化轨道，其电子轨道结构如图 15-6(f)所示。

图 15-7 甲基正碳离子 CH_3^+与失活 B 酸中心[AlO_4]$^-$继续作用生成中间体 $C_{\uparrow\downarrow}$○H_2 过程分析。图 15-7(a)是失活 4 配位 B 酸中心[AlO_4]$^-$和甲基正碳离子 CH_3^+电子轨道结构图。在图 15-7(b)中，甲基正碳离子 CH_3^+中 C 原子外层空的 sp^3杂化轨道与失活 B 酸中心的 Al、O 原子外层的重叠轨道再次重叠，形成 3 中心 2 电子结构，因为失活 B 酸中心带负电，重叠处的 H^+会从甲基正碳离子 CH_3^+转移到相邻的 Al、O 和 C 原子重叠轨道上，形成 C、H、O 和 Al

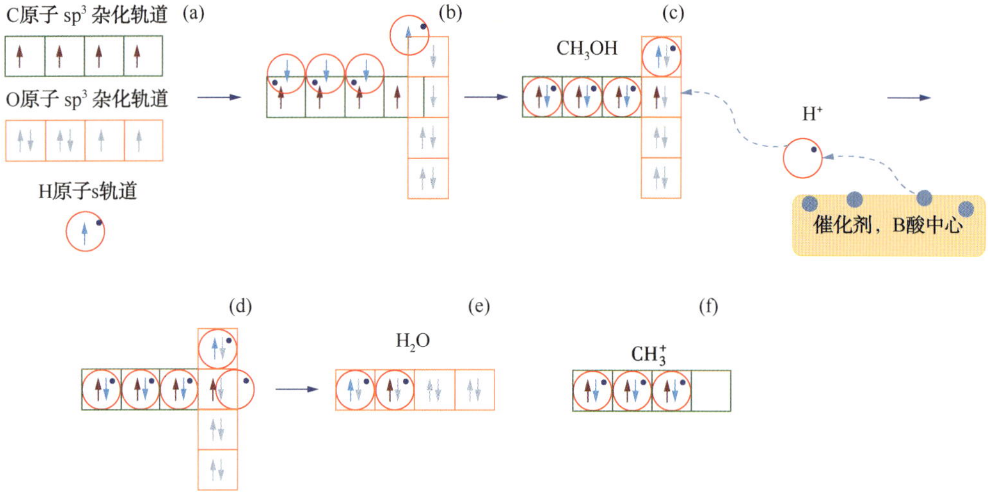

图 15-6 甲醇分子结构分析及 H^+攻击甲醇分子 C—O 键生成甲基正碳离子 CH_3^+过程分析

原子共用 1 对电子结构，如图 15-7(c)所示。根据表 15-2 电负性数据，C、H、O 和 Al 原子电负性分别为 2.55、2.20、3.44 和 1.61，Al、O 原子吸引共用电子对能力(5.05)大于 C 原子吸引共用电子对能力(2.55)。所以，Al、O 原子吸引共用电子对并与 H^+结合生成 $H[AlO_4]$结构，使失活的 B 酸中心$[AlO_4]^-$恢复活性，生成 $H[AlO_4]$结构，其电子轨道结构如图 15-7(d)所示。甲基正碳离子 CH_3^+失去 H^+后生成中间体 $C_{\uparrow\downarrow}{}^{\bigcirc}H_2$ 结构，在中间体 $C_{\uparrow\downarrow}{}^{\bigcirc}H_2$结构中，C 原子外层有 1 个含有孤对电子的 sp^3杂化轨道和 1 个空的 sp^3杂化轨道，其电子轨道结构如图 15-7(e)所示。

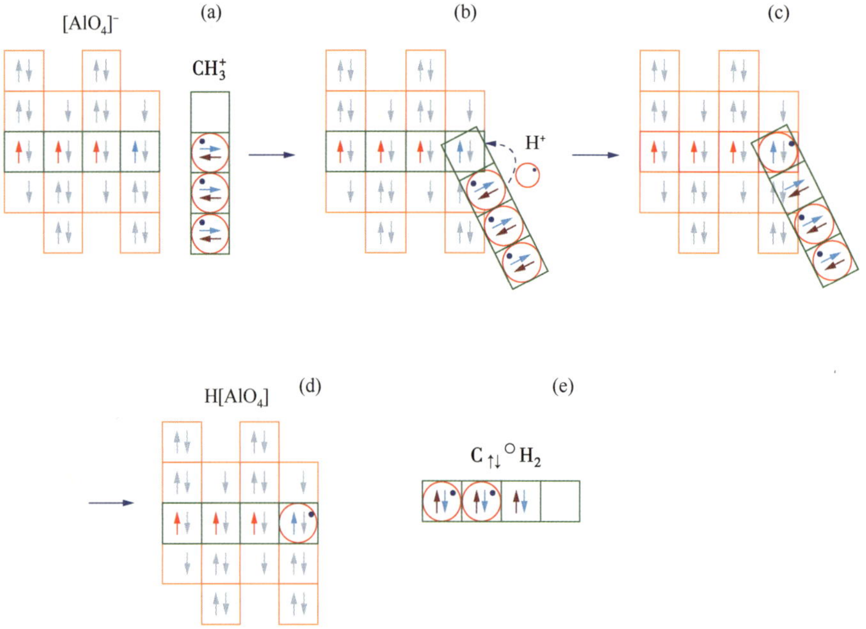

图 15-7 CH_3^+与失活 B 酸中心作用生成 $C_{\uparrow\downarrow}{}^{\bigcirc}H_2$

(3) 中间体 $C_{\uparrow\downarrow}{}^{\circ}H_2$ 形成苯分子

图 15-8 是中间体 $C_{\uparrow\downarrow}{}^{\circ}H_2$ 形成环己烷分子过程分析。图 15-8(a)是中间体 $C_{\uparrow\downarrow}{}^{\circ}H_2$ 的电子轨道结构图，共有 6 个中间体 $C_{\uparrow\downarrow}{}^{\circ}H_2$。在图 15-8(b)中，1 个 $C_{\uparrow\downarrow}{}^{\circ}H_2$ 结构中 C 原子外层空的 sp^3 杂化轨道与另 1 个 $C_{\uparrow\downarrow}{}^{\circ}H_2$ 结构中 C、H 原子外层重叠轨道再次重叠，重叠处的 H^+ 向相邻 C 原子外层含有孤对电子的 sp^3 杂化轨道转移，原 C—H 键断裂生成新的 C—H 键，重叠处的 2 个 C 原子共用 1 对电子生成了 1 个 C—C 键，按照这种首尾相接方式 6 个 $C_{\uparrow\downarrow}{}^{\circ}H_2$ 通过 6 个 C—C 键构成了环己烷分子 C_6H_{12}，其电子轨道结构如图 15-8(c)所示。

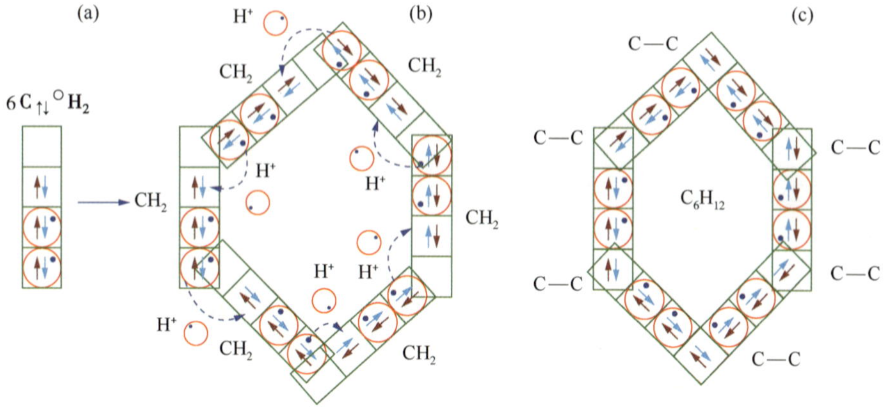

图 15-8　中间体 $C_{\uparrow\downarrow}{}^{\circ}H_2$ 生成环己烷过程分析

图 15-9 就是环己烷生成苯分子过程分析。图 15-9(a)中有 3 个中间体 $C_{\uparrow\downarrow}{}^{\circ}H_2$ 和 1 个环己烷分子 C_6H_{12}，其中 3 个中间体 $C_{\uparrow\downarrow}{}^{\circ}H_2$ 分别标记为 1-CH_2，2-CH_2 和 3-CH_2；环己烷分子 C_6H_{12} 中的 6 个 C 原子分别用标记为 1-C，2-C，3-C，4-C，5-C 和 6-C。

在图 15-9(a)中，环己烷分子 C_6H_{12} 中有 6 个 C—C 键，分为"1""2""3""4""5"和"6"位置 C—C 键，即 1-C 和 2-C 原子生成"1"位 C—C 键，2-C 和 3-C 原子生成"2"位 C—C 键，3-C 和 4-C 原子生成"3"位 C—C 键，4-C 和 5-C 原子生成"4"位 C—C 键，5-C 和 6-C 原子生成"5"位 C—C 键，6-C 和 1-C 原子生成"6"位 C—C 键。

在图 15-9(b)中，3 个中间体 $C_{\uparrow\downarrow}{}^{\circ}H_2$ 结构中 C 原子外层空的 sp^3 杂化轨道同时作用于环己烷分子中夹角 120°的 3 个 C—C 键"1""3""5"位置上，并与 C—C 键的重叠轨道再次重叠，激活了 C—C 键，生成了 3 个 C 原子共用 1 对电子的结构。与重叠处相邻的 2 个 C 上的 H^+ 分别向中间体 $C_{\uparrow\downarrow}{}^{\circ}H_2$ 结构中 C 原子外层含有孤对电子的 sp^3 杂化轨道和重叠处转移，中间体 $C_{\uparrow\downarrow}{}^{\circ}H_2$ 获得 2 个 H^+ 并抽取了重叠处的共用电子对生成 3 个甲烷分子 CH_4，重叠处 2 个 C 原子失去外层共用电子对后各自生成 1 个空 sp^3 杂化轨道，其电子轨道结构如图 15-9(c)所示。也就是说，在图 15-9(b)中，3 个缺电子的中间体 $C_{\uparrow\downarrow}{}^{\circ}H_2$ 在环己烷上相间 120°位置抢夺共用电子对，产生向外的拉力，激活了构成环己烷的 C—C 键，环状结构变大、变得相对松散。与此同时，1-C 原子外层的 1-H^+ 向 1-CH_2 结构中 C 原子外层含有孤对电子的 sp^3 杂化轨道转移，2-C 原子外层的 2-H^+ 向"1"位的 C—C 键转移，"1"位的 C—C 键断裂，1-CH_2 得到 H^+ 和 H^-(共用电子对和 H^+)生成 1 个甲烷分子，1-C 和 2-C 原子失去共用电子对后，在其外层各自生成 1 个空的 sp^3 杂化轨道。同理，3-C 原子外层的 3-H^+ 向 2-CH_2 结构中 C 原子外层含有孤对电子的 sp^3 杂化轨道转移，4-C 原子外层的 4-H^+ 向“3”位的 C—C 键转移，“3”位的 C—C 键断裂，2-CH_2 得到 H^+ 和 H^-（共用电子对和 H^+）生成 1 个甲烷分子，3-C 和 4-C 原子失去共用电子对后，在其外层各自生成 1 个空的 sp^3 杂化轨道。5-C 原子外层的 5-H^+ 向 3-CH_2 结构中 C 原子外层含有孤对电子的 sp^3 杂化轨道转移，6-C 原子外层的 6-H^+ 向“5”位的 C—C 键转移，“5”位的 C—C 键断裂，3-CH_2 得到 H^+ 和 H^-（共用电子对和 H^+）生成 1 个甲烷分子，5-C 和 6-C 原子失去共用电子对后，在其外层各自生成 1 个空的 sp^3 杂化轨道，其电子轨道结构如图 15-9(c) 所示。

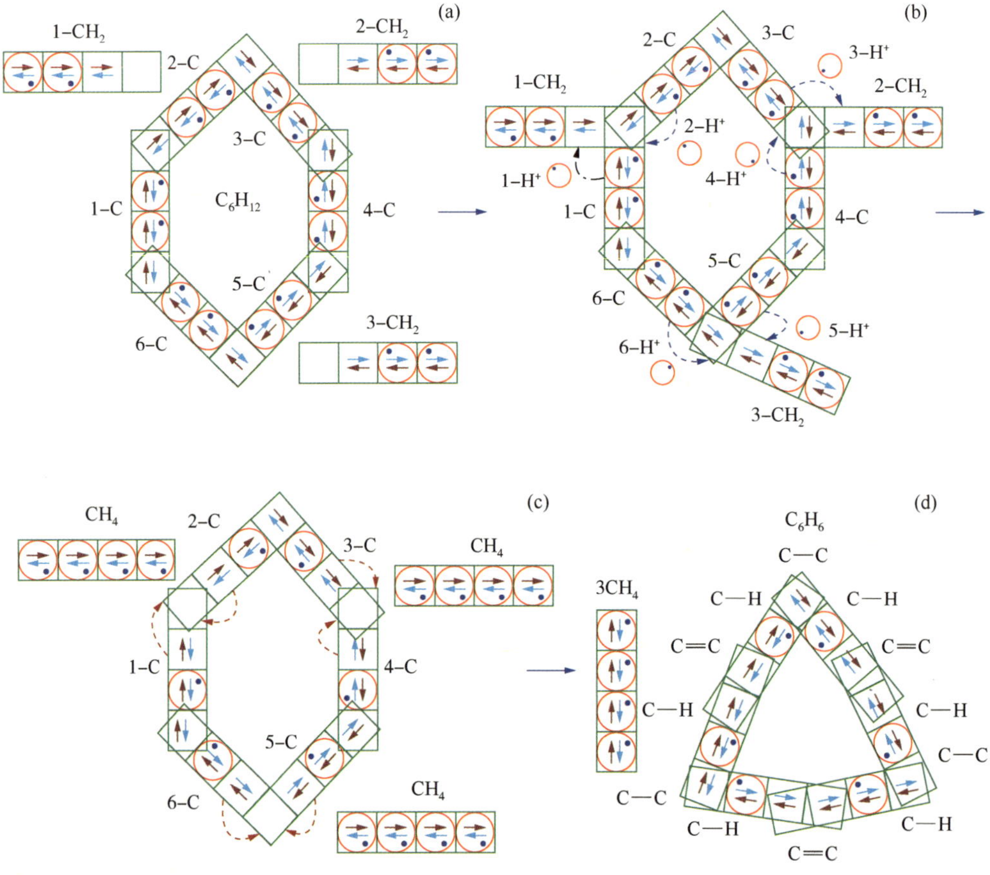

图 15-9 苯分子结构生成过程分析

在图 15-9(c) 中，1-C 原子外层空 sp^3 杂化轨道与 2-C 原子外层含有孤对电子的 sp^3 杂化轨道重叠，2-C 原子外层空 sp^3 杂化轨道与 1-C 原子外层含有孤对电子的 sp^3 杂化轨道重叠，共用 2 对电子生成 1 个 C═C 键。同理，3-C 原子外层空 sp^3 杂化轨道与 4-C 原子外层含有孤对电子的 sp^3 杂化轨道重叠，4-C 原子外层空 sp^3 杂化轨道与 3-C 原子外层含有孤对电子的 sp^3 杂化轨道重叠，共用 2 对电子生成第 2 个 C═C 键。5-C 原子外层空 sp^3 杂化轨道与 6-C 原子外层含有孤对电子的 sp^3 杂化轨道重叠，6-C 原子外层空 sp^3 杂化轨道与 5-C 原子外层含有孤对电子的 sp^3 杂化轨道重叠，共用 2 对电子生成第 3 个 C═C 键，则生成 1 个苯分子 C_6H_6，同时生成 3 个甲烷分子 CH_4 其电子轨道结构如图 15-9(d) 所示。

(4) 生成乙烷分子

已生成的甲烷分子 CH_4会继续与中间体 $C_{\uparrow\downarrow}{}^{\circ}H_2$ 再次反应。图 15-10 是甲烷分子 CH_4与中间体 $C_{\uparrow\downarrow}{}^{\circ}H_2$ 生成乙烷分子过程分析。图 15-10(a)是 CH_4和 $C_{\uparrow\downarrow}{}^{\circ}H_2$ 的电子轨道结构图。在图 15-10(b)中，$C_{\uparrow\downarrow}{}^{\circ}H_2$ 结构中 C 原子外层空的 sp^3杂化轨道与 CH_4中 C、H 原子外层的重叠轨道再次重叠，重叠处的 H^+转移到相邻的中间体 $C_{\uparrow\downarrow}{}^{\circ}H_2$ 结构中 C 原子外层含有孤对电子的 sp^3杂化轨道上，共用 1 对电子生成 1 个 C—H 键，重叠处的 2 个 C 原子共用 1 对电子生成了 1 个 C—C 键，则生成了 1 个乙烷分子 C_2H_6，其电子轨道结构如图 15-10(c)所示。

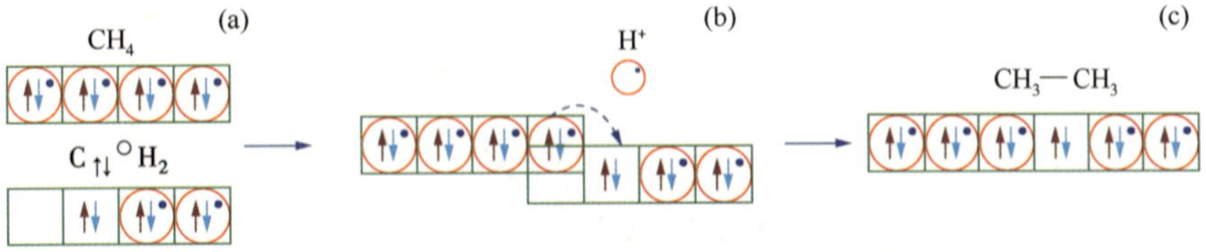

图 15-10 乙烷分子生成过程分析

上述研究发现，甲醇在 B 酸中心作用下首先生成甲基正碳离子 CH_3^+和 H_2O 分子；甲基正碳离子 CH_3^+与失活 B 酸中心继续作用生成了中间体 $C_{\uparrow\downarrow}{}^{\circ}H_2$；6 个中间体 $C_{\uparrow\downarrow}{}^{\circ}H_2$ 相互作用生成了环己烷分子 C_6H_{12}；环己烷分子与 3 个中间体 $C_{\uparrow\downarrow}{}^{\circ}H_2$ 相互作用，生成了 1 个苯分子 C_6H_6和 3 个甲烷分子 CH_4；甲烷分子 CH_4与中间体 $C_{\uparrow\downarrow}{}^{\circ}H_2$ 继续作用生成乙烷分子 C_2H_6。也就是说，甲醇与催化剂 B 酸中心作用会生成 H_2O、苯 C_6H_6、甲烷 CH_4和乙烷等。上述研究结果与魏飞[36]报道的结果相一致，实验数据详细见表 15-3。表 15-3 中，产物中存在 H_2，可能与生成焦炭相关。

表 15-3 FMTA 技术原料及产物分布

项目		质量流量/(kg/h)	质量流量/(10^4t/a)	质量分数/%
原料	甲醇	225000	180.00	100.00
产物	水	125833	100.66	55.93
	芳烃	75244	60.20	33.44
	甲烷	10797	8.64	4.80
	乙烷	7559	6.05	3.36
	氢气	2676	2.14	1.19
	焦炭	1901	1.52	0.84
	碳氧化物	989	0.79	0.44
总计		225000	179.99	100.00

(5) 生成甲苯、乙苯

图 15-11 是苯和中间体 $C_{\uparrow\downarrow}{}^{\circ}H_2$ 生成甲苯过程分析。图 15-11(a)是苯分子和 $C_{\uparrow\downarrow}{}^{\circ}H_2$ 电子轨道结构图。在图 15-11(b)中，$C_{\uparrow\downarrow}{}^{\circ}H_2$ 结构中 C 原子外层空的 sp^3杂化轨道与苯分子中 1 个 C、H 原子外层重叠轨道再次重叠，重叠处 H^+向 $C_{\uparrow\downarrow}{}^{\circ}H_2$ 结构中 C 原子外层含有孤对电子的 sp^3杂化轨道转移，生成 1 个新 C—H 键，$C_{\uparrow\downarrow}{}^{\circ}H_2$ 得到 H^+后变成了甲基(—CH_3)，重叠

处的 2 个 C 原子共用 1 对电子生成 1 个 C—C 键，甲基(—CH_3)通过该 C—C 键与苯环相连，则生成 1 个甲苯分子 C_6H_5—CH_3，其电子轨道结构如图 15-11(c)所示。

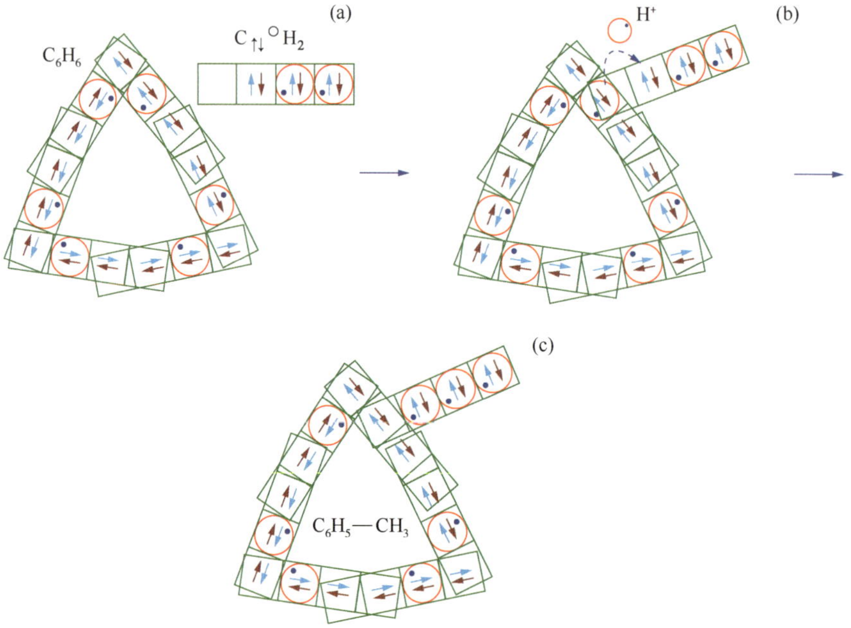

图 15-11 甲苯分子生成过程分析

图 15-12 是甲苯分子 C_6H_5—CH_3与中间体 $C_{\uparrow\downarrow}{}^{\bigcirc}H_2$ 生成乙苯分子过程分析。在图 15-12(a)中，$C_{\uparrow\downarrow}{}^{\bigcirc}H_2$ 中 C 原子外层空的 sp^3杂化轨道与甲苯甲基位置的 C、H 原子外层的重叠轨道再次重叠，重叠处 H^+转移到 $C_{\uparrow\downarrow}{}^{\bigcirc}H_2$ 结构中 C 原子外层含有孤对电子的 sp^3杂化轨道上，生成 1 个 C—H 键，重叠处的 2 个 C 原子生成了 1 个 C—C 键，$C_{\uparrow\downarrow}{}^{\bigcirc}H_2$ 与甲基生成了乙基(—C_2H_5)，则生成 1 个乙苯分子 C_6H_5—C_2H_5，其电子轨道结构如图 15-12(b)所示。

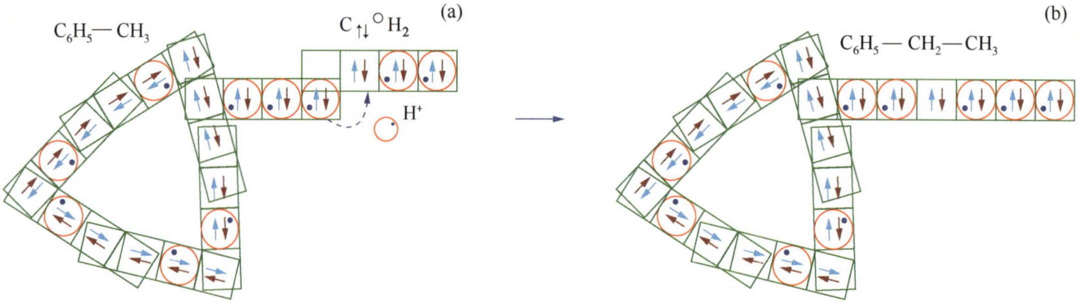

图 15-12 乙苯分子生成过程分析

(6) 生成邻二甲苯

图 15-13 是 1 个苯分子与 2 个中间体 $C_{\uparrow\downarrow}{}^{\bigcirc}H_2$ 生成邻二甲苯分子过程分析。图 15-13(a)是苯分子和 2 个中间体 $C_{\uparrow\downarrow}{}^{\bigcirc}H_2$ 的电子轨道结构图。

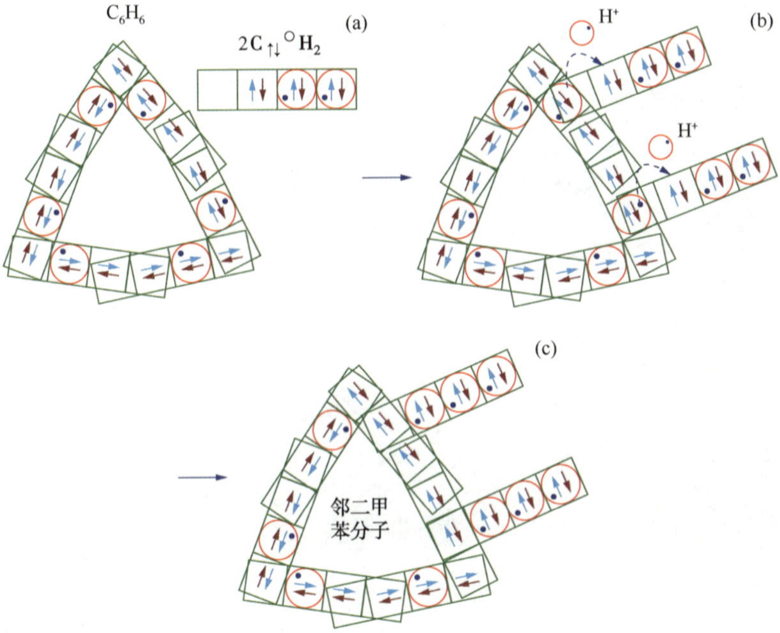

图 15-13 邻二甲苯分子生成过程分析

在图 15-13(b)中，2 个 $C_{\uparrow\downarrow}{}^{\circ}H_2$ 结构中的 2 个 C 原子外层空的 sp^3 杂化轨道分别在苯环相邻(“1”和“2”)位置与苯环上 C、H 原子外层重叠轨道再次重叠，重叠处的 H^+ 从苯环向 $C_{\uparrow\downarrow}{}^{\circ}H_2$ 结构中 C 原子外层含有孤对电子的 sp^3 杂化轨道转移，共生成 2 个 C—H 键，即生成 2 个甲基($—CH_3$)，2 个重叠处的 4 个 C 原子共用 2 对电子生成了 2 个 C—C 键，2 个甲基($—CH_3$)通过 2 个 C—C 键在苯环的“1”和“2”位置与苯环相连，则生成了 1,2-二甲基苯分子 $C_6H_4—(CH_3)_2$，其电子轨道结构如图 15-13(c)所示。

(7) 生成间二甲苯

图 15-14 是苯与中间体 $C_{\uparrow\downarrow}{}^{\circ}H_2$ 生成间二甲苯分子过程分析。图 15-14(a)是苯分子和 2 个 $C_{\uparrow\downarrow}{}^{\circ}H_2$ 的电子轨道结构图。在图 15-14(b)中，2 个 $C_{\uparrow\downarrow}{}^{\circ}H_2$ 结构中的 2 个 C 原子外层空的 sp^3 杂化轨道分别在苯环相间(“1”和“3”)位置与苯环上 C、H 原子外层的重叠轨道再次重叠，重叠处的 H^+ 从苯环向 $C_{\uparrow\downarrow}{}^{\circ}H_2$ 结构中 C 原子外层含有孤对电子的 sp^3 杂化轨道转移，生成 2 个 C—H 键，即生成 2 个甲基($—CH_3$)，2 个重叠处的 4 个 C 原子共用 2 对电子生成了 2 个 C—C 键，2 个甲基通过 2 个 C—C 键在苯环的“1”和“3”位置与苯环相连，则生成了间二甲基苯分子 $C_6H_4—(CH_3)_2$，其电子轨道结构如图 15-14(c)所示。

(8) 生成对二甲苯

图 15-15 是苯与中间体 $C_{\uparrow\downarrow}{}^{\circ}H_2$ 生成对二甲苯分子过程分析。图 15-15(a)是苯分子和 2 个 $C_{\uparrow\downarrow}{}^{\circ}H_2$ 的电子轨道结构图。在图 15-15(b)中，2 个 $C_{\uparrow\downarrow}{}^{\circ}H_2$ 结构中的 2 个 C 原子外层空的 sp^3 杂化轨道分别在苯环相对(“1”和“4”)位置与苯环上 C、H 原子外层的重叠轨道再次重叠，重叠处的 H^+ 从苯环向 $C_{\uparrow\downarrow}{}^{\circ}H_2$ 结构中 C 原子外层含有孤对电子的 sp^3 杂化轨道转移，生成 2 个 C—H 键，即生成 2 个甲基($—CH_3$)，2 个重叠处的 4 个 C 原子共用 2 对电子生成了 2 个 C—C 键，2 个甲基通过 2 个 C—C 键在苯环的“1”和“4”位置与苯环相连，则生成对二甲苯分子 $C_6H_4—(CH_3)_2$，其电子轨道结构如图 15-15(c)所示。

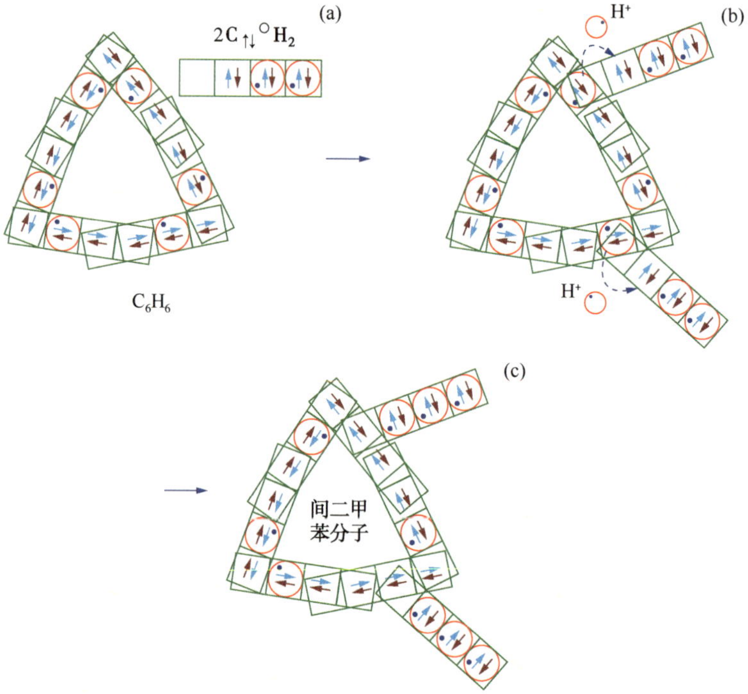

图 15-14　间二甲苯分子生成过程分析

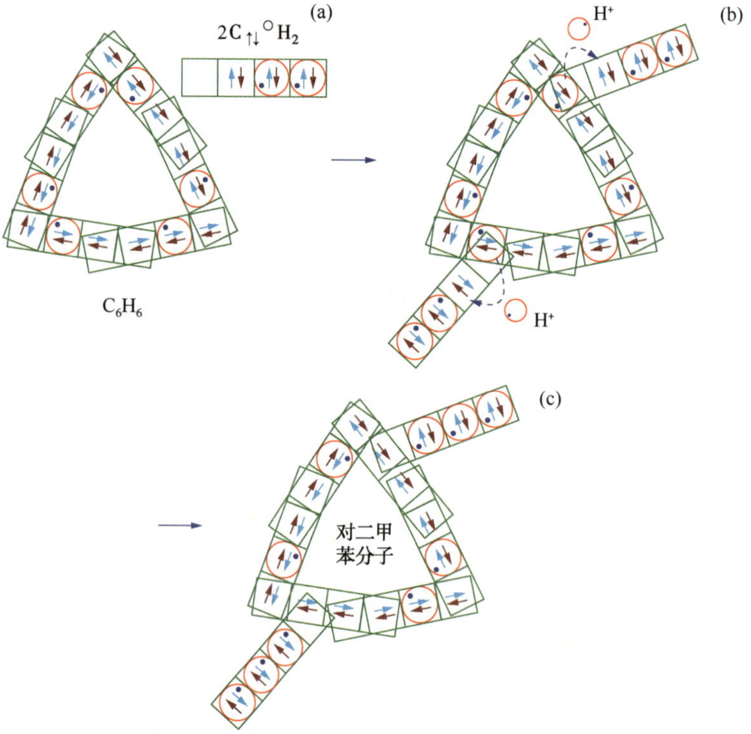

图 15-15　对二甲苯分子生成过程分析

(9) 生成多甲基苯(三甲基苯)

图 15-16 是苯与中间体 $C_{\uparrow\downarrow}{}^{\circ}H_2$ 生成三甲基苯分子过程分析。图 15-16(a)是苯分子和 3 个中间体 $C_{\uparrow\downarrow}{}^{\circ}H_2$ 的电子轨道结构图。在图 15-15(b)中，3 个 $C_{\uparrow\downarrow}{}^{\circ}H_2$ 结构中的 3 个 C 原子外层空的 sp^3 杂化轨道分别在苯环“1、3 和 5”的位置与苯环上 C、H 原子外层的重叠轨道再次重叠，重叠处的 H^+ 从苯环向 $C_{\uparrow\downarrow}{}^{\circ}H_2$ 结构中 C 原子外层含有孤对电子的 sp^3 杂化轨道转移，共生成 3 个 C—H 键，即生成 3 个甲基(—CH_3)，这 3 个甲基(—CH_3)分别与苯环“1、3 和 5”位置的 C 原子生成 3 个 C—C 键，这 3 个 C—C 键把 3 个甲基(—CH_3)与苯环相连，则生成 1 个 1，3，5-三甲基苯分子 C_6H_3—$(CH_3)_3$，其电子轨道结构如图 15-16(c)所示。

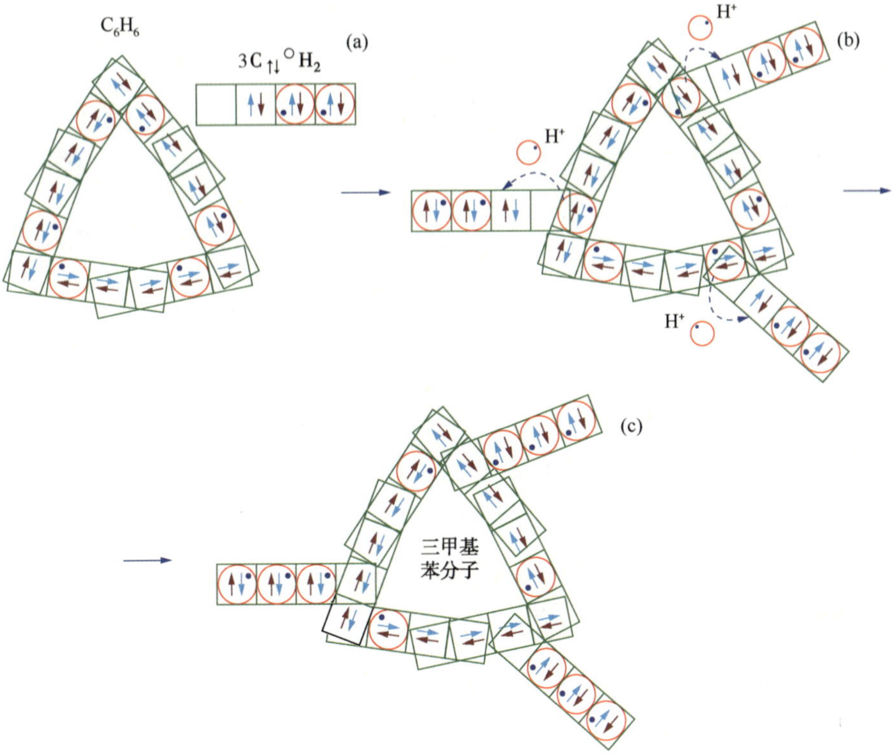

图 15-16　1,3,5-三甲基苯分子生成分析

同理，如果 3 个 $C_{\uparrow\downarrow}{}^{\circ}H_2$ 结构中的 3 个 C 原子外层空的 sp^3 杂化轨道分别在苯环“1”“2”和“3”的位置与苯环上 C、H 原子外层的重叠轨道再次重叠，则能生成 1,2,3-三甲基苯分子；如果 3 个 $C_{\uparrow\downarrow}{}^{\circ}H_2$ 结构中的 3 个 C 原子外层空的 sp^3 杂化轨道分别在苯环“1”“2”和“4”的位置与苯环上 C、H 原子外层的重叠轨道再次重叠，则能生成 1,2,4-三甲基苯分子。

上述研究发现，甲醇在 B 酸中心作用下能生成苯、甲苯、乙苯、邻二甲苯、间二甲苯、对二甲苯、三甲基苯等芳香烃，以及副产物水、甲烷和乙烷等，这个研究结果与表 15-3 实验数据[36]表示的结果相一致。表 15-3 数据是在压力 0.1MPa、反应温度 450℃的工艺条件下进行芳构化反应，这个条件下可能会有部分烃分子发生裂解反应，生成焦炭和氢气。

(10) 反应机理分析

根据上面分析，甲醇在催化剂 B(HB)酸中心作用下发生芳构化反应过程如下：

$$CH_3OH+HB \longrightarrow CH_3^++B^-+H_2O \quad (1)$$

$$CH_3^++B^- \longrightarrow HB+C_{\uparrow\downarrow}^{\circ}H_2 \quad (2)$$

$$6C_{\uparrow\downarrow}^{\circ}H_2 \longrightarrow C_6H_{12} \quad (3)$$

$$C_6H_{12}+3C_{\uparrow\downarrow}^{\circ}H_2 \longrightarrow C_6H_6+3CH_4 \quad (4)$$

$$C_6H_6+C_{\uparrow\downarrow}^{\circ}H_2 \longrightarrow C_6H_5—CH_3 \quad (5)$$

$$C_6H_5-CH_3+C_{\uparrow\downarrow}^{\circ}H_2 \longrightarrow C_6H_5—C_2H_5 \quad (6)$$

$$C_6H_6+2C_{\uparrow\downarrow}^{\circ}H_2 \longrightarrow C_6H_4—(CH_3)_2 \quad (7)$$

$$C_6H_6+3C_{\uparrow\downarrow}^{\circ}H_2 \longrightarrow C_6H_3—(CH_3)_3 \quad (8)$$

反应式[(1)+(2)]×9+(3)+(4)得方程(9)，即反应生成苯分子；

$$9CH_3OH \longrightarrow C_6H_6+3CH_4+9H_2O \quad (9)$$

反应式[(1)+(2)]×10+(3)+(4)+(5)得方程(10)，即反应生成甲苯分子；

$$10CH_3OH \longrightarrow C_6H_5—CH_3+3CH_4+10H_2O \quad (10)$$

反应式[(1)+(2)]×11+(3)+(4)+(5)+(6)得方程(11)，即反应生成乙苯分子；

$$11CH_3OH \longrightarrow C_6H_5—C_2H_5+3CH_4+11H_2O \quad (11)$$

反应式[(1)+(2)]×11+(3)+(4)+(7)得方程(12)，即反应生成邻二甲苯、间二甲苯和对二甲苯分子；

$$11CH_3OH \longrightarrow C_6H_4—(CH_3)_2+3CH_4+11H_2O \quad (12)$$

反应式[(1)+(2)]×12+(3)+(4)+(8)得反应方程(13)，即反应生成1,3,5-三甲基苯，或者1,2,3-三甲基苯，1,2,4-三甲基苯。

$$12CH_3OH \longrightarrow C_6H_3—(CH_3)_3+3CH_4+12H_2O \quad (13)$$

上述分析，揭示了甲醇在4配位B酸中心H[AlO_4]作用下生成芳烃和甲烷过程。实际上，无论在4配位B酸中心、还是在5配位或者6配位B酸中心，甲醇反应生成低碳芳烃反应机理相同。

(11) 小结

在B酸中心作用下，甲醇制芳烃反应过程分8步：

① B酸中心释放H^+攻击甲醇分子C—O键，C—O键断裂生成甲基正碳离子CH_3^+和H_2O分子，B酸中心失活变成B^-；

② 失活的B酸中心B^-与甲基正碳离子CH_3^+继续作用，并从CH_3^+处获得H^+恢复活性，失去H^+的CH_3^+变成中间体$C_{\uparrow\downarrow}^{\circ}H_2$，$C_{\uparrow\downarrow}^{\circ}H_2$结构中C原子外层有1个含有孤对电子的$sp^3$杂化轨道和1个空的$sp^3$杂化轨道；

③ 有6个中间体$C_{\uparrow\downarrow}^{\circ}H_2$，1个$C_{\uparrow\downarrow}^{\circ}H_2$结构中C原子外层空的$sp^3$杂化轨道与另1个$C_{\uparrow\downarrow}^{\circ}H_2$结构中C、H原子外层重叠轨道再次重叠，并发生$H^+$转移，重叠处2个C原子共用1对电子生成1个C—C键，则6个中间体$C_{\uparrow\downarrow}^{\circ}H_2$通过这种首尾相接方式生成6个C—C键，则生成环己烷分子C_6H_{12}；也可以是，1个$C_{\uparrow\downarrow}^{\circ}H_2$结构中C原子外层空的$sp^3$杂化轨道与另1个$C_{\uparrow\downarrow}^{\circ}H_2$结构中C原子外层含有孤对电子的$sp^3$杂化轨道重叠生成1个C—C键，则6个中间体$C_{\uparrow\downarrow}^{\circ}H_2$通过这种方式生成6个C—C键，即生成环己烷分子；

④ 3个$C_{\uparrow\downarrow}^{\circ}H_2$结构中C原子外层空的$sp^3$杂化轨道与环己烷中1，3，5位置的C、C原子外层重叠轨道再次重叠，发生H^+转移反应脱去3个CH_4分子，则生成苯分子C_6H_6；

⑤ 1个$C_{\uparrow\downarrow}^{\circ}H_2$结构中C原子外层空的$sp^3$杂化轨道与苯环上C、H原子重叠轨道再次重

叠，并发生 H^+转移反应，则生成 1 个甲苯分子；

⑥ 1 个 $C_{\uparrow\downarrow}^{\circ}H_2$ 结构中 C 原子外层空的 sp^3杂化轨道与甲苯甲基上 C、H 原子重叠轨道再次重叠，并发生 H^+转移反应，则生成 1 个乙苯分子；

⑦ 2 个 $C_{\uparrow\downarrow}^{\circ}H_2$ 结构中 2 个 C 原子外层空的 sp^3杂化轨道与苯环邻位、间位或对位上的 2 个 C、H 原子重叠轨道再次重叠，并发生 H^+转移反应，则能生成邻二甲苯、间二甲苯、对二甲苯分子；

⑧ 有 3 个 $C_{\uparrow\downarrow}^{\circ}H_2$ 和 1 个苯分子，3 个 $C_{\uparrow\downarrow}^{\circ}H_2$ 结构中 3 个 C 原子外层空的 sp^3杂化轨道与苯环“1，2，3”“1，2，4”或“1，3，5”位上的 3 个 C、H 原子重叠轨道再次重叠并发生 H^+转移反应，则生成 1,2,3-三甲基苯，1,2,4-三甲基苯或 1,3,5-三甲基苯。

15.4.2 甲醇与一氧化碳制芳烃反应机理

(1) 催化剂酸中心

甲醇、CO 与 H-ZSM-5 催化剂作用下反应生成低碳芳烃。文献[33,34]报道，硅铝催化剂活性来源于酸性，其酸性是由催化剂中铝原子的氧配位数决定，4、5 或 6 配位铝原子形成 B 酸中心。图 15-17(a)中 4 配位 B 酸中心由 1 个 Al、4 个 O 和 1 个 H 原子组成，它释放 H^+后失活，图 15-17(b)是失活 4 配位 B 酸中心$[AlO_4]^-$，得到 H^+恢复活性。硅铝催化剂中 2、3 配位铝原子形成 L 酸中心。图 15-18(a)是 3 配位 L 酸中心$[AlO_3]$，由 1 个 Al 和 3 个 O 原子组成。$[AlO_3]$中 Al 原子外层空的 sp^3杂化轨道是 L 酸中心活性位，吸附孤对电子后失活，结构如图 15-18(b)。腾空占据 L 酸中心活性位的电子对，失活 L 酸中心才能恢复活性。H-ZSM-5催化剂是典型的含硅、铝元素的催化剂，催化剂中同时存在 L 酸中心和 B 酸中心。

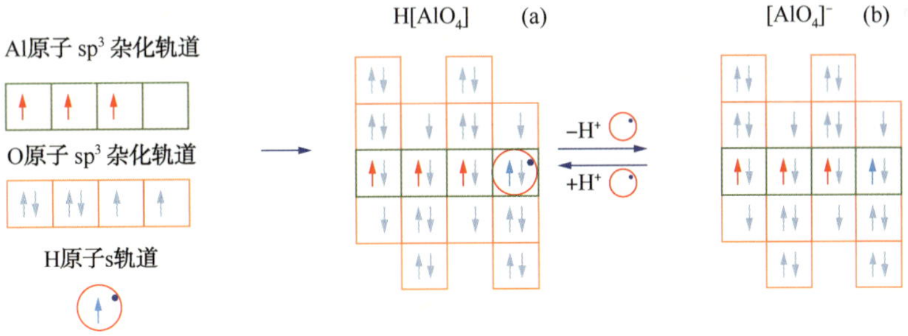

图 15-17 4 配位 B 酸中心结构

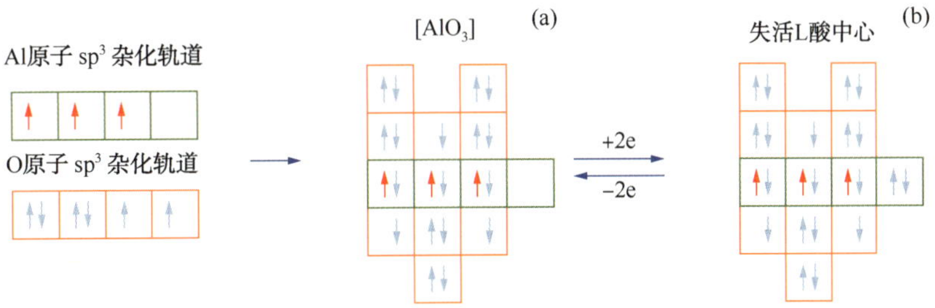

图 15-18 3 配位 L 酸中心结构

(2) 生成 $C_{\uparrow\downarrow}^{\circ}H_2$

图 15-19 是甲醇生成甲基正碳离子 CH_3^+过程分析。在图 15-19(a)中，催化剂中 4 配位

B 酸中心释放 H^+攻击甲醇分子中 C—O 键，H^+外层空 s 轨道与甲醇分子中 C、O 原子重叠轨道再次重叠，生成图 15-19(b)所示的 3 原子共用 1 对电子结构，失去 H^+后 4 配位 B 酸中心失活，结构变成$[AlO_4]^-$。在图 15-19(b)中，由于 O 原子电负性(3.44)大于 C 原子电负性(2.55)，共用电子对和 H^+留在了 O 原子外层 sp^3杂化轨道上，C—O 键断裂生成了 H_2O 分子，其电子轨道结构如图 15-19(c)所示。甲醇分子在 H^+攻击下 C—O 键断裂，失去羟基—OH后生成了甲基正碳离子 CH_3^+，CH_3^+结构中 C 原子外层有 1 空的 sp^3杂化轨道，其电子轨道结构如图 15-19(d)所示。

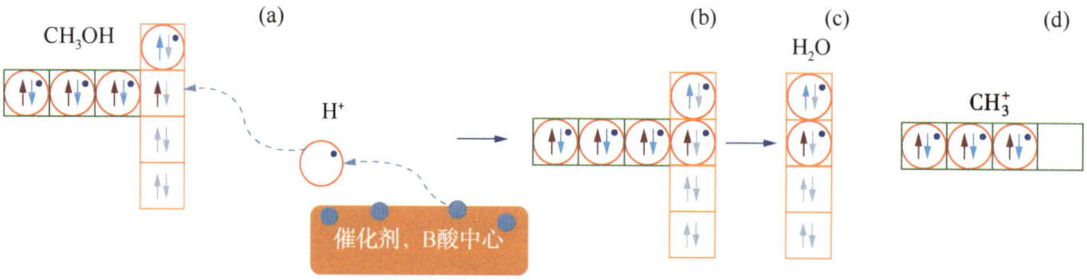

图 15-19 甲基正碳离子 CH_3^+生成分析

生成的甲基正碳离子 CH_3^+会与失活 B 酸中心继续作用。图 15-20 是 CH_3^+与失活 4 配位 B 酸中心$[AlO_4]^-$作用生成中间体 $C_{\uparrow\downarrow}{}^{\bigcirc}H_2$ 过程分析。图 15-20(a)是 CH_3^+和失活 4 配位 B 酸中心电子轨道结构图。在图 15-20(b)中，CH_3^+中 C 原子外层空的 sp^3杂化轨道与失活 4 配位 B 酸中心中 Al、O 原子重叠轨道再次重叠，CH_3^+中 H^+向带负电的失活 4 配位 B 酸中心中 Al、O 原子重叠轨道转移，失活 4 配位 B 酸中心得到 H^+后恢复了活性，其电子轨道结构变为图 15-20(c)，而 CH_3^+失去 H^+后生成了中间体 $C_{\uparrow\downarrow}{}^{\bigcirc}H_2$，$C_{\uparrow\downarrow}{}^{\bigcirc}H_2$ 结构中 C 原子外层有 1 个含有孤对电子的 sp^3杂化轨道和 1 个空的 sp^3杂化轨道，其电子轨道结构如图 15-20(d)所示。

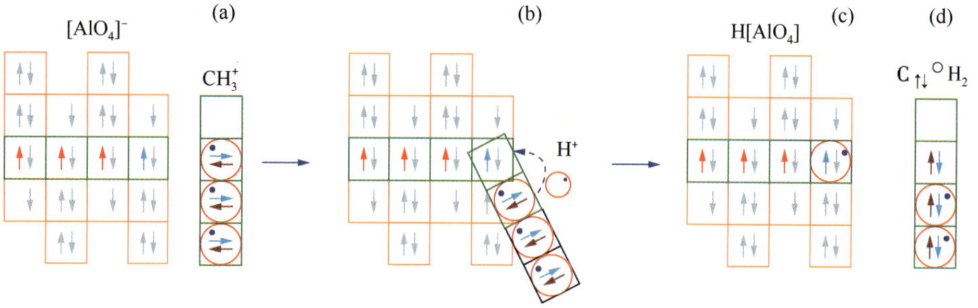

图 15-20 甲基正碳离子 CH_3^+生成中间体 $C_{\uparrow\downarrow}{}^{\bigcirc}H_2$ 过程分析

(3) 中间体 $C_{\uparrow\downarrow}{}^{\bigcirc}H_2$ 与 CO 反应

图 15-21 是 CO 结构分析。图 15-21(a)是 C 原子外层 $2s^22p^2$轨道和 O 原子外层 $2s^22p^4$轨道。在图 15-21(b)中，C 原子外层 2p 轨道上 2 个未成键电子与 O 原子外层 2p 轨道上 2 个未成键电子结合形成 2 个 C—O 共价键，O 原子外层 2p 轨道上孤对电子进入 C 原子外层 2p 空轨道生成 1 个配位键 O→C，生成 CO 分子，电子式为 :C: : :O: ，结构式 C═O，其电子轨道结构如图 15-21(c)所示。

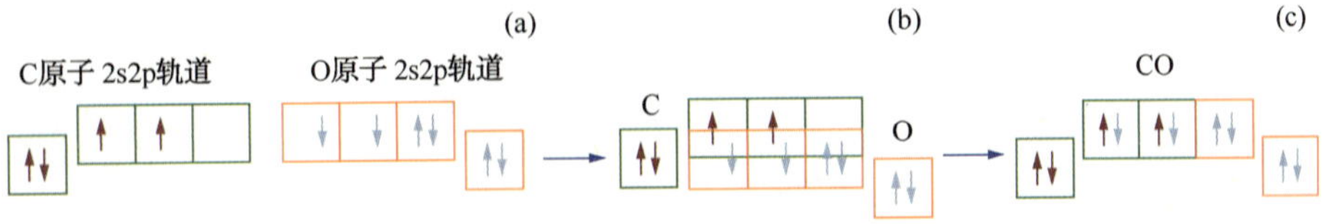

图 15-21　CO 结构分析

图 15-22 是中间体 $C_{\uparrow\downarrow}{}^{\bigcirc}H_2$ 与 CO 相互作用发生反应过程分析。图 15-22(a)是 $C_{\uparrow\downarrow}{}^{\bigcirc}H_2$ 与 CO 的电子轨道结构图。图 15-22(b)中，$C_{\uparrow\downarrow}{}^{\bigcirc}H_2$ 中 C 原子外层空的 sp^3 杂化轨道与 CO 分子中 C 原子外层 2p 轨道和 O 原子外层 2p 轨道的 2 个重叠轨道相互作用，C、O 原子外层轨道进行了 sp^3 杂化，各自生成 4 个 sp^3 杂化轨道。2 个 $C_{\uparrow\downarrow}{}^{\bigcirc}H_2$ 中的 2 个 H^+ 转移到 C、O 原子的重叠轨道处，由于 O 原子电负性(3.44)大于 C 原子电负性(2.55)，C、O 原子共用的 3 对电子留在了 O 原子外层 sp^3 杂化轨道上，C≡O 断裂，O 原子与 2 个 H^+ 生成 H_2O 分子，其电子轨道结构如图 15-22(d)所示；2 个 $C_{\uparrow\downarrow}{}^{\bigcirc}H_2$ 失去 H^+ 后生成了中间体 $C_{2\uparrow\downarrow}{}^{\bigcirc}H$ 结构，$C_{2\uparrow\downarrow}{}^{\bigcirc}H$ 结构中 C 原子外层有 2 个含有孤对电子的 sp^3 杂化轨道和 1 个空的 sp^3 杂化轨道，其电子轨道结构如图 15-22(e)所示；CO 分子被抽取 O^{2-} 后剩余部分生成 1 个活性碳原子 C_1^*，活性碳原子 C_1^* 外层只有 1 个 sp^3 杂化轨道上有 1 对电子，其余 3 个轨道是空的 sp^3 杂化轨道，其电子轨道结构如图 15-22(f)。在这里，“2↑↓”代表 2 对孤对电子，“○”代表空轨道。活性碳原子 C_1^* 是缺电子结构，具有极强得电子能力。

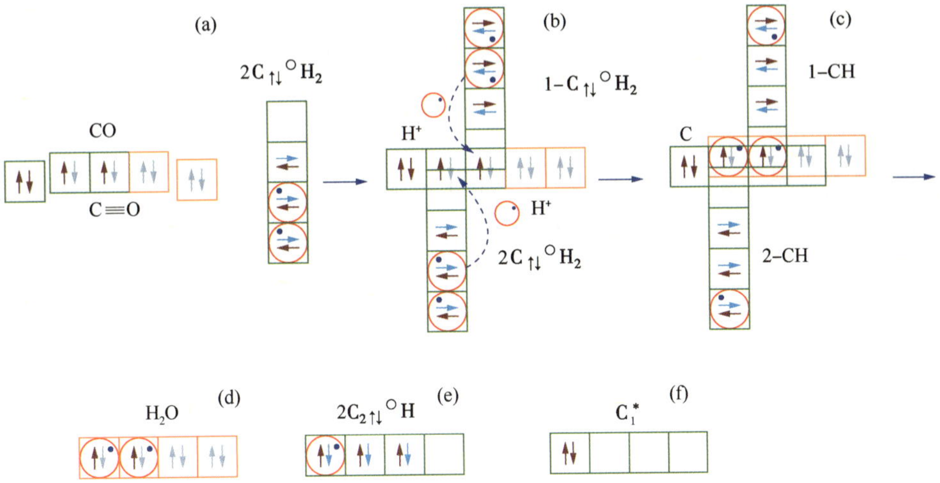

图 15-22　CO 与 $C_{\uparrow\downarrow}{}^{\bigcirc}H_2$ 反应生成中间体 C^* 和中间体 $C_{2\uparrow\downarrow}{}^{\bigcirc}H$

图 15-23(a)是活性碳原子 C_1^* 和中间体 $C_{\uparrow\downarrow}{}^{\bigcirc}H_2$ 电子轨道结构图。在图 15-23(b)中，活性碳原子 C_1^* 和中间体 $C_{\uparrow\downarrow}{}^{\bigcirc}H_2$ 相互作用，$C_{\uparrow\downarrow}{}^{\bigcirc}H_2$ 结构中 H^- 转移到活性碳原子 C_1^* 外层空的 sp^3 杂化轨道上，生成 2 个结构完全相同中间体 $C_{\uparrow\downarrow}{}^{2\bigcirc}H$，中间体 $C_{\uparrow\downarrow}{}^{2\bigcirc}H$ 结构中 C 原子外层有 1 个含有孤对电子的 sp^3 杂化轨道和 2 个空的 sp^3 杂化轨道，其电子轨道结构如图15-23(c)。在这里，“↑↓”代表孤对电子，“2○”代表有 2 个空轨道。

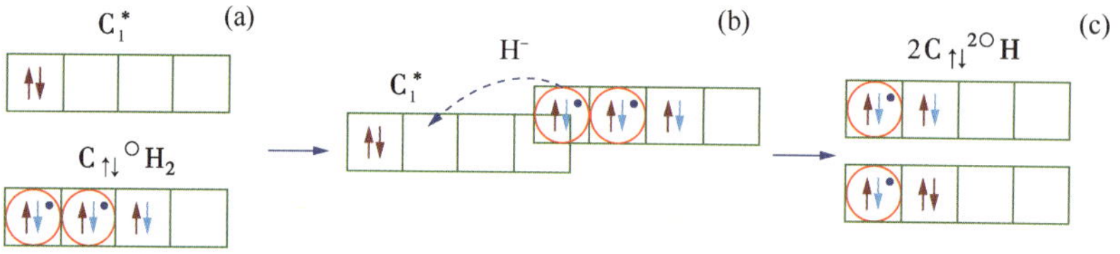

图 15-23　C_1^* 和 $C_{\uparrow\downarrow}{}^{\bigcirc}H_2$ 反应生成中间体 $C_{\uparrow\downarrow}{}^{2\bigcirc}H$

图 15-24 是中间体 $C_{2\uparrow\downarrow}{}^{\bigcirc}H$ 和 $C_{\uparrow\downarrow}{}^{2\bigcirc}H$ 相互作用生成中间体 $C_{\uparrow\downarrow}{}^{\uparrow\bigcirc}H$ 结构过程分析。图 15-24(a)是中间体 $C_{2\uparrow\downarrow}{}^{\bigcirc}H$ 和 $C_{\uparrow\downarrow}{}^{2\bigcirc}H$ 的电子轨道结构图。在图 15-24(b)中，$C_{\uparrow\downarrow}{}^{2\bigcirc}H$ 中 C 原子外层空的 sp^3 杂化轨道与 $C_{2\uparrow\downarrow}{}^{\bigcirc}H$ 中 C 原子外层含有孤对电子的 sp^3 杂化轨道重叠，相互作用生成结构完全相同的 2 个中间体 $C_{\uparrow\downarrow}{}^{\uparrow\bigcirc}H$，$C_{\uparrow\downarrow}{}^{\uparrow\bigcirc}H$ 结构中 C 原子外层有 1 个含有孤对电子的 sp^3 杂化轨道、1 个含有未成键电子的 sp^3 杂化轨道和 1 个空的 sp^3 杂化轨道，其电子轨道结构如图 15-24(c)所示。这里"↑↓"表示孤对电子，"↑"表示未成键电子，"○"表示空轨道。

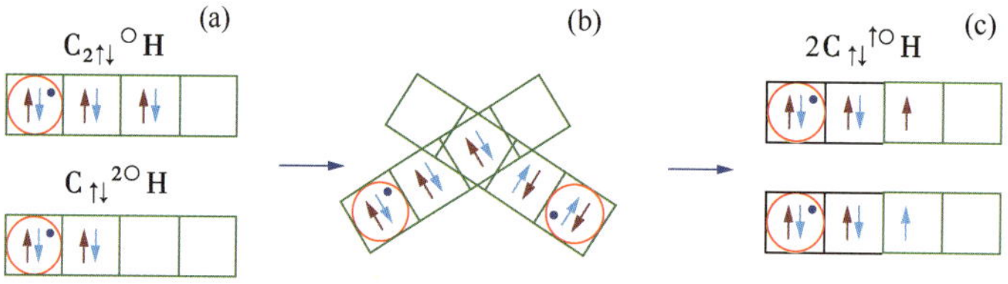

图 15-24　$C_{2\uparrow\downarrow}{}^{\bigcirc}H$ 和 $C_{\uparrow\downarrow}{}^{2\bigcirc}H_2$ 反应生成中间体 $C_{\uparrow\downarrow}{}^{\uparrow\bigcirc}H$

(4) 生成苯分子

图 15-25 是 6 个中间体 $C_{\uparrow\downarrow}{}^{\uparrow\bigcirc}H$ 生成苯分子过程分析。图 15-25(a)是 6 个 $C_{\uparrow\downarrow}{}^{\uparrow\bigcirc}H$ 的电子轨道结构图。在图 15-25(b)中，1 个 $C_{\uparrow\downarrow}{}^{\uparrow\bigcirc}H$ 结构中 C 原子外层空的 sp^3 杂化轨道与相邻另 1 个 $C_{\uparrow\downarrow}{}^{\uparrow\bigcirc}H$ 结构中 C 原子外层含有孤对电子的 sp^3 杂化轨道重叠，生成 1 个 C—C 键，6 个 $C_{\uparrow\downarrow}{}^{\uparrow\bigcirc}H$ 生成 6 个 C—C 键，6 个 $C_{\uparrow\downarrow}{}^{\uparrow\bigcirc}H$ 结构中 C 原子外层 sp^3 杂化轨道上 6 个未成键电子生成 1 个大 π 键，则生成 1 个苯分子 C_6H_6，其电子轨道结构如图 15-25(c)所示。

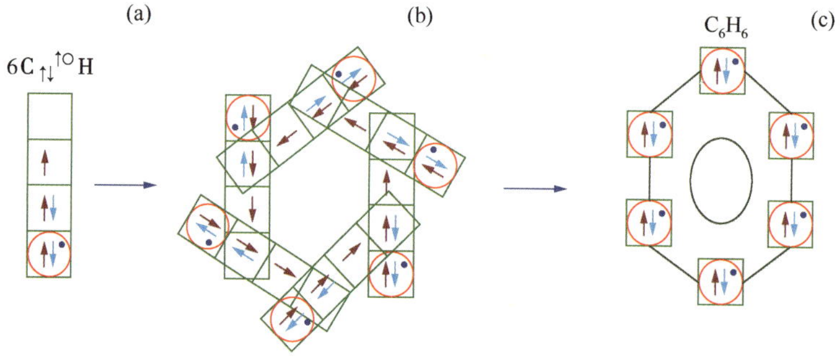

图 15-25　6 个中间体 $C_{\uparrow\downarrow}{}^{\uparrow\bigcirc}H$ 形成苯环结构

(5) 生成甲苯和乙苯

图 15-26 是苯分子和中间体 $C_{\uparrow\downarrow}{}^{\circ}H_2$ 生成甲苯过程分析。图 15-26(a)是苯和 $C_{\uparrow\downarrow}{}^{\circ}H_2$ 电子轨道结构图。在图 15-26(b)中，$C_{\uparrow\downarrow}{}^{\circ}H_2$ 结构中 C 原子外层空的 sp^3 杂化轨道与苯环上 1 个 C、H 原子重叠轨道再次重叠，重叠处的 H^+ 从苯环转移到 $C_{\uparrow\downarrow}{}^{\circ}H_2$ 中 C 原子外层含有孤对电子的 sp^3 杂化轨道上，生成 1 个 C—H 键，重叠处的 2 个 C 原子生成了 1 个 C—C 键，$C_{\uparrow\downarrow}{}^{\circ}H_2$ 得到 H^+ 后结构变成了甲基(—CH_3)，则生成甲苯分子 C_6H_5—CH_3，其电子轨道结构如图 15-26(c)所示。

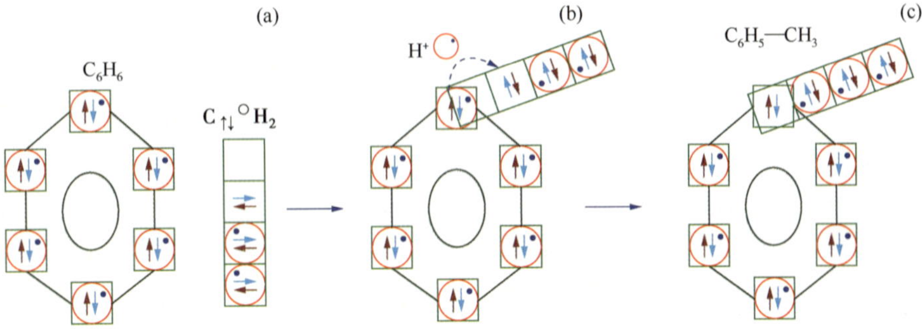

图 15-26　生成甲苯分子

图 15-27 是甲苯分子和中间体 $C_{\uparrow\downarrow}{}^{\circ}H_2$ 生成乙苯过程分析。在图 15-27(a)中，$C_{\uparrow\downarrow}{}^{\circ}H_2$ 结构中 C 原子外层空的 sp^3 杂化轨道与甲苯分子中甲基上 C、H 原子外层重叠轨道再次重叠，重叠处 H^+ 转移到 $C_{\uparrow\downarrow}{}^{\circ}H_2$ 中 C 原子外层含有孤对电子的 sp^3 杂化轨道上，生成 1 个 C—H 键，重叠处 2 个 C 原子生成 1 个 C—C 键，与苯环相连的甲基(—CH_3)变成了乙基(—CH_2CH_3)，则生成 1 个乙苯分子 C_6H_5—C_2H_5，其电子轨道结构如图 15-27(c)所示。

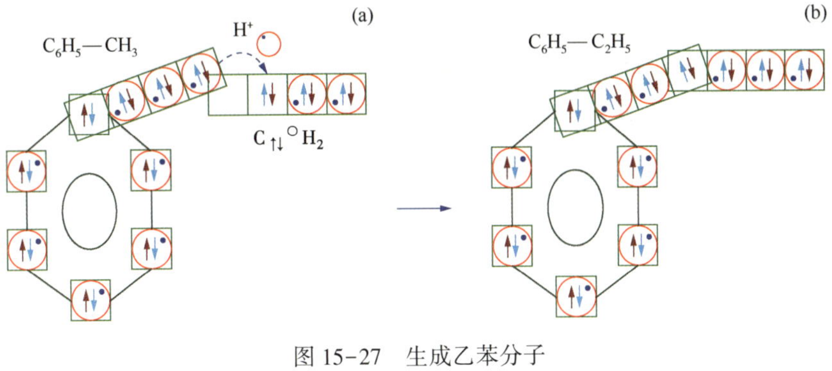

图 15-27　生成乙苯分子

(6) 生成邻二甲苯

图 15-28 是苯分子和中间体 $C_{\uparrow\downarrow}{}^{\circ}H_2$ 生成邻二甲苯过程分析。在图 15-28(a)中，2 个 $C_{\uparrow\downarrow}{}^{\circ}H_2$ 结构中 C 原子外层空的 sp^3 杂化轨道与苯环上处于相邻位置的 2 个 C、H 原子外层的重叠轨道再次重叠，2 个重叠处的 2 个 H^+ 分别转移到 2 个 $C_{\uparrow\downarrow}{}^{\circ}H_2$ 结构中 C 原子外层含有孤对电子的 sp^3 杂化轨道上，共生成 2 个 C—H 键，2 个 $C_{\uparrow\downarrow}{}^{\circ}H_2$ 变成 2 个甲基(—CH_3)，2 个重叠处的 4 个 C 原子共用 2 对电子生成 2 个 C—C 键，这 2 个甲基(—CH_3)通过 2 个 C—C 键与苯环在相邻位置相连接，则生成 1 个邻二甲苯分子 C_6H_4—$(CH_3)_2$，其电子轨道结构如

图 15-28(b)所示。

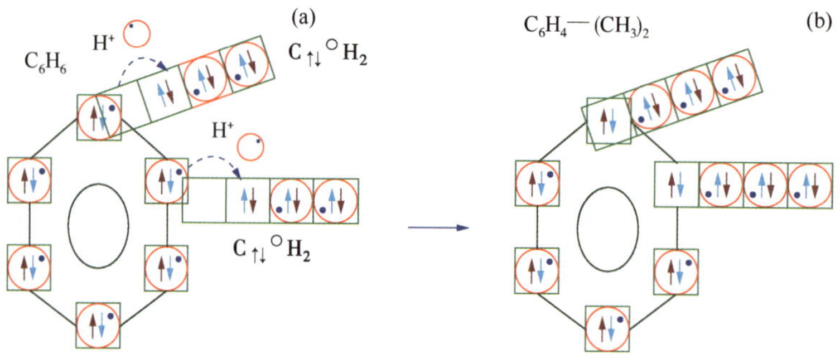

图 15-28　生成邻二甲苯分子

（7）生成间二甲苯

图 15-29 是苯分子和中间体 $C_{\uparrow\downarrow}{}^{\bigcirc}H_2$ 生成间二甲苯过程分析。在图 15-29(a)中，2 个 $C_{\uparrow\downarrow}{}^{\bigcirc}H_2$ 结构中 C 原子外层空的 sp^3 杂化轨道与苯环上处于相间位置的 2 个 C、H 原子外层的重叠轨道再次重叠，2 个重叠处的 2 个 H^+ 分别转移到 2 个 $C_{\uparrow\downarrow}{}^{\bigcirc}H_2$ 结构中 C 原子外层含有孤对电子的 sp^3 杂化轨道上，共生成 2 个 C—H 键，2 个 $C_{\uparrow\downarrow}{}^{\bigcirc}H_2$ 变成 2 个甲基(—CH_3)，2 个重叠处的 4 个 C 原子共用 2 对电子生成 2 个 C—C 键，这 2 个甲基(—CH_3)通过 2 个 C—C 键与苯环在相间位置相连接，则生成 1 个间二甲苯分子 $C_6H_4—(CH_3)_2$，其电子轨道结构如图 15-29(b)所示。

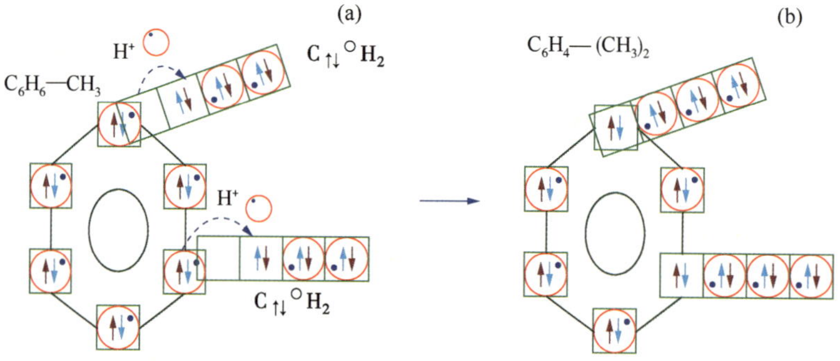

图 15-29　生成间二甲苯分子

（8）生成对二甲苯

图 15-30 是苯分子和中间体 $C_{\uparrow\downarrow}{}^{\bigcirc}H_2$ 生成对二甲苯过程分析。在图 15-30(a)中，2 个 $C_{\uparrow\downarrow}{}^{\bigcirc}H_2$ 结构中 C 原子外层空的 sp^3 杂化轨道与苯环上处于相对位置的 2 个 C、H 原子外层的重叠轨道再次重叠，2 个重叠处的 2 个 H^+ 分别转移到 2 个 $C_{\uparrow\downarrow}{}^{\bigcirc}H_2$ 结构中 C 原子外层含有孤对电子的 sp^3 杂化轨道上，共生成 2 个 C—H 键，2 个 $C_{\uparrow\downarrow}{}^{\bigcirc}H_2$ 变成 2 个甲基(—CH_3)，2 个重叠处的 4 个 C 原子共用 2 对电子生成 2 个 C—C 键，这 2 个甲基(—CH_3)通过 2 个 C—C 键与苯环在相对位置相连接，则生成 1 个对二甲苯分子 $C_6H_4—(CH_3)_2$，其电子轨道结构如图 15-30(b)所示。

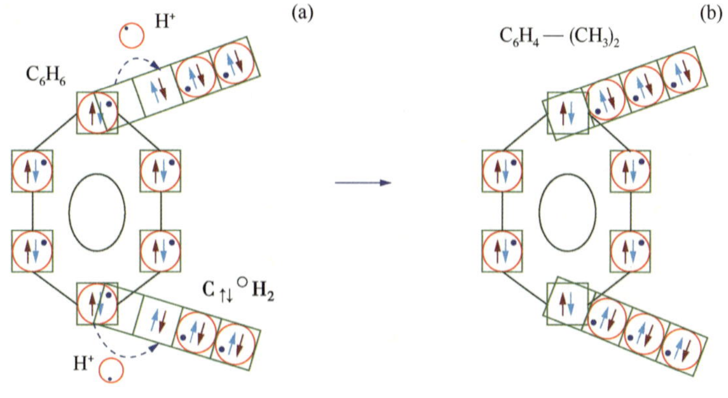

图 15-30 生成对二甲苯分子

（9）生成多甲基苯

图 15-31 是苯分子和中间体 $C_{\uparrow\downarrow}{}^{\circ}H_2$ 生成三甲基苯过程分析。在图 15-31(a)中，3 个 $C_{\uparrow\downarrow}{}^{\circ}H_2$ 结构中 C 原子外层空的 sp^3 杂化轨道分别在苯环“1”“3”“5”位置与苯环上 C、H 原子外层的重叠轨道再次重叠，3 个重叠处的 3 个 H^+ 从苯环向 3 个 $C_{\uparrow\downarrow}{}^{\circ}H_2$ 结构中 C 原子外层含有孤对电子的 sp^3 杂化轨道转移，共生成 3 个 C—H 键，3 个 $C_{\uparrow\downarrow}{}^{\circ}H_2$ 变成了 3 个甲基（$—CH_3$），3 个重叠处 6 个 C 原子共用 3 对电子生成 3 个 C—C 键，这 3 个 C—C 键把 3 个甲基($—CH_3$)与苯环相连，则生成了 1,3,5-三甲基苯分子 $C_6H_3—(CH_3)_3$，其电子轨道结构如图 15-31(b)所示。

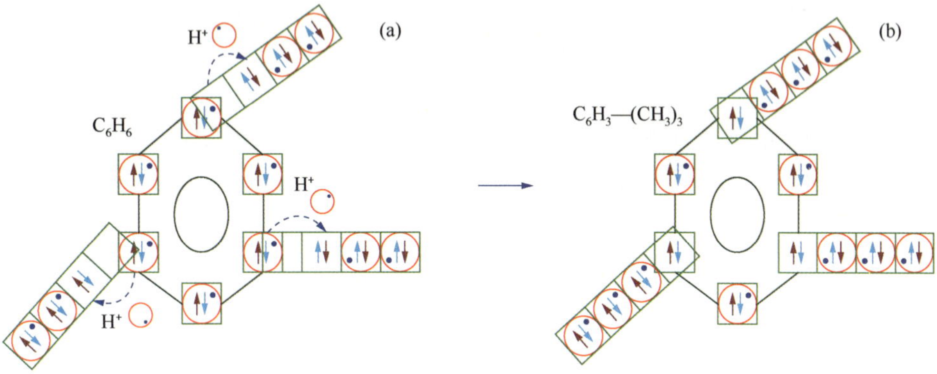

图 15-31 生成 1,3,5-三甲基苯

同理，如果 3 个 $C_{\uparrow\downarrow}{}^{\circ}H_2$ 结构中的 3 个 C 原子外层空的 sp^3 杂化轨道分别在苯环“1”“2”“3”位置与苯环上 C、H 原子外层的重叠轨道再次重叠，则能生成 1,2,3-三甲基苯分子；如果 3 个 $C_{\uparrow\downarrow}{}^{\circ}H_2$ 结构中的 3 个 C 原子外层空的 sp^3 杂化轨道分别在苯环“1”“2”“4”位置与苯环上 C、H 原子外层的重叠轨道再次重叠，则能生成 1,2,4-三甲基苯分子。

（10）反应机理分析

甲醇、CO 与 H-ZSM-5 催化剂 B 酸中心作用下反应生成低碳芳烃过程如下：

$$CH_3OH+HB \longrightarrow CH_3^+ + B^- + H_2O \tag{1}$$

$$CH_3^+ + B^- \longrightarrow HB + C_{\uparrow\downarrow}{}^{\circ}H_2 \tag{2}$$

$$2C_{\uparrow\downarrow}{}^{\bigcirc}H_2+CO \longrightarrow 2C_{2\uparrow\downarrow}{}^{\bigcirc}H+C_1^*+H_2O \tag{3}$$

$$C_1^*+C_{\uparrow\downarrow}{}^{\bigcirc}H_2 \longrightarrow 2C_{\uparrow\downarrow}{}^{2\bigcirc}H \tag{4}$$

$$C_{2\uparrow\downarrow}{}^{\bigcirc}H+C_{\uparrow\downarrow}{}^{2\bigcirc}H \longrightarrow 2C_{\uparrow\downarrow}{}^{\uparrow\bigcirc}H \tag{5}$$

$$6C_{\uparrow\downarrow}{}^{\uparrow\bigcirc}H \longrightarrow C_6H_6 \tag{6}$$

$$C_6H_6+C_{\uparrow\downarrow}{}^{\bigcirc}H_2 \longrightarrow C_6H_5—CH_3 \tag{7}$$

$$C_6H_5—CH_3+C_{\uparrow\downarrow}{}^{\bigcirc}H_2 \longrightarrow C_6H_5—C_2H_5 \tag{8}$$

$$C_6H_6+2C_{\uparrow\downarrow}{}^{\bigcirc}H_2 \longrightarrow C_6H_4—(CH_3)_2 \tag{9}$$

$$C_6H_6+3C_{\uparrow\downarrow}{}^{\bigcirc}H_2 \longrightarrow C_6H_3—(CH_3)_3 \tag{10}$$

反应式[(1)+(2)]×9+[(3)+(4)]×3+(5)×6+(6)×2 等于方程式(11)，即生成苯；

$$9CH_3OH+3CO \longrightarrow 2C_6H_6+12H_2O \tag{11}$$

反应式[(1)+(2)]×11+[(3)+(4)]×3+(5)×6+[(6)+(7)]×2 等于方程式(12)，即生成甲苯；

$$11CH_3OH+3CO \longrightarrow 2C_6H_5—CH_3+14H_2O \tag{12}$$

反应式[(1)+(2)]×13+[(3)+(4)]×3+(5)×6+[(6)+(7)+(8)]×2 等于方程式(13)，即生成乙苯；

$$13CH_3OH+3CO \longrightarrow 2C_6H_5—C_2H_5+16H_2O \tag{13}$$

反应式[(1)+(2)]×13+[(3)+(4)]×3+(5)×6+[(6)+(9)]×2 等于方程式(14)，则生成混合二甲苯，即邻二甲苯、间二甲苯和对二甲苯；

$$13CH_3OH+3CO \longrightarrow 2C_6H_4—(CH_3)_2+16H_2O \tag{14}$$

反应式[(1)+(2)]×15+[(3)+(4)]×3+(5)×6+[(6)+(10)]×2 等于方程式(15)，则生成 1,3,5-三甲基苯。同理，也可以生成 1,2,3-三甲基苯和 1,2,4-三甲基苯等。

$$15CH_3OH+3CO \longrightarrow 2C_6H_3—(CH_3)_3+18H_2O \tag{15}$$

上面分析了甲醇与 CO 在 4 配位 B 酸中心 $H[AlO_4]$ 作用下生成芳烃过程。实际上，无论在 4 配位 B 酸中心、还是在 5 配位或者 6 配位 B 酸中心，甲醇与 CO 反应生成低碳芳烃反应机理相同。

(11) 小结

甲醇、CO 与 H-ZSM-5 催化剂 B 酸中心作用下反应生成低碳芳烃过程分 7 步：

① B 酸中心释放 H^+ 攻击甲醇分子 C—O 键，C—O 键断裂生成了甲基正碳离子 CH_3^+ 和 H_2O 分子，B 酸中心失活；

② 失活 B 酸中心从甲基正碳离子 CH_3^+ 处抽取 H^+ 恢复活性，甲基正碳离子 CH_3^+ 变成中间体 $C_{\uparrow\downarrow}{}^{\bigcirc}H_2$，$C_{\uparrow\downarrow}{}^{\bigcirc}H_2$ 结构中的 C 原子外层有 1 个含有孤对电子的 sp^3 杂化轨道和 1 个空的 sp^3 杂化轨道；

③ $C_{\uparrow\downarrow}{}^{\bigcirc}H_2$ 与 CO 反应生成中间体 $C_{2\uparrow\downarrow}{}^{\bigcirc}H$、活性碳原子 C_1^* 和水分子，$C_{2\uparrow\downarrow}{}^{\bigcirc}H$ 结构中的 C 原子外层有 2 个含有孤对电子的 sp^3 杂化轨道和 1 个空的 sp^3 杂化轨道；活性碳原子 C_1^* 外层只有 1 个 sp^3 杂化轨道上有 1 对电子，其余 3 个轨道是空的 sp^3 杂化轨道；

④ 活性碳原子 C_1^* 与 $C_{\uparrow\downarrow}{}^{\bigcirc}H_2$ 生成中间体 $C_{\uparrow\downarrow}{}^{2\bigcirc}H$，$C_{\uparrow\downarrow}{}^{2\bigcirc}H$ 结构中的 C 原子外层有 1 个含有孤对电子的 sp^3 杂化轨道和 2 个空的 sp^3 杂化轨道；

⑤ $C_{2\uparrow\downarrow}{}^{\bigcirc}H$ 与 $C_{\uparrow\downarrow}{}^{2\bigcirc}H$ 相互作用生成中间体 $C_{\uparrow\downarrow}{}^{\uparrow\bigcirc}H$，$C_{\uparrow\downarrow}{}^{\uparrow\bigcirc}H$ 结构中的 C 原子外层有 1

个含有孤对电子的 sp^3 杂化轨道、1 个含有未成键电子的 sp^3 杂化轨道和 1 个空的 sp^3 杂化轨道；

⑥ 6 个中间体 $C_{\uparrow\downarrow}{}^{\uparrow\circ}H$ 通过 6 个 C—C 键和 1 个大 π 键生成苯环结构，即生成苯分子 C_6H_6；

⑦ 苯分子与 $C_{\uparrow\downarrow}{}^{\circ}H_2$ 继续反应可以生成甲苯、乙苯、混合二甲苯，以及三甲基苯等。

参 考 文 献

[1] 芳烃产业链现状、技术展望、产能及项目情况汇总[EB/OL]. 2018-10-13. https://www.sohu.com/a/259275486_825950.

[2] 2018~2019 年芳烃产业产能发展简析[EB/OL]. 2019-02-01. https://www.sohu.com/a/292753691_390843.

[3] 陈浩. 中国芳烃产业发展现状 & 趋势分析[EB/OL]. http://jingfenggongmao.com/h-nd-108.html.

[4] 2020~2025 年中国对二甲苯 PX 行业竞争格局分析及投资规划研究报告[EB/OL]. 2020-08-24. https://www.huaon.com/channel/chemical/ -643109.html.

[5] 2020 年度对二甲苯(PX)市场发展报告[EB/OL]. https://zhuanlan.zhihu.com/p/120401630.

[6] 2021~2022 年国内 PX(对二甲苯)迎来产能投放周期[EB/OL]. 2021-07-07. http://www.leadingir.com/trend/view/5267.html.

[7] 煤制芳烃技术最新进展[EB/OL]. 化化网-煤化工，2014-02-11. http://coalchem.anychem.com/2014/02/11-2869.html.

[8] 我国煤制芳烃技术的应用现状[EB/OL]. https://zhuanlan.zhihu.com/p/85151999.

[9] 黄格省，包力庆，丁文娟，等. 我国煤制芳烃技术发展现状及产业前景分析[J]. 煤炭加工与综合利用，2018，(2)：6-9.

[10] Zhang J, Qian W, Kong C, et al. Increasing para-xylene selectivity in making aromatics from methanol with a surface-modified Zn/P/ZSM-5 catalyst [J]. ACS Catalysis, 2015, 5 (5): 2982-2988.

[11] 季洪强，张强，董雪，等. 镍改性 HZSM-5 催化剂上甲醇芳构化反应性能的研究[J]. 石油炼制与化工，2015，46(2)：58-63.

[12] Xin Y, Qi P, Duan X, et al. Enhanced performance of Zn-Sn/HZSM-5 catalyst for the conversion of methanol to aromatics [J]. Catalysis Letters, 2013, 143(8): 798-806.

[13] Jin W Y, Ma J, Ma H, et al. Hydrothermal synthesis of core-shell ZSM-5/SAPO-34 composite zeolites and catalytic performance in methanol-to-aromatics reaction[J]. Journal of Solid State Chemistry, 2018, 267: 6-12.

[14] Wang F, Xiao W Y, Xiao G M Atomic layer deposition of zinc oxide on HZSM-5 template and its methanol aromatization performance [J]. Catalysis Letters, 2015, 145(3): 860-867.

[15] Hsieh C Y , Chen Y Y , Lin Y C. Ga-Substituted Nanoscale HZSM-5 in Methanol Aromatization: The Cooperative Action of the Brønsted Acid and the Extra-Framework Ga Species[J]. Ind. Eng. Chem. Res. 2018, 57 (23): 7742—7751.

[16] Dai W, Yang L, Wang C M, et al. Effect of *n*-Butanol Cofeeding on the Methanol to Aromatics Conversion over Ga-Modified Nano H-ZSM-5 and Its Mechanistic Interpretation[J]. ACS Catal. 2018, 8: 1352-1362.

[17] Pinilla-Herrero I, Borfecchia E, Holzinger J, et al. High Zn/Al ratios enhance dehydrogenation vs hydrogen transfer reactions of Zn-ZSM-5 catalytic systems in methanol conversion to aromatics[J]. Journal of Catalysis, 2018, 362: 146-163.

[18] Dahl I M, Kolboe S. On the reaction-mechanism for hydrocarbon formation in the MTO reaction over SAPO-34 [J]. Catalysis Letters, 1993, 20(3/4): 329-336.

[19] Dahl I M, Kolboe S. On the Reaction Mechanism for Hydrocarbon Formation from Methanol over SAPO-34: I. Isotopic Labeling Studies of the Co-Reaction of Ethene and Methanol[J]. Journal of Catalysis 1994, 149(2), 458-464.

[20] Song W G , Marcus D M , Fu H, et al. An oft-studied reaction that may never have been: Direct catalytic conversion of methanol or dimethyl ether to hydrocarbons on the solid acids HZSM-5 or HSAPO-34[J]. Journal of the American Chemical Society, 2002, 124(15): 3844-3845.

[21] Dessau R M, Lapierre R B. On the mechanism of methanol conversion to hydrocarbons over HZSM-5[J]. Journal of Catalysis, 1982, 78(1): 136-141.

[22] 刘艳，常琴琴，杨萌，等．甲醇制芳烃工艺研究进展[J]．化学工程，2015，43(9)：74-78.

[23] 时旭，周峰，陈皓等．醇原位催化转化制备芳烃及机理．化工进展[J]. 2017，36(7)：2517-2524.

[24] Keil F J. Methanol-to-hydrocarbons: process technology[J]. Microporous and Mesoporous Materials, 1999, 29: 49-66.

[25] Zhang J G , Qian W Z , Tang X P, et al. Influence of catalyst acidity on dealkylation, isomerization and alkylation in MTA process[J]. Acta Physico-Chimica Sinica, 2013, 29(6): 1281-1288.

[26] 邹琥，吴巍，葸雷，等．甲醇制芳烃研究进展[J]．石油学报(石油加工)，2013，29(3)：539-547.

[27] 张一成，王洪学，章序文，等．甲醇制芳烃反应的催化研究进展[J]．化工进展，2016，35(3)：801-806.

[28] Gao P, Xu J, Qi G D, et al. A Mechanistic Study of Methanol-to-Aromatics Reaction over Ga-Modified ZSM-5 Zeolites: Understanding the Dehydrogenation Process[J]. ACS Catal., 2018, 8 (10): 9809—9820.

[29] 煤制芳烃行业：新型煤化工领域的耀眼新星[EB/OL]．中国产业经济信息网，2013-04-20. http://www.cinic.org.cn/site951/hgpd/2013-02-26/627460.shtml

[30] 于开录，刘昌俊，张月萍．二甲醚的制备与下游产品开发研究进展[J]．天然气与石油，2000(4)：20-24.

[31] 户倩倩，谭猗生，韩怡卓，等．二甲醚经低碳烯烃合成汽油组分正辛烷、对二甲苯热力学分析[J]．天然气化工(C1化学与化工)，2010，35 (1)：1-5.

[32] Chen Z Y, Ni Y M, Zhi Y C, et al. Coupling of Methanol and Carbon Monoxide over H-ZSM-5 to Form Aromatics[J]. Angewandte Chemie International Edition, 2018, 57(38), 12549-12553.

[33] 贺振富，代振宇，龙军．硅-铝催化剂酸中心形成及其结构[J]．石油学报(石油加工)，2011，27(1)：11-19.

[34] 贺振富，刘俊，龙军．硅-铝催化剂酸中心失活与再生的分析[J]．石油学报(石油加工)，2011，27(6)：845-851.

[35] 冯玉彪，张粉保，宣利宏，等．离子的电负性[J]．大连轻工业学院学报，1998，13(2)：70-76.

[36] 魏飞．流化床煤制芳烃技术FMTA[C]. 2015年中国煤化工产业精细化发展高层论坛．

第 16 章　甲酸甲酯

16.1　甲酸甲酯工业发展现状[1~3]

甲酸甲酯(methyl formate，MF)，结构式 $HCOOCH_3$，无色有香味的易挥发液体。与乙醇混溶，溶于甲醇、乙醚。容易水解，潮湿空气中的水分也会使其发生水解。其蒸气与空气形成爆炸性混合物，爆炸极限为 6.0%~20.0%(体积)。对呼吸道、眼、鼻有较强的刺激作用，可引起胸部压迫感、呼吸困难。甲酸甲酯是一种重要有机合成原料，广泛用于香料、溶剂、有机合成、杀菌剂、杀虫剂等领域。可用于制备甲酸、甲酰胺、二甲基甲酰胺、乙二醇、氯甲酸三氯甲酯、乙二酸酯、醋酐、醋酸等重要化工产品。此外，甲酸甲酯还可用作醋酸纤维、DMF 的原料，农药多菌灵杀虫剂的溶剂，在酚醛树脂中用作固化剂，用于水果、各类烟草的熏蒸剂，用作气相色谱标准物质。20 世纪 90 年代以来，发现可用甲酸甲酯代替较昂贵的甲基叔丁基醚(MTBE)作为汽油的高辛烷值添加剂。甲酸甲酯应用前景不可估量[1]。

甲酸是唯一能和烯烃进行加成反应的羧酸。甲酸在酸的作用下(如硫酸，氢氟酸)，和烯烃迅速反应生成甲酸甲酯。20 世纪 80 年代以来，新的甲酸甲酯合成方法不断开发研究，特别是应用于工业化生产的甲醇羰基化法和甲醇脱氢法制备甲酸甲酯，使生产甲酸甲酯的成本大幅下降，同时也促进了甲酸甲酯应用领域的不断扩大。2019 年，全球甲酸甲酯市场医药领域占 27%、农药占 23%，我国甲酸甲酯的消费结构是：合成革占 32%，农药占 25%，医药占 24%，丙烯腈占 11%，其他占 8%。

2015~2019 年全球甲酸甲酯产能产量逐年增加，从 2015 年产能 831 万 t 开始，全球甲酸甲酯每年增速超过 6%，最大增速达到 9.21%。2016 年产能 901 万 t，2017 年产能 984 万 t，2018 年产能已经突破 1000 万 t，达到 1060 万 t，到了 2019 年全球产能高达 1125 万 t。随着产能增加，全球甲酸甲酯产量也逐年增加，从 2015 年 623 万 t 开始，全球甲酸甲酯产量增速超过 4%，2016~2017 年最大增速达到 10.66%，从 2016 年产量 685 万 t 增加到 758 万 t，到 2018 年全球甲酸甲酯产量突破 800 万 t，2019 年全球甲酸甲酯产量达到 844 万 t，同比增加 4.21%，详见图 16-1。

2015~2019 年，全球甲酸甲酯主要生产国是德国、美国、中国和日本，产量超百万吨的只有德国和美国，2015 年德国甲酸甲酯产量 140 万 t，到 2019 年达到 161 万 t，4 年内平均增速超过 3.5%；美国 2015 年甲酸甲酯产量 113 万 t，2019 年产量达到 138 万 t，4 年内平均增速达到 5.165%。从 2015 年开始，中国甲酸甲酯产量逐年增加，同比增速超过 19.5%，同比最大增速达到 25%，到 2019 年甲酸甲酯产量达到 92 万 t，4 年内平均增速超过 22.40%，全球主要国家产量见图 16-2。

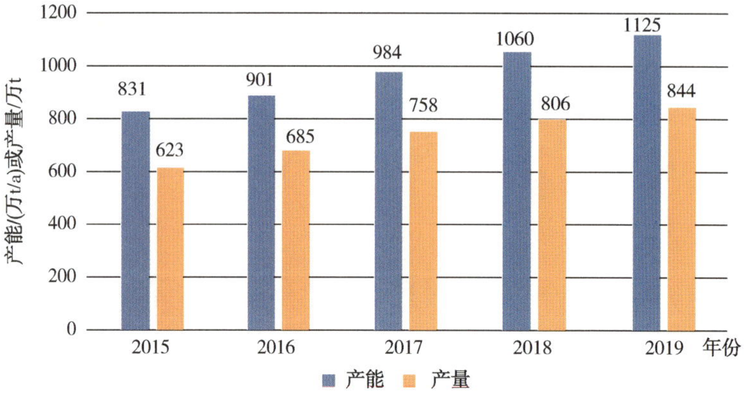

图 16-1　2015~2019 年全球甲酸甲酯产能、产量统计

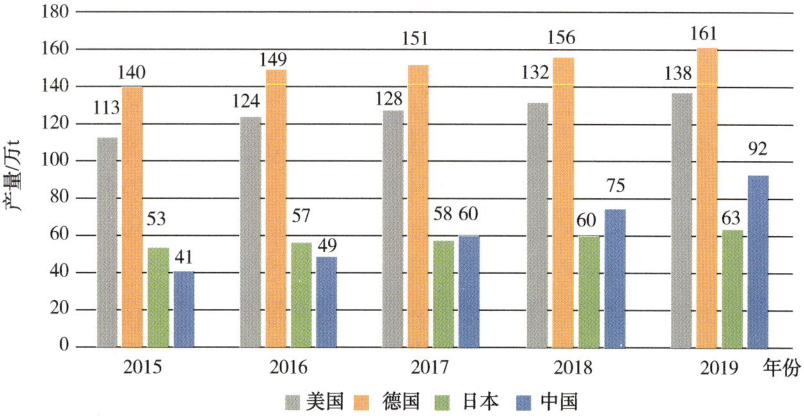

图 16-2　2015~2019 年全球甲酸甲酯主要国家产量

16.2　甲酸甲酯制备技术[2~8]

国外甲醇羰基化制甲酸甲酯已工业化多年，生产工艺主要有 SD-Bethlehem 工艺、Leonard 工艺、BASF 工艺。80 年代初，由甲酸甲酯水解制甲酸的技术也开发成功，并在多个国家相继建成 2 万~10 万 t/a 甲酸甲酯水解制甲酸工业化装置。如 Leonard 公司与芬兰 Kemira Chemical Oy 公司合作，在芬兰建成了 4.8 万 t/a 甲酸甲酯水解制甲酸装置。苏联 1989 年在乌克兰建成甲醇羰基化合成甲酸甲酯，甲酸甲酯水解制甲酸的 4 万 t/a 装置。其甲酸甲酯水解工艺特点：在 80℃和 0.6MPa 下经酸性阳离子交换树脂使甲酸甲酯部分水解，水解生成的甲酸再自动催化甲酸甲酯水解。甲醇脱氢法工艺最早由日本 MGC 公司开发成功，并于 1988 年由该公司在其新泻工厂投产一套 2 万 t/a 甲酸甲酯生产装置，其中 1 万 t/a 甲酸甲酯用来生产 DMF。日本三井石油化工公司、美国空气产品公司也是两大甲醇脱氢制甲酸甲酯科研与生产公司。国外甲酸甲酯的主要消费是生产甲酸、甲酰胺、DMF、*N*-甲酰基吗啉、高纯度 CO、甲酸甲酯、二碳酰氯及乙二醇等。

国内甲酸甲酯始于 20 世纪 70 年代，采用工艺是甲醇和甲酸直接酯化，当时两家生产企业东北第六制药厂、广东江门农药厂均采用直接酯化法生产工艺，工艺落后，消耗大，成本高，且排放含酸污水造成环境污染。根据国内市场需求，西南化工研究设计院于 1984 年开展甲醇脱氢制甲酸甲酯及其配套催化剂的研究，1986 年完成扩大试验研究，开始在国内推广应用，于 1990 年在江苏武进化肥厂第一套 2000t/a 工业甲酸甲酯装置投产成功(产品用于生产二甲基甲酰胺)，此后相继在黑龙江牡丹江化工五厂、连云港曙光化工厂、河北乐亭化工厂、广东开平氮肥厂、辽宁大洼化工总厂等共建立装置 6 套，装置总生产能力约 2.2 万 t/a。

甲酸甲酯是当前 C_1 化学发展的热点，目前，国内外广泛采用的大规模生产方法是甲醇羰基化法和甲醇脱氢法。甲醇羰基化法制甲酸甲酯成本仅为传统酯化法的 1/3。20 世纪 80 年代初期，BASF 公司就已经掌握了 10 万 t/a 甲酸甲酯水解制甲酸技术，在多个国家建成 2 万~10 万 t/a 工业化生产装置。我国西南化工研究院研发的技术已经实现了工业化，2000t/a 的装置已经投产。随着环保要求的不断提高，由甲醇、CO_2 和 H_2 合成甲酸甲酯工艺值得关注。

目前我国已有两套大型化甲醇羰基化装置，一套是阿斯德化工有限公司(原山东肥城化肥厂)与美国 AAT 公司合作，引进国外技术，于 1996 年投产的 2 万 t/a 甲酸、3000t/a 甲酸甲酯装置；另一套是济南石化二厂采用国内技术 1997 年建成投产的 2 万 t/a 甲酸装置，生产出合格产品和中间产物甲酸甲酯。济南石化二厂 300t/a 甲酸甲酯工业性试验装置已运转数年，取得了丰富的工程数据。水煤浆气化及煤化工国家工程研究中心、山东省化工规划设计院合作开发了 1000t/a 甲醇羰基化制甲酸甲酯柔性试验装置，1997 年建成并生产出合格产品。概括起来，合成甲酸甲酯的技术主要有以下六种方法：

(1) 甲醇酯化法

甲醇和甲酸在浓 H_2SO_4 作催化剂的条件下，加热直接反应酯化法合成甲酸甲酯，工艺落后，消耗大，成本高，且排放含酸污水造成环境污染。

$$HCOOH+CH_3OH \longrightarrow HCOOCH_3+H_2O$$

(2) 二氧化碳法

在三氟化硼的甲醇溶液中，以铱络合物作催化剂，通入二氧化碳和氢气，在 100℃，5.88MPa 下反应生成甲酸甲酯。反应方程：

$$2CO_2+4H_2 \longrightarrow HCOOCH_3+2H_2O$$

(3) 甲醇羰基化法

1925 年德国 BASF 公司首次用甲醇羰基化制取甲酸甲酯，此后甲醇、一氧化碳羰基化制甲酸甲酯便成为国际上工业生产中广泛采用的方法，技术成熟，工艺合理，原料利用率高，几乎没有副产物，生产成本最低，而且还可利用含一氧化碳的工业废气作原料，与其他方法相比技术经济上有明显的优越性。经多年研究，成都天成碳一化工有限公司开发了具有自主知识产权的生产技术，并在我国江苏建成年产 3 万 t 工业装置，各项技术指标均达到和超过国际先进水平。国内对该工艺研究也比较深入，已达工业化程度。主要研究开发单位有：原化工部西南化工研究院、中科院成都有机化学研究所、济南石油化工二厂、山东省化工规划设计院、华南理工大学、华东理工大学等。CO 与甲醇在专用催化剂存在下，在一定的压力和温度下发生羰基化反应，合成甲酸甲酯。反应方程式如下：

$$CH_3OH+CO \Longleftrightarrow HCOOCH_3+29.4kJ/mol$$

该反应为放热反应，用反应液外循环冷却引出热量并控制反应温度。惰性气体和未反应的 CO 经反应器上部的填料段后引出送回一氧化碳生产装置。甲酸甲酯粗产品用泵打出经膨胀减压后送精馏塔。在精馏塔进行分离提纯制得产品甲酸甲酯，含 CO 的尾气回收利用，塔釜含废催化剂的甲醇经分离废催化剂后，循环使用。

（4）甲醇脱氢法

甲醇气相催化脱氢制甲酸甲酯，早在 20 世纪 20 年代就由联碳公司提出，之后许多专利相继公布，直到 20 世纪 80 年代初技术才逐步成熟。1988 年，日本三菱瓦斯（MGC）公司首次在世界上实现了工业化。随后，美国空气产品和化学品公司、日本三井石油化学公司也完成了工业化。国内西南化工设计院开发的甲醇脱氢工艺，甲酸甲酯的转化率达 80%～85%，低于国外的转化率 90%。甲醇气相脱氢合成甲酸甲酯大多采用铜基催化剂，催化体系主要有：Cu/SiO_2（或 Al_2O_3）、$Cu-ZnO/Al_2O_3$、$Cu-ZnO/SiO_2$、$Cu-ZnO/ZrO_2$或 $Cu-ZrO_2/CaO$ 等。反应通常在常压～0.5MPa、235～350℃之间进行，甲醇转化率 40%～53%，甲酸甲酯产率 36%～47.7%，甲酸甲酯选择性为 90%。

（5）合成气一步合成法

1991 年，美国布鲁克黑文国家实验室[4]报道了合成气选择性合成含氧化合物的新方法，使用的液相催化剂是一种过渡金属络合物，由醇盐碱活化，以对－二氧杂环己烷－甲醇混合物（体积比 98∶2）为溶剂，在 80℃下，搅拌速率 1200r/min，由 H_2/CO（体积比 1∶1）一步合成甲酸甲酯，产物选择性 78%（摩尔），甲醇是唯一副产物。文献报道[5]由合成气合成甲酸甲酯的催化剂可分 3 大类：Co、Ru 和 Ir 等第八族元素的络合物均相催化剂，Ni 系催化剂和 Cu 系催化剂。

（6）甲醇氧化脱氢

1968 年东京大学功刀泰硕报道了用金属钯催化剂液相选择性氧化的结果。其后，英国石油化学品公司对均相铬盐催化剂进行了研究。到目前为止，甲醇催化氧化制甲酸甲酯的反应机理尚不明确，要使这一工艺实现工业化，还必须对催化剂的组成、制备条件以及反应条件进行深入研究[4]。

16.3 甲酸甲酯合成反应机理研究进展

量子化学计算方法被认为是研究反应微观机理的重要手段，唐新村等[9]通过量子化学密度泛函理论（DFT）方法对 CH_3OH 与 CO 的反应机理进行了理论研究。认为，CO 中的 C 原子先从侧面向 CH_3OH 中的 O 原子靠近，CH_3OH 发生扭转，羟基上的 H 逐渐远离 CH_3OH 中的 O，向 CO 中的 C 原子逐渐接近，H—O 键长逐步拉长、断裂，生成甲氧基（$CH_3O\cdot$），CO 中 C—O 键从 0.113nm 拉长到 0.114nm，CO 中 C 原子由 sp 杂化变成 sp^2 杂化，CO 中 C≡O键变成了 C═O 键，形成了酰基（HCO·），酰基发生扭转并向甲氧基接近，酰基与甲氧基进一步反应得到产物甲酸甲酯。

1982 年，日本东京科技大学阿井癸提出了气相氧化制甲酸甲酯的路线，他对 9 种含 MoO_3和 SnO_2的双组分金属氧化物催化剂进行了筛选，推断在 Mo-Sn-O 催化剂上甲醛二聚生成甲酸甲酯，同时指出该反应需要酸位和碱位协同的双功能催化剂。1984 年，Van Hengstum 等用负载 V_2O_5/TiO_2催化剂研究了气相氧化法工艺，得到相似结果。但甲醇催化氧化制甲酸甲酯的反应机理尚不明确，要使这一工艺实现工业化，还必须对催化剂的组成、制备条件以及反应条件进行深入研究[4]。

有学者在研究甲醇氧化脱氢制甲酸甲酯过程中发现[10~17]，Cu 基催化剂具有很高的催化甲醇脱氢制甲酸甲酯选择性，常见的催化剂有 Cu/SiO_2、Cu/Cr_2O_3、Cu/ZrO_2、Cu/ZnO、Cu/MgO、Cu/γ-Al_2O_3、Cu/MCM-41 等，反应压力常压、反应温度 150~300℃，反应副产物是 H_2，且催化剂在反应前要经过 H_2还原处理，所以认为 Cu 是反应的活性物种。但也有学者[18~20]研究发现，Cu^{2+}也具有催化甲醇脱氢生成甲酸甲酯的能力。

文献[21]报道了 CO_2加氢合成甲酸甲酯，发现二氧化硅负载的 Cu/Mo_2CTx(MXene)催化剂比具有相似铜负载量的 Cu/SiO_2催化剂具有更高的单位质量铜的本征甲醇生成率。由于 Cu 在部分还原的 MXene 表面(优先于 SiO_2表面)上具有较高的亲和力，以及在 500℃的 H_2下 Cu 的流动性较高等优点，因此可以用其设计 Cu/Mo_2CTx 界面。随着还原时间的增加，Cu/Mo_2CTx 界面的 Lewis 酸性增强，这是因为还原后的 Mo_2CTx 上分散了较多的 Cu 位，这与 CO_2加氢合成甲醇的速率增加有关。密度泛函理论计算进一步强调了 Cu 和 Mo_2CTx 界面的关键作用，最终确定了甲酸盐和甲氧基物种是稳定的反应中间产物。

二甲醚氧化制甲酸甲酯文献[22]指出，反应产物中甲醛的选择性非常低，认为二甲醚氧化制甲酸甲酯过程中，甲醛是中间产物，推测可能的反应机理：DME →HCHO →MF，也就是说，DME 首先发生氧化反应生成甲醛，然后甲醛发生二聚反应生成甲酸甲酯，即发生典型的 Tischenko Reaction[23]。

16.4 甲酸甲酯合成机理分析

16.4.1 甲醇和甲酸酯化反应

酸和醇酯化反应是制备有机酯类的常用方法，在浓 H_2SO_4加热的条件下，甲醇和甲酸发生酯化反应生成甲酸甲酯，反应方程如下：

$$HCOOH+CH_3OH \longrightarrow HCOOCH_3+H_2O$$

下面就其反应机理进行研究。

(1) 甲醇、甲酸分子结构

图 16-3 甲醇分子结构分析。图 16-3(a)是 C、O 和 H 原子外层电子轨道结构，在图 16-3(b)中，C 原子外层含有未成键电子的 sp^3杂化轨道与 O 原子外层含有未成键电子的 sp^3杂化轨道重叠，共用 1 对电子生成 1 个 C—O 键，C 原子外层剩余的 3 个含有未成键电子的 sp^3杂化轨道分别与 3 个 H 原子外层含有未成键电子的 s 轨道重叠，共用 3 对电子生成 3 个 C—H 键，第 4 个 H 原子外层含有未成键电子的 s 轨道与 O 原子外层第 2 个含有未成键电子的 sp^3杂化轨道重叠，共用 1 对电子生成 1 个 H—O 键，则生成了 1 个甲醇分子 CH_3OH，其电子轨道结构如图 16-3(c)所示。

图 16-4 是甲酸分子结构分析。图 16-4(a)是 C、O 和 H 原子电子轨道结构图，图中有 1 个 C 原子、2 个 O 原子和 2 个 H 原子，2 个 O 原子分别标记为 1-O 和 2-O，2 个 H 原子分别标记为 1-H 和 2-H。在图 16-4(b)中，C 原子外层 2 个含有未成键电子的 sp^3杂化轨道与 1-O 原子外层 2 个含有未成键电子的 sp^3杂化轨道重叠，共用 2 对电子生成 1 个 C═O 键；C

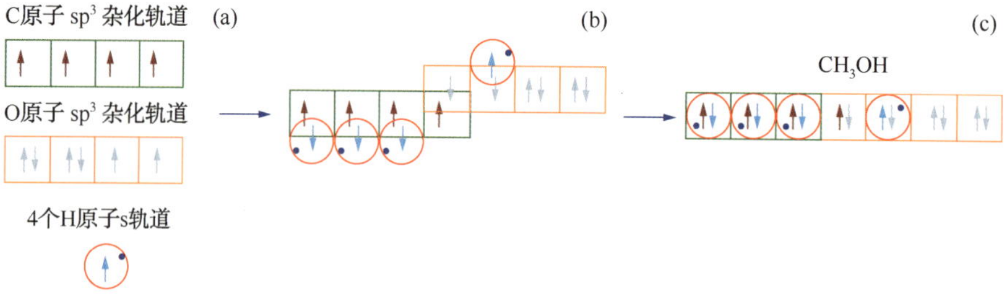

图 16-3　甲醇分子结构分析

原子外层第 3 个含有未成键电子的 sp^3 杂化轨道与 2-O 原子外层含有未成键电子的 sp^3 杂化轨道重叠，共用 1 对电子生成 1 个 C—O 键；C 原子外层第 4 个含有未成键电子的 sp^3 杂化轨道与 1-H 原子外层含有未成键电子的 s 轨道重叠，共用 1 对电子生成 1 个 C—H 键；2-O 原子外层第 2 个含有未成键电子的 sp^3 杂化轨道与 2-H 原子外层含有未成键电子的 s 轨道重叠，共用 1 对电子生成 1 个 H—O 键，则生成了 1 个甲酸分子 HCOOH，其电子轨道结构如图 16-4(c)所示。

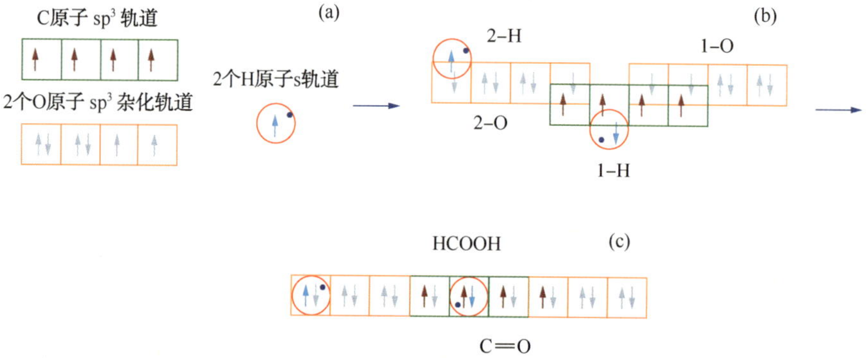

图 16-4　甲酸分子结构分析

（2）浓硫酸自偶电离

图 16-5 是浓硫酸分子 H_2SO_4 自偶电离过程分析。图 16-5(a)是浓硫酸分子 H_2SO_4 结构示意图，浓硫酸 H_2SO_4 是强酸，2 个浓硫酸分子相互作用会发生自偶电离，浓硫酸溶液中发生自偶电离后，一部分硫酸分子变成硫酸合氢离子 $H_3SO_4^+(H^+)$，另一部分硫酸分子变为 HSO_4^-，图 16-5(b)为其结构示意图。正是产生这一部分硫酸合氢离子 $H_3SO_4^+(H^+)$ 才导致浓硫酸具有非常强的酸性，对外能提供 H^+。

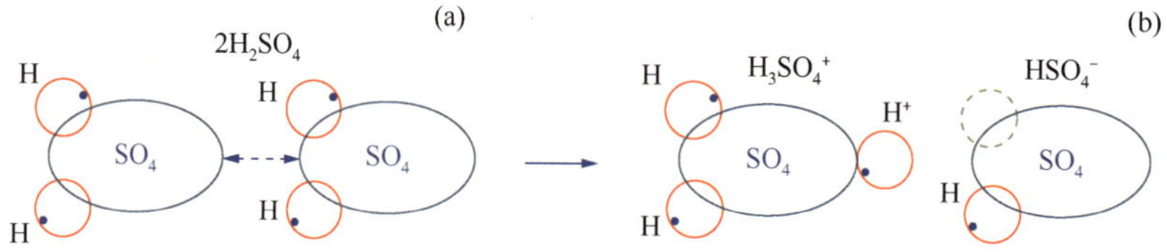

图 16-5　浓硫酸分子自偶电离过程分析

(3) 浓硫酸催化作用

图 16-6 是甲醇分子 CH_3OH 与硫酸合氢离子 $H_3SO_4^+$ 相互作用过程分析。图 16-6(a)是甲醇分子电子轨道结构图和 $H_3SO_4^+$ 离子结构示意图。在 16-6(b)中，硫酸合氢离子 $H_3SO_4^+$ 提供的 H^+ 攻击甲醇分子中 C—O 键，C—O 键被激活，根据表 16-1 电负性数据[24]，由于 O 原子电负性(3.44)大于 C 原子电负性(2.55)，在 H^+ 作用下 C—O 键断裂，C、O 原子共用电子对会留在 O 原子外层的 sp^3 杂化轨道上，O 原子得到共用电子对并与硫酸合氢离子 $H_3SO_4^+$ 提供的 H^+ 外层空的 s 轨道重叠，共用 1 对电子生成 1 个 H—O 键，则生成了结构稳定的 H_2O 分子，其电子轨道结构如图 16-6(c)所示；甲醇分子中 C—O 键断裂时，C 原子失去共用电子对，生成了甲基正碳离子 CH_3^+，其电子轨道结构如图 16-6(d)所示；而硫酸合氢离子 $H_3SO_4^+$ 提供了 H^+ 后变成硫酸分子 H_2SO_4，其结构示意如图 16-6(e)所示。

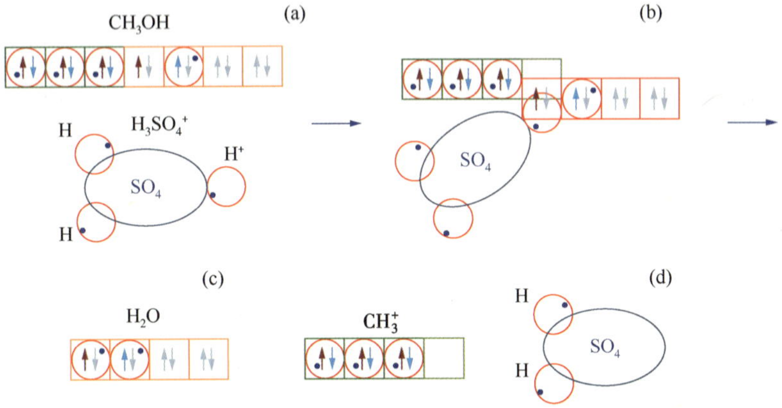

图 16-6　甲醇分子与硫酸合氢离子相互作用过程分析

表 16-1　部分元素电负性

元素	H	Pd	Rh	Cr	Zn	Al	Zr	La	Cu	O	Mo	C
A^0	2.20	2.20	2.20	1.66	1.65	1.61	1.33	1.10	1.90	3.44	2.16	2.55
A^+		5.00	4.60	4.19	4.92	4.47	3.59	2.99	5.04	8.77	4.18	6.42
A^{2+}		9.42	8.85	8.54	10.38	8.51	6.50	5.44	10.28	16.21	7.80	13.01
A^{3+}		14.75	13.80	14.41	17.84	26.72	10.32	12.44	16.57	23.82	13.24	20.23

浓硫酸溶液中发生自偶电离后，一部分硫酸分子会变成硫酸合氢离子 $H_3SO_4^+$，另一部分硫酸分子变为 HSO_4^-。浓硫酸自偶电离生成的 HSO_4^- 是缺质子(H^+)结构，它会与甲酸分子相互作用，获得 H^+ 变成硫酸分子 H_2SO_4。

图 16-7 是甲酸分子与 HSO_4^- 相互作用过程分析。图 16-7(a)是甲酸分子电子轨道结构图和 HSO_4^- 结构示意图。在图 16-7(b)中，HSO_4^- 是缺 H^+ 结构，甲酸分子 HCOOH 中有 1 个 O 原子外层 sp^3 杂化轨道与 H 原子外层 s 轨道重叠，甲酸分子与 HSO_4^- 相互作用，重叠处的 H^+ 向 HSO_4^- 转移，H^+ 和 HSO_4^- 结合成为硫酸分子 H_2SO_4，其分子结构示意如图16-7(c)；甲酸分子失去 H^+ 后变成了 $HCOO^-$，其电子轨道结构如图 16-7(d)所示。

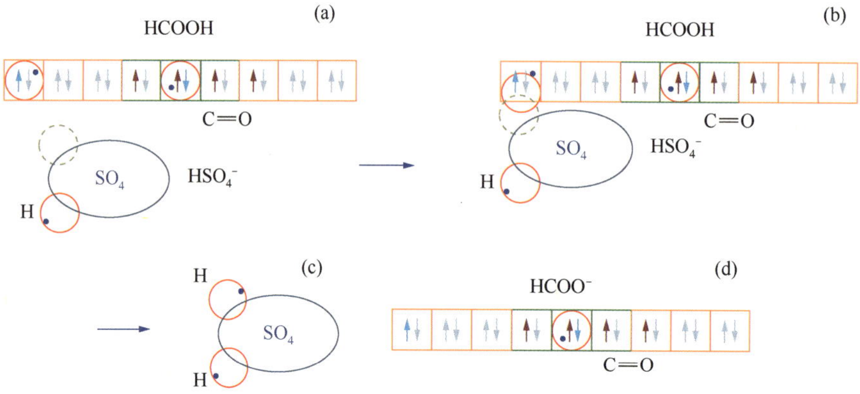

图 16-7 甲酸分子与 HSO_4^- 相互作用过程分析

（4）生成甲酸甲酯

图 16-8 是甲基正碳离子 CH_3^+ 与 $HCOO^-$ 作用生成甲酸甲酯分子过程分析。图 16-8(a)是 $HCOO^-$ 与 CH_3^+ 的电子轨道结构图，当 CH_3^+ 中 C 原子外层空的 sp^3 杂化轨道与 $HCOO^-$ 结构中 O 原子外层含有孤对电子的 sp^3 杂化轨道重叠，共用 1 对电子生成 1 个新的 C—O 键，通过这个 C—O 键 CH_3^+ 与 $HCOO^-$ 构成了甲酸甲酯分子 $HCOOCH_3$，其电子轨道结构如图 16-8(b)所示。

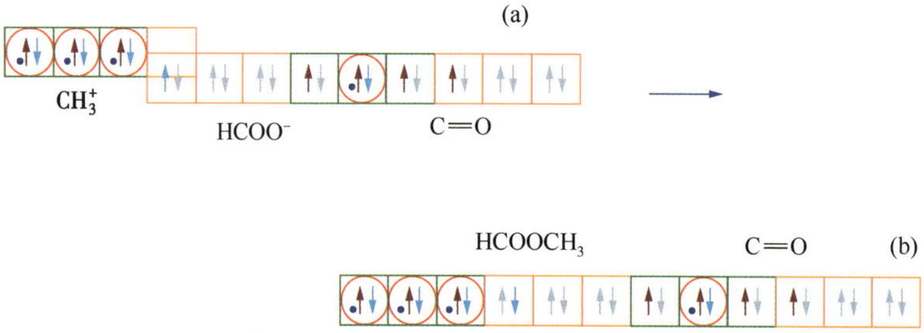

图 16-8 甲酸甲酯生成过程分析

（5）反应机理分析

在浓 H_2SO_4 加热的条件下，甲醇和甲酸发生酯化反应生成甲酸甲酯，反应过程如下：

$$2H_2SO_4 \longrightarrow H_3SO_4^+ + HSO_4^- \tag{1}$$

$$CH_3OH + H_3SO_4^+ \longrightarrow CH_3^+ + H_2SO_4 + H_2O \tag{2}$$

$$HCOOH + HSO_4^- \longrightarrow HCOO^- + H_2SO_4 \tag{3}$$

$$HCOO^- + CH_3^+ \longrightarrow HCOOCH_3 \tag{4}$$

反应式(1)+(2)+(3)+(4)得到式(5)，即生成甲酸甲酯。

$$CH_3OH + HCOOH \longrightarrow HCOOCH_3 + H_2O \tag{5}$$

（6）小结

在浓 H_2SO_4 加热的条件下，甲醇与甲酸发生酯化反应生成甲酸甲酯分子，其反应过程可分为 4 步：

① 浓硫酸自偶电离，部分生成硫酸合氢离子 $H_3SO_4^+$，另一部分生成 HSO_4^-；

② 硫酸合氢离子 $H_3SO_4^+$提供 H^+攻击甲醇分子 C—O 键，C—O 键断裂生成甲基正碳离子 CH_3^+和 H_2O 分子；

③ 带负电的 HSO_4^-与甲酸作用，生成了 $HCOO^-$和硫酸分子；

④ 甲基正碳离子 CH_3^+和 $HCOO^-$反应生成甲酸甲酯分子 $HCOOCH_3$。

16.4.2　合成气一步法制甲酸甲酯(MF)

迄今为止，文献报道由合成气合成甲酸甲酯的催化剂可分 3 大类：Co、Ru 和 Ir 等第八族元素的络合物均相催化剂，Ni 系催化剂和 Cu 系催化剂，下面以 Ni 系催化剂为例进行其反应机理研究。其反应方程：

$$3CO+4H_2 \longrightarrow HCOOCH_3+CH_3OH$$

(1) 生成 H^+和 H^-

一氧化碳加氢合成甲酸甲酯常用 Co 系、Ni 系和 Cu 系催化剂，活性中心是 Co、Ni 或 Cu 原子，这里 Co、Ni 和 Cu 的作用相同。以 Ni 系催化剂为例，分析 Ni 原子与 H_2之间相互作用。Ni 原子序数 28>21，Ni 原子外层电子排布规律是 $3d^84s^2$，不存在能级交错，$E_{4s}>E_{3d}$，最先失去 4s 轨道电子，Ni^{2+}外层电子排布规律是 $3d^84s^0$，所以这里只讨论 Ni 原子和 Ni^{2+}外层 4s 轨道的电子迁移及其变化情况。

图 16-9 是 H_2分子在 Ni 原子作用下生成 H^-过程分析。图 16-9(a)是 Ni 原子外层 4s 和 H_2分子中 H 原子外层 s 轨道结构图。图 16-9(b)中，根据表 16-2 部分元素电负性数据[24]，H 原子电负性(2.20)大于 Ni 原子电负性(1.91)，H_2分子与 Ni 原子相互作用时，H_2分子中 2 个 H 原子会从 Ni 原子外层 4s 轨道获得 2 个电子生成 2 个 H^-，其电子轨道结构如图 16-9(c)；Ni 原子失去 2 个电子变成 Ni^{2+}，其电子轨道结构如图 16-9(d)所示。

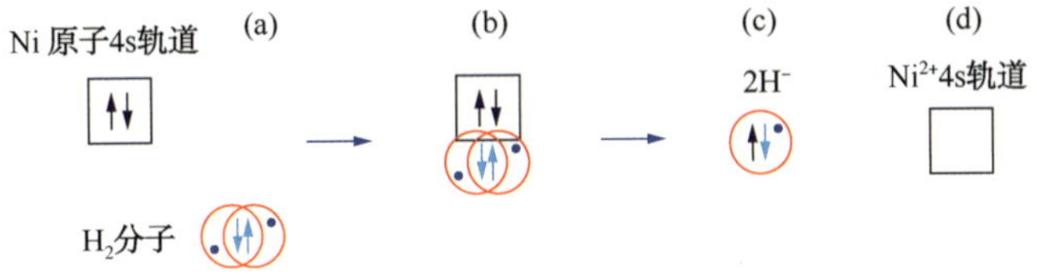

图 16-9　H_2在 Ni 原子作用下生成 H^-

表 16-2　部分元素电负性

元素	H	O	Cr	Zn	Ni	Zr	Co	Cu	Zn	Mo	Ir	C
A^0	2.20	3.44	1.66	1.65	1.91	1.33	1.88	1.90	1.65	2.16	2.20	2.55
A^+		8.77	4.19	4.92	4.64	3.59	4.49	5.04	4.92	4.18	4.70	6.42
A^{2+}		16.21	8.54	10.38	9.60	6.50	9.10	10.28	10.38	7.80	7.74	13.01
A^{3+}		23.82	14.41	17.84	16.21	10.32	15.26	16.57	17.84	13.24	11.94	20.23

图 16-10 是 Ni^{2+}与 H_2分子作用生成 H^+过程分析。图 16-10(a)是 Ni^{2+}4s 轨道和 H_2分子中 H 原子 s 轨道电子轨道结构图。在图 16-10(b)中，根据表 16-2 部分元素电负性数据[24]，Ni^{2+}电负性(9.60)大于 H 原子电负性(2.20)，当 Ni^{2+}与 H_2分子相互作用时，Ni^{2+}会从 H_2分

子中 2 个 H 原子外层 s 轨道上各获得 1 个电子，填充到 Ni^{2+}外层 4s 轨道上，Ni^{2+}被还原为 Ni 原子，其电子轨道结构如图 16-10(c)所示；而 H_2中 2 个 H 原子各失去 1 个外层 s 轨道电子，生成了 2 个 H^+，其电子轨道结构如图 16-10(d)所示。

在这里，Ni/Ni^{2+}与 H_2分子作用，会同时生成个数相同的 H^+、H^-，即 H^+、H^-会成对生成。表 16-2 中 Cu、Co 等元素也具有和 Ni 元素相同作用，它们与 H_2分子作用也能同时生成个数相同 H^+、H^-。

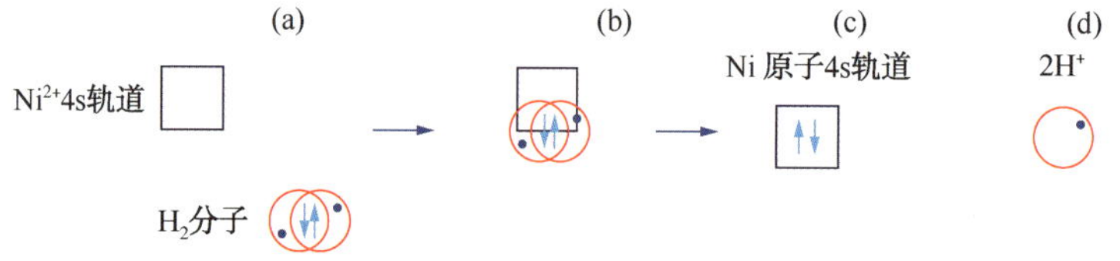

图 16-10　H_2在 Ni^{2+}作用下生成 H^+

(2) 生成活性 C^* 和中间体 $C_{\uparrow\downarrow}^{\bigcirc}H_2$

图 16-11 是 CO 结构分析。图 16-11(a)是 C 原子外层 $2s^2 2p^2$轨道和 O 原子外层 $2s^2 2p^4$轨道。在图 16-11(b)中，C 原子外层 2p 轨道上 2 个未成键电子与 O 原子外层 2p 轨道上 2 个未成键电子结合形成 2 个 C—O 共价键，O 原子外层 2p 轨道上孤对电子进入 C 原子外层 2p 空轨道生成 1 个配位键 O→C，则生成 CO 分子，其电子轨道结构如图 16-11(c)所示。

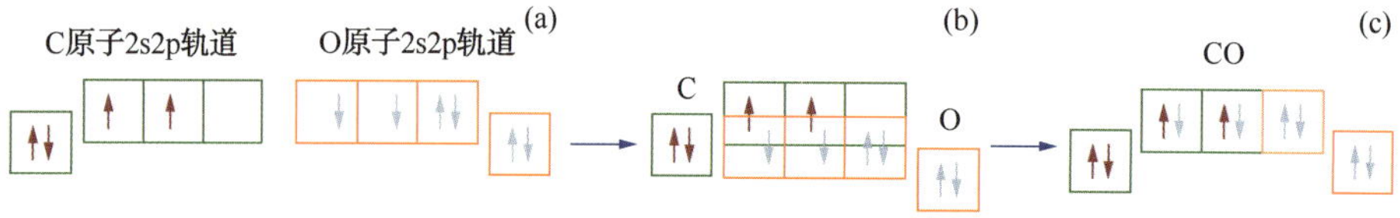

图 16-11　CO 结构分析

图 16-12 是 CO 分子与 H^+、H^-作用生成 H_2O 分子和活性碳原子 C^* 过程分析。图 16-12(a)是 CO 分子与 H^+、H^-电子轨道结构图。在图 16-12(b)中，H^+和 H^-外层 s 轨道与 CO 中 C、O 原子外层重叠轨道再次重叠，活化了 C══O 分子中的化学键，C、O 原子外层轨道进行了 sp^3杂化各自生成了 4 个 sp^3杂化轨道。在图 16-12(c)中，根据表 16-2 部分元素电负性数据[24]，O 原子电负性(3.44)大于 C 原子电负性(2.55)，共用的 3 对电子中的 1 对电子留在 C 原子外层 sp^3杂化轨道，还有 2 对电子包括生成配位键的 1 对电子则留在 O 原子外层 sp^3杂化轨道。在 C 原子外层的 2 个 sp^3杂化轨道含有孤对电子，还有 2 个空的 sp^3杂化轨道，在 O 原子外层只有 1 个空的 sp^3杂化轨道。当 H^+外层空的 s 轨道与 O 原子外层含有孤对电子的 sp^3杂化轨道重叠，共用 1 对电子生成第 1 个 H—O 键，而含有孤对电子的 H^-外层 s 轨道与 O 原子外层那个空的 sp^3杂化轨道重叠，且共用 1 对电子生成了第 2 个 H—O 键，则 O 原子与 H^+、H^-结合生成了 1 个水分子 H_2O，其电子轨道结构如图 16-12(d)所示。生成水分子 H_2O 的同时，还生成了 1 个活性碳原子 C^*，C^* 原子外层有 2 个含有孤对电子的 sp^3杂化轨道，还有 2 个空的 sp^3杂化轨道，其电子轨道结构如图 16-12(e)所示。

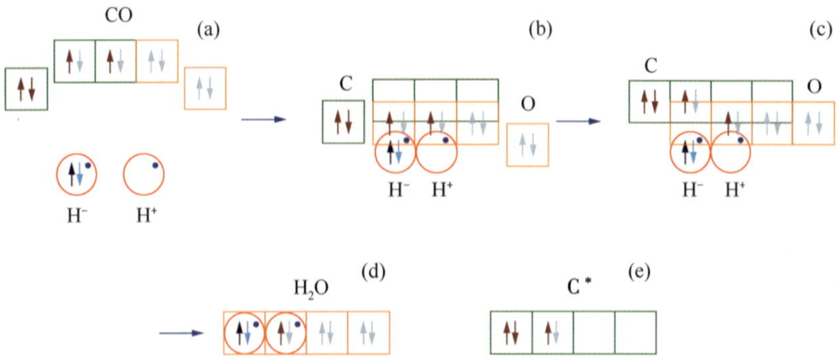

图 16-12 CO 分子与 H^+ 和 H^- 作用形成活性碳原子 C^*

图 16-13 是活性碳原子 C^* 与 H^+、H^- 相互作用生成中间体 $C_{\uparrow\downarrow}{}^{\circ}H_2$ 结构过程分析。图 16-13(a)是活性碳原子 C^* 与 H^+、H^- 电子轨道结构，活性碳原子 C^* 的外层有 4 个 sp^3 杂化轨道，在 4 个 sp^3 杂化轨道中有 2 个轨道含有孤对电子，还有 2 个轨道是空轨道。在图 16-13(b)中，H^+ 外层空的 s 轨道与活性碳原子 C^* 中含有孤对电子的 sp^3 杂化轨道重叠，共用 1 对电子生成 1 个 C—H 键；H^- 外层含有孤对电子的 s 轨道与活性碳原子 C^* 外层空的 sp^3 杂化轨道重叠，共用 1 对电子生成第 2 个 C—H 键，则生成中间体 $C_{\uparrow\downarrow}{}^{\circ}H_2$，其电子轨道结构如图 16-13(c)和图 16-13(d)所示。在 $C_{\uparrow\downarrow}{}^{\circ}H_2$ 结构中，双箭头"↑↓"表示 C 原子外层 sp^3 杂化轨道上有 1 对孤对电子，圆圈"○"表示 C 原子外层有 1 个空的 sp^3 杂化轨道。

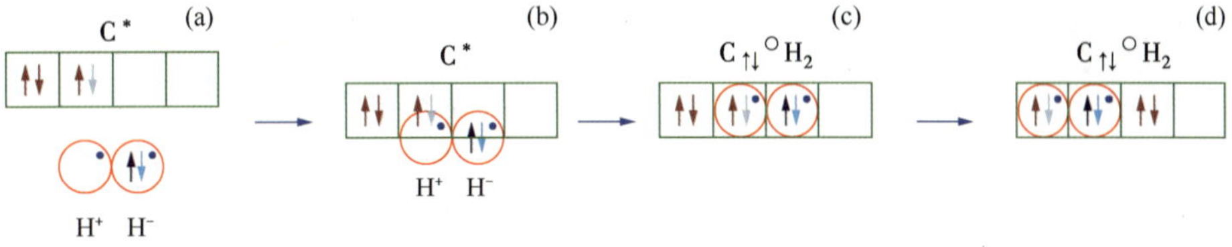

图 16-13 活性碳原子 C^* 与 H^+ 和 H^- 生成中间体 $C_{\uparrow\downarrow}{}^{\circ}H_2$

(3) 生成甲酸甲酯

图 16-14 是 CO 分子、中间体 $C_{\uparrow\downarrow}{}^{\circ}H_2$ 与 H_2O 分子形成甲酸甲酯分子过程分析。图 16-14(a)是 CO 分子、中间体 $C_{\uparrow\downarrow}{}^{\circ}H_2$ 与 H_2O 分子电子轨道结构图。在图 16-14(b)中，H_2O 分子是极性分子，分子中正负电荷中心不重合；CO 分子中有 2 个共价键(1 个 σ 键、1 个 π 键)，还有 1 个配位键，配位键是由 O 原子单独提供 1 对电子，C 原子一端略显负电性，而 O 原子一端略显正电性，所以 CO 也是极性分子。极性分子 H_2O 分子与极性分子 CO 相互作用活化了 CO 分子中配位键，配位键断裂，生成配位键的电子对留在 O 原子外层 2p 轨道上，CO 分子中 C 原子外层出现了空的 2p 轨道，C≡O 键转变为 C=O 键。这个过程中 C 原子和 O 原子都进行了 sp^3 杂化，各自生成 4 个 sp^3 杂化轨道，杂化后 C 原子外层出现了 1 个空的 sp^3 杂化轨道，其电子轨道结构如图 16-14(c)。在图 16-14(c)中，H_2O 分子中 O 原子外层含有孤对电子的 sp^3 杂化轨道与 CO 分子中 C 原子外层空的 sp^3 杂化轨道重叠，共用 1 对电子，生成 1 个 C—O 键；中间体 $C_{\uparrow\downarrow}{}^{\circ}H_2$ 结构中 C 原子外层空的 sp^3 杂化轨道与 H_2O 分子中 O 原子外层 1 个含有孤对电子的 sp^3 杂化轨道重叠，共用 1 对电子生成第 2 个 C—O 键。与此

同时，H_2O 分子结构中的 2 个 H^+ 分别向与其生成 2 个 C—O 键的 2 个 C 原子外层相邻的含有孤对电子的 sp^3 杂化轨道转移，生成 2 个 C—H 键，则 2 个 C 原子、2 个 O 原子和 4 个 H 原子，通过 1 个 C═O 键、2 个 C—O 键和 4 个 C—H 键生成了甲酸甲酯分子 $HCOOCH_3$，其电子轨道结构如图 16-14(d)所示。

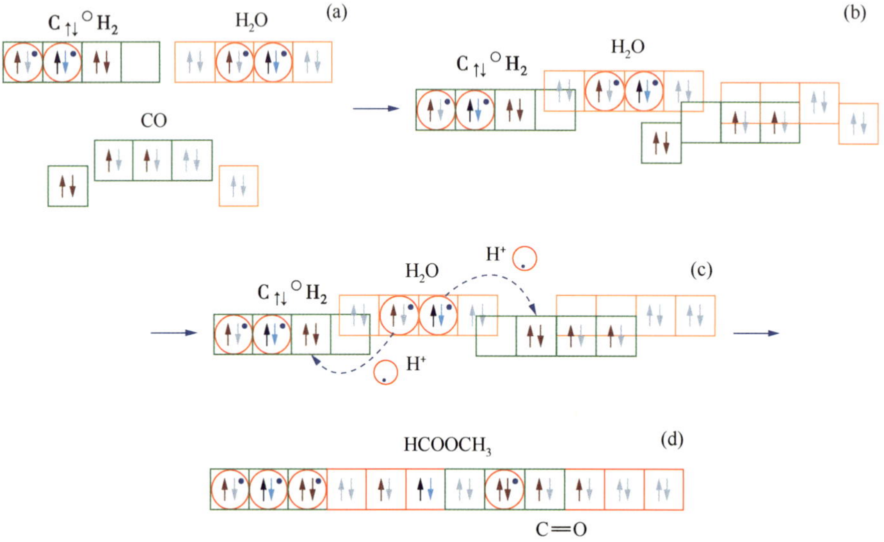

图 16-14 甲酸甲酯分子形成分析

(4) 生成甲醇

在合成气制甲酸甲酯过程中，Co 系、Cu 系催化剂的催化效果相同，主要产物都是甲酸甲酯和甲醇。图 16-15 是中间体 $C_{\uparrow\downarrow}{}^{\circ}H_2$ 与 H_2O 分子生成甲醇分子过程分析。图 16-15(a)是中间体 $C_{\uparrow\downarrow}{}^{\circ}H_2$ 与 H_2O 分子电子轨道结构图。在图 16-15(b)中，中间体 $C_{\uparrow\downarrow}{}^{\circ}H_2$ 结构中 C 原子外层空的 sp^3 杂化轨道与 H_2O 分子中 H、O 原子外层重叠轨道再次重叠，重叠处的 H^+ 向 $C_{\uparrow\downarrow}{}^{\circ}H_2$ 结构中 C 原子外层含有孤对电子的 sp^3 杂化轨道转移，共用 1 对电子生成 1 个 C—H 键，重叠处的 C 原子和 O 原子共用 1 对电子生成 1 个 C—O 键，则生成 1 个甲醇分子 CH_3OH，其电子轨道结构如图 16-15(c)所示。

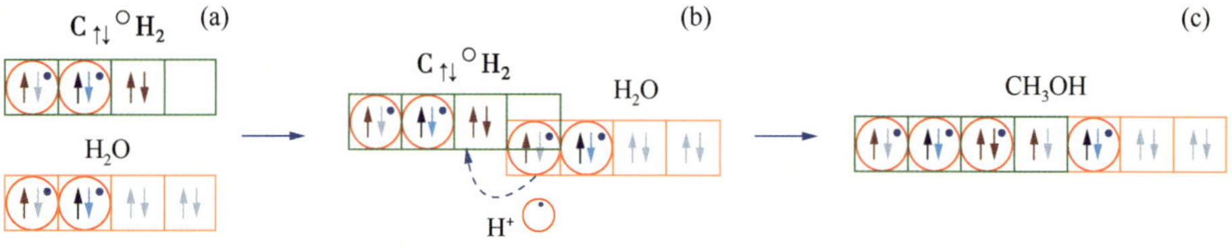

图 16-15 中间体 $C_{\uparrow\downarrow}{}^{\circ}H_2$ 与 H_2O 分子生成甲醇分子

(5) 反应机理分析

根据上述分析，合成气($CO+H_2$)在 Ni 系等催化剂作用下，反应过程如下：

$$Ni+H_2 \longrightarrow Ni^{2+}+2H^- \quad (1)$$

$$Ni^{2+}+H_2 \longrightarrow Ni+2H^+ \quad (2)$$

$$CO+H^-+H^+ \longrightarrow C^*+H_2O \quad (3)$$

$$C^*+H^-+H^+ \longrightarrow C_{\uparrow\downarrow}^{\circ}H_2 \quad (4)$$

$$CO+C_{\uparrow\downarrow}^{\circ}H_2+H_2O \longrightarrow HCOOCH_3 \quad (5)$$

$$C_{\uparrow\downarrow}^{\circ}H_2+H_2O \longrightarrow CH_3OH \quad (6)$$

式[(1)+(2)+(3)+(4)]×2+(5)+(6)得到式(7)：

$$3CO+4H_2 \longrightarrow HCOOCH_3+CH_3OH \quad (7)$$

(6) 小结

Co系、Ni系和Cu系催化剂是合成气制甲酸甲酯常用的三类催化剂，反应生成主要产物是甲酸甲酯和甲醇，反应分5步：

① H_2分子在Ni等催化剂活性组元作用下，能同时生成个数相同的H^+和H^-，H^+和H^-成对出现，同时存在；

② CO分子与H^+和H^-相互作用，生成活性碳原子C^*和H_2O分子，C^*原子外层有2个含有孤对电子的sp^3杂化轨道和2个空的sp^3杂化轨道；

③ C^*与H^+和H^-相互作用，生成中间体$C_{\uparrow\downarrow}^{\circ}H_2$，$C_{\uparrow\downarrow}^{\circ}H_2$中C原子外层有1个含有孤对电子的$sp^3$杂化轨道和1个空的$sp^3$杂化轨道；

④ 极性H_2O分子、极性CO分子与中间体$C_{\uparrow\downarrow}^{\circ}H_2$相互作用，生成甲酸甲酯分子；

⑤ H_2O分子与中间体$C_{\uparrow\downarrow}^{\circ}H_2$相互作用，生成甲醇分子。

16.4.3 甲醇脱氢制甲酸甲酯

甲醇脱氢法：甲醇在常压、150~300℃，以Cu/SiO_2、$Cu/\gamma\text{-}Al_2O_3$、Cu/MCM-41为催化剂，ZnO、ZrO_2作为助剂，进行脱氢反应，该反应为吸热反应，反应方程如下：

$$2CH_3OH \longrightarrow HCOOCH_3+H_2$$

下面就Cu基催化剂与甲醇作用生成甲酸甲酯机理进行分析。

(1) 活性组元Cu作用

甲醇在Cu基催化剂作用下会发生脱氢反应生成甲酸甲酯和H_2。Cu原子是催化活性组元，Cu核电荷数29>21，其原子外层电子排布是$3d^{10}4s^1$，不存在能级交错，$E_{4s}>E_{3d}$，Cu原子失去1个4s电子变成Cu^+，再失去1个3d轨道电子就变成了Cu^{2+}，其电子轨道结构如图16-16。

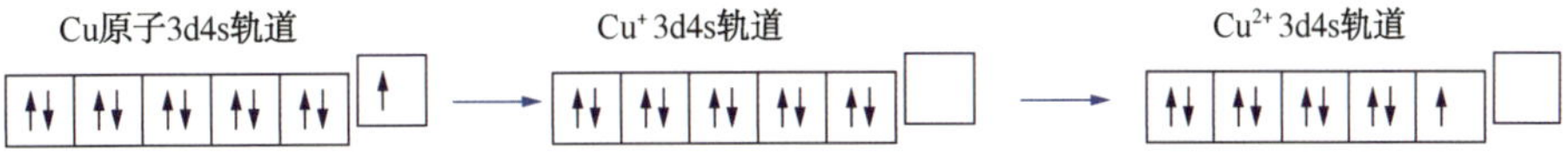

图16-16 Cu原子及Cu^+、Cu^{2+}电子轨道结构图

图16-17是甲醇分子结构分析。图16-17(a)是C原子、H原子和O原子的电子轨道结构图，在组成甲醇分子过程中，C原子和O原子外层2s、2p轨道进行了sp^3杂化，生成了4个sp^3杂化轨道。在图16-17(b)中，C原子外层1个含有未成键电子的sp^3杂化轨道与O原子外层1个含有未成键电子的sp^3杂化轨道重叠，共用1对电子生成1个C—O键；C原子外层剩余的3个含有未成键电子的sp^3杂化轨道与3个H原子外层含有未成键电子的s轨道重叠，共用3对电子生成3个C—H键；O原子外层第2个含有未成键电子的sp^3杂化轨道与第

4 个 H 原子外层含有未成键电子的 s 轨道重叠，共用 1 对电子生成 1 个 H—O 键，则生成了 1 个甲醇分子 CH_3OH，其电子轨道结构如图 16-17(c)。

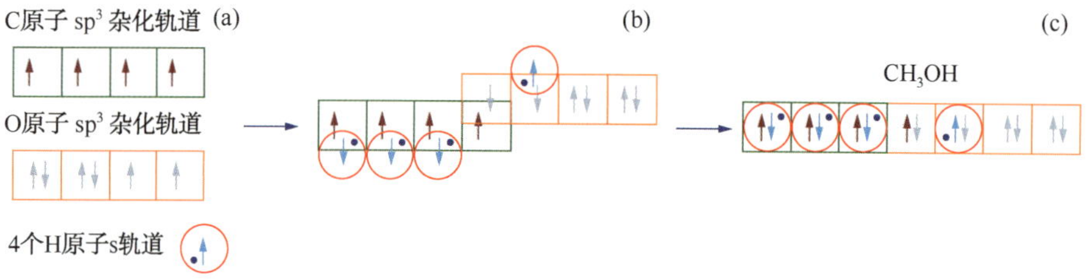

图 16-17　甲醇分子构成分析

图 16-18 是甲醇与 Cu 基催化剂作用生成 CH_3O^- 过程分析。图 16-18(a) 是甲醇分子和 Cu 原子的电子轨道结构图。在图 16-18(b) 中，Cu 原子外层 3d4s 轨道可能会与甲醇分子中 C—H 键或 H—O 键作用。根据表 16-3 电负性数据[24]，O 原子电负性(3.44)大于 C 原子电负性(2.55)，O 原子控制共用电子对的能力大于 C 原子，也就是说 H—O 键中的 H 原子控制共用电子对的能力要弱于 C—H 键中 H 原子控制共用电子对的能力，所以 H—O 键中的 H 原子(H^+)与 Cu 原子作用的可能性更大。H—O 键中 H 元素以 H^+ 方式与 Cu 原子相互作用，H^+ 会从 Cu 原子外层 3d4s 轨道获得 2 个电子，生成 H^-，其电子轨道结构如图 16-18(c)；CH_3OH 失去 H^+ 变成 CH_3O^-，其电子轨道结构如图 16-18(d)所示，Cu 原子失去外层 3d4s 轨道 2 个电子生成 Cu^{2+}，其电子轨道结构如图 16-18(e)所示。

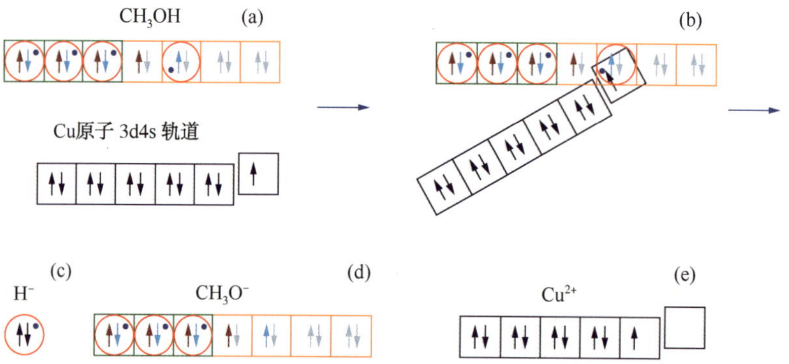

图 16-18　甲醇分子与 Cu 基催化剂相互作用生成 CH_3O^- 过程分析

表 16-3　部分元素电负性

元素	H	O	Cu	Zn	Ni	Cr	Zr	Co	Mo	C
A^0	2.20	3.44	1.90	1.65	1.91	1.66	1.33	1.88	2.16	2.55
A^+		8.77	5.04	4.92	4.64	4.19	3.59	4.49	4.18	6.42
A^{2+}		16.21	10.28	10.38	9.60	8.54	6.50	9.10	7.80	13.01
A^{3+}		23.82	16.57	17.84	16.21	14.41	10.32	15.26	13.24	20.23

图 16-19 是 CH_3O^- 与 Cu^{2+} 相互作用生成 CHO^+ 过程分析。图 16-19(a) 是 CH_3O^- 和 Cu^{2+} 的电子轨道结构图。根据表 16-3 电负性数据[24]，Cu^{2+} 电负性(10.28)>O 原子电负性(3.44)>C 原子电负性(2.55)。

在图 16-19(b)中，2 个 Cu^{2+}同时与 CH_3O^-作用，Cu^{2+}更容易从 C 原子外层获得电子，即从 C 原子外层 sp^3杂化轨道上抽取 H^-，CH_3O^-中 2 个 C—H 键断裂，生成图 16-19(c)过渡结构。这种结构极不稳定，在 Cu^{2+}作用下，H^-外层 s 轨道的 2 个电子转移到 Cu^{2+}外层 3d 和 4s 轨道上，2 个 H^-变成了 2 个 H^+，其电子轨道结构如图 16-19(e)所示，而 2 个 Cu^{2+}被还原为 2 个 Cu 原子，其电子轨道结构如图 16-19(f)所示。在图 16-19(b)中，CH_3O^-失去 2 个 H^-后，C 原子外层出现 2 个空的 sp^3杂化轨道，其电子轨道结构如图 16-19(d)所示。在图 16-19(d)中，C 原子外层空的 sp^3杂化轨道会与 O 原子外层含有孤对电子的 sp^3杂化轨道重叠，C、O 原子共用 2 对电子生成 1 个 C═O 键，C 原子外层还有 1 个空 sp^3杂化轨道，即生成 CHO^+，其电子轨道结构如图 16-19(g)。

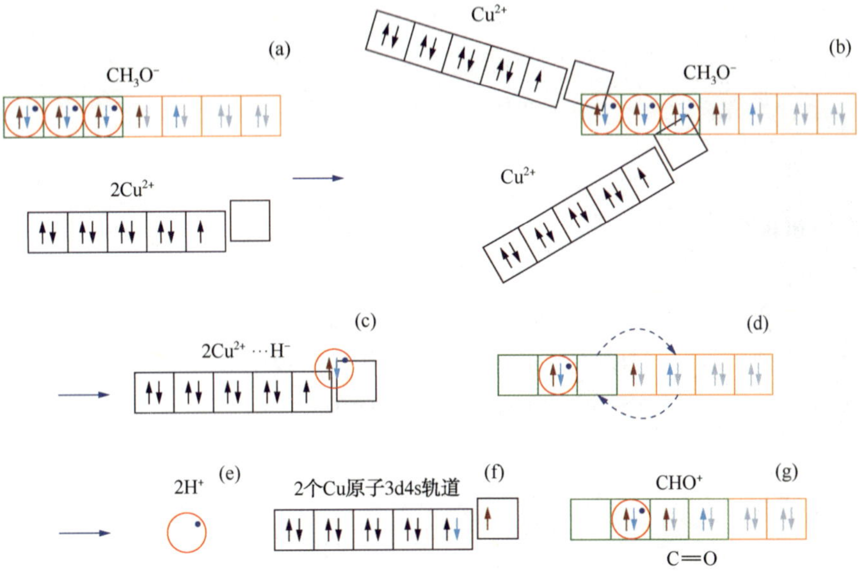

图 16-19　CH_3O^-与 Cu^{2+}相互作用生成 CHO^+过程分析

(2) 生成甲酸甲酯分子

图 16-20 是 CHO^+与 CH_3O^-相互作用生成甲酸甲酯分子 $HCOOCH_3$过程分析。图 16-20(a)是 CH_3O^-和 CHO^+电子轨道结构图。在图 16-20(b)中，CHO^+外层空的 sp^3杂化轨道与 CH_3O^-中 O 原子外层含有孤对电子的 sp^3杂化轨道重叠，共用 1 对电子生成了 1 个 C—O 键，则生成了 1 个甲酸甲酯分子 $HCOOCH_3$，其电子轨道结构如图 16-20(c)，分子结构式如图 16-20(d)所示。

(3) 生成 H_2分子

前面生成的 H^+和 H^-相互作用会生成 H_2分子。图 16-21 是 H^+和 H^-相互作用生成 H_2分子过程分析。图 16-21(a)是 H^+和 H^-电子轨道结构图，H^+外层空的 s 轨道与 H^-外层含有孤对电子的 s 轨道重叠，共用 1 对电子生成 1 个 H—H 键，则生成了 H_2分子，其电子轨道结构如图 16-21(b)所示。

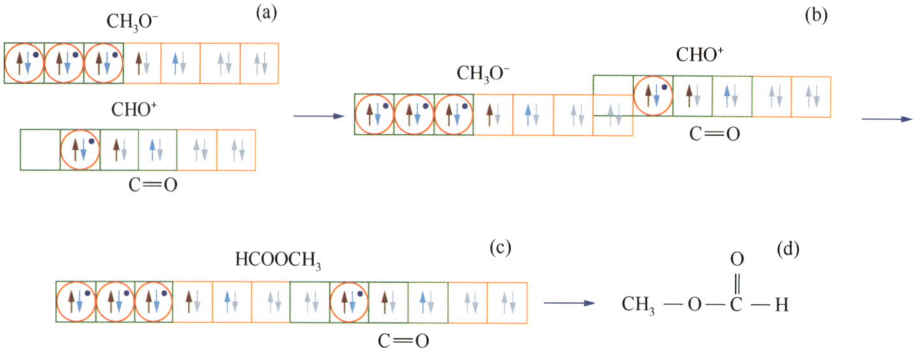

图 16-20 CH_3O^-与 CHO^+生成甲酸甲酯分子

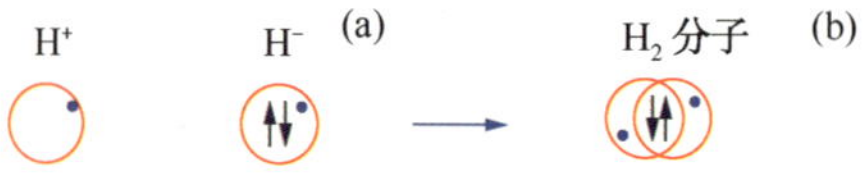

图 16-21 H^-与 H^+生成 H_2

（4）反应机理分析

甲醇在 Cu 基催化剂作用下会发生脱氢反应生成甲酸甲酯和 H_2，反应过程如下：

$$Cu+CH_3OH \longrightarrow Cu^{2+}+CH_3O^-+H^- \tag{1}$$

$$2Cu^{2+}+CH_3O^- \longrightarrow 2Cu+CHO^++2H^+ \tag{2}$$

$$CH_3O^-+CHO^+ \longrightarrow HCOOCH_3 \tag{3}$$

$$H^++H^- \longrightarrow H_2 \tag{4}$$

反应式(1)×2+(2)+(3)+(4)×2 得到式(5)：

$$2CH_3OH \longrightarrow HCOOCH_3+2H_2 \tag{5}$$

（5）小结

甲醇在 Cu 基催化剂作用下会发生脱氢反应生成甲酸甲酯和 H_2，反应过程分 4 步：

① 甲醇在 Cu 原子作用下，Cu 原子从甲醇分子 H—O 键位置抽取 H^+，生成了 CH_3O^-，同时 H^+又从 Cu 原子外层的 4s 轨道和 3d 各获得 1 个电子，生成 H^-和 Cu^{2+}；

② Cu^{2+}与 CH_3O^-相互作用，抽取 H^-，生成了 CHO^+，CHO^+外层 C 原子上有 1 个空的 sp^3杂化轨道；同时 H^-外层 2 个电子转移到 Cu^{2+}外层的 3d 和 4s 轨道上，则生成 2 个 H^+和 2 个 Cu 原子；

③ 1 个 CH_3O^-和 1 个 CHO^+生成 1 个甲酸甲酯分子 $HCOOCH_3$；

④ 2 个 H^+和 2 个 H^-生成 2 个 H_2分子。

16.4.4 甲醇与 CO 羰基化制甲酸甲酯

甲醇和 CO 合成甲酸甲酯，催化剂是金属催化剂、甲醇钠、甲醇钾，有机含氮化合物催化剂和强碱性阴离子交换树脂催化剂，常用的是甲醇钠、甲醇钾催化剂，反应方程：

$$CH_3OH+CO \longrightarrow HCOOCH_3$$

下面以甲醇钠为催化剂分析甲醇和 CO 合成甲酸甲酯反应机理。甲醇钠是强碱，溶于甲醇溶液，在甲醇溶液中会电离为 CH_3O^- 和 Na^+。

（1）甲醇钠作用

Na 原子核电荷数 23，其外层电子排布：$3s^1$，失去 $3s^1$ 生成 Na^+。图 16-22(a)是 Na 原子和 Na^+ 电子轨道结构图，图 16-22(b)是甲醇电子轨道结构图，图 16-22(c)是甲醇钠电子轨道结构图。

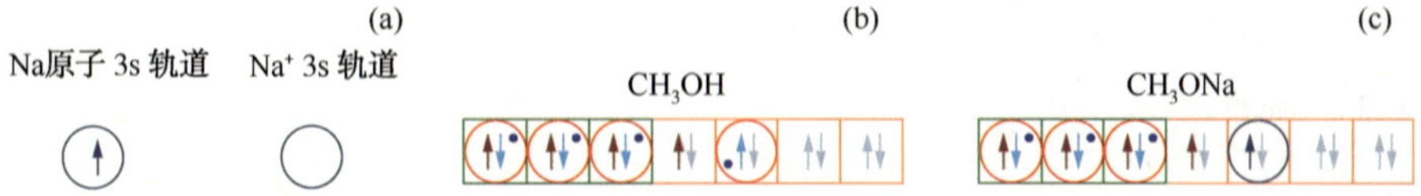

图 16-22　钠原子、钠离子、甲醇和甲醇钠电子轨道结构图

甲醇强极性溶剂，极性最强，甲醇能溶解甲醇钠，会产生 CH_3O^- 和 Na^+。图 16-23 是甲醇钠溶于甲醇溶液后产生的 CH_3O^- 和 Na^+ 过程分析。图 16-23(a)是甲醇钠的电子轨道结构图，图 16-23(b)是 CH_3O^- 的电子轨道结构图，图 16-23(c)是 Na^+ 的电子轨道结构图。

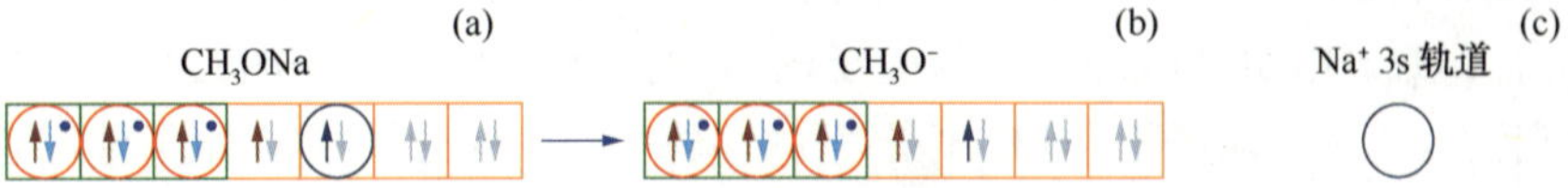

图 16-23　甲醇钠溶于甲醇溶液过程

（2）生成中间体 COH^+

甲醇钠在强极性溶剂甲醇中溶解后生成的 Na^+ 会与甲醇分子继续作用，生成 H^+。图 16-24 是 Na^+ 与甲醇作用生成甲醇钠过程分析。图 16-24(a)是 Na^+ 和甲醇分子电子轨道结构图。在图 16-24(b)中，结合表 16-4 数据[24]，Na^+ 电负性(9.44)大于 H 原子电负性(2.20)，Na^+ 与甲醇分子中 H—O 键作用，Na^+ 外层空的 3s 轨道与 O 原子外层 sp^3 杂化轨道重叠，H—O 键断裂，生成甲醇钠分子 CH_3ONa 和 H^+，其电子轨道结构如图 16-24(c)和图 16-24(d)所示。在这里，催化剂甲醇钠的作用就是促进甲醇生成 H^+。

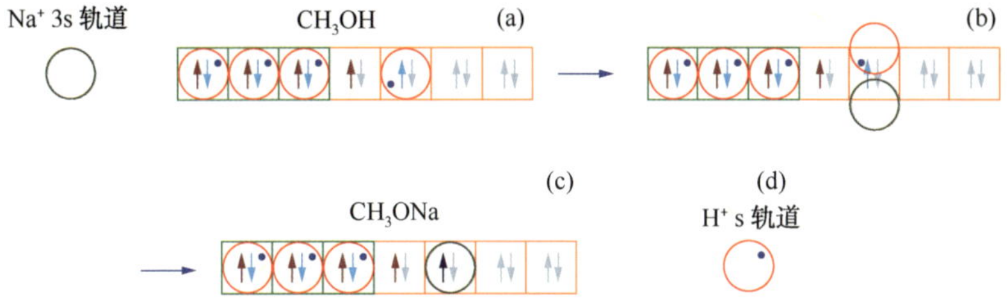

图 16-24　Na^+ 与甲醇生成甲醇钠过程

表 16-4　部分元素电负性

元素	H	O	Cu	Na	Ni	Cr	Zr	Co	Zn	Mo	C
A^0	2.20	3.44	1.90	0.98	1.91	1.66	1.33	1.88	1.65	2.16	2.55
A^+		8.77	5.04	9.44	4.64	4.19	3.59	4.49	4.92	4.18	6.42
A^{2+}		16.21	10.28	21.41	9.60	8.54	6.50	9.10	10.38	7.80	13.01
A^{3+}		23.82	16.57	30.70	16.21	14.41	10.32	15.26	17.84	13.24	20.23

生成的 H^+ 会与反应物 CO 进行反应，图 16-25 是 CO 结构分析。图 16-25(a)是 C 原子外层 $2s^22p^2$ 轨道和 O 原子外层 $2s^22p^4$ 轨道。在图 16-25(b)中，C 原子外层 2p 轨道上 2 个未成键电子与 O 原子外层 2p 轨道上 2 个未成键电子结合形成 2 个 C—O 共价键，O 原子外层 2p 轨道上孤对电子进入 C 原子外层 2p 空轨道生成 1 个配位键 O→C，则生成 CO 分子，其电子轨道结构如图 16-25(c)所示，电子式为 :C: : :O: ，结构式 C≡O。

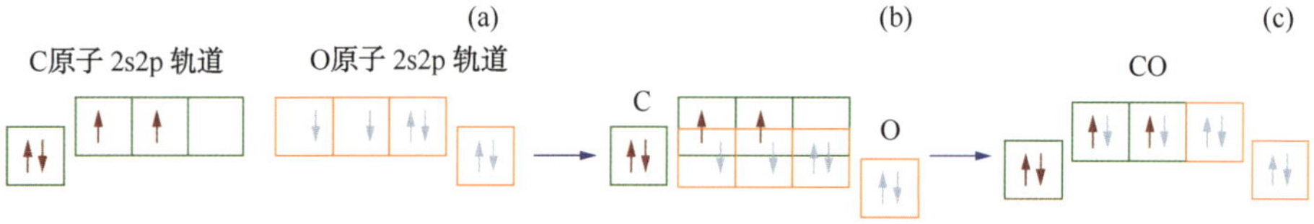

图 16-25　CO 结构分析

图 16-26 是 H^+ 与 CO 分子相互作用过程分析。图 16-26(a)是 H^+ 与 CO 分子电子轨道结构图。在图 16-26(b)中，H^+ 与 CO 分子相互作用活化了 CO 分子中 C≡O 键，由于 O 电负性(3.44)大于 C 原子电负性(2.55)，缺电子的 H^+ 更容易与电负性小的 C 原子作用，就是说更容易从 C 原子外层获得电子，即 H^+ 外层空的 s 轨道与 CO 分子中 C 原子外层含有孤对电子的 2s 轨道重叠，共用 1 对电子生成 1 个 C—H 键，其电子轨道结构如图 16-26(c)，这个过程中 C、O 原子外层 s、p 轨道进行 sp^3 杂化，各自生成 4 个 sp^3 杂化轨道。在图 16-26(c)中，O →C 配位键断裂，C≡O 结构变成了 C═O 结构，在 C 原子外层出现 1 个空的 sp^3 杂化轨道，则生成中间体 CHO^+，其电子轨道结构如图 16-26(d)所示。

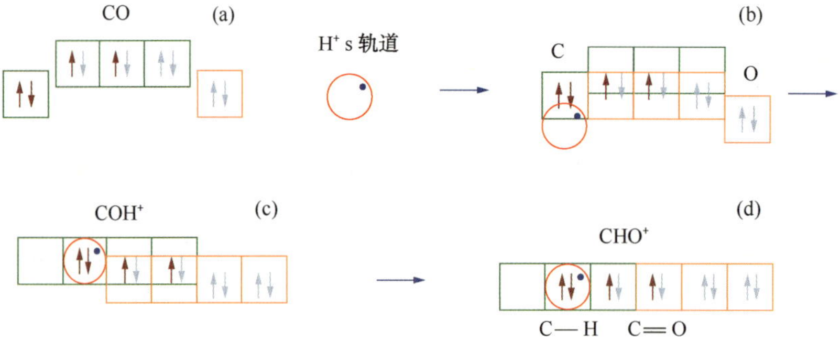

图 16-26　H^+ 与 CO 分子相互作用生成中间体 CHO^+

(3) 生成甲酸甲酯分子

图 16-27 是中间体 CHO^+ 与 CH_3O^- 生成甲酸甲酯过程分析。图 16-27(a)是中间体 CHO^+ 和 CH_3O^- 的电子轨道结构图。在图 16-27(b)中，中间体 CHO^+ 中 C 原子外层空的 sp^3 杂化轨道与 CH_3O^- 中 O 原子外层含有孤对电子的 sp^3 杂化轨道重叠，共用 1 对电子生成 1 个 C—O 键，则生成 1 个甲酸甲酯分子 $HCOOCH_3$，其电子轨道结构如图 16-27(c)所示，分子结构式如图 16-27(d)所示。

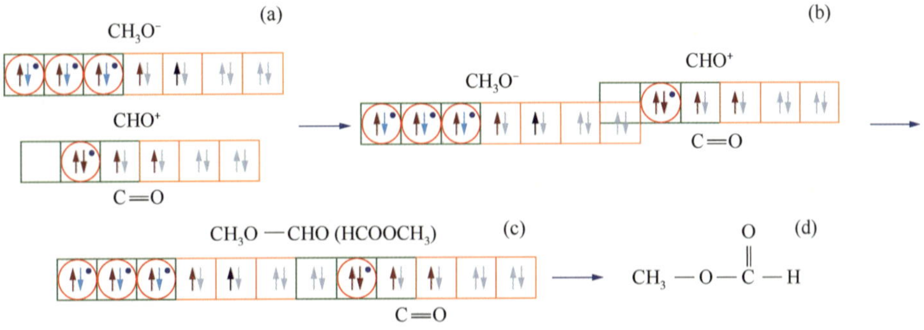

图 16-27 中间体 CHO$^+$与 CH$_3$O$^-$生成甲酸甲酯分子

（4）反应机理分析

以甲醇钠为催化剂，甲醇和 CO 合成甲酸甲酯反应过程如下：

$$CH_3ONa \longrightarrow CH_3O^- + Na^+ \tag{1}$$

$$CH_3OH + Na^+ \longrightarrow CH_3ONa + H^+ \tag{2}$$

$$CO + H^+ \longrightarrow CHO^+ \tag{3}$$

$$CH_3O^- + CHO^+ \longrightarrow HCOOCH_3 \tag{4}$$

反应式(1)+(2)+(3)+(4)得到式(5)：

$$CH_3OH + CO \longrightarrow HCOOCH_3 \tag{5}$$

（5）小结

以甲醇钠为催化剂，甲醇和 CO 合成甲酸甲酯反应分 4 步：

① 甲醇钠 CH_3ONa 溶于甲醇生成 CH_3O^-和 Na^+；

② 甲醇和 Na^+反应生成甲醇钠 CH_3ONa 和 H^+；

③ H^+与 CO 作用，生成中间体 CHO^+，CHO^+中有 1 个 C=O 键，C 原子外层存在 1 个空的 sp^3杂化轨道；

④ CHO^+中 C 原子外层空的 sp^3杂化轨道与 CH_3O^-中 O 原子外层含有孤对电子的 sp^3杂化轨道重叠，共用 1 对电子生成了 C—O 键，则生成了 1 个甲酸甲酯分子。

16.4.5 二甲醚氧化制甲酸甲酯

文献报道[22]，二甲醚在催化剂 MoO_3-SnO_2作用下氧化合成甲酸甲酯，反应温度 160℃、常压条件下，甲酸甲酯选择性 94.1%。下面就催化剂与反应物之间相互作用进行分析。

MoO_3-SnO_2催化剂中，Mo 元素和 Sn 元素是活性组元，Mo 元素核电荷数 42，外层电子排布：$4d^55s^1$；Sn 元素核电荷数是 50，外层电子排布：$5s^25p^2$。图 16-28(a)是 Mo 原子外层电子轨道结构图，图 16-28(b)是 Mo^{6+}外层电子轨道结构图；图 16-28(c)是 Sn 原子外层电子轨道结构图，图 16-28(d)是 Sn^{4+}外层电子轨道结构图。

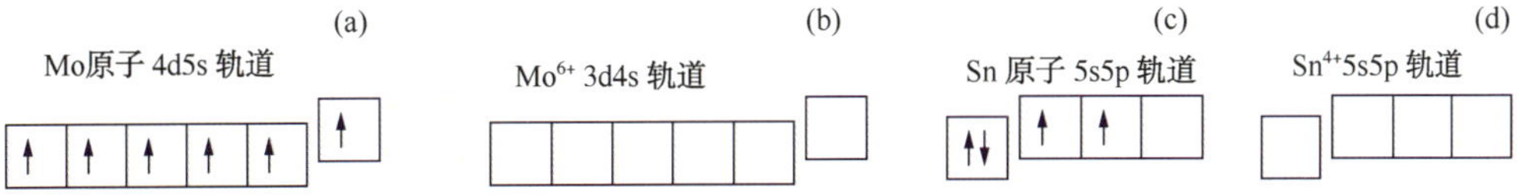

图 16-28 Mo、Sn 原子和 Mo^{6+}、Sn^{4+}外层电子轨道结构图

（1）Sn 的催化作用

MoO_3-SnO_2催化剂中，Mo 元素和 Sn 元素是活性组元，其作用相似，都能与 O 原子作用生成活性氧原子 O^*，下面以 Sn 元素为例分析催化剂活性组元在二甲醚氧化制甲酸甲酯过程中的作用。

图 16-29 是 O_2分子结构分析。O 原子核电荷数 8，其外层电子排布：$2s^2 2p^4$，在形成 O_2分子结构时，O 原子外层 2s2p 轨道要进行 sp 杂化，生成 2 个 sp 杂化轨道和 2 个 2p 轨道。图16-29(a)是 O 原子外层 sp 杂化轨道和 2p 轨道电子轨道结构图。在图 16-29(b)中，第 1 个 O 原子外层含有孤对电子的 sp 杂化轨道与第 2 个 O 原子外层含有未成键电子的 2p 轨道重叠，第 2 个 O 原子外层含有孤对电子的 sp 杂化轨道与第 1 个 O 原子外层含有未成键电子的 2p 轨道重叠，共用 3 对电子形成 2 个 π 键，这 2 个 O 原子外层 2p 轨道的未成键电子结合生成 1 个 O—O 共价键 σ 键，则生成 1 个 O_2分子，其电子轨道结构如图 16-29(c)所示。

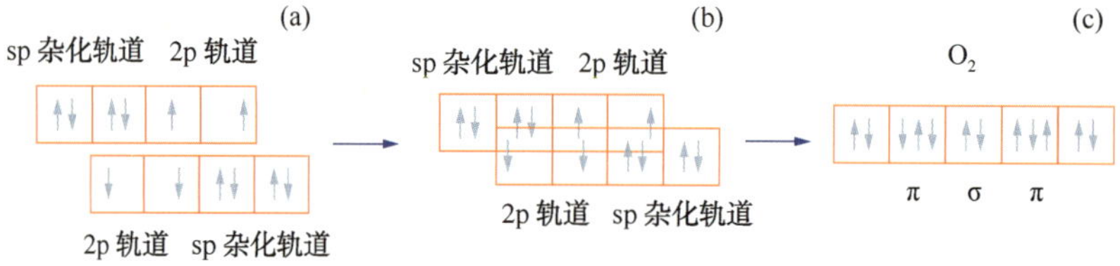

图 16-29 O_2分子结构分析

表 16-5 是部分元素的电负性数据[24]，对比发现，失去电子的金属阳离子电负性普遍高于金属原元素，失去电子个数越多，金属阳离子的电负性就越大。例如，Sn 元素电负性为 1.80，Sn^{2+}电负性为 8.12，Sn^{3+}电负性为 12.82，Sn^{4+}电负性应该大于 Sn^{3+}电负性。

表 16-5 部分元素电负性

元素	H	O	Rh	Cr	Zn	Mn	Zr	La	Cu	Sn	Mo	C
A^0	2.20	3.44	2.20	1.66	1.65	1.55	1.33	1.10	1.90	1.80	2.16	2.55
A^+		8.77	4.60	4.19	4.15	4.77	3.59	2.99	5.04	3.96	4.18	6.42
A^{2+}		16.21	8.85	8.54	8.88	9.22	6.50	5.44	10.28	8.12	7.80	13.01
A^{3+}		23.82	13.80	14.41	15.28	17.05	10.32	12.44	16.57	12.82	13.24	20.23

（2）生成 O^{2+}

图 16-30 是 O_2分子与 Sn^{4+}相互作用生成 O^{2+}过程分析。图 16-30(a)是 Sn^{4+}和 O_2分子的电子轨道结构图。在图 16-30(b)中，Sn^{4+}电负性大于 12.82，远大于 O 原子电负性 3.44，Sn^{4+}具有极强得电子能力。当 O_2分子与 Sn^{4+}相互作用，O 原子会失去外层进入 sp 杂化轨道的 2p 轨道单电子和构成 O—O 的 σ 键共用电子对，Sn^{4+}得到 4 个电子填充到其外层 5s5p 轨道生成 Sn 原子，其电子轨道结构如图 16-30(c)所示。2 个 O 原子各失去 2p 轨道 2 个电子，生成 2 个 O^{2+}，与此同时，O 原子外层 s、p 轨道进行了 sp^3杂化，形成 4 个 sp^3杂化轨道，O^{2+}电子轨道结构如图 16-30(d)所示。

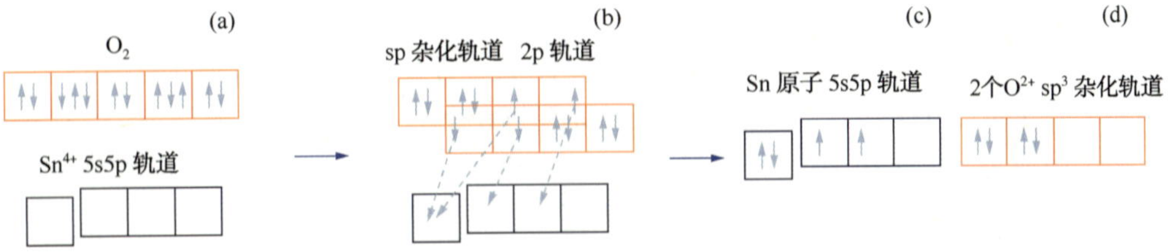

图 16-30 O_2分子与 Sn^{4+}相互作用形成 O^{2+}

(3) 生成 O^{2-}

图 16-31 是 O_2分子与 Sn 原子相互作用生成 O^{2-}过程分析。图 16-31(a)是 Sn 原子和 O_2分子的电子轨道结构图。在图 16-31(b)中，O 原子电负性(3.44)大于 Sn 原子电负性(1.80)，O_2分子在与 Sn 原子相互作用时，σ 键和 π 键被激活，Sn 原子会失去外层 5s 和 5p 轨道电子，并填充到 O_2分子中构成 σ 键和 π 键的 2 个 O 原子外层含有单电子的 2p 轨道，Sn 原子失去 4 个电子生成 Sn^{4+}，其电子轨道结构如图 16-31(c)；O_2分子中 O 原子得到电子后 σ 键和 π 键断裂生成 2 个 O^{2-}，其电子轨道结构如图 16-31(d)所示。这个过程中，O 原子外层 2s、2p 轨道进行 sp^3杂化生成 4 个 sp^3杂化轨道，O^{2-}外层 4 个 sp^3杂化轨道全充满。

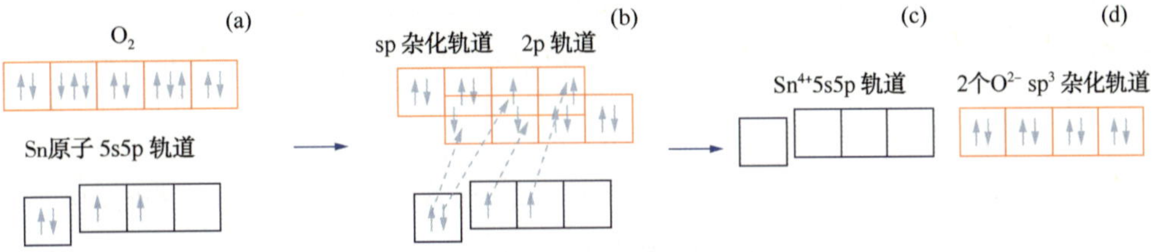

图 16-31 O_2分子与 Sn 原子相互作用形成 O^{2-}

(4) 生成活性氧原子 O^*

由于 Sn^{4+}、Sn 原子存在，O^{2+}与 O^{2-}相互作用不会生成 O_2分子，会生成中间体活性氧原子 O^*。图 16-32 是中间体活性氧原子 O^*生成过程分析。图 16-32(a)是 O^{2+}和 O^{2-}的电子轨道结构图。在图 16-32(b)中，O^{2+}和 O^{2-}相互作用，由于 O^{2+}属于缺电子结构，而 O^{2-}外层 4 个 sp^3杂化轨道处于全充满状态，彼此相互作用会生成 2 个外层电子数相等、结构相同的中间过渡状态的活性氧原子 O^*，其外层有 4 个 sp^3杂化轨道，其中 3 个充满状态、1 个空轨道，结构如图 16-32(c)所示。

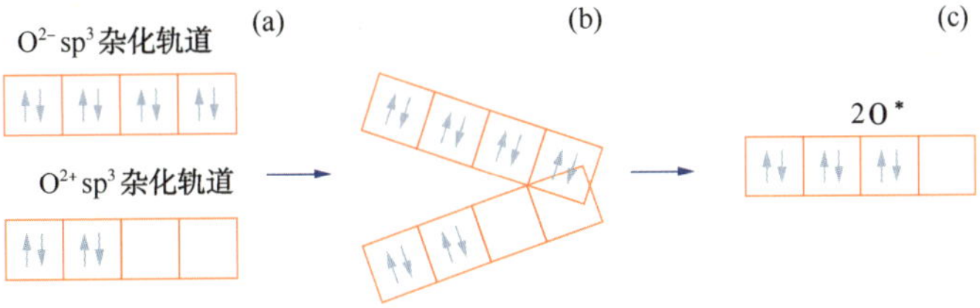

图 16-32 O^{2+}与 O^{2-}生成活性氧原子 O^*

(5) 二甲醚结构分析

图 16-33 是二甲醚分子构成分析。图 16-33(a)是 1 个 O 原子、2 个 C 原子和 6 个 H 原子的电子轨道结构图。O 原子外层 2 个含有未成键电子的 sp^3杂化轨道分别与 2 个 C 原子外

层含有未成键电子的 sp^3 杂化轨道重叠，共用 2 对电子生成 2 个 C—O 键，C 原子外层剩余的 3 个含有未成键电子的 sp^3 杂化轨道分别与 3 个 H 原子外层含有未成键电子的 s 轨道重叠，共用 3 对电子生成 3 个 C—H 键，2 个 C 原子分别与 6 个 H 原子结合生成 6 个 C—H 键，则生成 1 个二甲醚分子 CH_3OCH_3，其电子轨道结构如图 16-33(b)所示。

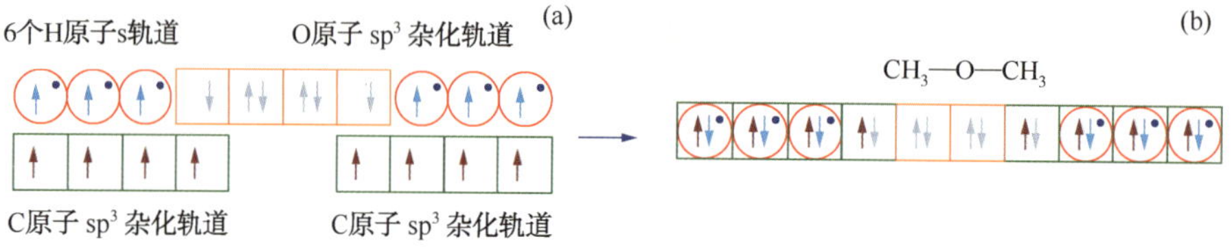

图 16-33　二甲醚分子结构分析

(6) 生成甲酸甲酯分子

图 16-34 是活性氧原子 O^* 与二甲醚分子 CH_3OCH_3 反应生成甲酸甲酯分子过程分析。图 16-34(a)是活性氧原子 O^* 和二甲醚分子的电子轨道结构图，二甲醚分子中 2 个 C 原子标记为 1-C 和 2-C；2 个活性氧原子 O^* 标记为 $1\text{-}O^*$ 和 $2\text{-}O^*$。在图 16-34(b)中，$1\text{-}O^*$ 外层空的 sp^3 杂化轨道与二甲醚分子中 1-C 原子外层 C、H 原子重叠轨道再次重叠，由于 O 电负性(3.44)大于 C 原子电负性(2.55)，所以二甲醚分子中 1-C 原子和 H 原子重叠轨道处的 H^- 转移到 $1\text{-}O^*$ 外层空的 sp^3 杂化轨道上，原有 C—H 键断裂生成了 1 个 H—O 键，与重叠处相邻的另 1 个 1-C 原子和 H 原子重叠轨道上的 H^+ 转移到 $1\text{-}O^*$ 外层含有孤对电子的 sp^3 杂化轨道上，生成第 2 个 H—O 键，则 $1\text{-}O^*$ 与 H^+、H^- 生成 H_2O 分子，其电子轨道结构如图 16-34(c)。在图 16-34(d)中，1-C 原子外层失去 H^+、H^- 后，其外层出现了 1 个空的 sp^3 杂化轨道和 1 个含有孤对电子的 sp^3 杂化轨道，这时 $2\text{-}O^*$ 外层空的 sp^3 杂化轨道与 1-C 原子外层含有孤对电子的 sp^3 杂化轨道重叠，1-C 原子外层空的 sp^3 杂化轨道与 $2\text{-}O^*$ 外层含有孤对电子的 sp^3 杂化轨道重叠，共用 2 对电子生成 1 个 C═O 键，则生成 1 个甲酸甲酯分子 $HCOOCH_3$，其电子轨道结构如图 16-34(e)所示。

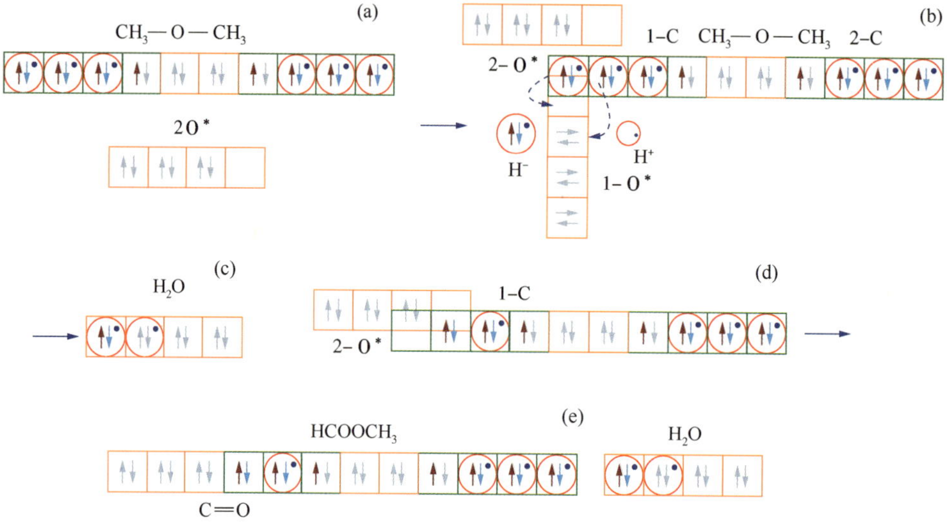

图 16-34　甲酸甲酯分子生成过程

实际上，二甲醚在催化剂 MoO_3-SnO_2作用下氧化生成甲酸甲酯分子，活性组元 Mo 和 Sn 的作用相似。

(7) 反应机理分析

二甲醚在催化剂 MoO_3-SnO_2作用下氧化生成甲酸甲酯，反应过程如下：

$$Sn^{4+}+O_2 \longrightarrow Sn+2O^{2+} \quad (1)$$

$$Sn+O_2 \longrightarrow Sn^{4+}+2O^{2-} \quad (2)$$

$$O^{2+}+O^{2-} \longrightarrow 2O^{*} \quad (3)$$

$$2O^{*}+CH_3OCH_3 \longrightarrow HCOOCH_3+H_2O \quad (4)$$

反应式[(1)+(2)]÷2+(3)+(4)得到反应式(5)：

$$CH_3OCH_3+O_2 \longrightarrow HCOOCH_3+H_2O \quad (5)$$

(8) 小结

二甲醚在催化剂 MoO_3-SnO_2作用下氧化生成甲酸甲酯，反应过程分 4 步：

① Sn^{4+}(或 Mo^{6+})与 O_2中 O 原子作用得到电子被还原 Sn(Mo)原子，O 原子失去电子生成 O^{2+}；

② Sn(Mo)原子与 O_2中 O 原子作用，Sn(Mo)原子失去电子生成 Sn^{4+}(Mo^{6+})，O_2中 O 原子得到电子生成 O^{2-}；

③ Sn^{4+}/Sn(或 Mo^{6+}/Mo)存在时，O^{2+}和 O^{2-}相互作用生成活性氧原子 O^{*}，活性氧原子 O^{*}外层 4 个 sp^3杂化轨道，其中 3 个 sp^3杂化轨道含有孤对电子，1 个 sp^3杂化轨道是空轨道；

④ 2 个活性氧原子 O^{*}与 1 个二甲醚分子作用，生成 1 个 H_2O 分子和 1 个甲酸甲酯分子 $HCOOCH_3$。

16.4.6 CO_2加氢制甲酸甲酯

文献报道[21]，在研究 CO_2加氢合成甲酸甲酯中发现，SiO_2负载 Cu/Mo_2CTx(MXene)催化剂比具有相似铜负载量的 Cu/SiO_2催化剂具有更高的单位质量铜的本征甲醇生成率。添加了 Mo 元素的催化剂 Cu/Mo_2CTx 界面的 Lewis 酸性增强，这是因为还原后的 Mo_2CTx 上分散了较多的 Cu 位，这与 CO_2加氢合成甲醇的速率增加有关。密度泛函理论计算进一步强调了 Cu 和 Mo_2CTx 界面的关键作用，最终确定了甲酸盐和甲氧基物种是稳定的反应中间产物。

Cu 基催化剂是 CO_2加氢制甲酸甲酯的常用催化剂，在活性组元 Cu 中添加 Mo，Cu 和 Mo 作用相同，但在 Cu 中添加 Mo 是避免活性组元 Cu 晶粒聚集长大，降低其活性，提高分散度，规避晶粒长大，保持催化剂有很好的活性稳定性。下面就 CO_2加氢制甲酸甲酯反应中活性组元 Cu 的催化作用进行分析。

(1) Cu 的催化作用

Cu 原子核电荷数 29>21，外层电子排布是 $3d^{10}4s^1$，不存在能级交错，$E_{4s}>E_{3d}$，图 16-35(a)中 Cu 原子首先失去 4s 轨道 1 个电子生成 Cu^+，其外层电子轨道结构如图 16-35(b)；然后再失去 3d 轨道 1 个电子电子生成 Cu^{2+}，其外层电子轨道结构如图 16-35(c)所示。

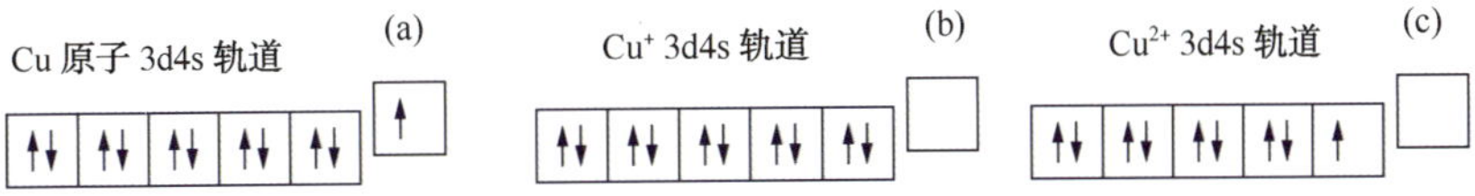

图 16-35 Cu 原子和 Cu^+及 Cu^{2+}外层电子轨道结构图

图 16-36 是 H_2在 Cu 原子作用下生成 H^-过程分析。图 16-36(a)是 Cu 原子外层 3d4s 轨道和 H_2分子中 H 原子 s 轨道。在表 16-6 电负性数据[24]中，H 原子电负性(2.20)大于 Cu 原子电负性(1.90)。在图 16-36(b)中，H_2分子与 Cu 原子相互作用，H_2分子中 2 个 H 原子会从 Cu 原子外层 3d4s 轨道获得 2 个电子生成 2 个 H^-，其电子轨道结构如图 16-36(c)；Cu 原子失去 2 个电子生成 Cu^{2+}，其电子轨道结构如图 16-36(d)所示。

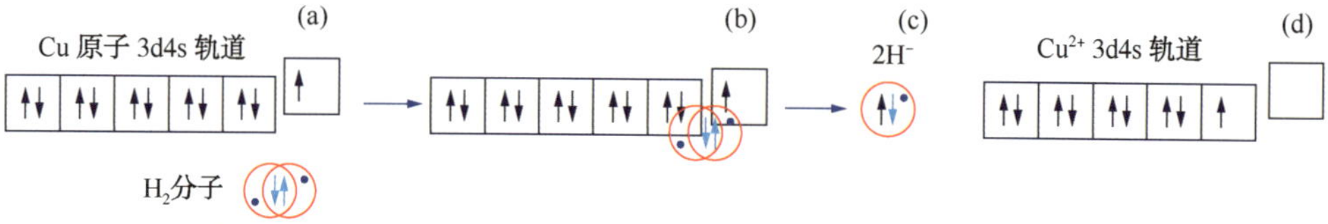

图 16-36 H_2在 Cu 原子作用下生成 H^-

表 16-6 部分元素电负性

元素	H	O	Cr	Zn	Mn	Zr	La	Cu	Sn	Mo	C
A^0	2.20	3.44	1.66	1.65	1.55	1.33	1.10	1.90	1.80	2.16	2.55
A^+		8.77	4.19	4.15	4.77	3.59	2.99	5.04	3.96	4.18	6.42
A^{2+}		16.21	8.54	8.88	9.22	6.50	5.44	10.28	8.12	7.80	13.01
A^{3+}		23.82	14.41	15.28	17.05	10.32	12.44	16.57	12.82	13.24	20.23

图 16-37 是 Cu^{2+}与 H_2分子相互作用生成 H^+过程分析。图 16-37(a)是 Cu^{2+} 3d4s 轨道和 H_2分子中 H 原子 s 轨道结构图。在表 16-6 中，Cu^{2+}电负性(10.28)大于 H 原子(2.20)。在图 16-37(b)中，Cu^{2+}与 H_2分子相互作用，Cu^{2+}会从 H_2分子中 2 个 H 原子外层 s 轨道获得 2 个电子被还原为 Cu 原子，其电子在轨道结构如图 16-37(c)所示；H_2分子中 2 个 H 原子失去 2 个电子生成 2 个 H^+，其电子在轨道结构如图 16-37(d)所示。

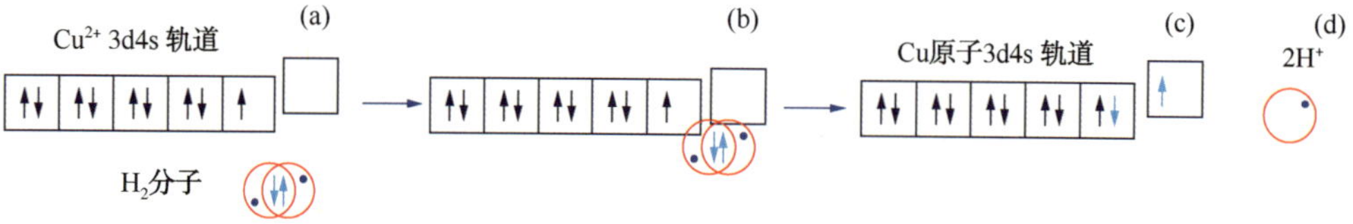

图 16-37 H_2在 Cu^{2+}作用下生成 H^+

Cu/Cu^{2+}与 H_2分子作用，会生成数目相同的 H^+、H^-，H^+、H^-同时存在。根据表 16-6 电负性数据分析，Zn 元素等也具有和 Cu 元素相同作用，它们与 H_2分子作用也能生成 H^+、H^-，且 H^+、H^-数目相同、同时存在。

(2) CO_2分子电子结构

CO_2分子形状是直线形的，其结构曾被认为是：O═C═O。但 CO_2分子中碳氧键键长为 116pm，介于碳氧双键(键长为 124pm)和碳氧三键(键长为 113pm)之间，故 CO_2中的碳氧键具有一定程度的三键特征[25]。一般认为 CO_2分子的中心原子碳原子采取 sp 杂化，2 个 sp 杂化轨道分别与 2 个氧原子的 2p 轨道(含有一个电子)重叠形成 2 个 σ 键，碳原子上互相垂直的 2p 轨道再分别与 2 个氧原子中平行的 2p 轨道形成 2 个大 π 键[26]。

作者认为，CO_2分子形状应该是直线形的，其结构应该是：O═C═O。C 原子外层电子排布：$2s^22p^2$，即外层有 4 个电子，C 原子的电负性是 2.55；O 原子外层电子排布：$2s^22p^4$，即外层有 6 个电子，O 原子的电负性是 3.44。当 C、O 原子相互作用时，C 原子外层 $2s^22p^2$ 经 sp^3 杂化形成 4 个 sp^3 杂化轨道，每个 sp^3 杂化轨道上都有 1 个未成键电子；O 原子外层 $2s^22p^4$ 经 sp^3 杂化形成 4 个 sp^3 杂化轨道，其中 2 个 sp^3 杂化轨道上各有 1 个未成键电子，2 个 sp^3 杂化轨道上各有 1 对孤对电子。由于 O═C═O 是线型结构，C 原子只受到两端 O 原子作用，而 O 原子没有受到其他原子作用，所以它们之间的相互作用最强，且 CO_2 分子中 C 原子也没有受到第 3 个原子作用，没有减弱 C 与 O 原子相互作用，2 个 O 原子与 C 结合比较紧密。所以，CO_2 分子中 C═O 键长 116pm，要比其他分子中的 C═O 键长(124pm)短一些。

图 16-38 是 2 个 O 原子和 1 个 C 原子构成 CO_2 分子过程分析。图 16-38(a)是 C、O 原子外层的 sp^3 杂化轨道，C 原子外层有 4 个 sp^3 杂化轨道，每个 sp^3 杂化轨道上都有 1 个未成键电子，O 原子外层也有 4 个 sp^3 杂化轨道，其中 2 个 sp^3 杂化轨道上各有 1 个未成键电子，其他 2 个 sp^3 杂化轨道上各有 1 对孤对电子。在图 16-38(b)中，1-O 原子外层 2 个含有未成键电子的 sp^3 杂化轨道与 C 原子外层 2 个含有未成键电子的 sp^3 杂化轨道重叠，共用 2 对电子生成 1 个 C═O 键；2-O 原子外层 2 个含有未成键电子的 sp^3 杂化轨道与 C 原子外层第 3、第 4 个含有未成键电子的 sp^3 杂化轨道重叠，共用 2 对电子生成第 2 个 C═O 键，则生成 CO_2 分子，其电子轨道结构如图 16-38(c)所示。

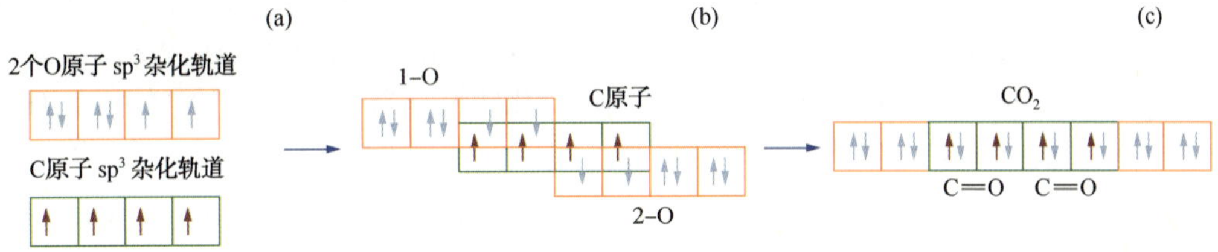

图 16-38 CO_2 分子形成过程分析

(3) 生成 CO

图 16-39 是 CO_2 分子在 H^+ 和 H^- 作用下生成 CO 分子和 H_2O 分子过程分析。图 16-39(a)是 CO_2 分子、H^+ 和 H^- 电子轨道结构图，CO_2 分子中有 2 个 O 原子，标记为 1-O 和 2-O。在图 16-39(b)中，H^+、H^- 同时攻击 CO_2 分子中的 1 个 C═O 键，比如 H^+、H^- 分别作用于 C 原子和 2-O 原子外层 sp^3 杂化轨道的重叠轨道，激活了该 C═O 键，1 对共用电子对留在了 2-O 外层 sp^3 杂化轨道，另 1 对共用电子对留在了 C 原子外层 sp^3 杂化轨道，当 H^+ 外层空的 s 轨道与 2-O 原子外层含有孤对电子的 sp^3 杂化轨道重叠，共用 1 对电子生成 1 个 H—O 键，H^- 外层含有孤对电子的 s 轨道与 2-O 原子外层空的 sp^3 杂化轨道重叠，共用 1 对电子生成第 2 个 H—O 键，则生成 1 个 H_2O 分子，其电子轨道结构如图 16-39(c)所示。

与此同时，当 2-O 原子与 C 原子构成的 C═O 键断裂时，在 C 原子外层出现了 1 个空的 sp^3 杂化轨道，如图 16-39(d)。在图 16-39(d)中，1-O 原子与 C 原子仍保留 C═O 键，但 C 原子外层出现了 1 个空的 sp^3 杂化轨道，C 原子外层空的 sp^3 杂化轨道会与 1-O 原子外层含有孤对电子的 sp^3 杂化轨道重叠，共用 1 对电子，则 C 原子与 1-O 原子共用 3 对电子生成了 C═O 键，即生成中间态 CO 分子，中间态 CO 分子中 C、O 原子外层各有 4 个 sp^3 杂化轨道，其电子轨道结构如图 16-39(e)所示。

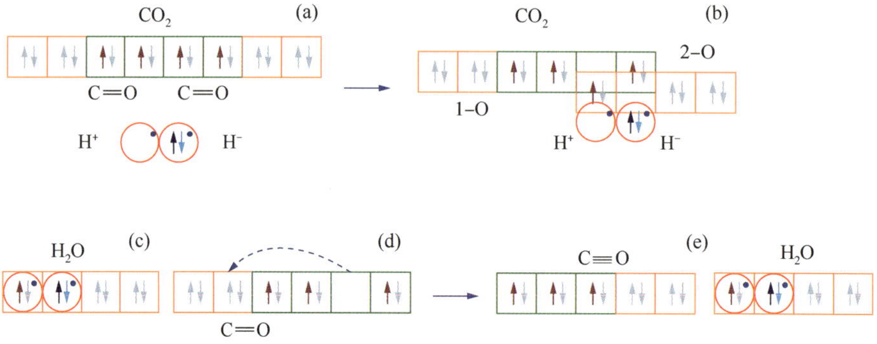

图 16-39　CO 分子形成分析

(4) 生成中间体 $C_{\uparrow\downarrow}{}^{\circ}H_2$

图 16-40 是中间态 CO 分子与 H^+、H^- 作用生成 H_2O 分子和活性碳原子 C^* 过程分析。图 16-40(a)是 CO 分子与 H^+、H^- 电子轨道结构图。在图 16-40(b)中，H^+ 和 H^- 外层 s 轨道与 CO 中 C、O 原子外层 sp^3 杂化轨道的重叠轨道再次重叠，活化了 C═O 分子中的化学键，根据表 16-6 电负性数据[24]，O 原子电负性(3.44)大于 C 原子电负性(2.55)，共用的 3 对电子中的 1 对电子留在 C 原子外层 sp^3 杂化轨道，还有 2 对电子包括生成配位键的 1 对电子则留在 O 原子外层 sp^3 杂化轨道。C 原子外层的 2 个 sp^3 杂化轨道含有孤对电子，还有 2 个空的 sp^3 杂化轨道；在 O 原子外层只有 1 个空的 sp^3 杂化轨道。当 H^+ 外层空的 s 轨道与 O 原子外层含有孤对电子的 sp^3 杂化轨道重叠，共用 1 对电子生成第 1 个 H—O 键，而含有孤对电子的 H^- 外层 s 轨道与 O 原子外层空的 sp^3 杂化轨道重叠，共用 1 对电子生成了第 2 个 H—O 键，则 O 原子与 H^+、H^- 结合生成了 1 个水分子 H_2O，其电子轨道结构如图 16-40(c)所示。生成水分子 H_2O 的同时，还生成了 1 个活性碳原子 C^*，C^* 原子外层有 2 个含有孤对电子的 sp^3 杂化轨道，还有 2 个空的 sp^3 杂化轨道，其电子轨道结构如图 16-40(d)所示。

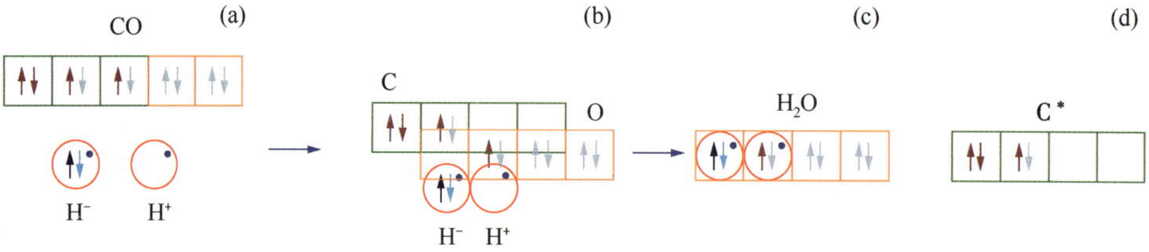

图 16-40　CO 分子与 H^+ 和 H^- 作用形成活性碳原子 C^*

图 16-41 是活性碳原子 C^* 与 H^+、H^- 相互作用生成中间体 $C_{\uparrow\downarrow}{}^{\circ}H_2$ 结构过程分析。图 16-41(a)是活性碳原子 C^* 与 H^+、H^- 电子轨道结构，活性碳原子 C^* 的外层有 4 个 sp^3 杂化轨道，在 4 个 sp^3 杂化轨道中有 2 个轨道含有孤对电子，还有 2 个空的 sp^3 杂化轨道。在图 16-41(b)中，H^+ 外层空的 s 轨道与活性碳原子 C^* 中含有孤对电子的 sp^3 杂化轨道重叠，共用 1 对电子生成 1 个 C—H 键；H^- 外层含有孤对电子的 s 轨道与活性碳原子 C^* 外层空的 sp^3 杂化轨道重叠，共用 1 对电子生成第 2 个 C—H 键，则生成中间体 $C_{\uparrow\downarrow}{}^{\circ}H_2$，其电子轨道结

构如图 16-41(c)和 16-41(d)。在 $C_{\uparrow\downarrow}{}^{\bigcirc}H_2$ 结构中，双箭头“↑↓”表示 C 原子外层 sp^3杂化轨道上有 1 对孤对电子，圆圈“○”表示 C 原子外层有 1 个空的 sp^3杂化轨道。

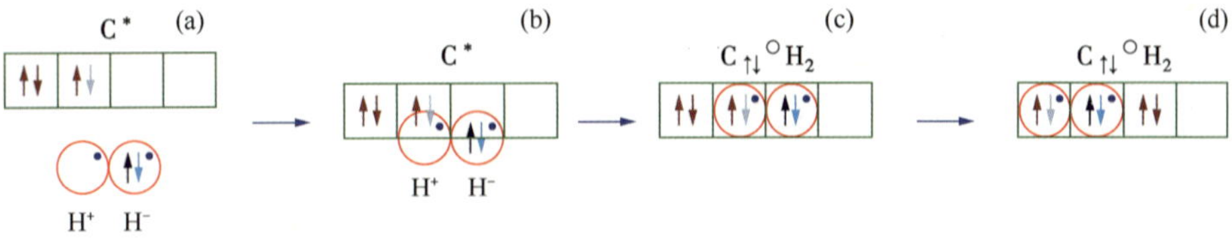

图 16-41 活性碳原子 C^* 与 H^+ 和 H^- 生成中间体 $C_{\uparrow\downarrow}{}^{\bigcirc}H_2$

（5）生成甲酸甲酯

图 16-42 是中间态 CO 分子、中间体 $C_{\uparrow\downarrow}{}^{\bigcirc}H_2$ 与 H_2O 分子形成甲酸甲酯分子过程分析。图 16-42(a)是 CO 分子、中间体 $C_{\uparrow\downarrow}{}^{\bigcirc}H_2$ 与 H_2O 分子电子轨道结构图。在图 16-42(b)中，H_2O 分子是极性分子，分子中正负电荷中心不重合；CO 分子中有 1 个 σ 键、1 个 π 键，还有 1 个配位键，配位键是由 O 原子单独提供 1 对电子，C 原子一端略显负电性，而 O 原子一端略显正电性，所以 CO 也是极性分子。极性 H_2O 分子与极性 CO 分子相互作用活化了 CO 分子中配位键，配位键断裂，CO 分子中 C 原子外层出现了空的 sp^3杂化轨道，生成配位键的电子对留在 O 原子外层 sp^3杂化轨道上，C≡O 键转变为 C═O 键，C 原子外层出现了 1 个空的 sp^3杂化轨道，如图 16-42(c)所示。

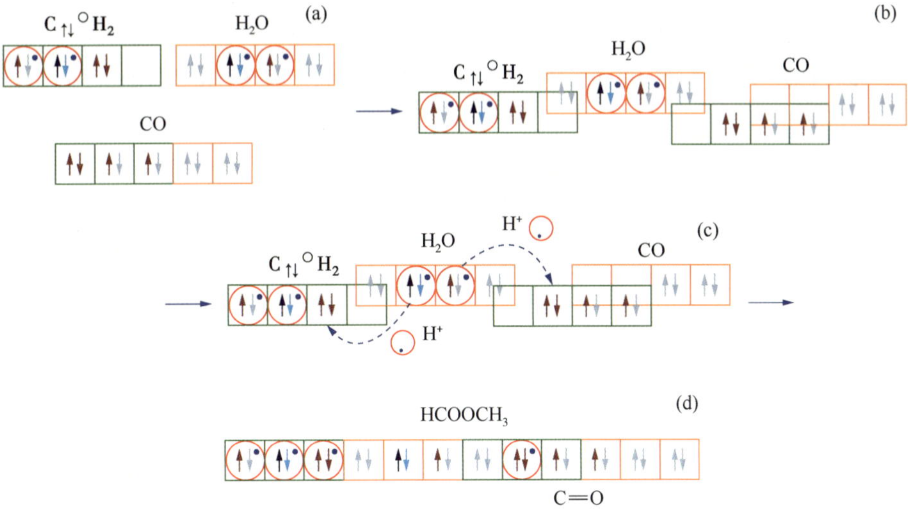

图 16-42 甲酸甲酯分子形成分析

在图 16-42(c)中，H_2O 分子中 O 原子外层含有孤对电子的 sp^3杂化轨道与 CO 分子中 C 原子外层空的 sp^3杂化轨道重叠，共用 1 对电子生成 1 个 C—O 键；中间体 $C_{\uparrow\downarrow}{}^{\bigcirc}H_2$ 结构中 C 原子外层空的 sp^3杂化轨道与 H_2O 分子中 O 原子外层含有孤对电子的另 1 个 sp^3杂化轨道重叠，共用 1 对电子生成第 2 个 C—O 键。与此同时，H_2O 分子中的 2 个 H^+分别向 2 个 C 原子外层含有孤对电子的 sp^3杂化轨道转移，生成 2 个 C—H 键，则 2 个 C 原子、2 个 O 原子和 4 个 H 原子，通过 1 个 C═O 键、2 个 C—O 键和 4 个 C—H 键生成了 1 个甲酸甲酯分子

$HCOOCH_3$，其电子轨道结构如图 16-42(d)所示。

(6) 反应机理分析

在 Cu(Mo)系催化剂作用下，CO_2加氢合成甲酸甲酯过程如下：

$$Cu+H_2 \longrightarrow Cu^{2+}+2H^- \quad (1)$$

$$Cu^{2+}+H_2 \longrightarrow Cu+2H^+ \quad (2)$$

$$CO_2+H^-+H^+ \longrightarrow CO+H_2O \quad (3)$$

$$CO+H^-+H^+ \longrightarrow C^*+H_2O \quad (4)$$

$$C^*+H^-+H^+ \longrightarrow C_{\uparrow\downarrow}{}^{\bigcirc}H_2 \quad (5)$$

$$CO+C_{\uparrow\downarrow}{}^{\bigcirc}H_2+H_2O \longrightarrow HCOOCH_3 \quad (6)$$

式[(1)+(2)+(3)]×2+(4)+(5)+(6)得到式(7)：

$$2CO_2+4H_2 \longrightarrow HCOOCH_3+2H_2O \quad (7)$$

(7) 小结

在 Cu(Mo)系催化剂作用下，CO_2加氢合成甲酸甲酯过程分 5 步：

① H_2在 Cu 系催化剂作用下，生成数目相同的 H^+和 H^-，H^+和 H^-同时存在；

② CO_2与 H^+和 H^-作用，反应生成中间态 CO 和 H_2O 分子；

③ CO 与 H^+和 H^-作用，反应生成中间体活性碳原子 C^* 和 H_2O 分子，C^* 原子外层有 2 个含有孤对电子的 sp^3杂化轨道和 2 个空的 sp^3杂化轨道；

④ C^* 与 H^+和 H^-作用，反应生成中间体 $C_{\uparrow\downarrow}{}^{\bigcirc}H_2$，$C_{\uparrow\downarrow}{}^{\bigcirc}H_2$ 结构中 C 原子外层有 1 个含有孤对电子的 sp^3杂化轨道和 1 个空的 sp^3杂化轨道；

⑤ 中间态 CO 与 $C_{\uparrow\downarrow}{}^{\bigcirc}H_2$ 和 H_2O 分子生成 1 个甲酸甲酯分子 $HCOOCH_3$。

参 考 文 献

[1] 2020 甲酸甲酯行业发展现状及前景分析[EB/OL]. 2020-06-04. http://www.rongyuechem.com/news_detail/112.html.

[2] 2021~2026 年中国甲酸甲酯行业市场供需格局及投资规划建议报告[EB/OL]. https://www.huaon.com/channel/chemical/739529.html.

[3] 甲酸甲酯调研报告[EB/OL]. http://www.doczj.com/doc/d69807888.html.

[4] 吕锋，殷玉圣. 甲酸甲酯合成工艺评述[J]. 化学工业与工程技术，2000，21(2)：31-35.

[5] 刘昭铁. 甲酸甲酯的制备及其转化[J]. 天然气化工，1992，17(6)：34-39.

[6] 林志田. 用合成气合成甲酸甲酯[J]. 天然气化工，1992，17(6)：59.

[7] 杨迎春，吴玉塘，陈文凯等. 合成气一步法制甲酸甲酯研究进展[J]. 天然气化工，1997，22：39-44.

[8] 张怡，张新平，祝然. 甲酸甲酯合成应用研究报告. 上海华谊集团技术研究院，2021-01-05.

[9] 唐新村，曾智文，蒋历辉，等. 甲醇与一氧化碳合成甲酸甲酯反应机理的理论研究[J]. 化学学报，2010，68(19)：2013-2018.

[10] 陈文龙，刘海超. 甲醇脱氢和选择氧化制备甲酸甲酯催化剂及反应路径[J]. 科学通报，2015，60(16)：1502-1512.

[11] Sodesawa T，Nagacho M，Onodera A，et al. Dehydrogenation of methanol to methyl formate over Cu-SiO$_2$ catalysts prepared by ion exchange method[J]. J Catal. 1986，102：460-463.

[12] Wang Y Q，Gang R，Sen H. Dehydrocoupling of methanol to methyl formate over a Cu/Cr$_2$O$_3$ catalyst[J]. React Kinet Catal Lett，1999，67：305-310.

[13] Sodesawa T. Effect of support on Dehydrogenation of methanol to methyl formate over Cu-containing catalysts prepared by ion exchange[J]. React Kinet Catal Lett, 1986, 32(1): 63-69.

[14] Chung M J, Moon D J, Park K Y, et al. Mechanism of methyl formate formation on Cu/ZnO catalysts[J]. J Catal, 1992, 136(2): 609-612.

[15] Tonner S P, Trimm D L, Wainwright M S, et al. Dehydrogenation of methanol to methyl formate over copper catalysts[J]. Ind Eng Chem Prod Res Dev, 1984, 23: 384-388.

[16] Sato S, Iijima M, Nakayama, et al. Vapor-phase dehydrocoupling of methanol to methyl formate over $CuAl_2O_4$ [J]. J Catal, 1997, 169(2): 447-454.

[17] Rodriguez-Ramos I, Guerrero-Ruiz A, Rojas M L, et al. Dehydrogenation of methanol to methyl formate over copper-containing perovskite-type oxides[J]. Appl Catal, 1991, 68(1): 217-228.

[18] Takagi K, Morikawa Y, Ikawa T. Catalytic activities of coppers in the various oxidation states for the dehydrogenation of methanol[J]. Chem Lett, 1985, 14: 527-530.

[19] Tsoncheva T, Sarkadi-Priboczki E. ^{11}C-radiolabeling study of methanol decomposition on copper oxide modified mesoporous SBA-15 silica[J]. Appl Surf Sci, 2011, 257(15): 6661-6666.

[20] Domokos L, Katona T, Molnar A, et al. Amorphous alloy catalysis VIII. A new activation of an amorphous $Cu_{41}Zr_{59}$ alloy in the transformation of methyl alcohol to methyl formate[J]. Appl Catal A, 1996, 142: 151-158.

[21] Hui Zhou, Zixuan Chen, Anna Vidal Lopez, et al. Engieering the Cu/Mo_2CTx(MXene) interface to drive CO_2 hydrogenation to methanol[J]. Nature Catalysis, 2021. DOI: https://doi.org/10.1038/s41929-021-00684-0.

[22] 刘广波，张清德，寇永利，等．二甲醚氧化制甲酸甲酯 MoSnO 催化剂再生性能研究[J]．天然气化化工(C_1化学与化工)，2013，38(4)：1-5.

[23] Kevin A. Robb S. E. The Tishchenko Reaction: Recent Advances, Modifications and Applications[C]. Denmark Group Meeting, 2016-11-29.

[24] 冯玉彪，张粉保，宣利宏，等．离子的电负性[J]．大连轻工业学院学报，1998，13(2)：70-76.

[25] 大连理工大学无机化学教研室．无机化学[M].5 版．北京：高等教育出版社，2006：427-428.

[26] 王丽敏，苏连江．自然科学基础 · 无机化学卷[M]．哈尔滨：哈尔滨地图出版社，2004：315.

第 17 章　乙酸甲酯

17.1　乙酸甲酯工业发展现状[1~3]

乙酸甲酯(methyl acetate，MA)是一种有机化合物，分子式为 $C_3H_6O_2$，主要用作有机溶剂，易挥发、易燃烧、易水解。蒸气与空气形成爆炸性混合物，爆炸极限 4.1%~14.0%(体积)，低毒，高浓度时有麻醉作用。干燥时对金属无腐蚀性，但不宜用铜制容器，因乙酸甲酯容易水解，产生的游离乙酸对铜有腐蚀性。乙酸甲酯容易水解，在常温下与水长时间接触也会水解生成乙酸而呈酸性。高温加热时分解成乙醛和甲醛，进一步可分解为甲烷、一氧化碳和氢。在镍存在下，将乙酸甲酯进行加热时，150℃以下不发生分解，超过 150℃分解成甲烷、一氧化碳和水。用铜、银、钼等金属或其氧化物作催化剂与空气一同加热时，分解成甲醛与乙酸。乙酸甲酯经紫外线照射分解成甲醇、丙酮、联乙酰、乙烷、甲烷、氢、一氧化碳和二氧化碳等。在光作用下与氯反应，生成氯代乙酸甲酯。在甲醇钠存在下，乙酸甲酯于 57~80℃自行缩合，生成乙酰乙酸甲酯。乙酸甲酯能与某些盐类，如三氟化硼、三氯化铝、三氯化铁、氯化镍等形成复合物，与氯化钙也能形成结晶性的复合物，故氯化钙不宜用作乙酸甲酯的干燥剂。乙酸甲酯是纤维素酯、纤维素醚、尿素树脂、密胺树脂、乙烯基树脂、酚醛树脂等的优良溶剂，但不能溶解虫胶和香豆酮树脂。乙酸甲酯能溶解氯化铜、碘化镉、氯化汞、氯化铁和氯化钴等，但不能溶解氯化钾、氯化钠和硫酸钠等。

乙酸甲酯是一种重要的有机化工原料和化工产品，具有诸多优良的品质，如低沸点、强溶解力，作为一种绿色环保有机溶剂用于替代丙酮、丁酮、乙酸乙酯、环戊烷等，主要应用在树脂、涂料、油墨、油漆、胶黏剂、皮革生产过程所需的溶剂，聚氨酯泡沫发泡剂，天那水等，已经逐步发展成为一种重要的基础有机化工原料。

乙酸甲酯在工业上多以副产物和中间产物的形式出现，目前乙酸甲酯共有四种生产工艺，分别为聚乙烯醇副产、酯交换法生产异丙醇等副产、煤制乙醇副产(中间产品)、醋酸与甲醇酯化合成副产。目前，国外的乙酸甲酯主要是生产聚乙烯醇时的副产品，聚乙烯醇副产的乙酸甲酯均以回收水解利用为主，即采用催化水解工艺，生产乙酸和甲醇，乙酸和甲醇再回用生产聚乙烯醇。

目前，世界乙酸甲酯产能主要集中在中国和日本，总产能为 326.75 万 t，其中中国大陆产能达到 214.65 万 t，占总产能的 65.69%；其次是日本，产能达到 56.25 万 t/a，占总产能的 17.21%；中国台湾乙酸甲酯产能为 18.00 万 t，产能占比为 5.51%。2018 年世界乙酸甲酯主要生产商产能见表 17-1。

2018 年，我国乙酸甲酯产能总计为 214.65 万 t，分区域来看，中国乙酸甲酯生产企业主要分布在华北、华东、西北地区，产能占比分别为 30.05%、28.49%和 20.73%；从生产路线来看，当前中国乙酸甲酯市场供应主要来自聚乙烯醇副产，占比高达 79.32%；其次为酯化合成路线，占比为 10.90%，但基本上处于长期停车状态；2018 年中国大陆区域乙酸甲酯主要生产商产能统计见表 17-2。

表 17-1 2018 年世界乙酸甲酯主要生产商产能

生产商	产能/(万 t/a)	占比/%
中国大陆	214.65	65.69
日本可乐丽	24.60	7.53
中国台湾长春	18.00	5.51
欧洲可乐丽	14.10	4.32
日本积水	12.90	3.95
美国杜邦	10.50	3.21
日本合成化学	7.50	2.30
日本 JVP	6.75	2.07
新加坡可乐丽	6.00	1.84
日本 DENKA	4.50	1.38
韩国 DCC	3.60	1.10
欧洲 ACETEX	2.25	0.68
欧洲 YNGHOMER	1.40	0.42
合　计	326.75	100.00

表 17-2 2018 年中国大陆区域乙酸甲酯主要生产企业产能统计

生产商	产能/(万 t/a)	占比/%	备注
中国石化长城能源化工(宁夏)有限公司	15.00	6.99	聚乙烯醇副产
中国石化上海石油化工股份有限公司	6.75	3.14	聚乙烯醇副产
安徽皖维高新材料股份有限公司	15.00	6.99	聚乙烯醇副产，有精甲提纯
中国石化四川维尼纶厂	24.00	11.18	聚乙烯醇副产，有精甲提纯
广西广维化工股份有限公司	7.50	3.49	聚乙烯醇副产
内蒙古蒙维科技有限公司	30.00	13.98	聚乙烯醇副产，有精甲提纯
山西三维集团股份有限公司	15.00	6.99	聚乙烯醇副产
内蒙古双欣环保材料股份有限公司	19.50	9.08	聚乙烯醇副产
宁夏大地化工有限公司	19.50	9.08	聚乙烯醇副产
江苏长春化工	18	8.39	聚乙烯醇副产，有精甲提纯
万年县金泽电子材料有限公司	2	0.93	酯化合成，长期停车
漳州欧硕化工有限公司	2.4	1.12	酯化合成，长期停车
江苏省瑞丰高分子材料有限公司	6	2.80	酯化合成
福建纺织纤维集团有限公司	10	4.66	酯化合成，长期停车
新乡市科邦化工有限公司	3	1.40	酯化合成，长期停车

续表

生产商	产能/(万 t/a)	占比/%	备注
延长石油兴化化学	10	4.66	煤制乙醇中间产品
上海派尔科化工材料股份有限公司	1	0.47	酯交换法副产
惠州宇新化工有限责任公司	10	4.66	酯交换法副产
合　计	214.65	100.00	

目前，国际上所应用的乙酸甲酯主要来自中国和日本，国际上乙酸甲酯主要作为丙酮等的替代溶剂使用，应用于天那水等皮革清洗剂方面，消费占比高达 60.00%；其次应用在汽油调和领域，如印尼、泰国等东南亚国家进口乙酸甲酯应用在汽油调和领域，消费占比为 22.00%；此外 16.00%应用在油墨、油漆领域。

整体来看，未来几年乙酸甲酯在国际上的应用领域占比无明显变化，主要还是在天那水等皮革清洗剂应用及汽油调和领域，预计 2023 年消费占比分别为 59.00%、21.00%左右。全球乙酸甲酯消费构成及需求预测见表 17-3。

表 17-3　全球乙酸甲酯消费构成及需求预测

消费领域	2018 年消费比例/%	2023 年消费比例/%	2018~2023 年均增速/%
天那水等皮革清洗剂	60.00	59.00	9.40
油墨、油漆	16.00	17.00	11.11
汽油调和	22.00	21.00	8.75
其他	2.00	3.00	19.04
合　计	100.00	100.00	9.77

国内乙酸甲酯市场消费现状及预测。国内的乙酸甲酯主要来源为聚乙烯醇的副产品，产量受主产品聚乙烯醇供需关系影响较大，生产企业根据市场价格、成本以及需求等因素，来灵活调整生产销售比例。中国乙酸甲酯消费构成及需求预测见表 17-4。

表 17-4　中国乙酸甲酯市场消费构成及需求预测

消费领域	2018 年		2023 年		2018~2023 年均增速/%
	消费量/万 t	比例/%	消费量/万 t	比例/%	
乙醇	0.20	0.47	12.95	22.06	130.28
油墨、油漆	20.80	48.37	18.99	32.35	-1.80
天那水等皮革清洗剂	20.00	46.51	24.17	41.18	3.86
其他	2.00	4.65	2.59	4.41	5.31
合　计	43.00	100.00	58.70	100.00	6.42

需求方面，目前中国乙酸甲酯主要作为丙酮、乙酸乙酯等的替代产品应用于皮革清洗、油墨、油漆的溶剂领域，2018 年作为有机溶剂消费占比高达 94.88%；未来乙酸甲酯仍是主要作为有机溶剂应用，预计 2023 年消费占比仍高达 70%以上；此外，未来作为煤制乙醇(经二甲醚-乙酸甲酯制乙醇路线)的中间产物消费占比将会有明显提升，预计 2023 年消费占比高达 22.06%左右。中国乙酸甲酯供需平衡及预测见表 17-5。

表 17-5 中国乙酸甲酯供需平衡及预测

项目	实际 2018 年	预测		对应年段的年均增长率/%	
		2023 年	2028 年	2018~2023 年	2023~2028 年
产能/(万 t/a)	214.65	234.65	284.65	1.80	3.94
产量/万 t	46.20	63.80	95.60	6.67	8.42
需求/万 t	43.00	58.70	89.00	6.17	8.68
开工率/%	21.52	27.19	33.59	4.79	4.32

国内乙酸甲酯作为替代溶剂的市场分析。国内乙酸甲酯作为溶剂替代丙酮、丁酮，主要是应用在皮革清洗方面，所用乙酸甲酯多为聚乙烯醇副产粗乙酸甲酯(甲酯含量 75%~80%，水含量 20%~25%)。乙酸甲酯相对于丙酮、丁酮在应用的环保性方面优势较为明显。随着国内环保政策的愈加严格，未来乙酸甲酯替代丙酮、丁酮方面将有较大的市场空间。若乙酸甲酯有明显的价格优势，全部代替丙酮和丁酮在溶剂领域的应用，预计到 2023 年约有 76 万 t/a 的替代量。

乙酸甲酯替代乙酸乙酯，主要应用在油墨、油漆领域，所用乙酸甲酯以精乙酸甲酯为主。若乙酸甲酯全部替代乙酸乙酯在油墨、油漆领域的应用，因乙酸乙酯未来需求量不会有明显增长，基本以稳定为主，预计到 2023 年约有 90 万 t/a 的替代量。

目前，国内乙酸甲酯产能总规模超过了 200 万 t，乙酸甲酯主要生产企业有江苏瑞丰、湖南省湘维有限公司、江西万年金泽、皖维高新等企业。2018 年我国乙酸甲酯产量为 92.58 万 t，产量同比 2017 年的 87.22 万 t 增长 6.15%，2018 年其需求量增长至 75.45 万 t。乙酸甲酯行业正处于扩张阶段，一方面是随着环保的要求日益严格，其对有机溶剂的替代显著，同时随着涂料消费税的开征，涂料以及其他相关行业，对乙酸甲酯的需求都在显著上升。

总之，当前乙酸甲酯市场仍处于起步阶段，作为环保型溶剂在替代丙酮、丁酮、乙酸乙酯方面的市场应用前景被广泛看好，但目前其应用领域以及供应质量尚缺乏规范性，且乙酸甲酯主要作为溶剂类的替代品，其价格的高低是竞争力的核心因素，作为溶剂市场的新进入者，如何控制成本以提升市场竞争力是关键所在。其次，国内乙酸甲酯大部分来自聚乙烯醇副产，精乙酸甲酯生产成本在 3450~3500 元/t；酯化合成法的生产成本在 4000~4100 元/t，相对其他工艺生产成本较高，竞争力不足；酯交换法生产成本也相对较高，约为 4000 元/t；煤制乙醇(经二甲醚-乙酸甲酯制乙醇路线)工艺副产精乙酸甲酯的生产成本为 3000~3200 元/t，相对于其他工艺具有较好的成本优势。未来，随着国内对燃料乙醇市场的不断推广，煤制乙醇项目的持续增加，乙醇副产乙酸甲酯路线，将更具有市场影响力和竞争力，从而进一步加速乙酸甲酯在溶剂替代市场的发展。

17.2 乙酸甲酯制备技术[2~4]

目前我国的乙酸甲酯主要是传统的酯化法或是甲醇一步羰化法生产，产品主要由乙酸以及甲醇通过反应得到；还可以利用甲醚生产，但由于传统合成方法流程繁琐，生产成本相对较高，经济性差；另外 PVA、PTA 等大宗化工产品生产过程中会产生较多的乙酸甲酯的副产物，通过分馏能够获得较大产量乙酸甲酯。逐步形成了多种生产工艺并存的局面。

由于乙酸甲酯的生产工艺出现了较大的变化，行业的上游也出现了一定的变动，逐步变成乙酸乙烯(VAC)、对二甲苯(PX)、乙酸、甲醇等四种产品。

酯化法生产乙酸甲酯就是以浓硫酸为催化剂，甲醇与乙酸生成乙酸甲酯。反应方程：

$$CH_3COOH+CH_3OH \longrightarrow CH_3COOCH_3+H_2O$$

乙酸与甲醇以硫酸为催化剂直接进行酯化反应生成乙酸甲酯粗制品，再用氯化钙脱水，碳酸钠中和，分馏后得成品。由于乙酸甲酯容易水解，常温下乙酸甲酯在水中溶解 24%，若有 1%甲醇存在时则可与水混溶。酸性杂质可用无水碳酸钾一起振摇，再蒸馏除去。甲醇也可用乙酰氯处理除去。高纯度的乙酸甲酯可用浓食盐水洗涤，氧化钙或硫酸镁干燥后蒸馏精制，收集 55~58℃馏分，即为成品。

二甲醚或碳酸二甲酯与一氧化碳在绝对无水的条件下，进行羰基化反应来制备乙酸甲酯[4]。采用的催化剂是丝光沸石负载 IB 族金属催化剂，丝光沸石与至少一种 IB 族金属进行离子交换制得该催化剂。离子交换过程中，IB 族金属与丝光沸石中铝的摩尔比 5%~50%。申文杰等[5]发明了一种由二甲醚羰基化制乙酸甲酯的催化剂改性方法。该方法应用于在酸性分子筛催化剂，特别是丝光沸石分子筛上二甲醚与一氧化碳高选择性地生成乙酸甲酯的反应过程。利用吡啶类有机胺改性丝光沸石分子筛，修饰分子筛的孔道结构，改性分子筛酸性，从而有效地抑制积炭，大幅度提高催化剂的稳定性。本发明使用该类催化剂能在温和条件下催化二甲醚羰基化制乙酸甲酯，二甲醚转化率 10%~60%，乙酸甲酯的选择性大于 99%，并且在反应 48h 后催化剂的活性保持稳定。朱文良等[6]发明了一种二甲醚羰基化制备乙酸甲酯的方法，包括将含有二甲醚和一氧化碳以及任选的氢气的原料气通过装有丝光沸石和/或镁碱沸石分子筛催化剂的反应器，在反应温度 190~320℃，反应压力 0.5~20.0MPa，气体体积空速 500~5000h^{-1}下反应，制备乙酸甲酯。

17.3 乙酸甲酯合成机理研究进展

美国加州大学伯克利分校 Iglesia 等[7,8]在研究二甲醚羰基合成乙酸甲酯反应中发现，H-MOR 分子筛具有八元环(8-MR)和十二元环(12-MR)孔道结构，分子筛孔道内存在 Brönsted 酸(B 酸)和 Lewis 酸(L 酸)，H-MOR 分子筛具有较高的 DME 羰基化活性及产物 MA 的选择性。研究表明，DME 羰基化反应主要在 H-MOR 分子筛的 8-MR 内进行：DME 先在 B 酸位上吸附、解离产生甲氧基中间体，然后由吸附在 L 酸位上的 CO 进攻甲氧基的 C—O 键，形成乙酰基过渡态，此为反应的速控步骤。Iglesia 等[9,10]结合表征和计算结果提出了 DME 在酸性分子筛上羰基化反应历程，DME 分子首先与分子筛上的 Brönsted 酸位作用生成甲氧基正碳离子，同时脱附生成甲醇分子，此步骤是羰基化反应的诱导期；CO 分子进攻甲氧基正碳离子，插入分子筛骨架生成乙酰基正离子中间体，这是反应的引发期，也是反应的速控步骤；DME 分子与乙酰基正离子中间体反应生成乙酸甲酯分子 MA，同时生成 1 个新的甲氧基正碳离子，实现了催化循环。丹麦大学 Jensen 等[11]通过密度泛函理论计算与同位素标记实验，证实 CO 分子插入甲氧基生成活化络合物乙酰基的过程经过乙烯酮中间体。巴伦西亚理工大学 Corma 等[12~14]通过理论计算分析了分子筛催化剂催化甲醇或 DME 与 CO 的羰基化反应机理，发现水对羰基化反应的速率有负面影响，水和甲醇在 Brönsted 酸中心上的竞争吸附关系，减少了可用于与 CO 反应的甲氧基数量。

中科院大连化物所 Bao[15]通过原位 ^{13}C-MAS 核磁共振分析检测到乙酰基中间体。中科院大连化物所 Liu 等[16]通过漫反射观测红外傅里叶变换(DRIFT)光谱，观察到甲氧基在酸性位上被化学吸附，甲氧基与 CO 反应生成乙酰基，然后乙酰基与 DME 反应生成 MA 和甲氧基。天津大学 Cai[17]制备了硅铝比 8～26 的 H-MOR，实验发现，DME 羰基化的活性随 H-MOR的硅铝比增加而降低，说明增强 H-MOR 的酸性有助于降低 DME 羰基化的活化能；Ma 等[18~20]通过实验和密度泛函理论计算证实，Cu^0与 H-MOR 的 B 酸位对 DME 的羰基化反应具有协同作用。此外，在原料气中加入 5%～19%(体积)H_2，可抑制 H-MOR 在 DME 羰基化反应过程中失活，并增加催化剂稳定性和 MA 生成速率。

牛群阳[21]研究二甲醚羰基化反应发现，催化剂 H-MOR 的羰基化活性随着反应温度的升高而提高，在 220℃时催化剂的 DME 转化率最高可达 74.0%。然而，高温易产生积炭，导致催化剂快速失活。当反应温度为 180℃时，催化剂具有较好的稳定性，DME 转化率保持在 20.0%左右。以 H-MOR 为载体，采用离子交换法负载 Cu(标记为 IE-Cu)时，DME 转化率提高了 16.9%，达到 36.9%。但采用固态反应法负载 Cu(标记为 SSR-Cu)时，DME 转化率仅提高了 6.7%。这可能是由于由固态反应法制备的样品 SSR-Cu 中的大部分 Cu 以 CuO 形式存在于分子筛表面，而由离子交换法制备的样品 IE-Cu 中的大部分 Cu 则以离子态形式存在于分子筛孔道内，由于 DME 羰基化反应主要在分子筛八元环内进行，所以 IE-Cu 孔道内离子态的 Cu 更有利于羰基化反应的进行。刘亚华[22]研究了丝光沸石分子筛制备及二甲醚羰基化反应性能发现，H-MOR 分子筛上强酸性位越多，二甲醚羰基化催化活性也就越高；H-MOR 分子筛颗粒尺寸越小，外比表面积越大，越有利于物质扩散，二甲醚羰基催化活性越稳定；但同时，“积炭中间体”很容易从微孔迁移到外表面，抑制硬积炭堵塞分子筛孔道。为了提高二甲醚羰基化反应催化活性，采用离子交换方法制备了高分散 Cu-H-MOR 催化剂，与 H-MOR 分子筛相比较，Cu-H-MOR 催化剂上 DME 转化率均得到提高，特别 450℃、H_2 还原预处理后 H-MOR 催化剂上 DME 转化率提高了 15%以上，且其稳定性更好。Cu^+存在下，催化剂对 CO 具有更强的吸附能力，使得催化剂孔道内吸附 CO 浓度增高。由于 CO 插入 CH_3^* 物种形成 CH_3COO^* 物种是二甲醚羰基化反应的速度控制步骤，同时 Cu^+对 CO 具有很大的吸附能力，因此预处理后 Cu-H-MOR 催化剂上 Cu^+的存在能够很大程度上提高 DME 转化率。因此，认为 Cu-H-MOR 催化剂上 Cu^+和 H-MOR 在二甲醚羰基化反应中存在协同作用机理，即 H-MOR 上解离吸附 DME 分子形成 CH_3^* 物种，Cu^+大量吸附并活化的 CO 快速插入 CH_3^* 物种生成 CH_3COO^* 物种，随后与另一个 DME 分子生成 MA。

刘俊龙[23]研究了酸性分子筛催化二甲醚羰基化反应发现，二甲醚在酸性分子筛上羰基化制乙酸甲酯是一条合成乙酸的新途径。由于这种方法具有无卤、非贵金属、反应条件温和等优点，已引起学术界和工业界的广泛兴趣和关注。酸性分子筛上二甲醚羰基化反应是一个过渡态择形催化反应，具有 8 元环结构的丝光沸石具有较高的催化活性，二甲醚羰基化反应经历诱导期、稳定期和快速失活期。8 元环内的 Brönsted 酸性位是二甲醚羰基化反应的活性位，而 12 元环孔道内的 Brönsted 酸位是反应的积炭失活位。选取了分子直径介于丝光沸石 12 元环和 8 元环孔径的吡啶分子，选择性吸附并中和掉 12 元环内的酸性位，保持了 8 元环内的催化活性位，有效地抑制了积炭生成，提高了催化反应稳定性。酸预处理丝光沸石，会脱除骨架铝导致酸性位减少和催化活性降低，同时产生的 SiOH 与二甲醚反应生成 $SiOCH_3$

堵塞孔口，阻碍分子扩散，降低活性位的转换频率。适当浓度的碱处理会优先溶解丝光沸石硅原子，多级孔结构的形成促进了分子扩散，从而提高催化活性。同时还考察了二甲醚在具有 8 元环和 10 元环结构的 HZSM-35 上的羰基化反应规律，认为和丝光沸石相比，HZSM-35 具有较大的 8 元环孔道，因而其二甲醚羰基化活性降低，但是其 10 元环具有较小的孔径，积炭在 HZSM-35 上的生成被部分抑制，提高了催化反应的稳定性。

王彤等[24]采用离子交换法制备了金属改性 M/H-MOR(M=Cu、Fe、Zn、Cu-Fe、Cu-Zn 或 Cu-Fe-Zn)分子筛，用于催化二甲醚(DME)羰基化合成乙酸甲酯反应。实验采用 EDXRF、XRD、N_2 等温吸附脱附、NH_3-TPD 和 Py-IR 等分析测试手段对催化剂进行了表征；对 Cu-Fe-Zn/H-MOR 催化二甲醚羰基化反应进行了反应条件优化和稳定性测试。结果表明：金属改性对 Brönsted 酸中心在分子筛八元环(8-MR)和十二元环(12-MR)内的分布存在显著的影响；除 Cu-Fe/H-MOR 和 Fe/H-MOR 外，其余改性分子筛的 12-MR 内 Brönsted 酸量均大幅度降低；特别是 Cu-Fe-Zn/H-MOR 催化剂，其 12-MR 内酸中心数量仅为 91μmol/g，这是其稳定性优异的主要原因。在 200℃、1.5MPa、原料气 MHSV 为 2400mL/(gcat·h)条件下，DME 转化率在反应 1h 时即可达 35.7%，反应 4h 时达到最高 42.9%；反应 30h 时 DME 转化率为 22.9%，表现出良好的稳定性。赵娜等[25]利用离子交换法制备金属改性的 H-MOR 催化剂，根据 DME 羰基化活性测试结果发现，IE-Co 和 IE-Fe 催化剂的 DME 羰基化转化率降低，IE-Cu 和 IE-Ni 催化剂的 DME 羰基化转化率提高，IE-Cu催化剂的 DME 转化率高达 36.9%，约为新鲜 H-MOR 催化剂的两倍。综合以上 4 种金属改性后 H-MOR 催化剂 DME 羰基化活性考察结果，IE-Cu 催化剂的 DME 羰基化活性最高，为此以 IE-Cu 催化剂为基础，继续考察了还原温度对催化剂活性的影响，发现 450℃ 的还原温度下催化剂活性较高，分析可能是由于高温下金属 Cu^{2+} 被更多地还原为低价 Cu 物种，有利于提高 DME 羰基化反应速率。中科院大连化物所 Liu 等[26]对比研究了 DME 在 H-MOR和吡啶修饰的 H-MOR 上的 DME 羰基化反应，结果表明，吡啶预吸附可显著提高 DME 羰基化反应的稳定性和 H-MOR 催化剂的寿命，且不影响目标产物 MA 的收率，分子筛改性可能会成为研究热点。

17.4 乙酸甲酯合成机理分析

17.4.1 酯化法合成乙酸甲酯

酯化法生产乙酸甲酯就是以浓硫酸为催化剂，甲醇与乙酸生成乙酸甲酯。反应方程：

$$CH_3COOH+CH_3OH \longrightarrow CH_3COOCH_3+H_2O$$

下面就其反应机理进行研究。

(1) 甲醇、乙酸分子结构

图 17-1 甲醇分子结构分析。图 17-1(a)是 C、O 和 H 原子外层电子轨道结构。在图 17-1(b)中，C 原子外层含有未成键电子的 sp^3 杂化轨道与 O 原子外层含有未成键的电子 sp^3 杂化轨道重叠，共用 1 对电子生成 1 个 C—O 键；C 原子外层剩余的 3 个含有未成键电子的 sp^3 杂化轨道与 3 个 H 原子外层含有未成键电子的 s 轨道重叠，共用 3 对电子生成 3 个 C—H 键；第 4 个 H 原子外层含有未成键电子的 s 轨道与 O 原子外层第 2 个含有未成键电子的 sp^3

杂化轨道重叠，共用1对电子生成1个H—O键，则生成1个甲醇分子CH_3OH，其电子轨道结构如图17-1(c)所示。

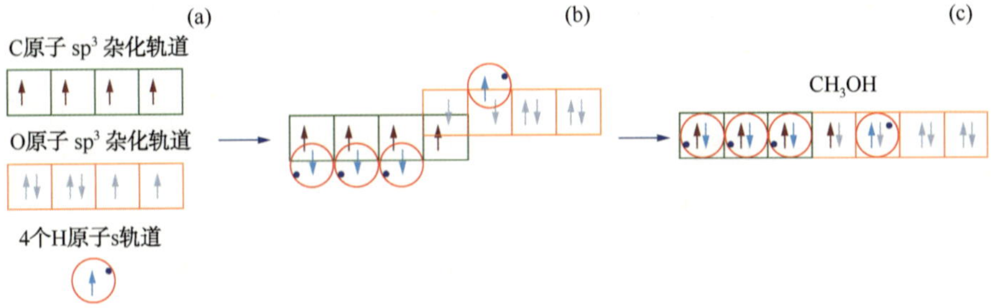

图17-1　甲醇分子结构分析

图17-2是乙酸分子结构分析。图17-2(a)是C、O和H原子电子轨道结构图，图中有2个C原子、2个O原子和4个H原子，分别标记为1-C和2-C，1-O和2-O，1-H、2-H、3-H和4-H。在图17-2(b)中，1-C原子外层1个含有未成键电子的sp^3杂化轨道与2-C原子外层1个含有未成键电子的sp^3杂化轨道重叠，共用1对电子生成C—C键，1-C原子外层剩余的3个含有未成键电子的sp^3杂化轨道与1-H、2-H和3-H原子外层含有未成键电子的s轨道重叠，共用3对电子生成3个C—H键；2-C原子外层2个含有未成键电子的sp^3杂化轨道与1-O原子外层2个含有未成键电子的sp^3杂化轨道重叠，共用2对电子生成1个C═O键；2-C原子外层第4个含有未成键电子的sp^3杂化轨道与2-O原子外层1个含有未成键电子的sp^3杂化轨道重叠，共用1对电子生成1个C—O键；2-O原子外层第2个含有未成键电子的sp^3杂化轨道与4-H原子外层含有未成键电子的s轨道重叠，共用1对电子生成了1个H—O键，则生成1个乙酸分子CH_3COOH，其电子轨道结构如图17-2(c)所示。

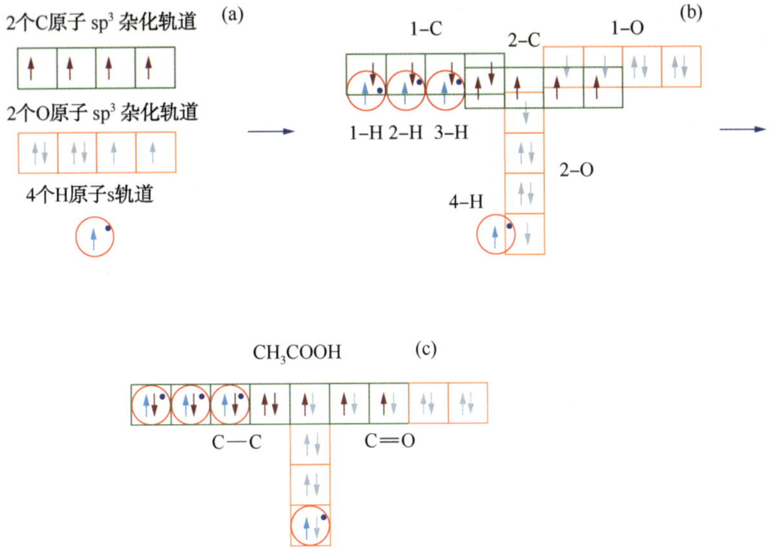

图17-2　乙酸分子结构分析

(2) 浓硫酸自偶电离

图17-3是浓硫酸分子H_2SO_4自偶电离过程分析。图17-3(a)是浓硫酸分子H_2SO_4结构

示意图，浓 H_2SO_4 是强酸，2 个浓硫酸分子相互作用会发生自偶电离，自身自偶电离会产生一部分硫酸合氢离子 $H_3SO_4^+$，其结构示意如图 17-3(b)，正是这一部分硫酸合氢离子 $H_3SO_4^+$(H^+)产生导致浓硫酸具有非常强的酸性，对外能提供 H^+；浓硫酸溶液中发生自偶电离后另一部分硫酸分子变为 HSO_4^-，其结构示意如图 17-3(c)所示。

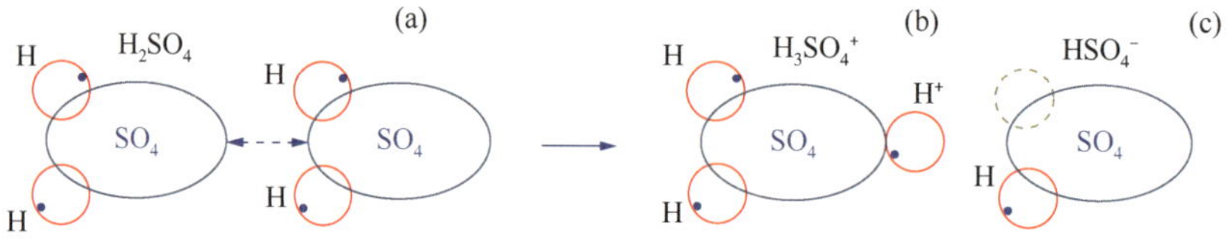

图 17-3 浓硫酸分子自偶电离过程分析

(3) 浓硫酸催化作用

图 17-4 是甲醇分子 CH_3OH 与硫酸合氢离子 $H_3SO_4^+$ 相互作用过程分析。图 17-4(a)是甲醇分子电子轨道结构图和 $H_3SO_4^+$ 结构示意图。在图 17-4(b)中，硫酸合氢离子 $H_3SO_4^+$ 提供的 H^+攻击甲醇分子中 C—O 键，C—O 键被激活，根据表 17-6 电负性数据[27]，O 原子电负性(3.44)大于 C 原子电负性(2.55)，O 原子控制共用电子对的能力强于 C 原子，当 H^+外层空的 s 轨道与 C、O 原子重叠轨道相互作用时，共用电子对会留在 O 原子外层 sp^3 杂化轨道上，并与 H^+外层空的 s 轨道重叠，共用 1 对电子生成 1 个 H—O 键，则生成 1 个 H_2O 分子，其电子轨道结构如图 17-4(c)所示。同时，C—O 键断裂时，C 原子失去共用电子对，在其外层出现 1 个空的 sp^3 杂化轨道，则生成 1 个甲基正碳离子 CH_3^+，其电子轨道结构如图 17-4(d)所示。而硫酸合氢离子 $H_3SO_4^+$ 提供了 H^+后，其结构变成硫酸分子 H_2SO_4，结构示意如图 17-4(e)所示。

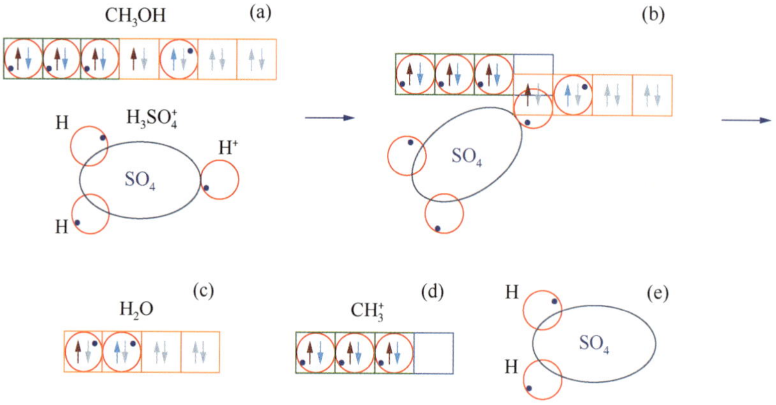

图 17-4 甲醇分子与硫酸合氢离子相互作用过程分析

表 17-6 部分元素电负性

元素	H	Pd	Rh	Cr	Zn	Al	Zr	La	Cu	O	Mo	C
A^0	2.20	2.20	2.20	1.66	1.65	1.61	1.33	1.10	1.90	3.44	2.16	2.55
A^+		5.00	4.60	4.19	4.92	4.47	3.59	2.99	5.04	8.77	4.18	6.42
A^{2+}		9.42	8.85	8.54	10.38	8.51	6.50	5.44	10.28	16.21	7.80	13.01
A^{3+}		14.75	13.80	14.41	17.84	26.72	10.32	12.44	16.57	23.82	13.24	20.23

浓硫酸溶液中发生自偶电离后，一部分硫酸分子会变成硫酸合氢离子 $H_3SO_4^+$，另一部分硫酸分子变为 HSO_4^-。浓硫酸自偶电离生成的 HSO_4^- 是缺质子(H^+)结构，它会与乙酸分子相互作用，获得 H^+变成硫酸分子 H_2SO_4。

图 17-5 是乙酸分子与 HSO_4^- 相互作用过程分析。图 17-5(a)是乙酸分子电子轨道结构图和 HSO_4^- 结构示意图。在图 17-5(b)中，HSO_4^- 是缺 H^+结构，乙酸分子与 HSO_4^- 相互作用时，HSO_4^- 只能在乙酸分子中 C—H 键或 O—H 键位置获得 H^+。文献[28]中，C—H 键键长 109pm、键能 414kJ/mol，O—H 键键长 96pm、键能 464kJ/mol，那么 HSO_4^- 最可能在乙酸分子中 C—H 键位置获得 H^+。所以 HSO_4^- 会与乙酸分子中 C—H 键相互作用，H^+会从乙酸分子中 C—H 键位置向 HSO_4^- 转移，并与 HSO_4^- 结合成为硫酸分子 H_2SO_4，其分子结构示意如图 17-5(c)所示，乙酸分子失去 H^+后生成图 17-5(d)结构。在图 17-5(d)中，根据表 17-6 电负性数据[27]，O 原子电负性(3.44)大于 C 原子电负性(2.55)，H—O 键中 H 原子控制共用电子对能力弱于 C—H 键中 H 原子控制共用电子对能力，所以 H—O 键中 H^+会向 C 原子外层含有孤对电子的 sp^3 杂化轨道转移，生成 1 个乙酸根离子 CH_3COO^-，其电子轨道结构如图 17-5(e)所示。

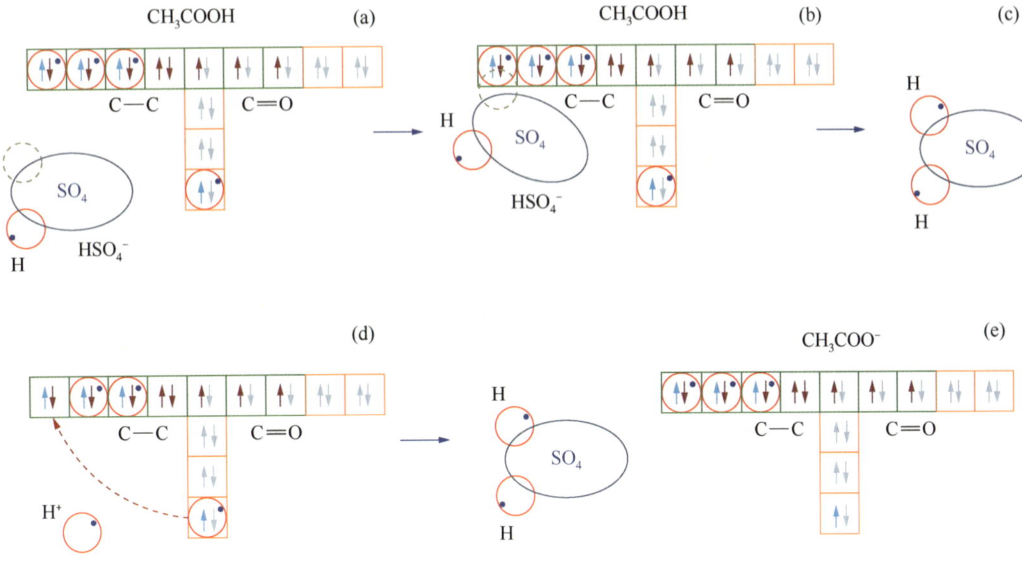

图 17-5 乙酸分子与 HSO_4^- 相互作用过程

(4) 生成乙酸甲酯

图 17-6 是甲基正碳离子 CH_3^+ 与乙酸根离子 CH_3COO^-作用生成乙酸甲酯分子过程分析。图 17-6(a)是乙酸根离子 CH_3COO^-和甲基正碳离子 CH_3^+ 的电子轨道结构图。在图 17-6(a)中，甲基正碳离子 CH_3^+ 中 C 原子外层空的 sp^3 杂化轨道与乙酸根离子 CH_3COO^-结构中 2-O 原子外层含有孤对电子的 sp^3 杂化轨道重叠，共用 1 对电子生成了 1 个 C—O 键，通过这个 C—O 键把甲基正碳离子 CH_3^+ 与乙酸根离子 CH_3COO^- 相连接，则生成 1 个乙酸甲酯分子 CH_3COOCH_3，其电子轨道结构如图 17-6(b)所示。

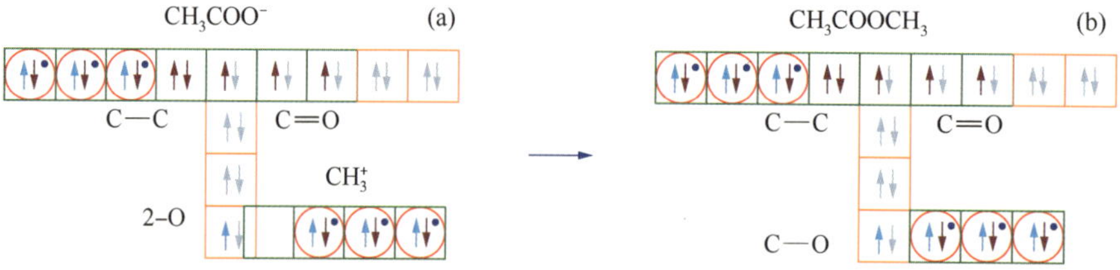

图 17-6 乙酸甲酯生成过程分析

(5) 反应机理分析

在浓 H_2SO_4 加热的条件下，甲醇和乙酸发生酯化反应生成乙酸甲酯，反应方程如下：

$$2H_2SO_4 \longrightarrow H_3SO_4^+ + HSO_4^- \tag{1}$$

$$CH_3OH + H_3SO_4^+ \longrightarrow CH_3^+ + H_2SO_4 + H_2O \tag{2}$$

$$CH_3COOH + HSO_4^- \longrightarrow CH_3COO^- + H_2SO_4 \tag{3}$$

$$CH_3COO^- + CH_3^+ \longrightarrow CH_3COOCH_3 \tag{4}$$

式(1)+(2)+(3)+(4)得到式(5)，即生成乙酸甲酯。

$$CH_3OH + CH_3COOH \longrightarrow CH_3COOCH_3 + H_2O \tag{5}$$

(6) 小结

在浓 H_2SO_4 加热的条件下，甲醇与乙酸发生酯化反应生成乙酸甲酯，其反应过程可分为 4 步：

① 浓硫酸自偶电离，部分生成硫酸合氢离子 $H_3SO_4^+$，另一部分生成 HSO_4^-；

② 硫酸合氢离子 $H_3SO_4^+$ 提供 H^+ 攻击甲醇分子 C—O 键，C—O 键断裂生成甲基正碳离子 CH_3^+ 和 H_2O 分子；

③ 带负电的 HSO_4^- 与乙酸作用，生成了乙酸根离子 CH_3COO^- 和硫酸分子；

④ 甲基正碳离子 CH_3^+ 和乙酸根离子 CH_3COO^- 反应生成 1 个乙酸甲酯分子 CH_3COOCH_3。

17.4.2 二甲醚与一氧化碳羰基化反应

文献[6]报道了二甲醚羰基化制备乙酸甲酯的方法，包括将含有二甲醚和一氧化碳以及氢气的原料气通过装有丝光沸石和/或镁碱沸石分子筛催化剂的反应器，在反应温度 190~320℃，反应压力 0.5~20.0MPa，合成乙酸甲酯。文献报道[18,19,21,22]，Cu-H-MOR 催化剂上二甲醚(DME)羰基化反应合成乙酸甲酯具有较好活性，在丝光沸石分子筛孔道内离子态的 Cu 更有利于羰基化反应。文献[15~17]报道，在原料气中加入 5%~19%(体积分数)H_2，可抑制 H-MOR 在 DME 羰基化反应过程中失活，并增加催化剂稳定性和 MA 生成速率。分析推测，Cu-H-MOR 催化剂上 DME 羰基化反应中 H_2 不仅起到抑制催化剂失活的作用，还有可能参与 DME 的羰基化反应，接下来就二甲醚羰基化反应中催化剂与反应物之间相互作用关系进行分析。

H-MOR 催化剂是含硅铝元素的催化剂，文献[29,30]对含硅铝元素催化剂的酸性、活性及催化剂失活与再生做了详细研究。研究证明，常用硅铝催化剂中，Si 原子的 O 原子配位数是 4，具有正四面体结构[SiO_4]；Al 原子的 O 原子配位数可能会是 4、5 和 6，也可能存在 2 或 3 配位的 Al 原子，硅铝催化剂酸性质是由 Al 原子的 O 原子配位数决定，配位数越大酸性越强；2、3 配位的 Al 原子形成 L 酸中心，4、5 和 6 配位的 Al 原子形成 B 中心。2 配位 Al 原子形成弱 L 酸中心[AlO_2]，3 配位 Al 原子形成强 L 酸中心[AlO_3]；4 配位的 Al 原子形成具有正四面体结构的弱 B 酸中心 H[AlO_4]，5 配位的 Al 原子形成正四方锥或三角双锥结构的强 B 酸中心 H_2[AlO_5]，6 配位的 Al 原子形成正八面体结构的强 B 酸中心 H_3[AlO_6]，酸性越强释放出的 H^+的数量越多。MOR 催化剂中同样存在 B 酸中心和 L 酸中心，下面以 4 配位 B 酸中心为例研究二甲醚羰基化反应过程。

（1）二甲醚分子结构

图 17-7 是二甲醚分子结构分析，图 17-7(a)是 C 原子、O 原子和 H 原子外层的电子轨道结构图，图中有 1 个 O 原子，2 个 C 原子，分别标记为 1-C 和 2-C，1-H、2-H、3-H、4-H、5-H 和 6-H。

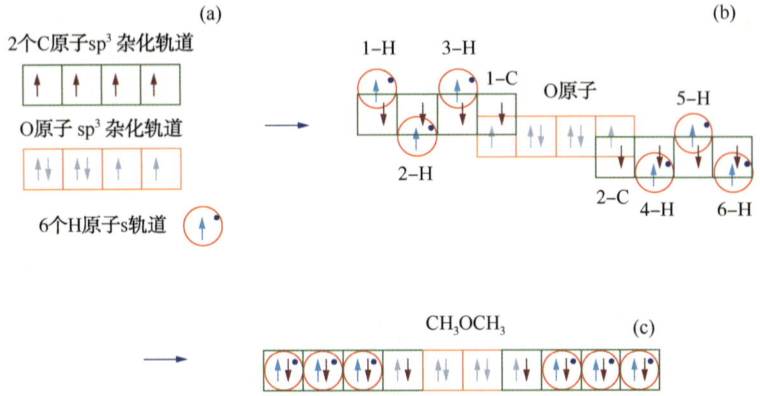

图 17-7 二甲醚分子结构分析

在图 17-6(b)中，O 原子外层含有未成键电子的 2 个 sp^3 杂化轨道分别与 1-C 和 2-C 原子外层含有未成键电子的 sp^3 杂化轨道重叠，共用 2 对电子生成 2 个 C—O 键；1-C 原子外层剩余的 3 个含有未成键电子的 sp^3 杂化轨道分别与 1-H、2-H 和 3-H 原子外层含有未成键电子的 s 轨道重叠，共用 3 对电子生成 3 个 C—H 键；2-C 原子外层剩余的 3 个含有未成键电子的 sp^3 杂化轨道分别与 4-H、5-H 和 6-H 原子外层含有未成键电子的 s 轨道重叠，共用 3 对电子生成 3 个 C—H 键，2 个 C 原子、1 个 O 原子和 6 个 H 原子通过 2 个 C—O 键、6 个 C—H 键生成 1 个二甲醚分子 CH_3OCH_3，其电子轨道结构如图 17-7(c)所示。

（2）4 配位 B 酸中心

图 17-8 是催化剂 4 配位 B 酸中心的失活与再生过程分析。4 配位 B 酸中心由 1 个 Al 原子、4 个 O 原子和 1 个 H 原子组成 H[AlO_4]结构，用 HB 表示，如图 17-8(b)。4 配位 B 酸中心可释放 1 个 H^+，释放 H^+后失去活性，失活 4 配位 B 酸中心[AlO_4]$^-$结构，B^-表示失活 4 配位 B 酸中心，其结构如图 17-8(c)所示。

（3）一氧化碳分子结构分析

图 17-9 是 CO 结构分析。图 17-9(a)是 C 原子外层 $2s^22p^2$ 轨道和 O 原子外层 $2s^22p^4$ 轨道。在图 17-9(b)中，C 原子外层 2p 轨道上 2 个未成键电子与 O 原子 2p 外层轨道上 2 个未成键电子结合形成 2 个 C—O 共价键，O 原子外层 2p 轨道上孤对电子进入 C 原子外层 2p 空轨道生成 1 个配位键 O→C，则生成 CO 分子，其电子轨道结构如图 17-9(c)所示。

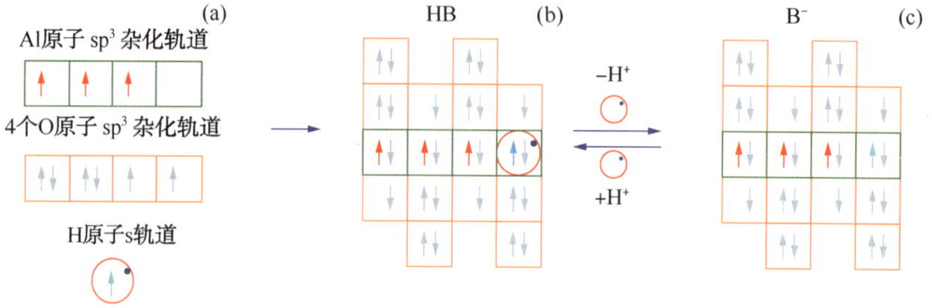

图 17-8　4 配位 B 酸中心失活与再生过程分析

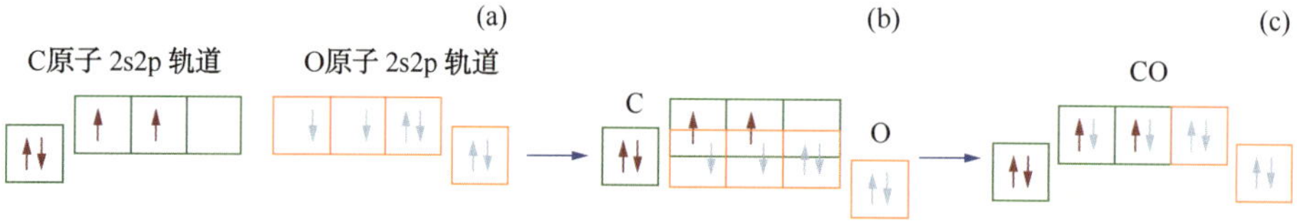

图 17-9　CO 结构分析

（4）生成甲基正碳离子 CH_3^+

图 17-10 是二甲醚分子与 4 配位 B 酸中心相互作用生成甲醇和甲基正碳离子 CH_3^+ 过程分析。图 17-10(a)是二甲醚分子和 4 配位 B 酸中心电子轨道结构图。在图 17-10(b)中，二甲醚与 4 配位 B 酸中心相互作用，4 配位 B 酸中心提供的 1 个 H^+ 攻击二甲醚分子中某个 C—O 键，根据表 17-7 部分元素电负性数据[27]，因为 O 原子电负性(3.44)大于 C 原子电负性(2.55)，所以当 C—O 键受到 H^+ 攻击断裂时，共用电子对会留在 O 原子外层的 sp^3 杂化轨道上，并与 H^+ 结合生成 1 个新的 H—O 键，即生成甲醇分子 CH_3OH；C—O 键断裂时，C 原子外层出现 1 个空 sp^3 杂化轨道，则生成 1 个甲基正碳离子 CH_3^+，其电子轨道结构如图 17-10(c)所示；4 配位 B 酸中心失去 H^+ 后变成失活的 B 酸中心 B^-，其电子轨道结构如图 17-10(d)所示。

表 17-7　部分元素电负性

元素	H	C	O	Cr	Zn	Al	Zr	La	Cu	Mo	Pd
A^0	2.20	2.55	3.44	1.66	1.65	1.61	1.33	1.10	1.90	2.16	2.20
A^+		6.42	8.77	4.19	4.92	4.47	3.59	2.99	5.04	4.18	5.00
A^{2+}		13.01	16.21	8.54	10.38	8.51	6.50	5.44	10.28	7.80	9.42
A^{3+}		20.23	23.82	14.41	17.84	26.72	10.32	12.44	16.57	13.24	14.75

（5）生成甲氧基 CH_3O^-

二甲醚在 B 酸中心反应生成的甲醇，会继续与失活 B 酸中心 B^- 相互作用，图 17-11 是甲醇与失活 B 酸中心 B^- 相互作用，生成甲氧基 CH_3O^- 过程分析。图 17-11(a)是甲醇分子和失活 B 酸中心 B^- 电子轨道结构图。在图 17-11(a)中，失活 B 酸中心 B^- 结构电价不平衡，带负电，具有获得正电荷如 H^+ 的能力。当失活 B 酸中心 B^- 与甲醇分子相互作用时，因失活 B 酸中心 Al 原子加 O 原子的电负性(5.05)大于甲醇分子中 O 原子电负性(3.44)，结果甲醇分子中 H^+ 转移到失活 B 酸中心 B^- 中 Al、O 原子外层重叠轨道处，失活 B 酸中心 B^- 得到 H^+

后恢复了活性，结构变为 HB，其电子轨道结构如图 17-11(b)所示；甲醇分子失去 H^+后，H—O 键断裂，甲醇分子生成了 1 个甲氧基 CH_3O^-结构，其电子轨道结构如图 17-11(c)所示。

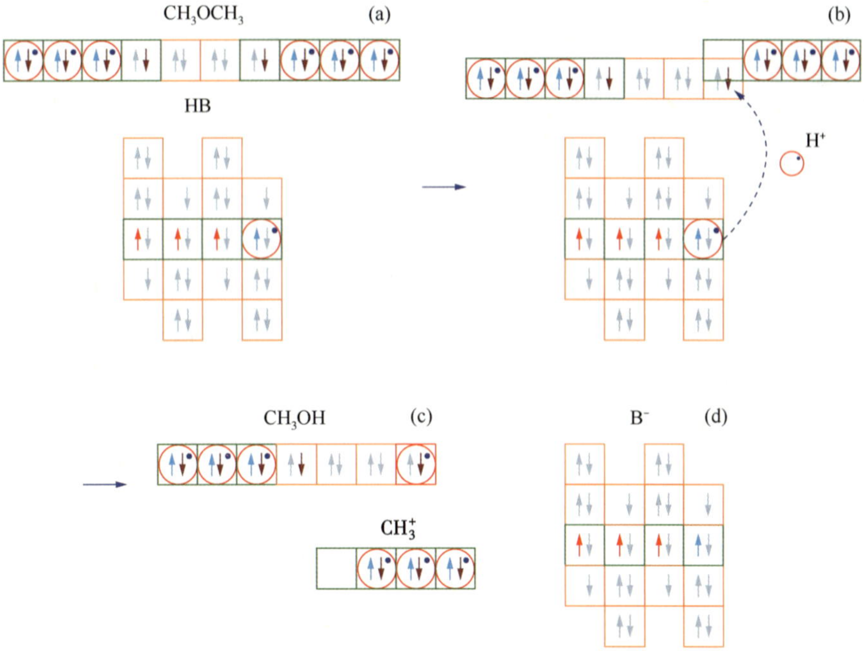

图 17-10 二甲醚分子与 4 配位 B 酸中心相互作用过程分析

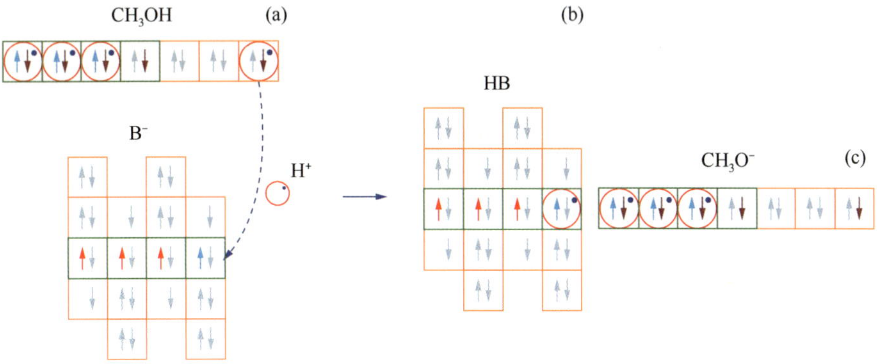

图 17-11 二甲醚生成 CH_3O^-结构分析

(6) CO 与 CH_3O^-反应

甲醇与失活 B 酸中心 B^-作用，失去 H^+生成 CH_3O^-，带负电荷，它会与 CO 进一步作用，图 17-12 是 CO 与 CH_3O^-相互作用过程分析。图 17-12(a)是 CO 和 CH_3O^-的电子轨道结构图。在图 17-12(b)中，当 CH_3O^-与 CO 相互作用时，CO 分子中 C、O 原子外层轨道首先进行 sp^3 杂化，各自生成 4 个 sp^3 杂化轨道。带负电荷的 CH_3O^-结构中 O 原子外层含有孤对电子的 sp^3 杂化轨道与缺电子结构的 CO 分子中 C、O 原子重叠轨道作用，激活了 CO 分子中的 C≡O 键，CO 分子中的 C≡O 键是由 2 个 C—O 共价键和 1 个 O→C 配位键组成，2 个 C—O

共价键键能比配位键大，也就是激活了 CO 分子中 O→C 配位键。彼此相互作用，O→C 配位键断裂，C═O 键转变为 C═O 键，O 原子携带共用电子对离开与 C 原子的重叠轨道，则在 C 原子外层出现了 1 个空的 sp^3 杂化轨道，如图 17-12(c)所示；CH_3O^- 中 O 原子外层含有孤对电子的 sp^3 杂化轨道会与 C 原子外层空的 sp^3 杂化轨道重叠，共用 1 对电子生成 1 个 C—O 键，则生成了 $COOCH_3^-$ 结构，其电子轨道结构如图 17-12(d)。

也就是说，CO 与甲氧基 CH_3O^- 相互作用，只能生成中间体 $COOCH_3^-$ 结构，而生成乙酰基 CH_3COO^- 结构的可能性很小或不可能，这与相关文献[7~10]结果不同。

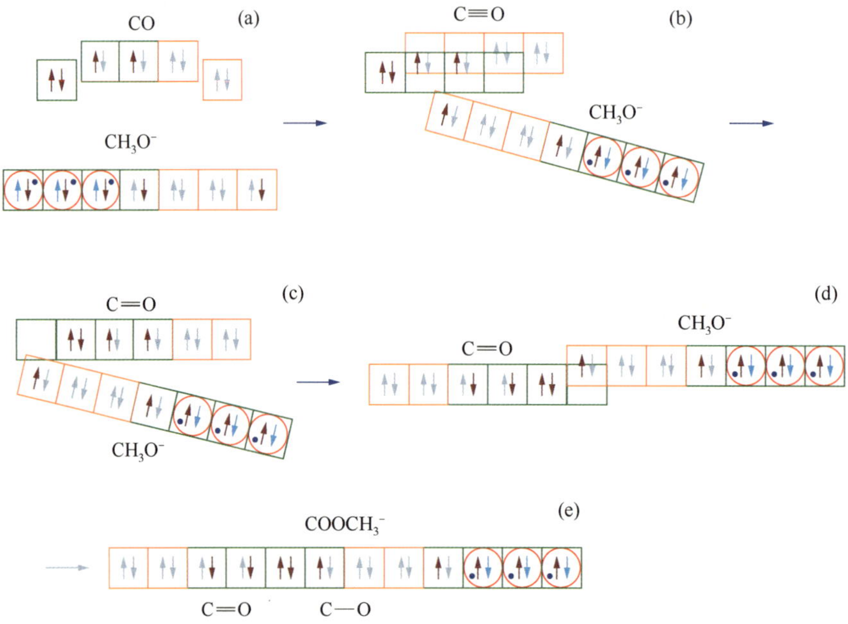

图 17-12　中间体 $COOCH_3^-$ 生成分析

(7) 乙酸甲酯分子生成分析

图 17-13 是中间体 CH_3^+ 与 $COOCH_3^-$ 生成乙酸甲酯分子过程分析。图 17-13(a)是 CH_3^+ 与 $COOCH_3^-$ 电子轨道结构图。在图 17-13(b)中，CH_3^+ 结构中 C 原子外层空 sp^3 杂化轨道与 $COOCH_3^-$ 结构中 C_1原子外层含有孤对电子的 sp^3 杂化轨道重叠，共用 1 对电子生成 1 个C—C键，则生成了 1 个乙酸甲酯分子 CH_3COOCH_3，其电子轨道结构如图 17-13(c)所示。

文献[18~25]等报道，一些过渡金属元素改性 H-MOR 催化剂，这可能是利用过渡元素化合价可变的特点为催化剂提供晶格氧，提高催化剂中 B 酸中心个数，降低 L 酸中心占比。增加催化剂中 B 酸中心数量有利于二甲醚羰基化合成乙酸甲酯。

(8) 反应机理分析

二甲醚在 H-MOR 催化剂上进行羰基化反应生成乙酸甲酯，以 4 配位 B 酸中心 HB 为例，其反应过程如下：

$$CH_3OCH_3+HB \longrightarrow CH_3OH+CH_3^++B^- \tag{1}$$

$$CH_3OH+B^- \longrightarrow CH_3O^-+HB \tag{2}$$

$$CO+CH_3O^- \longrightarrow COOCH_3^- \tag{3}$$

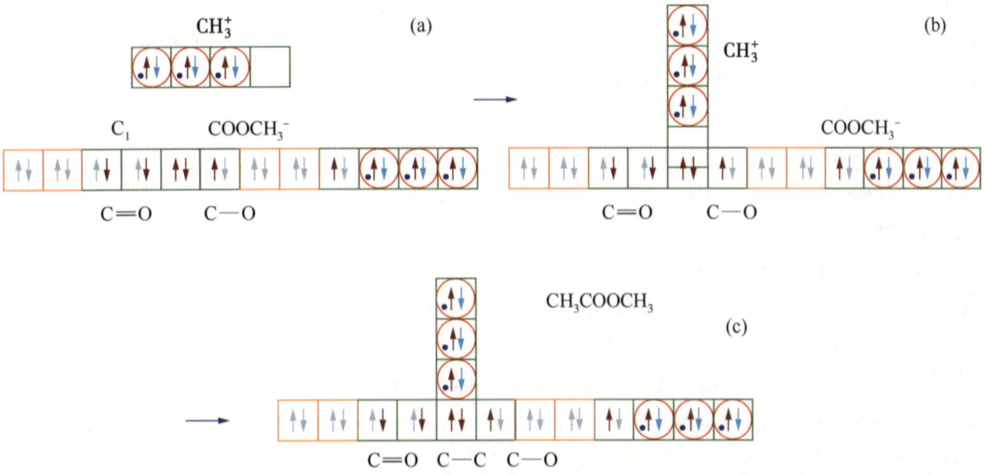

图 17-13 乙酸甲酯分子生成分析

$$CH_3^+ + COOCH_3^- \longrightarrow CH_3COOCH_3 \quad (4)$$

式(1)+(2)+(3)+(4)得到式(5)：

$$CH_3OCH_3 + CO \longrightarrow CH_3COOCH_3 \quad (5)$$

(9) 小结

二甲醚在 H-MOR 催化剂上进行羰基化反应生成乙酸甲酯，可分 4 步：

① 二甲醚与催化剂 B 酸中心作用，生成甲醇分子和甲基正碳离子 CH_3^+，催化剂 B 酸中心失活；

② 失活 B 酸中心与甲醇分子作用，甲醇失去 H^+生成中间体 CH_3O^-，失活 B 酸中心得到 H^+后恢复活性；

③ 中间体 CH_3O^-与 CO 分子作用，生成中间体 $COOCH_3^-$；

④ 甲基正碳离子 CH_3^+ 与中间体 $COOCH_3^-$ 反应生成乙酸甲酯 CH_3COOCH_3 分子。

参 考 文 献

[1] 靳国忠. 2018 年乙酸甲酯生产及市场分析[J]. 山东化工，2019，48(19)：83-85.

[2] 2019 年中国醋酸甲酯行业市场发展现状[EB/OL]. 2019-09-26. https://www.sohu.com/a/343547646_252291.

[3] 中国醋酸甲酯市场调研与行业前景预测报告(2022 年版)[EB/OL]. https://txt.cir.cn/1331656.html.

[4] PB Chemicals Limited：US20100274045 A1[P]. 2010-10-28.

[5] 申文杰，刘俊龙，黄秀敏，等. 一种二甲醚羰基化制备乙酸甲酯的方法：200810011999.4[P]. 2008-06-25.

[6] 朱文良，刘红超，刘勇等. 一种二甲醚羰基化制备乙酸甲酯的方法：201210571346.8[P]. 2012-12-25.

[7] Cheung P，Bhan A，Sunley G J，Iglesia E. Selective carbonylation of dimethyl ether to methyl acetate catalyzed by acidic zeolites[J]. Angewandte Chemie International Edition，2006，45(10)：1617-1620.

[8] Bhan A，Allian A D，Sunley G J，Law D J，Iglesia E. Specificity of sites within eight-membered ring zeolite channels for carbonylation of methyls to acetyls[J]. Journal of the American Chemical Society，2007，129(16)：4919-4924.

[9] Cheung P, Bhan A, Sunley G J, Law D J, et al. Site requirements and elementary steps in dimethyl ether carbonylation catalyzed by acidic zeolite[J]. Journal of Catalysis, 2007, 245(1): 110-123.

[10] Bhan A, Iglesia E. A link between reactivity and local structure in acid catalysis on zeolites[J]. Accounts of Chemical Research, 2008, 41(4): 559-567.

[11] Rasmussen D B, Christensen J M, Temel B, et al. Ketene as a reaction intermediate in the carbonylation of dimethyl ether to methyl acetate over mordenite[J]. Angewandte Chemie: International Edition, 2015, 54(25): 7261-7264.

[12] Boronat M, Martinez-Sanchez C, Law D, et al. Enzymelike specificity in zeolites: a unique site position in mordenite for selective carbonylation of methanol and dimethyl ether with CO[J]. Journal of the American Chemical Society, 2008, 130(48): 16316-16323.

[13] Boronat M, Martinez C, Corma A. Mechanistic differences between methanol and dimethyl ether carbonylation in side pockets and large channels of mordenite[J]. Physical Chemistry Chemical Physics, 2011, 13(7): 2603-2612.

[14] Moliner M, Martinez C, Corma A. Multipore zeolites: synthesis and catalytic applications[J]. Angewandte Chemie: International Edition, 2015, 54(12): 3560-3579.

[15] He T, Ren P, Liu X, et al. Direct observation of DME carbonylation in the different channels of H-MOR zeolite by continuous-flow solidstate NMR spectroscopy[J]. Chemical Communications, 2015, 51(94): 16868-16870.

[16] Zhou H, Zhu W, Shi L, et al. In situ DRIFT study of dimethyl ether carbonylation to methyl acetate on H-mordenite[J]. Journal of Molecular Catalysis A: Chemical, 2016, 417: 1-9.

[17] Cai K, Huang S, Li Y, et al. Influence of acid strength on the reactivity of dimethyl ether carbonylation over H-MOR[J]. ACS Sustainable Chemistry & Engineering, 2019, 7(2): 2027-2034.

[18] Li Y, Huang S, Cheng Z, et al. Synergy between Cu and Brønsted acid sites in carbonylation of dimethyl ether over Cu/H-MOR[J]. Journal of Catalysis, 2018, 365: 440-449.

[19] Wang M X, Huang J L, Lv J, et al. Modifying the acidity of HMOR and its catalytic carbonylation of dimethyl ether[J]. Chinese Journal of Catalysis, 2016, 37(9): 1530-1538.

[20] Zhan H, Huang S, Li Y, et al. Elucidating the nature and role of Cu species in enhanced catalytic carbonylation of dimethyl ether over Cu/H-MOR[J]. Catalysis Science & Technology, 2015, 5(9): 4378-4389.

[21] 牛群阳. 丝光沸石分子筛上二甲醚羰基化合成乙酸甲酯研究[D]. 天津: 天津大学, 2016.

[22] 刘亚华. 丝光沸石分子筛制备及二甲醚羰基化反应性能研究[D]. 天津: 天津大学, 2017.

[23] 刘俊龙. 酸性分子筛催化二甲醚羰基化反应研究[D]. 大连: 中国科学院大连化学物理研究所, 2000.

[24] 王彤, 邬长城, 赵梓淇, 等. Cu-Fe-Zn 改性 H-MOR 分子筛催化二甲醚羰基化合成乙酸甲酯[J]. 石油学报(石油加工), 2021, 37(5): 983-993.

[25] 赵娜, 牛君阳, 刘亚华, 等. 预处理条件及金属离子改性对 H-MOR 分子筛的 DME 羰基化性能影响[J]. 化工学报, 2015, 66(9): 3504-3510.

[26] Liu J, Xue H, Huang X, et al. Stability enhancement of H-mordenite in dimethyl ether carbonylation to methyl acetate by pre-adsorption of pyridine[J]. Chinese Journal of Catalysis, 2010, 31(7): 729-738.

[27] 冯玉彪, 张粉保, 宣利宏, 等. 离子的电负性[J]. 大连轻工业学院学报, 1998, 13(2): 70-76.

[28] 大连理工大学无机化学教研室. 无机化学[M]. 5 版. 北京: 高等教育出版社, 2006: 293

[29] 贺振富, 代振宇, 龙军. 硅-铝催化剂酸中心形成及其结构[J]. 石油学报(石油加工), 2011, 27(1): 11-19.

[30] 贺振富, 刘俊, 龙军. 硅-铝催化剂酸中心失活与再生的分析[J]. 石油学报(石油加工), 2011, 27(6): 843-851.

第 18 章　乙酸乙酯

18.1　乙酸乙酯工业发展现状[1~7]

乙酸乙酯(ethyl acetate)，又称醋酸乙酯，化学式是 $C_4H_8O_2$，分子量为 88.11，是一种具有官能团—COOR 的酯类(碳与氧之间是双键)，能发生醇解、氨解、酯交换、还原等一般酯的共同反应。低毒性，有甜味，浓度较高时有刺激性气味，易挥发，具有优异的溶解性、快干性，用途广泛，是一种重要的有机化工原料和工业溶剂。

乙酸乙酯是应用最广的脂肪酸酯之一，可用于硝酸纤维、乙基纤维、氯化橡胶和乙烯树脂、乙酸纤维素酯、纤维素乙酸丁酯和合成橡胶，也可用于复印机用液体硝基纤维墨水。可作胶黏剂的溶剂、喷漆的稀释剂。乙酸乙酯是许多类树脂的高效溶剂，广泛应用于油墨、人造革生产中。用作分析试剂、色谱分析标准物质及溶剂。在纺织工业中可用作清洗剂，在食品工业中可作为特殊改性酒精的香味萃取剂，还用作制药过程和有机酸的萃取剂，乙酸乙酯也是制造染料、药物和香料的原料。

近年来，世界乙酸乙酯的生产能力不断增加。2001 年全球乙酸乙酯的生产能力只有 125.0 万 t，2006 年生产能力增加到 222.0 万 t，2008 年生产能力增加到约 300.0 万 t，同比增长约 15.4%。其中北美地区的生产能力为 26.6 万 t/a，约占世界乙酸乙酯总生产能力的 8.89%，主要生产厂家有美国塞拉尼斯公司、美国伊斯曼化学公司、美国 Solution 公司；中南美地区的生产能力为 12.0 万 t/a，约占总生产能力的 4.0%，主要是墨西哥塞拉尼斯公司；西欧地区的生产能力为 35.0 万 t/a，约占总生产能力的 11.7%，主要是英国 Ineos 化学公司、西班牙 Ercros 公司等；亚太地区的生产能力为 215.4 万 t/a，约占总生产能力的 71.8%；世界其他国家和地区的生产能力为 11.0 万 t/a，约占总生产能力的 3.7%。亚太地区，日本昭和电工公司是目前世界上最大的乙酸乙酯生产厂家，生产能力为 30.0 万 t/a，约占世界总生产能力的 10.0%；再就是中国江苏索普集团公司，生产能力为 20.0 万 t/a，约占世界总生产能力的 6.7%。从生产工艺来看，其中采用乙酸酯化法的生产能力约占总生产能力的 67.5%，采用乙烯法的约占 11.0%，采用乙醛法的约占 17.8%，采用乙醇脱氢法的约占 2.5%，另外有约 1.2%采用聚乙烯醇副产法等进行生产。表 18-1 是 2014 年国外部分乙酸乙酯的生产厂家及产能统计。

表 18-1　2014 年国外乙酸乙酯主要生产厂家及产能

生产厂家	地址	产能/(万 t/a)
英国英力士(Ineos)化学公司	Hull	25.0
印度 Jubilant 有机合成公司	Maharashtra & Uttar Pradesh	15.0
印度 Laxmi 有机工业公司	Mahad	14.5

续表

生产厂家	地址	产能/(万 t/a)
巴西罗地亚(Rhodia)公司	Paulinia	13.5
印度 Somaiya/Godavari 有机化学	Sakarwadi	13.0
日本昭和电工公司	大分	10.0
韩国 Alcohol 工业公司	蔚山	10.0
沙特国际石化公司(Sipchem)	朱拜勒	10.0
塞拉尼斯(墨西哥)公司	La Cangre Jera	9.2
日本大赛璐化工公司	大竹	7.5
韩国国际酯类公司	蔚山	7.5
韩国三星/BP 公司	蔚山	7.0
西班牙 Ercros 公司	Tarragona	6.5
伊斯曼(美国)化学公司	德克萨斯州 Longview	6.1
塞拉尼斯(美国)公司	德克萨斯州 Pampa	6.0
塞拉尼斯(新加坡)公司	裕廊岛	6.0
昭和电工(印度尼西亚)公司	Merak	6.0
印度 Dhampur 公司	Dhampur	5.5
南非萨索尔公司	Secunda	5.5
印度 GNFC 公司	Bharuch	5.0
日本千叶公司	市原	4.7
日本协和发酵公司	四日市	4.0
合 计		190.5

我国自 20 世纪 90 年代以来乙酸乙酯迅速发展，1990 年产能仅 4 万 t，2001 年达到 31 万 t，2002 年增长到 39.17 万 t，2003 年猛增至 57.3 万 t。2004 年万吨级以上规模的有 14 家，年产能力达 47 万 t。2005 年达到 70 万 t，2008 年达 120 万 t，2009 年产能达 150 万 t，占全球总产能的 45%左右。2014 年前后，我国乙酸乙酯产能处于较高水平，而下游市场需求较为稳定，乙酸乙酯行业产能过剩现象凸显。2016 年之后，在环保政策压力下，部分落后的乙酸乙酯产能陆续退出，市场供需状况有所好转。尽管目前国内乙酸乙酯产能处于相对过剩状态，但未来仍有部分新增产能投建。广西贵港利而安化工有限公司年产 21 万 t 化工产品扩建项目已经于 2018 年 8 月环评批复。该项目属于扩建项目，建设地点位于贵港市覃塘区产业园甘化园区，建设规模为年产 10 万 t 高浓度甲醛、3 万 t 脲醛树脂、3 万 t 酚醛树脂、5 万 t 乙酸乙酯。项目分期建设，项目主要建设内容为新建 1 条醋酸乙酯生产线，在原有工程甲醛车间内新增 1 条甲醛生产线，在原有工程脲醛-酚醛胶水车间内新增 3 台脲醛树脂反应釜、2 台酚醛树脂反应釜，尚未有基建和投产消息。2021 年 11 月 22 日，安徽瑞柏新材料有限公司 10 万 t/a 酯类、36 万 t/a 甲醛及配套产品项目环境影响评价公众参与首次公示。未来伴随新增乙酸乙酯产能的投产，在全球总产能中的占比达到 6 成以上，我国将是全球最大的乙酸乙酯生产国。

2010~2020 年，我国乙酸乙酯产能整体呈扩张的态势，2017~2018 年由于广西利而安转产以及泰兴金江、江门谦信调整产业装置而导致产能小幅下滑，但 2019 年大幅回升，截至 2020 年乙酸乙酯名义产能为 415 万 t，实际有效产能为 391 万 t。受到疫情影响，2020 年上半年，我国乙酸乙酯产量下滑，进入下半年，行业整体开工稳定，国内需求叠加出口需求，使得 9 月份以来我国乙酸乙酯价格呈现小幅上升态势。短期来看，我国乙酸乙酯行业发展态势良好，但长期来看，行业产能过剩现象依然存在。图 18-1 是我国 2010~2020 年乙酸乙酯产能统计，表 18-2 是主要生产企业情况。

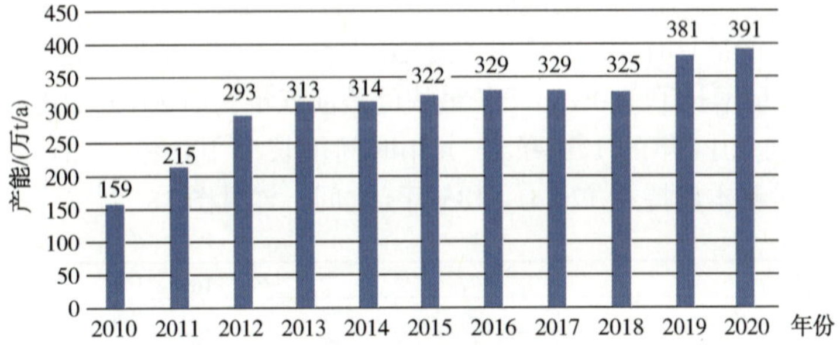

图 18-1　2010~2020 年我国乙酸乙酯产能统计

表 18-2　2020 年我国乙酸乙酯生产企业产能统计情况

省份	厂家	产能/(万 t/a)	原料
山东	山东兖矿	40	醋酸、乙醇
	山东金沂蒙	25	醋酸、乙醇
江苏	江苏索普	30	醋酸、乙醇
	泰兴金江	65	醋酸、乙醇
	南通连海	30	醋酸、乙醇
	江阴百川	10	醋酸、乙醇
	连云港金茂源	15	醋酸、乙醇
河北	中溶科技	30	醋酸、乙醇
	邢台茂新	3	醋酸、乙醇
河南	河南顺达	27	醋酸、乙醇
	孟州华兴	3	醋酸、乙醇
广东	江门谦信	25	醋酸、乙醇
	惠州利而安	5	醋酸、乙醇
广西	广西金源	10	醋酸、乙醇
	广西新天德	20	醋酸、乙醇
	广西力而安	5	醋酸、乙醇
上海	吴泾石化	10	醋酸、乙醇
重庆	扬子乙酰	8	醋酸、乙醇

续表

省份	厂家	产能/(万 t/a)	原料
安徽	安徽瑞柏	24	醋酸、乙醇
	安徽华谊	20	醋酸、乙醇
宁夏	宁夏睿源	10	醋酸、乙醇
合计		415	

同时，乙酸乙酯作为应用最广泛的脂肪酸酯类之一，其产量近十年来整体呈上升趋势。2010 年我国乙酸乙酯产量只有 86 万 t，截至 2020 年我国乙酸乙酯产量已达到 184 万 t，十年时间我国乙酸乙酯产量增长了 110%。增长最快的是前五年，即 2010~2014 年之间，从 2010 年产量 86 万 t 增加到 2014 年的 172 万 t，五年时间增长率 100%。之后几年，除 2014 年、2015 年外，其他年份基本保持在 170 万~185 万 t 之间，详见图 18-2。

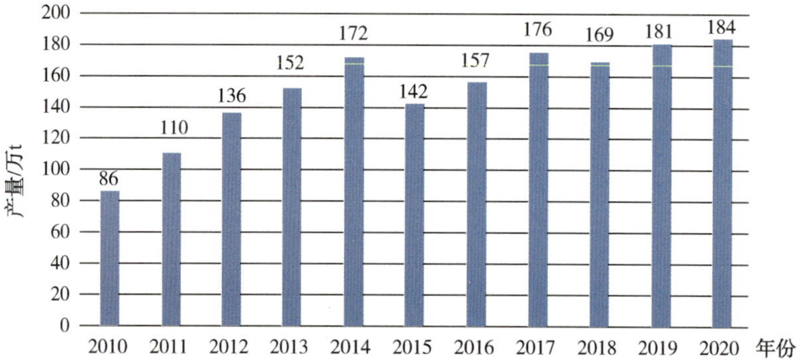

图 18-2　2010~2020 年我国乙酸乙酯行业产量统计

在消费方面，随着我国经济不断发展以及国家环保政策趋严，油墨包装和胶黏剂的需求不断增长，对乙酸乙酯等有机溶剂的需求也随之增加。2010 年我国乙酸乙酯表观消费量只有 61 万 t，截至 2020 年我国乙酸乙酯表观消费量为 147 万 t，十年时间表观消费量增长了约 141%。2010~2014 年表观消费量增加最快，增长了 110%，详见图 18-3。

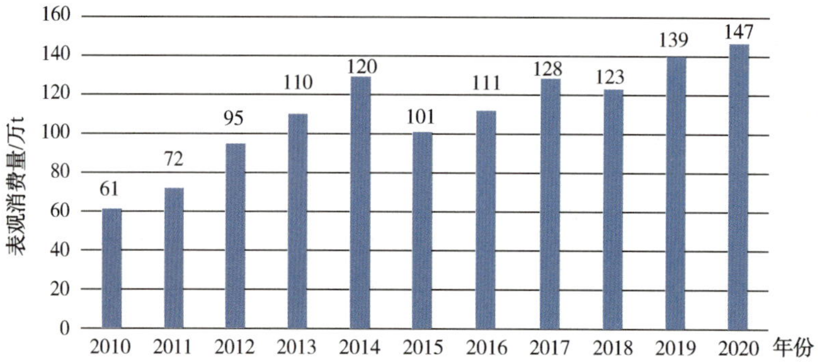

图 18-3　2010~2020 年我国乙酸乙酯表观消费量统计

对比图 18-1、图 18-2 和图 18-3 发现，2015 年、2016 年产能保持在 300 万 t 以上，但产量只有 142 万 t 和 157 万 t，其原因是表观消费量有所降低，2015 年表观消费量只有 101

万 t，2016 年虽有增加，但增加幅度较小，只增加了 10 万 t，达到了 111 万 t。这与下游市场的需求有关。乙酸乙酯下游市场主要在油墨包装、胶黏剂、医药、工业酒精、油漆、食品及电子等行业。

2020 年我国乙酸乙酯下游市场分布见图 18-4。其中，油墨包装市场占比 49%，胶黏剂市场占比 21%，医药行业占比 16%，应用于工业酒精行业占比 7%，用于油漆生产约占比 3%，食品行业占比 2%，电子行业占比 1%，其他占比仅 1%。

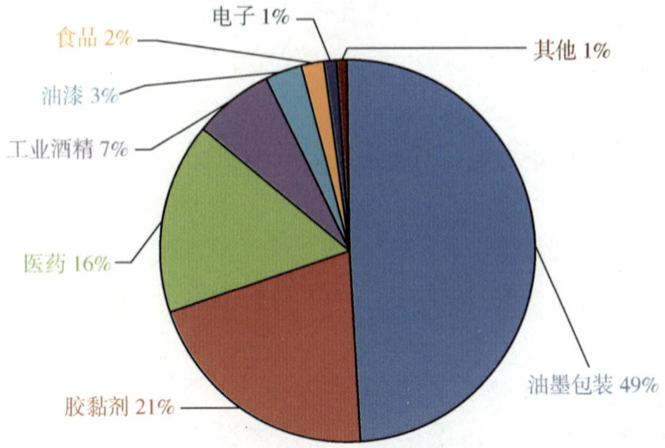

图 18-4　2020 年我国乙酸乙酯下游市场分布

近两年，由于乙酸乙酯产能总体过剩，加之原料成本高企，暂无新增产能。另外，我国乙酸乙酯出口量整体呈稳步增长趋势，这也在一定程度上消纳了国内产能的增长。从 2012 年开始，每年对外出口乙酸乙酯超过 40 万 t，2017 年出口量最大，达到 47.7 万 t，详见图 18-5。

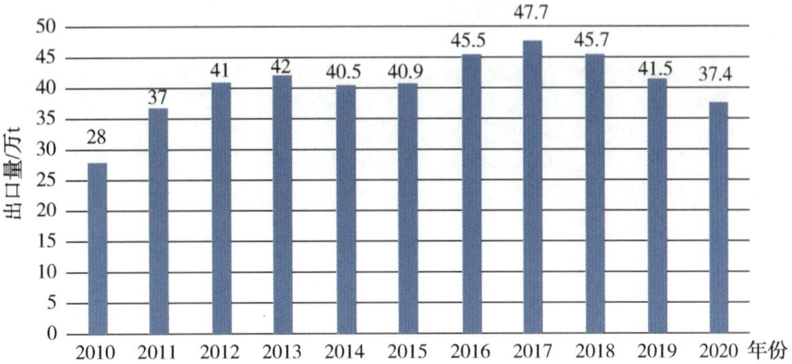

图 18-5　2010~2020 年我国乙酸乙酯出口统计

18.2　乙酸乙酯合成技术[1,6~9]

目前，传统的乙酸乙酯生产方法主要有乙酸酯化法、乙醇脱氢法、乙醛缩合法和乙酸/乙烯加成法四种，其中，乙酸酯化法和乙醛缩合法在工业生产领域中的应用最为广泛。酯化法、乙醛缩合法技术在国外占主导地位，其他技术装置占比较小。国内酯化技术比较成熟，非酯化工艺虽已开发成功，但因技术不成熟，未能大规模推广应用，目前我国乙酸乙酯生产仍以酯化法为主。

（1）乙酸酯化法

乙酸酯化法就是以硫酸、酸性离子交换树脂、酸性分子筛或固体超强酸为催化剂，常压115~118℃条件下，乙醇和乙酸发生酯化脱水反应生成乙酸乙酯。其反应方程如下：

$$CH_3COOH+CH_3CH_2OH \longrightarrow CH_3COOCH_2CH_3+H_2O$$

酯化法优点是工艺开发早，技术成熟，操作原理简单易懂且原料供应充足。不足之处是该工艺以浓硫酸为催化剂，对设备腐蚀严重，反应产生的废液成分复杂且分离困难，容易造成环境污染，转化率不高且在常温下反应物和产物容易形成共沸物，分离与提纯难度大。酯化法适合于拥有大量低成本乙醇地区。近年来，适合该工艺的催化剂研究非常活跃。

（2）乙醇脱氢法

乙醇脱氢法又称为乙醇脱氢（氧化和非氧化）一步法，采用铜基催化剂，1.0MPa、250℃条件下，乙醇脱氢生成乙酸乙酯和氢气。其反应方程如下：

$$2CH_3CH_2OH \longrightarrow CH_3COOCH_2CH_3+2H_2$$

生成的乙酸乙酯再经过加压精馏和减压精馏得到纯度高的乙酸乙酯。这一方法的优点是副产物是氢气，该工艺乙醇转化率60%~65%，乙酸乙酯选择性85%~90%，理论收率可达到96%，较乙酸酯化法高，反应物乙醇可以通过再生资源得到，成本低廉。采用铜基催化剂不会产生大量含酸废水，对环境污染小、对设备腐蚀小，设备费较乙酸酯化法低。缺点是催化剂使用后为避免氧化需要用保护气保护，过程繁琐，适合大化工生产。Davy公司2001年开发成功该工艺技术，并于2001年首次在南非Sasol的一套5万t/a装置上工业应用。国内清华大学有此专利技术，山东金沂蒙化工集团使用此技术建了一套5000t/a装置，西南化工研究院与中科院长春应化所分别开发了乙醇脱氢法与乙醇氧化酯化法生产工艺，但迄今未实现工业化。

（3）乙醛缩合法

乙醛缩合法就是乙醛在乙醇铝催化剂作用下，在0~20℃时乙醛自动氧化缩合成乙酸乙酯，化学反应式如下：

$$2CH_3CHO \longrightarrow CH_3COOC_2H_5$$

反应液经蒸发浓缩后再精馏，得到99.8%的乙酸乙酯产品，该方法20世纪70年代在欧美、日本形成了大规模的工业生产，与乙酸酯化法相比，生产成本低，设备腐蚀小，生产过程中产生的三废少，对环境污染小。缺点是受原料制约，仅适合于生产乙醛的厂家，催化剂乙醇铝无法回收，最后通过加水生成氢氧化铝排放，对环境有一定污染。我国黑龙江省科学院石油化工研究分院开发了该乙醛缩合法工艺，2001年在上海石油化工公司建成一套2万t/a生产装置。另外，中国石化南化公司研究院也开发了这一工艺，并具备了工业化条件。

（4）乙烯加成法

乙烯加成法是以乙烯和乙酸为原料直接合成乙酸乙酯的新方法。在以负载在SiO_2等载体上的杂多酸金属盐或杂多酸为催化剂，乙酸和乙烯在反应温度为150℃、压力为1.0MPa条件下，乙烯气相水合后与汽化乙酸直接生成乙酸乙酯。该方法的反应方程是：

$$CH_2CH_2+CH_3COOH \longrightarrow CH_3COOC_2H_5$$

该反应乙酸单程转化率66%，乙酸乙酯选择性94%。国外BP、Rhone-Poulec、昭和电工等跨国公司都开发了该生产工艺。具有代表性的是BP“Avada”工艺，采用杂多酸催化剂，具有较高的活性和选择性，产品纯度可达99.97%以上，与传统酯化法或缩合法工艺路线相比，BP“Avada”工艺具有以下优点：产品收率高、原料损耗低35%、能耗低20%。该工艺装置易扩能改造，乙酸乙酯产品质量好，纯度易于控制，环境友好等。但该工艺缺点是必须建在乙烯装置附近。1998 年在印度尼西亚迈拉库地区采用日本昭和电工专利技术建成了 5 万 t/a 生产装置。2001 年，BP/Amoco 公司在英国建成世界上规模最大的22 万 t/a 乙烯加成制乙酸乙酯装置。

18.3 乙酸乙酯合成机理研究进展

Elliott 等[10]最早报道了铜基催化剂催化醇类直接合成酯类。他们研究了 N_2 或 CO 分别存在时，在温度为 185℃、压力为 0.1~6.5MPa 的反应条件下，$Cu/ZnO/Al_2O_3$ 催化剂上醇类催化脱氢的反应结果，发现乙醇、正丙醇、正丁醇可转化为相应的碳数为 $2n$ 的酯和碳数为 $2n$ 及 $2n-1$ 的副产物酮。其中，在 N_2 条件下，酯是主要产物，而在压力为 6.5MPa 有 CO 存在的条件下，$2n$ 个碳原子的酮为主要产物。Elliott 等认为这种选择性的变化是由于 CO 除去了催化剂表面的晶格氧，使催化剂表面上形成了氧空位，即由于改变了催化剂表面结构的原因。麦景红等[11]也考察了 $Cu/ZnO/Al_2O_3$ 催化剂对乙醇催化脱氢合成乙酸乙酯反应的催化性能，认为乙酸乙酯的形成机理为脱氢-缩合机理，即：

① 乙醇脱氢生成乙醛：

$$CH_3CH_2OH \longrightarrow CH_3CHO+H_2$$

② 乙醛缩合生成乙酸乙酯：

$$2CH_3CHO \longrightarrow CH_3COOC_2H_5$$

Inui 等[12]采用 $Cu/ZnO/Al_2O_3/ZrO_2$ 作为催化剂，在常压下由乙醇脱氢二聚直接合成了乙酸乙酯，研究认为：乙醇脱氢的活性中心为金属 Cu；Cu 催化剂中添加 ZrO_2 能提高乙酸乙酯产率；加入 Al_2O_3 可使 CuO 粒径变小，增加 Cu 表面积，提升了 Cu 的脱氢能力和乙酸乙酯产率；添加 ZnO 未对 Cu 催化剂的活性有明显影响。但与 ZrO_2 共存时，ZnO 可以抑制 Cu 脱氢能力，减少副产物丁酮生成。他们认为，要达到较高的乙酸乙酯产率需要脱氢活性中心与酸碱中心达到一个最佳的比例。Inui 等[13]还在此催化剂体系下考察了压力对乙醇脱氢二聚直接合成乙酸乙酯反应的影响，提出了乙酸乙酯的形成机理以及压力对反应各步骤的影响：

① 低压有利于乙醇脱氢生成乙醛：

$$CH_3CH_2OH \longrightarrow CH_3CHO+H_2$$

② 高压有利于乙醛与乙醇反应生成半缩醛：

$$CH_3CHO+CH_3CH_2OH \longrightarrow CH_3CHOHOCH_2CH_3$$

③ 低压有利于半缩醛进一步脱氢生成乙酸乙酯：

$$CH_3CHOHOCH_2CH_3 \longrightarrow CH_3COOC_2H_5+H_2$$

Inui 等[14]还用碱金属碳酸盐溶液对该催化剂进行了处理。结果表明，用 K_2CO_3 和 Na_2CO_3 处理后的催化剂表现出了较好的催化活性，乙醇转化率达到 66.0%，乙酸乙酯选择性达到 85%。后处理抑制了丁酮和 2-丁醇生成，且避免了二乙醚的生成，这是由于后处理中和了催化剂还原后形成的部分酸中心，降低了催化剂的脱水能力。研究认为：乙醇与乙醛偶合生成半缩醛的过程发生在混合金属氧化物表面，金属阳离子提供的 Lewis 酸中心起到了吸附和活化乙醛的作用，而氧负离子提供的 Lewis 碱中心的作用则是吸附和活化乙醇。

杨树武等[15]考察了 $Cu/ZnO/Al_2O_3/ZrO_2$ 催化剂对乙醇催化脱氢合成乙酸乙酯反应的催化性能。文中指出：在 $Cu/ZnO/Al_2O_3/ZrO_2$ 催化剂上，乙醇脱氢为乙醛的主要活性中心为 Cu，ZnO 主要起提高催化剂热稳定性的作用；ZnO 的另一作用可能是与 Al_2O_3 协同作用，提供 L 酸碱中心，ZnO 提供 O^{2-}，Al_2O_3 提供 Al^{3+}，从而有利于乙酸乙酯的生成；ZrO_2 具有典型的酸碱双功能，可同时提供酸碱中心，Zr^{4+} 为酸中心，O^{2-} 为碱中心，可使催化剂酸碱性质更好地匹配，有利于生成乙酸乙酯。杨树武等[16]认为：ZrO_2 促进了催化剂还原；水在此催化剂上存在着强化学吸附以及和乙醇、乙醛的竞争吸附，它可能覆盖了催化剂上的部分成酯活性中心，从而降低了乙酸乙酯的选择性。温涛等[17]通过 NH_3-TPD 和 CO_2-TPD 实验证实，$Cu/ZrO_2/ZnO/Al_2O_3$ 催化剂表面既存在强酸中心与弱酸中心，也存在强碱中心与弱碱中心，认为：还原后的 CuO 与 ZnO 共同形成了脱氢活性中心，其中金属 Cu 起主要的作用，而 ZnO 主要起提高催化剂热稳定性的作用；加入 ZrO_2 提高了活性组分分散度和催化剂活性，改善了催化剂的酸碱性，使其更适合酯催化反应。潘伟雄[18]采用 Cu/Co/Zn/Al 混合氧化物为催化剂，以 95%乙醇为原料，在反应温度 300℃、空速 $1.5h^{-1}$、压力 0.1MPa 的条件下合成乙酸乙酯，转化率达 79%，乙酸乙酯选择性 52%，认为乙醇在此催化剂上合成乙酸乙酯的机理为：

① 乙醇脱氢为乙醛：

$$CH_3CH_2OH \longrightarrow CH_3CHO + H_2$$

② 乙醛在水的参与下歧化为乙酸和乙醇：

$$2CH_3CHO + H_2O \longrightarrow CH_3COOH + CH_3CH_2OH$$

③ 乙酸与乙醇酯化生成乙酸乙酯：

$$CH_3COOH + CH_3CH_2OH \longrightarrow CH_3COOCH_2CH_3 + H_2O$$

文献[18]还指出，脱氢反应的活性物种为 Cu 或 Cu/Co，酯化反应的活性中心来自 Zn/Al 中的强酸中心，而醛歧化的催化活性物种与 Al 元素有关，其原因可能是具有路易斯酸的 Al^{3+} 与碱性的 Cu、Co 或 Zn 组成的某种特定结构提高了催化剂的活性。曾金龙等[19]采用经浸渍法制备的添加钛的 Cu-Co-Zn/Al_2O_3 作为催化剂，考察了不同钛含量的该催化剂对乙醇催化脱氢一步合成乙酸乙酯反应的催化性能。研究认为，钛的引入增加了表面活性组分的分散度，有效促进了 Cu^{2+} 的还原，并调节了催化剂的酸性。

Colley 等[20]报道了 Cu/Cr_2O_3 催化剂对乙醇催化脱氢合成乙酸乙酯反应的催化性能。认为乙醇在 Cu/Cr_2O_3 催化剂上合成乙酸乙酯的机理是：

① 乙醇在 Cu 中心上脱氢形成吸附态的乙氧基物种：

$$CH_3CH_2OH + Cu \longrightarrow CH_3CH_2O(\text{吸附态}) + H(\text{吸附态})$$

② 吸附态的乙氧基物种进一步脱氢形成吸附态的乙酰基物种：

$$CH_3CH_2O(\text{吸附态}) + Cu \longrightarrow CH_3CHO(\text{吸附态}) + H(\text{吸附态})$$

$$CH_3CHO(\text{吸附态}) + Cu \longrightarrow CH_3CO(\text{吸附态}) + H(\text{吸附态})$$

③ 吸附态的乙氧基与乙酰基物种在 Cu 中心上反应生成吸附态的乙酸乙酯：

$$CH_3CH_2O(\text{吸附态}) + CH_3CO(\text{吸附态}) \longrightarrow CH_3COOCH_2CH_3(\text{吸附态})$$

④ 吸附态的乙酸乙酯从 Cu 中心溢流到 Cr_2O_3 的 B 酸中心，然后从 Cr_2O_3 的 B 酸中心上脱附；认为乙酸乙酯的脱附是反应的控速步骤：

$$CH_3COOCH_2CH_3(\text{吸附态}) \longrightarrow CH_3COOCH_2CH_3(\text{气态})$$

智凯敏等[21]应用 MonteCarlo 模拟方法研究了 CH_3CO、CH_3CH_2OH、CH_3CHO、$CH_3COOCH_2CH_3$、CH_3CH_2O、H_2 和 H 物种在铜催化剂上的吸附量。结果表明，同一温度下乙酸乙酯的吸附量最大，而氢气和氢的吸附量较小，这说明乙酸乙酯的脱附过程可能是整个反应的控速步骤，这与文献[20]中提到的观点一致。王丽霞[22]对 Cu/ZrO_2 催化剂上乙醇催化脱氢合成乙酸乙酯反应进行了研究。结果显示：随着 CuO 粒径的逐渐变大，乙醇的转化率以及乙酸乙酯的选择性都逐渐降低，而乙醛的选择性逐渐升高。CuO 粒径变大后，催化剂的脱氢能力降低，这使得乙醇的转化率降低，但在表面酸中心未发生变化的条件下，乙酸乙酯的选择性下降，中间产物乙醛的选择性升高。由此说明 CuO 不但参与了乙醇脱氢生成乙醛的反应过程，同时也参与了从中间产物乙醛生成乙酸乙酯的反应过程，认为从中间产物乙醛生成乙酸乙酯的过程发生在 CuO 与 ZrO_2 的界面上。Wang[23]研究表明，随着催化剂中 Cu^+物种含量的逐渐增加，乙酸乙酯的选择性也在不断增加，并且 Cu^+物种含量最多的催化剂上乙酸乙酯的选择性最高，但乙醇的转化率并未随着 Cu^+物种含量的增加而产生明显的变化，催化剂中的 CuO 和 Cu^+物种在反应的过程中存在协同作用，而且这种协同作用更有利于乙酸乙酯的形成。其原因可能是由于催化剂上存在的 Cu^+提供的 Lewis 酸中心参与了中间产物的吸附和活化，从而进一步提高了催化剂上乙酸乙酯的选择性。对于铜基催化剂来说，反应过程中铜粒径的不断增大是催化剂失活的重要原因之一。

肖志等[24]认为，乙醇脱氢制乙酸乙酯可分为氧气参与的反应和无氧气参与的反应，其反应机理如下：

① 氧化脱氢。乙醇氧化法按其反应机理可分为两种双功能催化剂体系。氧气参与反应，采用 Pd-Cu/分子筛催化剂，反应温度为 150℃，乙醇被氧化为乙酸乙酯。其反应机理如下：

$$2C_2H_5OH+O_2 \longrightarrow 2CH_3CHO+2H_2O(Pd-Cu)$$
$$2CH_3CHO+O_2 \longrightarrow 2CH_3COOH(Pd-Cu)$$
$$C_2H_5OH+CH_3COOH \longrightarrow CH_3COOC_2H_5+H_2O(\text{酸})$$

② 非氧化脱氢。以 $Cu/CoO/ZnO/Al_2O_3$ 混合氧化物为催化剂，乙醇在碱中心上脱氢为乙醛，乙醛在水的参与下通过酸碱协同作用歧化为乙酸和乙醇，乙酸和乙醇再在酸中心上酯化为乙酸乙酯。其机理如下：

$$C_2H_5OH \longrightarrow CH_3CHO+H_2(\text{脱氢})$$
$$2CH_3CHO+H_2O \longrightarrow C_2H_5OH+CH_3COOH(\text{歧化})$$
$$C_2H_5OH+CH_3COOH \longrightarrow CH_3COOC_2H_5+H_2O(\text{酯化})$$

Finar[25]认为，乙醛在三乙醇铝相互作用下发生缩合反应生成乙酸乙酯过程中，可能包含 H^-转移反应。

18.4 乙酸乙酯合成机理分析

18.4.1 酯化法合成乙酸乙酯

酯化法是以浓硫酸为催化剂，加热，乙醇与乙酸反应生成乙酸乙酯。反应方程：

$$CH_3COOH+CH_3CH_2OH \longrightarrow CH_3COOCH_2CH_3+H_2O$$

下面就其反应机理进行研究。

(1) 乙醇、乙酸分子结构

图 18-6 乙醇分子结构分析。图 18-6(a)是 C、O 和 H 原子外层电子轨道结构，2 个 C 原子、6 个 H 原子，分别标记为 1-C、2-C 和 1-H、2-H、3-H、4-H、5-H 和 6-H。

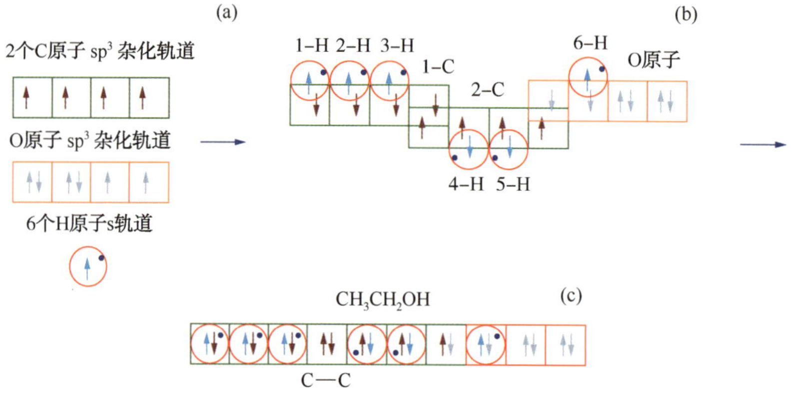

图 18-6 乙醇分子结构

在图 18-6(b)中，1-C 原子外层含有未成键电子的 sp^3 杂化轨道与 2-C 原子外层含有未成键电子的 sp^3 杂化轨道重叠，共用 1 对电子生成 1 个 C—C；1-H、2-H 和 3-H 原子外层含有未成键电子的 s 轨道与 1-C 原子外层剩余的 3 个含有未成键电子的 sp^3 杂化轨道重叠，共用 3 对电子生成 3 个 C—H 键；2-C 原子外层含有未成键电子的 1 个 sp^3 杂化轨道与 O 原子外层含有未成键电子的 1 个 sp^3 杂化轨道重叠，共用 1 对电子生成 1 个 C—O 键；2-C 原子外层剩余的 2 个含有未成键电子的 sp^3 杂化轨道分别与 4-H 和 5-H 原子外层含有未成键电子的 s 轨道重叠，共用 2 对电子生成 2 个 C—H 键；O 原子外层第 2 个含有未成键电子的 sp^3 杂化轨道与 6-H 原子外层含有未成键电子的 s 轨道与重叠，共用 1 对电子生成 1 个 H—O 键，则生成了 1 个乙醇分子 CH_3CH_2OH，其电子轨道结构如图 18-6(c)所示。

图 18-7 是乙酸分子结构分析。图 18-7(a)是 C、O 和 H 原子电子轨道结构图，图中有 2 个 C 原子、2 个 O 原子和 4 个 H 原子，分别标记为 1-C 和 2-C，1-O 和 2-O，1-H、2-H、3-H 和 4-H。在图 18-7(b)中，1-C 原子外层 1 个含有未成键电子的 sp^3 杂化轨道与 2-C 原子外层 1 个含有未成键电子的 sp^3 杂化轨道重叠，共用 1 对电子生成 C—C 键，1-C 原子外层剩余的 3 个含有未成键电子的 sp^3 杂化轨道分别与 1-H、2-H 和 3-H 原子外层含有未成键电子的 s 轨道重叠，共用 3 对电子生成 3 个 C—H 键；2-C 原子外层 2 个含有未成键电子的 sp^3 杂化轨道与 1-O 原子外层 2 个含有未成键电子的 sp^3 杂化轨道重叠，共用 2 对电子生成 1 个C═O键；2-C 原子外层第 4 个含有未成键电子的 sp^3 杂化轨道与 2-O 原子外层 1 个含有未成键电子的 sp^3 杂化轨道重叠，共用 1 对电子生成 1 个 C—O 键；2-O 原子外层第 2 个含有未成键电子的 sp^3 杂化轨道与 4-H 原子外层含有未成键电子的 s 轨道重叠，共用 1 对电子生成 1 个 H—O 键，则生成乙酸分子 CH_3COOH，其电子轨道结构如图 18-7(c)所示。

(2) 浓硫酸自偶电离

图 18-8 是浓硫酸分子 H_2SO_4 自偶电离过程分析。图 18-8(a)是浓硫酸分子 H_2SO_4 结构示意图，浓 H_2SO_4 是强酸，2 个浓硫酸分子相互作用会发生自偶电离，自身自偶电离会产生

一部分硫酸合氢离子 $H_3SO_4^+$，图 18-8(b)为其结构示意图，正是这一部分硫酸合氢离子 $H_3SO_4^+(H^+)$，导致了浓硫酸具有非常强的酸性，对外能提供 H^+；浓硫酸溶液中发生自偶电离后另一部分硫酸分子变为 HSO_4^-，其结构示意如图 18-8(c)所示。

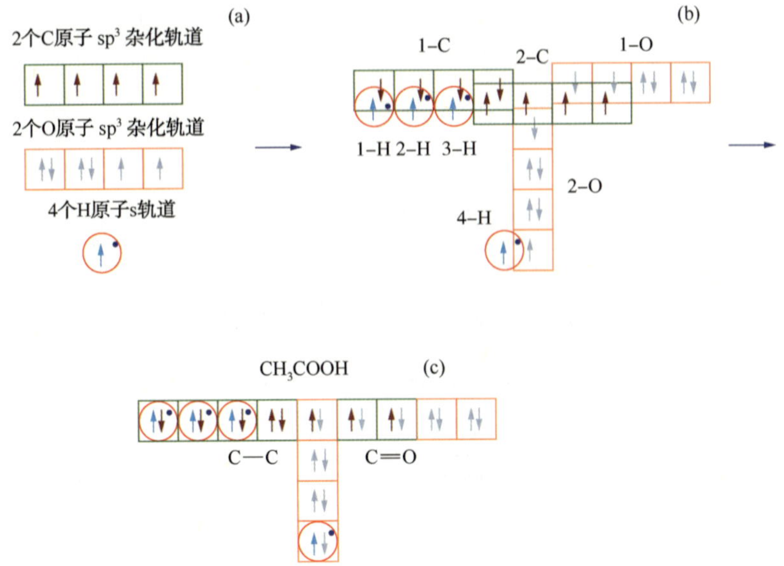

图 18-7 乙酸分子结构

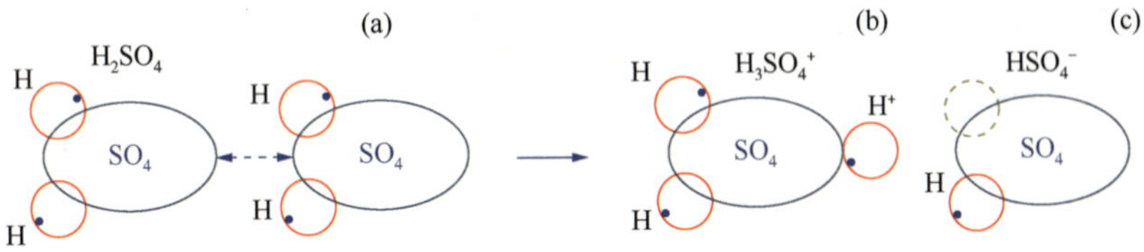

图 18-8 浓硫酸分子自偶电离过程

(3) 浓硫酸催化作用

图 18-9 是乙醇分子 CH_3CH_2OH 与硫酸合氢离子 $H_3SO_4^+$ 相互作用过程分析。图 18-9(a)是乙醇分子电子轨道结构图和 $H_3SO_4^+$ 结构示意图。在图 18-9(b)中，硫酸合氢离子 $H_3SO_4^+$ 提供的 H^+攻击乙醇分子中 C—O 键，C—O 键被激活，从表 18-3 电负性数据[26]分析，由于 O 原子电负性(3.44)大于 C 原子电负性(2.55)，在 H^+作用下，C—O 键断裂，共用电子对留在 O 原子外层的 sp^3 杂化轨道上，O 原子得到电子对并与硫酸合氢离子 $H_3SO_4^+$ 提供的 H^+ 外层空的 s 轨道重叠生成 1 个 H—O 键，则生成 H_2O 分子，其电子轨道结构如图 18-9(c)所示；乙醇分子中 C—O 键断裂时，C 原子失去共用电子对，在 C 原子外层出现 1 个空的 sp^3 杂化轨道，则生成了乙基正碳离子 $CH_3CH_2^+$，其电子轨道结构如图 18-9(d)所示；而硫酸合氢离子 $H_3SO_4^+$ 提供了 H^+后变成硫酸分子 H_2SO_4，其结构示意如图 18-9(e)所示。

浓硫酸溶液中发生自偶电离，会产生硫酸合氢离子 $H_3SO_4^+$ 和 HSO_4^-，HSO_4^- 是缺质子(H^+)结构，它会与乙酸分子相互作用，获得 H^+变成硫酸分子 H_2SO_4。

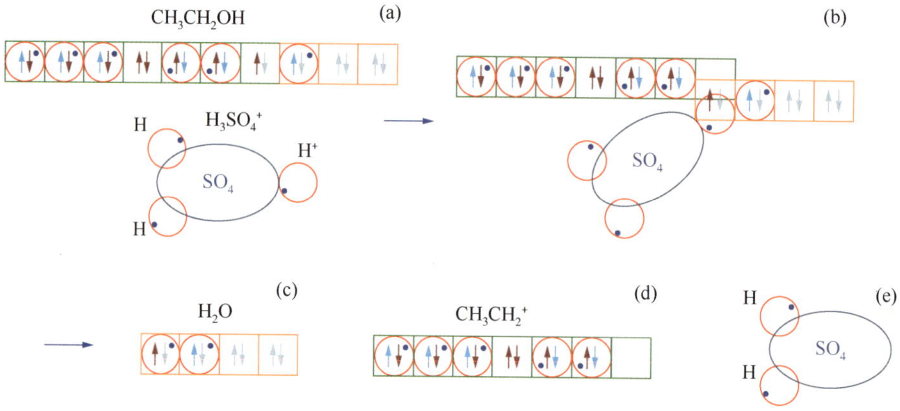

图 18-9　乙醇分子与硫酸合氢离子相互作用过程

表 18-3　部分元素电负性

元素	H	Pd	Rh	Cr	Zn	Al	Zr	La	Cu	O	Mo	C
A^0	2. 20	2. 20	2. 20	1. 66	1. 65	1. 61	1. 33	1. 10	1. 90	3. 44	2. 16	2. 55
A^+		5. 00	4. 60	4. 19	4. 92	4. 47	3. 59	2. 99	5. 04	8. 77	4. 18	6. 42
A^{2+}		9. 42	8. 85	8. 54	10. 38	8. 51	6. 50	5. 44	10. 28	16. 21	7. 80	13. 01
A^{3+}		14. 75	13. 80	14. 41	17. 84	26. 72	10. 32	12. 44	16. 57	23. 82	13. 24	20. 23

图 18-10 是乙酸分子与 HSO_4^- 相互作用过程分析。图 18-10(a)是乙酸分子电子轨道结构图和 HSO_4^- 结构示意图。在图 18-10(b)中，HSO_4^- 是缺 H^+结构，乙酸分子与 HSO_4^- 相互作用时，HSO_4^- 只能在乙酸分子中 C—H 键或 O—H 键位置获得 H^+。文献[27]中，C—H 键键长 109pm、键能 414kJ/mol，O—H 键键长 96pm、键能 464kJ/mol，那么 HSO_4^- 最可能在乙酸分子中 C—H 键位置获得 H^+。所以 HSO_4^- 会与乙酸分子中 C—H 键相互作用，H^+会从乙酸分子中 C—H 键位置向 HSO_4^- 转移，并与 HSO_4^- 结合成为硫酸分子 H_2SO_4，其分子结构示意如图 18-10(c)，乙酸分子失去 H^+后生成图 18-10(d)结构。在图 18-10(d)中，根据表 18-3 电负性数据[26]，O 原子电负性(3. 44)大于 C 原子电负性(2. 55)，H—O 键中 H 原子控制共用电子对能力弱于 C—H 键中 H 原子控制共用电子对能力，所以 H—O 键中 H^+会向 C 原子外层含有孤对电子的 sp^3 杂化轨道转移，生成 1 个乙酸根离子 CH_3COO^-，其电子轨道结构如图 18-10(e)所示。

(4) 生成乙酸乙酯

前面生成的乙基正碳离子 $CH_3CH_2^+$ 会与乙酸根离子 CH_3COO^-作用生成乙酸乙酯分子。图 18-11 是 $CH_3CH_2^+$ 与 CH_3COO^-作用生成乙酸乙酯分子过程分析。图 18-11(a)是 CH_3COO^- 和 $CH_3CH_2^+$ 的电子轨道结构图。在图 18-11(b)中，$CH_3CH_2^+$ 中 C 原子外层空的 sp^3 杂化轨道与 CH_3COO^-中 O 原子外层含有孤对电子的 sp^3 杂化轨道重叠，共用 1 对电子生成 1 个 C—O 键，通过这个 C—O 键把 $CH_3CH_2^+$ 与 CH_3COO^- 连在一起，生成了 1 个乙酸乙酯分子 $CH_3COOCH_2CH_3$，其电子轨道结构如图 18-11(c)所示。

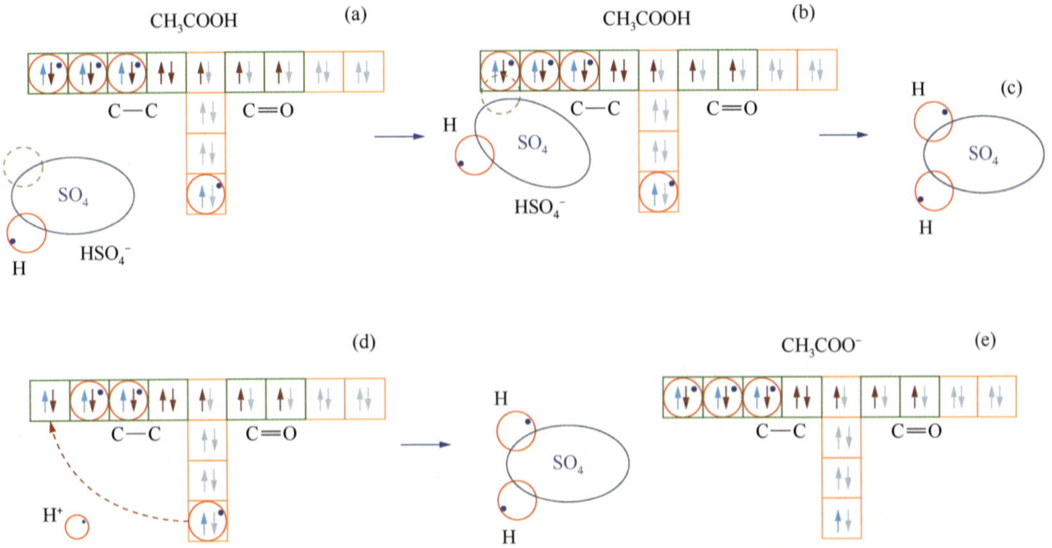

图 18-10　乙酸分子与 HSO_4^- 相互作用过程

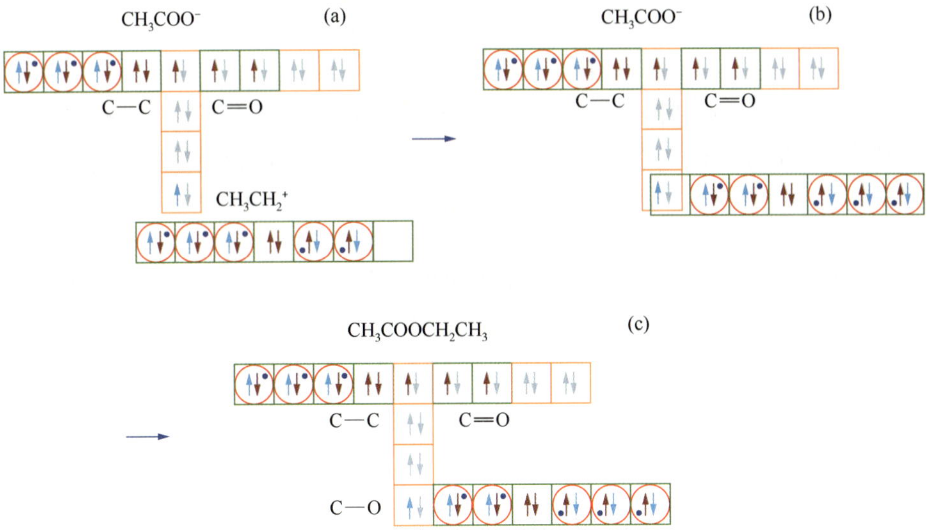

图 18-11　乙酸乙酯生成过程分析

(5) 反应机理分析

在浓 H_2SO_4 加热的条件下，乙醇和乙酸发生酯化反应生成乙酸乙酯，反应方程如下：

$$2H_2SO_4 \longrightarrow H_3SO_4^+ + HSO_4^- \quad (1)$$

$$CH_3CH_2OH + H_3SO_4^+ \longrightarrow CH_3CH_2^+ + H_2SO_4 + H_2O \quad (2)$$

$$CH_3COOH + HSO_4^- \longrightarrow CH_3COO^- + H_2SO_4 \quad (3)$$

$$CH_3COO^- + CH_3CH_2^+ \longrightarrow CH_3COOCH_2CH_3 \quad (4)$$

反应式(1)+(2)+(3)+(4)得到式(5)：

$$CH_3CH_2OH + CH_3COOH \longrightarrow CH_3COOCH_2CH_3 + H_2O \quad (5)$$

(6) 小结

在浓 H_2SO_4 加热的条件下，乙醇与乙酸发生酯化反应生成乙酸乙酯，其反应过程可分为4步：

① 浓硫酸自偶电离，部分生成硫酸合氢离子 $H_3SO_4^+$，另一部分生成 HSO_4^-；

② 硫酸合氢离子 $H_3SO_4^+$ 提供 H^+ 攻击乙醇分子 C—O 键，C—O 键断裂生成乙基正碳离子 $CH_3CH_2^+$ 和 H_2O 分子；

③ 带负电的 HSO_4^- 与乙酸作用，生成了 CH_3COO^- 和硫酸分子；

④ 乙基正碳离子 $CH_3CH_2^+$ 和 CH_3COO^- 反应生成乙酸乙酯分子 $CH_3COOCH_2CH_3$。

18.4.2 乙烯加成法合成乙酸乙酯

乙烯加成法：是以乙烯和乙酸为原料直接合成乙酸乙酯的新方法。以负载在 SiO_2 等载体上的杂多酸金属盐或杂多酸为催化剂，在水蒸气参与下，乙酸和乙烯在反应温度为150℃、压力为1.0MPa条件下，乙烯气相水合后与汽化乙酸直接生成乙酸乙酯。该方法的反应方程是：

$$CH_2CH_2 + CH_3COOH \longrightarrow CH_3COOC_2H_5$$

下面就杂多酸催化乙烯加成合成乙酸乙酯反应机理进行分析。

(1) 生成水合氢离子

杂多酸(heteropoly acid，简称HPA)是由杂原子(如P、Si、Fe、Co等)和多原子(如Mo、W、V、Nb、Ta等)按一定结构通过氧原子配位桥联组成的含氧固体酸，具有很高的催化活性，它不但具有强酸性，而且具有氧化还原性，是一种多功能的新型催化剂。杂多酸最常见的是1∶12系列A型Keggin结构，$H_n[XM_{12}O_{40}]^{n-}$(X=P，Si，Ge，As…；M=Mo，W，V)，杂多酸是固体超强酸，是质子酸。

图18-12是杂多酸HPA与水蒸气相互作用生成水合氢离子 H_3O^+ 过程分析。图18-12(a)是 H_2O 分子电子轨道结构图和杂多酸HPA结构示意图。在图18-12(b)中，杂多酸HPA与 H_2O 分子相互作用，水是极性分子，H_2O 分子中O原子外层有孤对电子，杂多酸HPA中 H^+ 迁移到 H_2O 分子中O原子外层含有孤对电子的 sp^3 杂化轨道上，形成配位键，即生成了水合氢离子 H_3O^+，其电子轨道结构如图18-12(c)所示。杂多酸失去 H^+ 后变成 PA^- 结构，其示意图如图18-12(d)所示。

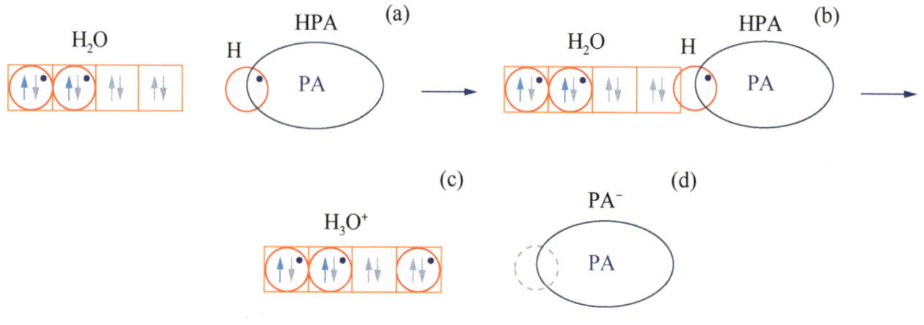

图18-12 杂多酸与水分子相互作用

(2) 乙烯、乙酸结构分析

图 18-13 是乙烯分子结构分析。图 18-13(a)是 C 原子和 H 原子的电子轨道结构图，有 2 个 C 原子和 4 个 H 原子，分别标记为 1-C、2-C 和 1-H、2-H、3-H 及 4-H。在图 18-13(b)中，1-C 原子外层 2 个含有未成键电子的 sp^3 杂化轨道与 2-C 原子外层 2 个含有未成键电子的 sp^3 杂化轨道重叠，共用 2 对电子生成 1 个 C═C 键；1-C 原子外层剩余的 2 个含有未成键电子的 sp^3 杂化轨道分别与 1-H 和 2-H 原子外层含有未成键电子的 s 轨道重叠，共用 2 对电子生成 2 个 C—H 键。同理，2-C 原子外层剩余的 2 个含有未成键电子的 sp^3 杂化轨道分别与 3-H 和 4-H 原子外层含有未成键电子的 s 轨道重叠，共用 2 对电子又生成 2 个 C—H 键，2 个 C 原子、4 个 H 原子通过 1 个 C═C 键和 4 个 C—H 键生成 1 个乙烯分子 CH_2═CH_2，其电子轨道结构如图 18-13(c)所示。

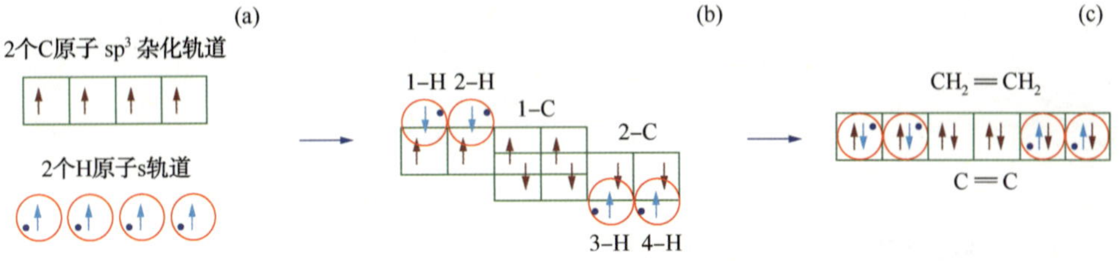

图 18-13 乙烯分子结构分析

图 18-14 是乙酸分子结构分析。图 18-14(a)是 C、O 和 H 原子电子轨道结构图，图中有 2 个 C 原子、2 个 O 原子和 4 个 H 原子。2 个 C 原子标记为 1-C 和 2-C，2 个 O 原子标记为 1-O 和 2-O，4 个 H 原子分别标记为 1-H、2-H、3-H 和 4-H。

在图 18-14(b)中，1-C 原子外层 1 个含有未成键电子的 sp^3 杂化轨道与 2-C 原子外层 1 个含有未成键电子的 sp^3 杂化轨道重叠，共用 1 对电子生成 1 个 C—C 键，1-C 原子外层剩余的 3 个含有未成键电子的 sp^3 杂化轨道分别与 1-H、2-H 和 3-H 原子外层含有未成键电子的 s 轨道重叠，共用 3 对电子生成 3 个 C—H 键。2-C 原子外层 2 个含有未成键电子的 sp^3 杂化轨道与 1-O 原子外层 2 个含有未成键电子的 sp^3 杂化轨道重叠，共用 2 对电子生成 1 个 C═O 键；2-C 原子外层第 4 个含有未成键电子的 sp^3 杂化轨道与 2-O 原子外层 1 个含有未成键电子的 sp^3 杂化轨道重叠，共用 1 对电子生成 1 个 C—O 键；2-O 原子外层第 2 个含有未成键电子的 sp^3 杂化轨道与 4-H 原子外层含有未成键电子的 s 轨道重叠，且共用 1 对电子生成 1 个 H—O 键，这样就生成了 1 个乙酸分子 CH_3COOH，其电子轨道结构如图 18-14(c)所示。

(3) 生成乙基正碳离子

图 18-15 是乙烯分子 CH_2CH_2 与水合氢正离子 H_3O^+作用生成乙基正碳离子 $CH_3CH_2^+$ 过程分析。图 18-15(a)是 CH_2CH_2 和 H_3O^+电子轨道结构图。在图 18-15(b)中，根据表 18-4 正一价离子电负性数据[26]分析，第一主族元素正一价离子电负性(X_I)随着核电荷数增加而递减，则 H^+电负性 $X_{I,H} > X_{I,Li} > X_{I,Na} > X_{I,K} > X_{I,Rb} > X_{I,Cs}$，$X_{I,K} = 6.47$，$X_{I,C} = 6.42$，那么 $X_{I,H} > X_{I,C}$，说明 H^+得电子能力强于 C^+，H^+会取代 CH_2CH_2 分子中 C═C 键中 C^+，生成 1 个 C—H 键，则 C═C 键转变为 C—C 键，乙烯生成乙基正碳离子 $CH_3CH_2^+$，其电子轨道结构如图 18-15(c)和图 18-15(e)所示。同时生成 1 个水分子，其电子轨道如图 18-15(d)和图 18-15(f)所示。

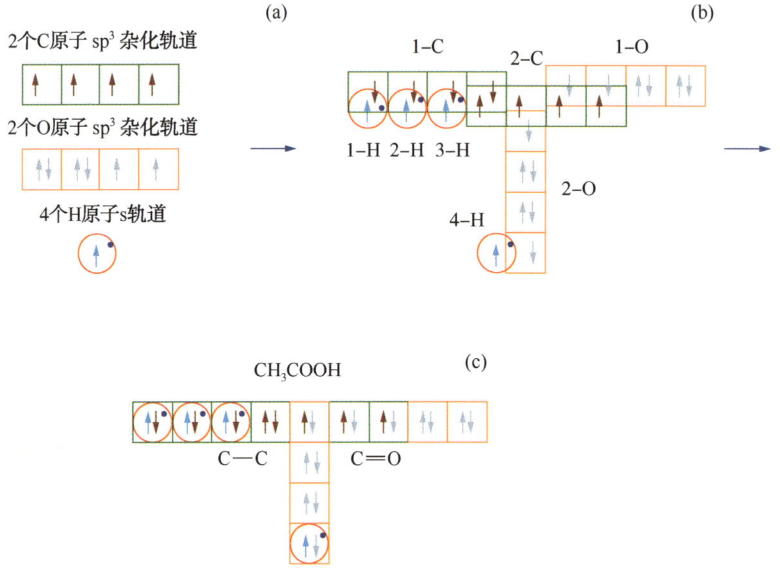

图 18-14　乙酸分子结构分析

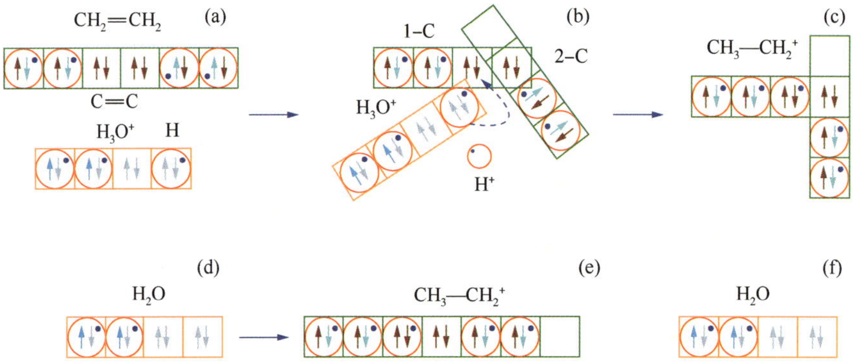

图 18-15　乙基正碳离子 $CH_3CH_2^+$ 生成过程分析

表 18-4　正一价离子电负性数据(X_I)

H^+																	He^+ 14.22
Li^+ 14.59	Be^+ 4.96											B^+ 6.02	C^+ 6.42	N^+ 7.94	O^+ 8.77	F^+ 9.46	Ne^+ 11.25
Na^+ 9.44	Mg^+ 4.08											Al^+ 4.47	Si^+ 4.41	P^+ 5.44	S^+ 6.06	Cl^+ 6.62	Ar^+ 7.81
K^+ 6.47	Ca^+ 3.24	Sc^+ 3.48	Ti^+ 3.67	V^+ 3.85	Cr^+ 4.19	Mn^+ 4.15	Fe^+ 4.33	Co^+ 4.49	Ni^+ 4.64	Cu^+ 5.04	Zn^+ 4.92	Ga^+ 4.77	Ge^+ 4.29	As^+ 5.12	Se^+ 5.57	Br^+ 6.05	Kr^+ 6.90
Rb^+ 5.66	Sr^+ 3.01	Y^+ 3.35	Zr^+ 3.59	Nb^+ 3.82	Mo^+ 4.18	Tc^+ 4.06	Ru^+ 4.34	Rh^+ 4.60	Pd^+ 5.00	Ag^+ 5.23	Cd^+ 4.66	In^+ 4.44	Sn^+ 3.96	Sb^+ 4.53	Te^+ 4.97	I^+ 5.32	Xe^+ 6.00
Cs^+ 5.22	Ba^+ 2.74	Lu^+ 2.99	Hf^+ 3.88	Ta^+ 4.30	W^+ 4.68	Re^+ 3.78	Os^+ 4.63	Ir^+ 4.70	Pt^+ 4.96	Au^+ 5.35	Hg^+ 5.25	Tl^+ 4.78	Pb^+ 4.04	Bi^+ 4.32	Po^+	At^+	Rn^+ 5.54

(4) 生成 CH_3COO^-

图 18-16 是乙酸 CH_3COOH 分子在热蒸汽中与 PA^- 作用生成乙酸根离子 CH_3COO^- 和 HPA 分子过程分析。图 18-16(a)是乙酸分子电子轨道结构图和 PA^- 示意图。在图 18-16(b)中，PA^- 是缺 H^+ 结构，PA^- 与乙酸分子相互作用，PA^- 只能在乙酸分子中 C—H 键或 O—H键位置获得 H^+。文献[27]中，C—H 键键长 109pm、键能 414kJ/mol，O—H 键键长 96pm、键能 464kJ/mol，那么 PA^- 最可能在乙酸分子中 C—H 键位置获得 H^+。所以 PA^- 会与乙酸分子中 C—H 键相互作用，H^+ 向 PA^- 转移，并与 PA^- 结合成为杂多酸分子 HPA，其分子结构示意如图 18-16(c)，乙酸分子失去 H^+ 后生成图 18-16(d)结构。在图 18-16(d)中，根据表 18-3 电负性数据[26]，O 原子电负性(3.44)大于 C 原子电负性(2.55)，H—O 键中 H 原子控制共用电子对能力弱于 C—H 键中 H 原子控制共用电子对能力，所以 H—O 键中 H^+ 会向 C 原子外层含有孤对电子的 sp^3 杂化轨道转移，生成乙酸根离子 CH_3COO^-，其电子轨道结构如图 18-16(e)所示。

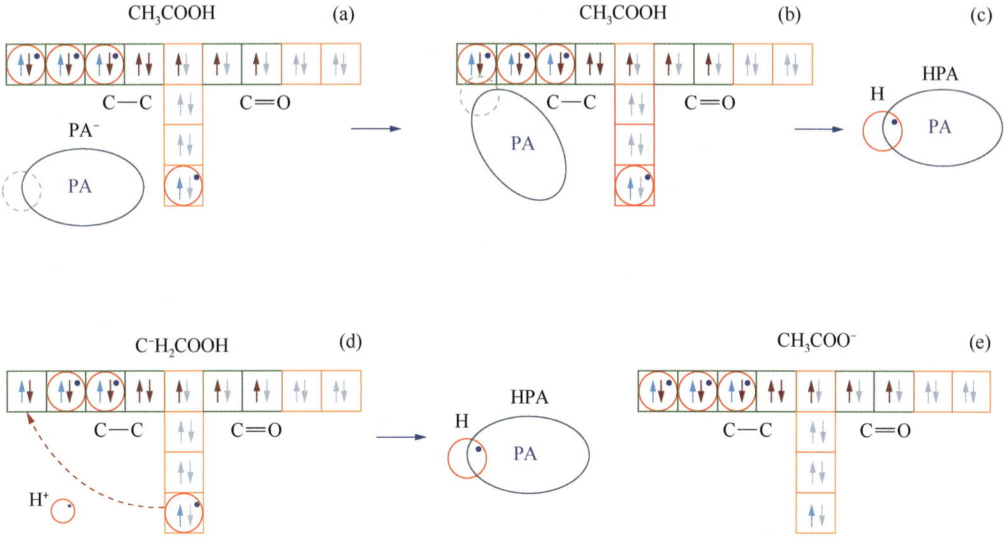

图 18-16　生成 CH_3COO^- 过程分析

(5) 生成乙酸乙酯

图 18-17 是乙基正碳离子 $CH_3CH_2^+$ 与乙酸根离子 CH_3COO^- 作用生成乙酸乙酯分子过程分析。图 18-17(a)是乙基正碳离子 $CH_3CH_2^+$ 和乙酸根离子 CH_3COO^- 的电子轨道结构图。在图 18-17(b)中，乙基正碳离子 $CH_3CH_2^+$ 中 C 原子外层空的 sp^3 杂化轨道与乙酸根离子 CH_3COO^- 结构中通过 C—O 键连接的那个 O 原子外层含有孤对电子的 sp^3 杂化轨道重叠，共用 1 对电子生成 1 个 C—O 键，则将乙基正碳离子 $CH_3CH_2^+$ 与乙酸根离子 CH_3COO^- 相连接生成 1 个乙酸乙酯分子 $CH_3COOCH_2CH_3$，其电子轨道结构如图 18-17(c)所示。

(6) 反应机理分析

以负载在 SiO_2 等载体上的杂多酸金属盐或杂多酸为催化剂，在水蒸气下加热，乙烯和乙酸加成反应生成乙酸乙酯，反应方程如下：

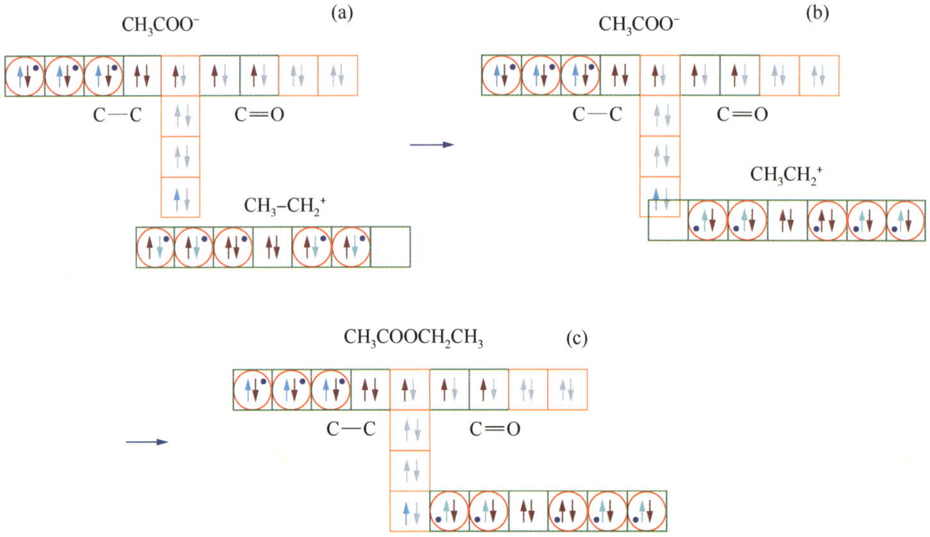

图 18-17 $CH_3COOCH_2CH_3$ 分子生成过程分析

$$HPA+H_2O \longrightarrow H_3O^+ +PA^- \tag{1}$$

$$CH_2CH_2+H_3O^+ \longrightarrow CH_3CH_2^+ +H_2O \tag{2}$$

$$CH_3COOH+PA^- \longrightarrow CH_3COO^- +HPA \tag{3}$$

$$CH_3COO^- +CH_3CH_2^+ \longrightarrow CH_3COOCH_2CH_3 \tag{4}$$

反应式(1)+(2)+(3)+(4)得到式(5)：

$$CH_2CH_2+CH_3COOH \longrightarrow CH_3COOCH_2CH_3 \tag{5}$$

(7) 小结

以杂多酸为催化剂，乙烯与乙酸发生加成反应生成乙酸乙酯，其反应过程分 4 步：

① 杂多酸 HPA 与气相 H_2O 作用生成 H_3O^+ 和杂多酸离子 PA^-；

② H_3O^+ 与乙烯反应生成乙基正碳离子 $CH_3CH_2^+$；

③ 乙酸在热蒸汽中与 PA^- 作用生成 CH_3COO^- 和杂多酸 HPA；

④ $CH_3CH_2^+$ 和 CH_3COO^- 反应生成乙酸乙酯分子 $CH_3COOCH_2CH_3$。

18.4.3 乙醇脱氢制乙酸乙酯

乙醇脱氢法：乙醇脱氢法又称为乙醇脱氢一步法，采用铜基催化剂，1.0MPa、250℃条件下，乙醇脱氢生成乙酸乙酯和氢气。其反应方程如下：

$$2CH_3CH_2OH \longrightarrow CH_3COOCH_2CH_3+2H_2$$

下面就 Cu 基催化剂与乙醇相互作用生成乙酸乙酯过程进行分析。

(1) 活性组元 Cu 结构

乙醇在 Cu 基催化剂作用下会发生脱氢反应生成乙酸乙酯和 H_2。Cu 原子是催化活性组元，Cu 核电荷数 29>21，外层电子排布是 $3d^{10}4s^1$，不存在能级交错，$E_{4s}>E_{3d}$，其电子轨道结构如图 18-18(a)；Cu 原子首先失去 1 个 4s 电子变成 Cu^+，其电子轨道结构如图 18-18(b)；再失去 1 个 3d 轨道电子生成 Cu^{2+}，其电子轨道结构如图 18-18(c)所示。

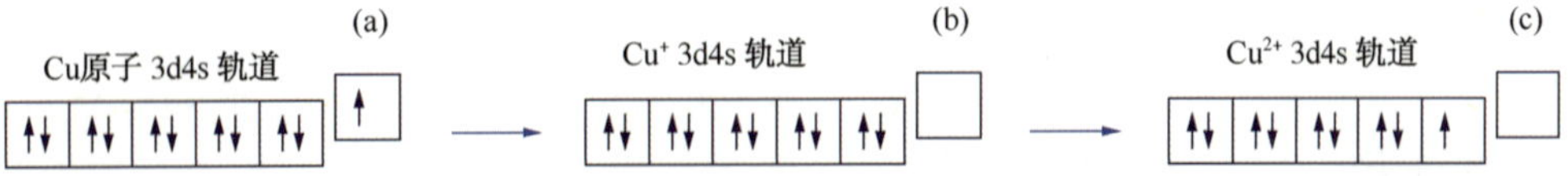

图 18-18 Cu 原子及 Cu^+、Cu^{2+}电子轨道结构图

(2) 乙醇分子结构分析

图 18-19 乙醇分子结构分析。图 18-19(a)是 C、O 和 H 原子外层电子轨道结构图，有 1 个 O 原子、2 个 C 原子和 6 个 H 原子，分别标记为 1-C、2-C 和 1-H、2-H、3-H、4-H、5-H 和 6-H。在图 18-19(b)中，1-C 原子外层含有未成键电子的 sp^3 杂化轨道与 2-C 原子外层含有未成键电子的 sp^3 杂化轨道重叠，共用 1 对电子生成 1 个 C—C，1-H、2-H 和 3-H 原子外层含有未成键电子的 s 轨道与 1-C 原子外层剩余的 3 个含有未成键电子的 sp^3 杂化轨道重叠，共用 3 对电子生成 3 个 C—H 键；2-C 原子外层含有未成键电子的 sp^3 杂化轨道与 O 原子外层 1 个含有未成键电子的 sp^3 杂化轨道重叠，共用 1 对电子生成 1 个 C—O 键，2-C 原子外层剩余的 2 个含有未成键电子的 sp^3 杂化轨道分别与 4-H 和 5-H 原子外层含有未成键电子的 s 轨道重叠，共用 2 对电子生成 2 个 C—H 键；O 原子外层剩余那个含有未成键电子的 sp^3 杂化轨道与 6-H 原子外层含有未成键电子的 s 轨道与重叠，共用 1 对电子生成 1 个 H—O 键，则生成 1 个乙醇分子，其电子轨道结构如图 18-19(c)。

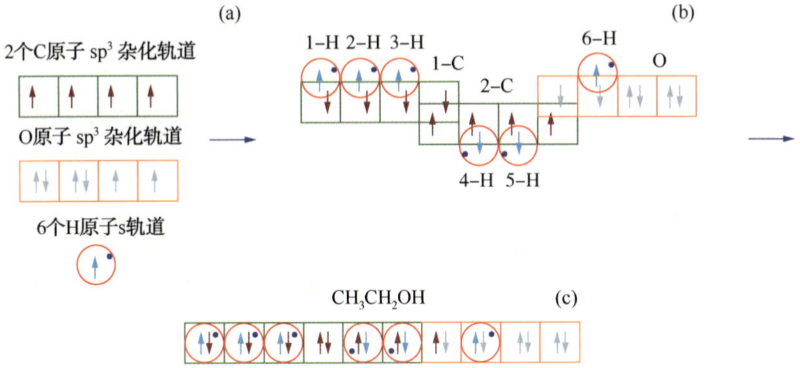

图 18-19 乙醇分子结构分析

(3) 生成 $CH_3CH_2O^-$

表 18-5 是部分元素电负性数据[26]，Cu 元素电负性为 1.90，失去 4s 电子的 Cu^+电负性为 5.04，在失去 3d 轨道 1 个电子后的 Cu^{2+}电负性为 10.28，而 Cu^{3+}电负性为 16.57。元素失去电子数越多，其离子的电负性会越大。

表 18-5 部分元素电负性

元素	H	O	Cu	Zn	Ni	Cr	Zr	Co	Mo	C
A^0	2.20	3.44	1.90	1.65	1.91	1.66	1.33	1.88	2.16	2.55
A^+		8.77	5.04	4.92	4.64	4.19	3.59	4.49	4.18	6.42
A^{2+}		16.21	10.28	10.38	9.60	8.54	6.50	9.10	7.80	13.01
A^{3+}		23.82	16.57	17.84	16.21	14.41	10.32	15.26	13.24	20.23

图 18-20 是乙醇分子与 Cu 基催化剂相互作用生成 $CH_3CH_2O^-$过程分析。图 18-20(a)是乙醇分子和 Cu 原子电子轨道结构图。在图 18-20(b)中，Cu 原子外层的 3d4s 轨道($E_{4s}>E_{3d}$)与乙醇分子中 C—H 键和 H—O 键作用，根据表 18-5 电负性数据，由于 O 原子电负性(3.44)大于 C 原子电负性(2.55)，O 原子控制共用电子对的能力大于 C 原子，也就是说 H—O 键中的 H 原子控制共用电子对的能力要弱于 C—H 键中 H 原子控制共用电子对的能力，所以 H—O 键中的 H 原子与 Cu 原子作用的可能性更大。电负性 2.20 的 H 原子会从电负性 1.90 的 Cu 原子外层 3d4s 轨道($E_{4s}>E_{3d}$)获得电子，以 H^+离开的方式促使 H—O 键断裂，H 原子与 O 原子共用的电子对留在了 O 原子外层 sp^3 杂化轨道上，乙醇分子 CH_3CH_2OH 变成了 $CH_3CH_2O^-$，其电子轨道结构如图 18-20(c)所示；在图 18-20(d)中，H—O 键断裂后，H^+会从 Cu 原子外层 3d 轨道和 4s 轨道各获得 1 个电子生成 1 个 H^-，其电子轨道结构如图 18-20(e)所示；Cu 原子则失去外层 4s 轨道 1 个电子和 3d 轨道 1 个电子后生成了 1 个 Cu^{2+}，其电子轨道结构如图 18-20(f)所示。

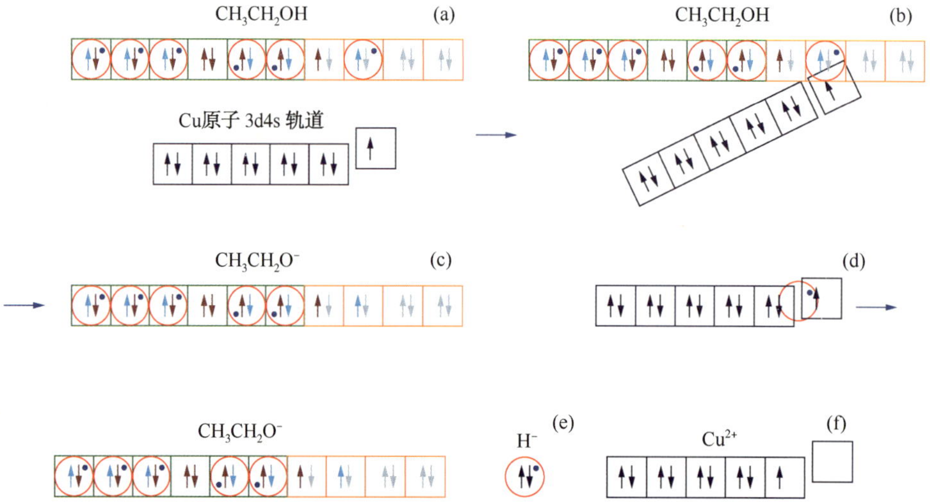

图 18-20　乙醇分子与 Cu 基催化剂相互作用生成 $CH_3CH_2O^-$过程

(4) 生成 CH_3CO^+

图 18-21 是 $CH_3CH_2O^-$ 与 Cu^{2+} 相互作用生成 CH_3CO^+ 过程分析。图 18-21(a)是 $CH_3CH_2O^-$和 Cu^{2+}的电子轨道结构图，图中有 2 个 Cu^{2+}。在图 18-21(b)中，Cu^{2+}电负性(10.28)大于 O 原子电负性(3.44)，Cu^{2+}电负性也大于 C 原子电负性(2.55)。

当 2 个 Cu^{2+}与 $CH_3CH_2O^-$相互作用时，Cu^{2+}更容易从 C 原子外层获得电子，即 2 个 Cu^{2+}与 $CH_3CH_2O^-$中的 2 个 C—H 键相互作用，并从中间位置的 2 个 C、H 原子外层重叠轨道处抽取 2 个 H^-，原来的 2 个 C—H 键断裂，生成图 18-21(c)过渡结构，这种结构极不稳定，在 Cu^{2+}作用下，H^-外层 s 轨道的 2 个电子填充到 Cu^{2+}外层 3d 和 4s 轨道上，2 个 H^-失去 2 个电子后生成了 2 个 H^+，其电子轨道结构如图 18-21(e)；2 个 Cu^{2+}得到 4 个电子后被还原为 2 个 Cu 原子，其电子轨道结构如图 18-21(f)。与此同时，$CH_3CH_2O^-$失去 2 个 H^-后，中间 C 原子外层出现了 2 个空的 sp^3 杂化轨道，其电子轨道结构如图 18-21(d)所示；图 18-21(d)中，

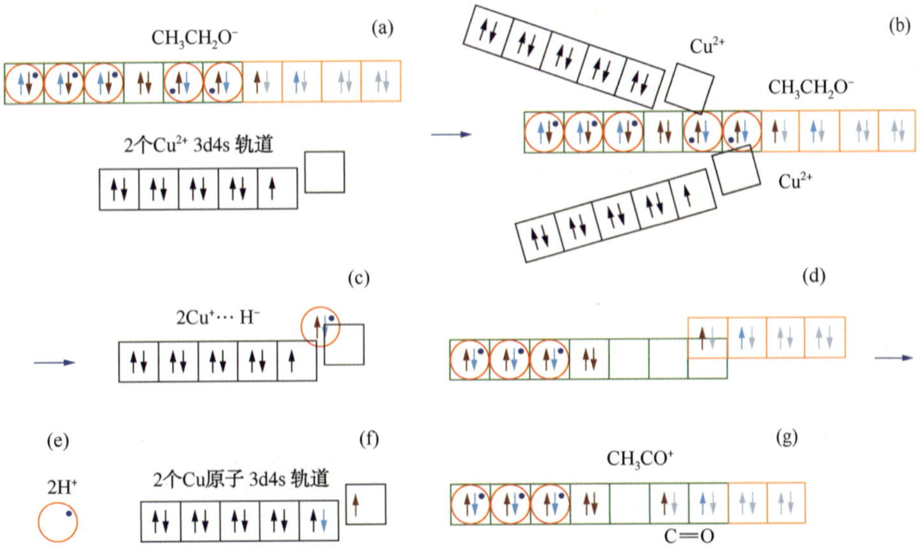

图 18-21 $CH_3CH_2O^-$与Cu^{2+}相互作用生成CH_3CO^+过程

中间 C 原子外层的一个空的 sp^3 杂化轨道会与 O 原子外层含有孤对电子的 sp^3 杂化轨道重叠，C 原子和 O 原子共用 2 对电子生成 1 个 C═O 键，即生成 CH_3CO^+，C 原子外层还有 1 个空 sp^3 杂化轨道，其电子轨道结构如图 18-21(g)所示。

（5）生成乙酸乙酯分子

图 18-22 是 CH_3CO^+与 $CH_3CH_2O^-$相互作用生成乙酸乙酯分子过程。图 18-22(a)是 CH_3CO^+与 $CH_3CH_2O^-$电子轨道结构图。在图 18-22(b)中，CH_3CO^+中的中间 C 原子外层空的 sp^3 杂化轨道与 $CH_3CH_2O^-$中 O 原子外层含有孤对电子的 sp^3 杂化轨道重叠，共用 1 对电子生成了 1 个 C—O 键，通过这个 C—O 键把 CH_3CO^+与 $CH_3CH_2O^-$相连接，则生成 1 个乙酸乙酯分子 $CH_3COOCH_2CH_3$，其电子轨道结构如图 18-22(c)所示。

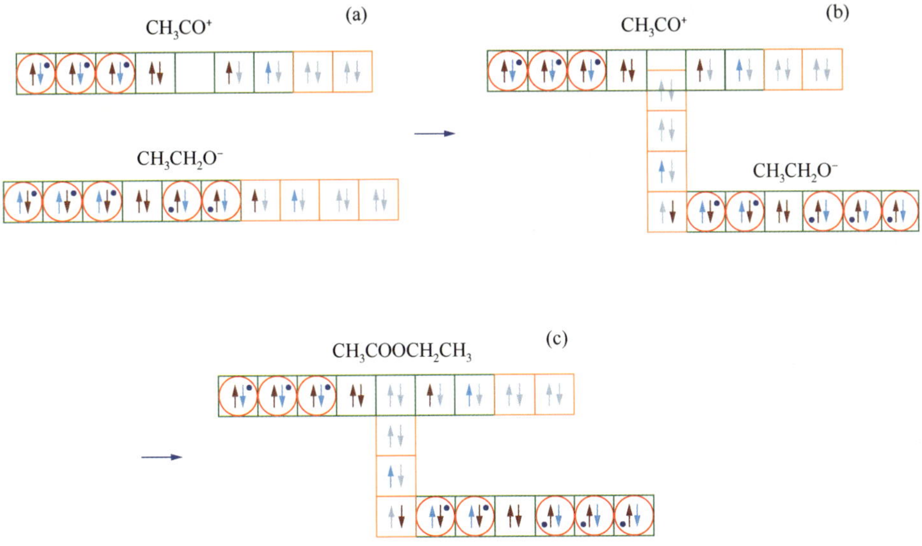

图 18-22 CH_3CO^+与 $CH_3CH_2O^-$生成乙酸乙酯分子

(6) 生成 H_2 分子

前面生成的 H^+ 和 H^- 相互作用会生成 H_2 分子。图 18-23 是 H^+ 和 H^- 相互作用生成 H_2 分子过程分析。图 18-23(a)是 H^+ 和 H^- 电子轨道结构图，在图 18-23(b)中，H^+ 外层空的 s 轨道与 H^- 外层含有 1 对电子的 s 轨道重叠，且共用 1 对电子生成 1 个 H—H 键，则生成了 1 个 H_2 分子，其电子轨道结构如图 18-23(c)所示。

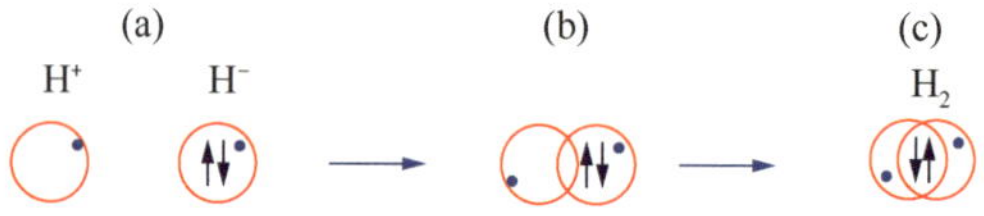

图 18-23 H^+ 与 H^- 生成 H_2

(7) 反应机理分析

乙醇在 Cu 基催化剂作用下会发生脱氢反应，生成乙酸乙酯和 H_2，反应过程如下：

$$Cu+CH_3CH_2OH \longrightarrow Cu^{2+}+CH_3CH_2O^-+H^- \quad (1)$$

$$2Cu^{2+}+CH_3CH_2O^- \longrightarrow 2Cu+CH_3CO^++2H^+ \quad (2)$$

$$CH_3CH_2O^-+CH_3CO^+ \longrightarrow CH_3COOCH_2CH_3 \quad (3)$$

$$H^++H^- \longrightarrow H_2 \quad (4)$$

反应式(1)×2+(2)+(3)+(4)×2 得到式(5)：

$$2CH_3CH_2OH \longrightarrow CH_3COOCH_2CH_3+2H_2 \quad (5)$$

(8) 小结

乙醇在 Cu 基催化剂作用下会发生脱氢反应生成乙酸乙酯和 H_2，反应过程分 4 步：

① 乙醇在 Cu 原子作用下，Cu 原子从乙醇分子 H—O 键位置抽取 H^+，生成了 $CH_3CH_2O^-$，H^+ 又从 Cu 原子外层的 4s 轨道和 3d 各获得 1 个电子，生成 H^- 和 Cu^{2+}；

② Cu^{2+} 与 $CH_3CH_2O^-$ 相互作用，2 个 Cu^{2+} 从 $CH_3CH_2O^-$ 中抽取 2 个 H^-，生成 1 个 CH_3CO^+、2 个 Cu 原子和 2 个 H^+；CH_3CO^+ 中有 1 个 C═O 键，中间 C 原子外层有 1 个空的 sp^3 杂化轨道；

③ 1 个 $CH_3CH_2O^-$ 和 1 个 CH_3CO^+ 生成 1 个乙酸乙酯分子；

④ 1 个 H^+ 和 1 个 H^- 生成 1 个 H_2 分子。

参 考 文 献

[1] 世界乙酸乙酯的生产现状及发展前景分析[EB/OL]. http://www.polymer.cn/polymernews/2009-9-7/_20099791806162.html.

[2] 2012 年我国乙酸乙酯产能将达 200 万吨[EB/OL]. 2012-07-12. http://news.dichan.sina.com.cn/2012/07/12/526021.html.

[3] 2021 年我国醋酸乙酯行业市场现状：产能、产量及消费量实现增长[EB/OL].2021-03-19. https://market.chinabaogao.com/huagong/031953612-R021.html.

[4] 我国醋酸乙酯行业产能产量、进出口量增长统计及未来新增产能分析[EB/OL].2020-01-08. http://www.leadingir.com/datacenter/view/4509.html.

[5] 2014 年全球醋酸乙酯主要生产厂家产能情况[EB/OL]. 2015-04-11. http://askci.com/news/data/2015/04/11/1629jull.shtml.

[6] 2020年我国醋酸乙酯供需现状分析，乙醛缩合法工艺或成为趋势[EB/OL].2021-03-14. https://m.huaon.com/detail/694965.html.

[7] 乙酸乙酯行业产能过剩，2020年下半年发展态势较好[EB/OL]. http://www. newsijie. com/chanye/huagong/jujiao/2020/0923/1126 1241.html.

[8] 黄华，赵映，徐文斌. SiO_2 负载磷钨酸用于乙烯乙酸加成反应制乙酸乙酯.中国化工学会石油化工学术年会，2005.

[9] 黄焕生，黄科林，杨波，等.乙酸乙酯合成生产技术现状及发展趋势[J].化工技术与开发，2007，36(12)：13-16.

[10] Elliott D J，Pennella F.The formation of ketones in the presence of carbon monoxide over $CuO/ZnO/Al_2O_3$ [J].J Catal，1989，119(2)：359-367.

[11] 麦景红，王晓东，雍永祜.乙醇催化脱氢制乙酸乙酯的反应特征[J].精细化工，1995，12(6)：25-30.

[12] Inui K，Kurabayashi T，Sato S.Directsynthesis of ethylacetate from ethanol over Cu-Zn-Zr-Al-O catalyst [J].Appl Catal A，2002，237(1-2)：53-61.

[13] Inui K，Kurabayashi T，Sato S.Directsynthesis of ethylacetate from ethanol carried out under pressure[J].J Catal，2002，212(2)：207-215.

[14] Inui K，Kurabayashi T，Sato S，et al.Effective formation of ethylacetate from ethanol over Cu-Zn-Zr-Al-O catalyst[J].J Mol Catal A：Chem，2004，216(1)：147-156.

[15] 杨树武，周卓华. $Cu/ZnO/Al_2O_3/ZrO_2$ 催化剂上乙醇脱氢合成乙酸乙酯 Ⅰ：催化反应性能及机理[J].催化学报，1996，17(1)：5-9.

[16] 杨树武，周卓华. $Cu/ZnO/Al_2O_3/ZrO_2$ 催化剂上乙醇脱氢合成乙酸乙酯Ⅱ：催化剂的表征[J].催化学报，1996，17(1)：10-15.

[17] 温涛，潘伟雄，孙旭辉.醇脱氢制酯 Cu/Zn/Al/Zr 催化剂的表征[J].催化学报，1998，19(1)：77-80.

[18] 潘伟雄.乙醇脱氢歧化酯化一步合成乙酸乙酯[J].石油化工，1991，20(5)：330-337.

[19] 曾金龙，傅锦坤，郑荣辉，等.钛的添加对 $Cu-Co-Zn/Al_2O_3$ 乙醇一步合成乙酸乙酯催化剂性能的影响[J].工业催化，1998(3)：52-55.

[20] Colley S W，Tabatabaei J，Waugh K C，et al.The detailed kinetics and mechanism of ethylethanoate synthesis over a Cu/Cr_2O_3 catalyst[J].J Catal，2005，236(1)：212-33.

[21] 智凯敏，董秀芹，张敏华.乙醇一步法制备乙酸乙酯的铜基催化剂模拟研究[J].计算机与应用化学，2011，28(1)：88-90.

[22] 王丽霞.过渡金属基催化剂在乙醇合成乙酸乙酯反应中催化性能的研究[D].吉林：吉林大学，2010.

[23] Wang L X，Zheng D F，Zhu W C，et al.Direct transformation of ethanol to ethyl acetate on Cu/ZrO_2 catalyst [J].Reaction Kinetics，Mechanisms Catalysis，2010，101：365-375.

[24] 肖志，臧运芳.我国乙酸乙酯行业的现状及发展趋势[J]. 山东化工，2019，48：98-99，108.

[25] Finar. I. L. Organic Chemistry Vol I[M]. 6th ed. Longman，1973：321.

[26] 冯玉彪，张粉保，宣利宏，等. 离子的电负性[J]. 大连轻工业学院学报，1998，13(2)：70-76.

[27] 大连理工大学无机化学教研室. 无机化学[M]. 5版. 北京：高等教育出版社，2006：293.

第 19 章　草酸二甲酯

19.1　草酸二甲酯工业发展现状[1~4]

草酸二甲酯(dimethyl oxalate，DMO)，分子式 $C_4H_6O_4$，分子量 118.09。熔点 50~54℃，沸点 163.5℃，相对密度 1.148，折光率 1.379。溶于乙醚、苯、氯仿，微溶于水。草酸二甲酯是一种重要的医药和化工原料，常用于有机合成，用作维生素 B 的中间体，也可用作溶剂、增塑剂。草酸二甲酯是煤制乙二醇工艺路线中重要的中间体产品，草酸二甲酯可以加氢制备乙二醇，也可以加氢制备乙醇酸甲酯(MG)，可以从生产乙二醇转变为生产乙醇酸甲酯(MG)和乙醇酸(GA)等。

实际上，单纯的草酸二甲酯的产能产量和市场需求还比较小，2010 年我国草酸二甲酯产能只有 3.14 万 t/a，之后每年以 5.0%以上的速度增加，2011 年产能为 3.35 万 t/a，产量 0.87 万 t/a；2010~2014 年我国草酸二甲酯产能增速超过 5.5%，2014 年突破 4 万 t/a，2014~2018 年草酸二甲酯产能增速超过 5.0%，2018 年产能超过 5 万 t/a，达到 5.03 万 t/a。2010~2018 年平均增速达到 6.0%，其产能详见图 19-1。

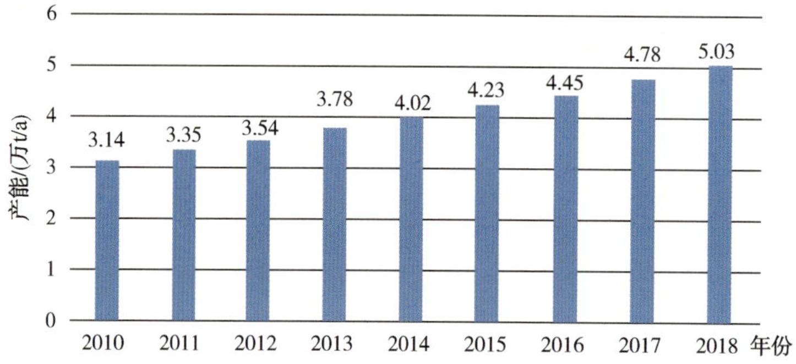

图 19-1　2010~2018 年我国草酸二甲酯产能统计

在市场竞争方面，当前草酸二甲酯生产企业相对较少，在 2020 年东华科技和榆林化学合作建立了 180 万 t/a 乙二醇项目，生产的产品主要有草酸二甲酯和乙二醇，其中东华科技提供技术和装备支持，而榆林化学负责项目建设。我国是煤制乙二醇生产大国，近几年随着煤制乙二醇项目建立，草酸二甲酯产能和产量持续攀升，行业得到快速发展。草酸二甲酯作为精细化工行业优势产品，产品走势呈上升趋势。与国外发达国家相比，我国草酸工业化生产起步较晚，但发展速度很快，特别是随着制药、稀土、精细化工等行业的发展，我国已经成为全球最大的草酸生产国。目前发达国家已经很少生产草酸，整个草酸制造行业向发展中国家和地区转移，发达国家大部分都依靠进口。发展中国家和地区中，中国大陆、韩国、中国台湾、印度、巴西等均兴建有草酸生产线，但除中国以外的其他国家和地区因资源、地理位置等原因，草酸生产规模较小。近年来我国草酸出口量不断增长，截至 2020 年我国出口草酸 117045t，同比增长 24.8%；进口数量为 91t，同比下降 33.6%。

我国草酸二甲酯产能主要分布在华东、华中、华北、西北和华南地区，其中华东地区占比 32.80%，华中地区占比 20.70%，西北地区占比 15.70%，华北地区占比 14.80%，华南地区产能占比只有 7.40%，见图 19-2。

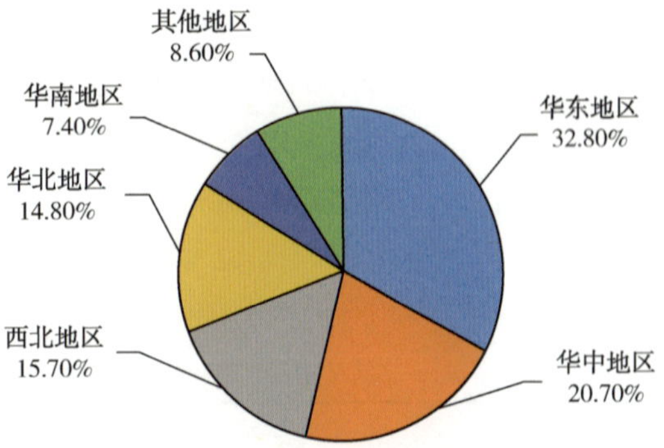

图 19-2　我国草酸二甲酯产能结构分析

从市场需求来看，2010~2018 年我国草酸二甲酯市场需求逐年增加，其中 2010~2013 年增速最快，超过 7.0%；2010~2014 年市场需求增加了 1 万 t/a，从 3.03 万 t/a 增加到 2014 年到 4.04 万 t/a，市场需求突破 4 万 t/a，2014~2018 年市场需求增加了 1.1 万 t/a。2014~2018 年我国草酸二甲酯市场需求增速超过 5.5%，2010~2018 年平均增速 6.9%，基本与产能增速保持一致。图 19-3 是 2010~2018 年我国草酸二甲酯市场需求量统计结果，其市场需求结构分布见图 19-4。表 19-1 列出了我国草酸二甲酯主要生产和经营企业。

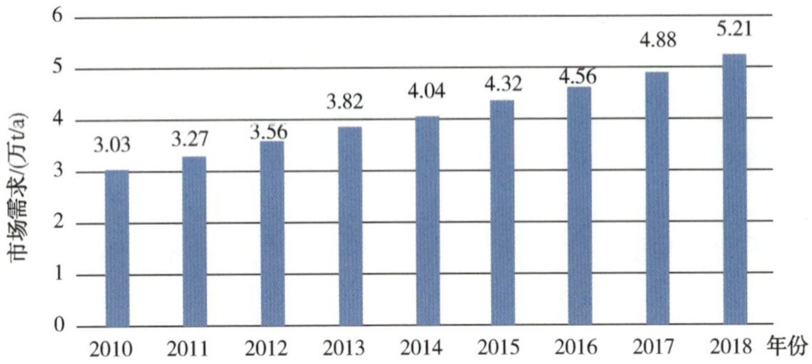

图 19-3　2010~2018 年我国草酸二甲酯市场需求分析

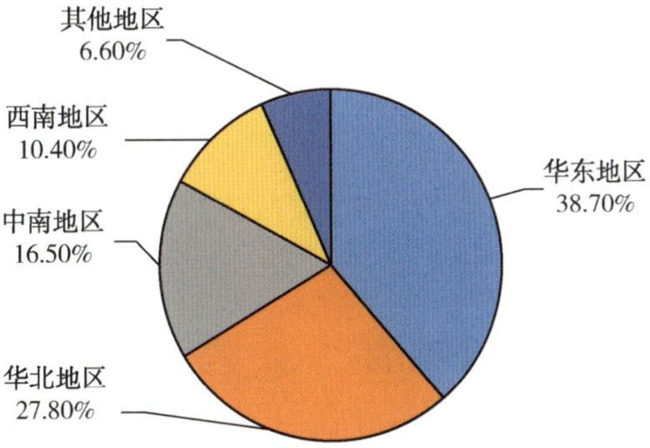

图 19-4　我国草酸二甲酯市场需求结构分析

表 19-1 我国草酸二甲酯主要生产和经营企业

序号	生产经营企业	序号	生产经营企业
1	淄博旭升化工有限公司	9	上海紫业化工有限公司
2	安徽省金奥化工有限公司	10	济南海普化工有限公司
3	南京海锐化工有限公司	11	上海晶沪化工有限公司
4	新乡市太华贸易有限公司	12	洛阳市西工区腾翼物资供应站
5	溧阳市凯信化工原料经营部	13	南京蓝白化工有限公司
6	上海富蔗化工有限公司	14	上海元吉化工有限公司
7	东莞市同润贸易有限公司	15	南京诚亿化工有限公司
8	上海金锦乐实业有限公司	16	溧阳市开拓者化学技术服务中心

19.2 草酸二甲酯合成技术[5~12]

传统的草酸酯生产路线是用草酸和醇发生酯化反应来制备，这个工艺路线生产成本高、能耗大、污染严重。多年来，人们一直在探索和寻找一条低成本、环境友好的技术路线。20 世纪 60 年代，美国联碳公司 Fenton 发现了在 $PdCl_2-CuCl_2$ 氧化还原体系中，一氧化碳、醇与氧气可通过羰基化反应直接合成草酸二甲酯。随后，日本宇部兴产公司和美国 ARCO 公司进行了大量研究开发工作。自 20 世纪 80 年代以来，国内许多研究单位也开展这方面的研究，如天津大学 C_1 重点实验室、中科院成都有机所、中科院福建物质结构所、浙江大学和西南化工研究院等都相继开展了研究工作，并成为研究热点，不断进行技术优化，加速推进产业化进程。

概括起来，目前合成草酸二甲酯的方法有：传统酯化法和 CO 偶联合成法，CO 偶联合成法又可分为液相法和气相法。

19.2.1 传统酯化法

传统酯化法就是草酸和醇进行酯化反应[7]，以无机酸或离子交换树脂为催化剂，用氯仿、苯等与水形成共沸物的低沸点溶剂或过量的乙醇来除去草酸的结晶水和反应生成的水，收率可达到 80%~90%，其反应方程如下：

$$(COOH)_2+2ROH \longrightarrow (COOR)_2+2H_2O$$

目前，我国生产的草酸酯多采用酯化法工艺。该生产工艺比较成熟，但合成草酸的主要方法由甲酸钠法制备，生产流程长，过程中有固体析出，废水排放量大，环境污染严重，制约了该技术的推广应用。

19.2.2 CO 液相偶联合成草酸酯

针对传统工艺存在的相关问题，人们开始致力于探索草酸酯生产的新路径、新技术。1966 年，美国联碳公司 Fenton[8] 首先发现醇类氧化羰基化制草酸酯新路径，$PdCl_2-CuCl_2$ 为催化剂，反应温度 125℃，压力 7.0MPa，其反应方程如下：

$$4CO+4ROH+O_2 \longrightarrow 2(COOR)_2+2H_2O$$

因为是液相反应，过程需要大量脱水剂，反应压力高，选择性差，产率低，腐蚀也较严重。对此，美国 ARCO 公司和日本宇部兴产公司[9]开始研究不用脱水剂的新方法。研究发现，在 $PdCl_2$-$CuCl_2$ 催化剂中加入第三种组分无机碱如 NaOH、Na_2CO_3、K_2CO_3 或有机碱三乙胺、硫脲等，即使在有水的情况下也能进行上述反应。1978 年，日本宇部兴产公司建成投产了 6000t/a 装置[10]，采用不锈钢泡罩式连续反应器，生产成本比酯化法降低了约 40%。该工艺是在硝酸存在情况下，以活性炭负载钯为催化剂，反应温度控制 90~100℃，压力 8.1~11.1MPa，CO 与亚硝酸丁酯反应生产草酸二丁酯，反应方程如下：

$$2C_4H_9ONO+2CO \longrightarrow (COOC_4H_9)_2+2NO$$

亚硝酸丁酯可由下面两个反应得到：

$$2NO+1/2O_2 \longrightarrow N_2O_3$$

$$N_2O_3+2C_4H_9OH \longrightarrow 2C_4H_9ONO+H_2O$$

上述 3 个反应方程相加得到总反应方程：

$$2CO+1/2O_2+2C_4H_9OH \longrightarrow (COOC_4H_9)_2+H_2O$$

该工艺技术催化剂体系单一，催化剂活性高、选择性好，产品纯度高，回收、循环容易，生产过程连续化，污染少等。但反应压力高，对设备要求较高，对 CO 纯度要求也高，单位消耗量大，高温高压液相反应，贵金属 Pd 催化剂流失严重等缺点限制了该技术的工业化应用。

19.2.3 CO 常压气相偶联合成草酸酯

1978 年，日本宇部兴产公司与意大利蒙特爱迪生公司相继开展了气相合成草酸酯的研究[11]。CO 气相在亚硝酸酯参与下，反应温度 120~150℃，常压，Pd/Al_2O_3 为催化剂，偶联、再生、催化循环制草酸二甲酯反应分 2 步，反应为自封闭循环过程，反应条件温和，催化剂选择性好、稳定性高，产品质量好，无三废污染。其反应方程如下：

① 偶联反应方程：

$$2CO+2RONO \longrightarrow (COOR)_2+2NO$$

② 再生反应方程：

$$2NO+2ROH+1/2O_2 \longrightarrow 2RONO+H_2O$$

再生反应属于气-液反应，反应温度 30~50℃，常压，无催化剂，反应是 1 个循环，循环物质是 NO 和亚硝酸酯，总反应方程式为：

$$2ROH+2CO+1/2O_2 \longrightarrow (COOR)_2+H_2O$$

CO 常压气相偶联合成草酸酯法与酯化法和液相偶联法比较具有如下优点：

① 工艺流程短；

② 蒸汽消耗低，生产成本低；

③ 产品质量高；

④ 对设备无腐蚀；

⑤ 生产过程可连续化。

19.3 草酸二甲酯合成机理研究进展

20世纪60年代，美国联碳公司Fenton[8]发现，在$PdCl_2$-$CuCl_2$氧化还原催化体系中，一氧化碳、醇与氧气可通过羰基化反应直接合成草酸二甲酯。20世纪70年代，日本宇部兴产株式会社开始研究气相法CO羰化偶联草酸二甲酯工艺[11]，该工艺引起广泛关注，CO偶联合成草酸二甲酯技术研究成为热点，更多地需要从微观层面和分子角度来研究和探索该反应的详细过程，研究其反应机理，以促进工艺技术的开发和优化。

有关CO羰化偶联合成草酸二甲酯反应机理研究报道不少，Waller等[12]认为亚硝酸酯是一种氧化剂，通过化学吸附在催化剂表面形成ON-Pd-OR亚硝酸酯吸附物种，把催化剂活性组元Pd原子氧化成Pd^{2+}。随后，吸附态的CO插入到ON-Pd-OR中的Pd-O键中生成ON-Pd-COOR中间体，2个ON-Pd-COOR中间体通过偶联反应生成草酸二甲酯分子，同时脱附NO，在这个过程中Pd^{2+}被还原为Pd原子，催化剂完成再生过程。Uchiumi[13]通过实验研究总结了羰基化反应机理，认为：Pd/α-Al_2O_3催化剂的催化活性中心是Pd^0；亚硝酸酯会把催化剂表面Pd^0氧化成Pd^{2+}；原料中的甲醇含量对反应速率没有影响，产品草酸二甲酯分子中的甲氧基来自于亚硝酸酯。

马新宾等[14]对偶联反应制草酸二甲酯过程进行了研究，并通过动力学方程的拟合推断可能的反应机理。研究认为，CO羰化反应是1个表面快速氧化反应，反应前钯为Pd^0，羰化反应后为Pd^{2+}。姜玄珍等[15]认为，Pd/α-Al_2O_3催化剂对亚硝酸酯与CO的偶联反应催化的机理是反应系统引入亚硝酸酯后，CO和NO具有等电子构型，Pd原子与等电子构型的CO和NO之间存在协同效应，有利于CO插入亚硝酸酯发生链增长的羰化反应。陈庚申等[16]研究认为，催化剂活性中心Pd原子可以同时吸附2个CO分子，形成Pd的羰基络合物，Pd原子和载体之间相互作用，使得羰基上的C原子带正电荷，Pd带负电荷，这有利于亚硝酸甲酯RO^--NO^+中的RO^-发动亲核攻击，发生氧化加成反应生成双烷基$Pd(OR)_2$络合物中间体，活性中心Pd^0变成Pd^{2+}，同时释放2个NO分子，双烷基偶联生成草酸酯脱附，Pd^{2+}重新变成Pd^0。林茜等[17]研究认为，针对草酸二甲酯反应机理存在争论的主要焦点：一是偶联反应初始物种是解离吸附态亚硝酸酯与气态CO反应或吸附态CO与气态亚硝酸酯反应，还是吸附态亚硝酸酯与吸附态CO的反应；二是偶联反应过程的中间物种；三是反应的控制步骤。因此，该反应机理还有很大的探讨空间。宋瑛等[18]研究认为，羰化偶联反应机理符合Langmuir-Hinshelwood模式，即亚硝酸乙酯先在Pd催化剂表面发生解离吸附，生成乙氧基钯中间体$Pd(OC_2H_5)_2$和NO气体，然后中间体$Pd(OC_2H_5)_2$再与吸附在催化剂表面的CO发生羰化反应生成草酸二甲酯，其中CO在Pd催化剂上的吸附为速度控制步骤。Ji等[19]分析总结了前人机理研究方面的认识，得出3个结论：

① 体系中亚硝酸酯RONO会将催化剂表面的Pd^0氧化成Pd^{2+}；

② 亚硝酸酯RONO在Pd催化剂上的解离吸附物种是参与CO偶联反应的第一个过渡态中间体，但并不能确定第一个过渡态中间体是ON-Pd-OR还是RO-Pd-OR；

③ 在CO偶联反应过程中至少存在两种过渡态中间体，第一种中间体是亚硝酸酯在Pd上的解离吸附产物，第二种中间体是吸附态CO与第一种中间体反应的产物，但不能确定具

体产物结构是 ON-Pd-COOR 还是 Pd(COOR)$_2$，其中第二种中间体的结构取决于第一种中间体，因此第一种中间体的结构是研究该反应机理的关键。

目前，关于 Pd/α-Al_2O_3 催化 CO 偶联制草酸二甲酯反应机理还存在很多争议，该反应机理还有很大的探讨空间。

19.4　草酸二甲酯合成机理分析

19.4.1　甲醇和草酸酯化反应

传统的草酸酯合成方法是以草酸与一元醇为原料，以无机酸(如浓硫酸等)或强酸性离子交换树脂为催化剂，在反应釜中进行酯化反应，反应方程式如下：

$$HOOCCOOH+2CH_3OH \longrightarrow CH_3COOCOOCH_3+2H_2O$$

下面就反应过程进行分析。

(1) 甲醇、草酸分子结构

图 19-5 甲醇分子结构分析。图 19-5(a)是 C、O 原子和 H 原子外层电子轨道结构图。在图 19-5(b)中，C 原子外层含有未成键电子的 sp^3 杂化轨道与 O 原子外层含有未成键电子的 sp^3 杂化轨道重叠，共用 1 对电子生成了 1 个 C—O 键；C 原子外层剩余的 3 个含有未成键电子的 sp^3 杂化轨道分别与 3 个 H 原子外层含有未成键电子的 s 轨道重叠，共用 3 对电子生成 3 个 C—H 键；第 4 个 H 原子外层含有未成键电子的 s 轨道与 O 原子外层剩余的 1 个含有未成键电子的 sp^3 杂化轨道重叠，共用 1 对电子生成 1 个 H—O 键，则生成了 1 个甲醇分子 CH_3OH，其电子轨道结构如图 19-5(c)所示。

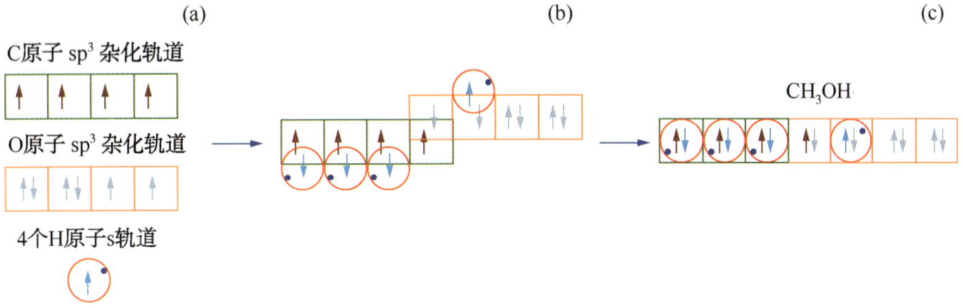

图 19-5　甲醇分子结构分析

草酸分子式是 $C_2H_2O_4$，它是由 2 个 C 原子、2 个 H 原子和 4 个 O 原子组成，图 19-6 是草酸二甲酯分子结构分析，2 个 C 原子标记为 1-C 和 2-C；2 个 H 原子标记为 1-H 和 2H；4 个 O 原子标记为 1-O、2-O、3-O 和 4-O。图 19-6(a)是 C 原子、H 原子和 O 原子的电子轨道结构图，在组成草酸分子过程中，C 原子和 O 原子外层 s、p 轨道进行了杂化，各自形成了 4 个 sp^3 杂化轨道。在图 19-6(b)中，1-C 原子外层 1 个含有未成键电子的 sp^3 杂化轨道与 2-C 原子外层 1 个含有未成键电子的 sp^3 杂化轨道重叠，共用 1 对电子，形成 1 个 C—C 键；1-C 原子外层 2 个含有未成键电子的 sp^3 杂化轨道与 1-O 原子外层 2 个含有未成键电子的 sp^3 杂化轨道重叠，共用 2 对电子生成第 1 个 C═O 键；1-C 原子外层最后 1 个含有未成

键电子的 sp^3 杂化轨道与 3-O 原子外层 1 个含有未成键电子的 sp^3 杂化轨道重叠，共用 1 对电子生成第 1 个 C—O 键。同理，2-C 原子外层 2 个含有未成键电子的 sp^3 杂化轨道与 2-O 原子外层 2 个含有未成键电子的 sp^3 杂化轨道重叠，共用 2 对电子生成第 2 个 C═O 键；2-C原子外层最后 1 个含有未成键电子的 sp^3 杂化轨道与 4-O 原子外层 1 个含有未成键电子的 sp^3 杂化轨道重叠，共用 1 对电子生成第 2 个 C—O 键。3-O 原子外层和 4-O 原子外层各剩余 1 个含有未成键电子的 sp^3 杂化轨道，它们分别与 1-H 原子和 2-H 原子外层含有未成键电子的 s 轨道重叠，共用 2 对电子生成 2 个 H—O 键，则生成 1 个草酸分子$(COOH)_2$，其电子轨道结构如图 19-6(c)所示。

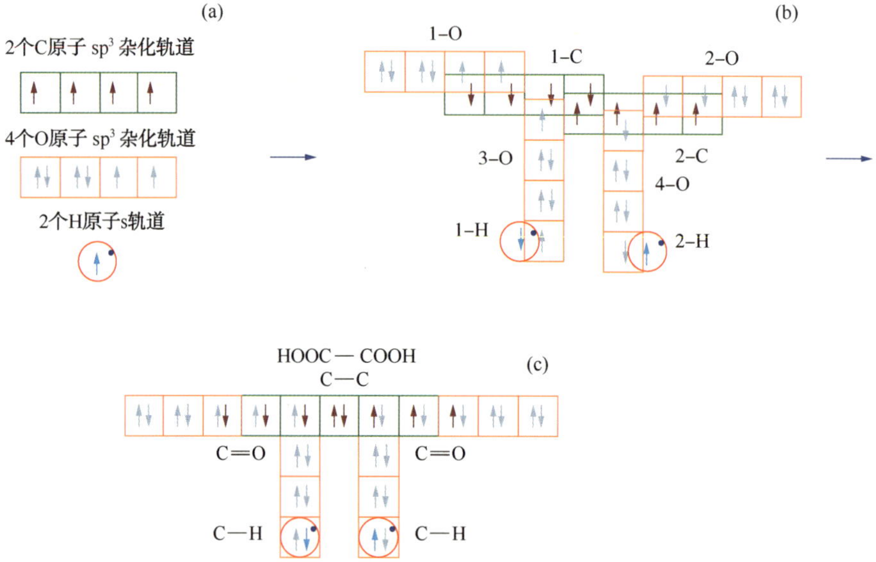

图 19-6　草酸分子构成分析

(2) 浓硫酸自偶电离

图 19-7 是浓硫酸分子 H_2SO_4 自偶电离过程分析。图 19-7(a)是浓硫酸分子 H_2SO_4 结构示意图，浓 H_2SO_4 是强酸，2 个浓硫酸分子相互作用会发生自偶电离，自身自偶电离会产生一部分硫酸合氢离子 $H_3SO_4^+$，硫酸合氢离子 $H_3SO_4^+$ 使浓硫酸具有非常强的酸性，它对外能提供 H^+，其结构示意如图 19-7(b)；浓硫酸溶液中发生自偶电离后另一部分硫酸分子变为 HSO_4^-，其结构示意如图 19-7(c)。

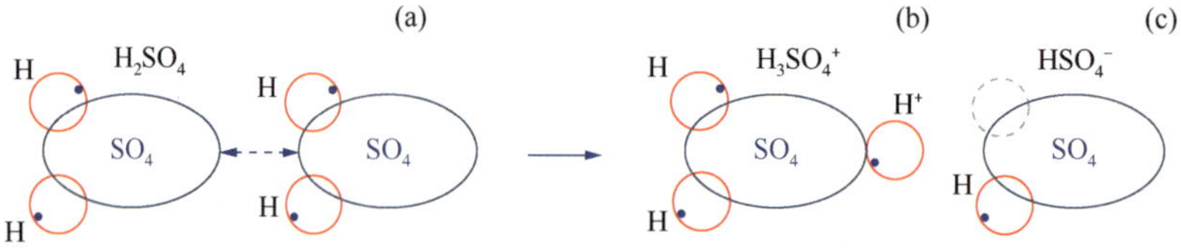

图 19-7　浓硫酸分子自偶电离过程分析

(3) 浓硫酸催化作用

图 19-8 是甲醇分子 CH_3OH 与硫酸合氢离子 $H_3SO_4^+$ 相互作用，生成甲基正碳离子过程

分析。图 19-8(a)是甲醇分子电子轨道结构图和浓硫酸分子结构示意图。在图 19-8(b)中，$H_3SO_4^+$ 提供的 H^+ 攻击甲醇分子中 C—O 键，C—O 键被激活，表 19-2 中电负性数据[20]，O 原子电负性(3.44)大于 C 原子电负性(2.55)，在 H^+ 作用下 C—O 键断裂，C、O 原子外层轨道共用电子对会留在 O 原子外层的 sp^3 杂化轨道上，得到共用电子对的 O 原子外层 sp^3 杂化轨道与 $H_3SO_4^+$ 提供的 H^+ 外层空的 s 轨道重叠，共用 1 对电子生成 1 个 H—O 键，则生成 1 个 H_2O 分子，其电子轨道结构如图 19-8(c)所示；C—O 键断裂时，C 原子外层轨道失去共用电子对，在 C 原子外层出现 1 个空的 sp^3 杂化轨道，则生成了 1 个甲基正碳离子 CH_3^+，其电子轨道结构如图 19-8(d)；而 $H_3SO_4^+$ 提供了 H^+ 后变成 H_2SO_4 分子，其结构示意如图 19-8(e)所示。

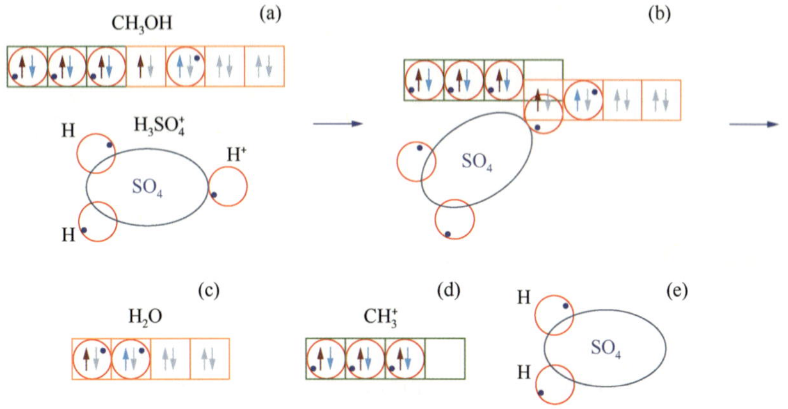

图 19-8 甲醇生成甲基正碳离子过程分析

表 19-2 部分元素电负性

元素	H	Pd	Rh	Cr	Zn	Al	Zr	La	Cu	O	Mo	C
A^0	2.20	2.20	2.20	1.66	1.65	1.61	1.33	1.10	1.90	3.44	2.16	2.55
A^+		5.00	4.60	4.19	4.92	4.47	3.59	2.99	5.04	8.77	4.18	6.42
A^{2+}		9.42	8.85	8.54	10.38	8.51	6.50	5.44	10.28	16.21	7.80	13.01
A^{3+}		14.75	13.80	14.41	17.84	26.72	10.32	12.44	16.57	23.82	13.24	20.23

在甲基正碳离子 CH_3^+ 结构中，C 原子外层有 4 个 sp^3 杂化轨道，其中 3 个含有未成键电子的 sp^3 杂化轨道分别与 H 原子外层含有未成键电子的 s 轨道重叠，共用 3 对电子生成 3 个 C—H 键，C 原子外层还有 1 个空的 sp^3 杂化轨道。

在浓硫酸溶液中，硫酸分子 H_2SO_4 发生自偶电离后，一部分硫酸分子 H_2SO_4 会变成硫酸合氢离子 $H_3SO_4^+$，另一部分硫酸分子变为 HSO_4^-。浓硫酸自偶电离生成的 HSO_4^- 是缺质子(H^+)结构，它会与草酸分子相互作用，获得 H^+ 后变成硫酸分子 H_2SO_4。

图 19-9 是草酸分子$(COOH)_2$ 与 HSO_4^- 相互作用过程分析。图 19-9(a)是草酸分子$(COOH)_2$ 电子轨道结构图和 HSO_4^- 离子结构示意图。在图 19-9(b)中，HSO_4^- 离子是缺 H^+ 结构，草酸分子$(COOH)_2$ 与 HSO_4^- 相互作用，根据表 19-2 电负性数据，O 原子电负性(3.44)大于 H 原子电负性(2.20)，共用电子对会留在 O 原子外层 sp^3 杂化轨道上，重叠处

的 H 原子会以 H^+方式向 HSO_4^- 转移，H^+和 HSO_4^- 结合成为硫酸分子 H_2SO_4，其分子结构示意图如图 19-9(c)所示；1 个草酸分子失去 2 个 H^+后变成了 1 个草酸根离子$(COO^-)_2$，其电子轨道结构如图 19-9(d)所示。

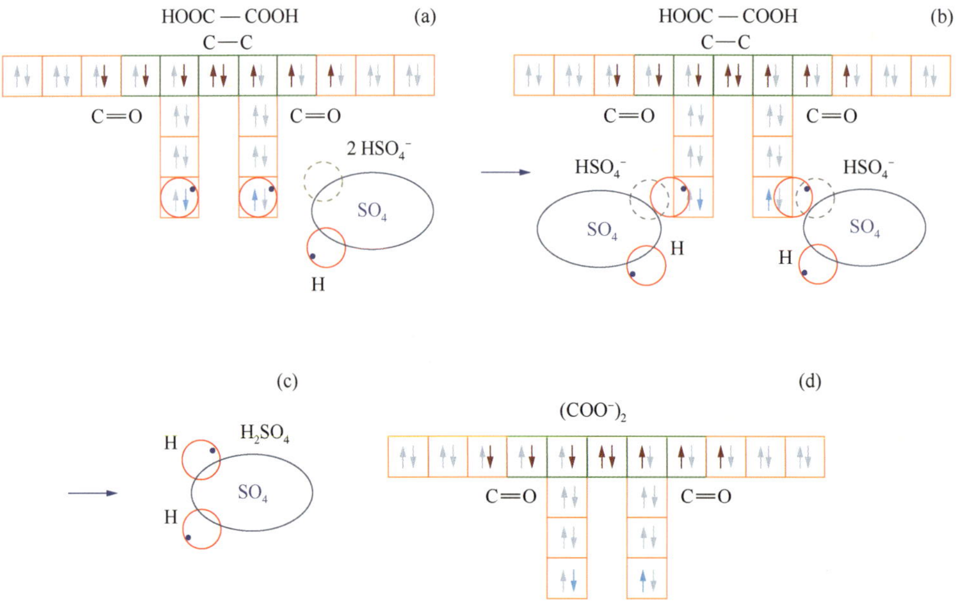

图 19-9 草酸分子与 HSO_4^- 相互作用过程分析

(4) 生成草酸二甲酯

已经生成的甲基正碳离子 CH_3^+ 与草酸根离子$(COO^-)_2$反应生成草酸二甲酯。图 19-10 是甲基正碳离子 CH_3^+ 与草酸根离子$(COO^-)_2$ 作用过程分析。图 19-10(a)是草酸根离子$(COO^-)_2$ 与甲基正碳离子 CH_3^+ 的电子轨道结构图。在图 19-10(b)中，甲基正碳离子 CH_3^+ 中 C 原子外层空的 sp^3 杂化轨道与草酸根离子$(COO^-)_2$ 结构中与 C 原子通过 C—O 键连接的那个 O 原子外层含有孤对电子的 sp^3 杂化轨道重叠，共用 1 对电子生成了 1 个 C—O 键，2 个甲基正碳离子 CH_3^+ 与 1 个草酸根离子$(COO^-)_2$ 生成 2 个 C—O 键，通过 2 个 C—O 键把 2 个甲基正碳离子 CH_3^+ 和草酸根离子$(COO^-)_2$ 相连接，则生成了 1 个草酸二甲酯分子$(COOCH_3)_2$，其电子轨道结构如图 19-10(c)所示，结构式如图 19-10(d)所示。

(5) 反应机理分析

以浓 H_2SO_4 为催化剂，甲醇和草酸发生酯化反应生成草酸二甲酯，其反应方程如下：

$$2H_2SO_4 \longrightarrow H_3SO_4^+ + HSO_4^- \tag{1}$$

$$CH_3OH + H_3SO_4^+ \longrightarrow CH_3^+ + H_2SO_4 + H_2O \tag{2}$$

$$(COOH)_2 + 2HSO_4^- \longrightarrow (COO^-)_2 + 2H_2SO_4 \tag{3}$$

$$(COO^-)_2 + 2CH_3^+ \longrightarrow (COOCH_3)_2 \tag{4}$$

反应式[(1)+(2)]×2+(3)+(4)得到式(5)：

$$2CH_3OH + (COOH)_2 \longrightarrow (COOCH_3)_2 + 2H_2O \tag{5}$$

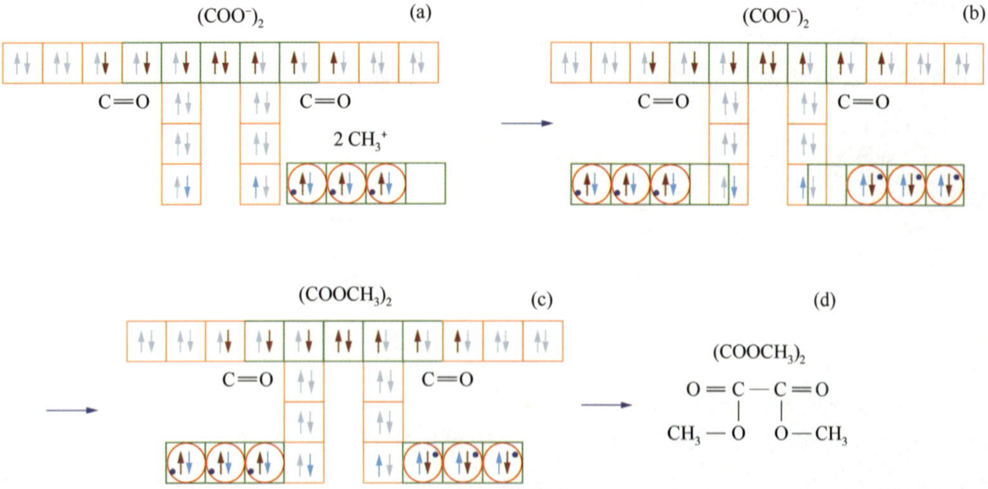

图 19-10 草酸二甲酯生成过程分析

(6) 小结

以浓 H_2SO_4 为催化剂，草酸和甲醇发生酯化反应生成草酸二甲酯，反应方程分 4 步：

① 浓硫酸分子 H_2SO_4 自偶电离，一部分硫酸分子 H_2SO_4 生成硫酸合氢离子 $H_3SO_4^+$，另一部分硫酸分子 H_2SO_4 生成 HSO_4^-；

② 硫酸合氢离子 $H_3SO_4^+$ 提供的 H^+ 攻击甲醇分子中的 C—O 键，C—O 键断裂生成 1 个甲基正碳离子 CH_3^+ 和 1 个水分子 H_2O；

③ 带负电的 HSO_4^- 与草酸 $(COOH)_2$ 作用，发生 H^+ 转移反应，生成草酸根离子 $(COO^-)_2$ 和硫酸分子 H_2SO_4；

④ 2 个甲基正碳离子 CH_3^+ 和 1 个草酸根离子 $(COO^-)_2$ 反应生成 1 个草酸二甲酯分子 $(COOCH_3)_2$。

19.4.2 CO 气相偶联反应

1966 年由 Fenton 首先发现采用一氧化碳和醇气相催化氧化偶联制得碳酸酯和草酸酯，此后这方面的研究日渐活跃。1978 年，日本宇部兴产公司和意大利蒙特爱迪生公司相继开展了气相法研究[11]，CO 气相在亚硝酸酯(亚硝酸甲酯)参与下，发生偶联、再生，催化循环制草酸二甲酯，反应分 2 步，反应为自封闭循环过程，温度 120~150℃，常压，催化剂 Pd/Al_2O_3，反应方程如下：

① 偶联反应：

$$2CO+2CH_3ONO \longrightarrow (COOCH_3)_2+2NO$$

② 再生反应：

$$2NO+2CH_3OH+1/2O_2 \longrightarrow 2CH_3ONO+H_2O$$

该反应属于一级反应，温度 30~50℃，常压，不需要催化剂，反应是一个循环，循环的物质是 NO 和亚硝酸甲酯，生成的草酸二甲酯的总反应：

$$2CH_3OH+2CO+1/2O_2 \longrightarrow (COOCH_3)_2+H_2O$$

下面就上述反应过程机理进行分析。

(1) 催化剂 Pd/Al_2O_3 结构与作用

CO 偶联反应催化剂是 Pd/Al_2O_3，催化反应前要对催化剂进行还原处理，处理后催化剂的活性中心是 Pd 原子。Pd 元素核电荷数 46，其外层电子排布：$4d^{10}$。图 19-11(a)是 Pd^0电子轨道结构图，图 19-11(b)是 Pd^{2+}电子轨道结构图。

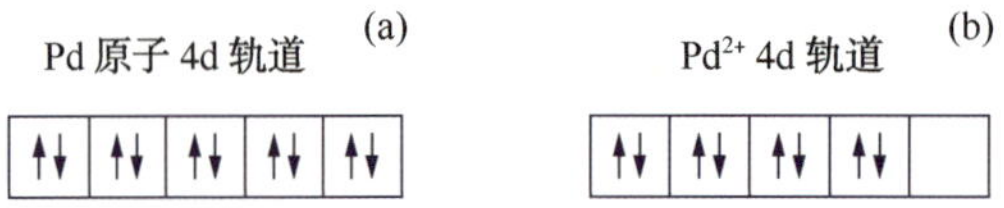

图 19-11 Pd 原子、Pd^{2+}电子轨道结构图

图 19-12 是 CO 分子结构分析。图 19-12(a)是 C 原子 $2s^22p^2$ 和 O 原子 $2s^22p^4$ 轨道。在图 19-12(b)中，C 原子外层 2p 轨道上 2 个未成键电子与 O 原子外层 2p 轨道上 2 个未成键电子结合形成 2 个共价键，其中 1 个共价键是 σ 键，另 1 个共价键是 π 键，O 原子外层 2p 轨道上孤对电子进入 C 原子外层 2p 空轨道生成 1 个 O→C 配位键，C 原子端略显负电性，O 原子端略显正电性，生成的 CO 是极性分子，电子式为 :C: : :O: ，结构式 C≡O，其电子轨道结构如图 19-12(c)所示。

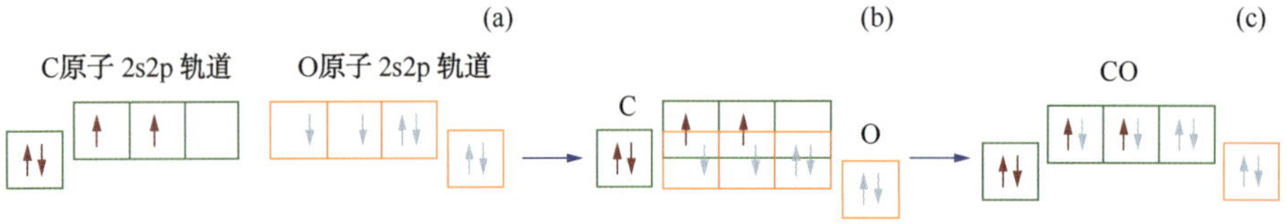

图 19-12 CO 结构分析

图 19-13 是 CO 与 Pd 相互作用过程分析。图 19-13(a)是 CO 分子和 Pd 原子外层电子轨道结构图。在图 19-13(b)中，Pd 原子外层 4d 轨道全充满状态，CO 是缺电子结构，Pd 原子外层 4d 轨道与 CO 分子作用，活化了 CO 分子中配位键，在这个过程中 C、O 原子外层 2s、2p 轨道进行了 sp^3 杂化，各自形成 4 个 sp^3 杂化轨道。表 19-3 是部分元素电负性数据[20]，其中 O 原子电负性(3.44)大于 C 原子电负性(2.55)，Pd 原子电负性为 2.20。在 Pd 原子作用下，CO 分子中配位键断裂，形成配位键的电子对留在了 O 原子外层 sp^3 杂化轨道上，在 C 原子外层出现 1 个空 sp^3 杂化轨道。因为 C 原子电负性大于 Pd 原子电负性，C 原子会从 Pd 原子外层 4d 轨道抽取 2 个电子，填充到 C 原子外层空 sp^3 杂化轨道上，原 CO 分子结构由 C≡O 键转变为 C=O 键，则生成 CO^{2-}，其电子轨道结构如图 19-13(c)所示，Pd 原子失去外层 4d 轨道 2 个电子生成 Pd^{2+}，其电子轨道结构如图 19-13(d)所示。

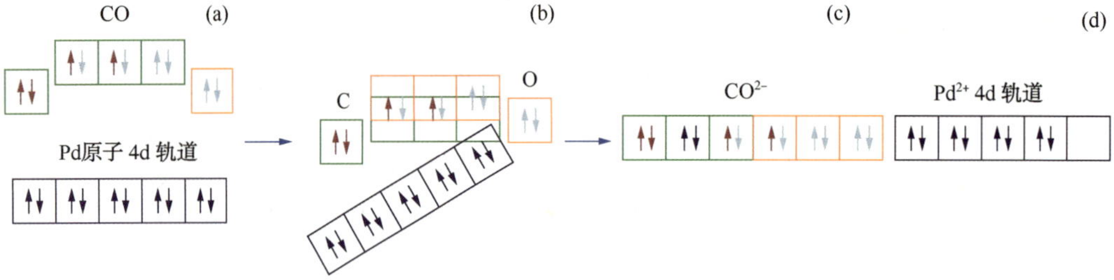

图 19-13 CO 与 Pd 相互作用过程分析

表 19-3 部分元素电负性

元素	H	O	Cu	Zn	Ni	N	Pd	Co	Mo	C
A^0	2.20	3.44	1.90	1.65	1.91	3.04	2.20	1.88	2.16	2.55
A^+		8.77	5.04	4.92	4.64	7.94	5.00	4.49	4.18	6.42
A^{2+}		16.21	10.28	10.38	9.60	13.86	9.42	9.10	7.80	13.01
A^{3+}		23.82	16.57	17.84	16.21	22.49	14.75	15.26	13.24	20.23

CO 与 Pd 相互作用生成的 CO^{2-} 外层轨道处于全充满状态，是多电子结构，它会继续与 CO 分子发生相互作用。

图 19-14 是 CO 与 CO^{2-} 相互作用过程分析。图 19-14(a)是 CO 分子和 CO^{2-} 外层电子轨道结构图。在图 19-14(b)中，CO^{2-} 外层 4 个 sp^3 杂化轨道全充满，CO^{2-} 与 CO 分子相互作用，这个过程中 CO 分子中 C、O 原子外层 2s、2p 轨道进行了 sp^3 杂化，各自生成 4 个 sp^3 杂化轨道。相互作用结果是 CO 分子中配位键断裂，配位键中电子对留在了 O 原子外层 sp^3 杂化轨道上生成中间过渡态结构 CO^*，CO 分子结构由 C≡O 键转变为 C═O 键，其 C 原子外层出现 1 个空 sp^3 杂化轨道，其电子轨道结构如图 19-14(c)。在图 19-14(d)中，CO^{2-} 中 C 原子外层含有孤对电子的 sp^3 杂化轨道与 CO^* 结构中 C 原子外层空 sp^3 杂化轨道重叠，共用 1 对电子生成 1 个 C—C 键，则 CO^{2-} 与 CO 分子生成了中间体 $(CO^-)_2$ 结构，其电子轨道结构如图 19-14(e)所示。在中间体 $(CO^-)_2$ 结构中，有 2 个 C═O 键和 1 个 C—C 键。

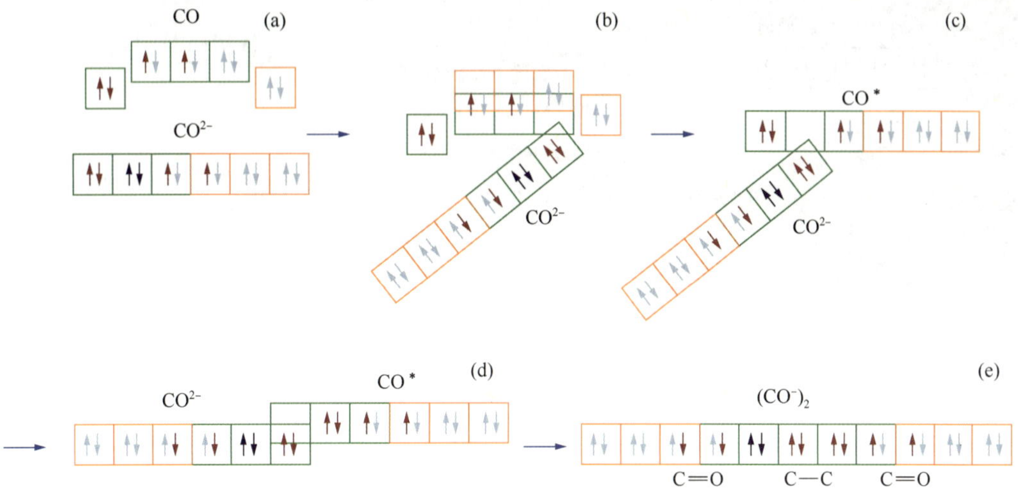

图 19-14 CO 与 CO^{2-} 相互作用过程分析

因为 CO 偶联反应为自封闭循环过程，再生过程加入的 O_2 会进入偶联反应中与催化剂 Pd 发生反应。图 19-15 是 O_2 分子结构分析。O 外层电子排布 $2s^22p^4$，在形成 O_2 分子结构时，O 原子外层 2s2p 轨道要进行 sp 杂化，生成 2 个 sp 杂化轨道和 2 个 2p 轨道。图 19-5(a)是 O 原子电子轨道结构图。在图 19-15(b)中，第 1 个 O 原子外层 1 个 sp 杂化轨道中的 1 对电子与第 2 个 O 原子外层 2p 轨道的未成键电子结合，第 2 个 O 原子外层 1 个 sp 杂化轨道中的 1 对电子与第 1 个 O 原子外层 2p 轨道的未成键电子结合，形成 2 个 3 电子结构的 π 键，而这 2 个 O 原子外层 2p 轨道的未成键电子结合形成 1 个 O—O 共价键 σ 键，则生成 1 个 O_2 分子，其电子轨道结构如图 19-15(c)所示。

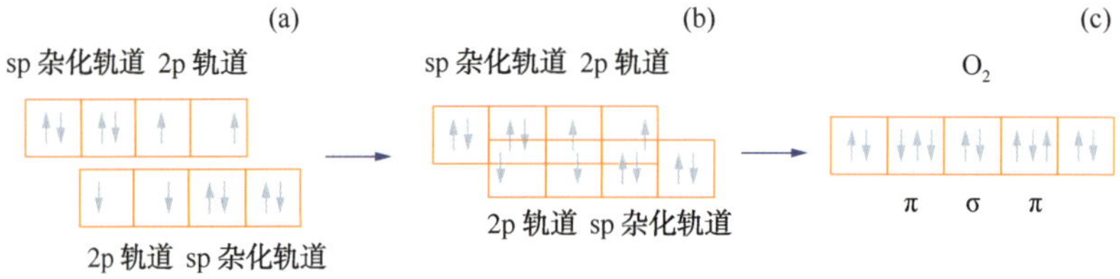

图 19-15 O_2 分子结构分析

图 19-16 是 O_2 分子与 Pd 原子反应生成 O^{2-} 过程分析。图 19-6(a)是 O_2 分子与 Pd 原子电子轨道结构图。在 19-16(b)中，O 原子电负性(3.44)大于 Pd 原子电负性(2.20)，O_2 分子与 2 个 Pd 原子相互作用，O_2 分子中 2 个 O 原子分别从 2 个 Pd 原子外层 4d 轨道各自获得 2 个电子，填充到其外层 2p 杂化轨道上生成 2 个 O^{2-}，其电子轨道结构如图 19-16(c)所示，2 个 Pd 原子分别失去其外层 4d 轨道 2 个电子生成 Pd^{2+}，其电子轨道结构如图 19-16(d)所示。

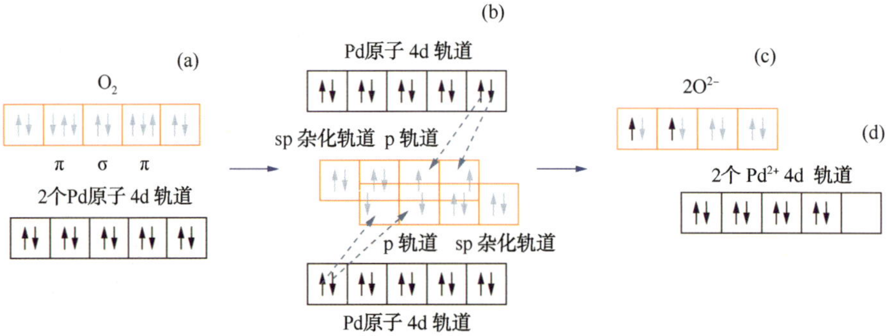

图 19-16 O_2 分子与 Pd 原子反应生成 O^{2-} 过程分析

(2) 亚硝酸甲酯生成中间体

图 19-17 是亚硝酸甲酯分子结构分析。图 19-17(a)是 C、N、O 和 H 原子外层电子轨道结构图，图中有 1 个 C 原子、1 个 N 原子、2 个 O 原子和 3 个 H 原子，分别标记为 1-O、2-O，1-H、2-H 和 3-H。C、N、O 原子外层轨道进行了 sp^3 杂化，各自生成 4 个 sp^3 杂化轨道。在图 19-17(b)中，C 原子外层含有未成键电子的 sp^3 杂化轨道与 1-O 原子外层含有未成键电子的 sp^3 杂化轨道重叠，共用 1 对电子生成 1 个 C—O 键。C 原子外层剩余的 3 个含有未成键电子的 sp^3 杂化轨道分别与 1-H、2-H 和 3-H 原子外层含有未成键电子的 s 轨道重叠，生成 3 个 C—H 键。1-O 原子外层第 2 个含有未成键电子的 sp^3 杂化轨道与 N 原子外层含有未成键电子的 sp^3 杂化轨道重叠，共用 1 对电子生成 1 个 N—O 键。N 原子外层剩余的 2 个含有未成键电子的 sp^3 杂化轨道与 2-O 原子外层 2 个含有未成键电子的 sp^3 杂化轨道重叠，共用 2 对电子生成 1 个 N═O 键，则生成了亚硝酸甲酯分子，其电子轨道结构如图 19-17(c)所示。

图 19-18 是亚硝酸甲酯分子 CH_3ONO 与 Pd^{2+} 反应生成 CH_3O^+、NO^+ 过程分析。图 19-18(a)是 CH_3ONO 和 Pd^{2+} 电子轨道图。在图 19-18(b)中，CH_3ONO 与 Pd^{2+} 相互作用，CH_3ONO

中有 1 个 C—O 键和 1 个 N—O 键，键能数据[21]显示，C—O 键键长 143×10^{-12}m、键能 326kJ/mol，N—O 键键长 146×10^{-12}m、键能 230kJ/mol，相比较 N—O 键较弱、容易断裂，Pd^{2+}会作用在 CH_3ONO 中 N—O 键位置，表 19-3 中 Pd^{2+}电负性(9.42)>O 原子电负性(3.44)>N 原子电负性(3.04)，在 Pd^{2+}作用下 N—O 键被活化，Pd^{2+}抽取 N—O 键中共用电子对，填充到 Pd^{2+}外层 4d 轨道上生成 Pd 原子，其电子轨道结构如图 19-18(c)。CH_3ONO 分子中 N—O 键被 Pd^{2+}抽取共用电子对后断裂，生成中间体 CH_3O^+和 NO^+，其电子轨道结构如图 19-18(d)和图 19-18(e)。CH_3O^+中 O 原子外层有 1 个空的 sp^3 杂化轨道，NO^+中 N 原子外层有 1 个空的 sp^3 杂化轨道。

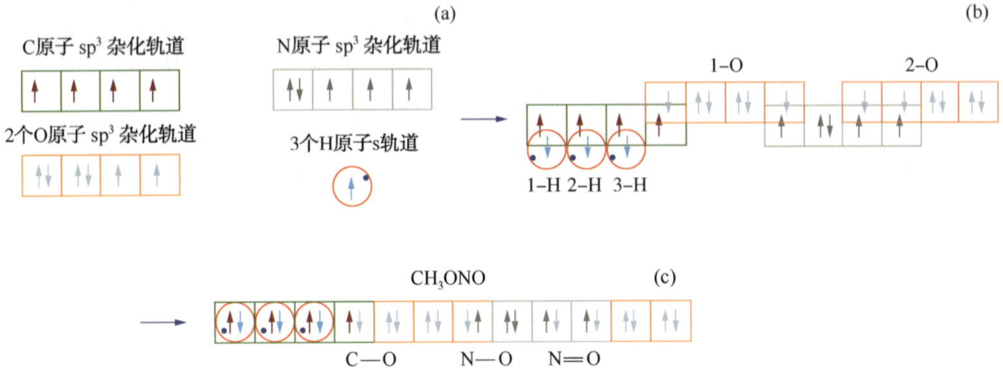

图 19-17 亚硝酸甲酯分子结构分析

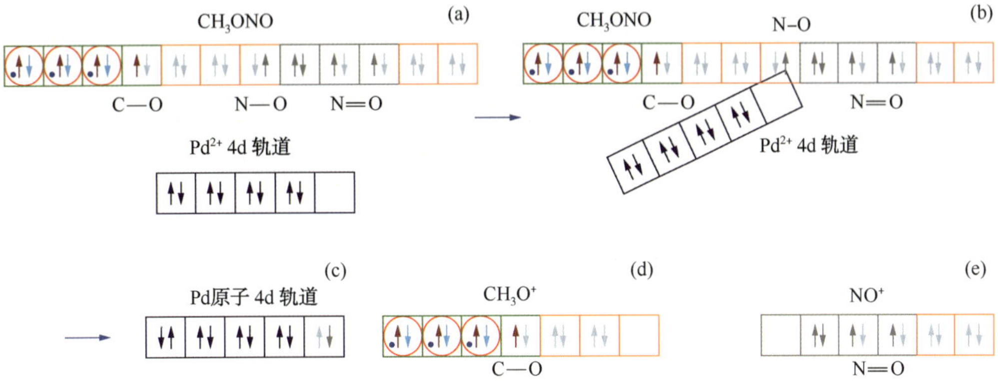

图 19-18 CH_3O^+、NO^+生成过程分析

(3) 生成草酸二甲酯

图 19-19 是中间体$(CO^-)_2$与 CH_3O^+生成草酸二甲酯分子过程分析。图 19-19(a)是中间体$(CO^-)_2$与 CH_3O^+电子轨道结构图，图中有 1 个中间体$(CO^-)_2$和 2 个 CH_3O^+，2 个 CH_3O^+分别标记为 1-CH_3O^+和 2-CH_3O^+。在图 19-19(b)中，1-CH_3O^+和 2-CH_3O^+中 O 原子外层的 2 个空的 sp^3 杂化轨道分别与中间体$(CO^-)_2$结构中 2 个 C 原子外层含有孤对电子的 sp^3 杂化轨道重叠，共用 2 对电子生成 2 个 C—O 键，则生成 1 个草酸二甲酯分子$(COOCH_3)_2$，其电子轨道结构如图 19-19(c)所示，其结构表达式如图 19-19(d)所示。

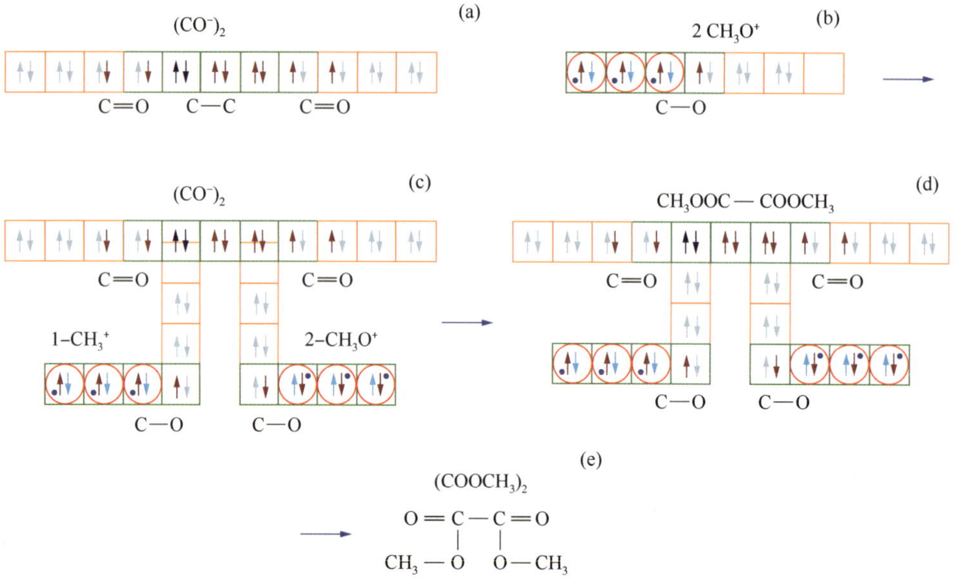

图 19-19 草酸二甲酯分子生成过程分析

（4）生成 ONO^-

图 19-20 是 NO^+ 和 O^{2-} 生成 ONO^- 过程分析。图 19-20(a)是 NO^+ 和 O^{2-} 电子轨道结构图。在图 19-20(b)中，O^{2-} 外层含有孤对电子的 sp^3 杂化轨道与 NO^+ 中 N 原子外层空的 sp^3 杂化轨道重叠，共用 1 对电子生成 1 个 N—O 键，则生成了 ONO^-，其电子轨道结构如图 19-20(c)所示。

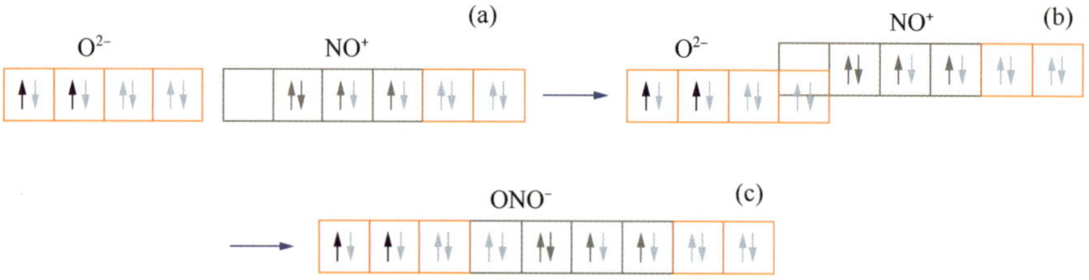

图 19-20 ONO^- 生成过程分析

（5）生成 CH_3ONO 分子

图 19-21 是甲醇分子结构分析。图 19-21(a)是 C、O 和 H 原子电子轨道结构图。在图 19-21(b)中，C 原子外层 1 个含有未成键电子的 sp^3 杂化轨道与 O 原子外层 1 个含有未成键电子的 sp^3 杂化轨道重叠，共用 1 对电子生成 1 个 C—O 键。C 原子外层剩余的 3 个含有未成键电子的 sp^3 杂化轨道分别与 3 个 H 原子外层含有未成键电子的 s 轨道重叠，共用 3 对电子生成 3 个 C—H 键。O 原子外层第 2 个含有未成键电子的 sp^3 杂化轨道与第 4 个 H 原子外层含有未成键电子的 s 轨道重叠，共用 1 对电子生成 1 个 H—O 键，则生成 1 个甲醇分子 CH_3OH，其电子轨道结构如图 19-21(c)所示。

图 19-22 是甲醇分子 CH_3OH 与 NO^+ 生成亚硝酸甲酯分子 CH_3ONO 过程分析。图 19-22(a)是甲醇分子 CH_3OH 和 NO^+ 电子轨道结构图。在图 19-22(b)中，NO^+ 中 N 原子外层有 1

个空 sp^3 杂化轨道，表 19-3 中 N^+电负性(7.94)大于 H 原子电负性(2.20)[20]，NO^+中 N 原子外层空的 sp^3 杂化轨道与甲醇分子 CH_3OH 中 H、O 原子重叠轨道再次重叠，H—O 键断裂，生成 1 个 N—O 键，则生成了 1 个亚硝酸甲酯分子 CH_3ONO，其电子轨道结构如图 19-22(c)，同时也生成了 1 个 H^+，其电子轨道结构如图 19-22(d)所示。

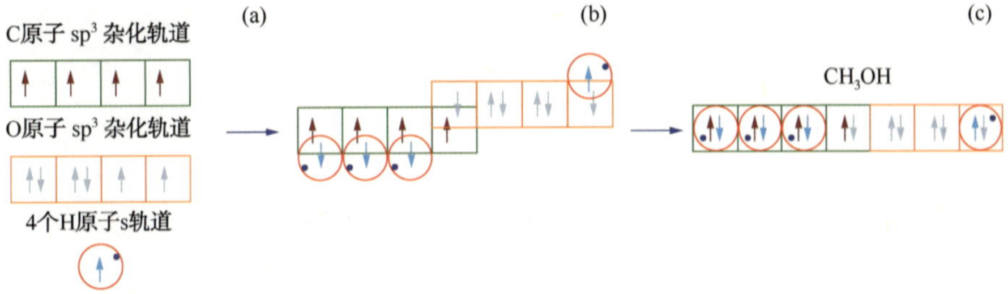

图 19-21 甲醇分子结构分析

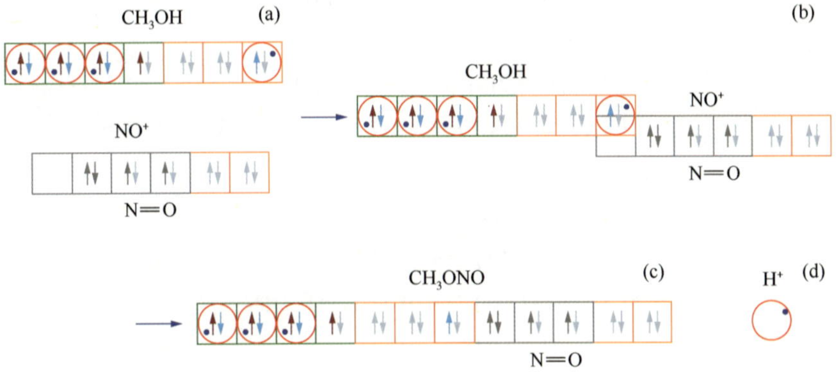

图 19-22 甲醇分子与 NO^+生成亚硝酸甲酯分子

图 19-23 是甲醇分子 CH_3OH 与 ONO^- 生成亚硝酸甲酯分子 CH_3ONO 过程分析。图 19-23(a)是甲醇分子 CH_3OH 和 ONO^-电子轨道结构图。在图 19-23(b)中，ONO^-与甲醇分子作用，ONO^-取代了甲醇分子 CH_3OH 中羟基 OH，生成了 1 个 C—O 键，则生成 1 个亚硝酸甲酯分子 CH_3ONO，其电子轨道结构如图 19-23(c)所示，与此同时生成了 1 个 OH^-，其电子轨道结构如图 19-23(d)所示。

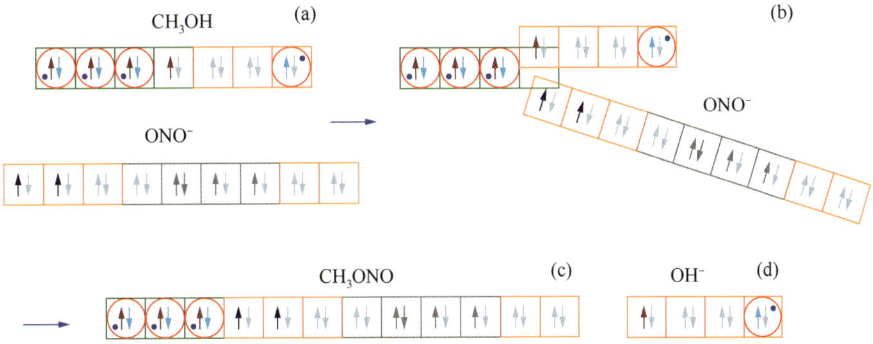

图 19-23 甲醇分子与 ONO^-生成亚硝酸甲酯分子

（6）生成 H_2O 分子

图 19-24 是 H^+ 和 OH^- 生成 H_2O 分子过程分析。图 19-24(a)是 H^+ 和 OH^- 电子轨道结构图。在图 19-24(b)中，H^+ 外层空的 s 轨道与 OH^- 中 O 原子外层含有孤对电子的 sp^3 杂化轨道重叠，共用 1 对电子生成 1 个 H—O 键，则生成 1 个 H_2O 分子，其电子轨道结构如图 19-24(c)所示。

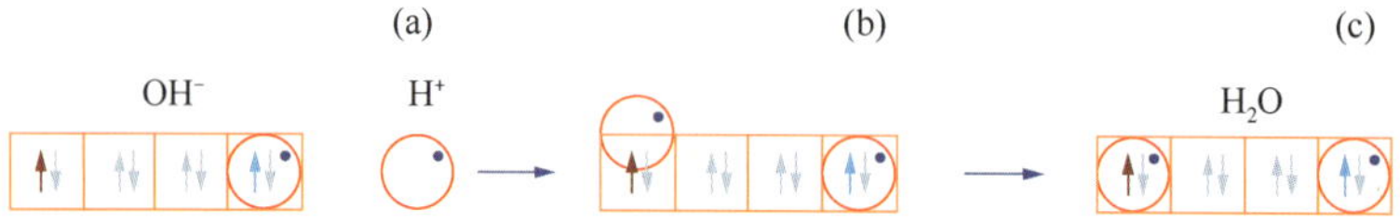

图 19-24　H_2O 分子生成过程分析

（7）反应机理分析

CO 偶联反应是自封闭循环过程，Pd/Al_2O_3 是催化剂，反应生成草酸二甲酯过程如下：

$$CO+Pd \longrightarrow CO^{2-}+Pd^{2+} \quad (1)$$

$$CO+CO^{2-} \longrightarrow (CO^-)_2 \quad (2)$$

$$O_2+2Pd \longrightarrow 2O^{2-}+2Pd^{2+} \quad (3)$$

$$CH_3ONO+Pd^{2+} \longrightarrow CH_3O^++NO^++Pd \quad (4)$$

$$2CH_3O^++(CO^-)_2 \longrightarrow (COOCH_3)_2 \quad (5)$$

$$NO^++O^{2-} \longrightarrow ONO^- \quad (6)$$

$$CH_3OH+NO^+ \longrightarrow CH_3ONO+H^+ \quad (7)$$

$$CH_3OH+ONO^- \longrightarrow CH_3ONO+OH^- \quad (8)$$

$$H^++OH^- \longrightarrow H_2O \quad (9)$$

反应式[(1)+(2)]×2+(3)+(4)×4+[(5)+(6)+(7)+(8)+(9)]×2 得到式(10)：

$$4CO+4CH_3OH+O_2 \longrightarrow 2(COOCH_3)_2+2H_2O \quad (10)$$

或写成：

$$2CO+2CH_3OH+1/2O_2 \longrightarrow (COOCH_3)_2+H_2O \quad (11)$$

（8）小结

在 120~150℃，常压，Pd/Al_2O_3 催化剂作用下，CO 自封闭循环偶联反应生成草酸二甲酯，包括偶合、再生过程，分 9 步：

① CO 在 Pd 催化剂作用下反应生成 CO^{2-} 和 Pd^{2+}，CO^{2-} 中有 1 个 C═O 键，C、O 原子外层轨道处于全充满状态；

② CO 与 CO^{2-} 生成 $(CO^-)_2$ 结构，$(CO^-)_2$ 结构中有 2 个 C═O 键和 1 个 C—C 键，C、O 原子外层轨道处于全充满状态；

③ 再生引入的 O_2 循环到偶合反应器，与 Pd 催化剂反应生成 O^{2-}；

④ 再生过程生成的亚硝酸甲酯与 Pd^{2+} 反应生成 CH_3O^+、NO^+，CH_3O^+ 中 O 原子外层有 1 个空的 sp^3 杂化轨道，NO^+ 中 N 原子外层也有 1 个空的 sp^3 杂化轨道；

⑤ 2 个 CH_3O^+ 与 1 个 $(CO^-)_2$ 反应生成草酸二甲酯；

⑥ NO^+ 与 O^{2-} 反应生成 ONO^-；

⑦ 甲醇与 NO^+ 反应生成亚硝酸甲酯和 H^+；

⑧ 甲醇与 ONO^-反应生成亚硝酸甲酯和 OH^-；

⑨ H^+和 OH^-生成水分子 H_2O。

参 考 文 献

[1] 受益于 PGA 产业发展 2021~2025 年草酸二甲酯市场需求攀升[EB/OL].https://3g.163.com/dy/article/GR97F7T80514E30D.html.

[2] 2018~2023 年中国草酸二甲酯市场前景及投资机会研究报告[EB/OL].https://www.askci.com/reports/20180131/0928328683827583.html.

[3] 2021~2025 年中国草酸二甲酯(DMO)行业市场供需现状及发展趋势预测报告[EB/OL].http://newsijie.com/baogao/2021/1109/11304842.html.

[4] 中商产业研究院.2014~2018 年中国草酸二甲酯市场前景及投资机会研究报告[EB/OL].2014-08-14.http://research.askci.com.

[5] 张小龙．一氧化碳气相偶联合成草酸二甲酯[D]．武汉：华中科技大学，2011.

[6] 谭俊青．CO 催化偶联合成草酸二甲酯的机理及动力学研究[D]．上海：华东理工大学，2008.

[7] 宋若钧，张秀辉，贺德华，等．一氧化碳气相催化氧化偶合制草酸脂的研究 I 催化剂的评选[J]．天然气化工，1986，(3)：25-30.

[8] Fenton D M，Steinwand P J. Preparation of oxalates：US 3393136[P]. 1967.

[9] Fenton D M，Steinwand P J. Nobel Metal Catalysis Ⅲ Preparetion of Dialkyl Oxalates by Oxidative Carbonylation[J]. J. Org. Che，1974，139：701-704.

[10] 西平圭吾，内海晋一郎．宇部兴产的草酸制造技术．1982，3(4)：243-246.

[11] 宇部兴产，シェヴ酸ヅェスルの制法：日公开特许，56-030942[P]. 1981-03-28.

[12] Waller F. Recent achievements，trends and prospects in homogeneous catalysis[J]. Journal of molecular catalysis，1985，31(2)：123-136.

[13] Uchiumi S，Ataka K，Matsuzaki T. Oxidative reactions by a palladium-alkyl nitrte system[J]. Journal of organometallic chemistry，1999，576(1)：279-289.

[14] 马新宾，许根慧．CO 气相催化偶联合成草酸二甲酯动力学[J]．化工学报，1995，46(1)：50-56.

[15] 姜玄珍，王正保．草酸二乙酯的气相催化合成[J]．精细化工，1989，6(001)：37-39.

[16] 陈庚申，严慧敏．一氧化碳和亚硝酸酯合成草酸脂和草酸[J]．天然气化工：C_1化学与化工，1995，20(4)：5-10.

[17] 林茜，计扬，谭俊青，等．Pd/α-Al_2O_3 催化 CO 偶联制草酸二甲酯的反应机理[J]．催化学报，2008，29(4)：325-329.

[18] 宋瑛，刘崇微．钯系催化剂上 CO 气相催化偶联合成草酸二甲酯的原位红外研究[J]．催化学报，2000，21(006)：537-541.

[19] Ji Y，Liu G，Li W，et al. The mechanism of CO coupling reaction to form dimethyl oxalate over Pd/α-Al_2O_3[J]. Journal of Molecular Catalysis A：Chemical，2009，314(1)：63-70.

[20] 冯玉彪，张粉保，宣利宏，等．离子的电负性[J]．大连轻工业学院学报，1998，13(2)：70-76.

[21] 常见化学键能表．www. wendangwang. com.

第 20 章　合成氨和尿素

20.1　合成氨和尿素工业发展现状

20.1.1　合成氨工业[1~5]

合成氨(ammonia synthesis)，由氮和氢在高温高压和催化剂存在下直接合成，是氮和氢的化合物，分子式为 NH_3，常温下是一种无色气体，有强烈的刺激气味。极易溶于水，常温常压下 1 体积水可溶解 700 倍体积氨，水溶液称为氨水。现代化学工业中，氨是化肥工业和基本有机化工的主要原料。液氨是一种制冷剂，也是制造硝酸、化肥、炸药的重要原料，是许多食物和肥料的重要成分，也是所有药物直接或间接的组成。氨可以提供孤对电子，是一种路易斯碱。氨是重要的无机化工产品之一，在国民经济中占有重要地位，其中约有 80%氨用来生产化学肥料，20%为其他化工产品的原料。氨主要用于制造氮肥和复合肥料，例如尿素、硝酸铵、磷酸铵、氯化铵以及各种含氮复合肥，都是以氨为原料的。氨作为工业原料和氨化饲料，用量约占世界产量的 1/2。

新中国成立前国内只有两家规模不大的合成氨厂，新中国成立后合成氨工业有了迅速发展。1949 年全国氮肥产量仅 0.6 万 t，中国引进了一批年产 30 万 t 氮肥的大型化肥厂设备，在此基础上自行设计和建造了上海吴泾化工厂也是年产 30 万 t 氮肥的大型化肥厂，到 1982 年产量达到 1021.9 万 t，成为世界上产量最高的国家之一。这些化肥厂以天然气、石油、炼油气等为原料，生产中能量损耗低、产量高，技术和设备都很先进。随着我国经济社会发展，合成氨工业得到迅猛发展，到 2011 年我国合成氨产能达到 6550 万 t/a，到 2014 年达到峰值 7418 万 t/a，产能严重过剩。“十三五”期间，工业和信息化部要求重点行业淘汰落后以及过剩产能，其中合成氨行业不得少于 1000 万 t，近 5 年以来我国合成氨厂家逐年减少，加上退城进园等部分政策的影响，我国合成氨行业去产能效果显著，据统计 2020 年全国合成氨产能为 6354 万 t，同比下降 4%。从 2014 年到 2020 年中国合成氨产能减少了超过 1000 万 t，已经基本完成“十三五”目标。2021 年中国淘汰的落后产能数量开始减少，中国合成氨产能开始增长，据统计 2022 年合成氨产能为 6354 万 t[6]。图 20-1 是 2011~2020 年我国合成氨产能变化情况，表 20-1 是 2021 年我国合成氨新增产能统计。

从年产量变化来看，“十三五”以来伴随着环保限产以及落后产能的淘汰，近年来合成氨的开工也是徘徊低位，产量逐年降低，2015~2018 年期间产量直线下滑，于 2018 年达到最低位 4587 万 t，2015 年最高产量达 5791 万 t。不过 2019~2020 年由于甲醇行情惨淡联醇企业多以产氨为主，2020 年下半年国内疫情得到控制以后，各行业开工率整体高位及置换产能等的释放，2020 年合成氨行业开工整体偏高，产量也出现增长。图 20-2 是 2011~2020 年合成氨产量统计数据。

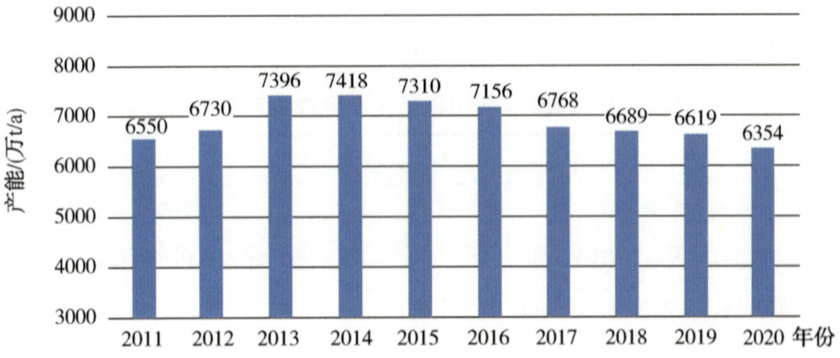

图 20-1 2011~2020 年我国合成氨产能变化情况

表 20-1 2021 年我国合成氨新增产能统计

企业名称	在建装置名称	装置产能/(万 t/a)	在建装置配套	在建装置位置
湖北兴发化工股份有限公司	合成氨	30	—	湖北宜昌市
湖北祥云(集团)化工股份公司	合成氨(技改)	30	—	湖北黄冈市武穴市田镇
湖北三宁化工股份有限公司	煤炭(技改)	60	联产 40 万 t/a 乙二醇	湖北枝江市姚家岗
山东润银生物化工有限公司	煤炭	80	140 万 t/a 尿素	山东泰安市东平工业园区
德邦兴华化工科技有限公司	煤炭	35	60 万 t 联碱、30 万 t 尿素、50 万 t 高效复合肥	江苏连云港市
湖北新洋丰肥业股份有限公司	合成氨	30	20 万 t/a 双氧水	湖北荆门市东宝区
九江心连心化肥有限公司	合成氨	60	52 万 t/a 尿素	江西彭泽县矶山化工园区
河北峰煤焦化有限公司	合成氨	8	—	河北邯郸峰峰矿区和峰镇
福化天辰气体有限公司	合成氨	44.47	—	福建福州福清江阴园区
沧州正元化肥有限公司	合成氨	40	52 万 t/a 尿素	河北沧州临港经济开发区
福建申远新材料有限公司	合成氨	30	40 万 t/a 聚酰胺	福建连江县可门工业园区
江苏晋煤恒盛化工股份有限公司	合成氨	40	60 万 t/a 尿素	江苏新沂经济开发区
金昌氨碱源化工有限公司	合成氨	10	20 万 t/a 纯碱	甘肃金昌永昌县河西堡镇
总 计		497.4		

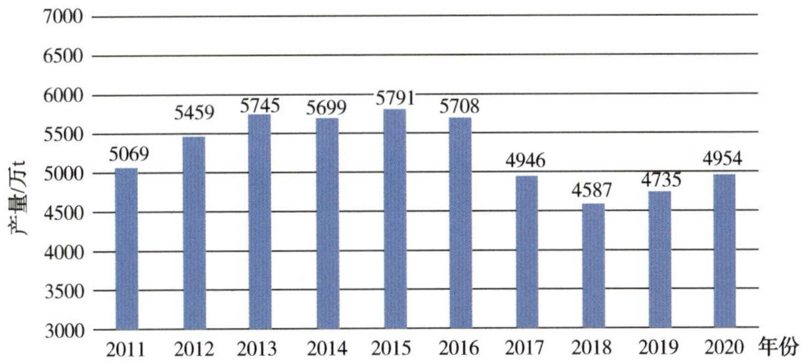

图 20-2 2011~2020 年我国合成氨产量变化情况

2020年中国合成氨产量第一的企业为云天化集团有限责任公司，第二为中国石油天然气股份有限公司，第三为湖北宜化集团有限责任公司，详见表20-2。

表20-2　2020年我国氮肥企业合成氨产量20强

序号	单位名称	序号	单位名称
1	云天化集团有限公司	11	晋煤金石投资集团有限公司
2	中国石油天然气有限公司	12	山东联盟化工集团有限公司
3	湖北宜化集团有限责任公司	13	瑞星集团有限公司
4	中国中煤能源集团有限公司	14	安徽昊源化工集团有限公司
5	中海石油化学股份有限公司	15	昊华俊化集团有限公司
6	山西天泽煤化工集团	16	灵谷化工集团有限公司
7	河南心连心化学工业集团股份有限责任公司	17	安徽晋煤中能化工集团有限公司
8	河南晋开化工投资控股集团有限责任公司	18	湖北三宁化工股份有限公司
9	山东华鲁恒升化工股份有限公司	19	泸天化有限责任公司
10	阳煤丰喜肥业有限责任公司	20	内蒙古远兴能源股份有限公司

从市场消费情况来看，2018年合成氨消费总量相比2017年下降0.3%，近5年年均下降1.8%左右。合成氨下游消费量整体呈现“减肥增化”的转型趋势，故合成氨消费量下降速度较缓，低于尿素3.3%的5年年均降速。市场对合成氨的需求主要来自农业和工业两大方面，农业消费量近年呈逐年下降的趋势，2018年占合成氨消费量比例为70%，相比于2010年的90%左右下降了近20%。农业消费领域中下降最快的两大产品是尿素和碳酸氢铵，近5年的年均降幅分别为9%和21%。合成氨农业消费结构见图20-3。

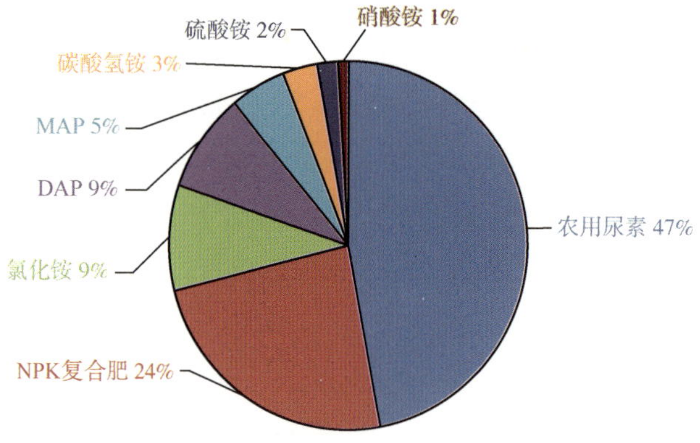

图20-3　2018年我国合成氨的农业消费结构

合成氨的工业消费量近年来增长显著。受惠于环保治理不断加强，合成氨在车用尿素和电厂脱硫脱硝领域的消费量增长最快，近5年年均增幅均超过50%；其次，在己内酰胺、三聚氰胺、脲醛树脂等化工新材料方面也显著拉动了合成氨消费量的增长，近5年年均增速在10%以上。合成氨工业消费结构详见图20-4。

合成氨行业发展趋势。①改善原料结构：以天然气和无烟煤为原料生产合成氨的幅度会逐步降低，以非无烟块煤为原料生产合成氨的比重将大幅度提高，鼓励利用焦炉煤气生产合

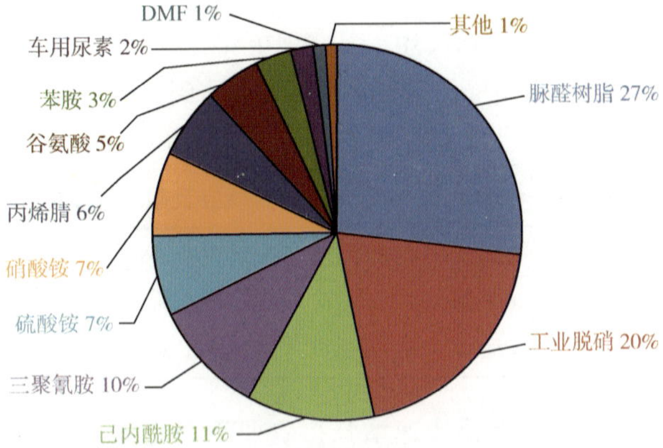

图 20-4　2018 年我国合成氨的工业消费结构

成氨，促进炼焦生产资源综合利用；②促进产品结构升级：面对市场经济制约等因素，合成氨上下游企业将逐步形成有效协作，打造碳-化工等新型产业链，有效提升合成氨上下游产品质量，拓展产业领域，构建化工多联产板块，大力开发高效、环保新型肥料，提高化肥利用率和保证产品质量安全，降低有效能耗；③提高工艺技术水平：集中力量突破一批制约我国合成氨行业专项升级的关键技术与装备，自主研发符合我国国情的先进煤气化技术、高效低压合成大型化技术、大型空分压缩机装备技术等，逐步摆脱对国外先进技术的依赖，提升核心竞争力；④坚持清洁生产：结合“双碳”控制目标，综合治理合成氨生产过程中产生的余热、废水、废气等，降低能耗、降低成本，实现生产过程清洁化。

20.1.2　合成尿素工业[6~9]

尿素，又称脲、碳酸酰胺或碳酸酰二胺(carbamide)，尿素分子式：$CO(NH_2)_2$，分子量 60.055。尿素是由氨和二氧化碳在高压下合成的白色晶体，约含46%氮，是最常用的脱水氮肥产品。尿素的用途主要分为农业用和工业用两类，农业需求指直接施用于农作物的尿素，工业需求主要包括用来加工复合肥、人造板、三聚氰胺、烟气脱硝、车用尿素、氰尿酸和脲醛树脂等。我国是农业生产大国，化肥是与农产品紧密相关的生产资料，被称为“粮食的粮食”。化肥主要包括氮肥、磷肥和钾肥，尿素是最常用的氮肥，也是最大的化肥品种。

2020 年我国尿素产量占氮肥总产量的 68%，占化肥总产量的 43%。我国是世界上第一大尿素生产国和消费国，2020 年我国尿素产量和消费量占全球的比重分别为 26.50% 和 28.35%。工业上用作制造脲醛树脂、聚氨酯、三聚氰胺-甲醛树脂的原料，尿素加热至 200℃时生成固态的三聚氰酸(即氰尿酸)。三聚氰酸的衍生物三氯异氰尿酸、二氯异氰酸钠、异氰尿酸三(2-羟乙酯)、异氰尿酸三(烯丙基)酯、三(3,5-二叔丁基-4-羟基苄基)异氰酸酯、异三聚氰酸三缩水甘油醚、氰尿酸三聚氰胺络合物等有许多重要应用。前两者是新型高档消毒、漂白剂，三氯异氰尿酸全世界总产能超过 8 万 t。用于燃烧废气脱硝的选择性还原剂，以及车用尿素，其组成为 32.5%的高纯尿素和 67.5%的去离子水。选择性催化还原(SCR)排气后处理是通过尿素在燃烧排气中热解反应产生的氨，来与汽车尾气中的氮氧化物(NO_x)进行选择性催化还原反应的一种技术，是降低燃烧锅炉和柴油发动机等燃烧废气中的有害物质 NO_x 的关键而主流的技术。SCR 系统是满足现代汽油车、柴油车严格排放法规的必备系统。

2021 年全球尿素需求量为 185.4Mt，比 2019 年 178.3Mt 增加了 710 万 t，增长率 3.98%；2019 年全球尿素供给量 186.7Mt，到 2021 年达到 196.7Mt，相比增加了 1000 万 t，增长率达到 5.36%。2019~2021 年全球尿素供应及需求量见表 20-3。

表 20-3 2019~2021 年全球尿素供应及需求量/Mt

供求情况	2019 年	2020 年	2021 年
供给	186.7	190.3	196.7
需求	178.3	181.3	185.4

近年来，我国尿素工业消费保持快速增长，农业消费趋于稳定。总体来看，2013 年之前，尿素消费量保持稳定增长。十八大以来，国家大力提倡发展生态农业，要求逐步控制化肥用量。2015 年，农业部提出“2020 年化肥施用量零增长行动”，并编制了一系列行动方案，深化农业供给侧结构性改革，坚持质量兴农、绿色兴农，提倡化肥减量增效，使得尿素农业需求量持续下降，这将使化肥需求增长速度逐步放缓。2019 年我国尿素表观需求量为 4885 万 t，2020 年我国尿素表观需求量为 5078 万 t，见图 20-5。

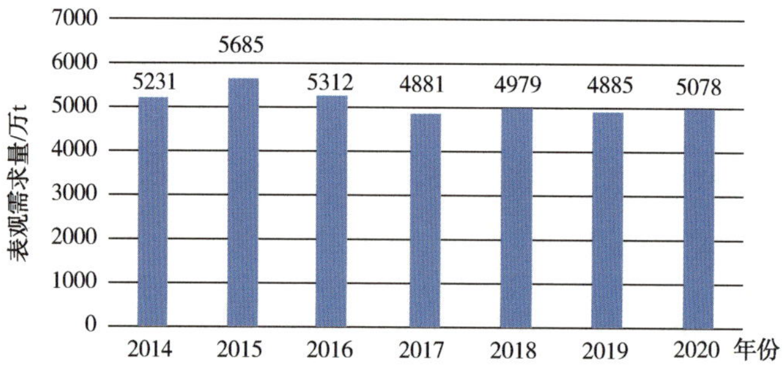

图 20-5 2014~2020 年我国尿素表观需求统计分析

同时，我国尿素行业去产能趋势明显。1970 年前，国内的尿素产能及产量极低，装置以小型化为主。改革开放后，国内尿素产量逐渐增加。随着市场供大于求，尿素行业落后产能惨遭淘汰。从 2014 年开始，国家主动进行落后产能淘汰，叠加环保政策收紧，国内尿素行业经历了落后产能淘汰和产线工艺升级改造，2017 年之前，尿素产能超过 8000 万 t/a，2017 年尿素产能降到 6632 万 t/a，到 2020 年尿素的产能 6634 万 t/a，2017~2020 年我国尿素产能数据统计分析见图 20-6。预计 2021 年国内尿素或将新增产能 430 万 t 左右，同比上升 4%~6%。目前，突出问题还是产能利用率偏低，不足 85%。根据 2017 年和 2019 年产能利用率数据分析，2017 年和 2019 年我国尿素产能利用率相同，为 80.4%，而 2018 年我国尿素产能利用率是近年来最低，仅为 74.7%，但 2020 年我国尿素产能利用率在 2019 年 80.4%基础上增长了四个百分点，达到了 84.8%。

我国尿素行业发展迅速，2010 年后尿素新建、扩建产能集中释放，尿素产能及产量快速增加。2015 年尿素产量增长至 7059 万 t，整个行业供过于求。2016 年后受供给侧结构性改革及下游需求影响，尿素产量持续下降，去产能初见成效。据国家统计局统计，2020 年我国尿素产量 5623 万 t，占全球产量的四分之一以上，我国是世界上最大的尿素生产国，2014~2020 年我国尿素产量数据统计分析见图 20-7。

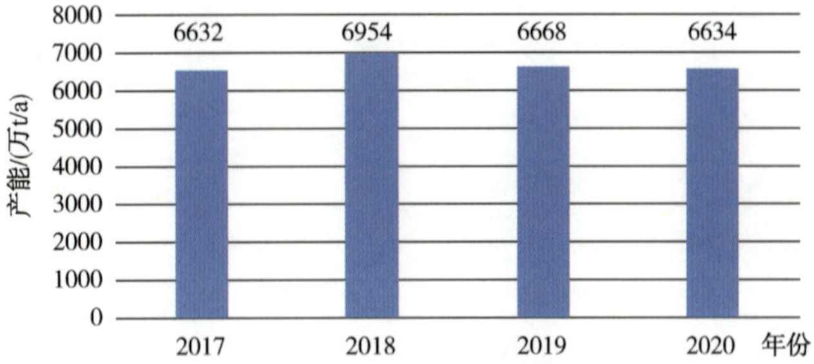

图 20-6　2017~2020 年我国尿素产能分析

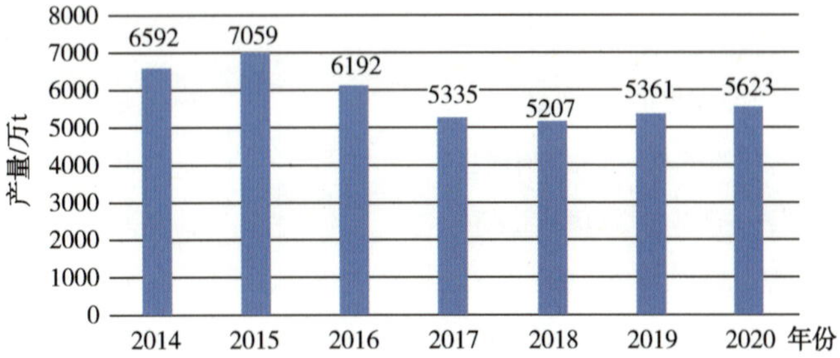

图 20-7　2014~2020 年我国尿素产量统计

我国尿素的生产主要集中在华北、西北、华东及西南地区。主产省(自治区)有河南、山东、山西、新疆、内蒙古等地。我国尿素产量和产能分布大体一致，2020 年国内产量排名前十的省(自治区)分别是：山东、山西、内蒙古、河南、新疆、江苏、四川、安徽、河北、湖北，十个省(自治区)的产量占我国尿素总产量的 80%。2020 年我国共有尿素生产企业 91 家。尿素产能在百万吨以上的企业共 22 家，产能总和达到 3419 万 t/a，占比总产能 51.5%。产能在 200 万 t/a 及以上企业 3 家，占比总产能 11.6%；150 万~200 万 t/a 企业 7 家，占比总产能 18.3%，100 万~150 万 t/a 企业 12 家，产能达到 1434 万 t/a，占比总产能 21.6%，详见表 20-4。

表 20-4　2020 年重点尿素生产企业产能统计

序号	企业名称	原料	产能/(万 t/a)
1	山西天泽煤化工集团股份有限公司	煤头	290
2	山东润银生物化工股份有限公司	煤头	280
3	山东华鲁恒升集团有限公司	煤头	200
4	山东联盟化工集团有限公司	煤头	180
5	河南心连心化肥有限公司	煤头	180
6	河南晋开化工投资控股集团有限责任公司	煤头	180
7	山西阳煤丰喜肥业(集团)有限责任公司	煤头	180

续表

序号	企业名称	原料	产能/(万 t/a)
8	中煤鄂尔多斯能源化工有限公司	煤头	175
9	江苏灵谷化工有限公司	煤头	170
10	安徽昊源化工集团有限公司	煤头	150
11	湖北三宁化工股份有限公司	煤头	140
12	海南富岛化工有限公司	气头	140
13	重庆建峰化工股份有限公司	气头	140
14	中国石油天然气股份有限公司宁夏石化分公司	气头	132
15	河北东光化工有限责任公司	煤头	120
16	山西兰花科技创业股份有限公司	煤头	120
17	山西晋丰煤化工有限责任公司	煤头	120
18	河北阳煤正元化工集团	煤头	110
19	内蒙古鄂尔多斯联合化工有限公司	气头	104
20	陕西陕化煤化工集团有限公司	煤头	104
21	中国石油天然气股份有限公司乌鲁木齐石化分公司	气头	104
22	昊华俊化集团股份有限公司	煤头	100

随着国家对化肥行业结构调整的不断深化，尿素行业逐渐呈现大型化、集团化的趋势，主要以煤炭企业为主，其中阳煤参股/持股 4 家企业，参股/持股企业的总产能达到了 400 万 t/a；晋煤参股/持股 7 家企业，参股/持股企业总产能达到了 553 万 t/a，详见表 20-5。

表 20-5 煤炭参股/持股代表企业

序号	企业名称	原料	产能/(万 t/a)
阳煤	河北阳煤正元化工集团	煤头	110
	阳煤平原化工有限公司	煤头	70
	山西阳煤丰喜肥业(集团)有限责任公司	煤头	180
	阳煤集团和顺化工有限公司	煤头	40
晋煤	唐山邦力晋银化工有限公司	煤头	40
	山东联盟化工集团有限公司	煤头	180
	山东晋煤明升达化工集团有限公司	煤头	80
	山东晋煤明水化工集团有限公司	煤头	40
	山东晋煤日月化工有限公司	煤头	15
	河南晋开化工投资控股集团有限责任公司	煤头	180
	河南晋开集团延化化工有限公司	煤头	18

目前，我国尿素的产销格局逐渐摆脱了传统的“当地生产、当地消费”的特点。尿素消费主要集中于黄河中下游、长江中下游的农业主产省。国内消费量排名前十的省(自治区)

分别是：山东、河南、湖北、河北、江苏、安徽、黑龙江、广东、广西、辽宁，上述省(自治区)消费量合计3680万t，占我国尿素总消费量(除去期末库存)70%。

尿素进出口情况。1997之前，我国尿素生产无法完全满足国内需求，每年都需要进口一定量的尿素。1998年以后，我国尿素生产量不断增长，为保护国内化肥产业，国家暂停尿素进口，自此尿素进口量锐减。2002年起，国家经贸委会同海关总署实施化肥进口配额制度，严控化肥进口总量。

2003年以后，我国尿素产能和产量增长较快，尿素出口量大幅增加，但出口量受国内出口窗口期及国际尿素市场影响，年度间波动较大。2015年出口量达1374.8万t。2016后，随着国际新产能投放，国际尿素市场竞争加剧，出口量逐步减少。2018年国内尿素出口总量继续下滑，并达到近十年来最低点244万t。2019年中国尿素市场供需格局又再次扭转为供略大于求，供应面微幅放宽，出口量在近7年来出现首次反弹。2019年我国尿素出口总量495万t，同比增幅为110%。2020年我国尿素全年出口总量545万t，较2019年增加了50.52万t，同比增长了10.24%；2020年全年进口尿素总量为0.16万t，较2019年减少了18.0万t。2014~2020年我国尿素出口量统计见图20-8，2014~2020年我国尿素进口量统计见图20-9。

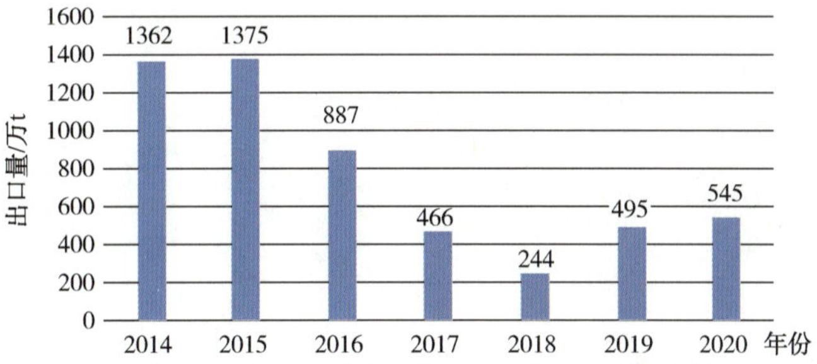

图20-8　2014~2020年我国尿素出口量统计分析

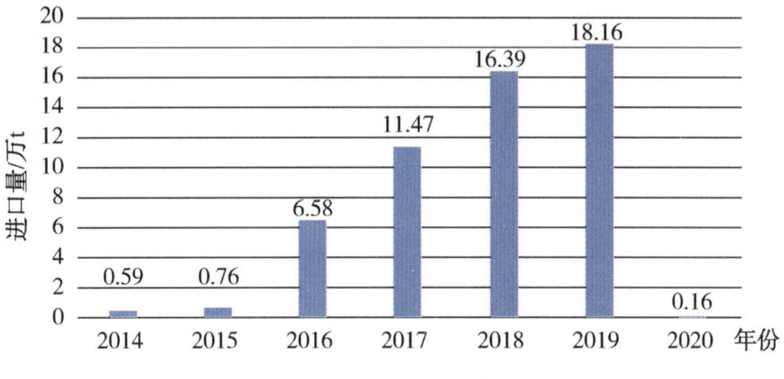

图20-9　2014~2020年我国尿素进口量统计分析

为了解决我国化肥常年生产、季节使用的矛盾，以及平抑化肥价格波动，2004年底开始，政府着手实施中央和地方两级的化肥淡季储备。2005年1月国家发改委、财政部制定并公布了《化肥淡季商业储备管理办法》；2005年11月1日，国家发改委和财政部又制定了《化肥淡季商业储备管理办法补充规定》，淡储化肥以尿素和磷酸二铵为主，淡储时间从当年10月份到次年3月份。化肥储备总量从最初的800万t增长至2013年的1800万t，尿素作为第一大化肥产品，总量从开始的480万t增长至1200多万t，整体呈现增加趋势。但随着化肥行业优化产业升级，行业产能过剩较前两年有所缓解，2014年以后储备总量总体呈下降趋势。2017年由于国内化肥价格大幅上涨，为缓解春耕化肥供应压力，国家发改委又进一步提高了化肥淡储总量。2020年国家化肥商业储备招标将确定150万t钾肥和45万t救灾肥储备承储企业、805万t春耕肥储备承储企业。其中东北三省加内蒙古不低于30%，山东、江苏、河北、河南、江西、安徽、湖南、湖北不低于40%。表20-6列出了2008~2020年我国化肥淡储政策。

表20-6　2008~2020年我国化肥淡储政策一览表

时间(年度)	总量/万t	尿素储备量/万t	尿素占比
2008~2009	1600	800	50%
2009~2010	1600	800	50%
2010~2011	1600	800	50%
2011~2012	1600	640	40%以上
2012~2013	1800	1260	70%以上，局部50%以上
2013~2014	1400	700	50%
2014~2015	1400	700	50%
2015~2016	1200	480	40%以上
2016~2017	468	234	50%
2017~2018	1000	700	70%以上
2018~2019	915	360	不高于40%
2019~2020	805	300左右	35%以上

20.2　合成氨和尿素技术及反应机理研究进展

20.2.1　合成氨技术及反应机理[1,2,10]

传统的工业合成氨技术是德国人哈伯(Fritz Haber)在1905年发明的，因此也被称为哈伯法合成氨。哈伯本人也因此获得了1918年度诺贝尔化学奖。哈伯法合成氨需要20~50MPa的高压和500℃的高温，并用铁作催化剂。氢气和氮气在催化剂、高温、高压下合成氨转化率为10%~15%。图20-10是合成氨、尿素工艺流程图。

工业上，氨合成过程就是将原料煤经过粉碎处理后送入气化炉气化，制成含H_2和CO等组分的煤气，然后，采用各种净化方法，除去气体中的灰尘、H_2S、有机硫化物、CO、CO_2等有害杂质，以获得符合氨合成要求的洁净的1∶3的氮氢混合气，最后，氮氢混合气经过压缩至15.0MPa以上，借助催化剂合成氨。工艺步骤大致可以分为造气、净化、变换、合成氨几个部分。

① 原料气制备。将煤和天然气等原料制成含氢和氮的粗原料气。对于固体原料煤和焦炭，通常采用气化的方法制取合成气；渣油可采用非催化部分氧化的方法获得合成气；对气

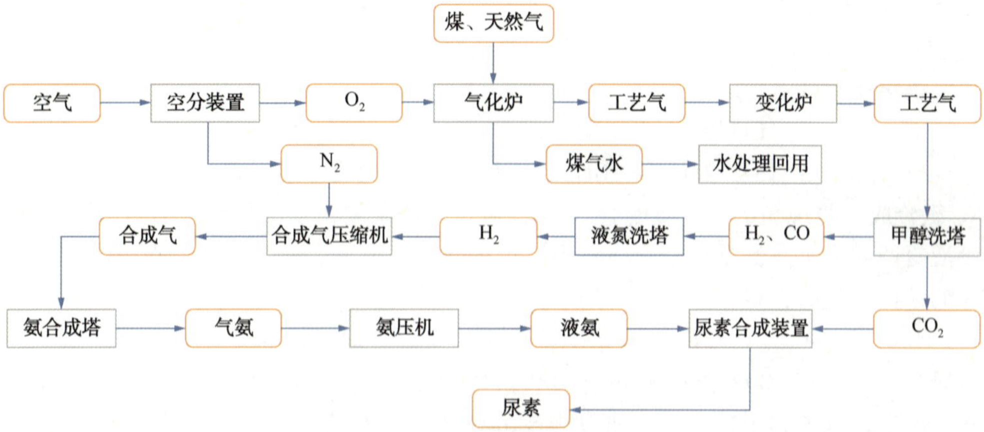

图 20-10 合成氨尿素工艺流程

态烃类和石脑油，工业中利用二段蒸汽转化法制取合成气。

② 净化过程。对粗原料气进行净化处理，除去氢气和氮气以外的杂质，主要包括变换过程、脱硫脱碳过程以及气体精制过程。

③ 一氧化碳变换过程。在合成氨生产中，各种方法制取的原料气都含有 CO，但合成氨需要的两种组分是 H_2 和 N_2，因此需要除去合成气中的 CO。变换反应如下：

$$CO+H_2O \longrightarrow H_2+CO_2 \qquad \Delta H=-41.2kJ/mol$$

由于 CO 变换过程是强放热过程，必须分段进行以利于回收反应热，并控制变换段出口残余 CO 含量。第一步是高温变换，使大部分 CO 转变为 CO_2 和 H_2；第二步是低温变换，将 CO 含量降至 0.3 左右。因此，CO 变换反应既是原料气制造的继续，又是净化的过程，为后续脱碳过程创造条件。

④ 脱硫脱碳过程。各种原料制取的粗原料气，都含有一些硫和碳的氧化物，为了防止合成氨生产过程催化剂的中毒，必须在氨合成工序前加以脱除，工业脱硫方法种类很多，通常是采用物理或化学吸收的方法，常用的有低温甲醇洗法(Rectisol)、聚乙二醇二甲醚法(Selexol)等。

粗原料气经 CO 变换以后，变换气中除 H_2 外，还有 CO_2、CO 和 CH_4 等组分，其中以 CO_2 含量最多。CO_2 既是氨合成催化剂的毒物，又是制造尿素、碳酸氢铵等氮肥的重要原料。因此变换气中 CO_2 的脱除必须兼顾这两方面的要求。一般采用溶液吸收法脱除 CO_2。根据吸收剂性能的不同，可分为两大类。一类是物理吸收法，如低温甲醇洗法(Rectisol)，聚乙二醇二甲醚法(Selexol)，碳酸丙烯酯法。另一类是化学吸收法，如热钾碱法，低热耗本菲尔法，活化 MDEA 法，MEA 法等。

⑤ 气体精制过程。经 CO 变换和 CO_2 脱除后的原料气中尚含有少量残余的 CO 和 CO_2。为了防止对氨合成催化剂的毒害，规定 CO 和 CO_2 总含量不得大于 $10cm^3/m^3$。因此，原料气在进入合成工序前，必须进行原料气的最终净化，即精制过程。

在工业生产中，最终净化方法分为深冷分离法和甲烷化法。深冷分离法主要是液氮洗法，是在深度冷冻至-182℃条件下，用液氮吸收分离少量 CO，而且也能脱除甲烷和大部分氩，深冷净化法通常与空分以及低温甲醇洗结合。甲烷化法是在催化剂存在下使少量 CO、

CO_2 与 H_2 反应生成 CH_4 和 H_2O 的一种净化工艺，甲烷化法可以将气体中碳的氧化物（CO+CO_2）含量脱除到 $10cm^3/m^3$ 以下，但是需要消耗有效成分 H_2，并且增加了惰性气体 CH_4 的含量。甲烷化反应如下：

$$CO+3H_2 \longrightarrow CH_4+H_2O \qquad \Delta H=-206.2kJ/mol$$

$$CO_2+4H_2 \longrightarrow CH_4+2H_2O \qquad \Delta H=-165.1kJ/mol$$

⑥ 氨合成。将纯净的氢、氮混合气压缩到高压，在催化剂的作用下合成氨。氨的合成是提供液氨产品的工序，是整个合成氨生产过程的核心部分。氨合成反应在较高压力和催化剂存在的条件下进行，氨合成反应式如下：

$$N_2+3H_2 \longrightarrow 2NH_3(g) \qquad \Delta H=-92.4kJ/mol$$

有研究表明，在400℃，压强超过200.0MPa 时，不使用催化剂，氨便可以顺利合成，但实际生产中，太大的压强需要的动力就大，对材料要求也会增高，这就增加了生产成本，因此，受动力材料设备影响，我国合成氨厂一般采用20.0～50.0MPa。从理想条件来看，氨的合成在较低温度下进行有利，但温度过低，反应速率会很小，在500℃时铁基催化剂的活性最大，故在实际生产中，一般选用500℃。

合成氨的工艺分类：低压法、中压法、高压法。几种合成氨的工艺流程：美国 KBR 工艺、丹麦托普索工艺和瑞士卡萨利工艺。

① 美国 KBR 工艺：

KBR 工艺一般多用在以天然气为原料的大型合成氨装置中，目前也在煤化工中被广泛应用，采用卧式径向流氨合成塔内件，组合氨冷系统制冷。

净化装置出口的氢气与来自空分获得的高纯度氮气按摩尔比3∶1进行混合，混合后的合成气在合成气压缩机内压缩到15.5MPa，进料与产物进行换热预热，然后进入合成反应器。出氨合成塔的反应气温度约441.5℃，氨含量体积分数约20.3%。塔出口的热量用于副产蒸汽或预热锅炉给水，回收热量后的气体进入热交换器预热合成气压缩机出口气体，再经水冷器、组合式氨冷器最终冷却至0℃后进入氨分离器分离冷凝的液氨。分氨后的循环气经组合式氨冷器回收冷量后进入压缩机循环段与新鲜气汇合，重复上述循环。氨分离器分离出的液氨进入闪蒸槽，通过减压闪蒸出溶解的气体。闪蒸后的液氨送往冷冻工段，闪蒸出来的气体送往燃料气管网。

② 丹麦托普索工艺：

来自气体净化单元的合成气通过离心式合成气压缩机压缩至17.8MPa，与循环气在合成气压缩机循环段缸内混合压缩到合成压力18.5MPa，然后进入热交换器。在热交换器中，合成气被来自合成塔出口气体加热至合成塔进口温度126℃。在氨合成塔发生合成气反应后，合成塔出口氨浓度22.39%，反应气出口温度为441℃。反应器出口气体所带出的绝大部分热量依次在锅炉给水预热器得到了回收。然后气体依次通过热交换器、水冷器、冷交换器、第1氨冷器、第2氨冷器得到冷却。此时，反应生成的氨绝大部分已被冷凝并在高压氨分离器中分离，高压氨分离器出来的气体含氨3.84%，温度0℃，通过冷交换器加热后进入合成气压缩机循环段与新鲜气混合，然后重复上述循环。高压氨分离器出口液氨送往中压分离器减压至2.8MPa 后，气相送往合成气压缩机新鲜段进口。液相产品氨送往下游。

③ 瑞士卡萨利工艺：

瑞士卡萨利公司的氨合成工艺是目前中国应用业绩最多的一种先进氨合成技术。卡萨利内件设计灵活、形式多样，通常采用 3 床层—冷激—换热的结构形式。该工艺在国内 Kellogg 流程大型合成氨厂合成塔改造中有多家应用实例，同时还参与过热壁塔、钌催化剂合成塔的改造项目，积累了丰富的设计和生产运行经验。

来自净化装置的新鲜合成气和来自中压氨分离器的气体送入合成气压缩机，在新鲜段压缩并冷却后，与循环气在合成气压缩机循环段压缩至 14.07MPa，然后送入热交换器。送入热交换器的气体与来自回路锅炉给水预热器出口反应气换热，温度升至 199.5℃后送入合成塔。入塔气的温度由该侧的旁路管线控制，并同时控制第 3 床的入口温度。入塔气被送至氨合成塔，在氨合成催化剂作用下发生氨合成反应，使出口氨含量升至 19.75%。出合成塔反应气进入锅炉给水预热器中回收热量。接着冷却后的反应气送至热交换器、水冷器、冷交换器，在冷交换器中用来自高压氨分离器的冷循环气使反应气中的液氨得以进一步冷凝下来。冷交换器的出口气体连接 2 个氨冷器继续冷却，完成冷凝并在高压氨分离器中分离出液氨，闪蒸的循环气送至冷交换器冷却反应气，接着送至压缩机的循环段。高压氨分离器的液氨在中压分离器中降压至约 2.81MPa 闪蒸，闪蒸气回收至压缩机新鲜段进口，完成上述循环。

对于合成氨反应中的铁催化剂，O_2、CO、CO_2 和水蒸气等都能使催化剂中毒。但利用纯净的氢、氮混合气体通过中毒的催化剂时，催化剂的活性又能恢复，因此这种中毒是暂时性中毒。相反，含 P、S、As 的化合物则可使铁催化剂永久性中毒。催化剂中毒后，往往完全失去活性，这时即使再用纯净的氢、氮混合气体处理，活性也很难恢复。催化剂中毒会严重影响生产的正常进行。工业上为了防止催化剂中毒，要把反应物原料加以净化，以除去毒物，这样就要增加设备，提高成本。因此，研制具有较强抗毒能力的新型催化剂，是一个重要的课题。

20.2.2 合成尿素技术及反应机理

工业合成尿素通常是利用液氨和二氧化碳为原料直接合成，常规的生产方式就是在高温高压条件下，在尿素合成塔中反应生成氨基甲酸铵(甲铵)，其中一部分脱水生成尿素，其化学反应式(反应机理)为：

$$2NH_3+CO_2 \longrightarrow NH_2COONH_4$$

$$NH_2COONH_4 \longrightarrow CO(NH_2)_2+H_2O$$

虽然，尿素的生产经过较长时间的发展和改进，可以采用不同的压力、温度、氨碳比，形成各种生产工艺，根据分离回收方法的不同，全循环法可分为水溶液全循环法和气提法，目前使用的主流气提法为意大利斯娜姆公司的 Snamprogetti 氨气提法、荷兰斯塔米卡邦公司的 Stamicarbon 二氧化碳气提法、日本东洋工程公司的 ACES 二氧化碳气提法。

① 水溶液全循环法。将氨和 CO_2 作用生成氨基甲酸铵，然后脱水生成尿素。未反应的氨和 CO_2 用水吸收生成甲胺或者碳酸铵水溶液返回合成系统循环利用。合成压力 19.6MPa，温度 185~190℃，转化率 62%，反应液经两段分解及真空蒸发浓缩至造粒。

② 二氧化碳气提法。在合成压力 13.7MPa，温度 180~185℃，用 CO_2 作为气提剂，转化率 57%~58%，气提效率 80%~83%，气提塔出气在高压冷凝器内冷凝生成甲胺溶液回合成塔。气提塔出液经进一步分解，蒸发，至造粒。

③ 氨气提法。合成压力 14.7MPa，温度 185~190℃，用氨作为气提剂，转化率 60%左右。未转化的甲胺在气提塔中用氨气提而分解，出气提塔尿液经两段分解使残余甲胺进一步

分解，游离氨馏出，以水溶液形式回收，过剩氨经冷凝成液氨返回系统。

④ 等压双气提法。合成压力 17.7~19.6MPa，温度 185~190℃，氨/CO_2 比 4~5，转化率 70%~75%。出塔尿液依次经过两个串联的气提塔，分别以氨气、CO_2 气提分解未转化的甲胺并蒸出部分过量氨。表 20-7 是氨和 CO_2 气提法比较。

表 20-7　尿素合成法对比分析

	Snamprogetti 氨气提法	Stamicarbon 二氧化碳气提法	ACES 二氧化碳气提法
工艺原理	氨气提法就是把合成塔排除的合成反应液，在合成压力和较高温度下在气提塔内与气提气氨、CO_2 和惰性气体逆流相遇，将氨和 CO_2 从尿液中分解出来，然后将气提导入一个高压甲胺冷凝器与新鲜氨化合并冷凝为甲胺液，放出热量用于副产蒸汽	该法在最佳氨碳比条件下，使合成压力降到最低。在合成压力下，用 CO_2 对甲胺液进行气提，分解的氨和 CO_2 在合成压力冷凝，冷凝热用来副产蒸汽供二段分解和一段蒸发作加热蒸汽用，并作为蒸汽喷射器的动力蒸汽为系统保温用	原料气经压缩后进入气提塔对合成塔出料进行气提，气提后的尿液再进入中低压分解回收系统，然后尿液进入真空系统进行浓缩
合成条件	高氨碳比，转化率较高，但由于操作温度、压力较高，高压气提塔材料需要特殊材质，且较高的氨碳比使得高压下分解回收的量有限，不得不增加中压，分解循环系统设备增多，流程增长，既增加了动力消耗，又增加了操作管理难度	较低氨碳比，气提效率较高，省去了中压循环，流程短，但由于 CO_2 的转化率较低，循环量增大	氨碳比、压力、温度较高，将气提方式和 CO_2 高转化率溶液循环式尿素合成方法结合在一起，既提高了气提效率，又达到了增大转化率的目的
动力消耗	最高	居中	较低
操作弹性	氨气提装置可以在低负荷下运行，操作弹性大	操作弹性小	居中
设备要求	气提塔和甲胺冷凝器要使用钛材和 25-22-2 钢，成本和加工费用高	气提塔和甲胺冷凝器要使用钛材和 25-22-2 钢，成本和加工费用高	不锈钢，成本较低

经过比较发现，气提法中 ACES 二氧化碳气提工艺在转化率及气提效率的提高上都具有优势，且操作简单，能耗低，投资省。

20.3　合成氨和尿素反应机理分析

20.3.1　合成氨

将纯净的氢、氮混合气压缩到高压，在催化剂的作用下合成氨。实际生产中，我国合成氨厂一般采用 20~50MPa、500℃。铁基催化剂在 500℃ 时活性最大，这也是合成氨选在 500℃ 的原因。氨合成反应式如下：

$$N_2+3H_2 \longrightarrow 2NH_3(g) \qquad \Delta H=-92.4\text{kJ/mol}$$

下面就反应过程进行研究。

(1) Fe 催化剂

Fe 元素核电荷数 26>21，不存在能加交错，$E_{4s}>E_{3d}$，Fe 原子外层电子排布：$3d^6 4s^2$，Fe 原子在反应中，首先失去 4s 轨道的 2 个电子，再失去 3d 轨道的 1 个电子，生成 Fe^{3+}，其电子轨道排布发生变化，$3d^6 4s^2 \rightarrow 3d^5 4s^0$，即 $Fe^0 \rightarrow Fe^{3+}$。图 20-11 是 Fe 原子和 Fe^{3+} 外层电子轨道结构图。

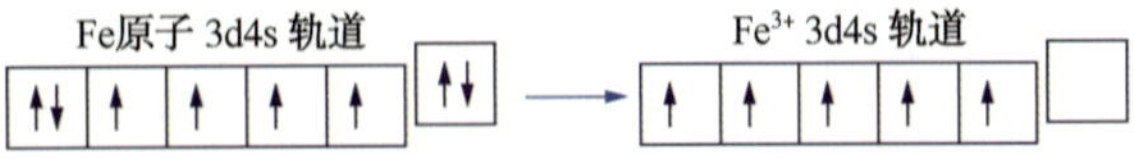

图 20-11 Fe、Fe^{3+} 电子轨道结构图

(2) N_2、H_2 和 NH_3 分子结构分析

N 原子外层电子排布：$2s^2 2p^3$，2 个 N 原子共用 3 对电子生成 1 个共价 N≡N 键，并保留有 1 对孤对电子，分子构型为直线形[11]。图 20-12 是 N_2 分子构成分析，图 20-12(a)是 N 原子外层电子轨道结构图。在图 20-12(b)中，1 个 N 原子外层的 3 个含有未成键电子的 2p 轨道与另 1 个 N 原子外层 3 个含有未成键电子的 2p 轨道重叠，共用 3 对电子生成 1 个 N≡N 键，每个 N 原子外层 s 轨道还有 1 对孤对电子，其电子轨道结构如图 20-12(c)所示。

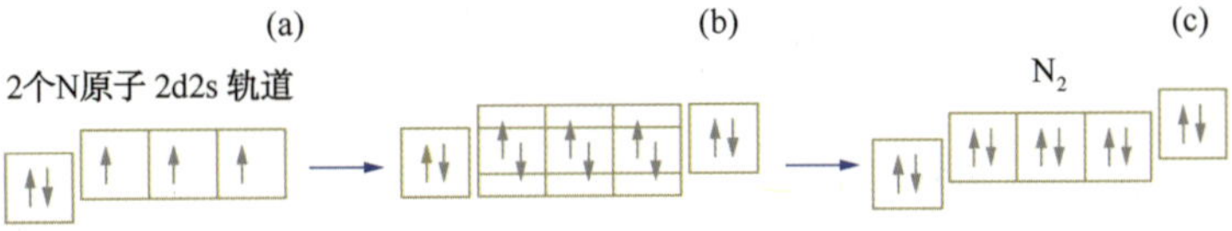

图 20-12 N_2 分子构成分析

图 20-13 是 H_2 分子构成分析。图 20-13(a)是 H 原子外层电子轨道结构图，2 个 H 原子，其 s 轨道含有 1 个未成键电子。在图 20-13(b)中，1 个 H 原子外层 s 轨道与另 1 个 H 原子外层 s 轨道重叠，共用 1 对电子生成 1 个 H—H 键，即生成了 H_2 分子，其电子轨道结构如图 20-13(c)所示。

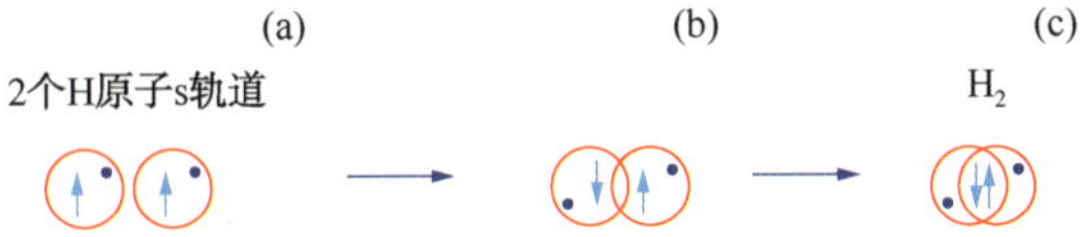

图 20-13 H_2 分子构成分析

图 20-14 是 NH_3 分子构成分析。图 20-14(a)是 N 原子和 H 原子外层电子轨道结构图，N 原子外层 2s2p 轨道进行 sp^3 杂化形成 4 个 sp^3 杂化轨道，其中有 3 个 sp^3 杂化轨道含有未成键电子；3 个 H 原子，其 s 轨道含有 1 个未成键电子。在图 20-14(b)中，N 原子外层 3 个含有未成键电子的 sp^3 杂化轨道与 3 个 H 原子外层 s 轨道重叠，共用 3 对电子生成 3 个 N—H 键，则生成 1 个 NH_3 分子，其电子轨道结构如图 20-14(c)所示。

(3) 生成 N^{3-}

图 20-15 是 N_2 分子在 Fe 基催化剂作用下生成 N^{3-} 过程分析。图 20-15(a)是 N_2 分子和 Fe 原子电子轨道结构图。在图 20-15(b)中，N_2 分子在 Fe 原子作用下，N—N 键被活化激

活，根据表20-8电负性数据[12]，N元素电负性(3.04)大于Fe元素电负性(1.83)，在相互作用过程中，Fe原子外层4s轨道2个电子和3d轨道1个电子迁移到N原子外层3个2p轨道上，N原子得到3个电子生成N^{3-}，Fe原子失去外层4s轨道2个电子和3d轨道1个电子生成Fe^{3+}，共生成2个N^{3-}和2个Fe^{3+}，其电子轨道结构如图20-15(c)所示。

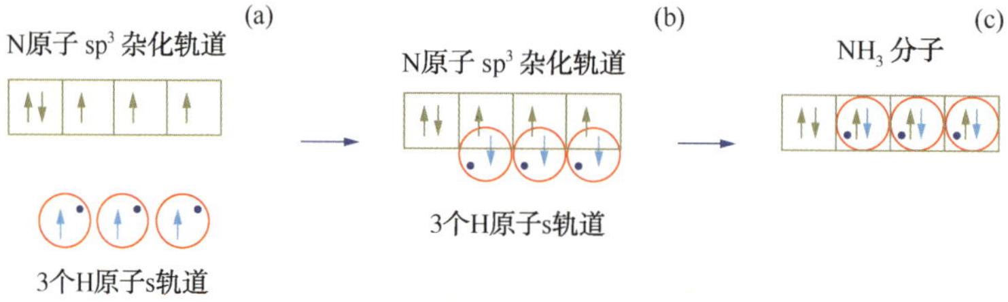

图20-14 NH_3分子构成分析

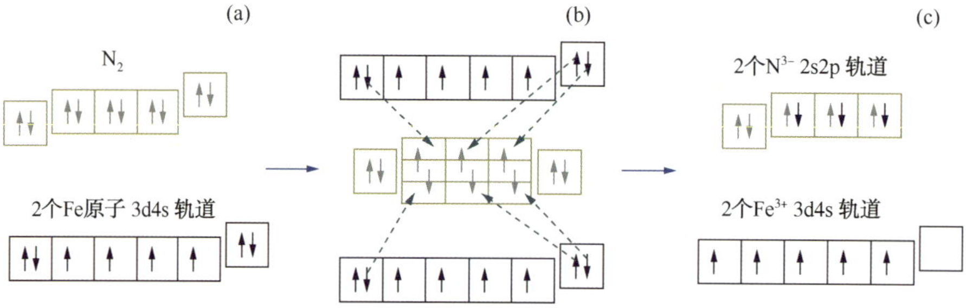

图20-15 N^{3-}生成过程分析

表20-8 部分元素电负性

元素	H	O	Cu	Zn	Ni	N	Fe	Co	Mo	C
A^0	2.20	3.44	1.90	1.65	1.91	3.04	1.83	1.88	2.16	2.55
A^+		8.77	5.04	4.92	4.64	7.94	4.33	4.49	4.18	6.42
A^{2+}		16.21	10.28	10.38	9.60	13.86	8.43	9.10	7.80	13.01
A^{3+}		23.82	16.57	17.84	16.21	22.49	15.38	15.26	13.24	20.23

(4) 生成H^+

图20-16是H_2分子在Fe^{3+}作用下生成H^+过程分析。图20-16(a)是H_2分子和Fe^{3+}电子轨道结构图，有2个Fe^{3+}，3个H_2分子。在图20-16(b)中，H_2分子在Fe^{3+}作用下，H—H键被活化激活，根据表20-8电负性数据[12]，Fe^{3+}电负性(15.38)大于H元素电负性(2.20)，在相互作用过程中，H原子外层s轨道电子迁移到Fe^{3+}外层3d和4s轨道上，2个Fe^{3+}共得到6个电子生成2个Fe原子，3个H_2分子失去6个电子生成6个H^+，其电子轨道结构如图20-16(c)所示。

(5) 生成氨分子

图20-17是H^+和N^{3-}合成氨分子NH_3过程分析。图20-17(a)是H^+和N^{3-}电子轨道结构图，1个N^{3-}和3个H^+。在图20-17(b)中，N^{3-}外层2s2p轨道进行sp^3杂化生成4个sp^3杂化轨道，其中3个含有孤对电子的sp^3杂化轨道与3个H^+外层空的s轨道重叠，共用3对电子生成3个N—H键，则生成了氨分子NH_3，其电子轨道结构如图20-17(c)所示。

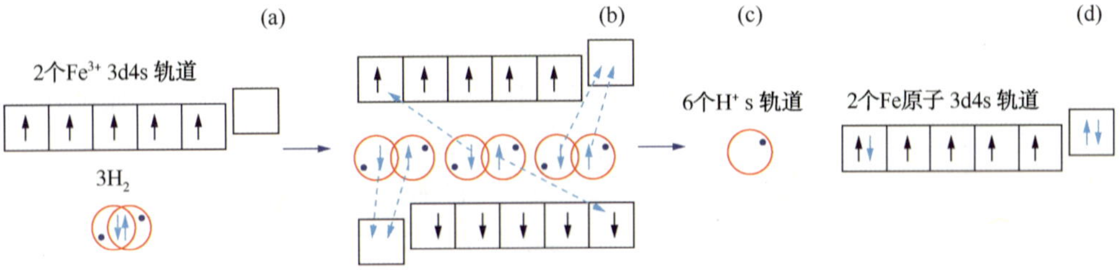

图 20-16　H^+生成过程分析

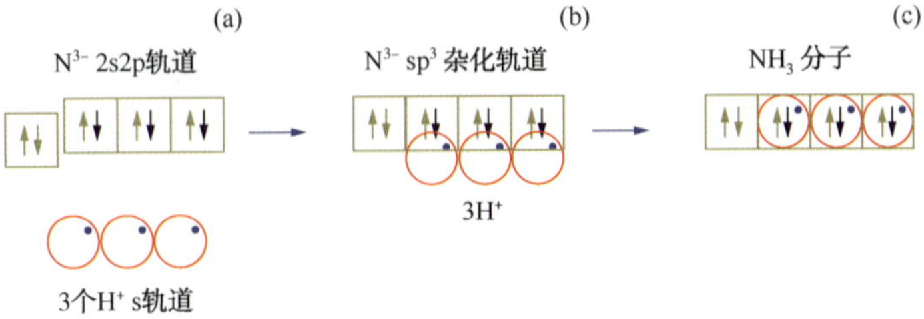

图 20-17　NH_3 分子生成过程分析

(6) 反应机理分析

在 20.0~50.0MPa、500℃和 Fe 基催化剂作用下，纯净的 H_2、N_2 反应合成氨分子，反应过程如下：

$$N_2+2Fe \longrightarrow 2N^{3-}+2Fe^{3+} \qquad (1)$$

$$3H_2+2Fe^{3+} \longrightarrow 6H^{+}+2Fe \qquad (2)$$

$$N^{3-}+3H^{+} \longrightarrow NH_3 \qquad (3)$$

式(1)+(2)+(3)×2 得到式(4)：

$$N_2+3H_2 \longrightarrow 2NH_3 \qquad (4)$$

(7) 小结

在 15.0~20.0MPa、500℃和 Fe 基催化剂作用下，纯净的 H_2、N_2 分子反应合成氨分子，反应过程分 3 步：

① N_2 分子与催化剂 Fe 原子作用，Fe 原子失去外层电子生成 Fe^{3+}，N_2 分子中 N 原子从 Fe 原子外层轨道获得电子生成 N^{3-}；

② Fe^{3+}会继续与 H_2 分子发生相互作用，并从 H_2 分子中 H 原子外层 s 轨道得到电子被还原为 Fe 原子，H 原子失去电子生成 H^+；

③ 1 个 N^{3-}和 3 个 H^+生成 1 个氨分子 NH_3。

20.3.2　合成尿素

(1) CO_2 分子结构

CO_2 分子形状是直线形的，其结构曾被认为是：O═C═O。但 CO_2 分子中 C—O 键键长为 116pm，介于 C═O 键(键长为 124pm)和 C≡O 键(键长为 113pm)之间，故 CO_2 中的碳氧键具有一定程度的三键特征[13]。一般认为，CO_2 分子的中心原子碳原子采取 sp 杂化，

2 个sp 杂化轨道分别与 2 个氧原子的 2p 轨道(含有一个电子)重叠形成 2 个 σ 键，碳原子上互相垂直的 p 轨道再分别与 2 个氧原子中平行的 p 轨道形成 2 个大 π 键[14]。

作者认为，CO_2 分子形状应该是直线形的，其结构应该是：O═C═O。C 原子外层电子排布：$2s^22p^2$，即外层有 4 个电子，C 原子的电负性是 2.55；O 原子外层电子排布：$2s^22p^4$，即外层有 6 个电子，O 原子的电负性为 3.44。当 C、O 原子相互作用时，C 原子外层 $2s^22p^2$ 经 sp^3 杂化形成 4 个 sp^3 杂化轨道，每个 sp^3 杂化轨道上都有 1 个未成键电子；O 原子外层 $2s^22p^4$ 经 sp^3 杂化形成 4 个 sp^3 杂化轨道，其中 2 个 sp^3 杂化轨道上各有 1 个未成键电子，2 个 sp^3 杂化轨道上各有 1 对孤对电子。由于 O═C═O 是线型结构，C 原子只受到两端 O 原子作用，而 O 原子没有受到其他原子作用，所以它们之间的相互作用最强，且 CO_2 分子中 C 原子也没有受到第三个原子作用，没有减弱 C 与 O 原子相互作用，2 个 O 原子与 C 结合比较紧密。所以，CO_2 分子中 C═O 键键长 116pm，要比其他分子中的 C═O 键键长 124pm 短。

图 20-18 是 2 个 O 原子和 1 个 C 原子形成 CO_2 分子过程分析。图 20-18(a)是 C、O 原子外层 2s2p 轨道进行 sp^3 杂化各自生成 4 个 sp^3 杂化轨道，C 原子外层有 4 个 sp^3 杂化轨道中，每个 sp^3 杂化轨道上都有 1 个未成键电子；O 原子外层也有 4 个 sp^3 杂化轨道，其中 2 个 sp^3 杂化轨道上各有 1 个未成键电子，其他 2 个 sp^3 杂化轨道上各有 1 对孤对电子。在图 20-18(b)中，有 1 个 C 原子和 2 个 O 原子，第 1 个 O 原子外层含有未成键电子的 2 个 sp^3 杂化轨道与 C 原子外层含有未成键电子的 2 个 sp^3 杂化轨道重叠，共用 2 对电子生成第 1 个 C═O 键；第 2 个 O 原子外层含有未成键电子的 2 个 sp^3 杂化轨道与 C 原子外层剩余的 2 个含有未成键电子的 sp^3 杂化轨道重叠，共用 2 对电子生成第 2 个 C═O 键，则 1 个 C 原子和 2 个 O 原子通过 2 个 C═O 键构成 CO_2 分子，其电子轨道结构如图 20-18(c)所示。

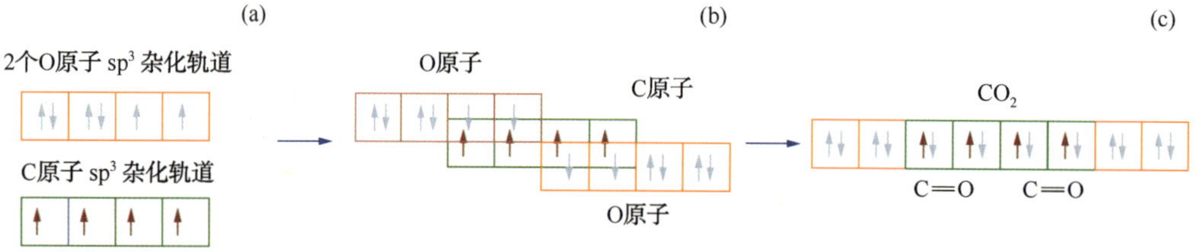

图 20-18 CO_2 分子结构分析

(2) 生成尿素分子

图 20-19 是反应物 CO_2 分子与 NH_3 分子反应合成尿素分子 $CO(NH_2)_2$ 过程分析。图 20-19(a)是反应物 CO_2 分子与 NH_3 分子的电子轨道结构图，图中有 1 个 CO_2 分子和 2 个 NH_3 分子，标记为 1-NH_3 和 2-NH_3。在图 20-19(b)中，NH_3 分子与 CO_2 分子相互作用，活化了 CO_2 分子中 1 个 C═O 键，如 C 原子与 1-O 原子之间 C═O 键，由于 O 原子电负性(3.44)大于 C 原子电负性(2.55)，在 C═O 键转变成 C—O 键时，其中 1 对共用电子对留在了 O 原子外层轨道上，而在 C 原子外层出现了 1 个空的 sp^3 杂化轨道，1-NH_3 分子中 1 个 N、H 原子重叠轨道再次与 C 原子外层空的 sp^3 杂化轨道重叠，生成了 1 个 C—N 键；与此同时，重叠轨道处的 H^+转移到 1-O 原子外层含有孤对电子的 sp^3 杂化轨道上，并与 1-O 原子生成 1 个 H—O 键，结果生成中间物 NH_2COOH，其电子轨道结构如图 20-19(c)所示。

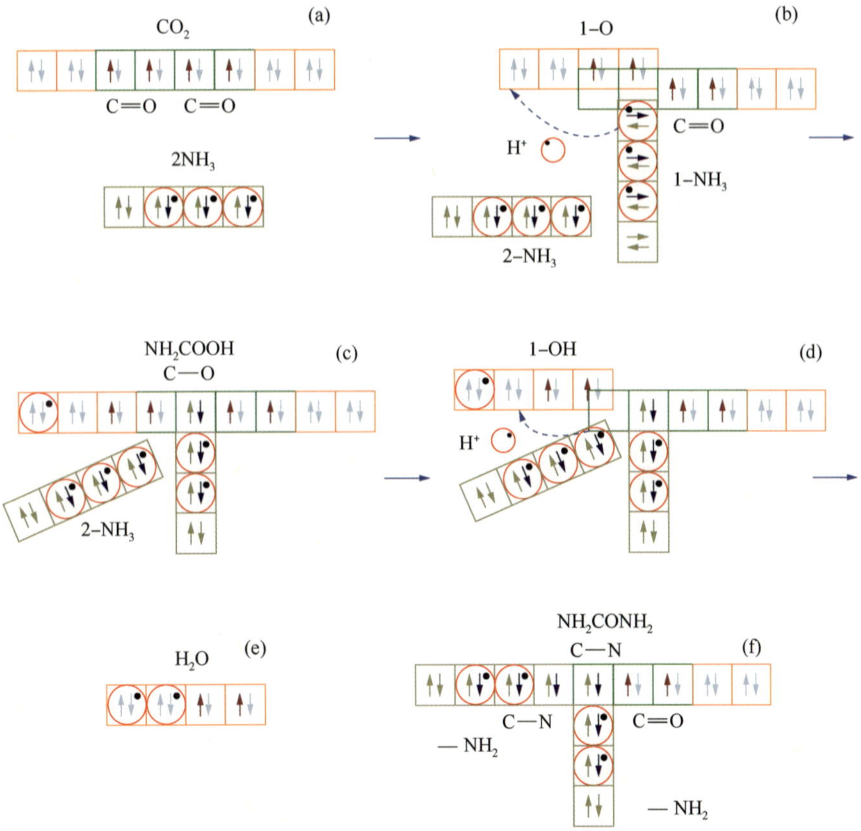

图 20-19 $CO(NH_2)_2$ 分子生成分析

在图 20-19(d)中，2-NH_3 分子与中间物 NH_2COOH 继续作用，NH_2COOH 结构中 C—O 键被活化、断裂，在 C 原子外层出现了 1 个空的 sp^3 杂化轨道。2-NH_3 分子中 H^+转移到 1-OH结构中 O 原子外层 sp^3 杂化轨道上，并与 1-OH 生成第 2 个 H—O 键，则生成 1 个水分子 H_2O，其电子轨道结构如图 20-19(e)所示。与此同时，NH_3 分子失去 H^+后生成 NH_2^-，NH_2^- 中 N 原子外层含有孤对电子的 sp^3 杂化轨道与 C 原子外层那个空的 sp^3 杂化轨道重叠，共用 1 对电子生成第 2 个 C—N 键，则生成了尿素分子 $CO(NH_2)_2$，其电子轨道结构如图 20-19(f)所示。

(3) 反应机理分析

CO_2 分子与 NH_3 分子反应生成尿素分子 $CO(NH_2)_2$ 过程如下：

$$CO_2+NH_3 \longrightarrow NH_2COOH \tag{1}$$

$$NH_2COOH+NH_3 \longrightarrow NH_2CONH_2+H_2O \tag{2}$$

反应式(1)+(2)得到式(3)：

$$CO_2+2NH_3 \longrightarrow NH_2CONH_2+H_2O \tag{3}$$

(4) 小结

CO_2 分子与 NH_3 分子反应生成尿素分子 $CO(NH_2)_2$ 过程分 2 步：

① 1 个 CO_2 分子与 1 个 NH_3 分子反应生成 NH_2COOH 分子；

② NH_2COOH 分子继续与 NH_3 分子反应，生成尿素分子 $CO(NH_2)_2$ 和水分子 H_2O。

参 考 文 献

[1] 田伟军，杨春华．合成氨生产[M]．北京：化学工业出版社，2012.

[2] 化学反应条件的优化-工业合成氨[EB/OL]. https://max. book118. com/html/2019/0924/8133066004002052. shtm.

[3] 沈世华，荆玉祥．中国生物固氮研究现状和展望[J]．科学通报，2003(6)：535-538.

[4] 中国合成氨行业发展现状及趋势分析，合成氨去产能效果显著[EB/OL]. https://www. huaon. com/channel/trend/730318. html.

[5] 2021~2026 年中国合成氨行业发展监测及投资战略规划研究报告[EB/OL]. 2020-12-09. https://www.huaon.com/channel/chemical/670431.html.

[6] 认识尿素和尿素(一)[EB/OL]. 2021-10-20. https://sywgqh. com. cn/Pc/News_ Center/Shenwan_ Online/Oil_ Online/104580. html.

[7] 2016~2021 年我国尿素产能、产量增长及主要厂商市场份额情况分析[EB/OL]. 2021-08-13. http://www. leadingir. com/datacenter/view/6603. html.

[8] 2020 年我国尿素行业新增、现有产能及产量情况[EB/OL]. 2020-12-25. https://data. chinabaogao. com/huagong/2020/12255264402020. html.

[9] 2022~2028 年中国尿素行业市场专项调研及投资趋势预测报告. https://www. sohu. com/a/548904870_ 121395009.

[10] 哈伯-哈伯法合成氨的发明者[EB/OL]. http://www. share59. com/huaxue/huaxuezixun/2525. html.

[11] 北京师范大学无机化学教研室，华中师范大学无机化学教研室，南京师范大学无机化学教研室．无机化学[M]. 4 版．北京：高等教育出版社，2003.

[12] 冯玉彪，张粉保，宣利宏，等．离子的电负性[J]．大连轻工业学院学报，1998，13(2)：70-76.

[13] 大连理工大学无机化学教研室．无机化学[M]. 5 版．北京：高等教育出版社，2006：427-428.

[14] 王丽敏，苏连江．自然科学基础·无机化学卷[M]．哈尔滨：哈尔滨地图出版社，2004：315.

第 21 章　煤制天然气

21.1　煤制天然气工业发展现状[1~13]

煤制天然气通常指采用已开采原煤，经过气化工艺来制造合成天然气(Synthetic Natural Gas，SNG)。在实践中，业界往往把煤地下气化(Underground Coal Gasification，UCG)也作为煤制天然气的一种。全世界已投产的工业级煤制天然气装置较少，而中国的煤制天然气在规划产能层面规模列世界之最。

煤制气(煤制天然气)的主要成分是甲烷 CH_4，它是以煤为原料经过加压气化后，脱硫提纯制得的含有可燃组分的气体。根据加工方法、煤气性质和用途分为：煤气化得到的是水煤气、半水煤气、空气煤气(或称发生炉煤气)，这些煤气的发热值较低，故又统称为低热值煤气；煤干馏焦化得到的气体称为焦炉煤气，属于中热值煤气，可供城市作民用燃料，煤气中的一氧化碳和氢气是重要的化工原料，可用于合成氨、合成甲醇等。为此，将用作化工原料的煤气称为合成气，它也可用天然气、轻质油和重质油制得。

煤制天然气是指煤经过气化产生合成气，再经过甲烷化处理，生产代用天然气(SNG)。煤制天然气的能源转化效率较高，技术已基本成熟，是生产石油替代产品的有效途径。中国资源禀赋的特点是“富煤、缺油、少气”。环渤海、长三角、珠三角三大经济带对天然气需求巨大，而内蒙古、新疆等地煤炭资源丰富，但运输成本高昂。因此，将富煤地区的煤炭资源就地转化成天然气，成为继煤炭发电、煤制油、煤制烯烃之后的又一重要战略选择。

2009~2019 年国家陆续批准了 17 个煤制天然气项目开展前期工作，项目分布于新疆、内蒙古、山西、安徽等煤炭产地，产能共计 722 亿 m^3/a。截至 2019 年底，已投产煤制天然气产能仅 31.05 亿 m^3/a，建设中产能 139.95 亿 m^3/a，前期工作项目产能 702 亿 m^3/a。2019 年 7 月，国家能源局公布《关于规范煤制油、煤制天然气产业科学有序发展的通知》，禁止建设年产 20 亿 m^3 及以下规模的煤制天然气项目和年产 100 万 t 及以下规模的煤制油项目，进一步规范我国煤制天然气行业发展秩序。

随着国内可持续投资前景和加强环保等政策的实施，国内天然气消费市场将持续扩张。多渠道、多方式地扩大天然气资源供给，完善气源结构成为优化我国能源结构的重要战略。煤制天然气作为液化石油气和天然气的替代和补充，既实现了清洁能源生产的新途径，优化了煤炭深加工产业结构，又具有能源利用率高的特点，符合国内外煤炭加工利用的发展方向，对于缓解国内天然气短缺，保障我国能源安全具有重要意义。在天然气价格上涨预期下，煤制天然气经济效益十分可观，中国煤制天然气行业趋势预测广阔。

我国是天然气消费大国。近些年，我国天然气供应行业市场消费量逐渐上涨，2012 年天然气消费量为 1471 亿 m^3，2013 年同比增长了 15%，全年天然气消费量达到 1692 亿 m^3。从 2014 年开始，天然气消费增速放缓，均低于 10%，分别是：2014 年增速 8%、2015 年增速 5.7%、2016 年增速 6.5%。2016 年，我国天然气消费量突破 2000 亿 m^3，达到 2058 亿 m^3。之后，2017 年和 2018 年增速最快，均超过 15%，分别是 15.3%和 18.1%。到 2019 年，我国天然气消费量突破 3000 亿 m^3，达到 3067 亿 m^3，2019 年同比增长了 9.4%，2020 年我国天然气供应市场消费量达 3551 亿 m^3，同比增加了 15.8%。根据图 21-1 数据分析，我国天然气消费量从 2012 年 1471 亿 m^3 开始，到 2020 年达到 3551 亿 m^3，天然气消费量增加了 141.4%，年平均增速 11.7%，这与我国经济社会发展密切相关，未来我国天然气供应行业市场发展空间较大。

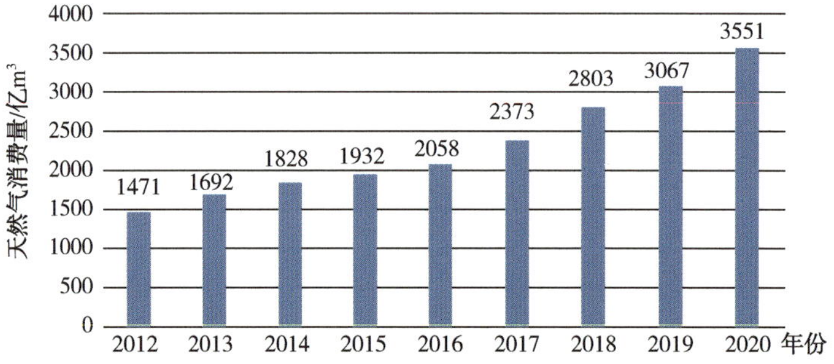

图 21-1　2012~2020 年我国天然气消费量

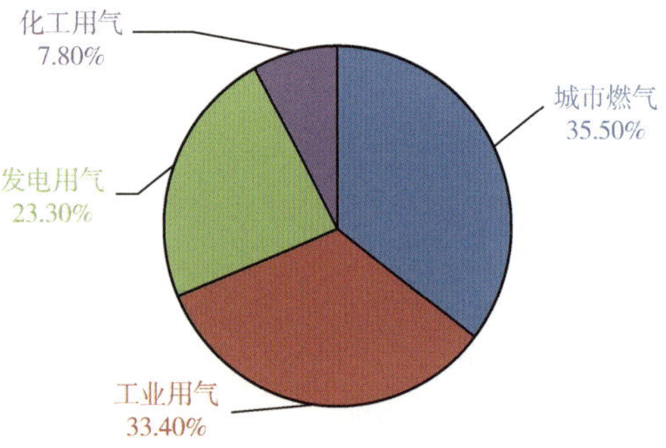

图 21-2　我国天然气消费结构分析

天然气供应行业主要包括城市燃气(居民、商业、运输以及公共服务用途)、工业燃料、发电、化工材料这四大类，2019 年各类天然气消费占比情况分别是：城市燃气 35.5%、工业用气 33.4%、发电用气 23.3%和化工用气 7.8%，详见图 21-2。

据国家统计局统计数据显示，2019 年全年我国天然气产量达到了 1736.2 亿 m^3，累计增长 9.8%。2020 年全年我国天然气累计产量达到 1888.5 亿 m^3，超 1888 亿 m^3，累计增长 9.8%，连续四年增产超过 100 亿 m^3。根据图 21-3 数据分析，2011 年末，我国天然气产量 1053.4 亿 m^3，九年时间到 2020 年末，我国天然气产量达到 1888.5 亿 m^3，增加了 79.3%，年平均增速超过 6.7%。

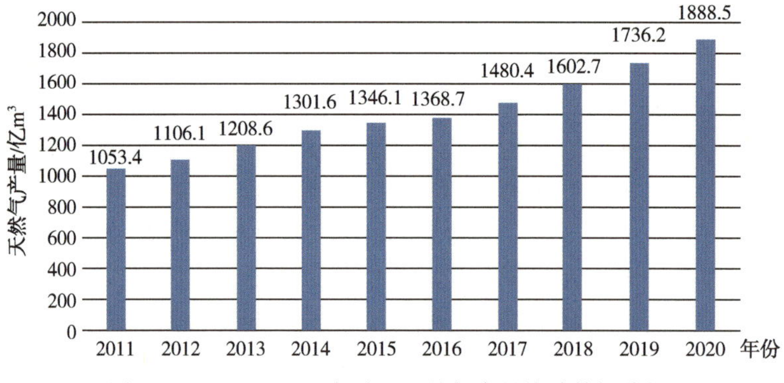

图 21-3　2011~2020 年我国天然气产量统计数据分析

随着我国工业化、城镇化的发展和人民生活水平的提高，对清洁能源天然气的需求量迅速增长，天然气供不应求的局面将会长期存在。国内天然气供应的缺口正逐年加大，对外依存度更是呈快速上升之势。据中国海关统计数据显示，2019 年全年中国天然气进口量达到了 9656 万 t，累计增长 6.9%。截至 2020 年 12 月中国天然气进口量为 1123 万 t，同比增长 18.4%。累计结果，2020 年全年中国天然气进口量累计达到 10166 万 t，突破 1 亿 t，累计增长 5.3%，详见图 21-4 统计数据。

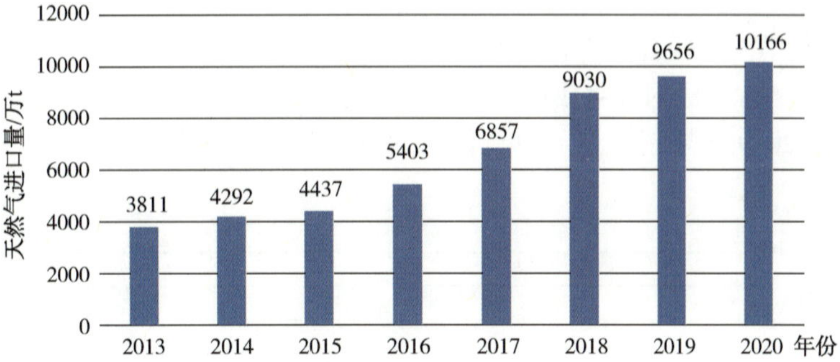

图 21-4 2013~2020 年我国天然气进口量统计

为了确保能源安全，2009 年起，我国开始大规模建设天然气管道，从四个地域向国内进口天然气，相应地，我国天然气对外依存度逐年增长。2009~2011 年，我国天然气对外依存度加速提高，2009 年 4.2%，2010 年 12.8%，2011 年，我国天然气对外依存度增长至 24.3%。随后，我国天然气对外依存度稳步上行。根据图 21-5 数据，2013 年我国天然气对外依存度为 30.8%，2017 年我国天然气对外依存度为 39.1%。2018 年，我国天然气消费保持强劲增长，进口量约 1254 亿 m^3，增幅高达 31.7%，进口量首次超过日本，成为全球第一大天然气进口国，对外依存度升至 45.3%，较上年的 39.1%增长 6.2 个百分点。2019 年对外依存度为 44.1%。

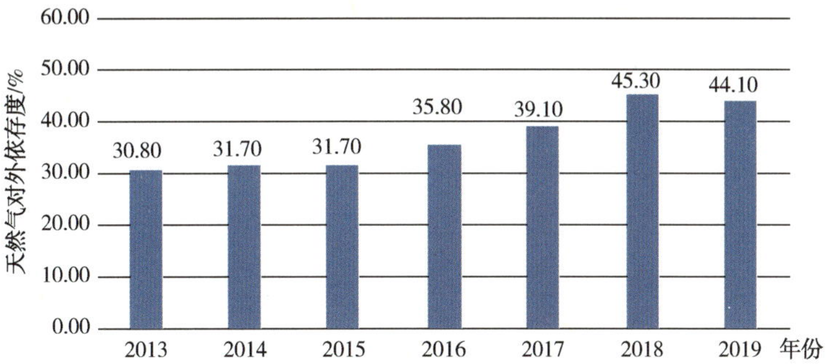

图 21-5 2013~2019 年我国天然气对外依存度

尽管我国天然气产量不断提高，但天然气产量仍然无法满足加速增长的天然气需求，供需缺口正在逐步加大。根据《能源发展战略行动计划(2014—2020 年)》，到 2020 年，我国一次能源消费总量控制在 48 亿 t 标准煤，天然气消费比重 10%以上，相当于 3600 亿 m^3；国产常规天然气、页岩气、煤层气总计目标为 2450 亿 m^3。天然气对外依存度由此控制在 32%以内。然而，从目前的情况来看，由于市场存在诸多不确定因素，我国要实现天然气发展目标面临严峻挑战。

利用我国煤炭资源相对丰富的特点发展煤制天然气产业，补充天然气资源的不足，是一条缓解我国天然气供求矛盾的有效途径，有着广阔的发展前景。煤制气作为一种以煤炭为输入原料，以天然气为输出产品的新型能源产业，俨然已经成为中国能源消费结构战略转型中重要一环。2018 年，我国共有不同阶段煤制气项目接近 70 个，包含已投产、在建、前期准备中、已签约项目和计划项目，涉及产能超过 2000 亿 m^3/a。但从项目推进情况来看，目前呈现出规划多、投产少的特点。

中国石油和化学工业联合会煤化工专业委员会统计数据，国内煤制天然气企业有新疆庆华(13 亿 m^3)，内蒙古大唐国际克旗(13 亿 m^3)、内蒙古汇能(4 亿 m^3)、新疆伊犁新天(20 亿 m^3)等，2017~2019 年煤制天然气总产能约为 51 亿 m^3，到 2020 年达到 90 亿 m^3，详见图 21-6数据。

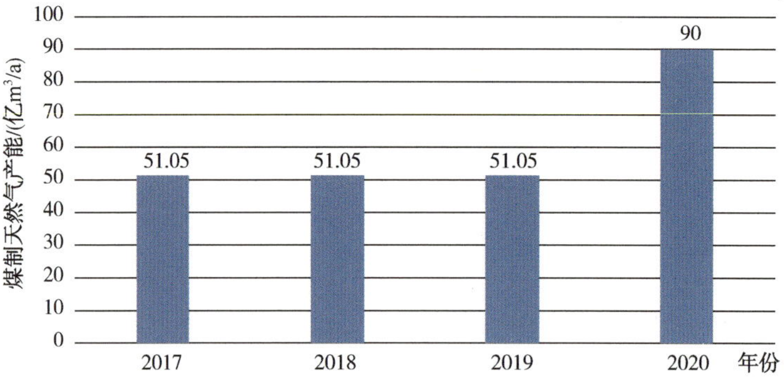

图 21-6 中国煤制天然气企业产能统计

图 21-7 是我国 2014~2020 年煤制天然气统计数据。2014 年煤制天然气产量只有 7.9 亿 m^3，2016 年达到 14 亿 m^3，同比增长了 22.8%。2017 年煤制天然气产量增加到 26.3 亿 m^3，同比增长了 87.9%。2017~2019 年在煤制气总产能保持 51.05 亿 m^3/a 不变的情况下，产量从 26.3 亿 m^3 增加到 43.21 亿 m^3，天然气产量增长了 64.3%，年平均增速 29%。2019 年，产能利用率达到 84.6%。2020 年，天然气产量同比增长了 8.8%，达到了 47 亿 m^3，产能利用率为 52.5%。

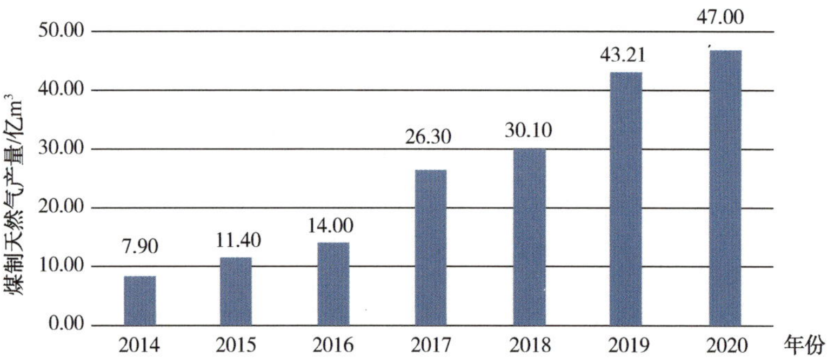

图 21-7 2014~2020 年中国煤制天然气产量统计

目前规划新建的项目只有 5 个，包括苏新能源和丰、北控鄂尔多斯、山西大同、新疆伊犁、安徽能源淮南等，分别承担相应示范任务。储备项目包括新疆准东、内蒙古西部(含天津渤化、国储能源）、内蒙古东部（兴安盟、伊敏）、陕西榆林、武安新峰、湖北能源、安徽京皖安庆等。

但是，煤炭加工转换生产天然气过程中要消耗大量的煤炭资源和水资源，同时煤炭大量开采对脆弱的生态环境也会带来巨大影响。从国家能源战略安全和技术储备的角度出发，在充分考虑环境和水资源承载能力的基础上，利用相对丰富的低品质煤炭资源适度发展煤制天然气是必要的，但对于发展规模，各方面还没有达成统一的认识，有待于进一步综合论证。

21.2 煤制天然气技术[14~17]

传统的煤制天然气技术是以煤炭为原料，气化生产合成气，经净化和转化以后，在催化剂的作用下发生甲烷化反应，生产热值符合规定的替代天然气（Substitute Natural Gas），也被称为煤气化转化技术。此技术需要的设备较多，投资较高，但技术非常成熟，甲烷转化率高，技术复杂度略低，因此应用更加广泛，是煤制天然气中的主流工艺。煤制天然气与煤制其他能源产品相比，能量效率高，单位热值水耗低。从工艺技术和加工过程可分为直接法和间接法两种。

（1）直接法煤制天然气技术

直接法煤制天然气技术就是以煤为原料直接合成甲烷，从而得到煤制天然气的方法。该技术是将煤粉和催化剂充分混合后送入反应器，与水蒸气在一个反应器中同时发生气化和甲烷化反应，气化反应所需的热量刚好由甲烷化反应所放出的热量提供。反应生成的 CH_4 和 CO_2 混合气从顶部离开反应器进入一个旋风分离器，分离出混合气中夹带的固体颗粒，然后进入一个气体净化器，脱除其中的硫，最后分离出 CO_2 得到煤制合成天然气（SNG）。煤灰由反应器下部流出，在一个专门设备中和催化剂进行分离，分离的催化剂返回煤仓继续循环使用。

直接法技术的特点是在一个反应器中进行三种催化反应：气化反应、水煤气变换反应、甲烷化反应，难点是催化剂的分离。

（2）间接法煤制天然气技术

间接法是先将煤转化成合成气（H_2 和 CO），然后再进行甲烷化得到 SNG 的方法。从煤转化为 SNG 需要经历几个步骤：

① 气化：在一定压力（3.0~4.0MPa）和温度（1000~1300℃）下，煤与氧气和过热水蒸气的混合物发生气化反应生成富含 H_2 和 CO 的煤气。

② 变换冷却：煤气通过部分变换反应将 H_2 和 CO 体积比调整为 3∶1。所用催化剂为耐硫的钴钼催化剂，操作温度为 200~500℃。然后再将高温变换气冷却至约 40℃。

③ 净化（低温甲醇洗）：在-17~40℃下，利用甲醇对 H_2S 和 CO_2 优良的吸收性能，脱除变换气中的 H_2S 和 CO_2，得到净化气。H_2S 可以通过克劳斯反应转化为单质硫。

④ 甲烷合成：在一定温度（250~675℃）、压力（2.3~3.2MPa）和镍基催化剂存下，碳氧化物（$CO+CO_2$）与 H_2 在甲烷化反应器中发生甲烷合成反应，得到 SNG。

⑤ 干燥压缩：出甲烷化装置的 SNG 通过干燥（三甘醇脱水撬），脱水至适当露点温度（取决于冬季最低温度），再压缩达到管线所要求的压力。

另外，通过煤气水分离，分离出煤气水中焦油和中油及轻油，利用酚氨回收装置回收绝大部分的粗酚和氨，得到了高附加值的产品，降低了废水处理难度。图 21-8 是两步法煤制天然气工艺流程。

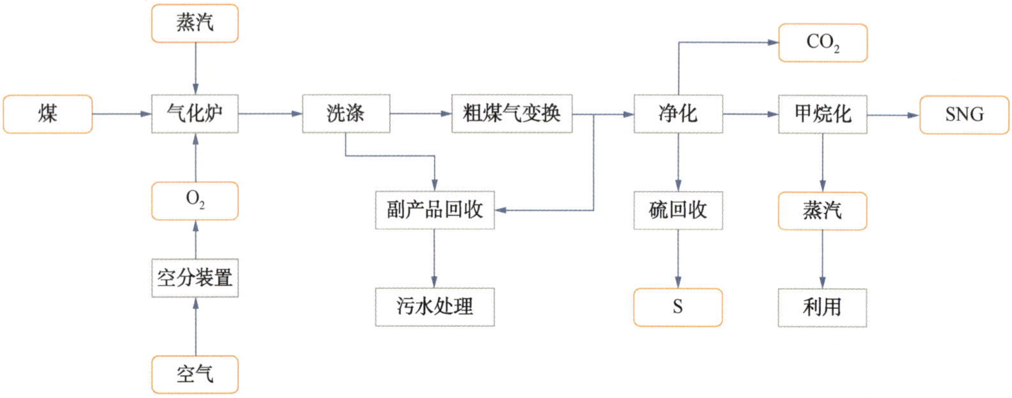

图 21-8 煤制天然气工艺流程

目前，我国几个煤制天然气项目采用的都是间接法工艺，气化工艺多以鲁奇炉为主，煤制天然气技术的核心是甲烷化技术，世界领先的技术是德国鲁奇(Lurgi)、英国戴维(Davy)和丹麦托普索(Topsoe)三种技术。

① 德国鲁奇(Lurgi)技术。美国大平原煤气化制合成天然气厂使用的就是鲁奇公司煤气化技术。气化原料煤采用褐煤，进甲烷化 H_2/CO 体积比约为 3∶1，设计值为日产 354 万 m^3 合成天然气，该套甲烷化装置采用三个固定床反应器，前两个反应器为高温反应器，采用串并联型式，CO 转化为 CH_4 的反应主要在这两个反应器内进行，称为大量甲烷化反应器。第三个反应器为低温反应器，用来将前两个反应器未反应的 CO 转化 CH_4，使合成天然气的甲烷含量达到需要的水平，称为补充甲烷化反应器。

前两个反应器采用部分反应气循环进料的方式。来自上游工段的新鲜合成气分成二股，一股与循环气混合后进入第一个反应器，反应后的气体与另一股新鲜合成气混合后进入第二反应器。第二反应器出口气体一部分经冷却、压缩循环回第一个反应器入口，另一部分到第三个反应器反应后生产合格的合成天然气。

主要通过产中压饱和蒸汽和预热原料气回收甲烷化反应产生的热量。最初采用 BASF 公司的催化剂，后来改用 Davy 公司的催化剂。甲烷化反应温度较低，高温反应器出口温度≥400℃。目前鲁奇公司正在为位于美国 Mount Vemor 的一家公司做甲烷化的概念设计，该装置副产表压为 6.1MPa 的过热蒸汽。

② 英国戴维(Davy)技术。20 世纪 60 年代末，英国燃气公司(BG 公司)开发了 CRG 技术，是将低热值城市煤气中成分转变为富含甲烷的气体。为了弥补天然气来源的不足，采用 CRG 技术提高热值达到天然气标准，在整个英国建造了许多合成天然气(SNG)装置。20 世纪 70~90 年代，英国天然气公司和德国鲁奇公司为生产 SNG 耗资 3.5 亿英镑，开发出新一代先进的煤气化技术 BGL 熔渣气化技术，BGL 块煤/碎煤熔渣气化技术结合了熔渣气化和移动床加压气化技术的优点并克服了二者的不足，具有显著优势。20 世纪 90 年代末期，Davy 工艺技术公司获得了将 CRG 技术对外转让许可的专有权，并进一步开发了 CRG 技术和催化

剂，CRG 催化剂是在 Davy 工艺技术公司的许可下，由 Davy 的母公司 Johnson Matthey 生产。

CRG 技术流程和鲁奇甲烷化技术流程类似，前两个反应器为高温反应器，采用串并联形式，采用部分反应气循环进料的方式，根据原料气组成和合成天然气甲烷含量要求，后面设一个或多个补充甲烷化反应器。CRG 甲烷化压力可达 3.0~6.0MPa，CRG 催化剂在 230~700℃范围内具有高而稳定的活性。由于高温反应器在高温下操作，循环比比低温操作降低很多，循环压缩机尺寸变小，节省了循环压缩机成本并降低了能量消耗。由于反应温度高，可副产中压或高压过热蒸汽直接用于蒸汽轮机，提高了能量利用效率。

从 1985 年开始，美国大平原煤气化制合成天然气厂一直使用 CRG 甲烷化催化剂，到现在已使用了三十多年。甲烷化各反应段要求催化剂具有不尽相同的特性。大量甲烷化催化剂要求具有耐硫性、高活性(小反应器)、热稳定性和高强度的特性，补充甲烷化催化剂要求具有高活性和高强度的特性。大量甲烷化反应器中的 CRG 催化剂典型寿命为 3 年(视原料合成气中的硫含量而定)，而补充甲烷化反应器中的 CRG 催化剂典型寿命为 6 年(视装置大修的周期而定)。该装置 2008 年进行了催化剂更换，换上了 Davy/JM 最新的一代 CRG 催化剂。Davy/JM 公司催化剂经过工业化验证，同时具有变换功能，合成气不需调节 H/C 比，转化率高，使用范围很宽，在 230~650℃内具有较高活性。Davy 公司技术第一个反应器合成气出口温度约 620℃。

③ 丹麦托普索(Topsoe)技术。托普索公司开发甲烷化技术可以追溯至 20 世纪 70 年代后期，该公司开发的甲烷化循环工艺(TREMPTM)技术已用于商业化。在 TREMPTM 工艺中，反应在绝热条件下进行。反应产生的热量导致了很高的温升，通过循环来控制第一甲烷化反应器的温度。由于反应器在高绝热温升下运行，因此使循环气量大幅度减少，降低循环机功耗，节省能源并降低设备费用。托普索的甲烷化催化剂主要有高温 MCR 催化剂及 PK-7R 低温催化剂。MCR 于 1973 年开始研发，1979 年开始投入生产。PK-7R 催化剂最初于 1994 年用于合成氨装置的甲烷化中。目前托普索在国内项目中使用的均为以上两种催化剂，其最高的设计温度为 750℃。

三种甲烷化技术的比较见表 21-1。

表 21-1 甲烷化技术比较

技术名称	技术特点	催化剂
德国鲁奇(Lurgi)技术	可制取合格天然气，其中 CO 转化率可达 100%，CO_2 转化率可达 98%，产品甲烷含量可达 95%，完全满足生产天然气的需求	采用 Davy 公司催化剂
英国戴维(Davy)技术	可产出高压过热蒸汽和高品质天然气，甲烷化压力高达 3.0~6.0MPa，可以减小设备尺寸	已经经过工业化验证，具有变换功能，合成气不需要调节 H/C 比，转化率高，适用范围宽，在 230~700℃范围内都具有很高且稳定的活性
丹麦托普索(Topsoe)技术	生成高压过热蒸汽，低投资，冷却水消耗量极低，产品富甲烷气符合城市煤气质量标准，甲烷化进料气压力高达 8.0MPa，可减小设备尺寸	采用 MCR-2X 催化剂，使用温度范围宽(250~700℃)，CO 转化率高，甲烷选择性大，催化剂寿命长，催化剂不耐硫

21.3 煤制气反应机理

（1）气化反应

在一定温度下，碳与水蒸气发生非均相反应生成 CO 和 H_2，也就是水煤气反应，是吸热反应。

$$C+H_2O \longrightarrow CO+H_2 \qquad \Delta H=135.0\text{kJ/mol}$$

$$C+2H_2O \longrightarrow CO_2+H_2 \qquad \Delta H=96.6\text{kJ/mol}$$

$$C+CO_2 \longrightarrow 2CO \qquad \Delta H=173.3\text{kJ/mol}$$

（2）变化反应

CO 变换反应是调节产气中 CO 与 H_2 比例的重要反应，通过这一反应可以使煤气中的 CO 与 H_2 比例满足不同的用途，该反应是一个放热反应。

$$CO+H_2O \longrightarrow CO_2+H_2 \qquad \Delta H=-38.4\text{kJ/mol}$$

（3）甲烷化反应

甲烷化反应是 CO 与 H_2 合成甲烷过程，该反应是放热反应，催化剂是镍基催化剂。

$$C+H_2 \longrightarrow CH_4 \qquad \Delta H=-84.3\text{kJ/mol}$$

$$CO+3H_2 \longrightarrow CH_4+H_2O \qquad \Delta H=-219.3\text{kJ/mol}$$

21.4 甲烷化机理分析

煤制气的核心技术是甲烷化，甲烷化过程就是在一定温度和压力下，采用镍基催化剂使 CO 与 H_2 反应合成甲烷的催化反应过程。下面就镍基催化剂在甲烷化反应过程中的作用进行分析。

（1）镍基催化剂

Ni 元素核电荷数 28>21，不存在能级交错，$E_{4s}>E_{3d}$，Ni 原子外层电子排布：$3d^84s^2$，Ni 原子在催化反应中，会首先失去 4s 轨道 2 个电子生成 Ni^{2+}，其电子轨道排布变化，$3d^84s^2 \rightarrow 3d^84s^0$，即 $Ni^0 \rightarrow Ni^{2+}$。图 21-9 是 Ni 原子和 Ni^{2+}外层电子轨道结构图。

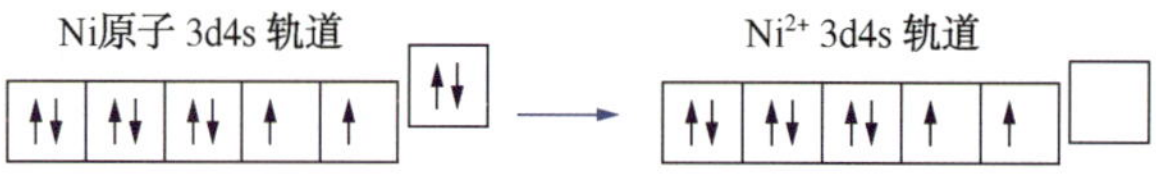

图 21-9 Ni、Ni^{2+}电子轨道结构图

（2）CO、H_2 分子结构

图 21-10 是 CO 结构分析。图 21-10(a)是 C 原子外层 $2s^22p^2$ 轨道和 O 原子外层 $2s^22p^4$ 轨道。在图 21-10(b)中，C 原子外层 2p 轨道上 2 个未成键电子与 O 原子外层 2p 轨道上 2 个未成键电子结合形成 2 个 C—O 共价键，O 原子外层 2p 轨道上孤对电子进入 C 原子外层 2p 空轨道生成 1 个配位键 O→C，则生成 C≡O 分子，其电子轨道结构如图 21-10(c)所示。

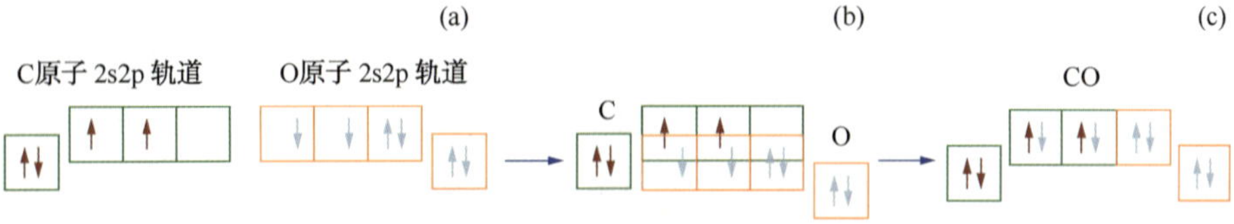

图 21-10 CO 结构分析

图 21-11 是 H_2 分子构成分析。图 21-11(a)是 H 原子外层电子轨道结构图，s 轨道含有未成键电子。在图 21-11(b)中，1 个 H 原子外层含有未成键电子的 s 轨道与另 1 个 H 原子外层含有未成键电子的 s 轨道重叠，共用 1 对电子生成 1 个 H—H 键，即生成了 H_2 分子，其电子轨道结构如图 21-11(c)所示。

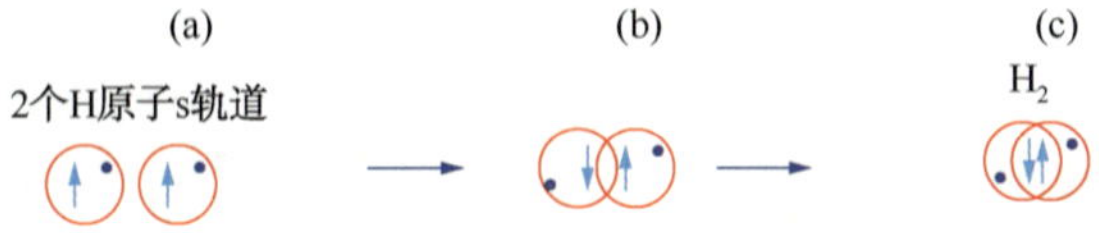

图 21-11 H_2 分子构成分析

(3) 生成 H^+ 和 H^-

图 21-12 是 H^- 生成过程分析。图 21-12(a)是 Ni 原子外层 3d4s 轨道和 H_2 分子中 H 原子外层 s 轨道结构图。根据表 21-2 是部分元素电负性数据[18]，Ni 原子电负性为 1.91，H 原子电负性为 2.20。在图 21-12(b)中，由于 H 原子电负性(2.20)大于 Ni 原子电负性(1.91)，当 Ni 原子与 H_2 分子相互作用时，H_2 分子中 2 个 H 原子会从 Ni 原子外层 4s 轨道各自获得 1 个电子生成 2 个 H^-，其外层电子轨道结构如图 21-12(c)；Ni 原子失去 4s 轨道 2 个电子成为 Ni^{2+}，其外层电子轨道结构如图 21-12(d)所示。

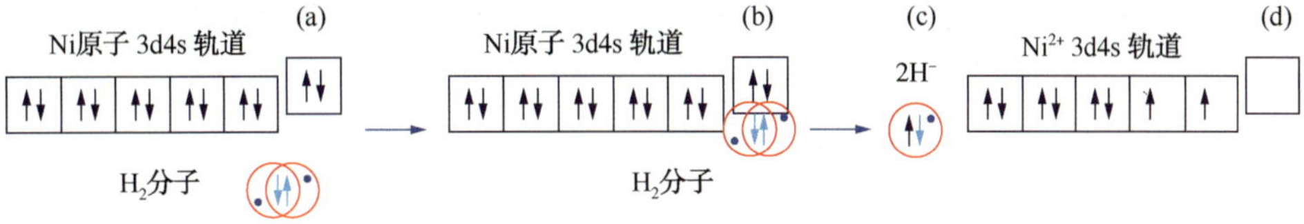

图 21-12 H_2 在 Ni 原子作用下生成 H^-

对比表 21-2 电负性数据发现，失去电子的金属阳离子电负性普遍高于金属原元素，失去电子的个数越多，金属阳离子的电负性就越大。如 Ni 元素的电负性为 1.91，失去 1 个电子的 Ni^+ 电负性为 4.64，Ni^{2+} 电负性为 9.60，而 Ni^{3+} 电负性为 16.21。

表 21-2 部分元素电负性

元素	H	O	Cu	Zn	Ni	N	Fe	Co	Mo	C
A^0	2.20	3.44	1.90	1.65	1.91	3.04	1.83	1.88	2.16	2.55
A^+		8.77	5.04	4.92	4.64	7.94	4.33	4.49	4.18	6.42
A^{2+}		16.21	10.28	10.38	9.60	13.86	8.43	9.10	7.80	13.01
A^{3+}		23.82	16.57	17.84	16.21	22.49	15.38	15.26	13.24	20.23

图 21-13 是 Ni^{2+}与 H_2 分子作用生成 H^+过程分析。图 21-13(a)是 Ni^{2+}外层 3d4s 轨道和 H_2 分子中 H 原子外层 s 轨道结构图。在图 21-13(b)中，由于 Ni^{2+}电负性(9.60)大于 H 原子电负性(2.20)，当 Ni^{2+}与 H_2 分子相互作用时，Ni^{2+}会从 H_2 分子中 2 个 H 原子外层 s 轨道上各获得 1 个电子，Ni^{2+}被还原为 Ni 原子，其电子轨道结构如图 21-13(c)所示；2 个 H 原子失去其外层 s 轨道电子后生成 2 个 H^+，其电子轨道结构如图 21-13(d)所示。

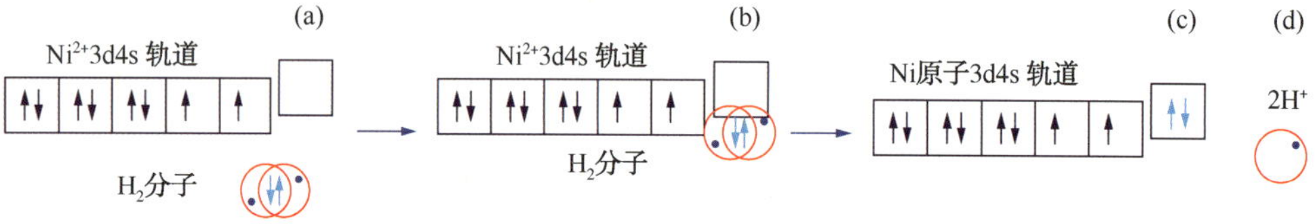

图 21-13 H_2 在 Ni^{2+}作用下生成 H^+

(4) 生成活性碳原子 C*

图 21-14 是 CO 分子与 H^+、H^-作用生成 H_2O 分子和活性碳原子 C* 过程分析。图 21-14(a)是 CO 分子与 H^+、H^-电子轨道结构图。在图 21-14(b)中，H^+和 H^-外层 s 轨道与 CO 中 C、O 原子外层重叠轨道再次重叠，活化了 C≡O 分子中的化学键，C、O 原子外层轨道进行了 sp^3 杂化各自生成了 4 个 sp^3 杂化轨道。在图 21-14(c)中，根据表 21-2 电负性数据[18]，O 原子电负性(3.44)大于 C 原子电负性(2.55)，共用的 3 对电子中的 1 对电子留在 C 原子外层 sp^3 杂化轨道，还有 2 对电子包括生成配位键的 1 对电子则留在 O 原子外层 sp^3 杂化轨道。在 C 原子外层的 2 个 sp^3 杂化轨道含有孤对电子，还有 2 个空的 sp^3 杂化轨道；在 O 原子外层只有 1 个空的 sp^3 杂化轨道。当 H^+离子外层空的 s 轨道与 O 原子外层含有孤对电子的 sp^3 杂化轨道重叠，共用 1 对电子生成第 1 个 H—O 键，而含有孤对电子的 H^-外层 s 轨道与 O 原子外层那个空的 sp^3 杂化轨道重叠，且共用 1 对电子生成了第 2 个 H—O 键，则 O 原子与 H^+、H^-结合生成了 1 个水分子 H_2O，其电子轨道结构如图 21-14(d)所示。生成水分子 H_2O 的同时，还生成了 1 个活性碳原子 C*，C* 原子外层有 2 个含有孤对电子的 sp^3 杂化轨道，还有 2 个空的 sp^3 杂化轨道，其电子轨道结构如图 21-14(e)所示。

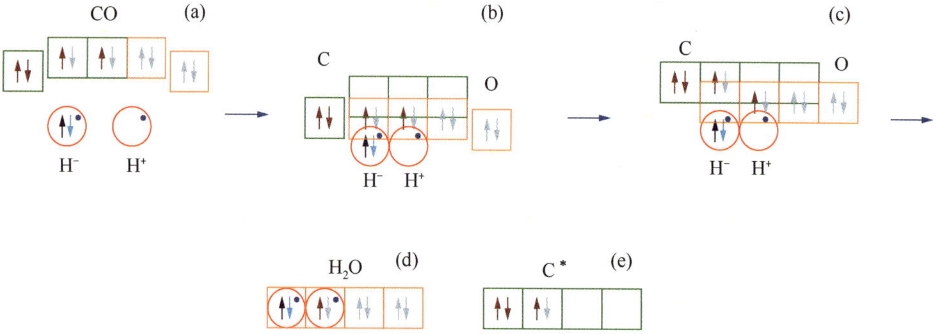

图 21-14 CO 分子与 H^+和 H^-作用形成活性碳原子 C*

图 21-15 是活性碳原子 C* 与 H^+、H^-相互作用生成中间体 $C_{\uparrow\downarrow}{}^{\circ}H_2$ 结构过程分析。图 21-15(a)是活性碳原子 C* 与 H^+、H^-电子轨道结构，活性碳原子 C* 的外层有 4 个 sp^3 杂

化轨道，在 4 个 sp^3 杂化轨道中有 2 个轨道含有孤对电子，还有 2 个空的 sp^3 杂化轨道。在图 21-15(b)中，H^+外层空的 s 轨道与活性碳原子 C^* 中含有孤对电子的 sp^3 杂化轨道重叠，共用 1 对电子生成 1 个 C—H 键；H^-外层含有孤对电子的 s 轨道与活性碳原子 C^* 外层空的 sp^3 杂化轨道重叠，共用 1 对电子生成第 2 个 C—H 键，则生成中间体 $C_{\uparrow\downarrow}{}^{\bigcirc}H_2$ 结构，其电子轨道结构如图 21-15(c)和图 21-15(d)所示。在 $C_{\uparrow\downarrow}{}^{\bigcirc}H_2$ 结构中，双箭头"↑↓"表示 C 原子外层 sp^3 杂化轨道上有 1 对孤对电子，圆圈"○"表示 C 原子外层有 1 个空的 sp^3 杂化轨道。

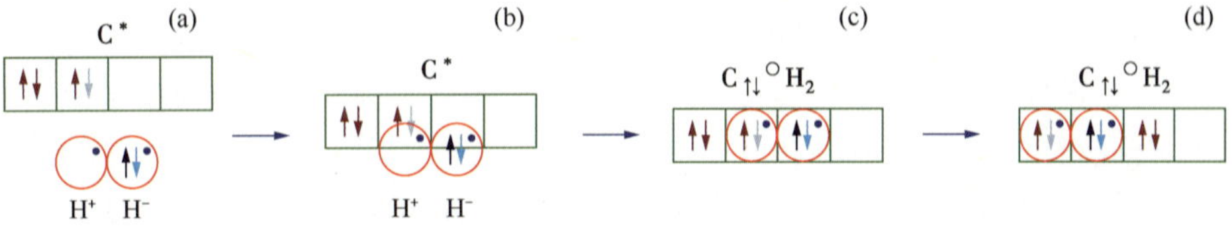

图 21-15 活性碳原子 C^* 与 H^+ 和 H^- 生成中间体 $C_{\uparrow\downarrow}{}^{\bigcirc}H_2$

图 21-16 是中间体 $C_{\uparrow\downarrow}{}^{\bigcirc}H_2$ 与 H^+、H^- 作用生成甲烷分子 CH_4 过程分析。图 21-16(a)是中间体 $C_{\uparrow\downarrow}{}^{\bigcirc}H_2$ 和 H^+、H^- 外层电子轨道结构图。在图 21-16(b)中，H^+外层空的 s 轨道与中间体 $C_{\uparrow\downarrow}{}^{\bigcirc}H_2$ 结构中 C 原子外层含有孤对电子的 sp^3 杂化轨道重叠，共用 1 对电子生成第 3 个 C—H 键；H^-外层含有孤对电子的 s 轨道与中间体 $C_{\uparrow\downarrow}{}^{\bigcirc}H_2$ 结构中 C 原子外层空的 sp^3 杂化轨道重叠，共用 1 对电子生成第 4 个 C—H 键，则生成甲烷分子 CH_4，其电子轨道结构如图 21-16(c)所示。

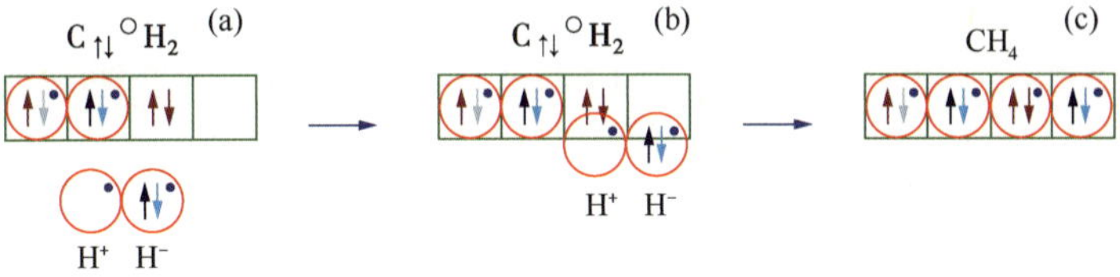

图 21-16 中间体 $C_{\uparrow\downarrow}{}^{\bigcirc}H_2$ 与 H^+ 和 H^- 作用形成甲烷分子

(5) 反应机理分析

在一定温度和压力下，采用镍基催化剂，CO 与 H_2 反应生成甲烷分子过程如下：

$$H_2+Ni \longrightarrow 2H^-+Ni^{2+} \quad (1)$$

$$H_2+Ni^{2+} \longrightarrow 2H^++Ni \quad (2)$$

$$CO+H^++H^- \longrightarrow C^*+H_2O \quad (3)$$

$$C^*+H^++H^- \longrightarrow C_{\uparrow\downarrow}{}^{\bigcirc}H_2 \quad (4)$$

$$C_{\uparrow\downarrow}{}^{\bigcirc}H_2+H^++H^- \longrightarrow CH_4 \quad (5)$$

反应式[(1)+(2)]×3÷2+(3)+(4)+(5)得到式(6)：

$$CO+3H_2 \longrightarrow CH_4+H_2O \quad (6)$$

21.5 结论

煤制天然气中，首先要进行煤气化过程和变换净化过程，产生合成气($CO+H_2$)，然后进行甲烷化过程，甲烷化是煤制气工艺技术的核心内容。在一定温度和压力下，采用镍基催化剂，CO 与 H_2 反应生成甲烷分子过程分 5 步：

① 镍基催化剂与 H_2 作用，H—H 键被激活，H 原子从 Ni 原子外层 3d4s 轨道上获得电子生成 H^-，Ni 原子失去其外层 4s 轨道 2 个电子生成 Ni^{2+}；

② Ni^{2+}继续与 H_2 作用，Ni^{2+}具有极强得电子能力，在相互作用过程中，会从 H_2 分子中 H 原子外层 s 轨道抽取电子，被还原成 Ni 原子，H 原子失去外层 s 轨道电子生成 H^+；生成的 H^+和 H^-会成对出现，同时存在；

③ CO 分子与 H^+和 H^-作用，生成活性碳原子 C^* 和水分子 H_2O，活性碳原子 C^* 是缺电子结构，其外层有 2 个 sp^3 杂化轨道含有孤对电子，还有 2 个 sp^3 杂化轨道是空轨道；

④ 活性碳原子 C^*继续与 H^+和 H^-作用，生成中间体 $C_{\uparrow\downarrow}^{\circ}H_2$ 结构，在中间体 $C_{\uparrow\downarrow}^{\circ}H_2$ 结构中 C 原子外层有 1 个含有孤对电子的 sp^3 杂化轨道和 1 个空 sp^3 杂化轨道；

⑤ 中间体 $C_{\uparrow\downarrow}^{\circ}H_2$ 结构继续与 H^+和 H^-作用，生成甲烷分子 CH_4。

参 考 文 献

[1] 2019 年中国煤制天然气行业市场现状及发展前景分析[EB/OL].https://bg.qianzhan.com/report/detail/300/191114-366c3cb2.html.

[2] 2021 年中国天然气行业市场前景及投资研究报告[EB/OL].2021-10-11. https://www. 163. com/dy/article/GM29KMM205198SOQ. html.

[3] 韩景宽. 中国煤制天然气市场空间及影响因素[EB/OL]. http://coalchem. anychem. com/2014/09/18-8751. html.

[4] 2018 年中国天然气行业市场现状及 LNG 市场均价分析[EB/OL]. 2018-01-23. https://market. chinabaogao. com/nengyuan/0123315P02018. html.

[5] 2020 年中国煤制天然气行业分析报告——行业现状调查与发展趋势研究[EB/OL]. 2019-12-05. https://baogao. chinabaogao. com/ranqi/466680466680. html.

[6] 煤制烯烃行业发展现状及未来发展趋势分析[EB/OL]. https://max. book118. com/html/2021/0814/7015010134003160. shtm.

[7] 陈后润. 2018 年天然气终端市场现状与发展前景分析需求增长稳定，发展前景广阔. 2019-03-04. https://www. qianzhan. com/analyst/detail/220/190301-546f03ca. html.

[8] 2020 年中国天然气行业供需现状与发展趋势分析[EB/OL]. https://chuneng. ofweek. com/news/2020-09/ART-180220-12003-3045 5867. html.

[9] 2019 年中国天然气行业市场现状及发展前景分析需求高速增长带来巨大终端销售空间[EB/OL]. 2019-03-29. https://bg. qianzhan. com/report/detail/459/190329-bf31a407. html.

[10] 张鑫. 2020 年天然气长输管道行业市场现状及竞争格局分析，管道安全平稳运行至关重要[EB/OL]. 2020-08-07. https://www. huaon. com/channel/trend/638632. html.

[11] 2020 年全国煤层气和煤制天然气产量分别达到 67 亿立方米和 47 亿立方米[EB/OL]. 2021-08-25. http://www. coal. com. cn/News/406911. htm.

[12] 赵明. 应对煤制天然气示范项目加以扶持 | 砥砺“十三五”建言“十四五”[EB/OL]. 2020-11-

10. https://m. thepaper. cn/baijiahao_ 9931214.
[13] 罗林. 2020 年全年中国天然气行业产量及进口贸易情况累计进口量突破 1 亿吨[EB/OL]. 2021-03-05. https://news. 21-sun. com/detail/2021/03/2021030515235250. shtml.
[14] 王瑗，徐䄷. 煤制天然气工艺技术和加工过程. 中国庆华集团，2013-01-06.
[15] 王双生. 煤制天然气中甲烷化工艺技术进展及比较[J]. 化工时刊，2018，32(10)：32-34. DOI：10. 16597/j. cnki. issn. 1002-154x. 2018. 10. 009.
[16] 中国国电集团公司兴安盟 40 亿方/年煤制天然气项目可研报告[R]. 2011-12.
[17] 中国国电集团公司新疆伊犁 40 亿方/年煤制天然气项目可研报告[R]. 2012-01.
[18] 冯玉彪，张粉保，宣利宏，等. 离子的电负性[J]. 大连轻工业学院学报，1998，13(2)：70-76.

第 22 章　费托合成

22.1　费托合成背景[1~7]

费托合成(Fischer—Tropsch process)，又称 F-T 合成，是以合成气($CO+H_2$)为原料在催化剂和适当条件下合成液态烃或碳氢化合物(Hydrocarbon)的工艺过程。该技术是 1925 年由马克斯·普朗克煤炭研究所的德国化学家弗朗兹·费歇尔和汉斯·托罗普施所开发的。这个过程是气体液化技术的一个关键组成部分，它通常是从煤、天然气或生物质产生合成润滑油与合成燃料。

1910 年，德国化学家进行了这方面的系统性工作。1913 年，巴斯夫化学公司首先提出了使用钴催化剂由一氧化碳在加压高温情况下加氢制造醇、醛、酮、酸及烃类的专利。当时巴斯夫公司的研究重点是一氧化碳加氢生产甲醇。20 世纪 20 年代，在米尔海姆市威廉皇帝煤炭研究所工作的德国化学家弗朗兹·费歇尔和汉斯·托罗普施对 CO 低压加氢反应技术进行了研究，并实现了工业化应用。在 1935~1939 年期间，德国先后建成了九个以钴系催化剂合成烃类的工厂，总产量达 70 万 t/a，为当时的德国提供了大量的合成燃料，其中大部分用作发动机燃料。从 1944 年起，费托合成产量的 40%被用来作为化工原料，原来的钴基催化剂也逐渐被铁基催化剂取代，当时费托合成产量约占到德国生产的燃料的 9%和汽车燃料的 25%。第二次世界大战后，能源和化学工业开始转向以石油为原料，费托合成曾失去了它的经济活力。1962 年，德国最后一个费托合成工厂关闭。自 20 世纪 70 年代以来，由于石油危机以及石油和天然气贮量限制，对由煤生产的合成气通过费托合成以合成烃类及含氧化合物又重新引发了广泛兴趣。这一阶段对费托合成工艺的改善及一氧化碳与氢气相互作用的机理都有比较深入的研究。

目前，以煤为原料通过费托合成法制取的轻质发动机燃料，在经济上尚不能与石油产品相竞争。但是，对于具有煤炭资源丰富廉价而石油资源匮乏的国家或地区解决发动机燃料需要，费托合成法是可行的。费托合成技术在南非的萨索尔公司(Sasol)煤制油公司中应用最多。Sasol 是南非煤炭、石油和天然气股份有限公司(South African Coal, Oil and Gas Corp.)的简称。南非石油资源匮乏但却蕴藏有大量煤炭资源。为了解决当地石油的需求问题，于 1951 年筹建了 Sasol 公司。1955 年，南非建成了第一座由煤生产液体运输燃料的 Sasol 一厂。由美国凯洛格(M. W. Kellogg CO.)公司及原西德的阿奇公司(Arge 即 Arbeit Gemeinshaft Lurgi und Ruhrchemie)承包建设。阿奇公司建造的五台固定床反应器作为第一段，年产量为 53000t 初级产品，凯洛格建造了两套流化床反应器(Synthol)，设计年产液体燃料 16.6 万 t，在 Sasol 一厂成功的经验上，1974 年开始，南非在赛昆达地区开工建设了 Sasol 二厂，并于 1980 年建成投产。1979 年，又在塞昆达地区建设了 Sasol 三厂，规模与二厂相同，造气能力大约是 Sasol 一厂的 8 倍。随着时代的变迁和技术的进步，Sasol 三个厂的生产设备、生产能力和产品结构都发生了很大的变化。目前，三个厂年用煤 4590 万 t，其中一厂 650 万 t/a，二厂和三厂 3940 万 t/a，主要产品是汽油、柴油、蜡、氨、烯烃、聚合物、醇、醛等 113 种，总产量达 760 万 t，其中油品大约占 60%。1990 年，研发有了突破性进展，一个简单而高效的蜡分离装置成功地通过了测试。1990 年，100 桶/天的中试装置正式开车。1993 年 5 月，Sasol 实现了内径 5m，高 20m，产能为 2500 桶/天的浆态床反应器的开车成功。2007 年，卡塔尔石油公司和萨索尔公司(Sasol)的合资企业 Oryx GTL 工厂投产第一个天然气制油项目，使用萨索尔浆态床工艺，采用钴基催化剂，反应温度 230℃，产量 34000 桶/天。2012 年 12 月，萨索尔公司计划在路易斯安那州的韦斯特莱克建立一个日产 96000 桶的工厂，以路易斯安那州和得克萨斯州的紧页岩层中的天然气作为原料，投资约 110 亿~120 亿美元，设计方案中包括 1 个炼油厂和 1 个化工厂。2017 年 11 月，萨索尔公司取消了在路易斯安那州韦斯特莱克(Westlake)建设 GTL 工厂的计划。

2006 年 10 月，芬兰的造纸和纸浆制造商芬欧汇川(UPM)公司宣布其计划通过费托合成工艺生产生物柴油。在其欧洲纸张和纸浆厂，利用从纸张和纸浆制造过程中的废弃生物质作为原料。在美国和印度，一些煤炭生产州已经投资了费托合成工厂。在宾夕法尼亚州，废物管理和处理公司(Waste Management and Processors, Inc.)由州政府资助，实施由壳牌公司(Shell)和萨索尔公司(Sasol)许可的费托技术，将所谓的废煤(采矿过程中的剩余物)转化为低硫柴油燃料。

2006 年 4 月，利用中科院山西煤炭化学研究所自创技术(费托合成、煤基液体燃料合成浆态床技术)，由煤化所牵头联合产业界伙伴内蒙古伊泰集团有限公司、中国神华集团有限责任公司、山西潞安矿业(集团)有限责任公司、徐州矿务集团有限公司等和科研机构共同出资组建成立了中科合成油技术有限公司。中国煤炭间接液化技术开始走向产业化。2016 年底，中国神华宁煤集团 400 万 t/a 煤炭间接液化示范项目建成投产，是继神华集团建设运营鄂尔多斯煤直接液化项目取得成功后第二个国家煤炭深加工示范项目，也是全球单套装置规模最大的煤制油项目。项目总投资估算 550 亿元人民币，位于宁夏宁东能源化工基地煤化工园区 A 区，总占地面积 815.23hm^2，其中主厂区占地面积 334.4hm^2。项目以煤为原料，年转化煤炭 2036 万 t，年产合成油品 405.2 万 t，其中：调和柴油 273.3 万 t、石脑油 98.3 万 t、液化石油气 33.6 万 t；副产硫黄 12.8 万 t、混醇 7.5 万 t、硫酸铵 10.7 万 t。

22.2 费托合成技术[6~8]

费托合成分为高温费托合成和低温费托合成，高温费托(HTFT)在 330~350℃的温度下操作并使用铁基催化剂。萨索尔公司在煤制油厂(CTL)中广泛使用了这一工艺。低温费托(LTFT)在较低的温度下运行，并使用铁或钴基催化剂。这个过程最为人所知的是在马来西亚民都鲁(Bintulu)壳牌公司运营和建造的第一座综合 GTL 装置中使用，费托合成技术的区别在于费托合成反应器结构，下面就费托合成工艺技术进行介绍。

(1) 固定床反应器

固定床反应器首先由鲁尔化学(Ruhrchemir)和鲁奇(Lurgi)两家公司合作开发而成，简称 Arge 反应器。1955 年，第一个商业化 Arge 反应器在南非建成投产。反应器直径 3m，由 2052 根管子组成，实际上就是列管反应器，管内径 5cm，长 12m，体积 40m^3；管外为沸腾水，通过水的蒸发移走管内的反应热，产生蒸汽。管内装填了挤出式铁催化剂。反应器的操作条件是225℃，2.6MPa。大约占产品50%的液蜡顺催化剂床层流下。1987年，在Sasol中试结果的基础上开发的4.5MPa的Arge反应器投入使用，管子和反应器的尺寸和Arge反应器基本一致。

通常多管固定床反应器的径向温差为大约2~4℃，轴向温度差为15~20℃。为防止催化剂失活和积炭，绝不可以超过最高反应温度，因为积炭可导致催化剂破碎和反应管堵塞，甚至需要更换催化剂，固定床中铁催化剂的使用温度不能超过260℃。为了生产蜡，一般操作温度在230℃左右。最大的反应器的设计能力是1500桶/天。

固定床反应器的优点有：易于操作；由于液体产品顺催化剂床层流下，催化剂和液体产品分离容易，适于费托蜡生产。固定床反应器也有缺点：反应器制造昂贵；高气速流过催化剂床层所导致的高压降和所要求的尾气循环，提高了气体压缩成本；费托合成受扩散控制要求使用小催化剂颗粒，这导致了较高的床层压降；由于管程的压降最高可达0.7MPa，反应器管束所承受的应力相当大；大直径的反应器所需要的管材厚度非常大，从而造成反应器放大昂贵。另外，装填了催化剂的管子不能承受太大的操作温度变化。根据所需要的产品组成，需要定期更换铁基催化剂，所以需要特殊的可拆卸的网格，从而使反应器设计十分复杂。重新装填催化剂也是一个枯燥和费时的工作，需要许多的维护工作，停车时间长，影响工厂正常运行。

（2）浆态床反应器

在20世纪的40~50年代，德国人曾经研究过三相鼓泡床反应器，但是没有商业化。在20世纪70年代中期，南非Sasol开始了对浆态床反应器的研究。1993年5月，Sasol成功完成了内径5m，高20m，产能为2500桶/天的浆态床反应器的开车任务。

Sasol的三相浆态床反应器(Slurry Phase Reactor)可以使用铁催化剂生产蜡、燃料和溶剂，压力2.0MPa，温度高于200℃。反应器内装有鼓泡的液态反应产物(主要为费托产品蜡)和悬浮在其中的催化剂颗粒。Sasol浆态床技术的核心和创新是蜡产物和催化剂实现分离工艺，避免了传统反应器中停车更换催化剂过程。浆态床反应器可连续运转两年，中间仅维护性停车一次，反应器设计简单。Sasol浆态床技术的另一专利技术是把反应器出口气体中所夹带的“浆”有效地分离出来。

浆态床反应器为了将合成蜡与催化剂分离，一般内置2~3层的过滤器，每一层过滤器由若干过滤单元组成，每一组过滤单元又由3~4根过滤棒组成。正常操作下，合成蜡穿过过滤棒排出，而催化剂被过滤棒挡住留在反应器内。当过滤棒被细小的催化剂颗粒堵塞时可以采用反冲洗的方法进行清洗。在正常工况下，一部分过滤单元在排蜡，另一部分在反冲洗，第三部分在备用。另外，为了将反应热移走，反应器内还设置2~3层的换热盘管，进入管内的是锅炉给水，通过水的蒸发移走管内的反应热，产生蒸汽，通过调节汽包的压力来控制反应温度。此外，在反应器的下部设有合成气分配器，上部设有除尘除沫器。其操作过程如下：合成气经过气体分配器在反应器截面上均匀分布，在向上流动穿过由催化剂和合成蜡组成的浆料床层时，在催化剂作用下发生F-T合成反应。生成的轻烃、水、CO_2和未反应的气体一起由反应器上部的气相出口排出，生成的蜡经过内置过滤器过滤后排出反应器，当过滤器发生堵塞导致器内器外压差过大时，启动备用过滤器，对堵塞的过滤器应切断排蜡阀门，而后打开反冲洗阀门进行反冲洗，直至压差消失为止。为了维持反应器内的催化剂活性，反应器还设置了一个新鲜催化剂/蜡加入口和一个催化剂/蜡排出口，可以根据需要定期定量将新鲜催化剂加入同时排出旧催化剂。

浆态床反应器和固定床相比要简单许多，它消除了后者大部分缺点，浆态床的床层压降比固定床大大降低，使气体压缩成本远低于固定床，很容易实现催化剂的在线添加和移走，浆态床所需要的催化剂总量远低于同等条件下的固定床，每单位产品的催化剂消耗量也降低了 70%。由于混合充分，浆态床反应器的等温性能比固定床好，从而可以在较高的温度下运转，而不必担心催化剂失活、积炭和破碎。在较高转化率下，可控制产品的选择性，这就使浆态床反应器特别适合高活性的催化剂。Sasol 已有的浆态床反应器的产能是 2500 桶/天，2003 年为卡塔尔和尼日利亚设计的是内径 9. 6m、17000 桶/天的商业性反应器。Sasol 认为，在此基础上可以设计产能达 22300 桶/天的 Co 催化剂的反应器，其经济性更具优势。

(3) 循环流化床反应器

1955 年前后，Sasol 在其第一个工厂(Sasol 一厂)中对美国 Kellogg 公司开发的循环流化床反应器(CFB)进行了第一阶段的 500 倍的放大。放大后的反应器内径为 2. 3m，高 46m，生产能力 1500 桶/天。此后，克服了许多困难，多次修改设计和催化剂配方，这种后来命名为 Synthol 的反应器成功地运行了 30 年。后来，Sasol 通过增加压力和尺寸，反应器的处理能力提高了 3 倍。1980 年，在 Sasol 二厂、1982 年在 Sasol 三厂分别建设了 8 台内径 3. 6m、生产能力达到 6500 桶/天的 Synthol 反应器，Synthol 反应器一般在 2. 5MPa 和 340℃的条件下操作。由于高气速造成的快速循环和返混，循环流化床的反应段近乎处于等温状态，催化剂床层温差一般小于 2℃。循环流化床中，循环回路中的温度波动范围为 30℃左右。循环流化床的一个重要的特点是可以加入新催化剂，也可以带走旧催化剂。

循环流化床也有缺点：操作复杂，新鲜和循环物料在 200℃和 2. 5MPa 条件下进入反应器底部并夹带起部分从竖管和滑阀流下来的 350℃的催化剂，在催化剂沉积区域，催化剂和气体实现分离，气体出旋风分离器，而催化剂由于线速度降低从气体中分离出来并回到分离器中，但从尾气中分离细小的催化剂颗粒比较困难。尽管旋风分离器效率一般高于 99. 9%，但由于通过分离器的高质量流率，即使 0. 1%的催化剂也是很大的量，所以这些反应器一般在分离器下游配备了油洗涤器来脱除这些细小的颗粒，这就增加了设备成本并降低了系统的热效率。另外，在非常高线速度的部位，由碳化铁颗粒所引起的磨损要求使用陶瓷衬里来保护反应器壁，这也增加了反应器成本和停车时间。

(4) 固定流化床反应器

鉴于循环流化床反应器的局限和缺陷，Sasol 开发成功了固定流化床反应器，并命名为 Sasol Advanced Synthol(简称为 SAS)反应器。固定流化床反应器由以下部分组成：含气体分布器的容器；催化剂流化床；床层内的冷却管；以及从气体产物中分离夹带催化剂的旋风分离器。

固定流化床操作比较简单。气体从反应器底部通过分布器进入并通过流化床。床层内催化剂颗粒处于湍流状态，但整体保持静止不动。和商用循环流化床相比，它们具有相同的选择性和更高的转化率。因此，固定流化床在 Sasol 得到了进一步的发展，1983 年内径 1m 的示范装置完成开车。1989 年，内径 5 米的商业化装置投运，并达到设计要求。1995 年 6 月，直径 8m 的 SAS 反应器商业示范装置开车成功。1996 年 Sasol 决定用 8 台 SAS 反应器代替 Sasol 二厂和 Sasol 三厂的 16 台 Synthol 循环流化床反应器。其中 4 台直径 8m 的 SAS 反应器，每个反应器的生产能力是11000桶/天；另外四个直径10.7m的反应器，每个反应器生产能力是20000桶/天。这项工作于1999年完成，2000年Sasol又增设了第9台SAS反应器。固定流化床反应器的操作条件一般是2.0~4.0MPa，大约340℃，使用的一般是和循环流化床类似的铁基催化剂。

在同等的生产规模下，固定流化床比循环流化床制造成本更低，这是因为它体积小而且不需要昂贵的支承结构。由于SAS反应器可以安放在裙座上，它的支撑结构的成本仅为循环流化床的5%。因为气体线速较低，基本上消除了磨蚀从而也不需要定期的检查和维护。SAS反应器中的压降较低，压缩成本也低，积炭也不再是问题。SAS催化剂的用量大约是Synthol的50%。由于反应热随反应压力的增加而增加，所以盘管冷却面积的增加使操作压力可高达4.0MPa，大大地增加了反应器的生产能力。

(5) Shell公司的SMDS合成工艺

多年来，荷兰皇家Shell石油公司一直在进行从煤或天然气基合成气制取发动机燃料的研究开发工作。尤其对一氧化碳加氢反应的Schulz-Flory聚合动力学的规律性进行了深入研究，认为可以高选择性和高收率地合成高分子长链烷烃，同时也能大大降低低碳气态烃的生成。1985年，该公司宣布已开发成功F-T合成两段法的新技术-SMDS(Shell Middle Distillate Synthesis)工艺，并通过了中试装置的长期运转。

SMDS合成工艺由一氧化碳加氢合成高分子石蜡烃-HPS(Heavy Paraffin Synthesis)过程和石蜡烃加氢裂化或加氢异构化-HPC(Heavy Paraffin Conversion)制取发动机燃料两段构成。Shell公司的报告指出，若利用廉价的天然气制取的合成气($H_2/CO=2.0$)为原料，采用SMDS工艺制取汽油、煤油和柴油产品，经济上优于其他F-T合成技术。

Shell公司采用自己开发的热稳定性较好的钴系催化剂高选择性地合成了长链石蜡烃($\sim C_{50}$)，其链增长α值可控制在0.80~0.94之间。HPS技术采用管式固定床反应器。为了提高转化率，合成过程分两段进行。第一段设置了3个反应器。第二段只设置一个反应器。每一段设置有单独的循环气体压缩机。大约总产量的85%在第一段生成，其余15%在第二段生成。反应系统操作参数如下：合成气组成$H_2/CO=2.0$，反应压力2.0~4.0MPa，反应温度200~240℃，全过程CO转化率95%，单程单段CO转化率40%。

(6) 中科院山西煤化所浆态床合成技术

自20世纪70年代末开始，中科院山西煤化所一直从事间接液化技术的开发，并取得了令人瞩目的成绩。除了系列催化剂的开发外，还对固定床和浆态床合成技术进行了较系统的研究。80年代初提出了将传统的F-T合成与沸石分子筛特殊形选作用相结合的两段法合成(简称MFT)，先后完成了实验室小试，工业单管模试中间试验(百吨级)和工业性试验(2000t/a)。除了MFT合成工艺之外，中科院山西煤化所还开发了浆态床-固定床两段法工艺，简称SMFT合成。

多年来，中科院山西煤化所对铁系和钴系催化剂进行了较系统的研究。自1990年以来，一直在实验室中进行共沉淀Fe-Cu催化剂(编号为ICC-ⅠA)固定床试验，主要目的是获得动力学参数。同时开展了Fe-Mn催化剂(ICC-ⅡA、ICC-ⅡB)和钴催化剂(ICC-ⅢA、ICC-ⅢB、ICC-ⅢC)性能研究，重点是催化剂的优化、动力学研究及过程模拟。其中ICC-Ⅰ型催化剂用于重质馏分工艺，ICC-Ⅱ型催化剂用于轻质馏分工艺。ICC-ⅠA催化剂已经定型，实现了中试放大生产，并进行了充分的中试验证，完成了累计4000h的中试工艺试验，稳定运转 1500h，满负荷运转达 800h。ICC-ⅡA 型催化剂也已经实现中试放大生产，在实验室进行了长期运转试验，最长连续运转达 4800h。此外，中科院山西煤化所还对 ICC-ⅢA 钴催化剂进行了研究和开发。目前，用于浆态床的 ICC-ⅠA 和 ICC-ⅡA 催化剂成本大幅度下降，成品率明显提高，催化剂性能尤其是产品选择性得到明显提高，在实验室模拟验证浆态床装置上，催化剂与液体产物的分离和催化剂磨损问题得到根本性的解决，从技术上突破了煤基合成油过程的技术经济瓶颈。

1999~2001 年国家和中科院加大了对浆态床合成油技术攻关的投入力度，2000 年中科院山西煤化所开始筹划建设千吨级浆态床合成油中试装置，2001 年 6 月完成中试装置设计，7 月开始施工，2002 年 4 月建成，到 2004 年 6 月累计运行 3000 小时，各个技术环节已运转畅通，实现了长周期稳定运转，为工业装置的建设提供工程数据和积累运行经验。千吨级浆态床合成油中试装置的反应器内径 350mm、静液高 14m、总床高 25m，最大生产能力 500~900t/a。反应器自动连续内部过滤，内部列管水蒸气移热系统，二维环管气体分布系统，器外催化剂浆液预处理系统。

（7）兖矿煤制油技术

2002 年下半年，兖矿集团下属公司上海兖矿能源科技研发有限公司开始费托合成煤间接液化的研究开发工作，已成功开发出具有自主知识产权的低温费托合成煤间接液化制油技术。2004 年 11 月，完成 4500t/a 粗油品低温 F-T 合成中试装置试验，装置连续平稳运行 4706h，累计运行 6068h。随后，与中国石化北京石化研究院合作进行了中试产品的提质加氢开发工作，2005 年 8 月“煤基浆态床低温费托合成产物加氢提质技术”通过了中国石油与化学工业协会组织的技术鉴定。2015 年在 8 月 23 日，兖矿煤制油项目就实现了全流程打通，产出了合格油品。2015 年 9 月 20 日兖矿集团正式对外宣布，其 110 万 t 煤制油项目投产。兖矿投产的煤制油项目，为项目一期第一条生产线，包括一条年产 115 万 t 油品的煤制油生产线及配套煤矿，后续还有 400 万 t/a 的产能项目，以及二期 500 万 t/a 产能。

（8）中国神华宁煤集团煤制油技术

2016 年底，中国神华宁煤集团 400 万 t/a 煤炭间接液化示范项目建成投产，是全球单套装置规模最大的煤制油项目。项目以煤为原料，年转化煤炭 2036 万 t，其中：原料煤 1645 万 t、燃料煤 391 万 t，年用水 2478 万 m^3，年产合成油品 405.2 万 t，其中：调和柴油 273.3 万 t、石脑油 98.3 万 t、液化石油气 33.6 万 t；副产硫黄 12.8 万 t、混醇 7.5 万 t、硫酸铵 10.7 万 t。项目煤气化采用 GSP 干煤粉加压气化技术，油品合成装置采用中科合成油中温浆态床费托合成技术。

22.3 费托合成反应机理介绍

费托(Fischer-Tropsch)工艺包括一系列的生成多种烃类的化学反应，其中生成的烷烃用途较广，其反应方程式如下所示，烷烃用通式 C_nH_{2n+2} 表示：

$$(2n+1)H_2+nCO \longrightarrow C_nH_{(2n+2)}+nH_2O$$

其中的 n 通常是 10~20，生成的烷烃大多数倾向于成直链，适合作为柴油燃料。除了烷烃以外，还会有少量的烯烃、醇类和其他含氧烃作为副产物生成。

费托合成催化剂主要由 Co、Fe、Ni、Ru 等周期表中第Ⅷ族金属制成，为了提高催化剂的活性、稳定性和选择性，除主成分外还要加入一些辅助成分，如金属氧化物或盐类。大部分催化剂都需要载体，如氧化铝、二氧化硅、高岭土或硅藻土等。合成催化剂制备后只有经 CO 和 H_2 或 H_2 还原活化后才具有活性。目前，世界上使用较成熟的间接液化催化剂主要有铁系和钴系两大类，Sasol 使用的主要是铁系催化剂。在 Sasol 固定床和浆态床反应器中使用的是沉淀铁催化剂，在流化床反应器中使用的是熔铁催化剂。

钴和镍催化剂的合适使用温度 170~190℃，铁催化剂使用温度为 200~350℃。镍剂在常压下操作效率最高，钴剂在 0.1~0.2MPa 时活性最好。铁剂在 1.0~3.0MPa 时活性最佳，而钼剂则在 10.0MPa 时活性最高。

南非 Sasol 公司的高温费托合成工艺使用 Fe 基催化剂，温度在 300~350℃之间，主要生产汽油和直链低分子量烯烃。低温费托合成使用 Fe 基或 Co 基催化剂，温度在 200~240℃之间，主要生产高分子量直链石蜡烃。

1）F-T 合成的主反应

生成烷烃：
$$nCO+(2n+1)H_2 \longrightarrow C_nH_{2n+2}+nH_2O \quad (A)$$

生成烯烃：
$$nCO+(2n)H_2 \longrightarrow C_nH_{2n}+nH_2O \quad (B)$$

2）主要的副反应

生成甲烷：
$$CO+3H_2 \longrightarrow CH_4+H_2O$$

生成醇类：
$$nCO+(2n)H_2 \longrightarrow C_nH_{2n+1}OH+(n-1)H_2O \quad (C)$$

甲醇：
$$CO+2H_2 \longrightarrow CH_3OH$$

乙醇：
$$2CO+4H_2 \longrightarrow C_2H_5OH+H_2O$$

生成醛类：
$$(n+1)CO+(2n+1)H_2 \longrightarrow C_nH_{2n+1}CHO+nH_2O \quad (D)$$

甲醛：
$$CO+H_2 \longrightarrow HCHO$$

乙醛：
$$2CO+3H_2 \longrightarrow CH_3CHO+H_2O$$

结炭反应：
$$2CO \longrightarrow C+CO_2$$

3）催化剂的反应

① 催化剂的氧化-还原反应（M 为催化剂金属组分）

$$yH_2O+xM \longrightarrow M_xO_y+yH_2$$
$$yCO_2+xM \longrightarrow M_xO_y+yCO$$

② 催化剂本体碳化物生成反应

$$yC+xM \longrightarrow M_xC_y$$

虽然原料只有 CO 和 H_2，但是 F-T 合成反应产物却比较复杂，产品碳数分布宽。且在不同条件下，产物不同，所以 F-T 合成的机理很复杂。目前，由于不同研究者的侧重点不同，对 F-T 合成机理的认识必然存在争论和不同点。普遍认同的观点是：CO 在催化剂的表面活性中心上的解离是 F-T 合成最基本的重要步骤。所以，弄清楚合成反应机理有助于解决反应的起始，链增长以及产物分布和动力学研究问题。

22.4 费托合成反应机理分析

在铁基或钴基催化剂作用下，合成气（$CO+H_2$）在 200~350℃、1.0~3.0MPa 或在 170~190℃、0.1~0.2MPa 条件下，进行费托合成反应，生成烷烃、烯烃，以及副产物甲烷、醇类、醛类等物质，下面以铁基(Fe)催化剂为例就其反应机理进行分析。

(1) Fe 基催化剂

Fe 元素核电荷数 26>21，不存在能级交错，$E_{4s}>E_{3d}$，Fe 原子外层电子排布：$3d^64s^2$，催化反应中，Fe 原子会首先失去 4s 轨道的 2 个电子，生成 Fe^{2+}，其外层电子轨道排布发生变化，$3d^64s^2 \rightarrow 3d^64s^0$，即 $Fe^0 \rightarrow Fe^{2+}$；失去 4s 轨道 2 个电子之后，Fe^{2+}会再去失去 3d 轨道 1 个电子，生成 Fe^{3+}。图 22-1 是 Fe 原子和 Fe^{2+}、Fe^{3+}外层电子轨道结构图。

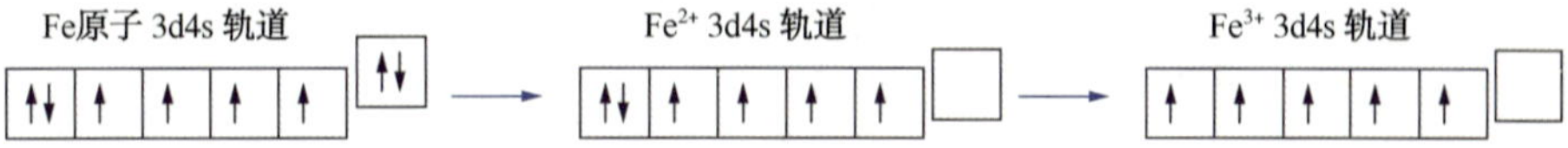

图 22-1　Fe 原子与 Fe^{3+}电子轨道结构图

(2) CO、H_2 分子结构

图 22-2 是 CO 结构分析。图 22-2(a)是 C 原子外层 $2s^22p^2$ 轨道和 O 原子外层 $2s^22p^4$ 轨道。在图 22-2(b)中，C 原子外层 2p 轨道上 2 个未成键电子与 O 原子外层 2p 轨道上 2 个未成键电子结合形成 2 个 C—O 共价键，O 原子外层 2p 轨道上的孤对电子进入 C 原子外层 2p 空轨道生成 1 个 O→C 配位键，则生成 1 个 CO 分子，如图 22-2(c)所示，电子式为 :C⋮⋮O:，结构式 C≡O 。

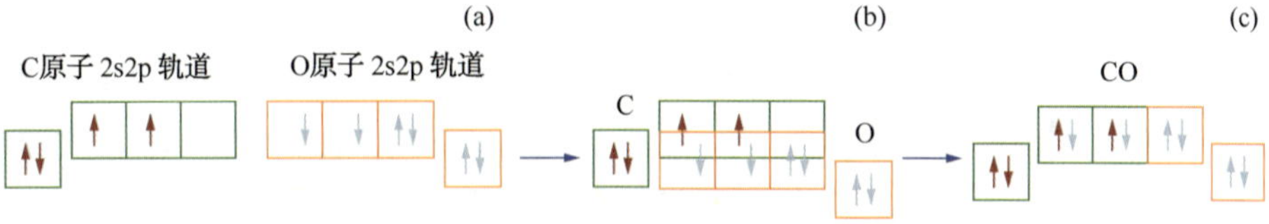

图 22-2　CO 结构分析

图 22-3 是 H_2 分子构成分析。图 22-3(a)是 H 原子外层含有未成键电子的 s 轨道结构图，有 2 个 H 原子。在图 22-3(b)中，1 个 H 原子外层含有未成键电子的 s 轨道与另 1 个 H 原子外层含有未成键电子的 s 轨道重叠，共用 1 对电子生成 1 个 H—H 键，即生成了 H_2 分子，其电子轨道结构如图 22-3(c)所示。

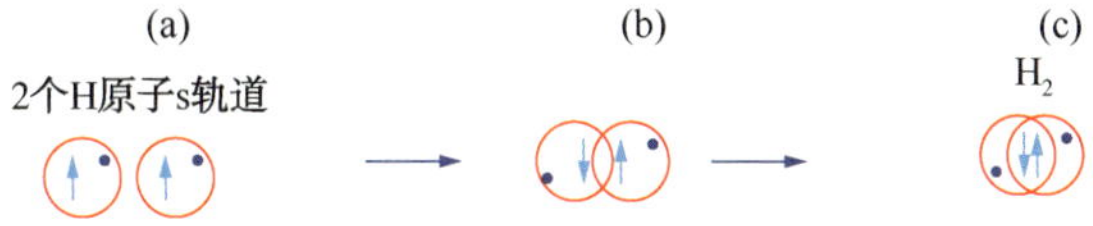

图 22-3　H_2 分子构成分析

(3) 生成 H^+和 H^-

图 22-4 是 H^-生成过程分析。图 22-4(a)是 Fe 原子外层 3d4s 轨道和 H_2 分子中 H 原子外层 s 轨道结构图。根据表 22-1 部分元素电负性数据[9]，Fe 原子电负性为 1.83，H 原子电负性为 2.20。在图 22-4(b)中，由于 H 原子电负性(2.20)大于 Fe 原子电负性(1.83)，H_2 分子与 Fe 原子相互作用时，H_2 分子中 2 个 H 原子会从 Fe 原子外层 4s 轨道各自获得 1 个电子生成 2 个 H^-，其电子轨道结构如图 22-4(c)所示；Fe 原子失去 2 个电子生成 Fe^{2+}，其电子轨道结构如图 22-4(d)所示。

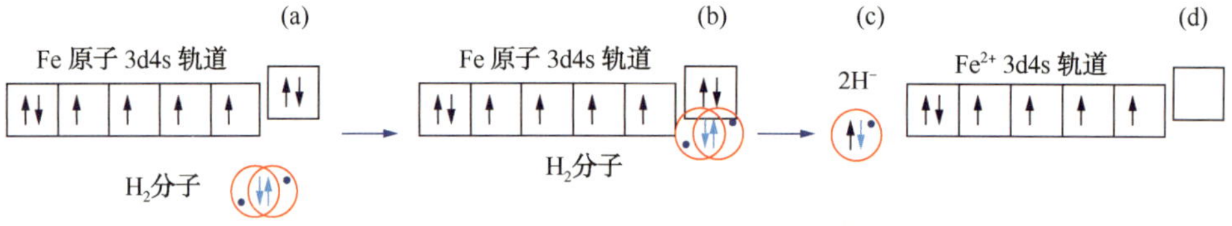

图 22-4　H_2 在 Fe 原子作用下生成 H^-

对比表 22-1 电负性数据发现，失去电子的金属阳离子电负性普遍高于金属原元素，失去电子的个数越多，金属阳离子的电负性就越大。如 Fe 元素的电负性为 1.83，失去 1 个电子的 Fe^+电负性为 4.33，失去 2 个电子后的 Fe^{2+}电负性为 8.43，而失去 3 个电子后的 Fe^{3+}电负性为 15.38。

表 22-1　部分元素电负性

元素	H	O	Cu	Zn	Ni	N	Fe	Co	Mo	C
A^0	2.20	3.44	1.90	1.65	1.91	3.04	1.83	1.88	2.16	2.55
A^+		8.77	5.04	4.92	4.64	7.94	4.33	4.49	4.18	6.42
A^{2+}		16.21	10.28	10.38	9.60	13.86	8.43	9.10	7.80	13.01
A^{3+}		23.82	16.57	17.84	16.21	22.49	15.38	15.26	13.24	20.23

图 22-5 是 Fe^{2+}与 H_2 分子作用生成 H^+过程分析。图 22-5(a)是 Fe^{2+}外层 3d4s 轨道和 H_2 分子中 H 原子外层 s 轨道结构图。在图 22-5(b)中，由于 Fe^{2+}电负性(8.43)大于 H 原子电负性(2.20)，Fe^{2+}与 H_2 分子相互作用，结果是 Fe^{2+}从 H_2 分子中 2 个 H 原子外层 s 轨道上共获得 2 个电子，Fe^{2+}被还原为 Fe 原子，其电子轨道结构如图 22-5(c)；H_2 分子中 2 个 H 原子失去其外层电子后生成 2 个 H^+，其电子轨道结构如图 22-5(d)所示。

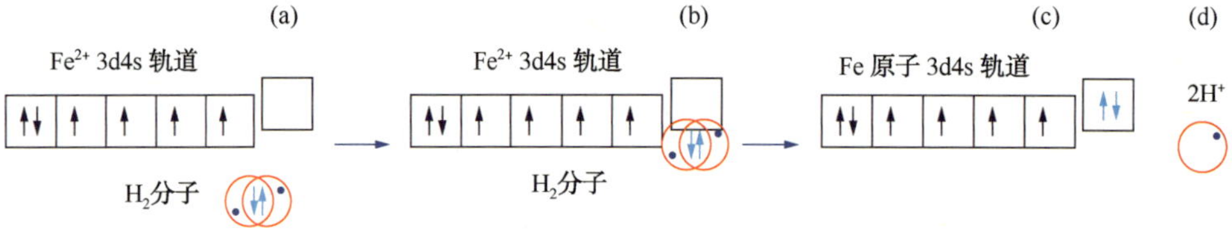

图 22-5　H_2 在 Fe^{2+}作用下生成 H^+

(4) 生成活性碳原子 C*

图 22-6 是 CO 分子与 H^+、H^-作用生成 H_2O 分子和活性碳原子 C* 过程分析。图 22-6(a)是 CO 分子与 H^+、H^-电子轨道结构图。在图 22-6(b)中，H^+和 H^-外层 s 轨道与 CO 中 C、O 原子外层重叠轨道再次重叠，活化了 C═O 分子中的化学键，C、O 原子外层轨道进行了 sp^3 杂化各自生成了 4 个 sp^3 杂化轨道。在图 22-6(c)中，根据表 22-1 电负性数据[9]，O 原子电负性(3.44)大于 C 原子电负性(2.55)，共用的 3 对电子中的 1 对电子留在 C 原子外层 sp^3 杂化轨道，还有 2 对电子包括生成配位键的 1 对电子则留在 O 原子外层 sp^3 杂化轨道。在 C 原子外层的 2 个 sp^3 杂化轨道含有孤对电子，2 个 sp^3 杂化轨道是空轨道；在 O 原子外层只有 1 个空的 sp^3 杂化轨道。当 H^+外层空的 s 轨道与 O 原子外层含有孤对电子的 sp^3 杂化

轨道重叠，共用1对电子生成第1个H—O键，而含有孤对电子的H^-外层s轨道与O原子外层那个空的sp^3杂化轨道重叠，共用1对电子生成了第2个H—O键，则O原子与H^+、H^-结合生成了1个水分子H_2O，其电子轨道结构如图22-6(d)。在生成水分子H_2O的同时，还生成了1个活性碳原子C^*，其外层有2个含有孤对电子的sp^3杂化轨道，还有2个空的sp^3杂化轨道，其电子轨道结构如图22-6(e)所示。

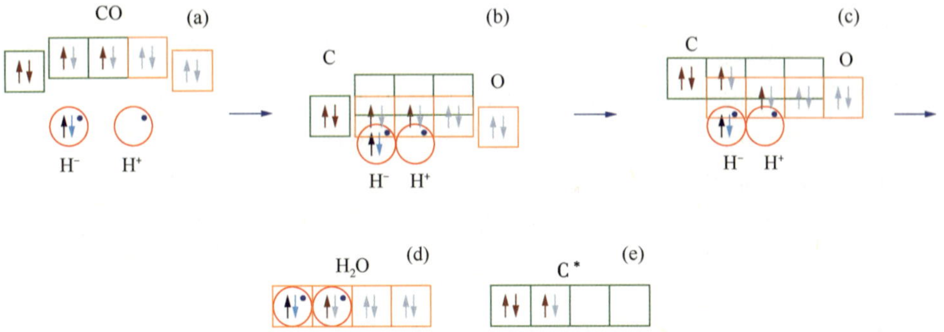

图22-6　CO分子与H^+和H^-作用形成活性碳原子C^*

图22-7是活性碳原子C^*与H^+、H^-相互作用生成中间体$C_{\uparrow\downarrow}{}^{\circ}H_2$结构过程分析。图22-7(a)是活性碳原子$C^*$与$H^+$、$H^-$电子轨道结构，活性碳原子$C^*$的外层有4个$sp^3$杂化轨道，在4个$sp^3$杂化轨道中有2个轨道含有孤对电子，还有2个空的$sp^3$杂化轨道。在图22-7(b)中，$H^+$外层空的s轨道与活性碳原子$C^*$中含有孤对电子的$sp^3$杂化轨道重叠，共用1对电子生成1个C—H键；$H^-$外层含有孤对电子的s轨道与活性碳原子$C^*$外层空的$sp^3$杂化轨道重叠，共用1对电子生成第2个C—H键，则生成中间体$C_{\uparrow\downarrow}{}^{\circ}H_2$，其电子轨道结构如图22-7(c)和22-7(d)。在$C_{\uparrow\downarrow}{}^{\circ}H_2$结构中，双箭头"↑↓"表示C原子外层$sp^3$杂化轨道上有1对孤对电子，圆圈"○"表示C原子外层有1个空的sp^3杂化轨道。

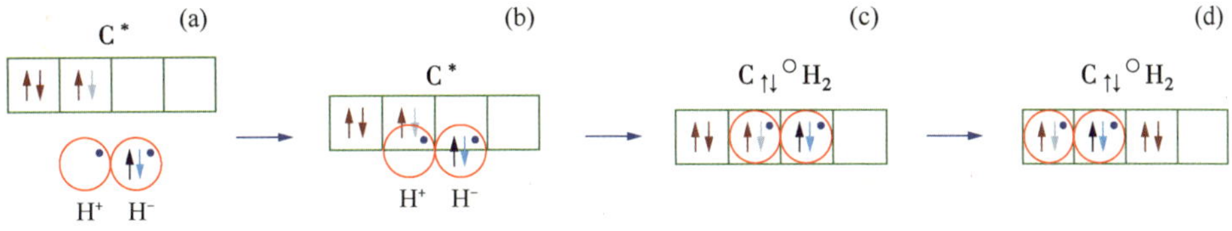

图22-7　活性碳原子C^*与H^+和H^-生成中间体$C_{\uparrow\downarrow}{}^{\circ}H_2$

(5) 生成烷烃

图22-8是中间体$C_{\uparrow\downarrow}{}^{\circ}H_2$与$H^+$、$H^-$作用生成甲烷分子$CH_4$过程分析。图22-8(a)是中间体$C_{\uparrow\downarrow}{}^{\circ}H_2$和$H^+$、$H^-$外层电子轨道结构图。在图22-8(b)中，$H^+$外层空的s轨道与中间体$C_{\uparrow\downarrow}{}^{\circ}H_2$结构中C原子外层含有孤对电子的$sp^3$杂化轨道重叠，共用1对电子生成第3个C—H键；$H^-$外层含有孤对电子的s轨道与中间体$C_{\uparrow\downarrow}{}^{\circ}H_2$结构中C原子外层空的$sp^3$杂化轨道重叠，共用1对电子生成第4个C—H键，则生成甲烷分子CH_4，其电子轨道结构如图22-8(c)所示。

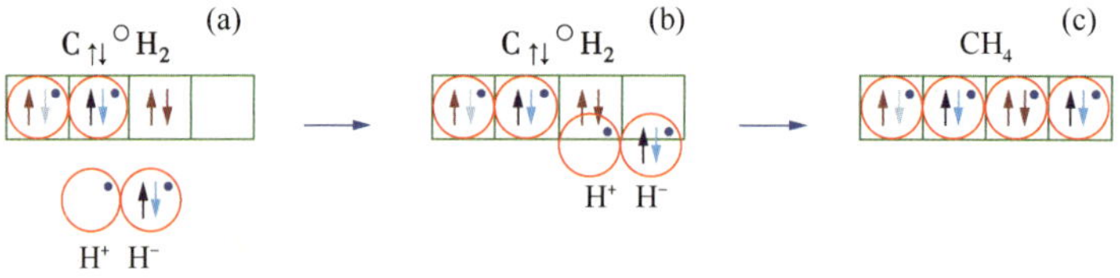

图 22-8　中间体 $C_{\uparrow\downarrow}{}^{\bigcirc}H_2$ 生成甲烷分子

图 22-9 是中间体 $C_{\uparrow\downarrow}{}^{\bigcirc}H_2$ 和甲烷分子 CH_4 生成乙烷分子 C_2H_6 过程分析。图 22-9(a)中，有 1 个中间体 $C_{\uparrow\downarrow}{}^{\bigcirc}H_2$ 和 1 个 CH_4。在图 22-9(b)中，中间体 $C_{\uparrow\downarrow}{}^{\bigcirc}H_2$ 结构中 C 原子外层空 sp^3 杂化轨道与 CH_4 分子中 C、H 原子重叠轨道再次重叠，重叠处 H^+ 转移到相邻的 $C_{\uparrow\downarrow}{}^{\bigcirc}H_2$ 结构中 C 原子外层含有孤对电子的 sp^3 杂化轨道上，发生氢转移反应生成了 1 个 C—H键，重叠处 2 个 C 原子共用 1 对电子生成了 1 个 C—C 键，则生成了 1 个乙烷分子 C_2H_6，其电子轨道结构如图 22-9(c)。

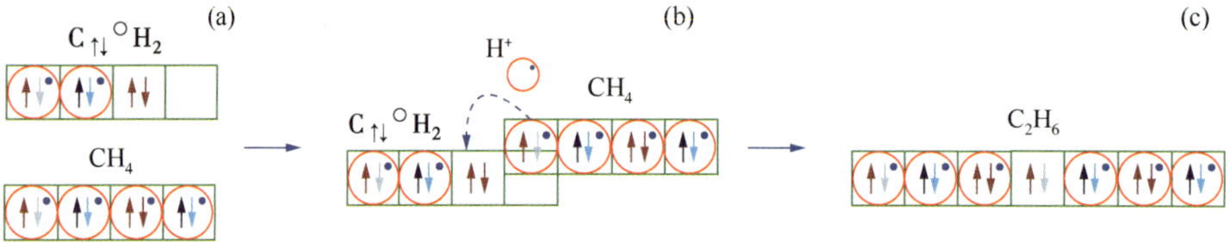

图 22-9　中间体 $C_{\uparrow\downarrow}{}^{\bigcirc}H_2$ 与甲烷分子生成乙烷分子

图 22-10 是中间体 $C_{\uparrow\downarrow}{}^{\bigcirc}H_2$ 与乙烷分子 C_2H_6 生成丙烷分子过程分析。在图 22-10(a)中，有 1 个中间体 $C_{\uparrow\downarrow}{}^{\bigcirc}H_2$ 和 1 个乙烷分子 C_2H_6。在图 22-10(b)中，中间体 $C_{\uparrow\downarrow}{}^{\bigcirc}H_2$ 结构中 C 原子外层空的 sp^3 杂化轨道与乙烷分子 C_2H_6 中 C、H 原子重叠轨道再次重叠，重叠处 H^+ 转移到相邻的 $C_{\uparrow\downarrow}{}^{\bigcirc}H_2$ 结构中 C 原子外层含有孤对电子的 sp^3 杂化轨道上，发生氢转移反应生成了 1 个 C—H 键，重叠处 2 个 C 原子共用 1 对电子生成了 1 个 C—C 键，则生成了 1 个丙烷分子 C_3H_8，其电子轨道结构如图 22-10(c)所示。

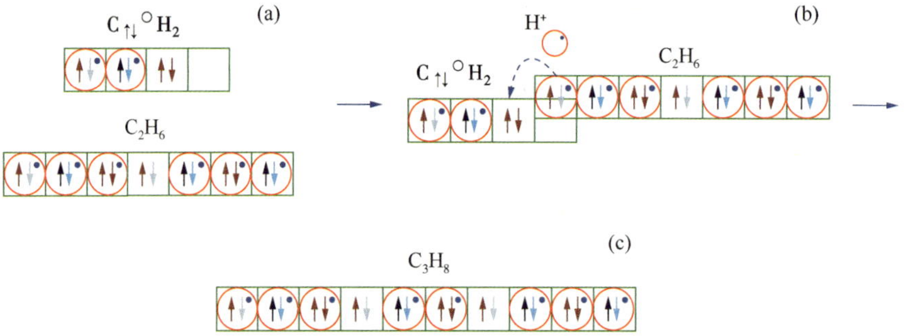

图 22-10　中间体 $C_{\uparrow\downarrow}{}^{\bigcirc}H_2$ 与乙烷分子生成丙烷分子

根据上面分析发现，甲烷与中间体 $C_{\uparrow\downarrow}{}^{\bigcirc}H_2$ 生成了乙烷，乙烷与中间体 $C_{\uparrow\downarrow}{}^{\bigcirc}H_2$ 生成了丙烷。以此类推，烷烃 $C_{n-1}H_{2n}$ 与中间体 $C_{\uparrow\downarrow}{}^{\bigcirc}H_2$ 生成烷烃 C_nH_{2n+2}，其中 n 是≥3 的整数。图 22-11是烷烃 $C_{n-1}H_{2n}$ 结构描述。烷烃分子 $C_{n-1}H_{2n}$ 中，一端是—CH_3^+，另一端是—CH_3^-，中间

有$(n-3)$个$C_{\uparrow\downarrow}{}^{\circ}H_2$中间体，通过2个C—C键将$CH_3^+$和$(n-3)$个$C_{\uparrow\downarrow}{}^{\circ}H_2$及$CH_3^-$相连构成了$C_{n-1}H_{2n}$烷烃分子，其电子轨道结构如图22-11所示，图中双向箭头"⟷"表示为C—C键。

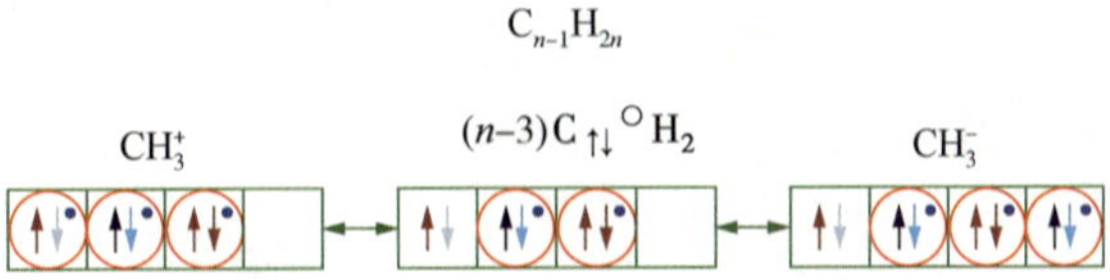

图22-11 $C_{n-1}H_{2n}$烷烃分子结构分析

图22-12是中间体$C_{\uparrow\downarrow}{}^{\circ}H_2$和$C_{n-1}H_{2n}$烷烃分子生成烷烃分子$C_nH_{2n+2}$过程分析，其中$n\geqslant 3$的整数。图22-12(a)是烷烃分子$C_{n-1}H_{2n}$和中间体$C_{\uparrow\downarrow}{}^{\circ}H_2$结构的电子轨道结构图。在图22-12(b)中，中间体$C_{\uparrow\downarrow}{}^{\circ}H_2$结构中C原子外层空的$sp^3$杂化轨道与$C_{n-1}H_{2n}$分子中C、H原子重叠轨道再次重叠，重叠处$H^+$转移到相邻的$C_{\uparrow\downarrow}{}^{\circ}H_2$结构中C原子外层含有孤对电子的$sp^3$杂化轨道上，发生氢转移反应生成了1个C—H键，重叠处2个C原子共用1对电子生成了1个C—C键，则生成了烷烃分子C_nH_{2n+2}，其电子轨道结构如图22-10(c)所示。

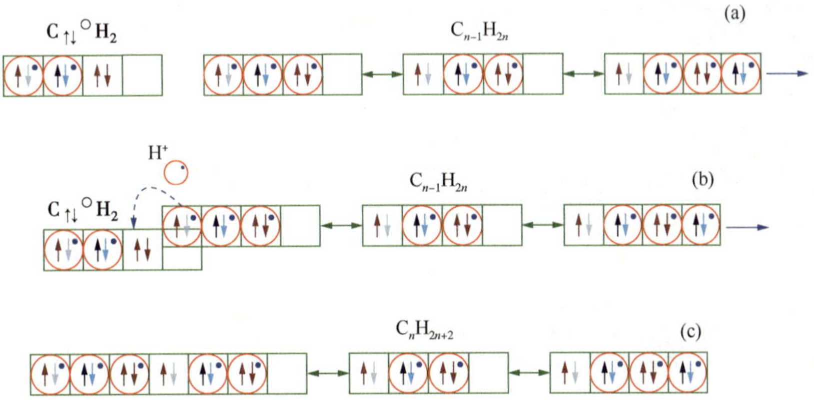

图22-12 烷烃分子C_nH_{2n+2}生成过程分析

当然，在生成正构烷烃的同时，也可以生成异构烷烃，以生成丁烷和异丁烷为例进行分析。图22-13是中间体$C_{\uparrow\downarrow}{}^{\circ}H_2$与丙烷分子$C_3H_8$生成正丁烷分子n-$C_4H_{10}$过程分析。图22-13(a)是中间体$C_{\uparrow\downarrow}{}^{\circ}H_2$和丙烷分子$C_3H_8$的电子轨道结构图。在图22-13(b)中，中间体$C_{\uparrow\downarrow}{}^{\circ}H_2$结构中C原子外层空的$sp^3$杂化轨道与$C_3H_8$分子中端点位置C、H原子重叠轨道再次重叠，重叠处$H^+$转移到相邻的$C_{\uparrow\downarrow}{}^{\circ}H_2$结构中C原子外层含有孤对电子的$sp^3$杂化轨道上，发生氢转移反应生成了1个C—H键，重叠处2个C原子共用1对电子生成了1个C—C键，则生成1个正丁烷分子n-C_4H_{10}，其电子轨道结构如图22-13(c)所示。

图22-14是中间体$C_{\uparrow\downarrow}{}^{\circ}H_2$与丙烷分子$C_3H_8$生成异丁烷分子$i$-$C_4H_{10}$过程分析。图22-14(a)是中间体$C_{\uparrow\downarrow}{}^{\circ}H_2$和丙烷分子$C_3H_8$的电子轨道结构图。在图22-14(b)中，中间体$C_{\uparrow\downarrow}{}^{\circ}H_2$结构中C原子外层空的$sp^3$杂化轨道与$C_3H_8$分子中处于中间位置的C、H原子重叠轨道再次重叠，重叠处H^+转移到相邻的$C_{\uparrow\downarrow}{}^{\circ}H_2$结构中C原子外层含有孤对电子的$sp^3$杂化轨道上，发生氢转移反应生成了1个C—H键，重叠处2个C原子共用1对电子生成了1个C—C键，则生成了1个异丁烷分子i-C_4H_{10}，其电子轨道结构如图22-14(c)所示。

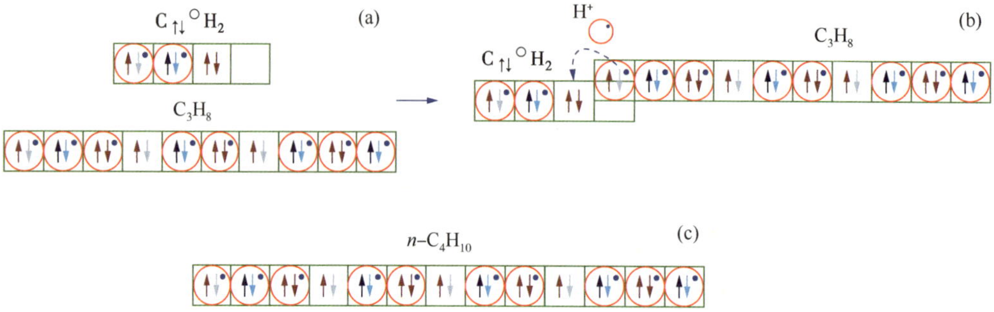

图 22-13　丁烷分子 C_4H_{10}生成过程分析

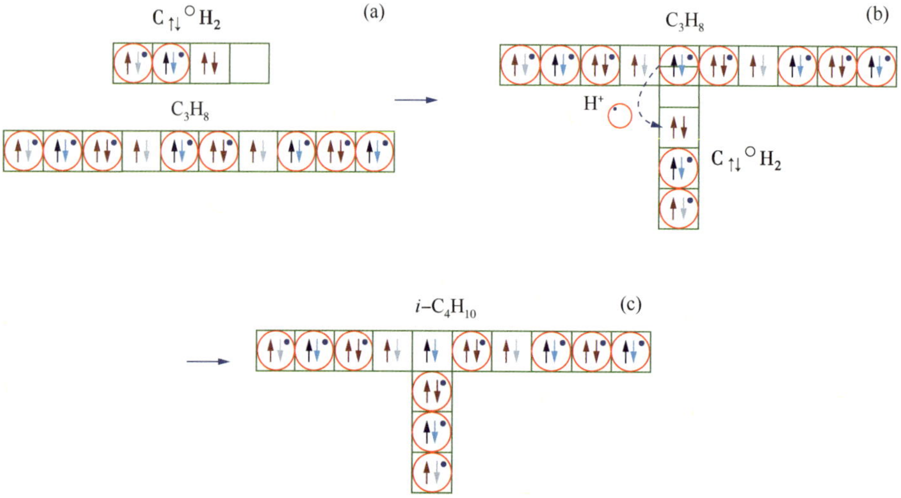

图 22-14　异丁烷分子 i-C_4H_{10}生成过程分析

因此，从理论分析的角度出发，中间体 $C_{\uparrow\downarrow}{}^{\circ}H_2$ 与碳数大于 3 的烷烃分子反应生成更高碳数的正构烷烃的同时，也会生成相同碳数的异构烷烃。

1）烷烃生成机理分析

费托合成反应生成烷烃分子过程如下：

$$Fe+H_2 \longrightarrow Fe^{2+}+2H^- \quad (1)$$

$$Fe^{2+}+H_2 \longrightarrow Fe+2H^+ \quad (2)$$

$$CO+H^++H^- \longrightarrow C^*+H_2O \quad (3)$$

$$C^*+H^++H^- \longrightarrow C_{\uparrow\downarrow}{}^{\circ}H_2 \quad (4)$$

$$C_{\uparrow\downarrow}{}^{\circ}H_2+H^++H^- \longrightarrow CH_4 \quad (5)$$

$$CH_4+C_{\uparrow\downarrow}{}^{\circ}H_2 \longrightarrow C_2H_6 \quad (6)$$

$$C_2H_6+C_{\uparrow\downarrow}{}^{\circ}H_2 \longrightarrow C_3H_8 \quad (7)$$

……

$$C_{n-1}H_{2n}+C_{\uparrow\downarrow}{}^{\circ}H_2 \longrightarrow C_nH_{2n+2} \quad (n+4)$$

方程[(1)+(2)]×3+[(3)+(4)]×2+(5)×2，其加和再除以2得到合成甲烷方程(a_1)：

$$CO+3H_2 \longrightarrow CH_4+H_2O \quad (a_1)$$

方程[(1)+(2)]×4+[(3)+(4)]×3+(5)×2+(6)，得到合成乙烷方程(a_2)：

$$3CO+8H_2 \longrightarrow C_2H_6+CH_4+3H_2O \quad (a_2)$$

方程[(1)+(2)]×5+[(3)+(4)]×4+(5)×2+(6)+(7)，得到合成丙烷方程(a_3)：

$$4CO+10H_2 \longrightarrow C_3H_8+CH_4+4H_2O \quad (a_3)$$

以此类推，发现以下规律，当(n+1)个CO加氢反应生成烷烃分子C_nH_{2n+2}，需要2(n+2)个H_2分子，在生成烷烃分子C_nH_{2n+2}的同时，还会生成1个甲烷分子CH_4和n+1个水分子H_2O，其反应方程如下：

$$(n+1)CO+2(n+2)H_2 \longrightarrow C_nH_{2n+2}+CH_4+(n+1)H_2O \quad (a_n)$$

从方程(a_n)中可以发现，费托合成反应中，生成任何碳数的烷烃分子，总会同时生成1个甲烷分子CH_4，这也是费托合成中为何存在副产物甲烷的原因所在，和22.3反应机理介绍中的实际反应结果吻合。

因为甲烷是副产物，主要产物需要去掉副产物。根据方程(a_n)，当n=1时，方程(a_n)=(a_1)，方程两边除以2得到方程(A_1)，即生成甲烷分子CH_4，反应方程如下：

$$CO+3H_2 \longrightarrow CH_4+H_2O \quad (A_1)$$

当n=2时，方程(a_n)=(a_2)，方程(a_2)减去方程(A_1)得到方程(A_2)，即生成乙烷分子C_2H_6，其反应方程如下：

$$2CO+5H_2 \longrightarrow C_2H_6+2H_2O \quad (A_2)$$

当n=3时，方程(a_n)=(a_3)，方程(a_3)减去方程(A_1)得到方程(A_3)，即生成丙烷分子C_3H_8，其反应方程如下：

$$3CO+7H_2 \longrightarrow C_3H_8+3H_2O \quad (A_3)$$

按照上述规律，以此类推，当方程(a_n)减去方程(A_1)得到方程(A_n)，即生成烷烃分子C_nH_{2n+2}，其反应方程如下：

$$nCO+(2n+1)H_2 \longrightarrow C_nH_{2n+2}+nH_2O \quad (A_n)$$

上述反应，如果使用钴基催化剂，其效果和铁基催化剂的效果相同。

2）小结

在一定条件下，使用Fe(Co)催化剂，合成气($CO+H_2$)发生费托反应生成烷烃分子C_nH_{2n+2}，反应过程分5步：

① 催化剂Fe/Fe^{2+}(Co/Co^{2+})与H_2反应生成H^+和H^-，H^+和H^-成对出现，同时存在；

② CO与H^+和H^-反应生成活性碳原子C^*和水分子H_2O，活性碳原子C^*外层轨道进行sp^3杂化生成4个sp^3杂化轨道，其中2个sp^3杂化轨道含有孤对电子，2个sp^3杂化轨道是空轨道；

③ 活性碳原子C^*与H^+和H^-反应生成中间体$C_{\uparrow\downarrow}{}^{\circ}H_2$，$C_{\uparrow\downarrow}{}^{\circ}H_2$结构中C原子外层有1个含有孤对电子的$sp^3$杂化轨道和1个空的$sp^3$杂化轨道；

④ 中间体$C_{\uparrow\downarrow}{}^{\circ}H_2$与$H^+$和$H^-$反应生成甲烷分子$CH_4$；

⑤ 1个中间体$C_{\uparrow\downarrow}{}^{\circ}H_2$与1个$CH_4$能生成1个乙烷分子$C_2H_6$；1个$C_{\uparrow\downarrow}{}^{\circ}H_2$与1个$C_2H_6$

能生成1个丙烷分子 C_3H_8；也就是说，不同碳数烷烃分子是由 CH_4 和若干个 $C_{\uparrow\downarrow}^{\circ}H_2$ 生成，烷烃分子碳链增长的基本单元是中间体 $C_{\uparrow\downarrow}^{\circ}H_2$；费托合成中，在生成不同碳数烷烃分子的同时，都会生成1个甲烷分子，这就是费托合成副产甲烷的原因所在；在生成正构烷烃的同时，也可以生成异构烷烃。

（6）生成烯烃

图22-15是乙烯分子 C_2H_4 生成过程分析。图22-15(a)是中间体 $C_{\uparrow\downarrow}^{\circ}H_2$ 的电子轨道结构图，图中有2个中间体，分别标记为1-$C_{\uparrow\downarrow}^{\circ}H_2$，2-$C_{\uparrow\downarrow}^{\circ}H_2$。在图22-15(b)中，中间体1-$C_{\uparrow\downarrow}^{\circ}H_2$ 中C原子外层含有孤对电子的 sp^3 杂化轨道与中间体2-$C_{\uparrow\downarrow}^{\circ}H_2$ 中C原子外层空的 sp^3 杂化轨道重叠，中间体2-$C_{\uparrow\downarrow}^{\circ}H_2$ 中C原子外层含有孤对电子的 sp^3 杂化轨道与中间体1-$C_{\uparrow\downarrow}^{\circ}H_2$ 中C原子外层空的 sp^3 杂化轨道重叠，共用2对电子生成1个C═C键，则生成了乙烯分子 C_2H_4，其电子轨道结构如图22-15(c)所示。

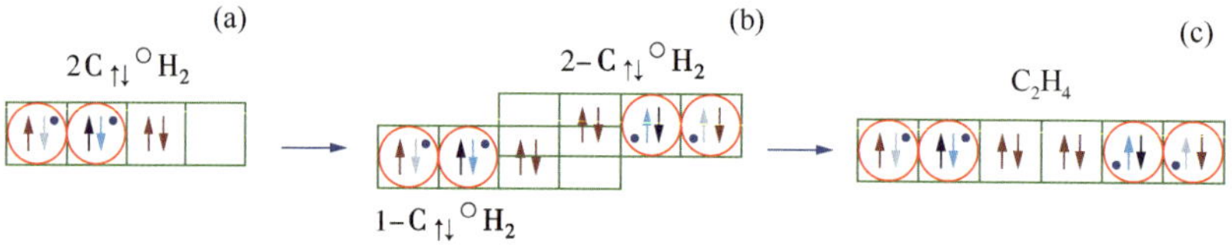

图22-15　乙烯分子生成过程分析

图22-16是丙烯分子 C_3H_6 生成过程分析。图22-16(a)是中间体 $C_{\uparrow\downarrow}^{\circ}H_2$ 和乙烯分子 C_2H_4 的电子轨道结构图。在图22-16(b)中，中间体 $C_{\uparrow\downarrow}^{\circ}H_2$ 结构中C原子外层空的 sp^3 杂化轨道与乙烯分子 C_2H_4 中C、H原子外层 sp^3 杂化轨道的重叠轨道再次重叠，重叠处 H^+ 转移到相邻的 $C_{\uparrow\downarrow}^{\circ}H_2$ 结构中C原子外层含有孤对电子的 sp^3 杂化轨道上，发生氢转移反应生成了1个C—H键，重叠处2个C原子共用1对电子生成了1个C—C键，则生成了1个丙烯分子 C_3H_6，其电子轨道结构如图22-16(c)所示。

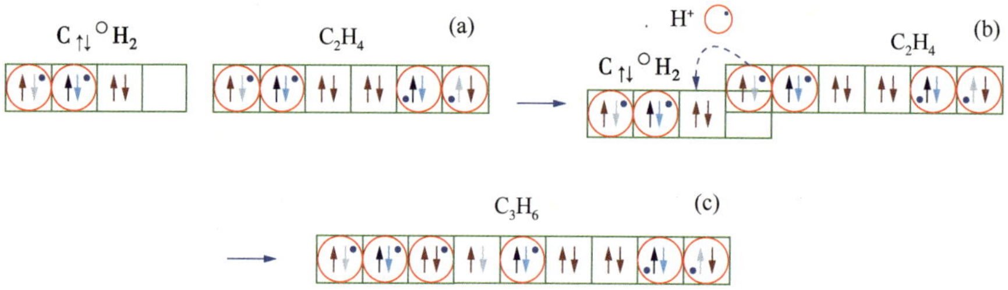

图22-16　丙烯分子生成过程分析

根据上面分析发现，乙烯 C_2H_4 与中间体 $C_{\uparrow\downarrow}^{\circ}H_2$ 生成了丙烯 C_3H_6，丙烯 C_3H_6 与中间体 $C_{\uparrow\downarrow}^{\circ}H_2$ 能生成丁烯。以此类推，烯烃 $C_{n-1}H_{2n-2}$ 与中间体 $C_{\uparrow\downarrow}^{\circ}H_2$ 生成烯烃 C_nH_{2n}，其中 $n\geqslant3$ 的整数。图22-17是烯烃 $C_{n-1}H_{2n-2}$ 结构描述。烯烃分子 $C_{n-1}H_{2n-2}$ 中，一端是 CH_3^+，另一端是 $(CH═CH_2)^-$，中间有 $(n-4)$ 个 $C_{\uparrow\downarrow}^{\circ}H_2$ 中间体，通过C—C键将 CH_3^+ 和 $(n-4)$ 个 $C_{\uparrow\downarrow}^{\circ}H_2$ 及 $(CH═CH_2)^-$ 相连构成了烯烃分子 $C_{n-1}H_{2n-2}$，其电子轨道结构如图22-17所示，图中双向箭头“⟷”表示为C—C键。

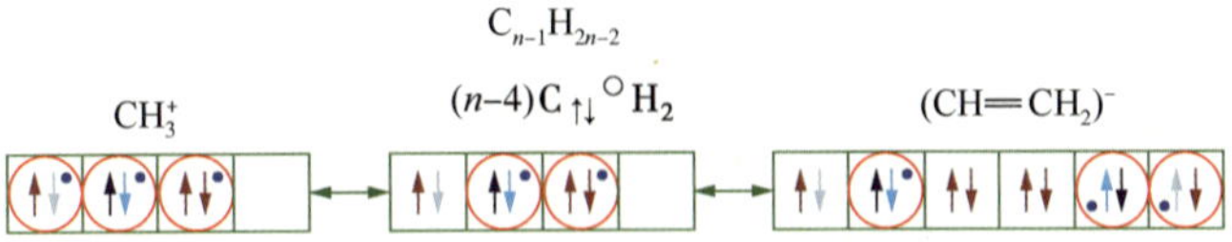

图 22-17 $C_{n-1}H_{2n-2}$烯烃分子结构分析

图 22-18 是中间体 $C_{\uparrow\downarrow}{}^{\circ}H_2$ 和烯烃分子 $C_{n-1}H_{2n-2}$生成烯烃分子 C_nH_{2n}过程分析，其中 $n\geqslant 3$ 的整数。图 22-18(a)是烯烃分子 $C_{n-1}H_{2n-2}$ 和中间体 $C_{\uparrow\downarrow}{}^{\circ}H_2$ 的电子轨道结构图。在图 22-18(b)中，中间体 $C_{\uparrow\downarrow}{}^{\circ}H_2$ 结构中 C 原子外层空的 sp^3 杂化轨道与烯烃分子 $C_{n-1}H_{2n-2}$中端点非双键位置的 C、H 原子重叠轨道再次重叠，重叠处 H^+转移到相邻的 $C_{\uparrow\downarrow}{}^{\circ}H_2$ 结构中 C 原子外层含有孤对电子的 sp^3 杂化轨道上，发生氢转移反应生成了 1 个 C—H 键，重叠处 2 个 C 原子共用 1 对电子生成了 1 个 C—C 键，则生成了烯烃分子 C_nH_{2n}，其电子轨道结构如图 22-18(c)。实际上，烯烃分子 C_nH_{2n}是由 CH_3^+ 和$(n-3)$个 $C_{\uparrow\downarrow}{}^{\circ}H_2$ 及$(CH=CH_2)^-$通过 C—C 键连接构成。

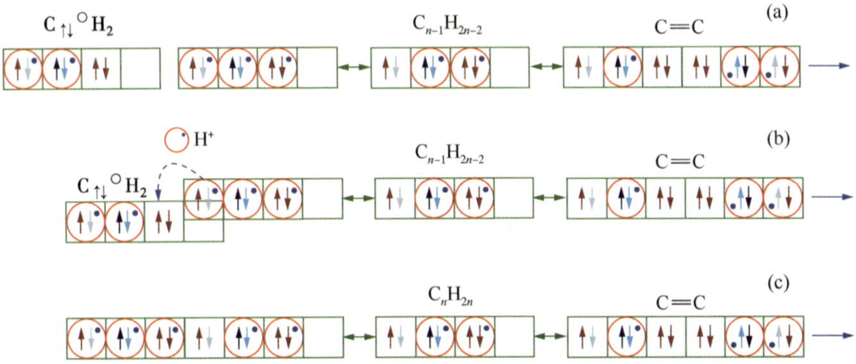

图 22-18 烯烃分子 C_nH_{2n}生成过程分析

从上面分析可以发现，费托合成反应生成的烯烃，其双键位置大多数在端点位置，也就是说大多会生成 α-烯烃，这个结果与实际 F-T 反应完全吻合。当然，在生成 α-烯烃的同时，也有可能生成异构烯烃，以生成丁烯和异丁烯为例进行分析。

图 22-19 是中间体 $C_{\uparrow\downarrow}{}^{\circ}H_2$ 与丙烯分子 C_3H_6 生成丁烯分子 α-C_4H_8 过程分析。图 22-19(a)是中间体 $C_{\uparrow\downarrow}{}^{\circ}H_2$ 和丙烯分子 C_3H_6 的电子轨道结构图。在图 22-19(b)中，中间体 $C_{\uparrow\downarrow}{}^{\circ}H_2$ 结构中 C 原子外层空的 sp^3 杂化轨道与丙烯分子 C_3H_6 中端点非双键位置处 C、H 原子重叠轨道再次重叠，重叠处 H^+转移到相邻的 $C_{\uparrow\downarrow}{}^{\circ}H_2$ 结构中 C 原子外层含有孤对电子的 sp^3 杂化轨道上，发生氢转移反应生成了 1 个 C—H 键，重叠处 2 个 C 原子共用 1 对电子生成了 1 个 C—C 键，则生成了 1 个丁烯分子 α-C_4H_8，其电子轨道结构如图 22-19(c)。

图 22-20 是中间体 $C_{\uparrow\downarrow}{}^{\circ}H_2$ 与丙烯分子 C_3H_6 生成异丁烯分子 i-C_4H_8 过程分析。图 22-20(a)是中间体 $C_{\uparrow\downarrow}{}^{\circ}H_2$ 和丙烯分子 C_3H_6 的电子轨道结构图。在图 22-20(b)中，中间体 $C_{\uparrow\downarrow}{}^{\circ}H_2$ 结构中 C 原子外层空的 sp^3 杂化轨道与丙烯分子 C_3H_6 中非端点的中间双键位置 C、H 原子重叠轨道再次重叠，重叠处 H^+转移到相邻的 $C_{\uparrow\downarrow}{}^{\circ}H_2$ 结构中 C 原子外层含有孤对电子的 sp^3 杂化轨道上，发生氢转移反应生成了 1 个 C—H 键，重叠处 2 个 C 原子共用 1 对

电子生成了 1 个 C—C 键，则生成了 1 个异丁烯分子 i-C_4H_8，其电子轨道结构如图 22-20（c）所示。

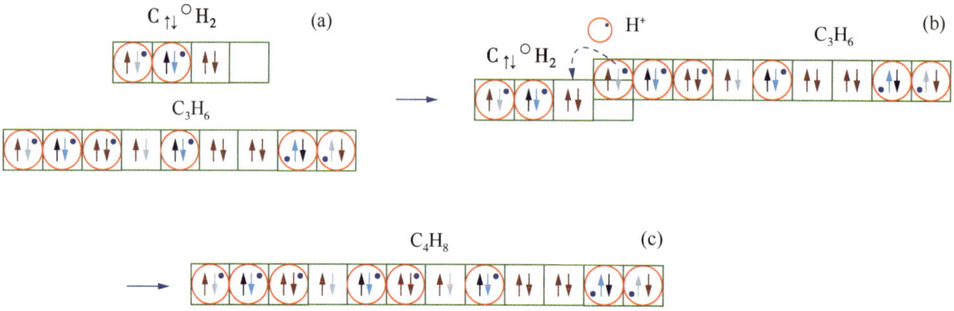

图 22-19　丁烯分子 C_4H_{10}生成过程分析

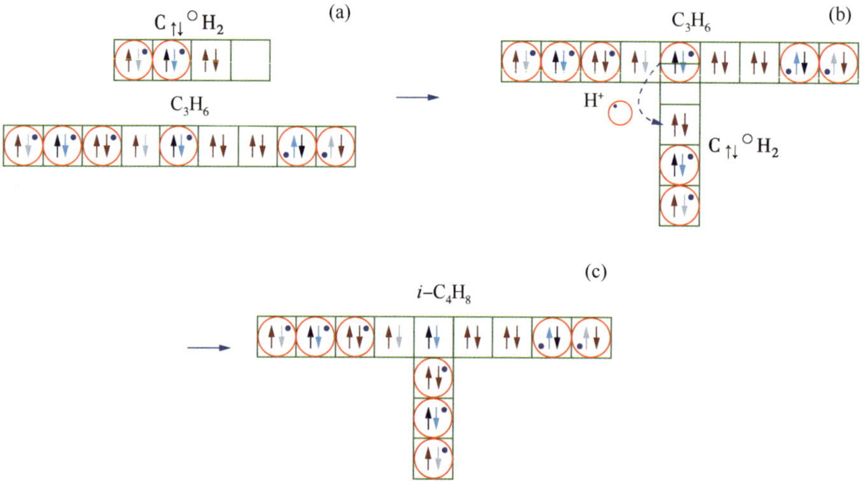

图 22-20　异丁烯分子 i-C_4H_8生成过程分析

综上分析，中间体 $C_{\uparrow\downarrow}{}^{\bigcirc}H_2$ 与碳数大于 3 的烯烃分子反应，在生成更高碳数的 α-烯烃的同时，也可能会生成相同碳数的异构烯烃。

1）烯烃生成机理分析

费托合成反应生成烯烃分子过程如下：

$$Fe+H_2 \longrightarrow Fe^{2+}+2H^- \tag{1}$$

$$Fe^{2+}+H_2 \longrightarrow Fe+2H^+ \tag{2}$$

$$CO+H^++H^- \longrightarrow C^*+H_2O \tag{3}$$

$$C^*+H^++H^- \longrightarrow C_{\uparrow\downarrow}{}^{\bigcirc}H_2 \tag{4}$$

$$2C_{\uparrow\downarrow}{}^{\bigcirc}H_2 \longrightarrow C_2H_4 \tag{5}$$

$$C_2H_4+C_{\uparrow\downarrow}{}^{\bigcirc}H_2 \longrightarrow C_3H_6 \tag{6}$$

$$C_3H_6+C_{\uparrow\downarrow}{}^{\bigcirc}H_2 \longrightarrow C_4H_8 \tag{7}$$

……

$$C_{n-1}H_{2n-2}+C_{\uparrow\downarrow}{}^{\bigcirc}H_2 \longrightarrow C_nH_{2n} \tag{n+3}$$

方程[(1)+(2)+(3)+(4)]×2+(5)，得到合成乙烯方程(B_1)：

$$2CO+4H_2 \longrightarrow C_2H_4+2H_2O \quad (B_1)$$

方程[(1)+(2)+(3)+(4)]×3+(5)+(6)，得到合成丙烯方程(B_2)：

$$3CO+6H_2 \longrightarrow C_3H_6+3H_2O \quad (B_2)$$

方程[(1)+(2)+(3)+(4)]×4+(5)+(6)+(7)，得到合成丁烯反应式(B_3)：

$$4CO+8H_2 \longrightarrow C_4H_8+4H_2O \quad (B_3)$$

以此类推，发现以下规律，当 n 个 CO 加氢反应生成烯烃分子 C_nH_{2n}，需要 $2n$ 个 H_2 分子，在生成烯烃分子 C_nH_{2n}的同时，还会生成 n 个水分子 H_2O，其反应方程如下：

$$nCO+2nH_2 \longrightarrow C_nH_{2n}+nH_2O \quad (B_{n-1})$$

上述反应，如果使用钴基催化剂，其效果和铁基催化剂的效果相同。

2）小结

在一定条件下，使用 Fe(Co)基催化剂，合成气($CO+H_2$)发生费托反应生成烯烃分子 C_nH_{2n}，反应过程分 5 步：

① 催化剂 Fe/Fe^{2+}(Co/Co^{2+})与 H_2 反应生成 H^+和 H^-，H^+和 H^-成对出现，同时存在；

② CO 与 H^+和 H^-反应生成活性碳原子 C^* 和水分子 H_2O，活性碳原子 C^* 外层有 2 个含有孤对电子的 sp^3 杂化轨道和 2 个空 sp^3 杂化轨道；

③ 活性碳原子 C^* 与 H^+和 H^-反应生成中间体 $C_{\uparrow\downarrow}{}^{\circ}H_2$，在 $C_{\uparrow\downarrow}{}^{\circ}H_2$ 结构中，C 原子外层有 1 个含有孤对电子的 sp^3 杂化轨道和 1 个空 sp^3 杂化轨道；

④ 2 个中间体 $C_{\uparrow\downarrow}{}^{\circ}H_2$ 反应生成 1 个乙烯分子 C_2H_4；

⑤ 1 个 $C_{\uparrow\downarrow}{}^{\circ}H_2$ 与 1 个乙烯分子 C_2H_4 能生成 1 个丙烯分子 C_3H_6；1 个 $C_{\uparrow\downarrow}{}^{\circ}H_2$ 与 1 个丙烯分子 C_3H_6 能生成 1 个丁烯分子 C_4H_8，中间体 $C_{\uparrow\downarrow}{}^{\circ}H_2$ 是烯烃分子碳链增长的基本结构单元；

⑥ 费托合成中，在生成不同碳数烯烃分子的同时，都会生成相同个数的水分子；费托合成易生成 α-烯烃，在生成正构烯烃的同时也可能会生成异构烯烃。

（7）生成醇类

费托合成反应生成的中间体 $C_{\uparrow\downarrow}{}^{\circ}H_2$ 可能与反应过程中生成的水分子发生反应，生成甲醇、乙醇等醇类物质。下面以生成甲醇和乙醇为例，分析其生成过程。

图 22-21 中间体 $C_{\uparrow\downarrow}{}^{\circ}H_2$ 和水分子 H_2O 生成甲醇分子过程分析。图 22-21(a)是中间体 $C_{\uparrow\downarrow}{}^{\circ}H_2$ 和水分子 H_2O 的电子轨道结构图。在图 22-21(b)中，中间体 $C_{\uparrow\downarrow}{}^{\circ}H_2$ 结构中 C 原子外层空的 sp^3 杂化轨道与水分子 H_2O 中 H、O 原子重叠轨道再次重叠，重叠处 H^+转移到相邻的 $C_{\uparrow\downarrow}{}^{\circ}H_2$ 结构中 C 原子外层含有孤对电子的 sp^3 杂化轨道上，发生氢转移反应生成了 1 个 C—H 键，重叠处的 C 原子与 O 原子共用 1 对电子，生成了 1 个 C—O 键，则生成 1 个甲醇分子 CH_3OH，其电子轨道结构如图 22-21(c)所示。

图 22-22 中间体 $C_{\uparrow\downarrow}{}^{\circ}H_2$ 和甲醇分子 CH_3OH 生成乙醇分子 C_2H_5OH 过程分析。图 22-22(a)是中间体 $C_{\uparrow\downarrow}{}^{\circ}H_2$ 和甲醇分子 CH_3OH 的电子轨道结构图。在图 22-22(b)中，中间体 $C_{\uparrow\downarrow}{}^{\circ}H_2$ 结构中 C 原子外层空的 sp^3 杂化轨道与甲醇分子 CH_3OH 中 C、H 原子重叠轨道再次重叠，重叠处 H^+转移到相邻的 $C_{\uparrow\downarrow}{}^{\circ}H_2$ 结构中 C 原子外层含有孤对电子的 sp^3 杂化轨道上，发生氢转移反应生成了 1 个 C—H 键，重叠处的 2 个 C 原子共用 1 对电子，则生成 1 个乙醇分子 C_2H_5OH，其电子轨道结构如图 22-22(c)所示。

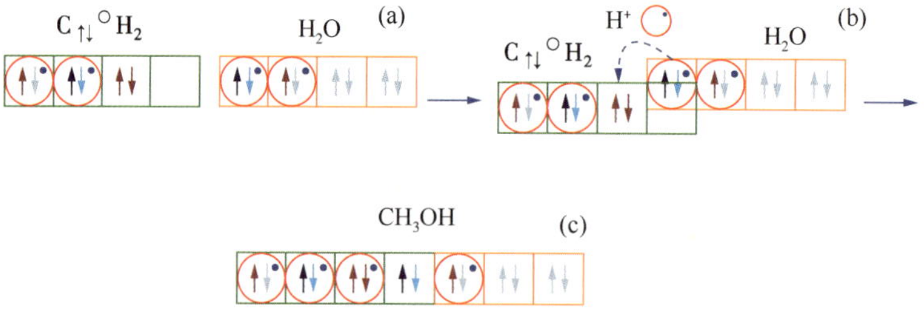

图 22-21 甲醇分子生成过程分析

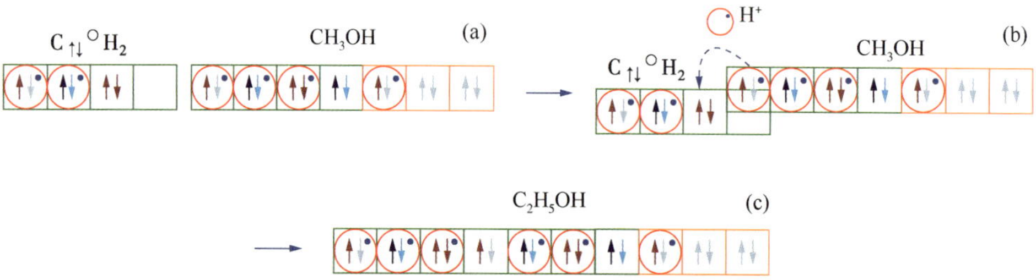

图 22-22 甲醇与中间体生成乙醇分子过程分析

总之，在费托合成反应中，生成的主要产物是烷烃、烯烃，同时副产甲烷、甲醇和乙醇等醇类物质等。反应初期，铁基(钴基)催化剂首先与 H_2 分子作用生成 H^+ 和 H^-，H^+ 和 H^- 同时存在，成对出现。然后，H^+ 和 H^- 与 CO 作用生成活性碳原子 C^*，活性碳原子 C^* 继续与 H^+ 和 H^- 作用，生成中间体 $C_{\uparrow\downarrow}{}^{\circ}H_2$，$C_{\uparrow\downarrow}{}^{\circ}H_2$ 结构中 C 原子外层有 1 个含有孤对电子的 sp^3 杂化轨道和 1 个空的 sp^3 杂化轨道；中间体 $C_{\uparrow\downarrow}{}^{\circ}H_2$ 是费托合成反应产物中烷烃、烯烃和醇等分子碳链增长的基本结构单元。

参考文献

[1] 贺永德主编. 现代煤化工技术手册[M]. 北京：化学工业出版社. 2011.

[2] 高普生，张德祥. 煤液化技术[M]. 北京：化学工业出版社. 2004.

[3] 孙予罕，陈建刚，王俊刚，等. 费托合成钴基催化剂的研究进展[J]. 催化学报，2010，31(8)：919-927.

[4] Mark E. Dry. The Fischer—Tropsch process：1950—2000[J]. Catalysis Today，2002，71，227-241.

[5] Andrei Y Khodakov，Wei Chu，Pascal Fongarland. Chem. Rev. Advances in the Development of Novel Cobalt Fischer-Tropsch Catalysts for Synthesis of Long-Chain Hydrocarbons and Clean Fuels[J]. Chem. Rev.，2007，107，1692-1744.

[6] 费托合成(FT 合成)工艺说明[EB/OL]. 点石文库，2019-10-15. https://www.dswenku.com/p-1158483.html.

[7] 林金芝，周利平，郝栩，等. 费托合成产物分布的实验研究[J]. 天然气化工·C1 化学与化工，2016，41(6)：15-19.

[8] 客观评价兖矿煤制油项目[EB/OL]. 2015-10-08. http://coalchem.anychem.com/2015/10/08-16728.html.

[9] 冯玉彪，张粉保，宣利宏，等. 离子的电负性[J]. 大连轻工业学院学报，1998，13(2)：70-76.